Larousse, nombre de la prestigiosa casa editorial que ha realizado esta obra, ha llegado a ser sinónimo de "diccionario" en todos los confines del universo. Este diccionario, pese a su tamaño reducido y a la modicidad de su precio, reúne, en la pluralidad de sus artículos, el vocabulario imprescindible para comprender el mundo nacido de la constante evolución. Inspirado en el renombrado y enciclopédico PEQUEÑO LAROUSSE ILUSTRADO, este nuevo compendio contiene todas las palabras que aparecen en la prensa, general o científica, en los relatos novelísticos, en los programas de radio o televisión, en espectáculos teatrales o cinematográficos, en reuniones o congresos de temas heterogéneos y en la realización de las polifacéticas actividades que conforman la vida social.

El LAROUSSE DEL ESPAÑOL MODERNO concede lugar preferente a las particularidades lingüísticas propias de los pueblos latinoamericanos a quienes se debe la proyección universal que ha alcanzado el español. Reseña asimismo expresiones de tipo familiar, e incluso popular, regionalismos y voces de origen extranjero de frecuente uso. Las definiciones que figuran para cada acepción son sucintas pero completas, redactadas en un lenguaje actual e ilustradas, cuando es necesario, por un ejemplo que permite explicar las relaciones entre las partes de la oración.

Esta obra, realizada por **Ramón García-Pelayo y Gross,** profesor de universidad y miembro de diferentes academias de la Lengua, de la Historia y de las Bellas Artes, se dirige en especial a los profesores que se dedican a la enseñanza del castellano, a los numerosos hispanohablantes y a todos aquellos interesados en hallar el significado exacto y detallado de los términos del idioma que están aprendiendo.

The name "Larousse" is synonymous with "dictionary throughout the world. This new Larousse dictionary, despite its compact size and modest price, contains the essential vocabulary for understanding the modern world. Based upon the bestselling, encyclopedic PEQUEÑO LAROUSSE ILUSTRADO, this dictionary contains all the words that one encounters everyday in newspapers and magazines (whether general or specialized), when reading fiction or listening to the radio, or when watching television, films, or plays. This dictionary provides those engaged in any field of activity with the tools necessary to make their conversations with others correct, precise, and suited to the occasion.

LAROUSSE DEL ESPAÑOL MODERNO pays special attention to expressions that are characteristic of the peoples of Latin America, who have given Spanish its status as a universal language. It also includes colloquial terms, slang, and words of foreign origin, as well as many popular and common regionalisms. Definitions for each meaning are succint but complete, written in contemporary language, and abundantly illustrated with examples that show the relationships among parts of speech.

The author of LAROUSSE DEL ESPAÑOL MODERNO is **Ramón García-Pelayo y Gross,** university professor and member of several academies of language, history, and fine arts. His new dictionary will be welcomed by teachers of Spanish, by native Spanish-speakers, and by those speakers of other languages who now wish to know the precise, detailed meanings of the language they are learning.

DICCIONARIO LAROUSSE DEL ESPAÑOL MODERNO

A New Dictionary of the Spanish Language

A SIGNET BOOK

SIGNET
Published by the Penguin Group
Penguin Books USA Inc., 375 Hudson Street,
New York, New York 10014, U.S.A.
Penguin Books Ltd, 27 Wrights Lane,
London W8 5TZ, England
Penguin Books Australia Ltd, Ringwood,
Victoria, Australia
Penguin Books Canada Ltd, 10 Alcorn Avenue,
Toronto, Ontario, Canada M4V 3B2
Penguin Books (N.Z.) Ltd, 182–190 Wairau Road,
Auckland 10, New Zealand

Penguin Books Ltd, Registered Offices:
Harmondsworth, Middlesex, England

Published by Signet, an imprint of Dutton Signet,
a division of Penguin Books USA Inc.
Published by arrangement with Librairie Larousse, U.S.A., Inc. For information address Librairie Larousse U.S.A., Inc., 572 Fifth Avenue, New York, New York 10036

First Signet Printing, June, 1983
20 19 18 17 16 15

Printed in the United States of America

TABLA DE ABREVIATURAS

abrev.	Abreviatura
a. de J. C.	Antes de Jesucristo
adj.	Adjetivo
adv.	Adverbio, adverbial
afl.	Afluente
Agr.	Agricultura
alt.	Altura
amb.	Ambiguo
Amer.	Americanismo
Amér. C.	Voz de América Central
Anat.	Anatomía
ant.	Antiguamente, antes, anticuado
Antill.	Voz de las Antillas
archip.	Archipiélago
Arg.	Argentinismo
Arq.	Arquitectura
art.	Artículo
Astr.	Astronomía, astronáutica
aum.	Aumentativo
Autom.	Automovilismo
barb.	Barbarismo
Biol.	Biología
Blas.	Blasón
Bol.	Bolivianismo
Bot.	Botánica
c.	Ciudad, como
cab.	Cabecera
cap.	Capital
Cin.	Cinematografía
Cir.	Cirugía
Col.	Colombianismo
com.	Común, comuna
Com.	Comercio
conj.	Conjunción
cord.	Cordillera
C. Rica	Voz de Costa Rica
Cub.	Cubanismo
Chil.	Chilenismo
d. de J. C.	Después de Jesucristo
dem.	demostrativo
dep.	Departamento
der.	Derecha, derecho
des.	Desembocadura, desemboca
Despect.	Despectivo
dim.	Diminutivo
distr.	Distrito
Dom.	Voz de la República Dominicana
E.	Este
Ecuad.	Voz del Ecuador
ej.	Ejemplo
Electr.	Electricidad
Equit.	Equitación
Est.	Estado
etc.	Etcétera
expr.	Expresión
f.	Femenino
Fam.	Familiar
Farm.	Farmacia
Fig.	Figurado
Fil.	Filosofía
Filip.	Voz de Filipinas
Fís.	Física
Fisiol.	Fisiología
For.	Forense
Fort.	Fortificación
Fot.	Fotografía
fr.	Frase
fut.	Futuro
gén.	Género
Geol.	Geología
Geogr.	Geografía
Geom.	Geometría
ger.	Gerundio
Gram.	Gramática
Gob.	Gobierno
Guat.	Voz de Guatemala
h. y hab.	Habitantes
Hist.	Historia
Hist. nat.	Historia natural
Hond.	Voz de Honduras
i.	Intransitivo
ilustr.	Ilustracíon
imper.	Imperativo
imperf.	Imperfecto
impers.	Impersonal
Impr.	Imprenta
ind.	Indicativo, industria
indet.	Indeterminado
interj.	Interjección
inv.	Invariable
Irón.	Irónico
irreg.	Irregular
izq.	Izquierdo, izquierda
km	Kilómetros
lat.	Latín
loc.	Locución
m	Metros
m.	Masculino, modo, murió, muerto
Mar.	Marina
Mat.	Matemáticas
máx.	Máxima
Mec.	Mecánica
Med.	Medicina
Metal.	Metalurgia
Méx.	Voz de México
Mil.	Militar
Min.	Mineralogía, mina
Mit.	Mitología
mun.	Municipio
Mús.	Música
N.	Norte
n.	Nació, nacido, nombre
Neol.	Neologismo
Nicar.	Voz de Nicaragua

n. pr.	Nombre propio
O.	Oeste
Observ.	Observación
Ópt.	Óptica
pág.	Página
pal.	Palabra
Parag.	Voz del Paraguay
Per.	Peruanismo
pers.	Persona, personal
peníns.	Península
Pint.	Pintura
pl.	Plural
pobl.	Población
Poét.	Poética
Por ext.	Por extensión
Pop.	Popular
pos.	posesivo
pot.	Potencial
p. p.	Participio pasado
pr.	Principal, pronúnciese, pronominal, premio
pref.	Prefijo
prep.	Preposición
pres.	Presente, presidente
pret.	Pretérito
pron.	Pronombre
prov.	Provincia, proverbio
Provinc.	Provincianismo
P. Rico	Voz de Puerto Rico
P. us.	Poco usado
Quím.	Química
Rad.	Radiotécnica
ref.	Refinerías
rel.	Relativo
Rel.	Religión
Rep.	República
Ret.	Retórica
Rioplat.	Voz rioplatense
S., s.	Sur, siglo, sustantivo
Salv.	Voz de El Salvador
símb.	Símbolo
sing.	Singular
subj.	Subjuntivo
sup.	Superficie
t.	Transitivo, tiempo
tb., t.	También
Taurom.	Tauromaquia
Teatr.	Teatro
Tecn.	Tecnicismo
Teol.	Teología
térm. mun.	Término municipal
territ.	Territorio
Urug.	Voz del Uruguay
Ú.	Úsase
V., v.	Véase, verbo, villa
Venez.	Voz de Venezuela
Veter.	Veterinaria
Vulg.	Vulgarismo
yac.	Yacimientos
Zool.	Zoología

Instrucciones para el uso del diccionario

• Las diferentes acepciones de cada vocablo están separadas entre sí por dos barras (‖).

• En el caso de que una abreviatura sea común a dos o más acepciones sucesivas, éstas aparecen separadas entre sí por una sola barra (|).

• Si un sustantivo tiene dos géneros se señalan éstos con las abraeviaturas m. y f. Para pasar de un género a otro se ponen dos barras y una raya (‖ —). Los adjetivos se indican por adj., adj. y s., si también son sustantivos, adj. y s. m. o adj. y s. f., si sólo tienen el género masculino o femenino. Cuando la palabra posee un significado adjetivo y uno o varios significados sustantivos, se define en primer lugar el adjetivo y, a continuación, dos barras y una raya (‖ —) separan las acepciones de la forma sustantiva y el género de éstas (M. o F.). También se pone a veces (ú. t. c. s.), (ú. t. c. s. m.) y (ú. t. c. s. f.) para indicar que el adjetivo puede asimismo usarse como sustantivo.

• Las acepciones transitivas, intransitivas y pronominales de los verbos van separadas por dos barras y raya (‖ —). Si estas acepciones tienen al mismo tiempo las tres formas indicadas se indica a continuación de una de ellas (ú. t. c. t., ú. t. c. i. y ú. t. c. pr.).

• Con el fin de ganar espacio, los adverbios terminados en -mente y las palabras derivadas de otras o compuestas con la adición de un prefijo o posfijo no figuran en este diccionario cuando su significado es claro.

a

a f. Primera letra del alfabeto castellano y primera de sus vocales. (Pl. *aes.*) ‖ — A, símbolo del *amperio* y del *argón.*
a prep. Denota : 1.º Dirección : *voy a Madrid ;* 2.º Término del movimiento : *llegó a Lima ;* 3.º Lugar o tiempo : *sembrar a los cuatro vientos ;* 4.º Situación : *a mi derecha ;* 5.º Espacio de tiempo o de lugar : *de diez a once de la mañana ;* 6.º Modo de la acción : *a pie ;* 7.º Distribución o proporción : *a veinte por cabeza ;* 8.º Comparación o contraposición : *va mucho de uno a otro ;* 9.º Complemento directo de persona : *escribo a mi padre ;* 10.º Finalidad : *salió a decirme adiós ;* 11.º Hipótesis : *a decir verdad ;* 12.º Medida : *a litros ;* 13.º Orden : *¡a trabajar! ;* 14.º Al mismo tiempo que : *a la puesta del sol.* ‖ Se antepone al precio : *a veinte pesetas los cien gramos.* ‖ Da principio a muchas frases adverbiales : *a veces ; a bulto ; a tientas.* ‖ De manera : *a la criolla.* ‖ Con : *dibujar a pluma.* ‖ Hacia : *vino a mí con mala cara.* ‖ Hasta : *con el agua a la cintura.* ‖ Junto a, cerca de : *a orillas del mar.* ‖ Para : *a beneficio propio.* ‖ Por : *a petición mía.* ‖ Según : *a lo que parece.*
abacá m. *Bot.* Planta textil.
abacería f. Tienda de comestibles.
abacero, ra m. y f. Persona que vende comestibles.
ábaco m. Marco de madera con alambres paralelos por los que corren diez bolas movibles que sirven para enseñar a contar.
abad m. Superior de un monasterio : *el abad de Montserrat.*
abadejo m. Bacalao.
abadesa f. Superiora en ciertas comunidades de religiosas.
abadía f. Iglesia o monasterio regido por un abad o una abadesa y el territorio o jurisdicción de éstos.
abajeño, ña adj. y s. *Amer.* De las costas y tierras bajas.
abajo adv. Hacia lugar o parte inferior : *echar abajo.* ‖ En lugar o parte inferior : *están abajo.* ‖ — Interj. de reprobación : *¡abajo el tirano!*
abalanzarse v. pr. Arrojarse.
abalizar v. t. Poner balizas.
abalorio m. Cuentas de vidrio.
abanderado m. El que lleva bandera. ‖ *Fig.* Adalid.
abandonado, da adj. Descuidado.
abandonamiento m. Abandono.
abandonar v. t. Dejar a una persona o cosa. ‖ *Fig.* Renunciar. ‖ No hacer caso de algo. ‖ — V. pr. Dejarse dominar por un afecto o emoción. ‖ Prestar poco interés a sus cosas o su aseo. ‖ Confiarse.
abandonismo m. Tendencia a renunciar a algo sin luchar.
abandono m. Acción y efecto de abandonar o abandonarse. ‖ Descuido. ‖ Incumplimiento de los deberes. ‖ Renuncia a participar o seguir en una competición deportiva.
abanicar v. t. Hacer aire con el abanico (ú. t. c. pr.).
abanico m. Instrumento para hacer aire. ‖ *Fig.* Gama, serie de valores o de cosas que oscilan entre dos extremos.
abaniqueo m. Acción de abanicar o abanicarse.
abaratamiento m. Acción y efecto de abaratar o abaratarse.
abaratar v. t. e. i. Disminuir de precio (ú. t. c. pr.).
abarca f. Calzado rústico.
abarcar v. t. Ceñir, rodear. ‖ Comprender, contener. ‖ Alcanzar con la vista. ‖ *Fig.* Encargarse de muchas cosas a un tiempo. ‖ *Amer.* Acaparar.
abarquillado, da adj. De forma de barquillo : *madera abarquillada.*
abarquillar v. t. Dar figura de barquillo. ‖ — V. pr. Curvarse.
abarrancar v. t. Hacer barrancos. ‖ — V. i. y pr. Varar.
abarrotado, da adj. Muy lleno.
abarrotar v. t. *Fig.* Atestar, llenar con exceso (ú. t. c. pr.).
abarrote m. *Mar.* Fardo pequeño. ‖ — Pl. *Amer.* Comestibles. ‖ Tienda de comestibles.
abarrotero, ra m. y f. *Amer.* Persona que tiene un ultramarino.
abastardar v. t. e i. Bastardear.
abastecedor, ra adj. y s. Que abastece.
abastecer v. t. Aprovisionar.
abastecimiento m. Acción y efecto de abastecer o abastecerse.
abasto m. Provisión de víveres. ‖ Abundancia. ‖ *No dar abasto,* no poder satisfacer todas las demandas.
abatatarse v. pr. *Riopl.* Turbarse, apocarse.
abate m. Clérigo.
abatible adj. Que se puede abatir.
abatido, da adj. Desanimado.
abatimiento m. Desaliento.
abatir v. t. Derribar. ‖ Bajar. ‖ *Fig.* Hacer perder el ánimo. ‖ Desarmar, desmontar. ‖ En ciertos juegos de naipes, mostrar las cartas. ‖ — V. pr. Precipitarse el ave de rapiña.
abdicación f. Acción y efecto de abdicar.
abdicar v. t. Renunciar al trono.
abdomen m. Vientre.
abdominal adj. Del abdomen.
abducción f. *Anat.* Movimiento por el cual un miembro se aparta del eje del cuerpo : *abducción del brazo.*
abductor adj. y s. m. Que produce la abducción : *músculo abductor.*
abecé m. Alfabeto.
abecedario m. Alfabeto.
abedul m. Árbol betuláceo.

abeja f. Insecto himenóptero que produce la cera y la miel. ‖ *Fig.* Persona laboriosa.
abejaruco m. Ave que se alimenta de abejas.
abejorro m. Insecto himenóptero.
aberración f. *Fig.* Error de juicio, disparate.
aberrante adj. Que va en contra de las normas o del sentido común.
aberrar v. i. Errar, equivocarse.
abertura f. Acción de abrir o abrirse. ‖ Hendidura o grieta. ‖ Diámetro útil de un anteojo. ‖ *Fig.* Franqueza.
abeto m. Árbol conífero.
abierto, ta adj. Desembarazado, llano, raso : *campo abierto.* ‖ Que no tiene fortificaciones. ‖ *Fig.* Sincero, comunicativo. | Comprensivo.
abigarrado, da adj. Con colores o dibujos variados. ‖ Heterogéneo.
abigarrar v. t. Dar a una cosa varios colores mal combinados.
abigeato m. Robo de ganado.
ab intestato loc. lat. *For.* Sin testamento : *morir ab intestato.*
abiogénesis f. Generación espontánea.
abisal adj. De las profundidades submarinas : *flora y fauna abisales.*
abisinio, nia adj. y s. De Abisinia.
abismar v. t. Hundir en un abismo. ‖ *Fig.* Confundir, abatir (ú. t. c. pr.). ‖ — V. pr. *Fig.* Sumirse.
abismo m. Sima, gran profundidad. ‖ *Fig.* Cosa inmensa. | Cosa difícil de descubrir. | Gran diferencia.
abjuración f. Acción y efecto de abjurar : *abjuración de Recaredo.*
abjurar v. t. Renunciar a una religión o sentimiento.
ablación f. *Cir.* Extirpación de cualquier parte del cuerpo.
ablandamiento m. Acción y efecto de ablandar o ablandarse.
ablandar v. t. Poner blanda alguna cosa : *el calor ablanda la cera.* ‖ *Fig.* Mitigar la cólera, la ira, etc. ‖ — V. pr. Ponerse blando.
ablande m. *Arg.* Rodaje de un automóvil.
ablativo adj. y s. m. *Gram.* Dícese de uno de los casos de la declinación gramatical que expresa relación de procedencia, situación, modo, tiempo, instrumento, etc.
ablución f. Lavado. ‖ En algunas religiones, purificación por medio del agua. ‖ Ceremonia de purificar el cáliz y de lavarse los dedos el sacerdote después de consumir. ‖ — Pl. Vino y agua para hacer la purificación.
abnegación f. Renuncia de los propios intereses a favor de Dios o del prójimo.
abnegado, da adj. Desinteresado, sacrificado.
abnegarse v. pr. Sacrificarse.
abocado, da adj. *Fig.* Próximo, expuesto a : *abocado a la ruina.*
abocar v. t. Acercar, aproximar.
abocelado, da adj. Que tiene forma de bocel : *moldura abocelada.*
abocetar v. t. Ejecutar un boceto.
abochornado, da adj. *Fig.* Avergonzado.
abochornar v. t. Causar bochorno. ‖ *Fig.* Avergonzar.
abofetear v. t. Pegar bofetadas. ‖ *Fig.* Despreciar.
abogacía f. Profesión del abogado.
abogado, da m. y f. Persona perita en el derecho positivo que defiende en juicio los intereses de los litigantes y aconseja sobre cuestiones jurídicas. ‖ *Fig.* Defensor, intercesor.
abogar v. i. Defender en juicio. ‖ *Fig.* Interceder.
abolengo m. Ascendencia de abuelos o antepasados.
abolición f. Acción y efecto de abolir : *la abolición de la pena de muerte.*
abolicionismo m. Doctrina de los abolicionistas.
abolicionista adj. y s. Relativo a la abolición de la esclavitud o partidario de esta doctrina.
abolir v. t. Derogar, dejar sin vigor un precepto o costumbre, suprimir : *decidieron abolir todas aquellas leyes.*
abollar v. t. Hacer a una cosa uno o varios bollos.
abombado, da adj. De figura convexa : *plancha abombada.* ‖ *Amer.* Aturdido, atontado.
abombar v. t. Dar forma convexa.
abominable adj. Detestable.
abominación f. Aversión, horror. ‖ Cosa abominable.
abominar v. t. Condenar, maldecir : *abominar una doctrina.* ‖ Aborrecer, detestar.
abonado, da m. y f. Persona que ha tomado un abono. ‖ Abono de tierras.
abonanzar v. i. Calmarse la tormenta o serenarse el tiempo.
abonar v. t. Acreditar, dar por bueno. ‖ Asentar en los libros de cuentas una partida a favor de alguien. ‖ Anotar en cuenta. ‖ Pagar. ‖ Poner abono en la tierra. ‖ Tomar un abono para otro : *abonar a uno a un diario.* ‖ — V. pr. Tomar un abono o suscripción.
abonaré m. Pagaré.
abono m. Acción y efecto de abonar o abonarse. ‖ Derecho del que se abona o suscribe. ‖ Materia con que se fertiliza la tierra. ‖ Pago.
abordable adj. Tratable.
abordaje m. Acción de abordar.
abordar v. t. e i. *Mar.* Rozar o chocar una embarcación con otra. ‖ Atracar una nave. ‖ Tomar puerto. ‖ *Fig.* Acercarse a uno para hablarle. | Emprender, empezar un asunto.
aborigen adj. y s. Originario del país en que vive.
aborrecer v. t. Detestar.
aborrecible adj. Digno de ser aborrecido.
aborrecimiento m. Odio.
aborregado, da adj. *Fig.* Sin iniciativa.
abortar v. t. e i. Parir antes de tiempo espontáneamente o por ser provocada de modo expreso la interrupción del embarazo. ‖ *Fig.* Malograrse una empresa.
abortivo, va adj. Nacido antes de tiempo. ‖ Que hace abortar (ú. t. c. s. m.).
aborto m. Acción de abortar. ‖ *Fig.* Persona muy fea.
abotagamiento y **abotargamiento** m. Acción y efecto de abotagarse.
abotagarse o **abotargarse** v. pr. Hincharse el cuerpo.
abotonadura f. Botonadura.
abotonar v. t. Cerrar con botones una prenda de vestir. ‖ — V. pr. Abrocharse los botones.
abovedar v. t. *Arq.* Cubrir con bóveda o dar figura de bóveda.
abra f. Bahía pequeña.
abrasador, ra adj. Que abrasa.
abrasar v. t. Quemar, reducir a brasa. ‖ Calentar demasiado : *el sol abrasa.* ‖ *Fig.* Consumir.

abrasión f. Acción y efecto de raer o desgastar por fricción.
abrasivo, va adj. Relativo a la abrasión. ‖ — M. Cuerpo duro que se usa para pulimentar.
abrazadera f. Aro que sirve para asegurar una cosa.
abrazar v. t. Rodear con los brazos. ‖ *Fig.* Rodear. | Comprender, abarcar. | Admitir, adoptar.
abrazo m. Acción y efecto de abrazar o abrazarse.
abrecartas m. inv. Plegadera.
abrelatas m. inv. Instrumento para abrir latas de conservas.
abrevadero m. Pila donde beben los animales.
abrevar v. t. Dar de beber.
abreviación f. Acción y efecto de abreviar.
abreviado, da adj. Reducido, compendiado.
abreviar v. t. Hacer más breve.
abreviatura f. Representación abreviada de una palabra.
abrigado, da adj. Protegido del viento, del frío. ‖ Cubierto.
abrigar v. t. Poner al abrigo. ‖ Cubrir una cosa o persona con algo para que no se enfríe. ‖ *Fig.* Auxiliar. | Tratándose de ideas, afectos, etc., tenerlos. ‖ — V. pr. Defenderse, resguardarse. ‖ Ponerse cosas de abrigo.
abrigo m. Sitio donde se puede uno resguardar del frío o de la lluvia. ‖ *Fig.* Amparo. ‖ Cobijo, refugio. ‖ Prenda que sirve para abrigar. ‖ Lugar defendido de los vientos. ‖ Cosa que abriga. ‖ *Fig.* y *fam. De abrigo,* de cuidado.
abril m. Cuarto mes del año. ‖ *Fig.* Primera juventud.
abrillantar v. t. Dar brillo.
abrir v. t. Hacer que lo que estaba cerrado deje de estarlo. ‖ Cortar por los dobleces las páginas. ‖ Romper, despegar el sobre de una carta. ‖ Extender : *abrir la mano.* ‖ Vencer un obstáculo. ‖ Permitir el paso por un sitio. ‖ Horadar, hacer : *abrir un túnel.* ‖ Principiar, inaugurar. ‖ Ir a la cabeza o delante : *abrir la marcha.* ‖ Ingresar dinero en un banco para tener en él cuenta. ‖ — V. i. Tratándose de flores, separarse los pétalos de una flor. ‖ — V. pr. Dar a : *mi ventana se abre a un jardín.* ‖ *Fig.* Presentarse : *ante ti se abren muchas perspectivas.*
abrochar v. t. Cerrar con broches, botones, etc. (ú. t. c. pr.).
abrogación f. Acción y efecto de abrogar.
abrogar v. t. *For.* Derogar.
abrogatorio, ria adj. Que abroga : *cláusula abrogatoria.*
abrojo m. Planta espinosa.
abroncar v. t. *Fam.* Echar una bronca.
abrótano m. Planta compuesta de olor suave.
abrumado, da adj. Agobiado.
abrumador, ra adj. Agobiante.
abrumar v. t. Agobiar.
abrupto, ta adj. Cortado a pico.
absceso m. *Med.* Acumulación de pus en un tejido orgánico.
abscisa f. *Geom.* Una de las dos coordenadas que determinan la posición de un punto en un plano.
abscisión f. Separación de una parte del cuerpo hecha con instrumento cortante.
absentismo m. Falta o ausencia de los obreros al trabajo.
absentista adj. y s. Que practica el absentismo.
ábside amb. Parte del templo, abovedada, semicircular o poligonal, situada en la parte posterior del mismo.
absidiola f. *Arq.* Cada una de las capillas en torno al ábside.
absintio m. Ajenjo.
absolución f. Acción de absolver.
absolutismo m. Sistema de gobierno absoluto.
absolutista adj. y s. Partidario del absolutismo.
absoluto, ta adj. Que excluye toda relación : *proposición absoluta.* ‖ Ilimitado, no limitado por una constitución : *poder absoluto.* ‖ Sin restricción : *necesidad absoluta.* ‖ Completo, total : *mi certeza es absoluta.* ‖ Puro, dicho del alcohol. ‖ *Fig.* y *fam.* De genio dominante : *carácter absoluto.*
absolutorio, ria adj. *For.* Dícese del fallo que absuelve.
absolver v. t. Liberar de algún cargo u obligación. ‖ *For.* Dar por libre al reo.
absorbente adj. Que absorbe. ‖ — M. Sustancia capaz de absorber.
absorber v. t. Atraer un cuerpo y retener entre sus moléculas las de otro en estado líquido o gaseoso. ‖ Neutralizar, hacer desaparecer. ‖ *Fig.* Consumir enteramente : *el juego le absorbió la fortuna.* | Atraer a sí. ‖ — V. pr. Ensimismarse.
absorción f. Acto de absorber.
absorto, ta adj. Abstraído.
abstemio, mia adj. y s. Que no bebe vino o licores alcohólicos.
abstención f. Acción de abstenerse : *abstención electoral.*
abstencionismo m. Doctrina que defiende la abstención.
abstencionista adj. y s. Que se abstiene.
abstenerse v. pr. Privarse de algo o impedirse hacer o tomar algo : *abstenerse de comer carne.* ‖ No tomar parte en un voto.
abstinencia f. Acción de abstenerse. ‖ Privación de comer carne por prescripción religiosa.
abstinente adj. y s. Que se abstiene.
abstracción f. Acción y efecto de abstraer o abstraerse. ‖ *Hacer abstracción de,* no tener en cuenta.
abstracto, ta adj. Genérico, no concreto : *ideas abstractas.* ‖ *Fig.* Difícil de comprender : *escritor abstracto.* ‖ — *Arte abstracto,* el que representa las cosas de una manera diferente de como son en realidad. ‖ *Lo abstracto,* lo difícil de determinar. ‖ *Mat. Número abstracto,* el que no se refiere a unidad de especie determinada.
abstraer v. t. Considerar separadamente las cosas unidas entre sí. ‖ *Abstraer de,* prescindir. ‖ — V. pr. Entregarse a la meditación.
abstraído, da adj. Ensimismado, absorto.
abstruso, sa adj. Difícil de comprender, incomprensible.
absuelto, ta p. p. irreg. de *absolver.* Ú. c. adj. : *procesado absuelto.*
absurdo, da adj. Contrario a la razón. ‖ — M. Dicho o hecho contrario a la razón.
abubilla f. Pájaro insectívoro.
abuchear v. t. Sisear.
abucheo m. Acción de abuchear.
abuela f. Madre del padre o de la madre. ‖ *Fig.* Mujer anciana.
abuelastro, tra m. y f. Padre o madre del padrastro o de la madrastra. ‖ Segundo marido de la abuela o segunda esposa del abuelo.

abuelo m. Padre del padre o de la madre. || Ascendiente (ú. m. en pl.).
abuhardillado, da adj. Con el techo en pendiente.
abulense adj. y s. De Avila (España).
abulia f. Falta de voluntad.
abúlico, ca adj. y s. Que padece abulia.
abultado, da adj. Grueso.
abultamiento m. Bulto.
abultar v. t. Aumentar el tamaño de una cosa. || *Fig.* Aumentar. | Ponderar, encarecer. || — V. i. Tener o hacer bulto : *abulta mucho.*
abundamiento m. Abundancia. || *A mayor abundamiento,* además.
abundancia f. Copia, gran cantidad. || Recursos considerables.
abundante adj. Que abunda.
abundar v. i. Haber gran cantidad de una cosa. || Tener en abundancia. || Convenir en un dictamen, adherirse a él : *abundar en la opinión.*
¡abur! interj. *Fam.* ¡Adiós!
aburguesamiento m. Acción y efecto de aburguesarse.
aburguesarse v. pr. Adquirir cualidades de burgués.
aburrido, da adj. Cansado, fastidiado : *aburrido de la vida.* || Que aburre o cansa.
aburrimiento m. Cansancio, fastidio, tedio : *¡qué aburrimiento!*
aburrir v. t. Molestar, fastidiar, cansar. || — V. pr. Fastidiarse, hastiarse.
abusador, ra adj. y s. Que abusa constantemente.
abusar v. i. Usar mal o indebidamente de alguna cosa.
abusivo, va adj. Que abusa.
abuso m. Uso indebido, excesivo o injusto. || Cosa abusiva.
abusón, ona adj. y s. Dado al abuso en provecho propio.
abyección f. Bajeza, vileza. || Humillación.
abyecto, ta adj. Bajo, vil.
acá adv. Aquí, a esta parte. || Precedido de ciertas preposiciones y adv. de tiempo, denota el presente : *de una semana acá.*
acabado, da adj. Perfecto, completo, consumado : *ejemplo acabado de bondad.* || Arruinado, destrozado : *un negociante acabado.* ||Viejo. || *Producto acabado,* producto industrial listo para su utilización. || — M. Ultima operación para perfeccionar una obra : *el acabado de un coche.*
acaballar v. t. Cubrir el caballo o el asno a la yegua.
acabar v. t. Poner o dar fin a una cosa, terminarla. || Apurar, consumir : *acabar su ruina.* || Dar el último toque a una obra. || Dar muerte a un herido. || — V. i. Rematar, terminar : *acabar en punta.* || Terminar : *ven cuando acabes.* || Morirse. || Resultar : *el asunto acabó mal.* || Volverse. || Extinguirse, apagarse, aniquilarse (ú. t. c. pr.). || — *Acabar de,* seguido de un infinitivo, haber ocurrido : *acaba de llegar.* || *Acabar por,* seguido de un infinitivo, llegar el momento de producirse : *acabaron por aceptar.*
acabóse m. *Fam.* El colmo.
acacia f. Árbol de flores amarillas olorosas.
academia f. Escuela filosófica fundada por Platón en los jardines de Academos, donde reunía a sus discípulos. || Sociedad literaria, científica o artística : *Academia Española de la Lengua.* || Edificio donde se reúnen los académicos. || Reunión de académicos. || Establecimiento de enseñanza para ciertas carreras o profesiones. || En escultura o pintura, estudio de la figura tomada del natural.
academicismo m. Calidad de académico.
académico, ca adj. *Fil.* Dícese del que sigue la escuela de Platón (ú. t. c. s.). || Relativo a las academias. || Aplícase a los estudios, diplomas o títulos cursados en la Universidad. || Correcto, clásico : *estilo académico.* || En pintura y escultura, relativo a la academia. || Que observa con rigor las reglas clásicas. || — M. y f. Miembro de una academia.
academismo m. Academicismo.
acaecer v. i. Suceder.
acaecimiento m. Suceso.
acalefos m. pl. *Zool.* Orden de celentéreos (ú. t. c. adj.).
acalorado, da adj. Encendido.
acaloramiento m. Ardor.
acalorar v. t. Dar o causar calor. || Encender o fatigar el trabajo o el ejercicio. || *Fig.* Excitar.
acallar v. t. Hacer callar. || *Fig.* Aplacar, aquietar, sosegar.
acampada f. Camping, campamento.
acampanar v. t. Dar forma de campana.
acampar v. i. Detenerse, hacer alto en el campo. || Vivir en una tienda de campaña. || — V. t. *Mil.* Alojar una tropa en un lugar.
acanaladura f. Canal o estría.
acanalar v. t. Hacer canales o estrías en alguna cosa. || Dar a una cosa forma de canal.
acanallar v. t. Encanallar.
acantáceas f. pl. Familia de plantas angiospermas a la que pertenece el acanto (ú. t. c. adj.).
acantilado, da adj. Dícese del fondo del mar cuando forma cantiles o escalones. || Aplícase a la costa cortada verticalmente o a plomo. || — M. Escarpa casi vertical en un terreno.
acanto m. Planta de hojas largas, rizadas y espinosas.
acantonamiento m. Acción y efecto de acantonar fuerzas.
acantonar v. t. Distribuir y alojar tropas en varios lugares. || — V. pr. Alojarse las tropas en un lugar.
acantopterigios m. pl. Familia de peces de aleta espinosa, como el atún (ú. t. c. adj.).
acaparador, ra adj. y s. Que acapara.
acaparamiento m. Acción y efecto de acaparar, retención.
acaparar v. t. Adquirir y retener un producto comercial para provocar su escasez y especular con él. || *Fig.* Apoderarse de una cosa con perjuicio de los demás. || Disfrutar, llevarse.
acápite m. *Amer.* Párrafo. || *Punto acápite,* punto y aparte.
acapulquense y **acapulqueño, ña** adj. y s. De Acapulco (México).
acaracolado, da adj. Que tiene forma de caracol.
acaramelado, da adj. Bañado de caramelo. || *Fig.* Melifluo.
acaramelar v. t. Bañar de caramelo. || Reducir a caramelo. || — V. pr. *Fig.* y *fam.* Mostrarse muy cariñoso o dulce.
acardenalar v. t. Causarle cardenales a uno.
acariciar v. t. Hacer caricias. || *Fig.* Tratar con amor y ternura. | Tocar suavemente una cosa con otra. | Complacerse en pensar en alguna cosa.
ácaro m. Arácnido microscópico.
acarreador, ra adj. y s. Que acarrea.
acarrear v. t. Transportar en carro o de cualquier otra manera. || *Fig.* Ocasionar.

acarreo m. Transporte. ‖ Precio del transporte.
acartonarse v. pr. Endurecerse como cartón. ‖ *Fig.* y *fam.* Apergaminarse, acecinarse.
acaso m. Casualidad, suceso imprevisto. ‖ — Adv. Quizá, tal vez. ‖ *Por si acaso,* por si sucede algo.
acatamiento m. Obediencia.
acatar v. t. Tributar homenaje de sumisión y respeto. ‖ Obedecer. ‖ Respetar, observar.
acatarrarse v. pr. Resfriarse.
acatólico, ca adj. y s. Que no es católico.
acaudalado, da adj. y s. Que posee mucho dinero o bienes.
acaudalar v. t. Hacer o reunir caudal y dinero. ‖ Adquirir gran virtud o sabiduría. ‖ Acumular.
acaudillamiento m. Mando.
acaudillar v. t. Mandar como jefe, capitanear.
acceder v. i. Consentir. ‖ Convenir.
accesible adj. De fácil acceso.
accesión f. Acción y efecto de acceder.
accésit m. Recompensa inmediatamente inferior al premio en ciertos certámenes. (No tiene pl.)
acceso m. Acción de llegar o acercarse. ‖ Entrada o paso. ‖ *Fig.* Comunicación con alguno : *hombre de fácil acceso.* | Arrebato, exaltación : *acceso de cólera.* ‖ *Med.* Ataque de una enfermedad.
accesorio, ria adj. Que depende de lo principal. ‖ — M. Elemento, pieza o utensilio auxiliar : *accesorios de automóvil.* ‖ Objeto utilizado para completar una decoración teatral o de cine. ‖ Objeto. ‖ Cosa no esencial a otra, pero que la completa. ‖ — F. Edificio contiguo al principal. ‖ Habitación independiente con puerta a la calle.
accidentado, da adj. Turbado, agitado. ‖ Escabroso, abrupto. ‖ — M. y f. Víctima de un accidente.
accidental adj. No esencial. ‖ Casual, contingente. ‖ Producido por una circunstancia imprevista.
accidentar v. t. Causar un accidente. ‖ — V. pr. Ser víctima de un accidente.
accidente m. Calidad no esencial. ‖ Suceso eventual, imprevisto : *accidente de aviación.* ‖ Irregularidad, desigualdad : *accidentes del terreno.*
acción f. Ejercicio de una potencia : *la acción de la lluvia.* ‖ Efecto de hacer, hecho, acto : *buena acción.* ‖ Operación o impresión de cualquier agente en el paciente. ‖ Gesto, ademán. ‖ Posibilidad o libertad de actuar. ‖ Movimientos y gestos de un orador o actor. ‖ *Com.* Título que representa los derechos de un socio en algunas sociedades. ‖ *Fig.* Fuerza con que un cuerpo obra sobre otro. ‖ *For.* Demanda judicial. ‖ *Mil.* Combate. ‖ Asunto de un poema. ‖ Serie de los acontecimientos narrados en un relato, en un drama.
accionamiento m. Puesta en marcha.
accionar v. i. Hacer movimientos y gestos al hablar. ‖ — V. t. Poner en movimiento.
accionariado m. Conjunto de accionistas de una sociedad.
accionario, ria adj. Relativo a las acciones. ‖ — M. y f. Accionista.
accionista com. Poseedor de acciones de una sociedad.
acebuche m. Olivo silvestre.
acecinar v. t. Salar las carnes y secarlas al humo y al aire.
acechanza f. Acecho.
acechar v. t. Observar, vigilar cautelosamente con algún propósito.
acecho m. Acción de acechar.
acedera f. Panta comestible.
acedía f. Calidad de ácido. ‖ Acidez de estómago. ‖ Platija, pez.
acéfalo, la adj. Falto de cabeza.
aceitado m. Acción de aceitar.
aceitar v. t. Engrasar con aceite.
aceite m. Líquido graso y untuoso que se saca de diversas sustancias vegetales o animales. ‖ Perfume que se obtiene macerando flores en aceite. ‖ Cualquier otra grasa empleada como lubricante. ‖ — *Aceite mineral,* el petróleo. ‖ *Aceite pesado,* el de petróleo obtenido por destilación a alta temperatura.
aceitera f. Alcuza.
aceitoso, sa adj. Que tiene aceite. ‖ Que se parece al aceite.
aceituna f. Fruto del olivo.
aceitunado, da adj. Verdoso.
aceituno m. Olivo.
aceleración f. Aumento de velocidad. ‖ Pronta ejecución.
acelerador, ra adj. Que acelera. ‖ — M. Mecanismo del automóvil que regula la entrada de la mezcla explosiva en el motor para hacer variar su velocidad. ‖ Pedal con el que se pone en acción ese mecanismo. ‖ Producto que acelera una operación. ‖ *Fig.* Cualquier aparato que comunica a partículas elementales (electrones, protones, etc.) velocidades muy elevadas.
aceleramiento m. Aceleración.
acelerar v. t. Dar celeridad, activar. ‖ — V. i. Aumentar la velocidad de un motor. ‖ — V. pr. Apresurarse.
acelerón m. Acción de pisar el acelerador.
acelga f. Planta hortense comestible.
acémila f. Mula.
acendrado, da adj. Puro y sin mancha : *su acendrado fervor.*
acendramiento m. Acción y efecto de acendrar.
acendrar v. t. Purificar.
acento m. Intensidad con que se hiere determinada sílaba al pronunciar una palabra. ‖ Signo para indicarla ('). ‖ Pronunciación particular : *acento catalán.*
acentuación f. Acción y efecto de acentuar : *acentuación viciosa.*
acentuado, da adj. Que lleva acento. ‖ Acusado.
acentuar v. t. Levantar el tono en las vocales tónicas. ‖ Poner el acento ortográfico. ‖ *Fig.* Subrayar una palabra o frase para llamar la atención. | Recalcar las palabras exageradamente. | Dar vigor, precisar. | Aumentar, realzar, resaltar. ‖ — V. pr. Aumentar, volverse más intenso.
acepción f. Significado en que se toma una palabra.
aceptable adj. Que puede ser aceptado.
aceptación f. Acción y efecto de aceptar. ‖ Aprobación.
aceptador, ra y **aceptante** adj. y s. Que acepta.
aceptar v. t. Recibir uno voluntariamente lo que le dan, ofrecen o encargan. ‖ Aprobar, dar por bueno. ‖ Admitir. ‖ Conformarse. ‖ Tratándose de letras o libranzas, obligarse por escrito a su pago.
acequia f. Canal.
acera f. Orilla de la calle o de otra vía pública con pavimento adecuado para el tránsito de los peatones. ‖ Fila de casas a cada lado de la calle o plaza.

acerado, da adj. Cortante : *filo acerado.* ‖ Que contiene acero.
acerar v. t. Convertir en acero. ‖ Recubrir de acero. ‖ *Fig.* Fortalecer, vigorizar. ‖ Poner aceras : *acerar las calles.*
acerbo, ba adj. Áspero al paladar. ‖ *Fig.* Mordaz.
acerca adv. *Acerca de,* sobre aquello de que se trata.
acercamiento m. Acción y efecto de acercar o acercarse.
acercar v. t. Poner cerca o a menor distancia, aproximar. ‖ — V. pr. Aproximarse. ‖ Ir.
acerería y **acería** f. Fábrica de acero.
acerico m. Almohadilla para clavar alfileres.
acero m. Aleación de hierro y carbono que adquiere por el temple gran dureza y elasticidad. ‖ *Fig.* Arma blanca. ‖ *Acero dulce,* el que tiene poca cantidad de carbono.
acérrimo, ma adj. *Fig.* Muy fuerte.
acertado, da adj. Hecho con acierto. ‖ Oportuno.
acertante adj. y s. Que acierta : *boleto acertante.*
acertar v. t. Atinar, dar en el sitio propuesto. ‖ Hallar, dar con. ‖ Dar con lo cierto, atinar, elegir bien. ‖ Hacer con acierto una cosa (ú. t. c. i.). ‖ Adivinar. ‖ — V. i. Seguido de la prep. *a* y un infinitivo, suceder por casualidad. ‖ Seguido de la prep. *con,* hallar.
acertijo m. Enigma que se propone como pasatiempo, adivinanza.
acervo m. Conjunto de bienes en común. ‖ *Fig.* Conjunto de valores.
acetato m. *Quím.* Sal del ácido acético : *acetato de plomo.*
acético, ca adj. *Quím.* Relativo al vinagre o sus derivados.
acetileno m. Hidrocarburo o gas inflamable.
acetona f. Líquido incoloro, inflamable y volátil que se obtiene cuando se destila un acetato.
aciago, ga adj. Desgraciado.
acíbar m. Áloe, planta liliácea. ‖ Su jugo. ‖ *Fig.* Amargura.
acicalado, da adj. Pulcro.
acicalar v. t. *Fig.* Adornar o arreglar mucho. ‖ — V. pr. Adornarse, componerse.
acicate m. *Fig.* Incentivo.
acidez f. Calidad de ácido.
acidificación f. Acción de acidificar.
acidificar v. t. Hacer ácida una cosa. ‖ — V. pr. Volverse ácido.
ácido, da adj. De sabor agrio. ‖ *Fig.* Amargo, áspero, desabrido. ‖ — M. *Quím.* Cualquier cuerpo compuesto que contiene hidrógeno que, al ser sustituido por radicales o un metal, forma sales. ‖ *Fam.* Droga alucinógena, L. S. D.
acierto m. Acción y efecto de acertar.
aclamación f. Acción y efecto de aclamar.
aclamar v. t. Vitorear, dar voces la multitud en honor de una persona. ‖ Conferir por aprobación de todos y sin votación algún cargo u honor.
aclaración f. Acción y efecto de aclarar, explicación.
aclarar v. t. Disipar lo que ofusca la claridad de una cosa. ‖ Hacer menos espeso. ‖ Hacer menos tupido o apretado. ‖ Hacer más perceptible la voz. ‖ Volver a lavar la ropa con agua sola. ‖ *Fig.* Poner en claro. ‖ — V. i. Amanecer. ‖ Disiparse las nubes o la niebla. ‖ — V. pr. Entender, comprender. ‖ *Fam.* Explicarse, dar precisiones.
aclaratorio, ria adj. Que aclara.
aclimatable adj. Que puede aclimatarse.
aclimatación f. Acción y efecto de aclimatar o aclimatarse.
aclimatar v. t. Acostumbrar un ser orgánico a un nuevo clima. ‖ *Fig.* Introducir en otro país. ‖ — V. pr. Acostumbrarse a vivir en un nuevo lugar. ‖ *Fig.* Adaptarse.
acné f. Enfermedad cutánea.
acobardamiento m. Miedo.
acobardar v. t. Amedrentar, causar miedo (ú. t. c. pr.).
acodado, da adj. Doblado en forma de codo. ‖ Apoyado en los codos : *acodado en la barra.*
acodar v. t. Doblar en ángulo recto. ‖ — V. pr. Apoyar los codos sobre alguna parte.
acogedor, ra adj. y s. Que acoge o recibe : *pueblo acogedor.*
acoger v. t. Admitir uno en su casa : *acoger a los huéspedes.* ‖ Proteger, amparar. ‖ *Fig.* Dispensar buena aceptación. ‖ — V. pr. Refugiarse. ‖ *Fig.* Valerse de un pretexto, recurrir a.
acogida f. Recibimiento u hospitalidad que ofrece una persona o un lugar. ‖ Aceptación, aprobación.
acogotar v. t. Matar de un golpe en el cogote.
acojonar v. t. *Pop.* Asustar. | Impresionar.
acolchar v. t. Poner algodón, guata, lana, etc., entre dos telas.
acolchonar v. t. Acolchar.
acólito m. Monaguillo. ‖ *Fig.* Adicto, cómplice, persona que depende de otra.
acometedor, ra adj. y s. Que acomete : *toro acometedor.*
acometer v. t. Atacar, embestir con ímpetu. ‖ Emprender, intentar. ‖ Venir súbitamente una enfermedad, el sueño, un deseo, etc.
acometida f. Ataque. ‖ Lugar en el que la línea de conducción de un fluido enlaza con la principal : *acometida de agua.*
acometividad f. Agresividad. ‖ Carácter emprendedor.
acomodación f. Acción y efecto de acomodar.
acomodadizo, za adj. Que a todo se aviene fácilmente.
acomodado, da adj. Conveniente, apto, oportuno. ‖ Rico, abundante de medios. ‖ Instalado : *acomodado en un sillón.*
acomodador, ra adj. Que acomoda. ‖ — M. y f. En los espectáculos, persona que designa a los asistentes su respectivo asiento.
acomodar v. t. Ordenar, componer, ajustar. ‖ Colocar a uno en un espectáculo. ‖ Dar colocación o empleo. ‖ — V. i. Venir bien a uno una cosa, convenirle. ‖ — V. pr. Avenirse, conformarse. ‖ Colocarse, ponerse : *se acomodó en su silla.*
acomodaticio, cia adj. Acomodadizo. ‖ Complaciente.
acompañador, ra adj. y s. Que acompaña.
acompañamiento m. Acción y efecto de acompañar o acompañarse. ‖ Gente que acompaña a alguno : *el acompañamiento del rey.* ‖ *Mús.* Conjunto de instrumentos que acompañan la voz, una melodía.
acompañante, ta adj. y s. Que acompaña.
acompañar v. t. Estar o ir en compañía de otro. ‖ Adjuntar o agregar una cosa a otra. ‖ *Mús.* Ejecutar el acompañamiento. ‖ Compartir : *le acompaño en su sentimiento.* ‖ — V. pr. Ejecutar el acompañamiento musical.
acompasado, da adj. Hecho a compás : *paso acompasado.*
acomplejado, da adj. y s. Lleno de complejos.

acomplejar v. t. Dar complejos. ‖ — V. pr. Padecer complejos.
aconchabarse v. pr. *Fam.* Entenderse, confabularse.
acondicionado, da adj. Con los adv. *bien o mal*, de buen genio o condición o al contrario. ‖ *Aire acondicionado*, el dotado artificialmente de una temperatura y graduación higrométrica determinadas.
acondicionador m. Aparato para climatizar un local.
acondicionamiento m. Acción y efecto de acondicionar.
acondicionar v. t. Dar cierta calidad o condición. ‖ Dar temperatura, presión y el grado de humedad convenientes a un local cerrado.
aconfesional adj. Que no es confesional.
acongojar v. t. Angustiar.
aconsejable adj. Que se puede aconsejar.
aconsejador, ra adj. y s. Consejero.
aconsejar v. t. Dar consejo. ‖ — V. pr. Tomar consejo.
acontecer v. i. Suceder.
acontecimiento m. Suceso.
acopio m. Reunión.
acoplar v. t. Unir entre sí dos piezas de modo que ajusten exactamente. ‖ Parear o unir dos animales para yunta o tronco. ‖ Procurar la unión sexual de los animales. ‖ *Fig.* Conciliar opiniones. | Adaptar, encajar. ‖ *Fís.* Agrupar dos aparatos o sistemas.
acoquinamiento m. Miedo.
acoquinarse v. pr. Asustarse.
acorazado m. Buque de guerra blindado de grandes dimensiones.
acorazar v. t. Revestir con láminas de hierro o acero. ‖ — V. pr. Prepararse, defenderse.
acorchado, da adj. Dícese de lo que es fofo y esponjoso como el corcho. ‖ Dícese de la madera que hace saltar la herramienta. ‖ *Fig.* Entorpecido : *piernas acorchadas.* | Pastoso : *tengo la lengua acorchada después de tomar esa medicina.*
acorchar v. t. Cubrir con corcho. ‖ — V. pr. Ponerse fofo como el corcho. ‖ *Fig.* Entorpecerse los miembros del cuerpo.
acordar v. t. Determinar de común acuerdo o por mayoría de votos. ‖ Resolver. ‖ Convenir, ponerse de acuerdo. ‖ *Mús.* Afinar los instrumentos o las voces. ‖ Traer a la memoria. ‖ *Amer.* Conceder. ‖ — V. i. Concordar, conformar, convenir una cosa con otra. ‖ — V. pr. Venir a la memoria.
acorde adj. Conforme. ‖ Con armonía. ‖ — M. *Mús.* Conjunto de tres o más sonidos diferentes combinados armónicamente.
acordeón m. Instrumento músico de viento.
acordeonista com. Persona que toca el acordeón.
acordonado, da adj. De forma de cordón. ‖ *Fig.* Rodeado de policía, soldados, etc.
acordonamiento m. Acción y efecto de acordonar o acordonarse.
acordonar v. t. Sujetar con cordones. ‖ Formar el cordoncillo en las monedas. ‖ *Fig.* Rodear de gente un lugar para incomunicarlo.
acorralamiento m. Acción y efecto de acorralar o acorralarse.
acorralar v. t. Encerrar en el corral. ‖ *Fig.* Encerrar a uno, impidiéndole toda salida.
acortamiento m. Acción y efecto de acortar o acortarse.
acortar v. t. Reducir la longitud, duración o cantidad (ú. t. c. pr.).
acosador, ra adj. y s. Que acosa.
acosamiento m. Acción y efecto de acosar.
acosar v. t. Perseguir.
acoso m. Acosamiento.
acostar v. t. Echar o tender en la cama o en tierra. ‖ *Mar.* Arrimar el costado de una embarcación a alguna parte. ‖ — V. i. Llegar a la costa. ‖ — V. pr. Echarse en la cama o en el suelo.
acostumbrado, da adj. Habitual.
acostumbrar v. t. Hacer adquirir costumbre. ‖ — V. i. Tener costumbre. ‖ — V. pr. Adaptarse. ‖ Tomar la costumbre.
acotación f. Acotamiento. ‖ Nota que se pone en el margen de algún escrito. ‖ Cota de un plano o dibujo.
acotamiento m. Acción y efecto de acotar.
acotar v. t. Poner cotos, amojonar con ellos : *acotar una heredad.* ‖ Reservar, prohibir, limitar. ‖ Fijar o señalar. ‖ Poner anotaciones. ‖ Poner cotas en los planos para indicar las alturas.
acotiledóneo, a adj. *Bot.* Que carece de cotiledones (ú. t. c. s. f. pl.).
ácrata adj. y s. Partidario de la supresión de toda autoridad.
acre adj. Áspero y picante al gusto. ‖ *Fig.* Áspero, desabrido.
acrecentamiento m. Aumento.
acrecentar v. t. Aumentar.
acrecer v. t. e i. Aumentar.
acreditación f. Credencial, documento que acredita a una persona.
acreditado, da adj. Que tiene crédito : *persona muy acreditada en esos círculos.*
acreditar v. t. Hacer digno de crédito o reputación. ‖ Dar fama o crédito. ‖ Dar seguridad de que una persona o cosa es lo que representa o parece. ‖ Confirmar. ‖ *Com.* Abonar, anotar en el haber. ‖ — V. pr. Conseguir crédito o fama. ‖ Presentar sus cartas credenciales un embajador.
acreedor, ra m. y f. Persona a quien se debe algo. ‖ — Adj. Merecedor.
acribillar v. t. Abrir muchos agujeros en alguna cosa. ‖ Hacer muchas heridas o picaduras. ‖ *Fam.* Molestar mucho.
acrílico, ca adj. Dícese del ácido obtenido por oxidación de un aldehído etilénico. ‖ — M. Fibra textil sintética que resulta de la polimerización del nitrilo acrílico con otros monómeros.
acrilina f. *Quím.* Resina sintética incolora.
acrimonia f. Aspereza, desabrimiento.
acriollado, da adj. Que parece criollo.
acriollarse v. pr. *Amer.* Acomodarse el extranjero a los usos del país en que vive.
acrisolar v. t. Depurar metales en el crisol. ‖ *Fig.* Purificar.
acristalar v. t. Poner cristales.
acritud f. Acrimonia. ‖ Calidad de acre.
acrobacia f. Acrobatismo. ‖ Evolución espectacular que efectúa un aviador en el aire.
acróbata com. Persona que ejecuta ejercicios difíciles, y a veces peligrosos, en los circos, etc.
acrobático, ca adj. Relativo al acróbata.
acrobatismo m. Profesión y ejercicios del acróbata.
acromático, ca adj. Sin color.
acrópolis f. Sitio elevado y fortificado en las ciudades antiguas.
acta f. Relación escrita de lo tratado en una reunión. ‖ Certificación en que consta la elección de una persona.
actinio m. Metal radiactivo.
actitud f. Postura del cuerpo humano : *actitud graciosa.* ‖ *Fig.* Disposición de ánimo.

activación f. Acción y efecto de activar.
activar v. t. Avivar, excitar, acelerar. ‖ Hacer más activo. ‖ Hacer que un cuerpo químico sea más activo : *activar el carbón.* ‖ Poner un fulminante : *activar un explosivo.* ‖ — V. pr. Agitarse.
actividad f. Facultad de obrar. ‖ Diligencia, prontitud, eficacia. ‖ — Pl. Conjunto de operaciones o tareas propias de una entidad o persona. ‖ *En actividad,* en acción.
activismo m. Propaganda activa al servicio de una doctrina.
activista adj. y s. Miembro activo de un partido, de un grupo.
activo, va adj. Que obra : *vida activa.* ‖ Vivo, laborioso. ‖ *Gram.* Que denota acción en sentido gramatical : *verbo activo.* ‖ — M. Total de lo que posee un comerciante. ‖ *En activo,* en funciones.
acto m. Hecho : *acto heroico.* ‖ Tratándose de un ser vivo, movimiento adaptado a un fin : *acto instintivo.* ‖ Manifestación de la voluntad humana. ‖ Movimiento del alma hacia Dios. ‖ Decisión del poder público. ‖ Hecho público o solemne. ‖ División de la obra teatral. ‖ Fiesta, función.
actor, ra m. y f. *For.* Persona que demanda en juicio.
actor, triz m. y f. Artista de una obra de teatro o film. ‖ Persona que toma parte activa en algo.
actuación f. Acción y efecto de actuar.
actual adj. Presente.
actualidad f. Tiempo presente.
actualización f. Acción de actualizar.
actualizar v. t. Volver actual, dar actualidad a una cosa : *actualizar un texto.* ‖ En economía, ajustar valores futuros para tenerlos en cuenta en el momento de tomar decisiones.
actuar v. t. Poner en acción. ‖ — V. i. Ejercer actos o funciones propias de su cargo. ‖ Representar un papel en una obra de teatro o en una película.
actuario m. En las compañías de seguros, especialista en cuestiones matemáticas.
acuarela f. Pintura que se hace con colores diluidos en agua.
acuarelista com. Pintor de acuarelas.
acuario m. Depósito de agua donde se tienen peces vivos.
acuartelamiento m. Acción y efecto de acuartelar o acuartelarse. ‖ Lugar donde se acuartela.
acuartelar v. t. *Mil.* Poner la tropa en cuarteles (ú. t. c. pr.).
acuático, ca adj. Del agua o que vive en ella.
acuatizar v. i. Posarse un avión en el agua.
acuciante o **acuciador, ra** adj. Que acucia : *deseo acuciante.*
acuciar v. t. Estimular, dar prisa. ‖ Desear con vehemencia.
acuclillarse v. pr. Ponerse en cuclillas.
acuchillado, da adj. Aplícase al vestido con aberturas semejantes a cuchilladas. ‖ — M. Acción de alisar entarimados.
acuchillar v. t. Dar cuchilladas. ‖ Matar a cuchillo, apuñalar. ‖ *Fig.* Hacer aberturas semejantes a cuchilladas en los vestidos. ‖ Raspar o alisar un entarimado. ‖ — V. pr. Darse de cuchilladas.
acudir v. i. Ir, presentarse, asistir. ‖ Valerse de una cosa para un fin : *acudir a un recurso.*
acueducto m. Conducto artificial subterráneo o elevado sobre arcos para conducir agua.
ácueo, a adj. De agua.
acuerdo m. Resolución tomada por dos o más personas o adoptada en tribunal, junta o asamblea. ‖ Unión, armonía : *en perfecto acuerdo.* ‖ Pacto, tratado. ‖ *Arg.* Consejo de ministros.
acuidad f. Agudeza.
aculturación f. Adaptación voluntaria u obligada a una nueva cultura, nuevas creencias y nuevos comportamientos.
acullá adv. En la parte opuesta del que habla.
acumara f. *Méx.* Pez de agua dulce.
acumulación f. Acción y efecto de acumular.
acumulador, ra adj. y s. Que acumula. ‖ — M. Aparato que almacena energía eléctrica para restituirla en el momento deseado.
acumulamiento m. Acumulación.
acumular v. t. Juntar.
acumulativo, va adj. Que acumula.
acunar v. t. Mecer en la cuna.
acuñador, ra adj. y s. Que acuña.
acuñar v. t. Imprimir monedas y medallas por medio del cuño o troquel. ‖ Fabricar o hacer moneda. ‖ Meter cuñas.
acuosidad f. Calidad de lo que es acuoso.
acuoso, sa adj. De agua. ‖ Parecido al agua. ‖ Abundante en agua.
acupuntor, ra adj. y s. Que hace la acupuntura.
acupuntura f. *Cir.* Operación que consiste en clavar agujas en el cuerpo con fin terapéutico.
acurrucarse v. pr. Encogerse.
acusación f. Acción de acusar o acusarse.
acusado, da m. y f. Persona a quien se acusa. ‖ — Adj. Notable.
acusador, ra adj. y s. Que acusa.
acusar v. t. Imputar a uno algún delito o culpa. ‖ Tachar, calificar. ‖ Censurar, reprender. ‖ Denunciar, delatar. ‖ Indicar, avisar. ‖ Manifestar, revelar. ‖ *For.* Exponer los cargos y las pruebas contra el acusado. ‖ — V. pr. Confesarse culpable.
acusativo m. *Gram.* Uno de los seis casos de la declinación.
acusatorio, ria adj. *For.* Relativo a la acusación.
acuse m. Acción y efecto de acusar el recibo de cartas, etc.
acusica adj. y s. Delator.
acústica f. Parte de la física que trata de la formación y propagación de los sonidos. ‖ Calidad de un local en orden a la percepción de los sonidos.
acústico, ca adj. Relativo al órgano del oído o a la acústica.
acutángulo adj. *Geom.* Que tiene tres ángulos agudos.
achabacanar v. t. Volver chabacano.
achacable adj. Imputable.
achacar v. t. Imputar.
achacosidad f. Predisposición a los achaques.
achacoso, sa adj. Con achaques.
achaflanar v. t. Hacer o dar forma de chaflán.
achantarse v. pr. Aguantarse. ‖ Callarse.
achaparrado, da adj. Dícese de lo que es bajo y gordo.
achaque m. Indisposición habitual. ‖ Defecto habitual.
acharar v. t. Avergonzar.
achares m. pl. Celos.
achatado, da adj. Chato.
achatamiento m. Acción y efecto de achatar o achatarse. ‖ Falta de esfericidad del globo terrestre.

achatar v. t. Poner chato.
achicar v. t. Disminuir. ‖ Extraer el agua de una mina, de una embarcación. ‖ *Fig.* Humillar. ‖ Acobardar (ú. t. c. pr.).
achicoria f. Planta de hojas recortadas, ásperas y comestibles.
achicharrar v. t. Freír, asar o tostar demasiado. ‖ *Fig.* Calentar con exceso. | Molestar, abrumar. ‖ — V. pr. Quemarse, freírse mucho una cosa. ‖ Abrasarse.
achinado, da adj. Parecido a los chinos : *ojos achinados.* ‖ *Riopl.* Parecido a la plebe.
achiquitar v. t. *Amer.* Achicar.
achispar v. t. Embriagar ligeramente a uno (ú. t. c. pr.).
acholado, da adj. *Amer.* De tez parecida a la del cholo. | Corrido, avergonzado.
acholar v. t. Avergonzar.
achuchar v. t. *Fam.* Empujar.
achulado, da adj. *Fam.* Que tiene aire o modales de chulo.
adagio m. Sentencia breve, las más de las veces de carácter moral. ‖ *Mús.* Ritmo bastante lento. | Composición en este movimiento.
adalid m. Caudillo, jefe.
adamascar v. t. Tejer con labores parecidas al damasco.
adaptable adj. Que se puede adaptar.
adaptación f. Acción y efecto de adaptar o adaptarse.
adaptar v. t. Acomodar, ajustar una cosa a otra. ‖ *Fig.* Modificar con un fin o a otras circunstancias. ‖ — V. pr. Acomodarse, avenirse a circunstancias, condiciones, etc.
adaraja f. Resalto de pared.
adarga f. Escudo.
adecentar v. t. Poner decente.
adecuación f. Adaptación.
adecuado, da adj. Apropiado.
adecuar v. t. Acomodar.
adefesio m. Traje o adorno ridículo. ‖ Persona fea o extravagante.
adelantado, da adj. Precoz. ‖ Evolucionado. ‖ — M. (Ant.). Gobernador de una provincia fronteriza, justicia mayor del reino. ‖ Título concedido, hasta fines del s. XVI, a la primera autoridad política, militar y judicial en las colonias españolas de América.
adelantamiento m. Acción y efecto de adelantar o adelantarse. ‖ Dignidad de adelantado y territorio de su jurisdicción. ‖ *Fig.* Progreso, mejora.
adelantar v. t. Mover o llevar hacia adelante. ‖ Acelerar, apresurar. ‖ Anticipar. ‖ Dejar atrás : *adelantar un coche* (ú. t. c. pr.). ‖ Tratándose del reloj, hacer que señale hora posterior a la que es. ‖ *Fig.* Aumentar, mejorar. ‖ — V. i. Andar el reloj más aprisa de lo debido.
adelante adv. Más allá. ‖ Denota tiempo futuro. ‖ *En adelante,* en lo sucesivo.
adelanto m. Anticipo de un pago. ‖ Adelantamiento. ‖ Progreso.
adelfa f. Arbusto parecido al laurel, de flores rojizas.
adelgazamiento m. Acción y efecto de adelgazar.
adelgazar v. t. Poner delgado. ‖ — V. i. Enflaquecer.
ademán m. Movimiento del cuerpo con que se manifiesta un afecto del ánimo : *con elegante ademán.* ‖ — Pl. Modales.
además adv. A más de esto.
adenoides f. pl. Hipertrofia del tejido ganglionar en la rinofaringe.
adentrarse v. pr. Penetrar.
adentro adv. A o en lo interior. ‖ — M. pl. Lo interior del ánimo.
adepto, ta adj. y s. Afiliado a una secta o asociación.
aderezar v. t. Adornar. ‖ Guisar, sazonar, condimentar.
aderezo m. Acción y efecto de aderezar o aderezarse.
adeudar v. t. Deber.
adherencia f. Acción y efecto de pegarse una cosa con otra.
adherente adj. Que adhiere o se adhiere. ‖ — Com. Persona que forma parte de un grupo.
adherir v. i. Pegarse, unirse una cosa con otra. ‖ — V. pr. *Fig.* Mostrar adhesión por una idea, doctrina, etc., abrazarla.
adhesión f. Adherencia. ‖ *Fig.* Acción y efecto de adherir o adherirse : *adhesión a un partido.*
adhesivo, va adj. Capaz de adherirse. ‖ — M. Sustancia adhesiva.
ad hoc loc. lat. Que conviene a tal objeto : *argumento «ad hoc».*
adición f. Acción de añadir o agregar. ‖ *Mat.* Operación de sumar.
adicional adj. Que se adiciona.
adicionar v. t. Agregar.
adicto, ta adj. y s. Partidario.
adiestramiento m. Acción y efecto de adiestrar o adiestrarse.
adiestrar v. t. Hacer diestro (ú. t. c. pr.). ‖ Enseñar, instruir.
adinerado, da adj. y s. Rico.
adiós m. Despedida. ‖ — Interj. ¡Hasta la vista!
adiposidad f. Calidad de adiposo.
adiposis f. *Med.* Enfermedad producida por el exceso de grasa.
adiposo, sa adj. Grasiento.
aditivo m. Añadido.
adivinación f. Acción y efecto de adivinar.
adivinador, ra adj. y s. Que adivina.
adivinanza f. Acertijo.
adivinar v. t. Descubrir lo futuro o lo oculto, predecir. ‖ Acertar un enigma. ‖ Juzgar por conjeturas.
adivinatorio, ria adj. Relativo a la adivinación.
adivino, na m. y f. Persona que adivina.
adjetivación f. Acción y efecto de adjetivar o adjetivarse.
adjetivar v. t. Aplicar adjetivos. ‖ Dar al nombre valor de adjetivo (ú. t. c. pr.). ‖ Calificar.
adjetivo, va adj. Que se refiere a una cualidad o accidente. ‖ *Gram.* Perteneciente al adjetivo. ‖ — M. Palabra que se agrega al sustantivo para designar una cualidad o determinar o limitar su extensión.
adjudicación f. Acción y efecto de adjudicar o adjudicarse.
adjudicador, ra adj. y s. Que adjudica.
adjudicar v. t. Declarar que una cosa corresponde a una persona. ‖ — V. pr. Apropiarse. ‖ Conseguir : *adjudicarse la victoria.*
adjudicatario, ria m. y f. Persona a quien se adjudica una cosa.
adjuntar v. t. Unir una cosa con otra.
adjunto, ta adj. Que va unido con otra cosa o persona.
adminículo m. Objeto que sirve de ayuda en caso de necesidad.
administración f. Acción de administrar. ‖ Empleo y oficina del administrador. ‖ Ciencia del gobierno de un Estado. ‖ Conjunto de los empleados de un ramo particular

de un servicio público. ‖ *Consejo de administración*, personas responsables de una sociedad.
administrado, da adj. y s. Sometido a una autoridad administrativa.
administrador, ra adj. y s. Dícese de la persona que administra.
administrar v. t. Gobernar, regir : *administrar el Estado*. ‖ Conferir : *administrar los sacramentos*. ‖ Tratándose de medicamentos, aplicarlos. ‖ Dar, propinar : *administrar una paliza*.
administrativo, va adj. Relativo a la administración. ‖ — M. y f. Persona que administra una empresa.
admirable adj. Digno de admiración.
admiración f. Sensación de sorpresa, placer y respeto que se experimenta ante una cosa hermosa o buena. ‖ Signo ortográfico (¡ !) usado para expresar admiración, queja o lástima.
admirador, ra adj. y s. Que admira.
admirar v. t. Mirar con entusiasmo, sorpresa o placer. ‖ Causar sorpresa o placer. ‖ — V. pr. Asombrarse.
admirativo, va adj. Que causa o denota admiración.
admisibilidad f. Calidad de admisible.
admisible adj. Que se admite.
admisión f. Acción de admitir. ‖ Recepción. ‖ Primer tiempo en el funcionamiento de los motores de explosión en que la mezcla explosiva es aspirada por el pistón.
admitir v. t. Recibir, dar entrada. ‖ Aceptar, reconocer. ‖ Permitir, tolerar.
admonición f. Amonestación.
adobar v. t. Componer, preparar. ‖ Guisar, aderezar. ‖ Poner en adobo las carnes, el pescado. ‖ Curtir y componer las pieles.
adobe m. Ladrillo secado al sol.
adobo m. Acción y efecto de adobar. ‖ Salsa para sazonar y conservar las carnes, el pescado.
adocenado, da adj. Vulgar.
adoctrinador, ra adj. y s. Que adoctrina.
adoctrinamiento m. Acción y efecto de adoctrinar.
adoctrinar v. t. Instruir, enseñar (ú. t. c. pr.).
adolecer v. i. Caer enfermo o padecer una dolencia habitual. ‖ *Fig.* Tener pasiones, vicios, etc. ‖ Tener algún defecto.
adolescencia f. Período entre la infancia y la edad adulta.
adolescente adj. y s. Que está en la adolescencia.
adonde adv. Donde.
adondequiera adv. A cualquier parte. ‖ Donde quiera.
adopción f. Acción de adoptar.
adoptar v. t. Prohijar. ‖ Admitir alguna opinión o doctrina. ‖ Aprobar.
adoptivo, va adj. Que ha sido adoptado.
adoquín m. Piedra labrada para empedrados. ‖ *Fam.* Necio.
adoquinado m. Suelo con adoquines. ‖ Acción de adoquinar.
adoquinar v. t. Empedrar con adoquines.
adorable adj. Digno de adoración.
adoración f. Acción de adorar.
adorador, ra adj. y s. Que adora.
adorar v. t. Reverenciar a un ser. ‖ Rendir culto a Dios. ‖ *Fig.* Amar en extremo : *adorar un arte*.
adormecedor, ra adj. Que adormece.
adormecer v. t. Dar o causar sueño. ‖ *Fig.* Calmar, sosegar. ‖ — V. pr. Empezar a dormirse. ‖ Entorpecerse un miembro.
adormecimiento m. Acción y efecto de adormecer o adormecerse.
adormidera f. Planta papaverácea de cuyo fruto se saca el opio.
adormilarse y **adormitarse** v. pr. Dormirse a medias.
adornar v. t. Engalanar con adornos. ‖ *Fig.* Concurrir en una persona ciertas prendas o circunstancias favorables.
adorno m. Lo que sirve para hermosear personas o cosas.
adosar v. t. Arrimar.
adquirido, da adj. Alcanzado.
adquiridor, ra adj. y s. Comprador.
adquirir v. t. Alcanzar. ‖ Hacer propio pagando cierta cantidad.
adquisición f. Acción de adquirir. ‖ Compra.
adral m. Cada una de las tablas que se ponen a los lados del carro o camión para mantener la carga.
adrede adv. De intento.
adrenalina f. Hormona segregada por la masa medular de las glándulas suprarrenales.
adscribir v. t. Inscribir.
adsorbente adj. y s. m. Capaz de adsorción.
adsorber v. t. Fijar por adsorción.
adsorción f. *Fís.* Penetración de un gas o líquido en un sólido.
aduana f. Administración que percibe los derechos sobre las mercancías importadas o exportadas. ‖ Oficina de dicha administración.
aduanero, ra adj. Relativo a la aduana. ‖ — M. Empleado en la aduana.
aducir v. t. Presentar o alegar pruebas, razones, etc.
adueñarse v. pr. Hacerse dueño.
adulación f. Lisonja, halago.
adulador, ra adj. y s. Lisonjero, que adula.
adular v. t. Halagar.
adulteración f. Acción y efecto de adulterar o adulterarse.
adulterar v. i. Cometer adulterio. ‖ — V. t. Falsificar.
adulterino, na adj. Procedente de adulterio. ‖ Relativo al adulterio. ‖ Falsificado.
adulterio m. Ayuntamiento carnal fuera del matrimonio. ‖ Falsificación, fraude.
adúltero, ra adj. y s. Que comete adulterio.
adulto, ta adj. y s. Llegado al término de la adolescencia.
adusto, ta adj. Austero.
advenedizo, za adj. y s. Persona humilde que ha conseguido cierta fortuna y pretende figurar en la alta sociedad.
advenimiento m. Venida o llegada. ‖ Subida al trono.
advenir v. i. Venir, llegar.
adventicio, cia adj. Que sobreviene accidentalmente.
adverbial adj. De adverbio.
adverbio m. *Gram.* Parte de la oración que modifica la significación del verbo, del adjetivo o de otro adverbio.
adversario, ria m. y f. Rival.
adversidad f. Calidad de adverso. ‖ Infortunio.
adverso, sa adj. Contrario.
advertencia f. Acción y efecto de advertir.
advertir v. t. Observar. ‖ Llamar la atención, señalar. ‖ — V. i. Caer en la cuenta.
adviento m. Tiempo litúrgico que precede a la Navidad.
adyacente adj. Contiguo.

aéreo, a adj. De aire o relativo a él. ‖ De la aviación.
aerobús m. Nombre registrado de un avión capaz de transportar unos 250 pasajeros.
aerodeslizador m. Vehículo que se desplaza sobre un colchón de aire que él mismo produce.
aerodinámica f. Parte de la mecánica que estudia el movimiento de los gases.
aerodinámico, ca adj. Relativo a la aerodinámica. ‖ Aplícase a los vehículos u otras cosas de forma adecuada para disminuir la resistencia del aire.
aerodinamismo m. Calidad de aerodinámico.
aeródromo m. Campo para el despegue y aterrizaje de aviones.
aerógrafo m. Aparato para pintar por vaporización.
aerolito m. Fragmento de un bólido que cae sobre la Tierra.
aeromodelismo m. Construcción de modelos reducidos de avión.
aeromoza f. Azafata que sirve a los viajeros en los aviones.
aeronauta com. Persona que practica la navegación aérea.
aeronáutico, ca adj. Relativo a la aeronáutica. ‖ — F. Ciencia de la navegación aérea.
aeronaval adj. De la marina de guerra y de la aviación.
aeronave f. Nombre genérico de todos los vehículos capaces de navegar por el aire.
aeroplano m. Avión.
aeropostal adj. Relativo o perteneciente al correo aéreo.
aeropuerto m. Conjunto de las instalaciones preparadas para el funcionamiento regular de las líneas aéreas de transporte.
aerosol m. Sustancia medicamentosa que se aplica por inhalación.
aerospacial adj. Relativo a la vez a la aeronáutica y a la astronáutica : *industria aerospacial.*
aerostático, ca adj. Relativo a los aeróstatos. ‖ — F. Parte de la mecánica que estudia el equilibrio de los gases.
aeróstato m. Aparato lleno de un gas más ligero que el aire y que puede elevarse en la atmósfera.
aeroterrestre adj. De las fuerzas militares de tierra y aire.
aerotransportado, da adj. *Mil.* Conducido por vía aérea.
aerotransportar v. t. Transportar por vía aérea.
aerovía f. Ruta aérea.
afabilidad f. Calidad de afable.
afable adj. Agradable.
afamado, da adj. Famoso.
afán m. Trabajo excesivo y solícito. ‖ Anhelo vehemente.
afanar v. i. Entregarse al trabajo con solicitud (ú. t. c. pr.). ‖ Hacer diligencias para conseguir algo (ú. t. c. pr.). ‖ — V. t. *Pop.* Robar.
afasia f. Pérdida de la palabra.
afear v. t. Hacer o poner feo. ‖ *Fig.* Tachar, vituperar.
afección f. Amor, cariño. ‖ Impresión : *afección del ánimo.* ‖ Enfermedad.
afectación f. Acción de afectar. ‖ Falta de sencillez.
afectado, da adj. Que muestra afectación. ‖ Aparente, fingido. ‖ Perjudicado. ‖ Aquejado, afligido.
afectar v. t. Hacer algo sin sencillez ni naturalidad. ‖ Fingir. ‖ Hacer impresión una cosa en una persona. ‖ *Med.* Producir alteración en algún órgano. ‖ Dañar. ‖Atañer, tocar.
afectividad f. Calidad de afectivo.
afectivo, va adj. Sensible. ‖ Cariñoso.
afecto, ta adj. Inclinado a una persona o cosa. ‖ — M. Cariño, amistad. ‖ *Med.* Afección.
afectuoso, sa adj. Cariñoso.
afeitado m. Acción y efecto de afeitar.
afeitadora f. Maquinilla de afeitar.
afeitar v. t. Cortar con navaja o maquinilla la barba o el pelo. ‖ *Fig.* Pasar rozando. ‖ Cortar algo los cuernos de un toro de lidia.
afeite m. Cosmético.
afeminado, da adj. y s. m. Dícese del hombre que en su comportamiento o manera de vestirse se parece a las mujeres.
afeminar v. t. Volver afeminado. ‖ — V. pr. Volverse afeminado.
aferrado, da adj. Obstinado.
aferrar v. t. Agarrar mucho. ‖ — V. i. *Mar.* Anclar. ‖ — V. pr. Obstinarse.
affaire m. (pal. fr.). Caso : *el muy controvertido affaire Dreyfus en Francia.* ‖ Asunto.
afianzar v. t. Dar fianza o garantía. ‖ Afirmar o asegurar con puntales, clavos, etc. (ú. t. c. pr.).
afición f. Inclinación. ‖ Conjunto de aficionados.
aficionado, da adj. y s. Que tiene afición a una cosa. ‖ Que cultiva algún arte o deporte sin tenerlo por oficio.
aficionar v. t. Inclinar. ‖ — V. pr. Gustarle a una persona o cosa.
afilador, ra adj. y s. Que afila.
afilar v. t. Sacar filo o punta. ‖ — V. pr. *Fig.* Adelgazarse la cara, la nariz o los dedos.
afiliación f. Acción y efecto de afiliar o afiliarse.
afiliado, da adj. y s. Que pertenece a una asociación o partido.
afiliar v. t. Asociar una persona a una corporación o sociedad. ‖ — V. pr. Adherirse a una sociedad.
afín adj. Próximo, contiguo.
afinar v. t. Hacer fino. ‖ Purificar los metales. ‖ Poner en tono justo los instrumentos músicos. ‖ Aquilatar mucho la calidad o precio de alguna cosa.
afincarse v. pr. Establecerse.
afinidad f. Semejanza o analogía de una cosa con otra. ‖ Parentesco entre un cónyuge y los deudos del otro. ‖ Tendencia a combinarse de los cuerpos químicos.
afirmación f. Acción y efecto de afirmar o afirmarse.
afirmar v. t. Poner firme, dar firmeza. ‖ Sostener o dar por cierta alguna cosa.
afirmativo, va adj. Que afirma : *proposición afirmativa.*
aflicción f. Pesar, sentimiento.
aflictivo, va adj. Que causa aflicción.
afligir v. t. Causar pena. ‖ — V. pr. Sentir pesar.
aflojar v. t. Disminuir la presión o tirantez. ‖ *Fig.* y *fam.* Entregar de mala gana. ‖ *Pop. Aflojar la mosca,* pagar. ‖ — V. i. *Fig.* Debilitarse una cosa, perder fuerza.
aflorar v. i. Asomar un mineral a la superficie de un terreno.
afluencia f. Acción y efecto de afluir. ‖ Abundancia.
afluente m. Río que desemboca en otro principal.
afluir v. i. Acudir en abundancia. ‖ Verter

un río sus aguas en otro o en un lago o mar.
aflujo m. Afluencia anormal de líquidos a un tejido orgánico.
afonía f. Falta de voz.
afónico, ca adj. Falto de voz.
aforar v. t. Calcular la capacidad de un recipiente. ‖ Medir la cantidad de agua que lleva una corriente por unidad de tiempo.
aforismo m. Sentencia breve.
aforo m. Acción y efecto de aforar. ‖ Cabida de una sala de espectáculos.
a fortiori loc. lat. Con mayor razón.
afortunado, da adj. Que tiene fortuna o buena suerte.
afrancesamiento m. Tendencia exagerada a las ideas o costumbres de origen francés.
afrancesar v. t. Dar carácter francés a una persona o cosa (ú. t. c. pr.).
afrecho m. Salvado.
afrenta f. Vergüenza y deshonor. ‖ Dicho o hecho afrentoso.
afrentar v. t. Causar afrenta.
afrentoso, sa adj. Que causa afrenta.
africanismo m. Influencia ejercida por las lenguas y costumbres africanas. ‖ Locución y voz de origen africano.
africanista com. Persona versada en las cosas de África.
africanizar v. t. Dar carácter africano (ú. t. c. pr.).
africano, na adj. y s. De África.
afro adj. Dícese de un peinado con el pelo rizado y sin cortar.
afroasiático, ca adj. y s. Relativo a la vez a Africa y a Asia.
afrocubano, na adj. Relativo a la música o arte cubanos de influencia africana.
afrodisiaco, ca adj. y s. m. Dícese de ciertas sustancias que estimulan el apetito sexual.
afrontamiento m. Acción y efecto de afrontar.
afrontar v. t. Poner una cosa enfrente de otra. ‖ Carear. ‖ Hacer frente. ‖ Hacer cara a un peligro.
afta f. Úlcera en la boca.
afuera adv. Fuera del sitio en que uno está. ‖ En la parte exterior. ‖ — F. pl. Alrededores de una población.
afuste m. Cureña del mortero.
agachadiza f. Ave zancuda.
agachar v. t. Inclinar o bajar una parte del cuerpo (ú. t. c. pr.).
agalla f. Órgano de la respiración de los peces. ‖ *Fig.* y *fam.* Valor.
agamí m. Ave zancuda de América del Sur.
ágape m. Banquete.
agarrada f. *Fam.* Altercado.
agarradera f. *Amer.* Agarradero. ‖ — Pl. *Fam.* Influencias.
agarradero m. Asa o mango.
agarrado, da adj. y s. *Fam.* Roñoso, tacaño.
agarrar v. t. Asir fuertemente. ‖ Coger, tomar. ‖ *Fig.* y *fam.* Conseguir. | Contraer una enfermedad. ‖ — V. i. Fijarse una vacuna, un tinte. ‖ Echar raíces. ‖ *Amer.* Tomar una dirección. ‖ *Fam. Agarrarla*, embriargarse. ‖ — V. pr. Asirse con fuerza. ‖ *Fig.* y *fam.* Tratándose de enfermedades, apoderarse de uno. ‖ Disputarse.
agarrón m. *Amer.* Altercado.
agarrotado, da adj. Dícese de la pieza que no funciona por falta de engrase. ‖ Dícese de los músculos o tendones que se contraen e impiden su normal funcionamiento. ‖ *Fig.* Tieso y rígido.
agarrotamiento m. Acción y efecto de agarrotar o agarrotarse.
agarrotar v. t. Dar garrote al reo. ‖ — V. pr. Entumecerse los miembros del cuerpo humano. ‖ *Tecn.* Moverse con dificultad una pieza por falta de engrase.
agasajado, da adj. y s. Que recibe agasajo.
agasajar v. t. Obsequiar.
agasajo m. Muestra de afecto o consideración. ‖ Fiesta, convite.
ágata f. Cuarzo jaspeado.
agaucharse v. pr. Tomar las costumbres del gaucho.
agave f. Pita.
agavilladora f. *Agr.* Máquina que hace y ata las gavillas.
agavillar v. t. Formar gavillas.
agazapar v. t. *Fam.* Agarrar. ‖ — V. pr. Esconderse. ‖ Agacharse.
agencia f. Empresa comercial para la gestión de asuntos ajenos. ‖ Sucursal de una empresa.
agenciar v. t. Proporcionar (ú. t. c. pr.). ‖ — V. pr. Hacer las diligencias oportunas.
agenda f. Librito de notas. ‖ Orden del día lista de los temas que se tratarán en una reunión.
agente m. Todo lo que obra : *agentes atmosféricos.* ‖ El que obra con poder de otro : *agente diplomático.* ‖ Persona o cosa que produce un efecto.
agigantar v. t. Dar proporciones gigantescas.
ágil adj. Ligero, pronto. ‖ Muy suelto en los movimientos. ‖ Rápido.
agilidad f. Ligereza, prontitud.
agilipollado, da adj. y s. *Fam.* Tonto.
agilipollarse v. pr. *Fam.* Volverse gilipollas.
agilización f. Aceleración, acción de agilizar.
agilizar v. t. Dar mayor rapidez.
agio m. Beneficio que se obtiene del cambio de la moneda o de descontar letras, pagarés, etc. ‖ Especulación sobre el alza y la baja de los fondos públicos.
agiotaje m. Agio. ‖ Especulación que perjudica a terceros.
agitación f. Acción y efecto de agitar o agitarse.
agitador, ra adj. Que agita. ‖ — M. *Quím.* Varilla de vidrio para remover las disoluciones. ‖ — M. y f. Persona que provoca conflictos.
agitanar v. t. Dar carácter gitano.
agitar v. t. Mover violentamente. ‖ *Fig.* Turbar el ánimo. ‖ Excitar (ú. t. c. pr.).
aglomeración f. Acción y efecto de aglomerar o aglomerarse. ‖ Gran acumulación de personas o cosas : *aglomeración urbana.*
aglomerado m. Agregación natural de sustancias minerales.
aglomerar v. t. Amontonar. ‖ — V. pr. Reunirse, juntarse.
aglutinar v. t. Unir.
agnosticismo m. Doctrina que declara inaccesible al entendimiento toda noción de lo absoluto.
agobiador, ra y **agobiante** adj. Difícil de soportar.
agobiar v. t. Doblar la parte superior del cuerpo : *agobiado por* (o *con*) *la carga.* ‖ *Fig.* Causar gran molestia o fatiga.
agobio m. Sofocación, angustia.
agolparse v. pr. Juntarse de golpe muchas personas o animales.
agonía f. Últimos momentos del moribundo.

|| *Fig.* Final. || Aflicción extremada. || Ansia o deseo vehemente.
agónico, ca adj. De la agonía.
agonioso, sa adj. Ansioso.
agonizante adj. y s. Que agoniza : *rezar por los agonizantes.*
agonizar v. i. Estar en la agonía. || Extinguirse o terminarse. || *Fig.* Sufrir angustiosamente.
ágora f. Plaza pública en las ciudades de la Grecia antigua.
agorafobia f. Sensación de angustia en los espacios abiertos.
agorar v. t. Predecir, presagiar.
agorero, ra adj. y s. Que adivina o que predice males.
agostar v. t. Secar el excesivo calor las plantas.
agosteño, ña adj. De agosto.
agosto m. Octavo mes del año : *agosto consta de 31 días.*
agotador, ra adj. Que agota.
agotamiento m. Acción y efecto de agotar o agotarse.
agotar v. t. Extraer todo el líquido que hay en un recipiente cualquiera. || *Fig.* Gastar del todo, consumir. | Terminar con una cosa. | Tratar a fondo : *agotar un tema.* || — V. pr. *Fig.* Extenuarse.
agracejo m. Árbol de flores amarillas y bayas rojas.
agraciado, da adj. Gracioso, hermoso. || Que ha obtenido una recompensa, afortunado en un sorteo (ú. t. c. s.).
agraciar v. t. Embellecer, hermosear. || Conceder una gracia o merced.
agradable adj. Que agrada.
agradar v. i. Complacer, gustar. || — V. pr. Sentir agrado.
agradecer v. t. Sentir o mostrar gratitud. || *Fig.* Corresponder a un favor.
agradecido, da adj. y s. Que agradece.
agradecimiento m. Acción y efecto de agradecer, gratitud.
agrado m. Afabilidad, trato amable. || Voluntad o gusto.
agrandamiento m. Acción y efecto de agrandar.
agrandar v. t. Hacer mayor.
agrario, ria adj. Del campo.
agravación f. y **agravamiento** m. Acción y efecto de agravar o agravarse.
agravante adj. y s. Que agrava.
agravar v. t. Hacer más grave. || — V. pr. Ponerse más grave.
agraviar v. t. Hacer agravio. || — V. pr. Ofenderse.
agravio m. Afrenta, ofensa.
agraz m. Uva sin madurar. || Zumo de esta uva : *un vaso de agraz.* || *En agraz,* antes del tiempo debido.
agredido, da adj. y s. Que ha sufrido agresión.
agredir v. t. Acometer, atacar.
agregación f. Incorporación.
agregado m. Conjunto de cosas homogéneas que forman cuerpo. || Especialista comercial, cultural, militar, etc., de una embajada. || Profesor de instituto o universidad de rango inmediatamente inferior al de catedrático.
agregaduría f. Cargo y oficina de un agregado diplomático.
agregar v. t. Unir, juntar (ú. t. c. pr.). || Añadir.
agremiar v. t. Reunir en gremio o formar gremios (ú. t. c. pr.).
agresión f. Ataque.
agresividad f. Acometividad.
agresivo, va adj. Que ataca.
agresor, ra adj. y s. Persona que comete agresión. || Que lesiona el derecho de otro.
agreste adj. Rústico.
agriar v. t. Poner agrio. Ú. m. c. pr. : *agriarse el vino en la cuba.* || *Fig.* Exasperar los ánimos o las voluntades. Ú. m. c. pr. : *agriarse con la vejez.*
agrícola adj. De la agricultura.
agricultor, ra adj. y s. Persona que labra o cultiva la tierra.
agricultura f. Labranza o cultivo de la tierra.
agridulce adj. y s. Que tiene mezcla de agrio y de dulce.
agrietamiento m. Acción y efecto de agrietar o agrietarse.
agrietar v. t. Abrir grietas. || — V. pr. Rajarse la piel de las manos, de los labios, etc.
agrimensor m. Perito en agrimensura.
agrimensura f. Arte de medir tierras.
agringarse v. pr. *Amer.* Tomar modales de gringo.
agrio, gria adj. Acido. || *Fig.* Acre, áspero, desabrido. || — M. Sabor agrio. || — Pl. Frutas agrias o agridulces, como el limón, las naranjas, los pomelos, etc.
agrisar v. t. Dar color gris.
agro m. Campo.
agronomía f. Ciencia o teoría de la agricultura.
agronómico, ca adj. Relativo a la agronomía.
agrónomo adj. y s. m. Dícese de la persona que se dedica a la agronomía.
agropecuario, ria adj. De la agricultura y la ganadería.
agrupación f. y **agrupamiento** m. Acción y efecto de agrupar o agruparse. || Conjunto de personas agrupadas.
agrupar v. t. Reunir en grupo (ú. t. c. pr.).
agua f. Líquido transparente, insípido e inodoro. || Lluvia. || Licor obtenido por destilación o por infusión. || Vertiente de un tejado. || — Pl. Visos de una tela o de una piedra. || Manantial de aguas medicinales. || Las del mar : *en aguas del Plata.* || — *Agua de socorro,* bautismo sin solemnidad. || *Agua fuerte,* ácido nítrico diluido en corta cantidad de agua. || *Agua oxigenada,* la compuesta por partes iguales de oxígeno e hidrógeno, usada como antiséptico. || *Aguas minerales,* las cargadas de sustancias minerales, generalmente medicinales. || *Aguas territoriales,* parte del mar cercano a las costas de un Estado y sometido a su jurisdicción.
aguacate m. Árbol de fruto muy sabroso. || *Méx. Pop.* Testículo.
aguacero m. Lluvia repentina.
aguachirle f. Vino o café de mala calidad.
aguada f. Pintura con color disuelto en agua. || Dibujo hecho con esta pintura.
aguado, da adj. Mezclado con agua. || *Fig.* Turbado.
aguador, ra m. y f. Persona que lleva o vende agua.
aguafiestas com. inv. Persona que fastidia o turba una diversión.
aguafuerte m. Lámina o grabado al agua fuerte.
aguafuertista com. Grabador al agua fuerte.
aguamala f. *Amer. Zool.* Medusa.
aguamarina f. Berilo verde.
aguamiel f. Agua mezclada con miel. || *Méx.* Jugo de maguey.
aguanieve f. Agua con nieve.

aguantable adj. Que se puede aguantar.
aguantaderas f. pl. *Fam.* Aguante, paciencia, resistencia.
aguantar v. t. Sufrir, soportar. ‖ Resistir, soportar un peso. ‖ Reprimir, contener. ‖ Esperar. ‖ — V. i. Resistir. ‖ — V. pr. Callarse, contenerse. ‖ Tolerar, resignarse.
aguante m. Paciencia.
aguar v. t. Mezclar con agua. ‖ *Fig.* Turbar, estropear. ‖ Molestar, importunar. ‖ — V. pr. Llenarse de agua. ‖ *Fig.* Estropearse.
aguardar v. t. Esperar.
aguardentoso, sa adj. Que tiene aguardiente. ‖ Que parece de aguardiente. ‖ Dícese del modo de hablar áspero, bronco.
aguardiente m. Bebida espiritosa que, por destilación, se saca del vino y otras sustancias.
aguarrás m. Aceite volátil de trementina.
aguascalentense adj. y s. De Aguas Calientes (México).
aguatinta f. Procedimiento de grabado al aguafuerte. ‖ — M. Grabado o estampa realizada por este procedimiento.
agudeza f. Calidad de agudo. ‖ *Fig.* Perspicacia de la vista, oído u olfato o del ingenio. | Dicho agudo.
agudización f. Agudizamiento.
agudizamiento m. Agravamiento. ‖ Intensificación.
agudizar v. t. Hacer aguda una cosa. ‖ *Fig.* Acentuar, intensificar. ‖ — V. pr. Agravarse : *agudizarse una enfermedad.*
agudo, da adj. Delgado, afilado. ‖ *Fig.* Sutil, perspicaz. | Vivo, gracioso, penetrante. ‖ *Gram.* Dícese de la voz cuyo acento tónico carga en la última sílaba. ‖ *Mús.* Aplícase al sonido alto por contraposición al bajo. ‖ *Ángulo agudo,* aquel cuyo valor no llega a los noventa grados.
agüero m. Presagio.
aguerrido, da adj. Ejercitado.
aguerrir v. t. Dar experiencia (ú. t. c. pr.).
aguijón m. Dardo de los insectos. ‖ *Fig.* Acicate, estímulo.
aguijonamiento m. Acción y efecto de aguijonear.
aguijonear v. t. *Fig.* Excitar, estimular : *aguijonear la curiosidad.*
águila f. Ave rapaz diurna, de vista muy penetrante, fuerte musculatura y vuelo rapidísimo. ‖ *Fig.* Persona de mucha viveza y perspicacia.
aguileño, ña adj. Dícese de la nariz encorvada.
aguilucho m. Pollo de águila.
aguinaldo m. Regalo que se da en Navidad o en la Epifanía.
agüista com. Persona que acude a tomar aguas medicinales.
aguja f. Barrita puntiaguda de acero, con un ojo en el extremo superior por donde se pasa el hilo con que se cose. ‖ Varilla de metal que sirve para diversos usos : *aguja de hacer medias.* ‖ Extremo de un campanario, de un obelisco. ‖ Porción de riel movible que en los ferrocarriles sirve para pasar los trenes o los vehículos de una vía a otra. ‖ Tubito metálico que se acopla a la jeringuilla para poner inyecciones. ‖ Púa del gramófono o del tocadiscos.
agujerar y **agujerear** v. t. Hacer agujeros (ú. t. c. pr.).
agujero m. Abertura.
agujetas f. pl. Dolores que se sienten en el cuerpo después de un ejercicio violento.
¡ agur ! interj. ¡ A Dios !, ¡ adiós !
agusanarse v. pr. Criar gusanos alguna cosa.
agustino, na adj. y s. Religioso de la orden de San Agustín.
agutí m. Pequeño roedor.
aguzado, da adj. Agudo.
aguzanieves f. inv. Pájaro de color negro y blanco.
aguzar v. t. Hacer o sacar punta. ‖ Afilar, sacar filo. ‖ *Fig.* Estimular. ‖ Hacer más perspicaz, despabilar : *en estos casos hay que aguzar el ingenio.*
¡ ah ! interj. Expresa generalmente admiración, sorpresa o pena.
aherrojar v. t. Poner prisiones de hierro. ‖ *Fig.* Encadenar.
ahí adv. En ese lugar o a ese lugar : *ahí está ella.* ‖ En esto o en eso : *ahí está la dificultad.* ‖ *Por ahí,* no lejos : *salir un rato por ahí.*
ahijado, da m. y f. Cualquier persona respecto a sus padrinos.
ahijamiento m. Adopción.
ahijar v. t. Prohijar.
ahínco m. Empeño grande.
ahíto, ta adj. Harto.
ahogado, da adj. Dícese del sitio estrecho y sin ventilación. ‖ Oprimido, falto de aliento. ‖ Dícese en el ajedrez cuando se deja al rey sin movimiento. ‖ *Fig.* Apurado. ‖ — M. y f. Persona que muere por falta de respiración.
ahogamiento m. Ahogo.
ahogar v. t. Quitar la vida a alguien impidiéndole la respiración. ‖ Tratándose del fuego, apagarlo, sofocarlo. ‖ En el ajedrez, hacer que el rey adverso no pueda moverse sin quedar en jaque. ‖ *Fig.* Reprimir. ‖ Hacer desaparecer, borrar. ‖ — V. pr. Perecer en el agua. ‖ Asfixiarse. ‖ Estrangularse. ‖ Sentir sofocación.
ahogo m. Opresión en el pecho. ‖ *Fig.* Aprieto, congoja, angustia. | Dificultad, falta de recursos : *pasar ahogos.*
ahondar v. t. Hacer más hondo. ‖ — V. i. Penetrar mucho una cosa en otra. ‖ *Fig.* Investigar, estudiar a fondo.
ahora adv. En este momento. ‖ Pronto : *hasta ahora.* ‖ *Fig.* Hace poco tiempo. | Dentro de poco tiempo. ‖ *Ahora que,* pero. ‖ — Conj. Ora, bien, ya. ‖ Pero, sin embargo.
ahorcado, da m. y f. Persona ajusticiada en la horca.
ahorcamiento m. Acción y efecto de ahorcar.
ahorcar v. t. Quitar a uno la vida colgándole del cuello en la horca u otra parte (ú. t. c. pr.). ‖ Abandonar, dejar.
ahorita adv. Ahora mismo.
ahormar v. t. Ajustar una cosa a su horma o molde (ú. t. c. pr.).
ahorquillar v. t. Asegurar con horquillas. ‖ Dar figura de horquilla.
ahorrador, ra adj. y s. Que ahorra.
ahorrar v. t. Reservar una parte del gasto ordinario (ú. t. c. pr.). ‖ *Fig.* Evitar algún trabajo, riesgo u otra cosa (ú. t. c. pr.).
ahorrativo, va adj. Que ahorra o gasta poco.
ahorro m. Acción de ahorrar. ‖ Lo que se ahorra. ‖ *Fig.* Economía. ‖ *Caja de ahorros,* establecimiento público destinado a recibir cantidades pequeñas que vayan formando un capital a sus dueños y devenguen réditos en su favor.
ahuecado, da adj. Hueco.
ahuecamiento m. Acción y efecto de ahuecarse.

ahuecar v. t. Poner hueca o cóncava una cosa. ‖ Mullir alguna cosa que estaba apretada. ‖ *Fig.* Tratándose de la voz, hacerla más grave. ‖ — V. i. *Fam.* Irse, marcharse.
ahuevar v. t. Dar forma de huevo.
ahuilote m. *Méx.* Bejuco de fruto comestible. ‖ Este fruto.
ahuizotada f. *Méx.* Molestia.
ahuizotar v. t. *Méx.* Molestar.
ahuizote m. *Méx.* Nutria, animal que, según los aztecas, anuncia desgracias. | Mal presagio. | Persona fastidiosa.
ahumado, da adj. Secado al humo. ‖ De color sombrío. ‖ *Fam.* Ebrio. ‖ — M. Acción de ahumar.
ahumar v. t. Poner una cosa al humo. ‖ Llenar de humo. ‖ — V. i. Despedir humo. ‖ *Fam.* Emborrachar (ú. m. c. pr.).
ahuyentar v. t. Hacer huir.
aí m. *Zool. Arg.* Perezoso.
aíllo m. (voz quechua). *Amer.* Casta, linaje. | Comunidad agraria. ‖ *Per.* Boleadora.
aimara y **aimará** adj. y s. Dícese del individuo de un pueblo indio de Bolivia y del Perú que vive cerca del lago Titicaca. ‖ — M. Lengua que habla.
aindiado, da adj. *Amer.* Que tiene el color y la cara de los indios.
airado, da adj. Furioso. ‖ Vicioso : *mujer de vida airada.*
airar v. t. Irritar, encolerizar.
aire m. Fluido gaseoso que forma la atmósfera de la Tierra. Ú. t. en pl. : *volar por los aires.* ‖ Viento o corriente de aire. ‖ *Fig.* Parecido de las personas o cosas. | Aspecto : *con aire triste.* | Vanidad : *se da unos aires.* ‖ *Mús.* Melodía, canto : *aire popular.* ‖ — *Al aire libre,* fuera de todo resguardo. ‖ *Fig. Dejar en el aire,* dejar pendiente de una decisión. | *Estar en el aire,* estar pendiente. | *Palabras al aire,* sin consistencia. ‖ *Tomar el aire,* salir a pasear.
aireación f. Ventilación.
aireado, da adj. Ventilado.
airear v. t. Poner al aire, ventilar. ‖ *Fig.* Dar publicidad o actualidad a una cosa. ‖ — V. pr. Ponerse al aire para refrescarse.
airoso, sa adj. *Fig.* Garboso : *postura airosa.* | Elegante : *respuesta airosa.*
aislacionismo m. Política de un país que no interviene en los asuntos internacionales.
aislacionista adj. y s. Partidario del aislacionismo.
aislado, da adj. Apartado.
aislador, ra adj. y s. m. *Fís.* Aplícase a los cuerpos que interceptan el paso de la electricidad.
aislamiento m. Acción y efecto de aislar o aislarse.
aislante adj. Que aísla. ‖ — M. Sustancia o cuerpo que aísla del calor, electricidad, sonido, etc.
aislar v. t. Cercar por todas partes. ‖ Dejar solo, incomunicar.
ajamonarse v. pr. *Fam.* Hacerse jamona una mujer.
ajar v. t. Quitar el brillo, la frescura : *flores ajadas* (ú. t. c. pr.). ‖ Arrugar.
ajardinado, da adj. Arreglado como un jardín.
ajardinamiento m. Acción y efecto de ajardinar.
ajardinar v. t. Convertir en jardín un terreno.
ajedrecista com. Persona que juega al ajedrez.
ajedrecístico, ca adj. Relativo al ajedrez.
ajedrez m. Juego entre dos personas, que se juega con 32 piezas movibles, sobre un tablero de 64 escaques blancos y negros alternos.
ajenjo m. Planta compuesta, medicinal, amarga y aromática. ‖ Licor alcohólico aromatizado con esta planta y otras hierbas.
ajeno, na adj. Que pertenece a otro. ‖ Extraño, de nación o familia distinta. ‖ Que nada tiene que ver : *ajeno a un negocio.* ‖ *Fig.* Libre de alguna cosa.
ajetrearse v. pr. Atarearse.
ajetreo m. Acción de ajetrearse.
ají m. *Amer.* Pimiento picante, chile.
ajillo m. Ajo machacado, pimiento molido, pan rallado, aceite, vinagre y sal.
ajimez m. Ventana arqueada en cuyo centro hay una columna.
ajipuerro m. Puerro silvestre.
ajo m. Planta cuyo bulbo se usa como condimento. ‖ Nombre de ciertos guisados o salsas : *ajo pollo, ajo comino, ajo blanco.* ‖ *Fig.* y *fam.* Negocio secreto.
ajoarriero m. Guiso de bacalao con ajos, aceite y huevos.
ajolote m. Animal anfibio.
ajonjolí m. *Bot.* Sésamo.
ajorca f. Brazalete, pulsera.
ajornalar v. t. Ajustar a uno por un jornal.
ajuar m. Muebles, alhajas y ropas que aporta la mujer al matrimonio.
ajumarse v. pr. *Pop.* Emborracharse.
ajustado, da adj. Justo. ‖ — M. Ajuste.
ajustador m. Jubón ajustado al cuerpo. ‖ Obrero que ajusta.
ajustamiento m. Acción de ajustar, ajuste.
ajustar v. t. Poner justa una cosa, arreglarla : *ajustar un vestido al cuerpo.* ‖ Conformar, acomodar. ‖ Concertar. ‖ Ordenar, arreglar : *ajustar un horario.* ‖ Concretar el precio. ‖ Liquidar una cuenta. ‖ Asestar, dar. ‖ *Impr.* Concertar las galeradas para formar planas. ‖ *Mec.* Trabajar una pieza de metal para que encaje en su lugar. ‖ *Fam. Ajustar las cuentas,* tomarse la justicia por su mano. ‖ — V. i. Venir justo. ‖ — V. pr. Adaptarse.
ajuste m. Acción y efecto de ajustar o ajustarse : *ajuste de un obrero.* ‖ Encaje, adaptación.
ajusticiado, da m. y f. Reo a quien se ha aplicado la pena de muerte.
ajusticiamiento m. Acción y efecto de ajusticiar.
ajusticiar v. t. Castigar con la pena de muerte.
al, contracción de la prep. *a* y el artículo *el* : *vi al profesor.*
Al, símbolo del *aluminio.*
ala f. Parte del cuerpo de algunos animales, de la que se sirven para volar. ‖ *Por ext.* Cada una de las partes laterales de alguna cosa. ‖ Parte del sombrero que rodea la copa. ‖ Extremo en deportes. ‖ Paleta de la hélice.
alabanza f. Elogio.
alabar v. t. Elogiar. ‖ — V. pr. Mostrarse satisfecho.
alabarda f. Pica con cuchilla de figura de media luna.
alabardero m. Soldado armado de alabarda.
alabastrita f. Variedad de yeso.
alabastro m. Mármol translúcido con visos de colores.
álabe m. Paleta de una rueda hidráulica.
alabear v. t. Dar a una superficie forma alabeada o combada. ‖ — V. pr. Combarse o torcerse.
alabeo m. Vicio que toma una tabla u otra pieza de madera al alabearse.

alacena f. Hueco hecho en la pared, con puertas y anaqueles, a modo de armario.
alacrán m. Arácnido pulmonado.
alado, da adj. Que tiene alas.
alajú m. Pasta de almendras, nueces, especias finas y miel.
alajuelense adj. y s. De Alajuela (Costa Rica).
alamán adj. y s. Individuo de un grupo de tribus germánicas establecidas en el Rin en el s. III.
alamar m. Cairel.
alambicado, da adj. Muy complicado. ‖ Muy estudiado.
alambicar v. t. Destilar. ‖ *Fig.* Examinar muy detenidamente. | Complicar, sutilizar con exceso. ‖ *Fig.* y *fam.* Afinar mucho el precio de una mercancía.
alambique m. Aparato empleado para destilar.
alambrada f. *Mil.* Red de alambre grueso.
alambrado m. Alambrera.
alambrar v. t. Poner una alambrera.
alambre m. Hilo de metal.
alambrera f. Tela de alambre que se coloca en las ventanas. ‖ Fresquera, alacena para guardar los alimentos que hay en la parte de fuera de las ventanas.
alambrista com. Equilibrista.
alameda f. Sitio con álamos.
álamo m. Árbol que crece en las regiones templadas.
alano, na adj. y s. Aplícase al pueblo bárbaro que invadió España en 406. ‖ — M. Perro grande y fuerte, de pelo corto.
alarde m. Demostración.
alardear v. i. Hacer alarde.
alardeo m. Ostentación, alarde.
alargamiento m. Acción y efecto de alargar o alargarse.
alargar v. t. Estirar, dar mayor longitud. ‖ Hacer que una cosa dure más tiempo. ‖ Retardar, diferir. ‖ Dar. ‖ Dar cuerda, o ir soltando poco a poco un cabo, maroma, etc. ‖ *Fig.* Aumentar. ‖ — V. pr. Hacerse más largo. ‖ *Fig.* Extenderse en lo que se habla o escribe. ‖ *Fam.* Ir.
alarido m. Grito lastimero.
alarma f. Señal dada para que se prepare inmediatamente la tropa a la defensa o al combate. ‖ *Fig.* Inquietud, sobresalto.
alarmador y **alarmante** adj. Que alarma : *después de las manifestaciones, la situación del país se volvió muy alarmante.*
alarmar v. t. Dar la alarma. ‖ *Fig.* Asustar, inquietar. ‖ — V. pr. Inquietarse.
alarmismo m. Exageración de los peligros reales.
alarmista adj. y s. Que propaga noticias alarmantes.
alavense y **alavés, esa** adj. y s. De Álava (España).
alazán, ana adj. y s. Dícese del caballo de color canela.
alba f. Luz del día antes de salir el sol : *clarea ya el alba.* ‖ Vestidura blanca que los sacerdotes se ponen sobre el hábito.
albaca f. Albahaca.
albacea com. Ejecutor testamentario.
albacetense y **albaceteño, ña** adj. y s. De Albacete (España).
albahaca f. Planta labiada de flores blancas y olor aromático.
albanés, esa adj. y s. De Albania.
albañil m. Obrero que ejecuta obras de construcción.
albañilería f. Arte de construir edificios.
albarán m. Nota de entrega de una mercancía.
albarda f. Silla de las caballerías de carga.
albaricoque m. Fruto del albaricoquero. ‖ Albaricoquero.
albaricoquero m. Árbol rosáceo de fruto amarillento.
albatros m. inv. Ave marina blanca.
albayalde m. *Quím.* Carbonato de plomo de color blanco.
albedrío m. Potestad de obrar por reflexión y elección.
alberca f. Depósito de agua con muros de fábrica. ‖ *Méx.* Piscina.
albérchigo m. Variedad de melocotón. ‖ Alberchiguero. ‖ Albaricoque.
alberchiguero m. Árbol, variedad del melocotonero. ‖ Albaricoquero.
albergar v. t. Dar albergue u hospedaje. ‖ *Fig.* Alimentar : *albergamos esperanzas.* ‖ Sentir.
albergue m. Lugar donde se hospeda.
albero m. Suelo hecho con tierra blancuzca.
albinismo m. Anomalía congénita que consiste en la disminución o ausencia total de la materia colorante de la piel, los ojos y el cabello.
albino, na adj. y s. Que presenta albinismo.
albis (in) adv. lat. *Estar in albis,* no tener la menor idea. ‖ *Quedarse in albis,* no comprender.
albo, ba adj. *Poét.* Blanco.
albóndiga f. Bolita de carne picada o pescado que se come guisada.
albor m. Blancura. ‖ Luz del alba. ‖ *Fig.* Principio.
alborada f. Tiempo de amanecer el día. ‖ Toque militar o música popular al romper el alba.
alborear v. impers. Amanecer.
albornoz m. Bata amplia de tejido esponjoso que se usa después de tomar un baño.
alborotador, ra adj. y s. Que alborota.
alborotamiento m. Alboroto.
alborotar v. i. Armar ruido, meter jaleo. ‖ Causar desorden. ‖ Agitarse, moverse. ‖ — V. t. Perturbar. ‖ Amotinar. ‖ Desordenar. ‖ — V. pr. Perturbarse. ‖ Amotinarse. ‖ Encolerizarse. ‖ Agitarse el mar.
alboroto m. Vocerío, jaleo. ‖ Motín, sedición. ‖ Desorden.
alborozado, da adj. Regocijado, contento.
alborozador, ra adj. y s. Que alboroza o causa alborozo.
alborozar v. t. Causar gran placer o alegría (ú. t. c. pr.).
alborozo m. Extraordinario regocijo, placer o alegría.
albricias f. pl. Regalo que se da por alguna buena noticia. ‖ — Interj. Expresión de júbilo.
albufera f. Laguna junto al mar, en playas bajas.
álbum m. Libro en blanco, cuyas hojas se llenan con composiciones literarias, sentencias, máximas, fotografías, firmas, sellos de correo, etc. ‖ Carpeta que contiene varios discos fonográficos. (Pl. *álbumes.*)
albumen m. *Bot.* Materia feculenta que envuelve el embrión de algunas semillas.
albúmina f. Sustancia blanquecina y viscosa que forma la clara de huevo y se halla en disolución en el suero de la sangre.
albuminoideo, a adj. De la naturaleza de la albúmina.
albur m. Pez de río. ‖ *Fig.* Riesgo, azar : *los albures de la vida.* ‖ *Méx.* Retruécano, equívoco.

alburear v. i. *Méx.* Echar albures.
alburero, ra adj. y s. *Méx.* Aplícase a la persona aficionada a echar albures.
alcabala f. Tributo que se cobraba sobre las ventas.
alcachofa f. Planta hortense compuesta, cuyas cabezuelas grandes y escamosas son comestibles. ‖ Pieza con muchos orificios que se adapta a la regadera, al tubo de aspiración de las bombas o a los aparatos de ducha.
alcahuete, ta m. y f. Persona que se entremete para facilitar amores ilícitos.
alcahuetear v. i. Hacer de alcahuete.
alcahuetería f. Oficio de alcahuete, proxenetismo.
alcaide m. El que tenía a su cargo la guarda y defensa de una fortaleza. ‖ En las cárceles, encargado de custodiar a los presos.
alcaldada f. Acción abusiva de una autoridad.
alcalde m. Presidente de un Ayuntamiento.
alcaldía f. Cargo y casa u oficina del alcalde. ‖ Territorio de su jurisdicción.
álcali m. *Quím.* Sustancia de propiedades análogas a las de la sosa y la potasa. ‖ Amoniaco.
alcalino, na adj. *Quím* De álcali o que lo contiene. ‖ *Metales alcalinos,* metales muy oxidables como el litio, potasio, rubidio, sodio y cesio.
alcalinotérreo adj. y s. Aplícase a los metales del grupo del calcio (calcio, estroncio, bario, radio).
alcaloide m. *Quím.* Sustancia orgánica cuyas propiedades recuerdan las de los álcalis.
alcance m. Distancia a que llega el brazo. ‖ Lo que alcanza cualquier arma. ‖ Seguimiento, persecución. ‖ Correo extraordinario. ‖ *Fig.* En contabilidad, saldo deudor. | En los periódicos, noticia de última hora. | Capacidad o talento. | Importancia.
alcancía f. Hucha.
alcanfor m. Sustancia aromática cristalizada.
alcanforar v. t. Mezclar un producto con alcanfor.
alcanforero m. Árbol lauráceo del que se extrae el alcanfor.
alcantarilla f. Conducto subterráneo para recoger las aguas llovedizas o inmundas.
alcantarillado m. Conjunto de alcantarillas de una población.
alcantarillar v. t. Construir o poner alcantarillas.
alcanzable adj. Que se puede alcanzar.
alcanzado, da adj. Falto, escaso : *alcanzado de dinero.*
alcanzar v. t. Llegar a juntarse con una persona o cosa que va delante. ‖ Coger algo alargando la mano. ‖ Alargar, tender una cosa a otro. ‖ Llegar hasta. ‖ Unirse, llegar a. ‖ Dar : *la bala le alcanzó.* ‖ Llegar a percibir con la vista, el oído o el olfato. ‖ *Fig.* Hablando de un período de tiempo, haber uno vivido en él. | Conseguir, lograr. | Afectar, estar dirigido a : *esta ley alcanza a todos.* | Entender, comprender. | Llegar a igualarse con otro en alguna cosa. ‖ — V. i. Llegar : *tu carta no me alcanzó.* ‖ Llegar hasta cierto punto. ‖ En ciertas armas, llegar el tiro a cierta distancia. ‖ *Fig.* Tocar a uno una cosa o parte de ella. | Ser suficiente una cosa. ‖ — V. pr. Llegar a tocarse o juntarse.
alcaparra f. Arbusto caparidáceo de flores blancas. ‖ Su fruto.
alcaraván m. Ave zancuda.
alcarraza f. Vasija de arcilla.
alcarria f. Terreno alto.
alcatifa f. Alfombra.
alcatraz m. Pelícano americano.
alcaucí y **alcaucil** m. Alcachofa.
alcaudón m. Pájaro dentirrostro que se alimenta de insectos.
alcayata f. Escarpia.
alcazaba f. Recinto fortificado.
alcázar m. Fortaleza. ‖ Palacio real. ‖ *Mar.* Espacio que media entre el palo mayor y la popa.
alce m. Mamífero rumiante.
alcista com. Bolsista que juega al alza. ‖ — Adj. Que está en alza.
alcoba f. Dormitorio.
alcohol m. Líquido obtenido por la destilación del vino y otros licores fermentados. ‖ Nombre de varios cuerpos de propiedades químicas análogas a las del alcohol etílico.
alcoholemia f. Presencia de alcohol en la sangre : *un grado de alcoholemia alto es muy grave en los accidentes de tráfico.*
alcohólico, ca adj. Que contiene alcohol. ‖ — Adj. y s. Que abusa de bebidas alcohólicas.
alcoholificación f. Conversión en alcohol por fermentación.
alcoholimetría f. Evaluación de la riqueza alcohólica.
alcoholímetro m. Areómetro para medir el alcohol de un líquido.
alcoholismo m. Abuso de bebidas alcohólicas.
alcoholización f. *Quím.* Acción y efecto de alcoholizar.
alcoholizado, da adj. y s. Que padece alcoholismo.
alcoholizar v. t. Echar alcohol en otro líquido. ‖ — V. pr. Contraer alcoholismo.
alcor m. Colina, collado.
alcorán m. Código de Mahoma.
alcornocal m. Sitio plantado de alcornoques.
alcornoque m. Variedad de encina cuya corteza es el corcho. ‖ *Fig.* Idiota, necio.
alcuza f. Vasija cónica en que se pone el aceite en la mesa.
alcuzcuz m. Comida moruna hecha con pasta de sémola.
aldaba f. Pieza de metal para llamar a las puertas. ‖ Barra o travesaño con que se aseguran los postigos o puertas. ‖ — Pl. *Fig.* y *fam.* Protección, agarraderas.
aldea f. Pueblo de pocos vecinos y sin jurisdicción propia.
aldeano, na adj. y s. Natural de una aldea. ‖ Relativo a ella. ‖ *Fig.* Inculto, rústico.
aldehído m. *Quím.* Compuesto volátil e inflamable resultante de la deshidrogenización u oxidación de ciertos alcoholes.
¡ale! interj. ¡Ea!, ¡vamos!
aleación f. Mezcla de dos o más metales.
alear v. t. Mezclar dos o más metales fundiéndolos.
aleatorio, ria adj. Fortuito.
aleccionador, ra adj. Instructivo. ‖ Ejemplar.
aleccionamiento m. Enseñanza, instrucción.
aleccionar v. t. Dar lección. ‖ Enseñar, instruir (ú. t. c. pr.).
aledaño, ña adj. Limítrofe.
alegación f. Acción de alegar.
alegar v. t. Invocar, traer uno a favor de su propósito, como prueba, algún dicho o ejemplo. ‖ Exponer méritos para fundar una pretensión. ‖ — V. i. Defender el abogado una causa.

alegato m. *For.* Alegación por escrito. || *Por ext.* Razonamiento, exposición. || *Fig.* Defensa. || *Amer.* Disputa, discusión.
alegoría f. Ficción que presenta un objeto al espíritu para que sugiera la idea de otro. || Obra o composición literaria o artística de sentido alegórico.
alegórico, ca adj. Relativo a la alegoría : *figura alegórica.*
alegrar v. t. Causar alegría. || *Fig.* Adornar, hermosear. || Animar. || Subirse a la cabeza el vino. || — V. pr. Recibir o sentir alegría. || Animarse (los ojos, la cara). || *Fig.* y *fam.* Achisparse.
alegre adj. Que denota u ocasiona alegría. || Hecho con alegría. || Que infunde alegría. || *Fig.* Aplícase al color muy vivo. || Excitado por la bebida.
alegreto m. *Mús.* Movimiento menos vivo que el alegro.
alegría f. Placer.
alegro m. *Mús.* Movimiento moderadamente vivo.
alejado, da adj. Distante.
alejamiento m. Acción y efecto de alejar o alejarse. || Distancia.
alejandrino m. Verso de arte mayor que consta de catorce sílabas, dividido en dos hemistiquios.
alejar v. t. Poner lejos. || *Fig.* Apartar. || — V. pr. Ir Lejos.
alelar v. t. Poner lelo (ú. m. c. pr.).
aleluya amb. Voz que usa la Iglesia en señal de júbilo.
alemán, ana adj. y s. De Alemania. || — M. Idioma alemán.
alentado, da adj. Animado.
alentador, ra adj. Que alienta. || Reconfortante.
alentar v. t. Animar.
alerce m. Árbol conífero.
alergia f. Estado de una persona provocado por una sustancia, a la que es muy sensible, que causa en ella diferentes trastornos como la fiebre del heno, crisis de asma, urticaria, eczema, etc. || *Fig.* Sensibilidad extremada y contraria respecto a algo.
alérgico, ca adj. Relativo a la alergia. || Incompatible con : *soy alérgico a la vida actual.*
alero m. Parte inferior del tejado que sale fuera de la pared.
alerón m. Timón movible para la dirección de los aviones.
alerta adv. Con vigilancia.
alertar v. t. Poner alerta.
aleta f. Cada una de las membranas externas que tienen los peces para nadar. || *Anat.* Cada una de las dos alas de la nariz. || Parte saliente, lateral y plana de diferentes objetos. || Parte saliente en la parte posterior de un proyectil para equilibrar su movimiento. || Membrana que se adapta a los pies para facilitar la natación. || Parte de la carrocería del automóvil que cubre las ruedas.
aletargamiento m. Letargo.
aletargar v. t. Producir letargo. || — V. pr. Experimentar letargo.
aletear v. i. Agitar las alas.
aleteo m. Acción de aletear.
alevín o **alevino** m. Pez utilizado para poblar ríos y estanques.
alevosía f. Traición, perfidia.
alevoso, sa adj. Traidor.
alfa f. Primera letra del alfabeto griego. || *Rayos alfa,* radiaciones emitidas por los cuerpos radiactivos.
alfabéticamente adv. Siguiendo el orden del alfabeto.
alfabético, ca adj. Relativo al alfabeto : *orden alfabético.*
alfabetización f. Colocación por orden alfabético. || Acción de enseñar a leer y escribir.
alfabetizar v. t. Ordenar alfabéticamente. || Enseñar a leer y a escribir.
alfabeto m. Abecedario. || Reunión de todas las letras de una lengua. || Conjunto de signos que sirven para transmitir cualquier comunicación.
alfajor m. *Arg.* Dulce redondo.
alfalfa f. Planta papilionácea usada como forraje.
alfalfar m. Campo de alfalfa.
alfanje m. Sable corto y corvo.
alfarería f. Arte de fabricar vasijas de barro. || Taller y tienda del alfarero.
alfarero m. El que fabrica vasijas de barro.
alféizar m. *Arq.* Vuelta o derrame de la pared en el corte de una puerta o ventana.
alfeñique m. *Fig.* y *fam.* Persona delicada. || Remilgo.
alférez m. *Mil.* Oficial de categoría inferior a la de teniente.
alfil m. Pieza del juego de ajedrez que se mueve diagonalmente.
alfiler m. Clavillo de metal, con punta por uno de sus extremos y una cabecilla por el otro, que sirve para varios usos. || Joya a modo de alfiler o broche.
alfombra f. Tapiz con que se cubre el suelo de las habitaciones.
alfombrado, da adj. Cubierto de alfombras. || — M. Conjunto de alfombras.
alfombrar v. t. Cubrir el suelo con alfombras. || *Fig.* Tapizar.
alfóncigo m. Árbol terebintáceo de fruto comestible.
alfonsino, na adj. De los reyes españoles llamados Alfonso.
alforfón m. Planta poligonácea.
alforja f. Talega, abierta por el centro y cerrada por sus extremos, que se echa al hombro.
alforza f. Pliegue o doblez horizontal que se hace a una ropa.
alga f. Planta que vive en el fondo de las aguas dulces o saladas.
algarabía f. Lenguaje o escritura ininteligible. || Gritería confusa.
algarada f. *Mil.* Incursión. || Alboroto. || Motín.
algarroba f. Planta papilionácea de flores blancas. || Su fruto.
algarrobo m. Árbol papilionáceo de flores purpúreas.
algazara f. Griterío.
álgebra f. Parte de las matemáticas que estudia la cantidad considerada en abstracto y representada por letras u otros signos.
algebraico, ca y **algébrico, ca** adj. Del álgebra.
algebrista com. Persona que estudia, sabe o profesa el álgebra.
algia, sufijo que significa *dolor : gastralgia, neuralgia.*
algidez f. Frialdad glacial.
álgido, da adj. Muy frío. || *Fig.* Culminante, decisivo.
algo pron. Designa una cosa que no se quiere o no se puede nombrar : *leeré algo antes de dormirme.* || Denota cantidad indeterminada : *apostemos algo.* || *Fig.* Cosa de alguna importancia : *creerse algo.* || — Adv. Un poco : *algo tímido.*

algodón m. Planta malvácea cuyo fruto es una cápsula que contiene de quince a veinte semillas envueltas en una borra muy larga y blanca. ‖ Esta misma borra. ‖ Tejido hecho de esta borra.
algodonal m. Terreno poblado de plantas de algodón.
algodonar v. t. Rellenar de algodón.
algodonero, ra adj. Relativo al algodón.
algodonita f. Mineral de cobre hallado en Algodón (Chile).
algodonoso, sa adj. Como el algodón.
algonquino m. Indio del norte de los Estados Unidos y Canadá. ‖ Lengua que habla.
alguacil m. Ministro inferior de justicia. ‖ Antiguamente, gobernador de una ciudad o comarca. ‖ Oficial inferior ejecutor de los mandatos del alcalde. ‖ El que en las corridas de toros precede a la cuadrilla durante el paseo.
alguien pron. Alguna persona. ‖ — M. *Fam.* Persona importante, notable.
algún adj. Apócope de *alguno.*
alguno, na adj. Se aplica a una persona o cosa con respecto a otras. ‖ Ni poco ni mucho, bastante. ‖ — Pron. Alguien.
alhaja f. Joya.
alhajar v. t. Adornar con alhajas. ‖ Amueblar.
alharaca f. Demostración excesiva de admiración, alegría.
alhelí m. Planta crucífera de flores blancas, amarillas o rojas.
alhóndiga f. Local público para la venta y depósito de granos.
alhucema f. Espliego.
aliado, da adj. y s. Unido por un pacto de alianza.
alianza f. Acción de aliarse dos o más naciones, gobiernos o personas. ‖ Asociación. ‖ Parentesco contraído por casamiento. ‖ Anillo de casado.
aliar v. t. Poner de acuerdo. ‖ — V. pr. Unirse los Estados contra enemigos comunes.
alias adv. Por otro nombre : *Juan Martín alias «el Empecinado».* ‖ — M. Apodo.
alibí m. Coartada.
alicaído, da adj. Caído de alas. ‖ *Fig.* Débil, falto de fuerza. ‖ Desanimado.
alicantino, na adj. y s. De Alicante (España).
alicatado m. Obra de azulejos.
alicatar v. t. Revestir de azulejos.
alicate m. y **alicates** m. pl. Tenacillas de acero.
aliciente m. Incentivo, atractivo.
alicortar v. t. Cortar las alas.
alicorto, ta adj. De alas cortas. ‖ *Fig.* De poca imaginación o pocas aspiraciones.
alícuota adj. Proporcional.
alienable adj. Enajenable.
alienación f. Acción y efecto de alienar. ‖ Enajenación mental.
alienado, da adj. y s. Loco.
alienador, ra y **alienante** adj. Que produce alienación.
alienar v. t. Enajenar.
alienista adj. y s. Dícese del médico especializado en las enfermedades mentales.
aliento m. Respiración. ‖ *Fig.* Vigor del ánimo, esfuerzo, valor.
alifafe m. *Fam.* Achaque.
aligator m. Cocodrilo americano de unos cinco m de largo, de hocico ancho y corto.
aligeramiento m. Acción y efecto de aligerar o aligerarse.
aligerar v. t. Hacer menos pesado : *aligerar la carga* (ú. t. c. pr.). ‖ Apresurar : *aligerar un trabajo.* ‖ *Fig.* Moderar.
alijar v. t. Transbordar y desembarcar géneros de contrabando.
alijo m. Acción y efecto de alijar. ‖ Géneros de contrabando.
alimaña f. Animal dañino.
alimentación f. Acción y efecto de alimentar o alimentarse.
alimentador, ra adj. y s. Que alimenta. ‖ — M. *Tecn.* Conductor de energía eléctrica.
alimentar v. t. Dar alimento, sustentar. ‖ Dar a una máquina en movimiento la materia que necesita para seguir funcionando. ‖ *Fig.* Sostener, fomentar vicios, pasiones, sentimientos, etc. ‖ — V. pr. Tomar alimento.
alimentario, ria adj. Relativo a la alimentación.
alimenticio, cia adj. Que alimenta.
alimento m. Cualquier sustancia que sirve para nutrir. ‖ *Fig.* Lo que sirve de fomento : *alimento del espíritu.* ‖ — Pl. *For.* Asistencias que se dan en dinero a alguna persona a quien se deben por ley.
alimón (al) loc. adv. Hecho entre dos personas que se turnan.
alindar v. t. Señalar los lindes a una heredad. ‖ Hermosear (ú. t. c. pr.).
alineación f. Acción y efecto de alinear o alinearse. ‖ Composición de un equipo deportivo.
alineado, da adj. En línea. ‖ *No alineado,* dícese de los países que rehúsan seguir la política de los bloques de Estados antagonistas.
alineamiento m. Alineación. ‖ *No alineamiento,* actitud de los países no alineados.
alinear v. t. Poner en línea recta : *árboles alineados* (ú. t. c. pr.). ‖ Componer un equipo deportivo. ‖ — V. pr. Seguir la política de una de las superpotencias.
aliñar v. t. Arreglar, preparar. ‖ Aderezar : *aliñar la ensalada.*
aliño m. Acción y efecto de aliñar o aliñarse.
alisar v. t. Poner lisa alguna cosa. ‖ Arreglar por encima el pelo (ú. t. c. pr.).
alisios adj. y s. m. pl. Aplícase a los vientos fijos que soplan de la zona tórrida.
aliso m. Árbol betuláceo.
alistador m. El que alista.
alistamiento m. Acción y efecto de alistar o alistarse.
alistar v. t. Poner en una lista a alguien. ‖ — V. pr. Sentar plaza en el ejército, enrolarse.
aliteración f. *Ret.* Repetición de las mismas letras o sílabas al principio de una palabra.
aliviadero m. Vertedero de aguas sobrantes.
aliviar v. t. Aligerar, hacer menos pesado (ú. t. c. pr.). ‖ *Fig.* Mitigar la enfermedad (ú. t. c. pr.). ‖ Disminuir las fatigas del cuerpo o las aflicciones del ánimo (ú. t. c. pr.).
alivio m. Acción y efecto de aliviar o aliviarse.
aljaba f. Caja para llevar flechas y que se colgaba al hombro.
aljamía f. Escrito castellano en caracteres árabes o hebreos.
aljibe m. Cisterna para el agua llovediza. ‖ *Mar.* Barco que suministra agua a otras embarcaciones, y por ext. el destinado a transportar petróleo.
aljófar m. Perla pequeña.
aljofifa f. Trapo de fregar.
aljofifar v. t. Fregar.

alma f. Principio de la vida. ‖ Cualidades morales buenas o malas. ‖ Conciencia, pensamiento íntimo. ‖ *Fig.* Persona, individuo. ‖ Viveza, energía. ‖ Lo que da aliento y fuerza a alguna cosa. ‖ Hueco de la pieza de artillería.
almacén m. Sitio donde se tienen mercancías para su custodia o venta. ‖ Pieza de un arma que contiene los cartuchos. ‖ Tienda. ‖ *Arg.* y *Urug.* Tienda de comestibles.
almacenaje m. Derecho de almacén.
almacenamiento m. Acción y efecto de almacenar.
almacenar v. t. Guardar en almacén. ‖ *Fig.* Reunir, guardar.
almacenero m. Almacenista.
almacenista com. Dueño o encargado de un almacén. ‖ Vendedor en un almacén.
almáciga f. Lugar en donde se siembran semillas para trasplantarlas. ‖ Masilla.
almádena f. Mazo de hierro para romper piedra.
almadraba f. Pesca de atunes.
almagre m. Óxido rojo de hierro que suele emplearse en pintura.
almanaque m. Registro que comprende los días del año.
almazara f. Molino de aceite.
almecina f. Fruto comestible del almecino.
almecino m. Árbol ulmáceo.
almeja f. Molusco acéfalo comestible.
almena f. Cada uno de los prismas que coronan los muros de las antiguas fortalezas.
almenar v. t. Coronar de almenas.
almendra f. Fruto del almendro.
almendrado, da adj. De figura de almendra.
almendral m. Sitio poblado de almendros.
almendro m. Árbol rosáceo de flores blancas o rosadas.
almeriense adj. y s. De Almería (España).
almiar m. Pajar.
almíbar m. Azúcar disuelto en agua y espesado al fuego.
almibarado, da adj. Meloso.
almibarar v. t. Bañar con almíbar. ‖ *Fig.* Suavizar las palabras.
almidón m. Fécula blanca, ligera, y suave al tacto, que se encuentra en diferentes semillas.
almidonado, da adj. Preparado con almidón. ‖ — M. Acción de almidonar.
almidonar v. t. Mojar la ropa en almidón desleído en agua.
almilla f. Jubón que se ajustaba al cuerpo.
alminar m. Torre de la mezquita desde la cual llama el almuédano a los fieles.
almirantazgo m. Alto Consejo de la Armada. ‖ Dignidad y jurisdicción del almirante. ‖ En Inglaterra, ministerio de Marina.
almirante m. Jefe de la armada.
almirez m. Mortero.
almizcle m. Sustancia odorífera que se emplea en medicina y perfumería.
almocafre m. Instrumento de jardinero para escarbar la tierra.
almocárabe m. *Arq.* Adorno en forma de lazos (ú. m. en pl.).
almogávar m. Soldado de una tropa escogida y muy diestra que hacía correrías en tierra enemiga.
almohada f. Colchoncillo para reclinar la cabeza en la cama.
almohadazo m. Golpe dado con la almohada.
almohade adj. y s. Dícese del individuo perteneciente a una dinastía beréber que destronó a los almorávides en Andalucía y África del Norte (1147 a 1269).
almohadilla f. Cojincillo que sirve para varios usos. ‖ *Arq.* Resalto en la cara visible de un sillar. ‖ Parte lateral de la voluta del capitel jónico. ‖ Tampón de los sellos de escritorio.
almohadillar v. t. *Arq.* Labrar los sillares de modo que tengan almohadilla. ‖ Acolchar, rellenar.
almohadón m. Colchoncillo, almohada grande para sentarse.
almohaza f. Instrumento de hierro para limpiar las caballerías.
almojarifazgo m. Derecho que se pagaba por las mercaderías que entraban o salían del reino. ‖ Oficio y jurisdicción del almojarife.
almojarife m. Oficial encargado de cobrar el almojarifazgo.
almoneda f. Venta pública de bienes muebles.
almorávide adj. y s. Dícese del individuo perteneciente a una tribu guerrera del Atlas que impuso su dominio en el S. de España de 1055 a 1147.
almorranas f. pl. Varices de las venas del ano, hemorroides.
almorta f. Planta leguminosa.
almorzar v. i. Tomar el almuerzo : *almorzar temprano.* ‖ — V. t. Comer en el almuerzo : *almorzar chuletas.*
almotacén m. Encargado de contrastar las pesas y medidas. ‖ Su oficina.
almuédano y **almuecín** m. Musulmán que, desde el alminar, llama al pueblo a la oración.
almuerzo m. Comida que se toma hacia el mediodía.
alocado, da adj. Algo loco.
alocar v. t. Volver loco.
alocución f. Discurso.
áloe m. Planta liliácea.
alojamiento m. Acción y efecto de alojar o alojarse.
alojar v. t. Aposentar. ‖ Dar vivienda a la tropa. ‖ Colocar una cosa dentro de otra.
alondra f. Pájaro de color pardo de carne delicada.
alópata adj. y s. *Med.* Que profesa la alopatía.
alopatía f. Terapéutica que consiste en emplear medicamentos que producen en el organismo sano efectos diferentes de los provocados por la enfermedad que se trata de combatir.
alopecia f. Caída del pelo.
alpaca f. Rumiante de América, cubierto de pelo largo, fino y rojizo. ‖ Pelo de este animal. ‖ Tela hecha del pelo de este animal, o tejido abrillantado y fino empleado en la confección de trajes de verano. ‖ *Min.* Aleación de cobre, cinc y níquel.
alpargata f. Calzado de cáñamo o lona con suela de soga o goma.
alpargatería f. Taller, tienda de alpargatero.
alpargatero, ra m. y f. Persona que hace o vende alpargatas.
alpax m. Aleación de aluminio y silicio.
alpestre adj. De los Alpes.
alpinismo m. Deporte que consiste en la ascensión a altas montañas.
alpinista com. Persona aficionada al alpinismo.
alpino, na adj. De los Alpes. ‖ Relativo al alpinismo.

alpiste m. Planta gramínea. ‖ *Pop.* Vino o aguardiente.
alquería f. Casa de campo para la labranza.
alquilable adj. Que se alquila.
alquilar v. t. Dar o tomar alguna cosa por tiempo determinado mediante el pago de cierta cantidad.
alquiler m. Acción de alquilar. ‖ Precio en que se alquila. ‖ *De alquiler,* lo destinado a alquilarse : *casa de alquiler.*
alquimia f. Arte químérico de la transmutación de los metales.
alquimista adj. y s. El que profesaba la alquimia.
alquitarar v. t. Destilar. ‖ *Fig.* Sutilizar excesivamente.
alquitrán m. Sustancia resinosa, residuo de la destilación de la leña de pino, de la hulla, de la turba, de los lignitos y otros combustibles.
alquitranado m. Acción de alquitranar.
alquitranar v. t. Dar de alquitrán.
alrededor adv. Denota la situación de personas o cosas que circundan a otras. ‖ Cerca, sobre poco más o menos. ‖ — M. pl. Contornos : *los alrededores de Buenos Aires.*
alta f. En los hospitales, orden que se comunica a un enfermo a quien se da por sano. ‖ Documento que acredita la entrada en servicio activo de un militar. ‖ Entrada de una persona en un cuerpo, profesión, etc. ‖ — *Dar de alta,* tomar nota del ingreso de un militar a su cuerpo. ‖ *Dar de alta* o *el alta,* declarar curado al enfermo.
altanería f. *Fig.* Altivez.
altanero, ra adj. Altivo.
altar m. Ara o piedra destinada para ofrecer el sacrificio.
altaverapacense adj. y s. De Alta Verapaz (Guatemala).
altavoz m. Aparato que transforma las oscilaciones eléctricas en ondas sonoras y eleva la intensidad del sonido.
alteración f. Acción de alterar o alterarse, modificación. ‖ Sobresalto, inquietud. ‖ Alboroto, motín. ‖ Altercado, pelea.
alterador, ra adj. y s. Que altera.
alterar v. t. Cambiar la esencia o forma de una cosa (ú. t. c. pr.). ‖ Perturbar, trastornar, inquietar (ú. t. c. pr.).
altercación f. y **altercado** m. Disputa, contienda.
altercar v. i. Disputar.
alternación f. Acción y efecto de alternar.
alternador adj. Que alterna. ‖ — M. *Electr.* Máquina generadora de corriente alterna.
alternante adj. Que alterna.
alternar v. t. Repetir con más o menos regularidad cosas diferentes. ‖ Distribuir por turno. ‖ — V. i. Sucederse unas cosas a otras repetidamente. ‖ Tener trato amistoso las personas entre sí.
alternativa f. Acción o derecho de alternar. ‖ Opción entre dos cosas. ‖ Sucesión de cosas que alternan. ‖ Opción entre dos posibilidades. ‖ Solución de recambio. ‖ *Taurom.* Autorización que el matador da al novillero para que alterne con él como espada. ‖ *Alternativa de poder,* característica de un sistema político en el que dos o más partidos pueden sucederse en el poder en el marco de las instituciones existentes.
alternativo, va adj. Que se dice, hace o sucede con alternación.
alterne m. *Fam.* Relación con los hombres que tiene una mujer de vida alegre en los establecimientos de diversión.
alterno, na adj. Alternativo. ‖ Que sucede cada dos días. ‖ — *Ángulos alternos externos,* los situados fuera de las paralelas y a ambos lados de la secante. ‖ *Ángulos alternos internos,* los situados dentro de las paralelas, pero de diferente lado de la secante. ‖ *Corriente alterna,* la eléctrica que recorre un circuito ya en un sentido ya en otro.
alteza f. *Fig.* Elevación, sublimidad, excelencia : *alteza de sentimientos.* ‖ Tratamiento honorífico que se da a los príncipes.
altibajos m. pl. *Fam.* Desigualdades o altos y bajos de un terreno. ‖ *Fig.* y *fam.* Alternativa de bienes y males o de sucesos prósperos y adversos.
altillo m. Cerrillo.
altipampa f. *Arg.* y *Bol.* Altiplanicie.
altiplanicie f. y **altiplano** m. *Amer.* Meseta de mucha extensión y gran altitud.
altísimo, ma adj. Muy alto. ‖ *El Altísimo,* Dios.
altisonante y **altísono, na** adj. Altamente sonoro.
altitud f. Altura.
altivez f. Soberbia.
altivo, va adj. Orgulloso.
alto, ta adj. Levantado, elevado sobre la tierra. ‖ De altura considerable. ‖ De gran estatura. ‖ Sonoro, ruidoso : *en alta voz.* ‖ *Fig.* Excelente : *alta estima.* ‖ De gran dignidad o representación : *de alta estirpe.* ‖ Arduo, difícil. ‖ Superior : *altos estudios.* ‖ Gravísimo : *alta traición.* ‖ Caro, subido : *precio alto.* ‖ Avanzado : *bien alta la noche.* ‖ — M. Altura. ‖ Sitio elevado. ‖ Parte en que un río está cerca de su nacimiento : *el Alto Amazonas.* ‖ Parte de un país más distante del mar : *el Alto Perú.* ‖ *Mil.* Parada de la tropa que va marchando : *hacer alto.* ‖ Detención o parada en general. ‖ *Mús.* Voz de contralto. ‖ — Adv. Arriba. ‖ En voz fuerte o que suene bastante. ‖ — *Pasar por alto,* omitir una cosa. ‖ *Por todo lo alto,* muy bien. ‖ — Interj. Voz para detener a uno.
altoparlante m. *Amer.* Altavoz : *oíase el altoparlante.*
altorrelieve m. Alto relieve.
altozano m. Monte de poca altura en terreno llano.
altramuz m. Planta herbácea de fruto velloso y aterciopelado.
altruismo m. Amor desinteresado al prójimo.
altruista adj. y s. Que profesa el altruismo.
altura f. Elevación de cualquier cuerpo sobre la superficie de la tierra. ‖ Dimensión de un objeto desde la base hasta el vértice. ‖ Cumbre de los montes. ‖ Altitud con relación al nivel del mar. ‖ Nivel : *a la misma altura.*
alubia f. Judía.
alucinación f. Acción de alucinar o alucinarse.
alucinado, da adj. y s. Que tiene alucinaciones.
alucinador, ra adj. y s. Que alucina.
alucinamiento m. Alucinación.
alucinante adj. Que alucina.
alucinar v. t. Producir alucinación. ‖ *Fig.* Ofuscar.
alucinatorio, ria adj. De la alucinación.
alucinógeno, na adj. Dícese de algunas sustancias o de algunos estados patológicos que provocan alucinaciones (ú. t. c. s. m.).
alud m. Masa considerable de nieve que se desprende de los montes con violencia y estrépito. ‖ *Fig.* Lo que se desborda y precipita impetuosamente.

aludido, da adj. Que ha sido objeto de una alusión.
aludir v. i. Referirse a una persona o cosa.
alumbrado m. Conjunto de luces que alumbran algún pueblo o sitio.
alumbramiento m. Acción y efecto de alumbrar. ‖ Parto.
alumbrar v. t. Llenar de luz y claridad. ‖ Poner luz en algún lugar. ‖ Acompañar con luz a otro. ‖ Dar vista al ciego. ‖ Disipar la oscuridad y el error. ‖ *Fig.* Enseñar, ilustrar. ‖ — V. i. Parir la mujer.
alumbre m. Sulfato doble de alúmina y potasa.
alúmina f. *Quím* Óxido de aluminio que forma varias piedras preciosas.
aluminio m. Metal (Al) de color y brillo parecidos a los de la plata, muy sonoro, tenaz, ligero.
alumnado m. Conjunto de alumnos.
alumno, na m. y f. Discípulo.
alunizaje m. Acción de alunizar.
alunizar v. i. Posarse un aparato astronáutico en la Luna.
alusión f. Acción de aludir.
alusivo, va adj. Que alude.
aluvial adj. De aluvión.
aluvión m. Inundación. ‖ *Terrenos de aluvión,* los formados por la retirada de las aguas después de una inundación o a causa de las variaciones en el curso de los ríos.
alveolar adj. *Zool.* Relativo o semejante a los alveolos. ‖ En forma de panal. ‖ *Gram.* Dícese del sonido o letra pronunciados al aplicar la lengua a los alveolos de los incisivos superiores.
alveolo o **alvéolo** m. Celdilla.
alza f. Aumento de precio. ‖ Regla graduada de las armas de fuego que sirve para precisar la puntería.
alzada f. Estatura del caballo hasta la cruz. ‖ *For.* Apelación.
alzado, da adj. Dícese del precio que se fija en determinada cantidad.
alzamiento m. Acción y efecto de alzar o alzarse. ‖ Rebelión.
alzapaño m. Gancho en la pared para recoger la cortina.
alzar v. t. Mover de abajo arriba una cosa. ‖ En la misa, elevar la hostia y el cáliz después de la consagración. ‖ Retirar la cosecha. ‖ Levantar la voz. ‖ — V. pr. Levantarse. ‖ Huir con una cosa. ‖ Sublevarse : *alzarse en armas.* ‖ Apelar.
allá adv. En aquel lugar. (Indica lugar alejado del que habla.) ‖ En otro tiempo. (Se refiere al tiempo remoto o pasado.)
allanamiento m. Acción y efecto de allanar o allanarse. ‖ *For.* Acto de sujetarse a la decisión judicial. ‖ *Allanamiento de morada,* violación de domicilio.
allanar v. t. Poner llano o igual. ‖ *Fig.* Vencer alguna dificultad : *allanar los obstáculos.* ‖ Entrar por la fuerza en casa ajena y recorrerla contra la voluntad de su dueño. ‖ — V. pr. Someterse a alguna cosa.
allegado, da adj. Cercano, próximo. ‖ — Adj. y s. Pariente.
allende adv. De la parte de allá : *allende los mares.* ‖ Además.
allí adv. En aquel lugar o sitio. ‖ A aquel lugar. ‖ Entonces.
a. m., abrev. de *ante meridiem,* antes de mediodía.
Am, símbolo del *americio.*
ama f. Dueña de la casa o de alguna cosa. ‖ Señora, respecto a sus criados. ‖ Criada de un clérigo. ‖ — *Ama de llaves* o *de gobierno,* criada encargada de las llaves y economía de la casa. ‖ *Ama de cría* o *de leche,* mujer que cría en sus pechos a una criatura ajena. ‖ *Ama seca,* niñera.
amabilidad f. Calidad de amable : *tratar con amabilidad.*
amable adj. Afable.
amacureño, ña adj. y s. De Delta Amacuro (Venezuela).
amador, ra adj. y s. Que ama.
amaestrador, ra adj. y s. Que amaestra.
amaestramiento m. Acción y efecto de amaestrar o amaestrarse.
amaestrar v. t. Enseñar o adiestrar (ú. t. c. pr.).
amagar v. t. Dejar ver la intención de ejecutar algo. ‖ Amenazar, hacer ademán de. ‖ — V. i. Estar a punto de suceder. ‖ Empezar a manifestarse una enfermedad.
amago m. Amenaza. ‖ Señal, indicio. ‖ Ataque simulado.
amainar v. t. *Mar.* Recoger las velas de una embarcación. ‖ — V. i. Aflojar, perder fuerza el viento. ‖ *Fig.* Aflojar o ceder en algún deseo.
amalgama f. Aleación de mercurio con otro metal. ‖ *Fig.* Unión de cosas de naturaleza distinta.
amalgamar v. t. *Quím.* Combinar el mercurio con otro u otros metales. ‖ *Fig.* Unir o mezclar cosas diferentes (ú. t. c. pr.).
amamantar v. t. Dar de mamar.
amancebamiento m. Cohabitación de hombre y mujer no casados.
amancebarse v. pr. Cohabitar hombre y mujer sin estar casados.
amanecer v. i. Empezar a clarear el día. ‖ Llegar a un lugar al rayar el día : *amanecer en Sevilla.* ‖ Aparecer algo al amanecer. ‖ *Fig.* Empezar a manifestarse.
amanecer m. y **amanecida** f. Tiempo durante el cual amanece.
amanerado, da adj. Que adolece de amaneramiento.
amaneramiento m. Acción de amanerarse.
amanerarse v. pr. Contraer el vicio de dar a las obras o expresiones cierta uniformidad contraria a la verdad y a la variedad.
amansar v. t. Hacer manso a un animal. ‖ *Fig.* Sosegar, apaciguar, mitigar. ‖ Domar el carácter. ‖ — V. i. Apaciguarse.
amante adj. y s. Que ama. ‖ *Fig.* Apasionado por una cosa. ‖ — Com. Hombre y mujer que se aman.
amanuense com. Persona que escribe al dictado. ‖ Escribiente.
amañado, da adj. Hábil.
amañar v. t. Componer mañosamente alguna cosa. (Tómase generalmente en mala parte.) ‖ — V. pr. Darse maña para hacer algo.
amaño m. Disposición para hacer algo con maña. ‖ *Fig.* Arreglo.
amapola f. Planta papaverácea silvestre de flores rojas.
amar v. t. Tener amor a personas o cosas. ‖ Estimar, apreciar.
amaranto m. Planta anua de flores aterciopeladas.
amarar v. i. Posarse en el agua un hidroavión, un vehículo espacial.
amargar v. i. Tener sabor parecido al de la hiel, el acíbar, etc. ‖ Dar sabor desagradable. ‖ — V. t. *Fig.* Causar aflicción o pesar.
amargo, ga adj. Que amarga. ‖ *Fig.* Que causa aflicción o disgusto. ‖ Que está afli-

gido o disgustado. ‖ De genio desabrido. ‖ — M. Amargor. ‖ *Amer.* Mate sin azúcar.
amargor m. Sabor o gusto amargo. ‖ *Fig.* Amargura.
amargura f. Aflicción.
amariconado adj. y s. m. *Pop.* Afeminado.
amariconarse v. pr. *Pop.* Afeminarse.
amarilidáceas f. pl. Familia de plantas que tiene por tipo el narciso (ú. t. c. adj.).
amarilis f. Planta de flores grandes y hermosas.
amarillear v. i. Mostrar alguna cosa color amarillo. ‖ Tirar a amarillo. ‖ Palidecer.
amarillecer v. i. Ponerse o tomar color amarillo.
amarillento, ta adj. Que tira a amarillo.
amarillo, lla adj. De color semejante al del oro, el limón. ‖ — *Med. Fiebre amarilla,* enfermedad gastrointestinal. ‖ *Raza amarilla* o *mongólica,* raza humana de Asia oriental que tiene la piel amarilla. ‖ — M. Color amarillo.
amaromar v. t. Atar con maromas.
amarra f. *Mar.* Cabo o cable para amarrar. ‖ — Pl. *Fig.* Protección.
amarrado, da adj. Atado.
amarraje m. Impuesto que se paga por amarrar un buque en un puerto.
amarrar v. t. Asegurar por medio de cuerdas, maromas, cadenas, etc. ‖ *Por ext.* Sujetar. ‖ — V. pr. *Fam.* Asegurarse.
amartelamiento m. Amor apasionado.
amartelar v. t. Atormentar con celos. ‖ Enamorar. ‖ — V. pr. Enamorarse de una persona o cosa.
amartillar v. i. Poner en el disparador un arma de fuego. ‖ *Fig.* Afianzar, asegurar.
amasadera f. Artesa para amasar pan.
amasador, ra adj. y s. Que amasa. ‖ — M. Máquina para amasar.
amasar v. t. Hacer masa de harina, yeso, tierra, etc., con algún líquido. ‖ Amalgamar, unir.
amasijo m. Harina amasada para hacer pan. ‖ *Fig.* Mezcla. ‖ *Arg. Fam.* Paliza. | Pelea.
amateur adj. y s. (pal. fr.). Aficionado : *artista amateur.*
amatista f. Cuarzo transparente de color violeta.
amauta m. Sabio, entre los antiguos peruanos.
amazona f. Mujer de una raza guerrera que pudo existir en los tiempos heroicos. ‖ *Fig.* Mujer que monta a caballo. ‖ Traje que suelen llevar las mujeres para montar a caballo. ‖ Especie de papagayo de América.
amazonense adj. y s. De Amazonas.
amazónico, ca adj. Relativo al río Amazonas.
ambages m. pl. *Fig.* Rodeos.
ámbar m. Resina fósil de color amarillo. ‖ Perfume delicado.
ambateño, ña adj. y s. De Ambato (Ecuador).
ambición f. Pasión desordenada por la gloria o la fortuna.
ambicionar v. t. Desear ardientemente : *ambicionar honores.*
ambicioso, sa adj. y s. Que tiene ambición.
ambientación f. Acción de dar ambiente. ‖ Ambiente. ‖ Efectos sonoros en la radio.
ambiental adj. Relativo al medio ambiente.
ambientar v. t. Dar el ambiente adecuado. ‖ — V. pr. Acostumbrarse, aclimatarse.
ambiente adj. Aplícase a cualquier fluido que rodea un cuerpo : *el aire ambiente.* ‖ — M. Lo que rodea a las personas o cosas, medio físico o moral. ‖ Clase, grupo, sector social : *ambientes chabacanos.* ‖ *Arg.* y *Chil.* Habitación. ‖ *Medio ambiente,* compendio de valores naturales, sociales y culturales existentes en un lugar y en un momento determinado que influye en la vida material y psicológica del hombre.
ambigú m. Comida de manjares fríos y lugar donde se sirve.
ambigüedad f. Calidad de ambiguo.
ambiguo, gua adj. Incierto, confuso. ‖ Que participa de dos naturalezas diferentes : *carácter ambiguo.* ‖ *Gram.* Aplícase a los sustantivos que son indistintamente masculinos o femeninos.
ámbito m. Espacio incluido dentro de ciertos límites : *el ámbito de la Tierra.* ‖ Esfera, campo.
ambivalencia f. Carácter de lo que tiene dos aspectos diferentes.
ambivalente adj. Que tiene ambivalencia.
ambos, bas adj. pl. El uno y el otro, los dos : *con ambas manos.*
ambrosía f. Manjar exquisito.
ambulancia f. Hospital móvil de un ejército. ‖ Coche para transportar heridos o enfermos.
ambulanciero, ra m. y f. Persona al servicio de una ambulancia.
ambulante adj. Que va de un lugar a otro : *vendedor ambulante.* ‖ — M. *Amer.* Vendedor ambulante. ‖ *Méx.* El que conduce una ambulancia.
ambulatorio, ria adj. Que sirve para andar. ‖ — M. Consultorio de la Seguridad Social.
ameba f. *Zool.* Protozoo provisto de seudópodos.
amedrantar v. t. Amedrentar.
amedrentador, ra adj. y s. Que amedrenta.
amedrentar v. t. Infundir miedo, atemorizar (ú. t. c. pr.).
amén, voz hebrea que significa *así sea,* y que se usa al final de las oraciones. ‖ — Adv. Además : *amén de lo dicho.* ‖ Excepto, salvo.
amenaza f. Dicho o hecho con que se amenaza.
amenazador, ra adj. Que amenaza : *una actitud amenazadora.*
amenazar v. t. Dar a entender con actos o palabras que se quiere hacer algún mal a otro. ‖ — V. i. Estar en peligro de suceder alguna cosa : *amenaza lluvia.*
amenguar v. t. Disminuir.
amenidad f. Calidad de ameno.
amenizar v. t. Hacer ameno.
ameno, na adj. Grato.
amerengado, da adj. Parecido al merengue : *crema amerengada.*
americana f. Chaqueta.
americanismo m. Voz, acepción o giro propio de los americanos que hablan castellano. ‖ Ciencia de las antigüedades americanas. ‖ Sentimiento de la calidad de americano. ‖ Exaltación y defensa del espíritu y tradiciones americanos.
americanista adj. Relativo a América. ‖ — Com. Persona que se dedica al estudio de las lenguas y antigüedades de América.
americanización f. Acción y efecto de americanizar.
americanizar v. t. Dar carácter americano. ‖ — V. pr. Volverse americano.
americano, na adj. y s. De América.
americio m. *Quím.* Elemento transuránico (Am), de número atómico 95.
amerindio, dia adj. y s. Indio americano.

ameritado, da adj. *Amer.* Que tiene muchos méritos.
ameritar v. t. *Amer.* Dar méritos. | Merecer.
amerizaje m. Acción de amerizar.
amerizar v. i. Amarar.
amestizado, da adj. Que tira a mestizo.
ametrallador, ra adj. Dícese de las armas que disparan por ráfagas. ‖ — F. Arma automática que dispara los proyectiles por ráfagas.
ametrallamiento m. Acción y efecto de ametrallar.
ametrallar v. t. Disparar con ametralladora o fusil ametrallador : *los rebeldes ametrallaron a todos los prisioneros inmediatamente después de la batalla.*
ametropía f. *Med.* Anomalía en la refracción del ojo que impide que las imágenes se formen en la retina.
amianto m. Mineral de fibras blancas y flexibles.
amiba f. *Zool.* Ameba.
amigable adj. Que obra como amigo : *amigable componedor.* ‖ Hecho amistosamente.
amígdala f. Cada una de las glándulas rojas en forma de almendra situada a uno y otro lado de la entrada del istmo de las fauces.
amigdalitis f. *Med.* Inflamación de las amígdalas.
amigo, ga adj. y s. Que tiene amistad : *persona amiga.* ‖ Amistoso. ‖ *Fig.* Aficionado o inclinado a alguna cosa : *amigo del arte.* ‖ — M. Querido, amante. ‖ Tratamiento afectuoso : *¿dónde va, amigo?*
amilanado, da adj. Acobardado.
amilanamiento m. Miedo.
amilanar v. t. *Fig.* Causar gran miedo a uno. ‖ Desanimar. ‖ — V. pr. Amedrentarse, arredrarse.
aminoración f. Disminución.
aminorar v. t. Disminuir.
amistad f. Afecto o cariño entre las personas. ‖ — Pl. Amigos.
amistar v. t. Unir en amistad. Ú. t. c. pr. : *amistarse con alguien.*
amistoso, sa adj. Que demuestra amistad : *consejo amistoso.*
amnesia f. Pérdida o debilidad notable de la memoria.
amnésico, ca adj. y s. Que padece de amnesia, desmemoriado.
amnistía f. Olvido de los delitos políticos por quien tiene potestad de hacer las leyes.
amnistiado, da adj. y s. Que ha sido objeto de amnistía.
amnistiar v. t. Conceder amnistía.
amo m. Dueño de alguna cosa. ‖ El que tiene uno o más criados.
amodorrado, da adj. Soñoliento.
amodorramiento m. Acción y efecto de amodorrarse.
amodorrarse v. pr. Caer en modorra.
amojamado, da adj. Seco.
amojamamiento m. Delgadez.
amojamar v. t. Hacer mojama, acecinar. ‖ — V. pr. Enflaquecer.
amojonamiento m. Acción y efecto de amojonar.
amojonar v. t. Señalar con mojones los límites de una propiedad.
amolar v. t. Afilar. ‖ V. pr. *Fam.* Fastidiarse.
amoldable adj. Que se amolda.
amoldador, ra adj. y s. Que se amolda.
amoldamiento m. Acción de amoldar o amoldarse.
amoldar v. t. Ajustar una cosa al molde. ‖ *Fig.* Arreglar la conducta a una pauta determinada. Ú. t. c. pr. : *amoldarse a todo.*
amonestación f. Acción y efecto de amonestar. ‖ *Correr las amonestaciones,* publicar en la iglesia al tiempo de la misa mayor los nombres de los que quieren contraer matrimonio u ordenarse.
amonestador, ra adj. y s. Que amonesta.
amonestar v. t. Advertir a una persona que ha hecho algo reprensible para que se enmiende. ‖ Publicar las amonestaciones en la iglesia.
amoniacal adj. De amoniaco.
amoniaco m. Gas compuesto de nitrógeno e hidrógeno (NHa). ‖ Disolución de dicho gas en agua.
amónico, ca adj. *Quím.* Relativo al amonio.
amonio m. *Quím.* Radical compuesto de un átomo de nitrógeno y cuatro de hidrógeno.
amontonador, ra adj. y s. Que amontona.
amontonamiento m. Acción y efecto de amontonar o amontonarse.
amontonar v. t. Poner en montón. ‖ Reunir en abundancia. ‖ — V. pr. Juntarse sin orden.
amor m. Sentimiento que inclina el ánimo hacia lo que place : *amor a la belleza, al arte.* ‖ Pasión que atrae un sexo hacia otro. ‖ Persona u objeto amado. ‖ Inclinación natural : *amor filial.* ‖ Blandura, suavidad : *reprender con amor.* ‖ Esmero, interés : *trabajar con amor.* ‖ — Pl. Relaciones amorosas. ‖ Requiebros. ‖ — *Al amor de,* cerca, junto a, al lado de. ‖ *Amor platónico,* el de carácter espiritual. ‖ *Amor propio,* inmoderada estimación de sí mismo. ‖ *Fam. Por amor al arte,* sin recompensa.
amoral adj. Sin moral.
amoralidad f. Calidad o condición de amoral.
amoratado, da adj. Que tira a morado : *amoratado de frío.*
amoratar v. t. Poner morada una cosa (ú. t. c. pr.).
amordazamiento m. Acción y efecto de amordazar.
amordazar v. t. Poner mordaza. ‖ *Fig.* Impedir.
amorfo, fa adj. Sin forma regular o bien determinada.
amorío m. *Fam.* Enamoramiento.
amoroso, sa adj. Que siente o manifiesta amor. ‖ *Amer.* Encantador.
amortajador, ra m. y f. Persona que amortaja a los difuntos.
amortajamiento m. Acción de amortajar.
amortajar v. t. Poner la mortaja al difunto. ‖ *Por ext.* Cubrir, envolver, esconder.
amortiguación f. Amortiguamiento.
amortiguador, ra adj. Que amortigua. ‖ — M. Dispositivo que amortigua la violencia de un choque, la intensidad de un sonido o el trepidar de una máquina o vehículo automóvil : *se han roto los amortiguadores.*
amortiguamiento m. Acción y efecto de amortiguar o amortiguarse.
amortiguar v. t. Hacer menos viva o violenta una cosa (ú. t. c. pr.). ‖ Hablando de los colores, templarlos, disminuir su viveza.
amortizable adj. Que puede amortizarse : *capital amortizable.*
amortización f. Acción y efecto de amortizar.
amortizar v. t. Redimir, pagar el capital de un censo o préstamo. ‖ Recuperar los fondos invertidos : *amortizar los gastos.* ‖ — V. pr.

Desvalorizarse periódicamente los bienes por su uso.
amoscarse v. pr. Enfadarse.
amotinado, da adj. y s. Que se amotina : *tropas amotinadas.*
amotinador, ra adj. y s. Que ocasiona motín o sublevación.
amotinamiento m. Rebelión.
amotinar v. t. Alzar en motín a cualquier multitud (ú. t. c. pr.).
amovible adj. Que puede ser quitado del lugar o puesto que ocupa : *cargo amovible.*
amparar v. t. Proteger. ‖ — V. pr. Valerse del favor o protección de alguno. ‖ Defenderse.
amparo m. Acción y efecto de amparar o ampararse. ‖ Defensa. ‖ *Al amparo de,* con la ayuda de.
amperaje m. Intensidad de una corriente medida por amperios.
amperímetro m. Aparato para medir la intensidad de una corriente eléctrica.
amperio m. *Electr.* Unidad de intensidad de una corriente eléctrica (símb. A) que corresponde al paso de un culombio por segundo.
ampliable adj. Que se puede ampliar.
ampliación f. Acción y efecto de ampliar o agrandar.
ampliador, ra adj. Que amplía o aumenta. ‖ — F. Aparato para obtener ampliaciones fotográficas.
ampliar v. t. Extender, dilatar. ‖ Agrandar una fotografía.
ampliatorio, ria adj. Que amplía.
amplificación f. Acción y efecto de amplificar.
amplificador, ra adj. y s. Que amplifica o aumenta. ‖ — M. Aparato que aumenta la potencia de una oscilación eléctrica, etc. ‖ Altavoz.
amplificar v. t. Ampliar.
amplificativo, va adj. Que amplifica.
amplio, plia adj. Extenso.
ampolla f. Vejiga formada por la epidermis. ‖ Tubito de vidrio que contiene un medicamento inyectable. ‖ Burbuja que forma el agua al hervir.
ampulosidad f. Calidad de ampuloso.
ampuloso, sa adj. *Fig.* Hinchado y redundante.
amputación f. Acción y efecto de amputar.
amputado, da adj. y s. Que ha sufrido una amputación.
amputar v. t. Cortar del cuerpo un miembro o parte de él.
amueblar v. t. Poner muebles.
amulatado, da adj. y s. Parecido a los mulatos : *es extraño ver sus azulados ojos en su cara amulatada.*
amuleto m. Medalla u otro objeto al que se atribuye supersticiosamente virtud de protección.
amura f. *Mar.* Cabo que hay en cada puño de las velas de cruz.
amurallado, da adj. Con murallas : *recinto amurallado.*
amurallar v. t. Cercar con murallas.
anabaptista adj. y s. Miembro de una secta religiosa del s. XVI que defendía que los niños no debían ser bautizados antes de que llegaran al uso de razón.
anacardo m. Arbol de la América tropical, de fruto comestible.
anaconda f. Serpiente americana de la familia de las boas.
anacoreta com. Persona que vive en lugar solitario dedicada a la vida contemplativa.
anacrónico, ca adj. Que padece anacronismo.
anacronismo m. Error de cronología. ‖ Cosa impropia de las costumbres de una época.
ánade amb. *Zool.* Pato.
anaerobio adj. y s. m. Aplícase al microorganismo que puede vivir y desarrollarse sin aire, y en especial sin oxígeno.
anafe m. Hornillo portátil.
anagrama m. Palabra resultante de la transposición de letras de otra : *amor, Roma ; gato, toga.*
anal adj. Relativo al ano.
anales m. pl. Relación de sucesos por años. ‖ *Fig.* Crónica.
analfabetismo m. Falta de instrucción elemental en un país.
analfabeto, ta adj. y s. Que no sabe leer ni escribir.
analgesia f. *Med.* Falta o supresión de toda sensación dolorosa.
analgésico, ca adj. Relativo a la analgesia. ‖ — Adj. y s. m. Que calma el dolor.
análisis m. Separación y distinción de las partes de un todo hasta llegar a conocer sus principios constitutivos. ‖ *Fig.* Examen de un libro u escrito. ‖ *Fil.* Método que va de lo compuesto a lo sencillo. ‖ Estudio de las palabras de una cláusula, indicando el género, número y atribuciones de cada una. ‖ *Med.* Examen químico o bacteriológico de los humores, secreciones o tejidos con un fin diagnóstico. ‖ En informática, primera etapa de la programación de lo que tiene que resolver un ordenador.
analista com. Autor de anales. ‖ Persona que hace análisis. ‖ Especialista de informática que, en la primera etapa de la programación, realiza el análisis del problema planteado para la elaboración del programa de un ordenador.
analítico, ca adj. Relativo al análisis. ‖ Que procede por medio del análisis.
analizable adj. Que puede analizarse.
analizador, ra adj. y s. Que analiza.
analizar v. t. Hacer el análisis de algo.
analogía f. Similitud.
analógico, ca adj. Análogo.
análogo, ga adj. Que tiene similitud con otra cosa.
ananás m. Planta bromeliácea de fruto muy fragante y carnoso en forma de piña.
anaquel m. Estante de armario.
anaranjado, da adj. De color naranja. ‖ — M. Dicho color.
anarco adj. y s. *Fam.* Anarquista.
anarquía f. Ausencia de gobierno.
anarquismo m. Doctrina política y social que preconiza la completa libertad del individuo, la supresión de la propiedad privada y la abolición del Estado.
anarquista adj. Propio del anarquismo o de la anarquía. ‖ — Com. Partidario de la anarquía.
anarquizar v. t. Dar carácter anarquista.
anatema amb. Excomunión. ‖ *Por ext.* Maldición, imprecación.
anatematizar v. t. Imponer anatema. ‖ Maldecir a uno. ‖ *Fig.* Reprobar o condenar por mala a una persona o cosa.
anatomía f. Ciencia que da a conocer el número, estructura, situación y relaciones de las diferentes partes de los cuerpos orgánicos. ‖ Disección o separación artificiosa de las partes del cuerpo de un animal o de una planta.

anatómico, ca adj. Relativo a la anatomía.
anatomista com. Profesor de anatomía.
anatomizar v. t. Hacer la anatomía de un cuerpo.
anca f. Cada una de las mitades laterales de la parte posterior de los animales : *anca de rana*. ‖ Parte posterior de las caballerías.
ancashino, na adj. y s. De Ancash (Perú).
ancestral adj. De los antepasados.
ancianidad f. Vejez.
anciano, na adj. y s. Dícese de la persona de mucha edad.
ancla f. *Mar.* Instrumento de hierro para aferrar las embarcaciones al fondo del mar.
ancladero m. Fondeadero.
anclaje m. *Mar.* Acción de anclar la nave. ‖ Sitio donde se ancla. ‖ Pago del derecho de anclar. ‖ Fijación de un elemento de construcción : *anclaje de una puerta*. ‖ Dispositivo para colocar enganches.
anclar v. i. Echar el ancla.
áncora f. Ancla. ‖ Pieza de relojería que regula el escape.
ancuditano, na adj. y s. De Ancud (Chile).
anchar v. t. e i. Ensanchar.
ancho, cha adj. Que tiene anchura o la tiene excesiva. ‖ Holgado, amplio. ‖ — M. Anchura. ‖ — *A sus anchas*, con toda la comodidad. ‖ *Estar o ponerse uno muy ancho o tan ancho*, ufanarse.
anchoa f. Boquerón curado en salmuera.
anchura f. Latitud, opuesto a longitud. ‖ Amplitud. ‖ Libertad.
anchuroso, sa adj. Muy ancho.
andadas f. pl. Huellas. ‖ *Fig* y *fam. Volver a las andadas*, reincidir en un vicio o mala costumbre.
andaderas f. pl. Aparato para que el niño aprenda a andar.
andador, ra adj. Que anda mucho. ‖ — M. Andaderas.
andalucismo m. Palabra o giro propios del castellano hablado en Andalucía. ‖ Amor o apego a las cosas de Andalucía.
andalucista adj. y s. De Andalucía.
andaluz, za adj. y s. De Andalucía.
andamiar v. t. Poner andamios.
andamio m. Armazón provisional de tablones o vigas metálicas levantado delante de una fachada para facilitar la construcción, la reparación o la pintura de muros.
andanada f. Descarga cerrada de toda la batería de cualquiera de los dos costados de un buque de guerra. ‖ Localidad cubierta y con gradas en las plazas de toros. ‖ *Fig.* y *fam.* Reprensión severa : *soltar una andanada*.
andante adj. Que anda. ‖ *Caballero andante*, el que viajaba en busca de aventuras. ‖ — M. *Mús.* Composición moderadamente lenta.
andar v. i. Ir de un lugar a otro dando pasos. ‖ Moverse lo inanimado. ‖ Funcionar un mecanismo. ‖ *Fig.* Estar : *andar uno triste*. ‖ Pasar o correr el tiempo : *andan los días*. ‖ Con la prep. *a*, dar : *andar a palos*. ‖ Con las prep. *con* o *sin*, tener o padecer : *andar con miedo*. ‖ Seguido de *con*, manejar : *andar con pólvora*. ‖ Con la prep. *en*, hurgar : *andar en un cajón*; meterse en algo : *andar en pleitos*; estar para cumplir : *andar en los treinta años*. ‖ Antepuesto a un gerundio, denota lo que éste significa. ‖ *Fam.* Ir : *¡Anda, vete!* ‖ Con las prep. *con* o *en*, usar, emplear : *andar con bromas*. ‖ — *Fig. Andar tras algo*, pretenderlo. | *Andar tras alguno*, buscarlo. ‖ — V. t. Recorrer. ‖ — V. pr. Marcharse.
andas f. pl. Tablero con dos varas para llevar algo en hombros.
andén m. En las estaciones de ferrocarriles, acera a lo largo de la vía. ‖ Muelle de un puerto. ‖ *Amer.* Acera. | Bancal.
andinismo m. *Amer.* Deporte de montaña en los Andes.
andinista com. Que practica el andinismo.
andino, na adj. y s. Relativo a la cordillera de los Andes.
andoba m. y f. *Fam.* Individuo.
andóbal m. y f. *Fam.* Andoba.
andorga f. *Fam.* Barriga.
andorrano, na adj. y s. De Andorra.
andrajo m. Pedazo roto o jirón.
andrajoso, sa adj. y s. Lleno de andrajos.
androceo m. Tercer verticilo de la flor formado por los estambres.
andrógino, na adj. Que tiene los dos sexos.
andurrial m. *Fam.* Paraje fuera de camino (ú. m. en pl.).
anea f. Planta tifácea.
anécdota f. Relación breve de un suceso curioso.
anecdotario m. Colección de anécdotas.
anecdótico, ca adj. Relativo a la anécdota : *hará un relato anecdótico*.
anegar v. t. Inundar.
anejo, ja adj. Anexo, dependiente : *local anejo*. ‖ — M. Cosa sujeta a otra principal.
anélidos m. pl. Animales vermiformes de cuerpo blando con anillos, como la lombriz (ú. t. c. adj.).
anemia f. *Med.* Empobrecimiento de la sangre.
anémico, ca adj. y s. Relativo a la anemia. ‖ Que padece anemia.
anemómetro m. Instrumento para medir la dirección y la fuerza del viento.
anémona o **anemona** o **anemone** f. Planta ranunculácea de flores grandes.
anestesia f. *Med.* Privación general o parcial de la sensibilidad.
anestesiar v. t. *Med.* Provocar la anestesia : *lo anestesiaron con cloroformo*.
anestésico, ca adj. y s. m. Dícese de las sustancias, como el éter, cloroformo, etc., que tienen la propiedad de causar anestesia.
anestesiólogo, ga m. y f. Especialista en anestesia.
anestesista com. Médico o auxiliar que administra la anestesia.
aneurisma m. Tumor sanguíneo en las paredes de una arteria.
anexar v. t. Anexionar.
anexión f. Acción y efecto de anexionar.
anexionar v. t. Unir una cosa a otra con dependencia de ella.
anexionismo m. Doctrina que defiende las anexiones.
anexo, xa adj. y s. m. Unido a otra cosa y dependiente de ella.
anfibio, bia adj. Dícese de los animales y plantas que pueden vivir indistintamente en el agua y en la tierra (ú. t. c. s. m.). ‖ *Fig.* Que se desarrolla en tierra y mar. ‖ Dícese del vehículo o del aparato que puede funcionar lo mismo en tierra que en el agua o en el aire.
anfibología f. Doble sentido.
anfibológico, ca adj. De doble sentido.
anfiteatro m. Edificio de figura redonda u oval con gradas alrededor. ‖ Conjunto de asientos en gradas semicirculares.
ánfora f. Cántaro de dos asas.
anfractuosidad f. Cavidad profunda y desigual.
angarillas f. pl. Andas.

ángel m. Cualquiera de los espíritus celestes que pertenecen al último de los nueve coros. || *Fig.* Gracia, simpatía, atractivo. | Persona muy dulce. || — *Ángel custodio* o *de la guarda*, el que Dios ha señalado a cada persona para su guarda. || *Fig. Tener ángel*, tener el don de agradar.
angelical adj. Relativo a los ángeles. || Que parece de ángel.
angélico, ca adj. Angelical.
angelopolitano, na adj. y s. De Puebla de los Ángeles (México).
ángelus m. Oración que se reza por la mañana, al mediodía y al anochecer en honor de la Encarnación. || Toque de oraciones.
angevino, na adj. y s. De Anjou o Anjeo.
angina f. *Med.* Inflamación de la garganta. || *Angina de pecho*, afección de la región precordial que se manifiesta por crisis dolorosas y sensación de angustia.
angioma m. *Med.* Tumor generalmente congénito, antojo, lunar.
angiospermas f. pl. Plantas cuya semilla está envuelta por un pericarpio (ú. t. c. adj.).
anglicanismo m. Conjunto de las doctrinas de la religión reformada predominante en Inglaterra.
anglicano, na adj. Relativo al anglicanismo. || — M. y f. Que profesa el anglicanismo.
anglicismo m. Giro, vocablo o modo de hablar propio del inglés y empleado en otra lengua.
anglicista com. Aficionado a lo inglés.
anglo, gla adj. y s. Individuo de un ant. pueblo germánico que invadió Gran Bretaña en el s. VI. || Inglés.
angloamericano, na adj. y s. Relativo a ingleses y americanos.
anglófilo, la adj. y s. Amigo de los ingleses.
anglofobia f. Aversión a lo inglés y a Inglaterra.
anglófobo, ba adj. y s. Que tiene odio a Inglaterra y a los ingleses.
anglófono, na adj. y s. Que habla inglés.
anglomanía f. Afición exagerada a las costumbres inglesas.
anglonormando, da adj. y s. Dícese de los normandos que se establecieron en Inglaterra en 1066.
angloparlante adj. y s. Que habla inglés.
anglosajón, ona adj. y s. De los anglosajones y, por ext., de los pueblos de raza inglesa. || — M. Individuo perteneciente a unos grupos germánicos que invadieron Inglaterra a partir del s. V. || Lengua germánica hablada por los anglosajones.
angoleño, ña adj. y s. De Angola (África).
angora com. Gato originario de Angora o Ankara (Turquía).
angosto, ta adj. Estrecho.
angostura f. Estrechura.
angström m. Unidad de medida de las longitudes de onda (diezmillonésima parte de un mm).
anguila f. Pez de agua dulce.
angula f. Cría de anguila.
angular adj. De figura de ángulo, que tiene ángulos. || *Piedra angular*, la principal de un edificio; (fig.) base.
ángulo m. *Geom.* Abertura formada por dos líneas que parten de un mismo punto. || Esquina. || *Fig.* Punto de vista.
angulosidad f. Calidad de anguloso.
anguloso, sa adj. Con ángulos.
angustia f. Aflicción, congoja.
angustiado, da adj. Afligido.
angustiar v. t. Causar angustia.
angustioso, sa adj. Lleno de angustia. || Que causa angustia.
anhelante adj. Que anhela.
anhelar v. t. e i. Ansiar.
anhelo m. Deseo vehemente : *mis grandes anhelos de encontrar la paz.*
anheloso, sa adj. Que anhela.
anhídrido m. *Quím.* Cuerpo que puede formar un ácido combinado con el agua.
anhidro, dra adj. Aplícase a los cuerpos que no contienen agua.
anidar v. i. Hacer su nido (ú. t. c. pr.). || *Fig.* Morar, habitar.
anilina f. *Quím.* Alcaloide artificial líquido e incoloro, que se saca de la hulla.
anilismo m. Intoxicación causada por la anilina.
anilla f. Anillo de cortinas. || Faja de papel que rodea un cigarro puro. || — Pl. Aros pendientes de cuerdas para hacer diferentes ejercicios de gimnasia.
anillado, da adj. De forma de anillo. || — Adj. y s. m. Anélido.
anillar v. t. Dar forma de anillo. || Sujetar con anillos.
anillo m. Aro pequeño. || Sortija : *anillo de boda.* || Cada una de las divisiones en que tienen partido el cuerpo algunos animales. || Redondel de las plazas de toros.
ánima f. Alma del Purgatorio. || Hueco del cañón de un arma.
animación f. Acción y efecto de animar o animarse. || Vivacidad. || Concurso de gente. || Alegría.
animado, da adj. Dotado de vida. || *Fig.* Divertido, concurrido. | Movido de : *animado de buenos sentimientos.* || *Dibujos animados*, sucesión de dibujos que, cinematografiados, dan la ilusión del movimiento.
animador, ra adj. y s. Que anima o excita. || — M. y f. Persona que presenta un programa artístico.
animadversión f. Enemistad.
animal m. Ser orgánico que vive, siente y se mueve voluntariamente o por instinto. || Ser irracional por oposición al hombre. | — Adj. Relativo al animal : *funciones animales.* || *Fig.* Dícese de la persona muy ignorante.
animalada f. Burrada.
animalista m. Pintor o escultor de animales.
animalizar v. t. Convertir en ser animal. || — V. pr. Embrutecerse.
animar v. t. *Fig.* Excitar, alentar. || Dar fuerza y vigor. || Dar movimiento, alegría y vida : *animar una feria, una fiesta.* || — V. pr. Cobrar ánimo. || Atreverse.
anímico, ca adj. Del alma.
ánimo m. Alma o espíritu. || Valor, energía. || Intención, voluntad. || — Interj. Voz para alentar a alguien.
animosidad f. Aversión, odio.
animoso, sa adj. Que tiene ánimo : *hombre animoso.*
aniñado, da adj. Pueril.
anión m. *Electr.* Ion cargado negativamente.
aniquilable adj. Que se puede aniquilar.
aniquilación f. Acción y efecto de aniquilar o aniquilarse.
aniquilador, ra adj. y s. Que aniquila.
aniquilamiento m. Aniquilación.
aniquilar v. t. Reducir a la nada, destruir por entero.
anís m. Planta umbelífera aromática. || Grano de anís bañado en azúcar. || Aguardiente de anís.

anisado m. Aguardiente de anís.
anisar v. t. Echar anís.
anisótropo, pa adj. y s. m. *Fís.* Aplícase a los cuerpos cuyas propiedades físicas varían con la dirección.
aniversario adj. Anual. ‖ — M. Día en que se cumplen años de algún suceso.
ano m. *Anat.* Orificio del recto.
anoche adv. Ayer por la noche.
anochecer v. i. Empezar a faltar la luz del día, venir la noche. ‖ Llegar o estar en un paraje determinado al empezar la noche.
anochecer m. y **anochecida** f. Tiempo durante el cual anochece.
anodino, na adj. *Med.* Que sirve para calmar el dolor. ‖ Ineficaz, insustancial. ‖ *Fig.* Insípido, sin gracia.
ánodo m. *Electr.* Polo positivo de un generador de electricidad.
anofeles adj. y s. m. Aplícase al mosquito cuya hembra es transmisora del paludismo.
anomalía f. Irregularidad.
anómalo, la adj. Irregular.
anona f. Árbol propio de los países tropicales.
anonadación f. o **anonadamiento** m. Aniquilamiento.
anonadador, ra adj. Que anonada.
anonadar v. t. Aniquilar. ‖ *Fig.* Apocar, abatir.
anonimato m. Carácter anónimo : *permanecer en el anonimato.*
anónimo, ma adj. Dícese del escrito sin nombre de autor o de autor desconocido (ú. t. c. m.). ‖ *Sociedad anónima,* asociación comercial cuyos socios, desconocidos del público, sólo son responsables por el valor del capital aportado.
anorak m. Chaquetón impermeable con capucha.
anormal adj. Irregular, contra la regla. ‖ — Com. Persona cuyo desarrollo es deficiente.
anormalidad f. Carácter de anormal.
anotación f. Acción y efecto de anotar. ‖ Apunte.
anotador, ra adj. y s. Que anota.
anotar v. t. Poner o tomar notas.
anquilosamiento m. Acción y efecto de anquilosarse.
anquilosar v. t. Causar anquilosis. ‖ — V. pr. Fijarse las articulaciones. ‖ *Fig.* Detenerse una cosa en su progreso.
anquilosis f. *Med.* Privación de movimiento en las articulaciones.
ánsar m. Ave palmípeda.
ansia f. Inquietud, aflicción. ‖ Anhelo. ‖ — Pl. Náuseas.
ansiar v. t. Desear con ansia.
ansiedad f. Ansia.
ansioso, sa adj. y s. Que tiene ansia de algo.
antagónico, ca adj. Que denota antagonismo.
antagonismo m. Oposición.
antagonista adj. *Anat.* Que obra en sentido opuesto : *músculos antagonistas.* ‖ — Com. Persona o cosa opuesta : *es mi antagonista.*
antaño adv. En tiempo antiguo.
antártico, ca adj. Austral.
ante m. Especie de ciervo. ‖ Su piel adobada y curtida.
ante prep. En presencia de, delante de : *ante el juez.* ‖ Respecto de : *ante las circunstancias.*
anteanoche adv. Anteayer por la noche.
anteayer adv. El día inmediatamente anterior a ayer.
antebrazo m. Parte del brazo desde el codo hasta la muñeca.
antecámara f. Pieza que precede las principales de una casa.
antecedente adj. Que antecede. ‖ — M. Acción anterior que sirve para juzgar hechos posteriores : *persona de buenos antecedentes.*
anteceder v. t. Preceder.
antecesor, ra adj. Anterior en tiempo. ‖ — M. y f. Persona que precedió a otra. ‖ Antepasado.
antecocina f. Habitación que precede a la cocina.
antedicho, cha adj. Dicho antes o con anterioridad.
antediluviano, na adj. Anterior al diluvio.
antelación f. Anticipación.
antemano adv. *De antemano,* con anterioridad.
antena f. *Electr.* Conductor metálico que permite emitir y recibir las ondas electromagnéticas. ‖ Cada uno de los cuernecillos o apéndices que tienen en la cabeza los insectos y crustáceos.
anteojo m. Instumento de óptica para ver objetos lejanos.
antepasado, da adj. Anterior, pasado. ‖ — M. Ascendiente.
antepecho m. Pretil.
antepenúltimo, ma adj. Dícese del que está antes del penúltimo.
anteponer v. t. Poner inmediatamente antes. ‖ Preferir.
anteportada f. Hoja que precede la portada de un libro.
anteproyecto m. Trabajos preliminares para trazar un proyecto.
anterior adj. Que precede en lugar o tiempo.
anterioridad f. Precedencia temporal de una cosa con respecto a otra. ‖ Prioridad.
antes adv. Expresa prioridad de tiempo o lugar : *antes de llegar.* ‖ Denota preferencia : *antes morir que capitular.* ‖ — Conj. Más bien, por el contrario : *no teme la muerte, antes la desea.* ‖ — Adj. Anterior : *el día antes.*
antesala f. Pieza situada delante de la sala principal.
antiacadémico, ca adj. En contra de lo académico : *es una persona de lo más antiacadémica que pueda existir.*
antiaéreo, a adj. Relativo a la defensa contra la aviación.
antiafrodisiaco, ca adj. Que disminuye el apetito carnal (ú. t. c. s. m.).
antialcohólico, ca adj. Contra el alcoholismo.
antialcoholismo m. Lucha contra el alcoholismo.
antiartístico, ca adj. Contrario al arte.
antiasmático, ca adj. Que combate el asma (ú. t. c. s. m.).
antiatómico, ca adj. Que se opone a los efectos de cualquier radiación y al de los proyectiles atómicos : *refugio antiatómico.*
antibala adj. Contra las balas.
antibiótico, ca adj. y s. m. *Med.* Dícese de las sustancias químicas que impiden la multiplicación o desarrollo de los microbios.
anticanceroso, sa adj. Adecuado para combatir el cáncer.
anticapitalista adj. y s. Hostil al sistema capitalista.
anticátodo m. *Fís.* Lámina metálica que en un tubo electrónico recibe los rayos catódicos y emite rayos X.

anticiclón m. Centro de elevadas presiones atmosféricas.
anticientífico, ca adj. Que se opone a la ciencia.
anticipación f. Acción y efecto de anticipar o anticiparse.
anticipado, da adj. Prematuro : *pago anticipado.* ‖ *Por anticipado,* de antemano.
anticipar v. t. Hacer que ocurra algo antes de tiempo. ‖ Liquidar una deuda antes del tiempo señalado. ‖ Adelantar fechas o plazos. ‖ — V. pr. Adelantarse una persona a otra. ‖ Ocurrir una cosa antes del tiempo regular.
anticipo m. Anticipación. ‖ Dinero anticipado.
anticlerical adj. y s. m. Contrario al clericalismo.
anticlericalismo m. Oposición al clero.
anticlímax m. Gradación retórica descendente.
anticlinal adj. y s. m. Dícese de un pliegue de terreno con capas convexas hacia arriba.
anticoagulante adj. y s. m. Que impide la coagulación.
anticolonial adj. Contra el colonialismo.
anticolonialismo m. Oposición al colonialismo.
anticolonialista adj. y s. Opuesto al colonialismo.
anticombustible adj. y s. m. Contrario a la combustión.
anticomunismo m. Oposición al comunismo.
anticomunista adj. y s. Opuesto al comunismo.
anticoncepcional o **anticonceptivo, va** adj. y s. m. Contra la fecundación.
anticoncepcionismo m. Método para evitar la concepción y doctrina que lo propugna.
anticonformismo m. Oposición a las costumbres establecidas.
anticonformista adj. y s. Que se opone a las costumbres admitidas.
anticongelante adj. y s. m. Dícese del producto añadido al agua del radiador de un motor para evitar la congelación.
anticonstitucional adj. Contrario a la Constitución.
anticristo m. Impostor que, según el Apocalipsis, ha de aparecer poco antes del fin del mundo.
anticuado, da adj. Fuera de uso.
anticuar v. t. Declarar antigua o sin uso una cosa. ‖ — V. pr. Hacerse antiguo.
anticuario m. El que estudia las cosas antiguas. ‖ El que las colecciona o las vende.
anticuchos m. pl. *Per.* Brochetas.
anticuerpo m. *Med.* Sustancia defensiva creada por el organismo y que se opone a la acción de las bacterias, toxinas, etc.
antidemocrático, ca adj. Opuesto a la democracia.
antideportivo, va adj. Que carece de deportividad.
antidepresivo, va adj. y s. m. Dícese del producto que actúa contra la depresión.
antideslizante adj. Que impide resbalar. ‖ — M. Dispositivo aplicado en los neumáticos para evitar que un coche patine.
antidetonante adj. Aplícase a cualquier producto añadido a la gasolina para evitar la explosión prematura de la mezcla.
antidiabético, ca adj. *Med.* Que previene o cura la diabetes.
antidiftérico, ca adj. Que combate la difteria.
antidiurético, ca adj. y s. m. Dícese de lo que disminuye la formación de orina.
antidoping adj. inv. Que se opone al uso de estimulantes en competiciones deportivas.
antídoto m. Contraveneno.
antiesclavista adj. y s. Enemigo de la esclavitud.
antiestético, ca adj. No estético o contrario a la estética.
antifaz m. Máscara para cubrir la cara.
antifeminismo m. Tendencia contraria al feminismo.
antifeminista adj. Contrario al feminismo (ú. t. c. s.).
antigás adj. Que sirve contra la acción de los gases tóxicos.
antigripal adj. Que combate la grippe.
antigubernamental adj. Contrario al Gobierno.
antigüedad f. Calidad de antiguo. ‖ Tiempo antiguo. ‖ Tiempo transcurrido desde el día en que se obtiene un empleo : *ascenso por antigüedad.* ‖ — Pl. Monumentos u objetos de arte antiguos.
antiguo, gua adj. Que existe desde hace mucho tiempo : *tradición antigua.* ‖ Pasado de moda, anticuado.
antihigiénico, ca adj. Contrario a la higiene.
antiimperialismo m. Actitud o doctrina que se funda en la lucha contra el imperialismo.
antiimperialista adj. y s. Hostil al imperialismo.
antiinflacionista adj. Destinado a luchar contra la inflación.
antijurídico, ca adj. Contrario al Derecho.
antiliberalismo adj. Doctrina política contraria al liberalismo.
antílope m. Rumiante bóvido de aspecto de ciervo.
antillano, na adj. y s. De las Antillas.
antimagnético, ca adj. Que no tiene influencias magnéticas.
antimasónico, ca adj. Opuesto a la masonería.
antimateria f. *Fís.* Materia hipotética que estaría constituida por antipartículas, del mismo modo que la materia lo está por partículas.
antimilitarismo m. Oposición al militarismo.
antimilitarista adj. y s. Opuesto al militarismo.
antimonárquico, ca adj. Contrario a la monarquía.
antimonio m. Metal blanco azulado brillante (Sb).
antineurálgico, ca adj. y s. m. Dícese del producto que alivia o cura las neuralgias.
antineutrón m. Antipartícula del neutrón.
antiniebla adj. inv. Que permite ver a través de la niebla : *faro antiniebla.*
antinomia f. Contradicción entre dos leyes o principios racionales.
antinómico, ca adj. Contradictorio, que implica antinomia.
antinuclear adj. Opuesto a la utilización de la energía nuclear.
antioxidante adj. Que impide la oxidación (ú. t. c. s. m.).
antipalúdico, ca adj. Contra el paludismo (ú. t. c. s. m.).
antipapa m. Papa cismático.
antiparásito, ta o **antiparasitario, ria** adj. y s. m. Que se opone a la producción o a la acción de las perturbaciones que afectan

la recepción de emisiones radiofónicas o televisadas.
antiparlamentarismo m. Oposición al régimen parlamentario.
antiparras f. pl. *Fam.* Gafas.
antipartícula f. *Fís.* Partícula elemental (positón, antiprotón, antineutrón) con propiedades opuestas a las de los átomos de los elementos químicos.
antipatía f. Repugnancia instintiva hacia alguien o algo.
antipático, ca adj. Que causa antipatía : *es una persona muy antipática.*
antipatizar v. i. *Amer.* Sentir antipatía.
antipatriota com. No patriota.
antipatriótico, ca adj. Contrario al patriotismo.
antípoda m. Persona que se halla en un lugar de la Tierra diametralmente opuesto a otra. ‖ *Fig.* Lo que es enteramente contrario. ‖ — Pl. Tierras situadas en lugar diametralmente opuesto.
antiproteccionismo m. Oposición al proteccionismo.
antiproteccionista adj. y s. Opuesto al proteccionismo.
antiprotón m. Protón negativo para romper los núcleos atómicos.
antiquísimo, ma adj. Muy antiguo, remoto.
antirracionalismo m. Doctrina opuesta al racionalismo.
antirracismo m. Oposición al racismo.
antirracista adj. y s. Opuesto al racismo.
antirreglamentario, ria adj. Contra el reglamento.
antirreligioso, sa adj. Contrario a la religión.
antirrepublicano, na adj. Contra la república y los republicanos.
antirrevolucionario, ria adj. Contrario a la revolución.
antirrobo adj. y s. m. Dícese del dispositivo de seguridad que impide el robo.
antisemita adj. y s. Hostil a los judíos.
antisemítico, ca adj. Relativo al antisemitismo.
antisemitismo m. Movimiento hostil a los judíos.
antiséptico, ca adj. y s. m. *Med.* Dícese del producto que destruye los microbios.
antisocial adj. Contrario al orden social.
antisubmarino, na adj. Propio para defenderse contra submarinos.
antisudoral adj. y s. m. Que evita el sudor excesivo.
antiterrorismo m. Lucha contra el terrorismo.
antiterrorista adj. Contra el terrorismo : *ley antiterrorista.*
antítesis f. *Ret.* Oposición de sentido entre dos frases o palabras : *la naturaleza es «grande» hasta en las cosas más «pequeñas».*
antitetánico, ca adj. *Med.* Dícese del remedio empleado para luchar contra el tétanos.
antitético, ca adj. Que implica antítesis. ‖ Opuesto.
antitoxina f. *Med.* Sustancia que destruye las toxinas.
antituberculoso, sa adj. Que combate la tuberculosis.
antivariólico, ca adj. Que combate las viruelas.
antiyanqui adj. y s. Que está contra los Estados Unidos.
antojadizo, za adj. Que tiene antojos o caprichos.
antojarse v. pr. Desear mucho una cosa. ‖ Sospechar.
antojito m. *Méx.* Bocado ligero.
antojo m. Deseo vivo y pasajero de algo. ‖ — Pl. Lunares, manchas naturales en la piel.
antología f. Colección de trozos literarios.
antológico, ca adj. Relativo a la antología.
antonimia f. Oposición de dos voces diferentes.
antónimo, ma adj. y s. m. Contrario.
antonomasia f. Figura de retórica por la cual se pone el nombre propio por el común, o viceversa : *el apóstol de las gentes* por *San Pablo.*
antorcha f. Hacha o tea para alumbrar. ‖ *Fig.* Luz, guía.
antracita f. Carbón fósil seco.
ántrax m. *Med.* Tumor inflamatorio en el tejido subcutáneo.
antro m. Caverna, cueva.
antropofagia f. Costumbre de comer carne humana.
antropófago, ga adj. y s. Que come carne humana.
antropología f. Ciencia que trata del hombre.
antropológico, ca adj. De la antropología : *estudio antropológico.*
antropólogo m. Persona dedicada al estudio de la antropología.
antropometría f. Tratado de las medidas del cuerpo humano.
antropométrico, ca adj. Relativo a la antropometría.
antropomorfo, fa adj. Aplícase al mono que tiene alguna semejanza corporal con el hombre (ú. t. c. s. m.). ‖ Que tiene forma de cabeza o de cuerpo humano.
antropopiteco m. Animal fósil del período pleistoceno.
antropozoico, ca adj. y s. *Geol.* Dícese de la era cuaternaria.
anual adj. Que sucede cada año. ‖ Que dura un año.
anualidad f. Calidad de anual. ‖ Importe anual de cualquier renta.
anuario m. Libro que se publica de año en año para que sirva de guía en determinadas actividades o profesiones.
anubarrado, da adj. Con nubes.
anublar v. t. Ocultar las nubes el azul del cielo o la luz del Sol. ‖ *Fig.* Oscurecer.
anudadura f. o **anudamiento** m. Acción y efecto de anudar.
anudar v. t. Hacer uno o más nudos. ‖ Juntar con un nudo. ‖ *Fig.* Continuar lo interrumpido.
anuencia f. Consentimiento.
anulable adj. Que se puede anular.
anulación f. Acción y efecto de anular o anularse.
anulador, ra adj. y s. Que anula.
anular adj. Relativo al anillo. ‖ De figura de anillo. ‖ — M. Cuarto dedo de la mano (ú. t. c. ajd.).
anular v. t. Dar por nulo.
anunciación f. Acción y efecto de anunciar. ‖ Fiesta con que la Iglesia católica celebra la visita del arcángel Gabriel a la Virgen.
anunciador, ra adj. y s. Que anuncia.
anunciante adj. y s. Que anuncia. ‖ Que hace publicidad.
anunciar v. t. Hacer saber : *anunciar una nueva.* ‖ Publicar : *anunciar una subasta.* ‖ — V. pr. Hacer publicidad : *se ha anunciado mucho el estreno de esa película.*

anuncio m. Aviso verbal o impreso con que se anuncia algo. ‖ Publicidad. ‖ Pronóstico. ‖ Signo, índice.
anuo, nua adj. Anual.
anuria f. *Med.* Cesación de la secreción urinaria.
anuros m. pl. Orden de batracios sin cola, que comprende las ranas, los sapos, etc. (u. t. c. adj.).
anverso m. Haz de las monedas y medallas, de un impreso, etc.
anzoateguiense adj. y s. De Anzoátegui (Venezuela).
anzuelo m. Arponcillo que, pendiente de un sedal, sirve para pescar. ‖ *Fig.* y *fam.* Atractivo.
añadido m. Añadidura.
añadidura f. Lo que se añade o agrega a alguna cosa.
añadir v. t. Agregar, incorporar una cosa a otra. ‖ Ampliar.
añagaza f. Señuelo para cazar aves. ‖ *Fig.* Artificio.
añal adj. Dícese del cordero o becerro que tiene un año cumplido.
añalejo m. Calendario eclesiástico que indica el rezo, los oficios.
añejo, ja adj. Que tiene mucho tiempo : *costumbre añeja.*
añicos m. pl. Pedazos de una cosa que se rompe.
añil m. Arbusto leguminoso de cuyas hojas se saca una pasta colorante azul. ‖ Color de esta pasta.
año m. Tiempo que tarda la Tierra en hacer su revolución alrededor del Sol : *el año consta de 52 semanas o 365 días y cuarto.* ‖ Período de doce meses. ‖ — *Año bisiesto,* el de 366 días. ‖ *Año civil,* el de 365 días. ‖ *Año escolar,* tiempo que media desde la apertura de las clases hasta las vacaciones. ‖ *Año lunar,* período de doce revoluciones de la Luna, o sea 354 días. ‖ *Año luz,* distancia equivalente al espacio recorrido por la luz en un año (9 461 000 000 000 km). ‖ *Año solar* o *trópico,* duración de una revolución total de la Tierra alrededor del Sol.
añorante adj. Que añora.
añoranza f. Aflicción causada por la ausencia o pérdida de una persona o cosa. ‖ Nostalgia.
añorar v. t. Sentir aflicción por la ausencia de una persona o cosa.
aojadura f. y **aojamiento** m. Aojo.
aojar v. t. Hacer mal de ojo.
aojo m. Mal de ojo.
aoristo m. Pretérito indefinido de la conjugación griega.
aorta f. *Anat.* Arteria principal del cuerpo, que arranca del ventrículo izquierdo del corazón.
aortitis f. Inflamación de la aorta.
apabullante adj. Que confunde.
apabullar v. t. *Fig.* Reducir al silencio, dejar confuso : *le apabulló con sus argumentos.*
apacentador, ra adj. y s. Que apacienta.
apacentamiento m. Acción y efecto de apacentar. ‖ Pasto.
apacentar v. t. Dar pasto al ganado. ‖ *Fig.* Instruir, enseñar.
apacible adj. Tranquilo. ‖ Manso, dulce.
apaciguador, ra adj. y s. Que apacigua.
apaciguamiento m. Acción y efecto de apaciguar o apaciguarse.
apaciguante adj. Que apacigua.
apaciguar v. t. Poner en paz, aquietar, sosegar.
apache adj. y s. Dícese de un pueblo indio del SO. de Estados Unidos y del N. de México. ‖ — M. *Fig.* Malhechor : *los apaches de París.*
apadrinador, ra adj. y s. Que apadrina.
apadrinamiento m. Acción y efecto de apadrinar.
apadrinar v. t. Asistir como padrino a alguno. ‖ *Fig.* Patrocinar, proteger.
apagadizo, za adj. Que se apaga fácilmente.
apagado, da adj. Que ya no arde. ‖ De genio sosegado y apocado. ‖ *Fig.* Descolorido, amortiguado.
apagar v. t. Extinguir el fuego o la luz. ‖ *Fig.* Aplacar : *el tiempo apaga el rencor.* ‖ Echar agua a la cal viva.
apaisado, da adj. Oblongo, de figura rectangular.
apalabrar v. t. Convenir de palabra : *apalabrar un negocio.*
apalancamiento m. Acción y efecto de apalancar.
apalancar v. t. Levantar, mover con palanca.
apaleamiento m. Acción y efecto de apalear.
apalear v. t. Dar golpes con palo. ‖ Varear. ‖ Aventar con pala el grano. ‖ Sacudir ropas, alfombras, etc.
apañado, da adj. *Fig.* y *fam.* Hábil, mañoso. | A propósito para el uso a que se destina, práctico.
apañar v. t. *Fig.* Apoderarse de una cosa. ‖ Aderezar, preparar. ‖ *Fam.* Remendar lo roto. | Convenir : *no me apaña nada ir tan lejos.* ‖ — V. pr. *Fam.* Darse maña o habilidad para una cosa. ‖ *Apañárselas,* arreglárselas.
apaño m. Arreglo. ‖ *Fam.* Remiendo. | Maña, destreza. | Concubina. | Relación amorosa irregular.
aparador m. Mueble donde se coloca lo necesario para el servicio de la mesa.
aparato m. Pompa, ostentación : *con mucho aparato.* ‖ Máquina, conjunto de instrumentos o útiles para ejecutar un trabajo. ‖ *Fam.* Teléfono : *¿quién está al aparato?* ‖ *Anat.* Conjunto de órganos para una misma función. ‖ Conjunto de los responsables y miembros permanentes de un partido o sindicato.
aparatosidad f. Calidad de aparatoso.
aparatoso, sa adj. Que tiene mucho aparato, ostentoso, pomposo. ‖ Espectacular. ‖ Vistoso : *traje aparatoso.*
aparcamiento m. Acción y efecto de aparcar. ‖ Sitio donde se aparca : *aparcamiento de vehículos.*
aparcar v. t. Estacionar un coche en un lugar público señalado a propósito. Ú. t. c. i. : *prohibido aparcar.*
aparcería f. Contrato o convenio de los que van a la parte en una finca rústica.
aparcero, ra m. y f. Persona que tiene aparcería con otra.
apareamiento m. Acción y efecto de aparear o aparearse.
aparear v. t. Ajustar una cosa con otra de forma que queden iguales. ‖ Unir una cosa con otra formando par. ‖ Juntar la hembra de un animal al macho para que críe. ‖ — V. pr. Acoplarse.
aparecer v. i. Manifestarse, dejarse ver (ú. t. c. pr.). ‖ Encontrarse, hallarse : *aparecer lo perdido.*
aparecido m. Espectro de un difunto.
aparejado, da adj. Apto, idóneo. ‖ — *Ir*

aparejado con, ir bien con. || *Traer aparejado,* acarrear.
aparejador, da adj. y s. Que apareja. || — M. Ayudante de un arquitecto.
aparejar v. t. Preparar, disponer para un fin (ú. t. c. pr.). || Poner el aparejo a las caballerías.
aparejo m. Preparación, disposición. || Arreo para cargar las caballerías. || Sistema de poleas compuestas. || Conjunto de cosas necesarias para algo : *aparejo de pescar.* || *Mar.* Conjunto de velas y jarcias de las embarcaciones. || — Pl. Instrumentos y cosas necesarias para un oficio o maniobra.
aparentar v. t. Manifestar lo que no es o no hay. || Corresponder la edad de una persona a su aspecto. || Fingir. || — V. i. Hacerse ver : *le gusta mucho aparentar.*
aparente adj. Que parece y no es : *muerte aparente.* ||Visible.
aparición f. Acción y efecto de aparecer o aparecerse.
apariencia f. Aspecto exterior. || — *En apariencia,* aparentemente. || *Guardar las apariencias,* cubrir las formas.
apartadero m. Sitio donde se aparta a los toros para enchiquerarlos. || Vía muerta donde se apartan los vagones.
apartado, da adj. Retirado, distante, remoto : *caserío apartado.* || — M. Correspondencia que se aparta en Correos para que la recoja el destinatario. || Acción de encerrar los toros en los chiqueros. || Párrafo o conjunto de párrafos de una ley, decreto, etc.
apartamento m. Piso pequeño.
apartamiento m. Acción y efecto de apartar o apartarse.
apartar v. t. Alejar : *apartar un obstáculo.* || Quitar a una persona o cosa de un lugar, dejar a un lado. || Escoger, entresacar. || *Fig.* Disuadir. || — V. i. Empezar : *apartar a correr.* || — V. pr. Alejarse. || Echarse a un lado. || Huir del peligro.
aparte adv. En otro lugar : *poner aparte.* || A un lado : *broma aparte.* || Con omisión, con preterición de : *aparte de lo dicho.* || Además. || — M. Párrafo. || *Teatr.* Lo que el personaje dice suponiendo que no le oyen los demás. || Reflexión que hace una persona para sí. || — Adj. Diferente, distinto : *es una persona aparte entre todas las demás.*
apartheid m. (pal. afrikaans). Sistema de segregación racial practicado en la Rep. de África del Sur.
apartijo m. Separación.
apasionado, da adj. Poseído de alguna pasión.
apasionamiento m. Pasión.
apasionante adj. Que apasiona.
apasionar v. t. Causar, excitar alguna pasión (ú. m. c. pr.). || — V. pr. Aficionarse con exceso.
apatía f. Falta de ganas.
apático, ca adj. y s. Que tiene apatía.
apatito m. y **apatita** f. *Min.* Fosfato de cal traslúcido natural.
apátrida adj. y s. Sin patria.
apeadero m. En los ferrocarriles, sitio donde pueden bajar viajeros, pero sin estación. || *Fig.* Casa que uno habita de paso, fuera de su domicilio.
apear v. t. Bajar de una caballería o carruaje (ú. t. c. pr.).
apechugar v. i. *Fig.* y *fam.* Resignarse, someterse, cargarse.
apedreamiento m. Acción y efecto de apedrear o apedrearse.
apedrear v. t. Tirar piedras a una persona o cosa.
apedreo m. Apedreamiento.
apegarse v. pr. Cobrar apego.
apego m. *Fig.* Cariño.
apelable adj. Que admite apelación : *sentencia apelable.*
apelación f. Acción de apelar.
apeladarse v. pr. *Méx.* Adoptar la manera de ser de los pelados. | Volverse grosero.
apelante adj. y s. Que apela.
apelar v. i. Pedir al juez o tribunal superior que revoque la sentencia del inferior. || *Fig.* Recurrir a una persona o cosa.
apelativo adj. *Gram.* Dícese del nombre común : *nombre apelativo.* || — M. Nombre de una persona.
apelmazar v. t. Hacer más compacto.
apelotonar v. t. Formar pelotones.
apellidar v. t. Nombrar a uno por su apellido. || Llamar, dar por nombre. || — V. pr. Tener tal nombre o apellido : *se apellida Pelayo.*
apellido m. Nombre de familia que distingue a las personas.
apenar v. t. Causar pena.
apenas adv. Casi no : *apenas se mueve.* || Luego que : *apenas llegó se puso a trabajar.*
apencar v. i. *Fam.* Apechugar.
apéndice m. Cosa adjunta o añadida a otra. || *Anat.* Parte unida al extremo de un órgano : *apéndice cecal.*
apendicitis f. *Med.* Inflamación del apéndice : *las apendicitis se pueden presentar con carácter agudo o crónico.*
aperador m. El que cuida del campo y de la labranza.
apercibir v. t. Percibir.
apergaminado, da adj. Semejante al pergamino. || *Fig.* Aplícase a la persona extremadamente flaca o enjuta : *rostro apergaminado.*
apergaminarse v. pr. *Fig.* y *fam.* Acartonarse.
apergollar v. t. *Méx.* Detener. | Hacer caer en una celada.
aperitivo m. Bebida que se toma antes de la comida. || Manjares que acompañan a esta bebida. || — Adj. Que estimula el apetito.
apero m. Conjunto de instrumentos y herramientas de cualquier oficio : *aperos de labranza.*
aperrear v. t. *Fam.* Molestar, fatigar. || — V. pr. *Fam.* Obstinarse. | Afanarse, cansarse.
apertura f. Acción de abrir. || Comienzo del curso escolar, de las sesiones de un parlamento, de una partida de ajedrez, de rugby. || En política, ampliación de las alianzas, búsqueda de apoyos en nuevos sectores de la opinión pública.
aperturista adj. Relativo a la apertura : *política aperturista.* || — M. y f. Partidario de la apertura.
apesadumbrar y **apesarar** v. t. Entristecer (ú. t. c. pr.).
apestar v. i. Despedir o arrojar mal olor : *apestar a ajo.*
apestoso, sa adj. Que apesta.
apétalo, la adj. Sin pétalos.
apetecedor, ra adj. Que apetece.
apetecer v. t. Tener gana de alguna cosa o desearla. || — V. i. Gustar : *lo haremos si le apetece.*
apetecible adj. Que apetece.
apetencia f. Movimiento instintivo del hombre a desear una cosa.
apetito m. Gana de comer. || *Fig.* Lo que excita al deseo de alguna cosa.

apetitoso, sa adj. Que excita el apetito. ‖ Gustoso, sabroso.
apiadar v. t. Causar piedad.
ápice m. *Fig.* Parte pequeñísima de una cosa : *no falta un ápice.* | Lo más mínimo : *no tiene un ápice de bondad.*
apícola adj. Relativo a la apicultura : *arte apícola.*
apicultor, ra m. y f. Persona dedicada a la apicultura.
apicultura f. Arte de criar abejas y de aprovechar sus productos.
apilamiento m. Acción y efecto de apilar.
apilar v. t. Amontonar.
apimplarse v. pr. *Fam.* Emborracharse.
apiñado, da adj. De figura de piña. ‖ Apretado, junto.
apiñamiento m. Acción y efecto de apiñar o apiñarse.
apiñar v. t. Juntar, apretar personas o cosas. U. t. c. pr. : *apiñarse la multitud.*
apio m. Planta hortense de raíz y tallo comestibles.
apiolar v. t. *Fam.* Matar.
apisonadora f. Máquina provista de un cilindro de gran peso para afirmar caminos y pavimentos.
apisonamiento m. Acción y efecto de apisonar.
apisonar v. t. Apretar la tierra, el pavimento, etc., con apisonadora.
aplacamiento m. Acción y efecto de aplacar o aplacarse.
aplacar v. t. Amansar, suavizar : *aplacar la cólera, el enojo* (ú. t. c. pr.). ‖ Calmar, quitar.
aplanadora f. *Amer.* Apisonadora.
aplanamiento m. Acción y efecto de aplanar o aplanarse. ‖ *Fig.* Abatimiento, descorazonamiento.
aplanar v. t. Allanar. ‖ *Fig.* y *fam.* Dejar a uno abatido. ‖ — V. pr. *Fig.* Desanimarse.
aplastador, ra y **aplastante** adj. Que aplasta. ‖ *Fig.* Abrumador.
aplastamiento m. Acción y efecto de aplastar o aplastarse.
aplastar v. t. Aplanar una cosa por presión o golpe. ‖ *Fig.* Vencer, aniquilar. ‖ *Fig.* y *fam.* Dejar a uno confuso.
aplatanado, da adj. *Fam.* Indolente.
aplatanamiento m. *Fam.* Indolencia.
aplatanarse v. pr. *Fam.* Ser o volverse indolente y apático.
aplaudir v. t. Palmotear en señal de aprobación. ‖ Celebrar : *aplaudir una medida.*
aplauso m. Acción y efecto de aplaudir. ‖ *Fig.* Aprobación.
aplazamiento m. Acción y efecto de aplazar.
aplazar v. t. Diferir, retardar. ‖ *Arg.* y *Urug.* Suspender a uno que se examina.
aplicable adj. Que se puede aplicar.
aplicación f. Adaptación. ‖ Ejecución : *la aplicación de una teoría.* ‖ *Fig.* Esmero, diligencia.
aplicado, da adj. *Fig.* Estudioso. | Que tiene aplicación.
aplicar v. t. Poner una cosa sobre otra : *aplicar una cataplasma.* ‖ *Fig.* Adaptar, apropiar : *aplicar las artes a la industria.* | Atribuir, referir a un caso particular. | Emplear. ‖ — V. pr. Poner esmero, diligencia. ‖ Concernir : *esta ley se aplica a todos.*
aplique m. Lámpara fijada en la pared.
aplomo m. Serenidad, seguridad. ‖ Verticalidad.
apocado, da adj. *Fig.* Pusilánime, de poco ánimo.
apocalíptico, ca adj. Relativo al Apocalipsis. ‖ *Fig.* Oscuro, enigmático. | Terrorífico.
apocamiento m. Timidez.
apocarse v. pr. Asustarse, acobardarse : *no se apoca por nada.*
apocopar v. t. *Gram.* Hacer apócope.
apócope f. *Gram.* Cambio fonético que consiste en suprimir una o más letras al fin de un vocablo : *algún* por *alguno, gran* por *grande.*
apócrifo, fa adj. No auténtico.
apodar v. t. Poner motes a uno : *un individuo a quien apodaban Renacuajo.*
apoderado m. El que tiene poder para representar a otro, mandatario. ‖ Empresario de un torero.
apoderamiento m. Acción y efecto de apoderar o apoderarse.
apoderar v. t. Hacer apoderado a una persona. ‖ — V. pr. Hacerse dueño de una cosa. ‖ *Fig.* Dominar : *el miedo se apoderó de mí.*
apodo m. Sobrenombre.
apófisis f. *Anat.* Parte saliente de un hueso : *apófisis coracoides.*
apogeo m. *Astr.* Punto en que la Luna se halla a mayor distancia de la Tierra. ‖ Punta de la órbita de un proyectil dirigido o de un satélite artificial que se encuentra más lejano de la Tierra. ‖ *Fig.* Lo sumo de la grandeza : *el apogeo de su gloria.*
apolillamiento m. Daño hecho por las polillas.
apolillar v. t. Roer la polilla.
apolítico, ca adj. y s. Ajeno a la política : *sindicalismo apolítico.*
apologética f. Parte de la teología que tiene por objeto la justificación del cristianismo.
apología f. Discurso en alabanza de una persona o cosa.
apologista com. Persona que hace la apología.
apólogo m. Fábula moral.
apoltronado, da adj. Perezoso.
apoltronarse v. pr. Hacerse holgazán. ‖ Arrellanarse.
aponeurosis f. Membrana conjuntiva que envuelve los músculos.
apoplejía f. *Med.* Parálisis cerebral producida por derrame sanguíneo en el encéfalo o las meninges.
apoquinar v. i. *Pop.* Pagar.
aporrear v. t. Golpear (ú. t. c. f.).
aportación f. Acción de aportar. ‖ Lo que se aporta.
aportar v. i. *Fig.* Llegar a parte no pensada : *aportó por allí.* ‖ — V. t. Llevar uno bienes a la sociedad de que es miembro. ‖ *Fig.* Proporcionar o dar.
aporte m. *Amer.* Aportación.
aportuguesar v. t. Dar carácter portugués.
aposentar v. t. Dar habitación y hospedaje. ‖ — V. pr. Tomar casa, alojarse.
aposento m. Cuarto o habitación de una casa. ‖ Domicilio, casa. ‖ Posada, hospedaje.
aposición f. Efecto de poner dos o más sustantivos consecutivos sin conjunción : *Madrid, capital de España.*
apósito m. *Med.* Remedio que se aplica exteriormente, sujetándolo con paños, vendas, etc.
aposta y **apostas** adv. Adrede.
apostante adj. y s. Que participa en una apuesta.
apostar v. t. e i. Hacer una apuesta, ‖ Poner gente en un sitio para algún fin. U. t. c. pr. : *se apostó detrás de un coche para verla.*

apostasía f. Acción de abandonar públicamente la religión que se profesa.
apóstata adj. y s. Persona que comete apostasía.
apostatar v. i. Negar la fe cristiana.
apostema f. Postema.
a posteriori loc. adv. Dícese de la demostración que asciende del efecto a la causa : *razonamiento «a posteriori».*
apostilla f. Anotación.
apostillar v. t. Poner apostillas : *apostillar un texto.*
apóstol m. Cada uno de los doce primeros discípulos de Jesucristo. ‖ Misionero que convierte a los infieles. ‖ Propagador de una doctrina política.
apostolado m. Ministerio del apóstol. ‖ *Fig.* Propagación de ideas nuevas.
apostólico, ca adj. Relativo a los apóstoles o al Papa.
apostrofar v. t. Dirigir apóstrofes.
apóstrofe amb. Palabras dirigidas con vehemencia a una persona. ‖ *Fig.* Insulto.
apóstrofo m. Signo ortográfico (') que indica elisión de vocal.
apostura f. Actitud, prestancia, aspecto : *una noble apostura.*
apotegma m. Dicho breve y sentencioso.
apotema f. *Geom.* Perpendicular trazada del centro de un polígono regular a uno de sus lados. ‖ Altura de las caras triangulares de una pirámide regular.
apoteósico, ca adj. Relativo a la apoteosis : *acogida apoteósica.*
apoteosis f. Deificación de los héroes : *la apoteosis de Augusto.* ‖ *Fig.* Honores extraordinarios tributados a una persona.
apoyar v. t. Hacer que una cosa descanse sobre otra : *apoyar los codos en la mesa.* ‖ Basar, fundar. ‖ *Fig.* Favorecer : *apoyar a un candidato.* ‖ Confirmar una opinión o doctrina : *apoyar una teoría sobre hechos indiscutibles.* ‖ *Mil.* Prestar protección una fuerza. ‖ — V. pr. Servirse de una persona o cosa como apoyo : *apoyarse en alguien.*
apoyatura f. *Fig.* Apoyo, base.
apoyo m. Lo que sostiene.
apreciable adj. Capaz de ser apreciado. ‖ *Fig.* Digno de estima.
apreciación f. Estimación.
apreciar v. t. Poner precio a las cosas vendibles, valorar. ‖ *Fig.* Graduar el valor de alguna cosa. | Tener en estima a una persona.
aprecio m. Estima.
aprehender v. t. Coger, asir.
aprehensión f. Captura.
apremiante adj. Que apremia.
apremiar v. t. Dar prisa. ‖ *For.* Compeler : *apremiar al pago de una multa.* ‖ — V. i. Urgir.
apremio m. Urgencia, prisa. ‖ Orden administrativa para obligar al pago de contribuciones. ‖ *For.* Mandamiento judicial ejecutivo.
aprender v. t. Adquirir el conocimiento de una cosa : *aprender de memoria* (ú. t. c. pr.).
aprendiz, za m. y f. Persona que aprende un arte u oficio.
aprendizaje m. Acción de aprender algún arte u oficio. ‖ Tiempo que en ello se emplea. ‖ *Fig.* Primeros ensayos de una cosa.
aprensión f. Escrúpulo. ‖ Temor infundado.
aprensivo, va adj. Temeroso.
apresar v. t. Hacer presa con las garras o colmillos. ‖ Apoderarse.
aprestar v. t. Aparejar, preparar lo necesario. ‖ Engomar los tejidos. ‖ — V. pr. Estar listo para : *se aprestó a salir.*
apresto m. Acción y efecto de aprestar las telas, las pieles. ‖ — Pl. Utensilios.
apresurado, da adj. Con prisa.
apresuramiento m. Prisa.
apresurar v. t. Dar prisa (ú. t. c. pr.). ‖ Ejecutar con rapidez algo.
apretado, da adj. Comprimido. ‖ *Fig.* Arduo, peligroso : *lance apretado.* | Apremiante, urgente.
apretar v. t. Estrechar con fuerza. ‖ Oprimir : *apretar el gatillo.* ‖ Comprimir. ‖ *Fig.* Activar : *apretar el paso.* ‖ — V. i. Intensificarse : *la lluvia aprieta.*
apretón m. Estrechamiento fuerte y rápido : *apretón de manos.*
apretujar v. t. *Fam.* Apretar.
apretura f. Aprieto, dificultad.
aprieto m. Opresión. ‖ *Fig.* Dificultad, situación crítica, apuro.
a priori loc. adv. Dícese de los conocimientos que son anteriores a la experiencia : *juzgar «a priori».*
apriorismo m. Razonamiento a priori.
aprisa adv. Rápidamente.
aprisco m. Paraje donde los pastores recogen el ganado.
aprisionar v. t. Poner en prisión. ‖ *Fig.* Atar, sujetar.
aprobación f. Acción y efecto de aprobar.
aprobado, da adj. Que ha pasado con éxito un examen. ‖ — M. Nota de aptitud en un examen.
aprobar v. t. Dar por bueno. ‖ Obtener una nota de aptitud en un examen (ú. t. c. i.).
apropiación f. Acción y efecto de apropiar o apropiarse.
apropiado, da adj. Adecuado.
apropiar v. t. Aplicar a una cosa lo que le es propio. ‖ — V. pr. Tomar, apoderarse de alguna cosa.
aprovechable adj. Que se puede aprovechar o utilizar.
aprovechado, da adj. Bien empleado. ‖ Que lo aprovecha todo o trata de sacar provecho de todo (ú. t. c. s.). ‖ Aplicado, diligente.
aprovechamiento m. Provecho. ‖ Utilización.
aprovechar v. i. Servir de provecho alguna cosa. ‖ Adelantar en estudios, virtudes, etc. ‖ — V. t. Emplear útilmente una cosa. ‖ — V. pr. Sacar utilidad de alguna cosa.
aprovechón, ona m. y f. *Fam.* Que trata de sacar provecho de todo.
aprovisionamiento m. Acción y efecto de aprovisionar o aprovisionarse.
aprovisionar v. t. Abastecer (u. t. c. pr.).
aproximación f. Proximidad. ‖ Acercamiento. ‖ Número de la lotería anterior o posterior al del primer premio. ‖ Estimación aproximada.
aproximado, da adj. Aproximativo, que se acerca a lo exacto.
aproximar v. t. Arrimar, acercar (ú. t. c. pr.).
aproximativo, va adj. Que se aproxima o acerca.
ápside m. *Astr.* Cada uno de los dos extremos del eje mayor de la órbita trazada por un astro.
aptitud f. Disposición natural o adquirida. ‖ Idoneidad para un cargo.
apto, ta adj. Hábil, a propósito para hacer alguna cosa.
apuesta f. Acción y efecto de apostar dinero u otra cosa.

apulgararse v. pr. Llenarse la ropa blanca de manchas menudas.
apunarse v. pr. *Amer.* Padecer puna o soroche.
apuntador, ra adj. y s. Que apunta. ‖ — M. El que se coloca en la concha para apuntar a los actores.
apuntalamiento m. Acción y efecto de apuntalar.
apuntalar v. t. Poner puntales.
apuntar v. t. Dirigir hacia un punto un arma arrojadiza o de fuego. ‖ Señalar : *apuntar con el dedo.* ‖ Tomar nota de alguna cosa. ‖ En el teatro, decir el texto de una obra a un actor. ‖ Decir la lección a un alumno que no se la sabe. ‖ *Fig.* Insinuar : *apuntar una idea.* | Señalar o indicar. ‖ — V. i. Empezar a manifestarse una cosa : *apuntar el día.* ‖ *Fig.* Tener como misión u objeto. ‖ Encararse un arma. ‖ — V. pr. Empezar a agriarse el vino. ‖ Inscribirse.
apunte m. Nota que se toma por escrito. ‖ Dibujo ligero. ‖ Apuntador de teatro. ‖ — Pl. Notas de las explicaciones de un profesor, conferenciante u orador : *tomar apuntes.*
apuntillar v. t. Dar la puntilla.
apuñalar v. t. Dar de puñaladas.
apurado, da adj. Pobre, con poco dinero. ‖ Molesto : *estoy muy apurado.* ‖ Falto : *apurado de tiempo.* ‖ Dificultoso, peligroso. ‖ *Amer.* Apresurado.
apurar v. t. Purificar : *apurar el oro.* ‖ Acabar o agotar : *apurar un cigarrillo.* ‖ *Fig.* Apremiar, dar prisa : *no me apures más.* ‖ Molestar, afligir : *me apura decírtelo.* ‖ — V. pr. Afligirse, acongojarse. ‖ Preocuparse. ‖ Apresurarse.
apuro m. Aprieto, trance, dificultad. ‖ Escasez grande : *apuros de dinero.* ‖ Aflicción, tristeza. ‖ Vergüenza, sonrojo. ‖ *Amer.* Prisa.
aquejar v. t. Sufrir, padecer : *le aqueja una enfermedad bastante grave.*
aquel, lla, llo adj. y pron. Designa lo que está lejos de la persona que habla y de la persona con quien se habla. (*Aquél, aquélla* se acentúan cuando son pronombres.) ‖ — M. *Fam.* Encanto, gracia : *tiene su aquél.* ‖ Algo, un poco de.
aquelarre m. Reunión de brujos.
aquende adv. De la parte de acá.
aquerenciarse v. pr. Tomar querencia a un lugar, a una persona.
aquí adv. En este lugar : *aquí ocurrió el accidente.* ‖ A este lugar : *ven aquí.* ‖ En esto o en eso, de esto : *de aquí viene su desgracia.* ‖ Ahora : *aquí me las va a pagar todas.* ‖ Entonces, en tal ocasión : *aquí no pudo contenerse.*
aquiescencia f. Consentimiento.
aquietar v. t. Sosegar.
aquilatar v. t. Calcular los quilates del oro, las perlas y piedras preciosas. ‖ Purificar. ‖ *Fig.* Apreciar el mérito de una persona o cosa.
ara f. Altar en que se ofrecen sacrificios. ‖ Piedra consagrada del altar. ‖ *En aras de,* en honor a. ‖ — M. Guacamayo.
árabe adj. y s. De Arabia. ‖ — M. Lengua árabe.
arabesco, ca adj. Arábigo. ‖ — M. Adorno formado por motivos vegetales y geométricos, característicos de las construcciones árabes.
arábigo, ga adj. De Arabia. ‖ — M. Lengua árabe.
arabismo m. Giro o modo de hablar del árabe. ‖ Vocablo o giro de esta lengua empleado en otra.
arabista com. Persona que cultiva la lengua y literatura árabes.
arabizar v. t. Dar carácter árabe.
arácnidos m. pl. *Zool.* Clase de animales que comprende las arañas, escorpiones, etc. (ú. t. c. adj.).
arado m. Instrumento para labrar la tierra y abrir surcos en ella.
arador, ra adj. y s. Que ara. ‖ — M. Arácnido parásito que produce la sarna.
aragonés, esa adj. y s. De Aragón (España).
araguato m. Mono aullador de América del Sur.
aragüeño, ña adj. y s. De Aragua (Venezuela).
arahuaco adj. Dícese del individuo de un pueblo indio que vivió en el Alto Paraguay. ‖ — M. Lengua que hablaba.
arana f. Embuste, trampa.
arancel m. Tarifa oficial de derechos de aduanas, ferrocarriles, etcétera. ‖ Tasa.
arancelario, ria adj. Relativo al arancel : *derechos arancelarios.*
arandela f. Anillo de metal para evitar el roce de dos piezas.
araña f. Arácnido pulmonado de cuatro pares de patas y abdomen no segmentado, que segrega un hilo sedoso. ‖ Lámpara colgante con varios brazos.
arañar v. t. Rasgar ligeramente con las uñas, un alfiler, etc. ‖ Hacer rayas superficiales.
arañazo m. Rasguño.
arar v. t. Remover la tierra con el arado : *abrir surcos en la tierra arando.*
arasá m. *Amer.* Árbol mirtáceo de madera flexible y fruto comestible.
arauaco, ca adj. y s. Arawako.
araucanismo m. Voz de origen indio propia del castellano hablado en Chile.
araucanista com. Persona que estudia la lengua y costumbres de los araucanos.
araucano, na adj. y s. De la ant. Araucania o Arauco. ‖ De Arauco, prov. de Chile. ‖ De Arauca (Colombia). ‖ — M. Lengua de los araucanos o mapuches.
araucaria f. Árbol conífero de América del Sur y Australia.
arawako, ka adj. y s. Dícese del individuo de un pueblo indio de América en la cuenca del Orinoco.
arbeja f. Arveja.
arbitraje m. Arreglo de un litigio por un árbitro y sentencia así dictada. ‖ Acción del juez que arbitra un partido deportivo.
arbitral adj. Relativo al juez árbitro. ‖ Formado por árbitros.
arbitrar v. t. Hacer que se observen las reglas de un juego. ‖ *For.* Juzgar como árbitro : *arbitrar un conflicto.* ‖ — V. pr. Ingeniarse.
arbitrariedad f. Acto o proceder contrario a la justicia, la razón o las leyes, ilegalidad.
arbitrario, ria adj. Que depende del arbitrio. ‖ Que incluye arbitrariedad : *poder arbitrario.*
arbitrio m. Facultad que tiene la voluntad de elegir o de determinarse : *libre arbitrio.* ‖ — Pl. Impuestos municipales para gastos públicos.
árbitro m. Persona escogida por un tribunal para decidir una diferencia. ‖ Juez que cuida de la aplicación del reglamento en un encuentro deportivo.
árbol m. Planta perenne, de tronco leñoso y elevado, que se ramifica a mayor o menor altura del suelo. ‖ *Mar.* Palo de un buque.

|| *Mec.* Eje que sirve para recibir o transmitir el movimiento en las máquinas : *árbol motor.* || *Árbol genealógico,* cuadro descriptivo, en forma de un árbol con sus ramificaciones, en el que consta la afiliación de los distintos miembros de una familia.
arbolado, da adj. Poblado de árboles. || — M. Conjunto de árboles.
arboladura f. *Mar.* Conjunto de palos y vergas de un buque.
arboleda f. Sitio con árboles.
arbóreo, a adj. Del árbol.
arborescente adj. Planta que tiene caracteres parecidos a los del árbol.
arborícola adj. Que vive en los árboles.
arboricultura f. Cultivo de árboles.
arborización f. Figura en forma de ramas de árbol que tienen algunos minerales.
arbotante m. Arco que contrarresta el empuje de otro arco o bóveda. || Palo que sobresale del casco de un buque y sirve de sostén.
arbusto m. Planta perenne de tallos leñosos y ramas desde la base : *en su inmensa terraza había innumerables arbustos.*
arca f. Caja de madera con tapa asegurada con bisagras, candados o cerraduras. || — Pl. Pieza o armario metálico donde se guarda el dinero en las tesorerías. || — *Arca de Noé,* embarcación grande en que se salvaron del diluvio Noé, su familia y cierto número de animales. || *Arcas públicas,* el erario.
arcabucero m. Soldado que iba armado de arcabuz.
arcabuz m. Arma de fuego antigua. || Arcabucero.
arcada f. Conjunto o serie de arcos. || Ojo de puente. || — Pl. Náuseas.
arcaico, ca adj. Viejo.
arcaísmo m. Voz o frase anticuada.
arcaizar v. i. Usar arcaísmos. || — V. t. Llenar una lengua de arcaísmos.
arcángel m. Ángel de orden superior.
arcano, na adj. y s. m. Secreto.
arce m. Árbol de madera dura.
arcediano m. Dignidad eclesiástica en las iglesias catedrales.
arcén m. Espacio en la carretera entre la calzada y la cuneta.
arcilla f. Roca pulverulenta formada principalmente por un silicato alumínico.
arcilloso, sa adj. Que tiene arcilla. || Parecido a la arcilla.
arciprestazgo m. Dignidad de arcipreste. || Territorio de su jurisdicción.
arcipreste m. Primero y principal de los presbíteros.
arco m. *Geom.* Porción de curva : *arco de círculo.* || *Arq.* Fábrica en forma de arco : *arco de puente.* || Arma para disparar flechas : *tirar con arco.* || *Mús.* Varilla de cerdas para tocar el violín, contrabajo, etc. || Aro de pipas, cubas, etcétera. || *Anat.* Hueso de forma arqueada.
archicofradía f. Cofradía más antigua o con mayores privilegios.
archidiácono m. Arcediano.
archidiócesis f. Arquidiócesis.
archiducado m. Dignidad y territorio del archiduque.
archiduque, archiduquesa m. y f. Dignidad de los príncipes de las casas de Austria y de Baviera.
archimillonario adj. y s. Varias veces millonario.
archipiélago m. Conjunto de islas.
archisabido, da adj. Muy sabido.
archivador, ra adj. y s. Que archiva. || — M. Mueble o caja para archivar.
archivar v. t. Poner en el archivo.
archivero, ra m. y f. y **archivista** com. Persona que archiva.
archivo m. Local donde se custodian documentos.
archivolta f. *Arq.* Conjunto de molduras que decoran un arco.
ardentía f. Pirosis.
arder v. i. Consumirse con el fuego. || *Fig.* Estar muy agitado por una pasión. || — V. t. Abrasar, quemar.
ardid m. Artificio, maña empleada para lograr algo : *valerse de ardides.*
ardiente adj. Que arde : *carbón ardiente.* || *Fig.* Activo. | Vehemente : *deseo ardiente.*
ardilla f. Mamífero roedor de cola larga que vive en los árboles.
ardor m. Calor grande. || *Fig.* Vehemencia : *amar con ardor.* | Anhelo : *desear con ardor.* | Valor : *luchar con ardor.* || — Pl. Ardentía.
ardoroso, sa adj. Que tiene ardor. || *Fig.* Ardiente, vigoroso.
arduo, dua adj. Muy difícil.
área f. Espacio de tierra ocupado por un edificio. || Medida agraria (100 m²). || *Geom.* Superficie comprendida dentro de un perímetro : *el área de un triángulo.* || Superficie, zona, extensión.
arena f. Conjunto de partículas desagregadas de las rocas : *la arena de la playa.* || Metal o mineral en polvo : *arenas de oro.* || *Fig.* Lugar del combate o la lucha. || Redondel de la plaza de toros.
arenar v. t. Cubrir de arena.
arenga f. Discurso enardecedor.
arengar v. t. Dirigir una arenga.
arenífero, ra adj. Con arena.
arenoso, sa adj. Que tiene arena.
arenque m. Pez teleósteo parecido a la sardina.
areola f. *Med.* Círculo rojizo que limita ciertas pústulas. || *Anat.* Círculo rojizo algo moreno que rodea el pezón del pecho.
areómetro m. *Fís.* Instrumento que sirve para medir la densidad de los líquidos.
areópago m. Tribunal superior de la antigua Atenas. || *Fig.* Reunión de personas consideradas competentes en una materia.
arepa f. *Amer.* Torta de maíz con manteca que se sirve rellena de carne de cerdo, chicharrón u otra cosa.
arequipeño, ña adj. y s. De Arequipa (Perú).
arete m. Pendiente, arillo.
argamasa f. Mezcla de cal, arena y agua que se emplea en albañilería.
argelino, na adj. y s. De Argel o Argelia.
argentífero, ra adj. Que contiene plata : *mineral argentífero.*
argentinidad f. Sentimiento de la nacionalidad argentina.
argentinismo m. Palabra o giro propio de los argentinos.
argentinizar v. t. Dar carácter argentino.
argentino, na adj. y s. De la República Argentina. || — Adj. Que tiene el sonido vibrante de la plata : *voz argentina.*
argirosis f. Estado tóxico producido por la plata o sus sales.
argolla f. Aro grueso de metal. || *Méx. Fam.* suerte. || *Arg., Bol., Col.,* y *Chil.* Anillo de matrimonio. || *Per.* Camarilla, grupo influyente.
argón m. *Quím.* Elemento simple, gaseoso, incoloro, inodoro y sin ninguna actividad química (simb. A.).

argonauta m. Molusco cefalópodo. ‖ Cada uno de los héroes griegos que en el navío *Argos* fueron a Cólquida para apoderarse del Vellocino de Oro. *(Mit.)*
argot m. Germanía, jerga. ‖ Lenguaje convencional, especialmente utilizado por un grupo, una profesión, una clase social.
argucia f. Sutileza, sofisma.
arguila f. *Fam.* Pipa para fumar kif.
argüir v. t. Deducir, inferir. ‖ Probar, demostrar, descubrir. ‖ — V. i. Oponer argumentos, impugnar. ‖ Discutir.
argumentación f. Acción de argumentar. ‖ Argumento.
argumentador, ra adj. y s. Que argumenta.
argumental adj. Relativo al argumento.
argumentar v. i. Argüir, disputar. ‖ — V. t. Alegar.
argumentativo, va adj. Propio del argumento.
argumento m. Razonamiento para demostrar una proposición. ‖ Asunto o materia de una obra.
aria f. *Mús.* Composición escrita para una sola voz.
aridez f. Calidad de árido.
árido, da adj. Seco, estéril : *tierra árida.* ‖ — M. pl. Granos, legumbres y otras cosas a que se aplican medidas de capacidad.
ariete m. Máquina militar que se empleaba antiguamente para derribar murallas. ‖ *Fig.* En fútbol, delantero centro.
ario, ria adj. y s. De un pueblo primitivo de Asia Central del que proceden los indoeuropeos. ‖ — M. Lengua de este pueblo.
arisco, ca adj. Intratable, desabrido.
arista f. *Geom.* y *Fort.* Línea de intersección de dos planos.
aristocracia f. Clase noble. ‖ Gobierno de la nobleza.
aristócrata com. Persona de la aristocracia.
aristocrático, ca adj. Relativo a la aristocracia.
aristocratizar v. t. Dar carácter aristocrático (ú. t. c. pr.).
aristotélico, ca adj. Relativo a Aristóteles. ‖ — Adj. y s. Partidario del aristotelismo.
aristotelismo m. Doctrina de Aristóteles.
aritmética f. Ciencia de los números y libro que trata de ella.
aritmético, ca adj. Relativo a la aritmética. ‖ Basado en la aritmética. ‖ — M. y f. Persona que se dedica a esta ciencia.
arlequín m. Personaje cómico de la comedia italiana.
arma f. Instrumento destinado a ofender o defenderse : *arma de fuego.* ‖ *Blas.* Escudo. ‖ *Fig.* Medios para conseguir un fin. ‖ *Mil.* Cada uno de los diversos institutos que constituyen la parte principal de los ejércitos combatientes : *el arma de infantería.* ‖ — Pl. Tropas o ejércitos de un Estado : *las armas de España.* ‖ Profesión militar. ‖ *Taurom.* Asta, cuerno. ‖ *Zool.* Defensas de los animales. ‖ — *Arma biológica,* la que emplea organismos vivos o toxinas para provocar enfermedades o la muerte. ‖ *Fig. Arma de dos filos,* la que puede tener efectos contrarios a los apetecidos. ‖ *Pasar por las armas,* fusilar. ‖ *Rendir las armas,* entregarse al enemigo. ‖ *Tomar las armas,* armarse para defenderse o atacar.
armada f. Conjunto de fuerzas navales de un Estado. ‖ Escuadra.
armadía f. Conjunto de maderos unidos unos con otros para conducirlos a flote por los ríos.
armadillo m. Mamífero desdentado de la América meridional.
armado, da adj. Provisto de armas. ‖ Provisto de una armadura metálica interna : *cemento armado.*
armador, ra m. y f. Persona que arma o monta. ‖ — M. El que arma o equipa una embarcación.
armadura f. Conjunto de armas defensivas que protegían el cuerpo. ‖ *Arq.* Armazón.
armamentista adj. De armamentos.
armamento m. Acción de armar. ‖ Apresto para la guerra. ‖ Conjunto de armas. ‖ Armas de un soldado. ‖ Equipo de un buque.
armar v. t. Dar armas. ‖ Disponer para la guerra : *armar un ejército.* ‖ Aprestar un arma para disparar : *armar el fusil.* ‖ *Por ext.* Tensar el muelle de un mecanismo. ‖ Concertar o montar las piezas de un mueble, artefacto, etc. : *armar una máquina.* ‖ Fundar, asentar una cosa sobre otra. ‖ Dar forma, resistencia o consistencia. ‖ Equipar un barco. ‖ *Fig.* y *fam.* Organizar. | Causar, provocar : *armar disgustos.* ‖ — V. pr. *Fig.* Disponer deliberadamente el ánimo para conseguir un fin o resistir una contrariedad : *armarse de paciencia.* | Estallar, producirse : *se armó un escándalo.*
armario m. Mueble con puertas y anaqueles para guardar objetos o ropa.
armatoste m. Cosa grande y destartalada.
armazón f. Armadura, estructura sobre la que se monta una cosa.
armella f. Anillo de hierro con una espiga para clavarlo.
armenio, nia adj. y s. De Armenia.
armería f. Museo de armas. ‖ Arte de fabricar armas. ‖ Tienda del armero.
armero m. Fabricante, reparador o vendedor de armas.
armiño m. Mamífero de piel muy suave y delicada. ‖ Su piel. ‖ *Blas.* Figura del blasón.
armisticio m. Suspensión de hostilidades : *firmar el armisticio.*
armón m. *Mil.* Juego delantero de la cureña del cañón.
armonía f. Arte de formar los acordes musicales. ‖ Unión o combinación de sonidos agradables. ‖ Proporción y correspondencia de las partes de un todo. ‖ *Fig.* Amistad y buena correspondencia : *vivir en armonía.*
armónico, ca adj. Relativo a la armonía : *composición armónica.* ‖ — F. Instrumento músico que se toca con los labios.
armonio m. *Mús.* Órgano pequeño y al que se da aire con un fuelle movido con los pies.
armonioso, sa adj. Agradable al oído o que tiene armonía.
armonización f. Acción y efecto de armonizar.
armonizador, ra adj. y s. Que armoniza.
armonizar v. t. Poner en armonía : *armonizar colores.* ‖ *Mús.* Escribir los acordes correspondientes a una melodía. ‖ — V. i. Formar o estar en armonía.
arnés m. Armadura que se amoldaba al cuerpo. ‖ — Pl. Guarniciones de las caballerías.
árnica f. Planta cuyas flores y raíz se emplean en forma de tintura para heridas y contusiones.
aro m. Círculo o anillo de hierro, madera, etc. ‖ Juguete infantil en forma de círculo de madera. ‖ Servilletero.
aroma m. Olor muy agradable.

aromático, ca adj. Que tiene aroma.
aromatización f. Acción de aromatizar.
aromatizar v. t. Perfumar con una sustancia. ‖ Dar aroma.
arpa f. *Mús.* Instrumento triangular de cuerdas verticales que se toca con ambas manos.
arpegiar v. i. Hacer arpegios.
arpegio m. *Mús.* Sucesión de los sonidos de un acorde.
arpía f. Ser fabuloso con rostro de mujer y cuerpo de ave de rapiña. ‖ *Fig.* Mujer perversa o muy fea.
arpillera f. Tejido basto.
arpista com. Persona que tañe el arpa : *una arpista hábil.*
arpón m. *Mar.* Dardo con ganchos para la pesca mayor. ‖ Punta de hierro con que rematan las banderillas de los toreros.
arponear v. t. Cazar o pescar con arpón : *arponear una ballena.*
arquear v. t. Dar figura de arco : *arquear un mimbre.* ‖ *Mar.* Medir la capacidad de un buque.
arqueo m. Acción y efecto de arquear o arquearse. ‖ *Com.* Reconocimiento de los caudales y papeles de una caja : *hacer el arqueo.* ‖ *Mar.* Cabida de la nave.
arqueolítico, ca adj. De la edad de piedra.
arqueología f. Ciencia que estudia las artes y los monumentos de la Antigüedad : *arqueología mexicana.*
arqueológico, ca adj. Relativo a la arqueología.
arqueólogo, ga m. y f. Persona que profesa la arqueología o tiene especiales conocimientos sobre esta materia.
arquero m. Soldado que peleaba con arco. ‖ Cajero, tesorero. ‖ *Amer.* Guardameta, portero de un equipo de fútbol.
arquetipo m. Modelo original de una obra material o intelectual. ‖ Tipo ideal, ejemplo.
arquidiócesis f. Diócesis episcopal.
arquípteros m. pl. Orden de insectos masticadores (ú. t. c. adj.).
arquitecto, ta m. y f. Persona que ejerce la arquitectura.
arquitectónico, ca adj. De la arquitectura. ‖ — F. Conjunto de reglas de la arquitectura.
arquitectura f. Arte de proyectar, construir y adornar edificios. ‖ *Fig.* Forma, estructura.
arquitrabe m. *Arq.* Parte inferior del cornisamiento.
arrabal m. Barrio extremo o contiguo a una población. ‖ Población anexa a otra mayor.
arrabalero, ra y **arrabalesco, ca** adj. y s. Habitante de un arrabal. ‖ *Fig.* y *fam.* Vulgar, bajo.
arrabio m. Hierro bruto de primera fusión.
arracimarse v. pr. Unirse en figura de racimo.
arraigamiento m. Arraigo.
arraigar v. i. *Bot.* Echar raíces. ‖ *Fig.* Hacerse muy firme algo inmaterial : *arraigar una costumbre.* ‖ — V. t. Fijar, afirmar, establecer.
arraigo m. Acción y efecto de arraigar o arraigarse.
arramblar y **arramplar** v. t. *Fig.* Arrastrarlo todo llevándoselo con violencia, coger.
arrancaclavos m. inv. Utensilio para sacar los clavos.
arrancada f. Acción de arrancar o emprender la marcha una persona, un animal, un buque, un automóvil u otro vehículo. ‖ En halterofilia, movimiento para levantar de un golpe la barra por encima de la cabeza en el extremo de los brazos rígidos.
arrancador, ra adj. y s. Que arranca. ‖ — F. Máquina agrícola con un dispositivo para el arranque de tubérculos y raíces.
arrancar v. t. Sacar de raíz : *arrancar un árbol, una muela.* ‖ Sacar con violencia. ‖ *Fig.* Obtener con violencia, trabajo o astucia : *arrancar una confesión.* | Separar con violencia a una persona de alguna parte o costumbre. ‖ Poner en marcha, hacer funcionar : *arrancar el barco.* ‖ Iniciarse el funcionamiento : *arrancar el motor.* ‖ — V. i. Andar, partir : *el coche arrancó.* ‖ Echar a correr. ‖ Abalanzarse, arrojarse : *el toro arrancó contra él.* ‖ *Arq.* Principiar el arco o la bóveda. ‖ — V. pr. Empezar, ponerse : *arrancarse a cantar.*
arranque m. Acción y efecto de arrancar. ‖ *Fig.* Arrebato : *arranque de ira.* | Pujanza, brío. | Ocurrencia. | Comienzo, punto de partida. ‖ *Arq.* Principio de un arco o bóveda. ‖ *Mec.* Pieza para poner en funcionamiento un motor.
arrapiezo m. Chiquillo.
arras f. pl. Lo que se da como prenda de un contrato. ‖ Monedas que al celebrarse el matrimonio entrega el desposado a la desposada.
arrasamiento m. Acción y efecto de arrasar.
arrasar v. t. Echar por tierra : *arrasar las murallas.* ‖ — V. pr. Sumirse : *arrasarse en lágrimas.*
arrastrado, da adj. *Fig.* y *fam.* Pobre, miserable : *vida arrastrada.* ‖ Dícese de los juegos en los que hay que servir cartas del mismo color : *tute arrastrado.*
arrastramiento m. Acción de arrastrar o arrastrarse.
arrastrar v. t. Llevar a una persona o cosa por el suelo, tirando de ella : *la multitud arrastró al asesino.* ‖ *Fig.* Convencer, llevar tras sí o traer a su dictamen. | Impulsar irresistiblemente : *arrastrar al crimen.* | Tener por consecuencia inevitable : *la guerra arrastra la ruina.* ‖ — V. i. Jugar triunfos en las cartas. ‖ — V. pr. Trasladarse rozando el suelo : *la culebra se arrastra.* ‖ *Fig.* Humillarse demasiado.
arrastre m. Acción de arrastrar.
arrayán m. Arbusto de flores blancas y follaje siempre verde.
¡ arre ! interj. Se emplea para arrear a las bestias : *¡arre, burro!*
arrear v. t. Estimular a las bestias con la voz o el látigo. ‖ Dar prisa, estimular. ‖ *Fam.* Dar, soltar : *arrear un guantazo.* ‖ — V. i. Caminar de prisa.
arrebañar v. t. Rebañar, coger.
arrebatado, da adj. Precipitado. ‖ De rostro encendido.
arrebatamiento m. Arrebato.
arrebatar v. t. Quitar o tomar algo con violencia. ‖ Coger con precipitación. ‖ *Fig.* Sacar de sí, entusiasmar. ‖ — V. pr. Enfurecerse.
arrebato m. Furor : *hablar con arrebato.* ‖ Arranque, manifestación brusca de un sentimiento. ‖ Éxtasis.
arrebol m. Color rojo de las nubes. ‖ Afeite encarnado. ‖ Rubor.
arrebolarse v. pr. Ruborizarse. ‖ Tomar un color rojizo.
arrebujar v. t. Dejar desordenadamente. ‖ — V. pr. Cubrirse bien : *arrebujarse en una manta.*

arreciar v. i. Hacerse cada vez más violenta una cosa.
arrecife m. Banco o bajo formado en el mar por rocas o políperos casi a flor de agua.
arrecirse v. pr. Entumecerse por exceso de frío.
arrechuchar v. t. Empujar.
arrechucho m. *Fam.* Arranque : *tener arrechuchos de ira.* | Indisposición repentina y pasajera.
arredramiento m. Miedo.
arredrar v. t. *Fig.* Atemorizar (ú. t. c. pr.).
arreglado, da adj. Sujeto a regla. ‖ *Fig.* Ordenado. | Metódico. | Razonable : *precio arreglado.*
arreglar v. t. Sujetar a regla. ‖ Reparar : *arreglar un traje.* ‖ Poner orden. ‖ Instalar. ‖ Solucionar : *arreglar un asunto.* ‖ Decorar : *arreglar un piso.* ‖ Enmendar : *arreglar un escrito.* ‖ Adaptar : *arreglar una comedia.* ‖ — V. pr. Conformarse : *me arreglo con esto.* ‖ Componerse, ataviarse : *se arregló para salir.* ‖ *Fam. Arreglárselas,* componérselas.
arreglo m. Avenencia : *fórmula de arreglo.* ‖ Reparación. ‖ Adaptación. ‖ *Fam.* Amancebamiento. ‖ *Con arreglo a,* según.
arrejuntarse v. pr. *Fam.* Amancebarse. | Reunirse varias personas o cosas.
arrellanarse v. pr. Sentarse con toda comodidad.
arremangar v. t. Recoger hacia arriba las mangas de la ropa. Ú. t. c. pr. : *arremangarse la camisa.*
arremeter v. t. e i. Acometer.
arremetida f. Acción de arremeter.
arremolinarse v. pr. Hacer remolinos. ‖ *Fig.* Amontonarse.
arrempujón m. *Pop.* Empujón.
arrendador, ra m. y f. Persona que da en arriendo alguna cosa. ‖ Arrendatario, inquilino.
arrendamiento m. Acción de arrendar y precio en que se arrienda. ‖ Contrato.
arrendar v. t. Adquirir mediante precio el disfrute temporal de bienes inmuebles. ‖ *Fam. No le arriendo la ganancia,* no envidio su suerte.
arrendatario, ria adj. y s. Que toma en arrendamiento.
arreo m. Atavío, adorno. ‖ — Pl. Guarniciones de las caballerías.
arrepanchigarse v. pr. Arrellanarse.
arrepentido, da adj. y s. Persona que se arrepiente.
arrepentimiento m. Pesar de haber hecho una cosa.
arrepentirse v. pr. Pesarle a uno de haber hecho o no una cosa.
arrestado, da adj. y s. Preso.
arrestar v. t. Poner preso.
arresto m. Acción de arrestar. ‖ Detención provisional. ‖ Arrojo, audacia.
arriada f. Riada.
arrianismo m. Herejía de Arrio que niega la divinidad del Verbo.
arriano, na adj. y s. Sectario de Arrio. ‖ Relativo al arrianismo.
arriar v. t. *Mar.* Bajar un buque las velas o las banderas.
arriarse v. pr. Inundarse.
arriate m. Cuadro de plantas y flores : *un arriate de rosas.*
arriba adv. A lo alto. ‖ En lo alto, en la parte alta. ‖ En lugar anterior. ‖ Más de : *de cinco pesetas arriba.* ‖ — Interj. Voz que se emplea para alentar o aclamar.
arribada f. Llegada.
arribar v. i. Llegar.
arribeño, ña adj. y s. *Amer.* Aplícase por los habitantes de las costas a los de las tierras altas.
arribismo m. Ambición, deseo de triunfar a toda costa.
arribista adj. y s. Persona dispuesta a triunfar a cualquier precio.
arriendo m. Arrendamiento.
arriero m. El que conduce las caballerías de carga.
arriesgado, da adj. Aventurado, peligroso. ‖ Imprudente, temerario. ‖ Osado, atrevido.
arriesgar v. t. Poner en peligro : *arriesgar la vida.* ‖ — V. pr. Exponerse.
arrimar v. t. Acercar : *arrimar un armario a la pared.* ‖ *Fig.* y *fam.* Dar un golpe : *arrimar un bofetón.* ‖ — *Fam. Arrimar el ascua a su sardina,* velar por los propios intereses. ‖ *Fam. Arrimar el hombro,* cooperar en un trabajo. ‖ — V. pr. Acercarse. ‖ *Fig.* Acogerse a la protección de uno.
arrinconado, da adj. Apartado. ‖ *Fig.* Olvidado.
arrinconamiento m. Recogimiento o retiro.
arrinconar v. t. Poner en un rincón. ‖ *Fig.* No hacer caso de uno.
arritmia f. Irregularidad del pulso.
arrítmico, ca adj. Relativo a la arritmia.
arrivismo m. y **arrivista** adj. y s. Galicismos por *arribismo* y *arribista.*
arroba f. Peso que equivale a 11,502 kg. ‖ Medida variable de líquidos (16,137 litros de vino y 12,564 de aceite). ‖ *Fig. Por arrobas,* en gran cantidad.
arrobado, da adj. En éxtasis.
arrobador, ra adj. Que arroba.
arrobamiento m. Éxtasis.
arrobar v. t. Embelesar.
arrobo m. Arrobamiento.
arrocero, ra adj. Relativo al arroz : *molino arrocero.* ‖ — M. y f. Persona que cultiva o vende arroz.
arrodillar v. t. Hacer que uno hinque las rodillas. ‖ — V. i. y pr. Ponerse de rodillas.
arrogancia f. Altanería, soberbia. ‖ Gallardía, elegancia.
arrogante adj. Altanero, soberbio. ‖ Gallardo, elegante.
arrogarse v. pr. Atribuirse.
arrojadizo, za adj. Que se puede arrojar : *arma arrojadiza.*
arrojado, da adj. *Fig.* Resuelto.
arrojar v. t. Lanzar : *arrojar una piedra.* ‖ Echar : *arrojar a la basura.* ‖ Alcanzar, totalizar : *arrojar un gran beneficio.* ‖ *Fig.* Dar como resultado : *el debe arroja más que el haber.* ‖ Señalar, mostrar. ‖ *Fam.* Vomitar. ‖ — V. pr. Precipitarse : *arrojarse al agua.* ‖ Abalanzarse : *arrojarse contra uno.* ‖ *Fig.* Resolverse a emprender algo.
arrojo m. Osadía, intrepidez.
arrollador, ra adj. Que arrolla. ‖ Irresistible : *fuerza arrolladora.* ‖ Clamoroso : *éxito arrollador.*
arrollar v. t. Envolver una cosa en forma de rollo. ‖ Llevar rodando el agua o el viento alguna cosa : *arrollar árboles.* ‖ Atropellar : *el coche arrolló a un peatón.* ‖ *Fig.* Desbaratar : *arrollar al enemigo.* | Confundir a uno en la discusión. | Atropellar : *arrollar las leyes.*
arropar v. t. Cubrir, abrigar.
arrostrar v. t. *Fig.* Afrontar.
arroyo m. Riachuelo. ‖ Parte de la calle por donde corren las aguas. ‖ *Fig.* Afluencia.
arroz m. Planta cuya semilla, blanca y harinosa, es comestible.

arrozal m. Campo de arroz.
arruga f. Pliegue.
arrugado, da adj. Con arrugas.
arrugamiento m. Acción y efecto de arrugar o arrugarse.
arrugar v. t. Hacer arrugas.
arruinamiento m. Ruina.
arruinar v. t. Causar ruina.
arrullar v. t. Enamorar con arrullos el palomo a la hembra, o al contrario. ‖ *Fig.* Adormecer al niño con arrullos.
arrullo m. Canto monótono con que se enamoran las palomas y las tórtolas. ‖ *Fig.* Cantarcillo para adormecer a los niños.
arrumaco m. *Fam.* Mimo.
arrumar v. t. *Mar.* Distribuir la carga en un buque.
arrumbar v. t. Arrinconar una cosa como inútil.
arrurruz m. Fécula extraída de la raíz de una planta de la India.
arsenal m. Establecimiento en que se construyen; reparan y conservan las embarcaciones. ‖ Depósito o almacén general de armas y otros efectos de guerra.
arseniato m. Sal formada por el ácido arsénico con una base.
arsénico m. Cuerpo simple (As), de número atómico 33, de color gris y brillo metálico, y densidad 5,7.
arseniuro m. *Quím.* Combinación del arsénico con un metal.
arte amb. Virtud, poder, eficacia y habilidad para hacer bien una cosa : *trabajar con arte.* ‖ Conjunto de reglas de una profesión : *arte dramático.* ‖ Obra humana que expresa simbólicamente, mediante diferentes materias, un aspecto de la realidad entendida estéticamente. ‖ Conjunto de obras artísticas de un país o una época : *arte azteca.* ‖ Aparato para pescar. ‖ Cautela, astucia. ‖ — *Artes liberales,* las que requieren principalmente el ejercicio de la inteligencia. ‖ *Bellas Artes,* pintura, escultura, arquitectura, música y literatura.
— OBSERV. Se usa generalmente como m. en el sing. y f. en el pl.
artefacto m. Aparato.
artejo m. *Anat.* Nudillo.
arteria f. Cada uno de los vasos que llevan la sangre desde el corazón a las demás partes del organismo. ‖ *Fig.* Gran vía de comunicación : *las arterias de la ciudad.*
arterial adj. De las arterias.
arteriosclerosis f. *Med.* Endurecimiento de las arterias.
arteritis f. *Med.* Inflamación de las arterias.
artero, ra adj. Astuto.
artesa f. Recipiente para amasar el pan y otros usos.
artesanado m. Conjunto de artesanos. ‖ Actividad u oficio del artesano.
artesanal adj. De la artesanía.
artesanía f. Clase social de los artesanos. ‖ Arte de los artesanos.
artesano, na m. y f. Trabajador manual. | *Fig.* Autor.
artesón m. Adornos con molduras en techos y bóvedas. ‖ Artesonado.
artesonado, da adj. Adornado con artesones. ‖ — M. Techo de artesones.
artesonar v. t. Poner artesones en el techo.
ártico, ca adj. Relativo al polo Norte.
articulación f. *Anat.* Unión de un hueso con otro. ‖ División o separación. ‖ Pronunciación clara y distinta de las palabras. ‖ *Mec.* Unión de dos piezas.
articulado, da adj. Que tiene articulaciones. ‖ Dícese de la voz humana modificada por la pronunciación : *lenguaje articulado.* ‖ — M. Conjunto o serie de los artículos de un tratado, ley, reglamento, etc.
articular v. t. Unir, enlazar. ‖ Pronunciar clara y distintamente. ‖ *For.* Enunciar en artículos.
articulista com. Persona que escribe artículos para un periódico.
artículo m. Una de las partes en que suelen dividirse los escritos. ‖ Escrito publicado en un periódico. ‖ Cada una de las divisiones de un diccionario. ‖ Cada una de las divisiones numeradas de una ley, tratado o reglamento. ‖ Objeto de comercio : *artículo de moda.* ‖ *Gram.* Parte de la oración que se antepone al nombre para determinarlo.
artífice com. Persona que ejecuta una obra artística o mecánica. ‖ *Fig.* Autor.
artificial adj. Hecho por mano del hombre. ‖ *Fig.* Ficticio.
artificio m. Arte, habilidad con que está hecha una cosa. | Aparato, mecanismo. ‖ *Fig.* Astucia.
artificiosidad f. Carácter de artificioso.
artificioso, sa adj. Hecho con habilidad. ‖ *Fig.* Disimulado.
artiguense adj. y s. De Artigas (Uruguay).
artilugio m. Aparato de poca importancia. | *Fig.* Maña, trampa.
artillar v. t. Armar de artillería.
artillería f. Material de guerra que comprende los cañones, morteros, etc. ‖ Cuerpo de artilleros.
artillero m. Soldado de artillería.
artimaña f. Trampa. ‖ Astucia.
artimón m. *Mar.* Una de las velas de las galeras.
artiodáctilos m. pl. *Zool.* Orden de mamíferos ungulados (ú. t. c. adj.).
artista com. Persona que se dedica a alguna de las bellas artes, como el pintor, el escultor, etc. ‖ Persona que interpreta una obra musical, teatral, cinematográfica. ‖ — Adj. Que tiene gustos artísticos.
artístico, ca adj. Relativo a las artes.
artrítico, ca adj. Relativo a la artritis. ‖ — M. y f. Persona que padece artritis.
artritis f. *Med.* Inflamación de las articulaciones : *artritis crónica.*
artritismo m. *Med.* Conjunto de trastornos del metabolismo que predisponen a enfermedades de las articulaciones.
artrópodos m. pl. *Zool.* Animales articulados, como los crustáceos y los insectos (ú. t. c. adj.).
arveja f. Algarroba. ‖ Guisante.
arvejal m. Terreno sembrado de arvejas.
arvejo m. Guisante.
arzobispado m. Dignidad o jurisdicción del arzobispo.
arzobispal adj. Perteneciente o relativo al arzobispo : *palacio arzobispal.*
arzobispo m. Obispo de una provincia eclesiástica de quien dependen otros sufragáneos.
arzón m. Fuste de la silla de montar.
as m. Carta de la baraja o cara del dado que lleva el número uno. ‖ *Fig.* El primero en su clase.
As, símbolo del *arsénico.*
asa f. Asidero.
asado m. Carne asada. ‖ *Riopl. Asado con cuero,* trozo de carne vacuna que se asa al aire libre con su correspondiente cuero.
asador m. Varilla en que se clava lo que se quiere asar.

asadura f. Conjunto de las entrañas del animal (ú. m. en pl.). ‖ *Pop.* Pachorra. ‖ *Fig. y fam. Echar las asaduras,* trabajar mucho. ‖ — M. *Pop.* Pachorrudo.
asaetear v. t. Disparar saetas. ‖ Herir o matar con saetas. ‖ *Fig.* Importunar : *asaetear de preguntas.*
asalariado, da adj. y s. Que trabaja por salario.
asalariar v. t. Señalar a uno salario.
asaltar v. t. Acometer.
asalto m. Acción y efecto de asaltar. ‖ *Esgr.* Combate simulado. ‖ Cada una de las partes de un combate de boxeo. ‖ Diversión que consiste en convidarse algunas personas por sorpresa en casa de otras llevando aquéllas las bebidas y la comida.
asamblea f. Reunión de personas convocadas para un fin. ‖ Cuerpo deliberante : *asamblea nacional.*
asambleísta com. Miembro de una asamblea.
asar v. t. Someter ciertos manjares a la acción del fuego. ‖ *Fig.* Importunar con insistencia : *me asaron con preguntas.* ‖ — V. pr. *Fig.* Sentir mucho calor.
asaúra f. *Fam.* Pachorra, flema. ‖ — M. y f. *Fam.* Apático, flemático.
asaz adv. *Poét.* Bastante. | Harto, muy. | Mucho.
asbesto m. Mineral de fibras duras parecido al amianto.
ascáride f. Lombriz intestinal.
ascendencia f. Serie de ascendientes o abuelos. ‖ *Fig.* Influencia.
ascendente adj. Que asciende.
ascender v. i. Subir. ‖ Importar : *la cuenta asciende a mil francos.* ‖ Alcanzar, elevarse. ‖ *Fig.* Adelantar en un empleo o dignidad. ‖ — V. t. Dar o conceder un ascenso : *ascender un soldado a cabo.*
ascendiente m. y f. Padre o abuelo. ‖ — M. Influencia moral.
ascensión f. Acción de ascender o subir. ‖ Por antonomasia, la de Jesucristo a los cielos. ‖ Fiesta con que se celebra este misterio. ‖ Exaltación a una dignidad.
ascenso m. Adelanto de un funcionario. ‖ Subida.
ascensor m. Aparato para subir o bajar en los edificios.
ascensorista com. Persona que maniobra el ascensor.
asceta com. Persona que hace vida ascética.
ascético, ca adj. Relativo al ascetismo. ‖ Que trata de la vida ascética. ‖ — F. Ascetismo.
ascetismo m. Profesión o doctrina de la vida ascética.
asco m. Repugnancia causada por algo que incita al vómito. ‖ *Fig.* Impresión desagradable.
ascomicetos adj. y m. pl. Dícese de los hongos con esporas encerradas en saquitos.
ascua f. Pedazo de materia sólida candente.
aseado, da adj. Limpio.
asear v. t. Lavar (ú. t. c. pr.).
asechador, ra adj. y s. Que asecha.
asechanza f. Artificio, trampa.
asechar v. t. Armar asechanzas.
asediador, ra adj. y s. Que asedia.
asediar v. t. Poner sitio a una plaza fuerte. ‖ *Fig.* Importunar.
asedio m. Cerco, sitio. ‖ *Fig.* Importunidad, molestia.
asegurado, da adj. y s. Dícese de la persona que ha contratado un seguro.
asegurador, ra adj. Que asegura. ‖ — M. y f. Persona o empresa que asegura riesgos ajenos.
aseguramiento m. Seguro. ‖ Consolidación.
asegurar v. t. Dar firmeza y seguridad a una cosa. ‖ Afirmar, garantizar : *le aseguro que es así.* ‖ Tranquilizar. ‖ Proteger de riesgos : *asegurar contra incendio.* ‖ Poner a cubierto mediante un contrato de seguro : *asegurar una finca.* ‖ — V. pr. Cerciorarse. ‖ Suscribir un contrato de seguro.
asemejar v. t. Hacer una cosa a semejanza de otra. ‖ — V. i. Tener semejanza con otra cosa. ‖ — V. pr. Mostrarse semejante.
asenso m. Aceptación, aprobación.
asentamiento m. Acción y efecto de asentar o asentarse. ‖ Instalación provisional de colonos. ‖ *Com.* Inscripción. ‖ Emplazamiento, establecimiento. ‖ *Fig.* Prudencia, juicio.
asentar v. t. Poner en un asiento. ‖ Colocar sobre algo sólido : *asentar cimientos.* ‖ Establecer, fundar : *sentar el real.* ‖ Afirmar. ‖ Poner por escrito, anotar. ‖ — V. pr. Sentarse. ‖ Posarse : *asentarse un líquido.*
asentimiento m. Asenso.
asentir v. i. Admitir.
aseo m. Limpieza. ‖ Pequeña habitación destinada a la limpieza del cuerpo : *cuarto de aseo.* ‖ — Pl. Excusado.
asepsia f. *Med.* Ausencia de gérmenes patógenos. | Método para evitar las invasiones microbianas.
aséptico, ca adj. *Med.* Relativo a la asepsia : *cura aséptica.*
aseptizar v. t. Poner aséptico.
asequible adj. Que puede conseguirse o alcanzarse. ‖ Abordable.
aserción f. Proposición en que se afirma o se da por cierta alguna cosa. ‖ Acción y efecto de afirmar.
aserradero m. Sitio donde se asierra la madera, la piedra, etc.
aserrar v. t. Cortar con sierra.
aserrín m. Serrín.
aserto m. Aserción.
asertor, ra m. y f. Persona que afirma.
asertorio adj. Afirmativo.
asesinar v. t. Matar alevosamente. ‖ *Fig.* Causar viva aflicción.
asesinato m. Crimen premeditado. ‖ Acción y efecto de asesinar.
asesino, na adj. y s. Que asesina : *mano asesina.*
asesor, ra adj. y s. Que asesora o aconseja.
asesoramiento m. Consejo.
asesorar v. t. Dar consejo o dictamen. ‖ — V. pr. Tomar consejo.
asesoría f. Oficio de asesor. ‖ Estipendio y oficina del asesor.
asestar v. t. Dirigir un arma hacia un objetivo. ‖ Descargar un proyectil o un golpe.
aseveración f. Afirmación.
aseverar v. t. Afirmar o asegurar lo que se dice.
asexual adj. Sin sexo, ambiguo.
asfaltado m. Acción de asfaltar. ‖ Pavimento de asfalto.
asfaltar v. t. Revestir de asfalto.
asfáltico, ca adj. De asfalto.
asfalto m. Betún sólido, lustroso, que se emplea en el pavimento de carreteras, aceras, etc.
asfixia f. Suspensión de las funciones vitales por falta de respiración.
asfixiante adj. Que asfixia.
asfixiar v. t. Producir asfixia (ú. t. c. pr.).
así adv. De esta manera : *así habló.* ‖ De tal suerte : *un amigo así no es corriente.* ‖

Entonces : *¿así me dejas?* ‖ — Conj. Tanto. ‖ En consecuencia. ‖ Por esto. ‖ — Adj. De esta clase : *un caso así.* ‖ — *Así así,* medianamente. ‖ *Así como,* o *así que,* tan luego como. ‖ *Así y todo,* a pesar de eso.
asiático, ca adj. y s. De Asia.
asidero m. Parte por donde se ase una cosa. ‖ *Fig.* Apoyo.
asiduidad f. Frecuencia.
asiduo, dua adj. Frecuente, puntual. ‖ — M. y f. Persona que suele frecuentar algún lugar.
asiento m. Cosa que sirve para sentarse. ‖ Localidad en un espectáculo. ‖ Sitio, lugar. ‖ Base, fundamento. ‖ Colocación, emplazamiento. ‖ Puesto en un tribunal o junta. ‖ Poso de un líquido. ‖ Sitio en el cual está o estuvo fundada una ciudad o un edificio. ‖ *Com.* Anotación en un libro de cuentas. | Capítulo de un presupuesto. | Partida de una cuenta. ‖ *Amer.* Territorio de una mina.
asignación f. Atribución. ‖ Salario. ‖ Destino.
asignar v. t. Señalar lo que corresponde a una persona o cosa. ‖ Fijar. ‖ Nombrar, destinar. ‖ Destinar para un uso determinado.
asignatura f. Materia que se enseña en un centro docente.
asilado, da m. y f. Persona acogida en un asilo.
asilar v. t. Albergar en un asilo.
asilo m. Refugio, retiro : *derecho de asilo.* ‖ *Fig.* Amparo. ‖ Establecimiento en que se albergan los ancianos y desvalidos.
asimetría f. Falta de simetría.
asimilación f. Acción de asimilar.
asimilador, ra adj. Que asimila.
asimilar v. t. Asemejar, comparar. ‖ Conceder a los individuos de una profesión los mismos derechos que a los de otra. ‖ *Fisiol.* Apropiarse los órganos las sustancias nutritivas.
asimismo adv. De este o del mismo modo. ‖ También.
asíntota f. Línea recta que, prolongada, se acerca indefinidamente a una curva sin llegar a encontrarla.
asir v. t. Agarrar, tomar. ‖ — V. pr. Agarrarse de alguna cosa. ‖ *Fig.* Tomar pretexto, aprovecharse.
asirio, ria adj. y s. De Asiria.
asistencia f. Presencia. ‖ Auditorio. ‖ Socorro, favor, ayuda. ‖ Tratamiento o cuidados médicos.
asistencial adj. Relativo a la asistencia social.
asistenta f. Criada que no vive en la casa.
asistente adj. y s. Que asiste, auxilia o ayuda. ‖ Que está presente en un sitio. ‖ — M. *Mil.* Soldado al servicio personal de un oficial. ‖ *Asistente social,* persona contratada por entidades públicas o privadas para ayudar a solucionar los problemas sociales.
asistir v. t. Acompañar a alguno en un acto público : *asistir a un profesor.* ‖ Auxiliar. ‖ Socorrer : *asistir a un herido.* ‖ Cuidar a los enfermos. ‖ Servir interinamente un criado. ‖ Estar de parte de una persona. ‖ — V. i. Estar presente.
asma f. *Med.* Enfermedad de los pulmones que se manifiesta por sofocaciones intermitentes.
asmático, ca adj. Del asma. ‖ — M. y f. Persona que la padece.
asnada f. *Fig.* y *fam.* Necedad.
asno m. Animal solípedo más pequeño que el caballo y de orejas largas. ‖ *Fig.* Persona bruta.
asociación f. Conjunto de asociados. ‖ *Asociación de ideas,* acción psicológica mediante la cual unas ideas o imágenes evocan otras.
asociado, da adj. y s. Dícese de la persona que acompaña a otra en alguna comisión. ‖ — M. y f. Miembro de una asociación.
asociamiento m. Asociación.
asociar v. t. Juntar una cosa con otra. ‖ Tomar uno compañero que le ayude. ‖ — V. pr. Reunirse para un fin. ‖ *Fig.* Compartir.
asociativo, va adj. De asociación : *movimiento asociativo.*
asolamiento m. Destrucción.
asolar v. t. Destruir. ‖ Secar los campos el calor o la sequía.
asomar v. i. Empezar a mostrarse alguna cosa. ‖ — V. t. Sacar o mostrar una cosa por una abertura : *asomar la cabeza por la ventana* (ú. t. c. pr.). ‖ — V. pr. Mostrarse.
asombrar v. t. *Fig.* Causar admiración o extrañeza (ú. t. c. pr.).
asombro m. Sorpresa.
asombroso, sa adj. Que causa asombro.
asomo m. Acción de asomar o asomarse. ‖ Apariencia. ‖ Indicio o señal. ‖ Sospecha, presunción. ‖ *Ni por asomo,* de ninguna manera.
asonada f. Motín.
asonancia f. Correspondencia de un sonido con otro.
aspa f. Cruz en forma de una X : *San Andrés murió en el aspa.* ‖ Brazo de un molino de viento. ‖ Signo de la multiplicación.
aspaviento m. Gestos excesivos o afectados : *hacer aspavientos.*
aspecto m. Apariencia. ‖ Terreno, campo. ‖ *Fig.* Semblante.
aspereza f. Desigualdad del terreno. ‖ Desabrimiento en el trato.
áspero, ra adj. De superficie desigual : *terreno áspero.* ‖ Desapacible al gusto o al oído : *fruto áspero, voz áspera.* ‖ Desabrido.
asperón m. Arenisca empleada en construcción y para fregar.
aspersión f. Acción de rociar.
aspersor m. Mecanismo para esparcir un líquido a presión.
aspersorio m. Hisopo.
áspid m. Víbora muy venenosa.
aspillera f. *Fort.* Abertura estrecha en el muro para poder disparar contra el enemigo.
aspiración f. Acción de aspirar. ‖ Vivo anhelo. ‖ *Gram.* Sonido del lenguaje que resulta de una fuerte emisión del aliento.
aspirador, ra adj. Que aspira. ‖ — F. Aparato doméstico de limpieza que aspira el polvo.
aspirante adj. Que aspira : *bomba aspirante.* ‖ — M. y f. Candidato : *aspirante a un empleo.*
aspirar v. t. e i. Atraer el aire exterior a los pulmones. ‖ Atraer un líquido, un gas. ‖ Ansiar : *aspirar a los honores.* ‖ *Gram.* Pronunciar la letra *hache* como *jota.*
aspirina f. Ácido acetilsalicílico, usado como analgésico y febrífugo.
asqueado, da adj. Que tiene asco.
asquear v. t. e i. Tener asco de algo : *le asquean las serpientes.*
asquerosidad f. Lo que da asco.
asqueroso, sa adj. y s. Repugnante.
asta f. Palo de la pica, la lanza, la alabarda, etc. ‖ Palo de la bandera. ‖ Mango o cabo de una herramienta. ‖ Cuerno : *las astas del toro.*

asterisco m. Signo ortográfico en forma de estrella (*) para hacer llamada a notas.
asteroide m. Planeta pequeño.
astigmático, ca adj. Que padece astigmatismo : *ojo astigmático.*
astigmatismo m. *Med.* Turbación de la vista por desigualdad en la curvatura del cristalino.
astil m. Mango de hacha, azada, pico, etc. ‖ Brazo de la balanza. ‖ Vara de hierro por donde corre el pilón de la romana.
astilla f. Fragmento que salta de una cosa que se parte o rompe.
astillar v. t. Hacer astillas.
astillero m. Lugar donde se construyen y reparan buques.
astracán m. Piel de cordero nonato o recién nacido, de lana rizada.
astrágalo m. Hueso corto situado en la parte superior y media del tarso.
astreñir v. t. Astringir.
astringencia f. Calidad de astringente.
astringente adj. y s. m. Que astringe.
astringir v. t. Sujetar, constreñir.
astriñir v. t. Astringir.
astro m. Cuerpo celeste. ‖ *Fig.* Estrella de cine, etc.
astrofísica f. Estudio de la constitución física de los astros.
astrolabio m. Antiguo instrumento para observar los astros.
astrología f. Predicción del porvenir mediante los astros.
astrológico, ca adj. Relativo a la astrología.
astrólogo m. Versado en astrología.
astronauta com. Piloto interplanetario.
astronáutica f. Ciencia que estudia los vuelos interplanetarios. ‖ Navegación extraterrestre.
astronáutico, ca adj. Relativo a la astronáutica.
astronave f. Vehículo destinado a la navegación interplanetaria.
astronomía f. Ciencia que trata de la posición, movimiento y constitución de los cuerpos celestes.
astronómico, ca adj. Relativo a la astronomía. ‖ *Fig.* Exagerado.
astrónomo m. El que profesa la astronomía.
astucia f. Calidad de astuto. ‖ Ardid, maña.
astur adj. y s. Dícese de un individuo de un pueblo antiguo al NO. de España. ‖ Asturiano.
asturiano, na adj. y s. De Asturias (España).
astuto, ta adj. Sagaz, taimado.
asueto m. Vacación corta.
asumir v. t. Tomar para sí. ‖ Aceptar.
asunceno, na y **asunceño, ña** adj. y s. De Asunción (Paraguay).
asunción f. Acción y efecto de asumir. ‖ *Por ext.* Elevación de la Virgen Santísima al cielo.
asuncionense adj. y s. De La Asunción (Venezuela).
asunto m. Materia de que se trata. ‖ Tema o argumento de una obra. ‖ Caso. ‖ *Fam.* Lío, enredo amoroso.
asustadizo, za adj. Que se asusta con facilidad.
asustar v. t. Dar o causar susto. Ú. t. c. pr. : *asustarse con nada.*
atabal m. Timbal.
atacador, ra adj. y s. Que ataca.
atacameño, ña adj. y s. De Atacama (Chile).
atacante adj. y s. Que ataca.
atacar v. t. Acometer : *atacar a un adversario.* ‖ *Quím.* Ejercer acción una sustancia sobre otra : *el orín ataca al hierro.* ‖ *Fig.* Tratándose del sueño, enfermedades, etc., acometer, dar. | Iniciar : *atacar un estudio.*
atadero m. Lo que sirve para atar.
atadura f. Acción de atar. ‖ Cosa con que se ata. ‖ *Fig.* Enlace.
atajar v. i. Tomar un atajo. ‖ — V. t. Salir al encuentro de uno por algún atajo para detenerle. ‖ *Fig.* Cortar, impedir : *atajar un incendio.* | Interrumpir a uno : *atajar al que desbarra.*
atajo m. Senda más corta.
atalaya f. Torre en lugar alto para vigilar. ‖ Altura desde donde se descubre mucho espacio de tierra o mar. ‖ — M. El que vigila desde la atalaya.
atañer v. i. Corresponder.
ataque m. Acción militar ofensiva ejecutada con la idea de apoderarse de una posición o de un país. ‖ *Fig.* Acometimiento repentino de algún mal : *ataque de apoplejía.* | Acceso : *ataque de tos.* | Crisis : *ataque de nervios.*
atar v. t. Unir, enlazar con ligaduras : *atar las manos.* ‖ *Fig.* Impedir o quitar el movimiento. | Juntar, relacionar, conciliar. ‖ — V. pr. *Fig.* Ceñirse a una cosa.
atardecer m. Final de la tarde.
atardecer v. i. Caer el día.
atarear v. t. Señalar tarea. ‖ — V. pr. Entregarse al trabajo.
atarjea f. Cañería. ‖ Alcantarilla. ‖ *Amer.* Depósito de agua.
atarugar v. t. Asegurar con tarugos. ‖ Tapar con tarugos los agujeros.
atascadero m. Atolladero.
atascamiento m. Atasco.
atascar v. t. Obstruir o cegar un conducto. ‖ *Fig.* Poner impedimentos : *atascar un negocio.* ‖ — V. pr. Quedarse detenido en un barrizal.
atasco m. Impedimento, estorbo. ‖ Obstrucción de un conducto. ‖ Embotellamiento de automóviles.
ataúd m. Caja para un cadáver.
ataviar v. t. Componer, asear (ú. t. c. pr.).
atávico, ca adj. Del atavismo.
atavío m. Adorno.
atavismo m. Herencia de algunos caracteres que provienen de los antepasados.
ateísmo m. Doctrina que niega la existencia de Dios.
ateles m. Variedad de mono.
atemorizar v. t. Causar temor.
atemperar v. t. Moderar, templar (ú. t. c. pr.). ‖ Acomodar una cosa a otra (ú. t. c. pr.).
atenazar v. t. *Fig.* Hacer sufrir. | Atormentar.
atención f. Aplicación de la mente a un objeto. ‖ Interés. ‖ Cortesía, urbanidad. ‖ — Pl. Negocios, ocupaciones. ‖ Cumplidos, miramientos, amabilidades. ‖ — *En atención a*, teniendo presente. ‖ *Llamar la atención*, despertar la curiosidad, y tb. reprender.
atender v. t. Acoger con favor : *atender una petición.* ‖ Servir en una tienda : *¿le atienden?* ‖ — V. i. y t. Aplicar el entendimiento a un objeto : *atender a una lección.* ‖ Cuidar de una persona o cosa : *atender a un enfermo.*
ateneísta com. Socio de un ateneo.
ateneo m. Asociación literaria o científica : *el Ateneo de Madrid.*
atenerse v. pr. Ajustarse, sujetarse uno a alguna cosa.
ateniense adj. y s. De Atenas (Grecia).

atentado m. Acto criminal contra las personas o cosas. ‖ Acción contraria a un principio u orden establecido : *atentado contra las buenas costumbres.*
atentar v. i. Cometer atentado. ‖ Infringir, transgredir.
atentatorio, ria adj. Que implica atentado.
atento, ta adj. Que tiene fija la atención en algo. ‖ Servicial, complaciente : *es muy atento.* ‖ Comedido, cortés. ‖ Particular, especial : *su atenta atención a esos problemas.*
atenuación f. Acción y efecto de atenuar.
atenuante adj. Que atenúa. ‖ — F. pl. Hechos que disminuyen la responsabilidad criminal.
atenuar v. t. *Fig.* Disminuir.
ateo, a adj. y s. Que niega la existencia de Dios.
aterciopelar v. t. Poner como terciopelo.
aterido, da adj. Transido de frío : *estaba aterido.*
aterirse v. pr. Tener mucho frío.
aterrador, ra adj. Que aterra.
aterrajado m. Acción y efecto de aterrajar.
aterrajar v. t. Labrar con terraja las roscas de tornillos y tuercas. ‖ Hacer molduras con terraja.
aterrar v. t. Causar terror : *aterrar al pueblo.* ‖ — V. pr. Estar atemorizado.
aterrizaje m. Acción de aterrizar. ‖ Toma de tierra de un avión.
aterrizar v. i. Tomar tierra un avión : *aterrizar en Barajas.*
aterrorizar v. t. Aterrar.
atesoramiento m. Acción y efecto de atesorar.
atesorar v. t. Reunir y guardar dinero o cosas de valor. ‖ *Fig.* Tener muchas cualidades.
atestación f. *For.* Deposición de testigo o de persona que afirma alguna cosa.
atestado m. Documento en que se da fe de un hecho. ‖ Acta.
atestar v. t. Llenar. ‖ *For.* Testificar : *atestar un hecho.*
atestiguar v. t. Declarar como testigo. ‖ *Fig.* Dar fe, testimoniar.
atezarse v. pr. Ponerse moreno.
atiborrar v. t. Llenar (ú. t. c. pr.).
aticismo m. Buen gusto de los escritores atenienses clásicos.
ático, ca adj. Relativo al aticismo. ‖ — M. Dialecto de la lengua griega. ‖ Último piso de una casa bajo el tejado.
atildado, da adj. Pulcro, elegante. ‖ *Fig.* Rebuscado (estilo).
atildamiento m. Elegancia.
atildar v. t. *Fig.* Censurar. ‖ — V. pr. Acicalarse, ataviarse.
atinado, da adj. Acertado.
atinar v. t. Acertar.
atirantar v. t. Poner tirante.
atisbar v. t. Observar.
atisbo m. Acecho. ‖ Indicio.
¡atiza! interj. Voz que denota sorpresa.
atizar v. t. Remover el fuego. ‖ Avivar las pasiones. ‖ *Fig.* Dar, pegar : *atizar un palo.* ‖ — V. pr. *Pop.* Comer, beber.
atlante m. *Arq.* Estatua de hombre que sirve de columna.
atlanticense adj. y s. De Atlántico (Colombia).
atlántico, ca adj. Relativo al monte Atlas o al océano Atlántico.
atlantidense adj. y s. De Atlántida (Honduras).
atlantismo m. Doctrina de los partidarios del Pacto del Atlántico Norte.
atlantista adj. y s. Partidario del atlantismo.
atlas m. Colección de mapas geográficos. ‖ Colección de láminas que acompañan una obra.
atleta com. Persona que practica deportes. ‖ Persona corpulenta y de gran fuerza.
atlético, ca adj. Del atleta.
atletismo m. Conjunto de deportes (carreras, saltos y lanzamientos) destinados a conservar o a mejorar la condición física del hombre.
atmósfera f. Masa gaseosa que rodea el globo terráqueo, y, más generalmente, masa gaseosa que rodea cualquier astro. ‖ Aire de un lugar : *atmósfera sofocante.* ‖ Unidad de presión numéricamente igual al peso de una columna cilíndrica de mercurio de 76 cm de alto por 1 cm^2 de base. ‖ *Fig.* Medio en el que se vive.
atmosférico, ca adj. Relativo a la atmósfera.
atoaje m. *Mar.* Remolque.
atoar v. t. *Mar.* Remolcar.
atole m. Bebida muy común en América. (El *atole* se hace con harina de maíz, agua, leche y azúcar.)
atolón m. *Geogr.* Isla de coral.
atolondrado, da adj. Aturdido.
atolondramiento m. Aturdimiento, falta de serenidad.
atolondrar v. t. Aturdir, causar aturdimiento (ú. t. c. pr.).
atolladero m. Sitio donde se atascan los carruajes. ‖ *Fig.* Dificultad. | Apuro.
atomicidad f. *Quím.* Número de átomos que constituyen la molécula de un cuerpo.
atómico, ca adj. Relativo a los átomos. ‖ — *Arma atómica,* arma que utiliza las reacciones de fisión a base de plutonio o de uranio. ‖ *Energía atómica,* la liberada por transmutaciones nucleares. ‖ *Masa atómica,* masa relativa de los átomos de diversos elementos (la del oxígeno se ha fijado convencionalmente en 16). ‖ *Número atómico,* número de un elemento en la clasificación periódica. ‖ *Proyectil atómico,* proyectil de carga atómica.
atomización f. Pulverización.
atomizador adj. y s. m. Aparato para la pulverización : *frasco atomizador.*
atomizar v. t. Dividir un líquido o un sólido en partes sumamente pequeñas. ‖ Hacer sufrir los efectos de las radiaciones atómicas. ‖ Destruir por medio de armas atómicas. ‖ *Fig.* Fragmentar.
átomo m. *Quím.* Elemento primario de la composición química de los cuerpos. ‖ *Fig.* Cosa sumamente pequeña.
atonía f. Falta de vigor. ‖ Debilidad de los tejidos orgánicos.
atónico, ca adj. Átono.
atónito, ta adj. Estupefacto.
átono, na adj. Sin vigor. ‖ *Gram.* Sin acentuación prosódica.
atontamiento m. Aturdimiento.
atontar y **atontolinar** v. t. Aturdir o atolondrar a uno.
atoramiento m. Atascamiento.
atorar v. t. Atascar, obstruir (ú. t. c. i. y pr.).
atormentador, ra adj. y s. Que atormenta : *idea atormentadora.*
atormentar v. t. Causar dolor. ‖ *Fig.* Causar aflicción.
atornillar v. t. Fijar con tornillos.

atorrante adj. y s. *Arg.* Holgazán. | Granuja.
atorrantismo m. *Arg.* Holgazanería. | Granujería.
atorrar v. i. *Arg.* Holgazanear.
atortolarse v. pr. Enamorarse.
atosigamiento m. Envenenamiento. ‖ *Fig.* Acosamiento.
atosigar v. t. Envenenar. ‖ *Fig.* Fatigar a uno dándole prisa para que haga una cosa. | Fastidiar.
atrabiliario, ria adj. De humor irritable.
atracadero m. Sitio para atracar las embarcaciones menores.
atracador, ra m. y f. Salteador.
atracar v. t. *Mar.* Arrimar las embarcaciones a tierra. ‖ *Fam.* Hacer comer y beber mucho. ‖ Asaltar a los transeúntes para desvalijarlos. ‖ — V. pr. Hartarse : *atracarse de comida.*
atracción f. Acción de atraer. ‖ *Fig.* Simpatía : *sentir atracción por una persona.* | Atractivo. ‖ *Fís.* Fuerza en virtud de la cual se atraen recíprocamente las diversas partes de un todo. ‖ — Pl. Espectáculos o diversiones variados.
atraco m. Robo.
atracón m. *Fam.* Acción y efecto de atracarse.
atractivo, va adj. Que atrae. ‖ — M. Cualidad física o moral de una persona que atrae la voluntad. ‖ *Fig.* Seducción, incentivo.
atraer v. t. Traer hacia sí algo. ‖ *Fig.* Captar la voluntad.
atragantarse v. pr. Ahogarse por detenerse algo en la garganta. ‖ Tener atravesada alguna cosa en la garganta. ‖ *Fig.* Turbarse. | No poder aguantar a una persona.
atrancar v. t. Cerrar la puerta con tranca. ‖ Atascar.
atrapar v. t. *Fam.* Coger. | Conseguir algo : *atrapar un empleo.*
atraque m. Acción y efecto de atracar un barco.
atrás adv. En la parte posterior, detrás : *ir atrás.* ‖ Antes : *algunos días atrás.* ‖ — Interj. Se emplea para mandar retroceder.
atrasado, da adj. Que adolece de debilidad mental (ú. t. c. s.). ‖ De menor desarrollo : *país atrasado.*
atrasar v. t. Retardar. ‖ Hacer retroceder las agujas del reloj. ‖ — V. i. Andar despacio : *su reloj atrasa.* ‖ — V. pr. Quedarse atrás. ‖ Llevar atraso.
atraso m. Efecto de atrasar o atrasarse. ‖ Falta de desarrollo. ‖ — Pl. *Fam.* Pagos vencidos.
atravesado, da adj. Cruzado. ‖ *Fig.* De mala intención, perverso.
atravesar v. t. Poner una cosa de modo que pase de una parte a otra. ‖ Pasar de parte a parte : *el agua atraviesa el gabán.* ‖ Pasar cruzando de una parte a otra : *atravesar la calle.* ‖ *Fig.* Pasar, vivir : *atravesar un período difícil.* | Pasar, cruzar : *atravesar el pensamiento.* ‖ — V. pr. Ponerse una cosa entre otras. ‖ *Fig.* No poder sufrir a una persona.
atrayente adj. Que atrae.
atreverse v. pr. Osar.
atrevido, da adj. Que se atreve (ú. t. c. s.). ‖ Hecho o dicho con atrevimiento : *acto atrevido.*
atrevimiento m. Osadía.
atrezo m. Attrezzo.
atribución f. Acción de atribuir. ‖ Facultades que da a una persona el cargo que ejerce.
atribuir v. t. Aplicar, conceder. ‖ *Fig.* Achacar, imputar. ‖ Señalar una cosa a uno como de su competencia. ‖ — V. pr. Reivindicar, arrogarse.
atribular v. t. Afligir. ‖ — V. pr. Padecer tribulación.
atributivo, va adj. Que indica atributo o cualidad.
atributo m. Cada una de las cualidades de un ser. ‖ Símbolo que denota el carácter y oficio de las figuras : *el laurel es atributo de la gloria.* ‖ *Gram.* Lo que se enuncia del sujeto.
atrición f. Dolor por ofender a Dios.
atril m. Mueble para sostener libros o papeles abiertos.
atrincar v. t. *Amer.* Atar con cuerdas.
atrincheramiento m. *Fort.* Conjunto de trincheras.
atrincherar v. t. *Fort.* Rodear con trincheras. ‖ — V. pr. Resguardarse en trincheras del enemigo. ‖ *Fig.* Obstinarse. | Ampararse.
atrio m. *Arq.* Patio interior cercado de pórticos. | Andén delante de algunos templos y palacios.
atrocidad f. Crueldad grande. ‖ *Fam.* Necedad.
atrofia f. *Med.* Falta de desarrollo del cuerpo o de un órgano.
atrofiarse v. pr. Disminuir de tamaño.
atronador, ra adj. Que ensordece.
atropellado, da adj. Precipitado.
atropellar v. t. Pasar por encima de una persona : *atropellado por un coche.* ‖ *Fig.* Proceder sin miramiento o respeto : *atropellar los principios.* | Agraviar abusando de la fuerza.
atropello m. Acción y efecto de atropellar.
atroz adj. De gran maldad, cruel. ‖ Horrible de soportar : *dolor atroz.* ‖ Desagradable, espantoso. ‖ Desmesurado, enorme.
attrezzo o **atrezo** m. *Cin.* y *Teatr.* Conjunto de útiles para el servicio de la escena o del plató.
A. T. S. Ver AYUDANTE TÉCNICO SANITARIO.
atuendo m. Atavío.
atufar v. i. Oler mal.
atún m. Pez acantopterigio.
atunero adj. y s. m. Que se dedica a la pesca de atunes : *barco atunero.*
aturdido, da adj. y s. Sin juicio.
aturdimiento m. Perturbación de los sentidos por efecto de un golpe, un ruido muy fuerte, etc.
aturdir v. t. Causar aturdimiento. ‖ *Fig.* Pasmar, confundir.
aturrullamiento m. Turbación.
aturrullar v. t. *Fam.* Confundir, turbar (ú. t. c. pr.).
atusar v. pr. Recortar e igualar con tijeras : *atusar el pelo.* ‖ Alisar, acariciar el pelo.
Au, símbolo químico del *oro.*
audacia f. Osadía.
audaz adj. y s. Osado.
audibilidad f. Calidad de audible.
audible adj. Que puede oírse.
audición f. Función del sentido auditivo. ‖ Recepción de un sonido. ‖ Acción de oír, de escuchar. ‖ Ensayo o prueba que hace un artista ante un director de teatro o de un espectáculo de variedades.
audiencia f. Admisión a presentarse ante una autoridad : *obtener* o *dar audiencia.* ‖ Acto de oír los jueces a los litigantes. ‖

Tribunal de justicia y su territorio. ‖ Edificio donde éste se reúne. ‖ Órgano judicial y administrativo en las antiguas colonias españolas de América.
audífono m. Aparato que amplía los sonidos usado por los sordos. ‖ *Amer.* Auricular.
audiograma m. Curva que representa el grado de agudeza con que se perciben los sonidos.
audiovisual adj. Aplícase al método pedagógico que utiliza los sentidos del educando, en especial el auditivo y el visual, por medio de películas, fotografías, grabaciones sonoras, etc.
auditivo, va adj. Del oído.
auditor m. Funcionario jurídico militar o eclesiástico. ‖ Interventor de cuentas.
auditoría f. Dignidad, tribunal o despacho del auditor. ‖ Intervención de cuentas.
auditorio m. Local para oír conferencias, discursos, conciertos, etc. ‖ Número de asistentes.
auge m. Elevación en posición social o fortuna : *en pleno auge.* ‖ Desarrollo : *el auge alcanzado por el turismo.*
augur m. Adivino.
augurar v. t. Agorar, predecir.
augurio m. Agüero, presagio.
augusto, ta adj. Que infunde respeto y veneración, majestuoso.
aula f. Sala destinada a la enseñanza en las universidades o escuelas.
aullador, ra adj. Que aúlla. ‖ — M. Mono de América del Sur.
aullar v. i. Dar aullidos.
aullido m. Voz quejosa del lobo, el perro y otros animales.
aumentación f. Aumento.
aumentar v. t. Hacer mayor el número, el tamaño o la intensidad (ú. t. c. i.). ‖ Mejorar : *aumentar un sueldo.*
aumentativo, va adj. y s. m. *Gram.* Aplícase al vocablo que aumenta la significación de otro.
aumento m. Acrecentamiento.
aun adv. Denota a veces idea de encarecimiento y equivale a *hasta* en sentido afirmativo, y a *siquiera* en sentido negativo. ‖ — Conj. *Aun cuando,* aunque.
aún adv. Todavía.
aunar v. t. Asociar para un fin.
aunque conj. Denota oposición : *aunque es malo le quiero.*
aúpa (de) loc. adv. *Fam.* Formidable. | De cuidado, de mala condición.
aupar v. t. *Fam.* Ayudar a subir o a levantarse. ‖ *Fig.* Ensalzar.
aura f. Aprobación general. ‖ *Amer.* Gallinazo, zopilote.
áureo, a adj. Dorado.
aureola f. Círculo luminoso que suele ponerse detrás de la cabeza de las imágenes religiosas. ‖ *Fig.* Fama que alcanza una persona. ‖ *Astr.* Luminosidad circular que envuelve al Sol o a la Luna. ‖ Círculo, mancha de forma circular.
aureolar v. t. Ceñir la cabeza con la aureola. ‖ *Fig.* Glorificar.
aureomicina f. Antibiótico de gran poder germicida.
aurícula f. *Anat.* Cada una de las dos cavidades de la parte superior del corazón, que recibe la sangre de las venas. | Oreja.
auricular adj. Relativo al oído : *conducto auricular.* ‖ Que ha oído : *testigo auricular.* ‖ *Dedo auricular,* el meñique. ‖ — M. Pieza del teléfono o de un receptor radiofónico que se aplica al oído.
aurífero, ra adj. Que lleva oro.
auriga m. *Poét.* Cochero.
aurora f. Claridad que precede a la salida del Sol. ‖ *Fig.* Principio. ‖ *Aurora boreal, austral,* meteoros luminosos que se observan en el hemisferio Norte o en el hemisferio Sur, respectivamente.
auscultación f. *Med.* Acción y efecto de auscultar.
auscultar v. t. *Med.* Aplicar el oído o el estetoscopio a ciertos puntos del cuerpo humano para explorar los sonidos y ruidos en las cavidades del tórax o del abdomen.
ausencia f. Acción y efecto de ausentarse o de estar ausente : *señalar una ausencia.* ‖ Tiempo en que alguno está ausente.
ausentarse v. pr. Alejarse una persona del punto de su residencia.
ausente adj. y s. Que no está presente. ‖ *Fig.* Distraído.
ausentismo m. Absentismo.
ausentista adj. y s. Absentista.
auspiciar v. t. Favorecer.
auspicio m. Agüero. ‖ Protección, favor : *bajo los auspicios de.* ‖ — Pl. Señales que presagian un resultado favorable o adverso.
auspicioso, sa adj. *Amer.* De buen augurio, favorable.
austeridad f. Calidad de austero.
austero, ra adj. Riguroso, rígido. ‖ Severo con uno mismo o con los demás. ‖ Sin adornos.
austral adj. Del polo Sur.
australiano, na adj. y s. De Australia.
austriaco, ca adj. y s. De Austria.
autarcía f. Independencia económica de un Estado.
autarquía f. Gobierno de los ciudadanos por sí mismos. ‖ Gobierno que no depende de una autoridad exterior. ‖ Independencia económica de un Estado. ‖ Autosuficiencia.
autárquico, ca adj. De la autarquía.
autenticación f. Acción y efecto de autenticar o legalizar.
autenticar v. t. Autentificar.
autenticidad f. Calidad de auténtico.
auténtico, ca adj. Acreditado de cierto y positivo : *relato auténtico.* ‖ Autorizado o legalizado, que hace fe pública : *copia auténtica.*
autentificar y **autentizar** v. t. Hacer auténtico, legalizar, certificar. ‖ Acreditar, dar fama.
autillo m. Ave rapaz nocturna.
autismo m. Tendencia psicopatológica a desinteresarse del mundo exterior y a ensimismarse.
autista adj. Relativo al autismo. ‖ Dícese del que padece autismo (ú. t. c. s.).
auto m. *For.* Resolución o sentencia judicial. ‖ Composición dramática alegórica : *los autos de Calderón.* ‖ — Pl. Procedimiento judicial. ‖ *Auto de fe,* castigo público impuesto por la Inquisición.
auto m. *Fam.* Automóvil.
autoadhesivo, va adj. Que adhiere sin necesidad de humedecerse (ú. t. c. s. m.).
autobiografía f. Vida de una persona escrita por ella misma.
autobiográfico, ca adj. Relativo a la autobiografía.
autobombo m. *Fam.* Elogio que uno se tributa a sí mismo.
autobús m. Vehículo automóvil de transporte colectivo urbano.
autocar m. Autobús de turismo.

autocarril m. *Chil.* y *Bol.* Autovía.
autocensura f. Censura de uno mismo.
autoclave m. Aparato para la desinfección por medio del vapor y a altas temperaturas.
autocracia f. Gobierno de una sola persona.
autócrata com. Persona que ejerce sola la autoridad suprema.
autocrático, ca adj. Relativo al autócrata o a la autocracia.
autocrítica f. Crítica de sí mismo.
autóctono, na adj. y s. Originario del país en que vive.
autodefensa f. Defensa de sí mismo.
autodestrucción f. Destrucción de uno mismo.
autodestructor, ra adj. Dícese de un dispositivo que provoca la autodestrucción.
autodeterminación f. Derecho de los pueblos a su soberanía.
autodiagnóstico m. Diagnóstico hecho por uno mismo.
autodidáctico, ca y **autodidacto, ta** adj. y s. Que se instruye por sí mismo, sin maestro.
autódromo m. Pista para carreras de automóviles.
autoencendido m. *Mec.* Encendido espontáneo de una mezcla de gases en un motor.
autoescuela f. Escuela para enseñar a conducir automóviles.
autofinanciación f. o **autofinanciamiento** m. Financiación de una empresa con las inversiones de una parte de los beneficios.
autofinanciar v. t. Financiar con sus propios fondos. ‖ — V. pr. Practicar la autofinanciación.
autógeno, na adj. Aplícase a la soldadura de metales por la función parcial obtenida con un soplete.
autogestión f. Gestión de una empresa por los que trabajan en ella.
autogestionario, ria adj. Relativo a la autogestión. ‖ Que practica la autogestión (ú. t. c. s.).
autogiro m. Avión provisto de un rotor horizontal que, al hacer las veces de plano de sustentación, permite aterrizajes casi verticales.
autogobierno m. Gobierno de sí mismo.
autógrafo, fa adj. Dícese del texto escrito de mano de su mismo autor. ‖ — M. Firma, acompañada a veces de una dedicatoria, que se solicita a una persona famosa.
autoinducción f. *Electr.* Inducción que un conductor produce sobre sí mismo.
autointoxicación f. *Med.* Intoxicación por secreciones producidas por el propio organismo.
automación f. Funcionamiento de una máquina o de un grupo de máquinas que, dirigido por un programa único, permite efectuar sin la intervención de la persona humana una serie de operaciones contables, de estadística o industriales.
automarginación f. Acción de marginarse uno mismo.
autómata m. Máquina que imita los movimientos de un ser animado. ‖ *Fig.* y *fam.* Persona que se deja dirigir por otra.
automático, ca adj. Maquinal, que se ejecuta sin participación de la voluntad. ‖ Que obra por medios mecánicos : *teléfono automático.* ‖ Inmediato. ‖ — M. Botón a modo de corchete. ‖ — F. Ciencia y técnica de la automación.
automatismo m. Ejecución de actos automáticos. ‖ Automación. ‖ Carácter automático.
automatización f. Acción y efecto de automatizar. ‖ Sustitución del hombre por una máquina para realizar un trabajo determinado.
automatizar v. t. Volver automático.
automedicación f. Utilización de medicamentos por iniciativa propia.
automedicamentarse o **automedicarse** v. pr. Tomar medicamentos sin haber consultado al médico.
automotor, triz adj. Dícese del aparato que ejecuta ciertos movimientos sin intervención exterior. ‖ *Amer.* Automóvil : *industria automotriz.* ‖ — M. Vehículo ferroviario con motor eléctrico o diesel.
automóvil adj. Dícese de los aparatos que se mueven solos : *lancha, torpedo, coche automóvil.* ‖ — M. Vehículo que camina movido por un motor de explosión.
automovilismo m. Término genérico aplicado a todo lo relativo al automóvil. ‖ Deporte del automóvil.
automovilista com. Conductor de un automóvil.
automovilístico, ca adj. Relativo a los automóviles.
autonomía f. Facultad de gobernarse por sus propias leyes : *la autonomía de Cataluña.* ‖ *Fig.* Condición de la persona que no depende de otra. ‖ Distancia máxima que puede recorrer un vehículo de motor con el depósito lleno de combustible.
autonómico, ca adj. Relativo a la autonomía.
autonomista adj. y s. Partidario de la autonomía.
autónomo, ma adj. Que goza de autonomía : *poder autónomo.*
autopista f. Carretera adaptada especialmente a la circulación rápida de los automóviles.
autoportante adj. Dícese de las estructuras cuya estabilidad se debe a la rigidez de su forma misma.
autopropulsado, da adj. Dícese del vehículo que se desplaza por autopropulsión.
autopropulsión f. *Mec.* Propulsión de ciertos artefactos por sus propios medios.
autopropulsor, ra adj. y s. m. Dícese del dispositivo de propulsión que puede funcionar automáticamente.
autopsia f. *Med.* Examen anatómico y patológico del cadáver para conocer la causa de la muerte.
autor, ra m. y f. El que es causa de alguna cosa. ‖ Persona que produce una obra, especialmente literaria. ‖ *For.* Causante.
autoridad f. Derecho o poder de mandar, de hacerse obedecer. ‖ Persona revestida de poder, mando o magistratura. ‖ Crédito concedido a una persona o cosa en determinada materia.
autoritario, ria adj. Que tiene autoridad.
autoritarismo m. Sistema fundado en la sumisión incondicional a la autoridad. ‖ Carácter autoritario de una persona.
autorización f. Permiso.
autorizado, da adj. Digno de respeto y de crédito. ‖ Consagrado : *palabra autorizada por el uso.*
autorizar v. t. Dar a uno autoridad o facultad para hacer una cosa. ‖ Permitir.
autorregulación f. Regulación de una máquina o de un organismo por sí mismo.
autorregulador, ra adj. Que se regula por sí mismo.

autorregularse v. pr. Regularse por sí mismo.
autorretrato m. Retrato que un artista, un escritor, hace de sí.
autorriel m. *Amer.* Autovía.
autorruta f. *Amer.* Autopista.
autosatisfacción f. Satisfacción de sí mismo, vanidad.
autoservicio m. Almacén, tienda, restaurante, etc. en los que el cliente se sirve él mismo y paga al salir del establecimiento.
autostop m. Manera de viajar un peatón, consistente en parar a un automovilista y pedirle que le lleve en su coche.
autosuficiencia f. Sentimiento de suficiencia propia.
autosugestión f. Influencia persistente de una idea en la conducta de un individuo.
autosugestionarse v. pr. Sugestionarse a sí mismo.
autovacuna f. *Med.* Vacuna obtenida mediante gérmenes procedentes del mismo paciente.
autovía m. Ferrocarril propulsado por un motor de combustión interna.
auxiliador, ra adj. Que auxilia.
auxiliar adj. y s. Que auxilia. ‖ *Gram.* Dícese de los verbos como *haber* y *ser*, que sirven para conjugar los demás verbos. ‖ — M. Empleado subalterno. ‖ Profesor que sustituye al catedrático.
auxiliar v. t. Dar auxilio.
auxilio m. Ayuda, socorro.
aval m. *Com.* Firma que se pone al pie de una letra de crédito para garantizar su pago. ‖ Escrito en que uno responde de la conducta de otro.
avalador, ra adj. y s. Que avala.
avalancha f. Alud.
avalar v. t. Garantizar por medio de aval : *avalar una letra de comercio.*
avance m. Acción de avanzar. ‖ Adelanto. ‖ Anticipo de dinero. ‖ Balance comercial. ‖ *Cin.* Fragmentos de una película de estreno proyectados con fines publicitarios. ‖ *Avance informativo*, sumario de las noticias que se difunde, por la radio y la televisión, antes de las informaciones habituales.
avante adv. *Méx.* Adelante.
avanzada f. Partida de soldados destacada para observar al enemigo.
avanzado, da adj. Adelantado : *avanzado de (en) edad.* ‖ De ideas políticas liberales.
avanzar v. t. e i. Ir hacia adelante. ‖ Acercarse a su fin el tiempo. ‖ *Fig.* Progresar. ‖ Anticipar.
avaricia f. Apego a las riquezas.
avaricioso, sa o **avariento, ta** adj. y s. Que tiene avaricia, avaro.
avaro, ra adj. y s. Que acumula dinero y no lo emplea. ‖ *Fig.* Que reserva o escatima alguna cosa.
ávaro, ra adj. y s. Individuo de un pueblo uraloaltaico que saqueó Europa durante los siglos VI, VII y VIII.
avasallador, ra adj. y s. Que avasalla.
avasallamiento m. Acción y efecto de avasallar o avasallarse.
avasallar v. t. Someter a obediencia. ‖ — V. pr. Hacerse vasallo de un señor. ‖ Someterse.
avatar m. Vicisitud.
ave f. Animal vertebrado, ovíparo, de respiración pulmonar y sangre caliente, pico córneo, cuerpo cubierto de plumas y con dos patas y dos alas.
ave, voz lat. que se emplea como salutación. ‖ *¡Ave María!*, exclamación que denota asombro.
avecinar v. t. Avecindar. ‖ — V. pr. Aproximarse, acercarse.
avecindamiento m. Acción y efecto de avecindarse. ‖ Lugar en que una persona está avecindada.
avecindar v. t. Dar vecindad. ‖ — V. pr. Tomar residencia en un pueblo.
avechucho m. Ave que tiene una figura desagradable. ‖ *Fig.* y *fam.* Persona despreciable o desagradable por su aspecto exterior o por sus costumbres y modo de ser.
avefría f. Ave zancuda de unos 20 cm de largo con un moño de plumas en la cabeza.
avejentar v. t. Poner viejo antes de tiempo (ú. m. c. pr.).
avellana f. Fruto del avellano de corteza leñosa.
avellanado m. Acción de barrenar.
avellanador m. Especie de barrena pequeña que sirve para avellanar o taladrar : *avellanador de forma* o *de perfil, de punta* o *cónico.*
avellanar m. Sitio poblado de avellanos.
avellanar v. t. Ensanchar la entrada de un taladro por medio de una barrena o broca.
avellano m. Arbusto betuláceo cuyo fruto es la avellana.
avemaría f. Salutación del arcángel San Gabriel a la Virgen. ‖ Cuenta pequeña del rosario.
avena f. Planta que se cultiva para alimento de caballerías y otros animales. ‖ Su grano.
avenado, da adj. *Fam.* Que tiene vena de loco, que no está muy bien de la cabeza : *es muy buena persona, pero está un poco avenado después de haber perdido a su mujer.*
avenal m. Terreno que está sembrado de avena : *tiene en su finca inmensos trigales y avenales.*
avenamiento m. Acción y efecto de avenar, drenaje.
avenar v. t. Dar salida al agua de los terrenos por medio de zanjas.
avenate m. Ataque de locura.
avenencia f. Convenio. ‖ Conformidad y unión.
avenida f. Crecida impetuosa de un río. ‖ Calle ancha con árboles. ‖ *Fig.* Afluencia de varias cosas.
avenido, da adj. Con los adverbios *bien* o *mal*, conforme o no conforme con algo.
avenimiento m. Acción y efecto de avenir o avenirse : *no es posible llegar a un avenimiento con él a causa del orgullo desaforado que tiene.*
aventador, ra adj. Aplícase a la persona o aparato que avienta los granos (ú. t. c. s.). ‖ — F. Aparato utilizado para aventar y limpiar los granos después de haberse verificado la trilla.
aventajado, da adj. Que aventaja a lo ordinario.
aventajar v. t. Llevar ventaja. ‖ Dar ventaja. ‖ — V. pr. Adelantarse.
aventamiento m. Acción y efecto de aventar.
aventar v. t. Hacer aire a alguna cosa. ‖ Echar al viento.
aventura f. Suceso o lance extraño. ‖ Casualidad. ‖ Riesgo.
aventurado, da adj. Osado.
aventurar v. t. Poner en peligro : *aventurar su vida.* ‖ Decir una cosa atrevida : *aventurar una doctrina.* ‖ — V. pr. Arriesgarse.
aventurero, ra adj. y s. Que busca aven-

turas. ‖ — M. y f. Persona que busca aventuras.
avergonzar v. t. Causar vergüenza. ‖ — V. pr. Sentir vergüenza.
avería f. *Mar.* Daño que padece un buque o su carga. ‖ Daño que sufren las mercaderías. ‖ Deterioro : *avería en una máquina.*
averiado, da adj. Echado a perder. ‖ Deteriorado, roto.
averiarse v. pr. Echarse a perder una cosa. ‖ Sufrir una avería un buque, un motor, etc., no funcionar. ‖ Estropearse.
averiguación f. Acción y efecto de averiguar.
averiguar v. t. Buscar la verdad.
averno m. *Poét.* Infierno.
averroísmo m. Conjunto de doctrinas derivadas de las obras del filósofo hispanoárabe Averroes (1126-1198).
averroísta adj. Perteneciente o relativo al averroísmo. ‖ — M. y f. Persona partidaria de esta doctrina filosófica.
averrugarse v. pr. Llenarse de verrugas : *se le averrugó todo el rostro de tanto maquillarse con cremas extrañas perjudiciales para el cutis.*
aversión f. Repugnancia, asco.
avestruz m. Ave corredora, la mayor de las conocidas. ‖ *Fig. Política del avestruz,* dícese de la de aquel que no quiere ver el peligro patente que le acecha.
avezar v. t. Acostumbrar. Ú. t. c. pr. : *avezarse a todo.*
aviación f. Navegación aérea con aparatos más pesados que el aire. ‖ Ejército del Aire.
aviador, ra m. y f. Persona que tripula un aparato de aviación.
aviar v. t. Preparar algo para el camino : *aviar una maleta.* ‖ Arreglar : *aviar la carne.* ‖ Componer. Ú. t. c. pr. : *aviarse para ir a cenar.* ‖ Convenir : *¿te avía si te llevo en coche?*
avícola adj. De la avicultura.
avicultor, ra m. y f. Persona que se dedica a la avicultura.
avicultura f. Arte de criar las aves y aprovechar sus productos.
avidez f. Ansia.
ávido, da adj. Codicioso.
aviejar v. t. e i. Avejentar (ú. t. c. pr.).
avieso, sa adj. Torcido : *mirada aviesa.* ‖ *Fig.* Malo.
avilés, esa adj. y s. De Ávila (España).
avillanamiento m. Acción y efecto de avillanar o avillanarse.
avillanar v. t. Hacer que uno proceda como un villano. Ú. t. c. pr. : *se avillanó con el frecuente trato que tuvo con gente de baja calaña y de mal vivir.*
avinagrado, da adj. Áspero, agrio. ‖ *Fig.* Acre, desapacible.
avinagrar v. t. Poner agrio.
avío m. Preparativo, apresto. ‖ Provisión de los pastores. ‖ — Pl. *Fam.* Utensilios necesarios para algo : *avíos de escribir.* ‖ — *Fig. Hacer avío,* apañar, arreglar. | *Hacer su avío,* pensar sólo en sí.
avión m. Especie de vencejo (pájaro).
avión m. Vehículo aéreo más pesado que el aire, capaz de desplazarse en la atmósfera mediante una o varias hélices propulsoras o mediante la expulsión de gases. ‖ *Avión de geometría variable,* aeronave en la que el ángulo formado por las alas con el fuselaje es pequeño en el momento del despegue y se modifica cuando se alcanza cierta velocidad.
avioneta f. Avión pequeño.
avisado, da adj. Prudente, sagaz : *fue algo loco y poco avisado en todas las empresas que acometió.* ‖ Dícese del toro de difícil lidia por sus malas intenciones.
avisador, ra adj. Que avisa, que da una señal de aviso (ú. t. c. s. m.).
avisar v. t. Dar noticia de una cosa. ‖ Advertir o aconsejar. ‖ Llamar : *avisar al médico.*
aviso m. Noticia. ‖ Consejo. ‖ Atención, cuidado. ‖ Prudencia. ‖ Advertencia : *sin previo aviso.* ‖ *Mar.* Buque de guerra pequeño y muy ligero. ‖ *Taurom.* Advertencia de la presidencia cuando el matador prolonga su faena más tiempo del reglamentario. ‖ *Amer.* Anuncio.
avispa f. Insecto himenóptero provisto de un aguijón en la parte posterior.
avispado, da adj. Espabilado.
avispar v. t. Avivar a las caballerías. ‖ *Fig.* Espabilar, avivar y ejercitar el entendimiento o el ingenio. Ú. t. c. pr. : *en la vida no hay más remedio que avisparse para llevar una existencia agradable y exenta de sinsabores.*
avispero m. Panal que fabrican las avispas. ‖ Lugar donde anidan las avispas. ‖ *Fig.* y *fam.* Negocio enredado.
avistar v. t. Ver.
avitaminosis f. *Med.* Carencia o escasez de vitaminas.
avituallamiento m. Acción y efecto de avituallar.
avituallar v. t. Proveer de vituallas : *avituallar un regimiento.*
avivar v. t. Encender, acalorar : *avivar una discusión.* ‖ Dar más vigor al fuego o a los colores.
avizor adj. *¡Ojo avizor!*, ¡cuidado!
avizorar v. t. Acechar.
avo, ava, terminación que se añade a los números cardinales para significar las fracciones de unidad : *la dieciseisava parte.*
avorazado, da adj. *Méx.* Ávido.
avutarda f. Ave zancuda.
axial o **axil** adj. Del eje.
axila f. *Anat.* Sobaco.
axilar adj. De la axila.
axioma m. Verdad evidente.
axiomático, ca adj. Evidente.
axolotl m. Ajolote.
¡ay! interj. Voz que expresa admiración o dolor : *¡ay de mí!*
aya f. V. AYO.
ayacuchano, na adj. y s. De Ayacucho (Perú).
ayacucho, cha adj. y s. De Puerto Ayacucho (Venezuela).
ayer adv. En el día inmediatamente anterior al de hoy. ‖ *Fig.* Hace algún tiempo. | En tiempo pasado. ‖ — M. Tiempo pasado.
ayllu m. Aíllo.
aymará adj. y s. Aimará.
ayo, ya m. y f. Persona encargada de criar o educar a un niño.
ayocote m. *Méx.* Frijol grueso.
ayote m. *Amér. C.* Calabaza.
ayotera f. *Amér. C.* Planta cuyo fruto es la calabaza.
ayuda f. Acción y efecto de ayudar. ‖ Persona o cosa que ayuda. ‖ Lavativa. ‖ Emolumento que se puede dar además del sueldo. ‖ — M. Criado : *ayuda de cámara.*
ayudanta f. Mujer que ayuda.
ayudante adj. Que ayuda. ‖ — M. En algunos cuerpos u oficinas, oficial de clase inferior. ‖ Profesor adjunto. ‖ *Mil.* Oficial que está a las órdenes de otro superior : *ayudante de campo.* ‖ Persona que ayuda en gene-

ral. ‖ *Ayudante técnico sanitario* (A. T. S.), profesional titulado que, a las órdenes de un médico, asiste a los enfermos y está capacitado para realizar ciertas intervenciones de cirugía menor.
ayudantía f. Empleo de ayudante.
ayudar v. t. Prestar auxilio. ‖ — V. pr. Prestarse socorro. ‖ Valerse : *lo rompió ayudándose con los dientes.*
ayuiné Árbol lauráceo de la América Meridional cuyo tronco exuda una sustancia aromática.
ayunar v. i. Abstenerse de comer y beber : *ayunar en cuaresma.*
ayuno m. Acción de ayunar.
ayuno, na adj. Que no ha comido. ‖ *Fig.* Privado : *ayuno del calor materno.* ‖ *Fig. En ayunas,* sin noticias de una cosa, o sin comprenderla : *quedarse completamente en ayunas.*
ayuntamiento m. Corporación que administra el municipio. ‖ Casa consistorial, alcaldía. ‖ Reunión. ‖ Cópula carnal.
azabache m. Variedad de lignito duro de color negro de ébano.
azacán m. Hombre que efectúa trabajos duros.
azada f. Instrumento que sirve para remover la tierra.
azadón m. Instrumento algo mayor que la azada.
azafata f. Criada de la reina. ‖ Mujer que atiende al público en diversos servicios de congresos, reuniones, etc., o a los pasajeros de un avión, tren, autocar, etc.
azafrán m. Planta cuyos estigmas, de color rojo, se emplean para condimentar.
azafranado, da adj. De color del azafrán : *tez azafranada.*
azahar m. Flor del naranjo, del limonero y del cidro.
azalea f. Planta de tamaño pequeño y flores blancas, rosadas o rosas. ‖ Esta flor.
azar m. Hecho fortuito.
azaramiento m. Azoramiento.
azarar v. t. Avergonzar. ‖ — V. pr. Turbarse. ‖ Ruborizarse.
azaroso, sa adj. Desgraciado.
ázimo adj. Sin levadura.
ázoe m. *Quím.* Nitrógeno.
azogar v. t. Cubrir de azogue : *azogar un espejo.* ‖ Apagar la cal con agua. ‖ — V. pr. *Med.* Contraer la enfermedad producida por absorción de los vapores de azogue. ‖ *Fig.* y *fam.* Agitarse mucho.
azogue m. Mercurio.
azor m. Ave de rapiña diurna.
azoramiento m. Acción y efecto de azorar o azorarse.
azorar v. t. Azarar (ú. t. c. pr.).
azotacalles com. *Fam.* Persona callejera.
azotaina f. *Fam.* Paliza.
azotar v. t. Dar azotes.
azote m. Látigo o vergajo con que se azota. ‖ Golpe dado con él. ‖ Golpe dado con la mano en las nalgas. ‖ Embate de agua o aire. ‖ *Fig.* Calamidad, desgracia : *la peste es un azote.* | Persona mala.
azotea f. Parte superior y llana de una casa. ‖ *Fam.* Cabeza. ‖ *Fig.* y *fam. Estar mal de la azotea,* estar loco.
azteca adj. y s. Aplícase al individuo y a un pueblo indio invasor del territorio conocido hoy con el nombre de México. ‖ — Adj. Relativo a los aztecas. ‖ — M. Idioma azteca. ‖ Moneda de oro mexicana de veinte pesos.
azúcar amb. y mejor f. Cuerpo sólido cristalizable de color blanco soluble en el agua y extraído especialmente de la caña dulce y de la remolacha.
azucarado, da adj. Dulce.
azucarar v. t. Bañar o endulzar con azúcar : *azucarar el café.* ‖ *Fig.* y *fam.* Suavizar : *azucarar su carácter.* ‖ — V. pr. Almibarar.
azucarero, ra adj. Relativo al azúcar : *industria azucarera.* ‖ — M. Ave trepadora de los países tropicales. ‖ — F. Fábrica de azúcar. ‖ — M. Vasija para poner azúcar : *un azucarero de porcelana.*
azucarillo m. Masa esponjosa de almíbar y clara de huevo.
azucena f. Planta de flores blancas muy olorosas.
azuela f. Especie de hacha de hoja curva que utilizan los carpinteros para labrar y desbastar la madera.
azufrado, da adj. Sulfuroso. ‖ Parecido en el color al azufre. ‖ — M. Acción de azufrar.
azufrar v. t. Echar azufre en alguna cosa : *azufrar la vid.* ‖ Dar o impregnar de azufre.
azufre m. Metaloide sólido (S), de número atómico 16, de color amarillo, insípido e inodoro, de densidad 1,96, punto de fusión 119 °C y punto de ebullición 444,6 °C.
azul adj. y s. m. De color de cielo sin nubes. ‖ — *Azul celeste,* el más claro. ‖ *Azul marino,* el oscuro. ‖ *Med. Enfermedad azul,* malformación del corazón y de los vasos que produce en la piel una coloración azul por insuficiencia de oxigenación de la sangre. ‖ *Fig. Sangre azul,* sangre noble.
azulado, da adj. De color azul.
azular v. t. Teñir de azul.
azulear v. i. Tirar a azul.
azulejo m. Ladrillo pequeño vidriado, de varios colores, que se usa generalmente para revestimientos, frisos, etc.
azulete m. Viso de color azul en las ropas.
azur adj. y s. m. *Blas.* Azul.
azurita f. *Min.* Carbonato natural de cobre, de color azul.
azuzar v. t. Incitar a los perros o a cualquier otro animal para que ataquen. ‖ *Fig.* Incitar, estimular a una persona.

b

b f. Segunda letra del alfabeto castellano y primera de sus consonantes. ‖ — **B,** símbolo químico del *boro.*
Ba, símbolo químico del *bario.*
baba f. Saliva espesa y viscosa.
babahoyense adj. y s. De Babahoyo (Ecuador).
babaza f. Baba.
babeante adj. Que babea.
babear v. i. Echar la baba. ‖ Babosear, llenar de baba.
babel amb. *Fig.* y *fam.* Lugar en que reina el desorden.
babeo m. Acción de babear.
babero m. Lienzo que se pone a los niños en el pecho. ‖ Guardapolvos, bata.
bable m. Dialecto de los asturianos.
babor m. Lado izquierdo de la embarcación, mirando de popa a proa.
babosa f. Molusco gasterópodo.
babosear v. t. Llenar de baba.
baboso, sa adj. y s. Que babea. ‖ Tonto, bobo, memo.
babucha f. Zapatilla.
baby [*beibi*] m. (pal. ingl.). Babero. ‖ Bebé. ‖ — Pl. *babies.*
baca f. Parte superior de los automóviles y autocares donde se colocan los equipajes.
bacaladero, ra adj. Relativo a la pesca del bacalao. ‖ — M. Barco para pescar bacalao.
bacalao m. Pez teleósteo comestible. ‖ — *Fig.* y *fam. Partir* o *cortar el bacalao,* tener el mando en un asunto, ser el que dispone. | *Te conozco bacalao, aunque vengas disfrazado,* sé muy bien tus intenciones.
bacán m. *Arg. Fam.* Persona adinerada y de buena familia.
bacana f. *Arg. Fam.* Niña bien.
bacanal f. Orgía. ‖ — Pl. Antiguas fiestas paganas, de carácter licencioso, celebradas en honor de Baco.
bacanora f. *Méx.* Bebida fermentada sacada del maguey.
bacante f. Sacerdotisa de Baco. ‖ *Fig.* Mujer ebria y descocada.
bacará y **bacarrá** m. Juego de naipes en que el banquero juega contra los puntos.
bacía f. Vasija que usan los barberos para remojar la barba.
bacilo m. Microbio del grupo de las bacterias, en forma de bastoncillo, que no suele medir más de 10 micras.
bacilón adj. y s. *Fam.* Vacilón.
bacín m. Orinal grande.
bacinete m. Pieza de la armadura que cubría la cabeza. ‖ Soldado que lo llevaba. ‖ *Anat.* Pelvis.
bacteria f. Microorganismo vegetal unicelular de forma alargada *(bacilo)* o esférica *(coco).*
bactericida adj. y s. m. Que destruye las bacterias o impide su desarrollo : *suero bactericida.*
bacteriología f. Parte de la microbiología que trata de las bacterias.
bacteriológico, ca adj. Relativo a la bacteriología.
báculo m. Cayado : *báculo pastoral.* ‖ *Fig.* Apoyo.
bache m. Hoyo en una carretera o en un camino. ‖ Corriente atmosférica que provoca un descenso brusco y momentáneo del avión. ‖ — Pl. *Fig.* Momentos difíciles.
bachiller, ra m. y f. Persona que ha obtenido el título al terminar la enseñanza media.
bachillerato m. Grado de bachiller. ‖ Estudios necesarios para conseguirlo : *estudia bachillerato.*
badajazo m. Golpe dado por el badajo.
badajo m. Pieza metálica que hace sonar la campana.
badajocense y **badojoceño, ña** adj. y s. De Badajoz (España).
badana f. Piel curtida de oveja. ‖ *Fam.* Persona holgazana. ‖ *Fig. Zurrar la badana,* pegar.
badén m. Cauce en una carretera para dar paso al agua. ‖ Bache en un camino o carretera.
badila f. Paleta para mover la lumbre en las chimeneas y braseros.
badminton m. (voz ingl.). Juego del volante.
baffle m. (pal. ingl.). Pantalla acústica en una radio o equipo de reproducción del sonido.
bagaje m. *Fig.* Caudal intelectual. ‖ Galicismo por *equipaje.*
bagatela f. Cosa de poco valor. ‖ Cosa frívola o fútil.
bagayo m. *Arg. Fam.* Lío de ropa.
bagazo m. Residuos de la caña de azúcar, de uva.
bagual adj. *Amer.* Bravo. | Incivil. ‖ — M. Caballo no domado.
baguarí m. *Arg.* Especie de cigüeña.
¡ bah ! interj. Voz que denota duda.
bahía f. Entrada del mar en la costa, algo menor que el golfo.
bailable adj. Dícese de la música compuesta para bailar : *canción bailable.* ‖ Que puede bailarse. ‖ — M. Ballet.
bailador, ra adj. y s. Que baila.
bailaor, ra m. y f. Bailarín de flamenco.
bailar v. i. Mover el cuerpo al compás de la música. ‖ Girar rápidamente : *la peonza baila* (ú. t. c. t.). ‖ *Fig.* Llevar algo demasiado ancho : *mis pies bailan en los zapatos.* ‖ — V. t. Hacer bailar. ‖ Ejecutar un baile : *bailar un tango.* ‖ *Fig.* y *fam. Bailar el agua,* adular.
bailarín, ina adj. Que baila (ú. t. c. s.). ‖ — M. y f. Persona que profesa el arte de bailar.

baile m. Acción de bailar. ‖ Manera de bailar : *baile clásico.* ‖ Reunión para bailar : *dar un baile.*
bailete m. Ballet.
bailongo m. *Fam.* Baile de poca categoría.
bailotear v. i. Bailar sin arte.
bailoteo m. Acción de bailotear.
baja f. Disminución del precio. ‖ *Mil.* Pérdida de un individuo. | Documento que acredita esta baja. ‖ Cese en una corporación, profesión, o carrera por traslado, retiro u otro motivo. ‖ Cese temporal en un servicio o trabajo a causa de enfermedad. ‖ *Darse de baja,* dejar de pertenecer, retirarse; declararse enfermo; suspender una suscripción.
bajá m. Dignatario turco.
bajacaliforniano, na adj. y s. De Baja California (México).
bajada f. Acción de bajar. ‖ Camino por donde se baja. ‖ *Bajada de bandera,* puesta en marcha del taxímetro cuando el viajero sube a un taxi.
bajamar f. Nivel inferior que alcanza el mar al fin del reflujo.
bajar v. i. Ir de un lugar a otro que está más bajo. ‖ Disminuir alguna cosa : *bajar la fiebre.* ‖ *Fig.* Descender : *ha bajado mucho en mi aprecio.* ‖ — V. t. Poner una cosa en lugar inferior al que ocupaba. ‖ Descender : *bajar una escalera.* ‖ Rebajar. ‖ Disminuir el precio de una cosa. ‖ Inclinar hacia abajo : *bajar la cerviz.* ‖ *Fig.* Humillar : *bajar el orgullo a uno.* ‖ — V. pr. Inclinarse. ‖ Apearse : *bajarse del autobús.*
bajaverapacense adj. y s. De Baja Verapaz (Guatemala).
bajel m. Buque.
bajero, ra adj. Inferior.
bajeza f. Hecho indigno : *eso es una bajeza.* ‖ *Fig.* Miseria : *la bajeza del ser humano.*
bajines o **bajini** adv. *Fam. Por bajines,* disimuladamente.
bajío m. Banco de arena. ‖ *Amer.* Terreno bajo.
bajo, ja adj. Poco elevado : *una silla baja.* ‖ Que está en lugar inferior. ‖ De poca estatura. ‖ Inclinado hacia abajo : *con los ojos bajos.* ‖ Dicho de colores, poco vivo, pálido : *azul bajo.* ‖ *Fig.* Vulgar, grosero, ordinario : *lenguaje bajo.* | Plebeyo : *los barrios bajos.* | Poco considerable : *precio bajo.* ‖ Que no se oye de lejos : *en voz baja.* ‖ *Mús.* Grave : *voz baja.* ‖ — M. Lugar hondo, parte baja, hondonada. ‖ En los mares y ríos, elevación del fondo : *bajo de arena.* ‖ Piso bajo : *vivo en el bajo* (ú. t. en pl.). ‖ *Mús.* Voz o instrumento que produce los sonidos más graves de la escala. ‖ Persona que canta o toca la parte de bajo. ‖ *Fig. Bajos fondos,* conjunto de gente de mala vida. ‖ — Adv. Abajo, en lugar inferior. ‖ En voz baja : *hablar bajo.* ‖ — Prep. Debajo de. ‖ En tiempos de : *bajo la dominación romana.* ‖ Con la garantía de : *bajo palabra.* ‖ Por debajo de, inferior a : *dos grados bajo cero.*
bajón m. *Mús.* Instrumento de viento de sonido grave y el que lo toca. ‖ *Fig.* y *fam.* Disminución. ‖ *Dar un bajón,* sufrir un notable menoscabo en la salud.
bajonazo m. Disminución en la salud, facultades, etc.
bajorrelieve m. Obra escultórica cuyas figuras resaltan poco del plano : *los bajorrelieves del Partenón.*
bajuno, na adj. Vil.
bajura f. Paraje de aguas poco profundas : *pesca de bajura.*
bakelita f. Baquelita.
bala f. Proyectil de las armas de fuego. ‖ Fardo de mercaderías : *bala de algodón.* ‖ Atado de diez resmas de papel. ‖ *Amer.* Peso en deportes.
balaca y **balacada** f. *Arg.* Fanfarronada.
balada f. Composición poética sentimental.
baladí adj. Fútil.
baladrón, ona adj. y s. Fanfarrón.
baladronada f. Bravuconería.
bálago m. Paja de los cereales.
balalaica f. Laúd triangular ruso de tres cuerdas.
balance m. Movimiento de un cuerpo que se inclina alternativamente de un lado a otro. ‖ *Com.* Libro en que los comerciantes escriben sus créditos y deudas. | Cuenta general que demuestra el estado de un negocio. ‖ *Fig.* Resultado de un asunto.
balancear v. i. Moverse de un lado para otro una embarcación. ‖ Columpiarse (ú. t. c. pr.). ‖ Dudar, vacilar. ‖ — V. t. Equilibrar.
balanceo m. Movimiento oscilatorio : *el balanceo del péndulo.*
balancín m. *Mec.* Pieza o barra dotada de un movimiento oscilatorio que regula generalmente otro movimiento o le da un sentido o amplitud diferentes. ‖ En un automóvil, pieza que, movida por una especie de palanca, transmite el movimiento de ésta a una válvula del cilindro. ‖ Palo largo de volatinero. ‖ Mecedora.
balandra f. Velero pequeño con cubierta y sólo un palo y dos velas.
balandrista com. El que conduce un balandro.
balandro m. Velero de recreo de dos velas y un solo palo.
bálano m. Crustáceo llamado corrientemente *percebe.* ‖ Extremidad del miembro viril.
balanza f. Instrumento para pesar. ‖ *Fig.* Comparación que se hace de las cosas. ‖ — *Balanza de comercio,* estado comparativo de la importación y exportación en un país. ‖ *Balanza de pagos,* relación de las transacciones entre un país y otro.
balar v. i. Dar balidos.
balastar v. t. Poner balasto.
balasto y **balastro** m. Grava para asentar y sujetar la vía del ferrocarril.
balaustrada f. Serie de balaustres rematados por una barandilla.
balaustre m. Columnita de las barandillas.
balazo m. Tiro o herida de bala.
balboa m. Unidad monetaria de Panamá.
balbucear v. i. Articular mal y dificultosamente.
balbuceo m. Acción de balbucear. ‖ *Fig.* Primera prueba, ensayo inicial, comienzo.
balbucir v. i. Balbucear.
balcánico, ca adj. y s. De los Balcanes.
balcanización f. Fragmentación en numerosos estados de lo que formaba anteriormente una sola entidad territorial y política.
balcanizar v. t. Fragmentar.
balcón m. Ventana grande con barandilla saliente.
balda f. Anaquel.
baldado, da adj. Tullido.
baldaquín o **baldaquino** m. Palio. ‖ Pabellón de altar, trono.
baldar v. t. Impedir o dificultar una enfermedad el uso de un miembro (ú. t. c. pr.). ‖

Fig. Causar a uno una gran contrariedad. ‖ — V. pr. *Fam.* Cansarse mucho.
balde m. *Mar.* Cubo.
balde (de) m. adv. Gratis : *tener entradas de balde.* ‖ Sin motivo. ‖ *En balde,* en vano.
baldear v. t. Regar con baldes.
baldeo m. Limpieza con cubos.
baldío, a adj. Aplícase al terreno sin cultivar (ú. t. c. s. m.). ‖ *Fig.* Vano, inútil : *esfuerzo baldío.*
baldón m. Afrenta, oprobio.
baldosa f. Ladrillo de enlosar.
baldosar v. t. Enlosar.
baldosín m. Baldosa pequeña.
baleador, ra adj. y s. *Amer.* Que tira balazos.
balear adj. y s. De las islas Baleares (España).
balear v. t. *Amer.* Tirotear.
baleárico, ca adj. Balear.
balénidos m. pl. Familia de cetáceos.
baleo m. *Amer.* Tiroteo.
balero m. *Méx.* Rodamiento de bolas. | Boliche.
balido m. Grito de los óvidos.
balín m. Bala pequeña.
balístico, ca adj. De la balística. ‖ — F. Ciencia que estudia el movimiento de los proyectiles.
baliza f. Señal óptica, sonora o radioeléctrica para guiar los barcos y los aviones.
balizaje y **balizamiento** m. Derecho de puerto. ‖ Sistema de balizas de una ruta marítima o aérea.
balizar v. t. Señalar con balizas.
balneario, ria adj. Relativo a los baños. ‖ — M. Lugar donde se toman baños medicinales.
balneoterapia f. *Med.* Tratamiento por los baños.
balompédico, ca adj. Futbolístico.
balompié m. Fútbol.
balón m. Recipiente para cuerpos gaseosos. ‖ Pelota de fútbol y juegos parecidos. ‖ Fardo grande. ‖ *Balón medicinal,* el utilizado para adquirir agilidad y soltura.
baloncesto m. Juego de equipo (cinco jugadores) que consiste en lanzar el balón a un cesto colocado en alto.
balonmano m. Juego de equipo (once jugadores) en el que se emplean sólo las manos.
balonvolea m. Juego de equipo (seis jugadores) que consiste en lanzar el balón por encima de una red sin que aquél toque el suelo.
balota f. Bolilla para votar. ‖ *Amer.* Papeleta de voto.
balotaje m. En algunos países, segunda votación al no haber obtenido ningún candidato el mínimo de sufragios requerido.
balsa f. Plataforma flotante.
balsámico, ca adj. Que tiene las propiedades del bálsamo.
balsamina f. Planta de América.
bálsamo m. Líquido aromático que fluye de ciertos árboles y se usa como producto farmacéutico. ‖ *Fig.* Consuelo, alivio.
báltico, ca adj. Relativo al mar Báltico. ‖ De los países ribereños del mar Báltico.
baluarte m. Fortificación exterior de figura pentagonal. ‖ *Fig.* Amparo, defensa.
ballena f. El mayor de los cetáceos conocidos. ‖ Cada una de las láminas córneas y elásticas que posee este animal en la mandíbula superior. ‖ Varilla de metal para varios usos : *ballena de paraguas.*
ballenato m. Cría de la ballena.
ballenero, ra adj. Relativo a la pesca de la ballena : *arpón ballenero.* ‖ — M. Pescador de ballenas. ‖ Barco destinado a esta pesca.
ballesta f. Arma para disparar flechas y saetas. ‖ Muelle de suspensión para vehículos.
ballet m. Composición destinada a ser interpretada únicamente por la danza y la mímica. ‖ Música que la acompaña.
bamba f. Baile mexicano. ‖ *Venez.* Moneda de medio peso.
bambalina f. *Teatr.* Lienzo pintado que cuelga del telar.
bambalinón m. Bambalina grande que forma como una segunda embocadura que reduce el hueco de una escena de teatro.
bambino, na m. y f. (pal. ital.). *Amer.* Niño : *pelea de bambinos.*
bambolear v. i. Oscilar (ú. t. c. pr.).
bamboleo m. Acción y efecto de bambolear o bambolearse.
bambolla f. *Fam.* Pompa.
bambú m. Planta gramínea cuyo tallo leñoso puede alcanzar más de veinte metros. (Pl. *bambúes.*)
bambuco m. Música y baile popular de Colombia.
banal adj. Trivial.
banana f. Banano, plátano.
bananal o **bananar** m. Plantío de bananos.
bananero, ra adj. Dícese del plantío de plátanos. ‖ Relativo a los plátanos. ‖ — M. Plátano. ‖ Barco que transporta plátanos.
banano m. Plátano.
banasta f. Cesto.
banasto m. Banasta redonda.
banca f. Asiento de madera, sin respaldo. ‖ Juego en que pone el banquero cierta suma de dinero, y los jugadores apuestan la cantidad que deseen a las cartas que ellos eligen. ‖ Cantidad puesta por el banquero en ciertos juegos : *hacer saltar la banca.* ‖ Establecimiento de crédito que efectúa las operaciones de giro, cambio y descuento de valores, y la compra y venta de efectos públicos. ‖ *Fig.* Conjunto de bancos o banqueros : *la nacionalización de la banca.*
bancada f. *Min.* Escalón en las galerías subterráneas. ‖ Soporte donde se ensamblan las piezas de una máquina.
bancal m. Pedazo de tierra para sembrar. ‖ Parte de una huerta, en un terreno elevado, que forma escalón.
bancario, ria adj. Del banco : *operaciones bancarias.*
bancarrota f. *Com.* Quiebra.
banco m. Asiento para varias personas. ‖ Tablón grueso escuadrado que sirve de mesa en ciertos oficios : *banco de carpintero.* ‖ Establecimiento público de crédito : *el Banco de España.* ‖ Acción de copar la banca en el juego. ‖ *Mar.* Bajo de gran extensión : *banco de arena.* | Conjunto de peces : *banco de merluzas.* ‖ — *Banco azul,* en el Parlamento, el de los ministros. ‖ *Banco de hielo,* banquisa. ‖ *Banco de datos,* conjunto de informaciones sobre un sector determinado que se almacenan en un ordenador para que puedan ser utilizadas por todos. ‖ *Banco de esperma, de ojos, de órganos, de sangre,* servicio público o privado destinado a recoger, conservar y distribuir a los que lo necesiten esperma, córneas, etc. ‖ *Banco de hielo,* banquisa. ‖ *Banco de pruebas,* el que determina las características de una máquina ; (fig.) lo que permite evaluar las capacidades de una persona o cosa.

banda f. Faja o lista. ‖ Cinta distintiva de ciertas órdenes : *la banda de Carlos III.* ‖ Lado : *por esta banda.* ‖ Grupo de personas o animales. ‖ En el fútbol, línea que delimita el campo : *saque de banda.* ‖ *Rad.* Conjunto de frecuencias comprendidas entre dos límites : *banda reservada a la televisión.* ‖ *Blas.* Cinta que cruza el escudo de esquina a esquina. ‖ *Mús.* Conjunto de músicos militares o civiles. ‖ *Banda sonora,* parte de la película en la que se graba el sonido.
bandada f. Grupo de aves que vuelan juntas. ‖ Banco de peces.
bandazo m. *Fam.* Paseo, vuelta. ‖ *Mar.* Inclinación violenta del barco sobre un lado. ‖ Desviación brusca de un coche.
bandearse v. pr. Ingeniárselas, valerse por sí mismo.
bandeirante m. Aventurero, explorador en el Brasil colonial.
bandeja f. Plato grande que sirve para presentar algo.
bandera f. Pedazo de tela, colocado en un asta, que lleva los colores de una nación. ‖ Estandarte de una iglesia, cofradía, etc. ‖ *Mil.* En España, compañía de los antiguos tercios y del actual tercio de extranjeros o Legión. ‖ *Fam. De bandera,* excelente.
bandería f. Bando o partido.
banderilla f. Dardo adornado que clavan los toreros en el cerviguillo a los toros.
banderillear v. i. Poner banderillas.
banderillero m. Torero que banderillea.
banderín m. Bandera pequeña. ‖ *Mil.* Soldado que sirve de guía y lleva una banderita en el cañón del fusil. ‖ *Banderín de enganche,* depósito de reclutamiento en el ejército.
bandidaje m. Bandolerismo.
bandido m. Bandolero.
bando m. Edicto o mandato solemne : *bando de la alcaldía.* ‖ Partido, facción : *está en el bando contrario.* ‖ Bandada de pájaros.
bandola f. Instrumento músico parecido al laúd.
bandolera f. Correa cruzada por el pecho en la que se cuelga un arma.
bandolerismo m. Carácter y hechos de los bandoleros.
bandolero m. Salteador de caminos. ‖ Malhechor.
bandoneón m. Instrumento de la familia de los acordeones.
bandurria f. Instrumento de cuerda parecido a la guitarra. ‖ *Zool.* Ave zancuda de América.
banjo m. Guitarra de caja circular cubierta con una piel.
banqueta f. Asiento sin respaldo. ‖ Escabel para los pies.
banquete m. Comida a la que se asiste para celebrar algo (una boda, una conmemoración).
banquetear v. t. Dar o andar en banquetes (ú. t. c. i.).
banquillo m. Banco bajo. ‖ Escabel para los pies. ‖ Lugar donde están los jugadores reservas y los cuidadores en un encuentro deportivo. ‖ *For.* En España, asiento del acusado. ‖ *Amer.* Patíbulo, cadalso.
banquisa f. Banco de hielo.
bañador m. Traje de baño.
bañar v. t. Sumergir en un líquido. Ú. t. c. pr. : *bañarse en el mar.* ‖ Humedecer. ‖ Cubrir una cosa con una capa de otra sustancia : *bañado en chocolate.* ‖ Pasar por algún sitio el mar, un río, etc. : *el Ebro baña Zaragoza.* ‖ Dar el aire o la luz de lleno en algo : *el sol baña el balcón.* ‖ *Fig.* Mojar con un líquido.
bañera f. Pila para bañarse.
bañero, ra m. y f. Persona encargada del cuidado de los que se bañan en una playa o balneario.
bañista com. Persona que se baña en una playa o balneario.
baño m. Inmersión en un líquido : *dar un baño.* ‖ Líquido para bañarse. ‖ Bañera. ‖ Sitio donde hay agua para bañarse. ‖ Aplicación medicinal del aire, vapor, etc. : *baños de sol.* ‖ Capa con que se cubre una cosa : *un baño de laca.* ‖ *Fig.* Tintura, nociones, barniz : *un baño de cultura.* ‖ *Amer.* Excusado. ‖ — Pl. Lugar donde hay aguas medicinales. ‖ Cárcel donde los moros encerraban a los cautivos : *baños de Argel.* ‖ — *Baño de asiento,* el de las nalgas. ‖ *Baño de María,* recipiente con agua puesta a calentar donde se mete otra vasija para que su contenido reciba calor suave.
bao m. Madero transversal del buque que sostiene las cubiertas.
baobab m. Árbol bombáceo.
baptisterio m. Sitio donde está la pila bautismal. ‖ Esta pila. ‖ Edificio, por lo común próximo a una catedral, donde se bautiza.
baquelita f. Resina sintética obtenida por condensación de un fenol en presencia de formol.
baqueta f. Varilla para limpiar las armas de fuego. ‖ Varilla de los picadores para manejar los caballos. ‖ *Arq.* Junquillo, moldura. ‖ — Pl. Palillos del tambor.
baqueteado, da adj. *Fig.* Experimentado, curtido. | Acostumbrado a trabajos y penalidades.
baqueteo m. Traqueteo. ‖ Molestia excesiva. ‖ Cansancio, fatiga.
báquico, ca adj. De Baco.
bar m. Establecimiento en el que se venden bebidas que suelen tomarse en el mostrador.
bar m. *Fís.* Unidad de presión atmosférica equivalente a un millón de barias.
barahúnda f. Ruido, alboroto.
baraja f. Conjunto de naipes para jugar : *la baraja española tiene 48 cartas y la francesa 52.* ‖ *Amer.* Naipe. ‖ *Fig. Jugar con dos barajas,* obrar con doblez.
barajar v. t. Mezclar las cartas. ‖ *Fig.* Mezclar : *barajar ideas.* | Manejar : *barajar datos.* | Nombrar, citar : *se barajan varios nombres para este nombramiento.*
baranda f. Barandilla.
barandal m. Larguero que sostiene los balaustres. ‖ Barandilla.
barandilla. f. Antepecho de los balcones, escaleras, etc.
baratija f. Objeto sin valor.
baratillo m. Tienda de objetos de poco valor. ‖ Venta de mercancías a bajo precio.
barato, ta adj. De poco precio. ‖ — Adv. Por poco precio : *salir barato.*
baratura f. Precio bajo.
baraúnda f. Barahúnda.
barba f. Parte de la cara debajo de la boca. ‖ Pelo que nace en esta parte del rostro. ‖ Pelo de algunos animales en la quijada inferior : *barbas de chivo.* ‖ — *Fam. En las barbas de uno,* en su presencia. | *Por barba,* por persona. | *Subirse uno a las barbas de otro,* perderle el respeto. ‖ — M. *Teatr.* El que hace el papel de anciano, característico.

barbacana f. Fortificación aislada. ‖ Aspillera, tronera.
barbacoa f. *Amer.* Especie de catre abierto y también camilla o andas. ‖ Utensilio a modo de parrilla que sirve para asar la carne o el pescado al aire libre. ‖ Lo asado de este modo.
barbada f. Cadenilla que une las dos partes del freno de los caballos por debajo de la barba.
bárbaramente adv. De modo bárbaro. ‖ *Fam.* Estupendamente.
barbaridad f. Calidad de bárbaro. ‖ *Fam.* Necedad, disparate. | Atrocidad. | Gran cantidad, mucho : *una barbaridad de dinero.*
barbarie f. *Fig.* Incultura. | Crueldad : *acto de barbarie.*
barbarismo m. Vicio del lenguaje. ‖ Idiotismo, vocablo o giro de una lengua extranjera.
bárbaro, ra adj. Calificativo que daban los griegos y romanos a los pueblos ajenos a su cultura (ú. t. c. s.). ‖ *Fig.* Bruto, cruel. | Arrojado, temerario. | Inculto, grosero. ‖ *Fig. y fam.* Muy bueno, magnífico, espléndido : *una película bárbara.* | Muy grande.
barbecho m. Campo que se deja de cultivar durante cierto tiempo para que descanse.
barbería f. Establecimiento del barbero.
barbero m. El que se dedica a afeitar o a cortar el pelo.
barbián, ana adj. y s. *Fam.* Persona simpática y jovial.
barbilampiño, ña adj. y s. De poca barba.
barbilla f. Mentón, punta o remate de la barba. ‖ Aleta carnosa de algunos peces. ‖ *Carp.* Corte oblicuo hecho en un madero para que encaje en el hueco de otro.
barbitúrico, ca adj. y s. m. *Med.* Dícese de un radical químico, base de numerosos hipnóticos y sedantes del sistema nervioso.
barbo m. Pez de río.
barboquejo m. Cinta para sujetar el sombrero bajo la barbilla.
barbudo, da adj. Que tiene muchas barbas (ú. t. c. s.). ‖ — M. *Amer.* Nombre de varios peces.
barca f. Embarcación pequeña.
barcada f. Carga de una barca.
barcaje m. Transporte en barca. ‖ Su precio.
barcaza f. Lanchón para transportar carga de una embarcación a otra o a tierra. ‖ *Barcaza de desembarco,* la utilizada para desembarcar tropas y material.
barcelonense adj. y s. De Barcelona (Venezuela).
barcelonés, esa adj. y s. De Barcelona (España y Venezuela).
barco m. Embarcación.
bardo m. Poeta.
baremo m. Libro de cuentas ajustadas. ‖ Tabla de tarifas.
bargueño m. Mueble de madera con cajoncitos y gavetas.
baria f. Unidad C.G.S. de presión que equivale a una dina por centímetro cuadrado.
barinense adj. y s. De Barinas, ciudad de Venezuela.
barinés, esa adj. y s. De Barinas, Estado de Venezuela.
bario m. Metal (Ba), de número atómico 56, blanco amarillo, fusible a 710 °C y de densidad 3.8.
barisfera f. Núcleo central de la Tierra.
barita f. Óxido de bario.
baritina f. Sulfato de bario natural.
barítono m. *Mús.* Voz media entre la de tenor y la del bajo. | El que tiene esta voz.
barlovento m. *Mar.* Lado de donde procede el viento.
barman m. (pal. ingl.). Camarero de bar.
barniz m. Disolución de una resina en un líquido volátil. ‖ Baño que se da a la loza o porcelana. ‖ *Fig.* Conocimientos poco profundos, capa : *barniz literario.*
barnizado m. Acción y efecto de barnizar.
barnizador, ra adj. y s. Que barniza.
barnizar v. t. Dar barniz.
barométrico, ca adj. Del barómetro : *presión barométrica.*
barómetro m. Instrumento que determina la presión atmosférica.
barón m. Título nobiliario.
baronesa f. Mujer del barón.
baronía f. Dignidad de barón y territorio de su jurisdicción.
barquero, ra m. y f. Persona que conduce una barca.
barquillero, ra m. y f. Persona que hace o vende barquillos. ‖ — M. Molde para hacer barquillos.
barquillo m. Hoja delgada de pasta de harina sin levadura generalmente en forma de canuto.
barquisimetano, na adj. y s. De Barquisimeto (Venezuela).
barra f. Pieza larga y estrecha de cualquier materia : *barra de acero.* ‖ Palanca para levantar grandes pesos. ‖ Lingote : *barra de oro.* ‖ Barandilla que separa a los jueces del público en un tribunal. ‖ Mostrador de un bar. ‖ Pan de forma alargada. ‖ En una bicicleta, tubo superior del cuadro. ‖ Banco de arena en la embocadura de un río. ‖ *Blas.* Banda que atraviesa desde el ángulo siniestro superior hasta el diestro inferior. ‖ — *Barra americana,* bar. ‖ *Barra fija, barras paralelas,* aparatos de gimnasia. ‖ *Fig. Sin pararse en barras,* sin hacer caso.
barrabasada f. *Fam.* Acción mala y perversa. | Burrada.
barraca f. Casa tosca. ‖ Vivienda rústica de las huertas de Valencia y Murcia. ‖ Caseta, puesto.
barracón m. Barraca grande.
barracuda f. Pez marino voraz de la familia de los esfirénidos.
barragana f. Concubina.
barraganería f. Amancebamiento.
barranca f. Barranco.
barranco m. Despeñadero, precipicio. ‖ Cauce profundo que hacen las aguas llovedizas.
barranquillero, ra adj. y s. De Barranquilla (Colombia).
barredor, ra adj. y s. Que barre.
barredura f. Acción de barrer. ‖ — Pl. Basuras. ‖ Residuos.
barrena f. Instrumento para taladrar. ‖ Barra de hierro para sondar terrenos, agujerear rocas, etc.
barrenar v. t. Perforar algo con barrena o barreno.
barrendero, ra m. y f. Persona que barre.
barreno m. Orificio relleno de pólvora que se abre en la roca o mina para hacerla volar.
barreño m. Vasija de barro, de metal o de plástico que sirve para fregar y otros usos.
barrer v. t. Quitar con la escoba el polvo, la basura, etc. ‖ Pasar rozando : *su vestido barre el suelo.* ‖ Arrastrar : *el viento barre los papeles.* ‖ *Fig.* Quitar todo lo que había en alguna parte. | Hacer desaparecer. | Enfocar con un haz de luz electrónica la

superficie de una pantalla luminiscente de un tubo o lámpara catódica.
barrera f. Valla de palos, tablas u otra cosa : *barrera de paso a nivel.* ‖ Parapeto, antepecho. ‖ Valla, en las plazas de toros, que resguarda a los toreros. ‖ Primera fila de asientos en las plazas de toros. ‖ *Fig.* Lo que separa. | Impedimento, obstáculo. ‖ *Barrera del sonido,* aumento brusco de la resistencia del aire que se produce cuando el avión alcanza la velocidad del sonido.
barretina f. Gorro usado por los catalanes.
barriada f. Barrio, generalmente en el exterior de una ciudad.
barrica f. Tonel pequeño.
barricada f. Parapeto improvisado para estorbar el paso del enemigo.
barrido m. Acción de barrer. ‖ Barreduras.
barriga f. Vientre. ‖ *Fig.* Parte abultada de una vasija.
barrigón, ona y **barrigudo, da** adj. y s. Que tiene mucha barriga. ‖ — M. y f. Niño.
barriguera f. Correa que pasa bajo el vientre de las caballerías.
barril m. Tonel para guardar licores y géneros. ‖ Medida de capacidad para el petróleo, equivalente a 159 litros.
barrilete m. Pieza cilíndrica y móvil del revólver donde se colocan los cartuchos, tambor.
barrillo m. Grano en el rostro.
barrio m. Cada una de las partes en que se dividen las ciudades y pueblos. ‖ — *Fig.* y *fam. Barrio chino,* barrio de los bajos fondos. | *El otro barrio,* el otro mundo.
barrioporteño, ña adj. y s. De Puerto Barrios (Guatemala).
barrista m. Gimnasta que hace los ejercicios en la barra fija.
barrizal m. Lodazal.
barro m. Masa de tierra y agua. ‖ Arcilla de alfareros : *modelar con barro.* ‖ Recipiente hecho con ella. ‖ Arcilla : *Dios creó al hombre con barro.* ‖ Granillo en el rostro
barroco, ca adj. y s. m. *Arq.* Dícese del estilo artístico caracterizado por la profusión de adornos, propio de los s. XVII y XVIII, en contraposición al Renacimiento clásico.
barroquismo m. Calidad de lo barroco. ‖ Tendencia a lo barroco. ‖ *Fig.* Extravagancia.
barrote m. Barra gruesa. ‖ Barra de hierro para asegurar algo.
barruntador, ra adj. Que barrunta.
barruntar v. t. Prever.
barrunte y **barrunto** m. Indicio, asomo. ‖ Presentimiento.
bártulos m. pl. *Fig.* Trastos, chismes, cosas : *preparar los bártulos.* ‖ *Fig.* y *fam. Liar los bártulos,* disponer todo para marcharse.
barullo m. *Fam.* Confusión. ‖ *Fam. A barullo,* en gran cantidad.
basa f. Asiento de la columna.
basáltico, ca adj. De basalto.
basalto m. Roca volcánica negra verdosa y muy dura.
basamento m. *Arq.* Cuerpo formado por la basa y el pedestal de la columna.
basar v. t. Apoyar en una base. ‖ *Fig.* Fundar, apoyar. U. t. c. pr. : *basarse en datos falsos.* ‖ Situar en una base militar : *escuadrilla basada en Torrejón* (ú. t. c. pr.).
basca f. Ganas de vomitar.
bascosidad f. Ganas de vomitar.
báscula f. Aparato para pesar : *platillo de la báscula.* ‖ *Fig.* Cosa que oscila sobre un eje horizontal.
basculador m. Volquete.
bascular v. i. Ejecutar un movimiento de báscula alrededor de un punto en equilibrio. ‖ Inclinarse la caja de un vehículo de transporte para que la carga que contiene se vierta hacia fuera.
base f. Asiento, apoyo o superficie en que se sostiene un cuerpo. ‖ Basa de una columna. ‖ Parte inferior de un cuerpo. ‖ *Fig.* Fundamento : *la base de un razonamiento.* | Origen : *la base de su riqueza.* ‖ *Geom.* Lado o cara en que se supone descansa una figura. ‖ *Mat.* Cantidad que ha de elevarse a una potencia dada. ‖ *Mil.* Lugar de concentración de los medios necesarios para emprender una operación terrestre, aérea o naval : *base de operaciones.* ‖ *Quím.* Cuerpo que puede combinarse con los ácidos para formar sales. ‖ *Topogr.* Recta de la cual se parte. ‖ Conjunto de militantes de un partido u organización sindical, y tb. de los trabajadores de una empresa o ramo industrial. ‖ — *Base de datos,* informaciones almacenadas en un ordenador. ‖ *Base imponible,* cantidad gravada con impuestos.
base-ball [*béisbol*] m. (pal. ingl.). Béisbol, pelota base.
básico, ca adj. Que sirve de base. ‖ Fundamental.
basidio m. Célula madre de las esporas de ciertos hongos.
basidiomicetos m. pl. Hongos provistos de basidios (ú. t. c. adj.).
basílica f. Nombre de algunas iglesias.
basilisco m. Animal fabuloso. ‖ Reptil de América parecido a la iguana. ‖ *Fam. Hecho un basilisco,* furioso, iracundo.
basket-ball [*básketbol*] m. (pal. ingl.). Baloncesto.
bastante adj. Suficiente : *tiene bastantes amigos.* ‖ — Adv. Ni mucho ni poco : *hemos comido bastante.* ‖ No poco : *bastante tonto.*
bastar v. i. Ser suficiente.
bastardear v. i. Degenerar. ‖ — V. t. Falsear, falsificar.
bastardeo m. Degeneración.
bastardía f. Calidad de bastardo. ‖ *Fig.* Indignidad, vileza.
bastardilla adj. y s. f. Dícese de la letra de imprenta, ligeramente inclinada hacia la derecha, que imita la escritura ordinaria hecha manualmente.
bastardo, da adj. Nacido fuera del matrimonio (ú. t. c. s.). ‖ Que pertenece a dos géneros distintos : *estilo bastardo.* ‖ Que no es de raza pura : *perro bastardo* (ú. t. c. s.). ‖ Dícese de la letra bastardilla (ú. t. c. s. f.). ‖ *Fig.* Innoble, ilegítimo : *anhelos bastardos.*
basteza f. Calidad de basto.
bastidor m. Armazón de madera o metal que sirve de soporte a otros elementos : *bastidor de pintor.* ‖ Cada uno de los lienzos pintados que, en los teatros, se pone a los lados del escenario. ‖ Armazón que soporta una máquina, un automóvil, etc.
bastión m. *Fort.* Baluarte.
basto, ta adj. Grosero, tosco : *tela basta.* ‖ Ordinario, vulgar, poco fino : *hombre basto.* ‖ — M. Albarda. ‖ Naipe del palo de bastos. ‖ — Pl. Uno de los cuatro palos de la baraja española.
bastón m. Palo con puño y contera para apoyarse al andar. ‖ Insignia de autoridad civil o militar : *bastón de mando.*
bastonazo m. Golpe de bastón.
bastoncillo m. Elemento de ciertas células de la retina.

bastonera f. Mueble donde se ponen los bastones y paraguas.
basura f. Desperdicio, inmundicia.
basurero m. El que recoge la basura. ‖ Sitio donde se arroja ésta.
bata f. Ropa larga que se usa para estar en casa o para trabajar. ‖ Prenda que se pone sobre el vestido para que éste no se manche.
batacazo m. Caída.
batahola f. *Fam.* Bulla, jaleo.
batalla f. Combate entre dos ejércitos. ‖ Distancia de eje a eje, en un coche o carruaje. ‖ *Fig.* Lucha, pelea. | Agitación, inquietud interior. ‖ — *Fig. Dar batalla,* dar guerra. | *De batalla,* de uso diario.
batallador, ra adj. y s. Luchador.
batallar v. i. Pelear, combatir. ‖ *Fig.* Disputar, luchar : *batallar por los principios, por el pan.*
batallón m. Unidad militar compuesta de varias compañías.
batallón, ona adj. Combativo. ‖ Revoltoso. ‖ — Adj. f. *Fam.* Aplícase al asunto muy discutido.
batán m. Máquina compuesta de mazos de madera que golpean y enfurten los paños.
batata f. Planta de raíz comestible.
batatar m. Plantío de batatas.
batayola f. Baranda en las cubiertas de los barcos.
bate m. Pala de béisbol.
batea f. Bandeja. ‖ Vagón descubierto de bordes muy bajos. ‖ *Amer.* Vasija para lavar.
bateador m. Jugador de béisbol.
batel m. Bote, barca.
batelero, ra m. y f. Barquero.
batería f. *Mil.* Conjunto de cañones. | Unidad de artillería : *batería contracarro.* | Obra de fortificación que contiene cierto número de cañones. ‖ *Mar.* Conjunto de cañones de cada puente o cubierta. ‖ *Mús.* Conjunto de instrumentos de percusión de una orquesta. | Tambor y platillos de una orquesta. ‖ *Electr.* Agrupación de varios acumuladores, pilas o condensadores dispuestos en serie. | Acumulador. ‖ *Teatr.* Fila de luces del proscenio. ‖ — *Aparcar en batería,* colocar un coche oblicuamente a la acera. ‖ *Batería de cocina,* conjunto de cacerolas y otros utensilios. ‖ — M. *Mús.* El que toca la batería.
batiborrillo o **batiburrillo** m. Revoltijo, mezcolanza.
baticola f. Correa sujeta a la silla donde entra la cola del caballo.
batida f. Caza que se hace batiendo el monte. ‖ Reconocimiento de un paraje para la aprehensión de malhechores : *batida de policía.*
batido, da adj. Aplícase al camino muy andado. ‖ — M. Acción de batir. ‖ Refresco de leche o fruta pasado por la batidora.
batidor, ra adj. y s. Que bate : *batidor de cobre.* ‖ Explorador que reconoce el campo. ‖ Peine para batir el pelo. ‖ El que levanta la caza en las batidas. ‖ — F. Aparato en que se baten los alimentos : *hacer una salsa con la batidora.*
batiente adj. Que bate. ‖ — M. Marco de las puertas y ventanas en el que éstas baten al cerrarse. ‖ Hoja de la puerta. ‖ Lugar que bate el mar.
batín m. Bata corta de casa.
batintín m. Gong.
batir v. t. Golpear con fuerza alguna cosa : *las olas baten la costa.* ‖ Alcanzar, llegar hasta : *batir las murallas a cañonazos.* ‖ Dar el sol, el aire, el agua en una parte. ‖ Superar : *batir una marca.* ‖ Mover con fuerza : *batir las alas.* ‖ Revolver una cosa para trabarla : *batir huevos.* ‖ Martillar un metal hasta reducirlo a chapa. ‖ Bajar las banderas en señal de respeto. ‖ Acuñar : *batir moneda.* ‖ Derrotar, vencer : *batir al adversario.* ‖ En fútbol, marcar un gol : *batir al portero.* ‖ Cardar el pelo. ‖ Reconocer, registrar un lugar : *batir el campo.* ‖ *Arg. Fam.* Contar, relatar. ‖ — V. pr. Combatir, pelear.
batíscafo m. Aparato de exploración submarina que desciende a gran profundidad.
batista f. Tejido fino de lino.
batitú m. *Arg. Fam.* Delator.
bato m. *Pop.* Padre.
batracios m. pl. Clase de animales de sangre fría, como la rana y el sapo (ú. t. c. adj.).
baturrillo m. Batiburrillo.
baturro, rra adj. y s. Aragonés.
batuta f. Varita con que marca el compás el director de orquesta. ‖ *Fig. Llevar uno la batuta,* dirigir.
baúl m. Maleta muy grande.
bauprés m. *Mar.* Palo horizontal fijado en la proa del barco.
bautismo m. Sacramento de la Iglesia que confiere el carácter de cristiano. ‖ Su ceremonia. ‖ — *Fig. Bautismo de fuego,* primer combate. ‖ *Bautismo del aire,* primer vuelo en avión.
bautista m. El que bautiza. ‖ Miembro de una secta protestante. ‖ *El Bautista,* San Juan.
bautisterio m. Baptisterio.
bautizar v. t. Administrar el bautismo. ‖ *Fig.* Poner nombre : *bautizar una calle.* ‖ *Fam.* Aguar el vino. ‖ — V. pr. Recibir el bautismo.
bautizo m. Acción de bautizar y fiesta con que se solemniza.
bauxita f. Hidrato de alúmina que se encuentra en una roca rojiza.
bávaro, ra adj. y s. De Baviera.
baya f. *Bot.* Fruto carnoso con pepitas como la uva y la grosella.
bayamés, esa adj. y s. De Bayamo (Cuba).
bayeta f. Trapo de fregar.
bayo, ya adj. De color blanco amarillento : *caballo bayo.*
bayoneta f. Hoja de acero que se fija en el cañón del fusil.
bayonetazo m. Golpe dado con la bayoneta y herida producida.
baza f. Naipes que recoge el que gana. ‖ *Fig.* Oportunidad, posibilidad. ‖ *Fig.* y *fam. Meter baza en un asunto,* intervenir en él.
bazar m. Tienda donde se venden toda clase de objetos.
bazo, za adj. Moreno amarillento. ‖ — M. Víscera vascular situada en el hipocondrio izquierdo entre el colon y las costillas falsas.
bazofia f. Sobras de comidas. ‖ *Fig.* Comida mala. | Cosa sucia.
bazuca y **bazooka** m. Tubo portátil empleado para lanzar proyectiles contra los tanques.
be f. Nombre de la letra *b.*
Be, símbolo del *berilio.*
beata f. *Fam.* Mujer muy devota. ‖ *Pop.* Peseta.
beatería f. Piedad exagerada.
beatificación f. Acción de beatificar.
beatificar v. t. Considerar la Iglesia a alguien entre los bienaventurados.
beatífico, ca adj. Que hace bienaventurado a alguien. ‖ Arrobado, contento.

beatísimo adj. Tratamiento que se da al Papa.
beatitud f. Bienaventuranza eterna. ‖ *Fam.* Felicidad.
beato, ta adj. Bienaventurado. ‖ Beatificado por la Iglesia católica (ú. t. c. s.). ‖ Piadoso. ‖ *Fig.* Que finge piedad, excesivamente devoto. ‖ — M. El que viste hábito religioso, sin vivir en comunidad. ‖ *Fam.* Hombre muy devoto.
bebé m. Niño pequeño. ‖ — OBSERV. En Argentina se dice *bebe*, m., y *beba*, f.
bebedero m. Recipiente para dar de beber.
bebedor, ra adj. y s. Que bebe. ‖ Que abusa de la bebida alcohólica.
beber m. Acción y efecto de beber.
beber v. i. y t. Absorber un líquido por la boca. ‖ Brindar : *beber por la salud de uno.* ‖ *Fig.* Abusar de bebidas alcohólicas. | Informarse, aprender : *beber en fuentes fidedignas.* | Suspirar, ansiar : *bebe los vientos por su novia.* | Escuchar : *bebía sus palabras.*
bebido, da adj. Embriagado. ‖ — F. Cualquier líquido que se bebe. ‖ *Fig.* Vicio de beber.
bebistrajo m. Bebida mala.
beca f. Pensión para cursar estudios. ‖ Plaza gratuita en un colegio.
becada f. *Zool.* Chocha.
becado, da m. y f. Becario.
becar v. t. Conceder una beca.
becario, ria m. y f. Estudiante que tiene beca.
becerra f. Ternera de menos de un año.
becerrada f. Corrida de becerros.
becerrista com. Persona que torea becerros.
becerro m. Toro de menos de un año. ‖ Piel de ternero curtida.
becuadro m. *Mús.* Signo que, colocado delante de una nota, indica que ésta deja de ser sostenida o bemol y recobra su sonido natural.
bechamel f. Salsa blanca hecha con harina, leche y mantequilla.
bedano m. Escoplo grueso.
bedel m. En un centro docente, el que cuida del orden, anuncia la entrada o salida de las clases, etc.
beduino, na adj. y s. Arabe nómada del desierto. ‖ — M. *Fig.* Hombre bárbaro y cruel.
befa f. Burla, escarnio.
begonia f. Planta perenne de flores rosadas sin corola.
begum f. Título de algunas princesas indias.
behetría f. En la Edad Media, población cuyos vecinos podían elegir señor.
beige adj. De color café con leche. ‖ — M. Este mismo color.
béisbol m. Juego de pelota practicado sobre todo en Estados Unidos.
bejuco m. Nombre de varias plantas tropicales de tallos muy largos y flexibles.
bel m. Unidad de intensidad sonora.
beldad f. Belleza o hermosura.
belén m. *Fig.* Nacimiento : *artístico belén de Navidad.* ‖ *Fam.* Confusión, lío. U. m. en pl. : *meterse en belenes.* | Sitio desordenado.
belfo, fa adj. y s. Que tiene el labio inferior abultado. ‖ — M. Labio del caballo.
belga adj. y s. De Bélgica.
belicense o **beliceño, ña** adj. y s. De Belice.
belicismo m. Tendencia belicista.
belicista adj. y s. Partidario de la guerra.
bélico, ca adj. De la guerra.
belicosidad f. Calidad de belicoso.
belicoso, sa adj. Guerrero, inclinado a la guerra. ‖ *Fig.* Agresivo, combativo.
beligerancia f. Estado y calidad de beligerante.
beligerante adj. y s. Que participa en una guerra.
belio m. *Fís.* Bel.
belvedere m. Mirador.
bellaco, ca adj. y s. Pícaro.
belladona f. Planta solanácea narcótica y venenosa de la que se extrae la atropina.
bellaquear v. i. Cometer bellaquerías.
bellaquería f. Ruindad, vileza.
belleza f. Armonía física o artística que inspira admiración y placer. ‖ Mujer hermosa.
bello, lla adj. Que tiene belleza, hermoso. ‖ *Fig.* Muy bueno : *es una bella persona.* ‖ *Fig.* y *fam. Por su bella cara,* desinteresadamente.
bellota f. Fruto de la encina. ‖ *Fam. Animal de bellota,* torpe ; tonto.
bemba f. *Amer.* Boca gruesa. | Hocico, jeta. ‖ *Venez.* Bembo.
bembo, ba adj. *Méx.* Tonto. ‖ *Amer.* De labio grueso.
bembón, ona, adj. y s. *Cub.* Persona de labios pronunciados.
bemol m. *Mús.* Signo que baja la nota un semitono. ‖ Esta nota. ‖ — M. pl. *Pop.* Valor. ‖ *Fam. Tener muchos bemoles,* ser muy difícil.
bemolado, da adj. Con bemoles.
benceno m. Hidrocarburo incoloro, volátil y combustible, extraído de la destilación del alquitrán.
bencina f. *Quím.* Mezcla de hidrocarburo que se emplea como carburante y como solvente.
bendecir v. t. Invocar en favor de uno o de algo la bendición divina : *bendecir la mesa.* ‖ Consagrar al culto : *bendecir un templo.* ‖ Alabar, celebrar : *bendecir a sus protectores.*
bendición f. Acción de bendecir : *echar la bendición.*
bendito, ta adj. Bienaventurado. ‖ Dichoso. ‖ *Fig.* y *fam.* Sencillo, de pocos alcances. U. t. c. s. : *ser un bendito.*
benedictino, na adj. y s. Perteneciente o relativo a la orden de San Benito, fundada en 529. ‖ *Fig. Obra de benedictino,* la que requiere mucha paciencia. ‖ — M. Cierto licor fabricado por benedictinos.
benefactor, ra adj. y s. Bienhechor.
beneficencia f. Virtud de hacer bien. ‖ Conjunto de institutos benéficos para socorrer a las personas necesitadas.
beneficiado, da m. y f. Persona en cuyo beneficio se da un espectáculo o cualquier otra que se beneficia de algo. ‖ — M. El que goza de un beneficio eclesiástico.
beneficiador, ra adj. y s. Que beneficia.
beneficiar v. t. Hacer bien. ‖ Hacer fructificar una cosa, mejorar : *beneficiar un terreno.* ‖ Explotar una mina y someter los minerales a tratamiento metalúrgico. ‖ — V. i. y pr. Sacar provecho.
beneficiario, ria adj. y s. Que goza de un beneficio.
beneficio m. Bien hecho o recibido : *colmar a uno de beneficios.* ‖ Utilidad, provecho : *beneficio comercial.* ‖ Producto de un espectáculo concedido a una institución benéfica o a una persona. ‖ Cargo eclesiástico que tiene una renta. ‖ Explotación de una mina.
beneficioso, sa adj. Benéfico.
benéfico, ca adj. Que hace bien.

benemérito, ta adj. Digno de recompensa, meritorio. ‖ *La Benemérita*, la Guardia Civil española.
beneplácito m. Aprobación.
benevolencia f. Bondad.
benévolo, la adj. Que tiene buena voluntad o afecto. ‖ Hecho gratuitamente : *acto benévolo*. ‖ Indulgente, tolerante.
bengala f. Cohete luminoso.
benignidad f. Calidad de benigno.
benigno, na adj. Afable, benévolo : *persona benigna*. ‖ *Fig.* Templado : *clima benigno*. | Sin gravedad : *fiebre benigna*.
benjuí m. Bálsamo aromático.
benzoico, ca adj. *Quím.* Dícese del ácido que se saca del benjuí.
benzol m. Carburante formado por la mezcla de bencina y tolueno.
beodo, da adj. y s. Borracho.
berberecho m. Molusco bivalvo y comestible del norte de España.
berbiquí m. Taladro de mano.
berenjena f. Planta de fruto comestible de color morado.
berenjenal m. Plantío de berenjenas. ‖ *Fam.* Asunto o situación difícil. | Confusión, desorden.
bergantín m. Barco de dos palos y vela cuadrada o redonda.
beriberi m. *Med.* Enfermedad provocada por la falta de vitaminas B y caracterizada por trastornos digestivos, edemas, hidropesía, parálisis e insuficiencia cardiaca.
berilio m. Metal ligero (Be), de número atómico 4, llamado también *glucinio*.
berilo m. Silicato natural de aluminio y berilio.
berkelio m. Elemento químico (Bk), de número atómico 97, obtenido artificialmente al bombardear el americio con partículas alfa.
berlina f. Coche de caballos cerrado, comúnmente de dos asientos. ‖ Automóvil cerrado de conducción interior, llamado también *sedán*. ‖ Departamento delantero en un vehículo de viajeros.
berlinés, esa adj. y s. De Berlín (Alemania).
bermejo, ja adj. Rubio rojizo.
berquelio m. Berkelio.
berraco m. Niño que berrea.
berrear v. i. Dar berridos los animales. ‖ Dar berridos o gritos estridentes al llorar o al cantar. ‖ Enfadarse.
berrenchín m. Berrinche.
berrendo, da adj. Aplícase al toro que tiene manchas de color distinto : *berrendo en negro*.
berreo m. Berrinche, berrido.
berretín m. *Arg. Fam.* Capricho.
berrido m. Voz del becerro y otros animales. ‖ Grito estridente.
berrinche m. Rabieta.
berro m. Planta comestible que crece en lugares aguanosos.
berroqueña adj. *Piedra berroqueña*, granito.
berza f. *Bot.* Col. ‖ — M. pl. *Fam.* Berzotas.
berzotas m. y f. *Fam.* Idiota.
besalamano m. Esquela encabezada con la abreviatura B. L. M., escrita en tercera persona y sin firma.
besamanos m. Ceremonia y modo de saludar que consiste en besar la mano.
besana f. *Agr.* Labor de la tierra en surcos paralelos. | Primer surco hecho. | Tierra lista para sembrar.
besar v. t. Tocar con los labios una cosa en señal de amor, saludo, amistad o reverencia (ú. t. c. pr.). ‖ *Fig.* y *fam.* Tocar unas a otras varias cosas (ú. t. c. pr.).
beso m. Acción y efecto de besar.
bestia f. Animal cuadrúpedo, especialmente caballerías. ‖ — Com. *Fig.* Persona ruda, ignorante. | Persona bruta, poco delicada.
bestial adj. Brutal, irracional : *instintos bestiales*. ‖ *Fam.* Extraordinario, estupendo : *un proyecto bestial*. | Enorme : *hambre bestial*.
bestialidad f. Brutalidad. ‖ Pecado de lujuria cometido con una bestia. ‖ *Fam.* Barbaridad, tontería muy grande. | Gran cantidad.
bestializar v. t. Dar carácter bestial. ‖ — V. pr. Vivir como las bestias.
best seller m. (pal. ingl.). Libro de gran éxito de venta.
besugo m. Pez teleósteo de carne muy estimada. ‖ *Fam.* Majadero, necio.
besuquear v. t. *Fam.* Besar repetidas veces.
besuqueo m. Acción de besuquear.
beta f. Letra griega (β) que corresponde a nuestra *b*. ‖ *Rayos* β, radiaciones emitidas por los cuerpos radiactivos.
betarraga f. Remolacha.
betatrón m. Acelerador electromagnético de partículas beta que hace que éstas transmuten átomos.
bético, ca adj. De la Bética, antigua región española, correspondiente a lo que es actualmente Andalucía (ú. t. c. s.).
betuláceas f. pl. Familia de árboles angiospermos de hojas alternas (ú. t. c. adj.).
betún m. Nombre de varias sustancias naturales compuestas de carbono e hidrógeno que arden con llama, humo espeso y olor peculiar. ‖ Crema o líquido que se usa para dar brillo al calzado.
betunero m. El que vende o fabrica betunes. ‖ Limpiabotas.
bevatrón m. *Fís.* Acelerador de partículas capaz de generar protones con una energía igual o superior a mil millones de electronvoltios.
bey m. Gobernador turco.
Bi, símbolo del bismuto.
biaba f. *Arg. Fam.* Paliza.
biatómico, ca adj. *Quím.* Aplícase a los cuerpos cuya molécula consta de dos átomos.
bibelot m. (pal. fr.). Pequeño objeto curioso, decorativo.
biberón m. Frasco con tetina de goma para la lactancia artificial.
bibijagua f. *Cub.* Hormiga muy perjudicial para las plantas. ‖ *Fig. Cub.* Persona diligente.
biblia f. La Sagrada Escritura. ‖ *Fam. La biblia en pasta*, cantidad demasiado grande.
bíblico, ca adj. De la Biblia.
bibliofilia f. Gran afición a los libros.
bibliófilo m. Aficionado a libros raros y valiosos.
bibliografía f. Descripción de libros, de sus ediciones, etc. ‖ Conjunto de títulos de obras sobre un asunto : *bibliografía taurina*.
bibliográfico, ca adj. De la bibliografía : *notas bibliográficas*.
bibliógrafo m. El que se ocupa de bibliografía.
biblioteca f. Local donde se tienen libros ordenados para la lectura y la consulta. ‖ Colección de libros, manuscritos, etc. ‖ Librería, mueble para colocar los libros.
bibliotecario, ria m. y f. Persona encargada de una biblioteca.
bicameral adj. De dos cámaras.

bicarbonato m. *Quím.* Sal ácida del ácido carbónico. ‖ Se dice especialmente de la sal de sodio.
bicéfalo, la adj. Que tiene dos cabezas. ‖ *Fig.* Con dos jefes.
bicentenario m. Segundo centenario.
bíceps adj. y s. m. Dícese de los músculos que tienen dos cabezas, especialmente el del brazo.
bici f. *Fam.* Bicicleta.
bicicleta f. Vehículo de dos ruedas iguales en que la de atrás se mueve por medio de unos pedales que actúan en una cadena.
biciclo m. Velocípedo de dos ruedas de tamaño desigual.
bicoca f. *Fig.* Cosa de poca monta, fruslería. | Ganga. | Puesto ventajoso.
bicolor adj. De dos colores.
bicóncavo, va adj. *Opt.* De dos caras cóncavas : *lentes bicóncavas.*
biconvexo, xa adj. *Opt.* De dos caras convexas.
bicornio m. Sombrero de dos picos.
bicromía f. Impresión en dos colores.
bicha f. Culebra.
bicharraco m. *Fam.* Animalucho. | Persona mala, tiparraco.
bichero m. *Mar.* Asta con gancho de hierro en el extremo.
bicho m. Animal pequeño. ‖ Toro de lidia. ‖ *Fig.* Persona mala. ‖ — *Fam. Mal bicho,* persona mala. | *Todo bicho viviente,* todos.
bidé m. Aparato sanitario empleado para lavados íntimos.
bidón m. Recipiente de hojalata para líquidos : *bidón de aceite.*
biela f. *Mec.* Barra metálica que une dos piezas móviles por medio de articulaciones, fijadas en los extremos de éstas, y que transforma y transmite un movimiento. ‖ Palanca del pedal de la bicicleta.
bieldo m. Instrumento de madera, en forma de tenedor, que sirve para aventar.
bien m. Lo que la moral ordena hacer : *discernir el bien del mal.* ‖ Lo que es bueno, favorable o conveniente : *fue un bien para mí.* ‖ Lo que es conforme al deber : *persona de bien.* ‖ Utilidad, beneficio : *el bien del país.* ‖ Lo que es objeto de un derecho o de una obligación : *bien familiar.* ‖ — Pl. Hacienda, caudal : *hombre de bienes.* ‖ Productos : *bienes de equipo.* ‖ — *Bienes gananciales,* los que adquieren los cónyuges durante el matrimonio. ‖ *Bienes inmuebles* o *raíces,* los que no pueden trasladarse. ‖ *Bienes muebles,* los que pueden trasladarse. ‖ — Adv. Correctamente : *vivir bien.* ‖ De modo agradable : *oler bien.* ‖ Bastante o mucho : *es bien malo.* ‖ Se usa tb. para expresar el acuerdo. ‖ — *Bien que,* aunque. ‖ *No bien,* tan pronto como. ‖ *Si bien,* aunque. ‖ *Tener a bien,* estimar conveniente.
bienal adj. Que sucede cada bienio. ‖ — F. Exposición que se celebra cada dos años.
bienandanza f. Felicidad.
bienaventurado, da adj. y s. Que goza de Dios en el cielo. ‖ Feliz.
bienaventuranza f. Visión beatífica de Dios en el cielo. ‖ Prosperidad, felicidad.
bienestar m. Estado del que está bien.
bienhablado, da adj. Que habla con corrección.
bienhechor, ra adj. y s. Que hace bien a otro.
bienintencionado, da adj. De buena intención.
bienio m. Período de dos años.
bienquerer v. t. Querer.
bienquisto, ta adj. Que goza de buena fama, estimado.
bienteveo m. Pájaro de lomo pardo y pecho y cola amarillos.
bienvenida f. Parabién : *dar la bienvenida.*
bienvivir v. i. Vivir bien.
bies m. Sesgo.
bifásico, ca adj. Aplícase a los sistemas eléctricos de dos corrientes alternas iguales procedentes del mismo generador.
bife m. *Amer.* Bistec. ‖ *Fam. Arg.* Guantada.
bifocal adj. De doble foco.
bifurcación f. Punto donde una cosa se divide en dos.
bifurcarse v. pr. Dividirse en dos una cosa : *bifurcarse un camino.* ‖ Cambiar de dirección.
bigamia f. Estado del bígamo.
bígamo, ma adj. y s. Casado con dos personas a un tiempo.
bígaro m. Caracolillo marino.
bigote m. Pelos debajo de la nariz que cubren el labio superior (ú. t. en pl.). ‖ *Fam. De bigote,* extraordinario.
bigotera f. Lo que se pone en los bigotes para darles la forma que se desea. ‖ Compás pequeño con tornillo regulador de abertura. ‖ *Min.* Abertura de los hornos de cuba por donde sale la escoria.
bigotudo, da adj. y s. Que tiene mucho bigote.
bigudí m. Pinza o rizador sobre el cual las mujeres enroscan el pelo para ondularlo.
bija f. Árbol de América cuya semilla sirve para teñir de rojo y su fruto para hacer una bebida refrigerante y medicinal.
bikini m. Bañador de dos piezas de reducidas dimensiones.
bilabial adj. Dícese de la letra que se pronuncia con ambos labios (ú. t. c. s. f.).
bilateral adj. Relativo a ambos lados. ‖ Que obliga a las dos partes firmantes : *contrato bilateral.*
bilbaíno, na adj. y s. De Bilbao (España).
biliar adj. De la bilis.
bilingüe adj. Que habla dos lenguas (ú. t. c. s.). ‖ Escrito en dos idiomas.
bilingüismo m. Uso de dos idiomas : *el bilingüismo paraguayo.*
bilioso, sa adj. Abundante de bilis. ‖ *Fig.* Desabrido.
bilis f. Humor viscoso, de color amarillo verdoso, amargo, segregado por el hígado. ‖ *Fig.* Ira, irritación. ‖ *Fam. Tragar bilis,* aguantar.
billar m. Juego que consiste en empujar bolas de marfil con tacos sobre una mesa rectangular cubierta con un tapete verde. ‖ La misma mesa y sala donde se juega.
billarista com. Jugador de billar.
billetaje m. Conjunto de billetes para un espectáculo o medio de transporte.
billete m. Carta o esquela : *billete amoroso.* ‖ Tarjeta o documento que da derecho para entrar en alguna parte, para viajar, etc. ‖ Papeleta que acredita la participación en una lotería. ‖ Moneda en papel emitida por un banco o por el Tesoro público. ‖ *Billete kilométrico,* el que da autorización para recorrer por ferrocarril cierto número de kilómetros.
billetera f. y **billetero** m. Cartera para los billetes. ‖ *Méx.* Vendedor de billetes de lotería.
billón m. Un millón de millones. (En Estados Unidos, el billón equivale a mil millones.)

bimba f. *Fam.* Chistera. | Puñetazo. || *Amer.* Borrachera.
bimensual adj. Que ocurre dos veces por mes.
bimestral adj. Que ocurre cada bimestre o que dura dos meses.
bimestre m. Tiempo de dos meses.
bimotor adj. y s. m. Dícese de los aviones de dos motores.
bina f. *Agr.* Acción de binar.
binadera f. Azada.
binador m. *Agr.* El que bina. | Azada para binar.
binar v. t. Arar por segunda vez las tierras.
binario, ria adj. Compuesto de dos elementos : *sistema binario.*
bingo m. Juego de azar parecido a la lotería con cartones.
binguero adj. y s. Dícese del que juega al bingo o de lo relativo a este juego.
binocular adj. Que se hace con ayuda de los dos ojos.
binóculo m. Anteojo para ambos ojos que se fija en la nariz.
binomio m. *Mat.* Expresión algebraica formada por dos términos, como *a* — *b.*
biobiense adj. y s. De Bío-Bío (Chile).
bioelemento m. Cualquiera de los elementos químicos necesarios para el desarrollo normal de los vegetales y animales.
biografía f. Historia de la vida de una persona.
biografiar v. t. Escribir la biografía de una persona.
biográfico, ca adj. Relativo a la biografía : *noticias biográficas.*
biógrafo, fa m. y f. Autor de biografías.
biología f. Ciencia que estudia las leyes de la vida.
biológico, ca adj. De la biología : *estudios biológicos.*
biólogo, ga m. y f. Persona que se dedica al estudio de la biología.
biomasa f. Masa total de los seres vivos, animales y vegetales, de un biotopo.
biombo m. Mampara formada por varios bastidores articulados.
biopsia f. Examen microscópico de un trozo de tejido cortado de un órgano vivo.
bioquímica f. Ciencia que estudia los fenómenos químicos en el ser vivo.
bioquímico, ca adj. De la bioquímica. || — M. y f. Persona que se dedica a la bioquímica.
biosíntesis f. Formación de una sustancia orgánica en otro ser vivo.
bioterapia f. Tratamiento de ciertas enfermedades por sustancias vivas, como fermentos lácticos, levaduras, etc.
biotopo m. Espacio geográfico en el que vive un grupo de seres sometidos a condiciones relativamente constantes o cíclicas.
bióxido m. Combinación de un radical con dos átomos de oxígeno.
bipartición f. División en dos.
bipartidismo m. Régimen caracterizado por la alternativa en el poder de dos partidos.
bipartidista adj. De dos partidos.
bipartir v. t. Partir en dos.
bipartito, ta adj. Compuesto de dos : *pacto bipartito.*
bípedo, da adj. y s. m. De dos pies.
biplano m. Avión con dos alas.
bipolar adj. De dos polos.
biquini m. Bikini.
birlar v. t. Tirar por segunda vez la bola en el juego de bolos. || *Fig.* y *fam.* Quitar a uno algo.
birlibirloque m. *Por arte de birlibirloque,* extraordinariamente.
birrefringencia f. *Ópt.* Doble refracción.
birrefringente adj. De doble refracción.
birreme f. Nave de dos filas de remos.
birrete m. Gorro con borla negra, propio de magistrados, catedráticos, abogados, jueces. || Bonete.
birria f. *Fam.* Cosa o persona fea. | Objeto sin valor.
bis adv. Se emplea para indicar que una cosa debe repetirse. || — Adj. Duplicado, repetido : *página 94 bis.*
bisabuelo, la m. y f. Padre o madre del abuelo o de la abuela.
bisagra f. Conjunto de dos planchitas de metal articuladas entre sí que permite el movimiento de las puertas y ventanas.
bisar v. t. Repetir la ejecución de un trozo de música, canto, etc.
bisbisar y **bisbisear** v. t. *Fam.* Decir entre dientes.
bisector, triz adj. *Geom.* Que divide en dos partes iguales. || — F. Línea que divide un ángulo en dos partes iguales.
bisel m. Borde cortado oblicuamente.
biselado m. Acción de biselar.
biselar v. t. Cortar en bisel.
bisemanal adj. Que se repite dos veces por semana.
bisexual adj. Hermafrodita.
bisiesto adj. Dícese del año de 366 días.
bisílabo, ba adj. De dos sílabas.
bismuto m. Metal (Bi) de número atómico 83, de color gris, fusible a 271 °C, de densidad 9,8.
bisnieto, ta m. y f. Hijo o hija del nieto.
bisojo, ja adj. y s. Bizco.
bisonte m. Rumiante bóvido salvaje.
bisoñé m. Peluca que cubre sólo la parte anterior de la cabeza.
bisoño, ña adj. y s. Novicio.
bisté y mejor **bistec** m. Filete, lonja de carne de vaca asada.
bisturí m. Instrumento cortante usado en cirugía. (Pl. *bisturíes.*)
bisutería f. Joyería de imitación.
bita f. *Mar.* Poste en un puerto para amarrar los cables del ancla.
bitácora f. *Mar.* Caja de cobre, cercana al timón, donde está la brújula.
bitongo, ga adj. Mimado.
bituminoso, sa adj. Que tiene betún : *carbón bituminoso.*
bivalente adj. *Quím.* Con dos valencias.
bizantinismo m. Carácter bizantino.
bizantino, na adj. y s. De Bizancio, hoy Estambul. || Del Imperio Bizantino. || *Fig.* Decadente, degenerado. || *Discusiones bizantinas,* las inútiles y vanas.
bizarría f. Valor, osadía.
bizarro, rra adj. Valiente.
bizcaitarra com. Nacionalista vasco.
bizco, ca adj. y s. Que tuerce los ojos al mirar. || *Fig.* y *fam. Dejar bizco,* dejar pasmado.
bizcocho m. Pan sin levadura que se cuece dos veces para conservarlo mucho tiempo. || Masa de harina, huevo y azúcar cocida al horno.
bizcotela f. Bizcocho con baño de azúcar.
biznaga f. Planta cactácea de México, sagrada entre los aztecas. || Ramillete de jazmines clavados en una penca.
biznieto, ta m. y f. Bisnieto.

bizquear v. i. *Fam.* Ser bizco. | Quedarse estupefacto.
bizquera f. Estrabismo.
Bk, símbolo del *berkelio.*
blanca f. *Fam.* Dinero : *estar sin una blanca.* ‖ *Mús.* Nota que vale la mitad de una redonda o dos negras o cuatro corcheas. ‖ *Fam.* Cocaína.
blanco, ca adj. De color de nieve : *pan blanco.* ‖ De color más claro que otras cosas de la misma especie : *vino blanco.* ‖ Dícese de la raza europea o caucásica (ú. t. c. s.). ‖ *Arma blanca,* la cortante o punzante. ‖ — M. Color blanco. ‖ Tabla que sirve para ejercitarse en el tiro : *hacer blanco.* ‖ Hueco entre dos cosas. ‖ Espacio que se deja blanco en un escrito. ‖ *Fam.* Vaso de vino blanco. ‖ *Fig.* Meta, objetivo. ‖ — *Blanco del ojo,* la córnea. ‖ *En blanco,* sin escribir ni imprimir; (fig.) sin lo que uno se esperaba : *quedarse en blanco.*
blancor m. Blancura.
blancura f. Calidad de blanco.
blancuzco, ca adj. Blanquecino.
blandengue adj. Blando, de poco carácter. ‖ — M. Soldado armado con lanza de la antigua provincia de Buenos Aires.
blandir v. t. Mover alguna cosa antes de golpear con ella.
blando, da adj. Que se deforma fácilmente : *masa blanda.* ‖ Que cede a la presión, muelle : *colchón blando.* ‖ Tierno : *pan blando.* ‖ *Fig.* Indulgente, benévolo : *blando con los alumnos.* | Débil : *carácter blando.* | Suave, templado.
blanducho, cha, y **blandujo, ja** adj. *Fam.* Algo blando.
blandura f. Calidad de blando. ‖ Molicie, bienestar. ‖ Amabilidad. ‖ Lisonja, halago.
blanqueado m. Blanqueo.
blanqueador, ra adj. y s. Que blanquea.
blanquear v. t. Poner blanca una cosa : *blanquear la ropa.* ‖ Encalar las paredes : *blanquear un patio.* ‖ Poner blanco el azúcar. ‖ — V. i. Presentarse blanca una cosa. ‖ Ponerse blanca. ‖ Tirar a blanco.
blanquecino, na adj. Algo blanco.
blanqueo m. Encalado de las paredes. ‖ Acción de poner blanco el azúcar, de limpiar los metales.
blanquillo m. *Méx.* Huevo de gallina o de cualquier ave. ‖ *Méx. Pop.* Testículo.
blasfemador, ra adj. y s. Blasfemo, que contiene blasfemia.
blasfemar v. i. Decir blasfemias. ‖ *Fig.* Maldecir.
blasfematorio, ria adj. Blasfemo.
blasfemia f. Insulto dirigido contra Dios o las cosas sagradas. ‖ *Fig.* Palabra injuriosa.
blasfemo, ma adj. y s. Que contiene blasfemia : *libro blasfemo.* ‖ — Adj. y s. Que blasfema.
blasón m. Ciencia heráldica. ‖ Cada pieza del escudo. ‖ Escudo de armas. ‖ *Fig.* Motivo de orgullo, gloria. ‖ — Pl. Abolengo.
blasonador, ra adj. Que blasona o se jacta.
blasonar v. i. *Fig.* Jactarse.
blastodermo m. *Zool.* Conjunto de las células que proceden de la segmentación parcial del huevo de los animales.
blastomicetos m. pl. Familia de hongos (ú. t. c. adj.).
blástula f. Fase primera en el desarrollo del embrión constituida por una esfera hueca de pared epitelial.
bledo m. Planta quenopodiácea comestible. ‖ — *Fig.* y *fam. No importar* o *no dársele a uno un bledo,* importar muy poco. | *No valer un bledo,* ser de escaso valor.
blenda f. Sulfuro de cinc que aparece en cristales brillantes.
blenorragia f. *Med.* Inflamación infecciosa de la uretra producida por un gonococo.
blenorrea f. Blenorragia crónica.
blindado, da adj. Revestido con blindaje : *caja blindada.*
blindaje m. Revestimiento con chapas metálicas de protección : *el blindaje de un buque, de una puerta.* ‖ Chapas metálicas para blindar.
blindar v. t. Revestir con chapas metálicas de protección : *blindar un carro de combate, una puerta.*
bloc m. Conjunto de hojas de papel blanco, que se pueden separar, para dibujar o tomar apuntes.
blocaje m. Bloqueo.
blocao m. Reducto fortificado de madera o cemento.
blonda f. Cierto encaje de seda.
bloque m. Trozo grande de materia sin labrar : *bloque de piedra.* ‖ Conjunto : *bloque de papel.* ‖ Grupo, unión de varios países, partidos, etc. : *bloque soviético.* ‖ Grupo de viviendas : *bloque de casas.* ‖ En los motores de explosión, pieza que lleva dentro uno o varios cilindros.
bloquear v. t. Cercar una ciudad, un puerto o un país, para cortar todo género de comunicaciones con el exterior. ‖ Inmovilizar los créditos o bienes de alguien : *bloquear la cuenta corriente.* ‖ Detener un vehículo, apretando los frenos. ‖ Detener, interceptar : *bloquear el balón.* ‖ *Fig.* Impedir.
bloqueo m. Acción de bloquear.
blue-jean [*bluyin*] m. (pal. ingl.). Pantalón vaquero.
blues m. (pal. ingl.). Especie de fox trot.
bluff m. (pal. ingl.). Farol.
blusa f. Camisa de mujer.
blusón m. Blusa larga y suelta.
boa f. La mayor de las serpientes conocidas. ‖ — M. Adorno de vestir en forma de serpiente con que las mujeres cubren el cuello.
boaqueño, ña adj. y s. De Boaco (Nicaragua).
boato m. Lujo.
bobada f. Necedad.
bobalicón, ona adj. *Fam.* Bobo.
bobear v. i. Decir, hacer boberías.
bobería f. Dicho o hecho necio.
bóbilis, bóbilis (de) loc. adv. *Fam.* De balde. | Sin trabajo.
bobina f. Carrete.
bobinar v. t. Enrollar o devanar hilos, alambres, etc. en una bobina.
bobo, ba adj. y s. Falto de inteligencia, tonto. ‖ — M. Gracioso de las farsas y entremeses. ‖ *Arg. Fam.* Reloj.
bobsleigh [*bóbslei*] m. (pal. ingl.). Trineo articulado para deslizarse por una pista de nieve.
boca f. Orificio de la cabeza del hombre y los animales por el cual toman el alimento. ‖ Pinza de los crustáceos. ‖ *Fig.* Entrada, abertura : *boca de horno, de puerto.* | Gusto o sabor de los vinos : *vino de buena boca.* | Órgano de la palabra : *cerrar la boca.* | Persona o animal a quien se mantiene : *mantener seis bocas.* ‖ Pico de una vasija. ‖ — Pl. Desembocadura de un río : *bocas del*

Tajo. ‖ — *A boca de jarro*, a quema ropa. ‖ *Fig. Andar de boca en boca*, estar divulgado. | *A pedir* (o *a querer*) *de boca*, según el deseo de uno. ‖ *Boca abajo*, tendido de bruces. ‖ *Boca a boca*, respiración artificial obtenida por insuflación, en la boca del enfermo, de aire espirado por el socorrista. ‖ *Boca arriba*, tendido de espaldas. ‖ *Boca del estómago*, parte central de la región epigástrica. ‖ *Fig. Cerrar la boca a uno*, hacerle callar. | *Dar en la boca*, pegar fuerte; dejar patidifuso. | *Hablar uno por boca de ganso*, repetir lo que otro ha dicho. | *Hacérsele a uno la boca agua*, desear ardientemente algo comestible al verlo o al olerlo. | *Írsele a uno la boca*, hablar demasiado. | *Meterse en la boca del lobo*, exponerse a un peligro. | *No decir esta boca es mía*, no hablar nada. | *Quedarse con la boca abierta*, quedar en suspenso.

bocacalle f. Desembocadura de una calle.

bocadillo m. Emparedado, panecillo abierto o dos rebanadas de pan relleno con jamón, chorizo, queso, etc. ‖ Comida ligera. ‖ En las historietas ilustradas, elemento gráfico que sale de la boca de los personajes y contiene las palabras que éstos pronuncian. ‖ *Méx.* Dulce hecho con leche, azúcar, coco y huevo.

bocado m. Alimento que cabe de una vez en la boca. ‖ Un poco de comida : *comer un bocado.* ‖ Mordisco : *el perro le dio un bocado.* ‖ Pedazo de una cosa que se arranca con los dientes. ‖ Freno de la caballería.

bocal m. Jarro de boca ancha.

bocamanga f. Parte de la manga más cerca de la mano.

bocanada f. Cantidad de líquido que llena de una vez la boca. ‖ Porción de humo que se echa cuando se fuma. ‖ Ráfaga de viento.

bocaza f. *Fam.* Boca grande.

bocazas m. inv. Hablador.

bocel m. *Arq.* Moldura convexa cilíndrica : *el bocel de la columna.* | Instrumento que sirve para hacer dicha moldura.

boceras m. inv. Bocazas.

boceto m. Ensayo que hace el artista antes de empezar una obra, esbozo, bosquejo. ‖ *Fig.* Esquema, rasgos principales de una cosa.

bocina f. Trompeta de metal para hablar a distancia. ‖ Aparato para avisar : *la bocina de un coche.* ‖ Pabellón de los gramófonos. ‖ Caracol marino que puede servir de trompa.

bocinazo m. Toque de bocina. ‖ *Pop.* Grito desaforado.

bocio m. *Med.* Hipertrofia de la glándula tiroides. | Tumor en el cuerpo tiroides.

bock m. (pal. alem.). Vaso de cerveza.

bocoy m. Barril grande.

bocha f. Bolo.

bochinche m. *Fam.* Alboroto : *armar bochinche.* | Taberna, cafetucho.

bochinchero, ra adj. y s. *Amer.* Alborotador.

bochorno m. Aire caliente de estío. ‖ Calor sofocante. ‖ *Fig.* Sofocación. | Vergüenza.

bochornoso, sa adj. Que causa bochorno.

boda f. Casamiento y fiesta con que se solemniza. ‖ *Bodas de plata, de oro, de diamante*, aniversario vigésimoquinto, quincuagésimo o sexagésimo, respectivamente, de una boda u otro acontecimiento.

bodega f. Lugar donde se guarda y cría el vino. ‖ Cosecha o mucha abundancia de vino. ‖ Despensa. ‖ Tienda donde se venden vinos. ‖ *Mar.* Espacio interior de los buques y aviones. ‖ Almacén en los puertos. ‖ *Méx.* Tienda de abarrotes.

bodegón m. Tienda de comidas. ‖ Taberna. ‖ Pintura o cuadro donde se representan cosas comestibles, vasijas, cacharros, etc.

bodeguero, ra m. y f. Dueño de una bodega. ‖ Persona encargada de la bodega.

bodoque m. *Fig.* Tonto, necio.

bodrio m. Bazofia, comida mala. ‖ *Fig.* Mezcla confusa. | Cosa mal hecha o de mal gusto : *ese cuadro es un bodrio.*

bofes m. pl. *Fam.* Pulmones. ‖ *Fig. Echar los bofes*, trabajar mucho; jadear o cansarse mucho.

bofetada f. y **bofetón** m. Golpe dado en la cara con la mano abierta. ‖ *Fig.* Afrenta, desaire. | Choque. | Caída.

boga f. Acción de bogar o remar. ‖ *Fig.* y *fam.* Moda : *estar en boga.*

bogar v. i. Remar.

bogavante m. *Zool.* Crustáceo marino parecido a la langosta.

bogie y **boggie** m. Carretón.

bogotano, na adj. y s. De Bogotá (Colombia).

bohemio, mia adj. y s. Bohemo. ‖ Dícese de la persona de costumbres libres y vida desordenada. ‖ Gitano. ‖ — F. Vida de bohemio. ‖ Conjunto de bohemios.

bohemo, ma adj. y s. De Bohemia (Checoslovaquia).

bohío m. *Amer.* Cabaña.

boicot m. Boicoteo.

boicoteador, ra adj. y s. Que boicotea.

boicotear v. t. Practicar el boicoteo.

boicoteo m. Rompimiento de relaciones con un individuo, una empresa o una nación.

boina f. Gorra redonda y chata, sin visera : *boina vasca.*

boîte [*buat*] f. (pal. fr.). Sala de baile. ‖ Cabaret.

boj y **boje** m. Arbusto siempre verde. ‖ Su madera.

bojar y **bojear** v. t. *Mar.* Medir el perímetro de una isla, cabo, etcétera. ‖ — V. i. Tener una isla determinada dimensión. ‖ Costear.

bojeo m. *Mar.* Perímetro de una isla.

bol m. Taza grande sin asa.

bola f. Cuerpo esférico : *bola de marfil.* ‖ Canica : *jugar a las bolas.* ‖ Esfera empleada en el juego de bolos. ‖ La que se pone en los cojinetes o rodamientos. ‖ Pelota. ‖ Betún : *dar bola a los zapatos.* ‖ *Fig.* y *fam.* Mentira : *decir bolas.* ‖ *Amer.* Cometa redonda. | Motín. ‖ — Pl. Boleadoras. ‖ *Pop.* Testículos. ‖ — *Bola pampa*, arma arrojadiza usada en América del Sur que consiste en una piedra atada con una correa larga. ‖ *Fig. No dar pie con bola*, no acertar, hacerlo todo desacertadamente.

bolchevique adj. y s. Partidario del bolchevismo.

bolcheviquismo y **bolchevismo** m. Doctrina del Partido Comunista soviético instaurada por la revolución social de 1917.

bolchevización f. Acción y efecto de bolchevizar.

bolchevizar v. t. Aplicar los principios del bolchevismo.

boleada f. *Arg.* Cacería con boleadoras. ‖ *Méx.* Acción y efecto de dar lustre al calzado.

boleador, ra adj. y s. *Méx.* Limpiabotas.

boleadoras f. pl. *Arg.* Arma arrojadiza que consiste en dos o tres bolas unidas con correas y que se utiliza para cazar o apresar animales.

bolear v. t. *Arg.* Cazar con boleadoras. ‖ *Méx.* Limpiar el calzado.

bolero, ra adj. y s. *Fig.* y *fam.* Que miente mucho. ‖ — M. Chaqueta corta que suelen usar las mujeres. ‖ *Mús.* Aire español. ‖ *Méx.* Limpiabotas. ‖ — F. Lugar donde se juega a los bolos.
boleta f. Billete de entrada. ‖ Papeleta de una rifa. ‖ Cédula de los militares para su alojamiento. ‖ *Amer.* Cédula para votar.
boletaje m. *Amer.* Conjunto de boletos o boletas.
boletería f. *Amer.* Taquilla de boletos, despacho de billetes.
boletero, ra m. y f. *Amer.* El que despacha billetes en las taquillas de los teatros, trenes, etc.
boletín m. Papel que se rellena para suscribirse a algo. ‖ Periódico que trata de asuntos especiales : *Boletín Oficial del Estado.*
boleto m. Cierta clase de hongo. ‖ *Amer.* Billete de teatro, de ferrocarril, etc. | Papeleta de rifa o sorteo. ‖ Carta breve.
boliche m. Juego de bolos. ‖ Juguete que consiste en un palo y una bolita taladrada sujeta con un cordón que se lanza al aire y se ensarta en el palo. ‖ Jábega pequeña. ‖ Pescado menudo, morralla. ‖ *Amer.* Tabernucha.
bólido m. *Meteor.* Masa mineral ígnea que atraviesa la atmósfera. ‖ *Fig.* Automóvil de competición muy rápido.
bolígrafo m. Lápiz estilográfico cuya punta es una bolita de acero.
bolillo m. Palito torneado para hacer encajes.
bolina f. *Mar.* Cabo con que se lleva hacia proa la relinga de una vela para que reciba mejor el viento. | Sonda. ‖ *Navegar de bolina,* hacerlo contra el viento.
bolinear v. i. Ir de bolina.
bolívar m. Unidad monetaria de Venezuela.
bolivarense adj. y s. De Bolívar (Ecuador y Colombia).
bolivariano, na adj. y s. Relativo a Bolívar. ‖ De Bolívar, Estado de Venezuela.
bolivariense adj. y s. De Bolívar, c. de Venezuela.
bolivianismo m. Giro propio de Bolivia. ‖ Afecto a la nación boliviana.
boliviano, na adj. y s. De Bolivia. ‖ — M. Unidad monetaria de Bolivia.
bolo m. Palito torneado que se pone derecho en el suelo : *juego de bolos.* ‖ *Méx.* Obsequio que el padrino de un bautizo da a los niños. ‖ — Pl. Cierto juego. ‖ Bolera. ‖ *Bolo alimenticio,* alimento masticable e insalivado que se traga de una vez.
bolo, la adj. *Amer.* Borracho.
bolsa f. Recipiente flexible de tela, papel, plástico, etc., utilizado para llevar cosas. ‖ Saquillo para guardar el dinero. ‖ Arruga en los vestidos. ‖ Arruga que se forma debajo de los ojos (ú. t. en pl.). ‖ *Com.* Lonja : *Bolsa de granos.* | Edificio donde se reúnen los que compran y venden acciones o títulos. | Esta reunión : *hoy no hay Bolsa.* ‖ *Fig.* Bienes o dinero : *tiene llena la bolsa.* ‖ *Cir.* Cavidad llena de materia : *bolsa de pus.* ‖ *Min.* Parte donde se halla metal puro. ‖ *Amer.* Bolsillo. ‖ — *Fam. Aflojar la bolsa,* dar dinero. ‖ *Bolsa de Trabajo,* organismo que centraliza ofertas y peticiones de trabajo.
bolsillo m. Bolsa para el dinero, portamonedas. ‖ Saquillo cosido a los vestidos : *bolsillos de parches.* ‖ — *De bolsillo,* pequeño : *libro de bolsillo.* ‖ *Meterse a uno en el bolsillo,* granjearse su voluntad.
bolsista m. Persona que hace especulaciones en la bolsa de valores.
bolso m. Bolsa o estuche de piel u otro material que llevan en las manos las mujeres y en donde guardan los objetos de uso personal. ‖ Bolsillo, portamonedas. ‖ Cualquier caja o estuche de cuero u otro material, con asa, para llevar objetos.
bolsón m. Bolsa grande. ‖ *Amer.* Cartera que llevan los niños para ir al colegio.
bolladura f. Hueco hecho por un golpe.
bollar v. t. Hacer bollos.
bollería f. Pastelería, tienda donde se venden bollos.
bollo m. Panecillo esponjoso de harina amasada con huevos, leche, etc. ‖ Abolladura, abultamiento o hueco hecho por un golpe en un objeto. ‖ *Fig.* Chichón : *un bollo en la cabeza.* | Lío, embrollo : *se armó un bollo.* ‖ *Fig.* y *fam. No estar el horno para bollos,* no ser el momento más propicio para hacer algo.
bomba f. Máquina para elevar agua u otro fluido. ‖ Artefacto explosivo : *bomba de efecto retardado.* ‖ *Fig.* Noticia sensacional o inesperada que causa sorpresa (ú. t. c. adj.). ‖ — *Bomba atómica,* V. ATÓMICO. ‖ *Bomba de cobalto,* generador de rayos gamma utilizados con fines terapéuticos. ‖ *Bomba H* o *de hidrógeno,* V. TERMONUCLEAR. ‖ *Caer como una bomba,* dar una noticia inesperada o presentarse de improviso en una reunión. ‖ — Adj. *Fam.* Extraordinario, formidable. — Adv. *Fam.* Estupendamente, muy bien. ‖ *Fam. Pasarlo bomba,* pasarlo muy bien.
bombachas f. pl. *Arg.* Pantalones bombachos.
bombacho adj. m. y s. m. Dícese del calzón o pantalón ancho que se ciñe un poco más abajo de las pantorrillas (ú. más en pl.).
bombarda f. Cañón antiguo de gran calibre. ‖ Registro grave del órgano.
bombardear v. t. Atacar con artillería o arrojar bombas. ‖ Someter un cuerpo a la acción de ciertas radiaciones.
bombardeo m. Ataque de un objetivo con bombas u obuses.
bombardero, ra adj. y s. m. Que bombardea : *avión bombardero.*
bombardón m. *Mús.* Instrumento de viento.
bombear v. t. Sacar o trasegar con bomba : *bombear agua.* ‖ Dar forma abombada. ‖ Dar al balón un golpe de volea.
bombeo m. Convexidad. ‖ Acción y efecto de bombear un líquido con una bomba. ‖ *Estación de bombeo,* estación en la que se extrae un líquido con bombas.
bombero m. Miembro de un cuerpo destinado a apagar incendios.
bómbice m. Gusano de seda.
bombilla f. Ampolla o globo de cristal que contiene el filamento de la lámpara eléctrica. ‖ Tubito de caña o de metal para sorber el mate.
bombín m. Sombrero hongo.
bómbix m. Bómbice.
bombo m. Tambor grande que se toca con maza. ‖ El que lo toca. ‖ Caja en que están los números de un sorteo : *bombo de la lotería.* ‖ *Fig.* Elogio exagerado : *anunciar con mucho bombo.* ‖ *Fam.* Vientre de una mujer que espera un niño. ‖ *Fig.* y *fam. A bombo y platillos,* muy aparatoso.
bombón m. Confite de chocolate. ‖ *Fam.* Mujer muy bonita.
bombona f. Damajuana, garrafa. ‖ Vasija : *bombona de butano.*
bombonera f. Caja para bombones. ‖ *Fam.* Teatro pequeño.

bombonería f. Tienda donde se venden bombones.
bonachón, ona adj. y s. Buenazo.
bonachonería f. Calidad de bonachón.
bonaerense adj. y s. De Buenos Aires (Argentina).
bonancible adj. Sereno, apacible.
bonanza f. Tiempo sereno en el mar. || *Fig.* Tranquilidad.
bondad f. Calidad de bueno. || Inclinación a hacer el bien. || Amabilidad.
bondadoso, sa adj. Muy bueno.
bonete m. Birrete, gorro de forma redonda. || Gorro de los eclesiásticos, colegiales y graduados. || *Zool.* Redecilla de los rumiantes.
bongo m. *Amer.* Canoa india.
bongó m. Tambor de los negros de Cuba.
bongosero m. Tocador de bongó.
boniato m. Planta de la familia de las convolvuláceas y su tubérculo comestible.
bonificación f. Mejora. || Rebaja, descuento.
bonito m. Pez parecido al atún.
bonito, ta adj. Bueno. || Lindo, agraciado, bello. || *Fig.* Malo : *¡en bonito lío nos hemos metido!*
bono m. Vale : *bono de pago al portador.* || Cualquier papel fiduciario : *bonos de la deuda pública.* || Vale de beneficencia.
bonzo m. Sacerdote budista.
boñiga f. Excremento del ganado.
bookmaker [*bukméker*] m. (pal. ingl.). El que lleva un libro para apuntar las apuestas en las carreras.
boom [*bum*] m. (pal. ingl.). Prosperidad brusca y momentánea. || Alza repentina de productos industriales, de valores de Bolsa, etc. || Auge : *el boom de la novela latinoamericana.*
boomerang m. Bumerang.
boquera f. Llaguita en las comisuras de los labios.
boquerón m. Pez pequeño con el que se hacen las anchoas.
boqueronense adj. y s. De Boquerón (Paraguay).
boquete m. Paso estrecho. || Agujero.
boquiabierto, ta adj. Que tiene la boca abierta. || *Fig.* Que se queda asombrado.
boquilla f. Abertura para sacar las aguas de riego. || Parte de algunos instrumentos músicos de viento que se introduce en la boca. || Tubo pequeño para fumar el cigarro. || Parte de la pipa que se introduce en la boca. || Extremo del cigarro : *boquilla con filtro.* || *De boquilla,* de mentirijillas.
boquinegro, gra adj. De hocico negro.
boracita f. *Min.* Borato y cloruro de magnesia natural.
borato m. *Quím* Cualquier sal del ácido bórico.
bórax m. *Quím.* Sal blanca compuesta de ácido bórico, sosa y agua.
borbollar y **borbollear** v. i. Hacer el agua borbollones.
borbolleo m. Borboteo.
borbollón m. Borbotón.
borbónico, ca adj. De los Borbones o propio de ellos.
borborigmo m. Ruido de los gases del abdomen.
borbotar y **borbotear** v. i. Hacer borbotones el agua.
borboteo m. Acción de borbotar o borbotear.
borbotón m. Agitación del agua en ebullición. || *Fig. A borbotones,* en cantidad y violentamente : *la sangre corre a borbotones.*
borceguí m. Bota que se ajusta con cordones.
borda f. *Mar.* Parte superior del costado del barco. || — *Fig.* y *fam. Arrojar* o *echar* o *tirar por la borda,* deshacerse de algo o alguien. || *Fuera borda,* embarcación con el motor fuera del casco.
bordada f. *Mar.* Camino del barco entre dos viradas.
bordado, da adj. *Fig.* Perfecto, logrado. || — M. Labor de relieve en tela o piel con aguja.
bordador, ra m. y f. Persona que borda.
bordar v. t. Hacer bordados. || *Fig.* Realizar una cosa muy bien.
borde m. Extremo u orilla de una cosa : *el borde de la mesa.* || Línea de separación entre el agua y la tierra : *al borde del río.* || En las vasijas, orilla, contorno de la boca. || *Fam.* Persona mala. || *Al borde de,* a punto de : *estar al borde de la ruina.*
bordear v. i. *Mar.* Dar bordadas. || Costear, ir por el borde (ú. t. c. t.). || *Fig.* Aproximarse. || — V. t. Rodear. || *Fig.* Estar cerca de, frisar.
bordelés, esa adj. y s. De Burdeos (Francia).
bordillo m. Borde de la acera.
bordo m. Costado de un barco. || *A bordo,* en la embarcación.
bordón m. Bastón largo de los peregrinos. || Verso quebrado repetido al fin de cada copla. || *Fig.* Muletilla, estribillo. || En los instrumentos músicos, las cuerdas gruesas que hacen el bajo. || *Impr.* Omisión que comete el cajista.
bordonear v. i. Rasguear la guitarra. || Zumbar los insectos.
boreal adj. Del Norte.
borgoña m. Vino de Borgoña.
borgoñón, ona adj. y s. De Borgoña (Francia).
borinqueño, ña adj. y s. De Puerto Rico.
borla f. Conjunto de hebras reunidas por uno de sus cabos : *la borla del gorro militar.* || Insignia de los doctores. || Lo que utilizan las mujeres para darse polvos. || *Fig. Tomar la borla,* graduarse de doctor.
borne m. Botón de cobre a que se une un conducto eléctrico.
boro m. Metaloide (B) de número atómico 5, de densidad 2,45, sólido, duro y de color pardo oscuro, semejante al carbono.
borona f. Pan de maíz.
borra f. Parte más basta de la lana. || Pelo de cabra. || Pelusa del algodón. || Sedimento espeso que forman ciertos líquidos. || *Fig.* y *fam.* Palabras insustanciales.
borrachera f. Embriaguez. || Orgía. || *Fig.* Exaltación extrema.
borrachín m. *Fam.* Borracho.
borracho, cha adj. Que toma bebidas alcohólicas con exceso (ú. t. c. s.). || *Fig.* Dominado por una pasión. | Exaltado.
borrador m. Escrito de primera intención que ha de sufrir correcciones. || Libro en el que el comerciante hace sus cuentas provisionales. || Goma de borrar.
borraja f. Planta de tallo cubierto de espinas.
borrar v. t. Tachar lo escrito. || Hacer que la tinta desfigure lo escrito. || Hacer desaparecer con la goma lo escrito. || *Fig.* Hacer desaparecer, desvanecer, quitar : *bórralo de tu memoria* (ú. t. c. pr.). | Quitar de una lista, dar de baja en una asociación.
borrasca f. Tempestad. || *Fig.* Contratiempo. | Disputa, enfado.

borrascoso, sa adj. Que causa borrascas. ‖ Propenso a ellas. ‖ *Fig.* y *fam.* Desenfrenado : *vida borrascosa.* | Accidentado, con discusiones, agitado.
borrego, ga m. y f. Cordero o cordera de uno o dos años. ‖ *Fig.* y *fam.* Persona muy sencilla o ignorante. | Persona servil que hace lo mismo que los demás.
borreguil adj. Perteneciente o relativo al borrego. ‖ *Fig.* Que sigue las iniciativas de los demás.
borrica f. Asna.
borricada f. Manada de borricos. ‖ *Fig.* Disparate, idiotez.
borrico m. Asno, burro. ‖ Caballete o soporte para apoyar la madera los carpinteros. ‖ *Fig.* y *fam.* Asno, muy necio.
borriquero adj. Aplícase a una variedad de cardo.
borrón m. Mancha de tinta. ‖ *Fig.* Imperfección, defecto. | Deshonra, acción ignominiosa.
borroso, sa adj. Confuso, poco claro.
borujo m. Orujo de la aceituna.
borujón m. Bulto, chichón.
boscaje m. Espesura de árboles y plantas.
boscoso, sa adj. Abundante en bosques.
bósforo m. Canal que comunica dos mares.
bosque m. Terreno con árboles.
bosquejar v. t. Trazar los rasgos principales de una pintura o escultura. ‖ *Fig.* Esbozar, indicar de manera general una idea, un concepto.
bosquejo m. Boceto.
bostezar v. i. Abrir la boca por cansancio, sueño, aburrimiento.
bostezo m. Acto de bostezar.
bota f. Calzado que cubre el pie y parte de la pierna. ‖ Odre pequeño para vino en el cual se bebe. ‖ Cuba o tonel de madera. ‖ *Fig.* y *fam.* *Ponerse las botas,* ganar mucho dinero.
botado, da adj. y s. *Amer.* Expósito. ‖ *Méx.* Borracho. | Barato.
botador, ra adj. *Amer.* Derrochador.
botadura f. Lanzamiento al agua de una embarcación.
botafumeiro m. Incensario.
botalón m. *Mar.* Palo que sale fuera de la embarcación.
botánica f. Ciencia que trata de los vegetales.
botánico, ca adj. Relativo a la botánica : *jardín botánico.* ‖ — M. y f. El que se dedica a la botánica.
botanista com. Botánico.
botar v. t. Arrojar, tirar o echar fuera con violencia. ‖ *Fam.* Despedir, echar a una persona : *lo botaron del colegio.* ‖ Lanzar al agua : *botar un buque.* ‖ *Amer.* Malgastar, despilfarrar. ‖ — V. i. Salir despedida una cosa después de chocar con el suelo : *botar la pelota.* ‖ Saltar : *botar de alegría.*
botaratada f. *Fam.* Tontería.
botarate m. *Fam.* Idiota.
botarel m. *Arq.* Contrafuerte.
botavara f. *Mar.* Palo horizontal apoyado en el mástil para asegurar la vela cangreja.
bote m. Brinco que da el caballo. ‖ Salto que da la pelota al chocar con el suelo. ‖ Salto que da una persona. ‖ Lata, vasija pequeña, comúnmente metálica : *bote de leche condensada.* ‖ Tarro : *bote de farmacia.* ‖ Barca, lancha sin cubierta que se mueve remando. ‖ Caja en los bares en la que los camareros guardan las propinas. ‖ — *Bote de salvamento,* el que llevan los barcos para utilizarlo en caso de naufragio. ‖ *Fam.* *Chupar del bote,* aprovecharse. | *Dar el bote,* despedir, echar. | *Darse el bote,* largarse, irse. | *De bote en bote,* completamente lleno. | *Tener en el bote,* conseguir; convencer a una persona.
botella f. Vasija, generalmente de vidrio, de cuello largo. ‖ Su contenido.
botellazo m. Golpe dado con una botella.
botellero m. El que hace o vende botellas. ‖ Estante para colocar las botellas. ‖ Cesto para llevarlas.
botellín m. Botella pequeña.
botica f. Farmacia, establecimiento donde se preparan y venden medicinas. ‖ Conjunto de medicamentos : *le pagó médico y botica.*
boticario, ria m. y f. Farmacéutico.
botija f. Vasija de barro poroso de cuello corto y estrecho.
botijero, ra m. y f. Persona que hace o vende botijos.
botijo m. Vasija de barro poroso con asa, boca y pitón destinada a refrescar el agua que contiene.
botín m. Bota, botina. ‖ *Mil.* Despojo tomado al enemigo.
botina f. Calzado cuya caña pasa algo del tobillo.
botiquín m. Mueble para guardar las medicinas. ‖ Estas medicinas.
botón m. *Bot.* Yema o brote de los vegetales. | Capullo de flor. ‖ Disco de metal o cualquier otra materia que se pone en los vestidos para abrocharlos. ‖ Cosa en forma de botón : *pulsar el botón.* ‖ *Arg. Fam.* Agente del orden público. ‖ *Botón de muestra,* ejemplo.
botonadura f. Juego de botones.
botonería f. Establecimiento donde se hacen o venden botones.
botonero, ra m. y f. Persona que hace o vende botones.
botones m. *Fam.* Recadero.
botulismo m. Intoxicación producida por la ingestión de alimentos en conserva en malas condiciones.
bou m. Pesca en que dos barcas tiran de una red. ‖ Barco para esta pesca.
bouquet [*buqué*] m. (pal. fr.). Aroma del vino.
boutique [*butik*] f. (pal. fr.). Tienda pequeña y elegante donde se venden géneros de confección.
bóveda f. *Arq.* Construcción de forma arqueada con objeto de cubrir el espacio comprendido entre muros o pilares. | Habitación subterránea abovedada. | Cripta de las iglesias. ‖ — *Bóveda celeste,* el firmamento. ‖ *Bóveda craneana* (o *craneal*), interior del cráneo. ‖ *Bóveda palatina,* cielo de la boca.
bóvidos m. pl. Familia de rumiantes que comprende los bovinos, ovinos, caprinos, antílopes, etc.
bovino, na adj. Del buey o la vaca : *especie bovina* (ú. t. c. s. m.).
bowling [*boulin*] m. (pal. ingl.). Bolera, juego de bolos.
box m. (pal. ingl.). Departamento de una cuadra para un solo caballo. ‖ Departamento de un garaje.
boxeador m. El que boxea.
boxear v. i. Luchar dos personas a puñetazos.
boxeo m. Deporte de combate en el cual dos adversarios se acometen a puñetazos.
boy m. (pal. ingl.). Mozo, muchacho. ‖ *Boy scout,* explorador.

boya f. Cuerpo flotante sujeto al fondo del mar, de un río o de un lago para la señalización.
boyacense adj. y s. De Boyacá (Colombia).
boyada f. Manada de bueyes.
boyante adj. *Fig.* Próspero. | Feliz.
boycotear v. t. Boicotear.
bozal m. Capacillo que se les pone en la boca a las bestias para que puedan comer sin pararse. ‖ Dispositivo que se pone a los perros en la boca para que no muerdan o a los terneros para que no mamen.
bozo m. Vello en la parte superior del labio antes de nacer el bigote. ‖ Parte exterior de la boca.
Br, símbolo del *bromo.*
bracear v. i. Mover o agitar los brazos. ‖ Nadar.
braceo m. Acción de bracear.
bracerismo m. *Méx.* Condición de bracero. | Conjunto de braceros.
bracero m. Peón, jornalero.
bracista com. Persona que nada a braza.
bráctea f. Hoja que nace en el pedúnculo de la flor.
braga f. Calzón femenino (ú. m. en pl.). ‖ Pañal de los niños.
bragado, da adj. Que tiene las entrepiernas de distinto color que el resto del cuerpo : *buey bragado.* ‖ *Fig.* Enérgico, valiente : *un hombre bragado* (ú. t. c. s.).
bragazas m. inv. *Fig.* y *fam.* Hombre débil de carácter, calzonazos.
braguero m. Vendaje para contener las hernias.
bragueta f. Abertura delantera de los pantalones de hombre.
braguetazo m. *Fam.* Casamiento por interés.
brahmán m. Bramán.
brahmánico, ca adj. Bramánico.
brahmanismo m. Bramanismo.
bramadero m. Sitio adonde acuden los ciervos durante el celo. ‖ *Amer.* Poste donde se amarran los animales.
bramador, ra adj. Que brama.
bramán m. Sacerdote de Brama.
bramánico, ca adj. Relativo al bramanismo.
bramanismo m. Religión de la India.
bramante m. Cuerda delgada.
bramar v. i. Dar bramidos. ‖ *Fig.* Gritar de ira. | Mugir, hacer mucho ruido el viento, el mar, etc.
bramido m. Mugido, voz del toro y de otros animales. ‖ *Fig.* Grito de cólera. | Ruido grande del viento, del mar, etc.
brancal m. Conjunto de los largueros de la armazón de la cureña de artillería o de un carro.
brandy m. (pal. ingl.). Coñac.
branquial adj. De las branquias.
branquias f. pl. Órganos respiratorios de peces, moluscos, batracios, etc.
braquicefalia f. Carácter o condición de braquicéfalo.
braquicéfalo, la adj. Dícese de los hombres de cráneo casi redondo.
braquiópodos m. pl. Animales marinos parecidos a los moluscos lamelibranquios, con tentáculos alrededor de la boca (ú. t. c. adj.).
brasa f. Ascua : *asar a la brasa.*
brasero m. Recipiente redondo de metal en que se echa carbón menudo y que sirve como medio de calefacción. ‖ *Méx.* Hogar.
brasileño, ña y **brasilero, ra** adj. y s. Del Brasil.
brava f. *Amer.* Bravata. ‖ *Cub.* y *Méx.* Coacción : *a la brava.*
bravata f. Fanfarronería.
bravear v. i. Fanfarronear.
braveza f. Bravura.
bravío, vía adj. Sin domar, salvaje : *toro bravío.* ‖ *Fig.* Silvestre. | Tosco, rústico.
bravo, va adj. Valiente. ‖ Salvaje, que acomete con los cuernos : *toros bravos.* ‖ Dícese del mar alborotado. ‖ Inculto : *terreno bravo.* ‖ Salvaje, sin civilizar : *indio bravo.* ‖ *Fam.* Valentón. ‖ *Fig.* y *fam.* De genio áspero. | Colérico, muy enojado. | — M. Aplauso : *se oían los bravos.* ‖ — Interj. Voz que expresa aplauso.
bravucón, ona adj. y s. *Fam.* Que presume de valiente.
bravuconear v. i. Dárselas de valiente.
bravuconería f. Acción de bravucón.
bravura f. Fiereza de los animales : *la bravura de un toro.* ‖ Valentía. ‖ Baladronada.
braza f. *Mar.* Medida de longitud de 1,6718 m. ‖ Uno de los estilos en natación : *braza clásica, mariposa.*
brazada f. Movimiento que se hace con los brazos extendidos. ‖ Movimiento de natación.
brazal m. Pieza de la armadura que cubría el brazo. ‖ Insignia que se lleva en el brazo : *brazal de la Cruz Roja.*
brazalete m. Pulsera. ‖ Brazal de la armadura antigua. ‖ Banda que rodea el brazo más arriba del codo : *llevaba en la manga un brazalete de luto.*
brazo m. Cada uno de los dos miembros superiores del cuerpo humano desde el hombro hasta la mano. ‖ Pata delantera de los cuadrúpedos : *los brazos de la yegua.* ‖ Cosa de figura parecida : *los brazos del sillón, de la cruz, de la balanza.* ‖ Rama, ramal : *los brazos de un río.* ‖ *Fig.* Fuerza, poder. ‖ — Pl. *Fig.* Braceros, trabajadores : *brazos para la agricultura.* ‖ — *Brazo de mar,* canal ancho y largo de mar que va tierra adentro. ‖ *Fig. Estarse con los brazos cruzados,* no hacer nada. | *Ir hecho un brazo de mar,* estar de punta en blanco. | *No dar uno su brazo a torcer,* mantenerse firme. | *Ser el brazo derecho de uno,* ser de su mayor confianza.
brazuelo m. Parte del brazo de los cuadrúpedos comprendida entre el codo y la rodilla.
brea f. Sustancia resinosa extraída de varias plantas coníferas y obtenida por destilación del petróleo o de la hulla.
break [*brek*] m. (pal. ingl.). Coche de cuatro ruedas, abierto, con pescante elevado, y dos filas de asientos en la parte trasera. ‖ Automóvil, en forma de furgoneta, que tiene cristales en los lados.
brear v. t. *Fam.* Maltratar : *brear a palos.* | Molestar : *brear a preguntas.*
brebaje m. Bebida mala.
breca f. Pez comestible.
brécol m. Variedad de col.
brecha f. Boquete hecho por la artillería. ‖ Abertura hecha en una pared. ‖ *Fig.* Impresión.
brega f. Lucha. ‖ Trabajo duro.
bregar v. i. Trabajar mucho.
breña f. Tierra, entre peñas, poblada de maleza.
brete m. Cepo que se ponía a los reos en los pies. ‖ *Fig.* Apuro.
bretón, ona adj. y s. De Bretaña (Francia). ‖ — M. Lengua de los bretones.
breva f. Primer fruto de la higuera. ‖ *Fig.* Ventaja, ganga.

breve adj. De poca extensión o duración : *intervención breve.* ‖ *Gram.* Dícese de la palabra grave y de la vocal o sílaba no acentuada (ú. t. c. s. f.). ‖ — M. Documento pontificio. ‖ — F. *Mús.* Nota que vale dos compases mayores. ‖ *En breve,* muy pronto.
brevedad f. Corta extensión o duración. ‖ Concisión.
breviario m. Libro de rezos. ‖ Compendio. ‖ Lectura habitual.
brezal m. Sitio con brezos.
brezo m. Arbusto de madera dura.
bribón, ona adj. y s. Pícaro.
bribonada f. Picardía.
bricolage o **bricolaje** m. Arreglos caseros, reparaciones de poca importancia.
brida f. Freno del caballo con las riendas y demás correaje. ‖ Anillo que une dos tubos.
bridge m. (pal. ingl.). Juego de naipes entre cuatro personas. ‖ Puente dental.
brigada f. *Mil.* Reunión de dos regimientos. | Nombre de otras divisiones militares : *brigada de transmisiones.* | Grado en la jerarquía militar comprendido entre los de sargento y alférez. ‖ Conjunto de trabajadores, equipo.
brigadier m. Antiguo grado militar, correspondiente hoy al de general de brigada. ‖ *Méx. General brigadier,* grado superior al de coronel e inferior al de general de brigada.
brillante adj. Que brilla : *objeto brillante.* ‖ *Fig.* Notable. ‖ — M. Diamante labrado en facetas.
brillantez f. Brillo.
brillantina f. Producto aplicado al pelo para darle brillo.
brillar v. i. Resplandecer.
brillo m. Resplandor, destello. ‖ Lustre : *sacar brillo a los zapatos.* ‖ *Fig.* Lucimiento, resplandor.
brincar v. i. Dar brincos, saltar.
brinco m. Salto : *dar un brinco.*
brindar v. i. Beber a la salud de uno. ‖ — V. t. Ofrecer a uno alguna cosa : *brindar una oportunidad.* ‖ — V. pr. Ofrecerse voluntariamente.
brindis m. Acción de brindar. ‖ Palabras pronunciadas al brindar.
brío m. Energía, arresto.
briofitas f. pl. *Bot.* Familia de criptógamas que tienen tallos y hojas, pero carecen de vasos y raíces, como los musgos (ú. t. c. adj.).
brioso, sa adj. Que tiene brío. ‖ Fogoso : *caballo brioso.*
brisa f. Viento fresco y suave.
brisca f. Juego de naipes.
bristol m. Especie de cartulina.
británico, ca adj. y s. De Gran Bretaña : *súbdito británico.*
britano, na adj. y s. De Britania, ant. nombre de Gran Bretaña. ‖ Inglés, británico.
brizna f. Filamento delgado. ‖ *Fig.* Pizca, miaja.
broca f. Barrena para taladrar metales. ‖ Varilla de hierro que sostiene el carrete en las máquinas de hilar.
brocado, da adj. Tejido con oro o plata. ‖ — M. Tela de seda tejida con oro o plata.
brocal m. Pretil de la boca del pozo.
brocha f. Pincel o escobilla para pintar, afeitarse o para otros usos. ‖ *Pintor de brocha gorda,* el pintor de paredes ; (fig. y fam.) mal pintor.
brochada f. Brochazo.
brochazo m. Pasada que se da con una brocha.
broche m. Conjunto de dos piezas de metal que enganchan entre sí. ‖ Joya en forma de imperdible. ‖ *Fig. Broche de oro,* lo mejor.
brocheta f. Aguja en la que se ensartan trozos de carne o pescado para asarlos.
broma f. Dicho o hecho gracioso. ‖ Escarnio.
bromatología f. Tratado de los alimentos o ciencia de la alimentación.
bromatólogo m. Especialista en bromatología.
bromazo m. Broma pesada.
bromear v. i. Estar de broma.
bromeliáceas f. pl. Familia de monocotiledóneas originarias de América, como el ananás (ú. t. c. adj.).
bromista adj. y s. Aficionado a gastar bromas.
bromo m. *Quím.* Metaloide (Br) líquido, de número atómico 35, que hierve a 58,8 °C despidiendo unos vapores rojizos muy densos y tóxicos.
bromuro m. Combinación del bromo con un radical simple o compuesto.
bronca f. Disputa ruidosa. ‖ Jaleo, alboroto, escándalo. ‖ Represión severa : *echar una bronca.*
bronce m. Aleación de cobre y estaño : *un cañón de bronce.* ‖ *Fig.* Estatua o escultura de bronce : *los bronces del museo.*
bronceado, da adj. De color de bronce. ‖ Tostado por el sol. ‖ — M. Acción y efecto de broncear o broncearse.
bronceador m. Aceite para broncearse.
bronceadura f. Bronceado.
broncear v. t. Pintar de color de bronce. ‖ *Fig.* Tostar la piel al sol (ú. t. c. pr.).
bronco, ca adj. Tosco. ‖ Aplícase al sonido ronco o grave. ‖ *Fig.* Desabrido, de mal carácter.
bronconeumonía f. *Med.* Enfermedad consistente en la inflamación de los bronquiolos y de los alveolos pulmonares.
bronquear v. t. Reñir.
bronquio m. *Anat.* Cada uno de los dos conductos en que se divide la tráquea.
bronquiolo m. Cada una de las ramificaciones de los bronquios.
bronquitis f. *Med.* Enfermedad consistente en la inflamación de la mucosa de los bronquios.
broquel m. Escudo pequeño. ‖ *Fig.* Defensa o amparo.
broqueta f. Brocheta.
brotar v. i. Nacer las plantas : *brotar el maíz.* ‖ Echar la planta hojas, flores o renuevos. ‖ Manar, salir agua u otro líquido. ‖ *Fig.* Salir, surgir o comenzar a manifestarse una cosa.
brote m. Acción de brotar. ‖ Botón, renuevo de una planta. ‖ *Fig.* Primera manifestación.
broza f. Despojo de los vegetales. ‖ Maleza, matorrales. ‖ Desperdicio. ‖ *Fig.* Relleno, paja.
bruces (de) m. adv. Boca abajo.
bruja f. Hechicera. ‖ *Fig.* y *fam.* Mujer fea y vieja.
brujería f. Prácticas supersticiosas que cree el vulgo que realizan las brujas.
brujo, ja adj. *Fig.* Cautivador, encantador. ‖ — M. Hechicero.
brújula f. Aguja imantada que marca el norte magnético : *con la brújula se orientan los navegantes.* ‖ *Fig.* Lo que sirve de guía.
brujulear v. i. Vagar, andar sin rumbo fijo. ‖ Descubrir por conjeturas. ‖ *Fig.* y *fam.* Adivinar.

bruma f. Niebla que se levanta particularmente sobre el mar. ‖ *Fig.* Oscuridad, confusión.
brumario m. Segundo mes del año republicano francés que va del 23 de octubre al 21 de noviembre.
brumoso, sa adj. Nebuloso.
brunfelsia f. Género de árboles o arbustos de hojas alternas, enteras, brillantes y flores : *las brunfelsias crecen en la América tropical y subtropical.*
bruñido m. Pulimento.
bruñidor, ra adj. Que bruñe (ú. t. c. s.). ‖ — M. Instrumento que sirve para bruñir.
bruñidura f. Acción y efecto de bruñir alguna cosa.
bruñimiento m. Bruñidura.
bruñir v. t. Sacar lustre o brillo. ‖ Pulir, pulimentar.
brusca f. Planta de flores amarillas que crece en los alrededores de Caracas : *la raíz de las bruscas se usa en cocimientos medicinales.* ‖ *Cub.* Leña menuda. ‖ *Mar.* Acción de calentar la embarcación para carenarla. | Ramaje con que se da fuego al fondo exterior de las embarcaciones para enjugar la madera y matar los animales que puedan roerla.
brusco, ca adj. Súbito, repentino : *cambio brusco.* ‖ Desabrido, áspero : *tener gestos bruscos.*
bruselense adj. y s. De Bruselas (Bélgica).
brusquedad f. Calidad de brusco.
brutal adj. Que imita o se asemeja a los brutos : *apetitos brutales.* ‖ *Fig.* Violento : *niño brutal.* | Falto de consideración, de delicadeza. | Enorme, mucho, formidable.
brutalidad f. Calidad de bruto. ‖ *Fig.* Falta de inteligencia o de consideración. | Acción brutal : *cometer brutalidades.* | Enormidad, gran cantidad.
brutalizar v. t. Ser bruto con. ‖ — V. pr. Embrutecerse.
bruto, ta adj. Necio, falto de inteligencia. ‖ Falto de consideración, de prudencia o de instrucción. ‖ Tosco : *diamante bruto.* ‖ — *En bruto,* sin pulir. ‖ *Peso bruto,* el de un objeto y su embalaje, por oposición a *peso neto.* ‖ — M. y f. Imbécil. ‖ Salvaje. ‖ — M. Animal por oposición al hombre.
bruza f. Cepillo fuerte.
bruzador m. Tablero inclinado donde se ponen las cosas que hay que limpiar valiéndose de la bruza.
bruzar v. t. Limpiar una cosa sirviéndose de la bruza.
bu m. *Fam.* Fantasma imaginario con el que se pretende asustar a los niños. | Persona o cosa que da miedo.
buaro m. Autillo, ave rapaz nocturna de alas y patas largas.
buba f. Bubón.
búbalo m. Bóvido de tronco alargado, cuello corto y grueso, pecho deprimido y abdomen abultado : *los búbalos viven en el sur de Asia en lugares en los que hay gran abundancia de agua y son en general fácilmente domesticables.*
bubas m. pl. Género de coleópteros de color negro cuyos machos poseen un par de cuernos en la cabeza.
bubón m. Gran tumor causado por el aumento de tamaño de un ganglio linfático, especialmente el de localización en la ingle.
bubónico, ca adj. Aplícase a la enfermedad manifestada con bubones : *peste bubónica.*
bucal adj. De o por la boca.
bucan m. *Antill.* Carne ahumada. | Asador de madera utilizado para ahumar esta carne. ‖ *Amer.* Cañizo en el que se ponen a secar una clase de tortas y otras preparaciones culinarias.
bucanero m. En América, en el s. XVI, aventurero que se dedicaba al tráfico de carnes y pieles. ‖ Corsario que, en los s. XVII y XVIII, saqueaba las posesiones españolas en América.
búcaro m. Vasija.
buccinador m. *Anat.* Músculo de la mejilla.
buceador, ra m. y f. Persona que bucea.
bucear v. i. Nadar bajo el agua. ‖ Trabajar como buzo. ‖ *Fig.* Investigar un asunto.
buceo m. Acción de bucear.
buckland m. (pal. ingl.). Formación geológica de Chile que se extiende en mantos por la Tierra de Fuego.
bucle m. Rizo del pelo.
bucólico, ca adj. Pastoril, campestre : *vida bucólica.* ‖ Dícese de la poesía relativa a asuntos pastoriles o de la vida campestre. ‖ Aplícase al poeta que la cultiva (ú. t. c. s.). ‖ — F. Composición poética de tema campestre o pastoril.
bucolismo m. Afición a la poesía bucólica, a la vida del campo.
buchaca f. *Amer.* Bolsa. ‖ *Méx.* Tronera de la mesa de billar.
buchada f. Buche, bocanada.
buche m. Bolsa de las aves para recibir la comida antes de pasarla al estómago. ‖ Estómago de ciertos animales. ‖ Bocanada de líquido.
buda m. Título dado por el budismo al que llega, gracias a la abstención de todo deseo, al conocimiento perfecto o iluminación y es así liberado para siempre de la transmigración.
búdico, ca adj. Del budismo.
budín m. Plato de dulce a modo de bizcocho, pudín. ‖ Pastel de patatas o de tapioca, espinacas, etc.
budismo m. Doctrina filosófica y religiosa de Buda.
budista adj. Búdico. ‖ — Com. Persona que profesa el budismo.
buen adj. Apócope de *bueno.*
buenamente adv. Fácilmente. ‖ Sencillamente. ‖ De buena fe.
buenaventura f. Buena suerte. ‖ Adivinación supersticiosa.
bueno, na adj. Que tiene bondad : *buen hombre.* ‖ Que no da guerra : *niño bueno.* ‖ Conforme con la moral : *buena conducta.* ‖ A propósito para una cosa, favorable : *buena ocasión.* ‖ Hábil en su oficio : *una buena costurera.* ‖ Sano : *estar bueno.* ‖ Agradable, divertido. ‖ Grande : *una buena cantidad.* ‖ Suficiente : *buena porción de comida.* ‖ No deteriorado : *esta carne ya no está buena.* ‖ Sencillote : *una buena chica.* ‖ — M. Lo que es bueno. ‖ Persona buena. ‖ *Amer.* *¡Qué bueno!,* ¡qué bien!
buey m. Toro castrado.
búfalo, la m. y f. Rumiante salvaje de Asia y África parecido al toro. ‖ Bisonte de América.
bufanda f. Prenda de abrigo que se lleva alrededor del cuello.
bufar v. i. Resoplar con furor. ‖ *Fig.* Estar muy colérico.
bufete m. Mesa de escribir, escritorio. ‖ Despacho y clientela de abogado : *tiene bufete en Vigo.*

buffet [*bufé*] m. (pal. fr.). En los bailes y fiestas, mesa donde se sirven refrescos y comida ligera. || En las estaciones de ferrocarril, fonda.
bufido m. Resoplido. || *Fig.* y *fam.* Explosión de enfado.
bufo, fa adj. Jocoso, cómico : *actor bufo.* || — M. Bufón.
bufón, ona m. y f. Personaje que hace reír.
bufonada f. Dicho o hecho propio de bufón. || Chanza satírica. (Suele tomarse en mala parte.)
bufonear v. i. Burlarse, decir bufonadas (ú. t. c. pr.).
bufonería f. Bufonada.
bufonesco, ca adj. Bufo.
bufosa f. *Arg. Fam.* Pistola.
bufoso m. *Arg. Fam.* Revólver.
buganvilla f. Planta trepadora ornamental de flores moradas.
bugle m. *Mús.* Instrumento de viento con llaves y pistones.
buglosa f. Planta de flores generalmente azuladas, algunas veces rosadas o blancoamarillentas, que crece en el borde de los campos, viñas, arenas marítimas y zonas de bosques.
bugula f. Género de plantas vermiformes que tienen una corona de tentáculos cubierta por un opérculo móvil y forman colonias arborescentes.
buharda y **buhardilla** f. Ventana en el tejado de una casa. || Habitación con esta clase de ventanas. || Desván.
búho m. Ave rapaz nocturna.
buhonear v. i. Vender baratijas un buhonero : *estaba harto de ver a jóvenes que buhoneaban por los pueblos en lugar de estudiar la carrera que habían emprendido en las facultades universitarias.*
buhonería f. Tienda ambulante.
buhonero m. Vendedor ambulante de baratijas.
buitre m. Ave rapaz que se nutre de animales muertos.
buitrear v. i. *Amer.* Cazar buitres. | Vomitar, devolver.
buitrero, ra adj. Relativo o perteneciente al buitre. || — M. y f. Persona que caza buitres. || — F. Lugar en que los cazadores ponen el cebo a los buitres.
buitrón m. Pequeña red que se utiliza en la caza de la perdiz. || Horno de cuba usado en América para fundir minerales argentíferos. || Arte de pesca que tiene forma de cono truncado.
buja f. *Méx.* Buje.
bujarra y **bujarrón** m. *Fam.* Marica.
buje m. Arandela interior en el cubo de las ruedas de los carruajes.
bujía f. Vela de cera. || Órgano del motor de explosión que produce la chispa en los cilindros. || Unidad de intensidad luminosa.
bula f. Sello de plomo de ciertos documentos pontificios. || Documento pontificio que lleva este sello.
bulario m. Conjunto de las bulas o breves pontificios publicados. || Escribano que copia las bulas.
bulbar adj. Perteneciente o relativo al bulbo, especialmente el raquídeo.
bulbitis f. *Med.* Proceso inflamatorio que afecta al bulbo de la uretra.
bulímico, ca adj. Perteneciente o relativo a la bulimia. || — M. y f. Persona que padece bulimia.
bulbo m. *Bot.* Parte abultada de la raíz de algunas plantas. || *Anat.* Parte blanda y sensible en el interior del diente. || *Bulbo raquídeo,* primera parte de la médula espinal.
buldog m. Cierto perro de presa de nariz chata.
buldozer o **bulldozer** m. Excavadora con cuchara empleada para desmonte y nivelación de terrenos.
bulerías f. pl. Cante y baile popular andaluz.
bulevar m. Avenida ancha con árboles.
búlgaro, ra adj. y s. De Bulgaria. || — M. Lengua búlgara.
bulimia f. Hambre excesiva.
bulín m. *Arg. Fam.* Casa. | Cuarto.
bulo m. Noticia falsa.
bulto m. Volumen, tamaño de una cosa : *libro de poco bulto.* || Cuerpo cuya figura se distingue mal : *vi un bulto en la oscuridad.* || Chichón, tumor o hinchazón. || Fardo, paquete : *cargado de bultos.* || *Fig.* Cuerpo : *el toro busca el bulto.* || — *Fig. A bulto,* a ojo. | *De bulto,* grande. | *Escurrir el bulto,* eludir un riesgo.
bulla f. Alboroto : *meter bulla.* || Concurrencia grande, gentío. || *Fig.* Prisa : *tengo bulla.*
bullabesa f. Sopa de pescado.
bullanga f. Tumulto, alboroto.
bullanguero, ra adj. y s. Alborotador.
bullarengue m. *Fam.* Prenda que se ponían las mujeres para dar a las nalgas una apariencia voluminosa. || *Cub. Fam.* Cosa fingida o postiza.
bullebulle com. *Fam.* Persona bulliciosa.
bullicio m. Ruido de multitud. || Alboroto, tumulto.
bullicioso, sa adj. Muy ruidoso. || Inquieto, alborotador.
bullidor, ra adj. Que bulle o se mueve con viveza (ú. t. c. s.).
bullir v. i. Moverse, agitarse.
bumangués, esa adj. y s. De Bucaramanga (Colombia).
bumelia f. Género de plantas de hojas espinosas y flores blancas : *hay muchas especies diferentes de bumelias en diversos países de América.*
bumerán y **bumerang** m. Arma arrojadiza que tiene la propiedad de volver a proximidad del lanzador. || *Fig.* Acto hostil que se vuelve contra su autor.
bungalow [*búngalo*] m. (pal. ingl.). Casita de un piso.
bunquer y **bunker** m. Refugio subterráneo contra bombardeos.
buñuelo m. Masa de harina y agua que se fríe en la sartén. || *Fam.* Cosa hecha chapuceramente.
buque m. Barco de gran tamaño propio para navegaciones de altura : *buque transatlántico, de carga, tanque o petrolero.*
buqué m. Bouquet.
buraco m. *Arg. Fam.* Agujero.
burbuja f. Glóbulo de aire o de otro gas formado en los líquidos.
burbujear v. i. Hacer o formarse burbujas.
burbujeo m. Acción de burbujear o de formarse burbujas.
burdel m. Casa de prostitución.
burdo, da adj. Basto, tosco. || Grosero : *mentira burda.*
burel m. Toro.
bureo m. *Fam.* Diversión. | Paseo.
bureta f. *Quím.* Tubo de vidrio graduado para hacer análisis.
burgalés, esa adj. y s. De Burgos (España).

burgo m. Población pequeña que dependía de la ciudad en cuyo término radicaba. ‖ *Burgo podrido*, nombre dado a algunos distritos electorales que elegían diputados a la cámara a pesar de la ausencia casi total de personas que votasen.
burgomaestre m. Alcalde en algunas ciudades de Alemania, Holanda, Bélgica, Suiza, etc.
burgrave m. En Alemania, antiguo señor de una ciudad.
burgués, esa m. y f. Persona perteneciente a la clase acomodada. ‖ — Adj. Relativo a la burguesía.
burguesía f. Clase media o acomodada : *la burguesía española*.
buril m. Instrumento puntiagudo o punzón para grabar.
burla f. Mofa : *hacer burla de uno*. ‖ Chanza, broma : *entre burlas y veras*. ‖ Engaño. ‖ *Fam. Burla burlando*, bromeando ; sin darse cuenta ; disimuladamente.
burladero m. *Taurom.* Trozo de valla paralelo a las barreras para el resguardo del torero.
burlador, ra adj. y s. Que burla. ‖ — M. Seductor, libertino.
burlar v. t. Hacer burla. Ú. t. c. pr. : *burlarse de alguien*.
burlesco, ca adj. De broma.
burlete m. Tira de paño o de un material esponjoso que se pone en las ranuras de puertas o ventanas para impedir que el aire penetre : *el aire no entra con burletes*.
burlón, ona adj. Que expresa burla : *sonrisa burlona*. ‖ Amigo de decir o hacer burlas (ú. t. c. s.).
buró m. Galicismo por *escritorio, oficina, despacho* y a veces tb. por *comité*.
burocracia f. Conjunto de los empleados públicos : *la burocracia municipal*. ‖ Influencia excesiva de las administraciones.
burócrata com. Funcionario público : *exceso de burócratas*.
burocrático, ca adj. De la burocracia : *sistema burocrático*.
burocratismo m. Predominio de la burocracia en un Estado o en una organización.
burra f. Asna. ‖ *Fig.* y *fam.* Mujer necia e ignorante. | Animal, bestia, bruta (ú. t. c. adj.).
burrada f. Manada de burros. ‖ Gran cantidad : *una burrada de chicos*. ‖ *Fig.* Necedad, barbaridad.
burrero m. *Arg. Fam.* Aficionado al turf.
burriciego, ga adj. Cegato.
burro m. Asno. ‖ Soporte para sujetar el madero que se ha de serrar. ‖ Cierto juego de naipes. ‖ *Fig.* Asno, necio. U. t. c. adj. : *es un niño muy burro*. | Animal, bruto, bestia. ‖ *Méx.* Mesa o tabla utilizada para planchar.
bursátil adj. *Com.* De la Bolsa de valores.
bus m. Autobús.
busarda f. *Arg. Fam.* Estómago.
busca f. Acción y efecto de buscar.
buscador, ra adj. y s. Que busca.
buscapleitos m. inv. Pleitista.
buscar v. t. Hacer diligencias para encontrar o conseguir algo : *buscar un objeto*. ‖ *Fam.* Provocar : *¡ me estás buscando!*
buscavidas com. inv. *Fig.* y *fam.* Persona que sabe desenvolverse en la vida. | Persona muy curiosa.
buscón, ona adj. y s. Que busca. ‖ — M. Ratero. ‖ Aventurero. ‖ — F. *Fam.* Ramera.
busilis m. *Fam.* Detalle en que se encuentra una dificultad, intríngulis : *dar con el busilis*.
búsqueda f. Busca.
busto m. Parte superior del cuerpo humano. ‖ Escultura, pintura o fotografía que la representa.
butaca f. Asiento con brazos : *una butaca cómoda*. ‖ Asiento o localidad en un teatro o cine.
butano m. Hidrocarburo gaseoso empleado como combustible y que se vende, licuado, en bombonas de acero.
buten (de) loc. *Pop.* Magnífico.
butifarra f. Tipo de embutido catalán hecho con carne de cerdo.
butifarrero, ra m. y f. Que hace o vende butifarra.
buzar v. i. *Geol.* Inclinarse hacia abajo un filón metalífero o una capa de terreno.
buzo m. Hombre que trabaja bajo el agua : *los buzos están provistos de una escafandra*. ‖ Mono de trabajo.
buzón m. Abertura para echar las cartas en el correo : *depositar publicidad en los buzones*. ‖ Receptáculo para poner las cartas.

C

c f. Tercera letra del alfabeto castellano y segunda de sus consonantes. ‖ — **C,** letra numeral que vale 100 en la numeración romana; precedida de X (XC), vale 90. ‖ Símbolo químico del *carbono.* ‖ Abreviatura del *culombio.* ‖ — °C, indicación de grados centígrados o Celsius en la escala termométrica.
ca f. *Pop.* Apócope de *casa.*
¡ca! interj. *Fam.* ¡Quiá!
Ca, símbolo químico del *calcio.*
caacupeño, ña adj. y s. De Caacupé (Paraguay).
caaguazuense adj. y s. De Caaguazú (Paraguay).
caazapeño, ña adj. y s. De Caazapá (Paraguay).
cabal adj. Preciso, exacto: *cuentas cabales.* ‖ *Fig.* Sin defecto, acabado: *un hombre cabal.* ‖ *Fig. En sus cabales,* en su sano juicio.
cábala f. Interpretación mística de la Biblia por los hebreos. ‖ *Fig.* Conjetura, suposición. U. m. en pl.: *hacer cábalas.* | Intriga.
cabalgador, ra m. y f. Persona que cabalga.
cabalgadura f. Montura, bestia de silla. ‖ Bestia de carga.
cabalgar v. i. Montar a caballo (ú. t. c. t.). ‖ Ir una cosa sobre otra. ‖ — V. t. Poner una cosa sobre otra.
cabalgata f. Conjunto de caballistas y de carrozas: *la cabalgata de los Reyes Magos.*
cabalístico, ca adj. Misterioso: *signos cabalísticos.*
cabalmente adv. Perfecta o completamente.
caballa f. Pez comestible de color azul verdoso y rayas oscuras.
caballar adj. Del caballo.
caballerazo m. Gran señor o caballero.
caballeresco, ca adj. Propio de caballero. ‖ De la caballería: *novela caballeresca.* ‖ *Fig.* Galante, elevado: *conducta caballeresca.*
caballería f. Caballo, borrico o mula que sirve para cabalgar. ‖ Cuerpo de soldados a caballo: *el arma de caballería.*
caballeriza f. Cuadra para los caballos. ‖ Conjunto de caballerías.
caballerizo m. Encargado de la caballeriza.
caballero, ra adj. Montado en un caballo: *caballero en un alazán.* ‖ — M. Hidalgo, noble. ‖ Miembro de una orden de caballería: *los caballeros de Calatrava.* ‖ Persona condecorada con la insignia de alguna orden. ‖ El que se conduce con distinción y cortesía: *ser un caballero.* ‖ Persona de buen porte: *se acercó a él un caballero.* ‖ Señor: *¡señoras y caballeros!; trajes para caballeros.* ‖ *Caballero andante,* el que andaba por el mundo en busca de aventuras; (fig. y fam.) quijote.
caballerosidad f. Distinción, cortesía. ‖ Conducta digna, honrada.
caballeroso, sa adj. Noble, digno. ‖ Cortés, galante.
caballete m. Lomo de un tejado. ‖ Madero horizontal apoyado por cada extremo en otros dos y que sirve para varios usos: *caballete de guarnicionero.* ‖ En lo arado, caballón, lomo entre surco y surco. ‖ Lomo de la nariz. ‖ Antiguamente, potro de tormento. ‖ Banquillo de escultor. ‖ Soporte en que descansa el cuadro que se pinta.
caballista com. Jinete.
caballito m. Caballo pequeño. ‖ — Pl. Tiovivo.
caballo m. Mamífero doméstico ungulado, de la familia de los équidos, con crin larga y cola cubierta de pelo, que el hombre utiliza para montar o como animal de tiro. ‖ Carta que tiene la figura de un caballo en la baraja española. ‖ Pieza del ajedrez que tiene figura de caballo. ‖ Caballete o soporte que se utiliza para sostener un madero cuando se sierra. ‖ *Fam.* Persona muy fuerte y resistente. | Persona grande. | Heroína. ‖ *Amer.* Persona tonta, brutal. ‖ — *A caballo,* montado en una caballería. ‖ *A caballo regalado, no hay que mirarle el diente,* las cosas que nada cuestan pueden admitirse sin inconveniente aunque tengan algún defecto. ‖ *Fig. Caballo de batalla,* asunto más debatido en una discusión; tema en el que sobresale una persona; punto principal. ‖ *Caballo de Troya,* gigantesco caballo de madera en cuyo interior se ocultaron los griegos para tomar la ciudad de Troya. ‖ *Caballo de vapor,* unidad de potencia (símb. CV) que corresponde a 75 kilográmetros por segundo.
caballón m. Lomo de tierra entre dos surcos.
caballuno, na adj. Semejante al caballo.
cabaña f. Casilla rústica, choza: *una cabaña de pastor.* ‖ Número de cabezas de ganado.
cabañense adj. y s. De Cabañas, dep. de El Salvador.
cabaret m. (pal. fr.). Establecimiento público en que la gente se reúne con objeto de beber, bailar y asistir a un espectáculo de variedades.
cabecear v. i. Mover la cabeza: *mula que cabecea.* ‖ Mover la cabeza de un lado a otro en señal de negación. ‖ Dar cabezadas el que está durmiendo. ‖ Oscilar un barco de proa a popa. ‖ Dar tumbos los carruajes.
cabeceo m. Movimiento hecho con la cabeza. ‖ Oscilación de un barco o carruaje sobre su eje transversal.

cabecera f. Origen de algunas cosas. ‖ Lugar principal : *la cabecera del tribunal.* ‖ Parte de la cama donde se pone la cabeza. ‖ Origen de un río. ‖ Capital de una nación, provincia o distrito. ‖ Grabado puesto en algunos libros en principio de capítulo. ‖ Cada uno de los extremos del lomo de un libro. ‖ Título grande en la parte superior de una plana de periódico. ‖ *Médico de cabecera,* el que asiste de modo continuo al enfermo.
cabecilla m. Jefe.
cabellera f. Conjunto de los pelos de la cabeza : *cabellera rubia.* ‖ *Astr.* Cola luminosa del cometa.
cabello m. Cada uno de los pelos de la cabeza. ‖ Cabellera. ‖ — *Fig.* y *fam. Asirse uno de un cabello,* aprovechar el más mínimo pretexto. | *Estar pendiente de un cabello,* correr un riesgo inminente. | *Cortar un cabello en el aire,* ser muy perspicaz. | *Ponérsele a uno los cabellos de punta,* erizársele el cabello, experimentar gran pavor.
cabelludo, da adj. Con mucho cabello. ‖ *Cuero cabelludo,* piel de la cabeza cubierta de cabello.
caber v. i. y t. Poder entrar una cosa dentro de otra. ‖ Tocarle o corresponderle a uno una cosa : *me cupo el honor de acompañarle.* ‖ Ser posible : *no cabe la menor duda.* ‖ — *No cabe más,* expresión que indica que ha llegado una cosa a su último punto. ‖ *Fig. No caber en sí,* estar uno muy contento.
cabestrillo m. *Cir.* Venda sujeta al cuello para sostener la mano o el brazo rotos o heridos.
cabestro m. Cuerda o correa que se ata al cuello de las caballerías. ‖ Buey manso con cencerro que guía a los toros. ‖ *Fam.* Cornudo. | Mentecato.
cabeza f. Parte superior del cuerpo del hombre y superior o anterior del de muchos animales. ‖ Cráneo : *romper la cabeza a uno.* ‖ *Fig.* Imaginación, mente : *se lo metió en la cabeza.* | Juicio, talento, capacidad : *hombre de cabeza.* | Vida : *defender la cabeza.* | Razón, sangre fría : *conservar la cabeza.* | Persona, individuo : *a cien por cabeza.* | Res : *rebaño de mil cabezas.* | Dirección : *estar a la cabeza de una fábrica.* ‖ Principio o parte extrema de una cosa. ‖ Primera fila : *ir a la cabeza del ejército.* ‖ Capital : *cabeza de distrito.* ‖ Nombre dado a ciertos dispositivos de aparatos o máquinas : *la cabeza sonora de un magnetófono.* ‖ — M. Jefe de una comunidad, corporación, etc. : *cabeza de un partido político.* ‖ Padre : *cabeza de familia.* ‖ — Pl. *Ant.* y *Amer.* Fuentes de un río, nacimiento. ‖ — *A la cabeza,* al frente. ‖ *Fig. Andar* (o *ir*) *de cabeza,* estar atareado. | *Bajar* o *doblar uno la cabeza,* humillarse. ‖ *Fig.* y *fam. Cabeza de chorlito,* persona sin juicio. ‖ *Cabeza de grabación,* parte de una máquina grabadora que graba los sonidos en un soporte determinado. ‖ *Cabeza de la Iglesia,* el Papa. ‖ *Cabeza de partido,* ciudad o pueblo del que dependen otros pueblos en lo judicial. ‖ *Cabeza de puente,* posición provisional con objeto de una operación militar ulterior. ‖ *Fig. Cabeza de turco,* persona a quien se carga la culpa de todo lo malo sucedido. | *Calentarse la cabeza,* fatigarse mentalmente. | *Dar en la cabeza,* contradecir. ‖ *Metérsele en la cabeza alguna cosa,* perseverar uno en un error o capricho. ‖ *Fig. Pasarle por la cabeza,* imaginar una cosa. | *Romperse la cabeza,* cavilar mucho. ‖ *Sentar la cabeza,* volverse uno juicioso. ‖ *Subírsele a la cabeza,* marearse uno con una cosa; (fig.) envanecerse con algo.
cabezada f. Golpe dado con la cabeza. ‖ *Mar.* Movimiento que hace el barco bajando o subiendo alternativamente la proa. ‖ Inclinación de cabeza a modo de saludo. ‖ *Fig.* y *fam. Dar cabezadas,* inclinar la cabeza el que está sentado y empieza a dormirse.
cabezal m. Almohada larga. ‖ Cada una de las dos piezas que sirven para sostener el objeto que se trabaja en el torno.
cabezazo m. Golpe dado con la cabeza. ‖ En el fútbol, golpe dado al balón con la frente.
cabezón, ona adj. *Fam.* De cabeza grande (ú. t. c. s.). | Testarudo (ú. t. c. s.). ‖ Dícese del vino que tiene mucha graduación.
cabezonada y **cabezonería** f. *Fam.* Testarudez.
cabezota f. Cabeza muy grande. ‖ — Com. *Fam.* Persona testaruda. | Persona de cabeza grande.
cabezudo, da adj. Que tiene grande la cabeza. ‖ *Fig.* y *fam.* Testarudo. ‖ — M. pl. En algunas fiestas, junto a los gigantes, figuras grotescas de enanos con gran cabeza de cartón.
cabida f. Capacidad de una cosa.
cabildada f. *Fam.* Acción abusiva de autoridad.
cabildante m. *Amer.* Miembro de un cabildo.
cabildear v. i. Intrigar, procurar con astucia ganar partidarios en una corporación o cabildo.
cabildeo m. Intriga : *andar de cabildeos.*
cabildo m. Ayuntamiento de una ciudad. ‖ Cuerpo de eclesiásticos capitulares de una catedral. ‖ Junta celebrada por este cuerpo. ‖ Sala donde se celebra. ‖ En Canarias, organismo que representa a los pueblos de cada isla. ‖ Junta en América creada por los españoles para velar por los intereses de las ciudades.
cabina f. Locutorio telefónico. ‖ Recinto pequeño donde hay un aparato que manejan una o más personas : *cabina de un intérprete.* ‖ En una sala de cine, recinto donde están instalados los proyectores. ‖ Camarote de barco. ‖ Departamento en los aviones para la tripulación.
cabinera f. *Col.* Azafata de avión.
cabio m. *Arq.* Madero de través sobre las vigas, que sirve de asiento a las tablas del suelo. ‖ Travesaño superior e inferior que forma el marco de una puerta o ventana.
cabizbajo, ja adj. Preocupado.
cable m. Cuerda gruesa, maroma. ‖ Hilo metálico para la conducción de electricidad, la telegrafía y la telefonía subterránea o submarina. ‖ *Mar.* Medida de 185 m. ‖ Cablegrama. ‖ *Fig.* y *fam. Echar un cable,* echar una mano.
cablegrafiar v. t. Enviar un cablegrama.
cablegrama m. Mensaje enviado por cable submarino.
cablero m. *Mar.* Buque que tiende y repara cables submarinos.
cabo m. Punta o extremo de una cosa. ‖ Lo que queda de una cosa, pedazo. ‖ Punta de tierra que penetra en el mar. ‖ *Fig.* Fin. ‖ *Mar.* Cuerda. ‖ *Mil.* Individuo de tropa inmediatamente superior al soldado. ‖ — Pl. Tobillos y muñecas : *persona de cabos finos.* ‖ — *Al cabo,* al fin. ‖ *Al cabo del mundo,* a cualquier parte. ‖ *Atar cabos,* reunir antecedentes para sacar una consecuencia. ‖ *Fam.*

De cabo a rabo o *de cabo a cabo*, del principio al fin. ‖ *Estar al cabo* o *al cabo de la calle*, estar al corriente. ‖ *Llevar una cosa a cabo*, concluirla. ‖ *No dejar cabo suelto*, preverlo todo.
cabotaje m. *Mar.* Navegación a lo largo de la costa, especialmente entre los puertos de un mismo país.
cabra f. Mamífero rumiante con cuernos vueltos hacia atrás. ‖ *Fig.* y *fam. Como una cabra*, loco.
cabrear v. t. *Pop.* Enojar (ú. t. c. pr.).
cabreo m. *Pop.* Enfado.
cabrero, ra m. y f. Pastor de cabras.
cabrestante m. Torno vertical para halar o tirar de un cable.
cabria f. Máquina simple con tres pies para levantar pesos.
cabrillas f. pl. Pequeñas olas blancas.
cabrio m. *Arq.* Madero que recibe la tablazón de un tejado.
cabrío, a adj. De las cabras.
cabriola f. Brinco, salto ligero. ‖ Voltereta. ‖ Salto que da el caballo coceando en el aire. ‖ *Fig.* Equilibrio, pirueta.
cabriolé m. Coche ligero de dos ruedas y con capota. ‖ Automóvil convertible en coche descubierto.
cabritilla f. Piel curtida de cabrito, cordero, etc.
cabrito m. Cría de la cabra. ‖ *Pop.* Persona mal intencionada. | Cabrón. ‖ *Méx.* Gorrón.
cabrón m. Macho cabrío. ‖ *Fig.* y *fam.* Marido de mujer adúltera. | Persona muy mala.
cabronada f. *Pop.* Mala pasada, jugarreta, cochinada.
cabronazo m. *Pop.* Persona que hace jugarretas.
caca f. *Fam.* Excremento. | Porquería, inmundicia. | Cosa de poco valor.
cacahual m. *Amer.* Cacao. ‖ Plantío de cacaos.
cacahuatal m. *Amer.* Campo donde se cultivan los cacahuetes.
cacahuate m. *Amer.* Cacahuete.
cacahuete m. Planta leguminosa de América y África cuyo fruto penetra en tierra para madurar.
cacalote m. *Méx.* Cuervo.
cacao m. Árbol, originario de México, cultivado en los países tropicales. ‖ Semilla de este árbol. ‖ *Fam.* Lío, embrollo. ‖ *Amer.* Chocolate. ‖ *Fam. Cacao mental*, confusión mental.
cacaotal m. Plantío de cacaos.
cacarear v. i. Cantar el gallo o la gallina. ‖ — V. t. *Fig.* y *fam.* Exagerar. | Hablar mucho de algo.
cacareo m. Acción de cacarear.
cacatúa f. Ave trepadora de Oceanía, parecida al papagayo, de plumaje blanco y moño de grandes plumas.
cacereño, ña adj. y s. De Cáceres (España).
cacería f. Partida de caza. ‖ Conjunto de animales muertos en una partida de caza.
cacerola f. Vasija con mango o asas para guisar.
cacicato y **cacicazgo** m. Dignidad de cacique. ‖ Territorio que gobierna.
cacique m. Jefe en algunas tribus de indios americanos. ‖ *Fig.* y *fam.* Persona muy influyente en un pueblo. | Déspota, autoritario.
caciquear v. i. Mangonear.
caciquil adj. De cacique.
caciquismo m. Influencia abusiva de los caciques en los pueblos.
caco m. *Fig.* Ladrón : *iba esposado como un vulgar caco.*
cacofonía f. Vicio del lenguaje que consiste en la repetición de unas mismas s labas o letras : *a*TÓ*ni*TO *an*TE TI *me pos*TRO.
cacofónico, ca adj. Que tiene cacofonía.
cactáceas f. pl. Familia de plantas de hojas carnosas (ú. t. c. adj.).
cacto y **cactus** m. Nombre de varias plantas cactáceas como el nopal.
cacumen m. *Fig.* Caletre, cabeza.
cacha f. Cada una de las hojas en los lados del mango de una navaja o cuchillo. ‖ Mango de cuchillo o pistola. ‖ *Fam.* Nalga. | Carrillo. ‖ *Ant.* y *Amer.* Cuerno.
cachalote m. Cetáceo carnívoro parecido a la ballena.
cachar v. t. Hacer pedazos. ‖ *Amer.* Agarrar. | Conseguir. ‖ *Ecuad.* Ridiculizar.
cacharrazo m. Golpe dado con un objeto o ruido que produce. ‖ *Fam.* Porrazo, golpe. | Caída. ‖ *Fam. Amer.* Trago.
cacharrería f. Tienda de loza ordinaria.
cacharrero, ra m. y f. Persona que vende cacharros de loza.
cacharro m. Vasija tosca. ‖ Pedazo o tiesto de vasija. ‖ Recipiente. ‖ *Fam.* Cosa, trasto, cachivache, chisme generalmente de poco valor. | Máquina vieja, coche viejo y roto. | Utensilio de cocina. | Porro.
cachaza f. Pachorra, calma.
cachazudo, da adj. y s. Flemático.
cachear v. t. Registrar a gente.
cachemir m. y **cachemira** f. Tejido fabricado con el pelo de una cabra de Cachemira.
cacheo m. Registro.
cachete m. Carrillo abultado. ‖ Nalga. ‖ Bofetada.
cachetear v. t. Dar cachetes.
cachifollar v. t. *Fam.* Estropear.
cachimba f. Pipa.
cachimbo m. *Amer.* Pipa.
cachiporra f. Porra, maza.
cachiporrazo m. Golpe. ‖ Caída.
cachirulo m. Botijo. ‖ *Pop.* Sombrero. ‖ — Pl. *Fam.* Trastos, chismes, cachivaches.
cachivache m. *Fam.* Cosa inútil o de poco valor, chisme, trasto. | Vasija, utensilio.
cacho m. Trozo, pedazo.
cachondearse v. pr. *Pop.* Guasearse, burlarse.
cachondeo m. *Pop.* Guasa.
cachondez f. Apetito sexual.
cachondo, da adj. En celo. ‖ *Fig.* y *Pop.* Dominado por el apetito sexual. | Gracioso.
cachorro, rra m. y f. Cría de perro, león, tigre, lobo, oso, etc.
cachua f. Baile de los indios del Perú, Ecuador y Bolivia.
cachuchear v. t. *Fam.* Mimar.
cachucho m. Botijo.
cachumbambé m. *Cub.* Juego de niños.
cachupín, ina m. y f. Gachupín.
cachupinada f. *Fam.* Reunión, fiesta.
cada adj. Usase para designar separadamente una o más cosas o personas : *a cada cual lo suyo.* ‖ U. elípticamente con sentido irónico : *vemos hombres con cada intención...* ‖ — *Fam. Cada quisque*, cada cual. ‖ *Cada vez que*, siempre que.
cadalso m. Patíbulo para la ejecución de un reo. ‖ Tablado.
cadáver m. Cuerpo muerto.
cadavérico, ca adj. Del cadáver : *rigidez cadavérica.* ‖ *Fig.* Pálido como un cadáver.

caddy m. (pal. ingl.). Muchacho que en el juego del golf lleva los palos. (Pl. *caddies.*)
cadena f. Conjunto de eslabones enlazados : *cadena de reloj.* || Cuerda de presos. || Grupo de emisoras de radiodifusión o de televisión que emiten simultáneamente el mismo programa, o de periódicos que publican la misma serie de artículos. || Serie de empresas enlazadas entre sí : *cadena de hoteles.* || *Fig.* Continuación, serie, sucesión : *cadena de sucesos.* || *For.* En algunos países, pena mayor después de la de muerte : *condenar a cadena perpetua.* || *Quím.* Unión de una fórmula de los átomos de carbono. || *Cadena de fabricación,* conjunto de trabajadores que participan en la realización de un producto industrial. || *Cadena de montañas,* cordillera. || *Cadena sin fin,* conjunto de piezas que forman un circuito cerrado. || *Trabajo en cadena,* aquel en que el objeto elaborado pasa sucesivamente por las manos de varios obreros.
cadencia f. Ritmo, compás, repetición regular de sonidos o movimientos. || Distribución de los acentos en la prosa o verso. || Ritmo de un trabajo.
cadencioso, sa adj. Con cadencia.
cadeneta f. Punto de ganchillo en forma de cadenilla. || Guirnalda de papel.
cadera f. Parte del cuerpo donde se unen el muslo y el tronco.
cadete m. Alumno de una academia militar. || *Riopl.* Aprendiz.
cadí m. Juez civil árabe o turco.
cadmio m. Cuerpo simple (Cd), parecido al estaño, de número atómico 48, de densidad 8, que funde a 321 °C.
caducar v. i. Prescribir : *caducó el pasaporte.* || Perder su fuerza un decreto o ley. || Extinguirse un derecho, un plazo, una facultad, etc.
caduceo m. Atributo de Mercurio, formado por una varilla con dos alas en la punta y rodeada de dos culebras, usado como emblema del comercio y la medicina.
caducidad f. Acción y efecto de caducar.
caduco, ca adj. Viejo, decrépito : *órganos caducos.* || *Bot.* Que se cae, que se marchita : *hojas caducas.* || Perecedero : *bienes caducos.* || Que ha caducado, nulo.
caer v. i. Venir un cuerpo de arriba abajo por la acción de su propio peso : *caer del tejado* (ú. t. c. pr.). || Perder el equilibrio. U. t. c. pr. : *se cayó bajando del caballo.* || Lanzarse, abalanzarse, arrojarse : *cayó a sus pies.* || Llegar inesperadamente : *caer sobre el enemigo.* || Pender, colgar. U. t. c. pr. : *las ramas se caen por el peso de los frutos.* || Desprenderse : *caer las hojas del árbol.* || *Fig.* Sobrevenir una desgracia. | Incurrir : *cayó en error.* | Morir : *caer en la batalla.* | Ponerse : *caer enfermo.* | Venir a dar, dejarse coger : *caer en el garlito.* | Desaparecer : *caer la monarquía.* | Disminuir : *caer la conversación.* | Estar situado : *la ventana cae al jardín.* | Quedar incluido : *caer en una clase social.* | Llegar, venir : *cayó en mi casa.* | Declinar : *el sol cae.* | Aproximarse a su fin : *el día cae.* | Tocar : *el premio gordo cayó en Málaga.* | Coincidir : *mi santo cae en lunes.* | Entender, adivinar : *he caído en la solución.* | Recordar : *no caigo en su nombre.* | Estar : *cae en su jurisdicción.* || — *Fig.* y *fam. Caer bien o mal,* venir bien o mal. || *Caer de suyo o de su peso,* ser evidente. || *Fig. Caer en la cuenta,* comprender. || *Caerse de,* ser muy : *caerse de ingenuo.* || *Estar al caer una cosa,* ser muy próxima.
café m. Cafeto. || Semilla del cafeto. || Infusión hecha con esta semilla tostada y molida. || Establecimiento público donde se vende y toma esta bebida. || — Adj. De color de café : *tela café.* || — *Café cantante* o *concierto,* aquel en que cantan y bailan personas contratadas para ello. || *Café teatro,* café en el que representan obras de teatro, generalmente cortas. || *Fam. Mal café,* malhumor ; mal genio ; mala intención.
cafeína f. Alcaloide extraído del café, del té, del mate, etc., utilizado como estimulante.
cafetal m. Plantación de cafetos.
cafetalero, ra adj. Del café. || — M. Dueño de un cafetal.
cafetear v. i. Tomar café.
cafetera f. Recipiente para hacer o servir el café. || *Fam.* Cosa vieja. || *Fam. Estar como una cafetera,* estar medio loco.
cafetería f. Despacho de café donde se toman también otras bebidas y se puede comer ligeramente.
cafetero, ra adj. Del café. || *Fam.* Aficionado al café. || — M. y f. Persona que cosecha café. || Dueño de un café.
cafeto m. Árbol rubiáceo cuya semilla es el café.
cafetucho m. Café malo (establecimiento).
cáfila f. *Fam.* Serie.
cafiolo m. *Arg. Fam.* Proxeneta.
cafre adj. y s. Habitante de la parte oriental de África del Sur. || *Fig.* Bárbaro y cruel, salvaje.
cagada f. Excremento. || *Pop.* Metedura de pata.
cagado, da adj. y s. *Pop.* Cobarde.
cagajón m. Excremento.
cagalera f. *Pop.* Diarrea. | Susto.
cagar v. i. *Pop.* Exonerar el vientre (ú. t. c. pr.). || — V. t. Manchar, echar a perder. || *Pop. Cagarla,* meter la pata. || — V. pr. *Pop.* Acobardarse, tener miedo.
cagarria f. Hongo comestible.
cagarruta f. Excremento del ganado menor.
cagatinta y **cagatintas** m. *Fam.* Chupatintas.
cagón, ona adj. y s. *Pop.* Miedoso, cobarde.
cagueta adj. y s. *Pop.* Cagón.
cahíta adj. y s. Dícese del indígena mexicano de los Est. de Sonora y Sinaloa. || — M. Dialecto de los cahítas.
caí m. *Amer.* Mono pequeño.
caíd m. Gobernador o juez en algunos países musulmanes.
caída f. Acción y efecto de caer : *la caída de un cuerpo en el vacío.* || Bajada o declive. || *Fig.* Hundimiento, ruina : *la caída de un imperio.* || Salto de agua. || Manera de caer los paños o la ropa. || Parte donde termina una cosa. || Disminución : *caída de tensión.* || *Fig.* Pecado del primer hombre : *la caída de Adán.* || Disminución del viento, del oleaje, etc.
caído, da adj. *Fig.* Abatido. || Lacio : *pelo caído.* || — M. *Fig.* Muerto : *los caídos en la guerra.*
caimán m. Reptil de América, semejante al cocodrilo. || *Fig.* Zorro, persona muy astuta.
caimito m. Árbol sapotáceo de las Antillas de fruto dulce.
cairel m. Fleco de algunas ropas.
caja f. Recipiente de madera, metal, materia plástica, etc. : *caja para embalar.* || Su contenido. || Hueco en que está la escalera de un edificio o una chimenea. || Cubierta que tiene en su interior ciertos mecanismos : *caja*

del reloj, de engranajes. || Ataúd. || Armario donde se guarda el dinero : *caja fuerte.* || Oficina o taquilla donde se recibe dinero y se hacen pagos : *caja de ahorros.* || Parte exterior de madera que cubre algunos instrumentos : *la caja de un violín.* || Hueco en una ensambladura de carpintería. || Organismo militar que se encarga de todo lo referente a los reclutas : *entrar en caja.* || *Impr.* Cajón de madera con separación o cajetines, donde se colocan los caracteres tipográficos. || Tambor. || *Chil.* Lecho de un río. || — *Caja de cambios,* órgano que encierra los engranajes de los cambios de velocidad en un automóvil. || *Caja del tímpano,* cavidad del oído medio. || *Caja de resonancia,* la que cubre algunos instrumentos músicos. || *Caja registradora,* máquina que sirve para registrar las cantidades cobradas y abonadas.

cajamarquino, na adj. y s. De Cajamarca (Perú).

cajero, ra m. y f. Persona encargada de la caja de un comercio, banco, etc.

cajete m. *Méx.* y *Guat.* Caja honda y gruesa, sin vidriar. | Cráter de ciertos volcanes. | Oquedad de la planta del maguey en que se recoge el aguamiel. | Hueco hecho en tierra para plantar.

cajetilla f. Paquete de cigarrillos. || Cajita de fósforos.

cajetín m. Cada uno de los compartimientos de la caja tipográfica.

cajista com. Tipógrafo que compone lo que se ha de imprimir.

cajón m. Caja grande. || Caja movible de los armarios, mesas y otros muebles. || En los estantes, espacio entre las tablas. || Puesto, tiendecilla de un mercado. || *Amer.* Cañada por cuyo fondo corre algún río. | Ataúd. || — *Fig.* y *fam. Cajón de sastre,* mezcla de cosas desordenadas. | *Ser de cajón,* ser muy evidente.

cakchiquel adj. Dícese de un ant. pueblo de Guatemala y de sus habitantes (ú. t. c. s.).

cake [*kek*] m. (pal. ingl.). Bizcocho con frutas secas en la masa.

caki adj. y s. Caqui.

cal f. Oxido de calcio que forma la base del mármol, el yeso, la tiza, etc.

cal, símbolo de la *caloría.*

cala f. Acción y efecto de calar. || Trozo que se corta de una fruta para probarla. || La parte más baja del barco. || *Mar.* Bahía pequeña. || Supositorio. || Planta acuática de flor blanca. || *Pop.* Peseta.

calabacear v. t. *Fam.* Suspender en un examen. | Decir no a la declaración de un pretendiente.

calabacín m. Calabaza pequeña y cilíndrica. || *Fam.* Necio.

calabaza f. Planta cucurbitácea de tallos rastreros y fruto grande. || Su fruto. || *Fig.* y *fam.* Necio, idiota. | Suspenso en un examen : *recibió calabazas.* || *Dar calabazas,* rechazar la mujer a un pretendiente.

calabobos m. inv. Llovizna.

calabozo m. Lugar para encerrar a los presos.

calabrote m. *Mar.* Cable hecho de tres cordones trenzados.

calada f. Acción y efecto de calar. || Humo que se aspira de una vez al fumar.

calado m. Bordado hecho sacando y atando hilos en una tela : *el calado de un pañuelo.* || Perforado del papel, madera, etc., a modo de encaje. || *Mar.* Parte sumergida de un barco, entre la línea de flotación y la base de la quilla : *barco de mucho calado.* | Profundidad : *puerto de poco calado.* || *Mec.* Acción de calarse un motor.

calafate y **calafateador** m. Obrero que calafatea embarcaciones.

calafatear v. t. Tapar con estopa y brea las junturas de las tablas del casco de un barco para que no entre agua. || *Por ext.* Cerrar junturas, tapar.

calafateo y **calafateado** m. Acción y efecto de calafatear.

calamaco m. *Méx.* Frijol.

calamar m. Molusco cefalópodo comestible.

calambre m. *Med.* Contracción espasmódica y dolorosa de ciertos músculos. || Sensación producida por una descarga eléctrica.

calambur m. Juego de palabras.

calamidad f. Desgracia general. || *Fig.* y *fam.* Persona torpe, incapaz o pobre de salud. | Mal hecho, defectuoso.

calamina f. Silicato natural de cinc. || Residuo de la combustión de los gases en los cilindros de los motores de explosión.

calamitoso, sa adj. Desgraciado. || Que causa calamidades o es propio de ellas. || Dícese de la persona que es una calamidad.

cálamo m. Caña con que escribían los antiguos. || *Poét.* Pluma. || Especie de flauta.

calamocano, na adj. Ebrio.

calandra f. Rejilla del radiador de un automóvil.

calandria f. Pájaro semejante a la alondra. || Máquina para satinar el papel y las telas. || Especie de torno grande usado en las canteras. || Rejilla de los radiadores de automóviles. || *Méx.* Coche viejo.

calaña f. Modelo, muestra. || *Fig.* Índole : *de mala calaña.*

calar v. t. Atravesar un líquido : *el agua le caló el vestido.* || Echar las redes al agua. || Colocarse el sombrero, la gorra. || Poner la bayoneta en el fusil. || Atravesar algo un objeto punzante. || Bordar con calados una prenda. || Hacer agujeros en un papel, materia plástica, etc., formando dibujos. || Examinar el interior de algo para ver lo que hay : *calar un melón.* || *Fig.* Adivinar, descubrir : *caló mis intenciones.* | Comprender. || *Amer.* Humillar. || Extraer una muestra. || — V. i. *Mar.* Llegar a una profundidad : *este buque cala demasiado.* || — V. pr. Empaparse, mojarse. || Ser atravesado por un líquido : *esta gabardina se cala.* || Ponerse : *calarse las gafas.* || Pararse bruscamente : *se me caló el motor.*

calato, ta adj. *Per.* Desnudo.

calavera f. Armazón ósea de la cabeza, cráneo. || — M. *Fig.* Hombre sin juicio o juerguista.

calaverada f. Insensatez.

calcado m. Acción y efecto de calcar.

calcáneo m. Hueso del talón.

calcañar y **calcaño** m. Parte posterior de la planta del pie.

calcar v. t. Reproducir un escrito o dibujo por transparencia, papel de calco o procedimientos mecánicos. || *Fig.* Imitar.

calcáreo, a adj. Con cal.

calce m. Cuña o alza : *calce de un mueble.* || Llanta de rueda.

calcedonia f. Agata translúcida utilizada en joyería.

calcedonio, nia adj. y s. De Calcedonia (Asia Menor).

calceta f. Media de punto.

calcetín m. Prenda de punto que llega hasta media pantorrilla.
cálcico, ca adj. Del calcio.
calcificación f. Depósito de sales calcáreas en los tejidos orgánicos.
calcificar v. t. Producir por medios artificiales carbonato cálcico. ‖ — V. pr. Depositarse en los tejidos orgánicos sales de calcio.
calcinación f. Acción y efecto de calcinar o quemar.
calcinar v. t. Transformar en cal viva los minerales calcáreos. ‖ Someter a una temperatura elevada : *calcinar madera, hulla,* etc. ‖ Quemar : *con la piel calcinada.*
calcio m. Metal (Ca) de número atómico 20, de color blanco y blando, de 1,54 de densidad, que funde a los 850 °C.
calco m. Reproducción de un dibujo, obtenido por transparencia. ‖ Acción de calcar : *papel de calco.* ‖ *Fig.* Imitación servil.
calcografía f. Arte de estampar con láminas metálicas grabadas y taller donde se hace.
calcografiar v. t. Estampar por medio de calcografía.
calcomanía f. Procedimiento que permite pasar de un papel a cualquier objeto dibujos coloreados preparados con trementina. ‖ Imagen así obtenida.
calcopirita f. Pirita de cobre.
calculable adj. Que se puede calcular.
calculador, ra adj. y s. Que está encargado de calcular. ‖ *Fig.* Que prevé, interesado : *mente calculadora.* ‖ — M. y f. Dispositivo mecánico o electrónico capaz de efectuar cálculos matemáticos.
calcular v. t. Hacer cálculos. ‖ *Fig.* Apreciar, evaluar : *calcular los gastos.* | Pensar, suponer, creer.
cálculo m. Operación que se hace para conocer el resultado de la combinación de varios números : *establecer un cálculo.* ‖ Arte de resolver los problemas de aritmética. ‖ Evaluación : *cálculo de gastos.* ‖ Reflexión, prudencia : *obrar con cálculo.* ‖ *Med.* Concreción pétrea que se forma en alguna parte del cuerpo : *cálculos biliares.*
calchaquí adj. Dícese del indio de la tribu los diaguitas (ú. t. c. s.).
caldas f. pl. Baños termales.
caldeamiento m. Caldeo.
caldear v. t. Calentar (ú. t. c. pr.). ‖ Poner al rojo el hierro. ‖ *Fig.* Acalorar, animar.
caldense adj. y s. De Caldas (Colombia).
caldeo m. Calentamiento.
caldeo, a adj. y s. De Caldea, nombre ant. de Babilonia. ‖ — M. Lengua caldea.
caldera f. Recipiente grande de metal en que se calienta cualquier cosa. ‖ Su contenido. ‖ Depósito en el que se hace hervir el agua : *caldera de vapor, de calefacción.* ‖ — *Caldera de vapor,* aparato generador del vapor en las máquinas. ‖ *Fam. Las calderas de Pero Botero,* el Infierno.
calderería f. Profesión y taller del calderero.
calderero m. El que hace o vende calderas.
calderilla f. Moneda fraccionaria de poco valor.
caldero m. Caldera pequeña de metal de fondo redondo y con una sola asa. ‖ Su contenido.
calderoniano, na adj. Característico de Calderón de la Barca.
caldibache m. Caldo muy claro.
caldillo m. Salsa, jugo.
caldo m. Líquido obtenido cociendo carne, pescado, verduras en agua. ‖ Vino o aceite : *los caldos de Jerez.* ‖ *Amer.* Jugo o guarapo de la caña de azúcar. ‖ — *Caldo de cultivo,* el preparado para el desarrollo de un microbio. ‖ *Fam. Estar a caldo,* no tener dinero. | *Poner a caldo,* regañar.
caldoso, sa adj. Con caldo.
calé adj. y s. Gitano.
calefacción f. Producción de calor : *calefacción con carbón.* ‖ Conjunto de aparatos destinados a calentar un edificio.
calefactor m. Persona que fabrica, instala o repara aparatos de calefacción. ‖ Persona que se ocupa del funcionamiento de una calefacción colectiva.
calendario m. Sistema de división del tiempo. ‖ Almanaque, cuadro de los días, semanas, meses, estaciones y fiestas del año. ‖ Programa, distribución en el tiempo de la labor que debe efectuarse.
calendas f. Entre los antiguos romanos, primer día del mes. ‖ Tiempo futuro muy lejano. ‖ *Fam. Por las calendas griegas,* nunca.
calentador, ra adj. Que calienta. ‖ — M. Recipiente lleno de carbón, agua caliente, etc., para calentar la cama. ‖ Aparato para calentar agua.
calentamiento m. Acción y efecto de calentar o calentarse.
calentar v. t. Poner caliente. ‖ *Fig.* Enardecer : *calentar al auditorio.* ‖ *Fig.* Golpear, pegar. ‖ *Fam.* Excitar sexualmente. ‖ — V. pr. Entrar en calor. ‖ *Fig.* Animarse, exaltarse.
calentura f. Fiebre.
calenturiento, ta adj. Que padece calentura. ‖ Algo caliente, pero sin fiebre. ‖ *Fig.* Excitado, exaltado.
calenturón m. Calentura grande.
caleño, ña adj. y s. De Cali (Colombia).
calera f. Cantera de caliza. ‖ Horno de cal.
calesa f. Coche hipomóvil descubierto con dos o cuatro ruedas.
calesero m. Conductor de una calesa.
caleta f. Cala, ensenada.
caletre m. *Fam.* Tino, talento.
calibración f. y **calibrado** m. Acción de dar a una pieza el calibre deseado o de verificar las dimensiones de un objeto. ‖ Mandrilado.
calibrador m. Aparato para calibrar.
calibrar v. t. Medir el calibre interior de las armas de fuego o de otros tubos. ‖ Dar el calibre que se desea. ‖ Mandrilar un tubo. ‖ *Fig.* Juzgar.
calibre m. Diámetro interior del cañón de las armas de fuego. ‖ Diámetro del proyectil o de un alambre. ‖ Diámetro interior de un cilindro. ‖ *Fig.* Tamaño, importancia : *de poco calibre.*
calicanto m. Mampostería.
calidad f. Manera de ser de una persona o cosa : *artículo de buena calidad.* ‖ Clase : *tejidos de muchas calidades.* ‖ Carácter, genio, índole. ‖ Valía, excelencia de una cosa. ‖ Condición social, civil, jurídica, etc. : *calidad de ciudadano.* ‖ Función : *en calidad de jefe.* ‖ Nobleza, linaje : *hombre de calidad.* ‖ *Fig.* Importancia : *asunto de calidad.* ‖ — Pl. Prendas morales.
cálido, da adj. Que está caliente, caluroso : *clima cálido.* ‖ *Fig.* Ardiente, vivo : *color cálido.* | Afectuoso : *cálida amistad.*

calidoscopio m. Tubo opaco en cuyo interior varios espejos colocados en ángulo agudo multiplican la imagen de los objetos situados entre ellos.
calientapiés m. inv. Aparato para calentar los pies.
calientaplatos m. inv. Aparato para calentar los platos.
caliente adj. Que tiene o da calor : *aire caliente.* ‖ *Fig.* Acalorado : *riña caliente.* ‖ Ardiente sexualmente. ‖ Cálido : *color caliente.* ‖ *Fam. Caliente de cascos,* fácilmente irritable.
califa m. Título de los príncipes musulmanes sucesores de Mahoma, o de los soberanos del Islam, después de Mahoma.
califato m. Dignidad de califa. ‖ Tiempo de su gobierno y territorio gobernado por él. ‖ Período histórico en que hubo califas.
calificable adj. Que se puede calificar.
calificación f. Acción y efecto de calificar. ‖ Nota de un examen.
calificado, da adj. De autoridad o importancia : *filósofo calificado.* ‖ Que tiene los requisitos necesarios : *perito calificado.*
calificador, ra adj. y s. Que califica.
calificar v. t. Atribuir la calidad de : *calificar un acto de heroico.* ‖ Dar o poner una nota : *calificar a un alumno.* ‖ — V. pr. En deportes, ganar las pruebas eliminatorias.
calificativo, va adj. y s. m. Que califica.
californiano, na adj. y s. De California (Estados Unidos).
californio m. Elemento químico (Cf), de número atómico 98, obtenido artificialmente sometiendo el curio a los rayos alfa.
caligrafía f. Arte de caligrafiar.
caligrafiar v. t. Escribir con letra clara y bien formada.
calina f. Neblina. ‖ Calor.
cáliz m. Vaso sagrado donde se echa el vino para consagrar en la misa. ‖ Cubierta externa de las flores. ‖ *Fig.* Padecimiento.
calizo, za adj. Que tiene cal. ‖ — F. Roca compuesta de carbonato de calcio.
calma f. Falta de movimiento, tranquilidad. ‖ Tranquilidad, sosiego, quietud. ‖ Cesación, interrupción momentánea : *calma en los negocios.* ‖ Sin preocupaciones o tareas. ‖ Flema, pachorra : *hablar con calma.* ‖ Serenidad, conformidad. ‖ Paciencia : *espérame con calma.* ‖ *Calma chicha,* ausencia de viento u oleaje en el mar.
calmante adj. y s. m. Que calma.
calmar v. t. Aliviar, moderar un dolor, el frío. ‖ Dar sosiego o calma a alguien. ‖ — V. i. Calmarse. ‖ — V. pr. Abonanzar el tiempo. ‖ Tranquilizarse, sosegarse. ‖ Caer el viento.
caló m. Lenguaje o dialecto de los gitanos.
calor m. *Fís.* Fenómeno que eleva la temperatura y dilata, funde, volatiza o descompone un cuerpo. ‖ Calidad de lo que está caliente : *mantener al calor.* ‖ Sensación que produce un cuerpo caliente : *este radiador da mucho calor.* ‖ Elevación de la temperatura del cuerpo : *el calor de la fiebre.* ‖ Temperatura elevada : *el calor canicular.* ‖ *Fig.* Ardor, entusiasmo, viveza : *en el calor de la improvisación.* | Afecto, interés : *acoger con calor.* | Lo más vivo de la lucha : *el calor del combate.*
caloría f. *Fís.* Unidad de cantidad de calor equivalente a la cantidad de calor necesaria para elevar la temperatura de un gramo de agua de 14,5 °C a 15,5 °C con la presión atmosférica normal (símb. cal).
calorífico, ca adj. Que da calor.
calorífugo, ga adj. y s. m. Que no transmite el calor.
calorímetro m. Instrumento para medir la cantidad de calor absorbida o cedida por un cuerpo.
calostro m. Primera leche que la hembra da a su cría.
calpense adj. y s. De Gibraltar.
calpulli m. Entre los aztecas, cada una de las partes que se hacían de las tierras cultivadas en común.
calumnia f. Acusación falsa para causar daño en la reputación.
calumniador, ra y **calumniante** adj. y s. Que calumnia, difamador.
calumniar v. t. Atribuir falsamente a otro intenciones o actos deshonrosos.
calumnioso, sa adj. Que contiene calumnia : *escrito calumnioso.*
caluroso, sa adj. Que tiene o da calor : *tarde calurosa.* ‖ *Fig.* Fervoroso : *un aplauso caluroso.*
calva f. Parte de la cabeza de la que se ha caído el pelo.
calvario m. Vía crucis. ‖ *Fig.* Padecimiento : *sufrir un calvario.*
calvicie f. Falta de pelo.
calvinismo m. Doctrina religiosa protestante de Calvino, defensora de la predestinación.
calvinista adj. Del calvinismo : *doctrina calvinista.* ‖ — Com. Partidario del calvinismo.
calvo, va adj. Que ha perdido el cabello (ú. t. c. s.). ‖ Sin vegetación. ‖ *Fam. Ni tanto ni tan calvo,* ni mucho ni poco.
calza f. Cuña o calce para calzar. ‖ Señal que se pone en las patas a ciertos animales. ‖ *Fam.* Media. ‖ *Col.* Empaste de una muela. ‖ — Pl. Calzones.
calzada f. Parte de una calle entre las aceras o de la carretera reservada a los vehículos. ‖ Camino empedrado en Roma.
calzado, da adj. Con zapatos. ‖ Provisto de un calzo o calce. ‖ — M. Lo que se pone en los pies para cubrirlos.
calzador m. Instrumento utilizado para meter el pie en el zapato.
calzar v. t. Cubrir el pie con el calzado (ú. t. c. pr.). ‖ Llevar puestos los guantes, las espuelas, las gafas, etc. ‖ Poner cuñas o calces : *calzar una mesa coja.* ‖ Poner los neumáticos a un vehículo. ‖ *Col.* Empastar una muela.
calzo m. Calce, cuña.
calzón m. Pantalón.
calzonazos m. inv. *Fig.* Hombre condescendiente y dominado por su mujer.
calzoncillos m. pl. Prenda interior del hombre, debajo de los pantalones.
callada f. Silencio : *todos dieron la callada por respuesta.*
callado, da adj. En silencio. ‖ Silencioso, reservado, poco hablador.
callar v. i. No hablar, guardar silencio : *los niños deben callar* (ú. t. c. pr.). ‖ Apagarse un sonido : *callaron las campanas* (ú. t. c. pr.). ‖ — V. t. No decir algo. U. t. c. pr. : *se calló toda la verdad.*
calle f. Vía de circulación en una población, entre dos filas de casas. ‖ Conjunto de vecinos que viven en ella. ‖ Conjunto de

ciudadanos : *el hombre de la calle.* ‖ Banda trazada en un campo deportivo para que el atleta corra, o línea o corchera para los nadadores. ‖ — *Fig. Dejar a uno en la calle* o *echar a uno a la calle,* despedirle. | *Echar por la calle de en medio,* obrar sin miramientos. | *Llevarse a uno de calle,* convencer. | *Traer* o *llevar a uno por la calle de la amargura,* darle preocupaciones y disgustos.

callejear v. i. Corretear, ir de un sitio a otro sin ningún fin.

callejeo m. Acción y efecto de callejear.

callejero, ra adj. De la calle. ‖ Amigo de callejear. ‖ Ambulante : *venta callejera.* ‖ — M. Lista de calles de una población.

callejón m. Calle pequeña y estrecha. ‖ Espacio entre la barrera y la contrabarrera en las plazas de toros. ‖ *Callejón sin salida,* el que sólo tiene entrada y no salida ; (fig. y fam.) situación apurada de difícil salida, atolladero.

callejuela f. Calle pequeña.

callicida m. Remedio para extirpar los callos.

callista com. Persona que se dedica a cortar y curar los callos.

callo m. Dureza producida en los pies o en las manos por el roce de un cuerpo duro. ‖ *Fig.* y *fam.* Mujer fea. ‖ *Fam. Dar el callo,* trabajar. ‖ — Pl. Pedazos del estómago de la ternera o carnero, que se comen guisados : *callos a la madrileña.*

callosidad f. Espesor y endurecimiento de la epidermis.

cama f. Mueble para descansar o dormir. ‖ Sitio donde uno se puede acostar. ‖ Plaza en una comunidad : *hospital de cien camas.* ‖ Pieza central del arado. ‖ — *Caer en cama,* ponerse uno enfermo. ‖ *Cama turca,* la que no tiene cabecera ni pies.

camada f. Hijos que cría de una vez un animal. ‖ *Fig.* Banda.

camafeo m. Piedra preciosa labrada de relieve.

camagua f. *Amer.* Maíz tardío.

camaleón m. Género de reptiles saurios cuyo color cambia según el medio que le rodea. ‖ — Adj. y s. *Fig.* Que cambia de opinión.

camándula com. Hipócrita. ‖ — F. Hipocresía.

cámara f. (Ant.). Habitación. ‖ Habitación principal de una casa. ‖ Cuarto de dormir : *cámara nupcial.* ‖ Habitación de un rey, de un papa. ‖ Sala de los barcos destinada a los jefes u oficiales. ‖ Tomavistas de cine o de televisión. ‖ Armario refrigerador en el que se conservan los alimentos. ‖ Hueco en el que se pone un cartucho, un explosivo. ‖ Tubo de goma, en el interior de la cubierta de un neumático o en un balón, que se hincha con aire. ‖ *Mec.* Espacio cerrado en que tiene lugar una combustión. ‖ Lugar en que se reúnen ciertos cuerpos profesionales : *Cámara de Comercio.* ‖ Edificio en que se reúnen los cuerpos legislativos de un país : *Cámara de Diputados.* ‖ Armario : *cámara acorazada.* ‖ — *Cámara de gas,* recinto en el que, inyectando gases tóxicos, se da muerte a una persona. ‖ *Cámara de los Comunes,* cámara baja del Parlamento británico que ejerce el poder legislativo. ‖ *Cámara de los Lores,* cámara alta del Parlamento británico, equivalente al Senado. ‖ *Cámara fotográfica,* máquina de retratar. ‖ *Cámara lenta,* proyección lenta de una película. ‖ *Cámara mortuoria,* habitación donde está de cuerpo presente un cadáver.

cámara m. Operador de cine.

camarada com. Compañero.

camaradería f. Compañerismo.

camarero, ra m. y f. Persona que sirve a los consumidores de un café, bar, restaurante. ‖ Persona encargada de las habitaciones de un hotel o de los camarotes de un barco. ‖ Criado, dama de un rey o de un Papa : *camarera mayor de la reina.*

camarilla f. Conjunto de personas que influyen en los asuntos del Estado o cerca de alguna autoridad o personalidad. ‖ Grupo de personas que dirigen cualquier asunto sin que dejen que otros interesados intervengan en nada.

camarín m. Habitación de las iglesias en las que se guardan las ropas y joyas de una imagen de la Virgen. ‖ Camerino de los actores.

camarlengo m. Cardenal que administra el tesoro de la Iglesia cuando está vacante la Santa Sede.

camarón m. Pequeño crustáceo decápodo marino, comestible.

camarote m. Dormitorio de barco.

camastro m. Cama mala.

cambalache m. *Fam.* Cambio.

cambalachear v. t. Cambiar.

cambiadizo, za adj. Que cambia : *tiene un carácter cambiadizo.*

cambiador, ra adj. y s. Que cambia. ‖ — M. *Amer.* Guardagujas. ‖ *Cambiador de calor,* aparato para calentar o refrigerar un fluido por medio de otro que circula a temperatura diferente.

cambiante adj. Que cambia.

cambiar v. t. Ceder una cosa por otra : *cambiar sellos con un filatelista.* ‖ Reemplazar. ‖ Convertir una moneda en otra. ‖ Convertir en dinero menudo (ú. t. c. i.). ‖ Variar, mudar. ‖ — V. i. Mudar el viento. ‖ Variar, alterarse : *el tiempo va a cambiar.* ‖ Pasar otra velocidad a un automóvil. ‖ — V. pr. Mudarse de ropa.

cambiazo m. Sustitución.

cambio m. Acción y efecto de cambiar. ‖ Modificación que resulta de ello. ‖ Trueque : *cambio de libros.* ‖ Moneda fraccionaria. ‖ Dinero que se da de vuelta. ‖ Precio de cotización de los valores mercantiles. ‖ Operación que consiste en la compra y venta de valores, monedas y billetes. ‖ Diferencia que se paga o cobra por cambiar moneda de un país por la de otro. ‖ — *A las primeras de cambio,* de buenas a primeras ; a la primera oportunidad. ‖ *Cambio de marcha o de velocidad,* sistema de engranajes que permite ajustar la velocidad de un vehículo al régimen de revoluciones del motor.

cambista com. Persona que cambia dinero. ‖ — M. Banquero.

camboyano, na adj. y s. De Camboya.

cambriano, na y **cámbrico, ca** adj. y. s. *Geol.* Dícese del primer período de la era primaria, así como de sus terrenos y fósiles.

camelar v. t. *Fam.* Enamorar. | Embaucar con adulaciones.

cameleo m. *Fam.* Acción de camelar.

camelia f. Arbusto de flores bellas e inodoras.

camélidos m. pl. Familia de rumiantes a la que pertenecen el camello, el dromedario, la llama, la alpaca, etc. (ú. t. c. adj.).
camelista com. *Fam.* Cuentista.
camelístico, ca adj. Fantasioso.
camelo m. *Fam.* Galanteo. | Mentira, cuento. | Bulo, noticia falsa.
camellear v. i. *Fam.* Vender drogas al por menor.
camello m. Rumiante que tiene dos jorobas en el lomo. ‖ *Fam.* Idiota. | Vendedor de drogas al por menor.
camellón m. Caballón. ‖ *Amer.* Terraplén.
cameraman m. (pal. ingl.). Operador de cine, cámara.
camerino m. Cuarto donde se visten los artistas en el teatro.
camilla f. Cama pequeña. ‖ Cama portátil, a modo de angarillas o andas, para transportar enfermos y heridos. ‖ Mesa redonda cubierta con faldilla bajo la cual se pone un brasero.
camillero m. Persona que transporta heridos en camilla.
caminante adj. y s. Viajero a pie, que camina.
caminar v. i. Ir de viaje. ‖ Ir de un sitio a otro, andar. ‖ Seguir su curso los ríos, los astros. ‖ *Fig.* Ir.
caminata f. Recorrido largo.
caminero, ra adj. Propio de los caminos y carreteras.
camino m. Vía de tierra por donde se pasa para ir de un sitio a otro. ‖ Cualquier vía de comunicación. ‖ Ruta : *me lo encontré en el camino.* ‖ Curso : *el camino de un astro.* ‖ Viaje : *ponerse en camino.* ‖ *Fig.* Medio para conseguir una cosa : *estar en buen camino.* | Vía, medio que conduce a un fin : *el camino de la gloria.*
camión m. Vehículo grande utilizado para transportar mercancías. ‖ *Amer.* Autobús. ‖ — *Camión cisterna,* el que transporta carburantes líquidos, agua, vinos, etc. ‖ *Fam. Estar como un camión,* ser muy guapa y atractiva una persona.
camionaje m. Transporte por camión. ‖ Precio que cuesta.
camionero m. Conductor de camión o camioneta.
camioneta f. Camión pequeño. ‖ Autobús.
camisa f. Prenda masculina con cuello y puños que cubre el busto. ‖ Revestimiento interior o exterior de una pieza mecánica, de un horno, de un proyectil. ‖ Carpeta, portadocumentos. ‖ Sobrecubierta de un libro. ‖ — *Camisa de fuerza,* la que se pone a los locos. (En América, *chaleco de fuerza.*) ‖ *Camisa vieja,* falangista de la primera época en España. ‖ *Fam. Dejar sin camisa,* arruinar, quitar a uno cuanto tenía. | *Meterse en camisa de once varas,* inmiscuirse uno en lo que no le importa. | *Mudar* o *cambiar de camisa,* cambiar de opinión o de partido. | *No llegarle la camisa al cuerpo,* estar uno con mucho miedo. | *Vender hasta la camisa,* venderlo todo.
camisería f. Tienda donde se venden camisas y taller o fábrica donde se hacen.
camisero, ra m. y f. Persona que confecciona o vende camisas. ‖ — Adj. Aplícase a cierto traje de mujer abotonado por delante.
camiseta f. Prenda de vestir corta, de punto o de franela, que se pone debajo de la camisa. ‖ Camisa de verano cuya botonadura no llega hasta el final. ‖ La usada por los deportistas.
camisola f. Camisa o camiseta.
camisón m. Camisa de dormir. ‖ Camisa larga o grande.
camomila f. Manzanilla.
camorra f. Pendencia, pelea.
camorrear v. i. Armar camorra.
camorrista adj. y s. Peleón.
camote m. *Méx.* Batata, boniato.
campal adj. Del campo. ‖ *Batalla campal,* la de campo raso.
campamento m. Acción de acampar o acamparse. ‖ Lugar donde se acampa. ‖ Grupo de personas acampadas. ‖ *Por ext.* Instalación provisional.
campana f. Instrumento de bronce, de forma de copa invertida, que tiene en su interior un badajo que la golpea y la hace sonar. ‖ *Fig.* Cualquier cosa que tiene forma semejante a este instrumento : *campana de la chimenea.* | Vaso de cristal o de vidrio utilizado para proteger ciertas cosas : *campana del queso.* ‖ — *Campana de buzo* o *de salvamento,* recipiente con aire comprimido utilizado por los buzos para sumergirse. ‖ *Campana neumática,* recipiente en cuyo interior se hace el vacío. ‖ *Fig. Echar las campanas al vuelo,* alegrarse mucho.
campanada f. Golpe que da el badajo en la campana. ‖ Sonido que hace. ‖ *Fig.* Suceso inesperado que causa escándalo o sorpresa.
campanario m. Torre de iglesia donde se colocan las campanas.
campanear v. i. Tañer las campanas. ‖ — V. t. *Arg. Fam.* Mirar.
campanero m. El que hace campanas o las toca.
campanilo m. Campanario de ciertas iglesias italianas.
campanilla f. Campana pequeña : *la campanilla de la puerta.* ‖ Úvula de la garganta. ‖ Flor de la enredadera. ‖ Adorno de figura de campana. ‖ *Fam. De muchas campanillas,* importante, notable.
campanillear v. i. Tocar la campanilla.
campanilleo m. Sonido de las campanillas.
campante adj. *Fig.* Contento de sí, satisfecho. | Tranquilo.
campanudo, da adj. De forma de campana. ‖ *Fig.* Ampuloso.
campánula f. *Bot.* Farolillo.
campanuláceas f. pl. *Bot.* Plantas angiospermas dicotiledóneas que tienen por tipo el farolillo o la campánula (ú. t. c. adj.).
campaña f. Expedición militar. ‖ Período de tiempo en una guerra. ‖ Cualquier empresa política, económica, publicitaria o de otra cosa, de poca duración, encaminada a obtener un resultado. ‖ Campo llano.
campar v. i. Acampar. ‖ Sobresalir. ‖ *Fig. Campar por sus respetos,* hacer lo que uno quiere.
campeador adj. Distinguido en la guerra.
campear v. i. *Fig.* Sobresalir.
campechanía f. Llaneza.
campechano, na adj. y s. De Campeche (México). ‖ — F. *Méx.* Bebida compuesta de diferentes licores.
campechano, na adj. *Fig.* Amistoso, llano. | Sin cumplidos.
campeche m. Madera dura tintórea de América.
campeón m. Vencedor de una competición deportiva : *campeón de fútbol.* ‖ *Fig.* Defensor, paladín : *campeón de la justicia.*
campeonato m. Prueba deportiva entre varios equipos o jugadores. ‖ *Fig.* y *fam. De campeonato,* formidable.

campero, ra adj. Relativo al campo o en el campo. ‖ — F. *Amer.* Prenda de abrigo a modo de blusa, que llega a la cintura. ‖ — M. Jeep, vehículo todo terreno.
campesinado m. Conjunto o clase social de los campesinos.
campesino, na adj. Propio del campo : *vida campesina.* ‖ — Adj. y s. Que vive en el campo.
campestre adj. Del campo.
camping m. Actividad que consiste en vivir al aire libre y dormir en una tienda de campaña. ‖ Terreno reservado a esta actividad.
campiña f. Campo.
campista m. Persona que hace camping.
campo m. Terreno fuera de poblado. ‖ Tierra laborable. ‖ Lugar en que tiene lugar un combate : *campo de operaciones.* ‖ Lugar donde se celebra un encuentro deportivo : *campo de fútbol.* ‖ *Fig.* Ambito, medio, esfera : *campo de actividad.* | Asunto, materia : *el campo de la cultura.* ‖ *Fig.* Espacio en que se hace perceptible un fenómeno : *campo magnético.* ‖ *Campo de concentración,* terreno cercado en el que se recluyen, en tiempo de guerra, los súbditos de países enemigos y también a otras personas por razones políticas.
camposanto m. Cementerio.
campus m. Ciudad universitaria cerca de una población para la enseñanza y el alojamiento de los estudiantes.
camueso m. Especie de manzano.
camuflaje m. Acción y efecto de camuflar.
camuflar v. t. Ocultar un objetivo militar. ‖ *Fig.* Disimular.
can m. Perro.
cana f. Cabello blanco. ‖ *Fig.* y *fam. Echar una cana al aire,* divertirse uno ocasionalmente.
canadiense adj. y s. Del Canadá.
canal m. Cauce artificial que, mediante esclusas, permite a las embarcaciones salvar las diferencias de nivel. ‖ Paso artificial que hace comunicar entre sí a dos mares : *el canal de Panamá.* ‖ Estrecho o brazo de mar : *el canal de la Mancha.* ‖ Conducto excavado en la tierra por donde pasan las aguas, el gas, etc. ‖ Vaso del organismo animal o vegetal : *canal excretor.* ‖ Banda de frecuencia entre cuyos límites se efectúa una emisión de televisión. ‖ — Amb. Conducto que corre por el alero de un tejado para recoger las aguas de lluvia y llevarlas al suelo a través de un tubo vertical. ‖ Res muerta una vez que se han quitado por completo los despojos.
canalización f. Acondicionamiento de un curso de agua para hacerlo navegable. ‖ — Pl. Conjunto de tubos o cañerías. ‖ *Amer.* Alcantarillado.
canalizar v. t. Abrir canales. ‖ Hacer navegable un curso de agua. ‖ *Fig.* Encauzar, orientar.
canalón m. Cañería que recoge en los tejados el agua de los canales.
canalla f. Gente ruin, populacho vil. ‖ — M. Hombre vil, miserable.
canallada f. Acción o dicho propio de un canalla.
canallesco, ca adj. Propio de la canalla o de un canalla.
canana f. Cartuchera.
canapé m. Sofá. ‖ Pedazo de pan untado de algo (caviar, salmón ahumado, queso, etc.).
canario m. Pájaro de color amarillo claro y de canto melodioso.
canario, ria adj. y s. De las islas Canarias (España).
canasta f. Cesto de mimbre ancho de boca. ‖ Juego de naipes con dos o más barajas francesas. ‖ Punto en el baloncesto.
canastero, ra m. y f. Persona que hace o vende canastas.
canastilla f. Cestillo.
canastillo m. Canasto pequeño y bajo. ‖ Macizo de flores redondo.
canasto m. Canasta menos ancha de boca. ‖ *¡Canastos!,* interj. de enfado, protesta o sorpresa.
cáncamo m. Armella.
cancanear v. i. *Fam.* Errar, vagar.
cancaneo m. *Fam.* Paseo sin objeto.
cancel m. Armazón de madera que se pone delante de las puertas de los edificios, por la parte interior, para impedir la entrada del aire. ‖ *Amer.* Biombo. ‖ *Arg.* Cancela.
cancela f. Reja de hierro forjado en el umbral de una puerta.
cancelación f. Anulación. ‖ Pago.
cancelador m. Dispositivo para picar o fechar los billetes.
cancelar v. t. Anular. ‖ Saldar, pagar una deuda. ‖ Picar o fechar un billete.
cáncer m. Tumor maligno formado por la mutiplicación desordenada de las células de un tejido o de un órgano. ‖ *Fig.* Lo que destruye una sociedad, una organización, una empresa, etc.
cancerarse v. pr. Volverse canceroso. ‖ *Fig.* Corromperse.
cancerígeno, na adj. Que provoca el cáncer.
canceroso, sa adj. De la naturaleza del cáncer : *úlcera cancerosa.* ‖ Atacado de cáncer (ú. t. c. s.).
canciller m. Antiguo dignatario que guardaba el sello real. ‖ Empleado consular inferior al vicecónsul. ‖ En algunos Estados, jefe del Gobierno : *el canciller alemán.* ‖ En varios países latinoamericanos, ministro o secretario de Relaciones Exteriores.
cancillería f. Dignidad o cargo de canciller. ‖ Oficina especial en las embajadas y consulados. ‖ Alto centro diplomático que dirige la política exterior de un país.
canción f. Composición generalmente en verso que se puede cantar. ‖ Música con que se canta.
cancionero m. Colección de canciones y poesías de diversos autores : *el cancionero de Baena.*
cancionista com. Persona que compone o canta canciones.
canco m. *Fam.* Marica.
cancha f. *Amer.* Campo de deportes : *cancha de fútbol.* | Hipódromo. | Patio, corral. | Trozo de un río entre dos recodos. | Habilidad adquirida con la experiencia. ‖ *Riopl. Abrir cancha,* abrir paso.
candado m. Cerradura móvil que, por medio de anillos o armellas, asegura puertas, cofres, etc.
cande adj. Aplícase al azúcar cristalizado.
candeal adj. Aplícase al trigo blanco y al pan hecho con él.
candela f. Vela de sebo, resina, etc. ‖ *Fam.* Lumbre, fuego. ‖ *Fís.* Unidad legal de intensidad luminosa (símb. cd).
candelabro m. Candelero.
candelero m. Utensilio con que se sostiene una vela. ‖ Velón. ‖ *Fig.* y *fam. Estar en el candelero,* gozar de una posición destacada.

candente adj. Aplícase al metal calentado al rojo. ‖ *Fig. Cuestión candente,* la muy grave o actual.
candi adj. Cande.
candidato, ta m. y f. Persona aspirante o destinada a algún cargo, dignidad o título.
candidatura f. Aspiración a un honor o cargo, pretensión de alguien como candidato. ‖ Papeleta en que va impreso el nombre del candidato o candidatos. ‖ Propuesta de una o varias personas para un cargo.
candidez f. Ingenuidad.
cándido, da adj. y s. Ingenuo.
candil m. Lámpara de aceite con una mecha.
candilejas f. pl. *Teatr.* Luces del proscenio.
candombe m. *Amer.* Baile de los negros de Sudamérica. | Tambor.
candombear v. i. *Amer.* Bailar el candombe. | *Fig.* Intrigar.
candor m. Candidez.
candoroso, sa adj. Cándido.
canela f. Corteza del canelo, empleada como condimento aromático. ‖ *Fig.* Cosa muy apreciada.
canelón m. Rollo de pasta relleno de carne o pescado.
canelonense adj. y s. De Canelones (Uruguay).
canesú m. Cuerpo de vestido de mujer corto y sin mangas. ‖ Pieza superior de la camisa o blusa a la cual se pega el cuello, las mangas y el resto de la prenda.
cangilón m. Cada una de las vasijas de la noria o de ciertas dragas. ‖ *Amer.* Carril del camino.
cangreja f. *Mar.* Vela en popa.
cangrejo m. Crustáceo fluvial o marino comestible. ‖ *Mar.* Verga que ajusta al palo del buque y que puede girar y correrse.
canguelo m. *Pop.* Miedo.
canguro m. Mamífero marsupial de Australia y Nueva Guinea que anda a saltos.
caníbal adj. y s. Nombre que los españoles dieron a los antiguos caribes. ‖ Antropófago. ‖ *Fig.* Salvaje, cruel, bruto.
canibalismo m. Antropofagia de los caníbales. ‖ *Fig.* Salvajismo.
canicas f. pl. Juego de muchachos con bolitas de barro o de cristal. ‖ Estas bolitas.
canicie f. Blancura del pelo.
canícula f. Período más caluroso del año, correspondiente al principio del verano.
canicular adj. Del verano, muy caliente : *temperatura canicular.*
cánidos m. pl. *Zool.* Familia de mamíferos carniceros cuyo tipo es el perro y el lobo (ú. t. c. adj.).
canijo, ja, adj. Enclenque.
canilla f. *Anat.* Cualquiera de los huesos largos de la pierna o del brazo. ‖ Tubo pequeño de madera por donde se vacía la cuba. ‖ Carrete de la lanzadera de la máquina de coser o de tejer. ‖ *Arg.* Grifo. ‖ *Méx.* Fuerza.
canillita m. *Amer.* Vendedor ambulante de periódicos.
canino, na adj. Relativo al perro : *raza canina.* ‖ *Fig.* Enorme, muy grande : *hambre canina.* ‖ — M. Colmillo (ú. t. *diente canino*).
canje m. Cambio.
canjeable adj. Que se puede canjear.
canjear v. t. Cambiar, trocar.
cano, na adj. Con canas.
canoa f. Embarcación estrecha de remo.
canódromo m. Pista para las carreras de galgos.
canon m. Decreto, norma relativa a la fe o a la disciplina religiosa. ‖ Conjunto de libros que se consideran que han sido inspirados por Dios. ‖ Unidad de medida que sirve de modelo a los escultores en las proporciones de sus estatuas. ‖ Regla metódica, norma, precepto que se debe observar. ‖ Prototipo, tipo perfecto, modelo. ‖ Pago o precio de un arrendamiento : *canon elevado.* ‖ Censo, tributo.
canónico, ca adj. Hecho según los sagrados cánones : *Derecho canónico.* ‖ Aplícase a los libros auténticos de la Sagrada Escritura.
canónigo m. Sacerdote que tiene una canonjía.
canonista m. El versado en Derecho canónico.
canonización f. Inclusión en el catálogo de santos.
canonizar v. t. Declarar santo la Iglesia católica a un siervo de Dios ya beatificado. ‖ *Fig.* Calificar de buena a una persona o cosa.
canonjía f. Prebenda del sacerdote que pertenece al cabildo de una catedral o colegiata. ‖ *Fig.* y *fam.* Cargo de poco trabajo y buen provecho.
canoro, ra adj. Que canta.
canoso, sa adj. Con canas.
canotié y **canotier** m. Sombrero de paja de ala plana.
cansado, da adj. Fatigado. ‖ Fatigoso : *viaje cansado.*
cansancio m. Fatiga, falta de fuerzas que resulta de haberse fatigado. ‖ Aburrimiento, molestia.
cansar v. t. Causar cansancio, fatigar. ‖ Afectar desagradablemente : *tanta claridad cansa los ojos.* ‖ *Fig.* Aburrir, hartar. | Fastidiar : *su habla me cansa.* | — V. pr. Fatigarse : *cansarse de caminar.*
cansino, na adj. Pesado : *película cansina.* ‖ Lento : *voz cansina.*
cantábrico, ca adj. Concerniente a Cantabria.
cántabro, bra adj. y s. De la ant. Cantabria en la prov. de Santander (España).
cantador, ra m. y f. Persona que canta.
cantamañanas com. inv. Cuentista.
cantante adj. Que canta. ‖ *Fig. Llevar la voz cantante,* mangonear, llevar la dirección de un asunto. ‖ — Com. Persona que tiene como oficio cantar en un teatro lírico o interpretar canciones.
cantaor, ra m. y f. Cantor de flamenco.
cantar m. Composición poética, generalmente de cuatro versos, que puede ser cantada. ‖ *Fig.* y *fam.* Asunto, cosa : *eso es ya otro cantar.* ‖ *Cantar de gesta,* poema medieval de origen popular o anónimo, perteneciente al *mester de juglaría,* en que los héroes ensalzados son en general personajes históricos.
cantar v. t. e i. Emitir con la boca sonidos musicales : *cantó un himno.* ‖ Producir sonidos melodiosos los pájaros, los gallos, los insectos. ‖ *Fig.* Celebrar, ensalzar. ‖ Decir algo con cierta entonación : *cantar los números de la lotería.* ‖ Decir : *cantar misa.* ‖ Anunciar los naipes cuando se tiene tute : *cantar las cuarenta.* ‖ *Fig.* y *fam.* Confesar, declarar : *cantó de plano.*
cántara f. Cántaro.
cantárida f. Insecto coleóptero de color verde dorado.

cántaro m. Recipiente grande de barro, ancho de barriga y estrecho de pie y de cuello. ‖ Su contenido. ‖ Medida antigua para líquidos.
cantata f. Composición poética que se canta. ‖ Su música.
cantautor, ra m. y f. Persona que compone las canciones que interpreta.
cante m. En Andalucía, cualquier género de canto popular.
cantera f. Lugar de donde se extrae piedra de construcción. ‖ *Fig.* Sitio que porporciona personas o elementos para el ejercicio de un trabajo o profesión.
cantería f. Arte de labrar piedras de construcción. ‖ Obra de piedra labrada. ‖ Sillar.
cantero m. Hombre que labra las piedras o las saca de la cantera.
cántico m. Canto religioso.
cantidad f. Todo lo que es capaz de aumento o disminución, y puede medirse o numerarse. ‖ Porción de algo : *ésta es la cantidad precisa.* ‖ Gran número de algo. ‖ *Mat.* Expresión de una magnitud. ‖ — Adv. *Fam.* Mucho : *me gusta cantidad.*
cantiga f. Antigua composición poética destinada al canto.
cantil m. Escalón formado en la costa o en el fondo del mar.
cantilena f. Composición poética corta para ser cantada. ‖ *Fig.* y *fam.* Repetición.
cantilever m. *Tecn.* Viga fijada en un extremo y libre en el otro.
cantimpla adj. y s. Simplón.
cantimplora f. Vasija plana de metal para llevar líquidos en viajes.
cantina f. Sitio donde se sirve de comer y de beber a los soldados, a los obreros de una fábrica o a los niños de una escuela. ‖ Puesto público, generalmente en las estaciones, en que se venden bebidas y comestibles. ‖ *Méx.* Taberna.
cantinela f. Cantilena.
cantinero, ra m. y f. Encargado de la cantina.
canto m. Acción y efecto de cantar. ‖ Arte de cantar. ‖ Serie de sonidos modulados emitidos por la voz. ‖ Lo que se canta. ‖ Su letra : *canto de amor.* ‖ Canción, cualquier composición poética. ‖ Himno. ‖ Cada una de las divisiones del poema épico o didáctico : *los cantos de Homero.*
canto m. Extremo o borde : *el canto de una moneda.* ‖ Esquina o arista. ‖ Lado. ‖ Parte del cuchillo o sable opuesta al filo. ‖ Corte del libro opuesto al lomo, etc. ‖ Piedra. ‖ — *Canto rodado,* guijarro. ‖ *De canto,* de lado.
cantón m. Esquina. ‖ Región, país. ‖ División administrativa de ciertos Estados.
cantonal adj. Del cantón. ‖ — Adj. y s. Partidario o relativo al cantonalismo.
cantonalismo m. Sistema político que divide el Estado en cantones confederados.
cantonera f. Pieza que protege la esquina de una cosa.
cantor, ra m. y f. Persona que canta. ‖ Poeta. ‖ — F. pl. *Zool.* Dícese de un orden de aves que cantan (ú. t. c. adj.).
cantueso m. *Bot.* Planta labiada de flores moradas.
cantúo, úa adj. *Pop.* Magnífico. | De cuerpo muy bello.
canturrear v. t. e i. Cantar a media voz.
canturreo m. Acción de canturrear.
cánula f. Tubo corto de goma de los aparatos quirúrgicos o físicos.
canutas f. pl. *Fam. Pasarlas canutas,* pasarlo muy mal.
canuto m. En las cañas, parte que media entre nudo y nudo. ‖ *Fam.* Porro.
caña f. *Bot.* Tallo de las gramíneas : *caña del bambú.* | Nombre de varias plantas gramíneas que se crían a orillas de los ríos y estanques. | Rota. ‖ Canilla del brazo o de la pierna. ‖ Médula de los huesos. ‖ Parte de la bota que cubre la pierna. ‖ Vaso troncocónico y alto : *una caña de cerveza.* ‖ Eje del ancla. ‖ Cierta canción popular andaluza. ‖ *Arq.* Fuste. ‖ Cuerpo de varios instrumentos : *caña del timón.* ‖ *Amer.* Ron, tafia. ‖ *Caña de azúcar,* planta cuyo tallo está lleno de un tejido esponjoso del que se extrae el azúcar.
cañada f. Camino por el que pasan los rebaños trashumantes. ‖ Paso o valle entre dos alturas montañosas. ‖ *Amer.* Arroyo.
cañaduz f. Caña de azúcar.
cañamazo m. Tela con agujeros empleada para bordar. ‖ *Fig.* Boceto, proyecto, esbozo.
cáñamo m. Planta dicotiledónea y apétala cuyas fibras se utilizan para fabricar tejidos y cuerdas. ‖ Lienzo que se hace con estas fibras.
cañamón m. Semilla del cáñamo.
cañaveral m. Plantación de cañas o carrizos.
cañear v. i. Beber cañas de cerveza.
cañería f. Tubo o conducto para el agua, el gas, etc.
cañí adj. y s. Gitano.
cañizo m. Tejido o zarzo de caña que sirve para cubrir los techos o para dar sombra.
caño m. Tubo corto. ‖ Albañal para las aguas sucias. ‖ Chorro de agua.
cañón m. Tubo que sirve para varios usos : *cañón de anteojo, de órgano.* ‖ Tubo de un arma de fuego : *el cañón del fusil.* ‖ Pieza de artillería : *cañon antiaéreo.* ‖ Parte córnea y hueca de la pluma del ave. ‖ Pliegue redondo en la ropa. ‖ Desfiladero, paso estrecho entre montañas : *el Cañón del Colorado.*
cañonazo m. Disparo de cañón de artillería. ‖ Ruido y daño que hace. ‖ En el fútbol, chut fuerte. ‖ *Fam.* Gran sorpresa.
cañonear v. t. Disparar cañonazos.
cañoneo m. Disparos de cañón.
cañonera f. Aspillera, tronera. ‖ *Mil.* Espacio en la baterías para poner los cañones. ‖ *Mar.* Porta, portañola.
cañonero, ra adj. *Mar.* Dícese del barco armado de algún cañón : *lancha cañonera* (ú. t. c. s. m.).
caoba f. Arbol de madera rojiza empleada en ebanistería. ‖ Su madera : *mesa de caoba.*
caobo m. Caoba, árbol.
caolín m. Variedad de arcilla blanca muy pura utilizada en la industria de la porcelana.
caos m. Estado de confusión de la materia antes de la creación del universo. ‖ *Fig.* Confusión grande.
caótico, ca adj. Confuso.
capa f. Prenda de abrigo larga, suelta y sin mangas. ‖ Tela encarnada que usan los toreros para lidiar los toros. ‖ Vestidura sacerdotal. ‖ Lo que cubre, revestimiento : *capa de barniz.* ‖ Disposición de terrenos sedimentarios en una masa homogénea : *capa acuífera.* ‖ Cubierta con que se protege una cosa. ‖ Color de las caballerías. ‖ *Fig.* Baño, barniz, tinte : *capa de cultura.* | Apariencia : *bajo una capa de humildad.* | Pretexto. | Encubridor. | Clase, categoría : *las capas sociales.* ‖ — *Fig. Andar de capa caída,* andar mal de posición o de salud. | *So* o *bajo capa de,* con el pretexto.

capacidad f. Cabida, contenido. ‖ Espacio de un sitio o local. ‖ *Fig.* Inteligencia, talento, aptitud, competencia : *hombre de gran capacidad.* ‖ *For.* Aptitud legal para gozar de un derecho.
capacitación f. Formación, acción y efecto de capacitar.
capacitar v. t. Formar, preparar, hacer apto a uno para realizar algo. ‖ Dar derecho.
capacho m. Espuerta de juncos o mimbres. ‖ Sera de esparto que sirve para varios usos.
capador m. El que capa.
capadura f. Ablación de las glándulas genitales. ‖ Cicatriz que produce.
capar v. t. Castrar, inutilizar los órganos genitales. ‖ *Fig.* y *fam.* Disminuir, cercenar.
caparazón m. Armadura de adorno con que se viste al caballo. ‖ Cubierta que se pone a una cosa para protegerla. ‖ Cubierta que protege el cuerpo de ciertos animales. ‖ *Fig.* Protección, coraza.
caparidáceas f. pl. Familia de plantas angiospermas dicotiledóneas herbáceas o arbóreas (ú. t. c. adj.).
capataz m. Encargado de dirigir cierto número de trabajadores.
capaz adj. Que puede contener : *estadio capaz para cien mil personas.* ‖ *Fig.* Que puede hacer : *es capaz de matarle.* | Accesible : *capaz de compasión.* | Apto : *capaz para el cargo.* | De buen talento o instrucción. ‖ *For.* Apto legalmente para una cosa.
capciosidad f. Calidad de lo que induce a engaño.
capcioso, sa adj. Engañoso.
capea f. Toreo con la capa. ‖ Lidia de becerros o novillos por aficionados en los pueblos.
capear v. t. *Taurom.* Torear con la capa. ‖ *Fig.* y *fam.* Entretener con pretextos : *capear a uno.* | Eludir o sortear un compromiso. ‖ Mantenerse el barco con viento contrario.
capelo m. Sombrero rojo de los cardenales.
capellán m. Sacerdote de una capellanía o el que está al servicio de un establecimiento o comunidad.
capellanía f. Beneficio eclesiástico que goza un sacerdote.
capeo m. Toreo con la capa.
capicúa m. Cantidad que se lee lo mismo en un sentido que en otro. U. t. c. adj. : *el 37073 es capicúa.*
capilar adj. Relativo a la capilaridad. ‖ Del cabello. ‖ Fino como un cabello, muy fino : *tubo capilar.* ‖ *Anat. Vasos capilares,* las últimas ramificaciones de los vasos sanguíneos del sistema circulatorio.
capilaridad f. Calidad de capilar. ‖ Conjunto de los fenómenos producidos en los tubos capilares.
capilla f. Iglesia pequeña. ‖ Parte de una iglesia que tiene altar. ‖ Altar portátil de un regimiento. ‖ Cuerpo de músicos de una iglesia. ‖ *Fig.* Pequeño grupo de adictos a una persona o a una idea, camarilla.
capillita f. Capilla, camarilla.
capirotazo m. Golpe dado en la cabeza con un dedo apoyándolo en la yema del pulgar y soltándolo con fuerza.
capirote m. Especie de gorro antiguo muy alto. ‖ Muceta de los doctores de Universidad. ‖ Cucurucho : *capirote de los penitentes.* ‖ *Fig. Tonto de capirote,* muy tonto.
capita (per). V. PER CAPITA.
capital adj. Esencial, fundamental, importante. ‖ Importantísimo : *equivocación capital.* ‖ Que es como cabeza de una cosa : *ciudad capital de provincia.* ‖ Que cuesta la vida : *pena capital.* ‖ — M. Bienes, fortuna que uno posee : *tener mucho capital.* ‖ Dinero de que dispone una empresa. ‖ Conjunto de dinero en el aspecto financiero : *el capital y el trabajo.* ‖ *Fig.* Conjunto de recursos intelectuales de una persona. ‖ — Pl. Conjunto de todos los instrumentos de producción. ‖ — F. Ciudad de un Estado en la que reside el Gobierno. ‖ Población principal y cabeza de un distrito o provincia. ‖ *Impr.* Letra mayúscula (ú. t. c. adj.).
capitalino, na adj. y s. De la capital.
capitalismo m. Régimen económico en el que los medios de producción pertenecen a los que han invertido capitales. ‖ Conjunto de capitales y capitalistas.
capitalista adj. Relativo al capital y al capitalismo. ‖ — Com. Persona que posee dinero o que invierte capital en una empresa.
capitalización f. Acción y efecto de capitalizar. ‖ Valoración de un capital por la renta que produce.
capitalizar v. t. Determinar el capital según los intereses que produce. ‖ Agregar al capital los intereses producidos por él. ‖ *Fig.* Sacar ventaja de algo : *la izquierda capitalizó el éxito de la manifestación.* ‖ — V. i. Acumular dinero.
capitán m. Jefe de una tropa. ‖ En el ejército, jefe de una compañía, escuadrón o batería entre el teniente y comandante. ‖ Comandante de un barco, puerto, avión, etc. ‖ Jefe de guerra distinguido : *Bolívar, gran capitán de la independencia americana.* ‖ Jefe de un grupo de gente, de un equipo deportivo, de una banda.
capitana f. Mujer del capitán. ‖ *Mar.* Nave principal de una escuadra.
capitanear v. t. Acaudillar. ‖ *Fig.* Dirigir cualquier gente, una sublevación, etc.
capitanía. f. *Mil.* Empleo de capitán. ‖ Oficina del capitán. ‖ *Mar.* Derecho que se paga al capitán de un puerto. ‖ *Capitanía general,* edificio donde están las oficinas y cargo y territorio de un capitán general. (En la América española, la *capitanía general* era una demarcación territorial que gozaba de cierta independencia respecto al virreinato. Las hubo en Cuba, Guatemala, Venezuela, Chile y Puerto Rico.)
capitel m. *Arq.* Parte superior de la columna : *capitel corintio.*
capitolio m. *Fig.* Edificio majestuoso y elevado.
capitoné adj. Galicismo por *acolchado.* ‖ — M. Vehículo acolchado para transportar muebles.
capitoste m. *Fam.* Mandamás.
capitulación f. Convenio de rendición de una plaza o ejército. ‖ *Fig.* Abandono de una opinión, de una actitud. ‖ — Pl. Contrato de matrimonio.
capitular v. i. Rendirse al enemigo con ciertas condiciones. ‖ *Fig.* Abandonar una posición. ceder.
capítulo m. División de un libro, tratado, ley, código, etc. ‖ Asamblea o cabildo de canónigos o religiosos. ‖ Lugar donde se reúne. ‖ Asamblea o reunión secular. ‖ Reprensión grave y pública. ‖ *Fig.* Tema del que se habla.
capó m. Cubierta que protege el motor de un automóvil y de un avión.
capón m. Pollo que se castra y se ceba. ‖ *Fam.* Coscorrón.
caporal m. Capataz.
capot m. (pal. fr.). Capó.

capota f. Sombrero. ‖ Cubierta plegable de algunos coches.
capotaje m. Acción y efecto de capotar.
capotar v. i. Volcar un vehículo automóvil. ‖ Caer de pico un avión.
capotazo m. *Taurom.* Pase con el capote. ‖ *Fig.* Ayuda oportuna.
capote m. Capa ancha, con mangas y con un agujero en el centro para pasar la cabeza. ‖ Capa de los toreros. ‖ — *Fig. Echar un capote a uno,* ayudar al que está en apuros. ‖ *Para mi capote,* en mi fuero interno.
capotear v. t. Dar pases con el capote. ‖ *Fig.* Entretener, engañar a uno con vanas promesas. | Sacar de apuros, eludir las dificultades.
capoteo m. Acción de capotear.
capra f. (pal. lat.). *Capra hispánica,* cabra montés de España.
capricho m. Deseo pasajero y vehemente. ‖ Lo que es objeto de este deseo. ‖ Gusto pasajero : *los caprichos de la moda.* ‖ *Mús.* Composición libre.
caprichoso sa adj. Que obra o se hace por capricho.
caprino, na adj. De las cabras.
cápsula f. Casquete de metal utilizado para cerrar algunas botellas. ‖ Envoltura soluble en que se encierran algunas medicinas de sabor desagradable. ‖ *Anat.* Membrana en forma de saco cerrado que se encuentra en las articulaciones y otras partes del cuerpo : *cápsula sinovial.* ‖ Cabina que ocupan los astronautas en el morro del cohete. ‖ Base de los cartuchos en la que se pone el fulminante. ‖ *Bot.* Fruto seco que contiene la semilla.
capsular adj. De la cápsula.
capsular v. t. Cerrar con cápsulas.
captación f. Acción y efecto de captar.
captar v. t. Atraer : *captar el interés.* ‖ Percibir por medio de los sentidos. ‖ Darse cuenta, percatarse de algo. ‖ Comprender. ‖ Recoger las aguas. ‖ Recibir una emisión : *captar una estación de radio.* ‖ — V. pr. Granjearse, ganarse : *se captó su enemistad.*
captura f. Acción y efecto de capturar.
capturar v. t. Apresar.
capucha f. Parte de una prenda de vestir con forma de gorro en la parte superior de la espalda.
capuchina f. Planta de jardín.
capuchino, na adj. Religioso o religiosa de la orden de San Francisco : *fraile capuchino* (ú. t. c. s.). ‖ Relativo a esta orden.
capuchón m. Capucha. ‖ Abrigo o capote con capucha. ‖ Objeto que cubre el extremo de algo : *capuchón de estilográfica.*
capullada f. *Pop.* Tontería.
capullo m. Botón de flor : *capullo de rosa.* ‖ Extremo del fruto de la bellota. ‖ Envoltura en que se refugian las orugas antes de transformarse en mariposa. ‖ *Pop.* Prepucio. | Tonto.
capuz m. Capuchón o capucha.
caquetense adj. y s. De Caquetá (Colombia).
caquexia f. Desnutrición, alteración profunda del organismo que produce un gran adelgazamiento.
caqui m. Arbol ebenáceo originario del Japón. ‖ Su fruto. ‖ Color que va desde el amarillo ocre al verde gris (ú. t. c. adj.).
cara f. *Anat.* Rostro del hombre. ‖ Semblante : *tener buena cara.* ‖ Gesto : *puso mala cara.* ‖ *Fig.* Aspecto, apariencia. | Cariz : *el asunto tiene buena cara.* ‖ Fachada, frente de algunas cosas : *la cara de un edificio.* ‖ Superficie : *la cara de una página de papel.* ‖ Anverso de una moneda : *jugar a cara o cruz.* ‖ *Geom.* Cada una de las superficies que forman o limitan un poliedro. ‖ *Fig.* Descaro : *tener mucha cara.* ‖ — Adj. y s. Fresco, ca. ‖ — Adv. y prep. Hacia : *cara al sol.* ‖ — *Fig. A cara descubierta,* descubiertamente. ‖ *Cara a cara,* frente a frente. ‖ *Fig.* y *fam. Cara de acelga, de pocos amigos, de viernes, de vinagre,* la desagradable. | *Cara de pascua,* la muy alegre. | *Cara dura,* caradura. ‖ *Cruzar la cara,* abofetear. ‖ *Dar la cara,* enfrentarse. ‖ *De cara,* enfrente. ‖ *De cara a,* para, con vistas a. ‖ *Echar en cara,* reprochar. ‖ *Hacer cara,* resistir.
caraba f. *Fam.* El colmo.
carabao m. Búfalo de Filipinas.
carabela f. *Mar.* Antigua embarcación con tres palos, pequeña y ligera : *las carabelas de Colón.*
carabina f. Arma de fuego menor que el fusil. ‖ *Fig.* y *fam.* Señora de compañía.
carabinero m. Soldado armado con carabina. ‖ En España, guardia destinado a la persecución del contrabando. ‖ Crustáceo algo mayor que la gamba. ‖ *Fam.* Persona muy seria y adusta.
carabobeño, ña adj. y s. De Carabobo (Venezuela).
caracará m. Ave de rapiña de América del Sur que tiene un pico grande.
caraceño, ña adj. y s. De Carazo (Nicaragua).
caracol m. Molusco gasterópodo terrestre o marino, comestible, de concha en hélice. ‖ Rizo de pelo. ‖ Vuelta o giro que hace el caballo : *hacer caracoles.* ‖ *Anat.* Cavidad del oído interno. ‖ *Escalera de caracol,* escalera de forma espiral. ‖ — Interj. *Fam.* *¡Caracoles!,* ¡caramba!
caracola f. Caracol.
caracolada f. Guiso de caracoles.
caracolear v. i. Girar.
caracoleo m. Acción y efecto de caracolear.
caracolillo m. Planta leguminosa de América. ‖ Clase de café de grano pequeño.
carácter m. Signo escrito o grabado. ‖ Letra o signo de la escritura. ‖ Forma de letra. ‖ Indole o condición de una persona o cosa : *carácter oficial.* ‖ Manera de ser, particularidad, rasgo distintivo. ‖ Natural, modo de ser de una persona o pueblo : *carácter tímido.* ‖ Energía, entereza, firmeza : *mostrar carácter.* ‖ Genio, humor : *mal carácter.* ‖ Personalidad, originalidad : *facciones sin carácter.* ‖ Condición : *carácter sagrado.* ‖ Señal espiritual que imprimen algunos sacramentos. ‖ Título, dignidad : *con carácter de ministro.* ‖ Persona considerada en su individualidad : *pintar caracteres.* ‖ — Pl. Letras de imprenta.
característico, ca adj. Del carácter. ‖ Que caracteriza. ‖ — M. y f. Actor o actriz que representa papeles de personas de edad. ‖ — F. Particularidad, carácter peculiar. ‖ *Mat.* La parte entera de un logaritmo. ‖ *Arg.* Prefijo del teléfono.
caracterizador, ra adj. Que caracteriza. ‖ — M. y f. Maquillador.
caracterizar v. t. Determinar con precisión. ‖ Representar un actor su papel expresivamente. ‖ — V. pr. Manifestarse por diferentes caracteres. ‖ Maquillarse y vestirse un actor.
caracul m. Carnero de Asia occidental y su piel.
caradura com. *Fam.* Desvergonzado, descarado. ‖ — F. Descaro, desfachatez.

carajillo m. Bebida hecha con café y un licor.
carajo m. *Pop.* Órgano sexual masculino. ‖ — *Pop.* ¡*Carajo!*, expresión de disgusto y, a veces, de sorpresa. | *De carajo*, espléndido. | *Importar un carajo*, importar muy poco. | *Irse al carajo*, irse; malograrse una cosa. | *Ni carajo*, nada de nada.
carajote m. *Pop.* Imbécil, tonto.
¡caramba! interj. Voz que denota extrañeza, disgusto.
carámbano m. Hielo que cuelga al helarse el agua.
carambola f. Lance del juego de billar en que la bola atacada toca a las otras dos. ‖ *Fig.* Doble resultado que se consigue sin buscarlo. | Casualidad : *aprobó por carambola.*
caramelo m. Golosina hecha con azúcar. ‖ Azúcar fundida y endurecida al enfriarse.
caramillo m. Flautilla de caña.
carancho m. *Riopl.* Cierta ave de rapiña.
carantoña f. *Fam.* Zalamería.
caraota f. *Venez.* Judía, alubia.
carapegueño, ña adj. y s. De Carapeguá (Paraguay).
caraqueño, ña adj. y s. De Caracas (Venezuela).
carátula f. Careta. ‖ Profesión de comediante. ‖ *Amer.* Portada de un libro. ‖ *Méx.* Esfera de un reloj.
caravana f. Grupo de viajeros que se reúnen para atravesar el desierto. ‖ Remolque habitable. ‖ *Fig.* y *fam.* Grupo, multitud de gente : *viajar en caravana.*
caravaning m. Camping en caravana.
¡caray! interj. ¡Caramba!
carbón m. Combustible sólido de color negro, de origen vegetal, que contiene una proporción elevada de carbono. ‖ Carboncillo de dibujo. ‖ Dibujo hecho con carboncillo. ‖ *Carbón de piedra*, hulla.
carbonada f. Gran cantidad de carbón que se pone en el fuego. ‖ Guiso de carne asada en la parrilla o en las ascuas. ‖ *Amer.* Guisado de carne mezclado con choclos, patatas, zapallos y arroz.
carbonato m. *Quím.* Sal resultante de la combinación del ácido carbónico con un radical simple o compuesto.
carboncillo m. Palillo carbonizado de madera para dibujar.
carbonera f. Lugar donde se guarda el carbón.
carbonería f. Tienda de carbón.
carbonero, ra adj. Del carbón. ‖ — M. El que hace o vende carbón.
carbónico, ca adj. *Quím.* Aplícase a un anhídrido resultante de la unión del carbono y el oxígeno.
carbonífero, ra adj. Que contiene carbón.
carbonilla f. Ceniza del carbón.
carbonización f. Transformación de un cuerpo en carbón.
carbonizar v. t. Reducir a carbón un cuerpo orgánico, calcinar.
carbono m. Cuerpo simple (C) que se encuentra puro en la naturaleza, cristalizado en el diamante y el grafito o amorfo en el carbón de piedra, antracita, lignito o turba.
carbunco y **carbunclo** m. *Med.* Enfermedad infecciosa septicémica que sufren algunos animales domésticos, e incluso el hombre, debida a una bacteria. ‖ Ántrax.
carburación f. Operación que consiste en someter ciertos cuerpos a la acción del carbono. ‖ Mezcla de aire a un carburante para formar una combinación detonante.
carburador m. Dispositivo que produce una saturación completa del gas del alumbrado o del aire por medio de vapores de esencias hidrocarburadas. ‖ Dispositivo que mezcla la gasolina y el aire en los motores de explosión.
carburante m. Combustible utilizado en los motores de explosión o de combustión interna.
carburar v. t. Mezclarse en los motores de explosión el aire con los carburantes. ‖ — V. i. *Fam.* Pitar, funcionar, ir bien.
carburo m. *Quím.* Combinación del carbono con un radical simple.
carca adj. y s. Retrógrado.
carcaj m. Aljaba de flechas.
carcajada f. Risa ruidosa.
carcajearse v. pr. Reírse a carcajadas. ‖ *Fig.* No hacer caso.
carcamal m. *Fam.* Vejestorio.
carcamón m. *Méx.* Juego de azar consistente en acertar los números marcados por tres dados.
carcarañá f. Ave de rapiña.
cárcel f. Edificio donde están encerrados los presos.
carcelero, ra m. y f. Persona encargada del cuidado de la cárcel y de los presos.
carcinoma m. Tumor canceroso.
carcoma f. Pequeño insecto coleóptero que roe la madera. ‖ Polvo de la madera. ‖ *Fig.* Cosa que destruye.
carcomer v. t. Roer la carcoma la madera. ‖ *Fig.* Corroer, consumir lentamente (U. t. c. pr.).
carda f. Acción y efecto de cardar. ‖ Instrumento con púas de hierro que sirve para cardar la lana, las fibras textiles.
cardado m. Acción de cardar.
cardador, ra m. y f. Persona que carda.
cardadura f. Cardado.
cardán m. Articulación mecánica que permite la transmisión de un movimiento de rotación en diferentes direcciones. ‖ Suspensión compuesta de dos círculos concéntricos cuyos ejes están en ángulo recto.
cardar v. t. Peinar con la carda las materias textiles antes de hilar. ‖ Sacar con la carda el pelo a los paños. ‖ Peinarse de tal forma que el pelo quede más esponjoso.
cardenal m. Cada uno de los prelados que componen el Sacro Colegio de consejeros del Papa. ‖ Equimosis, mancha amoratada en la piel a causa de un golpe. ‖ *Amer.* Pájaro de color ceniciento.
cardenalicio, cia adj. Del cardenal.
cardenillo m. Verdín, moho. ‖ Color verde claro.
cárdeno, na adj. Morado.
cardiaco, ca y **cardíaco, ca** adj. *Med.* Del corazón. ‖ Dícese del que está enfermo del corazón (ú. t. c. s.).
cardias m. Orificio superior del estómago por el que éste comunica con el esófago.
cardinal adj. Principal, fundamental : *virtudes cardinales.* ‖ — *Adjetivo numeral cardinal*, el que expresa el número, como *uno, dos, tres, cuatro*, etc. ‖ *Puntos cardinales*, Norte, Sur, Este y Oeste.
cardiografía f. *Med.* Estudio del corazón. ‖ Gráfico que representa sus movimientos.
cardiógrafo m. *Med.* Aparato que registra en un gráfico los movimientos del corazón.
cardiograma m. *Med.* Gráfico obtenido con el cardiógrafo.
cardiología f. Parte de la medicina que trata del corazón y sus enfermedades.

cardiólogo, ga m. y f. *Med.* Especialista en las enfermedades cardiacas.
cardiovascular adj. Del corazón y de los vasos sanguíneos.
cardo m. Planta espinosa. || *Pop.* Mujer fea.
cardumen m. Banco de peces.
carear v. t. Interrogar juntas dos personas para confrontar lo que dicen.
carecer v. i. Faltar, no tener.
carecimiento m. Carencia.
carena f. *Mar.* Reparación que se hace en el casco de la nave.
carenado m., **carenadura** f. y **carenaje** m. Carena.
carenar v. t. Reparar el casco de una nave. || Dar forma aerodinámica a la carrocería de un vehículo.
carencia f. Falta o privación.
carente adj. Que carece, falto.
careo m. Confrontación.
carero, ra adj. Que vende caro.
carestía f. Falta, escasez. || Subido precio de las cosas de uso común.
careta f. Máscara.
carey m. Tortuga de mar. || Su concha.
car-ferry m. (pal. ingl.). Barco para transportar automóviles.
carga f. Lo que puede llevar un hombre, un animal, un vehículo, etc. || Cantidad de pólvora destinada al lanzamiento de proyectiles en las armas de fuego o a provocar la explosión de una mina o barreno. || Acción de cargar un arma de fuego. || Cantidad de electricidad acumulada en un conductor, en un condensador o en una batería. || Producción de esta carga. || Ataque de un cuerpo militar : *carga de la tropa.* || Acción de cargar o llenar : *la carga de un camión.* || Peso que soporta una viga, estructura metálica, etc. || Tributo, impuesto, gravamen : *las cargas sociales.* || Obligación onerosa : *cargas económicas.* || *Fig.* Peso : *la carga de la edad.*
cargada f. *Méx.* Acción de cargar. || *Fam. Ir a la cargada,* adherirse a la opinión o al partido con mayores posibilidades de triunfo.
cargadero m. Lugar para cargar o descargar.
cargado, da adj. Lleno, recubierto. || Pesado : *tiempo cargado.* || Denso : *ambiente cargado.* || Fuerte : *café cargado.* || — *Cargado de años,* muy viejo. || *Cargado de espaldas,* encorvado.
cargador, ra adj. Que carga. || — M. Aparato con el que se cargan los cartuchos, balas. || Persona que carga una pieza de artillería. || Aparato utilizado para cargar los acumuladores. || *Cargador de muelle,* el que carga y descarga los barcos. || — F. Pala mecánica.
cargante adj. y s. Fastidioso.
cargar v. t. Poner una carga sobre algo o alguien : *cargar un petrolero.* || Llenar : *cargar un horno.* || Introducir una bala o cartucho en la recámara de un arma. || Llenar abundantemente : *la mesa estaba cargada de frutas.* || Achacar : *cargar toda la responsabilidad.* || Gravar, imponer : *cargar de tributos.* || Anotar, apuntar : *cárgueme lo que le debo en mi cuenta.* || Hacer sostener un peso : *cargaron demasiado el estante.* || Atacar, acometer : *cargar a las tropas enemigas* (ú. t. c. i.). || *Fig.* y *fam.* Fastidiar, molestar : *este trabajo me carga.* || — V. i. Apoyarse. || Pesar, recaer : *impuestos que cargan sobre el pueblo.* || Llevarse : *cargué con todas las maletas.* || Tomar a su cargo : *cargó con la responsabilidad.* || Caer : *acento que carga en la última sílaba.* || Contener, tener cabida. || — V. pr. Tomar sobre sí una carga : *cargarse de equipaje.* || Abundar en. || Romper, destruir : *se cargó los juguetes.* || *Fam.* Dar calabazas, suspender en los exámenes. | Matar : *se lo cargaron en el frente.* | Hacer, ejecutar : *se cargó todo el trabajo.*
cargo m. Empleo, puesto. || Responsabilidad, cuidado : *tomar a su cargo.* || Acusación : *testigo de cargo.* || Censura, crítica. || Débito, debe : *cuenta a su cargo.* || Buque de carga, carguero. || — *Cargo de conciencia,* remordimiento. || *Con cargo a,* a cuenta de. || *Hacerse cargo,* encargarse ; darse cuenta.
carguero m. Buque de carga.
cari m. Pimienta de la India. || — Adj. *Arg.* De color pardo.
cariacontecido, da adj. Pesaroso.
cariado, da adj. Con caries.
cariar v. t. Corroer, producir caries. || — V. pr. Ser atacado por la caries un diente, picarse.
cariátide f. *Arq.* Columna en forma de estatua de mujer con ropa talar.
caribe adj. Dícese de los individuos de un pueblo indio originario de la cuenca del Orinoco (ú. t. c. s.). || De las Antillas. || — M. Lengua de los caribes.
caribeño, ña adj. y s. Caribe.
caricato m. Actor cómico.
caricatura f. Dibujo o pintura satírica o grotesca de una persona o cosa. || Obra de arte en que se ridiculiza a una persona o cosa. || Deformación grotesca y exagerada de ciertos defectos. || Persona ridícula.
caricaturesco, ca adj. Como una caricatura.
caricaturista com. Dibujante de caricaturas.
caricaturizar v. t. Representar por medio de caricatura.
caricia f. Toque en demostración de cariño.
caridad f. Amor de Dios y del prójimo. || Limosna, buena acción.
caries f. Picadura de los dientes o muelas.
carilargo, ga adj. *Fam.* De cara larga.
carilla f. Cara, página.
carillón m. Conjunto de campanas acordadas. || Su sonido.
cariño m. Apego, afecto, amor : *le tiene mucho cariño.* || Cuidado : *hazlo con cariño.* || — Pl. Saludos, recuerdos. || Caricia, mimo, manifestaciones de afecto.
cariñoso, sa adj. Afectuoso.
carioca adj. y s. De Río de Janeiro. || — F. Danza brasileña.
carisma m. Don espiritual otorgado a grupos o individuos. || Fascinación, gran prestigio del que gozan algunas personas.
carismático, ca adj. Providencial, divino : *poder carismático.* || Que goza de un prestigio excepcional.
caritativo, va adj. Que tiene caridad con el prójimo : *persona caritativa.* || Relativo a la caridad.
cariz m. Aspecto.
carlinga f. Cabina del piloto de un avión y lugar donde toman asiento los pasajeros.
carlismo m. Doctrina de los carlistas. || Partido, comunión o agrupación de los carlistas.
carlista adj. y s. Dícese del partidario de don Carlos Isidro de Borbón, pretendiente al trono español en 1833, y de sus descendientes.
carmelita adj. y s. Dícese del religioso o de la religiosa de la orden del Carmen.

carmen m. Quinta con huerto o jardín en Granada (España).
carmenador m. Persona que carmena. ‖ Batidor, peine claro.
carmenar v. t. Desenmarañar el cabello, la lana o la seda.
carmesí adj. y s. m. Rojo.
carmín m. Lápiz rojo de labios que emplean las mujeres. ‖ — Adj. De color rojo : *rosa carmín.*
carnada f. Cebo animal para pescar o cazar. ‖ *Fig.* Trampa.
carnadura f. Disposición de los tejidos para cicatrizar.
carnal adj. Relativo a la carne. ‖ Lascivo o lujurioso : *amor carnal.* ‖ Aplícase a los parientes colaterales en primer grado : *tío carnal.*
carnaval m. Tiempo que se destinaba a las diversiones populares desde el día de los Reyes hasta el miércoles de Ceniza. ‖ Dícese también sólo de los tres días que preceden al miércoles de Ceniza. ‖ Diversiones que tienen lugar en carnaval : *el carnaval de Río de Janeiro.*
carnavalada f. *Fam.* Acto grotesco.
carnavalesco, ca adj. Propio de carnaval : *diversiones carnavalescas.*
carne f. Parte blanda y mollar del cuerpo del hombre y del animal. ‖ Esta misma parte de algunos animales destinada al consumo : *carne de ternera.* ‖ Alimento animal en contraposición a pescado. ‖ Pulpa, parte blanda de la fruta. ‖ Sensualidad : *pecado de la carne.* ‖ El cuerpo humano, en oposición al espíritu : *el Verbo se hizo carne.* ‖ — Pl. Gordura : *metido en carnes.* ‖ — *Fig. Carne de cañón,* soldados excesivamente expuestos al peligro. | *Carne de gallina,* la piel humana, cuyos pelos se erizan con el frío o con el miedo. ‖ *Carne de membrillo,* dulce hecho con la pulpa de esta fruta. ‖ *En carne viva,* sin piel. ‖ *En carnes vivas,* desnudo. ‖ *Metido en carnes,* algo grueso. ‖ *No ser carne ni pescado,* no tener uno carácter determinado. ‖ *Fig.* y *fam. Poner toda la carne en el asador,* poner en juego todos los recursos.
carné m. Carnet.
carneada f. *Arg.* Acción de matar y descuartizar las reses de consumo. | Matadero.
carnear v. t. *Amer.* Matar y descuartizar las reses. | *Fig.* Engañar.
carnero m. Animal rumiante, de cuernos en espiral, lana espesa y pezuña hendida. ‖ Carne de este animal.
carnestolendas f. pl. Carnaval.
carnet m. Librito : *carnet de billetes.* ‖ Agenda : *carnet de apuntes.* ‖ Documento, cédula : *carnet de conducir, de identidad.*
carnicería f. Tienda donde se vende la carne al por menor. ‖ *Fig.* Destrozo, mortandad grande. | Escabechina, castigo aplicado a muchas personas.
carnicero, ra adj. y s. Aplícase al animal que mata a otros para devorarlos. ‖ Carnívoro, que le gusta la carne. ‖ *Fam.* Cruel, inhumano. ‖ — M. y f. Persona que vende carne al por menor.
cárnico, ca adj. De la carne.
carnitas f. pl. *Méx.* Carnes fritas y adobadas en tacos.
carnívoro, ra adj. Que se alimenta de carne. ‖ — M. pl. Orden de mamíferos que se alimentan de carne.
carnosidad f. Excrecencia que se forma en una llaga o en una parte del cuerpo. ‖ Exceso de carne.
carnoso, sa adj. De carne : *apéndice carnoso.* ‖ De muchas carnes : *brazos carnosos.*
caro, ra adj. Subido de precio. ‖ Querido, amado. ‖ — Adv. A un precio alto.
carolingio, gia adj. Relativo a Carlomagno y a sus descendientes.
carota adj. y s. *Fam.* Caradura.
carótida adj. y s. f. *Anat.* Dícese de cada una de las dos grandes arterias que por uno y otro lado del cuello llevan la sangre a la cabeza.
carpa f. Pez de agua dulce cuya carne es muy apreciada. ‖ *Amer.* Tienda de campaña. | Puesto de feria cubierto con toldo. | Toldo de circo o de un mercado público. | Caseta de playa.
carpanel adj. Variedad de arco.
carpanta f. *Fam.* Hambre.
carpeta f. Especie de cartapacio para guardar papeles. ‖ *Riopl.* Tapete verde que cubre las mesas de juego. | Desenvoltura, habilidad en el trato con los demás.
carpetano, na adj. y s. Dícese de un individuo de un pueblo ibero que ocupaba el centro de España.
carpincho m. Mamífero roedor.
carpintear v. t. Trabajar la madera.
carpintería f. Oficio y taller de carpintero. ‖ Conjunto de las cosas de madera de una casa. ‖ *Fig.* Oficio, conocimiento profundo de una cosa : *la carpintería teatral.* ‖ *Carpintería metálica,* la que emplea metales en lugar de madera.
carpintero m. El que por oficio labra la madera.
carpo m. *Anat.* Parte del esqueleto correspondiente a la muñeca.
carraca f. Nave antigua de transporte. ‖ *Despect.* Barco viejo y destartalado. ‖ Astillero. ‖ Instrumento de madera, de ruido seco y desapacible : *las carracas de Semana Santa.*
carrada f. Carretada. ‖ *Fam.* Montón : *ganar dinero a carradas.*
carraleja f. Insecto coleóptero.
carrancismo m. Adhesión a Venustiano Carranza, pres. de México.
carrancista adj. y s. Partidario de V. Carranza, pres. de México.
carrara m. Mármol blanco.
carrasca f. Encina generalmente pequeña.
carrascal m. Monte poblado de carrascas. ‖ *Chil.* Pedregal.
carraspear v. i. Hablar con voz ronca. ‖ Aclararse la voz limpiando la garganta con una tosecilla.
carraspeo m. y **carraspera** f. Cierta irritación o aspereza en la garganta.
carrasposo, sa adj. Que carraspea.
carrera f. Paso rápido del hombre o del animal para trasladarse de un sitio a otro : *emprender la carrera.* ‖ Espacio recorrido corriendo. ‖ Lugar destinado para correr. ‖ Prisa : *me di una carrera para terminar.* ‖ Curso, recorrido de los astros : *la carrera del Sol.* ‖ Curso del tiempo. ‖ Calle que antes fue camino. ‖ Camino : *la carrera de un desfile.* ‖ Recorrido : *los soldados cubrían la carrera.* ‖ Espacio recorrido por un coche de alquiler : *carrera de un taxi.* ‖ Competición de velocidad : *carrera de automóviles.* ‖ Lucha por alcanzar un objetivo más rápidamente que sus adversarios : *carrera de armamentos* o *armamentista.* ‖ Línea de puntos sueltos en labores de mallas : *carrera en la media.* ‖ Estudios : *la carrera de derecho.* ‖ Profesión :

carrera militar. ‖ Línea de conducta seguida por alguien. ‖ *Mec.* Movimiento rectilíneo de un órgano mecánico : *carrera del émbolo.*
carrerilla f. Línea de puntos que se sueltan en la media. ‖ *De carrerilla,* de corrido; de memoria.
carreta f. Carro de dos ruedas con un madero largo, que sirve de lanza, donde se sujeta el yugo.
carretada f. Carga de una carreta. ‖ *Fam.* Gran cantidad.
carrete m. Cilindro taladrado en que se arrollan el hilo, seda, etc. ‖ *Electr.* Cilindro hueco de madera o metal en el que se arrolla un alambre. ‖ Rollo de película para hacer fotografías. ‖ Rueda en que los pescadores llevan enrollado el sedal.
carretera f. Camino empedrado, pavimentado o asfaltado.
carretero m. El que construye carros o carretas. ‖ El que guía el carro. ‖ — Adj. Por donde pueden pasar vehículos : *camino carretero.*
carretilla f. Carro pequeño de mano con una rueda y dos pies o con dos, tres o cuatro ruedas. ‖ Aparato de madera en que se colocan los niños que aprenden a andar. ‖ *Riopl.* Carro tirado por tres mulas. ‖ — *Carretilla elevadora,* carrito dotado de un sistema de grúa para elevar objetos pesados. ‖ *Saber de carretilla una cosa,* saberla de memoria.
carretón m. Carro pequeño. ‖ Armazón bastidor, en forma de plataforma giratoria sostenida por ruedas, que constituye el soporte de un vagón o locomotora de ferrocarril.
carricoche m. Coche viejo.
carril m. Surco que deja en el suelo de tierra la rueda. ‖ Camino estrecho y sin asfaltar. ‖ Vía, cada una de las barras de hierro paralelas por donde corre la locomotora y los vagones de ferrocarril. ‖ Espacio en una calle reservado a la circulación de los medios de transportes públicos.
carrillo m. Parte carnosa de la cara, desde los pómulos hasta la mandíbula inferior. ‖ Mesa provista de ruedas para trasladarla. ‖ Carro pequeño con tres ruedas. ‖ *Comer a dos carrillos,* comer mucho.
carrito m. Carrillo, mesa.
carrizo m. Planta gramínea.
carro m. Vehículo de diversas formas. (Dícese generalmente del carro grande, de dos ruedas, tirado por caballerías y dedicado a transportar cargas.) ‖ Carga de un carro. ‖ Cierto juego infantil. ‖ Parte móvil de algunos aparatos : *carro de un torno.* ‖ *Amer.* Automóvil. | Tranvía. | Coche, vagón. ‖ — *Fam. Aguantar carros y carretas,* tener mucha paciencia. ‖ *Mil. Carro de combate,* automóvil blindado provisto de orugas y armado con cañones y ametralladoras.
carrocería f. Taller del carrocero. ‖ Caja de un automóvil.
carrocero m. Constructor o reparador de carrocerías.
carromato m. Carro grande de dos ruedas con toldo de lona. ‖ Carro de los feriantes, nómadas, gitanos. ‖ *Fig.* y *fam.* Carricoche.
carroña f. Carne podrida.
carroza f. Coche grande y lujoso. ‖ *Fam.* Viejo, anticuado.
carrozar v. t. Poner carrocería.
carruaje m. Vehículo montado sobre ruedas.
carrusel m. Ejercicio ecuestre. ‖ Tiovivo.
carta f. Papel escrito que se manda a una persona. ‖ Naipe de la baraja. ‖ Ley constitucional de un país establecida por concesión. ‖ Lista de platos en un restaurante : *comer a la carta.* ‖ Mapa : *carta de marear.* ‖ — *A carta cabal,* perfectamente. ‖ *Carta blanca,* poder amplio otorgado a alguien. ‖ *Carta credencial,* la que acredita a un embajador o enviado plenipotenciario. ‖ *Carta de ajuste,* conjunto de imágenes fijas de forma geométrica que aparecen en la pantalla de televisión con objeto de ajustar la imagen. ‖ *Carta de crédito,* la que se da a una persona para que disfrute cierto crédito por cuenta del que la da. ‖ *Carta de trabajo,* documento expedido por la autoridad para ejercer un oficio. ‖ *Echar las cartas,* adivinar supuestas cosas ocultas o venideras por medio de los naipes. ‖ *Fig. Jugarse la última carta,* esforzarse mucho por conseguir algo. | *Tomar cartas en un asunto,* intervenir en él.
cartabón m. Instrumento a modo de escuadra que se emplea en el dibujo lineal.
cartagenero, ra adj. y s. De Cartagena (España y Colombia).
cartaginense adj. y s. Cartaginés.
cartaginés, esa adj. y s. De Cartago, ant. c. del N. de África. ‖ De Cartago (Costa Rica).
cartapacio m. Funda o bolsa en que los niños que van al colegio llevan cuadernos y libros.
cartearse v. pr. Escribirse dos personas.
cartel m. Anuncio o aviso que se fija en sitio público. ‖ Cuadro mural para la enseñanza en las escuelas.
cártel m. Asociación entre empresas, sindicatos o grupos políticos para llevar a cabo una acción común. ‖ Asociación entre varias empresas de la misma índole — sin que ninguna de ellas pierda su autonomía económica — con objeto de regular los precios mediante la limitación de la producción y de la competencia.
cartelera f. Armazón para fijar anuncios o carteles. ‖ En los periódicos, sección donde aparecen los anuncios de espectáculos.
cartelista com. Persona que dibuja carteles.
cartelización f. Agrupación en cártel.
carteo m. Correspondencia.
cárter m. *Mec.* Envoltura que protege un engranaje, un motor.
cartera f. Especie de estuche, generalmente de piel, para llevar papeles, billetes de banco, etc. ‖ Bolsa análoga de forma mayor para llevar o guardar valores, documentos, libros, etc. ‖ Tira de paño que cubre el bolsillo. ‖ Bolsillo, saquillo. ‖ *Com.* Valores o efectos comerciales de curso legal que forman parte del activo de un comerciante, banco o sociedad : *la cartera de una compañía de seguros.* ‖ *Fig.* Ministerio : *cartera de Marina.* | Ejercicio de un ministerio : *ministro sin cartera.* ‖ *Amer.* Bolso de señora.
cartería f. Empleo de cartero. ‖ Oficina de Correos donde se recibe y despacha la correspondencia.
carterilla f. Tira de tela que cubre la abertura de un bolsillo.
carterista m. Ladrón de carteras de bolsillo.
cartero m. Repartidor de Correos que lleva las cartas.
cartesianismo m. Sistema metódico preconizado por Descartes.
cartesiano, na adj. Del cartesianismo. ‖ — M. y f. Su partidario.
cartilaginoso, sa adj. *Anat.* De naturaleza de cartílago.

cartílago m. *Anat.* Tejido elástico del esqueleto menos duro que el hueso.
cartilla f. Cuaderno pequeño con las letras del alfabeto. ‖ Cuaderno con diferentes indicaciones que sirve para usos diversos : *cartilla militar, de la Caja de Ahorros.*
cartografía f. Arte de trazar mapas geográficos.
cartografiar v. t. Hacer un mapa.
cartográfico, ca adj. Relativo a la cartografía.
cartógrafo, fa m. y f. Persona que traza mapas geográficos.
cartomancia f. Adivinación por las cartas de la baraja.
cartomántico, ca m. y f. Persona que practica la cartomancia.
cartón m. Conjunto de varias hojas superpuestas de pasta de papel endurecido. ‖ Dibujo o boceto que se ejecuta antes de hacer un cuadro, fresco, tapicería o vidriera. ‖ Caja con diez paquetes de cigarrillos. ‖ *Cartón piedra,* pasta de papel, yeso y aceite secante que resulta muy dura.
cartonaje m. Obras de cartón.
cartoné (en) adv. Tipo de encuadernación con tapas de cartón.
cartuchera f. Estuche para llevar los cartuchos de un arma de fuego.
cartucho m. Carga de un arma de fuego, encerrada en un cilindro de cartón o de metal. ‖ Bolsa de papel fuerte o de plástico en la que se meten ciertos géneros. ‖ *Fig. Quemar el último cartucho,* acudir al último recurso.
cartuja f. Nombre de una orden religiosa de regla muy severa. ‖ Convento de esta orden.
cartujano, na adj. Perteneciente a la orden de la Cartuja. ‖ Dícese del caballo jerezano de pura raza. ‖ — Adj. y s. Cartujo, religioso.
cartujo adj. y s. m. Religioso de la Cartuja.
cartulina f. Cartón delgado.
carúncula f. Excrecencia de color rojo vivo que tienen en la cabeza algunos animales como el pavo.
casa f. Edificio o piso dedicado a vivienda : *casa amueblada.* ‖ Conjunto de personas que tienen el mismo domicilio : *fuimos toda la casa.* ‖ Conjunto de los asuntos domésticos, del hogar : *mujer que lleva bien su casa.* ‖ Descendencia, dinastía : *la Casa de Borbón.* ‖ Establecimiento o empresa comercial : *casa editorial.* ‖ Cuadro o escaque del ajedrez, de las damas, etc. ‖ Término con el que se designan ciertos establecimientos penitenciarios : *casa correccional.* ‖ — *Casa consistorial,* el Ayuntamiento. ‖ *Casa cuna,* hospicio. ‖ *Casa de fieras,* sitio donde están reunidos animales para enseñarlos al público. ‖ *Casa de huéspedes,* pensión. ‖ *Casa de la villa,* Ayuntamiento. ‖ *Casa de locos* o *de salud,* manicomio. ‖ *Fam. Casa de Tócame Roque,* aquella en que cada uno hace lo que le viene en gana.
casabe m. Pez del mar Caribe. ‖ Pan de yuca molida.
casaca f. Prenda de vestir de mangas anchas, con faldones y ceñida al cuerpo. ‖ *Fig. Volver casaca,* cambiar de ideas o de partido.
casación f. *For.* Anulación de una sentencia : *recurso de casación.*
casadero, ra adj. Que tiene ya edad de casarse : *joven casadera.*
casado, da adj. y s. Que ha contraído matrimonio.
casamata f. *Fort.* Reducto abovedado para instalar artillería. ‖ Abrigo subterráneo.
casamentero, ra adj. y s. Dícese de la persona aficionada a casar a los demás.
casamiento m. Matrimonio.
casapuerta f. Portal o zaguán.
casar v. i. Unirse en matrimonio (ú. m. en pr.). ‖ Corresponderse, armonizar : *colores que casan bien* (ú. t. c. pr.). ‖ — V. t. Celebrar el matrimonio un sacerdote o el juez municipal. ‖ *Fig.* Unir o juntar dos cosas de modo que hagan juego : *casar colores.* ‖ *For.* Anular, derogar : *casar una sentencia.*
cascabel m. Bolita de metal hueca y horadada que contiene algo en el interior que la hace sonar.
cascabelear v. i. Sonar los cascabeles.
cascabeleo m. Ruido de cascabeles.
cascada f. Salto de agua. ‖ *Fig. En cascada,* en serie.
cascado, da adj. Viejo. ‖ Dícese de la voz sin sonoridad y entonación.
cascajo m. Guijo, grava. ‖ Escombros. ‖ *Fam.* Chisme. ‖ *Fig.* y *fam. Estar hecho un cascajo,* estar achacoso.
cascanueces m. inv. Instrumento, a modo de tenazas, para partir nueces.
cascar v. t. Rajar, hender : *cascar un huevo, una nuez.* ‖ Perder su sonoridad habitual la voz de alguien. ‖ *Fam.* Golpear, pegar a uno. | Charlar (ú. m. c. i.). ‖ Pagar. ‖ Quebrantar la salud de uno. ‖ — V. i. *Fam.* Morir.
cáscara f. Corteza o envoltura dura de algunas frutas. ‖ Cubierta exterior de los huevos. ‖ Corteza de los árboles u otras cosas. ‖ *¡Cáscaras!,* interj. de sorpresa.
cascarón m. Cáscara del huevo.
cascarrabias com. inv. *Fam.* Persona gruñona o que protesta mucho.
casco m. Armadura para cubrir y defender la cabeza : *casco de motorista.* ‖ Armadura que se pone en la cabeza para sostener algo : *el casco del auricular.* ‖ Aparato para secar el pelo. ‖ Cráneo. ‖ Pedazo de una botella, una vasija o vaso que se rompe. ‖ Pedazo de metralla. ‖ Recinto de población : *el casco antiguo de Barcelona.* ‖ *And.* y *Amer.* Gajo de naranja, granada, etc. ‖ Envase, botella : *casco pagado.* ‖ Pezuña, uña del pie de las caballerías. ‖ *Blas.* Yelmo, celada. ‖ *Mar.* Cuerpo del barco. ‖ — Pl. Cabeza de carnero o vaca, depojada de sesos y lengua. ‖ — *Fig.* y *fam. Romperse* o *calentarse los cascos,* fatigarse mucho en el estudio de una cosa. ‖ *Ser alegre* o *ligero de cascos,* ser poco juiciosa una persona.
cascote m. Escombro.
caseína f. *Quím.* Sustancia albuminoidea de la leche, que, unida a la manteca, forma el queso.
caserío m. Pueblecito, conjunto de casas en el campo. ‖ Cortijo.
casero, ra adj. Que se hace en casa : *tarta casera.* ‖ Que se cría en casa, doméstico. ‖ Que se hace en las casas, sin cumplido, entre personas de confianza. ‖ Dícese de la persona amante de su hogar. ‖ — M. y f. Dueño de la casa que la alquila a otros. ‖ Persona que cuida de la casa de otro, gerente. ‖ Administrador de una finca rústica.
caserón m. Casa grande.
caseta f. Casilla : *caseta de madera.* ‖ Construcción pequeña de los bañistas en las playas, de los feriantes, expositores, etc. ‖ Vestuario de los deportistas.

casete amb. Cajita de plástico que contiene una cinta magnética para la grabación y reproducción del sonido.
casi adv. Cerca de, con poca diferencia.
casilla f. Casa pequeña : *casilla de guardagujas.* ‖ Taquilla de venta de billetes. ‖ Anaquel de un estante. ‖ División de un papel cuadriculado. ‖ División de un casillero, de un crucigrama, escaque de un tablero de ajedrez, etc. ‖ *Amer.* Apartado postal. ‖ *Fam. Salir de sus casillas,* enfurecerse mucho.
casillero m. Mueble con divisiones para guardar papeles, etc.
casinillo m. Pequeño casino de juego.
casino m. Lugar de reunión y diversión, por lo común en los balnearios. ‖ Centro de recreo, club. ‖ Asociación de hombres de las mismas ideas o clase. ‖ Edificio donde se reúnen. ‖ Lugar donde se juega al bacarrá, a la ruleta, etc.
casiterita f. Bióxido de estaño.
caso m. Acontecimiento, suceso : *un caso extraordinario.* ‖ Asunto, situación determinada : *le expuse mi caso.* ‖ Casualidad. ‖ Ocasión : *en este caso venga.* ‖ Punto de consulta : *un caso difícil.* ‖ Tipo : *es un caso de idiotez.* ‖ *Gram.* Relación que guardan las palabras declinables. ‖ *Med.* Cada una de las invasiones individuales de las enfermedades epidémicas : *caso de tifoidea.* ‖ — *Caso de conciencia,* punto dudoso en materia moral. ‖ *Caso que* o *dado el caso que* o *en caso de que,* si sucede tal o cual cosa. ‖ *En todo caso,* pase lo que pase. ‖ *Hacer caso,* prestar uno atención. ‖ *Hacer caso omiso,* prescindir. ‖ *Fam. No hacer* o *venir al caso,* no tener ninguna relación. ‖ *Poner por caso,* poner por ejemplo.
casorio m. *Fam.* Boda.
caspa f. Escamilla blanca formada en la cabeza o raíz de los pelos.
¡cáspita! interj. Denota sorpresa o admiración.
casquería f. Tienda en la que se venden los despojos de las reses.
casquero m. El que tiene una casquería, tripicallero.
casquete m. Casco antiguo de armadura. ‖ Gorro : *un casquete de lana.* ‖ *Geom. Casquete esférico,* parte de la superficie de una esfera cortada por un plano que no pasa por su centro.
casquillo m. Anillo o abrazadera de metal : *casquillo de bayoneta.* ‖ Parte metálica de una bombilla eléctrica. ‖ Parte metálica del cartucho de cartón de un arma de fuego.
casquivano, na adj. Poco serio.
cassette amb. (pal. fr.). Casete.
casta f. Raza o linaje. ‖ Cada una de las clases hereditarias que formaban en la India la división jerárquica de la sociedad. ‖ *Fig.* Especie o calidad de una persona o cosa. | Grupo : *una casta aparte.*
castaña f. Fruto del castaño. ‖ Vasija grande de cristal de forma redonda. ‖ Mata o moño de las mujeres. ‖ *Fig.* y *fam.* Puñetazo. | Golpe, porrazo. | Borrachera.
castañar m. Lugar poblado de castaños.
castañetazo m. *Fam.* Golpe, porrazo. | Puñetazo.
castañetear v. t. Tocar las castañuelas. ‖ Hacer chasquear : *castañetear los dedos.* ‖ — V. i. Sonarle a uno los dientes : *castañeteaba de frío.* ‖ Crujir los huesos.
castañeteo m. Ruido de castañuelas, de dientes al chocar unos con otros. ‖ Crujido de los huesos.
castaño, ña adj. Dícese del color de la cáscara de la castaña : *pelos castaños* (ú. t. c. s. m.). ‖ — M. Árbol cuyo fruto es la castaña.
castañuela f. Instrumento músico compuesto de dos tablillas en forma de castaña que se fijan en los dedos y se repican vivamente.
castellanismo m. Palabra o giro propio de Castilla.
castellanizar v. t. Dar forma castellana a una palabra de otro idioma, hispanizar.
castellano, na adj. y s. De Castilla. ‖ — M. Lengua neolatina hablada en España y en los lugares que un día fueron colonizados por los españoles. (Este nombre alterna con el de *español* para designar la lengua oficial de España y de los países hispanoamericanos.)
castellonense adj. y s. De Castellón de la Plana (España).
casticidad f. y **casticismo** m. Pureza, propiedad en el lenguaje. ‖ Respeto de los usos o costumbres, tradicionalismo.
casticista com. Purista en el uso de la lengua.
castidad f. Virtud opuesta a la lujuria. ‖ Continencia absoluta.
castigador, ra adj. y s. Que castiga. ‖ — M. *Fam.* Seductor.
castigar v. t. Imponer castigo al que ha cometido una falta. ‖ Maltratar : *castigado por la vida.* ‖ Escarmentar. ‖ Mortificar, atormentar : *castigar su carne.*
castigo m. Pena, corrección de una falta. ‖ *Fig.* Tormento, padecimiento, sufrimiento : *esta hija es su castigo.* ‖ En deportes, sanción tomada contra un equipo.
castillo m. Edificio fortificado con murallas, baluartes, fosos, etc. ‖ *Blas.* Figura con una o más torres. ‖ *Mar.* Cubierta principal del buque entre el trinquete y la proa. ‖ *Mil.* Máquina de guerra antigua en forma de torre. ‖ *Castillos en el aire,* ilusiones quiméricas.
castina f. Piedra calcárea empleada para fundir un mineral de hierro con mucha arcilla.
castizo, za adj. Dícese de la persona o cosa que representa bien los caracteres de su raza, país, ciudad, etc., típico, genuino (ú. t. c. s.). ‖ Dícese del lenguaje puro y del escritor que lo usa.
casto, ta adj. Que tiene pureza de alma, de cuerpo : *casta esposa.* ‖ Decente : *vida casta.*
castor m. Mamífero roedor.
castoreño m. Sombrero del picador.
castración f. Ablación de las glándulas genitales en el macho.
castrado adj. m. y s. m. Que ha sufrido la castración.
castrador, ra adj. y s. Que castra.
castrar v. t. Capar, extirpar los órganos necesarios a la generación.
castrense adj. Propio del ejército o de la profesión militar.
castrismo m. Doctrina de Fidel Castro.
casual adj. Que ocurre accidentalmente, por casualidad.
casualidad f. Combinación de circunstancias que no se pueden prever ni evitar, azar. ‖ Suceso inesperado, imprevisto.
casulla f. Vestidura sagrada que se pone el sacerdote sobre las demás para celebrar la misa.
catabolismo m. Fase del metabolismo constituida por el conjunto de reacciones bioquímicas que desintegran la materia viva.

cataclismo m. Cambio profundo en la superficie del globo terrestre. ‖ *Fig.* Gran trastorno en el orden político, social, familiar.
catacumbas f. pl. Galerías subterráneas utilizadas por los cristianos primitivos como templos y cementerios.
catadióptrico, ca adj. *Fís.* Que implica a un mismo tiempo reflexión y refracción de la luz. ‖ *Opt.* Dícese del aparato compuesto de espejos y lentes.
catador, ra adj. y s. Que prueba.
catadura f. Aspecto.
catafalco m. Túmulo que se levanta en las iglesias para las exequias solemnes.
catafaro y **catafoto** m. Sistema óptico que permite reflejar la luz recibida.
catalán, ana adj. y s. De Cataluña. ‖ — M. Idioma hablado en Cataluña, en el antiguo reino de Valencia, islas Baleares, Rosellón (Francia) y ciudad de Alghero (Cerdeña).
catalanidad f. Calidad de catalán.
catalanismo m. Catalanidad. ‖ Giro o vocablo catalán. ‖ Doctrina favorable a la autonomía o la independencia de Cataluña.
catalanista adj. y s. Partidario del catalanismo.
catalejo m. Anteojo.
catalepsia f. *Med.* Accidente nervioso repentino que suspende la sensibilidad exterior y el movimiento.
cataléptico, ca adj. De la catalepsia. ‖ — Adj. y s. Enfermo de catalepsia.
catalina f. Rueda dentada de la maquinaria de los relojes. ‖ *Fam.* Excremento.
catálisis f. *Quím.* Aceleración de una reacción producida por la presencia de una sustancia que permanece inalterada.
catalizador m. *Quím.* Cuerpo que puede producir la catálisis. ‖ *Fig.* Lo que provoca y fija una reacción (ú. t. c. adj.).
catalizar v. t. *Quím.* Intervenir como catalizador en una transformación. ‖ *Fig.* Provocar una reacción.
catalogación f. Acción y efecto de catalogar.
catalogar v. t. Registrar en un catálogo. ‖ *Fig.* Clasificar.
catálogo m. Lista, enumeración ordenada : *un catálogo de libros.*
catamarán m. Embarcación de vela y con dos flotadores.
catamarqueño, ña adj. y s. De Catamarca (Argentina).
cataplasma f. *Med.* Masa de consistencia blanda, envuelta en una tela, que se aplica con fines curativos en cualquier parte del cuerpo. ‖ *Fig.* y *fam.* Pesado, pelmazo.
¡ cataplún! interj. Onomatopeya usada para expresar un golpe, ruido o explosión.
catapulta f. Máquina de guerra antigua para arrojar piedras o flechas. ‖ Máquina para hacer despegar aviones o cohetes en una superficie de lanzamiento reducida.
catapultar v. t. Lanzar con catapulta o violentamente.
catar v. t. Probar.
catarata f. Caída grande de agua : *las cataratas del Nilo.* ‖ *Fig.* Lluvia torrencial, aguacero. ‖ *Med.* Opacidad del cristalino del ojo o de su membrana que produce la ceguera total o parcial.
catarro m. *Med.* Resfriado.
catarsis f. Purificación de las pasiones por la contemplación de obras estéticas. ‖ Psicoterapia destinada a liberar el inconsciente de recuerdos traumatizantes.
catastro m. Censo estadístico de las fincas rústicas y urbanas de un país.
catástrofe f. Suceso inesperado y que causa desgracias. ‖ *Fam.* Cosa mal hecha.
catastrófico, ca adj. Que tiene las características de una catástrofe. ‖ *Fig.* Desastroso, muy malo : *notas catastróficas.*
catch m. (pal. ingl.). Lucha libre.
cate m. *Pop.* Bofetón. ‖ *Fam.* Nota de suspenso en los exámenes.
cateador m. *Amer.* El que busca yacimientos minerales.
catear v. t. Buscar. ‖ Observar. ‖ *Fam.* Suspender en un examen. ‖ *Amer.* Reconocer y explorar el terreno buscando yacimientos minerales.
catecismo m. Enseñanza de los principios y los misterios de la fe cristiana. ‖ Libro que contiene la explicación de la doctrina cristiana.
catecúmeno, na m. y f. Persona que aprende los principios de la doctrina cristiana para bautizarse.
cátedra f. Asiento del profesor. ‖ Aula, clase : *cátedra de Historia.* ‖ *Fig.* Cargo y función del catedrático.
catedral adj. y s. f. Dícese de la iglesia episcopal. ‖ *Fig.* y *fam. Como una catedral,* enorme.
catedrático, ca m. y f. Profesor titular de una cátedra en una facultad, instituto, etc.
categoría f. *Fig.* Condición de una persona respecto a otra : *categoría social.* | Clase de objetos semejantes : *hotel de primera categoría.* ‖ *Fig. De categoría,* de elevada condición.
categórico, ca adj. Rotundo.
catenaria adj. y s. *Tecn.* Aplícase al sistema de suspensión de un cable eléctrico que lo mantiene a una altura uniforme respecto a la vía.
cateo m. *Amer.* Acción y efecto de catear.
catequesis f. Enseñanza de la religión.
catequista com. Persona que enseña el catecismo.
catequización f. Acción de catequizar.
catequizar v. t. Enseñar la doctrina cristiana. ‖ *Fig.* Intentar persuadir a uno, adoctrinar.
caterva f. Multitud.
catetada f. Dicho o hecho propio de cateto o paleto.
catéter m. *Cir.* Sonda.
cateto m. Cada lado del ángulo recto en el triángulo rectángulo.
cateto, ta adj. y s. Palurdo.
catgut m. (pal. ingl.). Hilo de tripa usado en suturas quirúrgicas.
catión m. *Fís.* Ion positivo.
catirrinos m. pl. *Zool.* Grupo de simios (ú. t. c. adj.).
catódico, ca adj. Del cátodo.
cátodo m. Electrodo de un aparato eléctrico por donde sale la corriente.
catolicidad f. Calidad de católico.
catolicismo m. Religión católica. ‖ Comunidad universal de los que viven en la religión católica.
católico, ca adj. Universal. ‖ Relativo a la Iglesia romana : *dogma católico.* ‖ *Fig.* Correcto. ‖ — M. y f. Persona que profesa el catolicismo.
catón m. *Fig.* Crítico severo. ‖ Libro para aprender a leer.
catorce adj. y s. m. Diez más cuatro. ‖ Decimocuarto.

catorceno, na, catorzavo, va y **cartoceavo, va** adj. Decimocuarto (ú. t. c. s.).
catre m. Cama ligera individual.
catrera f. *Arg. Fam.* Armazón para poner el colchón de la cama, cama.
catrín, ina m. y f. *Méx.* Lechuguino. ‖ — F. *Méx.* Medida utilizada para el pulque que equivale casi a un litro.
caucano, na adj. y s. De Cauca (Colombia).
caucásico, ca adj. y s. Del Cáucaso.
cauce m. Lecho de un río o arroyo. ‖ *Fig.* Curso, camino seguido. ‖ *Fig. Volver a su cauce un asunto,* reanudarse.
caución f. Garantía, fianza.
caucionar v. t. Garantizar.
cauchero, ra adj. Del caucho. ‖ — M. El que trabaja o negocia con el caucho.
caucho m. Sustancia elástica y resistente que se extrae por incisión de varios árboles de los países tropicales. ‖ Planta euforbiácea que produce esta sustancia. | — *Caucho sintético,* el fabricado químicamente. ‖ *Caucho vulcanizado,* el tratado por medio del sulfuro de carbono que sirve para fabricar objetos de tocador, accesorios de máquinas eléctricas, neumáticos de automóvil, etc.
cauchutado m. Acción de cauchutar.
cauchutar v. t. Poner una capa de caucho.
caudal adj. Caudaloso : *río caudal.* ‖ — M. Dinero, fortuna. ‖ Cantidad de agua que lleva un río. ‖ *Fig.* Abundancia.
caudaloso, sa adj. De mucha agua o caudal. ‖ Rico.
caudillaje m. Mando o gobierno de un caudillo. ‖ *Amer.* Caciquismo.
caudillismo m. Sistema del caudillaje.
caudillo m. El que manda gente de guerra. ‖ Jefe de un gremio o comunidad : *caudillo de un partido.* ‖ Adalid. ‖ *Arg.* Cacique.
causa f. Lo que hace que una cosa exista, origen, principio. ‖ Razón, motivo. ‖ Ideal, interés : *la causa de la justicia.* ‖ *For.* Proceso, juicio, pleito : *causa civil.* ‖ — *A causa de,* por efecto de. ‖ *Hacer causa común,* unir los intereses para un fin determinado.
causahabiente m. *For.* Persona a quien han sido transmitidos los derechos de otra.
causal adj. Que anuncia relación de causa a efecto. ‖ — F. Causa.
causalidad f. Causa, origen. ‖ *Fil.* Relación de causa y efecto.
causante adj. y s. Que causa. ‖ — M. *For.* Persona de quien proviene el derecho que uno tiene.
causar v. t. Ser causa.
causticidad f. Calidad de cáustico. ‖ *Fig.* Mordacidad.
cáustico, ca adj. Que quema, corrosivo. ‖ *Fig.* Mordaz : *hacer una observación con tono cáustico.*
cautela f. Precaución, reserva.
cautelarse v. pr. Precaverse.
cauteloso, sa adj. Precavido.
cauterio m. Agente mecánico o químico que sirve para quemar o destruir las partes mórbidas de un tejido o para conseguir una acción hemostática. ‖ *Fig.* Lo que ataja algún mal, remedio enérgico.
cauterización f. Acción y efecto de cauterizar.
cauterizador, ra y **cauterizante** adj. y s. m. Que cauteriza.
cauterizar v. t. *Cir.* Quemar y curar con un cauterio. ‖ *Fig.* Aplicar un remedio enérgico.
cautivador, ra adj. Encantador, que cautiva. ‖ — M. y f. Seductor.
cautivante adj. Que cautiva.
cautivar v. t. Hacer prisionero. ‖ *Fig.* Atraer.
cautiverio m. y **cautividad** f. Privación de libertad.
cautivo, va adj. y s. Prisionero.
cauto, ta adj. Precavido.
cava adj. f. *Anat.* Dícese de cada una de las dos venas mayores que desembocan en la aurícula derecha del corazón : *vena cava superior* e *inferior.* ‖ — F. Acción de cavar.
cavador, ra m. y f. Persona que cava.
cavar v. t. Remover la tierra con una herramienta.
caverna f. Excavación profunda. ‖ Cueva de ladrones. ‖ *Med.* Cavidad que resulta en algunos tejidos orgánicos de la pérdida de sustancia : *cavernas pulmonares.*
cavernícola adj. y s. Que vive en cavernas. ‖ *Fig.* Retrógrado.
cavernosidad f. Cavidad.
cavernoso, sa adj. Relativo a la caverna. ‖ Lleno de cavernas. ‖ *Fig.* Grave, ronco : *voz cavernosa.*
caviar m. Huevas de esturión.
cavidad f. Vacío, hueco en un cuerpo sólido : *cavidad torácica.*
cavilación f. Reflexión.
cavilar v. i. Meditar.
cayado m. Bastón de los pastores. ‖ Báculo de los obispos. ‖ *Cayado de la aorta,* curva que forma esta arteria al salir del corazón.
cayo m. Isla rocosa, arrecife.
caz m. Canal para tomar agua de un río.
caza f. Acción de cazar. ‖ Animales que se cazan. ‖ — M. Avión de guerra : *escuadrilla de cazas.*
cazador, ra adj. y s. Que caza. ‖ — M. *Mil.* Soldado de tropas ligeras. ‖ — *Cazador de dotes,* persona que se casa por interés. ‖ *Cazador furtivo,* el que caza en terreno vedado.
cazadora f. Chaqueta deportiva.
cazadotes m. inv. Cazador de dotes.
cazar v. t. Perseguir la caza : *cazar patos, perdices, jabalíes.* ‖ *Fig.* y *fam.* Conseguir una cosa con maña : *cazar un buen destino.* | Sorprender en un descuido, error o acción que desearía ocultar : *le cacé dos faltas graves.*
cazatorpedero m. *Mar.* Barco de guerra pequeño y muy rápido destinado a la persecución de los torpederos enemigos, contratorpedero.
cazo m. Vasija metálica de forma semiesférica y con mango.
cazoleta f. Cazuela pequeña. ‖ Parte de la pipa donde se pone el tabaco.
cazoletear v. i. Entremeterse.
cazoletero m. Entremetido.
cazón m. Pez muy voraz.
cazuela f. Vasija para guisar. ‖ Cierto guisado : *cazuela de patatas.* ‖ Parte hueca del sostén.
cazurrería f. Calidad de cazurro.
cazurro, rra adj. De pocas palabras y encerrado en sí, huraño. ‖ Tonto. ‖ Astuto.
Cd, símbolo químico del *cadmio.* ‖ Símbolo físico de *candela.*
ce f. Nombre de la letra *c.*
Ce, símbolo químico del *cerio.*
ceba f. Acción y efecto de cebar.
cebada f. Planta parecida al trigo.
cebadero m. El que vende cebada. ‖ Lugar para cebar animales. ‖ Tragante de un horno.

cebador, ra adj. Que ceba. ‖ — M. Frasquito de pólvora para cebar las armas de fuego. ‖ *Electr.* Interruptor térmico para cebar los tubos fluorescentes.
cebar v. t. Sobrealimentar a los animales para engordarlos. ‖ Atraer los peces con un cebo. ‖ *Fig.* Alimentar el fuego, la lumbre, un horno, un molino, etc. | Poner cebo en la escopeta, el cohete, etc., para inflamarlos. | Poner en movimiento una máquina : *cebar un motor.* | Fomentar un afecto o pasión : *cebar el amor, el odio.* ‖ *Riopl. Cebar el mate,* prepararlo. ‖ — V. pr. Encarnizarse, ensañarse : *cebarse en su víctima.*
cebellina f. Variedad de marta.
cebiche m. *Amer.* Guisado de pescado o mariscos con ají y limón.
cebo m. Alimento que se da a los animales para engordarlos. ‖ Comida que se pone en un anzuelo, en una trampa, para atraer a los animales. ‖ Pólvora con que se ceban las armas de fuego, los barrenos. ‖ *Fig.* Aliciente, incentivo. | Pábulo, comidilla de la maledicencia.
cebolla f. Planta hortense, liliácea, de raíz bulbosa comestible. ‖ Bulbo : *cebolla de la azucena.* ‖ *Fig.* Bola con agujeros que se pone en las cañerías, en el caño de la regadera, etc., para que por ellas no pase broza.
cebollar m. Campo de cebollas.
cebolleta f. Cebolla pequeña.
cebollino m. Simiente de cebollas. ‖ *Fam.* Tonto, necio.
cebón, ona adj. Que está cebado : *pavo cebón.* ‖ — M. Cerdo.
cebra f. Mamífero ungulado, parecido al asno, de pelaje amarillento rayado de negro. ‖ *Fig. Paso de cebra,* parte de la calzada pintada con rayas blancas y negras donde se da preferencia a los peatones.
cebrado, da adj. Con rayas semejantes a las de la piel de la cebra.
cebú m. Mamífero bovino con una giba en el lomo.
ceca f. Casa de moneda. ‖ *Ir de la Ceca a la Meca,* ir de un sitio a otro.
ceceante adj. Que cecea.
cecear v. i. Pronunciar la *s* como *c*.
ceceo m. Acción y efecto de cecear.
cecina f. Carne salada y seca.
ceda f. Zeda o zeta.
cedazo m. Tamiz.
ceder v. t. Dar, transferir : *ceder una propiedad.* ‖ Dar : *ceder el sitio a una señora.* ‖ — V. i. Renunciar : *ceder en su derecho.* ‖ Rendirse, someterse : *ceder a sus pretensiones.* ‖ Ponerse menos tenso. ‖ Romperse : *el puente ha cedido.* ‖ Disminuir : *ceder la fiebre.* ‖ Ser inferior una persona o cosa a otra semejante : *no le cede en valentía.*
cedilla f. Virgulilla que se coloca debajo de la c. ‖ La letra *c* con esa virgulilla (*ç*).
cedro m. Árbol de tronco grueso y ramas horizontales. ‖ Su madera.
cédula f. Escrito o documento : *cédula de vecindad.* ‖ Documento en que se reconoce una deuda. ‖ *Amer.* Documento de identidad.
cefalalgia f. Dolor de cabeza.
cefalea f. Dolor de cabeza.
cefálico, ca adj. De la cabeza.
cefalitis f. *Med.* Inflamación de la cabeza.
cefalópodos m. pl. Clase de moluscos sin concha con la cabeza rodeada de tentáculos y pico córneo (ú. t. c. adj.).
cefalorraquídeo, a adj. Del encéfalo y de la médula espinal.
cefalotórax m. Parte anterior del cuerpo de los arácnidos y crustáceos que une la cabeza y el tórax.
cegador, ra adj. Que ciega.
cegar v. i. Perder enteramente la vista. ‖ — V. t. Dejar ciego a alguien. ‖ Perder momentáneamente la vista. ‖ *Fig.* Obcecar, trastornar la razón : *te ciega la pasión* (ú. t. c. i.). ‖ Obturar, obstruir : *cegar un tubo.*
cegato, ta adj. y s. Que ve poco.
cegesimal adj. Dícese del sistema científico de medidas, llamado también C.G.S., que tiene por unidades fundamentales el centímetro, el gramo y el segundo.
ceguera y **ceguedad** f. Privación de la vista. ‖ *Fig.* Ofuscación.
ceiba f. Árbol de tronco grueso cuyos frutos dan una especie de algodón que sirve para rellenar.
ceibo m. Ceiba. ‖ Árbol americano de flores rojas y brillantes.
ceja f. Parte prominente y curvilínea, cubierta de pelo, en la parte superior del ojo. ‖ Pelo que la cubre. ‖ *Fig.* Borde que sobresale de ciertas cosas : *la ceja de una costura.* ‖ Cima de una sierra. ‖ *Mús.* Pieza de madera que tienen los instrumentos de cuerda entre el mástil y el clavijero. | Abrazadera que se pone en el mástil de la guitarra para elevar el tono de todas las cuerdas. ‖ — *Fig.* y *fam. Meterse una cosa entre ceja y ceja,* obstinarse en un pensamiento. | *Quemarse las cejas,* estudiar mucho. | *Tener a uno entre ceja y ceja o entre cejas,* no poder aguantarlo.
cejar v. i. Andar para atrás las caballerías. ‖ *Fig.* Renunciar, ceder.
cejilla f. Ceja de la guitarra.
celada f. Pieza de la armadura que cubría la cabeza. ‖ Emboscada de gente armada en paraje oculto. ‖ *Fig.* Trampa, engaño.
celador, ra adj. y s. Vigilante.
celandés, esa adj. y s. Zelandés.
celar v. t. Vigilar. ‖ Ocultar.
celda f. Cuarto o habitación de los religiosos en un convento, de los presos en una cárcel, de los internos en un colegio, etc. ‖ Celdilla de un panal de abejas.
celdilla f. Casilla de un panal de abejas.
celebérrimo, ma adj. Muy célebre.
celebración f. Acción de celebrar. ‖ Aplauso o aclamación.
celebrante adj. y s. Que celebra. ‖ — M. Sacerdote que dice la misa, oficiante.
celebrar v. t. Exaltar, alabar. ‖ Conmemorar, festejar. ‖ Realizar : *hoy celebra sesión el Parlamento.* ‖ Hacer solemnemente una ceremonia. ‖ Decir misa (ú. t. c. i.). ‖ Alegrarse, congratularse : *celebro tu éxito.* ‖ Concluir : *celebraron un contrato.* ‖ — V. pr. Verificarse una sesión, una entrevista, un encuentro deportivo, un acto.
célebre adj. Famoso, reputado.
celebridad f. Gran reputación, renombre. ‖ Persona célebre.
celemín m. Medida de capacidad para áridos (4,625 litros).
celentéreos m. pl. Animales cuyo cuerpo contiene una sola cavidad digestiva y están provistos de tentáculos, como las medusas, la hidra, etc. (ú. t. c. adj.).
celeridad f. Rapidez, velocidad.
celeste adj. Del cielo. ‖ — Adj. y s. m. Azul muy pálido.
celestial adj. Del cielo. ‖ *Música celestial,* promesas vanas que no tienen sustancia.
celestina f. *Fig.* Alcahueta.

celiaco, ca adj. *Anat.* De los intestinos : *la arteria celiaca.*
celibato m. Soltería.
célibe adj. y s. Soltero.
celo m. Esmero o cuidado puesto en el cumplimiento de una obligación. ‖ Recelo que inspira el bien ajeno, envidia. ‖ Apetito de la generación en los irracionales : *estar en celo un animal.* ‖ — Pl. Inquietud de la persona que teme que aquella a quien ama dé la preferencia a otra : *celos infundados.*
celofán m. Tejido delgado y flexible, a manera de papel transparente.
celosía f. Enrejado de las ventanas para ver sin ser visto.
celoso, sa adj. y s. Que tiene celo o celos.
celta adj. y s. Dícese del individuo de un antiguo pueblo indogermánico establecido en las Galias (Francia), las Islas Británicas y España. ‖ — M. Idioma de este pueblo.
celtibérico, ca adj. De los celtíberos.
celtíbero, ra y **celtibero, ra** adj. y s. De Celtiberia, pueblo de España formado por la unión de las razas celta e ibera.
céltico, ca adj. De los celtas.
celtio m. *Quím.* Hafnio.
célula f. Pequeña celda, cavidad o seno. ‖ *Bot.* y *Zool.* Elemento anatómico constitutivo de los seres vivos. ‖ *Fig.* Grupo político : *célula comunista.* ‖ Elemento constitutivo esencial de un conjunto organizado. ‖ *Célula fotoeléctrica,* V. FOTOELÉCTRICO.
celular adj. Relativo a las células. ‖ Formado por células o celdas : *tejido celular.* ‖ *Coche celular,* el utilizado para llevar a las personas sospechosas o a los reos.
celulita f. Pasta de una fibra leñosa muy usada en la industria.
celulitis f. Inflamación del tejido celular subcutáneo que produce obesidad.
celuloide m. *Quím.* Material plástico compuesto de nitrocelulosa y alcanfor con el que se fabrican peines, bolas de billar, pelotas, cajas, etc. ‖ Película de cine : *celuloide rancio.* ‖ *Fig. Llevar al celuloide,* hacer una película.
celulosa f. *Quím.* Sustancia orgánica, insoluble en el agua, que forma la membrana envolvente de las células vegetales.
cementación f. Acción y efecto de cementar.
cementar v. t. Modificar la composición de un metal incorporándole otro cuerpo (generalmente carbono) a una temperatura alta. ‖ Unir con cemento.
cementerio m. Lugar destinado a enterrar cadáveres.
cemento m. Material de construcción, formado por una mezcla de arcilla y silicatos calcinados (silicato doble de aluminio y de calcio), que, al añadirle agua, fragua o solidifica rápidamente. ‖ Tejido fibroso que cubre el marfil en la raíz de los dientes. ‖ — *Cemento armado,* cemento u hormigón reforzado interiormente con varillas de hierro o alambres. ‖ *Cemento hidráulico,* el que fragua inmediatamente bajo el agua.
cemita f. *Méx.* Pan de salvado. ‖ *Méx. Fam. Parecer cemita revolcada,* empolvarse demasiado la cara.
cempasúchil m. *Méx.* Planta herbácea. ‖ Su flor.
cena f. Comida tomada por la noche. ‖ Alimentos que se toman en ella.
cenáculo m. Sala en que celebró Jesús la última cena. ‖ *Fig.* Reunión de escritores, artistas, etc.
cenacho m. Espuerta.
cenador, ra adj. y s. Que cena. ‖ — M. Pabellón de hierro o cañas, adornado de follaje, en un jardín.
cenagal m. Lugar cenagoso. ‖ *Fig.* y *fam.* Atolladero, dificultad.
cenagoso, sa adj. Con cieno.
cenar v. i. Tomar la cena. ‖ — V. t. Comer en la cena.
cenceño, ña adj. Delgado.
cencerrada f. *Fam.* Alboroto.
cencerrear v. i. Tocar o sonar con insistencia cencerros. ‖ *Fig.* y *fam.* Tocar mal un instrumento músico. | Hacer ruido las piezas de hierro cuando no están bien ajustadas.
cencerreo m. Acción y efecto de cencerrear.
cencerro m. Campanilla que se cuelga al pescuezo de las reses.
cencoatl m. *Méx.* Cincuate.
cencuate m. Culebra de México.
cendal m. Tela de seda o lino delgada y transparente.
cenefa f. Borde o ribete : *cenefa de un vestido.* ‖ Tabla que cubre la parte inferior de la pared.
cenetista adj. y s. De la Confederación Nacional del Trabajo (C. N. T.).
cenicero m. Platillo donde se echa la ceniza del cigarro.
cenicienta f. Mujer postergada.
ceniciento, ta adj. De color de ceniza.
cenit m. *Astr.* Punto del hemisferio celeste que corresponde verticalmente a otro de la Tierra. ‖ *Fig.* Apogeo, punto máximo.
ceniza f. Resto que queda después de una combustión completa. ‖ — Pl. Restos mortales.
cenizo, za adj. Ceniciento. ‖ — M. *Fam.* Aguafiestas. | Gafe. ‖ *Tener el cenizo,* tener mala suerte.
cenobio m. Monasterio.
cenobita m. Monje, anacoreta.
cenotafio m. Monumento funerario vacío erigido en memoria de un personaje.
cenote m. *Méx.* Pozo de agua o manantial que se halla generalmente a gran profundidad.
censar v. t. Registrar en el censo. ‖ — V. i. Hacer el censo o el empadronamiento de los habitantes de una población.
censatario m. El obligado a pagar los réditos de un censo.
censo m. En Roma, lista de personas y bienes que los censores hacían cada cinco años. ‖ Padrón o lista estadística de un país. ‖ Contribución o tributo. ‖ *For.* Contrato por el cual se sujeta un inmueble al pago de una pensión anual. ‖ Registro general de ciudadanos con derecho de voto : *censo electoral.* ‖ *Fig.* y *fam. Ser un censo,* ser costoso.
censor m. Antiguo magistrado de Roma. ‖ Crítico, juez. ‖ Encargado, por la autoridad, del examen de los libros, periódicos, películas, etc., desde el punto de vista moral o político. ‖ En los colegios, encargado de vigilar la observancia de los reglamentos.
censura f. Cargo y funciones del censor. ‖ Juicio o criterio acerca de la conducta ajena. ‖ Intervención de la autoridad gubernativa en las cosas públicas o privadas : *censura de prensa.* ‖ Órgano que la ejerce.
censurable adj. Que merece censura.
censurador, ra adj. y s. Que censura.
censurar v. t. Criticar. ‖ Prohibir la publicación o la representación.
centauro m. *Mit.* Monstruo mitad hombre y mitad caballo.

centavo, va adj. Centésimo. ‖ — M. Centésima parte de algunas unidades monetarias.
centella f. Rayo.
centelleante adj. Que centellea.
centellear v. i. Despedir destellos de luz.
centelleo m. Acción y efecto de centellear.
centena f. Conjunto de cien unidades.
centenar m. Centena. ‖ *A centenares*, en gran abundancia.
centenario, ria adj. Relativo a la centena. ‖ — Adj. y s. Que tiene cien o más años de edad. ‖ — M. Fiesta que se celebra cada cien años. ‖ Día en que se cumplen una o más centenas de años de un acontecimiento.
centeno m. Planta anual gramínea, semejante al trigo.
centesimal adj. Dividido en cien partes.
centésimo, ma adj. Que ocupa el orden correspondiente al número ciento. ‖ — M. Cada una de las cien partes iguales en que se divide un todo.
centiárea f. Centésima parte del área, metro cuadrado.
centígrado, da adj. Dividido en cien grados. ‖ — M. Centésima parte del grado (símb. cgr).
centigramo m. Centésima parte del gramo (símb. cg).
centilitro m. Centésima parte del litro (símb. cl).
centímetro m. Centésima parte del metro (símb. cm).
céntimo, ma adj. Centésimo. ‖ — M. Centésima parte de la unidad monetaria.
centinela m. Soldado que hace guardia. ‖ *Fig.* Persona que vigila.
centolla f. y **centollo** m. Cangrejo marino comestible.
centrado, da adj. Dícese de la cosa cuyo centro está en la posición que debe ocupar. ‖ *Fig.* Que está en su elemento. | Equilibrado, sensato. ‖ — M. Operación que consiste en determinar el punto céntrico de una pieza.
central adj. Relativo al centro. ‖ Que está en el centro. ‖ General : *calefacción central.* ‖ — F. Establecimiento central : *Central de Correos.* ‖ Fábrica productora de energía : *central nuclear.* ‖ Casa matriz o principal de una empresa o comunidad. ‖ *Cub.* Fábrica de azúcar. ‖ *Central telefónica*, local donde terminan los hilos de los circuitos telefónicos de un grupo de abonados y en el cual se efectúan las operaciones necesarias (manuales o automáticas) para el establecimiento de las comunicaciones.
centralismo m. Sistema administrativo en el que el poder central asume todas las funciones.
centralista adj. y s. Partidario de la centralización.
centralita f. Central telefónica que une los teléfonos interiores de un mismo edificio o entidad.
centralización f. Hecho de reunir todo en un centro único de acción o de autoridad.
centralizador, ra adj. y s. Que centraliza.
centralizar v. t. Reunir en un centro común. ‖ Asumir el poder público facultades atribuidas a organismos locales.
centrar v. t. Hacer que se reúnan en un punto los proyectiles, rayos luminosos, etc. ‖ Colocar en el centro. ‖ Determinar el punto céntrico. ‖ *Fig.* Atraer la atención, etc. ‖ Orientar. ‖ En deportes, lanzar el balón hasta el centro (ú. t. c. i.). ‖ — V. pr. Orientarse.
céntrico, ca adj. Central.
centrifugación f. Separación de los elementos de una mezcla por la fuerza centrífuga.
centrifugadora f. Máquina para centrifugar.
centrifugar v. t. Someter los componentes de una mezcla a la fuerza centrífuga para separarlos.
centrífugo, ga adj. Que aleja del centro.
centrípeto, ta adj. Que acerca al centro : *aceleración centrípeta.*
centrista adj. y s. Que pertenece al centro, en política.
centro m. *Geom.* Punto situado a igual distancia de todos los puntos de un círculo, de una esfera, etc. ‖ Lo más alejado de la superficie exterior de una cosa. ‖ *Fig.* Lugar de donde parten o convergen acciones coordenadas, foco : *el centro de la rebelión.* | Círculo : *en los centros diplomáticos.* ‖ Establecimiento, organismo : *centro docente.* ‖ Dirección general del Estado : *centro político y administrativo.* ‖ *Fig.* Punto hacia donde se dirigen las miradas, la atención, etc. : *el centro de la curiosidad.* | Zona más concurrida de una población : *el centro de Buenos Aires.* | Lugar donde se concentra una actividad : *centro de los negocios.* ‖ Punto de reunión : *centro literario.* ‖ En fútbol, pase largo. ‖ — *Centro de atracción*, punto que ejerce constante atracción sobre un cuerpo celeste. ‖ *Centro de gravedad*, punto de un cuerpo situado de tal forma que, si se le suspendiese por él, permanecería en equilibrio en cualquier posición que se le diere.
centroamericano, na adj. y s. De América Central.
centroderechista adj. y s. Que pertenece al centro, en política, con cierta inclinación hacia la derecha.
centroeuropeo, a adj. y s. De Europa Central.
centroizquierdista adj. y s. Que pertenece al centro, en política, con cierta inclinación a la izquierda.
centrolense adj. y s. Del dep. Central (Paraguay).
centromexicano, na adj. y s. *Méx.* Dícese de la persona de la meseta central mexicana.
centunviro m. Miembro del tribunal civil de la Roma antigua.
centuplicar v. t. Hacer cien veces mayor.
céntuplo, pla adj. Cien veces mayor (ú. t. c. s. m.).
centuria f. Siglo, cien años. ‖ Compañía de cien hombres en la milicia romana.
centurión m. Jefe de una centuria romana.
centzontle m. Ave canora de México. ‖ Sinsonte.
ceñidor m. Faja, cinturón.
ceñir v. t. Rodear o ajustar la cintura. ‖ Rodear : *el mar ciñe la tierra.* ‖ Ajustar : *camiseta que ciñe el busto* (ú. t. c. pr.). ‖ Abrazar : *ceñir a un adversario.* ‖ — V. pr. Moderarse en los gastos, en las palabras, etc. ‖ Limitarse, ajustarse : *me ciño a lo dicho.* ‖ Amoldarse. ‖ Acercarse mucho.
ceño m. Gesto de disgusto hecho arrugando la frente.
ceñudo, da adj. Con ceño.
cepa f. Parte del tronco de una planta inmediata a las raíces y que está bajo tierra. ‖ Planta o tronco de la vid. ‖ *Fig.* Linaje, casta.
cepillado m. Acción y efecto de cepillar.

cepillar v. t. Limpiar con cepillo. ‖ Alisar con el cepillo de carpintero. ‖ *Fam.* Quitar el dinero. ‖ — V. pr. *Fig.* y *fam.* Suspender en un examen. | Matar.

cepillo m. Caja para donativos : *cepillo de las iglesias.* ‖ Herramienta de carpintero para alisar las maderas. ‖ Utensilio formado de cerdas o filamentos análogos fijos en una chapa de forma variable : *cepillo para la ropa.*

cepo m. Gajo o rama de árbol. ‖ Tronco de árbol cortado. ‖ Madero grueso en que se ponen el yunque, la bigornia, etc. ‖ Madero que, fijo a la pierna del reo, le servía de presión. ‖ Trampa para cazar animales. ‖ Cepillo de limosna. ‖ Varilla para sujetar periódicos. ‖ Aparato puesto en las ruedas de un automóvil, estacionado en un lugar prohibido, para inmovilizarlo. ‖ *Fig.* Trampa.

ceporro m. *Fam.* Torpe.

cera f. Sustancia blanda y amarillenta segregada por las abejas y con la que éstas forman las celdillas de los panales. ‖ Sustancia análoga que recubre ciertas hojas, flores y frutos. ‖ Cerumen de los oídos. ‖ Sustancia vegetal o animal hecha con ésteres alcohólicos monovalentes. ‖ Preparación grasienta usada para untar la suela de los esquíes.

cerámica f. Arte de fabricar vasijas y objetos de barro cocido. ‖ Objeto así fabricado.

ceramista com. Persona que fabrica objetos de cerámica.

cerbatana f. Tubo usado para disparar flechas soplando por un extremo. ‖ Trompetilla de sordos.

cerca f. Vallado, valla.

cerca adv. A poca distancia, junto a : *cerca de mi casa.* ‖ *Cerca de,* casi : *cerca de las diez;* ante : *embajador cerca de la Santa Sede.*

cercado m. Terreno rodeado de una valla. ‖ Cerca, valla. ‖ *Per.* División territorial que comprende la capital de un Estado o provincia y los pueblos que de ella dependen.

cercanía f. Proximidad. ‖ — Pl. Alrededores : *las cercanías de Madrid.*

cercano, na adj. Próximo.

cercar v. t. Vallar, rodear con cerca o vallado. ‖ Rodear : *me cercó la muchedumbre.* ‖ *Mil.* Sitiar, poner cerco a una plaza.

cercenar v. t. Cortar las extremidades de una cosa : *cercenar un árbol.* ‖ Abreviar, acortar un texto. ‖ Disminuir : *cercenar el gasto.*

cerceta f. Ave palmípeda de color pardo.

cerciorar v. t. Dar a alguien la certeza de una cosa. ‖ — V. pr. Convencerse, adquirir la certeza.

cerco m. Acción de cercar. ‖ Lo que ciñe. ‖ Aro de un tonel. ‖ Sitio : *alzar* o *levantar el cerco.* ‖ Corrillo : *cerco de gentes.* ‖ Cinturón, anillo : *un cerco de pueblos a su alrededor.* ‖ Halo de los astros. ‖ Aureola alrededor del Sol. ‖ Círculo que rodea una mancha. ‖ Marco de ventana o puerta. ‖ *Amer.* Valla, cerca.

cercopiteco m. Mono de cola larga que vive en África.

cerda f. Pelo grueso y duro del cuerpo del jabalí y cerdo, y de la cola y crines de los caballos. ‖ Hembra del cerdo. ‖ *Fam.* Mujer sucia o grosera o de malas intenciones.

cerdada f. *Fam.* Mala pasada.

cerdo m. Mamífero ungulado paquidermo, doméstico, de cabeza grande, orejas caídas y hocico casi cilíndrico. ‖ *Fig.* y *fam.* Puerco, hombre sucio o grosero o de malas intenciones.

cereal m. Planta farinácea, como el trigo, maíz, centeno, cebada, avena, arroz, etc.

cerealista adj. De los cereales. ‖ — M. Productor de cereales.

cerebelo m. Centro nervioso del cerebro en la parte inferior y posterior de la cavidad craneana.

cerebral adj. Relativo al cerebro. ‖ *Fig.* Intelectual, desapasionado.

cerebro m. Centro nervioso que ocupa la parte superior y anterior del cráneo de los vertebrados. ‖ *Fig.* Mente, inteligencia. | Centro de dirección : *la capital, cerebro del país.* ‖ *Cerebro electrónico,* máquinas electrónicas que efectúan las operaciones (cálculo) sin intervención del hombre.

ceremonia f. Forma exterior y regular de un culto. ‖ Acto solemne. ‖ Pompa, aparato : *recibir con gran ceremonia.* ‖ Saludo.

ceremonial adj. De la ceremonia. ‖ — M. Conjunto de normas establecidas en algunos actos públicos. ‖ Libro en que están escritas las ceremonias que se deben observar en ciertos actos.

ceremonioso, sa adj. Que gusta de ceremonias y cumplidos. ‖ Con mucha ceremonia.

cereza f. Fruto redondo del cerezo, de color encarnado. ‖ *Amer.* Cáscara del grano de café.

cerezal m. Plantío de cerezos.

cerezo m. Árbol frutal de la familia de las rosáceas de fruto comestible. ‖ Nombre de varios árboles americanos.

cerilla f. Fósforo. ‖ Cerumen de los oídos.

cerillero m. y **cerillera** f. Caja que contiene fósforos o cerillas. ‖ Bolsillo para guardar los fósforos.

cerillo m. Cerilla, fósforo.

cerio m. Metal (Ce) de número atómico 58, duro, brillante, extraído de la cerita, y que, mezclado con hierro, se emplea en la fabricación de piedras de encendedores.

cerita f. Mineral formado por silicato hidratado de cerio.

cerner v. t. Cribar, separar con el cedazo las partes más finas de una cosa de las gruesas : *cerner harina.* ‖ Observar, examinar : *cerner el horizonte.* ‖ — V. pr. Mantenerse las aves y los aviones en el aire. ‖ *Fig.* Amenazar.

cernícalo m. Ave de rapiña de plumaje rojizo manchado de negro. ‖ *Fig.* y *fam.* Bruto, ignorante.

cernidor m. Cedazo, criba.

cernir v. t. Cerner.

cero m. Signo aritmético sin valor propio. ‖ *Fís.* En las diversas escalas de los termómetros, manómetros, etc., punto desde el cual se cuentan los grados. ‖ — *Cero absoluto,* punto de la escala termométrica a 273,16 grados centígrados por debajo del cero normal; (fig.) cosa que por sí sola no tiene valor. ‖ *Fig.* y *fam. Ser un cero a la izquierda,* ser inútil, no valer para nada.

cerrado, da adj. No abierto. ‖ *Fig.* Incomprensible : *el sentido cerrado de un escrito.* | Cubierto de nubes. | Dícese de la barba muy poblada. | En que es difícil entrar : *sociedad cerrada.* | Insensible, inaccesible a : *cerrado al amor.* | Que encierra completamente : *curva cerrada.* | Obstinado : *actitud cerrada.* | Tupido : *lluvia cerrada.* | Poco expansivo o comunicativo : *carácter cerrado.* | De mucho acento : *hablar un andaluz cerrado.* | Nutrido, grande : *ovación cerrada.* | Denso, completo : *noche cerrada.* | Muy torpe : *hombre cerrado de mollera* (ú. t. c. s.). ‖ — M. Huerto cercado con tapia.

cerradura f. Mecanismo con llave que sirve para cerrar.
cerrajería f. Oficio y taller de cerrajero.
cerrajero m. El que fabrica cerraduras, llaves, cerrojos, etc.
cerrar v. t. Hacer que una cosa que estaba abierta deje de estarlo. ‖ Asegurar con cerradura, pestillo, pasador, etc. : *cerrar con llave.* ‖ Cercar, vallar : *cerrar un terreno.* ‖ Tapar, obstruir : *cerrar un hueco.* ‖ Interrumpir el funcionamiento : *cerrar la escuela, la radio.* ‖ *Fig.* Impedir la entrada : *cerrar el paso.* ‖ Juntar las extremidades del cuerpo : *cerrar las piernas.* ‖ Unir estrechamente : *cerrar las filas.* ‖ Doblar, plegar : *cerrar un paraguas.* ‖ Pegar una carta. ‖ *Fig.* Poner término : *cerrar una discusión.* | Dar por firme o terminado un contrato, un negocio, una cuenta, etc. ‖ Cicatrizar : *cerrar una herida.* ‖ — V. i. Cerrarse una cosa. ‖ — V. pr. Juntarse los pétalos de una flor. ‖ Cicatrizar. ‖ Encapotarse : *cerrarse el cielo.* ‖ *Fig.* Mantenerse uno firme en su propósito, obstinarse.
cerrazón f. Oscuridad que precede a las tempestades cuando se cubre el cielo de nubes muy negras. ‖ *Fig.* Torpeza, incapacidad en comprender. | Obstinación.
cerril adj. Sin domar, salvaje : *potro cerril.* ‖ *Fig.* Grosero, basto : *persona cerril.* | Torpe. | Obstinado, terco.
cerrilismo m. Obstinación, terquedad. ‖ Torpeza. ‖ Carácter salvaje.
cerro m. Elevación del terreno.
cerrojo m. Barra de hierro, movible entre dos armellas, que cierra una puerta o ventana. ‖ En los fusiles y armas ligeras, cilindro metálico que contiene los elementos de percusión, obturación y extracción del casquillo.
certamen m. Desafío. ‖ *Fig.* Concurso sobre un tema intelectual : *certamen literario.*
certero, ra adj. Hábil, diestro. ‖ Acertado : *tiro certero.* ‖ Cierto : *juicio certero.*
certeza y **certidumbre** f. Conocimiento seguro y claro de algo.
certificación f. Acción y efecto de certificar. ‖ Certificado.
certificado m. Documento o escrito en que se asegura algo : *certificado médico.* ‖ Diploma. ‖ — Adj. y s. m. Dícese del envío postal que se certifica.
certificador, ra adj. y s. Que certifica.
certificar v. t. Dar una cosa por segura, afirmar. ‖ *Certificar una carta, un paquete,* obtener, mediante pago, un certificado con que se puede acreditar haber depositado el objeto en Correos.
certitud f. Certeza.
cerúleo, a adj. Azul celeste.
cerumen m. Secreción grasa del interior de los oídos.
cerval adj. Del ciervo. ‖ *Fig.* Dícese del miedo grande.
cervantesco, ca y **cervantino, na** adj. Propio de Cervantes.
cervantista adj. Cervantesco. ‖ — Com. Especialista en el estudio de la vida y obra de Cervantes.
cervato m. Ciervo pequeño.
cervecería f. Lugar donde se fabrica o vende cerveza.
cervecero, ra adj. Relativo a la cerveza. ‖ — M. y f. Persona que hace o vende cerveza.
cerveza f. Bebida alcohólica hecha con granos de cebada germinados y fermentados, aromatizada con lúpulo.
cervical adj. De la cerviz.
cérvidos m. pl. Familia de mamíferos rumiantes, como el ciervo, el ante, el gamo, el corzo, el huemul, etc. (ú. t. c. adj.).
cerviguillo m. Parte externa de la cerviz de un animal que tiene forma abultada.
cerviz f. Parte posterior del cuello, nuca. ‖ *Fig. Bajar o doblar la cerviz,* perder el orgullo, humillarse.
cesación f. Interrupción.
cesante adj. Que cesa. ‖ — Adj. y s. Dícese del empleado que queda sin empleo.
cesantía f. Estado de cesante. ‖ Pensión que disfruta en ciertos casos el empleado cesante.
cesar v. i. Terminarse una cosa. ‖ Dejar de desempeñar algún empleo o cargo. ‖ Dejar de hacer lo que se estaba haciendo. ‖ — V. t. Hacer dimitir.
césar m. Emperador.
cesárea adj. y s. f. *Med.* Dícese de la operación de extraer el feto por incisión de la pared abdominal.
cesarismo m. Gobierno de los césares. ‖ Sistema de gobierno personal y absoluto.
cese m. Detención, interrupción. ‖ Revocación de un cargo. ‖ Escrito en que se hace constar la revocación.
cesio m. Metal raro (Cs), de número atómico 55, semejante al potasio.
cesión f. Renuncia de alguna cosa, posesión o derecho.
cesionario, ria m. y f. Persona en cuyo favor se hace una cesión.
'cesionista com. Persona que hace una cesión.
césped m. Hierba corta y tupida.
cesta f. Recipiente de mimbre o junco trenzado que sirve para transportar o guardar cosas. ‖ Su contenido. ‖ Especie de pala utilizada para jugar al frontón. ‖ Red que cuelga de un aro en el juego del baloncesto. ‖ Tanto marcado en este juego. ‖ *Fig. La cesta de la compra,* conjunto de los productos de primera necesidad que se compran diariamente.
cestapunta f. Variedad del juego del frontón.
cesto m. Cesta grande.
cestodos m. pl. Orden de gusanos platelmintos, de cuerpo aplanado y largo a modo de cinta, como la solitaria (ú. t. c. adj.).
cesura f. Pausa hecha en un verso para regular el ritmo.
cetáceos m. pl. Orden de mamíferos marinos de gran tamaño, como la ballena, el cachalote, el delfín, etc. (ú. t. c. adj.).
cetrería f. Arte de criar halcones y demás aves de caza. ‖ Caza con halcones.
cetrino, na adj. De color amarillo verdoso.
cetro m. Bastón o insignia de mando.
ceutí adj. y s. De Ceuta.
ceviche m. Cebiche.
Cf., abrev. de *confer,* que significa *compárese, véase.*
Cf, símb. químico del *californio.*
C.G.S., sistema cegesimal de medidas cuyas unidades son el centímetro (cm), el gramo (g) y el segundo (s).
Ci, símbolo del *curie,* unidad de medida de actividad nuclear.
cía f. *Anat.* Hueso de la cadera.
cianhídrico, ca adj. *Quím.* Dícese del ácido prúsico, tóxico violentísimo.
cianuro m. *Quím.* Sal del ácido cianhídrico : *cianuro de potasio.*
ciar v. i. *Mar.* Remar hacia atrás. ‖ *Fig.* Cejar, ceder.

ciático, ca adj. De la cadera. ‖ — F. Neuralgia del nervio ciático.
cibernética f. Ciencia que estudia los mecanismos automáticos de comunicación y de control de los seres vivos y de las máquinas.
ciboney adj. y s. Dícese del individuo de un antiguo pueblo de Cuba.
cicatear v. i. *Fam.* Escatimar.
cicatería f. Avaricia.
cicatero, ra adj. y s. Tacaño.
cicatriz f. Señal que queda después de cerrarse una herida o llaga. ‖ *Fig.* Huella que deja en el ánimo algún sentimiento pasado.
cicatrización f. Fenómeno que hace que una llaga o herida se cierre.
cicatrizante adj. y s. m. Dícese del remedio que hace cicatrizar.
cicatrizar v. t. e. i. Completar la curación de una herida o llaga hasta quedar bien cerrada. ‖ *Fig.* Calmar, hacer olvidar.
cícero m. *Impr.* Unidad de medida tipográfica que equivale a doce puntos (4,51 mm).
cicerone m. Guía que enseña y explica las curiosidades de una localidad, edificio, etc.
ciclamen m. Planta herbácea ornamental.
ciclamor m. Arbol de jardín de flores rojas.
cíclico, ca adj. Relativo al ciclo : *cronología cíclica.* ‖ Que forma parte de un ciclo literario épico : *un poema cíclico.* ‖ *Quím.* Dícese de los compuestos orgánicos cuyas moléculas forman una cadena cerrada.
ciclismo m. Deporte y utilización de la bicicleta.
ciclista adj. Relativo al ciclismo : *corredor ciclista.* ‖ — Com. Persona que practica el ciclismo.
ciclo m. Período de tiempo en que se cumple una serie de fenómenos realizados en un orden determinado. ‖ Serie de acciones, modificaciones o fenómenos que sufre un cuerpo o sistema que pasa por diferentes fases hasta volver al estado inicial. ‖ Conjunto de poemas, generalmente épicos, que tienen como tema un héroe, un personaje, un hecho : *el ciclo bretón.* ‖ Serie de conferencias sobre cierto asunto. ‖ Serie de operaciones destinadas al mismo fin : *ciclo de fabricación.* ‖ *Astr.* Período de tiempo después del cual los mismos fenómenos astronómicos se reproducen en orden semejante : *ciclo solar.*
ciclomotor m. Bicicleta con motor auxiliar de cilindrada inferior a 125 cm³.
ciclón m. Huracán que gira a gran velocidad alrededor de un centro de baja presión.
ciclópeo, a adj. Gigantesco.
cíclopes m. pl. Gigantes monstruosos que poseían un solo ojo en medio de la frente.
ciclostilo m. Máquina para copiar escritos o dibujos.
ciclotrón m. Acelerador electromagnético de alta frecuencia que comunica a las partículas electrizadas gran velocidad para obtener de este modo transmutaciones y desintegraciones de átomos.
cicuta f. Planta venenosa.
cid m. *Fig.* Hombre valiente.
cidra f. Fruto del cidro.
cidro m. Arbol de flores rojas.
ciego, ga adj. Que no ve, privado de la vista (ú. t. c. s.). ‖ *Fig.* Obcecado, enloquecido por alguna pasión : *ciego de ira.* | Que no ve algo patente. | Obstruido, cegado : *tubería ciega.* ‖ — M. *Anat.* Parte del intestino grueso entre el íleon y el colon. ‖ — *A ciegas,* sin ver ; (fig.) sin reflexión. ‖ *Dar palos de ciego,* darlos al aire.
cielito m. *Riopl.* Baile y canto popular.
cielo m. Espacio indefinido, azul de día y poblado de estrellas por la noche, en el cual se mueven los astros. ‖ Parte del espacio que parece formar una bóveda encima de la Tierra : *levantar las manos al cielo.* ‖ Mansión de los bienaventurados : *ganarse el cielo.* ‖ *Fig.* Dios, la providencia : *rogar al cielo.* | Nombre cariñoso dado a una persona amada : *¡ cielo mío!* | Parte superior de un espacio cerrado : *el cielo de un coche.* ‖ *Arg.* y *Urug.* Cielito, baile popular. ‖ — *A cielo abierto,* al descubierto. ‖ *A cielo raso,* al aire libre. ‖ *Fig. Bajado* o *llovido del cielo,* muy oportuno. ‖ *Cielo de la boca,* paladar. ‖ *Cielo raso,* techo interior en el cual no se ven las vigas. ‖ *Fig. Estar en el séptimo cielo,* no caber en sí de gozo. | *Mover cielo y tierra,* hacer uno todos los esfuerzos para conseguir una cosa. | *Poner el grito en el cielo,* gritar mucho. | *Ser un cielo,* ser encantador.
ciempiés m. inv. Miriápodos.
cien adj. Apócope de *ciento.*
ciénaga f. Lugar lleno de cieno.
ciencia f. Conocimiento exacto y razonado de las cosas por sus principios y causas. ‖ Conjunto de los conocimientos humanos. ‖ Conjunto de conocimientos relativos a un objeto determinado : *las ciencias humanas.* ‖ *Fig.* Saber o erudición. ‖ — Pl. Conjunto de conocimientos relativos a las matemáticas, física, química, etc. : *facultad de ciencias.* ‖ — *A ciencia cierta,* con seguridad. ‖ *Ciencia ficción,* género novelesco que recurre a los temas del viaje en el tiempo y en los espacios supraterrestres. ‖ *Ciencia infusa,* la comunicada directamente por Dios. ‖ *Ciencias exactas,* las matemáticas y aquellas que sólo admiten hechos demostrables. ‖ *Ciencias naturales,* las que estudian los reinos animal, vegetal y mineral. ‖ *Ciencias ocultas,* la alquimia, la astrología, la cábala, la quiromancia, etc.
cienfueguero, ra adj. y s. De Cienfuegos (Cuba).
cienmilésimo, ma adj. Que está en lugar indicado por el número cien mil. ‖ — M. Cada una de las cien mil partes iguales en que se divide un todo.
cienmilímetro m. Centésima parte de un milímetro (símb. cmm).
cieno m. Fango.
científico, ca adj. Relativo a la ciencia : *principios, métodos científicos.* ‖ Que investiga sobre alguna ciencia (ú. t. c. s.).
ciento adj. y s. m. Diez veces diez. ‖ Centésimo : *número ciento.* ‖ — M. Signo o conjunto de signos que expresan la cantidad de ciento. ‖ Centena : *un ciento de personas.* ‖ *Dar ciento y raya a uno,* sobrepasarle.
cierre m. Acción y efecto de cerrar o cerrarse. ‖ Clausura de tiendas o de cualquier otro establecimiento. ‖ Lo que sirve para cerrar : *el cierre de un bolso.* ‖ — *Cierre metálico,* cortina de hierro para cerrar las tiendas. ‖ *Cierre patronal,* lock out. ‖ *Amer. Cierre relámpago,* cremallera.
cierto, ta adj. Seguro, indubitable : *noticia cierta.* ‖ Determinado : *cierto día.* ‖ Alguno : *ciertas sospechas.* ‖ Un poco de, algo de : *siento cierta tristeza.*
cierva f. Hembra del ciervo.

ciervo m. Género de mamíferos rumiantes, de color pardo rojizo y con varios cuernos ramificados.
cierzo m. Viento frío del Norte.
cifra f. Número, signo o signos con que se representa. ‖ Escritura secreta, clave : *escrito en cifra.* ‖ Cantidad, suma.
cifrar v. t. Escribir en clave : *cifrar un telegrama.* ‖ *Fig.* Compendiar. | Fijar, colocar : *cifrar la ambición en una cosa.* ‖ — V. pr. Elevarse : *cifrarse en mil pesetas.*
cigala f. Crustáceo marino comestible.
cigarra f. Insecto hemíptero de color amarillo verdoso.
cigarral m. Finca de recreo en Toledo.
cigarrera f. Mujer que hace cigarros. ‖ Caja de cigarros puros.
cigarrillo m. Cigarro de picadura de tabaco envuelta en papel.
cigarro m. Rollo de hojas de tabaco que se fuma : *cigarro habano.* ‖ Cigarrillo.
cigarrón m. Saltamontes.
cigomático, ca adj. *Anat.* Relativo a la mejilla o al pómulo.
cigoto m. *Biol.* Óvulo fertilizado.
ciguata f. *Pop. Méx.* Mujer.
ciguatera f. Intoxicación causada por mariscos o pescado.
ciguato, ta adj. y s. *Antill.* y *Méx.* Idiota. | Pálido.
cigüeña f. Ave zancuda migratoria, de cuello largo y pico rojo, que tiene más de dos metros de envergadura. ‖ Manubrio, manivela.
cigüeñal m. Eje acodado de un motor, en el que van ajustadas las bielas unidas a los pistones o émbolos, que transforma el movimiento rectilíneo de éstos en circular o rotativo.
cilicio m. Vestidura o cinturón áspero o con pinchos que se llevan sobre la carne por penitencia.
cilindrada f. Capacidad de los cilindros de un motor de explosión.
cilíndrico, ca adj. Relativo al cilindro o que tiene su forma.
cilindro m. Cuerpo de sección circular del mismo grosor en toda su longitud. ‖ Cuerpo geométrico limitado por una superficie cilíndrica y dos planos que cortan las generatrices. ‖ Cámara tubular en la que se mueve en sentido alternativo el émbolo de un motor o bomba : *automóvil de cuatro cilindros.* ‖ Pieza cilíndrica que al girar imprime el papel o el tejido. ‖ Rodillo compresor para apisonar. ‖ *Amer.* Sombrero de copa. | Organillo. ‖ *Cilindro de revolución,* sólido engendrado por el movimiento circular de un rectángulo alrededor de uno de sus lados.
cilio m. *Biol.* Filamento del protoplasma que emerge de ciertos protozoos y de algunas células.
cima f. Parte más alta, cumbre de una montaña, de un árbol, de la cresta de una ola, etc. ‖ *Fig.* Apogeo, altura máxima : *llegó a la cima de los honores.*
cimacio m. *Arq.* Moldura de perfil en forma de *s.*
cimarrón, ona adj. *Amer.* Salvaje, montaraz. ‖ Decíase del esclavo negro que huía al campo (ú. t. c. s.). ‖ — Adj. y s. m. *Riopl.* Dícese del mate sin azúcar.
cimarronada f. *Amer.* Manada de animales salvajes.
cimarronear v. i. *Riopl.* Tomar mate cimarrón. ‖ *Amer.* Huir.
címbalos m. pl. *Mús.* Platillos.
cimbel m. Ave que sirve de señuelo para cazar. ‖ *Fig.* Señuelo.
cimborrio m. Cuerpo cilíndrico que sirve de base a la cúpula.
cimbra f. Armazón sobre la que se construye un arco o bóveda.
cimbrar v. t. Poner cimbras en una bóveda o arco. ‖ Cimbrear.
cimbreante adj. Delgado y flexible.
cimbrear v. t. Hacer vibrar una vara o un palo en el aire agarrándolos por un extremo. ‖ Mover graciosamente y con garbo el cuerpo. ‖ — V. pr. Vibrar un objeto flexible. ‖ Moverse con garbo al caminar.
cimbreo m. Acción y efecto de cimbrear o cimbrearse.
cimentación f. Acción y efecto de cimentar.
cimentar v. t. Poner los cimientos. ‖ Fijar con cemento. ‖ *Fig.* Consolidar, asentar.
cimera f. Adorno en la parte superior de la celada.
cimero, ra adj. Que está en la parte más alta. ‖ *Fig.* Destacado.
cimiento m. Parte del edificio debajo de tierra y sobre la cual estriba toda la construcción. U. t. c. pl. : *ya echaron los cimientos de la casa.* ‖ *Fig.* Origen.
cimitarra f. Especie de sable curvo usado por turcos y persas.
cinabrio m. Mineral compuesto de azufre y mercurio.
cinc m. Cuerpo simple, metálico (Zn), de número atómico 30 y de color blanco azulado.
cincel m. Herramienta que sirve para labrar maderas, piedras y metales.
cincelado m. Acción y efecto de cincelar.
cincelador, ra m. y f. Persona que cincela.
cinceladura f. Cincelado.
cincelar v. t. Labrar con el cincel en piedras, maderas o metales.
cinco adj. Cuatro y uno : *tiene cinco niños.* ‖ Quinto : *libro cinco.* ‖ — M. Signo con que se representa el número cinco.
cincolite m. *Méx.* Especie de huacal para almacenar y conservar la cosecha de maíz.
cincuate m. *Méx.* Reptil ofidio.
cincuenta adj. y s. m. Cinco veces diez. ‖ Quincuagésimo.
cincuentavo, va adj. y s. Dícese de cada una de las cincuenta partes en que se divide un todo.
cincuentenario m. Fecha en que se cumplen los cincuenta años de un hecho.
cincuenteno, na adj. Quincuagésimo. ‖ — F. Conjunto de cincuenta unidades.
cincuentón, ona adj. y s. Dícese de la persona que tiene más o menos cincuenta años.
cincha f. Faja con que se asegura la silla o albarda a la caballería.
cinchar v. t. Poner la cincha a una caballería. ‖ Asegurar con cinchos : *cinchar un tonel.* ‖ *Méx.* Pegar con la cincha, dar cintarazos. ‖ — V. i. *Riopl.* Intentar con afán que se realice una cosa. | Trabajar mucho.
cincho m. Faja o cinturón. ‖ Aro de hierro con que se rodean algunas cosas : *cincho de tonel.*
cine m. Cinematógrafo.
cineasta com. Creador o actor de películas cinematográficas.
cineclub m. Asociación cuyo objeto es dar a sus miembros una cultura cinematográfica.
cinegético, ca adj. De la cinegética. ‖ — F. Arte de cazar.

cinemascope m. Procedimiento cinematográfico de proyección en pantalla panorámica.
cinemateca f. Archivo de cintas cinematográficas notables.
cinemática f. Parte de la mecánica que estudia el movimiento en el espacio y el tiempo.
cinematografía f. Arte de representar imágenes en movimiento por medio del cinematógrafo.
cinematografiar v. t. Fotografiar una escena en movimiento destinada a ser reproducida en una pantalla.
cinematográfico, ca adj. Relativo al cinematógrafo.
cinematógrafo m. Aparato óptico que reproduce en proyección vistas animadas. ‖ Local público en que se exhiben películas cinematográficas.
cinerama m. Procedimiento cinematográfico basado en la proyección yuxtapuesta de tres imágenes procedentes de tres proyectores para dar una impresión de relieve.
cinerario, ria adj. *Urna cineraria,* la destinada a contener cenizas de cadáveres.
cinesiterapia f. Kinesiterapia.
cinético, ca adj. *Fís.* Relativo al movimiento : *energía cinética.* ‖ — F. Teoría que explica una serie de fenómenos basándose únicamente en los movimientos de las partículas materiales. ‖ Parte de la química relativa a la velocidad de las reacciones.
cínico, ca adj. y s. Desvergonzado.
cinismo m. Falta de escrúpulos, desvergüenza, procacidad.
cinta f. Tira o banda de tela : *una cinta azul.* ‖ *Por ext.* Lo que tiene aspecto de cinta o tira : *cinta de máquina de escribir.* ‖ Película cinematográfica. ‖ Tira de acero o tela dividida en metros y centímetros que sirve para medir distancias. ‖ *Veter.* Corona del casco. ‖ — *Cinta aisladora* o *aislante,* la empleada para cubrir los empalmes de cables eléctricos. ‖ *Cinta magnetofónica* o *magnética,* la de materia plástica utilizada para grabar el sonido o la voz. ‖ *Cinta transportadora,* cinta sin fin flexible para transportar materias a granel.
cintarazo m. Golpe dado de plano con la espada.
cinto m. Cinturón. ‖ Cintura, talle.
cintra f. *Arq.* Curvatura de un arco o de una bóveda.
cintrado, da adj. Curvado.
cintura f. Talle, parte más estrecha del cuerpo humano por encima de las caderas. ‖ *Fig. Meter en cintura,* hacer entrar en razón.
cinturita m. *Méx. Fam.* Hombre que vive de las mujeres.
cinturón m. Cinto de cuero del que cuelga la espada o el sable. ‖ Banda de cuero o de tela con que se sujetan los pantalones, las faldas o los vestidos. ‖ *Fig.* Fila o serie de cosas que rodean otra. ‖ Cada una de las categorías en judo : *cinturón negro.* ‖ *Fig. Apretarse el cinturón,* pasar privaciones.
ciprés m. Arbol de copa cónica y madera rojiza, olorosa e incorruptible.
circense adj. Del circo.
circo m. En la antigua Roma, gran espacio rectangular destinado a los juegos públicos, especialmente luchas, carreras de carros y caballos. ‖ Local público de espectáculos, con gradas y pista circulares donde se realizan ejercicios ecuestres y acrobáticos. ‖ Espectáculo que allí se da. ‖ Espacio de forma arqueada rodeado de montañas : *circo glaciar.*
circón m. Silicato de circonio, incoloro o de color amarillo rojizo.
circonio m. Metal gris (Zr), en forma de polvo negro, de número atómico 40 y densidad 6,53, semejante al titanio y al silicio.
circuito m. Contorno, límite exterior : *el circuito de París.* ‖ Viaje organizado, periplo. ‖ Itinerario cerrado de una prueba deportiva : *circuito automovilístico.* ‖ Conjunto de conductores eléctricos por el que pasa una corriente. ‖ Cada uno de los enlaces que une los mercados de servicios y de productos.
circulación f. Movimiento continuo : *circulación de la sangre.* ‖ Tráfico, facilidad de desplazarse por medio de las vías de comunicación : *circulación de los automóviles.* ‖ Movimiento de las monedas, de los artículos de comercio o de los valores bancarios. ‖ Transmisión, propagación : *circulación de noticias.* ‖ *Circulación monetaria,* dinero existente en billetes de banco.
circulante adj. Que circula. ‖ *Biblioteca circulante,* aquella cuyos libros pueden prestarse.
circular adj. De forma de círculo : *objeto circular.* ‖ — F. Carta, comunicación o aviso, con el mismo contenido, que se envía simultáneamente a varias personas.
circular v. i. Moverse de forma continua para alcanzar de nuevo el punto de partida : *la sangre circula por las venas.* ‖ Pasar : *el agua circula por los tubos.* ‖ Ir por las vías de comunicación : *circular por una autopista.* ‖ Ir y venir, pasar : *circular por las calles.* ‖ Pasar de mano en mano : *moneda que ya no circula.* ‖ *Fig.* Propagarse, transmitirse : *circulan falsas noticias.*
circulatorio, ria adj. Relativo a la circulación.
círculo m. *Geom.* Superficie plana contenida dentro de la circunferencia. ‖ Circunferencia. ‖ Casino, club : *círculo de juego.* ‖ *Fig.* Extensión : *ampliar el círculo de sus ocupaciones.* | Conjunto de amigos y de relaciones personales. | Sector social : *círculos financieros.* ‖ *Círculo vicioso,* razonamiento en el que se toma como prueba lo que precisamente se debe demostrar. ‖ — Pl. Medios : *en los círculos bien informados.* ‖ *Círculos polares,* los menores de la esfera terrestre.
circuncidar v. t. Cortar circularmente una porción del prepucio.
circuncisión f. Acción y efecto de circuncidar. ‖ *Circuncisión de Jesucristo,* fiesta que la Iglesia católica celebra el día 1 de enero.
circundar v. t. Cercar, rodear.
circunferencia f. *Geom.* Línea curva cerrada, cuyos puntos están todos a la misma distancia de un punto interior llamado *centro* : *la longitud de una circunferencia se obtiene multiplicando el diámetro por 3,1416.* ‖ *Fig.* Contorno, perímetro.
circunferir v. t. Circunscribir.
circunflejo adj. Dícese de un acento (^) que ya ha desaparecido en castellano, pero que existe en otras lenguas, como el francés, el portugués.
circunlocución f. y **circunloquio** m. Perífrasis, manera de hablar en la que se expresa el sentido de una palabra de una forma imprecisa e indirecta.
circunnavegar v. t. Navegar alrededor : *circunnavegar una isla.* ‖ — V. i. Dar un buque la vuelta al mundo.

circunscribir v. t. Limitar, mantener dentro de ciertos límites. ‖ *Geom.* Dibujar una figura cuyos lados toquen exteriormente al círculo. ‖ — V. pr. Reducirse, limitarse, ceñirse.
circunscripción f. Acción y efecto de circunscribir o circunscribirse. ‖ División administrativa, militar, electoral, eclesiástica, etc., de un territorio.
circunscrito, ta adj. Dícese de la figura que circunscribe a otra.
circunspección f. Cordura, comedimiento, prudencia.
circunspecto, ta adj. Cuerdo, prudente, comedido.
circunstancia f. Accidente de tiempo, lugar, modo, etc. ‖ *For.* Particularidad que acompaña un acto : *circunstancias atenuantes.* ‖ Situación : *circunstancia favorable.* ‖ Conjunto de lo que está en torno a uno : *yo y mis circunstancias.*
circunstanciado, da adj. Detallado : *informe circunstanciado.*
circunstancial adj. Que depende de una circunstancia.
circunstanciar v. t. Determinar las circunstancias de algo.
circunvalación f. Acción de circunvalar. ‖ *Línea de circunvalación,* línea de transporte que recorre el perímetro de una ciudad.
circunvalar v. t. Rodear.
circunvolución f. Vuelta alrededor de un centro común. ‖ Sinuosidad del cerebro.
cirílico, ca adj. Relativo al alfabeto, atribuido a San Cirilo (s. IX), usado en ruso.
cirio m. Vela grande. ‖ *Méx.* Planta cactácea de tallo erguido.
cirrípedos y **cirrópodos** m. pl. Crustáceos marinos que viven adheridos a las rocas (ú. t. c. adj.).
cirro m. Nube alta y blanca de aspecto filamentoso.
cirrosis f. *Med.* Enfermedad del hígado, caracterizada por granulaciones de color rosado y por la destrucción de las células hepáticas.
cirrus m. Cirro, nube.
ciruela f. Fruto del ciruelo.
ciruelo m. Árbol rosáceo.
cirugía f. Parte de la medicina cuyo fin es la curación de las enfermedades mediante operaciones hechas con instrumentos generalmente cortantes. ‖ *Cirugía estética o plástica,* la que corrige defectos físicos con el objeto de embellecer.
cirujano m. Médico que se dedica a la cirugía, operador.
cisalpino, na adj. Decíase de las regiones entre los Alpes y Roma.
cisandino, na adj. Del lado de acá de los Andes.
ciscar v. t. Ensuciar. ‖ *Cub.* y *Méx.* Avergonzar.
cisco m. Carbón menudo. ‖ *Fig.* y *fam.* Bullicio, alboroto. ‖ *Cub.* y *Méx.* Vergüenza. ‖ *Hacer cisco,* hacer trizas.
cisma m. Separación entre los miembros de una religión o comunidad. ‖ Discordia, desacuerdo.
cismático, ca adj. y s. Que se separa de la comunidad de fieles.
cisne m. Ave palmípeda de cuello largo y flexible.
cisplatino, na adj. De este lado del Río de la Plata.
cisterciense adj. y s. Del Císter.
cisterna f. Aljibe, depósito subterráneo para recoger el agua de lluvia. ‖ Depósito de retención de agua : *la cisterna de un retrete.* ‖ Recipiente que, en un vehículo, sirve para transportar líquidos.
cisticerco m. Larva de la tenia.
cistitis f. *Med.* Inflamación de la vejiga.
cistoscopio m. Aparato para examinar la vejiga de la orina.
cisura f. Incisión.
cita f. Hora y lugar en que acuerdan verse dos personas. ‖ Nota textual sacada de una obra.
citación f. Acción de citar.
citar v. t. Señalar a uno día y lugar para encontrarse con él. ‖ Decir textualmente lo que otro ha dicho o escrito. ‖ Mencionar, aludir. ‖ Provocar el torero al toro para que embista. ‖ Emplazar a uno ante un juez. ‖ — V. pr. Darse cita dos personas.
cítara f. *Mús.* Instrumento de cuerdas algo parecido a la guitarra.
citerior adj. De la parte de acá.
citlalcuate m. *Méx.* Cincuate.
citología f. Parte de la biología que estudia las células.
citoplasma m. Parte del protoplasma que en la célula rodea al núcleo.
cítrico, ca adj. *Quím.* Aplícase al ácido que se extrae del limón. ‖ — Adj. y s. m. pl. Agrios.
ciudad f. Población grande : *la ciudad de Barcelona.* ‖ — *Ciudad satélite,* conjunto urbano que pertenece a una ciudad pero que está separado de ella por un espacio sin urbanizar. ‖ *Ciudad universitaria,* conjunto de edificios universitarios y residencias para estudiantes y profesores.
ciudadanía f. Calidad y derecho de ciudadano. ‖ Civismo.
ciudadano, na adj. De la ciudad. ‖ — M. y f. Habitante o vecino de la ciudad. ‖ Natural de un Estado, que tiene derechos y deberes políticos que le permiten tomar parte en el gobierno del mismo.
ciudadela f. Recinto fortificado en el interior de una ciudad.
cívico, ca adj. Relativo al civismo. ‖ Civil, de la ciudad. ‖ *Fig.* Patriótico, de buen ciudadano. ‖ — M. *Amer.* Guardia.
civil adj. Relativo a los ciudadanos (dícese en oposición a *militar* y *eclesiástico*) : *matrimonio civil.* ‖ Concerniente a las relaciones privadas entre ciudadanos : *vida civil.* ‖ *Fig.* Sociable, urbano. ‖ — M. *Fam.* Guardia civil. ‖ *Fig.* Paisano, no militar.
civilidad f. Cortesía. ‖ Civismo.
civilista m. Persona versada en Derecho civil. ‖ — Adj. y s. Dícese del abogado que defiende asuntos civiles.
civilización f. Acción y efecto de civilizar o civilizarse. ‖ Conjunto de caracteres propios de un pueblo o raza o de los pueblos desarrollados : *civilización griega.*
civilizado, da adj. Aplícase al que emplea el lenguaje y las costumbres de la gente culta (ú. t. c. s.). ‖ Que tiene civilización.
civilizador, ra adj. y s. Que desarrolla o favorece la civilización.
civilizar v. t. Sacar del estado de barbarie : *civilizar a un país.* ‖ Educar, ilustrar (ú. t. c. pr.).
civismo m. Celo por la patria, virtud del buen ciudadano. ‖ Cortesía, educación.
cizalla f. Tijeras grandes o máquina para cortar metal.
cizallar v. t. Cortar con cizalla.

cizaña f. Planta gramínea que perjudica los sembrados. ‖ *Fig.* Cosa mala o que echa a perder otra cosa : *separar la cizaña del buen grano.* | Motivo de discordia o enemistad : *meter* o *sembrar cizaña.*
cizañero, ra adj. y s. Que le gusta meter cizaña.
Cl, símbolo químico del *cloro.*
cla. V. TLA (para ciertas voces mexicanas).
claclauyo m. *Méx.* Empanada de maíz rellena de frijoles, carne, etc.
clamar v. t. Desear vivamente : *clamar venganza.* ‖ — V. i. Quejarse implorando favor o socorro. ‖ Hablar con vehemencia. ‖ Protestar. ‖ Tener necesidad de algo.
clamor m. Grito : *los clamores de una muchedumbre.* ‖ Aclamación.
clamorear v. t. Clamar. ‖ Aclamar.
clamoreo m. Clamor.
clamoroso, sa adj. Rotundo : *éxito clamoroso.* ‖ Vocinglero.
clan m. En Escocia o Irlanda, tribu o familia. ‖ Grupo de personas unidas por un interés común.
clandestinidad f. Calidad de clandestino.
clandestino, na adj. Secreto : *matrimonio clandestino.* ‖ A espaldas del Gobierno : *partido clandestino.*
claque f. Conjunto de personas encargadas de aplaudir a un artista u obra de teatro.
claqueta f. Instrumento formado por dos tablillas articuladas que sirve, en cinematografía, para indicar el comienzo del rodaje.
clara f. Parte transparente y líquida que rodea la yema del huevo. ‖ Claridad : *a las claras del día.*
claraboya f. Ventana en el techo.
clarear v. t. Poner más claro : *clarear un color.* ‖ Dar claridad o luz. ‖ — V. i. Amanecer : *levantarse al clarear el día.* ‖ Despejarse las nubes : *el cielo clarea.* ‖ — V. pr. Transparentarse : *tu vestido se clarea.*
clarete adj. Dícese del vino tinto ligero y de color más claro que éste realizado mediante una fermentación más corta (ú. t. c. s. m.).
claridad f. Luz : *la claridad del amanecer.* ‖ *Fam.* Palabra o frase con que se dice abiertamente algo desagradable, impertinencia. ‖ *Fig.* Nitidez : *la claridad de su prosa.* | Lucidez : *claridad de juicio.* ‖ *De una claridad meridiana,* muy claro.
clarificación f. Acción de clarificar.
clarificante adj. Que clarifica.
clarificar v. t. Poner claro un líquido : *clarificar el vino.* ‖ Purificar : *clarificar azúcar.* ‖ Aclarar.
clarín m. Trompeta de sonido muy agudo y músico que la toca.
clarinete m. *Mús.* Instrumento de viento, formado por una boquilla de lengüeta de caña y un tubo de madera con agujeros que se tapan con los dedos o con llaves. | Músico que lo toca.
clarinetista m. Músico que toca el clarinete.
clarividencia f. Lucidez.
clarividente adj. Lúcido.
claro, ra adj. Que tiene mucha luz, luminoso : *una casa clara.* ‖ Definido, preciso : *una fotografía clara.* ‖ Transparente : *agua clara.* ‖ Limpio, sin nubes : *cielo claro.* ‖ Pálido, poco subido : *verde claro.* ‖ Poco consistente : *chocolate claro.* ‖ Poco apretado o tupido : *pelo claro.* ‖ Perceptible, inteligible : *prosa clara.* ‖ Expresado sin rebozo : *lenguaje claro.* ‖ Evidente, manifiesto : *verdad clara.* ‖ *Fig.* Ilustre : *de claro linaje.* ‖ *¡Claro!* o *¡claro está!,* expresión usada para manifestar conformidad. ‖ — M. Abertura. ‖ Espacio, intervalo. ‖ Claridad : *claro de luna.* ‖ Calva en un bosque. ‖ Interrupción, cese : *un claro de lluvia.* ‖ — Adv. Claramente : *explicarse claro.* ‖ *A las claras,* evidentemente.
claroscuro m. *Pint.* Técnica que utiliza sólo la luz y sombra omitiendo los diversos colores. | Distribución de la luz y la sombra para producir un efecto armonioso. ‖ *Fig.* Situación no definida.
clase f. Conjunto de personas que tienen la misma función, los mismos intereses o la misma condición en una sociedad : *la clase obrera, campesina.* ‖ Conjunto de objetos que poseen uno o varios caracteres comunes. ‖ Grupo de personas que tienen caracteres comunes. ‖ Grado, categoría que tienen ciertas personas o cosas según sus funciones. ‖ *Fam.* Distinción : *tiene mucha clase.* ‖ Cada una de las grandes divisiones de los seres vivientes, subdividida en órdenes. ‖ Conjunto de alumnos que reciben la enseñanza de un profesor : *el primero de la clase.* ‖ Enseñanza dada por un profesor : *clase de matemáticas.* ‖ Sala, aula en que se dan los cursos. ‖ Actividad docente. ‖ — Pl. Individuos de tropa cuyo grado está entre los soldados rasos y los oficiales. ‖ — *Clase media,* clase social formada por las personas que viven de un trabajo no manual. ‖ *Clases pasivas,* la formada por las personas que reciben del Estado una pensión de jubilación, viudedad, orfandad. ‖ *Lucha de clases,* oposición irreductible, según los principios marxistas, existente entre los trabajadores, que ponen en acción los medios de producción, y los capitalistas, que poseen estos medios.
clasicismo m. Conjunto de caracteres propios a la Antigüedad grecolatina o al período de grandes realizaciones artísticas en un país. ‖ Doctrina literaria y artística fundada en el respeto de la tradición clásica. ‖ Carácter de lo que sigue la costumbre.
clasicista adj. y s. Adicto al clasicismo.
clásico, ca adj. Perteneciente a la Antigüedad grecolatina o al período de mayor esplendor literario o artístico de un país : *las lenguas clásicas.* ‖ Dícese de aquello que se considera modelo en su género : *obra actualmente clásica.* ‖ Conforme a un ideal, a las normas o a las costumbres establecidas : *vestido de forma muy clásica.* ‖ *Fam.* Habitual, común, corriente.
clasificación f. Distribución sistemática en diversas categorías.
clasificador, ra adj. y s. Que clasifica. ‖ — M. Mueble de oficina para guardar papeles o documentos. ‖ — F. Máquina que clasifica rápidamente tarjetas perforadas.
clasificar v. t. Ordenar por clases : *clasificar fichas, plantas.*
claudicación f. Cojera. ‖ *Fig.* Sometimiento. | Incumplimiento.
claudicador, ra adj. y s. Que claudica.
claudicar v. i. Cojear. ‖ *Fig.* Faltar a sus deberes o a sus principios. | Ceder, someterse.
claustro m. Galería que cerca el patio principal de una iglesia o convento. ‖ Junta de los profesores de una universidad o colegio. ‖ *Claustro materno,* matriz.
claustrofobia f. *Med.* Aversión morbosa y de angustia producida por la permanencia en lugares cerrados.
cláusula f. *For.* Cada una de las condiciones, disposiciones de un contrato, testamento, documento, etc. ‖ *Gram.* Oración.

clausura f. Aislamiento en que viven ciertos religiosos. ‖ Vida religiosa o encerrada en algún recinto. ‖ Acto solemne con que terminan las deliberaciones de un tribunal, asamblea o reunión, etc. ‖ Terminación de un congreso, asamblea, etc. ‖ Cierre.
clausurar v. t. Cerrar una universidad, las cortes, una sesión, los tribunales, etc. ‖ Dar por terminada una exposición, una feria, etc.
clavado, da adj. Adornado con clavos. ‖ *Fig.* Puntual, exacto : *llegó a las seis clavadas.* | Pintiparado : *este traje le está clavado.* | Parecido : *es clavado a su hermano.* ‖ — M. *Amer.* Salto de trampolín. ‖ *Méx.* Hombre que se tira al mar desde rocas muy elevadas.
clavar v. t. Poner clavos. ‖ Fijar con clavos. ‖ *Fig.* Fijar : *clavar la mirada.* ‖ *Fig.* y *fam.* Cobrar muy caro. ‖ — V. pr. Hincarse una cosa puntiaguda : *clavarse una aguja.* ‖ *Méx.* Embolsarse, guardarse. | Ser engañado. ‖ *Per.* Colarse sin ser visto.
clave f. Explicación de los signos convenidos para escribir en cifra. ‖ Explicación. ‖ *Mús.* Signo que indica la entonación : *clave de sol.* ‖ — M. *Mús.* Clavicordio. ‖ — Adj. inv. Esencial, capital : *el argumento clave.*
clavecín m. *Mús.* Clavicordio.
clavel m. Planta de flores de hermosos colores.
clavetear v. t. Adornar con clavos.
clavicembalista com. Músico que toca el clavicémbalo.
clavicémbalo m. *Mús.* Instrumento de cuerdas del s. XVIII, semejante al piano.
clavicordio m. *Mús.* Instrumento de cuerdas y teclado, de sonido más agudo que el piano.
clavícula f. *Anat.* Cada uno de los dos huesos largos situados transversalmente en la parte superior del pecho y que unen el esternón con los omóplatos.
clavija f. Pieza de madera, metal u otra materia que se usa para ensamblajes o para tapar un agujero. ‖ La que sirve, en los instrumentos músicos con mástil, para asegurar o atirantar las cuerdas. ‖ Parte macho de un enchufe.
clavo m. Piececilla metálica, con cabeza y punta, que se hinca en un cuerpo para sujetar alguna cosa. ‖ Capullo seco de una flor que se usa como especia. ‖ *Med.* Punto central de la masa de pus de un furúnculo o divieso. ‖ *Fig.* Dolor agudo. ‖ *Pop.* Deuda. | Cosa muy cara. ‖ — *Fig. Agarrarse a un clavo ardiendo,* valerse de cualquier medio en un apuro. | *Como un clavo,* muy puntual. | *Dar en el clavo,* acertar.
claxon m. Bocina de los automóviles accionada eléctricamente.
clearing [*klirin*] m. (pal. ingl.). Compensación en las operaciones financieras o comerciales.
clemátide f. Planta trepadora de flores blancas.
clemencia f. Virtud que consiste en perdonar o moderar el rigor.
clemente adj. Que tiene clemencia. ‖ *Fig.* Poco riguroso : *tiempo clemente.*
clementina f. Mandarina que no tiene huesos.
clepsidra f. Reloj de agua.
cleptomanía f. Propensión morbosa al robo.
cleptómano, na adj. y s. Dícese de la persona que padece cleptomanía.
clerecía f. Conjunto de personas eclesiásticas que componen el clero. ‖ Oficio y ocupación de los clérigos.
clergyman m. (pal. ingl.). Clérigo o pastor protestante.
clerical adj. Del clero.
clericalismo m. Influencia excesiva del clero en la vida política.
clérigo m. Sacerdote. ‖ En la Edad Media, hombre letrado.
clero m. Conjunto de sacerdotes o eclesiásticos.
cliché m. Plancha o grabado en metal para la impresión. ‖ Imagen fotográfica negativa. ‖ *Fig.* Tópico, frase hecha : *valerse constantemente de clichés.*
cliente, ta m. y f. Respecto de una persona que ejerce una profesión, la que utiliza sus servicios. ‖ Respecto de un comerciante, el que compra en su establecimiento.
clientela f. Conjunto de clientes.
clima m. Conjunto de fenómenos meteorológicos que caracterizan el estado atmosférico y su evolución en un lugar determinado. ‖ *Fig.* Atmósfera moral.
climaterio m. Período de la vida que precede y sigue al cese de la actividad sexual.
climático, ca adj. Del clima.
climatización f. Acondicionamiento del aire.
climatizar v. t. Acondicionar el aire.
clímax m. Gradación. ‖ Momento culminante de un proceso, de un poema o de una acción dramática o cinematográfica.
clínico, ca adj. Perteneciente o relativo a la enseñanza práctica de la medicina : *hospital clínico.* ‖ *Fig. Tener ojo clínico,* ser perspicaz. ‖ — M. y f. Persona dedicada al ejercicio práctico de la medicina. ‖ — F. Hospital privado, generalmente de carácter quirúrgico.
clip m. Sujetapapeles de alambre. ‖ Broche de resorte. ‖ Horquilla para el pelo.
clisé m. Cliché.
clisos m. pl. *Pop.* Ojos.
clítoris m. *Anat.* Pequeño órgano eréctil situado en la parte superior de la vulva.
cloaca f. Conducto por donde van las aguas sucias de una ciudad. ‖ *Fig.* Sitio sucio. ‖ *Zool.* Porción final del intestino de las aves.
cloqueo m. Cacareo sordo de la gallina clueca.
clorhídrico adj. m. *Ácido clorhídrico,* combinación de cloro e hidrógeno obtenida haciendo obrar el ácido sulfúrico sobre la sal marina.
cloro m. *Quím.* Cuerpo simple (Cl), de número atómico 17, gaseoso a la temperatura ordinaria, de color amarillo verdoso y olor fuerte.
clorofila f. *Bot.* Pigmento verde de los vegetales.
clorofílico, ca adj. De la clorofila : *función clorofílica.*
cloroformización f. Anestesia por medio del cloroformo.
cloroformizar v. t. Someter a la acción anestésica del cloroformo.
cloroformo m. Líquido incoloro, de olor etéreo, resultante de la acción del cloro sobre el alcohol, y que se emplea como anestésico.
cloromicetina f. Poderoso antibiótico.
cloruro m. Combinación del cloro con un cuerpo simple o compuesto.
clown m. (pal. ingl.). Payaso.

club m. Asamblea política : *club revolucionario.* || Sociedad deportiva, literaria, de recreo, etc.
clueca adj. y s. f. Dícese del ave cuando empolla : *gallina clueca.*
cluniacense adj. y s. De la abadía y la congregación de Cluny (Francia).
Cm, símbolo químico del *curio.*
C. N. T., siglas de *Confederación Nacional del Trabajo.*
Co, símbolo químico del *cobalto.*
coa f. Jerga de delincuentes.
coacción f. Violencia con que se obliga a uno a hacer una cosa.
coaccionar v. t. Hacer coacción.
coactivo, va adj. *For.* Que tiene fuerza de apremiar u obligar.
coadjutor, ra m. y f. Persona que ayuda a otra en sus funciones. || — M. Cura que ayuda al párroco.
coadyuvar v. t. e i. Contribuir o ayudar : *coadyuvar a una obra.*
coagulable adj. Que puede coagularse.
coagulación f. Acción y efecto de coagular o coagularse.
coagulador, ra adj. Que coagula o solidifica.
coagulante adj. y s. m. Que coagula.
coagular v. t. Cuajar, solidificar lo líquido. U. t. c. pr. : *la sangre se coagula al aire.*
coágulo m. Masa de sustancia cuajada. || Sangre coagulada.
coahuilense adj. y s. Del Estado de Coahuila (México).
coalición f. Unión.
coartada f. *For.* Prueba que hace el reo de haber estado ausente del sitio en el momento en que se cometió el delito.
coartar v. t. Limitar, restringir.
coastle m. *Méx.* Tejido grueso de fibras de la cáscara de coco.
coatí m. Pequeño mamífero carnicero de América de color pardo grisáceo y cola negra.
coautor, ra m. y f. Autor con otro u otros.
coaxial adj. Que tiene el mismo eje que otro cuerpo.
coba f. *Fam.* Lisonja, halago.
cobalto m. Metal blanco rojizo (Co), de número atómico 27, densidad 8,8 y punto de fusión a 1490 °C. || *Bomba de cobalto,* generador de rayos gamma terapéuticos emitidos por una carga de radiocobalto.
cobanero, ra adj. y s. De Cobán (Guatemala).
cobarde adj. y s. Miedoso.
cobardía f. Falta de ánimo y valor, miedo.
cobardón, ona adj. y s. Cobarde.
cobaya f. y **cobayo** m. Conejillo de Indias.
cobear v. i. *Fam.* Adular.
cobertera f. Tapadera.
cobertizo m. Tejado saledizo para resguardarse de la lluvia, para dar sombra, etc.
cobertor m. Manta ligera.
cobertura f. Lo que sirve para cubrir o tapar una cosa o para encubrir la responsabilidad de una persona.
cobijador, ra adj. y s. Que cobija.
cobijamiento m. Acción y efecto de cobijar o cobijarse.
cobijar v. t. Cubrir o tapar (ú. t. c. pr.). || Albergar (ú. t. c. pr.).
cobijeño, ña adj. y s. De Cobija (Bolivia).
cobijo m. Cobijamiento.
cobista adj. y s. *Fam.* Adulador.
cobla f. Banda de música en Cataluña.
cobol m. (abrev. de *COmmon Business Oriented Language*). Lenguaje de programación usado en informática para resolver problemas de gestión.
cobra f. Serpiente venenosa de los países tropicales del género naja.
cobrador, ra adj. Dícese del perro que sabe cobrar y traer la caza. || — M. y f. Persona que se encarga de cobrar algo.
cobranza f. Acción y efecto de cobrar.
cobrar v. t. Percibir uno lo que se le debe : *cobrar el sueldo.* || Tomar o sentir cierto afecto : *cobrar cariño.* || Coger, apoderarse. || Recuperar : *cobrar ánimo.* || Adquirir : *cobrar mala fama.* || *Fam.* Recibir castigo : *cobrar una torta.* || Recoger el perro los animales matados por el cazador. || Cazar un cierto número de piezas. || — V. pr. Pagarse, resarcirse.
cobre m. Metal (Cu), de número atómico 29, de color pardo rojizo cuando está puro. || *Amer.* Moneda de este metal de escaso valor. || Batería de cocina cuando es de este metal. || — Pl. *Mús.* Conjunto de los instrumentos metálicos de viento de una orquesta.
cobrizo, za adj. Aplícase al metal que contiene cobre : *pirita cobriza.* || Parecido al cobre. || De color de cobre.
cobro m. Cobranza. || Pago.
coca f. Arbusto del Perú de cuyas hojas se extrae la cocaína. || Cocaína. || *Méx. Fam. De coca,* gratis.
cocaína f. *Fam.* Alcaloide que se extrae de la coca y que se utiliza como anestésico.
cocainismo m. Abuso de la cocaína.
cocainómano, na adj. y s. Que abusa de tomar cocaína.
coccinela f. Mariquita.
coccinélidos m. pl. *Zool.* Familia de insectos coleópteros, como la mariquita (ú. t. c. adj.).
cocción f. Acción de cocer.
cóccix m. *Anat.* Hueso pequeño al final de la columna vertebral.
cocear v. i. Dar coces.
cocer v. t. Preparar los alimentos por medio del fuego. || Someter una sustancia a la acción del fuego : *cocer ladrillos.* || — V. i. Hervir un líquido : *el agua cuece.*
cocido m. Plato muy popular en España que consiste en un guisado de carne, tocino y chorizo con garbanzos y algunas verduras.
cociente m. Resultado obtenido al dividir una cantidad por otra.
cocimiento m. Cocción. || Líquido obtenido por cocción.
cocina f. Habitación donde se guisa la comida. || Aparato para guisar : *una cocina de carbón.* || Arte de preparar los manjares.
cocinar v. t. Guisar.
cocinero, ra m. y f. Persona que guisa por oficio.
cock-tail [*cóctel*] m. (pal. ingl.). Cóctel.
coclesano, na adj. y s. De Coclé (Panamá).
coco m. Cocotero. || Fruto de este árbol. || *Bot.* Micrococo, bacteria de forma esférica. || *Fam.* Fantasma con que se mete miedo a los niños. | Cabeza. || Moño de pelo. || *Zool.* Gorgojo, insecto coleóptero cuyas larvas viven dentro de las lentejas y guisantes. || *Arg. Fam.* Cocaína.
cococha f. Parte carnosa de la cabeza de la merluza y del bacalao.
cócono m. *Méx.* Pavo común o guajolote.

cocodrilo m. Reptil anfibio, de cuatro a cinco metros de largo, cubierto de escamas, que vive en las regiones intertropicales. ‖ *Fig. Lágrimas de cocodrilo,* las hipócritas.
cocotal m. Terreno plantado de cocoteros.
cocotero m. Palmera de los países tropicales.
cóctel o **coctel** m. Combinación de bebidas alcohólicas y hielo. ‖ Reunión donde se dan. ‖ *Cóctel Molotov,* botella explosiva a base de gasolina.
coctelera f. Recipiente para hacer cócteles. ‖ *Fig.* Mezcla.
cocuyo m. Insecto coleóptero fosforescente.
cochabambino, na adj. y s. De Cochabamba (Bolivia).
cochambre f. *Fam.* Suciedad.
cochambroso, sa adj. y s. *Fam.* Lleno de mugre, de suciedad.
coche m. Carruaje, generalmente de cuatro ruedas. ‖ Automóvil : *coche de carreras.* ‖ Vagón de ferrocarril. ‖ *Coche cama,* vagón de ferrocarril con camas para dormir.
cochera adj. f. Dícese de la puerta por donde pasan los vehículos. ‖ — F. Lugar donde se guardan los coches, garaje.
cochero m. Hombre que por oficio conduce un coche.
cochevís f. *Zool.* Cogujada.
cochinería f. Porquería.
cochinilla f. Insecto hemíptero de color rojo, oriundo de México y dañino a las plantas. ‖ Materia colorante producida por este insecto. ‖ Pequeño crustáceo terrestre, de color ceniciento, que vive en los lugares húmedos debajo de las piedras y que toma forma de bola cuando se le sorprende.
cochinillo m. Lechón.
cochino, na m. y f. Cerdo. ‖ — Adj. y s. *Fig.* y *fam.* Sucio, puerco. | Cicatero, ruin. ‖ Sucio, grosero. ‖ — Adj. *Fam.* Asqueroso.
cochura f. Cocción.
codal adj. Que tiene la longitud o la forma del codo. ‖ — M. *Arq.* Madero que sirve de puntal.
codaste m. *Mar.* Madero grueso longitudinal ensamblado en la quilla que sostiene la armazón de la popa y el timón.
codazo m. Golpe con el codo.
codear v. i. Mover mucho los codos : *abrirse paso codeando.* ‖ *Amer.* Pedir dinero. ‖ — V. pr. Tener trato con otras personas.
codeína f. Alcaloide calmante sacado de la morfina o del opio.
codeo m. Acción y efecto de codear o codearse. ‖ *Amer.* Sablazo.
codera f. *Mar.* Cable grueso con que se amarra el buque. ‖ Desgaste, deformación o pieza en el codo de una prenda de vestir.
codeso m. Arbusto papilionáceo de flores amarillas.
codex m. (pal. lat.). Códice.
códice m. Libro manuscrito antiguo : *el códice del poema del Cid; los códices mayas.*
codicia f. Ambición, ansia exagerada de riquezas. ‖ *Fig.* Deseo vehemente, violento : *codicia de saber.* | Avidez : *codicia de ganancia.* ‖ *Taurom.* Acometividad del toro.
codiciador, ra adj. y s. Que codicia.
codiciar v. t. Ambicionar, ansiar.
codicilo m. *For.* Cláusula adicional que modifica un testamento. | (Ant.). Testamento.
codicioso, sa adj. y s. Que tiene codicia.
codificación f. Recopilación de leyes. ‖ Transformación de la formulación de un mensaje por medio de un código determinado.
codificador, ra adj. y s. Que codifica.
codificar v. t. Unir en un cuerpo único textos legislativos que tratan de la misma materia. ‖ Transformar, mediante un código, la formulación de un mensaje.
código m. Cuerpo de leyes dispuestas según un plan metódico y sistemático. ‖ Recopilación de las leyes y estatutos de un país : *código civil, penal, de comercio,* etc. ‖ Reglamento : *código de la circulación.* ‖ *Código postal,* conjunto de cifras que permite identificar la oficina de Correos encargada de repartir las cartas y que facilita la clasificación de las mismas.
codillear v. i. Empujar con los codos.
codillo m. En los cuadrúpedos, articulación del brazo inmediata al codo. ‖ Tubo acodado. ‖ Parte del jamón que toca a la articulación.
codirector, ra adj. y s. Dícese del que dirige algo con otro u otros.
codo m. Parte posterior y prominente de la articulación del brazo con el antebrazo. ‖ En los cuadrúpedos, codillo. ‖ Tubo acodado. ‖ Medida de unos 42 cm, que va desde el codo hasta los dedos.
codorniz f. Ave gallinácea semejante a la perdiz.
coeficiente adj. Que juntamente con otra cosa produce un efecto. ‖ — M. Índice, tasa : *coeficiente de incremento.* ‖ Grado : *coeficiente de invalidez.* ‖ Valor relativo que se atribuye a cada prueba de un examen. ‖ *Mat.* Número que se coloca delante de una cantidad para multiplicarla : $2\ (a + b)$.
coendú m. *Amer.* Puerco espín de cola larga.
coercer v. t. Forzar.
coerción f. Obligación.
coercitivo, va adj. Que obliga.
coetáneo, a adj. y s. Contemporáneo : *coetáneo de Platón.*
coexistencia f. Existencia simultánea de varias cosas.
coexistente adj. Que coexiste.
coexistir v. i. Existir una persona o cosa a la vez que otra.
cofa f. *Mar.* Plataforma pequeña en un mastelero.
cofia f. Gorro de encaje o blonda que usaban las mujeres para abrigar y adornar la cabeza. ‖ El que hoy usan las enfermeras, criadas, niñeras, etc. ‖ Red para el pelo. ‖ *Bot.* Cubierta que protege la extremidad de las raíces, pilorriza.
cofrade com. Miembro de una cofradía o hermandad.
cofradía f. Asociación o hermandad de personas devotas. ‖ Grupo o asociación para un fin preciso.
cofre m. Caja a propósito para guardar : *cofre de alhajas.* ‖ Baúl.
coger v. t. Asir, agarrar o tomar : *coger de o por la mano* (ú. t. c. pr.). ‖ Apoderarse : *coger muchos peces.* ‖ Tomar : *cogió el trabajo que le di.* ‖ Recoger los frutos de la tierra : *coger la uva.* ‖ Contener : *esta tinaja coge cien litros de aceite.* ‖ Ocupar : *la alfombra coge toda la sala.* ‖ Alcanzar, adelantar : *el coche cogió al camión.* ‖ Apresar : *cogieron al asesino.* ‖ Subirse : *cogí el tren.* ‖ Encontrar : *coger a uno de buen humor.* ‖ Sorprender : *le cogió la lluvia.* ‖ Contraer enfermedad : *coger un resfriado.* ‖ Experimentar, tener : *he cogido frío.* ‖ Cubrir el macho a la hembra. ‖ Adquirir : *cogió esa manía.* ‖ Cobrar, tomar : *les he cogido cariño.* ‖ Atropellar : *ser cogido por un automóvil.* ‖ *Fig.* Entender : *no has cogido lo que te dije.* ‖ Herir o enganchar el

toro con los cuernos a uno. ‖ Captar : *coger Radio España.* ‖ Tomar, recoger : *le cogí sus palabras en cinta magnetofónica.* ‖ Elegir : *he cogido lo que me pareció mejor.* ‖ — V. i. Tomar, dirigirse : *coger a la derecha.* ‖ *Pop.* Caber : *el coche no coge en el garaje.* ‖ Arraigar una planta.
— OBSERV. *Coger* tiene en algunos países de América un sentido equívoco y se sustituye por otros (*tomar, agarrar, alcanzar,* etc.).
cogestión f. Administración ejercida por varias personas. ‖ Gestión ejercida por el jefe de una empresa y los representantes de los trabajadores de la misma.
cogestionario, ria adj. Administrado por el sistema de cogestión.
cogida f. Cosecha de frutos. ‖ *Fam.* Cornada, acción de coger el toro.
cogitabundo, da adj. Meditabundo.
cogitación f. Reflexión.
cogitar v. t. Pensar.
cogollo m. Parte interior de la lechuga, la col, etc. ‖ Brote de un árbol y otras plantas. ‖ *Fig.* Centro. | Lo mejor, élite. ‖ *Arg.* Chicharra grande. ‖ *Amer.* Punta de la caña de azúcar.
cogorza f. *Pop.* Borrachera.
cogotazo m. Golpe en el cogote.
cogote m. Nuca.
cogujada f. Especie de alondra con un penacho.
cogulla f. Hábito religioso.
coh m. *Méx.* Tigre, jaguar.
cohabitación f. Estado de las personas que viven juntas.
cohabitar v. i. Vivir una persona con otra. ‖ Vivir maritalmente un hombre y una mujer.
cohechador, ra adj. y s. Corruptor.
cohechar v. t. Sobornar, corromper.
cohecho m. Soborno, corrupción.
coheredero, ra m. y f. Heredero con otro u otros.
coherencia f. Enlace, relación entre varias cosas. ‖ *Fís.* Cohesión.
coherente adj. Que se compone de partes unidas y armónicas.
cohesión f. Adherencia, fuerza que une las moléculas de un cuerpo. ‖ *Fig.* Unión.
cohete m. Tubo cargado de pólvora que se eleva por sí solo y al estallar en el aire produce efectos luminosos diversos en forma y color. ‖ Artificio de uno o más cuerpos que se mueve en el aire por propulsión a chorro y se emplea con fines de guerra o científicos : *cohete espacial.*
cohibición f. Acción y efecto de cohibir.
cohibir v. t. Coartar, contener, reprimir (ú. t. c. pr.). ‖ Intimidar : *su presencia le cohíbe.*
cohombro m. Variedad de pepino. ‖ *Cohombro de mar,* equinodermo de cuerpo cilíndrico.
cohorte f. Unidad de infantería romana, décima parte de la legión. ‖ *Fig.* Serie. | Acompañamiento.
coincidencia f. Concurso de circunstancias, concordancia.
coincidente adj. Que coincide.
coincidir v. i. Ajustarse una cosa con otra : *coincidir en los gustos.* ‖ Suceder al mismo tiempo : *mi llegada coincidió con su salida.* ‖ Encontrarse simultáneamente dos o más personas en un mismo lugar.
coipo y coipu m. *Arg.* y *Chil.* Especie de castor.
coito m. Cópula carnal.
cojear v. i. Caminar inclinando el cuerpo más de un lado que de otro. ‖ No guardar el debido equilibrio un mueble en el suelo. ‖ *Fig.* No obrar como es debido. | No ir bien : *negocio que cojea.* | Adolecer de algún defecto.
cojera f. Defecto del cojo.
cojín m. Almohadón.
cojinete m. *Mec.* Pieza de acero o de fundición que se fija a las traviesas del ferrocarril y sujeta los rieles. | Pieza en la que se apoya y gira un eje : *cojinete de bolas.*
cojo, ja adj. y s. Que cojea. ‖ Falto de una pierna o pata. ‖ — Adj. Que tiene las patas desiguales : *mesa coja.* ‖ *Fig.* Mal asentado, incompleto : *razonamiento cojo.*
cojón m. *Pop.* Testículo.
cojonudo, da adj. *Pop.* Estupendo, excelente. | Valiente. | Fuerte. | Resistente. | Sorprendente.
cok m. Coque.
col f. Planta crucífera de huerta.
cola f. Rabo largo et flexible en la región posterior del cuerpo de numerosos vertebrados, cuyo esqueleto no es más que una prolongación de la columna vertebral. ‖ Extremidad del cuerpo opuesto a la cabeza : *la cola de un escorpión.* ‖ Conjunto de plumas largas que tienen las aves al final del cuerpo. ‖ Parte de un vestido que cuelga o arrastra por detrás : *la cola de un traje de novia.* ‖ Estela luminosa que acompaña el cuerpo de un cometa. ‖ Cualquier apéndice que está en la parte de atrás de una cosa. ‖ *Fig.* Final, último lugar : *en la cola de la lista.* | Último puesto : *la cola de la clase.* | Fila o serie de personas que esperan que les llegue su turno : *ponerse en cola.* | Consecuencias que se derivan de algo : *esto traerá mucha cola.* ‖ Parte posterior del avión. ‖ Sustancia de gelatina que sirve para pegar.
colaboración f. Acción y efecto de colaborar.
colaboracionismo m. En guerra, ayuda prestada al enemigo.
colaboracionista adj. y s. Aplícase al que apoya a un régimen político instaurado por los enemigos de su país.
colaborador, ra m. y f. Persona que trabaja con otra en una obra común. ‖ Persona que escribe habitualmente en un periódico o revista.
colaborar v. i. Trabajar con otros en obras literarias, artísticas, científicas, etc. ‖ Escribir habitualmente en un periódico o revista. ‖ Ser colaboracionista en política.
colación f. Acto de conferir un beneficio eclesiástico, un grado universitario, etc. ‖ Cotejo, comparación. ‖ Comida ligera.
colacionar v. t. Comparar.
colada f. Lavado de ropa con lejía y esta lejía. ‖ Ropa lavada así. ‖ *Min.* Piquera en los altos hornos para sacar el hierro en fusión.
coladero m. *Fam.* Sitio por donde pasa uno fácilmente. | Tribunal de examen muy benévolo.
colado, da adj. *Fam.* Enamorado. ‖ *Hierro colado,* v. HIERRO.
colador m. Utensilio de cocina que sirve para filtrar café, té, etc.
coladura f. Filtrado. ‖ *Fig.* Metedura de pata. | Equivocación.
colapso m. *Med.* Postración repentina de las fuerzas vitales y de la presión arterial sin síncope. ‖ *Fig.* Paralización.
colar v. t. Filtrar, pasar a través de un colador para separar las partículas sólidas que contiene. ‖ Hacer la colada de la ropa. ‖

Vaciar : *hierro colado.* ‖ *Fig.* Hacer pasar como verdadero lo que no lo es. ‖ — V. i. Pasar. ‖ *Fig.* Intentar dar apariencia de verdad a lo que es falso : *esta noticia falsa no ha colado.* ‖ Introducirse por un sitio estrecho. ‖ — V. pr. Pasar una persona con disimulo, a escondidas : *colarse en los toros.* ‖ Meterse sin respetar su turno : *se coló en la fila.* ‖ *Fam.* Cometer un error, equivocarse. | Meter la pata. ‖ *Fam. Colarse por alguien,* enamorarse de él.
colateral adj. Lateral, adyacente por un lado. ‖ — Adj. y s. Aplícase al pariente que no lo es por línea directa.
colcha f. Cubierta de cama.
colchagüino, na adj. y s. De Colchagua (Chile).
colchón m. Saco o cojín grande, relleno de lana, pluma u otra materia esponjosa, como la goma, colocado encima de la cama para dormir. ‖ *Colchón de aire,* sistema de sustentación de un vehículo o de un barco mediante la insuflación de aire a poca presión por debajo.
colchoneta f. Colchón estrecho.
colear v. i. Mover la cola. ‖ *Fig. Colear un negocio,* no haberse terminado todavía.
colección f. Reunión de varias cosas que tienen entre sí cierta relación : *colección de medallas.* ‖ Compilación : *colección de cuentos.* ‖ *Fig.* Gran número, abundancia.
coleccionar v. t. Hacer colección.
coleccionismo m. Afición a coleccionar.
coleccionista com. Persona que colecciona : *coleccionista de sellos.*
colecistitis f. Inflamación de la vesícula biliar.
colecta f. Recaudación de donativos o de un impuesto.
colectar v. t. Recaudar.
colectividad f. Comunidad de los miembros que forman una sociedad : *colectividad agrícola.* ‖ El pueblo considerado en su conjunto. ‖ Posesión en común : *colectividad de instrumentos de trabajo.*
colectivismo m. Sistema político y económico que propugna la solución del problema social a través de la comunidad de los medios de producción en beneficio de la colectividad.
colectivista adj. Del colectivismo : *doctrina, programa colectivista.* ‖ — M. Partidario de este sistema.
colectivización f. Conversión de una cosa en colectiva.
colectivizar v. t. Poner los medios de producción y de intercambio al servicio de la colectividad por la expropiación o la nacionalización.
colectivo, va adj. Relativo a cualquier agrupación de individuos. ‖ Realizado por varios : *demanda colectiva.* ‖ — M. Conjunto de personas que participan de forma concertada en una actividad. ‖ *Arg.* Autobús pequeño.
colector m. Recaudador. ‖ *Mec.* Pieza de una dinamo o de un motor eléctrico en cuya superficie rozan las escobillas para recoger la corriente. ‖ Cañería general de una alcantarilla. ‖ *Colector de basuras,* dispositivo que permite tirar directamente la basura de un piso superior a un recipiente común situado en la planta baja.
colédoco m. *Anat.* Canal del hígado que conduce la bilis al duodeno (ú. t. c. adj.).
colega com. Compañero en un colegio, iglesia, corporación, etc. ‖ Persona que tiene el mismo cargo.
colegiación f. Inscripción en un colegio oficial.
colegiado, da adj. Dícese de la persona que pertenece al colegio de su profesión : *médico colegiado* (ú. t. c. s.). ‖ Formado por varias personas : *tribunal colegiado.*
colegial adj. Relativo al colegio. ‖ Que pertenece a un capítulo de canónigos : *iglesia colegial.* ‖ — M. Estudiante en un colegio. ‖ *Fig.* Inexperto en una cosa. ‖ — F. Colegiata.
colegiala f. Alumna de colegio.
colegiarse v. pr. Inscribirse en un colegio. ‖ Constituirse en colegio : *colegiarse los abogados.*
colegiata f. Iglesia que posee un cabildo colegial.
colegio m. Establecimiento de enseñanza. ‖ Corporación, asociación oficial formada por individuos que pertenecen a una misma profesión : *colegio de abogados.* ‖ Conjunto de personas que tienen la misma función : *colegio cardenalicio.* ‖ — *Colegio electoral,* conjunto de personas que tienen derecho a elegir a sus representantes. ‖ *Colegio mayor,* centro público o privado, adscrito a una Universidad, que proporciona alojamiento y ambiente adecuado al estudiante contribuyendo al pleno desarrollo de la personalidad de éste.
colegir v. t. Juntar. ‖ Deducir.
coleo m. Acción de colear.
coleóptero, ra adj. y s. Dícese de los insectos que tienen boca para masticar, caparazón consistente y dos élitros córneos que cubren dos alas membranosas, plegadas cuando el animal no vuela. ‖ — M. pl. Orden de estos insectos.
cólera f. Ira, enfado. ‖ — M. *Med.* Enfermedad epidémica caracterizada por vómitos, diarreas y dolores intestinales.
colérico, ca adj. Enojado, iracundo.
colesterol m. y **colesterina** f. *Med.* Sustancia grasa que se encuentra en todas las células, en la sangre, etc., en un 1,5 a 2 por mil, y en mayor cantidad en la bilis.
coleta f. Trenza de pelo en la parte posterior de la cabeza. ‖ *Fig.* y *fam.* Añadidura breve a un escrito. ‖ *Cortarse la coleta,* retirarse.
coletazo m. Golpe con la cola. ‖ *Fig.* Ultima manifestación.
coletilla f. Adición breve a un escrito. ‖ Repetición.
coleto m. *Fig.* y *fam.* Fuero interno : *dije para mi coleto.*
colgadura f. Tapices o cortinas con que se adorna una puerta, una ventana, una cama, una habitación, un balcón, etc.
colgajo m. Cosa que cuelga.
colgante adj. Que cuelga : *puente colgante.* ‖ — M. Cosa que se cuelga en una cadena, joya, etc.
colgar v. t. Sujetar algo por su parte superior, pender, suspender. ‖ Ahorcar : *lo colgaron por criminal.* ‖ Poner el microteléfono en su sitio e interrumpir la comunicación telefónica. ‖ *Fig.* y *fam.* Suspender en un examen : *le colgaron dos asignaturas.* | Endilgar, cargar : *me colgó un trabajo molesto.* | Achacar, imputar, atribuir : *le colgaron ese sambenito.* | Abandonar : *colgó los hábitos.* ‖ — V. i. Estar suspendido. ‖ Caer demasiado de un lado. ‖ *Méx.* Retrasarse.
colibacilo m. Bacteria que se encuentra en el intestino del hombre y de los animales, pero que invade a veces ciertos tejidos y órganos y puede ser patógeno.

colibacilosis f. Infección causada por los colibacilos.
colibrí m. Pájaro mosca.
cólico m. Trastorno orgánico que provoca contracciones espasmódicas en el colon y dolores violentos acompañados de diarrea. ‖ *Cólico nefrítico* o *renal*, el causado por el paso de un cálculo por las vías urinarias.
coliflor f. Variedad de col comestible.
coligado, da adj. y s. Aliado.
coligarse v. pr. Unirse, aliarse.
colilla f. Punta de cigarrillo.
colillero, ra m. y f. Persona que recoge las colillas.
colimador m. Aparato óptico que permite obtener un haz de rayos luminosos paralelos. ‖ Aparato en un arma para apuntar.
colimense o **colimeño, ña** o **colimote, ta** adj. y s. De Colima (México).
colina f. Elevación de terreno.
colindante adj. Limítrofe.
colindar v. i. Limitar.
colirio m. Medicamento líquido aplicado en la conjuntiva de los ojos.
coliseo m. Teatro.
colisión f. Choque de dos cuerpos : *colisión de coches.* ‖ *Fig.* Conflicto u oposición de ideas o intereses.
colista adj. y s. Último.
colitis f. *Med.* Inflamación del colon.
colmado m. Tasca, taberna.
colmar v. t. Llenar hasta el borde. ‖ *Fig.* Satisfacer por completo : *colmar sus deseos.* | Dar con abundancia : *colmar de mercedes.*
colmena f. Habitación artificial para las abejas. ‖ Conjunto de las abejas que hay en ella. ‖ *Fig.* Hormiguero, aglomeración de personas.
colmenar m. Lugar en el que están las colmenas.
colmenero, ra m. y f. Apicultor. ‖ — M. Oso hormiguero.
colmillo m. Diente canino, colocado entre los incisivos y la primera muela. ‖ Cada uno de los dos dientes largos del elefante. ‖ — *Fig.* y *fam. Enseñar los colmillos,* mostrar lo que uno es capaz de hacer.
colmo m. Lo que rebasa la medida. ‖ *Fig.* Complemento o término de alguna cosa : *el colmo de una obra.* | Ultimo extremo o grado máximo : *el colmo de la locura.*
colocación f. Acción y efecto de colocar o colocarse. ‖ Situación de una cosa. ‖ Empleo, puesto. ‖ Inversión de dinero.
colocar v. t. Poner en un lugar : *colocar libros en el estante.* ‖ Hacer tomar cierta posición : *colocar los brazos en alto.* ‖ Emplear a uno, dar un empleo : *lo colocó en la imprenta.* ‖ Encontrar trabajo. U. t. c. pr. : *me coloqué en Larousse.* ‖ Invertir dinero. ‖ Contar, endilgar : *colocó sus chistes de siempre.* ‖ — V. pr. *Fam.* Entonarse tomando drogas.
colofón m. *Impr.* Nota al final de un libro para indicar el nombre del impresor y la fecha en que se concluyó. | Viñeta puesta al final de un capítulo. ‖ *Fig.* Colmo, lo mejor. | Remate, fin.
cologaritmo m. *Mat.* Logaritmo del inverso de un número.
coloide m. Sustancia que tiene la apariencia de cola de gelatina y no puede atravesar las membranas porosas (ú. t. c. adj.).
colombianismo m. Voz o giro del castellano hablado en Colombia.
colombicultura f. Arte de criar palomas.
colombino, na adj. Relativo a Cristóbal Colón.
colombófilo, la adj. y s. Aficionado a o relacionado con la cría de palomas.
colon m. Parte del intestino grueso, entre el ciego y el recto.
colón m. Unidad monetaria de Costa Rica y El Salvador.
colonia f. Grupo de gente que va de un país a otro para poblarlo o establecerse en él. ‖ País donde se establece esta gente. ‖ Establecimiento fundado por una nación en otro país y gobernado por la metrópoli. : *las colonias británicas.* ‖ Conjunto de los naturales de un país, región o provincia que viven en una ciudad : *la colonia española de Buenos Aires.* ‖ Reunión de personas o animales que viven juntas. ‖ Grupo de niños que pasan juntos las vacaciones : *colonia escolar.* ‖ Barrio en la periferia de una ciudad. ‖ Agua de Colonia.
coloniaje m. Período de la dominación española en América. ‖ Epoca colonial de cualquier país.
colonial adj. De la colonia : *imperio colonial.* ‖ Ultramarino, exótico : *productos coloniales.* ‖ *Estilo colonial,* el que une los elementos de los pueblos colonizadores con los autóctonos.
colonialismo m. Doctrina imperialista que sólo considera la colonización como medio de prosperidad de la nación colonizadora.
colonialista adj. y s. Perteneciente o relativo al colonialismo.
coloniense adj. y s. De Colonia (Uruguay).
colonización f. Acción y efecto de colonizar. ‖ Movimiento de población de un país (metrópoli) a otro (colonia). ‖ Transformación de un país en territorio dependiente de la metrópoli. ‖ Repoblación y revalorización agrícolas de un territorio poco desarrollado.
colonizador, ra adj. y s. Que coloniza.
colonizar v. t. Transformar en colonia una tierra extranjera. ‖ Poblar ésta de colonos.
colono m. Habitante de una colonia. ‖ Labrador arrendatario.
coloquial adj. De la conversación.
coloquio m. Conversación entre dos o varias personas. ‖ Reunión para estudiar un problema.
color m. Impresión producida en los ojos por la luz difundida por los cuerpos. ‖ Lo que se opone al negro o al blanco. ‖ Sustancia colorante. ‖ *Fig.* Brillo, luminosidad : *relato lleno de color.* | Carácter propio de una opinión, de un partido político : *ideas de un color indefinido.* | Apariencia, aspecto : *describir con colores trágicos.* ‖ Colorido del rostro : *tienes mal color.* ‖ Cada uno de los cuatro atributos que distinguen los palos de los naipes : *escalera de color.* ‖ Escalera de color en el póker. ‖ *Pop.* Droga. ‖ — Pl. Señal distintiva que distinguen las banderas nacionales : *los colores de la Argentina.* ‖ — *Color local,* puntualidad con que refleja un escritor o un pintor las costumbres de un país. ‖ *Fam. Sacarle a uno los colores de la cara,* confundirlo, avergonzarlo. ‖ *So color de,* con el pretexto de.
coloración f. Color.
colorado, da adj. Que tiene color. ‖ — Adj. y s. m. Rojo. ‖ — M. Miembro del Partido Liberal uruguayo. ‖ Miembro de un partido político paraguayo llamado *Asociación Nacional Republicana,* creado en 1887. ‖ En la Argentina, nombre que se daba a los seguidores de Rosas.

colorante adj. Que da color. ‖ — M. Sustancia natural o artificial que da un color determinado.
colorar v. t. Colorear.
colorear v. t. Dar color. ‖ *Fig.* Dar a alguna cosa apariencia de verdad : *colorear un pretexto.* ‖ — V. i. Tomar color rojo. ‖ Tirar a colorado (ú. t. c. pr.).
colorete m. Afeite de color rojo.
colorido m. Arte de disponer el grado e intensidad de los colores de una pintura. ‖ Efecto que resulta de la mezcla y el empleo de los colores. ‖ *Fig.* Color : *el colorido de las mejillas.* | Brillo : *lleno de colorido.*
colorín m. Sarampión. ‖ Jilguero. ‖ — Pl. Colores chillones.
colorismo m. Tendencia artística que abusa mucho del colorido.
colorista adj. y s. Pintor que se distingue en los colores.
colosal adj. De gran tamaño. ‖ *Fig.* Inmenso. | Formidable.
coloso m. Estatua muy grande : *el coloso de Rodas.* ‖ Hombre muy grande : *el coloso Sansón.* ‖ *Fig.* Persona de gran importancia.
columbario m. Edificio donde se guardan las cenizas de los cadáveres incinerados.
colúmbidos m. pl. Orden de aves (palomas, etc.) [ú. t. c. adj.].
columbrar v. t. Ver.
columna f. Pilar cilíndrico con basa y capitel que sostiene un edificio : *columna corintia.* ‖ Monumento conmemorativo en forma de columna : *la columna de Trajano.* ‖ *Fig.* Apoyo, sostén, pilar, puntal : *las columnas de la sociedad.* ‖ *Fís.* Masa de fluido de forma cilíndrica : *la columna del termómetro.* ‖ *Impr.* Parte de una página de libro o diario dividida verticalmente. ‖ *Mil.* Masa de tropas dispuesta en formación de poco frente y mucho fondo. ‖ — *Columna vertebral,* espina dorsal. ‖ *Quinta columna,* los partidarios que ayudan al enemigo dentro de un país en guerra.
columnata f. *Arq.* Serie de columnas de un edificio.
columpiar v. t. Mecer en el columpio. ‖ — V. pr. Mecerse en el columpio. ‖ *Fig.* Equivocarse.
columpio m. Asiento suspendido entre dos cuerdas para mecerse.
colusión f. Acuerdo entre varios para perjudicar a un tercero.
colza f. Especie de col de flores amarillas y semillas oleaginosas.
colla adj. y s. Indio aimará.
collada f. *Amer.* Caravana, multitud. | Dicho o hecho propio de un indio colla.
collado m. Colina.
collar m. Adorno que rodea el cuello. ‖ *Mec.* Anillo, abrazadera circular.
collarín m. Collar pequeño. ‖ Etiqueta que se adapta al cuello de una botella.
collarino m. *Arq.* Anillo que termina el fuste de la columna.
collera f. Collar de cuero para caballerías y bueyes.
coma f. Signo de puntuación en forma de trazo un poco curvado hacia la izquierda que sirve para separar las diferentes frases de una oración. ‖ El mismo signo que se utiliza para separar la parte entera de la decimal en un número. ‖ Ménsula de las sillas de coro. ‖ — M. Estado mórbido caracterizado por un sopor profundo, la pérdida total o parcial de la inteligencia, de la sensibilidad y del movimiento voluntario, sin perder las funciones respiratorias y de la circulación.
comadre f. Partera. ‖ Madrina de un niño respecto del padrino o los padres del niño. ‖ La madre respecto de la madrina.
comadrear v. i. *Fam.* Criticar.
comadreja f. Mamífero carnicero mustélido.
comadreo m. Chismorreo.
comadrón m. Médico partero.
comadrona f. Partera.
comandancia f. Grado de comandante. ‖ División militar al mando de un comandante. ‖ Edificio donde está la oficina del Comandante militar.
comandante m. Oficial superior en los ejércitos de tierra y de aire, entre el capitán y el teniente coronel. ‖ Militar con mando.
comandar v. t. *Mil.* Mandar.
comandita f. *Sociedad en comandita,* sociedad comercial en la que una parte de los socios aportan el capital sin participar en la gestión.
comanditario, ria adj. y s. m. Dícese del que aporta el capital en una sociedad en comandita.
comando m. *Mil.* Unidad militar de pocos elementos encargada de misiones especiales.
comarca f. Subdivisión territorial, región, país.
comarcal adj. De la comarca.
comatoso, sa adj. Del coma.
comayagüense adj. y s. De Comayagua (Honduras).
comba f. Saltador, cuerda para saltar. ‖ Juego de niñas en que se salta con una cuerda.
combadura f. Curva, alabeo.
combar v. t. Torcer (ú. t. c. pr.).
combate m. Lucha.
combatiente adj. y s. Luchador.
combatir v. i. Luchar. ‖ — V. t. Golpear, batir el viento, las olas. ‖ Luchar contra, oponerse a : *combatir la fiebre, el terrorismo.*
combatividad f. Inclinación a la lucha, al combate.
combativo, va adj. Luchador.
combinación f. Unión, arreglo, en cierto orden, de cosas semejantes o diversas. ‖ Unión de varios cuerpos químicos para formar uno nuevo. ‖ Prenda de ropa interior de las mujeres debajo del vestido. ‖ Bebida alcohólica hecha mezclando otras. ‖ *Mat.* Cada una de las formas en que es posible agrupar *n* objetos de entre *m* dados. ‖ Clave que permite abrir un candado o caja fuerte. ‖ Pase entre los varios compañeros de un equipo deportivo. ‖ *Fig.* Medidas tomadas o cálculos para asegurar el éxito de una empresa. | Arreglo, intriga.
combinado m. Complejo industrial. ‖ Combinación, bebida. ‖ *Dep.* Equipo formado por una selección de jugadores de diversa procedencia.
combinar v. t. Unir varias cosas para conseguir cierto resultado. ‖ Disponer en un orden determinado : *combinar fórmulas.* ‖ *Quím.* Hacer una mezcla de : *combinar hidrógeno y oxígeno.*
combinatorio, ria adj. *Mat.* De las combinaciones o de la combinatoria. ‖ — F. Parte de las matemáticas que trata de las variaciones, permutaciones y combinaciones.
comburente adj. y s. m. Dícese de un cuerpo que, combinándose con otro, produce la combustión del último.
combustibilidad f. Propiedad de los cuerpos combustibles.

combustible adj. Que puede arder o quemarse. ‖ — M. Materia cuya combustión produce energía calorífica.
combustión f. Acción de arder. ‖ Conjunto de fenómenos producidos al mezclarse un cuerpo con oxígeno.
comecocos com. inv. *Fam.* Latoso, pesado.
comedia f. Obra dramática de enredo festivo y desenlace feliz. ‖ Cualquier obra dramática. ‖ Género teatral compuesto de esta clase de piezas. ‖ *Fig.* Ficción, engaño.
comediante, ta m. y f. Actor o actriz. ‖ *Fig.* y *fam.* Farsante.
comedido, da adj. Mesurado.
comedimiento m. Circunspección, moderación, urbanidad.
comediógrafo, fa m. y s. Autor de comedias.
comedirse v. pr. Moderarse.
comedor, ra adj. Que come mucho, comilón. ‖ — M. Habitación para comer, y muebles que la adornan. ‖ Casa de comidas.
comején m. Insecto de los países cálidos que roe la madera.
comendador m. Caballero que tiene encomienda. ‖ Dignidad entre caballero y gran cruz en una orden.
comensal com. Cada una de las personas que comen en la misma mesa.
comentador, ra m. y f. Persona que comenta. ‖ Persona que comenta una emisión de radio o de televisión.
comentar v. t. Hacer comentarios sobre una persona o cosa.
comentario m. Observaciones acerca de un texto. ‖ Exposición e interpretación oral o escrita de noticias o de un texto.
comentarista com. Comentador.
comenzar v. t. e i. Empezar.
comer m. Comida, alimento.
comer v. i. Masticar y desmenuzar los alimentos en la boca y pasarlos al estómago (ú. t. c. t. y pr.). ‖ Tomar alimento : *comer de todo.* ‖ Tomar la comida principal : *comer al mediodía.* ‖ — V. t. Tomar como alimento : *comer carne.* ‖ *Fig.* Desgastar : *el sol come los colores* (ú. t. c. pr.). | Corroer los metales. | Sentir desazón : *los celos te comen.* | En el ajedrez y juego de damas, ganar una pieza : *comer un peón.* ‖ — *Fig.* y *fam. Ser pan comido,* ser muy fácil. | *Sin comerlo ni beberlo,* sin saber cómo. ‖ — V. pr. Tomar como alimento. ‖ *Fig.* Saltar algo al hablar, al leer o al escribir : *comerse una línea.*
comercial adj. Relativo al comercio y a los comerciantes : *calle comercial.* ‖ De fácil venta : *producto muy comercial.*
comercialidad f. Carácter comercial.
comercialismo m. Espíritu comercial excesivo, mercantilismo.
comercialización f. Introducción de un producto en los canales comerciales.
comercializar v. t. Dar carácter comercial. ‖ Introducir un producto en el mercado de manera que sea posible su venta.
comerciante adj. Que comercia. ‖ — M. y f. Persona que se dedica al comercio.
comerciar v. i. Negociar, comprar y vender con fin lucrativo.
comercio m. Compra y venta o cambio de productos naturales e industriales. ‖ Conjunto de comerciantes. ‖ Establecimiento comercial. ‖ *Fig.* Comunicación y trato de personas.
comestible adj. Que se puede comer. ‖ — M. Alimento (ú. m. en pl.).
cometa m. *Astr.* Astro generalmente formado por un núcleo poco denso y una atmósfera luminosa que le precede, le envuelve o le sigue según su posición respecto del Sol y que describe una órbita muy excéntrica. ‖ — F. Juguete hecho con un armazón de cañas y papel o tela que se mantiene en el aire sujeto con una cuerda.
cometer v. t. Incurrir en errores, culpas, delitos, etc.
cometido m. Encargo, tarea, misión. ‖ Deber, trabajo.
comezón f. Picazón, escozor. ‖ *Fig.* Intranquilidad, desasosiego.
comible adj. *Fam.* Comestible.
comicastro m. Mal actor.
comicidad f. Carácter cómico.
comicio m. Asamblea del pueblo romano para tratar de los asuntos públicos. ‖ — Pl. Elecciones.
cómico, ca adj. Relativo a la comedia : *actor cómico.* ‖ *Fig.* Divertido, gracioso. ‖ — M. y f. Comediante, actor.
comics m. pl. (pal. ingl.). Tebeos, historietas ilustradas.
comida f. Alimento del cuerpo. ‖ Alimento que se toma a ciertas horas : *hacer tres comidas al día.* ‖ Almuerzo, alimento que se toma al mediodía. ‖ Acción de comer.
comidilla f. *Fam.* Tema de conversación.
comienzo m. Principio.
comilón, ona adj. y s. Que come mucho. ‖ — F. Festín.
comillas f. pl. *Gram.* Signo ortográfico (« ») al principio y fin de las citas.
comino m. Planta de semillas aromáticas usadas como condimento y en medicina. ‖ *Fig.* Poco : *importar un comino.*
comisar v. t. Confiscar.
comisaría f. Función de comisario. ‖ Lugar y oficina de los comisarios de la policía gubernativa. ‖ *Amer.* Territorio gobernado por un comisario.
comisario m. Jefe de policía. ‖ Delegado de una comisión. ‖ *Amer.* En algunos países, gobernador de una división administrativa del territorio.
comisión f. Cometido : *la comisión de un delito.* ‖ Delegación, orden y facultad que se da a una persona para que ejecute algún encargo. ‖ Delegación, conjunto de personas delegadas por una corporación. ‖ Porcentaje que recibe alguien en un negocio de compraventa o por ocuparse de asuntos ajenos.
comisionado, da adj. y s. Encargado.
comisionar v. t. Dar comisión o encargo a una o más personas.
comisionista com. Persona que vende y compra por cuenta de otra persona y cobra una comisión.
comiso m. Confiscación.
comisquear v. t. Comer algo en poca cantidad.
comisura f. Punto de unión de ciertas partes : *comisura de los labios.*
comité m. Comisión o junta. ‖ *Comité de empresa,* comisión integrada por los representantes de los obreros, empleados y cargos superiores que, bajo la presidencia del jefe de empresa, asume algunas funciones de gestión y de control.
comitiva f. Acompañamiento.
cómitre m. El que gobernaba a los galeotes.
como adv. Lo mismo que, del modo que : *haz como quieras.* ‖ Tal como : *un hombre como él.* ‖ En calidad de : *asistió como*

testigo. ‖ Porque : *como recibí tarde tu invitación, no pude venir.* ‖ Según : *como dice la Biblia.* ‖ — Conj. Si : *como no lo hagas te castigaré.*

cómo adv. De qué manera, de qué modo : *no sé cómo agradecerle.* ‖ Por qué : *¿cómo no viniste?* ‖ — M. El modo como se hace algo. ‖ — Interj. Denota sorpresa o indignación. ‖ *Amer. ¡Cómo no!,* ciertamente.

cómoda f. Mueble con varios cajones para guardar ropa, etc.

comodidad f. Calidad de lo que es cómodo.

comodín m. Lo que puede servir para todo. ‖ Naipe que tiene el valor que se le quiera dar.

cómodo, da adj. Fácil, manejable : *un trabajo cómodo.* ‖ Acomodadizo : *carácter cómodo.* ‖ Agradable, que permite estar a gusto.

comodoro m. *Mar.* En Inglaterra, Estados Unidos, Argentina y México, jefe de marina inferior al contraalmirante.

comoquiera adv. De cualquier modo.

compactar v. t. Hacer compacto.

compacto, ta adj. De textura apretada y poco porosa. ‖ *Fig.* Denso, apretado. ‖ Dícese de un aparato que reúne en un solo conjunto un amplificador, un receptor de radio y un tocadiscos.

compadecer v. t. Sentir compasión por el mal ajeno.

compadraje m. Amistad entre compadres. ‖ *Fig.* Conchabamiento.

compadrazgo m. Parentesco entre el padrino de un niño y los padres de éste. ‖ Compadraje.

compadre m. Padrino del niño respecto de los padres y la madrina de éste. ‖ *Fam.* Amigo o conocido.

compradeo m. Compadraje.

compaginación f. *Impr.* Ajuste. ‖ *Fig.* Acuerdo.

compaginador m. *Impr.* Ajustador.

compaginar v. t. Poner en buen orden cosas que tienen alguna relación mutua. ‖ Hacer compatible, combinar. ‖ *Impr.* Ajustar : *compaginar un periódico.* ‖ — V. pr. Corresponder, armonizarse.

compaña f. Compañía.

compañerismo m. Relación entre compañeros y armonía entre ellos.

compañero, ra m. y f. Persona que acompaña a otra para algún fin o que convive con ella. ‖ Persona que hace alguna cosa con otra. ‖ Cada una de las personas miembros de un mismo cuerpo, comunidad, centro de estudios, equipo deportivo, etc. ‖ *Fig.* Cosa que hace juego o forma pareja con otra.

compañía f. Efecto de acompañar. ‖ Persona que acompaña a otra. ‖ Sociedad o junta de varias personas unidas para un mismo fin. ‖ Reunión de personas que forman un cuerpo : *compañía teatral.* ‖ Empresa industrial o comercial : *compañía de seguros.* ‖ *Mil.* Unidad de infantería mandada por un capitán.

comparación f. Acción y efecto de comparar, paralelo.

comparar v. t. Examinar las semejanzas y las diferencias que hay entre las personas y las cosas.

comparativo, va adj. Que expresa comparación. ‖ — M. *Gram.* Segundo grado de comparación de los adjetivos.

comparecencia f. *For.* Presentación de una persona ante el juez. ‖ Aparición.

comparecer v. i. *For.* Presentarse en un lugar en virtud de una orden. ‖ Presentarse, aparecer.

compareciente adj. y s. *For.* Que comparece.

comparición f. *For.* Comparecencia. | Orden de comparecencia.

comparsa f. Acompañamiento, grupo : *comparsa numerosa.* ‖ Grupo de gente con máscaras. ‖ — Com. *Teatr.* Figurante. ‖ Extra (cine). ‖ *Fig.* Persona que desempeña un papel sin importancia en algo.

compartimento y **compartimiento** m. Acción y efecto de compartir. ‖ Departamento de un vagón, de un casillero, etc. ‖ Parte, sección.

compartir v. t. Repartir, dividir en partes : *compartir las ganancias.* ‖ Participar uno en alguna cosa. ‖ *Compartir una opinión,* tener la misma que otra persona.

compás m. Instrumento de dos brazos articulados para trazar circunferencias o medir. ‖ Símbolo de la masonería. ‖ *Fig.* Regla o medida de alguna cosa. | Ritmo. ‖ *Mar.* Brújula. ‖ *Mús.* División de la duración musical en partes iguales : *compás de dos por cuatro.*

compasión f. Piedad por la desgracia ajena.

compasivo, va adj. Que siente compasión.

compatibilidad f. Calidad de compatible.

compatible adj. Que puede coexistir.

compatriota com. Nacido en la misma patria.

compeler v. t. Forzar, obligar.

compendiar v. t. Abreviar, resumir. ‖ *Fig.* Expresar brevemente, sintetizar.

compendio m. Corta exposición de una materia. ‖ *Fig.* Síntesis.

compenetración f. Penetración mutua.

compenetrarse v. pr. Penetrar las partículas de una sustancia entre las de otra, o recíprocamente. ‖ *Fig.* Identificarse las personas en ideas y sentimientos.

compensación f. Acción de compensar. ‖ Indemnización : *dar algo en compensación.* ‖ Operación financiera en la que las compras y ventas se saldan por medio de transferencias recíprocas, sin intervención del dinero. ‖ Pago similar efectuado por las naciones respecto a los créditos del comercio internacional (llamado tb. *clearing*).

compensar v. t. Equilibrar un efecto con otro, neutralizar. ‖ Indemnizar, resarcir los daños.

compensatorio, ria adj. Que establece una compensación.

competencia f. Rivalidad entre varias personas que persiguen el mismo objeto. ‖ Conjunto de los que ejercen el mismo comercio, la misma industria : *superar a la competencia.* ‖ Atribución para juzgar : *competencia de un tribunal.* ‖ Incumbencia : *esto es de mi competencia.* ‖ Capacidad, conocimiento profundo. ‖ *Arg.* y *Col.* Competición deportiva.

competente adj. Que tiene aptitud para resolver un asunto : *juez competente.* ‖ Capaz o conocedor : *persona muy competente.*

competer v. i. Ser de la competencia de.

competición f. Prueba deportiva. ‖ Competencia entre comerciantes.

competidor, ra adj. y s. Rival. ‖ Concursante en una prueba deportiva.

competir v. i. Rivalizar, oponerse dos o más personas para un puesto o para demostrar superioridad en algo. ‖ Rivalizar en el comercio.

competitividad f. Carácter de lo que es competitivo.
competitivo, va adj. Capaz de competir con otros.
compilación f. Colección de noticias, leyes o materias.
compilador, ra adj. y s. Que compila.
compilar v. t. Reunir en un solo cuerpo de obra extractos de otros libros o documentos.
compinche com. *Fam.* Amigote.
complacencia f. Satisfacción.
complacer v. t. Ser agradable. ‖ Dar satisfacción y placer. ‖ — V. pr. Gustarle a uno algo.
complacido, da adj. Contento.
complaciente adj. Solícito, amable. ‖ Indulgente con las faltas.
complejidad f. Calidad de complejo.
complejo, ja adj. Formado de elementos diferentes : *carácter complejo.* ‖ Complicado : *asunto complejo.* ‖ *Mat. Número complejo,* el formado por unidades de diferente especie. ‖ — M. Cuerpo químico obtenido por la asociación de diferentes moléculas. ‖ Conjunto o combinado de industrias que se dedican a cierta producción : *un complejo siderúrgico.* ‖ Tendencia independiente e inconsciente de la voluntad de uno que condiciona su conducta : *tiene un complejo de superioridad patológico.*
complementar v. t. Completar.
complementariedad f. Calidad de complementario.
complementario, ria adj. Que completa.
complemento m. Lo que completa una cosa. ‖ *Geom.* Lo que falta añadir a un ángulo agudo para obtener un ángulo recto. ‖ *Gram.* Palabra u oración que añade algo al sentido de otro vocablo o frase : *los complementos del verbo se dividen en directos, indirectos y circunstanciales.*
completar v. t. Hacer una cosa completa (ú. t. c. pr.).
completo, ta adj. Entero, íntegro, que tiene todos los elementos necesarios. ‖ Acabado, perfecto : *un deportista completo.* ‖ Lleno : *autobús completo.* ‖ Absoluto : *un completo fracaso.* ‖ — M. Lleno.
complexión f. Constitución física del individuo.
complicación f. Estado de lo que es complicado. ‖ Dificultad. ‖ *Med.* Síntoma distinto de los habituales de una enfermedad.
complicado, da adj. Compuesto de gran número de piezas : *una máquina muy complicada.* ‖ *Fig.* Muy difícil : *asunto complicado.* ‖ Difícil de comprender (persona). ‖ Implicado : *complicado en un robo.*
complicar v. t. Hacer difícil de comprender. ‖ Comprometer o mezclar en un asunto. ‖ — V. pr. Hacerse difícil. ‖ Presentarse dificultades. ‖ Agravarse una enfermedad.
cómplice com. Copartícipe en un delito. ‖ *Fig.* Que ayuda.
complicidad f. Participación en un crimen, en un delito. ‖ *Fig.* Acuerdo, connivencia.
complot y **compló** m. *Fam.* Conspiración.
complutense adj. y s. De Alcalá de Henares (España).
componedor, ra m. y f. Mediador, árbitro.
componenda f. Combinación poco escrupulosa, chanchullo.
componente adj. y s. Que forma parte de un todo.
componer v. t. Constituir un todo con diferentes partes. ‖ Hacer una obra literaria o de música : *componer un concierto.* ‖ *Impr.* Reunir caracteres o tipos de letras : *componer en itálicas.* ‖ Adornar, ataviar. ‖ Reparar, arreglar una cosa rota : *componer un mueble.* ‖ *Amer.* Reducir la luxación de un hueso. ‖ — V. i. Hacer versos o composiciones musicales. ‖ — V. pr. Estar formado. ‖ Arreglarse, ataviarse. ‖ Ponerse de acuerdo. ‖ *Fig.* y *fam. Componérselas,* manejárselas.
comportamiento m. Conducta.
comportar v. t. *Fig.* Sufrir, aguantar, sobrellevar. ‖ — V. pr. Conducirse.
composición f. Acción y efecto de componer. ‖ Manera como forman un todo diferentes partes. ‖ Proporción de los elementos que forman parte de un cuerpo compuesto. ‖ Obra científica, musical, literaria o artística. ‖ Parte de la música relativa a las reglas que deben aplicarse a la creación de obras. ‖ Arte de agrupar las figuras y accesorios para conseguir el mejor efecto en pintura y escultura. ‖ Ejercicio de redacción. ‖ *Impr.* Conjunto de líneas, galeradas y páginas antes de la imposición. ‖ *Fig. Hacer composición de lugar,* pesar el pro y el contra.
compositor, ra adj. y s. Que compone, especialmente obras musicales.
compostelano, na adj. y s. De Santiago de Compostela (España).
compostura f. Arreglo, reparación : *compostura de un reloj.* ‖ Aseo o arreglo de una persona. ‖ Manera de comportarse. ‖ Comedimiento, mesura, modestia. ‖ Recato en las mujeres.
compota f. Fruta cocida con azúcar. ‖ *Fig.* y *fam. En compota,* hecho polvo o trizas.
compra f. Adquisición mediante pago. ‖ Cosa comprada. ‖ Conjunto de comestibles comprados para el consumo diario.
comprador, ra adj. y s. Que compra.
comprar v. t. Adquirir por dinero. ‖ *Fig.* Sobornar con dinero.
compraventa f. Contrato de compra y venta.
comprender v. t. Contener, constar de. ‖ Entender : *no comprendo bien.* ‖ — V. pr. Avenirse dos personas.
comprensible adj. Inteligible.
comprensión f. Acción de comprender. ‖ Facultad, capacidad para entender las cosas. ‖ Actitud tolerante.
comprensivo, va adj. Que tiene facultad de comprender o entender. ‖ Tolerante, indulgente. ‖ Que contiene o incluye.
compresa f. Lienzo que se aplica debajo del vendaje. ‖ Paño higiénico de gasa usado por las mujeres.
compresión f. Acción y efecto de comprimir. ‖ *Mec.* En un motor, presión alcanzada por la mezcla detonante en la cámara de explosión antes del encendido.
compresor, ra adj. Que comprime : *músculo, cilindro, rodillo compresor.* ‖ — M. Aparato para comprimir un gas.
comprimido, da adj. Disminuido de volumen : *aire comprimido.* ‖ Aplastado. ‖ — M. *Farm.* Pastilla.
comprimir v. t. Hacer presión sobre un cuerpo de modo que ocupe menos volumen.
comprobación f. Acción y efecto de comprobar.
comprobante adj. Que comprueba. ‖ — M. Prueba, justificación. ‖ Recibo.
comprobar v. t. Verificar, confirmar algo.
comprometedor, ra adj. Que compromete : *dicho comprometedor.*

comprometer v. t. Exponer, poner en peligro. ‖ Poner en un compromiso. ‖ Obligar a uno a una cosa. ‖ Contratar, apalabrar. ‖ — V. pr. Obligarse a una cosa. ‖ Tomar posición : *este escritor no se ha comprometido.*
comprometido, da adj. En situación dificultosa. ‖ Que está obligado a hacer una cosa.
compromisario, ria adj. y s. Delegado, representante.
compromiso m. Convenio entre litigantes para aceptar un fallo. ‖ Obligación contraída, palabra dada : *cumplir sus compromisos.* ‖ Dificultad, apuro : *poner en un compromiso.* ‖ Esponsales : *compromiso matrimonial.*
compuerta f. Portón movible en presas y canales.
compuesto, ta adj. Constituido por varias partes. ‖ Arreglado, acicalado. ‖ Reparado. ‖ *Arq.* Dícese del orden formado por la mezcla del jónico y el corintio. ‖ *Gram.* Aplícase a los tiempos de un verbo que se conjugan con el participio pasivo precedido de un auxiliar : *he dado.* ‖ — M. *Quím.* Sustancia química en cuya composición entran dos o más cuerpos simples. ‖ — F. pl. Plantas dicotiledóneas gamopétalas cuyas flores forman una o más filas sobre el receptáculo, como la margarita (ú. t. c. adj.).
compulsar v. t. Cotejar, confrontar documentos. ‖ *Amer.* Obligar.
compunción f. Tristeza.
compungirse v. pr. Entristecerse.
computación f. Cómputo.
computadora f. Ordenador.
computadorizar v. t. Computarizar.
computar v. t. Calcular. ‖ Contar.
computarizar y **computerizar** v. t. Tratar con un ordenador o computadora.
cómputo m. Cuenta, cálculo.
comulgar v. i. Recibir la comunión. ‖ *Fig.* Tener ideas comunes.
comulgatorio m. Sitio donde se recibe la sagrada comunión.
común adj. Aplícase a las cosas que pertenecen a todos : *bienes comunes.* ‖ Admitido por la mayor parte : *opinión común.* ‖ Que se ejecuta con otros : *obra común.* ‖ General, universal : *interés común.* ‖ Ordinario, frecuente : *de uso común.* ‖ Vulgar : *modales comunes.* ‖ *Gram. Nombre común,* el que conviene a todos los seres de la misma especie. ‖ — M. Todo el pueblo, todo el mundo : *el común de los mortales.* ‖ Comunidad.
comuna f. *Amer.* Municipio.
comunal adj. Del municipio.
comunero, ra adj. y s. Partidario de las comunidades (v. esta palabra).
comunicación f. Acción y efecto de comunicar. ‖ Escrito : *comunicación oficial.* ‖ Enlace entre dos puntos : *comunicación telefónica.* ‖ Trato entre personas. ‖ — Pl. Correspondencia postal, telegráfica, telefónica. ‖ Medios de transporte : *barrio con malas comunicaciones.*
comunicado, da adj. Que tiene medios de transporte : *barrio bien comunicado.* ‖ — M. Aviso oficial que se transmite a la prensa. ‖ Aviso, a cargo del remitente, que sale en un periódico.
comunicante adj. y s. Que comunica : *vasos comunicantes.*
comunicar v. t. Transmitir : *comunicar un virus.* ‖ Hacer partícipe a otro de lo que uno conoce o tiene. ‖ — V. i. Estar en relaciones : *comunicar con una persona* (ú. t. c. pr.). ‖ Estar unidos por un paso común : *cuartos que comunican* (ú. t. c. pr.). ‖ — V. pr. Propagarse.
comunicatividad f. Carácter comunicativo.
comunicativo, va adj. Que se comunica : *risa comunicativa.* ‖ Que le gusta decir a los demás sus pensamientos, sus sentimientos.
comunidad f. Estado de lo que es común. ‖ Asociación de personas que tienen un interés común. ‖ Sociedad religiosa sometida a una regla común. ‖ — Pl. (Ant.). Levantamientos populares habidos en Castilla (1520), en Paraguay (1717) y en el virreinato de Nueva Granada (1870).
comunión f. Unión en la misma fe : *comunión de los fieles.* ‖ Ceremonia y recepción del sacramento de la Eucaristía. ‖ Comunidad de ideas.
comunismo m. Teoría de la colectivización de los medios de producción y de la repartición de los bienes de consumo según las necesidades del individuo. ‖ Aplicación política de esta teoría.
comunista adj. Relativo al comunismo. ‖ Partidario de esta teoría. (ú. t. c. s.).
con prep. Indica el medio o la manera de hacer alguna cosa : *comer con tenedor.* ‖ Juntamente : *salir con un amigo.* ‖ Con un infinitivo equivale a un gerundio o significa «a pesar de» : *con pulsar este botón ya se enciende la luz ; con ser tan inteligente no ha conseguido triunfar.*
conato m. Tendencia, propósito. ‖ *For.* Intento, tentativa : *conato de robo.* ‖ Comienzo.
concadenar y **concatenar** v. t. Enlazar unas cosas con otras.
concatenación f. Relación.
concavidad f. Calidad de cóncavo. ‖ Parte cóncava, cavidad.
cóncavo, va adj. Que forma una cavidad : *lente cóncava.*
concebible adj. Comprensible.
concebir v. i. y t. Quedar embarazada la hembra. ‖ *Fig.* Tener idea de una cosa, pensar : *concebir un proyecto.* | Comprender : *no lo puedo concebir.* | Sentir.
conceder v. t. Dar, otorgar : *conceder una gracia.* ‖ Reconocer.
concejal m. Miembro de un ayuntamiento.
concejo m. Ayuntamiento.
concelebrar v. t. Celebrar ceremonias litúrgicas varios sacerdotes juntos.
concentración f. Acción y efecto de concentrar o concentrarse. ‖ Reunión en público de personas para manifestarse. ‖ *Fig.* Abstracción. ‖ *Concentración parcelaria,* agrupación de fincas pequeñas para racionalizar su cultivo.
concentrado m. Producto en el que se ha hecho desaparecer el agua.
concentrar v. t. Reunir en un centro (ú. t. c. pr.). ‖ Reunir en un mismo punto : *concentrar tropas* (ú. t. c. pr.). ‖ Tender hacia un único objetivo : *concentrar las energías.* ‖ Reducir la proporción de agua : *concentrar leche.* ‖ Reunir bajo un solo dominio la propiedad de diversas parcelas. ‖ — V. pr. Reflexionar profundamente.
concéntrico, ca adj. *Geom.* Que tiene un mismo centro.

concepción f. Acción y efecto de concebir. ‖ Por antonomasia, la de la Virgen. ‖ Su festividad (8 de diciembre). ‖ Idea, concepto.
conceptismo m. Estilo literario, caracterizado por la sutileza conceptual, propio de España en el s. XVII : *el conceptismo de Quevedo.*
conceptista adj. y s. Dícese de lo relativo al conceptismo o del partidario de este estilo.
concepto m. Idea que concibe o forma el entendimiento. ‖ Opinión. ‖ Razón, motivo : *en su concepto.* ‖ Cada una de las partes de una cuenta.
conceptual adj. Relativo o perteneciente al concepto.
conceptuar v. t. Tener formado juicio o concepto, juzgar.
conceptuoso, sa adj. Sentencioso.
concerniente adj. Relativo a.
concernir v. i. Atañer, afectar.
concertación f. Acción de concertarse.
concertar v. t. Proyectar en común. ‖ Ponerse de acuerdo sobre el precio de algo. ‖ Aunar, poner en común : *concertar esfuerzos.* ‖ Pactar, tratar : *concertar la paz.* ‖ — V. i. *Gram.* Concordar : *concertar en género y número las palabras.* ‖ — V. pr. Ponerse de acuerdo.
concertina f. Acordeón de forma hexagonal u octogonal.
concertino m. Primer violinista de una orquesta.
concertista com. *Mús.* Solista de un concierto.
concesión f. Privilegio que da el Estado para explotar algo : *concesión minera.* ‖ Cosa concedida. ‖ *Fig.* Renuncia a sus derechos, a sus pretensiones : *hacer concesiones.*
concesionario, ria adj. Que tiene una concesión (ú. t. c. s.). ‖ Dícese del intermediario comercial que ha recibido de un productor el derecho exclusivo de venta en una región determinada (ú. t. c. s.). ‖ — F. Empresa que tiene una concesión.
conciencia f. Conocimiento, noción : *tener conciencia de sus actos.* ‖ Sentimiento por el cual aprecia el hombre sus acciones : *escuchar la voz de la conciencia.* ‖ Moralidad, rectitud, integridad.
concienzudo, da adj. Que hace todo con mucho cuidado.
concierto m. Ejecución musical, pública o privada. ‖ Lugar donde se verifica. ‖ Composición musical para orquesta y un instrumento solista. ‖ Acuerdo. ‖ *De concierto,* comúnmente.
conciliábulo m. Reunión secreta.
conciliación f. Acción y efecto de conciliar. ‖ Acuerdo entre dos litigantes realizado por el juez.
conciliador, ra adj. Que concilia o es propenso a conciliar.
conciliar adj. Del concilio. ‖ Que asiste a un concilio (ú. t. c. s.).
conciliar v. t. Poner de acuerdo a los que estaban opuestos entre sí : *el juez concilió las partes.* ‖ Hacer compatibles. ‖ *Conciliar el sueño,* conseguir dormirse. ‖ — V. pr. Granjearse : *conciliarse la amistad.*
concilio m. Junta o congreso. ‖ Reunión de obispos y doctores en teología que tratan de cuestiones de doctrina y disciplina eclesiástica.
concisión f. Brevedad.
conciso, sa adj. Breve.
concitar v. t. Incitar a uno contra otro.
conciudadano, na m. y f. Persona de la misma ciudad o nación.
cónclave m. Asamblea en que los cardenales eligen al Papa.
concluir v. t. Acabar, dar fin, finalizar : *ayer concluyó el año.* ‖ Sacar como consecuencia : *concluí que era él el culpable.* ‖ Deducir. ‖ — V. i. Determinar, decidir : *concluyeron en pedir un armisticio* (ú. t. c. t.). ‖ Acabar.
conclusión f. Término, fin. ‖ Consecuencia sacada de un razonamiento. ‖ Acuerdo, decisión : *al final de la reunión no llegamos a ninguna conclusión.*
concluso, sa adj. Terminado.
concluyente adj. Categórico.
concomerse v. pr. Consumirse de impaciencia.
concomitancia f. Simultaneidad, relación entre las acciones que cooperan a un mismo efecto.
concomitante adj. Que se produce al mismo tiempo.
concordancia f. Conformidad. ‖ *Gram.* Correspondencia entre dos o más palabras variables.
concordar v. t. Poner de acuerdo. ‖ — V. i. Estar de acuerdo. ‖ *Gram.* Formar concordancia.
concordato m. Tratado entre la Santa Sede y un Estado.
concorde adj. Conforme.
concordia f. Acuerdo, conformidad. ‖ Buena inteligencia.
concreción f. Acción y efecto de concretar. ‖ Reunión de partículas en una masa sólida : *concreción salina.* ‖ *Med.* Cálculo.
concretar v. t. Precisar, hacer concreto lo que es abstracto. ‖ Reducir a lo más esencial : *concretar una idea.* ‖ Materializar (ú. t. c. pr.). ‖ — V. pr. Limitarse, reducirse. ‖ Materializarse.
concretización f. Materialización.
concretizar v. t. Materializar (ú. t. c. pr.).
concreto, ta adj. Determinado, preciso. ‖ Real, positivo, específico. ‖ — M. *Amer.* Hormigón.
concubina f. Mujer que vive con un hombre sin estar casada con él.
concubinato m. Cohabitación de un hombre y de una mujer que no están casados.
conculcar v. t. Infringir.
concupiscencia f. Deseo excesivo de los bienes materiales, especialmente de los goces sensuales.
concupiscente adj. y s. Dominado por la concupiscencia.
concurrencia f. Asistencia, reunión en un sitio. ‖ Simultaneidad de dos sucesos.
concurrente adj. y s. Asistente, que concurre. ‖ Participante en un concurso.
concurrido, da adj. Que atrae a mucha gente. ‖ De mucho tráfico : *calle concurrida.*
concurrir v. i. Asistir, ir o acudir al mismo lugar o tiempo. ‖ Influir, contribuir : *concurrir al éxito de una obra.* ‖ Ser del mismo parecer, estar de acuerdo. ‖ Participar, tomar parte en un concurso : *concurrir a una oposición.* ‖ Coincidir en el tiempo o en el lugar : *concurren en él todas las virtudes.*
concursante m. y f. Participante en un concurso.
concurso m. Reunión simultánea de personas o sucesos. ‖ Cooperación, contribución, ayuda. ‖ Licitación para adjudicar algo : *concurso de Obras Públicas.* ‖ Oposición, certamen : *concurso de belleza.* ‖ Prueba deportiva : *concurso hípico.*
concusión f. Exacción cometida por un funcionario.

concha f. Caparazón que cubre el cuerpo de ciertos animales, como tortugas, moluscos, crustáceos, etc. ‖ *Fig.* Cosa en forma de concha : *la concha del apuntador.* ‖ Ensenada : *la Concha de San Sebastián.*
conchabarse v. pr. *Fam.* Confabularse.
condado m. Dignidad o territorio de jurisdicción del conde.
condal adj. Relativo al conde.
conde m. Título de nobleza entre el marqués y el vizconde.
condecoración f. Acción y efecto de condecorar. ‖ Cruz, insignia de una orden.
condecorar v. t. Otorgar un honor. ‖ Otorgar o imponer una condecoración.
condena f. Decisión o sentencia de un tribunal criminal que pronuncia una pena contra el autor de un crimen, de un delito, etc. ‖ Esta misma pena.
condenable adj. Que merece ser condenado.
condenación f. Condena.
condenado, da adj. y s. Sometido a una pena por un tribunal. ‖ Que está en el infierno. ‖ — Adj. *Fam.* Malo, travieso : *estos condenados niños.* | Enfadoso, maldito : *¡condenados zapatos!*
condenar v. t. Declarar culpable : *condenar a presidio.* ‖ Censurar, reprobar una doctrina u opinión. ‖ Reducir a, forzar a : *condenar al silencio.* ‖ Desaprobar : *condenar una costumbre.* ‖ Tabicar : *condenar una puerta.* ‖ — V. pr. Confesar su culpa. ‖ Incurrir en la pena eterna.
condenatorio, ria adj. Que condena.
condensación f. Paso de un vapor al estado líquido o al estado sólido. ‖ *Fig.* Síntesis, resumen, compendio.
condensador, ra adj. Que condensa. ‖ — M. *Electr.* Sistema de dos conductores o armaduras, separados por un medio aislante, que acumula cargas eléctricas de signos opuestos. ‖ Aparato destinado a enfriar el gas para eliminar la mayor parte de los productos fácilmente condensables. ‖ En general, aparato para condensar un vapor.
condensar v. t. Hacer pasar un cuerpo del estado gaseoso al estado líquido. ‖ *Fig.* Sintetizar, resumir, compendiar.
condesa f. Mujer del conde o que tiene este título.
condescendencia f. Complacencia. ‖ Benevolencia, tolerancia.
condescender v. i. Dignarse consentir, aceptar satisfacer los deseos de otro.
condescendiente adj. Que condesciende.
condición f. Manera de ser, naturaleza, índole. ‖ Estado social : *de condición modesta.* ‖ Circunstancia exterior de la que dependen las personas o las cosas. ‖ Situación ventajosa o no : *en condiciones muy malas.* ‖ Base fundamental, calidad requerida : *exijo esta condición.* ‖ Cláusula, convenio : *condiciones de un pacto.* ‖ — Pl. Cualidades. ‖ Estado : *carne en malas condiciones.*
condicionado, da adj. Que implica una condición.
condicional adj. Dependiente de una condición. ‖ *Gram.* Dícese de la oración, o de la conjunción que la introduce, que expresa una condición. ‖ — M. Tiempo verbal del indicativo que expresa una acción futura en relación con el pasado, una acción eventual que depende de una condición, o una hipótesis. (Antiguamente se consideraba como modo, llamado *potencial.*)
condicionar v. t. Someter a condiciones, supeditar.
cóndilo m. Parte prominente del hueso de una articulación.
condimentación f. Aderezo.
condimentar v. t. Sazonar.
condimento m. Sustancia empleada en pequeña cantidad para sazonar los alimentos, como el vinagre, el tomillo, etc.
condiscípulo, la m. y f. Compañero de estudios.
condolencia f. Pésame. ‖ Pesar.
condolerse v. pr. Compadecerse.
condominio m. Propiedad de una cosa por varias personas en común. ‖ Derecho de soberanía de varias naciones sobre un país.
cóndor m. Ave rapaz, especie de gran buitre, de América del Sur. ‖ Moneda de oro de Ecuador, Colombia y Chile.
conducción f. Acción y efecto de conducir : *permiso de conducción.* ‖ Transporte. ‖ Conducto de tuberías, cables, etc., para el paso de un fluido.
conducir v. t. Guiar : *conducir un coche* (ú. t. c. i.). ‖ Llevar : *conducir al colegio.* ‖ Dirigir, mandar : *conducir tropas.* ‖ Impulsar, llevar : *conducir a la desesperación.* ‖ Transportar un fluido por una tubería, cable, etc. ‖ — V. i. Llevar : *carretera que conduce a París.* ‖ Convenir. ‖ — V. pr. Portarse.
conducta f. Comportamiento.
conductibilidad f. Propiedad natural que poseen los cuerpos de transmitir el calor o la electricidad.
conductividad f. Valor inverso de la resistividad. ‖ Calidad de conductivo. ‖ Conductibilidad.
conducto m. Canal, tubo. ‖ *Fig.* Camino : *por conducto jerárquico.* ‖ Canal : *conducto lagrimal.* ‖ *Fig.* Intervención de una persona para obtener o solucionar algo.
conductor, ra adj. y s. Que conduce : *conductor de masas.* ‖ Chófer, que conduce : *conductor de automóvil.* ‖ Dícese de los cuerpos que transmiten el calor o la electricidad.
condumio m. *Fam.* Comida.
conectador m. Aparato de conexión.
conectar v. t. *Electr.* Establecer la comunicación entre dos o más circuitos. ‖ *Mec.* Comunicar el movimiento de una máquina a otro aparato. ‖ *Fig.* Poner en relación o contacto.
conejillo m. Dim. de *conejo.* ‖ *Conejillo de Indias,* pequeño mamífero roedor que se emplea para experimentos de laboratorio.
conejo m. Mamífero roedor.
conexidad f. Relación.
conexión f. Enlace, relación, encadenamiento : *no hay conexión entre ambas cosas.* ‖ *Electr.* Unión de un aparato eléctrico a un circuito. | Enchufe. ‖ — Pl. Amistades.
conexionar v. t. Enlazar. ‖ *Electr.* Enchufar. ‖ — V. pr. Contraer conexiones.
conexo, xa adj. Relacionado.
confabulación f. Conjuración.
confabular v. i. Tratar una cosa entre dos o más personas. ‖ — V. pr. Conjurarse.
confección f. Hechura de un traje. ‖ Fabricación en serie de ropa de vestir. ‖ *Impr.* Compaginación. ‖ Preparación. ‖ *De confección,* dícese de las prendas de vestir que se venden hechas y que no se ejecutan a medida : *traje de confección.*
confeccionado, da adj. Dícese de la ropa no hecha a medida.
confeccionador, ra m. y f. Persona que hace trajes. ‖ *Impr.* Persona que realiza la compaginación.
confeccionar v. t. Hacer. ‖ *Impr.* Compaginar.

confederación f. Unión de Estados que se someten a un gobierno o poder general conservando, sin embargo, un gobierno particular. ‖ Organismo que agrupa diversas asociaciones o federaciones (sindicales, deportivas, etc.).
confederado, da adj. y s. Que forma parte de una confederación. ‖ Dícese particularmente de los once Estados del Sur de Estados Unidos que se separaron de la Unión en la guerra de Secesión y se enfrentaron con el Gobierno federal. ‖ Aplícarse también a los partidarios de esta secesión.
confederar v. t. Reunir en confederación.
confederativo, va adj. De la confederación.
confer, pal. lat. que significa *compárese.* (Se utiliza para indicar una obra que se ha de consultar. Se suele abreviar *Cf., Cfr., Conf.* o *Cof.*)
conferencia f. Reunión de personas que tratan de cuestiones internacionales o de temas de interés común. ‖ Discurso destinado a un público y que trata de asuntos de índole literaria, artística, científica, etc. ‖ Comunicación telefónica entre dos ciudades.
conferenciante com. Persona que pronuncia una conferencia.
conferenciar v. i. Conversar.
conferir v. t. Dar, otorgar.
confesar v. t. Decir sus pecados en la confesión (ú. t. c. pr.). ‖ Oír en confesión : *confesar a un penitente.* ‖ Proclamar : *confesar la fe.* ‖ *Fig.* Declarar, reconocer.
confesión f. Declaración de los pecados propios a un confesor para obtener la absolución. ‖ Afirmación pública de la fe, de una creencia, etc. ‖ Resumen de los artículos que contienen la declaración de fe de una Iglesia, de una persona, etc. : *la Confesión de Augsburgo.* ‖ Declaración de una falta, etc.
confesionario o **confesonario** m. Especie de garita donde el sacerdote oye las confesiones.
confeso, sa adj. Que ha confesado su delito : *confeso de su error.* ‖ Dícese del judío converso (ú.t.c.s.).
confesor m. Sacerdote que confiesa.
confetis m. pl. Papelillos que se tiran en carnaval u otras fiestas.
confiado, da adj. Crédulo, imprevisor. ‖ Presumido, satisfecho de sí.
confianza f. Sentimiento del que confía, esperanza en una persona o cosa : *él me da confianza.* ‖ Actitud del que confía en sí mismo, seguridad : *tengo confianza en mí.* ‖ Sentimiento de seguridad : *la confianza ha desaparecido.* ‖ Apoyo dado al Gobierno por la mayoría del Parlamento. ‖ Familiaridad : *tengo mucha confianza con él.*
confiar v. t. Dejar al cuidado : *confiar su hijo a sus padres.* ‖ Suponer : *confío en que no lloverá.* ‖ Esperar : *confiaba en su apoyo.* ‖ Fiar, fiarse : *yo confío en su probidad.* ‖ Tener confianza : *confío en mi memoria.* ‖ Decir en confianza : *me confió su pena.*
confidencia f. Revelación de un secreto.
confidencial adj. Que se hace o dice reservadamente.
confidente m. y. f. Persona a quien se confían secretos íntimos.
configuración f. Forma. ‖ Aspecto general.
configurar v. t. Dar forma a.
confín adj. Limítrofe. ‖ — M. pl. Límites. ‖ El sitio más lejano.
confinado, da m. y f. Desterrado.
confinamiento m. Destierro.
confinar v. i. Limitar : *México confina con los Estados Unidos.* ‖ — V. t. Desterrar. ‖ Meter en un campo de concentración.
confirmación f. Ratificación, corroboración. ‖ Sacramento de la Iglesia que confirma la gracia adquirida por el bautismo.
confirmar v. t. Corroborar la verdad o certeza de una cosa : *confirmar un hecho.* ‖ Ratificar. ‖ Dar validez definitiva : *confirmar una sentencia.* ‖ Dar mayor firmeza o seguridad : *esto confirmó mis dudas.* ‖ Asegurar la habitación ya retenida en un hotel, una cita, un billete de avión, etc. ‖ Conferir la confirmación religiosa.
confiscación f. Acto de pasar al Estado los bienes o parte de ellos a causa de una condena.
confiscar v. t. Apoderarse el Estado de bienes de una persona.
confitar v. t. Cubrir las frutas con azúcar o cocerlas en almíbar.
confite m. Golosina pequeña.
confitería f. Tienda donde se venden dulces. ‖ *Arg.* Cafetería.
confitero, ra m. y f. Persona que hace o vende dulces y confituras.
confitura f. Fruta fresca cocida con azúcar que puede conservarse.
conflagración f. Guerra.
conflictivo, va adj. Que implica conflictos.
conflicto m. Choque, combate : *conflicto entre dos países.* ‖ Lucha de sentimientos contrarios, antagonismo : *conflicto de intereses.* ‖ *Fig.* Apuro, situación difícil.
confluencia f. Acción de confluir. ‖ Paraje donde confluyen dos ríos, caminos, etc.
confluir v. i. Unirse.
conformación f. Colocación, distribución de las partes de un todo.
conformar v. t. Poner de acuerdo. ‖ — V. i. Estar de acuerdo una persona con otra. ‖ — V. pr. Resignarse, contentarse.
conforme adj. Igual. ‖ Que conviene : *conforme con sus ideales.* ‖ De acuerdo : *estar conforme.* ‖ *Fig.* Contento, resignado : *conforme con su suerte.* ‖ — M. Aprobación puesta al pie de un escrito. ‖ — Adv. Según, con arreglo a : *conforme a lo que dijiste.* ‖ Tan pronto como : *conforme amanezca iré.* ‖ A medida que : *colóquense conforme lleguen.* ‖ Como, de la misma manera : *te lo cuento conforme lo vi.* ‖ — Interj. ¡De acuerdo!
conformidad f. Analogía, igualdad, semejanza. ‖ Acuerdo, concordancia. ‖ Aprobación, asentimiento, consentimiento.
conformismo m. Aceptación de todo lo establecido.
conformista adj. y s. Dícese del que o de lo que está de acuerdo con lo establecido.
confort m. (pal. fr.). Comodidad.
confortable adj. Cómodo.
confortar v. t. Reconfortar. ‖ Alentar.
confraternidad f. Fraternidad.
confraternizar v. i. Fraternizar.
confrontación f. Careo entre dos o más personas. ‖ Cotejo.
confrontar v. t. Poner frente a frente, carear : *confrontar el reo con un testigo.* ‖ Cotejar, comparar.
confundir v. t. Mezclar cosas diversas. ‖ Reunir en un todo. ‖ Equivocar : *confundir el camino.* ‖ Tomar por : *confundir una cosa con otra.* ‖ *Fig.* Abrumar, agobiar : *sus alabanzas me confunden.* | Humillar : *confundió a sus adversarios.* | Turbar, dejar confuso (ú. t. c. pr.). ‖ — V. pr. Equivocarse :

me he confundido. || Estar desdibujado, confuso : *su silueta se confundía en la oscuridad.*
confusión f. Reunión de cosas inconexas. || Desorden, falta de orden. || Falta de claridad : *confusión de ideas.* || Acción de tomar una cosa por equivocación, error : *confusión de nombres.* || *Fig.* Vergüenza, turbación : *a mi gran confusión.*
confusionismo m. Confusión.
confuso, sa adj. Desordenado, revuelto. || Oscuro, poco claro, dudoso : *sentido confuso.* || Que no puede distinguirse : *luz confusa.* || Vago, incierto : *recuerdo confuso.* || *Fig.* Avergonzado.
congelable adj. Que puede congelarse.
congelación f. Paso de un cuerpo del estado líquido al sólido. || Esta misma transformación. || Enfriamiento de ciertos alimentos para conservarlos durante mucho tiempo. || Bloqueo : *congelación salarial.*
congelador m. Aparato de tipo industrial o doméstico para congelar alimentos.
congelados m. pl. Alimentos congelados.
congelamiento m. Congelación.
congelar v. t. Solidificar por el frío un líquido (ú. t. c. pr.). || Enfriar ciertos alimentos para conservarlos : *carne congelada.* || Bloquear o inmovilizar el Estado ciertos fondos monetarios para que el propietario no pueda utilizarlos. || Impedir, por decisión gubernamental, que aumenten los sueldos, los precios, etc.
congénere adj. y s. Del mismo género.
congeniar v. i. Estar bien avenidos los caracteres de varias personas.
congénito, ta adj. De nacimiento. || *Fig.* Innato.
congestión f. Afluencia excesiva de sangre en algún órgano del cuerpo. || *Fig.* Aglomeración anormal del tráfico en una vía pública.
congestionar v. t. Producir congestión en una parte del cuerpo. || — V. pr. Acumularse la sangre en una parte del organismo. || *Fig.* Aglomerarse el tráfico de vehículos.
conglomerado m. Roca compuesta por la aglomeración de fragmentos diversos reunidos por un cemento calcáreo o silíceo. || Masa compacta de materiales unidos artificialmente. || *Fig.* Acumulación. || Asociación de empresas de producciones diversas.
conglomerar v. t. Reunir en una sola masa.
conglutinar v. t. Aglutinar (ú. t. c. pr.).
congoja f. Augustia.
congoleño, ña y **congolés, esa** adj. y s. Del Congo.
congraciarse v. pr. Atraerse la benevolencia de uno.
congratulación f. Felicitación.
congratular v. t. Felicitar. || — V. pr. Felicitarse.
congregación f. Reunión de personas religiosas o seglares que viven regidas por los mismos estatutos. || Asamblea de prelados y cardenales que examina ciertos asuntos en el Vaticano.
congregante, ta m. y f. Miembro de una congregación.
congregar v. t. Reunir.
congresal m. *Amer.* Congresista.
congresista com. Asistente a un congreso.
congreso m. Asamblea, reunión, junta de personas para deliberar sobre ciertos asuntos. || Asamblea nacional.
congrio m. Anguila de mar.
congruencia f. Conveniencia. || Relación lógica.
congruente adj. Conveniente, oportuno.
congruo, grua adj. Congruente.
cónico, ca adj. *Geom.* Relativo al cono. || De figura de cono.
conífero, ra adj. Dícese de las plantas y árboles gimnospermos de fruto cónico, como el pino. || — F. pl. Clase de estas plantas.
conjetura f. Opinión basada en apariencias, en probabilidades.
conjeturar v. t. Formar juicio probable de una cosa por indicios y observaciones, presumir, suponer.
conjugación f. *Gram.* Acción y efecto de conjugar. | Modo de conjugar un verbo.
conjugar v. t. Poner un verbo en sus diferentes formas para denotar los modos, tiempos, números y personas. || *Fig.* Reunir, juntar : *conjugar esfuerzos.*
conjunción f. Reunión : *conjunción de hechos.* || *Gram.* Palabra invariable que enlaza dos vocablos o dos oraciones.
conjuntado, da adj. Aplícase a la asociación de personas o cosas que constituye un cuerpo bien unido para el fin a que se destina.
conjuntar v. t. Reunir personas o cosas de modo armonioso.
conjuntiva f. *Anat.* Mucosa que cubre la parte anterior del ojo.
conjuntivitis f. inv. *Med.* Inflamación de la conjuntiva.
conjuntivo, va adj. Que une. || *Gram.* Relativo a la conjunción.
conjunto, ta adj. Unido : *un trabajo conjunto.* || Mixto : *base conjunta de dos naciones.* || — M. Reunión : *conjunto artístico, deportivo.* || Reunión de cosas que se hacen al mismo tiempo : *movimiento de conjunto.* || Totalidad : *en su conjunto.* || Juego de prendas de vestir destinadas a llevarse al mismo tiempo : *un conjunto de lana.* || *Mat.* Colección finita o infinita de objetos o de elementos matemáticos que tienen alguna característica común : *la teoría de conjuntos es la base de las matemáticas modernas.*
conjura y **conjuración** f. Conspiración contra el Estado o cualquier autoridad.
conjurado, da adj. y s. Que participa en una conjuración. || — Adj. Impedido, evitado : *peligro conjurado.*
conjurador, ra m. y f. Persona que conjura.
conjurar v. t. Rogar mucho. || Exorcizar. || — V i. Conspirar (ú. t. c. pr.).
conllevar v. t. Ayudar a uno. || *Fig.* Sufrir.
conmemoración f. Ceremonia hecha en recuerdo de un acontecimiento importante. || *Fig.* Recuerdo.
conmemorar v. t. Recordar un acontecimiento.
conmemorativo, va adj. Que conmemora.
conmigo abl. sing. del pron. pers. *yo,* en género m. y f. : *ven conmigo.*
conminación f. Amenaza.
conminar v. t. Amenazar.
conminativo, va y **conminatorio, ria** adj. Que conmina.
conmiseración f. Compasión.
conmoción f. Perturbación violenta del cuerpo, choque. || Emoción fuerte. || Movimiento sísmico. || *Fig.* Trastorno, disturbio : *conmoción política.*
conmocionar v. t. Causar conmoción.
conmovedor, ra adj. Que emociona.
conmover v. t. Perturbar, hacer vacilar. ||

Emocionar, turbar (ú. t. c. pr.). ‖ Estremecer.
conmutable adj. Cambiable.
conmutación f. Cambio. ‖ Indulto parcial que altera la naturaleza del castigo en favor del reo.
conmutador, ra adj. Que conmuta. ‖ — M. *Electr.* Dispositivo para invertir el sentido de la corriente o hacer pasar voluntariamente la corriente por diferentes aparatos. ‖ *Arg.* y *Col.* Centralita telefónica.
conmutar v. t. Cambiar.
conmutativo, va adj. Dícese de la justicia basada en la igualdad de derechos y deberes.
connivencia f. Complicidad.
connotación f. Valores que se pueden atribuir a un término además de su sentido propio. ‖ Significado. ‖ Comprensión.
connotado, da adj. *Amer.* Notable.
connotar v. t. Implicar, sugerir un significado que viene a sumarse al sentido propio. ‖ Significar. ‖ Hacer relación.
cono m. Superficie engendrada por una recta, o *generatriz*, que pasa por un punto fijo, llamado *vértice* del cono, que se encuentra sobre una curva fija o *directriz*. ‖ Cualquier cuerpo que tiene la forma de este sólido : *un cono de luz.* ‖ Fruto de las coníferas. ‖ Cúspide de un volcán.
conocedor, ra adj. y s. Entendido, que conoce bien algo. ‖ — Adj. Informado de.
conocencia f. *Méx.* Conocimiento.
conocer v. t. Saber. ‖ Saber, tener en la cabeza : *conocer su apellido.* ‖ Estar en relación : *lo conozco mucho.* ‖ Haber visto : *lo conozco de vista.* ‖ Tener experiencia de : *conocer a las gentes.* ‖ Sufrir, soportar : *conocí la miseria.* ‖ Ser distinguido por los demás : *hacerse conocer.* ‖ Reconocer : *conocer por la voz.* ‖ Ser experto o perito : *conoce mucho de música.* ‖ Distinguir : *está tan viejo que ya no conoce a nadie.* ‖ Ser competente : *juez que conoce este asunto.* ‖ — V. pr. Tener una idea cabal de uno mismo : *conócete a ti mismo.* ‖ Tener trato : *se conocen de siempre.*
conocido, da adj. Que se conoce ‖ Evidente, claro, cierto : *cosa bien conocida.* ‖ Descubierto, explorado : *el mundo conocido.* ‖ Reputado, famoso : *pintor muy conocido.* ‖ — M. y f. Persona con quien se ha tenido algún trato, pero no amistad.
conocimiento m. Noción, idea. ‖ Información : *tengo conocimiento de eso.* ‖ Sentido : *perdí el conocimiento.* ‖ — Pl. Saber, erudición : *tiene muchos conocimientos.* ‖ Personas con las que se tiene relación.
conque conj. Por consiguiente.
conquense adj. y s. De la ciudad de Cuenca (España).
conquista f. Acción y efecto de conquistar. ‖ Cosa conquistada.
conquistador, ra adj. y s. Que conquista. ‖ Dícese particularmente de los españoles que llevaron a cabo la conquista de América. ‖ *Fig.* Aplícase a la persona que enamora a muchas del otro sexo.
conquistar v. t. Ganar, apoderarse con las armas. ‖ *Fig.* Captar la voluntad de uno : *su simpatía nos ha conquistado.* | Enamorar. | Conseguir, lograr.
consabido, da adj. Conocido de antes. ‖ Acostumbrado, repetido.
consagración f. Acción y efecto de consagrar a Dios. ‖ En la misa, transformación por el sacerdote del pan y del vino en el cuerpo y sangre de Jesucristo. ‖ *Fig.* Confirmación.
consagrado, da adj. Que ha recibido la consagración religiosa. ‖ *Fig.* Dedicado : *monumento consagrado a la Victoria.* | Destinado : *consagrado al arte.* | Sancionado, ratificado : *consagrado por el uso.*
consagrar v. t. Dar carácter sagrado, dedicar a Dios. ‖ En la misa, transformar el sacerdote el pan y el vino en cuerpo y sangre de Jesucristo. ‖ *Fig.* Emplear, dedicar. | Sancionar, ratificar. | Acreditar, confirmar. ‖ — V. pr. *Fig.* Dedicarse.
consanguíneo, a adj. y s. Dícese de los hermanos hijos de un mismo padre y de madre diferente. ‖ Dícese de las personas que tienen un antepasado común.
consanguinidad f. Ascendencia común.
consciente adj. Que tiene conciencia o noción de algo.
conscripción f. *Arg.* Servicio militar.
conscripto adj. m. *Padre conscripto,* senador romano. ‖ — M. *Amer.* Quinto, recluta.
consecución f. Obtención. ‖ Realización.
consecuencia f. Hecho que se deduce de otro. ‖ Resultado que puede tener una cosa.
consecuente adj. Que sigue inmediatamente a otra cosa. ‖ Aplícase a la persona que mantiene sus ideas o principios.
consecutivo, va adj. Que sigue inmediatamente a otra cosa.
conseguir v. t. Lograr, obtener.
consejero, ra m. y f. Persona que aconseja. ‖ Miembro de un consejo.
consejo m. Parecer o dictamen. ‖ Asamblea, junta o reunión de personas que tiene como misión dirigir, guiar, administrar. ‖ Tribunal de jurisdicción superior : *Consejo de Castilla.* ‖ Organismo consultivo : *Consejo Superior de Agricultura.* ‖ Sesión que celebra.
consenso m. Consentimiento. ‖ Acuerdo.
consentido, da adj. Mimado con exceso : *hijo consentido.* ‖ Dícese del marido que tolera el adulterio de su mujer.
consentidor, ra adj. Tolerante.
consentimiento m. Permiso, autorización. ‖ Acuerdo de un gran número de personas.
consentir v. t. e i. Dejar, permitir, autorizar una cosa. ‖ Tolerar, admitir. ‖ — V. t. Mimar a un niño.
conserje m. Portero. ‖ Empleado en la conserjería de un hotel.
conserjería f. Cargo y habitación del conserje. ‖ Departamento de un hotel donde los clientes dejan las llaves y recogen la correspondencia o avisos.
conserva f. Sustancia alimenticia envasada que se puede guardar mucho tiempo.
conservación f. Acción y efecto de conservar o conservarse. ‖ Estado de lo que se conserva.
conservador, ra adj. Que conserva. ‖ Poco amigo de cambios o reformas. ‖ — Adj. y s. En política, defensor de las instituciones tradicionales y enemigo de las innovaciones. ‖ — M. Título de ciertos funcionarios : *conservador de museo.*
conservadurismo m. Actitud o tendencia de los que son contrarios a las innovaciones políticas y sociales.
conservar v. t. Mantener una cosa o cuidar de su permanencia : *conservar la juventud.* ‖ Guardar cuidadosamente : *conservar un secreto.* ‖ No perder : *conservar las amistades.* ‖ Retener : *conservar el calor.* ‖ Hacer conservas. ‖ *Fig. Bien conservado,* de aspecto joven. ‖ — V. pr. Durar, permanecer.
conservatismo m. Conservadurismo.
conservatorio m. Escuela oficial de música o de teatro.
conservero, ra adj. De las conservas : *industrias conserveras.*

considerable adj. Digno de tenerse en cuenta. || Importante.
consideración f. Examen atento : *digno de consideración.* || Pensamiento. || Estima, aprecio. || Trato respetuoso. || Cortesía, educación, respeto. || *Fig.* Razón, motivos : *en consideración a su edad.* || — Pl. Reflexiones. || Buen trato. || *Tomar en consideración,* tener en cuenta.
considerado, da adj. Examinado. || Apreciado, estimado. || Respetado. || Que se conduce con respeto con los demás. || Comedido.
considerando m. Fundamento, motivo que justifica un dictamen.
considerar v. t. Pensar, reflexionar con atención. || Juzgar, examinar. || Tener en cuenta. || Creer : *lo considero fácil.* || Tratar a una persona con respeto o aprecio. || — V. pr. Pensar, creer.
consigna f. *Mil.* Órdenes que se dan al que manda o vigila un puesto : *la consigna del centinela.* || Ordenes recibidas : *observar la consigna.* || En las estaciones, aeropuertos, etc., lugar en el que los viajeros depositan los equipajes.
consignación f. Acción y efecto de consignar. || Cantidad consignada en un presupuesto.
consignar v. t. Entregar en depósito : *consignar una maleta.* || *Com.* Dirigir a un consignatario : *consignar una mercancía.* || Poner por escrito : *consignar lo ocurrido.* || Señalar una cantidad en un presupuesto. || *For.* Depositar judicialmente el precio de alguna cosa o alguna cantidad.
consignatario m. *Com.* Negociante al que se dirige una mercancía. || *For.* El que recibe en depósito el dinero que otro consigna. || *Mar.* Representante de un armador en un puerto.
consigo ablat. sing. y pl. de la forma reflexiva *se, sí* del pron. pers. de 3.ª pers., en género m. y f. : *se llevó consigo a los rehenes.*
consiguiente adj. Que depende o resulta de otra cosa. || *Por consiguiente,* por lo tanto.
consistencia f. Estado de un líquido que se solidifica. || Cohesión de los cuerpos sólidos : *la consistencia del hormigón.* || *Fig.* Estabilidad, firmeza, solidez : *su argumentación tenía gran consistencia.*
consistente adj. Que consiste. || Que tiene consistencia, cohesión, dureza. || *Fig.* Fundado, con base.
consistir v. i. Residir, radicar. || Estar compuesto o formado.
consistorial adj. Del consistorio. || Del ayuntamiento.
consistorio m. Junta de cardenales convocada por el Papa. || Asamblea de ministros protestantes o de rabinos. || Ayuntamiento.
consola f. Mesa de adorno puesta junto a una pared. || Pupitre de un ordenador.
consolación f. Consuelo.
consolador, ra adj. y s. Que consuela.
consolar v. t. Aliviar la pena o dolor de uno. || — V. pr. Poner uno fin a su dolor.
consolidación f. Fortalecimiento, mayor solidez. || Acción de consolidar una deuda.
consolidar v. t. Dar firmeza y solidez a una cosa. || *Fig.* Asegurar, hacer duradero. || Convertir una deuda a corto o medio plazo en una a largo plazo.
consomé m. Caldo.
consonancia f. *Mús.* Reunión de sonidos acordes. || Uniformidad de sonido en la terminación de dos palabras. || *Fig.* Armonía o conformidad de algunas cosas entre sí.
consonante adj. y s. f. Dícese de las letras que sólo pueden pronunciarse combinadas con una vocal.
consorcio m. Asociación de empresas para realizar operaciones comunes.
consorte com. Cónyuge.
conspicuo, cua adj. Eminente.
conspiración f. Conjura.
conspirador, ra m. y f. Persona que conspira.
conspirar v. i. Unirse varias personas para derribar un gobierno. || Unirse contra un particular para hacerle daño.
constancia f. Paciencia, perseverancia. || Firmeza en las opiniones, ideas o sentimientos. || Reproducción ininterrumpida del mismo hecho. || Circunstancia de hacer constar o saber : *dejar constancia.*
constante adj. Que consta. || Que tiene constancia. || Duradero. || — F. *Mat.* Cantidad que guarda valor fijo.
constar v. i. Ser cierto. || Componerse, estar formado de diferentes partes : *consta de dos partes.* || Estar, figurar : *esta cláusula consta en el contrato.*
constatación f. Acción y efecto de constatar.
constatar v. t. Comprobar, hacer constar.
constelación f. Conjunto de estrellas fijas y vecinas que tienen una forma invariable que le ha valido un nombre determinado. || *Fig.* Grupo de cosas o personas.
constelar v. t. Estrellar.
consternación f. Profunda aflicción.
consternar v. t. Causar gran aflicción, pena (ú. t. c. pr.).
constipado m. Resfriado.
constipar v. t. Resfriar.
constitución f. Acción y efecto de constituir. || Esencia y calidades de una cosa : *la constitución del agua.* || Forma o sistema de gobierno de cada Estado. || Ley fundamental de la organización de un Estado. || Cada una de las ordenanzas o estatutos con que se gobierna una corporación.
constitucional adj. Perteneciente a la Constitución. || Sujeto a una Constitución : *monarquía constitucional.* || Partidario de una Constitución (ú. t. c. s.).
constitucionalismo m. Régimen constitucional.
constitucionalizar v. t. Dar carácter constitucional.
constituir v. t. Formar, componer : *constituir un gobierno.* || Ser : *esto no constituye una falta.* || Hacer : *le constituyó heredero.* || Organizar : *constituir una sociedad.* || Establecer : *constituir una pensión.* || — V. pr. Asumir una obligación, un cargo o cuidado. || Personarse, presentarse : *se constituyó en el lugar.* || Entregarse : *me constituí prisionero.*
constituyente adj. y s. m. Dícese del elemento que entra en la composición de una cosa. || — Adj. y s. f. Dícese de las asambleas convocadas para elaborar una Constitución.
constreñimiento m. Coacción.
constreñir v. t. Obligar, forzar. || *Fig.* Coartar, cohibir. || — V. pr. Limitarse.
construcción f. Acción y efecto de construir. || Edificio construido. || *Gram.* Disposición de las palabras en una oración.
constructivo, va adj. Que crea.
constructor, ra adj. y s. Que construye.

construir v. t. Poner en orden los elementos diversos que forman un edificio, una máquina, un aparato. ‖ Imaginar, idear. ‖ *Gram.* Colocar, en la oración, las palabras en cierto orden.
consuegro, gra m. y f. Padre o madre de uno de los esposos respecto a los del otro.
consuelo m. Sentimiento de alivio.
consuetudinario, ria adj. Referente a las costumbres.
cónsul m. Magistrado romano que compartía con otro durante un año la magistratura suprema de la República. ‖ Cada uno de los tres magistrados que componían en Francia el Consulado (1799-1804). ‖ Agente diplomático con misión de proteger a sus compatriotas en el extranjero.
consulado m. Dignidad de cónsul romano. ‖ Su duración. ‖ Hoy, cargo, oficina y jurisdicción del cónsul de un país. ‖ Régimen imperante en Francia entre 1799 y 1804.
consular adj. Del cónsul o del consulado.
consulta f. Petición de un consejo, de un parecer, etc. ‖ Examen de un enfermo por un médico. ‖ Consultorio.
consultante adj. Que consulta (ú. t. c. s.).
consultar v. t. e i. Preguntar su parecer a alguien, asesorarse. ‖ Buscar una explicación, una aclaración : *consultar el diccionario.*
consultivo, va adj. Destinado para dar consejos, pareceres, etc.
consultor, ra adj. y s. Consultante. ‖ Dícese del profesional que asesora en determinadas materias : *consultor fiscal.*
consultorio m. Establecimiento donde se informa o consulta. ‖ Sección en un periódico o emisora de radio que responde a las preguntas del público. ‖ Local donde el médico recibe y atiende a los pacientes.
consumación f. Perpetración : *la consumación de un crimen.* ‖ Fin : *la consumación de los siglos.*
consumado, da adj. Perfecto, acabado : *un consumado granuja.*
consumar v. t. Realizar.
consumición f. Acción y efecto de consumir. ‖ Bebida tomada en un bar, sala de fiestas, etc.
consumidor, ra adj. y s. Dícese de la persona que compra en una tienda o utiliza los servicios de un restaurante, bar, etc.
consumir v. t. Destruir : *consumido por las llamas.* ‖ Comer o beber : *consumir alimentos.* ‖ Gastar : *coche que consume mucha gasolina.* ‖ *Fig.* Agotar, corroer : *nos consumen las preocupaciones.* ‖ Tomar alguna bebida o comida en un establecimiento (ú. t. c. i.). ‖ Comulgar el sacerdote en la misa (ú. t. c. i.). ‖ — V. pr. Quedarse seco y arrugado. ‖ Afligirse.
consumismo m. Afán de consumir productos superfluos.
consumista adj. Relativo a la sociedad de consumo o al consumismo.
consumo m. Gasto que se hace de los productos naturales o industriales : *bienes de consumo.* ‖ — Pl. Impuesto que gravaba los productos que entraban en una población. ‖ *Sociedad de consumo,* nombre dado a las sociedades de los países industrializados en las cuales, al considerarse satisfechas las necesidades básicas de la mayor parte de la población, se orienta la producción a la fabricación y a la venta de artículos superfluos.
consunción f. Acción y efecto de consumir o consumirse.
consuno (de) adv. De común acuerdo.
consustancial adj. Que es de la misma sustancia.
consustancialidad f. Calidad de consustancial.
contabilidad f. Ciencia y arte de llevar las cuentas. ‖ Conjunto de las cuentas de una persona o de una colectividad. ‖ Servicio encargado de llevar las cuentas.
contabilización f. Acción y efecto de contabilizar.
contabilizar v. t. Anotar en los libros de cuentas. ‖ Contar.
contable adj. Que se puede anotar en las cuentas. ‖ — Com. Tenedor de libros de cuentas, persona que lleva las cuentas.
contacto m. Relación de los cuerpos que se tocan. ‖ Dispositivo que permite la abertura y el cierre de un circuito eléctrico. ‖ Enlace : *contactos radiofónicos.* ‖ Trato, relación : *ponerse en contacto con él.* ‖ *Méx.* Enchufe.
contado, da adj. Raro, escaso. ‖ Determinado, señalado. ‖ *Al contado,* con dinero contante.
contador m. Nombre dado a varios aparatos que miden las distancias recorridas, la velocidad o el número de movimientos efectuados en un espacio de tiempo. ‖ Aparato que registra las cantidades de gas, agua, electricidad, etc., que se consumen en una casa. ‖ Persona que lleva las cuentas en una entidad.
contaduría f. Oficio y oficina del contador. ‖ Contabilidad : *estudiar contaduría.* ‖ Nombre de ciertas administraciones : *Contaduría General del Estado.* ‖ Taquilla en la que se venden los billetes de un espectáculo por anticipado.
contagiar v. t. Comunicar a otro una enfermedad. ‖ *Fig.* Comunicar a otro costumbres, gustos, malas cualidades, etc. ‖ — V. pr. Adquirir por contagio. ‖ *Fig.* Transmitirse.
contagio m. Transmisión de una enfermedad específica por contacto. ‖ Germen de la enfermedad contagiosa. ‖ La misma enfermedad. ‖ *Fig.* Transmisión : *el contagio del vicio.* | Imitación involuntaria : *el contagio de la risa.*
contagioso, sa adj. Aplícase a la enfermedad que se comunica por contagio. ‖ Que tiene una enfermedad que se transmite. ‖ *Fig.* Dícese de los vicios o costumbres que se transmiten o comunican : *risa contagiosa.*
container m. (pal. ingl.). Contenedor.
contaminación f. Contagio.
contaminar v. t. Contagiar.
contante adj. Efectivo : *dinero contante.*
contar v. t. Calcular : *cuenta lo que hemos dejado.* ‖ Poner en el número de : *contar entre sus amistades.* ‖ Tener : *contar poca edad.* ‖ Poseer : *cuenta cinco millones de habitantes.* ‖ Relatar, narrar : *contar sus aventuras.* ‖ Enumerar : *contar los niños.* ‖ Tener intención de : *cuento irme mañana.* ‖ — V. i. Decir los números : *cuenta hasta cinco.* ‖ Hacer cálculos : *contar con los dedos.* ‖ Hacer cuentas. ‖ Equivaler : *cuento por cinco.* ‖ Tener en cuenta : *lo dicho no cuenta.* ‖ Importar, interesar : *lo que cuenta es su edad.* ‖ Considerar, pensar.
contemplación f. Acción de contemplar. ‖ — Pl. Miramientos.
contemplador, ra adj. y s. Que contempla.
contemplar v. t. Mirar. ‖ Prever una posibilidad.

contemplativo, va adj. Que contempla. ‖ Muy dado a la contemplación de Dios, a la meditación.
contemporáneo, a adj. y s. Que existe al mismo tiempo. ‖ Del tiempo actual.
contemporización f. Acción y efecto de contemporizar.
contemporizador, ra adj. y s. Que contemporiza.
contemporizar v. i. Ser tolerante o acomodaticio, transigir.
contención f. Acción y efecto de contener : *muro de contención.*
contencioso, sa adj. Litigioso. ‖ — M. Conjunto de litigios. ‖ Administración que se encarga de los asuntos litigiosos.
contender v. i. Pelear.
contendiente adj. y s. Que lucha.
contenedor m. Caja metálica, de tipos y dimensiones normalizados, que facilita el transporte de las mercancías a granel o por piezas y permite el mayor aprovechamiento del espacio disponible en los vehículos.
contener v. t. Llevar dentro de sí una cosa a otra. ‖ Mantener en ciertos límites : *contener a la multitud.* ‖ Encerrar, decir : *libro que contiene la verdad.* ‖ *Fig.* Mantener en la sumisión : *contener un pueblo.* | Reprimir o moderar : *contener su ira.* ‖ — V. pr. Dominarse.
contenido m. Cosa contenida. ‖ Tema, asunto, cosa tratada.
contentadizo, za adj. Que se da por contento fácilmente.
contentamiento m. Contento.
contentar v. t. Poner contento o satisfecho. ‖ — V. pr. Darse por contento.
contento, ta adj. Alegre. ‖ Satisfecho. ‖ — M. Satisfacción.
contera f. Remate de metal con que se protege el extremo del bastón, del paraguas, del lapicero, etc.
contertulio, lia m. y f. Asistente a una tertulia.
contesta f. *Amer.* Contestación.
contestación f. Respuesta. ‖ Crítica sistemática del orden político, económico y social vigente.
contestar v. t. Responder. ‖ Impugnar.
contestatario, ria adj. y s. Dícese del que adopta una actitud de contestación o protesta.
contexto m. Disposición de una obra literaria. ‖ Enredo, trabazón. ‖ *Fig.* Hilo de un relato, discurso, etc. | Conjunto del texto que rodea una palabra o frase. ‖ Conjunto de circunstancias en las que se sitúa un hecho : *el contexto histórico de un acontecimiento.*
contextura f. Unión de las partes de un todo. ‖ *Anat.* Constitución, naturaleza. ‖ Estructura.
contienda f. Guerra. ‖ Lucha.
contigo ablat. sing. del pron. pers. *tú,* en género m. y f. : *llévame contigo.*
contigüidad f. Vecindad.
contiguo, gua adj. Inmediato.
continencia f. Abstinencia de los deleites carnales.
continental adj. Relativo a los países de un continente o a los continentes. ‖ Dícese del clima caracterizado por grandes diferencias térmicas entre el verano y el invierno, propio del interior de los continentes.
continente adj. Que contiene a otro. ‖ Que tiene continencia, casto. ‖ — M. Cosa que contiene a otra : *el continente y el contenido.* ‖ Gran extensión de tierra que se puede recorrer sin atravesar el mar.
contingencia f. Posibilidad de que una cosa suceda o no. ‖ Cosa que puede o no suceder.
contingente adj. Que puede o no suceder. ‖ — M. Contingencia. ‖ *Com.* Cantidad máxima de una mercancía que un país acepta importar en un período de tiempo determinado. ‖ *Mil.* Número de soldados que cada población da para las quintas. | Conjunto de fuerzas militares de que dispone el mando. ‖ Grupo que se distingue de otros miembros en una reunión u organismo.
continuación f. Acción y efecto de continuar. ‖ Prolongación.
continuador, ra adj. y s. Que continúa lo empezado por otro.
continuar v. t. Seguir lo comenzado. ‖ — V. i. Proseguir : *la sesión continúa.* ‖ — V. pr. Seguir.
continuidad f. Carácter de continuo. ‖ *Solución de continuidad,* interrupción.
continuismo m. Línea política congruente con la seguida por un dirigente desaparecido.
continuo, nua adj. No dividido : *línea continua.* ‖ Que dura sin interrupción : *lluvia continua.* ‖ Incesante : *temor continuo.* ‖ Dícese de la corriente eléctrica de intensidad constante que circula siempre en el mismo sentido.
contonearse v. pr. Mover al andar los hombros y las caderas.
contoneo m. Movimiento de la persona que se contonea.
contorno m. Territorio que rodea un lugar. U. m. en pl. : *los contornos de una ciudad.* ‖ Línea que limita una figura.
contorsión f. Movimiento violento de los miembros o facciones.
contorsionarse v. pr. Hacer contorsiones.
contorsionista com. Acróbata.
contra prep. Indica : 1.º Contacto : *apretado contra su pecho ;* 2.º Oposición : *obrar contra nuestras costumbres ;* 3.º Hostilidad : *ir contra el enemigo ;* 4.º Defensa : *remedio contra la tos ;* 5.º Apoyo : *está contra la muralla ;* 6.º Cambio : *dar contra recibo.* ‖ — M. Lo opuesto : *defender el pro y el contra.* ‖ — F. *Fam.* Dificultad, inconveniente. ‖ *Fam. Llevarle a uno la contra,* oponerse siempre a lo que dice o desea.
contraatacante adj. y s. Que contraataca.
contraatacar v. t. Efectuar un contraataque.
contraataque m. Acción de pasar de la defensiva a la ofensiva para responder a un ataque.
contrabajo m. *Mús.* El mayor y más grave de los instrumentos de cuerda y arco. | Persona que lo toca. | Voz más grave que la del bajo y persona que la tiene.
contrabandear v. i. Hacer contrabando.
contrabandeo m. Acción de contrabandear.
contrabandista adj. y s. Que hace contrabando.
contrabando m. Introducción en un país, sin pagar los derechos de aduanas, de mercancías u objetos prohibidos. ‖ Estas mercancías.
contrabarrera f. Segunda fila en los tendidos de las plazas de toros.
contracción f. Disminución del volumen de un cuerpo. ‖ Respuesta mecánica de un músculo correspondiente a una excitación

que hace que éste disminuya de longitud y aumente de tamaño. ‖ *Gram.* Unión de dos sílabas, de dos vocales en una, como *al* (a el), *del* (de el).

contracepción f. Infecundidad causada por el empleo de métodos anticonceptivos.

contraceptivo, va y **contraconceptivo, va** adj. y s. m. Anticonceptivo.

contracorriente f. *Fig. Ir a contracorriente,* ir en sentido opuesto a la marcha normal.

contráctil adj. Que se contrae.

contractilidad f. Calidad de contráctil.

contractual adj. Del contrato.

contrachapado, da y **contrachapeado, da** adj. Dícese del tablero formado por capas de maderas encoladas entre sí (ú. t. c. s. m.).

contrachapar y **contrachapear** v. t. Poner chapas de madera.

contradecir v. t. Decir lo contrario de lo que otro afirma. ‖ Estar en oposición : *sus actos contradicen sus palabras.* ‖ — V. pr. Estar en contradicción.

contradicción f. Acción y efecto de contradecir o contradecirse. ‖ Oposición.

contradictor, ra adj. y s. Que contradice.

contradictorio, ria adj. Que contradice. ‖ *For.* Hecho ante los interesados : *juicio contradictorio.*

contraer v. t. Disminuir de volumen. ‖ *Fig.* Adquirir : *contraer una costumbre.* ‖ — *Contraer deudas,* entramparse. ‖ *Contraer matrimonio,* casarse. ‖ — V. pr. Encogerse una cosa.

contraespionaje m. Servicio de seguridad encargado de descubrir la actividad de los agentes de información enemigos.

contrafoque m. *Mar.* Foque pequeño.

contrafuerte m. *Arq.* Pilar que sostiene o refuerza un muro. ‖ *Geogr.* Cadena secundaria de montañas. ‖ Pieza de cuero que refuerza la parte trasera del zapato.

contrahacer v. t. Imitar.

contrahecho, cha adj. Deforme, corcovado (ú. t. c. s.).

contraindicación f. *Med.* Peligro que implica la administración de un medicamento determinado.

contraindicar v. t. *Med.* Disuadir de la utilidad de un medicamento normalmente eficaz, porque puede resultar peligroso en determinadas circunstancias. ‖ *Fig. Estar contraindicado,* ser perjudicial para lo que se desea conseguir.

contralmirante m. Jefe de marina inferior al almirante.

contralor m. Veedor. ‖ *Amer.* Inspector de la contabilidad oficial.

contraloría f. *Amer.* Servicio encargado de inspeccionar los gastos públicos.

contralto m. *Mús.* Voz femenina entre tiple y tenor. ‖ — M. y f. La que la tiene.

contraluz f. Vista de las cosas desde el lado opuesto a la luz.

contramaestre m. Encargado o jefe de los obreros en un taller. ‖ Capataz en las minas.

contramanifestación f. Manifestación opuesta a otra.

contramanifestar v. i. Manifestar en oposición a otros.

contramano (a) m. adv. En dirección contraria a la indicada.

contraofensiva f. *Mil.* Operación ofensiva con la que se responde a otra del enemigo.

contraorden f. Orden opuesta a la dada anteriormente.

contrapartida f. Asiento para corregir un error en una cuenta. ‖ Lo que se da a cambio de otra cosa. ‖ Compensación : *obtener algo en contrapartida del favor prestado.*

contrapelo (a) m. adv. En dirección opuesta a la del pelo. ‖ *Fig.* y *fam.* En contra del sentido normal. | Inoportunamente.

contrapesar v. t. Hacer contrapeso. ‖ *Fig.* Contrarrestar.

contrapeso m. Peso que sirve para equilibrar otro. ‖ Añadido con que se completa un peso. ‖ Balancín de los volatineros. ‖ *Fig.* Fuerza que contrarresta otra.

contraponer v. t. Oponer (ú. t. c. pr.). ‖ Comparar, cotejar.

contraportada f. Cuarta página de la cubierta de un libro o revista.

contraposición f. Oposición. ‖ Comparación. ‖ Contraste.

contraproducente adj. De efecto contrario al deseado.

contraproposición y **contrapropuesta** f. Proposición con que se contesta o se impugna otra ya formulada sobre determinada materia.

contraproyecto m. Proyecto diferente de otro determinado.

contrapunto m. Disciplina musical que combina diferentes líneas melódicas.

contrariar v. t. Oponerse a las palabras, acciones o voluntad de otro. ‖ Disgustar, causar disgusto. ‖ Poner obstáculo.

contrariedad f. Oposición de una cosa con otra. ‖ Impedimento, dificultad. ‖ Disgusto.

contrario, ria adj. Que se opone a, que difiere completamente. ‖ De dirección opuesta : *vientos contrarios.* ‖ Desfavorable, perjudicial, nocivo : *contrario a la salud.* ‖ Adverso, hostil : *suerte contraria.* ‖ En sentido diferente : *en dirección contraria.* ‖ — M. y f. Adversario, enemigo. ‖ — M. Palabra que, por su significado, se opone a otra, antónimo : *orgullo y modestia son contrarios.* ‖ Lo que se opone a algo.

contrarréplica f. Respuesta del demandado al demandante.

contrarrestar v. t. Hacer frente, oponerse, resistir. ‖ Neutralizar una cosa los efectos de otra. ‖ En tenis, devolver la pelota del saque.

contrarrevolución f. Movimiento político que combate una revolución o anula sus resultados.

contrarrevolucionario, ria adj. y s. Favorable a la contrarrevolución.

contraseguro m. Seguro accesorio de otro contraído antes.

contrasentido m. Interpretación opuesta al verdadero sentido. ‖ *Fig.* Lo que se opone a la realidad, a lo que debe ser.

contraseña f. Señal convenida para reconocerse. ‖ *Mil.* Seña dada al centinela para ser reconocido, consigna. ‖ Tarjeta que se da en los espectáculos a los espectadores que quieren salir en el entreacto para poder luego entrar.

contrastar v. i. Formar contraste. ‖ Ser muy diferente, no parecerse en nada. ‖ — V. t. Someter a prueba la veracidad de algo. ‖ Comprobar la ley de los metales preciosos, las monedas y la exactitud de las pesas y medidas. ‖ Marcar con el contraste.

contraste m. Acción y efecto de contrastar. ‖ Oposición : *contraste de sombra y luz.* ‖ Señal que se pone en los objetos de plata y oro para dar fe de su autenticidad.

contrata f. Escritura de un contrato. ‖ Contrato, convenio. ‖ Contrato para ejecutar una obra por precio determinado. ‖ Ajuste de obreros.
contratación f. Contrato.
contratante adj. y s. Que suscribe un contrato.
contratapa f. Cierta carne de vaca.
contratar v. t. Hacer un contrato con. ‖ Tomar a su servicio para realizar un trabajo : *contratar a varios empleados.*
contraterrorismo m. Conjunto de acciones para responder al terrorismo.
contraterrorista adj. Relativo al contraterrorismo. ‖ — Com. Persona que ejecuta actos de contraterrorismo.
contratiempo m. Suceso imprevisto. ‖ Accidente desagradable.
contratista com. Persona que ejecuta una obra por contrata.
contrato m. Pacto entre dos o más personas y documento en que consta.
contratorpedero m. Barco destinado a la persecución de torpederos.
contratuerca f. Tuerca que se superpone a otra para evitar que ésta se afloje.
contravalor m. Valor dado a cambio de otro.
contravención f. Infracción.
contraveneno m. Medicamento que obra contra el veneno, antídoto.
contravenir v. i. Obrar en contra de lo que está mandado.
contraventana f. Postigo.
contraventor, ra adj. y s. Infractor.
contrayente adj. Que contrae. ‖ Aplícase sobre todo a la persona que contrae matrimonio (ú. t. c. s.).
contribución f. Acción de contribuir, parte realizada en una obra común. ‖ Participación : *la contribución de las ciencias al progreso.* ‖ Carga que se aporta a un gasto común, particularmente a los gastos del Estado o de una colectividad pública, impuesto.
contribuir v. i. y t. Intervenir, cooperar en algo : *contribuir al éxito de una empresa.* ‖ Dar, pagar una parte de una obra común. ‖ Pagar impuestos.
contribuyente adj. y s. Que contribuye. ‖ Dícese de la persona que paga impuestos al Estado o a una colectividad pública.
contrición f. Pesar de haber ofendido a Dios : *acto de contrición.*
contrincante com. Competidor.
contristarse v. pr. Apenarse.
contrito, ta adj. Arrepentido.
control m. Verificación, comprobación, intervención, fiscalización. ‖ Inspección. ‖ Vigilancia. ‖ Lugar donde se verifica esta inspección. ‖ Contraste de pesas y medidas. ‖ Autoridad : *territorio bajo el control de las Naciones Unidas.* ‖ Revisión de entradas. ‖ Regulación : *control de nacimientos.* ‖ Dominio : *control de sí mismo.*
controlable adj. Que se puede controlar.
controlar v. t. Inspeccionar. ‖ Verificar, comprobar. ‖ Fiscalizar, intervenir. ‖ Revisar en los ferrocarriles. ‖ Contrastar pesas y medidas. ‖ Regular los precios, las cuentas, la natalidad. ‖ Vigilar. ‖ Dominar : *controlar sus nervios.* ‖ — V. pr. Dominarse, retenerse.
controversia f. Debate, discusión.
controvertir v. i. Discutir, debatir sobre una materia (ú. t. c. t.).
contubernio m. Cohabitación ilícita. ‖ *Fig.* Alianza o unión vituperable.
contumacia f. Obstinación. ‖ *For.* Rebeldía, no comparecencia.
contumaz adj. Obstinado. ‖ *For.* Rebelde, que no comparece ante un tribunal (ú t. c. s.).
contundencia f. Calidad de contundente.
contundente adj. Que causa contusión. ‖ *Fig.* Categórico.
contusión f. Lesión por golpe sin herida exterior.
conurbación f. Conjunto urbano formado por la reunión de varias poblaciones vecinas.
convalecencia f. Estado del convaleciente.
convalecer v. i. Recobrar las fuerzas perdidas por enfermedad.
convaleciente adj. y s. Que se repone de una enfermedad.
convalidación f. Acción y efecto de convalidar.
convalidar v. t. Ratificar, confirmar. ‖ Reconocer la autoridad académica la equivalencia de unas asignaturas o estudios efectuados en otros centros de enseñanza.
convencer v. t. Persuadir, conseguir que uno reconozca una cosa (ú. t. c. pr.). ‖ Gustar : *no me convence ese automóvil.*
convencido, da adj. Persuadido (ú. t. c. s.).
convencimiento m. Certeza.
convención f. Acuerdo, pacto : *convención laboral.* ‖ Asamblea de los representantes de un país. ‖ Congreso de un partido reunido para designar un candidato a la presidencia, en Estados Unidos. ‖ Congreso, conferencia. ‖ Conveniencia, conformidad.
convencional adj. Relativo al convenio o convención. ‖ Establecido en virtud de precedentes o de costumbres. ‖ Consabido, según costumbres. ‖ *Armas convencionales,* las no atómicas, bacteriológicas o químicas.
convencionalismo m. Conjunto de prejuicios que, por comodidad o conveniencia social, no se modifican.
conveniencia f. Calidad de lo que conviene o es apropiado a. ‖ Acuerdo, afinidad recíproca : *conveniencia de humores.* ‖ Lo que es favorable a alguien : *mirar a sus conveniencias.* ‖ Oportunidad : *conveniencia de una gestión.* ‖ Comodidad, gusto : *a su conveniencia.* ‖ — Pl. Normas o reglas que siguen los hábitos de la sociedad.
conveniente adj. Que conviene.
convenio m. Pacto, acuerdo. ‖ *Convenio colectivo,* acuerdo laboral, concertado entre directores de empresas y centrales sindicales, que regula las condiciones de trabajo y establece las obligaciones de las partes contratantes.
convenir v. t. e i. Acordar, decidir algo entre varios : *convenimos irnos juntos.* ‖ Asentir : *convengo en que no tengo razón.* ‖ Ser conveniente o apropiado : *no te conviene esa colocación.* ‖ Venir bien : *no me conviene ese precio.* ‖ — V. impers. Ser a propósito.
convento m. Casa de religiosos.
convergencia f. Dirección común hacia el mismo punto.
convergente adj. Que converge.
converger y **convergir** v. i. Dirigirse a un mismo punto.
conversación f. Charla, plática.
conversador, ra adj. y s. Que conversa amenamente.
conversar v. i. Hablar.
conversión f. Acción y efecto de convertir : *la conversión de un ateo.* ‖ Cambio de una moneda por otra.
converso, sa adj. Dícese de los moros y judíos convertidos al catolicismo (ú. t. c. s.).

convertibilidad f. Calidad de convertible. || Cualidad de una moneda que, en virtud de procedimientos internacionales de compensación, puede cambiarse por otras.
convertible adj. Que puede convertirse.
convertidor m. *Tecn.* Aparato para transformar el hierro fundido en acero : *el convertidor Bessemer.* | Transformador de corriente.
convertir v. t. Cambiar una cosa en otra, transformarla. || Hacer cambiar de religión, parecer u opinión : *convertir a los ateos* (ú. t. c. pr.). || Transformar. U. t. c. pr. : *se convirtió en una persona desagradable.*
convexidad f. Curvatura hacia el exterior.
convexo, xa adj. Esférico, curvado hacia el exterior.
convicción f. Convencimiento. || — Pl. Ideas firmes que tiene una persona : *obré en contra de mis convicciones.*
convicto, ta adj. *For.* Aplícase al reo a quien se ha probado el delito, aunque no lo haya confesado.
convidado, da m. y f. Invitado.
convidar v. t. Ofrecer una persona a otra que la acompañe a comer, a una fiesta, etc. || *Fig.* Mover, incitar.
convincente adj. Que convence.
convite m. Invitación.
convivencia f. Coexistencia. || Vida en común.
convivir v. i. Vivir con otra u otras personas, cohabitar. || Vivir en buena armonía. || Coexistir.
convocación f. Convocatoria.
convocar v. t. Citar, llamar a varias personas para que concurran a lugar o acto determinado.
convocatorio, ria adj. Que convoca. || — F. Escrito o anuncio con que se convoca.
convolvuláceas f. pl. Plantas de fruto capsular como la batata (ú. t. c. adj.).
convoy m. Grupo de naves, vehículos, etc., escoltados. || Vinagreras.
convulsión f. Contracción violenta e involuntaria de los músculos. || *Fig.* Trastorno, agitación.
convulsionar v. t. Producir convulsiones.
convulsivo, va adj. Relativo a la convulsión : *movimientos convulsivos.* || Dícese de lo que tiene convulsiones : *tos convulsiva.*
conyugal adj. De los cónyuges.
cónyuge com. Cada uno de los esposos en relación con el otro.
coña f. *Pop.* Burla. | Broma pesada. | Cosa fastidiosa. | Tontería, idiotez.
coñac m. Aguardiente envejecido en toneles de roble, según se hace en Cognac (Francia).
coñazo m. *Pop.* Persona o cosa pesada, aburrida. || *Pop. Dar el coñazo,* dar la lata.
coñearse v. pr. *Pop.* Burlarse.
coñeo m. *Pop.* Burla.
coño m. *Pop.* Parte exterior del aparato genital femenino. || *Pop. ¡Coño!,* expresión de disgusto, sorpresa, contrariedad, admiración, etc.
cooperación f. Participación en una obra común.
cooperador, ra y **cooperante** adj. y s. Que coopera.
cooperar v. i. Obrar para el mismo fin con otra u otras personas.
cooperativa f. Sociedad formada por productores o consumidores para producir, vender o comprar en común. || Establecimiento de esta sociedad.
cooperativismo m. Doctrina económica de las sociedades cooperativas. || Movimiento favorable a las cooperativas.
cooperativista adj. Relativo a la cooperación. || — M. y f. Persona partidaria del cooperativismo.
cooptación f. Designación de una persona como miembro de una sociedad por los que ya forman parte de ella.
coordenadas f. pl. *Geom.* Líneas que determinan la posición de un punto en el espacio o en una superficie.
coordinación f. Acción y efecto de coordinar.
coordinador adj. y s. Que coordina.
coordinar v. t. Disponer cosas metódicamente. || Reunir esfuerzos para un objetivo común.
copa f. Vaso con pie para beber. || Su contenido. || Parte superior de las ramas de un árbol o de un sombrero. || Premio que se concede en algunos certámenes deportivos : *copa de plata.* || Competición deportiva para lograr este premio. || — Pl. Uno de los palos de la baraja española.
copal m. Resina de árboles tropicales.
copaneco, ca adj. y s. De Copán (Honduras).
copar v. t. En los juegos de azar, hacer una puesta equivalente a todo el dinero de la banca. || *Fig.* En unas elecciones, conseguir todos los puestos. | Acaparar.
coparticipación f. Acción de participar a la vez con otro u otros en alguna cosa.
copartícipe com. Que participa o comparte con otro en alguna cosa.
copartidario, ria adj. y s. Perteneciente al mismo partido.
copear v. i. Tomar copas.
copec f. Moneda rusa que vale un céntimo de rublo.
copeo m. Acción de tomar o servir copas de vino, y tb. de irse de bar en bar para tomarlas.
copero, ra adj. Relativo a la competición deportiva llamada copa.
copete m. Tupé, mechón de pelo sobre la frente. || Moño de plumas de algunas aves : *el copete del pavo real.* || Colmo de un helado. || *Fig. De alto copete,* encopetado.
copetín m. *Amer.* Aperitivo, trago de una bebida alcohólica. || *Arg.* Cóctel.
copetón, ona adj. *Col.* Algo ebrio.
copia f. Abundancia de una cosa. || Reproducción de un escrito, de un texto musical u obra artística. || Fotocopia. || Retrato, persona muy parecida a otra.
copiador, ra adj. y s. Que copia. || — M. Libro en el que se copian las cartas. || — F. Fotocopiadora.
copiapeño, ña adj. y s. De Copiapó (Chile).
copiar v. t. Reproducir lo escrito, una obra de arte. || Escribir lo que otro dicta. || Imitar : *copiar a un autor.* || Plagiar el ejercicio de otro en un examen.
copiloto m. Piloto auxiliar.
copiosidad f. Abundancia.
copioso, sa adj. Abundante.
copista com. Copiador.
copla f. Canción popular.
copo m. Mechón de cáñamo, lino, algodón, etc., dispuesto para el hilado. || Pequeña masa que cae al nevar. || Bolsa que forman algunas redes de pescar.
copón m. Copa grande en que se guarda la Eucaristía.
coposesión f. Posesión con otro.

copra f. Médula del coco, de la palma, de la que se extrae el aceite.
coproducción f. Producción en común : *película en coproducción.*
coproductor, ra adj. y s. Que produce en común.
copropiedad f. Propiedad en común : *edificio en copropiedad.*
copropietario, ria adj. y s. Que posee bienes con otras personas.
copto, ta adj. y s. Cristiano de Egipto. ‖ — M. Lengua litúrgica de estos cristianos.
cópula f. Unión. ‖ Coito.
copulativo, va adj. Que une : *existen varias conjunciones copulativas.*
copyright [*-rait*] m. (palabra ingl.). Derecho de propiedad literaria.
coque m. Carbón poroso, con pocas sustancias volátiles, que resulta de la calcinación de la hulla.
coquear v. i. *Amer.* Masticar hojas de coca.
coquefacción f. Transformación de la hulla en coque.
coqueta adj. y s. f. Dícese de la mujer que desea gustar a los hombres. ‖ — F. Tocador.
coquetear v. i. Tratar de agradar por mera vanidad. ‖ Flirtear.
coqueteo m. Coquetería, flirteo.
coquetería f. Deseo de agradar a los hombres. ‖ Afición a arreglarse y vestirse bien.
coquetón, ona adj. *Fam.* Atractivo, agradable. | Bastante grande : *una cantidad de dinero coquetano.* ‖ — M. Hombre que desea agradar a las mujeres.
coquificar v. t. Transformar la hulla en coque.
coquimbano, na adj. De Coquimbo (Chile).
coquina f. Almeja pequeña.
coquizar v. t. Coquificar.
coracero m. Soldado de caballería con coraza.
coracoides adj. y s. f. *Anat.* Dícese de la apófisis situada en el ángulo superior del omóplato.
coraje m. Valor. ‖ Rabia.
coral m. Celentéreo cuya estructura calcárea de color blanco, rosado o encarnado se emplea en joyería. ‖ — F. Culebra venenosa de América del Sur.
coral adj. *Mús.* Relativo al coro. ‖ — F. *Mús.* Composición para coro. | Masa coral.
coralífero, ra adj. De coral.
coralillo m. Serpiente de la América tropical, muy venenosa.
coránico, ca adj. Del Corán.
coraza f. Armadura que protegía el pecho y la espalda. ‖ *Mar.* Cubierta metálica de un buque. ‖ *Fig.* Lo que defiende o protege.
corazón m. Órgano hueco de forma ovoide, situado en el pecho del hombre, que constituye el elemento central de la circulación de la sangre. ‖ *Por ext.* Parte anterior del pecho en la que se sienten los latidos de este órgano. ‖ *Fig.* Figura en forma de corazón en los naipes franceses. | Parte central o esencial de una cosa : *corazón de alcachofa.* | Asiento de los sentimientos, de la sensibilidad ; conjunto de las facultades afectivas y morales : *entristecer los corazones.* | Asiento de los sentimientos altruistas : *tener buen corazón.* | Valor, energía : *yo no tengo corazón para hacer eso.* | Sentido moral, conciencia : *muchacha de corazón puro.* | Centro : *en el corazón de la población.* ‖ Término afectuoso : *¡ corazón mío !*
corazonada f. Impulso instintivo. ‖ Presentimiento.
corbata f. Tira de tela que se anudan los hombres al cuello de la camisa para adorno.
corbeta f. Barco de guerra ligero.
corcel m. Caballo.
corcova f. Joroba.
corcovado, da adj. y s. Jorobado.
corchea f. *Mús.* Nota cuyo valor es la mitad de una negra.
corchero, ra adj. Del corcho.
corchete m. Broche compuesto de macho y hembra. ‖ Signo de estas figuras ([ ]) utilizado a modo de paréntesis.
corcho m. Corteza del alcornoque. ‖ Tapón de corcho.
¡córcholis! interj. ¡ Caramba!
cordada f. Grupo de montañeros unidos por una cuerda.
cordados m. pl. *Zool.* Tipo de metazoos que comprende los vertebrados y seres afines (ú. t. c. adj.).
cordaje m. Jarcia de una embarcación. ‖ Conjunto de cuerdas de la guitarra.
cordel m. Cuerda. ‖ *A cordel,* en línea recta.
cordelería f. Oficio, taller y tienda del cordelero.
cordelero, ra m. y f. Persona que hace o vende cordeles.
cordera f. Oveja que no pasa de un año. ‖ *Fig.* Persona dócil.
cordero m. Cría de la oveja que no pasa de un año. ‖ Piel curtida de cordero. ‖ *Fig.* y *fam.* Hombre muy dócil. ‖ *Cordero de Dios* o *Divino Cordero,* Jesucristo.
cordial adj. Afectuoso, amistoso. ‖ — M. Bebida que tonifica.
cordialidad f. Calidad de cordial.
cordillera f. Serie de montañas enlazadas entre sí.
cordillerano, na adj. Relativo a la cordillera, especialmente a la de los Andes. ‖ — Adj. y s. De Las Cordilleras (Paraguay).
córdoba m. Moneda de Nicaragua.
cordobán m. Piel de cabra curtida.
cordobense adj. y s. De Córdoba (Colombia).
cordobés, esa adj. y s. De Córdoba (España y Argentina). ‖ Cordobense.
cordón m. Cuerda pequeña : *los cordones de los zapatos.* ‖ Cable o hilo que conduce la electricidad. ‖ Cuerda con que se ciñen el hábito algunos religiosos. ‖ Serie de personas o cosas destinadas a proteger o vigilar : *cordón sanitario.* ‖ *Anat.* Fibra : *cordón nervioso.* ‖ *Riopl.* Bordillo de la acera. ‖ — Pl. Divisa en el hombro de algunos militares. ‖ *Cordón umbilical,* conjunto de vasos que unen la placenta materna con el vientre del feto.
cordon-bleu m. (pal. fr.). Cocinero o cocinera excelente.
cordura f. Juicio, sensatez. ‖ Estado del que no está loco.
coreano, na adj. y s. De Corea.
corear v. t. Repetir en coro, acompañar cantando a coro. ‖ *Fig.* Repetir, unirse con otros para asentir a lo que ellos dicen.
coreografía f. Arte de la danza. ‖ Arte de componer bailes.
coreográfico, ca adj. De la coreografía.
coreográfo, fa m. y f. Persona que dirige la ejecución de un ballet.
coriáceo, a adj. Relativo o semejante al cuero. ‖ *Fig.* y *fam.* Duro como el cuero.
coriano, na adj. y s. De Coro (Venezuela).
corifeo m. Hombre que guiaba el coro en las tragedias antiguas. ‖ *Fig.* Portavoz.

corimbo m. Grupo de flores o frutos nacidos en distintos puntos del tallo que terminan a igual altura.
corindón m. Alúmina cristalizada de diferentes colores y casi tan dura como el diamante : *el corindón azul se llama zafiro.*
corintio, tia adj. y s. De Corinto. ‖ *Orden corintio,* orden de arquitectura y columna cuyo capitel tiene una hoja de acanto.
corista m. Religioso que asiste al coro. ‖ — Com. *Teatr.* Persona que canta en un coro. ‖ — F. Artista femenina que forma parte del conjunto de una revista teatral.
coriza f. Catarro nasal.
cormorán m. Cuervo marino.
cornada f. Golpe dado por el toro con el cuerno. ‖ Herida producida.
cornamenta f. Conjunto de los cuernos de un animal. ‖ *Fam.* Atributo del marido engañado.
cornamusa f. Trompeta larga de metal que tiene el tubo vuelto por en medio. ‖ Especie de gaita.
córnea f. Membrana transparente y abombada de la parte exterior del globo del ojo.
cornear v. t. Dar cornadas. ‖ *Fig. Amer.* Faltar la mujer a la fidelidad conyugal.
corneja f. Especie de cuervo o de búho.
córneo, a adj. De cuerno.
córner m. En fútbol, saque de esquina.
corneta f. *Mús.* Instrumento de viento parecido al clarín. ‖ Trompa de caza. ‖ *Mil.* Especie de clarín para los toques reglamentarios. ‖ Trompetilla acústica. ‖ Especie de sombrero de algunas monjas. ‖ *Méx.* Claxon. ‖ — M. Músico que toca la corneta.
cornetín m. Instrumento músico de pistones o llaves. ‖ Músico que lo toca.
cornezuelo m. Honguillo ascomiceto parásito del centeno.
cornisa f. *Arq.* Adorno compuesto de molduras saledizas que corona un entablamento. ‖ Carretera escarpada y tortuosa al borde del mar o en una montaña.
cornisamento y **cornisamiento** m. *Arq.* Conjunto de molduras que coronan un orden de arquitectura o un edificio.
corno m. Instrumento musical parecido al oboe.
cornucopia f. Espejo de marco tallado con varios brazos para colocar las velas. ‖ Cuerno de la abundancia.
cornudo, da adj. Que tiene cuernos. ‖ — Adj. y s. m. *Fam.* Dícese del marido engañado.
cornúpeta y **cornúpeto** m. Toro de lidia.
coro m. Reunión de cantores para ejecutar una obra musical en común. ‖ Título dado a las piezas musicales compuestas para ser cantadas por un conjunto de voces. ‖ Grupo de personas que ejecutan un baile reunidas. ‖ Parte de una iglesia en la que están los religiosos. ‖ Nombre dado a las jerarquías de ángeles y a ciertas categorías de santos : *coro celestial.* ‖ *Fig.* Conjunto de personas que tienen la misma opinión.
coroides f. *Anat.* Segunda membrana del globo del ojo, entre la esclerótica y la retina.
corola f. *Bot.* Segunda envoltura de las flores que protege los estambres y el pistilo.
corolario m. Proposición que se desprende de lo demostrado anteriormente.
corona f. Guirnalda de flores o de otra cosa que rodea la cabeza como adorno o como signo de distinción. ‖ Joya de metal que se pone en la cabeza como signo de dignidad, autoridad o potencia : *corona imperial.* ‖ Monarquía : *decíase partidario de la corona.* ‖ Adorno en forma de corona : *corona funeraria.* ‖ Parte de un diente o muela junto a la encía. ‖ Forro de oro o de otro metal para cubrir un diente o muela estropeados. ‖ Tonsura de un monje. ‖ Aureola o halo en la cabeza de un Santo o alrededor de un astro. ‖ Círculo metálico que se pone a un objeto. ‖ Unidad monetaria de diversos países (Dinamarca, Noruega, Suecia, Islandia, Checoslovaquia) o pieza de moneda (Gran Bretaña). ‖ Rueda dentada que engrana con un piñón para transmitir el movimiento a las ruedas de un automóvil. ‖ Pieza que permite dar cuerda a un reloj. ‖ *Fig.* Cualquier cosa de forma circular : *corona de nubes.* ‖ Gloria : *la corona del martirio.*
coronación f. Acción de coronar o coronarse un soberano. ‖ Ceremonia con que se celebra la posesión oficial del trono por un rey. ‖ *Fig.* Remate, fin. | Colmo.
coronamiento m. *Fig.* Remate, final. ‖ *Arq.* Adorno que remata un edificio.
coronar v. t. Colocar la corona en la cabeza : *coronar al vencedor.* ‖ Elegir por soberano : *coronar al rey.* ‖ Premiar : *coronar a un académico.* ‖ *Fig.* Rematar, acabar, servir de remate : *este éxito coronó su vida.* | Completar una obra : *coronar un edificio.* | Dominar, servir de remate : *la cúpula que corona un palacio.* ‖ Llegar a la cúspide de un monte. ‖ — V. pr. *Fig.* Cubrirse. ‖ Ponerse una corona.
coronario, ria adj. De forma de corona. ‖ *Anat.* Dícese de cada uno de los vasos que conducen la sangre al corazón.
coronel m. Oficial superior del ejército que manda un regimiento.
coronilla f. Parte superior de la cabeza. ‖ Tonsura de los eclesiásticos. ‖ *Fig.* y *fam. Estar hasta la coronilla,* estar harto.
corotos m. pl. *Amer.* Trastos.
corpiño m. Blusa de mujer sin mangas. ‖ *Amer.* Sostén.
corporación f. Asociación de personas de la misma profesión.
corporal adj. Del cuerpo.
corporativismo m. Doctrina económica y social que defiende la creación de instituciones profesionales corporativas dotadas de varios poderes económicos, sociales e incluso políticos.
corpóreo, a adj. Corporal.
corps m. Voz francesa que se introdujo en España para designar algunos empleos destinados al servicio del rey : *guardia de corps.*
corpulencia f. Volumen que tiene un cuerpo.
corpulento, ta adj. Alto y gordo. ‖ Grande.
Corpus o **Corpus Christi** m. Jueves en que la Iglesia católica conmemora la institución de la Eucaristía.
corpúsculo m. Partícula pequeña, como la célula, la molécula, etc.
corral m. Sitio cerrado y descubierto destinado a los animales domésticos. ‖ Patio de una casa de vecinos. ‖ Patio al aire libre donde antiguamente se representaban las obras teatrales : *el Corral de la Pacheca, el del Príncipe* (Madrid).
correa f. Tira de cuero o cosa que se le asemeja : *correa de un reloj.* ‖ Cinturón de cuero. ‖ — *Correa de transmisión,* correa sin fin que permite un movimiento circular. ‖ *Fig.* y *fam. Tener mucha correa,* soportar bromas y burlas.
correaje m. Conjunto de correas : *correaje de un soldado.*

corrección f. Acción de corregir, de enmendar. ‖ Revisión, señalando las faltas, del ejercicio de un alumno, de los que sufren un examen. ‖ Cambio hecho a una obra con el objeto de mejorarla. ‖ Reprimenda, reprensión. ‖ Comportamiento conforme a las normas de trato social. ‖ *Impr.* Enmienda de los errores contenidos en el original de un escrito o de las planas compuestas.

correccional adj. Que sirve para corregir. ‖ — M. Establecimiento penitenciario en que se cumplen ciertas penas de prisión.

correctivo, va adj. Que corrige. ‖ Que suprime, atenúa o subsana (ú. t. c. s. m.). ‖ — M. Castigo leve.

correcto, ta adj. Conforme a las normas. ‖ Bien educado. ‖ Decente : *llevar un traje correcto.*

corrector, ra adj. y s. Que corrige. ‖ — M. y f. *Impr.* Persona que corrige las pruebas tipográficas o el original de un escrito.

corredero, ra adj. Que se corre : *puerta corredera.* ‖ — F. Ranura por donde resbala una pieza.

corredizo, za adj. Que se desata fácilmente : *nudo corredizo.* ‖ *Techo corredizo,* el que se puede abrir.

corredor, ra adj. Que corre. ‖ — M. y f. Persona que participa en una carrera. ‖ — M. Intermediario en compras y ventas : *corredor de fincas.* ‖ Pasillo de una casa. ‖ — F. pl. Orden de aves, como el avestruz (ú. t. c. adj.).

corregible adj. Que puede corregirse.

corregidor m. (Ant.). Oficial de justicia en algunas poblaciones. | Alcalde nombrado por el rey.

corregimiento m. Empleo, jurisdicción y oficina del corregidor.

corregir v. t. Quitar los errores. ‖ Amonestar, castigar. ‖ Encontrar remedio a un defecto físico. ‖ — V. pr. Enmendarse.

correinado m. Gobierno de dos reyes.

correlación f. Relación recíproca.

correlacionar v. t. Relacionar.

correlativo, va adj. Que tiene o indica relación. ‖ Consecutivo.

correligionario, ria adj. y s. De la misma religión o ideas políticas que otro.

correntada f. *Amer.* Corriente fuerte de agua.

correntino, na adj. y s. De Corrientes (Argentina).

correo m. Encargado de llevar y traer la correspondencia. ‖ Administración pública para el transporte de la correspondencia : *la administración de Correos* (ú. t. en pl.). ‖ Oficina de dicha administración (ú. t. en pl.). ‖ Correspondencia que se recibe o expide. ‖ Buzón para las cartas. ‖ Tren correo.

correoso, sa adj. Flexible.

correr v. i. Ir muy rápidamente : *correr tras uno.* ‖ Hacer algo rápidamente. ‖ Participar en una carrera. Ú. t. c. t. : *correr los mil metros.* ‖ Fluir : *el río corre entre los árboles.* ‖ Soplar : *correr el viento.* ‖ Extenderse : *el camino corre de Norte a Sur.* ‖ Transcurrir el tiempo. ‖ Propagarse, difundirse : *corre la voz que...* ‖ Ser válido : *esta moneda ya no corre.* ‖ Encargarse : *correr con los gastos.* ‖ *A todo correr,* con gran velocidad. ‖ — V. t. Perseguir, acosar : *correr un ciervo.* ‖ Lidiar toros. ‖ Recorrer : *correr el mundo.* ‖ Deslizar : *corre un poco la mesa.* ‖ Echar : *correr el pestillo.* ‖ Tender o recoger : *correr las cortinas.* ‖ Estar expuesto a : *correr peligro.* ‖ *Fig.* Avergonzar, confundir. ‖ — V. pr. Apartarse, hacerse a un lado. ‖ *Fam.* Ruborizarse.

correría f. Incursión armada en territorio enemigo.

correspondencia f. Relación, concordancia. ‖ Comunicación entre dos localidades, dos vehículos públicos. ‖ Intercambio de cartas. ‖ Cartas recibidas y expedidas. ‖ Significado de una palabra en otro idioma.

corresponder v. i. Pagar a alguien con una atención semejante a la que ha tenido antes. ‖ Estar en relación una cosa con otra. ‖ Ser adecuado. ‖ Pertenecer : *esta llave corresponde a mi reloj.* ‖ Tocar : *te corresponde a ti hacerlo.* ‖ Concordar : *no corresponde a lo que imaginaba.* ‖ Tener un sentimiento recíproco : *él la quiere y ella le corresponde.* ‖ — V. pr. Escribirse : *corresponderse con un amigo.* ‖ Tenerse estimación o cariño recíproco. ‖ Comunicarse una habitación o dependencia con otra.

correspondiente adj. Que corresponde. ‖ Que mantiene correspondencia con una persona (ú. t. c. s. m.). ‖ Aplícase al académico que reside fuera del lugar donde está la Academia a la cual pertenece (ú. t. c. s.).

corresponsal adj. y s. Que mantiene correspondencia con una persona. ‖ Dícese de la persona con quien un comerciante tiene relaciones en otro país. ‖ Aplícase al periodista que envía noticias a su periódico desde otro país.

corresponsalía f. Cargo de corresponsal de periódico.

corretaje m. Profesión de corredor y comisión que éste cobra.

corretear v. i. *Fam.* Callejear. | Correr de un lado para otro.

correteo m. Acción y efecto de corretear.

correveidile com. Chismoso.

corrida f. Lidia de toros.

corrido, da adj. Que excede un poco lo justo : *un kilo corrido.* ‖ Contiguo, seguido : *balcón corrido.* ‖ *Fig.* Avergonzado. | Experimentado. ‖ — M. Música y baile mexicano.

corriente adj. Que corre : *agua corriente.* ‖ Dícese del tiempo que transcurre : *el mes corriente.* ‖ Frecuente, habitual : *cosa corriente.* ‖ Ordinario : *vino corriente.* ‖ Acostumbrado, habitual : *la moda corriente.* ‖ Fluido, suelto : *estilo corriente.* ‖ Aparecido últimamente : *revistas corrientes y atrasadas.* ‖ Común, no extraordinario : *es una comida corriente.* ‖ — *Corriente y moliente,* nada extraordinario. ‖ *Cuenta corriente,* la que se tiene en un banco. ‖ — F. Movimiento de traslación de las aguas o del aire en dirección determinada : *corriente marina.* ‖ *Fís.* Electricidad transmitida a lo largo de un conductor. ‖ *Fig.* Curso, dirección que llevan algunas cosas : *la corriente de la opinión.* ‖ Tiro de aire que hay en un local cerrado entre las puertas y las ventanas.

corrillo m. Grupo de personas reunido. ‖ Espacio en la Bolsa donde se reúnen los agentes de cambio.

corrimiento m. Acción y efecto de correr o correrse. ‖ Deslizamiento : *corrimiento de tierras.*

corro m. Grupo de personas alrededor de algo o de alguien. ‖ Danza ejecutada por varias personas que forman un círculo, cogidas de las manos : *bailan en corro.* ‖ Grupo de cotizaciones de Bolsa : *el corro bancario.* ‖ Corrillo en la Bolsa.

corroboración f. Confirmación.

corroborar v. t. Confirmar.

corroer v. t. Desgastar lentamente como royendo, carcomer. ‖ *Fig.* Consumir, arruinar la salud una pena o remordimiento.

corromper v. t. Alterar, dañar, podrir. ‖ Echar a perder (ú. t. c. pr.). ‖ *Fig.* Depravar : *corromper las costumbres.* | Pervertir : *corromper a una mujer.* | Cohechar, sobornar.

corrosión f. Acción y efecto propio de las sustancias corrosivas.

corrosivo, va adj. Que corroe (ú. t. c. s. m.). ‖ *Fig.* Virulento.

corrupción f. Putrefacción. ‖ *Fig.* Soborno, cohecho. | Vicio introducido en las cosas no materiales : *corrupción de la moral.*

corruptela f. Corrupción.

corruptibilidad f. Calidad de lo que puede ser corrompido.

corruptivo, va adj. Que corrompe.

corruptor, ra adj. y s. Que corrompe. ‖ Depravador.

corsario, ria adj. y s. *Mar.* Aplícase al barco armado para perseguir a los piratas o a los enemigos y al que lo manda. ‖ — M. Pirata.

corsé m. Prenda interior para ceñirse el cuerpo.

corso, sa adj. y s. De Córcega (Francia).

cortacéspedes m. inv. Máquina para cortar el césped.

cortacircuitos m. inv. *Electr.* Aparato que interrumpe automáticamente la corriente.

cortado, da adj. Coagulado : *leche cortada.* ‖ *Fig.* Turbado : *quedarse cortado.* ‖ Aplícase al estilo cuyos períodos no están bien enlazados entre sí. ‖ Dícese del estado del cuerpo cuando se siente malestar o síntoma de enfermedad. ‖ — M. Taza de café con muy poca leche.

cortador, ra adj. y s. Que corta. ‖ Dícese del oficial de sastrería que corta los trajes.

cortadura f. Incisión.

cortante adj. Que corta.

cortapisa f. *Fig.* Restricción, traba.

cortar v. t. Separar por medio de un instrumento afilado : *cortó las ramas.* ‖ Amputar un miembro : *le cortaron la pierna.* ‖ Hacer una raja, rajar. U. t. c. i. : *el filo de esta cartulina corta.* ‖ Separar y dar la forma adecuada a las telas en confección : *cortar un traje.* ‖ Dividir : *calle cortada en dos.* ‖ Interceptar, interrumpir : *cortar las comunicaciones.* ‖ Hacer una pausa en la frase : *estilo cortado.* ‖ Atravesar : *la nave cortaba las olas.* ‖ Hacer disminuir la graduación : *cortar el vino con agua.* ‖ Agrietar la piel el frío. ‖ Separar los dobleces de un libro con una plegadera. ‖ *Geom.* Dividir una línea a otra con un punto común o una superficie a otra con una línea común (ú. t. c. pr.). ‖ Dividir la baraja de cartas en dos partes, poniendo una debajo de otra. ‖ Aislar : *un foso cortaba la extensión del fuego.* ‖ Impedir que continúe su proceso : *cortar los abusos.* ‖ Impedir la continuación : *le corté la palabra.* ‖ Avergonzar, turbar, confundir. U. m. c. pr. : *me cortan las personas tan importantes.* ‖ *Fam.* Adulterar la droga. ‖ — V. pr. Coagularse, cuajarse.

cortaúñas m. inv. Alicates o pinzas para cortarse las uñas.

corte m. Acción de cortar. ‖ División de un tejido para la confección de un vestido : *traje de buen corte.* ‖ Cantidad de tela necesaria para hacer un traje. ‖ Manera de estar hecho un vestido : *chaqueta de corte elegante.* ‖ *Fig.* Figura, forma, contorno : *el corte de su cara.* ‖ Concepción, realización : *es un montaje teatral de corte muy moderno.* ‖ Pausa, breve interrupción en una frase. ‖ Representación o diseño de un edificio, de una máquina, etc., en el que se muestra la disposición de su interior. ‖ Separación de las cartas de una baraja en dos partes. ‖ Herida o raja efectuada con un instrumento cortante. ‖ Interrupción : *corte del agua.* ‖ Borde afilado de un cuchillo o una herramienta. ‖ *Fam.* Constestación ingeniosa e inesperada. | Situación inesperada y molesta. | Vergüenza. ‖ — F. El rey y sus servidores que habitan en el palacio. ‖ Lugar donde están establecidos : *la villa y corte.* ‖ Séquito que acompaña a un rey. ‖ *Amer.* Tribunal de justicia. ‖ *Hacer la corte,* galantear a una dama. ‖ — Pl. Asamblea legislativa o consultiva formada por el Senado y el Congreso.

cortedad f. Escasez. ‖ Timidez.

cortejar v. t. Galantear a una mujer. ‖ Agasajar, halagar.

cortejo m. Requiebro o galanteo. ‖ Agasajo. ‖ Séquito, comitiva. ‖ *Fig.* Secuela, acompañamiento.

cortés adj. Educado.

cortesano, na adj. Relativo a la corte. ‖ Cortés. ‖ — M. Palaciego. ‖ — F. Prostituta.

cortesía f. Demostración de respeto y educación. ‖ Regalo. ‖ Gracia, favor. ‖ Tratamiento.

corteza f. Capa exterior y protectora de los troncos y ramas de los árboles. ‖ Parte exterior y dura de algunas frutas, del pan, del queso, del tocino. ‖ Zona superficial de la Tierra. ‖ Capa exterior de un órgano.

cortical adj. Relativo a la corteza.

corticoide m. Compuesto químico cuya actividad es semejante a la de las hormonas de la corteza suprarrenal.

cortijero, ra m. y f. Propietario de un cortijo. ‖ — M. Capataz encargado de un cortijo.

cortijo m. Finca con casa de labranza.

cortina f. Tela que cubre una puerta, ventana, etc. ‖ *Fig.* Lo que oculta algo.

cortinaje m. Conjunto de cortinas.

cortisona f. *Med.* Hormona de la corteza de las glándulas suprarrenales aplicada a la artritis y a ciertas enfermedades de la sangre.

corto, ta adj. De poca longitud o duración : *falda corta, guerra corta.* ‖ Escaso : *corto de dinero.* ‖ *Fig.* De poco talento : *corto de alcances.* | Tímido, timorato, vergonzoso.

cortocircuito m. Fenómeno eléctrico producido al conectar con un conductor de poca resistencia dos puntos entre los cuales hay un potencial diferente.

cortometraje m. Película cinematográfica de poca duración.

coruñés, esa adj. y s. De La Coruña. (España).

corva f. Parte de la pierna, detrás de la rodilla.

corvejón m. Parte de la caña del animal donde se dobla la pata.

córvidos m. pl. Pájaros dentirrostros de pico largo, necrófobos, como el cuervo (ú. t. c. adj.).

corvina f. Pez teleósteo marino, de carne comestible.

corzo, za m. y f. Cuadrúpedo rumiante cérvido con cuernos cortos.

cosa f. Palabra indeterminada cuyo significado (materia, objetos, bienes, palabras, acontecimientos, asuntos) se precisa por lo que la precede o la sigue : *se pueden decir muchas cosas en pocas palabras.* ‖ Ser inanimado, por oposición a ser animado : *personas y cosas.* ‖ Realidad, por oposición a apariencia : *estudiar el fondo de las cosas.* ‖ Lo que se piensa, lo que se hace, lo que pasa : *hizo grandes cosas en su vida.* ‖ Lo que depende de nosotros, lo que se posee : *estas cosas son suyas.* ‖ Ocurrencia, agudeza. ‖ — Pl. Hechos o dichos propios de alguien : *ésas son cosas de Ramón.* ‖ — *A cosa hecha,* adrede. ‖ *Como quien no quiere la cosa,* sin darle mucha importancia. ‖ *Como si tal cosa,* como si no hubiera ocurrido nada. ‖ *Cosa de,* cerca de.
cosaco, ca adj. y s. Dícese del habitante de algunos distritos de Rusia. ‖ — M. Soldado de un cuerpo de caballería ruso.
cosario m. Recadero.
coscarse v. pr. *Pop.* Comprender.
coscorrón m. Golpe en la cabeza.
cosecante f. Secante del complemento de un ángulo o de un arco.
cosecha f. Conjunto de frutos que se recogen de la tierra. ‖ Tiempo y trabajo en que se recogen los frutos. ‖ *Fig.* Abundancia de ciertas cosas : *cosecha de datos.*
cosechadora f. Máquina para segar y agavillar la cosecha.
cosechar v. i. Hacer la cosecha. ‖ — V. t. Recoger los frutos del campo. ‖ *Fig.* Obtener, ganar.
cosechero, ra m. y f. Persona que cosecha : *cosechero de trigo.*
coseno m. Seno del complemento de un ángulo.
coser v. t. Unir con hilo, generalmente enhebrado en la aguja. ‖ *Fig.* Unir una cosa a otra : *coser papeles.* | Atravesar : *coser a balazos.*
cosido m. Costura.
cosijo m. *Amér. C.* y *Méx.* Desazón.
cosmético, ca adj. y s. m. Dícese de ciertos productos de belleza para el cutis o para fijar el pelo.
cósmico, ca adj. Relativo al universo : *espacios cósmicos.* ‖ *Rayos cósmicos,* radiaciones procedentes de los espacios intersiderales.
cosmología f. Ciencia de las leyes generales que rigen el mundo.
cosmonauta com. Piloto o pasajero de un vehículo espacial.
cosmonáutica f. Astronáutica.
cosmopolita adj. y s. Aplícase a la persona que ha vivido en muchos países y ha adquirido las costumbres de ellos. ‖ — Adj. Dícese de los lugares donde hay muchos extranjeros y de las costumbres influenciadas por éstos.
cosmopolitismo m. Carácter de lo que tiene influencia de muchos países.
cosmos m. El universo en su conjunto. ‖ Espacio intersideral.
coso m. Plaza de toros. ‖ Calle principal en algunas poblaciones.
cosquillas f. pl. Excitación nerviosa que se experimenta en ciertas partes del cuerpo cuando son tocadas por otra persona y que provoca la risa y hasta convulsión.
cosquillear v. t. Hacer cosquillas.
cosquilleo m. Sensación que producen las cosquillas.
costa f. Orilla del mar y tierra que está cerca de ella. ‖ — Pl. *For.* Gastos judiciales : *las costas del juicio.* ‖ — *A costa de,* a expensas de. ‖ *A toda costa,* cueste lo que cueste.
costado m. Cada una de las dos partes laterales del cuerpo humano. ‖ Lado. ‖ *Mar.* Cada uno de los dos lados de un buque, banda. ‖ *Mil.* Lado derecho o izquierdo de un ejército. ‖ — Pl. Líneas de ascendientes : *noble por los cuatro costados.*
costal m. Saco grande.
costanilla f. Calle corta y en pendiente.
costar v. i. Valer una determinada cosa cierto precio. ‖ Causar gastos : *me costará caro.* ‖ *Fig.* Ser penoso o difícil : *le cuesta mucho decirlo.* ‖ Ocasionar molestias : *las promesas cuestan poco.* ‖ — V. t. Causar, ocasionar : *me costó trabajo hacerlo.* ‖ Ocasionar una pérdida : *le costó la vida.* ‖ Consumir tiempo : *le costó dos días realizarlo.*
costarricense y **costarriqueño, ña** adj. y s. De Costa Rica.
costarriqueñismo m. Vocablo o giro propio de los costarriqueños.
coste m. Precio en dinero.
costear v. t. Pagar el gasto : *costeó sus estudios* (ú. t. c. pr.). ‖ *Mar.* Navegar cerca de la costa. ‖ — V. pr. Cubrir los gastos.
costeño, ña adj. y s. De la costa.
costero, ra adj. De la costa.
costilla f. *Anat.* Cada uno de los huesos que forman la caja torácica : *costilla flotante.* ‖ Cosa en forma de costilla. ‖ *Fam.* Esposa.
costo m. Coste : *mercancía de poco costo; costo de la vida.* ‖ Gasto.
costoso, sa adj. Que cuesta mucho.
costra f. Corteza exterior que se endurece o seca sobre una cosa húmeda o blanda. ‖ Postilla : *la costra de una llaga.*
costroso, sa adj. Con costras. ‖ *Fam.* Sucio.
costumbre f. Hábito, uso. ‖ Práctica que ha adquirido fuerza de ley : *regirse por la costumbre.* ‖ — Pl. Conjunto de cualidades y usos que forman el carácter distintivo de un país o persona.
costumbrismo m. Género literario que describe las costumbres de un país o región determinados.
costumbrista com. Escritor o pintor que pinta las costumbres de un país. ‖ — Adj. Relativo al costumbrismo.
costura f. Unión de dos piezas cosidas. ‖ Oficio de confeccionar vestidos.
costurera f. Mujer que cose.
costurero m. Caja, mesita o cesto para la costura.
costurón m. Costura mal hecha. ‖ *Fig.* Señal, cicatriz.
cota f. Armadura antigua : *cota de mallas.* ‖ Número que indica la dimensión en un diseño o plano, o una diferencia de nivel entre dos puntos. ‖ Altura señalada en un mapa. ‖ *Fig.* Nivel, altura.
cotangente f. Tangente del complemento de un ángulo o de un arco.
cotejar v. t. Comparar.
cotejo m. Comparación.
coterráneo, a adj. y s. Del mismo país.
cotidianidad f. Carácter de cotidiano.
cotidiano, na adj. Diario.
cotiledón m. *Bot.* Parte de la semilla que rodea el embrión.

cotiledóneo, a adj. *Bot.* Relativo al cotiledón. ‖ — Adj. y s. f. Dícese de la planta que tiene cotiledones.
cotilla com. *Fam.* Persona chismosa.
cotillear v. i. *Fam.* Chismorrear.
cotilleo m. *Fam.* Chismorreo.
cotillón m. Danza con figuras en la cual se distribuyen obsequios.
cotizable adj. Que se cotiza.
cotización f. Valor de los títulos negociables en la Bolsa y cuadro que señala el precio de ciertas mercancías. ‖ Cuota.
cotizar v. t. *Com.* Asignar precio en la Bolsa o mercado. ‖ *Fig. Estar cotizado,* ser apreciado. ‖ — V. i. Pagar o recaudar una cuota. ‖ — V. pr. Pagar a determinado precio. ‖ Dar un valor a algo.
coto m. Vedado, terreno acotado. ‖ *Fig.* Término, fin : *poner coto al vicio.*
cotopaxense adj. y s. De Cotopaxi (Ecuador).
cotorra f. Papagayo pequeño verde. ‖ Urraca. ‖ Persona muy parlanchina.
cotorrear v. i. Hablar demasiado.
cotorreo m. Charla sin sustancia.
cotufa f. Tubérculo de aguaturma. ‖ Chufa.
coturno m. Calzado.
cotutor, ra m. y f. Tutor con otro.
covacha f. Cueva. ‖ *Fam.* Zaquizamí.
cow-boy [*kao-*] m. (pal. ingl.). Vaquero norteamericano.
coxalgia f. Artritis muy dolorosa causada por infección en la cadera.
coxis m. *Anat.* Cóccix.
coya f. Entre los ant. peruanos, mujer del emperador o princesa.
coyol m. *Amér. C.* y *Méx.* Palmera de cuyo tronco se extrae un jugo. | Su fruto.
coyotaje m. *Méx.* Acción de coyotear. | Remuneración del coyote.
coyote m. Lobo de México y América Central. ‖ *Méx.* Traficante en operaciones de Bolsa. | Persona que se encarga de hacer los trámites de otro mediante remuneración.
coyotear v. i. *Méx.* Actuar como coyote.
coyoteo m. *Méx.* Acción y efecto de coyotear.
coyunda f. Correa del yugo de bueyes. ‖ *Fig.* Lazos matrimoniales.
coyuntura f. Articulación o juntura movible de un hueso con otro. ‖ *Fig.* Oportunidad, ocasión, circunstancia. | Pronóstico sobre la evolución próxima en el sector económico, social, político o demográfico, basado en una comparación de la situación presente con la pasada y en datos estadísticos. | Conjunto de elementos que constituye la situación presente.
coyuntural adj. Relativo a la coyuntura económica.
coz f. Golpe violento que dan las bestias con las patas traseras. ‖ Golpe dado por una persona con el pie hacia atrás.
Cr, símbolo químico del *cromo.*
crac m. Quiebra, bancarrota.
cracking m. (pal. ingl.). Procedimiento de refinado que modifica la composición de una fracción de petróleo mediante los efectos de la temperaturá, la presión y, generalmente, de un catalizador.
craneal y **craneano, na** adj. *Anat.* Del cráneo.
cráneo m. Caja ósea en que está el encéfalo. ‖ *Fig.* Cabeza.
crápula f. Libertinaje. ‖ — Adj. y s. Crapuloso.
crapuloso, sa adj. y s. Que lleva una vida de crápula.
craqueo m. Cracking.
craso, sa adj. Grande.
cráter m. Boca de volcán por la que sale la lava.
crawl [*krol*] m. (pal. ingl.). Forma de nadar consistente en un movimiento rotatorio de los brazos y con los pies golpeando el agua.
creación f. Acto de crear. ‖ El universo, conjunto de las cosas creadas. ‖ Fundación, realización, establecimiento. ‖ *Fig.* Obra literaria o artística. | Representación de un personaje en el teatro o en el cinematógrafo.
creacionismo m. Doctrina poética, reacción contra la técnica modernista, que defiende el verso libre : *el chileno Vicente Huidobro fue fundador del creacionismo.*
creacionista adj. y s. Partidario del creacionismo.
creador, ra adj. y s. Que crea. ‖ *El Creador,* Dios.
crear v. t. Producir algo de la nada. ‖ Engendrar. ‖ Hacer Dios el mundo. ‖ *Fig.* Inventar. | Fundar : *crear una academia.* ‖ Establecer : *crear un premio.* ‖ Instituir un cargo. ‖ Designar : *creado Papa.*
crecer v. i. Aumentar insensiblemente : *los días crecen.* ‖ Desarrollarse : *el árbol ha crecido.* ‖ Ponerse más alto : *crecer con la edad.* ‖ Aumentar la parte iluminada de la Luna. ‖ Aumentar, hacerse más grande : *creció su animosidad.* ‖ Aumentar de caudal un río. ‖ — V. pr. Envanecerse. ‖ Ser más osado.
creces f. pl. Aumento. ‖ *Fig.* Ventajas. | Intereses : *pagar con creces.* ‖ *Con creces,* con exceso.
crecida f. Aumento de caudal de una corriente de agua.
crecido, da adj. Grande : *una suma crecida.* ‖ De edad : *hijos crecidos.*
crecimiento m. Acción y efecto de crecer.
credencial adj. Que acredita. ‖ — F. pl. Cartas que acreditan a un embajador. ‖ *Amer.* Pase. | Permiso.
credibilidad f. Calidad de creíble.
crédito m. Confianza, creencia otorgada a una cosa o a una persona digna de fe. ‖ Influencia que se tiene a causa de la confianza que se inspira. ‖ Reputación de ser solvente : *persona de crédito.* ‖ Plazo concedido para un pago. ‖ Préstamo concedido por un banco. ‖ Parte de la cuenta en la que figura el haber. ‖ Cantidad que puede cobrar uno como acreedor.
credo m. Oración, símbolo de la fe. ‖ *Fig.* Conjunto de principios que rigen la conducta o las opiniones de alguien.
credulidad f. Facilidad en creerse todo.
crédulo, la adj. Que cree fácilmente lo que se le dice (ú. t. c. s.).
creencia f. Acción de creer en la verosimilitud o en la posibilidad de una cosa. ‖ Fe religiosa. ‖ Opinión, convicción completa.
creer v. t. Tener por cierto, aceptar como verdad : *creo lo que me dices* (ú. t. c. pr.). ‖ Pensar, estimar, juzgar : *creo que vendrá* (ú. t. c. pr.). ‖ Imaginar, suponer : *nunca lo hubiera creído* (ú. t. c. pr.). ‖ — V. i. Dar por cierta su existencia : *creo en la vida eterna.* ‖ Tener fe en la veracidad de algo. ‖ Tener fe en la eficacia de algo. ‖ — V. pr. Tener muy buena opinión de sí mismo.
creíble adj. Digno de ser creído.
creído, da adj. Confiado. ‖ Engreído, vanidoso (ú. t c. s.).

crema f. Nata de la leche. ‖ Dulce de leche, huevos, azúcar, etc. ‖ Cosmético para el cutis. ‖ Líquido extraído de ciertos frutos : *crema de cacao.* ‖ Betún : *crema para el calzado.* ‖ *Fig.* Lo mejor, la nata : *la crema de la sociedad.* ‖ *Gram.* Diéresis. ‖ — Adj. De color blanco amarillento.
cremación f. Incineración.
cremallera f. *Mec.* Barra con dientes que engranan con un piñón. ‖ Cierre que consiste en dos tiras flexibles con dientes por las que se desliza una corredera. ‖ Raíl dentado en el cual engrana una rueda motriz : *ferrocarril de cremallera.*
crematística f. Economía política. ‖ Dinero.
crematorio, ria adj. De la cremación de los cadáveres.
cremoso, sa adj. De la naturaleza de la crema. ‖ Que contiene mucha crema.
crepé m. (pal. fr.). Crespón.
crepitación f. Acción y efecto de crepitar. ‖ Ruido de una cosa que chisporrotea en el fuego.
crepitar v. i. Hacer ruido semejante a los chasquidos de la leña que arde.
crepuscular adj. Del crepúsculo.
crepúsculo m. Luz del amanecer y del anochecer : *crepúsculo matutino.* ‖ *Fig.* Decadencia.
crespo, pa adj. Muy rizado.
crespón m. Tela de seda de urdimbre muy retorcida.
cresta f. Carnosidad en la cabeza de algunas aves : *cresta del gallo.* ‖ Penacho de plumas.
creta f. Carbonato de cal.
cretinismo m. Idiotez.
cretino, na adj. y s. Idiota.
cretona f. Tela de algodón con dibujos.
creyente adj. y s. Que cree.
cría f. Acción y efecto de criar : *cría extensiva.* ‖ Niño o animal mientras se está criando. ‖ Conjunto de hijos que tienen los animales de una vez.
criadero m. Sitio donde se trasplantan los arbolillos nacidos en el semillero. ‖ Yacimiento, lugar donde abunda un mineral. ‖ Lugar para criar animales.
criadilla f. Testículo de reses.
criado, da adj. Con los adverbios *bien* o *mal*, de buena o mala educación. ‖ — M. y f. Persona que sirve a otra por dinero y se ocupa de las faenas domésticas.
criador, ra adj. Que nutre y alimenta. ‖ — Adj. y s. Que cría animales domésticos : *criador de caballos, gallinas.* ‖ Vinicultor : *criador de vinos.* ‖ *El Criador*, Dios.
crianza f. Acción y efecto de criar. ‖ Época de la lactancia. ‖ Educación, cortesía.
criar v. t. Amamantar a las crías con su leche. ‖ Alimentar a un niño : *criar con biberón.* ‖ Cuidar animales : *criar toros.* ‖ Producir : *criar piojos.* ‖ Educar, cuidar en la niñez : *ella me crió.* ‖ Someter el vino a los cuidados propios de su elaboración. ‖ Cultivar plantas. ‖ *Fig.* Crear, ocasionar, provocar : *no críes motivos para que te castiguen.* ‖ — V. pr. Desarrollarse, crecer, hacerse hombres : *los niños se crían al aire libre.* ‖ Hacerse : *criarse el vinagre.*
criatura f. Cosa creada. ‖ Niño de pecho. ‖ *Fig.* Niño.
criba f. Tamiz para cribar.
cribado f. Operación de cribar.
cribar v. t. Pasar por la criba. ‖ *Fig.* Limpiar de impurezas.
cricquet m. Juego de pelota, con palas de madera, entre dos equipos de once jugadores.
crimen m. Delito grave : *penar un crimen.*
criminal adj. Del crimen : *atentado criminal.* ‖ — Adj. y s. Autor de un crimen.
criminalidad f. Calidad de criminal. ‖ Estadística de los crímenes cometidos en un tiempo o lugar determinado.
criminalista adj. y s. Dícese del jurista especializado en derecho penal.
criminología f. Tratado acerca del delito, sus causas y el castigo.
crin f. Pelos largos en el cuello de algunos animales.
crío m. *Fam.* Niño.
criollaje m. *Arg.* Conjunto de criollos.
criollismo m. Carácter criollo. ‖ Afición a las cosas criollas.
criollo, lla adj. y s. Aplícase al blanco nacido en las colonias y a los españoles nacidos en América. ‖ Dícese del negro nacido en América. ‖ Aplícase en América a los animales, plantas, etc., que proceden del país, cuando hay que distinguirlos de los extranjeros.
cripta f. Parte subterránea de una iglesia donde se enterraba a los muertos.
criptógamo, ma adj. y s. f. Dícese de las plantas que tienen ocultos los órganos reproductores.
criptón m. *Quím.* Gas existente en el aire (símb. Kr), de número atómico 36.
criquet m. Cricquet.
crisálida f. Ninfa de insecto entre el estado de oruga y el de mariposa.
crisantemo m. Planta de hermosas flores ornamentales.
crisis f. Cambio brusco que se produce en el transcurso de una enfermedad y que es síntoma de empeoramiento o de mejora. ‖ Ataque : *crisis de rabia.* ‖ Manifestación profunda de un sentimiento : *crisis de melancolía.* ‖ Fig. Momento difícil, dificultad : *crisis financiera.* ‖ Falta, penuria, escasez : *crisis de mano de obra.* ‖ Ruptura del equilibrio entre la producción y el consumo caracterizada por la súbita baja de los precios, quiebras y paro. ‖ Período intermedio entre la dimisión de un gobierno y la formación de otro.
crismas m. Christmas.
crisol m. Recipiente empleado para fundir y purificar metales a gran temperatura. ‖ Depósito inferior de los hornos que recoge el material fundido. ‖ *Fig.* Lugar en el que se mezclan o funden diversas cosas. | Medio de purificación, de ensayo o prueba, de análisis.
crispar v. t. Poner tensos o rígidos los músculos. ‖ Poner nervioso (ú. t. c. pr.).
cristal m. *Min.* Cuerpo solidificado en forma poliédrica. ‖ Vidrio incoloro y transparente. ‖ Objeto de cristal. ‖ Hoja de vidrio que se pone en las ventanas.
cristalera f. Armario con cristales. ‖ Puerta de cristales. ‖ Techo de cristales.
cristalería f. Fábrica o tienda de objetos de cristal, de placas de vidrio para las ventanas. ‖ Conjunto de vasos, copas, jarras, etc. para el servicio de mesa.
cristalero, ra m. y f. Persona que hace o pone cristales.
cristalino, na adj. De la naturaleza del cristal. ‖ Semejante a él por la transparencia o sonoridad. ‖ — M. Elemento constitutivo del ojo, de forma de lente biconvexa, que reproduce en la retina la imagen de los objetos.

cristalización f. Acción y efecto de cristalizar o cristalizarse.
cristalizar v. t. Tomar forma de cristales (ú. t. c. pr.). ‖ *Fig.* Formar un conjunto de diferentes elementos dispersos : *cristalizar el descontento.* ‖ — V. i. *Fig.* Concretarse, convertirse en realidad.
cristianar v. t. *Fam.* Bautizar.
cristiandad f. Conjunto de los fieles cristianos. ‖ Cristianismo.
cristianismo m. Religión cristiana. ‖ Conjunto de los cristianos.
cristianización f. Acción y efecto de cristianizar.
cristianizar v. t. Convertir a la religión cristiana. ‖ Dar carácter cristiano.
cristiano, na adj. Que está bautizado y profesa la religión de Cristo (ú. t. c. s.). ‖ Propio de la religión de Cristo. ‖ *Fig.* y *fam. Hablar en cristiano,* hablar claro. ‖ — M. *Fam.* Individuo, persona.
cristo m. Crucifijo.
cristobalense adj. y s. De San Cristóbal (Venezuela).
criterio m. Norma para juzgar, estimar o conocer la verdad. ‖ Juicio, discernimiento. ‖ Opinión, parecer. ‖ Prueba deportiva.
crítica f. V. CRÍTICO.
criticar v. t. Enjuiciar, analizar las cualidades o defectos de las obras literarias o artísticas. ‖ Censurar, decir un juicio desfavorable de persona o cosa. ‖ Murmurar.
crítico, ca adj. Producido por una crisis, por un ataque : *época crítica.* ‖ Decisivo : *momento crítico.* ‖ Difícil, peligroso : *situación crítica.* ‖ Preciso : *vino en aquella hora crítica.* ‖ Oportuno, conveniente : *lo dijo en el momento crítico.* ‖ Que juzga : *análisis crítico.* ‖ *Fís.* Dícese de las condiciones bajo las cuales se inicia la reacción en cadena dentro de un reactor nuclear. ‖ — M. Persona que estudia, analiza o juzga las obras artísticas o literarias : *crítico de un periódico.* ‖ — F. Juicio que se hace sobre las obras literarias o artísticas. ‖ Conjunto de personas que lo hacen : *la crítica es unánime.* ‖ Actividad de los críticos : *escribe crítica teatral.* ‖ Ataque, censura : *estoy harto de tus críticas.* ‖ Murmuración, habladuría.
critiqueo m. *Fam.* Crítica.
croar v. i. Cantar las ranas.
croata adj. y s. De Croacia (Yugoslavia). ‖ — M. Idioma hablado en Croacia.
croché y **crochet** m. (pal. fr.). Labor de ganchillo. ‖ Gancho en boxeo.
crol m. Crawl.
cromado m. Acción y efecto de cromar.
cromar v. t. Cubrir con cromo.
cromático, ca adj. De los colores.
cromatina f. Sustancia protoplasmática del núcleo de la célula.
cromatismo m. Coloración.
crómlech m. Crónlech.
cromo m. Metal de color gris claro (Cr), de número atómico 24, duro e inoxidable. ‖ Estampa, grabado en color.
cromosoma m. Elemento que en forma de corpúsculos, filamentos o bastoncillos existe en el núcleo de las células en el momento de su división o mitosis.
crónica f. Relato de hechos históricos por el orden que sucedieron. ‖ Artículo de periódico en el que se relatan los hechos o las noticias de la actualidad.
crónico, ca adj. Dícese de las enfermedades que aquejan siempre a un enfermo. ‖ Relativo a un mal antiguo y constante : *paro crónico.*
cronista com. Persona que escribe crónicas en los periódicos.
crónlech m. Monumento megalítico consistente en varios menhires que cercan un terreno pequeño.
cronología f. Ciencia que tiene por objeto determinar el orden y las fechas de los sucesos históricos. ‖ Orden y fecha de los acontecimientos históricos.
cronológico, ca adj. Referente al tiempo.
cronometraje m. Medición del tiempo con el cronómetro.
cronometrar v. t. Medir el tiempo en que se ejerce una acción.
cronómetro m. Reloj de precisión.
croquet m. Juego que consiste en hacer pasar bajo unos arcos una bola de madera impulsada con un mazo.
croqueta f. Fritura de carne, pescado u otro ingrediente, de forma ovalada, rebozada con huevo y pan rallado.
croquis m. Apunto, diseño.
cross-country [*-kontre*] m. (pal. ingl.). Carrera de obstáculos a campo traviesa.
croupier m. (pal. fr.). Empleado que talla en una casa de juego.
cruce m. Acción de cruzar o de cruzarse. ‖ Lugar donde se cortan mutuamente dos líneas : *el cruce de dos caminos.* ‖ Paso de peatones. ‖ Reproducción sexual a partir de dos seres de razas diferentes.
cruceño, ña adj. y s. De Santa Cruz (Bolivia).
crucería f. *Arq.* Adorno propio del estilo gótico compuesto de molduras que se cruzan.
crucero m. Espacio de una iglesia en que se cruzan la nave mayor y la transversal. ‖ *Mar.* Determinada extensión por la que cruzan barcos. ‖ Viaje de turismo por mar o por aire. ‖ Barco de guerra de reconocimiento, escolta o vigilancia.
crucial adj. De figura de cruz : *incisión crucial.* ‖ *Fig.* Culminante, fundamental.
crucíferas f. pl. Plantas cuyas flores tienen cuatro pétalos en cruz, como la col o el nabo (ú. t. c. adj.).
crucificado, da adj. Clavado en cruz. ‖ — M. *El Crucificado,* Jesucristo.
crucificar v. t. Clavar una persona en una cruz. ‖ *Fig.* Martirizar.
crucifijo m. Imagen de Jesús crucificado.
crucifixión f. Acción y efecto de crucificar.
crucigrama m. Juego o pasatiempo que consiste en encontrar ciertas palabras, según una definición dada, y ponerlas en unos casilleros de tal modo que colocadas vertical y horizontalmente algunas de sus letras coincidan.
crudeza f. Calidad de riguroso, de severo : *la crudeza del tiempo.* ‖ Realismo de una descripción. ‖ Ausencia de atenuantes, franqueza.
crudillo m. Tejido fuerte empleado para entretelas.
crudo, da adj. Que aún no ha cocido : *carne cruda.* ‖ Sin preparar : *seda cruda.* ‖ De color amarillento : *camisa cruda.* ‖ Riguroso, duro : *clima crudo.* ‖ Chocante, demasiado libre o realista : *chiste crudo.* ‖ — Adj. y s. m. Dícese del petróleo bruto, sin refinar.
cruel adj. Aficionado a hacer sufrir o a ver sufrir : *persona cruel.* ‖ Que indica crueldad : *sonrisa cruel.* ‖ Implacable, riguroso : *destino cruel.* ‖ Que causa gran sufrimiento : *dolor cruel.*

crueldad f. Placer o gozo que se siente haciendo sufrir o viendo sufrir. ‖ Rigor, dureza. ‖ Sentimiento sin compasión, despiadado. ‖ Acto maligno.
cruento, ta adj. Sangriento.
crujido m. Sonido hecho por algo que cruje, por un látigo etc.
crujir v. i. Hacer un ruido.
crustáceos m. pl. Clase de animales articulados, del orden de los artrópodos, acuáticos, de respiración branquial y con un caparazón de quitina y calcáreo, como los cangrejos, langostinos, bogavantes, langostas, percebes, etc. (ú. t. c. adj.).
cruz f. Figura formada de dos líneas que se atraviesan o cortan perpendicularmente. ‖ Instrumento de suplicio formado por un madero hincado verticalmente, atravesado por otro horizontal en la parte superior, del que se suspendían o clavaban los criminales. ‖ Objeto que representa la cruz de Jesucristo. ‖ Símbolo de cristiano en memoria de la crucifixión de Jesús. ‖ Señal en forma de cruz. ‖ Distintivo de ciertas órdenes y condecoraciones religiosas, militares o civiles. ‖ Entrepierna de los pantalones. ‖ Reverso de las medallas o monedas : *jugar a cara o cruz.* ‖ Señal que hacen los que no saben firmar. ‖ Parte más alta del lomo de algunos animales. ‖ *Fig.* Aflicción, pesar : *ser un hijo la cruz de sus padres.*
cruzada f. Expedición para reconquistar Tierra Santa. ‖ Tropa que iba en ella. ‖ *Por ext.* Expedición militar contra herejes. ‖ *Fig.* Campaña en pro de algún fin.
cruzadillo m. Tela de algodón.
cruzado, da adj. Atravesado. ‖ En cruz : *líneas cruzadas.* ‖ Rayado : *cheque cruzado.* ‖ Dícese del animal nacido de padres de raza distinta : *perro, caballo cruzado.* ‖ — M. Soldado que tomaba parte en una cruzada. ‖ *Méx. Hacer un cruzado,* tomar una copa dos personas entrelazando los brazos.
cruzamiento m. Cruce.
cruzar v. t. Atravesar una cosa sobre otra en forma de cruz. ‖ Atravesar : *cruzar la calle.* ‖ Cortar : *camino que cruza la carretera.* ‖ Acoplar hembras y machos de distintas razas o juntar plantas de variedad diferente. ‖ Poner a una persona la cruz y el hábito de una orden. ‖ Pasar por un sitio dos personas o cosas que vienen de dirección opuesta (ú. t. c. pr.). ‖ Trazar en un cheque dos rayas paralelas para que éste sólo pueda ser cobrado por medio de una cuenta corriente de la persona a quien va dirigido.
cruzeiro m. Unitad monetaria del Brasil.
Cs, símbolo químico del *cesio.*
Cu, símbolo químico del *cobre.*
cuaderna f. *Mar.* Cada una de las piezas que arrancan de la quilla de un barco y forman la armadura del casco. ‖ *Cuaderna vía,* estrofa monorrima de cuatro versos.
cuadernillo m. Librillo.
cuaderno m. Conjunto de pliegos de papel cosidos en forma de libro. ‖ Libro de apuntes. ‖ *Cuaderno de bitácora,* libro de a bordo.
cuadra f. Lugar donde están las caballerías, caballeriza. ‖ Conjunto de caballos o de automóviles de un mismo propietario. ‖ Grupo de corredores de caballos del mismo equipo. ‖ *Fam.* Lugar muy sucio. ‖ *Amer.* Manzana de casas y distancia entre las esquinas de dos calles. | Medida de longitud entre cien y ciento cincuenta metros.
cuadrado, da adj. De forma cuadrangular. ‖ *Fig.* Rechoncho, gordo y bajo. ‖ *Mat. Raíz cuadrada de un número,* el que, multiplicado por sí mismo, da un producto igual a aquel número : *la raíz cuadrada* de 64 es 8 y se escribe $\sqrt{64} = 8$. ‖ — M. *Geom.* Cuadrilátero de lados y ángulos iguales. ‖ *Mat.* Segunda potencia de un número : *el cuadrado de 6 es 36.*
cuadragenario, ria adj. y s. De cuarenta años.
cuadragésimo, ma adj. Que está en el lugar del número cuarenta. ‖ — M. La cuadragésima parte de un todo. ‖ — F. Cuaresma.
cuadrangular adj. De cuatro ángulos.
cuadrante m. *Geom.* Cuarta parte del círculo limitada por dos radios. ‖ Indicador para señalar las dimensiones de una magnitud. ‖ Reloj solar trazado en un plano.
cuadrar v. t. Dar a una cosa forma de cuadro o cuadrada. ‖ *Mat.* Elevar una cantidad al cuadrado o a la segunda potencia. ‖ *Geom.* Determinar un cuadrado de superficie equivalente a la de otra figura. ‖ — V. i. Conformarse una cosa con otra : *su carácter no cuadra con el mío.* ‖ Acomodar o convenir una cosa. ‖ Casar, estar de acuerdo. ‖ Salir exactas las cuentas. ‖ — V. pr. Ponerse firme un militar delante de un superior. ‖ Pararse el caballo o el toro con las cuatro patas en firme. ‖ *Fig.* y *fam.* Mostrar uno firmeza o rigidez en una actitud.
cuadratín m. *Impr.* Espacio en blanco que se deja al principio de una línea. | En América, cícero.
cuadratura f. Acción y efecto de cuadrar una figura. ‖ *Fig.* y *fam. Ser la cuadratura del círculo,* ser prácticamente imposible de resolver.
cuadriceps adj. y s. m. Dícese del músculo con cuatro inserciones que forma la parte anterior del muslo.
cuadrícula f. Conjunto de cuadrados.
cuadriculado, da adj. Dividido en cuadrículas.
cuadricular v. t. Dividir en cuadrículas.
cuadrienal adj. Que ocurre cada cuatro años o dura este tiempo.
cuadrienio m. Cuatro años.
cuadriga f. Tiro y carro de cuatro caballos.
cuadrilátero, ra adj. Con cuatro lados. ‖ — M. *Geom.* Polígono de cuatro lados.
cuadrilla f. Brigada, conjunto de personas que realizan juntas una misma obra. ‖ Conjunto de subalternos que ayudan y torean con el mismo matador. ‖ Banda : *cuadrilla de malhechores.* ‖ Cierto baile de salón.
cuadringentésimo, ma adj. Que está en el lugar del número cuatrocientos. ‖ — M. Cada una de las cuatrocientas partes iguales en que se divide un todo.
cuadriplicar v. t. e i. Cuadruplicar, multiplicar algo por cuatro.
cuadro, dra adj. Cuadrado. ‖ — M. Rectángulo. ‖ Lienzo, pintura : *cuadro de Velázquez.* ‖ Marco. ‖ Dibujo en forma de cuadrícula en un tejido. ‖ Armadura de la bicicleta. ‖ Tablero en el que se hallan los dispositivos que hacen funcionar una instalación. ‖ Parte de un jardín con plantas en forma de cuadro. ‖ Representación sinóptica. ‖ *Fig.* Descripción de un suceso : *cuadro de costumbres.* ‖ Escena, espectáculo : *cuadro horripilante.* ‖ *Mil.* Conjunto de los jefes de un regimiento. ‖ Ejecutivo, miembro del personal dirigente. ‖ *Cuadro clínico,* conjunto de síntomas que presenta un enfermo o una enfermedad.
cuadrumano, na adj. y s. m. Primate.

cuadrúpedo, da adj. y s. m. Dícese del animal con cuatro pies.
cuádruple adj. Cuatro veces mayor (ú. t. c. s. m.).
cuadruplicación f. Multiplicación por cuatro.
cuadruplicar v. t. e i. Multiplicar por cuatro una cantidad.
cuajado, da adj. *Fig.* y *fam.* Asombrado, extrañado. | Dormido. ‖ — F. Requesón hecho con los residuos de la leche en el suero después de haber obtenido el queso.
cuajar m. Ultima de las cuatro divisiones del estómago de los rumiantes.
cuajar v. t. Unir y trabar las partes de un líquido para convertirlo en sólido (ú. t. c. pr.). ‖ — V. i. *Fig.* y *fam.* Llegar a realizarse, lograrse : *no cuajó su negocio.* | Gustar : *no cuajó esta moda.* | Convertirse : *cuajó en un gran artista.* ‖ *Cuajado de,* lleno de. ‖ — V. pr. Ser poco activo.
cuajarón m. Porción de líquido cuajado. ‖ Coágulo de sangre.
cuajo m. Cuajar de los rumiantes. ‖ Materia que cuaja la leche. ‖ Efecto de cuajar. ‖ *Fig.* Calma, pachorra. ‖ *De cuajo,* de raíz.
cual pron. rel. Precedido del artículo equivale al pron. *que.* ‖ Carece de artículo cuando significa *como.* ‖ Se usa con acento en frases interrogativas o dubitativas. (En este caso no lleva nunca artículo.) ‖ Contrapónese a *tal* con igual sentido : *cual el padre, tal el hijo.* ‖ U. c. pron. indeterminado, repetido, para designar personas o cosas sin nombrarlas. (En tal caso lleva acento : *todos contribuyeron, cuál más, cuál menos, a este éxito.*) ‖ — Adv. Como : *cual se lo cuento.* ‖ En sentido ponderativo lleva acento y significa *de qué modo.*
cualesquiera pron. Pl. de *cualquiera.*
cualidad f. Cada una de las circunstancias o caracteres que distinguen a las personas o cosas.
cualitativo, va adj. Que denota cualidad.
cualquier pron. indet. Cualquiera. (Solamente se emplea antepuesto al nombre.)
cualquiera pron. indet. Uno o alguno.
cuan adv. Apócope de *cuanto.* (Lleva acento cuando es admirativo o interrogativo.) ‖ Correlativo de *tan,* denota idea de igualdad.
cuando adv. En el mismo momento que : *me iré cuando venga él.* ‖ En qué momento : *¿cuándo te vas?* ‖ — Conj. Aunque : *cuando lo dijeras de rodillas.* ‖ Puesto que : *cuando lo dices será verdad.* ‖ En el momento en que : *cuando sea viejo.*
cuanta m. pl. *Fís.* Quanta.
cuantía f. Cantidad.
cuántico, ca adj. Relativo a los quanta : *mecánica cuántica.*
cuantioso, sa adj. Abundante.
cuantitativo, va adj. De la cantidad.
cuanto, ta adj. Qué cantidad : *¿cuántas manzanas quieres?* ‖ Indica una cantidad indeterminada y se emplea al mismo tiempo que *tanto : cuantas personas, tantos pareceres.* ‖ Qué : *¡cuánta gracia tiene!* ‖ Todo : *se llevó cuantos objetos había sobre la mesa.* ‖ Algún : *unos cuantos amigos.* ‖ — Pron. Qué cantidad : *¿cuántos han muerto?* ‖ Todo lo que : *¡si supieras cuánto me dijo!* ‖ — Adv. De qué modo : *ya conoce cuánto le estimo.* ‖ Qué precio : *¿cuánto vale eso?* ‖ Qué tiempo : *¿cuánto duró su discurso?* ‖ — *Cuanto a* o *en cuanto a,* por lo tocante a, respecto de. ‖ *Cuanto antes,* lo más pronto posible. ‖ *Cuanto más,* todo lo más; con mayor razón. ‖ *En cuanto,* tan pronto como. ‖ *Por cuanto,* puesto que.
cuáquero, ra m. y f. Miembro de una secta religiosa creada en Inglaterra en el s. XVII por George Fox y extendida a Estados Unidos (ú. t. c. adj.).
cuarcita f. Roca granular unida por un cemento silíceo.
cuarenta adj. Cuatro veces diez. ‖ — M. Cuadragésimo. ‖ Signos que representan el número cuarenta.
cuarentena f. Conjunto de cuarenta unidades. ‖ Edad de cuarenta años. ‖ Tiempo que están en observación los que llegan de lugares donde hay una epidemia. ‖ *Fig.* Aislamiento impuesto a una persona.
cuarentón, ona adj. y s. Dícese de la persona que tiene ya cuarenta años.
cuaresma f. Para los católicos, tiempo de penitencia entre el miércoles de Ceniza y la Pascua de Resurrección.
cuarta f. Cada una de las cuatro partes iguales de un todo. ‖ Cuerda que está en cuarto lugar en algunos instrumentos de música.
cuartana f. Fiebre palúdica e intermitente que dura cuatro días.
cuartear v. t. Dividir en cuatro. ‖ *Por ext.* Dividir en más o menos partes. ‖ — V. i. Describir el torero una curva para poner las banderillas. ‖ — V. pr. Agrietarse una pared. ‖ *Fig.* Conmoverse las estructuras de algo.
cuartel m. Edificio destinado a la tropa. ‖ Alojamiento del ejército en campaña : *cuartel de invierno.* ‖ *Blas.* Cualquier división del escudo. ‖ *Mil. Cuartel general,* lugar donde se establece el Estado Mayor.
cuartelada f. Sublevación militar.
cuartelazo m. *Amer.* Cuartelada.
cuarterón, ona adj. y s. Dícese del hijo de blanco y mestizo o viceversa. ‖ — M. Cuarta parte. ‖ Cuarta parte de la libra : *cuarterón de tabaco.* ‖ Panel o cuadrado de una puerta.
cuarteta f. Redondilla, combinación métrica de cuatro versos octosílabos.
cuarteto m. Combinación métrica de cuatro versos endecasílabos o de arte mayor. ‖ Conjunto musical formado por cuatro voces o instrumentos. ‖ Composición de música escrita para este conjunto.
cuartilla f. Hoja de papel, cuarta parte de un pliego.
cuarto, ta adj. Que ocupa el cuarto lugar. ‖ *Fam. Estar a la cuarta pregunta,* estar sin dinero. ‖ — M. Cada una de las cuatro partes iguales de un todo. ‖ Habitación : *cuarto de dormir.* ‖ Piso : *cuarto amueblado.* ‖ Cuarto piso : *vive en el cuarto.* ‖ Dinero : *no tener un cuarto* (ú. t. c. pl.). ‖ Cada una de las cuatro partes del cuerpo de los animales : *cuarto trasero.* ‖ *Astr.* Cuarta parte del tiempo que transcurre entre dos lunas nuevas : *cuarto menguante.* ‖ *Mil.* Tiempo que está un soldado de centinela. ‖ — *Cuarto de banderas,* en los cuarteles, sala donde se custodian éstas y donde se reúnen los oficiales. ‖ *Cuarto de baño, de aseo,* habitación dedicada a lavarse y hacer sus necesidades íntimas. ‖ *Cuarto de estar,* habitación en que se reúne la familia. ‖ *Cuarto de final,* cada una de las cuatro antepenúltimas competiciones de un campeonato o concurso.
cuarzo m. Sílice cristalizado que se encuentra en numerosas rocas (granito, arena, etc.).

cuasicontrato m. *For.* Acto que se ejecuta sin convenio previo.
cuasidelito m. *For.* Hecho ilícito, cometido sin intención de dañar, que da lugar a una acción judicial al resultar perjudicada una persona.
cuate, ta adj. y. s. *Méx.* Gemelo. | Igual o semejante. | Compadre, amigo íntimo. || *Méx. No tiene cuate,* no tiene igual.
cuaternario, ria adj. Que consta de cuatro unidades, números o elementos. || *Geol.* Perteneciente al terreno sedimentario más moderno (3 millones de años) en el que hace su aparición el hombre. U. t. c. s. m. : *el cuaternario.*
cuatreño, ña adj. De cuatro años.
cuatrero, ra adj. y s. Ladrón de ganado.
cuatricromía f. Impresión en cuatro colores.
cuatrienio m. Espacio de cuatro años.
cuatrillizo, za adj. y s. Dícese de cada uno de los cuatro hermanos nacidos de un mismo parto.
cuatrillón m. Millón de trillones.
cuatrimestre m. Período de cuatro meses.
cuatrimotor m. Avión de cuatro motores (ú. t. c. adj.).
cuatrisílabo, ba adj. y s. m. Que tiene cuatro sílabas.
cuatro adj. Tres y uno. || Cuarto, que sigue en orden al tercero. || — M. Signo que representa el número cuatro. || Naipe de cuatro figuras : *cuatro de oros.*
cuatrocientos, tas adj. Cuatro veces ciento. || Cuadringentésimo. || — M. Signos que representan el número cuatrocientos.
cuba f. Recipiente de madera, cerrado por ambos extremos : *una cuba de vino.* || Tonel grande de madera abierto por su cara superior. || Todo el líquido que cabe en estos recipientes. || Parte del horno entre el vientre y el tragante. || *Fig.* y *fam.* Persona que bebe mucho vino. || — *Cuba libre,* bebida hecha con coca cola y ron. || *Fig. Estar hecho una cuba,* estar muy borracho.
cubanismo m. Voz o giro propio de Cuba.
cubanizar v. t. Dar carácter cubano.
cubano, na adj. y s. De Cuba.
cubata f. *Fam.* Cuba libre (bebida).
cubeta f. Cuba pequeña. || Depósito del barómetro. || Recipiente rectangular para operaciones químicas y fotográficas.
cubicación f. Estimación del volumen de un cuerpo en unidades cúbicas.
cubicar v. t. *Mat.* Elevar un número a la tercera potencia. || *Geom.* Medir el volumen de un cuerpo o la capacidad de un recipiente en unidades cúbicas.
cúbico, ca adj. *Geom.* Perteneciente al cubo. || De figura de cubo geométrico. || *Mat.* Dícese de una medida destinada a estimar el volumen de un cuerpo. || Dícese de la raíz tercera de un número.
cubierta f. Lo que tapa o cubre una cosa. || Tapa de libro. || Banda que protege las cámaras de los neumáticos. || Funda que cubre algo. || *Fig.* Simulación, pretexto. || Techumbre. || *Mar.* Cada uno de los puentes del barco, especialmente el superior.
cubierto m. Servicio de mesa para cada persona. || Juego de cuchara, tenedor y cuchillo. || Comida de los restaurantes a precio fijo. || *A cubierto,* resguardado.
cubil m. Guarida de las fieras.
cubilete m. Vaso.
cubismo m. Escuela artística que se caracteriza por la representación de los objetos bajo formas geométricas : *los españoles Gris y Picasso, y el francés Braque fueron los iniciadores del cubismo.*
cubista adj. Del cubismo. || — Com. Artista que sigue el cubismo.
cubital adj. Del codo.
cúbito m. El mayor y más grueso de los dos huesos que forman el antebrazo.
cubo m. Recipiente de diversas formas y materias para contener líquidos. || Parte hueca de algunos objetos en la que se encaja otro : *cubo de bayoneta.* || Pieza central de la rueda donde encajan los radios. || *Geom.* Sólido limitado por seis cuadrados iguales, hexaedro. || *Mat.* Tercera potencia de un número : *el cubo de 2 es 8.*
cubrecadena m. Pieza que protege la cadena de las bicicletas.
cubrecama m. Colcha.
cubrir v. t. Poner una cosa encima o delante de otra para ocultarla, protegerla, adornarla, etc. || Tapar : *cubrió la olla.* || Poner un techo en un edificio o casa. || Poner muchas cosas encima de algo : *cubrir de flores.* || Acoplarse el macho con la hembra. || Extenderse : *la nieve cubría el camino.* || Recorrer una distancia : *cubrió muchos kilómetros.* || Compensar, ser equivalente : *lo recaudado no cubre los gastos.* || Llenar : *me cubrieron de elogios.* || Ahogar, apagar, dominar : *el ruido de la calle cubría sus gritos.* || Proteger de un riesgo : *la policía cubre sus espaldas.* || Simular, ocultar : *cubrir una mala acción.* || Ser suficiente, bastar : *lo que gana no cubre sus necesidades.* || Proveer de lo necesario : *cubrir una vacante.* || Proteger con un dispositivo militar de seguridad. || *Cubrir carrera,* disponerse la tropa o policía en dos hileras para proteger a una personalidad. || — V. pr. Ponerse algo en la cabeza (sombrero, gorra, etc.). || Encapotarse el cielo. || Proveer : *se cubrieron todas las plazas.* || Adquirir : *se cubrió de gloria.* || Precaverse contra un riesgo.
cucalambé m. *P. Rico.* Baile popular de negros.
cucamonas f. pl. Carantoñas.
cucaña f. Palo alto resbaladizo por el que hay que subir para alcanzar un premio atado a su extremo.
cucaracha f. Insecto ortóptero nocturno de cuerpo aplastado. || *Méx.* Aire popular bailable.
cuclillas (en) adv. Acurrucado.
cuclillo m. Cuco, ave.
cuco, ca adj. *Fig.* y *fam.* Bonito, mono. || — Adj. y s. *Fig.* Astuto. || — M. Oruga de una mariposa nocturna. || Ave trepadora. || — F. *Pop.* Peseta.
cuculí m. *Amer.* Tórtola.
cucurbitáceas f. pl. Familia de plantas dicotiledóneas rastreras, como la calabaza, el melón o el pepino (ú. t. c. adj.).
cucurucho m. Papel arrollado en forma de cono que sirve de bolsa. || Capirote, gorro de esta forma. || Helado servido en galleta de forma cónica.
cucuteño, ña adj. y s. De Cúcuta (Colombia).
cucuyo m. *Antill.* y *Méx.* Cocuyo.

cuchara f. Utensilio de mesa con mango y una palita cóncava para llevar a la boca alimentos líquidos. ‖ Su contenido. ‖ Instrumento parecido a la cuchara utilizado para pescar, para agarrar objetos con la pala mecánica, para tomar metales en fusión, etc.
cucharada f. Contenido de una cuchara.
cuchareta com. *Méx.* Persona entrometida.
cucharilla f. Cuchara pequeña.
cucharón m. Cuchara grande para servir.
cuché adj. Dícese de un papel de impresión recubierto de una capa de sulfato de bario (ú. t. c. s. m.).
cuchichear v. i. Hablar al oído.
cuchicheo m. Acción y efecto de cuchichear.
cuchilla f. Lámina cortante de una máquina. ‖ Cuchillo de hoja ancha. ‖ Hoja de arma blanca. ‖ Hoja de afeitar. ‖ *Amer.* Cordillera.
cuchillada f. y **cuchillazo** m. Corte o herida hechos con un cuchillo.
cuchillería f. Oficio de cuchillero. ‖ Taller donde se hacen y venden cuchillos.
cuchillero m. Fabricante o vendedor de cuchillos.
cuchillo m. Utensilio cortante compuesto de una hoja y un mango. ‖ Corriente de aire frío que pasa por una rendija.
cuchipanda f. *Fam.* Comilona.
cuchitril m. Zaquizamí.
cuchufleta f. *Fam.* Chanza, broma.
cuchufletero, ra m. y f. *Fam.* Bromista.
cueca f. Baile popular de Chile, Bolivia y Perú.
cuello m. Parte del cuerpo que une la cabeza al tronco. ‖ Gollete, parte alargada y estrecha que precede el orificio de ciertos recipientes : *cuello de botella.* ‖ Parte de un traje o vestido que rodea el cuello. ‖ Número que señala la medida del cuello de las camisas. ‖ Prenda de piel o de otra cosa que se pone en esta parte del cuerpo. ‖ Parte del diente entre la corona y la raíz.
cuenca f. Concavidad. ‖ Cavidad en la que se encuentra cada uno de los ojos. ‖ Territorio regado por un río y sus afluentes. ‖ Importante yacimiento de hulla o de hierro que forma una unidad geográfica y geológica.
cuencano, na adj. y s. De Cuenca (Ecuador).
cuenco m. Concavidad de algo. ‖ Escudilla de barro.
cuenta f. Valoración de una cantidad : *llevar la cuenta de sus errores.* ‖ Operación de sumar, restar, multiplicar y dividir. ‖ Factura : *la cuenta del gas.* ‖ Lo que se debe de cobrar o lo que se le debe a otra persona : *tengo muchas cuentas pendientes.* ‖ Explicación, justificación : *no hay por qué darle cuenta de tus actividades.* ‖ Cosa, asunto : *eso es cuenta mía.* ‖ Obligación, responsabilidad : *eso corre de su cuenta.* ‖ Bolita con un orificio para ensartar y formar collares o rosarios. ‖ Provecho, beneficio : *trabajar por su cuenta.* ‖ — *Abrir una cuenta,* depositar dinero en un establecimiento bancario. ‖ *A cuenta de qué,* con qué motivo. ‖ *A fin de cuentas,* en resumen. ‖ *Caer en la cuenta,* comprender. ‖ *Con su cuenta y razón,* con sus motivos. ‖ *Cuenta corriente,* depósito de dinero en una entidad bancaria. ‖ *Dar cuenta de,* dar a conocer; comunicar; acabar con. ‖ *Darse cuenta de,* comprender. ‖ *Estar una mujer fuera de cuenta,* haber completado el período normal del embarazo. ‖ *Más de la cuenta,* demasiado. ‖ *No querer cuentas con uno,* no desear trato con él. ‖ *Pedir cuentas a uno,* pedir explicaciones. ‖ *Tener cuenta una cosa,* ser ventajosa. ‖ *Tener en cuenta una cosa,* tenerla presente.
cuentacorrentista com. Titular de una cuenta corriente.
cuentagotas m. inv. Aparato que vierte un líquido gota a gota.
cuentakilómetros m. inv. Aparato que registra el número de kilómetros recorrido por un vehículo.
cuentarrevoluciones m. inv. *Mec.* Aparato que mide el número de revoluciones de un eje móvil o de una máquina.
cuentista adj. y s. Dícese de la persona que escribe cuentos. ‖ *Fam.* Chismoso, mentiroso. | Soplón. | Camelista.
cuento m. Relato, narración breve. ‖ Fábula o relación de un suceso imaginario : *cuento de hadas.* ‖ *Fam.* Chisme. | Mentira, camelo, infundio. | Pretexto, simulación. | Historieta, cosa sin interés. | Exageración, camelo. ‖ — *Fig. Cuento chino* o *tártaro,* patraña, relato inverosímil. | *El cuento de la lechera,* cálculo demasiado optimista. | *Es el cuento de nunca acabar,* es algo interminable. | *Sin cuento,* sin número. | *Traer a cuento,* referirse. ‖ *Fam. Venir a cuento,* venir al caso. | *Vivir del cuento,* vivir sin hacer nada.
cuerazo m. *Amer.* Latigazo.
cuerda f. Unión de hilos de cáñamo, lino u otra materia flexible que torcidos juntos forman un solo cuerpo. ‖ Hilo de tripa, metal o nylon para ciertos instrumentos músicos. ‖ Organo de un reloj o de cualquier mecanismo que comunica el movimiento a toda la máquina. ‖ *Geom.* Línea recta que une los dos extremos de un arco. ‖ — Pl. *Mús.* Término genérico que designa los instrumentos de cuerda como el violín, contrabajo, violonchelo. ‖ — *Cuerdas vocales,* ligamentos de la laringe cuyas vibraciones producen la voz. ‖ *Fig. Por debajo de cuerda* o *bajo cuerda,* encubiertamente. | *Tener cuerda para rato,* quedarle por hablar mucho a una persona o durar mucho una cosa.
cuerdo, da adj. y s. Sensato.
cuerear v. t. *Amer.* Azotar, dar una paliza. | Desollar una res para sacarle la piel. ‖ *Riopl.* Despellejar al prójimo.
cueriza f. *Fam. Amer.* Paliza.
cuernavaquense adj. y s. De Cuernavaca (México).
cuerno m. Prolongación ósea y cónica que tienen ciertos rumiantes en la región frontal. ‖ Protuberancia dura y puntiaguda que el rinoceronte tiene sobre la mandíbula superior. ‖ Materia que forma la capa exterior de los cuernos : *calzador de cuerno.* ‖ Instrumento músico de viento de forma curva : *cuerno de caza.* ‖ *Fig.* Cada una de las puntas de la Luna creciente o menguante. ‖ *Fam.* Atributo del marido engañado. ‖ — *¡Al cuerno!,* ¡ al diablo! ‖ *Fig.* y *Fam. Mandar al cuerno,* mandar a paseo. | *Poner los cuernos,* faltar una mujer a la fidelidad conyugal.
cuero m. Piel de los animales. ‖ Pellejo curtido y preparado. ‖ Odre. ‖ — *Cuero cabelludo,* piel del cráneo. ‖ *En cueros,* desnudo.
cuerpo m. Toda sustancia material orgánica o inorgánica. ‖ Parte material de un ser animado. ‖ Tronco del cuerpo, a diferencia de las extremidades. ‖ Figura o aspecto de una persona : *joven de buen cuerpo.* ‖ Parte

del vestido que cubre hasta la cintura. ‖ Cadáver. ‖ Colección de leyes. ‖ Grueso, consistencia : *tela de mucho cuerpo.* ‖ Espesura o densidad de un líquido. ‖ Corporación, comunidad : *el cuerpo diplomático.* ‖ Cada una de las partes de un todo : *armario de tres cuerpos.* ‖ *Impr.* Tamaño de letra. ‖ Unidad orgánica militar : *cuerpo de ejército.* ‖ — *A cuerpo,* sin abrigo. ‖ *A cuerpo de rey,* con toda comodidad. ‖ *Cuerpo a cuerpo,* a brazo partido. ‖ *Cuerpo del delito,* objeto que prueba el delito. ‖ *Cuerpo facultativo,* los médicos. ‖ *De cuerpo presente,* dícese del cadáver expuesto al público. ‖ *En cuerpo y alma,* por completo.

cuervo m. Pájaro carnívoro de pico fuerte y plumaje negro.

cuesta f. Terreno en pendiente. ‖ *A cuestas,* sobre los hombros.

cuestación f. Colecta.

cuestión f. Pregunta o proposición para averiguar la verdad de una cosa. ‖ Materia, objeto de discusión o controversia. ‖ Cosa : *es cuestión de una hora.* ‖ Asunto : *es cuestión de vida o muerte.* ‖ Punto dudoso o discutible. ‖ Disputa, pendencia. ‖ — *Cuestión candente,* la que tiene gran actualidad. ‖ *Cuestión de confianza,* procedimiento parlamentario por el cual el jefe del Gobierno pide a los diputados la aprobación de la política que lleva a cabo.

cuestionable adj. Discutible.

cuestionar v. t. Poner en tela de juicio.

cuestionario m. Lista de asuntos de discusión. ‖ Programa de los temas de un examen u oposición. ‖ Impreso o formulario para recoger datos.

cuestor m. Magistrado romano encargado de la administración o de asuntos fiscales.

cuete m. *Méx.* Borracho. | Borrachera.

cueva f. Caverna, gruta.

cuí m. *Amer.* Cuy.

cuidado m. Esmero : *hacer las cosas con cuidado.* ‖ Asunto a cargo de uno : *esto corre a su cuidado.* ‖ Recelo, temor : *tened cuidado con él.* ‖ Preocupación. ‖ Prudencia, precaución : *ten cuidado con lo que haces.* ‖ Galicismo por *esfuerzo, afán.* ‖ — Pl. Medios usados para curar a un enfermo. ‖ — Interj. Denota amenaza o advierte la proximidad de un peligro. ‖ — *De cuidado,* peligroso; grave. ‖ *Fam. Tenerle* o *traerle a uno sin cuidado,* no importarle nada.

cuidador, ra adj. Que cuida (ú. t. c. s.). ‖ — M. Entrenador. ‖ *Arg.* Enfermero. ‖ — F. *Méx.* Niñera.

cuidadoso, sa adj. Esmerado.

cuidar v. t. Poner esmero en una cosa. ‖ Asistir : *cuidar a un enfermo.* ‖ Conservar : *cuidar la ropa, la casa.* (U. t. c. i. seguido de la prep. de : *cuidar de su salud.*) ‖ — V. pr. Darse buena vida, mirar por su salud. ‖ Atender, ocuparse. ‖ Preocuparse.

cuita f. Pena. ‖ *Amér. C.* Estiércol de aves.

culata f. Parte posterior de la caja de un arma de fuego portátil que sirve para asir o afianzar esta arma. ‖ *Fig.* Parte posterior de una cosa. ‖ *Mec.* Parte superior de los cilindros en los motores de explosión. ‖ *Fig. Salir el tiro por la culata,* fracasar.

culatazo m. Golpe dado con la culata del arma. ‖ Retroceso que da la escopeta al dispararla.

culebra f. Reptil sin pies y de cuerpo casi cilíndrico.

culebrear v. i. Zigzaguear.

culiacanense y **culiacano, na** adj. y s. De Culiacán (México).

culillo m. *Amer.* Miedo. | Preocupación.

culinario, ria adj. De la cocina.

culmen m. Cima.

culminación f. Acción y efecto de culminar. ‖ *Astr.* Momento en que un astro ocupa el punto más alto en el horizonte.

culminante adj. Dícese de lo más elevado de una cosa. ‖ *Astr.* Aplícase a la mayor altura de un astro en el horizonte. ‖ *Fig.* Superior, principal, sobresaliente.

culminar v. i. Llegar al punto más alto. ‖ Pasar un astro por su punto culminante.

culo m. Parte posterior, de carne mollar, en el hombre y los animales. ‖ Ano. ‖ *Fig.* Fondo de una cosa : *el culo de la botella.* ‖ *Fig. Culo de mal asiento,* persona que no deja de moverse.

culombio m. Unidad de cantidad de electricidad (símb. C).

culpa f. Falta más o menos grave cometida a sabiendas : *confesar una culpa.* ‖ Causa, responsabilidad : *tener alguien la culpa.*

culpabilidad f. Calidad de culpable.

culpabilizar v. t. Dar un sentimiento de culpabilidad (ú. t. c. pr.).

culpable adj. y s. Aplícase a aquel a quien se puede echar la culpa. ‖ Acusado. ‖ — Adj. Que constituye una falta o delito.

culpado, da adj. y s. Culpable.

culpar v. t. Acusar, atribuir la culpa a alguien (ú. t. c. pr.).

culpeo m. *Chil.* Carnívoro parecido a la zorra, pero mayor, de color más oscuro y con la cola menos poblada : *los culpeos viven especialmente en la Cordillera de los Andes, desde el Ecuador hasta el estrecho de Magallanes.*

culposo, sa adj. Aplícase al acto o a la omisión que traen consigo una falta u originan responsabilidades.

cultalatiniparla f. Persona que habla un lenguaje lleno de latinismos o muy afectado e hiperbólico.

culteranismo m. Estilo literario, existente a finales del siglo XVI y principios del XVII, que consistía en el empleo de giros rebuscados y de una sintaxis complicada con abundancia de imágenes : *el culteranismo de Góngora.*

culterano, na adj. Aplícase a lo influido por el culteranismo. ‖ Que seguía este movimiento literario (ú. t. c. s.).

cultismo m. Culteranismo.

cultista adj. y s. Culterano.

cultivable adj. Que se puede cultivar.

cultivado, da adj. Aplícase a la persona que posee cierta cultura o instrucción, culto, refinado.

cultivador, ra adj. y s. Que cultiva. ‖ — M. Máquina agrícola parecida al arado.

cultivar v. t. Dar a la tierra y a las plantas las labores necesarias para que fructifiquen. ‖ Criar, desarrollar microbios o gérmenes. ‖ *Fig.* Dedicarse a : *cultivó la poesía.* | Mantener, cuidar de conservar : *cultivar la amistad.* | Desarrollar, ejercitar facultades o aptitudes : *cultivar el talento.*

cultivo m. Acción y efecto de cultivar. ‖ Desarrollo de los microbios : *caldo de cultivo.*

culto, ta adj. Que tiene cultura : *hombre culto.* ‖ Empleado por personas instruidas : *palabra culta.* ‖ — M. Homenaje religioso : *culto a los santos.* ‖ Religión. ‖ *Fig.* Veneración, admiración. ‖ *Culto de la personalidad,* admiración excesiva por un jefe político u otra persona famosa.

cultura f. Conjunto de conocimientos adquiridos, saber. ‖ Conjunto de estructuras sociales, religiosas, etc., de manifestaciones intelectuales, artísticas, etc., que caracteriza una sociedad : *la cultura helénica.* ‖ Civilización : *historia de la cultura.*

cultural adj. Relativo a la cultura : *el renacimiento cultural de todo el país.*

cuma f. *Per.* y *Rioplat. Pop.* Madrina, comadre. ‖ *Amér. C.* Nombre que se da a un cuchillo de gran tamaño.

cumanagoto, ta adj. y s. Cumanés.

cumanés, esa adj. y s. De Cumaná (Venezuela).

cumba f. *Hond.* y *Nicar.* Nombre dado a una jícara de boca muy ancha.

cumbamba f. *Col.* Mentón.

cumbarí adj. *Arg.* Dícese de un pimiento o ají muy rojo y picante.

cumbé m. Baile de negro. ‖ Música que acompaña este baile.

cumbo m. *Hond.* Nombre dado a una jícara que tiene la boca estrecha. ‖ *Salv.* Calabaza de boca cuadrada.

cumbre f. Cima. ‖ *Fig.* Apogeo. | Conferencia internacional que reúne a los dirigentes de países deseosos de resolver un problema determinado.

cumbrera f. Cumbre.

cumiche m. *Amér. C.* Benjamín, hijo menor de una familia.

cumpa m. *Amer. Pop.* Amigo, compañero, camarada.

cúmplase m. Fórmula que ordena que se cumpla lo que se dice en un documento.

cumpleaños m. inv. Día en que se celebra el aniversario del nacimiento de una persona.

cumplido, da adj. Que ha sobrepasado una edad : *cuarenta años cumplidos.* ‖ Realizado : *profecía cumplida.* ‖ Completo, cabal, perfecto : *un cumplido caballero.* ‖ Amplio, holgado. ‖ Bien educado, cortés : *persona muy cumplida.* ‖ — M. Cortesía, amabilidad : *basta de cumplidos.* ‖ — Pl. Consideraciones, miramientos, respeto. ‖ *De cumplido,* por compromiso.

cumplidor, ra adj. Serio, de fiar. ‖ Que ejecuta sus compromisos.

cumplimentar v. t. Recibir, saludar cortésmente. ‖ Felicitar. ‖ Ejecutar órdenes.

cumplimiento m. Ejecución. ‖ Aplicación de una ley, decreto, etc. ‖ Acatamiento de los requisitos. ‖ Educación, cortesía.

cumplir v. t. Realizar, ejecutar : *cumplir una orden.* ‖ Hacer : *cumplir el servicio militar.* ‖ Obedecer : *cumplir las leyes.* ‖ Obrar en conformidad con : *cumplir un contrato.* ‖ Llevar a cabo : *cumplir lo que se prometió.* ‖ Tener : *ha cumplido cuarenta años.* ‖ Purgar : *cumplir condena.* ‖ — V. i. Respetar la palabra o una promesa. ‖ Ejecutar su deber. ‖ Respetar : *cumplir con los requisitos legales.* ‖ Ser obligación de, estar a cargo de : *cumple a Ramón hacer esto.* ‖ Vencer, llegar a su término : *el pagaré cumple dentro de ocho días.* ‖ Haber servido un soldado en el ejército el tiempo normal. ‖ Satisfacer los preceptos religiosos. ‖ — V. pr. Realizarse. ‖ Tener lugar, verificarse. ‖ Expirar un plazo.

cúmulo m. Acumulamiento, montón. ‖ *Fig.* Serie, concurso, conjunto : *cúmulo de necedades.* ‖ Nube blanca con forma de cúpula.

cuna f. Cama de niños que puede balancearse. ‖ *Fig.* Origen : *cuna de la civilización.* ‖ Nacimiento, origen : *de ilustre cuna.* ‖ Lugar de nacimiento de una persona. ‖ *Casa cuna,* inclusa.

cundinamarqués, esa adj. y s. De Cundinamarca (Colombia).

cundir v. i. Propagarse, extenderse : *cundió el pánico.* ‖ Dar mucho de sí, dar impresión que hay más cantidad : *esta pierna de cordero cunde mucho.* ‖ Adelantar, progresar : *su trabajo cunde.* ‖ Correr : *cunde la voz que no es cierto.*

cuneiforme adj. De forma de cuña.

cuneta f. Zanja al lado de un camino o carretera para recoger las aguas de lluvia. ‖ Arcén.

cuña f. Pieza terminada en ángulo diedro muy agudo que sirve para hender cuerpos sólidos, para calzarlos o para rellenar un hueco. ‖ *Fig.* Influencia, recomendación, apoyo : *tener mucha cuña.*

cuñado, da m. y f. Hermano o hermana de uno de los esposos respecto del otro, hermano político.

cuño m. Troquel con que se imprimen las monedas y las medallas. ‖ Sello con que se imprime. ‖ *Fig.* Huella, señal.

cuota f. Parte o cantidad fija o proporcionada. ‖ Cantidad que aporta cada contribuyente. ‖ Gastos : *la cuota de instalación del teléfono.* ‖ *Amer.* Plazo : *venta por cuotas.*

cuotear v. t. *Chil.* Repartir algo equitativamente entre varios.

cupé m. Coche cerrado con dos asientos.

cupla f. *Amer.* Par de fuerzas.

cuplé m. Copla, cancioncilla.

cupletista com. Cantor de cuplés.

cupo m. Parte que cada uno debe pagar o recibir en el reparto de una cantidad total. ‖ Cantidad máxima de una mercancía que un país acepta importar en un período de tiempo determinado. ‖ Cantidad de una cosa racionada que cada persona tiene derecho a recibir. ‖ *Méx.* Cabida. | Plazas en un vehículo.

cupón m. Título de interés unido a una acción, a una obligación, y que se separa en el momento de su vencimiento. ‖ Trozo de papel que se recorta de un documento o cartilla para utilizar el derecho conferido por él. ‖ Vale : *cupón de pedido.* ‖ Billete de la lotería de los ciegos.

cúpula f. Bóveda semiesférica de algunos edificios monumentales.

cura m. Sacerdote. ‖ *Fam. Este cura,* yo. ‖ — F. Curación. ‖ Tratamiento a que se somete un enfermo. ‖ Aplicación de apósitos y remedios.

curable adj. Que se puede curar.

curaca m. *Amer.* Cacique.

curación f. Cura médica.

curadera f. *Chil.* Borrachera.

curado, da adj. Seco : *jamón curado.* ‖ *Fig.* Endurecido : *curado de espanto.*

curalotodo m. Panacea.

curandero, ra m. y f. Persona que cura sin ser médico.

curar v. i. Ponerse bien un enfermo, sanar (ú. t. c. pr.). ‖ *Fig.* Quitarse un padecimiento moral. ‖ — V. t. Aplicar al enfermo los remedios adecuados. ‖ Cuidar las heridas. ‖ Exponer al aire o al humo las carnes y pescados para conservarlos : *curar al humo.* ‖ Curtir pieles, preparar para su uso la madera, el tabaco. ‖ — V. pr. *Amer.* Embriagarse.

curare m. Veneno que los indios sudamericanos sacan de la raíz del maracure para emponzoñar sus flechas de caza o de guerra.
curasao o **curazao** m. Licor fabricado con cortezas de naranja.
curativo, va adj. Que cura.
curda f. *Fam.* Borrachera. ‖ — Adj. *Fam.* Borracho.
cureña f. Armazón sobre la que se monta el cañón.
curia f. Subdivisión de la sociedad romana. ‖ Conjunto de abogados, jueces, escribanos, etc. : *gente de curia.* ‖ Organismo gubernamental, administrativo y judicial de la Santa Sede : *la Curia romana.*
curiana f. Cucaracha.
curicano, na adj. y s. De Curicó (Chile).
curie m. Curio.
curio m. Elemento radiactivo (Cm), de número atómico 96. ‖ Unidad para medir la radiactividad (símb. Ci).
curiosear v. i. *Fam.* Interesarse en averiguar lo que otros hacen. ‖ — V. tr. Ir a ver las cosas que no tienen ningún interés para la persona que lo hace.
curiosidad f. Deseo de ver, de conocer. ‖ Deseo de conocer los secretos, los asuntos ajenos. ‖ Aseo, limpieza. ‖ Cosa curiosa, rareza.
curioso, sa adj. Que tiene curiosidad (ú. t. c. s.). ‖ Que excita curiosidad. ‖ Extraño, raro. ‖ Limpio, aseado (ú. t. c. s.).
currante adj. y s. *Fam.* Trabajador.
currar y **currelar** v. i. *Fam.* Trabajar.
currículum vitae m. (pal. lat.). Conjunto de datos relativos al estado civil, a los estudios y a la capacidad profesional de una persona, de un candidato a un puesto, historial profesional.
curruca f. Pájaro cantor.
curruscar v. i. Crujir al ser mascado.
currutaco, ca adj. y s. *Fam.* Petimetre.
cursar v. t. Estar estudiando : *cursar Derecho.* ‖ Dar curso, enviar, remitir : *cursé un cable.* ‖ Dar, transmitir : *cursar órdenes.* ‖ Dar curso, hacer que siga su tramitación : *cursar una petición.*
cursi adj. *Fam.* De mal gusto : *vestido cursi.* | Que presume de fino y elegante sin serlo (ú. t. c. s.). | Afectado, remilgado (ú. t. c. s.).
cursilada y **cursilería** f. Calidad de cursi. ‖ Acción o cosa cursi.
cursillista com. Estudiante que sigue un cursillo.
cursillo m. Curso breve. ‖ Serie de conferencias sobre determinada materia. ‖ Período de prácticas.
cursivo, va adj. Dícese de la letra bastardilla (ú. t. c. s. f.).
curso m. Corriente de agua por un cauce : *el curso del Amazonas.* ‖ Camino recorrido por los astros. ‖ Clase : *un curso de Derecho.* ‖ Año escolar. ‖ Serie o continuación : *el curso del tiempo.* ‖ Desarrollo, período de tiempo : *en el curso de su existencia.* ‖ Corriente : *el curso de la historia.* ‖ Circulación : *moneda de curso legal.*
curtido m. Acción de curtir. ‖ — Pl. Cueros o pieles curtidos.
curtidor m. El que curte pieles.
curtiduría f. Taller de curtido.
curtiembre f. *Amer.* Curtiduría.
curtir v. t. Adobar, aderezar las pieles. ‖ *Fig.* Tostar, poner moreno el sol el cutis (ú. t. c. pr.). ‖ *Fig.* Acostumbrar a uno a la vida dura, endurecer (ú. t. c. pr.). ‖ *Riopl. Fig.* Azotar.
curva f. *Geom.* Línea curva, línea cuya dirección cambia progresivamente sin formar ningún ángulo. ‖ Representación gráfica de las fases de un fenómeno : *curva de temperatura, de natalidad.* ‖ Vuelta, recodo : *las curvas de una carretera, de un río.* ‖ Forma redondeada : *las curvas del cuerpo.*
curvado, da adj. Curvo.
curvar v. t. Poner curvo lo que está derecho, encorvar (ú. t. c. pr.).
curvatura f. Forma curva.
curvo, va adj. Que constantemente se va apartando de la dirección recta sin formar ángulos.
cuscurrear v. i. Crujir al ser mascado.
cuscurro m. Trozo de pan duro.
cusifai m. *Arg. Fam.* Fulano, persona cuyo nombre no se quiere dar.
cúspide f. Cima, cumbre, el punto más alto de un monte. ‖ *Geom.* Punta del cono o de la pirámide opuesta a la base. ‖ *Fig.* Cima, cumbre.
custodia f. Vigilancia, guarda : *bajo la custodia de.* ‖ Persona o escolta encargada de custodiar a un preso. ‖ Vaso, generalmente de oro o plata, en el que se expone el Santísimo Sacramento. ‖ *Chil.* Consigna de estación o aeropuerto.
custodiar v. t. Guardar con cuidado y vigilancia. ‖ Proteger.
cusumbé y **cusumbo** m. *Amer.* Coatí.
cutáneo, a adj. Del cutis.
cutirreacción f. *Med.* Prueba para descubrir ciertas enfermedades (tuberculosis) que consiste en poner en la piel determinadas sustancias (tuberculina) que provocan una reacción visible.
cutis m. Piel del cuerpo humano, especialmente de la cara.
cuy m. Conejillo de Indias.
cuyano, na adj. y s. De Cuyo (Argentina).
cuyo, ya pron. rel. De quien : *el hombre cuya madre conocemos.* ‖ A quien, en el que : *el amigo a cuya generosidad debo esto.*
cuzcuz m. Alcuzcuz.
cuzqueño, ña adj. y s. De Cuzco (Perú).
CV, abrev. de *caballo de vapor.*

ch

ch f. Cuarta letra del alfabeto castellano y tercera de sus consonantes.
cha m. Sha, soberano persa.
chabacanada f. Chabacanería.
chabacanear v. i. Obrar con chabacanería.
chabacanería f. Vulgaridad.
chabacano, na adj. Vulgar (ú. t. c. s.).
chabola f. Choza. ‖ Barraca.
chabolismo m. Aglomeración de chabolas en los alrededores de una ciudad.
chac m. Entre los mayas, ayudante del sacerdote.
chacal m. Mamífero carnicero de Asia y Africa semejante al lobo.
chacarero, ra adj. y s. *Amer.* Campesino. ‖ — F. *Riopl.* Cierto baile y su música.
chacina f. Carne de cerdo preparada.
chacinería f. Establecimiento donde se prepara o se vende chacina.
chacinero, ra m. y f. Persona que hace o vende chacina.
chacolí m. Vino ligero del País Vasco.
chacolotear v. i. Hacer ruido la herradura por estar floja.
chacona f. Composición musical y baile antiguos de movimiento lento.
chacota f. Burla, broma.
chacra f. *Amer.* Finca rústica.
chachapoyense o **chachapuyno, na** adj. y s. De Chachapoyas (Perú).
cháchara f. *Fam.* Charla.
chacho, cha m. y f. *Fam.* Muchacho, muchacha. | Hermano. ‖ — F. *Fam.* Niñera. | Criada.
chafalote adj. *Amer.* Vulgar, grosero.
chafar v. t. Aplastar : *chafar la fruta.* ‖ Arrugar la ropa. ‖ *Fig.* Estropear, echar a perder : *me ha chafado el plan* (ú. t. c. pr.).
chafirete m. *Méx.* Chófer.
chaflán m. Cara de un sólido que se obtiene cortando por un plano una esquina del mismo. ‖ Plano que, en lugar de esquina, une dos superficies planas que forman ángulo.
chagual m. *Amer.* Planta con cuyas fibras se fabrican cuerdas.
chaira f. Cuchilla de zapatero. ‖ Barra de acero de los carniceros para afilar los cuchillos.
chaise-longue [*ches-long*] f. (pal. fr.). Tumbona, meridiana.
chal m. Especie de mantón.
chalaco, ca adj. y s. De El Callao (Perú).
chalado, da adj. y s. *Fam.* Tonto.
chaladura f. *Fam.* Tontería.
chalán m. Tratante de caballos. ‖ Hombre poco escrupuloso en sus tratos.
chalana f. Barco menor de fondo plano.
chalanear v. i. Negociar, cambalachear como los chalanes.
chalaneo m. Discusión en un trato. ‖ Poca escrupulosidad en los tratos.
chalar v. t. Enloquecer, chiflar. ‖ — V. pr. Enamorarse, perder el seso : *chalarse por una mujer.*
chalateco, ca adj. y s. De Chalatenango (El Salvador).
chalchihuite m. *Méx.* Piedra preciosa de color verde.
chalé m. Chalet.
chaleco m. Prenda del traje, sin mangas, que se pone sobre la camisa. ‖ Jersey. ‖ — *Amer. Chaleco de fuerza,* camisa de fuerza. ‖ *Chaleco salvavidas,* prenda neumática usada en caso de naufragio.
chalet m. Casa de madera de estilo suizo. ‖ Casa con jardín, hotelito.
chalina f. Corbata ancha. ‖ *Amer.* Chal, bufanda.
chalupa f. Lancha, bote.
challenge m. (pal. ingl.). Prueba o competición deportiva.
challenger m. (pal. ingl.). Aspirante a un título deportivo.
chamaco, ca m. y. f. *Méx.* Muchacho.
chamal m. *Arg., Bol.* y *Chil.* Paño que usan los indios para cubrirse de la cintura para abajo, envolviéndolo en forma de pantalones.
chamarilear v. i. Cambalachear. ‖ Vender trastos viejos.
chamarileo m. Cambalache. ‖ Comercio o venta de trastos viejos.
chamarilero, ra m. y. f. Vendedor de trastos o de cosas usadas.
chamariz m. Pájaro verdoso.
chamarra f. Zamarra, pelliza.
chamarreta f. Chaqueta amplia y abierta.
chamarro m. *Méx.* Manta burda.
chamba f. *Fam.* Chiripa, suerte. ‖ *Méx.* Ocupación, empleo, aunque sea transitorio y poco remunerado. ‖ *Col.* y *Venez.* Vallado o zanja que limita dos propiedades rústicas. ‖ *Bol.* Sulfato de cinc natural. ‖ *Ecuad.* Césped.
chambero, ra m. y f. *Méx.* Persona que busca una chamba o que suele trabajar en chambas.
chambón, ona adj. y s. *Fam.* De escasa habilidad en el juego. | Que consigue algo por casualidad.
chambonada f. *Fam.* Poca habilidad, desacierto. | Ventaja lograda por casualidad
chambonear v. i. *Amer.* Hacer chambonadas.
chamiza f. Leña menuda.
chamizo m. Leño medio quemado. ‖ Choza cubierta de chamiza.
champa f. *Guat.* Chabola.
champagne [*-pañ*] m. (pal. fr.), **champán** m. y **champaña** m. Vino blanco espumoso de Francia.
champiñón m. Hongo comestible.
champú m. Jabón líquido para el lavado de la cabeza. ‖ Este lavado. (Pl. *champúes.*)

chamullar v. i. *Pop.* Hablar mal una lengua.
chamuscar v. t. Quemar o tostar ligeramente. ‖ Pasar por la llama.
chamusquina f. Acción y efecto de chamuscar o chamuscarse. ‖ Olor a quemado. ‖ *Fig.* y *fam.* Riña.
chance m. (pal. fr.). *Amer.* Oportunidad, posibilidad, ocasión, suerte.
chancear v. i. Bromear. ‖ — V. pr. Burlarse.
chancero, ra adj. Bromista.
chancillería f. Tribunal superior de justicia donde se conocía, por apelación, de todas las causas de los demas tribunales.
chancla f. Zapato viejo. ‖ Chancleta.
chancleta f. Zapatilla sin talón.
chancleteo m. Ruido hecho al andar en chancletas.
chanclo m. Zueco de madera utilizado en el campo. ‖ Zapato de goma u otra materia elástica que se pone sobre el calzado.
chancro m. Ulcera sifilítica.
chancha f. Cerda.
chanchada f. *Amer. Fam.* Acción indigna.
chanchería f. *Amer.* Tienda de embutidos.
chancho, cha adj. *Amer.* Sucio, puerco. ‖ — M. y f. Cerdo.
chanchullero, ra adj. y s. Que hace chanchullos.
chanchullo m. *Fam.* Acción poco escrupulosa, negocio sucio.
chandal y **chandail** m. Traje de punto que llevan los deportistas.
chanelar v. t. *Pop.* Saber. | Comprender.
changa f. *Arg.* y *Chil.* Trabajo del changador. | *Fam.* Trato, negocio. ‖ *Antill.* Broma.
changador m. *Arg.* Mozo de cuerda.
changar v. i. *Arg.* Trabajar de cargador. | Hacer trabajos de poca monta.
chango m. *Amer.* Mono.
changurro m. Centollo cocido y desmenuzado en su caparazón.
chanquete m. Pez pequeño comestible de la costa de Málaga.
chantaje m. Delito que consiste en obtener dinero o conseguir favores, etc., de una persona con la amenaza de revelaciones escandalosas.
chantajista com. Persona que hace un chantaje a otra.
chantillí y **chantilly** m. Crema de nata batida. ‖ Encaje.
chantre m. Canónigo que se ocupaba del coro.
chanza f. Dicho festivo y gracioso. ‖ Broma, burla.
¡ chao ! interj. *Fam.* Adiós.
chapa f. Hoja, lámina, placa o plancha de madera, metal, etc. : *chapa de acero.* ‖ Producto siderúrgico laminado. ‖ Cápsula, tapón corona : *chapas de botellines de cerveza.* ‖ Insignia distintiva de una profesión, de un cargo : *chapa de policía.* ‖ Ficha, señal : *chapa del guardarropa.* ‖ *Amer.* Cerradura. ‖ — Pl. Cierto juego de muchachos ejecutado con cápsulas de botellas.
chapado, da adj. Cubierto o revestido con una chapa. ‖ *Fig. Chapado a la antigua,* dícese de la persona apegada a los hábitos y costumbres anticuados. ‖ — M. Aplicación de una chapa de madera o metal, revestimiento de una superficie con una chapa de otra materia. ‖ Contrachapado.
chapaleta f. Válvula de las bombas utilizadas para extraer agua.
chapapote m. *Méx.* Asfalto.
chapar v. t. Cubrir con chapas de madera o metal. ‖ *Fig.* Zampar, encajar : *le chapó un insulto.*
chaparral m. Sitio poblado de arbustos.
chaparreras f. pl. *Méx.* Zahones de piel.
chaparrón m. Lluvia fuerte de corta duración. ‖ *Fig.* y *fam.* Lluvia, aluvión, gran cantidad.
chapeo m. Sombrero.
chapeta f. Mancha de color rojo en las mejillas.
chapetón, ona adj. y s. *Amer.* Español o europeo recién llegado a América. ‖ *Amer. Fig.* Novato, bisoño. ‖ — M. Chaparrón, aguacero. ‖ Chapeta. ‖ Chapetonada.
chapetonada f. Primera enfermedad que padecían los españoles al llegar a América. ‖ *Fig. Amer.* Bisoñería, falta de experiencia.
chapín, ina adj. y s. *Amer.* Guatemalteco. | Patituerto. ‖ — M. Chanclo de corcho.
chápiro m. *Fam.* Voz que se usa en algunas exclamaciones de enojo : *¡por vida del chápiro!*
chapista m. El que hace chapas. ‖ El que repara la carrocería de un automóvil.
chapistería f. Taller y labor del chapista.
chapitel m. *Arq.* Remate piramidal de una torre.
chapotear v. t. Remojar, humedecer repetidas veces una cosa. ‖ — V. i. Agitar los pies o las manos en el agua para que ésta salpique.
chapoteo m. Acción y efecto de chapotear.
chapucear v. t. Hacer algo de prisa y mal.
chapucería f. Acción de hacer mal un trabajo. ‖ Arreglo rápido. ‖ Trabajo mal hecho.
chapucero, ra adj. Hecho de prisa y mal : *trabajo chapucero.* ‖ — Adj. y s. Que trabaja de prisa y mal : *trabajador muy chapucero.*
chapurrar y **chapurrear** v. t. Hablar mal un idioma extranjero.
chapurreo m. *Fam.* Modo de hablar mal un idioma extranjero.
chapuz m. y **chapuza** f. Chapucería. ‖ Trabajo de poca importancia. ‖ Zambullida.
chapuzar v. t. Zambullir (ú. t. c. i. y pr.).
chapuzón m. Zambullida.
chaqué m. Chaqueta negra con faldones que se lleva con pantalones rayados y se usa en las ceremonias de etiqueta.
chaquense y **chaqueño, ña** adj. y s. Del Chaco (Argentina y Bolivia).
chaqueta f. Prenda de vestir con mangas, abotonada por delante y que cubre el busto hasta las caderas.
chaquetear v. i. *Fig.* Cambiar de ideas. | Tener miedo. ‖ *Fam.* Rajarse, no hacer algo arriesgado.
chaqueteo m. Cambio de ideas. ‖ Acobardamiento.
chaquetilla f. Chaqueta corta. ‖ La usada por los toreros. ‖ Bolero de mujer.
chaquetón m. Chaqueta algo más amplia que la normal.
charada f. Adivinanza que consiste en hallar una palabra mediante el previo encuentro de las sílabas que tienen un significado completo.
charanga f. Banda de música. ‖ Baile familiar.
charango m. *Amer.* Bandurria pequeña.
charca f. Charco gande.
charco m. Agua u otro líquido estancados en un hoyo del terreno. ‖ *Fig.* y *fam. Pasar el charco,* atravesar uno el océano Atlántico.
charcutería f. Tienda de embutidos.

charla f. Conversación. ‖ Conferencia breve.
charlar v. i. *Fam.* Conversar.
charlatán, ana adj. y s. Parlanchín, que habla mucho. ‖ Curandero. ‖ Vendedor ambulante.
charlatanear v. i. Charlar.
charlatanería f. Palabrería. ‖ Calidad de charlatán.
charlista com. Persona que da charlas.
charlotada f. Corrida bufa con becerros.
charlotear v. i. Charlar.
charloteo m. Charla.
charnela f. Bisagra. ‖ Articulación de las dos valvas de los moluscos acéfalos.
charol m. Barniz muy brillante. ‖ Cuero que tiene este barniz.
charola f. *Méx.* Bandeja.
charolar v. t. Barnizar con charol.
charque y **charqui** m. *Amer.* Cecina.
charrada f. Torpeza. ‖ Baile propio de los charros. ‖ *Fig.* y *fam.* Adorno tosco, de mal gusto.
charrán adj. y s. Granuja. ‖ Patán, zafio.
charranada f. Grosería. ‖ Mala jugada.
charranear v. i. Granujear.
charranería f. Condición de charrán. ‖ Charranada.
charreada f. Entretenimiento con ejercicios propios de los charros.
charretera f. Adorno de los militares en el hombro de la guerrera.
charro, rra adj. Nativo de la provincia de Salamanca (ú. t. c. s.). ‖ *Fig.* Llamativo, chillón, muy recargado. | De mal gusto. ‖ — M. Caballista mexicano que lleva un sombrero de grandes alas y un traje bordado. ‖ Su sombrero.
charrúa adj. y s. Dícese del indio de alguna de las tribus que vivían en la costa septentrional del Río de la Plata.
charter m. (pal. ingl.). Avión fletado por una compañía de turismo o un grupo de personas, cuyas tarifas son menos elevadas que en las líneas regulares.
chartreuse m. Licor alcohólico dulce.
chascar v. i. Dar chasquidos.
chascarrillo m. *Fam.* Chiste.
chasco m. Desilusión que causa un suceso contrario a lo que uno esperaba : *llevarse un chasco.* ‖ Burla, engaño : *dar un chasco.*
chasis m. Armazón que sostiene el motor y la carrocería de un automóvil o un vehículo cualquiera. ‖ Bastidor donde se colocan las placas fotográficas. ‖ *Fig.* y *fam. Quedarse en el chasis,* quedarse en los huesos, muy delgado.
chasquear v. i. Dar chasquidos. ‖ — V. t. *Fig.* Decepcionar. ‖ — V. pr. Sufrir un desengaño. ‖ Fracasar.
chasqui m. *Amer.* Mensajero, correo.
chasquido m. Ruido del látigo, de la honda al restallar o de la lengua al moverse. ‖ Ruido seco de la madera cuando se abre. ‖ Ruido de los disparos de la ametralladora.
chatarra f. Escoria del mineral de hierro. ‖ Hierro viejo.
chatarrería f. Lugar donde se vende chatarra.
chatarrero, ra m. y f. Persona que coge y vende hierro viejo.
chatear v. i. *Fam.* Beber vino.
chateo m. *Fam.* Copeo.
chato, ta adj. Poco prominente, aplastado : *nariz chata.* ‖ *Fig.* De poca altura : *barco chato.* ‖ *Fam. Dejar chato,* sorprender mucho. ‖ — M. y f. Persona que tiene la nariz poco abultada. ‖ *Fam.* Expresión de cariño : *¡chata mía!* ‖ — M. Vaso pequeño de vino.
chaucha f. *Chil.* y *Ecuad.* Moneda pequeña de plata o níquel. ‖ *Arg.* Judía verde. ‖ *Chil.* Patata pequeña usada como simiente.
chauvinismo m. Patriotería, nacionalismo exagerado.
chauvinista adj. y s. Patriotero.
chaval, la adj. y s. *Fam.* Niño.
chavalería f. *Fam.* Chiquillería.
chavea m. *Fam.* Chaval.
chaveta f. Clavija o pasador que une dos piezas. ‖ *Fam.* Chiflado. ‖ *Cub.* y *Méx.* Cuchilla de hoja ancha usada en las tabaquerías. ‖ *Fig.* y *fam. Perder la chaveta,* volverse loco. ‖ — Adj. y s. *Fam.* Loco.
chavo m. Ochavo.
chavó m. (voz gitana). Chaval.
chaya f. *Chil.* Diversiones de carnaval.
chayote m. Fruto de la chayotera.
chayotera f. Planta trepadora americana.
che f. Nombre de la letra *ch.*
¡che! Interj. Se emplea para llamar la atención de una persona.
checa f. Primera policía política de la U.R.S.S. ‖ Organismo semejante en otros países. ‖ Local donde estaba.
checar v. t. *Amer.* Comprobar, cotejar. | Facturar el equipaje. | Controlar.
checo, ca adj. y s. De Checoslovaquia. ‖ De Bohemia, de Moravia, o de una parte de Silesia. ‖ — M. Lengua eslava hablada en Checoslovaquia.
checoslovaco, ca adj. y s. De Checoslovaquia.
chécheres m. pl. *Amer.* Chismes.
chelín m. Moneda inglesa que valía hasta 1971 doce peniques y actualmente cinco nuevos peniques.
chepa f. *Fam.* Joroba.
cheque m. *Com.* Documento en forma de orden de pago para que una persona cobre la cantidad asignada de los fondos que el expedidor tiene en una cuenta bancaria. ‖ — *Cheque cruzado,* el expedido al portador que tiene dos rayas paralelas y no puede ser cobrado sino por intermedio de un banco. ‖ *Cheque de viaje,* el emitido para los turistas, que se puede cobrar en bancos de diversos países.
chequear v. t. *Amér. C.* Hacer un cheque. ‖ *Amer.* Controlar, verificar. | Confrontar, cotejar. ‖ Hacer un reconocimiento médico.
chequeo m. *Amer.* Control. | Cotejo. ‖ Reconocimiento médico.
chequero m. *Amer.* Talonario de cheques.
chéster m. Variedad de queso inglés.
cheviot m. Tela gruesa de lana de cordero.
chibalete m. *Impr.* Armazón para poner las cajas de caracteres.
chibcha adj. y s. Relativo o perteneciente a un ant. pueblo indio de América.
chic m. (pal. fr.). Distinción, elegancia.
chicano adj. y s. m. Dícese del mexicano asentado en los Estados Unidos. ‖ — M. Lengua que habla.
chicarrón, ona m. y f. *Fam.* Muchacho fuerte y robusto.
chiclayano, na adj. y s. De Chiclayo (Perú).
chicle m. Goma de mascar.
chiclear v. i. *Méx.* Mascar chicle o goma.
chicloso, sa adj. *Amer.* Pegajoso.

chico, ca adj. Pequeño : *un libro muy chico.* ‖ *Fam. Perra chica,* modeda de poco valor. ‖ — Adj. y s. Niño, chiquillo. | Término de familiaridad : *oye, chico, ¿que haces?* ‖ — M. *Fam.* Recadero o aprendiz joven. ‖ — F. Niña. ‖ Muchacha. ‖ Criada.
chicolear v. i. *Fam.* Requebrar.
chicoleo m. *Fam.* Requiebro.
chicoria f. Achicoria.
chicotazo m. Chorro. ‖ *Amer.* Latigazo.
chicote, ta m. y f. *Fam.* Chicarrón. ‖ — M. *Fam.* Cigarro puro o colilla de él. ‖ *Amer.* Látigo.
chicozapote m. Árbol de fruto comestible, del cual se extrae el chicle.
chicha f. Bebida alcohólica americana hecha con maíz fermentado. ‖ — *Calma chicha,* en el mar, calma completa. ‖ *Fig.* y *fam. De chicha y nabo,* de poca importancia.
chícharo m. Guisante. ‖ *Méx.* Muchacho de servicio.
chicharra f. Cigarra, insecto.
chicharro m. Jurel, pez. ‖ Chicharrón.
chicharrón m. Residuo muy frito de las pellas del cerdo. ‖ Carne requemada.
chichería f. *Amer.* Tienda donde se vende chicha.
chichimeca adj. y s. Dícese del individuo de un ant. pueblo indio de raza nahua que, procedente del N. de México, venció a los toltecas.
chichón m. Bulto producido por un golpe en la cabeza o frente.
chichonera f. Gorro o casco para proteger la cabeza de los golpes.
chifarrada f. Señal de una herida, de un golpe.
chifla f. Silbido.
chiflado, da adj. *Fam.* Dícese de la persona que tiene algo perturbada la razón (ú. t. c. s.). | Muy enamorado. | Apasionado, muy aficionado (ú. t. c. s.).
chifladura f. Silbido. ‖ *Fam.* Locura. | Manía. | Afición exagerada. | Enamoramiento grande.
chiflar v. i. *Fam.* Silbar. ‖ — V. t. Mofarse, hacer burla : *chiflar una obra de teatro.* ‖ *Fam.* Beber mucho, zamparse. | Gustar mucho : *cazar es lo que le chifla.* ‖ — V. pr. *Fam.* Aficionarse mucho.
chiflido m. Silbido.
chiflón m. *Amer.* Corriente de aire. ‖ *Méx.* Canal por donde sale el agua con fuerza.
chigre m. *Mar.* Torno.
chihuahuense adj. y s. De Chihuahua (México).
chiíta adj. y s. Dícese de la secta musulmana que defiende que sólo Alí y sus descendientes son los califas legítimos.
chilaba f. Túnica con capucha que se lleva en Africa del Norte.
chilacayote m. Calabaza.
chilango m. *Méx.* Nativo de la ciudad de México, especialmente de la clase baja.
chilate m. *Amer.* Bebida hecha con chile, maíz tostado y cacao.
chile m. *Amer.* Ají, pimiento.
chilenismo m. Vocablo, giro o modo de hablar de los chilenos.
chilenizar v. t. Dar carácter chileno.
chileno, na adj. y s. De Chile.
chilmole m. Salsa de chile.
chilote m. *Méx.* Bebida hecha con pulque y chile.
chilote, ta adj. y s. De Chiloé (Chile).
chillar v. i. Gritar, dar chillidos. ‖ Chirriar : *la puerta chilla.* ‖ *Fam.* Alborotar, protestar.
chillido m. Grito muy agudo.
chillón, ona adj. *Fam.* Que grita mucho. ‖ Dícese de todo sonido agudo y desagradable. ‖ *Fig.* Llamativo, muy vivo o mal combinado : *colores chillones.*
chimalteco, ca adj. y s. De Chimaltenango (Guatemala).
chimango m. *Riopl.* Cierta ave de rapiña.
chimboracense adj. y s. De Chimborazo, prov. del Ecuador.
chimenea f. Conducto para dar salida al humo que resulta de la combustión. ‖ Hogar para cocinar o calentarse : *chimenea de campana.*
chimpancé m. Mono antropomorfo con brazos muy largos.
chimú adj. y s. Dícese del individuo de un ant. pueblo indio de América en el litoral N. del Perú.
china f. Piedra pequeña.
china f. Femenino de *chino.* ‖ *Amer.* Criada. | Dícese en algunos puntos de la mujer guapa, en otros de la india soltera. | Compañera, amiga. | Querida, amante. ‖ *Arg.* y *Amér. C.* Niñera. ‖ *Méx.* y *Arg.* Criada mestiza. ‖ *Col.* Peonza.
chinaca f. *Méx.* Gente miserable.
chinaco m. Soldado liberal mexicano de la Guerra de Reforma.
chinampa f. Terreno donde se cultivan flores y verduras en las lagunas cercanas a la ciudad de México.
chinandegano, na adj. y s. De Chinandega (Nicaragua).
chincol m. *Amer.* Especie de gorrión. | Agua con aguardiente.
chincual m. *Méx.* Sarampión.
chinchar v. t. *Pop.* Molestar.
chinche f. Insecto hemíptero de cuerpo elíptico, olor fétido, parásito del hombre. ‖ Clavito metálico de cabeza grande y plana y punta corta y fina. ‖ *Arg. Fam.* Enfermedad venérea. ‖ — Com. *Fig.* y *fam.* Persona exigente y pesada o latosa. | Chismoso.
chincheta f. Chinche, clavo.
chinchilla f. Mamífero roedor de la América meridional parecido a la ardilla. ‖ Su piel.
chinchona f. *Amer.* Quina.
chinchorrería f. *Fig.* y *fam.* Impertinencia, lata, molestia.
chinchoso, sa adj. y s. *Fam.* Fastidioso, cargante, latoso, pesado.
chinchulines m. pl. *Arg.* Tripas de vacunos u ovinos que se comen generalmente asadas.
chiné adj. Dícese de ciertas telas rameadas o de varios colores.
chinear v. t. *Amér. C.* Llevar a cuestas.
chinela f. Zapatilla sin talón.
chinesco, ca adj. Chino, de China : *facciones chinescas.* ‖ *Sombras chinescas,* siluetas negras, producidas por figurillas de cartón recortado o hechas con las manos, que se proyectan sobre una pantalla.
chinga f. *Amer.* Mofeta.
chingada f. *Pop.* Molestia.
chingadura f. *Pop.* Molestia, enojo. ‖ *Amer.* Fracaso.
chingana f. *Amer.* Tabernucho. ‖ *Arg.* Fiesta entre gente baja.
chinganear v. i. *Arg.* y *Per.* Parrandear.
chingar v. t. *Pop.* Molestar, fastidiar. | Frustrar. | Perjudicar. | Beber mucho. | Fornicar. ‖ — V. pr. *Pop.* Enfadarse. | Fastidiarse. | Fracasar. | Emborracharse.
chingolo m. *Arg.* Pájaro pardo rojizo de canto melodioso.
chingón, ona adj. y s. *Pop.* Molesto.

chínguere m. *Méx. Pop.* Aguardiente común.
chino, na adj. De China (ú. t. c. s.). ‖ *Fig.* Complicado, extraño. ‖ — M. Lengua hablada por los chinos. ‖ *Fig. Eso es chino para mí,* es incomprensible.
chino, na adj. y s. *Amer.* Dícese del hijo de mulato y negra. | Dícese del hijo de indio y negra. | Sirviente, criado. ‖ — M. China, piedra. ‖ *Amer.* Enfado, irritación. | Hombre del pueblo. | Apelativo de cariño. ‖ — F. Véase CHINA (segundo artículo).
chipá m. *Riopl.* Torta de maíz.
chipé o **chipén** f. *Pop.* Verdad. ‖ — Adj. *Pop.* Magnífico. | Auténtico.
chipirón m. Calamar.
chipriota adj. y s. De Chipre.
chiquear v. t. *Méx.* Mimar.
chiqueo m. *Méx.* Mimo.
chiquero m. Toril.
chiquigüite m. *Méx.* Cesto o canasta sin asas.
chiquilicuatre y **chiquilicuatro** m. *Fam.* Mequetrefe.
chiquilín, ina m. y f. *Fam.* Chiquillo.
chiquillada f. Niñería.
chiquillería f. *Fam.* Conjunto de chiquillos. ‖ Chiquillada.
chiquillo, lla adj. y s. Chico.
chiquimulteco, ca adj. y s. De Chiquimula (Guatemala).
chiquito, ta adj. y s. Muy pequeño. ‖ *Riopl.* Un poco : *espérese un chiquito.* ‖ — *Fig.* y *fam. Dejar chiquito,* superar en mucho. | *No andarse con chiquitas,* ir con mano dura ; no dudar. ‖ — M. Vaso de vino.
chirca f. *Amer.* Árbol de madera dura, flores amarillas y fruto como almendra.
chiribita f. Chispa. ‖ — Pl. *Fam.* Chispas en los ojos. ‖ *Fig. Echar chiribitas,* estar furioso.
chiricano, na adj. y s. De Chiriquí (Panamá).
chirigota f. *Fam.* Cuchufleta.
chirigotear v. i. Bromear.
chirigotero, ra adj. y s. Bromista.
chirimbolo m. *Fam.* Trasto, chisme.
chirimía f. *Mús.* Instrumento de viento semejante a la flauta.
chirimoya f. Fruto del chirimoyo, de sabor muy agradable y forma parecida a la alcachofa.
chirimoyo m. Árbol tropical de la misma familia que la anona.
chiringuito m. *Fam.* Merendero o quiosco al aire libre.
chiripa f. En el billar, suerte que se gana por casualidad. ‖ *Fig.* y *fam.* Casualidad favorable, chamba, suerte : *tener algo por chiripa.*
chiripá m. *Chil.* y *Riopl.* Prenda de vestir de los campesinos consistente en un paño que, a modo de calzones, cubre el delantero de los muslos y se ata a la cintura.
chirla f. Almeja pequeña.
chirlo m. Herida o cicatriz en la cara. ‖ *Méx.* Desgarrón de ropa.
chirola f. *Arg. Fam.* Ficha de metal. | Moneda pequeña.
chirona f. *Fam.* Prisión.
chirriar v. i. Producir cierto sonido discordante.
chirrido m. Sonido estridente o desagradable.
chiscar v. t. Sacar chispas del eslabón.
chisgarabís m. *Fam.* Zascandil.
chisguete m. *Fam.* Trago de vino : *echar un chisguete.*
chismar v. t. e i. Chismear (ú. t. c. pr.).
chisme m. Murmuración, habladuría, hablilla : *decir chismes.* ‖ *Fam.* Bártulo, cosa, trasto, trebejo.
chismear v. i. Chismorrear.
chismería f. Chisme.
chismorrear v. i. Contar chismes, murmurar.
chismorreo m. y **chismorrería** f. Chismes.
chismosear v. i. Chismorrear.
chismoso, sa adj. y s. Que chismea o es dado a chismear.
chispa f. Partícula pequeña encendida que salta de la lumbre. ‖ Fenómeno luminoso que acompaña una descarga eléctrica. ‖ *Fig.* Porción pequeña, pedazo : *una chispa de pan.* | Destello : *chispa de inteligencia.* | Agudeza, viveza de ingenio : *tiene mucha chispa.* ‖ *Fam. Estar chispa,* estar medio borracho
chispar v. t. *Méx.* Sacar. ‖ — V. pr. *Fam.* Embriagarse.
chispazo m. Chispa. ‖ Acción de saltar la chispa del fuego. ‖ *Fig.* Momento brillante, muy logrado : *un chispazo de gracia.* | Fenómeno súbito y pasajero del desarrollo de algo : *los primeros chispazos de la conflagración.*
chispeante adj. Que chispea. ‖ *Fig.* Agudo, ingenioso, brillante : *conversación chispeante.* | Que despide destellos : *ojos chispeantes.*
chispear v. i. Echar chispas. ‖ Despedir destellos, brillar mucho. ‖ — V. impers. Lloviznar.
chispero m. Herrero. ‖ *Fam.* Hombre de Madrid.
chisporrotear v. i. Despedir reiteradamente chispas al arder una cosa. ‖ Producir ruidos parásitos : *chisporrotear la radio.*
chisporroteo m. Proyección de chispas y ruido que hace algo que está ardiendo. ‖ Ruidos parásitos en la radio.
chisquero m. Encendedor de yesca y de bolsillo.
¡chist! interj. Se emplea para imponer silencio.
chistar v. i. Hablar.
chiste m. Historieta burlesca y que hace reír : *siempre está contando chistes.* ‖ Agudeza, dicho agudo. ‖ Gracia : *esto no tiene chiste.* ‖ Burla, broma.
chistera f. Sombrero de copa alta. ‖ Cesta del pelotari.
chistoso, sa adj. Que cuenta chistes. ‖ Gracioso. ‖ Bromista.
chistu m. Flauta de pico usada en el País Vasco.
chistulari m. Músico que toca el chistu.
chita f. Astrágalo. ‖ *Fam. A la chita callando,* en secreto ; en silencio.
¡chitón! interj. ¡Silencio!
chiva f. Cría de la cabra. ‖ *Amér. C.* Manta. ‖ *Amer.* Perilla, barba.
chivar v. t. *Pop.* Fastidiar. ‖ — V. pr. *Fam.* Delatar, acusar.
chivatada f. y **chivatazo** m. *Fam.* Delación.
chivatear v. i. *Fam.* Chivar.
chivateo m. *Fam.* Chivatazo.
chivato m. Chivo de más de seis meses y de menos de un año. ‖ *Fam.* Soplón, delator.
chivo, va m. y f. Cría de la cabra. ‖ *Fig. Chivo expiatorio,* el que paga las consecuencias de algo sin merecerlo.

chocante adj. Que choca. ‖ Desagradable : *voz chocante.* ‖ Que causa extrañeza. ‖ *Col., Ecuad.* y *Méx.* Fastidioso.
chocantería f. *Amer.* Cosa desagradable y molesta.
chocar v. i. Golpearse violentamente dos cuerpos o una cosa con otra : *chocar contra,* o *con, una muralla.* ‖ *Fig.* Pelear, combatir. ‖ Causar extrañeza, extrañar, sorprender : *su conducta me choca.* ‖ — V. t. Entrechocar : *chocaron los vasos al brindar.* ‖ Estrechar : *chocaron las manos.*
chocarrería f. Calidad de chocarrero. ‖ Dicho o acción grosero.
chocarrero, ra adj. Grosero (ú. t. c. s.).
choclo m. Chanclo. ‖ *Amer.* Mazorca de maíz sin madurar. ‖ *Méx. Meter el choclo,* cometer un desatino.
chocolate m. Pasta alimenticia sólida hecha con cacao y azúcar molido. ‖ Bebida hecha con esta pasta desleída en agua o leche. ‖ *Pop.* Hachís. ‖ — Adj. inv. De color del chocolate.
chocolatería f. Fábrica en la que se hace chocolate o tienda donde se vende.
chocolatero, ra m. y f. Persona que fabrica o vende chocolate. ‖ — F. Recipiente para hacer chocolate.
chocolatín m. y **chocolatina** f. Tableta o bombón de chocolate.
chocha f. Ave zancuda.
chochear v. i. Repetir la misma cosa. ‖ Volver a la infancia un viejo. ‖ *Fig.* y *fam.* Perder el seso, apreciar mucho.
chochera y **chochez** f. Repetición de lo mismo. ‖ Disminución de la inteligencia en los viejos. ‖ *Fam.* Admiración, cariño, amor.
chocho, cha adj. Que chochea : *viejo chocho.* ‖ *Fig.* y *fam.* Que está loco de puro cariño, que le gusta mucho. ‖ — M. Altramuz.
chófer y **chofer** m. Conductor de un automóvil.
chola f. *Fam.* Cabeza.
cholada f. y **cholerío** m. *Amer.* Conjunto de cholos.
cholo, la adj. y s. *Amer.* Mestizo de blanco e india. | Dícese del indio civilizado. ‖ *Chil.* Indio puro. ‖ *Arg., Bol., Chil., Ecuad.* y *Per.* Gente de sangre mezclada.
cholulteco, ca adj. y s. De Cholula (México).
choluteca y **cholutecano, na** adj. y s. De Choluteca (Honduras).
cholla f. *Fam.* Cabeza.
chollo m. *Fam.* Ganga. | Suerte.
chomba f. *Chil.* Chompa.
chompa f. *Per.* Suéter.
chongo m. *Méx.* Moño de pelo. ‖ *Guat.* Rizo de pelo. ‖ *Méx.* Broma.
chonguearse v. pr. *Méx. Fam.* Chunguearse.
chontal adj. y s. Dícese de una tribu indígena de América Central y de los miembros de ella. ‖ *Amer.* Inculto, rústico.
chontaleño, ña adj. y s. De Chontales (Nicaragua).
chopera f. Plantío de chopos.
chopo m. Arbol de regiones templadas y húmedas. ‖ *Fam.* Fusil.
choque m. Encuentro violento de un cuerpo con otro : *choque de coches.* ‖ *Mil.* Combate, pelea : *un choque de tanques.* ‖ *Fig.* Disputa, lucha, contienda. | Conflicto, oposición : *choque de dos ideas.* ‖ *Med.* Conmoción : *choque nervioso.*
choquezuela f. Rótula.
chorbo, ba m. y f. *Pop.* Individuo.
chori m. *Pop.* Ladrón.
choricería f. Tienda de embutidos.
choricero, ra m. y f. Persona que hace o vende chorizos. ‖ *Pop.* Ladrón.
chorizo m. Embutido de carne de cerdo, picada y adobada con pimentón. ‖ *Pop.* Ratero. | Maleante. ‖ *Arg.* Lomo de vaca.
chorlito m. Ave zancuda de carne muy estimada. ‖ *Fig. Cabeza de chorlito,* persona distraída.
chorotega adj. y s. Dícese del individuo de una ant. tribu india de América Central.
chorra f. *Pop.* Suerte. ‖ — M. *Pop.* Majadero.
chorrada f. *Pop.* Tontería.
chorrear v. i. Caer o salir un líquido formando chorro. ‖ Salir el líquido lentamente y goteando. ‖ *Fam.* Abundar : *el dinero chorrea en esta casa.* ‖ — V. t. Derramar, vertir : *chorreando sudor.*
chorreo m. Salida de un líquido. ‖ *Fig.* Afluencia : *un chorro de gente.* | Gasto continuo.
chorrera f. Adorno de encajes que se pone en la abertura de la camisa. ‖ *Arg.* Serie, conjunto : *chorrera de disparates.*
chorro m. Salida de un líquido con fuerza : *un chorro de agua.* ‖ Salida violenta de gas o vapor que sirve de fuerza propulsora. ‖ Caída sucesiva de ciertas cosas : *un chorro de trigo.* ‖ Gran cantidad : *un chorro de luz, de dólares.* ‖ *Arg. Fam.* Ladrón. ‖ — *Fig. A chorros,* mucho. ‖ *Fam. Como los chorros de oro,* muy limpio. ‖ *Propulsión a chorro,* reacción
chotacabras m. Ave trepadora.
chotearse v. pr. *Fam.* Burlarse.
choteo m. *Fam.* Burla, pitorreo.
chotis f. Baile por parejas típico de Madrid.
choto, ta m. y f. Cabrito. ‖ Ternero. ‖ *Fam.* Loco.
choza f. y **chozo** m. Cabaña.
christmas [*kristmas*] m. (pal. ingl.). Tarjeta de felicitación en Navidad.
chubasco m. Chaparrón.
chubasquero m. Impermeable.
chubesqui m. Estufa.
chubutense adj. y s. De Chubut (Argentina).
chúcaro, ra adj. *Amer.* Bravío (animal).
chucha f. Perra. ‖ *Pop.* Peseta.
chuchería f. Baratija, fruslería. ‖ Dulce, golosina.
chucho m. Perro. ‖ *Arg.* Escalofrío. | Fiebre palúdica intermitente. ‖ *Cub.* Pincho. ‖ *Chil.* Ave de rapiña pequeña. ‖ *Amer.* Pez pequeño de carne apreciada.
chuchurrido, da adj. *Fam.* Marchito. | Arrugado.
chueco, ca adj. *Amer.* Patituerto.
chufa f. Planta de cuyos tubérculos, comestibles, se hace horchata.
chufla f. Cuchufleta.
chuflarse y **chuflearse** v. pr. Burlarse.
chufletero, ra adj. y s. *Fam.* Bromista. | Burlón.
chulada f. *Fam.* Desenfado. | Grosería. | Bravata. | Agudeza.
chulapear v. i. *Fam.* Portarse a lo chulo.
chulapería f. *Fam.* Chulería.

chulapo, pa y **chulapón, ona** adj. y s. *Fam.* Chulo.
chulear v. t. *Fam.* Burlarse, reírse. | Vivir a costa de una mujer. ‖ — V. pr. Burlarse. ‖ *Fam.* Presumir.
chulería f. *Fam.* Gracia, donaire. | Desfachatez. | Bravata.
chuleta f. Costilla de cerdo, ternera, cordero, etc. ‖ *Fig.* y *fam.* Guantazo, bofetón. ‖ Nota o papelito que llevan escondidamente los estudiantes a los exámenes y en el que están apuntadas fórmulas, resúmenes de temas, etc. ‖ — M. *Fam.* Chulo.
chulo, la adj. Populachero, propio del pueblo de Madrid, picaresco : *andares chulos.* ‖ Descarado, desenfadado, insolente : *no seas tan chulo* (ú. t. c. s.). ‖ Bravucón, atrevido : *estuvo muy chulo con el director* (ú. t. c. s.). ‖ Presumido, ufano : *se paseaba muy chulo con su novia al lado* (ú. t. c. s.). ‖ Majo, de buen efecto : *¡qué coche tan chulo!* ‖ — M. y f. Persona del pueblo bajo de Madrid. ‖ — M. Mozo que ayudaba antiguamente a los toreros. ‖ Rufián, que vive de las mujeres. ‖ *Pop.* Tipejo, individuo.
chulipa o **chulpa** f. Monumento funerario precolombino en Bolivia y Perú.
chumacera f. *Mec.* Pieza en que descansa y gira un eje. ‖ *Mar.* Tablita en la que se fija el tolete.
chumbe m. *Amer.* Faja, ceñidor.
chumbera f. Higuera chumba.
chumbo, ba adj. Dícese del nopal y de su fruto (ú. t. c. s. m.).
chuminada f. *Pop.* Tontería.
chunga f. *Fam.* Burla o broma.
chunguear v. i. *Fam. Méx.* Bromear. ‖ — V. pr. *Fam.* Burlarse, guasearse. | Bromear.
chungueo m. *Fam.* Chunga.
chuña f. *Amer.* Ave parecida a la grulla.
chuño m. *Amer.* Fécula de la patata.
chupacirios m. inv. *Fam.* Beato.
chupada f. Acción de chupar.
chupado, da adj. *Fig* y *fam.* Muy flaco. | Fácil : *examen chupado.*
chupador m. Chupete.
chupadura f. Acción y efecto de chupar.
chupar v. t. Extraer con los labios el jugo de una cosa o un fluido. ‖ Lamer : *chupar un caramelo.* ‖ Embeber los vegetales u otra cosa un líquido, el agua o la humedad. ‖ Mamar el niño. ‖ *Fig.* y *fam.* Absorber. | Despojar a uno de sus bienes con astucia y engaño : *chuparle el dinero a uno.* ‖ — V. pr. Pasar entre los labios y humedecer con saliva. ‖ *Fam.* Enflaquecer, adelgazar. | Soportar : *chuparse seis meses de prisión.* | Emplear en provecho propio. ‖ *Amer.* Emborracharse.
chupatintas m. inv. *Fam.* Oficinista de poca categoría.
chupe m. *Per.* Guisado de patatas, carne o camarones, huevos y queso.
chupendo m. *Fam.* Chupetón.
chupete m. Objeto que se da a los niños de muy corta edad para que chupen. ‖ Tetina del biberón.
chupetear v. i. Chupar mucho.
chupeteo m. Succión.
chupetón m. Chupada fuerte.
chupinazo m. *Fam.* En fútbol, chut fuerte.
chupón, ona adj. y s. Que chupa. ‖ *Fig.* y *fam.* Parásito, aprovechón. ‖ — M. Caramelo sostenido por un palo y que se lleva a la boca para chuparlo.
chuquisaqueño, ña adj. y s. De Chuquisaca (Bolivia).
churra f. *Pop.* Suerte.
churrascado, da adj. Quemado.
churrasco m. *Arg.* Carne asada a la brasa.
churrasquear v. i. *Arg.* Comer un churrasco. ‖ — V. t. *Arg.* Asar.
churrasquería f. Tienda de asados.
churrería f. Tienda de churros.
churrero, ra m. y f. Persona que hace o vende churros.
churrete m. Mancha en la cara.
churretón m. Churrete.
churretoso, sa adj. Sucio.
churri adj. *Fam.* De poco valor.
churrigueresco, ca adj. *Arq.* Dícese del estilo derivado del barroco introducido en España a principios del siglo XVIII por Churriguera, Ribera y sus discípulos (ú. t. c. s. m.). ‖ *Fig.* Recargado, rococó, complicado.
churriguerismo m. Estilo arquitectónico cuya característica principal fue la excesiva o recargada ornamentación.
churro m. Masa de harina y agua que se fríe y tiene forma de bastoncito alargado o en rueda. ‖ *Fig.* y *fam.* Obra mal hecha, mamarracho. | Fracaso : *salir un churro.* | Casualidad, suerte, chiripa.
churumbel m. *Pop.* Niño.
chuscada f. Gracia.
chusco, ca adj. Gracioso, humorístico. ‖ — M. *Fam.* Pieza de pan que se da al soldado para la comida.
chusma f. Gentuza, populacho, gente soez. ‖ *Fam.* Multitud, muchedumbre. ‖ Conjunto de galeotes.
chusmaje m. *Amer.* Gente soez.
chuspa f. *Amer.* Morral, bolsa.
chusquero m. *Fam.* Oficial procedente de la tropa y que no ha pasado por la Academia Militar.
chut m. En fútbol, puntapié al balón.
chutar v. i. En fútbol, lanzar el balón de un puntapié. ‖ *Fig.* y *fam.* *Esto va que chuta,* esto va muy bien. | *¡Y va que chuta!,* ya es suficiente.
chuzo m. Bastón, con un hierro en la punta, de los serenos. ‖ *Amer.* Látigo. ‖ *Fam. Llover a chuzos* o *caer chuzos de punta,* llover con mucha fuerza o ímpetu.

d

d f. Quinta letra del alfabeto castellano y cuarta de sus consonantes. ‖ — **D,** cifra romana que vale 500. ‖ *Mat.* Símbolo de *diferencial.* ‖ *Quím.* Símbolo del *deuterio.* ‖ — **D.,** abrev. de *Don.*
dación f. *For.* Donación.
dactilar adj. Digital.
dactilografía f. Mecanografía.
dactilográfico, ca adj. Relativo a la dactilografía.
dactilógrafo, fa adj. y s. Mecanógrafo.
dactiloscopia f. Procedimiento que consiste en identificar a las personas por las huellas digitales.
dacha f. En Rusia, finca de recreo.
dadaísmo m. Movimiento artístico de vanguardia iniciado en 1916 que tendía a suprimir toda relación entre el pensamiento y la expresión.
dadaísta adj. y s. Perteneciente al dadaísmo o seguidor de este movimiento.
dádiva f. Don, regalo.
dadivoso, sa adj. y s. Liberal, generoso.
dado m. Pieza de forma cúbica en cuyas caras hay señalados puntos desde uno hasta seis o figuras, y que sirve para varios juegos de azar.
dado, da adj. Inclinado : *dado a la bebida.* ‖ — Conj. *Dado que,* siempre que ; puesto que.
daga f. Arma blanca de hoja corta.
daguerrotipo m. Procedimiento inventado por Daguerre que permitía fijar en una placa de cobre las imágenes obtenidas con la cámara oscura. ‖ Imagen obtenida. ‖ Aparato para obtener estas imágenes.
dahir m. Decreto del rey de Marruecos.
daifa f. Concubina.
dalia f. Planta compuesta de flores sin olor. ‖ Flor de esta planta.
dálmata adj. y s. De Dalmacia.
dalmático, ca adj. Dálmata. ‖ — M. Lengua hablada en Dalmacia. ‖ — F. Túnica blanca que llevaban los emperadores romanos. ‖ Vestidura sagrada que se pone encima del alba. ‖ Túnica que llevan los reyes de armas y maceros.
daltoniano, na adj. Del daltonismo. ‖ Que padece daltonismo (ú. t. c. s.).
daltonismo m. *Med.* Defecto de la vista que impide distinguir ciertos colores o que los confunde, especialmente el rojo y el verde.
dama f. Mujer noble o de calidad distinguida. ‖ Mujer galanteada. ‖ La que acompaña o sirve a la reina o a las princesas e infantas : *dama de honor.* ‖ Actriz que representa los papeles principales. ‖ Pieza coronada en el juego de las damas. ‖ Reina en el ajedrez y en los naipes. ‖ — Pl. Juego que se hace con peones redondos negros y blancos en un tablero escaqueado (dos jugadores).
damajuana f. Botellón grande.
damasco m. Tela de seda con dibujos. ‖ Variedad de albaricoque.
damasquillo m. Albaricoque.
damasquinado m. Incrustación de metales finos.
damasquinar v. t. Incrustar con hilos de oro o plata.
damero m. Tablero del juego de damas.
damnación f. Condenación.
damnificado adj. y s. Perjudicado.
damnificar v. t. Dañar.
dancing m. (pal. ingl.). Sala de baile.
dandi m. Hombre que se distingue por su elegancia y buen tono.
dandismo m. Calidad de dandi. ‖ Conjunto de dandis.
dandy m. (pal. ingl.). Dandi.
danés, esa adj. y s. De Dinamarca. ‖ — M. Lengua hablada en Dinamarca.
danubiano, na adj. y s. Del Danubio.
danza f. Baile, serie de movimientos cadenciosos efectuados al son de la música cantada o tocada. ‖ *Fig.* y *fam.* Acción : *meter* (o *entrar*) *en danza.*
danzante adj. Que danza. ‖ — M. y f. Bailarín.
danzar v. t. e i. Bailar. ‖ — V. i. Efectuar movimientos rápidos, bullir.
danzarín, ina m. y f. Bailarín.
dañado, da adj. Estropeado.
dañar v. t. Causar daño, perjudicar : *dañarle a uno en su honra.* ‖ Echar a perder una cosa : *el granizo ha dañado las cosechas.* ‖ — V. pr. Lastimarse, hacerse daño.
dañino, na adj. Que hace daño.
daño m. Detrimento, perjuicio. ‖ Estropicio : *los daños causados por la sequía.* ‖ Dolor : *estos zapatos me hacen daño.* ‖ *Daños y perjuicios,* lo que se reclama de indemnización para reparar un mal.
dañoso, sa adj. Que daña.
dar v. t. Donar : *dar un regalo.* ‖ Entregar. ‖ Conferir : *dar un título.* ‖ Otorgar, conceder : *dar permiso.* ‖ Proponer : *dar una idea.* ‖ Producir : *el rosal da rosas.* ‖ Comunicar : *dar noticias.* ‖ Causar : *dar mucho que hacer.* ‖ Ocasionar, provocar : *dar alegría.* ‖ Imponer : *dar leyes a un país.* ‖ Asestar : *dar un puñetazo.* ‖ Administrar : *dar un remedio.* ‖ Proporcionar : *dar sustento.* ‖ Untar : *dar betún.* ‖ Hacer : *dar los primeros pasos.* ‖ Lanzar, exhalar : *dar voces.* ‖ Sonar las campanadas : *el reloj da las diez* (ú. t. c. i.). ‖ Echar una película o representar una obra de teatro. ‖ Evaluar : *le doy veinte años.* ‖ *Fam.* Fastidiar : *me dio la tarde.* ‖ *¡Dale!,* interj. para ponderar la obstinación. ‖ — V. i. Golpear : *darle fuerte a un niño malo.* ‖ Importar : *dar lo mismo.* ‖ Caer : *dar de espaldas.* ‖ Poner en movimiento : *darle a la máquina.* ‖ Pulsar : *dar al botón.* ‖ Empeñarse : *le dio por pintar.* ‖ Tener, sobrevenir :

me dio un calambre. || Acertar : *dar en el blanco.* || Estar orientado hacia : *todas las ventanas de la oficina dan a la avenida.* || *Fig.* Presagiar : *me da el corazón que va a llover.* || — *Dar de sí,* ensancharse. || *Dar en qué pensar,* despertar sospechas. || *Dar por,* considerar : *dar por acabado algo;* ocurrírsele a uno : *ahora le ha dado por beber.* || — V. pr. Entregarse. || *Fig.* Ocuparse : *darse a la música.* || Pegarse, topar : *darse contra la pared.* || Considerarse : *darse por contento.* || Ocurrir : *se da el caso.* || Producirse las plantas : *esta fruta se da bien aquí.* || — *Fam. Dársela a uno,* engañarle. | *Dárselas de,* presumir de lo que no se es. | *Dársele bien a uno algo,* conseguirlo fácilmente.

dardo m. Arma arrojadiza.

dársena f. *Mar.* Parte interior y resguardada de un puerto.

darvinismo m. Teoría de Darwin, que trata del origen de las especies por la transformación de unas en otras y la selección natural.

datación f. Acción y efecto de datar.

datar v. t. Poner la fecha : *datar un libro.* || Determinar la fecha de algo. || — V. i. Remontarse a tal o cual fecha.

dátil m. Fruto comestible de la palmera. || Molusco bivalvo parecido a este fruto. || — Pl. *Pop.* Dedos.

datilera f. Palmera que da dátiles.

dativo m. *Gram.* En las lenguas declinables, caso que hace el oficio de complemento indirecto.

dato m. Antecedente necesario para el conocimiento de una cosa : *los datos de un problema.* || Documento, testimonio. || Noción, información.

dazibao m. Periódico o cartel mural en la China Popular.

dB, símbolo del *decibel* o *decibelio.*

de f. Nombre de la letra *d.* || — Prep. Indica la posesión, el origen; la materia; la extracción; el modo de hacer una cosa; el contenido; la separación; las cualidades personales. || Por : *me lo dieron de regalo.* || Desde : *de enero a marzo.* || Durante : *de* noche. || Con : *el señor de las gafas.* || Para : *¿qué hay de postre?* || Como : *estuvo aquí de embajador.* || Entre : *tres de estos aviones.* || Restado : *dos de cuatro son dos.* || Se usa a veces para reforzar la expresión : *el bribón de mi hermano.* || Seguida del infinitivo, puede indicar suposición : *de saberlo antes, no hubiera venido.*

deambular v. i. Pasear, andar.

deambulatorio m. Nave que rodea la capilla mayor de una iglesia.

deán m. El que preside el cabildo después del prelado.

debacle f. (pal. fr.). Catástrofe, desastre.

debajo adv. En lugar inferior. || Cubierto por : *debajo de un paraguas.*

debate m. Discusión, disputa : *se lucía en los debates parlamentarios.*

debatir v. t. Discutir : *debatir una cuestión.* || Combatir, pelear por una cosa. || — V. pr. Luchar.

debe m. *Com.* Parte que señala las partidas de cargo en las cuentas corrientes. (Se opone al *haber.*)

debelación f. Victoria armada.

debelador, ra adj. y s. Que debela.

debelar v. t. Vencer con las armas. || Reprimir una rebelión.

deber m. Lo que cada uno está obligado a hacer : *cumplir con sus deberes.* || Tarea, trabajo escolar.

deber v. t. Tener la obligación de pagar. || Estar obligado a algo por precepto religioso o por ley natural o positiva : *debes cumplir las órdenes.* || *Deber de,* seguido de un infinitivo, introduce un matiz de probabilidad : *deben de ser las once.* || — V. pr. Tener obligación de dedicarse a algo o a alguien : *deberse a la patria.* || Tener por motivo : *esto se debe a su ignorancia.*

débil adj. y s. De poco vigor o fuerza. || *Fig.* Que transige fácilmente : *ser de carácter débil.* || *Débil mental,* deficiente mental. || — Adj. Escaso, deficiente : *luz débil.*

debilidad f. Falta de vigor, de fuerza física. || *Fig.* Falta de energía moral. || Flaqueza, punto flaco. || Afecto, cariño. || *Debilidad mental,* deficiencia mental.

debilitación f. Disminución de fuerzas, de actividad.

debilitador, ra y **debilitante** adj. y s. m. Que debilita.

debilitamiento m. Debilidad.

debilitar v. t. Disminuir la fuerza (ú. t. c. pr.).

débito m. Deuda. || Deber. || *Débito conyugal,* obligación recíproca que tienen los cónyuges de aceptar las relaciones sexuales.

debut m. Presentación o primera actuación de un artista. || Estreno de una obra. (Es galicismo.)

debutante com. Principiante. (Es galicismo.) || Señorita que se presenta en sociedad.

debutar v. i. Presentarse por primera vez una obra o un artista. (Es galicismo.)

década f. Decena. || Espacio de diez días o años. || Parte de una obra compuesta de diez capítulos : *«Las Décadas» de Tito Livio.*

decadencia f. Declinación, principio de la ruina, de la degradación.

decadente adj. Que decae.

decaedro m. *Geom.* Sólido o cuerpo geométrico de diez caras.

decaer v. i. Ir a menos : *comercio que decae.* || Declinar : *fuerzas que decaen.* || Disminuir : *la animación decayó.*

decagonal adj. Del decágono.

decágono m. *Geom.* Polígono de diez lados.

decagramo m. Peso de diez gramos.

decaído, da adj. Triste, desalentado. || Débil.

decaimiento m. Decadencia. || Desaliento. || *Med.* Postración.

decalcificación f. Descalcificación.

decalcificar v. t. Descalcificar.

decalitro m. Medida de capacidad equivalente a diez litros.

decálogo m. Los diez mandamientos de la ley de Dios.

decámetro m. Medida de longitud equivalente a diez metros.

decanato m. Cargo de decano. || Despacho del decano.

decano, na m. y f. Persona más antigua de una comunidad. || La nombrada para presidir una corporación o facultad.

decantación f. Acción y efecto de decantar.

decantar v. t. Trasegar un líquido sin que se remueva el poso. || Separar dos productos no miscibles de pesos específicos distintos dejándolos en reposo durante cierto tiempo.

decapar v. t. Desoxidar la superficie de un metal.

decapitación f. Acción y efecto de decapitar.

decapitar v. t. Cortar la cabeza.

decápodos m. pl. Familia de crustáceos que tienen cinco pares de patas, como el

cangrejo (ú. t. c. adj.). ‖ Familia de moluscos cefalópodos que tienen diez tentáculos, como la jibia y el calamar (ú. t. c. adj.).
decapsular v. tr. Quitar la cápsula de un proyectil.
decasílabo, ba adj. y s. m. Dícese del verso de diez sílabas.
decatlón m. Competición atlética que consta de diez pruebas.
decena f. *Mat.* Conjunto de diez unidades.
decenal adj. Que se sucede o se repite cada decenio.
decencia f. Decoro. ‖ Dignidad en las palabras y los actos.
decenio m. Diez años.
deceno, na adj. Décimo.
decente adj. Conforme a la decencia. ‖ Que obra con dignidad, honestidad o recato. ‖ *Fig.* Correcto. | Regular, suficiente : *un ingreso decente.* | Ni bueno ni malo : *un empleo decente.* | Limpio, aseado.
decenviro m. Cada uno de los diez magistrados romanos que redactaron la ley de las Doce Tablas. ‖ Antiguo magistrado romano que servía de consejero a los pretores.
decepción f. Desengaño.
decepcionar v. t. Desilusionar, desengañar.
deceso m. Muerte.
decibel o **decibelio** m. Unidad de medida para expresar la intensidad de los sonidos (símb. dB), que equivale a la décima parte del *bel.*
decidido, da adj. Atrevido, resuelto : *adversario decidido.* ‖ Firme : *apoyo decidido.*
decidir v. t. Pronunciar un juicio sobre una cosa discutida : *decidir una cuestión.* ‖ Determinar, acordar : *decidieron salir.* ‖ Convencer a alguien de hacer algo : *le decidió a que se fuera.* ‖ — V. pr. Tomar una resolución.
decigramo m. Décima parte del gramo.
decilitro m. Décima parte del litro.
décima f. Cada una de las diez partes iguales de un todo. ‖ Composición de diez versos octosílabos. ‖ Décima parte de un grado del termómetro. ‖ Diezmo.
decimal adj. Que tiene por base el número diez. ‖ Aplícase a la fracción cuyo denominador es divisible por diez. ‖ — M. Cada una de las cifras colocadas después de la coma en un número decimal.
decímetro m. Décima parte del metro.
décimo, ma adj. y s. Que va después del noveno. ‖ Aplícase a cada una de las diez partes iguales de un todo (ú. t. c. s. m.). ‖ — M. Décima parte de un billete de lotería.
decimonónico, ca adj. Del siglo XIX.
decir v. t. Manifestar el pensamiento con palabras o por escrito : *decir la verdad.* ‖ Hablar : *dicen muchas cosas de ti.* ‖ Asegurar, sostener, afirmar. ‖ Nombrar o llamar, dar un apodo. ‖ Divulgar, descubrir. ‖ Relatar : *me dijo lo que vio.* ‖ Ordenar : *le dijo que viniera.* ‖ Celebrar : *decir misa.* ‖ Revelar, denotar : *su indumentaria dice su pobreza.* ‖ Parecer familiar : *esto me dice algo.* ‖ — *¿Diga?,* o *¿dígame?,* expr. que se emplea al descolgar el teléfono. ‖ *El qué dirán,* la opinión pública. ‖ *Es decir,* esto es. ‖ *Ni que decir tiene,* ser evidente. ‖ *¡No me digas!,* expr. que indica la sorpresa. ‖ *Por decirlo así,* o *digamos,* expr. explicativa. ‖ *¡Y usted que lo diga!,* expr. de asentimiento. ‖ — M. Dicho, palabra. ‖ Lo que se dice : *según los decires de...* ‖ *Es un decir,* es una manera de hablar.
decisión f. Acción de decidir. ‖ Lo que se ha decidido. ‖ Determinación. ‖ Animo, firmeza. ‖ Fallo de un tribunal.
decisivo, va adj. Que decide. ‖ Que conduce a un resultado definitivo : *batalla decisiva.* ‖ Tajante, categórico : *respuesta decisiva.*
decisorio, ria adj. Decisivo.
declamación f. Acción, arte o manera de declamar.
declamador, ra adj. y s. Que declama.
declamar v. t. e i. Hablar en público. ‖ Expresarse con vehemencia y enfáticamente. ‖ Recitar en voz alta con la entonación adecuada.
declamatorio, ria adj. Ampuloso.
declaración f. Acción y efecto de declarar o declararse. ‖ Enunciación. ‖ *For.* Deposición hecha ante el juez : *declaración de testigos.* ‖ Confesión : *declaración amorosa.*
declarante adj. y s. Que declara.
declarar v. t. Dar a conocer : *declarar una intención.* ‖ Confesar, descubrir, manifestar. ‖ Significar : *declarar la guerra.* ‖ Expresar su apreciación : *declarar incompetente a un tribunal.* ‖ *For.* Hacer una deposición los reos y testigos : *declarar ante el juez.* ‖ Decir en la aduana lo que uno lleva consigo. ‖ Dar conocimiento a la administración de sus ingresos. ‖ — V. pr. Manifestarse una cosa : *se declaró un incendio.* ‖ Hacer confesión de amor. ‖ Determinar hacer algo : *declararse en huelga.*
declinación f. Pendiente, declive. ‖ *Fig.* Decadencia o menoscabo. ‖ *Gram.* Serie ordenada de los casos gramaticales. ‖ *Astr.* Distancia angular de un astro al ecuador celeste.
declinante adj. Que declina.
declinar v. i. Inclinarse. ‖ Ir hacia su fin : *declinar el día.* ‖ *Fig.* Decaer, menguar en salud, inteligencia, etc. ‖ Alejarse del meridiano la aguja imantada. ‖ *Astr.* Alejarse un astro del ecuador. ‖ — V. t. Rehusar, rechazar. ‖ *Gram.* Poner una palabra declinable en los distintos casos.
declive m. y **declividad** f. Inclinación del terreno o de una superficie. ‖ Pendiente.
decoloración f. Acción y efecto de descolorar o descolorarse.
decolorante m. Producto que sirve para decolorar.
decolorar v. t. Descolorar.
decomisar v. t. Confiscar.
decomiso m. Confiscación.
decoración f. Acción y efecto de decorar. ‖ Cosa o conjunto de cosas que decoran : *la decoración de un piso.* ‖ *Teatr.* Decorado.
decorado m. Conjunto de lienzos que representan el lugar en que ocurre la escena de una obra de teatro o película.
decorador, ra adj. y s. Que se dedica a decorar.
decorar v. t. Adornar una cosa o sitio con accesorios destinados a embellecerlo.
decorativo, va adj. Relativo a la decoración : *artes decorativas.* ‖ Que adorna. ‖ *Fig.* Que interesa sólo por su presencia.
decoro m. Respeto : *guardar el decoro a uno.* ‖ Recato. ‖ Dignidad : *persona sin decoro.*
decoroso, sa adj. Que tiene decoro, respetable. ‖ Decente.
decrecer v. i. Disminuir.
decreciente adj. Que decrece.
decrecimiento m. Disminución.
decrépito, ta adj. De edad muy avanzada y con achaques.
decrepitud f. Suma vejez.

decretar v. t. Decidir con autoridad. ‖ Ordenar por decreto.
decreto m. Disposición tomada por el jefe del Estado. ‖ Resolución de carácter político o gubernativo. ‖ *Decreto ley*, disposición promulgada por el Poder ejecutivo.
decúbito m. Posición del cuerpo tendido sobre un plano horizontal. ‖ *Decúbito supino, prono*, tendido boca arriba, boca abajo.
decuplicar v. t. Multiplicar por diez. ‖ *Fig.* Aumentar mucho.
décuplo, pla adj. Diez veces mayor (ú. t. c. s. m.).
dechado m. Ejemplo, modelo.
dedal m. Estuche generalmente metálico que se pone en la extremidad del dedo que empuja la aguja de coser para protegerlo. ‖ Dedil.
dédalo m. *Fig.* Laberinto.
dedicación f. Acción y efecto de dedicar o dedicarse. ‖ Acción y efecto de dedicarse enteramente a una profesión o trabajo.
dedicar v. t. Consagrar al culto. ‖ Dirigir a una persona, como homenaje, una obra : *dedicar un libro.* ‖ Emplear, aplicar. ‖ Destinar : *estas palabras te van dedicadas.* ‖ — V. pr. Entregarse a : *dedicarse al estudio.* ‖ Ocuparse.
dedicatoria f. Fórmula con que se dedica una obra.
dedil m. Funda que se pone en los dedos : *dedil de goma.*
dedillo m. Dedo pequeño. ‖ *Fig.* y *fam. Saber una cosa al dedillo*, saberla perfectamente.
dedo m. Cada una de las extremidades móviles de la mano o el pie del hombre y de los animales vertebrados. ‖ Medida del ancho de un dedo. ‖ — *Fig.* y *fam. A dos dedos de*, muy cerca de. | *Chuparse los dedos*, relamerse de gusto. | *Mamarse el dedo*, ser simple o tonto. | *Morderse los dedos*, arrepentirse de algo. | *No tener dos dedos de frente*, ser tonto. | *Poner el dedo en la llaga*, señalar el punto sensible.
deducción f. Acción y efecto de deducir. ‖ Conclusión.
deducir v. t. Sacar consecuencias de una proposición o supuesto, inferir. ‖ Rebajar.
deductivo, va adj. Que obra por deducción : *método deductivo.*
defalcar v. tr. Desfalcar.
defasaje m. *Electr.* Desfase.
defasar v. t. *Electr.* Desfasar.
defecación f. Acción y efecto de defecar.
defecar v. t. Quitar las heces o impurezas. ‖ — V. i. Expeler los excrementos.
defección f. Abandono con deslealtad de una causa o motivo.
defectivo, va adj. Defectuoso. ‖ *Gram.* Dícese del verbo que no se emplea en todos los tiempos, modos y personas (ú. t. c. s. m.).
defecto m. Carencia, falta. ‖ Imperfección.
defectuosidad f. Carácter de defectuoso, imperfección, defecto.
defectuoso, sa adj. Imperfecto.
defender v. t. Luchar para proteger a uno o algo contra un ataque. ‖ Proteger, amparar : *defender al desvalido.* ‖ Abogar en favor de uno o de una idea. ‖ — V. pr. Resistir un ataque.
defenestración f. Acción de arrojar a alguien por la ventana.
defensa f. Acción de defender o defenderse. ‖ Resistencia : *la defensa de Numancia.* ‖ Dispositivos usados para defenderse (ú. t. c. pl.). ‖ Amparo, protección : *defensa del perseguido.* ‖ Medio de justificación de un acusado : *en defensa de su honor.* ‖ *For.* Abogado defensor. ‖ En ciertos deportes, parte del equipo que protege la portería. ‖ *Amer.* Parachoques de un vehículo. ‖ — Pl. Colmillos de los elefantes, morsas, etc. ‖ Cuernos del toro. ‖ — *Defensa nacional*, todo lo que emprende un país para salvaguardar su seguridad. ‖ *Defensa pasiva*, protección de la población civil contra los ataques aéreos. ‖ *Legítima defensa*, causa eximente de culpabilidad. ‖ — M. Jugador de la línea de defensa.
defensivo, va adj. Útil para defender. ‖ — F. Actitud de defensa : *ponerse a la defensiva.*
defensor, ra adj. y s. Que defiende : *abogado defensor.*
deferencia f. Respeto.
deferente adj. Que lleva fuera : *conducto deferente.* ‖ Respetuoso : *hay que ser deferentes con las personas de edad.*
deferir v. i. Adherirse al dictamen de uno por respeto o cortesía. ‖ — V. t. Atribuir a una jurisdicción o poder : *deferir una causa a un tribunal.*
deficiencia f. Defecto. ‖ *Deficiencia mental*, grado de retraso psíquico inferior a la idiotez.
deficiente adj. Que presenta una insuficiencia física o mental. ‖ Mediocre : *alumno deficiente.*
déficit m. *Com.* Cantidad que falta para que los ingresos se equilibren con los gastos. (Pl. *déficits.*)
deficitario, ria adj. Que tiene déficit.
definición f. Explicación clara y exacta del significado de una palabra. ‖ Determinación de una duda. ‖ Número de líneas y de puntos en que se divide la imagen transmitida por la televisión.
definido, da adj. Explicado : *palabra mal definida.* ‖ Que tiene límites precisos. ‖ *Gram.* Determinado : *artículo definido.*
definidor, ra adj. y s. Que define.
definir v. t. Fijar con precisión el significado de una palabra o la naturaleza de una cosa. ‖ Determinar, resolver una duda. ‖ Precisar : *definir su opinión.* ‖ — V. pr. Declarar inequívocamente sus opiniones o preferencias, especialmente políticas.
definitivo, va adj. Fijado o resuelto para siempre : *solución definitiva.* ‖ *En definitiva*, finalmente.
deflación f. Reducción de la circulación fiduciaria.
deflacionario, ria adj. De la deflación.
deflacionista adj. Que practica la deflación.
deflagración f. Acción de deflagrar. ‖ Explosión violenta.
deflagrar v. i. Arder una sustancia con llama y sin explosión.
deflector m. Aparato para desviar la dirección de un fluido.
deformación f. Alteración de la forma normal. ‖ *Deformación profesional*, apreciación errónea de los hechos debida a las costumbres adquiridas por el ejercicio de una profesión.
deformador, ra adj. y s. Que deforma.
deformar v. t. Alterar la forma de una cosa (ú. t. c. pr.). ‖ *Fig.* Alterar la verdad.
deforme adj. De forma anormal.
deformidad f. Alteración persistente en la forma.
defraudación f. Fraude.
defraudador, ra adj. y s. Que defrauda.

defraudar v. t. Usurpar a uno lo que le toca de derecho : *defraudar a sus acreedores.* || Eludir el pago de impuestos : *defraudar al fisco.* || *Fig.* Frustrar.
defunción f. Muerte.
degeneración f. Alteración de la célula viva. || Acción y efecto de degenerar o degenerarse.
degenerado, da adj. y s. Que muestra degeneración física, intelectual o moral.
degenerar v. i. Decaer, degradarse, no corresponder a su origen una persona o cosa. || Perder el mérito, el valor físico o moral. || Cambiar empeorando : *el resfriado degeneró en bronconeumonía.*
deglución f. Paso de los alimentos de la boca al estómago.
deglutir v. t. e i. Tragar.
degolladero m. Matadero de animales.
degollar v. t. Cortar la garganta o la cabeza : *degollar una res.* || *Taurom.* Dar una estocada delantera al toro, haciéndole echar sangre por la boca. || *Teatr.* Representar mal una obra. || *Fig.* Desbaratar, arruinar.
degollina f. *Fam.* Matanza. | Abundancia de suspensos en un examen.
degradación f. Acción y efecto de degradar o degradarse. || *Fig.* Envilecimiento. || Disminución gradual de la intensidad del color en una pintura.
degradante adj. Que degrada.
degradar v. t. Rebajar de grado o dignidad : *degradar a un militar.* || Envilecer : *degradado por la bebida.* || Disminuir progresivamente la intensidad de un color en una pintura.
degüello m. Acción de degollar. || Matanza : *entrar a degüello.*
degustación f. Acción de degustar.
degustar v. t. Probar alimentos o bebidas para apreciar su calidad.
dehesa f. Campo de pasto.
deicida adj. y s. Que mató a Jesucristo.
deicidio m. Crimen del deicida.
deidad f. Divinidad.
deificación f. Acción y efecto de deificar.
deificar v. t. Divinizar.
dejación f. Abandono, cesión.
dejadez f. Pereza, falta de energía. || Descuido, negligencia.
dejado, da adj. Perezoso. || Negligente, descuidado (ú. t. c. s.). || Bajo de ánimo. || — F. En tenis, pelota muy corta y sin fuerza. || *Méx.* Carrera de un taxi.
dejar v. t. Soltar una cosa : *deja este libro.* || Poner algo que se había cogido en un sitio : *deja este florero aquí.* || Abandonar, apartarse : *dejar su país.* || Cesar : *dejar sus estudios.* || No quitar : *dejó el polvo en los muebles.* || Hacer que quede de cierto modo : *esta noticia le dejó pasmado.* || Dar : *le dejó una carta para mí.* || Prestar : *le dejaré mi tocadiscos.* || Olvidar : *dejé el paraguas en casa* (ú. t. c. pr.). || Omitir : *dejar de hacer lo prometido.* || Permitir, no impedir : *deja a su hijo que salga.* || Producir : *el negocio le dejó ganancia.* || No molestar : *déjale tranquilo.* || Despreocuparse : *déjale que se las arregle.* || Aplazar : *deja este trabajo para mañana.* || Esperar : *deja que venga para decírselo.* || Entregar : *dejar al cuidado de uno.* || Designar, considerar : *dejar como heredero.* || Legar. || — *Fig. Dejar caer,* insinuar una cosa fingiendo no darle importancia. | *Dejar correr,* permitir. | *Dejar fresco,* no preocupar. || *No dejar de,* no cesar ; forma que sirve para afirmar : *no deja de extrañarme su conducta.* || — V. pr. Descuidarse. || Abandonarse, entregarse. || Cesar : *déjese de llorar.*
deje m. Acción y efecto de dejar : *deje de cuenta.* || Dejo, acento al hablar.
dejo m. Acción y efecto de dejar. || Acento peculiar de algunas personas al hablar. || Gusto, sabor que deja algo.
de jure loc. lat. De derecho.
del, contracción de la preposición *de* y el artículo *el.*
delación f. Denuncia, acusación.
delantal m. Prenda que sirve para proteger los vestidos, mandil.
delante adv. En la parte anterior : *ir delante.* || Enfrente : *delante de mi casa.* || En presencia de, a la vista de : *delante de mí.*
delantero, ra adj. Que va delante. || Anterior, que está delante. || — M. Jugador que forma parte de la línea de ataque en un equipo deportivo. || — F. Parte anterior de una cosa. || Primera fila de asientos en un local público. || Anticipación en el tiempo o el espacio : *llevar la delantera.* || Línea de ataque en un equipo deportivo.
delatador, ra adj. y s. Que delata.
delatar v. t. Revelar a la autoridad un delito y designar a su autor : *delatar a los cómplices.*
delator, ra adj. y s. Acusador.
delco m. Distribuidor eléctrico que produce el encendido del motor de explosión.
dele y **deleátur** m. Signo de corrección que indica en las pruebas de imprenta que ha de quitarse una letra o palabra.
delectación f. Deleite.
delegación f. Acción y efecto de delegar. || Cargo y oficina del delegado. || Reunión de delegados.
delegado, da adj. y s. Aplícase a la persona que actúa en nombre de otra.
delegar v. t. Dar autorización a uno para que actúe en lugar de otro : *delegar en* [o *a*] *uno su poder.*
deleitación f. Deleite.
deleitar v. t. Causar placer en el ánimo o los sentidos. Ú. t. c. pr. : *deleitarse con la lectura.*
deleite m. Placer.
deleitoso, sa adj. Agradable.
deletrear v. t. Pronunciar las letras y las sílabas por separado.
deletreo m. Acción de deletrear.
deleznable adj. Desagradable. || Que se disgrega fácilmente.
delfín m. Cetáceo carnívoro que puede alcanzar tres metros de largo. || Título que se daba en Francia al príncipe heredero desde el año 1349.
delgadez f. Estado de delgado.
delgado, da adj. Poco grueso : *hilo delgado.* || Flaco.
deliberación f. Discusión sobre un asunto. || Reflexión.
deliberante adj. Que delibera.
deliberar v. i. Examinar y discutir una cosa antes de tomar una decisión : *las Cortes deliberan.* || Reflexionar sobre un asunto.
delicadeza f. Finura : *delicadeza del gusto.* || Suavidad. || Miramiento, atención, amabilidad : *tener mil delicadezas con uno.* || Escrupulosidad. || Discreción.
delicado, da adj. Agradable al gusto, exquisito : *manjar delicado.* || Endeble, enfermizo : *delicado de salud.* || Frágil, quebradizo. || Escrupuloso. || Susceptible : *caráter delicado.* || Discreto, cuidadoso de no ofender. || Complicado : *un asunto delicado.* || Difícil de

contentar. Ú. t. c. s. : *hacer el delicado.* ‖ Sensible. ‖ Ingenioso. ‖ Fino : *facciones delicadas.* ‖ Atento. ‖ Primoroso. ‖ Hecho con gusto.
delicia f. Placer extremo. ‖ Encanto : *esta mujer es una delicia.*
delicioso, sa adj. Muy agradable. ‖ Encantador : *mujer deliciosa.*
delictivo, va y **delictuoso, sa** adj. Relativo al delito.
delicuescente adj. Que absorbe la humedad del aire.
delimitar v. t. Limitar.
delincuencia f. Calidad de delincuente. ‖ Conjunto de actos delictivos en un país o época.
delincuente adj. y s. Que es culpable de un delito.
delineante m. y f. Dibujante que traza planos o proyectos.
delinear v. t. Trazar las líneas de una cosa : *delinear un plano.* ‖ — V. pr. Perfilarse.
delinquir v. i. Cometer delito.
delirante adj. Que delira. ‖ Excesivo, frenético : *ovaciones delirantes.*
delirar v. i. Desvariar : *el enfermo delira.* ‖ Tener perturbada la razón. ‖ *Fig.* Disparatar.
delirio m. Acción de delirar. ‖ Perturbación mental causada por una enfermedad. ‖ *Fig.* Agitación grande originada por las pasiones, las emociones. ‖ *Fig.* Disparate.
delírium tremens m. Delirio con agitación y temblor de miembros, frecuente en los alcohólicos.
delito m. Infracción a la ley.
delta f. Cuarta letra del alfabeto griego. ‖ — M. Terreno bajo triangular formado en la desembocadura de un río : *el delta del Ebro.*
demacración f. Adelgazamiento por desnutrición o enfermedad.
demacrarse v. pr. Adelgazar mucho.
demagogia f. Gobierno de la plebe. ‖ Política que intenta agradar al pueblo.
demagógico, ca adj. De la demagogia : *es un politicastro que hace en sus discursos promesas irrealizables, demagógicas.*
demagogo, ga m. y f. Persona que intenta ganar influencia política halagando al pueblo.
demanda f. Petición. ‖ *For.* Petición a un tribunal del reconocimiento de un derecho. | Acción que se ejercita en juicio. ‖ *Com.* Pedido o encargo de mercancías. | Conjunto de los productos y servicios que los consumidores están dispuestos a adquirir : *la oferta y la demanda.*
demandado, da m. y f. *For.* Persona acusada en un pleito civil.
demandante adj. y s. *For.* Que demanda : *abogado demandante.*
demandar v. t. *For.* Presentar querella ante un tribunal civil. ‖ Pedir.
demarcación f. Limitación. ‖ Territorio demarcado. ‖ Jurisdicción.
demarcar v. t. Limitar.
demás adj. Precedido del artículo *lo, la, los, las* significa *lo otro, la otra, los otros, las otras.* ‖ — Adv. Además.
demasía f. Exceso.
demasiado, da adj. Más de lo necesario. ‖ Excesivo, sobrado : *tienen demasiada confianza.* ‖ — Adv. Excesivamente.
demencia f. Locura.
demencial adj. Característico de la demencia.
demente adj. y s. Loco.
demérito m. Falta de mérito.
democracia f. Gobierno en que el pueblo ejerce la soberanía eligiendo a sus dirigentes. ‖ Nación gobernada por este sistema. ‖ — *Democracia Cristiana,* movimiento político que defiende el ideal democrático y los principios sociales del cristianismo. ‖ *Democracia Popular,* la existente en los países socialistas de Europa del Este y en otros.
demócrata adj. y s. Partidario de la democracia.
democrático, ca adj. Conforme con la democracia.
democratización f. Acción y efecto de democratizar.
democratizar v. t. Hacer demócratas a las personas y democráticas las instituciones.
democristiano, na adj. y s. Que defiende el ideal democrático y los principios sociales del cristianismo.
demografía f. Estudio estadístico de la población humana.
demográfico, ca adj. Referente a la demografía.
demoler v. t. Destruir.
demolición f. Destrucción.
demonio m. Ángel rebelde, diablo. ‖ Persona mala o traviesa.
demora f. Tardanza, retraso. ‖ Tiempo de espera para conseguir una conferencia telefónica internacional o interurbana.
demorar v. t. Retardar, diferir : *demorar el pago de una deuda.* ‖ — V. i. y pr. Detenerse en un lugar. ‖ Tardar.
demostración f. Acción de demostrar. ‖ Razonamiento por el cual se da pruebas de la exactitud de una proposición : *demostración de un teorema.* ‖ Comprobación experimental de un principio. ‖ Manifestación, prueba.
demostrar v. t. Probar de un modo evidente. ‖ *Fig.* Dar pruebas : *demostrar buena voluntad.*
demostrativo, va adj. Que demuestra. ‖ *Gram.* Dícese de los adjetivos y pronombres que señalan personas o cosas (ú. t. c. s. m.).
demudar v. t. Mudar, variar. ‖ Alterar repentinamente el color, la expresión del semblante.
denegación f. Negación.
denegar v. t. Negar, rehusar.
denegatorio, ria adj. Que incluye denegación.
denigración f. Difamación.
denigrador, ra y **denigrante** adj. Que denigra, deshonroso.
denigrar v. t. Atacar la fama de una persona. ‖ Injuriar.
denigrativo, va y **denigratorio, ria** adj. Que denigra.
denodado, da adj. Valiente. ‖ Esforzado, decidido.
denominación f. Nombre con que se designa una persona o cosa. ‖ *Denominación de origen,* nombre geográfico de una zona vitivinícola, que sólo puede utilizarse si los vinos cumplen determinados requerimientos : *Rioja y Jerez son denominaciones de origen.*
denominador, ra adj. y s. Que denomina. ‖ — M. *Mat.* Divisor en el quebrado.
denominar v. i. Llamar.
denostar v. t. Injuriar.
denotar v. t. Indicar, revelar.
densidad f. Calidad de denso. ‖ *Fís.* Relación entre la masa de un cuerpo y la del agua o del aire que ocupa el mismo volumen. ‖ *Densidad de población,* número de habitantes por kilómetro cuadrado.

denso, sa adj. Compacto, muy pesado en relación con su volumen. ‖ *Fig.* Espeso : *neblina densa.* | Apiñado : *denso auditorio.*
dentado, da adj. Que tiene dientes : *rueda dentada.* ‖ — M. Borde semejante a los dientes de una sierra : *el dentado de los sellos.*
dentadura f. Conjunto de los dientes de una persona o animal.
dental adj. Referente a los dientes.
dentellado, da adj. Que tiene dientes o muescas. ‖ — F. Mordisco.
dentera f. Sensación desagradable en los dientes al comer, ver ciertas cosas u oír ciertos ruidos desagradables. ‖ *Fig.* y *fam.* Envidia.
dentición f. Acción y efecto de echar los dientes. ‖ Tiempo en que se realiza.
denticular adj. Que tiene forma de dientes.
dentífrico, ca adj. y s. m. Dícese del producto que sirve para limpiar los dientes.
dentina f. Marfil de los dientes.
dentirrostros m. pl. Pájaros que tienen escotaduras en la parte superior del pico (ú. t. c. adj.).
dentista com. Médico cirujano que se dedica a cuidar y arreglar los dientes.
dentistería f. *Amer.* Consultorio del dentista. | Odontología.
dentro adv. A o en el interior de un espacio de terreno o de tiempo : *dentro de la casa, de un año.*
denuedo m. Valor.
denuesto m. Insulto.
denuncia f. Acusación, delación. ‖ Anulación.
denunciación f. Denuncia.
denunciador, ra y **denunciante** adj. y s. Que denuncia.
denunciar v. t. *For.* Acusar ante la autoridad : *denunciar a uno como autor de un delito.* ‖ Declarar el estado ilegal de algo. ‖ Anular, cancelar : *denunciar un convenio.* ‖ *Fig.* Revelar, descubrir : *denunciar un secreto.* | Indicar. | Pronosticar.
deontología f. Ciencia o tratado de los deberes. ‖ *Deontología médica,* reglas que establecen las relaciones de los médicos entre sí o con los enfermos.
deparar v. t. Ofrecer, presentar. ‖ Conceder, proporcionar.
departamental adj. Relativo al departamento.
departamento m. División territorial en ciertos países. ‖ Ministerio o división administrativa : *el departamento de Hacienda.* ‖ Cada una de las partes en que se divide una caja, un edificio, un vagón de ferrocarril, etc. ‖ Conjunto de los puestos de un almacén que venden la misma clase de géneros. ‖ Piso, apartamento.
departir v. i. Hablar.
depauperación f. Empobrecimiento. ‖ Debilitación del organismo.
depauperante adj. Empobrecedor.
depauperar v. t. Empobrecer. ‖ *Med.* Debilitar.
dependencia f. Sujeción, subordinación : *la dependencia de un país en relación con otro.* ‖ Oficina dependiente de otra superior. ‖ Sucursal. ‖ Relación de parentesco o amistad. ‖ Conjunto de dependientes de una casa de comercio. ‖ — Pl. Cosas accesorias de otra principal. ‖ Habitaciones de un edificio grande. ‖ Conjunto de edificios donde vive la servidumbre. ‖ *Dependencia de la droga,* necesidad de seguir tomándola para suprimir un malestar somático o psíquico.
depender v. i. Estar bajo la dependencia de uno. ‖ Ser consecuencia, estar determinado por algo. ‖ Estar sometido a las circunstancias.
dependienta f. Empleada de una tienda.
dependiente adj. Que depende. ‖ — M. Empleado de una tienda.
depilación f. Acción y efecto de depilar o depilarse.
depilar v. t. Quitar o arrancar los pelos o vello (ú. t. c. pr.).
depilatorio, ria adj. y s. m. Dícese del producto usado para depilar.
deplorable adj. Lamentable.
deplorar v. t. Lamentar.
deponer v. t. Dejar, apartar de sí : *deponer las armas.* ‖ Destituir de un empleo o dignidad. ‖ Declarar ante el juez u otro magistrado. ‖ — V. i. Evacuar el vientre.
deportación f. Destierro a un punto determinado. ‖ Prisión en un campo de concentración en el extranjero.
deportar v. t. Condenar a deportación.
deporte m. Ejercicio físico practicado individualmente o en grupo según reglas determinadas.
deportista adj. y s. Que practica uno o varios deportes.
deportivamente adv. *Fig.* Lealmente : *reconoció deportivamente su inferioridad.*
deportividad f. Carácter deportivo. ‖ Lealtad.
deportivo, va adj. Relativo al deporte : *lancha deportiva.* ‖ Que tiene deportividad, correcto en su actuación. ‖ — M. Coche deportivo.
deposición f. Privación de empleo o dignidad. ‖ *For.* Declaración hecha ante el juez. ‖ Evacuación del vientre.
depositador, ra y **depositante** adj. y s. Que deposita.
depositar v. t. Poner bienes o cosas de valor bajo la custodia de alguien que responda de ellos. ‖ Colocar en un lugar determinado. ‖ Sedimentar un líquido. ‖ *Fig.* Fundar esperanzas, ilusiones, etc., en algo o alguien. ‖ — V. pr. Sedimentarse.
depositario, ria m. y f. Persona a quien se confía un depósito o algo inmaterial como un secreto, la confianza, etc.
depósito m. Acción y efecto de depositar. ‖ Cosa depositada. ‖ Recipiente para contener un líquido. ‖ Sedimento de un líquido. ‖ Almacén, lugar para guardar mercancías.
depravación f. Acción de depravar o depravarse. ‖ *Fig.* Corrupción, vicio.
depravado, da adj. y s. Pervertido.
depravador, ra adj. y s. Que deprava : *literatura depravadora.*
depravante adj. Que deprava.
depravar v. t. Pervertir, corromper.
depreciación f. Disminución del valor o precio.
depreciar v. t. Hacer disminuir el precio o valor de una cosa.
depredación f. Pillaje, robo con violencia. ‖ Malversación o exacción injusta.
depresión f. Hundimiento natural o accidental en un terreno o superficie. ‖ Estado patológico caracterizado por una tristeza profunda e inmotivada, una falta de confianza en sí mismo, un gran pesimismo y una carencia de interés por la vida. ‖ Debilitación. ‖ *Fís.* Descenso de presión : *depresión barométrica.* ‖ Disminución de la actividad económica que precede o sigue a una crisis.
depresivo, va adj. Deprimente.

depresor, ra adj. Que deprime. ‖ — M. Instrumento usado para bajar la lengua a un enfermo y examinarle la garganta.
deprimente adj. Que deprime.
deprimido, da adj. Que sufre depresión.
deprimir v. t. Reducir el volumen por presión. ‖ *Fig.* Hace decaer el ánimo física o moralmente, desanimar (ú. t. c. pr.). ‖ — V. pr. Disminuir un cuerpo de volumen o cambiar de forma por efecto de algún hundimiento parcial.
deprisa adv. A prisa, con prontitud.
depuración f. Acción de depurar.
depurador, ra adj. Que depura. ‖ — M. Aparato para la depuración.
depurar v. t. Limpiar.
depurativo, va adj. y s. m. Dícese del medicamento que depura la sangre, el organismo.
derby m. (pal. ingl.). Carrera anual de caballos en Epsom (Inglaterra).
derecha f. Lado derecho. ‖ Mano derecha. ‖ La parte más moderada o conservadora de una colectividad en materia política.
derechazo m. Golpe dado con la mano derecha. ‖ *Taurom.* Muletazo con la mano derecha.
derechismo m. Tendencia política de derecha.
derechista com. Miembro de un partido político de derecha.
derecho m. Conjunto de las leyes y disposiciones a que está sometida toda sociedad civil. ‖ Su estudio : *cursar el primer año de Derecho.* ‖ Facultad de hacer una cosa, de disponer de ella o de exigir algo de una persona : *tener derecho a cierta consideración.* ‖ Tributo, tasa : *derechos de aduana.* ‖ — Pl. Honorarios.
derecho, cha adj. Recto : *camino derecho.* ‖ Vertical : *poner derecho un poste.* ‖ Que no está encorvado. ‖ Dícese de lo que está colocado en el cuerpo del hombre, del lado opuesto al del corazón : *mano derecha.* ‖ Aplícase a las cosas que están del lado de la mano derecha de la persona que mira. ‖ Justo, legítimo. ‖ — Adv. Derechamente, directamente : *ir derecho.*
derechohabiente adj. Dícese de la persona que deriva su derecho de otra (ú. t. c. s.).
deriva f. Desvío del rumbo de un barco o una aeronave por efecto del viento o una corriente. ‖ *Fig. A la deriva,* sin gobierno.
derivación f. Acción de derivar. ‖ Pérdida de fluido en una instalación eléctrica. ‖ *Gram.* Procedimiento para formar vocablos mediante la adición de sufijos, etc.
derivado, da adj. *Gram.* Dícese de la palabra que procede de otra (ú. t. c. s. m.). ‖ — M. *Quím.* Producto que se saca de otro. ‖ — F. *Mat. Derivada de una función, de una variable,* límite hacia el cual tiende la relación entre el incremento de la función y el atribuido a la variable cuando ésta tiende a cero.
derivar v. i. Traer su origen de una cosa (ú. t. c. pr.). ‖ Desviarse (ú. t. c. pr.). ‖ — V. t. Dirigir, encaminar. ‖ Cambiar la dirección o rumbo. ‖ *Gram.* Traer una palabra de cierta raíz, como *marina,* de *mar.* ‖ Llevar parte de una corriente o conducto en otra dirección. ‖ *Mat.* Obtener una función derivada. ‖ — V. pr. *Fig.* Proceder.
derivativo, va adj. Que indica derivación. ‖ — M. Medicamento que atrae a un punto la inflamación o los humores acumulados en otro.
dermatología f. Estudio de las enfermedades de la piel.
dermatólogo, ga m. y f. Especialista de enfermedades de la piel.
dermis f. Capa inferior y más gruesa de la piel.
derogación f. Anulación.
derogar v. t. Abolir, anular.
derogatorio, ria adj. Que deroga.
derrama f. Repartimiento de un impuesto o gasto.
derramamiento m. Acción y efecto de derramar o derramarse.
derramar v. t. Verter : *derramar agua en el suelo.* ‖ Esparcir : *derramar arena.* ‖ Repartir los impuestos. ‖ *Fig.* Propagar, divulgar.
derrame m. Derramamiento. ‖ Salida de un líquido. ‖ Cantidad de líquido que se sale de un recipiente roto o estropeado. ‖ *Med.* Acumulación de humor en una cavidad o salida del mismo al exterior del cuerpo.
derrapar v. i. Patinar un vehículo.
derrelicto m. *Mar.* Embarcación u objeto que queda abandonado en el mar.
derrengado, da adj. Cansado.
derrengar v. t. Cansar.
derretimiento m. Acción de derretir o derretirse.
derretir v. t. Licuar por medio del calor : *derretir sebo.* ‖ — V. pr. Volverse líquido.
derribar v. t. Echar a tierra : *derribar una muralla.* ‖ Hacer caer : *derribar un avión.* ‖ Tirar al suelo las reses con la garrocha. ‖ *Fig.* Derrocar : *derribar un gobierno.*
derribo m. Acción y efecto de derribar. ‖ Materiales sacados de la demolición. ‖ Sitio donde se derriba.
derrick m. Torre de perforación de un pozo de petróleo.
derrocamiento m. Acción y efecto de derrocar.
derrocar v. t. Destituir, deponer : *derrocar de un cargo.* ‖ Echar abajo, hacer caer : *derrocar la monarquía.*
derrochador, ra adj. y s. Que derrocha el dinero.
derrochar v. t. Malgastar.
derroche m. Despilfarro. ‖ *Fig.* Profusión.
derrota f. *Mil.* Fuga en desorden de un ejército. ‖ *Fig.* Fracaso, revés : *las derrotas de la vida.* ‖ *Mar.* Rumbo o ruta. ‖ Camino.
derrotar v. t. *Mil.* Vencer al ejército contrario. ‖ Batir, superar : *derrotar a un candidato en las elecciones.* ‖ Dar cornadas el toro.
derrote m. Cornada.
derrotero m. *Mar.* Rumbo que lleva la nave. ‖ *Fig.* Dirección, camino. | Modo de obrar.
derrotismo m. Propensión a extender entre los demás el desaliento y el pesimismo acerca del resultado de una guerra o de otra cosa.
derrotista adj. y s. Que está dominado por el derrotismo.
derruir v. t. Destruir poco a poco.
derrumbamiento m. Desplome. ‖ Desmoronamiento. ‖ *Fig.* Derrocamiento. | Destrucción.
derrumbar v. t. Derribar, echar abajo (ú. t. c. pr.).
derrumbe m. Derrumbamiento.
derviche m. Religioso musulmán.
desaborido, da adj. Insípido. ‖ *Fig.* y *fam.* Soso, sin gracia.
desabotonar v. t. Desabrochar.
desabrido, da adj. Insípido, con poco sabor. ‖ Destemplado, desapacible : *clima*

desabrido. || *Fig.* Áspero, brusco en el trato, huraño.
desabrigar v. t. Quitar el abrigo, descubrir (ú. t. c. pr.).
desabrochar v. t. Abrir los broches, corchetes, botones, etc., de una cosa que estaba cerrada. U. t. c. pr. : *desabrocharse la chaqueta.*
desacatamiento m. Desacato.
desacatar v. t. Faltar al respeto : *desacatar a sus padres.* || Desobedecer, contravenir.
desacato m. Falta de respeto o consideración. || *For.* Ofensa a una autoridad. | Infracción, transgresión.
desacertado, da adj. Hecho sin acierto. || Inoportuno.
desacertar v. i. No acertar.
desacierto m. Error.
desaconsejar v. t. Aconsejar no hacer.
desacoplar v. t. Desajustar.
desacostumbrado, da adj. Desusado, extraño, poco frecuente.
desacostumbrar v. t. Hacer perder la costumbre de algo.
desacreditado, da adj. Que no goza de buena fama o crédito.
desacreditar v. t. Disminuir el crédito de uno, desprestigiar.
desacuartelamiento m. *Mil.* Acción y efecto de desacuartelar.
desacuartelar v. t. *Mil.* Sacar la tropa del cuartel.
desacuerdo m. Disconformidad.
desafecto, ta adj. Que muestra desapego. || Opuesto, contrario. || — M. Falta de afecto. || Frialdad.
desafiador, ra adj. y s. Que desafía.
desafiante adj. Que desafía.
desafiar v. t. Provocar, retar. || Arrostrar, afrontar.
desafinación f. Acción de desafinar o desafinarse.
desafinar v. i. *Mús.* Destemplarse un instrumento o la voz (ú. t. c. pr.). || *Fig.* y *fam.* Desvariar.
desafío m. Reto. || Duelo. || Rivalidad.
desaforadamente adv. Atropelladamente. || Con exceso. || Con osadía. || Con furia.
desaforado, da adj. Excesivo, desmedido. || Violento, furioso : *dar voces desaforadas.* || Fuera de la ley.
desafortunado, da adj. Que tiene mala suerte. || Desgraciado, adverso. || Inoportuno, desacertado.
desafuero m. Acto violento contra la ley o el fuero. || Acto arbitrario. || *Fig.* Desacato. | Abuso.
desagradable adj. Que no gusta. || Molesto. || Antipático, poco tratable.
desagradar v. i. Causar desagrado, disgustar. || Molestar.
desagradecer v. t. Mostrar ingratitud.
desagradecido, da adj. y s. Ingrato.
desagradecimiento m. Ingratitud.
desagrado m. Disgusto.
desagraviar v. t. Reparar un agravio dando satisfacción al ofendido : *desagraviar a uno del mal que se le hizo* (ú. t. c. pr.).
desagravio m. Reparación de un agravio.
desagregación f. Acción y efecto de desagregar o desagregarse.
desagregar v. t. Descomponer un conjunto (ú. t. c. pr.).
desaguadero m. Conducto o canal de desagüe.
desaguar v. t. Extraer el agua de un sitio para desecarlo. || — V. i. Desembocar un río. || Verterse (ú. t. c. pr.).
desagüe m. Acción y efecto de desaguar. || Desaguadero.
desaguisado, da adj. Hecho contra ley o razón. || — M. Ofensa, injusticia. || Desacierto, cosa mal hecha.
desahogado, da adj. Descarado, desvergonzado. || Aplícase al sitio espacioso : *habitación desahogada.* || Que vive con acomodo.
desahogar v. t. Dar libre curso a un sentimiento o pasión : *desahogar su ira.* || — V. pr. Librarse de deudas. || Confiarse, sincerarse con una persona : *desahogarse con un amigo.* || Decir lo que se piensa.
desahogo m. Alivio, descanso. || Desenvoltura : *contestar con desahogo.* || Comodidad, bienestar : *vivir con desahogo.* || Sitio donde se colocan las cosas que no se usan.
desahuciar v. t. Quitar toda esperanza : *desahuciar a un enfermo.* || Expulsar al inquilino o arrendatario.
desahucio m. Expulsión del arrendatario o inquilino.
desairado, da adj. Sin garbo. || *Fig.* Menospreciado.
desairar v. t. Hacer un feo. || Desestimar, despreciar una cosa.
desaire m. Acción de desairar, afrenta. || Desprecio.
desajustar v. t. Desacoplar. || Desarreglar : *desajustar unos planes.*
desajuste m. Acción y efecto de desajustar o desajustarse.
desalar v. t. Quitar la sal.
desalentador, ra adj. Que desalienta.
desalentar v. t. Desanimar.
desalfombrar v. t. Quitar las alfombras.
desaliento m. Desánimo.
desaliñado, da adj. Descuidado.
desaliño m. Falta de compostura.
desalmado, da adj. y s. Malvado, cruel. || Falto de conciencia.
desalojar v. t. Expulsar : *desalojar al enemigo del fortín.* || *Mar.* Desplazar : *barco que desaloja 100 toneladas.* || *Mil.* Abandonar : *desalojar una posición.* || — V. i. Mudarse, cambiar de residencia, irse a otra parte voluntariamente.
desalquilar v. t. Dejar libre lo que está alquilado. || — V. pr. Quedar desocupada una casa.
desalterar v. t. Sosegar.
desambientar v. t. Hacer perder la ambientación de algo (ú. t. c. pr.). || *Fig. Estar desambientado,* no encontrarse a gusto por estar fuera de su ambiente habitual.
desamontonar v. t. Deshacer el montón o lo amontonado.
desamor m. Desapego.
desamortizable adj. Que puede desamortizarse.
desamortización f. Acción y efecto de desamortizar.
desamortizar v. t. Liberar bienes amortizados.
desamparar v. t. Dejar sin amparo.
desamparo m. Acción y efecto de desamparar. || Abandono. || Aflicción, desesperación.
desamueblar v. t. Quitar los muebles : *desamueblar un piso.*
desandar v. t. Volver atrás, retroceder : *desandar el camino.*
desangramiento m. Acción y efecto de desangrar o desangrarse.
desangrar v. t. Sacar la sangre. || *Fig.* Sacarle todo el dinero a uno. || — V. pr. Perder mucha sangre.
desanimación f. Falta de animación.

desanimado, da adj. Desalentado. ‖ Que tiene poca animación.
desanimar v. t. Quitar el ánimo, la energía, el valor (ú. t. c. pr.). ‖ Quitar la animación.
desánimo m. Abatimiento.
desanudar v. t. Desatar un nudo o una cosa anudada.
desapacible adj. Que causa disgusto, desabrido : *tono desapacible.* ‖ Desagradable a los sentidos : *tiempo desapacible.*
desaparecer v. i. Dejar de ser visible. ‖ Ocultarse, quitarse de la vista. ‖ Irse : *desapareció de la fiesta.* ‖ No encontrarse en su sitio : *ha desaparecido mi reloj.*
desaparecido, da adj. y s. Muerto o dado como tal.
desaparejar v. t. Quitar el aparejo : *desaparejar una caballería.*
desaparición f. Acción y efecto de desaparecer.
desapasionado, da adj. Falto de pasión.
desapasionar v. t. Quitar la pasión que tenía (ú. t. c. pr.).
desapego m. *Fig.* Falta de afecto o interés.
desapercibido, da adj. Desprevenido : *coger desapercibido.* ‖ Inadvertido.
desaprensión f. Falta de aprensión.
desaprensivo, va adj. Falto de escrúpulos (ú. t. c. s.).
desapretar v. t. Aflojar, soltar.
desaprobación f. Falta de aprobación.
desaprobador, ra adj. Que desaprueba.
desaprobar v. t. Censurar, encontrar algo mal hecho.
desaprovechado, da adj. Aplícase al que pudiendo adelantar en algo no lo hace : *estudiante desaprovechado.* ‖ Mal empleado, desperdiciado : *tiempo desaprovechado.*
desaprovechamiento m. Mal empleo.
desaprovechar v. t. Desperdiciar. ‖ Malgastar.
desarbolar v. t. *Mar.* Cortar o tronchar los mástiles de un barco.
desarenar v. t. Quitar la arena.
desarmado, da adj. Sin armas.
desarmar v. t. Quitar las armas : *desarmar al enemigo.* ‖ Desmontar las piezas de un artefacto : *desarmar una máquina.* ‖ *Mar.* Retirar a un buque la artillería o el aparejo. ‖ *Fig.* Confundir, desconcertar : *su respuesta me desarmó.* ‖ — V. i. Reducir las naciones el armamento.
desarme m. Acción de desarmar un país. ‖ Reducción o supresión de las fuerzas armadas. ‖ Acción de desarmar un artefacto, aparato, etc.
desarmonizar v. t. Destruir la armonía.
desarraigar v. t. Arrancar de raíz : *desarraigar un árbol.* ‖ *Fig.* Quitar una costumbre, vicio o pasión.
desarraigo m. Acción de desarraigar o desarraigarse.
desarrapado, da adj. Desharrapado.
desarreglado, da adj. Descompuesto. ‖ Desordenado : *cuarto desarreglado.* ‖ Desaseado. ‖ No sujeto a regla : *vida desarreglada.*
desarreglar v. t. Desordenar. ‖ Descomponer : *desarreglar una máquina.* ‖ *Fig.* Trastornar : *esto ha desarreglado mis planes.*
desarreglo m. Falta de arreglo, desorden. ‖ Descompostura. ‖ Falta de orden en la vida que se lleva. ‖ — Pl. Trastornos : *desarreglos intestinales.*
desarrollar v. t. Extender, desplegar lo que está arrollado. ‖ *Fig.* Ampliar, aumentar, acrecentar : *desarrollar el comercio.* | Perfeccionar, mejorar : *desarrollar la memoria.* | Explicar una teoría detalladamente. | Tener, realizar : *desarrollar actividades subversivas.* ‖ *Quím.* Extender una fórmula. ‖ — V. pr. Crecer, desenvolverse. ‖ Tener lugar.
desarrollo m. Acción y efecto de desarrollar o desarrollarse. ‖ Crecimiento de un organismo. ‖ Incremento : *industria en pleno desarrollo.*
desarropar v. t. Quitar la ropa.
desarrugar v. t. Estirar, quitar las arrugas.
desarticulación f. Acción de desarticular o desarticularse.
desarticular v. t. Separar dos o más huesos o piezas articulados entre sí. ‖ *Fig.* Descomponer, desorganizar : *desarticular un partido.*
desarzonar v. t. Lanzar violentamente al jinete fuera de la silla.
desaseado, da adj. Sin aseo.
desasear v. t. Quitar el aseo.
desaseo m. Falta de aseo.
desasistencia f. Abandono.
desasistir v. t. Desamparar.
desasosegar v. t. Privar de sosiego, inquietar (ú. t. c. pr.).
desasosiego m. Falta de sosiego.
desastrado, da adj. y s. Sucio, desaliñado. ‖ Harapiento.
desastre m. Calamidad, catástrofe. ‖ *Fig.* Dicho de una persona, nulidad, incapaz. | Fracaso : *su discurso fue un desastre.* | Resultado, organización, calidad o aspecto malos.
desastroso, sa adj. Desafortunado, desdichado. ‖ Muy malo, catastrófico.
desatado, da adj. Sin atar. ‖ *Fig.* Descomedido, desenfrenado.
desatar v. t. Soltar lo atado : *desatar un fardo.* ‖ *Fig.* Destrabar : *desatar la lengua.* ‖ — V. pr. Deshacerse. ‖ *Fig.* Excederse en hablar. | Descomedirse : *desatarse en insultos.* | Encolerizarse. | Desencadenarse una fuerza física o moral : *se desató una tormenta.*
desatascar v. t. Sacar de un atolladero. ‖ Desobstruir.
desatención f. Falta de atención, distracción. ‖ Descortesía.
desatender v. t. No prestar atención : *desatender lo que uno dice.* ‖ No hacer caso de una persona o cosa. ‖ No satisfacer una demanda.
desatento, ta adj. Que no presta la atención requerida. ‖ Descortés.
desatinado, da adj. Sin juicio. ‖ Insensato, disparatado, absurdo.
desatinar v. i. Cometer desatinos.
desatino m. Falta de tino. ‖ Disparate, despropósito.
desatorar v. t. Desobstruir.
desatornillar v. t. Destornillar.
desatracar v. t. *Mar.* Soltar las amarras. ‖ — V. i. *Mar.* Separarse el barco del sitio donde estaba atracado.
desautorización f. Desaprobación.
desautorizar v. t. Quitar la autoridad : *desautorizar a un embajador.* ‖ Desaprobar. ‖ Desacreditar.
desavenencia f. Desacuerdo.
desavenido, da adj. Que está enemistado con otro.
desavenir v. t. Enemistar (ú. t. c. pr.).
desayunar v. i. y t. Tomar el desayuno (ú. t. c. pr.). ‖ — V. pr. *Fig.* Acabar de enterarse de algo.
desayuno m. Primera comida del día.
desazón f. Falta de sabor, insipidez. ‖ *Fig.* Disgusto. | Desasosiego, inquietud ; molestia. | Malestar. ‖ Picazón.
desazonado, da adj. Que siente desazón.

desazonar v. t. Volver insípido, soso. ‖ *Fig.* Disgustar. | Molestar. ‖ — V. pr. Enfadarse. ‖ Preocuparse.
desbancar v. t. En los juegos de azar, ganar al banquero todo el dinero. ‖ *Fig.* Suplantar a uno.
desbandarse v. pr. Huir en desorden. ‖ Desertar. ‖ Dispersarse.
desbarajuste m. Desorden.
desbaratado, da adj. Desordenado. ‖ Roto, deshecho.
desbaratar v. t. Descomponer : *desbaratar un reloj.* ‖ Derrochar, malgastar : *desbaratar sus bienes.* ‖ *Fig.* Frustrar, hacer fracasar : *desbaratar sus planes.* ‖ *Mil.* Descomponer al enemigo. ‖ — V. pr. Descomponerse.
desbarrancadero m. *Amer.* Despeñadero.
desbarrar v. i. *Fig.* Disparatar.
desbastar v. t. Quitar las partes más bastas a lo que se ha de labrar : *desbastar un madero, una piedra.* ‖ *Fig.* Quitar la tosquedad, educar a una persona rústica.
desbaste m. Acción y efecto de desbastar. ‖ *Tecn.* Lingote grueso.
desbloquear v. t. *Com.* Levantar el bloqueo : *desbloquear un crédito.* ‖ Aflojar cualquier pieza bloqueada.
desbloqueo m. Acción y efecto de desbloquear.
desbocado, da adj. Sin freno. ‖ *Fig.* y *fam.* Desvergonzado.
desbocamiento m. Acción y efecto de desbocarse.
desbocar V. i. Desembocar. ‖ — V. pr. Dejar una caballería de obedecer al freno y dispararse. ‖ *Fig.* Prorrumpir en denuestos y desvergüenzas. | Pasarse de la raya.
desbordamiento m. Acción y efecto de desbordar o desbordarse : *desbordamiento de un río ; desbordamiento de alegría.*
desbordante adj. Que desborda. ‖ Que sale de sus límites o de la medida : *alegría desbordante.*
desbordar v. i. Salir de los bordes, derramarse un líquido (ú. t. c. pr.). ‖ Salir de su cauce un río (ú. t. c. pr.). ‖ *Fig.* Rebosar. ‖ — V. pr. Exaltarse.
desborde m. Desbordamiento.
desbravar v. t. Amansar el ganado cerril. ‖ — V. i. y pr. Amansarse.
desbrozar v. t. Quitar la broza, limpiar. ‖ *Fig.* Aclarar.
desbrozo m. Acción y efecto de desbrozar. ‖ Broza.
descabalamiento m. Acción y efecto de descabalar.
descabalar v. t. Dejar incompleta una cosa. ‖ Desemparejar : *descabalar un par de guantes.*
descabalgar v. i. Apearse de una caballería.
descabellado, da adj. *Fig.* Insensato, disparatado.
descabellar v. t. *Taurom.* Matar al toro hiriéndolo en la cerviz con un estoque acabado en cruz.
descabello m. Acción y efecto de descabellar al toro.
descabezado, da adj. y s. *Fig.* Dícese de la persona que procede sin juicio.
descabezamiento m. Acción y efecto de descabezar o descabezarse.
descabezar v. t. Cortar la parte superior o las puntas de algunas cosas. ‖ *Descabezar un sueño,* dormir poco tiempo.
descafeinado, da adj. y s. m. Dícese del café sin cafeína.
descafeinar v. t. Suprimir la cafeína del café. ‖ *Fig.* Quitar fuerza.
descalabrado, da adj. y s. Herido en la cabeza. ‖ *Fig.* Mal parado.
descalabrar v. t. Herir en la cabeza y, por extensión, en otra parte del cuerpo (ú. t. c. pr.). ‖ *Fam.* Causar daño o perjuicio. | Maltratar. | Vencer al enemigo.
descalabro m. Contratiempo. ‖ Fracaso. ‖ Derrota en la guerra.
descalcificación f. Acción y efecto de descalcificar.
descalcificar v. t. Provocar la disminución de sustancia calcárea en el organismo (ú. t. c. pr.).
descalificación f. Acción y efecto de descalificar.
descalificar v. t. Incapacitar, inhabilitar : *descalificar a un jugador.* ‖ Desacreditar.
descalzar v. t. Quitar el calzado (ú. t. c. pr.). ‖ Quitar un calzo o calce : *descalzar un mueble.*
descalzo, za adj. Que trae desnudos los pies : *andar descalzo.* ‖ — Adj. y s. Religioso que lleva sandalias.
descamarse v. pr. Caerse la piel en forma de escamas.
descaminar v. t. Apartar a uno del camino recto. ‖ Disuadir a uno de su buen propósito, descarriar.
descamisado, da adj. *Fam.* Sin camisa. ‖ — Adj. y s. Muy pobre, desharrapado. ‖ — M. pl. En la Argentina, partidarios de Perón ; en España, liberales de la revolución de 1820.
descampado, da adj. y s. m. Dícese del terreno sin vegetación ni viviendas. ‖ *En descampado,* a campo raso, al aire libre.
descansado, da adj. Tranquilo. ‖ Reposado : *persona, cara descansada.*
descansar v. i. Dejar de trabajar. ‖ Reparar las fuerzas con reposo. ‖ *Por ext.* Dormir : *el enfermo descansó toda la noche.* ‖ Confiar en la ayuda de otro. ‖ *Fig.* Tener algún alivio en los males. | Tranquilizarse. | Apoyarse una cosa en otra : *la viga descansa en la pared.* ‖ Estar enterrado : *descansar en el sepulcro.*
descansillo m. Rellano de una escalera.
descanso m. Quietud. ‖ Pausa en el trabajo. ‖ Cesación del trabajo por algún tiempo : *descanso por enfermedad.* ‖ Alto en una marcha. ‖ Descansillo. ‖ Entreacto. ‖ Pausa entre las dos partes de un partido de fútbol. ‖ Asiento en que se apoya una cosa. ‖ *Fig.* Alivio.
descapotable adj. y s. m. Dícese del automóvil de capota plegable.
descapotar v. t. Plegar o quitar la capota de los coches.
descarado, da adj. y s. Desvergonzado.
descararse v. pr. Hablar u obrar con desvergüenza.
descarburación f. Separación del carbono de los carburos de hierro.
descarga f. Acción y efecto de descargar. ‖ *Mil.* Fuego que se hace de una vez por una o más unidades. ‖ *Electr.* Fenómeno producido cuando un cuerpo electrizado pierde su carga.
descargador m. El que por oficio descarga mercancías.
descargar v. t. Quitar o aliviar la carga : *descargar un barco.* ‖ Disparar las armas de fuego. ‖ Extraer la carga de un arma de fuego o de un barreno. ‖ Dar un golpe con violencia : *descargar un puntapié.* ‖ Quitar la carga eléctrica : *descargar un acumulador.* ‖

Fig. Exonerar a uno de una obligación. ‖ *Fig.* Desahogarse (ú. t. c. pr.). ‖ — V. i. Deshacerse una nube y caer en lluvia o granizo. ‖ — V. pr. Dejar a otro las obligaciones de un cargo.

descargo m. Acción de descargar. ‖ *Com.* En las cuentas, partidas de salida. ‖ Satisfacción o excusa del cargo que se hace a uno. ‖ Defensa : *testigo de descargo.*

descargue m. Descarga.

descarnadamente adv. *Fig.* Con franqueza, sin rodeos.

descarnado, da adj. Demacrado. ‖ Desnudo. ‖ *Fig.* Crudo, sin paliativos.

descarnadura f. Acción y efecto de descarnar o descarnarse.

descarnar v. t. Quitar la carne al hueso, a los dientes (ú. t. c. pr.).

descaro m. Desvergüenza.

descarriar v. t. Apartar a uno del camino. ‖ Apartar a uno de su deber. ‖ — V. pr. Perderse. ‖ *Fig.* Apartarse de lo razonable.

descarrilamiento m. Acción y efecto de descarrilar.

descarrilar v. i. Salir un vehículo del carril.

descarrío m. Acción y efecto de descarriar o descarriarse.

descartar v. t. *Fig.* Desechar una cosa o apartarla de sí : *descartar los obstáculos.* ‖ — V. pr. En algunos juegos, dejar las cartas inútiles.

descarte m. Acción de descartar. ‖ En los juegos de naipes, cartas que se desechan o no se reparten.

descascarar v. t. Quitar la cáscara.

descascarillar v. t. Quitar la cascarilla. ‖ Hacer saltar en escamas la superficie de un objeto. Ú. t. c. pr. : *se me ha descascarillado el esmalte de las uñas.*

descastado, da adj. y s. Dícese de la persona poco cariñosa.

descendencia f. Hijos y generaciones sucesivas. ‖ Casta, linaje.

descendente adj. Que desciende.

descender v. i. Bajar. ‖ Proceder : *descender de una estirpe de músicos.* ‖ *Fig.* Derivarse. ‖ — V. t. Bajar.

descendiente adj. Descendente. ‖ — Com. Persona que desciende de otra.

descendimiento m. Acción de descender o bajar. ‖ Por antonomasia, el de Cristo de la Cruz.

descenso m. Acción y efecto de descender. ‖ Bajada. ‖ *Fig.* Acción de pasar de una dignidad o estado a otro inferior. | Decadencia. | Disminución.

descentrado, da adj. Dícese de lo que está fuera de su centro. ‖ *Fig.* Desequilibrado.

descentralización f. Acción y efecto de descentralizar. ‖ Sistema político que tiende a descentralizar.

descentralizar v. t. Transferir a corporaciones locales o regionales servicios privativos del Estado. ‖ Dispersar en todo el país administraciones, organismos, etc., que estaban reunidos en un mismo sitio.

descentrar v. t. Sacar de su centro. ‖ *Fig.* Desequilibrar.

descepar v. t. Arrancar de raíz.

descerrajar v. t. Abrir violentamente una cerradura o un cerrojo. ‖ *Fig.* Disparar con armas de fuego.

descifrable adj. Explicable.

descifrado m. Desciframiento.

desciframiento m. Acción y efecto de descifrar.

descifrar v. t. Sacar el significado de lo que está escrito en cifra o clave. ‖ *Fig.* Aclarar lo que está poco claro o comprensible.

desclavar v. t. Sacar clavos.

descocado, da adj. Poco sensato.

descocamiento m. Falta de sensatez.

descoco m. *Fam.* Descocamiento.

descodificar v. t. Transformar un mensaje codificado en lenguaje comprensible para todos.

descojonarse v. pr. *Pop.* Morirse de risa.

descolgar v. t. Bajar lo colgado : *descolgar una lámpara.* ‖ Quitar las colgaduras. ‖ — V. pr. Soltarse y caer. ‖ Escurrirse : *descolgarse por una cuerda.* ‖ *Fig.* Ir bajando rápidamente por una pendiente : *descolgarse de las montañas.* | Presentarse inesperadamente una persona.

descolocar v. t. Quitar a alguien o algo del lugar en que estaba.

descolonización f. Acción de poner término a la situación de un pueblo colonizado.

descolonizar v. t. Efectuar la descolonización.

descolorar v. t. Quitar el color.

descolorido, da adj. De color pálido.

descolorimiento m. Acción y efecto de descolorir.

descolorir v. t. Descolorar.

descollante adj. Que sobresale.

descollar v. t. Sobresalir.

descombro m. Escombro.

descomedido, da adj. Sin medida, excesivo. ‖ Grosero, insolente.

descomedimiento m. Falta de respeto.

descomedirse v. pr. Faltar al respeto. ‖ Excederse, pasarse de la raya (de obra o de palabra).

descompaginar v. t. Descomponer. ‖ Perturbar.

descompasado, da adj. Descomedido, desproporcionado.

descompasarse v. pr. Descomedirse.

descompensación f. Estado patológico de un órgano o sistema enfermos cuando éstos son incapaces de compensar el equilibrio fisiológico alterado.

descompensar v. t. Hacer perder la compensación (ú. t. c. pr.).

descomponer v. t. Desordenar. ‖ Desbaratar, desarreglar un mecanismo : *descomponer un motor* (ú. t. c. pr.). ‖ Podrir, corromper. ‖ Separar las diversas partes que forman un compuesto : *descomponer el agua en hidrógeno y oxígeno.* ‖ *Fig.* Irritar. | Alterar : *el miedo descompuso sus rasgos.* | Trastornar : *esto ha descompuesto mis proyectos.* ‖ — V. pr. Corromperse : *descomponerse un cadáver.* ‖ Sentirse indispuesto. ‖ *Fig.* Perder la templanza. | Irritarse.

descomposición f. Separación de los elementos de un todo. ‖ Putrefacción. ‖ Alteración : *descomposición del rostro.* ‖ Disgregación : *la descomposición del Imperio.*

descompostura f. Descomposición. ‖ Desaliño. ‖ *Fig.* Descaro.

descompresión f. Disminución de la presión o de la compresión.

descomprimir v. t. Suprimir o disminuir la compresión.

descompuesto, ta adj. Que ha sufrido descomposición. ‖ *Fig.* Alterado : *rostro descompuesto.* | Atrevido.

descomunal adj. Extraordinario.

desconcertante adj. Que desconcierta : *cinismo desconcertante.*

desconcertar v. t. Desorientar, turbar. ‖ — V. pr. *Fig.* Descomedirse. | Turbarse.
desconcierto m. *Fig.* Desorden, desacuerdo. | Confusión. | Falta de medida en las acciones.
desconchado m. y **desconchadura** f. Parte en que una pared ha perdido el enlucido o revestimiento. ‖ Trozo superficial que se desprende de la loza después de un choque.
desconchar v. t. Quitar a una pared, vasija, etc., parte de su enlucido o revestimiento (ú. t. c. pr.).
desconectar v. t. Interrumpir una conexión eléctrica. ‖ *Fig. Estar desconectado*, haber perdido todo contacto.
desconfiado, da adj. y s. Que no se fía.
desconfianza f. Falta de confianza.
desconfiar v. i. No confiar, tener poca confianza.
descongelador m. Dispositivo para eliminar la capa de hielo que se forma en una nevera.
descongelar v. t. Deshelar.
descongestión f. Acción y efecto de descongestionar.
descongestionar v. t. Disminuir o quitar la congestión. ‖ *Fig.* Despejar, dejar libre : *descongestionar una calle.*
desconocedor, ra adj. y s. Que desconoce.
desconocer v. t. No conocer. ‖ Ignorar. ‖ Afectar que se ignora una cosa. ‖ *Fig.* No reconocer : *tanto ha cambiado que lo desconocí.*
desconocido, da adj. y s. No conocido : *país desconocido.* ‖ — Adj. Muy cambiado. ‖ Mal apreciado.
desconocimiento m. Acción y efecto de desconocer, ignorancia.
desconsideración f. Ausencia de consideración.
desconsiderado, da adj. Falto de consideración.
desconsiderar v. t. No tener la consideración debida.
desconsolado, da adj. Sin consuelo. ‖ Afligido. ‖ *Fig.* Triste.
desconsolador, ra adj. Que desconsuela : *carta desconsoladora.*
desconsolar v. t. Entristecer.
desconsuelo m. Aflicción, pena.
descontaminación f. Acción y efecto de descontaminar.
descontaminar v. t. Suprimir o reducir la contaminación del medio ambiente, del agua, etc.
descontar v. t. No contar con. ‖ Deducir una cantidad al tiempo de hacer un pago. ‖ *Com.* Pagar una letra de cambio antes de vencida, rebajándole la cantidad estipulada como interés del dinero anticipado. ‖ *Fig.* Quitar mérito a alguien. ‖ *Dar por descontado*, dar por cierto.
descontentadizo, za adj. y s. Que siempre está descontento.
descontentar v. t. Disgustar.
descontento, ta adj. y s. Disgustado. ‖ — M. Disgusto.
descorazonamiento m. *Fig.* Desaliento, desánimo.
descorazonar v. t. Desanimar.
descorchar v. t. Arrancar el corcho al alcornoque. ‖ Destapar una botella.
descorche m. Acción y efecto de descorchar.
descornar v. t. Arrancar los cuernos. ‖ — V. pr. *Fig.* Romperse los sesos. | Trabajar mucho.
descorrer v. t. Plegar lo que estaba estirado : *descorrer las cortinas.* ‖ Deslizar algo para abrir : *descorrer el pestillo.*
descortés adj. y s. Falto de cortesía, mal educado.
descortesía f. Falta de cortesía.
descortezar v. t. Quitar la corteza : *descortezar un árbol.*
descoser v. t. Deshacer una costura o desprender algo cosido.
descosido, da adj. *Fig.* Que habla demasiado. | Desordenado : *discurso descosido.* ‖ — M. Parte descosida en una prenda.
descoyuntamiento m. Acción y efecto de descoyuntar o desconyuntarse. ‖ *Fig.* Gran cansancio.
descoyuntar v. t. Desencajar los huesos de su lugar. U. t. c. pr. : *descoyuntarse un brazo.* ‖ *Fam. Descoyuntarse de risa*, reírse mucho.
descrédito m. Pérdida de consideración, de crédito.
descreído, da adj. y s. Incrédulo.
descreimiento m. Falta de fe.
describir v. t. Representar a personas o cosas por medio del lenguaje. ‖ Relatar. ‖ *Geom.* Trazar.
descripción f. Acción y efecto de describir.
descriptivo, va adj. Dícese de lo que describe : *narración descriptiva de gran interés* (ú. t. c. s. m.).
descristianizar v. t. Quitar el carácter de cristiano.
descuajaringar v. t. *Fam.* Descomponer. ‖ *Fam. Estar descuajaringado*, estar extenuado.
descuartizamiento m. Acción y efecto de descuartizar.
descuartizar v. t. Dividir un cuerpo en trozos. ‖ *Fam.* Hacer pedazos una cosa.
descubierta f. Reconocimiento.
descubierto, ta adj. Sin sombrero. ‖ Despejado (un lugar). ‖ — M. Déficit.
descubridor, ra adj. y s. Que descubre o inventa algo. ‖ El que ha descubierto un país desconocido : *el descubridor de América.*
descubrimiento m. Acto de descubrir un país ignorado o cosas científicas : *descubrimiento geográfico.* ‖ Cosa descubierta : *los descubrimientos de la ciencia.* ‖ Acto solemne de descubrir una estatua o lápida que estaban tapadas.
descubrir v. t. Hallar lo escondido o ignorado : *descubrir un tesoro.* ‖ Inventar : *descubrir la litografía.* ‖ Destapar : *descubrir una estatua.* ‖ *Fig.* Divisar : *descubrir el Guadarrama.* | Enterarse : *descubrir un complot.* | Revelar : *descubrir sus intenciones.* ‖ — V. pr. Quitarse el sombrero, la gorra, etc. ‖ *Fig.* Abrirse, sincerarse. | Manifestar admiración : *descubrirse ante un acto de valor.*
descuento m. Acción y efecto de descontar. ‖ Lo que se descuenta.
descuerar v. t. Despellejar una res. ‖ *Fig. Amer.* Criticar.
descuidado, da adj. y. s. Negligente. ‖ Desaliñado. ‖ Desprevenido. ‖ Despreocupado.
descuidar v. t. Desatender una cosa, no poner en ella la atención debida : *descuidar sus obligaciones* (ú. t. c. pr.). ‖ No preocuparse : *descuida, que yo me encargaré de todo.* ‖ — V. pr. *Fig.* No cuidar nada su arreglo personal o su salud.
descuido m. Falta de cuidado, negligencia. ‖ Inadvertencia, distracción. ‖ Desliz, falta.
deschavar v. t. *Arg. Fam.* Explicar, aclarar. | Manifestar su intención.

desde prep. Denota principio de tiempo o lugar y forma parte de muchos modismos adverbiales : *desde entonces ; desde allí.* ‖ — *Desde luego,* naturalmente, claro. ‖ *Desde que,* a partir del momento en que.
desdecir v. i. *Fig.* No estar una persona o cosa a la altura de su origen, educación o clase. ‖ No ir bien una cosa con otra. ‖ Contradecir. ‖ — V. pr. Retractarse : *desdecirse de su palabra.*
desdén m. Desprecio.
desdentado, da adj. Que no tiene dientes o que los ha perdido. ‖ Dícese de unos animales que no tienen dientes (ú. t. c. s. m.). ‖ — M. pl. Orden de estos animales.
desdeñable adj. Despreciable.
desdeñante adj. Que menosprecia.
desdeñar v. t. Despreciar.
desdeñoso, sa adj. y s. Que muestra desdén.
desdibujado, da adj. Que no está bien definido.
desdibujarse v. pr. Borrarse, desvanecerse los contornos de algo.
desdicha f. Desgracia. ‖ *Ser el rigor de las desdichas,* ser muy desgraciado.
desdichado, da adj. y s. Desgraciado.
desdoblamiento m. Acción de desdoblar. ‖ *Desdoblamiento de la personalidad,* perturbación mental caracterizada por la coexistencia en un mismo ser de dos personalidades, una normal y otra patológica.
desdoblar v. t. Extender una cosa que estaba doblada. ‖ *Fig.* Dividir en dos.
desdoro m. Deshonra, descrédito.
desdramatizar v. t. Quitar el carácter dramático.
desear v. t. Tender a la posesión o realización de algo agradable o útil para sí mismo o para otro. ‖ Expresar algún voto : *le deseo unas felices Pascuas.*
desecación f. y **desecamiento** m. Acción y efecto de desecar.
desecar v. t. Secar.
desechar v. t. Excluir, rechazar. ‖ Menospreciar, desestimar. ‖ Rechazar un empleo o una dignidad. ‖ Apartar de sí una sospecha, temor, etc.
desecho m. Lo que se desecha. ‖ Residuo. ‖ *Fig.* Desprecio, desestimación. ‖ Lo más despreciable.
deseducar v. t. Hacer perder la educación.
desembalar v. t. Deshacer el embalaje : *desembalar muebles.*
desembalsar v. t. Hacer salir el agua de un embalse.
desembalse m. Acción y efecto de desembalsar.
desembarazado, da adj. Libre, despejado. ‖ Desenvuelto, desenfadado. ‖ Vivo.
desembarazar v. t. Quitar lo que estorba, despejar. ‖ Evacuar, desocupar. ‖ *Fig.* Sacar de apuro. ‖ — V. pr. *Fig.* Quitarse de encima lo que estorba.
desembarazo m. Acción de desembarazar. ‖ Desenvoltura.
desembarcadero m. Lugar donde se desembarca.
desembarcar v. t. Sacar de la embarcación : *desembarcar mercancías.* ‖ — V. i. Salir de la nave : *desembarcar los pasajeros.*
desembarco m. Acción de desembarcar personas. ‖ *Mar.* Operación militar que consiste en desembarcar : *el desembarco de tropas.*
desembargar v. t. Levantar el embargo.
desembargo m. *For.* Acción y efecto de desembargar.
desembarque m. Acción y efecto de desembarcar mercancías.
desembarrancar v. t. Desencallar.
desembocadura f. Lugar por donde un río desemboca en otro o en el mar, o una calle en otra.
desembocar v. i. Desaguar un río en otro o en el mar. ‖ Dar una calle en otra. ‖ Salir de un lugar angosto : *desembocar en la llanura.* ‖ *Fig.* Conducir a un resultado.
desembolsar v. t. Gastar o pagar una cantidad de dinero.
desembolso m. Entrega que se hace de una cantidad de dinero.
desembotar v. t. *Fig.* Avivar.
desembragar v. t. Desconectar un mecanismo del eje de un motor.
desembrague m. Acción y efecto de desembragar.
desembrollar v. t. Desenredar.
desemejanza f. Diferencia.
desempacar v. t. Desempaquetar.
desempañar v. t. Quitar el vaho : *desempañar los cristales.*
desempapelar v. t. Quitar el revestimiento de papel.
desempaque y **desempaquetado** m. Acción y efecto de desempacar o desempaquetar.
desempaquetar v. t. Desenvolver, sacar de su paquete.
desempatar v. t. Deshacer el empate, tratándose de una votación o en deportes.
desempate m. Acción y efecto de desempatar.
desempedrar v. t. Levantar las piedras del pavimento.
desempeñar v. t. Liberar lo empeñado : *desempeñar sus alhajas.* ‖ Dejar a uno sin deudas (ú. t. c. pr.). ‖ Ejercer, tener a su cargo : *desempeñar funciones importantes.* ‖ Realizar : *desempeñar una misión peligrosa.* ‖ Sacar a uno airoso de un apuro (ú. t. c. pr.). ‖ *Teatr.* Representar un papel.
desempeño m. Acción y efecto de desempeñar o desempeñarse.
desempleado, da adj. Que no tiene trabajo (ú. t. c. s.).
desemplear v. t. Dejar sin trabajo, suprimir puestos de trabajo.
desempleo m. Paro forzoso.
desempolvar v. t. Quitar el polvo. ‖ *Fig.* Sacar del olvido.
desempotrar v. t. Arrancar una cosa empotrada.
desencadenamiento m. Acción y efecto de desencadenar.
desencadenar v. t. Soltar al que está amarrado con cadena. ‖ *Fig.* Provocar : *desencadenar una guerra.* ‖ Romper la cadena o vínculo de las cosas inmateriales. ‖ — V. pr. *Fig.* Desenfrenarse, desatarse.
desencajar v. t. Sacar de su encaje o trabazón. ‖ Dislocar los huesos. ‖ — V. pr. Demudarse, alterarse el semblante por enfermedad o por pasión del ánimo.
desencajonamiento m. Acción de desencajonar : *desencajonamiento de los toros.*
desencajonar v. t. Sacar lo que está en un cajón. ‖ Hacer salir al toro del cajón en que está encerrado. ‖ Desencofrar.
desencallar v. t. *Mar.* Poner a flote una embarcación encallada.
desencantar v. t. Desilusionar.
desencanto m. Acción y efecto de desencantar. ‖ *Fig.* Desilusión.
desencasquillar v. t. Desatascar el arma

de fuego que tiene un cartucho encasquillado.
desencofrar v. t. Quitar el encofrado.
desencoger v. t. Extender lo encogido : *desencoger un tejido.*
desencogimiento m. Acción de desencoger. ‖ Desenfado.
desencolerizar v. t. Serenar.
desenconar v. t. *Med.* Desinflamar, templar el encono o inflamación. ‖ *Fig.* Apaciguar : *desenconar los ánimos.*
desencono m. Acción y efecto de desenconar o desenconarse.
desencuadernar v. t. Quitar la encuadernación.
desenchufar v. t. Quitar el enchufe : *desenchufar el televisor.*
desenfadado, da adj. Desenvuelto, desahogado. ‖ Despreocupado.
desenfadar v. t. Desenojar, quitar o aplacar el enfado.
desenfado m. Franqueza. ‖ Desenvoltura. ‖ Desahogo del ánimo.
desenfardar v. t. Abrir y desatar los fardos.
desenfocar v. t. Hacer perder el enfoque. ‖ Enfocar mal.
desenfoque m. Enfoque defectuoso.
desenfrenado, da adj. Alocado : *baile desenfrenado.* ‖ Inmoderado : *apetitos desenfrenados.*
desenfrenarse v. pr. *Fig.* Entregarse al libertinaje, desmandarse. | Desencadenarse alguna fuerza bruta o los elementos : *desenfrenarse el viento.*
desenfreno m. *Fig.* Acción y efecto de desenfrenarse. ‖ Libertinaje.
desenfundar v. t. Sacar de la funda.
desenfurruñar v. t. Desenfadar, desenojar (ú. t. c. pr.).
desenganchar v. t. Soltar lo enganchado.
desengañado, da adj. Desilusionado.
desengañador, ra adj. y s. Que desengaña.
desengañar v. t. Hacer conocer el error. ‖ Desilusionar, decepcionar. ‖ Quitarle a uno las ilusiones.
desengaño m. Conocimiento del error. ‖ Decepción : *llevarse un desengaño.* ‖ — Pl. Desilusiones que se experimentan en la vida.
desengarzar v. t. Quitar el engarce.
desengastar v. t. Sacar una cosa de su engaste.
desengrasar v. t. Quitar la grasa. ‖ Limpiar de grasa. ‖ — V. i. *Fig.* Adelgazar mucho.
desenhebrar v. t. Sacar la hebra de la aguja.
desenlace m. Acción y efecto de desenlazar o desenlazarse. ‖ Solución del nudo o enredo de un poema dramático, de una novela, etc.
desenladrillar v. t. Quitar los ladrillos.
desenlazar v. t. Soltar lo que está atado. ‖ *Fig.* Dar desenlace o solución a un asunto o problema. ‖ Desatar el nudo o enredo de un drama o novela (ú. t. c. pr.).
densenmarañar v. t. Desembrollar.
desenmascarar v. t. Quitar la máscara. ‖ *Fig.* Descubrir lo que una persona o cosa es en realidad.
desenmudecer v. i. Romper a hablar el que no lo había hecho desde hacía mucho tiempo. ‖ *Fig.* Romper el silencio.
desenojar v. t. Quitar o calmar el enojo.
desenredar v. t. Deshacer lo embrollado.
desenredo m. Acción y efecto de desenredar o desenredarse.
desenrollar v. t. Soltar lo arrollado.
desenroscar v. t. Deshacer lo enroscado.
desensibilizar v. t. Quitar la sensibilidad.
desentenderse v. pr. No querer saber nada de un asunto.
desenterramiento m. Acción de desenterrar.
desenterrar v. t. Sacar lo enterrado, exhumar. ‖ *Fig.* Sacar del olvido.
desentonadamente adv. Con desentono : *cantar desentonadamente.*
desentonar v. i. *Mús.* Estar fuera de tono : *desentonar la voz.* ‖ *Fig.* Salir del tono, chocar : *modales que desentonan.*
desentono m. Acción y efecto de desentonar. ‖ *Fig.* Descompostura.
desentorpecer v. t. Desentumecer : *desentorpecer las piernas.* ‖ Quitarle la torpeza a alguien.
desentrampar v. t. Desempeñar. ‖ — V. pr. Quedar libre de deudas.
desentrañar v. t. Sacar las entrañas. ‖ *Fig.* Indagar, adivinar.
desentrenado, da adj. Falto de entrenamiento.
desentumecer v. t. Hacer que un miembro entorpecido recobre su agilidad y soltura : *desentumecer el brazo* (ú. t. c. pr.).
desentumecimiento m. Acción y efecto de desentumecer.
desenvainar v. t. Sacar de la vaina.
desenvoltura f. *Fig.* Desenfado. | Facilidad de elocución.
desenvolver v. t. Deshacer lo envuelto : *desenvolver un paquete.* ‖ Extender lo arrollado. ‖ *Fig.* Aclarar un asunto embrollado. | Desarrollar, exponer. ‖ — V. pr. Desarrollarse. ‖ *Fig.* Salir adelante, arreglárselas. | Salir de apuro.
desenvolvimiento m. Desarrollo, acción y efecto de desenvolver.
desenvuelto, ta adj. *Fig.* Que tiene desenvoltura : *aire desenvuelto.* | Listo, que sabe arreglárselas.
deseo m. Aspiración por el conocimiento o la posesión de algo. ‖ Lo que se desea. ‖ Voto : *deseos de felicidad.*
deseoso, sa adj. Que desea.
desequilibrado, da adj. y s. Falto de equilibrio mental.
desequilibrar v. t. Hacer perder el equilibrio.
desequilibrio m. Falta de equilibrio.
deserción f. Acción de desertar.
desertar v. i. Abandonar el soldado sus banderas. ‖ Pasarse al enemigo.
desértico, ca adj. Desierto, despoblado.
desertor m. Soldado que deserta.
desescalada f. *Mil.* Disminución progresiva de la tensión y de los riesgos de conflicto.
desespañolizar v. t. Quitar el carácter español.
desesperación f. Pérdida total de esperanza. ‖ *Fig.* Cólera, enojo.
desesperado, da adj. Poseído de desesperación (ú. t. c. s.). ‖ Sin esperanzas, desahuciado. ‖ *A la desesperada,* como último recurso.
desesperante adj. Que desespera.
desesperanza f. Desesperación.
desesperanzador, ra adj. Que quita la esperanza.
desesperanzar v. t. Quitar la esperanza. ‖ — V. pr. Quedarse sin esperanza.
desesperar v. t. Quitar la esperanza. ‖ *Fam.* Irritar, exasperar : *este niño me desespera* (ú. t. c. pr.). ‖ — V. i. No tener esperanza : *desespero de que venga mi tío.* ‖

— V. pr. Perder la esperanza. ‖ Apesadumbrarse.
desestimación f. Acción y efecto de desestimar.
desestimar v. t. Tener en poco. ‖ Despreciar. ‖ Denegar, rechazar : *han desestimado mi demanda.*
desfacedor, ra adj. y s. Dícese del que deshace. ‖ *Desfacedor de entuertos,* deshacedor de agravios.
desfachatez f. *Fam.* Descaro.
desfalcar v. i. Malversar un caudal.
desfalco m. Acción y efecto de desfalcar.
desfallecer v. t. Debilitar, causar desfallecimiento. ‖ — V. i. Debilitarse mucho, quedar sin fuerzas. ‖ Desmayarse.
desfallecimiento m. Debilidad. ‖ Desmayo.
desfasado, da adj. Fuera de fase. ‖ Descentrado, que no se halla en su centro.
desfasaje m. *Electr.* Desfase.
desfasar v. t. *Electr.* Establecer una diferencia de fase entre dos fenómenos alternativos que tienen la misma frecuencia.
desfase m. *Electr.* Diferencia de fase entre dos fenómenos alternativos de igual frecuencia. ‖ *Fig.* Falta de correspondencia respecto a las corrientes, condiciones o circunstancias del momento.
desfavorable adj. Contrario, poco favorable o ventajoso.
desfavorecer v. t. Dejar de favorecer.
desfibradora f. *Tecn.* Máquina para desfibrar la madera.
desfibrar v. t. Quitar las fibras.
desfiguración f. Acción y efecto de desfigurar o desfigurarse.
desfigurar v. t. Afear el semblante : *una cicatriz le desfigura.* ‖ *Fig.* Alterar, falsear : *desfigurar la verdad.* | Disfrazar : *desfigurar la voz.* | Disimular, velar las formas. ‖ — V. pr. Turbarse.
desfiladero m. Paso estrecho que hay entre montañas.
desfilar v. i. Marchar en fila : *desfilar la tropa.* ‖ Ir, pasar o salir uno tras otro : *desfilar en fila india.*
desfile m. Acción de desfilar.
desflorar v. t. Ajar, quitar la flor o el lustre. ‖ Desvirgar. ‖ *Fig.* Tratar un asunto sin profundizarlo.
desfogar v. t. Dar salida a. ‖ *Fig.* Dar rienda suelta a una pasión : *desfogar la cólera* (ú. t. c. pr.).
desfondar v. t. Romper o quitar el fondo : *desfondar una caja.* ‖ — V. pr. Quedarse sin fondo. ‖ *Fig.* Estar agotado, sin fuerzas.
desfonde m. Acción y efecto de desfondar. ‖ *Fig.* Agotamiento.
desfruncir v. t. Quitar los frunces.
desgaire m. Descuido, desaliño. ‖ Desgarbo : *andar con desgaire.* ‖ Ademán de desprecio.
desgajar v. t. Arrancar con violencia una rama del tronco. ‖ Despedazar, romper. ‖ — V. pr. Desprenderse, soltarse una cosa de otra.
desgalichado, da adj. *Fam.* Desgarbado o desaliñado.
desgana f. Falta de apetito. ‖ *Fig.* Falta de gana, aversión.
desganado, da adj. Sin apetito.
desganar v. t. Cortar el apetito, la gana. ‖ — V. pr. Perder el apetito. ‖ *Fig.* Sentir tedio.
desgañitarse v. pr. Gritar muy fuerte y largo tiempo.
desgarbado, da adj. Sin garbo.
desgarbo m. Ausencia de garbo.
desgarrador, ra adj. Que desgarra o puede desgarrar.
desgarramiento m. Rotura de una tela o de un músculo.
desgarrar v. t. Rasgar : *desgarrar un vestido.* ‖ *Fig.* Destrozar : *desgarrar el corazón.* | Lastimar : *la tos le desgarraba el pecho.* ‖ — V. pr. Apartarse.
desgarro m. Desgarrón. ‖ Rotura muscular.
desgarrón m. Rotura grande en la ropa. ‖ Jirón, colgajo.
desgastar v. t. Deteriorar poco a poco por el roce o el uso. ‖ — V. pr. *Fig.* Debilitarse, cansarse.
desgaste m. Deterioro progresivo. ‖ Debilitación.
desglosar v. t. Quitar la glosa a un escrito. ‖ Separar un escrito de otros, particularmente un documento de una pieza de autos judiciales. ‖ Hacer el desglose de una película. ‖ Distribuir ciertos gastos entre varias partidas.
desglose m. Acción y efecto de desglosar. ‖ División de un guión de película en cierto número de planos. ‖ Repartición de los gastos.
desgobierno m. Falta de gobierno u orden.
desgracia f. Suerte desfavorable : *labrarse la propia desgracia.* ‖ Revés, acontecimiento adverso : *sufrir muchas desgracias.* ‖ Pérdida de valimiento : *caer en desgracia.* ‖ Suceso en que hay muertos o heridos : *en esta casa ha ocurrido una desgracia.* ‖ Falta de gracia, torpeza. ‖ *Por desgracia,* desgraciadamente.
desgraciado, da adj. Que no tiene suerte (ú. t. c. s.). ‖ Funesto : *empresa desgraciada.* ‖ Falto de gracia o atractivo. ‖ Desagradable.
desgraciar v. t. Estropear, echar a perder. ‖ Lisiar, herir. ‖ *Fam.* Deshonrar a una mujer. ‖ — V. pr. Salir mal, malograrse.
desgranador m. Máquina para desgranar.
desgranar v. t. Separar los granos : *desgranar una espiga.* ‖ Pasar las cuentas de un rosario.
desgrasar v. t. Quitar la grasa.
desgrase m. Acción y efecto de desgrasar.
desgravación f. Rebaja, disminución.
desgravar v. t. Rebajar un impuesto o un derecho arancelario.
desgreñado, da adj. Despeinado.
desgreñar v. t. Enmarañar los cabellos. ‖ — V. pr. Reñir tirándose del pelo.
desguace m. Acción y efecto de desguazar.
desguañangado, da adj. *Arg.* y *Chil.* Desarreglado, descuidado en el vestir.
desguañangar v. t. *Amer.* Desvencijar.
desguarnecer v. t. Quitar la guarnición o adornos : *desguarnecer un salón.* ‖ *Mil.* Retirar las fuerzas de una plaza : *desguarnecer un fuerte.*
desguazar v. t. Deshacer un barco o un automóvil.
deshabillé m. (pal. fr.). Traje de casa.
deshabitado, da adj. Donde no vive nadie.
deshabitar v. t. Dejar un sitio. ‖ Despoblar, dejar sin habitantes.
deshabituar v. t. Desacostumbrar (ú. t. c. pr.).
deshacedor, ra adj. Dícese del que deshace algo (ú. t. c. s.). ‖ *Deshacedor de agravios,* el que los venga.
deshacer v. t. Destruir lo hecho : *deshacer la cama.* ‖ Derrotar : *deshacer un ejército.* ‖ Anular : *deshacer un contrato.* ‖ Derretir : *deshacer la nieve.* ‖ Disolver : *deshacer un terrón de azúcar.* ‖ Dividir. ‖ *Fig.* Desbara-

tar : *deshacer una intriga.* | Desandar el camino. || *Deshacer agravios,* vengarlos. || — V. pr. Descomponerse : *deshacerse las nubes en lluvia.* || *Fig.* Trabajar con ahínco : *deshacerse por conseguir algo.* | Hacer todo lo que se puede : *cuando vine aquí se deshizo por mí.* | Impacientarse. | Afligirse mucho. | Extenuarse. || — *Deshacerse de,* quitarse de encima lo que estorba. || *Deshacerse en,* prodigar.
desharrapado, da adj. y s. Andrajoso.
deshecho, cha adj. Dícese de la lluvia o de la tormenta violenta. || *Fig.* Molido, extenuado. | Abatido. | Sumamente preocupado.
deshelar v. t. Derretir lo que está helado (ú. t. c. pr.).
desherbar v. t. Arrancar las hierbas perjudiciales.
desheredado, da adj. y s. Que no tiene dones naturales ni bienes de fortuna.
desheredamiento m. Acción y efecto de desheredar.
desheredar v. t. Excluir de la herencia : *desheredar a sus hijos.*
desherrar v. t. Quitar los hierros o prisiones : *desherrar a un penado.* || Quitar las herraduras.
deshidratado m. y **deshidratación** f. Acción y efecto de deshidratar.
deshidratar v. t. *Quím.* Quitar a un cuerpo el agua que contiene.
deshidrogenar v. t. Quitar a una sustancia el hidrógeno que contiene.
deshielo m. Acción y efecto de deshelar o deshelarse. || Ruptura de la capa de hielo que cubre los ríos y las aguas polares en la primavera.
deshilachar v. t. Sacar hilachas. || Sacar flecos en las orillas de una tela.
deshilar v. t. Sacar los hilos de un tejido.
deshilvanado, da adj. *Fig.* Sin enlace ni trabazón.
deshilvanar v. t. Quitar hilvanes.
deshinchar v. t. Quitar la hinchazón. || Desinflar.
deshojar v. t. Quitar las hojas a una planta o los pétalos a una flor. || — V. pr. Caerse las hojas.
deshoje m. Caída de las hojas.
deshollinador, ra adj. y s. Que deshollina. || — M. Utensilio para deshollinar chimeneas. || Escobón para deshollinar. || Persona que deshollina las chimeneas.
deshollinar v. t. Limpiar de hollín las chimeneas.
deshonestidad f. Inmoralidad. || Dicho o hecho deshonesto.
deshonesto, ta adj. Falto de honestidad, inmoral, indecente.
deshonor m. Pérdida del honor. || Afrenta, deshonra, baldón.
deshonra f. Pérdida de la honra. || Cosa deshonrosa.
deshonrar v. t. Quitar la honra (ú. t. c. pr.). || Injuriar.
deshonroso, sa adj. Vergonzoso, afrentoso.
deshora f. Tiempo inoportuno.
deshuesar v. t. Quitar el hueso.
deshumanización f. Acción y efecto de deshumanizar.
deshumanizar v. t. Quitar el carácter humano.
deshumano, na adj. Inhumano.
deshumedecer v. t. Quitar la humedad.
desiderátum m. Lo que falta o que más se desea. (Pl. *desiderata.*)
desidia f. Negligencia, dejadez.
desidioso, sa adj. y s. Negligente, despreocupado : *desidioso en su trabajo.*
desierto, ta adj. Despoblado, deshabitado : *comarca desierta.* || Donde hay muy poca gente : *calle desierta.* || Solitario : *lugar desierto.* || Dícese del concurso o subasta en que nadie toma parte o en que no se concede el premio o la plaza. || — M. Lugar arenoso, árido y despoblado : *el desierto del Sáhara.*
designación f. Nombramiento. || Nombre : *designación de un objeto.*
designar v. t. Nombrar, destinar para un fin determinado. || Denominar, llamar. || Fijar : *designar el lugar.*
designio m. Proyecto. || Propósito.
desigual adj. No igual, diferente. || Escabroso, cubierto de aspereza. || *Fig.* Cambiadizo (dicho del carácter). | Inconstante, irregular.
desigualar v. t. Hacer desigual. || — V. pr. Aventajar a otro.
desigualdad f. Falta de igualdad, diferencia. || Aspereza de un terreno.
desilusión f. Pérdida de las ilusiones. || Desengaño.
desilusionar v. t. Hacer perder las ilusiones, desengañar. || Decepcionar. || — V. pr. Desengañarse.
desimpresionar v. t. Desengañar, sacar del error (ú. t. c. pr.).
desinencia f. *Gram.* Parte variable al final de una palabra, opuesta a radical, que puede corresponder a un elemento de su conjugación (verbo) o de su flexión (sustantivo).
desinfección f. Acción y efecto de desinfectar.
desinfectante adj. y s. m. Dícese del producto que sirve para desinfectar.
desinfectar v. t. Destruir los gérmenes nocivos en algún sitio o cosa.
desinflamar v. t. Hacer desaparecer la inflamación (ú. t. c. pr.).
desinflar v. t. Sacar el aire o gas de un cuerpo inflado (ú. t. c. pr.). || — V. pr. *Fam.* Desanimarse, desilusionarse, acobardarse.
desintegración f. Descomposición. || Disgregación. || Transformación espontánea del núcleo del átomo.
desintegrador m. Máquina para desintegrar o pulverizar.
desintegrar v. t. Separar los elementos que forman un todo. || — V. pr. Disgregarse. || Hablando del átomo radiactivo, transformarse espontáneamente el núcleo para dar origen a una radiación.
desinterés m. Falta de interés.
desinteresado, da adj. Que no está movido por el interés (ú. t. c. s.).
desinteresarse v. pr. No mostrar ningún interés por una cosa.
desintoxicación f. Acción y efecto de desintoxicar.
desintoxicar v. t. Curar de intoxicación (ú. t. c. pr.).
desistimiento m. Acción y efecto de desistir.
desistir v. i. Renunciar a una empresa o intento. || *For.* Abandonar un derecho. || Cuando hay varias votaciones seguidas para un mismo puesto, no presentar su candidatura después de la primera.
deslavazado, da adj. *Fig.* Descosido, sin ilación.
desleal adj. Falto de lealtad (ú. t. c. s.).
deslealtad f. Falta de lealtad.
desleimiento m. Acción y efecto de desleír o desleírse.

desleír v. t. Disolver un cuerpo sólido en otro líquido.
deslenguado, da adj. *Fig.* Mal hablado.
desliar v. t. Deshacer un lío, desatar : *desliar un paquete.*
desligadura f. Acción y efecto de desligar o desligarse.
desligar v. t. Desatar, quitar las ligaduras. ‖ *Fig.* Separar. | Eximir de una obligación (ú. t. c. pr.). ‖ — V. pr. Tener pocas relaciones con : *desligarse de su familia.*
deslindamiento m. Deslinde.
deslindar v. t. Limitar, poner los lindes a un lugar : *deslindar una heredad.* ‖ *Fig.* Determinar. | Aclarar una cuestión.
deslinde m. Acción y efecto de deslindar.
desliz m. Acción y efecto de deslizar o deslizarse. ‖ *Fig.* Falta, especialmente deshonesta, extravío.
deslizamiento m. Desliz.
deslizar v. i. Resbalar (ú. t. c. pr.). ‖ — V. pr. Escurrirse. ‖ Escaparse, evadirse. ‖ *Fig.* Introducirse : *se ha deslizado una falta.* | Caer en una flaqueza : *deslizarse en el vicio.* ‖ — V. t. Poner con suavidad o disimulo una cosa en un sitio : *deslizar una carta debajo de la puerta.* ‖ *Fig.* Decir : *deslizar una palabra.*
deslucido, da adj. Falto de brillo. ‖ *Fig.* Falto de lucimiento, poco brillante : *orador deslucido.*
deslucimiento m. Falta de lucimiento.
deslucir v. t. Quitar la gracia o belleza a una cosa : *deslucir el discurso.* ‖ *Fig.* Desacreditar.
deslumbrador, ra adj. Que deslumbra u ofusca.
deslumbramiento m. Ofuscación de la vista por exceso de luz.
deslumbrante adj. Que deslumbra.
deslumbrar v. t. Ofuscar la vista un exceso de luz. ‖ *Fig.* Causar mucha impresión algo que no tiene gran valor : *su discurso deslumbró a los oyentes.* | Confundir, engañar.
deslustrar v. t. Quitar el lustre. ‖ Quitar la transparencia al vidrio. ‖ *Fig.* Deslucir, desacreditar. | Deshonrar.
desmadejamiento m. *Fig.* Flojedad, falta de energía. | Desgarbo.
desmadrarse v. pr. *Fig.* y *fam.* Obrar sin complejos. | Propasarse.
desmadre m. *Fam.* Caos, confusión. | Jolgorio.
desmán m. Exceso, abuso.
desmandado, da adj. Desobediente. ‖ Indómito. ‖ Desbandado.
desmandarse v. pr. Descomedirse, pasarse de la raya. ‖ Desobedecer. ‖ Apartarse de la compañía de los demás.
desmano (a) loc. adv. Fuera de alcance. ‖ Fuera del camino seguido.
desmantelamiento m. Acción y efecto de desmantelar.
desmantelar v. t. Derribar las fortificaciones. ‖ *Fig.* Desorganizar. ‖ *Mar.* Desarbolar. | Desarmar y desaparejar un barco.
desmañado, da adj. y s. Falto de maña y habilidad, torpe.
desmaquillador m. Producto para quitar el maquillaje.
desmaquillar v. t. Quitar el maquillaje (ú. t. c. pr.).
desmarcar v. t. Borrar una marca. ‖ — V. pr. En el fútbol y otros deportes, liberarse de la vigilancia del adversario (ú. t. c. t.).
desmayado, da adj. Dícese del color apagado. ‖ *Fig.* Sin fuerzas. | Muy hambriento. | Desanimado.
desmayar v. t. Provocar desmayo. ‖ Apagar un color. ‖ — V. pr. Perder el sentido.
desmayo m. Pérdida del sentido, de las fuerzas físicas o morales.
desmedido, da adj. Desproporcionado.
desmedirse v. pr. Descomedirse, excederse.
desmedrado, da adj. Flaco.
desmedrar v. t. Deteriorar (ú. t. c. pr.). ‖ — V. i. Decaer.
desmedro m. Acción y efecto de desmedrar o desmedrarse.
desmejoramiento m. Deterioro. ‖ Empeoramiento de la salud.
desmejorar v. t. Hacer perder el lustre y perfección. ‖ — V. i. y pr. Ir perdiendo la salud. ‖ Empeorar : *todo ha desmejorado.*
desmelenamiento m. Acción y efecto de desmelenar o desmelenarse.
desmelenar v. t. Desordenar el cabello. ‖ — V. pr. *Fig.* Enardecerse.
desmembramiento m. Acción y efecto de desmembrar.
desmembrar v. t. Separar los miembros del cuerpo. ‖ *Fig.* Dividir.
desmemoriado, da adj. y s. Olvidadizo, falto de memoria.
desmemoriarse v. pr. Olvidarse.
desmentido m. Mentís.
desmentir v. t. e i. Decir a uno que miente. ‖ Negar : *desmentir una noticia.* ‖ *Fig.* No corresponder.
desmenuzamiento m. Acción y efecto de desmenuzar.
desmenuzar v. t. Dividir en trozos pequeños. ‖ *Fig.* Examinar minuciosamente.
desmerecedor, ra adj. Que desmerece.
desmerecer v. t. No ser digno de algo. ‖ — V. i. Perder mérito o valor. ‖ No valer tanto una cosa como otra.
desmerecimiento m. Falta de mérito.
desmesura f. Falta de mesura.
desmesurado, da adj. Desproporcionado, excesivo.
desmilitarización f. Acción de desmilitarizar.
desmilitarizar v. t. Quitar el carácter militar. ‖ Prohibir toda instalación o actividad militar.
desmineralización f. *Med.* Pérdida anormal de los principios minerales necesarios al organismo, como fósforo, potasio, calcio, etc.
desmirriado, da adj. Flaco.
desmitificación f. Acción de desmitificar.
desmitificar v. t. Quitar el caracter mítico.
desmochar v. t. Quitar la parte superior de una cosa. ‖ *Fig.* Mutilar una obra.
desmonetización f. Acción y efecto de desmonetizar.
desmonetizar v. t. Quitar a la moneda o a un papel moneda su valor legal.
desmontable adj. Que se puede desmontar : *aparato desmontable.* ‖ — M. *Autom.* Palanca usada para desmontar los neumáticos.
desmontaje m. Acción y efecto de desmontar una máquina.
desmontar v. t. Deshacer : *desmontar un neumático.* ‖ Desarmar : *desmontar una máquina.* ‖ Rozar, talar el monte : *desmontar árboles.* ‖ Bajar del disparador la llave de un arma de fuego, o descargarla. ‖ Echar tierra al jinete una caballería. ‖ — V. i. y pr. Bajar del caballo.
desmonte m. Acción y efecto de desmontar o talar un monte.
desmoralización f. Desánimo.
desmoralizador, ra adj. y s. Que desmoraliza.

desmoralizar v. t. Corromper las costumbres. || Desalentar, quitar el ánimo (ú. t. c. pr.).
desmoronamiento m. Acción y efecto de desmoronar o desmoronarse.
desmoronar v. t. Derrumbar un edificio (ú. t. c. pr.). || Disgregar lentamente una cosa. || *Fig.* Destruir poco a poco. || — V. pr. *Fig.* Ir decayendo hasta desaparecer : *el Imperio se desmoronó.*
desmotar v. t. Quitar las motas a la lana o al paño. || *Amer.* Sacar la semilla al algodón.
desmovilización f. Acción y efecto de desmovilizar.
desmovilizar v. t. Licenciar tropas. || *Fig.* Quitar energía o entusiasmo por una causa.
desmultiplicación f. Acción y efecto de desmultiplicar.
desmultiplicar v. t. Reducir la velocidad por medio de un sistema de transmisión.
desnacionalización f. Acción de desnacionalizar.
desnacionalizar v. t. Quitar el carácter nacional.
desnarigado, da adj. Chato (ú. t. c. s.).
desnatadora f. Máquina para desnatar.
desnatar v. t. Quitar la nata a la leche. || *Fig.* Coger lo mejor.
desnaturalización f. Acción y efecto de desnaturalizar.
desnaturalizado, da adj. Que falta a los deberes de la naturaleza (ú. t. c. s.). || *Alcohol desnaturalizado,* el que no es apto para el consumo humano, pero sí para la industria.
desnaturalizar v. t. Privar a uno del derecho de naturaleza y patria. || Alterar, desfigurar.
desnitrificar v. t. Extraer el nitrógeno de una sustancia.
desnivel m. Diferencia de altura entre dos o más puntos. || Elevación o depresión del terreno. || *Fig.* Desequilibrio.
desnivelación f. Acción y efecto de desnivelar o desnivelarse.
desnivelar v. t. Sacar de nivel (ú. t. c. pr.).
desnucar v. t. Dislocar o romper los huesos de la nuca (ú. t. c. pr.). || Causar la muerte por un golpe en la nuca (ú. t. c. pr.).
desnuclearización f. Acción y efecto de desnuclearizar.
desnuclearizar v. t. Prohibir la fabricación o la posesión de armas nucleares.
desnudar v. t. Quitar la ropa : *desnudar a un niño* (ú. t. c. pr.).
desnudez f. Calidad de desnudo.
desnudismo m. Práctica que consiste en exponer el cuerpo desnudo a los agentes naturales.
desnudista adj. y s. Que practica el desnudismo.
desnudo, da adj. Sin ropa. || *Fig.* Sin adorno : *un local desnudo.* | Desprovisto de todo. | Falto de algo no material : *desnudo de talento.* | Sin rebozo, tal y como es : *la verdad desnuda.* || — M. *Esc.* y *Pint.* Figura humana desnuda.
desnutrición f. *Med.* Depauperación del organismo por trastornos nutritivos o por falta de alimentos.
desnutrirse v. pr. Padecer desnutrición.
desobedecer v. t. No obedecer.
desobediencia f. Falta de obediencia.
desobediente adj. y s. Que desobedece o propenso a desobedecer.
desobligar v. t. Eximir de una obligación. || *Fig.* Causar disgusto.
desobstruir v. t. Quitar lo que obstruye : *desobstruir un conducto.*
desocupación f. Falta de ocupación, ocio. || *Amer.* Desempleo.
desocupado, da adj. y s. Ocioso. || *Amer.* Desempleado. || — Adj. Vacío, sin nadie : *un piso desocupado.*
desocupar v. t. Desalojar, abandonar : *desocupar una casa.* || Vaciar : *desocupar una habitación.* || — V. pr. Liberarse de ocupación.
desodorante adj. y s. m. Dícese del producto que destruye los olores molestos.
desodorizar v. t. Hacer desaparecer los olores.
desoír v. t. No hacer caso.
desolación f. Destrucción. || Aflicción, desconsuelo.
desolador, ra adj. Que desuela, asolador : *epidemia desoladora.* || *Fig.* Que aflige.
desolar v. t. Asolar, devastar. || — V. pr. *Fig.* Afligirse, entristecerse.
desolidarizarse v. pr. Dejar de ser solidario de alguien.
desolladero m. Lugar donde se desuellan las reses.
desolladura f. Acción y efecto de desollar. || Rasguño, arañazo.
desollar v. t. Despellejar : *desollar una res.* || *Fig.* y *fam.* Sacarle a uno todo el dinero : *desollarle a uno vivo.* | Causar grave daño a una persona. | Murmurar de ella despiadadamente.
desollón m. *Fam.* Rasguño.
desorbitado, da adj. Excesivo.
desorbitar v. t. Hacer que una cosa se salga de su órbita : *ojos desorbitados* (ú. m. c. pr.). || *Fig.* Exagerar.
desorden m. Falta de orden. || Confusión. || Disturbio : *hay muchos desórdenes actualmente en el país.* || *Fig.* Desarreglo en la conducta : *vivir en el más completo desorden.* || Trastorno físico : *desorden cerebral.*
desordenado, da adj. Que no tiene orden. || Desarreglado : *piso desordenado.* || *Fig.* Que no sigue regla alguna.
desordenar v. t. Poner en desorden. || — V. pr. Salir de la regla.
desorganización f. Falta de organización.
desorganizador, ra adj. y s. Que desorganiza.
desorganizar v. t. Desordenar en sumo grado, llenar de confusión y desorden (ú. t. c. pr.).
desorientación f. Acción y efecto de desorientar.
desorientar v. t. Hacer perder la orientación. || *Fig.* Desconcertar, confundir.
desosar v. t. Quitar los huesos.
desovar v. i. Poner las huevas.
desove m. Acción de desovar. || Época en que tiene lugar.
desoxidación f. Acción y efecto de desoxidar.
desoxidante adj. y s. m. Dícese del producto que desoxida.
desoxidar v. t. Quitar el oxígeno a una sustancia (ú. t. c. pr.). || Limpiar la superficie de un metal del óxido que se ha formado.
desoxigenación f. Acción y efecto de desoxigenar.
desoxigenar v. t. Quitar el oxígeno.
desoxirribonucleico, ca adj. Dícese de los ácidos nucleicos que constituyen uno de los elementos fundamentales de los cromosomas del núcleo celular.
despabilado, da adj. Despierto.
despabilar v. t. *Fig.* Espabilar, quitar la torpeza o timidez excesiva. || — V. pr.

Despertarse : *despabilarse temprano.* ‖ Darse prisa.
despacio adv. Lentamente.
despacioso, sa adj. Lento.
despacito adv. Muy despacio.
despachar v. t. Hacer : *despachar el correo.* ‖ Enviar : *despachar un paquete.* ‖ Concluir un negocio. ‖ Vender : *despachar vinos.* ‖ Atender : *despachar a los clientes.* ‖ Despedir : *despachar a un importuno.* ‖ *Fig.* y *fam.* Acabar rápidamente : *despachar un discurso.* | Matar. | Tragarse : *despachar una botella de vino.* ‖ — V. i. Darse prisa (ú. t. c. pr.). ‖ Hablar francamente. U. t. c. pr. : *se despachó a sus anchas.* ‖ Discutir de un asunto. ‖ — V. pr. Desembarazarse.
despacho m. Acción de despachar. ‖ Envío. ‖ Venta. ‖ Tienda donde se despachan mercancías. ‖ Oficina : *despacho del director.* ‖ Comunicación : *despacho diplomático.* ‖ Título dado para desempeñar un empleo.
despachurrar v. t. Aplastar.
despampanante adj. *Fam.* Sorprendente. | Muy divertido.
despampanar v. t. *Agr.* Cortar los pámpanos a las vides. ‖ *Fig.* y *fam.* Sorprender, dejar pasmado. ‖ — V. pr. *Fig.* y *fam.* *Despampanarse de risa,* reírse mucho.
despanzurrar o **despanchurrar** v. t. *Fam.* Aplastar.
desparejar v. t. Quitar una de las cosas que formaban pareja.
desparpajo m. *Fam.* Desembarazo, desenvoltura. | Descaro.
desparramado, da adj. Muy amplio. ‖ Esparcido. ‖ Derramado.
desparramar v. t. Dispersar. ‖ Derramar, verter. ‖ *Fig.* Disipar, malgastar : *desparramar su caudal.*
despatarrar v. t. *Fam.* Abrir mucho las piernas (ú. t. c. pr.). ‖ — V. pr. Caerse al suelo.
despavorido, da adj. Asustado.
despavorirse v. pr. Asustarse.
despectivo, va adj. Despreciativo : *mirada despectiva.* ‖ *Gram.* Dícese de la palabra que incluye la idea de menosprecio, como *pajarraco, poetastro, villorrio, cafetucho.*
despecho m. Descontento grande debido a un desengaño. ‖ Desesperación. ‖ *A despecho de,* a pesar de.
despechugar v. t. Quitar la pechuga a un ave. ‖ — V. pr. *Fig.* y *fam.* Dejar al descubierto el pecho y la garganta por desaliño.
despedazador, ra adj. y s. Que despedaza.
despedazamiento m. Acción y efecto de despedazar.
despedazar v. t. Cortar en pedazos : *despedazar una res.* ‖ *Fig.* Afligir mucho : *despedazar el alma.*
despedida f. Acción y efecto de despedir a uno o despedirse.
despedir v. t. Lanzar, arrojar : *el sol despide rayos de luz.* ‖ Echar : *despedir a un empleado.* ‖ *Fig.* Difundir, desprender : *despedir olor.* ‖ Acompañar al que se marcha : *fui a despedirlo al puerto.* ‖ — V. pr. Saludar al irse : *se fue sin despedirse.* ‖ Separarse : *nos despedimos en la estación.* ‖ Emplear una expresión de afecto o de cortesía al final de una carta. ‖ *Fig.* Dar algo por perdido : *puedes despedirte del libro que le has prestado.* ‖ *Despedirse a la francesa,* irse sin decir adiós a nadie.
despegado, da adj. *Fig.* Poco afectuoso en el trato. | Indiferente.
despegar v. t. Separar lo pegado. ‖ — V. i. Dejar el suelo un avión : *el avión despegó sin dificultades.*
despegue m. Acción y efecto de despegar el avión.
despeinar v. t. Desarreglar el peinado.
despejado, da adj. Sin nubes : *cielo despejado.* ‖ Sin estorbos : *camino despejado.* ‖ *Fig.* Claro : *entendimiento despejado.* | Espabilado, listo. ‖ Espacioso, ancho : *plaza despejada.*
despejar v. t. Desocupar un sitio : *despejar el local.* ‖ Desembarazar : *despejar la calle de escombros.* ‖ *Mat.* Separar la incógnita de la ecuación. ‖ *Fig.* Aclarar, poner en claro : *despejar una situación.* ‖ Echar la pelota hacia el campo enemigo : *el defensa despejó el balón* (ú. t. c. i.). ‖ — V. pr. Adquirir soltura, espabilarse. ‖ Aclararse, quedar sin nubes : *despejarse el cielo.* ‖ Esparcirse, distraerse. ‖ Tomar el aire para reponerse.
despeje m. Acción y efecto de despejar.
despelotarse v. pr. *Fam.* Desnudarse. | Morirse de risa.
despeluznante adj. Pavoroso.
despellejar v. t. Quitar el pellejo, desollar. ‖ *Fig.* Criticar.
despensa f. Lugar donde se guardan los alimentos en una casa. ‖ Provisiones.
despensero, ra m. y f. Persona encargada de la despensa.
despeñadero m. Precipicio.
despeñar v. t. Precipitar, arrojar desde una altura. ‖ — V. pr. Precipitarse, caer : *despeñarse por una cuesta.*
despepitar v. t. Quitar las pepitas : *despepitar una naranja.* ‖ *Méx.* y *P. Rico.* Quitar la cáscara al café. ‖ — V. pr. Hablar sin concierto. ‖ *Fig.* y *fam.* *Despepitarse por una cosa,* anhelarla.
desperdiciar v. t. Malgastar, derrochar. ‖ Emplear mal una cosa, no sacar provecho de ella.
desperdicio m. Derroche. ‖ Residuo que no se puede aprovechar. ‖ *No tener desperdicio,* ser enteramente aprovechable.
desperdigar v. t. Desparramar.
desperecer v. i. Perecer. ‖ — V. pr. Desvivirse por algo.
desperezarse v. pr. Estirar los miembros para desentumecerse.
desperezo m. Acción de desperezarse.
desperfecto m. Ligero deterioro. ‖ Defecto, imperfección.
despersonalizar v. t. Quitar carácter personal a algo o los atributos de persona.
despertador, ra adj. Que despierta. ‖ — M. Reloj con timbre para despertar. ‖ *Fig.* Estímulo.
despertar v. t. Cortar el sueño : *el ruido me despertó.* ‖ *Fig.* Avivar, traer a la memoria : *despertar recuerdos.* | Suscitar : *despertar el interés.* | Excitar : *despertar el apetito.* ‖ — V. i. y pr. Dejar de dormir. ‖ *Fig.* Espabilarse.
despertar m. Acción de salir de la inactividad : *el despertar de un pueblo.*
despiadado, da adj. Sin piedad ni compasión, cruel.
despido m. Acción de despedir a un empleado.
despierto, ta adj. *Fig.* Espabilado, listo, avispado.
despilfarrado, da y **despilfarrador, ra** adj. y s. Derrochador.
despilfarrar v. t. Derrochar, malgastar : *despilfarrar el dinero.*

despilfarro m. Derroche. ‖ Gasto excesivo : *hacer un despilfarro.*
despintar v. t. Borrar o quitar lo pintado : *la lluvia despintó la fachada.* ‖ — V. pr. Borrarse fácilmente lo teñido o pintado. ‖ *Fig.* y *fam. No despintársele a uno una persona o cosa,* no olvidarla.
despiojar v. t. Quitar los piojos
despistado, da adj. Desorientado. ‖ Distraído (ú. t. c. s.).
despistar v. t. Hacer perder la pista : *el ciervo despistó a sus perseguidores* (ú. t. c. pr.). ‖ *Fig.* Desorientar. ‖ — V. pr. Extraviarse. ‖ Resbalar y desviarse un vehículo. ‖ *Fam.* Desorientarse, desconcertarse.
despiste m. Acción de despistarse, desorientación. ‖ Atolondramiento, distracción. ‖ Movimiento brusco que desvía un vehículo de su dirección : *sufrir un despiste.*
desplacer v. t. No gustar.
desplante m. Postura incorrecta. ‖ *Fig.* Descaro, desfachatez.
desplazamiento m. *Mar.* Espacio que ocupa en el agua un buque hasta su línea de flotación. ‖ Traslado.
desplazar v. t. *Mar.* Desalojar el buque un volumen de agua igual al de la parte sumergida. ‖ Trasladar. ‖ — V. pr. Trasladarse.
desplegable m. Prospecto constituido por una sola hoja doblada en forma de pliegues.
desplegar v. t. Extender, desdoblar : *desplegar las banderas.* ‖ *Fig.* Dar muestras de una cualidad, hacer alarde : *desplegar ingenio.* ‖ *Mil.* Hacer pasar del orden compacto al abierto : *desplegar la tropa en guerrillas.*
despliegue m. Acción y efecto de desplegar.
desplomarse v. pr. Perder la posición vertical : *desplomarse un edificio.* ‖ Derrumbarse. ‖ Caer pesadamente. ‖ *Fig.* Caer sin vida o sin sentido.
desplome m. Acción y efecto de desplomar o desplomarse.
desplumar v. t. Quitar las plumas. ‖ *Fig.* Quitar el dinero.
despoblación f. Acción de despoblar. ‖ Ausencia parcial o total de habitantes en un lugar.
despoblado m. Sitio no poblado : *acampar en despoblado.*
despoblar v. t. Dejar sin habitantes. ‖ *Fig.* Despojar un sitio de lo que hay en él. ‖ — V. pr. Quedarse un lugar sin vecinos. ‖ Clarear el pelo : *frente despoblada.*
despoetizar v. t. Quitar el carácter poético.
despojar v. t. Quitarle a uno lo que tiene : *despojar del mando.* ‖ Quitar a una cosa lo que la cubre o adorna. ‖ — V. pr. Desnudarse, quitarse : *despojarse de su abrigo.* ‖ *Fig.* Desprenderse de algo.
despojo m. Acción y efecto de despojar. ‖ Botín del vencedor. ‖ — Pl. Vientre, asaduras, cabeza y patas de las reses muertas. ‖ Alones, patas, cabeza, pescuezo y molleja de un ave muerta. ‖ Restos mortales, cadáver.
desportillar v. t. Deteriorar el borde de algo (ú. t. c. pr.) : *desportillar un plato.*
desposado, da adj. Recién casado (ú. t. c. s.). ‖ Aprisionado con esposas.
desposar v. t. Autorizar el párroco o el juez el matrimonio. ‖ Casar. ‖ — V. pr. Contraer esponsales. ‖ Casarse.
desposeer v. t. Quitarle a uno lo que posee. ‖ — V. pr. Desprenderse, renunciar a lo que se posee.
desposeimiento m. Privación de la posesión de algo.
desposorios m. pl. Promesa mutua de matrimonio. ‖ Matrimonio.
déspota m. Soberano absoluto. ‖ *Fig.* Persona que impone su voluntad a otros.
despótico, ca adj. Tiránico.
despotismo m. Poder absoluto. ‖ Tiranía. ‖ Arbitrariedad.
despotricar v. i. *Fam.* Hablar sin reparo. | Decir barbaridades.
despreciable adj. Que merece desprecio. ‖ De poca monta.
despreciar v. t. Desestimar, tener en poco, desdeñar (ú. t. c. pr.).
despreciativo, va adj. Que indica desprecio.
desprecio m. Falta de estimación. ‖ Desaire : *hacer un desprecio.*
desprender v. t. Desunir, atar, separar. ‖ — V. pr. Separarse, privarse de algo : *se desprendió de sus joyas.* ‖ *Fig.* Deducirse, inferirse. ‖ Hundirse, soltarse : *la cornisa se desprendió.*
desprendido, da adj. Generoso.
desprendimiento m. Acción de desprenderse : *desprendimiento de la retina.* ‖ *Fig.* Generosidad. ‖ Caída de tierra o hundimiento : *desprendimiento de tierra.*
despreocupación f. Estado de ánimo libre de preocupaciones.
despreocupado, da adj. y s. Indiferente, libre de preocupación.
despreocuparse v. pr. Librarse de una preocupación. ‖ Desentenderse de algo.
desprestigiar v. t. Quitar el prestigio, desacreditar (ú. t. c. pr.).
desprestigio m. Pérdida de prestigio o de buena fama.
desprevenido, da adj. Sin prevenir : *le cogieron desprevenido.*
desproporción f. Falta de proporción.
desproporcionado, da adj. Que no tiene proporción.
desproporcionar v. t. Quitar la proporción a una cosa.
despropósito m. Dicho o hecho falto de sentido.
desproveer v. t. Quitar a uno lo necesario.
desprovisto, ta adj. Falto de lo necesario : *desprovisto de todo.*
después adv. Indica posterioridad de lugar, de tiempo, de jerarquía o preferencia : *después de mi casa, de la guerra, del jefe.*
despulmonarse v. pr. *Fam.* Desgañitarse.
despuntar v. t. Quitar o gastar la punta : *despuntar unas tijeras.* ‖ Cortar las puntas de los cuernos al ganado. ‖ — V. i. Empezar a brotar las plantas : *ya despunta el trigo.* ‖ Manifestar inteligencia : *muchacho que despunta.* ‖ *Fig.* Destacarse, sobresalir. ‖ Empezar : *al despuntar la aurora.*
desquiciador, ra adj. y s. Que desquicia.
desquiciamiento m. Trastorno. ‖ Desequilibrio. ‖ Pérdida del favor.
desquiciar v. t. Desencajar o sacar de quicio : *desquiciar una puerta.* ‖ *Fig.* Descomponer, trastornar. | Desequilibrar : *la guerra ha desquiciado a muchos hombres.*
desquitar v. t. Recuperar. ‖ — V. pr. Resarcirse : *desquitarse de una pérdida.* ‖ *Fig.* Tomar satisfacción o venganza de un agravio.
desquite m. Satisfacción que se toma de una ofensa o agravio.
desratizar v. t. Aniquilar las ratas.
desrielar v. i. *Amer.* Descarrilar.
desriñonar v. t. Cansar mucho (ú. t. c. pr.).
desrizar v. t. Estirar lo rizado : *desrizar el pelo.*

destacamento m. *Mil.* Porción de tropa destacada.
destacar v. t. *Mil.* Separar de un cuerpo una porción de tropa : *el comandante destacó una compañía para ocupar la loma.* ‖ *Fig.* Hacer resaltar una cosa de modo que sobresalga o se note (ú. t. c. pr.). | Recalcar, subrayar : *hay que destacar la importancia de tal decisión.* ‖ — V. i. y pr. Descollar.
destajista com. Persona que trabaja a destajo.
destajo m. Trabajo que se contrata por un tanto alzado. ‖ *A destajo,* por un tanto alzado.
destapar v. t. Quitar la tapa, tapadera o tapón : *destapar la botella.* ‖ Quitar lo que abriga. U. t. c. pr. : *destaparse en la cama.* ‖ — V. pr. *Fig.* Descubrir uno su verdadera manera de ser, sus pensamientos o sus intenciones. | Desnudarse en público.
destape m. Acción y efecto de destapar. ‖ *Fam.* Desnudo en público. | Liberalización de prohibiciones.
destaponar v. t. Quitar el tapón.
destartalado, da adj. Desproporcionado : *una casa destartalada.*
destechar v. t. Quitar el techo.
destejer v. t. Deshacer lo tejido. ‖ *Fig.* Desbaratar lo tramado.
destellar v. t. e i. Despedir ráfagas de luz, rayos, etc.
destello m. Resplandor momentáneo, ráfaga de luz : *los destellos de un diamante.* ‖ *Fig.* Manifestación inesperada y momentánea de talento : *destello de genio.*
destemplado, da adj. Falto de mesura. ‖ Desconcertado. ‖ Disonante, desafinado. ‖ Poco armonioso. ‖ *Med.* Calenturiento.
destemplanza f. Desigualdad del tiempo. ‖ *Med.* Ligera elevación de la temperatura. ‖ *Fig.* Falta de moderación. | Irritabilidad, impaciencia.
desteñir v. t. Quitar el tinte o color. ‖ — V. pr. Perder su color. ‖ Manchar una cosa con el tinte quitado por acción del agua.
desternillarse v. pr. *Desternillarse de risa,* reírse mucho.
desterrar v. t. Echar a uno de un lugar o territorio : *desterrar a uno por razones políticas.* ‖ *Fig.* Apartar de sí : *desterrar la tristeza.* ‖ — V. pr. Expatriarse.
destetar v. t. Hacer que deje de mamar el niño (ú. t. c. pr.).
destete m. Acción y efecto de destetar.
destiempo (a) expr. adv. Fuera de tiempo, en mal momento.
destierro m. Pena que consiste en echar a una persona de su lugar de nacimiento o residencia. ‖ Situación del que está desterrado. ‖ Lugar donde reside el desterrado.
destilación f. Acción de destilar. ‖ Lo producido por esta operación.
destilador, ra adj. Que destila. ‖ — M. y f. Persona que destila agua o licores. ‖ — M. Filtro. ‖ Alambique.
destilar v. t. Evaporar una sustancia para separarla de otras y reducirla después a líquido : *destilar vino.* ‖ Filtrar. ‖ *Fig.* Contener algo que se va desprendiendo : *este libro destila amargura.*
destilería f. Lugar donde se destila.
destinación f. Acción y efecto de destinar.
destinar v. t. Determinar el empleo de una persona o cosa : *edificio destinado a oficinas.* ‖ Asignar a una persona el sitio donde ha de servir un cargo, etc. : *militar destinado en Burgos.* ‖ — V. pr. Tener pensado ya el empleo que se va a ocupar.
destinatario, ria m. y f. Persona a quien se dirige una cosa.
destino m. Hado, sino : *un destino desgraciado.* ‖ Fin para el cual se designa una cosa : *este edificio ha cambiado de destino.* ‖ Destinación, sitio a donde se dirige algo : *buque con destino a Buenos Aires.* ‖ Empleo, colocación : *obtener un destino en Correos.* ‖ Misión histórica de una colectividad.
destitución f. Acción y efecto de destituir.
destituir v. t. Quitar a uno su cargo : *destituir a un funcionario.*
destorcer v. t. Enderezar lo torcido.
destornillado, da adj. y s. *Fig.* Atolondrado. | Chiflado, loco.
destornillador m. Instrumento para atornillar y destornillar.
destornillar v. t. Dar vueltas a un tornillo para quitarlo. ‖ — V. pr. *Fig.* Perder el juicio.
destrabar v. t. Quitar las trabas.
destrenzar v. t. Deshacer la trenza.
destreza f. Habilidad.
destripamiento m. Acción y efecto de destripar.
destripar v. t. Quitar o sacar las tripas. ‖ *Fig.* Reventar, sacar lo interior : *destripar un sillón.* ‖ Despachurrar, aplastar.
destronamiento m. Acción y efecto de destronar.
destronar v. t. Echar del trono. ‖ *Fig.* Quitar a uno su preponderancia.
destroncar v. t. Cortar un árbol por el tronco.
destronque m. Acción de destroncar. ‖ *Chile* y *Méx.* Acción de arrancar de raíz.
destroyer m. (pal. ingl.). *Mar.* Destructor.
destrozar v. t. Hacer trozos, romper : *destrozar la ropa.* ‖ *Fig.* Arruinar : *destrozar la salud.* | Echar abajo, destruir : *destrozar los planes de uno.* | Causar quebranto moral : *destrozar el corazón.* | Abatir, dejar sin ánimo : *esta noticia le ha destrozado.* | Agotar : *este viaje me ha destrozado.* ‖ *Mil.* Derrotar : *destrozar al ejército enemigo.*
destrozo m. Acción y efecto de destrozar.
destrucción f. Acción y efecto de destruir. ‖ Ruina, devastación.
destructividad f. Instinto de destrucción.
destructivo, va adj. Que destruye o puede destruir.
destructor, ra adj. y s. Que destruye. ‖ — M. *Mar.* Torpedero de alta mar utilizado como escolta.
destruir v. t. Echar abajo : *destruir una casa.* ‖ Aniquilar, asolar : *destruir un país.* ‖ Hacer desaparecer por varios medios : *destruir unos documentos.* ‖ *Fig.* Deshacer una cosa inmaterial : *destruir un argumento.* | Desbaratar : *destruir unos proyectos.*
desulfurar v. t. Quitar el azufre.
desuncir v. t. Quitar el yugo.
desunión f. Separación. ‖ *Fig.* Desacuerdo, discordia, división.
desunir v. t. Separar. ‖ Introducir la discordia.
desusado, da adj. Fuera de uso : *modos desusados.* ‖ Poco usado o corriente. ‖ Desacostumbrado.
desusar v. t. Desacostumbrar.
desuso m. Falta de uso.
desvaído, da adj. Descolorido, pálido. ‖ *Fig.* Insignificante, soso.
desvalido, da adj. y s. Desamparado.
desvalijador, ra m. y f. Persona que desvalija.
desvalijamiento m. Robo.
desvalijar v. t. Robar.

desvalorar v. t. Quitar valor a la moneda. ‖ Despreciar.
desvalorización f. Acción y efecto de desvalorizar.
desvalorizar v. t. Hacer perder parte de su valor a una cosa.
desván m. Parte más alta de una casa inmediata al tejado.
desvanecer v. t. Disipar, hacer desaparecer gradualmente : *el viento desvanece el humo* (ú. t. c. pr.). ‖ Atenuar, borrar, esfumar los colores. ‖ *Fig.* Hacer cesar : *desvanecer la sospecha.*
desvanecimiento m. Desmayo, pérdida del conocimiento. ‖ Desaparición. ‖ Vanidad, presunción.
desvariar v. i. Delirar. ‖ *Fig.* Desatinar, decir locuras o disparates.
desvarío m. Delirio. ‖ *Fig.* Desatino : *los desvaríos de la imaginación.* | Monstruosidad. | Capricho : *los desvaríos del azar.*
desvelar v. t. Impedir o quitar el sueño : *el café me desveló.* ‖ — V. pr. *Fig.* Desvivirse, afanarse.
desvelo m. Insomnio. ‖ Preocupación. ‖ Esfuerzo.
desvencijar v. t. Descomponer.
desventaja f. Perjuicio : *llevar desventaja en un concurso.* ‖ Inconveniente.
desventajoso, sa adj. Que no tiene ventaja alguna.
desventura f. Desgracia.
desventurado, da adj. y s. Desgraciado. ‖ De corto entendimiento, inocente.
desvergonzado, da adj. y s. Descarado, sinvergüenza, fresco.
desvergonzarse v. pr. Perder la vergüenza. ‖ Descomedirse.
desvergüenza f. Falta de vergüenza, frescura. ‖ Insolencia, grosería.
desvestir v. t. Desnudar (ú. t. c. pr.).
desviación f. Acción y efecto de desviar o desviarse. ‖ Cambio de dirección en un camino o carretera para evitar una población u obras que se están realizando. ‖ Separación de la aguja imantada de su posición normal por la atracción de una masa de hierro. ‖ Cambio de la posición natural de los huesos : *desviación de la columna vertebral.*
desviacionismo m. Acción de apartarse de la doctrina del partido político, sindicato, etc., al cual se pertenece.
desviacionista adj. y s. Que se aparta de la doctrina de su partido, sindicato, etc.
desviar v. t. Hacer cambiar de dirección : *desviar el curso de un río.* ‖ *Fig.* Apartar : *desviar a uno de su deber.* ‖ Disuadir : *desviar a uno de un proyecto.* ‖ — V. pr. Cambiar de dirección.
desvinculación f. Acción y efecto de desvincular.
desvincular v. t. Suprimir un vínculo.
desvío m. Desviación. ‖ *Fig.* Desapego, desafecto.
desvirgar v. t. Quitar la virginidad.
desvirtuar v. t. Quitar a una cosa su virtud o su fuerza. ‖ Adulterar.
desvitalizar v. t. Quitar la pulpa de un diente.
desvitrificación f. Acción y efecto de desvitrificar.
desvitrificar v. t. Hacer que el vidrio pierda su transparencia por la acción prolongada del calor.
desvivirse v. pr. Afanarse, esforzarse. ‖ Desear mucho.
desyerbar v. t. Desherbar.
detal o **detall (al)** expr. adv. Al por menor, al menudeo.
detallar v. t. Referir con todos sus pormenores. ‖ Vender al detall.
detalle m. Pormenor, circunstancia. ‖ *Amer.* Comercio de menudeo. ‖ *Fig.* Amabilidad, atención : *tener miles de detalles por una persona.* ‖ Parte de una obra de arte reproducida separadamente.
detallista adj. Con muchos detalles. ‖ — M. y f. Comerciante que vende al por menor, minorista. ‖ Persona que tiene siempre muchos detalles.
detección f. Acción y efecto de detectar.
detectar v. t. Descubrir, localizar : *detectar un avión.*
detective com. Persona encargada de investigaciones privadas.
detector m. *Electr.* Aparato destinado a detectar ondas hertzianas, radiaciones eléctricas, etc.
detención f. Parada, suspensión : *la detención de los negocios.* ‖ Tardanza. ‖ Prisión, arresto. ‖ Sumo cuidado : *examinar con detención.*
detener v. t. Parar : *detener un coche.* ‖ Entretener : *no me detengas mucho.* ‖ Arrestar, poner en prisión. ‖ Retener, guardar. ‖ — V. pr. Pararse. ‖ Entretenerse. ‖ *Fig.* Pararse a examinar algo.
detenidamente adv. Con tiempo y cuidado : *estudia muy detenidamente el proyecto.*
detenido, da adj. Minucioso. ‖ — Adj. y s. Arrestado.
detenimiento m. Detención.
detentación f. *For.* Posesión ilegal de algo.
detentador, ra m. y f. Persona que retiene lo que no es suyo.
detentar v. t. Atribuirse uno la posesión de algo que no le pertenece. ‖ Galicismo muy empleado por *tener.*
detentor, ra m. y f. (P. us.). Detentador.
detergente adj. y s. m. Dícese del producto que sirve para limpiar.
deterioración f. Acción y efecto de deteriorar o deteriorarse.
deteriorar v. t. Estropear : *deteriorar un objeto.* ‖ Arruinar la salud. ‖ — V. pr. *Fig.* Empeorar.
deterioro m. Deterioración.
determinación f. Fijación. ‖ Decisión. ‖ Resolución.
determinado, da adj. Resuelto, decidido. ‖ Preciso : *una misión determinada.* ‖ — *Gram. Artículo determinado,* el que limita la extensión del nombre que acompaña : *el, la, lo, los, las.*
determinante adj. Que determina : *las causas determinantes.* ‖ — F. *Mat.* Polinomio formado a partir de los elementos de una matriz cuadrada aplicando ciertas reglas.
determinar v. t. Fijar con precisión : *determinar el volumen de un cuerpo.* ‖ Decidir : *determinaron firmar la paz* (ú. t. c. pr.). ‖ Hacer tomar una decisión : *eso me determinó a hacerlo.* ‖ Señalar : *determinar el día de una visita.* ‖ Causar.
determinismo m. *Fil.* Sistema según el cual todos los hechos están determinados por causas precisas.
determinista adj. Relativo al determinismo : *escuela determinista.* ‖ — Com. Partidario del determinismo.
detersión f. Limpieza.
detersivo, va adj. y s. m. Detergente.
detestable adj. Odioso.

detestar v. t. Aborrecer.
detonación f. Acción y efecto de detonar.
detonador m. Carga ultrasensible que provoca la explosión.
detonante adj. Que detona. ‖ — M. Sustancia que puede producir detonación. ‖ *Fig.* Explosivo.
detonar v. i. Dar estampido al explotar : *detonar un barreno.*
detractar v. t. Denigrar.
detractor, ra adj. y s. Infamador : *detractores del régimen.*
detrás adv. En la parte posterior. ‖ *Fig. Por detrás,* a espaldas de.
detrimento m. Daño, perjuicio.
detrito o **detritus** m. Resultado de la desagregación de una masa sólida en partículas.
deuda f. Lo que uno debe a otro. ‖ Cantidad de dinero debida. ‖ *Deuda pública,* obligaciones de un Estado.
deudo, da m. y f. Pariente.
deudor, ra adj. y s. Que debe.
deuterio m. *Quím.* Isótopo del hidrógeno pesado.
deuterón y **deutón** m. Núcleo de deuterio formado por un protón y un neutrón.
devaluación f. Acción y efecto de devaluar.
devaluar v. t. Disminuir el valor de una moneda o de otra cosa (ú. t. c. pr.).
devanadera f. Armazón giratoria para devanar las madejas.
devanado m. Acción y efecto de devanar.
devanador, ra adj. y s. Que devana. ‖ — M. Carrete.
devanar v. t. Arrollar hilo en ovillo o carrete. ‖ — V. pr. *Fig.* y *fam. Devanarse los sesos,* cavilar.
devaneo m. Pasatiempo vano. ‖ Amorío pasajero.
devastación f. Acción y efecto de devastar.
devastador, ra adj. y s. Que devasta.
devastar v. t. Destruir, arrasar.
devengar v. t. Tener derecho a retribución : *devengar salarios, intereses.*
devengo m. Suma devengada.
devenir m. Transformación, evolución.
devenir v. i. Sobrevenir, suceder. ‖ *Fil.* Llegar a ser.
devoción f. Fervor religioso. ‖ Práctica religiosa : *cumplir con sus devociones.* ‖ *Fig.* Predilección, simpatía : *tenerle devoción a uno.* | Costumbre, veneración.
devocionario m. Libro de oraciones para uso de los fieles.
devolución f. Restitución. ‖ Reenvío : *devolución de una carta al remitente.* ‖ Reembolso.
devolver v. t. Restituir : *devolver un libro prestado.* ‖ Reenviar : *devolver un paquete.* ‖ Volver una cosa a su estado primitivo. ‖ Rechazar, no aceptar : *devolver un regalo.* ‖ Volver a entregar una cosa comprada : *devolver un vestido.* ‖ Corresponder a un favor o a un agravio : *devolver bien por mal.* ‖ *Fam.* Vomitar. ‖ — V. pr. *Amer.* Dar la vuelta.
devoniano, na y **devónico, ca** adj. *Geol.* Aplícase al terreno comprendido entre el siluriano y el carbonífero (ú. t. c. s. m.).
devorador, ra adj. y s. Que devora : *hambre devoradora.*
devorar v. t. Comer desgarrando con los dientes, hablando de las fieras. ‖ Comer con ansia. ‖ *Fig.* Consumir : *el fuego devoraba el bosque.*
devoto, ta adj. Piadoso : *persona devota.* ‖ De devoción : *imagen devota.* ‖ Adicto a una persona o cosa.
dexteridad f. Destreza.
deyección f. *Geol.* Materias arrojadas por un volcán en erupción o desprendidas de una montaña. ‖ *Med.* Excrementos.
deyector m. Aparato que evita las incrustaciones en las calderas de vapor.
D. F., siglas de *Distrito Federal.*
día m. Tiempo que tarda la Tierra en girar sobre sí misma : *día solar.* ‖ Tiempo que dura la claridad del Sol : *ya es de día.* ‖ Tiempo atmosférico : *día lluvioso.* ‖ Fecha en que la Iglesia católica celebra la memoria de un santo : *día de San Juan.* ‖ Aniversario o cumpleaños y fecha onomástica (ú. t. en pl.). ‖ — Pl. Vida. ‖ Época, tiempos : *nuestros días.* ‖ — *A días,* a veces. ‖ *Al día,* al corriente. ‖ *A tantos días vista* o *fecha,* expresión comercial que indica el plazo en que se han de cobrar los pagarés, etc. ‖ *Como del día a la noche,* completamente diferente. ‖ *Día civil,* tiempo comprendido entre dos medias noches consecutivas. ‖ *Día de Reyes,* la Epifanía (6 de enero). ‖ *Día del Juicio,* último de los tiempos en que Dios juzgará a los vivos y a los muertos; *(fig.* y *fam.)* muy tarde, nunca. ‖ *Día feriado,* el festivo. ‖ *En su día,* a su tiempo. ‖ *Estar al día,* estar al corriente de una cosa o conforme con las últimas novedades. ‖ *Poner al día,* actualizar. ‖ *Romper el día,* amanecer. ‖ *Tener días,* ser de un humor muy cambiadizo. ‖ *Fam. Todo el santo día,* el día entero. ‖ *Vivir al día,* vivir sin pensar en el porvenir gastando todo lo que se tiene.
diabetes f. *Med.* Enfermedad caracterizada por la presencia de glucosa en la orina o sangre.
diabético, ca adj. *Med.* Relativo a la diabetes. ‖ Que padece diabetes (ú. t. c. s.).
diablear v. i. Hacer travesuras.
diablito m. *Méx.* Dispositivo usado en las instalaciones eléctricas para robar corriente sin que marque el contador.
diablo m. Angel rebelde. ‖ *Fig.* Persona mala o traviesa. | Persona muy fea. ‖ Carro de dos ruedas para arrastrar troncos de árbol. ‖ *Méx.* Conexión fraudulenta en una red eléctrica. ‖ — *Fam. De todos los diablos,* muy grande. | *Mandar al diablo,* mandar a paseo. | *Más sabe el diablo por viejo que por diablo,* la larga experiencia es lo que más sirve. ‖ — Interj. Denota admiración o extrañeza.
diablura f. Travesura. ‖ Cosa extraordinaria.
diabólico, ca adj. Del diablo. ‖ *Fig.* y *fam.* Muy malo, muy perverso. | Muy difícil.
diábolo o **diávolo** m. Juguete de forma de carrete que se hace girar sobre un cordón y se arroja al aire imprimiéndole un movimiento de rotación muy rápido.
diaconado m. Diaconato.
diaconato m. Segunda de las órdenes mayores.
diaconía f. Distrito de una iglesia al cargo de un diácono. ‖ Casa del diácono.
diácono m. Ministro eclesiástico de grado inmediatamente inferior al sacerdocio.
diacronía f. Desarrollo de hechos a través del tiempo.
diadema f. Cinta blanca que antiguamente ceñía la cabeza de los reyes. ‖ Corona. ‖ Adorno femenino de cabeza en forma de media corona. ‖ Aro abierto que emplean las mujeres para sujetarse el pelo.

diafanidad f. Transparencia.
diáfano, na adj. Transparente. ‖ *Fig.* Claro.
diáfisis f. *Anat.* Parte media de los huesos largos.
diafragma m. Músculo ancho y delgado que separa el pecho del abdomen. ‖ Lámina vibrátil del fonógrafo y del micrófono. ‖ *Fot.* Disco para limitar la entrada de la luz.
diagnosis f. *Med.* Conocimiento de los síntomas de las enfermedades.
diagnosticar v. t. *Med.* Determinar por los síntomas el carácter de una enfermedad.
diagnóstico, ca adj. *Med.* Relativo a la diagnosis. ‖ — M. *Med.* Determinación de una enfermedad por los síntomas.
diagonal adj. y s. f. *Geom.* Dícese de la línea recta que va de un vértice a otro no inmediato.
diagrama m. Dibujo geométrico que representa gráficamente las variaciones de un fenómeno.
diaguita adj. Dícese del individuo de un pueblo indio establecido en la región andina del NO. argentino (ú. t. c. s.).
dial m. Placa exterior de un receptor de radio detrás de la cual se mueve una aguja que permite seleccionar la emisora deseada.
dialectal adj. De un dialecto.
dialectalismo m. Voz o giro dialectal. ‖ Carácter dialectal.
dialéctico, ca adj. Propio del arte de razonar. ‖ — F. *Log.* Arte de razonar metódicamente. ‖ — M. El que profesa la dialéctica.
dialecto m. Variante regional de un idioma : *el dialecto leonés.*
diálisis f. *Quím.* Análisis fundado en la propiedad que tienen ciertos cuerpos de atravesar las membranas porosas.
dialogar v. i. Hablar o escribir en diálogo.
diálogo m. Conversación entre dos o más personas. ‖ Obra literaria escrita en forma de conversación. ‖ Discusión pacífica para llegar a un acuerto.
dialoguista m. Escritor que compone diálogos.
diamante m. Piedra preciosa formada por carbono puro cristalizado.
diamantífero, ra adj. Que contiene diamante.
diamantino, na adj. Del diamante.
diamantista com. Persona que labra o vende diamantes.
diametralmente adv. De extremo a extremo. ‖ *Fig.* Completamente.
diámetro m. *Geom.* Línea recta que pasa por el centro del círculo y termina por ambos extremos en la circunferencia : *el diámetro equivale al doble del radio.* | Eje de la esfera. | Línea que divide en dos partes iguales un sistema de cuerdas paralelas de una curva.
diana f. *Mil.* Toque militar al amanecer. ‖ Punto central de un blanco de tiro.
diapasón m. *Mús.* Instrumento de acero en forma de horquilla que sirve para dar la nota *la.* ‖ *Fig.* y *fam. Bajar* o *subir el diapasón,* bajar o subir el tono o la voz.
diapositiva f. Imagen fotográfica positiva puesta en un soporte transparente para la proyección.
diario, ria adj. De todos los días : *uso diario.* ‖ — M. Periódico que sale cada día. ‖ Relación de acontecimientos hecha por días. ‖ Gasto de un día en una casa. ‖ Ganancia de cada día. ‖ *Com.* Libro en que el comerciante apunta día por día las operaciones que efectúa. ‖ *Diario hablado, televisado,* noticias de actualidad transmitidas por la radio, la televisión.
diarrea f. *Med.* Evacuación frecuente de excrementos líquidos.
diáspora f. Dispersión del pueblo hebreo a través del mundo. ‖ *Fig.* Dispersión de un pueblo o de una comunidad.
diástole f. Movimiento de dilatación del corazón y de las arterias.
diatriba f. Crítica violenta.
dibujante adj. y s. Que dibuja.
dibujar v. t. Representar con el lápiz, la pluma, el pincel, etc., una cosa copiada o inventada. ‖ *Fig.* Describir : *dibujar una pasión.* ‖ — V. pr. Manifestarse : *una sonrisa se dibujó en sus labios.*
dibujo m. Cosa dibujada. ‖ Arte que enseña la manera de dibujar : *una academia de dibujo.* ‖ Conjunto de las líneas y contornos que forman una figura. ‖ *Dibujos animados,* serie de dibujos que, una vez cinematografiados, producen la sensación de movimiento.
dicción f. Modo de pronunciar.
diccionario m. Reunión, por orden alfabético o ideológico, de todas las palabras de un idioma o de una ciencia, seguidas de su definición o de su traducción a otro idioma.
diccionarista com. Lexicógrafo.
díceres m. pl. *Amer.* Habladurías.
diciembre m. Duodécimo mes del año, que cuenta 31 días.
dicotiledóneas f. pl. Clase de plantas angiospermas cuyo embrión tiene dos cotiledones, como la judía y la malva (ú. t. c. adj.).
dicotomía f. División en dos, oposición entre dos cosas. ‖ División ilícita de los honorarios entre dos médicos.
dictado m. Acción de dictar : *escribir al dictado.* ‖ Lo que se dicta : *dictado ortográfico.* ‖ — Pl. *Fig.* Inspiraciones, preceptos de la razón o la conciencia.
dictador m. En Roma, magistrado investido de la autoridad suprema por el Senado en tiempos de peligro. ‖ En los Estados modernos, jefe supremo investido de todos los poderes.
dictadura f. Dignidad y gobierno de dictador. ‖ Tiempo que dura. ‖ Gobierno que se ejerce al margen de las leyes constitucionales. ‖ *Dictadura del proletariado,* principio marxista del ejercicio del poder del Estado por una minoría que actúa en nombre de la clase obrera y campesina.
dictáfono m. Aparato que graba la voz y sirve para dictar el correo.
dictamen m. Opinión, parecer. ‖ Informe : *dictamen de los peritos.*
dictaminar v. t. e i. Dar su opinión. ‖ Dar consejo. ‖ Recetar un médico. ‖ Hacer un informe.
dictar v. t. Decir algo para que otro lo escriba : *dictar una carta.* ‖ *For.* Pronunciar un fallo o sentencia. ‖ *Fig.* Sugerir, inspirar. ‖ Explicar, dirigir : *dictar un curso monográfico.*
dictatorial adj. Relativo al dictador. ‖ *Fig.* Absoluto, despótico.
dicterio m. Insulto.
dicha f. Felicidad. ‖ Suerte feliz : *ser hombre de dicha.* ‖ *Por dicha,* por casualidad, por fortuna.
dicharachero, ra adj. y s. *Fam.* Parlanchín.
dicho, cha p. p. irreg. de *decir.* ‖ *Dicho y hecho,* expresión que indica prontitud. ‖ — M. Frase o sentencia : *dicho agudo, oportuno.* ‖ Ocurrencia. ‖ Refrán.

dichoso, sa adj. Feliz. ‖ Que incluye o trae consigo dicha. ‖ *Fam.* Enfadoso, molesto : *¡dichosa visita!* | En sentido irónico, malhadado.
didacticismo y **didactismo** m. Tendencia o calidad de docente.
didáctico, ca adj. Relativo a la enseñanza. ‖ Propio para enseñar. ‖ — F. Arte de enseñar.
dieciochesco, ca adj. Del siglo XVIII.
diedro adj. *Geom.* Dícese del ángulo formado por dos planos que se cortan entre sí (ú. t. c. s. m.).
diente m. Cada uno de los huesos visibles de las mandíbulas que sirven para masticar : *el hombre tiene treinta y dos dientes (ocho incisivos, cuatro colmillos y veinte muelas).* ‖ Puntas de ciertas herramientas, instrumentos y otros objetos : *dientes de sierra.* ‖ Cada una de las partes que constituyen la cabeza del ajo. ‖ — *Fig.* y *fam. Alargársele a uno los dientes,* desear con ansia. | *Dar diente con diente,* temblar de frío o miedo. | *De dientes afuera,* sin sinceridad. ‖ *Diente de leche,* cada uno de los de la primera dentición. ‖ *Fig.* y *fam. Enseñar los dientes,* hacer cara a uno. | *Hablar uno entre dientes,* hablar bajo y sin que se le entienda lo que dice. | *Tener uno buen diente,* ser muy comedor.
diéresis f. *Gram.* Figura que consiste en separar las vocales que forman un diptongo, haciendo de una sílaba dos : *su-a-ve* por suave; *vi-o-le-ta* por violeta. ‖ *Gram.* Signo ortográfico (¨) que se coloca sobre la *u* de las sílabas *gue, gui* para que se pronuncie : *vergüenza, argüir.*
diesel adj. y s. m. Dícese del motor de combustión interna por inyección y compresión de aceite pesado o gasoil.
diestro, tra adj. Derecho. ‖ Hábil : *ser diestro en su oficio.* ‖ Sagaz. ‖ *A diestro y siniestro,* por todos lados. ‖ — M. Matador de toros. ‖ — F. Mano derecha.
dieta f. Asamblea legislativa de ciertos Estados que forman confederación. ‖ *Med.* Privación total o parcial de comer. | Régimen que debe seguir un enfermo : *estar a dieta.* ‖ — Pl. Honorarios de un funcionario mientras desempeña una misión fuera de su residencia. ‖ Retribución de los diputados. ‖ Indemnización dada a una persona por tener que trabajar fuera de su residencia.
dietario m. Agenda.
dietético, ca adj. Relativo a la dieta : *régimen dietético.* ‖ — F. Parte de la terapéutica que estudia el régimen de nutrición.
diez adj. Nueve y uno. ‖ Décimo : *Pío diez.* ‖ — M. El número diez.
diezmar v. t. *Fig.* Causar gran mortandad. ‖ Pagar el diezmo.
diezmilésimo, ma adj. y s. Aplícase a cada una de las diez mil partes iguales en que se divide un todo.
diezmilímetro m. Décima parte de un milímetro.
diezmo m. Décima parte de los frutos que daban como tributo los fieles a la Iglesia o al rey.
difamación f. Acción y efecto de difamar.
difamador, ra adj. Que difama (ú. t. c. s.).
difamar v. t. Desacreditar.
difamatorio, ria adj. Que difama.
diferencia f. Falta de similitud. ‖ Discrepancia, disensión. ‖ *Mat.* Resto en una sustracción.
diferenciación f. Acción y efecto de diferenciar.
diferencial adj. *Mat.* Dícese de la cantidad infinitamente pequeña. ‖ — M. *Mec.* Mecanismo que permite que la velocidad de un móvil sea igual a la suma o a la diferencia de la velocidad de otros dos. | En un automóvil, dispositivo mediante el cual en las curvas la rueda exterior puede girar más rápidamente que la interior al recorrer ésta un arco más pequeño. ‖ — F. *Mat.* Diferencia infinitamente pequeña de una variable.
diferenciar v. t. Hacer distinción. ‖ — V. i. Estar en desacuerdo : *diferenciar en opiniones* (ú. t. c. pr.). ‖ — V. pr. Distinguirse, descollar. ‖ Diferir, ser diferente.
diferendo m. *Amer.* Desacuerdo, discrepancia.
diferente adj. Diverso, distinto. ‖ — Pl. Varios.
diferir v. t. Dilatar, aplazar. ‖ — V. i. Ser diferente.
difícil adj. Que requiere mucho trabajo : *labor difícil.* ‖ Complicado : *cuestión difícil de resolver.* ‖ Descontentadizo : *persona difícil.* ‖ *Fam.* Dícese de la cara extraña y fea.
dificultad f. Calidad de difícil : *la dificultad de una multiplicación.* ‖ Problema : *las dificultades de una empresa.* ‖ Inconveniente. ‖ Obstáculo, impedimento.
dificultar v. t. Complicar. ‖ Estorbar : *dificultar el paso.*
dificultoso, sa adj. Difícil.
difracción f. *Fís.* Fenómeno consistente en que las ondas luminosas, acústicas o radioeléctricas se desvían cuando rozan los bordes de un cuerpo opaco y la energía deja, por tanto, de propagarse en línea recta.
difteria f. Enfermedad contagiosa caracterizada por la formación de falsas membranas en las mucosas.
diftérico, ca adj. De la difteria.
difumar y **difuminar** v. t. Frotar con difumino un dibujo.
difumino m. Papel arrollado para esfumar las sombras en los dibujos.
difundir v. t. Divulgar : *difundir una noticia.* ‖ Propagar : *difundir una epidemia.* ‖ Transmitir : *difundir una emisión radiofónica.*
difuntear v. t. *Méx. Fam.* Matar. ‖ — V. pr. *Méx. Fam.* Morir.
difunto, ta adj. y s. Fallecido.
difusión f. Acción y efecto de difundir o difundirse : *la difusión de la luz, de ondas sonoras.* ‖ Propagación, divulgación.
difuso, sa adj. Extenso. ‖ Demasiado prolijo en palabras.
difusor, ra adj. Que difunde. ‖ — M. Altavoz.
digerir v. t. Hacer la digestión. ‖ *Fig.* Asimilar.
digestión f. Transformación de los alimentos en el aparato digestivo.
digestivo, va adj. Que ayuda a la digestión. ‖ *Anat.* Aparato digestivo, conjunto de órganos que concurren a la digestión. ‖ — M. Licor que facilita la digestión.
digesto m. Colección de las decisiones del Derecho romano.
digital adj. Relativo a los dedos. ‖ Numérico.
dígito adj. y s. m. Dícese del número que puede expresarse con un solo guarismo : *1, 6.*
dignarse v. pr. Servirse por condescendencia a hacer una cosa.
dignatario, ria m. y f. Persona investida de una dignidad.

dignidad f. Calidad de digno. || Alto cargo o título eminente : *la dignidad cardenalicia.* || Nobleza, gravedad en los modales : *obrar con dignidad.* || Respeto que se merece uno : *compromete su dignidad.*
dignificar v. t. Hacer digno.
digno, na adj. Que merece algo en sentido favorable o adverso. || Correspondiente al mérito y condición : *hijo digno de su padre.* || Grave, mesurado : *respuesta digna.*
digresión f. Desviación en el hilo de un relato.
dije m. Joya, alhaja pequeña que suele llevarse por adorno.
dilaceración f. Acción y efecto de dilacerar o dilacerarse.
dilacerar v. t. Desgarrar. || *Fig.* Dañar.
dilación f. Retraso, demora. || *Sin dilación,* inmediatamente.
dilapidación f. Disipación.
dilapidador, ra adj. y s. Que dilapida.
dilapidar v. t. Malgastar, disipar, despilfarrar.
dilatación f. Acción y efecto de aumentar el volumen o la longitud de un cuerpo.
dilatar v. t. Aumentar el volumen de un cuerpo mediante la elevación de su temperatura. || Ensanchar. || — V. pr. *Fig.* Extenderse. || *Amer.* Demorarse.
dilección f. Amor tierno y puro.
dilecto, ta adj. Muy estimado.
dilema m. Argumento de dos proposiciones contrarias que conducen a una misma conclusión. || Obligación de escoger entre dos cosas.
dilettante y **diletante** m. (pal. ital.). El que tiene afición a cualquier actividad, pero sin profundizar en ella.
dilettantismo y **diletantismo** m. Carácter del dilettante.
diligencia f. Cuidado en hacer una cosa. || Prisa, prontitud. || Coche grande empleado antiguamente para el transporte por carretera de viajeros y mercancías. || Trámite, gestión. || *For.* Ejecución de un auto o decreto judicial.
diligenciar v. t. Hacer los trámites para conseguir algo.
diligente adj. Cuidadoso y activo. || Pronto, ágil en el obrar.
dilucidación f. Aclaración.
dilucidar v. t. Aclarar.
diluir v. t. Desleír.
diluviano, na adj. Relativo al diluvio universal.
diluviar v. impers. Llover mucho.
diluvio m. Inundación universal de que habla la Biblia. || *Fig.* y *fam.* Lluvia torrencial. | Excesiva abundancia.
dimanar v. i. *Fig.* Proceder.
dimensión f. Cada una de las tres direcciones en que se mide la extensión de un cuerpo (largo, ancho, altura o profundidad). || Tamaño. || *Fig.* Importancia, magnitud : *las dimensiones de un conflicto.*
dimes y diretes loc. fam. Discusiones entre dos o más personas.
diminutivo, va adj. Que tiene cualidad de disminuir o reducir a menos una cosa. || — M. *Gram.* Palabra derivada de otra y que encierra un matiz de pequeñez, de atenuación o de familiaridad.
diminuto, ta adj. Muy pequeño.
dimisión f. Renuncia.
dimisionario, ria adj. y s. Que dimite : *alcalde dimisionario.*
dimitente adj. y s. Que dimite.
dimitir v. t. e i. Renunciar a una cosa, presentar la dimisión.
din m. Unidad del grado de sensibilidad de las emulsiones fotográficas.
dina f. *Mec.* Unidad de fuerza C. G. S. que aplicada a la masa de un gramo le comunica velocidad de un centímetro por segundo.
dinamarqués, esa adj. y s. Danés.
dinámico, ca adj. Relativo a la fuerza cuando produce movimiento : *efecto dinámico.* || *Fig.* y *fam.* Activo, enérgico : *hombre dinámico.* || — F. Parte de la mecánica que estudia el movimiento en relación con las fuerzas que lo producen.
dinamismo m. Energía, actividad.
dinamita f. Explosivo compuesto de nitroglicerina.
dinamitar v. t. Hacer saltar con dinamita.
dinamitero, ra m. y f. Obrero que en las minas u otros lugares efectúa destrucciones con dinamita. || Persona que comete atentados con dinamita.
dinamizar v. t. Intensificar la acción de algo.
dinamo f. *Fís.* Máquina destinada a transformar la energía mecánica (movimiento) en energía eléctrica (corriente) o viceversa por inducción electromagnética.
dinamómetro m. Instrumento que mide fuerzas.
dinar m. Unidad monetaria de Argelia, Irak, Jordania, Koweit, Libia, Túnez, Yemen y Yugoslavia.
dinastía f. Serie de soberanos de una misma familia. || Serie de hombres célebres de una misma familia.
dinástico, ca adj. De la dinastía. || Partidario de una dinastía.
dineral m. Cantidad grande de dinero : *gastarse un dineral.*
dinero m. Cualquier clase de moneda. || *Fig.* Riqueza, fortuna.
dinosaurio m. Reptil fósil gigantesco.
dinoterio m. Proboscidio fósil gigantesco semejante a un elefante.
dintel m. *Arq.* Parte superior de las puertas y ventanas que carga sobre las jambas.
diñar v. tr. *Pop.* Dar, propinar. || *Pop. Diñarla,* morir.
diocesano, na adj. y s. De la diócesis : *clero diocesano.*
diócesis f. Territorio en que ejerce jurisdicción espiritual un obispo o arzobispo.
diodo m. Válvula electrónica de dos electrodos por la cual pasa la corriente en un solo sentido.
dioptría f. Unidad de convergencia de las lentes y de potencia de los aparatos ópticos.
dios m. Ser supremo y criador del universo. || *Mit.* Deidad : *los dioses del Olimpo.* || *Fig.* Persona o cosa que se venera por encima de todo. || — *A Dios gracias,* felizmente. || *A Dios rogando y con el mazo dando,* debemos hacer todo lo que podemos en vez de esperar que los demás lo hagan por nosotros. || *A la buena de Dios,* de cualquier manera. || *Como Dios manda,* como es debido. || *¡Dios!, ¡por Dios!* o *¡válgame Dios!,* expr. de impaciencia o de sorpresa. || *Pasar la de Dios es Cristo,* pasarlo muy mal. || *Si Dios quiere,* si nada se opone a lo que uno espera. || *Fam. Todo Dios,* todo el mundo.
diosa f. Deidad del sexo femenino.
diplodoco m. Especie de dinosaurio, reptil fósil de gran tamaño.
diploma m. Documento en que consta un título conferido por un cuerpo o facultad. ||

Documento oficial que establece un privilegio.

diplomacia f. Ciencia de las relaciones entre Estados soberanos. ‖ Cuerpo o carrera de los representantes de un país en otro o de las relaciones entre éstos. ‖ *Fig.* y *fam.* Tacto, habilidad.

diplomado, da adj. y s. Que ha obtenido un título o diploma.

diplomar v. t. Conferir un diploma. ‖ — V. pr. Obtener un diploma.

diplomático, ca adj. De la diplomacia : *cuerpo diplomático.* ‖ *Fig.* Que tiene tacto. ‖ — M. Persona que se dedica a la diplomacia.

dípteros m. pl. Orden de insectos con dos alas membranosas, como la mosca (ú. t. c. adj.).

díptico m. o **díptica** f. Cuadro o bajorrelieve compuesto de dos tableros articulados.

diptongación f. *Gram.* Acción y efecto de diptongar.

diptongar v. t. *Gram.* Unir dos vocales pronunciándolas en una sola sílaba : *cau-sa, cue-llo.* ‖ — V. pr. Convertirse en diptongo una vocal, como la *o* de *poder* en *puedo.*

diptongo m. *Gram.* Reunión de dos vocales en una sola sílaba.

diputación f. Conjunto de diputados. ‖ Cargo de diputado. ‖ Duración de este cargo. ‖ *Amer.* Casa consistorial. ‖ *Diputación provincial,* corporación que administra los intereses de una provincia.

diputado, da m. y f. Persona nombrada para representar a otras.

dique m. Muro para contener las aguas. ‖ Parte de un puerto cerrada con obra de fábrica donde se puede reparar el casco de las naves. ‖ *Fig.* Freno, obstáculo : *poner un dique al desorden.* ‖ *Arg. Fam. Dar dique,* engañar.

diquelar v. t. *Pop.* Comprender. | Mirar.

dirección f. Acción y efecto de dirigir o dirigirse. ‖ Rumbo que un cuerpo sigue en su movimiento. ‖ Persona o conjunto de personas encargadas de dirigir. ‖ Cargo de director. ‖ Señas que se ponen en una carta o paquete. ‖ Mecanismo para guiar un vehículo automóvil. ‖ Realización escénica o cinematográfica de una obra.

directivo, va adj. Que dirige (ú. t. c. s.). ‖ — F. Línea de conducta, instrucción. ‖ Mesa o junta de dirección de una corporación, sociedad, etc.

directo, ta adj. Derecho, en línea recta : *carretera directa.* ‖ Que va de una parte a otra sin pararse en los puntos intermedios : *tren directo.* ‖ *Fig.* Sin intermediario : *relaciones directas.* | Sin rodeos : *pregunta directa.* | Encaminado a su objeto por medios expeditivos : *acción directa.* ‖ Que se sigue de padre a hijo : *heredero en línea directa.* ‖ *Gram. Complemento directo,* el que recibe la acción del verbo. ‖ — M. Golpe dado por los boxeadores hacia adelante estirando el brazo. ‖ *En directo,* no diferido.

director, ra adj. Que dirige. ‖ — M. y f. Persona que dirige una administración, establecimiento, una película cinematográfica, una orquesta, etc. ‖ *Director espiritual,* sacerdote que aconseja a una persona o comunidad religiosa en asuntos de conciencia.

directorio, ria adj. Destinado a dirigir. ‖ — M. Asamblea directiva. ‖ Gobierno. ‖ *Amer.* Lista de direcciones. | Guía de teléfonos.

directriz adj. y s. f. *Geom.* Dícese de la línea o superficie que determina las condiciones de generación de otras. ‖ — F. pl. Instrucciones, orientaciones.

dirham o **dirhem** m. Unidad monetaria de Marruecos.

dirigente adj. y s. Que dirige.

dirigible m. Globo que puede dirigirse.

dirigir v. t. Encaminar hacia cierto punto : *dirigir la mirada.* ‖ Guiar, llevar a un lugar determinado. ‖ Gobernar : *dirigir una empresa.* ‖ Mandar, hacer ejecutar : *dirigir las operaciones.* ‖ Poner las señas a lo que se manda. ‖ Aconsejar. ‖ Aplicar a una persona un dicho : *dirigir unos insultos a alguien.* ‖ *Dirigir la palabra a uno,* hablarle. ‖ — V. pr. Ir : *dirigirse a Barcelona.* ‖ Destinar unas palabras oralmente o por escrito a alguien.

dirigismo m. Sistema en que el Gobierno ejerce un poder de orientación o de decisión en la actividad económica del país.

dirimente adj. Que anula.

dirimir v. t. Resolver. ‖ Ajustar o terminar una controversia. ‖ Disolver, anular.

discal adj. *Anat.* Perteneciente o relativo al disco intervertebral : *hernia discal.*

discernimiento m. Distinción. ‖ Juicio recto.

discernir v. t. Distinguir con acierto.

disciplina f. Conjunto y observancia de las leyes o reglamentos que rigen ciertos cuerpos, como la Magistratura, la Iglesia, el Ejército, las escuelas. ‖ Asignatura. ‖ Objeto de estudio en el campo de las artes, las letras o las ciencias. ‖ — Pl. Instrumento de penitencia para azotar.

disciplinado, da adj. Que observa la disciplina.

disciplinar v. t. Enseñar a uno su profesión. ‖ Acostumbrar a la disciplina : *disciplinar al soldado.* ‖ Azotar con disciplinas (ú. t. c. pr.). ‖ *Fig.* Contener, dominar.

disciplinario, ria adj. Relativo a la disciplina. ‖ Dícese de los cuerpos militares integrados por soldados condenados a alguna pena correccional : *batallón disciplinario.* ‖ — M.Soldado de estos cuerpos.

discípulo, la m. y f. Persona que recibe la enseñanza de un maestro.

disco m. Objeto plano y circular. ‖ Placa circular de materia plástica en la que se graba el sonido : *un disco microsurco.* ‖ Señal que en los ferrocarriles indica si la vía está libre. ‖ Señal luminosa para el tráfico : *disco rojo.* ‖ Especie de placa que lanzan los atletas en los juegos gimnásticos : *lanzamiento del disco.* ‖ *Astr.* Figura circular y plana con que se presentan a nuestra vista el Sol, la Luna y los planetas. ‖ *Fam.* Cosa pesada, aburrida o enojosa. ‖ — *Anat. Disco intervertebral,* formación fibrosa en forma de disco situada entre dos vértebras y con el interior pulposo. ‖ *Saltarse un disco rojo,* no detenerse un vehículo automóvil cuando el semáforo está en rojo en una calle.

discófilo, la adj. y s. Aficionado a los discos fonográficos.

díscolo, la adj. Indócil (ú. t. c. s.)

disconforme adj. No conforme.

disconformidad f. Desacuerdo.

discontinuar v. t. Interrumpir la continuación de una cosa.

discontinuidad f. Falta de continuidad.

discontinuo, nua adj. Interrumpido.

disconvenir v. i. No estar de acuerdo. ‖ No ir bien dos objetos juntos.

discordancia f. Desacuerdo.

discordante adj. Opuesto.

discordar v. i. Ser opuestos o diferentes entre sí dos o más cosas. ‖ Estar en desacuerdo dos personas.
discorde adj. No conforme. ‖ *Mús.* Disonante, sin consonancia.
discordia f. Desacuerdo, desavenencia.
discoteca f. Colección de discos fonográficos. ‖ Mueble donde se guardan. ‖ Local donde se baila al son de música grabada.
discreción f. Rectidud de juicio, cordura. ‖ Moderación. ‖ Capacidad para guardar los secretos. ‖ Agudeza, ingenio. ‖ *A discreción,* sin tasa ni limitación.
discrecional adj. Que se hace libremente. ‖ *Parada discrecional,* aquella en que el autobús, tranvía, etc., solamente se para si se avisa al conductor.
discrecionalidad f. Calidad de discrecional.
discrepancia f. Diferencia, desigualdad. ‖ Disentimiento.
discrepante adj. y s. Que discrepa.
discrepar v. i. Ser diferente. ‖ Disentir, no estar de acuerdo.
discreto, ta adj. Dotado de discreción, cuerdo (ú. t. c. s.). ‖ Que denota discreción. ‖ Reservado, moderado en sus palabras o acciones. ‖ Que sabe guardar un secreto. ‖ Que no llama la atención : *un peinado discreto.*
discriminación f. Acción y efecto de discriminar. ‖ *Discriminación racial,* separación de las personas de raza diferente en un mismo país.
discriminar v. t. Separar, distinguir, diferenciar una cosa de otra. ‖ Dar trato de inferioridad a un persona o colectividad.
discriminatorio, ria adj. Que da muestras de discriminación.
disculpa f. Razón que se da para excusarse de una culpa.
disculpar v. t. Dar razones o pruebas que descarguen de una culpa o delito. U. t. c. pr. : *se disculpó de su retraso.* ‖ Perdonar.
discurrir v. i. Caminar, andar por un sitio. ‖ Correr un líquido. ‖ Pasar el tiempo. ‖ *Fig.* Reflexionar. ‖ — V. t. Imaginar, idear.
discursear v. i. *Fam.* Pronunciar discursos.
discursivo, va adj. Dado a discurrir. ‖ Propio del discurso.
discurso m. Exposición oral de alguna extensión hecha generalmente con el fin de persuadir. ‖ Escrito o tratado. ‖ Pieza oratoria : *un discurso académico.* ‖ Facultad de discurrir, raciocinio. ‖ Transcurso del tiempo : *el discurso de los días.*
discusión f. Acción y efecto de discutir.
discutidor, ra adj. y s. Amante de disputas y discusiones.
discutir v. t. e i. Examinar minuciosamente una materia. ‖ Debatir : *discutir una cuestión.* ‖ Poner en tela de juicio, controvertir.
disecación f. Disección.
disecar v. t. Cortar para examinar su estructura un cuerpo animal, un vegetal, etc. ‖ Preparar animales muertos para su conservación. ‖ *Fig.* Analizar minuciosamente.
disección f. Acción y efecto de disecar. ‖ *Fig.* Análisis minucioso.
diseminación f. Dispersión, esparcimiento. ‖ *Fig.* Difusión.
diseminar v. t. Dispersar, esparcir. ‖ *Fig.* Difundir.
disensión f. Desacuerdo. ‖ *Fig.* Contienda, discordia.
disentería f. *Med.* Diarrea dolorosa con pujos y sangre.
disentimiento m. Desacuerdo.
disentir v. i. No tener el mismo parecer : *disentir en política.* ‖ Ser diferente : *ideas que disienten.*
diseñador, ra m. y f. Persona que diseña.
diseñar v. t. Hacer un diseño.
diseño m. Dibujo. ‖ Descripción o bosquejo de alguna cosa.
disertación f. Examen crítico y detallado de una cuestión. ‖ Ejercicio escolar sobre un tema literario o filosófico. ‖ Discurso, conferencia.
disertar v. i. Razonar sobre una materia.
diserto, ta adj. Elocuente.
disfasia f. *Med.* Perturbación del lenguaje por una lesión cerebral.
disforme adj. Deforme.
disfraz m. Artificio para ocultar o disimular. ‖ Vestido de máscara. ‖ *Fig.* Fingimiento, disimulo.
disfrazar v. t. Desfigurar la forma natural de una persona o cosa para que no se la conozca. ‖ Vestir de máscara (ú. t. c. pr.). ‖ *Fig.* Cambiar, alterar : *disfrazar la voz.* | Disimular los sentimientos. | Maquillar, encubrir.
disfrutar v. t. Poseer. ‖ Aprovechar : *disfrutar sus vacaciones.* ‖ — V. i. Gozar, tener algo de lo cual se sacan ventajas : *disfrutar de buena salud.* ‖ Sentir placer.
disfrute m. Acción y efecto de disfrutar.
disfumino m. Difumino.
disfunción f. Trastorno en el funcionamiento normal de un órgano.
disgrafía f. Trastorno de la facultad de expresar las ideas por medio de la escritura.
disgregación f. Separación.
disgregar v. t. Separar.
disgustado, da adj. Descontento.
disgustar v. t. Causar disgusto. ‖ — V. pr. Enfadarse.
disgusto m. Contrariedad : *llevarse un disgusto.* ‖ Decepción. ‖ Pesadumbre : *esta muerte le dio un gran disgusto.* ‖ Revés, desgracia. ‖ Desavenencia, disputa : *tener un disgusto con uno.* ‖ Tedio, repulsión. ‖ *A disgusto,* contra la voluntad de uno.
disidencia f. Separación de una doctrina, creencia u opinión.
disidente adj. y s. Que diside.
disidir v. i. Separarse de una comunidad, doctrina, creencia, etc.
disimetría f. Falta de simetría.
disimilitud f. Desemejanza.
disimulable adj. Que se puede disimular.
disimulación f. Ocultación, encubrimiento. ‖ Disimulo.
disimulado, da adj. Que disimula lo que siente, hipócrita (ú. t. c. s.).
disimulador adj. y s. Que disimula o finge.
disimular v. t. Ocultar, esconder. ‖ Encubrir algo que uno siente o padece : *disimular su alegría.* ‖ Disfrazar : *disimular una enfermedad.* ‖ — V. i. Fingir que no se ve o se siente algo.
disimulo m. Arte con que se oculta lo que se siente o sabe. ‖ Hipocresía, encubrimiento.
disipación f. Despilfarro. ‖ Evaporación : *disipación del alcohol.* ‖ Vida disoluta.
disipado, da adj. y s. Disipador. ‖ Entregado a diversiones.
disipador, ra adj. y s. Malgastador, despilfarrador.
disipar v. t. Desvanecer : *el sol disipa las nieblas.* ‖ Derrochar : *disipar la hacienda.* ‖ *Fig.* Hacer desaparecer : *los años disipan las ilusiones.* ‖ — V. pr. Evaporarse : *disiparse*

el alcohol. || *Fig.* Desvanecerse : *disiparse las sospechas.*
dislate m. Disparate, desatino.
dislexia f. Lectura penosa. || Incapacidad de comprender lo que se lee a causa de una lesión cerebral.
dislocación y **dislocadura** f. Acción y efecto de dislocarse.
dislocar v. t. Sacar una cosa de su lugar. U. m. c. pr. : *dislocarse un brazo.*
disloque m. *Fam.* El colmo.
disminución f. Acción y efecto de disminuir.
disminuir v. t. Hacer menor, reducir, aminorar (ú. t. c. i. y pr.).
disnea f. Dificultad de respirar.
disociación f. Acción y efecto de disociar o disociarse.
disociar v. t. Separar, desunir (ú. t. c. pr.). || *Quím.* Descomponer (ú. t. c. pr.).
disolución f. *Fís.* Descomposición de los cuerpos por la acción de un agente que se une íntimamente a ellos. | Solución así formada. || Solución viscosa de caucho para reparar cámaras de neumáticos. || *Fig.* Relajación de las costumbres. | Rompimiento de vínculos : *disolución del matrimonio.* | Acción de suprimir o de hacer cesar : *disolución de las Cortes.*
disoluto, ta adj. Relajado : *vida disoluta.* || Licencioso, libertino (ú. t. c. s.).
disolvente adj. y s. m. Dícese del líquido propio para disolver.
disolver v. t. Descomponer un cuerpo por medio de un líquido, formando una mezcla. || Suprimir : *disolver un partido.* || Poner fin al mandato de una asamblea antes de tiempo. || Relajar : *disolver las costumbres.*
disonancia f. Asociación de sonidos desagradables.
disonante adj. Que disuena.
disonar v. i. Formar una armonía desagradable para el oído.
dispar adj. Desigual.
disparador m. El que dispara. || Pieza de las armas de fuego que se suelta para disparar. || Pieza del obturador automático de una cámara fotográfica. || Pieza que pone en funcionamiento cualquier aparato.
disparar v. t. Arrojar, lanzar con violencia. || Lanzar un proyectil con un arma : *disparar un cañón* (ú. t. c. pr.). || Enviar con fuerza el balón hacia la meta. || — V. i. Apretar el disparador de un mecanismo. || Decir o hacer tonterías. || *Salir disparado,* salir corriendo. || — V. pr. *Fig.* Dejarse llevar por un sentimiento violento.
disparatadamente adv. Fuera de razón.
disparatado, da adj. Que disparata. || Absurdo, loco : *idea disparatada.* || *Fam.* Excesivo.
disparatar v. i. Decir o hacer tonterías o barbaridades.
disparate m. Cosa absurda o tonta : *hacer, decir disparates.* || Barbaridad, insulto : *soltar un disparate.* || *Fam. Un disparate,* mucho.
disparejo, ja adj. Dispar.
disparidad f. Desemejanza.
disparo m. Acción de disparar. || Tiro. || Tiro, chut, en fútbol.
dispendio m. Gasto excesivo.
dispendioso, sa adj. Costoso.
dispensa f. Excepción.
dispensador, ra adj. y s. Que dispensa.
dispensar v. t. Dar, conceder, distribuir : *dispensar mercedes.* || Proporcionar : *dispensar ayuda.* || Eximir de una obligación : *dispensar la asistencia a un acto* (ú. t. c. pr.). || Perdonar, excusar.
dispensario m. Centro gratuito o poco costoso de asistencia médica y farmacéutica.
dispersar v. t. Diseminar, esparcir (ú. t. c. pr.). || Poner en fuga. || *Fig.* Repartir entre muchas cosas : *dispersar sus esfuerzos.*
dispersión f. Acción y efecto de dispersar o dispersarse. || *Fís.* Separación de los diversos colores espectrales de un rayo de luz por medio de un prisma.
dispersivo, va adj. Que dispersa.
disperso, sa adj. Que está disgregado. || *Mil.* Incomunicado del cuerpo a que pertenece : *en orden disperso.*
dispersor, ra adj. Que dispersa.
displicencia f. Frialdad, indiferencia en el trato. || Descuido.
displicente adj. Que desagrada y disgusta : *tono displicente.* || Desabrido, de mal humor. || Descuidado.
disponer v. t. Colocar en cierto orden : *disponer en orden.* || Preparar a alguien a una cosa. || Preparar algo : *disponer el salón para una fiesta.* || Decidir, determinar. || — V. i. Tener, poseer : *disponer de mucho dinero.* || Valerse de : *disponer de alguien.* || — V. pr. Prepararse : *disponerse a* (o *para*) *salir.*
disponibilidad f. Calidad de disponible. || Situación de excedencia. || Cesantía. || — Pl. Conjunto de bienes o dinero de que se puede disponer en un momento dado.
disponible adj. Dícese de todo aquello de que se puede disponer libremente. || Aplícase al militar o funcionario que no está en servicio activo.
disposición f. Distribución, colocación. || Posibilidad de disponer de algo. || *Fig.* Aptitud : *tener disposición para la pintura.* || Estado de salud o de ánimo : *estar en buena disposición para ir.* || Precepto legal o reglamentario. || Medida. || *Ultima disposición,* testamento.
dispositivo, va adj. Que dispone : *parte dispositiva de un decreto.* || — M. Mecanismo, aparato.
dispuesto, ta adj. Listo, preparado. || Servicial : *una mujer siempre dispuesta.* || *Bien* o *mal dispuesto con uno,* con ánimo favorable o no.
disputa f. Discusión.
disputar v. t. Debatir, discutir. || Pretender lo mismo que otro : *disputar el primer puesto a uno* (ú. t. c. pr.).
disquero, ra adj. De los discos fonográficos.
disquisición f. Exposición rigurosa y detenida de una cosa. || Digresión.
distancia f. Intervalo que separa dos puntos del espacio o del tiempo. || *Fig.* Diferencia entre unas cosas y otras.
distanciar v. t. Alejar : *el acompañarte me distanciaría de mi casa.* || Separar, apartar (ú. t. c. pr.). || Dejar atrás. || Desunir, separar en el contacto personal (ú. t. c. pr.).
distante adj. Apartado, lejano.
distar v. i. Estar una cosa apartada de otra en el espacio o el tiempo. || *Fig.* Ser muy diferente.
distender v. t. Aflojar.
distensión f. Lesión producida por la tensión demasiado violenta de un músculo o de una articulación. || Disminución de la tensión entre países o personas.
distinción f. División, separación. || Diferencia : *no hacer distinción entre dos cosas.* || Dignidad, prerrogativa, honor. || Elegancia,

buenas maneras. ‖ Consideración : *tratar a un superior con distinción.*
distingo m. Distinción.
distinguido, da adj. Notable : *autor distinguido.* ‖ Elegante.
distinguir v. t. Discernir. ‖ Saber hacer la diferencia entre dos o más cosas. ‖ Separar, diferenciar : *distinguir varios grupos en una clase.* ‖ Caracterizar : *la razón distingue al hombre.* ‖ Mostrar preferencia por una persona. ‖ Otorgar una prerrogativa, dignidad, etc. ‖ — V. pr. Descollar.
distintivo, va adj. Que distingue. ‖ — M. Insignia, señal. ‖ Cualidad que distingue esencialmente una cosa.
distinto, ta adj. Diferente.
distorsión f. Torsión. ‖ *Fís.* Deformación de una onda luminosa o sonora. ‖ *Med.* Esguince. ‖ Deformación, alteración.
distorsionar v. t. Deformar.
distracción f. Diversión, entretenimiento. ‖ Falta de atención.
distraer v. t. Divertir, recrear, entretener. U. t. c. pr. : *distraerse con cualquier cosa.* ‖ Atraer la atención de uno para que no la fije en otra cosa : *distraer a las tropas enemigas.* ‖ Quitar una idea : *distraer a uno de un proyecto.* ‖ Sustraer : *distraer sumas importantes.* ‖ — V. pr. No prestar la atención debida.
distraído, da adj. Que divierte o entretiene : *película distraída.* ‖ — Adj. y s. Poco atento a lo que se hace o dice.
distribución f. Reparto. ‖ Disposición : *la distribución de una casa.* ‖ Reparto de papeles a los actores. ‖ Difusión de películas. ‖ Conjunto de las operaciones por las cuales las mercancías se encaminan del productor al consumidor. ‖ *Autom.* Arrastre por el motor de ciertos órganos auxiliares.
distribuidor, ra adj. y s. Que distribuye. ‖ — M. Aparato que sirve para distribuir. ‖ En los motores de explosión, órgano que distribuye la corriente a las bujías.
distribuir v. t. Repartir una cosa entre varios. ‖ Disponer : *distribuir los muebles de un cuarto.*
distributivo, va adj. De la distribución. ‖ *Justicia distributiva,* la que da a cada cual lo que merece.
distrito m. División administrativa o judicial de una provincia, territorio o población. ‖ División administrativa de la enseñanza.
disturbar v. t. Perturbar.
disturbio m. Perturbación.
disuadir v. t. Convencer a uno con razones para que cambie de propósito o de vida.
disuasión f. Acción y efecto de disuadir. ‖ *Fuerza (o poder) de disuasión,* conjunto de los medios militares modernos destinados a dar un golpe decisivo al enemigo.
disuasivo, va y **disuasorio, ria** adj. Que disuade.
disyunción f. Separación.
disyuntivo, va adj. Que desune o separa. ‖ *Gram. Conjunción disyuntiva,* la que uniendo las palabras separa las ideas, como *o, ni.* ‖ — F. Alternativa entre dos cosas por una de las cuales hay que optar.
disyuntor m. *Electr.* Interruptor automático.
ditirambo m. *Fig.* Alabanza grande.
diurético, ca adj. *Med.* Que facilita la secreción de orina (ú. t. c. s. m.).
diurno, na adj. Concerniente al día. ‖ Que dura un día.
diva f. V. DIVO.
divagación f. Acción y efecto de divagar.
divagador, ra adj. y s. Que divaga.
divagar v. i. Andar sin rumbo fijo. ‖ Desatinar.
diván m. Supremo Consejo del sultán de Turquía y sala donde se reunía. ‖ Especie de sofá.
divergencia f. Situación de dos líneas o rayos que se van apartando uno de otro. ‖ *Fig.* Desacuerdo.
divergente adj. Que diverge.
divergir v. i. Irse apartando progresivamente una de otra dos líneas o rayos. ‖ *Fig.* Disentir.
diversidad f. Variedad.
diversificación f. Variación.
diversificar v. t. Variar.
diversión f. Pasatiempo, recreo. ‖ *Mil.* Operación o estratagema para divertir al enemigo.
diverso, sa adj. Diferente : *estudia materias muy diversas ; se dedica a diversas actividades.*
divertido, da adj. Que divierte, gracioso. ‖ Alegre, de buen humor.
divertimiento m. Diversión.
divertir v. t. Recrear, entretener (ú. t. c. pr.). ‖ Provocar la risa : *este chiste me ha divertido mucho.* ‖ Apartar, desviar. ‖ *Mil.* Desviar la atención del enemigo para alejarle del sitio donde se le quiere atacar.
dividendo m. Cantidad que se divide por otra. ‖ *Com.* Parte de la ganancia que corresponde a cada acción.
dividir v. t. Partir, separar en partes. ‖ Repartir : *dividir entre cuatro.* ‖ *Fig.* Desunir, sembrar la discordia : *este asunto dividió a la familia.* ‖ *Mat.* Averiguar cuántas veces el divisor está contenido en el dividendo.
divieso m. Tumor de la piel que se forma alrededor de un pelo.
divinamente adv. Muy bien.
divinidad f. Esencia, naturaleza divina. ‖ *Fig.* Persona o cosa dotada de gran belleza. ‖ — Pl. Dioses o diosas de la mitología.
divinizar v. t. Considerar como un dios. ‖ *Fig.* Ensalzar con exceso.
divino, na adj. De Dios o de un dios. ‖ *Fig.* Maravilloso.
divisa f. Señal exterior para distinguir personas, grados u otras cosas. ‖ Lazo que permite distinguir los toros de varias ganaderías. ‖ *Blas.* Lema debajo del escudo. ‖ Dinero en moneda extranjera.
divisar v. t. Ver.
divisibilidad f. Calidad de divisible.
divisible adj. Que puede dividirse.
división f. Acción y efecto de dividir, separar o repartir. ‖ Corte. ‖ Parte de un todo dividido. ‖ *Mat.* Operación de dividir. ‖ *Fig.* Desavenencia, desunión, discordia. ‖ *Mil.* Parte de un cuerpo de ejército.
divisor adj. y s. m. *Mat.* Submúltiplo. ‖ — M. Número que divide a otro llamado *dividendo.* ‖ — *Común divisor,* el que divide exactamente a varios otros. ‖ *Máximo común divisor,* el mayor de los divisores comunes de varios números.
divisorio, ria adj. y s. Que divide.
divo, va adj. *Poét.* Divino. ‖ — M. y f. Cantante famoso. ‖ *Fig.* Figura principal, estrella.
divorciar v. t. Separar judicialmente a dos casados. ‖ *Fig.* Separar, desunir. ‖ — V. pr. Separarse de su consorte disolviendo el matrimonio.
divorcio m. Disolución del matrimonio. ‖ *Fig.* Desacuerdo.

divorcista adj. Del divorcio. || — M. y f. Partidario del divorcio.
divulgación f. Acción y efecto de divulgar.
divulgador, ra adj. y s. Que divulga.
divulgar v. t. Difundir, propagar : *divulgar una noticia.* || Revelar, hacer público : *divulgar un secreto.* || Poner al alcance de todos algo reservado antes a unos pocos.
do m. Primera nota de la escala musical. || — Adv. *Poét.* Donde.
dobladillo m. Pliegue que se hace en el borde de una tela.
doblado, da adj. Plegado.
dobladura f. Parte por donde está doblada una cosa.
doblaje m. Acción y efecto de doblar una película.
doblar v. t. Aumentar una cosa para que sea el doble : *doblar el precio* (ú. t. c. i.). || Aplicar una sobre otra dos partes de una cosa flexible : *doblar un mantel.* || Torcer, curvar, cimbrar : *doblar una barra de hierro.* || Torcer. Ú. t. c. i. : *doblar a la izquierda.* || Pasar al otro lado : *doblar la esquina* (ú. t. c. i.). || Franquear : *doblar el cabo de Hornos.* || Sustituir la voz del actor de una película o reemplazarle en las escenas peligrosas. || Grabar en otro idioma las voces de los actores de una película. || — V. i. *Fig.* Ceder. || Tocar a muerto : *doblar las campanas.*
doble adj. Duplo, dos veces mayor. || Que vale, pesa, contiene dos veces la cosa designada : *doble decalitro.* || Que se repite dos veces : *consonante doble.* || Dícese de la cosa que va acompañada de otra idéntica : *doble fondo.* || *Fig.* Disimulado, hipócrita. || — M. Cantidad dos veces más grande. || Vaso de cerveza de gran tamaño. || Toque de difuntos. || Copia, reproducción : *el doble de un acta.* || Actor parecido a la estrella de una película a quien sustituye en las escenas peligrosas. || En el tenis, partido jugado dos contra dos. || *Ver doble,* ver dos cosas cuando sólo hay una. || — Adv. Doblemente.
doblegable adj. Fácil de doblegar.
doblegar v. t. Doblar, torcer. || *Fig.* Hacer ceder : *doblegar la voluntad de uno.* || — V. pr. *Fig.* Someterse, ceder.
doblemente adv. Con duplicación. || *Fig.* Con doblez o falsedad.
doblete m. Realización de dos cosas al mismo tiempo.
doblez m. Parte de una cosa que se dobla. || — F. *Fig.* Falsedad, hipocresía : *obrar con doblez.*
doblón m. Moneda antigua de oro.
doce adj. Diez y dos. || Duodécimo : *número doce ; Pío doce.* || Aplícase a los días del mes. U. t. c. s. m. : *el doce de abril.* || — M. Conjunto de signos con que se representa el número doce.
doceno, na adj. Duodécimo. || — F. Conjunto de doce cosas.
docencia f. Enseñanza.
docente adj. De la enseñanza : *centro docente.* || Que enseña (ú. t. c. s.).
dócil adj. Obediente.
docilidad f. Calidad de dócil.
dock m. (pal. ingl.). *Mar.* Dársena, muelle rodeado de almacenes. | Depósito de mercancías.
docker m. Descargador portuario.
docto, ta adj. y s. Erudito.
doctor, ra m. y f. Persona que ha obtenido el último grado universitario. || Teólogo de gran autoridad : *los doctores de la Iglesia.* || Médico. || — F. *Fam.* Mujer del médico. || *Doctor honoris causa,* título honorífico que las universidades conceden a personalidades eminentes.
doctorado m. Grado de doctor y estudios seguidos para obtenerlo.
doctoral adj. Del doctor o doctorado. || *Fam.* Pedantesco, solemne.
doctorar v. t. Graduar de doctor en una universidad (ú. t. c. pr.).
doctrina f. Lo que es objeto de enseñanza. || Conjunto de las ideas de una escuela literaria o filosófica, de un partido político o de los dogmas de una religión.
doctrinal adj. De la doctrina.
doctrinar v. t. Enseñar, dar instrucción. || *Fig.* Aleccionar.
doctrinario, ria adj. y s. Consagrado a una doctrina determinada.
documentación f. Acción y efecto de documentar. || Conjunto de documentos, particularmente los de identidad.
documentado, da adj. Dícese de la persona bien informada.
documental adj. Fundado en documentos : *prueba documental.* || — M. Película cinematográfica tomada con fines didácticos o de información.
documentalista com. Persona encargada de buscar, seleccionar, clasificar y difundir documentos.
documentar v. t. Probar, justificar con documentos. || Informar sobre un asunto (ú. t. c. pr.).
documento m. Escrito con que se prueba o hace constar una cosa. || *Fig.* Testimonio de algún hecho, cosa que sirve de prueba.
dodecaedro m. *Geom.* Sólido de doce caras.
dodecafonía f. *Mús.* Forma atonal fundada en el empleo sistemático de los doce sonidos de la gama cromática, con exclusión de otra escala sonora.
dodecafónico, ca adj. *Mús.* Relativo a la dodecafonía.
dodecafonismo m. Dodecafonía.
dodecágono m. *Geom.* Polígono de doce ángulos y doce lados.
dodecasílabo, ba adj. De doce sílabas.
dogal m. Cuerda.
dogma m. Punto fundamental de una doctrina religiosa o filosófica. || Conjunto de estos puntos capitales : *el dogma católico.*
dogmático, ca adj. Relativo al dogma. || *Fig.* Intransigente en sus convicciones, sentencioso (ú. t. c. s.).
dogmatismo m. Doctrina según la cual el espíritu humano puede conocer la verdad. || Tendencia a creer y afirmar sin discutir.
dogmatizador, ra y **dogmatizante** adj. Que dogmatiza (ú. t. c. s.).
dogmatizar v. t. Enseñar dogmas. || Afirmar categóricamente principios contradictorios.
dogo, ga m. y f. Perro guardián de cabeza grande y hocico chato.
doladera f. *Tecn.* Herramienta cortante de los toneleros
dólar m. Unidad monetaria de los Estados Unidos y Canadá.
dolencia f. Enfermedad.
doler v. i. Sufrir dolor : *doler la cabeza.* || Sentir disgusto o pesar : *me duele ver tanta injusticia.* || — V. pr. Arrepentirse : *dolerse de su conducta.* || Afligirse, lamentarse. || Compadecer. || Quejarse : *dolerse con o sin razón.*
dolicocefalia f. Cualidad de dolicocéfalo.
dolicocéfalo, la adj. De cráneo muy oval o más largo que ancho.

doliente adj. Enfermo (ú. t. c. s.). ‖ Dolorido, que hace sufrir.
dolmen m. Monumento megalítico en forma de mesa.
dolo m. Engaño, fraude.
dolor m. Sufrimiento, padecimiento físico : *dolor de cabeza.* ‖ Aflicción, pena.
dolorido, da adj. Que se resiente de un dolor anterior : *pierna dolorida.* ‖ Apenado, triste.
doloroso, sa adj. Que causa dolor : *una herida dolorosa.* ‖ Lamentable, que da pena.
doloso, sa adj. Fraudulento.
doma f. Acción de domar.
domador, ra m. y f. Persona que doma. ‖ Persona que exhibe y maneja fieras domadas.
domar v. t. Amansar a un animal : *domar potros.* ‖ Amaestrarlo. ‖ *Fig.* Sujetar, reprimir : *domar sus inclinaciones.* | Someter. | Hacer que una cosa dura se vuelva más flexible : *domar zapatos nuevos.*
domeñar v. t. Someter.
domesticación f. Acción y efecto de domesticar.
domesticar v. t. Acostumbrar a un animal a la vista y compañía del hombre : *domesticar un potro.* ‖ *Fig.* Volver a una persona más tratable.
domesticidad f. Calidad de doméstico.
doméstico, ca adj. Relativo al hogar. ‖ Dícese del animal que se cría en la compañía del hombre. ‖ — M. y f. Criado.
domiciliar v. t. Asignar un domicilio. ‖ — V. pr. Establecer su domicilio.
domiciliario, ria adj. Referente al domicilio.
domicilio m. Casa en que uno habita o se hospeda. ‖ Población en la que legalmente reside una persona. ‖ *Domicilio social,* sitio donde está establecida una entidad.
dominación f. Señorío, soberanía. ‖ *Fig.* Influencia.
dominador, ra adj. y s. Que domina.
dominanta adj. y s. f. *Fam.* Aplícase a la mujer de carácter dominante.
dominante adj. Que domina. ‖ Que quiere imponer su voluntad : *de carácter dominante.* ‖ *Fig.* Sobresaliente, característico : *la modestia es su cualidad dominante.* ‖ — F. Rasgo característico.
dominar v. t. Tener bajo su dominio : *Roma dominó todo el Mediterráneo.* ‖ Sujetar, contener, reprimir : *dominar las pasiones.* ‖ Contener : *dominar una rebelión.* ‖ Predominar, sobresalir. ‖ *Fig.* Conocer perfectamente : *dominar el inglés.* ‖ Ocupar una posición más alta : *la loma que domina la ciudad* (ú. t. c. i.). ‖ Divisar una extensión de terreno desde una altura. ‖ — V. pr. Reprimirse, contenerse, controlarse.
dominatriz adj. f. Dominadora (ú. t. c. s.).
domingo m. Primer día de la semana dedicada al descanso.
dominguero, ra adj. *Fam.* Que se usa o hace en domingo. ‖ — Adj. *Fam.* Dícese del conductor de automóviles inexperto que sólo saca su coche los días festivos (ú. t. c. s.).
dominguillo m. Muñeco que, después de inclinado, vuelve a la posición vertical.
dominical adj. Del domingo.
dominicano, na adj. y s. Dominico. ‖ De la República Dominicana.
dominico, ca adj. y s. Aplícase a los religiosos de la orden de Santo Domingo.
dominio m. Libre disposición de lo que es suyo : *dominio de sus bienes.* ‖ Superioridad legítima sobre las personas. ‖ Autoridad : *tener dominio sobre sus alumnos.* ‖ Territorio sujeto a un Estado o soberano (ú. m. en pl.). ‖ Nombre de varios Estados de la Comunidad Británica, políticamente independientes, pero ligados a la Corona de Inglaterra. ‖ *Fig.* Conocimiento perfecto : *dominio de un idioma.* | Represión de las pasiones. ‖ — *Dominio de sí mismo,* poder que tiene uno sobre sus propias pasiones o reacciones. ‖ *Ser del dominio público una cosa,* ser sabida de todos.
dominó m. Juego que se hace con veintiocho fichas rectangulares, blancas y marcadas con puntos.
domo m. *Arq.* Cúpula.
don m. Dádiva, regalo. ‖ Talento : *el don de la palabra.* ‖ Habilidad especial para algo : *don de mando.* ‖ Tratamiento que hoy se usa por lo común antepuesto al nombre de pila : *Don Pedro.* ‖ *Tener don de gente,* saber tratar a todos con afabilidad y simpatía.
donador, ra adj. y s. Que da. ‖ Que hace un don o presente.
donaire m. Prestancia, garbo : *andar con mucho donaire.* ‖ Gracia en el hablar o en el estilo.
donante adj. y s. Donador. ‖ *Donante de sangre,* persona que da sangre suya para transfusiones.
donar v. t. Dar.
donatario, ria m. y f. Persona a quien se hace una donación.
donativo m. Regalo.
doncel m. Joven noble que aún no estaba armado caballero. ‖ Paje : *el doncel de Sigüenza.* ‖ Hombre que no ha tenido trato carnal con mujer.
doncella f. Mujer virgen. ‖ Soltera. ‖ Criada que se ocupa de todo menos de la cocina.
doncellez f. Estado de doncella.
donde adv. En un lugar : *allí es donde vivo.* ‖ Cuando es interrogativo o dubitativo se acentúa : *¿ Dónde está ?* ‖ Adonde. ‖ Actúa a veces como pron. relativo con el sentido de *en que, lo cual,* etc. ‖ En algunas partes se emplea con el sentido de *a* o *en casa de : voy donde Juan.*
dondequiera adv. En cualquier sitio.
dondiego m. Planta cuyas flores sólo se abren al anochecer.
donjuanesco, ca adj. Propio de un don Juan Tenorio.
donjuanismo m. Comportamiento o carácter que recuerdan los de don Juan Tenorio.
donosamente adv. Con donosura.
donosidad f. Donosura, gracia.
donoso, sa adj. Gracioso.
donostiarra adj. y s. De San Sebastián (España).
donosura f. Donaire, gracia.
donquijotesco, ca adj. Quijotesco.
doña f. Tratamiento dado a las mujeres, antepuesto al nombre de pila.
dopar v. t. Dar un doping, drogar (ú. t. c. pr.).
doping m. (pal. ingl.). Estimulante que se da a un hombre o a un animal antes de una prueba deportiva.
doquier y **doquiera** adv. Dondequiera.
dorada f. Pez marino de carne muy apreciada.
dorado, da adj. De color de oro : *un marco dorado.* ‖ *Fig.* Esplendoroso : *siglos dorados.* ‖ — M. Acción y efecto de dorar.
dorador m. El que dora.
doradura f. Dorado.
dorar v. t. Cubrir con oro. ‖ *Fig.* Asar o freír ligeramente : *dorar un alimento.* ‖ *Fig.* y

fam. Dorar la píldora, decir o hacer aceptar con palabras amables una cosa desagradable. ‖ — V. pr. Tomar color dorado.
dórico, ca adj. Dorio. ‖ *Arq. Orden dórico,* el caracterizado por su sobriedad.
dorífera y **dorífora** f. Insecto parásito de la patata.
dorio, ria adj. y s. De Dórida.
dormida f. Acción de dormir.
dormilón, ona adj. y s. *Fam.* Que duerme fácilmente y mucho. ‖ — F. Tumbona, hamaca.
dormir v. i. Descansar con el sueño. Ú. t. c.t. : *dormir la siesta.* ‖ Pernoctar : *dormimos en Madrid.* ‖ *Fig.* Obrar con poca diligencia (ú. t. c. pr.). ‖ *Fig. Dejar dormir un asunto,* no ocuparse de él. ‖ — V. t. Hacer dormir : *dormir a un niño.* ‖ *Dormir el último sueño,* estar muerto. ‖ — V. pr. Entregarse al sueño. ‖ Entumecerse un miembro : *se me ha dormido la pierna.* ‖ *Dormirse sobre los laureles,* abandonarse después de haber triunfado.
dormitar v. i. Estar medio dormido.
dormitivo, va adj. y s. m. Soporífero.
dormitorio m. Cuarto de dormir.
dorsal adj. Del dorso, espalda o lomo : *región dorsal.* ‖ *Gram.* Aplícase a la consonante que se articula con el dorso de la lengua, es decir, *ch, ñ* y *k* (ú. t. c. s. f.). ‖ — M. Número que se suele coser en la camiseta de los atletas, ciclistas, futbolistas, etc., para distinguirlos.
dorso m. Espalda, lomo. ‖ Revés : *el dorso de un escrito.* ‖ *Anat.* Parte superior de ciertos órganos.
dos adj. Uno y uno. ‖ Segundo : *año dos.* ‖ — M. Guarismo que representa el número dos. ‖ Segundo día del mes : *el dos de mayo.* ‖ Naipe que tiene dos figuras : *el dos de oros.* ‖ — *Cada dos por tres,* muy a menudo. ‖ *De dos en dos,* apareado.
doscientos, tas adj. pl. Dos veces ciento. ‖ Ducentésimo.
dosel m. Colgadura que cubre el sitial o el altar y cae por detrás. ‖ Techo de madera cubierto de tela y sostenido por columnas que se pone encima de ciertas camas.
dosificación f. Acción de dosificar.
dosificar v. t. Graduar las dosis de un medicamento.
dosis f. Cantidad de medicina que se toma de una vez. ‖ *Fig.* Porción de una cosa cualquiera.
dos piezas m. Traje femenino compuesto de chaqueta y falda del mismo tejido. ‖ Bikini, bañador compuesto de bragas y sostén.
dossier m. (pal. fr.). Conjunto de documentos referentes a una persona o a un tema determinado, expediente.
dotación f. Acción y efecto de dotar. ‖ *Mar.* Tripulación de un buque de guerra. ‖ Personal de una oficina o empresa, etc. ‖ Dote.
dotar v. t. Constituir dote a la mujer que va a casarse. ‖ Asignar una dotación a una fundación. ‖ Asignar a una oficina, barco, etc., el número de personas necesarias. ‖ Dar, proveer. ‖ *Fig.* Adornar la naturaleza a uno con dones : *dotar de hermosura.*
dote f. Caudal que aporta la mujer al matrimonio o que entrega la monja al convento. ‖ — F. pl. Prendas, cualidades o aptitudes excepcionales : *tener dotes de mando.*
dovela f. *Arq.* Piedra en forma de cuña de los arcos o bóvedas.
dozavo, va adj. Duodécimo (ú. t. c. s.).
dracma f. Moneda griega.
draconiano, na adj. Muy severo.
draga f. Máquina para dragar. ‖ Barco provisto de esta máquina.
dragado m. Acción y efecto de dragar.
dragaminas m. inv. Barco para limpiar de minas los mares.
dragar v. t. Ahondar y limpiar de fango y arena los puertos, los ríos, los canales, etc. ‖ Limpiar de minas los mares.
dragea f. Gragea, píldora.
dragón m. Monstruo fabuloso en forma de serpiente con pies y alas. ‖ Reptil de la familia de los lagartos. ‖ *Mil.* Soldado que combatía a pie y a caballo.
drama m. *Teatr.* Obra escénica. | Obra cuyo argumento puede ser a la vez cómico y trágico. ‖ *Fig.* Suceso trágico, catástrofe.
dramático, ca adj. Relativo al drama. ‖ *Fig.* Emocionante, capaz de conmover. | Crítico, peligroso. | Afectado, teatral. ‖ — Adj. y s. Que hace obras dramáticas : *autor dramático.* ‖ — F. Arte de componer obras dramáticas.
dramatismo m. Cualidad de dramático.
dramatizar v. t. Dar forma dramática a una cosa. ‖ *Fig.* Exagerar enfáticamente.
dramaturgia f. Dramática.
dramaturgo m. Escritor de obras dramáticas.
drástico, ca adj. Draconiano.
drenaje m. Avenamiento. ‖ *Med.* Procedimiento para facilitar la salida de humores de una herida.
drenar v. t. Avenar, encañar. ‖ *Med.* Hacer un drenaje.
dríade f. Ninfa de los bosques.
driblar v. i. (ingl. *to dribble.*). En el fútbol, engañar al adversario sin perder el balón, regatear.
drive m. (pal. ingl.). En tenis, golpe para enviar la pelota rasante.
drizar v. t. *Mar.* Izar o arriar las vergas.
droga f. Cualquier sustancia medicamentosa natural o sintética de efecto estimulante, deprimente o narcótico. ‖ Cualquier producto para pintar, limpiar, etc. ‖ *Per.* Deuda. ‖ *Amer.* Medicamento. ‖ — *Droga blanda,* estupefaciente que produce efectos menores en el organismo. ‖ *Droga dura,* estupefaciente que da lugar a un estado de dependencia.
drogadicto, ta adj. y s. Dícese de la persona que no puede vivir sin administrarse drogas.
drogado m. Acción y efecto de drogar o drogarse.
drogar v. t. Dar drogas. ‖ Dar un estimulante a un deportista. ‖ — V. pr. Administrarse drogas.
drogata y **drogota** com. *Fam.* Drogadicto.
droguería f. Comercio en drogas y tienda en que se venden. ‖ Tienda donde se venden productos de limpieza, pinturas, barnices, etc. ‖ *Amer.* Farmacia.
droguero, ra m. y f. Persona que vende drogas. ‖ Propietario o empleado en una droguería. ‖ *Amer.* Tramposo.
droguista com. Droguero.
dromedario m. Rumiante parecido al camello, pero con una sola giba.
drugstore m. (pal. ingl.). Establecimiento comercial, abierto generalmente noche y día, donde se venden periódicos, tabaco, comestibles, etc. y en el que hay también servicio de bar.
drupa f. Fruta carnosa con hueso.
dualidad f. Condición de reunir dos caracteres un mismo sujeto.

dualismo m. Doctrina filosófica que explica el universo por la acción de dos principios opuestos. ‖ Reunión de dos Estados autónomos bajo un mismo cetro. ‖ Dualidad.
dubitación f. Duda.
dubitativo, va adj. Dudoso.
ducado m. Título y territorio de duque. ‖ Antigua moneda de oro de España y otros países.
ducal adj. Del duque.
ducas f. pl. *Pop.* Penas, tribulaciones.
duce m. (pal. ital.). Jefe. ‖ Título que tomó Mussolini de 1922 a 1945.
ducentésimo, ma adj. Que ocupa el lugar doscientos. ‖ — M. Cada una de las 200 partes iguales en que se divide un todo.
dúctil adj. Que puede alargarse, estirarse y adelgazarse sin romperse. ‖ *Fig.* Acomodadizo.
ductilidad f. Carácter de dúctil.
ducha f. Dispositivo por el cual el agua sale a chorro y puede ser utilizada para fines higiénicos o curativos. ‖ El chorro mismo. ‖ *Fig.* y *fam. Ducha de agua fría,* cosa que apaga el entusiasmo, la alegría o ilusión.
duchar v. t. Dar una ducha. ‖ — V. pr. Tomarla.
ducho, cha adj. Experimentado.
duda f. Incertidumbre : *no cabe duda.* ‖ Sospecha.
dudar v. i. No estar seguro de algo : *dudar de la sinceridad de uno.* ‖ Vacilar : *dudo en salir.* ‖ Tener sospechas acerca de uno. ‖ — V. t. No creer alguna cosa.
dudoso, sa adj. Poco cierto. ‖ Vacilante : *estoy dudoso.* ‖ Sospechoso.
duela f. Cada una de las tablas curvadas de la cuba o el tonel.
duelo m. Combate entre dos, a consecuencia de un desafío. ‖ Sentimiento por la muerte de una persona. ‖ Cortejo fúnebre : *presidir el duelo.*
duende m. Espíritu travieso, diablillo familiar. ‖ *And.* Encanto, hechizo.
dueño, ña m. y f. Propietario.
duetista com. Persona que canta o toca un instrumento en un dúo.
dueto m. *Mús.* Dúo.
duffle coat m. (pal. ingl.). Abrigo tres cuartos, con un capuchón, de tela muy fuerte, trenca.
dulce adj. De sabor agradable. ‖ De sabor azucarado : *el café está muy dulce.* ‖ Que produce una impresión agradable : *música dulce.* ‖ *Fig.* Amable, benevolente : *carácter dulce.* ‖ Cariñoso : *mirada dulce.* ‖ Dúctil : *hierro dulce.* ‖ — M. Manjar compuesto con azúcar : *dulce de membrillo.* ‖ Fruta o cosa confitada. ‖ — Pl. Golosinas.
dulcificación f. Acción y efecto de dulcificar.
dulcificar v. t. Volver dulce.
dulcinea f. *Fam.* Mujer amada. ‖ *Fig.* Objeto ideal, aspiración.
dulía f. Culto a los ángeles y santos.
dulzaina f. *Mús.* Instrumento de viento parecido a la chirimía.
dulzarrón, ona y **dulzón, ona** adj. De sabor dulce y algo empalagoso.
dulzor m. Sabor dulce.
dulzura f. Calidad de dulce.
duma f. Nombre dado a ciertas asambleas en la Rusia de los zares : *la función y composición de las dumas fueron diferentes según las épocas.*
dumdum adj. Dícese de cierta bala explosiva cuya ojiva presenta dos incisiones en forma de cruz (ú. t. c. s. f.).
dumping m. (pal. ingl.). Venta de mercancías en el mercado exterior a un precio inferior al que se paga en el mismo país exportador.
duna f. Amontonamiento de arena formado por la acción del viento.
dúo m. *Mús.* Composición escrita para dos voces o instrumentos. ‖ Conjunto de dos cantantes o instrumentistas.
duodecimal adj. Duodécimo.
duodécimo, ma adj. Que ocupa el lugar doce. ‖ — M. Cada una de las 12 partes iguales de un todo.
duodenal adj. Del duodeno.
duodenitis f. Inflamación que se produce en el duodeno.
duodeno, na adj. *Mat.* Duodécimo. ‖ — M. *Anat.* Primera sección del intestino delgado que va desde el estómago hasta el yeyuno.
dúplex m. *Tecn.* Sistema de transmisión que expide simultáneamente por un solo hilo despachos en dos sentidos. ‖ En radiodifusión y televisión, sistema que permite oír o ver programas emitidos a partir de dos estaciones diferentes. ‖ Vivienda de dos plantas que comunican una con otra.
dúplica f. *Der.* Escrito que, en el juicio ordinario de mayor cuantía, presenta el demandado para contestar a la réplica formulada por la otra parte.
duplicación f. Acción y efecto de duplicar o duplicarse.
duplicado, da adj. Doblado. ‖ Reproducido. ‖ Dícese de un número repetido : *calle Luchana, número 5 duplicado.* ‖ *Por duplicado,* en dos ejemplares. ‖ — M. Copia, reproducción de un documento.
duplicador, ra adj. Que duplica. ‖ — M. Multicopista.
duplicar v. t. Hacer doble : *duplicar la producción.* ‖ Multiplicar por dos (ú. t. c. pr.). ‖ Reproducir, sacar copia.
duplicata m. Duplicado.
duplicativo, va adj. Que duplica, que multiplica por dos.
dúplice adj. Doble.
duplicidad f. Doblez, falsedad.
duplo, pla adj. Que contiene un número dos veces exactamente. Ú. t. c. s. m. : *veinte es el duplo de diez.*
duque m. Título nobiliario que viene después del de príncipe.
duquesa f. Esposa del duque o mujer que posee un título ducal.
duración f. Espacio de tiempo que dura algo.
duradero, ra adj. Que dura.
duraluminio m. Aleación ligera y muy resistente de aluminio, cobre, magnesio, manganeso y silicio.
duramadre y **duramáter** f. Membrana fibrosa que envuelve el encéfalo y la médula espinal.
duranguense y **durangueño, ña** adj. y s. Del Estado de Durango (México).
durante adv. Mientras.
durar v. i. Continuar siendo u ocurriendo. ‖ Subsistir.
duraznense adj. y s. De Durazno (Uruguay).
duraznero m. Variedad de melocotón, pero de fruto más pequeño.
duraznillo m. Especie de nopal.
durazno m. Duraznero y su fruto. ‖ Melocotonero y su fruto.

dureza f. Calidad de duro. ‖ *Fig.* Insensibilidad. ‖ *Med.* Tumor o callosidad.

durmiente adj. y s. Que duerme. ‖ — M. Traviesa.

duro, ra adj. Dícese del cuerpo sólido, difícil de cortar, romper o doblar. ‖ *Fig.* Fuerte, resistente : *muchacho duro a la fatiga.* | Violento, cruel. ‖ Penoso : *trabajo duro.* ‖ Aplícase al agua cuando el grado hidrométrico es elevado. ‖ *Fig.* Áspero, rígido : *estilo duro.* ‖ — M. Moneda o billete de cinco pesetas. ‖ — Adv. Con fuerza : *dale duro al trabajo.*

dux m. Jefe elegido en las antiguas repúblicas de Venecia y Génova : *el dux fue sustituido en el s. XIV por un consejo aristocrático.*

e

e f. Sexta letra del alfabeto castellano y segunda de sus vocales. || — Conj. Se usa en vez de la *y* para evitar el hiato antes de las palabras que empiezan por *i* o *hi*.
¡ea! interj. Denota resolución o sirve para animar.
easonense adj. y s. Donostiarra.
ebanista m. El que tiene por oficio trabajar en ébano. || Carpintero que fabrica muebles.
ebanistería f. Arte o taller del ebanista. || Conjunto de muebles y otras obras de ebanista.
ébano m. Árbol cuya madera se usa para la fabricación de muebles. || Su madera.
ebenáceas f. pl. Familia de plantas angiospermas (ú. t. c. adj.).
ebonita f. Caucho endurecido por vulcanización, utilizado por sus propiedades aisladoras.
ebriedad f. Embriaguez.
ebrio, a adj. y s. Embriagado.
ebullición f. Hervor. || *Fig.* Efervescencia, gran agitación.
ebúrneo, a adj. De marfil.
ecacoate m. Culebra de México.
ecapacle m. Leguminosa medicinal de México.
eccehomo o **ecce homo** m. Imagen de Jesucristo coronado de espinas. || *Fig.* Persona de lastimoso aspecto.
eccema m. *Med.* Inflamación local de la piel caracterizada por vesículas que producen escozor.
eclecticismo m. Método que consiste en reunir lo que parece más valedero en varios sistemas filosóficos para formar una doctrina. || *Fig.* Modo de juzgar que procura evitar las soluciones extremas.
ecléctico, ca adj. Relativo al eclecticismo : *escuela ecléctica.* || *Fig.* Compuesto de elementos muy diversos. || — Adj. y s. Partidario de esta doctrina : *filósofo ecléctico.* || *Fig.* Que coge de cada cosa lo que mejor le parece. | Que tiene opiniones o gustos muy variados.
eclesiástico, ca adj. De la Iglesia. || — M. Clérigo.
eclipsar v. t. Causar un astro el eclipse de otro. || *Fig.* Oscurecer, deslucir. || — V. pr. Ocurrir el eclipse de un astro. || *Fig.* Ausentarse discretamente.
eclipse m. Ocultación total o parcial de un astro por la interposición de otro cuerpo celeste. || *Fam.* Ausencia, desaparición transitoria.
eclíptico, ca adj. *Astr.* Relativo a la eclíptica. || — F. *Astr.* Círculo máximo de la esfera celeste que señala el curso aparente del Sol durante el año. | Órbita descrita por la Tierra en su movimiento anual alrededor del Sol.
eclosión f. Apertura de un capullo de flor o de crisálida. || Apertura del ovario para dar salida al óvulo. || *Fig.* Aparición súbita.
eco m. Repetición de un sonido por reflexión de las ondas sonoras. || Sonido lejano y débil. || Onda electromagnética emitida por un radar que vuelve a él después de haber sido reflejada por un obstáculo. || *Fig.* Resonancia : *sus palabras no tuvieron eco.* | Persona que repite lo que otra dice. | Rumor, noticia imprecisa. || — *Ecos de sociedad,* noticias referentes a la sociedad mundana. || *Fig. Hacer eco,* tener efecto. | *Hacerse eco de,* repetir.
economato m. Cargo de ecónomo. || Establecimiento en forma de cooperativa que depende de una sociedad industrial o comercial y donde su personal puede adquirir o comprar los productos más baratos que en otro sitio.
economía f. Arte de administrar y ordenar los gastos e ingresos de una casa : *economía doméstica.* || Riqueza pública, conjunto de los recursos de un país. || Moderación en los gastos. || Ahorro : *economía de tiempo,* etc. || — Pl. Lo que se economiza, ahorros. || — *Economía dirigida,* la intervenida por el Estado. || *Economía política,* ciencia que estudia los mecanismos que regulan la producción, repartición y consumo de las riquezas.
económico, ca adj. Relativo a la economía. || Parco en el gasto. || Poco costoso.
economista com. Especialista en estudios de fenómenos económicos.
economizador, ra adj. Que economiza.
economizar v. t. Ahorrar. || *Fig.* No prodigar, escatimar.
ecónomo, ma m. y f. Persona encargada de administrar los gastos de un establecimiento.
ecosistema m. Sistema constituido por los seres vivos existentes en un lugar determinado y el medio ambiente que les es propio.
ectoplasma m. *Biol.* Parte exterior del citoplasma.
ecuación f. *Mat.* Igualdad que contiene una o más incógnitas : *ecuación de segundo grado.*
ecuador m. *Astr.* Círculo máximo que se considera en la esfera celeste perpendicular al eje de la Tierra. || *Geom.* Paralelo de mayor radio de una superficie de revolución.
ecuánime adj. Que da pruebas de ecuanimidad : *persona ecuánime.*
ecuanimidad f. Igualdad de ánimo. || Imparcialidad.
ecuatorial adj. Relativo al ecuador : *clima ecuatorial.*
ecuatorianismo m. Voz o giro propios de la República del Ecuador.
ecuatoriano, na adj. y s. Del Ecuador.
ecuestre adj. Relativo al caballero, al caballo o a la orden y ejercicio de la caballería.
ecumene m. Universo.
ecumenicidad f. Universalidad.

ecuménico, ca adj. Universal. ‖ Dícese de los concilios generales que reúnen a obispos católicos de todo el mundo.
eczema m. Eccema.
echada f. Acción y efecto de echar. ‖ *Arg.* y *Méx.* Mentira. | Fanfarronada.
echar v. t. Lanzar : *échame la pelota.* ‖ Arrojar, tirar : *echar mercancías al mar.* ‖ Tender : *echar las redes.* ‖ Despedir : *echar olor, chispas.* ‖ Dejar caer : *echar dinero en un saco.* ‖ Verter : *echar agua en un vaso.* ‖ Poner : *echar un remiendo.* ‖ Poner en el buzón : *echar una carta.* ‖ Expulsar : *echar del Poder a un tirano.* ‖ Brotar : *echar las plantas raíces* (ú. t. c. i.). ‖ Salirle a una persona o animal cualquier complemento natural de su cuerpo : *echar los dientes.* ‖ Acostar : *echar un niño en la cama.* ‖ Inclinar : *echar el cuerpo hacia atrás.* ‖ Correr : *echar el pestillo a la puerta.* ‖ Imponer : *echar una multa.* ‖ Atribuir : *echar la culpa a otro.* ‖ Dar : *echar la comida a las bestias.* ‖ Repartir : *echar cartas.* ‖ Hacer : *echar cálculos.* ‖ Decir : *echar pestes de uno.* ‖ Pronunciar : *echar un discurso.* ‖ Dirigir una reprimenda : *echar una bronca.* ‖ Conjeturar, suponer : *¿cuántos años me echas?* ‖ Tardar : *echar una hora en ir.* ‖ Ir : *echar por la derecha.* ‖ Proyectar o representar : *echar una película.* ‖ *Fam.* Tomar : *echar una copa, un cigarrillo.* ‖ Jugar, apostar. U. t. c. i. : *echar a la lotería* ‖ — *Echar a,* seguido de un sustantivo, indica la manera de tomar una cosa : *echar a broma.* ‖ *Echar* (o *echarse*) *a,* significa empezar cuando va seguido de un infinitivo : *echar a correr, a llorar.* ‖ *Echar abajo,* destruir, derribar. ‖ *Echar a perder,* estropear. ‖ *Echar de menos,* sentir la falta de. ‖ *Fam. Echarla* (o *echárselas*) *de,* jactarse de. | *Echarlo todo a rodar,* mandarlo todo a paseo. ‖ — V. pr. Arrojarse : *echarse al agua.* ‖ Tumbarse, acostarse : *echarse en la cama.* ‖ Hacerse a un lado, apartarse. ‖ Empezar a tener : *echarse novio.* ‖ Calmarse el viento. ‖ — *Echarse a la vida,* dedicarse a la prostitución. ‖ *Echarse a perder,* estropearse.
echarpe m. (pal. fr.). Chal.
edad f. Tiempo transcurrido desde el nacimiento. ‖ Duración de la vida. ‖ Vejez : *persona de edad.* ‖ Período de la vida. ‖ Período histórico : *la Edad Moderna.* ‖ Época : *en la edad de nuestros padres.* ‖ — *Edad crítica,* en la mujer, la menopausia. ‖ *Edad del juicio* o *de razón,* aquella en que los niños empiezan a tener realmente conciencia de sus actos. ‖ *Edad del pavo,* principio de la adolescencia. ‖ *Edad de Oro,* período de mayor esplendor. ‖ *Edad Media,* tiempo que va del siglo v a la mitad del xv. ‖ *Mayor edad,* la requerida por la ley para tener derecho a ejercer sus derechos. ‖ *Tercera edad,* edad avanzada que empieza cuando una persona se jubila y deja de ejercer sus actividades profesionales.
edáfico, ca adj. Dícese de los factores relativos al suelo que influyen en la distribución de los seres vivos.
edafología f. Ciencia que estudia los suelos.
edema m. Hinchazón de una parte del cuerpo producida por infiltración de serosidad en el tejido celular.
edén m. Paraíso terrenal.
edición f. Impresión, publicación y difusión de una obra. ‖ Conjunto de los ejemplares de una obra o periódico impresos de una vez.
edicto m. Ley u ordenanza.
edificación f. Construcción.
edificador, ra adj. y s. Constructor.
edificante adj. Que edifica.
edificar v. t. Construir. ‖ *Fig.* Incitar a la piedad o a la virtud con el buen ejemplo.
edificio m. Construcción grande dedicada a la vivienda o a usos semejantes.
edil m. Magistrado romano de la inspección y conservación de los monumentos públicos. ‖ Concejal de un ayuntamiento.
edilicio, cia adj. Del edil.
editar v. t. Imprimir, publicar y difundir la obra de un escritor, compositor, etc.
editor, ra m. y f. Persona que se dedica a la edición de una obra literaria, musical o artística. ‖ — Adj. Que edita : *casa, sociedad editora.* ‖ — F. Editorial.
editorial adj. Del editor o de la edición : *casa editorial.* ‖ — M. Artículo de fondo en un periódico. ‖ — F. Casa editora.
editorialista com. Persona que escribe los editoriales de un periódico.
edredón m. Cubierta de cama rellena de plumón.
educación f. Acción y efecto de educar. ‖ Instrucción, enseñanza : *educación primaria.* ‖ Conocimiento de las normas de cortesía : *tener educación.* ‖ *Educación física,* gimnasia.
educacional adj. Relativo a la educación.
educacionista adj. Relativo a la educación. ‖ — Com. Educador.
educado, da adj. De buena educación.
educador, ra adj. y s. Que educa.
educando, da adj. y s. Que recibe educación en un colegio.
educar v. t. Desarrollar las facultades intelectuales y morales del niño o del joven (ú. t. c. pr.). ‖ Enseñar la urbanidad. ‖ Perfeccionar, afinar los sentidos : *educar el gusto.* ‖ Acostumbrar un miembro a realizar cierta función por medio del ejercicio apropiado.
educativo, va adj. De la educación.
edulcorar v. t. Endulzar.
efe f. Nombre de la letra *f.*
efebo m. Adolescente.
efectismo m. Calidad de efectista. ‖ Recurso empleado para impresionar.
efectista adj. Que busca ante todo producir efecto o impresión.
efectividad f. Calidad de efectivo.
efectivo, va adj. Real, verdadero : *ayuda efectiva.* ‖ Aplícase al empleo o cargo de plantilla, por oposición al interino. ‖ Contante : *dinero efectivo.* ‖ — M. Número exacto de los componentes de una colectividad (ú. m. en pl.). ‖ Dinero en metálico. ‖ — M. pl. Fuerzas militares. ‖ *En efectivo,* en numerario.
efecto m. Resultado de una acción : *relación de causa a efecto.* ‖ Impresión hecha en el ánimo. ‖ Fin por el que se hace una cosa. ‖ Artículo de comercio. ‖ Documento o valor mercantil. ‖ Movimiento giratorio que toman una bola de billar o una pelota al picarla lateralmente. ‖ — Pl. Bienes, enseres. ‖ — *Efectos públicos,* documentos de crédito emitidos por una corporación oficial. ‖ *En efecto,* efectivamente.
efectuar v. t. Hacer, ejecutar. ‖ — V. pr. Realizarse : *se efectuaron grandes obras de albañilería en todo el edificio.*
efedrina f. Alcaloide análogo a la adrenalina que dilata la pupila.
efemérides f. pl. Escrito en que se refieren los acontecimientos de cada día.

efervescencia f. Desprendimiento de burbujas gaseosas a través de un líquido. || *Fig.* Agitación muy viva.
efervescente adj. Que está o puede estar en efervescencia.
eficacia f. Carácter de lo que produce el efecto deseado.
eficaz adj. Que produce el efecto deseado : *medicamento eficaz.*
eficiencia f. Facultad para lograr un efecto determinado. || Acción con que se logra este efecto.
eficiente adj. Que tiene eficiencia. || Capaz, competente.
efigie f. Representación pictórica o escultórica de una persona. || Representación de un personaje importante en una moneda o medalla. || *Fig.* Personificación, imagen viva.
efímero, ra adj. Que dura un solo día. || Pasajero. de poca duración.
efluvio m. Emanación desprendida de un cuerpo. || *Fig.* Irradiación.
efracción f. Galicismo por *fractura* (robo).
efugio m. Recurso para evitar una dificultad : *valerse de efugios.*
efusión f. Derramamiento de un líquido : *efusión de sangre.* || *Fig.* Manifestación de un sentimiento muy vivo : *efusión de ternura.*
efusividad f. Carácter de efusivo.
efusivo, va adj. Que manifiesta sus sentimientos afectuosos.
egeria f. *Fig.* Persona que aconseja secretamente a otra.
égida f. *Fig.* Protección, apoyo.
egipcio, cia adj. y s. De Egipto. || — M. Lengua egipcia.
egiptología f. Estudio del antiguo Egipto.
egiptólogo, ga m. y f. Especialista en egiptología.
égloga f. Composición poética del género bucólico.
ego m. *Fil.* Ser individual.
egocéntrico, ca adj. Que se cree el centro del universo (ú. t. c. s.).
egocentrismo m. Exagerada exaltación de la propia personalidad, hasta considerarse como centro del universo.
egoísmo m. Inmoderado amor de sí mismo : *es de un egoísmo casi patológico.*
egoísta adj. y s. Que da muestras de egoísmo.
ególatra adj. y s. Afectado de egolatría.
egolatría f. Culto, adoración, amor excesivo de sí mismo.
egolátrico, ca adj. Ególatra.
egregio, gia adj. Insigne.
egresado, da adj. y s. Graduado de una escuela, colegio o universidad.
egresar v. i. Graduarse en una escuela, colegio o universidad (ú. t. c. pr.).
egreso m. *Com.* Salida. || *Amer.* Acción y efecto de egresar.
¡eh! interj. Sirve para llamar la atención.
einstenio m. Elemento químico artificial de número atómico 99 (símb. E).
eje m. Varilla que atraviesa un cuerpo giratorio. || Barra horizontal dispuesta perpendicularmente a la línea de tracción de un carruaje y que entra por sus extremos en los bujes de las ruedas. || Línea que divide por mitad el ancho de una calle u otra cosa semejante. || *Geom.* Línea alrededor de la cual se supone que gira una figura : *eje de un cono.* || *Fig.* Idea fundamental : *el eje de una política.* | Tema central de una obra o empresa.
ejecución f. Realización : *ejecución de un plan.* || Cumplimiento : *ejecución de una orden.* || Modo de interpretar una obra artística : *la ejecución de una ópera.* || Suplicio de un condenado a muerte : *ejecución de un asesino.* || *For.* Embargo y venta de los bienes de un deudor : *ejecución judicial.*
ejecutante com. Persona que ejecuta una pieza musical.
ejecutar v. t. Realizar, llevar a cabo. || Cumplir : *ejecutar una orden.* || *For.* Obligar a una persona a que pague sus deudas : *ejecutar a un deudor.* | Ajusticiar : *ejecutar a un reo.* || *Mús.* Tocar, cantar : *ejecutar una obra de Beethoven.* || Pintar, esculpir.
ejecutivo, va adj. Encargado de la aplicación de las leyes : *poder ejecutivo.* || Encargado de aplicar un mandato : *consejo ejecutivo.* || Urgente. || — M. Poder ejecutivo. || Miembro del personal dirigente de una empresa. || — F. Junta dirigente.
ejecutor, ra adj. y s. Que ejecuta. || — *Ejecutor de la justicia,* verdugo. || *Ejecutor testamentario,* albacea.
ejecutoria f. Título o carta de nobleza. || *Fig.* Mérito.
ejecutorio, ria adj. Firme.
¡ejem! interj. de duda o ironía.
ejemplar adj. Que puede servir de ejemplo. || Lo que debe servir de escarmiento : *castigo ejemplar.* || — M. Cada objeto sacado de un mismo modelo : *ejemplar de la Biblia ; compré muchos ejemplares de ese libro.* || Número suelto de una revista. || Objeto de una colección. || *Fig.* Individuo : *¡menudo ejemplar!*
ejemplaridad f. Calidad de ejemplar.
ejemplarizar v. t. Servir de ejemplo.
ejemplo m. Caso o hecho que se propone y cita para que se imite o para que se evite, si es malo. || Persona cuyo comportamiento puede servir de modelo. || Hecho, texto o cláusula que se cita para ilustrar o autorizar un aserto. || Desgracia o castigo que puede servir de escarmiento. || *Dar ejemplo,* excitar la imitación de los demás.
ejercer v. t. e i. Practicar los actos propios de una profesión. || — V. t. Hacer uso de : *ejercer sus derechos.*
ejercicio m. Acción y efecto de ejercer. || Trabajo que se hace para el aprendizaje de una cosa : *ejercicios de matemáticas.* || Paseo u otro esfuerzo corporal : *ejercicio gimnástico.* || Prueba en un examen o en una oposición : *ejercicio escrito.* || Período al final del cual se establece el balance del presupuesto : *ejercicio económico.* || — *Ejercicios espirituales,* período de retiro dedicado a la meditación y a las prácticas piadosas. || *En ejercicio,* en activo.
ejercitación f. Ejercicio.
ejercitar v. t. Enseñar con la práctica. || — V. pr. Adiestrarse.
ejército m. Conjunto de las fuerzas militares de un país o que operan juntas en un conflicto. || *Fig.* Gran número, multitud.
ejidal adj. Del ejido.
ejidatario m. Cultivador de un ejido.
ejido m. Campo común situado en las afueras de un pueblo y donde suelen reunirse los ganados o establecerse las eras. || En México, parcela o unidad agrícola establecida por la Ley, no menor de diez hectáreas.
ejote m. Vaina del frijol verde.
el art. determ. en gén. m. y núm. sing.
él pron. pers. de 3.ª pers. en gén. m. y núm. sing : *él me lo dio.*
elaboración f. Preparación.
elaborador, ra adj. y s. Que elabora.

elaborar v. t. Transformar en producto una materia prima. ‖ Preparar por un largo trabajo : *elaborar una ley.* ‖ Transformar en sustancia asimilable : *el hígado elabora bilis.*
elasticidad f. Calidad de elástico. ‖ *Fig.* Flexibilidad.
elástico, ca adj. Que recobra su forma inicial después de haber sido estirado o deformado. ‖ *Fig.* Flexible, no estricto. ‖ *Goma elástica,* caucho. ‖ — M. Tejido que tiene elasticidad. ‖ Cinta o cordón elástico. ‖ — Pl. Tirantes. ‖ — F. Camiseta de punto.
ele f. Nombre de la letra *l.*
elección f. Designación por votación : *elección de un diputado.* ‖ Acción y efecto de escoger. ‖ *Elección primaria,* en Estados Unidos, designación por todos los electores de los candidatos de los partidos para distintos cargos.
eleccionario, ria adj. *Amer.* De las elecciones.
electivo, va adj. Que se elige.
electo, ta adj. Elegido : *presidente electo de la República.* ‖ — M. El elegido o nombrado mientras no toma posesión.
elector, ra adj. y s. Que vota en unas elecciones. ‖ — M. Cada uno de los príncipes germánicos que elegían al emperador.
electorado m. Estado soberano germánico cuyo príncipe tenía voto para elegir emperador. ‖ Conjunto de electores.
electoral adj. Del elector o de las elecciones : *derechos electorales.*
electoralismo m. Intervención de consideraciones puramente electorales en la política de un partido.
electoralista adj. Relativo al electoralismo. ‖ Que tiene miras puramente electorales.
electorero, ra adj. Perteneciente o relativo a las intrigas electorales : *maniobra electorera.*
electricidad f. *Fís.* Forma de energía que se manifiesta por fenómenos mecánicos, luminosos, térmicos, fisiológicos y químicos.
electricista adj. Que se dedica al estudio y las aplicaciones de la electricidad : *ingeniero electricista.* ‖ Que se ocupa de las instalaciones eléctricas. Ú. t. c. s. m. : *el electricista arregló el timbre.*
eléctrico, ca adj. Relativo a la electricidad : *corriente, luz eléctrica.* ‖ Que funciona con electricidad.
electrificación f. Utilización de la electricidad para hacer funcionar una máquina o una explotación. ‖ Producción y suministro de energía eléctrica en un sitio desprovisto anteriormente de ella.
electrificar v. t. Dotar de instalación eléctrica. ‖ Adaptar a una instalación un equipo eléctrico.
electrización f. Acción y efecto de electrizar o electrizarse.
electrizador, ra y **electrizante** adj. Que electriza.
electrizar v. t. Comunicar o producir energía eléctrica. ‖ *Fig.* Entusiasmar, exaltar : *el orador electrizó al auditorio.*
electroacústico, ca adj. y s. f. Dícese de la técnica de la producción, transmisión, grabación y reproducción de los fenómenos acústicos por medios eléctricos. ‖ Aplícase a la música que emplea esta técnica.
electrocapilaridad f. Variación de tensión superficial que resulta de la acción de un campo eléctrico.
electrocardiografía f. Parte de la medicina que estudia la obtención e interpretación de los electrocardiogramas.
electrocardiógrafo m. Dispositivo que registra en electrocardiogramas la variación de la tensión producida por la actividad cardiaca.
electrocardiograma m. Gráfico producido por el electrocardiógrafo.
electrocución f. Muerte producida por una descarga eléctrica.
electrocutar v. t. Matar por una descarga eléctrica (ú. t. c. pr.).
electrochoque m. Tratamiento de algunas enfermedades mentales por aplicación al encéfalo de una corriente eléctrica de corta duración.
electrodinámico, ca adj. De la electrodinámica. ‖ — F. Parte de la física que estudia la acción dinámica de las corrientes eléctricas.
electrodo y **eléctrodo** m. Cada uno de los polos de una corriente eléctrica que se ponen en un líquido o un gas para que la electricidad pase a través de éstos.
electrodoméstico, ca adj. y s. m. pl. Aplícase a los aparatos eléctricos destinados al uso doméstico (aspiradora, nevera, etc.).
electroencefalografía f. Parte de la medicina que trata de la obtención e interpretación de los electroencefalogramas.
electroencefalógrafo m. Aparato que registra gráficamente las corrientes eléctricas producidas por la actividad del encéfalo.
electroencefalograma m. Gráfico producido por el electroencefalógrafo.
electrófono m. Aparato que reproduce los sonidos grabados en un disco por procedimientos electromecánicos.
electrógeno, na adj. Que produce electricidad : *grupo electrógeno.* ‖ — M. Generador eléctrico.
electroimán m. Barra de hierro dulce imantado artificialmente por la acción de una corriente eléctrica.
electrólisis f. Descomposición de un cuerpo haciendo pasar por su masa una corriente eléctrica.
electrólito m. *Fís.* y *Quím.* Cuerpo que en estado líquido puede ser descompuesto por la electricidad.
electrolización f. Electrólisis.
electrolizar v. t. Efectuar la electrólisis.
electromagnético, ca adj. Del electromagnetismo.
electromagnetismo m. Parte de la física que estudia las acciones y reacciones de las corrientes eléctricas sobre los campos magnéticos.
electromecánico, ca adj. Aplícase al dispositivo mecánico que funciona por medio de la electricidad. ‖ — F. Ciencia de las aplicaciones de la electricidad y de la mecánica.
electrometalurgia f. Utilización de las propiedades térmicas y electrolíticas de la electricidad para la producción, el afinado y el tratamiento de los productos metalúrgicos.
electrometalúrgico, ca adj. De la electrometalurgia.
electromotriz adj. f. Aplícase a la fuerza de la electricidad que se mueve a lo largo de un circuito.
electrón m. *Fís.* Partícula elemental dotada de una carga de electricidad negativa, uno de los elementos constituyentes del átomo. ‖ *Electrón positivo,* el positrón.

electrónico, ca adj. *Fís.* De los electrones o de la electrónica. ‖ — F. Parte de la física que estudia los fenómenos en que intervienen los electrones libres. ‖ Aplicación industrial de estos conocimientos. ‖ *Música electrónica,* la que utiliza las oscilaciones eléctricas para crear, valiéndose de altavoces, sonidos musicales grabados.
electronvoltio m. *Fís.* Unidad de energía utilizada en física nuclear (símb. eV) equivalente a la energía adquirida por un electrón acelerado con una diferencia de potencial de un voltio.
electroósmosis f. Filtración de un líquido a través de una pared bajo el efecto de una corriente eléctrica.
electroquímico, ca adj. De la electroquímica. ‖ — F. Parte de la física que estudia las transformaciones mutuas de las energías eléctrica y química. ‖ Aplicación industrial de estos conocimientos.
electrostático, ca adj. Relativo a la electricidad estática : *inducción electrostática.* ‖ — F. Parte de la física que estudia la electricidad en equilibrio.
electrotecnia f. Estudio de las aplicaciones técnicas de la electricidad.
electroterapia f. *Med.* Aplicación de la electricidad en el tratamiento de las enfermedades.
elefante m. Mamífero herbívoro que tiene trompa prensil, piel rugosa y dos colmillos de marfil.
elefantiásico, ca adj. *Med.* Relativo a la elefantiasis. ‖ — Adj. y s. Que padece este mal.
elefantiasis f. *Med.* Enfermedad de los países tropicales caracterizada por el desarrollo excesivo de algunas partes del cuerpo, especialmente de las extremidades, y por la rugosidad de la piel.
elegancia f. Gracia y distinción en el porte, el vestido y los modales.
elegante adj. Distinguido, de buen gusto : *hombre, traje, estilo elegante.* ‖ Que se ajusta mucho a la moda (ú. t. c. s.). ‖ Fino, sin mezquindad : *una acción elegante.*
elegía f. Composición lírica de asunto triste : *las elegías de Ovidio.*
elegible adj. Que puede ser elegido.
elegido, da adj. y s. Que ha sido designado por elección. ‖ — M. Predestinado.
elegir v. t. Escoger.
elemental adj. Fundamental, primordial : *principio elemental.* ‖ Que contiene los elementos de una ciencia : *química elemental.* ‖ Muy sencillo : *nociones elementales.*
elemento m. Componente de un cuerpo. ‖ Cuerpo simple : *elemento químico.* ‖ Parte integrante de un todo : *los elementos de una obra.* ‖ Motivo : *un elemento de descontento.* ‖ Medio en que se desenvuelve un ser : *el aire es el elemento de los pájaros.* ‖ Medio favorito habitual : *estar uno en su elemento.* ‖ Persona que pertenece a un grupo : *elemento activo de un partido.* ‖ *Fam.* Individuo. ‖ *Fís.* Par de una pila eléctrica, de un acumulador. ‖ — Pl. Fundamentos, primeras nociones. ‖ Fuerzas naturales : *luchar contra los elementos.*
elenco m. Conjunto de actores en una compañía de teatro.
elepé m. Disco fonográfico de larga duración.
elevación f. Acción y efecto de elevar o elevarse. ‖ Eminencia. ‖ *Fig.* Distinción, nobleza. | Ascensión a un cargo muy elevado. ‖ Momento de alzar en el sacrificio de la misa.
elevado, da adj. Alto.
elevador, ra adj. Que eleva. ‖ — M. Aparato para cargar mercancías. ‖ *Amer.* Ascensor.
elevamiento m. Elevación.
elevar v. t. Levantar, alzar : *elevar un peso* (ú. t. c. pr.). ‖ Construir : *elevar un monumento.* ‖ *Fig.* Colocar en un cargo elevado. ‖ *Mat.* Poner un número en una potencia : *elevar al cuadrado.* ‖ *Elevar protestas,* suscitarlas. ‖ — V. pr. *Fig.* Ascender, alcanzar : *los gastos se elevan a tres millones.* | Alcanzar una posición social elevada.
eliminación f. Supresión.
eliminador, ra adj. y s. Que elimina.
eliminar v. t. Suprimir, quitar : *eliminar dificultades.* ‖ Apartar, excluir : *eliminar a un concursante.* ‖ *Med.* Expeler del organismo : *eliminar un cálculo.*
eliminatorio, ria adj. Que sirve para eliminar. ‖ — F. Prueba para eliminar a los concursantes más débiles.
elipse f. Curva plana convexa y cerrada, con dos ejes de simetría que se cortan perpendicularmente.
elipsis f. Supresión de palabras cuyo sentido se sobreentiende.
elipsoide m. *Geom.* Cuerpo engendrado por la revolución de una elipse alrededor de uno de sus ejes.
elíptico, ca adj. *Geom.* De la elipse : *órbita elíptica.* ‖ De forma de elipse. ‖ *Gram.* De la elipsis.
elisión f. Supresión de una vocal al final de una palabra cuando la siguiente empieza por otra.
élite o **elite** f. Minoría selecta.
élitro m. Cada una de las dos alas anteriores córneas de algunos insectos que cubren las posteriores.
elixir m. Medicamento líquido. ‖ *Fig.* Remedio maravilloso.
elocución f. Modo de expresarse.
elocuencia f. Facultad de hablar bien y de modo convincente. ‖ *Fig.* Fuerza expresiva.
elocuente adj. Que tiene elocuencia. ‖ Significativo, expresivo.
elogiable adj. Que merece elogio : *una publicación elogiable.*
elogiador, ra adj. y s. Que elogia.
elogiar v. t. Hacer elogios, ponderar.
elogio m. Palabras empleadas para expresar la admiración que tiene alguien por una acción o persona.
elogioso, sa adj. Que elogia.
elongación f. *Med.* Alargamiento accidental o terapéutico de un miembro o un nervio.
elote m. *Amér. C.* y *Méx.* Mazorca tierna de maíz que se come cocida o asada en guisos diversos.
elotear v. t. *Amer.* Coger elotes en la milpa. ‖ — V. i. *Amer.* Comenzar a brotar los elotes.
elucidar v. t. Aclarar, dilucidar.
elucubración f. Lucubración.
elucubrar v. t. Lucubrar.
eludir v. t. Evitar.
ella pron. personal de 3.ª pers. en género f. núm. sing. : *ella es la mejor de todas.*
elle f. Nombre de la letra *ll.*
ello pron. pers. de 3.ª pers. en género neutro.
ellos, ellas pron. pers. de 3.ª pers. en género m. y f. núm. pl. : *ellos me lo dijeron.*
emaciación f. Demacración.
emanación f. Olor o exhalación que se desprende de algunos cuerpos. ‖ *Fig.* Manifestación.

emanar v. i. Desprenderse, exhalarse. ‖ *Fig.* Proceder, derivar.
emancipación f. Acción y efecto de emancipar o emanciparse : *la emancipación de las colonias españolas en América.*
emancipador, ra adj. y s. Que emancipa.
emancipar v. t. Libertar de la patria potestad, de la tutela o de la servidumbre. ‖ Librar de alguna dependencia o tiranía. ‖ — V. pr. *Fig.* Librarse de las obligaciones y convencionalismos sociales. | Permitirse toda clase de libertad.
embadurnar v. t. Untar. ‖ Manchar. Ú. t. c. pr. : *embadurnarse de grasa.* ‖ Pintarrajear.
embajada f. Cargo de embajador. ‖ Su residencia. ‖ Sus empleados. ‖ *Fig.* Mensaje. | Proposición desagradable : *¡vaya embajada!*
embajador m. Representante de un Estado cerca de otro. ‖ *Fig.* Mensajero.
embajadora f. Mujer que ocupa el cargo de embajador. ‖ Mujer del embajador. ‖ *Fig.* Mensajera, emisaria.
embalador, ra m. y f. Persona que hace los embalajes.
embalaje m. Acción de embalar : *él hizo el embalaje.* ‖ Envoltura que sirve para embalar : *embalaje de cartón.* ‖ Coste de esta envoltura.
embalar v. t. Envolver, empaquetar, poner en cajas. ‖ Acelerar un motor (ú. t. c. pr.). ‖ — V. pr. Hablar deprisa. ‖ Ir o correr más deprisa. ‖ *Fig.* Entusiasmarse.
embaldosado m. Acción de embaldosar. ‖ Suelo cubierto de baldosas.
embaldosar v. t. Cubrir un suelo con baldosas.
embalsamador, ra adj. y s. Que embalsama.
embalsamamiento m. Acción y efecto de embalsamar.
embalsamar v. t. Aplicar tratamiento especial a un cadáver para evitar su putrefacción. ‖ Perfumar.
embalse m. Retención artificial de las aguas de un río para utilizarlas en la producción de energía o en el riego de los campos.
embarazado, da adj. Cohibido, molesto. ‖ — Adj. y s. f. Dícese de la mujer que ha concebido : *embarazada de siete meses.*
embarazador, ra adj. Molesto.
embarazar v. t. Impedir, estorbar, dificultar : *embarazar el paso.* ‖ Dejar encinta a una mujer. ‖ *Fig.* Molestar, confundir. ‖ — V. pr. Estar molesto por algo : *embarazarse con (o por) la ropa.*
embarazo m. Dificultad, obstáculo. ‖ Falta de soltura. ‖ Estado de la mujer o hembra que ha concebido y tiene el feto en el vientre.
embarazoso, sa adj. Que estorba : *paquete embarazoso.* ‖ Molesto.
embarcación f. Barco.
embarcadero m. Sitio destinado para embarcar.
embarcar v. t. Meter a personas, mercancías, etc., en una embarcación. ‖ *Fig.* Meter a uno en un negocio : *le embarcaron en un pleito.* ‖ — V. pr. Subir a un barco. ‖ *Fig.* Meterse, emprender.
embarco m. Acción de embarcar o embarcarse personas.
embargador, ra adj. Que embarga. ‖ — M. y f. Persona que efectúa el embargo.
embargar v. t. Embarazar, estorbar. ‖ Paralizar : *el dolor embargó mis sentidos.* ‖ Absorber, llenar totalmente : *la felicidad le embargaba.* ‖ Retener una cosa judicialmente : *le embargaron todos sus bienes.*
embargo m. Retención de bienes por mandamiento judicial. ‖ Prohibición de salir un barco del puerto. ‖ *Sin embargo,* no obstante.
embarque m. Carga de mercancías en un barco o en un tren.
embarrancar v. i. *Mar.* Varar, encallarse (ú. t. c. t.).
embarrilado y **embarrilamiento** m. Colocación en un barril.
embarrilar v. t. Poner en barril.
embarullar v. t. *Fam.* Mezclar desordenadamente unas cosas con otras. | Hacer las cosas muy de prisa.
embate m. Golpe impetuoso de mar : *los embates de las olas.* ‖ Acometida impetuosa : *embate del viento.*
embaucador, ra adj. y s. Que embauca.
embaucamiento m. Engaño. ‖ Seducción.
embaucar v. t. Engañar : *embaucar con promesas.* ‖ Seducir.
embaular v. t. Meter cosas en un baúl.
embeber v. t. Absorber un cuerpo un líquido : *la esponja embebe el agua.* ‖ Empapar : *embeber en agua* (ú. t. c. pr.). ‖ Contener, encerrar. ‖ Recoger los bordes de una costura para achicar un vestido. ‖ — V. i. Encoger : *los trajes de lana embeben* (ú. t. c. pr.). ‖ — V. pr. Quedarse extasiado, embelesado o pasmado. ‖ *Fig.* Empaparse, impregnarse bien : *embeberse en el espíritu de Voltaire.* | Ensimismarse, quedar absorto.
embelecador, ra adj. y s. Embaucador.
embelecamiento m. Engaño.
embelecar v. t. Engañar.
embelesador, ra adj. Encantador. ‖ Hechicero (ú. t. c. s.).
embelesamiento m. Embeleso.
embelesar v. t. Cautivar los sentidos, encantar.
embeleso m. Encanto. ‖ Arrebato, arrobamiento.
embellecedor, ra adj. Que embellece. ‖ — M. Moldura cromada de los coches. ‖ Tapacubos de un automóvil.
embellecer v. t. Dar belleza (ú. t. c. i. y pr.).
embellecimiento m. Acción y efecto de embellecer o embellecerse.
emberrenchinarse y **emberrincharse** v. pr. *Fam.* Coger un berrinche, encolerizarse.
embestida f. Ataque, acometida.
embestir v. t. Arrojarse con ímpetu sobre una persona, animal o cosa. ‖ — V. i. Atacar, acometer.
embetunar v. t. Cubrir con betún.
emblema m. Figura simbólica con una sentencia o lema. ‖ Representación simbólica. ‖ Atributo.
embobamiento m. Admiración injustificada. ‖ Atontamiento.
embobar v. t. Tener suspenso y admirado. ‖ Atontar, alelar. ‖ — V. pr. Quedarse absorto y admirado.
embobinar v. t. Bobinar.
embocadura f. Acción de embocar. ‖ Desembocadura de un río. ‖ *Mús.* Boquilla de un instrumento de viento. ‖ Bocado del freno del caballo. ‖ *Teatr.* Boca del escenario.
embocar v. t. Meter por la boca. ‖ Meterse por un sitio angosto. Ú. t. c. pr. : *se embocó por una callejuela.*
embodegar v. t. Meter en la bodega : *embodegar vino.*

embolado m. *Fam.* Engaño. | Engorro, pega : *¡pues vaya un embolado!*
embolar v. t. *Amer.* Dar bola o betún a los zapatos.
embolatar v. t. *Col.* Engañar. | Demorar. || — V. pr. *Col.* Estar absorto en un asunto. | Perderse. | Alborotarse.
embolia f. *Med.* Obstrucción de un vaso sanguíneo por un coágulo.
émbolo m. *Mec.* Disco cilíndrico que se desplaza alternativamente en el cuerpo de una bomba o en el cilindro de una máquina de vapor.
embolsar v. t. Poner en una bolsa : *embolsar dinero.* || Cobrar. Ú. t. c. pr. : *se embolsó mucho dinero.*
emboquillado adj. m. Con boquilla de filtro : *cigarrillo emboquillado* (ú. t. c. s. m.).
emboquillar v. t. Poner boquilla de filtro a los cigarrillos.
emborrachar v. t. Poner borracho. || Atontar, perturbar, adormecer : *emborrachar a uno con ciertos olores* (ú. t. c. pr.). || — V. pr. Beber más de la cuenta. || Mezclarse los colores de una tela por efecto de la humedad.
emborrizar v. t. Bañar en huevo y harina lo que ha de freírse.
emborronar v. t. Llenar de borrones y garrapatos : *emborronar un papel.* || *Fig.* Escribir de prisa y mal.
emboscada f. Ataque por sorpresa. || *Fig.* Asechanza, trampa.
emboscar v. t. *Mil.* Poner oculta una tropa para atacar por sorpresa al enemigo (ú. t. c. pr.). || — V. pr. *Fig.* Escudarse en una ocupación cómoda para no hacer otra.
embotadura f. y. **embotamiento** m. Acción y efecto de embotar.
embotar v. t. Volver menos cortante o menos aguda la hoja de un arma, de un cuchillo o de una herramienta (ú. t. c. pr.). || *Fig.* Debilitar : *el ocio embota el ánimo* (ú. t. c. pr.). || Poner en un bote.
embotellado, da adj. En botella. | *Fig.* Dícese del discurso preparado de antemano. || — M. Acción de embotellar : *el embotellado de vinos o de otras productos líquidos se hace en recipientes de cristal o de plástico.*
embotellador, ra m. y f. Persona encargada de embotellar. || — F. Máquina para embotellar.
embotellamiento m. Embotellado. || *Fig.* Atasco de la circulación : *los embotellamientos de coches.*
embotellar v. t. Meter en botellas : *embotellar champaña.* || *Fig.* Obstruir, estorbar : *embotellar la circulación.* | Aprender de memoria. Ú. t. c. pr. : *se embotelló el Código Civil.*
embozadamente adv. Encubiertamente.
embozar v. t. Cubrir la parte inferior del rostro. Ú. m. c. pr. : *se embozó en la capa.* || *Fig.* Encubrir.
embozo m. Parte de la capa o prenda que sirve para embozarse. || Parte doblada de la sábana de encima que toca el rostro. || *Fig.* Disimulo : *hablar con embozo.*
embragar v. t. Establecer conexión entre el motor y los órganos que debe poner en movimiento. Ú. t. c. i. : *el coche hace ruido al embragar.*
embrague m. Acción de embragar. || Dispositivo que pone una máquina en movimiento uniéndola al motor : *embrague automático.*
embravecer v. t. Irritar, poner furioso. || — V. pr. Enfurecerse.
embravecimiento m. Furor.
embriagador, ra y **embriagante** adj. Que embriaga.
embriagar v. t. Poner ebrio, hacer perder el uso de la razón. Ú. t. c. pr. : *embriagarse con anís.* || *Fig.* Enajenar : *embriagado por la gloria* (ú. t. c. pr.).
embriaguez f. Pérdida de la razón por el abuso del alcohol.
embrión m. *Biol.* Organismo en vías de desarrollo desde la fecundación del óvulo hasta el momento en que puede llevar una vida autónoma. || *Fig.* Origen : *esto fue el embrión de la revolución.* | Principio.
embrionario, ria adj. Del embrión. || *Fig.* En sus comienzos.
embrocar v. t. *Arg. Fam.* Observar.
embrollador, ra adj. y s. Que embrolla.
embrollar v. t. Enredar, enmarañar : *embrollar un asunto.* || — V. pr. *Fig.* Hacerse un lío.
embrollo m. Enredo.
embrollón, ona adj. y s. *Fam.* Que lo embrolla todo.
embromador, ra adj. y s. Bromista.
embromar v. t. Dar bromas. || Engañar. || *Méx.* Retardar el despacho de un asunto.
embrujador, ra adj. y s. Que embruja.
embrujamiento m. Acción y efecto de embrujar.
embrujar v. t. Hechizar.
embrujo m. Hechizo.
embrutecedor, ra adj. Que embrutece : *trabajo embrutecedor.*
embrutecer v. t. Volver bruto.
embrutecimiento m. Acción y efecto de embrutecer.
embuchado m. Embutido de carne picada. || *Fig.* Introducción fraudulenta de votos en una urna electoral. | Añadidura que introduce un cómico en su papel.
embuchar v. t. Meter comida en el buche de un ave.
embudo m. Utensilio hueco de forma cónica para trasegar líquidos. || Hueco producido en la tierra a causa de una explosión. || *Fig.* y *fam. Ley del embudo,* la que no aplica el mismo criterio para juzgar a varias personas.
embuste m. Mentira.
embustero, ra adj. y s. Mentiroso.
embutido m. Intestino de animal relleno con carne picada y condimentos. || Operación que consiste en embutir metales.
embutir v. t. Meter en un material trozo de otro : *embutir un metal en otro.* || *Tecn.* Dar formas adecuadas a las chapas de metal por compresión o martilleo. || Hacer embutidos. || Meter una cosa apretada en otra.
eme f. Nombre de la letra *m.*
emergencia f. Acción y efecto de emerger. || *Fig.* Circunstancia imprevista : *en caso de emergencia.* || *Salida de emergencia,* la que se utiliza en caso de peligro.
emergente adj. Que emerge.
emerger v. i. Salir de un líquido o de otro medio. || *Fig.* Resultar.
emérito, ta adj. Dícese del que se ha retirado de un cargo y disfruta de un premio por sus servicios.
emético, ca adj. y s. m. Vomitivo.
emigración f. Acción de emigrar. || Conjunto de personas que han abandonado su residencia habitual para establecerse en otro país o región. || *Fig.* Salida de un país : *emigración de capitales.*
emigrado, da adj. y s. Que reside fuera de su patria o región por motivos políticos o económicos.

emigrante adj. y s. Que emigra. ‖ — Com. Persona que va a residir a otro país o región generalmente por razones económicas.
emigrar v. i. Abandonar su residencia habitual para establecerse en otro país o región. ‖ Ausentarse temporalmente. ‖ Cambiar periódicamente de clima ciertos animales.
emigratorio, ria adj. Referente a la emigración.
eminencia f. Parte del terreno más elevada que la circundante. ‖ *Por ext.* Cualquier cosa que sobresale. ‖ Tratamiento dado a los cardenales. ‖ Persona eminente. ‖ *Fig. Eminencia gris,* persona que aconseja a otra secretamente.
eminente adj. *Fig.* Distinguido, de mucho valor : *artista eminente.*
emir m. Príncipe o jefe árabe.
emirato m. Dignidad de emir, tiempo que dura su mandato y territorio en que éste se ejerce.
emisario, ria m. y f. Mensajero. ‖ — M. Desaguadero.
emisión f. Acción y efecto de emitir. ‖ Difusión por radio o televisión. ‖ Programa difundido por radio o televisión. ‖ Puesta en circulación de monedas o valores.
emisor, ra adj. y s. Que emite : *centro emisor.* ‖ — M. Aparato de emisión radiofónica. ‖ — F. Estación emisora de radio o televisión.
emitir v. t. Despedir, producir : *emitir radiaciones, sonidos.* ‖ Poner en circulación : *emitir moneda.* ‖ Manifestar, expresar : *emitir un juicio.* ‖ — V. i. Difundir emisiones de radio o televisión : *emitir en onda corta* (ú. t. c. t.).
emoción f. Alteración del ánimo provocada por la alegría, la sorpresa, el miedo, etc. ‖ Expectación.
emocional adj. De la emoción.
emocionante adj. Que causa emoción. ‖ Conmovedor.
emocionar v. t. Conmover, causar emoción. ‖ — V. pr. Conmoverse.
emolumento m. Retribución correspondiente a un cargo o empleo.
emotividad f. Sensibilidad a las emociones.
emotivo, va adj. Que produce emoción. ‖ De la emoción. ‖ Que se emociona fácilmente (ú. t. c. s.).
empacador, ra adj. Que empaca. ‖ — F. Máquina para empacar.
empacamiento m. *Amer.* Acción y efecto de empacarse.
empacar v. t. Poner en pacas, paquetes o cajas. ‖ — V. pr. Emperrarse, obstinarse. ‖ Avergonzarse, turbarse, quedarse cortado. ‖ *Amer.* Plantarse una bestia. ‖ — V. i. *Amer.* Hacer las maletas.
empachado, da adj. Que tiene una indigestión.
empachar v. t. Causar indigestión : *le empachó la cena.* ‖ Estorbar, embarazar. ‖ — V. pr. Tener una indigestión.
empacho m. Indigestión. ‖ Estorbo : *¡ qué empacho de niño!*
empachoso, sa adj. Que causa empacho. ‖ Molesto.
empadrarse v. pr. Encariñarse demasiado el niño con su padre o sus padres.
empadronador, ra m. y f. Persona que empadrona.
empadronamiento m. Inscripción en el padrón.
empadronar v. t. Inscribir en un padrón (ú. t. c. pr.).
empajar v. t. Cubrir o rellenar con paja. ‖ *Amer.* Techar con paja.
empalagamiento m. Empalago.
empalagar v. t. Empachar un alimento por ser muy dulce. Ú. t. c. pr. : *empalagarse de almíbar.* ‖ *Fig.* Fastidiar, cansar.
empalago m. Hartura.
empalagoso, sa adj. Que empalaga. ‖ *Fig.* Fastidioso, pesado. | Dulzón, meloso : *voz empalagosa.* | Afectadamente suave o amable : *chica empalagosa.* | Excesivamente sentimental : *novela empalagosa.*
empalar v. t. Atravesar a un reo en un palo puntiagudo.
empalizada f. Cerca, vallado.
empalizar v. t. Poner empalizadas.
empalmadura f. Empalme.
empalmar v. t. Unir dos cosas por sus extremos. ‖ *Fig.* Ligar, enlazar. ‖ — V. i. Juntarse una cosa con otra. ‖ Unirse dos carreteras. ‖ Combinarse adecuadamente la hora de llegada de un tren u otro vehículo público con la de salida de otro.
empalme m. Acción y efecto de empalmar. ‖ Punto en que empalman dos cosas. ‖ Cosa que empalma con otra. ‖ Tramo de carretera que permite pasar de una vía pública a otra.
empanada f. Manjar que consiste en una vianda cubierta de masa y cocida al horno o frita. ‖ *Fam. Empanada mental,* confusión mental.
empanadilla f. Pastel pequeño y relleno con carne o dulce.
empanar v. t. Poner en una empanada. ‖ Rebozar con pan rallado.
empantanar v. t. Inundar un terreno. Ú. t. c. pr. : *la carretera se empantanó.* ‖ Meter en un pantano o barrizal. Ú. t. c. pr. : *el carro se empantanó.* ‖ *Fig.* Detener, no hacer progresar un asunto. Ú. t. c. pr. : *este expediente se empantana en el ministerio.*
empanzarse v. pr. *Amer.* Hartarse de comer.
empañado, da adj. Sin brillo.
empañar v. t. Envolver a una criatura en pañales. ‖ Quitar la tersura, el brillo o la transparencia : *empañar un espejo.* ‖ *Fig.* Manchar, deslucir (ú. t. c. pr.).
empapamiento m. Acción y efecto de empapar o empaparse.
empapar v. t. Mojar, humedecer. ‖ Absorber : *la tierra empapa la lluvia.* ‖ Penetrar un líquido en un cuerpo : *el agua empapa la esponja.* ‖ Enjugar : *empapar el agua con un trapo.* ‖ *Empapado en sudor,* muy sudoroso. ‖ — V. pr. Penetrar : *la lluvia se empapa en el suelo.* ‖ Calarse, mojarse mucho : *mi traje se ha empapado.* ‖ *Fig.* Meterse en la cabeza : *empaparse un discurso.*
empapelado m. Revestimiento de las paredes con papel pintado. ‖ Este papel.
empapelador, ra m. y f. Persona que empapela.
empapelar v. t. Envolver en papel. ‖ Cubrir de papel. ‖ *Fig.* y *fam.* Formar un proceso a uno.
empaque m. Empaquetado. ‖ Envoltura del paracaídas. ‖ *Fam.* Distinción, aspecto señorial. | Afectación. ‖ *Amer.* Frescura, desfachatez. ‖ *Méx.* Envase.
empaquetado m. Acción de empaquetar.
empaquetador, ra m. y f. Persona que empaqueta.
empaquetar v. t. Poner en paquetes. ‖ *Fig.* Amontonar.

emparedado m. Manjar que consiste en dos rebanadas de pan que encierran alguna vianda como jamón, queso, etc.
emparedamiento m. Acción y efecto de emparedar.
emparedar v. t. Encerrar a una persona sin comunicación alguna (ú. t. c. pr.). || Encerrar u ocultar alguna cosa entre paredes.
emparejamiento m. Formación de una pareja.
emparejar v. t. Formar una pareja : *emparejar guantes.* || Combinar : *emparejar una cosa con otra.* || Poner al mismo nivel. || — V. i. Alcanzar : *tuve que correr para emparejar con él.* || Ser igual una cosa que otra (ú. t. c. pr.). || — V. pr. Formar pareja con una persona.
emparentar v. i. Contraer parentesco por casamiento. || Tener afinidad o semejanza una cosa con otra.
emparrado m. Cobertizo formado por vástagos y hojas de parra. || Armazón que sostiene la parra u otra planta trepadora.
emparrandarse v. pr. *Amer.* Darse a la parranda.
emparrar v. t. Hacer o formar un emparrado.
emparrillar v. t. Asar en la parrilla.
emparvar v. t. Disponer en parva las mieses.
empastar v. t. Cubrir con pasta. || Encuadernar en pasta. || Llenar con pasta o metal el hueco de un diente cariado.
empaste m. Acción y efecto de empastar. || Pasta o metal con que se llena un diente cariado.
empatar v. i. Obtener el mismo número de votos. || Tener el mismo número de tantos dos equipos deportivos contrarios. || Sacar el mismo número de puntos en un concurso.
empate m. Igual número de puntos.
empavesado, da adj. Armado o provisto de pavés. || — M. *Mar.* Conjunto de adornos con que se engalanan los barcos.
empavesar v. t. *Mar.* Engalanar un buque. || Adornar, engalanar.
empavonado m. Acción y efecto de empavonar.
empavonar v. t. Dar pavón al hierro o al acero.
empecinado, da adj. Obstinado (ú. t. c. s.).
empecinamiento m. Obstinación.
empecinarse v. pr. Obstinarse.
empedernido, da adj. *Fig.* Insensible, duro : *corazón empedernido.* || Incorregible, impenitente : *borracho empedernido.*
empedernir v. t. Endurecer. || — V. pr. *Fig.* Hacerse insensible o duro de corazón.
empedrado m. Pavimento de piedra. || Guiso de patatas con carne.
empedramiento m. Acción y efecto de empedrar.
empedrar v. t. Pavimentar el suelo con piedras o adoquines. || *Fig.* Llenar, plagar.
empeine m. Parte superior del pie. || Parte del calzado que la cubre. || Parte inferior del vientre entre las ingles. || *Med.* Herpes.
empelotarse v. pr. *Fam.* Desnudarse.
empellón m. Empujón.
empenachado, da adj. Que lleva penacho.
empenaje m. Planos de estabilización de un avión.
empeñar v. t. Dejar un objeto de valor en garantía de un préstamo. || Comprometer : *empeñar su palabra* (ú. t. c. pr.). || Utilizar a uno como mediador. || — V. pr. Obstinarse : *empeñarse en hacer algo.* || Esforzarse : *se empeña en trabajar lo mejor posible.* || Insistir : *si te empeñas tanto lo haré.* || Endeudarse. || Trabarse en una lucha o disputa.
empeño m. Acción de empeñar un objeto. || Afán : *tener empeño en conseguir algo.* || Obstinación, tesón, constancia : *trabajar con empeño.* || Esfuerzo : *empeño constante para mejorarse.* || *Casa de empeños,* Monte de Piedad.
empeoramiento m. Acción y efecto de empeorar o empeorarse.
empeorar v. t. Poner peor. || — V. i. Ponerse peor (ú. t. c. pr.).
empequeñecer v. t. Hacer más pequeño. || Disminuir la importancia.
empequeñecimiento m. Acción y efecto de empequeñecer.
emperador m. Jefe supremo de un imperio. || Pez espada.
emperatriz f. Mujer del emperador. || Soberana de un imperio.
emperejilar v. t. *Fam.* Arreglar, acicalar (ú. t. c. pr.).
emperifollar v. t. *Fam.* Emperejilar (ú. t. c. pr.).
empero conj. Pero. || Sin embargo.
emperramiento m. *Fam.* Obstinación. | Rabia.
emperrarse v. pr. *Fam.* Obstinarse en no ceder. | Encapricharse. | Irritarse.
empezar v. t. Comenzar, dar principio. || *Fig. Empezar la casa por el tejado,* empezar una cosa por donde se debía acabar. || — V. i. Tener principio. || Hacer algo por primera vez : *empezó a trabajar.* || Hacer algo antes de cualquier otra cosa : *¡empieza por callarte!*
empicarse v. pr. Aficionarse.
empiece y **empiezo** m. *Arg. Fam.* Comienzo, principio.
empinado, da adj. Erguido. || Muy alto. || En pendiente.
empinamiento m. Pendiente.
empinar v. t. Enderezar, levantar. || Poner en alto. || Inclinar una botella para beber. || *Fig.* y *fam. Empinar el codo,* beber mucho. || — V. pr. Ponerse de puntillas : *empinarse para ver mejor.*
empingorotar v. t. Levantar una cosa poniéndola sobre otra. || — V. pr. Subirse. || *Fam.* Engreírse.
empiparse v. pr. *Fam.* Hartarse.
empírico, ca adj. Relativo al empirismo.
empirismo m. Procedimiento fundado en la observación y la experiencia. || Sistema filosófico que considera la experiencia como única fuente del conocimiento.
empitonar v. t. Coger el toro al torero con los cuernos.
empizarrado m. Tejado de pizarras.
empizarrar v. t. Cubrir con pizarras : *empizarrar un tejado.*
emplasto m. *Farm.* Ungüento extendido en un lienzo utilizado para curar las afecciones cutáneas. || *Fig.* y *fam.* Componenda.
emplazamiento m. *For.* Citación judicial. || Situación. || Sitio.
emplazar v. t. *For.* Citar ante un tribunal. || Colocar, situar.
empleado, da m. y f. Persona que trabaja a sueldo en una empresa pública o privada.
empleador, ra adj. Que emplea. || — M. y f. Persona que tiene empleados.
emplear v. t. Utilizar : *emplear una palabra* (ú. t. c. pr.). || Ocupar, dar empleo : *emplear a un trabajador.* || Invertir dinero : *emplear la fortuna.* || Gastar : *emplear bien el tiempo.* || *Lo tiene bien empleado,* se lo ha merecido.
emplebeyecer v. t. Dar carácter plebeyo.

empleo m. Uso : *el empleo de una palabra.* ‖ Colocación, ocupación : *tener un buen empleo.* ‖ *Pleno empleo,* situación que se presenta cuando hay suficiente trabajo para ocupar a toda la mano de obra disponible.
emplomadura f. *Amer.* Empaste de una muela.
emplomar v. t. Fijar o soldar con plomo : *emplomar las vidrieras.* ‖ Poner sellos o precintos de plomo : *emplomar un fardo.* ‖ *Amer.* Empastar : *emplomar un diente.*
empobrecer v. t. Volver pobre : *empobrecer a un pueblo.* ‖ — V. i. Hacerse pobre una persona (ú. t. c. pr.). ‖ Decaer, venir a menos (ú. t. c. pr.).
empobrecimiento m. Pobreza.
empolvar v. t. Echar polvo o polvos. ‖ Llenar de polvo. ‖ — V. pr. Cubrirse de polvo. ‖ Ponerse polvos en la cara.
empollado, da adj. y s. *Fam.* Instruido en una materia.
empollar v. t. Calentar el ave los huevos para que nazcan los pollos (ú. t. c. i.). ‖ *Fig.* y *fam.* Meditar profundamente. | Estudiar mucho (ú. t. c. pr.).
empollón, ona adj. y s. *Fam.* Dícese del estudiante que prepara concienzudamente sus lecciones.
emponzoñamiento m. Envenenamiento. ‖ *Fig.* Corrupción.
emponzoñar v. t. Envenenar. ‖ *Fig.* Envilecer : *la envidia le emponzoñaba el alma.* | Exacerbar.
emporio m. Gran centro comercial. ‖ *Fig.* Lugar famoso por su riqueza material, cultural o artística. ‖ *Amer.* Almacén.
emporrarse v. pr. *Pop.* Drogarse con un porro.
empotramiento m. Acción y efecto de empotrar.
empotrar v. t. Fijar una cosa en un muro o en el suelo con fábrica.
emprendedor, ra adj. Que toma iniciativas y las lleva a cabo. ‖ Atrevido, resuelto.
emprender v. t. Comenzar una obra o empresa. ‖ *Fam. Emprenderla con uno,* meterse con él.
empresa f. Acción dificultosa que se acomete con resolución : *empresa atrevida.* ‖ Sociedad comercial o industrial : *le expulsó de la empresa por su falta de seriedad.*
empresariado m. Conjunto de los dirigentes de empresa.
empresarial adj. Relativo a la empresa : *clase empresarial.* ‖ — F. pl. Estudios hechos para dirigir empresas.
empresario m. Persona que explota una empresa. ‖ Persona que explota un teatro o espectáculo.
emprestar v. t. Tomar préstamo. ‖ Prestar.
empréstito m. Acción de pedir un préstamo : *hacer un empréstito.* ‖ Préstamo que toma el Estado o una corporación o empresa, especialmente cuando está representado por títulos negociables o al portador. ‖ Cantidad así prestada.
empujar v. t. Impulsar, hacer fuerza contra una persona o cosa para moverla. ‖ *Fig.* Incitar : *le empujaron a actuar de esta manera.*
empuje m. Acción y efecto de empujar, empujón. ‖ *Arq.* Fuerza ejercida por un elemento de construcción sobre otro. ‖ *Fís.* Fuerza vertical que se ejerce hacia arriba sobre todo cuerpo sumergido en un fluido. ‖ Fuerza propulsiva de los motores de reacción. ‖ *Fig.* Energía, brío, eficacia : *persona de empuje.*
empujón m. Golpe brusco que se da con fuerza para apartar o mover a una persona o cosa. ‖ Avance notable y rápido : *dar un empujón a un trabajo.* ‖ *Fig.* y *fam. A empujones,* bruscamente, sin cuidado ; con dificultad ; con intermitencia.
empuñadura f. Puño de la espada, daga, bastón, etc.
empuñar v. t. Coger por el puño. ‖ Asir con la mano : *empuñar el tenedor.*
emú m. Ave corredora.
emulación f. Deseo de igualar o superar las acciones de otro.
emulador, ra adj. y s. Que compite con otro.
emular v. t. Competir con uno intentando imitarle o superarle.
émulo, la m. y f. Competidor, persona que procura aventajar a otra.
emulsión f. Líquido constituido por dos sustancias no miscibles, una de las cuales se halla dispersa en la otra en forma de gotas pequeñísimas.
en prep. Sirve para indicar el lugar, la situación, el tiempo, el modo : *estar en casa ; el libro está en la mesa ; sucedió en domingo ; lento en obrar.* ‖ Con un gerundio significa *en cuanto, luego que* o *si* : *en saliendo a la calle lo compro.* ‖ Seguido de infinitivo equivale a *por* : *le conocí en el andar.* ‖ Se usa a veces antes de un precio : *vender algo en veinte pesetas.* ‖ *En esto,* en aquel momento.
enagua f. Prenda interior femenina bajo la falda (ú. t. en pl.).
enaguachar v. t. Empapar.
enajenable adj. Que se puede enajenar.
enajenación f. Cesión. ‖ *Fig.* Turbación. | Embelesamiento, éxtasis. ‖ *Enajenación mental,* locura.
enajenador, ra adj. y s. Que enajena.
enajenamiento m. Enajenación. ‖ Acción de enajenar.
enajenar v. t. Transmitir a otro la propiedad de una cosa. ‖ *Fig.* Trastornar, hacer perder el juicio : *el miedo le enajenó.* | Embelesar, arrobar : *la música le enajena.* ‖ — V. pr. Desprenderse de algo. ‖ Perder : *enajenarse la amistad de uno.* ‖ *Fig.* Volverse loco. | Extasiarse.
enaltecedor, ra adj. Que enaltece : *empresa altamente enaltecedora.*
enaltecer v. t. Ensalzar.
enaltecimiento m. Ensalzamiento, exaltación.
enamoradizo, za adj. Propenso a enamorarse.
enamorado, da adj. y s. Dícese de la persona que siente amor por otra o por una cosa.
enamorador, ra adj. y s. Que enamora.
enamoramiento m. Acción y efecto de enamorar o enamorarse.
enamorar v. t. Despertar amor. ‖ Cortejar, galantear. ‖ — V. pr. Sentir amor por una persona. ‖ Aficionarse mucho a una cosa.
enamoricarse y **enamoriscarse** v. pr. *Fam.* Enamorarse superficialmente.
enanismo m. *Med.* Trastorno del crecimiento caracterizado por una talla inferior a la media propia de los individuos de la misma edad, especie y raza.
enano, na adj. *Fig.* Muy pequeño : *persona, planta enana.* ‖ — M. y f. Persona de estatura inferior a la normal. ‖ *Fig. Trabajar como un enano,* trabajar mucho.
enarbolar v. t. Levantar : *enarbolar la bandera.* ‖ Esgrimir un arma.

enardecer v. t. *Fig.* Excitar : *enardecer los ánimos.* | Avivar, enconar : *enardecer una discusión.* | Animar.
enardecimiento m. Excitación del ánimo.
enarenar v. t. Echar arena.
encabestrar v. t. Poner el cabestro a los animales.
encabezamiento m. Fórmula con que se empieza una carta o un escrito. ‖ Palabras puestas a la persona a quien va dirigido un libro o escrito. ‖ Titulares de un periódico. ‖ Padrón.
encabezar v. t. Poner el encabezamiento a un libro o escrito. ‖ Comenzar : *encabezó su libro así.* ‖ Estar al principio, iniciar : *encabezar una lista.* ‖ Estar en cabeza o al frente : *encabezar una rebelión.* ‖ Dar mayor graduación a un vino mediante añadido de alcohol.
encabritarse v. pr. Levantarse el caballo sobre los pies o la parte delantera de un vehículo. ‖ *Fam.* Enojarse.
encabronarse v. pr. *Fam.* Enojarse.
encachorrarse v. pr. *Amer.* Enojarse, emperrarse.
encadenado m. Unión de dos escenas de una película.
encadenamiento m. Sujeción con cadena. ‖ Enlace, trabazón.
encadenar v. t. Sujetar con cadena. ‖ *Fig.* Trabar, enlazar unas cosas con otras. Ú. t. c. pr. : *se encadenaron las desgracias.* | Impedir a uno que actúe libremente. ‖ Unir dos escenas de una película.
encajador, ra m. y f. Persona que encaja bien golpes o críticas.
encajar v. t. Meter una cosa en otra de modo que ajuste : *encajar una pieza en otra.* ‖ Poner en su sitio : *encajar un hueso.* ‖ *Fig.* Hacer soportar una cosa molesta : *le encajó una arenga.* | Soportar, aguantar : *encajar un golpe; encajar críticas* (ú. t. c. i.). | Dar : *encajar un billete falso.* | Asestar : *le encajó un puñetazo.* ‖ — V. i. Quedar bien ajustado : *la ventana no encaja* (ú. t. c. pr.). ‖ *Fig.* Convenir, estar de acuerdo : *este cuadro encaja bien en la habitación.* | Ir bien : *esto encaja en mis proyectos.* ‖ — V. pr. Meterse en un sitio de donde no se puede salir : *la rueda se encajó entre dos piedras.* ‖ *Fig.* y *fam.* Ponerse una prenda : *se encajó el gabán.* | Adaptarse : *ya está encajado en su nueva colocación.* | Ir, hacer un desplazamiento : *me encajé a su casa.* | Llevar una vida ordenada.
encaje m. Ajuste de dos piezas que se adaptan. ‖ Tejido de mallas que se obtiene entrelazando hilos manual o mecánicamente : *encaje de bolillos.* ‖ *Amer.* Dinero o valores en caja.
encajonado y **encajonamiento** m. Acción y efecto de encajonar.
encajonar v. t. Meter algo dentro de un cajón : *encajonar naranjas.* ‖ Meter en un sitio angosto : *río encajonado entre rocas.* ‖ Construir cimientos en cajones abiertos. ‖ Reforzar un muro con machones. ‖ Poner los toros en cajones para transportarlos. ‖ *Fig.* Arrinconar, poner en situación difícil. ‖ — V. pr. Correr el río por una angostura.
encalado m. Acción y efecto de encalar.
encalador, ra adj. y s. Que encala.
encaladura f. Encalado.
encalambrarse v. pr. *Amer.* Agarrotarse un músculo.
encalamocar v. t. *Amer.* Atontar.
encalar v. t. Cubrir con cal.
encalladura f. y **encallamiento** m. Acción y efecto de encallar.
encallar v. i. Varar, quedarse inmovilizado un barco en arena o rocas. ‖ *Fig.* Quedarse detenido, no poder salir adelante en un negocio. ‖ — V. pr. Encallecerse.
encallecer v. i. Criar callos (ú. t. c. pr.). ‖ — V. pr. Endurecerse. ‖ *Fig.* Endurecerse, curtirse con la costumbre.
encallecido, da adj. Avezado.
encamarse v. pr. Meterse en la cama el enfermo. ‖ Tumbarse las mieses.
encaminamiento m. Acción y efecto de encaminar o encaminarse.
encaminar v. t. Indicar el camino o poner en camino. Ú. t. c. pr. *se encaminó a la población.* ‖ Dirigir, orientar.
encamisar v. t. Poner la camisa. ‖ Envolver. ‖ *Tecn.* Poner camisas a los cilindros de un motor.
encanado, da adj. y s. *Arg. Fam.* Dícese de la persona encarcelada.
encanallamiento m. Envilecimiento.
encanallar v. t. Corromper, envilecer. ‖ — V. pr. Hacerse canalla.
encanastar v. t. Poner en canasta.
encandilamiento m. Brillo de los ojos.
encandilar v. t. *Fig.* Deslumbrar con apariencias falsas. ‖ — V. pr. Ponerse muy brillantes los ojos.
encanecer v. i. Ponerse cano. ‖ *Fig.* Envejecer. ‖ *Encanecer en el oficio,* adquirir veteranía por haber trabajado muchos años. ‖ — V. t. Volver cano, envejecer.
encanijamiento m. Delgadez.
encanijar v. t. Poner flaco y enfermizo. ‖ — V. pr. Ponerse canijo y flaco.
encantado, da adj. Muy contento : *encantado de conocerle.* ‖ Que parece habitado por fantasmas.
encantador, ra adj. Muy agradable : *voz encantadora.* ‖ Sumamente simpático. ‖ — M. y f. Hechicero.
encantamiento m. Acción y efecto de encantar.
encantar v. t. *Fig.* Gustar mucho : *me encanta su gracia, el teatro.* ‖ Ejercitar artes de magia sobre cosas o personas.
encanto m. Cualidad de lo que agrada o atrae. ‖ *Fig.* Persona muy simpática. | Cosa muy agradable. ‖ — Pl. Atractivos. ‖ *Como por encanto,* por arte de magia.
encanutar v. t. Dar forma de canuto.
encañado m. Conducto para el agua. ‖ Enrejado de cañas.
encañar v. t. Conducir el agua por cañerías. ‖ Desecar un terreno húmedo con encañados. ‖ Poner cañas para sostener el tallo de las plantas.
encañizada f. Enrejado de cañas.
encañonado m. Planchado en forma de cañones o pliegues.
encañonar v. t. Hacer pasar por un conducto estrecho, encajonar (ú. t. c. pr.). ‖ Apuntar con un arma. ‖ Planchar en forma de cañones.
encapirotar v. t. Poner un capirote.
encapotamiento m. Oscurecimiento del cielo.
encapotar v. t. Cubrir con el capote. ‖ — V. pr. Nublarse mucho el cielo. ‖ *Fig.* Fruncir el ceño.
encaprichamiento m. Capricho.
encapricharse v. pr. Obstinarse, empeñarse uno en un capricho. ‖ Enamorarse, aficionarse mucho.
encapsular v. t. Meter en cápsula.
encapuchar v. t. Poner una capucha (ú. t. c. pr.).

encarado, da adj. Con los adv. *bien* o *mal*, de buen o mal aspecto, hablando de una persona.
encaramar v. t. Levantar o subir. ‖ *Fig.* y *fam.* Elevar, colocar en puestos altos (ú. t. c. pr.). ‖ — V. pr. Trepar : *encaramarse a una rama.* ‖ *Méx.* Subirse la bebida.
encaramiento m. Careo, confrontación. ‖ Afrontamiento.
encarar v. t. Poner dos cosas cara a cara. ‖ Apuntar : *encarar el fusil.* ‖ Mirar cara a cara. ‖ *Fig.* Afrontar, hacer frente. Ú. t. c. pr. : *encararse con las dificultades.* ‖ — V. pr. Ponerse cara a cara. ‖ Oponerse, tener o manifestar actitudes contrarias.
encarcelación f. y **encarcelamiento** m. Acción y efecto de encarcelar.
encarcelar v. t. Meter en la cárcel : *encarcelar a un delincuente.*
encarecer v. t. Aumentar, subir el precio de alguna cosa. Ú. t. c. i. : *la vida ha encarecido.* ‖ *Fig.* Ponderar, alabar. | Recomendar : *le encareció mucho que trabajase.* | Insistir, instar : *se lo encarezco.*
encarecimiento m. Subida de precio, aumento. ‖ Insistencia.
encargado, da adj. Que recibe el encargo de hacer algo. ‖ — M. y f. Persona que se ocupa de un trabajo determinado. ‖ *Encargado de negocios,* agente diplomático inferior al embajador y al ministro consejero.
encargar v. t. Confiar a uno la realización de una cosa. ‖ Dar el cuidado de algo : *encargar a alguien del teléfono.* ‖ Ordenar, pedir : *encargar la comida.* ‖ Recomendar, aconsejar : *me encargó mucho que fuese.* ‖ — V. pr. Tomar a su cuidado, tomar la responsabilidad de algo. ‖ Mandar hacer : *acabo de encargarme un traje.*
encargo m. Acción y efecto de encargar. ‖ Mandado, recado, compra : *hacer sus encargos.* ‖ *Com.* Pedido : *hacer un encargo.* ‖ Empleo.
encariñar v. t. Despertar el cariño. ‖ — V. pr. Tomar cariño.
encarnaceno, na adj. y s. De Encarnación (Paraguay).
encarnación f. Acción de tomar carne. ‖ Dícese especialmente de la de Jesucristo. ‖ *Fig.* Personificación : *la encarnación de la avaricia.*
encarnado, da adj. Rojo (ú. t. c. s. m.). ‖ Personificado : *el diablo encarnado.*
encarnadura f. Disposición de la carne viva para cicatrizar.
encarnamiento m. Efecto de encarnar bien o mal una herida.
encarnar v. i. Haberse hecho hombre el Verbo Divino. ‖ Cicatrizarse una herida. ‖ — V. t. *Fig.* Ser la personificación de una cosa : *encarnar la justicia.* ‖ — V. pr. Unirse, incorporarse una cosa con otra.
encarnecer v. i. Engordar.
encarnizado, da adj. Encendido : *ojos encarnizados.* ‖ Muy violento : *batalla encarnizada.*
encarnizamiento m. Acción de encarnizarse. ‖ *Fig.* Crueldad, ensañamiento : *encarnizamiento en la lucha.*
encarnizar v. t. *Fig.* Enfurecer : *la guerra encarniza a los hombres.* ‖ — V. pr. Cebarse un animal en su presa. ‖ *Fig.* Ensañarse : *encarnizarse en la lucha.*
encarpetar v. t. Guardar en carpetas. ‖ *Fig.* Dar carpetazo.
encarrilar v. t. Encaminar, dirigir. ‖ Colocar sobre carriles un vehículo descarrilado. ‖ *Fig.* Poner en buen camino : *encarrilar un negocio.* | Encauzar, orientar : *encarrilar su vida.* ‖ — V. pr. *Fig.* Llevar una vida formal y estable.
encartar v. t. Insertar : *encartar un prospecto.* ‖ Implicar en un asunto. ‖ — V. i. *Fig.* y *fam.* Ir bien : *esto no encarta con mis proyectos.* ‖ Echar carta de un palo que el otro jugador tiene que seguir. ‖ — V. pr. En los juegos de naipes, tomar cartas o quedarse con ellas. ‖ *Si se encarta,* si la ocasión se presenta.
encarte m. Acción y efecto de encartar o encartarse en los juegos de naipes. ‖ *Impr.* Hoja o cuaderno que se inserta en un libro.
encartonador, ra m. y f. Persona que encartona libros para encuadernarlos.
encartonar v. t. Cubrir con cartones. ‖ Encuadernar solamente con cartones.
encasillado m. Conjunto de casillas.
encasillar v. t. Poner en casillas. ‖ Clasificar personas o cosas. ‖ *Fig.* Encerrar : *encasillado en su egoísmo.*
encasquetar v. t. Calarse bien el sombrero (ú. t. c. pr.). ‖ *Fig.* Meter en la cabeza : *encasquetar a uno una idea.* | Hacer aguantar algo molesto : *nos encasquetó un discurso largo.* ‖ — V. pr. Meterse en la cabeza, empeñarse en algo : *se le encasquetó esta idea malsana.*
encasquillarse v. pr. Quedarse la bala en el cañón de un arma de fuego atascándolo.
encastillado, da adj. *Fig.* Altivo. | Obstinado.
encastillamiento m. *Fig.* Aislamiento, retiro. | Obstinación.
encastillar v. t. Fortificar con castillos. ‖ Apilar. ‖ — V. pr. Resguardarse en un castillo o en un sitio de difícil acceso. ‖ *Fig.* Obstinarse, empeñarse. | Abstraerse.
encastrar v. t. *Mec.* Encajar dos piezas. ‖ Empotrar.
encáustico m. Preparado de cera y aguarrás que sirve para dar brillo a los muebles, entarimados, etc.
encauzamiento m. Orientación.
encauzar v. t. Orientar.
encebollado m. Guisado de carne cortada en trozos, mezclada con cebollas y sazonada con especias.
encefálico, ca adj. Del encéfalo.
encefalitis f. Inflamación del encéfalo : *fue atacado por una encefalitis aguda.*
encéfalo m. Conjunto de los órganos nerviosos (cerebro, cerebelo) encerrados en el cráneo.
encefalografía f. Radiografía que se hace del encéfalo.
encefalograma m. Electroencefalograma.
encelamiento m. Celo.
encelar v. t. Dar celos. ‖ — V. pr. Tener celos. ‖ Estar en celo.
encella f. Molde de mimbres para requesones y quesos.
encenagado, da adj. Cubierto de cieno. ‖ *Fig.* Enviciado.
encenagamiento m. Acción y efecto de encenagarse.
encenagarse v. pr. Revolcarse en el cieno. ‖ Cubrirse de cieno. ‖ Atascarse. ‖ *Fig.* Enviciarse.
encendedor, ra adj. y s. Que enciende. ‖ — M. Utensilio para encender los cigarrillos y otras cosas.
encender v. t. Prender fuego : *encender un cigarrillo.* ‖ Hacer funcionar : *encender la luz.* ‖ *Fig.* Causar ardor : *la pimienta enciende la lengua.* | Avivar, excitar : *encender una*

pasión. | Provocar, ocasionar : *encender un conflicto.* | Poner muy colorado : *la fiebre encendía sus mejillas.* ‖ — V. pr. *Fig.* Brillar mucho los ojos. | Ruborizarse.
encendido, da adj. Muy colorado : *la cara encendida.* ‖ — M. Acción de encender. ‖ En los motores de explosión, inflamación, por medio de una chispa eléctrica, de la mezcla carburante. ‖ Dispositivo que provoca esta inflamación.
encerado, da adj. De color de cera. ‖ Untado con cera. ‖ — M. Tablero o lienzo pintado de color negro u oscuro utilizado en las escuelas para escribir con tiza. ‖ Tela impermeabilizada. ‖ Capa de cera que se da a los muebles y entarimados. ‖ Emplasto de cera.
encerador, ra m y f. Persona que encera. ‖ — F. Máquina eléctrica para dar cera al entarimado.
encerar v. t. Aplicar cera.
encerrar v. t. Meter en un sitio cerrado. ‖ En los juegos de damas o ajedrez, inmovilizar las fichas o peones del contrario. ‖ *Fig.* Incluir, contener : *una pregunta que encierra misterio.*
encerrona f. *Fam.* Retiro voluntario : *hacer la encerrona.* ‖ Celada : *prepararle a uno la encerrona.* ‖ Lidia de toros en privado.
encestador, ra adj. y s. Que encesta jugando al baloncesto.
encestar v. t. Meter en un cesto. ‖ Marcar un tanto en baloncesto.
enceste m. Tanto en baloncesto.
encía f. Carne que cubre la raíz de los dientes.
encíclica f. Carta solemne dirigida por el Sumo Pontífice a los obispos del orbe católico.
enciclopedia f. Conjunto de todos los conocimientos humanos. ‖ Obra que trata metódicamente de todas las ciencias y artes. ‖ *Fig.* Persona que posee muchos conocimientos sobre materias muy variadas.
enciclopédico, ca adj. De la enciclopedia : *diccionario enciclopédico.* ‖ De erudición universal.
enciclopedismo m. Doctrinas filosóficas profesadas por los autores de la *Enciclopedia* publicada en Francia en el s. XVIII y por sus seguidores.
enciclopedista adj. y s. Adicto al enciclopedismo. ‖ Autor de una enciclopedia.
encierro m. Acción y efecto de encerrar o encerrarse. ‖ Sitio donde se encierra. ‖ Retiro. ‖ Acto de conducir los toros al toril : *los encierros de Pamplona.* ‖ Toril.
encima adv. En lugar o situación superior. ‖ Sobre sí : *llevar encima un abrigo.* ‖ Además : *le insultaron y encima le pegaron.* ‖ — *Por encima,* de paso, superficialmente. ‖ *Por encima de todo,* a pesar de todo; más que cualquier otra cosa : *él está por encima de todo.*
encina f. Árbol de madera muy dura, cuyo fruto es la bellota. ‖ Su madera.
encinar m. Sitio poblado de encinas.
encino m. Encina.
encinta adj. Embarazada.
encintado m. Fila de piedras que forma el borde de la acera.
encintar v. t. Adornar con cintas. ‖ Poner el encintado de la acera.
enclaustrar v. t. Meter en un claustro. ‖ *Fig.* Esconder, encerrar.
enclave m. Territorio perteneciente a un país, pero situado dentro de otro.
enclenque adj. y s. Enfermizo.
enclítico, ca adj. y s. f. Dícese de la palabra que se une con la anterior, formando con ella un solo vocablo, como los pronombres pospuestos al verbo (*aconséjame, aplícase,* etc.).
encofrado m. Revestimiento de madera en las minas para evitar los desprendimientos de tierra. ‖ Armazón que se pone para que se fragüe el cemento.
encofrar v. t. Poner encofrado.
encoger v. t. Contraer : *encoger el brazo, la pierna* (ú. t. c. pr.). ‖ Disminuir, reducir : *el lavado encoge ciertos tejidos* (ú. t. c. i.). ‖ — V. pr. *Fig.* Apocarse, acobardarse. ‖ — *Encogerse de hombros,* alzarlos en signo de indiferencia o de desprecio. ‖ *Fig. Encogérsele a uno el corazón,* estar oprimido.
encogido, da adj. y s. *Fig.* Vergonzoso, tímido. | Pusilánime.
encogimiento m. Acción y efecto de encoger o encogerse. ‖ *Fig.* Vergüenza, timidez.
encolado y **encolamiento** m. Acción y efecto de encolar.
encolar v. t. Pegar con cola. ‖ Clarificar vino con clara de huevo.
encolerizar v. t. Poner colérico, enfurecer (ú. t. c. pr.).
encomendar v. t. Confiar, encargar. ‖ — V. pr. Entregarse, confiarse a la protección de uno.
encomendero m. Recadero. ‖ En América, el que tenía indios en encomienda.
encomiador, ra adj. y s. Que encomia.
encomiar v. t. Alabar, celebrar.
encomiasta com. Panegirista.
encomiástico, ca adj. Laudatorio.
encomienda f. Encargo. ‖ Dignidad en las órdenes militares y civiles. ‖ Cruz de los caballeros de las órdenes militares. ‖ Amparo, protección. ‖ Pueblo de indios que estaba a cargo de un encomendero. ‖ *Amer.* Paquete.
encomio m. Alabanza, elogio.
enconado, da adj. Inflamado : *herida enconada.* ‖ *Fig.* Apasionado. | Reñido : *mantuvieron entre ambos, a causa del orgullo que tenían, una enconada lucha.*
enconamiento m. Inflamación de una herida. ‖ *Fig.* Encono.
enconar v. t. Inflamar una herida (ú. m. c. pr.). ‖ *Fig.* Intensificar (ú. m. c. pr.). | Irritar.
encono m. Rencor. ‖ Ensañamiento : *luchar con encono.*
encontradizo, za adj. Que se encuentra. ‖ *Hacerse el encontradizo,* simular encontrar por azar a uno cuando en realidad se le buscaba.
encontrado, da adj. Opuesto : *nuestros pareceres no pueden ser más encontrados.*
encontrar v. t. Tropezar con uno : *le encontré en el teatro.* ‖ Hallar una cosa : *encontrar una solución.* ‖ Enfrentar : *encontrar muchos obstáculos.* ‖ Juzgar : *¿cómo encuentras este libro?* ‖ Ver : *te encuentro mala cara.* ‖ — V. i. Tropezar. ‖ — V. pr. Coincidir en un sitio : *se encontraron en la playa.* ‖ Chocar : *encontrarse dos vehículos.* ‖ Reunirse : *se encuentran en este bar.* ‖ Hallarse, estar : *encontrarse sin nada.* ‖ *Fig.* Sentirse : *encontrarse mal.* ‖ Ser contrarias dos cosas. ‖ Coincidir, estar de acuerdo : *no encontrarse en las opiniones.* ‖ Oponerse.
encontronazo m. Choque.
encoñarse v. pr. *Pop.* Encapricharse.
encopetado, da adj. *Fig.* De alto copete. | Presumido, engreído.
encopetarse v. pr. Envanecerse.

encorajinar v. t. Encolerizar (ú. t. c. pr.).
encorchar v. t. Hacer entrar abejas en la colmena. ‖ Poner tapones de corcho : *encorchar botellas.*
encorchetar v. t. Poner corchetes. ‖ Fijar con corchetes.
encordar v. t. Poner cuerdas a un instrumento de música. ‖ — V. pr. Hablando de montañistas, unirse unos a otros con una cuerda.
encornado, da adj. Con los adv. *bien* o *mal,* que tiene buena o mala encornadura : *vaca bien encornada.*
encornadura f. Disposición de los cuernos de un animal. ‖ Cornamenta : *la encornadura del toro.*
encorralar v. t. Meter en el corral.
encorselar y **encorsetar** v. t. Poner el corsé (ú. m. c. pr.). ‖ *Fig.* Poner límites.
encortinar v. t. Poner cortinas.
encorvadura f. y **encorvamiento** m. Curva.
encorvar v. t. Dar forma curva : *encorvar la espalda.* ‖ — V. pr. Inclinarse : *encorvarse por la edad.* ‖ *Tecn.* Doblarse, ladearse.
encrespar v. t. Ensortijar, rizar el pelo. ‖ Poner el pelo de punta. ‖ *Fig.* Irritar. ‖ — V. pr. Agitarse mucho el mar con el viento. ‖ *Fig.* Excitarse las pasiones. | Acalorarse una discusión. | Enredarse un asunto.
encristalar v. t. Poner cristales en una ventana, puerta, etc.
encrucijada f. Cruce, sitio donde se cruzan varias calles, caminos o carreteras. ‖ *Fig.* Situación difícil en la cual no se sabe qué solución escoger.
encuadernación f. Acción y efecto de encuadernar. ‖ Tapa o cubierta de un libro.
encuadernador, ra m. y f. Persona que encuaderna.
encuadernar v. t. *Impr.* Reunir varios pliegos y ponerles cubierta.
encuadramiento m. Encuadre.
encuadrar v. t. Colocar en un marco : *encuadrar una fotografía.* ‖ Servir de marco. ‖ Enfocar bien la imagen en foto y cine. ‖ *Fig.* Encajar, ajustar una cosa dentro de otra. ‖ *Mil.* Incorporar soldados bisoños.
encuadre m. *Fot.* y *Cin.* Enfoque de la imagen. ‖ En los televisores, sistema regular que permite centrar la imagen en la pantalla.
encuartelar v. t. Acuartelar.
encubar v. t. Meter en cubas.
encubierto, ta adj. Tapado.
encubridor, ra adj. y s. Que encubre un delito o una falta o a un delincuente.
encubrimiento m. Ocultación.
encubrir v. t. Ocultar o disimular una cosa. ‖ *For.* Hacerse indirectamente partícipe de un delito ocultando una cosa o persona para que no sean descubiertas.
encuentro m. Acción de encontrarse : *encuentro casual.* ‖ Choque : *encuentro de dos automóviles.* ‖ Combate imprevisto : *encuentro de tropas.* ‖ Hallazgo : *un encuentro interesante.* ‖ Competición deportiva. ‖ Oposición, contradicción.
encuerado, da adj. *Amer.* Desnudo. ‖ *Méx.* Dícese de la mujer vestida con poca ropa.
encuerar v. t. *Cub.* y *Méx.* Desnudar. ‖ *Amer.* Enchalecar.
encuesta f. Averiguación, investigación : *encuesta policial.* ‖ Averiguación de la opinión dominante sobre una materia por medio de unas preguntas hechas a muchas personas.
encuestado, da adj. y s. Sometido a una encuesta.
encuestador, ra m. y f. Persona que interroga para una encuesta.
encumbrado, da adj. Elevado.
encumbramiento m. Acción y efecto de encumbrar o encumbrarse. ‖ Posición encumbrada. ‖ *Fig.* Ensalzamiento, exaltación.
encumbrar v. t. Poner en alto. ‖ *Fig.* Ensalzar. ‖ — V. pr. Llegar a gran altura. ‖ *Fig.* Envanecerse, engreírse. | Progresar, adquirir elevada posición social o económica.
encunar v. t. Poner al niño en la cuna. ‖ *Taurom.* Coger el toro al lidiador entre las astas.
encurdarse v. pr. *Pop.* Emborracharse.
encurtido m. Fruto o legumbre en vinagre, como los pepinillos.
encurtir v. t. Conservar frutos o legumbres en vinagre.
enchalecar v. t. *Pop.* Embolsar, guardar el dinero (ú. t. c. pr.).
enchapado m. Chapa.
enchapar v. t. Chapar.
encharcamiento m. Formación de charcos. ‖ Inundación. ‖ *Med.* Hemorragia interna de los pulmones.
encharcar v. t. Cubrir de agua, formar charcos (ú. t. c. pr.). ‖ — V. pr. *Med.* Tener una hemorragia interna en los pulmones.
enchilado, da adj. *Méx.* De color de chile, bermejo : *toro enchilado.* | Rabioso, emberrenchinado. ‖ — M. *Cub* y *Méx.* Guisado de mariscos con salsa de chile. ‖ — F. *Méx.* Tortilla de maíz enrollada o doblada, rellena con alguna vianda y aderezada con chile.
enchiladora f. *Méx.* Mujer que hace y vende enchiladas.
enchilar v. t. *Amer.* Untar o sazonar con chile. ‖ *Méx.* Enfadar.
enchiqueramiento m. Encierro en el chiquero. ‖ *Fig.* Prisión.
enchiquerar v. t. Encerrar en el chiquero. ‖ *Fig.* y *fam.* Encarcelar.
enchironar v. t. *Fam.* Encarcelar.
enchuecar v. t. *Amer.* Torcer.
enchufado, da adj. y s. *Fam.* Dícese del que tiene un puesto o cargo obtenido por influencia.
enchufar v. t. Empalmar tubos. ‖ Establecer una conexión eléctrica por medio de un enchufe : *enchufar una lámpara.* ‖ *Fig.* Valerse de su infuencia para favorecer a uno. | Enlazar, unir. ‖ — V. pr. *Fam.* Obtener un enchufe por influencia.
enchufe m. Acción y efecto de enchufar. ‖ Dispositivo para conectar un aparato con la red eléctrica. ‖ Parte de un tubo que entra en otro. ‖ *Fam.* Influencia : *tener mucho enchufe.* | Recomendación. | Puesto, generalmente muy bueno, obtenido por influencia.
enchufismo m. *Fam.* Corruptela que favorece a los enchufados.
enchularse v. pr. Hacer vida de chulo. ‖ Encapricharse una mujer de un chulo.
ende (por) adv. Por tanto.
endeble adj. Poco resistente, débil. ‖ *Fig.* De poco valor o fuerza.
endeblez f. Calidad de endeble.
endecágono adj. y s. m. Dícese del polígono que tiene once ángulos y lados.
endecasílabo, ba adj. y s. m. Aplícase al verso de once sílabas.
endecha f. Canción melancólica y de lamento. ‖ Combinación métrica de cuatro versos de seis o siete sílabas, generalmente asonantados.
endemia f. *Med.* Enfermedad que existe habitualmente en un sitio.

endémico, ca adj. *Med.* Relativo a la endemia : *enfermedad endémica.* ‖ *Fig.* Que se repite con frecuencia en un sitio.
endemoniado, da adj. *Fig.* y *fam.* Muy perverso : *niño endemoniado.* | Infernal, diabólico : *invento endemoniado.* | Malísimo : *tiempo endemoniado.* ‖ — Adj. y s. Poseído del demonio.
endemoniar v. t. Meter los demonios en el cuerpo. ‖ *Fig.* Enfurecer, encolerizar (ú. m. c. pr.).
endentar v. t. Encajar una cosa en otra. ‖ Poner dientes a una pieza.
enderezador, ra adj. y s. Que endereza.
enderezamiento m. Acción de enderezar.
enderezar v. t. Poner derecho lo que está torcido : *enderezar una viga.* ‖ Poner vertical : *enderezar un poste.* ‖ *Fig.* Corregir, enmendar : *enderezar entuertos.* | Arreglar : *enderezar una situación.* | Orientar, encaminar : *enderezar sus esfuerzos a un propósito noble.* ‖ — V. pr. *Fig.* Tender hacia cierto objetivo.
endespués adv. *Pop.* Después.
endeudarse v. pr. Contraer deudas. ‖ Reconocerse obligado.
endiablado, da adj. *Fig.* Endemoniado. | Muy feo.
endiablar v. t. Endemoniar.
endibia f. Especie de achicoria cultivada.
endilgar v. t. *Fam.* Dirigir. | Hacer aguantar algo desagradable.
endino, na adj. *Fam.* Malo.
endiñar v. t. *Pop.* Dar.
endiosamiento m. Soberbia.
endiosar v. t. Divinizar. ‖ — V. pr. *Fig.* Ensoberbecerse. | Abstraerse : *endiosarse en la lectura.*
endocardio m. Membrana que cubre el interior del corazón.
endocarditis f. *Med.* Inflamación del endocardio.
endocrino, na adj. Aplícase a las glándulas de secreción interna, como la tiroides.
endocrinología f. Estudio de las glándulas endocrinas.
endocrinólogo, ga m. y f. Especialista en endocrinología.
endodermo m. *Biol.* Capa interna del blastodermo.
endomingar v. t. Poner la ropa de fiesta (ú. t. c. pr.).
endoparásito adj. y s. m. Aplícase al parásito que vive en el interior de otro animal o planta.
endosable adj. *Com.* Que se puede endosar : *cheque endosable.*
endosante adj. y s. Que endosa.
endosar v. t. *Com.* Traspasar a otro un documento de crédito haciéndolo constar al dorso. ‖ *Fig.* y *fam.* Encargar a alguien una cosa molesta.
endosatario, ria m. y f. Persona a cuyo favor se endosa un documento de crédito.
endoscopio m. Aparato destinado al examen visual de la uretra y de la vejiga urinaria.
endósmosis f. *Fís.* Corriente de fuera adentro que se establece cuando dos líquidos de densidad diferente están separados por un tabique membranoso muy fino.
endoso m. *Com.* Acción y efecto de endosar un documento de crédito. | Lo que se escribe al dorso de él.
endotelio m. Tejido que cubre los vasos y las cavidades serosas.
endotelioma m. Tumor maligno en el revestimiento celular de los vasos o de las cavidades serosas.
endotérmico, ca adj. Que se verifica con absorción de calor.
endrino, na adj. De color negro azulado.
endulzar v. t. Poner dulce : *endulzar con miel.* ‖ *Fig.* Suavizar.
endurecer v. t. Poner duro : *la sequía endurece la tierra* (ú. t. c. pr.). ‖ *Fig.* Hacer a uno resistente : *el ejercicio endurece al hombre.* | Volver insensible : *la vida le ha endurecido* (ú. t. c. pr.).
endurecimiento m. Dureza. ‖ Aumento de la dureza. ‖ *Fig.* Resistencia. | Obstinación, tenacidad.
ene f. Nombre de la letra *n*.
eneágono, na adj. y s. m. *Geom.* Aplícase al polígono que tiene nueve ángulos y lados.
eneasílabo, ba adj. Que tiene nueve síbabas : *verso eneasílabo.*
enebro m. Arbusto de fruto aromático.
enemigo, ga adj. y s. Contrario : *países enemigos.* ‖ Que odia y procura hacer daño : *es mi enemigo personal.* ‖ Que aborrece : *enemigo de trasnochar.* ‖ — M. El contrario en la guerra : *el enemigo fue rechazado.* ‖ — F. Enemistad.
enemistad f. Aversión, odio.
enemistar v. t. Hacer perder la amistad. Ú. t. c. pr. : *me he enemistado con todos.*
eneolítico, ca adj. Del eneolítico. ‖ — M. Período prehistórico, entre la edad de piedra y la del bronce, en el cual se empezó a utilizar el cobre.
energético, ca adj. De la energía. ‖ — F. Ciencia que se ocupa de la energía.
energía f. Fuerza : *la energía muscular.* ‖ Virtud, eficacia : *la energía de un medicamento.* ‖ *Fig.* Fuerza de carácter, firmeza. ‖ *Fís.* Capacidad que tiene un cuerpo de producir un trabajo : *energía calorífica, eléctrica, hidráulica.*
enérgico, ca adj. Que tiene o implica energía : *hombre enérgico.*
energúmeno, na m. y f. *Fig.* Persona muy exaltada.
enero m. Primer mes del año.
enervación f. y **enervamiento** m. Debilitación, abatimiento.
enervador, ra y **enervante** adj. Que debilita las fuerzas.
enervar v. t. Debilitar, quitar energía física o moral (ú. t. c. pr.).
enésimo, ma adj. Aplícase al número indeterminado de veces que se repite una cosa : *decir por enésima vez.*
enfadadizo, za adj. Propenso a enfadarse : *madre enfadadiza.*
enfadar v. t. Disgustar, enojar. Ú. t. c. pr. : *enfadarse por algo.*
enfado m. Enojo, disgusto.
enfadoso, sa adj. Enojoso.
enfaldado, da adj. Dícese del niño muy apegado a las mujeres.
enfangar v. t. Cubrir o ensuciar con fango (ú. t. c. pr.).
enfardar v. t. Embalar.
énfasis m. Exageración en la manera de expresarse que implica cierta afectación.
enfático, ca adj. Con énfasis.
enfatizar v. i. Expresarse con énfasis. ‖ — V. t. Poner énfasis.
enfermar v. i. Ponerse enfermo : *enfermar del pecho.* ‖ — V. t. Causar enfermedad. ‖ *Fig.* Debilitar. | Poner enfermo, irritar : *las injusticias me enferman.*

enfermedad f. Alteración en la salud : *enfermedad infecciosa.* ‖ *Fig.* Pasión dañosa.
enfermería f. Departamento de algún establecimiento donde se curan a los enfermos y heridos. ‖ Conjunto de enfermos.
enfermero, ra m. y f. Persona que atiende a los enfermos.
enfermizo, za adj. Que tiene poca salud. ‖ Propio de un enfermo : *pasión enfermiza.*
enfermo, ma, adj. y s. Que sufre una enfermedad. ‖ *Fig. Poner enfermo,* causar mucho desagrado.
enfervorizar v. t. Animar.
enfeudación f. Acción de enfeudar.
enfeudar v. t. Dar en feudo.
enfilada f. *Mil.* Acción de enfilar al enemigo.
enfilar v. t. Colocar en fila. ‖ Ensartar : *enfilar perlas.* ‖ *Mil.* Batir de flanco. | Apuntar. ‖ Dirigirse : *enfilar una calle.*
enfisema m. *Med.* Hinchazón producida por la presencia de aire o gas en el tejido celular.
enfiteusis f. *For.* Cesión por largo tiempo del dominio útil de un inmueble o finca mediante el pago anual de un canon.
enfiteuta com. *For.* Persona que tiene el dominio útil en el censo enfitéutico.
enfitéutico, ca adj. Relativo a la enfiteusis o dado en enfiteusis.
enflaquecer v. t. Poner flaco : *las penas le enflaquecen.* ‖ — V. i. Adelgazar mucho.
enflaquecimiento m. Adelgazamiento excesivo. ‖ Debilitación.
enfocar v. t. *Fot.* Hacer que la imagen de un objeto producida por una lente coincida con un punto determinado. ‖ Dirigir : *enfocar los gemelos hacia cierto punto.* ‖ *Fig.* Considerar, analizar.
enfoque m. Acción y efecto de enfocar. ‖ *Fig.* Manera de considerar y tratar un asunto.
enfrascamiento m. Acción y efecto de enfrascarse.
enfrascar v. t. Meter en frascos. ‖ — V. pr. *Fig.* Dedicarse por completo, entregarse.
enfrentamiento m. Acción y efecto de enfrentar o enfrentarse.
enfrentar v. t. Afrontar, arrostrar : *enfrentar el peligro* (ú. t. c. pr.). ‖ Poner frente a frente. ‖ Oponer. ‖ — V. pr. Tener ante sí : *enfrentarse con una dificultad.* ‖ Hacer frente : *enfrentarse con una persona importante.* ‖ Oponerse : *se enfrenta con todos.* ‖ Luchar dos equipos o jugadores.
enfrente adv. Delante, en el lugar opuesto : *la escuela está enfrente.* | En contra : *todos se pusieron enfrente del proyecto.*
enfriamiento m. Acción y efecto de enfriar o enfriarse. ‖ Resfriado : *las corrientes de aire producen enfriamientos.*
enfriar v. t. Poner fría una cosa : *enfriar un líquido.* ‖ *Fig.* Moderar las pasiones : *enfriar el entusiasmo.* ‖ *Fig.* y *fam.* Matar. ‖ — V. pr. Acatarrarse, resfriarse.
enfrijolada f. Comida típica mexicana hecha de tortilla de maíz, puré de frijoles y queso.
enfrijolarse v. pr. *Méx.* Enredarse una cosa, un negocio.
enfundar v. t. Poner en una funda.
enfurecer v. t. Poner furioso. ‖ — V. pr. *Fig.* Embravecerse el mar.
enfurecimiento m. Irritación.
enfurruñamiento m. Enfado.
enfurruñarse v. pr. *Fam.* Enfadarse, gruñir. | Nublarse el cielo.
enfurtir v. t. Batir el paño o los tejidos de lana para que tengan aspecto fibroso y compacto.
engalanar v. t. Adornar. ‖ Ataviar. ‖ — V. pr. Acicalarse.
engallado, da adj. Envalentonado.
engallamiento m. Engreimiento.
engallarse v. pr. *Fig.* Engreírse.
enganchador, ra adj. Que engancha. ‖ — M. Reclutador.
enganchamiento m. Enganche.
enganchar v. t. Agarrar con un gancho. ‖ Colgar de un gancho. ‖ Sujetar las caballerías a un carruaje o los vagones entre sí. ‖ *Fig.* y *fam.* Atraer a uno con arte : *le engancharon para que les ayudase.* | Coger, pescar : *enganchar una borrachera, un marido.* ‖ Alistar a alguien como soldado. ‖ *Taurom.* Coger el toro al bulto y levantarlo con los pitones. ‖ — V. pr. Quedarse prendido en un gancho o algo semejante. ‖ Sentar plaza de soldado.
enganche m. Acción y efecto de enganchar o engancharse. ‖ Pieza para enganchar. ‖ *Mil.* Reclutamiento : *banderín de enganche.*
enganchón m. Acción de enganchar.
engañabobos m. inv. *Fam.* Engaño falaz. | Embaucador.
engañadizo, za adj. Fácil de ser engañado.
engañador, ra adj. Que engaña (ú. t. c. s.).
engañar v. t. Hacer creer algo que es falso : *la vista engaña.* ‖ Estafar : *engañar a un cliente.* ‖ Hacer más llevadero : *engañar el hambre.* ‖ Ser infiel a su cónyuge. ‖ — V. pr. Equivocarse. ‖ No querer ver la verdad : *se engaña a sí mismo.*
engañifa f. *Fam.* Engaño.
engaño m. Acción y efecto de engañar. ‖ Error. ‖ Cualquier arte de pescar. ‖ *Taurom.* Capa o muleta con que se engaña al toro.
engañoso, sa adj. Que engaña.
engarce m. Acción y efecto de engarzar. ‖ Metal en que se engarza una piedra preciosa. ‖ *Fig.* Enlace.
engarzar v. t. Reunir formando cadena : *engarzar perlas.* ‖ Rizar el pelo. ‖ Engastar : *engarzar un brillante en platino.* ‖ *Fig.* Enlazar.
engastador, ra adj. y s. m. Que engasta.
engastadura f. Engaste.
engastar v. t. Embutir una cosa en otra : *engastar un rubí en oro.*
engaste m. Acción y efecto de engastar. ‖ Cerco de metal que abraza lo que se engasta.
engatusador, ra adj. y s. *Fam.* Que engatusa, embaucador.
engatusamiento m. Acción y efecto de engatusar, embaucamiento.
engatusar v. t. Ganar la voluntad de uno con atenciones y halagos.
engendrador, ra adj. y s. Que engendra.
engendramiento m. Acción y efecto de engendrar.
engendrar v. t. Procrear. ‖ *Fig.* Causar, ocasionar, originar.
engendro m. Engendramiento. ‖ Feto. ‖ Criatura deforme, monstruo. ‖ *Fig.* Producción intelectual muy mala.
englobar v. t. Reunir en un conjunto.
engolado, da adj. Que tiene gola. ‖ *Fig.* Presuntuoso, fatuo. ‖ Dícese de la voz enfática.
engolamiento m. Afectación, énfasis.
engolar v. t. Dar un tono enfático a la voz.
engolillado, da adj. *Fam.* Anticuado.
engolosinador, ra adj. Atractivo.
engolosinar v. t. Excitar el deseo. ‖ — V. pr. Aficionarse.

engolletado, da adj. Altivo.
engolliparse v. pr. *Fam.* Hartarse.
engomado, da adj. Acicalado, gomoso, peripuesto. ‖ — M. Pegamento. ‖ Apresto de los tejidos.
engomar v. t. Poner goma de pegar o apresto a los tejidos.
engordar v. t. Poner gordo. ‖ Cebar : *engordar cerdos.* ‖ — V. i. Ponerse gordo.
engorde m. Acción y efecto de engordar o cebar animales.
engorro m. Molestia, fastidio, pesadez. ‖ Pega, dificultad.
engorroso, sa adj. Fastidioso, molesto. ‖ Difícil.
engranaje m. *Mec.* Acción y efecto de engranar. | Piezas que engranan. | Conjunto de los dientes de una máquina. ‖ *Fig.* Enlace, conexión de ideas o hechos.
engranar v. t. e i. *Mec.* Introducir unos en otros los dientes de dos piezas. ‖ *Fig.* Enlazar.
engrandecer v. t. Aumentar, hacer mayor : *engrandecer la fama de uno.* ‖ *Fig.* Alabar. | Enaltecer (ú. t. c. pr.). | Exaltar.
engrandecimiento m. Dilatación, crecimiento, aumento. ‖ *Fig.* Ponderación, elogio. | Acción de elevar o elevarse uno a una dignidad superior.
engrapadora f. Máquina utilizada para fijar papeles con grapas.
engrapar v. t. Coser con grapas.
engrasado m. Engrase.
engrasador, ra adj. y s. Que engrasa.
engrasamiento m. Engrase.
engrasar v. t. Untar o ensuciar con grasa. Ú. t. c. pr. : *las bujías se han engrasado.* ‖ Lubricar.
engrase m. Acción y efecto de engrasar. ‖ Materia lubricante.
engreído, da adj. Creído de sí mismo. ‖ *Col.* y *Méx.* Encariñado.
engreimiento m. Vanidad.
engreír v. t. Llenar de vanidad. ‖ — V. pr. Envanecerse.
engrifarse v. pr. *Méx.* Enojarse, irritarse. ‖ Trastornarse por efecto de la grifa.
engringarse v. pr. *Amer.* Adoptar las maneras de los gringos.
engrosamiento m. Acción y efecto de engrosar.
engrosar v. t. Poner grueso. ‖ *Fig.* Aumentar : *engrosar las filas del ejército* (ú. t. c. i.). ‖ — V. i. Engordar (ú. t. c. pr.).
engrudo m. Masa de harina o almidón cocidos en agua, que sirve para pegar.
enguantarse v. pr. Cubrirse las manos con guantes.
enguatar v. t. Poner guata.
enguijarrar v. t. Empedrar.
enguirnaldar v. t. Adornar con guirnaldas : *enguirnaldar un patio.*
engullir v. t. Tragar precipitadamente. ‖ Comer mucho.
engurruminar, engurrumir, engurruñar y **engurruñir** v. t. Arrugar (ú. t. c. pr.).
enharinar v. t. Cubrir algo con harina (ú. t. c. pr.).
enhebrar v. t. Pasar la hebra por el ojo de la aguja. ‖ Ensartar : *enhebrar perlas.* ‖ *Fig.* y *fam.* Decir muchas cosas seguidas.
enhiesto, ta adj. Alzado, erguido, derecho : *bandera enhiesta.*
enhorabuena f. Felicitación : *dar la enhorabuena.* ‖ — Adv. Felizmente, en hora buena.
enhoramala adv. Poco a propósito.
enhornar v. t. Meter en el horno.
enigma m. Adivinanza. ‖ Dicho de interpretación difícil. ‖ *Fig.* Cosa incomprensible.
enigmático, ca adj. Que encierra enigma : *palabras enigmáticas.* ‖ Misterioso, difícil de comprender : *personaje enigmático.*
enjabonado, da adj. Con jabón. ‖ — M. Jabonado.
enjabonadura f. Jabonado.
enjabonar v. t. Jabonar, dar jabón. ‖ *Fig.* y *fam.* Lisonjear, adular. | Reprender.
enjaezar v. t. Poner los jaeces.
enjalbegado m. y **enjalbegadura** f. Encalado.
enjalbegar v. t. Encalar.
enjambre m. Conjunto de abejas con su reina que van a formar una colonia. ‖ *Fig.* Gran cantidad de hombres o animales. ‖ *Astr.* Conjunto de numerosas estrellas que pertenecen al mismo sistema.
enjaretado m. Acción y efecto de enjaretar. ‖ Tablero en forma de enrejado.
enjaretar v. t. Hacer pasar por una jareta una cinta, etc. ‖ *Fig.* y *fam.* Hacer o decir algo atropelladamente : *enjaretar unos versos.* | Endilgar, hacer aguantar algo molesto.
enjaular v. t. Encerrar en una jaula. ‖ *Fig.* y *fam.* Encarcelar.
enjoyar v. t. Ornar con joyas.
enjuagar v. t. Limpiar la boca con agua u otro líquido (ú. m. c. pr.). ‖ Aclarar con agua limpia.
enjuague m. Acción de enjuagar. ‖ Recipiente para enjuagarse la boca o las manos. ‖ *Fig.* Intriga.
enjugar v. t. Secar : *enjugar el sudor* (ú. t. c. pr.). ‖ Liquidar una deuda o hacer desaparecer un déficit.
enjuiciamiento m. Acción y efecto de enjuiciar. ‖ *For.* Instrucción de una causa.
enjuiciar v. t. Someter una cuestión a examen, discusión y juicio. ‖ *For.* Instruir una causa. | Juzgar.
enjundia f. *Fig.* Sustancia, importancia.
enjundioso, sa adj. Que tiene enjundia.
enjuto, ta adj. Muy delgado.
enlace m. Acción de enlazar. ‖ Unión, conexión, relación : *enlace entre las ideas.* ‖ Dicho de los trenes : *enlace ferroviario.* ‖ *Fig.* Intermediario : *enlace sindical.* | Casamiento. ‖ *Quím.* Unión de dos átomos en una combinación.
enladrillado m. Suelo o pavimento hecho de ladrillos.
enladrillar v. t. Pavimentar con ladrillos : *enladrillar un piso.*
enlatado, da adj. Dícese de las conservas en lata (ú. t. c. s. m.). ‖ — M. Envase en latas.
enlatar v. t. Envasar conservas en botes de lata.
enlazador, ra adj. Que enlaza (ú. t. c. s.).
enlazar v. t. Sujetar con lazos. ‖ Unir, trabar, relacionar : *enlazar una idea con otra.* ‖ Hablando de los medios de comunicación, unir varios sitios. ‖ — V. pr. *Fig.* Casarse. | Unirse dos familias por casamiento.
enlodamiento m. Acción y efecto de enlodar o enlodarse.
enlodar y **enlodazar** v. t. Ensuciar con lodo. ‖ *Fig.* Manchar.
enloquecedor, ra adj. Que enloquece.
enloquecer v. t. Hacer perder el juicio, volver loco. ‖ Trastornar, hacer perder la sensatez. ‖ — V. i. Volverse loco.
enloquecimiento m. Locura.

enlosado m. Pavimiento de losas o baldosas.
enlosador m. Obrero que tiene por oficio enlosar.
enlosar v. t. Pavimentar el suelo con losas o baldosas.
enlucido, da adj. Blanqueado con yeso. ‖ — M. Capa de yeso o estuco que se da a los muros.
enlucir v. t. Poner una capa de yeso en los muros, techos, etc.
enlutado, da adj. De luto (ú. t. c. s.).
enlutar v. t. Vestir de luto. ‖ *Fig.* Entristecer, afligir (ú. t. c. pr.). ‖ — V. pr. Vestirse de luto.
enmaderado y **enmaderamiento** m. Acción de enmaderar. ‖ Revestimiento de madera.
enmaderar v. t. Cubrir con madera. ‖ Construir el maderamen.
enmadrarse v. pr. Encariñarse demasiado el niño con su madre.
enmaniguarse v. pr. *Cub.* Convertirse un terreno en manigua. | Acostumbrarse a la vida del campo.
enmarañamiento m. Confusión.
enmarañar v. t. Mezclar, poner en desorden : *enmarañar el cabello* (ú. t. c. pr.). ‖ Complicar, embrollar : *enmarañar un pleito* (ú. t. c. pr.). ‖ — V. pr. Confundirse.
enmarcar v. t. Encuadrar.
enmariguanado, da adj. Que fuma mariguana (ú. t. c. s.).
enmaromar v. t. Atar con maroma.
enmascarado, da adj. Disfrazado, cubierto el rostro. ‖ — M. y f. Máscara.
enmascaramiento m. Acción y efecto de enmascarar.
enmascarar v. t. Cubrir el rostro con máscara o carátula. ‖ *Fig.* Encubrir, disimular.
enmendable adj. Que puede enmendarse.
enmendador, ra adj. y s. Que enmienda o corrige.
enmendar v. t. Corregir, quitar defectos o errores. ‖ Resarcir, compensar. ‖ *For.* Rectificar una sentencia. ‖ — V. pr. Corregirse.
enmienda f. Corrección. ‖ Rectificación en un escrito. ‖ Propuesta de un cambio en un texto oficial : *esta ley ha tenido varias enmiendas.*
enmohecer v. t. Cubrir de moho una cosa (ú. t. c. pr.).
enmohecimiento m. Moho.
enmudecer v. t. Hacer callar : *el remordimiento le enmudece.* ‖ — V. i. Perder el habla : *enmudeció de espanto.* ‖ *Fig.* Callarse.
enmudecimiento m. Silencio.
ennegrecer v. t. Poner negro (ú. t. c. pr.). ‖ — V. pr. *Fig.* Ponerse muy oscuro, nublarse.
ennegrecimiento m. Negrura.
ennoblecer v. t. Conceder un título de nobleza. ‖ *Fig.* Dar nobleza : *la cultura ennoblece al hombre.*
ennoblecimiento m. Acción y efecto de ennoblecer.
enojadizo, za adj. Enfadadizo.
enojamiento m. *Amer.* Enojo.
enojar v. t. Causar enojo, disgustar, irritar. ‖ — V. pr. Irritarse, encolerizarse.
enojo m. Ira, cólera. ‖ Enfado.
enojoso, sa adj. Molesto, fastidioso. ‖ Violento, muy desagradable, que contraría : *asunto enojoso.*
enología f. Conjunto de conocimientos relativos al vino.
enorgullecer v. t. Envanecer.
enorme adj. Muy grande o muy gordo : *una casa enorme.* ‖ *Fig.* Grave, importante : *error enorme.*
enormidad f. Tamaño descomunal. ‖ *Fig.* Desatino, despropósito. | Barbaridad, atrocidad.
enquillotrarse v. pr. Envanecerse. ‖ *Fam.* Enamorarse.
enquistado, da adj. De aspecto de quiste. ‖ *Fig.* Metido dentro.
enquistarse v. pr. *Med.* Formarse un quiste. ‖ *Fig.* Meterse dentro de una organización, etc.
enrabiar v. t. Encolerizar (ú. t. c. pr.).
enraizar v. i. Arraigar (ú. t. c. pr.).
enramada f. Ramaje. ‖ Cobertizo hecho con ramas.
enrarecer v. t. Hacer menos denso un cuerpo gaseoso (ú. t. c. i. y pr.). ‖ Hacer que escasee una cosa (ú. t. c. i. y pr.).
enrarecimiento m. Rarefacción. ‖ Escasez.
enrasar v. t. Nivelar.
enrase m. Nivelación.
enredadera adj. f. Dícese de las plantas que se enredan en varas, cuerdas, etc. ‖ — F. Planta de flores acampanadas.
enredador, ra adj. y s. Que enreda. ‖ *Fam.* Chismoso, lioso.
enredar v. t. Enmarañar, mezclar desordenadamente (ú. t. c. pr.). ‖ *Fig.* Meter cizaña, enemistar. | Meter en un mal negocio, liar (ú. t. c. pr.). | Complicar : *enredar un asunto* (ú. t. c. pr.). ‖ — V. i. Travesear : *está siempre enredando.* ‖ — V. pr. *Fam.* Amancebarse : *se enredó con una vecina.*
enredo m. Maraña, lío. ‖ *Fig.* Situación inextricable, lío. | Confusión. | Travesura de niños. | Engaño, mentira. | Relaciones amorosas ilícitas. ‖ Trama de una obra de teatro o una novela.
enredoso, sa adj. Complicado. ‖ Lioso (ú. t. c. s.).
enrejado m. Conjunto de rejas.
enrejar v. t. Cercar con rejas o verjas.
enrevesado, da adj. Complicado.
enriquecedor, ra adj. Que enriquece.
enriquecer v. t. Hacer rico. ‖ *Fig.* Adornar, embellecer. ‖ — V. i. y pr. Hacerse rico. ‖ Prosperar un país, una empresa.
enriquecimiento m. Acción y efecto de enriquecer o enriquecerse.
enriscado, da adj. Con muchos riscos. ‖ Escarpado.
enrocar v. t. En el ajedrez, mover el rey al mismo tiempo que una de las torres.
enrojecer v. t. Poner rojo (ú. t. c. pr.).
enrojecimiento m. Acción y efecto de ponerse rojo. ‖ Rubor.
enrolar v. t. Inscribir en la lista de tripulantes de un buque. ‖ — V. pr. Sentar plaza en el ejército. ‖ Adherir a un partido, una organización, etc.
enrollamiento m. Acción de enrollar.
enrollar v. t. Arrollar. ‖ *Fam.* Liar, enredar (ú. t. c. pr.) | Conquistar, enamorar. ‖ — V. pr. *Fam.* Liarse a hablar. | Meterse en un lío, enredarse. | Ocuparse, dedicarse. | Participar en algo.
enronquecer v. t. Poner la voz ronca (ú. m. c. pr.).
enronquecimiento m. Ronquera.
enroque m. Acción y efecto de enrocar en el ajedrez.
enroscadura f. y **enroscamiento** m. Acción y efecto de enroscar o enroscarse.
enroscar v. t. Dar forma de rosca o espiral. ‖ Introducir a vuelta de rosca, atornillar.

ensacar v. t. Meter en un saco.
ensaimada f. Bollo de pasta hojaldrada en forma de espiral.
ensalada f. Hortaliza aderezada con vinagreta. ‖ *Fig.* y *fam.* Mezcla de cosas inconexas. | Lío, confusión : *armar una ensalada.* ‖ — *Ensalada de fruta,* mezcla de trozos de diferentes frutas con azúcar y a veces un licor. ‖ *Ensalada rusa,* la compuesta de varias legumbres frías, con salsa mayonesa.
ensaladera f. Recipiente donde se sirve la ensalada.
ensaladilla f. Especie de ensalada rusa. ‖ *Fig.* Lío.
ensalmo m. Modo supersticioso de curar con palabras mágicas y aplicación empírica de medicinas. ‖ *Hacer una cosa como por ensalmo,* hacerla con mucha prontitud y por arte de magia.
ensalzador, ra adj. y s. Que ensalza.
ensalzamiento m. Exaltación.
ensalzar v. t. Exaltar : *ensalzar la fe.* ‖ Alabar, celebrar.
ensamblado m. Ensambladura.
ensamblador, ora m. y f. Persona u objeto que ensambla.
ensambladura y **ensamblaje** m. Unión de dos piezas encajando una en otra.
ensamblar v. t. Unir dos piezas haciendo encajar la parte saliente de una en la parte entrante de la otra.
ensamble m. Ensambladura.
ensanchamiento m. Aumento de la anchura.
ensanchar v. t. Poner más ancho : *ensanchar un tubo.* ‖ Extender : *ensanchar una ciudad.* ‖ — V. pr. *Fig.* Engreírse, hincharse.
ensanche m. Extensión. ‖ Terreno dedicado a nuevas edificaciones en las afueras de una población.
ensangrentar v. t. Manchar con sangre. Ú. t. c. pr. : *ensangrentarse las manos.* ‖ *Fig.* Provocar derramamiento de sangre.
ensañamiento m. Acción y efecto de ensañarse.
ensañar v. t. Irritar, encolerizar, poner furioso. ‖ — V. pr. Disfrutar haciendo daño a una persona indefensa.
ensartar v. t. Pasar por un hilo, alambre, etc. : *ensartar perlas.* ‖ Enhebrar : *ensartar una aguja.* ‖ *Fig.* Decir una serie de cosas seguidas : *ensartar sandeces.*
ensayador, ra m. y f. Persona que ensaya.
ensayar v. t. Poner a prueba. ‖ Hacer el ensayo de un espectáculo (ú. t. c. i.). ‖ — V. pr. Probar hacer una cosa.
ensayismo m. Género literario constituido por los ensayos.
ensayista com. Autor, escritor de ensayos.
ensayo m. Prueba a que se somete una cosa : *ensayo de una máquina.* ‖ Análisis rápido de un producto químico. ‖ Obra literaria que consiste en la reunión de algunas reflexiones hechas sobre un tema determinado. ‖ Representación preliminar y preparatoria de un espectáculo antes de presentarlo al público : *ensayo general.* ‖ En rugby, acción de colocar el balón detrás de la línea de meta adversaria.
ensebar v. t. Untar con sebo.
enseguida adv. En seguida, inmediatamente.
ensenada f. Pequeña bahía.
enseña f. Insignia.
enseñanza f. Instrucción, acción de enseñar los conocimientos humanos de una materia. ‖ Método empleado para ello. ‖ — Pl. Ideas, preceptos : *seguir las enseñanzas de un maestro.* ‖ *Enseñanza laboral* o *técnica,* la que da la formación necesaria para seguir una carrera industrial.
enseñar v. t. Instruir, hacer que alguien aprenda algo : *enseñar a bailar.* ‖ Dar clases : *enseñar latín.* ‖ Indicar : *enseñar el camino.* ‖ Mostrar : *enseñar un libro.* ‖ — V. pr. Acostumbrarse a algo.
enseñorearse v. pr. Apoderarse.
enseres m. pl. Efectos, muebles o utensilios necesarios en una casa o para una profesión.
ensilado m. Acción y efecto de ensilar.
ensiladora f. Máquina para ensilar forraje.
ensilaje y **ensilamiento** m. Ensilado.
ensilar v. t. Guardar en un silo.
ensillar v. t. Poner la silla a un caballo.
ensimismado, da adj. Pensativo. ‖ Absorto.
ensimismamiento m. Reflexión o meditación profunda.
ensimismarse v. pr. Abstraerse, concentrarse. ‖ Reflexionar profundamente. ‖ *Amer.* Envanecerse.
ensoberbecer v. t. Causar o excitar soberbia (ú. t. c. pr.).
ensombrecer v. t. Oscurecer. ‖ *Fig.* Hacer más negro : *ensombrecer la situación.* | Entristecer. Ú. t. c. pr. : *su cara se ensombreció.*
ensoñación f. Ensueño.
ensoñador, ra adj. y s. Soñador.
ensordecedor, ra adj. Que ensordece : *ruido ensordecedor.*
ensordecer v. t. Causar sordera. ‖ Dejar momentáneamente sordo. ‖ Hacer menos fuerte un sonido. ‖ — V. i. Quedarse sordo.
ensordecimiento m. Acción de ensordecer. ‖ Sordera.
ensortijamiento m. Acción de ensortijar. ‖ Sortijas o rizos formados en el cabello.
ensortijar v. t. Rizar, retorcer el cabello, el hilo, etc.
ensuciar v. t. Manchar, poner sucia una cosa. Ú. t. c. pr. : *ensuciarse con lodo.* ‖ *Fig.* Manchar : *ensuciar su fama.* ‖ — V. pr. *Fam.* Hacer las necesidades corporales. ‖ *Fig.* y *fam.* Meterse en negocios sucios : *ensuciarse por dinero.*
ensueño m. Cosa que se sueña : *un país de ensueño.* ‖ Ilusión.
entablado m. Suelo formado de tablas. ‖ Armazón de tablas.
entablamento m. *Arq.* Cornisamento.
entablar v. t. Cubrir, asegurar o cercar con tablas. ‖ Emprender, iniciar : *entablar negociaciones.* ‖ Trabar : *entablar amistad.* ‖ — V. i. *Amer.* Hacer tablas, empatar.
entablillar v. t. *Med.* Sujetar con tablillas y vendaje un miembro que tiene un hueso roto.
entalegar v. t. Guardar en talegos. ‖ Ahorrar dinero. ‖ — V. pr. *Fam.* Embolsarse.
entallar v. t. Cortar la corteza de ciertos árboles para extraer la resina. ‖ Hacer cortes en una pieza de madera para ensamblarla con otra. ‖ Esculpir. ‖ Ajustar un vestido. ‖ — V. i. Estar ajustado al talle : *este traje entalla bien.*
entarimado m. Suelo de tablas ensambladas.
entarimador, ra m. y f. Persona que tiene por oficio entarimar.
entarimar v. t. Cubrir el suelo con tablas o parquet.
ente m. Ser : *ente racional.* ‖ Sociedad comercial, organismo.
enteco, ca adj. Enclenque.
entechar v. t. *Amer.* Techar.

entejar v. t. *Amer.* Tejar.
entendederas f. pl. Comprensión.
entendedor, ra adj. y s. Que entiende.
entender v. t. Comprender : *entender el inglés.* || Querer decir : *¿qué entiendes por esta palabra?* || Creer : *entiendo que será mejor así.* || Imaginar. || Querer, exigir : *yo entiendo que se me obedezca.* || *Dar a entender,* insinuar. || — V. i. Conocer muy bien. || — V. pr. Comprenderse : *entenderse por señas.* || Llevarse bien dos o más personas. || Ponerse de acuerdo : *entenderse con sus socios.* || Estar de acuerdo. || Saber lo que se hace. || Tener alguna relación amorosa.
entender m. Opinión, manera de pensar : *a mi entender.*
entendido, da adj. Conocedor, que tiene buenos conocimientos en una materia (ú. t. c. s.). || *No darse por entendido,* hacerse el sordo. || — Interj. De acuerdo.
entendimiento m. Capacidad de comprensión. || Inteligencia, juicio. || Comprensión, acuerdo.
entenebrecer v. t. Oscurecer. Ú. t. c. pr. : *entenebrecerse el cielo.*
entente f. (pal. fr.). Buenas relaciones entre personas, entidades o Estados. || Pacto, alianza.
enterado, da adj. Informado. || Entendido (ú. t. c. s.).
enterar v. t. Notificar, informar : *enterar de un asunto.* || — V. pr. Informarse. || Saber, adquirir cierto conocimiento. || Darse cuenta.
entereza f. Integridad. || *Fig.* Firmeza, fortaleza : *entereza de carácter.* | Energía.
enteritis f. Inflamación intestinal.
enterizo, za adj. Entero.
enternecedor, ra adj. Que enternece : *cuadro enternecedor.*
enternecer v. t. Ablandar. || *Fig.* Conmover, mover a compasión (ú. t. c. pr.).
enternecimiento m. Acción y efecto de enternecer o enternecerse.
entero, ra adj. Completo : *la casa entera.* || Aplícase al animal no castrado. || *Fig.* Que tiene entereza o firmeza de carácter. || — *Número entero,* el que no contiene fracciones de unidad. || — M. Punto en la cotización de la Bolsa. || Billete de la lotería entero.
enterrador, ra m. y f. Sepulturero.
enterramiento m. Entierro. || Sepulcro. || Sepultura.
enterrar v. t. Poner debajo de tierra : *enterrar un tesoro.* || Sepultar, dar sepultura : *enterrar a una persona.* || *Fig.* Poner debajo de algo que lo tapa todo : *el libro estaba enterrado debajo de otros muchos.* | Dejar de lado, olvidar : *enterrar un asunto.* | Desechar, abandonar : *enterrar las ilusiones.* | Sobrevivir : *enterrar a todos sus deudos.* | — V. pr. *Fig.* Apartarse del mundo : *enterrarse en un convento.*
entibación f. y **entibado** m. *Min.* Colocación de maderos o tablas destinadas a sostener la tierra en las excavaciones. || Forro interior de un pozo de mina.
entibador m. Obrero que entiba.
entibar v. t. Hacer un entibado.
entidad f. *Fil.* Lo que constituye la esencia de una cosa. | Ente, ser. || Colectividad, sociedad, empresa : *entidad privada.* || *Fig.* Importancia : *asunto de entidad.*
entierro m. Acción de enterrar.
entintado m. Acción y efecto de entintar.
entintador, ra adj. Que entinta.
entintar v. t. Manchar o empapar con tinta.
entoldado m. Acción de entoldar. || Conjunto de toldos.
entoldar v. t. Cubrir con toldos. || — V. pr. Nublarse : *entoldarse el cielo.*
entomología f. Parte de la zoología que estudia los insectos.
entomólogo, ga m. y f. Persona que se dedica a la entomología.
entonación f. Manera de entonar. || Tono.
entonado, da adj. *Amer.* Vanidoso, arrogante.
entonamiento m. Entonación.
entonar v. t. Empezar a cantar. || Dar cierto tono a la voz. || Fortalecer, tonificar : *esta medicina me ha entonado.* || Armonizar los colores (ú. t. c. i.). || — V. i. Cantar ajustado al tono, afinar la voz. || — V. pr. *Fig.* Engreírse. | Reponerse, recuperarse.
entonces adv. En aquel tiempo : *entonces llegué yo.* || En este caso : *entonces váyase.*
entonelar v. t. Poner en toneles.
entongar v. t. *Cub.* y *Méx.* Apilar.
entontar v. t. *Amer.* Atontar.
entontecer v. t. Volver tonto (ú. t. c. i. y pr.).
entontecimiento m. Atontamiento.
entorchado m. Cuerda o hilo de seda cubierto de metal. || Bordado en oro o plata de ciertos uniformes. || *Fig.* Título, calificación.
entornar v. t. Cerrar a medias la puerta, la ventana o los ojos.
entorno m. Medio ambiente.
entorpecedor, ra adj. y s. Que entorpece.
entorpecer v. t. Poner torpe : *el frío entorpece los miembros.* || *Fig.* Embotar, debilitar : *el alcohol entorpece la inteligencia.* | Dificultar, estorbar : *entorpecer la marcha.*
entorpecimiento m. Acción y efecto de entorpecer o entorpecerse.
entrada f. Acción de entrar. || Sitio por donde se entra. || Vestíbulo, antesala. || Billete : *entrada de cine.* || Cantidad de personas que asisten a un espectáculo : *haber gran entrada en el circo.* || Lo recaudado en la venta de billetes. || Caudal que ingresa en una caja : *mes de buenas entradas.* || Desembolso inicial : *pagar una entrada de cien mil pesetas para un piso.* || Principio : *la entrada del invierno.* || Plato que se sirve al principio de la comida. || Palabra que encabeza un artículo en un diccionario.
entramado m. Armazón de maderas para una pared, el suelo, etc. || *Fig.* Estructura : *el complejo entramado burocrático.*
entramar v. t. Hacer un entramado. || *Amer.* Tramar.
entrambos, bas adj. y pron. det. pl. Ambos, los dos.
entrampar v. t. Hacer caer en la trampa. || — V. pr. Endeudarse.
entrante adj. Que entra : *año entrante.* || — M. Persona que entra.
entraña f. Víscera (ú. m. en pl.). || — Pl. *Fig.* Parte más oculta : *las entrañas de la Tierra.* | Lo más íntimo o esencial de una cosa : *las entrañas de un conflicto.* | Índole, carácter : *hombre de buenas entrañas.* | Corazón, sensibilidad.
entrañable adj. Intimo.
entrañar v. t. Llevar en sí.
entrar v. i. Pasar adentro : *entrar en una casa.* || Encajar, caber : *el libro no entra en el cajón.* || Penetrar : *el clavo entra en la pared.* || *Fig.* Ser admitido : *entrar en la Academia.* | Incorporarse : *entrar en una sociedad.* | Empezar a desempeñar una función : *entrar de criada.* | Estar incluido : *esto*

no entra en mis atribuciones. | Haber : *en la paella entran arroz y carne.* | Empezar : *el verano entra el 21 de junio.* | Hacerse sentir : *le entraron ganas de hablar.* | Tener un ataque de : *entrar en cólera.* | Ser asimilable : *no me entra la geometría.* ‖ *Mec.* Engranar : *no entra la tercera velocidad.* ‖ *Taurom.* Arremeter el toro. ‖ *Entrado en años,* de edad avanzada. ‖ — V. t. Introducir : *entrar la ropa en el armario.* ‖ Meter tela en una costura o dobladillo.

entre prep. En medio de : *está entre tú y yo.* ‖ En el intervalo : *entre las dos y las tres.* ‖ En : *coger algo entre sus manos.* ‖ En el número de : *contar a alguien entre sus amigos.* ‖ En una colectividad : *entre los sastres.* ‖ Contando : *entre chicos y chicas serán unos veinte.* ‖ Indica cooperación : *hacer un trabajo entre dos.* ‖ Significa estado intermedio : *sabor entre dulce y agrio.* ‖ Unida a otra palabra debilita el significado de ésta, v. gr. : *entreabrir, entrever.*

entreabrir v. t. Abrir a medias.

entreacto m. Intermedio.

entreayudarse v. pr. Ayudarse mutuamente.

entrecano, na adj. Algo canoso.

entrecejo m. Espacio entre ceja y ceja.

entrecerrar v. t. Entornar.

entrecomillado m. Lo que está entre comillas.

entrecomillar v. t. Poner entre comillas.

entrecoro m. Espacio que hay entre el coro y la capilla mayor.

entrecortar v. t. Cortar una cosa sin acabar de dividirla. ‖ Interrumpir : *voz entrecortada.*

entrecote *[entrecot]* m. (voz fr.). Galicismo por *lomo.*

entrecruzar v. t. Cruzar cosas entre sí (ú. t. c. pr.).

entrecubierta f. *Mar.* Espacio entre las cubiertas de un barco.

entredicho m. Prohibición. ‖ — *Fig. Estar en entredicho,* estar en duda. | *Poner en entredicho,* poner en tela de juicio.

entrefilete m. Suelto, recuadro en un periódico.

entrega f. Acción y efecto de entregar. ‖ Rendición : *la entrega de una ciudad.* ‖ Cada uno de los cuadernillos de un libro que se vende a medida que se imprime : *novela por entregas.* ‖ Devoción : *entrega a una causa.*

entregamiento m. Entrega.

entregar v. t. Dar algo a la persona a quien corresponde. ‖ Hacer que uno caiga entre las manos de otro : *entregar a uno a la policía.* ‖ Abandonar. ‖ Rendir : *entregar la ciudad.* ‖ *Entregar el alma,* expirar. ‖ — V. pr. Ponerse a la disposición de uno : *entregarse al enemigo.* ‖ Declararse vencido. ‖ Dedicarse por entero : *entregarse al estudio.* ‖ *Fig.* Dejarse dominar : *entregarse a una pasión, un vicio,* etc. | Confiarse.

entrelargo, ga adj. Dícese de lo que es más largo que ancho.

entrelazamiento m. Enlace.

entrelazar v. t. Enlazar.

entrelínea f. Espacio entre dos líneas. ‖ Lo escrito entre dos líneas.

entrelinear v. t. Escribir algo que se intercala entre dos líneas.

entremedias adv. En medio.

entremés m. Obra de teatro jocosa en un acto que hacía de intermedio. ‖ Manjares que se sirven en una comida antes de los platos fuertes.

entremeter v. t. Meter una cosa entre otras. ‖ — V. pr. Inmiscuirse.

entremetido, da adj. y s. Que se quiere meter en todo.

entremetimiento m. Acción y efecto de entremeter o entremeterse.

entremezclar v. t. Mezclar.

entrenador, ra m. y f. Persona que entrena a los deportistas.

entrenamiento m. Acción y efecto de entrenar o entrenarse.

entrenar v. t. Preparar adecuadamente a la práctica de un deporte o a la utilización de algo (ú. t. c. i. y pr.).

entreoír v. t. Oír a medias.

entrepaño m. Tabla de una estantería. ‖ *Arq.* Lienzo de pared entre dos columnas o dos ventanas. ‖ Tablero de puerta o ventana.

entrepiernas f. pl. Parte interior de los muslos (ú. t. en sing.). ‖ Parte correspondiente del pantalón.

entreplanta f. Piso intermedio que se construye dividiendo parcialmente la altura de un local.

entrepuente m. Entrecubierta.

entrerriano, na adj. y s. De la prov. argentina de Entre Ríos.

entresacar v. t. Sacar una cosa de entre otras, seleccionándola. ‖ Aclarar o hacer menos espeso el pelo o un bosque.

entresijo m. *Fig.* Cosa oculta.

entresuelo m. Piso entre la planta baja y el principal.

entresurco m. *Agr.* Espacio entre surco y surco.

entretanto adv. Mientras tanto. ‖ — M. Intervalo : *en el entretanto.*

entretejer v. t. Meter en la tela que se teje hilos diferentes para formar un dibujo. ‖ Entrecruzar, enlazar : *entretejer ramas.*

entretela f. Tela rígida que se pone entre el tejido y el forro de un traje. ‖ — Pl. *Fig. y fam.* Lo más íntimo del corazón.

entretener v. t. Detener a uno : *me ha entretenido media hora en la calle* (ú. t. c. pr.). ‖ Divertir, distraer : *esta película me ha entretenido mucho* (ú. t. c. pr.). ‖ *Fig.* Hacer olvidar momentáneamente algo desagradable : *entretener el hambre.* | Hacer más soportable. | Embaucar : *entretener a uno con promesas.* | Dar largas a un asunto. | Ocupar, tomar cierto tiempo. | Mantener, conservar. ‖ — V. pr. Retrasarse : *entretenerse en casa.*

entretenido, da adj. Que distrae : *lectura entretenida.* ‖ Que toma mucho tiempo : *trabajo entretenido.*

entretenimiento m. Distracción. ‖ Pasatiempo. ‖ Conservación.

entretiempo m. Tiempo de primavera y otoño.

entreventana f. Lienzo de pared entre dos ventanas.

entrever v. t. Ver confusamente, vislumbrar : *sólo pude entrever su casa.* ‖ *Fig.* Conjeturar, prever.

entreverado, da adj. Que tiene algo intercalado : *tocino entreverado.*

entreverar v. t. Intercalar en una cosa otra diferente.

entrevía f. Espacio entre los rieles de una vía férrea.

entrevista f. Encuentro concertado entre dos o más personas para tratar de un asunto. ‖ Conversación que tiene un periodista con una persona importante para interrogarla sobre sus ideas, proyectos, etc.

entrevistador, ra m. y f. Persona que hace una entrevista.

entrevistar v. t. Hacer una entrevista a una persona. ‖ — V. pr. Tener una entrevista con alguien.
entristecer v. t. Causar tristeza. ‖ Dar aspecto triste : *la lluvia entristece el paisaje.* ‖ — V. pr. Ponerse triste.
entristecimiento m. Tristeza.
entrometer y sus deriv. V. ENTREMETER.
entromparse v. pr. *Amer.* Enfadarse. ‖ *Fam.* Emborracharse.
entroncamiento m. Parentesco. ‖ Unión. ‖ Empalme.
entroncar v. i. Tener parentesco con una familia o persona. ‖ Contraer parentesco. ‖ — V. tr. Unir.
entronización f. Acción y efecto de entronizar.
entronizar v. t. Colocar en el trono. ‖ *Fig.* Ensalzar.
entronque m. Parentesco. ‖ *Amer.* Empalme de dos vías férreas.
entruchada f. y **entruchado** m. *Fam.* Intriga, conspiración.
entubación f. o **entubado** m. Colocación de un tubo.
entubar v. t. Poner un tubo.
entuerto m. Agravio, daño : *enderezar entuertos.*
entumecer v. t. Impedir, entorpecer el movimiento de un miembro : *entumecer la pierna* (ú. t. c. pr.). ‖ Hinchar : *labios entumecidos.*
entumecimiento m. Entorpecimiento de un miembro.
enturbiar v. t. Poner turbio. ‖ *Fig.* Oscurecer. ‖ — V. pr. Ponerse turbio.
entusiasmar v. t. Provocar entusiasmo. ‖ Encantar, gustar mucho. ‖ — V. pr. Sentir entusiasmo.
entusiasmo m. Excitación que impulsa a actuar : *entusiasmo religioso.* ‖ Admiración apasionada. ‖ Adhesión fervorosa : *acoger una reforma con entusiasmo.* ‖ Fervor, ardor : *hablar con entusiasmo.*
entusiasta adj. Que siente entusiasmo (ú. t. c. s.). | Entusiástico : *público entusiasta.*
entusiástico, ca adj. Que revela entusiasmo.
enucleación f. *Med.* Extirpación de un órgano, de un tumor.
enumeración f. Enunciación sucesiva de las partes de un todo. ‖ Cómputo, cuenta.
enumerar v. t. Enunciar sucesivamente : *enumerar las ventajas.*
enunciación f. y **enunciado** m. Exposición, formulación.
enunciar v. t. Exponer, formular de una manera concisa y sencilla.
enunciativo, va adj. Que sirve para enunciar.
envainar v. t. Meter en la vaina : *envainar el sable.* ‖ Envolver una cosa a otra ciñéndola a manera de vaina.
envalentonamiento m. Valor.
envalentonar v. t. Dar valor. ‖ Estimular. ‖ — V. pr. Cobrar valentía. ‖ Animarse : *se envalentonó con aquellas palabras elogiosas.* ‖ Enorgullecerse : *envalentonarse con un pequeño éxito.*
envanecedor, ra adj. Que envanece.
envanecer v. t. Poner vanidoso. ‖ — V. pr. Enorgullecerse.
envanecimiento m. Orgullo.
envaramiento m. Tiesura.
envarar v. t. Entorpecer, entumecer un miembro. ‖ — V. pr. Entumecerse. ‖ Marchar muy tieso.
envasado m. Acción de poner en un envase.
envasador, ra adj. y s. Que envasa. ‖ — M. Embudo para envasar.
envasar v. t. Poner un líquido en una vasija. ‖ Poner en un recipiente o en un envoltorio.
envase m. Acción y efecto de envasar. ‖ Recipiente : *envase de gas butano.* ‖ Envoltorio : *envase de cartón.*
envejecer v. t. Hacer viejo. ‖ Hacer parecer más viejo de lo que uno es : *este traje te envejece.* ‖ — V. i. Hacerse viejo : *envejecer de pena* (ú. t. c. pr.).
envejecido, da adj. Que se ha vuelto viejo.
envejecimiento m. Acción y efecto de envejecer.
envenenador, ra adj. y s. Que envenena.
envenenamiento m. Acción y efecto de envenenar o envenenarse.
envenenar v. t. Provocar la muerte o enfermedad por la ingestión de veneno. ‖ Inficionar con veneno. ‖ *Fig.* Amargar : *este hijo me envenena la existencia.* | Enconar, agriar : *envenenar una discusión.*
envergadura f. *Mar.* Ancho de una vela. ‖ Distancia entre las puntas de las alas extendidas de las aves. ‖ Distancia entre los extremos de las alas de un avión. ‖ *Fig.* Importancia.
envés m. Revés. ‖ *Fam.* Espalda.
enviado m. Persona enviada a un sitio para cumplir una misión. ‖ Mensajero. ‖ — *Enviado especial de prensa* o *radio*, encargado de un reportaje especial. ‖ *Enviado extraordinario*, ministro plenipotenciario.
enviar v. t. Mandar, hacer que llegue algo o alguien a cierta parte.
enviciar v. t. Corromper con un vicio. Ú. t. c. pr. : *enviciarse con las malas compañías.* ‖ — V. pr. Aficionarse con exceso.
envidar v. t. Hacer envite.
envidia f. Deseo del bien ajeno, celos : *tener envidia a uno.*
envidiable adj. Digno de ser deseado : *salud, suerte envidiable.*
envidiar v. t. Tener envidia. ‖ *Fig.* Desear algo lícito : *envidiar la serenidad de otro.*
envidioso, sa adj. y s. Que tiene envidia.
envilecedor, ra adj. Que envilece.
envilecer v. t. Hacer vil y despreciable. ‖ Quitar la honra y estimación a uno : *esta acción le ha envilecido.* ‖ — V. pr. Degradarse.
envilecimiento m. Bajeza. ‖ Deshonra. ‖ Degradación.
envío m. Acción de enviar. ‖ Cosa enviada. ‖ *Com.* Remesa.
envite m. Apuesta añadida a la ordinaria en ciertos juegos de naipes.
enviudar v. i. Quedar viudo.
envoltorio m. Lío, paquete. ‖ Cosa para envolver.
envoltura f. Lo que envuelve.
envolvente adj. Que envuelve.
envolver v. t. Cubrir completamente : *envolver un paquete en un papel* (ú. t. c. pr.). ‖ Recubrir : *envolver con chocolate.* ‖ *Fig.* Ocultar, disimular. | Complicar en un asunto (ú. t. c. pr.). | Rodear : *envolver algo en el misterio.* ‖ Enrollar : *envolver hilo en un carrete.* ‖ *Mil.* Rebasar las líneas del enemigo para atacar por todos los lados.
envuelto m. *Méx.* Tortilla de maíz guisada y arrollada.
enyantar v. t. *Arg. Fam.* Comer.
enyerbar v. t. *Méx.* Hechizar. ‖ — V. i. *Amer.* Envenenarse un animal por comer

hierba. || — V. pr. *Amer.* Llenarse de malezas.
enyesado m. Escayolado.
enyesar v. t. Cubrir con yeso. || Aplicar un vendaje cubierto con yeso : *enyesar una pierna rota.*
enzarzar v. t. Cubrir con zarzas. || *Fig.* Malquistar. || — V. pr. Enredarse en las zarzas, matorrales, etc. || *Fig.* Meterse en malos negocios. | Enredarse : *enzarzarse en una disputa.* | Pelearse.
enzima f. *Quím.* Sustancia orgánica que actúa como catalizador en los procesos de metabolismo.
eñe f. Nombre de la letra *ñ*.
eoceno m. *Geol.* Primer período de la era terciaria. || — Adj. Relativo a los terrenos de aquella época.
epazote m. Planta de México que se usa como condimento. || Planta americana cuyas hojas y flores se toman en infusión.
épica f. Poesía épica.
epicardio m. Membrana serosa que cubre el corazón.
epicarpio m. Película que cubre el fruto de las plantas.
epiceno adj. *Gram.* Dícese del género de las palabras que tienen una sola forma para el macho y la hembra, v. gr. : *águila, lince, ardilla, perdiz, milano.*
epicentro m. *Geol.* Punto de la superficie terrestre a partir del cual se propagan los movimientos sísmicos
epiciclo m. *Astr.* Círculo que se suponía descrito por un planeta alrededor de un centro que se movía en otro círculo mayor.
épico, ca adj. Que relata epopeyas : *poesía épica.* || Propio de la epopeya : *estilo épico.* || Cultivador del género épico : *poeta épico.* || Heroico : *combate épico.*
epicureísmo m. Filosofía de Epicuro. || *Fig.* Búsqueda del placer exento de todo dolor.
epicúreo, a adj. De Epicuro, filósofo griego. || — Adj. y s. Seguidor de la filosofía de Epicuro. || *Fig.* Que sólo busca el placer.
epidemia f. Enfermedad que afecta transitoriamente a muchas personas en un sitio determinado. || *Fig.* Cosa que se produce al mismo tiempo en muchos sitios.
epidémico, ca adj. De la epidemia. || *Fig.* Contagioso.
epidemiología f. Tratado de las epidemias.
epidérmico, ca adj. De la piel. || *Fig. Reacción epidérmica,* actitud del que reacciona inmediatamente y con fuerza ante una crítica o un disgusto.
epidermis f. Piel.
epifanía f. Festividad de la adoración de los Reyes Magos (6 de enero).
epífisis f. Parte terminal de un hueso largo. || Pequeño órgano nervioso y glandular situado en el encéfalo.
epigastrio m. *Anat.* Parte superior del abdomen.
epiglotis f. *Anat.* Cartílago que tapa la glotis.
epígono m. El que sigue las huellas o enseñanzas de alguien.
epígrafe m. Cita o sentencia a la cabeza de una obra o capítulo. || Resumen que se pone a veces al principio de un capítulo. || Título, rótulo. || Inscripción sobre un edificio.
epigrafía f. Ciencia que estudia las inscripciones.
epigrama m. Composición poética satírica : *los epigramas de Baltasar del Alcázar.*
epilepsia f. *Med.* Enfermedad crónica caracterizada por desvanecimiento y convulsiones.
epiléptico, ca adj. *Med.* Que padece epilepsia (ú. t. c. s.). | De la epilepsia.
epilogar v. t. Resumir, compendiar. || Recapitular.
epílogo m. Conclusión de una obra literaria. || Resumen, compendio. || Recapitulación. || *Fig.* Final.
epinicio m. Canto de victoria.
episcopado m. Dignidad de obispo. || Época y duración del gobierno de un obispo. || Conjunto de los obispos.
episcopal adj. Del obispo.
episódico, ca adj. Que sólo constituye un episodio.
episodio m. Acción secundaria relacionada con la principal en una composición literaria. || Circunstancia que forma parte de una serie de acontecimientos que constituyen un todo. || División de la acción dramática : *película por episodios.*
epístola f. Carta. || Discurso escrito. || Composición poética en forma de carta. || *Liturg.* Parte de la misa, antes del gradual.
epistolar adj. Relativo a las cartas.
epistolario m. Colección de cartas de un autor. || Libro litúrgico con las epístolas de la misa.
epitafio m. Inscripción fúnebre.
epitalamio m. Poema en loor de una boda.
epitelial adj. Del epitelio.
epitelio m. *Anat.* Tejido tenue que cubre el cuerpo, las cavidades internas y los órganos.
epitelioma m. *Med.* Tumor canceroso de origen epitelial.
epíteto m. Adjetivo o participio que indica una cualidad natural del nombre así calificado o considerada como tal. || Adjetivo que forma un grupo con el nombre que califica. || *Fig.* Calificativo.
epítome m. Resumen o compendio de una obra extensa.
epizootia f. Enfermedad epidémica que afecta a una o más especies animales.
época f. Momento determinado en el tiempo. || Cualquier espacio de tiempo : *una época feliz.* || *Fig. Hacer época,* dejar un recuerdo duradero.
epónimo, ma adj. Que da su nombre a un pueblo, a una época (ú. t. c. s. m.).
epopeya f. Poema extenso que relata hechos heroicos, como *La Ilíada, La Eneida, Los Lusiadas, La Cristiada.* || *Fig.* Serie de sucesos heroicos : *la epopeya americana.* | Empresa difícil.
épsilon f. Nombre de la *e* breve griega.
equiángulo, la adj. De ángulos iguales.
equidad f. Justicia.
equidistancia f. Igualdad de distancia.
equidistante adj. Situado a igual distancia.
equidistar v. i. Estar a igual distancia.
équidos adj. Aplícase a los animales de la familia de los caballos, asnos, cebras (ú. t. c. s. m.).
equilátero, ra adj. *Geom.* Aplícase a las figuras cuyos lados son iguales entre sí.
equilibrado, da adj. *Fig.* Sensato, prudente, ecuánime.
equilibrar v. t. Poner en equilibrio. || *Fig.* Armonizar, proporcionar.
equilibrio m. Estado de reposo de un cuerpo sometido a dos fuerzas que se contrarrestan : *el equilibrio de la balanza.* || *Fig.* Armonía, proporción : *el equilibrio de las fuerzas militares.* | Combinación ajustada de

los varios elementos de un todo : *equilibrio político.* | Moderación. | Ponderación, sensatez. ‖ — *Fig. Hacer equilibrios,* hacer con maña algo muy difícil. ‖ *Perder el equilibrio,* caer o estar a punto de hacerlo.
equilibrismo m. Arte del equilibrista.
equilibrista com. Artista que hace ejercicios acrobáticos.
equilicuá pal. fam. que significa *de acuerdo, conforme, así es.*
equimosis f. Mancha amoratada en la piel causada por un golpe.
equino, na adj. Del caballo.
equinoccial adj. Del equinoccio.
equinoccio m. *Astr.* Momento del año en que el día y la noche tienen la misma duración.
equinodermo adj. y s. m. Dícese de los animales marinos radiados de piel espinosa, como el erizo de mar.
equipaje m. Conjunto de maletas y demás objetos que se llevan en los viajes. ‖ *Mar.* Tripulación.
equipamiento m. Equipo, material.
equipar v. t. Proveer de todo lo necesario : *equipar de ropa.*
equiparable adj. Comparable.
equiparación f. Comparación. ‖ Adaptación, adecuación.
equiparar v. t. Comparar dos cosas o personas considerándolas iguales o equivalentes.
equipo m. Acción y efecto de equipar. ‖ Lo que sirve para equipar, accesorios necesarios para determinado fin : *equipo eléctrico, quirúrgico.* ‖ Conjunto de ropas y otras cosas para uso personal : *equipo de colegial.* ‖ Conjunto de personas que efectúan un mismo trabajo : *equipo de colaboradores.* ‖ Grupo de jugadores que compiten siempre juntos contra otros : *equipo de fútbol.* ‖ Sistema de reproducción del sonido constituido por un tocadiscos, un amplificador y pantallas acústicas.
equiponderar v. i. Tener una cosa igual peso que otra.
equis f. Nombre de letra *x.* ‖ Representación de la incógnita en los cálculos. ‖ Cantidad desconocida o indiferente : *hace x años.*
equitación f. Arte de montar a caballo.
equitativo, va adj. Justo.
equivalencia f. Igualdad.
equivalente adj. Igual, que tiene el mismo valor. ‖ *Geom.* Aplícase a las figuras y sólidos que tienen igual área o volumen y distinta forma. ‖ — M. Lo que equivale a otra cosa. ‖ Término o expresión que sustituye a otro de sentido parecido.
equivaler v. i. Tener el mismo valor una cosa que otra.
equivocación f. Error.
equivocar v. t. Tomar, decir o hacer una cosa por otra. Ú. m. c. pr. : *equivocarse de nombre.* ‖ Incurrir en error. Ú. m. c. pr. : *equivocarse en un cálculo.*
equívoco, ca adj. De doble sentido. ‖ *Fig.* Sospechoso : *individuo equívoco.* ‖ — M. Palabra con más de un significado, como *cáncer* (signo zodiacal y también enfermedad). ‖ Confusión, mala interpretación.
Er, símbolo químico del *erbio.*
era f. Fecha determinada a partir de la cual se cuentan los años : *era cristiana.* ‖ *Fig.* Época, período. ‖ Lugar descubierto donde se trillan las mieses. ‖ — *Era cristiana,* la que empieza con el nacimiento de Cristo. ‖ *Era de la hégira* o *musulmana,* la comenzada en 622. ‖ *Era geológica,* cada una de las cuatro grandes divisiones de la historia de la Tierra.
eral, la m. y f. Res vacuna entre uno y dos años.
erario m. Tesoro público.
erasmismo m. Doctrina filosófica de Erasmo.
erasmista adj. Partidario del erasmismo.
erbio m. Metal raro de número atómico 68 (Er).
erección f. Acción y efecto de levantar o erigir. ‖ Construcción : *erección de un templo.* ‖ Fundación, institución : *la erección de un tribunal.* ‖ Hinchazón de un órgano causada por la afluencia de sangre.
eréctil adj. Que se pone tieso.
erectilidad f. Calidad de eréctil.
erecto, ta adj. Erguido.
eremita m. Ermitaño.
erg y **ergio** m. *Fís.* Unidad de trabajo en el sistema cegesimal.
erguimiento m. Acción y efecto de erguir o erguirse.
erguir v. t. Levantar y poner derecha una cosa. ‖ — V. pr. Enderezarse. ‖ Ponerse de pie. ‖ Alzarse : *la montaña se yergue a lo lejos.* ‖ *Fig.* Engreírse, ensoberbecerse.
erial adj. De la tierra sin labrar. ‖ — M. Terreno sin cultivar.
erigir v. t. Construir, levantar : *erigir un edificio.* ‖ Instituir. ‖ Dar a algo o alguien un carácter que antes no tenía. ‖ — V. pr. Atribuirse una función : *erigirse en juez.*
erisipela f. *Med.* Enfermedad infecciosa caracterizada por una inflamación cutánea superficial.
eritema m. *Med.* Inflamación superficial de la piel, caracterizada por manchas rojas.
eritrocito m. Glóbulo rojo.
erizado, da adj. Rígido, tieso. ‖ Con púas o espinas. ‖ *Fig.* Lleno : *problema erizado de dificultades.*
erizamiento m. Acción y efecto de erizar o erizarse.
erizar v. t. Poner rígido. Ú. m. c. pr. : *erizarse el pelo de miedo.* ‖ Armar de púas o pinchos. ‖ *Fig.* Poner obstáculos.
erizo m. Mamífero roedor cuyo cuerpo está cubierto de púas. ‖ Envoltura espinosa de la castaña. ‖ *Fig.* y *fam.* Persona huraña y arisca. ‖ Puntas de hierro que se ponen como defensa en las tapias y murallas. ‖ *Erizo de mar,* equinodermo de caparazón cubierto de púas.
ermita f. Santuario o capilla fuera de una población.
ermitaño m. Persona que vive en la ermita y cuida de ella. ‖ Religioso que vive solitario. ‖ *Fig.* Persona que vive aislada de todos.
erosión f. Desgaste producido en un cuerpo por el roce de otro. ‖ Destrucción lenta causada por algún agente físico : *erosión fluvial.* ‖ Herida producida por el roce continuo de algo. ‖ *Fig.* Deterioro. ‖ *Fig. Erosión monetaria,* disminución progresiva del poder adquisitivo de una moneda.
erosionar v. tr. Deteriorar.
erosivo, va adj. Que provoca la erosión. ‖ *Fig.* Que deteriora.
erótico, ca adj. Relativo al amor carnal. ‖ De asunto amoroso : *poesías eróticas.* ‖ Licencioso : *literatura erótica.* ‖ — F. Poesía erótica.
erotismo m. Amor sensual. ‖ Calidad de erótico.
erotomanía f. Delirio erótico.
erotómano, na adj. y s. Que sufre erotomanía.

errabundo, da adj. Vagabundo.
erradicación f. Extirpación. || Desaparición : *la erradicación de los terroristas costó innumerables víctimas.*
erradicar v. t. Arrancar de raíz : *erradicar un árbol, un mal.* || Hacer desaparecer.
errado, da adj. Equivocado. || Que no alcanza su meta : *tiro errado.*
erraj m. Carbón hecho con huesos de aceituna.
errante adj. Vagabundo.
errar v. t. No acertar : *errar el golpe.* || Equivocarse : *errar la vocación.* || — V. i. Vagar. || *Fig.* Divagar el pensamiento, la atención. || Equivocarse : *errar es humano.*
errata f. Falta que se ha dejado en un impreso. || *Fe de erratas,* lista de las faltas cometidas en la impresión de una obra.
erre f. Nombre de la letra *r.*
erróneo, a adj. Que no es exacto, falso.
error m. Idea falsa o equivocada : *incurrir en error.* || Conducta reprobable : *perseverar en el error.* || Desacierto. || Falta : *error de cálculo.*
eructar v. i. Expeler con ruido por la boca los gases del estómago.
eructo m. Acción y efecto de eructar.
erudición f. Conocimientos amplios adquiridos por el estudio en una o varias materias.
erudito, ta adj. y s. Que tiene amplios conocimientos.
erupción f. Salida repentina y violenta de alguna materia contenida en las profundidades de la Tierra : *la erupción de un volcán.* || *Med.* Aparición de granos, manchas, etc., en la piel.
eruptivo, va adj. Producido por la erupción.
esbeltez f. Cualidad de esbelto.
esbelto, ta adj. Bello.
esbirro m. Oficial inferior de justicia. || Encargado de arrestar a las personas. || *Fig.* Persona pagada por otra para cometer actos violentos.
esbozar v. t. Bosquejar. || Empezar a hacer : *esbozó una sonrisa.*
esbozo m. Bosquejo, boceto.
escabechar v. t. Poner en escabeche. || *Fig.* y *fam.* Matar. | Suspender en un examen.
escabeche m. Salsa de vinagre, aceite, sal, laurel y otros ingredientes en que se conservan pescados o carnes : *atún en escabeche.* || Carne o pescado escabechado.
escabechina f. *Fig.* Destrozo, estrago : *hacer una escabechina.*
escabel m. Asiento sin respaldo. || Taburete para los pies.
escabrosidad f. Desigualdad, aspereza. || Lo que es escabroso.
escabroso, sa adj. Desigual, lleno de asperezas : *terreno escabroso.* || *Fig.* Difícil : *asunto escabroso.* | Peligroso, resbaladizo : *conversación escabrosa.* | Al borde de lo obsceno : *novela escabrosa.* | Áspero, intratable.
escabullirse v. pr. Escaparse.
escacharrar v. t. Romper un cacharro. || Estropear, destrozar.
escafandra f. Aparato hermético de los buzos o navegantes espaciales provisto de un dispositivo para renovar el aire.
escafoides adj. *Anat.* Aplícase a uno de los huesos del carpo y del tarso (ú. t. c. s. m.).
escala f. Escalera de mano. || Serie de cosas ordenadas según cierto criterio : *escala de colores.* || Puerto o aeropuerto donde toca una embarcación o un avión. || *Fís.* Graduación de un instrumento de medida : *escala termométrica.* || Relación que existe entre una dimensión y su representación en un plano o mapa. || Línea dividida en partes iguales que representa esta relación. || *Mil.* Escalafón : *escala de reserva.* || *Mús.* Sucesión de las siete notas : *escala musical.* || *Fig.* Orden de magnitud : *a escala internacional.* || — *En gran escala,* de mucha importancia. || *Escala móvil,* sistema de fijación de los salarios en función de los precios.
escalada f. Acción y efecto de escalar. || *Mil.* Progresión en el empleo de armas estratégicas que motiva la agravación de un conflicto bélico. || *Fig.* Progresión : *ha habido una escalada de precios desmesurada.*
escalador, ra adj. y s. Que escala. || — M. Ciclista que sube bien las pendientes de una montaña.
escalafón m. Lista de los individuos de un cuerpo, clasificados según su categoría, antigüedad, etc. || Grado.
escalamiento m. Subida.
escalar v. t. Subir y pasar por encima de algo : *escalar un muro.* || Trepar, ascender : *escalar una montaña.* || Introducirse con violencia en una parte : *escalar una casa.* || *Fig.* Alcanzar una posición elevada : *escalar el mando.*
escaldado, da adj. *Fig.* y *fam.* Escarmentado. | Libre, deshonesto.
escaldadura f. Acción y efecto de escaldar.
escaldar v. t. Sumergir o limpiar en agua hirviendo : *escaldar la verdura antes de cocerla.* || Poner al rojo : *escaldar el hierro.* || *Fig.* Hacer sufrir un chasco y escarmentar. || — V. pr. Escocerse la piel.
escaleno adj. m. Aplícase al triángulo que tiene sus tres lados desiguales.
escalera f. Serie de escalones que permiten subir y bajar o que unen dos pisos o lugares situados a dos niveles distintos. || Sucesión de cartas de valor correlativo : *escalera de color.* || *Fig. Escalera mecánica* o *automática,* la de peldaños movidos por un mecanismo eléctrico utilizada en estaciones, almacenes y otros lugares.
escalerilla f. Escalera de pocos escalones. || Pasarela de avión. || Serie de tres cartas seguidas en algunos juegos.
escalfar v. t. Echar en agua hirviendo los huevos sin cáscara.
escalinata f. Escalera grande.
escalo m. Acción de escalar : *robo con escalo.*
escalofriante adj. Pavoroso, terrible. || Sorprendente, asombroso.
escalofrío m. Estremecimiento con sensación de frío.
escalón m. Peldaño. || *Fig.* Grado de un empleo o dignidad.
escalonamiento m. Distribución en el tiempo.
escalonar v. t. Situar de trecho en trecho : *escalonar las tropas* (ú. t. c. pr.). || Distribuir en el tiempo : *escalonar los pagos.* || Graduar : *escalonar las dificultades.*
escalope m. Filete delgado de carne, generalmente de ternera.
escalpar v. t. Separar la piel del cráneo con un instrumento cortante.
escalpelo m. Bisturí para disecciones anatómicas y autopsias.
escama f. Cada una de las laminillas que cubren la piel de los peces y ciertos reptiles. || Lo que tiene forma parecida : *jabón de escamas.* || Laminilla que se desprende de la piel. || *Fig.* Recelo, desconfianza.

escamado, da adj. *Fam.* Desconfiado, receloso.
escamar v. t. Quitar las escamas a los peces. ‖ Labrar en figura de escamas. ‖ *Fig.* y *fam.* Volver desconfiado. | Parecer sospechoso. ‖ — V. pr. *Fam.* Desconfiar.
escamón, ona adj. y s. Escamado.
escamondar v. t. Limpiar los árboles de las ramas inútiles. ‖ *Fig.* Quitar a una cosa lo superfluo. | Lavar.
escamoso, sa adj. Cubierto de escamas. ‖ *Fig.* Sospechoso.
escamotable adj. Que puede escamotearse.
escamotar y **escamotear** v. t. Hacer desaparecer un objeto sin que nadie se dé cuenta. ‖ *Fig.* Robar sutilmente. | Eludir : *escamotear la resolución de un asunto.*
escamoteo m. Acción y efecto de escamotear.
escampada f. Momento corto en que deja de llover.
escampar v. impers. Dejar de llover.
escanciador, ra adj. y s. Dícese de la persona encargada de escanciar.
escanciar v. t. Servir el vino. ‖ — V. i. Beber vino.
escandalera f. *Fam.* Escándalo.
escandalizar v. t. Indignar, causar escándalo. ‖ Armar escándalo. ‖ — V. pr. Mostrar indignación.
escándalo m. Acción que ofende a la moral. ‖ Indignación provocada por una mala acción. ‖ Alboroto, jaleo : *escándalo nocturno.*
escandaloso, sa adj. Que causa escándalo. ‖ Ruidoso (ú. t. c. s.).
escandallar v. t. *Mar.* Sondear con el escandallo. ‖ *Com.* Aplicar a una mercancía el escandallo.
escandallo m. *Com.* En el régimen de tasas, determinación del precio de coste o de venta de una mercancía. ‖ *Mar.* Sonda o plomada que sirve para reconocer la calidad del fondo del agua.
escandinavo, va adj. y s. De Escandinavia.
escandio m. Cuerpo simple metálico (Sc), de número atómico 21. (Su densidad es de 3,00.).
escandir v. t. Medir el verso.
escantillón m. Regla o plantilla para trazar las líneas y fijar las dimensiones según las cuales se han de labrar las piezas.
escaño m. Banco con respaldo. ‖ Asiento en el Parlamento.
escapada f. Acción de escapar o escaparse. ‖ Escapatoria. ‖ Esfuerzo que permite a un corredor pedestre o ciclista distanciarse de los otros competidores.
escapar v. i. Huir, salir de un sitio donde se estaba encerrado. U. t. c. pr. : *se escapó por la azotea.* ‖ Librarse de un peligro : *escapar de la muerte por milagro.* ‖ Irse apresuradamente. ‖ — V. pr. Salirse un líquido o gas por algún resquicio. ‖ Dejar salir un líquido o gas : *la cacerola se sale.* ‖ Adelantar mucho un ciclista a los demás en una carrera. ‖ Quedar fuera del dominio o influencia. U. t. c. i. : *esto escapa a mi poder.* ‖ — *Escaparse de las manos,* escurrirse. ‖ *Escapársele a uno una cosa,* no advertirla; decirla por descuido.
escaparate m. Parte delantera de una tienda cerrada con cristales donde se exponen las mercancías.
escaparatista com. Decorador de escaparates.
escapatoria f. Acción y efecto de escaparse. ‖ *Fam.* Evasiva, pretexto, salida para eludir algo.
escape m. Pérdida : *un escape de gas.* ‖ Pieza que detiene la marcha de una máquina : *el escape de un reloj.* ‖ Válvula que abre o cierra la salida de los gases en los automóviles. ‖ *Fig.* Salida, solución : *no tenemos escape.* ‖ Acción de escaparse. ‖ *A escape,* a toda prisa.
escápula f. *Anat.* Omóplato.
escapulario m. Objeto de piedad, compuesto de dos trozos de tela, reunidos con cintas, que se lleva sobre el pecho y la espalda.
escaque m. Casillas del tablero de ajedrez o damas.
escarabajo m. Insecto coleóptero, de élitros lisos y cuerpo ovalado que se alimenta de estiércol.
escaramujo m. Rosal silvestre.
escaramuza f. *Mil.* Combate de poca importancia. ‖ *Fig.* Riña.
escarapela f. Divisa compuesta de cintas de varios colores.
escarbadientes m. inv. Mondadientes.
escarbaorejas m. inv. Instrumento para limpiar los oídos.
escarbar v. t. Remover la tierra ahondando algo. ‖ Limpiar los dientes u oídos. ‖ Remover la lumbre. ‖ *Fig.* Investigar. | Registrar.
escarcela f. Bolsa que pendía de la cintura. ‖ Mochila del cazador.
escarceos m. pl. Vueltas y caracoles que da el caballo. ‖ *Fig.* Rodeos. | Divagaciones. | Primeros pasos : *escarceos amorosos.*
escarcha f. Rocío helado.
escarchado, da adj. Cubierto de escarcha. ‖ Cubierto con azúcar cristalizada : *fruta escarchada.*
escarchar v. impers. Formarse escarcha en las noches frías. ‖ — V. t. Preparar frutas y pasteles de manera que queden cubiertos de azúcar cristalizada. ‖ Poner en el aguardiente un ramo de anís con azúcar.
escarda f. Azada pequeña.
escardar v. t. Arrancar las malas hierbas de los campos cultivados. ‖ *Fig.* Separar lo malo de lo bueno.
escardilla f. Almocafre.
escardillar v. t. Escardar.
escardillo m. Instrumento para escardar.
escariador m. Herramienta para ensanchar o redondear taladros.
escariar v. t. Ensanchar y redondear un agujero con el escariador.
escarificación f. *Med.* Incisión poco profunda hecha en la piel.
escarificador m. Instrumento para mullir la tierra sin volverla. ‖ Instrumento con puntas aceradas para escarificar la piel.
escarificar v. t. Mullir la tierra con el escarificador. ‖ *Med.* Hacer incisiones superficiales en la piel.
escarlata f. Color rojo subido (ú. t. c. adj.).
escarlatina f. Enfermedad infecciosa, contagiosa y epidémica, que se manifiesta por la aparición de manchas rojas difusas en la piel.
escarmentado, da adj. y s. Que escarmienta.
escarmentar v. t. Castigar con severidad. ‖ — V. i. Enmendarse con la experiencia propia o ajena.
escarmiento m. Experiencia que hace escarmentar. ‖ Castigo.
escarnecedor, ra adj. y s. Que escarnece.
escarnecer v. t. Ofender a uno burlándose de él, mortificar.

escarnecimiento y **escarnio** m. Burla que ofende, mofa tenaz.
escarola f. Achicoria.
escarpado, da adj. Empinado : *el acantilado estaba formado con rocas escarpadas.*
escarpadura f. Cuesta empinada.
escarpia f. Alcayata.
escarpín m. Zapato de suela fina.
escarzano adj. m. *Arq.* Aplícase al arco cuyo centro está situado más bajo que la línea de arranque.
escasear v. i. Faltar. ‖ — V. t. Escatimar, ahorrar.
escasez f. Insuficiencia. ‖ Falta de productos alimenticios : *año de escasez.* ‖ Tacañería, mezquindad. ‖ Pobreza : *vivir con escasez.*
escaso, sa adj. Insuficiente. ‖ Poco abundante : *escasa vegetación ; escasos recursos.* ‖ No completo, falto de algo : *un metro escaso.* ‖ Poco. ‖ Tacaño.
escatimar v. t. Dar con parsimonia, ser parco en. ‖ Reducir : *le ha escatimado el sueldo.* ‖ *Fig.* Ahorrar : *escatimar sus energías.*
escatófago, ga adj. Que come excrementos (ú. t. c. s.).
escatología f. Conjunto de creencias y doctrinas relativas a la vida de ultratumba. ‖ Tratado de cosas excrementicias. ‖ Literatura o broma relacionada con cosas sucias.
escatológico, ca adj. Relativo a la escatología.
escayola f. Yeso calcinado. ‖ Estuco.
escayolar v. t. Inmovilizar un miembro roto con un vendaje endurecido con escayola.
escayolista m. Persona que hace molduras y adornos con escayola.
escena f. Escenario. ‖ Conjunto de los decorados. ‖ Subdivisión de un acto. ‖ *Fig.* Arte dramático : *tener vocación para la escena.* | Suceso considerado como un espectáculo digno de atención : *escena conmovedora.* | Lugar de un suceso.
escenario m. Parte del teatro donde se representa el espectáculo. ‖ Sitio donde se ruedan los interiores de una película. ‖ Lugar donde se desarrolla una película. ‖ *Fig.* Lugar de un suceso. | Ambiente, medio, circunstancias que rodean algo o a alguien.
escénico, ca adj. De la escena.
escenificable adj. Que se puede escenificar.
escenificación f. Disposición de la escena para representar una obra teatral o rodar una película.
escenificar v. t. Dar forma dramática a una obra o a un asunto para representarlo.
escenografía f. Arte de realizar los decorados.
escenográfico, ca adj. De la escenografía.
escenógrafo, fa m. y f. Pintor de decorados escénicos.
escepticismo m. Doctrina filosófica que sostiene que el hombre es incapaz de alcanzar la verdad. ‖ Duda, tendencia a no creer nada de lo que los demás reconocen como real o verdadero.
escéptico, ca adj. y s. Que profesa el escepticismo : *filosofía escéptica.* ‖ Que duda de todo.
escindible adj. Que puede escindirse.
escindir v. t. Dividir, separar. ‖ *Fís.* Romper un núcleo atómico en dos porciones iguales, con liberación de energía.
escisión f. División : *la escisión del átomo, de un partido.*
esclarecer v. t. Iluminar, poner clara una cosa. ‖ *Fig.* Aclarar, dilucidar, poner en claro. | Hacer famoso a uno : *varón esclarecido.*
esclarecido, da adj. Insigne.
esclarecimiento m. Aclaración.
esclavina f. Prenda de vestir de forma de capa muy corta.
esclavista adj. y s. Partidario de la esclavitud.
esclavitud f. Condición de esclavo.
esclavizar v. t. Someter a esclavitud. ‖ *Fig.* Oprimir, tiranizar. | Dominar : *esta pasión le esclaviza.* | No dejar un momento libre : *su trabajo le esclaviza.*
esclavo, va adj. y s. Que está bajo la dependencia absoluta del que le compra o hace prisionero. ‖ *Fig.* Completamente dominado por una persona o cosa : *esclavo del tabaco.* | Enteramente sometido a una obligación : *esclavo de su deber.* | A la disposición de uno : *esclavo de sus amigos.* ‖ — F. Pulsera sin ningún adorno.
esclerosado, da adj. Con esclerosis.
esclerosar v. t. Producir esclerosis.
esclerosis f. Endurecimiento patológico de tejidos u órganos. ‖ *Esclerosis múltiple o en placas,* enfermedad de la sustancia blanca del sistema nervioso, caracterizada por múltiples focos de esclerosis, que provoca varios trastornos nerviosos.
esclerótica f. *Anat.* Membrana dura y blanca, que cubre el globo del ojo, salvo la córnea transparente.
esclerótico, ca adj. De la esclerosis.
esclusa f. Recinto en un canal de navegación con puertas movibles de entrada y salida que se pueden cerrar y abrir según se quiera contener las aguas o dejarlas correr.
escoba f. Utensilio para barrer.
escobajo m. Raspa del racimo.
escobazo m. Golpe de escoba.
escobén m. *Mar.* Agujero de las cadenas del ancla.
escobilla f. Escoba pequeña. ‖ *Electr.* Pieza conductora, generalmente de cobre o de carbón aglomerado, con la cual se establece el contacto entre un órgano fijo y otro móvil en los motores eléctricos.
escobillón m. Cepillo cilíndrico para limpiar los cañones.
escocedura f. Inflamación o irritación de la piel. ‖ Escozor.
escocer v. i. Causar una sensación parecida a una quemadura. ‖ *Fig.* Herir, doler : *la reprimenda le escoció.* ‖ — V. pr. Irritarse una parte del cuerpo. ‖ Tener escocedura. ‖ *Fig.* Picarse, dolerse.
escocés, esa adj. y s. De Escocia. ‖ — Adj. Aplícase a las telas de cuadros de distintos colores. ‖ — M. Dialecto céltico hablado en Escocia.
escoda f. Especie de martillo con corte en ambos extremos de la cabeza.
escodar v. t. Picar con la escoda.
escofina f. Lima de dientes gruesos y triangulares para desbastar.
escofinar v. t. Desbastar con escofina.
escoger v. t. Tomar entre varias personas o cosas la que mejor parece.
escogido, da adj. Seleccionado (ú. t. c. s.).
escolanía f. Conjunto de escolanos : *la escolanía de Montserrat.*
escolano m. Niño que se educaba, especialmente para el canto, en ciertos monasterios españoles.
escolapio m. Religioso o alumno de las Escuelas Pías.

escolar adj. De la escuela. ‖ — M. Alumno de una escuela.
escolaridad f. Duración de los estudios en un centro docente.
escolarizar v. t. Crear escuelas. ‖ Dar instrucción.
escolástica f. y **escolasticismo** m. Filosofía de la Edad Media, ligada a la teología y basada en los libros de Aristóteles.
escolástico, ca adj. Del escolasticismo. ‖ — F. Escolasticismo.
escoliosis f. *Med.* Desviación lateral de la columna vertebral.
escolopendra f. Ciempiés.
escolta f. Conjunto de soldados, barcos o vehículos que escoltan algo o a alguien : *llevaba una numerosa escolta.*
escoltar v. t. Acompañar para proteger o vigilar. ‖ Acompañar por cortesía y respeto a alguien.
escollera f. Dique de defensa contra el oleaje en un puerto.
escollo m. Peñasco a flor de agua. ‖ *Fig.* Peligro, dificultad.
escombrar v. t. Quitar los escombros. ‖ *Fig.* Desembarazar.
escombrera f. Vertedero de escombros.
escombro m. Material de desecho de un edificio derribado, de la explotación de una mina, etc.
esconder v. t. Ocultar. Ú. t. c. pr. : *esconderse detrás de un árbol.* ‖ *Fig.* Encerrar, llevar en sí.
escondido, da adj. Oculto. ‖ — M. *Rioplat.* Baile popular. ‖ — F. pl. *Amer* Escondite.
escondimiento m. Ocultación.
escondite m. Escondrijo. ‖ Juego de muchachos en que todos se esconden menos uno que tiene que buscarlos.
escondrijo m. Lugar oculto.
escoñarse v. pr. *Pop.* Estropearse, romperse. | Lastimarse, hacerse daño. | Chocar, tropezar con. | Salir mal un asunto.
escopeta f. Arma de fuego para cazar, con uno o dos cañones.
escopetazo m. Disparo de escopeta. ‖ Herida producida. ‖ *Fig.* Noticia o hecho inesperado y desagradable.
escopetero m. Soldado armado con escopeta. ‖ Fabricante o vendedor de escopetas.
escopladura y **escopleadura** f. Corte, muesca o agujero hecho en la madera con el escoplo.
escoplo m. Herramienta de carpintero o escultor parecida al cincel.
escora f. *Mar.* Inclinación accidental del barco. | Cada uno de los puntales que sostienen el barco en construcción o en reparación.
escoraje m. Acción de escorar.
escorar v. t. *Mar.* Apuntalar un barco con escoras. ‖ — V. i. *Mar.* Inclinarse el barco. | Llegar la marea a su nivel más bajo.
escorbuto m. Enfermedad producida por la carencia de vitaminas C que se manifiesta por hemorragias, caída de los dientes y alteración en las articulaciones.
escorchar v. t. *Arg. Fam.* Molestar.
escoria f. Sustancia vítrea que sobrenada en el crisol de los hornos de fundición. ‖ Oxido que salta del hierro candente. ‖ Residuo, sustancia de desecho. ‖ Lava esponjosa de los volcanes. ‖ *Fig.* Lo más vil, desecho : *la escoria de la sociedad.*
escoriación f. Irritación o desolladura superficial en la piel.
escorial m. Sitio donde se arrojan las escorias de las fábricas.
escoriar v. t. Desollar superficialmente la piel.
escorpión m. Alacrán.
escorzar v. t. Representar una figura pictórica según las reglas de la perspectiva.
escorzo m. Acción y efecto de escorzar. ‖ Figura o parte de figura escorzada.
escotado m. y **escotadura** f. Escote.
escotar v. t. Hacer escote.
escote m. Corte que forma en una prenda la abertura del cuello. ‖ Abertura grande de una prenda que deja al descubierto la garganta y parte de la espalda. ‖ *Fam.* Lo que paga cada uno en un gasto común.
escotilla f. *Mar.* Abertura que permite pasar de un piso del barco a otro. ‖ Puerta de acceso a un carro de combate, avión, etc.
escotillón m. Trampa. ‖ Abertura en el escenario por donde pueden subir y bajar objetos y tb. entrar o desaparecer los actores.
escoto, ta adj. y s. Individuo de un pueblo céltico de Irlanda y Escocia.
escozor m. Sensación dolorosa parecida a la de una quemadura. ‖ *Fig.* Dolor, aflicción. | Remordimiento.
escriba m. Doctor e intérprete de la ley judaica. ‖ *Fam.* Escribano.
escribanía f. Profesión de escribano. ‖ Despacho del escribano. ‖ Escritorio, mueble para guardar documentos. ‖ Recado de escribir.
escribano m. El que por oficio público está autorizado para dar fe de las escrituras que pasan ante él.
escribiente com. Oficinista que copia o pone en limpio escritos ajenos, y que también escribe al dictado.
escribir v. t. Representar palabras, ideas o sonidos por signos convencionales. ‖ Redactar : *escribir libros.* ‖ Componer : *escribir música.* ‖ Comunicar por escrito : *escribir una noticia.* ‖ Ortografiar : *escribir «hombre» con «h» y «jilguero» con «j».* ‖ *Fig.* Marcar, señalar : *la ignominia escrita en su cara.*
escrito, ta p. p. irreg. de *escribir.* ‖ *Fig. Estaba escrito,* así tenía que ocurrir. ‖ — M. Cualquier cosa escrita. ‖ Obra literaria : *los escritos de Platón.* ‖ Conjunto de pruebas escritas en un examen. ‖ *For.* Alegato, solicitud.
escritor, ra m. y f. Persona que escribe. ‖ Autor de libros.
escritorio m. Mueble para guardar documentos. ‖ Mesa de despacho. ‖ Cuarto donde tiene su despacho una persona.
escritura f. Acción y efecto de escribir. ‖ Arte de escribir, letra. ‖ Escrito. ‖ Caracteres con que se escribe : *escritura griega.* ‖ *For.* Documento público de que da fe el notario : *escritura de venta.* ‖ *La Sagrada Escritura,* la Biblia.
escriturar v. t. *For.* Hacer constar en escritura pública. Ú. t. c. pr. : *aún no se ha escriturado la casa que compré.*
escrófula f. Inflamación de los ganglios del cuello.
escroto m. *Anat.* Bolsa de piel que cubre los testículos.
escrúpulo m. Duda, aprensión de hacer algo malo. ‖ Aprensión, temor de tomar o usar algo malo : *le da escrúpulo comer en este plato.* ‖ Escrupulosidad.
escrupulosidad f. Minuciosidad, sumo cuidado. ‖ Exactitud en el cumplimiento de las cosas.
escrupuloso, sa adj. Que tiene escrúpulos. ‖ Concienzudo. ‖ *Fig.* Exacto, minucioso : *cuentas escrupulosas.* | Delicado.

escrutador, ra adj. Escudriñador. ‖ — M. y f. Persona que hace el recuento de votos en las elecciones.

escrutar v. t. Hacer el recuento de votos. ‖ Mirar con atención, escudriñar.

escrutinio m. Recuento de los votos en una elección. ‖ Examen minucioso.

escuadra f. Utensilio de dibujo para trazar ángulos rectos. ‖ Pieza de hierro, de forma de L o de T, para asegurar una ensambladura. ‖ Cuadrilla de obreros. ‖ *Mar.* Conjunto de barcos de guerra que maniobran juntos. ‖ *Mil.* Cierto número de soldados con su cabo. | Cargo de cabo de estos soldados.

escuadrar v. t. Formar a escuadra.

escuadrilla f. Escuadra de buques pequeños. ‖ Conjunto de aviones que vuelan juntos.

escuadrón m. *Mil.* Compañía de un regimiento de caballería o de las fuerzas aéreas.

escualidez f. Flaqueza.

escuálido, da adj. Muy flaco.

escualo m. Cualquiera de los peces selacios con cuerpo fusiforme y boca grande, como el tiburón.

escucha f. Acción de escuchar. ‖ Centinela avanzado. ‖ *Estación de escucha,* la que controla las conversaciones radiotelefonicas.

escucha f. Acción de escuchar. ‖ Centinela avanzado. ‖ *Estación de escucha,* la que controla las conversaciones radiotelefónicas. ‖ — V. pr. Hablar con pausa y afectación, con cierta satisfacción de sí mismo.

escuchimizado, da adj. Flaco.

escudar v. t. Proteger con el escudo. ‖ *Fig.* Resguardar y defender de algún peligro. ‖ — V. pr. Ampararse, valerse de algo como excusa.

escudería f. Servicio u oficio de escudero. ‖ Conjunto de pilotos de carrera que representan a una marca de automóviles.

escudero m. Paje que llevaba el escudo del señor. ‖ Hidalgo.

escudete m. Trozo de corteza con una yema que se injerta en otro árbol.

escudilla f. Vasija semiesférica.

escudo m. Arma para cubrirse el cuerpo que se llevaba en el brazo izquierdo. ‖ Chapa de acero que llevan los cañones para protección de sus sirvientes. ‖ *Blas.* Figura en forma de escudo donde se pintan los blasones de un Estado, ciudad o familia. ‖ *Fig.* Protección, defensa. ‖ *Mar.* Espejo de popa. ‖ Antigua moneda de oro. ‖ Moneda actual en algunos países como Portugal.

escudriñador, ra adj. y s. Que escudriña, ‖ Curioso.

escudriñamiento m. Acción de escudriñar.

escudriñar v. t. Examinar minuciosamente. ‖ Otear, mirar intensamente de lejos.

escuela f. Establecimiento donde se da la primera enseñanza. ‖ Establecimiento donde se da cualquier género de instrucción : *escuela de ingenieros.* ‖ Instrucción : *tener buena escuela.* ‖ Conjunto de los seguidores de un maestro o doctrina : *escuela estoica.* ‖ Conjunto de los pintores que han dado fama a un sitio o han seguido a un maestro. ‖ Lo que da experiencia : *la escuela de la vida.*

escuerzo m. *Fam.* Persona flaca.

escueto, ta adj. Sobrio. ‖ Sin ambages, simple. ‖ Conciso, sucinto.

escuintle m. *Méx.* Perro callejero. ‖ *Fig. Méx.* Muchacho, rapaz.

escuintleco, ca adj. y s. De Escuintla (Guatemala).

esculapio m. *Fam.* Médico.

esculcar v. t. Escudriñar. ‖ *Amer.* Registrar. ‖ — V. pr. *Amer.* Registrarse los bolsillos.

esculpidor, ra m. y f. Escultor.

esculpir v. t. Labrar con cincel.

escultor, ra m. y f. Artista que se dedica a la escultura.

escultórico, ca adj. De la escultura.

escultura f. Arte de labrar figuras de bulto. ‖ Obra así hecha.

escultural adj. Escultórico. ‖ Digno de ser esculpido por su belleza : *formas esculturales.*

escupidera f. Recipiente para escupir. ‖ *And.* y *Amer.* Orinal.

escupir v. i. Arrojar saliva por la boca : *escupir en el suelo.* ‖ — V. t. Arrojar por la boca : *escupir sangre.* ‖ *Fig.* Soltar : *el metal escupe la escoria.* | Arrojar con violencia : *los cañones escupían balas.* | Despreciar : *escupir a uno.* ‖ *Pop.* Cantar, confesar. | Pagar.

escupitajo y **escupitinajo** m. Saliva que se escupe de una vez.

escurreplatos m. inv. Utensilio para escurrir los platos.

escurridero m. Lugar o dispositivo para hacer escurrir algo.

escurridizo, za adj. Que se escurre.

escurridor m. Colador para escurrir. ‖ En la máquina de lavar, parte que sirve para escurrir la ropa. ‖ Escurreplatos.

escurriduras f. pl. Últimas gotas de un licor que quedan en el fondo de un recipiente. ‖ Marcas que deja la pintura al escurrirse.

escurrimiento m. Acción y efecto de escurrir o escurrirse.

escurrir v. t. Verter las últimas gotas de un líquido fuera del recipiente donde estaban. ‖ Hacer que una cosa mojada suelte el líquido que contiene : *escurrir la ropa.* ‖ *Fig.* y *fam. Escurrir el bulto,* esquivarse. ‖ — V. i. Caer o dejar el líquido contenido. ‖ Resbalar : *el suelo escurre.* ‖ — V. pr. Deslizarse : *escurrirse por la pendiente.* ‖ Escaparse : *el plato se le escurrió de las manos.* ‖ *Fam.* Escaparse, escabullirse : *se escurrió sin dejar rastro.* | Equivocarse.

esdrújulo, la adj. y s. Aplícase al vocablo acentuado en la antepenúltima sílaba, como *carátula, gramática.*

ese f. Nombre de la letra *s.* ‖ Eslabón de cadena en forma de *s.* ‖ Zigzag : *carretera con eses.*

ese, esa, esos, esas adj. dem. Sirven para designar lo que está cerca de la persona con quien se habla : *ese libro; esa mesa.* ‖ — Pron. dem. Se escriben con acento y corresponden a la persona que está cerca de aquella con quien se habla : *ése quiero; vendrán ésas.*

esencia f. Ser y naturaleza propia de las cosas. ‖ *Quím.* Sustancia volátil y olorosa : *esencia de rosas.* ‖ Perfume. ‖ Extracto concentrado : *esencia de café.* ‖ Lo esencial, lo principal.

esencial adj. Dícese de lo que constituye la esencia de algo. ‖ Principal.

esfenoides adj. y s. m. Aplícase al hueso que ocupa la parte anterior y mediana del cráneo.

esfera f. Globo, sólido limitado por una superficie curva cuyos puntos equidistan todos de otro interior llamado *centro.* ‖ Círculo en que giran las manecillas del reloj. ‖ *Fig.* Clase social : *hombre de alta esfera.* | Círculo, medio, ambiente : *salirse de su esfera.* | Campo, terreno : *esfera de actividad.*

|| *Esfera celeste*, lugar donde están situados los astros.
esfericidad f. Calidad de esférico.
esférico, ca adj. De la esfera. || De forma de esfera. || — M. *Fam.* Balón.
esferográfica f. *Amer.* Bolígrafo.
esferográfico m. *Amer.* Bolígrafo.
esfinge f. Animal fabuloso de los egipcios con cabeza y pecho de mujer, cuerpo y pies de león, que personificaba al Sol.
esfínter m. *Anat.* Anillo muscular que abre y cierra un orificio natural : *esfínter del ano.*
esfirénido adj. y s. m. Dícese de un pez teleósteo acantopterigio.
esforzado, da adj. Valiente.
esforzar v. t. Obligar a hacer un esfuerzo. || Infundir ánimo o valor. || — V. pr. Hacer esfuerzos física o moralmente con algún fin.
esfuerzo m. Empleo enérgico de la fuerza física o de la actividad del ánimo.
esfumarse v. pr. Desaparecer.
esfumino m. Difumino.
esgrima f. Arte de manejar la espada y otras armas blancas.
esgrimidor, ra m. y f. Persona que practica la esgrima.
esgrimir v. t. Manejar un arma blanca como la espada. || Blandir : *esgrimía un palo.* || *Fig.* Valerse de algo para defenderse o lograr un objetivo : *esgrimir un argumento.* | Amenazar con algo : *esgrimir el peligro de una revolución.*
esgrimista com. Esgrimidor.
esguince m. Movimiento del cuerpo para evitar el golpe o la caída. || Distensión de una articulación : *un esguince en el tobillo.* || Gesto de desagrado.
esgunfio m. *Arg. Fam.* Disgusto.
eslabón m. Pieza en forma de anillo o de ese que, engarzada con otras, forma una cadena. || Hierro con que se sacan chispas del pedernal. || Chaira para afilar.
eslabonamiento m. Acción y efecto de eslabonar.
eslabonar v. t. *Fig.* Enlazar.
eslavo, va adj. Relativo a los eslavos, grupo étnico de Europa Oriental y Central. || De raza eslava (ú. t. c. s.). || — M. Conjunto de las lenguas indoeuropeas habladas en Europa Oriental y Central.
eslinga f. *Mar.* Maroma con ganchos para levantar pesos.
eslora f. *Mar.* Longitud interior de la nave desde el codaste hasta la roda. || — Pl. *Mar.* Maderos endentados en los baos para reforzar las cubiertas.
esmaltador, ra m. y f. Persona que esmalta.
esmaltar v. t. Aplicar esmalte. || *Fig.* Adornar de varios colores.
esmalte m. Barniz vítreo, opaco o transparente, que se aplica en caliente sobre la loza, la porcelana o los metales. || Objeto esmaltado. || Materia dura que cubre la superficie de los dientes. || Barniz que sirve para adornar las uñas. || *Blas.* Color.
esmerado, da adj. Hecho con sumo cuidado. || Que se esmera : *una persona esmerada.* || Aseado.
esmeralda f. Piedra fina, silicato de berilio y aluminio, de color verde.
esmeraldeño, ña adj. y s. De Esmeraldas (Ecuador).
esmerar v. t. Pulir, limpiar. || — V. pr. Poner sumo cuidado en lo que se hace. || Lucirse.
esmeril m. Roca negruzca que, reducida a polvo, sirve para pulir. || *Papel de esmeril*, papel de lija.
esmerilado m. Pulido con esmeril. || Rectificación de una pieza.
esmerilador m. Obrero que esmerila.
esmerilar v. t. Pulir con esmeril. || Rectificar una pieza : *esmerilar las válvulas de un motor.* || *Papel esmerilado*, papel de lija.
esmero m. Sumo cuidado : *trabajar con esmero.* || Aseo, pulcritud.
esmirriado, da adj. Encanijado.
esmoquin m. Smoking.
esnifada f. *Pop.* Aspiración por la nariz de una droga. || Lo que se ha aspirado.
esnifar v. tr. *Pop.* Aspirar por la nariz una droga.
esnob adj. y s. Snob.
esnobismo m. Snobismo.
eso pron. dem. Forma neutra que sirve para designar lo que está más cerca de la persona con quien se habla.
esófago m. Primera parte del tubo digestivo que va de la faringe al estómago.
esotérico, ca adj. Oculto, secreto.
esoterismo m. Calidad de esotérico.
esotro, tra pron. Ese otro.
espabilar v. t. Despabilar.
espaciador m. En la máquina de escribir, tecla que deja un espacio en blanco.
espacial adj. Del espacio.
espaciar v. t. Separar las cosas en el espacio o en el tiempo : *espaciar los pagos.* || Separar las palabras, letras o renglones en un impreso o en lo escrito con máquina. || — V. pr. Esparcirse, distraerse.
espacio m. Extensión indefinida que contiene todo lo existente : *el espacio es indivisible al infinito.* || Extensión limitada : *hay un gran espacio delante de la casa.* || Sitio. || Transcurso de tiempo : *un espacio de dos años.* || Blanco dejado entre las líneas. || *Impr.* Pieza de metal que sirve para separar las palabras y a veces las mismas letras. || *Mús.* Separación entre cada dos rayas del pentagrama. || Programa de televisión o de radio. || — *Espacio publicitario*, película de publicidad de corta duración. || *Geometría del espacio*, la que estudia las figuras de tres dimensiones.
espacioso, sa adj. Muy ancho : *tenía una clara y espaciosa habitación.*
espachurrar v. t. Despachurrar.
espada f. Arma blanca, recta, aguda y cortante con empuñadura y guarnición. || Persona diestra en su manejo : *excelente espada.* || *Fig.* Autoridad, figura : *es primera espada en su profesión.* || Torero que mata al toro con espada (ú. más c. m.). || Pez espada. || — Pl. En el juego de naipes, palo que representa una o más espadas : *rey, as de espadas.* || — *Fig. Echar su cuarto a espadas*, intervenir en una conversación. | *Entre la espada y la pared*, en trance apurado.
espadaña f. Hierba acuática. || Campanario formado por un muro con huecos para las campanas.
espagueti m. Spaghetti.
espalda f. Parte posterior del cuerpo humano, desde los hombros hasta la cintura (ú. t. en pl.). || Parte semejante de los animales. || Parte posterior del vestido. || Parte de atrás. Ú. t. en pl. : *las espaldas del edificio.* || Estilo de natación en el que se nada boca arriba. || — *Cargado de espaldas*, algo jorobado. || *Fig. Echarse una cosa sobre las espaldas*, encargarse voluntariamente de ella. | *Hablar de uno a sus espaldas*, hablar

en su ausencia. | *Tener guardadas las espaldas,* tener suficiente protección. | *Tirar de espaldas,* causar una gran sorpresa.
espaldar m. Parte de la coraza que servía para defender la espalda. ‖ Respaldo : *el espaldar de un banco.* ‖ Espaldera. ‖ Espalda.
espaldarazo m. Golpe dado de plano con la espada, o con la mano en las espaldas.
espaldera f. Enrejado para que trepen ciertas plantas. ‖ Serie de barras paralelas adosadas a una pared para ejecutar ejercicios gimnásticos.
espaldilla f. Omóplato. ‖ Cuarto delantero de algunas reses.
espantada f. Huida repentina de un animal. ‖ Desistimiento súbito motivado por el miedo.
espantadizo, za adj. Que se espanta fácilmente.
espantador, ra adj. Que espanta, que hace huir.
espantajo m. Lo que se pone para espantar. ‖ Espantapájaros. ‖ *Fig.* Cosa con que se amenaza a alguien. | Persona fea o ridícula.
espantapájaros m. inv. Objeto grotesco que figura un hombre y sirve para ahuyentar los pájaros.
espantar v. t. Causar espanto, asustar. ‖ Ahuyentar a un animal : *espantar las gallinas.* ‖ — V. pr. Asustarse, tener mucho miedo.
espanto m. Terror. ‖ Horror. ‖ *Fam. Estar curado de espanto,* ver algo con impasibilidad por la experiencia que se tiene.
espantoso, sa adj. Que causa espanto o terror. ‖ Horrible. ‖ *Fig.* Muy grande : *sed espantosa.* | Muy feo.
español, la adj. y s. De España. ‖ — M. Castellano, lengua.
españolada f. Dicho o hecho propio de españoles. ‖ Acción, obra literaria o espectáculo que exagera y deforma las cosas típicas de España o el carácter español.
españolear v. i. Hablar de España. ‖ Conducirse como un español.
españolería f. Españolismo.
españoleta f. Falleba.
españolismo m. Admiración o apego a las cosas españolas. ‖ Hispanismo. ‖ Carácter español.
españolización f. Acción y efecto de españolizar.
españolizar v. t. Dar carácter español a algo. ‖ Dar forma española a un vocablo o expresión de otro idioma. ‖ — V. pr. Adoptar costumbres españolas.
esparadrapo m. Tela adherente que sirve para sujetar vendajes o como apósito.
esparaván m. Gavilán.
esparavel m. Red redonda para la pesca fluvial. ‖ Tabla de madera con mango para tener la mezcla que se ha de aplicar con la llana.
esparceta f. *Bot.* Pipirigallo.
esparciata adj. y s. Espartano.
esparcimiento m. Acción y efecto de esparcir o esparcirse. ‖ Diversión : *unas horas de esparcimiento.*
esparcir v. t. Echar, derramar : *esparcir la arena.* ‖ Desparramar : *esparcir flores.* ‖ Divulgar, difundir : *esparcir una noticia.* ‖ — V. pr. Divertirse, distraerse.
espárrago m. Planta de tallos comestibles. ‖ *Fig.* Persona alta y delgaducha. ‖ *Fig. y fam. Mandar a freír espárragos,* despedir a uno de mala manera.
esparraguera f. Espárrago. ‖ Plantación de espárragos.
esparrancarse v. pr. *Fam.* Ponerse con las piernas muy abiertas.
espartano, na adj. De Esparta (ú. t. c. s.). ‖ *Fig.* Disciplinado.
esparto m. Planta con cuyas fibras se hacen sogas, esteras, etc.
espasmo m. Contracción convulsiva involuntaria de los músculos.
espasmódico, ca adj. Relativo al espasmo o parecido a él.
espatarrarse v. pr. Abrirse de piernas, despatarrarse.
espato m. *Min.* Mineral de estructura laminosa.
espátula f. Paleta pequeña de farmacéuticos, pintores, etc.
especia f. Sustancia aromática usada como condimento, como el comino, nuez moscada, clavo, pimienta, azafrán, chile.
especial adj. Particular : *servicio especial.* ‖ Fuera de lo corriente : *comida especial.* ‖ Extraño : *gusto especial.*
especialidad f. Particularidad. ‖ Parte de una ciencia o arte a que se dedica una persona. ‖ Cosa que alguien conoce o hace particularmente bien.
especialista adj. y s. Que se dedica a una especialidad. ‖ Aplícase en particular a los médicos.
especialización f. Acción y efecto de especializar o especializarse.
especializado, da adj. Dícese del que efectúa un trabajo que necesita cierta formación profesional.
especializar v. t. Destinar algo o alguien para un fin determinado. ‖ — V. pr. Adquirir conocimientos especiales para dedicarse a una ciencia o arte en particular.
especie f. Subdivisión del género : *la especie se subdivide en variedades y razas.* ‖ Conjunto de seres o cosas que tienen uno o varios caracteres comunes : *especie humana.* ‖ Género humano : *la propagación de la especie.* ‖ Variedad : *la toronja es una especie de cidra.* ‖ Género, clase : *gente de toda especie.* ‖ Asunto : *se trató de aquella especie.* ‖ Noticia : *una especie falsa.* ‖ — Pl. *Teol.* Apariencias del pan y el vino después de la consagración. ‖ *En especie,* en mercancías o productos y no en metálico : *pagar en especie.*
especiería f. Tienda de especias. ‖ Conjunto de especias.
especificación f. Acción y efecto de especificar.
especificar v. t. Determinar con todo detalle. ‖ Precisar.
especificativo, va adj. Que especifica.
especificidad f. Carácter específico.
específico, ca adj. Que caracteriza y distingue una especie de otra. ‖ *Fís. Peso específico,* relación entre la masa o peso de un cuerpo y su volumen. ‖ — M. *Med.* Medicamento apropiado para tratar una enfermedad determinada. | Medicamento preparado en laboratorios y no en la misma farmacia.
espécimen m. Muestra, modelo. ‖ Ejemplar (Pl. *especímenes.*)
especioso, sa adj. Engañoso.
espectacular adj. Que tiene caracteres de espectáculo público. ‖ Impresionante, aparatoso, ostentoso.
espectacularidad f. Calidad de espectacular.
espectáculo m. Función o diversión pública. ‖ Lo que atrae la atención : *el espectáculo de la naturaleza.* ‖ *Fig. Dar el espectáculo,* armar un escándalo ; llamar la atención.

espectador, ra adj. y s. Dícese de la persona que presencia cualquier acontecimiento y más particularmente un espectáculo público. ‖ — M. pl. Público.
espectral adj. Del espectro.
espectro m. Figura fantástica y horrible, aparecido, fantasma. ‖ *Fig.* y *fam.* Hombre de aspecto cadavérico. ‖ *Fís.* Resultado de la descomposición de la luz a través de un prisma.
espectroscopio m. *Fís.* Instrumento que sirve para observar un espectro luminoso.
especulación f. Reflexión : *especulación filosófica.* ‖ *Com.* Operación consistente en comprar algo con la idea de venderlo sacando un beneficio.
especulador, ra adj. y s. Que especula : *especuladores de la Bolsa.*
especular v. i. Reflexionar, meditar, raciocinar : *especular sobre la esencia de las cosas.* ‖ Hacer operaciones comerciales o financieras de las cuales se espera sacar provecho gracias a las variaciones de los precios o de las cotizaciones. ‖ Comerciar, negociar : *especular en carbones.* ‖ Utilizar algo para obtener provecho o ganancia : *especular con su cargo.*
especulativo, va adj. *Com.* Relativo a la especulación. ‖ Teórico : *conocimientos especulativos.* ‖ Pensativo y dado a la especulación. ‖ — F. Inteligencia, facultad de especular.
espéculo m. Instrumento para examinar por la reflexión luminosa ciertas cavidades del cuerpo.
espejear v. i. Reflejar la luz de manera intermitente.
espejero m. Fabricante o vendedor de espejos.
espejismo m. Ilusión óptica característica de los países cálidos, particularmente de los desiertos, por la cual los objetos lejanos producen una imagen invertida como si se reflejasen en una superficie líquida. ‖ *Fig.* Ilusión engañosa.
espejo m. Lámina de cristal azogada por la parte posterior para reflejar los objetos. ‖ Superficie que refleja los objetos : *el espejo del mar.* ‖ *Fig.* Imagen, reflejo : *los ojos son el espejo del alma.* | Modelo, ejemplo : *espejo de ciudadanía.* ‖ *Mar. Espejo de popa,* superficie exterior de la popa.
espejuelo m. Instrumento de madera con espejitos que se hacen girar al sol para atraer a las alondras y cazarlas. ‖ *Fig.* Cosa atractiva que se muestra a alguien para seducirle. ‖ — Pl. *Amer.* Anteojos, lentes.
espeleología f. Estudio y exploración de las grutas o cavernas.
espeleólogo m. El que se dedica a la espeleología.
espeluznante adj. Espantoso.
espeluznar v. t. Hacer erizarse el cabello. ‖ Espantar, horrorizar.
espera f. Acción y efecto de esperar.. ‖ Tiempo durante el cual se espera. ‖ Plazo concedido para la ejecución de una cosa.
esperantista adj. Relativo al esperanto : *congreso esperantista.* ‖ — Adj. y s. Partidario y defensor del esperanto.
esperanto m. Lengua internacional creada en 1887 por el médico polaco Zamenhof, basada en la internacionalidad máxima de las raíces y en la invariabilidad de los elementos lexicológicos.
esperanza f. Confianza en lograr una cosa o en que ocurra algo deseado. ‖ Objeto de esta confianza : *vivir de esperanzas.* ‖ Una de las tres virtudes teologales.
esperanzador, ra adj. Alentador.
esperanzano, na adj. y s. De La Esperanza (Honduras).
esperanzar v. t. Dar esperanzas.
esperar v. t. e i. Confiar en que vaya a ocurrir algo que se desea : *esperar tener éxito.* ‖ Desear : *espero que todo te vaya bien.* ‖ Contar con la llegada de una persona o cosa : *esperar una carta.* ‖ Permanecer en un sitio hasta que llegue una persona o cosa que ha de venir. ‖ Dejar pasar cierto tiempo. ‖ Prever, suponer. Ú. t. c. pr. : *no me esperaba tal cosa.* ‖ Suponer que va a ocurrir algo : *muchas dificultades le esperan.* ‖ Tener confianza : *esperar en Dios.*
esperma amb. Líquido seminal. ‖ *Amer.* Candela, vela.
espermático, ca adj. Del o de la esperma : *canal espermático.*
espermatozoide m. *Anat.* Célula reproductora masculina.
esperpéntico, ca adj. Relativo al esperpento.
esperpento m. *Fam.* Persona fea o ridícula por su desaliño. ‖ Género literario, creado por Valle-Inclán, en el que se deforma de modo continuo la realidad.
espesamiento m. Acción y efecto de espesar.
espesar v. t. Volver más espeso : *espesar el chocolate* (ú. t. c. pr.).
espeso, sa adj. Poco fluido : *salsa espesa.* ‖ Denso : *humo espeso.* ‖ Tupido : *bosque, tejido espeso.* ‖ Grueso : *muros espesos.*
espesor m. Grueso.
espesura f. Calidad de espeso. ‖ Sitio muy poblado de árboles.
espetar v. t. Poner en el asador. ‖ Traspasar : *le espetó una cuchillada.* ‖ *Fig.* y *fam.* Soltar : *le espetó un sermón.*
espeto m. Espetón, asador.
espetón m. Varilla de hierro para asar carne o pescado.
espía com. Persona encargada de recoger informaciones secretas sobre una potencia extranjera. ‖ Persona que observa con disimulo las acciones de otra o intenta conocer sus secretos.
espiar v. t. Observar con disimulo lo que pasa o se dice.
espichar v. i. *Fam.* Morirse : *más vale disfrutar de la vida antes de espichar.*
espiche m. Estaquilla para tapar un agujero.
espiga f. Conjunto de flores o frutos situados a lo largo de un tallo común : *espiga de trigo.* ‖ Parte superior de la espada en donde se asegura la guarnición. ‖ Extremidad de un madero o eje, adelgazada para entrar en el hueco de otro. ‖ Clavija. ‖ Dibujo parecido a la espiga del trigo : *tela de espiga.*
espigado, da adj. Aplícase a las plantas crecidas hasta la completa madurez de su semilla. ‖ Dícese del árbol nuevo de tronco muy elevado. ‖ *Fig.* Alto, crecido de cuerpo.
espigar v. t. Recoger las espigas que quedan en el rastrojo. ‖ *Fig.* Recoger : *espigar datos en los libros.* ‖ — V. i. Empezar las plantas a echar espiga. ‖ — V. pr. *Fig.* Crecer mucho una persona : *este chico se ha espigado mucho.*
espigón m. Malecón que protege la orilla de un río o la costa marítima. ‖ Aguijón. ‖ Punta de una cosa.

espiguilla f. Cada una de las espigas secundarias cuya reunión forma la espiga principal. || Dibujo parecido a la espiga : *tela de espiguillas.*
espín m. Puerco espín. || *Fís.* Momento cinético del electrón.
espina f. Púa que tienen algunas plantas. || Astilla pequeña : *clavarse una espina en el pie.* || *Anat.* Espinazo : *espina dorsal.* || Hueso de pez : *el arenque tiene muchas espinas.* || *Fig.* Pena muy grande y duradera : *tener* o *llevar clavada una espina en el corazón.* || — *Fig.* y *fam. Eso me da mala espina,* eso me parece raro o me preocupa. | *Sacarse la espina,* desquitarse de algo.
espinaca f. Hortaliza de hojas comestibles.
espinal adj. Relativo al espinazo.
espinapez m. Disposición de un entarimado con las tablas formando zigzag en direcciones diagonales.
espinazo m. *Anat.* Columna vertebral. || *Arq.* Clave de bóveda o arco.
espinela f. Décima, combinación métrica de diez versos octosílabos debida al escritor español Vicente Espinel (1550-1624).
espineta f. Clavicordio pequeño.
espingarda f. Escopeta muy larga que usaban los moros. || *Fam.* Persona muy alta y delgada.
espinilla f. Parte anterior de la canilla de la pierna. || Grano, tumorcillo de la piel.
espinillera f. Pieza de la armadura que cubría la espinilla. || Pieza que protege la espinilla de los trabajadores o deportistas.
espino m. Arbusto espinoso rosáceo de flores blancas. || *Espino artificial,* alambre con pinchos.
espinoso, sa adj. Que tiene espinas. || *Fig.* Difícil, delicado.
espionaje m. Trabajo de espía. || *Fig.* Vigilancia secreta.
espiración f. Segundo tiempo de la respiración en que se expele el aire.
espirador, ra adj. De la espiración o que sirve para producirla.
espiral adj. De forma de espiral : *línea, escalera espiral.* || — F. Curva que se desarrolla alrededor de un punto del cual se aleja progresivamente. || Muelle del volante de un reloj. || Dispositivo intrauterino que se coloca con fines anticonceptivos.
espirar v. i. Expulsar el aire aspirado (ú. t. c. t.). || Respirar. || — V. t. Exhalar : *espirar un olor.*
espiritismo m. Doctrina según la cual por ciertos procedimientos los vivos pueden entrar en comunicación con el alma de los difuntos.
espiritista adj. Relativo al espiritismo. || Que cree en el espiritismo y lo practica (ú. t. c. s.).
espíritu m. Alma : *espíritu humano.* || Ser inmaterial : *los ángeles son espíritus.* || Aparecido o ser sobrenatural como los genios y gnomos. || Don sobrenatural : *espíritu de profecía.* || Tendencia natural : *espíritu de sacrificio.* || Sentido profundo : *el espíritu de una ley.* || Manera de pensar propia de un grupo de personas : *espíritu de clase.* || *Fig.* Ánimo, valor : *ser de mucho espíritu.* | Vivacidad del ingenio. || *Quím.* Sustancia extraída : *espíritu de vino.* || — Pl. Demonios. || — *Espíritu maligno,* el demonio. || *Espíritu Santo,* tercera persona de la Santísima Trinidad.
espiritual adj. Del espíritu : *vida espiritual.* || Formado sólo por el espíritu, inmaterial. || Religioso : *poder espiritual.*
espiritualidad f. Calidad de espiritual. || Obra espiritual
espiritualización f. Acción y efecto de espiritualizar.
espiritualizar v. t. Hacer espiritual a una persona. || Dar carácter espiritual.
espita f. Canilla de cuba.
esplender v. i. Resplandecer.
esplendidez f. Belleza || Magnificencia. || Generosidad, liberalidad.
espléndido, da adj. Magnífico : *un día espléndido.* || Generoso, liberal : *un hombre espléndido.* || Resplandeciente.
esplendor m. Resplandor, brillo. || Esplendidez, magnificencia. || *Fig.* Lustre, nobleza. | Apogeo.
esplendoroso, sa adj. Resplandeciente. || Espléndido, magnífico.
esplénico, ca adj. Relativo al bazo : *arteria esplénica.*
esplenio m. *Anat.* Músculo largo y aplanado que une las vértebras cervicales con la cabeza.
espliego m. Planta labiada de cuyas flores azules se extrae una esencia.
esplín m. Hastío, tedio.
espolear v. t. Picar con la espuela. || *Fig.* Incitar, estimular.
espoleta f. Dispositivo que provoca la explosión de los proyectiles.
espoliador, ra adj. y s. Que espolia.
espoliar v. t. Despojar.
espolio m. (Ant.). Entierro.
espolón m. Protuberancia ósea en el tarso de varias aves gallináceas. || *Arq.* Contrafuerte. || Tajamar de un puente y de un barco. || Malecón para contener las aguas de un río o del mar.
espolonazo m. Golpe dado con el espolón.
espolvorear v. t. Quitar el polvo. || Esparcir en una cosa algo que está en polvo.
espongiarios m. pl. *Zool.* Animales acuáticos fijos cuyo cuerpo está compuesto de alveolos y de un esqueleto calcáreo (ú. t. c. adj.).
esponja f. *Zool.* Cualquier animal espongiario. || Esqueleto de estos animales empleado para diversos usos. || Imitación artificial de este esqueleto : *esponja de plástico.* || *Quím.* Masa esponjosa.
esponjamiento m. Acción y efecto de esponjar o esponjarse.
esponjar v. t. Volver esponjoso. || Dar volumen : *esponjar el pelo.*
esponjosidad f. Calidad de esponjoso.
esponjoso, sa adj. Muy poroso, como las esponjas.
esponsales m. pl. Promesa mutua de matrimonio.
espontaneidad f. Calidad de espontáneo.
espontáneo, a adj. Voluntario, sin influencia externa. || Natural : *carácter espontáneo.* || Que crece sin cultivo. || *Generación espontánea,* aparición espontánea de los seres vivos a partir de la materia inerte. || — M. *Taurom.* Espectador que se lanza al ruedo para torear
espora f. Célula reproductora de las criptógamas y algunos protozoos.
esporádico, ca adj. *Med.* Aplícase a las enfermedades que no tienen carácter epidémico ni endémico. || *Fig.* Aislado.
esporangio m. *Bot.* Cápsula donde están las esporas.
esporozoarios y **esporozoos** m. pl. Protozoarios parásitos que se reproducen por medio de esporas (ú. t. c. adj.).

esportada f. *Fig. A esportadas,* en abundancia.
esportillo m. Capazo de esparto o de palma.
esporulación f. *Bot.* Reprodución por esporas. | Formación y emisión de las esporas.
esposado, da adj. y s. Casado.
esposar v. t. Ponerle a uno esposas.
esposo, sa m. y f. Persona que ha contraído matrimonio. || En relación con una persona, la que está casada con ella. || — F. pl. Manillas unidas por una cadena con las cuales se sujetan las muñecas de los presos.
esprint m. Sprint.
espuela f. Espiga de metal terminada en una rodajita con puntas ajustada al talón para picar a la cabalgadura. || *Fig.* Estímulo, aliciente : *la espuela del deseo.* | Última copa.
espuerta f. Cesta de esparto, palma o incluso materia plástica usada sobre todo para transportar materiales y escombros.
espulgar v. t. Quitar las pulgas o piojos. || *Fig.* Examinar de muy cerca para quitar lo malo.
espulgo m. Eliminación de pulgas o piojos. || *Fig.* Examen detenido.
espuma f. Conjunto de burbujas que se forman en la superficie de un líquido. || Parte del jugo o de las impurezas que suben a la superficie de algunos líquidos cuando hierven.
espumadera f. Cuchara grande con agujeros que sirve para espumar.
espumar v. t. Quitar la espuma : *espumar un licor, el caldo.* || — V. i. Formar espuma.
espumarajo m. Saliva espumosa arrojada en abundancia por la boca.
espumoso, sa adj. Que tiene o forma espuma.
espúreo adj. Barb. por *espurio.*
espurio, ria adj. Bastardo : *hijo espurio.* || *Fig.* Adulterado.
espurrear y **espurriar** v. t. Rociar con un líquido.
esputar v. t. Expectorar.
esputo m. Lo que se escupe.
esqueje m. Tallo joven de una planta que se introduce en la tierra para que forme una planta nueva.
esquela f. Carta breve : *esquela amorosa.* || Carta para comunicar una invitación o ciertas noticias. || *Esquela de defunción,* notificación de la muerte de alguien por medio de una carta especial o de un artículo en el periódico con recuadro negro.
esquelético, ca adj. Del esqueleto. || *Fam.* Muy flaco.
esqueleto m. Armazón ósea de los vertebrados o partes duras de los artrópodos. || *Fig.* Armazón, armadura. | Bosquejo, plan. | Persona muy flaca.
esquema m. Representación de una figura sin entrar en detalles, indicando solamente sus relaciones y funcionamiento. || Plan, bosquejo.
esquemático, ca adj. Representado por o perteneciente a un esquema. || Sin detalles.
esquematismo m. Procedimiento esquemático.
esquematización f. Acción y efecto de esquematizar.
esquematizar v. t. Representar una cosa de forma esquemática : *con ayuda de los otros compañeros esquematizó en un gran cuadro toda la historia de España.*
esquí m. Plancha de madera o de metal, larga, estrecha y algo encorvada en la punta para patinar sobre nieve o agua. (Pl. *esquíes* o *esquís.*) || Deporte practicado sobre estos utensilios.
esquiador, ra m. y f. Persona que esquía.
esquiar v. i. Patinar con esquíes.
esquife m. Barco pequeño que se lleva en la nave para saltar a tierra. || Barco muy estrecho y alargado para un solo tripulante utilizado en competiciones deportivas.
esquila f. Cencerro. || Campanilla. || Esquileo del ganado.
esquilador, ra m. y f. Persona que se dedica al esquileo. || — F. Maquinilla para esquilar.
esquilar v. t. Cortar con tijeras o maquinilla la lana o el pelo de los animales.
esquileo m. Operación consistente en esquilar los animales.
esquilmar v. t. *Fig.* Agotar. | Empobrecer. | Despojar : *esquilmar a uno.*
esquimal adj. y s. Que pertenece a las regiones polares.
esquina f. Ángulo exterior formado por dos superficies unidas por uno de sus lados.
esquinado, da adj. Que hace esquina o forma ángulos. || *Fig.* De trato difícil, huraño.
esquinar v. t. e i. Formar esquina. || Poner en una esquina.
esquinazo m. Esquina. || *Dar esquinazo a uno,* dejarle plantado.
esquirla f. Fragmento pequeño de un hueso roto.
esquirol m. *Fam.* Obrero que sustituye a un huelguista o que acude al trabajo cuando hay huelga.
esquisto m. Pizarra.
esquistoso, sa adj. Laminar.
esquivar v. t. Evitar con habilidad, rehuir algo molesto. || — V. pr. Excusarse de hacer algo.
esquivo, va adj. Arisco, desdeñoso.
esquizofrenia f. Enfermedad mental caracterizada por la disociación de las funciones psíquicas.
esquizofrénico, ca adj. y s. Que padece esquizofrenia.
esquizomicetos m. pl. Bacterias (ú. t. c. adj.).
estabilidad f. Equilibrio : *la estabilidad de un avión.* || Firmeza, resistencia : *la estabilidad de un puente.* || Permanencia, duración : *la estabilidad del poder.* || Seguridad : *la estabilidad de una situación.*
estabilización f. Acción y efecto de estabilizar. || *Planos de estabilización de un avión,* dispositivo para dar estabilidad al avión.
estabilizador, ra adj. Que estabiliza (ú. t. c. s.). || — M. Mecanismo para dar estabilidad.
estabilizar v. t. Dar estabilidad. || Fijar oficialmente el valor de una moneda o el precio de las mercancías : *estabilizar los precios.*
estable adj. Que no está en peligro de caerse, bien equilibrado. || Seguro, duradero. || Constante : *carácter estable.*
establecedor, ra adj. Que establece (ú. t. c. s.).
establecer v. t. Instalar. || Fundar, instituir : *establecer la República.* || Fijar : *establecer una regla.* || — V. pr. Instalarse : *establecerse en París.*
establecimiento m. Fundación, institución. || Fijación : *establecimiento de una regla.* || Local donde se desarrolla una actividad de enseñanza o de beneficencia : *establecimiento docente.* || Lugar donde se ejerce

una actividad comercial o industrial. || Colonia fundada en un país por habitantes de otro.
establo m. Lugar cubierto donde se encierra el ganado.
estabulación f. Permanencia del ganado en el establo.
estaca f. Palo terminado por una punta que se clava en el suelo. || Rama verde que se planta para que arraigue. || Palo grueso : *apalear con una estaca.*
estacada f. Valla hecha con estacas. || *Fig.* y *fam. Dejar en la estacada,* abandonar en una situación apurada.
estacar v. t. Deslindar o señalar con estacas.
estacazo m. Golpe dado con estaca. || *Fig.* Fracaso, quebranto.
estación f. Cada una de las cuatro épocas en que se divide el año y que son la primavera, el verano, el otoño y el invierno. || Temporada, período : *estación de lluvias.* || Lugar donde se pasa una temporada : *estación balnearia.* || Lugar donde paran los trenes y edificios administrativos allí instalados : *estación de metro.* || Establecimiento donde se efecúan investigaciones científicas : *estación meteorológica.* || *Rel.* Visita que se hace a las iglesias para rezar ante el Santísimo en determinadas ocasiones : *las estaciones de Semana Santa.* || Oraciones rezadas en estas ocasiones. || Estado, posición : *estación vertical.* || — *Estación de radio,* emisora. || *Estación de servicio,* puesto donde se alimentan los vehículos en gasolina, aceite, agua, etc.
estacional adj. Propio y peculiar de una estación del año. || *Obrero estacional,* el que sólo trabaja durante ciertas estaciones.
estacionamiento m. Acción y efecto de estacionar. || Lugar donde se estaciona.
estacionar v. t. Dejar momentáneamente un vehículo en un lugar público autorizado para ello (ú. t. c. pr.). || Dejar algo parado. || — V. pr. Quedarse estacionario, dejar de progresar.
estacionario, ria adj. Que no sufre ningún cambio. || Temporal : *el paro estacionario.*
estada f. Estancia.
estadía f. Estancia.
estadio m. Lugar público con graderíos para competiciones deportivas. || Fase, período relativamente corto.
estadista m. Hombre que participa en la dirección del Estado, que se ocupa de política. || Estadístico, especialista en estadística.
estadístico, ca adj. De la estadística. || — M. Especialista en estadística. || — F. Ciencia que se ocupa de la reunión de todos los hechos que se pueden valorar numéricamente para hacer comparaciones entre las cifras y sacar conclusiones aplicando la teoría de las probabilidades. || — Pl. Conjunto de los hechos así reunidos.
estado m. Manera de ser : *estado de salud.* || Forma en que se presenta una cosa : *estado sólido.* || Condición : *en estado de funcionamiento.* || Situación : *estado de los negocios.* || Condición social : *estado de casado.* || Nación o grupo de territorios autónomos que forman una nación. || Gobierno, administración superior : *la Iglesia y el Estado.* || Forma de gobierno : *Estado monárquico.* || Inventario : *estado de gastos.* || — *Estado civil,* condición de cada individuo en relación con los derechos y obligaciones civiles. || *Fam. Estado interesante,* embarazo. || *Estado llano,* antigua clase formada por el pueblo. || *Estado mayor,* el cuadro técnico de un ejército. || *Golpe de Estado,* acción de apoderarse violenta e ilegalmente del poder. || *Razón de Estado,* justificación de un acto injusto por el interés nacional. || *Tomar estado,* casarse.
estadounidense adj. y s. De Estados Unidos de Norteamérica : *la poderosa influencia política estadounidense.*
estafa f. Timo.
estafador, ra m. y f. Persona que estafa.
estafar v. t. Sacar dinero o cosas de valor con engaño. || Cobrar más de lo justo. || Pagar menos de lo debido.
estafeta f. Correo ordinario que iba de un lugar a otro. || Oficina del correo, especialmente la que depende de la central en una ciudad. || Correo especial diplomático.
estafiate m. *Méx.* Ajenjo.
estafilococo m. Microbio redondeado que se agrupa en racimos y produce el furúnculo, el ántrax, etc.
estalactita f. *Geol.* Concreción calcárea formada en la bóveda de las cuevas por el agua.
estalagmita f. *Geol.* Concreción calcárea formada en el suelo de las cuevas por las gotas que caen de la bóveda y se evaporan.
estallar v. i. Reventar violentamente y con ruido : *estallar una bomba.* || *Fig.* Suceder de repente : *estalló un incendio.* | Manifestarse bruscamente : *estalló su cólera.* | Irritarse : *eso le hizo estallar.*
estallido m. Acción y efecto de estallar. || Ruido producido.
estambre m. Hebra larga del vellón de lana. || Tejido malo hecho con estas hebras. || Órgano sexual masculino de las plantas fanerógamas.
estamento m. Cada uno de los cuatro Estados que concurrían a las Cortes de Aragón. || Cada uno de los dos cuerpos colegisladores establecidos en España por el Estatuto real de 1834. || Clase. || Grado.
estameña f. Tejido de lana con urdimbre de estambre.
estampa f. Imagen, grabado impreso. || *Fig.* Aspecto, traza, figura : *hombre de buena estampa.* | Huella : *la estampa del genio.* | Símbolo : *estampa de caballerosidad.*
estampación f. Impresión.
estampado, da adj. Aplícase a las telas en que se estampan dibujos (ú. t. c. s. m.). || — M. Estampación. || Operación para estampar los metales.
estampador, ra m. y f. Persona que estampa.
estampar v. t. Imprimir. || Dejar huella : *estampar el pie en la arena.* || *Fam* Arrojar, hacer chocar contra algo : *estampó la botella contra la pared.* | Asestar, dar : *le estampó una bofetada.* || Producir una forma en relieve en una chapa metálica.
estampía (de) m. adv. De repente, de prisa : *salir de estampía.*
estampida f. Estampido.
estampido m. Ruido fuerte como el producido por una cosa que estalla o explota.
estampilla f. Sello en que están dibujadas la firma y rúbrica de una persona. || Sello que se imprime en los documentos para atestiguar su autenticidad o para indicar que cierto derecho ha sido pagado. || *Amer.* Sello de correos o fiscal
estampillado m. Acción y efecto de estampillar. || Matasellos.
estampillar v. t. Imprimir una estampilla : *estampillar documentos.*

estampita f. Grabado pequeño. ‖ *Timo de la estampita*, engaño consistente en cambiar algo por un fajo de supuestos billetes de banco.
estancación f. y **estancamiento** m. Detención. ‖ *Fig.* Situación en que parece imposible seguir adelante : *el estancamiento de las negociaciones.*
estancar v. t. Detener, parar : *estancar la sangre.* ‖ Embalsar : *estancar las aguas para el riego* (ú. t. c. pr.). ‖ Monopolizar la venta de ciertas mercancías : *estancar el tabaco.* ‖ *Fig.* Detener, dejar en suspenso : *estancar un negocio.* ‖ — V. pr. Quedar en suspenso o parado.
estancia f. Permanencia en un sitio. ‖ Precio que se paga por alojarse cierto tiempo en un sitio. ‖ Tiempo que se queda un enfermo en un hospital y cantidad que por ello paga. ‖ Morada. ‖ Habitación de una vivienda. ‖ Estrofa. ‖ *Amer.* Hacienda de campo. ‖ *Rioplat.* y *Chil.* Finca de ganadería.
estanciero m. *Amer.* Dueño o encargado de una estancia.
estanco, ca adj. Que no deja filtrar el agua. ‖ — M. Prohibición de la venta libre de una mercancía, monopolio : *el estanco del tabaco.* ‖ Sitio donde se despachan los géneros estancados. ‖ Tienda donde se venden tabaco, cerillas y sellos.
estândar m. Tipo, modelo, patrón. ‖ Nivel.
estandardización f. Estandarización.
estandardizar v. t. Estandarizar.
estandarización f. Tipificación, normalización.
estandarizar v. t. Tipificar, normalizar.
estandarte m. Insignia, bandera.
estanque m. Balsa de agua artificial para el riego o el adorno.
estanquero, ra m. y f. Persona encargada de un estanco.
estante adj. Fijo y permanente en un sitio : *estar estante en París.* ‖ — M. Anaquel, tabla que sirve para colocar objetos. ‖ Mueble formado por un conjunto de anaqueles.
estantería f. Conjunto de estantes.
estañado m. y **estañadura** f. Baño o soldadura con estaño. ‖ Aleación para estañar.
estañador m. El que estaña.
estañar v. t. Cubrir o soldar con estaño : *estañar una cacerola.*
estaño m. Metal blanco (símb. Sn), relativamente ligero, muy maleable e inalterable al aire, usado para soldar y para proteger otros metales. ‖ *Arg. Fam.* Mostrador de bar.
estaquear v. t. *Amer.* Hincar estacas en el suelo para hacer un cercado.
estar v. i. Hallarse con cierta permanencia en un lugar : *estar en casa.* ‖ Indica un estado momentáneo : *estar de rodillas.* ‖ Indica la fecha : *estamos a martes.* ‖ Sentar bien o mal : *este traje le está ancho.* ‖ Ir vestido : *estar de paisano.* ‖ Tener como actividad : *estar de embajador.* ‖ Entender : *¿ estás en ello ?* ‖ Costar : *el pan está muy caro.* ‖ Junto con el gerundio, indica la duración de la acción : *estar durmiendo.* ‖ — *Fam. Estar al caer,* hablando de horas, estar a punto de sonar; estar a punto de ocurrir un suceso. | *Estar al tanto,* estar al corriente. ‖ *Estar bien,* gozar de buena salud, situación, comodidades, etc. ‖ *Estar bien con uno,* llevarse bien. ‖ *Estar de más,* sobrar. ‖ *Estar en todo,* ocuparse de todo. ‖ *Estar para,* estar a punto de hacer algo ; estar de cierto humor. ‖ *Estar por,* quedar por hacer una cosa ; estar uno a favor de otro. ‖ — V. pr. Permanecer : *estarse quieto.*
estarcir v. t. Pasar una brocha por un dibujo previamente recortado para reproducirlo.
estatal adj. Del Estado : *las subvenciones estatales a las industrias de interés público.*
estático, ca adj. Relativo al equilibrio de las fuerzas : *energía estática.* ‖ Que no se mueve, que permanece en el mismo sitio o estado. ‖ *Fig.* Que se queda parado de asombro o de emoción. ‖ — F. Parte de la mecánica que estudia el equilibrio de los sistemas de fuerzas.
estatificar v. t. Nacionalizar.
estatismo m. Sistema político en el cual el Estado interviene directamente en el terreno económico. ‖ Inmovilidad.
estator m. Parte fija de un motor o generador eléctrico.
estatorreactor m. Motor de reacción sin órgano móvil, constituido por una tobera de propulsión térmica.
estatua f. Escultura labrada a bulto que representa un ser animado.
estatuaria f. Arte de hacer estatuas.
estatuir v. t. e i. Establecer.
estatura f. Altura de persona.
estatutario, ria adj. Conforme a los estatutos o designado por ellos.
estatuto m. Reglamento que rige el funcionamiento de una comunidad, asociación o sociedad. ‖ Régimen jurídico. ‖ Ley básica por la cual un Estado concede autonomía a una de sus regiones : *el estatuto catalán.*
estay m. *Mar.* Cabo que sujeta la cabeza de un mastelero.
este m. Parte del horizonte por donde sale el Sol, oriente. ‖ Uno de los cuatro puntos cardinales. ‖ Parte oriental de un país o región.
este, esta, estos, estas adj. dem. Designan lo que se halla más cerca de la persona que habla o lo que se acaba de mencionar : *este periódico ; estas mujeres ; este objetivo.* ‖ Expresa el tiempo actual o inmediatamente pasado : *este año.*
estearina f. Cuerpo graso constituyente de las grasas animales.
estela f. Huella o rastro momentáneo que deja el barco en la superficie del agua, un cuerpo luminoso en el cielo o cualquier cuerpo en movimiento en el espacio. ‖ *Fig.* Rastro que queda de una cosa. ‖ Monumento en forma de lápida, pedestal o trozo de columna destinado a llevar una inscripción conmemorativa.
estelar adj. De las estrellas. ‖ *Fig.* De más importancia : *el combate estelar de la reunión de boxeo desilusionó al público.*
estenio m. Unidad de fuerza en el sistema M. T. S., equivalente a 10^3 newtons (símb. sn).
estenografía f. Taquigrafía.
estenografiar v. t. Taquigrafiar.
estenógrafo, fa m. y f. Taquígrafo.
estenotipia f. Transcripción rápida de la palabra por medio de un estenotipo.
estenotipista com. Persona que se dedica a la estenotipia.
estenotipo m. Máquina para transcribir discursos mediante una forma fonética simplificada.
esténtor m. *Fam.* Hombre que tiene una voz muy fuerte.
estentóreo, a adj. Muy fuerte.
estepa f. Llanura extensa con una vegetación discontinua.

éster m. Cuerpo derivado de la acción de un ácido sobre un alcohol.
estera f. Tejido de esparto, juncos u otros tallos entrelazados usado para cubrir el suelo. ‖ Felpudo.
esterar v. t. Cubrir con esteras.
estercoladura f. y **estercolamiento** m. Abono con estiércol.
estercolar v. t. Abonar las tierras con estiércol.
estercolero m. Lugar donde se amontona el estiércol. ‖ *Fig.* Sitio muy sucio.
estéreo adj. Estereofónico. ‖ — F. Estereofonía.
estereofonía f. Reproducción de los sonidos destinada a dar la impresión del relieve acústico.
estereofónico, ca adj. De la estereofonía.
estereoscopia f. Visión en relieve mediante un estereoscopio.
estereoscópico, ca adj. Relativo al estereoscopio.
estereoscopio m. Instrumento óptico que da la ilusión del relieve.
estereotipado, da adj. Dícese de los gestos, expresiones que se repiten constantemente.
estereotipar v. t. *Impr.* Fundir en planchas o clichés una composición tipográfica. | Imprimir con estas planchas. ‖ *Fig.* Fijar, hacer inmutable : *expresión estereotipada.*
estereotipia f. Reproducción por medio de estereotipos. ‖ Taller donde se estereotipa. ‖ Máquina de estereotipar.
estereotipo m. Plancha o cliché de imprenta. ‖ *Fig.* Imagen o idea adoptada por un grupo, concepción muy simplificada de algo o de alguien.
estéril adj. Que nada produce : *terreno estéril.* ‖ Que no puede tener hijos : *mujer estéril.* ‖ *Fig.* Inútil, sin resultalo : *conversaciones estériles.* ‖ Que no contiene ningún fermento o microbio.
esterilidad f. Condición de estéril
esterilización f. Acción y efecto de esterilizar.
esterilizador, ra adj. Que esteriliza. ‖ — M. Aparato empleado para esterilizar.
esterilizante adj. Que esteriliza.
esterilizar v. t. Volver estéril. ‖ *Med.* Destruir los fermentos o microbios : *esterilizar la leche.*
esterlina adj. f. V. LIBRA *esterlina.*
esternón m. *Anat.* Hueso plano situado en la parte anterior de la caja torácica al cual están unidas las costillas verdaderas.
estero m. Estuario. ‖ *Arg.* Terreno pantanoso.
estertor m. Respiración anhelosa de los moribundos. ‖ Ruido producido por el paso del aire a través de las mucosidades. ‖ *Estar en los últimos estertores,* próximo a morir.
estertóreo, a adj. Con estertor.
esteta com. Amante de la belleza.
estético, ca adj. De la estética. ‖ De la belleza. ‖ Artístico, bello : *postura estética.* ‖ *Cirugía estética,* la que corrige las alteraciones no patológicas del cuerpo humano. ‖ — M. El que se dedica a la estética. ‖ — F. Ciencia que trata de la belleza en general y de los sentimientos que suscita en el hombre.
estetoscopia f. *Med.* Auscultación por medio del estetoscopio.
estetoscopio m. *Med.* Instrumento para auscultar el pecho.
esteva f. Pieza curva por donde se empuña el arado.
estiaje m. Caudal mínimo de un río en verano. ‖ Período en que ocurre el descenso de nivel del río.
estiba f. *Mar.* Carga en la bodega de los barcos. | Colocación de esta carga. ‖ Apilado.
estibador m. El que estiba.
estibar v. t. Apretar las cosas para que quepan más en un mismo sitio. ‖ *Mar.* Colocar convenientemente la carga en un barco.
estiércol m. Excrementos de los animales. ‖ Materias vegetales descompuestas y excrementos que se usan como abono.
estigarribeño, ña adj. y s. De Mariscal Estigarribia (Paraguay).
estigma m. Huella que deja en el cuerpo una enfermedad o lesión. ‖ Marca que se imponía con hierro candente como pena infamante. ‖ *Fig.* Huella vergonzosa. ‖ *Bot.* Parte superior del pistilo de la flor que recibe el polen.
estigmatización f. Acción y efecto de estigmatizar.
estigmatizar v. t. Marcar con hierro candente. ‖ *Fig.* Infamar. | Censurar, condenar : *estigmatizar el vicio.*
estilar v. t. Acostumbrar. ‖ — V. pr. Usarse, ser costumbre hacer, llevar o utilizar algo : *los jubones ya no se estilan.*
estilete m. Pieza en forma de aguja. ‖ Punzón de escribir. ‖ Pequeño puñal.
estilista com. Escritor de estilo muy elegante y pulcro.
estilístico, ca adj. Del estilo. ‖ — F. Estudio científico de los recursos que ofrece el estilo.
estilización f. Acción y efecto de estilizar.
estilizar v. t. Representar artísticamente un objeto por sus rasgos característicos.
estilo m. Punzón con que escribían los antiguos en sus tablillas. ‖ Manera de expresarse : *el estilo de Cervantes.* ‖ Modo de escribir o hablar propio de los varios géneros literarios : *estilo oratorio.* ‖ Carácter original de un artista, arte, época, escuela, nación, etc. : *estilo colonial.* ‖ Manera de comportarse : *no me gusta el estilo de esta chica.* ‖ Manera de hacer algo : *tiene un estilo muy particular para peinarse.* ‖ Clase, categoría : *esta mujer tiene mucho estilo.* ‖ Manera de practicar un deporte : *estilo mariposa.* ‖ *Bot.* Prolongación del ovario que sostiene el estigma. ‖ *Rioplat.* Música típica y popular tocada con la guitarra y baille y canción que la acompañan.
estilográfico, ca adj. Que sirve para la estilográfica : *tinta estilográfica.* ‖ — Adj. y s. f. Pluma que almacena tinta en el mango.
estilógrafo m. *Col.* Estilográfica.
estima f. Opinión favorable que se tiene de una persona o cosa : *tengo en gran estima todo lo que ha dicho o escrito.*
estimable adj. Apreciable.
estimación f. Evaluación, valoración. ‖ Estima.
estimador, ra adj. y s. Que estima o valora.
estimar v. t. Evaluar, valorar. ‖ Juzgar, creer, considerar : *estimo que no merecía este castigo.* ‖ Tener buena opinión de alguien : *todos le estiman.* ‖ *For.* Aceptar y examinar una demanda. ‖ — V. pr. Tener dignidad : *ninguna persona que se estime obraría así.*
estimulante adj. y s. m. Dícese de lo que estimula.
estimular v. tr. Aguijonear, animar : *el éxito le va a estimular.* ‖ *Fig.* Incitar : *le*

estimulé a que hablase. || Fomentar, desarrollar : *estimular la industria.* || Activar las funciones de un órgano.
estímulo m. Incitación para obrar, aguijón, acicate. || Breve excitación de un órgano u organismo que provoca una reacción fisiológica.
estío m. Verano.
estipendiar v. t. Retribuir.
estipendio m. Pago.
estípite m. Pilastra en forma de pirámide truncada con la base menor hacia abajo.
estipulación f. *For.* Cláusula. || Acuerdo verbal.
estipular v. t. *For.* Formular muy claramente una cláusula en un contrato. || Convenir, decidir.
estirado, da adj. *Fig.* Arrogante. | Mezquino. | Tieso : *andar estirado.* || — M. *Tecn.* Acción de estirar. || Desrizamiento del pelo. || — F. En fútbol, salto que da el guardameta para detener el balón.
estiramiento m. Acción y efecto de estirar o estirarse.
estirar v. t. Alargar una cosa tirando de sus extremos. || Desarrugar la ropa cogiéndola con las manos por un extremo o planchándola ligeramente. || *Tecn.* Pasar una barra o un tubo de metal por una hilera. | Extender verticalmente la masa de cristal fundida en el crisol. || *Fig.* Hacer durar : *estirar el dinero.* || *Amer.* Matar. || — V. i. *Fig.* Crecer una persona (ú. t. c. pr.). || — V. pr. Desperezarse.
estirón m. Sacudida brusca, tirón. || Crecimiento brusco o rápido.
estirpe f. Linaje de una familia.
estival adj. Del estío.
esto pron. dem. Forma neutra que sirve para designar lo que se halla más cerca de la persona que habla o lo que se acaba de mencionar.
estocada f. Golpe dado con la punta de la espada o estoque. || Herida producida.
estofa f. Tela labrada. || *Fig.* Calidad, clase : *de buena estofa.*
estofado m. Guisado de carne cocida a fuego lento en un recipiente tapado : *estofado de vaca.*
estofar v. t. Guisar carne en estofado.
estoicismo m. Doctrina del filósofo griego Zenón de Citio según la cual el bien supremo reside en el esfuerzo que obedece a la razón y queda indiferente ante las circunstancias exteriores. || *Fig.* Entereza ante la adversidad.
estoico, ca adj. Del estoicismo. || Seguidor del estoicismo (ú. t. c. s.). || *Fig.* Firme, que no se deja impresionar por las circunstancias adversas.
estola f. Vestidura grecorromana de forma de túnica. || Ornamento litúrgico que el sacerdote se pone en el cuello. || Banda larga, generalmente de piel, que usan las mujeres para abrigarse.
estólido, da adj. y s. Estúpido.
estolón m. *Bot.* Tallo rastrero.
estomacal adj. Del estómago. || Para la digestión : *licor estomacal.* || — M. Digestivo.
estomagar v. t. *Fam.* Fastidiar.
estómago m. Parte del aparato digestivo que forma una bolsa y está situada entre el esófago y el duodeno.
estomatología f. Estudio y tratamiento de las enfermedades de la boca.
estomatólogo, ga m. y f. Especialista en estomatología.
estonio, nia adj. y s. De Estonia.
estopa f. Parte basta del lino o del cáñamo. || Tela gruesa fabricada con esta parte.
estoque m. Espada estrecha y sin filo. || Espada de torero.
estoqueador, ra m. y f. Torero que mata o hiere con el estoque.
estoquear v. t. Herir o matar al toro con el estoque : *hizo una buena faena de muleta pero estoqueó pésimamente.*
estoqueo m. Acción de tirar estocadas.
estorbar v. t. Embarazar : *este paquete me estorba.* || Dificultar, obstaculizar : *estorbar el paso.*
estorbo m. Molestia. || Obstáculo.
estornino m. Pájaro de cabeza pequeña y plumaje negro.
estornudar v. i. Expeler ruidosamente aire por la boca y la nariz.
estornudo m. Expulsión ruidosa de aire por la boca y la nariz.
estrabismo m. Defecto de la vista por el cual el eje óptico derecho se dirige en sentido opuesto al izquierdo.
estrado m. Tarima para colocar el trono real o la mesa presidencial en actos solemnes. || — Pl. Salas de los tribunales de justicia.
estrafalario, ria adj. y s. *Fam.* Extravagante y algo ridículo.
estragar v. t. Viciar, pervertir (ú. t. c. pr.). || Causar estrago, deteriorar. || *Tener el gusto estragado,* tener muy mal gusto.
estrago m. Daño, destrozo. || Matanza de gente. || Daño moral.
estragón m. Planta compuesta usada como condimento.
estrambote m. Versos que se añaden al final del soneto.
estrambótico, ca adj. *Fam.* Extravagante, extraño, irregular.
estramonio m. Planta tóxica de flores grandes.
estrangulación f. Ahogo por opresión del cuello.
estrangulado, da adj. Muy apretado : *hernia estrangulada.*
estrangulador, ra adj. y s. Que estrangula. || — M. Dispositivo que abre o cierra el paso del aire a un carburador.
estrangular v. t. Ahogar oprimiendo el cuello (ú. t. c. pr.). || Impedir la respiración. || Interceptar el paso de la sangre : *estrangular una vena.*
estraperlear v. t. *Fam.* Vender de estraperlo.
estraperlista adj. y s. *Fam.* Que hace negocios de estraperlo.
estraperlo m. *Fam.* Comercio clandestino o fraudulento de mercancías.
estratagema f. *Mil.* Ardid de guerra. || *Fig.* Treta, artimaña.
estratega com. Especialista en estrategia.
estrategia f. *Mil.* Arte de dirigir y coordinar las operaciones militares. || *Fig.* Arte de coordinar las acciones y de obrar para alcanzar un objetivo.
estratégico, ca adj. Relativo a la estrategia. || — Adj. y s. Especialista en estrategia.
estratificación f. *Geol.* Disposición de las rocas en capas paralelas superpuestas.
estratificar v. t. *Geol.* Formar estratos (ú. t. c. pr.).
estratigrafía f. *Geol.* Parte de la geología que estudia la disposición y la estructura de los terrenos.
estrato m. *Geol.* Capa formada por rocas sedimentarias. || Nube que se presenta en

forma de banda paralela al horizonte. ‖ *Fig.* Capa o clase de la sociedad.
estratosfera f. Parte de la atmósfera de unos treinta kilómetros entre la troposfera y la mesosfera donde la temperatura es casi constante.
estratosférico, ca adj. De la estratosfera o que la atraviesa.
estrechamiento m. Disminución de la anchura. ‖ Encogimiento : *estrechamiento de un vestido.* ‖ *Fig.* Fortalecimiento, unión más fuerte : *estrechamiento de las relaciones.*
estrechar v. t. Volver más estrecho (ú. t. c. pr.). ‖ *Fig.* Apretar : *estrechar las manos.* ‖ — V. pr. Apretarse : *estrecharse en un banco para dejar sitio.* ‖ *Fig.* Reducir los gastos. | Trabar estrecha intimidad.
estrechez f. Falta de anchura. ‖ Falta de espacio o de tiempo. ‖ *Fig.* Apuro, escasez de dinero. | Dificultad : *pasar estrecheces.* | Austeridad.
estrecho, cha adj. De poca anchura. ‖ Justo, apretado : *vestido estrecho.* ‖ *Fig.* Apocado, de cortos alcances : *espíritu estrecho.* | Íntimo : *amistad estrecha.* | Muy próximo : *parentesco estrecho.* | Muy unido o fuerte : *lazos estrechos.* | Riguroso : *persona de moral estrecha.* | Tacaño. ‖ — M. Brazo de mar entre dos tierras.
estrechura f. Estrechez.
estregar v. t. Frotar.
estrella f. Astro brillante que aparece en el cielo como un punto luminoso. ‖ Figura convencional y estilizada con que se representa. ‖ Objeto de forma parecida. ‖ Hado, suerte, destino : *nacer con buena estrella.* ‖ *Impr.* Asterisco. ‖ *Fig.* Artista de mucha fama : *estrella cinematográfica.* ‖ — *Estrella de mar,* estrellamar. ‖ *Estrella polar,* la que está más cerca del Polo Norte. ‖ *Fig. Tener estrella,* ser afortunado. | *Ver las estrellas,* sentir un dolor físico muy fuerte.
estrellado, da adj. De figura de estrella. ‖ Salpicado de estrellas.
estrellamar f. Equinodermo que tiene la forma de una estrella de cinco puntas.
estrellar v. t. *Fam.* Arrojar con violencia una cosa contra otra haciéndola pedazos o aplastándola (ú. t. c. pr.). ‖ Dicho de los huevos, freírlos. ‖ Constelar. ‖ — V. pr. Caer brutalmente : *estrellarse contra el suelo.* ‖ Chocar violentamente contra algo : *las olas se estrellaban contra las rocas.* ‖ Lisiarse o matarse a consecuencia de un choque : *estrellarse contra un poste.* ‖ *Fig.* Fracasar : *mis proyectos se han estrellado.* | Chocar con uno. | Tropezar con una dificultad insuperable.
estrellato m. Condición de estrella de cine, teatro, etc.
estremecedor, ra adj. Violento.
estremecer v. t. Hacer temblar, sacudir. ‖ *Fig.* Sobresaltar. | Impresionar, emocionar. ‖ — V. pr. Temblar.
estremecimiento m. Sacudida. ‖ Temblor, escalofrío. ‖ *Fig.* Sobresalto. | Conmoción.
estrenar v. t. Usar por primera vez. ‖ Representar por primera vez : *estrenar una comedia, una película* (ú. t. c. pr.). ‖ Ser el primero en hacer un papel : *este actor estrenó muchas comedias.*
estreno m. Primera representación. ‖ Primer uso de una cosa. ‖ Comienzos en un empleo o arte.
estreñido, da adj. Que padece estreñimiento (ú. t. c. s.).
estreñimiento m. Dificultad o imposibilidad de evacuar el vientre.
estreñir v. t. Dificultar o imposibilitar la evacuación del vientre.
estrépito m. Ruido muy grande, estruendo.
estrepitoso, sa adj. Que hace mucho ruido. ‖ *Fig.* Muy grande.
estreptococo m. Bacteria del grupo de los cocos, redondeada, que forma colonias en cadenas que pueden producir infecciones graves.
estreptomicina f. *Med.* Antibiótico contra el bacilo de la tuberculosis y otros microbios.
estría f. Raya en hueco. ‖ Mediacaña hueca en la columna.
estriar v. t. Formar estrías.
estribación f. Ramal lateral corto de una cordillera.
estribar v. i. Apoyarse una cosa de peso en otra que la sostiene. ‖ *Fig.* Fundarse, residir, proceder.
estribillo m. Verso o versos que se repiten al fin de cada estrofa. ‖ *Fig.* Lo que repite constantemente una persona.
estribo m. Pieza de metal en que el jinete apoya el pie. ‖ Especie de escalón para subir o bajar del coche. ‖ *Anat.* Uno de los tres huesecillos del oído medio y que está articulado con la apófisis lenticular del yunque. ‖ *Arq.* Contrafuerte : *el estribo de un puente.* ‖ *Fig.* Fundamento.
estribor m. Costado derecho del barco mirando de popa a proa.
estricnina f. Veneno que se extrae de la nuez vómica.
estricto, ta adj. Riguroso.
estridencia f. Calidad de estridente. ‖ *Fig.* Extravagancia. | Violencia de la expresión o acción.
estridente adj. Agudo.
estro m. Inspiración. ‖ Modificación de la mucosa uterina que permite la implantación del óvulo fecundado.
estrofa f. Grupo de versos que forma un conjunto y tiene correspondencia métrica con otro u otros parecidos.
estrógeno m. Producto o sustancia que provoca el estro.
estroncio m. Metal blanco (Sr) de número atómico 38.
estropajo m. Manojo de esparto para fregar. ‖ *Fig.* Desecho.
estropajoso, sa adj. *Fig.* y *fam.* Que pronuncia con dificultad.
estropear v. t. Dejar en mal estado : *una máquina le estropeó la mano.* ‖ Lisiar. ‖ Deteriorar : *el granizo estropeó la cosecha.* ‖ *Fig.* Echar a perder : *el vicio le estropeó la salud.* ‖ Volver inservible : *los niños han estropeado el ascensor.*
estropicio m. Ruido de cosas que se rompen. ‖ *Fam.* Destrozo. ‖ *Por ext.* Trastorno ruidoso, jaleo.
estructura f. Disposición de las distintas partes de un todo. ‖ Armazón que sostiene un conjunto.
estructuración f. Acción y efecto de estructurar.
estructural adj. Relativo a la estructura.
estructuralismo m. Teoría común a ciertas ciencias humanas, como la lingüística, la antropología social, la psicología, etc. que concibe cualquier objeto de estudio como un todo cuyos miembros se determinan entre sí, tanto en su naturaleza como en sus funciones, en virtud de leyes generales.
estructurar v. t. Dar una estructura.
estruendo m. Ruido grande.
estruendoso, sa adj. Ruidoso.

estrujar v. t. Apretar una cosa para sacarle el zumo. ‖ Exprimir el agua : *estrujar la ropa.* ‖ Apretar algo arrugándolo : *estrujar un papel.* ‖ *Fig.* y *fam.* Sacar todo el partido posible : *estrujar al pueblo con tributos.* ‖ — V. pr. *Fig.* Apretujarse.
estuario m. Entrada del mar en la desembocadura de un río.
estucado m. Revestimiento con estuco.
estucador, ra m. y f. Obrero que cubre las paredes con estuco.
estucar v. t. Cubrir con estuco.
estuco m. Masa de cal y mármol pulverizado para enlucir las paredes.
estuche m. Caja o funda.
estudiado, da adj. *Fig.* Rebuscado, falto de naturaleza.
estudiantado m. Conjunto de alumnos o estudiantes.
estudiante m. y f. Persona que estudia en un centro de enseñanza.
estudiantil adj. *Fam.* De los estudiantes.
estudiantina f. Conjunto musical de estudiantes.
estudiar v. t. Ejercitar el entendimiento para comprender ,o aprender una cosa. ‖ Seguir un curso. U. t. c. i. : *estudiar para médico.* ‖ Aprender de memoria : *estudiar la lección.* ‖ Examinar, observar con detenimiento : *estudiar un problema.* ‖ *Pint.* Dibujar de memoria o del natural. ‖ — V. pr. Observarse.
estudio m. Aplicación del espíritu para aprender o comprender algo. ‖ Obra en que un autor examina y aclara una cuestión : *estudio sobre la Edad Media.* ‖ Cuarto donde trabajan los pintores, escultores, arquitectos, fotógrafos, etc. ‖ Apartamento que consta de una habitación, una cocina y un cuarto de aseo. ‖ Local donde se hacen las tomas de vista o de sonido para las películas o donde se transmiten programas radiofónicos o de televisión (ú. m. en pl.). ‖ *Pint.* Dibujo o pintura de tanteo : *estudio del natural.* ‖ *Mús.* Composición de ejercicios. ‖ *Fig.* Aplicación, interés : *trabajar con estudio.* ‖ *Rioplat.* Bufete de abogado. ‖ — M. pl. Serie completa de cursos seguidos para hacer una carrera.
estudioso, sa adj. Aplicado, que se dedica al estudio. ‖ — M. Especialista : *un estudioso de Cervantes.* ‖ Investigador.
estufa f. Aparato para la calefacción de las habitaciones.
estulticia f. Necedad, sandez.
estulto, ta adj. Necio
estupa f. *Fam.* Brigada de estupefacientes. ‖ — M. *Fam.* Policía de esta brigada.
estupefacción f. Asombro, pasmo.
estupefaciente adj. Que causa estupefacción. ‖ — M. Sustancia narcótica, como la morfina, la cocaína, etc.
estupefacto, ta adj. Atónito : *me quedé estupefacto ante tamaña noticia.*
estupendo, da adj. Magnífico.
estupidez f. Tontería, necedad.
estúpido, da adj. y s. Tonto.
estupor m. Pasmo, asombro.
estupro m. *For.* Delito consistente en el acceso carnal, mediante engaño o abuso de autoridad, de un hombre con una menor.
esturión m. Pez de mar que va a desovar en los ríos y con cuyas huevas se prepara el caviar.
etalaje m. Parte del alto horno entre la obra y el vientre.
etano m. Carburo de hidrógeno saturado.
etapa f. Sitio donde se para un viajero, un ciclista, un soldado para descansar. ‖ Distancia que hay que recorrer para llegar a este sitio. ‖ Período que media entre dos puntos importantes de una acción o proceso : *las etapas de la vida.*
etarra adj. y s. De la E. T. A. (*Euzkadi ta Azkatasuna*, organización vasca revolucionaria creada en 1959).
etcétera loc. adv. Y lo demás (ú. t. c. s. m.).
éter m. *Fís.* Fluido sutil, invisible, imponderable y elástico que, según cierta hipótesis antigua y caduca, llena todo el espacio, y, por su movimiento vibratorio, transmite la luz y otras formas de energía. ‖ *Quím.* Óxido de etilo, líquido muy volátil e inflamable, de olor muy fuerte, que se emplea como anestésico. ‖ *Poét.* Espacio celeste.
etéreo, a adj. Del éter. ‖ *Poét.* Celeste : *regiones etéreas.*
eternidad f. Tiempo que no tiene principio ni tendrá fin. ‖ *Fig.* Tiempo muy largo : *hace una eternidad que no le vemos.* ‖ Vida eterna.
eternizar v. t. Hacer durar o prolongar demasiado alguna cosa (ú. t. c. pr.). ‖ Perpetuar la duración de una cosa.
eterno, na adj. Que no tiene principio ni tendrá fin. ‖ *Fig.* Que dura o parece durar mucho tiempo. ‖ Que no tiene fin, perpetuo : *la vida eterna.* ‖ *Padre Eterno,* Dios.
ético, ca adj. Relativo a los principios de la moral. ‖ — M. Moralista. ‖ — F. Moral.
etileno m. Hidrocarburo gaseoso incoloro que se obtiene deshidratando el alcohol por el ácido sulfúrico.
etílico, ca adj. *Quím.* Aplícase a los cuerpos derivados del etano.
etilismo m. Intoxicación causada por el alcohol etílico.
etilo m. Radical derivado del alcohol etílico por supresión del hidroxilo.
etimología f. Origen y derivación de las palabras. ‖ Ciencia que lo estudia.
etimológico, ca adj. Referente a la etimología.
etimologista com. y **etimólogo** m. Filólogo que se dedica a las etimologías.
etiqueta f. Ceremonial observado en actos públicos solemnes. ‖ Trato ceremonioso : *recibir sin etiqueta.* ‖ Marbete, rótulo, inscripción : *poner una etiqueta.* ‖ *Fig.* Calificativo, clasificación. ‖ *De etiqueta,* solemne : *fiesta de etiqueta ;* para los actos solemnes : *traje de etiqueta ;* de cumplido : *visita de etiqueta.*
etiquetar v. tr. Poner etiquetas. ‖ *Fig.* Dar un calificativo, clasificar.
etiquetero, ra adj. Muy ceremonioso.
etmoides adj. y s. m. inv. *Anat.* Dícese de un hueso pequeño encajado en la escotadura del hueso frontal y que concurre a formar las cavidades nasales y las órbitas.
etnia f. Agrupación natural de individuos que tienen la misma cultura.
étnico, ca adj. Gentil. ‖ Relativo a la etnia : *caracteres étnicos.*
etnocentrismo m. Propensión de un individuo a considerar que su grupo, su país y su nacionalidad son superiores a los demás.
etnografía f. Parte de las ciencias humanas que se dedica a la descripción y clasificación de las razas.
etnología f. Parte de las ciencias humanas que estudia los distintos caracteres de las razas.
etnológico, ca adj. De la etnología.
etnólogo, ga m. y f. Persona que se dedica a la etnología.

etrusco, ca adj. y s. De Etruria. || — M. Lengua etrusca.
Eu, símbolo químico del *europio.*
eucalipto m. Árbol de hojas olorosas utilizadas en productos farmacéuticos.
eucaristía f. Sacramento instituido por Jesucristo que consiste en la transformación del pan y el vino en el cuerpo y sangre de Cristo por la consagración.
eucarístico, ca adj. De la Eucaristía : *congreso eucarístico.*
eufemismo m. Expresión o vocablo que sustituye a otro que sería demasiado fuerte o malsonante.
eufonía f. Sonoridad agradable que resulta de la acertada combinación de los elementos fonéticos de la palabra.
eufónico, ca adj. Que tiene eufonía.
euforia f. Sensación de confianza, satisfacción y bienestar debida generalmente a una buena salud o al uso de estupefacientes.
eufórico, ca adj. En estado de euforia.
eugenesia f. Aplicación de las leyes biológicas de la herencia al perfeccionamiento de la especie humana.
eunuco m. Hombre castrado que custodiaba un serrallo. || *Fig.* Hombre poco viril.
eurasiático, ca adj. y s. Mestizo de europeo y asiático.
¡eureka! interj. Voz griega que significa *¡he hallado!*
euroafricano, na adj. Relativo a la vez a Europa y África.
eurodólar m. Dólar de los Estados Unidos invertido en Europa.
europeidad f. Calidad de europeo.
europeísmo m. Doctrina favorable a la unión europea.
europeísta adj. Relativo a la unión europea : *política europeísta.* || — Com. Partidario de la unión europea.
europeización f. Introducción de las costumbres europeas.
europeizante adj. y s. Que europeíza.
europeizar v. t. Introducir en un pueblo las costumbres y la cultura europeas (ú. t. c. pr.).
europeo, a adj. y s. De Europa.
europio m. Cuerpo simple (Eu) de número atómico 63 y de peso atómico 152 que se encuentra en las tierras raras.
euscalduna adj. y s. f. Perteneciente a la lengua vascuence.
éuscaro, ra adj. y s. Vasco. || — M. Lengua vascuence.
euskalduna adj. y s. f. Euscalduna.
eusquero, ra adj. y s. Éuscaro.
eutanasia f. *Med.* Muerte sin dolor. || Teoría según la cual se podría acortar la vida de un enfermo incurable para que no sufriese.
eV, símbolo del *electronvoltio.*
evacuación f. Expulsión.
evacuar v. t. Hacer salir de un sitio : *evacuar a los damnificados.* || Desocupar, marcharse de un sitio : *evacuar una sala, un país.* || Expeler del cuerpo humores o excrementos : *evacuar el vientre.*
evadir v. t. Evitar un peligro. || Eludir, esquivar : *evadir una dificultad.* || — V. pr. Fugarse, escaparse.
evaluación f. Valoración.
evaluador, ra adj. Que evalúa (ú. t. c. s.).
evaluar v. t. Valorar.
evanescente adj. Que se desvanece o esfuma.
evangélico, ca adj. Relativo al Evangelio. || Conforme al Evangelio. || Protestante : *iglesia evangélica.*
evangelio m. Historia de la vida, doctrina y milagros de Jesucristo. || Parte de estos relatos que se lee o canta en la misa. || *Fig.* Doctrina cristiana : *abrazar el Evangelio.* || *Fig.* y *fam.* Ley sagrada. | Cosa certera : *palabras de Evangelio.*
evangelista m. Cada uno de los cuatro apóstoles que escribieron el Evangelio (San Mateo, San Marcos, San Lucas y San Juan).
evangelización f. Acción y efecto de evangelizar.
evangelizador, ra adj. y s. Que evangeliza.
evangelizar v. t. Predicar el Evangelio y la doctrina de Jesucristo.
evaporación f. Lenta transformación de un líquido en vapor.
evaporar v. t. Transformar en vapor. || — V. pr. Transformarse en vapor. || *Fig.* Disiparse, desaparecer. | Marcharse, desaparecer sin ser visto.
evaporizar v. t. Vaporizar.
evasión f. Fuga. || *Fig.* Evasiva.
evasivo, va adj. Vago, impreciso. || — F. Recurso para no comprometerse con una respuesta o una promesa.
evento m. Acontecimiento.
eventración f. Salida de las vísceras a causa de una herida.
eventual adj. Posible.
eventualidad f. Posibilidad. || Cosa que puede ocurrir.
evicción f. *For.* Pérdida de un derecho por sentencia firme y en virtud de derecho anterior ajeno.
evidencia f. Calidad de evidente. || Cosa evidente.
evidenciar v. t. Hacer patente, demostrar la evidencia de algo. || — V. pr. Ser evidente.
evidente adj. Patente.
evitación f. Acción y efecto de precaver, evitar que suceda una cosa.
evitar v. t. Escapar de algo peligroso o molesto.
evocación f. Acción y efecto de evocar. || Recuerdo, rememoración.
evocador, ra adj. Que evoca.
evocar v. t. *Fig.* Traer alguna cosa a la memoria, recordar. | Mencionar, citar.
evocativo, va adj. Evocador.
evolución f. Transformación progresiva : *la evolución de un país.* || *Biol.* Serie de transformaciones sucesivas, particularmente las que han sufrido los seres vivos durante los tiempos geológicos. || *Med.* Curso de una enfermedad.
evolucionar v. i. Transformarse progresivamente.
evolutivo, va adj. Susceptible de evolución o que la produce.
ex, prefijo que significa *fuera* o *más allá de.* Ante un sustantivo o un adjetivo indica lo que ha sido o ha tenido una persona : *ex presidente.* || — *Ex abrupto,* bruscamente. || *Ex aequo,* de igual mérito, en el mismo lugar. || *Ex cátedra,* desde la cátedra de San Pedro : *el Papa habla ex cátedra* ; en tono doctoral y terminante : *parece que está siempre hablando ex cátedra.* || *Ex profeso,* de propósito, expresamente.
exabrupto m. Salida de tono, contestación brusca e inesperada.
exacción f. Acción y efecto de exigir impuestos, multas, etc. || Cobro ilegal, injusto, violento.

exacerbación f. Irritación.
exacerbar v. t. Exasperar, irritar : *exacerbar los ánimos* (ú. t. c. pr.). ‖ Avivar, agudizar : *exacerbar un dolor, una pasión* (ú. t. c. pr.).
exactitud f. Puntualidad y fidelidad en la ejecución de una cosa.
exacto, ta adj. Conforme a la realidad. ‖ Justo : *un cálculo exacto.* ‖ Fiel : *exacto cumplimiento.* ‖ Puntual.
exageración f. Acción de propasarse en cualquier cosa. ‖ Abuso.
exagerado, da adj. Que exagera las cosas (ú. t. c. s.). ‖ Que rebasa los límites de lo justo.
exagerar v. t. e i. Deformar las cosas dándoles proporciones mayores de las que tienen en realidad. ‖ Abusar, pasarse de la raya, propasarse.
exaltación f. Elevación a una dignidad o a un cargo importante : *exaltación a la jefatura del Estado.* ‖ Ponderación, enaltecimiento. ‖ Intensificación : *exaltación de un sentimiento.* ‖ Sobreexcitación del ánimo. ‖ Acaloramiento, apasionamiento : *la exaltación de un debate.*
exaltado, da adj. y s. Que se exalta fácilmente.
exaltador, ra adj. Que exalta.
exaltamiento m. Exaltación.
exaltar v. t. Elevar a una dignidad o a un cargo importante. ‖ Ponderar, enaltecer. ‖ Entusiasmar, excitar. ‖ — V. pr. Excitarse, apasionarse. ‖ Avivarse.
examen m. Acción de observar algo con mucho cuidado : *examen de un asunto.* ‖ Prueba a que se somete a un candidato para evaluar sus conocimientos o capacidades. ‖ — *Examen de conciencia,* meditación sobre la propia conducta. ‖ *Examen médico,* reconocimiento médico. ‖ *Libre examen,* acción de someter los dogmas al juicio de la razón.
examinador, ra m. y f. Persona que examina.
examinando, da m. y f. Persona que sufre un examen.
examinar v. t. Observar atentamente, someter a examen. ‖ Hacer sufrir un examen. ‖ — V. pr. Sufrir un examen : *se examinó hace poco para una oposición.*
exangüe adj. Desangrado. ‖ *Fig.* Agotado. ‖ Muerto.
exánime adj. Inanimado. ‖ Sin señal de vida. ‖ *Fig.* Agotado.
exantema m. Erupción cutánea de algunas enfermedades como el sarampión, la escarlatina, etc.
exantemático, ca adj. Relativo al exantema o que va acompañado de esta erupción. ‖ *Tifus exantemático,* infección tífica, epidémica, transmitida generalmente por el piojo, caracterizada por las manchas punteadas en la piel.
exarca m. Gobernador bizantino de las provincias de Ravena (Italia) y de Cartago (Africa).
exasperación f. Irritación.
exasperador, ra y **exasperante** adj. Que exaspera.
exasperar v. t. Irritar.
excavación f. Acción de excavar. ‖ Hoyo, parte excavada. ‖ Acción de quitar la tierra, las rocas, etc., para encontrar restos arqueológicos.
excavador, ra adj. y s. Que excava. ‖ — F. Máquina para excavar o para evacuar materiales.
excavar v. t. Cavar : *excavar un pozo.* ‖ *Agr.* Quitar la tierra alrededor del pie de una planta. ‖ Hacer excavaciones arqueológicas.
excedencia f. Condición de excedente. ‖ Sueldo que se da al empleado excedente.
excedente adj. Dícese del empleado que durante cierto tiempo deja de prestar un servicio. ‖ Sobrante : *sumas excedentes.* ‖ — M. Lo que sobra.
exceder v. t. Sobrepasar. ‖ Superar. ‖ — V. pr. Propasarse, pasarse de la raya : *se excedió demasiado en sus elogios.*
excelencia f. Suma perfección. ‖ Título honorífico dado a los ministros, embajadores, académicos, etc. ‖ *Por excelencia,* en sumo grado; por antonomasia.
excelente adj. Que sobresale en lo que hace. ‖ Muy bueno, perfecto.
excelso, sa adj. Muy elevado.
excentricidad f. Rareza, extravagancia. ‖ Estado de lo que se halla lejos de su centro.
excentricismo m. Calidad de excéntrico.
excéntrico, ca adj. Muy raro. ‖ *Geom.* Que está fuera del centro.
excepción f. Derogación a lo normal : *hacer una excepción.* ‖ Lo que se aparta de la regla general : *no hay regla sin excepción.* ‖ *For.* Motivo que el demandado alega para hacer ineficaz la acción del demandante. ‖ — *A excepción de,* o *con excepción de,* excepto. ‖ *Estado de excepción,* suspensión de las garantías constitucionales a causa de alteraciones graves del orden público.
excepcional adj. Que forma excepción. ‖ Extraordinario.
excepto prep. Menos, salvo.
exceptuar v. t. Excluir, no comprender (ú. t. c. pr.). ‖ Hacer salvedad : *exceptuar a uno de su deber.*
excesivo, va adj. Muy grande, poco normal. ‖ Exagerado.
exceso m. Lo que sobra : *exceso de peso.* ‖ Lo que pasa de los límites : *exceso de velocidad.* ‖ Lo que sobrepasa una cantidad : *exceso de natalidad.* ‖ Abuso : *exceso de poder.* ‖ *Con* o *en exceso,* demasiado.
excitabilidad f. Calidad de excitable.
excitable adj. Capaz de ser excitado. ‖ Que se excita fácilmente.
excitación f. Provocación, incitación. ‖ Estado de agitación. ‖ *Biol.* Efecto que produce un excitante al actuar sobre una célula, un órgano u organismo.
excitador, ra adj. y s. Que excita.
excitante adj. y s. m. Que puede excitar el organismo.
excitar v. t. Suscitar, causar : *excitar la sed.* ‖ Activar la energía : *el café excita el sistema nervioso.* ‖ Provocar : *excitar la envidia.* ‖ Estimular, animar : *excitar los ánimos.* ‖ Poner en estado de agitación moral o física (ú. t. c. pr.).
excitatriz adj. f. Que excita.
exclamación f. Frase o expresión provocada por una alegría, indignación o sorpresa súbitas. ‖ Signo ortográfico de admiración (¡ !) colocado al principio y al final de la oración.
exclamar v. i. Proferir exclamaciones. ‖ Decir algo gritando (ú. t. c. t.).
exclamativo, va y **exclamatorio, ria** adj. Que denota exclamación.
exclaustración f. Acción y efecto de exclaustrar.
exclaustrar v. t. Dar permiso u orden a un religioso para que abandone el claustro.

excluir v. t. Echar a una persona del lugar que ocupaba. ‖ No hacer entrar, eliminar. ‖ Rechazar, descartar : *excluir una hipótesis.*
exclusión f. Acción y efecto de excluir.
exclusiva f. Derecho exclusivo de vender un producto, publicar un libro, etc.
exclusive adv. Únicamente. ‖ Con exclusión : *hasta el 15 de agosto exclusive.*
exclusividad f. Exclusiva.
exclusivismo m. Obstinada adhesión a una persona, una cosa o una idea, excluyendo a las demás.
exclusivista adj. y s. Que demuestra exclusivismo.
exclusivo, va adj. Que excluye.
excombatiente adj. y s. Que luchó en una guerra.
excomulgado, da m. y f. Persona excomulgada.
excomulgar v. t. Apartar la Iglesia a una persona de la comunión de los fieles y del uso de los sacramentos.
excomunión f. Censura por la cual se aparta a uno de la comunión de los fieles.
excoriación f. Escoriación.
excoriar v. t. Escoriar.
excrecencia f. Tumor, verruga superflua que se cría en ciertos tejidos animales y vegetales.
excreción f. Expulsión de excrementos. ‖ Secreción de una glándula.
excrementar v. i. Deponer los excrementos.
excrementicio, cia adj. De los excrementos : *materia excrementicia.*
excremento m. Materia que expele el cuerpo por las vías naturales.
excrescencia f. Excrecencia.
excretar v. t. e i. Expeler el excremento. ‖ Expeler las glándulas las sustancias que secretan.
excursión f. Paseo o viaje corto a algún sitio por motivos de recreo, turismo o estudio : *ir de excursión.*
excursionismo m. Práctica de las excursiones como deporte.
excursionista com. Persona que hace excursiones.
excusa f. Razón dada para disculparse o evitar algo molesto.
excusable adj. Perdonable.
excusado, da adj. Superfluo, inútil : *excusado es decirlo.* ‖ Secreto : *puerta excusada.* ‖ — M. Retrete.
excusar v. t. Disculpar. ‖ — V. pr. Disculparse.
execrable adj. Abominable.
execración f. Profunda aversión. ‖ Maldición, imprecación.
execrar v. t. Aborrecer, detestar : *execrar el vicio.* ‖ Maldecir.
exégesis f. Explicación, interpretación : *exégesis de la Biblia.*
exégeta m. Intérprete o expositor de la Sagrada Escritura.
exención f. Efecto de eximir o eximirse. ‖ Privilegio que exime de un cargo u obligación : *exención fiscal.*
exento, ta adj. Libre : *producto exento de derechos arancelarios.*
exequias f. pl. Honras fúnebres.
exergo m. Parte de una medalla donde se pone la leyenda debajo del emblema o figura.
exfoliar v. t. Dividir en láminas o escamas. Ú. t. c. pr. : *exfoliarse un mineral.*
exhalación f. Emanación de gases, vapores u olores. ‖ Estrella fugaz. ‖ Rayo. ‖ Centella.
exhalador, ra adj. Que exhala.
exhalar v. t. Despedir gases, vapores, olores. ‖ *Fig.* Lanzar : *exhalar suspiros.* ‖ Proferir : *exhalar quejas.* ‖ *Exhalar el último suspiro,* morir.
exhaustivo, va adj. Que agota o apura por completo.
exhausto, ta adj. Agotado, rendido, extenuado : *quedar exhausto.* ‖ Apurado, completamente desprovisto : *exhausto de dinero.*
exhibición f. Demostración. ‖ Presentación : *exhibición de modelos de alta costura.* ‖ Exposición. ‖ Proyección cinematográfica.
exhibicionismo m. Prurito de exhibirse. ‖ Impulso mórbido que lleva a desnudarse en público.
exhibicionista com. Persona que procura siempre exhibirse.
exhibir v. t. Presentar, mostrar. ‖ Exponer : *exhibir cuadros.* ‖ Proyectar una película. ‖ Lucir, mostrar con orgullo. ‖ — V. pr. Mostrarse en público : *exhibirse un acróbata.*
exhortación f. Incitación. ‖ Sermón breve.
exhortador, ra adj. y s. Que exhorta.
exhortar v. t. Aconsejar encarecidamente, incitar con razones.
exhorto m. *For.* Despacho que manda un juez a otro para rogarle que lleve a cabo lo que le pide.
exhumación f. Desenterramiento.
exhumar v. t. Desenterrar. ‖ *Fig.* Sacar a luz lo perdido u olvidado : *exhumar el pasado.*
exigencia f. Lo que uno exige de otro. ‖ Obligación.
exigente adj. y s. Difícil de contentar por pedir demasiado.
exigir v. t. Instar u obligar a alguien a que haga o dé algo en virtud de un derecho o por fuerza. ‖ *Fig.* Demandar imperiosamente, reclamar : *un crimen así exige venganza.* ‖ Necesitar, requerir.
exigüidad f. Pequeñez. ‖ Escasez, insuficiencia.
exiguo, gua adj. Muy pequeño. ‖ Escaso, insuficiente.
exilado, da adj. y s. Exiliado.
exilar v. t. Exiliar.
exiliado, da adj. y s. Desterrado, que vive en exilio.
exiliar v. t. Desterrar, expatriar (ú. t. c. pr.).
exilio m. Destierro, expatriación.
eximente adj. Que exime. ‖ *For. Circunstancia eximente,* la que libra de responsabilidad criminal.
eximio, mia adj. Ilustre.
eximir v. t. Liberar de una obligación, cargo, culpa, cuidado, etc.
existencia f. Hecho de existir. ‖ Vida : *la existencia humana.* ‖ — Pl. Mercancías sin vender todavía.
existencial adj. De la existencia.
existencialismo m. Filosofía según la cual el hombre crea y escoge su propia personalidad por sus actos.
existencialista adj. Del existencialismo. ‖ — M. y f. Seguidor de esta doctrina.
existente adj. Que existe.
existir v. i. Tener una cosa o persona ser real : *los duendes no existen.* ‖ Tener vida.
éxito m. Resultado feliz de un negocio, actuación, etc. ‖ Aprecio : *esta obra de teatro ha tenido mucho éxito.* ‖ Cosa muy conseguida y apreciada : *su recital ha sido un éxito.* ‖ Resultado : *mal éxito.*
exitoso, sa adj. Con éxito.

exocrina adj. Aplícase a las glándulas de secreción externa.
éxodo m. *Fig.* Emigración.
exógeno, na adj. Que es debido a una causa externa o del exterior del cuerpo.
exoneración f. Acción y efecto de exonerar.
exonerar v. t. Liberar de una carga u obligación : *exonerar de impuestos.* ‖ Quitar un cargo o dignidad : *exonerar a uno de su empleo.* ‖ Evacuar : *exonerar el vientre.*
exorbitante adj. Excesivo.
exorcismo m. Conjuro ordenado por la Iglesia católica contra el espíritu maligno.
exorcista com. Persona que tiene potestad para exorcizar.
exorcizar v. t. Usar de exorcismos contra el espíritu maligno.
exordio m. Introducción.
exósmosis f. *Fís.* Corriente de dentro afuera cuando dos líquidos de distinta concentración están separados por una membrana.
exotérico, ca adj. Accesible.
exotérmico, ca adj. Dícese del proceso que provoca una elevación de la temperatura.
exótico, ca adj. Procedente de un país extranjero. ‖ Extraño, raro.
exotismo m. Calidad de exótico.
expandirse v. pr. Extenderse.
expansibilidad f. Tendencia a la expansión de un gas.
expansible adj. Que tiende a expandirse.
expansión f. *Fís.* Dilatación, aumento de la superficie : *la expansión de un gas o vapor.* ‖ *Fig.* Propagación, difusión. | Dilatación : *la expansión del espíritu.* | Desahogo, exteriorización : *expansión de alegría.* | Recreo, diversión. | Tendencia a incrementar sus posesiones, la influencia política, etc.
expansionarse v. pr. Desahogarse, sincerarse. ‖ Recrearse.
expansionismo m. Tendencia a la expansión territorial.
expansionista adj. Que tiende al expansionismo : *política expansionista.* ‖ — Adj. y s. Partidario del expansionismo.
expansivo, va adj. Que tiene tendencia a dilatarse : *cemento expansivo.* ‖ *Fig.* Abierto, comunicativo : *carácter expansivo.*
expatriación f. Salida de su patria para instalarse en otro país.
expatriar v. t. Obligar a uno a que abandone su patria. ‖ — V. pr. Abandonar su patria.
expectación f. Interés e impaciencia con que se espera algo.
expectante adj. Que espera.
expectativa f. Espera.
expectoración f. Expulsión de las secreciones de las vías respiratorias. ‖ Lo que se expectora.
expectorar v. t. Expeler por la boca las secreciones de las mucosas de la tráquea, los bronquios y los pulmones.
expedición f. Envío o remesa : *expedición de mercancías.* ‖ Viaje de exploración : *expedición al Polo Norte.* ‖ Viaje para cumplir una misión particular : *expedición de salvamento.* ‖ Personas que participan en estos viajes. ‖ Rapidez con que se despacha algo.
expedicionario, ria adj. y s. Que participa en una expedición.
expedidor, ra m. y f. Persona que expide o manda algo.
expedientar v. t. Someter a expediente.
expediente m. Recurso para conseguir algún fin. ‖ Habilidad. ‖ Investigación oficial sobre la conducta de un empleado : *expediente por prevaricación.* ‖ Conjunto de documentos relativos a un asunto. ‖ Documentos que dan fe de la actuación de una persona. ‖ *For.* Negocio sin juicio contradictorio en un tribunal : *instruir un expediente.* ‖ — Pl. Trámites.
expedir v. t. Enviar. ‖ Resolver un asunto. ‖ Extender un documento. ‖ Dar copia legalizada de un documento : *expedir un contrato.* ‖ Despachar, hacer algo rápidamente.
expeditar v. t. *Méx.* Despachar un asunto con celeridad. ‖ *Amer* Acelerar. | Facilitar.
expeditivo, va adj. Que despacha las cosas con rapidez.
expedito, ta adj. Desembarazado, libre : *camino expedito.* ‖ Pronto para obrar.
expeler v. t. Arrojar, expulsar.
expendedor, ra adj. y s. Que gasta o expende. ‖ — M. y f. Persona que vende al por menor objetos propios o de otro : *expendedor de tabaco.*
expendeduría f. Tienda o puesto en que se venden al por menor ciertos objetos estancados o monopolizados : *tenía a su cargo una expendeduría de tabaco.*
expender v. t. Vender al por menor.
expendio m. *Arg., Méx.* y *Per.* Tienda de ventas al por menor.
expensas f. pl. Gastos, costas. ‖ *A expensas,* a costa, a cargo.
experiencia f. Enseñanza sacada de lo que uno ha hecho. ‖ Conocimientos adquiridos por la práctica. ‖ Hecho de haber experimentado o presenciado algo : *conocer por experiencia.* ‖ Suceso con el cual se adquiere conocimiento de la vida : *experiencia desagradable.* ‖ Experimento.
experimentación f. Acción de someter a experimentos.
experimentado, da adj. Que tiene experiencia.
experimentador, ra adj. y s. Que hace experimentos.
experimental adj. Basado en la experiencia : *método experimental.*
experimentar v. t. Someter a experimentos, poner a prueba. ‖ Conocer por experiencia. ‖ Sentir : *experimentar satisfacción.* ‖ Sufrir : *experimentar una derrota.*
experimento m. Operación que consiste en observar las reacciones de un cuerpo u objeto cuando se le somete a ciertos fenómenos.
experto, ta adj. Que conoce perfectamente algo, muy hábil : *piloto experto.* ‖ — M. Perito.
expiación f. Castigo, sufrimiento padecido para reparar una falta.
expiar v. t. Sufrir un castigo por una falta o delito cometido.
expiatorio, ria adj. Que sirve para la expiación.
expiración f. Término, vencimiento de un plazo.
expirar v. i. Morir. ‖ *Fig.* Acabar, llegar a su término.
explanación f. Allanamiento, nivelación. ‖ *Fig.* Aclaración.
explanada f. Terreno llano y descubierto situado delante de una fortificación o un edificio.
explanar v. t. Allanar, nivelar. ‖ *Fig.* Aclarar, explicar.
explayar v. t. Extender (ú. t. c. pr.). ‖ — V. pr. *Fig.* Extenderse al hablar : *explayarse*

en una peroración. | Desahogarse, confiarse : *explayarse contando sus cuitas.*
explicación f. Palabras que permiten hacer comprender algo. ‖ Razón por la cual ocurre algo : *la explicación de un fenómeno.* ‖ Justificación : *dar una explicación.*
explicar v. t. Hacer comprender. ‖ Enseñar. ‖ Justificar, motivar. ‖ Dar a conocer : *me ha explicado lo que quiere hacer.* ‖ — V. pr. Comprender : *ahora me lo explico.* ‖ Expresarse : *no sabe explicarse.*
explicativo, va adj. Que explica.
explícito, ta adj. Claro.
explicitud f. Claridad.
explicotearse v. pr. *Fam.* Explicarse.
exploración f. Reconocimiento, observación de un país o sitio. ‖ *Med.* Examen de una herida u órgano interno. ‖ *Rad.* Descomposición de las imágenes televisadas en líneas que se transmiten separadamente. ‖ *Min.* Reconocimiento y prospección de los yacimientos.
explorador, ra adj. y s. Que se dedica a la exploración. ‖ — M. Muchacho afiliado a cierta asociación educativa y deportiva.
explorar v. t. Recorrer un país o un sitio poco conocidos o desconocidos observándolos detenidamente. ‖ Examinar atentamente una herida o una parte interna del organismo. ‖ *Fig.* Registrar. | Sondear, tantear. | Empezar a estudiar un asunto. ‖ *Min.* Reconocer y prospectar las minas.
exploratorio, ria adj. Utilizado para explorar. ‖ Preliminar : *conversaciones exploratorias.*
explosión f. Acción de estallar violentamente y con estruendo un cuerpo o recipiente. ‖ Dilatación repentina de un gas en el interior de un cuerpo hueco, sin que éste estalle : *motor de explosión.* ‖ Tercer tiempo en el funcionamiento de un motor de explosión. ‖ *Fig.* Manifestación viva y repentina : *explosión de entusiasmo.*
explosionar v. t. Hacer estallar. ‖ — V. i. Estallar, explotar.
explosivo, va adj. Que hace explosión o puede producirla : *materia explosiva.* ‖ — M. Agente o cuerpo que puede producir explosión.
explotable adj. Que puede ser explotado : *terreno explotable.*
explotación f. Aprovechamiento. ‖ Sitio donde se explota alguna riqueza y elementos que sirven para ello.
explotador, ra adj. y s. Que explota.
explotar v. t. Aprovechar una riqueza natural : *explotar una mina.* ‖ *Fig.* Sacar provecho abusivo de alguien o de algo. ‖ — V. i. Estallar : *explotar un petardo.*
expoliación f. Despojo violento.
expoliador, ra adj. y s. Que expolia.
expoliar v. t. Despojar.
exponencial adj. y s. f. *Mat.* Dícese de la cantidad que está elevada a una potencia cuyo exponente es variable o desconocido.
exponente adj. y s. Que expone. ‖ — M. *Mat.* Número que indica la potencia a que se ha de elevar otro número u otra expresión. ‖ *Fig.* Expresión, ejemplo.
exponer v. t. Dar a conocer : *exponer una teoría.* ‖ Mostrar, poner a la vista : *exponer al Santísimo.* ‖ Presentar en una exposición. ‖ Arriesgar, hacer peligrar : *exponer la vida* (ú. t. c. pr.). ‖ Someter : *un sitio expuesto a las intemperies.*
exportación f. Envío de un producto a otro país. ‖ Conjunto de mercancías que se exportan. ‖ Envío de capitales al extranjero.
exportador, ra adj. y s. Que exporta : *país exportador.*
exportar v. t. Mandar mercancías a otro país. ‖ Enviar capitales al extranjero.
exposición f. Acción y efecto de poner algo a la vista. ‖ Exhibición pública de artículos de la industria, ciencias o artes. ‖ Narración hecha verbalmente o por escrito. ‖ Parte de la obra literaria en que se da a conocer el asunto que se va a desarrollar. ‖ Orientación : *exposición de una casa al Este.* ‖ *Fot.* Tiempo durante el cual una placa recibe la luz. ‖ Riesgo.
exposímetro m. *Fot.* Aparato que permite calcular el tiempo de exposición que requiere un cliché.
expósito, ta adj. y s. Dícese del recién nacido abandonado en un sitio público.
expositor, ra adj. y s. Que expone. ‖ — M. y f. Persona que participa en una exposición pública. ‖ — M. Vitrina, generalmente frigorífica, donde se exponen los géneros en tiendas y restaurantes para que puedan ser vistos por los clientes.
exprés m. Tren expreso (ú. t. c. adj.). ‖ Manera de preparar el café (ú. t. c. adj.).
expresar v. t. Manifestar lo que se piensa, siente o quiere (ú. t. c. pr.).
expresión f. Manifestación de un pensamiento, sentimiento o deseo. ‖ Manera de expresarse verbalmente. ‖ Palabra, frase, giro : *expresión impertinente.* ‖ Aspecto del semblante que traduce un sentimiento : *expresión de bondad.* ‖ Capacidad de manifestar intensamente sus sentimientos : *cara llena de expresión.* ‖ *Mat.* Representación de una cantidad : *expresión algébrica.* ‖ — Pl. Recuerdos, saludos : *dale expresiones de mi parte.*
expresionismo m. Tendencia artística y literaria iniciada a principios del siglo XX, marcada por un intento de representar la sensación interna y subjetiva que las cosas y seres producen.
expresionista adj. y s. Que sigue el expresionismo.
expresividad f. Calidad de expresivo.
expresivo, va adj. Que expresa perfectamente lo que piensa, quiere o siente. ‖ Que tiene expresión : *mirada expresiva.* ‖ Cariñoso : *hombre expresivo.* ‖ Vivo : *expresivos agradecimientos.*
expreso, sa adj. Especificado, explícito : *por orden expresa.* ‖ — Adj. y s. m. Aplícase a los trenes de viajeros muy rápidos. ‖ — M. Correo extraordinario.
exprimidera f., **exprimidero** m. y **exprimidor** m. Utensilio para sacar el zumo de una sustancia.
exprimir v. t. Sacar el zumo. ‖ *Fig.* Estrujar, sacar todo lo que se puede de una persona o cosa.
expropiación f. Desposeimiento legal de una propiedad. ‖ Cosa expropiada.
expropiador, ra adj. y s. Que expropia.
expropiar v. t. Desposeer legalmente a alguien de su propiedad con indemnización y por motivos de utilidad pública.
expuesto, ta adj. Que no está protegido. ‖ Peligroso, arriesgado.
expulsar v. t. Despedir, echar : *me expulsaron de mi domicilio por no pagar el alquiler.*
expulsión f. Acción y efecto de expulsar.
expulsor m. Pieza de un arma de fuego que permite arrojar la vaina del cartucho fuera de la culata.
expurgación f. Supresión de las cosas malas contenidas en algo.

expurgar v. t. Quitar de algo lo malo que contiene.
expurgo m. Expurgación.
exquisitez f. Calidad de exquisito.
exquisito, ta adj. De muy buen gusto : *espectáculo exquisito.* ‖ Muy fino : *manjar exquisito.* ‖ Muy agradable : *persona exquisita.* ‖ Delicado, elegante.
extasiarse v. pr. Arrobarse, enajenarse. ‖ Maravillarse.
éxtasis m. Estado de admiración o alegría intensa que hace desaparecer cualquier otro sentimiento. ‖ *Teol.* Estado del alma que se siente transportada fuera del mundo sensible : *los éxtasis de Santa Teresa.*
extemporáneo, a adj. Impropio del tiempo en que ocurre. ‖ Inoportuno, inadecuado.
extender v. t. Hacer que una cosa ocupe más espacio que antes. ‖ Abrir : *extender las alas.* ‖ Aumentar : *extender su influencia.* ‖ Esparcir. ‖ Desdoblar, desplegar : *extender un mapa.* ‖ Escribir y entregar documentos : *extender una fe de vida.* ‖ Redactar : *extender un cheque.* ‖ — V. pr. Ocupar cierto espacio de tiempo o terreno. ‖ Alcanzar : *su venganza se extendió a toda su familia.* ‖ *Fig.* Propagarse : *extenderse una epidemia.* | Hablar dilatadamente.
extensible adj. Que puede aumentar de extensión.
extensión f. Dimensiones, espacio ocupado por una cosa. ‖ Acción y efecto de extender o extenderse : *la extensión de un miembro.* ‖ Duración : *la extensión de un discurso.* ‖ Propagación : *extensión de un conflicto.* ‖ Amplitud : *la extensión de un suceso.* ‖ Significación : *en toda la extensión de la palabra.* ‖ Línea telefónica suplementaria conectada con la principal.
extensivo, va adj. Que se extiende o se puede extender. ‖ *Cultivo extensivo,* el que se practica en superficies muy grandes con rendimiento bajo.
extenso, sa adj. Extendido. ‖ Amplio, muy grande. ‖ Largo : *un discurso extenso.*
extensor, ra adj. Que sirve para extender : *músculo extensor.* ‖ — M. Aparato de gimnasia formado por cables de caucho.
extenuación f. Debilitación.
extenuar v. t. Debilitar (ú. t. c. pr.).
exterior adj. Que está por la parte de fuera : *el mundo exterior.* ‖ Que da a la calle : *ventana exterior.* ‖ Relativo a otros países : *comercio exterior.* ‖ — M. Superficie externa de los cuerpos : *el exterior de una esfera.* ‖ Lo que está fuera : *el exterior de una casa.* ‖ Espacio que rodea una casa. ‖ Aspecto, porte, modales de una persona. ‖ Países extranjeros. ‖ — M. pl. *Cin.* Escenas rodadas fuera de un estudio.
exterioridad f. Calidad de exterior. ‖ — Pl. Apariencias.
exteriorización f. Manifestación de una idea o sentimiento.
exteriorizar v. t. Manifestar ante los demás lo que se piensa.
exterminación f. Exterminio.
exterminador, ra adj. y s. Que extermina.
exterminar v. t. Acabar por completo con una cosa. ‖ Aniquilar.
exterminio m. Destrucción completa o casi completa.
externado m. Centro de enseñanza para alumnos externos.
externo, na adj. Que se manifiesta al exterior o viene de fuera : *influencia externa.* ‖ Que se pone fuera : *medicina de uso externo.* ‖ — Adj. y s. Aplícase al alumno que da clases en una escuela sin dormir y comer en ella.
extinción f. Acción de apagar o apagarse. ‖ Cesación o desaparición.
extinguir v. t. Hacer que cese el fuego o la luz, apagar : *extinguir un incendio* (ú. t. c. pr.). ‖ *Fig.* Hacer cesar o desaparecer gradualmente (ú. t. c. pr.). ‖ — V. pr. Morirse.
extinto, ta adj. Apagado. ‖ *Arg.* y *Chil.* Muerto, difunto.
extintor adj. Que extingue. ‖ — M. Aparato para extinguir incendios.
extirpación f. Supresión completa y definitiva.
extirpador, ra adj. y s. Que extirpa.
extirpar v. t. Arrancar de cuajo o de raíz. ‖ *Fig.* Acabar definitivamente con algo : *extirpar un vicio.*
extorsión f. Despojo o usurpación violenta. ‖ *Fig.* Molestia.
extorsionar v. t. Usurpar con violencia. ‖ Molestar.
extra prep. Significa *fuera de,* como en *extramuros, extraoficial.* ‖ *Fam.* Aislada, significa *además* : *extra del sueldo, tiene otras ganancias.* ‖ — Adj. Extraordinario, de calidad superior. ‖ Suplementario : *horas extras.* ‖ — M. *Fam.* Beneficio accesorio : *cobrar extras.* ‖ *Cin.* Comparsa. ‖ Persona que presta accidentalmente un servicio. ‖ Gasto o comida especial.
extracardiaco, ca adj. Que está situado alrededor del corazón. ‖ Que es independiente del corazón. ‖ *Ritmo extracardiaco,* ritmo de los ruidos, percibidos cuando se realiza la auscultación del tórax, cuya causa no se origina en el corazón y es completamente independiente de él.
extracción f. Acción y efecto de extraer. ‖ *Mat.* Operación consistente en sacar la raíz de una cantidad : *extracción de una raíz cuadrada.* ‖ Origen, estirpe ; *de extracción noble, campesina.*
extracelular adj. Dícese de lo que está situado en la parte exterior de la membrana que limita el protoplasma celular : *espacio extracelular.*
extracorriente f. *Extracorriente de ruptura,* corriente eléctrica inducida que se produce al abrir un circuito.
extracraneano, na adj. Que está situado fuera de la cavidad del cráneo.
extracta f. Copia fiel de cualquier documento público o de una parte de él.
extractador, ra adj. Que extracta (ú. t. c. s.).
extractar v. t. Resumir.
extractivo, va adj. Que se dedica a la extracción.
extracto m. Resumen, compendio. ‖ Perfume concentrado : *extracto de rosas.* ‖ Sustancia que se extrae de otro cuerpo.
extractor, ra m. y f. Persona que extrae. ‖ — M. Aparato que sirve para extraer. ‖ Instrumento para sacar los cuerpos extraños del organismo.
extradición f. Entrega del reo refugiado en un país al gobierno de otro que lo reclama.
extradós m. Superficie convexa o exterior de una bóveda. ‖ Superficie superior del ala de un avión.
extraduro, ra adj. Dícese del acero con alto contenido de carbono que le confiere una gran resistencia mecánica : *muchas herramientas se fabrican con acero extraduro tratado por temple.*

extraer v. t. Sacar, arrancar : *extraer una muela.* || Sacar, tomar parte de algo : *extraer una cita de un libro.* || Hacer salir : *extraer de la prisión.* || *Mat.* Sacar la raíz de un número. || Separar una sustancia del cuerpo en que está contenida.
extrafino, na adj. Muy fino.
extragaláctico, ca adj. Que pertenece al espacio situado fuera de nuestra galaxia.
extrajudicial adj. Que se hace o trata fuera de la vía judicial.
extralegal adj. Que se hace fuera de la legalidad.
extralimitación f. Acción y efecto de extralimitarse, abuso.
extralimitarse v. pr. Propasarse.
extralitúrgico, ca adj. Dícese del acto litúrgico no comprendido en la liturgia.
extramuros adv. Fuera del recinto de una población.
extranjería f. Calidad o carácter de extranjero : *el concepto de extranjería ha ido variando a lo largo de la historia.*
extranjerismo m. Afición desmedida a todo lo extranjero. || Palabra, giro extranjero.
extranjerizar v. t. Introducir en un país las costumbres de otro (ú. t. c. pr.).
extranjero, ra adj. y s. De otro país. || — M. Toda nación que no es la propia : *ir al extranjero.*
extranjis (de) loc. fam. De tapadillo; callandito.
extrañamiento m. Destierro. || Asombro, sorpresa.
extrañar v. t. Sorprender : *me extrañó verte allí.* || Encontrar una cosa extraña por ser nueva : *no durmió por extrañarle la cama del hotel.* || Ser muy tímido un niño con los desconocidos. || Desterrar : *extrañar a alguien de la patria* (ú. t. c. pr.). || *Amer.* Echar de menos. || — V. pr. Sorprenderse.
extrañeza f. Admiración, asombro. || Calidad de extraño. || Cosa extraña.
extraño, ña adj. Que pertenece a una nación, familia, grupo u oficio distintos (ú. t. c. s.). || Raro, extravagante : *extraño humor.* || Sorprendente. || Ajeno a una cosa : *extraño a un hecho.* || — M. Espantada del caballo.
extraoficial adj. No oficial.
extraordinario, ria adj. Fuera de lo corriente. || Singular : *proyecto extraordinario.* || Magnífico, admirable : *hombre extraordinario.* || Muy grande : *talento extraordinario.* || Suplementario : *horas extrordinarias.* || Imprevisto : *gastos extraordinarios.* || — M. Número especial de un periódico.
extraplano, na adj. Aplícase a las cosas más planas o delgadas que otras de su misma especie, especialmente en el caso de ciertos relojes.
extrapolación f. *Mat.* Procedimiento que consiste en llevar la aplicación de una ley o el conocimiento de una función más allá de los límites en que han sido averiguados. || Operación consistente en hacer previsiones a partir de los datos estadísticos disponibles. || *Fig.* Deducción y generalización.
extrapolar v. t. *Mat.* Hacer una extrapolación. || *Fig.* Generalizar.
extrarradio m. Circunscripción administrativa en las afueras de una población.
extrasístole f. Contracción cardiaca que aparece independientemente de la existente a un ritmo normal.
extrasuave adj. Dícese del acero ordinario que tiene un contenido muy bajo de carbono : *el acero extrasuave tiene muchas aplicaciones industriales por su alto grado de maleabilidad.*
extratémpora f. Dispensa para que un clérigo pueda recibir las órdenes mayores fuera del tiempo que habitualmente señala la Iglesia.
extraterritorial adj. Que está o se considera fuera del territorio de la propia jurisdicción.
extraterritorialidad f. Inmunidad que exime a los agentes diplomáticos, los buques de guerra, etc., de la jurisdicción del Estado en que se encuentran.
extrauterino, na adj. Que está situado fuera del útero.
extravagancia f. Calidad de extravagante. || Excentricidad, acción o cosa extravagante : *hacer extravagancias.*
extravagante adj. Raro, extraño, excéntrico : *ideas extravagantes* (ú. t. c. s.).
extravasarse v. pr. Salirse un líquido de su conducto natural.
extraversión f. Carácter de la persona siempre dirigida hacia el mundo exterior.
extravertido, da adj. Dado a la extraversión (ú. t. c. s.).
extraviado, da adj. Que ha perdido su camino : *res extraviada.* || Perdido : *objeto extraviado.* || Con la mirada perdida y llena de asombro : *ojos extraviados.*
extraviar v. t. Desorientar (ú. t. c. pr.). || Perder, no acordarse de dónde se puso una cosa : *extravió su libro* (ú. t. c. pr.). || — V. pr. *Fig.* Pervertirse.
extravío m. Acción y efecto de extraviar o extraviarse. || *Fig.* Desorden en las costumbres. | Error, equivocación : *extravíos de la juventud.*
extremado, da adj. Sumamente bueno o malo en su género : *siempre dio muestras de un rigor extremado.*
extremar v. t. Llevar hacia el más alto grado : *extremar la vigilancia.* || — V. pr. Esmerarse.
extremaunción f. Sacramento que se administra a los moribundos.
extremeño, ña adj. y s. De Extremadura (España).
extremidad f. Punta, cabo : *la extremidad de una lanza.* || Último momento. || — Pl. Pies y manos del hombre. || Cabeza, manos, pies y cola de los animales.
extremismo m. Tendencia a adoptar ideas o actitudes extremas, exageradas, especialmente en política : *extremismo revolucionario.*
extremista adj. y s. Partidario del extremismo.
extremo, ma adj. Que llega al mayor grado : *bondad extrema.* || Más alejado de un sitio : *la punta extrema de una península.* || *Fig.* Excesivo, falto de moderación : *opiniones extremas.* || Distante, diferente. || — M. Extremidad : *el extremo de un palo.* || Situación extremada : *llegó al extremo que quiso matarse.* || Punto, tema : *se trataron varios extremos durante la sesión.* || En fútbol, cada uno de los delanteros exteriores.
extremosidad f. Exceso.
extremoso, sa adj. Excesivo.
extrínseco, ca adj. Externo, que viene de fuera.
extroversión f. Extraversión.
extrovertido, da adj. y s. Extravertido.
extrusión f. Aparición de materia volcánica por subida y salida, sin proyección ni efusión sensible, en forma de aguja : *las extrusiones viscosas del Monte Pelado en la*

isla de Martinica. ‖ Proceso continuo de fabricación con prensas de las materias plásticas y de los metales.
exuberancia f. Gran abundancia. ‖ *Fig.* Temperamento vivo y demostrativo.
exuberante adj. Muy abundante. ‖ Que manifiesta sus sentimientos por demostraciones excesivas.
exudación f. *Med.* Acción y efecto de exudar.
exudar v. i. *Med.* Salir un líquido fuera de sus vasos o conductos propios. ‖ Rezumar.
exulceración f. Pérdida de sustancia muy superficial de la piel o mucosa de origen patológico.
exulcerar v. t. Provocar llagas en la piel (ú. t. c. pr.).
exultación f. Acción y efecto de exultar.
exultar v. i. Sentir y mostrar viva alegría.
exutorio m. *Med.* Ulcera mantenida abierta para un fin curativo. ‖ *Fig.* Lo que alivia de alguna pasión : *la competición deportiva es un exutorio de la agresividad.*
exvoto m. Ofrenda hecha en agradecimiento de un beneficio obtenido que se ouelga en los muros de las capillas.
eyaculación f. Expulsión violenta del líquido contenido en un órgano o cavidad.
eyaculador, ra adj. Que realiza la eyaculación : *los conductos eyaculadores van de las vesículas seminales hasta llegar a la uretra de la próstata.*
eyacular v. t. Lanzar con fuerza el contenido de un órgano o cavidad. ‖ Expeler el semen.
eyaculatorio, ria adj. Perteneciente o relativo a la eyaculación.
eyección f. Extracción. ‖ Deyección.
eyectable adj. Que puede ser proyectado o expulsado en el aire.
eyectar v. t. Proyectar al exterior. ‖ *Fam.* Expulsar.
eyector m. Expulsor en las armas de fuego.
eyong m. Madera dura, pesada, de color pardo amarillento de un árbol de África : *la madera de eyong se utiliza para trabajos de carpintería exterior.*
eyrá m. Pequeño puma de América del Sur.

f f. Séptima letra del alfabeto castellano y quinta de sus consonantes. ‖ — **F,** símbolo del *faradio* y del *flúor.* ‖ **°F,** símbolo del *grado* en la escala de Fahrenheit.
fa m. Cuarta nota de la escala musical. ‖ Signo que la representa.
faba f. Haba.
fabada f. Plato asturiano consistente en un potaje de alubias con tocino.
fábrica f. Establecimiento industrial en el que se transforman los productos semimanufacturados o materias primas para la creación de objetos destinados al consumo. ‖ Fabricación. ‖ Edificio, construcción hecha por los albañiles. ‖ *Precio de fábrica,* el que pide el fabricante al comercio.
fabricación f. Acción o manera de fabricar.
fabricante com. Persona que fabrica productos para venderlos.
fabricar v. t. Transformar materias en productos industriales : *fabricar automóviles.* ‖ Edificar, construir : *fabricar un puente.* ‖ *Fig.* Inventar, forjar. | Hacer.
fabril adj. Industrial.
fábula f. Apólogo, relato alegórico, generalmente en verso, del que se saca una moraleja. ‖ Mentira, historia inventada. ‖ Relato mitológico.
fabulario m. Colección o repertorio de fábulas.
fabulista com. Autor de fábulas : *Iriarte y Samaniego fueron dos fabulistas.*
fabuloso, sa adj. Imaginario. ‖ Extraordinario, fuera de lo corriente.
faca f. Cuchillo grande con la punta corva.
facción f. Rasgos del rostro. ‖ Conjunto de gentes unidas para llevar a cabo una acción política violenta. ‖ *Mil.* Servicio de guardia que hace un soldado.
faccioso, sa adj. y s. Rebelde.
faceta f. Cada una de las caras de un poliedro. ‖ *Fig.* Aspecto.
facial adj. De la cara.
facies f. Semblante.
fácil adj. Que cuesta poco trabajo, sencillo. ‖ Cómodo : *llevar una vida fácil.* ‖ Que parece hecho sin esfuerzo : *estilo fácil.* ‖ Dócil, manejable : *temperamendo fácil.* ‖ Probable : *es fácil que lo haga pronto.* ‖ Liviana, poco recatada : *mujer fácil.* ‖ — Adv. Con facilidad.
facilidad f. Calidad de fácil. ‖ Disposición, capacidad para ejecutar algo sin esfuerzo : *facilidad de palabra.* ‖ Poca dificultad. ‖ — Pl. Comodidades : *facilidades de comunicaciones.* ‖ Plazos para pagar : *obtener facilidades.*
facilitación f. Acción de facilitar una cosa.
facilitar v. t. Hacer fácil, sencilla o posible una cosa : *facilitar el trabajo.* ‖ Proporcionar, dar.
facineroso, sa adj. y s. Malhechor.
facón m. *Riopl.* Daga o puñal grande.
facsímil y **facsímile** m. Reproducción de una firma, dibujo, etc.
factibilidad f. Carácter de factible.
factible adj. Hacedero.
facticio, cia adj. Poco natural.
fáctico, ca adj. Real, verdadero.
factor m. Cada uno de los términos de un producto ; *el orden de los factores no altera el producto.* ‖ Elemento : *los factores de una desgracia.* ‖ Agente causal hereditario que determina un cierto carácter en la descendencia : *factor Rhesus.*
factoría f. Establecimiento de comercio en un país colonial. ‖ Manufactura, fábrica.
factorial f. *Mat.* Producto obtenido al multiplicar un número dado por todos los enteros sucesivos inferiores : *la factorial de 5 es* $5! = 5 \times 4 \times 3 \times 2 \times 1 = 120$.
factótum m. Persona que se encarga de todo por cuenta de otra.
factura f. Cuenta detallada de las mercancías compradas o vendidas. ‖ Hechura : *versos de buena factura.* ‖ *Arg.* Bollo.
facturación f. Acción y efecto de facturar. ‖ Volumen de ventas de un negocio.
facturar v. t. Extender una factura de las mercancías vendidas. ‖ En los ferrocarriles, hacer registrar el depósito de las mercancías o equipajes que se envían.
facultad f. Aptitud, capacidad, potencia física o moral : *facultad de pensar.* ‖ Poder, derecho para hacer alguna cosa. ‖ Virtud, propiedad : *el imán tiene la facultad de atraer el hierro.* ‖ En la Universidad, sección de la enseñanza superior : *la Facultad de Derecho.* ‖ Edificio en que está. ‖ — Pl. Disposiciones, aptitudes.
facultar v. t. Autorizar.
facultativo, va adj. Perteneciente a una facultad : *dictamen facultativo.* ‖ Potestativo, que puede hacerse o no. ‖ Propio del médico : *parte facultativo.* ‖ *El cuerpo facultativo,* los médicos. ‖ — M. Médico.
facundia f. Locuacidad.
facundo, da adj. Hablador.
facha f. *Fam.* Presencia aspecto. | Adefesio (ú. t. c. s. m.). ‖ — M. y f. *Fam.* Fascista.
fachada f. Aspecto exterior que ofrece un edificio, un buque, etc., por cada uno de sus lados. ‖ *Fam.* Apariencia : *fulano no tiene más que fachada.*
fachenda f. *Fam.* Jactancia. ‖ — M. *Fam.* Fachendoso.
fachendoso, sa adj. y s. *Fam.* Vanidoso. | Presumido.
fado m. Canción portuguesa.
faena f. Trabajo corporal, labor. ‖ Trabajo mental. ‖ Quehacer, tarea : *las faenas cotidianas.* ‖ Trabajo del torero con la muleta. ‖ *Fig.* Mala jugada : *hacer una faena a un amigo.*

faenar v. i. Capturar el pescado en cierto lugar los barcos de pesca : *los atuneros que faenaban cerca del litoral fueron atacados por las lanchas motoras que vigilaban las aguas territoriales del país.*
faenero, ra m. y f. Jornalero.
faetón m. Coche de caballos, alto y descubierto, con cuatro ruedas.
fagocito m. Glóbulo blanco de la sangre capaz de absorber y asimilarse las células que le rodean.
fagocitosis f. Función que desempeñan los fagocitos en el organismo.
fagot m. Instrumento músico de viento. ‖ El que lo toca.
fagotista m. Fagot, músico.
faisán m. Ave gallinácea comestible y de hermosas plumas.
faja f. Lista : *las fajas de un escudo.* ‖ Tira de lienzo o tejido elástico para ceñir el cuerpo por la cintura : *faja abdominal.* ‖ Porción de terreno. ‖ Banda de papel con que se rodean los periódicos o impresos enviados por correo o las que tienen algunos libros con ciertas indicaciones sobre el tema tratado o con el premio recibido. ‖ Insignia de algunos cargos militares o civiles. ‖ Vitola de un puro.
fajador m. Boxeador que tiene gran resistencia para encajar los golpes que le propina su adversario : *es un púgil de poca pegada pero gran fajador.*
fajar v. t. Rodear o envolver con faja o venda. ‖ *Amer.* Pegar a uno.
fajín m. Faja de un militar.
fajina f. Montón de haces de mies. ‖ Hacecillo de leña menuda. ‖ *Méx.* Comida del mediodía en el trabajo del campo. ‖ *Mil.* Antiguo toque para retirarse la tropa a su alojamiento, y hoy toque de llamada para la comida.
fajo m. Haz o atado : *fajo de leña.* ‖ Paquete : *un fajo de billetes.*
fakir m. V. FAQUIR.
falacia f. Engaño o mentira.
falange f. (Ant.). Cuerpo de infantería de Macedonia. ‖ Cada uno de los huesos de los dedos. ‖ Partido político español fundado por José Antonio Primo de Rivera en 1933.
falangeta f. Tercera y última falange de los dedos.
falangina f. Segunda falange de las tres que componen los dedos.
falangismo m. Ideología de la Falange.
falangista adj. De Falange Española. ‖ — Com. Miembro de este partido.
falaz adj. Engañoso, falso.
falconiano, na y **falconés, esa** adj. y s. Del Estado de Falcón (Venezuela).
falcónidos m. pl. Familia de aves de rapiña que comprende los halcones, buitres, etc. (ú. t. c. adj.).
falda f. Parte del vestido de las mujeres que cubre de la cintura hasta las rodillas : *una falda con vuelo* (ú. t. en pl.). ‖ Vertiente, ladera de una montaña. ‖ Carne de la res que cuelga de las agujas. ‖ Regazo : *con su hijo en la falda.* ‖ Tela que va del tablero al suelo en una mesa camilla. ‖ — Pl. *Fam.* Mujeres : *cuestión de faldas.*
faldellín m. Falda corta.
faldero, ra adj. Mujeriego (ú. t. c. s. m.). ‖ — M. y f. Persona que confecciona faldas.
faldón m. Parte trasera de algunos trajes que empieza en la cintura y acaba en las corvas : *los faldones de un frac.* ‖ Parte inferior de una prenda de vestir, especialmente de la camisa.
faldriquera f. Faltriquera.
falibilidad f. Posibilidad de equivocarse.
falible adj. Que puede equivocarse.
fálico, ca adj. Relativo o perteneciente al falo.
falo m. Miembro viril.
falocracia f. Machismo.
falócrata adj. y s. Machista.
falsario, ria adj. y s. Que falsea o falsifica una cosa. ‖ Mentiroso.
falseador, ra adj. Falsificador (ú. t. c. s.).
falseamiento m. Desfiguración o alteración de una cosa.
falsear v. t. Adulterar o contrahacer una cosa.
falsedad f. Falta de verdad o autenticidad. ‖ Duplicidad, hipocresía. ‖ Cosa falsa.
falsete m. *Mús.* Voz más aguda que la natural. ‖ Corcho para taponar en los toneles el orificio de la canilla.
falsificación f. Imitación fraudulenta de un cuadro, de un acta o documentos, de una firma, de monedas o billetes, etc.
falsificador, ra adj. y s. Que falsifica o falsea.
falsificar v. t. Imitar fraudulentamente, contrahacer.
falsilla f. Hoja de papel rayado utilizada para guiar la escritura.
falso, sa adj. Que no es verdadero, contrario a la verdad. ‖ Contrario a la realidad : *creencia falsa.* ‖ Falto de ponderación, de rectitud : *carácter falso.* ‖ Hipócrita, ficticio. ‖ Que engaña, disimulado : *persona falsa.* ‖ Inexacto, que no es exacto. ‖ Equívoco : *situación falsa.* ‖ Falsificado : *billete falso.* ‖ *Lo falso,* lo que está en contra de la verdad : *distinguir lo falso de lo verdadero.*
falta f. Ausencia, carencia, penuria : *falta de soldados.* ‖ Ausencia : *falta de asistencia.* ‖ Anotación de esta ausencia : *no ha marcado las faltas.* ‖ Carencia : *falta de formalidad.* ‖ Ausencia : *falta de compañía.* ‖ Defecto : *tu traje tiene muchas faltas.* ‖ Cosa censurable : *falta de respeto.* ‖ Error : *falta de ortografía.* ‖ Incumplimiento del deber, inobservancia de la moral : *caer en falta.* ‖ Infracción de la ley : *juicio de faltas.* ‖ Acción en contra de las reglas de un juego. ‖ *A falta de,* sin : *estar a falta de la traída de aguas.*
faltar v. i. No haber, carecer ; *faltaban los víveres.* ‖ Morir, desaparecer. ‖ Estar ausente : *faltan muchos alumnos.* ‖ No tener, carecer : *le faltan las fuerzas.* ‖ Incumplir, no cumplir : *faltó a su palabra.* ‖ No acudir, no ir, no estar presente, no asistir : *faltó a la sesión inaugural.* ‖ No respetar : *faltó a sus superiores.* ‖ No tener la cantidad necesaria : *le faltan medios económicos.* ‖ Quedar : *faltan tres días para la fiesta.* ‖ Haber sido sustraído o robado : *me falta dinero en mi cartera.* ‖ Dejar de haber : *jamás faltan las distracciones.* ‖ Estar por ejecutar : *faltan todavía unos cuantos detalles en la decoración.* ‖ Defraudar : *faltó a la confianza que teníamos en él.*
falto, ta adj. Carente, privado.
faltriquera f. Bolsillo de las prendas de vestir.
falúa f. Embarcación menor.
falucho m. Barco pequeño.
falla f. Quiebra del terreno provocada por movimientos geológicos y acompañada de un corrimiento de los bordes de la grieta. ‖ Falta, defecto, fallo. ‖ Monumento de cartón con figuras grotescas que se queman en las calles de Valencia (España) la noche de San José. ‖ — Pl. Fiestas de Valencia (España).

fallar v. t. Sentenciar, pronunciar una sentencia. ‖ Otorgar, atribuir : *fallar un premio literario.* ‖ — V. i. Flaquear, dar signos de debilidad : *le falló la memoria.* ‖ Faltar : *le fallaron las fuerzas.* ‖ No rendir lo esperado : *falló en el examen oral.* ‖ Fracasar : *fallaron sus intentos.* ‖ No dar en el blanco : *falló el tiro.* ‖ Tener fallos un motor. ‖ Ceder, no cumplir su cometido : *fallaron los frenos del automóvil.* ‖ Resultar completamente distinto de lo que se esperaba : *fallaron nuestros cálculos.* ‖ Perder una cosa su resistencia : *falló la cuerda y se cayó.* ‖ Jugar triunfo en los naipes por carecer de cartas del palo que echa el contrincante. ‖ *Sin fallar,* sin falta.
falleba f. Barra de metal, en el borde de una de las hojas de puertas y ventanas, que sirve para cerrarlas.
fallecer v. i. Morir.
fallecimiento m. Muerte.
fallero, ra adj. De las fallas de Valencia. ‖ — M. y f. Persona que construye fallas o va a las fiestas de las fallas : *fallero mayor.*
fallido, da adj. Que no da el resultado esperado.
fallo m. Sentencia de un juez o árbitro. ‖ Falta de carta del palo que se juega en los naipes que obliga a echar triunfo. ‖ Falta : *fallo de la naturaleza.* ‖ Error, equivocación. ‖ Detonación débil que se produce en el escape de un motor de explosión que funciona mal. ‖ *Fallos de memoria,* olvidos.
falluca f. *Méx. Fam.* Comercio ambulante. | Contrabando.
falluquear v. i. *Méx.* Hacer contrabando.
fama f. Opinión general que se tiene de alguien o algo. ‖ Prestigio, reconocimiento de la excelencia de alguien o algo.
famélico, ca adj. Hambriento.
familia f. Conjunto compuesto por un matrimonio y sus hijos, y, en un sentido amplio, todas las personas unidas por un parentesco, ya vivan bajo el mismo techo ya en lugares diferentes. ‖ Los hijos solamente : *tengo mucha familia.* ‖ Grupo de seres o de cosas que tienen caracteres comunes : *familia espiritual.* ‖ Cada una de las divisiones de un orden de seres vivientes : *familia de plantas.* ‖ *Fig.* Linaje : *de familia aristocrática.* ‖ — *Cabeza de familia,* el jefe de ella. ‖ *Familia política,* la contraída por alianza.
familiar adj. De la familia. ‖ Que tiene trato frecuente con alguien. ‖ Que tiene maneras libres, que se permite demasiada confianza. ‖ Que se sabe, que se conoce, que se hace por costumbre : *problema muy familiar.* ‖ Natural, sencillo : *estilo familiar.* ‖ De la conversación, sin protocolo : *vocablo familiar.* ‖ — M. Pariente. ‖ Intimo. ‖ Furgoneta automóvil.
familiaridad f. Gran intimidad, confianza. ‖ — Pl. Confianza excesiva : *no me gusta que le trates con demasiada familiaridad.*
familiarizar v. t. Hacer familiar, acostumbrar, habituar. ‖ — V. pr. Acostumbrarse a una cosa por el uso o práctica.
famoso, sa adj. Que tiene fama, reputado.
fámula f. *Fam.* Criada.
fámulo m. Sirviente.
fan adj. y s. (pal. ingl.). *Fam.* Fanático, hincha : *cientos de fans rodean al artista.*
fanal m. Farol grande. ‖ Campana de cristal que preserva del polvo. ‖ — Pl. Ojos muy grandes.
fanático, ca adj. y s. Que defiende con apasionamiento creencias u opiniones religiosas. ‖ Entusiasmado ciegamente por algo.
fanatismo m. Apasionamiento.
fanatizar v. t. Provocar el fanatismo.
fandango m. Baile español y música que lo acompaña. ‖ *Fam.* Lío, jaleo.
fandanguillo m. Baile, canción y música del cante flamenco.
fané adj. *Arg. Fam.* Decadente.
fanega f. Medida de capacidad para áridos (55 litros y medio). ‖ Medida agraria, variable en cada región, que en Castilla equivale a unos 6 500 m^2.
fanerógamo, ma adj. Dícese de los vegetales que se reproducen por semillas formadas en flores (ú. t. c. s. f.).
fanfarria f. *Fam.* Jactancia, fanfarronería. ‖ Charanga.
fanfarrón, ona adj. y s. *Fam.* Que exagera o hace alarde.
fanfarronada f. Dicho o hecho propio de fanfarrón.
fanfarronear v. i. Alardear.
fanfarronería f. Modo de hablar y de portarse el fanfarrón.
fango m. Lodo.
fangoso, sa adj. Lleno de fango.
fantaseador, ra adj. y s. Fantasioso.
fantasear v. i. Dejar correr la fantasía o imaginación.
fantasía f. Imaginación : *dejar correr la fantasía.* ‖ Imagen creada por la imaginación : *forjarse fantasías.* ‖ Cosa sin fundamento. ‖ Ficción, cuento : *las fantasías de los poetas.*
fantasioso, sa adj. y s. Que tiene mucha imaginación. ‖ Presuntuoso.
fantasista com. Artista de variedades.
fantasma m. Espectro, visión. ‖ Ilusión, apariencia : *ver fantasmas.* ‖ *Fig.* Persona vanidosa.
fantasmada f. Fanfarronada.
fantasmagoría f. Representación de fantasmas por medio de ilusión óptica. ‖ Abuso de efectos producidos por medios extraordinarios en arte o literatura.
fantástico, ca adj. Quimérico, imaginario, creado por la imaginación. ‖ Sensacional, magnífico.
fantochada f. Locura.
fantoche m. (pal. fr.). Títere, muñeco. ‖ Persona informal. ‖ Cuentista. ‖ Presumido. ‖ Persona muy dócil o muy fácil de manejar : *tu tío es un ridículo fantoche en manos de la dominanta de su mujer.* ‖ Mamarracho.
faquir o **fakir** m. Asceta musulmán. ‖ *Por ext.* Nombre dado en Europa a los ascetas de la India. ‖ Artista de circo que hace cosas semejantes a los ascetas indios.
farad o **faradio** m. *Fís.* Unidad electromagnética de capacidad eléctrica (símb. F).
farándula f. Profesión de los artistas de teatro. ‖ Compañía antigua de cómicos ambulantes.
farandulero, ra m. y f. Actor. ‖ — Adj. *Fig.* y *Fam.* Charlatán.
faraón m. Rey del antiguo Egipto. ‖ — Com. *Fig.* Rey, el primero : *la faraona del cante jondo.*
faraónico, ca adj. Relativo a los faraones : *dinastías faraónicas.*
fardada f. *Fam.* Acción con la que se pretende impresionar.
fardar v. t. *Fam.* Presumir. ‖ — V. i. *Fam.* Vestir bien. | Lucir, quedar bien o vistoso.
fardo m. Lío, paquete, bulto.
fardón, ona adj. *Fam.* Bien vestido. | Presuntuoso. | Que luce, vistoso : *llevaba un automóvil de lo más fardón que pueda darse.*

farfolla f. *Fig.* Oropel, hojarasca.
farfullador, ra adj. y s. *Fam.* Que habla confusamente.
farfullar v. t. *Fam.* Hablar de prisa, confusa y atropelladamente. ‖ *Fig.* y *fam.* Chapucear.
farináceo, a adj. Harinoso.
faringe f. Conducto muscular y membranoso situado en el fondo de la boca y unido al esófago.
faríngeo, a adj. De la faringe.
faringitis f. Inflamación de la faringe.
faringoscopio m. Aparato para observar la faringe.
fario m. *Fam.* Suerte, fortuna.
farisaico, ca adj. Propio de los fariseos. ‖ *Fig.* Hipócrita.
farisaísmo y **fariseísmo** m. Secta, costumbres o espíritu de los fariseos. ‖ *Fig.* Hipocresía.
fariseo m. Entre los judíos, miembro de una secta que se distinguía por una observancia estricta de las normas de la ley de Moisés. ‖ *Fig.* Hipócrita.
farmacéutico, ca adj. De la farmacia. ‖ — M. y f. Persona que ha hecho la carrera de farmacia o la que está al frente de un establecimiento que prepara y expende medicamentos.
farmacia f. Ciencia que tiene por objeto la preparación de medicamentos. ‖ Carrera o estudios en que se adquieren estos conocimientos. ‖ Establecimiento que vende y prepara medicamentos.
fármaco m. Medicamento.
farmacología f. Estudio de los medicamentos y de su empleo.
farmacopea f. Libro en el que se encuentran las recetas o fórmulas para preparar los medicamentos.
faro m. Torre en las costas con una luz que sirve para guiar a los navegantes durante la noche. ‖ Luz potente que llevan en la parte delantera los automóviles. ‖ *Fig.* Persona o cosa que guía, orienta o dirige.
farol m. Linterna, faro. ‖ Luz que ilumina las calles. ‖ En el juego, falso envite para desorientar a los adversarios. ‖ *Fig.* y *fam.* Mentira, exageración. ‖ Lance del toreo, echando el capote al toro y pasándoselo por la espalda al recogerlo.
farola f. Farol grande.
farolear v. i. *Fam.* Exagerar.
faroleo m. *Fam.* Mentira dicha para lucirse.
farolero, ra adj. *Fam.* Que dice mentiras para lucirse (ú. t. c. s.).
farolillo m. Farol.
farra f. *Amer.* Juerga, jarana. | Burla.
fárrago m. Aglomeración confusa de cosas.
farragoso, sa adj. Confuso.
farrear v. i. *Amer.* Ir de juerga.
farrero, ra y **farrista** adj. y s. *Amer.* Juerguista.
farruco, ca adj. y s. *Fam.* Gallego o asturiano recién salido de su tierra. ‖ *Fam.* Valiente. | Rebelde. ‖ — Adj. *Fam.* Ufano, orgulloso.
farruto, ta adj. *Amer.* Enfermizo, enclenque.
farsa f. Comedia burlesca. ‖ Compañía de teatro. ‖ Teatro. ‖ *Fig.* Pantomima, comedia, engaño.
farsante com. Actor, comediante.
farsear v. i. *Amer.* Bromear.
fas o por nefas (por) m. adv. *Fam.* Por una u otra cosa.
fasciculado, da adj. Reunido en haces.
fascículo m. Cada una de las entregas de una obra publicada en partes sucesivas. ‖ Cuadernillo.
fascinación adj. Embrujo. ‖ *Fig.* Atracción, seducción fuerte.
fascinador, ra adj. y s. Que fascina.
fascinante adj. Que fascina.
fascinar v. t. Atraer a sí con la fuerza de la mirada : *la leyenda atribuye a las serpientes la facultad de fascinar su presa.* ‖ *Fig.* Hechizar, deslumbrar, cautivar, seducir.
fascismo m. Régimen implantado por Mussolini en Italia de 1922 a 1945. ‖ Doctrina fundada en el ejercicio del poder mediante un partido único, la exaltación nacionalista y la organización corporativa. ‖ *Por ext.* Régimen dictatorial.
fascista adj. Del fascismo. ‖ Partidario del fascismo (ú. t. c. s.).
fase f. *Astr.* Cada una de las diversas apariencias o figuras con que se dejan ver la Luna y algunos planetas, según los ilumina el Sol. ‖ Conjunto de labores efectuadas en un puesto de trabajo para la misma unidad de producción. ‖ *Fís.* y *Quím.* Cualquier parte homogénea de un sistema de un cuerpo en equilibrio. ‖ Cada uno de los estados sucesivos por el que pasan los insectos. ‖ *Electr.* Cada una de las corrientes alternas que componen una corriente polifásica. | Intensidad de una corriente en un momento determinado. ‖ *Fig.* Cada uno de los cambios, de los aspectos sucesivos de un fenómeno en evolución.
faso m. *Arg. Fam.* Cigarrillo.
fastidiar v. t. Molestar (ú. t. c. pr.).
fastidio m. Disgusto : *un olor que causa fastidio.* ‖ *Fig.* Enfado, cansancio | Aburrimiento.
fastidioso, sa adj. Que fastidia.
fasto, ta adj. Feliz, venturoso : *día, año fasto.* ‖ — M. Fausto. ‖ — Pl. Calendario romano. ‖ Relato histórico.
fastuosidad f. Fausto.
fastuoso, sa adj. Ostentoso.
fatal adj. Fijado por el destino. ‖ Funesto, aciago : *fatal resolución.* ‖ Inevitable, que debe suceder. ‖ Muy malo, lamentable : *película fatal.* ‖ Que trae malas consecuencias : *error fatal.* ‖ Mortal : *accidente fatal.* ‖ Que seduce : *mujer fatal.* ‖ *Fam. Estar fatal,* no encontrarse en buen estado de salud. ‖ — Adv. Muy mal : *canta fatal.*
fatalidad f. Destino ineludible. ‖ Acontecimiento inevitable. ‖ Desgracia.
fatalismo m. Doctrina que considera todo cuanto ocurre como determinado de antemano por el destino.
fatalista adj. y s. Que admite el fatalismo. ‖ Que se somete sin reacción a los acontecimientos.
fatídico, ca adj. Que anuncia el porvenir, por lo general nefasto.
fatiga f. Cansancio. ‖ Penalidad, cualquier trabajo penoso. ‖ Ahogo en la respiración : *la fatiga de los asmáticos.* ‖ Náusea. ‖ Vergüenza.
fatigante adj. Fatigoso.
fatigar v. t. Causar fatiga, cansar : *esta tarea le fatiga mucho* (ú. t. c. pr.). ‖ Molestar.
fatigoso, sa adj. Cansado.
fatimí y **fatimita** adj. Dícese del descendiente de Fátima, hija de Mahoma (ú. t. c. s.).
fatuidad f. Vanidad ridícula.
fatuo, a adj. y s. Tonto. ‖ Engreído.

fauces f. pl. Faringe, parte posterior de la boca de los mamíferos.
fauna f. Conjunto de los animales de una región determinada.
fauno m. *Mit.* Divinidad campestre de los antiguos romanos.
fausto, ta adj. Feliz, venturoso, afortunado. ‖ — M. Boato, pompa.
fautor, ra m. y f. Favorecedor.
fauvismo m. Escuela pictórica francesa de finales del s. XIX caracterizada por la exaltación del color puro y el rechazo de la perspectiva, del espacio y de la luz.
favor m. Ayuda, asistencia : *me hizo muchos favores.* ‖ Protección, valimiento : *implorar el favor de alguien.* ‖ Señal excepcional de privilegio : *colmar de favores.* ‖ Gracia, decisión indulgente : *solicitar un favor.* ‖ Crédito, confianza que se tiene con alguien, con el público. ‖ — Pl. Señales de amor que una mujer da a un hombre. ‖ — *A favor de,* gracias a ; en el activo o haber de ; en provecho o beneficio de. ‖ *En favor de,* en beneficio de. ‖ *Por favor,* expresión de cortesía utilizada para pedir algo.
favorable adj. Conveniente.
favorecedor, ra adj. y s. Que favorece. ‖ Que sienta bien o embellece. ‖ — M. y f. Protector.
favorecer v. t. Ayudar, tratar con favor, socorrer. ‖ Servir, secundar : *las circunstancias me han favorecido.* ‖ Embellecer, agraciar, sentar bien : *ese traje te favorece.* ‖ *Ser favorecido con el premio gordo,* tener la suerte de que le haya tocado.
favoritismo m. Abuso de los favores o preferencias.
favorito, ta adj. Que se estima preferido, que goza de la predilección. ‖ — M. y f. Persona privada y predilecta de un príncipe o magnate. ‖ Competidor que tiene muchas posibilidades de ser el vencedor.
fayuca f. *Méx.* Falluca.
fayuquear v. i. *Méx.* Falluquear.
faz f. Rostro o cara. ‖ Anverso de una cosa. ‖ *La Santa Faz,* rostro de Jesús.
fe f. Fidelidad en cumplir los compromisos, lealtad, garantía. ‖ Confianza en alguien o en algo : *testigo digno de fe.* ‖ Creencia en los dogmas de una religión ; esta misma religión. ‖ Creencia fervorosa : *fe patriótica.* ‖ Fidelidad : *fe conyugal.* ‖ Confianza en el valor de algo : *tiene fe en ese tratamiento.* ‖ Acta, certificado, documento : *fe de bautismo.* ‖ — *A fe,* realmente. ‖ *De buena fe,* con buena intención. ‖ *Dar fe de,* atestiguar. ‖ *Fe de erratas,* lista que se pone al final de un libro para señalar los errores que hay en él.
fealdad f. Calidad de feo.
febrero m. Segundo mes del año.
febrífugo, fa adj. y s. m. Dícese del medicamento que hace descender la fiebre.
febril adj. De la fiebre. ‖ Que tiene fiebre. ‖ *Fig.* Intenso, vivo : *actividad febril.*
fecal adj. De los excrementos.
fécula f. Sustancia blanca convertible en harina obtenida de los tubérculos de ciertas plantas.
feculento, ta adj. Que contiene fécula.
fecundación f. Acción y efecto de fecundar. ‖ *Fecundación in vitro,* unión del óvulo y del espermatozoide que se verifica o efectúa fuera del organismo : *la fecundación in vitro puede desempeñar un papel importante en el tratamiento de la esterilidad a causa de la obstrucción de las trompas.*
fecundador, ra adj. y s. Que fecunda.
fecundar v. t. Hacer fecundo o productivo. ‖ Unirse los elementos reproductores masculino y femenino para originar un nuevo ser.
fecundidad f. Capacidad de ser fecundado. ‖ Fertilidad : *la fecundidad de unas tierras.* ‖ Virtud y facultad de producir.
fecundización f. Fecundidad.
fecundizar v. t. Hacer fecundo.
fecundo, da adj. Capaz de fecundar o de ser fecundado.
fecha f. Indicación del tiempo en que se hace una cosa. ‖ Momento actual.
fechador m. Sello usado para fechar. ‖ Matasellos de Correos.
fechar v. t. Poner fecha.
fechoría f. Mala acción.
federación f. Alianza entre pueblos o unión de Estados para formar un solo Estado soberano. ‖ Asociación de clubes deportivos. ‖ Unión de sociedades que tienen un fin común.
federal adj. De una federación. ‖ — Adj. y s. Federalista.
federalismo m. Principio fundado en la autonomía de sus componentes (Estados, regiones, etc.) ‖ El mismo principio, aplicado a las corporaciones.
federalista adj. y s. Relativo al federalismo o su partidario.
federalizar y **federar** v. t. Organizar en federación (ú. t. c. pr.).
federativo, va adj. Constituido en federación. ‖ Que forma parte de una asociación deportiva federada (ú. t. c. s.).
fehaciente adj. Que da fe, indudable.
feite m. *Arg. Fam.* Señal que queda en la piel después de curada una herida.
feldespato m. Silicato de alúmina y potasio, sodio, calcio o bario.
felicidad f. Estado del ánimo que se complace en la posesión de un bien. ‖ Satisfacción, placer. ‖ Buena suerte, circunstancia favorable : *¡qué felicidad la mía!* ‖ — Pl. interj. Fórmula de felicitación.
felicitación f. Acción de felicitar. ‖ — Pl. Deseos de felicidad.
felicitar v. t. Expresar a uno la satisfacción que le produce un acontecimiento feliz que le atañe, dar la enhorabuena. ‖ Expresar el deseo de que una persona sea feliz. ‖ — V. pr. Congratularse.
félidos m. pl. Familia de mamíferos carnívoros, como el tigre, el gato, el lince, etc. (ú. t. c. adj.).
feligrés, esa m. y f. Persona que pertenece a una parroquia.
feligresía f. Conjunto de los feligreses de una parroquia. ‖ Jurisdicción de una parroquia.
felino, na adj. Relativo al gato. ‖ Que parece de gato. ‖ — M. pl. Félidos.
feliz adj. Que goza felicidad, satisfecho, dichoso : *persona feliz.* ‖ Oportuno, acertado : *intervención feliz.* ‖ Que ocurre con felicidad : *campaña feliz.* ‖ Favorecido por la suerte. ‖ Que anuncia felicidad.
felón, ona adj. y s. Traidor.
felonía f. Traición.
felpa f. Tejido de seda o algodón esponjoso, de pelo largo : *oso de felpa, toalla de felpa.* ‖ *Fig.* y *fam.* Paliza. | Reprensión.
felpeada f. *Rioplat.* Reprensión.
felpear v. t. *Rioplat.* Reganar.
felpudo m. Tejido de felpa o de fibras que se pone a la entrada de las casas para limpiarse el barro del calzado.

femenino, na adj. De la mujer. || Hembra : *flores femeninas.* || Característico de la mujer : *voz femenina.* || *Gram.* Dícese del género a que pertenecen las hembras y de lo relativo al género femenino : *un nombre femenino* (ú. t. c. s. m.).
fémina f. Mujer.
femineidad f. Feminidad.
feminidad f. Carácter femenino. || Aspecto femenino del varón.
feminismo m. Doctrina que da a la mujer los mismos derechos sociales y políticos que al varón.
feminista adj. Relativo al feminismo : *revista feminista.* || — Com. Partidario del feminismo.
feminización f. Acción de dar carácter femenino.
feminoide adj. y s. m. Aplícase al hombre que tiene rasgos femeninos.
femoral adj. *Anat.* Del fémur : *arteria femoral* (ú. t. c. s. f.).
fémur m. *Anat.* Hueso del muslo, el más grueso y largo del cuerpo.
fenecer v. i. Fallecer.
fenicio, cia adj. y s. De Fenicia. || — M. Lengua de los fenicios.
fénix m. inv. Ave mitológica que renacía de sus cenizas después de haber sido quemada según creían los antiguos. || *Fig.* Persona única en su clase.
fenol m. Derivado oxigenado del benceno extraído por destilación de los aceites de alquitrán. || — Pl. Nombre genérico de varios compuestos análogos al fenol y derivados de otros hidrocarburos del benceno.
fenomenal adj. Relativo al fenómeno. || *Fam.* Extraordinario : *un éxito fenomenal.* | Sensacional, magnífico. | Monumental, enorme.
fenómeno m. Hecho científico que se puede observar : *fenómenos de la naturaleza.* || Lo que es percibido por los sentidos. || Persona o cosa que tiene algo de anormal o de sorprendente. || *Fam.* Persona muy original o notable por sus cualidades. || Suceso, hecho : *es un fenómeno bastante corriente.* || — Adj. inv. *Fam.* Sensacional, magnífico, formidable : *fiesta fenómeno.* || — Adv. *Fam.* Estupendamente.
feo, a adj. Desagradable a la vista : *mujer fea* (ú. t. c. s.). || Contrario al deber, a lo que habría que hacer : *es feo faltar a la palabra.* || Que carece de belleza : *espectáculo feo.* || Poco delicado, mal hecho : *acción fea.* || Amenazador : *el tiempo se pone feo.* || Malo, la : *la cosa se pone fea.* || — M. Afrenta, desaire, grosería : *me hizo un feo intolerable.* || Fealdad : *es de un feo que impresiona.*
feracidad f. Fertilidad.
feraz adj. Fértil.
féretro m. Ataúd.
feria f. Mercado de más importancia que el común. || Fiesta popular en fecha fija. || Exposición comercial anual : *feria del libro.* || Cualquier día de la semana, excepto el sábado y el domingo.
feriado, da adj. Dícese del día de descanso.
ferial adj. Relativo a la feria. || — M. Lugar donde se celebra la feria.
feriante adj. y s. Concurrente a la feria para vender o comprar. || Expositor en una feria de muestras.
feriar v. t. Comprar en la feria (ú. t. c. pr.). || — V. i. No trabajar.
fermentación f. Cambio químico sufrido por ciertas sustancias orgánicas a causa de enzimas microbianas, generalmente con desprendimiento de gases. || *Fig.* Agitación, efervescencia de los ánimos.
fermentar v. i. Estar en fermentación. || *Fig.* Estar en un estado de agitación moral. || — V. t. Hacer que se produzca la fermentación.
fermento m. Agente que produce la fermentación. || *Fig.* Lo que excita o mantiene : *fermento de discordias.*
fermio m. Elemento químico artificial, de número atómico 100 (símb. Fm).
ferocidad f. Carácter sanguinario. || Barbarie, inhumanidad.
ferodo m. Forro de fibras de amianto e hilos metálicos que se pone a las zapatas de los frenos.
feroz adj. Salvaje y sanguinario : *bestia feroz.* || *Fig.* Cruel, bárbaro : *hombre feroz.* | Que causa mucho miedo o mucho daño : *feroz padecimiento.* | Que indica ferocidad : *mirada feroz.* | Enorme, tremendo : *resistencia feroz.*
férreo, a adj. De hierro. || *Fig.* Duro, tenaz : *voluntad férrea.* || *Vía ferrea,* vía de ferrocarril.
ferretería f. Tienda donde se venden herramientas, clavos, etc.
ferretero, ra m. y f. Quincallero.
ferricianuro m. Compuesto de hierro, de cianógeno y de otro metal.
férrico, ca adj. De hierro.
ferrita f. Hierro puro que aparece en forma de poliedros en el análisis micrográfico de las aleaciones férricas : *las ferritas tienen una resistividad eléctrica alta y se emplean en la construcción de los núcleos de los transformadores de corrientes de gran frecuencia y en la fabricación de los elementos de memoria de los calculadores electrónicos.*
ferrobús m. Automotor, autovía.
ferrocarril m. Camino con dos vías o rieles paralelos sobre los cuales ruedan los vagones de un tren arrastrados por una locomotora. || Empresa, explotación y administración de este medio de transporte. || *Ferrocarril urbano* o *metropolitano,* el que circula dentro del casco de una población, generalmente bajo tierra.
ferrocarrilero, ra adj. *Amer.* Ferroviario : *estaciones ferrocarrileras.*
ferroníquel m. Aleación de hierro con níquel.
ferroviario, ria adj. De los ferrocarriles. || — M. Empleado de ferrocarriles.
ferruginoso, sa adj. Que contiene hierro : *mineral ferruginoso.* || — M. Medicamento ferruginoso.
ferry boat [*ferribout*] m. (pal. ingl.). Barco transbordador.
fértil adj. Fecundo, productivo : *huerta fértil.* || *Fig.* Abundante.
fertilidad f. Calidad de fértil.
fertilización f. Acción de fertilizar.
fertilizante adj. Que fertiliza. || — M. Abono.
fertilizar v. t. Abonar.
férula f. Autoridad, dominio.
férvido, da adj. Ardiente.
ferviente adj. Ardiente.
fervor m. Devoción intensa. || Entusiasmo, ardor, afán.
fervoroso, sa adj. Ardiente.
festejar v. t. Hacer festejos, agasajar. || Galantear. || — V. pr. Celebrarse, conmemorarse.

festejo m. Acción y efecto de festejar. ‖ Fiesta. ‖ Galanteo. ‖ — Pl. Actos públicos de diversión.
festín m. Banquete.
festival m. Gran fiesta, especialmente musical. ‖ Serie de representaciones consagradas a un arte o a un artista.
festividad f. Fiesta o solemnidad con que se celebra una cosa.
festivo, va adj. Chistoso, agudo. ‖ Alegre : *niño festivo.* ‖ Que no se trabaja, de fiesta : *día festivo.*
festón m. Adorno de flores, frutas y hojas. ‖ Bordado que se pone en los ribetes de una prenda. ‖ *Arq.* Adorno en forma de guirnalda.
festonear o **festonar** v. t. Adornar con festones.
fetal adj. *Med.* Del feto.
fetén adj. *Fam.* Verdadero. | Formidable, estupendo. ‖ — Adv. *Fam.* Muy bien.
fetiche m. Objeto material venerado como un ídolo. ‖ Objeto de superstición.
fetichismo m. Culto de los fetiches.
fetichista adj. y s. Relativo al fetichismo. ‖ Que profesa este culto (ú. t. c. s.).
fetidez f. Mal olor, hedor.
fétido, da adj. Hediondo.
feto m. Producto de la concepción desde el período embrionario hasta el parto. ‖ *Fig.* Engendro.
feudal adj. Relativo al feudo.
feudalismo m. Régimen feudal u organización política y social fundada en los feudos, que estuvo en vigor en la Edad Media.
feudatario, ria adj. y s. Sujeto a feudo. ‖ Posesor de un feudo.
feudo m. Contrato por el cual cedía el rey o el señor a su vasallo una tierra, con la obligación de que le jurase fidelidad. ‖ Tierra dada en feudo. ‖ *Fig.* Zona en la que se ejerce gran influencia.
fez m. Gorro troncocónico rojo de los moros.
fi f. Letra griega.
fiabilidad f. Calidad de fiable.
fiable adj. Dícese de la persona o cosa de la que se puede uno fiar : *todo lo que afirma con tanta seguridad es poco fiable.*
fiado, da adj. A crédito.
fiador, ra m. y f. Persona que fía. ‖ Garantizador.
fiambre adj. Dícese de la comida que se deja enfriar para comerla más tarde sin calentar (ú. t. c. s. m.). ‖ — M. *Pop.* Cadáver.
fiambrera f. Cacerola en que se lleva la comida fuera de casa. ‖ *Arg.* Fresquera.
fiambrería f. Tienda de fiambres.
fianza f. Obligación que uno contrae de hacer lo que otro promete, si éste no lo cumple. ‖ Garantía que se da como seguridad del cumplimiento de un compromiso.
fiar v. t. Garantizar que otro hará lo que promete, obligándose a hacerlo en caso contrario. ‖ Vender a crédito. ‖ — V, i. Confiar : *fiar en él.* ‖ Tener confianza. U. t. c. pr. : *fiarse de una persona seria.*
fiasco m. Fracaso completo.
fibra f. Filamento o célula alargada que constituyen ciertos tejidos animales y vegetales o algunas sustancias minerales : *fibras textiles.* ‖ *Fig.* Nervio, energía.
fibroma m. Tumor.
fibroso, sa adj. Con fibras.
ficción f. Creación de la imaginación. ‖ Simulación.
ficticio, cia adj. Imaginario.
ficus m. Planta tropical.
ficha f. Pieza para marcar los tantos en el juego. ‖ Pieza del dominó o de otro juego. ‖ Tarjeta de cartulina o papel fuerte que suele clasificarse, papeleta. ‖ Pieza que hace funcionar un mecanismo automático : *ficha de teléfono.* ‖ Contrato de un jugador deportivo profesional. ‖ Chapa o tarjeta para indicar la presencia en un sitio.
fichaje m. Acción de fichar a un jugador de un equipo deportivo.
fichar v. t. Anotar en una ficha. ‖ Contar con fichas los géneros que el camarero recibe para servirlos. ‖ Controlar en un reloj especial las horas de entrada y salida de los obreros (ú. t. c. i.). ‖ Contratar los servicios de un jugador en un equipo de fútbol u otro deporte. Ú. t. c. i. : *fichar por un club deportivo.* ‖ *Fig.* y *fam.* Poner a una persona en el número de las que se miran con sospecha y desconfianza : *este hombre está fichado por la policía.*
fichero m. Colección de fichas o papeletas. ‖ Mueble con cajones para guardarlas ordenadamente.
fidedigno, na adj. Digno de fe.
fideicomiso m. Donación testamentaria hecha a una persona encargada de restituirla a otra o para que realice alguna voluntad del testador. ‖ Mandato o tutela de un territorio. ‖ *Méx.* Depósito de una cantidad en un banco para que éste la entregue posteriormente a otra persona o la invierta en un proyecto determinado.
fidelidad f. Exactitud en cumplir con sus compromisos. ‖ Constancia en el afecto. ‖ Obligación recíproca de los cónyuges de no cometer adulterio. ‖ Exactitud, veracidad. ‖ Calidad en la reproducción de sonidos : *magnetófono de alta fidelidad.*
fideo m. Pasta alimenticia. ‖ *Fam.* Persona muy delgada.
fiduciario, ria adj. Dícese de los valores ficticios que dependen del crédito y la confianza.
fiebre f. Fenómeno patológico que ordinariamente se manifiesta por aumento de la temperatura normal del cuerpo y frecuencia del pulso y de la respiración. ‖ *Fig.* Actividad viva y desordenada : *fiebre electoral.*
fiel adj. Que cumple sus compromisos. ‖ Constante, perseverante : *amigo fiel.* ‖ Exacto, verídico : *relato fiel.* ‖ Seguro : *guía fiel.* ‖ Honrado : *empleado fiel.* ‖ Que retiene lo que se le confía : *memoria fiel.* ‖ — M. Persona que pertenece a una Iglesia. ‖ Partidario, seguidor. ‖ Aguja de la balanza.
fielato m. Oficina de consumos en la entrada de las poblaciones.
fieltro m. Tela hecha con lana o pelo abatanados. ‖ Sombrero hecho con esta tela.
fiera f. Animal feroz. ‖ Toro. ‖ *Fig.* Persona muy encolerizada.
fiereza f. Carácter feroz.
fiero, ra adj. Feroz : *animal fiero.* ‖ Duro, cruel : *corazón fiero.* ‖ Grande, enorme : *gigante fiero.* ‖ *Fig.* Horroroso, espantoso.
fierro m. *Amer.* Hierro.
fiesta f. Solemnidad religiosa o civil en conmemoración de un hecho histórico. ‖ Día consagrado a actos de religión : *santificar las fiestas.* ‖ Día consagrado a la memoria de un santo : *la fiesta de San Jaime.* ‖ Reunión de gente con fines de diversión. ‖ Alegría, regocijo, placer : *estar de fiesta.* ‖ Día en que no se trabaja : *hoy es fiesta.* ‖ Caricia, agasajo, carantoña : *hacerle fiestas al niño.*
fígaro m. Barbero.
figón m. Tasca.

figura f. Forma exterior de un cuerpo por la cual se distingue de otro, silueta. ‖ Cara, rostro : *el Caballero de la Triste Figura.* ‖ Tipo, facha : *tiene buena figura.* ‖ Escultura, pintura o dibujo que representa el cuerpo humano, el de un animal, etc. ‖ Símbolo : *el esqueleto, figura de la muerte.* ‖ Personaje, persona notable : *las grandes figuras del pasado.* ‖ *Geom.* Conjunto de puntos, de líneas o superficies : *trazar figuras en el encerado.* ‖ Ejercicio de patinaje, esquí, saltos de trampolín, etc., que se exige en el programa de ciertas competiciones. ‖ Cualquiera de los naipes que representa un personaje, como la sota, el caballo y el rey. ‖ Ficha del ajedrez. ‖ Personaje principal de una obra de teatro y actor que lo representa. ‖ Movimiento en el baile.
figuración f. Acción y efecto de figurar o figurarse una cosa. ‖ Idea, fantasía.
figurado, da adj. Dícese del sentido en que se toman las palabras para que denoten idea diversa de la que recta y literalmente significan.
figurante, ta m. y f. Comparsa, personaje poco importante en una comedia o baile. ‖ *Fig.* Persona cuyo papel es decorativo.
figurar v. t. Delinear y formar la figura de una cosa. ‖ Representar alegóricamente. ‖ Aparentar, suponer, simular, fingir. ‖ — V. i. Formar parte de un número determinado de personas o cosas : *figurar en una junta.* ‖ Hacer, representar cierto papel. ‖ Ser tenido como persona importante : *figura mucho en la sociedad de Buenos Aires.* ‖ — V. pr. Creer, imaginarse.
figurativo, va adj. Representativo. ‖ *Arte figurativo,* el que representa figuras concretas por oposición al *arte abstracto.*
figurín m. Dibujo o patrón de modas. ‖ Revista de modas.
figurinista m. y f. Persona que hace figurines.
figurón m. *Fig.* y *fam.* Hombre extravagante y presumido. | Hombre a quien le gusta figurar.
fijación f. Acción de fijar.
fijador, ra adj. Que fija. ‖ — M. Líquido que sirve para fijar el pelo, las fotografías, los dibujos, etc.
fijapelo m. Fijador para el pelo.
fijar v. t. Poner algo en un sitio de manera segura : *fijar carteles.* ‖ Clavar, hincar : *fijar una chinche.* ‖ Asegurar, sujetar : *fijar con cuñas.* ‖ Dirigir : *fijar la mirada.* ‖ Determinar, precisar : *fijar una fecha.* ‖ Decidir : *aún no me han fijado mis honorarios.* ‖ Establecer : *fijó su domicilio en París.* ‖ Aplicar fijador a las fotografías, dibujos, etc. ‖ — V. pr. Localizarse en un sitio. ‖ Determinarse : *fijarse el tiempo.* ‖ Prestar atención : *se fijó en los detalles.* ‖ Darse cuenta : *no me fijé en sus facciones.* ‖ Mirar, observar.
fijeza f. Seguridad, firmeza. ‖ Atención, persistencia.
fijo, ja adj. Sujeto, que no se mueve : *punto fijo.* ‖ Inmóvil : *con ojos fijos.* ‖ Que vive permanentemente en un lugar : *domicilio fijo.* ‖ Que no cambia, invariable : *fiesta fija.* ‖ Definitivo : *sueldo fijo.* ‖ — M. Sueldo o cantidad que uno recibe invariablemente cada cierto tiempo. ‖ — Adv. Con fijeza. ‖ *Rioplat. A la fija* o *en fija,* con seguridad.
fila f. Hilera de personas o cosas puestas unas detrás de otras. ‖ *Fig.* y *fam.* Antipatía, tirria : *le tenía fila.* ‖ — *En fila* o *en fila india,* uno detrás de otro. ‖ *En filas,* en el servicio militar.
filamento m. Elemento fino y alargado de un órgano animal o vegetal. ‖ Hilo muy delgado. ‖ En una bombilla o lámpara, hilo metálico conductor que se pone incandescente al pasar la corriente.
filantropía f. Amor al género humano.
filantrópico, ca adj. Relativo a la filantropía o que la tiene.
filantropismo m. Carácter filantrópico.
filántropo, pa m. y f. Persona que tiene amor al prójimo.
filarmónico, ca adj. Apasionado por la música. ‖ Dícese de algunas sociedades musicales o de conciertos (ú. t. c. s. f.).
filatelia f. Arte que trata del conocimiento de los sellos.
filatélico, ca adj. De la filatelia. ‖ — M. y f. Filatelista.
filatelista com. Coleccionista de sellos.
filete m. Moldura estrecha. ‖ Solomillo : *filete a la parrilla.* ‖ Lonja de carne magra o de pescado sin espinas : *filete de lenguado.*
fileteado m. Roscas de un tornillo o tuerca.
filetear v. t. Adornar con filetes. ‖ Hacer las roscas de un tornillo o tuerca.
filfa f. *Fam.* Engañifa.
filiación f. Línea directa que va de los antepasados a los hijos o de éstos a los antepasados. ‖ Enlace que tienen unas cosas con otras. ‖ Señas personales de un individuo. ‖ Ficha donde están estos datos. ‖ Carácter, tendencia : *de filiación izquierdista.*
filial adj. De hijo : *respecto filial.* ‖ — F. Sucursal.
filibusterismo m. Piratería.
filibustero m. Pirata en los mares de América en los s. XVII y XVIII.
filigrana f. Labor de orfebrería, en forma de encajes, en el oro y la plata. ‖ Marca de fábrica del papel que se ve por transparencia. ‖ Dibujo que tienen los billetes de banco y que se ve por transparencia. ‖ *Fig.* Cosa finamente trabajada.
filípica f. Discurso violento. ‖ *Fig.* Reprensión severa.
filipino, na adj. y s. De las islas Filipinas. ‖ *Fam. Punto filipino,* dícese de alguien de cuidado.
film o **filme** m. Película.
filmación f. Rodaje.
filmador, ra adj. Que filma. ‖ — F. Cámara cinematográfica de manejo sencillo que utiliza películas de pequeño formato.
filmar v. t. Cinematografiar.
filmografía f. Catálogo de películas realizadas por alguien (actor, director, productor).
filmoteca f. Colección de cintas cinematográficas.
filo m. Arista o borde agudo de un instrumento cortante. ‖ *Al filo de,* hacia.
filología f. Estudio de una lengua basándose en los textos y documentos que nos la hacen conocer. ‖ Estudio de textos.
filológico, ca adj. De la filología.
filólogo, ga m. y f. Especialista en filología.
filón m. Yacimiento, masa de metal entre dos capas de terreno diferentes. ‖ *Fig.* Ganga, cosa de la que se saca mucho provecho.
filosofador, ra adj. y s. Que filosofa o a quien le gusta filosofar.
filosofal adj. f. *Piedra filosofal,* aquella que los alquimistas creían que podía transformar todos los metales en oro; (fig.) cosa que no es posible hallar.
filosofar v. i. Reflexionar.

filosofía f. Ciencia general de los seres, de los principios y de las causas y efectos de las cosas naturales. ‖ Sistema particular de un filósofo, de una escuela o de una época. ‖ Sistema de principios que se establecen para explicar o agrupar ciertos hechos : *filosofía del Derecho.* ‖ Resignación del que sabe soportar con tranquilidad todas las contrariedades de la vida.
filosófico, ca adj. De la filosofía.
filósofo, fa m. y f. Persona que estudia filosofía. ‖ *Fig.* Persona que lleva una vida tranquila y retirada o que es muy resignada.
filosoviético, ca adj. y s. Partidario de lo soviético.
filoxera f. Plaga de la vid producida poı unos insectos hemípteros. ‖ Estos insectos.
filtración f. Paso de un líquido a través de un filtro que retiene las partículas sólidas. ‖ Paso del agua a través de la tierra, la arena. ‖ *Fig.* Revelación de algo que debía mantenerse secreto.
filtrador m. Filtro.
filtrar v. t. Hacer pasar un líquido por un filtro : *filtrar agua.* ‖ — V. i. y pr. Penetrar un líquido a través de otro cuerpo sólido. ‖ *Fig.* Ser revelada una noticia por indiscreción o descuido.
filtro m. Cuerpo poroso o aparato a través de los cuales se hace pasar un líquido o un gas para eliminar las partículas sólidas en suspensión. ‖ Extremo de un cigarrillo en el que hay una materia porosa que retiene el paso de la nicotina. ‖ Dispositivo para eliminar los parásitos en un receptor de radio. ‖ Pantalla que se coloca en un objetivo fotográfico para eliminar ciertos rayos del espectro. ‖ Bebida a la cual se atribuía la propiedad de provocar el amor de una persona.
fimosis f. Estrechez en el prepucio.
fin m. Término : *el fin del año.* ‖ Muerte : *acercarse uno a su fin.* ‖ Finalidad, objeto : *perseguir un fin.* ‖ Destino : *el fin del hombre.* ‖ — *A fin de,* con objeto de, para. ‖ *A fines de,* al final de. ‖ *Al fin* o *al fin y al cabo,* por último. ‖ *En* o *por fin,* finalmente. ‖ *Fin de fiesta,* espectáculo extraordinario hecho al final de una función de teatro para rendir un homenaje. ‖ *Fin de semana,* el sábado y el domingo. ‖ *Un sin fin,* una gran cantidad.
finado, da m. y f. Difunto.
final adj. Que termina o acaba. ‖ — M. Fin. ‖ — F. Última prueba de una competición deportiva por eliminatorias.
finalidad f. Propósito con que o por que se hace una cosa. ‖ Utilidad, razón de ser.
finalista adj. y s. En una competición deportiva o en un concurso, equipo o persona que llega a la prueba o votación final.
finalización f. Término, fin.
finalizar v. t. Concluir, dar fin. ‖ — V. i. Extinguirse, terminarse o acabarse.
financiación f. y **financiamiento** m. Aportación de capitales.
financiar v. t. Aportar dinero para una empresa o proyecto. ‖ — V. i. Dar dinero o capital.
financiero, ra adj. Relativo a las finanzas. ‖ — M. Hacendista. ‖ Banquero, bolsista.
finanzas f. pl. Hacienda pública. ‖ Dinero. ‖ Mundo financiero.
finar v. i. Fallecer.
finca f. Propiedad rústica o urbana.
fincar v. i. Consistir. ‖ — V. t. *Méx.* Establecer.
finés, esa adj. y s. Finlandés.
fineza f. Finura.
fingido, da adj. Que finge, engañoso. ‖ Ficticio : *nombre fingido.*
fingidor, ra adj. y s. Que finge.
fingimiento m. Ficción.
fingir v. t. e i. Dar a entender lo que no es cierto : *fingir alegría* (ú. t. c. pr.). ‖ Afectar, simular : *fingir una enfermedad* (ú. t. c. pr.).
finiquitar v. t. Liquidar una cuenta. ‖ Acabar. ‖ *Fig.* Matar.
finiquito m. Liquidación, saldo de una cuenta.
finlandés, esa adj. y s. De Finlandia.
fino, na adj. Menudo, sutil : *lluvia fina.* ‖ Puntiagudo : *extremidad fina.* ‖ Delgado : *papel fino.* ‖ Delicado : *gusto fino.* ‖ Agudo : *oído fino.* ‖ De buena calidad, excelente : *turrón fino.* ‖ Ligero : *tejido fino.* ‖ Dícese de las perlas y de las piedras naturales empleadas en joyería. ‖ Puro : *oro fino.* ‖ Muy cortés o educado : *joven muy fino.*
fino m. Vino de Jerez de color claro y alta graduación.
finolis adj. y s. *Fam.* Aplícase a la persona fina y algo pedante.
finta f. Ademán o amago con la espada. ‖ Ademán hecho con la intención de engañar a uno. ‖ Regate en fútbol.
fintar v. t. e i. Hacer fintas.
finura f. Primor, delicadeza. ‖ Atención, detalle. ‖ Cortesía.
fiord o **fiordo** m. Golfo estrecho y profundo de Noruega.
firma f. Nombre de una persona, con rúbrica, que se pone al pie de un escrito para demostrar que se es el autor o que se aprueba lo contenido en él. ‖ Conjunto de documentos que se presentan a una persona para que los firme, y acto de firmarlos. ‖ Empresa, casa de comercio, razón social : *una firma muy acreditada.*
firmamento m. Cielo.
firmante adj. y s. Que firma.
firmar v. t. Poner uno su firma.
firme adj. Estable, fuerte : *la mesa está firme.* ‖ *Fig.* Entero, inconmovible, constante, que no se vuelve atrás : *carácter firme.* ‖ Dícese de las operaciones financieras o comerciales que tienen carácter definitivo. ‖ Definitivo : *decisión firme.* ‖ — M. Capa sólida en la que se cimenta una carretera. ‖ Pavimento de una carretera. ‖ — Adv. Con firmeza.
firmeza f. Estabilidad, fortaleza : *la firmeza de unos cimientos.* ‖ *Fig.* Entereza : *responder con firmeza.* ‖ Perseverancia. ‖ *Arg.* Baile popular, de pareja suelta.
fiscal adj. Relativo al fisco o al oficio de fiscal. ‖ — M. Agente del fisco. ‖ En los tribunales, el que representa al ministerio público.
fiscalía f. Cargo y oficina del fiscal. ‖ *Fiscalía de tasas,* servicio y control de los precios autorizados.
fiscalización f. Examen, control.
fiscalizador, ra adj. y s. Que fiscaliza.
fiscalizar v. t. Hacer las funciones del fiscal. ‖ *Fig.* Controlar.
fisco m. Tesoro o erario del Estado. ‖ Administración encargada de calcular y recaudar los impuestos públicos : *las cajas del fisco.*
fisgador, ra adj. y s. Curioso.
fisgar v. t. Curiosear, atisbar.
fisgón, ona adj. y s. Muy curioso.
fisgonear v. t. Fisgar.
fisgoneo m. Curiosidad.
fisible adj. Escindible.
física f. Ciencia que tiene por objeto el estudio de los cuerpos y sus leyes y propie-

dades, mientras no cambia su composición, así como el de los agentes naturales con los fenómenos que en los cuerpos produce su influencia.

físico, ca adj. Perteneciente a la física : *ciencias físicas.* ‖ Relativo al cuerpo del hombre : *educación física.* ‖ Efectivo, material : *imposibilidad física.* ‖ — M. y f. Especialista en física. ‖ (Ant.). Médico. ‖ — M. Fisonomía, exterior de una persona. ‖ *Lo físico,* constitución natural del hombre : *lo físico influye en lo moral.*

fisicoquímico, ca adj. Relativo a la física y a la química. ‖ — F. Ciencia que estudia los fenómenos físicos y químicos.

fisil adj. Escindible.

fisiología f. Ciencia que tiene por objeto el estudio de las funciones de los seres orgánicos. ‖ Funcionamiento de un organismo.

fisiológico, ca adj. De la fisiología.

fisiólogo, ga m. y f. Especialista en fisiología.

fisión f. *Fís.* Escisión del núcleo de un átomo, a causa de un bombardeo de neutrones, que provoca la liberación de energía.

fisionomía f. Fisonomía.

fisioterapia f. Método curativo por medio de los agentes naturales (calor, frío, electricidad, etc.).

fisonomía f. Cara, rostro, semblante. ‖ Carácter o aspecto.

fisonómico, ca adj. De la fisonomía : *rasgos fisonómicos.*

fisonomista y **fisónomo** adj. y s. Dícese de la persona que recuerda las caras de aquellos a quienes ha visto o encontrado.

fístula f. *Med.* Conducto accidental y ulceroso que se abre en la piel o en las membranas mucosas.

fisura f. Grieta, hendidura. ‖ *Cir.* Grieta longitudinal de un hueso o del ano. ‖ Hendedura en una masa mineral. ‖ *Fig.* Ruptura.

flaccidez o **flacidez** f. Blandura, flojedad.

fláccido, da o **flácido, da** adj. Falto de tersura, blando, fofo.

flaco, ca adj. Muy delgado : *niño flaco.* ‖ *Fig.* Flojo, endeble. | Débil : *la carne es flaca.* ‖ — *Memoria flaca,* mala, poco fiel. ‖ *Punto flaco,* debilidad. ‖ — M. Debilidad moral : *es su flaco.* ‖ — F. *Méx. Fam.* Muerte. ‖ *Méx. Fam. Acompañar a la flaca,* morir.

flacura f. Delgadez. ‖ Debilidad.

flagelación f. Azotamiento.

flagelado, da adj. Que tiene flagelos. ‖ — M. pl. Clase de protozoos provistos de flagelos.

flagelador, ra adj. y s. Que flagela.

flagelar v. t. Azotar. ‖ *Fig.* Criticar, fustigar, censurar.

flagelo m. Azote. ‖ Calamidad. ‖ Filamento móvil, órgano locomotor de ciertos protozoos y de los espermatozoides. ‖ *Fig.* Azote, calamidad.

flagrancia f. Estado o calidad de flagrante.

flagrante adj. Evidente, indiscutible : *injusticia flagrante.* ‖ Que se realiza en el momento en que se habla : *delito flagrante.* ‖ *En flagrante delito,* en el mismo momento de hacer, de cometer un delito.

flai m. *Pop.* Porro.

flamante adj. Brillante, resplandeciente. ‖ Nuevo, reciente.

flameado m. Acción de pasar por el fuego : *me gustan enormemente los plátanos flameados con un coñac francés.*

flamear v. i. Llamear, echar llamas. ‖ Ondear al viento una vela o una bandera. ‖ — V. t. Quemar alcohol para esterilizar algo. ‖ Pasar por una llama : *flamear plátanos.*

flamenco, ca adj. De Flandes (en Francia y Bélgica) [ú. t. c. s.]. ‖ *Fam.* Achulado : *ponerse flamenco* (ú. t. c. s.). ‖ Dícese de la música, del baile y del cante folklórico andaluz (ú. t. c. s. m.). ‖ Que tiende a hacerse agitanado : *aire, tipo flamenco* (ú. t. c. s.). ‖ *Amér. C.* Delgado, flaco. ‖ — M. Ave palmípeda zancuda de plumaje blanco en el pecho y rojo en la espalda.

flamenquería f. y **flamenquismo** m. Afición a lo flamenco. ‖ Modo de hablar u obrar achulado.

flamígero, ra adj. Que arroja llamas. ‖ Aplícase al último período (s. XV) del estilo gótico cuando los contornos lanceolados recuerdan las llamas (ú. t. c. s. m.).

flámula f. Gallardete, grímpola.

flan m. Plato de dulce hecho con yemas de huevo, leche y azúcar.

flanco m. Cada una de las dos partes laterales de un cuerpo considerado de frente.

flanquear v. t. Apoyar o defender el flanco de una formación militar o de una posición con tropas o fuego de armas. ‖ Estar colocado a los lados de algo. ‖ Acompañar : *flanqueado por dos guardaespaldas.*

flap m. (pal. ingl.). Alerón de las alas de un avión.

flaquear v. i. Fallar, mostrarse débil : *me flaquea la memoria.* ‖ *Fig.* Debilitarse : *le flaquea la voluntad.* | Tener poca resistencia o solidez : *me flaquean las piernas.* | Fallar, mostrar menos conocimientos : *flaqueó en matemáticas.*

flaqueza f. Debilidad.

flash m. (pal. ingl.). Luz relámpago empleada para hacer una fotografía en un lugar donde hay poca iluminación. ‖ Información concisa transmitida en primer lugar. ‖ Fogonazo. ‖ *Fam.* Bienestar proporcionado por una droga.

flato m. Acumulación molesta de gases en el tubo digestivo. ‖ Emisión de estos gases por la boca. ‖ *Amer.* Tristeza, melancolía.

flauta f. Instrumento músico de viento formado por un tubo con varios agujeros que producen el sonido según se tapan o destapan con los dedos. ‖ Flautista.

flautín m. Flauta pequeña.

flautista com. Músico que toca la flauta.

flebitis f. *Med.* Inflamación de una vena que puede provocar la formación de un coágulo.

fleco m. Hilos, borlas o cordoncillos que cuelgan y sirven de ornamento a vestidos, cortinas, muebles, etc. ‖ Flequillo de pelo.

flecha f. Arma arrojadiza consistente en un asta con punta afilada que se dispara con el arco. ‖ Punta de un campanario.

flechar v. t. *Fig.* y *fam.* Seducir, inspirar amor. ‖ *Fam. Ir flechado,* muy rápido. ‖ — V. pr. Enamorarse rápidamente y mucho.

flechazo m. Disparo de flecha o herida causada por él. ‖ *Fig.* y *fam.* Amor repentino.

fleje m. Tira o banda de hierro o acero. ‖ Ballesta, muelle.

flema f. Mucosidad que se arroja por la boca. ‖ *Fig.* Cachaza, pachorra.

flemático, ca adj. Impasible (ú. t. c. s.).

flemón m. Inflamación del tejido celular o conjuntivo : *flemón en la encía.*

flequillo m. Pelo recortado que cae sobre la frente.

fletamento y **fletamiento** m. Contrato de transporte por mar. ‖ Alquiler de un barco o avión.
fletar v. t. Alquilar un barco o avión o parte de él para conducir personas o mercancías. ‖ Alquilar una caballería, un vehículo de transporte, etc. ‖ Embarcar mercancías o personas.
flete m. Precio de alquiler de una nave o un avión. ‖ Carga de un barco o avión. ‖ *Amer.* Transporte. | Carga transportada.
fletero, ra adj. *Amer.* Alquilado para el transporte : *camión fletero.* ‖ — M. *Amer.* Transportista.
flexibilidad f. Calidad de flexible.
flexibilización f. Acción de dar mayor flexibilidad.
flexibilizar v. t. Dar mayor flexibilidad.
flexible adj. Que se dobla fácilmente, que cede : *alambre flexible.* ‖ *Fig.* Que se acomoda sin dificultad : *carácter flexible.* ‖ — M. Sombrero flexible. ‖ Cordón o cable eléctrico.
flexión f. Acción y efecto de doblar o doblarse : *flexión del brazo.*
flexor, ra adj. y s. m. Que dobla o hace que una cosa se doble con movimientos de flexión.
flipado, da adj. *Fam.* Drogado.
flipar v. t. *Fam.* Gustar mucho. ‖ — V. pr. *Fam.* Drogarse.
flirt [*flert*] m. (pal. ingl.). Flirteo.
flirtear v. i. Coquetear : *es una chica que flirtea con todos los compañeros de clase.*
flirteo m. Coqueteo. ‖ Persona con quien se coquetea.
floculación f. Procedimiento de depuración consistente en la fijación de las impurezas : *la floculación se utiliza mucho en las refinerías de petróleo.*
flojear v. i. Obrar con pereza. ‖ Flaquear : *los clientes flojean.* ‖ Disminuir : *la calefacción flojea.*
flojedad f. Debilidad. ‖ Flaqueza en alguna cosa. ‖ *Fig.* Pereza.
flojera f. Flojedad, pereza.
flojo, ja adj. Mal atado, poco apretado o poco tirante : *nudo flojo.* ‖ Sin fuerza : *cerveza floja.* ‖ *Fig.* Sin intensidad : *sonido flojo.* | Regular, no muy bueno : *película floja.* | Que le faltan conocimientos suficientes : *flojo en matemáticas.* | Mediocre : *razonamiento flojo.* | Perezoso, holgazán. ‖ Poco activo : *mercado flojo.* ‖ *Amer.* Cobarde.
flor f. Parte de un vegetal que contiene los órganos de la reproducción. ‖ Planta con flores. ‖ *Fig.* Lo más escogido de una cosa : *la flor de la sociedad.* ‖ Adorno poético : *flor retórica.* ‖ Productos ligeros obtenidos por medio de la sublimación o la descomposición : *flor de azufre.* ‖ *Fig.* Novedad, frescor : *la flor de la juventud.* | Piropo, requiebro : *decir* o *echar flores a una mujer.*
flora f. Conjunto de las plantas de un país o región. ‖ *Flora microbiana,* conjunto de las bacterias que suelen residir en los tejidos o en los órganos.
floración f. Aparición de las flores. ‖ Su época.
floral adj. De la flor : *verticilo floral.*
floreado, da adj. Cubierto de flores. ‖ Con dibujos de flores. ‖ De flor de harina. ‖ *Fig.* Ornado.
florear v. t. Adornar con flores. ‖ Sacar la flor de la harina. ‖ Adornar, ornamentar : *estilo muy floreado.* ‖ — V. i. *Mús.* Hacer arpegios con la guitarra. ‖ Decir requiebros : *florear a una joven.* ‖ Ampliar un relato añadiendo cosas ingeniosas. ‖ *Méx.* Hacer filigranas los charros en el manejo del lazo.
florecer v. t. Echar flor o cubrirse de flores. ‖ *Fig.* Prosperar : *la industria florece.* | Existir : *los mejores escritores españoles florecieron en el Siglo de Oro.* ‖ — V. pr. Ponerse mohoso el queso, pan, etc.
floreciente adj. Que florece.
florense adj. y s. De Flores (Uruguay). | Floreño.
florentino, na adj. y s. De Florencia (Italia).
floreño, ña adj. y s. De Flores (Guatemala).
floreo m. *Fig.* Conversación vana y de pasatiempo para hacer alarde de ingenio. | Dicho vano y superfluo.
florería f. Tienda de flores.
florero m. Vasija para las flores.
floresta f. Espesura. ‖ Lugar campestre.
florete m. Espada fina sin filo cortante, utilizada en esgrima.
floricultor, ra m. y f. Cultivador de flores.
floricultura f. Cultivo de las flores. ‖ Arte de cultivarlas.
floridense adj. y s. De Florida (Uruguay).
florido, da adj. Que tiene flores. ‖ *Arq.* Flamígero : *gótico florido.* ‖ *Fig.* Escogido, selecto : *está lo más florido.* | Aplícase al lenguaje o estilo elegante y adornado.
florilegio m. Colección de trozos selectos de obras literarias.
florín m. Unidad monetaria de Holanda.
floripondio m. Arbusto del Perú, de flores blancas. ‖ Flor grande en un tejido. ‖ *Fig.* Adorno rebuscado y de mal gusto.
florista com. Vendedor de flores.
floristería f. Florería.
floritura f. Adorno en el canto. ‖ *Fig.* Adorno accesorio, arabesco.
florón m. Adorno en forma de flor que se utiliza en pintura y arquitectura. ‖ *Blas.* Flor que se pone como adorno en algunas coronas. ‖ *Fig.* Hecho que honra o da lustre.
flota f. Gran número de barcos que navegan juntos. ‖ Conjunto de las fuerzas navales o aéreas de un país o de una compañía de transportes. ‖ *Por ext.* Conjunto de vehículos terrestres : *una flota de camiones.*
flotabilidad f. Calidad que poseen algunos cuerpos de no sumergirse.
flotación f. Estado de un objeto que flota. ‖ Estado de una moneda cuya paridad respecto al patrón establecido cambia constantemente. ‖ *Línea de flotación,* la que separa la parte sumergida de un barco de la que no lo está.
flotador, ra adj. Que flota en un líquido. ‖ — M. Cuerpo destinado a flotar en un líquido. ‖ Órgano de flotación de un hidroavión. ‖ Banda formada por pedazos de corcho o aparato de goma hinchada que sirve para hacer flotar a las personas que no saben nadar.
flotante adj. Que flota. ‖ — *Deuda flotante,* parte de la deuda pública sujeta a cambios diarios. ‖ *Población flotante,* la de paso en una ciudad.
flotar v. i. Sostenerse un cuerpo en la superficie de un líquido. ‖ Ondear en el aire : *la bandera flotaba.* ‖ *Fig.* Oscilar, variar. | Tener una moneda un valor variable en relación con el oro o con otra divisa.
flote m. Flotación. ‖ — *A flote,* sobrenadando. ‖ *Fig. Salir a flote,* salir adelante de dificultades.

flotilla f. Flota de pequeños barcos o aviones.
flotillero m. *Méx.* Dueño de varios vehículos alquilados a distintos chóferes.
fluctuación f. Cambio, variación. ‖ *Fig.* Irresolución.
fluctuante adj. Que fluctúa.
fluctuar v. i. *Fig.* Oscilar, crecer y disminuir alternativamente : *los valores en Bolsa fluctúan.* | Vacilar, dudar.
fluidez f. Calidad de fluido.
fluidificar v. t. Hacer fluido.
fluido, da adj. Aplícase al cuerpo cuyas moléculas tienen entre sí poca o ninguna coherencia y que toma siempre la forma del recipiente que lo contiene : *sustancia fluida* (ú. t. c. s. m.). ‖ *Fig.* Corriente, suelto, fácil : *prosa fluida.* | Dícese del tráfico automovilístico cuando éste se efectúa a una velocidad normal, sin paradas debidas a embotellamientos. ‖ — M. Nombre de algunos agentes de naturaleza desconocida que intervienen en ciertos fenómenos : *fluido nervioso.* ‖ Corriente eléctrica.
fluir v. i. Correr un líquido. ‖ *Fig.* Surgir, salir.
flujo m. Movimiento de los fluidos. ‖ Movimiento regular de ascenso de la marea a ciertas horas. ‖ *Fig.* Abundancia excesiva.
fluminense adj. y s. De Río de Janeiro (Brasil). ‖ De Los Ríos (Ecuador).
flúor m. *Quím.* Cuerpo simple gaseoso, de color verde amarillento, de número atómico 9, que es corrosivo y sofocante. (Símb. F.)
fluorescencia f. *Fís.* Propiedad de ciertos cuerpos de emitir luz cuando reciben ciertas radiaciones.
fluorescente adj. Que tiene fluorescencia. ‖ Producido por la fluorescencia.
fluvial adj. Relativo a los ríos.
flux m. *Amer.* Traje de hombre completo. ‖ — *Fig.* y *fam. Méx. Estar a flux,* no tener nada. | *Amer. Tener flux,* tener suerte.
f. o. b., abrev. del inglés *free on board,* franco a bordo.
fobia f. Miedo angustioso que algunos enfermos experimentan en determinadas circunstancias.
foca f. Mamífero carnicero de los mares polares. ‖ Piel que tiene.
focal adj. Del foco : *distancia focal.*
foco m. *Fís.* Punto donde convergen los rayos luminosos reflejados por un espejo esférico o refractados por una lente de cristal. ‖ *Geom.* Punto cuya distancia a cualquier otro de ciertas curvas (elipse, parábola, hipérbola) se puede expresar en función de las coordenadas de dichos puntos. ‖ *Fig.* Centro activo de ciertas cosas : *un foco de ilustración.* | Punto donde se reúnen cosas de distintas procedencias. ‖ Proyector de donde salen potentes rayos luminosos o caloríficos. ‖ *Méx.* Bombilla.
fofo, fa adj. Blando.
fogarada f. Llamarada.
fogata f. Fuego con llamas.
fogón m. Lugar donde se hace lumbre en las cocinas. ‖ Cocina. ‖ Hogar de las máquinas de vapor. ‖ Agujero en la recámara de las armas de fuego. ‖ *Amer.* Fogata.
fogonazo m. Llama que levanta la pólvora o el magnesio cuando explota o se inflama. ‖ *Fig.* Flash : *los fogonazos de la actualidad.*
fogonero m. El que cuida del fogón en las máquinas de vapor.
fogosidad f. Ardor, ímpetu.
fogoso, sa adj. Ardiente.
foguear v. t. *Fig.* Acostumbrar a alguien a ciertos trabajos, hacerle adquirir cierto hábito : *foguear a un novicio* (ú. t. c. pr.).
foliación f. Acción y efecto de foliar y serie numerada de los folios de un libro. ‖ Momento en que echan sus hojas las plantas. ‖ Colocación de las hojas en las plantas.
foliado, da adj. Con hojas.
foliar v. t. Numerar los folios de un libro.
folio m. Hoja del libro o cuaderno. ‖ Titulillo o encabezamiento de las páginas de un libro.
folk m. (abrev. ingl. de *folksong*). Canciones inspiradas en el folklore.
folklore m. Ciencia o conjunto de las tradiciones, costumbres y leyendas de un país. ‖ *Fam.* Lío, jaleo, follón.
folklórico, ca adj. Del folklore. ‖ *Fig.* Pintoresco.
folklorista com. Especialista en folklore.
follaje m. Conjunto de las hojas de los árboles.
folletín m. Fragmento de novela que se inserta en un periódico. ‖ Novela mala. ‖ *Fig.* Suceso o acontecimiento melodramático.
folletinesco, ca adj. Propio del folletín.
folletinista com. Escritor de folletines.
folleto m. Impreso menos voluminoso que un libro y que no suele encuadernarse : *folleto turístico.*
follón, ona adj. *Fam.* Pesado, latoso. ‖ — M. *Fam.* Lío, enredo : *¡vaya follón!* | Desorden, confusión. | Jaleo : *estaba metido en un follón.* | Escándalo : *forma un follón por naderías.* | Alboroto, discusión, riña. | Pesado, latoso : *ese amigo tuyo es un follón.* | Asunto complicado.
fomentador, ra adj. y s. Que fomenta.
fomentar v. t. Activar. ‖ Favorecer, alentar. ‖ Animar.
fomento m. Ayuda, protección : *sociedad de fomento.* ‖ Estímulo : *fomento de la producción.* ‖ Promoción : *fomento de las ventas.* ‖ Desarrollo : *Banco de Fomento.* ‖ Paño o compresa caliente para ablandar los furúnculos.
fon m. Unidad de potencia sonora.
fonda f. Pensión, hotel modesto. ‖ Cantina en las estaciones.
fondeadero m. *Mar.* Sitio donde anclan los barcos.
fondear v. i. *Mar.* Echar el ancla, anclar : *fondear en la ensenada.* ‖ Llegar a un puerto.
fondeo m. Anclaje.
fondillos m. pl. Parte trasera del pantalón.
fondo m. Parte inferior de una cosa hueca : *el fondo de un vaso.* ‖ Parte sólida en la que descansa el agua del mar o de un río. ‖ Profundidad : *con poco fondo.* ‖ Lo que queda en el fondo : *el fondo de la botella.* ‖ Parte que se encuentra más lejos de la entrada : *el fondo de una habitación.* ‖ Catálogo de una biblioteca o editorial. ‖ Capital, caudal : *fondo social.* ‖ *Fig.* Índole : *chica de buen fondo.* | Ambiente, medio. | Tema, idea : *el fondo de su comedia.* | Resistencia física. | Lo esencial de una cosa : *el fondo de un problema.* | Lo más oculto o íntimo : *en el fondo del corazón.* ‖ — Pl. Dinero : *tener fondos disponibles.* ‖ Parte sumergida del barco. ‖ — *A fondo,* enteramente. ‖ *Bajos fondos,* el hampa. ‖ *Fondos públicos,* los del Estado.
fondón, ona adj. *Fam.* Dícese de la persona que ha perdido la agilidad de la juventud por haber engordado.
fonema m. Cada uno de los sonidos simples del lenguaje hablado (sonido y articulación).

fonendoscopio m. Aparato para calibrar el sentido del oído.
fonético, ca adj. Relativo al sonido. ‖ — F. Estudio de los sonidos y las articulaciones del lenguaje desde el punto de vista físico.
fonetista com. Especialista en fonética.
fonio m. Fono.
fono m. Unidad de potencia sonora. ‖ *Arg., Bol.* y *Chil.* Auricular del teléfono.
fonográfico, ca adj. Del fonógrafo.
fonógrafo m. Gramófono.
fonología f. Ciencia que estudia los fonemas desde el punto de vista de su función.
fonoteca f. Lugar donde se guardan los documentos sonoros.
fontanela f. *Anat.* Cada uno de los espacios membranosos que presenta el cráneo de los recién nacidos antes de osificarse.
fontanería f. Oficio de fontanero. ‖ Conjunto de tubos.
fontanero m. Obrero que pone y repara las instalaciones y cañerías o conductos domésticos de agua y gas.
football m. (pal. ingl.). Fútbol.
footing [*fúting*] m. (pal. ingl.). Carrera a pie que se hace de modo relajado como ejercicio.
foque m. *Mar.* Nombre común a todas las velas triangulares.
forajido, da adj. y s. Malhechor.
foral adj. Relativo al fuero.
foráneo, a adj. Forastero. ‖ Extraño, extranjero.
forastero, ra adj. y s. Dícese de la persona que no tiene su domicilio en la localidad donde se encuentra.
forcejear v. i. Esforzarse.
forcejeo m. Esfuerzo.
fórceps m. *Cir.* Instrumento que se usa para la extracción de las criaturas en los partos difíciles.
forense adj. Jurídico. ‖ Dícese del médico que efectúa los reconocimientos por orden judicial. Ú. t. c. s. : *en presencia del forense.*
forestal adj. De los bosques.
forja f. Fragua de los metales.
forjador, ra adj. y s. Que forja.
forjar v. t. Dar la primera forma con el martillo a cualquier metal. ‖ *Fig.* Crear. | Inventar, imaginar : *forjar planes.* ‖ — V. pr. *Fig.* Labrarse : *se ha forjado una buena reputación.* | Imaginarse.
forma f. Figura exterior o disposición de los cuerpos u objetos. ‖ Apariencia, aspecto : *de forma extraña.* ‖ Modo de obrar o proceder : *obrar en la forma debida.* ‖ Molde : *la forma de un sombrero.* ‖ Tamaño de un libro, grabado, etc. : *forma apaisada.* ‖ Modo, manera : *no hay forma de ir.* ‖ Modales, comportamiento : *guardar las formas.* ‖ Carácter de un gobierno, de un Estado, según la Constitución : *forma republicana.* ‖ Estilo de una obra literaria o artística. ‖ Hostia. ‖ *For.* Requisitos externos en los actos jurídicos : *vicio de forma.* ‖ Buena condición física : *estar en forma.* ‖ — Pl. Configuración femenina.
formación f. Acción y efecto de formar o formarse. ‖ Educación, instrucción. ‖ Rocas o piedras que constituyen un suelo : *formación terciaria.* ‖ *Mil.* Conjunto de los elementos que constituyen un cuerpo de tropas : *formación naval, aérea.* | Disposición de la tropa.
formador, ra adj. y s. Que forma.
formal adj. Relativo a la forma. ‖ Relativo a la apariencia y no al fondo. ‖ Que tiene formalidad, serio. ‖ Con todos los requisitos : *renuncia formal.* ‖ Preciso, categórico.
formalidad f. Exactitud, puntualidad. ‖ Seriedad. ‖ Requisito, condición necesaria para la validez de un acto civil, judicial : *cumplir las formalidades exigidas.*
formalismo m. Rigurosa observancia en las formas o normas puramente externas.
formalista adj. y s. Dícese de la persona muy cuidadosa de las formas.
formalizar v. t. Hacer formal o serio : *formalizó su situación.* ‖ Legalizar : *formalizar un expediente.* ‖ Regularizar. ‖ Concretar. ‖ Dar forma legal o reglamentaria.
formar v. t. Dar el ser y la forma (ú. t. c. pr.). ‖ Dar forma : *formar letras.* ‖ Componer : *colinas que forman un anfiteatro.* ‖ Concebir : *formar planes* (ú. t. c. pr.). ‖ Constituir : *formar una sociedad* (ú. t. c. pr.). ‖ Integrar : *ellos forman el consejo.* ‖ Adiestrar, educar : *formar a los discípulos.* ‖ Instruir : *estas lecturas le formaron.* ‖ Reunirse en : *formaron un corro.* ‖ — V. pr. Tomar forma. ‖ Hacerse : *se formó una idea errónea.* ‖ Desarrollarse una persona. ‖ Criarse.
formativo, va adj. Que forma.
formato m. Tamaño.
formidable adj. Muy grande, muy fuerte. ‖ Extraordinario, magnífico. ‖ Asombroso.
formol m. Desinfectante sacado de la oxidación del ácido metílico.
formón m. Escoplo.
formoseño, ña adj. y s. De Formosa (Argentina).
fórmula f. Modelo que contiene los términos en que debe redactarse un documento. ‖ Modo de expresarse, de obrar según las buenas costumbres : *fórmulas de cortesía.* ‖ Resultado de un cálculo ; expresión de una ley física. ‖ *Quím.* Representación por medio de símbolos de la composición de un cuerpo compuesto. ‖ *Fig.* Conjunto de indicaciones o de elementos que dan una solución entre varias posiciones distintas.
formulación f. Acción y efecto de formular.
formular v. t. Expresar de manera precisa, exponer. ‖ Recetar conforme a una fórmula : *formular una receta.* ‖ Expresar, manifestar. ‖ — V. i. *Quím.* Poner la fórmula de un cuerpo.
formulario, ria adj. Hecho por cumplir : *una visita formularia.* ‖ — M. Colección de fórmulas. ‖ Impreso en el que figura una serie de preguntas, de orden administrativo generalmente, a la que deben responder los interesados.
formulismo m. Sujeción excesiva a las fórmulas.
formulista adj. y s. Muy dado a las fórmulas.
fornicación f. Acción de fornicar, pecado de lujuria.
fornicante adj. y s. Que fornica.
fornicar v. i. Tener ayuntamiento o cópula carnal generalmente fuera del matrimonio.
fornido, da adj. Robusto.
foro m. Plaza en Roma en la que se celebraban las reuniones públicas. ‖ *Por ext.* Sitio donde los tribunales juzgan las causas. ‖ Ejercicio de la abogacía o de la magistratura. ‖ *Teatr.* Fondo del escenario. ‖ Reunión para discutir de asuntos delante de un auditorio que a veces interviene en el debate.
forofo, fa m. y f. *Fam.* Fanático.
forraje m. Hierba, heno o paja que sirven de pienso.
forrar v. t. Poner un forro. ‖ Poner una tela en el reverso de una prenda de vestir. ‖ Poner o recubrir con una materia protec-

tora : *forrar un sillón.* || *Fig.* y *fam.* *Estar forrado de oro* o *estar forrado,* ser muy rico. || — V. pr. *Pop.* Enriquecerse, ganar mucho. | Comer mucho.
forro m. Tela con la que se forra un vestido. || Cubierta protectora con la que se cubre un libro, un sillón, un cable, etc. || Material de fricción que protege el embrague, los frenos de un automóvil.
fortalecer v. t. Fortificar.
fortalecimiento m. Acción y efecto de fortalecer o fortalecerse.
fortaleza f. Fuerza. || Entereza, firmeza de ánimo. || Una de las virtudes cardinales. || Recinto fortificado para defender una ciudad, una región, etc. || *Fortaleza volante,* bombardero pesado.
fortificación f. Acción de fortificar. || Obra o conjunto de obras con que se fortifica un sitio.
fortificante adj. y s. m. Dícese de las sustancias que dan fuerzas.
fortificar v. t. Dar vigor y fuerza a algo o a alguien (ú. t. c. pr.). || *Mil.* Poner fortificaciones (ú. t. c. pr.).
fortín m. Fuerte pequeño.
fortuito, ta adj. Casual.
fortuna f. Hado, destino, azar, suerte : *la fortuna es ciega.* || Destino. || Bienes, riqueza, caudal, hacienda : *la fortuna que tiene se la debe a negocios poco lícitos.*
forzado, da adj. Ocupado por fuerza. || Forzoso : *trabajos forzados.* || Que no es natural : *llanto forzado.* || — M. Galeote, presidiario.
forzar v. t. Romper, violentar : *forzar una cerradura.* || Entrar con violencia : *forzar una morada.* || Violar a una mujer. || Hacer un esfuerzo excesivo : *forzar la voz.* || *Fig.* Obligar a hacer algo que no se desea : *no me gusta que me fuercen a andar mucho.*
forzoso, sa adj. Obligado.
fosa f. Sepultura : *fosa común.* || Depresión : *fosa submarina.* || Cavidad natural del cuerpo : *fosas nasales.*
fosfatado, da adj. Que tiene fosfato. || — M. Acción de fosfatar.
fosfatar v. t. Fertilizar con fosfato o agregar fosfato.
fosfato m. Sal formada por el ácido fosfórico.
fosforecer y **fosforescer** v. i. Ser fosforescente.
fosforescencia f. Propiedad que poseen algunos cuerpos de volverse luminosos en la oscuridad.
fosforescente adj. Que desprende luz en la oscuridad.
fósforo m. Cuerpo simple (P), de número atómico 15, transparente, incoloro o ligeramente amarillento, muy inflamable y luminoso en la oscuridad. || Cerilla.
fosgeno m. Producto de la combinación, en presencia de la luz solar, del cloro y del óxido de carbono : *el fosgeno es un gas incoloro, de olor sofocante, muy tóxico y se utiliza generalmente en la industria que fabrica colorantes.*
fósil adj. Aplícase a los fragmentos de animales o plantas petrificados que se encuentran en diversos terrenos geológicos antiguos : *concha, carbón fósil; plantas fósiles* (ú. t. c. s. m.). || *Fig.* y *fam.* Viejo, anticuado. Ú. t. c. s. : *ese hombre es un verdadero fósil.*
fosilización f. Paso de un cuerpo al estado fósil.
fosilizarse v. pr. Convertirse en fósil un cuerpo orgánico. || *Fig.* Estancarse uno en sus ideas.
foso m. Hoyo. || Excavación profunda que rodea una fortaleza. || *Teatr.* Piso inferior del escenario. || Espacio con arena o colchones de materia plástica donde cae el atleta después del salto. || En los garajes, excavación que permite arreglar los coches desde abajo. || *Fig.* Distancia que separa : *entre ambos hermanos hay un foso.*
foto pref. Significa *luz* y entra en la composición de voces científicas : *fotoquímico, fotoeléctrico,* etc. || — F. Apócope familiar de *fotografía.*
fotocomposición f. *Impr.* Procedimiento que permite componer directamente los textos en películas fotográficas sin tener que utilizar tipos metálicos.
fotocopia f. Procedimiento rápido de reproducción de un documento mediante el revelado instantáneo de un negativo fotográfico. || Prueba obtenida.
fotocopiadora f. Máquina para hacer fotocopias.
fotocopiar v. t. Hacer fotocopias.
fotoelectricidad f. Electricidad producida por el desprendimiento de electrones bajo la acción de la luz.
fotoeléctrico, ca adj. Dícese de cualquier fenómeno eléctrico provocado por la intervención de radiaciones luminosas. || *Célula fotoeléctrica,* ampolla sometida al vacío y provista de dos electrodos entre los cuales puede establecerse una corriente eléctrica cuando la hiere la luz. (Se emplea en fotografía, televisión, telemecánica, etc.).
fotoelectrón m. Cada uno de los electrones expulsados por el efecto fotoeléctrico.
fotogenia f. Calidad de fotogénico.
fotogénico, ca adj. Aplícase a las personas que salen muy bien en las fotografías.
fotograbado m. Arte de grabar planchas por acción química de la luz. || Lámina grabada o estampada por este procedimiento.
fotograbador, ra m. y f. Persona que hace fotograbados.
fotograbar v. t. Grabar valiéndose del fotograbado.
fotografía f. Procedimiento de fijar en una placa o película, impresionable a la luz, las imágenes obtenidas con ayuda de una cámara oscura. || Reproducción obtenida. || *Fig.* Representación, descripción.
fotografiar v. t. Obtener una imagen por medio de la fotografía.
fotográfico, ca adj. De la fotografía : *máquina fotográfica.*
fotógrafo, fa m. y f. Persona que hace fotografías.
fotograma m. Imagen aislada de una película cinematográfica.
fotolito m. Cliché fotográfico que reproduce el original en una película o soporte transparente : *el fotolito se emplea en la impresión offset y en huecograbado.*
fotolitografía f. Procedimiento de impresión litográfica en el cual el dibujo se traslada a la piedra por medio de la fotografía.
fotolitografiar v. t. Reproducir una imagen por medio de la fotolitografía.
fotomecánico, ca adj. Aplícase a los procedimientos de impresión con clichés obtenidos mediante la fotografía.
fotometría f. Parte de la física que estudia todo lo relacionado con la luz.

fotómetro m. Instrumento para medir la intensidad de la luz.
fotón m. Partícula de radiación que se propaga en el vacío a una velocidad de 300 000 kilómetros por segundo.
fotonovela f. Relato de un argumento, generalmente sentimental, por medio de fotos fijas, que muestran una serie de escenas, acompañadas de textos explicativos o diálogos para facilitar la comprensión del lector.
fotoquímica f. Parte de la química que estudia los efectos químicos producidos por la luz.
fotosfera f. Zona luminosa en el interior de la envoltura gaseosa del Sol.
fotosíntesis f. Formación de compuestos orgánicos por la acción de la luz sobre los vegetales.
fototeca f. Archivo fotográfico.
fototerapia f. Empleo de los rayos luminosos como agente terapéutico.
fototipia f. Procedimiento de impresión de grabados sobre una placa de cristal o cobre recubierta de una capa de gelatina con bicromato. ‖ Lámina así impresa.
fototipo m. Imagen fotográfica obtenida por impresión directa a partir del objeto.
fototropismo m. Acción de la luz en el crecimiento de una planta.
fotovoltaico, ca adj. *Célula fotovoltaica*, dispositivo que permite transformar directamente una radiación electromagnética en una corriente eléctrica.
fotuto m. *Cub.* Bocina de automóvil.
Fr, símbolo químico del *francio*.
frac m. Traje de hombre que tiene en la parte trasera dos faldones estrechos y largos.
fracasado, da m. y f. Persona que no ha conseguido triunfar.
fracasar v. i. No conseguir lo intentado. ‖ Fallar, frustrarse, tener resultado adverso.
fracaso m. Falta de éxito.
fracción f. División de una cosa en partes : *la fracción del pan*. ‖ Parte, porción. ‖ *Mat.* Quebrado, número que expresa una o varias partes de la unidad dividida en cierto número de partes iguales.
fraccionamiento m. División en partes.
fraccionar v. t. Dividir una cosa en partes o fracciones.
fraccionario, ria adj. Que representa determinada parte. ‖ Que tiene forma de fracción : *expresión fraccionaria*.
fractura f. Rotura hecha con esfuerzo : *robo con fractura*. ‖ Rotura de un hueso. ‖ *Geol.* Falla.
fracturar v. t. Romper o quebrantar con esfuerzo una cosa. ‖ — V. pr. Romperse.
fragancia f. Aroma, perfume.
fragante adj. Que huele bien.
fraganti (in) adv. En flagrante delito.
fragata f. Barco de tres palos.
frágil adj. Que se rompe o quiebra fácilmente. ‖ Que se estropea con facilidad. ‖ *Fig.* Débil.
fragilidad f. Calidad de frágil.
fragmentación f. División en fragmentos.
fragmentar v. t. Fraccionar, dividir en partes (ú. t. c. pr.).
fragmentario, ria adj. Compuesto de fragmentos. ‖ Incompleto.
fragmento m. Trozo.
fragor m. Ruido, estruendo.
fragoroso, sa adj. Ruidoso.
fragosidad f. Espesura de los montes. ‖ Bosque espeso.
fragua f. Fogón grande del herrero. ‖ Forja, herrería.
fraguado m. Acción y efecto de fraguar o endurecerse la cal, el yeso, el cemento y otros materiales.
fraguar v. t. Forjar el hierro. ‖ *Fig.* Idear y discurrir. ‖ — V. i. Endurecerse la masa de cal, yeso o cemento.
fraile m. Religioso, monje : *abandonó su vida disoluta y se volvió fraile mendicante*.
frambuesa f. Fruto comestible del frambueso, de color rojo.
frambueso m. Arbusto rosáceo, cuyo fruto es la frambuesa.
francachela f. *Fam.* Comilona. | Juerga, jarana.
francés, esa adj. y s. De Francia. ‖ — M. Lengua francesa. ‖ — *A la francesa*, al uso de Francia. ‖ *Fam. Marcharse* o *despedirse a la francesa*, irse sin decir adiós.
francesada f. Dicho o hecho propio de los franceses.
francio m. Metal alcalino radiactivo (Fr), de número atómico 87.
franciscano, na adj. y s. Religioso de la orden fundada por San Francisco de Asís en 1209.
francmasón m. Masón.
francmasonería f. Masonería.
francmasónico, ca adj. Masónico.
franco, ca adj. Leal, sincero : *carácter muy franco*. ‖ Abierto, comunicativo : *mirada franca*. ‖ Exento, que no paga : *puerto franco*. ‖ Libre, expedito : *paso franco*. ‖ Evidente, claro, cierto : *franco empeoramiento*. ‖ — Adj. y s. Nombre que se da a los pueblos antiguos de la Germanía Inferior. ‖ En palabras compuestas significa francés : *el comercio franco-español*. ‖ — M. Unidad monetaria de Francia, Bélgica, Luxemburgo, Suiza.
francófilo, la adj. y s. Amigo de Francia.
francófobo, ba adj. y s. Enemigo de Francia.
francofonía f. Conjunto de países en los que se habla francés.
francófono, na adj. y s. Que habla francés.
francotirador m. Guerrillero.
franchute, ta m. y f. *Fam.* Francés.
franela f. Tejido fino de lana.
frangollar v. t. *Fam.* Chapucear.
franja f. Guarnición o fleco que sirve para adornar vestidos y otras cosas. ‖ Borde, lista, faja.
franqueadora adj. y s. f. Dícese de la máquina que franquea las cartas.
franqueamiento m. Franqueo.
franquear v. t. Libertar, exceptuar a uno de un pago o tributo. ‖ Conceder, dar : *franquear la entrada*. ‖ Desembarazar : *franquear el camino*. ‖ Pagar previamente en sellos el porte de lo que se remite por correo : *franquear una carta*. ‖ Salvar : *franquear un obstáculo*. ‖ — V. pr. Descubrir sus intenciones, hablar francamente : *franquearse con un amigo*.
franqueo m. Acción y efecto de franquear. ‖ Pago, imposición del precio de porte : *franqueo postal*.
franqueza f. Sinceridad, llaneza. ‖ Confianza, familiaridad.
franquicia f. Exención de derechos de aduana, de sellos de correo, etc.
franquismo m. Régimen instaurado en España por el general Francisco Franco (1936-1975).
franquista adj. Relativo al gobierno de Franco. ‖ — M. y f. Partidario de este gobierno.

frasco m. Botella alta y estrecha. || Su contenido.
frase f. Conjunto de palabras que tienen sentido. || Locución, expresión. || *Frase hecha* o *acuñada* o *estereotipada*, la de uso corriente, tópico.
frasear v. i. Formar frases.
fraseo m. Arte de puntuar y graduar el discurso musical.
fraseología f. Modo de ordenar las frases peculiar a cada escritor. || Palabrería, verbosidad, verborrea.
fraternal adj. De hermanos.
fraternidad f. Unión y buena correspondencia entre hermanos.
fraternización f. Fraternidad.
fraternizar v. i. Tratarse como hermanos.
fratricida adj. y s. Que mata a su hermano.
fratricidio m. Crimen del que mata a un hermano.
fraude m. Engaño, acto de mala fe. || Contrabando.
fraudulento, ta adj. Que contiene fraude.
fray m. Apócope de *fraile*, que se emplea delante de los nombres de religiosos : *fray Luis de León.*
fraybentino, na adj. y s. De o relativo a Fray Bentos (Uruguay).
frazada f. Manta de cama.
frecuencia f. Repetición a menudo de un acto o suceso. || Número de ondulaciones por segundo de un movimiento vibratorio. || — *Alta frecuencia*, la de varios millones de períodos por segundo. || *Baja frecuencia*, la que corresponde a un sonido audible. || *Corriente de alta frecuencia*, corriente eléctrica cuyo sentido cambia un gran número de veces por segundo. || *Frecuencia modulada* o *modulación de frecuencia*, la que mantiene constante la amplitud de las ondas portadoras y hace variar su frecuencia.
frecuentación f. Acción de ir a menudo a un lugar. || Compañía.
frecuentado, da adj. Concurrido.
frecuentar v. t. Concurrir o ir con frecuencia. || Tratar, tener relación con alguien.
frecuente adj. Que se repite a menudo.
freelance adj. (pal. ingl.). Dícese del trabajo de un periodista o escritor, traductor, intérprete o de otros profesionales que colaboran para una o varias empresas sin que exista una vinculación laboral permanente regulada por un contrato.
fregadero m. Pila donde se friegan los utensilios de cocina.
fregar v. t. Estregar con fuerza : *fregar el suelo.* || Lavar los platos, cubiertos y cacerolas. || *Amer.* Fastidiar.
fregón, ona adj. y s. *Amer.* Molesto, fastidioso. || *Ecuad.* Descarado.
fregona f. Mujer que friega los platos y los suelos. || Criada. || *Fam.* Mujer ordinaria. || Cubo y escoba que se moja para limpiar los suelos.
fregotear v. t. Fregar mal.
fregoteo m. Lavado a la ligera.
freiduría f. Establecimiento donde se venden cosas fritas.
freír v. t. Guisar en una sartén con aceite o manteca : *freír patatas.* || *Fam.* Fastidiar, desesperar, molestar : *me frieron a preguntas.* | Matar, liquidar a tiros. || — *Fig. Al freír será el reír*, no se puede dar una causa por ganada hasta el último momento. | *Estar frito*, estar harto. || *Fam. Mandar a freír espárragos*, mandar con viento fresco. || — V. pr. Guisarse en una sartén. || *Fig.* Cocerse, asarse de calor.
fréjol m. Frijol.
frenado m. Detención con el freno. || Sistema de frenos : *el sistema de frenado de este modelo de auto es poco seguro.*
frenar v. t. e i. Disminuir o detener la marcha de una máquina con un freno. || — V. t. *Fig.* Contener, reprimir, retener : *frenar las pasiones.* | Detener el desarrollo : *frenar las importaciones.*
frenazo m. Detención o parada brusca con el freno.
frenesí m. Delirio furioso. || *Fig.* Violenta exaltación del ánimo.
frenético, ca adj. Poseído de frenesí. || Furioso, rabioso.
frenillo m. Membrana que sujeta la lengua.
freno m. Bocado, pieza de la brida que llevan los caballos en la boca para gobernarlos. || Órgano en las máquinas destinado a disminuir o parar el movimiento : *freno de mano, asistido.* || *Fig.* Lo que retiene u obstaculiza : *ambiciones sin freno.* || — Pl. Sistema de frenos.
frenología f. Teoría psicológica que estudia el carácter y las funciones intelectuales del hombre basándose en el análisis de la conformidad exterior del cráneo : *la frenología, después de haber sido defendida por muchos, cayó en el olvido.*
frente f. Región anterior de la cabeza de los vertebrados que, en el hombre, va desde el nacimiento del pelo hasta las cejas. || *Por ext.* Cabeza : *bajar la frente.* || — M. Parte delantera de algo. || Línea exterior de una tropa en orden de batalla. || Límite antes de la zona de combate. || Esta misma zona. || Separación entre dos zonas de la atmósfera cuyas temperaturas son distintas. || Parte superior de una cosa : *al frente de su misiva.* || Agrupación política compuesta de diversos partidos o concordancia de las tendencias de la opinión para resolver una serie de problemas determinados : *frente nacional.* || — *Estar al frente de*, dirigir. || *Frente a frente*, cara a cara. || *Frente popular*, coalición de los partidos políticos de izquierda.
frentepopulismo m. Frente Popular.
frentepopulista adj. y s. Del Frente Popular.
fresa f. Planta rosácea, de fruto rojo sabroso y fragante. || Su fruto. || *Tecn.* Barrena, herramienta empleada para horadar o labrar los metales. || Instrumento usado por los dentistas para limar dientes o muelas. || — Adj. inv. Dícese de lo que tiene color rojo como la fresa.
fresado m. Avellanado.
fresador, ra m. y f. Persona que fresa. || — F. Máquina para fresar.
fresal m. Plantío de fresas.
fresar v. t. Trabajar con la fresa.
frescachón, ona adj. De color sano. || Descarado, caradura (ú. t. c. s.).
frescales com. inv. Desvergonzado.
fresco, ca adj. Ligeramente frío : *viento fresco* (ú. t. c. adv.). || Ligero, que da la sensación de frescor : *traje fresco.* || Que no está marchito, que conserva el brillo de la juventud : *tez fresca.* || Que no está cansado : *tropas frescas.* || Dícese de las cosas que, pudiéndose estropear por el paso del tiempo, no han sufrido alteración : *pescado fresco.* || Que no experimenta el cansancio. || Húmedo, sin secar : *la pintura está fresca.* || *Fig.* Acabado de suceder, reciente : *noticias frescas.* | Tranquilo, sin perder la calma : *y se quedó tan fresco.* | Descarado, aprovechado, caradura. Ú. t. c. s. : *es un fresco.* | Que trata a

los demás sin contemplaciones (ú. t. c. s.). | Dícese de la mujer libre en su trato con los hombres (ú. t. c. s. f.). ‖ — M. Frío moderado : *el fresco del atardecer.* ‖ Viento frío. ‖ Mural, pintura hecha en una pared : *los frescos de la pintura mexicana.* ‖ *Amer.* Bebida fresca. ‖ — F. Frío moderado : *salir con la fresca.* ‖ *Fig.* Inconveniencia, dicho molesto : *le soltó cuatro frescas.*
frescor m. Fresco.
frescura f. Calidad de fresco. ‖ *Fam.* Desvergüenza, caradura, desenfado, descaro : *¡vaya frescura!* ‖ *Fig.* Fresca, dicho molesto.
fresno m. Arbol de madera estimada.
fresón m. Fresa grande.
fresquera f. Alambrera para conservar los comestibles. ‖ *Arg.* Fiambrera.
fresquería f. *Amer.* Casa donde se venden bebidas heladas o refrescos.
fresquista adj. Relativo al fresco. ‖ — Com. Pintor de frescos o murales.
freudismo m. Doctrina psicológica, debida al psiquiatra austriaco S. Freud (1856-1939), que interpreta las neurosis por el pensamiento, los sueños.
freza f. Desove de los peces y tiempo en que se verifica. ‖ Huevos y cría de los peces. ‖ Tiempo entre cada dos mudas del gusano de seda.
frialdad f. Sensación que proviene de la falta de calor. ‖ Frigidez. ‖ *Fig.* Falta de ardor, indiferencia.
fricción f. Acción y efecto de friccionar. ‖ Limpieza de la cabeza con una loción aromática. ‖ Resistencia o roce de dos superficies en contacto. ‖ *Fig.* Desavenencia.
friccionar v. t. Dar fricciones.
friega f. Fricción.
frigidez f. Falta de calor. ‖ Ausencia de deseo sexual.
frígido, da adj. *Poét.* Frío. ‖ Carente de deseo sexual.
frigoría f. Unidad calorífica (simb. fg), equivalente a una kilocaloría negativa.
frigorífico, ca adj. Que produce frío. ‖ Dícese de los lugares donde se conservan los productos por medio del frío : *armario frigorífico.* ‖ — M. Mueble, cámara o espacio cerrado enfriado artificialmente para conservar carnes u otras mercancías perecederas.
fríjol y **frijol** m. Judía.
frío, a adj. Dícese de la temperatura de los cuerpos muy inferior a la ordinaria del ambiente : *aire frío.* ‖ Que no da calor. ‖ Que ha perdido el calor : *comida fría.* ‖ *Fig.* Reservado, falto de afecto : *hombre frío.* | Insensible : *mujer fría.* | Desapasionado : *mediador frío.* | Tranquilo, sereno : *su enemistad me deja frío.* | Menos entusiasmado, indiferente : *estoy más frío con sus proposiciones.* | Carente de calor, de sensibilidad : *música fría.* | Que carece de interés sexual. ‖ — M. Baja temperatura. ‖ Sensación que produce la carencia, la pérdida o la disminución de calor. ‖ *Fig.* Ausencia de cordialidad.
friolera f. Pequeñez, nadería, cosa de poca importancia. ‖ *Fig.* e *irón.* Nada menos : *el crucero que hizo alrededor del mundo le costó la friolera de muchos millones y una gran serie de disgustos con su mujer.*
friolero, ra adj. Sensible al frío (ú. t. c. s.).
frisar v. t. e i. *Fig.* Acercarse.
friso m. Parte del cornisamento entre el arquitrabe y la cornisa. ‖ Zócalo, cenefa de una pared.
frísol y **frisol** m. *Amer.* Fríjol.
fritada o **fritanga** f. Fritura.
frito, ta p. p. irreg. de *freír* : *huevos fritos con jamón.* ‖ — *Fam.* *Estar frito,* estar fastidiado o dormido. | *Estar frito por hacer algo,* desearlo ardientemente. | *Tener frito a uno,* tenerlo desesperado. ‖ — M. Fritura.
fritura f. Cosa frita.
frivolidad f. Ligereza, superficialidad, falta de seriedad, futilidad.
frívolo, la adj. Ligero, superficial.
frondosidad f. Abundancia de hojas.
frondoso, sa adj. Abundante en hojas : *una rama frondosa.* ‖ Abundante en árboles : *paraje frondoso.*
frontal adj. De la frente. ‖ — M. Hueso de la frente. ‖ Decoración de la parte delantera del altar.
frontera f. Límite que separa dos Estados.
fronterizo, za adj. Que está en la frontera. ‖ Que vive cerca de una frontera (ú. t. c. s.). ‖ Limítrofe. ‖ Que está enfrente.
frontispicio m. Fachada : *el frontispicio de un edificio.* ‖ Portada de un libro. ‖ *Arq.* Frontón, remate de una fachada.
frontón m. Pared contra la cual se lanza la pelota en el juego. ‖ Edificio o cancha para jugar a la pelota. ‖ *Arq.* Remate generalmente triangular : *el frontón de un pórtico.*
frotación f. Frotamiento.
frotador, ra adj. y s. Que frota. ‖ — M. Rascador.
frotadura f. y **frotamiento** m. Acción y efecto de frotar o frotarse.
frotar v. t. Pasar muchas veces una cosa sobre otra (ú. t. c. pr.).
frote m. Frotamiento.
fructífero, ra adj. Que da frutos. ‖ *Fig.* Productivo.
fructificar v. i. Dar fruto : *la planta fructifica.* ‖ *Fig.* Ser productivo, dar utilidad.
frugal adj. Sobrio en el comer y beber. ‖ Poco abundante : *cena frugal.*
frugalidad f. Sobriedad.
fruición f. Placer, gozo.
frunce m. Pliegue, doblez.
fruncido m. Frunce.
fruncimiento m. Acción y efecto de fruncir.
fruncir v. t. Arrugar la frente, la boca : *fruncir el entrecejo.* ‖ Hacer en una tela frunces o arrugas pequeñas.
fruslería f. Insignificancia.
frustración f. No consecución de un deseo. ‖ Tensión psicológica suscitada por la existencia de un obstáculo que dificulta la realización de un objetivo.
frustrar v. t. Privar a uno de lo que esperaba. ‖ Malograr un intento o pretensión : *frustrar un robo, un crimen* (ú. t. c. pr.).
fruta f. Fruto comestible de ciertas plantas.
frutal adj. Que da frutas.
frutería f. Establecimiento en el que se venden frutas.
frutero, ra adj. Que lleva fruta : *barco frutero.* ‖ De la fruta : *industria frutera.* ‖ Que sirve para poner la fruta : *plato frutero.* ‖ — M. Vendedor de fruta. ‖ Recipiente donde se coloca la fruta : *un frutero de plata.* ‖ Lavafrutas, enjuague.
fruticultura f. Cultivo de los árboles frutales.
frutilla f. *Chil.* y *Rioplat.* Fresa.
fruto m. Órgano de la planta que contiene las semillas y nace del ovario de la flor. ‖ *Fig.* Producto, resultado, provecho : *fruto de sus afanes.* | Utilidad : *influencia que no da ningún fruto.* ‖ — Pl. Productos dados por la tierra.

fudre m. Recipiente grande para el vino.
fuego m. Desprendimiento simultáneo de calor y luz producido por la combustión de ciertos cuerpos. ‖ Conjunto de cuerpos en combustión. ‖ Hogar, lugar donde se enciende fuego, lumbre. ‖ Lo que se necesita para alumbrar : *¿tiene fuego?* ‖ Incendio : *los bomberos combaten el fuego.* ‖ Suplicio en que se quemaba al condenado, hoguera. ‖ Calor interior : *su cuerpo era puro fuego.* ‖ Tiro, disparo : *el fuego del enemigo.* ‖ Combate : *bautismo de fuego.* ‖ *Fig.* Pasión, entusiasmo : *fuego sagrado.* | Ardor, vehemencia : *en el fuego de la discusión.* ‖ — *A fuego lento,* poco a poco. ‖ *Arma de fuego,* la que dispara balas. ‖ *Fig. Atizar el fuego,* avivar una disputa. | *Echar leña al fuego,* proporcionar motivos para que continúe una pelea o disputa. ‖ *¡Fuego!,* voz de mando para disparar. ‖ *Fuego fatuo,* llamas pequeñas que se desprenden de las sustancias animales o vegetales en descomposición. ‖ *Fuegos artificiales* o *de artificio,* conjunto de cohetes luminosos lanzados con fines de diversión.
fueguino, na adj. De la Tierra del Fuego (Argentina y Chile) : *Andes Fueguinos.*
fuel y **fuel-oil** [*fiueloil*] m. (voz ingl.). Derivado del petróleo natural, obtenido por refinación y destilación, destinado a la calefacción.
fuelle m. Instrumento que recoge aire y lo lanza en una dirección determinada. ‖ Pliegue en un vestido. ‖ Cualquier parte que se puede plegar o doblar en las máquinas de fotografía, los bolsos, etc. ‖ Pasillo flexible que comunica dos vagones de un tren.
fuente f. Lugar donde brota agua de la tierra. ‖ Construcción destinada a la salida y distribución de aguas. ‖ Monumento en los sitios públicos con caños y surtidores de agua. ‖ Pila de bautismo. ‖ Plato grande en el que se sirve la comida. ‖ *Fig.* Origen, causa : *fuente de discordias.* ‖ Documento original : *fuentes de la historia.* ‖ *De fuente fidedigna,* de alguien digno de fe.
fuer m. Forma apocopada de *fuero.* ‖ *A fuer de,* en calidad de, como.
fuera adv. En la parte exterior : *estaba fuera.* ‖ — *Estar fuera de sí,* estar muy encolerizado. ‖ *Fuera de,* salvo. ‖ *Fuera de juego,* en fútbol y en rugby, posición irregular de un jugador, situado detrás de la defensa del equipo contrario, que le impide participar en el juego sin que se le señale una falta.
fuera borda m. Embarcación pequeña, tipo canoa, dotada de un motor situado fuera del casco y en la parte posterior. ‖ Este motor.
fuero m. Privilegio o ley especial que gozaba antiguamente alguna región, ciudad o persona en España. ‖ Compilación de leyes. ‖ Competencia jurisdiccional : *sometido al fuero militar.* ‖ *Fig.* Orgullo, presunción : *tiene muchos fueros.* ‖ Privilegio, prerrogativa : *luchar por los fueros del arte.* ‖ *En mi fuero interno,* en mi intimidad.
fuerte adj. Que tiene buena salud o mucha fuerza : *es el más fuerte de todos.* ‖ Resistente : *tejido fuerte.* ‖ Que posee mucho poder, poderoso : *nación fuerte.* ‖ Grande : *un fuerte capital.* ‖ Que tienen gran intensidad, energía o violencia : *calor, voz fuerte.* ‖ Que causa viva impresión en el gusto, en el olfato : *licor fuerte.* ‖ Copioso, abundante : *fuerte diarrea.* ‖ Intenso, vivo : *rojo fuerte.* ‖ Acre, picante : *pimiento fuerte.* ‖ Considerable, grande : *impresión fuerte.* ‖ Con gran fuerza : *un fuerte garrotazo.* ‖ Atrevido, picante : *chiste fuerte.* ‖ Aplícase a la moneda de un valor superior al que tenía : *franco fuerte.* ‖ Que conoce bien una materia : *fuerte en matemáticas.* ‖ Fortificado : *plaza fuerte.* ‖ Apretado : *nudo fuerte.* ‖ *Gram.* Dícese de las vocales que son más perceptibles como *a, e, o.* ‖ — M. Hombre poderoso, con medios o recursos. ‖ Obra de fortificación. ‖ *Fig.* Aquello en que una persona sobresale : *la historia es su fuerte.* | Tiempo en que algo alcanza su punto máximo, apogeo : *en el fuerte de la discusión.* ‖ — Adv. Con intensidad : *hablar fuerte.* ‖ Mucho : *trabajar, jugar fuerte.*
fuerza f. Cualquier causa capaz de obrar, de producir un efecto : *las fuerzas naturales.* ‖ *Fís.* Cualquier acción que modifica el estado de reposo o movimiento de un cuerpo : *fuerza centrífuga.* ‖ Poder, capacidad o vigor físico : *tiene mucha fuerza.* ‖ Intensidad, eficacia : *fuerza de un medicamento.* ‖ Energía : *la fuerza de un ácido.* ‖ Violencia, coacción : *ceder por fuerza.* ‖ Capacidad de modificar el estado de reposo o de movimiento de un cuerpo : *fuerza de una máquina.* ‖ Autoridad : *la fuerza de la ley.* ‖ Influencia : *tiene gran fuerza en las altas esferas.* ‖ Esfuerzo : *agárralo con fuerza.* ‖ Resistencia, solidez : *no tiene fuerza para aguantar los embates del mar.* ‖ Electricidad, energía eléctrica. ‖ Momento en que es más intenso algo : *en la fuerza de sus años mozos.* ‖ Condición, estado, potencia para hacer algo : *fuerza de ánimo.* ‖ — Pl. Conjunto de las formaciones militares de un Estado : *las fuerzas de Tierra.* ‖ — *A fuerza de,* perseverantemente y con trabajo; a base : *a fuerza de dinero;* con exageración. ‖ *A la fuerza,* por obligación. ‖ *Fuerza de disuasión* o *disuasoria,* conjunto de las armas más modernas (atómicas generalmente) que se utilizan con la mayor rapidez y eficacia. ‖ *Fuerza mayor,* la que es necesario emplear ineludiblemente. ‖ *Fuerza pública,* agentes de la autoridad. ‖ *Fuerzas de choque,* unidades militares selectas, empleadas preferentemente en la ofensiva. ‖ *Por fuerza,* por obligación.
fuete m. *Amer.* Látigo.
fuga f. Huida, evasión. ‖ Escape de un fluido. ‖ *Mús.* Composición basada en un tema y su contrapunto, que se repiten en diversos tonos. ‖ *Fig.* Evasión : *fuga de capitales.* | Ardor.
fugacidad f. Calidad de breve.
fugarse v. pr. Escaparse, huir.
fugaz adj. Que con velocidad huye y desaparece : *deseo fugaz.* ‖ *Fig.* De muy corta duración. ‖ Aplícase a la estrella que cambia de posición.
fugitivo, va adj. Que huye (ú. t. c. s.). ‖ Que apenas dura : *dicha fugitiva.*
fuguillas m. inv. *Fam.* Persona impaciente en obrar.
ful adj. *Pop.* Falso : *policía ful.*
fulano, na m. y f. Palabra con que se designa a una persona indeterminada : *Fulano de Tal.* ‖ — F. *Fam.* Mujer de mala vida.
fular m. Pañuelo de seda para la cabeza o el cuello.
fulcro m. Punto de apoyo de la palanca.
fulero, ra adj. y s. *Fam.* Cuentista. ‖ *Arg. Fam.* Feo. | Repelente. | De mal aspecto. | Nocivo.
fulgente adj. Brillante.
fulgor m. Resplandor, brillo.

fulguración f. Acción y efecto de fulgurar. ‖ Relámpago sin trueno. ‖ Accidente que causa el rayo.
fulgurante adj. Que fulgura : *rayo fulgurante.* ‖ *Med.* Aplícase al dolor muy vivo y súbito. ‖ *Fig.* Rápido, incisivo : *respuesta fulgurante.*
fulgurar v. i. Brillar.
fulminación f. Acción de fulminar.
fulminador, ra adj. y s. Que fulmina.
fulminante adj. Que fulmina : *ataque de gota fulminante.* ‖ Muy grave : *enfermedad fulminante.* ‖ *Fig.* Amenazador : *mirada fulminante.* ‖ Muy rápido, de efecto inmediato : *éxito fulminante.* ‖ — M. Pistón del arma de fuego.
fulminar v. t. Arrojar rayos. ‖ *Fig.* Herir o matar un rayo. | Dictar, imponer con cierta solemnidad. | Matar : *fulminado por la enfermedad.* | Mirar irritado.
full m. (pal. ingl.). En el póquer, reunión de tres cartas iguales y una pareja.
fullear v. i. Hacer trampas.
fullería f. Trampa : *siempre hace fullerías jugando a las cartas.*
fullero, ra adj. y s. Tramposo.
fumadero m. Sitio que se destina para fumar : *fumadero de opio.*
fumador, ra adj. y s. Que fuma.
fumar v. i. Aspirar y despedir humo de tabaco, de opio, etc. (ú. t. c. t. y pr.). ‖ — V. pr. *Fam.* Tirarse, gastar por completo : *fumarse la paga.* | Faltar, dejar de acudir : *fumarse la clase, la oficina.*
fumarola f. Desprendimiento de gases de un volcán.
fumata f. *Fam.* Reunión de fumadores drogadictos.
fumeta m. y f. *Fam.* Persona que fuma porros.
fumigación f. Acción de fumigar.
fumigador m. Aparato que sirve para fumigar.
fumigar v. t. Desinfectar por medio de humo, gas, etc.
funámbulo, la m. y f. Acróbata, volatinero.
función f. Desempeño de un cargo : *entrar en funciones.* ‖ Cargo ; obligaciones impuestas por este cargo. ‖ Papel : *desempeñar una función.* ‖ Actividad ejecutada por un elemento vivo, órgano o célula en el campo de la fisiología : *funciones de reproducción.* ‖ *Quím.* Conjunto de propiedades de un grupo de cuerpos : *función ácida.* ‖ *Gram.* Actividad de una palabra en una oración : *función de complemento.* ‖ *Mat.* Magnitud que depende de una o varias variables. ‖ Fiesta, solemnidad religiosa. ‖ Representación teatral.
funcional adj. Relativo a las funciones orgánicas o matemáticas : *trastornos, ecuaciones funcionales.* ‖ Dícese de todo aquello en que la función predomina sobre cualquier otro elemento decorativo o artístico. ‖ Que se adapta perfectamente a una función determinada, práctico.
funcionalidad f. Carácter de lo que es funcional.
funcionamiento m. Manera como funciona una cosa.
funcionar v. i. Desempeñar su función. ‖ Ponerse o estar en marcha.
funcionario, ria m. y f. Empleado de la administración pública.
funcionarismo m. Tendencia al aumento de funcionarios.
funda f. Cubierta que protege.
fundación f. Creación, establecimiento : *fundación de un hospital.* ‖ Creación, por donación o legado, de un establecimiento de interés general. ‖ Este establecimiento.
fundador, ra adj. Que crea o funda : *socios fundadores* (ú. t. c. s.).
fundamentación f. Fundamento.
fundamental adj. Que sirve de fundamento o base. ‖ Esencial.
fundamentar v. t. Tomar como base. ‖ Sentar las bases, echar los cimientos. ‖ Establecer. ‖ — V. pr. Apoyarse.
fundamento m. Principal apoyo, base. ‖ Causa : *noticias sin fundamento.* ‖ — Pl. Rudimentos de una ciencia o arte.
fundar v. t. Establecer, crear : *fundar una empresa.* ‖ Instituir : *fundar un colegio.* ‖ Dar el capital necesario para el establecimiento de algo : *fundar un premio literario.* ‖ *Fig.* Apoyar, basar (ú. t. c. pr.).
fundente adj. Que funde. ‖ — M. Sustancia que se mezcla con otra para facilitar la fusión.
fundición f. Acción y efecto de fundir o fundirse. ‖ Extracción de un metal del mineral por medio del calor. ‖ Hierro colado, arrabio. ‖ Lugar donde se funde.
fundido m. Procedimiento cinematográfico que hace aparecer o desaparecer lentamente una imagen.
fundidor m. Obrero de una fundición.
fundidora f. Máquina para fundir metales.
fundillos m. pl. *Chil.* Calzón.
fundir v. t. Convertir un sólido en líquido, derretir. Ú. t. c. pr. : *fundir plomo.* ‖ Vaciar en un molde : *fundir una estatua.* ‖ — V. pr. Fusionarse, unirse : *sus intereses se fundieron.* ‖ Estropearse un órgano en movimiento por falta de engrase : *se fundió la biela.* ‖ Dejar de funcionar por un cortocircuito o un exceso de tensión : *fundirse una bombilla.*
fundo m. Finca rústica.
fúnebre adj. De los difuntos : *honras fúnebres.* ‖ *Fig.* Triste.
funeral m. Solemnidad de un entierro. ‖ Misa del aniversario de una muerte. ‖ — Pl. Exequias, oficio solemne celebrado algunos días después del entierro de un difunto o cada año por la salvación de su alma.
funerario, ria adj. Relativo al entierro o a las exequias. ‖ — F. Agencia de pompas fúnebres.
funesto, ta adj. Aciago : *aquel accidente tuvo consecuencias funestas.*
fungible adj. Consumible.
fungir v. i. *Amer.* Desempeñar una función. ‖ *Méx.* Dárselas de, presumir de : *fungir de rico.*
funicular adj. y s. m. Aplícase al ferrocarril en el cual la tracción se hace por medio de cable o cremallera y que se utiliza en recorridos muy pendientes. ‖ Teleférico.
funyi m. *Arg. Fam.* Sombrero.
furcia f. *Pop.* Mujer de mala vida, pelandusca : *siempre estás con furcias.*
furgón m. Automóvil cerrado que se utiliza para transportes. ‖ Vagón de equipajes en un tren.
furgoneta f. Pequeño vehículo comercial que tiene una puerta en la parte posterior para sacar los géneros transportados.
furia f. Cólera o irritación muy violenta. ‖ Movimiento impetuoso de las cosas : *la furia de las olas.* ‖ Coraje, valor, ímpetu. ‖ Momento culminante. ‖ Momento de gran intensidad de una moda o costumbre : *fue el momento de la furia de bailar el tango en todas las reuniones de sociedad.* ‖ — M. y f. Persona mala y violenta, de aviesas intenciones : *la*

furia de su mujer lo puso de patitas en la calle por celos infundados.

furibundo, da adj. Furioso. ‖ Muy entusiasta, gran partidario (ú. t. c. s.).

furioso, sa adj. Irritado, colérico, enfurecido. ‖ *Fig.* Violento.

furor m. Cólera, ira exaltada. ‖ Locura momentánea. ‖ *Fig.* Pasión : *el furor del juego.* | Violencia : *el furor de la lluvia.* ‖ — *Hacer furor,* estar en boga. ‖ *Furor uterino,* ninfomanía.

furriel m. *Mil.* Cabo.

furtivo, va adj. Hecho a escondidas. ‖ *Cazador furtivo,* el que caza sin permiso.

furúnculo m. Divieso.

furunculosis f. Erupción de diviesos.

fusa f. *Mús.* Nota que dura media semicorchea.

fuselaje m. Cuerpo de un avión al que se le fijan las alas.

fusible adj. Que puede fundirse. ‖ — M. Hilo o chapa metálica que, colocada en un circuito eléctrico, se funde e interrumpe la corriente si ésta es excesiva.

fusiforme adj. Que tiene forma de huso.

fusil m. Arma de fuego portátil que consta de un tubo metálico (cañón) de pequeño calibre, montado en un armazón de madera, y de un mecanismo que permite el disparo. ‖ *Por ext.* El tirador. ‖ *Fusil ametrallador,* arma automática ligera que puede disparar las balas separadamente o por ráfagas.

fusilamiento m. Ejecución con una descarga de fusilería. ‖ *Fig.* y *fam.* Plagio.

fusilar v. t. Ejecutar a una persona con una descarga de fusilería. ‖ *Fig.* Plagiar, copiar, imitar.

fusilería f. Fuego o tiros disparados por un conjunto de fusiles. ‖ Conjunto de fusiles. ‖ Conjunto de soldados con fusil.

fusilero m. Soldado con fusil.

fusión f. Paso de un cuerpo sólido al estado líquido por medio del calor. ‖ Unión de varios núcleos de átomos ligeros a elevada temperatura en un solo núcleo de masa más elevada (por ej., hidrógeno y litio en la bomba de hidrógeno). ‖ *Fig.* Unión, combinación : *la fusión de dos partidos.* | Unión de varias sociedades, por absorción en beneficio de una o por creación de una nueva sociedad que sustituye a otras existentes.

fusionar v. t. Reunir en una sola sociedad, en una sola asociación, en un solo partido, etc. (ú. t. c. pr.).

fusta f. Látigo.

fuste m. Madera o vara : *el fuste de una lanza.* ‖ Cada una de las dos piezas de madera que forman la silla del caballo. ‖ *Fig.* Importancia : *asunto de mucho fuste.* ‖ *Arq.* Parte de la columna entre el capitel y la basa.

fustigación f. Azotamiento.

fustigador, ra adj. y s. Que fustiga.

fustigar v. t. Azotar, dar azotes. ‖ *Fig.* Censurar con dureza.

fútbol o **futbol** m. Deporte practicado por dos equipos de 11 jugadores cada uno en el que éstos intentan con los pies enviar un balón hacia la portería o meta contraria sin intervención de las manos y siguiendo determinadas reglas.

futbolín m. Juego de mesa que figura un campo de fútbol.

futbolista m. Jugador de fútbol.

futbolístico, ca adj. Del fútbol.

futesa f. Pequeñez, nadería.

fútil adj. De escasa importancia.

futilidad f. Poca o ninguna importancia de una cosa. ‖ Cosa fútil.

futre m. *Amer.* Petimetre.

futurible adj. Dícese de lo que puede ocurrir en el futuro si se cumplen ciertas condiciones.

futurismo m. Lo que está orientado hacia el futuro. ‖ Movimiento ideológico y artístico creado por el poeta italiano Tomás Marinetti en 1909.

futurista adj. Del futurismo. ‖ Partidario del futurismo (ú. t. c. s.).

futuro, ra adj. Que está por venir, venidero : *sucesos futuros.* ‖ — M. Porvenir : *veo el futuro pesimista.* ‖ *Gram.* Tiempo verbal que expresa una acción que ha de venir : *futuro imperfecto* (dirá, comerá) *y futuro perfecto* (habrá ido, habrá venido). ‖ *Fig.* Novio, prometido.

futurología f. Conjunto de las investigaciones sobre el futuro destinadas a prever la evolución del mundo o de un país en los campos político, económico, social, tecnológico, etc.

futurólogo, ga m. y f. Persona especializada en futurología.

g

g f. Octava letra del alfabeto castellano y sexta de sus consonantes. ‖ — g, abreviatura de gramo. | Forma abreviada con que se representa la aceleración de la gravedad.
Ga, símbolo químico del *galio*.
gabacho, cha adj. y s. *Fam.* Francés.
gabán m. Abrigo.
gabardina f. Tejido ligero empleado en trajes de verano. ‖ Impermeable.
gabarra f. Embarcación pequeña y chata para la carga y descarga.
gabela f. Tributo, impuesto.
gabinete m. Sala pequeña de recibir. ‖ Conjunto de muebles para este aposento. ‖ Conjunto de ministros de un Estado, Gobierno. ‖ Conjunto de colaboradores de un dirigente, encargados de un sector específico. ‖ Sala que contiene colecciones u objetos y aparatos para estudiar o enseñar una ciencia o arte. ‖ Sala en la que reciben los dentistas y los médicos.
gacela f. Antílope.
gaceta f. Periódico en que se dan noticias de algún ramo especial. ‖ En España, antiguamente, boletín oficial. ‖ *Fam. Mentir como una gaceta,* mentir mucho.
gacetero m. Periodista de una gaceta o vendedor de ellas.
gacetilla f. Parte de un periódico donde se insertan noticias cortas. ‖ Esta noticia. ‖ *Fig.* y *fam.* Persona que por hábito lleva y trae noticias de una parte a otra.
gacetillero m. Redactor de gacetillas. ‖ Periodista. ‖ *Fig.* Correveidile.
gacha f. Masa muy blanda y medio líquida. ‖ *Amer.* Escudilla.
gaché m. *Pop.* Gachó.
gachí f. *Pop.* Mujer.
gachó m. *Pop.* Hombre, tipo, individuo. ‖ Andaluz (para los gitanos).
gachupín m. *Amer.* Español establecido en la América hispana.
gaditano, na adj. y s. De Cádiz (España).
gadolinio m. Metal raro de número atómico 64 (símb. Gd).
gaélico, ca adj. Dícese del dialecto hablado en ciertas partes de Irlanda y Escocia (ú. t. c. s. m.).
gafar v. t. Ser gafe. ‖ Traer mala suerte.
gafas f. pl. Lentes.
gafe m. *Fam.* Mala suerte. | Persona que trae mala suerte.
gag m. (pal. ingl.). Situación o episodio o golpe de efecto cómico.
gagá adj. y s. Chocho.
gaguera f. *Amer.* Tartamudez.
gaita f. *Mús.* Instrumento de viento formado de una bolsa de cuero a la cual están unidos canutos, uno para soplar el aire y otros con agujeros, como una flauta, por donde sale la música. ‖ *Fig.* y *fam.* Cosa engorrosa o pesada, lata : *¡qué gaita hacer esto!* ‖ *Templar gaitas,* usar miramientos.
gaitero, ra m. y f. Músico que toca la gaita.
gajes m. pl. Emolumento, salario de un empleado. ‖ *Fam. Gajes del oficio,* las molestias o inconvenientes inherentes a un empleo.
gajo m. Racimo pequeño : *gajo de uvas, de cerezas.* ‖ División interior de varias frutas : *un gajo de naranja.*
gala f. Vestido suntuoso. ‖ Gracia, garbo y donaire. ‖ Lo más selecto. ‖ Adorno, ornato. ‖ Fiesta o espectáculo de carácter extraordinario. ‖ — Pl. Trajes, joyas de lujo : *las galas de la novia.* ‖ — *De gala,* de lujo : *uniforme de gala.* ‖ *Fig. Hacer gala de* o *tener a gala,* enorgullecerse de algo.
galáctico, ca adj. *Astr.* De la Galaxia o Vía Láctea.
galaico, ca adj. Gallego.
galaicoportugués, esa adj. y s. m. Dícese de la lengua romance hablada en Galicia y Portugal, y de las obras literarias medievales de ambos territorios.
galán m. Hombre apuesto, bien parecido. ‖ Hombre que corteja a una mujer. ‖ Actor que representa los papeles de tipo amoroso.
galanía f. Galanura.
galano, na adj. Que viste bien. ‖ *Fig.* Brillante, elegante, ameno.
galante adj. Atento, obsequioso.
galanteador adj. m. y s. m. Que galantea a las mujeres.
galantear v. t. Cortejar.
galanteo m. Flirteo.
galantería f. Acción o expresión obsequiosa, amabilidad. ‖ Caballerosidad.
galantina f. Carne que se ha cocido con gelatina.
galanura f. Elegancia, gallardía.
galápago m. Reptil parecido a la tortuga. ‖ Lingote corto. ‖ Silla de montar para mujer.
galardón m. Premio, recompensa.
galardonado, da adj. y s. Premiado.
galardonar v. t. Recompensar.
galaxia f. *Astr.* Vía Láctea.
galbana f. *Fam.* Pereza.
galeaza f. Barco antiguo.
galena f. Sulfuro natural de plomo, mineral de color gris azulino.
galeno m. *Fam.* Médico.
galeón m. Gran nave de guerra semejante a la galera.
galeote m. Forzado que remaba en la galera.
galera f. Antigua nave de guerra o de transporte movida por remos o velas. ‖ *Impr.* Tabla en que se ponen las líneas para formar luego la galerada. | Galerada. ‖ Crustáceo comestible algo parecido al carabinero. ‖ — Pl. Antigua pena de remar.
galerada f. *Impr.* Trozo de composición que se pone en una galera. | Prueba que se saca para corregirla.

galería f. Pieza larga y cubierta. ‖ Pasillo o corredor con vidriera. ‖ Local para exposiciones : *galería de pinturas.* ‖ Camino subterráneo en las minas. ‖ *Mar.* Crujía en medio de la cubierta del buque. | Cada uno de los balcones de la popa del navío. ‖ *Teatr.* Paraíso, y público que lo ocupa. ‖ Armazón de madera que sostiene las cortinas de una ventana. ‖ *Fig.* Opinión pública : *trabajar para la galería.*
galerna f. Viento del Noroeste.
galés, esa adj. y s. De Gales (Gran Bretaña). ‖ — M. Lengua de los galeses.
galgo, ga m. y f. Variedad de perro muy ligero y buen cazador.
gálibo m. Arco de hierro en forma de U invertida que sirve en las estaciones de ferrocarriles para comprobar si los vagones cargados pueden pasar los túneles y los puentes. ‖ *Mar.* Plantilla para dar forma a las cuadernas y otras piezas de los barcos.
galicanismo m. Doctrina que postula las libertades de la Iglesia Católica de Francia en relación con el Papado.
galicano, na adj. Dícese de la Iglesia de Francia y de su liturgia. ‖ Partidario de los principios y franquicias de la Iglesia galicana (ú. t. c. s.).
galicismo m. Palabra francesa utilizada en castellano. ‖ Giro, idiotismo o construcción propios del francés.
galicista m. Persona que emplea muchos galicismos (ú. t. c. adj.).
galileo, a adj. y s. De Galilea (ant. prov. de Palestina). ‖ Cristiano. ‖ *El Galileo,* Cristo.
galillo m. Campanilla, úvula.
galimatías m. Jerga, jerigonza.
galio m. Hierba rubiácea usada para cuajar la leche. ‖ *Quím.* Metal (Ga), de número atómico 31, parecido al aluminio.
galo, la adj. y s. De la Galia (Francia).
galocha f. Zueco.
galón m. Cinta de tejido grueso, de hilo de oro, plata, seda, etc., utilizada como adorno en ribetes. ‖ *Mil.* Distintivo de los grados inferiores : *galón de cabo.* ‖ Medida británica de capacidad equivalente a 4,546 litros y de Estados Unidos igual a 3,785 litros.
galopante adj. Que galopa. ‖ — *Fig. Inflación galopante,* la que no puede controlarse. ‖ *Tisis galopante,* la fulminante.
galopar v. i. Ir a galope. ‖ *Fig.* y *fam.* Ir muy rápido.
galope m. La marcha más veloz del caballo.
galopín m. Golfillo. ‖ *Mar.* Grumete. ‖ Pinche de cocina.
galpón m. *Amer.* Cobertizo. | Departamento destinado antiguamente a los esclavos en las haciendas.
galvanismo m. *Fís.* Acción que ejercen las corrientes eléctricas continuas en los órganos vivos. | Electricidad dinámica producida por una acción química.
galvanización f. *Fís.* Procedimiento que consiste en cubrir una pieza metálica con una capa de cinc para protegerla contra la corrosión.
galvanizar v. t. *Fís.* Electrizar por medio de una pila. | Dar movimientos convulsivos a un cadáver por la acción de una pila. | Cubrir una pieza metálica con una capa de cinc por galvanización. ‖ *Fig.* Entusiasmar, exaltar : *orador que galvaniza a las multitudes.*
galvano m. *Impr.* Galvanotipo.
galvanómetro m. *Fís.* Aparato para medir la intensidad y el sentido de una corriente eléctrica.
galvanoplastia f. Operación de cubrir un cuerpo sólido con capas metálicas mediante electrólisis.
galvanoplástico, ca adj. De la galvanoplastia o producido por ella. ‖ — F. Galvanoplastia.
galvanotipo m. Cliché en relieve, en la impresión tipográfica, obtenido por electrólisis.
gallardear v. i. Vanagloriarse.
gallardete m. Bandera pequeña.
gallardía f. Gracia. ‖ Valor.
gallardo, da adj. Airoso, bien parecido : *jóvenes gallardos.* ‖ Valiente. ‖ *Fig.* Grande, excelente.
gallareta f. Ave zancuda.
gallear v. t. Cubrir el gallo a las gallinas. ‖ — V. i. *Fam.* Fanfarronear, pavonearse. | Alzar la voz. | Ser el que lleva la voz cantante y se impone a los demás.
gallegada f. Cosa propia de gallegos. ‖ Cierto baile gallego.
gallego, ga adj. y s. De Galicia (España). ‖ *Amer. Fam.* Español. ‖ — M. Lengua neolatina hablada en Galicia.
gallera y **gallería** f. Sitio donde se efectúan las peleas de gallos.
gallero, ra m. y f. Criador de gallos de pelea. ‖ Aficionado a las riñas de gallos.
galleta f. Pasta, bizcocho seco. ‖ Carbón mineral de cierto tamaño. ‖ *Fam.* Bofetada. ‖ *Arg.* Vasija hecha de calabaza, chata, redonda y sin asa que se usa para tomar mate.
gallina f. Ave doméstica, con poca cresta, hembra del gallo. ‖ — Com. *Fig.* y *fam.* Persona cobarde : *son unos gallinas.* ‖ — *Estar como gallina en corral ajeno,* encontrarse molesto en un lugar. ‖ *Gallina ciega,* cierto juego de niños en que uno de los participantes tiene los ojos vendados. ‖ *Fig. Matar la gallina de los huevos de oro,* hacer desaparecer una fuente de ganancia. | *Tener carne de gallina,* tener la piel como la de las gallinas a causa del frío o del miedo.
gallináceo, a adj. De la gallina. ‖ — F. pl. Orden de aves que tienen por tipo el gallo, el pavo, etc.
gallinaza f. Gallinazo, ave.
gallinazo m. Ave rapaz diurna del tamaño de una gallina.
gallinero m. Sitio en el que se recogen las gallinas. ‖ *Fig.* Paraíso, localidad más alta de un teatro. | Sitio donde hay mucho griterío.
gallito adj. *Fig.* Bravucón (ú. t. c. s. m.).
gallo m. Ave gallinácea doméstica con pico corto, cresta roja, abundante plumaje y patas provistas de espolones. ‖ Platija, acedía, pez. ‖ *Fig.* y *fam.* Hombre que todo lo manda o quiere mandar. | Hombre que quiere ser el más importante y admirado de un lugar : *gallo del pueblo.* | Hombre bravucón, matón. ‖ Categoría en la que se clasifican los boxeadores que pesan de 53,524 kg a 57,125. ‖ *Pop.* Gargajo, esputo. ‖ *Amer.* Hombre fuerte y muy valiente. ‖ — *Fam. En menos que canta un gallo,* en un instante. ‖ *Gallo de pelea,* el que se cría para reñir.
gama f. *Mús.* Escala musical. ‖ Escala de colores. ‖ *Fig.* Serie, sucesión.
gamba f. Crustáceo comestible.
gambado, da adj. *Amer.* Patituerto.
gamberrada f. Vandalismo.

gamberrismo m. Conjunto de gamberros. ‖ Gamberrada.
gamberro, rra adj. y s. Grosero, mal educado, golfo que escandaliza en los sitios públicos.
gambeta f. Regate, en fútbol.
gambetear v. i. Hacer corvetas el caballo. ‖ En algunos deportes, regatear.
gambeteo m. Corveta. ‖ Regate.
gambito m. Lance en ajedrez que consiste en sacrificar, al principio de la partida, algún peón o pieza para lograr una posición favorable.
gameto m. Célula reproductora, masculina o femenina, cuyo núcleo sólo contiene *n* cromosomas. (Las otras células del cuerpo tienen 2 *n*).
gamma f. Tercera letra del alfabeto griego (γ). ‖ Unidad internacional de peso que vale una millonésima de gramo. ‖ *Rayos gamma*, radiaciones análogas a los rayos X, pero más fuertes pese a su menor longitud de onda y de una acción fisiológica poderosa.
gammaencefalografía f. *Med.* Método de examen del encéfalo basado en la medida de la radiactividad gamma después de la inyección de un isótopo radiactivo.
gamo m. Mamífero rumiante.
gamonal m. *Amer.* Cacique.
gamopétalo, la adj. Dícese de las flores que tienen pétalos soldados entre sí (ú. t. c. s. f.).
gamuza f. Rumiante, bóvido con cuernos curvados. ‖ Piel delgada y curtida de este animal. ‖ Tejido de lana del mismo color que esta piel y que sirve para quitar el polvo.
gana f. Ansia, deseo, apetito : *gana de comer.* ‖ — *De buena gana*, con gusto. ‖ *Darle la gana*, querer hacer uno algo. ‖ *Tenerle ganas a uno*, tenerle animadversión.
ganadería f. Cría o crianza de ganado : *ganadería de toros bravos.* ‖ Conjunto de ganado de un país.
ganadero, ra adj. De ganado. ‖ — M. y f. Persona que cría ganado.
ganado m. Nombre colectivo de los animales de pasto en una finca, hacienda o granja. ‖ Rebaño, reses que se llevan juntas a pastar. ‖ *Fig.* y *fam.* Gentes.
ganador, ra adj. y s. Que gana.
ganancia f. Beneficio, provecho. ‖ *Amer.* Gratificación. ‖ *Fig. No le arriendo la ganancia*, no quisiera estar en su lugar.
ganancial adj. De las ganancias. ‖ *Bienes gananciales*, bienes adquiridos a título oneroso durante el matrimonio por uno de los dos esposos.
ganancioso, sa adj. Lucrativo. ‖ Beneficiado.
ganar v. t. Adquirir una ganancia : *ganar dinero.* ‖ Recibir como sueldo, etc. : *ganaba un salario miserable.* ‖ Conseguir ventaja : *ganar un premio.* ‖ Conquistar : *ganó numerosas tierras a sus enemigos.* ‖ Obtener el aprecio, la fama, etc. : *ganó la gloria.* ‖ Extenderse, propagarse : *el fuego gana la casa vecina.* ‖ Lograr éxito en un examen : *ganó las oposiciones.* ‖ Salir vencedor : *el equipo ganó el campeonato.* ‖ Obtener en el juego : *ganó dinero en el casino.* ‖ Llegar a un lugar : *ganaron la cumbre del Aconcagua.* ‖ Adelantar : *ganar tiempo.* ‖ — V. i. Ser vencedor : *gano en los juegos de azar.* ‖ Superar, ser superior : *me ganas en destreza.* ‖ Atraer : *le ganó para nuestro bando.* ‖ Mejorar : *ganamos con el cambio.* ‖ Ser mayor : *la casa ha ganado en altura.* ‖ Vencer : *las tropas enemigas ganaron.* ‖ — V. pr. Adquirir una ganancia. ‖ Granjearse, atraerse : *ganarse su amistad.* ‖ Merecer : *se ganó grandes ovaciones.* ‖ *Ganarse la vida*, conseguir los medios necesarios para vivir.
ganchero m. El que guía las armadías.
ganchillo m. Aguja para hacer gancho, crochet. ‖ Labor que se hace con ella. ‖ Horquilla de pelo.
gancho m. Garfio, instrumento corvo por la punta para colgar, sujetar, etc. ‖ Aguja para hacer labor y esta labor. ‖ Horquilla de pelo. ‖ *Fig.* Atractivo : *esta mujer tiene mucho gancho.* | Facilidad para conseguir novio o marido. | El que atrae a los clientes. ‖ En boxeo, puñetazo en la cara dado con el brazo en forma horizontal y doblado.
gandul, la adj. y s. Perezoso.
gandulear v. i. Holgazanear.
gandulería f. Holgazanería.
gang m. (pal. ingl.). Banda de malhechores.
ganga f. *Fig.* Cosa que se adquiere a poca costa : *este mueble fue una ganga.* | Ocasión, ventaja a poca costa. ‖ Materia inútil que se separa de los minerales.
ganglio m. *Anat.* Masa de células nerviosas. | Abultamiento en los vasos linfáticos. | Tumor pequeño que se forma en los tendones y en las aponeurosis.
ganglionar adj. De los ganglios.
gangosear v. i. Hablar gangoso.
gangosidad f. Habla gangosa.
gangoso, sa adj. Que habla con la boca casi cerrada y con sonido nasal.
gangrena f. Destrucción de un tejido por falta de riego sanguíneo, infección de una herida, etc. ‖ *Fig.* Cáncer, corrupción.
gangrenarse v. pr. Ser atacado por la gangrena.
gangrenoso, sa adj. Que está aquejado de gangrena : *tenía en la pierna una llaga con aspecto gangrenoso.*
gángster m. (pal. ingl.). Atracador, bandido, malhechor.
gangsterismo m. Acción, conducta propia de los gángsters.
ganguear v. i. Hablar con cierta resonancia nasal a causa de cualquier defecto en los conductos de la nariz.
gangueo m. Acción y efecto de ganguear : *tenía hablando un gangueo muy molesto.*
gansada f. *Fig.* y *fam.* Hecho o dicho de una persona poco inteligente, necedad : *se pasó la tarde diciendo gansadas.*
gansear v. i. *Fam.* Decir o hacer necedades.
ganso, sa m. y f. Ave palmípeda doméstica, algo menor que el ánsar. ‖ — Adj. y s. *Fig.* Persona poco inteligente. | Patoso; soso. | Bromista. | Persona poco seria. ‖ — *Fig. Hablar por boca de ganso*, repetir lo que otro dice. | *Hacer el ganso*, hacer el tonto.
ganzúa f. Alambre o garfio para abrir sin llave las cerraduras.
gañán m. Mozo de labranza. ‖ *Fig.* Patán, hombre basto.
gañanía f. Conjunto de gañanes. ‖ Casa de gañanes. ‖ *Fig.* Patanería.
gañido m. Aullido.
gañir v. i. Aullar. ‖ Graznar.
gañote m. *Fam.* Garguero o gaznate. ‖ *Fam.* Gorrón, parásito. ‖ *Fam. De gañote*, de balde.
gap m. (pal. ingl.). Intervalo de tiempo o de espacio que separa dos palabras, registros, bloques, etc., en informática.
garabatear v. i. Hacer garabatos, escribir mal (ú. t. c. t.).
garabateo m. Escritura mal hecha.

garabato m. Gancho de hierro. || Escritura mal formada. || — Pl. Gestos descompasados con dedos y manos.
garaje m. Local en que se guardan automóviles, bicicletas u otros vehículos.
garajista com. Propietario o encargado de un garaje.
garante adj. y s. Fiador.
garantía f. Responsabilidad asumida por uno de los que han hecho un contrato : *garantía del transportista.* || Obligación legal que tiene el vendedor o el arrendador de entregar al comprador o al arrendatario una cosa exenta de vicios ocultos. || Comprobación legal, y hecha por un servicio público especializado, de la ley de los metales preciosos. || Compromiso hecho por un constructor de asumir total o parcialmente los gastos y reparaciones necesarios por defectos de construcción. || Contrato por el que una persona se compromete con un acreedor a reemplazar al deudor en caso de que éste no pueda cumplir sus obligaciones. || Seguridad : *dar garantías de orden.* || Lo que proporciona esta seguridad : *una garantía de éxito.* || Confianza : *marca de garantía.* || — Pl. Derechos que reconoce un Estado a todos sus ciudadanos : *garantías constitucionales.*
garantir v. t. Garantizar.
garantizado, da adj. Con garantía : *garantizado por un año.*
garantizador, ra adj. y s. Que garantiza.
garantizar v. t. Responder del valor o de la calidad de una cosa. || Comprometerse a mantener el funcionamiento de un aparato vendido. || Afirmar, certificar. || Asegurar. || Hacerse responsable de los compromisos de otro si éste no los cumple.
garañón m. Macho de asno, camello, caballo, etc. destinado a la reproducción.
garapiñar v. t. Solidificar un líquido formando grumos. || Recubrir las almendras de almíbar solidificado.
garapullo m. Rehilete.
garbanzal m. Campo de garbanzos.
garbanzo m. Planta leguminosa cuyas semillas son comestibles. || — *Fam. Garbanzo negro,* individuo que no goza de consideración. | *En toda tierra de garbanzos,* en todas partes.
garbear v. i. Afectar garbo. || — V. pr. *Fam.* Componérselas : *se las garbea muy bien.* | Pasearse, dar una vuelta.
garbeo m. *Fam.* Paseo.
garbo m. Prestancia, buena facha. || Elegancia, gracia.
garboso, sa adj. Airoso, de buena facha. || Gracioso.
garceta f. Ave zancuda.
gardenia f. Planta rubiácea de adorno con flores blancas y olorosas.
garden-party m. (voz ingl.). Fiesta dada en un jardín o parque.
garduña f. Mamífero carnicero que ataca a las aves de corral.
garete m. *Ir o irse al garete,* ir sin rumbo.
garfio m. Gancho.
gargajo m. Flema muy densa que se expele de la garganta.
gargajoso, sa adj. y s. Que escupe gargajos frecuentemente.
garganta f. Parte de delante del cuello, tanto exterior como interiormente : *me duele la garganta.* || Empeine del pie. || Parte más estrecha de algunas cosas. || *Geogr.* Valle estrecho y encajonado, desfiladero. || *Tecn.* Ranura o hendidura : *la garganta de una polea.*
gargantilla f. Collar.
gargantúa m. Comilón.
gárgara f. Medicamento para enjuagar la garganta. || Enjuague de la garganta con un líquido. || *Fig. Mandar a hacer gárgaras,* mandar a paseo.
gargarear v. i. Hacer gárgaras.
gargarismo m. Gárgara.
gargarizar v. i. Hacer gárgaras.
gárgola f. Caño, en forma de animal fantástico, por donde se vierte el agua de los tejados.
garguero m. Garganta.
garita f. Casilla pequeña de madera. || Abrigo del centinela.
garito m. Casa de juego.
garlopa f. Cepillo grande de carpintero.
garnucho m. *Méx. Fam.* Papirote.
garra f. Mano o pie de un animal cuando tiene uñas encorvadas y fuertes. || *Fig. y fam.* Mano del hombre. || *Fig.* Nervio, empuje, vigor. || — Pl. Dominio, férula : *cayó en sus garras.* || Pieles sacadas de las patas : *garras de astracán.*
garrafa f. Recipiente de vidrio ancho y redondo y de largo cuello. || *Arg.* Bombona metálica en la que se ponen gases y líquidos muy volátiles.
garrafal adj. De grandes frutos. || *Fig.* Enorme, monumental.
garrafón m. Gran garrafa.
garrapata f. Acaro parásito del hombre y de otros mamíferos a los que chupa la sangre.
garrapatear v. i. Garabatear.
garrapato m. Garabato.
garrocha f. Vara con una pica en la punta para picar toros. || Pértiga : *salto con garrocha.*
garrotazo m. Golpe de garrote.
garrote m. Palo grueso que puede manejarse a modo de bastón. || Estaca, rama de árbol que se planta para que arraigue. || Ligadura fuerte que se retuerce con un palo para detener una hemorragia. || Instrumento con que en España se estrangula a los condenados a muerte.
garrotillo m. Difteria.
garrotín m. Baile popular español.
garrucha f. Polea.
garrulería f. Charla.
garúa f. Llovizna.
garuar v. impers. Lloviznar.
garufa f. *Arg.* Farra.
garza f. Ave zancuda de largo pico y cabeza con moño gris.
garzo, za adj. De color azulado.
garzota f. Ave zancuda.
gas m. Cualquier fluido aeriforme. || Uno de los tres estados de la materia, caracterizado por su poder de compresión y de expansión. || Gas del alumbrado. || Residuos gaseosos que se forman en el tubo digestivo con los productos volátiles de fermentación. || Gasolina, nafta, esencia. || — *Fig. A todo gas,* con gran rapidez. || *Gas butano,* butano. || *Gas del alumbrado* o *de ciudad,* el obtenido por destilación de la hulla y empleado para el alumbrado, para la calefacción y como combustible. || *Gas de los pantanos,* metano. || *Gas lacrimógeno,* gas tóxico empleado para provocar la secreción de lágrimas. || *Gas noble* o *raro,* nombre dado al helio, neón, argón, criptón y xenón.

gasa f. Tejido ligero y transparente de seda o algodón. ‖ Tejido de algodón muy claro que se emplea en la curación de las heridas.
gascón, ona adj. y s. De Gascuña (Francia).
gasear v. t. Hacer absorber cierta cantidad de gas por un líquido. ‖ Someter a la acción de gases tóxicos o asfixiantes. ‖ Someter una tela a la acción rápida de una llama.
gaseiforme adj. Que está en estado de gas.
gaseoducto m. Gasoducto.
gaseoso, sa adj. Que tiene las propiedades del gas. ‖ Aplícase al líquido de que se desprenden gases. ‖ — F. Bebida azucarada, efervescente y sin alcohol.
gasificación f. Transformación en gas combustible de productos líquidos o sólidos que tienen carbono.
gasificar v. t. Transformar en un producto gaseoso. ‖ Disolver ácido carbónico en un líquido.
gasoducto m. Tubería para conducir gases combustibles a cierta distancia.
gasógeno m. Aparato destinado para obtener gases combustibles. ‖ Aparato en un automóvil que produce carburo de hidrógeno, utilizado como carburante.
gas-oil y **gasoil** m. Gasóleo.
gasóleo m. Líquido amarillento y viscoso extraído del petróleo y utilizado como carburante y como combustible.
gasolina f. Mezcla de hidrocarburos, líquida, muy volátil, fácilmente inflamable.
gasolinera f. Lancha con motor de gasolina. ‖ Surtidor de gasolina.
gasómetro m. Instrumento para medir el gas.
gastado, da adj. Debilitado, cansado. ‖ Usado, desgastado.
gastador m. *Mil.* Soldado empleado en abrir trincheras. | Soldado de escuadra que abre la marcha.
gastar v. t. Utilizar el dinero para comprar algo. ‖ Consumir : *gasta gasolina.* ‖ Emplear : *gastar el tiempo.* ‖ Estropear, desgastar : *esos frenazos gastan las zapatillas.* ‖ Llevar : *gasta bigotes.* ‖ Tener : *¿ has visto el coche que gasta ?* ‖ Ponerse : *gasta vestidos muy estrafalarios.* ‖ Usar, emplear, tener : *gasta un lenguaje arrabalero.* ‖ Dar : *le gastaron una broma muy graciosa.* ‖ Estar de : *gastar mal humor.* ‖ Desgastar, estropear las energías o la salud : *tanto trabajo gasta.* ‖ — V. pr. Deteriorarse, desgastarse. ‖ Emplear dinero. ‖ *Fam.* Llevarse, estilarse : *ese peinado ya no se gasta.*
gasterópodos m. pl. Clase de moluscos, generalmente cubiertos de una concha, como el caracol, la babosa, la lapa (ú. t. c. adj.).
gasto m. Utilización del dinero con fines que no sean los de inversión. ‖ Cantidad que se gasta. ‖ Consumo : *gasto de agua.* ‖ Empleo, desgaste : *gasto de fuerzas.* ‖ — *Cubrir gastos,* recuperar, sin ganancia, lo que se había empleado en un negocio. ‖ *Gastos de representación,* dinero empleado para asumir con decoro ciertos cargos. ‖ *Gastos e ingresos,* entradas y salidas del dinero. ‖ *Gastos generales,* los hechos en una empresa que no son imputables a la fabricación de algo, pero que intervienen en el precio de costo.
gastoso, sa adj. Que gasta mucho.
gastralgia f. Dolor de estómago.
gástrico, ca adj. Del estómago.
gastrina f. *Med.* Clase de hormona sintetizada por la mucosa del estómago que aumenta el volumen y la acidez de la secreción de este órgano.
gastritis f. Inflamación del estómago.
gastroenteritis f. Inflamación de la mucosa gástrica e intestinal.
gastroenterología f. Parte de la medicina que estudia las enfermedades del tubo digestivo.
gastroenterólogo m. Médico especialista en gastroenterología.
gastronomía f. Conjunto de conocimientos y actividades en relación con comer bien.
gastronómico, ca adj. Relativo a la gastronomía.
gastrónomo, ma m. y f. Persona aficionada a comer bien.
gata f. Hembra del gato. ‖ *Fam.* Madrileña. ‖ *Méx.* Criada.
gatas (a) m. adv. Con las manos y los pies o las rodillas en el suelo.
gatear v. i. Andar a gatas.
gatillazo m. Golpe del gatillo.
gatillo m. Disparador de armas.
gato m. Género de mamíferos félidos y carnívoros. ‖ Aparato para levantar grandes pesos a poca altura : *gato hidráulico.* ‖ *Fig.* y *fam.* Madrileño. | Hombre astuto. ‖ *Arg.* Baile popular. ‖ *Méx.* Criado. ‖ — *Fam. Haber cuatro gatos,* haber poca gente. | *Haber gato encerrado,* haber algo oculto. | *No haber ni un gato,* no haber nadie.
gatuno, na adj. Del gato.
gatuperio m. Mezcla de cosas inconexas. ‖ *Fig.* y *fam.* Chanchullo, intriga, tapujo. | Engaño.
gauchada f. Acción propia de un gaucho. ‖ *Arg.* Cuento, chiste. ‖ Verso improvisado. ‖ *Fig. Arg.* Servicio o favor.
gauchaje m. *Arg.* y *Chil.* Conjunto de gauchos. | El populacho.
gauchear v. i. *Arg.* Conducirse como un gaucho, practicar sus costumbres. | Andar errante, vagabundear.
gauchesco, ca adj. Relativo al gaucho. ‖ Dícese de la literatura que describe la vida y las costumbres de los gauchos en la pampa argentina.
gauchismo m. Movimiento literario y musical rioplatense, en la segunda mitad del s. XIX, inspirado en la vida del gaucho en las pampas.
gauchita f. *Arg.* Mujer bonita. | Canto de estilo gauchesco, acompañado de la guitarra.
gaucho, cha adj. *Amer.* Dícese del natural de las pampas del Río de la Plata en la Argentina, Uruguay y Rio Grande do Sul : *un payador gaucho* (ú. m. c. s.). | Relativo a esos gauchos : *un apero gaucho.* | Buen jinete. ‖ *Arg.* Grosero, zafio. ‖ *Arg.* y *Chil.* Ducho en tretas, malevo, astuto.
gaudeamus m. *Fam.* Fiesta.
gauss y **gausio** m. *Fís.* Unidad de inducción magnética (símb. G.).
gaveta f. Cajón de los escritorios. ‖ Mueble que tiene estos cajones.
gavia f. Vela del mastelero mayor.
gavilán m. Ave rapaz diurna.
gavilla f. Paquete de sarmientos, mieses. ‖ *Fig.* Banda de malhechores.
gaviota f. Ave palmípeda.
gavota f. Antiguo baile y su música.
gay adj. y s. m. (pal. ingl.). *Fam.* Homosexual.
gay saber m. Maestría en el arte de rimar.

gazapo m. Conejo joven. ‖ *Fig.* y *fam.* Hombre astuto. | Disparate : *un gazapo monumental.* | Yerro del que habla o escribe. ‖ *Impr.* Error en una composición tipográfica.
gazmoñería f. Modestia o devoción fingida. ‖ Mojigatería.
gazmoño, ña adj. y s. Que finge mucha devoción. ‖ Mojigato.
gaznápiro, ra adj. y s. Necio.
gaznate m. Garganta.
gazpacho m. Sopa fría de pan, aceite, vinagre, tomates, ajo, pepino, etc.
gazpachuelo m. Sopa caliente hecha con huevos, aceite y vinagre.
gazuza f. *Fam.* Hambre.
ge f. Nombre de la letra *g.*
Ge, símbolo del *germanio.*
géiser m. Géyser.
gel m. *Quím.* Sustancia viscosa formada por la mezcla de una materia coloidal y un líquido.
gelatina f. *Quím.* Proteína incolora y transparente que funde a los 25 °C, obtenida a partir del tejido conjuntivo, de los huesos y de los cartílagos. ‖ Jugo de carne que, al enfriarse, se espesa y adquiere una consistencia blanda, elástica y transparente : *pollo con gelatina.*
gelatinoso, sa adj. Abundante en gelatina o parecido a ella. ‖ Viscoso.
gélido, da adj. Muy frío.
gema f. Nombre genérico de las piedras preciosas.
gemelo, la adj. y s. Aplícase a cada uno de dos o más hermanos nacidos de un mismo parto. ‖ Aplícase a dos músculos de la pantorrilla y a dos de la región glútea. ‖ Dícese de dos objetos o elementos iguales o que forman parejas. ‖ — M. Pasador o sujetador en cada puño de camisa o en los cuellos postizos, etc. ‖ — Pl. Anteojos dobles para mirar de lejos.
gemido m. Quejido lastimero.
gemir v. i. Expresar con sonido y voz lastimera la pena y dolor que aflige el corazón. ‖ *Fig.* Aullar algunos animales.
gemología f. Ciencia que estudia las gemas o piedras preciosas.
gen o **gene** m. Elemento del cromosoma de la célula que condiciona la transmisión de los caracteres hereditarios. (Pl. *genes.*)
gena f. *Fam.* Hachís malo.
genciana f. Planta medicinal.
gendarme m. Guardia del orden público.
gene m. Gen.
genealogía f. Conjunto de los antepasados de un individuo. ‖ Cuadro que lo contiene.
genealógico, ca adj. Relativo a la genealogía. ‖ *Arbol genealógico,* representación gráfica de la genealogía de una familia.
genealogista com. Especialista en el estudio de genealogías.
generación f. Función por la que los seres se reproducen. ‖ Serie de seres orgánicos semejantes que proceden unos de otros. ‖ Grado de filiación de padre a hijo : *hay dos generaciones entre el abuelo y el nieto.* ‖ Período de tiempo que separa cada uno de los grados de filiación : *hay unas tres generaciones en un siglo.* ‖ Conjunto de seres coetáneos y de aproximadamente la misma edad : *las personas de mi generación.* ‖ Conjunto de las personas que viven en la misma época.
generador, ra adj. Relativo a la generación, que engendra : *fuerza generadora.* ‖ *Fig.* Que es causa. ‖ *Geom.* Aplícase a la línea y a la figura que por su movimiento engendran respectivamente una figura o un sólido geométrico : *punto generador de una línea.* (El f. de esta acepción es *generatriz.*) ‖ — M. Aparato que transforma cualquier energía en corriente eléctrica.
general adj. Que se aplica a un conjunto de personas o de cosas : *poder general.* ‖ Considerado en su conjunto, sin tener en cuenta los detalles : *impresión general.* ‖ Que es el resultado de una generalización : *ideas generales.* ‖ Vago, indeterminado : *en términos generales.* ‖ Referente al conjunto de un servicio, de una jerarquía : *inspector general.* ‖ *Mil.* Dícese del grado superior de la jerarquía de oficiales o de los organismos que conciernen la totalidad de un ejército. ‖ Común, usual, corriente : *creencia general.* ‖ — M. Jefe superior de los ejércitos de tierra o del aire : *general de división.* ‖ Superior en ciertas órdenes religiosas.
generala f. Mujer del general. ‖ Toque para que las fuerzas de una guarnición se preparen con las armas.
generalato m. Grado de general y tiempo que éste dura. ‖ Conjunto de generales.
generalidad f. Calidad de lo que es general. ‖ El mayor número : *la generalidad de los hombres.* ‖ Antiguamente, el Parlamento de Cataluña. ‖ Gobierno autónomo de Cataluña. ‖ — Pl. Ideas generales más o menos indeterminadas.
generalísimo m. Jefe que tiene el mando superior de un ejército.
generalización f. Acción de hacer general o corriente una cosa. ‖ Aplicación con carácter general de lo que solamente puede decirse de algunas personas o cosas. ‖ *Med.* Propagación de una enfermedad o mal a todo el organismo.
generalizador, ra adj. Que generaliza.
generalizar v. t. e i. Hacer común; hacer aplicable a un conjunto. ‖ Sacar conclusiones generales de algo particular. ‖ — V. pr. Extenderse, volverse corriente. ‖ *Med.* Propagarse una enfermedad o mal a todo el organismo.
generar v. t. Engendrar, producir.
generatriz adj. f. y s. f. V. GENERADOR.
genérico, ca adj. Del género.
género m. Grupo formado por seres u objetos que tienen entre ellos características comunes. ‖ Manera, clase, modo : *género de vida.* ‖ Clase de obras literarias emparentadas por ciertos caracteres semejantes : *género dramático.* ‖ En historia natural, subdivisión de la familia que se descompone a su vez en especies. ‖ *Gram.* Forma que reciben las palabras para indicar el sexo de los seres animados o para diferenciar el nombre de las cosas : *género neutro.* ‖ Costumbre : *pintor de género.* ‖ Artículo, mercancía : *en la tienda hay toda clase de géneros.* ‖ Tejido : *género de punto.* ‖ — *Género chico,* obras teatrales cortas y musicales. ‖ *Género humano,* conjunto de los hombres.
generosidad f. Inclinación a dar con liberalidad. ‖ Calidad de lo que es benevolente, indulgente.
generoso, sa adj. Que se sacrifica en bien de otros, dotado de sentimientos nobles o magnánimos. ‖ Desinteresado, liberal, que da a los demás lo que tiene. ‖ Que da gran rendimiento : *tierra generosa.*
genes m. pl. de *gen* o *gene.*

génesis m. Sistema cosmogónico. ‖ — F. Conjunto de hechos que concurren en la formación de una cosa.
genética f. Ciencia, nacida a principios del s. XIX, que estudia los fenómenos relativos a la herencia.
genético, ca adj. De la genética o de la génesis.
genial adj. Que tiene genio : *escritor genial.* ‖ *Fig.* y *fam.* Ocurrente, agudo, gracioso : *es un tipo genial.* | Sobresaliente, notable : *descubrimiento genial.* | Magnífico, formidable : *película genial.*
genialidad f. Calidad de genio.
genio m. Carácter : *tiene mal genio.* ‖ Humor : *de mal genio.* ‖ Poder o facultad de creación : *el genio de Pasteur.* ‖ Persona que tiene este poder : *Cervantes fue un genio.* ‖ Animo : *persona sin genio.* ‖ Persona muy hábil : *es un genio en mecánica.* ‖ Carácter propio y distintivo de una persona, de una cosa : *el genio de la lengua castellana.* ‖ Ser sobrenatural a quien se atribuye un poder mágico.
genital adj. Que sirve para la reproducción.
genitivo m. Caso, en una lengua con declinaciones, que indica la dependencia, la posesión.
genitor, ra adj. y s. Que engendra.
genitourinario, ria adj. De las vías y órganos genitales y urinarios.
genocidio m. Crimen cometido para exterminar un grupo étnico o social.
genotipo m. Conjunto de los genes existentes en cada uno de los núcleos celulares de los individuos pertenecientes a una determinada especie vegetal o animal y que tiene una importancia fundamental, después de sufrir la influencia del ambiente, en las características morfológicas del ser en que se encuentra.
genovés, esa adj. De Génova (Italia). ‖ — M. Dialecto hablado en esta ciudad.
gens f. (pal. lat.). En Roma, grupo de varias familias que descienden de un antepasado común.
gente f. Pluralidad de personas : *la gente de la calle.* ‖ Personas en general : *buena gente.* ‖ Tropa de soldados : *gente de armas.* ‖ *Fam.* Conjunto de personas que trabajan en un mismo lugar. ‖ Familia : *una casa de mucha gente.* ‖ Nación : *derecho de gentes.* ‖ *Amer.* Persona decente.
gentiana f. Planta herbácea.
gentil adj. Airoso, galán. ‖ Amable, simpático. ‖ *Fam.* Notable : *gentil disparate.* ‖ Pagano. U. t. c. s. : *predicar el Evangelio a los gentiles.*
gentileza f. Gracia, garbo. ‖ Cortesía, buenas maneras. ‖ Amabilidad : *tuvo la gentileza de venir.*
gentilhombre m. Servidor de los reyes : *gentilhombre de cámara.*
gentilicio, cia adj. Relativo a una nación. ‖ Perteneciente al linaje o familia. ‖ — M. Nombre que indica naturaleza o nacionalidad.
gentío m. Reunión de gente.
gentleman m. (pal. ingl.). Caballero. (Pl. *gentlemen.*)
gentuza f. Gente despreciable.
genuflexión f. Acción de hincar la rodilla.
genuino, na adj. Puro, auténtico.
geodesia f. Ciencia matemática que tiene por objeto determinar la figura y magnitud del globo terrestre y construir los mapas correspondientes.
geodinámica f. Parte de la geología que estudia los procesos evolutivos de la Tierra e intenta determinar las diferentes causas que los producen.
geofísica f. Parte de la geología que estudia la física terrestre.
geografía f. Ciencia que estudia la descripción y la explicación del aspecto actual, natural y humano de la superficie de la Tierra. ‖ Libro que trata de esta materia. ‖ *Fig.* Territorio.
geográfico, ca adj. De la geografía : *estudio geográfico.*
geógrafo, fa m. y f. Especialista en geografía.
geología f. Ciencia que trata de la forma exterior e interior del globo terrestre, de la naturaleza de las materias que lo componen y de su formación, así como de su situación actual y las causas que la han determinado.
geológico, ca adj. Relativo a la geología.
geólogo, ga m. y f. Especialista en geología.
geomagnetismo m. Magnetismo terrestre.
geómetra com. Especialista en geometría.
geometría f. Disciplina matemática que estudia el espacio y las figuras o cuerpos que se pueden formar. ‖ Obra que trata de esta materia. ‖ — *Geometría analítica,* estudio de las figuras por medio del álgebra y valiéndose de coordenadas. ‖ *Geometría del espacio,* geometría que corresponde a la representación intuitiva que podemos hacernos del espacio y que tiene tres dimensiones. ‖ *Geometría descriptiva,* estudio de las figuras del espacio considerándolas en sus proyecciones ortogonales sobre dos planos perpendiculares. ‖ *Geometría plana,* estudio de las figuras situadas en un plano.
geométrico, ca adj. De la geometría. ‖ *Fig.* Exacto, preciso.
geopolítica f. Estudio de las relaciones que existen entre los Estados en función de los factores geográficos.
geotropismo m. Crecimiento de un órgano vegetal orientado con relación a la Tierra.
geranio m. Planta de flores de colores vivos.
gerencia f. Función del gerente. ‖ Tiempo que dura. ‖ Su oficina.
gerente com. Encargado, por los otros interesados, de la dirección de un establecimiento comercial o de una sociedad.
geriatra com. Médico especializado en geriatría.
geriatría f. Parte de la medicina que estudia las enfermedades de la vejez y su tratamiento.
gerifalte m. Ave rapaz parecida al halcón. ‖ *Fig.* Persona que manda o muy importante.
germanía f. Lenguaje de gitanos y rufianes.
germánico, ca adj. Alemán.
germanio m. Metal raro (Ge), de número atómico 32, parecido al silicio, que se encuentra en los minerales de cinc.
germanismo m. Giro o voz propio de la lengua alemana. ‖ Empleo de palabras o giros alemanes en otro idioma.
germanista m. y f. Especialista en estudios germánicos.
germanización f. Acción y efecto de germanizar.
germanizar v. t. Dar o hacer tomar carácter germánico.
germano, na adj. y s. De Germania.
germanofilia f. Simpatía por lo germánico o alemán.

germanófilo, la adj. y s. Partidario de los alemanes.

germanofobia f. Aversión a los germanos o alemanes.

germanófobo, ba adj. y s. Que odia a los germanos o alemanes.

germen m. Primera fase de cualquier ser organizado, vegetal o animal. || Término general que designa el huevo fecundado. || Microbio (bacteria, virus) capaz de engendrar una enfermedad. || *Fig.* Principio, fuente, causa original.

germicida adj. y s. m. Que destruye los gérmenes patógenos.

germinación f. Desarrollo del germen contenido en la semilla.

germinador, ra adj. Que hace germinar.

germinal adj. Del germen.

germinar v. i. Salir el germen en la semilla. || *Fig.* Empezar a desarrollarse. | Brotar, aparecer.

gerontocracia f. Gobierno confiado a los ancianos.

gerontología f. Estudio de los fenómenos que producen la vejez.

gerontólogo, ga m. y f. Especialista en gerontología.

gerundense adj. y s. De Gerona (España).

gerundio m. *Gram.* Forma verbal invariable que expresa la acción del verbo como ejecutándose en el tiempo en que se habla : *estaban durmiendo.* || Empléase a veces como ablativo absoluto : *reinando Carlos III se creó la Capitanía general de Venezuela.*

gesta f. Poema épico o heroico de la Edad Media. || Conjunto de hazañas o hechos de alguien.

gestación f. Estado en que se encuentra una hembra embarazada. || Tiempo que dura este estado, que puede ir de 21 días en los ratones a 640 en el elefante. || *Fig.* Período de elaboración de una obra de la inteligencia : *la gestación de un libro.*

gestar v. t. Llevar y sustentar la madre en sus entrañas a su futuro hijo. || *Fig.* Preparar, elaborar, hacer. || — V. pr. Desarrollarse, hacerse, crecer.

gestatorio, ria adj. Que ha de llevarse a brazos.

gestero, ra adj. Que suele hacer muchos gestos.

gesticulación f. Movimiento de las facciones.

gesticulador, ra adj. Gestero.

gesticulante adj. Que gesticula.

gesticular v. i. Hacer gestos.

gestión f. Administración : *gestión de un negocio.* || Trámite, diligencia, paso : *hacer gestiones inútiles.*

gestionar v. t. Hacer gestiones.

gesto m. Movimiento de las facciones que expresa un estado de ánimo. || Semblante, aspecto : *gesto desagradable.* || Ademán. || Rasgo : *realizó un gesto de bondad.* || *Fruncir el gesto,* poner mala cara.

gestor, ra adj. y s. Que gestiona. || — M. y f. Gerente de una empresa o sociedad, administrador.

gestoría f. Agencia que gestiona los asuntos de los demás.

géyser m. Fuente intermitente de agua caliente.

ghetto [*gueto*] m. (pal. ital.). Judería. || *Fig.* Lugar donde vive una minoría separada del resto de la sociedad.

giba f. Joroba.

gibar v. t. Encorvar.

gibón m. Género de monos.

gibosidad f. Giba.

giboso, sa adj. y s. Jorobado.

gibraltareño, ña adj. y s. De Gibraltar.

gicleur [*yicler*] m. (pal. fr.). Surtidor del carburador de un vehículo automóvil.

gigante adj. Gigantesco, muy grande : *árboles gigantes.* || — M. Hombre muy alto. || Personaje de cartón que, junto a los cabezudos, figura en ciertos festejos populares. || *Fig.* Coloso, persona que sobresale en algo : *un gigante de la literatura.*

gigantesco, ca adj. Propio de los gigantes. || *Fig.* Enorme.

gigantismo m. Desarrollo o crecimiento excesivo del cuerpo.

gijonense y **gijonés, esa** adj. y s. De Gijón (España).

gilí adj. y s. *Fam.* Tonto, necio.

gilipollada y **gilipollez** f. *Pop.* Tontería.

gilipollas m. y f. inv. *Pop.* Gilí.

gilipollear v. i. *Pop.* Hacer tonterías.

gimnasia f. Arte de desarrollar y dar agilidad al cuerpo por medio de ciertos ejercicios. || Estos ejercicios. || *Fig.* Práctica o ejercicio que adiestra en cualquier actividad. || *Fam. Confundir la gimnasia con la magnesia,* equivocarse del todo en una apreciación.

gimnasio m. Local destinado a ejercicios gimnásticos.

gimnasta com. Persona que hace gimnasia o ejercicios gimnásticos.

gimnástico, ca adj. De la gimnasia. || *Paso gimnástico,* paso ligero en las carreras.

gimnoto m. Pez de los ríos de América del Sur.

gimoteador, ra adj. y s. Llorón.

gimotear v. i. *Fam.* Lloriquear.

gimoteo m. *Fam.* Lloriqueo.

ginebra f. Bebida alcohólica aromatizada con bayas de enebro.

ginebrés, esa y **ginebrino, na** adj. y s. De Ginebra (Suiza).

gineceo m. *Bot.* Parte femenina de la flor compuesta por los pistilos.

ginecología f. Ciencia de la morfología, la fisiología, la patología y la psicología de la mujer. || Especialidad médica que trata de las enfermedades de la mujer.

ginecólogo, ga m. y f. Médico especialista en ginecología.

gingival adj. Relativo a las encías : *tener afecciones gingivales.*

gingivitis f. *Med.* Inflamación de las encías.

gira f. Excursión de recreo. || Viaje de un artista, un escritor, etc., por varios sitios. || Serie de actuaciones de una compañía teatral o de un artista en diferentes poblaciones. || *Amer.* Viaje de propaganda política. || *Méx.* Corte del maguey maduro para elaborar el tequila.

girador, ra m. y f. *Com.* Persona que gira la letra de cambio.

giralda f. Veleta de una torre.

girar v. i. Moverse en redondo, dar vueltas : *la rueda gira en su eje.* || *Fig.* Versar, tener por tema. || *Com.* Expedir letras u órdenes de pago. U. t. c. t. : *girar una letra.* | Transferir una cantidad (ú. t. c. t.). | Remitir por correo o por telégrafo dinero (ú. t. c. t.). || Torcer, desviarse de la dirección :

la calle gira a la derecha. ‖ — V. t. Hacer dar vueltas : *girar la peonza.* ‖ Hacer, efectuar : *girar una visita oficial.*
girasol m. Planta de flores amarillas que siempre miran al sol.
giratorio, ria adj. Que gira.
girl [*guerl*] f. (pal. ingl.). Bailarina de conjunto; corista.
giro m. Movimiento circular. ‖ Dirección o aspecto que toma una conversación, un asunto, etc. ‖ Construcción de la frase : *un giro elegante.* ‖ Transferencia o envío de fondos por medio de letras, libranzas o a través de las oficinas de Correos *(postal)* o Telégrafos *(telegráfico).*
girón m. Jirón.
giroscopio m. Aparato que, efectuando un movimiento de rotación alrededor de uno de sus ejes, puede modificar su posición de cualquier modo sin que la dirección del eje de rotación experimente ningún cambio.
gitanada f. Acción propia de gitanos. ‖ *Fig.* Adulación interesada.
gitanear v. i. *Fig.* Halagar, adular con gitanería para conseguir lo que se desea. | Andarse con engaños.
gitanería f. Mimo interesado hecho con zalamería y gracia. ‖ Engaño. ‖ Reunión de gitanos. ‖ Dicho o hecho propio de gitanos.
gitano, na adj. y s. Dícese de un pueblo nómada que se cree procede del N. de la India. ‖ — Adj. Propio de los gitanos. ‖ *Fig.* Zalamero, adulador.
glabro, bra adj. Lampiño.
glaciación f. Transformación en hielo. ‖ Período glaciar.
glacial adj. Que hiela, de frío intenso. ‖ De hielo : *océano Glacial.* ‖ *Fig.* Frío, muy poco caluroso.
glaciar m. Masa de hielo formada en las altas montañas que se desliza lentamente hacia los valles. ‖ — Adj. Del glaciar.
glacis m. *Fort.* Explanada.
gladiador m. Luchador que en Roma combatía, en los juegos del circo, contra un hombre o fiera.
gladiolo y **gladíolo** m. Planta de flores ornamentales.
glande m. Cabeza del miembro viril.
glándula f. Órgano cuya función es la de segregar ciertas sustancias fuera o dentro del organismo.
glandular adj. De las glándulas.
glasé m. Tela de seda brillante.
glaseado, da adj. Que imita o se parece al glasé. ‖ Abrillantado, satinado. ‖ — M. Acción y efecto de glasear.
glasear v. t. Dar brillo a la superficie de algo : *glasear papel.*
glaucoma m. *Med.* Endurecimiento del globo ocular, debido al aumento de la presión interna, que acarrea disminución de la vista.
gleba f. *Siervos de la gleba,* los que dependían de la tierra que cultivaban y eran enajenados con ella.
glicerina f. Sustancia orgánica líquida, incolora y viscosa extraída de los cuerpos grasos por saponificación.
glicerol m. Glicerina.
glicina f. Planta de flores azuladas.
glicógeno y derivados. V. GLUCÓGENO.
glioma m. *Med.* Tumor en un órgano del sistema nervioso.
global adj. En conjunto : *no se puede decir que la gestión de la empresa realizada por él haya sido un éxito de modo global.*
globo m. Esfera. ‖ La Tierra. ‖ Cubierta de cristal esférico que se pone sobre una bombilla eléctrica u otro foco de luz para protegerlos. ‖ Aeróstato, bolsa que se hincha con un gas menos pesado que el aire y que se eleva en la atmósfera. ‖ Objeto de goma, de forma parecida, lleno también de un gas ligero, que se usa como juguete o como adorno en las fiestas. ‖ En las historietas ilustradas, espacio donde figuran las palabras pronunciadas por los personajes. ‖ — *Globo del ojo,* órgano de la vista. ‖ *Globo sonda,* aeróstato sin tripulación lanzado para observaciones meteorológicas.
globulina f. Elemento de la sangre, de dos a cuatro micras, que interviene en la coagulación.
glóbulo m. Pequeño cuerpo esférico. ‖ Nombre de las células de la sangre y de la linfa : *glóbulos rojos* (hematíes, eritrocitos) y *glóbulos blancos* (leucocitos).
gloria f. Fama grande : *las glorias terrestres.* ‖ Motivo de orgullo. ‖ Persona que ha alcanzado gran fama o renombre : *las glorias nacionales.* ‖ Esplendor de la majestad divina. ‖ Bienaventuranza celeste que gozan los elegidos después de su muerte. ‖ Aureola luminosa que rodea el cuerpo de Cristo o de un santo. ‖ *Fig.* Lo que proporciona gran satisfacción. ‖ — *Fig. Estar en la gloria,* encontrarse muy bien. | *Trabajar por la gloria,* trabajar por nada, gratis. ‖ — M. Rezo dicho en la misa después del *Kirie eleison.*
gloriar v. t. Glorificar.
glorieta f. Armazón de madera o hierro recubierta de plantas que abriga en un jardín un lugar cerrado, cenador. ‖ Plazoleta en un jardín. ‖ Plazoleta con jardines en una población. ‖ Plaza en una encrucijada de calles o alamedas.
glorificación f. Ensalzamiento.
glorificador, ra adj. y s. Persona o cosa que glorifica.
glorificar v. t. Honrar, celebrar, ensalzar, alabar. ‖ Llamar a gozar de las bienaventuranzas celestiales : *Dios glorifica a los santos.* ‖ — V. pr. Honrarse, vanagloriarse.
glorioso, sa adj. Que ha adquirido gloria o fama. ‖ Que proporciona gloria.
glosa f. Explicación de algunas palabras poco claras de una lengua por otras más comprensibles. ‖ Comentario o nota que aclara la comprensión de un texto. ‖ Comentario.
glosador, ra adj. y s. Comentador.
glosar v. t. Comentar.
glosario m. Diccionario o léxico.
glosofaríngeo, a adj. De la faringe o de la lengua.
glosopeda f. Enfermedad infecciosa que afecta principalmente al ganado.
glotis f. Orificio superior de la laringe entre las dos cuerdas vocales inferiores.
glotón, ona adj. y s. Que come mucho.
glotonería f. Vicio del glotón.
glucemia f. Presencia de azúcar en la sangre.
glúcido m. Componente de la materia viva que contiene carbono, hidrógeno y oxígeno.
glucinio m. *Quím.* Berilio.
glucogénesis y **glucogenia** f. Formación de glucosa por hidrólisis del glucógeno.
glucógeno m. Hidrato de carbono en el hígado, que, por hidrólisis, se transforma en azúcar.
glucosa f. Azúcar que se encuentra en ciertas frutas (uvas) y en la composición de casi todos los glúcidos.

gluten m. Materia albuminoidea que hay juntamente con el almidón en la harina de los cereales.
glúteo, a adj. De la nalga : *músculo glúteo* (ú. t. c. s. m.).
G. M. T., abrev. de la expresión inglesa *Greenwich mean time,* hora media del meridiano de Greenwich.
gneis m. Roca pizarrosa.
gnomo m. Enano.
gnosis f. Conocimiento absoluto e intuitivo.
gnu m. Antílope de Africa del Sur.
gobernación f. Gobierno, acción y efecto de gobernar o gobernarse. ‖ Ejercicio del gobierno. ‖ En ciertos países, territorio que depende del gobierno nacional. ‖ *Ministerio de la Gobernación,* el del Interior.
gobernador, ra adj. y s. Que gobierna. ‖ — M. Persona que gobierna un territorio por delegación del Poder central. ‖ Autoridad que en España gobierna una provincia o una división administrativa *(gobernador civil, militar).* ‖ En América, jefe del Poder ejecutivo de un Estado federado. ‖ Director de un gran establecimiento financiero público : *el gobernador del Banco de España.*
gobernalle m. *Mar.* Timón.
gobernanta f. Mujer encargada en los grandes hoteles de dirigir el servicio doméstico.
gobernante adj. y s. Que gobierna.
gobernar v. t. Dirigir la política de : *gobernar un Estado.* ‖ Dirigir la conducta de. ‖ *Fig.* Tener poder o fuerza para regir : *gobernar su imaginación.* | Dominar, manejar. ‖ Dirigir un barco con el gobernalle o timón. ‖ — V. i. Seguir el barco las direciones señaladas por el timón.
gobierno m. Dirección. ‖ Dirección de la política de un país. ‖ Forma política que tiene un Estado. ‖ Conjunto de los órganos de un Estado que determinan la orientación de la política del país. ‖ Conjunto de los ministros que llevan a cabo la política interior o exterior de un Estado. ‖ Circunscripción administrativa en algunos países. ‖ Dirección de una provincia o de una división administrativa : *gobierno civil, militar.* ‖ Edificio donde están instaladas las personas que asumen esta dirección. ‖ *Mar.* Timón, gobernalle. ‖ *Fig.* Lo que debe servir de dirección, de regla de conducta en un asunto : *esto se lo digo para su gobierno.* | Información : *para su buen gobierno.*
gobio m. Pez de agua dulce.
goce m. Sensación de placer : *los múltiples goces de la vida.*
godo, da adj. De los godos. ‖ — M. Individuo de un pueblo germánico que se estableció en España de 410 a 711. ‖ *Fig.* Nombre dado en Canarias y en algunos países de América al español peninsular.
gofrado, da adj. Estampado en seco.
gofrar v. t. Estampar en seco dibujos en papel, cuero u otra materia.
gol m. En el fútbol y en otros deportes, suerte de entrar un equipo el balón en la portería contraria. ‖ *Gol average,* cociente de goles en favor y en contra.
gola f. Garganta. ‖ Pieza de la armadura que cubre la garganta. ‖ Gorguera del cuello.
goleada f. Tanteo excesivo en un encuentro deportivo.
goleador m. En deportes, jugador que marca goles.
golear v. t. Marcar muchos goles en un partido deportivo.
goleta f. Barco pequeño.
golf m. Juego que consiste en introducir una pelota, por medio de palos *(clubs),* en una serie de agujeros abiertos en terreno accidentado y cubierto de césped.
golfante m. Golfo, sinvergüenza.
golfería f. Conjunto de golfos. ‖ Granujada de un golfo.
golfista com. Jugador de golf.
golfo, fa adj. y s. Pilluelo. ‖ Sinvergüenza. ‖ — M. *Geogr.* Parte del mar que penetra en la tierra entre dos cabos : *el golfo de Venecia.*
golilla f. Cuello de tela blanca y rizada de los togados. ‖ *Rioplat.* Pañuelo alrededor del cuello.
golondrina f. Pájaro emigrante de cola ahorquillada y alas largas.
golondrino m. Furúnculo en el sobaco.
golosina f. Dulce, manjar delicado, como caramelos, bombones, etc.
goloso, sa adj. y s. Aficionado a golosinas. ‖ — Adj. Dominado por el apetito de una cosa. ‖ Apetitoso.
golpe m. Choque que resulta del movimiento de un cuerpo que se junta con otro de manera violenta : *golpe en la puerta.* ‖ Sonido que hacen ciertos cuerpos cuando se les golpea. ‖ Acción de pegarse : *llegaron a darse golpes.* ‖ Vez : *consiguió todo de golpe.* ‖ Abundancia : *un golpe de sangre.* ‖ Latido : *los golpes de mi corazón.* ‖ *Fig.* Admiración, sorpresa : *dio el golpe con su traje.* | Agudeza, chiste, gracia : *¡ tiene cada golpe !* | Salida, ocurrencia : *tuviste un buen golpe.* | Azar en el juego : *tres golpes como éste y ganas una fortuna.* | Acto o acción que afecta a alguien moralmente, desgracia, contratiempo. | Disgusto, molestia : *recibió muchos golpes en su vida.* | Acceso, ataque : *un golpe de tos.* | Ataque brusco y osado : *proyectaron un golpe para asaltar al cajero.* ‖ *Amer.* Solapa. | Mazo. ‖ — *A golpes,* a porrazos ; con intermitencia. ‖ *De golpe,* súbitamente. ‖ *De golpe y porrazo,* de improviso. ‖ *De un golpe,* en una sola vez. ‖ *Golpe bajo,* el dado por el boxeador más abajo de la cintura ; (fig.) acción desleal poco limpia. ‖ *Golpe de Estado,* acción de una autoridad que viola las formas constitucionales ; acción de apoderarse del poder político valiéndose de medios ilegales. ‖ *Golpe de gracia,* tiro con que se remata a un herido ; (fig.) lo que consuma la ruina de alguien.
golpeador, ra adj. y s. Que golpea. ‖ — M. *Amer.* Aldaba.
golpear v. t. e. i. Dar golpes.
golpeo m. Golpe.
golpetear v. t. e i. Golpear.
golpeteo m. Golpes frecuentes : *el constante golpeteo de la máquina de escribir.*
golpismo m. Golpe de Estado.
golpista adj. Relativo a un golpe de Estado. ‖ Que lleva a cabo un golpe de Estado (ú. t. c. s.).
golpiza f. *Amer.* Paliza.
gollería f. Cosa superflua, superfluidad. ‖ Cosa demasiado buena e innecesaria. ‖ *Fig. Pedir gollerías,* pedir la Luna.
gollete m. Cuello.
goma f. Sustancia más o menos viscosa, pegajosa, que fluye de ciertos árboles o plantas de modo natural o después de haber efectuado una incisión. ‖ Sustancia elástica y resistente que se extrae de ciertos árboles de países tropicales, de la familia de los heveas, originada por la coagulación del látex. ‖ Caucho : *suela de goma.* ‖ Grupo de sustancias análogas obtenidas sintéticamente por polimerización. ‖ Cámara de un neumá-

tico. ‖ Trozo de caucho que sirve para borrar lo escrito con lápiz o pluma. ‖ Cinta o elástico que se utiliza para sujetar cosas o fajos. ‖ *Goma-2,* plástico explosivo.
gomero adj. m. De la goma. ‖ — M. *Amer.* Recolector de caucho. | Frasco para la goma de pegar.
gomina f. Fijador del pelo.
gomoso, sa adj. Con goma o parecido a ella. ‖ — M. Pisaverde
gónada f. Glándula sexual que produce los gametos y segrega hormonas.
góndola f. Embarcación de un remo.
gondolero m. Batelero de góndola.
gong m. Instrumento de percusión para llamar.
gongorino, na adj. Culterano (ú. t. c. s.).
gongorismo m. Culteranismo.
gongorista adj. y s. Culterano.
goniometría f. Medida de ángulos.
goniómetro m. Instrumento de topografía para levantar planos y medir los ángulos de un terreno.
gonococo m. Microbio patógeno productor de la blenorragia.
gonorrea f. Blenorragia.
gordo, da adj. Voluminoso, que supera el volumen corriente : *hombre gordo.* ‖ Graso : *tocino gordo.* ‖ Dícese del agua que contiene ciertos compuestos minerales y no hace espuma con el jabón. ‖ *Fig.* y *fam.* Importante, de peso : *tratar con gente gorda.* | Importante, enorme : *un error gordo.* | Grande : *piedra gorda.* ‖ Espeso, grueso : *un hilo gordo.* ‖ Burdo, basto : *gracia gorda.* ‖ *Fam. Caerle gordo a uno,* resultarle antipático. ‖ — M. y f. Persona corpulenta. ‖ — M. Parte grasa de la carne. ‖ Premio mayor en la lotería. ‖ — F. Moneda antigua de diez céntimos en España. ‖ — *Fam. Armar la gorda,* dar un escándalo. | *Estar sin gorda,* no tener dinero.
gordura f. Grasa del cuerpo. ‖ Corpulencia.
gorgojo m. Insecto que ataca las semillas de cereales y legumbres.
gorgorito m. Quiebro hecho con la voz en la garganta al cantar.
gorguera f. Cuello alechugado. ‖ *Arq.* Moldura de pérfil cóncavo.
gorigori m. *Fam.* Canto fúnebre.
gorila m. Género de monos. ‖ *Fig.* Guardaespaldas.
gorjear v. i. Hacer quiebros con la voz. ‖ *Amer.* Burlarse.
gorjeo m. Quiebro de la voz al cantar. ‖ Canto de los pájaros. ‖ Articulaciones imperfectas de los niños.
gorra f. Prenda con visera para cubrir la cabeza. ‖ — M. *Fig.* y *fam.* Gorrón, parásito. ‖ *Fam. De gorra,* sin pagar.
gorrinada f. Cochinada.
gorrino, na m. y f. Cerdo pequeño que aún no llega a cuatro meses. ‖ Cerdo. ‖ *Fig.* Cerdo, marrano.
gorrión m. Pájaro pequeño de plumaje pardo, con manchas negras.
gorriona f. Hembra del gorrión.
gorro m. Prenda usada para cubrirse y abrigarse la cabeza.
gorrón, ona adj. y s. Parásito, aprovechado, dícese de las personas que nunca pagan y se hacen siempre invitar. ‖ — M. Canto rodado. ‖ *Mec.* Espiga que tiene un eje en un extremo y que le hace girar al estar introducida en el soporte que imprime el movimiento.
gorronear v. i. No pagar nunca lo que se consume y vivir a costa de los demás.
gorronería f. Acción del gorrón.
gota f. Pequeña cantidad de líquido que se desprende en forma de glóbulo. ‖ *Fig.* Pequeñez, cosa de poca importancia o insignificante. | Un poco : *me dio una gota de vino.* ‖ *Med.* Enfermedad del metabolismo caracterizada por trastornos viscerales y, especialmente, por la hinchazón dolorosa de algunas articulaciones. ‖ — *Fam. No ver ni gota,* no ver nada. | *Parecerse como dos gotas de agua,* parecerse mucho. | *Sudar la gota gorda,* hacer un esfuerzo muy grande. ‖ *Med. Transfusión gota a gota,* la efectuada muy lentamente por medio de un aparato especial.
gotear v. i. Caer gota a gota. ‖ *Fig.* Dar o recibir poco a poco. ‖ — V. impers. Lloviznar poco.
goteo m. Acción y efecto de gotear. ‖ *Fig.* Gasto lento y continuo.
gotera f. Filtración de gotas de agua en el techo. ‖ Mancha que deja. ‖ Canalón del tejado.
gotero m. *Amer.* Cuentagotas.
gótico, ca adj. De los godos. ‖ Dícese del arte que se desarrolló en Europa desde el s. XII hasta el Renacimiento. ‖ — M. Lengua germánica oriental hablada por los godos. ‖ *Arq.* Arte gótico.
gotoso, sa adj. y s. Enfermo de gota.
gourmet [*gurmé*] m. (pal. fr.). Gastrónomo, aficionado a comer bien.
goyesco, ca adj. Propio y característico de Goya.
gozada f. *Fam.* Disfrute, gran satisfacción.
gozar v. t. e i. Poseer alguna cosa : *gozar buena salud, de un clima templado.* ‖ — V. i. Tener gusto en algo, disfrutar : *gozar con su visita.* ‖ — V. pr. Complacerse, recrearse.
gozo m. Placer extremo proporcionado por la posesión de algo. ‖ Placer de los sentidos.
gozoso, sa adj. Alegre.
gozque m. Perro pequeño.
gr, símbolo del *grado centesimal.* ‖ Abrev. de *gramo.*
grabación f. Registro de sonidos en un disco fonográfico, una cinta magnetofónica, etc.
grabado m. Arte o manera de grabar : *grabado en madera.* ‖ Estampa obtenida en una plancha grabada o litografiada. ‖ Grabación de discos, de cintas magnetofónicas.
grabador, ra adj. Que imprime discos, etc. ‖ — M. y f. Persona que se dedica al grabado. ‖ *Grabador de cinta* o *grabadora,* magnetófono.
grabar v. t. Trazar una figura o caracteres en metal, madera, mármol o piedra por medio de una herramienta o de un ácido : *grabar una inscripción.* ‖ Trazar en una plancha de metal o madera la copia de un cuadro, etc., para reproducirlo después por impresión. ‖ Registrar el sonido o la imagen en disco, cinta magnetofónica, etc. : *grabar su voz, un programa.* ‖ *Fig.* Fijar, dejar fijo en el recuerdo de alguien : *escena grabada en mi mente* (ú. t. c. pr.).
gracejo m. Gracia, desenvoltura : *se reía de sus palabras con gracejo.*
gracia f. Favor hecho a alguien para serle agradable. ‖ Suspensión o perdón de una condena : *pedir gracia al Jefe del Estado.* ‖ Encanto : *la gracia de sus facciones.* ‖ Atractivo : *adornado con gracia.* ‖ Don o ayuda sobrenatural que Dios concede a los hombres, con vistas a su salvación : *en estado de*

gracia. ‖ Cosa que hace reír : *tiene más gracia que nadie.* ‖ Broma, chiste : *siempre está diciendo gracias.* ‖ Mala jugada, mala pasada : *¡menuda gracia!* ‖ Disposición amistosa hacia alguien : *gozaba de la gracia del rey.* ‖ Habilidad, arte : *tiene gracia para conquistarse a los clientes.* ‖ Lo que asombra por su falta de lógica : *¡qué gracia tiene su conducta!* ‖ Cosa que fastidia : *ésta es una de sus gracias.* ‖ — *Caer en gracia*, gustar. ‖ *Dar las gracias*, agradecer. ‖ *En estado de gracia*, limpio de pecado. ‖ *Hacer gracia*, ser simpático, agradar; divertir, hacer reír. ‖ *Por obra y gracia de*, debido a. ‖ *Y gracias si*, nos podemos dar por contentos si. ‖ — Pl. Agradecimiento. ‖ Nombre de tres divinidades mitológicas, hijas de Venus. ‖ — *Acción de gracias*, testimonio de agradecimiento. ‖ *Gracias a*, por causa de. ‖ *Gracias por*, agradecer por. ‖ — Interj. Expresa el agradecimiento por cualquier amabilidad : *¡muchas gracias!*

graciable adj. Que se puede otorgar. ‖ Digno de perdón.

grácil adj. Sutil, flexible y gracioso.

gracioso, sa adj. Cómico, humorístico, chistoso. ‖ Divertido. ‖ Encantador. ‖ Gratuito : *concesión graciosa.* ‖ Dícese de los reyes de Inglaterra : *Su Graciosa Majestad.* ‖ — M. y f. Persona que tiene gracia o comicidad.

grada f. Escalón, peldaño. ‖ Graderío (ú. t. en pl.). ‖ *Agr.* Rastra, rastrilla. ‖ *Mar.* Astillero.

gradación f. Paso de un estado a otro por grados sucesivos. ‖ Escala.

gradería f. Graderío.

graderío m. Conjunto de escalones en un anfiteatro, campo de fútbol, plaza de toros, etc.

grado m. Cada una de las divisiones de una escala de medida adaptada a un aparato. ‖ Unidad de arco que tiene un valor de 360° de la circunferencia. ‖ Unidad de ángulo (símb. °) igual a la 360ava parte de la circunferencia. ‖ Unidad de medida de la temperatura, la presión o la densidad. ‖ Unidad de medida de la concentración alcohólica. ‖ Proximidad más o menos grande que existe en el parentesco : *primo en tercer grado.* ‖ Escalón, peldaño. ‖ Índice : *grado de invalidez.* ‖ Fase, estadio : *los grados de una evolución.* ‖ Título universitario o militar. ‖ Curso, año : *alumno del quinto grado.* ‖ Situación considerada en relación con una serie de otras superiores o inferiores : *subir un grado en la escala social.* ‖ Gusto, voluntad : *hacerlo de buen grado.* ‖ Manera de significar la intensidad de los adjetivos *(positivo, comparativo* y *superlativo).*

graduable adj. Que se gradúa.

graduación f. Acción de graduar. ‖ División en grados. ‖ Proporción de alcohol o número de grados que tiene una cosa. ‖ Cada uno de los grados de una jerarquía.

graduado, da adj. Dícese de la escala dividida en grados. ‖ Que ha obtenido un título universitario (ú. t. c. s.). ‖ — *Graduado escolar*, título que sanciona los estudios de enseñanza general básica. ‖ *Graduado social*, profesional titulado, experto en materias laborales y de previsión social.

graduar v. t. Dividir en grados. ‖ Medir los grados : *graduar la vista.* ‖ Regular : *graduar entradas y salidas.* ‖ Escalonar, someter a una graduación : *graduar los efectos.* ‖ Ascender de un grado : *graduar de capitán.* ‖ Conceder un título universitario. ‖ Calificar : *lo gradué bastante bien.* ‖ — V. pr. *Mil.* Ser ascendido a. ‖ Recibir un título universitario.

grafía f. Modo de escribir o representar los sonidos.

gráfico, ca adj. De la escritura. ‖ Representado por signos o dibujos. ‖ *Fig.* Rico de imágenes sugerentes o metáforas, expresivo : *decir de modo gráfico.* ‖ *Artes gráficas*, conjunto de los procedimientos para imprimir textos, dibujos, grabados, etc. ‖ — M. Representación por el dibujo o cualquier otro método análogo de los grados o estados de un fenómeno que se estudia y que sirve en estadística para esquematizar los datos y señalar sus relaciones esenciales. ‖ — F. Gráfico.

grafismo m. Manera de representar gráficamente una palabra. ‖ Manera de hacer un trazo considerada desde un punto de vista estético : *el grafismo de un dibujante.* ‖ Diseño de carácter publicitario.

grafista com. Especialista del diseño o dibujo gráfico.

grafito m. Carbono natural.

grafología f. Estudios de las constantes normales y patológicas de la personalidad de un individuo según el examen de su escritura.

grafólogo, ga adj. y s. Especialista en grafología.

gragea f. Píldora medicinal. ‖ Confite cubierto de azúcar dura.

grajo m. Pájaro, semejante al cuervo, de pico y pies rojos.

grama f. Planta silvestre.

gramática f. Ciencia de las reglas de una lengua hablada o escrita. ‖ Libro que trata de esta materia.

gramatical adj. Relativo a la gramática o conforme con sus normas.

gramático, ca adj. Gramatical. ‖ — M. y f. Especialista en gramática.

gramilla f. *Rioplat.* Césped, hierba corta y tupida que cubre el suelo.

gramíneas y **gramináceas** f. pl. Familia de plantas monocotiledóneas en la que se encuentran los cereales (ú. t. c. adj.).

gramo m. Unidad de masa (símb. g) del sistema C. G. S., equivalente a la milésima parte del kilogramo.

gramófono m. Aparato que reproduce las vibraciones del sonido grabadas en un disco fonográfico.

gramola f. Cualquier aparato reproductor de discos fonográficos.

gran adj. Apócope de *grande* utilizado delante de un sustantivo singular : *un gran sombrero.*

grana f. *Bot.* Formación del grano. ‖ Cochinilla. ‖ Quermes. ‖ Encarnado, granate (ú. t. c. adj.).

granada f. Fruta del granado. ‖ Proyectil ligero (explosivo, incendiario, fumígeno o lacrimógeno) que se lanza con la mano. ‖ Bala de cañón.

granadero m. *Mil.* Soldado que llevaba granadas. | Nombre que se daba a ciertas tropas formadas por soldados de elevada estatura.

granadillo m. Árbol de América cuya madera se usa en ebanistería.

granadino, na adj. y s. De Granada (España). ‖ (Ant.). De Nueva Granada o Colombia. ‖ — F. Jarabe de zumo de granada.

granado, da adj. *Fig.* Notable y principal. | Escogido. | Maduro, experto. | Alto, espigado, crecido. || — M. Árbol cuyo fruto es la granada.
granar v. i. Formarse y crecer el grano de los frutos en algunas plantas : *granar las mieses.* || *Fig.* Desarrollarse los jóvenes.
granate m. Piedra fina compuesta de silicato doble de alúmina y de hierro. || — Adj. y s. m. Color rojo oscuro.
granazón f. Formación del grano. || *Fig.* Maduración, desarrollo.
grancolombiano, na adj. De la Gran Colombia.
grande adj. Dícese de las cosas que sobrepasan las dimensiones corrientes : *ciudad grande.* || Aplícase a las personas que han pasado la primera juventud, mayor. || Superior al promedio, hablando de objetos o cosas que no se pueden medir : *reputación, ruido grande.* || Que sobresale por la potencia, la autoridad, la influencia : *las grandes industrias.* || Que se distingue por las cualidades morales, por el genio : *los grandes pintores.* || Importante : *grandes acontecimientos.* || Intenso, fuerte : *dolor grande.* || *Fig.* Enojoso, sorprendente : *es grande que tenga que hacerlo yo.* || — *A lo grande,* con mucho lujo. || *Fam. Pasarlo en grande,* divertirse mucho. || — M. Persona ya en edad adulta : *los grandes y los pequeños.* || Título nobiliario que llevan algunas personas en España. || Nombre que se da a algunos jefes de Estado de las principales potencias : *los cuatro grandes.*
grandeza f. Importancia, magnitud. || Nobleza de sentimientos, elevación moral. || Superioridad procedente del poder : *grandeza y servidumbre de las armas.* || Dignidad de grande de España y conjunto de éstos.
grandilocuencia f. Elocuencia afectada o enfática.
grandilocuente adj. Enfático.
grandiosidad f. Grandeza.
grandioso, sa adj. Que impresiona por su belleza o majestad.
granel (a) m. adv. Sin orden, en montón : *cargar a granel.* || Sin envase : *agua de colonia a granel.* || Al detalle. || *Fig.* En abundancia.
granero m. Almacén en que se guardan los cereales. || *Fig.* Territorio que produce muchos cereales.
granítico, ca adj. Relativo o parecido al granito : *roca granítica.*
granito m. Roca cristalina formada por feldespato, cuarzo y mica.
granizada f. Precipitación de granizo. || Conjunto de granizo que cae de una vez. || *Fig.* Multitud de cosas que caen o se manifiestan al mismo tiempo. || Bebida refrescante con hielo machacado.
granizado m. *Arg.* Granizada, refresco.
granizar v. impers. Caer granizo. || — V. i. *Fig.* Caer algo con fuerza (ú. t. c. t.).
granizo m. Lluvia helada que cae formando granos. || Estos granos.
granja f. Explotación agrícola dedicada al cultivo o a la cría de ganado.
granjearse v. pr. Ganarse.
granjero, ra m. y f. Persona encargada de una granja.
grano m. Semilla de los cereales, de las especias, de otras plantas. || Partícula, porción : *grano de arena.* || Conjunto de pequeñas asperidades que hacen rugosa una superficie. || Furúnculo en la piel. || — *Fig. Grano de arena,* pequeña contribución a algo. | *Ir al grano,* no andarse por las ramas. | *No ser grano de anís,* ser un asunto importante.
granuja com. Pillo. || Canalla.
granujada y **granujería** f. Conjunto de pillos. || Canallada.
granujiento, ta adj. Que tiene granos. || Con espinillas.
granulación f. Fragmentación en granos. || Conjunto de granos de una cosa.
granulado, da adj. Convertido en granos. || — M. Granulación.
granular adj. Que tiene granulaciones.
granuloma m. Tumor formado en un tejido muy vascularizado.
granuloso, sa adj. De estructura granular.
granza f. Rubia, planta. || — Pl. Restos de paja, semilla, grano. etc., que quedan de las semillas al levantarlas. || Escorias de un metal.
grao m. Playa que sirve de desembarcadero.
grapa f. Gancho de hierro para reunir varios papeles. || Laña. || Laminilla de metal con dos puntas que sirve para suturar las heridas.
grapadora f. Aparato para unir papeles.
grasa f. Sustancia untuosa de origen animal o vegetal. || Lubricante de origen mineral.
grasiento, ta adj. Untado de grasa.
graso, sa adj. Que tiene grasa.
gratén m. Pan rallado que se pone sobre ciertos manjares cuando se guisan al horno.
gratificación f. Recompensa pecuniaria por algún servicio eventual o remuneración fija que se añade al sueldo. || Propina.
gratificador, ra adj. y s. Que gratifica.
gratificar v. t. Recompensar con dinero un servicio.
grátil o **gratil** m. *Mar.* Borde de la vela por donde se une al palo o verga. | Parte central de la verga.
gratin [*gratán*] m. (pal. fr.). Gratén.
gratinar v. t. Poner en el horno con gratén.
gratis adv. Sin pagar : *viajar gratis.* || Sin cobrar : *hacerlo gratis.*
gratitud f. Agradecimiento.
grato, ta adj. Agradable.
gratuidad f. Calidad de gratuito.
gratuito, ta adj. Sin pagar o sin cobrar. || Sin fundamento, sin motivo, arbitrario : *suposición gratuita.*
grava f. Piedra machacada utilizada en la construcción de caminos.
gravamen m. Obligación que pesa sobre alguien. || Impuesto o tributo, censo, etc., de una propiedad.
gravar v. t. Imponer una contribución o tributo. || Cargar, obligar a cierto gasto.
grave adj. Que puede tener consecuencias importantes, que acarrea cierto peligro. || Dícese del que tiene una enfermedad que hace peligrar su vida. || Austero, serio : *semblante grave.* || Dícese del sonido producido por ondas de poca frecuencia o vibraciones. || *Fís.* Atraído por la fuerza de la gravedad. || Elevado : *estilo grave.* || *Gram.* Que tiene el acento en la penúltima sílaba, como *mañana, casa.*
gravedad f. Acción que hace que los cuerpos materiales sean atraídos hacia el centro de la Tierra. || Carácter peligroso : *la gravedad del incendio.* || Importancia, carácter grave : *la gravedad de los sucesos.* || Seriedad, austeridad : *la gravedad de sus palabras.* || *Med.* Carácter de las afecciones de salud que ponen en peligro la vida o que

son de gran importancia. || *Centro de gravedad,* punto de un cuerpo que constituye la resultante de las acciones de la gravedad en todas las partes de él.

gravitación f. *Fís.* Fuerza en virtud de la cual todos los cuerpos se atraen mutuamente en razón directa de sus masas y en razón inversa de los cuadrados de sus distancias.

gravitar v. i. *Fís.* Moverse según las leyes de la gravedad. || *Fig.* Apoyarse : *gravita sobre unas columnas.* | Pesar una obligación. | Girar en torno a. | Pender.

gravitatorio, ria adj. De la gravitación.

gravoso, sa adj. Costoso, oneroso.

graznar v. i. Dar graznidos.

graznido m. Voz del cuervo, del grajo, del ganso, etc.

grecizar v. t. Dar forma griega a voces de otra lengua.

greco, ca adj. y s. Griego.

grecolatino, na adj. Relativo a las lenguas griega y latina.

grecorromano, na adj. Común a griegos y romanos. || Aplícase a una forma de lucha entre dos personas.

greda f. Arcilla.

gredoso, sa adj. Relativo a la greda : *tierra gredosa.* || Con greda.

gregarismo m. Tendencia a seguir las iniciativas ajenas.

gregario, ria adj. Que vive en rebaño. || *Fig.* Que sigue servilmente las iniciativas o ideas ajenas.

gregoriano, na adj. Dícese del canto llano y del rito reformado en el s. VII por el papa Gregorio I. || Dícese del año, calendario, cómputo y era reformados por el papa Gregorio XIII en 1582.

greguería f. Imagen en prosa a modo de aforismo creada por el escritor español Ramón Gómez de la Serna (1888-1963).

greguescos o **gregüescos** m. pl. Calzones.

gremial adj. De los gremios. || Sindical. || — M. Miembro de un gremio.

gremialismo m. Tendencia a formar gremios. || *Amer.* Sindicalismo.

gremialista adj. Partidario del gremialismo (ú. t. c. s.). || — Com. *Amer.* Miembro de un gremio. | Sindicalista.

gremio m. Comporación o asociación de las personas que practican el mismo oficio. || Conjunto de personas que se dedican a la misma profesión u oficio. || *Amer.* Sindicato. || *Fig.* y *fam.* Conjunto de personas que llevan el mismo género de vida.

greña f. Cabellera despeinada. || *Fig.* Cosa enredada. || *Fam. Andar a la greña,* reñir, pelear.

gres m. Pasta cerámica parcialmente vitrificada. || Arenisca.

gresca f. Pelea. Ruido.

grey f. Rebaño. || *Fig.* Congregación de los fieles cristianos bajo la autoridad de su pastor. | Conjunto de individuos que tienen algún carácter común.

griego, ga adj. y s. De Grecia. || — M. Idioma griego.

grieta f. Quiebra en el suelo, en el hielo de un glaciar, en una pared, etc. || Hendedura o resquebrajadura pequeña en la piel.

grifa f. Marihuana.

grifería f. Conjunto de grifos. || Fabricación de grifos.

grifota m. y f. *Fam.* Fumador de grifa.

grifo m. Llave que permite la salida o la interrupción voluntaria del paso de un líquido contenido en un depósito. || *Amer.* Surtidor de gasolina.

grillera f. Jaula de grillos.

grillete m. Anilla que sujeta una cadena. || — Pl. Cadena de los presos.

grillo m. Insecto ortóptero de color negro rojizo que produce con sus élitros un sonido agudo y monótono.

grill-room [*grilrum*] m. (pal. ingl.). Parrilla.

grima f. Desazón, disgusto.

grímpola f. Gallardete.

gringada f. *Amer.* Acción propia de gringos.

gringo, ga adj. y s. *Despect.* Extranjero, especialmente inglés. || *Amer.* Yanqui, estadounidense, norteamericano.

gringuerío m. *Amer.* Grupo de gringos.

gripa f. *Méx.* Gripe.

gripal adj. Relativo a la gripe.

griparse v. pr. Contraer gripe.

gripe f. Enfermedad contagiosa, debida a un virus, caracterizada por un estado febril y catarro.

griposo, sa adj. Que tiene gripe.

gris adj. Color entre blanco y negro (ú. t. c. s. m.). || *Fig.* Sombrío, triste : *tiempo gris.* | Deslucido, apagado : *hombre gris.*

grisáceo, a adj. Algo gris.

grisú m. Metano de las minas de carbón, inflamable y explosivo al mezclarse con el aire.

gritar v. i. Dar gritos : *gritar de dolor.* || Hablar en voz muy alta : *gritar a voz en cuello* (ú. t. c. t.). || — V. t. Abuchear en señal de protesta. || Reñir en tono enojado : *a mí no me grites.*

gritería f. y **griterío** m. Gritos.

grito m. Sonido de la voz fuerte y violento : *dar gritos.* || Gemido, queja : *gritos de dolor.* || Sonido inarticulado emitido por los animales. || Llamada : *grito de angustia.* || — *Fam. A grito limpio* o *pelado* o *a voz en grito,* con toda la fuerza de los pulmones. || *Pedir a gritos,* reclamar con insistencia. || *Fam. Pegarle a uno cuatro gritos,* reñirle. || *Fig. Poner el grito en el cielo,* manifestar violentamente la indignación.

groenlandés, esa adj. y s. De Groenlandia.

grog m. (pal. ingl.). Bebida caliente hecha con ron, agua, limón y azúcar.

groggy [*grogui*] adj. (pal. ingl.). Dícese del boxeador que pierde momentáneamente el conocimiento sin estar k.o. || *Fig.* Aturdido, atontado por un choque físico o moral.

grogui adj. Groggy.

grosella f. Fruto del grosellero de color negro y de sabor agridulce.

grosellero m. Arbusto cuyo fruto es la grosella.

grosería f. Carácter de lo que es grosero, basto. || *Fig.* Falta de educación, de cortesía. || Palabra o acción inconveniente.

grosero, ra adj. Basto, poco fino. || Falto de delicadeza, común, vulgar. || Carente de educación, de cortesía (ú. t. c. s.). || Mal hecho, de figura mal trazada : *dibujo grosero.*

grosor m. Grueso.

grosso modo loc. adv. lat. En términos generales.

grotesco, ca adj. Ridículo.

grúa f. Aparato con un brazo giratorio y una o más poleas para levantar, cargar y transportar pesos.

grueso, sa adj. De gran dimensión o corpulencia. ‖ Grande : *granos de arroz gruesos.* ‖ Espeso : *tela gruesa.* ‖ Gordo: *hombre grueso.* ‖ Poco fino : *líneas gruesas.* ‖ *Fig.* No muy inteligente, obtuso. ‖ *Mar.* Con grandes olas, alborotado : *mar gruesa.* ‖ — M. Volumen, dimensión. ‖ La mayor parte : *el grueso del ejército.* ‖ Espesor : *el grueso de un papel.* ‖ — Adv. Con caracteres grandes : *escribir grueso.* ‖ *En grueso,* al por mayor.
grulla f. Ave zancuda.
grumete m. Aprendiz de marinero o marinero de clase inferior.
grumo m. Parte de un líquido que se coagula : *grumo de sangre.*
grumoso, sa adj. Con grumos.
gruñido m. Voz del cerdo. ‖ Voz ronca del perro u otros animales. ‖ *Fig.* Voz de mal humor.
gruñir v. i. Dar gruñidos. ‖ *Fig.* Murmurar entre dientes.
gruñón, ona adj. *Fam.* Que gruñe con frecuencia, refunfuñador.
grupa f. Anca de una caballería.
grupo m. Pluralidad de personas o cosas que forman un conjunto : *grupo de niños.* ‖ Conjunto de personas que tienen opiniones o intereses idénticos : *grupo profesional.* ‖ Conjunto de figuras pintadas o esculpidas : *un grupo escultórico.* ‖ *Mil.* Unidad táctica de artillería o aviación bajo las órdenes de un jefe superior. ‖ — *Grupo de presión,* asociación de personas que están unidas por un interés común político o económico y reúne una cantidad de dinero importante para llevar a cabo una acción simultánea en la opinión pública, en los partidos políticos, en la administración o en los gobernantes. ‖ *Grupo electrógeno,* aparato generador de electricidad. ‖ *Grupo sanguíneo,* cada uno de los distintos tipos en que se clasifica la sangre de los individuos en relación con la compatibilidad de los corpúsculos y suero de un donador de sangre con los corpúsculos y suero de otra persona que la recibe en una transfusión. ‖ — Adj. *Arg. Fam.* Falso, poco real.
grupúsculo m. Grupo pequeño : *sedición llevada a cabo por grupúsculos de jóvenes.*
gruta f. Cueva o cavidad natural.
guabairo m. *Cub.* Ave nocturna.
guabina f. *Col.* y *Venez.* Pez de río de carne comestible. ‖ *Col.* Canción popular entonada en la montaña. ‖ *Cub. Fig.* Persona que cambia a menudo de parecer, de ideas políticas.
guabirá f. *Arg.* Árbol grande de tronco blanco y liso y fruto amarillo.
guabiyú m. Árbol mirtáceo de fruto comestible en forma de baya negra.
guaca f. *Amer.* Sepultura de los antiguos indios, principalmente de Bolivia y Perú. ‖ *Amer.* Tesoro escondido. ‖ *C. Rica, Cub., Méx.* y *Venez.* Hucha, alcancía. ‖ *C. Rica* y *Cub.* Hoyo donde se ponen las frutas para su maduración. ‖ *Méx.* Escopeta de dos cañones.
guacal m. *Antill., Col., Méx.* y *Venez.* Cesta portátil para llevar a la espalda. ‖ *Amér. C.* Árbol de fruto parecido a la calabaza. | Recipiente hecho con el fruto de este árbol.
guacalote m. *Cub.* Planta trepadora con fruto en una vaina.
guacamayo, ya m. y f. Especie de papagayo.
guacamole m. *Amer. C., Cub.* y *Méx.* Ensalada de aguacate, cebolla, chile y tomate picados.
guacamote m. *Méx.* Yuca.
guaco m. Planta compuesta americana de propiedades medicinales. ‖ Ave gallinácea americana de carne apreciada. ‖ *Per.* Objeto que se saca de una guaca o túmulo.
guachapear v. t. *Fam.* Batir el agua con los pies. ‖ *Fig.* y *fam.* Hacer algo de modo chapucero. ‖ *Chil.* Hurtar. ‖ — V. i. Hacer ruido una chapa de hierro por estar mal clavada.
guachapelí m. *Ecuad.* y *Venez.* Árbol cuya madera se emplea en construcciones navales.
guácharo m. Polluelo.
guache m. *Col.* y *Venez.* Hombre de pueblo. ‖ *Col.* Instrumento músico popular en forma de canuto con semillas secas en el interior.
guachimán m. *Amer.* Vigilante. ‖ *Nicar.* Sirviente.
guachinango, ga adj. *Méx.* Dícese en la costa oriental del habitante del interior del país. ‖ — M. *Méx.* Pez pargo.
guacho, cha adj. *Amer.* Huérfano, sin padres. ‖ — M. Pollo.
guadalajarense adj. y s. De Gualalajara (México).
guadalajareño, ña adj. y s. De Guadalajara (España).
guadaña f. Instrumento para segar a ras de tierra.
guadañador, ra m. y f. Que guadaña. ‖ — F. Segadora.
guadañar v. t. Segar con guadaña.
guadua f. Especie de bambú con púas que se cría en América.
guagua f. Cosa baladí. ‖ *Amer.* Nene, niño de teta. ‖ Autobús en las islas Canarias y en las Antillas. ‖ *De guagua,* de balde, gratis.
guagüero m. *Antill.* Conductor de guagua.
guaipíu m. *Amer.* Capote que cubre el cuello y los hombros.
guaira f. *Amér. C.* Flauta de varios tubos que usan los indios. ‖ Vela triangular. ‖ *Per.* Crisol de barro para fundir los minerales de plata.
guaireño, ña adj. y s. Del dep. de Guairá (Paraguay). ‖ De La Guaira (Venezuela).
guairo m. *Amer.* Barco pequeño utilizado para el pequeño cabotaje.
guajá f. *Amer.* Garza.
guajal m. *Méx.* Terreno plantado de guajes.
guaje m. *Méx.* Árbol leguminoso de fruto en forma de calabaza. ‖ — Adj. y s. *Méx.* Bobo.
guajiro, ra adj. y s. De La Guajira (Colombia). ‖ *Cub.* Rústico, campesino. ‖ — F. Canción popular en Cuba. ‖ Canción aflamencada derivada de la anterior.
guajolote m. *Méx.* Pavo común. ‖ — Adj. y s. *Fam. Méx.* Tonto.
gualdo, da adj. Amarillo.
gualdrapa f. Cobertura larga que cubre las ancas de la caballería.
gualicho o **gualichú** m. Entre los gauchos, genio del mal. ‖ *Arg.* Talismán.
guama f. Fruto del guamo, legumbre que encierra varias semillas.
guamo m. Árbol cuyo fruto es la guama.
guamúchil m. Árbol espinoso de México, de flores amarillentas.
guanabá m. Ave zancuda de Cuba.
guanábana f. Fruta del guanábano.
guanabanada f. Refresco hecho con guanábana.

guanábano m. Árbol con fruto de sabor muy agradable.
guanacaste m. Árbol de Centroamérica.
guanaco m. Mamífero rumiante parecido a la llama que habita en los Andes meridionales y sirve de animal de carga. ‖ *Amer.* Necio.
guanajo adj. y s. *Amer.* Tonto.
guanajuatense adj. y s. De Guanajuato (México).
guanal m. *Amer.* Palmeral.
guanarense y **guanareño, ña** adj. y s. De Guanare (Venezuela).
guanche adj. y s. Individuo de la raza que poblaba las islas Canarias en el momento de su conquista (s. XV).
guando m. *Amer.* Camilla, parihuela.
guanear v. t. *Per.* Abonar el terreno con guano. ‖ — V. i. *Amer.* Defecar, dicho de animales.
guanero, ra adj. y s. Relativo al guano. ‖ — M. Buque que transporta guano. ‖ — F. Lugar donde hay guano.
guango m. *Amer.* Trenza de las indias del Ecuador.
guano m. Materia excrementicia de aves marinas que se encuentra acumulada en gran cantidad en las costas y en varias islas del Perú y del norte de Chile, así como en las costas del sudoeste de África. ‖ Abono mineral sucedáneo del guano natural.
guantada f. y **guantazo** m. *Fam.* Manotazo, bofetón.
guante m. Prenda que se adapta a la mano para abrigarla. ‖ Objeto análogo para diferentes usos : *guante de boxeo.* ‖ *Fig.* y *fam.* Gratificación. ‖ — *Fig. Arrojar el guante a uno,* desafiarle. ‖ *Fam. De guante blanco,* con gran corrección. | *Echarle el guante a una cosa,* apoderarse de ella. | *Recoger el guante,* aceptar un reto. | *Ser más suave que un guante,* ser dócil.
guantear v. t. *Amer.* Abofetear.
guantelete m. Pieza metálica de la armadura en forma de guante.
guantería f. Taller donde se hacen y tienda donde se venden guantes. ‖ Oficio de guantero.
guantero, ra m. y f. Persona que fabrica o vende guantes. ‖ — F. Caja para guardarlos. ‖ Caja para guardar pequeños objetos en el salpicadero de los automóviles.
guapear v. i. *Fam.* Ostentar mucho ánimo. | Hacer alarde de buen gusto. ‖ *Amer.* Fanfarronear.
guapería f. *Fam.* Bravata.
guapetón, ona adj. Muy guapo (ú. t. c. s.).
guapeza f. *Fam.* Ánimo. | Ostentación en el vestir. | Fanfarronería.
guapo, pa adj. Bien parecido : *mujer guapa* (ú. t. c. s.). ‖ Animoso, valiente. ‖ *Fam.* Apelativo cariñoso : *anda guapo no te enfades así.* ‖ — M. Hombre pendenciero : *el guapo del pueblo.* ‖ *Fam.* Galán.
guapura f. Calidad de guapo.
guaquear v. i. *Amer.* Buscar guacas o tesoros.
guará m. *Amer.* Lobo que vive en las pampas.
guaraca f. *Amer.* Honda.
guaracha f. Aire y danza popular antillanos.
guarache m. *Méx.* Sandalia.
guarachear v. t. *Antill.* Parrandear. ‖ *Méx.* Andar con guaraches.
guaragua f. *Per.* y *Chil.* Contoneo. | Rodeo para decir algo, circunloquio. ‖ — Pl. *Chil.* Perifollos.
guarango, ga adj. y s. *Chil.* y *Rioplat.* Mal educado, grosero. ‖ — M. *Bot.* Especie de acacia.
guaraní adj. y s. Relativo a un pueblo indio de la familia cultural tupí-guaraní (Paraguay, Brasil). ‖ — M. Idioma de los guaraníes. ‖ Unidad monetaria paraguaya.
guaranismo m. Voz propia del guaraní.
guaranítico, ca adj. Guaraní.
guaraña f. Baile venezolano. ‖ Música que acompaña este baile.
guarapo m. Jugo de la caña dulce. ‖ Bebida fermentada a base de guarapo.
guarapón m. *Chil.* y *Per.* Sombrero de ala ancha.
guarda com. Persona que tiene a su cargo cuidar o vigilar algo. ‖ — F. Acción de guardar, conservar o defender. ‖ Tutela. ‖ Observancia y cumplimiento de un mandato o ley. ‖ Hoja de papel blanco o de color al principio y al fin de los libros (ú. m. en pl.). ‖ Guarnición en el puño de la espada.
guardabarrera m. y f. Persona que vigila un paso a nivel.
guardabarros m. inv. Aleta del coche, de la bicicleta o motocicleta para protegerse del barro.
guardabosque m. Guarda que vigila en un bosque o parque.
guardacantón m. Poste de piedra que se pone en las esquinas de las casas, o a los lados de los paseos, para protegerlos de los vehículos.
guardacoches m. inv. Guarda de un aparcamiento.
guardacostas m. inv. Barco de guerra cuya misión es defender las costas y perseguir el contrabando.
guardaespaldas m. inv. Persona destinada a proteger a otra.
guardafangos m. *Amer.* Guardabarros.
guardaganado m. *Rioplat.* Foso cubierto de una serie de travesaños paralelos, en forma de parrilla, que se coloca a la entrada de las estancias para permitir el paso de los vehículos e impedir el del ganado.
guardagujas m. inv. Empleado que en los cambios de vía de los ferrocarriles cuida del manejo de las agujas.
guardainfante m. Especie de faldellín.
guardameta m. Portero, en ciertos deportes de equipo (fútbol, balonmano, water-polo, etc.).
guardamonte m. En las armas de fuego, pieza clavada en la caja que protege el disparador. ‖ Capote de monte. ‖ *Arg.* Guarnición de cuero para las piernas del jinete.
guardamuebles m. inv. Almacén donde se guardan muebles.
guardapolvo m. Cubierta para proteger del polvo. ‖ Bata de tela ligera que se pone encima del traje para preservarlo de la suciedad.
guardar v. t. Cuidar, vigilar, custodiar : *guardar bajo llave.* ‖ Preservar una persona o cosa de cualquier daño. ‖ Conservar, retener para sí : *guardo un buen recuerdo.* ‖ Vigilar animales : *guardar un rebaño.* ‖ Cumplir lo que se debe : *guardar el secreto.* ‖ Tener un sentimiento : *guardar rencor.* ‖ Estar en, quedarse en : *guardar cama.* ‖ Poner en su sitio : *guardar un libro.* ‖ Reservar y conservar : *guardar dinero* (ú. t. c. pr.). ‖ *Fig.* Mantener, observar : *guardar silencio.* ‖ — V. pr. Evitar algo, precaverse de un riesgo. ‖ Poner cuidado en no hacer algo : *me guardaré de trasnochar.* ‖ Quedarse con, conservar para sí.

guardarropa m. Local donde se deposita el abrigo y otros objetos que no se pueden conservar en teatros u otros establecimientos públicos. || Persona que vigila este local. || Armario ropero y su contenido.
guardarropía f. Conjunto de trajes y accesorios para las representaciones escénicas. || Local donde se guardan.
guardavía m. Empleado que vigila una sección de línea férrea.
guardería f. Ocupación y empleo del guarda. || Establecimiento donde se atiende y cuida a los niños pequeños mientras sus padres trabajan : *mis hijos pequeños van a una guardería infantil.*
guardesa f. Guardiana. || Mujer del guarda.
guardia f. Conjunto de soldados o gente armada encargada de la custodia de una persona o de que se respete el orden público y el cumplimiento de las leyes. || Defensa, amparo, custodia. || Posición de defensa en boxeo, esgrima, lucha, etc. || Cuerpo de tropa especial : *guardia republicana.* || *En guardia,* prevenido, sobre aviso. || — M. Individuo perteneciente a ciertos cuerpos armados : *un guardia civil, municipal.* || *Guardia marina,* guardiamarina.
guardiamarina m. Alumno de la Escuela Naval.
guardián, ana m. y f. Persona que custodia a una persona o cosa.
guardilla f. Buhardilla.
guarecer v. t. Guardar, acoger, dar asilo. || — V. pr. Refugiarse.
guarida f. Cueva donde se guarecen los animales. || *Fig.* Refugio.
guariqueño, ña adj. y s. De Guárico (Venezuela).
guarismo m. Cada uno de los signos o cifras arábigas que expresan una cantidad.
guarnecedor, ra adj. y s. Que guarnece
guarnecer v. t. Poner guarnición a alguna cosa : *guarnecer una joya.* || Proveer, suministrar. || Estar de guarnición un regimiento. || Revestir el cilindro de una máquina con una camisa.
guarnición f. Lo que se pone para adornar algunas cosas : *la guarnición de un vestido.* || Engaste de las piedras preciosas. || Parte de la espada que protege la mano. || *Mil.* Tropa que guarnece una plaza, castillo o buque de guerra. || Arreos de las caballerías (ú. m. en pl.). || Plato de verdura, pastas, etc., que se suele servir con la carne o pescado para acompañarlos.
guarnicionero m. Persona que fabrica o vende guarniciones.
guaro m. Especie de loro pequeño. || *Amér. C.* Aguardiente de caña.
guarrada f. *Fam.* Guarrería.
guarrazo m. *Fam.* Porrazo.
guarrería f. Porquería, suciedad. || *Fig.* Acción sucia, mala jugada, cochinada. | Indecencia.
guarro, rra m. y f. Cochino.
guasa f. *Fam.* Pesadez, falta de gracia. | Burla, broma, chanza. | Gracia, chiste : *la guasa andaluza.* || — *En guasa,* en broma. || *Estar de guasa,* estar de broma. || *Tener mucha guasa,* ser fastidioso.
guasca f. *Chil.* y *Per.* Látigo.
guasearse v. pr. *Fam.* Chancearse.
guaso, sa m. y f. Campesino chileno. || — Adj. *Amer.* Rústico.
guasón, ona adj. y s. Que tiene guasa. || Bromista.
guata f. Algodón en rama que se coloca dentro del forro de los vestidos o de la ropa de cama. || *Amer.* Pandeo, alabeo. | Vientre.
guateado, da adj. Con guata.
guatear v. t. Acolchar, poner guata : *guatear un abrigo.*
guatemalense adj. y s. Guatemalteco.
guatemaltecanismo m. Guatemaltequismo.
guatemaltecanista adj. y s. Que estudia y es especialista del habla o de la cultura de Guatemala.
guatemalteco, ca adj. y s. De Guatemala.
guatemaltequismo m. Palabra o giro propios del español hablado en Guatemala.
guateque m. Fiesta con baile que se da en una casa.
guatero, ra m. y f. *Chil.* Mondonguero, tripero, tripicallero.
guatiao adj. *Cub.* Amigo ; hermano. || — M. *Cub.* Nombre que dieron los españoles al indio sometido a las leyes de los conquistadores.
guatíbere m. Pez de las Antillas.
guatiguati m. *Venez.* Ave de canto lastimero o triste.
guatín m. *Col.* Agutí.
guatusa o **guatuza** f. Roedor americano parecido a la paca.
guau, onomatopeya del ladrido del perro.
¡guay! interj. ¡ Ay ! : *¡ guay de los vencidos !*
guaya f. Lloro o lamento.
guayaba f. Fruto del guayabo de forma de huevo y de carne más o menos dulce. || Conserva y jalea de esta fruta. || *Amer.* Mentira.
guayabal m. Plantío de guayabos.
guayabate m. Dulce hecho con guayaba.
guayabera f. Chaquetilla o camisa de hombre, de tela ligera, que se suele llevar por encima del pantalón.
guayabo m. Árbol de América, que tiene por fruto la guayaba. || *Fam.* Muchacha joven y atractiva.
guayaca f. *Arg.* y *Chil.* Bolsa o taleguilla para el tabaco o dinero. || *Fig.* Amuleto.
guayaco m. Árbol de la América tropical cuya madera se emplea en ebanistería.
guayacol m. Principio medicinal del guayaco.
guayanés, esa adj. y s. De Guayana.
guayaquileño, ña adj. y s. De Guayaquil (Ecuador).
guayasense adj. y s. De Guayas (Ecuador).
guaycurú adj. y s. Individuo de una de las tribus indígenas establecidas en el Chaco y a orillas del río Paraguay. (Pl. *guaycurúes.*)
guaymense y **guaymeño, ña** adj. y s. De Guaymas (México).
guazubirá m. Venado de las regiones platenses.
gubernamental adj. Relativo al gobierno del Estado. || Respetuoso o benigno para con el Gobierno o favorecedor del principio de autoridad.
gubernativo, va adj. Relativo al gobierno : *policía gubernativa.*
gubernista adj. y s. *Amer.* Partidario de la política del Gobierno.
gubia f. Formón de media caña para labrar superficies curvas.
gudari m. (voz vascuence). Soldado del gobierno autónomo vasco durante la guerra civil española.
güecho m. *Amér. C.* Bocio.
guedeja f. Cabellera larga.

güegüenche m. *Méx.* Cada uno de los viejos que dirigen las danzas de los indios en las romerías.

güero, ra adj. *Méx.* Rubio.

guerra f. Lucha armada entre dos o más países o entre ciudadanos de un mismo territorio. ‖ Pugna, disidencia, discordia entre dos o más personas. ‖ *Fig.* Oposición de una cosa con otra : *guerra de intereses.* ‖ — *Consejo de guerra,* tribunal militar. ‖ *Fam. Dar guerra,* molestar. ‖ *Guerra civil,* la que tiene lugar entre ciudadanos de una misma nación. ‖ *Guerra fría* o *de nervios,* dícese de las relaciones internacionales caracterizadas por una política constante de hostilidad sin que se llegue al conflicto armado.

guerreador, ra adj. y s. Que guerrea o es aficionado a guerrear.

guerrear v. i. Hacer guerra.

guerrerense adj. y s. De Guerrero (México).

guerrero, ra adj. Relativo a la guerra : *valor guerrero.* ‖ Marcial, belicoso, que tiene afición a la guerra. ‖ — M. Soldado. ‖ — F. Chaqueta ajustada y generalmente abrochada hasta el cuello del uniforme militar : *llevaba una guerrera en cuyo pecho lucían todas las condecoraciones.*

guerrilla f. *Mil.* Orden de batalla que se hace dividiendo la tropa en pequeñas partidas de tiradores para hostilizar al enemigo. ‖ Partida de paisanos que, independientemente del ejército regular, acosa al enemigo.

guerrillero, ra m. y f. Persona que pelea en las guerrillas.

gueto m. Ghetto.

guía com. Persona que acompaña a otra para enseñarle el camino o para explicarle una visita. ‖ — M. Manillar de una bicicleta. ‖ *Fig.* Persona que da instrucciones y consejos que son seguidos por las gentes : *guías de la juventud.* ‖ — F. Libro de indicaciones : *guía de teléfonos.* ‖ Documento que lleva consigo el que transporta ciertas mercancías para tener libre paso : *guía de circulación.* ‖ Pieza mecánica que sirve para dirigir el movimiento en una máquina : *las guías de una rotativa.* ‖ — Pl. Riendas para conducir los caballos que, en un tiro, van delante de los demás. ‖ Puntas del bigote cuando están retorcidas.

guiador, ra adj. Que guía. Ú. t. c. s. : *guiador de las juventudes revolucionarias.*

guíahilos m. inv. En las máquinas de hilar, pieza por la que pasa el hilo.

guiar v. t. Ir delante mostrando el camino. ‖ Conducir : *guiar un vehículo.* ‖ Hacer que una pieza de una máquina siga un movimiento determinado. ‖ *Fig.* Aconsejar a uno en algún negocio. ‖ Hacer obrar : *le guía sólo el interés.* ‖ — V. pr. Dejarse uno dirigir o llevar.

guija f. Piedra pequeña.

guijarral m. Sitio con guijarros.

guijarro m. Piedra pequeña redondeada.

guijarroso, sa adj. Dícese del terreno en el que hay muchos guijarros.

guilda f. Asociación medieval de obreros, comerciantes y artesanos para proteger sus mutuos intereses.

guilladura f. Chifladura.

guillame m. Cepillo estrecho de carpintero.

guillarse v. t. *Fam.* Chiflarse.

guillotina f. Máquina que sirve para decapitar a los condenados a muerte. ‖ Pena de muerte. ‖ *Impr.* Máquina para cortar papel, constituida esencialmente por una cuchilla que corre por un bastidor de hierro. ‖ *Ventana de guillotina,* la que se abre y cierra de arriba abajo.

guillotinar v. t. Dar muerte con guillotina. ‖ *Impr.* Cortar papel con la guillotina.

guimbalete m. Palanca que sirve para mover el émbolo de la bomba aspirante.

guimbarda f. Cepillo de carpintero de cuchilla estrecha muy saliente. ‖ Instrumento musical antiguo que tiene una armadura de metal en la que vibra una lámina de acero.

güinchar v. i. *Amer.* Trabajar con la grúa.

güinche m. *Amer.* Grúa, cabrestante.

guinda f. Fruto del guindo.

guindalera f. Lugar plantado de guindos.

guindar v. t. *Fam.* Robar. | Lograr una cosa en competencia con otros : *guindar a uno un empleo.*

guindaste m. *Mar.* Cabria formada por tres maderos en forma de horca. | Armazón en forma de horca para colgar algo.

guindilla f. Fruto del guindillo de Indias. ‖ Pimiento pequeño, encarnado y muy picante. ‖ *Fam.* En España, guardia municipal.

guindillo m. *Guindillo de Indias,* planta de fruto encarnado del tamaño de una guinda y muy picante.

guindo m. Árbol rosáceo, parecido al cerezo, de fruto más ácido.

guindola f. *Mar.* Pequeño andamio volante. | Aparato salvavidas provisto de un largo cordel cuyo extremo está sujeto a bordo. | Barquilla de la corredera.

guineano, na adj. Perteneciente o relativo a Guinea. ‖ — M. y f. Habitante u originario de esta región o país de África.

guineo, a adj. y s. De Guinea. ‖ — F. Moneda inglesa antigua, equivalente a veintiún chelines.

guiñada f. Señal que se hace guiñando un ojo. ‖ *Mar.* Desvío brusco del buque hacia un lado.

guiñador, ra adj. Que guiña a menudo los ojos (ú. t. c. s.).

guiñadura f. Guiñada.

guiñapo m. Andrajo, trapo viejo y roto. ‖ *Fig.* Persona andrajosa y sucia. | Persona degradada.

guiñar v. t. e. i. Cerrar un ojo momentáneamente, lo que suele hacerse a modo de advertencia disimulada : *guiñar a alguien* (ú. t. c. pr.). ‖ *Mar.* Dar guiñadas el barco.

guiño m. Guiñada.

guiñol m. Títere.

guión m. Cruz que va delante del prelado o de la comunidad. ‖ Estandarte real. ‖ Bandera arrollada de una cofradía en algunas procesiones. ‖ *Fig.* El que sirve de guía. ‖ Esquema director para la redacción de un texto o para pronunciar un discurso. ‖ Texto en el que figura el diálogo de una película, con todos los detalles relativos al rodaje, tales como planos, luces, decorados, efectos especiales, etc. ‖ *Gram.* Signo ortográfico (-) que se pone al fin del renglón que termina con parte de una palabra cuya continuación, por no caber en él, se ha de escribir en el siguiente. (Sirve también para separar en varios casos los miembros de una palabra compuesta : *germano-soviético.*).

guionista com. Autor de un guión cinematográfico.

guipar v. t. *Pop.* Ver.

guipur m. Tejido reticular o especie de encaje de malla ancha.
guipuzcoano, na adj. y s. De Guipúzcoa (España).
güira f. Árbol americano de cuyo fruto, parecido a la calabaza, se hacen platos y tazas. || Fruto de este árbol. || *Fam. Amer.* Cabeza, calabaza.
güiraú m. Ave de tamaño mediano, alas puntiagudas, cola casi cuadrada, uñas curvadas y pico robusto que vive en América.
guirigay m. *Fam.* Lenguaje oscuro e ininteligible. || Gritería y confusión producida por hablar todos al mismo tiempo.
guirlache m. Turrón de almendras o avellanas tostadas y caramelo.
guirnalda f. Corona o cordón de ramas, flores o papel.
güiro m. *Bol.* y *Per.* Tallo del maíz verde. || *Antill., Méx.* y *Venez.* Instrumento músico hecho con una calabaza vacía.
guisa f. Manera, modo.
guisado m. Guiso de carne con salsa y generalmente con patatas.
guisante m. Planta trepadora cuya semilla es comestible. || Semilla de esta planta.
guisar v. t. e i. Someter los alimentos a diversas manipulaciones utilizando el fuego con objeto de hacerlos aptos para consumirlos. || *Fig.* Arreglar o disponer una cosa.
guiso m. Manjar guisado. || Guisado, carne con salsa y patatas.
guisote m. Guiso mal preparado.
guisotear v. t. e i. Guisar de cualquier manera.
güisquelite m. *Méx.* Especie de alcachofa.
güisqui m. Whisky.
guisquil m. *Bot. Amér. C.* y *Méx.* Chayotera, planta trepadora.
guita f. Cuerda delgada, bramante. || *Fam.* Dinero.
guitarra f. Instrumento músico de cuerda compuesto de una caja de madera de forma ovalada, con un estrechamiento en el centro, un mástil con varios trastes y seis clavijas para templar otras tantas cuerdas.
guitarrazo m. Golpe fuerte dado valiéndose de una guitarra.
guitarrear v. i. Tocar la guitarra.
guitarreo m. Rasgueo de guitarra de modo repetido y monótono.
guitarrería f. Taller donde se fabrican guitarras.
guitarrero, ra m. y f. Fabricante de guitarras.
guitarrista com. Tocador de guitarra.
güito m. *Fam.* Sombrero.
gula f. Exceso en la comida o la bebida y apetito desordenado en el comer y beber : *pecado de gula.*
gules m. pl. *Blas.* Color rojo vivo.
gulusmear v. i. Andar oliendo.
gurbia adj. y s. *Méx.* Listo.
gurí, sa m. y f. *Rioplat.* Niño o niña mestizo o indio. | Niño, niña; muchacho, muchacha.
guripa m. *Fam.* Soldado.
gurripato m. Pollo de gorrión. || *Pop.* Chiquillo.
gurrumino, na m. y f. Niño.
gusanillo m. *Fam. El gusanillo de la conciencia,* el remordimiento.
gusano m. Nombre vulgar de varios animales invertebrados de cuerpo blando, alargado y segmentado que carecen de extremidades y se mueven mediante contracciones.
gusarapo, pa m. y f. Cualquiera de los animales de forma de gusanos que se crían en los líquidos.
gustar v. t. Probar, sentir y percibir en el paladar el sabor de las cosas. || Experimentar. || — V. i. Agradar una cosa, parecer bien : *me gustan las novelas policíacas.* || Desear, querer, tener gusto en algo : *gustar de leer.* || *¿ Usted gusta ?,* expresión de cortesía usada cuando alguien empieza a comer delante de otros.
gustativo, va adj. Relativo al gusto. || *Nervio gustativo,* el que transmite de la lengua al encéfalo las sensaciones del paladar.
gustazo m. *Fam.* Gusto grande.
gustillo m. Dejo o saborcillo que percibe el paladar.
gusto m. Uno de los cinco sentidos corporales con que se percibe y distingue el sabor de las cosas. || Sabor : *comida de gusto dulce.* || Placer, agrado : *lo haré con gusto.* || Facultad de apreciar lo bello : *tener buen gusto.* || Gracia, elegancia : *vestir con gusto.* || Manera de expresar una obra artística : *obra de gusto helénico.* || Modo de apreciar las cosas : *el gusto peculiar de cada uno.* || Inclinación, afición : *tener gustos diferentes.* || Capricho, antojo : *por su gusto nunca saldríamos de paseo.* || — *A gusto,* con agrado. || *Con mucho gusto,* expresión de cortesía con la que se acepta algo. || *Dar gusto a uno,* complacerle. || *Fam. Despacharse a su gusto,* hacer o decir algo sin traba de ninguna clase. || *Mucho gusto* o *tanto gusto,* encantado de conocerle (en una presentación).
gustoso, sa adj. Sabroso : *plato gustoso.* || Que hace con gusto una cosa : *iré gustoso a verle.* || Agradable, placentero.
gutagamba f. Árbol de la India de cuyo tronco fluye una gomorresina usada en farmacia y pintura. || Gomorresina de este árbol.
gutapercha f. Sustancia gomosa obtenida de un árbol de Indonesia.
gutíferas f. pl. Familia de plantas y árboles que segregan productos resinosos, como la gutagamba y la gutapercha (ú. t. c. adj.).
gutural adj. Relativo a la garganta : *grito gutural.* || *Gram.* Dícese de las consonantes cuyos sonidos se producen por aproximación o contacto del dorso de la lengua y el velo del paladar (la *g*, la *j* y la *k* son *consonantes guturales*) [ú. t. c. s. f.].
guyanés, esa adj. y s. De Guyana (Estado del Norte de América del Sur).
gymkhana f. (pal. india). Conjunto de pruebas deportivas en automóvil, motocicletas o caballos en el cual los participantes han de vencer obstáculos variados.

h

h f. Novena letra del alfabeto castellano y séptima de sus consonantes. || — **H**, símbolo del *hidrógeno*, y del *henrio* o *henry*. | — **h**, símbolo de la *hora*. || — *La hora H*, momento fijado para una operación.
ha, abreviatura de *hectárea*.
haba f. Planta de semilla comestible. || Su semilla. || Figurita encerada que se pone en el roscón de Reyes. || Roncha. || *Min.* Nódulo de mineral redondeado y envuelto por la ganga. || *Veter.* Tumor de las caballerías en el paladar. || — *Fam. En todas partes cuecen habas,* lo mismo ocurre en todas partes. | *Son habas contadas,* expresión que se emplea para decir que el número de las personas o cosas de las que se habla es escaso.
habanero, ra adj. y s. De La Habana. || — F. Danza originaria de La Habana.
habano, na adj. De La Habana y, por ext., de Cuba : *cigarro habano.* || Del color de tabaco claro : *un vestido de color habano.* || — M. Cigarro puro de Cuba.
hábeas corpus m. Institución de Derecho que garantiza la libertad individual y protege de las detenciones arbitrarias.
haber m. Hacienda, caudal (ú. t. en pl.). || Parte de la cuenta de una persona donde se apuntan las cantidades que se le deben. || — Pl. Retribución : *los haberes de un empleado.*
haber v. t. Poseer, tener una cosa (en este sentido se suele usar *tener*). || — V. auxiliar. Sirve para conjugar los tiempos compuestos de los verbos : *he amado ; habrás leído.* || — V. impers. Suceder, ocurrir, acaecer, sobrevenir : *hubo una hecatombe.* || Verificarse, efectuarse, celebrarse : *ayer hubo conferencia.* || Dicho del tiempo, hacer : *habrá diez años que ocurrió.* || Hallarse : *había mucha gente en el mercado.* || — *Haber de*, tener que. || *Habérselas con uno,* enfrentarse con él. || *Hay que,* es preciso. || *Fam. ¿ Qué hay ?,* fórmula de saludo.
habichuela f. Judía.
habiente adj. *For.* Que tiene.
hábil adj. Capaz, diestro : *cirujano hábil.* || Inteligente : *hábil maniobra.* || *For.* Apto : *hábil para contratar.* || *Días hábiles,* días laborables.
habilidad f. Capacidad y disposición para una cosa. || Destreza : *la habilidad de un operario.* || Inteligencia, talento : *la habilidad de un político.* || Acción que demuestra la destreza o inteligencia. || Cualidad de hábil : *habilidad para testar.*
habilidoso, sa adj. y s. Que tiene habilidad, mañoso.
habilitación f. Acción y efecto de habilitar. || Cargo del habilitado.
habilitado m. Persona encargada de pagar los haberes de militares y funcionarios.
habilitador, ra adj. y s. Que habilita.
habilitar v. t. Hacer a una persona hábil o apta desde el punto de vista legal : *habilitar para suceder.* || Proveer de : *habilitar un millón de pesetas.* || Dar el capital necesario para poder negociar. || Disponer, arreglar, acondicionar : *habilitar una casa.*
habitabilidad f. Calidad de habitable.
habitable adj. Aplícase al sitio donde puede habitarse.
habitación f. Acción y efecto de habitar. || Cualquiera de los aposentos de la casa o morada. || Edificio o parte de él que se destina para habitarlo, domicilio. || Cuarto de dormir.
habitáculo m. *Poét.* Habitación. || Hábitat.
habitante adj. Que habita. || — M. Cada una de las personas que constituyen la población de un lugar.
habitar v. t. Vivir, morar (ú. t. c. i.).
hábitat m. Conjunto de hechos geográficos relativo a la residencia del hombre : *el hábitat rural, urbano.*
hábito m. Traje o vestido. || Vestido que se lleva en cumplimiento de un voto : *hábito del Carmen.* || Vestidura de los religiosos : *hábito de San Francisco.* || Costumbre : *tener malos hábitos.*
habitual adj. De siempre.
habituar v. t. Acostumbrar.
habla f. Facultad o acción de hablar. || Idioma, lenguaje : *países de habla española.* || Manera de hablar : *el habla de los niños.*
hablado, da adj. Con los adverbios *bien* o *mal*, comedido o descomedido en el hablar.
hablador, ra adj. Que habla mucho, parlanchín (ú. t. c. s.).
habladuría f. Dicho o expresión inoportuna y desagradable. || Rumor.
hablar v. i. Articular, proferir palabras para darse a entender. || Conversar (ú. t. c. pr.). || Perorar : *hablar en un mitin.* || Tratar : *hablar de literatura.* || Dirigir la palabra : *le tengo que hablar.* || Aplicar cierto tratamiento : *hablar de tú a un amigo.* || Murmurar : *hablar mal del vecino.* || Rogar, interceder : *hablar en favor de un amigo.* || *Fig.* Tener relaciones amorosas : *Fernando habló tres años con Victoria* (ú. t. c. pr.). | Sonar un instrumento con expresión : *hablar el violín.* || Darse a entender por medio distinto de la palabra : *el Partenón nos habla de la grandeza de Grecia.* || — *Fig. Hablando en plata,* hablando claramente. || *Fam. Hablar como una cotorra, más que un papagayo, por los codos,* hablar mucho y muy de prisa. | *¡ Ni hablar !,* de ninguna manera. || — V. t. Conocer, emplear un idioma : *hablar inglés.* || Decir : *hablar disparates.* || — V. pr. *Fig.* Tratarse.
hablilla f. Habladuría.

hablista com. Persona que habla con pureza y propiedad.

habón m. Roncha grande, haba.

hacedero, ra adj. Factible.

hacedor, ra adj. y s. Que hace una cosa. ‖ Por antonomasia, Dios.

hacendado, da adj. y s. Que tiene hacienda en bienes raíces. ‖ *Fig.* Rico, adinerado. ‖ *Amer.* Dueño de una estancia.

hacendar v. t. Dar o conferir la propiedad de bienes raíces. ‖ — V. pr. Adquirir bienes para establecerse : *hacendarse en Argentina.*

hacendista com. Experto en la administración de la hacienda pública.

hacendístico, ca adj. Relativo a la hacienda pública.

hacendoso, sa adj. Cuidadoso.

hacer v. t. Producir una cosa, darle el primer ser. ‖ Fabricar, componer : *hacer un mueble.* ‖ Disponer, arreglar : *hacer la comida.* ‖ Causar, ocasionar : *hacer humo.* ‖ Caber, contener : *esta bota hace cien litros de vino.* ‖ Efectuar : *hacer un milagro.* ‖ Ejercitar los miembros para procurar su desarrollo : *hacer piernas.* ‖ Representar : *hacer un papel de cómico.* ‖ Ocuparse en algo : *tener mucho que hacer.* ‖ Ser : *cuatro y cuatro hacen ocho.* ‖ Convertir : *hacer trizas una cosa.* ‖ Dar cierta impresión : *este vestido me hace más gorda.* ‖ Convenir : *este trabajo no me hace.* ‖ Creer, suponer : *hacía a Ramón en Málaga* (ú. t. c. pr.). ‖ Expeler del cuerpo : *hacer de vientre.* ‖ Obligar : *hacer salir del local.* ‖ Aparentar : *hacer el muerto* (ú. t. c. pr.). ‖ Proferir o producir cierto sonido : *el reloj hace tic tac.* ‖ — *Hacer el amor,* enamorar; tener relaciones sexuales. ‖ *Fam. Hacerla,* hacer una fechoría o una jugada. ‖ *Hacer las delicias,* causar placer. ‖ *Hacer las veces de,* reemplazar; servir para. ‖ *Hacer saber* o *hacer presente,* poner en conocimiento. ‖ *Hacer tiempo,* dejar pasar el tiempo. ‖ *Hacer uso,* usar, utilizar. ‖ — V. i. Importar, convenir : *lo que hace al caso.* ‖ — *Hacer como,* aparentar. ‖ *Hacer de,* desempeñar el oficio de. ‖ *Hacer para* o *por,* procurar. ‖ — V. pr. Proveerse : *hacerse con dinero.* ‖ Volverse : *hacerse viejo.* ‖ Resultar : *este viaje se hace muy largo.* ‖ Crecer, irse formando : *hacerse los árboles.* ‖ Convertirse en, llegar a ser. ‖ Apartarse : *se hizo a un lado.* ‖ *Fam.* Acostumbrarse : *me hice a esa clase de vida.* ‖ Ganar : *se hizo con mucho dinero.* ‖ — *Hacerse con* (o *de*) *una cosa,* quedarse con ella. ‖ *Hacerse a la mar,* embarcarse. ‖ — V. impers. Hablando del tiempo, hacerlo bueno o malo : *hace calor.* ‖ Haber transcurrido cierto tiempo : *hace tres días.*

hacia prep. Indica la dirección del movimiento : *hacia la derecha.* ‖ Alrededor de, cerca de : *hacia las cuatro de la tarde.*

hacienda f. Finca agrícola o rural. ‖ Fortuna. ‖ Labor, faena casera (ú. m. en pl.). ‖ *Amer.* Ganado. ‖ — *Hacienda pública,* tesoro público, rentas del Estado. ‖ *Ministerio de Hacienda,* el que se ocupa de la recaudación fiscal y de proveer los gastos públicos.

hacina f. Conjunto de haces apilados. ‖ *Fig.* Montón.

hacinamiento m. Amontonamiento.

hacinar v. t. Poner los haces unos sobre otros formando hacina. ‖ *Fig.* Amontonar, acumular. ‖ — V. pr. Amontonarse.

hacha f. Tea de esparto y alquitrán. ‖ Herramienta cortante provista de un mango, utilizada para cortar leña o labrar toscamente la madera. ‖ Arma antigua de guerra de forma similar a la anterior. ‖ *Fam.* As, persona que sobresale en algo.

hache f. Nombre de la letra *h.*

hachís m. Composición narcótica extraída del cáñamo oriental.

hachón m. Hacha, tea.

hada f. Ser fantástico de sexo femenino al cual se atribuía el don de adivinar lo futuro.

hado m. Destino.

hafnio m. Metal blanco (símb. Hf), de número atómico 72, que funde a 2500 °C y pertenece al grupo de las tierras raras.

hagiografía f. Historia de la vida de los santos.

hagiógrafo m. Autor de cualquiera de los libros de la Biblia. ‖ Escritor de vidas de santos.

haiga f. *Pop.* En España, automóvil de lujo.

haitiano, na adj. y s. De Haití.

¡hala! interj. Se usa para animar, incitar.

halagador, ra adj. Que halaga.

halagar v. t. Dar motivo de satisfacción o envanecimiento : *me halaga lo que dices.* ‖ Adular.

halago m. Alabanza, lisonja.

halagüeño, ña adj. Que halaga. ‖ Que lisonjea o adula.

halar v. t. *Mar.* Tirar de un cabo, de una lona o un remo. ‖ Remar hacia adelante.

halcón m. Ave rapaz diurna.

hálito m. Aliento. ‖ Soplo de aire.

halo m. Cerco luminoso que rodea a veces el Sol y la Luna. ‖ *Fot.* Aureola que rodea la imagen de un punto brillante. ‖ Cerco brillante que se pone sobre la cabeza de las imágenes de los santos. ‖ *Fig.* Atmósfera que rodea a una persona.

halógeno, na adj. y s. m. Aplícase a los elementos de la familia del cloro (*flúor, bromo, yodo* etc.).

haltera f. Instrumento de gimnasia formado por dos bolas o discos metálicos unidos por una barra.

halterofilia f. Deporte consistente en el levantamiento de pesos y halteras.

hall [*jol*] m. (pal. ingl.). Recibimiento, entrada, zaguán.

hallar v. t. Dar con una persona o cosa sin buscarla. ‖ Encontrar lo que se busca. ‖ Inventar : *hallar un procedimiento químico.* ‖ Observar, notar : *hallar errores de imprenta.* ‖ Averiguar : *hallar el paradero de una persona.* ‖ — V. pr. Encontrarse : *se hallaba en Barcelona.* ‖ Estar : *hallarse enfermo.* ‖ Estar presente : *hallarse en París.*

hallazgo m. Acción y efecto de hallar. ‖ Cosa hallada.

hamaca f. Red o lona que se cuelga horizontalmente y sirve de cama y columpio. ‖ Tumbona. ‖ *Rioplat.* Mecedora.

hamacar v. t. *Rioplat.* Mecer en la hamaca.

hamaquear v. t. *Amer.* Mecer. ‖ *Fig. Amer.* Marear a uno. ‖ Dar largas a un negocio.

hambre f. Gana y necesidad de comer. ‖ *Fig.* Deseo ardiente : *hambre de justicia.*

hambriento, ta adj. y s. Que tiene hambre. ‖ *Fig.* Deseoso.

hamburgués, esa adj. y s. De Hamburgo. (Alemania). ‖ — F. Bistec de carne picada hecho a la parrilla y que suele servirse en un panecillo.

hampa f. Género de vida de los pícaros y maleantes y su conjunto.

hámster m. Género de roedores pequeños de Europa Oriental.
hand ball [*janbol*] m. (pal. ingl.). Balonmano.
handicap m. (pal ingl.). Prueba deportiva en la que se da ventaja a ciertos competidores para igualar las posibilidades. || *Fig.* Cualquier desventaja.
hangar m. Cobertizo, en particular el destinado a guarecer los aviones.
happening m. (pal. ingl. que sign. *acontecimiento*). Espectáculo artístico improvisado sobre un tema en el que participa el público.
haragán, ana adj. y s Holgazán.
haraganear v. i. Holgazanear.
haraganería f. Pereza.
harakiri [*jara-*] y **haraquiri** m. En el Japón, suicidio ritual que consiste en arbrirse el vientre.
harapiento, ta adj. Haraposo.
harapo m. Andrajo, guiñapo.
haraposo, sa adj. Andrajoso.
haraquiri m. Harakiri.
hardware m. (pal. ingl.). Conjunto de los elementos materiales que constituyen un ordenador.
harén m. Entre los musulmanes, departamento de la casa donde viven las concubinas. || Conjunto de estas mujeres.
harina f. Polvo resultante de la molienda de diversos granos : *harina de trigo.* || *Fig.* Polvo menudo. || — *Fig.* y *fam. Ser harina de otro costal,* ser muy diferente una cosa de otra. | *Metido en harina,* empeñado en una empresa.
harinero, ra adj. Relativo a la harina. || — M. Persona que comercia en harina o la fabrica.
harinoso, sa adj. Que contiene harina. || De la naturaleza de la harina o parecido a ella.
harmonía y sus derivados, v. ARMONÍA.
harnero m. Especie de criba.
hartada f. Hartazgo.
hartar v. t. Saciar el apetito de comer o beber (ú. t. c. i. y pr.). || *Fig.* Satisfacer el deseo de una cosa. Ú. t. c. pr. : *hartarse de dormir.* || Fastidiar, cansar. Ú. t. c. pr. : *hartarse de esperar.* || Dar en gran cantidad : *hartar a uno de palos.*
hartazgo m. Repleción incómoda que resulta de hartarse.
hartera f., **hartón** m. y **hartura** f. Hartazgo.
hash m. *Fam.* Hachís.
hasta prep. Sirve para expresar el término de lugares, acciones y cantidades continuas o discretas : *desde aquí hasta allí.* || — Conj. y adv. Equivalente a *incluso, aun, también : le hubiese hasta pegado.* || — *Hasta la vista, hasta luego, hasta pronto, hasta otra,* expresiones de despedida. || *Hasta más no poder,* sumamente.
hastial m. Parte superior triangular de la fachada de un edificio formada por las dos vertientes del tejado o cubierta.
hastiar v. t. Asquear (ú. t. c. pr.). || Fastidiar (ú. t. c. pr.).
hastío m. Asco a la comida. || *Fig.* Disgusto, fastidio, tedio.
hatajo m. Pequeño hato de ganado. || *Fig.* y *fam.* Conjunto, abundancia : *un hatajo de disparates.* | Conjunto de gente, generalmente despreciables : *un hatajo de idiotas.*
hatillo m. Hato pequeño de ganado. || Pequeño lío de ropa. || *Fig.* y *fam. Coger* o *tomar el hatillo,* irse, marcharse.
hato m. Porción de ganado : *un hato de bueyes.* || Sitio en despoblado donde paran los pastores con el ganado. || *Fig.* Junta de gente de mal vivir : *un hato de pícaros.* | Hatajo, montón. || *Fam.* Junta, corrillo : *un hato de chiquillos.* || Lío de ropa y efectos que lleva uno consigo cuando va de un sitio para otro.
hawaiano, na adj. y s. De Hawai.
haya f. Arbol de tronco liso, corteza gris y madera blanca.
hayal m. Sitio poblado de hayas.
hayense adj. y s. De Presidente Hayes (Paraguay).
haz m. Porción atada de mieses, leña, etc. || *Fís.* Conjunto de rayos luminosos emitidos por un foco. || — F. Cara o rostro. || Cara de una hoja, de cualquier tela, etc., opuesta al envés. || — Pl. Signo de autoridad de los lictores romanos que constaba de un hacha sostenida por un conjunto de varillas.
haza f. Porción de tierra de labor.
hazaña f. Hecho heroico.
hazmerreír m. *Fam.* Persona o cosa objeto de burlas.
he adv. Con los adverbios *aquí* y *allí* o los pronombres enclíticos *me, te, la, le, lo, las, los* sirve para señalar una persona o cosa : *heme aquí; hela allí; he aquí el dilema.*
He, símbolo del *helio.*
hebdomadario, ria adj. Semanal.
hebijón m. Clavillo de hebilla.
hebilla f. Broche para ajustar correas, cintas, etc.
hebra f. Porción de hilo que se pone en una aguja. || Fibra de la carne. || Filamento de las materias textiles : *hebra de lino.* || Filamento del tabaco picado. || *Fig.* Hilo del discurso. || — Pl. *Poét.* Cabellos. || *Fig.* y *fam. Pegar la hebra,* charlar.
hebraico, ca adj. Hebreo.
hebraísmo m. Profesión de la ley de Moisés, ley judía. || Giro propio de la lengua hebrea.
hebraísta com. Persona que cultiva la lengua y la literatura hebreas.
hebraizante com. Hebraísta.
hebreo, a adj. y s. Aplícase al pueblo semítico que conquistó y habitó Palestina, también llamado *israelita* y *judío.* || — M. Lengua de los hebreos.
hecatombe f. Sacrificio solemne de cien bueyes y, por ext., de otras víctimas, que hacían los paganos a sus dioses. || *Fig.* Matanza, mortandad. | Acontecimiento en que son muchos los perjudicados.
hectárea f. Medida de superficie de cien áreas equivalente a diez mil metros cuadrados (símb. ha).
hectogramo m. Medida de peso que tiene 100 g (símb. hg).
hectolitro m. Medida de capacidad, que tiene 100 l (símb. hl).
hectómetro m. Medida de longitud, que tiene 100 m (símb. hm).
hechicería f. Profesión y acto del hechicero. || Hechizo, maleficio.
hechicero, ra adj. y s. Persona que el vulgo creía estaba en relación con el diablo para producir maleficios. || En los cuentos, brujo. || *Fig.* Que, por su belleza, cautiva y atrae : *niña hechicera.*
hechizar v. t. Emplear prácticas supersticiosas para someter a uno a influencias maléficas. || *Fig.* Despertar una persona o cosa admiración, cautivar.
hechizo m. Cosa supersticiosa de que se vale el hechicero para lograr su objetivo. || *Fig.* Persona o cosa que cautiva el ánimo.

hecho, cha adj. Perfecto, acabado : *hombre hecho; vino hecho.* ‖ *Fig.* Semejante a : *estaba hecho una fiera.* ‖ Con los adv. *bien* o *mal,* bien o mal proporcionado : *mujer muy bien hecha.* ‖ — M. Acción, obra. ‖ Acontecimiento, suceso : *un hecho histórico.* ‖ — *A lo hecho, pecho,* hay que sufrir las consecuencias de lo que se hace. ‖ *De hecho,* en realidad. ‖ *¡Hecho!,* ¡de acuerdo!, ¡aceptado! ‖ *Hecho consumado,* aquel que, una vez realizado, es irreversible.

hechura f. Ejecución, confección : *la hechura de un traje.* ‖ Criatura, respecto de su creador : *somos hechuras de Dios.* ‖ Cualquier cosa respecto del que la ha hecho. ‖ Forma exterior. ‖ *Fig.* Persona que debe a otra cuanto tiene : *ser la hechura de su protector.*

heder v. i. Despedir mal olor.

hediondez f. Hedor, mal olor.

hediondo, da adj. Pestilente.

hedonismo m. Doctrina moral que considera el placer como único fin de la vida.

hedonista adj. y s. Relativo al hedonismo o partidario de él.

hedor m. Mal olor.

hegemonía f. Supremacía.

hégira o **héjira** f. Comienzo de la cronología musulmana, situado el 16 de julio de 622, día de la huida de Mahoma de La Meca a Medina.

helada f. Congelación de los líquidos producida por la frialdad del tiempo.

heladera f. Máquina para hacer helados. ‖ *Amer.* Nevera.

heladería f. Tienda donde se fabrican o venden helados.

heladero m. Fabricante de helados. ‖ Vendedor de helados.

helado, da adj. De consistencia sólida a causa del frío : *lago helado.* ‖ *Fig.* Muy frío : *tener los pies helados.* | Atónito, suspenso : *helado del susto.* | Frío, desdeñoso : *temperamento helado.* ‖ — M. Crema azucarada, a veces con zumo de frutas o licor, que se congela en un molde y constituye un manjar refrescante.

helador, ra adj. Que hiela. ‖ — F. Utensilio para hacer helados.

helar v. t. Solidificar un líquido por medio del frío : *el frío hiela el agua de los ríos.* ‖ *Fig.* Dejar a uno suspenso : *helar a uno con una mala noticia.* | Desanimar, amilanar : *helar el entusiasmo a uno.* ‖ — V. pr. Ponerse helada una cosa : *helarse el aceite.* ‖ Quedarse muy frío. ‖ Echarse a perder los vegetales por causa de la congelación. ‖ *Fig.* Pasar mucho frío. ‖ — *Helársele a uno la sangre en las venas,* quedarse paralizado por miedo o sorpresa. ‖ — V. impers. Formarse hielo.

helecho m. Género de plantas criptógamas que crecen en los lugares húmedos.

helénico, ca adj. Griego, relativo a Grecia.

helenismo m. Giro propio de la lengua griega. ‖ Influencia de la civilización griega en las culturas posteriores.

helenista com. Persona versada en la lengua y literatura griegas.

helenístico, ca adj. Relativo al helenismo. ‖ Aplícase al griego alejandrino. ‖ Dícese del período histórico que va desde la conquista de Alejandro Magno hasta la dominación romana.

helenización f. Adopción de la lengua y cultura griegas.

helenizar v. t. Dar carácter griego. ‖ — V. pr. Adoptar las costumbres, lengua y civilización griegas.

heleno, na adj. y s. Griego.

helera f. *Amer.* Heladera.

helero m. Masa de hielo debajo del límite de las nieves perpetuas en las altas montañas.

hélice f. *Anat.* Parte más externa y periférica del pabellón auditivo. ‖ *Arq.* Voluta. ‖ Curva de longitud indefinida que forma ángulos iguales con las generatrices de un cilindro. ‖ Espiral. ‖ *Tecn.* Sistema de propulsión, tracción o sustentación, constituido por palas helicoidales que giran sobre un eje : *hélice de un avión.*

helicoidal adj. De figura de hélice.

helicóptero m. Aeronave cuya sustentación y propulsión se deben a hélices horizontales que le permiten ascender y descender en sentido vertical.

helio m. *Quím.* Cuerpo simple gaseoso (He), de densidad 0,18 y número atómico 2.

heliograbado m. *Impr.* Procedimiento fotomecánico para obtener grabados en hueco. ‖ Estampa así obtenida.

heliografía f. Descripción o fotografía del Sol. ‖ Sistema de transmisiones de señales por medio del heliógrafo.

heliógrafo m. Instrumento telegráfico óptico que utiliza los rayos solares reflejados por espejos. ‖ Aparato que mide la cantidad de calor recibida del Sol.

helión m. Núcleo del átomo del helio.

helioterapia f. *Med.* Tratamiento basado en la luz solar, activa por sus rayos ultravioleta.

heliotropismo m. Fenómeno que ofrecen ciertas plantas de dirigir sus flores, sus tallos y sus hojas hacia el Sol.

heliotropo m. Género de plantas de flores olorosas.

helipuerto m. Pista de aterrizaje para helicópteros.

helminto m. Gusano parásito intestinal.

helvecio, cia adj. y s. Suizo.

helvético, ca adj. y s. Suizo.

hematíe m. Glóbulo rojo de la sangre.

hematina f. Pigmento ferruginoso de la hemoglobina.

hematites f. *Min.* Óxido natural de hierro, rojo y a veces pardo.

hematología f. Estudio de la estructura histológica, la composición y las propiedades de la sangre.

hematoma m. Derrame de sangre en una cavidad natural o en un tejido debido a la ruptura de algún vaso.

hematosis f. Conversión de la sangre venosa en arterial.

hematozoario m. Protozoario parásito de la sangre.

hembra f. Animal del sexo femenino. ‖ Mujer. ‖ *Fig.* Pieza con un hueco o agujero por donde otra se introduce y encaja. | El mismo hueco.

hembrilla f. Armella. ‖ Pieza pequeña donde encaja otra.

hemeroteca f. Biblioteca de diarios y periódicos al servicio del público. ‖ Edificio donde se halla.

hemiciclo m. Semicírculo. ‖ Salón de forma semicircular con gradas. ‖ *Fig.* Sala de sesiones del Parlamento.

hemiplejía o **hemiplejia** f. Parálisis de todo un lado del cuerpo.

hemipléjico, ca adj. y s. Relativo a la hemiplejía o que padece esta parálisis.

hemíptero, ra adj. Dícese de los insectos de cuatro alas, trompa chupadora y pico articulado (ú. t. c. s. m.).
hemisférico, ca adj. Relativo al hemisferio o que tiene su forma.
hemisferio m. Mitad de una esfera. ‖ *Astr.* Cada una de las dos partes iguales en que se divide el globo terrestre o la esfera celeste : *hemisferio austral, boreal, occidental.*
hemistiquio m. Parte del verso cortado por una cesura.
hemofilia f. Enfermedad caracterizada por la excesiva fluidez y dificultad de coagulación de la sangre.
hemofílico, ca adj. De la hemofilia. ‖ Que la padece (ú. t. c. s.).
hemoglobina f. Materia colorante del glóbulo rojo de la sangre.
hemólisis f. Desintegración de los corpúsculos sanguíneos con liberación de la hemoglobina.
hemoptisis f. Hemorragia de la membrana mucosa pulmonar caracterizada por la expectoración de sangre.
hemorragia f. Flujo de sangre de cualquier parte del cuerpo.
hemorrágico, ca adj. Relativo a la hemorragia.
hemorroidal adj. *Med.* Relativo a las hemorroides o almorranas.
hemorroide f. *Med.* Almorrana.
henchidura f. o **henchimiento** m. Acción y efecto de henchir.
henchir v. t. Llenar : *salió a la calle para henchir de aire fresco los pulmones.*
hendedura f. Hendidura.
hender v. t. Hacer o causar una hendidura. ‖ *Fig.* Atravesar un fluido o líquido. | Abrirse paso.
hendidura f. Abertura estrecha y larga en un cuerpo sólido cuando no llega a dividirlo del todo.
hendir v. t. Hender.
henequén m. *Amér. C., Col.* y *Méx.* Variedad de agave o sisal.
heno m. Planta gramínea de los prados. ‖ Hierba segada y seca para alimento del ganado.
henrio o **henry** m. *Fís.* Unidad de inductancia eléctrica (símb. H).
hepático, ca adj. Relativo al hígado : *arteria hepática.* ‖ *Cólico hepático,* crisis dolorosa de los canales biliares. ‖ — M. y f. Persona que padece del hígado.
hepatismo m. Afección del hígado.
hepatitis f. Inflamación del hígado, de origen tóxico o infeccioso.
heptacordio o **heptacordo** m. *Mús.* Escala compuesta de las siete notas *do, re, mi, fa, sol, la, si.*
heptaedro m. Poliedro de siete caras.
heptagonal adj. Relativo al heptágono.
heptágono, na adj. Que tiene siete ángulos. ‖ — M. Polígono de siete lados.
heptámetro adj. Aplícase al verso de siete pies (ú. t. c. s. m.).
heptarquía f. Gobierno de siete personas. ‖ País dividido u organizado en siete reinos.
heptasílabo, ba adj. De siete sílabas : *verso heptasílabo* (ú. t. c. s. m.).
heráldico, ca adj. Relativo al blasón. ‖ — M. Heraldista. ‖ — F. Ciencia del blasón.
heraldista com. Persona versada en heráldica.
heraldo m. Mensajero, portavoz.
herbívoro, ra adj. y s. m. Aplícase al animal que se alimenta de hierbas.
herbolario m. Persona que vende hierbas medicinales. ‖ Tienda donde se venden estas hierbas.
herborización f. Acción y efecto de herborizar.
herborizar v. i. Recoger plantas para estudiarlas.
herciano, na adj. Hertziano.
herciniano, na adj. *Geol.* Aplícase al último plegamiento del primario (ú. t. c. s. m.).
hercio m. V. HERTZ.
hercúleo, a adj. Propio o digno de Hércules : *fuerza hercúlea.*
hércules m. Hombre muy fuerte.
heredad f. Finca o hacienda.
heredar v. t. Suceder por disposición testamentaria o legal en los bienes y acciones que tenía uno al tiempo de su muerte (ú. t. c. i.). ‖ Darle a uno heredades, posesiones o bienes raíces. ‖ *Biol.* Recibir los seres vivos los caracteres físicos y morales que tienen sus padres.
heredero, ra adj. y s. Dícese de la persona que por testamento o por ley sucede a título universal en todo o parte de una herencia : *heredero universal.* ‖ *Fig.* Que tiene alguno de los caracteres propios de sus padres.
hereditario, ria adj. Transmisible por herencia.
hereje com. Persona que profesa o defiende una herejía.
herejía f. Doctrina que, dentro del cristianismo, es contraria a la fe católica : *la herejía arriana.* ‖ *Fig.* Sentencia errónea contra los principios de una ciencia o arte. | Palabra muy injuriosa. | Opinión no aceptada por la autoridad.
herencia f. Derecho de heredar. ‖ Bienes que se transmiten por sucesión. ‖ *Biol.* Transmisión de los caracteres normales o patológicos de una generación a otra.
heresiarca com. Persona que promueve una herejía o jefe de una secta herética.
herético, ca adj. Relativo a la herejía : *son doctrinas heréticas inadmisibles.*
herida f. Rotura hecha en las carnes con un instrumento o por efecto de fuerte choque con un cuerpo duro. ‖ *Fig.* Lo que ofende el amor propio o el honor. | Dolor profundo.
herido, da adj. y s. Que ha recibido una herida. ‖ *Fig.* Ofendido. | Afligido.
herir v. t. Dar un golpe que produzca llaga, fractura o contusión : *herir de una pedrada* (ú. t. c. pr.). ‖ *Fig.* Ofender. | Caer los rayos del Sol sobre una cosa : *la luz solar hiere la vista.* | Producir una impresión desagradable : *sonido que hiere el oído.*
hermafrodita adj. Dícese de los animales o plantas que reúnen los dos sexos en un mismo individuo. ‖ — M. Individuo de la especie humana que aparentemente reúne los órganos reproductores de ambos sexos.
hermafroditismo m. Yuxtaposición en un mismo animal o planta de los dos sexos.
hermanado, da adj. Aparejado : *calcetines hermanados.* ‖ *Fig.* Igual y uniforme en todo a una cosa. ‖ Dícese de los órganos gemelos en las plantas. ‖ Asociado : *ciudades hermanadas.*
hermanamiento m. Acción y efecto de hermanar o hermanarse. ‖ Convenio de hermandad entre dos ciudades de diferentes países.
hermanar v. t. Aparear objetos de la misma índole : *hermanar calcetines de varios colores.* ‖ Unir, juntar, armonizar : *hermanar esfuerzos.* ‖ Hacer a uno hermano de otro

espiritualmente : *la desgracia los hermanó* (ú. t. c. pr.). ‖ Asociar dos ciudades de distintos países para desarrollar sus intercambios.

hermanastro, tra m. y f. Hijo de uno de los dos consortes con respecto al hijo del otro.

hermandad f. Relación de parentesco que hay entre hermanos. ‖ *Fig.* Amistad íntima, fraternidad. | Analogía o correspondencia entre dos cosas. | Cofradía. | Liga o confederación. | Asociación de dos ciudades de distintos países.

hermano, na m. y f. Persona que con respecto a otra tiene los mismos padres o por lo menos uno de ellos. ‖ *Fig.* Aplícase a todos los hombres, considerados como hijos de un mismo padre : *hermanos en Jesucristo.* | Dícese de las personas que están unidas por algún motivo afectivo : *hermanos en el dolor.* | Individuo de una hermandad, cofradía, etc. : *hermanos francmasones.* | Religioso de ciertas órdenes : *hermana de la Caridad.* ‖ — *Hermano carnal,* el del mismo padre y madre. ‖ *Hermano consanguíneo,* el de padre solamente. ‖ *Hermano de leche,* hijo de una nodriza respecto del ajeno que ésta crió, o viceversa. ‖ *Hermano político,* cuñado. ‖ *Hermano uterino,* el que sólo lo es de madre. ‖ *Hermanos siameses,* gemelos procedentes de un solo óvulo unidos por alguna parte del cuerpo. ‖ *Medio hermano,* hermanastro. ‖ — Adj. Dícese de las cosas que, por su común origen, tienen caracteres análogos : *lenguas hermanas.*

hermenéutico, ca adj. Relativo a la hermenéutica. ‖ — F. Arte de interpretar los textos antiguos.

hermeticidad f. Hermetismo.

hermético, ca adj. Que no deja pasar nada ni hacia fuera ni hacia dentro : *tapa hermética.* ‖ *Fig.* Difícil de entender : *poesía hermética.* | Impenetrable : *persona hermética.*

hermetismo m. Calidad de hermético.

hermosear v. t. Embellecer.

hermosillense adj. y s. De Hermosilla (México).

hermoso, sa adj. Dotado de hermosura : *mujer hermosa.* ‖ Grandioso, excelente y perfecto en su línea : *edificio hermoso.* ‖ Despejado, espléndido : *hermoso día.* ‖ *Fig.* Sano y robusto : *niño hermoso.*

hermosura f. Belleza grande. ‖ Persona o cosa hermosa.

hernandeño, ña adj. y. s. De Hernandarias (Paraguay).

hernia f. Tumor blando producido por la salida total o parcial de una víscera u otra parte blanda de la cavidad que la encerraba.

herniado, da adj. y s. Que padece hernia.

herniarse v. pr. Sufrir una hernia.

hernioso, sa adj. y s. Herniado.

héroe m. Entre los griegos, el que creían nacido de un dios o diosa y de una persona humana, por lo que le reputaban más que hombre y menos que dios. ‖ Varón famoso. ‖ El que ejecuta una acción heroica. ‖ *Fig.* Personaje principal de una obra literaria, de una aventura, de una película. | Persona que realiza una acción que requiere valor.

heroicidad f. Calidad de heroico. ‖ Acción heroica.

heroico, ca adj. Propio del héroe. ‖ Que requiere valor. ‖ Muy poderoso y eficiente : *remedio heroico.* ‖ *Tiempos heroicos,* época lejana en la que se confunde la historia con la leyenda ; (fig.) época en que se inicia una nueva actividad cuyo desarrollo es todavía poco importante.

heroína f. Mujer ilustre y famosa por sus grandes hechos. ‖ La que lleva a cabo un hecho heroico. ‖ *Fig.* La protagonista de una obra literaria o de una aventura. ‖ Alcaloide derivado de la morfina, analgésico y sedante.

heroísmo m. Virtud propia de los héroes. ‖ Acción heroica.

herpes m. Erupción cutánea acompañada de escozor.

herpético, ca adj. Relativo al herpes. ‖ Que padece esta enfermedad (ú. t. c. s.).

herrada f. Cuba de madera.

herradero m. Acción y efecto de marcar con el hierro los ganados y sitio en que se realiza.

herradura f. Semicírculo de hierro que se pone para protección en el casco de las caballerías. ‖ — *Arq. Arco de herradura,* el mayor que una semicircunferencia. ‖ *Camino de herradura,* sendero apto sólo para el paso de caballerías.

herraje m. Conjunto de piezas de hierro con que se guarnece o asegura un artefacto : *el herraje de una puerta.* ‖ Conjunto de herraduras y clavos con que éstas se aseguran. ‖ *Arg.* Herradura.

herramental adj. y s. m. Dícese de la caja o bolsa en que se guardan y llevan las herramientas. ‖ — M. Conjunto de herramientas de un oficio.

herramienta f. Instrumento con el que se realiza un trabajo manual o mecánico.

herrar v. t. Ajustar y clavar las herraduras a una caballería. ‖ Marcar con hierro candente : *en este mes suelo herrar los animales de mi ganadería.*

herrerano, na adj. y s. De Herrera (Panamá).

herrería f. Oficio de herrero. ‖ Taller o tienda del herrero. ‖ Fábrica en que se forja el hierro.

herrerillo m. Pájaro insectívoro.

herrero m. Operario que forja el hierro a mano.

herreruelo m. Pájaro pequeño.

herrete m. Cabo metálico en los extremos de los cordones, cintas, etc., para que puedan entrar fácilmente en los ojetes.

herrín m. y **herrumbre** f. Orín.

herrumbroso, sa adj. Que cría herrumbre o está atacado por ella.

hertz m. *Fís.* Unidad de frecuencia (símb. Hz), igual a un período por segundo.

hertziano, na adj. *Fís.* Dícese de las ondas radioeléctricas.

hertzio m. V. HERTZ.

hervidero m. Movimiento y ruido que hacen los líquidos cuando hierven. ‖ *Fig.* Manantial de donde brota agua con desprendimiento de burbujas. | Ruido que producen los humores en los pulmones al respirar. | Muchedumbre de personas o de animales : *hervidero de gente.*

hervido m. *Amer.* Cocido u olla.

hervir v. i. Agitarse un líquido por la acción del calor o por la fermentación (ú. t. c. t.). ‖ *Fig.* Agitarse mucho el mar. | Abundar : *hervir de gente.* ‖ *Fig. Hervir en cólera,* estar furioso.

hervor m. Ebullición. ‖ *Fig.* Fogosidad, entusiasmo.

hespérides f. pl. Ninfas mitológicas que guardaban el jardín de las manzanas de oro.

hetaira f. Cortesana griega de elevada condición. || Mujer pública.
heteróclito, ta adj. *Gram.* Que se aparta de las reglas ordinarias de la analogía : *nombre heteróclito.* || *Fig.* Que resulta de la mezcla de cosas inconexas. | Extraño, irregular.
heterodino m. *Electr.* Pequeño generador de ondas dentro de los circuitos de ciertos radiorreceptores.
heterodoxia f. Disconformidad con la doctrina fundamental.
heterodoxo adj. y s. No conforme con la doctina fundamental. || No conforme con el dogma católico.
heterogamia f. *Biol.* Fusión de dos gametos distintos.
heterogeneidad f. Calidad de heterogéneo. || Mezcla de partes de diversa naturaleza en un todo.
heterogéneo, a adj. Compuesto de partes de diversa naturaleza.
heterosexual adj. y s. Dícese de aquel que se siente atraído por personas del sexo opuesto.
hético, ca adj. y s. Tísico.
hevea m. Arbol de cuyo látex se obtiene el caucho.
hexaédrico, ca adj. Relativo al hexaedro.
hexaedro m. Poliedro de seis caras planas.
hexagonal adj. Relativo al hexágono o de forma de hexágono.
hexágono, na m. Polígono de seis lados y seis ángulos.
hexámetro adj. *Poét.* Dícese del verso de seis pies, empleado en la métrica griega y latina (ú. t. c. s. m.).
hez f. Poso o sedimento de un líquido (ú. m. en pl.). || *Fig.* Lo más despreciable. || — Pl. Excrementos.
Hf, símbolo del *hafnio.*
Hg, símbolo del *mercurio.*
hialino, na adj. Diáfano como el vidrio o parecido a él.
hiato m. *Gram.* Sonido desagradable que se produce al chocar dos vocales no diptongadas, por ejemplo : *va a América ; de este a oeste.*
hibernación f. *Med.* Terapéutica que consiste en reducir de modo considerable y progresivo la temperatura del organismo del paciente para facilitar ciertas intervenciones quirúrgicas o para tratar las quemaduras graves. || Estado letárgico invernal de ciertos animales, entre ellos la marmota, el murciélago, etc.
hibernal adj. Invernal. || Que tiene lugar durante el invierno.
hibernar v. i. Ser tiempo de invierno. || Pasar el invierno. || — V. t. Someter a hibernación.
hibridación f. Producción de seres híbridos.
hibridez f. o **hibridismo** m. Calidad de híbrido.
híbrido, da adj. Aplícase al animal o al vegetal que procede de dos individuos de distinta especie : *el mulo es un animal híbrido.* || *Fig.* Constituido por elementos de distinto origen. | Mal definido.
hidalgo, ga m. y f. Persona de la clase noble. || — Adj. Noble.
hidalguense adj. y s. De Hidalgo (México).
hidalguía f. Nobleza.
hidra f. Culebra acuática venenosa. || *Fig.* Peligro que renace constantemente.
hidratación f. Transformación de un cuerpo en hidrato : *la hidratación de la cal viva da lugar a la cal apagada.*
hidratado, da adj. Combinado con el agua : *cal hidratada.*
hidratante adj. Dícese de una loción utilizada en cosmética para el cuidado de la piel.
hidratar v. t. Combinar un cuerpo con el agua : *hidratar la cal.*
hidrato m. *Quím.* Combinación de un cuerpo simple o compuesto con una o varias moléculas de agua.
hidráulico, ca adj. Relativo a la hidráulica. || Que se mueve o funciona por medio del agua. || — F. Parte de la mecánica de los fluidos que trata de las leyes que rigen los movimientos de los líquidos. || Ingeniería que se ocupa de la conducción y aprovechamiento de las aguas.
hidroavión m. Avión que puede posarse en el agua y despegar de ella.
hidrocarburo m. Carburo de hidrógeno : *el petróleo y el gas natural son hidrocarburos.*
hidrocefalia f. *Med.* Hidropesía del encéfalo por aumento del volumen del líquido cefalorraquídeo.
hidrodinámico, ca adj. Relativo a la hidrodinámica. || — F. Parte de la física que estudia las leyes del movimiento de los líquidos.
hidroeléctrico, ca adj. Relativo a la electricidad obtenida por hulla blanca : *central hidroeléctrica.*
hidrófilo, la adj. Que absorbe el agua : *algodón hidrófilo.*
hidrofobia f. Horror al agua. || *Med.* Rabia de los animales.
hidrófobo, ba adj. y s. Que padece hidrofobia : *perro hidrófobo.*
hidrogenación f. Combinación con hidrógeno.
hidrogenar v. t. *Quím.* Combinar con hidrógeno.
hidrógeno m. Cuerpo simple (símb. H) de número atómico 1, peso atómico 1,008, gaseoso, que entra en la composición del agua.
hidrografía f. Parte de la geografía física que describe los mares y las corrientes de agua.
hidrográfico, ca adj. De la hidrografía : *mapa hidrográfico.*
hidrólisis f. *Quím.* Descomposición de ciertos compuestos orgánicos por la acción del agua.
hidroma m. Tumor seroso.
hidrometría f. Parte de la hidrodinámica que estudia los líquidos en movimiento.
hidromiel m. Bebida hecha con agua y miel.
hidropesía f. Acumulación anormal de humor seroso en una cavidad del cuerpo.
hidroplano m. Embarcación de casco plano provista de unos patines inclinados que, al aumentar la velocidad, tienden a levantarla del agua. || Hidroavión.
hidroquinona f. Producto químico que se usa como antipirético, antiséptico y como revelador fotográfico.
hidrosfera f. Conjunto de las partes líquidas del globo terráqueo : *la hidrosfera ocupa las dos terceras partes del globo.*

hidrostático, ca adj. Relativo al equilibrio de los líquidos. ‖ *Balanza hidrostática*, balanza para determinar el peso específico de los cuerpos. ‖ — F. Parte de la mecánica que estudia las condiciones de equilibrio de los líquidos y la repartición de las presiones que éstos ejercen.
hidroterapia f. Tratamiento médico basado en las propiedades del agua.
hidróxido m. *Quím.* Combinación del agua con un óxido metálico.
hidruro m. *Quím.* Combinación del hidrógeno con un cuerpo simple.
hiedra f. Planta trepadora.
hiel f. Bilis. ‖ *Fig.* Amargura.
hielo m. Agua solidificada por el frío. ‖ Acción de helar o helarse. ‖ *Fig.* Frialdad en los afectos.
hiena f. Género de mamíferos carniceros nocturnos de Asia y de África. ‖ *Fig.* Persona muy cruel y cobarde.
hierático, ca adj. Relativo a las cosas sagradas o a los sacerdotes. ‖ Que reproduce las formas tradicionales : *pintura hierática.* ‖ *Fig.* Que afecta gran austeridad y solemnidad : *actitud hierática.*
hierba f. Planta pequeña de tallo tierno cuyas partes aéreas mueren cada año. ‖ Espacio de terreno cubierto por estas plantas. ‖ *Fam.* Marihuana. ‖ Pastos. ‖ Años : *este toro tiene tres hierbas.*
hierbabuena f. Planta labiada aromática usada como condimento.
hierro m. Metal de color gris azulado de gran utilización en la industria y en las artes. ‖ Punta de metal de un arma. ‖ *Poét.* Arma. ‖ Marca que con hierro candente se pone a los ganados y se ponía a los delincuentes. ‖ — Pl. Grillos o cadenas que se ponían a los presos. ‖ — *Fig. De hierro*, robusto, resistente : *salud de hierro*; inflexible : *disciplina de hierro.* ‖ *Edad de hierro*, período prehistórico en que el hombre comenzó a usar este metal. ‖ *Hierro colado* o *fundido*, el que sale de los altos hornos.
higa f. Burla que se hace con la mano. ‖ *Fam. No me importa una higa*, me da igual.
higadillo m. Hígado de animales pequeños, particularmente de las aves.
hígado m. *Anat.* Víscera que segrega la bilis. ‖ — Pl. *Fig.* Valor : *hay que tener hígados para emprender tal expedición.* ‖ *Fig.* y *fam. Echar los hígados*, trabajar mucho.
highlander [*jailánder*] m. (pal. ingl.). En Escocia, habitante de las tierras altas (Highlands).
higiene f. Parte de la medicina que estudia la manera de conservar la salud mediante la adecuada adaptación del hombre al medio en que vive y contrarrestando las influencias nocivas que puedan existir en este medio. ‖ *Fig.* Limpieza, aseo en viviendas y poblaciones.
higiénico, ca adj. Relativo a la higiene : *métodos higiénicos.*
higienizar v. t. Hacer higiénico. ‖ Someter algo a tratamiento de modo que pueda consumirse : *higienizar la leche.*
higo m. Fruto que da la higuera después de la breva. ‖ — *Fam. De higos a brevas*, de tarde en tarde. ‖ *Higo chumbo* o *de tuna*, el fruto del nopal. ‖ *Fam. No dársele a uno un higo*, no importarle nada.
higroma m. Hidroma. ‖ Distensión de la vaina sinovial de un tendón.
higrometría f. Parte de la física que estudia la humedad atmosférica.
higrométrico, ca adj. Relativo a la higrometría.
higrómetro m. Instrumento que determina la humedad del aire atmosférico.
higroscopia f. Higrometría.
higroscopicidad f. *Fís.* Propiedad de algunos cuerpos inorgánicos, y de todos los orgánicos, de absorber la humedad atmosférica.
higroscópico, ca adj. Que tiene higroscopicidad.
higroscopio m. Higrómetro.
higuera f. Árbol de la familia de las moráceas, propio de las tierras cálidas, cuyos frutos son primero la breva y luego el higo.
hijastro, tra m. y f. Hijo o hija de uno de los cónyuges respecto del otro que no los procreó.
hijo, ja m. y f. Persona o animal respecto de su padre o de su madre. ‖ Nombre que se suele dar al yerno o a la nuera, respecto de los suegros. ‖ Expresión de cariño : *ven aquí, hijo, que te abrace.* ‖ *Fig.* Cualquier persona, respecto del país, provincia o pueblo de que es natural : *hijo de España.* | Obra o producción del ingenio : *hijo de su talento.* ‖ — Pl. *Fig.* Descendientes : *hijos de los incas.* ‖ — *Hijo adulterino*, el nacido de adulterio. ‖ *Hijo bastardo* o *espurio*, el nacido de padres que no pueden contraer matrimonio. ‖ *Hijo natural*, el nacido de padres solteros.
hijodalgo m. Hidalgo.
hijuela f. Cosa aneja o subordinada a otra principal. ‖ Documento donde se reseña lo que corresponde a cada uno en la participación. ‖ Conjunto de los bienes que forman la herencia.
hila f. Acción de hilar. ‖ Hilera, fila : *una hila de plantas.* ‖ Hebra que se saca del lienzo usado y sirve para curar llagas y heridas (ú. m. en pl.).
hilacha f. Trozo de hila.
hilada f. Hilera.
hilado m. Acción y efecto de hilar. ‖ Porción de lino, cáñamo, etc., transformada en hilo.
hilador, ra m. y f. Hilandera.
hilandería f. Arte de hilar. ‖ Fábrica de hilados.
hilandero, ra m. y f. Persona que hila por oficio. ‖ — M. Hilandería (fábrica).
hilar v. t. Convertir en hilo : *hilar algodón.* ‖ Elaborar su hilo el gusano de seda y los insectos. ‖ *Fig.* Inferir unas cosas de otras. | Tramar : *hilar una intriga.* ‖ *Fig* y *fam. Hilar delgado* o *muy fino*, proceder cautelosamente.
hilarante adj. Que da risa.
hilaridad f. Explosión de risa.
hilatura f. Arte de hilar la lana, el algodón y otras materias.
hilaza f. Hilado. ‖ Hilo basto o desigual. ‖ Hilo de una tela.
hilera f. Formación en línea recta : *hilera de espectadores.* ‖ Instrumento para reducir a hilo los metales.
hilo m. Hebra larga y delgada que se forma retorciendo cualquier materia textil : *hilo de seda.* ‖ Tela de fibra de lino : *pañuelo de hilo.* ‖ Ropa blanca de lino o cáñamo. ‖ Alambre muy delgado. ‖ Hebra que producen las arañas y el gusano de seda. ‖ *Fig.* Chorro muy delgado : *hilo de sangre.* | Desarrollo de un discurso, de un relato, de un pensamiento. ‖ — *Fig. Cortar el hilo*, interrumpir. | *Estar pendiente de un hilo*,

estar en constante peligro. | *Estar con el alma en un hilo,* estar lleno de inquietud. | *Hilo de voz,* voz muy débil. | *Mover los hilos,* dirigir algo. | *Perder el hilo,* olvidar lo que se decía.

hilván m. Costura a grandes puntadas con que se une provisionalmente lo que se ha de coser. ‖ Cada una de estas puntadas.

hilvanado m. Acción y efecto de hilvanar.

hilvanar v. t. Coser con hilvanes. ‖ *Fig.* y *fam.* Hacer algo con precipitación. | Trazar, forjar.

himen m. *Anat.* Membrana que en la mujer virgen reduce el orificio externo de la vagina.

himeneo m. Casamiento.

himenóptero, ra adj. y s. m. Dícese de los insectos que tienen cuatro alas membranosas, como las avispas, las abejas, las hormigas, etc.

himno m. Cántico en honor de Dios, de la Virgen o de los santos. ‖ Entre los antiguos, poemas en honor de los dioses o de los héroes : *himnos homéricos.* ‖ Canto nacional o popular : *himno a la patria.*

himplar v. i. Rugir la pantera.

hincapié m. *Fig. Hacer hincapié,* insistir con fuerza.

hincar v. t. Introducir una cosa en otra. Ú. t. c. pr. : *se me ha hincado una astilla en la mano.* ‖ Apoyar una cosa en otra como para clavarla. ‖ *Pop. Hincar el pico,* morir. ‖ — V. pr. *Hincarse de rodillas,* arrodillarse.

hincha f. *Fam.* Antipatía, encono : *tener hincha a uno.* ‖ — M. *Fam.* Fanático, defensor.

hinchado, da adj. Lleno : *globo hinchado.* ‖ *Fig.* Vanidoso, presumido : *persona hinchada.* | Hiperbólico y afectado : *estilo hinchado.* ‖ — F. *Fig.* Conjunto de hinchas : *la hinchada del fútbol.*

hinchamiento m. Hinchazón.

hinchar v. t. Hacer que aumente el volumen de un cuerpo : *hinchar un balón.* ‖ *Fig.* Exagerar : *hinchar una noticia.* ‖ — V. pr. Aumentar de volumen : *hincharse una mano.* ‖ *Fig.* Envanecerse : *hincharse de orgullo.* | Comer con exceso : *me hinché de caviar.* | Hartarse : *hincharse de correr.* ‖ *Fam.* Ganar mucho dinero : *hincharse en un negocio.* ‖ *Fam. Hinchársele a uno las narices,* enfadarse.

hinchazón f. Efecto de hincharse.

hindi m. Idioma de la India derivado del sánscrito.

hindú adj. y s. V. INDIO.

hinduismo m. Religión bramánica, la más difundida en la India.

hinojo m. Planta de la familia de las umbelíferas muy aromática. ‖ — Pl. Rodillas : *está de hinojos.*

hioides adj. y s. m. inv. *Anat.* Dícese del hueso flotante situado a raíz de la lengua y encima de la laringe.

hipar v. i. Tener hipo.

hiper m. *Fam.* Hipermercado.

hipérbaton m. *Gram.* Figura de construcción que consiste en invertir el orden habitual de las palabras en el discurso.

hipérbola f. *Geom.* Lugar de los puntos de un plano cuya diferencia de distancias a dos puntos fijos (focos) es constante.

hipérbole f. Exageración de la verdad de la que se habla.

hiperbólico, ca adj. Relativo a la hipérbola o de figura de tal : *curvas hiperbólicas.* ‖ Perteneciente a la hipérbole o que la encierra.

hiperclorhidria f. Acidez de estómago.

hiperdulía f. Culto que los católicos dan a la Virgen.

hiperfunción f. Aumento de la función normal de un órgano.

hipermercado m. Supermercado de grandes dimensiones situado generalmente fuera de las poblaciones.

hipermétrope adj. y s. Que padece hipermetropía.

hipermetropía f. *Med.* Anormalidad del ojo en que los rayos luminosos forman el foco detrás de la retina, y que se corrige por medio de lentes convexas.

hipersensibilidad f. Gran sensibilidad.

hipersensible adj. y s. De suma sensibilidad.

hipertensión f. *Med.* Tensión excesivamente alta de la sangre.

hipertenso, sa adj. y s. *Med.* Que sufre de tensión elevada.

hipertrofia f. *Med.* Aumento excesivo del volumen de un órgano. ‖ *Fig.* Desarrollo excesivo.

hipertrofiar v. t. *Med.* Aumentar con exceso el volumen de un órgano : *el alcohol hipertrofia el hígado* (ú. t. c. pr.). ‖ — V. pr. *Fig.* Desarrollarse excesivamente.

hípico, ca adj. Relativo al caballo y a la equitación. ‖ *Concurso hípico,* prueba deportiva que consiste en saltar obstáculos a caballo.

hipido [*jipido*] m. Acción y efecto de hipar o gimotear.

hipismo m. Deporte hípico.

hipnosis f. *Med.* Sueño producido por el hipnotismo.

hipnótico, ca adj. Relativo a la hipnosis : *sueño hipnótico.* ‖ — M. Medicamento narcótico.

hipnotismo m. *Med.* Procedimiento empleado para producir el sueño llamado magnético por fascinación, mediante influjo personal o por aparatos adecuados. ‖ Ciencia que trata de estos fenómenos.

hipnotización f. Acción de hipnotizar.

hipnotizador, ra adj. y s. Que hipnotiza.

hipnotizante adj. Que hipnotiza.

hipnotizar v. t. Dormir a alguien por el procedimiento del hipnotismo. ‖ *Fig.* Atraer de modo irresistible.

hipo m. Movimiento convulsivo del diafragma que produce una respiración interrumpida y violenta que causa algún ruido. ‖ *Fig. Quitar el hipo,* asombrar.

hipocampo m. Pez con el cuerpo comprimido y cubierto de una coraza cuya cabeza recuerda la del caballo.

hipocentro m. *Geol.* Punto subterráneo, debajo del epicentro, donde se ha originado el seísmo.

hipocloroso, sa adj. *Quím.* Dícese de un ácido compuesto de cloro, oxígeno e hidrógeno.

hipocondría f. *Med.* Depresión.

hipocondrio m. *Anat.* Cada una de las dos partes laterales de la región del epigastrio situada debajo de las costillas falsas (ú. m. en pl.).

hipocresía f. Fingimiento de cualidades o sentimientos contrarios a los que verdaderamente se tienen. ‖ Acción hipócrita.

hipócrita adj. Que finge cualidades o sentimientos que no tiene (ú. t. c. s.). ‖ Fingido, falso.
hipodérmico, ca adj. Que está o se pone debajo de la piel o hipodermis : *tejido hipodérmico; inyección hipodérmica.*
hipodermis f. Parte profunda de la piel debajo de la dermis.
hipódromo m. Campo de carreras de caballos.
hipofagia f. Hábito de comer carne de caballo.
hipófisis f. *Anat.* Glándula endocrina bajo el encéfalo.
hipogastrio m. *Anat.* Parte inferior del vientre.
hipogeo m. Sepulcro subterráneo en la antigua Grecia.
hipoglucemia f. Disminución del índice de azúcar en la sangre.
hipomóvil adj. Dícese del vehículo tirado por caballos.
hipopótamo m. Mamífero paquidermo de labios grandes y patas cortas. ‖ *Fig.* Persona enorme.
hiposulfato m. *Quím.* Sal del ácido hiposulfúrico con una base.
hiposulfito m. *Quím.* Sal del ácido hiposulfuroso con una base.
hiposulfúrico adj. *Quím.* Dícese de un ácido obtenido por combinación del azufre con el oxígeno.
hiposulfuroso adj. *Quím.* Dícese de un ácido compuesto de azufre, oxígeno e hidrógeno.
hipotálamo m. *Anat.* Región del encéfalo situada en la base cerebral, unida por un tallo nervioso a la hipófisis, y en la que residen centros de la vida vegetativa.
hipoteca f. Finca que garantiza el pago de un empréstito. ‖ *For.* Derecho real que grava bienes inmuebles para responder del pago de una deuda : *levantar una hipoteca.*
hipotecable adj. Que se puede hipotecar.
hipotecar v. t. Garantizar un crédito mediante hipoteca. ‖ Someter a la hipoteca : *hipotecar una casa.* ‖ *Fig.* Comprometer : *hipotecar el futuro.*
hipotecario, ria adj. Relativo a la hipoteca : *banco hipotecario.* ‖ Garantizado por una hipoteca.
hipotensión f. Tensión baja.
hipotenusa f. Lado opuesto al ángulo recto en un triángulo rectángulo.
hipótesis f. Suposición que se admite provisionalmente para sacar de ella una consecuencia.
hipotético, ca adj. Relativo o fundado en la hipótesis. ‖ Dudoso.
hippy adj. y s. (pal. ingl., pl. *hippies*). Término que se aplica a las personas, generalmente jóvenes, que reaccionan contra los valores de la sociedad en que viven, son amantes de la paz y buscan todos los medios posibles de evasión, en algunos casos incluso la droga.
hiriente adj. Que hiere.
hirsuto, ta adj. Dícese del pelo erizado y duro.
hirviente adj. Que hierve.
hisopo m. Planta muy olorosa de la familia de las labiadas. ‖ Utensilio para echar agua bendita.
hispalense adj. y s. Sevillano.
hispánico, ca adj. y s. Relativo a España. ‖ Español.
hispanidad f. Conjunto y comunidad de los pueblos hispanos. ‖ Hispanismo, amor a lo hispano.
hispanismo m. Giro o vocablo propio de la lengua española. ‖ Voz de esta lengua introducida en otra. ‖ Afición a las lenguas, literaturas y cosas de España.
hispanista com. Persona que se dedica a los estudios hispánicos.
hispanizar v. t. Españolizar.
hispano, na adj. y s. Hispánico. ‖ Español. ‖ De Hispanoamérica.
hispanoamericanismo m. Doctrina que tiende a la unión espiritual de los pueblos hispanoamericanos.
hispanoamericanista adj. y s. Relativo al hispanoamericanismo o partidario de él. ‖ — Com. Persona versada en la lengua y cultura hispanoamericanas.
hispanoamericano, na adj. y s. Relativo a los españoles y americanos. ‖ De Hispanoamérica.
hispanoárabe adj. Del arte o civilización árabe en España (ú. t. c. s.). ‖ Dícese del caballo que resulta del cruce entre un pura sangre árabe y un pura sangre andaluz.
hispanofilia f. Amor a España.
hispanófilo, la adj. y s. Aficionado a la cultura, historia y costumbres de España.
hispanofobia f. Odio a España.
hispanófobo adj. y s. Que tiene odio a España.
hispanohablante adj. y s. Dícese de la persona que tiene el español como lengua materna.
hispanojudío, a adj. Dícese del judío español (ú. t. c. s.).
hispanomusulmán, ana adj. Relativo a la época de dominación musulmana en España (ú. t. c. s.).
histeria f. o **histerismo** m. Neurosis caracterizada por ataques convulsivos, parálisis, sofocaciones, etc.
histérico, ca adj. Relativo a la histeria. ‖ — Adj. y s. Que padece histeria. ‖ *Fig.* Que reacciona afectivamente de modo exagerado.
histología f. Parte de la anatomía que estudia los tejidos orgánicos.
histólogo, ga m. y f. Persona entendida o versada en histología.
historia f. Desarrollo de la vida de la humanidad. ‖ Narración verdadera y ordenada de los acontecimientos pasados y de las cosas memorables de la actividad humana. ‖ Descripción de los seres : *historia natural.* ‖ Obra histórica : *la « Historia de la América Española » de Pereyra.* ‖ Relato : *contar una historia.* ‖ *Fig.* Fábula, cuento : *no me vengas con historias.* | Chisme, enredo : *historias de comadres.*
historiado, da adj. Adornado.
historiador, ra m. y f. Persona que escribe historia o que la estudia.
historial adj. Relativo a la historia. ‖ — M. Reseña detallada de los antecedentes de un asunto, de los servicios o carrera de un funcionario o empleado. ‖ Breve reseña sobre la actividad de un deportista, de un club, etc.
historiar v. t. Contar o escribir historias. ‖ Exponer las vicisitudes por las que ha pasado una persona o cosa. ‖ *Fam. Amer.* Complicar.
historicidad f. Carácter de lo que es realmente histórico : *la historicidad de los hechos que relato es indiscutible.*
historicismo m. Doctrina según la cual la historia por sí sola es capaz de establecer ciertas verdades morales o religiosas.

histórico, ca adj. Perteneciente a la historia : *edificio histórico.* ‖ Digno de figurar en la historia : *acontecimiento histórico.* ‖ *Fig.* Muy importante : *entrevista histórica.* ‖ *Gram. Presente histórico,* tiempo usado a menudo en los relatos.
historieta f. Cuento breve. ‖ *Historietas ilustradas,* tiras cómicas, tebeos.
histrión m. Actor teatral, bufón. ‖ Persona muy afectada en sus expresiones.
hit m. (pal. ingl.). Exito.
hitita adj. y s. De un pueblo de la Antigüedad en Asia Menor.
hito m. Mojón de piedra : *hito kilométrico.* ‖ *Fig.* Blanco adonde se dirige la puntería. | Cosa importante que sirve de punto de referencia : *hito en la historia.* ‖ *Mirar de hito en hito,* mirar fijamente.
hit-parade m. (pal. ingl.). Clasificación de las canciones según su popularidad.
hoazín m. Especie de faisán.
hobby m. (pal. ingl.). Ocupación secundaria a modo de pasatiempo que sirve para distraerse de las ocupaciones habituales.
hocicar v. t. Hozar, picar con el hocico. ‖ — V. i. *Fig.* y *fam.* Tropezar con un obstáculo o dificultad. ‖ *Mar.* Hundir la proa el barco.
hocicazo m. *Fam.* Caída.
hocico m. Parte saliente más o menos alargada de la cabeza de ciertos animales. ‖ Boca del hombre cuando tiene los labios muy abultados. ‖ *Fig.* y *fam.* Cara. U. m. en pl. : *caer de hocicos.* | Gesto que denota enojo o desagrado. ‖ — *Fam. Estar de hocicos,* estar enfadados. | *Meter el hocico en todo,* ser muy curioso.
hocino m. Hoz para cortar leña.
hociquear v. i. Hocicar.
hockey m. (pal. ingl.). Juego de pelota sobre terreno de hierba en el que se utiliza un bastón (stick) y cuyas reglas recuerdan las del fútbol. ‖ *Hockey sobre hielo,* juego análogo practicado sobre pista de hielo.
hogaño adv. Este año. ‖ Hoy, actualmente.
hogar m. Sitio donde se enciende lumbre. ‖ *Fig.* Casa o domicilio de uno. | Familia : *fundar un hogar.* | Vida de familia : *gustarle a uno el hogar.* | Centro de reunión de personas unidas por algún lazo profesional o regional.
hogareño, ña adj. Amante del hogar. ‖ De la familia.
hogaza f. Pan grande.
hoguera f. Porción de materias combustibles que, encendidas, levantan mucha llama. ‖ Montón de leña en el que se quemaba a los condenados al suplicio del fuego.
hoitziltotol m. *Méx.* Colibrí.
hoja f. Cada una de las partes, generalmente verdes, planas y delgadas que nacen en la extremidad de los tallos y ramas de los vegetales. ‖ Pétalo. ‖ Lámina delgada de cualquier materia : *hoja de papel, de metal.* ‖ Folio de un libro o cuaderno. ‖ Cuchilla de ciertas armas o herramientas : *hoja de afeitar.* ‖ Cada una de las partes de la puerta o ventana que se cierra. ‖ Parte de un tríptico. ‖ Loncha de tocino. ‖ *Fig.* Diario : *Hoja oficial.* ‖ — *Hoja de ruta,* documento en el que constan la carga de un vehículo, el destino, etc. ‖ *Hoja de servicios,* historial profesional de un funcionario o deportista. ‖ *Fam. Sin vuelta de hoja,* sin discusión.
hojalata f. Lámina de hierro o acero estañada por las dos caras. ‖ *Méx.* Chapa.
hojalateo m. *Méx.* Chapistería.
hojalatería f. Tienda o taller de objetos de hojalata.
hojalatero m. Operario que trabaja en hojalata. ‖ *Méx.* Chapista.
hojaldrar v. t. Dar a la masa forma de hojaldre.
hojaldre m. Masa que, al cocerse, hace hojas delgadas superpuestas : *pastel de hojaldre.*
hojarasca f. Hojas secas que caen de los árboles. ‖ Excesiva frondosidad. ‖ *Fig.* Cosas inútiles.
hojear v. t. Pasar las hojas de un libro. ‖ *Fig.* Leer un libro superficialmente.
¡hola! interj. Se emplea como saludo o para expresar sorpresa.
holandés, esa adj. y s. De Holanda. ‖ — M. Idioma hablado en este país. ‖ — F. Hoja de papel de escribir del tamaño 21 × 27 cm.
holding m. (pal. ingl.). Organización financiera que participa en varias empresas del mismo o de distintos sectores, entre las cuales crea una verdadera comunidad de intereses.
holgado, da adj. Ancho : *traje holgado.* ‖ No apretado : *ir holgados en un coche.* ‖ Desocupado, ocioso. ‖ *Fig.* Que vive con bienestar.
holganza f. Descanso, reposo. ‖ Ociosidad, pereza. ‖ Diversión.
holgar v. i. Descansar. ‖ No trabajar : *holgar los domingos.* ‖ Divertirse. ‖ Ser inútil : *huelgan las explicaciones.* ‖ — V. pr. Divertirse, entretenerse. ‖ Alegrarse.
holgazán, ana adj. y s. Perezoso.
holgazanear v. i. Estar voluntariamente ocioso, hacer poco o nada.
holgazanería f. Pereza.
holgura f. Anchura, amplitud. ‖ Bienestar : *vive con holgura.* ‖ Ajuste amplio entre piezas mecánicas. ‖ Regocijo, diversión.
holocausto m. Entre los judíos, sacrificio en que se quemaba a la víctima. ‖ La víctima así sacrificada. ‖ *Fig.* Acto de abnegación, sacrificio, ofrenda generosa.
holografía f. Método que permite obtener una fotografía en relieve utilizando las interferencias producidas por dos haces de rayos laser, el primero procedente del aparato productor y el otro reflejado por el objeto que se debe reproducir.
holograma m. Imagen obtenida por holografía.
holladura f. Pisoteo.
hollar v. t. Pisar.
hollejo m. Piel delgada de algunas frutas o legumbres.
hollín m. Materia crasa y negra del humo.
hombrada f. Acción propia de un hombre, gesto viril.
hombradía f. Calidad de hombre. ‖ Entereza.
hombre m. Mamífero bimano del orden de los primates, dotado de razón y de lenguaje articulado : *existen varias razas de hombres.* ‖ Ser humano del sexo masculino : *el hombre y la mujer.* ‖ El que ha llegado a la edad viril, adulto. ‖ Especie humana en general : *el hombre fue creado por Dios a su imagen.* ‖ *Fam.* Marido. ‖ Persona : *un hombre de bien.* ‖ Soldado : *una tropa de mil hombres.* ‖ — *¡Hombre!,* interj. de sorpresa, cariño, admiración, duda. ‖ *Hombre de bien,* persona honrada. ‖ *Hombre de la calle,* el ciudadano medio. ‖ *Hombre de letras,* literato. ‖ *Hombre del día,* el que está de actualidad. ‖ *Hombre de mundo,* el que trata con toda clase de gente y tiene mucha experiencia. ‖ *Fig.*

Hombre de paja, persona que presta su nombre en un negocio que en realidad pertenece a otro, testaferro. ‖ *Hombre rana,* el provisto del equipo necesario para descender a las profundidades submarinas.
hombrera f. Pieza de la armadura que defendía los hombros. ‖ Adorno de algunos vestidos y uniformes en el hombro. ‖ Relleno de guata que los sastres colocan en las chaquetas para armar el hombro.
hombría f. Hombradía. ‖ *Hombría de bien,* honradez.
hombro m. Parte superior y lateral del tronco, del hombre y de los cuadrumanos, de donde nace el brazo. ‖ Parte correspondiente del vestido. ‖ — *Fig. Arrimar el hombro,* trabajar fuerte ; ayudar. | *Mirar por encima del hombro,* mirar con desprecio.
hombruno, na adj. *Fam.* Dícese de la mujer que tiene aspecto varonil.
homenaje m. Juramento de fidelidad. ‖ Acto que se celebra en honor de una persona. ‖ *Fig.* Sumisión.
homenajeado, da m. y f. Persona que recibe un homenaje.
homenajear v. t. Rendir homenaje.
homeópata adj. y s. Dícese del médico que cura por medio de la homeopatía.
homeopatía f. *Med.* Sistema curativo que aplica a las enfermedades, en dosis mínimas, las mismas sustancias que en mayores cantidades producirían síntomas iguales a los que se trata de combatir.
homeopático, ca adj. Relativo a la homeopatía : *consiguió curarse siguiendo durante largo tiempo un método homeopático.*
homicida adj. Que causa la muerte de una persona. ‖ — M. y f. Asesino.
homicidio m. Muerte causada a una persona por otra. ‖ Por lo común, la ejecutada ilegítimamente y con violencia.
homilía f. Plática religiosa sobre un punto del Evangelio.
homofonía f. Calidad de homófono.
homófono, na adj. *Gram.* Aplícase a las voces de distinto significado pero de igual sonido, como *solar,* sustantivo, *solar,* adjetivo, y *solar,* verbo ; *errar* y *herrar,* etc.
homogeneidad f. Calidad de homogéneo.
homogeneización f. Acción de homogeneizar. ‖ Tratamiento que sufre la leche para impedir la separación de sus elementos.
homogeneizar v. t. Volver homogéneo.
homogéneo, a adj. Perteneciente a un mismo género. ‖ Dícese del compuesto cuyos elementos son de igual naturaleza. ‖ *Fig.* Muy unido : *un grupo homogéneo.*
homologación f. *For.* Acción y efecto de homologar. ‖ Inscripción oficial de un récord deportivo.
homologar v. t. *For.* Dar firmeza las partes al fallo de los árbitros en virtud de consentimiento tácito. ‖ Registrar y confirmar oficialmente el resultado de una prueba deportiva realizada de acuerdo con las normas federativas : *homologar el récord de los 100 m libres.* ‖ Reconocer conforme a ciertas normas.
homología f. Calidad de homólogo.
homólogo, ga adj. *Geom.* Dícese de los lados que en cada una de dos o más figuras semejantes están colocados en el mismo orden. ‖ *Quím.* Dícese de las sustancias orgánicas que desempeñan iguales funciones y sufren idénticas metamorfosis.
homonimia f. Calidad de homónimo.
homónimo, ma adj. y s. Dícese de dos o más personas o cosas que llevan el mismo nombre. ‖ *Gram.* Dícese de las palabras que siendo iguales por su forma tienen distinta significación, como *banco,* establecimiento de crédito, *banco,* asiento, y *banco,* conjunto de peces.
homosexual ajd. y s. Dícese de la persona que tiene afinidad sexual con las de su mismo sexo.
homosexualidad f. *Med.* Estado de los individuos que sólo son atraídos sexualmente por personas de su propio sexo.
honda f. Tira de cuero o trenza de esparto para lanzar piedras.
hondo, da adj. Que tiene profundidad. ‖ Dícese de la parte más baja de un terreno. ‖ *Fig.* Recóndito : *en los más hondo de mi alma.* | Intenso : *hondo pesar.* | Aplícase al cante andaluz o flamenco. (Se dice tb. *cante jondo.*) ‖ — M. Fondo.
hondonada f. Depresión.
hondura f. Profundidad.
hondureñismo m. Vocablo o giro propio de los hondureños.
hondureño, ña adj. y s. Natural de Honduras. ‖ Perteneciente a esta nación de América.
honestamente adv. Con honestidad.
honestidad f. Pudor, decencia. ‖ Honradez.
honesto, ta adj. Decente, pudoroso. ‖ Razonable, justo. ‖ Recto, honrado.
hongo m. Cualquier planta talofita, sin clorofila, que vive como saprófita, parásita o en simbiosis. ‖ Sombrero de fieltro de copa redonda. ‖ — *Fig.* y *fam. Crecer como hongos,* crecer en abundancia y rápidamente. | *Hongo atómico,* nube, de forma parecida a la de esta planta, que aparece después de una explosión atómica.
honor m. Sentimiento profundo de la propia dignidad moral : *hombre de honor.* ‖ Honestidad, recato en la mujer. ‖ Buena fama, consideración : *defender el honor de alguien.* ‖ Cosa que honra : *su invitación es un honor para mí.* ‖ Prestigio. ‖ — Pl. Dignidades, empleos elevados. ‖ Ceremonial que se tributa a una persona : *rendir honores militares.* ‖ Concesión por la que se usa un título o privilegio sin estar en posesión de los mismos : *el jefe de una región militar tiene honores de capitán general.* ‖ — *En honor a la verdad,* para decir verdad. ‖ *Hacer honor a su firma, a su palabra,* cumplir sus compromisos. ‖ *Hacer los honores de la casa,* recibir a los convidados conforme a las reglas de la cortesía.
honorabilidad f. Cualidad de la persona honorable : *no hay que poner en duda la honorabilidad de todos sus actos.*
honorable adj. Digno de ser honrado. ‖ Tratamiento que se da al presidente de la Generalidad de Cataluña.
honorar v. t. Honrar.
honorario, ria adj. Que sirve para honrar a uno. ‖ Que sólo tiene los honores del cargo : *presidente honorario.* ‖ — M. pl. Emolumentos en las profesiones liberales.
honorífico, ca adj. Que da honor y no provecho material.
honoris causa loc. lat. A título honorífico : *doctor honoris causa.*

honra f. Estima y respeto de la dignidad propia. ‖ Buena fama. ‖ Pudor y recato en las mujeres. ‖ *Fig.* Cosa o persona de la cual se puede uno sentir orgulloso : *ser la honra del país.* ‖ — Pl. Exequias, funerales. ‖ *Tener a mucha honra una cosa,* estar orgulloso de ella.
honradez f. Cualidad de honrado. ‖ Manera de obrar con rectitud.
honrado, da adj. Que procede con rectitud e integridad. ‖ Digno de consideración : *conducta honrada.*
honrar v. t. Respetar, venerar : *honrar a los padres.* ‖ Enaltecer o premiar el mérito : *honrar al sabio.* ‖ Ser motivo de orgullo : *este militar ha honrado su patria.* ‖ Conceder algo que se considera honorífico : *honrar con su amistad.* ‖ — V. pr. Tener a honra ser o hacer una cosa.
honrilla f. Puntillo o pundonor.
honroso, sa adj. Que da honra.
hontanar m. Terreno donde nacen manantiales.
hopo m. Rabo, cola.
hora f. Cada una de las veinticuatro partes en que se divide el día solar. ‖ *Astr.* Vigésimocuarta parte de la línea equinoccial. ‖ *Fig.* Cita : *pedir hora a un médico.* | Momento de la muerte : *a cada uno le llega su hora.* ‖ — Pl. Libro que contiene varios rezos. ‖ — *A buena hora* o (fam.) *a buena hora mangas verdes,* demasiado tarde. ‖ *Hora punta,* momento de mayor afluencia (transportes) o de mayor consumo (energía). ‖ *Horas extraordinarias,* las que se trabajan de más. ‖ *Fig. La última hora,* la de la muerte.
horadación f. Perforación.
horadador, ra adj. y s. Que horada.
horadar v. t. Agujerear, perforar una cosa atravesándola.
horario, ria adj. Relativo a las horas : *media horaria.* ‖ *Círculos horarios,* círculos máximos que pasan por los polos, señalan las horas del tiempo verdadero y dividen el globo en *husos horarios* que abarcan las regiones que tienen la misma hora oficial. ‖ — M. Aguja del reloj que señala las horas. ‖ Cuadro indicador de las horas de salida y llegada : *horario de trenes.* ‖ Repartición de las horas del trabajo : *horario escolar.*
horca f. Conjunto de dos maderos hincados en el suelo y otro que los une por encima sobre el cual se colgaba a los ajusticiados. ‖ Suplicio de los así condenados. ‖ *Agr.* Palo rematado en dos o más púas utilizado en diversas faenas. ‖ Ristra : *horca de ajos.*
horcadura f. Punto del tronco del árbol de donde salen las ramas. ‖ Ángulo que forman dos ramas.
horcajadas (a) m. adv. Echando una pierna por cada lado tal como el que va a caballo.
horcajadura f. Ángulo que forman los dos muslos o las dos piernas en su nacimiento.
horchata f. Bebida refrescante a base de almendras o chufas machacadas en agua y azúcar.
horchatería f. Establecimiento donde se vende horchata.
horda f. Tropa salvaje.
horizontal adj. Paralelo al horizonte. ‖ — F. Línea horizontal.
horizontalidad f. Calidad o carácter de horizontal.
horizonte m. Línea aparente que separa la tierra del cielo. ‖ Espacio circular de la superficie del globo encerrado en dicha línea. ‖ Espacio a que puede extenderse la vista : *tener un horizonte limitado.* ‖ *Fig.* Extensión de una actividad : *el horizonte de los conocimientos humanos.* | Perspectiva : *se despeja el horizonte político de Europa.*
horma f. Molde para dar forma a algo : *horma de zapatero, de sombrerero.* ‖ Instrumento constituido por piezas articuladas que sirve para conservar la forma del zapato. ‖ Aparato empleado para ensanchar el zapato.
hormiga f. Género de insectos del orden de los himenópteros que viven bajo tierra en hormigueros. ‖ *Fig. Ser una hormiga,* ser muy trabajador o ahorrador.
hormigón m. Mezcla de arena, grava y mortero amasado con agua. ‖ — *Hormigón armado,* el que tiene entre su masa una armadura de alambres y barras de hierro que le dan consistencia. ‖ *Hormigón hidráulico,* el hormigón hecho a base de cal hidráulica.
hormigonado m. Trabajo hecho con hormigón.
hormigonera f. Máquina para la preparación del hormigón.
hormigueante adj. Que hormiguea.
hormiguear v. i. Experimentar en una parte del cuerpo la sensación de picor. ‖ *Fig.* Bullir de gente.
hormigueo m. Comezón, picor.
hormiguero m. Lugar donde se crían las hormigas. ‖ *Fig.* Sitio donde hay muchas personas : *un hormiguero de chiquillos.*
hormiguilla f. *Fam.* Hormigueo. ‖ *Fig.* y *fam.* Remordimiento.
hormiguita f. *Fam.* Persona trabajadora o ahorradora.
hormona f. *Biol.* Producto de secreción interna de ciertos órganos.
hormonal adj. De las hormonas.
hormonoterapia f. *Med.* Tratamiento por hormonas.
hornacina f. Hueco o nicho en forma de arco que se deja en un muro.
hornada f. Lo que se cuece de una vez en un horno. ‖ *Fig.* Conjunto de individuos de una misma promoción.
hornija f. Leña menuda.
hornilla f. Hornillo.
hornillo m. Horno manual.
horno m. Obra abovedada de fábrica que sirve para someter a la acción del calor diversas sustancias : *horno de panadero, de arco, eléctrico.* ‖ Compartimento en el interior de una cocina donde se asan las viandas. ‖ *Fig.* Lugar muy caliente. ‖ — *Alto horno,* el de cuba muy prolongada para fundir mena de hierro. ‖ *Fig. y fam. No estar el horno para bollos,* no ser el momento oportuno.
horóscopo m. Conjunto de presagios basados en el estado del firmamento al nacer una persona. ‖ *Por ext.* Predicción. ‖ Adivino, agorero.
horquilla f. Alfiler doblado para sujetar el cabello. ‖ Pieza de la bicicleta o motocicleta en que entra la rueda delantera.
horrendo, da adj. Espantoso.
hórreo m. Granero, troj. ‖ Granero de madera sostenido en el aire por pilares, propio de Asturias y Galicia.
horrible adj. Horrendo.
hórrido, da adj. Horrendo.
horrificar v. t. Horrorizar.
horrífico, ca adj. Horrendo.
horripilación f. Acción de horripilar u horripilarse.
horripilante y **horripilativo, va** adj. Que horripila.
horripilar v. t. Hacer que se ericen los cabellos. ‖ Horrorizar.

horrísono, na adj. Que causa horror con su sonido.
horro, rra adj. Libre, exento. ‖ Aplícase a la hembra de ganado que no queda preñada.
horror m. Temor causado por algo espantoso. ‖ Repulsión, odio, aversión. ‖ *Fig.* Atrocidad, monstruosidad. Ú m. en pl. : *los horrores de la guerra.* ‖ — Pl. *Fig.* y *fam.* Cosas extraordinarias, maravillas : *Santana hace horrores con la raqueta.* ‖ — Adv. *Fam.* Mucho : *me gusta horrores pasearme solo por las noches a la luz de la Luna.*
horrorizar v. t. Causar horror. ‖ — V. pr. Tener horror.
horroroso, sa adj. Que produce horror. ‖ *Fam.* Muy feo : *pintura horrorosa.* | Muy malo : *tiempo horroroso.*
hortaliza f. Verduras y demás plantas comestibles de las huertas.
hortelano, na adj. Relativo a las huertas. ‖ — M. y f. Persona que por oficio cultiva huertas.
hortense adj. De la huerta.
hortensia f. Arbusto de hermosas flores. ‖ Esta flor.
hortera f. Escudilla o cazuela de madera. ‖ — M. *Fam.* En Madrid, dependiente de ciertos comercios. ‖ — M. y f. *Fig.* y *fam.* Individuo de clase social inferior que, por su vestimenta y modales falsamente elegantes, pretende situarse socialmente donde no le corresponde (ú. t. c. adj. inv.).
horterada f. *Fam.* Chabacanería, ordinariez.
hortícola adj. Relativo al huerto, a la horticultura.
horticultor, ra m. y f. Persona que se dedica a la horticultura.
horticultura f. Cultivo de los huertos y huertas. ‖ Ciencia que trata del cultivo de los huertos.
hosanna m. Exclamación o cántico de júbilo en la liturgia católica.
hosco, ca adj. Severo, áspero.
hospedaje u **hospedamiento** m. Alojamiento. ‖ Lo que se paga por ello.
hospedar v. t. Recibir huéspedes en su casa. ‖ — V. pr. Alojarse.
hospedería f. Hospedaje, alojamiento. ‖ Casa destinada al alojamiento de visitantes.
hospedero, ra m. y f. Persona que aloja huéspedes, hotelero.
hospiciano, na m. y f. Persona acogida en un hospicio.
hospicio m. Casa para albergar peregrinos y pobres. ‖ Asilo en el que se aloja y educa a niños pobres, expósitos o huérfanos.
hospital m. Establecimiento público o privado donde pueden ser admitidos todos los enfermos para recibir tratamiento médico o quirúrgico.
hospitalario, ria adj. Aplícase a las órdenes religiosas que tienen por regla el hospedaje y la asistencia de los enfermos. ‖ Que auxilia y alberga a los extranjeros y necesitados. ‖ Acogedor.
hospitalidad f. Acción de recibir y albergar a uno gratuitamente por caridad o cortesía.
hospitalización f. Admisión y estancia en un hospital.
hospitalizar v. t. Llevar a uno al hospital.
hosquedad f. Mal humor.
hostelería f. Conjunto de la profesión hotelera.
hostelero, ra m. y f. Persona dueña o encargada de una hostería.
hostería f. Establecimiento hotelero. ‖ Restaurante, generalmente de lujo y decorado a la antigua.
hostia f. Disco de pan ázimo que el sacerdote consagra en el sacrificio de la misa.
hostiario m. Caja para guardar hostias. ‖ Molde para hacer hostias.
hostigador, ra adj. y s. Que hostiga.
hostigamiento m. Acción de hostigar : *tiro de hostigamiento.*
hostigar v. t. Acosar.
hostil adj. Contrario, enemigo.
hostilidad f. Enemistad. ‖ Oposición. ‖ — Pl. Estado de guerra.
hostilizar v. t. Hostigar.
hotel m. Establecimiento donde los viajeros pueden comer y albergarse mediante pago : *hotel de lujo.* ‖ Edificio separado de los otros, generalmente con jardín, destinado al alojamiento de una sola familia.
hotelería f. Hostelería.
hotelero, ra adj. Relativo al hotel. ‖ — M. y f. Propietario de un hotel o encargado del mismo.
hotelito m. Chalet, casita.
hotentote, ta adj. y s. Individuo de una raza negra del SO. de África, al N. del río Orange.
hot money m. (pal. ingl.). Capitales especulativos que pasan rápidamente de un lugar a otro para aprovechar la variación de los tipos de interés.
hovercraft m. (pal. ingl.). Aerodeslizador.
hoy adv. En este día, en el día presente : *hoy he visto a Juan.* ‖ En el tiempo presente, actualmente.
hoya f. Hoyo grande. ‖ Sepultura : *tener un pie en la hoya.* ‖ Llano extenso entre montañas : *la hoya de Málaga.*
hoyo m. Agujero en la tierra o en cualquier superficie. ‖ Sepultura.
hoyuelo m. Hoyo pequeño. ‖ Hoyo en el centro de la barba o en las mejillas.
hoz f. Instrumento de hoja corva y mango corto para segar mieses y hierbas. ‖ Angostura, estrechura de un valle profundo.
hozar v. t. Escarbar la tierra con el hocico.
hua, elemento que entra en muchas voces americanas y a veces toma la forma *gua.*
huaca f. *Amer.* Guaca.
huacal m. *Amer.* Guacal.
huacamole m. *Amer.* Guacamole.
huaco m. *Per.* y *Chil.* Guaco.
huachano, na adj. y s. De Huacho (Perú).
huacho m. *Ecuad.* Surco.
huancaíno, na adj. y s. De Huancayo (Perú).
huancavelicano, na adj. y s. De Huancavelica (Perú).
huango m. *Amer.* Guango.
huanuqueño, ña adj. y s. De Huánuco (Perú).
huapango m. *Méx.* Fiesta popular típica de Veracruz. | Música, baile y cantos de esa fiesta.
huaquear v. i. *Amer.* Guaquear.
huarache m. *Méx.* Sandalia.
huarasino, na adj. y s. De Huarás (Perú).
huasca f. *Chil.* y *Per.* Guasca.
huasipungo m. *Ecuad.* Tierra que reciben los jornaleros del campo además de su jornal.
huaso, sa adj. y s. *Amer.* Guaso.
huasteca, huaxteca o **huazteca** adj. y s. Individuo de un pueblo maya del ant. México.
huayco m. *Per.* Zanja.
hucha f. Alcancía. ‖ *Fig.* Ahorros.

hue, elemento que entra en varias voces americanas, que a veces toma la forma de *güe.*
hueco, ca adj. Vacío, que tiene una cavidad interior : *pared hueca.* || *Fig.* Orgulloso, presumido. || De sonido retumbante y profundo : *voz hueca.* || *Fig.* Vacío, sin ideas : *discurso hueco.* | Afectado : *estilo hueco.* || Mullido, esponjoso : *tierra hueca.* || — M. Cavidad : *aquí hay un hueco.* || Intervalo de tiempo o lugar : *encontrar un hueco en sus ocupaciones.* || *Fig.* y *fam.* Empleo o puesto vacante : *en la oficina hay varios huecos.* || *Arq.* Abertura en una pared.
huecograbado m. *Impr.* Heliograbado en hueco sobre cilindros de cobre para reproducirlo en máquina rotativa. || Este grabado.
huehuetl m. *Mús.* Instrumento de percusión de los indígenas mexicanos.
huelga f. Interrupción concertada del trabajo que hacen los obreros para obligar a los patronos a ceder ante sus reivindicaciones. || Recreación, juerga. || — *Huelga de brazos caídos* o *de brazos cruzados,* la realizada sin abandonar el lugar de trabajo. || *Huelga de celo,* ejecución del trabajo cumpliendo la reglamentación al pie de la letra para reducir la producción. || *Huelga de* o *del hambre,* la que consiste en privarse de alimento para así llamar la atención de las autoridades sobre lo que se reivindica. || *Huelga escalonada* o *alternativa,* la que afecta sucesivamente a cada uno de los departamentos de una empresa, pero nunca a todos juntos. || *Huelga general,* la que se extiende a todos los ramos de la producción. || *Huelga salvaje,* la efectuada bruscamente en el lugar de trabajo.
huelguista com. Persona que toma parte en una huelga.
huelguístico, ca adj. Perteneciente o relativo a la huelga o a los huelguistas.
huella f. Señal que deja el pie : *se ven huellas en la nieve.* || *Fig.* Marca, vestigio. || *Huella digital* o *dactilar,* marca dejada por la yema de los dedos, utilizada para identificar a las personas.
huemul m. *Arg.* y *Chil.* Ciervo que vive en los Andes.
huérfano, na adj. Dícese del niño que se ha quedado sin padre o sin madre o que ha perdido a los dos (ú. t. c. s.). || *Fig.* Falto de alguna cosa : *quedar huérfano de amparo.*
huero, ra adj. Que no produce cría : *huevo huero.* || *Fig.* Vacío : *mentalidad huera.*
huerta f. Huerto grande. || Llanura bien irrigada donde se practica el cultivo intensivo.
huertano, na adj. y s. Dícese del habitante de las comarcas de regadío, como Murcia, Valencia, etc., llamadas *huertas.*
huerto m. Terreno de poca extensión donde se cultivan verduras, legumbres y frutales.
huesa f. Sepultura.
hueso m. Cada una de las piezas duras que forman el esqueleto de los vertebrados. || Materia que las constituye. || Parte dura interior que contiene la semilla de ciertos frutos : *hueso de cereza.* || *Fig.* y *fam.* Cosa trabajosa : *este trabajo es un hueso.* | Persona de carácter desagradable y trato difícil : *este capitán es un hueso.* | Asignatura muy difícil. || — Pl. *Fam.* Manos : *toca esos huesos.* || — *Fig. Estar en los huesos,* estar sumamente flaco. || *Fam. Estar por los huesos de alguien,* estar muy enamorado.
huésped, da m. y f. Persona que se hospeda en casa ajena o en un establecimiento hotelero. || Animal o planta en cuyo cuerpo se aloja un parásito.
hueste f. Ejército en campaña. || *Fig.* Grupo de seguidores.
hueva f. Masa de huevecillos de ciertos peces.
huevera f. Vendedora de huevos. || Conducto membranoso que tienen las aves, desde el ovario hasta cerca del ano, en el cual se forman los huevos. || Huevero.
huevería f. Tienda del huevero.
huevero, ra m. y f. Comerciante en huevos. || Recipiente pequeño donde se coloca el huevo pasado por agua para comerlo.
huevo m. *Biol.* Célula resultante de la unión del gameto masculino con el femenino y que por división producirá un nuevo ser, animal o vegetal. | Cuerpo orgánico que contiene el germen o embrión del nuevo individuo, producido por las hembras de muchos animales. | El de las aves domésticas : *huevos de gallina.* || Trozo de madera de forma ovoide que se utiliza para zurcir medias y calcetines.
huevón m. *Méx. Fam.* Hombre lento y flojo para el trabajo.
hugonote adj. y s. Calvinista.
huí, elemento que entra en varias voces americanas y a veces adopta la forma *güi.*
huida f. Acción de huir.
huidizo, za adj. Que tiende a huir : *persona tímida, esquiva y huidiza.*
huilacapitztli m. Pequeña flauta de hueso o barro usada por los indígenas mexicanos.
huilense adj. y s. De Huila (Colombia).
huincha f. *Amer.* Cinta.
huir v. i. Alejarse rápidamente : *los vecinos huyeron del fuego.* || Escaparse de un sitio donde se estaba encerrado. || Evitar : *huir de alguno.*
huira f. *Amer.* Güira.
hule m. Caucho o goma elástica. || Tela impermeable, pintada y barnizada. || *Fam.* Mesa de operaciones.
hulero m. *Amer.* Trabajador que recoge el caucho o hule.
hulla f. *Min.* Carbón fósil procedente de vegetales que han sufrido una transformación a través de las eras geológicas ; se le llama también *carbón de piedra.* || *Hulla blanca,* energía obtenida a partir de los saltos de agua.
hullero, ra adj. Relativo a la hulla : *cuenca hullera.*
humaiteño, ña adj. y s. De Humaitá (Paraguay).
humanidad f. Naturaleza humana. || Género humano : *benefactor de la humanidad.* || Bondad, compasión, benevolencia : *tratar a todos con humanidad.* || *Fam.* Muchedumbre : *este cuarto huele a humanidad.* || — Pl. Letras humanas : *estudiar humanidades.*
humanismo m. Conjunto de tendencias intelectuales y filosóficas cuyo objetivo es el desarrollo de las cualidades esenciales del hombre. || Movimiento intelectual que se desarrolló en Europa durante el s. XVI para renovar el estudio de las lenguas, literaturas y civilizaciones griega y latina.
humanista com. Filósofo que funda su doctrina en el desarrollo de las cualidades esenciales del hombre. || Persona versada en las letras humanas. || Escritor perteneciente al movimiento llamado *humanismo.* || — Adj. Relativo al humanismo.

humanístico, ca adj. Del humanismo o de las humanidades.
humanitario, ria adj. Que mira o se refiere al bien del género humano : *tomar medidas humanitarias.* || Humano, compasivo.
humanitarismo m. Humanidad.
humanización f. Acción de humanizar.
humanizar v. t. Volver más humano (ú. t. c. pr.) : *ha sabido humanizar el trato con los empleados que le secundan.*
humano, na adj. Del hombre o propio de él. || Compasivo, caritativo : *mostrarse humano.* || — *El género humano,* los hombres. || *Letras humanas,* literatura, particularmente la griega y romana.
humareda f. Humo.
humazo m. Humo espeso.
humeante adj. Que humea.
humear v. i. Exhalar, echar de sí humo : *carbón que humea.* || Arrojar una cosa vaho parecido al humo : *humear la sangre.* || *Fig.* Quedar restos de algo pasado. || Vanagloriarse.
humectación f. Humedecimiento.
humectador m. Aparato que satura de humedad la atmósfera. || Cualquier aparato para humedecer.
humectar v. t. Humedecer.
humedad f. Estado de lo que es húmedo. || Agua de que está impregnado un cuerpo.
humedecer v. t. Volver húmeda una cosa (ú. t. c. pr.).
humedecimiento m. Acción y efecto de humedecer.
húmedo, da adj. Impregnado de un líquido o de vapor. || Con mucha lluvia : *clima húmedo.*
humeral adj. *Anat.* Relativo al húmero : *arteria humeral.* || — M. Paño blanco que reviste el sacerdote y en cuyos extremos envuelve las manos para tomar la custodia o copón.
húmero m. Hueso del brazo que se articula en la escápula y el codo.
humildad f. Virtud opuesta al orgullo. || Modestia. || Sumisión.
humilde adj. Que da muestra de humildad. || De muy modesta condición. Ú. t. c. s. : *favorecer a los humildes.*
humillación f. Acción y efecto de humillar o de humillarse. || Afrenta : *sufrir una humillación.*
humilladero m. Cruz o imagen religiosa que hay a la entrada de algunos pueblos.
humillador, ra adj. Que humilla (ú. t. c. s.).
humillante adj. Degradante.
humillar v. t. Bajar, abatir : *humillar el orgullo.* || Bajar, doblar una parte del cuerpo en señal de reverencia o sumisión : *humillar la cabeza.* || Avergonzar, rebajar a alguien en su dignidad. || — V. pr. Rebajarse voluntariamente.
humillo m. Vanidad, orgullo.
humita f. *Per. Chil* y *Arg.* Pasta a base de maíz tierno rallado, pimientos y tomates o grasa y azúcar que se cuece en agua hirviendo envuelta en la hoja verde de la mazorca, recalentándolo después de frío en el rescoldo.
humitero, ra m. y f. Persona que fabrica o vende humitas.
humo m. Mezcla de gases, de vapor de agua y de partículas tenues de carbón que se desprende de los cuerpos en combustión. || Vapor que se desprende de un líquido caliente o cualquier cosa que fermenta. || — Pl. *Fig.* Vanidad, presunción : *¡cuántos humos tiene!*
humor m. Cualquiera de los líquidos del cuerpo del animal, como la sangre, la bilis. || *Fam.* Pus, materia, etc. || *Fig.* Estado de ánimo : *tener buen humor.* | Gracia, agudeza : *hombres de humor.* || *Humor negro,* gracia a costa de cosas que suscitarían, desde otra perspectiva, compasión o lástima.
humorado, da adj. *Bien humorado,* de buen humor. || — F. Chiste : *decir humoradas.* || Capricho, extravagancia : *¡ya estoy harto de soportar sus constantes humoradas!*
humorismo m. Estilo literario en que se hermanan la gracia con la ironía y lo alegre con lo triste.
humorista adj. Dícese del autor en cuyos escritos predomina el humorismo (ú. t. c. s.). || — M. Autor de canciones satíricas.
humorístico, ca adj. Relativo al humorismo. || Satírico y gracioso.
humus m. *Agr.* Sustancia coloidal de aspecto negruzco que resulta de la descomposición parcial de los desechos vegetales y animales ; se llama también *mantillo.*
hundimiento m. Acción y efecto de hundir o hundirse. || Depresión.
hundir v. t. Meter en lo hondo : *hundir un puñal en el pecho.* || Hacer bajar el nivel de algo : *las lluvias han hundido el terreno.* || Echar a pique : *hundir un barco* (ú. t. c. pr.). || *Fig.* Abrumar, abatir : *la muerte de su padre le hundió.* | Arruinar : *hundir un negocio* (ú. t. c. pr.). | Perjudicar mucho : *su mala actuación le hundió.* | Enflaquecer : *hundir las mejillas* (ú. t. c. pr.). || — V. pr. Sucumbir : *hundirse un imperio.* || Derrumbarse, desplomarse : *la techumbre se ha hundido.*
húngaro, ra adj. y s. De Hungría. || — M. Lengua hablada por los húngaros. || Magiar.
huno, na adj. y s. Individuo de un pueblo bárbaro de raza mongólica establecido en Asia Central.
huracán m. Viento violento e impetuoso. || *Fig.* Vendaval.
huraño, ña adj. Poco sociable.
hurgador, ra adj. Que hurga. || — M. Hurgón.
hurgar v. t. Menear o remover : *hurgar la lumbre.* || Tocar : *hurgar un mecanismo.* || Fisgar. Ú. t. c. i. : *hurgar en los papeles de uno.*
hurgón m. Instrumento de hierro para atizar la lumbre.
hurón m. Mamífero carnívoro del género de la comadreja, que se emplea para cazar conejos. || *Fig.* y *fam.* Persona curiosa o huraña.
huronear v. i. Cazar con hurón. || *Fig.* y *fam.* Curiosear.
huronera f. Lugar en que se mete el hurón. || *Fig.* Guarida.
huroniano, na adj. *Geol.* Aplícase a la parte superior del terreno primitivo en el Canadá y en Escandinavia (ú. t. c. s. m.).
¡hurra! interj. Expresa admiración, entusiasmo o alegría.
hurtadillas (a) adv. Furtivamente, sin que nadie lo note.
hurtar v. t. Robar. || *Fig.* Apartar, esquivar, alejar : *hurtar el cuerpo.* || — V. pr. *Fig.* Desviarse, ocultarse : *hurtarse a los ojos de la policía.* | Zafarse, librarse.
hurto m. Robo. || Cosa hurtada.
húsar m. Soldado de un antiguo cuerpo de caballería ligera.
husillo m. Tornillo de una prensa.

husita adj. y s. Adepto del reformador Juan Huss (1369-1415).
husmeador, ra adj. y s. Que husmea.
husmear v. t. Oler, olfatear. || *Fig. y fam.* Indagar, curiosear : *esta mujer siempre está husmeando.* || Presentir : *husmear el peligro.* || — V. i. Empezar a oler mal las carnes a causa de la descomposición.
husmeo m. Acción de husmear.
husmo m. Olor que se desprende de la carne algo manida.
huso m. Palo para hilar. || Instrumento para devanar la seda. || *Blas.* Losange largo y estrecho. || Cilindro de un torno de mano. || — *Geom. Huso esférico,* parte de la superficie de una esfera comprendida entre dos mitades de círculo máximo de diámetro común. || *Huso horario,* cada uno de los veinticuatro husos geométricos de una amplitud de 15° en que se divide convencionalmente la esfera terrestre y en los cuales la hora legal es la misma.
hutia f. Jutia.
¡huy! interj. Expresa dolor, melindre, asombro o admiración.
Hz, símbolo internacional del *hertz,* unidad que mide la frecuencia.

i

i f. Décima letra del alfabeto castellano y tercera de sus vocales. ‖ — **I,** cifra romana que vale uno. ‖ Símbolo químico del *yodo.* ‖ *Fam. Poner los puntos sobre la íes,* hablar de manera muy clara.
ibaguereño, ña adj. y s. De Ibagué (Colombia).
ibarreño, ña adj. y s. De Ibarra (Ecuador).
iberico, ca adj. s. Ibero.
ibero, ra adj. y s. De Iberia, dícese de un pueblo que habitó en España.
iberoamericano, na adj. y s. De Iberoamérica (países de América de lengua española o portuguesa).
ibicenco, ca adj. y s. De Ibiza (España).
ibis f. Ave zancuda de pico largo.
iceberg m. (pal. ingl.). Masa de hielo flotante en los mares polares, desprendida de un glaciar.
icono m. En la Iglesia ortodoxa, imagen sagrada.
iconoclasta adj. y s. Dícese de los miembros de una secta que proscribía el culto a las imágenes. ‖ *Fig.* Que no respeta los valores tradicionales.
iconografía f. Estudio de las obras de arte, de sus orígenes y significado. ‖ Álbum de imágenes o reproducciones artísticas.
icosaedro m. *Geom.* Sólido limitado por veinte caras.
ictericia f. *Med.* Enfermedad producida por la presencia en la sangre de pigmentos biliarios y caracterizada por el color amarillo de la piel y de las conjuntivas.
ictérico, ca adj. y s. *Med.* Relativo a la ictericia o que la padece.
ictiología f. Parte de la zoología que estudia los peces.
ictiólogo, ga m. y f. Especialista en ictiología.
ictiosauro m. Reptil fósil con aspecto de tiburón.
icho o **ichu** m. Planta gramínea de América común en los Andes.
ida f. Acción de ir de un lugar a otro : *billete de ida y vuelta.*
idea f. Representación mental de una cosa real o imaginaria : *tener una idea clara de algo.* ‖ Modo de ver : *ideas políticas.* ‖ Intención : *tener idea de casarse.* ‖ Impresión, creencia. ‖ Opinión. ‖ Conocimiento : *no tengo la menor idea de lo que quiere.* ‖ Primera concepción : *a este técnico se le debe la idea de una máquina.* ‖ Imagen, recuerdo : *tengo su idea grabada en la mente.* ‖ Exposición superficial : *dame una idea de tus intenciones.* ‖ Aptitud : *tienes mucha idea para la decoración.* ‖ — *Idea fija,* la que obsesiona a uno. ‖ *No tener idea de nada,* ser completamente ignorante.
ideal adj. Relativo a la idea. ‖ Que existe sólo en la imaginación, irreal. ‖ Perfecto : *mujer ideal.* ‖ Maravilloso. ‖ — M. Perfección suprema : *ideal de belleza.* ‖ Prototipo, modelo o ejemplar de perfección. ‖ Objetivo al que uno aspira : *tener un ideal.*
idealidad f. Calidad de ideal.
idealismo m. Sistema filosófico que considera la idea como principio del ser y del conocer. ‖ Persecución de un ideal. ‖ Tendencia a idealizar las cosas.
idealista adj. y s. Que profesa el idealismo. ‖ Que persigue un ideal que puede ser quimérico.
idealización f. Creación de una forma imaginaria de algo.
idealizador, ra adj. y s. Que idealiza.
idealizar v. t. Dar un carácter ideal a las personas o cosas adornándolas con todas las perfecciones.
idear v. t. Pensar, discurrir. ‖ Imaginar, inventar : *ideó mil subterfugios.*
ideario m. Repertorio de ideas.
ídem adv. lat. El mismo, lo mismo.
idéntico, ca adj. Exactamente igual.
identidad f. Calidad de idéntico, similitud : *identidad de pareceres.* ‖ Conjunto de caracteres que diferencian a las personas entre sí.
identificación f. Acción de identificar. ‖ Compenetración.
identificar v. t. Hacer que dos o varias cosas distintas aparezcan como idénticas (ú. m. c. pr.). ‖ *For.* Reconocer si una persona es la que se busca : *identificar a un delincuente.* ‖ — V. pr. Llegar a tener las mismas ideas, voluntad, deseo, etc. : *actor que se identifica con su papel.*
ideología f. Ciencia del origen y clasificación de las ideas. ‖ Conjunto de ideas propias de un grupo.
ideólogo, ga m. y f. Persona que conoce los principios de una doctrina política : *un ideólogo nazi.*
idílico, ca adj. Maravilloso.
idilio m. Pequeño poema de asunto bucólico y amoroso. ‖ *Fig.* Coloquio amoroso, amor tierno.
idioma m. Lengua de un país o nación o común a varios. ‖ Modo particular de hablar un grupo de personas.
idiomático, ca adj. Característico de una lengua determinada.
idiosincrasia f. Manera de ser propia de una persona.
idiosincrásico, ca adj. Relativo a la idiosincrasia.
idiota adj. y s. Que padece de idiotez. ‖ *Fig.* Tonto.
idiotez f. Insuficiencia de desarrollo mental debida a lesiones o malformaciones cerebrales. ‖ *Fig.* Imbecilidad : *decir idioteces.*
idiotismo m. Expresión o construcción particular de una lengua.
idiotizar v. t. Volver idiota.

ido, da p. p. de *ir.* ‖ — Adj. *Fam.* Ebrio. | Chiflado, mal de la cabeza.
idólatra adj. y s. Que adora ídolos.
idolatrar v. t. Adorar ídolos. ‖ *Fig.* Amar o admirar mucho.
idolatría f. Adoración de ídolos. ‖ *Fig.* Gran amor o admiración.
ídolo m. Figura de una divinidad a la que se da adoración. ‖ *Fig.* Persona amada o admirada.
idoneidad f. Aptitud para algo.
idóneo, a adj. Adecuado.
iglesia f. Templo cristiano. ‖ Sociedad religiosa fundada por Jesucristo. ‖ Cualquier comunión cristiana : *la Iglesia protestante.* ‖ Conjunto de las creencias, ministros y fieles de la religión católica : *la Iglesia española.* ‖ Clero.
iglú o **igloo** m. Vivienda esquimal hecha con bloques de nieve en forma de cúpula.
ignaro, ra adj. Ignorante (ú. t. c. s.).
ígneo, a adj. De fuego.
ignición f. Estado de los cuerpos en combustión.
ignífugo, ga adj. y s. m. Que protege contra el incendio.
ignominia f. Infamia.
ignominioso, sa adj. Infame.
ignorancia f. Carencia de instrucción o de conocimiento.
ignorante adj. y s. Que no tiene instrucción o conocimiento.
ignorar v. t. No saber.
ignoto, ta adj. No conocido.
igual adj. De la misma naturaleza, calidad o cantidad : *dos distancias iguales.* ‖ Semejante : *no he visto cosa igual.* ‖ Muy parecido : *su hija es igual que ella.* ‖ De la misma clase o condición. Ú. t. c. s. : *es mi igual.* ‖ Que no varía, no mudable : *clima siempre igual.* ‖ Liso : *superficie igual.* ‖ Indiferente : *me es igual.* ‖ *Geom.* Dícese de las figuras que se pueden superponer de modo que se confundan en su totalidad : *triángulos iguales.* ‖ — M. Signo de la igualdad (=). ‖ — *Al igual o por igual,* igualmente, lo mismo. ‖ *Sin igual,* sin par. ‖ — Adv. De la misma manera : *baila igual que canta.*
iguala f. Convenio entre médico y cliente mediante pago por éste de una cantidad fija anual.
igualación f. o **igualamiento** m. Acción y efecto de igualar o igualarse. ‖ *Fig.* Arreglo, convenio.
igualado, da adj. *Guat.* y *Méx.* Irrespetuoso.
igualador, ra adj. y s. Que iguala.
igualar v. t. Hacer igual o poner al igual. ‖ Allanar, alisar : *igualar los terrenos.* ‖ — V. i. Ser una cosa igual a otra. Ú. t. c. pr. : *igualarse dos cantidades.* ‖ En deporte, tener un tanteo igual al de la parte adversa.
igualatorio m. Centro médico que presta servicio a sus asociados mediante una cuota periódica. ‖ — Adj. Que tiende a ser igual.
igualdad f. Conformidad de una cosa con otra en naturaleza, forma, calidad o cantidad. ‖ Identidad : *igualdad de opiniones.* ‖ *Mat.* Expresión de equivalencia de dos cantidades. ‖ Llanura : *igualdad de un terreno.*
igualitario, ria adj. Que entraña o tiende a la igualdad.
iguana f. Reptil saurio.
iguánidos m. pl. Familia de reptiles saurios (ú. t. c. adj.).
iguanodonte m. Reptil dinosaurio de la época cretácea.
ijada f. o **ijar** m. Cada una de las cavidades situadas entre las costillas falsas y las caderas.
ikastola f. (pal. vasca). En el País Vasco, escuela primaria donde la enseñanza se imparte en lengua vascuence.
ikurriña f. (pal. vasca). Bandera del País Vasco.
ilación f. Acción y efecto de deducir una cosa de otra. ‖ Conexión lógica entre dos cosas.
ilativo, va adj. Que se infiere o puede inferirse de algo. ‖ *Conjunción ilativa,* la que expresa ilación o consecuencia, como *conque.*
ilegal adj. Que va contra la ley.
ilegalidad f. Falta de legalidad. ‖ Acción ilegal.
ilegible adj. Que no puede leerse.
ilegitimar v. t. Privar de la legitimidad.
ilegitimidad f. Falta de legitimidad.
ilegítimo, ma adj. No legítimo. ‖ Nacido de padres que no están casados.
íleon m. *Anat.* Tercera porción del intestino delgado que empieza en el yeyuno y termina en el ciego. ‖ Porción lateral del hueso innominado que forma la cadera.
ileso, sa adj. Que no ha sufrido lesión.
iletrado, da adj. y s. Falto de instrucción. ‖ Analfabeto.
iliaco, ca o **ilíaco, ca** adj. *Anat.* Relativo al ilion. ‖ *Hueso iliaco,* el que forma el esqueleto de la cadera.
ilicitano, na adj. y s. De Elche (España).
ilícito, ta adj. No permitido legal ni moralmente : *negocio ilícito.*
ilicitud f. Calidad de ilícito.
ilimitado, da adj. Sin límites.
ilion m. *Anat.* Hueso de la cadera que unido al isquion y al pubis forma el hueso iliaco.
ilógico, ca adj. Sin lógica.
iluminación f. Acción y efecto de iluminar. ‖ Alumbrado especial para realzar ciertos edificios, monumentos, etc. ‖ Cantidad de luz.
iluminado, da adj. Alumbrado. ‖ Dícese de las personas que ven visiones en materia de religión (ú. t. c. s.).
iluminador, ra adj. y s. Que ilumina. ‖ — M. y f. Persona que da color a libros, estampas, etc.
iluminar v. t. Alumbrar, dar luz : *el Sol ilumina los planetas.* ‖ Adornar con muchas luces : *iluminar un templo.* ‖ Dar color a las letras o dibujos de un libro, estampa, etc. ‖ *Fig.* Ilustrar el entendimiento.
ilusión f. Error del entendimiento que nos hace tomar las apariencias por realidades. ‖ Esperanza quimérica : *forjarse ilusiones.* ‖ *Fig.* Alegría muy grande.
ilusionar v. t. Hacer concebir ilusiones. ‖ Causar gran alegría. ‖ — V. pr. Forjarse ilusiones. ‖ *Fig.* Entusiasmarse.
ilusionismo m. Tendencia a forjarse ilusiones. ‖ Arte de producir fenómenos que parecen estar en contradicción con las leyes naturales, prestidigitación.
ilusionista adj. y s. Prestidigitador.
iluso, sa adj. y s. Engañado. ‖ Propenso a ilusionarse, soñador.
ilusorio, ria adj. Capaz de engañar. ‖ Que no se ha de realizar.
ilustración f. Instrucción : *persona de mucha ilustración.* ‖ Grabado, estampa o fotografía que adorna un texto. ‖ Revista ilustrada. ‖ Movimiento filosófico del siglo XVIII en pro de la amplia difusión del saber.

ilustrado, da adj. Instruido : *hombre ilustrado.* || Que tiene dibujos.
ilustrador, ra adj. y s. Persona que se ocupa de los grabados en un libro.
ilustrar v. t. Aclarar : *ilustrar con un comentario.* || Explicar una materia : *ilustrar con ejemplos.* || *Fig.* Instruir, civilizar : *ilustrar a un pueblo.* || Adornar con grabados : *ilustrar un texto.* || — V. pr. Llegar a ser ilustre.
ilustrativo, va adj. Que ilustra.
ilustre adj. De fama : *pintor ilustre.* || Título de dignidad : *ilustre señor.*
ilustrísimo, ma adj. Muy ilustre. || — F. Título que se da a los obispos y a otras personas.
imagen f. Representación en pintura o escultura de una persona o cosa. || Representación de la divinidad, de los santos, etc. : *imagen de la Virgen.* || Semejanza : *a imagen de Dios.* || Símbolo, figura : *imagen del arte.* || Representación de las personas y objetos en la mente. || Reproducción de la figura de un objeto formado por la reflexión o refracción de los rayos de luz. || *Ret.* Representación viva y sugestiva de una cosa por medio del lenguaje : *acompañar el discurso con imágenes.* || Opinión que se tiene de un personaje, una empresa o una institución.
imaginable adj. Que puede imaginarse : *escena imaginable.*
imaginación f. Facultad de poder imaginar. || Cosa imaginada. || *Fig.* Idea sin fundamento : *son imaginaciones tuyas.*
imaginar v. t. Representar idealmente una cosa, crearla en la mente. || Crear, inventar. || Pensar, suponer. || — V. pr. Figurarse.
imaginaria f. Guardia, funcionario o empleado que no presta servicio sino en caso necesario.
imaginario, ria adj. Que no tiene realidad.
imaginativo, va adj. Que imagina fácilmente. || — F. Facultad de imaginar. || Sentido común.
imaginería f. Talla o pintura de imágenes sagradas.
imaginero m. Estatuario o pintor de imágenes.
imán m. Óxido de hierro que atrae el hierro, el acero y otros metales : *imán natural.* || Barra o aguja imantada. || *Fig.* Atractivo.
imán m. Entre los musulmanes, el encargado de dirigir la oración. || Título de ciertos soberanos musulmanes : *el imán de Mascate.*
imanación f. Magnetización.
imanar v. t. Magnetizar un cuerpo (ú. t. c. pr.).
imanato m. Dignidad de imán. || Territorio gobernado por un imán.
imantación f. Imanación.
imantar v. t. Imanar.
imbabureño, na adj. y s. De Imbabura (Ecuador).
imbatible adj. Invencible.
imbécil adj. y s. Tonto.
imbecilidad f. Debilidad mental.
imberbe adj. Sin barba. || *Fig.* Muy joven.
imborrable adj. Indeleble.
imbricación f. Estado de las cosas imbricadas.
imbricado, da adj. Dícese de las cosas que están sobrepuestas.
imbricar v. t. Sobreponer.
imbuir v. t. Infundir, inculcar.
imitable adj. Que se puede o debe imitar : *ejemplo imitable.*
imitación f. Acción y efecto de imitar : *la imitación de un estilo.* || Cosa imitada. || Materia elaborada que imita a otra de superior calidad.
imitador, ra adj. y s. Que imita.
imitar v. t. Hacer una cosa a ejemplo o semejanza de otra. || Actuar de la misma manera. || Tomar por modelo : *imitar el arte griego.* || Procurar copiar el estilo de un autor, de un artista, etc.
impaciencia f. Falta de paciencia.
impacientar v. t. Hacer que uno pierda la paciencia. || — V. pr. Perder la paciencia.
impaciente adj. y s. Que no tiene paciencia. || Ansioso, deseoso.
impacto m. Choque de un proyectil en el blanco. || Huella que deja en él. || *Fig.* Repercusión, efecto.
impagado, da adj. y s. m. Que no ha sido pagado.
impala m. Antílope africano.
impalpable adj. Que no se siente al tacto.
impar adj. *Mat.* Que no es divisible por dos : *número impar* (ú. t. c. s. m.). || Que no tiene igual, único.
imparable adj. Que no se puede parar : *un gol imparable.*
imparcial adj. Que no sacrifica la justicia a condideraciones personales. || Justo, objetivo.
imparcialidad f. Carácter del que es justo.
impartir v. t. Conceder. || Dar : *impartir clases.*
impasibilidad f. Falta de reacción ante el dolor o las emociones.
impasible adj. Insensible. || Indiferente.
impasse m. (pal. fr.). Callejón sin salida.
impavidez f. Valor, entereza ante el peligro. || Impasibilidad.
impávido, da adj. Imperturbable, valeroso. || Impasible.
impecable adj. Sin faltas.
impedidor, ra adj. y s. Que impide o estorba.
impedimenta f. Bagaje de la tropa.
impedimento m. Obstáculo, estorbo. || *For.* Circunstancia que anula o hace ilícito el matrimonio.
impedir v. t. Dificultar : *impedir los movimientos.* || Hacer imposible.
impeditivo, va adj. Que impide.
impelente adj. Que impele.
impeler v. t. Dar empuje. || *Fig.* Estimular, incitar.
impenetrabilidad f. Propiedad de los cuerpos que impide que uno esté en el lugar que ocupa otro : *la impenetrabilidad de la materia.* || *Fig.* Carácter de lo que no se deja adivinar.
impenetrable adj. Que no se puede penetrar : *recinto impenetrable.* || *Fig.* Que no puede descubrirse : *secreto impenetrable.* | Dícese del hombre que no deja traslucir sus sentimientos.
impenitencia f. Obstinación en el pecado.
impenitente adj. y s. Que se obstina en el pecado. || *Fam.* Incorregible, que persiste en su error.
impensable adj. Inimaginable.
impepinable adj. *Fam.* Seguro.
imperante adj. Que impera.
imperar v. i. Ejercer el imperio. || Gobernar. || *Fig.* Dominar.

imperativo, va adj. Que impera o manda : *deber imperativo.* ‖ — M. *Gram.* Modo y tiempo del verbo que expresa la orden, la exhortación o la súplica. ‖ Principio que tiene carácter de orden : *los imperativos de la política.*
imperceptibilidad f. Calidad de imperceptible.
imperceptible adj. Que escapa a nuestros sentidos.
imperdible adj. Que no puede perderse. ‖ — M. Alfiler de seguridad que se abrocha.
imperdonable adj. Que no se puede perdonar : *error imperdonable*
imperecedero, ra adj. Que dura mucho.
imperfección f. Carencia de perfección. ‖ Defecto ligero.
imperfecto, ta adj. No perfecto. ‖ Incompleto, inacabado.
imperial adj. Relativo al emperador o al imperio. ‖ — F. Parte superior de algunos vehículos con asientos : *la imperial de un autobús.*
imperialismo m. Política de un Estado tendente a someter a otros Estados bajo su dependencia política o económica.
imperialista adj. y s. Favorable al imperialismo.
impericia f. Falta de pericia.
imperio m. Acción de mandar con autoridad. ‖ Tiempo durante el cual hubo emperadores en determinado país. ‖ Estado gobernado por un emperador. ‖ Países o Estados sujetos a la misma autoridad : *el antiguo Imperio Británico.* ‖ *Fig.* Orgullo, altanería. | Dominación, poder. ‖ *Estilo imperio,* el decorativo que se desarrolló en tiempos de Napoleón I.
imperioso, sa adj. Autoritario : *carácter imperioso.* ‖ Apremiante.
impermeabilidad f. Calidad de impermeable.
impermeabilización f. Operación de impermeabilizar un tejido.
impermeabilizar v. t. Hacer impermeable alguna cosa.
impermeable adj. Impenetrable al agua o a otro fluido : *el hule es impermeable.* ‖ — M. Prenda de abrigo cuya tela es impermeable.
impersonal adj. Carente de personalidad : *una escritura impersonal.* ‖ Que no se aplica a nadie personalmente : *alusión impersonal.* ‖ *Gram.* Dícese del verbo que sólo se usa en infinitivo y en la tercera persona del sing., como *llover, nevar.*
impertérrito, ta adj. Que no es fácil de asustar o intimidar.
impertinencia f. Palabra o acción fuera de propósito.
impertinente adj. Inoportuno, molesto : *respuesta impertinente.* ‖ Enfadoso, insolente. Ú. t. c. s. : *no soporto a los impertinentes.* ‖ Pesado, cargante. ‖ — M. pl. Anteojos plegables con manija que suelen usar las mujeres.
imperturbable adj. Impasible.
impétigo m. Erupción cutánea.
impetración f. Ruego.
impetrante adj. y s. Que ruega.
impetrar v. t. Rogar.
ímpetu m. Violencia. ‖ Energía.
impetuosidad f. Ímpetu.
impetuoso, sa adj. Violento. ‖ *Fig.* Apasionado. ‖ Enérgico.
impiedad f. Falta de piedad. ‖ Falta de religión.
impío, a adj. Falto de religión o piedad (ú. t. c. s.). ‖ Irreverente.
implacable adj. Que no se puede aplacar o templar.
implantación f. Establecimiento, acción de implantar. ‖ *Med.* Fijación o injerto de un tejido u órgano en otro. | Introducción de un medicamento bajo la piel. ‖ *Biol.* Fijación del óvulo fecundado en la mucosa uterina.
implantar v. t. Establecer, instaurar : *implantar modas nuevas.* ‖ *Med.* Hacer una implantación. ‖ — V. pr. Establecerse.
implante m. *Med.* Medicamento que se introduce bajo la piel para que se disuelva lentamente. | Placa u otro elemento que se coloca en el hueso maxilar para mantener una prótesis dentaria.
implar v. t. Llenar.
implementación f. Acción y efecto de implementar.
implementar v. t. Llevar a cabo, realizar. ‖ Aplicar, poner en práctica.
implemento m. Utensilio.
implicación f. Participación en un delito. ‖ Cosa implicada. ‖ Consecuencia.
implicancia f. Contradicción de los términos entre sí. ‖ *Rioplat.* Incompatibilidad legal o moral.
implicar v. t. Envolver : *implicado en un asunto.* ‖ *Fig.* Llevar en sí.
implícito, ta adj. Que está incluido en algo sin necesidad de expresarlo.
imploración f. Ruego, súplica.
implorar v. t. Suplicar, rogar.
impoluto, ta adj. Inmaculado.
imponderabilidad f. Cualidad de imponderable.
imponderable adj. Que no puede pesarse : *un fluido imponderable.* ‖ *Fig.* Que excede a toda ponderación, inapreciable. | Imprevisible. ‖ — M. Circunstancia difícil de prever.
imponencia f. *Col., Chil.* y *Guat.* Grandeza, carácter imponente.
imponente adj. Que impone : *ceremonia imponente.* ‖ *Fam.* Magnífico, impresionante.
imponer v. t. Poner una carga u obligación : *imponer un gravamen.* ‖ Hacer prevalecer : *imponer su voluntad.* ‖ Infundir respeto o miedo. Ú. t. c. i. : *un espectáculo que impone.* ‖ Ingresar dinero en un establecimiento bancario. ‖ *Impr.* Disponer las planas de composición con sus márgenes correspondientes. ‖ Poner encima : *imponer las manos.* ‖ Poner al corriente (ú. t. c. pr.). ‖ — V. pr. Mostrar superioridad : *imponerse a todos los adversarios.* ‖ Predominar, distinguirse : *esta moda acabó imponiéndose.*
imponible adj. Que se puede someter a impuesto : *base imponible.*
impopular adj. Que no es popular.
impopularidad f. Falta de popularidad.
importable adj. Que se puede importar.
importación f. *Com.* Acción de importar o introducir géneros extranjeros : *comercio de importación.* ‖ Mercancías importadas.
importador, ra adj. y s. Que se dedica al comercio de importación.
importancia f. Calidad de lo que es de mucho valor. ‖ Carácter de lo que es considerable o puede tener consecuencias : *la importancia de una decisión.* ‖ Autoridad, influencia : *una persona de importancia social.*
importante adj. Que importa, considerable : *ocasión importante.* ‖ Que tiene autoridad o importancia : *un cargo importante.* ‖ Esencial.

importar v. t. e i. Convenir, interesar : *importa mucho hacerlo bien.* ‖ Valer, costar : *la póliza importa treinta pesetas.* ‖ — *¿ Le importa... ?*, seguido de verbo en infinitivo, fórmula de cortesía para pedir un favor : *¿ le importa llevar esta maleta ?* ‖ *Fam. Me importa un bledo* o *un comino* o *un pito* o *tres pepinos*, me da absolutamente igual. ‖ — V. t. Introducir en un país mercancías procedentes del extranjero : *España importa petróleo.*
importe m. Valor a que asciende una cosa.
importunar v. t. Molestar.
importunidad f. Molestia.
importuno, na adj. Inoportuno : *llegada importuna.* ‖ Molesto.
imposibilidad f. Carácter de lo que es imposible. ‖ Cosa imposible.
imposibilitado, da adj. y s. Tullido, inválido.
imposibilitar v. t. Hacer imposible.
imposible adj. No posible. ‖ Intratable, inaguantable : *persona imposible.* ‖ *Fig.* Sucio. ‖ — M. Lo que no se puede realizar.
imposición f. Acción de imponer o imponerse. ‖ *Impr.* Disposición de las planas de composición.
imposicionismo m. *Méx.* Acción consistente en imponer a un candidato.
impositor m. *Impr.* Tipógrafo encargado de la imposición.
impostor, ra adj. y s. Que atribuye falsamente algo a uno. ‖ Que engaña fingiendo ser lo que no es.
impostura f. Engaño con apariencia de verdad. ‖ Imputación falsa.
impotencia f. Falta de poder o de fuerza para hacer una cosa. ‖ Incapacidad para realizar el coito.
impotente adj. y s. Que no tiene potencia o fuerza. ‖ Incapaz de realizar el coito.
impracticable adj. Irrealizable : *operación impracticable.* ‖ Intransitable : *veredas impracticables.*
imprecación f. Acción de imprecar.
imprecar v. t. Proferir palabras con las que se pide o desea un daño a alguien.
imprecatorio, ria adj. Que implica o denota imprecación.
imprecisión f. Poca precisión.
impreciso, sa adj. Falto de precisión, vago, indefinido.
impregnación f. Acción y efecto de impregnar o impregnarse.
impregnar v. t. Hacer penetrar una sustancia en otro cuerpo.
impremeditación f. Falta de premeditación.
impremeditado, da adj. No premeditado.
imprenta f. Arte de imprimir. ‖ Establecimiento donde se imprime : *la imprenta Larousse.*
imprescindible adj. Indispensable.
imprescriptible adj. Que no puede prescribir.
impresentable adj. No presentable : *un trabajo impresentable.*
impresión f. Acción de imprimir : *la impresión de un diccionario.* ‖ Obra impresa. ‖ Calidad o forma de letra con que está impresa una obra. ‖ Huella que deja una cosa que se aprieta contra otra. ‖ Grabación de un disco o de una cinta magnetofónica. ‖ Efecto producido sobre los sentidos o el ánimo : *impresión de frío.* ‖ Punto de vista, opinión.
impresionable adj. Que se puede impresionar.
impresionante adj. Que impresiona, que produce emoción.
impresionar v. t. Producir alguna impresión material : *impresionar una placa fotográfica, un disco fonográfico.* ‖ *Fig.* Producir una impresión moral : *impresionar por su belleza, su maldad* (ú. t. c. pr.).
impresionismo m. Tendencia pictórica que apareció a finales del siglo XIX y que consiste en representar las impresiones suscitadas por la naturaleza en el artista en vez de intentar plasmar en el lienzo el aspecto más estable y permanente de la realidad.
impresionista adj. y s. Partidario del impresionismo o que lo practica : *fueron impresionistas Monet, Manet, Pissarro, Sisley, Degas, Renoir, Cézanne, Darío de Regoyos, Aureliano de Beruete y Sorolla.*
impreso, sa adj. Hecho en la imprenta. — M. Libro, folleto, formulario u hoja hechos en la imprenta.
impresor, ra adj. Que imprime. ‖ — M. Propietario o director de una imprenta. ‖ Obrero que trabaja en una imprenta. ‖ — F. Imprenta. ‖ Elemento de un ordenador que permite obtener resultados impresos.
imprevisible adj. Que no puede preverse.
imprevisión f. Falta de previsión, inadvertencia.
imprevisor, ra adj. Que no prevé : *persona imprevisora.*
imprevisto, ta adj. No previsto. ‖ — M. Cosa no prevista : *hacer frente al imprevisto.* ‖ — M. pl. Gastos no previstos.
imprimátur m. Permiso de la autoridad eclesiástica para imprimir un escrito.
imprimir v. t. Señalar en el papel, tela, etc., las letras u otros caracteres de las formas apretándolas en la prensa : *imprimir un periódico.* ‖ Dejar una huella sobre una cosa : *imprimir los pasos en el barro.* ‖ *Fig.* Fijar en el ánimo algún afecto : *imprimir nobleza.* | Marcar : *la virtud estaba impresa en su rostro.* | Dar, comunicar : *imprimir movimiento.*
improbable adj. Poco probable.
ímprobo, ba adj. Falto de probidad. ‖ Muy duro, penoso : *trabajo ímprobo.*
improcedencia f. Calidad de improcedente.
improcedente adj. Que no es conforme a derecho : *fallo improcedente.* ‖ Inadecuado, inoportuno.
improductividad f. Calidad de lo que no produce.
improductivo, va adj. Que no produce : *terreno improductivo.*
impromptu m. *Mús.* Composición de forma libre : *los impromptus de Schubert.* ‖ — Adj. Improvisado.
impronta f. Reproducción de un sello o medalla en yeso, lacre, cera, etc. ‖ *Fig.* Huella, marca.
improperio m. Injuria.
impropiedad f. Falta de propiedad en el uso de las palabras.
impropio, pia adj. Ajeno, extraño : *lenguaje impropio de una persona culta.* ‖ Que no es adecuado.
improrrogable adj. Que no se puede prorrogar.
improvisación f. Acción y efecto de improvisar.
improvisador, ra adj. y s. Que improvisa : *improvisador de versos.*

improvisar v. t. Hacer una cosa de pronto sin preparación alguna.
improviso, sa adj. Sin prever.
improvisto, ta adj. Improviso.
imprudencia f. Falta de prudencia : *obrar con imprudencia.*
imprudente adj. y s. Que no tiene prudencia : *joven imprudente.*
impúber adj. Que no ha llegado aún a la pubertad (ú. t. c. s.).
impudencia f. Descaro.
impudente adj. Desvergonzado.
impudicia o **impudicicia** f. Deshonestidad.
impúdico, ca adj. y s. Deshonesto, falto de pudor.
impudor m. Falta de pudor y honestidad. ‖ Cinismo.
impuesto m. Tributo.
impugnación f. Refutación.
impugnador, ra adj. y s. Que impugna.
impugnar v. t. Combatir, refutar.
impulsar v. t. Impeler, dar impulso. ‖ *Fig.* Estimular, incitar.
impulsión f. Impulso, fuerza.
impulsividad f. Condición de impulsivo.
impulsivo, va adj. Que impele o puede impeler : *fuerza impulsiva.* ‖ — Adj. y s. *Fig.* Que actúa sin reflexionar : *persona impulsiva.*
impulso m. Fuerza que pone algo en movimiento. ‖ Movimiento así producido. ‖ *Fig.* Fuerza : *dar impulso a la industria.* | Fuerza interior que lleva a las personas a actuar.
impune adj. Sin castigar.
impunidad f. Falta de castigo.
impureza f. Calidad de impuro.
impurificar v. t. Hacer impuro.
impuro, ra adj. No puro.
imputable adj. Atribuible.
imputación f. Acción de imputar. ‖ Cosa imputada.
imputador, ra adj. Que imputa (ú. t. c. s.).
imputar v. t. Atribuir a otro una culpa, delito o acción censurable. ‖ *Com.* Abonar una partida en cuenta.
imputrescible adj. Dícese de lo que no puede pudrirse.
in prep. lat. En. ‖ — *In albis,* v. ALBIS. ‖ *In articulo mortis,* en el artículo de la muerte. ‖ *In extremis,* en el último momento. ‖ *In fraganti,* en flagrante delito. ‖ *In illo tempore,* en aquel tiempo.
In, símbolo químico del *indio.*
inabarcable adj. Que no se puede abarcar.
inabordable adj. Inaccesible.
inacabable adj. Que no se puede acabar. ‖ Que tarda mucho.
inacabado, da adj. Sin acabar.
inaccesibilidad f. Calidad de inaccesible.
inaccesible adj. No accesible.
inacción f. Falta de acción.
inaceptable adj. No aceptable.
inactividad f. Falta de actividad.
inactivo, va adj. Sin acción o movimiento : *puerto inactivo.*
inactual adj. No actual.
inadaptable adj. No adaptable.
inadaptación f. Falta de adaptación.
inadaptado, da adj. y s. Dícese del que no se adapta o aviene a ciertas condiciones o circunstancias.
inadecuación f. Falta de adecuación.
inadecuado, da adj. No adecuado.
inadmisible adj. No admisible.
inadvertencia f. Descuido : *hacer algo por inadvertencia.* ‖ Hecho de no notar algo.
inadvertido, da adj. Distraído, descuidado. ‖ No advertido.
inagotable adj. Que no se puede agotar : *mina inagotable.*
inaguantable adj. Que no se puede aguantar o sufrir.
inalcanzable adj. Que no se puede alcanzar.
inalienable adj. Que no se puede enajenar.
inalienado, da adj. No enajenado, sin enajenar.
inalterabilidad f. Calidad de inalterable.
inalterable adj. Que no se puede alterar.
inamistoso, sa adj. Poco amistoso : *gesto inamistoso.*
inamovible adj. Fijo.
inamovilidad f. Calidad de inamovible.
inane adj. Vano, fútil, inútil.
inanición f. *Med.* Debilidad causada por la falta de alimento.
inanimado, da adj. Que no tiene vida o parece no tenerla.
inapelable adj. Que no se puede apelar : *sentencia inapelable.*
inaplazable adj. Que no se puede aplazar.
inaplicable adj. Que no se puede aplicar : *reglamento inaplicable.*
inapreciable adj. Muy pequeño : *diferencia inapreciable.* ‖ De mucho valor : *ayuda inapreciable.*
inapropiado, da adj. Poco adecuado.
inaptitud f. Falta de aptitud.
inarrugable adj. Que no se arruga : *tela inarrugable.*
inarticulado, da adj. No articulado : *sonidos inarticulados.*
inasequible adj. No asequible.
inasistencia f. Falta de asistencia.
inasistente adj. y s. Que no asiste o falta.
inastillable adj. Que no puede astillarse : *cristal inastillable.*
inatacable adj. Que no puede ser atacado.
inaudible adj. Que no se puede oír.
inaudito, ta adj. Nunca oído. ‖ *Fig.* Extraordinario, increíble.
inauguración f. Acto de inaugurar.
inaugurador, ra adj. y s. Que inaugura.
inaugural adj. De la inauguración.
inaugurar v. t. Dar principio a una cosa con solemnidad : *inaugurar el curso académico.* ‖ Abrir un establecimiento, un templo, etc. ‖ Poner en servicio : *inaugurar una carretera.* ‖ Celebrar el estreno de una obra, la erección de un monumento, edificio, etc. ‖ *Fig.* Iniciar : *inaugurar un régimen.*
inca m. Rey, príncipe o varón de estirpe regia entre los antiguos peruanos. ‖ *Por ext.* Habitante del Imperio de los Incas. ‖ Moneda de oro del Perú. ‖ — Adj. Incaico.
incaico, ca adj. Relativo a los incas.
incalculable adj. Que no puede calcularse.
incalificable adj. Que no se puede calificar. ‖ Muy censurable.
incandescencia f. Estado de un cuerpo que, a causa de una temperatura elevada, emite luz.
incandescente adj. Candente.
incansable adj. Incapaz o muy difícil de cansarse.
incapacidad f. Falta de capacidad, de aptitud.
incapacitado, da adj. *For.* Dícese de los que sufren la pena de interdicción : *los locos, los pródigos y los reos están incapacitados* (ú. t. c. s.).
incapacitar v. t. Inhabilitar.

incapaz adj. Que no es capaz : *incapaz de hacer una mala jugada.* ‖ Que no tiene capacidad para una cosa. ‖ *Fig.* Falto de talento (ú. t. c. s.). ‖ *For.* Que no tiene aptitud legal para ciertos actos civiles.
incásico, ca adj. Incaico.
incautación f. Embargo.
incautarse v. pr. Tomar posesión de algo un tribunal u otra autoridad competente, confiscar.
incauto, ta adj. y s. Que no tiene cautela, imprudente. ‖ Inocente.
incendiar v. t. Prender fuego.
incendiario, ria adj. y s. Que causa maliciosamente un incendio. ‖ — Adj. Que provoca incendio : *bomba incendiaria.* ‖ *Fig.* Subversivo : *artículo incendiario.*
incendio m. Fuego grande que abrasa total o parcialmente lo que no está destinado a arder. ‖ *Fig.* Ardor vehemente, ímpetu.
incensar v. t. Agitar el incensario ardiendo delante del altar. ‖ *Fig.* Lisonjear, adular.
incensario m. Braserillo donde arde el incienso.
incentivo m. Lo que incita.
incertidumbre f. Duda.
incesante adj. Que no cesa.
incesto m. Unión sexual entre parientes dentro de los grados en que está prohibido el matrimonio.
incestuoso, sa adj. y s. Que comete incesto. ‖ Relativo al incesto.
incidencia f. Lo que sobreviene en el curso de un asunto o negocio y tiene con éste algún enlace. ‖ Dirección según la cual un cuerpo choca con otro. ‖ *Fig.* Repercusión.
incidental adj. Fortuito.
incidente adj. Que cae sobre una superficie : *luz incidente.* ‖ Que sobreviene en el curso de un asunto. ‖ — M. Acontecimiento imprevisto : *un incidente parlamentario.*
incidir v. i. Incurrir en una falta, error, etc. ‖ *Fís.* Caer un rayo luminoso o un cuerpo sobre una superficie reflectora. ‖ *Med.* Hacer una incisión o cortadura.
incienso m. Gomorresina aromática que se quema en ciertas ceremonias del culto. ‖ *Fig.* Adulación.
incierto, ta adj. Dudoso.
incineración f. Reducción a cenizas.
incinerar v. t. Reducir a cenizas : *incinerar un cadáver.*
incipiente adj. Que empieza.
incisión f. Corte.
incisivo, va adj. Cortante. ‖ Dícese de cada uno de los dientes delanteros que sirven para cortar : *dientes incisivos* (ú. t. c. s. m.). ‖ *Fig.* Punzante, mordaz.
inciso, sa adj. Cortado : *estilo inciso.* ‖ — M. Frase que se intercala en medio de otra y que tiene poco que ver con ésta. ‖ Coma, signo ortográfico.
incitación f. Impulsión, instigación : *incitación al crimen.*
incitador, ra adj. y s. Que incita.
incitante adj. y s. Que incita.
incitar v. t. Estimular, instigar.
incitativo, va adj. y s. Que incita.
inclemencia f. Falta de clemencia. ‖ *Fig.* Rigor del tiempo.
inclemente adj. Falto de clemencia.
inclinación f. Acción de inclinar o inclinarse. ‖ Reverencia en señal de respeto : *inclinación de cabeza.* ‖ *Fig.* Afición, propensión : *inclinación a la música.* | Afecto cariño : *tener inclinación por los niños.* | Tendencia. ‖ Estado de lo que está inclinado : *la inclinación de la torre de Pisa.* ‖ *Astr.* Angulo formado por el plano de la órbita de un planeta con el de la eclíptica. ‖ *Geom.* Oblicuidad de dos líneas o de dos superficies.
inclinar v. t. Apartar una cosa de su posición vertical : *inclinar la cabeza en señal de respeto* (ú. t. c. pr.). ‖ *Fig.* Dar propensión a decir o hacer algo : *inclinar a la benevolencia.* ‖ — V. i. Parecerse (ú. t. c. pr.). ‖ — V. pr. Tener tendencia a algo.
ínclito, ta adj. Ilustre.
incluir v. i. Poner una cosa dentro de otra. ‖ Contener una cosa a otra o llevarla implícita. ‖ Comprender un número menor en otro mayor o una parte en su todo.
inclusa f. Asilo de niños.
inclusero, ra adj. y s. *Fam.* Dícese de la persona que se ha criado, o que se cría, en la inclusa.
inclusión f. Acción y efecto de incluir.
inclusivamente o **inclusive** adv. Con inclusión de.
inclusivo, va adj. Que incluye.
incluso, sa adj. Encerrado, contenido : *factura inclusa.* ‖ — Adv. Con inclusión de. ‖ Hasta : *en nuestro viaje llegamos incluso a Suiza.*
incoación f. Acción de incoar.
incoar v. t. Comenzar, empezar una cosa, especialmente un pleito, proceso, etc.
incoercibilidad f. Calidad de incoercible.
incoercible adj. Incontenible.
incógnito, ta adj. No conocido. ‖ *De incógnito,* sin ser conocido. ‖ — M. Situación de una persona que mantiene secreta su identidad. ‖ — F. *Mat.* Cantidad desconocida de una ecuación o de un problema. ‖ *Fig.* Misterio, cosa desconocida que se quiere averiguar.
incognoscible adj. Que no se puede conocer.
incoherencia f. Falta de coherencia.
incoherente adj. No coherente, falto de lógica : *ideas incoherentes.*
incoloro, ra adj. Sin color.
incólume adj. Sin daño, sin lesión ni menoscabo. ileso.
incombustibilidad f. Calidad de incombustible.
incombustible adj. Aplícase a lo que no puede quemarse.
incomible adj. Que no puede comerse.
incomodar v. t. Molestar. ‖ — V. pr. Enfadarse.
incomodidad f. Falta de comodidad. ‖ Malestar. ‖ Disgusto, enfado.
incómodo, da adj. Que carece de comodidad. ‖ Molesto.
incomparable adj. Que no tiene o no admite comparación.
incompatibilidad f. Imposibilidad de coexistir o de armonizar dos personas o cosas. ‖ *For.* Imposibilidad legal de ejercer dos o más cargos a la vez.
incompatible adj. No compatible. ‖ Que hacen imposible el acuerdo entre dos personas : *caracteres incompatibles.*
incompetencia f. Falta de competencia o jurisdicción. ‖ Falta de conocimientos.
incompetente adj. *For.* No competente : *tribunal incompetente.* ‖ Que carece de los conocimientos requeridos para algo.
incompleto, ta adj. No completo : *obra incompleta.*
incomprendido, da adj. No comprendido (ú. t. c. s.).

incomprensible adj. Que no se puede comprender.
incomprensión f. Falta de comprensión.
incompresible adj. Que no se puede comprimir o reducir.
incomunicable adj. No comunicable : *herencia incomunicable.*
incomunicación f. Acción y efecto de incomunicar o incomunicarse. ‖ *For.* Aislamiento temporal de procesados.
incomunicado, da adj. Que no tiene comunicación : *preso incomunicado.* ‖ Aislado, privado de comunicaciones : *aldea incomunicada.*
incomunicar v. t. Privar de comunicación : *incomunicar a un detenido.* ‖ — V. pr. Aislarse, apartarse una persona del trato de la gente por temor, melancolía, etc.
inconcebible adj. Que no puede concebirse.
inconciliable adj. Que no puede conciliarse.
inconcluso, sa adj. Inacabado.
inconcreto, ta adj. Que no es concreto.
inconcuso, sa adj. Cierto.
incondicional adj. Absoluto, sin restricción. ‖ — Adj. y s. Que sigue ciegamente a una persona o idea.
inconexo, xa adj. Sin relación.
inconfesable adj. Que no puede confesarse.
inconfeso, sa adj. *For.* Que no confiesa el delito de que le acusan.
inconfortable adj. No confortable : *vivienda inconfortable.*
inconfundible adj. No confundible, característico : *todos ésos son signos inconfundibles de su enajenación.*
incongruencia f. Falta de congruencia.
incongruente adj. No congruente, inoportuno o inconveniente.
inconmensurabilidad f. Calidad de inconmensurable.
inconmensurable adj. No conmensurable.
inconmovible adj. Que no se puede conmover o alterar.
inconmutable adj. Inmutable. ‖ No conmutable.
inconquistable adj. Que no se puede conquistar. ‖ *Fig.* Inflexible.
inconsciencia f. Estado en que el individuo no se da cuenta exacta del alcance de sus palabras o acciones. ‖ *Por ext.* Falta de juicio.
inconsciente adj. y s. No consciente. ‖ *Por ext.* Irreflexivo. ‖ — M. Conjunto de procesos dinámicos que actúan sobre la conducta pero escapan a la conciencia.
inconsecuencia f. Calidad de inconsecuente. ‖ Cosa inconsecuente.
inconsecuente adj. y s. Que no actúa de conformidad con su conducta previa o sus ideas. ‖ Que cambia fácilmente de ideas.
inconsideración f. Falta de consideración y reflexión.
inconsiderado, da adj. Que actúa sin reflexionar (ú. t. c. s.).
inconsistencia f. Falta de consistencia.
inconsistente adj. Falto de consistencia.
inconsolable adj. Que no puede ser consolado.
inconstancia f. Falta de constancia.
inconstante adj. No constante.
inconstitucional adj. Contrario a la Constitución.
inconstitucionalidad f. Oposición a los preceptos de la Constitución.
incontable adj. Que no puede contarse.
incontaminado, da adj. No contaminado.
incontenible adj. Que no se puede contener.
incontestable adj. Que no se puede impugnar o negar.
incontinencia f. Vicio opuesto a la continencia. ‖ *Med.* Emisión involuntaria de la orina, de las materias fecales, etc.
incontinente adj. Que no es casto. ‖ *Fig.* Que no se contiene. ‖ Que padece incontinencia.
incontinenti adv. (pal. lat.). Prontamente.
incontrolable adj. Que no se puede controlar.
incontrovertible adj. Indiscutible : *argumento incontrovertible.*
inconveniencia f. Inoportunidad. ‖ Inconveniente. ‖ Inverosimilitud de una cosa. ‖ Despropósito.
inconveniente adj. No conveniente, inoportuno. ‖ Desatento, descortés. ‖ — M. Aspecto desfavorable de una cosa : *este proyecto presenta muchos inconvenientes.*
inconvertible adj. No convertible : *moneda inconvertible.*
incordiar v. t. *Fam.* Fastidiar.
incordio m. *Fam.* Persona enojosa y molesta. | Molestia.
incorporación f. Acción y efecto de incorporar o incorporarse.
incorporar v. t. Unir dos o más cosas para formar un todo : *incorporar una sustancia a otra.* ‖ Anexar : *Fernando el Católico incorporó Navarra a España* (ú. t. c. pr.). ‖ Sentar el cuerpo que estaba echado : *incorporar al enfermo en la cama* (ú. t. c. pr.). ‖ — V. pr. Entrar una persona a formar parte de un cuerpo.
incorpóreo, a adj. No corpóreo.
incorrección f. Calidad de incorrecto. ‖ Descortesía.
incorrecto, ta adj. No correcto.
incorregible adj. No corregible.
incorrupción f. Estado de lo que no se corrompe.
incorruptibilidad f. Calidad de incorruptible.
incorruptible adj. No corruptible. ‖ *Fig.* Que no se puede corromper.
incorrupto, ta adj. Que está sin corromperse.
incredulidad f. Dificultad para creer una cosa. ‖ Falta de fe y de creencia religiosa.
incrédulo, la adj. y s. Dícese del que no cree en los dogmas religiosos. ‖ Que no cree fácilmente.
increíble adj. Que no puede creerse. ‖ *Fig.* Extraordinario.
incrementar v. t. Aumentar.
incremento m. Aumento.
increpación f. Reprensión.
increpar v. t. Reprender.
incriminación f. Acusación.
incriminar v. t. Acusar.
incruento, ta adj. No sangriento.
incrustación f. Acción de incrustar. ‖ Madera, marfil, etc. que se incrusta en una superficie dura y lisa formando dibujos. ‖ Capa calcárea que se forma sobre ciertos cuerpos que permanecen en el agua. ‖ Depósito de carbonato de cal que se forma en las paredes de las calderas de vapor y otros recipientes.

incrustar v. t. Embutir en una superficie lisa y dura piedras, metales, maderas, etc. formando dibujos. || Cubrir una superficie con una costra calcárea. || — V. pr. Adherirse fuertemente. || *Fig.* Grabarse en la memoria.
incubación f. Acción de empollar las aves los huevos. || *Med.* Desarrollo de una enfermedad desde que empieza a obrar la causa morbosa hasta que se manifiestan sus efectos.
incubadora f. Aparato o local para la incubación artificial. || Urna de cristal para mantener a los nacidos prematuramente.
incubar v. t. Empollar el ave los huevos. || Tener una enfermedad en estado de incubación.
incuestionable adj. Indiscutible.
inculcador adj. y s. Que inculca.
inculcar v. t. *Fig.* Repetir una cosa a uno para que la aprenda : *inculcar las primeras letras.* | Imprimir algo en el espíritu : *inculcar la verdad.*
inculpación f. Acusación.
inculpado, da adj. y s. Culpado.
inculpar v. t. Acusar, culpar.
inculto, ta adj. No cultivado. || Carente de cultura o instrucción (ú. t. c. s.).
incultura f. Falta de cultura.
incumbencia f. Función que debe estar desempeñada por determinada persona.
incumbir v. i. Estar a cargo de uno una cosa : *esto me incumbe.*
incumplimiento m. Falta de cumplimiento.
incumplir v. t. Dejar de cumplir.
incurable adj. y s. Que no se puede curar.
incuria f. Descuido, negligencia.
incurrir v. i. Cometer error, delito, etc. : *incurrir en falta.* || Ocasionar, atraerse.
incursión f. Acción de incurrir. || *Mil.* Correría.
incursionar v. i. *Amer.* Penetrar en.
indagación f. Investigación.
indagador, ra adj. y s. Que indaga.
indagar v. t. Investigar.
indebido, da adj. Que no es obligatorio ni exigible. || Ilícito.
indecencia f. Falta de decencia o de modestia. || Acto vergonzoso.
indecente adj. Contrario a la decencia. || *Fig.* Muy malo. | Asqueroso.
indecible adj. Indescriptible.
indecisión f. Irresolución. || Falta de decisión.
indeciso, sa adj. Pendiente de resolución. || Vago, impreciso.
indecoroso, sa adj. Sin decoro.
indefectibilidad f. Calidad de indefectible.
indefectible adj. Que no puede faltar o dejar de ser u ocurrir.
indefendible adj. Que no puede ser defendido : *tesis indefendible.*
indefenso, sa adj. Sin defensa : *me encontré indefenso ante tantas desgracias.*
indefinible adj. Que no se puede definir : *emoción indefinible.*
indefinido, da adj. No definido : *tristeza indefinida.* || Que no tiene límites, ilimitado : *espacio indefinido.* || Indeterminado : *proposición indefinida.* || *Gram.* Dícese de las palabras que determinan o representan los nombres de una manera vaga, general : *artículo indefinido.* || *Pretérito indefinido,* tiempo verbal que indica la acción pasada con independencia de otra, como *escribí, llegué,* etc.
indeleble adj. Que no se puede borrar o quitar : *tinta indeleble.*
indeliberado, da adj. Hecho sin deliberación.
indelicadeza f. Falta de delicadeza.
indelicado, da adj. Falto de delicadeza.
indemne adj. Ileso.
indemnización f. Reparación legal de un daño o perjuicio causado. || Cosa con que se indemniza.
indemnizar v. t. Resarcir de un daño o perjuicio.
indemostrable adj. No demostrable.
independencia f. Estado de una persona o cosa independiente. || Libertad, autonomía, y especialmente la de un Estado que no es tributario ni depende de otro. || Entereza, firmeza de carácter.
independentismo m. Movimiento que reclama la independencia.
independentista adj. Partidario del independentismo (ú. t. c. s.).
independiente adj. Que no depende de otro. || Aislado, separado : *entrada independiente.* || *Fig.* Dícese de la persona que no quiere depender de nadie. | Sin relación con otra cosa.
independista adj. y s. Independentista.
independizarse v. pr. Hacerse independiente, emanciparse.
indescifrable adj. Que no se puede descifrar.
indescriptible adj. Que no se puede describir.
indeseable adj. y s. Poco deseable.
indesignable adj. Imposible o muy difícil de señalar o designar.
indesmallable adj. Aplícase a los géneros o artículos de punto hechos con una máquina o telar especial en cuya textura, si se suelta un punto, no se hacen carrerillas.
indestructibilidad f. Calidad o carácter de lo que es indestructible.
indestructible adj. Que no se puede destruir.
indeterminación f. Falta de determinación.
indeterminado, da adj. No determinado. || Indeciso.
indiada f. Muchedumbre de indios.
indianismo m. Modismo de las lenguas de la India. || Estudio de la lengua y civilización indias.
indianista com. Especialista en indianismo.
indiano, na adj. y s. De las Indias Occidentales o América. || Dícese del que vuelve rico de América.
indicación f. Acción y efecto de indicar. || Dato, informe. || *Med.* Oportunidad en un tratamiento.
indicador, ra adj. Que indica. || — M. Aparato que sirve para indicar la presión de un gas, el nivel de un líquido, etc. || *Indicador económico,* índice económico importante para conocer la situación en un momento determinado.
indicar v. t. Dar a entender o significar una cosa con señales. || Enseñar a uno lo que busca : *indicar el camino.* || Ordenar, mandar.
indicativo, va adj. Que indica o sirve para indicar. || — M. *Gram.* Uno de los modos del verbo, con el que se expresa una afirmación sencilla y absoluta.
índice m. Lista de los capítulos de una obra. || Catálogo de una biblioteca : *índice general.* || Indicio, señal. || Dedo segundo de la mano. || Manecilla del reloj. || *Mat.* Número que indica el grado de una raíz. || Relación entre dos cantidades que muestra

la evolución de un fenómeno : *índice de natalidad.* || *Quím.* Número que indica la proporción de una sustancia : *índice de alcohol.*
indicio m. Signo aparente que informa sobre la existencia de algo.
índico, ca adj. Relativo a las Indias Orientales : *océano Índico.*
indiferencia f. Estado del ánimo en que no se siente inclinación ni repugnancia por una cosa.
indiferente adj. Que no tiene preferencia por una cosa. || Que no atrae ni repugna : *esta persona me resulta indiferente.* || Que causa poca impresión : *la noticia le dejó indiferente.* || Sin interés : *su estima me es indiferente.* || Que no se conmueve : *indiferente al dolor ajeno.*
indiferentismo m. Indiferencia en materia religiosa o política.
indígena adj. y s. Originario del país.
indigencia f. Falta de recursos para alimentarse, vestirse, etc.
indigenismo m. Tendencia o escuela literaria que se inclina a estudiar especialmente los tipos y asuntos indígenas. || Movimiento políticosocial americano que trata de revalorizar todo lo referente al mundo indígena. || Vocablo de origen indígena adaptado al castellano.
indigenista adj. Relativo al indigenismo. || — M. y f. Partidario del indigenismo.
indigenizante adj. *Méx.* Que tiene carácter indigenista.
indigente adj. y s. Falto de recursos.
indigestarse v. pr. No sentar bien una comida. || *Fig.* y *fam.* No poder soportar a alguien.
indigestión f. Trastorno del organismo causado por una mala digestión. || *Fig.* Saciedad, hartura.
indigesto, ta adj. Que no se digiere bien : *comida indigesta.* || *Fig.* Confuso : *libro indigesto.*
indignación f. Enfado provocado por alguna ofensa o injusticia.
indignar v. t. Irritar, enfadar. || — V. pr. Sentir indignación.
indignidad f. Falta de mérito o disposición para una cosa. || Acción reprobable : *esto es una indignidad.*
indigno, na adj. Que no tiene méritos suficientes para una cosa : *indigno de ocupar el cargo que ocupa.* || Que no se merece algo : *indigno de mi aprecio.* || Vil, ruin : *persona indigna.* || Que deshonra : *conducta indigna.* || Que no corresponde a la condición o categoría de uno.
índigo m. Añil.
indino, na adj. *Fam.* Travieso. | Descarado. | Malo.
indio, dia adj. y s. De la India o Indias Orientales. || Hindú, natural de la India. || Nombre dado por Colón a los indígenas de América o Indias Occidentales y aplicado después a sus descendientes. || Relativo a los indios : *costumbres indias.* || *Fig. Hacer el indio,* hacer el tonto. || — M. *Min.* Metal blanco parecido al estaño (In) de número atómico 49.
indiófilo, la adj. y s. Que protege a los indios.
indirecto, ta adj. Que no es directo. || *Gram.* Dícese del complemento o frase que expresa fin, daño o provecho de la acción verbal. || — F. Frase indirecta para dar a entender algo sin expresarlo claramente.
indisciplina f. Falta de disciplina : *su indisciplina merece castigo.*
indisciplinable adj. Indócil.
indisciplinado, da adj. Falto de disciplina, desobediente.
indisciplinarse v. pr. Quebrantar la disciplina.
indiscreción f. Falta de discreción. || Acción o palabra indiscreta.
indiscreto, ta adj. Que obra sin discreción : *un hombre indiscreto* (ú. t. c. s.). || Hecho sin discreción.
indiscutible adj. Evidente : *principios indiscutibles de la moral o ética natural.*
indisolubilidad f. Calidad de indisoluble.
indisoluble adj. Que no se puede deshacer : *lazo indisoluble.*
indispensable adj. Que no se puede dispensar o excusar. || Necesario o inevitable.
indisponer v. t. Causar indisposición o alteración de la salud. || *Fig.* Malquistar, enemistar. || — V. pr. Ponerse enfermo. || *Fig.* Enemistarse.
indisponibilidad f. Calidad de indisponible.
indisponible adj. Que no es disponible.
indisposición f. Alteración leve de la salud.
indispuesto, ta adj. Ligeramente enfermo. || Enfadado.
indistinto, ta adj. Que no se distingue de otra cosa. || Que no se percibe claramente. || Dícese de la cuenta corriente a nombre de dos o más personas de la cual puede disponer cualquiera de ellas.
individual adj. Relativo al individuo. || Particular, propio.
individualidad f. Lo que caracteriza a una persona diferenciándola de otra.
individualismo m. Aislamiento y egoísmo de cada cual en los afectos, en los intereses, en los estudios, etc. || Existencia individual.
individualista adj. Relativo al individualismo. || — Adj. y s. Partidario del individualismo. || *Por ext.* Que no cuida más que de sí mismo.
individualizar v. t. Especificar una cosa. || Clasificar individuos comprendidos en una misma especie.
individuo, a adj. Individual. || Indivisible. || — M. Ser organizado, respecto de su especie : *individuo animal.* || Persona indeterminada : *se acercó un individuo* (el f. es familiar). || Miembro de una clase o corporación. || — F. Mujer despreciable.
indivisibilidad f. Calidad de indivisible.
indivisible adj. Que no puede dividirse.
indivisión f. Carencia de división. || *For.* Estado de condominio.
indiviso, sa adj. No dividido. || — M. Indivisión.
indócil adj. Que no es dócil.
indocilidad f. Falta de docilidad.
indocto, ta adj. Ignorante.
indocumentado, da adj. Sin documento. || *Fig.* Ignorante.
indoeuropeo, a adj. Dícese de la familia lingüística que comprende la mayor parte de las lenguas europeas (latinas, germánicas, eslavas, griego, etc.), junto con otros idiomas de Asia. || — M. y f. Individuo de los pueblos que hablan cada una de estas lenguas.
índole f. Inclinación natural propia de cada uno : *ser de buena índole.* || Naturaleza, condición.
indolencia f. Calidad de indolente, apatía, dejadez, incuria.

indolente adj. Perezoso, apático : *persona indolente.* ‖ Indoloro.
indoloro, ra adj. Que no causa dolor : *tumor indoloro.*
indomado, da adj. Sin domar.
indómito, ta adj. No domado. ‖ *Fig.* Difícil de sujetar : *pueblo indómito.*
indonésico, ca e **indonesio, sia** adj. y s. De Indonesia.
indostaní m. Lengua de la India.
indubitable adj. Indudable.
inducción f. Acción y efecto de inducir. ‖ Razonamiento que va de lo particular a lo general. ‖ *Fís.* Producción de corrientes en un circuito cuando éste se encuentra en un campo magnético variable.
inducido m. *Fís.* Circuito que gira en el campo magnético de una dinamo, y en el cual se desarrolla una corriente por efecto de su rotación.
inducir v. t. Incitar, instigar, mover a uno : *inducir al mal.* ‖ Ascender el entendimiento desde los fenómenos hasta la ley que los rige. ‖ Inferir, deducir. ‖ *Fís.* Producir fenómenos eléctricos de inducción.
inductor, ra adj. Que induce. ‖ — M. Órgano de las máquinas eléctricas destinado a producir la inducción magnética.
indudable adj. Cierto, seguro.
indulgencia f. Facilidad de perdonar. ‖ Remisión hecha por la Iglesia de las penas debidas por los pecados.
indulgenciar v. t. Conceder la Iglesia una indulgencia.
indulgente adj. Fácil en perdonar o disimular los yerros.
indultar v. t. Perdonar a uno el todo o parte de la pena que tiene.
indulto m. Remisión de la totalidad o parte de una pena.
indumentario, ria adj. Relativo al vestido. ‖ — F. Estudio histórico del traje. ‖ Vestido, conjunto de prendas de vestir.
indumento m. Vestidura.
induración f. Endurecimiento.
industria f. Destreza, habilidad o artificio para hacer una cosa. ‖ Conjunto de actividades que tiene como fin la fabricación de productos a partir de las materias primas y su transformación, la explotación de las minas y de las fuentes de energía. ‖ Conjunto de empresas pertenecientes a un sector industrial determinado : *industria automovilística.* ‖ Planta industrial. ‖ *Industria pesada,* la metalurgia.
industrial adj. Perteneciente o relativo a la industria : *los recursos industriales de un país.* ‖ — *Artes industriales,* artes decorativas o aplicadas. ‖ *Planta industrial,* establecimiento o instalación en el que, con ayuda de máquinas, se transforman las materias primas o semimanufacturadas en productos acabados. ‖ *Revolución industrial,* nombre dado al conjunto de transformaciones económicas y sociales que se produjeron en diversos países, a partir del siglo XVIII, con el desarrollo de la industria moderna.
industrialismo m. Predominio de la industria sobre todas las otras actividades. ‖ Espíritu industrial.
industrialización f. Desarrollo de la industria. ‖ Aplicación de procedimientos industriales a una actividad.
industrializar v. t. Dar carácter industrial. ‖ — V. pr. Tomar carácter industrial.
industriarse v. pr. Arreglarse.
industrioso, sa adj. Que tiene industria o maña. ‖ Trabajador.
inédito, ta adj. No publicado.
ineducación f. Falta de educación.
ineducado, da adj. Falto de educación.
inefable adj. Indecible.
ineficacia f. Falta de eficacia.
ineficaz adj. No eficaz.
inelegancia f. Falta de elegancia.
inelegibilidad f. Estado o carácter de una persona que no puede ser elegida : *la inelegibilidad al cargo de presidente de la República.*
inelegible adj. Que no puede ser elegido : *persona inelegible a un cargo.*
ineluctabilidad f. Calidad o condición de ineluctable.
ineluctable adj. Inevitable.
ineludible adj. Que no se puede eludir.
inenarrable adj. Indecible.
inepcia f. Necedad.
ineptitud f. Falta de capacidad.
inepto, ta adj. y s. Que carece de aptitud. ‖ Necio o incapaz.
inequívoco, ca adj. Que no admite duda : *señal inequívoca.*
inercia f. Flojedad, desidia, falta de energía. ‖ *Fuerza de inercia,* incapacidad de los cuerpos para modificar su estado de reposo o de movimiento.
inerte adj. Sin movimiento : *masa inerte.* ‖ Falto de vida.
inescrutable adj. Que no se puede saber ni averiguar.
inesperado, da adj. Imprevisto.
inestabilidad f. Falta de estabilidad.
inestable adj. No estable.
inestético, ca adj. Feo.
inestimable adj. De mucho valor.
inestimado, da adj. No estimado en su justo valor.
inevitable adj. Que no se puede evitar : *un choque inevitable.*
inexactitud f. Falta de exactitud : *decir inexactitudes.*
inexacto, ta adj. Que carece de exactitud : *datos inexactos.* ‖ Falto de puntualidad : *hombre inexacto.*
inexcusable adj. Imperdonable.
inexigible adj. Que no se puede exigir.
inexistencia f. Falta de existencia.
inexistente adj. Que carece de existencia. ‖ *Fig.* Nulo, sin valor.
inexorable adj. Inflexible.
inexperiencia f. Falta de experiencia.
inexperimentado, da o **inexperto, ta** adj. y s. Sin experiencia : *trabajador inexperto.*
inexpiable adj. Que no se puede expiar.
inexplicable adj. Incomprensible.
inexplotable adj. Que no se puede explotar.
inexpresable adj. Indecible.
inexpresivo, va adj. Que carece de expresión.
inexpugnable adj. Inconquistable.
inextensible adj. Que no se puede extender.
inextinguible adj. No extinguible.
inextirpable adj. Que no puede ser extirpado : *tumor inextirpable.*
inextricable adj. Difícil de desenredar, enmarañado, confuso.
infalibilidad f. Calidad de infalible. ‖ *Infalibilidad pontificia,* la del Papa, que, cuando habla ex cátedra sobre materia de fe, no puede equivocarse.

infalible adj. Que no puede engañar ni equivocarse. ‖ Seguro : *remedio infalible.* ‖ Inevitable.
infalsificable adj. Que es imposible falsificar.
infamación f. Acción y efecto que resulta de infamar.
infamador, ra adj. Que infama, difamador : *infamador de mi muy acendrada virtud, además de vilipendiador de la honra y fama de mi familia* (ú. t. c. s.).
infamante adj. Que infama.
infamar v. t. Deshonrar.
infamatorio, ria adj. Que infama.
infame adj. Que carece de honra : *hombre infame* (ú. t. c. s.). ‖ Envilecedor : *hecho infame.* ‖ *Fig.* Muy malo.
infamia f. Descrédito, deshonra, vergüenza pública : *caer en infamia.* ‖ Maldad, vileza : *cometer infamias.*
infancia f. Primer período de la vida del hombre desde su nacimiento hasta la pubertad. ‖ *Fig.* Conjunto de niños. | El principio de una cosa.
infantado m. Territorio de un infante o infanta de casa real.
infante, ta m. y f. Niño hasta la edad de siete años. ‖ Hijo o hija del rey nacido después del príncipe o de la princesa. ‖ — M. *Mil.* Soldado de infantería.
infantería f. *Mil.* Conjunto de la tropa que lucha a pie.
infanticida adj. y s. Dícese de la persona que mata a un niño.
infanticidio m. Muerte dada violentamente a un niño.
infantil adj. Relativo a la infancia. ‖ *Fig.* Propio de niño.
infantilidad f. Carácter infantil.
infantilismo m. Calidad de infantil. ‖ *Med.* Anomalía consistente en la persistencia de caracteres de la infancia en la edad adulta y en la no aparición de ciertos caracteres propios de esta edad.
infantilización f. Acción y efecto de infantilizar.
infantilizar v. t. Volver infantil.
infartar v. t. Causar un infarto (ú. t. c. pr.).
infarto m. *Med.* Aumento de tamaño de un órgano enfermo. ‖ Lesión de un tejido por obstrucción de la circulación sanguínea : *infarto de miocardio.*
infatigable adj. Incansable.
infatuación f. Engreimiento.
infatuar v. t. Enorgullecer (ú. t. c. pr.).
infausto, ta adj. Desgraciado.
infección f. Penetración y desarrollo en el organismo de gérmenes patógenos.
infeccionar v. t. Causar infección.
infeccioso, sa adj. Causa de infección, que provoca infección.
infectar v. t. Infeccionar (ú. t. c. pr.).
infecto, ta adj. Contagiado.
infecundidad f. Falta de fecundidad.
infecundo, da adj. Estéril.
infeliz adj. y s. Desgraciado. ‖ *Fam.* Bondadoso, ingenuo, simple.
inferior adj. Que está debajo de otra cosa o más bajo que ella. ‖ *Fig.* Menor, menos importante : *de categoría inferior.* ‖ — Adj. y s. Subordinado, subalterno : *saludar a los inferiores.*
inferioridad f. Calidad de inferior. ‖ Situación de una cosa que está más baja que otra. ‖ *Complejo de inferioridad,* sentimiento de ser inferior a los demás.
inferir v. t. Sacar una consecuencia de algo. ‖ Ocasionar : *inferir una herida.*
infernáculo m. Juego de niños consistente en sacar, de varias divisiones trazadas en el suelo, un tejo al que se da con el pie saltando a la pata coja.
infernal adj. Del infierno. ‖ *Fig.* Malo, perverso. ‖ *Fig.* y *fam.* Que causa sumo disgusto.
infernillo m. Infiernillo.
infestación f. Infección.
infestar v. t. Causar infección. ‖ Causar estragos con correrías u hostilidades : *los piratas infestaban el Mediterráneo.* ‖ Abundar ciertos animales dañinos o personas. ‖ *Fig.* Llenar de un gran número de cosas.
infibular v. t. Poner un anillo en los órganos genitales para impedir el coito.
inficionar v. t. Infestar.
infidelidad f. Falta de fidelidad. ‖ Deslealtad.
infiel adj. y s. Falto de fidelidad : *marido infiel.* ‖ Que no profesa la fe católica : *convertir a los infieles.* ‖ Falto de exactitud : *historiador infiel.*
infiernillo m. Cocinilla portátil.
infierno m. Lugar del eterno castigo y este mismo castigo. ‖ Una de las cuatro postrimerías del hombre. ‖ *Fig.* Demonio : *las tentaciones del infierno.* | Lugar donde se sufre mucho. | Lugar donde hay mucho desorden y discordia. | Suplicio moral : *su vida era un infierno.* ‖ *Fig. En el quinto infierno* o *en los quintos infiernos,* muy lejos.
infiltración f. Paso de un líquido a través de los poros de un sólido. ‖ *Med.* Derrame de humores a través de una parte sólida del cuerpo. ‖ *Fig.* Penetración.
infiltrar v. t. Introducir lentamente un líquido entre los poros de un sólido (ú. t. c. pr.). ‖ *Fig.* Infundir en el ánimo ideas o doctrinas (ú. t. c. pr.). ‖ — V. pr. *Fig.* Penetrar.
ínfimo, ma adj. Muy bajo.
infinidad f. Calidad de infinito. ‖ *Fig.* Gran número.
infinitesimal adj. Infinitamente pequeño. ‖ *Cálculo infinitesimal,* parte de las matemáticas que estudia el cálculo diferencial y las integrales.
infinitésimo, ma adj. Infinitamente pequeño.
infinitivo, va adj. *Gram.* De la naturaleza del infinitivo. ‖ — M. Modo del verbo que no expresa por sí mismo número ni persona ni tiempo determinado, como *amar.*
infinito, ta adj. Que no tiene ni puede tener fin ni término : *espacio infinito.* ‖ Muy extenso, muy largo : *un desierto infinito.* ‖ — M. *Mat.* Signo (∞) para significar un valor mayor que cualquier otra cantidad. ‖ *Fot.* Zona que comprende todos los objetos que dan una imagen clara en el plano focal. ‖ — Adv. Excesivamente, muchísimo.
infirmar v. t. *For.* Invalidar.
inflación f. Acción y efecto de inflar. ‖ Desequilibrio económico caracterizado por una subida general de los precios y provocado por una excesiva emisión de billetes de banco, un déficit presupuestario o una falta de adecuación entre la oferta y la demanda.
inflacionario, ria adj. Relativo a la inflación monetaria.
inflacionismo m. Inflación.
inflacionista adj. y s. Partidario de la inflación. ‖ — Adj. Que tiende a la inflación o es causa de ella : *medida inflacionista.*
inflado m. Acción y efecto de inflar.

inflamación f. Acción y efecto de inflamar o inflamarse. || *Med.* Alteración patológica en una parte cualquiera del cuerpo, caracterizada por trastornos de la circulación de la sangre, con enrojecimiento, calor, hinchazón y dolor.
inflamar v. t. Encender algo levantando llama. || *Fig.* Enardecer las pasiones y afectos del ánimo. || — V. pr. Encenderse. || *Med.* Producirse una inflamación. || *Fig.* Enardecerse.
inflar v. t. Hinchar un objeto con aire o gas : *inflar un globo.* || *Fig.* Envanecer, engreír. Ú. t. c. pr. : *inflarse con un éxito.* | Exagerar.
inflexibilidad f. Calidad de inflexible o rígido || *Fig.* Firmeza.
inflexible adj. Rígido, que no se puede torcer o doblar. || *Fig.* Que no se conmueve ni se doblega ni desiste de su propósito.
inflexión f. Torcimiento o comba de una cosa que estaba recta o plana. || Cambio de tono o de acento en la voz.
infligir v. t. Imponer.
inflorescencia f. Orden o forma con que aparecen colocadas las flores al brotar en las plantas.
influencia f. Efecto que produce una cosa sobre otra o fuerza moral que se ejerce sobre una persona. || Fuerza moral ejercida por una persona sobre otra. || *Fig.* Poder : *persona de mucha influencia.* || — Pl. *Fig.* Amistades con poder o importancia : *valerse de sus influencias.*
influenciar v. t. Influir.
influir v. i. Producir una cosa cierto efecto sobre otra o ejercer fuerza moral sobre las personas : *la calidad influye en el precio.* || Ejercer una persona fuerza moral sobre otra.
influjo m. Influencia.
influyente adj. Que influye.
infolio m. Libro en folio.
información f. Conocimiento que se tiene de algo. || Noticia dada por cualquier medio de comunicación. Ú. m. en pl. : *informaciones meteorológicas.* || *For.* Averiguación de un hecho : *abrir una información.*
informado, da adj. p. p. de *informar.* || Con referencias : *se necesita criada bien informada.*
informador, ra adj. y s. Que informa : *un informador imparcial.*
informal adj. y s. Poco serio.
informalidad f. Calidad de informal. || Cosa informal.
informar v. t. Dar noticia de una cosa. || Avisar, decir. || — V. i. *For.* Hacer una información. || — V. pr. Enterarse.
informática f. Ciencia del tratamiento automático de la información.
informativo, va adj. Que informa. || — M. Diario que da las noticias del día en la radio o en la televisión.
informe adj. Deforme : *una cara informe a causa de las quemaduras que tenía.* || De forma indeterminada o confusa : *encontré una informe cantidad de escritos suyos redactados durante su cautiverio.*
informe m. Noticia sobre un asunto o persona. || *For.* Exposición oral que hace el letrado o el fiscal ante el tribunal. || Exposición de las conclusiones sacadas de una investigación. || — Pl. Noticias que se dan acerca de una persona en cuanto a su trabajo o a su comportamiento.
infortunado, da adj. y s. Desgraciado, infeliz.
infortunio m. Suerte o fortuna adversa. || Hecho desgraciado.
infracción f. Violación de una ley, orden, pacto, etc.
infractor, ra adj. y s. Transgresor.
infraestructura f. *Arq.* Conjunto de las obras subterráneas de una construcción. || *Aviac.* Conjunto de instalaciones de un aeródromo para el servicio de vuelo. || *Por ext.* Conjunto de instalaciones para fuerzas militares. || Base material sobre la que se asienta algo : *la infraestructura económica.*
infrahumano, na adj. Inferior al nivel propio de los humanos.
infranqueable adj. Que no puede franquearse.
infraoctava f. El período de seis días comprendidos entre el primero y el último de la octava de una festividad de la Iglesia católica.
infrarrojo, ja adj. y s. m. *Fís.* Dícese de las radiaciones oscuras menos refrangibles que el rojo.
infrascrito, ta adj. Que va dicho abajo o después en un escrito. || Aplícase a la persona que firma un escrito (ú. t. c. s.).
infrasonido m. *Fís.* Vibración de la misma naturaleza que el sonido, pero no audible.
infrecuente adj. No frecuente.
infringir v. t. Quebrantar.
infructífero, ra adj. Que no produce fruto. || *Fig.* Inútil.
infructuoso, sa adj. Inútil.
ínfulas f. pl. *Fig.* Presunción, vanidad : *gastar muchas ínfulas.*
infundado, da adj. Que carece de fundamento : *temor infundado.*
infundio m. Mentira.
infundir v. t. Comunicar un sentimiento, un impulso moral : *infundir miedo, cariño, fe.* || Comunicar Dios un don o gracia.
infusión f. Extracción de los principios medicinales o aromáticos de una planta por medio del agua caliente. || Brebaje así obtenido : *una infusión de tila.*
infuso, sa adj. Dícese de los dones y gracias que infunde Dios : *se cree poseído por la ciencia infusa.*
infusorios m. pl. Microorganismos que viven en los líquidos.
ingeniar v. t. Imaginar, inventar. || — V. pr. Buscar la manera de conseguir lo que uno quiere. || *Ingeniárselas,* arreglárselas.
ingeniería f. Aplicación de los conocimientos científicos a la invención, perfeccionamiento y utilización de la técnica industrial en todas sus ramas. || Conjunto de los estudios que permiten determinar, para la realización de una obra o de un programa de inversiones, las orientaciones más deseables, la mejor concepción, las condiciones de rentabilidad óptimas y los materiales y procedimientos más adecuados.
ingeniero m. Persona que profesa la ingeniería.
ingenio m. Habilidad para inventar o resolver dificultades : *un hombre de ingenio.* || Talento, facultades poéticas y creadoras. || Agudeza, gracia. || Máquina o artificio : *ingenio espacial.* || *Ingenio de azúcar,* fábrica de azúcar.
ingeniosidad f. Calidad de ingenioso. || Cosa o idea ingeniosa.
ingenioso, sa adj. Con ingenio.
ingénito, ta adj. No engendrado. || Connatural y como nacido con uno.
ingente adj. Muy grande.

ingenuidad f. Inocencia, candor. ‖ Palabra o acción ingenua.
ingenuo, nua adj. y s. Inocente.
ingerir v. t. Introducir algo en el estómago pasando por la boca.
ingestión f. Acción de ingerir.
ingle f. Parte del cuerpo en que se juntan los muslos con el vientre.
inglés, esa adj. y s. De Inglaterra. ‖ — M. Lengua indoeuropea, hablada principalmente en Gran Bretaña, Eire, Estados Unidos, Canadá, Australia y África del Sur.
inglete m. Ángulo de cuarenta y cinco grados que forma el corte de dos piezas que se han de ensamblar.
ingobernable adj. Que no se puede gobernar.
ingratitud f. Desagradecimiento. ‖ Acción ingrata.
ingrato, ta adj. Desagradecido (ú. t. c. s.). ‖ Desabrido, desagradable : *tiempo ingrato.* ‖ Que no corresponde al trabajo que cuesta : *labor ingrata.*
ingravidez f. Estado del cuerpo que no se halla sometido a ninguna fuerza de gravedad o cuya gravedad es contrarrestada por alguna fuerza antagónica.
ingrávido, da adj. Sin peso, ligero. ‖ Que no se halla sometido a la fuerza de la gravedad.
ingrediente m. Lo que entra en la composición de una mezcla.
ingresar v. i. Dicho del dinero, entrar : *hoy han ingresado en caja mil pesetas.* ‖ Entrar : *ingresar en una escuela.* ‖ — V. t. Depositar.
ingreso m. Acción de ingresar. ‖ Entrada : *examen de ingreso.* ‖ Cargo en una cuenta. ‖ — M. pl. Emolumentos, rentas.
íngrimo, ma adj. *Amer.* Solitario, completamente aislado : *espacioso valle íngrimo completamente.*
inguinal adj. Perteneciente o relativo a la ingle : *estaba aquejado de una hernia inguinal de carácter grave.*
ingurgitación f. Acción y efecto que resulta de ingurgitar.
ingurgitar v. t. Tragar, engullir : *fue capaz de ingurgitar aquel veneno.*
inhábil adj. Falto de habilidad, de instrucción : *una costurera inhábil.* ‖ Que no puede desempeñar un cargo o un empleo. ‖ Festivo, feriado.
inhabilidad f. Falta de habilidad. ‖ Defecto o impedimento para ejercer u obtener un empleo.
inhabilitación f. Declaración de inhabilidad.
inhabilitar v. t. Declarar a una persona inhábil para ejercer cargos públicos o para ejercitar derechos civiles o políticos. ‖ Imposibilitar para algo (ú. t. c. pr.).
inhabitable adj. No habitable.
inhabitado, da adj. No habitado.
inhalación f. Acción de inhalar.
inhalador m. Aparato para hacer inhalaciones.
inhalar v. t. *Med.* Aspirar ciertos gases o líquidos pulverizados.
inherencia f. Calidad de inherente.
inherente adj. Que está íntimamente unido a otra cosa : *tiene obligaciones inherentes al alto cargo que ocupa en el gobierno.*
inhibición f. Acción y efecto de inhibir o inhibirse.
inhibir v. t. *For.* Impedir que un juez prosiga el conocimiento de una causa. ‖ Suspender transitoriamente un proceso fisiológico o psicológico (ú. t. c. pr.). ‖ — V. pr. Abstenerse.
inhibitorio, ria adj. Que inhibe. ‖ *For.* Aplícase al despacho, decreto o letras que inhiben al juez.
inhospitalario, ria e **inhóspito, ta** adj. Falto de hospitalidad.
inhumación f. Enterramiento.
inhumanidad f. Falta de humanidad.
inhumano, na adj. Falto de humanidad : *oímos sus inhumanas palabras.*
inhumar v. t. Enterrar.
iniciación f. Enseñanza de los primeros conocimientos. ‖ Principio.
iniciado, da adj. y s. Que está instruido.
iniciador, ra adj. y s. Que inicia.
inicial adj. Que se verifica al principio. ‖ Dícese de la primera letra de una palabra o de un nombre (ú. t. c. s. f.).
inicialar v. t. *Amer.* Rubricar.
iniciar v. t. Empezar. ‖ Admitir a uno a la participación de ciertos misterios de las religiones o de las sociedades secretas. ‖ Instruir a uno en los conocimientos de una ciencia, arte o deporte.
iniciativa f. Idea inicial para emprender algo. ‖ Cualidad del que suele tener estas ideas. ‖ Derecho de hacer una propuesta. ‖ Acto de ejercerlo.
inicio m. Principio, comienzo.
inicuo, cua adj. Injusto. ‖ Malvado, perverso : *hecho inicuo.*
inimaginable adj. Increíble.
inimitable adj. No imitable.
ininteligible adj. No inteligible.
ininterrumpido, da adj. No interrumpido, continuo.
iniquidad f. Injusticia. ‖ Maldad.
injerencia f. Acción y efecto de injerirse.
injerir v. t. Incluir una cosa en otra. ‖ — V. pr. Entremeterse.
injertar v. t. Aplicar un injerto a un árbol. ‖ *Med.* Implantar en una zona del cuerpo humano partes tomadas de otra región del mismo individuo o de otro distinto.
injerto m. Acción de injertar. ‖ Rama con una o más yemas que se separa de un vegetal para adherirla a otro. ‖ Planta injertada. ‖ Operación quirúrgica consistente en implantar en el cuerpo de una persona fragmentos sacados de otro individuo o de otra parte de su cuerpo.
injuria f. Ofensa, agravio.
injuriar v. t. Ofender, agraviar.
injurioso, sa adj. Que injuria.
injusticia f. Acción injusta.
injustificable adj. Que no se puede justificar.
injustificado, da adj. No justificado.
injusto, ta adj. y s. No justo.
inmaculado, da adj. Sin mancha. ‖ — F. La Purísima, la Virgen María.
immadurez f. Falta de madurez.
inmanejable adj. No manejable.
inmanencia f. Calidad de inmanente.
inmanente adj. Inherente a algún ser o que está unido de modo inseparable a su esencia.
inmarcesible o **inmarchitable** adj. Que no se puede marchitar.
inmaterial adj. No material.
inmaterialidad f. Calidad de inmaterial.
inmaterialismo m. Negación de la existencia de la materia.
inmaterializar v. t. Volver inmaterial.

inmediación f. Calidad de inmediato. ‖ — Pl. Territorio que rodea una población.
inmediato, ta adj. Contiguo, próximo. ‖ Que no tiene intermediario. ‖ Instantáneo : *efecto inmediato.*
inmejorable adj. Que no se puede mejorar.
inmemorial adj. Tan antiguo que no se recuerda cuando empezó.
inmensidad f. Gran extensión. ‖ Muchedumbre : *inmensidad de gente.*
inmenso, sa adj. Que no tiene medida, infinito, ilimitado. ‖ *Fig.* Muy grande. ‖ *Fam.* Formidable, extraordinario.
inmerecido, da adj. No merecido.
inmergir v. t. Sumergir.
inmersión f. Acción de introducir en un líquido.
inmerso, sa adj. Sumergido.
inmigración f. Llegada de personas a un país o región para establecerse.
inmigrado, da adj. y s. Inmigrante.
inmigrante adj. y s. Dícese de la persona que se ha ido de su país o región para instalarse en otro.
inmigrar v. i. Llegar a un país para establecerse.
inmigratorio, ria adj. Relativo a la inmigración.
inminencia f. Calidad de inminente : *la inminencia de la ruina.*
inminente adj. Que está próximo a suceder : *peligro inminente.*
inmiscuir v. t. Mezclar. ‖ — V. pr. Injerirse, entremeterse : *no debe uno inmiscuirse en los asuntos ajenos.*
inmobiliario, ria adj. Relativo a los inmuebles. ‖ — F. Sociedad inmobiliaria.
inmodestia f. Falta de modestia.
inmodesto, ta adj. No modesto : *no es muy inmodesto que digamos.*
inmolación f. Sacrificio.
inmolador, ra adj. y s. Que inmola.
inmolar v. t. Sacrificar una víctima. ‖ — V. pr. Sacrificarse por el bien ajeno.
inmoral adj. Opuesto a la moral (ú. t. c. s.).
inmoralidad f. Falta de moralidad. ‖ Acción inmoral, cosa inmoral.
inmortal adj. No mortal. ‖ *Fig.* Imperecedero : *recuerdo inmortal.*
inmortalidad f. Calidad de inmortal.
inmortalizar v. t. Hacer perpetua una cosa en la memoria de los hombres (ú. t. c. pr.).
inmóvil adj. Sin movimiento : *permanecer inmóvil.*
inmovilidad f. Calidad de inmóvil.
inmovilismo m. Hostilidad a las innovaciones.
inmovilización f. Acción y efecto de inmovilizar o inmovilizarse.
inmovilizar v. t. Privar de movimiento : *inmovilizar un vehículo* (ú. t. c. pr.). ‖ Invertir un capital en bienes de lenta realización.
inmueble adj. Dícese de los bienes raíces. ‖ — M. Edificio.
inmundicia f. Suciedad, basura.
inmundo, da adj. Repugnante.
inmune adj. Libre, exento. ‖ No atacable por ciertas enfermedades.
inmunidad f. Calidad de inmune. ‖ Resistencia natural o adquirida de un organismo vivo a la agresión de agentes infecciosos o tóxicos. ‖ Privilegio que exime a determinadas personas de obligaciones y penalidades a las cuales están sujetos todos los demás : *inmunidad diplomática.*
inmunización f. Protección contra ciertas enfermedades.
inmunizador, ra adj. Dícese de lo que inmuniza.
inmunizar v. t. Hacer inmune.
inmunología f. Parte de la medicina que estudia los problemas relativos a la inmunidad.
inmutabilidad f. Calidad de inmutable.
inmutable adj. No mudable. ‖ Que no se inmuta.
inmutación f. Alteración.
inmutar v. t. Alterar.
innato, ta adj. Connatural.
innecesario, ria adj. No necesario.
innegable adj. Que no se puede negar : *hecho innegable.*
innoble adj. Vil, abyecto.
innominado, da adj. Que no tiene nombre. ‖ *Hueso innominado,* el iliaco.
innovación f. Introducción de alguna novedad en algo.
innovador, ra adj. y s. Que innova.
innovar v. t. e i. Introducir novedades, alterar las cosas.
innumerable adj. Que no se puede numerar, muy considerable.
inobservado, da adj. Que no ha sido observado.
inobservancia f. Falta de observancia : *la inobservancia de la ley.*
inocencia f. Estado del alma que está limpia de culpa. ‖ Exención de toda culpabilidad. ‖ Candor, ingenuidad.
inocentada f. Broma del día de los Inocentes (el 28 de diciembre).
inocente adj. y s. Libre de pecado, que ignora el mal. ‖ Sencillo, sin malicia. ‖ *Fam.* Tonto, fácil de engañar : *es tan inocente que se lo cree todo.* ‖ *Día de los Santos Inocentes,* el 28 de diciembre.
inocuidad f. Calidad de inocuo.
inoculación f. Introducción en el organismo de un virus, vacuna, suero o veneno. ‖ *Fig.* Transmisión de una doctrina.
inoculador, ra adj. y s. Que inocula.
inocular v. t. *Med.* Comunicar un virus, vacuna, etc., por medio de la inoculación : *inocular la rabia a un perro* (ú. t. c. pr.). ‖ *Fig.* Transmitir una doctrina (ú. t. c. pr.). ‖ Pervertir o contaminar con el mal ejemplo (ú. t. c. pr.).
inocuo, cua adj. Que no hace daño : *bebida inocua.*
inodoro, ra adj. Que no tiene olor, que no huele. ‖ — M. Tubo en forma de S que se coloca en los retretes y que al retener el agua impide el paso de los malos olores. ‖ *Amer.* Retrete.
inofensivo, va adj. Incapaz de ofender. ‖ Que no causa daño ni molestia.
inolvidable adj. Que no puede olvidarse.
inoperable adj. Que no puede ser operado.
inoperante adj. Ineficaz.
inopia f. Gran pobreza. ‖ *Estar en la inopia,* estar distraído.
inoportunidad f. Falta de oportunidad.
inoportuno, na adj. No oportuno.
inorgánico, ca adj. Dícese de cualquier cuerpo sin órganos para la vida, como son todos los minerales.
inoxidable adj. Que no se oxida.
inquebrantable adj. Que no puede quebrantarse.
inquietante adj. Que inquieta.
inquietar v. t. Quitar el sosiego. ‖ Acosar : *inquietar al adversario.* ‖ — V. pr. Preocuparse.

inquieto, ta adj. Agitado, que se mueve mucho : *mar inquieto.* ‖ *Fig.* Preocupado.
inquietud f. Desasosiego, desazón. ‖ Alboroto, conmoción. ‖ — Pl. Preocupaciones.
inquilinato m. Arriendo, alquiler. ‖ Derecho del inquilino.
inquilino, na m. y f. Persona que alquila una casa o parte de ella para habitarla. ‖ *For.* Arrendatario.
inquina f. Aversión, tirria.
inquiridor, ra adj. y s. Que inquiere.
inquirir v. t. Indagar, investigar.
inquisición f. Averiguación, indagación. ‖ Tribunal eclesiástico establecido antiguamente para inquirir y castigar lo considerado delito contra la fe católica. ‖ Local donde se reunía este tribunal. ‖ Cárcel destinada para los reos de dicho tribunal.
inquisidor, ra adj. Inquiridor : *mirada inquisidora.* ‖ — M. El que indaga algo profundamente. ‖ Juez de la Inquisición.
inquisitivo, va adj. Que inquiere : *sonrisa sardónica y mirada inquisitiva.*
inquisitorial adj. Relativo al inquisidor o a la Inquisición.
inquisitorio, ria adj. Inquisitivo.
inri m. Inscripción que puso Pilato en la Santa Cruz y que resulta de las iniciales *Iesus Nazarenus Rex Iudaeorum.* ‖ *Fig.* Baldón, ignominia.
insaciabilidad f. Calidad de insaciable.
insaciable adj. Que no se puede saciar o hartar.
insalivación f. Impregnación de los alimentos con la saliva.
insalivar v. t. Mezclar e impregnar los alimentos con la saliva.
insalubre adj. Malsano.
insalubridad f. Falta de salubridad.
insania f. Locura, demencia.
insatisfacción f. Falta de satisfacción.
insatisfactorio, ria adj. Poco satisfactorio.
insatisfecho, cha adj. No satisfecho.
inscribir v. t. Grabar letras en metal, piedra u otra materia. ‖ *Geom.* Trazar una figura dentro de otra. ‖ Apuntar el nombre de una persona entre los de otras. Ú. t. c. pr. : *inscribirse en las listas electorales.*
inscripción f. Acción de inscribir o inscribirse. ‖ Letras grabadas en el mármol, la piedra, las monedas, etc.
inscrito, ta adj. *Geom.* Dícese del ángulo que tiene su vértice en la circunferencia y cuyos lados pueden ser dos cuerdas o una cuerda y una tangente. | Dícese del polígono que resulta de la unión de varios puntos de la circunferencia por medio de cuerdas.
insecticida adj. y s. m. Dícese del producto que sirve para matar insectos.
insectívoro, ra adj. Dícese de plantas o animales que se alimentan de insectos. ‖ — M. pl. Orden de mamíferos de poco tamaño provistos de molares con los que mastican los insectos de que se alimentan.
insecto m. Animal artrópodo de respiración traqueal, cabeza provista de antenas y tres pares de patas.
inseguridad f. Falta de seguridad.
inseminación f. Introducción de esperma en las vías genitales de la mujer o de las hembras por un procedimiento artificial.
insensatez f. Calidad de insensato. ‖ *Fig.* Necedad.
insensato, ta adj. y s. Falto de sentido : *plan insensato.*
insensibilidad f. Falta de sensibilidad. ‖ Dureza de corazón.
insensibilización f. Acción de insensibilizar.
insensibilizar v. t. Quitar la sensibilidad o privar a uno de ella.
insensible adj. Falto de sensibilidad. ‖ Imperceptible : *vibración casi insensible.* ‖ Privado de sentido.
inseparable adj. Que no se puede separar : *son amigos inseparables.*
insepulto, ta adj. No sepultado.
inserción f. Acción y efecto de insertar.
insertar v. t. Incluir una cosa en otra.
inserto, ta adj. Insertado.
inservible adj. Que no sirve.
insidia f. Asechanza.
insidiar v. t. Poner asechanzas.
insidioso, sa adj. Que utiliza la insidia : *juez insidioso* (ú. t. c. s.). ‖ Que se hace con insidias. ‖ Malicioso con apariencias inofensivas. ‖ *Med.* Dícese de la enfermedad grave bajo apariencia benigna.
insigne adj. Célebre, famoso.
insignia f. Señal honorífica. ‖ Pendón, estandarte. ‖ Signo distintivo de los miembros de una asociación.
insignificancia f. Pequeñez.
insignificante adj. Baladí, pequeño. ‖ Sin importancia. ‖ De poca personalidad.
insinuación f. Manera sutil de decir algo sin expresarlo claramente. ‖ Cosa que se insinúa.
insinuante o **insinuativo, va** adj. Que insinúa : *voz insinuante.*
insinuar v. t. Dar a entender algo sin expresarlo claramente. ‖ — V. pr. Introducirse insensiblemente en el ánimo de uno. ‖ Ganar el afecto o el favor de uno.
insipidez f. Falta de sabor.
insípido, da adj. Falto de sabor, de gracia o de interés.
insistencia f. Persistencia.
insistente adj. Que insiste.
insistir v. i. Pedir o decir algo reiteradas veces : *insistir sobre un punto.* ‖ Repetir varias veces un acto para conseguir algún fin.
insobornable adj. Que no puede ser sobornado.
insociable o **insocial** adj. Intratable, que rehuye a la gente.
insolación f. Acción de insolar : *insolación de un cliché fotográfico.* ‖ *Med.* Enfermedad causada por la exposición excesiva al sol.
insolencia f. Dicho o hecho ofensivo e insultante. ‖ Atrevimiento.
insolentar v. t. Hacer insolente y osado. ‖ — V. pr. Mostrarse insolente : *se insolentó con su padre.*
insolente adj. y s. Descarado.
insolidaridad f. Falta de solidaridad.
insólito, ta adj. No común.
insolubilidad f. Calidad de insoluble.
insolubilizar v. t. Volver insoluble.
insoluble adj. Que no se disuelve. ‖ Sin solución : *caso insoluble.*
insolvencia f. Incapacidad de pagar una deuda.
insolvente adj. Incapaz de pagar sus deudas (ú. t. c. s.).
insomne adj. Que no duerme (ú. t. c. s.).
insomnio m. Falta de sueño.
insondable adj. Que no se puede sondear : *abismo insondable.* ‖ *Fig.* Que no se puede averiguar.
insonorización f. Protección de un edificio o vehículo contra los ruidos del exterior.
insonorizar v. t. Volver insonoro.

insonoro, ra adj. Protegido del ruido por cualquier procedimiento.
insoportable adj. Insufrible.
insospechado, da adj. No sospechado.
insostenible adj. Que no se puede sostener.
inspección f. Acción y efecto de inspeccionar. || Cargo o despacho del inspector. || *For.* Examen hecho por un juez de un lugar o de una cosa.
inspeccionar v. t. Examinar, reconocer atentamente una cosa.
inspector, ra adj. Encargado de la inspección. || — M. y f. Funcionario que tiene por oficio vigilar y examinar una actividad.
inspiración f. Acción de inspirar o atraer el aire exterior a los pulmones. || *Fig.* Capacidad creadora : *poeta de gran inspiración.* | Cosa inspirada. || Estado del alma sometida a la influencia de una fuerza sobrenatural.
inspirado, da adj. Que está bajo la influencia de la inspiración.
inspirar v. t. Aspirar, atraer el aire exterior hacia los pulmones. || Hacer surgir ideas creadoras : *el amor inspiró al poeta.* || Suscitar un sentimiento : *inspira admiración.* || Iluminar Dios el entendimiento. || — V. pr. Servirse de las ideas, de las obras de otro : *inspirarse en los clásicos.*
instalación f. Acción y efecto de instalar o instalarse. || Operación que consiste en colocar en orden de funcionamiento : *la instalación de una fábrica.* || Conjunto de cosas instaladas : *instalación frigorífica.*
instalador, ra m. y f. Persona encargada de la instalación.
instalar v. t. Dar posesión de un empleo o dignidad : *instalar una autoridad.* || Establecer : *instalar colonos.* || Colocar en condiciones de funcionamiento : *instalar una fábrica.* || — V. pr. Establecerse, tomar posesión : *instalarse en su cargo.*
instancia f. Acción y efecto de instar. || Solicitud.
instantáneo, a adj. Que sólo dura un instante. || Que se produce rápidamente : *muerte instantánea.* || — F. Imagen fotográfica obtenida rápidamente.
instante m. Tiempo brevísimo.
instar v. t. Rogar encarecidamente. || — V. i. Apremiar, ser urgente.
instauración f. Establecimiento : *la instauración de la monarquía.*
instaurador, ra adj. y s. Que instaura.
instaurar v. t. Establecer.
instigación f. Incitación.
instigador, ra adj. y s. Que instiga o impulsa.
instigar v. t. Inducir o incitar.
instilar v. t. Echar gota a gota un licor en otra cosa.
instintivo, va adj. Hecho por instinto : *movimiento instintivo.*
instinto m. Estímulo interior que determina los impulsos de los animales, como el de conservación y el de reproducción. || En el hombre, impulso interior independiente de la reflexión.
institución f. Establecimiento o fundación de una cosa. || Cosa instituida o fundada. || Establecimiento de educación o instrucción. || *For.* Nombramiento que se hace de la persona que ha de heredar : *institución de heredero.* || — Pl. Colección metódica de los principios o elementos de una ciencia, arte, etc. : *instituciones de derecho civil.* || Leyes fundamentales de un Estado, nación o sociedad.
institucional adj. Perteneciente o relativo a la institución o instituciones.
institucionalización f. Acción y efecto de institucionalizar.
institucionalizar v. t. Dar a una cosa carácter de institución.
instituir v. t. Fundar, establecer : *instituir un premio.* || Nombrar, designar : *instituir heredero.*
instituto m. Corporación científica, literaria o artística. || En España, establecimiento oficial de segunda enseñanza. || Organismo administrativo : *Instituto de la Vivienda.* || Orden religiosa. || — *Instituto armado,* cuerpo militar. || *Instituto de belleza,* salón donde se dan tratamientos de belleza.
institutriz f. Mujer encargada de la educación e instrucción de los niños en el domicilio de éstos.
instrucción f. Acción de instruir o instruirse. || Caudal de conocimientos adquiridos. || Precepto, orden : *dar instrucciones.* || *For.* Curso de un proceso. || — Pl. Informaciones dadas para el manejo de una cosa : *instrucciones para el uso y conservación.*
instructor, ra adj. y s. Que instruye.
instruido, da adj. Que tiene instrucción : *un hombre instruido.*
instruir v. t. Enseñar. || Informar de una cosa (ú. t. c. pr.). || *For.* Formalizar un proceso.
instrumentación f. Acción y efecto de instrumentar.
instrumental adj. Relativo a los instrumentos. || — M. Conjunto de instrumentos músicos o de los que utiliza el médico o cirujano.
instrumentar v. t. *Mús.* Arreglar una composición para varios instrumentos. || *Fig.* Dar, propinar.
instrumentista m. y f. Persona que toca un instrumento músico.
instrumento m. Aparato, utensilio o herramienta para realizar trabajo. || Aparato para producir sonidos musicales : *instrumento de viento.* || Escritura con que se justifica una cosa : *instrumento auténtico.* || *Fig.* Lo que se emplea para alcanzar un resultado : *servirse de una persona como instrumento.* | Objeto empleado para la comisión de un delito.
insubordinación f. Falta de subordinación, desobediencia.
insubordinado, da adj. y s. Rebelde.
insubordinar v. t. Introducir la insubordinación. || — V. pr. Rebelarse : *se insubordinó contra el Gobierno.*
insubstancial adj. Insustancial.
insubstituible adj. Insustituible.
insuficiencia f. Calidad de insuficiente. || Incapacidad : *reconocer su insuficiencia.* || Cortedad, escasez de una cosa. || *Med.* Disminución cualitativa o cuantitativa del funcionamiento de un órgano.
insuficiente adj. No suficiente.
insufrible adj. Intolerable.
ínsula f. Isla.
insular adj. y s. Isleño.
insularidad f. Carácter específico de un país constituido por una isla o un conjunto de ellas.

insulina f. Hormona segregada por el páncreas que regula la cantidad de glucosa contenida en la sangre.
insulso, sa adj. Insípido, soso.
insultante adj. Que insulta.
insultar v. t. Ofender, ultrajar.
insulto m. Ultraje, ofensa.
insumergible adj. No sumergible.
insumisión f. Falta de sumisión.
insumiso, sa adj. y s. Rebelde.
insumo m. Factor de producción.
insuperable adj. No superable.
insurgente adj. y s. Sublevado.
insurrección f. Sublevación.
insurreccional adj. Rebelde.
insurreccionar v. t. Sublevar.
insurrecto, ta adj. y s. Rebelde.
insustancial adj. De poca sustancia. ‖ *Fig.* Simple, vacío : *espíritu insustancial.* | Sin gracia o sin interés alguno.
insustituible adj. Que no se puede sustituir.
intacto, ta adj. Íntegro. ‖ Puro : *reputación intacta.*
intachable adj. Sin tacha.
intangibilidad f. Calidad de intangible.
intangible adj. Que debe permanecer intacto.
integración f. Acción y efecto de integrar. ‖ *Mat.* Cálculo integral.
integrador, ra adj. y s. Que integra.
integral adj. Completo : *pan integral.* ‖ *Fil.* Dícese de las partes que componen un todo. ‖ *Mat.* Dícese del cálculo que tiene por objeto determinar las cantidades variables conociendo sus diferencias infinitamente pequeñas. | Dícese del signo con que se indica la integración (∫). ‖ — F. Dicha cantidad variable.
integrante adj. y s. Que integra.
integrar v. t. Componer un todo con sus partes integrantes : *asamblea integrada por 200 personas.* ‖ Hacer entrar en un conjunto. ‖ Reintegrar. ‖ *Mat.* Determinar la integral de una diferencial. ‖ *Amer.* Pagar.
integridad f. Calidad de íntegro. ‖ *Fig.* Entereza, probidad.
integrismo m. Doctrina política de extrema derecha que repugna toda adaptación a las condiciones modernas de la vida.
integrista adj. Relativo al integrismo. ‖ — Adj. y s. Partidario del integrismo.
íntegro, gra adj. Completo. ‖ *Fig.* Honrado : *persona íntegra.*
intelecto m. Entendimiento.
intelectual adj. Relativo al entendimiento : *las facultades intelectuales.* ‖ Espiritual, incorpóreo. ‖ — M. y f. Persona dedicada al cultivo de las ciencias y letras.
intelectualidad f. Entendimiento. ‖ Conjunto de los intelectuales o personas cultas de un país.
inteligencia f. Facultad de concebir, conocer y comprender las cosas. ‖ Comprensión. ‖ Habilidad, destreza : *hacer las cosas con inteligencia.* ‖ Trato y correspondencia secreta : *inteligencia con el enemigo.* ‖ *Mil. Servicio de inteligencia,* el encargado de obtener y elaborar la información de interés militar.
inteligente adj. Dotado de inteligencia (ú. t. c. s.). ‖ Que comprende fácilmente. ‖ Hábil : *obrero inteligente.* ‖ Que denota inteligencia : *contestación inteligente.*
inteligible adj. Que se puede comprender u oír claramente.
intelligentsia f. (pal. rusa). Intelectualidad, conjunto de los intelectuales de un país.
intemerata f. Atrevimiento. ‖ *Saber la intemerata,* saber mucho.
intemperancia f. Falta de templanza.
intemperante adj. Falto de templanza.
intemperie f. Destemplanza del tiempo. ‖ *A la intemperie,* a cielo descubierto, al raso : *dormir a la intemperie.*
intempestivo, va adj. Inoportuno : *pregunta intempestiva.*
intención f. Determinación de hacer algo : *tener intención de salir.* ‖ Deseo : *las últimas intenciones suyas.*
intencionado, da adj. Que tiene ciertas intenciones buenas o malas.
intencional adj. Deliberado.
intencionalidad f. Carácter de intencional.
intendencia f. Dirección y gobierno de una cosa. ‖ Cargo, jurisdiccion y oficina del intendente. ‖ *Mil.* Cuerpo cuya misión consiste en organizar el abastecimiento y alojamiento de la tropa.
intendente m. Jefe superior económico. ‖ Jefe de los servicios de administración militar.
intensidad f. Grado de energía de un agente natural o mecánico. ‖ Cantidad de electricidad de una corriente continua en la unidad de tiempo. ‖ *Fig.* Fuerza.
intensificación f. Aumento de la intensidad.
intensificador, ra adj. Que intensifica.
intensificar v. t. Hacer que algo tenga mayor intensidad (ú. t. c. pr.).
intensivo, va adj. Que tiene el carácter de intenso. ‖ — *Cultivo intensivo,* aprovechamiento máximo del terreno para darle un cultivo de gran rendimiento. ‖ *Jornada intensiva,* horario continuo implantado en ciertos establecimientos.
intenso, sa adj. Que tiene intensidad.
intentar v. t. Esforzarse por hacer algo. ‖ Preparar, iniciar la ejecución de una cosa : *intentar un proceso.*
intento m. Propósito. ‖ Cosa intentada, tentativa. ‖ *De intento,* a propósito, adrede.
intentona f. *Fam.* Tentativa.
interacción f. Influencia recíproca.
interamericano, na adj. Relativo a las naciones de América.
interandino, na adj. Relativo a los Estados o naciones que están a uno y otro lado de los Andes.
intercalar adj. Que está interpuesto o añadido.
intercalar v. t. Interponer o poner una cosa entre otras.
intercambiable adj. Dícese de las cosas que pueden sustituirse.
intercambiar v. t. Cambiar.
intercambio m. Reciprocidad de servicios entre una persona o una entidad y otra : *intercambio cultural, comercial,* etc. ‖ *Intercambio de opiniones,* conversación.
interceder v. i. Pedir algo por otro.
intercepción f. Interrupción.
interceptar v. t. Apoderarse de algo antes de llegar a su destino : *interceptar la correspondencia.* ‖ Detener una cosa en su camino : *interceptar un tren.* ‖ Interrumpir, obstruir : *interceptar una calle.*
intercesión f. Petición en nombre de otro.
intercesor, ra adj. y s. Que intercede.
intercomunicación f. Comunicación recíproca. ‖ Comunicación telefónica entre varios servicios.
interconexión f. Conexión entre dos o más centrales eléctricas con varios centros receptores.

intercontinental adj. Común a dos o más continentes.
interdependencia f. Dependencia recíproca.
interdicción f. *For.* Privación de los derechos de una persona a causa de un delito *(interdicción penal)* o por ser menor de edad, loco o con algún defecto previsto por la ley *(interdicción civil).*
interdigital adj. Entre los dedos.
interdisciplinar adj. Que implica una relación entre varias disciplinas.
interés m. Provecho, utilidad, ganancia, lucro. ‖ Rédito, beneficio producido por el dinero prestado. ‖ Dinero invertido en alguna empresa y que proporciona una renta. U. m. en pl. : *tener intereses en una compañía.* ‖ Valor intrínseco que tiene algo : *descubrimiento de gran interés.* ‖ *Fig.* Inclinación hacia alguna persona o cosa : *tomarse interés por uno.* | Curiosidad y atención : *escuchar con mucho interés.* | Deseo : *tengo interés en ir.* ‖ — *Com. Interés simple,* el devengado por un capital sin tener en cuenta los intereses anteriores. | *Interés compuesto,* el devengado por el capital aumentado con los intereses anteriores.
interesado, da adj. y s. Que tiene interés. ‖ Llevado por el interés.
interesante adj. Que interesa. ‖ Atractivo : *mujer interesante.* ‖ Ventajoso : *oferta interesante.*
interesar v. t. Dar parte a uno en un negocio. ‖ Importar : *me interesa saberlo.* ‖ Captar la atención : *esta lectura me interesa.* ‖ Inspirar interés a una persona. ‖ Afectar : *la herida le interesa un pulmón.* ‖ — V. pr. Tener interés por una persona o cosa.
interestatal adj. Entre Estados : *la difícil política interestatal.*
interestelar adj. Entre los astros.
interfecto, ta adj. y s. Dícese de la persona muerta violentamente. ‖ — M. y f. *Fam.* Persona de quien se habla.
interferencia f. Fenómeno que resulta de la superposición de dos o más movimientos vibratorios de la misma frecuencia. ‖ Perturbación en las emisiones de radio o televisión causadas por este fenómeno. ‖ *Fig.* Coincidencia en la actuación de personas u organismos que perturba el normal funcionamiento de algo.
interferir v. i. Producir interferencias. ‖ *Fig.* Interponerse.
interfono m. Instalación telefónica que permite la comunicación entre diversas partes de un mismo edificio.
ínterin m. Intervalo entre dos acontecimientos. ‖ Interinidad. ‖ — Adv. Entretanto, mientras.
interinar v. t. Ocupar interinamente un puesto o cargo.
interinato m. *Amer.* Cargo, empleo interino. | Interinidad.
interinidad f. Calidad de interino. ‖ Situación interina.
interino, na adj. y s. Que ocupa provisionalmente un puesto o cargo en sustitución de otro. ‖ — F. Asistenta, criada pagada por horas.
interior adj. Que está en la parte de dentro. ‖ Propio de la nación y no del extranjero : *política interior.* ‖ Del espíritu : *vida interior.* ‖ Que se lleva directamente encima del cuerpo : *ropa interior.* ‖ *Fig.* Que se siente en el alma : *voz interior.* ‖ — M. La parte de dentro : *el interior de una casa.* ‖ Parte de un país alejada del mar. ‖ Habitación sin vistas a la calle. ‖ En el fútbol, delantero situado entre el extremo y el delantero centro. ‖ — Pl. Entrañas.
interioridad f. Calidad de interior. ‖ — Pl. Cosas privadas de una persona o grupo. ‖ Aspectos secretos.
interjección f. Parte de la oración que comprende las exclamaciones con que se expresan de manera enérgica las emociones, los sentimientos o las órdenes *(¡ah!, ¡ay!).*
interlínea f. Espacio o escritura entre dos líneas.
interlinear v. t. Escribir entre dos líneas o renglones. ‖ Espaciar las líneas.
interlocutor, ra m. y f. Cada una de las personas que participan en una conversación.
intermediar v. i. Mediar.
intermediario, ria adj. Que media entre dos o más personas : *agente intermediario* (ú. t. c. s.). ‖ — M. *Com.* Mediador entre el productor y el consumidor.
intermedio, dia adj. Que está en medio de los extremos de lugar o tiempo. ‖ — M. Espacio, intervalo. ‖ *Teatr.* Entreacto. | Divertimiento musical ejecutado en el entreacto. ‖ *Por intermedio,* por conducto.
interminable adj. Que no tiene fin. ‖ *Fig.* Muy largo.
interministerial adj. De varios ministerios o que los relaciona entre sí.
intermisión f. Interrupción, cesación de una cosa durante cierto tiempo : *todo sucedió sin que hubiese que señalar ninguna intermisión.*
intermiso, sa adj. Dícese de aquello que está interrumpido, suspendido.
intermitencia f. Calidad de intermitente. ‖ *Med.* Intervalo entre dos accesos de fiebre.
intermitente adj. Que se interrumpe y vuelve a empezar de modo alternativo. ‖ — M. Luz intermitente situada en los lados de los automóviles que sirve para avisar a los demás vehículos que el conductor va a cambiar de dirección.
intermolecular adj. Situado entre las moléculas.
internacional adj. Que se verifica entre varias naciones : *concurso internacional.* ‖ Relativo a varias naciones : *conferencia internacional.* ‖ *Derecho internacional,* el que rige las relaciones entre los diferentes países. ‖ — M. y f. Deportista que ha intervenido en pruebas internacionales. ‖ — F. *La Internacional,* asociación de trabajadores de diversos países para la defensa de sus intereses; himno revolucionario.
internacionalidad f. Calidad de internacional.
internacionalismo m. Doctrina que afirma los intereses supranacionales sobre los nacionales. ‖ Identidad de objetivos comunes propia de ciertas clases sociales o de ciertos grupos políticos de las diversas naciones.
internacionalista adj. y s. Partidario del internacionalismo. ‖ Especialista en Derecho internacional.
internacionalización f. Intervención de varios Estados o de un organismo internacional en el gobierno de una región. ‖ Extensión a distintos países de un conflicto, de una crisis o de un problema.
internacionalizar v. t. Someter al régimen de internacionalización : *internacionalizar una ciudad.* ‖ Convertir en internacional lo que era nacional : *internacionalizar un conflicto.*

internado, da adj. y s. Encerrado en un manicomio, asilo, campo de concentración, etc. ‖ — M. Estado del alumno interno. ‖ Conjunto de alumnos internos y lugar donde habitan. ‖ — F. En fútbol, penetración de un jugador por entre las líneas adversarias.
internamiento m. Reclusión de un enfermo en un hospital. ‖ Encierro de adversarios políticos o de soldados enemigos en un lugar seguro.
internar v. t. Conducir tierra adentro a una persona o cosa. ‖ Encerrar : *internar en un campo de concentración.* ‖ Poner a un niño en un internado. ‖ — V. pr. Penetrar : *internarse en un bosque.* ‖ *Fig.* Introducirse en la intimidad de alguno. | Profundizar en una materia. ‖ En fútbol, penetrar por entre las líneas adversarias.
internista adj. Dícese del médido que cuida las enfermedades que afectan los órganos internos (ú. t. c. s.).
interno, na adj. Que está dentro, interior : *hemorragia interna.* ‖ *Medicina interna,* la que trata de las enfermedades de los órganos internos. ‖ — M. y f. Alumno que está a pensión completa en un colegio. ‖ Médico que se inicia en la práctica de la medicina dentro de un hospital.
interoceánico, ca adj. Que pone en comunicación dos océanos.
interpelación f. Acción de interpelar.
interpelante adj. y s. Que interpela.
interpelar v. t. Recurrir a alguien para solicitar algo. ‖ Exigir a uno explicaciones sobre un hecho. ‖ En el Parlamento, suscitar una discusión ajena a los proyectos de ley : *interpelar a un ministro.*
interpenetración f. Penetración mutua.
interplanetario, ria adj. Situado entre los planetas.
interpolación f. Acción y efecto de interpolar.
interpolar v. t. Interponer, intercalar una cosa entre otras. ‖ Introducir en una obra capítulos o pasajes que no le pertenecen : *interpolar una glosa en un texto.*
interponer v. t. Poner una cosa entre otras. ‖ *For.* Entablar algún recurso legal, como el de nulidad, de apelación, etc. ‖ *Fig.* Hacer intervenir : *interponer su autoridad.* ‖ — V. pr. *Fig.* Mediar, intervenir como mediador.
interposición f. Acción y efecto de interponer o interponerse.
interpósito, ta adj. *Méx.* Que interfiere o media.
interpretación f. Acción y efecto de interpretar.
interpretador, ra adj. y s. Que interpreta.
interpretar v. t. Explicar el sentido de algo que no está expresado claramente : *interpretar un texto.* ‖ Dar a algo una determinada significación : *interpreto esta actitud como ofensiva.* ‖ Traducir oralmente de una lengua a otra. ‖ Representar un papel en una obra. ‖ Ejecutar un trozo de música.
interpretativo, va adj. Que interpreta o explica.
intérprete com. Persona que traduce de viva voz de una lengua a otra. ‖ Artista que representa un papel o ejecuta una obra musical.
interpuesto, ta adj. Puesto entre otras cosas.
interregno m. Período durante el cual un país está sin soberano.
interrogación f. Pregunta. ‖ Signo ortográfico (¿ ?) que se pone al principio y al fin de una palabra o frase interrogativa.
interrogador, ra adj. y s. Que interroga.
interrogante adj. Que interroga. ‖ — M. Pregunta. ‖ Incógnita.
interrogar v. t. Preguntar.
interrogativo, va adj. Que denota interrogación. ‖ Que sirve para expresar la interrogación : *pronombre interrogativo.*
interrogatorio m. Serie de preguntas que se dirigen a una persona. ‖ Acto de dirigir estas preguntas. ‖ Papel en el que están consignadas estas preguntas.
interrumpir v. t. Suspender la continuación de una cosa. ‖ Cortar la palabra a uno : *le interrumpió con una pregunta.* ‖ Interceptar : *interrumpir el paso.* ‖ — V. pr. Cesar.
interrupción f. Suspensión, cese.
interruptor m. Dispositivo para interrumpir o establecer una corriente en un circuito eléctrico.
intersección f. Encuentro de dos líneas, dos superficies o dos sólidos que se cortan.
intersecretarial adj. *Amer.* Entre varias secretarías de Estado.
intersexual adj. Que no tiene los caracteres típicos de varón o de hembra.
intersideral adj. *Astr.* Que se encuentra situado entre los astros.
intersindical adj. Entre sindicatos : *reunión intersindical.* ‖ — F. Asociación que agrupa distintos sindicatos deseosos de luchar por objetivos comunes.
intersticio m. Espacio pequeño entre dos cuerpos o entre las partes de un mismo cuerpo. ‖ Intervalo.
interurbano, na adj. Dícese de las relaciones y servicios de comunicación entre distintos barrios de una misma ciudad o entre dos poblaciones.
intervalo m. Distancia que hay de un tiempo a otro o de un lugar a otro. ‖ Espacio de tiempo. ‖ *Mús.* Diferencia de tono entre los sonidos de dos notas.
intervención f. Acción y efecto de intervenir. ‖ Oficina del interventor. ‖ Operación quirúrgica. ‖ *Intervención de cuentas,* examen y fiscalización de las cuentas de una empresa o del Estado.
intervencionismo m. Doctrina política que preconiza la intervención del Estado en los asuntos privados o de una nación en los conflictos entre otros países.
intervencionista adj. y s. Partidario del intervencionismo.
intervenir v. i. Participar en un asunto. ‖ Entremeterse : *intervenir en los asuntos de los demás.* ‖ Actuar, entrar en juego. ‖ — V. t. Examinar cuentas. ‖ Realizar una operación quirúrgica.
interventor, ra adj. y s. Que interviene. ‖ M. Empleado que autoriza y fiscaliza ciertas operaciones para que se hagan con legalidad. ‖ *Interventor de cuentas,* persona capacitada para examinar y fiscalizar las cuentas de una empresa o del Estado.
interviú f. Entrevista.
interviuvar v. t. Entrevistar.
intestado, da adj. *For.* Que muere sin hacer testamento (ú. t. c. s.).
intestinal adj. *Anat.* Relativo a los intestinos : *conducto intestinal.*
intestino, na adj. Interno, interior. ‖ Civil, doméstico : *discordias intestinas.* ‖ — M. *Anat.* y *Zool.* Tubo membranoso plegado en numerosas vueltas y que va desde el estómago hasta el ano.

intimación f. Notificación, advertencia severa.
intimar v. t. e i. Notificar con autoridad : *intimar una orden.* ‖ — V. i. Trabar profunda amistad.
intimidación f. Acción y efecto de intimidar.
intimidad f. Amistad íntima. ‖ Carácter de lo que es íntimo. ‖ Sentimientos y pensamientos más profundos de una persona.
intimidar v. t. Infundir miedo.
intimismo m. Carácter intimista.
intimista adj. y s. Dícese de la poesía que expresa los sentimientos íntimos o de la pintura que representa escenas del hogar.
íntimo, ma adj. Interior : *convicción íntima.* ‖ Privado : *vida íntima.* ‖ Muy estrecho : *amistad íntima.* ‖ Hecho entre amigos y familiares : *reunión íntima.* ‖ — M. Amigo muy querido y de confianza.
intocable adj. Que no puede tocarse. ‖ — Pl. Miembros de ciertas castas inferiores en la India.
intolerable adj. Que no se puede tolerar : *sufrimientos intolerables.*
intolerancia f. Actitud agresiva contra las personas que profesan diferentes ideas religiosas o políticas. ‖ *Med.* Repugnancia del organismo para ciertos alimentos o medicinas.
intolerante adj. y s. Que tiene el defecto de la intolerancia.
intoxicación f. Introducción de un veneno en el organismo. ‖ *Fig.* Influencia insidiosa.
intoxicar v. t. Envenenar, emponzoñar (ú. t. c. pr.). ‖ *Fig.* Ejercer una influencia insidiosa en una persona para sensibilizarla a una propaganda determinada.
intradós m. *Arq.* Superficie cóncava de un arco o bóveda.
intraducible adj. Que no se puede traducir.
intramuros adv. En el recinto interior de una ciudad.
intranquilidad f. Falta de tranquilidad, desasosiego.
intranquilizar v. t. Quitar la tranquilidad, desasosegar.
intranquilo, la adj. Falto de tranquilidad, inquieto.
intranscendencia f. Calidad de intranscendente.
intranscendente adj. No transcendente.
intransferible adj. No transferible : *cuenta, cargo intransferible.*
intransigencia f. Carácter de la persona intransigente.
intransigente adj. y s. Que no transige : *política intransigente.*
intransitable adj. Dícese del lugar por el cual se transita difícilmente : *calles ruidosas e intransitables.*
intransitivo, va adj. En gramática, que no pasa del sujeto a un objeto : *acción intransitiva.* ‖ *Verbo intransitivo,* el que no admite complemento directo, como *nacer, morir, ir.*
intratable adj. Con el cual es difícil tratar por insociable.
intrauterino, na adj. Dentro del útero.
intravenoso, sa adj. En el interior de la vena.
intrepidez f. Valor, valentía.
intrépido, da adj. Valiente.
intriga f. Maquinación, manejo cauteloso para un fin : *intrigas políticas.* ‖ Enredo : *intriga amorosa.*
intrigante adj. y s. Que intriga.
intrigar v. i. Tramar maquinaciones. ‖ — V. t. e i. Excitar la curiosidad : *su conducta me intriga.*
intrincado, da adj. Enmarañado.
intrincamiento m. Embrollo.
intríngulis m. *Fam.* Razón oculta. | Dificultad, nudo, quid.
intrínseco, ca adj. Íntimo, esencial : *mérito, valor intrínseco.*
introducción f. Acción y efecto de introducir o introducirse. ‖ Preámbulo de un libro. ‖ Preparación al conocimiento de una cosa. ‖ *Mús.* Parte inicial de una composición.
introducir v. t. Hacer entrar. ‖ *Fig.* Hacer adoptar : *introducir una moda.* | Hacer que uno sea recibido en un lugar o sociedad : *introducir a uno en la corte.* ‖ Hacer aparecer : *introducir el desorden.* ‖ — V. pr. Meterse.
introductor, ra adj. y s. Que introduce. ‖ *Introductor de embajadores,* funcionario encargado de presentar los embajadores al jefe del Estado.
introito m. Oración del sacerdote al principio de la misa.
intromisión f. Acción y efecto de entrometer o entrometerse.
introspección f. Examen que la conciencia hace de sí misma.
introspectivo, va adj. Relativo a la introspección.
introversión f. Repliegue del alma sobre sí misma.
introvertido, da adj. Que presenta introversión (ú. t. c. s.).
intrusión f. Acción de introducirse sin derecho en un sitio.
intrusismo m. Ejercicio profesional de alguna actividad sin contar con la titulación legal.
intruso, sa adj. y s. Que se introduce sin derecho en algun sitio. ‖ Que ocupa sin derecho algún puesto. ‖ Que practica el intrusismo.
intubar v. t. *Med.* Poner un tubo dentro de la laringe para poder respirar.
intuición f. Acción de intuir. ‖ Facultad de intuir, de adivinar.
intuir v. t. Percibir clara o instantáneamente una idea o verdad sin ayuda de la razón.
intuitivo, va adj. Relativo a la intuición. ‖ — Adj. y s. Que obra guiado por la intuición.
inundación f. Acción y efecto de inundar o inundarse. ‖ *Fig.* Abundancia excesiva.
inundar v. t. Cubrir de agua un terreno un río o lago que se ha salido de madre (ú. t. c. pr.). ‖ Cubrir un sitio de agua. Ú. t. c. pr. : *se ha inundado el cuarto de baño.* ‖ *Fig.* Llenar por completo.
inusitado adj. No usado.
inútil adj. Que no es útil. ‖ — Adj. y s. Dícese del que es incapaz de hacer algo de provecho.
inutilidad f. Calidad de inútil.
inutilizar v. t. Hacer inútil una cosa (ú. t. c. pr.). ‖ Destruir, poner fuera de funcionamiento. ‖ Impedir la buena utilización de una cosa.
invadir v. t. Acometer, entrar por fuerza en una parte : *los árabes invadieron España.* ‖ *Fig.* Llenar un sitio alguna cosa muy numerosa : *los turistas invaden el país.* | Apoderarse del ánimo un sentimiento.
invalidación f. Acción y efecto de invalidar.

invalidar v. t. Hacer inválida o de ningún valor y efecto una cosa.
invalidez f. Falta de validez. ‖ Calidad de inválido.
inválido, da adj. Que no puede desplazarse o ejercer alguna actividad por tener algún miembro tullido o cortado (ú. t. c. s.). ‖ *Fig.* Que no tiene las condiciones fijadas por la ley : *matrimonio inválido.* ‖ — M. *Mil.* Soldado herido o viejo.
invaluable adj. Inestimable.
invariabilidad f. Calidad de invariable.
invariable adj. Que no padece ni puede padecer variación. ‖ Inmutable : *clima invariable.* ‖ *Gram.* Que no sufre modificación.
invasión f. Irrupción en un país de fuerzas militares extranjeras. ‖ Presencia masiva de personas en algún sitio : *una invasión de turistas.*
invasor, ra adj. y s. Que invade.
invectiva f. Palabra violenta, ofensiva y mordaz.
invencible adj. Que no puede ser vencido.
invención f. Acción y efecto de inventar. ‖ Invento. ‖ Ficción, engaño : *lo que diré es invención.* ‖ Hallazgo, descubrimiento.
invendible adj. Que no se puede vender.
inventar v. t. Hallar una cosa nueva. ‖ Crear por medio de la imaginación : *inventar cuentos de hadas.*
inventariar v. t. Hacer el inventario.
inventario m. Relación ordenada de los bienes de una persona o comunidad. ‖ Documento en que se hace esta relación. ‖ *Com.* Estimación de las mercancías en almacén y de los diversos valores que componen la fortuna del comerciante. ‖ *Fig. A beneficio de inventario,* con prudencia y reservas.
inventivo, va adj. Capaz de inventar. ‖ — F. Facultad de inventar.
invento m. Cosa inventada.
inventor, ra adj. y s. Que inventa.
inverecundia f. Desvergüenza.
invernáculo m. Invernadero.
invernadero m. Sitio para pasar el invierno. ‖ Paraje donde pastan los ganados en invierno. ‖ Local cerrado y acristalado en el que se resguardan de las inclemencias del tiempo ciertas plantas : *flores de invernadero.* ‖ Local donde se cultivan árboles frutales, plantas o verduras para hacerlos producir fuera de temporada.
invernal adj. Del invierno.
invernar v. i. Pasar el invierno.
inverosímil adj. Que no tiene apariencia de verdad.
inverosimilitud f. Calidad de inverosímil.
inversión f. Acción y efecto de invertir. ‖ Colocación de dinero en una empresa : *inversión rentable.*
inversionista com. Persona que invierte un capital en una empresa. ‖ — Adj. Que hace una inversión.
inverso, sa adj. Opuesto a la dirección natural de las cosas.
invertebrado, da adj. y s. m. Dícese de los animales que carecen de columna vertebral, como los insectos y los crustáceos.
invertido m. Homosexual.
invertir v. t. Cambiar completamente el sentido u orden de las cosas. ‖ Cambiar simétricamente : *el espejo invierte los objetos.* ‖ Colocar un capital en una empresa. ‖ Emplear el tiempo : *invertir dos horas en un recorrido.* ‖ *Mat.* Cambiar de lugar los dos términos de cada razón o proporción.
investidura f. Acción y efecto de investir. ‖ Carácter que confiere la toma de posesión de ciertos cargos o dignidades.
investigación f. Acción y efecto de investigar. ‖ Búsqueda, indagación : *investigación de la policía.* ‖ *Investigación científica,* conjunto de trabajos destinados al descubrimiento de nuevas técnicas en el campo de las ciencias.
investigador, ra adj. adj. Que investiga. U. t. c. s. : *los investigadores en el campo científico son numerosos en este país.*
investigar v. t. Hacer indagaciones, diligencias para descubrir una cosa. ‖ — V. i. Hacer investigaciones científicas.
investir v. t. Conferir una dignidad : *investir de cardenal.*
inveterado, da adj. Arraigado.
inviable adj. No viable.
invicto, ta adj. No vencido.
invidencia f. Falta o carencia de la vista.
invidente adj. Que no ve, ciego. U. t. c. s. : *establecimiento para los invidentes.*
invierno m. Estación fría que en el hemisferio norte va desde el 22 de diciembre al 22 de marzo y en el hemisferio sur desde el 22 de junio al 22 de septiembre.
inviolabilidad f. Calidad de inviolable.
inviolable adj. Que no se debe o no se puede violar.
invisibilidad f. Calidad de lo invisible.
invisible adj. Que no se ve.
invitación f. Acción y efecto de invitar. ‖ Tarjeta con que se invita.
invitado, da m. y f. Persona que ha sido invitada.
invitar v. t. Convidar : *invitar a una cena.* ‖ *Fig.* Incitar : *el tiempo invita a no ir.*
invocación f. Oración o ruego.
invocar v. t. Pedir la ayuda de Dios o de los santos. ‖ Llamar a uno en su favor. ‖ *Fig.* Citar en defensa propia : *invocar una ley.*
involución f. *Biol.* Conjunto de modificaciones regresivas que ocurren en un organismo o en un órgano. ‖ *Fig.* Regresión.
involucionismo m. *Fig.* Regresión.
involucionista adj. y s. Partidario de la regresión.
involucrar v. t. Mezclar en un discurso o escrito asuntos ajenos.
involuntario, ria adj. No voluntario.
invulnerabilidad f. Calidad que tiene el que es invulnerable.
invulnerable adj. Que no puede ser herido.
inyección f. Introducción a presión de una sustancia líquida o semilíquida dentro de un cuerpo. ‖ *Med.* Administración de un medicamento en las cavidades orgánicas por este sistema. ‖ Sustancia contenida en una ampolla que se introduce con jeringuilla. ‖ *Fig.* Aportación masiva de fondos o capitales. ‖ *Motor de inyección,* motor de explosión que carece de carburador y en el que el carburante se introduce directamente en los cilindros.
inyectable adj. y s. m. Dícese de las sustancias que se inyectan.
inyectado, da adj. Rojo, encendido : *ojos inyectados de sangre.*
inyectar v. t. Introducir a presión una sustancia dentro de otra. ‖ *Med.* Introducir un medicamento en el organismo mediante una aguja o jeringa. ‖ — V. pr. Enrojecer por el aflujo de sangre : *se le inyectaron los ojos.*

inyector m. Aparato para introducir a presión un fluido en un mecanismo. ‖ Aparato para alimentar en agua las calderas de vapor.
ion m. Partícula dotada de una carga eléctrica y que está formada por un átomo o grupo de átomos que ha ganado o perdido uno o varios electrones.
ionización f. Formación de iones en un gas o en un electrólito.
ionizar v. t. Producir ionización.
ionosfera f. Capa ionizada de la atmósfera situada entre los 60 y los 600 km de altura, en la cual se reflejan las ondas hertzianas.
iota f. Novena letra del alfabeto griego (ι).
ipecacuana f. Planta de América del Sur y su raíz.
ípsilon f. Vigésima letra del alfabeto griego (υ), equivalente a la *y* castellana.
ipso facto loc. lat. En el acto.
iqueño, ña adj. y s. De Ica (Perú).
iquiqueño, ña adj. y s. De Iquique (Chile).
iquiteño, ña adj. y s. De Iquitos (Perú).
ir v. i. Moverse hacia cierto sitio : *fueron en coche.* ‖ Presenciar algún espectáculo : *ir a los toros.* ‖ Dar clases : *va al colegio.* ‖ Convenir : *te irá bien verlo.* ‖ Venir, acomodarse una cosa con otra, sentar : *esto va de maravilla.* ‖ Extenderse : *la calle va del bulevar a la avenida.* ‖ Haber diferencia : *¡lo que va del padre al hijo!* ‖ Obrar, proceder : *ir con cautela.* ‖ Marchar, dar ciertos resultados : *su empresa va muy bien.* ‖ Ser : *lo dicho va en serio.* ‖ Apostar. ‖ Con un gerundio, empezar a efectuarse la acción del verbo : *va anocheciendo.* ‖ Con el participio pasivo de algunos verbos, estar : *ir rendido.* ‖ Con la prep. *con*, llevar, tener : *ir con cuidado.* ‖ Con la prep. *a* y un infinitivo, estar a punto de empezar la acción del verbo : *iba a gritar cuando vino.* ‖ Con la prep. *en*, importar, interesar : *en eso le va la vida.* ‖ Con la prep. *para*, acercarse a cierta edad : *va para doce años.* ‖ Con la prep. *por*, seguir una carrera : *ir por la toga*; también significa ir a buscar : *ir por carbón*; y llegar a cierto número : *ya voy por el tercer bocadillo.* ‖ — *Fam. ¿Cómo le va?*, expresión familiar de saludo. ‖ *Fig. Ir adelante*, desenvolverse bien en la vida. ‖ *Fam. No me va ni me viene*, no me importa. ‖ — V. pr. Marcharse. ‖ Morirse : *irse de este mundo.* ‖ Deslizarse : *se le fueron los pies.* ‖ Gastarse o perderse una cosa : *el dinero se va rápido.* ‖ Desaparecer : *esta mancha no se va.* ‖ Escaparse : *írsele a uno la mano.* ‖ — *Irse abajo*, derrumbarse ; (fig.) fracasar. ‖ *Irse de la lengua*, hablar demasiado.
Ir, símbolo químico del *iridio*.
ira f. Cólera.
iracundia f. Ira.
iracundo, da adj. y s. Colérico.
iraní adj. y s. Del Irán moderno.
iranio, nia adj. y s. De Irán.
iraqués, esa adj. y s. Iraquí.
iraquí adj. y s. De Irak.
irascibilidad f. Propensión a irritarse.
irascible adj. Colérico.
iribú m. *Amer.* Zopilote.
iridio m. Metal blanco (símb. Ir), de número atómico 77.
irire m. *Amer.* Calabaza con la que se toma chicha.
iris m. Arco que aparece en el cielo cuando la luz del Sol atraviesa unas partículas de agua en suspensión y que presenta los siete colores del espectro (rojo, anaranjado, amarillo, verde, azul, añil y violado). Se le llama también *arco iris.* ‖ *Anat.* Membrana del ojo, situada detrás de la córnea y delante del cristalino, que está atravesada por la pupila.
irisación f. Acción y efecto de irisar.
irisar v. i. Presentar los colores del arco iris (ú. t. c. t.).
irlandés, esa adj. y s. De Irlanda. ‖ — M. Lengua irlandesa.
ironía f. Burla fina y disimulada.
irónico, ca adj. Con ironía.
ironista com. Persona que habla o escribe con ironía.
ironizar v. t. Hablar o escribir con ironía.
irracional adj. Que carece de razón : *animal irracional.* ‖ Insensato, irrazonable : *conducta irracional.* ‖ *Mat.* Aplícase a las raíces de los números que no son potencias perfectas, como la raíz cuadrada de 5. ‖ — M. Animal.
irracionalidad f. Calidad de irracional.
irracionalismo m. Sistema que prefiere lo irracional a lo racional.
irracionalista adj. y s. Relativo al irracionalismo o partidario de él.
irradiación f. Acción y efecto de irradiar. ‖ *Fig.* Influencia, difusión : *la irradiación de la cultura.*
irradiar v. t. e i. Despedir un cuerpo rayos de luz, calor u otra energía en todas direcciones. ‖ Someter un cuerpo a varias radiaciones. ‖ *Fig.* Difundirse, tener influencia.
irrazonable adj. No razonable.
irreal adj. No real.
irrealidad f. Calidad o condición de lo que no es real.
irrealizable adj. Que no se puede realizar.
irrebatible adj. Indiscutible.
irreconciliable adj. Que no quiere o no puede reconciliarse.
irrecuperable adj. Que no se puede recuperar.
irrecusable adj. Que no se puede recusar.
irreducible o **irreductible** adj. Que no se puede reducir.
irreemplazable adj. No reemplazable.
irreflexión f. Falta de reflexión.
irreflexivo, va adj. Que no reflexiona. ‖ Hecho o dicho sin reflexionar.
irreformable adj. Que no puede ser objeto de una reforma.
irrefragable adj. Que no se puede contrarrestar : *prueba irrefragable.*
irrefrenable adj. Que no se puede refrenar.
irrefutable adj. Incontrovertible.
irregular adj. Que no es simétrico : *polígono irregular.* ‖ Que no obra o funciona de un modo regular. ‖ No conforme con las reglas de la moral. ‖ Raro. ‖ Relativo a las palabras cuya declinación o conjugación se apartan del modelo normal : *verbo irregular.*
irregularidad f. Calidad de irregular. ‖ Cosa irregular.
irrelevancia f. Poca importancia o significación.
irrelevante adj. Poco importante.
irreligioso, sa adj. y s. Falto de religión. ‖ Antirreligioso.
irremediable adj. No remediable.
irremisible adj. Imperdonable.
irremplazable adj. Irreemplazable.
irreparable adj. Que no se puede reparar o enmendar. ‖ Que no se puede compensar : *pérdida irreparable.*
irrepresentable adj. Que no se puede representar.

irreprimible adj. Que no puede reprimirse : *odio irreprimible.*
irreprochable adj. Sin falta.
irresistible adj. Que no se puede resistir, reprimir o aguantar.
irresolución f. Indecisión.
irresoluto, ta adj. y s. Indeciso.
irrespetuoso, sa adj. No respetuoso.
irrespirable adj. Que no se puede respirar.
irresponsabilidad f. Calidad de irresponsable.
irresponsable adj. No responsable. ‖ — Adj. y s. Inconsciente.
irretroactividad f. Carencia de retroactividad.
irreverencia f. Falta de respeto.
irreverente adj. y s. Irrespetuoso.
irreversible adj. Que no puede ser repetido en sentido inverso.
irrevocabilidad f. Calidad de irrevocable.
irrevocable adj. Que no se puede revocar : *sentencia irrevocable.*
irrigación f. Técnica de llevar el agua a las tierras secas para mejorar el cultivo. ‖ *Med.* Riego por inyección de una cavidad orgánica.
irrigador m. *Med.* Instrumento para dar irrigaciones.
irrigar v. t. *Med.* Rociar con un líquido alguna parte del cuerpo. ‖ Regar : *irrigar un terreno.*
irrisión f. Mofa. ‖ Objeto de risa.
irrisorio, ria adj. Ridículo, risible. ‖ Insignificante.
irritabilidad f. Propensión a irritarse.
irritable adj. Que se irrita.
irritación f. Acción y efecto de irritar o irritarse. ‖ Inflamación : *irritación cutánea.*
irritado, da adj. Colérico.
irritador, ra adj. Que irrita mucho, que excita vivamente.
irritante adj. Que irrita : *tiene una sonrisa irritante.*
irritar v. t. Enfadar : *irritar a uno.* ‖ Excitar vivamente otros afectos : *irritar el apetito.* ‖ *Med.* Causar dolor o inflamación : *el viento irrita la piel.* ‖ — V. pr. Enfadarse.
irrogar v. t. Causar.
irrompible adj. Que no se rompe.
irrumpir v. i. Entrar violentamente.
irrupción f. Entrada violenta. ‖ Invasión.
isabelino, na adj. Relativo a cualquiera de las reinas Isabel. ‖ Dícese de la moneda con la efigie de Isabel II de España. ‖ Aplícase también a los partidarios de su causa (ú. t. c. s.). ‖ Dícese del estilo decorativo de moda en España durante el reinado de Isabel II.
isidro, dra m. y f. En Madrid, campesino, paleto o forastero.
isla f. Porción de tierra rodeada de agua. ‖ Manzana de casas.
islam m. Islamismo. ‖ Religión y civilización de los musulmanes. ‖ El mundo musulmán.
islámico, ca adj. Del Islam.
islamismo m. Religión de Mahoma o de los creyentes musulmanes.
islamita adj. y s. Persona que profesa el islamismo.
islamizar v. t. Adoptar la religión, usos y costumbres islámicos (ú. t. c. pr.).
islandés, esa adj. y s. De Islandia. ‖ — M. Lengua hablada allí.
isleño, ña adj. y s. Natural de una isla.
isleta f. Pequeña acera en medio de una calzada o plaza que sirve de refugio a los peatones o para señalar el tránsito rodado.
islote m. Isla pequeña.
ismaelita adj. y s. Descendiente de Ismael, hijo de Abrahán. ‖ Dícese de los árabes miembros de una secta de musulmanes chiítas.
isobara f. Línea isobárica.
isobárico, ca adj. De igual presión atmosférica : *líneas isobáricas.*
isocronismo m. Igualdad de duración en los movimientos de un cuerpo.
isócrono, na adj. *Fís.* Aplícase a los movimientos que se efectúan en tiempos de igual duración.
isomería f. Calidad de isómero.
isómero, ra adj. y s. m. Aplícase a los cuerpos de igual composición química y distintas propiedades físicas.
isomorfismo m. Calidad de isomorfo.
isomorfo, fa adj. Dícese de los cuerpos de diferente composición química e igual forma cristalina.
isósceles adj. Dícese del triángulo que tiene dos lados iguales.
isotérmico, ca adj. Que se mantiene a una temperatura constante : *trenes con vagones isotérmicos.*
isotermo, ma adj. *Fís.* De igual temperatura.
isotopía f. Calidad de isótopo.
isótopo adj. y s. m. Dícese de los elementos químicos idénticos con masas atómicas diferentes.
isotropía f. Calidad de isótropo.
isótropo adj. y s. m. Dícese de los cuerpos cuyas propiedades físicas son idénticas en todas las direcciones.
isquion m. *Anat.* Hueso que, junto al ilion y al pubis, constituye el hueso iliaco.
israelí adj. y s. Del Estado moderno de Israel : *la nación israelí fue creada en 1948 en el territorio de Palestina.*
israelita adj. y s. De la religión judía. ‖ — M. y f. Descendiente de Israel y de Jacob, llamado tb. *judío* o *hebreo.*
istmeño, ña adj. y s. Natural de un istmo, del istmo mexicano de Tehuantepec (Oaxaca) o del istmo de Panamá.
ístmico, ca adj. Relativo al istmo.
istmo m. Lengua de tierra que une dos continentes o una península con un continente. ‖ *Anat.* Parte estrecha del organismo, por oposición a otras de mayor anchura.
italianismo m. Vocablo o giro del italiano. ‖ Amor por lo italiano.
italianización f. Acción y efecto de italianizar.
italianizar v. t. Dar carácter italiano : *italianizar un vocablo francés* (ú. t. c. pr.).
italiano, na adj. y s. De Italia. ‖ — M. Lengua hablada en Italia.
itálico, ca adj. y s. De la Italia antigua : *pueblos itálicos.* ‖ *Letra itálica,* la cursiva.
itapuense adj. y s. De Itapúa (Paraguay).
ítem adv. lat. Además. ‖ — M. Párrafo, artículo.
iteración f. Repetición.
iterar v. t. Repetir.
iterativo, va adj. Que repite.
iterbio m. Elemento simple (símb. Yb), de número atómico 70, del grupo de las tierras raras.
itinerante adj. Que recorre varios sitios para desempeñar sus funciones : *embajador itinerante.*
itinerario m. Recorrido, trayecto : *el itinerario de una procesión.* ‖ Dibujo del recorrido.
itrio m. Elemento simple (símb. Y) de número atómico 39, perteneciente al grupo de las tierras raras.

ixtle m. *Méx.* Cualquier amarilidácea textil del género agave.

izabaleño, ña o **izabalino, na** adj. y s. De Izabal (Guatemala).

izar v. t. Levantar.

izote m. *Méx.* y *Amér. C.* Árbol liliáceo, especie de palma.

izquierda f. Mano izquierda. || Lado izquierdo : *torcer a la izquierda.* || Colectividad política partidaria del cambio y que se opone a la acción conservadora de la derecha.

izquierdismo m. Conjunto de corrientes políticas de extrema izquierda que preconiza la realización de acciones revolucionarias inmediatas y radicales.

izquierdista adj. y s. Relativo a la izquierda política o partidario de la misma. || Revolucionario, extremista.

izquierdo, da adj. Dícese de lo que en el hombre está del lado en que late el corazón : *mano izquierda.* || En un edificio, monumento, etc., dícese de lo que corresponde a este lado con relación a una persona que da su espalda a la fachada.

j f. Undécima letra del alfabeto castellano y octava de sus consonantes. ‖ — **J,** abrev. de *julio* o *joule*.
jabalcón m. *Arq.* Madero inclinado que sostiene un elemento horizontal o inclinado apoyándose en otro elemento vertical.
jabalí m. Mamífero paquidermo, considerado como un cerdo salvaje.
jabalina f. Arma arrojadiza a manera de venablo. ‖ Instrumento para lanzar en forma de pica empleado en atletismo.
jabato m. Cría del jabalí. ‖ *Fig.* y *fam.* Joven valiente.
jábega f. Red que se tira desde tierra. ‖ Embarcación de pesca.
jabí m. Árbol americano de madera muy dura e incorruptible.
jabillo m. Árbol americano.
jabirú m. Ave zancuda de Sudamérica que tiene el pico curvado hacia arriba.
jabón m. Producto obtenido por la acción de un álcali en un cuerpo graso que sirve para lavar. ‖ Pastilla de esta materia. ‖ *Por ext.* Lavado con jabón. ‖ *Fig.* y *fam.* Reprensión severa.
jabonado m. Lavado con jabón. ‖ Ropa que se lava. ‖ *Fam.* Reprensión.
jabonar v. t. Dar jabón. ‖ Humedecer la barba con agua jabonosa para afeitarse. ‖ *Fam.* Reprender.
jaboncillo m. Pastilla de jabón de olor. ‖ Árbol americano de cuyo fruto se extrae saponina.
jabonería f. Fábrica o tienda de jabón.
jabonero, ra adj. Relativo al jabón. ‖ — M. y f. Fabricante o vendedor de jabón. ‖ — F. Mujer que hace o vende jabón. ‖ Caja para el jabón.
jabonoso, sa adj. Que contiene jabón o tiene su naturaleza.
jaborandi m. Árbol originario del Brasil y del Paraguay, de flores en racimos delgados y con cuyas hojas se hace una infusión.
jaca f. Caballo pequeño.
jacal m. *Méx.* Choza de adobes.
jacalón m. *Méx.* Cobertizo.
jacamar m. o **jacamara** f. Ave trepadora de América tropical.
jacana f. Ave zancuda de América del Sur.
jácara f. Romance festivo : *una jácara de Quevedo.* ‖ Ronda nocturna de gente alegre.
jacarandá m. Árbol de América tropical, de flores azules, cuya madera es muy apreciada en ebanistería.
jacarandoso, sa adj. Alegre.
jacaré m. *Amer.* Yacaré.
jacarero m. Persona alegre.
jácena f. Viga maestra.
jacinto m. Planta de la familia de las liliáceas de hermosas flores. ‖ Circón, piedra preciosa.
jaco m. Caballo pequeño. ‖ Caballo malo.
jacobeo, a adj. Relativo al apóstol Santiago.
jacobinismo m. Doctrina democrática y centralista profesada en la Revolución Francesa por los jacobinos.
jacobino, na adj. y s. Durante la Revolución Francesa, miembros del partido radical de Danton y Robespierre.
jactancia f. Alabanza presuntuosa de sí mismo.
jactancioso, sa adj. y s. Que se jacta, vanidoso.
jactarse v. pr. Alabarse presuntuosamente, vanagloriarse, alardear.
jaculatoria f. Oración breve.
jachalí m. Árbol americano de flores blancas.
jade m. Piedra fina muy dura y de color verdoso.
jadeante adj. Que jadea.
jadear v. i. Respirar anhelosamente a causa de algún trabajo o ejercicio impetuoso.
jadeo m. Respiración jadeante.
jaez m. Adorno de las caballerías (ú. t. en pl.). ‖ *Fig.* Calidad, carácter. | Clase, género.
jagua f. Árbol de la América intertropical. ‖ Su fruto.
jagual m. *Amer.* Terreno plantado de jaguas.
jaguar m. Mamífero félido de gran tamaño.
jaguareté m. Yaguareté.
jagüey m. Bejuco de Cuba.
jai alai m. (pal. vasca). Juego de pelota.
jaiba f. *Amer.* Cangrejo.
jaileife adj. *Arg. Fam.* Elegante.
jalado, da adj. *Amer.* Ebrio.
jalapa f. Planta americana. ‖ Su raíz. ‖ — Adj. y s. Jalapeño, de Jalapa (Guatemala).
jalapeño, ña adj. y s. De Jalapa (Guatemala y México).
jalar v. t. *Fam.* Tirar, halar. ‖ *Pop.* Comer. ‖ *Méx.* Tirar. ‖ — V. pr. *Amer.* Embriagarse.
jalea f. Zumo gelatinoso y transparente de frutas. ‖ Salsa de carne clarificada y solidificada. ‖ Cualquier medicamento de tipo gelatinoso y azucarado : *jalea real.*
jalear v. t. Llamar a voces a los perros. ‖ Aclamar con palmas y exclamaciones a los que bailan o cantan. ‖ Alentar, animar.
jaleo m. Gritos, aplausos. ‖ Cierto baile popular andaluz. ‖ *Fam.* Ruido, alboroto : *armar jaleo.* | Juerga : *estaban de jaleo.* | Confusión, agitación. | Lío : *se ha formado un jaleo tremendo.*
jaleoso, sa adj. y s. Ruidoso.
jalifa m. Representante del sultán, en la ant. zona del protectorado español de Marruecos (1912-1956).
jaliscience adj. y s. De Jalisco (México).
jalón m. Palo que se clava en tierra para determinar puntos fijos en topografía. ‖ *Amer.* Tirón.
jalonamiento m. Colocación de jalones.

jalonar v. t. Alinear por medio de jalones. ‖ Poner jalones. ‖ *Fig.* Determinar, fijar.
jalonear o **jalotear** v. i. *Méx.* Dar jalones o tirones. | Regatear.
jaloneo o **jaloteo** m. *Méx.* Jalones, tirones. | Regateo.
jamaicano, na y **jamaiquino, na** adj. y s. De Jamaica (isla de las Antillas).
jamancia f. *Pop.* Comida.
jamar v. t. *Pop.* Comer.
jamás adv. Nunca, en ninguna ocasión. ‖ — *Jamás de los jamases,* nunca. ‖ *Por siempre jamás,* para siempre.
jamba f. *Arq.* Cada una de las dos piezas verticales que sotienen el dintel de las puertas o ventanas.
jambaje m. Conjunto de las jambas y el dintel de una puerta, ventana o chimenea.
jamelgo m. *Fam.* Caballo flaco.
jamón m. Carne curada de la pierna del cerdo.
jamona adj. y s. f. *Fam.* Dícese de la mujer que ya ha pasado de la juventud y es algo gorda.
jansenismo m. Doctrina herética profesada por Jansenio (1585-1638) que afirmaba que el hombre sólo podía alcanzar la salvación gracias a la gracia divina.
jansenista adj. y s. Partidario del jansenismo. ‖ Relativo al jansenismo : *clérigo jansenista.*
japonés, esa adj. y s. Del Japón. ‖ — M. Lengua japonesa.
japuta f. Pez comestible.
jaque m. Jugada en el ajedrez en que el rey o la reina están amenazados por una pieza adversaria. ‖ Palabra con que se avisa este lance : *jaque al rey.* ‖ — *Jaque mate,* jaque que, al no poder evitarse, pone fin a la partida de ajedrez. ‖ *Fig. Tener en jaque a uno,* tenerle en gran desasosiego.
jaqueca f. Dolor de cabeza : *desde pequeño sufro jaquecas constantes.*
jáquima f. Cabezal, cabestro.
jara f. Arbusto siempre verde y con flores grandes y blancas.
jarabe m. Bebida hecha con azúcar en solución concentrada y sustancias aromáticas o medicinales. ‖ *Fig.* Bebida dulce. ‖ *Méx.* Baile popular parecido al zapateado.
jaramago m. Planta de flores amarillas en espigas.
jarana f. *Fam.* Diversión, jolgorio, juerga : *andar de jarana.* | Ruido, alboroto, tumulto : *armar jarana.*
jaranear v. i. *Fam.* Andar de jarana.
jaranero, ra y **jaranista** adj. y s. Aficionado a las jaranas.
jarano adj. y s. m. *Méx.* Dícese del sombrero de fieltro blanco, ala ancha y copa baja.
jarcia f. *Mar.* Aparejos y cuerdas de un buque (ú. m. en pl.). | Conjunto de aparejos de pesca.
jardín m. Terreno en una casa en el que se cultivan flores, árboles de sombra o adorno, etc. ‖ Mancha en las esmeraldas o en otras piedras preciosas. ‖ *Jardín de la infancia* (en América *jardín de infantes*), colegio de párvulos.
jardinera f. La que cuida de un jardín. ‖ Mujer del jardinero. ‖ Mueble para colocar las macetas con plantas. ‖ Coche abierto de verano en los tranvías.
jardinería f. Arte de cultivar los jardines.
jardinero, ra m. y f. Persona encargada de cuidar los jardines.
jareta f. Dobladillo por donde se puede pasar una cinta o cordón. ‖ *Mar.* Cordaje. ‖ *Fig.* y *fam. Dar jareta,* hablar mucho, charlar.
jaripeada f. *Méx.* Acción y efecto de jaripear.
jaripear v. i. *Méx.* Participar en un jaripeo.
jaripeo m. Lidia taurina a la mexicana, con suertes a caballo. ‖ Fiesta charra en la que se montan potros cerriles con suertes de lazo y canciones rancheras.
jaro, ra adj. Dícese del animal que tiene el pelo rojizo.
jarocho, cha adj. y s. De Veracruz (México).
jarra f. Vasija de barro, loza o cristal con cuello y boca anchos y una o más asas. ‖ *En jarras,* con los brazos arqueados y las manos en las caderas.
jarrete m. Corva, corvejón.
jarretera f. Liga con hebilla. ‖ Orden de caballería existente en Gran Bretaña.
jarro m. Vasija de boca más estrecha que la jarra y con un asa. ‖ Cantidad de líquido que cabe en ella : *un jarro de vino.* ‖ — *Fig.* y *fam. A jarros,* a cántaros. | *Echarle a uno un jarro de agua* o *de agua fría,* causarle una desilusión.
jarrón m. Jarro grande.
jaspe m. Piedra silícea, dura y opaca, de la naturaleza del ágata y diversamente coloreada, empleada en joyería. ‖ Mármol veteado.
jaspeado, da adj. Veteado como el jaspe : *mármol jaspeado.* ‖ — M. Acción de jaspear.
jaspear v. t. Pintar imitando las vetas del jaspe.
jaula f. Armazón hecha de madera, mimbres o alambres para encerrar aves. ‖ Armazón de madera o barras de hierro para encerrar animales pequeños, fieras, locos o presos. ‖ Cuadrilátero, generalemente de madera, donde se pone a los niños de corta edad. ‖ *Min.* Aparato para bajar o subir en las minas. ‖ Compartimiento de un garaje. ‖ Cabina del ascensor.
jauría f. Conjunto de perros que cazan juntos. ‖ *Fig.* Conjunto de personas que van en contra de otra.
jazmín m. Arbusto de flores blancas olorosas. ‖ Su flor.
jazz m. Música de danza de origen negroamericano. (El *jazz* se caracteriza por una melodía sincopada que contrasta con la permanencia rítmica de la batería.)
jebe m. Alumbre. ‖ *Amer.* Caucho, goma elástica.
jedive m. Título que utilizaba el virrey de Egipto.
jeep [*yip*] m. (pal. ingl.). Vehículo automóvil descubierto para terrenos desiguales, llamado tb. *coche todo terreno* o *campero.*
jefa f. Superiora. ‖ Mujer del jefe.
jefatura f. Dignidad, oficina y funciones de jefe.
jefe m. Superior o principal de un cuerpo o asociación. ‖ En el escalafón militar, categoría superior a capitán e inferior a general. ‖ *Méx.* Señor, caballero.
jején m. *Amer.* Mosquito.
jengibre m. Planta de flores purpúreas y rizoma nudoso aromático.
jeque m. Jefe árabe que gobierna un territorio o provincia.
jerarca m. Superior en la jerarquía eclesiástica. ‖ Alto dignatario.

jerarquía f. Orden, graduación. ‖ Dignatario, personaje.
jerárquico, ca adj. Relativo a la jerarquía : *orden jerárquico.*
jerarquización f. Orden conforme a la jerarquía.
jerarquizar v. t. Establecer un orden de acuerdo con la jerarquía.
jeremiada f. Lamentación.
jeremías com. inv. *Fam.* Persona que se lamenta constantemente.
jeremiquear v. i. *Amer.* Llorar, gimotear.
jerez m. Vino de fina calidad que se cría en Jerez de la Frontera (España).
jerezano, na adj. y s. De Jerez de la Frontera o de Jerez de los Caballeros (España).
jerga f. Tela gruesa basta. ‖ Jergón, colchón. ‖ Lenguaje especial de ciertas profesiones o círculos.
jergón m. Colchón de paja.
jeribeque m. Mueca. ‖ Guiño.
jerifalte m. Gerifalte.
jerigonza f. Galimatías, algarabía. ‖ Jerga de algunas personas.
jeringa f. Instrumento que sirve para aspirar o inyectar ciertos líquidos. ‖ *Fam.* Molestia, fastidio.
jeringar v. t. Arrojar o inyectar un líquido con la jeringa. ‖ *Fig.* y *fam.* Molestar, fastidiar.
jeringuear v. t. *Amer.* Jeringar.
jeringuilla f. Jeringa pequeña.
jeroglífico, ca adj. Aplícase a la escritura usada por los egipcios y algunos pueblos aborígenes americanos en la que las palabras se representan con símbolos o figuras. ‖ — M. Cada uno de los caracteres de esta escritura. ‖ Pasatiempo consistente en sustituir una palabra o frase con signos o figuras.
jerónimo, ma adj. y s. Religioso de la orden de San Jerónimo.
jerosolimitano, na adj. y s. De Jerusalén.
jerrycan [*chérrican*] m. (pal. ingl.). Bidón para transportar gasolina.
jersey m. (pal. ingl.). Prenda de abrigo de tejido de punto elástico que se introduce por la cabeza.
jesuita m. Religioso de la Compañía de Jesús.
jesuítico, ca adj. Relativo a los jesuitas : *moral jesuítica.*
jesuitismo m. Sistema moral y religioso de los jesuitas. ‖ *Fig.* Conducta precavida y astuta.
jet [*yet*] m. (pal. ingl.). Avión de reacción.
jeta f. Boca saliente o de labios muy abultados. ‖ *Pop.* Cara.
ji f. Vigésima segunda letra del alfabeto griego (χ).
jíbaro, ra adj. y s. Indio americano de origen caribe. ‖ *Amer.* Campesino, rústico : *sombrero jíbaro.*
jibia f. Molusco cefalópodo semejante al calamar.
jicalcoate m. *Méx.* Culebra acuática. | Cincuate.
jícama f. *Amer.* Planta tuberosa alimenticia. | Su raíz.
jícara f. Taza pequeña. ‖ *Amer.* Vasija hecha de la corteza del fruto de la güira.
jicarazo m. Golpe que se da con una güira. ‖ Acción de dar veneno a una persona : *dar jicarazo.*
jícaro m. *Amer.* Güira.
jiennense adj. y s. De Jaén (España).
jilguero m. Pájaro de plumaje pardo con una mancha roja en la cara y un collar blanco.
jilí m. *Pop.* Gilí.
jilipollada, jilipollas, jilipollear, jilipollez. V. GILIPOLLADA, etc.
jilote m. *Méx.* y *Amér. C.* Mazorca de maíz con los granos sin cuajar.
jilotear v. i. *Méx.* y *Amér. C.* Empezar a cuajar el maíz.
jindama f. *Pop.* Miedo.
jineta f. Cierto modo de montar a caballo, que consiste en llevar los estribos cortos y las piernas dobladas : *montar a la jineta.* ‖ Mujer que monta a caballo.
jinete m. Soldado de a caballo. ‖ Caballista.
jingoísmo m. Patriotería.
jingoista adj. y s. Patriotero.
jinotegano, na adj. y s. De Jinotega (Nicaragua).
jinotepino, na adj. y s. De Jinotepe (Nicaragua).
jipar v. i. *Fam.* Hipar, jadear.
jipi m. *Fam.* Jipijapa.
jipido m. Hipido.
jipijapa m. Sombrero de palma.
jipío m. Lamento en el cante andaluz.
jiquilete m. Planta leguminosa mexicana de la que se obtiene añil.
jira f. Merienda campestre.
jirafa f. Mamífero rumiante de cuello largo y extremidades abdominales bastante más cortas que las torácicas. ‖ *Cin.* Brazo articulado que sostiene un micrófono.
jirasal f. Fruto de la yaca o anona de la India, parecido a la chirimoya y erizado de púas blandas.
jirimiquear v. i. *Amer.* Jeremiquear.
jirón m. Desgarrón. ‖ *Fig.* Porción pequeña de un todo.
jitomate m. *Méx.* Tomate.
jiu-jitsu m. Lucha japonesa que sirve de entrenamiento físico y arte de defensa sin armas.
job m. Hombre de mucha paciencia.
jockey [*yoki*] m. (pal. ingl.). Jinete que monta los caballos de carrera.
jocoatle m. *Méx.* Bebida ácida de atole.
jocoque m. *Méx.* Alimento hecho con leche cortada o nata agria.
jocoserio, ria adj. Que es a la vez serio y jocoso.
jocosidad f. Calidad de jocoso. ‖ Chiste, donaire.
jocoso, sa adj. Gracioso.
jocundidad f. Alegría, placer.
jocundo, da adj. Alegre.
joder v. tr. *Pop.* Praticar el coito. | Fastidiar. | Romper, estropear. | Lastimar, hacer daño. | Echar a perder, estropear.
jodido, da adj. *Pop.* Maldito, despreciable. | Fastidioso, enojoso, molesto. | Difícil, complicado. | Roto, estropeado. | Lastimado.
jofaina f. Palangana para lavarse la cara y las manos.
joker [*yoke*] m. (pal. ingl.). En los juegos de cartas, comodín.
jolgorio m. Regocijo, diversión con ruido y bullicio.
jollín m. *Fam.* Gresca, disputa.
jónico, ca adj. y s. De Jonia (Grecia).
jopo m. Hopo, rabo. ‖ — Interj. ¡ Largo !, ¡ fuera !
jordano, na adj. y s. De Jordania.

jornada f. Camino que se anda en un día. ‖ Todo el camino o todo el viaje. ‖ Expedición militar. ‖ *Fig.* Tiempo que dura la vida de una persona. ‖ Acto en los dramas antiguos. ‖ Episodio de una película o novela. ‖ Día de trabajo.
jornal m. Lo que gana el trabajador en un día : *trabajar a jornal.*
jornalero, ra m. y f. Persona que trabaja a jornal.
joroba f. Corcova, giba. ‖ *Fig.* y *fam.* Molestia, fastidio.
jorobado, da adj. Corcovado, gibado (ú. t. c. s.). ‖ *Fig.* y *fam.* Molesto, fastidiado.
jorobar v. t. *Fig.* y *fam.* Molestar, fastidiar (ú. t. c. pr.). | Estropear (ú. t. c. pr.). ‖ — V. pr. *Fam.* Aguantarse.
joronche m. *Méx. Fam.* Jorobado.
jorongo m. Poncho o capote que usan los campesinos mexicanos.
joropo m. *Col.* y *Venez.* Baile de los llaneros.
josefino, na adj. y s. De San José (Costa Rica).
jota f. Nombre de la letra *j.* ‖ Baile popular de Aragón, Navarra y Valencia. ‖ Su música y copla. ‖ Sota en la baraja francesa.
jotraba m. *Arg. Fam.* Trabajo.
joule m. *Fís.* Julio. ‖ *Efecto Joule,* desprendimiento de calor en un conductor homogéneo recorrido por una corriente eléctrica.
joven adj. De poca edad (ú. t. c. s.). ‖ Que tiene los caracteres de la juventud : *naciones jóvenes.*
jovial adj. Alegre, festivo.
jovialidad f. Alegría.
joya f. Objeto de metal precioso guarnecido de piedras finas o perlas que sirve para adorno. ‖ Agasajo o regalo. ‖ *Fig.* Cosa o persona de mucho valor.
joyel m. Joya pequeña.
joyería f. Comercio de joyas.
joyero, ra m. y f. Comerciante en joyas. ‖ — M. Estuche para joyas.
juanete m. Pómulo muy abultado. ‖ Hueso del dedo grueso del pie cuando sobresale demasiado. ‖ *Mar.* Cada una de las vergas que cruzan sobre las gavias : *mastelero de juanete.*
juanita f *Méx. Fam.* Marihuana.
juarismo m. *Méx.* Adhesión a Juárez.
juarista adj. y s. Partidario de Benito Juárez, presidente de México de 1877 a 1884.
jubilación f. Retiro. ‖ Pensión de la persona jubilada.
jubilado, da adj. y s. Dícese de la persona que se ha retirado del ejercicio de sus funciones y forma parte de la clase pasiva.
jubilar adj. Relativo al jubileo.
jubilar v. t. Eximir del servicio a un empleado o funcionario por motivo de antigüedad o enfermedad. ‖ *Fig.* y *fam.* Desechar por inútil una cosa. ‖ — V. i. Alegrarse : *jubilar por el triunfo* (ú. t. c. pr.). ‖ — V. pr. Dejar el trabajo activo a causa de la jubilación.
jubileo m. Año consagrado a Dios y al descanso cada cincuenta años en la religión hebrea. ‖ Entre los católicos, indulgencia plenaria concedida por el Papa. ‖ Conmemoración del cincuentenario de un reinado, institución, etc.
júbilo m. Viva alegría.
jubiloso, sa adj. Lleno de alegría.
jubón m. Especie de chaleco ajustado al cuerpo.
judaico, ca adj. Relativo a los judíos.
judaísmo m. Hebraísmo o profesión de la ley de los judíos.
judaizar v. i. Abrazar la religión judía. ‖ Practicar los ritos de la ley judaica.
judas m. *Fig.* Traidor.
judeocristianismo m. Doctrina de los primeros tiempos del cristianismo, según la cual era necesaria la iniciación al judaísmo para entrar en la Iglesia de Cristo.
judeocristiano, na adj. y s. Relativo al judeocristianismo.
judeoespañol adj. y s. Dícese de los judíos expulsados de España en 1492, que conservan en Oriente la lengua y costumbres españolas.
judería f. Barrio de judíos. ‖ Impuesto que pagaban los judíos.
judía f. Planta papilionácea de fruto comestible. ‖ Su fruto.
judicatura f. Ejercicio de juzgar. ‖ Cargo de juez y tiempo que dura. ‖ Dignidad de juez en Israel. ‖ Cuerpo de jueces de una nación.
judicial adj. Relativo al juicio, a la administración de justicia o a la judicatura.
judío, a adj. y s. Hebreo. ‖ De Judea.
judo m. Método japonés de lucha y de educación física derivado del jiu-jitsu.
judoka com. Luchador de judo.
juego m. Acción y efecto de jugar. ‖ Lo que sirve para jugar : *juego de bolos.* ‖ Ejercicio recreativo sometido a reglas, y en el cual se gana o se pierde : *juego de ajedrez.* ‖ En sentido absoluto, juego de naipes. ‖ Conjunto de cartas de un jugador : *tener buen juego.* ‖ *Por ext.* Juego de azar, de la lotería : *una sala de juego en el casino.* ‖ Ejercicio público deportivo : *juegos olímpicos.* ‖ División de un set en tenis. ‖ Lugar donde se practican ciertos juegos. ‖ Disposición de dos cosas articuladas : *juego de goznes.* ‖ Holgura de una pieza mecánica. ‖ Serie completa de objetos de una misma especie : *un juego de llaves.* ‖ Servicio : *juego de té.* ‖ Visos o cambiantes : *juego de aguas, de luces.* ‖ *Fig.* Habilidad y arte para conseguir una cosa o para estorbarla : *descubrir el juego de uno.* | Funcionamiento adecuado : *el juego de las instituciones.* ‖ — *A juego,* adaptada una cosa a otra. ‖ *Hacer juego,* armonizarse. ‖ *Juego de bolas,* cojinetes. ‖ *Juego de manos,* prestidigitación. ‖ *Juego de palabras,* equívoco. ‖ *Juegos florales,* certamen poético en el que se recompensan las mejores composiciones con una flor de oro, de plata o natural. ‖ *Juegos malabares,* ejercicio de equilibrio hecho con cosas ; (fig.) cosa hecha con gran habilidad y destreza.
juerga f. *Fam.* Fiesta, jolgorio.
juerguearse v. pr. *Fam.* Irse de juerga. | Divertirse. | Burlarse, reírse, no tomar en serio.
juergueo m. *Fam.* Juerga.
juerguista adj. y s. *Fam.* Aficionado a juerguearse.
jueves m. Quinto día de la semana.
juez m. Magistrado encargado de juzgar y sentenciar. ‖ Magistrado supremo de Israel. ‖ Persona que se toma como árbitro en una discusión. ‖ En las competiciones deportivas, árbitro : *juez de línea.*
jugada f. Acción de jugar. ‖ Lance de juego. ‖ *Fig.* Treta, jugarreta : *hacer una mala jugada.*
jugador, ra adj. y s. Persona que juega. ‖ Persona que tiene el vicio de jugar. ‖ Hábil en un juego. ‖ *Jugador de manos,* prestidigitador.

jugar v. t. e i. Entretenerse, divertirse : *jugar al ajedrez.* ‖ Tomar parte en juegos de azar : *jugar a la lotería.* ‖ Tomar parte en los juegos de equipo : *jugar un partido de fútbol.* ‖ *Fig.* No dar la importancia debida : *no hay que jugar con la salud.* ‖ Moverse ciertas cosas : *una puerta que juega.* ‖ Hacer juego : *un mueble que juega con otro.* ‖ Intervenir : *jugar en un asunto.* ‖ — V. tr. Manejar un arma : *jugar el sable.* ‖ Arriesgar : *jugar diez pesetas a la lotería.* ‖ Echar una carta : *mejor no jugar el as de bastos ahora.* ‖ — V. pr. Sortearse. ‖ Arriesgar : *jugarse la vida.* ‖ Estar en juego : *lo que se juega es el porvenir del país.* ‖ *Fam. Jugársela a uno,* hacerle una mala pasada.
jugarreta f. *Fig.* y *fam.* Vileza, mala jugada.
juglar m. En la Edad Media, el que se ganaba la vida recitando versos y acompañándose con un instrumento.
juglaresco, ca adj. Relativo al juglar : *poesía juglaresca.*
juglaría y **juglería** f. Arte o cosa propia de los juglares.
jugo m. Zumo de una sustancia animal o vegetal : *jugo de naranja.* ‖ Líquido orgánico : *jugo gástrico, pancreático.* ‖ *Fig.* Lo más sustancial de una cosa : *sacar el jugo de un libro.*
jugosidad f. Calidad de jugoso.
jugoso, sa adj. Con jugo. ‖ *Fig.* Sustancioso. | Sabroso : *prosa jugosa.*
juguete m. Objeto con que se entretienen los niños. ‖ *Fig.* Lo que se abandona a la acción de una fuerza : *la barca era juguete de las olas.* ‖ Obra musical o teatral ligera : *juguete lírico.*
juguetear v. i. Divertirse jugando.
jugueteo m. Acción de juguetear.
juguetería f. Comercio de juguetes. ‖ Tienda donde se venden.
juguetón, ona adj. Aficionado a juguetear.
juicio m. Acción de juzgar. ‖ Facultad de distinguir el bien del mal y lo verdadero de lo falso. ‖ Operación mental que compara dos ideas. ‖ Opinión : *a su juicio.* ‖ Sana razón : *estar en su juicio.* ‖ *Fig.* Sentido común, cordura : *buen juicio.* ‖ Decisión o sentencia de un tribunal : *juicio sin apelación.* ‖ — *Juicio Final,* el que, según la religión católica, ha de pronunciar Dios al fin del mundo. ‖ *Perder el juicio,* volverse loco. ‖ *Poner en tela de juicio,* someter a examen.
juicioso, sa adj. Que tiene juicio. ‖ Hecho con juicio, sensato : *acción juiciosa.* ‖ Atinado, acertado.
jujeño, ña adj. y s. De Jujuy (Argentina).
julepe m. Cierto juego de naipes. ‖ *Fig.* y *fam.* Reprimenda. | Ajetreo, trabajo. ‖ *Amer.* Miedo.
julepear v. t. *Amer.* Asustar. | Fatigar.
julia f. *Méx. Fam.* Coche celular.
juliana f. Sopa hecha con legumbres y hierbas picadas.
julias adj. y s. f. pl. *Arg.* Dícese de las fiestas conmemorativas de la Independencia argentina (9 de julio de 1816).
julio m. Séptimo mes del año. ‖ *Fís.* Unidad de trabajo, de energía o de cantidad de calor equivalente al trabajo producido por una fuerza de 1 newton cuyo punto de aplicación se traslada de un metro en la dirección de la fuerza.
jumento, ta m. y f. Asno.
jumera f. *Fam.* Borrachera.
jumo, ma adj. *Amer.* Borracho.
jumping [*yámping*] m. (pal. ingl.). Concurso hípico de salto de obstáculos celebrado en local abierto.
juncáceas f. pl. Familia de plantas monocotiledóneas, cuyo tipo es el junco (ú. t. c. adj.).
juncal m. Sitio poblado de juncos. ‖ — Adj. Esbelto : *talle juncal.*
junco m. Planta de la familia de las juncáceas de tallos rectos, lisos y flexibles que se cría en parajes húmedos. ‖ Varilla que sirve para enmarcar un cuadro. ‖ Bastón delgado. ‖ Embarcación pequeña.
jungla f. Sabana muy espesa y exuberante en la India.
juniense adj. y s. De Junín (Perú).
junino, na adj. y s. De Junín (Argentina).
junio m. Sexto mes del año.
júnior m. Religioso novicio. ‖ Deportista comprendido entre las edades de 17 y 21 años. ‖ El más joven entre dos del mismo apellido : *Ramírez, júnior.*
junquillo m. Narciso. ‖ Bastón delgado. ‖ Varilla. ‖ *Arq.* Moldura.
junta m. Reunión de varias personas para tratar un asunto. ‖ Cada una de las reuniones que celebran : *junta semanal.* ‖ Unión de dos o más cosas. ‖ Juntura : *junta de culata.* ‖ Nombre que se da a ciertos gobiernos de origen insurreccional. ‖ Órgano administrativo.
juntar v. t. Unir unas cosas con otras. ‖ Acopiar, amontonar : *juntar dinero.* ‖ Reunir : *juntar amigos en su casa.* ‖ — V. pr. Reunirse. ‖ Arrimarse.
junto, ta adj. Unido, reunido : *las mesas están juntas.* ‖ En compañía : *vivían juntos.* ‖ — Adv. *Junto a,* al lado de, cerca de : *junto al pueblo.*
juntura f. Parte en que se juntan dos o más cosas. ‖ *Anat.* Punto donde se unen dos huesos.
jupiteriano, na o **jupiterino, na** adj. Propio de Júpiter.
jura f. Solemnidad en que se jura fidelidad : *solemne jura de la bandera.*
jurado, da adj. Que ha prestado juramento : *guarda jurado.* ‖ Que ha hecho promesa de hacer algo. ‖ — M. Tribunal cuyo cargo es juzgar el hecho, quedando al cuidado de los magistrados la designación de la pena : *jurado popular.* ‖ Individuo de dicho tribunal. ‖ Conjunto de examinadores de un certamen o competición deportiva.
juramentado, da adj. Que ha prestado juramento.
juramentar v. t. Tomar juramento. ‖ — V. pr. Comprometerse con juramento.
juramento m. Afirmación o negación de una cosa poniendo por testigo a Dios. ‖ Voto, reniego.
jurar v. t. Afirmar con juramento : *jurar por Dios.* ‖ Reconocer solemnemente la soberanía de un príncipe o jefe : *jurar acatamiento.* ‖ Obligarse con juramento a los preceptos constitucionales de un país, estatutos de órdenes religiosas, deberes de determinados cargos, etc. ‖ — V. i. Echar votos, renegar. ‖ — V. pr. *Fam. Jurársela a uno,* asegurar que se vengará de él.
jurásico, ca adj. y s. m. *Geol.* Aplícase al terreno sedimentario que sigue cronológicamente al triásico y precede al cretáceo.
iure (de) loc. lat. De derecho.
jurel m. Pez marino.
juridicidad f. Tendencia al predominio de las soluciones jurídicas en los asuntos políticos y sociales.

jurídico, ca adj. Que atañe al Derecho o se ajusta a él.
jurisconsulto, ta m. y f. Jurista.
jurisdicción f. Autoridad para gobernar. ‖ Término, extensión de un lugar : *jurisdicción municipal, provincial.* ‖ Territorio en que un juez ejerce su autoridad. ‖ Autoridad o dominio sobre otro.
jurisdiccional adj. Relativo a la jurisdicción : *mar jurisdiccional.*
jurispericia f. Jurisprudencia.
jurisperito, ta m. y f. Persona versada en jurisprudencia.
jurisprudencia f. Ciencia del Derecho. ‖ Conjunto de las decisiones de los tribunales sobre una materia. ‖ Hecho que sirve de punto de referencia en el caso en que hay que fallar en una materia que no está cubierta o determinada por ninguna ley escrita.
jurista com. Persona que estudia o profesa la ciencia del Derecho.
justa f. Combate singular a caballo y con lanza. ‖ Torneo. ‖ *Fig.* Certamen : *justa poética.*
justicia f. Virtud que nos hace dar a cada cual lo que le pertenece. ‖ Derecho, equidad : *obrar con justicia.* ‖ Calidad de justo : *la justicia de una decisión.* ‖ *For.* Derecho de pronunciar sentencias y de castigar los delitos : *administrar justicia.* | Conjunto de los tribunales y magistrados. ‖ *Fam.* Pena de muerte. ‖ *Teol.* Una de las cuatro virtudes cardinales. ‖ — M. *Justicia mayor,* en Aragón, magistrado supremo que dependía directamente del rey.
justiciable adj. Sujeto a ley o castigo.
justicialismo m. En la Argentina, política social durante el régimen del general Perón.
juticialista adj. Relativo al justicialismo. ‖ — M. y f. Su partidario.
justiciero, ra adj. y s. Que observa estrictamente la justicia. ‖ Severo en el castigo de los delitos.
justificable adj. Que puede justificarse.
justificación f. Motivo que justifica una acción. ‖ Conformidad con lo justo. ‖ Prueba de una cosa. ‖ *Impr.* Longitud de la línea. ‖ *Justificación de la tirada,* control del número de ejemplares que se imprimen y venden.
justificado, da adj. Conforme a justicia y razón, con sobrado motivo : *recibió justificada reprimenda por su mala conducta.*
justificante adj. y s. m. Dícese de lo que justifica o prueba.
justificar v. t. Demostrar la inocencia : *justificar sus actos* (ú. t. c. pr.). ‖ Hacer que una cosa sea conforme con la justicia. ‖ Probar el fundamento de algo.
justificativo, va adj. Que justifica.
justillo m. Prenda de vestir interior, sin mangas, que ciñe el cuerpo.
justinianeo, a adj. Relativo al emperador bizantino Justiniano (482-565).
justipreciación f. Evaluación.
justipreciar v. t. Estimar.
justiprecio m. Evaluación.
justo, ta adj. Que juzga y obra con justicia y equidad : *persona justa.* ‖ Conforme con la justicia y la equidad : *recompensa justa.* ‖ Legítimo, fundado : *reclamaciones justas.* ‖ Exacto : *hora justa.* ‖ Conforme a la razón y a la verdad : *razonamiento justo.* ‖ Apretado, estrecho : *este traje me está justo.* ‖ Que es fiel a la ley de Dios y a la moral (ú. t. c. s. m.). ‖ — Adv. Exactamente, precisamente : *justo lo que te anuncié antes.* ‖ Con estrechez : *vivir justo.*
jutia f. Mamífero roedor.
jutiapaneco, ca adj. y s. De Jutiapa (Guatemala).
juvenil adj. Relativo a la juventud : *entusiasmo juvenil.* ‖ — Com. En deportes, júnior.
juventud f. Edad que media entre la niñez y la edad madura. ‖ Conjunto de jóvenes.
juzgado m. Conjunto de los jueces que concurren a dar sentencia. ‖ Tribunal de un solo juez. ‖ Sitio donde se juzga. ‖ Sitio o territorio de su jurisdicción. ‖ Judicatura. ‖ *Juzgado municipal,* el que tiene jurisdicción en materia civil o criminal en asuntos menores.
juzgador, ra adj. Que juzga (ú. t. c. s.).
juzgar v. t. *For.* Deliberar y sentenciar acerca de la culpabilidad de uno : *juzgar a un reo.* ‖ Resolver una cuestión como juez o árbitro. ‖ Estimar, creer : *juzgar oportuno hacer algo.* ‖ Emitir un juicio : *no hay que juzgar de ninguna manera al prójimo.*

k f. Duodécima letra del alfabeto castellano y novena de sus consonantes. ‖ — **k,** símbolo de *kilo.*

K, símbolo químico del *potasio.*

ka f. Nombre de la letra *k.*

kA, símbolo del *kiloamperio.*

kabila adj. y s. Cabila.

káiser m. (pal. alem.). Emperador.

kaki adj. y s. m. Caqui, color.

kaleidoscopio m. Calidoscopio.

kamichí m. Género de aves zancudas que viven en América del Sur.

kamikase m. (pal. japonesa). Avión cargado de explosivos que un piloto suicida lanzaba contra un barco enemigo. ‖ Este piloto.

kan m. Título de príncipe turcomongol.

kanato m. Cargo o funciones del kan : *el kanato de Bujara.* ‖ Territorio bajo su jurisdicción.

kanguro m. Canguro.

kantiano, na adj. Relativo a Kant : *escuela kantiana.*

kantismo m. Doctrina filosófica de Kant que se funda en el idealismo crítico.

kaolín m. Caolín.

kappa f. Décima letra del alfabeto griego (κ), que corresponde a la *k* o *c* dura castellana.

karakul m. Caracul.

kárate m. (pal. japonesa). Modalidad de lucha japonesa basada en golpes secos dados con el borde de la mano, los codos o los pies.

karateka com. Luchador de kárate.

kart m. Pequeño vehículo automóvil de competición que carece de carrocería, embrague, caja de cambios y suspensión, con una cilindrada máxima de 100 cm³.

karting m. Carrera de karts o deporte de los aficionados al kart.

kasolita f. Silicato hidratado de uranio y plomo.

katiuska f. Bota de caucho.

katún m. (pal. maya). Período de veinte años, de 360 días cada uno, del calendario maya.

kayac m. Canoa de pesca de Groenlandia hecha con piel de foca. ‖ Canoa de paseo o deportiva.

kc, símbolo del *kilociclo.*

kcal, símbolo de *kilocaloría.*

kea m. Papagayo de gran tamaño de color verde oliva, variado de azul y rojo : *existen diferentes especies de kea en Nueva Zelanda.*

kelvin m. Unidad de base de temperatura (símb. K) equivalente a 1/273,16 de la temperatura termodinámica del punto triple del agua.

kéfir m. Bebida fermentada preparada en el Cáucaso y en algunos países balcánicos a base de leche de vaca, cabra u oveja.

ken m. División administrativa, parecida a la provincia o prefectura, del Japón.

keniata adj. y s. De Kenia.

kepis m. Quepis, gorro militar.

keratina f. Queratina.

keratitis f. Queratitis.

kermes m. Quermes.

kermesse f. Nombre dado en Holanda a las fiestas parroquiales celebradas con motivo de las ferias. ‖ Fiesta de caridad. ‖ Feria, verbena.

kerodon m. Género de roedores de gran tamaño, con pelaje gris, negro y blanco, que vive en Brasil.

kerosén m. Queroseno.

ketchup m. (pal. ingl.). Condimento o salsa preparado a base de tomate sazonado con diferentes especias.

keynesianismo m. Doctrina económica que afirma que el sistema capitalista podrá evitar las crisis y alcanzar el pleno empleo con una mayor intervención del Estado.

keynesiano, na adj. Perteneciente o relativo a la doctrina defendida por el economista inglés J. M. Keynes (1883-1946).

kg, símbolo del *kilogramo masa.*

kgf, símbolo del *kilogramo fuerza.*

kgm, símbolo del *kilográmetro.*

khan m. Kan.

khmer adj. y s. V. KMER.

kibutz m. Granja colectiva en Israel. (Pl. *kibutzim.*)

kif m. Cáñamo indio mezclado al tabaco.

kifi m. Kif.

kilo, prefijo que significa *mil : kilómetro, kilogramo.* ‖ — M. Kilogramo. ‖ *Fam.* Un millón de pesetas. ‖ *Fam. Un kilo,* mucho.

kiloamperio m. Unidad en electricidad (símb. kA) equivalente a mil amperios.

kilocaloría f. Gran caloría (símb. kcal.), igual a mil calorías.

kilociclo m. Unidad eléctrica de frecuencia (1 000 oscilaciones por segundo) [símb. kc].

kilográmetro m. Ant. unidad de trabajo (símb. kgm) que equivale al esfuerzo hecho para levantar un peso de un kilogramo a la altura de un metro.

kilogramo m. Peso de mil gramos y unidad principal de masa (símb. kg).

kilojulio m. Unidad legal de trabajo en el sistema M. T. S. (símb. kJ).

kilolitro m. Medida de capacidad que contiene mil litros.

kilometraje m. Medida en kilómetros. ‖ Acción de medir las distancias en kilómetros. ‖ Número de kilómetros recorridos por un automóvil o vehículo.

kilometrar v. t. Medir en kilómetros.

kilométrico, ca adj. Relativo al kilómetro. ‖ *Fig.* y *fam.* Muy largo, interminable : *distancia kilométrica.* ‖ *Billete kilométrico,* el de ferrocarril, dividido en cupones, que permite recorrer un determinado número de kilómetros en un plazo dado.
kilómetro m. Medida de mil metros (símb. km). ‖ *Kilómetro cuadrado,* unidad de superficie equivalente al área de un cuadrado cuyos lados miden un kilómetro (símb. km²).
kilovatio m. Unidad de potencia equivalente a 1 000 vatios (símb. kW). ‖ *Kilovatio hora,* unidad de trabajo o de energía equivalente al trabajo ejecutado durante una hora por una máquina cuya potencia es de un kilovatio (símb. kWh).
kilovoltio m. Unidad de tensión eléctrica equivalente a 1 000 voltios (símb. kV).
kilt m. Faldilla de los escoceses.
kimono m. Especie de bata larga y amplia usada por los japoneses.
kindergarten m. (pal. alem.). Jardín de la infancia.
kinesiterapeuta com. Masajista.
kinesiterapia f. Curación por medio de masajes.
kiosco m. Quiosco.
kirie eleison m. Invocación que se hace al principio de la misa. ‖ Música compuesta sobre dicha invocación. ‖ *Fig.* Canto de los difuntos.
kirsch m. (pal. alem.). Aguardiente fermentado que se extrae principalmente de las cerezas silvestres.
kiwi m. Pájaro corredor de Nueva Zelanda.
kJ, símbolo del *kilojulio.*
klaxon m. Claxon.
km, símbolo del *kilómetro.* ‖ *Km²*, símbolo del *kilómetro cuadrado.*
kmer adj. y s. Dícese del individuo de un pueblo indochino, cuyo imperio, en el centro de la actual Camboya, alcanzó una cultura floreciente.
knock-down [*nocdaon*] adj. y s. m. inv. (pal. ingl.). Estado de un boxeador derribado a la lona, pero sin estar fuera de combate.
knock-out [*nokaut*] adv. y s. m. inv. (pal. ingl.). Fuera de combate (Se suele abreviar K. O.)
knut m. (pal. rusa). Suplicio del látigo en Rusia. ‖ Este látigo.
K. O. V. KNOCK-OUT.
koala m. Mamífero marsupial trepador de Australia.
kola f. Género de malváceas de África, cuyos frutos o nueces se usan como excitantes del corazón y del sistema muscular.
koljoz m. En la U. R. S. S., cooperativa agrícola de producción que usufructúa perpetuamente la tierra que cultiva y tiene la propiedad colectiva de los bienes de explotación.
koljoziano, na adj. Perteneciente o relativo al koljoz. ‖ — M. y f. Miembro de esta cooperativa agrícola.
konzern m. (pal. alem.). Agrupación de empresas industriales relacionadas entre sí por medio de participaciones financieras pero que mantienen su independencia jurídica.
kopek m. Copec.
Kr, símbolo químico del *criptón.*
krach [*krak*] m. (pal. alem.). Bancarrota financiera.
kraft m. (pal. alem.). Papel para embalajes.
krausismo m. Doctrina filosófica del filósofo alemán K. Ch. Friedrich Krause (1781-1832) que trata de conciliar el teísmo y el panteísmo : *el krausismo tuvo mucho adeptos en España.*
krausista adj. Relativo al krausismo. ‖ — Com. Partidario de esta doctrina.
kriptón m. Criptón.
kronprinz m. (pal. alem.). Título que llevaba el heredero del trono en Alemania o Austria.
kumis m. Leche fermentada de yegua, hecha en Asia central.
kummel m. Licor alcohólico aromático con cominos y fabricado en Alemania y Rusia.
kV, abreviatura de *kilovoltio.*
kW, abreviatura de *kilovatio.*

l

l f. Decimotercera letra del alfabeto castellano y décima de sus consonantes. ‖ — **l,** símbolo de *litro.* ‖ — **L,** letra que tiene el valor de cincuenta en la numeración romana.
la art. determinado femenino singular : *la silla.* ‖ Acusativo del pronombre personal femenino singular de tercera pers. : *la vi ayer.*
la m. *Mús.* Sexta nota de la escala musical.
La, símbolo químico del *lantano.*
lábaro m. *Méx.* Bandera nacional.
label m. (pal. ingl.). Etiqueta.
laberíntico, ca adj. Relativo al laberinto. ‖ *Fig.* Confuso.
laberinto m. Lugar artificiosamente formado de intrincados caminos y rodeos en el que es muy difícil encontrar la salida. ‖ *Fig.* Cosa confusa. ‖ *Anat.* Oído interno.
labia f. Gran facilidad de palabra.
labiadas f. pl. Familia de plantas dicotiledóneas gamopétalas con la corola dividida en dos lóbulos (ú. t. c. adj.).
labial adj. Relativo a los labios. ‖ Dícese de la consonante que se pronuncia con los labios, como *b, p* (ú. t. c. s. f.).
labializar v. t. Dar sonido labial.
labio m. Cada una de las partes exteriores de la boca que cubren la dentadura. ‖ *Fig.* Borde de una cosa. ‖ Órgano del habla. ‖ Lóbulo de ciertas flores.
labiodental adj. y s. f. *Gram.* Aplícase a las consonantes que se pronuncian con los dientes y los labios, como *f* y *v.*
labor f. Trabajo : *las labores de la casa.* ‖ Adorno tejido ejecutado en una tela : *una blusa con labores.* ‖ Obra de costura o bordado : *labores de aguja.* ‖ Escuela donde se enseñan labores a las niñas : *escuela de labor.* ‖ Vuelta de arado que se da a la tierra, labranza. ‖ Tabaco manufacturado. ‖ *Min.* Excavación. ‖ *Sus labores,* sin profesión.
laborable adj. Que se dedica al trabajo. ‖ Que se puede labrar.
laboral adj. Relativo al trabajo. ‖ Dedicado a la enseñanza de ciertos oficios especializados : *universidad laboral.*
laboralista adj. y s. Dícese del abogado especializado en temas laborales.
laborar v. t. Labrar. ‖ — V. i. Trabajar, obrar con algún designio : *laborar por el bien.*
laboratorio m. Local dispuesto para hacer investigaciones científicas : *laboratorio químico.* ‖ Sitio donde se efectúan trabajos fotográficos, como el revelado, etc. ‖ En una farmacia, cuarto donde se preparan los medicamentos y se hacen los análisis. ‖ *Laboratorio de lenguas,* sala insonorizada que consta de cabinas donde los alumnos pueden practicar oralmente un idioma con la ayuda de un magnetófono en el que se ha grabado la voz del profesor o un método de enseñanza.
laboreo m. Labranza del campo. ‖ Explotación de una mina y los trabajos que son necesarios.
laboriosidad f. Aplicación al trabajo.
laborioso, sa adj. Trabajador.
laborismo m. Tendencia política de signo socialista en Gran Bretaña.
laborista adj. y s. Perteneciente o relativo al Labour Party o Partido Laborista británico.
labrador, ra adj. y s. Que labra la tierra.
labradorita f. *Min.* Feldespato laminar.
labrantío, a adj. Aplícase al campo de labor : *tierras labrantías.*
labranza f. Cultivo de la tierra.
labrar v. t. Trabajar una materia : *labrar piedra* (ú. t. c. i.). ‖ Dar una forma : *labrar un bloque de mármol.* ‖ Cultivar la tierra. ‖ Arar. ‖ Llevar una tierra en arrendamiento. ‖ Coser, bordar. ‖ *Fig.* Causar, hacer : *labrar la felicidad.*
labriego, ga m. y f. Agricultor.
labro m. Labio superior de la boca de algunos insectos.
laca f. Resina de color encarnado oscuro extraída de ciertas plantas de Oriente. ‖ Sustancia aluminosa de color que se emplea en pintura. ‖ Barniz de China muy hermoso, de color rojo o negro. ‖ Objeto pintado con este barniz. ‖ Sustancia incolora que se aplica al pelo para fijarlo. ‖ Barniz para colorear las uñas.
lacayo m. Criado de librea. ‖ *Fig.* Persona servil.
laceador m. *Amer.* Peón que lacea las reses.
lacear v. t. Cazar con lazo.
laceración f. Acción y efecto de lacerar.
lacerante adj. Hiriente. ‖ Agudo : *dolor lacerante.* ‖ Desgarrador : *grito lacerante.*
lacerar v. t. Lastimar, magullar, herir (ú. t. c. pr.). ‖ *Fig.* Dañar, perjudicar : *lacerar la honra, la reputación.* | Herir. | Desgarrar : *lacerar el corazón.*
lacero m. Cazador de animales con lazo. ‖ Empleado municipal que recoge los perros vagabundos.
lacio, cia adj. Marchito, mustio. ‖ Dícese del cabello liso, sin ondular. ‖ *Fig.* Abatido, flojo.
lacón m. Brazuelo del cerdo.
lacónico, ca adj. Breve, conciso : *me dio solamente una respuesta lacónica.*
laconismo m. Concisión.
lacra f. Señal dejada por una enfermedad o achaque. ‖ *Fig.* Defecto, tara, vicio : *las lacras de la sociedad.* | Plaga, miseria.
lacrado m. Sellado de una carta con lacre.
lacrar v. t. Cerrar con lacre.
lacre m. Barra de goma laca que sirve para cerrar y sellar cartas. ‖ — Adj. Rojo.
lacrimal adj. De las lágrimas.
lacrimógeno, na adj. Que hace llorar.

lacrimoso, sa adj. Que tiene lágrimas. ‖ Que mueve a llanto.
lactación f. Amamantamiento.
lactancia f. Lactación. ‖ Período de la vida en que la criatura mama. ‖ Secreción de la leche.
lactante adj. Dícese del niño que mama (ú. t. c. s.). ‖ Que amamanta : *madre lactante.*
lactar v. t. Amamantar : *lactar a una criatura.* ‖ Criar con leche. ‖ — V. i. Mamar la leche.
lactasa f. Fermento que convierte la lactosa en glucosa y galactosa.
lacteado, da adj. Con leche.
lácteo, a adj. Relativo o parecido a la leche.
lactosa f. Azúcar de la leche.
lacustre adj. Relativo a los lagos.
ladear v. t. Inclinar y torcer una cosa hacia un lado : *ladear un clavo.* ‖ *Fig.* Soslayar, esquivar : *ladear una dificultad.* ‖ — V. i. Inclinarse (ú. t. c. pr.). ‖ *Fig.* Desviarse del camino recto. ‖ — V. pr. Inclinarse a algo. ‖ Doblarse.
ladera f. Vertiente de un monte.
ladi f. V. LADY.
ladilla f. Piojo del pubis.
ladillo m. *Impr.* Título breve colocado al margen de la plana.
ladino, na adj. Aplícase al romance o castellano antiguo, retorromano. ‖ Que habla una o varias lenguas extranjeras. ‖ *Fig.* Astuto. ‖ — Adj. y s. *Amer.* Dícese del indio o negro que habla bien el español. ‖ *Guat.* Mestizo. ‖ — M. Retorromano. ‖ Judeoespañol.
lado m. Parte del cuerpo de la persona o del animal, comprendida entre el brazo y el hueso de la cadera. ‖ Lo que está a la derecha e izquierda de un todo. ‖ Cualquiera de los parajes que están alrededor de un cuerpo : *por el lado del río.* ‖ Sitio, lugar : *déjame un lado.* ‖ *Geom.* Cada una de las líneas que forman el contorno de una figura. ‖ Anverso o reverso de una medalla o moneda. ‖ Cada una de las dos caras de una cosa. ‖ Línea genealógica : *lado paterno.* ‖ Opinión, punto de vista, partido : *estoy a su lado.* ‖ *Fig.* Aspecto : *tiene un lado bueno.* | Camino : *se fueron cada uno por su lado.* ‖ — *Fig. Al lado,* muy cerca. ‖ *Al lado de,* en comparación con. ‖ *Dar de lado a uno,* evitar su compañía.
ladrador, ra adj. Que ladra.
ladrar v. i. Dar ladridos.
ladrido m. Voz del perro. ‖ *Fig.* y *fam.* Murmuración. | Grito o respuesta áspera.
ladrillado m. Solería.
ladrillal y **ladrillar** m. Fábrica de ladrillos, tejas, etc.
ladrillar v. t. Enladrillar.
ladrillazo m. Golpe con un ladrillo. ‖ *Fig.* y *fam.* Cosa pesada.
ladrillera f. Molde para hacer ladrillos. ‖ Fábrica de ladrillos.
ladrillo m. Arcilla cocida, en forma de paralelepípedo rectangular, utilizada para construir paredes. ‖ Baldosín para solar habitaciones, etc. ‖ *Fig.* Lo que tiene forma parecida a la de estos paralelepípedos : *ladrillo de chocolate.* ‖ *Fam.* Cosa muy pesada.
ladrón, ona adj. y s. Dícese de la persona que hurta o roba. ‖ — M. Portillo hecho en una presa para robar agua. ‖ Casquillo de bombilla con enchufes para conectar con la instalación eléctrica.
lady [*leidi*] f. (pal. ingl.). Mujer de la nobleza en Inglaterra. (Pl. *ladies.*).
lagar m. Sitio donde se pisa la uva o se prensa la aceituna.
lagarta f. Hembra del lagarto. ‖ *Fig.* y *fam.* Mujer astuta. | Mujer mala.
lagartear v. i. *Fam.* Andar con rodeos.
lagartija f. Lagarto pequeño.
lagarto m. Reptil saurio insectívoro. ‖ Bíceps, músculo del brazo. ‖ *Fig.* y *fam.* Hombre astuto. ‖ *Amer.* Caimán. ‖ — Interj. ¡Toquemos madera! (se dice contra la mala suerte).
lagartón, ona m. y f. *Fam.* Persona astuta o mala.
lago m. Gran masa de agua depositada en hondonadas del terreno.
lágrima f. Líquido salado, segregado por dos glándulas situadas debajo de los párpados y encima de los globos oculares, que humedece la conjuntiva y la córnea. ‖ *Fig.* Pequeña cantidad de vino o de licor. | Humor destilado por ciertas plantas. ‖ — Pl. *Fig.* Adversidades, penas, dolores.
lagrimal adj. Dícese de los órganos de secreción y excreción de las lágrimas : *conductos lagrimales.* ‖ — M. Extremidad del ojo próxima a la nariz.
lagrimear v. i. Llorar.
lagrimeo m. Acción de lagrimear. ‖ Flujo de lágrimas.
lagrimoso, sa adj. Dícese de los ojos húmedos de lágrimas. ‖ Que mueve a llanto. ‖ Lloroso.
laguna f. Lago pequeño. ‖ *Fig.* Interrupción en el texto de un escrito. | Lo que falta para que una cosa sea completa : *las lagunas de una educación.* | Olvido : *lagunas de memoria.*
lagunar m. *Arq.* Cada uno de los huecos de un techo artesonado.
laicado m. Condición y conjunto de los fieles de la Iglesia no clérigos.
laicismo m. Doctrina que defiende la independencia del Estado de toda influencia eclesiástica.
laicista com. Partidario del laicismo.
laicización f. Acción y efecto de laicizar.
laicizar v. t. Eliminar el carácter religioso de una cosa.
laico, ca adj. Que no pertenece a la Iglesia o al clero (ú. t. c. s.).
laísmo m. Empleo defectuoso de *la, las* en lugar de *le, les* en el dativo del pronombre personal femenino *ella* como en *la dijeron* en vez de *le dijeron* o *las sucedió* por *les sucedió.*
laísta adj. y s. Que emplea *la* o *las* en lugar de *le* o *les.* (V. LAÍSMO.)
laja f. Piedra lisa.
lama f. Cieno, lodo. ‖ Tela de oro o plata muy brillante. ‖ — M. Sacerdote budista del Tíbet y Mongolia.
lamaísmo m. Forma particular del budismo en el Tíbet y Mongolia.
lambda f. Undécima letra del alfabeto griego (λ) equivalente a la *l* castellana.
lambiscón, ona adj. y s. *Méx. Fam.* Adulador.
lambisconear v. t. *Méx. Fam.* Adular.
lambisconería f. *Méx. Fam.* Adulación.
lambisquear v. t. *Méx. Fam.* Adular.
lamedor, ra adj. y s. Que lame.
lamedura f. Lamido.
lamelibranquios m. pl. Clase de moluscos que tienen una concha de dos valvas (mejillones, ostras, almejas, etc.) [ú. t. c. adj.].
lamelicornios m. pl. Suborden de insectos coleópteros del tipo de los abejorros, escarabajos, etc. (ú. t. c. adj.).

lamentable adj. Digno de compasión : *situación lamentable.* ‖ Lastimoso : *estado lamentable.* ‖ Malo : *espectáculo lamentable.*
lamentación f. Queja con llanto, suspiro u otra muestra de dolor.
lamentador, ra adj. y s. Que se lamenta.
lamentar v. t. Sentir, deplorar. ‖ — V. pr. Quejarse.
lamento m. Lamentación, queja : *se oían sus lamentos a cien leguas de distancia.*
lameplatos com. inv. *Fig.* y *fam.* Goloso. | Persona que se alimenta de sobras por ser muy pobre.
lamer v. t. Pasar repetidas veces la lengua por algo (ú. t. c. pr.). ‖ *Fig.* Pasar suavemente por un sitio : *las olas lamen las rocas.*
lameteo m. *Fam.* Adulación interesada.
lametón m. Lengüetada.
lamido, da adj. *Fig.* Flaco, macilento. | Muy aseado. | Relamido, muy pulcro. ‖ — M. Acción de lamer.
lámina f. Plancha delgada de un metal : *lámina de oro.* ‖ Plancha grabada : *láminas al agua fuerte.* ‖ Grabado : *las láminas de un libro.* ‖ Chapa. ‖ *Fig.* Aspecto, figura : *toro de buena lámina.*
laminación f. Laminado.
laminado, da adj. Reducido a láminas. ‖ Cubierto de láminas de metal. ‖ — M. Reducción a chapa, a plancha : *tren de laminado.* ‖ Producto reducido a láminas.
laminador m. Máquina provista de dos cilindros que giran en sentido contrario para reducir el metal a láminas. ‖ Operario que lamina el metal.
laminar adj. De forma de lámina. ‖ Que tiene una estructura formada de hojas o láminas superpuestas.
laminar v. t. Deformar un producto por compresión entre dos cilindros para modificar su constitución interna y su forma al alargarlo y disminuir su espesor : *laminar el hierro.* ‖ Cubrir con láminas.
laminoso, sa adj. Aplícase al cuerpo de textura laminar.
lampadario m. Lámpara de pie.
lampar v. i. Tener muchas ganas de : *lampa por ir* (ú. t. c. pr.).
lámpara f. Aparato, provisto de una o varias bombillas, que da luz artificial : *lámpara de mesa.* ‖ Bombilla eléctrica. ‖ Tubo en el que se ha hecho el vacío, con varios electrodos, utilizado en radio y en televisión para emitir, captar, amplificar o rectificar corrientes oscilantes : *lámpara diodo.* ‖ Mancha de aceite o grasa.
lamparería f. Taller, tienda o almacén del lamparero.
lamparero, ra m. y f. Fabricante o vendedor de lámparas. ‖ Encargado de las lámparas o faroles.
lamparilla f. Lámpara pequeña.
lamparón m. Mancha de aceite. ‖ *Med.* Escrófula en el cuello.
lampazo m. Estropajo hecho con hilos de cables para secar la humedad de las cubiertas y costados de las embarcaciones.
lampiño, ña adj. Sin barba.
lamprea f. Pez de mar y de río de cuerpo cilíndrico y liso.
lana f. Pelo de las ovejas, de los carneros o de otros rumiantes. ‖ Tejido e hilo hecho con este pelo. ‖ *Amer. Fam.* Dinero. ‖ — *Fig. Ir por lana y volver trasquilado,* sufrir pérdida en una cosa en que se creía uno que iba a ganar o sacar provecho. ‖ *Lana de vidrio,* fibra de vidrio que se emplea como aislante térmico.
lanar adj. Que tiene lana.
lance m. Lanzamiento. ‖ Acción de arrojar la red para pescar. ‖ Acontecimiento, circunstancia, ocasión. ‖ Trance, situación crítica : *un lance apretado.* ‖ Aventura : *lance de amor.* ‖ Jugada de naipes. ‖ Encuentro, riña : *lance de honor.* ‖ Peripecia en una obra de teatro. ‖ Suerte de capa en el toreo. ‖ — *De lance,* de ocasión, de segunda mano. ‖ *Lance de fortuna,* golpe de suerte.
lancear v. t. Herir con lanza. ‖ *Taurom.* Dar lances a un toro.
lancero m. Soldado con lanza.
lanceta f. *Cir.* Instrumento quirúrgico para abrir tumores, una vena, poner una vacuna o hacer cualquier clase de pequeñas incisiones.
lancetada f. y. **lancetazo** m. Herida hecha con la lanceta.
lancetear v. t. *Amer.* Herir con lanceta.
lancinante adj. Punzante.
lancinar v. t. Punzar un dolor. ‖ *Fig.* Obsesionar, atormentar.
lancha f. Barca.
lanchón m. Barcaza.
landa f. Páramo arenoso.
landgrave m. Título que tenían antiguamente algunos príncipes alemanes.
landó m. Coche hipomóvil de cuatro ruedas y doble capota.
lanero, ra adj. De la lana : *industria lanera.* ‖ — M. Comerciante en lanas. ‖ Almacén de lana.
langosta f. Insecto ortóptero con patas posteriores saltadoras. ‖ Crustáceo marino de gran tamaño, con cinco pares de patas, pero sin boca, cuya carne es muy estimada. ‖ *Fig.* y *fam.* Lo que destruye una cosa, plaga.
langostero m. Barco para pescar langostas.
langostino m. Crustáceo marino de unos 10 a 15 cm de largo, de carne apreciada.
languedociano, na adj. y s. De Languedoc (Francia).
languidecer v. i. Estar en un estado de debilidad física o de abatimiento moral. ‖ Carecer de animación : *la conversación languidece.*
languidez f. Flaqueza, debilidad enfermiza y prolongada de las fuerzas. ‖ Falta de ánimo o vigor.
lánguido, da adj. Falto de fuerzas, débil : *enfermo lánguido.* ‖ Abatido, sin energía : *miradas lánguidas.*
lanífero, ra y **lanígero, ra** adj. Que contiene lana.
lanolina f. Grasa de consistencia sólida hecha con la lana del carnero.
lanoso, sa adj. Que tiene lana. ‖ Parecido a la lana.
lansquenete m. Soldado mercenario alemán (s. XV y XVI).
lantánidos m. pl. *Quím.* Nombre genérico de 15 elementos de tierras raras (ú. t. c. adj.).
lantano m. Metal (La) del grupo de las tierras raras, de número atómico 57.
lanza f. Arma ofensiva de asta larga y hierro en punta. ‖ Lancero. ‖ Extremidad de una manga de riego. ‖ Palo largo, unido al tiro delantero de un carruaje.
lanzabombas m. inv. *Mil.* Aparato para lanzar bombas.
lanzacohetes m. inv. *Mil.* Aparato para lanzar cohetes.

lanzadera f. Instrumento que usan los tejedores para tramar. ‖ Pieza de la máquina de coser que guía el hilo inferior.
lanzado m. Manera de pescar con caña y molinete.
lanzador, ra adj. y s. Que lanza. ‖ — M. Cohete, de uno o varios cuerpos, utilizado para lanzar vehículos espaciales.
lanzagranadas m. inv. *Mil.* Aparato para lanzar granadas.
lanzallamas m. inv. *Mil.* Aparato para lanzar líquidos inflamados.
lanzamiento m. Acción de lanzar. ‖ Acción de dar a conocer : *el lanzamiento de un producto comercial.*
lanzaplatos m. inv. Máquina utilizada para lanzar el blanco en el tiro al plato.
lanzar v. t. Arrojar con fuerza : *lanza una pelota.* ‖ Decir en voz alta : *lanzar gritos.* ‖ Dar a conocer al público : *lanzar una actriz.* ‖ Hacer correr un rumor, etc. : *lanzar una acusación.* ‖ Dejar caer, saltar : *lanzar paracaidistas.* ‖ Echar, dirigir : *me lanzaba miradas.* ‖ — V. pr. Ir precipitadamente en pos de, precipitarse : *lanzarse en persecución.* ‖ Abalanzarse. ‖ Echarse : *lanzarse al agua.* ‖ *Fig.* Meterse : *lanzarse en los negocios.* | Emprender bruscamente o con decisión una acción.
lanzatorpedos m. inv. *Mil.* Aparato para lanzar torpedos.
laña f. Grapa para unir dos objetos de porcelana o de barro.
lañar v. t. Sujetar con lañas.
lapa f. Molusco gasterópodo de concha cónica aplastada. ‖ *Fam.* Persona pegajosa y pesada.
lapacho m. Árbol de América del Sur.
lapicera f. *Amer.* y **lapicero** m. Instrumento en que se pone el lápiz. ‖ Lápiz. ‖ *Amer.* Bolígrafo.
lápida f. Piedra que lleva una inscripción : *lápida mortuoria.*
lapidación f. Acción de apedrear o matar a pedradas.
lapidar v. t. Apedrear : *San Esteban, primer mártir del Cristianismo, fue lapidado.*
lapidario, ria adj. Relativo a las piedras preciosas o a las lápidas. ‖ *Fig.* Muy conciso : *estilo lapidario.* ‖ — M. El que labra piedras preciosas. ‖ Marmolista.
lapilli m. pl. (pal. ital.). Pequeños trozos de proyección volcánica.
lapislázuli m. Piedra fina azul.
lápiz m. Barrita de grafito dentro de una funda de madera con que se escribe o dibuja. ‖ Barrita cilíndrica empleada para maquillarse o como medicamento : *lápiz de labios.*
lapo m. *Fam.* Escupitajo.
lapón, ona adj. y s. De Laponia.
lapso m. Espacio de tiempo. ‖ Lapsus.
lapsus m. Error, desliz, equivocación. ‖ — *Lapsus cálami,* error cometido al escribir. ‖ *Lapsus linguae,* error cometido al hablar.
laque m. *Amer.* Boleadoras.
laquear v. t. Barnizar con laca.
lar m. Hogar (fuego).
lardar y **lardear** v. t. Poner tocino. ‖ Mechar.
lardo m. Tocino. ‖ Grasa.
lardón m. *Impr.* Adición al margen del original o de las pruebas. | Blanco en la impresión al doblarse la hoja de papel.
larense adj. y s. De Lara (Venezuela).
lares m. pl. Entre los romanos, dioses protectores del hogar. ‖ *Fig.* Hogar, casa propia.
larga f. *Taurom.* Pase hecho con la capa extendida. ‖ — Pl. Dilación : *dar largas a un asunto.* ‖ *A la larga,* después de mucho tiempo.
largar v. t. Aflojar, ir soltando poco a poco. ‖ *Mar.* Hacerse a la mar. ‖ *Fam.* Decir : *largar un discurso.* | Dar : *largar un bofetón.* | Tirar, deshacerse de algo : *largar un coche viejo.* | Arrojar. ‖ — V. pr. *Fam.* Marcharse, irse.
larghetto [*larguelo*] adv. (pal. ital.). *Mús.* Movimiento menos lento que el largo. ‖ — M. Música tocada con este movimiento.
largo, ga adj. Que tiene longitud considerable : *camino largo.* ‖ Que dura mucho tiempo : *conferencia muy larga.* ‖ Dícese de la persona muy alta. ‖ Muchos : *largos años.* ‖ Más de la cuenta : *dos millones largos.* ‖ *Fig.* Astuto. | Generoso. | Dilatado. ‖ — M. Largor, longitud : *dos metros de largo.* ‖ En deportes, ventaja en la llegada equivalente a la longitud de un caballo, de una bicicleta, etc. ‖ *Mús.* Movimiento pausado o lento. | Composición escrita en este movimiento. ‖ — *A lo largo de,* en todo el espacio ; durante. ‖ *¡Largo de aquí!,* expresión con que se echa a uno. ‖ *Largo y tendido,* extensamente.
largometraje m. Película larga.
largor m. Longitud.
larguero m. Travesaño. ‖ Almohada larga. ‖ Tabla que permite alargar una mesa. ‖ Poste superior de una portería de fútbol.
largueza f. Generosidad.
largura f. Longitud.
laringe f. Parte superior de la tráquea cuyos cartílagos sostienen las cuerdas vocales.
laríngeo, a adj. Relativo a la laringe.
laringitis f. Inflamación de la laringe.
laringología f. Parte de la medicina que estudia la laringe.
laringólogo, ga m. y f. Especialista en laringología.
laringoscopio m. Aparato para examinar el interior de la laringe.
laringotomía f. Incisión quirúrgica en la laringe.
larva f. Primera forma de ciertos animales (batracios, insectos, crustáceos, etc.), que, en virtud de metamorfosis, difiere de la que tendrán en estado adulto.
larvado, da adj. Dícese de las enfermedades sin síntomas característicos.
las art. determinado de género femenino y número plural : *las manos.* ‖ — Acusativo del pronombre personal femenino plural de tercera persona : *las encontró en la calle.*
lasca f. Trozo que salta de una piedra. ‖ Lonja de jamón.
lascivia f. Propensión a los deleites carnales.
lascivo, va adj. Propenso a la lujuria (ú. t. c. s.). ‖ Que excita la lujuria.
laser m. (pal. ingl.). Fuente luminosa que produce una luz coherente muy intensa y que se utiliza en biología, telecomunicaciones, etc.
lastex m. Hilado de látex cubierto de fibras textiles (algodón, nylon, etc.) empleado en la confección de fajas, trajes de baño, etc.
lástima f. Compasión que excitan los males de otro. ‖ Objeto que excita la compasión. ‖ Queja, lamentación. ‖ *Fig.* Cosa que causa pena : *lástima que no vengas.*

lastimar v. t. Herir, dañar : *estos zapatos me lastiman.* ‖ Compadecer. ‖ *Fig.* Herir, ofender : *lastimado por su conducta.* ‖ — V. pr. Hacerse daño : *me lastimé el brazo.*
lastimero, ra adj. Que provoca lástima.
lastimoso, sa adj. Que da lástima.
lastrar v. t. Poner lastre.
lastre m. Peso que se pone en el fondo de una embarcación o vehículo para facilitar su conducción. ‖ Arena que llevan los globos libres para arrojarla y aliviar su peso : *largar lastre.* ‖ *Fig.* Juicio *cabeza con lastre.* | Cosa que impide el buen funcionamiento o causa dificultades.
lata f. Hoja de lata. ‖ Envase hecho de hoja de lata : *lata de sardinas.* ‖ Bidón : *lata de aceite.* ‖ *Fig.* y *fam.* Cosa pesada o fastidiosa. | Persona pesada, pelmazo. ‖ — *Fig.* y *fam. Dar la lata,* fastidiar. | *¡ Qué lata !,* ¡ qué molestia ! ; ¡ qué aburrimiento ! | *Sin una lata,* sin dinero.
latazo m. *Fig.* y *fam.* Persona o cosa pesada y molesta.
latente adj. Que no se manifiesta exteriormente, sin síntomas aparentes.
lateral adj. Que está en un lado. ‖ *Fig.* Que no viene por línea recta : *línea lateral.* ‖ — M. Costado.
latero m. Hojalatero.
látex m. Líquido de aspecto lechoso que producen ciertos vegetales.
latida f. *Méx. Fam.* Latido.
latido m. Movimiento alternativo de contracción y dilatación del corazón y de las arterias. ‖ Golpe producido por este movimiento.
latiente adj. Que late.
latifundio m. Finca rústica de gran extensión.
latifundista com. Persona que posee uno o varios latifundios.
latigazo m. Golpe con el látigo. ‖ Chasquido del látigo. ‖ *Fam.* Trago de vino o licor.
látigo m. Azote para pegar.
latiguear v. i. Dar chasquidos con el látigo. ‖ *Amer.* Azotar.
latigueo m. Chasquido del látigo. ‖ Acción de latiguear.
latiguillo m. *Fig.* y *fam.* Estribillo, frase o palabra que se repite constantemente. | Triquiñuela, artificio.
latín m. Lengua del antiguo Lacio o Roma. ‖ — Pl. *Fam.* Latinajos : *echar latines.* ‖ — *Bajo latín,* el escrito después de la caída del Imperio Romano y durante la Edad Media. ‖ *Latín clásico* o *sermo urbanus,* el empleado por los escritores del Siglo de Oro de la literatura latina. ‖ *Latín vulgar* o *rústico* o *sermo rusticus,* el usado por las gentes de clase media y baja. ‖ *Fig.* y *fam. Saber mucho latín,* estar muy enterado de todo.
latinajo m. Cita latina.
latinidad f. Latín. ‖ Conjunto de pueblos latinos.
latiniparla f. Abuso de latinismos.
latinismo m. Giro propio de la lengua latina. ‖ Su utilización en otras lenguas.
latinista com. Especialista en lengua y literaturas latinas.
latinización f. Acción y efecto de latinizar un vocablo, un pueblo.
latinizar v. t. Dar forma o terminación latina a palabras de otra lengua. ‖ Dar carácter, aspecto latino.
latino, na adj. y s. Perteneciente al Lacio o Roma o a sus habitantes (ú. t. c. s.). ‖ Relativo al latín : *gramática latina.* ‖ Aplícase a la Iglesia de Occidente, en contraposición a la griega. ‖ *Naciones latinas,* aquellas cuya lengua deriva del latín (España, Portugal, Francia, Italia y los países latinoamericanos).
latinoamericano, na adj. y s. Dícese de los países, personas o cosas de América Latina o Latinoamérica, conjunto de naciones americanas de lengua y cultura española o portuguesa.
latir v. i. Dar latidos el corazón, el pulso o las arterias. ‖ Punzar una herida.
latitud f. Anchura. ‖ Extensión de un territorio. ‖ *Geogr.* Distancia de un lugar al ecuador de la Tierra. | Lugar desde el punto de vista de su clima.
lato, ta adj. Ancho. ‖ Grande. ‖ *Fig.* Dícese del sentido que se da a una palabra fuera del literal.
latón m. Aleación de cobre y cinc.
latoso, sa adj. *Fam.* Pesado (ú. t. c. s.).
latría f. Adoración.
latrocinio m. Hurto, robo.
laucha f. *Arg.* y *Chil.* Ratón. | *Fig.* Persona lista. | Persona delgada (ú. t. c. s. m.).
laúd m. *Mús.* Instrumento de cuerdas pulsadas, de caja en forma de media pera.
laudable adj. Elogiable.
láudano m. Medicamento líquido a base de opio.
laudar v. t. Fallar el juez árbitro. ‖ Loar.
laudatorio, ria adj. Elogioso. ‖ — F. Escrito de alabanza, panegírico.
laudes f. pl. Parte del servicio religioso después de maitines.
laudo m. Arbitraje.
laureado, da adj. Coronado de laureles. ‖ Premiado, galardonado : *escritor laureado* (ú. t. c. s.). ‖ Recompensado con la cruz de San Fernando : *general laureado* (ú. t. c. s.). ‖ — F. Cruz laureada de San Fernando, condecoración más importante en España.
laurear v. t. Coronar con laureles. ‖ Premiar. ‖ Condecorar con la cruz laureada de San Fernando.
laurel m. Árbol de hojas aromáticas, utilizadas como condimento. ‖ Nombre de varios árboles americanos. ‖ — Pl. *Fig.* Recompensa, galardón, premio, triunfo.
laurencio m. Elemento químico transuránico (Lw), de número atómico 103.
lava f. Materia en fusión y viscosa que expulsan los volcanes.
lavable adj. Que puede lavarse.
lavabo m. Lavamanos. ‖ Cuarto de aseo.
lavacoches m. inv. El que lava los coches.
lavacristales m. inv. El que lava los cristales de una casa.
lavadero m. Lugar para lavar la ropa. ‖ Sitio donde se lava la arena de un río aurífero o cualquier otro mineral.
lavado m. Acción y efecto de lavar o lavarse. ‖ Aseo de una persona. ‖ *Fam.* Riña, reprimenda. ‖ *Med.* Irrigación de una cavidad del cuerpo. ‖ Pintura a la aguada de un solo color. ‖ *Lavado de cerebro,* procedimiento de interrogación que tiene por objeto hacer confesar al acusado su culpabilidad.
lavador, ra adj. y s. Que lava. ‖ — M. Aparato para lavar o limpiar ciertos productos industriales. ‖ — F. Máquina de lavar ropa.
lavafrutas m. inv. Recipiente con agua que se pone en la mesa para lavar frutas y enjuagarse los dedos.

lavamanos m. inv. Recipiente para lavarse las manos.
lavanco m. Pato bravío.
lavanda f. Espliego.
lavandería f. Establecimiento industrial para lavar la ropa.
lavaparabrisas m. inv. Chorros de agua que limpian los parabrisas de los coches cuando llueve.
lavaplatos com. inv. Persona que lava los platos. ‖ — M. inv. *Amer.* Fregadero. ‖ — Adj. inv. Que sirve para fregar los platos : *máquina lavaplatos* (ú. t. c. s. m.).
lavar v. t. Quitar con un líquido lo sucio, limpiar, con agua u otro líquido : *lavar a fondo.* U. t. c. pr. : *lavarse la cara.*
lavativa f. Inyección de un líquido en el intestino grueso por medio de una cánula. ‖ Jeringa con que se pone.
lavatorio m. Lavado. ‖ Ceremonia de lavar los pies a los pobres el Jueves Santo, en recuerdo de Jesús que hizo lo mismo con los apóstoles la víspera de la crucifixión. ‖ Ceremonia de rezo que el sacerdote recita en la misa mientras se lava los dedos.
lavavajillas m. inv. Máquina para lavar la vajilla, lavaplatos.
lavazas f. pl. Agua sucia.
lavotear v. t. *Fam.* Lavar mal.
lawrencio m. Laurencio.
laxante adj. Que laxa o ablanda. ‖ — M. Medicamento purgante contra el estreñimiento.
laxar v. t. Aflojar, soltar. ‖ Purgar por medio de un laxante.
laxativo, va adj. Que laxa. ‖ — M. Laxante.
laxitud f. Aflojamiento.
laxo, xa adj. Flojo, que no está tenso. ‖ *Fig.* Relajado, libre, amplio.
lay m. Pequeño poema narrativo o lírico de versos cortos.
laya f. Calidad, naturaleza. ‖ Pala fuerte para remover la tierra.
lazada f. Nudo, lazo.
lazar v. t. Sujetar con lazo.
lazareto m. Establecimiento sanitario donde guardan cuarentena las personas procedentes de países en los que hay enfermedades contagiosas. ‖ Leprosería.
lazarillo m. Guía de un ciego.
lazo m. Nudo apretado hecho con un hilo, cinta, cuerda, etc. ‖ Cuerda con un nudo corredizo utilizada para cazar animales o apresar cualquier otra cosa. ‖ *Fig.* Vínculo : *los lazos del matrimonio.* | Enlace, unión : *España sirve de lazo entre Europa y América Latina.* | Trampa : *caer en el lazo.* ‖ Condecoración que tiene una cinta doblada : *lazo de la Orden de Isabel la Católica.*
le dativo del pron. de tercera persona en singular en los dos géneros : *le dije la verdad.* ‖ — Acusativo del pron. masculino de tercera persona en singular : *ya le veo.* ‖ — Acusativo del pron. masculino de la segunda persona en singular cuando se habla de usted : *le vi ayer en la calle.*
leader [líder] m. (pal. ingl.). Líder.
leal adj. Que sigue las reglas del honor, de la probidad, de la rectitud y de la fidelidad. ‖ Inspirado por la honradez, la probidad o la rectitud. ‖ — Adj. y s. Fiel a un régimen político, a una dinastía.
leandra f. *Pop.* Peseta.
lebrato m. Cría de liebre.
lebrel adj. y s. m. Dícese de un perro utilizado para cazar liebres.
lebrero, ra adj. y s. Aplícase al perro que caza liebres.
lebrillo m. Barreño ancho.
lección f. Enseñanza dada en una clase a una o varias personas. ‖ Conferencia sobre un tema determinado. ‖ Lo que un profesor da a sus discípulos para que lo sepan en la clase siguiente. ‖ Capítulo en que se halla dividido un texto de enseñanza. ‖ *Fig.* Advertencia, consejo dado a alguien para orientar su conducta. | Advertencia que, recibida de una persona o sacada de la experiencia, sirve en el futuro de enseñanza.
lectivo, va adj. Escolar : *año lectivo.* ‖ De clase : *día lectivo.*
lector, ra m. y f. Persona que lee. ‖ Persona que lee en alta voz. ‖ Profesor extranjero auxiliar en la enseñanza de idiomas. ‖ Colaborador que lee los manuscritos enviados a un editor. ‖ — M. Una de las cuatro órdenes menores. ‖ Aparato reproductor del sonido grabado en cinta magnética : *lector de casete.* ‖ Dispositivo para almacenar la información en la memoria de un ordenador.
lectorado m. Orden de lector, segunda de las menores. ‖ Lectoría.
lectoría f. Empleo de lector religioso o en la enseñanza.
lectura f. Acción de leer. ‖ Cosa leída. ‖ Arte de leer : *enseñar la lectura.* ‖ Cultura, erudición. ‖ Introducción de la información en la memoria de un ordenador : *cabeza de lectura.*
lecha f. Semen de los peces.
lechada f. Cal para blanquear. ‖ Argamasa.
lechal adj. Aplícase al animal que aún mama : *cordero lechal.*
leche f. Líquido blanco opaco de sabor dulce segregado por las glándulas mamarias de la mujer y por las de las hembras de los mamíferos. ‖ Cualquier líquido que tiene alguna semejanza con la leche. ‖ *Bot.* Líquido de apariencia lechosa que se encuentra en numerosas plantas. ‖ Cosmético líquido o semifluido que suaviza y refresca la epidermis y sirve también para quitar el maquillaje. ‖ Bebida obtenida con semillas machacadas y maceradas en agua : *leche de almendras.* ‖ *Pop.* Puñetazo. | Golpe. | Choque. | Malhumor. | Molestia, engorro. | Semen. ‖ — Pl. *Pop.* Monsergas, tonterías. ‖ — *De leche,* que se amamanta todavía ; que da leche ; dícese de dos niños que han sido amamantados por la misma madre. ‖ *Pop. Estar de mala leche,* estar de muy mal humor.
lechecillas f. pl. Mollejas de ternera o de cordero. ‖ Asadura.
lechería f. Despacho de leche.
lechero, ra adj. Que tiene leche : *vaca lechera.* ‖ Relativo a la leche y a sus derivados. ‖ — M. y f. Comerciante en leche.
lechigada f. Cría, camada.
lecho m. Cama. ‖ *Fig.* Cauce, madre : *el lecho de un río.* | Fondo del mar, de un lago.
lechón m. Cochinillo de leche.
lechoso, sa adj. Semejante a la leche.
lechuga f. Planta compuesta cuyas hojas son comestibles. ‖ *Pop.* Billete de mil pesetas.
lechuguilla f. Cuello o puño de camisa almidonado con adornos en forma de hojas de lechuga.
lechuguino m. *Fig.* y *fam.* Muchacho que se las da de hombre. | Gomoso, dandy.
lechuza f. Ave rapaz nocturna. ‖ *Fig.* Mujer fea y perversa.

leer v. t. Conocer y saber juntar las letras : *aprender a leer.* ‖ Comprender lo que está escrito o impreso en una lengua extranjera : *leer alemán.* ‖ Decir en voz alta o pasar la vista por lo que está escrito o impreso : *leer el periódico.* ‖ Enterarse de lo que contiene este texto escrito. ‖ Darse cuenta del significado de algo, de un sentimiento oculto, interpretando ciertos signos : *leyó en la mirada su desgracia.* ‖ Enseñar el profesor una materia, interpretar un texto. ‖ *Impr.* Corregir : *leer pruebas.* ‖ *Mús.* Comprender el valor de las notas o signos. ‖ — *Leer de corrido,* hacerlo sin dificultad. ‖ *Fig. Leer entre renglones,* adivinar el pensamiento del que escribe sin haberlo éste manifestado claramente.
lega f. Religiosa que hace los servicios domésticos.
legacía f. Legación, cargo.
legación f. Cargo y oficio del legado. ‖ Ejercicio de las funciones de un legado. ‖ Misión diplomática de un gobierno en un país en donde no tiene embajada. ‖ Edificio en el que se encuentra esta misión.
legado m. *For.* Disposición testamentaria hecha en beneficio de una persona física o moral. ‖ *Fig.* Lo que una generación transmite a las generaciones que le siguen, herencia. ‖ Cargo diplomático equivalente al de ministro plenipotenciario. ‖ Representante del Papa. ‖ Funcionario romano que administraba las provincias imperiales en nombre del emperador.
legajo m. Carpeta de documentos relacionados con un asunto.
legal adj. Conforme a la ley : *disposiciones legales sobre arrendamientos urbanos.*
legalidad f. Calidad de legal.
legalista adj. y s. Que da primacía al cumplimiento de las leyes.
legalizable adj. Que se puede legalizar.
legalización f. Acción de legalizar. ‖ Certificado o nota con firma y sello que prueba la autenticidad de un documento o firma.
legalizar v. t. Dar estado legal. ‖ Certificar la autenticidad de un documento o firma.
légamo m. Cieno, lodo.
legamoso, sa adj. Cenagoso.
legaña f. Humor viscoso procedente de la mucosa y glándulas de los párpados.
legañoso, sa adj. y s. Que tiene muchas legañas.
legar v. t. Dejar una persona a otra algo en su testamento. ‖ *Fig.* Dejar en herencia, transmitir a sus sucesores : *legar su cultura.*
legatario, ria m. y f. Persona beneficiaria de un legado.
legendario, ria adj. Que pertenece a la leyenda o que tiene sus características.
leghorn f. (pal. ingl.). Raza de gallinas muy ponedoras.
legible adj. Que se puede leer.
legión f. Cuerpo de tropa romana de 6 000 hombres, dividido en diez cohortes. ‖ Cuerpo de tropa en Francia y España compuesto de soldados voluntarios, generalmente extranjeros. ‖ *Fig.* Gran número de personas.
legionario, ria adj. De la legión. ‖ — M. Soldado de la legión.
legislación f. Conjunto de leyes por las que se gobierna un Estado. ‖ Ciencia de las leyes. ‖ Cuerpo de leyes que regulan una materia.
legislador, ra adj. y s. Que legisla.
legislar v. i. Dar leyes.
legislativo, va adj. Aplícase al derecho de hacer leyes : *asamblea legislativa.* ‖ Relativo a las leyes. ‖ Dícese del código o cuerpo de las leyes. ‖ Autorizado por una ley.
legislatura f. Tiempo durante el cual funcionan los cuerpos legislativos. ‖ Cuerpo de leyes. ‖ Período de sesiones de las Cortes o Asambleas deliberantes.
legista m. y f. Jurisconsulto. ‖ Persona que estudia jurisprudencia o leyes.
legítima f. *For.* Parte de la herencia que la ley asigna obligatoriamente a determinados herederos.
legitimación f. Acción y efecto de legitimar. ‖ Acto por el que se legitima a un hijo natural.
legitimar v. t. Probar la legitimidad de algo. ‖ Hacer legítimo al hijo natural. ‖ Habilitar a una persona que es de por sí inhábil. ‖ Justificar.
legitimidad f. Calidad de legítimo.
legítimo, ma adj. Que reúne los requisitos ordenados por las leyes. ‖ Dícese de la unión matrimonial consagrada por la ley. ‖ Genuino, cierto o verdadero en cualquier línea : *cuero, oro legítimo.* ‖ Justo, equitativo : *deseos legítimos.*
lego, ga adj. Seglar, laico, que no tiene órdenes clericales. ‖ Sin instrucción, ignorante. ‖ Profano, no iniciado : *lego en la materia.* ‖ — M. Religioso que no recibe las órdenes sagradas.
legración f. y **legrado** m. Raspado : *legración de matriz.*
legrar v. t. Raspar la superficie de un hueso o la mucosa del útero.
legua f. Medida itineraria de 5 572 metros. ‖ *Fig. A la legua,* desde muy lejos.
legui m. Polaina de cuero.
leguleyo m. Mal abogado.
legumbre f. Fruto que se cría en vaina. ‖ *Por ext.* Hortaliza.
leguminosas f. pl. Familia de plantas angiospermas dicotiledóneas cuyo fruto está en una vaina, como la lenteja, el guisante (ú. t. c. adj.).
leído, da adj. Aplícase a la persona que ha leído mucho.
leísmo m. *Gram.* Empleo de la forma *le* del pronombre como única en el acusativo masculino singular : por ej. : *aquel juguete no te* LE *doy,* por *no te* LO *doy.*
leísta adj. y s. Partidario del empleo del pronombre *le* como único acusativo masculino.
leitmotiv m. (pal. alem.). *Mús.* Tema conductor. ‖ *Fig.* Frase, fórmula o motivo central que se repite.
lejanía f. Distancia grande.
lejano, na adj. Que está lejos.
lejía f. Disolución de álcalis o carbonatos alcalinos en agua. ‖ Producto detergente.
lejos adv. A gran distancia. ‖ En tiempo o lugar remoto.
lelo, la adj. y s. Tonto.
lema m. Divisa que se pone en los emblemas, armas, empresas, etc. ‖ Palabra o frase de contraseña con que se firma el trabajo presentado en algunos concursos. ‖ Argumento que precede ciertas composiciones literarias. ‖ Tema.
lemosín, ina adj. y s. De Limoges o del Lemosín (Francia). ‖ — M. Lengua de oc hablada por los lemosines.
lempira m. Unidad monetaria de Honduras.
lempirense adj. y s. De Lempira (Honduras).
lémur m. Mamífero cuadrumano.

lencería f. Conjunto de ropa blanca y comercio que se hace con ella. || Tienda de ropa blanca, manteles, etc. || Lugar donde se guarda la ropa blanca.
lencero, ra m. y f. Persona que vende ropa blanca.
lendakari m. (pal. vasca). Presidente del Gobierno del País Vasco.
lendrera f. Peine de púas finas.
lengua f. Órgano móvil constituido por numerosos músculos cubiertos de una mucosa situado en la cavidad bucal que interviene en la percepción del gusto, en la masticación, deglución y en la articulación de los sonidos. || Lenguaje propio de un pueblo o de una comunidad de pueblos : *lengua castellana*. || Conjunto del vocabulario y de la sintaxis propias de determinadas épocas, de ciertos escritores, de algunas profesiones, etc. || Lengüeta de la balanza. || Cosa con forma de lengua : *lengua de fuego*. || — *Fig. Andar en lenguas*, estar en boca de todos. | *Irsele a uno la lengua*, hablar más de la cuenta. || *Lengua de oc*, la que antiguamente se hablaba en el Mediodía de Francia y cultivaron los trovadores. || *Lengua de oíl*, la hablada antiguamente en Francia al norte del Loira y empleada por los troveros, origen del francés. || *Lengua de tierra*, pedazo de tierra que entra en el mar. || *Fig. Lengua de víbora* o *viperina* o *mala lengua* o *lengua de escorpión*, persona maldiciente. || *Lengua madre*, aquella de donde se derivan otras. || *Lengua materna*, la del país donde se ha nacido.
lenguado m. Pez marino de forma aplanada y de carne estimada.
lenguaje m. Conjunto de sonidos articulados con que el hombre manifiesta lo que piensa o siente. || Facultad de expresarse por medio de estos sonidos. || Idioma hablado por un pueblo o nación. || Manera de expresarse : *lenguaje culto*. || *Fig.* Conjunto de señales que dan a entender una cosa : *el lenguaje de su sonrisa, del campo*. | Estilo de cada uno : *lenguaje preciso*.
lenguaraz adj. y s. Deslenguado, mal hablado. || Hablador.
lengüeta f. Lengua pequeña. || Epiglotis. || Tirilla del zapato. || Fiel de la balanza. || Laminilla vibrátil en algunos instrumentos músicos de viento.
lengüetada f. y **lengüetazo** m. Acción de tomar o de lamer una cosa con la lengua.
lengüetear v. i. Lamer.
lengüilargo, ga y **lengüón, ona** adj. y s. *Fam.* Hablador.
lenidad f. Indulgencia.
lenificación f. Dulcificación.
lenificar v. t. Suavizar.
lenificativo, va adj. Lenitivo.
leninismo m. Doctrina de Lenin.
leninista adj. y s. Relativo o partidario de la doctrina de Lenin.
lenitivo, va adj. Que calma y suaviza. || — M. Medicamento para calmar. || *Fig.* Lo que alivia.
lenocinio m. Alcahuetería. || *Casa de lenocinio*, casa de prostitución.
lente amb. Cristal refringente de superficie esférica con caras cóncavas o convexas que se emplea en varios instrumentos ópticos. || Dispositivo electromagnético que reemplaza los cristales ópticos en el microscopio electrónico. || Cristal de gafas. || Lupa. || Monóculo. || — M. pl. Gafas. || Quevedos. || *Lente de contacto*, disco pequeño, cóncavo de un lado, convexo del otro, que se aplica directamente sobre la córnea para corregir los vicios de refracción del ojo.
— OBSERV. Aunque esta palabra es ambigua, se suele usar como masculino plural cuando significa gafas y como femenino en el sentido de cristal refringente.
lenteja f. Planta de semillas alimenticias. || Semilla de esta planta.
lentejar m. Campo de lentejas.
lentejuela f. Laminilla redonda de metal o de cristal que se pone en el tejido de un vestido para hacerlo brillar.
lenticular adj. De forma de lenteja. || — M. Hueso pequeño del oído medio.
lentificar v. t. Dar lentitud.
lentilla f. Lente de contacto.
lentisco m. Arbusto de flor amarillenta o rojiza y fruto carnoso que contiene una sola semilla.
lentitud f. Falta de rapidez.
lento, ta adj. Poco rápido. || — Adv. *Mús.* Lentamente y con gravedad.
leña f. Madera utilizada para quemar. || *Fig.* y *fam.* Castigo. | Paliza. || — *Fam. Dar leña*, pegar; jugar duro en deportes. || *Fig. Echar leña al fuego*, contribuir a que se acreciente un mal.
leñador, ra m. y f. Persona que corta o vende leña.
leñazo m. *Fam.* Golpe. | Choque.
leñera f. Lugar o mueble para guardar leña.
leñero m. Vendedor de leña. || Leñera. || — Adj. m. *Fig.* y *fam.* Duro, que juega fuerte en deportes.
leño m. Trozo de árbol cortado y sin ramas. || Madera. || *Fig.* y *fam.* Persona inhábil o de poco talento. || *Fam. Dormir como un leño*, dormir profundamente.
leñoso, sa adj. De leña.
león, ona m. y f. Gran mamífero carnicero de la familia de los félidos, de color entre amarillo y rojo, cuyo macho tiene una abundante melena, que vive ahora en las sabanas de África después de haber existido en el Cercano Oriente e incluso en Europa. || — M. *Fig.* Persona valiente y atrevida. || *Amer.* Puma. || — Pl. *Arg. Fam.* Pantalones.
leonera f. Jaula o foso de leones. || *Fig.* y *fam.* Casa de juego. | Cuarto desarreglado.
leonés, esa adj. y s. De León (España).
leonino, na adj. Relativo o semejante al león : *facies leonina*. || *For.* Aplícase al contrato poco equitativo : *condiciones leoninas*.
leontina f. Cadena del reloj que se lleva en el chaleco.
leopardo m. Mamífero carnicero de piel rojiza con manchas negras. || Su piel.
leotardo m. Traje sin mangas muy ajustado al cuerpo usado por gimnastas y trapecistas. || Prenda muy ajustada, generalmente de punto, que cubre desde el pie hasta la cintura. || Media de mujer que llega hasta la cintura.
leperuza f. *Méx. Fam.* Pelandusca.
lepidóptero, ra adj. y s. m. Aplícase a los insectos que tienen dos pares de alas cubiertas de escamas muy tenues y boca chupadora, como las mariposas.
leporino, na adj. Relativo a la liebre. || *Labio leporino*, deformidad congénita caracterizada por la división del labio superior.

lepra f. Infección crónica de la piel, debida a la presencia del bacilo Hansen, que cubre la piel de pústulas y escamas. ‖ *Fig.* Vicio que se extiende como la lepra.
leprosería f. Hospital de leprosos.
leproso, sa adj. y s. Que padece lepra.
lerdo, da adj. y s. Torpe.
leridano, na adj. y s. De Lérida (España).
les dativo del pronombre personal de tercera persona en ambos géneros y números *(les propuse venir conmigo)* y de segunda cuando se habla de usted *(les digo que no).*
lesbiana adj. y s. f. Dícese de la mujer homosexual.
lesión f. Daño corporal : *lesión interna.* ‖ Herida : *lesión en la pierna.* ‖ *Fig.* Perjuicio. ‖ *For.* Daño causado en un contrato.
lesionar v. t. Causar lesión (ú. t. c. pr.). ‖ Causar perjuicio.
lesivo, va adj. Perjudicial : *disposiciones lesivas a mis intereses personales.*
leso, sa adj. Agraviado, ofendido : *crimen de lesa humanidad, de leso derecho natural.*
let m. (pal. ingl.). Net, en tenis.
letal adj. Mortífero : *sueño letal.*
letanía f. Oración formada por una larga serie de breves invocaciones (ú. m. en pl.). ‖ Procesión de rogativa en que se cantan letanías (ú. m. en pl.). ‖ *Fig.* y *fam.* Enumeración larga, lista interminable.
letárgico, ca adj. Que sufre letargo : *estado letárgico.* ‖ Relativo a esta enfermedad. ‖ Indolente.
letargo m. *Med.* Estado de somnolencia enfermiza, profunda y prolongada, sin fiebre ni infección. ‖ Estado de sopor de algunos animales en ciertas épocas. ‖ *Fig.* Modorra.
leticiano, na adj. y s. De Leticia (Colombia).
letífero, ra adj. Mortal.
letón, ona adj. y s. De Letonia. ‖ — M. Lengua de los letones.
letra f. Cada uno de los signos del alfabeto por los que se indican los sonidos de una lengua. ‖ Carácter tipográfico que representa uno de los signos del alfabeto. ‖ Cada uno de los estilos de escritura : *letra itálica.* ‖ Manera de escribir. ‖ Texto de una canción : *la letra del himno nacional.* ‖ Lema, divisa. ‖ Letra de cambio. ‖ Sentido riguroso de un texto : *atenerse a la letra de un escrito.* ‖ *Fig.* Astucia. ‖ — Pl. Carta : *me envió dos letras.* ‖ Literatura (por oposición a ciencias) : *licenciado en Letras.* ‖ Conocimientos : *hombre de letras.* ‖ — *A la letra* o *al pie de la letra,* literalmente. ‖ *Bellas Letras,* literatura. ‖ *De su puño y letra,* con su propia mano. ‖ *Letra de cambio,* documento de giro mediante el cual el firmante ordena a una persona que pague, en una época determinada, cierta cantidad a otra.
letrado, da adj. Instruido (ú. t. c. s.). ‖ *Fam.* Presumido. ‖ — M. Abogado. ‖ — F. Mujer del letrado.
letrero m. Escrito o rótulo para indicar una cosa : *letrero luminoso.*
letrilla f. Composición poética de versos cortos o en estrofas que tienen el mismo estribillo.
letrina f. Retrete.
leucemia f. Enfermedad que se caracteriza por un aumento del número de glóbulos blancos (leucocitos) en la sangre (hasta 500 000 por mm^3).
leucémico, ca adj. y s. Relativo a la leucemia o que la padece.
leucocito m. Glóbulo blanco de la sangre y de la linfa que asegura la defensa contra los microbios (cada mm^3 de sangre contiene 7 000).
leucorrea f. Flujo blanquecino en las vías genitales de la mujer.
leva f. Salida de un barco del puerto. ‖ Reclutamiento de gente para el servicio militar. ‖ *Mec.* Rueda con muescas que transmite o dirige el movimiento de una máquina : *árbol de levas.* | Álabe.
levadizo, za adj. Que se puede levantar : *puente levadizo.*
levadura f. Hongo unicelular empleado para obtener una fermentación industrial. ‖ Masa, con la que se hace el pan, que se aparta y se deja agriar para añadirla después a la masa fresca y provocar su esponjamiento.
levantamiento m. Acción y efecto de levantar. ‖ Erección : *levantamiento de una estatua.* ‖ Construcción : *levantamiento de un edificio.* ‖ Alzamiento, rebelión, sublevación : *levantamiento militar.* ‖ Conjunto de operaciones efectuadas para levantar un plano topográfico de un terreno.
levantar v. tr. Mover de abajo hacia arriba : *levantó la cabeza.* ‖ Colocar derecho lo que estaba inclinado. ‖ Alzar, dirigir hacia arriba : *levantó la vista.* ‖ Destapar, retirar : *levantar la cubierta.* ‖ Hacer, provocar : *levantar una polvareda.* ‖ Construir, edificar, erigir : *levantar una torre.* ‖ Hacer salir : *le levantó ampollas.* ‖ Trazar : *levantó un plano topográfico.* ‖ Poner : *siempre levanta obstáculos.* ‖ Hacer constar, tomar por escrito : *levantaron un atestado.* ‖ Retirar : *levantar el ancla.* ‖ Subir : *levantar el telón.* ‖ Abandonar, cesar : *levantar el asedio.* ‖ Hacer salir de donde está oculto : *el perro levanta la caza.* ‖ *Fig.* Trastornar, remover : *eso levanta el estómago.* | Sublevar : *levantar al hijo contra el padre.* | Restablecer la prosperidad de : *levantar la economía nacional.* | Señalar : *levantar errores.* | Suscitar, provocar : *problemas levantados por su política.* | Hacer : *levantar falso testimonio.* | Suprimir, hacer cesar : *levantar un castigo.* | Suspender : *levantar la excomunión.* | Dar por terminado : *levantar una sesión, la veda.* | Irse de : *levantó el campo.* | Alistar, reclutar : *levantar un ejército.* | Alzar : *no levantes la voz.* | Animar, hacer más animoso : *¡levanta tu moral!* | Causar, ocasionar : *su discurso levantó gritos de aprobación.* ‖ — V. pr. Comenzar a aparecer : *el Sol se levanta temprano.* ‖ Empezar a formarse, a extenderse, a soplar : *se levantó un gran viento.* ‖ Ponerse borrascoso : *el mar se levanta.* ‖ Ponerse mejor : *el tiempo se levanta.* ‖ Ponerse de pie : *se levantó al llegar las señoras.* ‖ Abandonar o dejar la cama : *levantarse tarde.* ‖ Rebelarse, sublevarse : *el pueblo se levantó en armas.* ‖ Subir en el aire : *el avión se levantó majestuosamente.* ‖ Alzarse, erguirse : *a lo lejos se levanta un campanario.* ‖ Estallar, desencadenarse : *se levantó un escándalo.*
levante m. Punto por donde parece salir el Sol. ‖ Viento que sopla del Este.
levantino, na adj. y s. De Levante.
levantisco, ca adj. y s. Turbulento.
levar v. t. Levantar las anclas.
leve adj. Ligero. ‖ *Fig.* Poco grave, de no mucha importancia.
levedad f. Ligereza.
levita f. Traje de hombre con faldones largos.

léxico, ca adj. Relativo al léxico. ‖ — M. Diccionario abreviado. ‖ Conjunto de las palabras de una lengua.

lexicografía f. Arte de componer léxicos o diccionarios.

lexicógrafo, fa m. y f. Autor de un léxico o diccionario.

lexicología f. Estudio científico de las palabras.

lexicólogo, ga m. y f. Especialista en lexicología.

ley f. Expresión de la relación necesaria que une entre sí dos fenómenos naturales; regla constante que expresa esta relación : *leyes de la atracción de la Tierra.* ‖ Destino ineludible : *eso es ley de vida.* ‖ Cariño, afecto : *le he cobrado mucha ley.* ‖ Proporción que un metal precioso debe tener en una aleación : *oro de ley.* ‖ Conjunto de reglas dictadas por el legislador. ‖ Cualquier regla general y obligatoria a la que ha de someterse una sociedad : *leyes fundamentales.* ‖ Poder, autoridad, dominio : *la ley del más fuerte.* ‖ Religión : *la ley de los mahometanos.* ‖ — Pl. Derecho : *estudié leyes en Madrid.* ‖ — *Fam. Ley del embudo,* dícese cuando uno aplica la ley estrictamente para los demás y es transigente con sí mismo. ‖ *Ley orgánica,* ley, sin carácter constitucional, concerniente a la organización de los poderes públicos. ‖ *Ley sálica,* la que no permitía que reinasen las mujeres. ‖ *Ley seca,* la que prohibe el consumo de bebidas alcohólicas.

leyenda f. Relato de la vida de un santo. ‖ Relato de carácter imaginario en el que los hechos históricos están deformados por la mente popular o la invención poética. ‖ Invención fabulosa. ‖ *Leyenda negra,* interpretación de la Historia de España desfavorable para los españoles.

lezna f. Instrumento de zapatero para agujerear el cuero.

Li, símbolo del *litio.*

liana f. Bejuco.

liar v. t. Envolver. ‖ *Fig.* y *fam.* Engatusar. ‖ Meter en un compromiso : *no me líes en este asunto* (ú. t. c. pr.). ‖ — V. pr. *Pop.* Amancebarse. ‖ *Fig.* Trabucarse.

lias y **liásico** m. *Geol.* Conjunto de las capas inferiores del terreno jurásico.

libación f. Acción de libar.

libanés, esa adj. y s. Del Líbano.

libar v. t. Chupar el jugo de una cosa : *la abeja liba las flores.* ‖ Hacer la libación para el sacrificio. ‖ Probar un líquido.

libelo m. Escrito satírico o difamatorio.

libélula f. Insecto con cuatro alas membranosas, llamado también *caballito del diablo.*

líber m. Tejido vegetal provisto de conductos por los que pasa la savia en el interior de la corteza y ramas de los árboles.

liberación f. Acción de poner en libertad. ‖ Cancelación de una hipoteca. ‖ Término puesto a la ocupación del enemigo.

liberado, da adj. Desprendido de las trabas de orden moral : *mujer liberada.*

liberador, ra adj. y s. Libertador.

liberal adj. Favorable a las libertades individuales. ‖ Indulgente, tolerante : *reglas muy liberales.* ‖ Generoso. ‖ — *Artes liberales,* las que eran antiguamente realizadas por personas de condición libre, como la pintura y la escultura. ‖ *Profesión liberal,* profesión intelectual en la que no existe ninguna subordinación entre el que la efectúa y el que acude a sus servicios (notarios, procuradores, abogados, médicos, consejeros, etc.). ‖ — M. Partidario de la libertad individual en política y en economía.

liberalidad f. Generosidad.

liberalismo m. Doctrina política o económica que defiende la aplicación de la libertad en la sociedad. ‖ *Fig.* Amplitud de miras.

liberalización f. Acción de liberalizar. ‖ Tendencia a promover una mayor libertad en los intercambios comerciales entre naciones.

liberalizar v. t. Hacer más liberal : *liberalizar las costumbres imperantes.*

liberar v. t. Libertar. ‖ Eximir a uno de una obligación. ‖ Librar un país de la ocupación extranjera. ‖ — V. pr. Eximirse de una deuda u obligación. ‖ Hacer caso omiso de las trabas de orden moral.

liberatorio, ria adj. Que libera de una obligación.

liberiano, na adj. y s. De Liberia.

líbero m. Jugador de fútbol que refuerza la defensa.

libérrimo, ma adj. Muy libre.

libertad f. Ausencia de obligación. ‖ Estado de un pueblo que no está dominado por un poder tiránico o por una potencia extranjera. ‖ Estado de una persona que no está prisionera o que no depende de nadie. ‖ Poder de hacer lo que no está prohibido, de obrar a su antojo. ‖ Libre arbitrio, facultad de actuar como queremos sin obligación alguna. ‖ Modo de hablar, de obrar demasiado atrevido, sin tener en cuenta nuestros deberes. U. t. en pl. : *este chico se toma libertades con todo el mundo.* ‖ Facilidad, falta de impedimento : *libertad de movimientos.* ‖ Familiaridad : *tratarle con mucha libertad.* ‖ Derecho que uno se otorga : *me tomo la libertad de contradecirte.* ‖ — *Libertad condicional,* medida por la que el condenado a una pena privativa de libertad es liberado antes de la expiración de su castigo. ‖ *Libertad de conciencia,* derecho de tener cualquier creencia religiosa. ‖ *Libertad de cultos,* derecho de practicar la religión que se escoja. ‖ *Libertad provisional,* la que goza un procesado no sometido a prisión preventiva.

libertador, ra adj. y s. Que liberta.

libertar v. t. Poner en libertad. ‖ Librar de un mal. ‖ Eximir de una deuda u obligación (ú. t. c. pr.).

libertario, ria adj. y s. Defensor de la libertad absoluta, anarquista.

libertinaje m. Manera de vivir disoluta.

libertino, na adj. y s. Que lleva una vida disoluta.

liberto, ta m. y f. Esclavo que recobraba la libertad.

libidinosidad f. Lujuria.

libidinoso, sa adj. y s. Lujurioso, lascivo.

libido f. Forma de energía vital, origen de las manifestaciones del instinto sexual.

libio, bia adj. y s. De Libia.

libra f. Antigua medida de peso, de valor variable en diferentes lugares, que oscilaba entre 400 y 460 gramos. ‖ Unidad monetaria inglesa *(libra esterlina),* dividida hasta 1971 en 20 chelines o 240 peniques y ahora en 100 nuevos peniques. ‖ Unidad de moneda de Egipto, Israel, Turquía, Eire, Líbano, Siria, Chipre y Sudán.

librador, ra adj. y s. Que libra. ‖ — M. y f. Persona que gira una letra de cambio.

libramiento m. Acción y efecto de librar. ‖ Orden de pago.
libranza f. Orden de pago.
librar v. t. Sacar a uno de un peligro. ‖ Empeñar, entablar, trabar : *librar batalla.* ‖ *Com.* Girar. ‖ Eximir de una obligación. ‖ — V. i. Parir la mujer. ‖ Disfrutar los empleados y obreros del día de descanso semanal. ‖ — V. pr. Evitar : *librarse de un golpe.* ‖ Eximirse de una obligación. ‖ Deshacerse de un prejuicio.
libre adj. Que posee la facultad de obrar como quiere. ‖ Que no está sujeto a la dominación extranjera, independiente : *nación libre.* ‖ Que no depende de nadie. ‖ Que no experimenta ninguna molestia, que hace lo que quiere : *me encuentro muy libre en tu casa.* ‖ Que ha pasado el peor momento : *libre de cuidados.* ‖ Sin ninguna sujeción o traba : *comercio libre.* ‖ Que no tiene obstáculos : *la vía está libre.* ‖ Desocupado : *queda todavía un piso libre.* ‖ Que no está preso : *lo dejaron pronto libre.* ‖ Que no tiene ocupación : *en mis ratos libres.* ‖ Atrevido, osado : *muy libre en sus actos.* ‖ Exento : *libre de franqueo.* ‖ Dispensado : *libre de toda obligación.* ‖ *Fig.* Sin novio o novia.
librea f. Uniforme de ciertos criados.
librecambio m. Comercio entre naciones, sin prohibiciones o derechos de aduana.
librecambismo m. Doctrina que defiende el librecambio.
librecambista adj. y s. Partidario del librecambio.
librepensador, ra adj. Dícese de la persona libre de cualquier dogma religioso (ú. t. c. s.).
librepensamiento m. Doctrina que defiende la independencia absoluta de la razón individual de cualquier dogma religioso.
librería f. Tienda de libros. ‖ Comercio del librero : *librería de lance.* ‖ Armario para libros.
librero, ra m. y f. Persona que vende libros.
libresco, ca adj. Relativo al libro.
libreta f. Cuaderno.
libretista com. Autor de un libreto.
libreto m. Obra de teatro a la que se pone música.
libro m. Conjunto de hojas de papel escritas o impresas reunidas en un volumen cosido o encuadernado : *libro de texto.* ‖ Obra en prosa o verso de cierta extensión. ‖ División de una obra. ‖ Libreto. ‖ Tercera de las cuatro cavidades del estómago de los rumiantes. ‖ — *Fig.* y *fam. Ahorcar los libros,* abandonar los estudios. ‖ *Libro amarillo, azul, blanco, rojo, verde,* el que contiene documentos diplomáticos y que publican en determinados casos los gobiernos. ‖ *Libro de caballerías,* relato en prosa o en verso de las aventuras heroicas y amorosas de los caballeros andantes. ‖ *Libro escolar,* libro en el que están señaladas las notas de un alumno.
licencia f. Permiso. ‖ Grado universitario : *licencia en Derecho.* ‖ Libertad dada por los poderes públicos para el ejercicio de ciertas profesiones y también para la importación o exportación de ciertos productos. ‖ Certificado de inscripción de una persona o de una entidad que les autoriza a participar en una competición deportiva. ‖ Documento que autoriza a quien lo posee la práctica de la caza o la pesca. ‖ Terminación del servicio militar. ‖ Libertad demasiado grande y contraria al respeto y a la buena educación. ‖ *Amer.* Permiso de conducir automóviles.
licenciado, da adj. Que ha hecho los estudios universitarios de una licencia (ú. t. c. s.). ‖ Despedido, expulsado. ‖ Que ha acabado el servicio militar (ú. t. c. s.).
licenciamiento m. Despido.
licenciar v. t. Despedir, echar. ‖ Dar el título universitario de licenciado. ‖ Autorizar, dar permiso. ‖ Dar por terminado el servicio militar. ‖ — V. pr. Obtener el grado, el título de licenciado universitario.
licenciatura f. Licencia universitaria.
licencioso, sa adj. Contrario a la decencia, al pudor.
liceo m. Uno de los tres gimnasios de Atenas donde enseñaba Aristóteles. ‖ Sociedad literaria o recreativa. ‖ En algunos países, establecimiento de segunda enseñanza.
licitación f. Venta en subasta. ‖ *Someter a licitación la ejecución de unas obras,* proponerla a todas las entidades interesadas para poder adjudicarla a la que ofrezca mayores ventajas.
licitador, ra m. y f. Persona que licita.
licitante adj. Que licita.
licitar v. t. *For.* Ofrecer precio por una cosa en subasta. ‖ *Amer.* Vender en subasta.
lícito, ta adj. Que es justo. ‖ Permitido por la ley.
licitud f. Calidad de lícito.
licor m. Cualquier cuerpo líquido. ‖ Bebida alcohólica.
licuación f. Acción y efecto de licuar o licuarse.
licuado m. *Amer.* Batido, refresco.
licuadora f. Aparato para licuar frutas y otros alimentos.
licuar v. t. Convertir en líquido.
licuecer v. t. Licuar.
licuefacción f. Paso de un gas al estado líquido.
licuefacer v. t. Licuar.
lid f. Combate, pelea, lucha. ‖ *Fig.* Contienda, disputa, riña. ‖ *En buena lid,* valiéndose de medios legítimos.
líder m. Jefe, dirigente. ‖ El primero en una clasificación.
lideraje, liderato y **liderazgo** m. Jefafura : *el liderato estudiantil.*
lidia f. Acción de lidiar.
lidiador, ra m. y f. Combatiente, luchador. ‖ — M. Torero.
lidiar v. i. Combatir, luchar, pelear. ‖ *Fig.* Tratar con una persona. | Hacer frente a uno. ‖ — V. t. Torear.
lidio, dia adj. y s. De Lidia.
liebre f. Mamífero parecido al conejo, muy corredor y de orejas largas. ‖ — *Fam. Coger una liebre,* caerse. ‖ — *Fig. Donde menos se piensa, salta la liebre,* muy a menudo las cosas ocurren cuando menos se esperan. | *Levantar la liebre,* descubrir algo que estaba oculto.
lied m. (pal. alem.). Canción popular o melodía romántica. (Pl. *lieder.*)
liendre f. Huevo del piojo.
lienzo m. Tela en general. ‖ Tela en un bastidor en la que se pinta. ‖ Cuadro pintado. ‖ Pared de un edificio, panel. ‖ Trozo de muralla de una fortificación. ‖ *Fam. Idem de lienzo,* exactamente igual.
liga f. Cinta elástica con que se sujetan las medias o calcetines. ‖ Materia pegajosa que se saca del muérdago. ‖ Mezcla, aleación. ‖

Confederación, alianza. ‖ Acuerdo de personas o colectividades. ‖ En deportes, campeonato. ‖ *Hacer buena liga,* llevarse bien, entenderse perfectamente.
ligadura f. Acción y efecto de ligar o unir. ‖ Venda con que se agarrota. ‖ Atadura de una vena o arteria. ‖ *Fig.* Sujeción : *las ligaduras del matrimonio.*
ligamen m. Impedimento dirimente para nuevo matrimonio.
ligamento m. Conjunto de haces fibrosos que une dos huesos entre sí en las articulaciones o mantiene los órganos en la debida posición.
ligar v. t. Atar. ‖ Alear metales. ‖ Unir, enlazar. ‖ Obligar : *estar ligado por una promesa.* ‖ Trabar : *ligar amistad.* ‖ — V. i. Trabar amistad, entenderse. ‖ Reunir dos o varios naipes del mismo color. ‖ *Fam.* Hacer la conquista de una mujer. ‖ — V. pr. Confederarse, unirse. ‖ Comprometerse.
ligazón f. Unión, trabazón.
ligereza f. Calidad de ligero. ‖ Prontitud, agilidad. ‖ *Fig.* Inconstancia. | Hecho o dicho irreflexivo.
ligero, ra adj. Que pesa poco. ‖ Ágil. ‖ Rápido : *ligero de pies.* ‖ Fácil de digerir. ‖ Que tiene poca fuerza : *café ligero.* ‖ Frugal : *comida ligera.* ‖ Desconsiderado : *pecar de ligero.* ‖ Atolondrado. ‖ Superficial : *sueño ligero.* ‖ Inconstante, voluble : *mujer ligera.* ‖ Poco grave : *falta ligera.* ‖ — Adv. De prisa. ‖ — *A la ligera,* ligeramente. ‖ *Fig.* y *fam. Ligero de cascos,* un poco loco. ‖ *Peso ligero,* una de las categorías de boxeo, de 61,235 a 66,678 kg de peso.
lignificarse v. pr. Transformarse en madera.
lignina f. Sustancia orgánica que impregna los tejidos o la madera.
lignito m. Carbón fósil que tiene un gran porcentaje de carbono : *el lignito es un carbón de menor poder calorífico que la hulla al estar compuesto de muchos elementos volátiles.*
lignívoro, ra adj. Dícese de los animales que se alimentan de madera.
lignocelulosa f. Sustancia que forma la mayor parte de los elementos leñosos de los vegetales.
lignum crucis, palabras latinas con las que se designa la reliquia de la cruz en la que murió Jesucristo.
ligón, ona adj. y s. *Fam.* Que se entiende bien con las personas del sexo opuesto, conquistador.
ligue m. *Fam.* Relación amorosa. | Persona con quien se tiene esta relación.
liguero, ra adj. Relativo a la liga. ‖ — M. Prenda de mujer que sirve para sujetar las ligas.
liguilla f. En fútbol y en otros deportes, torneo o competición entre un reducido número de equipos en el que se proclama vencedor al conjunto que obtenga el mayor número de puntos.
lija f. Pez marino del orden de los selacios. ‖ Piel de este pez o de otros parecidos. ‖ Papel de lija o esmeril.
lijadora f. Máquina para lijar.
lijar v. t. Pulir con lija.
lila f. Arbusto muy común en los jardines. ‖ Su flor. ‖ — M. Color morado claro. ‖ — Adj. inv. y s. *Fam.* Tonto.
liliáceas f. pl. Familia de plantas monocotiledóneas (ú. t. c. adj.).
liliputiense adj. y s. *Fig.* Enano.
lima f. Instrumento de acero templado, con la superficie estriada, que sirve para desgastar y alisar metales o madera. ‖ *Arq.* Madero del ángulo de las dos vertientes de un tejado en el cual estriban los pares cortos de la armadura. ‖ *Bot.* Limero. | Fruto de este árbol.
limado m. Pulimento con la lima. ‖ Limadura.
limador, ra adj. y s. Que lima.
limadura f. Acción y efecto de limar. ‖ — Pl. Partículas que caen al limar.
limalla f. Limaduras.
limar v. t. Alisar con la lima. ‖ *Fig.* Pulir, perfeccionar una obra. | Debilitar : *limar las asperezas.*
limaza f. Babosa.
limbo m. Lugar donde se detenían las almas de los santos y patriarcas esperando la redención del género humano. ‖ Lugar a donde van las almas de los niños que mueren sin bautizar. ‖ *Bot.* Parte plana de una hoja o pétalo. ‖ *Estar en el limbo,* estar en las nubes.
limeño, ña adj. y s. De Lima (Perú).
limero, ra m. y f. Persona que vende limas. ‖ — M. Árbol parecido al limonero, cuyo fruto es la lima.
limícola adj. Dícese de los organismos que viven en el cieno del fondo del mar o de los lagos : *la fauna limícola de los océanos está compuesta por animales excavadores.*
liminar adj. Que está al principio.
limitable adj. Que puede limitarse.
limitación f. Fijación, restricción. ‖ Término.
limitador, ra adj. Que limita. ‖ — M. Dispositivo mecánico o eléctrico cuya función es impedir que una magnitud determinada fluctúe o varíe sobrepasando cierto límite que podría considerarse peligroso : *limitador de corriente.* ‖ *Limitador de velocidad,* dispositivo que sirve para impedir que una máquina, motor o cualquier otro órgano móvil rebase un determinado límite de velocidad.
limitáneo, a adj. Perteneciente o próximo a los límites de un país.
limitar v. t. Poner límites. ‖ Reducir a ciertos límites (ú. t. c. pr.). ‖ — V. i. Lindar, ser fronterizo.
limitativo, va adj. Que limita.
límite m. Línea común que divide dos Estados, dos posesiones, etc. ‖ Línea, punto o momento que señala el final de una cosa material o no : *fuerza sin límites.* ‖ *Fig.* Tope : *el límite presupuestario.* ‖ — Adj. Que no se puede sobrepasar : *velocidad límite.*
limítrofe adj. Que linda con algún terreno o país.
limo m. Cieno, légamo.
limón m. Fruto del limonero, de color amarillo y pulpa ácida. ‖ Limonero, árbol. ‖ — Adj. De color de limón : *amarillo limón.*
limonada f. Bebida compuesta de agua, azúcar y zumo de limón. ‖ *Guat.* Barrio de chabolas. ‖ *Ni chicha ni limonada,* dícese de lo indeciso, de la persona sin carácter.
limonar m. Sitio plantado de limoneros.
limonense adj. y s. De Limón (Costa Rica).
limonero m. Arbol de la familia de las rutáceas cuyo fruto es el limón.
limosna f. Lo que se da por caridad para socorrer una necesidad.
limosnear v. i. Mendigar.
lismoneo m. Mendicidad.

limousine [*limusín*] f. (pal. fr.). Coche automóvil cerrado, parecido al cupé, pero con cristales laterales.
limpia m. *Fam.* Limpiabotas.
limpiabotas m. inv. El que limpia y lustra el calzado.
limpiado m. Limpieza, lavado.
limpiador, ra adj. y s. Que limpia.
limpiaparabrisas m. inv. Dispositivo mecánico para mantener limpio el parabrisas de un automóvil.
limpiar v. t. Quitar la suciedad de una cosa : *limpiar un vestido.* ‖ Quitar las partes malas de un conjunto : *limpiar las lentejas.* ‖ *Fig.* Purificar. ‖ Desembarazar : *limpiar un sitio de mosquitos.* ‖ Podar. ‖ *Fig.* y *fam.* Hurtar : *me limpiaron el reloj.*
limpiaúñas m. inv. Instrumento para limpiarse las uñas.
limpidez f. Calidad de límpido.
límpido, da adj. Claro, puro.
limpieza f. Calidad de limpio. ‖ Acción y efecto de limpiar o limpiarse. ‖ *Fig.* Castidad, pureza. | Honradez, integridad. | Destreza, habilidad.
limpio, pia adj. Que no tiene mancha o suciedad. ‖ Puro. ‖ Aseado, pulcro : *niño limpio.* ‖ *Fig.* Exento : *limpio de sospecha.* | Que lo ha perdido todo en el juego. | Sin dinero. | Decente. | Claro : *motivos poco limpios.* | Que desconoce o no sabe nada de un asunto o tema. ‖ — Adv. Limpiamente. ‖ *En limpio,* en resumen, en sustancia; neto : *ganar un millón en limpio;* sin enmiendas : *poner un escrito en limpio.*
lináceas f. pl. Familia de plantas dicotiledóneas (ú. t. c. adj.).
linaje m. Ascendencia o descendencia de cualquier familia. ‖ Raza, familia. ‖ *Fig.* Clase o calidad.
linaza f. Simiente del lino.
lince m. Mamífero carnicero parecido al gato, pero de mucho mayor tamaño, que tiene vista muy penetrante. ‖ *Fig.* Persona muy perspicaz.
linchamiento m. Acción de linchar.
linchar v. t. Ejecutar a un supuesto delincuente basándose en la ley de Lynch. ‖ *Por ext.* Maltratar la multitud a alguien.
lindante adj. Que linda.
lindar v. i. Estar contiguo.
linde f. Límite : *la linde del bosque.* ‖ Línea divisoria.
lindero, ra adj. Que linda, limítrofe. ‖ — M. Linde.
lindeza f. Calidad de lindo. ‖ — Pl. *Fam.* Insultos, injurias : *le soltó unas cuantas lindezas.*
lindo, da adj. Hermoso, bonito. ‖ *Fig.* Perfecto, exquisito. ‖ — M. *Fig.* y *fam.* Hombre presumido : *el lindo don Diego.* ‖ *De lo lindo,* con gran primor; mucho.
lindura f. Lindeza.
línea f. Trazo continuo, visible o imaginario, que separa dos cosas contiguas : *línea del horizonte.* ‖ Trazo que limita un objeto, perímetro. ‖ Raya : *trazar líneas en un papel.* ‖ Renglón. ‖ Corte de los trajes, silueta señalada por la moda : *la línea del año 1985.* ‖ Silueta de una persona : *guardar la línea.* ‖ Serie de puntos unidos entre sí de manera que formen un conjunto : *línea de fortificaciones.* ‖ Conjunto de puntos comunicados por el mismo medio de transporte; este servicio de comunicación : *línea aérea.* ‖ *Fig.* Dirección que se da al comportamiento; regla de conducta. | Manera de pensar o de obrar conforme a la ortodoxia : *en la línea del cristianismo.* | Orden de valores : *escritores que no pueden situarse en la misma línea.* ‖ Conjunto de conductores destinado a llevar la energía eléctrica o los medios de telecomunicación. ‖ Filiación, sucesión de generaciones de la misma familia : *por la línea paterna.* ‖ *Mar.* Formación de los buques : *la escuadra se dispuso en línea.* ‖ *Mat.* Conjunto de puntos que dependen continuamente del mismo parámetro. ‖ *Mil.* Dispositivo formado por hombres o por medios de combate unos al lado de otros : *línea de batalla.* | Frente de combate. ‖ En televisión, superficie de análisis de la imagen que hay que transmitir, o de la que se recibe, constituida por la yuxtaposición de los puntos elementales.
lineal adj. Relativo a las líneas. ‖ Que representa cierta cantidad igual para todos : *un aumento lineal de 5 000 pesetas mensuales para todos.*
lineamiento m. Dibujo de un cuerpo. ‖ *Méx.* Orientación, directriz.
linfa f. Líquido, fuera de los vasos sanguíneos, que baña constantemente células y tejidos.
linfático, ca adj. Referente a la linfa. ‖ *Fig.* Apático, indolente : *temperamento linfático* (ú. t. c. s.).
linfatismo m. Exceso de linfa que se caracteriza por la existencia de una piel blanca y de ganglios grandes.
linfocitario, ria adj. Perteneciente o relativo a los linfocitos.
linfocito m. Leucocito.
lingotazo m. *Fam.* Trago de bebida.
lingote m. Barra de metal en bruto : *lingote de oro, plata.*
lingotera f. Molde de lingotes.
lingüista com. Especialista en lingüística.
lingüístico, ca adj. Relativo al estudio científico de la lingüística. ‖ — F. Ciencia del lenguaje humano. ‖ Estudio científico de las lenguas.
linimento m. Medicamento graso con el que se dan masajes.
lino m. Planta cuya corteza está formada de fibras textiles. ‖ Tejido hecho de esta planta.
linóleo m. Revestimiento del suelo hecho con un hule impermeable.
linotipia f. *Impr.* Máquina de componer provista de matrices de la que sale la línea en una sola pieza. ‖ Composición hecha con ella.
linotipista com. Persona que trabaja en la linotipia.
linterna f. Farol de mano en el que la luz está protegida del viento por paredes transparentes. ‖ Aparato manual, provisto de una pila eléctrica, que sirve para alumbrar.
linternón m. Remate vidriado de una cúpula que da luz y ventilación. ‖ *Mar.* Farol situado en la popa de una embarcación.
linyera m. *Arg.* y *Urug.* Paquete en el que se guarda ropa. | Vagabundo en los campos y caminos.
lío m. Cualquier cosa atada, paquete. ‖ *Fig.* y *fam.* Embrollo, enredo, cosa complicada. | Jaleo, desorden : *formar un lío.* | Amancebamiento.
liofilizar v. t. Desecar mediante el vacío : *liofilizar productos alimenticios.*
lioso, sa adj. *Fam.* Complicado. | Aficionado a armar líos (ú. t. c. s.).

lípido m. Sustancia orgánica llamada comúnmente *grasa*.
lipotimia f. Breve pérdida del conocimiento sin que se detengan la respiración ni el funcionamiento del corazón.
liquefacción f. Licuefacción.
liquen m. Planta criptógama constituida por la reunión de un alga y un hongo.
liquidable adj. Que puede liquidarse o licuarse.
liquidación f. Acción y efecto de licuefacer. ‖ *Com.* Pago de una cuenta. | Venta a bajo precio de géneros por cesación, quiebra, reforma o traslado de una casa de comercio. ‖ Solución, terminación. ‖ *Liquidación judicial,* determinación judicial del estado de cuentas de un comerciante en suspensión de pagos.
liquidador, ra adj. y s. Que liquida un negocio.
liquidar v. t. Licuar, convertir en líquido. ‖ *Com.* Saldar, vender en liquidación. | Hacer el ajuste final de cuentas en un negocio. ‖ *Fig.* Hacer el estado final de una cuenta. | Pagar : *le liquidé mi deuda.* | Poner fin, acabar : *liquidar un asunto.* ‖ *Fig.* y *fam.* Quitarse de encima : *liquidar una visita.* | Matar : *lo liquidaron sus enemigos.*
liquidez f. Estado de líquido. ‖ En economía, carácter de los medios de pago que son inmediatamente disponibles.
líquido, da adj. Que fluye o puede fluir. ‖ Que tiene poca densidad. ‖ Aplícase al dinero del que se puede disponer inmediatamente. ‖ Limpio, neto : *ganancia líquida.* ‖ — M. Sustancia líquida. ‖ Bebida o alimento líquido. ‖ Cantidad sujeta a gravamen : *líquido imponible.* ‖ *Med.* Humor : *líquido pleural.*
lira f. Instrumento de música de varias cuerdas tañidas con ambas manos como el arpa. ‖ Unidad monetaria de Italia. ‖ Composición poética cuyas estrofas tienen cinco o seis versos.
lírico, ca adj. Dícese de la poesía en la que se expresan con ardor y emoción sentimientos colectivos o la vida interior del alma. ‖ — *Drama lírico,* drama acompañado de música y cantos. ‖ *Teatro lírico,* teatro en el que se representan obras musicales. ‖ — M. Poeta lírico. ‖ — F. Género de la poesía lírica.
lirio m. Planta de hermosas flores.
lirismo m. Conjunto de la poesía lírica. ‖ Inspiración lírica. ‖ Entusiasmo, exaltación en la expresión de los sentimientos personales.
lirón m. Mamífero roedor semejante al ratón. ‖ *Fig.* Dormilón.
lis f. Lirio.
lisa f. Mújol, pez.
lisboeta, lisbonense y **lisbonés, esa** adj. y s. De Lisboa (Portugal).
lisérgico, ca adj. Dícese del ácido derivado de un alcaloide del cornezuelo del centeno.
lisiado, da adj. y s. Baldado. ‖ *Fam.* Cansado.
lisiadura f. Lesión.
lisiar v. t. Producir lesión en una parte del cuerpo. ‖ Baldar.
liso, sa adj. Igual, llano, sin aspereza : *superficie lisa.* ‖ Exento de obstáculos : *cien metros lisos.* ‖ Sin adornos, sin realces : *tejido liso.*
lisonja f. Alabanza, adulación.
lisonjeador, ra adj. y s. Adulador.
lisonjear v. t. Adular, alabar. ‖ *Fig.* Agradar, encantar.
lisonjero, ra adj. y s. Adulador, que agrada.
lista f. Raya de color en una tela o tejido. ‖ Serie de nombres : *lista de afiliados.* ‖ Papel en que se encuentra : *no he hecho aún la lista.* ‖ Recuento en alta voz : *pasar lista.* ‖ Enumeración : *la lista de platos en un restaurante.* ‖ — *Lista de correos,* mención que indica que una carta debe quedar en la oficina de correos durante cierto plazo para que el destinatario pase a recogerla. ‖ *Lista de precios,* tarifa. ‖ *Lista electoral,* lista en la que figuran los nombres de aquellos que votan en una circunscripción. ‖ *Lista negra,* lista en la que aparecen los nombres de las personas pocos gratas.
listado, da adj. Con listas. ‖ — M. En informática, resultado de un proceso que se imprime en papel continuo.
listel m. *Arq.* Filete, moldura.
listero, ra m. y f. Persona que pasa lista a los trabajadores en una obra.
listeza f. Inteligencia. ‖ Sagacidad. ‖ Prontitud.
listín m. Lista pequeña. ‖ Cuaderno con notas : *listín telefónico.*
listo, ta adj. Inteligente : *chico muy listo.* ‖ Sagaz, astuto : *es más listo que Cardona.* ‖ Preparado : *listo para salir.* ‖ — *Andar listo,* tener cuidado. ‖ *Echárselas* o *dárselas de listo,* creerse astuto. ‖ *¡Estamos listos!,* ¡estamos arreglados!
listón m. Tabla estrecha y larga usada en carpintería. ‖ *Arq.* Listel.
litera f. Vehículo sin ruedas y con varales llevado por hombres o por caballerías. ‖ Cama superpuesta a otra : *dormir en literas.* ‖ Cada una de las camas superpuestas en los camarotes de un barco o en los vagones de ferrocarril.
literal adj. Conforme al sentido estricto del texto : *copia literal.* ‖ Dícese de la traducción en que se respeta a la letra el original. ‖ Aplícase a la reproducción escrita de lo dicho : *actas literales de una conferencia.*
literario, ria adj. Relativo a la literatura : *concurso literario.*
literato, ta m. y f. Escritor.
literatura f. Arte cuyo modo de expresión es generalmente la palabra escrita y en algunos casos la hablada. ‖ Conjunto de las obras literarias de un país, de una época. ‖ Su estudio. ‖ *Fig.* y *fam.* Charloteo, palabras hueras : *todo lo que me dices es sólo literatura.*
litigante adj. Que litiga (ú. t. c. s.).
litigar v. t. Pleitear, discutir en juicio una cosa. ‖ — V. i. Estar en litigio. ‖ Discutir.
litigio m. Pleito.
litigioso, sa adj. En pleito. ‖ En disputa : *eso es una cuestión muy litigiosa.*
litio m. Metal alcalino (Li), de número atómico 3, muy ligero, de densidad 0,55 y que funde a 180 °C.
litofotografía f. Fotolitografía.
litografía f. Arte de reproducir mediante impresión los dibujos trazados con una tinta grasa sobre una piedra caliza. ‖ Grabado hecho de este modo. ‖ Taller de litógrafo.
litografiar v. t. Imprimir por medio de la litografía.
litógrafo, fa m. y f. Persona que trabaja en litografía.

litoral adj. Relativo a la costa del mar. ‖ — M. Costa.

litosfera f. Parte sólida de la corteza terrestre.

litro m. Medida de capacidad del sistema métrico decimal, que equivale a un decímetro cúbico (símb. l). ‖ Cantidad de líquido o de áridos que cabe en tal medida.

lituano, na adj. y s. De Lituania. ‖ — M. Lengua de los lituanos.

liturgia f. Orden y forma determinados por la Iglesia para la celebración de los oficios divinos.

litúrgico, ca adj. Relativo a la liturgia.

liviandad f. Ligereza.

liviano, na adj. De poco peso. ‖ *Fig.* Fácil, inconstante. | De poca importancia. | Lascivo. ‖ — F. Canto popular andaluz.

lividecer v. i. Ponerse lívido.

lividez f. Palidez.

lívido, da adj. Pálido.

living-room [*-rum*] m. (pal. ingl.). Cuarto de estar.

liza f. Campo dispuesto para la lucha o lid. ‖ Lid, combate, lucha.

lizo m. Hilo grueso que forma la urdimbre de ciertos tejidos. ‖ Pieza del telar que divide los hilos de la urdimbre para que pase la lanzadera.

lo art. determinado del género neutro : *lo triste del caso.* ‖ — Acusativo del pronombre personal de tercera persona en género masculino o neutro singular : *lo veo.*

loa f. Prólogo de algunas obras dramáticas antiguas. ‖ Poema en honor de alguien. ‖ Obra de teatro corta representada al principio de una función. ‖ Alabanza, elogio.

loar v. t. Alabar, hacer elogios : *siempre loa los propios méritos.*

lob m. (pal. ingl.). En tenis, pelota bombeada que pasa por encima del adversario.

lobanillo m. Tumor producido por la hipertrofia de una glándula sebácea.

lobato m. Cría del lobo.

lobby m. (pal. ingl.). Grupo de presión.

lobectomía f. Operación quirúrgica en la que se extirpa el lóbulo de una víscera : *puede haber lobectomía pulmonar y lobectomía del lóbulo frontal del cerebro.*

lobezno m. Lobato.

lobo m. Mamífero carnicero de la familia de los cánidos, de pelaje gris amarillento. ‖ *Fig.* Persona mala, cruel. ‖ *Amer.* Zorro, coyote. ‖ — *Fig. Coger el lobo por las orejas,* estar en una situación muy crítica. | *Estar como boca de lobo,* estar muy oscuro. | *Estar en la boca del lobo,* estar en gran peligro. ‖ *Lobo de mar,* foca ; (fig.) marino con mucha experiencia. ‖ *Fig. Son lobos de una misma camada,* son gente de la misma índole.

lóbrego, ga adj. Oscuro.

lobreguecer v. t. e i. Oscurecer.

lobreguez f. Oscuridad.

lobulado, da y **lobular** adj. *Bot.* y *Zool.* Con forma de lóbulo.

lóbulo m. Parte redonda y saliente de una cosa. ‖ Parte redondeada y recortada de ciertos órganos vegetales. ‖ Perilla de la oreja. ‖ Porción redondeada y saliente del pulmón, del cerebro, del hígado, etc.

locación f. *Amér.* Arrendamiento de una propiedad rústica o urbana.

locador, ra adj. *Amér.* Que arrienda, arrendador (ú. t. c. s.).

local adj. Relativo al lugar : *costumbre local.* ‖ De cierta parte determinada. ‖ Municipal o provincial por oposición a nacional : *administración local.* ‖ — M. Sitio cerrado y cubierto. ‖ Domicilio de una administración o de un organismo.

localidad f. Lugar o población. ‖ Local. ‖ Cada uno de los asientos de un sitio destinado a espectáculos. ‖ Billete de entrada a un espectáculo.

localismo m. Regionalismo. ‖ Carácter local. ‖ Vocablo o locución de uso en determinada población o localidad.

localista adj. De interés local.

localización f. Acción y efecto de localizar.

localizar v. t. Fijar, encerrar en límites determinados. ‖ Determinar el lugar en que se halla una persona o cosa, encontrar.

locatis m. y f. inv. *Fam.* Loco.

loción f. Producto de perfumería para friccionar la piel o el cuero cabelludo.

lock-out [*lokáut*] m. (pal. ingl.). Cierre de fábricas por los empresarios para replicar a las reivindicaciones hechas por los obreros.

loco, ca adj. Que ha perdido la razón (ú. t. c. s.). ‖ *Fig.* De poco juicio (ú. t. c. s.). | Trastornado : *la discusión le volvió loco.* | Fuera de sí : *loco de dolor.* | Imprudente, desatinado : *decisión loca.* | Muy grande, extraordinario : *suerte loca.* ‖ — *A lo loco,* sin reflexionar. ‖ *Fig. Estar loco de, por* o *con,* estar entusiasmado ; estar muy enamorado. | *Hacerse el loco,* hacerse el distraído.

locomoción f. Traslado de un punto a otro.

locomotor, ra adj. Propio para la locomoción. ‖ — F. Máquina de vapor, eléctrica, etc., montada sobre ruedas, que remolca los vagones de ferrocarril.

locomotriz adj. f. Locomotora.

locro m. *Amer.* Guisado de carne con choclos o zapallos, papas, ají, etc.

locuacidad f. Propensión a hablar mucho.

locuaz adj. Que habla mucho.

locución f. Expresión, forma particular idiomática. ‖ Conjunto de dos o más palabras que no forman en sí una oración completa : *«en vano» es una locución adverbial.*

locura f. Demencia, alienación de la razón. ‖ Extravagancia, imprudencia. ‖ Conducta poco sensata : *locuras de juventud.* ‖ *Fig. Gastar una locura,* gastar mucho.

locutor, ra m. y f. Presentador de una emisión de radio o televisión.

locutorio m. Departamento dividido generalmente por una reja donde reciben visitas las monjas o los presos. ‖ Cabina telefónica pública.

lodazal m. Cenagal.

loden m. (pal. alem.). Tejido grueso de lana parecido al fieltro y usado para abrigos y gabanes.

lodo m. Barro, fango.

loess m. (pal. alem.). Limo muy fino sin estratificaciones y rico en cal.

logarítmico, ca adj. Referente a los logaritmos.

logaritmo m. *Mat.* Exponente a que es necesario elevar una cantidad positiva para que resulte un número determinado.

logia f. Local donde se reúnen los masones. ‖ Reunión de masones. ‖ Galería exterior techada y abierta por delante.

lógica f. Ciencia que expone las leyes, modos y formas del conocimiento científico. ‖ Obra que enseña esta ciencia. ‖ *Por ext.* Método en las ideas, razonamiento : *exponer una opinión con lógica.*
logicial m. Conjunto de los programas y sistemas de un ordenador.
lógico, ca adj. Conforme a la lógica. ‖ Normal, aplícase a toda consecuencia natural y legítima : *es lógico que se haya ido.*
logística f. *Fil.* Lógica matemática. ‖ *Mil.* Técnica del movimiento de las tropas y de su transporte y avituallamiento. ‖ Método y medio de organización.
logístico, ca adj. Relativo a la logística.
lograr v. t. Llegar a conseguir lo que se intenta o desea : *lograr su fin* (ú. t. c. pr.).
logro m. Obtención. ‖ Éxito : *los logros técnicos conseguidos.* ‖ Lucro, ganancia. ‖ Usura.
loísmo m. Defecto gramatical que consiste en el empleo de *lo* en lugar de *le* en el dativo del pronombre personal *él (lo doy* en vez de *le doy).* ‖ Tendencia a emplear *lo* en lugar de *le* en el acusativo *(lo miro* en vez de *le miro).*
loísta adj. y s. Partidario del empleo de *lo* para el acusativo y dativo masculinos del pronombre *él.*
lojano, na adj. y s. De Loja (Ecuador).
lojeño, ña adj. y s. De Loja (España).
loma f. Altura pequeña y alargada : *la casa estaba en una loma.*
lombarda f. Col morada.
lombardo, da adj. Relativo o perteneciente a Lombardía, región de Italia. ‖ — M. y f. Habitante de esta región. ‖ — M. Dialecto italiano hablado en ella.
lombriz f. Gusano anélido que vive enterrado en los sitios húmedos. ‖ — *Lombriz intestinal,* animal parásito en forma de gusano que vive en los intestinos del hombre y los animales. ‖ *Lombriz solitaria,* tenia.
lomo m. Espalda de un animal. ‖ Carne sacada de este sitio. ‖ Parte posterior de un libro en que suele ir escrito el título. ‖ *Agr.* Caballón. ‖ — *A lomo de,* montado en (caballo, etc.). ‖ *Fig.* y *fam. Pasar la mano por el lomo,* adular.
lona f. Tela fuerte con la que se hacen velas, toldos, zapatos de verano, etc.
loncha f. Tajada, lonja.
lonchería f. *Amer.* Restaurante en que se dan comidas ligeras.
londinense adj. y s. De Londres (Gran Bretaña).
longanimidad f. Magnanimidad.
longánimo, ma adj. Magnánimo.
longaniza f. Cierto embutido.
longevidad f. Larga duración de la vida.
longevo, va adj. Muy viejo.
longitud f. Dimensión de una cosa de un extremo a otro. ‖ La mayor de las dos dimensiones de una superficie. ‖ *Astr.* Arco de la Eclíptica. ‖ *Geogr.* Distancia de un lugar al primer meridiano. ‖ *Fís. Longitud de onda,* distancia entre dos puntos correspondientes a una misma fase en dos ondas consecutivas.
longitudinal adj. Relativo a la longitud.
lonja f. Tira larga y poco gruesa : *lonja de jamón.* ‖ Centro de contratación o bolsa de comercio : *la Lonja de Barcelona.* ‖ Atrio a la entrada de un edificio.
lontananza f. En un cuadro, los términos más lejanos del principal. ‖ *En lontananza,* a lo lejos.
looping [*lupin*] m. (pal. ingl.). Ejercicio de acrobacia aérea consistente en dar una vuelta de campana.
loor m. Alabanza, elogio : *palabras dichas en loor de su trabajo.*
loquería f. *Amer.* Manicomio.
loquero m. Empleado de manicomio.
loran m. (pal. ingl.). Procedimiento de radionavegación que permite que un aviador o un navegante fije la posición en que se halla por medio de tres estaciones radioeléctricas.
lord m. (pal. ingl.). Título de los pares británicos que se pone delante de sus nombres patronímicos. (Pl. *lores*). ‖ Miembro de la Cámara Alta o Cámara de los Lores.
lordosis f. *Med.* Desviación de la columna vertebral lumbar.
loretano, na adj. y s. De Loreto (Perú).
loriga f. Armadura hecha con láminas de acero imbricadas.
loro m. Papagayo. ‖ *Fig.* y *fam.* Mujer fea o vieja.
los, las art. determinado plural de ambos géneros. ‖ — Acusativo del pron. personal de tercera persona en número plural.
losa f. Piedra plana y de poco grueso : *losa sepulcral.* ‖ Baldosa.
losange m. *Blas.* Rombo más alto que ancho en posición vertical en un escudo.
loseta f. Losa pequeña.
lota f. Pez de ríos y lagos : *la carne de la lota es muy estimada.*
lote m. Parte en que se divide un todo para su distribución. ‖ Premio de lotería. ‖ Grupo de objetos que se venden juntos.
lotería f. Juego de azar en el que se venden una serie de billetes numerados que, después de verificado el sorteo, resultarán premiados o no. ‖ Juego de azar en el que los participantes poseen uno o varios cartones numerados que cubren a medida que se sacan bolas con los números correspondientes. ‖ *Fig.* y *fam.* Cosa o asunto en manos del azar : *la vida es una lotería.*
lotero, ra m. y f. Persona que posee un despacho de lotería.
loto m. Planta acuática de flores de color blanco azulado. ‖ Su flor o fruto.
loza f. Barro fino cocido y barnizado para hacer platos, tazas, jarros, etc. ‖ Conjunto de estos objetos en el ajuar doméstico.
lozanía f. Frondosidad de las plantas. ‖ Vigor, robustez. ‖ Juventud.
lozano, na adj. Con lozanía.
L. S. D. m. (LysergSäureDiäthylamid). Derivado del ácido lisérgico, alucinógeno de síntesis que modifica las sensaciones visuales y auditivas.
ltd., abreviatura del inglés *limited,* empleada por las compañías de responsabilidad limitada.
Lu, símbolo químico del *lutecio.*
lubina f. Róbalo, pez marino.
lubricante adj. y s. m. Lubrificante.
lubricar v. t. Lubrificar.
lubricidad f. Lujuria.
lúbrico, ca adj. Lujurioso.
lubrificación f. Acción y efecto de lubrificar.
lubrificador, ra adj. Que lubrifica.
lubrificante adj. y s. m. Dícese de toda sustancia que lubrifica.
lubrificar v. t. Engrasar, untar con lubrificante una superficie para que se deslice mejor sobre otra.
lucense adj. y s. De Lugo (España).

lucero m. Astro brillante, estrella grande. || — Pl. *Fig.* Los ojos.
lucidez f. Clarividencia : *hay que ver las cosas con lucidez y no llamarse a engaño.*
lucido, da adj. Que tiene gracia. || *Fig.* Brillante : *una fiesta lucida.* | Bien ejecutado : *faena muy lucida.* | Elegante.
lúcido, da adj. Claro en el estilo. || Clarividente, capaz de ver las cosas como son. || En estado mental normal : *los que deliran no están lúcidos.* || Que brilla.
luciérnaga f. Insecto coleóptero, cuya hembra despide por la noche una luz fosforescente verdosa.
lucifer m. Demonio.
lucimiento m. Brillantez.
lucio m. Pez de río muy voraz, boca grande con dientes y cuerpo bastante alargado.
lucir v. i. Brillar, resplandecer. || *Fig.* Sobresalir en algo : *lucir en el foro* (ú. t. c. pr.). | Ser de provecho : *le luce lo que come.* | Hacer buen efecto : *este reloj chapado de oro luce mucho.* || — V. t. Iluminar (ú. t. c. i.). || *Fig.* Hacer ver, mostrar : *lucir su valor.* | Exhibir : *lucir sus piernas.* | Llevar : *luce una bonita corbata.* || — V. pr. Salir airoso de una empresa, quedar bien. || *Fig.* y *fam.* Quedar mal, hacer mal papel : *¡te has lucido!*
lucrarse v. pr. Aprovecharse. || Enriquecerse.
lucrativo, va adj. Que hace ganar dinero.
lucro m. Ganancia, provecho. || *Lucro cesante,* utilidad que podría haber dado cierta cantidad de dinero o un negocio durante el tiempo en que han estado improductivos por causa ajena a su propietario.
luctuoso, sa adj. Triste.
lucubración f. Divagación.
lucubrar v. t. Divagar.
lucha f. Combate cuerpo a cuerpo entre dos personas : *lucha libre.* || Pelea, contienda.
luchador, ra m. y f. Persona que lucha.
luchar v. i. Combatir, pelear.
ludibrio m. Burla, irrisión : *ser el ludibrio del pueblo.* || Desprecio.
lúdico, ca adj. Del juego.
lúdicro, cra adj. Lúdico.
lúe o **lúes** f. Infección sifilítica.
luego adv. Pronto, prontamente : *vuelvo luego.* || Después : *iré luego al cine.* || — Conj. que denota deducción o consecuencia : *pienso, luego existo.* || — *Desde luego,* naturalmente. || *Hasta luego,* expresión de despedida. || *Luego que,* en seguida que.
luengo, ga adj. Largo : *luengos años.*
lugar m. Parte determinada del espacio : *dos cuerpos no pueden ocupar el mismo lugar.* || Sitio de una persona o cosa : *en su lugar habitual.* || Sitio no material que ocupa uno. || Localidad, población, pueblo, aldea. || Sitio, tiempo conveniente para decir o hacer algo : *no hay lugar para portarse así.* || Pasaje de un libro : *en un lugar de tu texto.* || Motivo, causa, origen : *dar lugar a críticas.* || — *En lugar de,* en vez de. || *Fuera de lugar,* en un momento poco oportuno. || *Lugar común,* expresión trillada, que se repite siempre en casos análogos. || *Tener lugar,* suceder, ocurrir; tener sitio o cabida; tener tiempo; hacer las veces de, servir de.
lugareño, ña adj. y s. Vecino de un lugar.
lugartenencia f. Cargo de lugarteniente.
lugarteniente m. El segundo que puede sustituir al jefe.
lugre m. *Mar.* Embarcación pequeña de tres palos.
lúgubre adj. Triste, fúnebre.
lujo m. Suntuosidad, fausto, boato. || *Fig.* Abundancia. || *Permitirse el lujo de,* darse el gusto de.
lujoso, sa adj. Con mucho lujo.
lujuria f. Vicio de los placeres de la carne. || *Fig.* Demasía.
lujuriante adj. Muy frondoso. || Lujurioso.
lujurioso, sa adj. Lascivo (ú. t. c. s.).
lulú m. Perro pequeño y lanudo.
lumbago m. Dolor en la espalda debido a una afección de las articulaciones de las vértebras lumbares a causa de traumatismo (directo o indirecto) o reumatismo (artritis o artrosis).
lumbar adj. *Anat.* Relativo a la parte posterior de la cintura.
lumbre f. Cualquier combustible encendido. || Luz. || Fuego : *dame lumbre para encender mi cigarrillo.*
lumbrera f. Abertura en un techo. || Claraboya en un barco. || En las máquinas, orificio de entrada o salida del vapor. || *Fig.* Persona muy sabia o inteligente : *una lumbrera de la política.*
lumen m. *Fís.* Unidad de flujo luminoso (símb. lm).
luminiscencia o **luminescencia** f. Emisión de luz a baja temperatura.
luminiscente o **luminescente** adj. Que emite rayos luminosos sin que haya incandescencia.
luminosidad f. Calidad de luminoso.
luminoso, sa adj. Que despide luz. || *Fig.* Brillante, muy atinado : *una idea luminosa.*
luminotecnia f. Técnica del alumbrado.
luminotécnico, ca adj. Relativo o perteneciente a la luminotecnia. || — M. y f. Persona que se dedica a la iluminación con propósitos artísticos.
luna f. Cuerpo celeste que gira alrededor de la Tierra y recibe la luz del Sol que refleja en nuestro planeta. || Esta misma luz. || Cada fase que presenta este cuerpo celeste : *Luna creciente.* || Espejo : *armario de luna.* || Cristal : *la luna de un escaparate.* || *Fig.* Capricho, humor caprichoso. || — *Fig. De buena* (o *mala*) *luna,* de buen (o mal) humor. | *Estar en la Luna,* estar en Babia. | *Luna de miel,* primeros tiempos de casado. | *Pedir la Luna,* solicitar algo imposible.
lunar adj. Relativo a la Luna. || — M. Mancha pequeña y negra o parda en la piel. || Dibujo redondo : *tejido de lunares.* || *Fig.* Defecto o mancha.
lunático, ca adj. y s. Loco. || Que tiene manías.
lunch [*lanch*] m. (pal. ingl.). Almuerzo ligero que se toma de pie.
lunes m. Segundo día de la semana. || *Cada lunes y cada martes,* constantemente.
luneta f. Butaca de patio en los teatros. || Cristal trasero de un coche.
lunfardismo m. Voz o giro propio del lunfardo.
lunfardo m. Germanía argentina. || *Arg.* Rufián, chulo.
lúnula f. Mancha blanca en la raíz de las uñas.
lupa f. Lente de aumento con un mango.
lupanar m. Casa de prostitución.
lúpulo m. Planta cuyo fruto se emplea para aromatizar la cerveza.
lusitanismo m. Palabra o giro propio de la lengua portuguesa.
lusitano, na y **luso, sa** adj. y s. De Lusitania. || Portugués.
lustrabotas m. inv. *Amer.* Limpiabotas.

lustrar v. t. Dar lustre o brillo. ‖ Limpiar los zapatos.
lustre m. Brillo. ‖ Betún para el calzado : *dar lustre a los zapatos.* ‖ *Fig.* Gloria, fama : *para mi mayor lustre.*
lustro m. Período de cinco años.
lustroso, sa adj. Brillante.
lutecio m. Metal del grupo de las tierras raras (símb. Lu), de número atómico 71.
luteranismo m. Doctrina de Lutero.
luterano, na adj. Relativo a la doctrina de Lutero. ‖ — M. y f. Partidario de la doctrina de Lutero.
luto m. Situación producida por la muerte de un pariente cercano, de un gran personaje, etc. ‖ Conjunto de signos exteriores de duelo en vestidos, adornos, etc. ‖ Dolor, pena.
lux m. Unidad de iluminación (símb. lx).
luxación f. Dislocación de un hueso.
luxar v. t. Provocar o sufrir una luxación (ú. t. c. pr.).
luxemburgués, esa adj. y s. De Luxemburgo.
luz f. Lo que ilumina los objetos y les hace visibles. ‖ Cualquier objeto que ilumina : *tráeme una luz.* ‖ Claridad que este objeto da : *apaga la luz.* ‖ Electricidad : *pagar la luz.* ‖ Claridad del día dada por el Sol : *hoy hay poca luz.* ‖ Faro de un automóvil : *luces muy potentes.* ‖ Destello de una piedra preciosa. ‖ Parte de un cuadro de pintura en la que hay más claridad. ‖ *Fig.* Aclaración, claridad. ‖ *Arq.* Ventana. | Tramo, arco de un puente. ‖ — Pl. Cultura, ilustración : *el siglo de las luces.* ‖ Inteligencia : *hombre de pocas luces.* ‖ — *A todas luces,* claramente. ‖ *Dar a luz,* parir la mujer; publicar una obra. ‖ *Fig. Dar luz verde,* autorizar a hacer algo. ‖ *Entre dos luces,* al amanecer o al anochecer; (fam.) medio borracho, achispado. ‖ *Luces de tráfico,* semáforos para regular la circulación. ‖ *Luz cenital,* la que entra por el techo; la que está en el interior del coche. ‖ *Luz de Bengala,* fuego artificial que produce una llama de color. ‖ *Luz de carretera, de cruce,* la de los automóviles cuando están en una carretera y es larga o más baja para no deslumbrar a otro coche que viene en sentido contrario. ‖ *Luz de población,* la utilizada por los automóviles en la ciudad. ‖ *Luz de posición* o *de situación,* las que se colocan en automóviles, barcos y aviones para distinguirlos en la noche. ‖ *Fig. Sacar a luz,* publicar; descubrir. | *Salir a luz,* imprimirse un libro; descubrirse, aparecer lo que estaba oculto. ‖ *Ver la luz,* nacer.
lw, símbolo del *laurencio* o *lawrencio,* elemento químico transsuránico.
lx, símbolo del *lux,* unidad de iluminancia.

ll

ll f. Decimocuarta letra del alfabeto castellano y undécima de sus consonantes.
llaba f. Planta papilionácea que crece principalmente en México.
llaca f. Animal marsupial, de color gris pálido y amarillento en la región ventral, que vive en terrenos pedregosos de la Argentina y Chile.
llacsa f. *Arg.* Nombre dado al metal fundido por los mineros del NO de Argentina.
llaga f. Úlcera. ‖ *Fig.* Cualquier cosa que causa pesadumbre.
llagar v. t. Hacer, causar o producir llagas. Ú. t. c. pr. : *se llagaron todas las heridas que tenía en las piernas.*
llague m. *Bot.* Nombre de dos plantas solanácea y poligonácea que crecen en Chile y Perú respectivamente.
llalla f. *Chil.* Pequeña herida.
llallí f. (pal. araucana). Nombre que se le da en Chile a la palomita o roseta de maíz. ‖ *Chil. Fig. Hacer llallí una cosa,* destrozarla completamente.
llama f. Gas incandescente producido por una sustancia en combustión. ‖ Mamífero rumiante doméstico de América del Sur donde se aprovecha la carne y la lana y es utilizado como bestia de carga. ‖ *Fig.* Pasión vehemente. ‖ Suplicio de la hoguera : *condenado a las llamas.* ‖ *Las llamas eternas,* las torturas del infierno.
llamada f. Llamamiento. ‖ Invitación urgente para que alguien venga : *se oían llamadas plañideras.* ‖ Excitación, invitación a una acción : *llamada a la sublevación.* ‖ Remisión en un libro : *hay que hacer todas las llamadas.* ‖ Comunicación : *llamada telefónica.* ‖ Acción de traer a la mente : *llamada de atención.* ‖ Oferta de emigración : *recibir una carta de llamada.* ‖ *Mil.* Toque para tomar las armas o formarse : *batir llamada.* ‖ *Fig.* Atracción : *siento en mí la llamada de mi sangre árabe.*
llamado m. Llamamiento.
llamador, ra m. y f. Persona que llama. ‖ — M. Aldaba de puerta. ‖ Botón del timbre.
llamamiento m. Acción y efecto de llamar. ‖ Convocatoria. ‖ *Mil.* Acción de llamar a los soldados de una quinta : *llamamiento a filas.*
llamar v. t. Invitar a alguien para que venga o preste atención por medio de una palabra, de un grito o de cualquier otro signo : *llamar a voces.* ‖ Dar un nombre a alguien, a algo : *llamar las cosas con la palabra adecuada.* ‖ Dar un calificativo : *le llamaron ladrón.* ‖ Convocar, citar : *lo llamaron ante los tribunales.* ‖ Atraer : *eso llama la atención.* ‖ Destinar : *está llamado a desempeñar un gran papel.* ‖ — V. i. Tocar, pulsar : *llamar con el timbre.* ‖ Golpear : *llamó a la puerta con los puños.* ‖ Comunicar : *llamar por teléfono.* ‖ — V. pr. Tener como nombre o apellido : *¿cómo se llama esa señora?* ‖ Tener cierto título una obra.
llamarada f. Llama intensa y breve. ‖ *Fig.* Enrojecimiento del rostro, rubor. | Pasión pasajera.

llamarón m. *Col.* y *Ecuad.* Gran llamarada de fuego.
llamativo, va adj. Vistoso : *colores llamativos.* ‖ Que llama la atención.
llame m. *Chil.* Lazo, trampa o señuelo para cazar pájaros.
llameante adj. Que llamea.
llamear v. i. Echar llamas.
llampo m. *Chil.* Parte menuda de mineral.
llampuga f. Pez de cuerpo alargado y comprimido, de coloración muy variada y de carne comestible.
llana f. Paleta para extender la mezcla, argamasa o yeso.
llanada f. Llanura.
llanca f. *Chil.* Mineral de cobre de color verde azulado. | Piedra de este mineral o de otros parecidos a él que usan los araucanos para hacer collares y para adornar los trajes que visten.
llanero, ra m. y f. Habitante de las llanuras. ‖ Habitante de los Llanos, región de sabanas en el centro de Venezuela.
llaneza f. *Fig.* Modestia. | Familiaridad. | Sencillez.
llanito, ta adj. y s. *Fam.* Gibraltareño.
llano, na adj. Liso, igual, plano : *superficie llana.* ‖ *Fig.* Que no tiene adornos, sencillo. | Claro, que no admite duda. | Simple, afable : *persona llana.* ‖ *Gram.* Que carga el acento en la penúltima sílaba : *palabra llana.* ‖ — *A la llana,* sin ceremonia. ‖ *De llano,* claramente. ‖ *Estado llano,* antigua clase formada por el pueblo común. ‖ — M. Llanura.
llanque m. Nombre dado en Perú a unas sandalias de confección tosca.
llanta f. Cerco de hierro o de goma que rodea las ruedas del coche. ‖ Corona de la rueda sobre la que se aplica el neumático. ‖ *Amer.* Neumático.
llantén m. Planta herbácea.
llantera y **llantina** f. *Fam.* Ataque de llanto.
llantería f. *Chil.* Llanterío.
llanterío m. Llanto simultáneo de varias personas.
llanto m. Efusión de lágrimas.
llantón m. *Venez.* Chapa.
llanura f. Terreno llano.
llapa f. Yapa.
llapango, ga adj. y s. *Ecuad.* Dícese de la persona que no usa calzado.
llapingacho m. *Ecuad.* y *Per.* Tortilla de papas con queso.
llaqué m. *Ecuad.* y *Méx.* Chaqué, prenda de vestir.
llar m. Fogón de las cocinas. ‖ — F. pl. Cadena de hierro que cuelga del cañón de la chimenea y se termina por un garabato del que se suspende la caldera.
llareta f. Planta herbácea de Chile cuyo tallo destila una resina balsámica que se usa como estimulante y para cuidar diversas afecciones estomacales.
llaucana f. Pico utilizado por los mineros chilenos.
llave f. Pieza metálica con la que se abre una cerradura. ‖ Nombre dado a diversas herramientas utilizadas para apretar o aflojar tuercas o tornillos, los muelles de un mecanismo, las cuerdas de un instrumento de música, etc. ‖ Grifo : *llave de paso.* ‖ Tecla móvil de los instrumentos de música de viento. ‖ Pieza con que se le da cuerda a un reloj. ‖ Disparador de arma de fuego. ‖ Interruptor de electricidad. ‖ Corchete ({) en que se encierra una enumeración de puntos. ‖ Presa, manera de agarrar al adversario en la lucha. ‖ *Fig.* Posición, punto estratégico : *Gibraltar era la llave del Mediterráneo.* | Medio de acceder a : *cree poseer las llaves del Paraíso.* ‖ *Mús.* Clave del pentagrama. ‖ — *Bajo* o *debajo de llave,* cerrado con llave; guardado en lugar seguro. ‖ *Llave en mano,* dícese de una vivienda, un automóvil o una fábrica vendidos totalmente acabados. ‖ *Llave inglesa,* instrumento de hierro con un dispositivo para abrir las dos partes que forman la cabeza de tal modo que se puedan aplicar a la tuerca o al tornillo que se ha de mover. ‖ *Llave maestra,* la que puede abrir todas las cerraduras.
llavero, ra m. y f. Persona que tiene las llaves. ‖ — M. Anillo de metal o especie de carterita de piel en que se ponen las llaves.
llavín m. Llave pequeña y plana.
llegada f. Acción de llegar; momento preciso en que llega una persona o cosa. ‖ Final de una carrera deportiva : *la llegada de los corredores.*
llegar v. i. Alcanzar el sitio adonde se quería ir : *llegó a la ciudad.* ‖ Acercarse : *al llegar la noche.* ‖ Alcanzar su destino : *llegó el correo.* ‖ Alcanzar : *llegar a la vejez.* ‖ Tocar : *le llegó su vez.* ‖ Subir : *el precio no llega a tanto.* ‖ Suceder, ocurrir : *llegó lo que esperaba.* ‖ Conseguir, obtener : *llegó a ser presidente.* ‖ Venir : *ya llegó el verano.* ‖ Extenderse hasta cierto punto : *el abrigo le llega a las rodillas.* ‖ — *Llegar a las manos,* reñir, pelearse. ‖ *Llegar a ser,* convertirse en. ‖ — V. pr. Ir: *llégate a su casa.*
llena f. Crecida de un río que sale de su cauce.
llenado m. Acción de llenar. ‖ Embotellado.
llenar v. t. Ocupar con algo lo que estaba vacío : *llenar un vaso.* ‖ Ocupar : *llenar el teatro.* ‖ *Fig.* Colmar : *la noticia me llena de alegría.* | Emplear : *lo hago para llenar el tiempo.* | Satisfacer : *esta persona no me llena.* | Cubrir : *llenar de injurias.* ‖ Poner las indicaciones necesarias, rellenar un formulario. ‖ Fecundar el macho a la hembra. ‖ — V. i. Llegar la Luna al plenilunio. ‖ — V. pr. No dejar sitio libre. ‖ Cubrirse : *llenarse los dedos de tinta.* ‖ *Fam.* Hartarse.
llenazo m. Gran concurrencia en un espectáculo.
llenazón f. *Arg.* Pesadez que se siente en el estómago por exceso de comida.
lleno, na adj. Ocupado completamente por algo : *una botella llena.* ‖ Que contiene algo en gran cantidad : *con el estómago lleno.* ‖ Que tiene abundancia : *lleno de orgullo.* ‖ Redondo : *mejillas llenas.* ‖ *Fig.* y *fam.* Nada flaco sin llegar a ser realmente gordo. ‖ *Dar de lleno,* dar completamente. ‖ — M. Plenilunio. ‖ Gran concurrencia : *lleno en la plaza de toros.*
lleuque m. *Chil.* Árbol maderable de fruto comestible que tiene el tamaño de una pequeña guinda.
llevadero, ra adj. Soportable, tolerable : *una vida llevadera.* ‖ Que se puede poner : *traje llevadero.*
llevar v. t. Estar cargado de un peso (persona o cosa) : *llevar un saco en las espaldas.* ‖ Impulsar : *llevado por su entusiasmo.* ‖ Arrastrar : *el viento lo llevó todo.* ‖ Transportar : *llévame en coche.* ‖ Conducir, dirigir, manejar : *no sabes llevar el coche.* ‖ Traer : *lo llevé a mi opinión.* ‖ Vestir : *llevaba chaqueta.* ‖ Tener de cierta manera :

llevar la cabeza alta. || Producir : *tierra que lleva trigo.* || Coger consigo y depositar en un sitio : *lleva esta carta al buzón.* || Dirigir, mover hacia : *llevó la copa a los labios.* || Introducir, meter : *llevó la mano al bolsillo.* || Tener : *la vida que yo llevaba.* || Poseer, estar caracterizado por : *lleva un nombre ilustre.* || Nombrar, elegir : *lo llevaron al Poder.* || Incitar, impulsar a algo : *esto me lleva a decir.* || Someter a una jurisdicción : *lo llevaron a los tribunales.* || Causar, provocar : *esto te llevará a la ruina.* || Manifestar, presentar : *lleva la crueldad en su rostro.* || Soportar : *llevar sus males con resignación.* || Ir, conducir : *este camino lleva a mi casa.* || Tener consigo : *no llevo ningún dinero.* || Durar : *me llevó un día este artículo.* || Estar desde hace : *lleva un mes en la cama.* || Contener : *este vino lleva mucha agua.* || Pedir, cobrar : *me ha llevado muy caro el sastre.* || Encargarse : *lleva los negocios de la familia.* || Ocuparse : *llevar las relaciones exteriores.* || Anotar : *llevar las cuentas en un libro.* || Presentar, encerrar : *asunto que lleva muchas dificultades.* || Conducir : *¿adónde nos lleva la guerra?* || Acompañar : *llevó a sus hermanitos al cine.* || Retener : *veintitrés, pongo tres y llevo dos.* || Haber : *llevar estudiado.* || Tener de más : *le llevo trece años.* || Tener un adelanto : *su coche me lleva diez kilómetros.* || Arrancar : *la bala le llevó el brazo.* || Tener, gastar : *lleva una barba espesa.* || Acomodarse al carácter de una persona : *sabe llevar muy bien a su marido.* || *Dejarse llevar,* dejarse influir. || — V. pr. Tomar consigo : *se llevó todos mis libros.* || Ganar : *me llevé un premio.* || Obtener, lograr, ganar : *en ese negocio se llevó un millón de pesos.* || Estilarse : *esos sombreros ya no se llevan.* || Tener : *llevarse un susto.* || Recibir : *se llevó un bofetón.* || Entenderse : *estas dos chicas se llevan muy bien, pese a tener caracteres diametralmente opuestos.*

lliclla f. *Ecuad.* y *Per.* Mantilla de lana que llevan las mujeres indias en los hombros.

lloglla f. *Per.* Avenida repentina de los ríos causada por lluvias torrenciales.

llongo m. *Chil.* Hongo, seta.

lloque m. *Per.* Planta silvestre rosácea de madera fuerte que se emplea en la fabricación de bastones.

lloraduelos com. inv. Persona que se queja constantemente.

llorar v. i. Derramar lágrimas. || *Fig.* Caer un líquido gota a gota. || — V. t. Sentir vivamente la pérdida de alguien. || Sentir mucho : *llorar sus desgracias.*

llorera f. Llanto prolongado.

llorica y **lloricón, ona** adj. y s. Que lloriquea.

llorido m. *Guat.* y *Méx.* Lloriqueo.

lloriqueante adj. Que lloriquea.

lloriquear v. i. Gimotear.

lloriqueo m. Gimoteo.

lloro m. Llanto, lágrimas.

llorón, ona adj. Que llora mucho (ú. t. c. s.). || Dícese de algunos árboles con ramas colgantes : *sauce llorón.* || — M. Penacho de plumas utilizado como adorno en sombreros femeninos. || — F. Plañidera. || — F. pl. *Arg.* y *Bol.* Grandes espuelas de los vaqueros.

lloroso, sa adj. Que parece haber llorado o a punto de llorar.

llovedizo, za adj. Que deja pasar la lluvia. || *Agua llovediza,* agua de lluvia.

llover v. impers. Caer agua de las nubes : *llueve a cántaros.* || — V. i. *Fig.* Caer una cosa sobre uno con abundancia. || — *Fig. Como llovido del cielo,* inesperadamente. | *Llover sobre mojado,* venir una cosa molesta tras otras. || — V. pr. Calarse con las lluvias.

llovido m. Polizón, persona que se embarca clandestinamente.

llovizna f. Lluvia menuda.

lloviznar v. impers. Caer llovizna.

lloviznoso, sa adj. *Amer.* Con lloviznas frecuentes : *tiempo, lugar lloviznoso.*

llueca adj. f. Clueca.

lluqui adj. *Ecuad.* Zurdo.

lluvia f. Precipitación de agua de la atmósfera en forma de gotas : *temporada de las lluvias.* || *Fig.* Caída de objetos como si fuesen gotas de lluvia : *lluvia de balas.* | Gran abundancia o cantidad : *lluvia de injurias.* || *Amer.* Ducha.

lluvioso, sa adj. Abundante en lluvias : *es zona climática fría y muy lluviosa.*

m

m f. Decimoquinta letra del alfabeto castellano y duodécima de sus consonantes. || — **M,** letra numeral que tiene valor de mil en la numeración romana. || Símbolo del prefijo *mega,* empleado en el sistema de pesas y medidas, que equivale a *un millón de veces.* || Símbolo del *maxwell.* || — **m,** símbolo del *metro, del minuto* y del prefijo *mili.*

mabinga f. *Méx.* Estiércol.

maca f. Mancha de la fruta por un golpe u otro motivo. || Pequeño deterioro que tienen algunas cosas.

macabro, bra adj. Relativo a la muerte. || Tétrico, lúgubre.

macaco, ca adj. Feo, mal hecho. || — M. Mono de Asia, del que hay varias especies, de estatura media y complexión robusta.

macadán m. Pavimento hecho con piedra machacada y arena aglomeradas con una apisonadora.

macagua f. Ave rapaz de América. || Árbol silvestre de Cuba. || Serpiente venenosa de Venezuela.

macana f. *Amer.* Arma contundente parecida al machete. | Garrote, porra. | Disparate, tontería. | Mentira, bola. || *Amer. Fig.* Objeto invendible. | Cosa deteriorada o anticuada. | Chisme, cosa.

macanada f. *Arg.* Disparate, tontería.
macanazo m. *Amer.* Golpe dado con la macana. || *Amer. Fam.* Disparate enorme.
macaneador, ra adj. *Arg.* Amigo de macanear, embustero (ú. t. c. s.).
macanear v. i. *Amer.* Mentir.
macaneo m. *Arg.* Acción de macanear.
macanero, ra adj. *Arg.* Macaneador.
macanudo, da adj. *Fam.* Magnífico, estupendo, formidable.
macarra adj. y s. m. *Pop.* Chulo. | Hortera, de mal gusto.
macarrones m. pl. Pasta de harina de trigo, recortada en canutos largos.
macarronea f. Composición burlesca en versos macarrónicos.
macarrónico, ca adj. *Fam.* Aplícase al lenguaje burlesco que se forma poniendo terminaciones latinas a palabras de la lengua vulgar.
macear v. t. Golpear con mazo.
macedonia f. Ensalada de frutas o de verduras.
macedonio, nia adj. y s. De Macedonia (Grecia).
maceo m. Golpes dados con un mazo.
maceración f. Operación consistente en dejar remojar cuerpos en un líquido para sacar los productos solubles que contienen o, si se trata de alimentos, para aromatizarlos o conservarlos. || *Fig.* Mortificación.
maceramiento m. Maceración.
macerar v. t. Poner a remojar una cosa en un líquido. || — V. pr. Mortificarse el cuerpo por penitencia.
macero m. El que lleva la maza en algunas ceremonias.
maceta f. Tiesto para plantas.
macetero m. Mueble para poner macetas de flores.
macetón m. Maceta grande.
macfarlán y **macferlán** m. Gabán sin mangas y con esclavina.
macilento, ta adj. Pálido.
macillo m. *Mús.* Pieza del piano que golpea la cuerda.
macizo, za adj. Grueso : *mueble macizo.* || Ni chapado ni hueco : *pulsera de oro macizo.* || *Fig.* De peso : *argumentos macizos.* || — M. *Arq.* Lienzo de pared entre dos vanos. || Grupo de alturas generalmente montañosas. || Conjunto de edificios apiñados. || Combinación de plantas que decoran los cuadros de los jardines.
macla f. Asociación de dos o más cristales homogéneos en un mismo cuerpo cristalino según leyes geométricas precisas.
macrocéfalo, la adj. y s. De cabeza voluminosa.
macroeconomía f. Parte de la economía que estudia las relaciones entre cantidades globales con objeto de promover una política económica que pueda ejercer una influencia en éstas.
macrofotografía f. Fotografía de objetos pequeños que es directamente ampliada por el objetivo de la cámara.
macromolécula f. Molécula muy grande formada por polimerización.
macromolecular adj. Aplícase a una sustancia química de masa molecular elevada.
macuache m. En México, indio y analfabeto.
macuco, ca y **macucón, ona** adj. *Arg. Chil.* y *Per.* Macanudo. || *Fam. Chil.* Astuto, taimado. || *Arg. Bol.* y *Col.* Muy grande.
mácula f. Mancha.
macular v. t. Manchar.
macuto m. Mochila.
mach m. Unidad de velocidad para aviones y cohetes, que equivale a la del sonido.
machacador, ra adj. y s. Que machaca o muele. || — F. Máquina trituradora de materias duras.
machacadura f. Acción y efecto de machacar.
machacante m. *Fam.* Moneda española de cinco pesetas. || *Fam.* Soldado al servicio de suboficiales.
machacar v. t. Quebrantar o reducir a polvo una cosa golpeándola. || *Fig.* Repetir insistentemente. || *Mil.* Bombardear un objetivo con proyectiles de artillería o de aviación hasta destruirlo. || — V. i. *Fig.* Importunar, fastidiar. | Insistir, repetir. | Estudiar con ahínco. || — *Fig. Machacar en hierro frío,* hacer esfuerzos vanos. | *Machacar los oídos,* repetir insistentemente.
machacón, ona adj. y s. Pesado, que repite mucho las cosas.
machaconería f. Insistencia, repetición pesada.
machada f. Hato de machos cabríos. || *Fig.* y *fam.* Necedad, estupidez. | Acción propia de un hombre.
machamartillo (a) m. adv. Sólidamente. || Firmemente : *creer a machamartillo.* || Insistentemente.
machaquear v. t. Machacar.
machaqueo m. Trituración. || Molido. || *Fig.* Repetición.
machaquería f. Machaconería.
machear v. i. Engendrar los animales más machos que hembras. || *Fig.* Dárselas de hombre.
machetazo m. Golpe de machete.
machete m. Sable bastante corto de mucho peso y de un solo filo. || Cuchillo grande usado para varios usos.
machetear v. t. Dar machetazos. || Golpear con el machete.
machetero m. Hombre que desmonta los bosques con el machete. || Hombre que corta la caña con el machete.
machiega adj. f. Aplícase a la abeja reina.
machihembrado m. Ensamblaje a caja y espiga o a ranura y lengüeta.
machihembrar v. t. Ensamblar dos piezas de madera a caja y espiga o a ranura y lengüeta.
machismo m. Importancia exagerada dada a la condición de varón.
machista adj. Relativo al machismo. || — M. Persona que pone de relieve su condición de varón.
macho adj. m. Que pertenece al sexo masculino. || *Fig.* Fuerte, vigoroso. | Varonil, viril. || — M. Animal del sexo masculino : *macho y hembra.* || Mulo. || Parte del corchete que engancha en otra llamada hembra. || Pieza que penetra en otra. || Pilar de fábrica. || Martillo grande de herrero. || Banco del yunque. || Borlas en el traje de los toreros.
machón m. Pilar de fábrica.
machorra f. Hembra estéril. || *Fam.* Marimacho.
machota f. Mazo. || Mujer valiente. || *Fam.* Marimacho.
machote adj. y s. *Fam.* Muy hombre, viril.
machucar v. t. Golpear.
made, pal ingl. empleada en la expresión *made in,* fabricado en.
madeja f. Hilo de seda o de lana recogido en varias vueltas iguales. || *Fig.* Mata de pelo.
madera f. Sustancia dura de los árboles

debajo de la corteza. ‖ Trozo labrado de esta sustancia. ‖ Parte dura del casco de las caballerías. ‖ *Fig.* y *fam.* Disposición natural, valor personal : *tener madera de pintor.* ‖ — M. Vino de la isla de Madera.
maderable adj. Que da madera útil para construcciones.
maderaje y **maderamen** m. Conjunto de las piezas de madera que sostienen una construcción.
maderero, ra adj. De la madera. ‖ — M. M. Comerciante en maderas.
madero m. Pieza larga de madera. ‖ *Fig.* Necio, zoquete.
madona f. Nombre que se da a las representaciones de la Virgen.
madrastra f. Mujer del padre respecto de los hijos que éste tiene de un matrimonio anterior. ‖ *Fig.* Madre mala.
madraza f. *Fam.* Madre que mima mucho a sus hijos.
madre f. Mujer que ha tenido hijos : *madre de familia.* ‖ Hembra de un animal que ha tenido crías. ‖ Tratamiento que se da a ciertas religiosas : *madre superiora.* ‖ *Fam.* Mujer de edad avanzada. ‖ *Fig.* Cuna, lugar de donde procede una cosa : *Grecia, madre de las artes.* | Causa, origen : *la ociosidad es madre de todos los vicios.* | Matriz. ‖ Cauce de un río : *salir de madre.* ‖ Acequia principal. ‖ Cloaca maestra. ‖ Heces del mosto, vino o vinagre. ‖ — *Lengua madre,* aquella de la cual se han derivado otras lenguas. ‖ *Fig. Madre del cordero,* causa principal de algo complicado. ‖ *Madre de leche,* nodriza, ‖ *Madre patria,* país que ha fundado una colonia. ‖ *Madre política,* suegra ; madrastra.
madreperla f. Concha bivalva donde se suelen encontrar las perlas.
madrépora f. Pólipo de los mares intertropicales que forma un polipero calcáreo y arborescente. ‖ Este polipero, que llega a formar en algunas partes escollos y atolones.
madreselva f. Planta trepadora.
madrigal m. Composición poética corta, delicada y galante.
madrigalista com. Persona que compone o canta madrigales.
madriguera f. Guarida de ciertos animales. ‖ *Fig.* Refugio.
madrileñismo m. Carácter madrileño.
madrileñista adj. y s. De carácter madrileño.
madrileñizar v. t. Dar carácter madrileño.
madrileño, ña adj. y s. De Madrid.
madrina f. Mujer que asiste a uno en el sacramento del bautismo, de la confirmación, de la boda, etc. ‖ *Fig.* Protectora, mujer que presenta a una persona en una sociedad.
madrinazgo m. Condición de madrina.
madroñal m. y **madroñera** f. Terreno plantado de madroños.
madroño m. Arbusto de fruto parecido a una cereza. ‖ Su fruto. ‖ Borlita redonda.
madrugada f. Alba, amanecer. ‖ Acción de levantarse temprano.
madrugador, ra adj. y s. Que acostumbra madrugar.
madrugar v. i. Levantarse temprano. ‖ *Fig.* Ganar tiempo.
madrugón, ona adj. Madrugador. ‖ — M. *Fam.* Madrugada muy temprana : *darse un madrugón.*
maduración f. Conjunto de fenómenos que se producen hasta que una fruta esté madura.
madurar v. t. Dar sazón a los frutos : *el Sol madura las mieses.* ‖ Reflexionar detenidamente : *madurar un proyecto.* ‖ Acelerar la supuración de los tumores. ‖ *Fig.* Volver experimentado : *la vida le ha madurado.* ‖ — V. i. Ir sazonándose una fruta. ‖ *Cir.* Empezar a supurar un tumor. ‖ Adquirir experiencia y madurez : *maduró con los años.*
madurez f. Sazón de los frutos. ‖ Edad adulta. ‖ Estado del desarrollo completo de una persona o cosa. ‖ *Fig.* Juicio, cordura adquirida por la experiencia.
maduro, ra adj. Que está en sazón : *fruta madura.* ‖ *Fig.* Sentado, reflexivo : *juicio maduro.* | Entrado en años, ni joven ni viejo.
maese, sa m. y f. (Ant.). Maestro.
maestra f. Mujer que enseña un arte o ciencia. ‖ Profesora de primera enseñanza. ‖ Escuela de niñas.
maestrante m. Miembro de una maestranza.
maestranza f. Sociedad de equitación. ‖ *Mil.* Talleres donde se componen y construyen los montajes de las piezas de artillería. | Conjunto de empleados que trabajan en esos talleres. ‖ Ciertas corporaciones nobiliarias : *maestranzas de Sevilla, de Ronda.*
maestrazgo m. Dignidad de maestre de una orden militar y territorio de su jurisdicción.
maestre m. Superior de las órdenes militares.
maestresala m. Servidor principal en la mesa de un señor y en los hoteles.
maestría f. Arte, destreza.
maestro, tra adj. Muy bien hecho, perfecto : *obra maestra.* ‖ — M. Hombre que enseña un arte o ciencia. ‖ Profesor de primera enseñanza : *maestro de escuela.* ‖ Artesano de cierto grado : *maestro sastre.* ‖ El que tiene más conocimientos en una materia que la mayoría de la gente : *inspirarse en los maestros.* ‖ El que dirige el personal y las operaciones de un servicio : *maestro de obras.* ‖ Compositor de música. ‖ *Fam.* En algunos sitios, tratamiento familiar dado a personas de respeto o ancianas. ‖ *Mar.* Palo mayor de una arboladura. ‖ *Fig.* Persona muy diestra : *ser maestro en un arte.* ‖ — *Maestro de capilla,* músico que dirige los coros de una iglesia. ‖ *Maestro de ceremonias,* el que dirige el ceremonial de un palacio.
mafia f. Asociación u organización secreta de malhechores.
mafioso, sa adj. y s. Relativo o perteneciente a la mafia.
magallánico, ca adj. Del estrecho de Magallanes. ‖ De Magallanes, prov. de Chile (ú. t. c. s.).
magazine m. (pal. ingl.). Revista destinada al gran público.
magdalena f. Bollo pequeño de forma ovalada. ‖ *Fig.* Mujer arrepentida.
magdalenense adj. y s. De Magdalena (Colombia).
magdaleniense adj. y s. m. Aplícase al último período del paleolítico.
magia f. Ciencia oculta que pretende realizar prodigios. ‖ Atractivo poderoso, encanto : *la magia de las palabras.*
magiar adj. y s. Húngaro. ‖ — M. Pueblo uraloaltaico que se estableció en Hungría en el s. IX.
mágico, ca adj. Relativo a la magia : *poder mágico.* ‖ Que debe producir efectos sobrenaturales : *varita mágica.* ‖ *Fig.* Maravilloso.
magín m. *Fam.* Imaginación.

magister m. *Fam.* Maestro.
magisterio m. Enseñanza dada por el maestro. ‖ Profesión de maestro. ‖ Título o grado de maestro. ‖ Conjunto de maestros. ‖ *Fig.* Gravedad afectada.
magistrado m. Superior en el orden civil. ‖ Dignidad o empleo de juez. ‖ Miembro de un tribunal de justicia.
magistral adj. Relativo al maestro o al magisterio. ‖ Hecho con maestría : *un discurso magistral.* ‖ Imperioso : *tono magistral.*
magistratura f. Dignidad o cargo de magistrado. ‖ Tiempo durante el cual se ejerce este cargo. ‖ Corporación de los magistrados. ‖ *Magistratura del Trabajo,* en España, tribunal integrado por representantes de los asalariados y los empresarios, encargado de resolver los litigios de tipo profesional.
magma m. Masa pastosa espesa y viscosa. ‖ *Geol.* Masa de materias en fusión que, al solidificarse, forma una roca.
magnanimidad f. Generosidad.
magnánimo, ma adj. Generoso.
magnate m. Persona importante.
magnesia f. Óxido de magnesio, sustancia blanca empleada como antiácido, laxante y purgante.
magnesio m. Metal blanco sólido (símb. Mg), de número atómico 12, de densidad 1,74, que arde con luz intensa.
magnesita f. Silicato de magnesio hidratado.
magnético, ca adj. Relativo al imán. ‖ De propiedades análogas a las del imán. ‖ Referente al magnetismo animal. ‖ *Fig.* Que tiene un poder de atracción.
magnetismo m. Fuerza atractiva del imán. ‖ Parte de la física que estudia las propiedades de los imanes. ‖ *Fig.* Poder de atracción que tiene una persona sobre otra. ‖ *Magnetismo animal,* influencia, real o supuesta, que una persona puede ejercer sobre otra por medio de ciertos movimientos llamados «pases».
magnetización f. Acción y efecto de magnetizar.
magnetizador, ra adj. y s. Que magnetiza.
magnetizar v. t. Comunicar a un cuerpo las propiedades del imán. ‖ Comunicar a una persona magnetismo animal. ‖ Hipnotizar. ‖ *Fig.* Ejercer una atracción fuerte y misteriosa.
magneto f. Generador eléctrico en el cual la inducción es producida por un imán permanente.
magnetofónico, ca adj. Relativo al magnetófono.
magnetófono m. Aparato que registra los sonidos por imantación de un hilo o una cinta magnéticos y que dispone también de circuitos amplificadores para restituirlos.
magnicida adj. y s. Que comete magnicidio.
magnicidio m. Muerte dada a una persona que ocupa el Poder.
magnificar v. t. Engrandecer.
magníficat m. Cántico a la Virgen.
magnificencia f. Liberalidad en los gastos. ‖ Esplendor, lujo.
magnífico, ca adj. Espléndido, muy hermoso : *piso magnífico.* ‖ Excelente : *libro magnífico.* ‖ Título de honor : *rector magnífico.*
magnitud f. Tamaño de un cuerpo. ‖ *Astr.* Cantidad que caracteriza el brillo de las estrellas. ‖ *Fig.* Importancia. ‖ *Mat.* Cantidad.
magno, na adj. Grande.
magnolia f. Árbol de flores aromáticas. ‖ Esta flor.
magnoliáceas f. pl. Familia de plantas dicotiledóneas (ú. t. c. adj.).
mago, ga adj. y s. Que ejerce la magia. ‖ Aplícase a los tres reyes que adoraron a Jesús recién nacido.
magrear v. t. *Pop.* Sobar.
magreo m. *Pop.* Sobo.
magro, gra adj. Delgado, flaco. ‖ — M. Carne sin grasa. ‖ *Fam.* Lomo de cerdo.
maguer y **magüer** conj. Aunque. ‖ (Ant.). A pesar.
maguey m. Pita, agave.
magulladura f. y **magullamiento** m. Contusión o cardenal producido en la piel por un golpe. ‖ Parte dañada de una fruta producida por un choque.
magullar v. t. Producir contusión o cardenal en la piel por un golpe. ‖ Dañar la fruta golpeándola contra algo.
maharajá m. Título que significa *gran rey* y se aplica hoy a los príncipes feudatarios de la India. (Su fem. es *maharaní.*)
mahatma m. Personalidad espiritual en la India.
mahometano, na adj. y s. Seguidor de la religión de Mahoma.
mahometismo m. Religión de Mahoma, islamismo.
mahón m. Tela fuerte de algodón.
mahonés, esa adj. y s. De Mahón (España). ‖ — F. Mayonesa.
maicena f. Harina fina de maíz.
maicería f. *Amer.* Casa que vende maíz.
maicero, ra adj. *Amer.* Relativo al maíz.
maitines m. pl. Hora canónica que se reza antes del amanecer.
maître [*metr*] m. (pal. fr.). Jefe de comedor.
maíz m. Cereal de la familia de las gramíneas originario de América que produce mazorcas de grandes granos amarillos. ‖ Su grano.
maizal m. Campo de maíz.
maja f. Mano de almirez. ‖ Mujer joven y apuesta.
majada f. Aprisco, lugar donde se recoge de noche el ganado. ‖ Estiércol de los animales.
majadería f. Necedad, tontería.
majadero, ra adj. y s. Necio.
majado m. Lo que se ha molido o machacado.
majagua f. Árbol americano.
majar v. t. Machacar, moler : *majar pimienta.* ‖ *Fig.* y *fam.* Molestar. | Pegar : *majar a palos.* | Aplastar, destruir : *majar un ejército.*
majara y **majareta** adj. y s. Fam. Loco.
majestad f. Título que se da a Dios y a los soberanos. ‖ Suma grandeza : *la majestad de su porte.*
majestuosidad f. Calidad de majestuoso.
majestuoso, sa adj. Que tiene majestad : *tenía un porte majestuoso.*
majeza f. Calidad de majo.
majo, ja adj. Que ostenta elegancia y guapeza propia de la gente del pueblo. Ú. t. c. s. : *los majos fueron representados por Goya.* ‖ *Fam.* Compuesto : *ir muy majo.* | Bonito, mono, hermoso : *¡qué majo es este niño!* | Simpático.
mal adj. Apócope de *malo* : *mal día; mal humor.* ‖ — M. Lo opuesto al bien o a la moral : *no hacer nunca mal.* ‖ Daño : *hacer mucho mal a uno.* ‖ Desgracia, calamidad : *los males de la guerra.* ‖ Enfermedad, dolencia : *curó su mal.* ‖ Inconveniente : *esto es un mal necesario.* ‖ — *Llevar a mal,* que-

jarse. ‖ *Mal de ojo,* maleficio. ‖ *¡Mal haya!,* maldición, imprecación contra uno. ‖ *No hay mal que por bien no venga,* a veces los acontecimientos que nos parecen mal venidos tienen consecuencias afortunadas. ‖ *Tomar a mal,* tomar en mala parte.

mal adv. De manera muy imperfecta : *cantar mal.* ‖ Contrariamente a lo que se esperaba : *el negocio ha salido mal.* ‖ Difícilmente : *mal puede ayudarme.* ‖ — *De mal en peor,* cada vez peor. ‖ *Mal que bien,* ni bien, ni mal ; de buena o mala gana. ‖ *¡Menos mal!,* afortunadamente.

malabarismo m. Juegos de destreza. ‖ *Fig.* Habilidad, destreza.

malabarista com. Persona que se dedica a hacer juegos de destreza, equilibrista. ‖ *Fig.* Persona muy hábil.

malacate m. Eje vertical provisto de una o varias palancas en el extremo de las cuales se enganchaban las caballerías.

malacitano, na adj. y s. Malagueño.

malaconsejado, da adj. y s. Que obra desatinadamente dejándose guiar por malos consejos.

malacopterigio, gia adj. y s. Aplícase a los peces de aletas blandas o flexibles y con el esqueleto óseo, como el salmón y el bacalao. ‖ — Pl. Orden de estos peces.

malacostumbrado, da adj. De malas costumbres. ‖ Mal criado.

málaga m. Vino dulce de Málaga.

malage adj. y s. *Pop.* Que tiene poca gracia.

malagueño, ña adj. y s. De Málaga (España). ‖ — F. Aire popular y baile de la prov. española de Málaga, parecido al fandango.

malaje adj. y s. *Pop.* Malage.

malambo m. *Riopl.* Baile típico del gaucho.

malanga f. *Amér. C.* y *Antill.* Tubérculo comestible.

malange adj. y s. *Pop.* Malage.

malapata com. *Fam.* Persona de mala suerte. ‖ — F. *Fam.* Mala suerte : *tener muy malapata.*

malaquita f. Carbonato hidratado natural de cobre de color verde.

malaria f. *Med.* Paludismo.

malasangre adj. Que tiene malas intenciones (ú. t. c. s.).

malasombra com. *Fam.* Persona con poca gracia. ‖ — F. *Fam.* Mala suerte. ‖ Falta de gracia.

malaúva adj. y s. *Pop.* Pérfido.

malavenido, da adj. En desacuerdo.

malaventura f. Desventura.

malaventurado, da adj. Desgraciado, desafortunado.

malaventuranza f. Desgracia.

malaxación f. Amasado.

malaxar v. t. Amasar una sustancia para ablandarla.

malbaratar v. t. Vender por debajo de su precio. ‖ *Fig.* Malgastar.

malcasado, da adj. Casado con una persona de clase o condición inferior (ú. t. c. s.).

malcasar v. t. Casar a uno con una persona mal escogida o de condición inferior (ú. t. c. pr.).

malcomer v. i. Comer mal.

malconsiderado, da adj. Desconsiderado, despreciado.

malcontento, ta adj. Descontento, que no está satisfecho.

malcriadez o **malcriadeza** f. *Amer.* Mala educación.

malcriado, da adj. y s. Mal educado.

malcriar v. t. Educar mal. ‖ Mimar.

maldad f. Propensión a obrar mal : *¡hay que ver la maldad de este niño!* ‖ Acción mala : *cometer maldades.* ‖ *Méx.* Travesura.

maldecido, da adj. y s. Maldito.

maldecidor, ra adj. y s. Calumniador.

maldecir v. t. Echar maldiciones : *maldijo a su hijo.* ‖ — V. i. Hablar mal, calumniar.

maldiciente adj. y s. Que habla mal de la gente.

maldición f. Imprecación contra una persona o cosa.

maldispuesto, ta adj. Indispuesto. ‖ Poco dispuesto o sin ánimo para hacer algo.

maldito, ta adj. Muy malo : *¡maldito clima!* ‖ Odioso : *¡maldito embustero!* ‖ Condenado por la justicia divina (ú. t. c. s.). ‖ *Fam.* Ninguno, nada : *no saber maldita la cosa.*

maldonadense adj. y s. De Maldonado (Uruguay).

maldoso, sa adj. *Méx.* Travieso, malo.

maleabilidad f. Calidad de maleable.

maleable adj. Que puede batirse o aplastarse en láminas sin romperse. ‖ Que se puede modelar o labrar fácilmente : *la cera es muy maleable.* ‖ *Fig.* Dócil, flexible : *persona extremadamente maleable.*

maleado, da adj. Pervertido.

maleador, ra adj. y s. Que malea a los otros (ú. t. c. s.).

maleante adj. Que malea. ‖ Perverso, malo. ‖ Maligno. ‖ — M. Malhechor.

malear v. t. Echar a perder (ú. t. c. pr.). ‖ *Fig.* Pervertir.

malecón m. Dique que protege la entrada de un puerto.

maledicencia f. Acción de mal decir, murmuración, denigración.

malediciente adj. y s. Maldiciente.

maleficiar v. t. Causar daño. ‖ Estropear una cosa. ‖ Hechizar.

maleficio m. Sortilegio por el cual se pretende perjudicar a los hombres, animales, etc.

maléfico, ca adj. Que perjudica con maleficios. ‖ Que tiene una influencia sobrenatural mala : *un poder maléfico.* ‖ — M. y f. Hechicero.

malentender v. t. Entender mal.

malentendido m. Equívoco, quid pro quo, mal entendimiento : *hasta hace poco se llevaban muy bien, pero desde un tiempo ha habido numerosos malentendidos entre los dos.*

maléolo m. *Anat.* Cada una de las dos protuberancias huesudas que forman el tobillo.

malestar m. Sensación de incomodidad causada por un ligero trastorno fisiológico. ‖ *Fig.* Inquietud moral, desasosiego. | Desazón.

maleta f. Especie de cofre pequeño y ligero que uno lleva de viaje para transportar ropa u otros enseres. ‖ Portaequipaje de un coche. ‖ — M. *Fam.* El que es muy torpe en la práctica de su profesión.

maletero m. Fabricante o vendedor de maletas. ‖ Mozo de equipajes. ‖ Portaequipaje de un coche.

maletilla m. Aprendiz de torero.

maletín m. Maleta pequeña.

malevo, va adj. *Arg.* Malévolo. | Pendenciero (ú. t. c. s.). | Resuelto, valiente. | Audaz.

malevolencia f. Mala voluntad.

malévolo, la adj. y s. Inclinado a hacer mal.

maleza f. Abundancia de malas hierbas en los sembrados. ‖ Espesura de arbustos silvestres y de zarzas.

malformación f. *Med.* Deformación congénita.
malgache adj. y. s. De Madagascar : *República Malgache.*
malgastador, ra adj. y s. Que malgasta.
malgastar v. t. Gastar el dinero en cosas inútiles o malas. ‖ No aprovechar adecuadamente el tiempo o cualquier otra cosa.
malgeniado, da adj. *Col.* y *Per.* De mal genio.
malgenioso, sa adj. Malgeniado.
malhablado, da adj. y s. Grosero, soez en el hablar.
malhadado, da adj. Desdichado.
malhaya adj. *Fam.* Maldito : *malhaya sean tus descendientes.* ‖ — Interj. *Riopl.* ¡Ojalá!
malhechor, ra adj. y. s. Que comete un delito.
malherir v. t. Herir gravemente.
malhumor m. Mal humor.
malhumorado, da adj. De mal humor, disgustado.
malhumorar v. t. Poner de mal humor.
malicia f. Maldad, inclinación a lo malo : *tener malicia.* ‖ Afición a gastar bromas más o menos pesadas. ‖ Perversidad. ‖ Agudeza, astucia, sutileza : *niño de mucha malicia.* ‖ *Fam.* Sospecha, recelo.
maliciable adj. Que puede maliciarse.
maliciar v. t. Sospechar, recelar. U. t. c. pr. : *maliciarse de algo.* ‖ Malear, pervertir, corromper.
malicioso, sa adj. y s. Que tiene malicia o perversidad. ‖ Astuto.
malignidad f. Calidad de maligno.
maligno, na adj. Propenso a lo malo y perverso : *gente maligna.* ‖ Pernicioso : *tumor maligno.*
malinchismo m. *Méx.* Inclinación favorable a lo extranjero, en particular a lo español.
malintencionado, da adj. y. s. Que tiene mala intención.
malmandado, da adj. y s. Desobediente.
malmirado, da adj. Mal considerado.
malo, la adj. Que no es bueno : *comida mala.* ‖ Inclinado al mal : *ser malo con su familia.* ‖ Perjudicial : *malo para la salud.* ‖ Sin talento o habilidad : *cómico malo.* ‖ Desagradable : *sabor malo.* ‖ Difícil : *malo de entender.* ‖ Peligroso : *malas compañías.* ‖ Enfermo : *estar malo.* ‖ Muy travieso o desobediente : *niños malos.* ‖ Funesto : *un día muy malo para él.* ‖ Insuficiente : *mala cosecha.* ‖ — Interj. Denota disgusto. ‖ — *A malas,* enemistado. ‖ *De malas,* que no tiene suerte; de mal humor; de mala intención. ‖ *Lo malo,* la dificultad. ‖ — M. *El malo,* el demonio; el malhechor de un relato, de una película, etc. ‖ — M. y f. Persona que no es buena. ‖ Travieso.
maloca f. Malón.
malogrado, da adj. Aplícase al escritor, artista, etc., muerto antes de haber dado de sí todo lo que podía esperarse.
malograr v. t. No aprovechar, perder : *malograr la oportunidad.* ‖ — V. pr. Frustrarse, fracasar : *se malograron sus deseos.* ‖ No llegar una persona o cosa a su completo desarrollo.
maloja m. *Amer.* Planta de maíz que sólo sirve para pastos.
maloliente adj. Que huele mal.
malón m. *Amer.* Correría de indios. | Grupo de personas que provocan desórdenes. | Mala jugada.
malora adj. *Méx.* Travieso.
malorear v. i. *Méx.* Hacer travesuras.
malparado, da adj. En mala situación o estado : *salir malparado.*
malparar v. t. Maltratar.
malparto m. Aborto.
malpensado, da adj. y s. Que tiene un espíritu avieso.
malquerencia f. Mala voluntad, malevolencia. ‖ Antipatía.
malquerer v. t. Tener mala voluntad.
malquistar v. t. Enemistar.
malquisto, ta adj. Enemistado.
malsano, na adj. Nocivo para la salud. ‖ Enfermizo.
malsonante adj. Que suena mal. ‖ Contrario al decoro y a la decencia : *frases malsonantes.*
malta f. Cebada germinada para fabricar cerveza, y, a veces, para hacer café.
maltaje m. Transformación de la cebada en malta.
maltear v. t. Transformar la cebada en malta.
maltraer v. t. Maltratar. ‖ *Llevar a maltraer,* importunar de modo constante.
maltratar v. t. Tratar duramente, con violencia.
maltrecho, cha adj. En mal estado, malparado; *dejar maltrecho.*
maltusianismo m. Limitación voluntaria de la natalidad. ‖ Disminución voluntaria de la producción : *maltusianismo económico.*
maltusiano, na adj. y s. Partidario del maltusianismo. ‖ Dícese de aquello que se opone a la expansión económica.
malva f. Planta de flores moradas. ‖ *Méx. Fam.* Marihuana. ‖ *Pop. Criar malvas,* estar muerto. ‖ — Adj. inv. Violeta pálido. ‖ — M. Color malva.
malváceo, a adj. Dícese de unas plantas arbustivas, abundantes en los países tropicales, que tienen flores con cinco pétalos y fruto en cápsula (ú.t.c.s.f.).
malvado, da adj. y s. Perverso.
malvender v. t. Vender con pérdida.
malversación f. Utilización fraudulenta de los caudales ajenos que uno tiene a su cargo.
malversador, ra adj. y s. Que malversa.
malversar v. t. Hacer malversaciones.
malvinero, ra adj. y s. De las islas Malvinas (Argentina).
malvivir v. i. Vivir mal.
malla f. Cada uno de los cuadriláteros que forman el tejido de la red. ‖ Red. ‖ Tejido de anillos de hierro o acero con que se hacían las cotas y otras armaduras y cada uno de estos anillos. ‖ *Amer.* Bañador. | Camiseta de deportista.
mallo m. Mazo.
mallorquín, ina adj. y s. De Mallorca (España). ‖ — M. Dialecto que se habla en las islas Baleares.
mama f. Teta, pecho. ‖ *Fam.* Madre, en lenguaje infantil.
mamá f. *Fam.* Madre.
mamacallos m. *Fam.* Cretino.
mamacona f. *Amer.* Virgen anciana que estaba al servicio de los templos incaicos.
mamada f. Acción de mamar. ‖ Cantidad de leche que mama la criatura cada vez que se pone al pecho. ‖ *Arg. Fam.* Borrachera.
mamadera f. *Chil.* Biberón.
mamado, da adj. *Pop.* Ebrio. | Fácil, sencillo.
mamandurria f. *Amer.* Sinecura, ganga permanente.
mamar v. t. Chupar con los labios y lengua

la leche de los pechos. || *Fam.* Tragar, engullir. || *Fig.* Aprender algo desde la infancia. || — V. pr. *Fam.* Emborracharse. || *Amer. Fam. Mamarse a uno,* matarle ; sacarle ventaja engañándole.
mamario, ria adj. De las mamas.
mamarrachada f. *Fam.* Conjunto de mamarrachos. | Tontería.
mamarracho m. *Fam.* Imbécil, tonto. | Fantoche. | Obra artística sin valor : *esta película es un mamarracho.*
mambí o **mambís, isa** adj. y s. Dícese del cubano que se rebeló contra la dominación española en 1868.
mambiseño, ña adj. De los mambises : *rebelión mambiseña.*
mambo m. Baile cubano.
mamelón m. Eminencia de forma redondeada. || *Anat.* Pezón.
mameluco m. Antiguo soldado de una milicia egipcia. || *Fam.* Hombre torpe. || *Amer.* Prenda de vestir de una sola pieza para niños.
mamífero adj. y s. m. Dícese de los animales vertebrados cuyas hembras alimentan a sus crías con la leche de sus mamas.
mamón, ona adj. y s. Que sigue mamando. || Que mama demasiado. || *Diente mamón,* el de leche. || — M. y f. *Pop.* Cabrón. || — M. *Amer.* Árbor de la familia de las sapindáceas. | Fruto de este árbol. || *Méx.* Bizcocho blando de almidón y huevo.
mamotreto m. Libro o legajo muy voluminoso. || Cosa que abulta mucho.
mampara f. Tabique movible y plegable que sirve para proteger del frío u ocultar una cosa.
mamparo m. *Mar.* Tabique que divide el interior de un barco.
mamporrero m. Persona que dirige el miembro del caballo en el acto de la generación.
mamporro f. *Fam.* Porrazo.
mampostería f. Obra hecha de piedras pequeñas unidas con argamasa.
mamúa f. *Arg. Fam.* Borrachera.
mamut m. Elefante fósil de la época cuaternaria.
maná m. Alimento que envió Dios a los israelitas en el desierto. || *Fig.* Alimento abundante y poco costoso.
manabita adj. y s. De Manabí (Ecuador).
manada f. Hato o rebaño. || Bandada de animales. || Puñado, manojo. || *Fig.* y *fam.* Grupo de personas. || *A manadas,* en tropel ; en gran cantidad.
management m. (pal. ingl.). Técnica de la dirección y gestión de una empresa.
manager [*máneyer*] com. (pal. ingl.). Persona que dirige una empresa. || Persona que se ocupa de los intereses de un deportista profesional.
managüense adj. y s. De Managua (Nicaragua).
manantial adj. Que mana : *agua manantial.* || — M. Sitio donde las aguas salen de la tierra.
manar v. i. Brotar.
manatí y **manato** m. Mamífero herbívoro.
manaza f. Mano grande.
manazas m. y. f. inv. *Fam.* Persona poco hábil con las manos.
mancar v. t. Lisiar, estropear las manos.
manceba f. Concubina.
mancebía f. Casa de prostitución.
mancebo m. Chico joven. || Hombre soltero. || Empleado en una tienda. || Auxiliar de farmacia.
mancera f. Esteva del arado.
mancilla f. *Fig.* Mancha.
mancillar v. t. Manchar, deshonrar : *conducta vilipendiosa que mancilló su nombre.*
manco, ca adj. y s. Que ha perdido un brazo o una mano o tiene lisiados estos miembros. || *Fig.* Imperfecto, incompleto. || *Fig.* y *fam. No ser manco,* ser muy hábil.
mancomunar v. t. Unir. || *For.* Obligar a varias personas en común a la ejecución de una cosa. || — V. pr. Asociarse, aliarse.
mancomunidad f. Unión, asociación. || Corporación constituida por la agrupación de municipios o provincias.
mancha f. Marca dejada en una cosa por un cuerpo sucio. || Parte de una cosa de distinto color que el resto de ella : *un animal de pelo negro con manchas blancas.* || *Fig.* Lo que empaña la reputación.
manchar v. t. Ensuciar (ú. t. c. pr.). || *Fig.* Desacreditar.
manchego, ga adj. y s. De La Mancha (España). || — M. Queso muy apreciado fabricado en La Mancha.
manda f. Legado. || *Chil.* y *Méx.* Voto, promesa hecha a Dios o a un santo.
mandadero, ra m. y f. Recadero.
mandado m. Orden. || Encargo, mandato. || Compra. || Recado. || *Pop.* Puñetazo.
mandamás m. inv. *Fam.* Jefe : *ser el mandamás de una rebelión.* | Personaje influyente y poderoso.
mandamiento m. Cada uno de los preceptos del Decálogo y de la Iglesia católica. || Orden judicial.
mandanga f. *Fam.* Pachorra. | Cocaína. || — Pl. *Fam.* Tonterías.
mandanguero, ra adj. y s. *Fam.* Que toma cocaína.
mandar v. t. Ordenar. || Enviar : *mandar una carta.* || Legar por testamento. || Encargar. || Confiar. || *Fam. Mandar a paseo* o *mandar con viento fresco,* despedir de mala manera. || — V. t. e i. Gobernar, dirigir. || Ejercer su autoridad : *aquí no manda más que él.* || *Amer.* ¡*Mande!,* interjección usada para hacer repetir algo que no se ha oído.
mandarín m. Título que daban los europeos a los altos funcionarios chinos. || *Fig.* Persona muy influyente.
mandarina f. Variedad de naranja pequeña y muy dulce.
mandarinato m. Dignidad de mandarín.
mandarino y **mandarinero** m. Árbol que da mandarinas.
mandatario, ria m. y f. Persona que tiene poderes para actuar en nombre de otra. || Gobernante, el que manda.
mandato m. Orden. || *For.* Poderes que da una persona a otra para que actúe en su nombre. || Funciones delegadas por el pueblo o por una clase de ciudadanos : *mandato de diputado.* || Soberanía temporal ejercida por un país en un territorio en nombre de la Sociedad de Naciones y que la O. N. U. ha sustituido por la *tutela.*
mandíbula f. Cada una de las dos piezas que limitan la boca y en las cuales están los dientes.
mandil m. Delantal grande.
mandioca f. Arbusto de cuya raíz se extrae la tapioca. || Tapioca.
mando m. Autoridad, poder. || Empleado de alto rango : *los mandos de un país.* || Dispositivo que sirve para poner en marcha, regular, gobernar y parar un aparato, una máquina, un vehículo, etc. || *Mando a distancia,* accio-

namiento a distancia de un mecanismo, máquina, vehículo, etc.
mandoble m. Golpe dado esgrimiendo la espada con ambas manos. ‖ Espada grande que se esgrimía con ambas manos. ‖ *Fig.* Golpe, porrazo.
mandolina f. *Mús.* Instrumento de cuerdas punteadas.
mandón, ona adj. y s. Que manda más de lo que le toca, autoritario. ‖ — M. Mandamás.
mandrágora f. Planta cuya raíz se asemeja algo al cuerpo humano.
mandria adj. y s. Mentecato, tonto. ‖ Cobarde.
mandril m. Mono de cabeza parecida a la de los perros. ‖ Vástago metálico que se introduce en ciertos instrumentos quirúrgicos huecos. ‖ Dispositivo con que se asegura en una máquina herramienta la pieza que se ha de labrar.
mandriladora f. Máquina de calibrar.
mandrilar v. tr. Calibrar.
manduca f. *Fam.* Comida.
manducación f. *Fam.* Comida.
manducar v. t. e i. *Fam.* Comer.
manducatoria f. *Fam.* Comida.
manecilla f. Broche para cerrar libros y otros objetos. ‖ Aguja del reloj. ‖ Palanquilla, llave de ciertos mecanismos.
manejable adj. Fácil de manejar.
manejar v. t. Manipular, tocar con las manos. ‖ Servirse de una cosa : *manejar una herramienta.* ‖ *Fig.* Dirigir : *manejar a uno a su antojo.* ‖ *Amer.* Conducir un automóvil. ‖ — V. pr. Moverse. ‖ Saberse conducir. ‖ Arreglárselas.
manejo m. Acción de manejar, de servirse de algo. ‖ Funcionamiento : *instrucciones de manejo.* ‖ *Fig.* Dirección de un negocio. | Maquinación, intriga. ‖ *Amer.* Conducción de un automóvil.
manera f. Modo particular de ser o de hacer algo. ‖ Porte y modales de una persona. Ú. m. en pl. : *maneras groseras.* ‖ — *A la manera de,* a imitación de. ‖ *A manera de,* como. ‖ *En gran manera,* mucho. ‖ *Manera de ver,* parecer. ‖ *Sobre manera,* excesivamente.
manes m. pl. Entre los romanos, almas de los muertos considerados como divinidades. ‖ *Fig.* Sombras o almas de los difuntos.
manflora y **manflorita** adj. y s. m. *Amer.* Afeminado.
manga f. Parte del vestido que cubre el brazo. ‖ Tubo largo de material flexible que se adapta a las bombas o bocas de riego. ‖ Pequeña red en forma de bolsa para pescar o cazar. ‖ Adorno cilíndrico de tela que cubre la vara de la cruz parroquial. ‖ Bolsa de fieltro de forma cónica que sirve para colar. ‖ *Mar.* Tubo de ventilación de un barco. | Ancho del buque. ‖ Partida de gente armada. ‖ En los juegos, una de las pruebas que se ha convenido jugar. ‖ Tubo de tela que sirve para indicar la dirección del viento : *manga de aire.* ‖ — *Fig.* y *fam. Hacer mangas y capirotes,* no hacer caso. ‖ *Manga de agua,* turbión. ‖ *Ser de manga ancha* o *tener manga ancha,* ser indulgente.
mangancia f. *Pop.* Robo.
manganesa f. Peróxido de manganeso, mineral más abundante de este metal.
manganeso m. Metal de color gris (Mn), de número atómico 25, duro y quebradizo, oxidable, que se obtiene de la manganesa y se emplea en la fabricación del acero.
mangante m. y. f. *Pop.* Ladrón.
mangar v. tr. *Pop.* Robar.
manglar m. Terreno con mangles.
mangle m. Arbusto de América tropical. ‖ Su fruto.
mango m. Asidero de un instrumento o utensilio. ‖ Árbol de Asia y América. ‖ Su fruto comestible.
mangoneador, ra adj. y s. Que mangonea.
mangonear v. i. *Fam.* Mandar.
mangoneo m. *Fam.* Mando.
mangosta f. Mamífero carnívoro de Asia y África.
manguera f. Manga de riego.
manguito m. Rollo de piel para abrigar las manos. ‖ *Tecn.* Tubo hueco para empalmar dos piezas cilíndricas unidas al tope : *manguito de acoplamiento.* ‖ Manopla para lavarse.
manguruyú m. Pez grande de ríos y arroyos de la Argentina, el Brasil y el Paraguay.
maní m. Cacahuete.
manía f. Forma de locura dominada por una idea fija : *lleno de manías.* ‖ Extravagancia, capricho. ‖ Afecto o deseo desordenado : *tener manía por las modas.* ‖ *Fam.* Ojeriza : *tenerle manía a uno.* ‖ *Manía persecutoria,* obsesión de ser objeto de la mala voluntad de los demás.
maniabierto, ta adj. y s. Generoso, dadivoso.
maniaco, ca adj. Que padece manía (ú. t. c. s.). ‖ Propio de la manía.
maniatar v. t. Atar de manos.
maniático, ca adj. Que tiene manías o ideas fijas (ú. t. c. s.).
manicomio m. Casa de locos.
manicuro, ra m. y f. Persona que cuida las manos, uñas, etc. ‖ — F. Cuidado de las manos, uñas, etc.
manido, da adj. Aplícase a la carne o pescado que empieza a oler : *atún manido.* ‖ *Fig.* Sobado, manoseado : *tema manido.*
manifestación f. Acción de manifestar o manifestarse : *manifestación de alegría.* ‖ Expresión pública de un sentimiento o de una opinión política : *hacer una manifestación contra el Gobierno.*
manifestante com. Persona que toma parte en una manifestación.
manifestar v. t. Declarar, dar a conocer : *manifestar su opinión, sus deseos.* ‖ Descubrir, poner a la vista. ‖ — V. i. Hacer una demostración colectiva pública. ‖ — V. pr. Darse a conocer. ‖ Tomar parte en una manifestación.
manifiesto, ta adj. Claro, patente. ‖ — M. Escrito dirigido a la opinión pública.
manigua f. *Cub.* Terreno cubierto de malezas. | Selva. ‖ *Fig.* Desorden, confusión.
manigüero, ra adj. *Antill.* Habitante de la manigua.
manilargo, ga adj. De manos largas. ‖ *Fig.* Liberal, dadivoso.
manileño, ña adj. y s. De Manila (Filipinas).
manillar m. Barra provista de puños en sus extremos con que se orienta la horquilla para guiar las bicicletas o motocicletas.
maniobra f. Cualquier operación material que se ejecuta con las manos. ‖ *Fig.* Manejo, intriga. ‖ *Mar.* Arte de gobernar la embarcación. ‖ *Mil.* Evolución o ejercicio de la tropa. ‖ — Pl. Operaciones que se hacen en las estaciones para formar trenes. ‖ Operaciones hechas con otros vehículos para cambiar su rumbo.

maniobrar v. i. Hacer maniobras.
maniobrero, ra adj. Que maniobra : *tropa maniobrera.*
manioc m. Mandioca.
manipulación f. y **manipulado** m. Acción y efecto de manipular.
manipulador, ora adj. y s. Que manipula.
manipular v. t. Operar con las manos. ‖Manejar mercancías para su empaquetado y transporte. ‖ *Fig.* y *fam.* Manejar un negocio.
maniqueísmo m. Doctrina de Manes o Maniqueo (215-276), pensador persa que admitía dos principios creadores, uno para el bien y el otro para el mal. ‖ Cualquier doctrina fundada en estos principios.
maniqueísta adj. y s. Partidario del maniqueísmo.
maniqueo, a adj. Relativo al maniqueísmo. ‖ Que profesa el maniqueísmo (ú. t. c. s.).
maniquí m. Figura de madera articulada, para uso de pintores y escultores. ‖ Armazón de madera o de mimbre que sirve a los sastres y costureras para probar los vestidos. ‖ Mujer que presenta los modelos de una casa de costura. ‖ *Fig.* Hombre sin carácter.
manir v. t. Dejar sazonarse las carnes antes de guisarlas. ‖ Sobar.
manirroto, ta adj. y s. Muy dadivoso, despilfarrador.
manisero, ra m. y f. Vendedor de maní.
manitas m. y f. inv. Persona habilidosa con las manos : *es un manitas que hace todas las reparaciones mecánicas en casa.*
manito, ta m. y f. *Méx.* Hermano, amigo. | Tratamiento de confianza. ‖ — F. *Amer.* Manecita.
manitú m. Personaje poderoso : *es el manitú de diferentes empresas industriales.*
manivela f. Palanca acodada que sirve para imprimir un movimiento de rotación continua al árbol giratorio al que se halla fijada. ‖ Órgano mecánico destinado a transformar un movimiento rectilíneo alternativo en movimiento giratorio continuo.
manizaleño, ña adj. y s. De Manizales (Colombia).
manjar m. Comestible. ‖ *Fig.* Deleite.
mano f. Parte del cuerpo humano que va de la muñeca a la extremidad de los dedos. ‖ Extremidad de algunos animales de carnicería : *mano de cerdo.* ‖ En los cuadrúpedos, cualquiera de los dos pies delanteros. ‖ Lado : *a mano derecha.* ‖ Instrumento de metal, madera u otra materia empleado para moler algo en el almirez. ‖ Rodillo de piedra para moler. ‖ Capa de pintura, barniz, etc. ‖ Conjunto de cinco cuadernillos de papel o vigésima parte de la resma. ‖ En varios juegos, partida o uno de los lances en que se divide : *una mano de cartas.* ‖ *Fig.* Serie : *dar una mano de azotes.* | Destreza : *tener buena mano.* | Persona que ejecuta una cosa : *faltan manos en la agricultura.* | Ayuda, auxilio : *echar una mano.* ‖ Prioridad, preferencia de paso en la carretera. ‖ — Com. En el juego, el primero de los que juegan. ‖ — *Fig. A mano,* cerca. ‖ *A manos llenas,* con abundancia. ‖ *Fig. Atarse las manos,* quitarse la posibilidad de actuar. | *Bajo mano,* ocultamente. | *Calentársele a uno las manos,* tener ganas de pegar. | *Cargar la mano,* insistir demasiado; tener rigor; exagerar. | *Con las manos en la masa,* en el momento mismo de hacer una cosa. | *Dar de mano,* dejar de trabajar. | *Dar la última mano,* acabar. | *De mano a mano,* directamente. | *De primera mano,* nuevo : *coche de primera mano;* directamente, sin intermediarios, de la misma fuente : *saber de primera mano.* | *De segunda mano,* usado, de lance; por un intermediario. | *Echar mano de una cosa,* recurrir a ella. | *Estar mano sobre mano,* no hacer nada. | *Írsele a uno la mano,* pegar o echar más de la cuenta; exagerar. | *Llevarse las manos a la cabeza,* horrorizarse. ‖ *Mano a mano,* competición entre dos contendientes; entrevista entre dos personas; corrida en la que sólo participan dos matadores. ‖ *Mano de obra,* trabajo manual que se emplea para hacer una obra; conjunto de obreros necesarios para efectuar un trabajo dado. ‖ *Fig. Pedir la mano a una mujer,* solicitarla por esposa. | *Ser la mano derecha de uno,* ser su principal ayuda. | *Si a mano viene,* si se presenta el caso. | *Tener las manos largas,* ser muy propenso a pegar. | *Tener mano izquierda,* saber arreglárselas. | *Tener manos de trapo,* ser muy torpe. | *Traerse entre manos una cosa,* ocuparse de ella.
mano m. *Amer. Fam.* Amigo, compañero.
manojo m. Conjunto de objetos que se pueden coger con la mano.
manolo, la m. y f. *Fam.* En Madrid, mozo o moza del bajo pueblo.
manómetro m. Instrumento para medir la presión de un fluido.
manopla f. Guante con una sola separación para el pulgar. ‖ Guante para lavarse : *manopla de felpa.* ‖ Guante que utilizan ciertos obreros, como los zapateros, para protegerse las manos. ‖ Pieza de la armadura que cubría la mano.
manoseador, ra adj. y s. Que manosea.
manosear v. t. Tocar constantemente con la mano, por lo general sin mucho cuidado : *manosear un libro.* ‖ *Tema manoseado,* tema trillado.
manoseo m. Acción y efecto de manosear.
manotada f. y **manotazo** m. Golpe dado con la mano.
manotear v. t. Pegar con las manos. ‖ — V. i. Mover mucho las manos al hablar.
manoteo m. Acción y efecto de manotear.
manquedad y **manquera** f. Falta de mano o brazo.
mansalva (a) m. adv. Sin riesgo, con toda tranquilidad.
mansarda f. Buhardilla.
mansedumbre f. Apacibilidad, dulzura. ‖ *Fig.* Benignidad.
mansión f. Morada : *era la mansión señorial de su encumbrada familia.*
manso, sa adj. Apacible, muy bueno. ‖ Domesticado, que no es salvaje : *toro manso.* ‖ Tranquilo : *aguas mansas.* ‖ — M. En un rebaño, macho que sirve de guía.
manta f. Pieza, por lo común de lana o algodón, que sirve de abrigo en la cama. ‖ Capa, abrigo. ‖ Cubierta para las caballerías. ‖ *Fam.* Paliza. ‖ — *Fig.* y *fam. Liarse uno la manta a la cabeza,* hacer lo que a uno le da la gana sin hacer caso de las conveniencias. | *Tirar de la manta,* descubrir algo oculto. ‖ — M. *Pop.* Perezoso.
mantarraya f. Especie de pez de México.
manteador, ra adj. Que mantea (ú. t. c. s.).
manteamiento m. Acción y efecto de mantear.
mantear v. t. Hacer saltar a uno en una manta para mofarse de él o humillarle.
manteca f. Grasa de los animales, especialmente la del cerdo. ‖ Sustancia grasa de la leche. ‖ Mantequilla : *untar manteca en el pan.* ‖ Sustancia grasa vegetal : *manteca de cacao.* ‖ — Pl. *Fam.* Gordura, carnes.

mantecado m. Bollo amasado con manteca de cerdo. ‖ Helado de leche, huevos y azúcar.
mantecoso, sa adj. Que tiene manteca. ‖ Untuoso como la manteca.
mantel m. Paño que se pone encima de la mesa para comer. ‖ Lienzo que cubre el altar.
mantelería f. Conjunto de manteles y servilletas.
mantenedor, ra m. y f. Persona encargada de mantener un torneo, justa, juegos florales, etc. ‖ Persona que mantiene a otras : *mantenedor de familia.*
mantenencia f. Acción y efecto de mantener o de sostener. ‖ Cuidado. ‖ Alimento, sustento.
mantener v. t. Proveer a uno del alimento. ‖ Proveer de todo lo necesario. ‖ Sostener : *los puntales mantienen el muro.* ‖ Proseguir lo que se está haciendo : *mantener la conversación.* ‖ Sostener un torneo, justa, juegos florales, etc. ‖ *Fig.* Afirmar, sostener, defender : *mantener una opinión.* | Conservar, guardar : *mantener su rango.* ‖ Hacer durar : *mantener la paz.* ‖ Conservar en buen estado. ‖ No renunciar a algo : *mantener su candidatura.* ‖ Tener, celebrar : *mantener una entrevista.* ‖ *For.* Amparar en la posesión de algo. ‖ — V. pr. Alimentarse. ‖ Satisfacer sus necesidades : *se mantiene con su trabajo.* ‖ Perseverar en una opinión. ‖ Permanecer en el mismo estado : *mantenerse derecho.* ‖ Durar : *nuestra gran amistad se mantendrá durante años y años.*
mantenimiento m. Subsistencia. ‖ Alimento. ‖ Conservación.
manteo m. Capa larga de los eclesiásticos y en otro tiempo de los estudiantes. ‖ Especie de falda antigua. ‖ Manteamiento.
mantequera f. La que hace o vende mantequilla. ‖ Recipiente en que se hace o sirve la mantequilla.
mantequería f. Fábrica de mantequilla. ‖ Tienda donde se venden mantequilla, quesos, fiambres y otros productos alimenticios.
mantequero, ra adj. Relativo a la manteca o mantequilla. ‖ — M. El que hace o vende mantequilla.
mantequilla f. Sustancia grasa y pastosa obtenida de la leche de vaca al batir la nata.
mantilla f. Prenda de encaje que usan las mujeres para cubrirse la cabeza. ‖ Pieza de lana en que se envuelve al niño. ‖ *Fig. En mantillas,* en sus principios.
mantillo m. Capa superior del terreno, formada por la descomposición de materias orgánicas. ‖ Abono que resulta de la descomposición del estiércol.
mantisa f. Parte decimal siempre positiva de un logaritmo decimal.
manto m. Ropa suelta a modo de capa que llevan las mujeres encima del vestido. ‖ Mantilla grande, chal. ‖ Capa que llevan algunos religiosos. ‖ Ropa talar para ciertas ceremonias. ‖ Revestimiento del frente de una chimenea. ‖ Repliegue cutáneo que envuelve el cuerpo de los moluscos y de algunos gusanos. ‖ *Fig.* Lo que encubre una cosa : *el manto de la indiferencia.*
mantón m. Pañuelo grande que abriga los hombros y la espalda.
manual adj. Que se ejecuta con las manos : *trabajos manuales.* ‖ Manejable. ‖ — M. Libro que contiene las nociones esenciales de un arte o ciencia. ‖ *Com.* Libro en que se inscriben las operaciones a medida que se van haciendo.
manubrio m. Manivela.
manuela f. Coche de alquiler abierto y tirado por un caballo.
manuelino, na adj. *Arq.* Aplícase al estilo arquitectónico portugués del reinado de Manuel I (1469-1521).
manufactura f. Establecimiento industrial. ‖ Fabricación en gran cantidad de un producto industrial. ‖ Este producto.
manufacturación f. Acción y efecto de manufacturar.
manufacturar v. t. Fabricar : *manufacturan infinidad de productos industriales.*
manufacturero, ra adj. Relativo a la fabricación. ‖ Que se dedica a la manufactura.
manumisión f. Liberación legal de un esclavo.
manumiso, sa adj. Libre.
manumitir v. t. Dar libertad a un esclavo.
manuscrito, ta adj. Escrito a mano. ‖ — M. Cualquier obra escrita a mano. ‖ Original de un libro.
manutención f. Manipulación de mercancías. ‖ Mantenimiento y cuidado. ‖ Conservación.
manzana f. Fruto del manzano. ‖ Grupo de casas delimitado por calles. ‖ *Amer.* Nuez de la garganta.
manzanilla f. Planta compuesta, cuyas flores amarillas se usan en infusión como estomacal. ‖ Esta infusión. ‖ Fruto del manzanillo. ‖ Vino blanco que se hace en Sanlúcar de Barrameda, población próxima a Jerez de la Frontera (España).
manzanillo m. Olivo que da una aceituna pequeña.
manzano m. Árbol rosáceo cuyo fruto es la manzana.
maña f. Destreza, habilidad.
mañana f. Tiempo que media entre el amanecer y el mediodía : *trabajar por la mañana.* ‖ Espacio de tiempo desde la medianoche hasta el mediodía : *a las tres de la mañana.* ‖ — M. Tiempo futuro : *pensar en el mañana.* ‖ — Adv. El día después del de hoy : *mañana será domingo.* ‖ En tiempo futuro : *el mundo de mañana.*
mañanero, ra adj. Madrugador.
mañanita f. Prenda de punto que las mujeres llevan sobre el camisón para abrigarse. ‖ — Pl. *Méx.* Canto popular para celebrar a un personaje o un hecho famoso.
maño, ña m. y f. *Fam.* Aragonés. ‖ *Amer.* Hermano. | Amigo.
mañoco m. Tapioca.
mañoso, sa adj. Hábil, diestro.
mapa m. Representación convencional de alguna parte de la Tierra o del cielo. ‖ *Mapa mudo,* el que no lleva escritos los nombres.
mapache y **mapachín** m. Mamífero carnicero parecido al tejón.
mapamundi m. Mapa con la superficie entera de la Tierra. ‖ *Fam.* Posaderas, nalgas.
mapuche adj. y s. Araucano.
maque m. Laca. ‖ Charol.
maquear v. t. Dar laca o barniz. ‖ — V. pr. *Fam.* Arreglarse, vestirse bien.
maqueta f. Representación a escala reducida de una construcción, máquina, decoración de teatro, etc. ‖ Boceto de ilustración y presentación de un libro.
maquetista com. Persona que se dedica a hacer maquetas.
maqueto, ta adj. y s. Dícese del emigrante de una región española asentado en el País Vasco.

maquiavélico, ca adj. Relativo al maquiavelismo.
maquiavelismo m. Doctrina política de Maquiavelo. ‖ *Fig.* Política falta de lealtad. | Perfidia y falta de escrúpulos.
maquila f. Porción de grano, harina o aceite que percibe el molinero por cada molienda.
maquiladora f. *Méx.* Planta que ejecuta, para una empresa más importante, una de las operaciones del proceso de fabricación de un producto.
maquillador, ra adj. y s. Que maquilla.
maquillaje m. Acción y efecto de maquillar o maquillarse.
maquillar v. t. Pintar la cara con productos de belleza para hacer resaltar sus cualidades estéticas o tapar sus imperfecciones (ú. t. c. pr.). ‖ *Fig.* Alterar, falsificar.
máquina f. Conjunto de mecanismos combinados para aprovechar, dirigir, regular o transformar una energía o para producir cierto efecto. ‖ Artefacto cualquiera : *máquina fotográfica.* ‖ Cualquier vehículo provisto de un mecanismo, como bicicleta, automóvil y locomotora. ‖ *Fig.* Conjunto de órganos que concurren a un mismo fin : *la máquina del Estado.* | Proyecto, idea. | Hombre que obedece ciegamente a otro. ‖ *Teatr.* Tramoya. ‖ — *Máquina de calcular,* la que efectúa operaciones aritméticas. ‖ *Máquina de coser,* la que permite coser mecánicamente. ‖ *Máquina de escribir,* la que permite escribir por medio de un teclado. ‖ *Máquina de vapor,* aquella en que se utiliza la fuerza de expansión del vapor. ‖ *Máquina herramienta,* la que efectúa cualquier trabajo habitualmente manual.
maquinación f. Intrigas secretas para realizar malos designios.
maquinador, ra adj. y s. Que trama maquinaciones.
maquinal adj. Instintivo.
maquinar v. t. Preparar en secreto alguna cosa mala.
maquinaria f. Mecanismo que da movimiento a un artefacto : *la maquinaria de un reloj.* ‖ Conjunto de máquinas : *maquinaria agrícola.* ‖ *Fig.* Conjunto de órganos destinados a un mismo fin : *maquinaria administrativa.*
maquinilla f. Artefacto pequeño : *maquinilla de afeitar.*
maquinismo m. Predominio de las máquinas en la industria.
maquinista m. El que vigila o dirige o conduce una máquina. ‖ El que monta y desmonta los decorados de teatro y cine.
maquinizar v. t. Emplear máquinas.
maquis m. Galicismo por *monte bajo, soto.* ‖ Guerrilla.
mar amb. Gran extensión de agua salada que ocupa la mayor parte de la Tierra. ‖ Porción determinada de esta extensión. ‖ Extensión de agua tierras adentro : *mar Caspio.* ‖ *Fig.* Gran cantidad de agua o de cualquier líquido : *un mar de sangre.* | Gran extensión : *un mar de arena.* | Lo que sufre fluctuaciones : *el mar de las pasiones.* ‖ — *Alta mar,* parte del mar alejada de la tierra. ‖ *Fig. A mares,* en gran abundancia. | *Arar en el mar,* esforzarse vanamente. | *La mar,* mucho : *la mar de gente, de trabajo;* muy : *es la mar de simpático.* ‖ *Mar de fondo,* ola grande que se alza súbitamente del fondo del mar; agitación profunda y latente.
— OBSERV. La palabra *mar* se emplea en masculino en el habla corriente y en femenino cuando la usa la gente de mar o en locuciones como *la alta mar, la mar de cosas,* etc.
marabú m. Ave zancuda con pico fuerte y cuello desnudo. ‖ Sus plumas.
marabunta f. Plaga de hormigas. ‖ *Fig.* Muchedumbre.
maraca f. *Mús.* Instrumento formado por una calabaza hueca con granos o piedrecitas dentro. | Instrumento semejante al anterior, utilizado en las orquestas modernas.
maracaibero, ra adj. y s. De Maracaibo (Venezuela).
maracaná m. *Arg.* Especie de papagayo.
maracayá m. *Amer.* Pequeño animal carnicero de cola larga.
maracayero, ra adj. y s. De Maracaibo (Venezuela).
maracucho, cha adj. y s. De Maracay (Venezuela).
maracure m. Bejuco de Venezuela del cual se extrae el curare.
maranta f. Planta de América del Sur de cuyo tubérculo se saca el arrurruz.
maraña f. Maleza, zarzales. ‖ *Fig.* Cosa enmarañada : *una maraña de pelo.* | Asunto complicado : *¡qué maraña!*
maraquero, ra adj. y s. *Amer.* Dícese de la persona que toca las maracas.
marasmo m. *Med.* Extremado enflaquecimiento del cuerpo humano. ‖ *Fig.* Apatía. | Disminución de la actividad económica o comercial : *el marasmo que sufre el país desde el comienzo de la crisis petrolera.*
maratón m. Carrera pedestre de los Juegos Olímpicos sobre un recorrido de 42,195 km.
maratoniano m. Corredor de maratón.
maravedí m. Antigua moneda española de diferentes valores.
maravilla f. Cosa que suscita la admiración. ‖ Admiración, asombro : *causar maravilla.* ‖ — *A las mil maravillas* o *de maravilla,* muy bien. ‖ *Maravilla del mundo,* cada una de las siete obras de arte más famosas de la Antigüedad.
maravillar v. t. Asombrar, sorprender : *me maravilla su fracaso.* ‖ Provocar la admiración : *este cuadro me maravilla.* ‖ — V. pr. Asombrarse. ‖ Admirarse.
maravilloso, sa adj. Sorprendente y admirable.
marbete m. Etiqueta que se pega en las mercancías para indicar su contenido, precio, marca de fábrica, etc. ‖ Orilla, filete.
marca f. Señal que se pone a una cosa para reconocerla. ‖ Acción de marcar : *la marca del ganado.* ‖ Distintivo de un fabricante o comerciante. ‖ Casa productora : *las grandes marcas de coñac.* ‖ En deportes, récord y resultado : *batir una marca.* ‖ *Mar.* Punto fijo de la costa que sirve de orientación para los marinos. ‖ Provincia o distrito fronterizo : *la Marca Hispánica.* ‖ — *De marca,* excelente. ‖ *Fig.* y *fam. De marca mayor,* excelente; muy grande. ‖ *Marca de fábrica,* distintivo que el fabricante pone a sus productos. ‖ *Marca registrada,* la reconocida legalmente para su uso exclusivo.
marcado m. Operación consistente en ondular el cabello, después de lavarlo. ‖ Acción y efecto de poner una marca.
marcador, ra adj. Que marca. ‖ — M. *Impr.* Obrero que coloca los pliegos en la máquina. ‖ Tablero para anotar los puntos de un jugador o un equipo. ‖ Tablero para apuntar el número de votos en una elección.

marcaje m. En deportes, acción de marcar a un jugador contrario.
marcapaso o **marcapasos** m. Aparato eléctrico que provoca la contracción del corazón cuando ésta no puede efectuarse normalmente.
marcar v. t. Poner una marca : *marcar la ropa.* ‖ *Dep.* Conseguir un gol, un tanto, un ensayo (ú. t. c. pr.). | Contrarrestar un jugador el juego de su contrario por medio de una gran vigilancia (ú. t. c. i.). ‖ *Fig.* Dejar una señal. ‖ Apuntar, tomar nota : *marcar una dirección.* ‖ Señalar el reloj la hora o indicar cualquier otro aparato un número, precio, peso, etc. ‖ Formar un número de teléfono. ‖ Ondular el cabello.
marcial adj. Del dios Marte. ‖ Relativo a la guerra : *ley marcial.* ‖ De aspecto bélico o muy varonil : *porte marcial.* ‖ *Artes marciales,* denominación de un conjunto de deportes de combate de origen japonés, como el judo, el kárate, etc.
marcialidad f. Aspecto marcial.
marciano, na adj. Del planeta Marte. ‖ — M. y f. Supuesto habitante del planeta Marte.
marco m. Cerco de madera u otro material que rodea algunas cosas : *el marco de un cuadro.* ‖ Unidad monetaria alemana y filandesa. ‖ *Fig.* Ambito : *en el marco de la economía.*
marcha f. Acción de andar. ‖ Movimiento regular de un mecanismo, de un móvil ; funcionamiento : *la marcha del reloj ; poner en marcha.* ‖ Grado de velocidad media : *la marcha de un motor.* ‖ Salida. ‖ *Fig.* Curso : *la marcha del tiempo.* ‖ *Mil.* Toque de clarín para que marchen los soldados. ‖ *Mús.* Pieza para regularizar el desfile de una tropa o comitiva : *marcha fúnebre.* ‖ Ejercicio atlético. ‖ *Fig.* y *fam.* Euforia general. | Juerga, jolgorio. ‖ — *A toda marcha,* rápidamente. ‖ *Marcha Real,* himno nacional español. ‖ *Sobre la marcha,* en el acto.
marchamar v. t. Poner marchamo.
marchamo m. Señal, sello, precinto que los aduaneros ponen en las mercancías. ‖ *Fig.* Marca distintiva.
marchante, ta m. y f. Vendedor. ‖ Cliente de una tienda.
marchar v. i. Caminar, ir de un sitio a otro andando. ‖ Funcionar : *este reloj no marcha bien.* ‖ *Fig.* Progresar : *el negocio marcha regularmente.* | Desenvolverse, desarrollarse. ‖ — V. pr. Irse.
marchitar v. t. Ajar, mustiar las plantas. U. t. c. pr. : *las flores se marchitan con el sol.* ‖ *Fig.* Hacer perder lozanía (ú. t. c. pr.).
marchito, ta adj. Ajado.
marchoso, sa adj. *Fam.* Alegre, juerguista. | Decidido.
marea f. Movimiento periódico y alternativo de ascenso y descenso de las aguas del mar debido a la combinación de las atracciones lunar y solar. ‖ Viento suave del mar. ‖ Pesca hecha en un día. ‖ *Fig.* Cantidad considerable. ‖ *Marea negra,* llegada a la costa de capas de petróleo procedentes de un navío.
marear v. t. Gobernar o dirigir una embarcación. ‖ *Fig.* y *fam.* Molestar, fastidiar : *marear a preguntas.* ‖ Causar mareo : *el movimiento del barco me marea.* ‖ — V. pr. Tener náuseas.
marejada f. Agitación de las olas. ‖ *Fig.* Agitación, efervescencia.
maremagno o **mare mágnum** m. *Fig.* Gran cantidad confusa. | Multitud.
maremaro m. *Venez.* Música y baile de los indígenas del Oeste.
maremoto m. Agitación violenta del mar provocada por un terremoto o una erupción volcánica submarina.
marengo adj. Gris oscuro (ú. t. c. s. m.).
mareo m. Turbación de la cabeza y del estómago producida a consecuencia del movimiento de ciertos vehículos, como el barco, el avión, el automóvil, etc. ‖ *Fig.* y *fam.* Molestia, fastidio.
mareógrafo m. Aparato para registrar la altura de las mareas.
mareomotor, triz adj. Accionado por la fuerza de las mareas : *central mareomotriz.*
marfil m. Materia dura, rica en sales de calcio, de que están principalmente formados los dientes de los vertebrados, en particular los colmillos de los elefantes. ‖ Objeto esculpido en esta materia. ‖ Suma blancura.
marfileño, ña adj. De marfil. ‖ — Adj. y s. De la Costa de Marfil.
marga f. Roca compuesta de carbonato de cal y arcilla.
margarina f. Sustancia grasa comestible fabricada en general con aceites vegetales.
margarita f. Planta de flores blancas con corazón amarillo. ‖ Bebida mexicana a base de tequila.
margariteño, ña adj. y s. De la isla Margarita (Venezuela).
margay m. Felino sudamericano.
margen amb. Linde u orilla : *la margen del río, del campo.* ‖ Espacio blanco que se deja alrededor de un escrito : *el margen de una página.* ‖ Apostilla, nota marginal. ‖ *Com.* Cuantía del beneficio que puede sacarse en un negocio : *un margen de ganancias.* ‖ *Fig.* Facilidad, libertad : *margen de movimiento.* ‖ Oportunidad : *dar margen.* ‖ *Al margen,* fuera : *vivir al margen de la sociedad.*
— OBSERV. El género de esta palabra es masculino cuando designa el blanco de una página y femenino cuando se trata de la orilla de un río, de un lago, etc.
marginación f. Acción y efecto de marginar, aislamiento : *la atroz marginación que padecen algunas minorías étnicas.*
marginado, da adj. Dícese de la persona que vive al margen de la sociedad (ú. t. c. s.).
marginador, ra adj. Que sirve para marginar. ‖ — M. Accesorio de la máquina de escribir que permite detener el carro en un punto determinado.
marginal adj. Colocado en el margen : *nota marginal.* ‖ Que está al margen : *camino marginal.* ‖ *Fig.* Secundario : *empleo marginal.*
marginar v. t. Dejar márgenes en el papel al escribir o imprimir. ‖ Dejar de lado, excluir de un grupo.
margrave m. Título de los jefes de las provincias fronterizas en el antiguo Imperio germánico.
mariachi m. Música popular del Estado de Jalisco (México) y el que la interpreta.
marial adj. y s. Dícese de los libros que contienen los loores o alabanzas dedicados a la Virgen.
marianista adj. y s. Aplícase al religioso de la Compañía de María, fundada en 1817 en Burdeos por el padre Chaminade.
mariano, na adj. De la Virgen.
marica f. Urraca, ave. ‖ — M. *Fig.* y *fam.* Hombre afeminado.

maricastaña f. *En tiempos de Maricastaña,* en tiempos lejanos.
maricón m. y **maricona** f. *Fam.* Marica. | Persona despreciable.
mariconada f. *Fam.* Acción propia del maricón. ‖ *Fig.* y *fam.* Acción malintencionada, mala pasada. | Tontería.
mariconera f. *Fam.* Bolso de mano para hombres.
mariconería f. *Fam.* Mariconada.
marido m. Hombre unido a una mujer por los lazos del matrimonio.
mariguana f. Marihuana.
marihuana y **marijuana** f. Cáñamo cuyas hojas producen efecto narcótico en el que las fuma.
marimacho m. *Fam.* Mujer de aspecto o modales masculinos.
marimandona f. Mujer autoritaria que impone su voluntad.
marimba f. Tambor de ciertos negros de África. ‖ *Amer.* Instrumento músico parecido al xilofón. ‖ *Arg.* Paliza.
marimorena f. *Fam.* Riña, pelea. | Tumulto.
marina f. Arte de la navegación marítima. ‖ Conjunto de los buques de una nación. ‖ Servicio de los barcos : *entrar en la marina del Estado.* ‖ Conjunto de las personas que sirven en la armada. ‖ Cuadro que representa una vista marítima.
marinar v. t. Poner en escabeche el pescado. ‖ *Mar.* Tripular.
marine m. Anglicismo por *soldado de infantería de marina.*
marinera f. Especie de blusa que llevan los marineros y que han imitado las modistas para las mujeres y niños. ‖ En el Perú, Ecuador y Chile, baile popular.
marinería f. Oficio de marinero. ‖ Tripulación de un barco, de una escuadra.
marinero, ra adj. Que navega bien : *barco marinero.* ‖ De la marina y los marineros. ‖ — M. El que se ocupa del servicio de los barcos.
marino, na adj. Relativo o perteneciente al mar : *planta marina.* ‖ — M. El que sirve en la marina.
marioneta f. Títere.
mariposa f. Insecto lepidóptero, diurno o nocturno, provisto de cuatro alas cubiertas de escamas microscópicas. ‖ Lamparilla flotante en un vaso con aceite. ‖ Tuerca para ajustar tornillos. ‖ *Braza mariposa,* estilo de natación en el que los brazos se mueven simultáneamente hacia adelante por encima del agua. ‖ — M. y f. *Fam.* Afeminado.
mariposeador, ra adj. y s. Inconstante.
mariposear v. i. *Fig.* Pasar de una cosa o de una persona a otra.
mariposeo m. Versatilidad.
mariposón m. *Fam.* Hombre muy galanteador e inconstante. | Afeminado.
mariquita f. Insecto coleóptero pequeño, con élitros de color encarnado punteado de negro. ‖ Insecto hemíptero de cuerpo aplastado, de color encarnado con tres manchitas negras. ‖ *Arg.* Danza popular. | Su música y cante. ‖ — M. y f. *Fam.* Hombre afeminado.
marisabidilla f. Mujer que se las da de muy sabia o entendida.
mariscador, ra adj. Que pesca mariscos. ‖ — M. y f. Persona que pesca mariscos.
mariscal m. General francés a quien se le ha concedido la dignidad de este título por sus victorias militares.
mariscar v. i. Pescar mariscos.
marisco m. Animal marino invertebrado, especialmente el crustáceo y molusco comestibles.
marisma f. Terreno anegadizo situado a orillas del mar o de los ríos.
marismeño, ña adj. De las marismas.
marisquero, ra m. y f. Persona que pesca o vende mariscos.
marista m. Religioso de las congregaciones de María. ‖ — Adj. Relativo a estas congregaciones.
marital adj. Del marido : *autorización marital.* ‖ Conyugal, del matrimonio.
marítimo, ma adj. Relativo al mar. ‖ A orillas del mar.
maritornes f. Moza sucia y fea.
marjoleto m. Espino arbóreo de fruto aovado.
marketing m. (pal. ingl.). Estudio y aplicación de las medidas adecuadas para incrementar las ventas de un producto, una vez conocidas las necesidades del consumidor.
marmita f. Olla de metal.
marmitón m. Pinche de cocina.
mármol m. Piedra caliza metamórfica, de textura compacta y cristalina, susceptible de buen pulimento. ‖ *Fig.* Obra artística de mármol. ‖ En artes gráficas, mesa de fundición que sirve para ajustar, imponer y acuñar las formas. ‖ *Fig. De mármol,* frío, insensible.
marmolería f. Conjunto de mármoles. ‖ Taller de marmolista.
marmolillo m. Guardacantón. ‖ *Fig.* Idiota, tonto.
marmolista m. y f. Persona que labra o vende obras de mármol.
marmóreo, a adj. De mármol.
marmota f. Mamífero roedor que pasa el invierno durmiendo. ‖ *Fig.* Persona que duerme mucho. ‖ *Fam.* Criada.
maro m. Planta labiada de olor muy fuerte y sabor amargo.
maroma f. Cuerda gruesa.
maromero, ra adj. *Amer.* Versátil. ‖ — M. y f. *Amer.* Volatinero, acróbata. ‖ — M. *Amer.* Político astuto que varía de opinión según como sean las circunstancias.
maromo m. *Fam.* Individuo.
maronita adj. y s. En el Líbano, católico de rito sirio.
marplatense adj. y s. De Mar del Plata (Argentina).
marqués m. Título nobiliario, entre los de conde y duque.
marquesa f. Mujer o viuda del marqués, o la que tiene un marquesado.
marquesado m. Dignidad de marqués.
marquesina f. Cobertizo, generalmente de cristal, que avanza sobre una puerta, escalinata, etc., para resguardar de la lluvia.
marquetería f. Obra de taracea. ‖ Ebanistería.
marquista m. Propietario de una marca de vino que comercia con él sin tener bodega.
marrajo, ja adj. Taimado, malicioso (ú. t. c. s.). ‖ *Fig.* Hipócrita, astuto. ‖ — M. Tiburón.
marrana f. Hembra del marrano o cerdo. ‖ *Fig.* y *fam.* Mujer sucia, desaseada e indecente.
marranada y **marranería** f. *Fig.* y *fam.* Cochinada.
marrano m. Puerco, cerdo. ‖ *Fig.* y *fam.* Hombre sucio y desaseado o que se porta mal. ‖ Converso que conservaba las prácticas de los judíos de manera disimulada.

marrar v. t. e i. Fallar, errar : *marró el golpe decisivo para alcanzar la victoria.*
marras adv. Antaño, en tiempo antiguo. ‖ *De marras,* consabido.
marrasquino m. Licor hecho con cerezas amargas y azúcar.
marroca f. *Arg. Fam.* Cadena.
marroco m. *Arg. Fam.* Pan.
marrón adj. De color de castaña. ‖ En deportes, dícese de la persona que, bajo la calificación de aficionado, cobra como un jugador profesional. ‖ — M. Color castaño.
marroquí adj. y s. De Marruecos. ‖ — M. Tafilete.
marroquinería f. Tafiletería.
marroquinero m. Tafiletero.
marrullería f. Astucia con que halagando a uno se pretende engañarle.
marrullero, ra adj. y s. Astuto, taimado.
marsellés, esa adj. y s. De Marsella (Francia).
marsopa y **marsopla** f. Cetáceo parecido al delfín.
marta f. Mamífero carnicero, de pelaje espeso y suave muy estimado. ‖ *Marta cebellina,* especie de marta algo menor que la común.
martajar v. t. *Amér. C.* y *Méx.* Triturar maíz.
martes m. Tercer día de la semana.
martiano, na adj. Relativo al poeta y patriota cubano José Martí.
martillar v. t. Dar martillazos.
martillazo m. Golpe de martillo.
martillear v. t. Martillar.
martilleo m. Acción y efecto de martillear. ‖ *Fig.* Ruido parecido al de los martillazos. | Bombardeo intenso.
martillo m. Herramienta de percusión compuesta de una cabeza de acero duro templado y un mango. ‖ Utensilio de forma parecida a esta herramienta que usa el presidente de una sesión o el subastador. ‖ Templador de algunos instrumentos de cuerda. ‖ Especie de tiburón de cabeza ensanchada lateralemente. ‖ *Anat.* Primer huesecillo del oído interno. ‖ Esfera metálica con un cable de acero y una empuñadura que lanzan los atletas.
martín m. *Martín pescador,* ave de plumaje muy brillante que vive a orillas de los ríos.
martinete m. Ave zancuda parecida a la garza con un penacho blanco en la cabeza y este penacho. ‖ Cante flamenco acompañado sólo por los golpes de un martillo en un yunque.
martingala f. Combinación para ganar en los juegos de azar. ‖ *Fig.* Artimaña para engañar.
martiniqués, esa adj. y s. De la isla Martinica (Antillas).
mártir adj. y s. Que prefiere morir y no renunciar a su fe. ‖ *Fig.* Que ha padecido grandes sufrimientos e incluso la muerte por defender sus opiniones. | Que sufre mucho.
martirio m. Tormento o muerte padecidos por la fe o un ideal. ‖ *Fig.* Sufrimiento grande y largo.
martirizador, ra adj. y s. Que martiriza.
martirizar v. t. Hacer sufrir el martirio. ‖ *Fig.* Hacer sufrir.
martirologio m. Lista de mártires. ‖Lista de víctimas.
martucha f. *Amer.* Mamífero arborícola.
marxismo m. Conjunto de las teorías socialistas de Karl Marx y sus seguidores, fundadas en la doctrina del materialismo dialéctico e histórico. ‖ *Marxismo-leninismo,* doctrina política inspirada en Marx y Lenin, base teórica del comunismo.
marxista adj. y s. Partidario del marxismo.
marzo m. Tercer mes del año.
mas conj. Pero.
más adv. Indica superioridad en la calidad, cantidad, distancia y valor : *más simpático.* ‖ Mejor : *más vale olvidar todo eso.* ‖ Muy : *¡es más tonto!* ‖ Durante más tiempo : *no te detengas más.* ‖ — M. La mayor cosa : *el más y el menos.* ‖ *Mat.* Signo de la adición (+). ‖ — *A lo más,* como máximo. ‖ *Más bien,* mejor dicho. ‖ *Más de,* indica una cantidad ligeramente superior a la expresada. ‖ *Más que,* sino. ‖ *Por más que,* a pesar de que. ‖ *Tener sus más y sus menos,* tener sus buenos y malos momentos.
masa f. Totalidad de una cosa cuyas partes son de la misma naturaleza : *la masa de la sangre.* ‖ Cuerpo sólido y compacto : *masa de hierro.* ‖ Conjunto de cosas que forman un todo : *masa de bienes.* ‖ Cantidad de un cuerpo : *una masa de agua.* ‖ Harina u otra sustancia pulverulenta amasada con un líquido. ‖ *Fig.* Gran cantidad de gente : *manifestación en masa.* | Pueblo : *la rebelión de las masas.* ‖ *Mec.* Cociente de la intensidad de una fuerza constante por la aceleración del movimiento que produce cuando se aplica al cuerpo considerado : *la unidad de masa es el kilogramo.* ‖ *Electr.* Conjunto de las piezas metálicas que se hallan en comunicación con el suelo.
masacoate m. *Méx.* Boa.
masacre f. (pal. fr.). Matanza.
masada f. Casa de campo.
masaje m. Fricción del cuerpo con fines terapéuticos : *dar masajes.*
masajista com. Persona que da masajes.
masayense o **masaya** adj. y s. De Masaya (Nicaragua).
mascar v. t. Desmenuzar los alimentos con los dientes. ‖ Masticar : *mascar tabaco.* ‖ — V. pr. *Fig.* Considerarse un hecho como inminente.
máscara f. Figura de cartón pintado o de otra materia con que se tapa uno el rostro para disfrazarse. ‖ Traje extravagante para disfrazarse. ‖ Careta de protección contra los productos tóxicos : *máscara de gas.* ‖ Aparato de protección que usan los colmeneros, los esgrimidores, los pescadores submarinos, etc. ‖ Mascarilla. ‖ *Fig.* Apariencia engañosa. ‖ — Com. Persona emmascarada.
mascarada f. Fiesta de personas enmascaradas. ‖ *Fig.* Cosa falsa.
mascarilla f. Máscara que sólo tapa la parte superior de la cara. ‖ Vaciado de yeso sacado sobre el rostro de una persona o escultura, particularmente de un cadáver. ‖ Producto utilizado para los cuidados estéticos del rostro. ‖ Aparato utilizado por los anestesistas que se aplica sobre la nariz y la boca del paciente.
mascarón m. Máscara esculpida que sirve de adorno en cerraduras, fuentes, muebles, etc. ‖ *Mascarón de proa,* figura de adorno en el tajamar de los barcos.
mascota f. Fetiche, objeto, persona o animal que da suerte. ‖ Figura u objeto que constituye el emblema de una manifestación como una Olimpiada, un campeonato mundial de fútbol, etc. ‖ *Fam.* Sombrero.
masculinidad f. Carácter o calidad de masculino.
masculinización f. Aparición en la mujer

de algunas características secundarias del varón.
masculinizar v. t. Dar carácter masculino.
masculino, na adj. Perteneciente o relativo al macho. ‖ *Fig.* Viril : *voz masculina.* ‖ Aplícase al género gramatical que corresponde a los varones o a las cosas consideradas como tales (ú. t. c. s. m.).
mascullar v. t. *Fam.* Hablar entre dientes, de manera poco clara.
masetero adj. m. y s. m. *Anat.* Aplícase al músculo que sirve para accionar la mandíbula inferior.
masía f. Masada, finca.
masilla f. Mezcla de yeso y aceite de linaza para sujetar cristales.
masita f. Cantidad que se retiene de la paga de los militares para gastos de ropa.
masivo, va adj. *Med.* Aplícase a la dosis inmediatamente inferior al límite máximo de tolerancia. ‖ Que reúne gran número de personas o se refiere a gran cantidad de cosas : *producción masiva.*
masón m. Miembro de la masonería.
masonería f. Asociación secreta cuyos miembros profesan la fraternidad y se reconocen entre ellos por medio de signos y emblemas particulares.
masónico, ca adj. De la masonería : *signos masónicos.*
masoquismo m. Perversión sexual del que encuentra placer en verse humillado o maltratado por otra persona : *sufría de un masoquismo obsesivo, patológico.*
masoquista adj. Relativo al masoquismo. ‖ Que padece masoquismo (ú. t. c. s.).
mass media o **mass-media** m. pl. (pal. ingl.). Conjunto de los medios de comunicación, como la prensa, radio, televisión, etc., que permiten transmitir la información a medios sociales muy diversos.
mastelerillo m. *Mar.* Palo menor que alarga los masteleros.
mastelero m. *Mar.* Palo menor sobre cada uno de los palos mayores.
masticación f. Acción de triturar los alimentos sólidos.
masticador, ra adj. Que sirve para la masticación. ‖ — M. Utensilio para triturar los alimentos.
masticar v. t. Triturar los alimentos sólidos con los dientes. ‖ *Fig.* Pensar repetidamente una cosa.
mástil m. *Mar.* Palo de una embarcación. ‖ Palo derecho para mantener una cosa. ‖ Eje córneo en el que nacen las barbas de la pluma del ave. ‖ Mango de la guitarra y de otros instrumentos de cuerda.
mastín m. Perro grande que se utiliza para guardar los ganados.
mastodonte m. Mamífero paquiderme fósil de fines de la era terciaria y principios de la cuaternaria que tenía cuatro colmillos. ‖ *Fam.* Persona o cosa enorme.
mastoides adj. De forma de pezón. ‖ Dícese de la apófisis del hueso temporal de los mamíferos situada detrás del pabellón de la oreja (ú. t. c. s. m.).
masturbación f. Acción de masturbarse.
masturbar v. t. Producir el orgasmo por excitación de las órganos genitales con la mano (ú. t. c. pr.).
masurio m. *Quím.* Tecnecio.
mata f. Planta perenne de tallo bajo, leñoso y ramificado. ‖ Pie de algunas plantas. ‖ — *Fig.* y *fam.* *A salto de mata,* al día, de manera insegura. ‖ *Mata de pelo,* conjunto de cabello de una persona.
matacán m. *Fort.* Obra voladiza con parapeto y suelo provisto de aspilleras.
matadero m. Sitio donde se sacrifica el ganado para el consumo. ‖ *Fig.* y *fam.* Trabajo muy difícil y cansado : *esto es un matadero.*
matador, ra adj. Que mata (ú. t. c. s.). ‖ *Fig.* y *fam.* Difícil y cansado : *una labor matadora.* | Agotador, muy pesado : *un niño matador.* ‖ — M. *Taurom.* Espada, torero que mata al toro.
matadura f. Llaga.
matagalpino, na adj. y s. De Matagalpa (Nicaragua).
matalón, ona adj. y s. m. Aplícase al caballo flaco y con mataduras.
matalotaje m. *Mar.* Provisión de víveres de un barco.
matamoros m. inv. Bravucón.
matamoscas m. inv. Instrumento para matar moscas. ‖ — Adj. Usado para matar moscas.
matancero, ra adj. y s. De Matanzas (Cuba). ‖ — M. Matarife.
matanza f. Acción de matar a una o varias personas. ‖ Exterminio, hecatombe. ‖ Operación que consiste en matar los cerdos y preparar su carne. ‖ Época en que se hace.
matapalo m. Árbol americano cauchero de corteza fibrosa.
mataquintos m. inv. *Fam.* Tabaco de mala calidad.
matar v. t. Quitar la vida de manera violenta (ú. t. c. pr.). ‖ Provocar la muerte : *el alcoholismo le mató.* ‖ Destruir : *el hielo mata las plantas.* ‖ *Fig.* Apagar : *matar la sed.* | Achaflanar, redondear : *matar una arista.* | Poner el matasellos : *matar un sobre.* | Arruinar la salud : *esta vida me mata.* | Echar abajo : *matar un negocio.* | Fastidiar, importunar : *matar a preguntas.* | Cansar mucho física o moralmente : *el ruido me mata.* | Hacer más llevadero, distraer : *matar el tiempo.* ‖ — *Fig. Estar a matar con uno,* estar muy enemistado con él. | *Matarlas callando,* llevar a cabo el propósito perseguido con disimulo, sin el menor ruido. ‖ *Fig.* y *fam.* *¡No me mates!,* ¡no me fastidies! ‖ — V. i. Hacer la matanza del cerdo. ‖ — V. pr. *Fig.* Fatigarse mucho : *matarse trabajando.* | Desvivirse : *se mata por complacerle.*
matarife m. El que por oficio mata las reses.
matarratas m. inv. Raticida. ‖ *Fam.* Aguardiente muy fuerte.
matasanos m. inv. *Fam.* Médico malo.
matasellar v. tr. Poner el matasellos.
matasellos m. inv. Marca hecha en los sobres por el servicio de correos para inutilizar los sellos.
matazón f. *Amer.* Gran mortandad.
match m. (pal. ingl.). Encuentro deportivo.
mate adj. Que no tiene brillo : *color mate.* ‖ Amortiguado, apagado : *voz mate.* ‖ — M. Lance final del ajedrez. ‖ En el tenis, golpe hacia abajo de una pelota alta.
mate m. *Amer.* Calabaza que, seca y vaciada, tiene numerosos usos domésticos. | Planta parecida al acebo con cuyas hojas se hace una infusión como la del té. | Infusión, especialmente la de hojas de esta planta tostadas. | Vasija en que se bebe esta infusión. ‖ *Amer. Fam.* Cabeza.
matear v. i. Tomar mate.
matemático, ca adj. Relativo a las matemáticas. ‖ *Fig.* Riguroso, preciso : *exactitud*

matemática. ‖ — M. y f. Persona que es especialista en matemáticas. ‖ — F. Ciencia que estudia por razonamiento deductivo las propiedades de los seres abstractos (números, figuras geométricas, etc.) y las relaciones entre sí (ú. m. en pl.).
materia f. Sustancia extensa, divisible y pesada que puede tomar cualquier forma. ‖ Sustancia con la cual está hecha una cosa : *un cuadro hecho con mucha materia.* ‖ *Fig.* Tema, punto de que se trata. | Motivo, causa : *esto no debe ser materia a que se enemisten.* ‖ — *En materia de,* tratándose de. ‖ *Entrar en materia,* empezar a tratar un tema. ‖ *Materia gris,* parte del sistema nervioso formado por el cuerpo de las neuronas. ‖ *Materia prima,* producto natural que tiene que ser transformado antes de ser vendido a los consumidores y que es el principal elemento de una industria.
material adj. Formado por materia. ‖ Que no es espiritual : *bienes materiales.* ‖ *Fig.* Grosero, sin ingenio ni agudeza. ‖ Demasiado apegado a las cosas materiales. ‖ — M. Conjunto de instrumentos, herramientas o máquinas necesarios para la explotación de una finca, de una industria, etc. : *material agrícola, escolar* (ú. m. en pl.). ‖ Materia con que se hace una cosa : *material de construcción.* ‖ Cuero.
materialidad f. Calidad de material. ‖ Apariencia de las cosas. ‖ Realidad.
materialismo m. *Fil.* Doctrina que considera la materia como la única realidad. ‖ Manera de comportarse de los que sólo se preocupan por las satisfacciones corporales.
materialista adj. Del materialismo. ‖ — Adj. y s. Partidario del materialismo.
materialización f. Acción y efecto de materializar.
materializar v. t. Considerar como material una cosa que no lo es : *materializar el alma.* ‖ Volver material. ‖ Volver concreto, hacer realidad una idea, etc. Ú. t. c. pr. : *no se ha materializado todavía el proyecto.*
maternidad f. Estado o calidad de madre. ‖ Establecimiento hospitalario donde se efectúan los partos.
materno, na adj. Relativo a la madre o propio de ella. ‖ Nativo : *el castellano es mi lengua materna.*
matero, ra adj. y s. *Amer.* Aficionado a tomar mate.
matinal adj. De la mañana.
matiz m. Cada una de las gradaciones que puede tomar un color. ‖ *Fig.* Pequeña diferencia que existe entre cosas parecidas. | Aspecto : *cierto matiz poético.* | Rasgo : *sin un matiz de locura.*
matización f. Acción y efecto de matizar.
matizar v. t. Juntar o casar con armonía diversos colores. ‖ Dar a un color un matiz determinado. ‖ *Fig.* Graduar con cuidado sonidos, expresiones, conceptos, afectos, etc.
matojo m. Matorral.
matón m. *Fam.* Bravucón.
matonear v. i. *Fam.* Chulear.
matonería f. Fanfarronería.
matorral m. Campo de matas y maleza. ‖ Grupo de arbustos bajos.
matraca f. Carraca, rueda de tablas con badajos de madera entre las paletas que se usa en Semana Santa en lugar de campanas. ‖ *Fig.* Molestia, lata : *dar la matraca.*
matraquear v. i. Hacer ruido continuado con la matraca. ‖ *Fig.* y *fam.* Ser pesado, importunar.
matraqueo m. Ruido hecho con la matraca. ‖ *Fig.* y *fam.* Molestia. | Porfía, insistencia.
matraz m. Frasco de cuello largo que se utiliza en química.
matrería f. Astucia. ‖ Suspicacia.
matrero, ra adj. Astuto. ‖ *Amer.* Suspicaz, receloso. ‖ *Arg.* Dícese del individuo que anda por los montes huyendo de la justicia.
matriarcado m. Sistema social basado en la preponderancia de la autoridad materna.
matricida com. Asesino de su madre.
matricidio m. Delito de matar uno a su madre.
matrícula f. Inscripción en algún registro de una persona o cosa con el número que se le atribuye para facilitar su identificación. ‖ Documento o registro en que se acredita esta inscripción. ‖ Inscripción en un centro de enseñanza. ‖ Placa metálica en los vehículos automóviles que indica el número de inscripción. ‖ Este número.
matriculación f. Matrícula.
matricular v. t. Inscribir en algún registro o matrícula. ‖ — V. pr. Inscribirse en la matrícula.
matrimonial adj. De matrimonio.
matrimoniar v. i. Casarse.
matrimonio m. Unión legítima de hombre y mujer. ‖ Celebración de esta unión. ‖ Sacramento indisoluble que establece esta unión. ‖ *Fam.* Marido y mujer : *matrimonio joven.*
matritense adj. y s. Madrileño.
matriz f. Víscera de los mamíferos en que se desarrollan el embrión y el feto en la madre. ‖ Molde para fundir ciertos objetos. ‖ Parte del talonario que queda después de cortar los talones. ‖ *Mat.* Cuadro compuesto por números reales y complejos ordenados en líneas y columnas. ‖ — Adj. *Fig.* Madre, principal : *casa matriz.* | Dícese del original de una escritura con el cual se cotejan los traslados.
matrona f. Madre de familia, respetable y de cierta edad. ‖ Partera. ‖ Empleada de las aduanas que registra a las mujeres.
maturinés, esa adj. De Maturín (Venezuela).
matusalén m. Hombre de edad.
matute m. Contrabando.
matutear v. i. Contrabandear.
matutero, ra m. y f. Contrabandista.
matutino, na adj. Que aparece, ocurre o se hace por la mañana. ‖ — M. Diario de la mañana.
maula f. Cosa inútil. ‖ Retal. ‖ Engaño. ‖ — Com. *Fam.* Mal pagador. | Persona perezosa. | Persona astuta y tramposa.
maullar v. i. Dar maullidos.
maullido m. Voz del gato.
máuser m. Fusil de repetición inventado por W. Máuser en 1872.
mausoleo m. Sepulcro.
maxilar adj. y s. m. Relativo a la mandíbula : *hueso maxilar.*
máxima f. Sentencia o proposición general que sirve de precepto. ‖ Temperatura más alta en un sitio y tiempo determinados.
máxime adv. Principalmente.
máximo, ma adj. Aplícase a lo más grande en su género, mayor. ‖ — M. Límite superior de una cosa. ‖ Valor mayor de una cantidad variable entre ciertos límites.
máximum m. Máximo.
maxwell o **maxvelio** m. Unidad C. G. S. de flujo magnético (símb. M).
maya adj. y s. Individuo de una de las

tribus indias que hoy habitan en Yucatán. ‖ — M. Lengua hablada por estos indios.
mayagüezano, na adj. y s. De Mayagüez (Puerto Rico).
mayestático, ca adj. De la majestad.
mayo m. Quinto mes del año.
mayólica f. Loza cubierta por una capa vidriada metálica.
mayonesa f. Salsa fría y muy trabada hecha con aceite, yema de huevo y sal.
mayor adj. Que excede a una cosa en cantidad o calidad : *esta casa es mayor que la tuya.* ‖ De más edad. U. t. c. s. : *el mayor de los hijos.* ‖ Que es mayor de edad : *sus hijos ya son mayores.* ‖ Entrado en años : *una señora mayor.* ‖ Calificativo de ciertos grados y dignidades : *oficial mayor del Congreso.* ‖ — *Al por mayor,* en grandes cantidades. ‖ *Mayor edad,* edad a partir de la cual, según la ley, una persona tiene la plena capacidad de ejercer sus derechos y es considerada responsable de todos sus actos. ‖ — M. Oficial superior o jefe. ‖ *Mat.* Entre dos cantidades, signo (>) que indica que la primera es superior a la segunda. ‖ — Pl. Abuelos y demás progenitores. ‖ Antepasados. ‖ — F. Primera proposición de un silogismo.
mayoral m. Encargado que cuida de los rebaños o de las manadas de toros. ‖ Capataz de trabajadores del campo. ‖ *Amer.* Cobrador de tranvía.
mayorazgo m. Institución destinada a perpetuar en una familia la posesión de ciertos bienes transmitiéndolos al hijo mayor. ‖ Estos bienes. ‖ Posesor de un mayorazgo. ‖ *Fam.* Primogenitura.
mayordomía f. Empleo y oficina del mayordomo. ‖ Servicio de comidas destinadas a los pasajeros de los aviones.
mayordomo m. Criado principal en una casa grande : *el mayordomo, elegantemente uniformado, le hizo entrar en el salón.*
mayoría f. Mayor edad. ‖ La mayor parte : *la mayoría de los asistentes.* ‖ Partido más numeroso de una asamblea : *la mayoría parlamentaria.* ‖ En unas elecciones, número de votos que permite a un candidato vencer a los demás. ‖ Condición de mayor. ‖ Oficina del mayor. ‖ — *Mayoría absoluta,* la mitad más uno de los votos. ‖ *Mayoría relativa,* la del candidato que obtiene mayor número de votos.
mayorista m. Comerciante al por mayor. ‖ — Adj. Al por mayor.
mayoritario, ria adj. De la mayoría o que se apoya en ella.
mayúsculo, la adj. Dícese de la letra de mayor tamaño que se usa en principio de frase, de nombre propio, en títulos, etc. (ú. t. c. s. f.). ‖ *Fig.* Muy grande.
maza f. Arma contundente antigua. ‖ Insignia de los maceros. ‖ Instrumento para machacar el cáñamo. ‖ Pieza que en el martinete sirve para golpear. ‖ Palillo con una pelota de cuero en una extremidad que sirve para tocar el bombo.
mazacote m. *Fig.* y *fam.* Plato mal guisado, seco y espeso. | Persona pesada. | Obra de arte pesada, poco elegante.
mazamorra f. Gachas de harina de maíz con leche y azúcar o sal.
mazapán m. Pasta de almendra y azúcar cocida al horno.
mazateco, ca adj. y s. De Mazatlán (México).
mazazo m. Golpe dado con una maza o mazo.
mazmorra f. Calabozo subterráneo : *estuvo diez años encerrado en una mazmorra.*
mazo m. Martillo grande de madera. ‖ Manojo. ‖ Maza del bombo.
mazorca f. Panoja del maíz, del cacao. ‖ *Fig. Chil.* Grupo de personas que forman un gobierno dictatorial. ‖ Nombre dado en Buenos Aires a la Sociedad Popular Restauradora durante la dictadura de Rosas (1835-1851).
mazorquero m. *Fig. Chil.* Miembro de una mazorca. | Partidario de la violencia.
mazurca f. Baile y música de tres tiempos de origen polaco.
mazut m. Fuel.
me, dativo y acusativo del pronombre personal *yo : me lo prometió.*
mea culpa, pal. lat. que significa *por culpa mía* (ú. t. c. s. m.).
meada f. *Vulg.* Emisión de orina. | Orina evacuada de una vez.
meadero m. *Vulg.* Urinario.
meandro m. Curva o sinuosidad de un río o camino.
meapilas m. y f. *Fam.* Beato.
mear v. i. *Vulg.* Orinar (ú. t. c. pr.). ‖ — V. pr. *Pop.* Tener mucho miedo. | Despreciar. | Reírse mucho.
meato m. Intersticio entre ciertas células vegetales. ‖ *Anat.* Orificio o conducto : *meato urinario.*
¡mecachis! interj. *Fam.* ¡Caray!
mecánica f. Ciencia que estudia las fuerzas y sus acciones. ‖ Obra que trata de esta ciencia. ‖ Estudio de las máquinas, de su construcción y de su funcionamiento. ‖ Combinación de órganos propios para producir un movimiento : *la compleja mecánica de un aparato.*
mecánico, ca adj. De la mecánica. ‖ Perteneciente a los oficios manuales : *artes mecánicas.* ‖ Efectuado con una máquina : *lavado mecánico.* ‖ Maquinal : *ademán mecánico.* ‖ Que obra con arreglo a las leyes del movimiento y de las fuerzas, que no tiene efecto químico : *acción mecánica de los vientos.* ‖ — M. y f. Persona que maneja y arregla máquinas. ‖ — M. Conductor de vehículos automóviles. ‖ *Mecánico dentista,* persona que prepara los dientes y dentaduras artificiales.
mecanismo m. Combinación de piezas para producir un movimiento. ‖ *Fig.* Conjunto de varios órganos que concurren a una misma tarea : *mecanismo administrativo.* | Funcionamiento, modo de obrar : *el mecanismo de un razonamiento.*
mecanización f. Utilización de las máquinas para sustituir al hombre. ‖ Transformación en una cosa mecánica. ‖ *Mecanización contable,* utilización de máquinas contables para establecer documentos administrativos y comerciales.
mecanizado m. Proceso de elaboración mecánica.
mecanizar v. t. Dotar de aparatos mecánicos. ‖ Conferir las características de una máquina. ‖ *Mil.* Dotar una unidad de vehículos para el transporte y combate.
mecanografía f. Arte de escribir con máquina.
mecanografiar v. t. Escribir con máquina.
mecanógrafo, fa m. y f. Persona que escribe con máquina.
mecapal m. *Méx.* Trozo de cuero que se ponen los mozos de cordel en la frente para llevar cargas.
mecapalero m. *Méx.* Mozo de cordel.

mecatazo m. *Méx.* Latigazo dado con el mecate. | Trago.
mecate m. *Méx.* y *Amer. C.* Cuerda fibrosa, generalemente de pita. | Bramante o cordel. || *Fig.* Persona inculta y tosca.
mecatero m. *Méx.* Persona que hace mecates.
mecedor, ra adj. Que mece. || — M. Columpio. || — F. Silla de brazos para mecerse.
mecenas m. Protector de literatos, científicos y artistas.
mecenazgo m. Protección dispensada por una persona a un escritor, un científico o un artista.
mecer v. t. Mover, menear, balancear acompasadamente : *mecer a un niño.* || — V. pr. Balancearse.
meclascal m. *Méx.* Tortilla hecha con la sustancia blanda del maguey.
meco, ca adj. *Méx.* De color bermejo con mezcla de negro. || — M. y f. *Méx.* Indio salvaje.
mecual m. *Méx.* Raíz del maguey.
mecha f. Conjunto de hilos torcidos de una lámpara o vela al cual se prende fuego. || Cuerda combustible para prender fuego a cohetes, minas, barrenos, etc. || Tela de algodón para encender cigarros. || Gasa retorcida que se emplea en cirugía para facilitar la salida del exudado de una herida. || Lonjilla de tocino para mechar la carne. || Manojillo de pelo. || — *Fam. Aguantar mecha,* sufrir con resignación. | *A toda mecha,* rápidamente.
mechera f. Ladrona de tiendas.
mechero m. Encendedor.
mechón m. Mecha grande. || Manojillo de pelos, de lana.
medalla f. Pieza metálica, generalmente redonda u ovalada, acuñada con figura o emblema. || Pieza de metal que se concede como recompensa en exposiciones y certámenes, por algún mérito, etc. || *Arq.* Motivo decorativo circular o elíptico que suele encerrar un bajorrelieve.
medallista com. Persona que graba medallas.
medallón m. Medalla grande. || Joya circular u ovalada en la cual se guardan retratos, rizos u otros recuerdos. || *Arq.* Medalla.
médano m. Duna en las costas. || Banco o montón de arena casi a flor de agua.
medellinense adj. y s. De Medellín (Colombia).
media f. Prenda de punto o de mallas que cubre el pie y la pierna.
media f. Cantidad que representa el promedio de varias otras : *media horaria.* || Media hora : *tocar la media.* || En los deportes de equipo, línea de jugadores que ocupa el centro del terreno. || *Amer.* Calcetín.
media m. pl. (pal. ingl.). Mass media.
mediacaña f. Moldura cóncava de perfil semicircular. || Listón de madera con molduras. || Formón de boca arqueada. || Lima semicircular.
mediación f. Intervención destinada a producir un arbitraje o un acuerdo. || *For.* Procedimiento que consiste en proponer a las partes litigantes una solución sin imponérsela.
mediado, da adj. Medio lleno. || *A mediados de,* hacia la mitad.
mediador, ra adj. y s. Que media. || Intermediario.
medialuna f. Símbolo de los musulmanes, especialmente de los turcos. || Cualquier cosa en forma de media luna (instrumento para cortar el jarrete de los toros, pan o bollo, fortaleza).
mediana f. *Geom.* En un triángulo, línea que une un vértice con el punto medio del lado opuesto.
medianería f. Pared común a dos casas o fincas contiguas.
medianero, ra adj. Dícese de la cosa que está en medio de otras dos. || — Adj. y s. Intercesor. || — M. El que vive en una casa que tiene medianería con otra o que tiene un campo medianero con otro. || Aparcero, labrador que trabaja a medias con otro en una finca.
medianía f. Término medio entre dos extremos. || Situación económica modesta : *vivir en la medianía.* || *Fig.* Persona corriente, que carece de prendas relevantes.
mediano, na adj. De calidad intermedia : *inteligencia mediana.* || Ni muy grande ni muy pequeño. || Ni bueno ni malo, regular. || Que divide una cosa en dos partes iguales.
medianoche f. Hora en que el Sol está en el punto opuesto al de mediodía. || Las doce de la noche. || *Fig.* Emparedado de jamón, queso, etc. hecho en un ballo pequeño.
mediante adj. Que media o intercede. || — Prep. Gracias a : *mediante esta ayuda.*
mediar v. i. Llegar a la mitad de una cosa concreta o no. || Estar en medio. || Interponerse entre personas que están en desacuerdo. || Interceder : *mediar en favor de uno.* || Transcurrir el tiempo : *mediaron tres años.*
mediatinta f. Tono medio entre lo claro y lo oscuro.
mediatizar v. t. Influir.
mediatriz f. *Geom.* Perpendicular levantada en el punto medio de un segmento de recta.
médica f. Mujer que ejerce la medicina. || Esposa del médico.
medicación f. *Med.* Empleo de medicamentos con fin terapéutico determinado : *la medicación de la gripe.* || Conjunto de medicamentos.
medicamentar v. t. Medicinar.
medicamento m. Sustancia empleada para curar una enfermedad.
medicar v. t. Dar un medicamento.
medicastro m. Médico malo.
medicina f. Ciencia que se ocupa de precaver y curar las enfermedades. || Profesión de médico. || Sistema empleado para curar. || Medicamento : *tomar medicinas.* || *Medicina legal* o *forense,* la aplicada a dar informaciones de carácter médico a los tribunales de justicia para ayudarles en su trabajo.
medicinal adj. Que sirve de medicina. || Relativo a la medicina.
medicinar v. t. Administrar o dar medicamentos al enfermo. || — V. pr. Tomar medicamentos.
medición f. Determinación de las dimensiones de una cosa.
médico, ca adj. Relativo a la medicina : *receta médica.* || — M. y f. Persona que ejerce la medicina. || *Médico forense,* el encargado de hacer todos los exámenes que necesitan las autoridades judiciales.
médico, ca adj. Relativo a Media, ant. región de Asia : *las guerras médicas.*
medida f. Evaluación de una magnitud según su relación con otra magnitud de la misma especie adoptada como unidad. || Medición : *medida de las tierras.* || Recipiente empleado para evaluar los volúmenes y cantidad representada por estos volú-

menes : *dos medidas de vino.* ‖ Proporción : *se paga el jornal a medida del trabajo.* ‖ Disposición, recurso tomado con algún fin : *tomar medidas enérgicas.* ‖ Moderación : *hablar con medida.* ‖ — Pl. Dimensiones de una persona que se evalúan con objeto de hacerle un traje, etc.
medidor, ra adj. y s. Que mide. ‖ — M. *Amer.* Contador de gas, de agua o de electricidad.
mediero m. Aparcero.
medieval adj. De la Edad Media.
medievalismo m. Estudio de la Edad Media.
medievalista com. Persona que se dedica al estudio de la Edad Media.
medievo m. Edad Media.
medio m. Parte que en una cosa equidista de sus extremos, centro. ‖ Mitad. ‖ Procedimiento, lo que sirve para conseguir una cosa : *el fin justifica los medios.* ‖ Medida : *tomar los medios necesarios.* ‖ Elemento físico en que vive un ser : *el medio atmosférico.* ‖ Ambiente, esfera intelectual, social y moral en que vivimos : *la influencia del medio.* ‖ Grupo social o profesional : *en los medios bien informados.* ‖ Tercer dedo de la mano. ‖ Medium. ‖ *Mat.* Quebrado que tiene por denominador el número 2. ‖ *Biol.* Cualquiera de las sustancias nutritivas artificiales utilizadas para el cultivo de bacterias u otros organismos. ‖ *Dep.* Jugador que ocupa el centro del terreno. ‖ Término de un silogismo que enlaza el término mayor con el menor (se llama tb. *término medio*). ‖ — Pl. Caudal, recursos : *estar corto de medios.* ‖ Elementos : *medios de producción.* ‖ — *En medio de,* en un lugar igualmente distante de los extremos, entre dos cosas; entre. ‖ *Medio ambiente,* v. AMBIENTE. ‖ *Medios de transporte,* modos de locomoción que permiten desplazarse en una ciudad o en un país. ‖ *Fig. Poner tierra de por medio,* alejarse. ‖ *Por medio de,* en medio de; gracias a, mediante. ‖ *Quitarse de en medio,* irse.
medio, dia adj. Exactamente igual a la mitad de una cosa : *media naranja.* ‖ Que es tan distante de un extremo como de otro : *de estatura media.* ‖ Que divide en dos partes iguales : *línea media.* ‖ *Fig.* Mediocre, ni bueno ni malo. | Corriente, de una posición económica, social o intelectual mediana : *el español medio.* ‖ Calculado haciendo un promedio : *temperatura media.* ‖ — Adv. No completamente : *una botella medio llena* (con el inf. va precedido de *a : a medio terminar*). ‖ *A medias,* no del todo : *satisfecho a medias;* por mitad : *ir a medias en un negocio.*
mediocre adj. Mediano.
mediocridad f. Medianía.
mediodía f. Mitad del día. ‖ Sur.
medioeval adj. Medieval.
medioevo m. Medievo.
mediopensionista adj. y s. Dícese de la persona que está en alguna institución en régimen de media pensión, o sea que come a mediodía pero no se aloja en ella.
medir v. t. Determinar la longitud, extensión, volumen o capacidad de una cosa. ‖ Tomar las dimensiones de una persona. ‖ Tener cierta dimensión. ‖ Ver si tienen los versos la medida adecuada. ‖ *Fig.* Comparar una cosa con otra : *medir las fuerzas.* | Examinar detenidamente : *medir las consecuencias de un acto.* ‖ Moderar : *medir las palabras.* ‖ *Fig. Medir sus pasos,* ir con tiento. ‖ — V. pr. Moderarse. ‖ *Fig.* Luchar, pelearse : *medirse con uno.*
meditabundo, da adj. Pensativo. ‖ Que medita en silencio.
meditación f. Reflexión.
meditador, ra adj. Que medita.
meditar v. t. Pensar.
meditativo, va adj. Que medita.
mediterráneo, a adj. Rodeado de tierras : *mar Mediterráneo.* ‖ Relativo a este mar. ‖ — M. Mar Mediterráneo.
medium m. Persona que pretende comunicar con los espíritus.
medo, da adj. y s. De Media, antigua región de Asia.
medrar v. i. *Fig.* Progresar. | Enriquecerse.
medroso, sa adj. y s. Miedoso.
médula o **medula** f. Sustancia grasa, blanquecina o amarillenta que se halla dentro de los huesos. ‖ Sustancia esponjosa de los troncos y tallos de diversas plantas. ‖ *Fig.* Sustancia principal de una cosa no material. ‖ *Médula espinal,* prolongación del encéfalo que ocupa la cavidad de la columna vertebral.
medular adj. De la médula.
medusa f. Celentéreo de cuerpo gelatinoso en forma de campana y provisto de tentáculos.
mefistofélico, ca adj. De Mefistófeles, nombre dado al diablo. ‖ Diabólico.
megaciclo m. Unidad de frecuencia en ondas de radiodifusión, equivalente a un millón de ciclos.
megafonía f. Conjunto de aparatos electrónicos destinados a aumentar el volumen del sonido en un lugar público.
megáfono m. Bocina para reforzar la voz.
megalítico, ca adj. Dícese de las construcciones prehistóricas de grandes bloques de piedra.
megalito m. Piedra monumental levantada por los hombres de la edad del cobre o del bronce.
megalomanía f. Delirio de grandezas.
megalómano, na adj. y s. Persona que padece megalomanía.
megaterio m. Mamífero desdentado fósil de la era cuaternaria.
megatón m. *Fís.* Unidad de potencia de los proyectiles y bombas nucleares, equivalente a un millón de toneladas de trinitrotolueno.
megohmio m. *Electr.* Unidad de resistencia, equivalente a un millón de ohmios (símb. $M\Omega$).
meiosis f. *Biol.* División celular en la cual las células hijas tienen cada una la mitad del número de cromosomas de la célula madre.
mejicanismo m. Mexicanismo.
mejicano, na adj. y s. Mexicano.
— OBSERV. En España se escribe esta palabra y sus derivados generalmente con *j.* En México se ha preferido conservar la ortografía antigua, pronunciando, sin embargo, la *x* con sonido de *j.*
mejilla f. Cada una de las dos partes laterales que hay en el rostro humano debajo de los ojos.
mejillón m. Molusco acéfalo lamelibranquio de color negro.
mejor adj. Más bueno. Ú. t. c. s. : *el mejor de todos los hermanos.* ‖ — Adv. Más bien : *mejor dicho.* ‖ Antes : *escogería mejor este abrigo.* ‖ — *A lo mejor,* quizá, tal vez. ‖ *Mejor que mejor,* mucho mejor. ‖ *Tanto mejor,* mejor todavía.

mejora f. Cambio hacia algo mejor. ‖ Progreso, adelanto. ‖ Aumento : *mejora del sueldo.* ‖ Puja. ‖ *For.* Porción de bienes que puede dejar el testador a uno de sus herederos además de la legítima.
mejoramiento m. Mejora.
mejorana f. Planta aromática.
mejorar v. t. Volver mejor. ‖ Hacer recobrar la salud a un enfermo : *la cura le ha mejorado mucho.* ‖ Aumentar : *mejorar el sueldo.* ‖ Traer ventaja : *mejorar a los funcionarios.* ‖ Pujar los licitadores. ‖ *For.* Dejar mejora el testador a uno de sus herederos. ‖ — V. i. Irse reponiendo el enfermo. ‖ Ponerse el tiempo más benigno. ‖ Prosperar. ‖ Volverse mejor.
mejoría f. Cambio favorable, mejora. ‖ Alivio de una enfermedad. ‖ Ventaja.
mejunje m. Bebida mala.
melancolía f. Tristeza profunda. ‖ Gran depresión moral y física.
melancólico, ca adj. y s. Que padece melancolía. ‖ — Adj. Que infunde melancolía o está impregnado de ella.
melanesio, sia adj. y s. De Melanesia, parte de Oceanía.
melanina f. Pigmento negro que colora la piel, el pelo y la coroides.
melaza f. Residuo de la cristalización del azúcar.
melcocha f. Miel caliente.
melée f. (pal. fr.). Grupo que forman, en ciertos casos, los jugadores de rugby.
melena f. Cabello largo y colgante. ‖ Crin del león.
melenudo, da adj. Que tiene cabello muy abundante y largo (ú. t. c. s.).
melificar v. t. Hacer las abejas la miel.
melifluidad f. *Fig.* Calidad de melifluo.
melifluo, flua adj. Que tiene o destila miel. ‖ *Fig.* Dulce y tierno en el trato o en el modo de hablar.
melillense adj. y s. De o relativo a Melilla.
melindre m. Delicadeza afectada.
melindrería f. Afectación.
melindroso, sa adj. y s. De una delicadeza afectada y ridícula.
melocotón m. Melocotonero. ‖ Su fruto.
melocotonero m. Árbol rosáceo, variedad del pérsico.
melodía f. Sucesión de sonidos que forman una frase musical. ‖ Composición vocal o instrumental con acompañamiento o sin él. ‖ Sucesión de sonidos que halagan el oído. ‖ Serie de palabras o frases agradables al oído.
melódico, ca adj. Relativo a la melodía : *frase melódica.*
melodioso, sa adj. Dulce y agradable al oído : *verso melodioso.*
melodrama m. Drama de carácter popular, de acción complicada con situaciones patéticas. ‖ Drama con acompañamiento de música. ‖ *Fig.* Situación patética.
melodramático, ca adj. Del melodrama. ‖ Enfático y exagerado.
melomanía f. Amor a la música.
melómano, na adj. y s. Aficionado a la música.
melón m. Planta cucurbitácea de fruto esferoidal y ovalado, de carne dulce y olorosa. ‖ Fruto de esta planta. ‖ *Fig.* y *fam.* Tonto.
melonada f. *Fam.* Sandez.
melonar m. Terreno de melones.
melopea f. Canto monótono. ‖ *Fam.* Borrachera.
melosidad f. Dulzura, suavidad.
meloso, sa adj. Dulce como la miel. ‖ *Fig.* De dulzura afectada : *me fastidiaba el tono meloso de su voz y su sonrisa almibarada.*
mella f. Rotura en el filo de un arma, en el borde de un objeto, etc. y hueco que resulta de ella. ‖ Hueco que hay cuando se caen los dientes. ‖ *Fig.* Menoscabo. ‖ *Fam. Hacer mella,* causar efecto, impresionar; perjudicar, mermar.
mellado, da adj. Que tiene el borde estropeado : *plato mellado.* ‖ Falto de algún diente (ú. t. c. s.).
melladura f. Mella.
mellar v. t. Hacer mellas a una cosa : *mellar la espada, el plato.* ‖ *Fig.* Menoscabar : *mellar la fama.* ‖ — V. pr. Perder dientes.
mellizo, za adj. y s. Gemelo.
memada f. *Fam.* Memez.
membrana f. Tejido fino que forma, cubre o tapiza algunos órganos : *membrana mucosa.* ‖ Lámina delgada : *membrana semipermeable.*
membranoso, sa adj. Con membranas o parecido a ellas.
membrete m. Inscripción estampada en la parte superior del papel de escribir que indica el nombre y señas de una persona, oficina, etc.
membrillo m. Arbusto rosáceo de fruto amarillo. ‖ Su fruto. ‖ *Carne de membrillo,* dulce de membrillo.
membrudo, da adj. Robusto.
memela f. *Méx.* Tortilla gruesa de maíz.
memento m. Parte de la misa en que se reza por vivos y difuntos. ‖ Manual, compendio. ‖ Agenda.
memez f. Necedad, idiotez.
memo, ma adj. y s. Necio.
memorable adj. Digno de ser recordado : *suceso memorable.*
memorando y **memorándum** m. Librito de apuntes. ‖ Comunicación diplomática para exponer brevemente la situación de un asunto. ‖ *Com.* Nota de pedido.
memoria f. Facultad de recordar algo vivido o aprendido. ‖ Recuerdo : *guardar memoria de algo.* ‖ Reputación buena o mala que queda de uno después de su muerte. ‖ Lista de gastos, factura. ‖ Disertación científica o literaria. ‖ Estudio breve sobre alguna materia. ‖ Informe de una asamblea. ‖ Órgano esencial de las calculadoras electrónicas capaz de almacenar datos y de restituirlos en el momento oportuno : *memoria de discos.* ‖ — Pl. Relación escrita de ciertos acontecimientos públicos o privados. ‖ Recuerdos, saludo a un ausente por escrito o por tercera persona : *dele memorias a su padre.* ‖ *De memoria,* conservando una cosa en la memoria.
memorial m. Petición escrita en que se solicita un favor o gracia. ‖ Libro donde se apuntan hechos memorables. ‖ Boletín, publicación.
memorión m. Memoria muy grande o persona que la tiene.
memorización f. Acción de fijar algo en la memoria por medio de repeticiones sistemáticas.
memorizar v. t. Aprender de memoria.
mena f. Mineral metalífero.
menaje m. Mobiliario de una casa. ‖ Ajuar. ‖ Utensilios de cocina.
mención f. Acción de referir un hecho o de nombrar a una persona. ‖ *Mención honorífica,* recompensa inferior al premio y al accésit.
mencionar v. t. Hacer mención.

menda pron. pers. de 1.ª persona. *Pop.* y *fam.* Persona que habla (úsase con el verbo en 3.ª persona). ‖ *Pop. Mi menda,* yo.
mendaz adj. y s. Mentiroso.
mendelevio m. *Quím.* Elemento transuránico (Mv), de número atómico 101.
mendicidad f. Acción de mendigar. ‖ Condición de mendigo.
mendigar v. t. Pedir limosna (ú. t. c. i.). ‖ Pedir con insistencia.
mendigo, ga m. y f. Persona que pide limosna.
méndigo, ga adj. *Méx. Fam.* Miserable.
mendocino, na adj. y s. De Mendoza (Argentina).
mendrugo m. Trozo de pan duro.
menear v. t. Agitar, mover : *menear la mano, el café.* ‖ *Fig.* Manejar, dirigir. ‖ — V. pr. Moverse. ‖ *Fig.* y *fam.* Hacer todas las diligencias o esfuerzos necesarios para conseguir algo. ‖ *Fam. De no te menees,* extraordinario.
meneo m. Movimiento, agitación. ‖ Contoneo al andar. ‖ *Fig.* y *fam.* Dificultad, obstáculo : *los meneos de la vida.* | Paliza : *darle un meneo a uno.* | Abucheo.
menester m. Necesidad de una cosa. ‖ Ocupación, empleo : *atender a sus menesteres.* ‖ — Pl. Necesidades corporales. ‖ — *Haber menester una cosa,* necesitarla. ‖ *Ser menester una cosa,* ser necesaria.
menesteroso, sa adj. y s. Indigente.
menestra f. Guisado de carne acompañado de varias hortalizas.
menestral m. Artesano.
mengano, na m. y f. Nombre indeterminado que se usa después de Fulano y antes de Zutano para designar a una persona sin nombrarla.
mengua f. Reducción, disminución. ‖ Falta. ‖ Pobreza. ‖ Descrédito. ‖ *En mengua de,* en perjuicio de.
menguado, da adj. Reducido : *obtuvo menguados éxitos.*
menguante adj. Que mengua. ‖ — F. Disminución del caudal de un río. ‖ Marea saliente. ‖ Última fase de la Luna.
menguar v. i. Disminuir, bajar. ‖ Reducirse la parte visible de la Luna. ‖ *Fig.* Decaer, venir a menos. ‖ — V. t. Reducir.
mengue m. *Fam.* Diablo.
menhir m. Megalito formado por una piedra larga fijada en el suelo.
menina f. Mujer que desde niña servía a la reina o a las infantas.
meninge f. Cada una de las membranas que cubren el encéfalo y la médula espinal.
meningitis f. Inflamación de las meninges.
meningococo m. *Med.* Microbio causante de la meningitis.
menisco m. Lente convexa por una cara y cóncava por la otra. ‖ Cartílago situado entre los huesos, en algunas articulaciones.
menopausia f. Cesación definitiva de la menstruación en la mujer. ‖ Época en que ésta se produce.
menor adj. Más pequeño : *el menor ruido.* ‖ Que no ha llegado a la mayor edad legal. U. t. c. s. : *tribunal de menores.* ‖ Más joven : *soy menor que tú* (ú. t. c. s.). ‖ Dícese de las cuatro primeras órdenes de la jerarquía eclesiástica. ‖ — *Al por menor,* en pequeñas cantidades. ‖ *Menor que,* signo matemático (<) que, colocado entre dos cantidades, indica ser menor la primera que la segunda.
menorquín, ina adj. y s. De Menorca (España). ‖ — M. Lengua que allí se habla.
menorragia f. Menstruación excesiva.
menos adv. Indica inferioridad en la calidad, cantidad, distancia y valor : *menos inteligente.* ‖ — *Al menos, a lo menos, lo menos, por lo menos,* tanto o más. ‖ *A menos que,* a no ser que. ‖ *Echar de menos,* notar la ausencia de una cosa o persona. ‖ *Menos de,* indica un número ligeramente inferior al expresado. ‖ *Poco más o menos,* aproximadamente. ‖ *Ser lo de menos,* no importar. ‖ *Venir a menos,* perder categoría, decaer. ‖ — Prep. Excepto : *fueron todos menos yo.* ‖ — Pron. Una cantidad menor : *hoy vinieron menos.* ‖ — M. *Mat.* Signo de sustracción o resta y de las cantidades negativas (−).
menoscabar v. t. Disminuir, reducir. ‖ *Fig.* Desprestigiar.
menoscabo m. Disminución. ‖ Daño, perjuicio. ‖ *Fig.* Descrédito.
menospreciable adj. Despreciable.
menospreciador, ra adj. Que desprecia (ú. t. c. s.).
menospreciar v. t. Apreciar en menos de lo que realmente vale una cosa o a una persona. ‖ Despreciar : *solía menospreciar todo lo que significase cultura.*
menospreciativo, va adj. Que implica o revela menosprecio.
menosprecio m. Poco aprecio. ‖ Desprecio, desdén.
mensaje m. Recado de palabra que envía una persona a otra. ‖ Comunicación oficial entre poderes públicos. ‖ Comunicación importante que se considera como una revelación : *el mensaje de Cristo.* ‖ Significado o aportación de una obra o de un escritor o artista : *el mensaje de un poeta.*
mensajería f. Servicio de transporte para viajeros y mercancías. ‖ Su oficina. ‖ Transporte rápido de mercaderías por ferrocarril, camiones o mar.
mensajero, ra adj. y s. Que transmite mensajes.
menstruación f. Eliminación periódica, con hemorragia, de la mucosa uterina de la mujer cuando no ha habido fecundación. ‖ Menstruo.
menstruar v. i. Tener el menstruo.
menstruo m. Flujo de líquido sangriento que evacuan periódicamente las mujeres.
mensual adj. Que sucede o se repite cada mes. ‖ Que dura un mes.
mensualidad f. Sueldo de un mes. ‖ Cantidad abonada cada mes.
mensualización f. Pago mensual de los salarios precedentemente pagados por hora.
mensualizar v. t. Efectuar la mensualización de los salarios.
mensuración f. Dimensión.
mensurar v. t. Medir.
menta f. Hierbabuena.
mentado, da adj. Famoso, célebre. ‖ Mencionado. ‖ — F. *Méx.* Insulto.
mental adj. Relativo a la mente. ‖ Que se hace en la mente : *oración mental.* ‖ *Enajenación mental,* locura.
mentalidad f. Modo de pensar.
mentalización f. Acción de mentalizar.
mentalizar v. t. Hacer adquirir plena conciencia de algo (ú. t. c. pr.).
mentar v. t. Mencionar.
mente f. Pensamiento.
mentecatada, mentecatería y **mentecatez** f. Necedad.
mentecato, ta adj. y s. Necio.
mentidero m. *Fam.* Lugar de reunión para conversar y criticar.

mentir v. i. Afirmar lo que se sabe que es falso o negar la verdad.
mentira f. Declaración intencionadamente falsa. || Cuento, historia falsa. || Mancha blanca en las uñas.
mentirijillas (de) y **de mentirillas** adv. En broma.
mentiroso, sa adj. Que miente (ú. t. c. s.). || Engañoso, falaz.
mentís m. Negación de lo que otra persona afirma.
mentol m. Alcohol sólido antineurálgico sacado de la menta.
mentolado, da adj. Con mentol.
mentón m. Barbilla.
mentor m. *Fig.* Consejero.
menú m. (pal. fr.). Minuta, lista de platos.
menudear v. i. Acaecer algo con frecuencia : *menudean las averías.*
menudencia f. Pequeñez. || Cosa de poca importancia.
menudeo m. Frecuencia. || *Venta al menudeo,* venta al por menor.
menudillo m. En los cuadrúpedos, articulación situada debajo de la caña. || — Pl. Sangre, higadillo, molleja, madrecilla y otras vísceras de las aves.
menudo, da adj. Pequeño, delgado. || Despreciable, de poca importancia. || Usado irónica y enfáticamente significa enorme, difícil, grave, increíble : *menuda catástrofe.* || — M. pl. Entrañas y sangre de las reses. || Pescuezo, alones, patas y menudillos de las aves. || — *A menudo,* frecuentemente. || *La gente menuda,* los niños.
meñique adj. y s. m. Aplícase al dedo quinto y más pequeño de la mano.
meódromo m. *Pop.* Urinario.
meollada f. Sesos de una res.
meollo m. Seso, masa nerviosa del cráneo. || Médula. || *Fig.* Sustancia, lo principal de una cosa. | Entendimiento, juicio.
mequetrefe m. *Fam.* Hombre sin importancia.
mercachifle m. Buhonero. || *Despect.* Comerciante de poco fuste.
mercadear v. i. Comerciar.
mercader m. Comerciante.
mercadería f. Mercancía.
mercado m. Lugar público cubierto o al aire libre donde se venden y compran mercancías. || Comerciantes que se reúnen en cierto sitio y fecha para vender sus productos. || Concurrencia de gente en estos sitios. || Salida económica : *el mercado de ultramar.* || Situación de la oferta y la demanda : *mercado en retroceso.* || *Mercado negro,* comercio ilícito y clandestino a precio elevado de mercancías cuya venta está regulada.
mercancía f. Todo aquello que se vende o compra.
mercante adj. Mercantil.
mercantil adj. Relativo al comercio. || *Fig.* Que tiene afán de lucro.
mercantilismo m. Espíritu mercantil aplicado a cualquier cosa. || Conjunto de medidas de política económica existente en los siglos XVI, XVII y XVIII que propugnaba la acumulación de metales preciosos por medio de la intervención del Estado.
mercantilista adj. Del mercantilismo. || — M. y f. Experto en materia de Derecho mercantil.
mercantilizar v. t. Valorar todo en función del dinero que representa. || Comercializar.
mercar v. t. Comprar.
merced f. Favor, gracia. || Voluntad, arbitrio : *a la merced de alguien.* || Tratamiento de cortesía : *vuestra merced.* || *Merced a,* gracias a.
mercedario, ria adj. y s. De la orden de la Merced.
mercenario, ria adj. Que se hace sólo por dinero. || Aplícase al soldado o tropa que presta sus servicios al gobierno que le paga (ú. t. c. s. m.).
mercería f. Comercio de objetos menudos que se utilizan para la costura y otras labores femeninas.
mercerizar v. t. Someter los hilos de algodón a un tratamiento con sosa cáustica para darles un brillo especial.
mercero, ra m. y f. Persona que comercia en mercería.
mercúrico, ca adj. Relativo al mercurio : *óxido, cianuro mercúrico.*
mercurio m. Metal líquido de color blanco brillante (símb. Hg) y número atómico 80.
merdellón, ona adj. Aplícase a la persona que adopta modos, costumbres o indumentaria propios de una clase social superior, con el vano propósito de aparentarse a ella (ú. t. c. s.).
merecedor, ra adj. Que merece (ú. t. c. s.).
merecer v. t. Ser o hacerse digno de algo : *merecer un premio* (ú. t. c. pr.). || Presentar los requisitos necesarios para una cosa : *documento que merece aprobación.* || Conseguir algo, lograr, alcanzar. || — V. i. Hacer méritos, ser digno de premio.
merecido m. Castigo que merece uno : *llevó su merecido.*
merecimiento m. Mérito.
merendar v. i. Tomar la merienda : *merendar a las cuatro de la tarde.* || — V. t. Comer en la merienda : *merendar una manzana.* || — V. pr. *Fig.* y *fam. Merendarse una cosa,* lograrla fácilmente.
merendero m. Sitio, establecimiento donde se pueden tomar consumiciones y a veces bailar.
merendona f. *Fig.* Merienda.
merengada f. *Venez.* Batido (refresco).
merengue m. Dulce hecho con claras de huevo y azúcar y cocido al horno. || *Fig.* Persona enclenque. || Baile típico dominicano.
meretriz f. Prostituta.
mergo m. Cuervo marino.
meridano, na adj. y s. De Mérida (México).
meridense adj. y s. De Mérida (c. de Venezuela).
merideño, ña adj. y s. De Mérida (España). || De Mérida, estado de Venezuela.
meridiano, na adj. Relativo al mediodía. || Dícese del plano que, en un lugar dado, contiene la vertical del mismo y el eje de rotación del globo (ú. t. c. s. m.). || Aplícase a los instrumentos que sirven para observar el paso de los astros por el meridiano local. || *Fig.* Luminosísimo, clarísimo : *luz meridiana.* || *Con claridad meridiana,* bien claro. || — M. Círculo máximo de la esfera celeste que pasa por los polos. || *Geogr.* Cualquier semicírculo de la esfera terrestre que va de polo a polo. || *Astr.* Intersección del plano meridiano y del horizontal en un lugar determinado. || — F. Siesta hecha después del almuerzo.
meridiem (ante y post) adv. Antes o después de mediodía.
meridional adj. Del Sur.
merienda f. Comida ligera que se toma por

la tarde. ‖ Comida fría que se lleva para irse de excursión o de viaje.
merino, na adj. y s. Dícese de los carneros y ovejas de lana muy fina, corta y rizada.
mérito m. Acción que hace al hombre digno de premio o estima. ‖ Calidad apreciable de una persona o cosa : *el mérito de una persona.* ‖ — *De mérito,* de valor. ‖ *Hacer méritos,* esmerarse.
meritorio, ria adj. Digno de elogio, premio o galardón. ‖ — M. Aprendiz de un despacho.
merluza f. Pez teleósteo marino de carne blanca. ‖ *Pop.* Borrachera.
merma f. Disminución : *con merma de la salud.*
mermar v. i. Disminuir. ‖ — V. t. Reducir.
mermelada f. Dulce de fruta triturada, cocida y mezclada con azúcar.
mero, ra adj. Puro, simple, solo : *por una mera casualidad.* ‖ — M. Pez marino.
merodeador, ra adj. y s. Que merodea, vagabundo.
merodear v. i. Andar por los campos robando frutas y legumbres.
merodeo m. Robo de frutas y legumbres en los campos.
merza adj. y s. *Arg. Fam.* Cursi.
mes m. Cada una de las doce divisiones del año. ‖ Espacio de treinta días. ‖ Mensualidad, salario mensual. ‖ Menstruo de la mujer.
mesa f. Mueble compuesto de una tabla lisa sostenida por uno o varios pies y que sirve para comer, escribir, etc. ‖ *Fig.* Utensilios que se ponen en este mueble para comer : *poner la mesa.* | Comida : *mesa abundante.* ‖ Conjunto de personas que presiden una asamblea : *la Mesa del Congreso.* ‖ *Geogr.* Parte más alta y poco extendida de una llanura elevada. | Meseta. ‖ — *Mesa electoral,* sitio donde votan los electores. ‖ *Mesa redonda,* reunión de personalidades políticas, diplomáticas, etc., en un plan de igualdad y sin presidente, para intentar ponerse de acuerdo sobre un asunto.
mesalina f. *Fig.* Mujer disoluta.
mesana f. *Mar.* Mástil de popa. | Vela que se coloca en este palo.
mesar v. t. Arrancar o estrujar el cabello o la barba con las manos (ú. t. c. pr.).
mescal m. Mezcal.
mescolanza f. Mezcolanza.
mesero, ra m. y f. *Méx.* Camarero.
meseta f. Descansillo de una escalera. ‖ *Geogr.* Llanura extensa y elevada.
mesiánico, ca adj. Del Mesías.
mesianismo m. Creencia en la existencia y venida del Mesías.
mesías m. Futuro redentor y libertador de Israel. ‖ Para los cristianos, Cristo. ‖ *Por ext.* Aquel a quien se espera impacientemente para que resuelva todos los males.
mesiote m. *Méx.* Fina capa exterior del maguey.
mesnada f. Antigua compañía de soldados u hombres de armas. ‖ *Fig.* Grupo, junta.
mesocarpio m. Parte intermedia situada entre la epidermis y el hueso en los frutos carnosos.
mesocéfalo, la adj. Dícese de la persona cuyo cráneo tiene las proporciones intermedias entre la braquicefalia y la dolicocefalia.
mesocracia f. Gobierno de la clase media. ‖ *Fig.* Burguesía.
mesodermo m. *Biol.* Capa media de las tres que constituyen el blastodermo.
mesolítico adj. Dícese del período comprendido entre el paleolítico y el neolítico (ú. t. c. s. m.).
mesomería f. *Quím.* Estructura química intermediaria de una sustancia a la cual se pueden atribuir varias fórmulas.
mesómero, ra adj. *Quím.* En estado de mesomería.
mesón m. Posada, venta, establecimiento donde se da albergue. ‖ Restaurante generalmente decorado a la usanza antigua. ‖ *Fís.* Masa intermedia entre el protón y el electrón producida por el bombardeo de los rayos cósmicos.
mesonero, ra m. y f. Propietario o encargado de un mesón.
mesopotámico, ca adj. y s. De Mesopotamia, región de Asia.
mesosfera f. Capa atmosférica superior a la estratosfera.
mesotórax m. Segmento medio del tórax de los insectos.
mesozoico, ca adj. *Geol.* Aplícase a los terrenos de la época secundaria (ú. t. c. s. m.).
mesta f. Antigua asociación de propietarios de ganado transhumante.
mester m. (Ant.). Oficio, arte. ‖ *Mester de clerecía, de juglaría,* género literario cultivado por clérigos o por los cantores populares en la Edad Media.
mestizaje m. Cruce de dos razas. ‖ Conjunto de mestizos.
mestizar v. t. Cruzar dos razas.
mestizo, za adj. y s. Nacido de padres de raza diferente.
mesura f. Moderación.
mesurado, da adj. Moderado.
mesurar v. t. Moderar (ú. t. c. pr.).
meta f. Final de una carrera. ‖ En fútbol, portería o guardameta. ‖ *Fig.* Finalidad, objetivo.
metabolismo m. *Biol.* Conjunto de transformaciones materiales que se efectúa constantemente en las células del organismo vivo.
metacarpiano adj. m. De cada uno de los cinco huesos del metacarpo.
metacarpo m. Parte de la mano entre el carpo y los dedos.
metafase f. Segunda fase de la división celular por mitosis.
metafísica f. Ciencia de los principios primeros y de las primeras causas : *la metafísica aristotélica.* ‖ Filosofía, teoría general y abstracta.
metafísico, ca adj. De la metafísica. ‖ *Fig.* Demasiado abstracto. ‖ — M. y f. Persona que profesa la metafísica.
metáfora f. Traslación del sentido recto de una palabra a otro figurado : *se llama león a un hombre valiente por metáfora.*
metafórico, ca adj. Relativo a la metáfora.
metaforizar v. t. Usar de metáforas.
metal m. Cuerpo simple sólido a la temperatura ordinaria, a excepción del mercurio, conductor del calor y de la electricidad, y que se distingue de los demás sólidos por su brillo especial. ‖ *Fig.* Calidad o condición : *eso es de otro metal.* | Dinero : *el vil metal.* | Timbre de la voz. ‖ *Mús.* Término genérico con el que se designan los instrumentos de viento de una orquesta (trompeta, trombones, bugles, trompas).
metaldehído m. Polímero del aldehído acético usado como combustible.
metálico, ca adj. De metal o parecido a él : *objeto metálico.* ‖ Que contiene metal. ‖ —

M. Dinero en monedas o billetes, por oposición a cheques : *pagar en metálico.*

metalífero, ra adj. Que contiene metal : *yacimiento metalífero.*

metalización f. Acción y efecto de metalizar.

metalizar v. t. Dar un brillo metálico. ‖ Cubrir con una capa de metal o de aleación. ‖ — V. pr. *Fig.* Tener mucho interés por el dinero.

metaloide m. *Quím.* Cuerpo simple, mal conductor del calor y de la electricidad, que combinado con el oxígeno produce compuestos ácidos o neutros (flúor, cloro, bromo, yodo, oxígeno, azufre, selenio, teluro, nitrógeno, fósforo, arsénico, carbono, silicio y boro).

metalurgia f. Arte de extraer, elaborar y tratar los metales.

metalúrgico, ca adj. Relativo a la metalurgia. ‖ — M. Metalurgista.

metalurgista m. El que se dedica a la metalurgia.

metamorfismo m. Transformación física y química que sufre un mineral o una roca bajo la influencia de acciones internas (calor y presión).

metamorfosear v. t. Transformar profundamente.

metamorfosis f. Transformación de un ser en otro. ‖ Mudanza de forma y de modo de vida que experimentan los insectos y otros animales. ‖ *Fig.* Cambio completo en la condición o carácter.

metano m. Gas incoloro producido por la descomposición de ciertos materiales orgánicos.

metástasis f. Reproducción de un padecimiento por aparición de nuevos focos en una enfermedad.

metatarso m. Parte del pie entre el tarso y los dedos.

metate m. Piedra cuadrada usada en México para moler el maíz.

metátesis f. Alteración del orden de las letras o sílabas de una palabra, v. gr. : *perlado* por *prelado.*

metatórax m. Parte posterior del tórax de los insectos.

metazoo m. Animal constituido por células diferentes.

metedor m. Pañal que se pone a los niños debajo del principal.

metedura f. *Fam.* Acción de meter algo. ‖ *Fam. Metedura de pata,* dicho o hecho poco adecuado.

metempsicosis f. Supuesta reencarnación de las almas de un cuerpo en otro.

meteórico, ca adj. Perteneciente o relativo a los meteoros.

meteorito m. Fragmento de piedra o metálico que viene de los espacios interplanetarios.

meteorización f. Conjunto de modificaciones causadas en las rocas por los agentes atmosféricos.

meteoro m. Cualquier fenómeno atmosférico : acuoso, como la *lluvia,* la *nieve,* el *granizo;* aéreo, como los *vientos;* luminoso, como el *arco iris;* eléctrico, como el *rayo,* la *aurora boreal.* ‖ *Fig.* Persona o cosa que brilla con resplandor fugaz.

meteorología f. Estudio de los fenómenos atmosféricos, especialmente para la previsión del tiempo.

meteorológico, ca adj. Perteneciente a la meteorología.

meteorólogo, ga m. y f. Especialista en meteorología.

metepatas m. y f. inv. *Fam.* Persona que mete la pata.

meter v. t. Introducir : *meter la llave en la cerradura.* ‖ Encerrar : *meter en la cárcel.* ‖ Hacer entrar : *meter a un niño en el colegio.* ‖ Introducir de contrabando : *meter tabaco.* ‖ Hacer participar a una persona : *meter a uno en un negocio.* ‖ Causar, producir : *meter ruido.* ‖ Embeber tela en una costura. ‖ En el juego o la lotería, poner el dinero que se ha de jugar. ‖ *Fam.* Dar, asestar : *meter un bofetón.* ‖ — *Fig. A todo meter,* a toda velocidad. | *Tener metido en un puño,* dominar. ‖ — V. pr. Introducirse : *meterse en la cama.* ‖ Enredarse en una cosa : *meterse en un mal negocio.* ‖ Abrazar una profesión, seguir un oficio o estado : *meterse a fraile.* ‖ *Fig.* Frecuentar, tratar : *anda siempre metido con mala gente.* | Sumirse, abstraerse : *estar metido en un problema.* | Empezar : *meterse a escribir.* | Ocuparse : *¡métete en tus cosas y no en las mías!* ‖ — *Fam. Meterse con uno,* fastidiarle. | *Meterse en todo,* inmiscuirse.

meticón, ona adj. y s. *Fam.* Que se entromete.

meticulosidad f. Carácter meticuloso.

meticuloso, sa adj. Minucioso.

metiche adj. y s. *Méx. Fam.* Entrometido.

metido, da adj. Abundante en ciertas cosas : *metido en carnes.* ‖ — M. Empujón. ‖ Puñetazo.

metijón, ona adj. y s. *Fam.* Entrometido.

metileno m. Radical químico formado por carbono e hidrógeno.

metílico, ca adj. *Quím.* Aplícase a ciertos cuerpos derivados del metano.

metilo m. *Quím.* Radical monovalente, derivado del metano.

metlapil m. *Méx.* Rodillo para moler el maíz en el metate.

metódico, ca adj. Hecho con método. ‖ Que obra con método.

metodizar v. t. Poner método.

método m. Modo de decir o hacer una cosa con orden y según ciertos principios. ‖ Modo de obrar : *cambiar de método.* ‖ *Fil.* Procedimiento racional para llegar al conocimiento de la verdad y enseñarla : *método sintético.* ‖ Obra que reúne según un sistema lógico los principales elementos de un arte o ciencia : *método de lectura.*

metodología f. Parte de una ciencia que estudia los métodos que ella emplea.

metomentodo com. *Fam.* Persona entremetida.

metonimia f. Procedimiento estilístico que consiste en designar una cosa con el nombre de otra con la cual tiene cierta relación, v. gr. : *el laurel* por *la gloria.*

metopa f. *Arq.* Espacio que hay entre los triglifos del friso dórico.

metraje m. Longitud de una cinta cinematográfica.

metralla f. Fragmento en que se divide un proyectil al estallar.

metralleta f. Pistola ametralladora.

métrica f. Ciencia que estudia la estructura de los versos.

métrico, ca adj. Relativo al metro y a las medidas : *sistema métrico.* ‖ Relativo a la medida de los versos : *arte métrica.* ‖ — *Quintal métrico,* peso de cien kilogramos (símb. q). ‖ *Tonelada métrica,* peso de mil kilogramos (símb. t).

metrificar v. i. y t. Versificar.

metritis f. *Med.* Inflamación de la matriz o del útero.
metro m. Unidad de longitud adoptada en casi todos los países y que sirve de base a todo un sistema de pesas y medidas (símb. m). ‖ Objeto de medida que tiene una longitud igual a esta unidad. ‖ Grupo determinado de sílabas largas o breves en una composición poética. ‖ Forma rítmica de una obra poética, verso. ‖ — *Metro cuadrado,* unidad de superficie equivalente a la de un cuadrado de un metro de lado (símb. m^2). ‖ *Metro cúbico,* unidad de volumen que equivale al de un cubo de un metro de lado (símb. m^3). ‖ *Metro por segundo,* unidad de velocidad (símb. m/s).
metro m. *Fam.* Metropolitano.
metrónomo m. Instrumento para medir el tiempo musical e indicar el compás.
metrópoli f. Ciudad principal, cabeza de provincia o Estado. ‖ Iglesia arzobispal que tiene dependientes otras sufragáneas. ‖ La nación, respecto a sus colonias.
metropolitano, na adj. Relativo a la metrópoli. ‖ Arzobispal. ‖ — M. Arzobispo. ‖ Ferrocarril urbano subterráneo o aéreo.
mexica adj. y s. Azteca.
mexicanismo m. Voz o giro propio de los mexicanos.
mexicano, na adj. y s. De México. ‖ — M. Lengua azteca.
mezcal m. Variedad de pita. ‖ Aguardiente que se saca de ella.
mezcalina f. Alcaloide del mezcal.
mezcla f. Acción y efecto de mezclar o mezclarse. ‖ Agregación de varias sustancias : *mezcla de licores.* ‖ Reunión de cosas diversas : *una mezcla de acontecimientos felices e infelices.* ‖ Reunión de personas muy diferentes. ‖ Tejido hecho con hilos de diferentes clases y colores. ‖ Argamasa. ‖ Grabación simultánea en la cinta sonora cinematográfica de todos los sonidos necesarios (palabras, música, etc.).
mezclable adj. Que puede ser mezclado.
mezclador, ra m. y f. Persona que mezcla, une e incorpora una cosa con otra. ‖ — F. Máquina o aparato que se utiliza para mezclar diferentes cosas. ‖ — M. Horno grande que se emplea como depósito del hierro colado en los altos hornos.
mezclar v. t. Juntar, incorporar una cosa con otra : *mezclar licores.* ‖ Reunir personas o cosas distintas. ‖ Desordenar, revolver : *mezclar papeles.* ‖ — V. pr. Introducirse, meterse uno entre otros. ‖ Intervenir, participar en una cosa : *se mezcló en mis asuntos.*
mezclilla f. Tejido en que hay fibras de varias materias textiles.
mezcolanza f. *Fam.* Mezcla confusa. | Batiburrillo.
mezote m. Maguey seco.
mezquindad f. Calidad de mezquino, avaricia. ‖ Cosa mezquina.
mezquino, na adj. Avaro, tacaño. ‖ Falto de nobleza y de magnanimidad. ‖ Escaso : *sueldo mezquino.*
mezquita f. Edificio religioso musulmán : *la mezquita de Córdoba.*
mezzo soprano f. (pal. ital.). Voz de mujer entre soprano y contralto.
mg, abrev. de *miligramo.*
Mg, símbolo químico del *magnesio.*
mi adj. pos. Apócope de *mío, mía : mi casa.* ‖ — M. *Mús.* Tercera nota de la escala musical.
mí pron. pers. de primera persona : *me lo dijo a mí.*
miaja f. Migaja.
miasma m. Emanación perniciosa de las sustancias pútridas.
miau m. Maullido del gato.
mica f. Mineral hojoso de brillo metálico, que forma parte de varias rocas.
micado m. Emperador del Japón.
micción f. Acción de orinar.
micelio m. Aparato de nutrición de los hongos.
micer m. Título honorífico equivalente a señor que se usaba antiguamente en los Estados de Aragón.
micifuz m. *Fam.* Gato.
mico f. Mono pequeño de cola larga. ‖ *Fig.* y *fam.* Persona muy fea. | Persona presumida o coqueta. | Mequetrefe. | Hombre pequeño. ‖ *Fig. Ser el último mico,* ser una persona de la cual no se hace caso alguno.
micoate m. *Méx.* Culebra que se lanza desde los árboles sobre su presa.
micra f. Millonésima parte de un metro (símb. μ).
micro m. *Fam.* Apócope de *micrófono* y de *microbús.*
microamperio m. Millonésima parte del amperio (símb. μA).
microanálisis m. Análisis químico de masas muy pequeñas de diversas sustancias que requiere el uso de instrumentos especiales.
microbiano, na adj. Relativo a los microbios.
microbio m. Ser unicelular infinitamente pequeño, sólo visible al microscopio.
microbiología f. Ciencia que estudia los microbios.
microbús m. Pequeño autobús.
microcefalia f. Tamaño de la cabeza inferior a lo normal.
microcircuito m. Circuito electrónico de muy reducidas dimensiones constituido por circuitos integrados, transistores, diodos, resistencias y capacidades y encerrado en una caja hermética.
microcirugía f. Cirugía practicada con microscopio e instrumentos especiales.
micrococo m. Microbio inmóvil de forma esférica.
microcosmos m. Universo en pequeño. ‖ El hombre o ser que refleja el universo.
microeconomía f. Parte de la economía que estudia el comportamiento individual de las unidades económicas de producción y de consumo.
microelectrónica f. Parte de la electrónica relacionada con la concepción y fabricación de material electrónico de muy pequeñas dimensiones.
microficha f. Reproducción fotográfica, a escala muy reducida, de un documento que debe archivarse.
microfilm y **microfilme** m. Película constituida por fotografías pequeñas para reproducir documentos.
micrófono m. Aparato eléctrico que recoge y transmite los sonidos aumentando su intensidad.
microhmio m. Millonésima parte del ohmio (símb. $\mu\Omega$).
micrometría f. Medición de cuerpos y distancias de muy pequeñas dimensiones.
micrómetro m. Instrumento para medir cantidades lineales o angulares muy pequeñas.
micromódulo m. Circuito lógico o aritmético miniaturizado de una calculadora electrónica que reúne, en un soporte aislante de

pequeñas dimensiones, los circuitos, las resistencias y los semiconductores necesarios para una operación dada.
micrón m. Micra.
microómnibus m. inv. Autobús de pequeñas dimensiones.
microonda f. Onda electromagnética cuya longitud está situada entre un mm y un m.
microordenador m. Ordenador de pequeñas dimensiones cuya unidad central de tratamiento es un microprocesador.
microorganismo m. Microbio.
microprocesador m. Órgano de tratamiento de la información constituido por microcircuitos electrónicos integrados.
microprogramación f. Técnica que consiste en ejecutar un programa mediante instrucciones elementales.
microscópico, ca adj. Hecho con el microscopio o que sólo puede verse con él. ‖ *Fig.* Muy pequeño.
microscopio m. Instrumento óptico para observar de cerca objetos extremadamente pequeños. ‖ *Microscopio electrónico,* aquel en que los rayos luminosos son sustituidos por un flujo de electrones y que permite un aumento muy grande.
microsegundo m. Millonésima parte de un segundo (símb. Ms).
microsonda f. Aparato que permite, gracias al impacto de un haz de electrones en una muestra muy fina, determinar los elementos que ésta contiene.
microsurco m. Ranura muy fina de algunos discos fonográficos que permite una larga audición. ‖ Disco con estas ranuras (ú. t. c. adj.).
michelines m. pl. *Fam.* Rollos de grasa en la cintura.
michoacano, na adj. y s. De Michoacán (México).
mieditis f. inv. *Fam.* Miedo.
miedo m. Sentimiento de gran inquietud suscitado por un peligro real o imaginario. ‖ — *Fam. De miedo,* extraordinario, estupendo. ‖ *Meter miedo,* asustar.
miedoso, sa adj. *Fam.* Que se asusta por todo (ú. t. c. s.).
miel f. Sustancia dulce, perfumada, espesa y viscosa, que preparan ciertos insectos con el néctar de las flores, principalmente las abejas. ‖ Jugo o jarabe de la caña de azúcar. ‖ *Fig.* Dulzura. ‖ *Fig. Luna de miel,* los primeros tiempos del matrimonio.
mielga f. Planta forrajera.
miembro m. Cualquiera de las extremidades del hombre y de los animales articuladas con el tronco : *miembros inferiores.* ‖ Órgano de la generación en el hombre y algunos animales : *el miembro viril.* ‖ Individuo que forma parte de una comunidad, sociedad o cuerpo : *miembro de la Academia.* ‖ *Mat.* Cada una de las dos expresiones de una igualdad o desigualdad. ‖ Cada división de un período o de una frase. ‖ *Estado miembro,* el que forma parte integrante en un imperio, federación, comunidad internacional, etc.
miente f. *Parar mientes,* reflexionar. ‖ *Traer a las mientes,* recordar.
mientras adv. y conj. Durante el tiempo en que : *hazlo mientras voy.* ‖ — *Mientras más,* cuanto más. ‖ *Mientras tanto,* durante ese tiempo.
miércoles m. Cuarto día de la semana. ‖ *Miércoles de ceniza,* primer día de cuaresma.
mierda f. *Vulg.* Excremento. ‖ *Pop.* Suciedad. | Cosa sin valor. ‖ — M. y f. *Pop.* Persona que no vale nada.
mies f. Cereal maduro. ‖ Tiempo de la siega y cosecha. ‖ — Pl. Los sembrados.
miga f. Migaja, trozo pequeño de una cosa. ‖ Parte más blanda del pan. ‖ *Fig.* Sustancia. ‖ — Pl. Pan desmenuzado y frito. ‖ — *Fig.* y *fam. Hacer buenas (o malas) migas,* llevarse bien (o mal) dos o más personas. *Hacerse migas,* destrozarse. | *Tener miga,* no ser nada fácil.
migaja f. Parte pequeña y menuda del pan que salta al romperlo. ‖ Trozo pequeño de cualquier cosa.
migar v. t. Desmenuzar el pan. ‖ Echar migajas de pan en un líquido : *migar la leche.*
migración f. Desplazamiento de individuos de un sitio a otro por razones económicas, sociales o políticas. ‖ Viaje periódico de ciertos animales, en particular de las aves de paso.
migratorio, ria adj. Relativo a las migraciones.
miguelete m. Antiguo fusilero de montaña en Cataluña. ‖ Soldado de la milicia foral en Guipúzcoa.
mihrab m. Hornacina que en las mezquitas señala el sitio adonde han de mirar los que oran.
mijo m. Planta gramínea originaria de la India. ‖ Su semilla.
mikado m. Micado.
mil adj. Diez veces ciento. ‖ Milésimo : *el año mil.* ‖ *Fig.* Gran número : *pasar mil angustias.* ‖ — M. Signo o conjunto de signos con que se representa el número mil. ‖ Millar : *gastar miles de pesetas.*
milady f. (pal. ingl.). Título que se da a la mujer de un lord.
milagro m. Hecho sobrenatural : *los milagros de Jesucristo.* ‖ Cosa extraordinaria que la razón no puede explicar. ‖ Cosa magnífica : *los milagros de la ciencia.* ‖ Drama religioso de la Edad Media.
milagroso, sa adj. Debido a un milagro : *curación milagrosa.* ‖ Que hace milagros : *imagen milagrosa.*
milanés, esa adj. y s. De Milán (Italia).
milanesa f. *Arg.* Filete de carne empanada.
milano m. Ave rapaz diurna.
mildiu m. Enfermedad de la vid producida por un hongo.
milenario, ria adj. Que tiene mil unidades o mil años. ‖ *Fig.* Muy antiguo. ‖ — M. Período de mil años. ‖ Milésimo aniversario.
milenio m. Período de mil años.
milésimo, ma adj. Que ocupa el lugar indicado por el número mil : *el milésimo año* (ú. t. c. s. m.). ‖ — M. Cada una de las mil partes iguales de un todo.
milhojas m. inv. Pastel de hojaldre y merengue.
mili f. *Fam.* Servicio militar.
miliamperio m. Milésima parte del amperio (símb. mA).
miliárea f. Milésima parte de un área.
milibar m. Milésima parte del bar (símb. mb).
milicia f. Gente armada que no forma parte del ejército activo y es una fuerza auxiliar. ‖ Cuerpo de organización militar nacional. ‖ Profesión militar. ‖ Servicio militar. ‖ Grupo de personas que defienden un ideal : *las milicias de la paz.*
miliciano, na adj. Relativo a la milicia. ‖ — M. y f. Persona perteneciente a una milicia.

miligramo m. Milésima parte de un gramo (símb. mg).
mililitro m. Milésima parte de un litro (símb. ml).
milimétrico, ca adj. Del milímetro. ‖ Graduado en milímetros.
milímetro m. Milésima parte de un metro (símb. mm).
milimicra f. Milésima parte de la micra (símb. mμ).
militante adj. y s. Que milita, que lucha para el triunfo de una idea o partido. ‖ *Iglesia militante,* reunión de los fieles.
militantismo m. Actitud y actividad del militante.
militar adj. Relativo a la milicia, al ejército o a la guerra. ‖ — M. El que forma parte del ejército.
militar v. i. Servir como soldado. ‖ *Fig.* Tener una actividad política o religiosa : *militar en un partido.* | Obrar a favor o en contra de uno : *esto milita contra usted y contra las ideas que predica denodadamente.*
militarada f. Golpe de Estado llevado a cabo por los militares. ‖ Acción propia de los militares.
militarismo m. Influencia de los militares en el gobierno del Estado. ‖ Doctrina que lo defiende. ‖ Actitud militarista.
militarista adj. y s. Favorable al militarismo : *política militarista.*
militarización f. Organización militar. ‖ Sumisión a la disciplina y al espíritu militar.
militarizar v. t. Infundir la disciplina o el espíritu militar. ‖ Dar una organización militar. ‖ Someter a la disciplina a personas o agrupaciones civiles.
milivatio m. Milésima parte del vatio (símb. mW).
milivoltio m. Milésima parte del voltio (símb. mV).
milocha f. Cometa, juguete.
milonga f. Canción y baile popular de la Argentina.
milonguero, ra m. y f. Persona que canta o baila milongas.
milpa f. *Amér. C.* y *Méx.* Tierra en que se cultiva maíz.
milrayas m. Tejido de rayas.
milla f. Medida itineraria marina (1 852 m). ‖ Medida itineraria inglesa (1 609 m). ‖ Medida itineraria romana (1 375 m).
millar m. Mil unidades. ‖ *Fig.* Número grande indeterminado : *acudieron millares de personas.*
millón m. Mil millares. ‖ *Fig.* Número muy grande, indeterminado. | Mucho dinero : *tiene millones.*
millonada f. Cantidad aproximada de un millón. ‖ *Fig.* Cantidad muy grande : *gastó una millonada.*
millonario, ria adj. y s. Muy rico, que posee varios millones.
millonésimo, ma adj. y s. Dícese de cada una del millón de partes iguales en que se divide un todo. ‖ Que ocupa el lugar indicado por el número un millón.
mimar v. t. Tratar con mucho cariño. ‖ Expresar con gestos y ademanes.
mimbre m. Mimbrera y su rama.
mimbrear v. i. Moverse con flexibilidad (ú. m. c. pr.).
mimbreño, ña adj. Como el mimbre.
mimbrera f. Arbusto cuyas ramas largas, delgadas y flexibles se utilizan en cestería.
mimeografía f. Fotocopia.
mimeografiar v. t. Reproducir en copias con el mimeógrafo.
mimeógrafo m. Multicopista para reproducir textos o figuras.
mimetismo m. Parecido que llegan a tener algunos animales o vegetales con lo que les rodea o con otras especies con las cuales están en contacto. ‖ Reproducción maquinal de gestos o ademanes.
mímico, ca adj. Relativo al mimo o a la mímica. ‖ Que expresa una acción con gestos o ademanes. ‖ — F. Arte de imitar o de darse a entender por medio de gestos.
mimo m. Representación en la que el actor manifiesta con gestos y ademanes la acción o los sentimientos. ‖ Este actor. ‖ Cariño, demostración excesiva de ternura. ‖ Indulgencia exagerada que se manifiesta a un niño.
mimosa f. Planta mimosácea con flores parecidas a pequeñas borlas.
mimosáceas f. pl. Familia de plantas leguminosas (ú. t. c. adj.).
mimoso, sa adj. Muy cariñoso. ‖ Delicado. ‖ Mimado.
mina f. Yacimiento de minerales. ‖ Excavación para extraer un mineral. ‖ Conjunto de las excavaciones e instalaciones que sirven para la explotación de un yacimiento de minerales. ‖ Paso subterráneo artificial para conducción de aguas, alumbrado, etc. ‖ Carga explosiva que se deja a flor de tierra, se entierra o se sumerge y que estalla por presión, choque, magnetismo, etc. ‖ *Fig.* Lo que abunda en cosas útiles o curiosas : *una mina de noticias.* | Empleo o negocio que, sin mucho trabajo, produce grandes ganancias : *este comercio es una mina.* ‖ *Mina de lápiz,* barrita de grafito mezclado con arcilla.
minador, ra adj. Que mina. ‖ — M. *Mar.* Barco para colocar minas. ‖ Ingeniero que abre minas. ‖ Soldado especializado en la instalación y manejo de minas.
minar v. t. Cavar lentamente por debajo : *el agua mina las piedras.* ‖ *Fig.* Ir consumiendo poco a poco : *la tuberculosis le minaba el organismo.* ‖ Colocar minas : *minar un puerto.*
mineral adj. Relativo a los cuerpos inorgánicos : *reino mineral.* ‖ — M. Cuerpo inorgánico, sólido a la temperatura normal, que constituye las rocas de la corteza terrestre. ‖ Elemento del terreno que contiene metales o metaloides aprovechables.
mineralización f. Transformación de un metal en mineral al combinarse con otro cuerpo. ‖ Estado del agua que contiene sustancias minerales disueltas.
mineralizar v. t. Comunicar a una sustancia las propiedades del mineral. ‖ — V. pr. Convertirse en mineral. ‖ Cargarse el agua de sustancias minerales.
mineralogía f. Ciencia que trata de los minerales.
mineralógico, ca adj. Relativo a la mineralogía.
mineralogista com. Especialista en mineralogía.
minería f. Arte de explotar las minas. ‖ Conjunto de individuos que se dedican a este trabajo. ‖ Conjunto de las minas e industria minera de un país.
minero, ra adj. Relativo a las minas. ‖ Referente a la explotación de las minas. ‖ — M. El que trabaja en las minas.
minga f. *Arg. Fam.* Nada.
mingitorio m. Urinario.
miniatura f. Letra o dibujo de color rojo

que encabezaba los manuscritos antiguos. || Pintura de pequeñas dimensiones. || Reproducción de un objeto en tamaño reducido. || *Fig.* Objeto diminuto y frágil.
miniaturista com. Artista que pinta miniaturas.
miniaturización f. Acción de miniaturizar.
miniaturizar v. t. Dar a un mecanismo las dimensiones más pequeñas posible.
minifalda f. Falda corta que llega más arriba de las rodillas.
minifundio m. Finca rústica de poca extensión.
mínima f. Cosa muy pequeña. || *Mús.* Nota equivalente a la mitad de la semibreve. || Temperatura más baja en un tiempo y lugar dados.
minimizar v. t. Reducir algo al mínimo. || *Fig.* Quitar importancia.
mínimo, ma adj. Muy pequeño : *cantidad mínima.* || Que ha llegado al mínimo : *temperatura mínima.* || — M. Mínimum. || *Mat. Mínimo común múltiplo* (m. c. m.), el menor de los múltiplos comunes de dos o más números.
mínimum m. Límite inferior de una cosa. || Cantidad más pequeña necesaria para hacer algo.
minino, na m. y f. Gato, gata.
minio m. Óxido de plomo usado para proteger el hierro contra el orín.
ministerial adj. Relativo al ministerio o al ministro.
ministerio m. Misión, función : *el ministerio del sacerdocio, de la justicia.* || Conjunto de los ministros de un gobierno : *ministerio liberal.* || Empleo de ministro. || Cada uno de los departamentos en que se divide el gobierno de un Estado : *ministerio de Agricultura.* || Edificio donde se encuentra la oficina del ministro. || *Ministerio público,* el fiscal.
ministro m. Hombre de Estado encargado de un ministerio. || — *Ministro de Dios,* sacerdote. || *Ministro plenipotenciario,* agente diplomático inferior al embajador. || *Ministro sin cartera,* el que ayuda al Gobierno en su trabajo sin regentar ningún departamento especial. || *Primer ministro,* jefe del Gobierno.
minnesinger m. Trovador medieval alemán.
minoración f. Disminución.
minorar v. t. Disminuir.
minoría f. El número menor en una nación, población o asamblea, en oposición con *mayoría.* || Conjunto de votos dados en contra de lo que opina el mayor número de los votantes. || Condición de una persona que, a causa de su poca edad, no está considerada por la ley como responsable de sus actos o no es plenamente capaz jurídicamente : *minoría de edad.* || Tiempo durante el cual una persona es menor. || Período durante el cual un soberano no puede reinar a causa de su corta edad.
minorista m. Comerciante al por menor. || — Adj. Al por menor.
minoritario, ria adj. y s. Que pertenece a la minoría : *partido minoritario.* || Que se apoya sobre una minoría : *grupo minoritario.*
minucia f. Esmero con que se hace algo. || Pequeño detalle.
minuciosidad f. Minucia, esmero : *trabaja con una minuciosidad admirable.*
minucioso, sa adj. Que requiere o está hecho con mucho esmero : *trabajo minucioso.* || Que se para en los más pequeños detalles, detallista.
minué m. Baile francés del s. XVII. || Su música.
minuendo m. En una resta, cantidad de la que se sustrae otra.
minueto m. *Mús.* Composición instrumental de movimiento moderado, que constituye uno de los tiempos de una sonata, cuarteto o sinfonía.
minúsculo, la adj. Diminuto, muy pequeño. || — F. Letra ordinaria menor que la mayúscula.
minusválido, da adj. y s. Dícese de la persona disminuida físicamente por una afección sensorial o motriz.
minuta f. Lista de los platos de una comida. || Borrador de una escritura, acta, contrato, etc. || Honorarios de un abogado. || Lista.
minutero m. Aguja que señala los minutos en el reloj.
minuto m. Cada una de las sesenta partes iguales en que se divide una hora. || Sexagésima parte de un grado de círculo (símb. m o también ′).
miñón m. Guardia foral de Álava.
mío, mía adj. y pron. pos. De mí : *este libro es mío.*
miocardio m. Parte musculosa del corazón situada entre el pericardio y el endocardio.
miocarditis f. Inflamación del miocardio.
mioceno adj. m. *Geol.* Aplícase al período de la era terciaria que sigue al oligoceno (ú. t. c. s. m.).
miope adj. y s. Corto de vista.
miopía f. Defecto de la vista que sólo permite ver los objetos próximos al ojo. || *Fig.* Incapacidad para ver con perspicacia.
mira f. Pieza de las armas de fuego para asegurar la puntería. || Regla graduada que se coloca verticalmente en los puntos del terreno que se quiere nivelar. || Obra elevada de fortificación que servía de atalaya. || *Fig.* Intención, objetivo : *tener miras altas.* || *Con miras a,* con la idea de.
mirabel m. Planta ornamental quenopodiácea. || Planta de girasol.
mirada f. Acción y manera de mirar, vista : *mirada aguda.* || Ojeada : *echar una mirada a un libro.*
mirado, da adj. Circunspecto, cauto, prudente : *hombre muy mirado.* || Cuidadoso. || Tenido en buena o mala estima : *persona bien (o mal) mirada.*
mirador, ra adj. y s. Que mira. || — M. Lugar desde donde se contempla un paisaje. || Balcón cubierto cerrado con cristales : *piso con tres ventanas y dos miradores.*
miraguano m. Palmera cuyo fruto se usa para rellenar almohadas, cojines, etc.
miramiento m. Acción de mirar. || Consideración, circunspección, reparo, prudencia : *proceder con miramiento.* || — Pl. Respeto, deferencia, consideración.
mirandense adj. y s. De Miranda (Venezuela).
mirar v. t. Fijar atentamente la mirada en : *mirar de cerca, de lejos* (ú. t. c. pr.). || Estar orientado hacia : *la casa mira al Sur.* || Buscar, considerar, interesarse por : *sólo mira a su provecho.* || *Fig.* Juzgar, estimar : *mirar bien a uno.* | Examinar, reflexionar, considerar : *bien mirado todo.* | Cuidar, ocuparse de : *mirar por sus negocios.* | Averiguar, informarse : *mire usted si ha llegado.*

miríada f. Cantidad muy grande, pero indefinida.
miriámetro m. Medida de diez mil metros (símb. Mm).
miriápodo adj. y s. m. Dícese del animal que tiene uno o dos pares de patas en cada uno de sus numerosos artejos. ‖ — M. pl. Clase de estos animales.
mirífico, ca adj. Que parece demasiado maravilloso para poder realizarse : *proyectos miríficos.*
mirilla f. Abertura muy discreta en una puerta para ver quién llama sin ser visto. ‖ Abertura pequeña que sirve para observar el interior de una caldera, máquina, etc.
miriñaque m. Armadura de alambre o ballenas que llevaban las mujeres para ahuecar las faldas.
mirlo m. Pájaro de plumaje oscuro. ‖ *Fig.* y *fam. Ser un mirlo blanco,* ser una persona muy difícil de encontrar.
mirón, ona adj. y s. Curioso.
mirra f. Gomorresina empleada para hacer incienso y perfumes.
mirtáceo, a adj. y s. f. Dícese de unas plantas angiospermas dicotiledóneas leñosas.
mirto m. Arbusto mirtáceo.
misa f. Ceremonia religiosa en la que el sacerdote católico, ante el altar, ofrece a Dios Padre el sacrificio del cuerpo y la sangre de Jesucristo bajo las especies de pan y vino. ‖ — *Cantar misa,* decirla por vez primera el sacerdote recién ordenado. ‖ *Fig.* y *fam. Como en misa,* con gran silencio y respeto. ‖ *Misa del gallo,* la celebrada la víspera de Navidad a las doce de la noche. ‖ *Misa de réquiem,* la celebrada por los difuntos. ‖ *Misa mayor,* la cantada y solemne.
misacantano m. Sacerdote que dice misa por vez primera.
misal m. Devocionario, libro que leen los fieles en misa. ‖ Libro que lee el sacerdote durante la misa.
misantropía f. Odio a los hombres y a la sociedad.
misantrópico, ca adj. Propio de los misántropos.
misántropo, pa m. y f. Persona huraña que huye del trato humano.
miscelánea f. Mezcla.
miscible adj. Que puede formar con otro cuerpo una mezcla homogénea. ‖ Mezclable.
miserable adj. y s. Malvado, infame : *acción miserable.* ‖ Tacaño, mezquino. ‖ — Adj. Pobre, de pocos recursos : *una familia miserable.* ‖ Ínfimo, escaso : *sueldo miserable.* ‖ Mísero : *¡miserable de mí!* ‖ Lastimoso : *estado miserable.*
miserere m. Salmo cincuenta, que empieza por esta palabra cuyo significado es *apiádate.* ‖ Canto compuesto con este salmo.
miseria f. Desgracia : *sufrir miserias.* ‖ Pobreza extremada : *vivir en la miseria.* ‖ Avaricia, mezquindad. ‖ *Fig.* y *fam.* Cosa de poco valor : *pagar con una miseria.*
misericordia f. Virtud que nos inclina a ser compasivos. ‖ Perdón : *pedir misericordia.*
misericordioso, sa adj. y s. Inclinado a la compasión y al perdón.
mísero, ra adj. y s. Desgraciado. ‖ Tacaño.
mishiadura f. *Arg. Fam.* Persona de pocos recursos. | Escasez de recursos.
misil m. Cohete, proyectil balístico.
misión f. Facultad que se otorga a una persona para que desempeñe algún cometido : *cumplir una misión.* ‖ Comisión temporal otorgada por el Gobierno a un agente especial : *misión diplomática.* ‖ Conjunto de las personas que han recibido este cometido. ‖ Serie de predicaciones para la instrucción de los fieles y la conversión de los pecadores. ‖ Establecimiento de misioneros o región en que predican : *las misiones del Paraguay.* ‖ Labor a que está obligada una persona en razón de su cargo o condición : *la misión del profesor.*
misionero, ra adj. Relativo a la misión evangélica. ‖ — M. y f. Persona que predica la religión cristiana en las misiones. ‖ — Adj. y s. De Misiones (Argentina y Paraguay).
misiva f. Carta, mensaje.
mismo, ma adj. Denota identidad, similitud o paridad : *del mismo color.* ‖ Se agrega a los pronombres personales y a algunos adverbios para darles más fuerza : *yo mismo ; hoy mismo.* ‖ Hasta, incluso : *sus mismos hermanos le odian.* ‖ — *Ahora mismo,* en el acto. ‖ *Así mismo,* también ; de la misma manera. ‖ *Estar en las mismas,* no haber ocurrido ningún cambio. ‖ *Lo mismo,* la misma cosa. ‖ *Por lo mismo,* por esta razón.
misoginia f. Aversión u odio a las mujeres.
misógino adj. y s. m. Que rehúye el trato con las mujeres.
miss f. (pal. ingl.). Tratamiento que se da en Inglaterra a las señoritas. ‖ Institutriz inglesa. ‖ *Fig.* Reina de belleza. (Pl. *misses.*)
míster m. (pal. ingl.). Tratamiento inglés equivalente a señor.
misterio m. En la religión cristiana, cosa inaccesible a la razón y que debe ser objeto de fe : *el misterio de la Santísima Trinidad.* ‖ *Fig.* Cosa incomprensible. | Lo que sólo puede ser comprendido por unos pocos iniciados : *los misterios de la poesía.* | Cosa secreta : *andar siempre con misterios.* ‖ Obra teatral de la Edad Media de asunto religioso, que trataba principalmente de la Pasión de Jesucristo.
misterioso, sa adj. Que encierra en sí misterio.
mística f. Parte de la teología que trata de la vida espiritual y contemplativa. ‖ Literatura basada en la vida espiritual y contemplativa.
misticismo m. Estado de la persona que se dedica a la contemplación de Dios o de las cosas espirituales. ‖ *Teol.* Unión inefable, entre el alma y Dios por medio del amor, que puede ir acompañada de éxtasis y revelaciones. ‖ Mística, literatura espiritual.
místico, ca adj. Que se refiere a los misterios cristianos y a las realidades invisibles : *teología mística.* ‖ Que pertenece al misticismo : *autor místico* (ú. t. c. s.). ‖ De sentido oculto, figurado o alegórico.
mistificación f. Falseamiento.
mistificador, ra adj. y s. Que mistifica.
mistificar v. t. Falsear, falsificar. ‖ Burlarse, engañar.
mistral m. Viento frío y seco en las costas del Mediterráneo.
mita f. Trabajo pagado al que estaba obligado durante cierto tiempo el indio americano. ‖ Tributo que pagaban los indios del Perú.
mitad f. Cada una de las dos partes iguales en que se divide un todo. ‖ Medio : *llegar a la mitad del camino.* ‖ *Fig.* La mayor parte : *la mitad del tiempo no está en su casa.* ‖ *Fam.* Cónyuge. ‖ — Adv. En parte : *mitad hombre, mitad animal.*
mitayo m. En América, indio sorteado para

el trabajo. || Indio que llevaba lo recaudado en la mita.
mitigación f. Disminución.
mitigar v. t. Aplacar, disminuir, calmar : *mitigar el dolor.* || Suavizar una cosa áspera : *mitigar la acidez* (ú. t. c. pr.). || Hacer menos riguroso : *mitigar una pena, una ley.* || Moderar : *mitigar el paro.*
mitimaes m. pl. *Per.* Colonias de indios que mandaban los Incas a las regiones recién conquistadas. || Indios que servían en las filas españolas.
mitin m. Reunión pública de asuntos políticos o sociales : *mitin electoral.* || *Fig.* y *fam. Dar el mitin,* llamar mucho la atención.
mito m. Relato de los tiempos fabulosos y heroicos, de sentido generalmente simbólico : *los mitos griegos.* || *Fig.* Cosa que no tiene realidad concreta : *el mito de la Atlántida.*
mitología f. Historia fabulosa de los dioses, semidioses y héroes de la Antigüedad.
mitológico, ca adj. Relativo a la mitología.
mitomanía f. Tendencia a mentir o a relatar cosas fabulosas.
mitómano, na adj. y s. Que sufre de mitomanía.
mitón m. Guante de punto o de malla sin dedos.
mitosis f. *Biol.* División de la célula en que el núcleo conserva el mismo número de cromosomas.
mitote m. *Méx.* Baile de los aztecas. || *Amer.* Fiesta casera.
mitra f. Toca alta y en punta que llevan los prelados en las solemnidades. || *Fig.* Dignidad de arzobispo u obispo.
mitrado, da adj. Que usa o puede usar mitra : *abad mitrado.* || — M. Arzobispo u obispo.
mitral adj. En forma de mitra. || *Anat.* Dícese de la válvula que existe entre la aurícula y el ventrículo izquierdos del corazón.
mixcoacalli m. Entre los aztecas, escuela de música y baile.
mixiote m. *Méx.* Membrana de la penca del maguey.
mixomatosis f. Enfermedad infecciosa del conejo.
mixomicetos m. pl. Orden de hongos.
mixteca adj. y s. Indígena mexicano, en el S. del país (Oaxaca, Guerrero y Puebla).
mixtificación f. Mistificación.
mixtificador, ra adj. y s. Mistificador.
mixtificar v. t. Mistificar.
mixto, ta adj. Mezclado e incorporado con una cosa. || Compuesto de elementos de distinta naturaleza : *cuerpo mixto.* || Híbrido, mestizo. || Que sirve de transición entre dos cosas. || Que comprende personas de ambos sexos o pertenecientes a grupos distintos : *escuela mixta.* || — M. Fósforo, cerilla.
mixtura f. Mezcla.
mízcalo m. Hongo comestible.
ml, abreviatura del *mililitro.*
mm, abreviatura de *milímetro.*
Mm, abreviatura de *miriámetro.*
Mn, símbolo del *manganeso.*
mnemotecnia f. Arte de cultivar la memoria mediante ejercicios apropiados. || Empleo de procedimientos científicos para fijar en la memoria datos difíciles de recordar.
mnemotécnico, ca adj. De la mnemotecnia. || — F. Mnemotecnia.
Mo, símbolo del *molibdeno.*
moaré m. Muaré.
mobiliario, ria adj. Mueble. || *Com.* Transmisible : *valores mobiliarios.* || — M. Conjunto de los muebles.
moblaje m. Mobiliario.
moca m. Café árabe de gran calidad.
mocarrera f. *Fam.* Moco abundante.
mocasín m. Zapato muy flexible de una sola pieza y pala cerrada.
mocedad f. Juventud, edad entre la niñez y la edad adulta.
mocerío m. Conjunto de mozos.
mocetón, ona m. y f. Persona joven, alta y fuerte.
moción f. Proposición que se hace en una asamblea.
moco m. Sustancia pegajosa y viscosa segregada por las glándulas mucosas, especialmente la que fluye de las narices. || Extremo del pabilo de una vela encendida. || *Mar.* Palo corto situado verticalmente debajo del bauprés.
mocoso, sa adj. Que tiene las narices llenas de mocos. || — Adj. y s. *Fig.* Aplícase a los niños mal educados o demasiado presumidos.
mochales adj. *Fam.* Loco.
mochica adj. y s. Indio de la costa N. del ant. Perú.
mochila f. Morral. || Bolsa de lona con correas que llevan a la espalda los excursionistas, exploradores, etc.
mocho, cha adj. Romo, sin punta. || *Méx.* Conservador, reaccionario (ú. t. c. s.).
mochuelo m. Ave rapaz nocturna que se alimenta de roedores y reptiles. || *Fig.* y *fam.* Cualquier cosa difícil o molesta : *le cargaron el mochuelo.* || *Fig. Cada mochuelo a su olivo,* que cada uno se vaya a su casa.
moda f. Gusto que predomina en cierta época y determina el uso de vestidos, muebles, etc. || Manera de vestirse : *la moda parisiense.*
modal adj. Que comprende o incluye modo o determinación particular. || *Gram.* Relativo a los modos verbales. || — M. pl. Manera de portarse en sociedad : *modales finos.*
modalidad f. Modo de ser o de manifestarse una cosa. || Categoría.
modelado m. Acción de modelar. || Relieve de las formas en escultura y pintura.
modelador, ra adj. Que modela. || — M. y f. Artista que modela.
modelar v. t. Formar con barro, cera, etc., una figura o adorno. || Pintar una figura con relieve por medio de claroscuro. || *Fig.* Adaptar : *modelar su conducta.* || — V. pr. *Fig.* Ajustarse a un modelo.
modelista m. y f. Operario encargado de los moldes para el vaciado de piezas de metal, cemento, etc. || Persona que dibuja modelos de costura.
modelo m. Objeto que se reproduce o se imita. || Representación de alguna cosa en pequeña escala : *modelo reducido.* || Persona, animal u objeto que reproduce el pintor o escultor : *un modelo clásico.* || Obra de arte de barro o cera que se reproduce luego en forma de escultura. || Persona o cosa digna de ser imitada : *modelo de virtudes.* || Vestido original en una colección de alta costura. || *Tecn.* Construcción de una o varias piezas para hacer el molde en el cual se vaciarán los objetos. || — F. Mujer que en las casas de modas exhibe los nuevos trajes y vestidos. || — Adj. inv. Perfecto en su género, digno de ser imitado : *escuela modelo.*
moderación f. Virtud que consiste en per-

manecer igualmente alejado de ambos extremos. ‖ Cordura.
moderado, da adj. Que tiene moderación. ‖ Que no es excesivo : *precio moderado.* ‖ En política, alejado de extremismos (ú. t. c. s.).
moderador, ra adj. y s. Que modera. ‖ Persona que dirige un debate en una asamblea. ‖ — M. Sustancia que reduce la energía cinética de los neutrones sin absorberlos.
moderar v. t. Reducir la intensidad : *moderar la velocidad.* ‖ Contener fuera de todo exceso : *moderar las pasiones.* ‖ — V. pr. Contenerse : *moderarse en los actos.*
modernidad f. Modernismo.
modernismo m. Calidad de moderno. ‖ Afición a las cosas modernas, especialmente en literatura, arte y religión. ‖ Movimiento de renovación literaria, relacionado con el parnasianismo y el simbolismo franceses, que surge a fines del s. XIX y principios del XX en Hispanoamérica (R. Darío, Santos Chocano, L. Lugones, A. Nervo, J. E. Rodó) y en España (J. R. Jiménez, M. y A. Machado, Valle-Inclán) y se caracteriza por el cultivo de la imagen y de la musicalidad.
modernista adj. Relativo al modernismo. ‖ — Adj. y s. Partidario del modernismo.
modernización f. Acción y efecto de modernizar.
modernizar v. t. Dar forma o aspecto moderno (ú. t. c. pr.).
moderno, na adj. Que pertenece a la época actual o existe desde hace poco tiempo. ‖ Que representa el gusto actual : *muebles modernos.* ‖ *Edad Moderna,* tiempo posterior a la Edad Media, que va desde la toma de Constantinopla (1453) o desde el descubrimiento de América (1492) hasta fines del siglo XVIII.
modestia f. Virtud por la cual uno no habla ni piensa con orgullo de sí mismo. ‖ Sencillez. ‖ Pudor.
modesto, ta adj. y s. Que da pruebas de modestia.
modicidad f. Calidad de módico.
módico, ca adj. Reducido.
modificación f. Cambio.
modificar v. t. Cambiar.
modismo m. Expresión o giro propio de un idioma.
modista com. Persona que hace vestidos para señoras. ‖ — F. Mujer que tiene una tienda de modas.
modistería f. *Amer.* Tienda de modas.
modisto m. Barb. muy empleado por *modista, sastre para señoras.*
modo m. Manera de ser, de manifestarse o de hacer una cosa. ‖ Cada una de las formas del silogismo. ‖ *Gram.* Manera de expresar el estado o la acción el verbo. (Los *modos* del verbo castellano son cinco : *infinitivo, indicativo, imperativo, potencial* y *subjuntivo*). ‖ — Pl. Modales : *malos modos.* ‖ Cortesía, urbanidad. ‖ — *Al* o *a modo de,* como. ‖ *A mi modo,* según mi costumbre. ‖ *De modo que,* de suerte que. ‖ *De todos modos,* sea lo que fuere. ‖ *En cierto modo,* por una parte. ‖ *Modo adverbial,* locución invariable equivalente a un adverbio como *a sabiendas, con todo, en efecto,* etc. ‖ *Modo de ver,* parecer.
modorra f. Sueño pesado, sopor.
modosidad f. Calidad de modoso. ‖ Recato.
modoso, sa adj. Que tiene buenos modales, formal. ‖ Recatado.
modulación f. Acción de modular la voz o el tono. ‖ Variación en el tiempo de una de las características de una onda (amplitud, frecuencia, fase) con arreglo a una ley determinada.
modulador, ra adj. y s. m. Que modula.
modular v. t. e i. Ejecutar algo por medio de inflexiones diversas de la voz. ‖ *Mús.* Pasar de un tono a otro en una composición. ‖ *Electr.* Modificar la amplitud, frecuencia o fase de una onda portadora.
módulo m. *Arq.* Unidad convencional que sirve para determinar las proporciones de una construcción. | Semidiámetro de una columna. ‖ *Mat.* Cantidad que sirve de comparación para medir otras. ‖ Coeficiente que sirve para caracterizar una propiedad mecánica : *módulo de elasticidad.* ‖ Unidad que se toma para establecer una proporción. ‖ *Fig.* Modelo, tipo. ‖ Nombre dado a los vehículos espaciales norteamericanos empleados para llegar a la Luna : *el módulo lunar se posó en el satélite de la Tierra y los astronautas despegaron de él a bordo del módulo de ascenso para llegar al módulo de mando.*
modus vivendi m. Transacción entre dos partes en litigio sin que haya arreglo verdadero.
mofa f. Burla, befa.
mofador, ra adj. y s. Que se mofa o burla.
mofar v. i. Burlarse (ú. t. c. pr. y t.).
mofeta f. Gas irrespirable que se desprende de las minas y canteras. ‖ Mamífero carnicero de América parecido a la comadreja.
moflete m. *Fam.* Carrillo.
mogol, la adj. y s. Mongol.
mogólico, ca adj. Mongólico.
mogollón m. *Fam.* Gran cantidad. | Lío. ‖ *Fam. De mogollón,* por casualidad ; gratuitamente.
mogón, ona adj. Descornado.
mohair m. Pelo de cabra de Angora. ‖ Tejido hecho con este pelo.
moharra f. Punta de la lanza.
mohicano adj. y s. Dícese del individuo de una tribu india de Estados Unidos (Connecticut).
mohín m. Mueca o gesto de desagrado o mal humor.
mohíno, na adj. Enfadado, de mal humor. ‖ Triste.
moho m. Hongo muy pequeño que se cría en la superficie de ciertos cuerpos orgánicos. ‖ Capa de óxido que se forma en la superficie de algunos metales, como el hierro.
mohoso, sa adj. Con moho.
moiré [*muaré*] m. (pal. fr.). Muaré.
moisés m. Cuna de mimbre.
mojado, da adj. *Gram.* Aplícase al sonido que se pronuncia apoyando el dorso de la lengua contra el paladar. ‖ *Fig. Ser papel mojado,* carecer de valor y eficacia.
mojadura f. Acción y efecto de mojar o mojarse.
mojama f. Cecina de atún o jamón.
mojar v. t. Humedecer una cosa con agua u otro líquido : *mojar la ropa* (ú. t. c. pr.). ‖ *Fig.* y *fam.* Celebrar con vino un acontecimiento feliz : *mojar una victoria.* ‖ — V. i. *Fig.* Introducirse o tener parte en un negocio (ú. t. c. pr.).
mojicón m. Bollo para tomar chocolate. ‖ *Fam.* Puñetazo.
mojiganga f. Fiesta pública de máscaras. ‖ Obrilla dramática breve parecida a la farsa. ‖ *Fig.* Burla.
mojigatería f. Hipocresía. ‖ Beatería.
mojigato, ta adj. y s. Hipócrita. ‖ Santurrón, beato. ‖ Gazmoño.
mojón m. Hito, poste o señal para indicar

los límites. || *Por ext.* Señal que sirve de guía en un camino. || Excremento humano.
moka m. Moca.
mol m. Molécula gramo.
molar adj. Relativo a la muela. || *Diente molar,* dícese de cada uno de los dientes posteriores a los caninos. Ú. m. c. s. m. : *los molares.*
molar v. t. *Fam.* Gustar. || — V. i. *Fam.* Lucir. | Presumir.
molcajetear v. t. *Méx.* Moler o machacar una cosa con el mortero.
moldavo, va adj. y s. De Moldavia.
molde m. Pieza en la que se hace en hueco la figura del objeto que se quiere estampar o reproducir. || Instrumento que sirve para dar forma a una cosa. || *Fig.* Modelo. || *Letra de molde,* la impresa.
moldeable adj. Que se puede moldear.
moldeado m. Operación que consiste en moldear un objeto.
moldeador, ra adj. y s. Que moldea o sirve para moldear.
moldear v. t. Sacar el molde de un objeto. || Vaciar en un molde. || *Fig.* Dar cierta forma o carácter. Ú. t. c. pr. : *el espíritu de tu hijo se moldeó en aquellos difíciles años de después de la guerra.*
moldura f. Parte saliente que se utiliza para adornar obras de arquitectura, carpintería, etc.
moldurar v. t. Hacer molduras.
mole f. Cosa voluminosa y mal delimitada. || — M. *Méx.* Guiso que se prepara con salsa de chile y de ajonjolí.
molécula f. Partícula formada de átomos que representa la cantidad más pequeña de un cuerpo que pueda existir en estado libre. || *Molécula gramo,* masa representada por la fórmula de un cuerpo químico.
molecular adj. Relativo a las moléculas : *agrupación molecular.*
moledura f. Acción y efecto de moler. || *Fig.* Fatiga, cansancio.
moler v. t. Triturar, reducir un cuerpo a polvo : *moler grano.* || *Fig.* Fatigar, cansar : *moler a uno con el trabajo.* | Maltratar : *moler a golpes.*
molesquín m. (ingl. *moleskin*). Paño de algodón que se asemeja bastante al cuero.
molestar v. t. Causar molestia, incomodar : *¿le molesta el humo?* || Fastidiar, importunar : *le molesta hacer visitas.* || Ofender, herir : *lo que le dije le molestó.* || Hacer daño : *me molestan estos zapatos.* || — V. pr. Tomarse la molestia de hacer algo : *no se ha molestado en ayudarme.* || Picarse, ofenderse : *se molesta por cualquier cosa.*
molestia f. Contrariedad, disgusto : *su carácter le acarreó muchas molestias.* || Fastidio : *es una molestia ir allí.* || Trabajo : *tomarse la molestia de hacer un recado.* || — Pl. Achaques de salud : *tener molestias en una pierna.*
molesto, ta adj. Que causa molestia : *una pregunta molesta.* || *Fig.* Incómodo : *estar molesto en un sillón.* | Enfadado, enojado : *estoy molesto con él.*
molibdenita f. Sulfuro natural de molibdeno.
molibdeno m. Metal muy duro, de color y brillo plomizos y número atómico 42 (símb. Mo).
molicie f. Blandura. || *Fig.* Mucha comodidad : *vivir con molicie.*
molido, da adj. *Fig.* Muy cansado. | Maltrecho : *molido a golpes.*
molienda f. Acción de moler. || Cantidad molida de una vez. || Tiempo que dura la acción de moler, especialmente la caña.
molinero, ra adj. Relativo al molino : *industria molinera.* || — M. y f. Persona que tiene un molino o trabaja en él. || — F. Mujer del molinero.
molinete m. Juguete de papel u otro material que gira a impulsos del viento. || Figura de baile. || Movimiento circular que se hace con el bastón o espada para defenderse. || *Taurom.* Pase de capa en que el engaño pasa por detrás de la cabeza del torero.
molinillo m. Utensilio pequeño para moler : *molinillo de café.*
molinismo m. Doctrina teológica del jesuita español Luis Molina (1536-1600) que concilia el libre albedrío con la gracia.
molino m. Máquina para moler o estrujar : *molino de harina.* || Edificio donde está instalada esta máquina : *molino de viento.* || *Fig. Molinos de viento,* enemigos imaginarios.
molinosismo m. Doctrina herética del teólogo español Miguel de Molinos (1628-1696).
molón, ona adj. *Fam.* Bonito, vistoso. | Bien vestido. || *Fam. Méx.* Fastidioso, molesto.
molonquear v. t. *Méx.* Golpear a otro.
molote m. *Méx.* y *Amér. C.* Motín, asonada. | Lío, enredo.
molto adv. (pal. ital.). *Mús.* Mucho : *allegro molto.*
molturación f. Molienda.
molturar v. t. Moler.
moluscos m. pl. Tipo de animales metazoos invertebrados, de cuerpo blando protegido a menudo por una concha, como el caracol, la ostra, el pulpo, la jibia, etc.
molla f. Parte carnosa del cuerpo. || — Pl. Gordura.
mollar adj. Blando y fácil de partir o quebrantar : *tierra mollar.* || Aplícase a ciertos frutos blandos.
mollate m. *Pop.* Vino corriente.
molle m. Árbol de América.
molleja f. Estómago muscular de las aves. || Apéndice carnoso formado las más de las veces por infarto de las glándulas.
mollendino, na adj. y s. De Mollendo (Perú).
mollera f. Parte más alta del casco de la cabeza. || *Fig.* Juicio.
mollete m. Panecillo ovalado.
momentáneo, a adj. Que sólo dura un momento. || Provisional.
momento m. Espacio de tiempo muy corto o indeterminado. || Ocasión, circunstancia : *escoger el momento oportuno.* || Tiempo presente, actualidad : *la moda del momento.* || *Mec.* Producto de la intensidad de una fuerza por la distancia a un punto. || — *A cada momento,* continuamente. || *Al momento,* en seguida.
momia f. Cadáver conservado por medio de sustancias balsámicas. || *Fig.* Persona muy seca y delgada.
momificación f. Acción y efecto de momificar o momificarse.
momificar v. t. Convertir en momia un cadáver (ú. m. c. pr.).
momio m. *Fig.* Ganga.
mona f. *Fam.* Borrachera.
monacal adj. De los monjes.
monacato m. Estado de monje. || Institución monástica.
monada f. Cosa o persona pequeña, delicada y muy bonita : *¡qué monada de pul-*

sera! ‖ Amabilidad. ‖ Gesto o ademán gracioso. ‖ Melindre, carantoña. ‖ Halago. ‖ *Fam.* Acción graciosa de los niños. | Cosa fútil poco propia de los mayores.
monago m. Monaguillo.
monaguense adj. y s. De Monagas (Venezuela).
monaguillo m. Niño que ayuda al sacerdote en las ceremonias religiosas.
monarca m. Rey.
monarquía f. Estado regido por un monarca. ‖ Forma de gobierno en que el poder supremo está entre las manos de una sola persona. ‖ Régimen político en que el jefe del Estado es un rey o un emperador hereditario. ‖ *Fig.* Tiempo durante el cual ha perdurado este régimen político en un país.
monárquico, ca adj. Del monarca o de la monarquía. ‖ — Adj. y s. Partidario de la monarquía.
monarquismo m. Adhesión a la monarquía.
monasterio m. Convento.
monástico, ca adj. De los monjes o del monasterio.
monda f. Operación consistente en mondar árboles, frutas o legumbres. ‖ Mondadura, desperdicio : *mondas de patatas.* ‖ *Pop. Ser la monda,* ser el colmo ; ser muy divertido.
mondadientes m. inv. Palillo para limpiarse los dientes.
mondadura f. Monda.
mondante adj. Muy divertido.
mondar v. t. Pelar las frutas y las legumbres : *mondar una naranja, patatas.* ‖ Podar, escamondar los árboles. ‖ *Fig.* y *fam.* Quitarle a uno lo que tiene : *le mondaron en el juego.* ‖ *Mondar a palos,* pegar muy fuerte. ‖ — V. pr. *Fam. Mondarse de risa,* partirse de risa.
mondo, da adj. Limpio y libre de otras cosas : *el sueldo mondo.* ‖ Pelado : *con la cabeza monda.* ‖ Sin dinero : *estoy mondo después de pagarle.* ‖ *Fam. Mondo y lirondo,* sin añadidura alguna.
mondongo m. Tripas de las reses, especialmente las del cerdo.
moneda f. Instrumento legal de los pagos : *moneda de papel.* ‖ Pieza de metal acuñada por cuenta del Estado que facilita las transacciones comerciales. ‖ Billete de banco. ‖ *Fig.* y *fam.* Dinero, caudal. ‖ — *Fig.* y *fam. Pagar en la misma moneda,* corresponder a una mala acción con otra semejante. ‖ *Ser moneda corriente,* ser muy frecuente.
monedero m. Bolsa pequeña donde se guardan las monedas.
monegasco, ca adj. y s. De Mónaco.
monema m. Morfema.
monería f. Monada.
monetario, ria adj. Relativo a la moneda : *sistema monetario.*
monetización f. Acción y efecto de monetizar.
monetizar v. t. Dar curso legal a los billetes de banco u otros signos pecuniarios. ‖ Convertir en moneda.
mongol, la adj. y s. De Mongolia. ‖ — M. Lengua hablada por los mongoles.
mongólico, ca adj. y s. Mongol. ‖ Que padece mongolismo.
mongolismo m. Enfermedad caracterizada por la deformación congénita del rostro, que suele ser redondo con los ojos hendidos, y por retraso mental.
mongoloide adj. De tipo mongólico.
moni m. *Fam.* Dinero.
monigote m. *Fig.* Muñeco ridículo. | Pintura o dibujo mal hecho. ‖ *Fam.* Persona despreciable y sin personalidad.
monín, ina y **monino, na** adj. *Fam.* Mono, gracioso.
monitor m. El que amonesta o avisa. ‖ El que enseña gimnasia y algunos deportes como la esgrima, el esquí, etc. ‖ *Mar.* Buque de guerra con espolón de acero a proa. ‖ En las emisoras de televisión, aparato que permite controlar el buen funcionamiento. ‖ *Med.* Dispositivo electrónico destinado a vigilar a los enfermos. ‖ En informática, programa de control que sirve para seguir la ejecución de distintos programas sin relación unos con otros.
monja f. Mujer que pertenece a una orden religiosa.
monje m. Fraile. ‖ Solitario o anacoreta. ‖ Paro carbonero, ave.
monjil adj. Propio de monje.
mono, na adj. *Fig.* y *Fam.* Bonito, delicado o gracioso : *un niño muy mono.* ‖ — M. Mamífero del orden de los primates. ‖ *Fig.* Persona que hace gestos parecidos a los de este mamífero. | Persona muy fea. | Dibujo tosco, monigote. | Joven presumido. | Traje de faena, de tela fuerte y por lo común azul. ‖ Comodín en los juegos de naipes. ‖ — Pl. *Méx.* Grabados, historietas ilustradas. ‖ — *Mono sabio,* el adiestrado que se exhibe en los circos ; (fig.) monosabio. ‖ *Fig. Ser el último mono,* ser la persona de menor importancia.
monoatómico, ca adj. *Quím.* Que sólo contiene un átomo.
monobase f. Cuerpo que solamente posee una función básica.
monocarril adj. Que se desplaza por un solo carril (ú. t. c. s. m.).
monocorde adj. *Mús.* De una sola cuerda. ‖ Monótono.
monocotiledóneo, a adj. Dícese de las plantas angiospermas de un solo cotiledón (ú. t. c. s. f.).
monocromo, ma adj. De sólo un color.
monóculo, la adj. Que tiene un solo ojo. ‖ — M. Lente para un solo ojo.
monocultivo m. *Agr.* Cultivo en un terreno de un solo producto.
monodia f. *Mús.* Canto para una sola voz y sin acompañamiento.
monofásico, ca adj. Aplícase a las tensiones o a las corrientes alternas simples, así como a los aparatos que producen o utilizan estas corrientes.
monogamia f. Calidad de monógamo. ‖ Régimen jurídico que no admite la pluralidad de cónyuges.
monógamo, ma adj. Que practica la monogamia. ‖ Que sólo se ha casado una vez.
monografía f. Estudio particular sobre un tema determinado.
monográfico, ca adj. Relativo a la monografía.
monograma m. Cifra formada con las principales letras de un nombre. ‖ Señal o firma abreviada.
monolingüe adj. Que habla una lengua. ‖ Escrito en un solo idioma.
monolítico, ca adj. Relativo al monolito. ‖ Hecho de un solo bloque. ‖ *Fig.* No dividido entre varias tendencias.
monolito m. Monumento de piedra de una sola pieza.
monólogo m. Escena dramática en que sólo habla un personaje. ‖ Discurso que se hace

uno a sí mismo. || En una reunión, discurso de una persona que no deja hablar a las demás.

monomanía f. Trastorno mental en el que una sola idea parece absorber todas las facultades intelectuales.

monometalismo m. Sistema monetario en que rige un patrón metálico único, como el oro o la plata.

monomio m. Expresión algébrica que consta de un solo término.

monomotor adj. y s. m. Aplícase al vehículo de un solo motor.

monopétalo, la adj. De un solo pétalo : *flor monopétala* (ú. t. c. s. f.).

monoplaza adj. y s. m. Aplícase al vehículo de una sola plaza.

monopolio m. Privelegio exclusivo para la venta, la fabricación o explotación de una cosa. || *Fig.* Posesión exclusiva : *atribuirse el monopolio de la verdad.*

monopolista com. Persona que ejerce monopolio.

monopolístico, ca adj. Relativo al monopolio.

monopolización f. Acción de monopolizar.

monopolizador, ra adj. y s. Que monopoliza.

monopolizar v. t. Adquirir o atribuirse un monopolio. || *Fig.* Acaparar : *monopolizar la atención.*

monosabio m. Mozo de la plaza de toros que ayuda al picador.

monosacáridos m. pl. Azúcares como la glucosa, etc.

monosépalo, la adj. De un solo sépalo (ú. t. c. s.).

monosilábico, ca adj. Que sólo consta de una sílaba : *palabra monosilábica.* || Que está constituido sólo por palabras monosílabas.

monosílabo, ba adj. y s. m. Dícese de la palabra que consta de una sola sílaba : *«sí» es una palabra monosílaba.*

monoteísmo m. Doctrina teológica que reconoce a un solo Dios.

monoteísta adj. Relativo al monoteísmo. || Que profesa el monoteísmo (ú. t. c. s.).

monotipia f. Procedimiento de composición tipográfica por medio del monotipo.

monotipo m. Máquina de componer en imprenta que funde los tipos por separado.

monotonía f. Uniformidad de tono. || Falta de variedad.

monótono, na adj. Que está casi siempre en el mismo tono. || Demasiado uniforme : *paisaje monótono.*

monovalente adj. *Quím.* De una sola valencia (ú. t. c. s. m.).

monroísmo m. Doctrina de Monroe (1758-1831), presidente de los Estados Unidos que se oponía a la intervención de Europa en los países americanos *(América para los americanos)* y de Estados Unidos en los países europeos.

monseñor m. Tratamiento que se da en Italia a los prelados y en Francia a los obispos y a otras personas de alta dignidad.

monserga f. *Fam.* Discurso pesado. | Tostón, pesadez : *no me vengas con monsergas.* | Mentira.

monstruo m. Ser que presenta una malformación importante. || Ser fantástico de la mitología o la leyenda. || *Fig.* Persona perversa y cruel. | Persona o cosa muy fea : *casarse con un monstruo.* | Animal u objeto enorme : *los monstruos marinos.* || — Adj. *Fig.* Enorme, colosal.

monstruosidad f. Calidad de monstruoso. || *Fig.* Acción sumamente cruel. | Fealdad muy grande.

monstruoso, sa adj. Que es contra el orden de la naturaleza : *cabeza monstruosa.* || *Fig.* Extraordinario : *animal monstruoso.* | Excesivo. | Espantoso : *crimen monstruoso.* | Muy feo.

monta f. Acción y efecto de montar. || Arte de montar a caballo. || Acaballadero. || Suma, total de varias partidas. || *Fig.* Importancia, valor : *persona de poca monta.*

montacargas m. inv. Ascensor destinado a elevar bultos o mercancías.

montado, da adj. Que va a caballo. || Puesto, instalado : *montado con gran lujo.*

montador, ra m. y f. Persona que monta. || Operario, operaria que monta máquinas, aparatos, etc. || Especialista en el montaje de películas cinematográficas.

montaje m. Operación consistente en unir las distintas piezas de un objeto, particularmente de una máquina. || Organización. || Selección y unión en una banda definitiva de las secuencias cinematográficas que se han rodado. || *Fig.* y *fam.* Farsa, tinglado.

montanera f. Pasto de bellotas del ganado de cerda. || Tiempo en que este ganado está pastando.

montante m. Madero que en los edificios y máquinas se pone verticalmente para servir de apoyo. || *Arq.* Listón que divide el vano de una ventana.

montaña f. Gran elevación natural del terreno : *cadena de montañas.* || *Fig.* Amontonamiento, gran cantidad : *una montaña de libros.* || — *Fig. Hacerse una montaña de algo,* preocuparse demasiado por ello. || *Montaña rusa,* en un parque de atracciones, camino ondulado por el cual, gracias al declive, un carrito se desliza sobre rieles.

montañero, ra m. y f. Persona que practica el montañismo.

montañés, esa adj. y s. Natural o habitante de una montaña. || Que ha nacido o vive en la Montaña de Santander (España).

montañismo m. Práctica de las ascensiones de montaña.

montañoso, sa adj. Relativo a las montañas o cubierto de ellas.

montar v. i. Instalarse en un vehículo para viajar en él : *montar en avión.* || Subir en un caballo o cabalgar en él. U. t. c. t. : *montar un alazán.* || Ser de importancia : *este negocio monta poco.* || Importar una cantidad : *la factura monta a mil pesetas.* || *Montar en cólera,* ponerse furioso. || — V. t. Armar, efectuar un montaje : *montar una máquina.* || *Fig.* Organizar. || Instalar : *montar una fábrica.* || Engastar : *montar un rubí en una sortija.* || Armar una pistola o fusil. || Acaballar. || *Cin.* Realizar el montaje de una película. || Poner en escena una obra de teatro.

montaraz adj. Que se cría o anda por los montes. || Salvaje.

montazgo m. Tributo pagado por el paso del ganado por un monte.

monte m. Gran elevación natural de terreno. || Tierra inculta cubierta de árboles, arbustos o matas. || Cierto juego de naipes, de envite y azar. || Naipes que quedan por robar después del reparto. || *Monte de piedad,* establecimiento público que hace préstamos sobre ropa o alhajas.

montepío m. Establecimiento de socorros mutuos público o privado. || *Amer.* Monte de piedad.

montera f. Gorro de los toreros. ‖ Cubierta de cristales en un patio. ‖ *Fam. Ponerse el mundo por montera,* obrar a su antojo.
montería f. Caza mayor.
monterilla m. Alcalde de pueblo.
montero m. El que busca, ojea y persigue la caza en el monte.
montés, esa adj. Que anda, vive o se cría en el monte, salvaje.
montevideano, na adj. y s. De Montevideo (Uruguay).
montgolfier m. Globo aerostático inflado con aire caliente.
montículo m. Monte pequeño.
montilla m. Vino de Montilla (España).
monto m. Importe, suma.
montón m. Conjunto de cosas puestas sin orden unas encima de otras : *un montón de papeles.* ‖ *Fig.* y *fam.* Gran cantidad : *un montón de gente.* ‖ — *Fig.* y *fam. A montones,* con abundancia. | *Del montón,* corriente. | *Un montón,* mucho.
montonera f. *Amer.* Tropa de a caballo insurrecta.
montonero m. *Amer.* Guerrillero.
montubio, bia m. y f. *Ecuad.* y *Per.* Campesino de la costa.
montura f. Cabalgadura. ‖ Silla para montar a caballo. ‖ Montaje de una máquina. ‖ Armadura, soporte : *la montura de las gafas.*
monumental adj. Relativo al monumento. ‖ *Fig.* Excelente, extraordinario : *obra monumental.* | Enorme. | Estupendo : *una chica monumental.*
monumento m. Obra arquitectónica o escultórica destinada a recordar un acontecimiento o a un personaje ilustre. ‖ Edificio público considerable : *el Partenón es el monumento más hermoso de Atenas.* ‖ Construcción que cubre una sepultura : *monumento funerario.* ‖ Altar en que se guarda la Eucaristía el Jueves Santo. ‖ *Fig.* Obra digna de perdurar por su gran valor. ‖ *Fam.* Cosa o persona magnífica.
monzón m. Viento de Asia.
moña f. Lazo que las mujeres se ponen en el tocado. ‖ Moño. ‖ Cintas de colores que se colocan en la divisa de los toros o se atan a la guitarra. ‖ Lazo de la coleta de los toreros. ‖ *Fam.* Borrachera. | Homosexual.
moño m. Pelo recogido detrás o encima de la cabeza. ‖ Lazo de cintas. ‖ Penacho de algunos pájaros. ‖ — *Fig.* y *fam. Agarrarse del moño,* pegarse. | *Estar hasta el moño,* estar harto. | *Ponerse moños,* presumir.
moqueguano, na adj. y s. De Moquegua (Perú).
moqueo m. *Fam.* Secreción nasal.
moquero m. Pañuelo.
moqueta f. Tela fuerte de lana o algodón para alfombrar.
moquillo m. Catarro de perros y gatos. ‖ *Fam. Pasar el moquillo,* padecer mucho.
mor de (por) loc. adv. Por culpa de.
mora f. Fruto del moral o de la morera. ‖ Zarzamora. ‖ *For.* Demora, tardanza.
morabito m. Ermitaño mahometano. ‖ Ermita donde vive.
moráceas f. pl. Familia de plantas dicotiledóneas como el moral, la morera, la higuera, etc. (ú. t. c. adj.).
morada f. Casa, sitio donde se vive. ‖ Estancia en un lugar.
morado, da adj. De color violeta (ú. t. c. s. m.). ‖ — *Fam. Estar morado,* estar borracho. | *Pasarlas moradas,* pasarlo mal. | *Ponerse morado,* comer o beber mucho.
morador, ra adj. y s. Habitante.
moral adj. Relativo a la moral o a la moralidad : *el progreso moral.* ‖ Conforme con la moral : *vida moral.* ‖ Que tiene buenas costumbres : *hombre moral.* ‖ Propio para favorecer las buenas costumbres : *un libro moral.* ‖ Relativo al espíritu, intelectual : *facultades morales.* ‖ — F. Parte de la filosofía que enseña las reglas que deben gobernar la actividad libre del hombre. ‖ Conjunto de las facultades del espíritu. ‖ Estado de ánimo : *levantar la moral de uno.* ‖ — M. Árbol cuyo fruto, llamado mora, es una baya carnosa de color morado.
moraleja f. Enseñanza que se saca de un cuento, fábula, etc.
moralidad f. Conformidad con los preceptos de la moral.
moralista com. Filósofo que se dedica a la moral. ‖ Autor de obras que tienden a moralizar.
moralización f. Acción de moralizar.
moralizador, ra adj. y s. Que moraliza.
moralizar v. t. Volver conforme a la moral. ‖ Reformar las malas costumbres enseñando las buenas. ‖ — V. i. Hacer reflexiones morales : *siempre le gusta moralizar delante de sus admiradores.*
morapio m. *Fam.* Vino tinto.
morar v. i. Residir, vivir.
moratoria f. *For.* Suspensión de la exigibilidad de los créditos y del curso de las acciones judiciales.
moravo, va adj. y s. De Moravia.
morazanense adj. y s. De Morazán (El Salvador).
morazaneño, ña adj. y s. De Francisco Morazán (Honduras).
morbidez f. Calidad o estado de mórbido.
mórbido, da adj. Relativo a la enfermedad. ‖ Malsano : *literatura mórbida.*
morbilidad f. Porcentaje de enfermos con relación a la cifra de población. ‖ Calidad de mórbido.
morbo m. *Med.* Enfermedad.
morbosidad f. Calidad o condición de morboso.
morboso, sa adj. Enfermo, enfermizo. ‖ Mórbido.
morcilla f. Embutido de sangre y manteca de cerdo cocidas. ‖ *Fig.* y *fam.* Añadido que hace un actor a su papel. ‖ *Fam.* ¡*Que te den morcilla*!, ¡vete a paseo!
morcillo m. Parte alta y carnosa de las patas de los bovinos.
mordacidad f. Calidad de mordaz.
mordaz adj. Corrosivo. ‖ Áspero, picante al paladar. ‖ *Fig.* Cáustico, sarcástico : *crítica mordaz.*
mordaza f. Pañuelo o cualquier objeto que se aplica a la boca de una persona para que no pueda gritar. ‖ *Mar.* Aparato para detener la cadena del ancla. ‖ *Tecn.* Nombre de diversos aparatos usados para apretar : *mordaza de torno.*
mordedor, ra adj. Que muerde.
mordedura f. Acción de morder. ‖ Herida hecha al morder.
mordelón, ona adj. y s. *Méx.* Que acepta la mordida.
morder v. t. Clavar los dientes en una cosa : *morder una manzana* (ú. t. c. i.). ‖ Coger con la boca : *el pez ha mordido el anzuelo.* ‖ Hacer presa en algo. ‖ Someter una plancha grabada a la acción del agua fuerte. ‖ *Fig.* y *fam. Morder el polvo,* ser vencido en un combate. ‖ — V. i. Atacar una plancha grabada el agua fuerte. ‖ *Méx.* Exigir indebidamente un funcionario dinero para pres-

tar un servicio. || — V. pr. *Fig. Morderse los dedos* o *los puños,* arrepentirse.
mordida f. Pez que ha picado al anzuelo. || *Méx.* Cantidad que pide un funcionario para dejarse sobornar.
mordiente adj. Que muerde. || — M. Agua fuerte que usan los grabadores. || Sustancia que en tintorería sirve para fijar los colores. || Barniz que permite fijar panes de oro en los metales.
mordiscar y **mordisquear** v. t. Morder frecuente o ligeramente.
mordisco m. Acción de mordiscar. || Mordedura ligera.
mordisqueo m. Mordisco.
morelense adj. y s. De Morelos (México).
moreliano, na adj. y s. De Morelia (México).
morena f. Pez teleósteo parecido a la anguila, muy voraz y de carne estimada. || *Geol.* Morrena.
moreno, na adj. y s. De tez muy tostada por el Sol. || De pelo negro o castaño. || *Fig.* y *fam.* Negro, mulato. || *Pan moreno,* el que contiene mucho salvado.
morera f. Árbol moráceo, pero distinto del moral por el fruto blanco.
morfa f. *Pop.* Morfina.
morfema m. La más pequeña unidad significativa en lingüística.
morfina f. Medicamento narcótico y estupefaciente derivado del opio.
morfinomanía f. Hábito morboso de tomar morfina u opio.
morfinómano, na adj. y s. Que abusa de la morfina o del opio.
morfología f. Parte de la biología que trata de la forma y estructura de los seres orgánicos. || *Gram.* Estudio de las formas de las palabras consideradas aisladamente. || Aspecto general del cuerpo humano.
morfológico, ca adj. Relativo a la morfología.
morfosintaxis f. Descripción de las reglas relativas a la combinación de los morfemas para formar palabras, sintagmas y frases.
morganático, ca adj. Dícese del matrimonio de un príncipe con una mujer que no pertenece a la nobleza.
morgue f. (pal. fr.). Depósito de cadáveres.
moribundo, da adj. y s. Que se está muriendo.
moriche m. Árbol y pájaro de América.
morigeración f. Templanza o moderación en las costumbres.
morigerado, da adj. Moderado.
morigerar v. t. Moderar los excesos.
moriles m. Vino fino criado en Moriles (España).
morilla f. *Bot.* Cagarria.
morir v. i. Perder la vida : *morir de muerte natural.* || *Fig.* Dejar de existir (ú. t. c. pr.). | Desaparecer : *la envidia es algo que no muere.* | Sentir violentamente alguna pasión : *morir de pena* (ú. t. c. pr.). | Sufrir mucho : *morir de frío, de hambre* (ú. t. c. pr.). || *Fig. Morir con las botas puestas* o *vestido,* morir violentamente. || — V. pr. Dejar de vivir : *morirse de viejo.* || Querer mucho : *este chico se muere por ti.* || — *Fig. Morirse de miedo,* tener mucho miedo. | *Morirse de risa,* desternillarse de risa.
morisco, ca adj. Aplícase a los moros bautizados que permanecieron en España después de la Reconquista (ú. t. c. s.). || Relativo a ellos. (V. MUDÉJAR.)
morisqueta f. Mueca.
morlaco, ca adj. y s. Taimado. || — M. *Fam.* Toro de lidia.
mormón, ona m. y f. Persona que profesa el mormonismo.
mormonismo m. Secta religiosa fundada en los Estados Unidos por Joseph Smith en 1830.
moro, ra adj. y s. De la antigua Mauritania. || Musulmán. || Dícese de los árabes que invadieron España.
morocho, cha adj. *Amer.* Aplícase a una variedad de maíz (ú. t. c. s. m.). || *Amer. Fam.* Tratándose de personas, robusto, fuerte. || *Arg.* Moreno.
morosidad f. Lentitud, dilación, demora. || Falta de puntualidad. || Desidia. || Retraso en el pago.
moroso, sa adj. Lento. || Perezoso. || Que tarda en pagar sus deudas (ú. t. c. s.).
morral m. Saco o talego de los cazadores, pastores, soldados y vagabundos. || Saco para el pienso de una caballería que se cuelga del cuello.
morralla f. Pescado menudo. || *Fig.* Conjunto de personas o cosas de poco valor. || *Méx.* Dinero menudo.
morrena f. Montón de piedras arrastradas y depositadas por los glaciares.
morrillo m. Porción carnosa de las reses en la parte superior y anterior del cuello. || *Fig.* Cogote grueso.
morriña f. Nostalgia.
morrión m. Casco de bordes levantados usado en el s. XVI.
morro m. Extremidad redonda de una cosa. || Extremo de un malecón. || Guijarro redondo. || *Fig.* Hocico de un animal. || *Fam.* Labio abultado de una persona. || Parte anterior de un coche, avión o cohete. || — *Fam. Estar de morros,* estar enfadados. | *Romper los morros,* romper la cara.
morrocotudo, da adj. *Fam.* Imponente. | Muy grande.
morrocoy y **morrocoyo** m. Galápago grande de Cuba.
morrón adj. Aplícase al pimiento de punta roma.
morsa f. Mamífero pinnípedo anfibio de los mares árticos.
morse m. Sistema telegráfico que utiliza un alfabeto convencional de puntos y rayas. || Este alfabeto.
mortadela f. Embutido de carne de cerdo, de ternera y tocino.
mortaja f. Sábana o lienzo en que se envuelve el cadáver antes de enterrarlo. || *Tecn.* Muesca.
mortal adj. Que ha de morir : *el hombre es mortal.* || Que puede provocar la muerte : *caída mortal.* || Que hace perder la gracia de Dios : *pecado mortal.* || *Fig.* Que llega hasta desear la muerte, encarnizado : *odio mortal.* | Aburrido, abrumador : *trabajo mortal.* || — M. y f. Ser humano : *un mortal feliz.*
mortalidad f. Condición de mortal. || Número proporcional o estadística de defunciones en población o tiempo determinados.
mortandad f. Gran número de muertes causadas por epidemia, guerra o todo tipo de cataclismos.
mortecino, na adj. *Fig.* Apagado y sin vigor : *luz, mirada mortecina.* | Que está apagándose.
morterazo m. Disparo de mortero.
mortero m. Recipiente que sirve para machacar en él especias, semillas, drogas, etc. || Pieza de artillería de cañón corto,

destinada a tirar proyectiles por elevación. ‖ Argamasa de yeso, arena y agua.
mortífero, ra adj. Que ocasiona o puede ocasionar la muerte.
mortificación f. Acción de mortificar o mortificarse. ‖ *Fig.* Lo que mortifica, humillación.
mortificador, ra y **mortificante** adj. Que mortifica.
mortificar v. t. Castigar el cuerpo con ayunos y austeridades (ú. t. c. pr.). ‖ Dominar o reprimir por privaciones voluntarias (ú. t. c. pr.). ‖ *Fig.* Atormentar, molestar mucho : *siempre me está mortificando.* | Afligir, causar pesadumbre.
mortinatalidad f. Proporción de niños nacidos muertos.
mortinato, ta adj. Que nació muerto (ú. t. c. s.).
mortuorio, ria adj. Relativo al muerto o a los funerales.
morucho, cha adj. Moreno.
morueco m. Carnero padre.
moruno, na adj. Moro.
mosaico, ca adj. De Moisés. ‖ — Adj. y s. m. Aplícase a la obra taraceada de piedras, vidrios, baldosas de varios colores.
mosca f. Nombre dado a varios insectos dípteros, como la *mosca doméstica,* la *mosca de la carne* o *moscarda,* la *mosca verde,* con reflejos metálicos, la *mosca tsé-tsé,* transmisora de la enfermedad del sueño. ‖ Pelo que se deja crecer entre el labio inferior y la barba. ‖ Cebo para pescar que imita a un insecto. ‖ *Fig.* y *fam.* Dinero. ‖ — Adj. *Fam.* Receloso. ‖ — Adj. y s. Muisca. ‖ — *Fig.* y *fam. Aflojar* o *soltar la mosca,* pagar. | *Estar con* (o *tener*) *la mosca en la oreja* o *estar mosca,* estar receloso. ‖ *Fig. Mosca muerta,* persona hipócrita. | *No se oye ni una mosca,* no hay ningún ruido. ‖ *Fam. Por si las moscas,* por si acaso. | *¿Qué mosca le picó?,* ¿por qué se enfada?
moscarda f. Mosca mayor que la común que se alimenta de carne muerta. ‖ Huevecillos de las abejas.
moscardón m. Mosca parásita de los rumiantes y solípedos. ‖ Moscón. ‖ Avispa grande. ‖ Abejón, zángano. ‖ *Fig.* y *fam.* Hombre pesado.
moscareta f. Pájaro insectívoro de canto agradable.
moscatel adj. Aplícase a una uva, al viñedo que la produce y al vino hecho con ella (ú. t. c. s. m.).
moscón m. Mosca de la carne. ‖ *Fig.* Persona pesada y enojosa. | Mosca muerta.
mosconear v. i. Zumbar como el moscón. ‖ *Fig.* Porfiar, ser obstinado. ‖ — V. t. Importunar.
mosconeo m. Zumbido. ‖ *Fig.* Insistencia, porfía.
moscovita adj. y s. De Moscú. ‖ De Moscovia. ‖ Ruso.
mosén m. Título que se daba a ciertos nobles en Cataluña y Aragón, reservado hoy a los clérigos.
mosqueado, da adj. *Fig.* Receloso. | Enfadado.
mosquearse v. pr. *Fig.* Sospechar. | Enfadarse, picarse, enojarse mucho.
mosqueo m. Enfado.
mosquerío m. Abundancia de moscas.
mosquetazo m. Disparo de mosquete. ‖ Herida que hace.
mosquete m. Arma de fuego portátil antigua, parecida al fusil.
mosquetero m. Soldado armado de mosquete. ‖ En los antiguos corrales de comedias, espectador que se quedaba de pie en la parte posterior del patio.
mosquetón m. Arma de fuego parecida a la carabina, pero más corta.
mosquita f. Pájaro parecido a la curruca. ‖ *Fig.* y *fam. Mosquita muerta,* persona hipócrita que aparenta ser lo que no es.
mosquitero m. Cortina de gasa o tul con que se cubre la cama para impedir que entren los mosquitos.
mosquito m. Insecto díptero, de cuerpo cilíndrico, patas largas y finas y alas transparentes.
mostacilla f. Perdigón o munición pequeña para la caza menor.
mostacho m. Bigote.
mostachón m. Bollo pequeño de almendras, canela y azúcar.
mostaza f. Planta cuya semilla picante se emplea como condimento. ‖ Este condimento.
mosto m. Zumo de la uva antes de fermentar. ‖ Zumo de otros frutos, empleado para la fabricación del alcohol, sidra, etc. ‖ *Fam.* Vino.
mostrador, ra adj. y s. Que muestra o enseña alguna cosa. ‖ — M. Mesa larga para presentar los géneros en las tiendas o servir las consumiciones en los bares.
mostrar v. t. Exponer a la vista, enseñar : *mostrar unas joyas.* ‖ Demostrar : *su contestación muestra que es inteligente.* ‖ Manifestar, dejar ver algo inmaterial : *mostrar valor.* ‖ — V. pr. Portarse de cierta manera : *mostrarse generoso.* ‖ Exponerse a la vista : *mostrarse en público.*
mostrenco, ca adj. Dícese de los bienes sin propietario conocido. ‖ *Fig.* y *fam.* Aplícase al que no tiene casa ni hogar. | Ignorante, rudo (ú. t. c. s.).
mota f. Nudillo que se forma en el paño. ‖ *Fig.* Defecto ligero. ‖ Eminencia de terreno.
mote m. Nombre dado a una persona que refleja alguno de sus defectos o cualidades.
motejador, ra adj. y s. Acusador.
motejar v. t. Acusar, tachar.
motel m. Hotel en la carretera para albergar a los automovilistas.
motete m. Breve composición musical religiosa.
motilidad f. Movilidad.
motín m. Sedición.
motivación f. Acción y efecto de motivar. ‖ Conjunto de motivos que nos hacen actuar.
motivador, ra adj. y s. Que provoca o motiva.
motivar v. t. Dar motivo. ‖ Explicar la razón o motivo que se ha tenido para actuar de cierta manera. ‖ Impulsar a actuar.
motivo m. Causa que mueve a actuar de cierta manera. ‖ Tema de una composición musical o pictórica. ‖ Dibujo ornamental repetido.
moto f. Motocicleta.
motobomba f. Bomba accionada por un motor.
motocarro m. Vehículo de tres ruedas con motor.
motocicleta f. Vehículo de dos ruedas con un motor de explosión de una cilindrada superior a 125 cm^3.
motociclismo m. Afición a la motocicleta y deporte efectuado con ella.
motociclista com. Motorista. ‖ — Adj. Relativo a la motocicleta.
motociclo m. Vehículo automóvil de dos ruedas.

motocross m. Carrera de motocicletas en un terreno accidentado.
motocultivo m. Cultivo con máquinas agrícolas.
motocultor m. Arado pequeño provisto de un motor de arrastre.
motón m. *Mar.* Garrucha, polea.
motonáutico, ca adj. Relativo a la motonáutica. || — F. Deporte de la navegación en barcos de vapor.
motonave f. Barco de motor.
motopropulsión f. Propulsión por motor.
motor, ra adj. Que produce movimiento o lo transmite : *árbol motor, nervio motor.* || — M. Lo que comunica movimiento, como el viento, el agua, el vapor. || Sistema material que permite transformar cualquier forma de energía en energía mecánica. || *Fig.* Instigador : *ser el motor de una rebelión.* | Causa. || — *Motor de explosión,* el que toma su energía de la explosión de una mezcla gaseosa. || *Motor de reacción,* aquel en el que la acción mecánica está producida por la proyección hacia fuera de chorros de gases a gran velocidad.
motora f. Lancha de motor.
motorismo m. Motociclismo. || Deporte de los aficionados al automóvil.
motorista com. Persona que conduce una motocicleta.
motorización f. Generalización del empleo de vehículos de transporte en el ejército, industria, etc. || Colocación de un motor en un vehículo.
motorizar v. t. Generalizar el empleo de vehículos de transporte en el ejército, industria, etc. || Dotar de un motor. || — V. pr. *Fam.* Tener un vehículo automóvil.
motorreactor m. Tipo de motor de reacción.
motovelero m. Embarcación de vela con motor auxiliar.
motovolquete m. Dispositivo mecánico para descargar de una sola vez un vagón, etc.
motricidad f. Conjunto de las funciones desempeñadas por el esqueleto, los músculos y el sistema nervioso que permiten los movimientos y el desplazamiento.
motriz adj. f. Motora : *causa, fuerza motriz.*
motu proprio adv. Por propia y libre voluntad.
movedizo, za adj. Inseguro, que no está firme : *arenas movedizas.* || *Fig.* Inconstante, cambiadizo.
mover v. t. Poner en movimiento. || Cambiar de sitio o de posición : *mueve un poco el sillón.* || Menear, agitar : *mover el brazo.* || *Fig.* Incitar : *mover a la rebelión.* | Excitar, picar : *mover la curiosidad.* | Causar : *mover a risa.* | Provocar, ocasionar : *mover discordia.* | Hacer obrar : *mover al pueblo.* | Conmover. || — V. pr. Ponerse en movimiento : *no te muevas.* || Agitarse : *este niño se mueve mucho.* || Cambiar de sitio, trasladarse : *moverse con dificultad.* || *Fam.* Hacer todo lo posible para conseguir algo : *en la vida hay que moverse.* | Darse prisa.
movido, da adj. *Fig.* Activo, inquieto : *persona muy movida.* | Agitado : *debate movido.* || Aplícase a la fotografía borrosa o confusa.
móvil adj. Que puede moverse. || *Fiesta móvil,* aquella cuyo día de celebración cambia cada año. || — Adj. y s. m. Dícese de los sellos y timbres impresos que se pegan en el papel. || — M. Causa, motivo : *el móvil de un crimen.* || Cuerpo en movimiento.
movilidad f. Capacidad de mover o de moverse.
movilización f. Conjunto de las disposiciones que ponen a las fuerzas armadas en pie de guerra. || *Fig.* Acción de movilizar.
movilizar v. t. Efectuar la movilización, poner en pie de guerra. || *Fig.* Solicitar la participación de alguien en la realización de una obra colectiva. | Utilizar.
movimiento m. Estado de un cuerpo cuya posición cambia continuamente respecto de un punto fijo. || Acción o manera de moverse. || Animación, vida : *el movimiento de la calle.* || Corriente de opinión o tendencia artística de una época determinada. || Vivacidad en el estilo. || Variedad de las líneas en una composición pictórica o escultórica. || Variación numérica en las estadísticas, cuentas, precios, etc. || Curso real o aparente de los astros. || *Fig.* Sublevación. | Sentimiento fuerte y pasajero : *un movimiento de cólera.* || *Mús.* Velocidad del compás. | Parte de una composición musical.
moviola f. Aparato de visión individual para mirar en una pantalla una película que puede proyectarse a diferente velocidad, detenerse o volver hacia atrás con objeto de efectuar las operaciones de montaje.
moza f. Muchacha joven. || Soltera. || Criada. || Pala de las lavanderas.
mozárabe adj. Cristiano de España que vivía entre los árabes (ú. t. c. s.). || Relativo a los mozárabes, a su arte y literatura (s. X y principios del XI).
mozo, za adj. y s. Joven. || Soltero. || — M. Criado. || Camarero : *mozo de comedor.* || Joven alistado para el servicio militar. || Maletero en una estación.
M. T. S. *(Sistema),* sistema de medidas cuyas tres unidades fundamentales son el *metro* (longitud), la *tonelada* (masa) y el *segundo* (tiempo).
muaré m. Tejido que forma aguas o visos.
mucamo, ma m. y f. *Amer.* Sirviente.
muceta f. Esclavina de seda que usan algunos eclesiásticos y los doctores sobre la toga.
mucilago o **mucílago** m. Sustancia viscosa que se encuentra en ciertos vegetales.
mucosa f. Membrana humedecida por mucosidades que tapiza cavidades y conductos.
mucosidad f. Humor espeso.
mucoso, sa adj. Parecido al moco. || Relativo a las mucosidades.
múcura o **mucura** m. Ánfora de barro.
muchachada f. Acción propia de muchachos. || Grupo de jóvenes.
muchachería f. Muchachada.
muchacho, cha m. y f. Niño. || Joven. || — F. Sirvienta en una casa.
muchedumbre f. Multitud.
mucho, cha adj. Abundante, numeroso : *mucha gente.* || — Pron. Gran cantidad de personas : *muchos piensan.* || Muchas cosas : *tener mucho que contar.* || — Adv. Con abundancia : *trabaja mucho.* || Con gran intensidad : *divertirse mucho.* || Con un adverbio de comparación indica una gran diferencia : *llegó mucho más tarde.* || Equivale a veces a *sí, ciertamente.* || Largo tiempo : *hace mucho que no voy.* || — *Con mucho,* con gran diferencia. || *¡Mucho!,* ¡muy bien! || *Ni con mucho,* indica que hay una gran diferencia de una cosa a otra. || *Por mucho que,* por más que. || *Tener en mucho,* estimar.
muda f. Acción de mudar una cosa. ||

Conjunto de ropa blanca que se muda de una vez. || Época en que mudan las plumas las aves o la piel otros animales. || Cambio de voz de los muchachos en la pubertad.
mudanza f. Cambio. || Traslado de domicilio : *estar de mudanza.*
mudar v. t. e i. Transformar, cambiar, variar de aspecto o de naturaleza : *mudar el agua en vino.* || Sustituir una cosa por otra : *mudar de vestido.* || Cambiar los pañales a un niño. || Remover de destino o empleo. || Efectuar la muda los animales. || Estar de muda un muchacho : *mudar la voz.* || *Fig.* Cambiar, variar : *mudar de parecer.* || — V. pr. Cambiarse : *mudarse de ropa interior.* || Cambiarse de domicilio : *me mudé de casa.*
mudéjar adj. y s. m. Dícese del mahometano que se quedó en España después de la Reconquista sin cambiar de religión, siendo vasallo de los reyes cristianos. || *Arq.* Aplícase al estilo que floreció desde el siglo XII al XVI, caracterizado por el empleo de elementos del arte cristiano y árabe.
mudo, da adj. Privado de la facultad de hablar (ú. t. c. s.). || Que no quiere hablar. || Que pierde momentáneamente el uso de la palabra. || Callado, silencioso : *dolor mudo.* || Aplícase a los mapas que no llevan ningún nombre escrito. || Dícese de las películas cinematográficas que no van acompañadas de sonido.
mueblaje m. Mobiliario.
mueble adj. Dícese de los bienes que se pueden trasladar. || — M. Cualquier objeto que sirve para la comodidad o el adorno de una casa : *tener muebles de caoba.*
mueblería f. Fábrica o tienda de muebles.
mueblista com. Persona que fabrica muebles o los vende.
mueca f. Contorsión del rostro.
muecín m. Almuédano.
muela f. Piedra superior en los molinos con la que se tritura el grano, etc. || Piedra de asperón para afilar. || Diente, particularmente cada uno de los grandes situados detrás de los caninos. || — *Fig.* y *fam. Estar alguien que echa las muelas,* estar furioso. || *Fig. Haberle salido a uno la muela del juicio,* haber alcanzado ya la edad de ser sensato. || *Muela del juicio* o *cordal,* cada una de las cuatro que salen en el fondo de la boca en edad adulta.
muelle adj. Suave, blando, delicado. || Elástico : *colchón muelle.* || Voluptuoso : *vida muelle.* || — M. Pared de fábrica edificada en la orilla del mar o de un río para consolidarla, permitir el atraque de los barcos y efectuar su carga y descarga. || Andén de ferrocarril. || Pieza elástica capaz de soportar deformaciones muy grandes y que, después de haber sido comprimida, distendida o doblada, tiende a recobrar su forma.
muera f. Sal.
muérdago m. Planta parásita.
muermo m. Ulceración de la mucosa nasal en los caballos.
muerte f. Cesación completa de la vida : *muerte repentina.* || Acción de matar. || Pena capital : *condenar a muerte.* || *Fig.* Dolor profundo : *con la muerte en el alma.* | Desaparición, aniquilamiento : *muerte de un imperio.* | Causa de ruina : *el monopolio es la muerte de la pequeña industria.* || Esqueleto humano considerado como símbolo de la muerte. || — *A muerte,* hasta la muerte : *guerra a muerte.* || *Fam. De mala muerte,* de poco valor. | *De muerte,* extraordinario.
muerto, ta adj. Que está sin vida (ú. t. c. s.). || *Fam.* Matado : *muerto en la guerra.* || *Fig.* Poco activo : *ciudad muerta.* | Apagado, desvaído : *color muerto.* | Que ya no se habla : *lengua muerta.* | Dícese del yeso o de la cal apagados con agua. || — *Fig.* y *fam. Cargar con el muerto,* tener que cargar con la responsabilidad de un asunto desagradable. | *Echarle a uno el muerto,* echarle toda la responsabilidad. | *Hacer el muerto,* quedarse inmóvil en la superficie del agua flotando boca arriba. | *Hacerse el muerto,* no manifestarse para pasar inadvertido. | *Más muerto que vivo,* muy asustado. | *No tener donde caerse muerto,* ser muy pobre.
muesca f. Entalladura que hay o se hace en una cosa para que encaje otra. || Corte que se hace al ganado en la oreja como señal.
muestra f. Letrero en la fachada de una tienda que anuncia la naturaleza del comercio o el nombre del comerciante. || Pequeña cantidad de una mercancía o de un producto para darla a conocer o estudiarla. || Exposición de los productos de un comercio. || Modelo : *visitar un piso de muestra.* || *Fig.* Señal : *muestra de cansancio.* | Prueba : *muestra de inteligencia.* | Ejemplo : *nos dio una muestra de su saber.* || Exposición artística. || Fracción representativa de un grupo de personas consultadas en una encuesta. || *Feria de muestras,* exposición periódica de productos industriales o agrícolas.
muestrario m. Colección de muestras.
muestreo m. Selección de muestras. || En estadística, estudio de la distribución de determinadas características de una población utilizando una muestra representativa de la misma : *muestreo de la opinión pública.*
mugido m. Voz del toro y de la vaca. || *Fig.* Bramido de dolor.
mugir v. i. Dar mugidos.
mugre f. Suciedad grasienta. || *Amer.* Cosa sin valor.
mugriento, ta adj. Sucio.
mugrón m. Tallo de la vid.
muguete m. Planta liliácea.
muisca adj. y s. Otro n. de los indios *chibchas.*
mujer f. Persona del sexo femenino. || La que ha llegado a la edad de la pubertad. || Esposa : *tomar mujer.*
mujeriego, ga adj. Relativo a la mujer. || Dícese del hombre a quien le gustan mucho las mujeres (ú. t. c. s. m.).
mujerío m. Conjunto de mujeres.
mujic m. Campesino ruso.
mújol m. Pez marino.
mula f. Hembra del mulo. || Calzado de los papas. || *Fam.* Bruto.
mulada f. *Fig.* y *fam.* Tontería.
muladar m. Sitio donde se echa el estiércol o las basuras.
muladí adj. y s. Cristiano español que durante la dominación árabe se hacía musulmán.
mulato, ta adj. y s. Nacido de negra y blanco o viceversa.
muleta f. Palo con un travesaño en el extremo superior que se coloca debajo del sobaco para apoyarse al andar. || *Fig.* Cosa que sostiene otra. || *Taurom.* Palo del que cuelga un paño encarnado con el cual el matador engaña al toro antes de matarlo.
muletear v. t. Torear con muleta.
muletero m. Mozo o tratante de mulas. || *Taurom.* Matador que torea con la muleta.
muletilla f. Bastón que sirve de muleta. ||

Fig. Voz o frase que una persona repite por hábito vicioso en la conversación.
muletón m. Tela gruesa de lana o algodón muy tupida.
mulillas f. pl. Tiro de mulas que arrastran al toro muerto fuera de la plaza.
mulo m. Cuadrúpedo híbrido nacido de burro y yegua o de caballo y burra. ‖ *Fam.* Bruto, animal. | Testarudo. | Idiota.
multa f. Pena pecuniaria.
multar v. t. Imponer una multa.
multicolor adj. De muchos colores.
multicopia f. Reproducción de un escrito.
multicopiar v. t. Reproducir un escrito con la multicopista.
multicopista f. Máquina para sacar varias copias de un escrito.
multigrado, da adj. Dícese de un aceite lubricante que puede utilizarse en cualquier época del año.
multilateral adj. Concertado entre varias partes.
multimillonario, ria adj. y s. Que posee muchos millones.
multinacional adj. Relativo a varias naciones. ‖ — F. Empresa comercial cuyas actividades y patrimonios se encuentran repartidos en varios países.
múltiple adj. Vario, que no es simple : *contacto múltiple.* ‖ — Pl. Diversos, muchos, varios.
múltiplex adj. Dícese del dispositivo telegráfico que transmite simultáneamente varios telegramas por la misma línea. ‖ Aplícase a un sistema electrónico que permite transmitir simultáneamente varias informaciones por el mismo canal. ‖ Dícese de un programa radiado o televisado en el cual participan distintos estudios conectados entre sí por telecomunicación.
multiplicación f. Aumento en número. ‖ *Mat.* Operación que consiste en multiplicar dos cantidades. ‖ *Mec.* Aumento de velocidad de una rueda dentada arrastrada por otra de mayor tamaño.
multiplicador, ra adj. Que multiplica. ‖ — M. *Mat.* Número o cantidad que multiplica.
multiplicando adj. y s. m. Dícese del número o cantidad que se multiplica.
multiplicar v. t. Aumentar en número : *multiplicar los trámites.* ‖ *Mat.* Repetir una cantidad llamada *multiplicando* tantas veces como unidades contiene otra llamada *multiplicador* para obtener una cantidad llamada *producto.* ‖ — V. i. Engendrar. ‖ — V. pr. Afanarse, ser muy activo : *multiplicarse en su trabajo.* ‖ Reproducirse.
multiplicidad f. Variedad, diversidad. ‖ Número considerable.
múltiplo, pla adj. y s. m. *Mat.* Aplícase al número que contiene a otro un número exacto de veces : *quince es un múltiplo de tres y de cinco.*
multiprocesador adj. y s. m. Dícese de un sistema informático compuesto por varias unidades de tratamiento que funcionan con un mismo conjunto de memorias y de periféricos.
multiprogramación f. Modo de explotación de un ordenador que permite ejecutar distintos programas con una misma máquina.
multisecular adj. Muy viejo.
multitratamiento m. Ejecución simultánea de varios programas de informática en distintos procesadores de un mismo ordenador.
multitud f. Gran número de personas o cosas. ‖ *Fig.* Muchedumbre.
multitudinario, ria adj. De la multitud.
mullido, da adj. Blando y cómodo : *cama mullida.*
mullir v. t. Batir una cosa para que esté blanda y suave. ‖ Cavar la tierra para que sea más ligera.
mundanal adj. Mundano.
mundano, na adj. Relativo al mundo. ‖ Relativo a la vida de sociedad : *fiesta mundana.* ‖ Muy aficionado a las cosas del mundo. ‖ Que alterna mucho con la alta sociedad.
mundial adj. Universal. ‖ — M. Campeonato mundial.
mundillo m. *Fig.* Mundo, grupo determinado : *el mundillo del arte.*
mundo m. Universo, todo lo que existe. ‖ Tierra, el planeta en que vivimos : *dar la vuelta al mundo.* ‖ Parte de la Tierra : *el Nuevo Mundo.* ‖ *Fig.* Conjunto de los hombres : *reírse del mundo entero.* | Sociedad humana : *el mundo libre.* | Humanidad : *la evolución del mundo.* | Conjunto de individuos que se dedican a la misma clase de actividades : *el mundo de las letras.* | Conjunto de cosas que forman un todo : *el mundo exterior.* ‖ *Teol.* Uno de los enemigos del alma. ‖ Vida seglar : *dejar el mundo.* ‖ Baúl : *guardar la ropa en un mundo.* ‖ *Fig.* Diferencia muy grande : *hay un mundo entre las dos versiones.* ‖ — *Fig. Dar un mundo por,* dar cualquier cosa por obtener algo. | *Echar al mundo,* dar a luz. | *El gran mundo,* la alta sociedad. ‖ *El Nuevo Mundo,* América. ‖ *Fig. El otro mundo,* la otra vida. | *No ser cosa del otro mundo,* no ser difícil o extraordinario. | *Ponerse el mundo por montera,* no importarle a uno la opinión ajena. | *Tener mundo,* saber desenvolverse entre la gente. | *Valer un mundo,* valer mucho. | *Venir al mundo,* nacer.
mundología f. Experiencia y conocimiento del mundo y de los hombres. ‖ Reglas mundanas, usos sociales.
mundovisión f. Desde 1962, transmisión de imágenes de televisión de un continente a otro por medio de estaciones retransmisoras colocadas en satélites que giran alrededor del globo terrestre.
munición f. *Mil.* Todo lo necesario para el abastecimiento de un ejército o de una plaza fuerte. ‖ Carga de las armas.
municionar v. t. *Mil.* Aprovisionar de municiones.
municipal adj. Relativo al municipio. ‖ — M. Guardia municipal.
municipalidad f. Municipio.
municipalización f. Acción y efecto de municipalizar.
municipalizar v. t. Hacer depender del municipio.
municipio m. División territorial administrada por un alcalde y un concejo. ‖ Conjunto de habitantes de este territorio. ‖ Ayuntamiento, alcaldía. ‖ Concejo.
munificencia f. Generosidad.
munificente o **munífico, ca** adj. Muy liberal o generoso.
muñeca f. Articulación que une la mano con el antebrazo. ‖ Figurilla que representa una niña o una mujer y sirve de juguete. ‖ Lío o pelotilla de trapo que se embebe de un líquido para barnizar, estarcir u otros usos. ‖ *Fig.* y *fam.* Muchacha preciosa y delicada. | Chica presumida. ‖ *Arg.* Maqueta.
muñeco f. Figurilla de niño que sirve de juguete. ‖ Figurilla humana hecha de pasta,

trapo, etc. ‖ *Fig.* y *fam.* Joven afeminado. | Persona que se deja llevar por otra. | Dibujo mal hecho.
muñeira f. Baile popular de Galicia. ‖ Su música.
muñequera f. Manilla o correa ancha para apretar la muñeca. ‖ Correa del reloj de pulsera.
muñequilla f. Muñeca para barnizar.
muñón m. Parte que queda de un miembro amputado. ‖ *Mec.* Espiga o gorrón con que un órgano mecánico se fija en un soporte, conservando la libertad de movimiento de rotación sobre sí mismo : *los dos muñones de la cureña sostienen el cañón.*
mural adj. Que se aplica o coloca sobre el muro. ‖ — M. *Pint.* Fresco : *los murales de Orozco.*
muralismo m. Pintura de murales.
muralista adj. Relativo al muralismo. ‖ — Adj. y s. Dícese del pintor que hace murales.
muralla f. Muro muy grueso y elevado que rodea una plaza fuerte para protegerla.
murar v. t. Rodear con muros.
murcianismo m. Palabra o giro propios del castellano hablado en la región de Murcia. ‖ Amor o apego a las cosas de Murcia.
murciano, na adj. y s. De Murcia (España).
murciélago m. Mamífero nocturno de alas membranosas.
murena f. Morena, pez.
murga f. Banda de músicos callejeros. ‖ *Fam.* Lata, cosa pesada : *dar la murga.* | Persona muy pesada (ú. t. c. s. m.).
múrice m. Molusco marino del que se sacaba la púrpura.
murmullo m. Ruido sordo que se hace hablando bajo. ‖ Rumor del agua que corre, del viento, etc.
murmuración f. Conversación en que se critica a un ausente.
murmurador, ra adj. y s. Que murmura, maldiciente.
murmurar v. i. Hacer un ruido sordo y apacible. ‖ *Fig.* Hablar o quejarse entre dientes (ú. t. c. t.). ‖ *Fig.* y *fam.* Criticar.
muro m. Pared o tapia hecha de fábrica, especialmente la que sirve para sostener o soportar cargas. ‖ Muralla. ‖ *Muro del sonido,* fenómenos aerodinámicos que se producen cuando un cuerpo se mueve en la atmósfera a una velocidad próxima a la del sonido (340 m por segundo) y que dificultan el aumento de esta velocidad.
murria f. *Fam.* Melancolía.
mus m. Juego de naipes.
musa f. Cada una de las nueve deidades que habitaban el Parnaso y presidían las artes liberales y las ciencias. ‖ *Fig.* Numen, inspiración de un poeta.
musaraña f. Pequeño mamífero insectívoro, parecido a un ratón, con el hocico puntiagudo. ‖ Bicho, sabandija, animalejo. ‖ *Fam. Mirar uno a las musarañas,* estar distraído.
muscular adj. De los músculos.
musculatura f. Conjunto de los músculos. ‖ Desarrollo de los músculos : *tiene una gran musculatura.*
músculo m. Órgano fibroso que al contraerse o distenderse produce los movimientos en un ser vivo.
musculoso, sa adj. Que tiene músculos.
muselina f. Tejido muy ligero y medio transparente.
museo m. Colección pública de objetos de arte o científicos : *museo de escultura, de historia natural.* ‖ Edificio en que se guardan estas colecciones : *el museo del Prado.*
musgo m. Planta formada por varios tallos menudos y apiñados que crece en lugares sombríos.
música f. Arte de combinar los sonidos conforme a las normas de la melodía, armonía y ritmo. ‖ Teoría de este arte : *clases de música.* ‖ Concierto de instrumentos o voces o de ambas cosas a la vez. ‖ Conjunto de músicos, banda : *la música municipal.* ‖ — Pl. *Fam.* Monsergas, latas : *déjame de músicas.* ‖ — *Fam. Irse con la música a otra parte,* marcharse. | *Mandar con la música a otra parte,* mandar a paseo. ‖ *Fig.* y *fam. Música celestial,* palabras vanas.
musicable adj. Que puede ponerse en música.
musical adj. Relativo a la música : *arte musical.* ‖ En que se hace música : *velada musical.* ‖ Armonioso. ‖ — M. Comedia musical.
musicalidad f. Calidad de lo que es musical.
music-hall [*miúsic jol*] m. (pal. ingl.). Espectáculo de variedades. ‖ Teatro donde se da este espectáculo.
músico, ca adj. Relativo a la música. ‖ — M. y f. Persona que compone o ejecuta obras de música : *músico de renombre universal.*
musicógrafo, fa m. y f. Persona que escribe sobre música.
musicología f. Estudio científico de la música.
musicólogo, ga m. y f. Especialista en musicología.
musicomanía f. Afición muy grande por la música, melomanía.
musicómano, na adj. y s. Muy aficionado a la música.
musiquilla f. *Fam.* Música fácil, sin valor artístico.
musitar v. t. e i. Susurrar : *le musitaba al oído tiernas palabras de amor.*
muslo m. Parte de la pierna, desde la juntura de la cadera hasta la rodilla.
mustango m. Caballo que vive en estado de semilibertad en las pampas de América del Sur.
mustela f. Tiburón. ‖ Comadreja.
mustélidos m. pl. Familia de mamíferos carniceros como la comadreja, el armiño, la nutria, el visón, etc. (ú. t. c. adj.).
mustiarse v. pr. Marchitarse.
mustio, tia adj. Melancólico, triste. ‖ Ajado, marchito.
musulmán, ana adj. y s. Mahometano.
mutabilidad f. Capacidad de sufrir mutaciones.
mutable adj. Que puede sufrir mutaciones.
mutación f. Cambio.
mutatis mutandis loc. lat. Haciendo los cambios necesarios.
mutilación f. Acción y efecto de mutilar.
mutilado, da adj. y s. Aplícase al que ha sufrido mutilación.
mutilador, ra adj. y s. Que mutila.
mutilar v. t. Cortar un miembro u otra parte de un cuerpo vivo. ‖ Destruir parcialmente : *mutilar una estatua.* ‖ Cortar parte de una cosa, deformar : *mutilar un texto.*
mutis m. Voz que emplea el apuntador para decir a un actor que se retire de la escena. ‖ Salida de escena. ‖ *Hacer mutis,* marcharse; callar.
mutismo m. Silencio.
mutual adj. Mutuo, recíproco.

mutualidad f. Sistema de prestaciones mutuas que sirve de base a algunas asociaciones del mismo nombre : *mutualidad obrera, escolar.*
mutualismo m. Conjunto de asociaciones basadas en la mutualidad. ‖ Doctrina según la cual la humanidad se considera como una asociación de servicios mutuos.
mutualista adj. Relativo a la mutualidad : *sociedad mutualista.* ‖ — Com. Miembro de una mutualidad.
mutuamente adv. Con recíproca correspondencia.
mutuo, tua adj. Recíproco : *ayuda mutua.* ‖ *Seguro mutuo,* sociedad cuyos miembros se aseguran mutuamente. ‖ — F. Mutualidad.
muy adj. En grado sumo : *muy lejos.*
mV, abreviatura de *milivoltio.*
Mv, símbolo del *mendelevio.*
mW, abreviatura de *milivatio.*
my f. Duodécima letra del alfabeto griego (μ) que corresponde a la *m* castellana.

n f. Decimosexta letra del alfabeto castellano y decimotercera de sus consonantes. ‖ Signo con que se nombra a alguien indeterminado. ‖ *Mat.* Exponente de una potencia indeterminada. ‖ — **N,** símbolo del *nitrógeno* y del *newton.* ‖ — **N.,** abreviatura de *norte.*
na pron. y adv. Apócope de *nada.*
Na, símbolo químico del *sodio.*
nabab m. *Fig.* Hombre muy rico.
nabo m. Planta de raíz carnosa comestible y de color blanco.
naborí com. Criado indio en la América colonial.
naboría f. Repartimiento de indios para el servicio doméstico en América colonial. ‖ Naborí.
nacaomense adj. y s. De Nacaome (Honduras).
nácar m. Sustancia dura, brillante, irisada, que se forma en la concha de algunos moluscos : *el nácar se utiliza en marquetería y en la fabricación de botones.*
nacarado, da y **nacarino, na,** adj. Que tiene aspecto de nácar.
nacatamal m. *Méx.* Tamal relleno de carne y salsa de chile.
nacela f. *Arq.* Moldura cóncava que se pone en la base de la columna.
nacer v. i. Venir al mundo : *Cervantes nació en Alcalá.* ‖ Brotar, salir : *el trigo nace en primavera.* ‖ Empezar su curso, brotar : *el Ebro nace en Fontibre.* ‖ Salir (un astro). ‖ Originarse : *el vicio nace del ocio.* ‖ Descender de una familia o linaje : *Goya nació de familia humilde.* ‖ Tener condiciones innatas, estar destinado a : *Lope de Vega nació (para) escritor.* ‖ *Fig.* Surgir, aparecer : *el tango nació en Buenos Aires.* ‖ — *Fam. Haber nacido de pie,* tener mucha suerte. | *Hoy he vuelto a nacer,* de buena me he librado.
nacido, da adj. Connatural y propio de una cosa. ‖ Apto y a propósito para algo. ‖ — M. y f. Ser humano.
nacimiento m. Acción y efecto de nacer. ‖ Extracción : *de ilustre nacimiento.* ‖ Principio de una cosa : *el nacimiento de un río.* ‖ Representación por medio de figuras del nacimiento de Jesús, belén.
nación f. Comunidad humana, generalmente establecida en un mismo territorio, unida por lazos históricos, lingüísticos, religiosos, económicos en mayor o menor grado. ‖ Entidad jurídica formada por el conjunto de habitantes de un país regidos por una misma Constitución y titular de la soberanía. ‖ Territorio de ese mismo país.
nacional adj. Relativo a la nación o natural de ella. ‖ — M. pl. Totalidad de los individuos de una nación. ‖ Conciudadanos.
nacionalidad f. Condición y carácter peculiar de los pueblos e individuos de una nación. ‖ Grupo de individuos que tienen idéntico origen o por lo menos historia y tradiciones comunes. ‖ Estado de la persona nacida o naturalizada en una nación : *nacionalidad española.*
nacionalismo m. Apego a la nación, a su unidad e independencia.
nacionalista adj. y s. Del nacionalismo : *doctrina nacionalista.* ‖ Partidario del nacionalismo.
nacionalización f. Acción y efecto de nacionalizar. ‖ Transferencia a la colectividad de la propiedad de ciertos medios de producción pertenecientes a particulares, ya para servir mejor el interés público, ya para asegurar mejor la independencia del Estado o para castigar la falta de civismo de sus propietarios.
nacionalizar v. t. Dar carácter nacional : *nacionalizar las minas, la banca.* ‖ Naturalizar o dar la ciudadanía : *nacionalizar a ciertos residentes extranjeros* (ú. t. c. pr.).
nacionalsocialismo m. Doctrina política y económica fundada por Hitler en 1923.
nacionalsocialista adj. Relativo al nacionalsocialismo. ‖ Partidario de esta doctrina (ú. t. c. s.).
nacom m. Sacerdote maya que sacaba el corazón a los sacrificados.
nada f. El no ser o carencia absoluta de todo ser. ‖ Cosa mínima : *por nada se asusta.* ‖ — *Sacar de la nada,* crear. ‖ *Reducir a nada,* anular. ‖ — Pron. indef. Ninguna cosa : *no decir nada.* ‖ — Adv. Poco : *no hace nada que salió.* ‖ — *¡Nada!,* ¡no! ‖ *Nada de nada,* absolutamente. ‖ *Nada más,* no más : *no quiero nada más;* se usa precediendo a un verbo en infinitivo con la idea de «tan pronto como» : *nada más venir se acostó.*
nadador, ra adj. y s. Que nada : *ave nadadora.* ‖ — M. y f. Persona que practica la natación.
nadar v. i. Sostenerse flotando y moverse en

el agua. || Flotar en un líquido cualquiera. || *Fig.* Estar una cosa muy holgada : *nadar en su abrigo.* | Abundar en una cosa : *está nadando en dinero.* || — *Fig. Nadar entre dos aguas,* procurar agradar a dos partidos adversos. | *Nadar y guardar la ropa,* proceder con cautela. || — V. t. Practicar un estilo de natación : *nadar braza.* || Participar en una prueba de natación.

nadería f. Cosa sin importancia.

nadie pron. indef. Ninguna persona : *no ha venido nadie.* || — M. *Fig.* Persona insignificante, de ninguna importancia. || — *Fam. No ser nadie,* no tener importancia. | *Un don nadie,* persona insignificante.

nadir m. Punto de la esfera celeste diametralmente opuesto al cenit.

nado (a) m. adv. Nadando.

nafta f. Carburo de hidrógeno obtenido del petróleo. || *Amer.* Gasolina.

naftaleno f. Hidrocarburo bencénico sólido, blanco, aromático y cristalino, usado en la fabricación de perfumes, colorantes y plásticos.

naftalina f. Preparado comercial de naftaleno.

naftol m. Fenol derivado del naftaleno.

nagual m. *Méx.* Hechicero. || — F. *Méx.* Mentira.

nahua adj. y s. Aplícase al individuo de un pueblo indio americano de México y parte de América Central. || — M. Lengua que hablaba.

náhuatl adj. y s. m. Dícese de la lengua de los indígenas nahuas de México.

naïf adj. (pal. fr.). Dícese del arte de los autodidactas caracterizado por la ingenuidad y la espontaneidad de sus pinturas.

nailon m. Nylon.

naipe m. Cada una de las cartulinas rectangulares que sirven para jugar a las cartas. || — Pl. Baraja. || *Fig.* y *fam. Castillo de naipes,* proyecto quimérico.

naja f. Género de serpientes venenosas como la cobra y el áspid. || *Pop. Salir de naja,* irse.

najarse v. pr. *Pop.* Irse.

nalga f. Cada una de las dos partes carnosas y posteriores del muslo que constituyen el trasero.

nana f. *Fam.* Abuela. || Canción de cuna. || Nodriza. || *Fam. En el año de la nana,* hace mucho tiempo

¡nanay! interj. *Fam.* ¡Nada!

nanismo m. *Méd.* Enfermedad de los enanos.

nao f. Nave, barco.

napalm m. Gel formado con gasolina y usado en las bombas incendiarias.

napias f. pl. *Fam.* Narices.

napoleónico, ca adj. Relativo a Napoleón : *imperio napoleónico.*

napolitano, na adj. y s. De Nápoles (Italia).

naranja f. Fruto del naranjo. || — *Fig.* y *fam. Media naranja,* la esposa. || *Pop. ¡Naranjas!* o *¡naranjas de la China!,* ¡ni hablar! || — Adj. inv. y s. m. Anaranjado (color).

naranjado, da adj. De color anaranjado. || — F. Zumo de naranja con agua y azúcar.

naranjal m. Sitio plantado de naranjos.

naranjero, ra adj. De la naranja. || — M. y f. Cultivador o vendedor de naranjas.

naranjo m. Árbol cuyo fruto esférico y azucarado es la naranja.

narcisismo m. Amor excesivo de sí mismo o de lo hecho por uno.

narcisista adj. Relativo al narcisismo. || — Com. Persona enamorada de sí misma, narciso.

narciso m. Planta ornamental, de flores blancas o amarillas con corona dorada. || *Fig.* Hombre enamorado de sí mismo y que cuida excesivamente su persona.

narcosis f. Sueño producido por un narcótico.

narcótico, ca adj. y s. m. Dícese de la droga que produce sueño, como el opio, los barbitúricos, etc.

narcotina f. Alcaloide, de acción sedante, extraído del opio.

narcotismo m. Estado de adormecimiento, que procede del uso de los narcóticos.

narcotización f. Adormecimiento por medio de narcóticos.

narcotizante adj. y s. m. Que narcotiza.

narcotizar v. t. Adormecer por medio de un narcótico.

narcotraficante m. Traficante de drogas.

narcotráfico m. Tráfico en drogas.

nardo m. Planta de flores blancas aromáticas dispuestas en espiga.

narguile m. Pipa oriental formada por un tubo flexible que atraviesa un frasco lleno de agua perfumada.

narigón, ona adj. y s. Narigudo. || — M. Nariz grande.

narigudo, da adj. De narices muy grandes (ú. t. c. s.). || De figura de nariz.

nariguera f. Pendiente que se cuelga de la nariz.

nariñense adj. y s. De Nariño (Colombia).

nariz f. Órgano saliente de la cara, entre la frente y la boca, con dos orificios que comunican con la membrana pituitaria y el aparato de la respiración (ú. t. en pl.). || Cada uno de los orificios o ventanas de este órgano. || *Fig.* Sentido del olfato. | Perspicacia. | Extremidad aguda de algunas cosas. || — *Fig. Dar en la nariz,* sospechar. | *Dar en las narices,* deslumbrar a los demás con algo extraordinario. | *Darse de narices,* tropezar. | *Dejar a uno con un palmo de narices,* dejar a uno asombrado. | *De narices,* formidable; tremendo; muy grande; mucho. | *Estar hasta las narices,* estar harto. | *Hinchársele a uno las narices,* enfadarse. | *Meter las narices en todo,* curiosear. | *¡Narices!,* ¡nada!, ¡no!, ¡ni hablar! | *No ver más allá de sus narices,* no ver más lejos que lo que uno tiene delante, ser poco perspicaz. | *¡Qué narices!,* ¡qué diablo! | *Romper las narices,* romper la cara. | *Romperse las narices,* caerse.

narizón, ona adj. *Fam.* Narigudo.

narizota f. *Fam.* Nariz grande y fea. || — M. *Fam.* Narigudo.

narración f. Relato.

narrador, ra adj. Que narra. || — M. y f. Persona que narra.

narrar v. t. Relatar, contar.

narrativo, va adj. Relativo a la narración. || — F. Habilidad para narrar. || Narración.

narratorio, ria adj. Relativo a la narración.

nártex m. inv. Sitio reservado a los catecúmenos en las primitivas basílicas cristianas, generalmente en la parte anterior de la nave.

nasa f. Arte de pesca consistente en una manga de red.

nasal adj. Relativo a la nariz. || — Adj. *Gram.* Dícese del sonido modificado por la vibración del aire en las fosas nasales y de la consonante pronunciada con este sonido (ú. t. c. s. f.).

nasalidad f. Calidad de nasal.

nasalización f. Pronunciación nasal de un sonido.
nasalizar v. t. Hacer nasal o pronunciar de esta manera un sonido.
nata f. Materia grasa de la leche con que se hace la mantequilla. ‖ Esta materia grasa batida con azúcar. ‖ *Fig.* Lo principal : *la nata de la sociedad.* ‖ *Amer.* Escoria que resulta de la fundición de un metal precioso. ‖ — Pl. Natillas.
natación f. Acción de nadar. ‖ Deporte que consiste en nadar : *prueba de natación.*
natal adj. Del nacimiento.
natalicio m. Nacimiento. ‖ Cumpleaños.
natalidad f. Relación entre el número de nacimientos y el de habitantes de una población o país en un momento determinado.
natatorio, ria adj. De la natación. ‖ Que sirve para nadar.
natillas f. pl. Dulce de huevo, leche y azúcar.
natividad f. Fiesta que conmemora el nacimiento de Jesucristo, de la Virgen María o de San Juan Bautista. ‖ Navidad.
nativismo m. *Amer.* Indigenismo.
nativo, va adj. Natural, en estado puro : *plata nativa.* ‖ Natal : *país nativo.* ‖ De origen : *profesor nativo; lengua nativa.* ‖ Innato, natural, propio : *cualidades nativas.* ‖ — M. y f. Indígena, natural de un país. ‖ *Nativo de,* nacido en.
nato, ta adj. Que va anejo a un cargo o persona : *presidente nato de una junta.* ‖ *Fig.* De nacimiento : *español nato.*
natura f. Naturaleza.
natural adj. Conforme al orden de la naturaleza : *ley natural.* ‖ Que aparece en la naturaleza : *gas natural.* ‖ Fresco : *fruta natural.* ‖ Que se trae al nacer : *simpatía natural.* ‖ Inherente, propio : *el escándalo es natural en él.* ‖ Instintivo : *repulsa natural.* ‖ Conforme con la razón o el uso : *es natural pagar a quien trabaja.* ‖ Que no está cohibido : *estuvo muy natural.* ‖ Que carece de afectación, sencillo : *modales naturales.* ‖ Nativo : *natural de Málaga.* ‖ Nacido fuera del matrimonio, ilegítimo : *hijo natural.* ‖ — *Ciencias naturales,* las derivadas del estudio de la naturaleza (física, química, geología). ‖ *Historia natural,* ciencia que describe y clasifica los seres vivos. ‖ — M. Cosa que se toma por modelo en pintura o escultura : *tomado del natural.* ‖ Índole, carácter, condición : *un natural agresivo.* ‖ *Taurom.* Pase de muleta dado con la mano izquierda y sin ayuda del estoque. ‖ — Pl. Habitantes originarios de un país. ‖ — Adv. Naturalmente. ‖ *Al natural,* sin artificio; dícese de los frutos en conserva enteros.
naturaleza f. Esencia y propiedad de cada ser : *naturaleza humana.* ‖ Mundo físico : *las maravillas de la naturaleza.* ‖ Orden y disposición de todos los elementos del Universo : *la naturaleza de las aves es volar.* ‖ Clase : *objetos de diferente naturaleza.* ‖ Índole, carácter, condición : *ser de naturaleza fría.* ‖ Privilegio que concede un soberano a un extranjero para que goce de los mismos derechos que los nacionales : *carta de naturaleza.* ‖ *Naturaleza muerta,* bodegón.
naturalidad f. Calidad natural. ‖ Ausencia de afectación, sencillez : *portarse con naturalidad.* ‖ Conformidad de las cosas con las leyes naturales.
naturalismo m. Sistema de los que atribuyen todo a la naturaleza como primer principio. ‖ Escuela literaria de fines del s. XIX, opuesta al romanticismo : *Zola fue el creador del naturalismo, cultivado en España por B. Pérez Galdós y Emilia Pardo Bazán.*
naturalista adj. Relativo al naturalismo : *escritor naturalista.* ‖ — Com. Persona que estudia la historia natural. ‖ Escritor adepto al naturalismo.
naturalización f. Acción y efecto de naturalizar o naturalizarse.
naturalizar v. t. Dar a un extranjero los derechos de ciudadanía en una nación que no es la suya. Ú. t. c. pr. : *naturalizarse español.*
naturalmente adv. Probablemente. ‖ De un modo natural. ‖ Por naturaleza. ‖ Con naturalidad. ‖ Fácilmente, sencillamente.
naturismo m. Doctrina higiénica y deportiva que propugna la vida al aire libre. ‖ Desnudismo.
naturista adj. Del naturismo : *revista naturista.* ‖ — M. y f. Partidario del naturismo, que lo practica. ‖ Desnudista.
naufragar v. i. Hundirse una embarcación. ‖ *Fig.* Fracasar.
naufragio m. Hundimiento de un barco. ‖ *Fig.* Fracaso.
náufrago, ga adj. y s. Dícese del barco o de las personas que han padecido naufragio.
náusea f. Ansia, ganas de vomitar. ‖ — Pl. *Fig.* Repugnancia.
nauseabundo, da adj. Que produce náuseas : *hedor nauseabundo.*
nauta m. Hombre de mar.
náutica f. Ciencia de navegar.
náutico, ca adj. Relativo a la navegación : *arte náutico.*
nauyaca f. *Méx.* Ofidio venenoso.
navaja f. Cuchillo cuya hoja articulada en el mango se guarda entre dos cachas. ‖ Molusco comestible. ‖ Colmillo de los jabalíes.
navajada f. o **navajazo** m. Cuchillada con la navaja. ‖ Herida que produce.
navajero m. Malhechor que ataca y amenaza con una navaja.
navajo adj. y s. Indígena de Nuevo México y Arizona.
naval adj. Relativo a las naves y a la navegación. ‖ *Escuela naval,* la de formación de los oficiales de la marina militar.
navarro, rra adj. y s. De Navarra (España).
nave f. Barco, embarcación. ‖ *Arq.* Parte de una iglesia comprendida entre dos muros o dos filas de arcadas. ‖ Sala muy grande y ampliamente ventilada : *la nave de una fábrica.* ‖ — *Nave espacial* o *del espacio,* astronave. ‖ *Fig. Quemar las naves,* tomar una determinación extrema y decisiva sin posibilidades de volverse atrás.
navegable adj. Aplícase al río, lago, canal, etc. donde circulan barcos.
navegación f. Viaje en una nave : *navegación marítima, fluvial, aérea.* ‖ Arte del navegante.
navegante adj. Que navega. ‖ — Com. Persona que navega.
navegar v. i. Viajar en una nave por el mar, los lagos, los ríos o los aires. ‖ Hacer seguir a una nave o a un avión una ruta. ‖ *Fig.* Andar de una parte a otra, transitar. ‖ *Navegar en conserva,* ir varios barcos juntos.
naveta f. Vaso para guardar incienso. ‖ Gaveta, cajón. ‖ Cada uno de los monumentos funerarios en forma de nave que se encuentran en la isla de Menorca.
navicert m. (pal. ingl.). Permiso de navegación.
navidad f. Nacimiento de Jesucristo y día

en que se celebra. || Época de esta fiesta (ú. m. en pl.).
navideño, ña adj. Relativo a la Navidad : *fiestas navideñas.*
naviero, ra adj. Relativo a las naves o a la navegación. || — M. Propietario de barcos, armador. || — F. Compañía de navegación.
navío m. Barco.
náyade f. *Mit.* Divinidad que presidía los ríos y fuentes.
nayarita adj. y s. De Nayarit (México).
nazareno, na adj. y s. De Nazaret. || — M. Penitente en las procesiones de Semana Santa. || *El Nazareno,* Jesucristo. || — F. Espuela de rodaja grande que se ponen los gauchos.
nazaritas o **nazarís** adj. y s. Dícese de la dinastía musulmana que reinó en Granada del s. XIII al XV.
nazi adj. y s. Nacionalsocialista.
nazismo m. Nacionalsocialismo.
Nb, símbolo químico del *niobio.*
N. B., abrev. de *Nota Bene.*
Ne, símbolo químico del *neón.*
neblina f. Niebla espesa y baja.
neblinoso, sa adj. Con neblina.
nebulosidad f. Nubosidad. || *Fig.* Falta de claridad.
nebuloso, sa adj. Oscurecido por las nubes o la niebla. || *Fig.* Sombrío. | Difícil de comprender : *doctrina nebulosa.* | Falto de claridad : *estilo nebuloso.* || — F. Materia cósmica que aparece en el firmamento como una nube difusa y luminosa.
necedad f. Calidad de necio. || Tontería, acción o palabra necia.
necesario, ria adj. Indispensable, que hace absolutamente falta. || Que sucede o ha de suceder inevitablemente : *la consecuencia necesaria de un principio.* || Que no puede dejar de ser : *verdad necesaria.*
neceser m. Estuche o maletín con varios objetos útiles para un fin determinado : *neceser de viaje.*
necesidad f. Calidad de necesario. || Lo que no puede evitarse : *necesidad ineludible.* || Fuerza, obligación : *necesidad de trabajar para vivir.* || Pobreza, carencia : *estar en la necesidad.* || Falta de alimento. || — Pl. Evacuación del vientre.
necesitado, da adj. y s. Pobre, que carece de lo necesario : *hay que ayudar a los necesitados con la mayor generosidad posible.*
necesitar v. t. e i. Haber menester de una persona o cosa.
necio, cia adj. y s. Tonto.
necrófago, ga adj. y s. Que se alimenta de cadáveres.
necrofilia f. Curiosidad por contemplar a los cadáveres. || Perversión sexual consistente en una inclinación hacia los cadáveres.
necrología f. Escrito o discurso consagrado a un difunto. || Notificación de las muertes en una sección de un periódico.
necrológico, ca adj. Relativo a la necrología : *nota necrológica.*
necrópolis f. Cementerio.
néctar m. Bebida de los dioses mitológicos. || *Fig.* Licor delicioso, exquisito. || Líquido azucarado segregado por las flores.
neerlandés, esa adj. y s. Holandés. || — M. Lengua germánica de Holanda y norte de Bélgica.
nefando, da adj. Infame.
nefasto, ta adj. Triste, funesto.
nefrítico, ca adj. Relativo a los riñones : *cólico nefrítico.* || — Adj. y s. Que padece de nefritis.
nefritis f. Inflamación de los riñones.
nefrología f. Estudio de la fisiología y de las enfermedades del riñón.
nefrólogo, ga adj. y s. Especialista en nefrología.
negable adj. Que se puede negar o desmentir.
negación f. Acción y efecto de negar. || Carencia o falta total de una cosa : *es la negación del arte.* || *Gram.* Partícula o voz que sirve para negar, como *no, ni.*
negado, da adj. y s. Incapaz o inepto para una cosa.
negar v. t. Decir que una cosa no es cierta, desmentir. || Dejar de reconocer una cosa, no admitir su existencia : *negar a Dios.* || Denegar : *negar una gracia.* || Prohibir : *negar un permiso.* || No confesar una falta, un delito : *negar ante el juez.* || — V. pr. Rehusar hacer una cosa : *negarse a comer.*
negativo, va adj. Que incluye o supone negación o contradicción. || — *Electricidad negativa,* una de las dos formas de electricidad estática. || *Prueba negativa,* cliché fotográfico en el que los blancos y negros están invertidos. || — M. Cliché fotográfico. || — F. Respuesta negativa, negación : *contestar con la negativa.* || No concesión de lo que se pide.
negatrón m. Electrón.
negligencia f. Abandono.
negligente adj. y s. Descuidado.
negociable adj. Que se puede negociar : *letra negociable.*
negociación f. Acción y efecto de negociar.
negociado m. Cada una de las dependencias en que se divide una oficina.
negociador, ra adj. y s. Que negocia : *negociador de la paz.*
negociante com. Persona que negocia. || Comerciante. || *Fig.* Interesado.
negociar v. i. Dedicarse a negocios, comerciar. || — V. tr. Tratar dos o más personas para la resolución de un asunto. || Tratar de resolver asuntos internacionales : *negociar la paz.* || Efectuar una operación con un valor bancario o de Bolsa. || Descontar una letra. || Gestionar, tramitar.
negocio m. Establecimiento comercial : *tiene un buen negocio.* || Cualquier cosa de la que se saca ganancia o ventaja : *has hecho un buen negocio.* || Cualquier ocupación, trabajo o empleo, asunto.
negrear v. i. Ponerse negro (ú. t. c. pr.).
negrero, ra adj. y s. Que se dedicaba a la trata de negros. || — M. *Fig.* Cruel, inhumano, duro con sus subordinados. | Explotador.
negrilla f. *Impr.* Letra de trazo más grueso que la usual.
negritud f. Condición de las personas de raza negra. || Conjunto de valores culturales de los pueblos negros.
negrito m. Individuo de una raza del archipiélago malayo.
negro, gra adj. De color totalmente oscuro : *cabellos negros.* || Oscuro, sombrío : *cielo negro.* || Bronceado, moreno : *se puso negra en la playa.* || *Fig.* Magullado, lívido : *le puso negro a palos.* | Triste, melancólico : *negro de pena.* | Furioso, indignado : *estar negro por algo.* | Apurado : *verse negro para resolver un problema.* | Desgraciado, infeliz : *tener una suerte negra.* || *Trabajo negro,* el que se efectúa clandestinamente de tal modo que no se ve gravado con impuestos. || — Adj. y s. Dícese del individuo perteneciente a la raza negra : *un negro de África.* || — M. Color

negro : *negro subido.* ‖ Bronceado : *el negro del sol.* ‖ El que escribe obras literarias por cuenta de otro, quien las firma sin ser el autor. ‖ — F. *Mús.* Nota equivalente a un cuarto de la redonda y que se representa por la cifra 4. ‖ — *Fam. La negra,* la mala suerte : *caerle a uno la negra.* | *Pasarlas negras,* pasarlo muy mal. | *Ponerse negro,* irritarse.

negroide adj. Propio de la raza negra o que se semeja mucho a ella (ú. t. c. s.).

negrura f. Calidad de negro.

negruzco, ca adj. Casi negro.

negus m. Título que tenía el emperador de Etiopía.

neivano, na adj. y s. De Neiva (Colombia).

nematelmintos m. pl. Clase de gusanos de cuerpo fusiforme sin apéndices locomotores, como la lombriz intestinal (ú. t. c. adj.).

nematodo adj. m. Dícese de los gusanos nematelmintos provistos de tubo digestivo, casi todos parásitos (ú. t. c. s. m.). ‖ — M. pl. Orden que forman.

nemotecnia f. Mnemotecnia.

nene, na m. y f. *Fam.* Niño.

nenúfar m. Planta acuática ornamental.

neocelandés, esa adj. y s. De Nueva Zelanda.

neoclasicismo m. Corriente literaria y artística inspirada en la Antigüedad clásica.

neoclásico, ca adj. y s. Propio del neoclasicismo o su partidario.

neocolonialismo m. Forma moderna de colonialismo cuyo objetivo es dominar económicamente a los países que han alcanzado la independencia.

neocolonialista adj. y s. Propio del neocolonialismo o partidario de él.

neoescolasticismo m. Movimiento filosófico del s. XIX, renovador de la escolástica.

neoespartano, na adj. y s. De Nueva Esparta (Venezuela).

neofascismo m. Nuevo fascismo.

neofascista adj. Relativo al neofascismo. ‖ — Adj. y s. Partidario del neofascismo.

neófito, ta m. y f. Persona recién convertida a una religión. ‖ Persona que ha adoptado recientemente una opinión o partido. ‖ *Fig.* Principiante en cualquier actividad (ú. t. c. adj.).

neógeno m. *Geol.* Período final de la era terciaria, subdividido en mioceno y plioceno.

neogótico, ca adj. Aplícase a un estilo arquitectónico del s. XIX que se inspiró en el gótico (ú. t. c. s. m.).

neogranadino, na adj. y s. De Nueva Granada, hoy Colombia.

neoimpresionismo m. Último período del impresionismo en pintura.

neolatino, na adj. Procedente o derivado de los latinos. ‖ Aplícase especialmente a las lenguas derivadas del latín, como el castellano, el catalán, el gallego, el francés, el portugués, el italiano, el rumano, etc.

neoleonés, esa adj. y s. De Nueva León (México).

neoliberalismo m. Doctrina económica que pretende renovar el liberalismo mediante la intervención limitada del Estado en lo jurídico y en lo económico.

neolítico, ca adj. y s. m. Aplícase al período de la era cuaternaria, que va del año 5000 al 2500 a. de J.C., entre el mesolítico y la edad de los metales.

neológico, ca adj. Relativo al neologismo : *expresión neológica.*

neologismo m. Vocablo, acepción o giro nuevo en una lengua.

neomaltusianismo m. Teoría derivada del maltusianismo que defiende la utilización de todos los medios anticonceptivos.

neón m. Elemento químico de la familia de los gases raros, de número atómico 10 (símb. Ne), que se emplea en tubos luminosos para el alumbrado.

neoplatonicismo m. Escuela filosófica de Alejandría (s. III y IV), cuyo principal representante fue Plotino.

neoplatónico, ca adj. Relativo al neoplatonicismo. ‖ — Adj. y s. Que sigue esta escuela.

neorrealismo m. Escuela cinematográfica italiana, nacida en 1945, que procura presentar sin artificios la realidad cotidiana más humilde.

neosegoviano, na adj. y s. De Nueva Segovia (Nicaragua).

neotomismo m. Doctrina filosófica moderna cuyo origen está en la de Santo Tomás de Aquino.

neoyorquino, na adj. y s. De Nueva York (Estados Unidos).

neozelandés, esa adj. y s. Neocelandés.

neozoico, ca adj. *Geol.* Aplícase a la era terciaria (ú. t. c. s. m.).

neperiano, na adj. Aplícase a los logaritmos inventados por el matemático escocés John Neper (1550-1617).

nepote m. Pariente y privado del Papa.

nepotismo m. Favor que disfrutaban, con ciertos papas, su sobrinos y allegados. ‖ *Fig.* Abuso de poder en favor de parientes o amigos.

neptunio m. Elemento químico transuránico (símb. Np), radiactivo, de número atómico 93, que se obtiene en los reactores nucleares.

nereida f. *Mit.* Cualquiera de las ninfas del mar que personificaban el movimiento de las olas.

nerón m. *Fig.* Hombre cruel y sanguinario.

neroniano, na adj. Propio de Nerón. ‖ *Fig.* Cruel, sanguinario.

nervadura f. *Arq.* Moldura saliente de una bóveda. ‖ *Bot.* Conjunto de los nervios de una hoja.

nervio m. *Anat.* Cada uno de los cordones fibrosos blanquecinos que, partiendo del cerebro y de la médula espinal u otros centros, se distribuyen por todas las partes del cuerpo y son los órganos de la sensibilidad y del movimiento. | Cualquier tendón o tejido blanco, duro y resistente. ‖ *Arq.* Nervadura. ‖ Filamento en las hojas de las plantas. ‖ Cordón que une los cuadernillos en el lomo de un libro encuadernado. ‖ *Fig.* Fuerza, vigor, energía : *un hombre de mucho nervio.* | Ánimo, brío. | Alma : *es el nervio de la empresa.*

nerviosidad f. Inquietud, excitación, falta de calma o aplomo.

nerviosismo m. Nerviosidad. ‖ Debilidad nerviosa, irritabilidad.

nervioso, sa adj. Que tiene nervios : *tejido nervioso.* ‖ Relativo a los nervios : *dolor nervioso.* ‖ De nervios irritables. ‖ Irritado. ‖ *Fig.* Que tiene vivacidad, inquieto : *niño nervioso.* ‖ — *Centros nerviosos,* el encéfalo y la médula. ‖ *Sistema nervioso,* conjunto de nervios, ganglios y centros nerviosos que recogen las excitaciones sensoriales y coordinan los actos vitales.

nervosidad f. Carácter o estado de la persona nerviosa. ‖ Fuerza y actividad nerviosa.

nervudo, da adj. De nervios robustos y bien templados.
nesga f. Pieza triangular que se añade a un vestido para ensancharlo o darle mayor vuelo.
nestorianismo m. Herejía del patriarca de Constantinopla Nestorio (¿380?-451), que sostenía la división de la unidad de Jesucristo en dos personas, divina y humana.
net m. (pal. ingl.). En tenis o ping-pong, dícese de la pelota que, en el saque, toca la red antes de caer en el campo adverso.
neto, ta adj. Claro : *afirmación neta.* ‖ Dícese de un ingreso del que ya se han hecho los descuentos correspondientes : *sueldo neto.* ‖ Dícese del beneficio o ganancia de un comerciante una vez hechos los descuentos en concepto de cargas o gravámenes. ‖ Aplícase al peso de una mercancía después de quitar el de los embalajes, envases o todo lo que no sea la misma mercancía.
neumático, ca adj. *Fís.* Dícese de la máquina que sirve para extraer el aire de un recipiente : *máquina neumática.* ‖ — M. Cubierta de caucho vulcanizado que se fija a las ruedas de los vehículos y en cuyo interior va una cámara de aire. ‖ — F. Parte de la física que estudia las propiedades mecánicas de los gases.
neumococo m. Microbio que produce la pulmonía y otras infecciones.
neumogástrico, ca adj. y s. m. Dícese del nervio de los bronquios, corazón y aparato digestivo.
neumonía f. *Med.* Pulmonía.
neumotórax m. *Med.* Enfermedad producida por la entrada del aire en la cavidad de la pleura. ‖ *Neumotórax artificial,* método de tratamiento de la tuberculosis pulmonar mediante la inyección de nitrógeno o aire en la cavidad de la pleura.
neuquino, na adj. y s. De Neuquen (Argentina).
neuralgia f. *Med.* Dolor en un nervio y sus ramificaciones.
neurálgico, ca adj. Relativo a la neuralgia : *dolor neurálgico.* ‖ *Fig.* Sensible : *punto neurálgico.* | Más importante : *problema neurálgico.*
neurastenia f. Enfermedad del sistema nervioso.
neurasténico, ca adj. Relativo a la neurastenia. ‖ — Adj. y s. Que padece neurastenia.
neuritis f. *Med.* Inflamación de un nervio.
neurocirugía f. Cirugía del sistema nervioso.
neurocirujano m. Cirujano del sistema nervioso y del cerebro.
neuroendocrino, na adj. Relativo a la neuroendocrinología.
neuroendocrinología f. Estudio de las hormonas secretadas por ciertas estructuras del sistema nervioso central.
neurofisiología f. Fisiología del sistema nervioso.
neuroléptico, ca adj. y s. m. Dícese de un producto que ejerce una acción sedante en el sistema nervioso.
neurología f. Parte de la anatomía que trata del sistema nervioso.
neurológico, ca adj. Relativo a la neurología.
neurólogo, ga m. y f. Especialista en neurología.
neuroma m. Tumor que se forma en el tejido de los nervios.
neurona f. Célula nerviosa.
neurópata adj. y s. Que padece una enfermedad nerviosa.
neuropatía f. *Med.* Afección nerviosa.
neuropatología f. Ciencia de las enfermedades del sistema nervioso.
neuropsicología f. Ciencia que estudia las relaciones entre las funciones psicológicas y las estructuras cerebrales.
neuropsicólogo, ga adj. y s. Especialista en neuropsicología.
neuropsiquiatra com. Especialista en neuropsiquiatría.
neuropsiquiatría f. Parte de la medicina que estudia los casos que son a la vez neurológicos y mentales.
neuróptero adj. y s. m. Dícese del orden de insectos que tienen dos pares de alas membranosas.
neuroquímico, ca adj. Dícese de los fenómenos químicos que se producen en el sistema nervioso. ‖ — F. Estudio de estos fenómenos.
neurosis f. *Med.* Enfermedad nerviosa que se manifiesta por trastornos psíquicos sin lesión orgánica : *nerurosis de angustia, obsesiva, histérica, hiprocondriaca.*
neurótico, ca adj. De la neurosis. ‖ — Adj. y s. Que padece neurosis.
neurotransmisión f. Transmisión del influjo nervioso.
neurovegetativo, va adj. Aplícase al sistema nervioso que regula la vida vegetativa.
neutonio m. *Fís.* Newton.
neutral adj. Que no está a favor de uno ni de otro : *hombre neutral* (ú. t. c. s. m.). ‖ Que no interviene en la guerra promovida por otros : *país neutral.*
neutralidad f. Calidad de neutral. ‖ Situación de un Estado que permanece al margen de un conflicto armado entre dos o más potencias.
neutralismo m. No adhesión a una alianza militar.
neutralista adj. Relativo al neutralismo. ‖ — Adj. y s. Partidario del neutralismo.
neutralización f. Acción y efecto de neutralizar o neutralizarse. ‖ Concesión de un estatuto de no beligerancia a un territorio, ciudad, etc.
neutralizante adj. y s. m. Que neutraliza.
neutralizar v. t. Hacer neutral. ‖ *Quím.* Hacer neutra una sustancia : *neutralizar un ácido.* ‖ *Fig.* Anular el efecto de una causa mediante una acción contraria. ‖ — V. pr. Anularse.
neutrino m. *Fís.* Partícula de masa muy pequeña y sin carga eléctrica.
neutro, tra adj. *Gram.* Relativo al género que no es maculino ni femenino y del vocablo que puede llevar el atributo *lo* (ú. t. c. s. m.). ‖ Dícese del verbo que no puede tener complemento directo : *verbo neutro* o *intransitivo.* ‖ *Quím.* Aplícase al compuesto que no es básico ni ácido : *sal neutra.* ‖ Relativo a los cuerpos que no presentan ninguna electrización. ‖ Aplícase a los animales que no tienen sexo. ‖ Neutral.
neutrón m. *Fís.* Partícula eléctricamente neutra que, junto con los protones, constituye uno de los núcleos de los átomos. ‖ *Bomba de neutrones,* carga termonuclear que, en comparación con las otras bombas, tiene una radiación neutrónica superior pero una onda de choque y una emisión de calor y de radiactividad más reducidas.
neutrónico, ca adj. Relativo a los neutrones.

nevada f. Acción y efecto de nevar. ‖ Nieve caída.
nevado, da adj. Cubierto de nieve. ‖ *Fig.* Blanco como la nieve : *cabeza nevada.* ‖ — M. *Amer.* Alta cumbre cubierta de nieve.
nevar v. impers. Caer nieve.
nevatilla f. Aguzanieves.
nevera f. Refrigerador.
nevería f. *Méx.* Tienda donde se venden helados.
nevero m. *Geol.* Ventisquero.
nevisca f. Nevada ligera.
nevoso, sa adj. Que tiene nieve. ‖ Que va a nevar : *tiempo nevoso.*
New Deal m. (pal. ingl.). Conjunto de reformas sociales y económicas realizadas en Estados Unidos por el presidente Roosevelt para vencer la crisis económica (1933).
newton o **neutonio** m. *Fís.* Unidad de fuerza (símb. N) equivalente a la fuerza que comunica a una masa de un kg una aceleración de un m/s por segundo.
nexo m. Lazo, vínculo, unión. ‖ Relación : *palabras sin nexo.*
ni conj. Enlaza vocablos u oraciones expresando negación : *ni pobre ni rico.* ‖ Incluso : *ni lo dijo a sus amigos.* ‖ *Ni que,* como si : *ni que fuera tonto.*
Ni, símbolo químico del *níquel.*
nicaragüeñismo m. Locución, modo de hablar o palabra propios de los nicaragüenses.
nicaragüeño, ña o **nicaragüense** adj. y s. De Nicaragua.
nicarao adj. y s. Aplícase a una tribu indígena de Nicaragua.
nicotina f. *Quím.* Alcaloide del tabaco muy venenoso : *la nicotina puede causar lesiones de índole cancerígena.*
nicotinismo o **nicotismo** m. Conjunto de trastornos morbosos causados por el abuso del tabaco.
nicho m. Hueco en un muro que al tapiarlo sirve de sepultura. ‖ Concavidad en el espesor de un muro para poner una imagen, estatua, etc.
nidada f. Nido. ‖ Conjunto de los huevos o de la cría en el nido.
nidal m. Ponedero de gallinas u otras aves domésticas.
nidificar v. t. Hacer un nido.
nido m. Especie de lecho que forman las aves, ciertos insectos y algunos peces para depositar sus huevos. ‖ Cavidad en que viven ciertos animales : *nido de ratas.* ‖ *Por ext.* Lugar donde procrean otros animales : *nido de abejas.* ‖ *Fig.* Lugar donde se agrupan ciertas cosas : *nido de ametralladoras.* | Lugar originario de ciertas cosas inmateriales : *nido de disputas.* | Casa, patria, morada de uno : *nido patrio.* | Guarida, madriguera : *nido de malhechores.* ‖ — *Fig.* y *fam. Caído de un nido,* aplícase al demasiado crédulo. ‖ *Mesa de nido,* aplícase a aquella debajo de la cual se encajan otras menores.
niebla f. Nube en contacto con la Tierra.
nieto, ta m. y f. Hijo o hija del hijo o de la hija, con relación al abuelo o abuela.
nieve f. Agua helada desprendida de las nubes en forma de copos blancos. ‖ *Fig.* Blancura extremada : *blanco como la nieve.* ‖ *Fam.* Cocaína. ‖ *Amer.* Helado. ‖ — Pl. Nevada : *cayeron las primeras nieves.*
nife m. *Geol.* Núcleo hipotético de la Tierra formado por una materia pesada a base de níquel y hierro.
nigeriano, na adj. y s. De Nigeria.
nigerio, ria adj. y s. De la Rep. del Níger.
night-club [*naitclab*] m. (pal. ingl.). Sala de fiestas, club nocturno.
nigromancia f. Adivinación supersticiosa del futuro por medio de la evocación de los muertos.
nigua f. Insecto díptero americano semejante a la pulga.
nihilismo m. Negación de toda creencia o principio político y social.
nihilista adj. y s. Partidario del nihilismo.
nihil obstat expr. lat. Fórmula empleada por la censura eclesiástica para dar su aprobación a una publicación.
nilón m. Nylon.
nimbo m. Aureola, círculo luminoso que se suele poner sobre la cabeza de las imágenes de santos. ‖ Nube baja formada por la aglomeración de cúmulos. ‖ Círculo que rodea a veces un astro.
nimiedad f. Pequeñez, insignificancia, fruslería. ‖ Minuciosidad.
nimio, mia adj. Pequeño, insignificante. ‖ Minucioso.
ninfa f. *Mit.* Divinidad femenina que vivía en las fuentes, los bosques, los montes y los ríos. ‖ *Fig.* Joven hermosa. ‖ Insecto que ha pasado del estado de larva. ‖ *Fig. Ninfa Egeria,* persona que aconseja a otra.
ninfomanía f. Deseo sexual violento en la mujer.
ningún adj. Apócope de *ninguno,* empleado delante de los nombres masculinos.
ninguno, na adj. Ni uno. ‖ Nulo : *no posee interés ninguno.* ‖ — Pron. indef. Ni uno : *no hay ninguno.* ‖ Nadie : *ninguno lo sabrá.*
niña f. Pupila del ojo. ‖ V. NIÑO.
niñada f. Acción de niños o propia de ellos.
niñear v. i. Hacer niñerías.
niñera f. Criada de niños.
niñería f. Acción propia de niños. ‖ *Fig.* Hecho de poca importancia.
niñez f. Primer período de la vida humana. ‖ Niñería.
niño, ña adj. y s. Que se halla en la niñez. ‖ Joven. ‖ *Fig.* Sin experiencia. ‖ *Fig. Estar como niño con zapatos nuevos,* muy contento.
niobio m. Metal blanco (Nb), de número atómico 41.
nipón, ona adj. y s. Japonés.
níquel m. Metal (Ni) de color blanco agrisado, brillante y de consistencia fibrosa, de número atómico 28.
niquelado m. Acción y efecto de niquelar.
niquelar v. t. Cubrir un metal con un baño de níquel.
nirvana m. En el budismo, última etapa de la contemplación, caracterizada por la ausencia de dolor y la posesión de la verdad.
níspero m. Árbol de la familia de las rosáceas. ‖ Su fruto.
nistagmo m. Movimiento oscilante, rápido y de escasa duración, que puede tener el globo ocular.
nistatina f. Antibiótico activo contra cierta especie de hongos.
nitela f. Género de himenópteros de cabeza globulosa y alas posteriores con nerviaciones muy reducidas.
nitidez f. Limpieza, claridad.
nítido, da adj. Limpio, claro.
nitración f. Tratamiento químico valiéndose del ácido nítrico. ‖ Reacción de sustitución que introduce en una molécula orgánica el radical NO_2.
nitrado, da adj. Dícese de un cuerpo obtenido por nitración.

nitrar v. t. Transformar un compuesto orgánico en un derivado nitrado.
nitratación f. Transformación del ácido nitroso en ácido nítrico o de los nitritos en nitratos.
nitratado, da adj. Que contiene nitrato : *existe un papel nitratado.* || *Explosivo nitratado,* aquel en cuya composición entra nitrato en forma de nitrato de sodio, de amonio.
nitratar v. t. Transformar en nitrato. || Incorporar un nitrato.
nitrato m. *Quím.* Sal que resulta de la combinación del ácido nítrico con un radical : *nitrato de plata.*
nitrería f. Lugar en el que existen naturalmente nitratos o donde se extrae o beneficia el nitro.
nítrico, ca adj. Relativo al nitro o al nitrógeno. || *Ácido nítrico,* líquido ácido formado por nitrógeno, oxígeno e hidrógeno.
nitrificación f. Conversión del amoniaco y de sus sales en nitratos.
nitrificar v. t. Transformar en nitrato. || — V. pr. Cubrirse de nitro.
nitrilo m. Compuesto orgánico cuya fórmula contiene el radical —CN.
nitrito m. Cualquier sal o éster formados al combinarse el ácido nítrico con cualquier base.
nitro m. Salitre o nitrato de potasio.
nitrobenceno m. *Quím.* Derivado nitrado del benceno.
nitrocelulosa f. *Quím.* Éster nítrico de la celulosa empleado en la fabricación de sustancias explosivas y de materias plásticas.
nitrogenación f. Fijación del nitrógeno libre en los tejidos de plantas y animales.
nitrogenado, da adj. Que tiene nitrógeno : *abonos nitrogenados.*
nitrógeno m. Gas incoloro, insípido e inodoro (símb. N), de número atómico 7, y densidad 0,967.
nitroglicerina f. *Quím.* Cuerpo oleaginoso formado por la acción del ácido nítrico sobre la glicerina. (Es un explosivo muy potente.)
nitroso, sa adj. Que tiene nitro o salitre.
nitrotolueno m. Derivado nitrado del tolueno utilizado en la preparación de colorantes y explosivos.
nivel m. Instrumento para averiguar la horizontalidad de un plano o la diferencia de altura entre dos puntos. || Horizontal : *estar al nivel.* || Altura : *al nivel de mis hombros.* || Altura a que llega la superficie de un líquido o gas : *el nivel de la pleamar.* || *Fig.* Igualdad, equivalencia. | Grado : *nivel económico.* || — *Nivel de vida,* valoración cuantitativa y objetiva de los medios de existencia de un grupo social. || *Nivel mental,* grado de evolución intelectual.
nivelación f. Acción y efecto de nivelar.
nivelador, ra adj. y s. Que nivela. || — F. Máquina niveladora.
nivelar v. t. Comprobar con el nivel la horizontalidad de una cosa. || Allanar, poner un plano en posición horizontal : *nivelar un camino.* || Hallar la diferencia de altura entre dos puntos de un terreno. || *Fig.* Igualar una cosa con otra material o inmaterial : *nivelar las exportaciones con las importaciones.* | Corregir : *nivelar el desequilibrio de la balanza comercial.*
nixcómil m. *Méx.* Olla en que se prepara el maíz para tortillas.
no adv. de negación que se emplea para contestar preguntas : *¿no vienes al cine? No, no voy.* || — *¿A qué no?,* desafío que se dirige a uno. || *¿Cómo no?,* forma amable de contestar afirmativamente. || *No bien,* tan pronto como, en seguida que. || *No más,* solamente. || *No ya,* no solamente. || — M. Negación : *contestar con un no.*
— OBSERV. En varios puntos de América *no más* tiene significados diferentes que en Castilla, tales como *pues, nada más, pero, sólo* y, a veces, añade un sentido enfático.
nobelio m. Elemento transuránico (No), de número atómico 102, que se obtiene bombardeando curio con átomos de carbono.
nobiliario, ria adj. Relativo a la nobleza : *título nobiliario.*
noble adj. Preclaro, ilustre. || Generoso, magnánimo : *corazón noble.* || Que goza de ciertos privilegios y tiene títulos heredados o concedidos por un soberano (ú. t. c. s.). || Honroso, estimable : *propósito noble.* || De calidad muy fina : *metal noble.* || Aplícase al estilo armonioso, grave y digno. || Dícese de los animales, como el perro y el caballo, muy amigos del hombre.
nobleza f. Calidad de noble. || Conjunto de los nobles de un país. || Elevación, grandeza : *nobleza de miras.*
noción f. Conocimiento de una cosa. || Conocimiento elemental (ú. m. en pl.). || Concepto.
nocividad f. Calidad de nocivo.
nocivo, va adj. Perjudicial, dañoso : *alimento nocivo para la salud.*
noctambulismo m. Cualidad de noctámbulo.
noctámbulo, la adj. y s. Que le gusta vivir por la noche.
nocturnidad f. *For.* Circunstancia agravante que existe al ejecutarse un delito por la noche.
nocturno, na adj. Relativo a la noche : *horas nocturnas.* || Que se hace o sucede durante la noche : *trabajo nocturno.* || Aplícase a las plantas cuyas flores se abren sólo de noche y a los animales que de día están ocultos. || — M. Cada una de las tres partes del oficio de maitines. || Pieza musical de carácter melancólico : *los nocturnos de Chopin.*
noche f. Tiempo en que falta sobre el horizonte la claridad del Sol. || Tiempo que hace durante la noche. || Oscuridad que reina durante este tiempo. || — *A la noche,* al atardecer. || *Ayer noche,* anoche. || *De la noche a la mañana,* de pronto. || *Fig. Noche toledana,* la pasada sin dormir. || *Noche Triste,* la del 30 de junio de 1520 en que Hernán Cortés fue derrotado por los mexicanos. || *Fig. Ser la noche y el día,* ser del todo distinto.
Nochebuena f. Noche de la víspera de Navidad (24 de diciembre).
nochecita f. *Amer.* Crepúsculo vespertino.
nochero, ra m. y f. *Amer.* Vigilante nocturno, sereno.
Nochevieja f. La última noche del año.
nodo m. *Astr.* Cada uno de los dos puntos opuestos en que la órbita de un astro corta la eclíptica. || Punto de intersección de dos ondulaciones sonoras u ópticas. || Tumor óseo.
nodriza f. Ama de cría. || *Avión nodriza,* el encargado de abastecer de combustible en vuelo a otros aviones.
nodular adj. Perteneciente o relativo a los nódulos.
nódulo m. Nudosidad o concreción de poco tamaño. || *Med.* Nombre con el que se suelen denominar determinadas estructuras, de carácter normal o de origen patológico, que aparecen en el organismo. || *Geol.* Concreción

contenida en algunas rocas sedimentarias : *los nódulos pueden tener un tamaño de varios centímetros y presentan generalmente formas esféricas o arriñonadas.*
nogada f. Salsa hecha con nueces y algunas especias con la que se puede sazonar ciertos guisos de pescado.
nogal m. Árbol de madera dura y apreciada cuyo fruto es la nuez.
nogalina f. Sustancia sacada de la cáscara de la nuez que se usa para barnizar maderas o muebles.
noguera f. Nogal.
nogueral m. Plantío de nogales.
nómada adj. y s. Que vive errante, sin domicilio fijo.
nomadismo m. Vida de los nómadas.
no man's land m. (loc. ingl.). Tierra de nadie.
nomás adv. *Méx.* No más.
nombradía f. Fama, reputación, celebridad : *tiene una bien ganada nombradía.*
nombrado, da adj. Célebre, famoso. ‖ Citado.
nombramiento f. Designación. ‖ Cédula, despacho o título en que se designa a uno para algún cargo, empleo u oficio.
nombrar v. t. Decir el nombre de una persona o cosa. ‖ Designar a uno para un cargo. ‖ Poner nombre a algo o alguien, llamar.
nombre m. Palabra con la que se designa una persona o cosa. ‖ Título de una cosa : *el nombre de este libro es «Canaima».* ‖ Fama, reputación : *hacerse un nombre en la literatura.* ‖ *Gram.* Parte de la oración con la que se designan las personas o cosas. ‖ — *Esto no tiene nombre,* esto es incalificable. ‖ *Nombre colectivo,* el que designa una colección o conjunto de cosas de la misma especie. ‖ *Nombre común,* el que conviene a las personas o cosas de una misma clase. ‖ *Nombre de pila,* el que se recibe en el bautismo. ‖ *Nombre propio,* el que se da a persona o cosa para distinguirla de las demás de su especie.
nomenclátor m. Lista de nombres sobre un tema determinado (calles, pueblos, etc.).
nomenclatura f. Conjunto de palabras empleadas en una materia determinada.
nomeolvides m. Flor de la raspilla, de color azul.
nómina f. Lista o catálogo de nombres de personas o cosas. ‖ Relación nominal de empleados que tienen sueldo en una empresa. ‖ Importe de estos pagos. ‖ Lista o catálogo de nombres. ‖ *Estar en nómina,* formar parte del personal fijo.
nominación f. Nombramiento.
nominal adj. Relativo al nombre. ‖ Que sólo tiene el título de algo : *autoridad nominal.*
nominar v. t. Nombrar.
nominativo, va adj. Aplícase a los títulos o valores bancarios que llevan el nombre de su propietario. ‖ — M. Caso de la declinación que designa el sujeto de la oración.
non adj. (P. us.). Impar.
nonada f. Poco o muy poco. ‖ Fruslería, pequeñez.
nonagenario, ria adj. y s. Que ha cumplido la edad de noventa años.
nonagésimo, ma adj. Que ocupa el lugar noventa. ‖ — M. Cada una de las noventa partes iguales en que se divide un todo.
nonato, ta adj. No nacido.
noningentésimo, ma adj. Que ocupa el lugar novecientos. ‖ — M. Cada una de las 900 partes iguales en que se divide un todo.
nonio m. Reglilla graduada móvil para medir calibres muy pequeños.
nono, na adj. Noveno : *Pío Nono.*
non plus ultra loc. lat. No más allá : *el non plus ultra de la elegancia y de las buenas maneras.*
nopal m. Planta cactácea, cuyo fruto es el higo chumbo.
noquear v. t. En boxeo o lucha, dejar al contrario fuera de combate o k. o. *(knock out).*
noray m. Poste para amarrar los barcos situado en los muelles.
nordeste m. Punto del horizonte entre el norte y el este. ‖ Viento que sopla de esta parte.
nórdico, ca adj. y s. Del Norte.
noreste m. Nordeste.
noria f. Máquina para sacar agua de un pozo, formada por una rueda vertical con cangilones y otra horizontal, movida por una caballería, que engrana con aquélla. ‖ Pozo donde se coloca esta máquina. ‖ Recreo de feria que consiste en varias vagonetas colocadas a manera de cangilones que giran alrededor de un eje horizontal.
norma f. Regla.
normal adj. Natural : *en su estado normal.* ‖ Aplícase a las escuelas para preparar maestros : *escuela normal* (ú. t. c. s. f.). ‖ *Geom.* Perpendicular (ú. t. c. s. f.).
normalidad f. Calidad o condición de normal.
normalización f. Acción y efecto de normalizar. ‖ Conjunto de normas técnicas adoptadas por acuerdo entre productores y consumidores cuyo fin es unificar y simplificar el uso de determinados productos y facilitar la fabricación.
normalizar v. t. Hacer normal. ‖ Regularizar, poner en buen orden lo que no lo estaba. ‖ *Tecn.* Aplicar normas internacional o nacionalmente adaptadas a la industria.
normando, da adj. y s. De Normandía (Francia).
normativo, va adj. Que da normas, reglas. ‖ — F. Reglas.
noroeste m. Punto del horizonte entre el norte y el oeste. ‖ Viento que sopla de esta parte.
norsantandereano, na adj. y s. De Norte de Santander (Colombia).
norte m. Polo ártico. ‖ Uno de los puntos cardinales, hacia donde está la estrella Polar. ‖ Viento que sopla de esta parte. ‖ *Fig.* Objetivo, meta, dirección : *perder el norte.*
norteamericano, na adj. Relativo a América del Norte. ‖ — Adj. y s. Estadounidense : *tropas norteamericanas.*
norteño, ña adj. y s. Del Norte.
noruego, ga adj. y s. De Noruega. ‖ — M. Lengua noruega.
nos, pron. pers. de primera pers. en masculino o femenino y número pl. en dativo y acusativo : *nos da, háblanos.* (Ú. también en ciertos casos en lugar de *nosotros : ruega por nos.*)
nosotros, tras, pron. pers. de primera persona en número pl.
nostalgia f. Pena de verse ausente de personas o cosas queridas : *nostalgia de la patria, de los amigos.* ‖ Sentimiento de pena causado por el recuerdo de un bien perdido.
nostálgico, ca adj. Relativo a la nostalgia. ‖ — Adj. y s. Que padece nostalgia.
nota f. Señal, breve indicación que se hace para recordar algo : *tomo nota de lo dicho.* ‖

Comentario breve que se hace en los márgenes de un escrito. || Calificación, apreciación : *tener buena nota en matemáticas.* || Noticia de periódico : *notas necrológicas.* || Comunicación hecha sin forma de carta : *nota diplomática.* || Detalle : *hay una nota discordante en su proceder.* || Signo de música que representa un sonido y su duración. || — *Fig. Dar la nota,* singularizarse. || *Nota bene,* observación puesta al pie de un escrito (abrev. N. B.).

notabilidad f. Calidad de notable. || Persona notable.

notable adj. Digno de nota, reparo, atención o cuidado : *obra notable.* || Grande, excesivo. || — M. Persona principal : *reunión de notables.* || Calificación de los exámenes, inferior al sobresaliente.

notación f. Acción de indicar por medio de signos convencionales.

notar v. t. Reparar, observar, advertir, darse cuenta : *notar la diferencia.* || Experimentar una sensación : *no noto la fiebre.* || Poner notas a un libro o escrito. || — V. pr. Verse : *se nota el cambio.*

notaría f. Empleo y oficina de notario.

notariado, da adj. Legalizado ante notario. || — M. Carrera, profesión o ejercicio de notario. || Conjunto formado por los notarios.

notarial adj. Relativo al notario. || Autorizado por notario : *acta notarial.*

notario m. Funcionario público que da fe de los contratos, escrituras de compra y venta, testamentos y otros actos extrajudiciales.

noticia f. Noción, conocimiento elemental. || Información.

noticiar v. t. Dar noticia.

noticiario m. Película cinematográfica con noticias de actualidad. || Diario hablado en la radio o televisión. || Sección de un periódico dedicada a una especialidad.

noticiero, ra adj. Que da noticias. || — M. y f. Persona que da noticias o las escribe. || — M. *Méx.* Noticiario.

noticioso, sa adj. Que tiene noticias. || Conocedor.

notificación f. *For.* Acción y efecto de notificar : *notificación judicial.* || Documento en que consta.

notificar v. t. Hacer saber oficialmente una resolución. || Dar noticia.

notoriedad f. Calidad de notorio. || Nombradía, fama.

notorio, ria adj. Conocido por todos. || Evidente, patente.

novador, ra adj. Que innova.

novatada f. Broma o vejamen hecho en colegios, academias y cuarteles a los individuos de nuevo ingreso. || Acción propia de un novato.

novato, ta adj. y s. *Fam.* Principiante : *novato en los negocios.*

novecientos, tas adj. Nueve veces ciento. || Noningentésimo.

novedad f. Calidad de nuevo. || Cambio inesperado : *hubo una gran novedad.* || Noticia o suceso reciente : *novedades de la guerra.* || — Pl. Géneros de moda : *almacén de novedades.*

novedoso, sa adj. *Amer.* Nuevo.

novel adj. y s. Nuevo, principiante.

novela f. Obra literaria extensa, en prosa, en la que se describen y narran acciones fingidas, caracteres, costumbres, etc. || Género literario constituido por estos relatos.

novelar v. i. Componer o escribir novelas. || *Fig* Referir cuentos y patrañas. || — V. t. Dar forma de novela.

novelero, ra adj. Amigo de ficciones, imaginativo.

novelesco, ca adj. Propio de las novelas : *lance novelesco.* || De pura ficción : *historia novelesca.*

novelista com. Escritor de novelas.

novelístico, ca adj. Relativo a la novela. || — F. Tratado histórico o preceptivo de la novela. || Género de las novelas.

novena f. Ejercicio devoto que se practica durante nueve días.

novenario m. Espacio de nueve días. || Novena en honor de algún santo con sermones.

noveno, na adj. Que sigue en orden a lo octavo. || — M. Cada una de las nueve partes iguales en que se divide un todo.

noventa adj. y s. m. Nueve veces diez. || Nonagésimo.

noventavo, va adj. y s. Nonagésimo.

noviazgo m. Estado de novio o novia. || Tiempo que dura.

noviciado m. Estado de los novicios antes de profesar. || Tiempo que dura este estado. || Casa en que residen los novicios. || *Fig.* Aprendizaje.

novicio, cia adj. y s. Religioso que aún no ha tomado el hábito. || Principiante en un arte u oficio.

noviembre m. Undécimo mes del año.

novilunio m. Luna nueva.

novillada f. Corrida en que sólo se torean novillos.

novillero m. Torero de novillos.

novillo, lla m. y f. Res vacuna de dos o tres años. || *Fam. Hacer novillos,* faltar sin motivo al colegio.

novio, via m. y f. Persona que tiene relaciones amorosas con propósito de contraer matrimonio. || Contrayente en la ceremonia del matrimonio. || Recién casado : *viaje de novios.* || *Fam. Compuesta y sin novio,* sin algo que se esperaba.

novísimo, ma adj. Último en orden : *la Novísima Recopilación.*

novocaína f. Producto analgésico derivado de la cocaína.

Np, símb químico del *neptunio.*

nubarrón m. Nube grande.

nube f. Masa de vapor acuoso en suspensión en la atmósfera. || Polvareda, humo u otra cosa que enturbia la atmósfera. || Multitud : *una nube de fotógrafos.* || *Fig.* Cosa que oscurece : *no hay una nube en mi felicidad.* || Mancha en las piedras preciosas. || *Med.* Mancha en la córnea del ojo. || — *Fig. Andar por (o estar en) las nubes,* estar distraído; ser muy ignorante; ser muy caro. | *Caído de las nubes,* de forma imprevista. || *Nube de verano,* tormenta de corta duración; (fig.) disgusto o enfado breve. || *Fig. Poner por las nubes,* elogiar.

núbil adj. Que tiene edad de contraer matrimonio : *mujer núbil.*

nublado m. Ocultación del cielo por las nubes. || *Fig.* Multitud.

nublar v. t. Anublar. || Ocultar. || — V. pr. Cubrirse de nubes. || Volverse poco claro : *nublarse la vista.*

nubloso, sa adj. Con nubes.

nubosidad f. Estado o condición de nuboso.

nuboso, sa adj. Cubierto de nubes.

nuca f. Parte posterior del cuello en que la columna vertebral se une con la cabeza.

nuclear adj. Relativo al núcleo de los átomos : *física nuclear.*

nucleico, ca adj. Dícese de los ácidos fosforados que forman parte de los elementos fundamentales del núcleo de la célula y que se dividen en dos grupos : los ácidos ribonucleicos (A. R. N.) y los ácidos desoxirribonucleicos (A. D. N.).
núcleo m. Almendra o parte mollar de frutos con cáscara. || Hueso de la fruta. || Parte central del globo terrestre. || *Astr.* Parte más luminosa y más densa de un planeta. || *Biol.* Corpúsculo esencial de la célula. || *Fís.* Parte central del átomo formada por protones y neutrones. || *Fig.* Elemento primordial de una cosa : *el núcleo de una colonia.*
nucléolo m. Cuerpo esférico en el interior del núcleo de la célula.
nucleón m. *Fís.* Corpúsculo que constituye el núcleo de un átomo.
nudillo m. Articulación de los dedos.
nudismo m. Desnudismo.
nudista adj. y s. Desnudista.
nudo m. Lazo muy apretado. || En los árboles y plantas, parte del tronco de donde salen las ramas. || Lugar donde se cruzan dos o más sistemas montañosos : *nudo de montañas.* || Cruce : *nudo de carreteras.* || *Fig.* Unión, vínculo. | Principal dificultad o duda : *el nudo de la cuestión.* || *Mar.* Unidad de velocidad equivalente a una milla (1 852 m) por hora. || *Fig. Nudo gordiano,* dificultad insoluble.
nudosidad f. *Med.* Concreción pequeña que se forma en el cuerpo.
nudoso, sa adj. Que tiene nudos.
nuera f. Hija política, esposa del hijo propio.
nuestro, tra adj. y pron. pos. De nosotros.
nueva f. Noticia.
nueve adj. Ocho y uno. || Noveno día del mes. || — M. Cifra que representa el número nueve. || Naipe con nueve figuras.
nuevo, va adj. Que se ve u oye por primera vez : *un nuevo sistema.* || Que sucede a otra cosa en el orden natural : *el nuevo parlamento.* || Novicio, inexperto : *ser nuevo en natación.* || Recién llegado : *nuevo en esta plaza.* || *Fig.* Poco usado : *un traje nuevo.* || — *Año nuevo,* primer día del año. || *De nuevo,* nuevamente. || *El Nuevo Mundo,* América. || *El Nuevo Testamento,* los libros sagrados posteriores a Jesucristo. || *Fig. Quedar como nuevo,* quedar muy bien, perfectamente.
nuez f. Fruto del nogal. || Fruto de otros árboles. || Prominencia de la laringe en el varón adulto.
nulidad f. Calidad de nulo. || Vicio que anula un acto jurídico : *recurso de nulidad.* || Ausencia de materia o de forma que hace nulo un sacramento religioso : *nulidad del matrimonio.* || *Fam.* Persona inútil, nula : *mi ayudante es una nulidad.*
nulípara f. Mujer que no ha dado a luz a ningún hijo.
nulo, la adj. Que carece de efecto legal : *fallo nulo.* || Incapaz, inútil, inepto : *hombre nulo.* || *Combate nulo,* tablas, empate.
nullius adj. (pal. lat.). Dícese del prelado que tiene jurisdicción de ordinario en un territorio que no está comprendido en ninguna diócesis. || Dícese de los bienes que carecen de dueño por no haberlo tenido nunca o porque su propietario los ha abandonado.
numen m. Inspiración.
numerable adj. Que puede ser numerado y representado por un número entero.
numeración f. Acción de numerar. || *Mat.* Sistema empleado para expresar todos los números. || — *Numeración arábiga o decimal,* la que emplea los diez signos árabes que, por su valor absoluto combinado con su posición relativa, pueden expresar cualquier cantidad. || *Numeración romana,* la que expresa los números por medio de siete letras del alfabeto latino.

Numeración romana

I	1	XII	12	C	100
II	2	XIV	14	CXC	190
III	3	XIX	19	CC	200
IV	4	XX	20	CCC	300
V	5	XXX	30	CD	400
VI	6	XL	40	D	500
VII	7	L	50	DC	600
VIII	8	LX	60	DCC	700
IX	9	LXX	70	DCCC	800
X	10	LXXX	80	CM	900
XI	11	XC	90	M	1 000

numerador m. *Mat.* Término que indica cuántas partes de la unidad contiene un quebrado. || Aparato para numerar correlativamente.
numeral adj. Relativo al número. || Dícese de los adjetivos que sirven para indicar un número (ú. t. c. s. m.).
numerar v. t. Contar por el orden de los números. || Poner número a una cosa. || Expresar numéricamente la cantidad.
numerario, ria adj. Numeral, relativo al número. || Dícese del valor legal de la moneda. || — M. Dinero efectivo.
numérico, ca adj. Relativo a los números.
número m. *Mat.* Expresión de la cantidad computada con relación a una unidad. || Cifra o guarismo : *el número 7.* || Parte del programa de un espectáculo. || Tamaño de ciertas cosas : *¿qué número de zapatos tienes?* || *Gram.* Accidente que expresa si una palabra se refiere a una persona o cosa o a más de una. || *Fig.* Clase : *no está en el número de sus admiradores.* || Billete de lotería. || Cada una de las publicaciones periódicas : *lo leí en un número de ABC.* || — *De número,* titular : *académico de número.* || *Hacer números,* calcular. || *Número atómico,* el de un elemento en la clasificación periódica. || *Número dígito,* el que se puede expresar en una sola cifra. || *Número primo,* el que no admite más divisor exacto que él mismo y la unidad, como 7, 11. || *Fig. Sin número,* en gran cantidad.
numeroso, sa adj. Que incluye gran número de cosas : *público numeroso.* || — Pl. Muchos.
numerus clausus expr. lat. que significa *número cerrado* y que se emplea para indicar un número limitado de personas que pueden ser admitidas para efectuar unos estudios, para desempeñar un cargo o para ocupar un lugar determinado.
numismática f. Ciencia que trata de las monedas y medallas.
numismático, ca adj. Relativo a la numismática. || — M. Persona que se dedica a esta ciencia.
numulita o **nummulites** f. Protozoo fósil de la era terciaria.
nunca adv. En ningún tiempo : *nunca ocurrió tal cosa.* || Ninguna vez : *nunca volveré a esta ciudad.* || — *Nunca jamás,* expresión de negación de carácter enfático. || *Nunca más,* expresión de negación referida a un tiempo futuro.
nunciatura f. Cargo de nuncio. || Palacio del nuncio.

nuncio m. Mensajero. ‖ Representante diplomático del Papa : *nuncio apostólico.* ‖ *Fig.* Anuncio o señal.
nupcial adj. Relativo a las bodas.
nupcias f. pl. Boda
nurse f. (pal. ingl.). Niñera. ‖ Enfermera.
nursery f. (pal. ingl.). Habitación o guardería para niños.
nutria f. Mamífero carnívoro de color pardo rojizo y piel apreciada.
nutricio, cia adj. Nutritivo.
nutrición f. Conjunto de funciones orgánicas por las que los alimentos son transformados y hechos aptos para el crecimiento y la actividad de un ser viviente.
nutrido, da adj. *Fig.* Lleno, abundante : *estudio nutrido de datos.*
nutrir v. t. Alimentar : *la sangre nutre el cuerpo* (ú. t. c. pr.).
nutritivo, va adj. Que nutre.
ny f. Decimotercera letra del alfabeto griego.
nylon m. Fibra textil sintética realizada teniendo como base la resina poliamida.

ñ f. Decimoséptima letra del alfabeto castellano y decimocuarta de sus consonantes.
ña f. *Amer.* Tratamiento que se da a ciertas mujeres.
ñacaniná f. *Arg.* Víbora grande y venenosa.
ñaco m. *Chil.* Gachas, puches.
ñacundá m. *Arg.* Ave nocturna de color pardo.
ñacurutú m. *Amer.* Búho.
ñaju m. Planta malvácea que crece en alguna regiones del Perú.
ñamal m. Plantío de ñames.
ñame m. Planta comestible parecida a la batata.
ñamera f. Planta del ñame.
ñancu m. *Chil.* Ave falcónida.
ñandú m. Ave corredora de América, semejante al avestruz, de plumaje gris. (Pl. *ñandúes.*)
ñandubay m. Árbol mimosáceo de América de madera rojiza.
ñandutí m. *Riopl.* Encaje muy fino, de origen paraguayo, que dio fama a la ciudad de Itaguá.
ñanga f. *Amér. C.* Fango, lodo.
ñango, ga adj. *Amer.* Desgarbado. | Débil, anémico.
ñangué m. *Cub.* Túnica de Cristo. ‖ *Fam. Cub. Lo mismo es ñangá que ñangué,* lo mismo da una cosa que otra, es exactamente igual.
ñáñigo, ga adj. y s. *Cub.* Dícese de los miembros de una sociedad secreta de negros.
ñaño, ña adj. *Col.* Consentido, mimado. ‖ *Per.* Intimo amigo. ‖ — F. *Arg.* y *Chil.* Hermana mayor. ‖ *Chil.* y *P. Rico. Fam.* Niñera.
ñapa f. *Amer.* Propina. | Añadidura. ‖ *Méx.* Robo, hurto. ‖ *De ñapa,* por añadidura.
ñápango, ga adj. y s. *Col.* Mestizo, mulato.
ñapindá m. *Riopl.* Arbusto, parecido a la acacia, de flores amarillas.
ñapo m. *Chil.* Junco.
ñarra adj. y s. *Ecuad.* Muy pequeño, diminuto.
ñaruso, sa adj. Aplícase a la persona picada de viruelas.
ñato, ta adj. *Amer.* Dícese de lo que es chato, romo. ‖ — F. *Amer.* Nariz.
ñeco m. *Ecuad.* Golpe que se da con el puño, puñetazo.
ñeembucuense adj. y s. De Ñeembucú (Paraguay).
ñeque m. *Amer.* Fuerza, vigor. ‖ *Méx.* Bofetada. ‖ — Adj. *Amer.* Fuerte, vigoroso.
ñilbo m. *Chil.* Andrajo.
ñoclo m. Buñuelo.
ñoñería y **ñoñez** f. Acción o dicho propio de una persona ñoña.
ñoño, ña adj. y s. *Fam.* Apocado, tímido, de poco ingenio. | Melindroso. | Soso, de poca gracia : *estilo ñoño.*
ñoqui m. Plato de pastas dispuestas en masitas irregulares aderezadas de varias maneras.
ñorbo m. *Ecuad.* y *Per.* Planta de adorno. ‖ Su flor.
ñu m. Género de antílope del África del Sur.
ñublense adj. y s. De Ñuble (Chile).
ñuco, ca adj. y s. *Amer.* Dícese de la persona que perdió los dedos o parte de ellos.
ñudo m. (Ant.). Nudo.
ñufla f. *Chil.* Cosa sin valor.
ñutir v. t. *Col.* Refunfuñar.
ñuto, ta adj. *Ecuad.* Triturado.

O

o f. Decimoctava letra del alfabeto castellano y cuarta de sus vocales. ‖ — **O,** símbolo químico del *oxígeno.* ‖ **O.,** abreviatura de *Oeste.*
o conj. Denota alternativa o diferencia : *ir o venir.* ‖ Denota también idea de equivalencia significando *o sea, esto es.*
— OBSERV. Se acentúa *o* cuando está entre dos guarismos para que no pueda confundirse con *cero : vale 50 ó 60 pesos.* En lugar de *o* se pone *u* cuando la palabra siguiente empieza por *o* u *ho : setecientos u ochocientos empleados.*
oasis m. Lugar con vegetación y con agua en medio del desierto. ‖ *Fig.* Sitio de reposo y bienestar en medio de otro agitado.
oaxaqueño, ña adj. y s. De Oaxaca (México).
obcecación f. y **obcecamiento** m. Ofuscación tenaz.
obcecar v. t. Cegar, ofuscar.
obedecer v. t. Hacer lo que otro manda : *obedecer a un superior.* ‖ Ejecutar lo que ordenan las leyes. ‖ Tener un motivo : *mi acción obedece a razones humanitarias.* ‖ *Fig.* Estar sometido a una fuerza, a un impulso.
obediencia f. Acción o hábito de obedecer. ‖ Sumisión.
obediente adj. Que obedece.
obelisco m. Monumento cuadrangular en forma de aguja.
obencadura f. *Mar.* Conjunto de los obenques.
obenque m. *Mar.* Cada uno de los cabos que sujetan la cabeza de los palos.
obertura f. Trozo de música instrumental con que se da principio a una ópera, oratorio, concierto, etc.
obesidad f. Desarrollo excesivo del tejido adiposo.
obeso, sa adj. y s. Excesivamente grueso : *un hombre obeso.*
óbice m. Obstáculo.
obispado m. Dignidad y cargo del obispo. ‖ Diócesis.
obispal adj. Episcopal.
obispo m. Prelado que gobierna una diócesis.
óbito m. Defunción.
obituario m. Libro parroquial donde se registran las defunciones.
objeción f. Impugnación de algo.
objetante adj. Aplícase al que objeta (ú. t. c. s.).
objetar v. t. Impugnar.
objetivación f. Acción de objetivar.
objetivar v. t. Hacer objetivo. ‖ Hacer independiente del sujeto : *objetivar una situación.*
objetividad f. Calidad de objetivo. ‖ Imparcialidad.
objetivismo m. Objetividad. ‖ Creencia en la existencia de una realidad objetiva.
objetivo, va adj. Relativo al objeto en sí y no a nuestro modo de pensar o de sentir. ‖ Desapasionado, imparcial : *explicación objetiva.* ‖ — M. Lente de un aparato de óptica o máquina fotográfica dirigida hacia el objeto que se observa. ‖ Finalidad, meta.
objeto m. Todo lo que puede ser materia de conocimiento intelectual o sensible : *las imágenes de los objetos.* ‖ Propósito, intención : *tener por objeto.* ‖ Asunto, motivo : *fue durante largo tiempo objeto de admiración de todos.* ‖ — *Con objeto de,* a fin de, para. ‖ *Objeto no identificado,* ovni.
objetor adj. y s. Que se opone a algo. ‖ *Objetor de conciencia,* el que se niega a hacer el servicio militar por razones de orden político o religioso.
oblación f. Ofrenda hecha a Dios. ‖ Sacrificio.
oblea f. Hoja muy delgada de harina y agua, cocida en un molde, y con la que se hacen las hostias. ‖ Sello para tomar medicinas.
oblicuar v. t. Dar a una cosa dirección oblicua.
oblicuidad f. Calidad de oblicuo.
oblicuo, cua adj. Sesgado, inclinado al través o desviado de la horizontal. ‖ *Geom.* Dícese del plano o línea que se encuentra con otro u otra y forma con él o ella un ángulo que no es recto. ‖ — M. Nombre de diferentes músculos del hombre y de los animales.
obligación f. Imposición o exigencia moral que limita el libre albedrío. ‖ Vínculo que sujeta a hacer o no hacer una cosa. ‖ Gratitud : *tenerle obligación a uno.* ‖ Título negociable de interés fijo, que representa una suma prestada a favor de una sociedad o colectividad pública.
obligacionista com. Persona que posee obligaciones negociables.
obligar v. t. Hacer que alguien realice algo por la fuerza o autoridad. ‖ Tener autoridad para forzar : *la ley obliga a todos.* ‖ Afectar : *norma que obliga a todos.* ‖ Hacer fuerza en una cosa para colocarla de cierta manera. ‖ — V. pr. Comprometerse a cumplir una cosa.
obligatoriedad f. Calidad de obligatorio.
obligatorio, ria adj. Que obliga a su cumplimiento : *el servicio militar no es obligatorio en todos los países.*
obliteración f. Acción y efecto de obliterar u obliterarse. ‖ Marca especial con la que se oblitera un sello de correos para que no pueda servir de nuevo.
obliterador, ra adj. Que oblitera. ‖ — M. Instrumento que se emplea para obliterar los sellos de correos : *obliterador y matasellos son sinónimos.*
obliterar v. t. Obstruir o cerrar un conducto o cavidad de un cuerpo. ‖ Imprimir o poner una marca especial sobre los sellos de correos para que no puedan utilizarse de nuevo.

oblongo, ga adj. Que es más largo que ancho.
obnubilación f. Ofuscamiento.
oboe m. Instrumento músico de viento semejante a la dulzaina, provisto de doble lengüeta. ‖ Oboísta.
oboísta m. El que toca el oboe.
óbolo m. Contribución pequeña.
obra f. Cosa hecha o producida por un agente. ‖ Producción artística o literaria : *publicar sus obras.* ‖ Conjunto de las obras de un artista. ‖ Medio, poder : *por obra de Dios.* ‖ Acción moral. ‖ Edificio en construcción. ‖ Parte estrecha de un alto horno encima del crisol.
obrador, ra adj. y s. Que obra. ‖ — M. Taller : *obrador de costura.*
obraje m. Fabricación. ‖ Prestación de trabajo que se exigía a los indios de América.
obrar v. t. Hacer una cosa. ‖ Edificar, construir una obra. ‖ — V. i. Causar efecto. ‖ Exonerar el vientre. ‖ Estar en poder de : *obra en mi poder su carta.*
obrerismo m. Conjunto de los obreros de un país. ‖ Régimen económico fundado en el predominio de la clase obrera.
obrerista adj. Partidario del obrerismo (ú. t. c. s.). ‖ Relativo al obrerismo.
obrero, ra adj. Que trabaja. ‖ — M. y f. Trabajador manual.
obscenidad f. Calidad de obsceno. ‖ Cosa obscena.
obsceno, na adj. Deshonesto, contrario al pudor : *acto obsceno.*
obscuro, ra adj. y sus derivados. V. OSCURO.
obsecuencia f. Calidad o carácter de obsecuente.
obsecuente adj. Obediente, sumiso. ‖ Amable, obsequioso.
obseder v. t. Provocar obsesión.
obsequiador, ra y **obsequiante** adj. y s. Que obsequia.
obsequiar v. t. Agasajar con atenciones o regalos. ‖ Galantear.
obsequio m. Agasajo. ‖ Regalo. ‖ Deferencia, afabilidad.
obsequiosidad f. Atención, cortesía. ‖ Amabilidad excesiva.
obsequioso, sa adj. Cortés.
observación f. Acción y efecto de observar. ‖ Atención dada a algo : *la observación de las costumbres.* ‖ Advertencia : *le hice algunas observaciones.* ‖ Nota explicativa en un libro.
observador, ra adj. Que observa o cumple un precepto (ú. t. c. s.).
observancia f. Cumplimiento de lo mandado o convenido.
observante adj. Que observa.
observar v. t. Examinar con atención : *observar los síntomas de una enfermedad.* ‖ Acatar, cumplir lo que se manda y ordena : *observar una ley.* ‖ Advertir, darse cuenta, notar : *observar un error.* ‖ Vigilar, espiar : *observar la conducta ajena.* ‖ Contemplar los astros : *observar las estrellas.* ‖ — V. pr. Notarse : *se observa una mejoría.*
observatorio m. Lugar para hacer observaciones, especialmente astronómicas o meteorológicas.
obsesión f. Idea fija que se apodera del espíritu.
obsesionante adj. Obsesivo.
obsesionar v. t. Causar obsesión.
obsesivo, va adj. Que obsesiona.
obseso, sa adj. y s. Dominado por una obsesión.
obsidiana f. Mineral volcánico vítreo negro o verde muy oscuro.
obsolescencia f. Calidad de antiguo.
obsolescente y **obsoleto, ta** adj. Anticuado, caído en desuso.
obstaculizar v. t. Poner obstáculos. ‖ Obstruir.
obstáculo m. Impedimento, estorbo, inconveniente. ‖ Lo que estorba el paso : *saltar un obstáculo.* ‖ Cada una de las vallas en la pista de algunas carreras : *carrera de obstáculos.*
obstante adj. Que obsta. ‖ *No obstante,* sin embargo.
obstar v. i. Impedir, estorbar. ‖ — V. impers. Oponerse o ser contraria una cosa a otra : *eso no obsta.*
obstetricia f. Parte de la medicina que trata del embarazo, el parto y el puerperio.
obstétrico, ca adj. Perteneciente o relativo a la obstetricia.
obstinación f. Terquedad.
obstinado, da adj. Terco (ú. t. c. s.).
obstinarse v. pr. Empeñarse.
obstrucción f. Acción de obstruir. ‖ *Med.* Atascamiento de un conducto natural. ‖ En una asamblea, táctica que retarda o impide los acuerdos : *hacer obstrucción al proyecto.*
obstruccionismo m. Práctica de la obstrucción en una asamblea.
obstruccionista adj. y s. Que practica el obstruccionismo.
obstructor, ra adj. Que obstruye, que dificulta (ú. t. c. s.).
obstruir v. t. Estorbar el paso, cerrar un camino o conducto. ‖ *Fig.* Impedir la acción, dificultar, obstaculizar. ‖ — V. pr. Cerrarse, taparse un agujero, caño, etc.
obtemperar v. t. Asentir.
obtención f. Consecución.
obtener v. t. Alcanzar.
obturación f. Acción y efecto de obturar. ‖ Disposición que, en un arma de fuego de retrocarga, impide todo escape de gases a través de las juntas del cerrojo. ‖ Introducción, en una cavidad dental convenientemente preparada, de un material adecuado para reconstruir la forma natural del diente tratado : *las obturaciones se hacen muchas veces para rellenar los daños causados por las caries.*
obturador, ra adj. Que sirve para obturar. ‖ — M. *Fot.* Aparato que cierra el objetivo y puede abrirse durante un tiempo determinado para dar paso a la luz.
obturar v. t. Tapar, obstruir.
obtusángulo adj. m. Aplícase al triángulo que tiene un ángulo obtuso.
obtuso, sa adj. Sin punta. ‖ *Fig.* Tardo en comprender, torpe : *obtuso de entendimiento* (ú. t. c. s.). ‖ *Ángulo obtuso,* el mayor o más abierto que el recto.
obús m. Cañón corto adecuado para el tiro vertical o el tiro oblicuo. ‖ Proyectil de artillería.
obviar v. t. Sortear, quitar obstáculos : *obviar un inconveniente.* ‖ — V. i. Obstar, oponerse.
obvio, via adj. *Fig.* Muy claro, manifiesto, evidente.

oc adj. (pal. provenzal que significa sí). *Lengua de oc*, u occitano, conjunto de dialectos del sur de Francia que tienen un origen latino : *la lengua de oc en la Edad Media tenía una cierta unidad y los trovadores se sirvieron de ella, pero posteriormente se fraccionó.*
oca f. Ansar. ‖ Juego que se practica con dos dados y un cartón sobre el cual van pintadas casillas que representan objetos diversos y un ganso u oca cada nueve de ellas. ‖ *Fam.* *¡La oca!*, ¡el colmo!
ocarina f. Instrumento músico de viento de forma ovoide y ocho agujeros.
ocasión f. Oportunidad. ‖ Causa, motivo : *ocasión de lamentarse.* ‖ Momento, circunstancia : *en aquella ocasión.* ‖ Peligro, riesgo. ‖ Mercancía de lance. ‖ — *Coger la ocasión por los cabellos*, aprovecharla. ‖ *Dar ocasión*, dar lugar. ‖ *De ocasión*, de lance. ‖ *En cierta ocasión*, una vez.
ocasional adj. Accidental.
ocasionar v. t. Ser causa o motivo para que suceda una cosa.
ocaso m. Puesta del Sol tras el horizonte. ‖ *Fig.* Decadencia.
occidental adj. Relativo al Occidente. ‖ *Astr.* Dícese del planeta que se pone después de puesto el Sol. ‖ — Adj. y s. m. Dícese de los pueblos de Occidente, por oposición a los del Este de Europa.
occidentalismo m. Calidad de occidental.
occidente m. Punto cardinal por donde se oculta el Sol, oeste. ‖ Parte del hemisferio Norte situada hacia donde se pone el Sol. ‖ Conjunto de los Estados del O. de Europa, por oposición a los del E. y a los de Asia.
occipital adj. Del occipucio.
occipucio m. Parte de la cabeza en que ésta se une a las vértebras del cuello.
occisión f. Muerte violenta.
occiso, sa adj. y s. Muerto violentamente.
occitano, na adj. Relativo o perteneciente a Occitania, nombre dado a las regiones en que se hablaba la lengua de oc (Francia). ‖ — M. y f. Habitante de Occitania. ‖ — M. Lengua de oc.
oceánico, ca adj. Relativo al océano o a Oceanía.
océano m. Masa total de agua que cubre las tres cuartas partes de la Tierra. ‖ Cada una de sus cinco grandes divisiones : *océano Glacial del Norte* o *Ártico*, *océano Glacial del Sur* o *Antártico*, *océano Atlántico*, *océano Pacífico* y *océano Índico*. ‖ *Fig.* Inmensidad, infinitud.
oceanografía f. Descripción y cartografía de los mares.
oceanógrafo, fa m. y f. Especialista en oceanografía.
ocelo m. Ojo sencillo de los insectos. ‖ Mancha en las alas de las mariposas redonda y de dos colores.
ocelote m. Mamífero felino de piel muy apreciada.
ocio m. Condición del que no trabaja. ‖ Tiempo libre : *ratos de ocio.*
ociosidad f. Estado de una persona ociosa : *vivir en la ociosidad.*
ocioso, sa adj. y s. Que está sin trabajar. ‖ Inactivo. ‖ — Adj. Innecesario, inútil : *palabras ociosas.*
ocluir v. t. Cerrar un conducto u orificio natural.
oclusión f. Cierre accidental de un conducto natural.
ocote m. *Méx.* Especie de pino.
ocozol m. *Méx.* Árbol cuyo tronco y ramas exudan un bálsamo aromático.
ocre m. Tierra arcillosa amarilla que contiene un óxido férreo hidratado y se emplea en pintura. ‖ *Ocre rojo*, el almagre. ‖ — Adj. y s. m. Dícese del color amarillo oscuro.
octaédrico, ca adj. De forma de octaedro.
octaedro m. *Geom.* Sólido de ocho caras que son triángulos.
octagonal adj. Del octágono.
octágono, na adj. y s. m. *Geom.* Octógono.
octanaje m. Número de octanos de un carburante.
octano m. Hidrocarburo saturado del petróleo. ‖ *Índice de octano*, índice del poder antidetonante de un carburante.
octava f. Los ocho días que siguen a ciertas fiestas religiosas. ‖ Último día de estos ocho.
octavilla f. Octava parte de un pliego de papel. ‖ Hoja de propaganda. ‖ Estrofa de ocho versos cortos : *la octavilla fue cultivada en España por Meléndez Valdés.*
octavo, va adj. Que sigue en orden a lo séptimo. ‖ — M. Cada una de las ocho partes iguales en que se divide un todo.
octingentésimo, ma adj. Que ocupa el lugar ochocientos. ‖ — M. Cada una de las 800 partes iguales en que se divide un todo.
octogenario, ria adj. y s. Que ha cumplido la edad de ochenta años y no llega a la de noventa.
octogésimo, ma adj. Que ocupa el lugar ochenta. ‖ — M. Cada una de las 80 partes iguales en que se divide un todo.
octogonal adj. Del octógono.
octógono, na adj. y s. m. Dícese del polígono de ocho lados y ángulos.
octosílabo, ba adj. De ocho sílabas. ‖ — M. Verso de ocho sílabas.
octubre m. Décimo mes del año.
ocular adj. Relativo a los ojos o a la vista. ‖ *Testigo ocular*, el que ha presenciado lo que refiere. ‖ — M. En los aparatos ópticos, lente a que aplica el ojo el observador.
oculista adj. y s. Médico especialista de los ojos.
ocultación f. Acción de ocultar u ocultarse.
ocultador, ra adj. Que oculta. ‖ — M. y f. Encubridor.
ocultar v. t. Impedir que sea vista una persona o cosa. ‖ Esconder : *ocultar el dinero* (ú. t. c. pr.). ‖ Encubrir, disfrazar : *ocultar un delito.* ‖ Callar : *ocultar la verdad.*
ocultis (de) loc. *Fam.* A escondidas, disimuladamente.
ocultismo m. Supuesta ciencia espiritista de lo oculto y misterioso en la naturaleza.
oculto, ta adj. Escondido. ‖ Misterioso : *influencia oculta.* ‖ *Ciencias ocultas*, la alquimia, la magia, la nigromancia, la astrología, la cábala, etc.
ocupación f. Acción y efecto de ocupar : *la ocupación de una ciudad.* ‖ Trabajo que impide emplear el tiempo en otra cosa. ‖ Empleo, oficio : *dedicarse a sus ocupaciones.*
ocupador, ra adj. y s. Que ocupa o toma una cosa.
ocupante adj. y s. Que ocupa.
ocupar v. t. Tomar posesión, apoderarse de una cosa : *ocupar un país.* ‖ Llenar un espacio : *ocupar un local.* ‖ Habitar : *ocupar un piso.* ‖ Desempeñar un cargo : *ocupar la presidencia.* ‖ Llevar : *su encargo me ocupó el día.* ‖ Dar en qué trabajar : *ocupar a los obreros.* ‖ — V. pr. Emplearse en algo.
ocurrencia f. Idea de hacer algo que tiene una persona. ‖ Gracia, agudeza, ingenio : *es una persona de gran ocurrencia.*

ocurrente adj. Que ocurre. ‖ Que tiene ocurrencias ingeniosas.
ocurrir v. i. Acontecer, acaecer, suceder, pasar. ‖ — V. pr. Venir a la imaginación : *se le ocurrió salir.*
ochavo m. Moneda antigua de cobre. ‖ *Fam.* Dinero.
ochavón, ona adj. *Cub.* Hijo de cuarterón y blanca o viceversa.
ochenta adj. y s. Ocho veces diez. ‖ Octogésimo.
ochentón, ona adj. y s. *Fam.* Octogenario.
ocho adj. Siete y uno, o dos veces cuatro. ‖ Octavo : *el año ocho.* ‖ — M. Cifra que representa el número ocho. ‖ Naipe con ocho figuras.
ochocientos, tas adj. y s. m. Ocho veces ciento. ‖ Octingentésimo. ‖ — M. Conjunto de signos que representan el número ochocientos.
oda f. Entre los antiguos, todo poema destinado a ser cantado : *las odas de Horacio.* ‖ Composición lírica dividida en varias estrofas iguales.
odalisca f. Esclava dedicada al servicio del harén del sultán. ‖ Mujer del harén.
odeón m. Teatro.
odiar v. t. Sentir odio, aborrecer.
odio m. Aversión.
odioso, sa adj. Abominable.
odisea f. Conjunto de penalidades y dificultades que pasa alguien.
odontalgia f. Dolor de muelas.
odontología f. Estudio y tratamiento de los dientes.
odontólogo, ga m. y f. Especialista en odontología, dentista.
odre m. Piel cosida para contener vino, etc. ‖ *Fam.* Borracho.
oersted u **oerstedio** m. *Electr.* Unidad de intensidad del campo magnético en el sistema C. G. S.
oeste m. Occidente, poniente. ‖ Viento que sopla de esta parte. ‖ Punto cardinal situado donde se pone el Sol. ‖ País situado al Oeste. ‖ *Película del Oeste,* la que relata la colonización de los pioneros y vaqueros en el Oeste de los Estados Unidos.
ofender v. t. Injuriar, agraviar a uno. ‖ — V. pr. Picarse o enfadarse por un dicho o hecho. ‖ Reñir.
ofendido, da adj. y s. Que ha recibido una ofensa.
ofensa f. Palabra o hecho que agravia a uno, injuria.
ofensivo, va adj. Que ofende o puede ofender. ‖ Que sirve para atacar : *arma ofensiva.* ‖ — F. Actitud o estado del que trata de ofender o atacar.
ofensor, ra adj. y s. Que ofende.
oferente adj. y s. Que ofrece.
oferta f. Proposición de un contrato a otra persona. ‖ Ofrecimiento de un bien o de un servicio que puede ser vendido a un precio determinado : *la ley de la oferta y la demanda.* ‖ La cosa ofrecida : *oferta interesante.*
ofertar v. t. Ofrecer en venta un producto.
ofertorio m. Parte de la misa en que el celebrante ofrece a Dios la hostia y el vino.
office [*ofis*] m. (pal. fr.). Antecocina, parte de una casa donde se prepara lo que depende del comedor.
offset m. Procedimiento de impresión en el cual la plancha entintada imprime un cilindro de caucho que traslada la impresión al papel. ‖ — Adj. Dícese de la máquina que aplica este procedimiento.
offshore u **off shore** adj. inv. (pal. ingl.). Dícese de la parte de la industria petrolera que se relaciona con la exploración, perforación y explotación de los yacimientos s tuados en los fondos marinos.
offside [*ofsaid*] m. (pal. ingl.). En fútbol, rugby, etc., falta del delantero que se sitúa entre el portero y los defensas contrarios, fuera de juego.
off the record loc. ingl. De modo oficioso. ‖ Confidencialmente.
oficial adj. Que proviene de una autoridad. ‖ Formal, serio : *novia oficial.* ‖ — M. Obrero. ‖ Oficinista. ‖ Aquel que en un oficio no es todavía maestro. ‖ Militar desde alférez a capitán.
oficiala f. Obrera.
oficialidad f. Conjunto de oficiales del ejército o de parte de él. ‖ Calidad de oficial.
oficializar v. t. Hacer oficial.
oficiante com. Persona que oficia.
oficiar v. t. e i. Celebrar los oficios religiosos. ‖ Obrar, hacer el papel de : *oficiar de mediador.*
oficina f. Despacho, departamento donde trabajan hombres de negocios, los empleados, etc. ‖ Establecimiento público : *oficina de Correos.*
oficinesco, ca adj. Propio de las oficinas o de los oficinistas.
oficinista com. Persona empleada en una oficina.
oficio m. Profesión manual o mecánica. ‖ Función, papel : *desempeñar su oficio.* ‖ Comunicación escrita de carácter oficial. ‖ Función propia de una cosa. ‖ Rezo diario de los eclesiásticos. ‖ Conjunto de plegarias y ceremonias litúrgicas : *oficio de difuntos.* ‖ — *Buenos oficios,* diligencias en favor de alguien. ‖ *De oficio,* automáticamente.
oficiosidad f. Calidad de oficioso.
oficioso, sa adj. Hecho o dicho por una autoridad sin carácter oficial.
ofidios m. pl. Orden de reptiles que comprende las culebras y las serpientes (ú. t. c. adj.).
ofrecer v. t. Prometer, asegurar : *ofrecer ayuda.* ‖ Presentar o dar voluntariamente una cosa : *le ofrecí un cigarrillo.* ‖ Tener, mostrar, presentar ventajas. ‖ Decir lo que uno está dispuesto a pagar por algo. ‖ — V. pr. Proponerse. ‖ Ocurrir : *¿qué se te ofrece?*
ofrecimiento m. Acción y efecto de ofrecer u ofrecerse.
ofrenda f. Don que se ofrece a Dios o a los santos. ‖ Regalo.
ofrendar v. t. Hacer una ofrenda : *ofrendar a Dios.* ‖ Sacrificar : *ofrendó su vida por su patria.* ‖ Contribuir con dinero u otros dones a un fin.
oftalmía f. Inflamación de los ojos.
oftálmico, ca adj. De los ojos.
oftalmología f. Estudio de las enfermedades de los ojos.
oftalmólogo, ga m. y f. Especialista en oftalmología, oculista.
ofuscación f. y **ofuscamiento** m. Turbación de la vista por deslumbramiento. ‖ *Fig.* Ceguera.
ofuscar v. t. Deslumbrar, turbar la vista. ‖ *Fig.* Obcecar, trastornar el entendimiento (ú. t. c. pr.).
ogro m. *Mit.* Gigante que devoraba a las personas. ‖ *Fig.* Persona muy cruel o fea o poco sociable.

¡oh! interj. Indica asombro, admiración, dolor, pena o alegría.
ohm m. *Fig.* Ohmio.
ohmio m. Unidad de medida de la resistencia eléctrica (símb. Ω).
oída f. Acción y efecto de oír.
oídio m. Hongo microscópico y parásito que ataca la vid.
oído m. Sentido del oír : *tener el oído fino.* ‖ Aparato de la audición, especialmente su parte interna. ‖ — *Fig. Abrir los oídos,* escuchar con atención. ‖ *Al oído* o *de oído,* sin más auxilio que la memoria auditiva. ‖ *Dar oídos,* dar crédito. ‖ *Fig. Hacer oídos de mercader* u *oídos sordos,* hacer como quien no oye. ‖ *Ser todo oídos,* escuchar atentamente. ‖ *Tener oído* o *buen oído,* tener disposición para la música.
oidor, ra adj. y s. Que oye. ‖ — M. Ministro o juez togado que sentenciaba las causas y pleitos.
oíl adv. *Lengua de oíl,* conjunto de dialectos medievales existente en la mitad norte de Francia, es decir en la parte superior de una línea trazada entre las ciudades de Poitiers y Grenoble.
oír v. t. Percibir los sonidos : *oír un ruido.* ‖ Acceder a los ruegos de uno : *oír sus súplicas.* ‖ Darse por enterado. ‖ Asistir a misa.
ojal m. Abertura en una tela por donde entra un botón.
¡ojalá! interj. Expresa vivo deseo de que ocurra una cosa.
ojeada f. Mirada rápida.
ojeador, ra m. y f. Persona que ojea la caza.
ojear v. t. Mirar a determinada parte. ‖ Espantar la caza para que vaya al sitio donde están los cazadores.
ojén m. Aguardiente anisado.
ojeo m. Acción y efecto de ojear.
ojera f. Círculo amoratado que rodea a veces el ojo (ú. m. en pl.).
ojeriza f. Odio, inquina, tirria.
ojeroso, sa adj. Que tiene ojeras.
ojete m. *Fam.* Ano.
ojinegro, gra adj. Que tiene los ojos de color negro.
ojituerto, ta adj. Bizco.
ojiva f. *Arq.* Figura formada por dos arcos de círculo iguales cruzados en ángulo. | Arco de esta forma. ‖ Parte frontal de los proyectiles de perfil cónico.
ojival adj. De figura de ojiva : *arco ojival.* ‖ *Arquitectura ojival,* la gótica.
ojo m. Órgano de la vista : *tener algo ante los ojos.* ‖ Agujero de ciertos objetos : *ojo de la aguja.* ‖ Agujero de las herramientas por donde pasa el mango o de las tijeras por donde se meten los dedos. ‖ Agujero del pan, del queso, de las gotas redondas de grasa que hay en el caldo, etc. ‖ Abertura de un arco de puente : *puente de cuatro ojos.* ‖ Mano de jabón cuando se lava. ‖ *Fig.* Atención, cuidado : *tenga mucho ojo para no ofenderle.* | Perspicacia, acierto : *tiene mucho ojo en los negocios.* ‖ *Impr.* Grueso de un carácter tipográfico. | Relieve de los tipos. ‖ Palabra que se dice o pone como señal al margen de un escrito para llamar la atención de algo. ‖ — *Fig. Abrir el ojo,* estar sobre aviso. | *A (los) ojos de,* según. | *A ojo,* a bulto. ‖ *Fam. A ojo de buen cubero,* aproximadamente. ‖ *Fig. A ojos cerrados,* sin reflexionar. | *A ojos vistas,* claramente. | *Clavar los ojos en,* mirar fijamente. ‖ *Fam. Comerse con los ojos,* mirar con amor, codicia, etc. | *Costar un ojo de la cara,* costar muy caro. ‖ *Fig. En un abrir y cerrar de ojos,* con gran rapidez. | *Entrar por el ojo derecho* o *por los ojos,* gustar a uno mucho una cosa. | *Estar ojo alerta* o *avizor,* estar sobre aviso. | *Írsele los ojos por* o *tras,* desear ardientemente. | *Mirar con buenos* (o *malos*) *ojos,* mirar con simpatía o enemistad. | *No pegar (el) ojo,* no dormir. | *No quitar los ojos de encima,* no apartarlos de una persona o cosa. | *¡Ojo!* o *¡mucho ojo!,* ¡cuidado! ‖ *Ojo de buey,* ventana o claraboya circular. ‖ *Ojo de perdiz,* tela con dibujos en forma del ojo de este ave. ‖ *Fig. Ojos que no ven corazón que no siente,* aquello que no se ve no causa pena ni disgusto. | *Saltar a los ojos,* ser evidente. | *Ser el ojo derecho de uno,* ser el de su mayor confianza y el preferido. | *Ser todo ojos,* mirar muy atentamente. | *Tener buen ojo,* ser perspicaz. | *Tener entre ojos a uno,* odiarle.
ojolote m. *Méx.* Planta de cuya fibra se saca el hilo de este nombre.
ojota f. *Amer.* Sandalia.
O.K. [*okey*], expresión norteamericana que significa *bien, de acuerdo.*
okapi m. Animal rumiante de aspecto intermedio entre la cebra y la jirafa que tiene un hocico en forma de huso y unas orejas muy desarrolladas : *los okapis viven aislados en pequeños grupos en las pobladas selvas del norte del Congo.*
ola f. Onda de gran amplitud en la superficie de las aguas. ‖ Fenómeno atmosférico que produce variación repentina de la temperatura de un lugar : *ola de frío.* ‖ *Fig.* Multitud, oleada : *ola de gente.* ‖ *Fig. La nueva ola,* la joven generación vanguardista.
¡ole! y **¡olé!** interj. Se emplea para animar o aplaudir.
oleáceo, a adj. y s. f. Dícese de las plantas dicotiledóneas a que pertenecen el olivo, el fresno, el jazmín, la lila. ‖ — F. pl. Familia de estas plantas.
oleada f. Ola grande. ‖ Embate, golpe que da la ola. ‖ *Fig.* Movimiento impetuoso de la gente. | Abundancia repentina.
oleaginosidad f. Calidad de oleaginoso.
oleaginoso, sa adj. Aceitoso.
oleaje m. Sucesión de olas.
oleicultura f. Cultivo del olivo o producción de aceite.
óleo m. Aceite de oliva. ‖ Por antonomasia, el que usa la Iglesia en los sacramentos y otras ceremonias : *los santos óleos.* ‖ — *Pintura al óleo,* la que se hace con colores disueltos en aceite secante. ‖ *Santo óleo,* el de la extremaunción.
oleoducto m. Tubería para la conducción de petróleo.
oler v. t. Percibir los olores. ‖ *Fig.* Figurarse, imaginarse, sospechar una cosa. Ú. t. c. pr. : *olerse un peligro.* | Curiosear. ‖ — V. i. Exhalar olor. ‖ *Fig.* Tener aspecto de una cosa : *eso huele a mentira.*
olfatear v. t. Oler mucho. ‖ *Fam.* Sospechar. ‖ Ventear los perros.
olfateo m. Acción y efecto de olfatear.
olfativo, va adj. Del olfato.
olfato m. Sentido corporal con que se perciben los olores. ‖ *Fig.* Sagacidad, perspicacia.
oligarca m. Cada uno de los individuos de una oligarquía.
oligarquía f. Gobierno en que unas cuantas personas de una misma clase asumen todos los poderes del Estado. ‖ Estado gobernado

así. || *Fig.* Conjunto de negociantes poderosos que imponen su monopolio.
oligárquico, ca adj. Relativo a la oligarquía : *gobierno oligárquico.*
oligisto m. Óxido natural de hierro. || *Oligisto rojo,* hematites.
oligoceno adj. y s. m. *Geol.* Dícese del período y del terreno de la era terciaria entre el eoceno y el mioceno.
oligoelemento m. Elemento químico indispensable para el crecimiento y el ciclo reproductivo de plantas y animales.
oligofrenia f. Desarrollo mental defectuoso de origen congénito.
oligofrénico, ca adj. Relativo a la oligofrenia. || — M. y f. Persona afecta de este tipo de desarrollo deficiente de las facultades mentales.
oligopolio m. Mercado en el que hay pocos vendedores y muchos compradores.
olimpeño, ña adj. y s. De Olimpo (Paraguay).
olimpiada u **olimpíada** f. Entre los griegos, fiesta o juego que se celebraba cada cuatro años en la ciudad de Olimpia. || Período de cuatro años entre estas fiestas. || Juegos olímpicos.
olímpico, ca adj. Relativo al Olimpo o a Olimpia (Grecia). || Propio de los Juegos olímpicos. || *Fig.* Altanero, orgulloso : *olímpico desdén.*
— El barón Pierre de Coubertin restauró los *Juegos olímpicos* en 1896 en la ciudad de Atenas con la celebración de unas competiciones deportivas internacionales y desde entonces se verifican cada cuatro años con la participación de atletas aficionados de todos los países.
olimpo m. Residencia de los dioses.
oliscar y **olisquear** v. t. *Fam.* Olfatear. || *Fig.* Indagar, curiosear.
oliva f. Aceituna.
oliváceo, a adj. Aceitunado.
olivar m. Terreno con olivos.
olivarero, ra adj. Relativo al cultivo del olivo. || Dícese del que se dedica a este cultivo (ú. t. c. s.).
olivino m. *Min.* Silicato de magnesia y hierro de color verdoso.
olivo m. Árbol oleáceo de la región mediterránea cuyo fruto es la aceituna. || *Arg. Fam. Dar el olivo,* echar, despedir.
olmeca adj. y s. Dícese del individuo de un pueblo mexicano en los actuales Estados de Veracruz, Tabasco y Oaxaca.
olmo m. Árbol de excelente madera.
ológrafo, fa adj. Aplícase al testamento de puño y letra del testador. || Autógrafo.
olor m. Emanación transmitida por un fluido (aire, agua) y percibida por el olfato. || Sensación producida por esta emanación.
oloroso, sa adj. De buen olor. || — M. Vino de Jerez muy aromático y de color oscuro.
olote m. *Méx.* Hueso de la mazorca del maíz.
olvidadizo, za adj. Desmemoriado, que olvida con facilidad. || *Fig.* Ingrato.
olvidar v. t. Perder el recuerdo de una cosa : *olvidar su nombre* (ú. t. c. pr.). || Dejar por inadvertencia : *olvidar el paraguas* (ú. t. c. pr.). || Dejar el cariño que antes se tenía : *olvidar a su novia.* || No agradecer : *olvidó todos mis favores.* || No pensar en una cosa. || *¡Olvídame!,* ¡déjame en paz!
olvido m. Falta de memoria : *el olvido de un hecho.* || Cesación del cariño que se tenía, desapego. || *Dar* (o *echar*) *al olvido* o *en olvido,* olvidar.
olla f. Vasija redonda de barro o metal, con dos asas, que sirve para cocer. || Guisado de carne, hortalizas y legumbres secas. || — *Fam. Olla de grillos,* lugar de mucho desorden y confusión. || *Olla de presión* o *exprés,* recipiente hermético para cocer con rapidez los alimentos a más de cien grados.
ombligo m. Cicatriz redonda y arrugada que se forma en el vientre después de secarse el cordón umbilical. || *Fig.* Centro de una cosa : *el ombligo del mundo.* || *Fam. Encogérsele el ombligo a uno,* amedrentarse.
ombú m. Árbol de América de madera fofa y corteza blanda y gruesa.
omega f. Última letra del abecedario griego (ω) correspondiente a la *o larga.* (La mayúscula (Ω) es símbolo del *ohmio* y la minúscula (ω) es el de la *velocidad angular.*)
omeya adj. Aplícase a los descendientes del jefe árabe de este nombre. || Relativo a este linaje : *la dinastía omeya.* || — M. Individuo de la dinastía omeya.
ómicron f. O breve del alfabeto griego.
ominoso, sa adj. Abominable.
omisión f. Abstención de hacer o decir. || Lo omitido. || Olvido.
omiso, sa adj. Flojo y descuidado. || *Hacer caso omiso,* no hacer caso.
omitir v. t. Dejar de hacer una cosa. || Pasar en silencio una cosa ; excluirla de lo que se habla o escribe.
ómnibus m. Vehículo para el transporte público de viajeros. || *Tren ómnibus,* el que se detiene en todas las estaciones.
omnímodo, da adj. Total, absoluto, que abraza y comprende todo.
omnipotencia f. Poder omnímodo : *la omnipotencia divina.*
omnipotente adj. Todopoderoso. || Dícese del o de lo que tiene mucho poder.
omnipresencia f. Presencia constante. || Ubicuidad.
omnipresente adj. Que está siempre presente en cualquier lugar.
omnisapiente adj. Omnisciente.
omnisciencia f. Conocimiento de todas las cosas.
omnisciente adj. Que sabe todo.
ómnium m. Competición ciclista sobre pista de varias pruebas.
omnívoro, ra adj. y s. Aplícase a los animales que se nutren con toda clase de sustancias orgánicas.
omóplato y **omoplato** m. Cada uno de los dos huesos anchos y casi planos a uno y otro lado de la espalda, donde se articulan los húmeros y las clavículas.
onagro m. Asno silvestre.
onanismo m. Masturbación.
once adj. Diez y uno. || Undécimo : *Alfonso XI (once).* || — M. Equipo de once jugadores. || Cifra que representa el número once.
onceavo, va adj. Undécimo.
oncología f. Estudio del cáncer, de los tumores.
onda f. Cada una de las elevaciones producidas en la superficie del agua. || Ola. || Ondulación. || *Fig.* Curva que forma el pelo, una tela, etc. || *Fís.* Modificación de un medio físico que, como consecuencia de una perturbación inicial, se propaga por el mismo en forma de oscilaciones periódicas. || — *Onda corta,* en radio, la que tiene una longitud comprendida entre 10 y 100 m. || *Onda de choque,* la que acompaña a los proyectiles más rápidos que el sonido y que al pasar cerca de un observador produce un chasquido. || *Onda eléctrica* o *hertziana,* la gene-

rada por una corriente oscilatoria. ‖ *Onda larga,* en radio, la de 1 000 a 2 000 m. ‖ *Onda luminosa,* la que se origina en un cuerpo luminoso y que transmite su luz. ‖ *Onda media,* en radio, la de 200 a 600 m. ‖ *Onda sonora,* la que se origina en un cuerpo elástico y transmite el sonido.

ondeante adj. Que ondea.

ondear v. i. Hacer ondas el agua impelida por el aire. ‖ Ondular : *ondear al viento.* ‖ *Fig.* Formar ondas una cosa : *ondear el pelo.*

ondeo m. Acción de ondear.

ondina f. Ninfa de las Aguas.

ondulación f. Movimiento oscilatorio que se produce en un líquido. ‖ Cualquier otro movimiento parecido al de las ondas. ‖ Forma sinuosa que se da al pelo.

ondulado, da adj. Que forma ondas.

ondulante adj. Que ondula.

ondular v. i. Moverse una cosa formando giros en figura de eses. ‖ — V. t. Hacer ondas en el pelo.

ondulatorio, ria adj. Que se extiende en forma de ondulaciones.

oneroso, sa adj. Que cuesta dinero.

ónice f. Agata veteada.

onírico, ca adj. De los sueños.

onirismo m. Delirio onírico.

ónix f. Ónice.

onomástico, ca adj. De los nombres propios. ‖ *Día onomástico,* el del santo de uno (ú. t. c. s.). ‖ — F. Estudio de los nombres propios.

onomatopeya f. Palabra que imita el sonido de la cosa como *paf* y *runrún.* ‖ Empleo de estas palabras.

ontología f. Parte de la metafísica que trata del ser en general.

ontológico, ca adj. Relativo a la ontología.

onubense adj. y s. De Huelva (España).

onza f. Mamífero carnicero semejante a la pantera.

onzavo, va adj. y s. Undécimo.

oosfera f. *Bot.* Célula sexual femenina de los vegetales.

opacidad f. Calidad de opaco.

opaco, ca adj. No transparente. ‖ *Fig.* Poco lucido o brillante.

opal m. Tejido fino de algodón parecido a la batista.

opalescente adj. Parecido al ópalo o irisado como él.

opalino, na adj. Relativo al ópalo. ‖ De color entre blanco y azulado con irisaciones.

ópalo m. Piedra preciosa tornasolada, variedad de sílice hidratada.

opción f. Libertad o facultad para elegir. ‖ Derecho que se tiene.

opcional adj. Facultativo.

ópera f. Obra teatral cantada. ‖ Su letra. ‖ Su música. ‖ Teatro donde se representan estas obras. ‖ — *Ópera bufa,* la de carácter humorístico. ‖ *Ópera cómica,* la que alterna el canto con el diálogo hablado.

operación f. Acción o labor necesarias para hacer una cosa. ‖ *Com.* Negociación o contrato sobre valores o mercaderías : *operación de Bolsa.* ‖ *Mat.* Ejecución de un cálculo determinado sobre una o varias entidades matemáticas con objeto de hallar otra entidad llamada *resultado.* ‖ *Med.* Intervención quirúrgica. ‖ *Mil.* Conjunto de maniobras, combates, etc., en una región determinada encaminada al logro de una finalidad precisa.

operacional adj. Relativo a las operaciones militares. ‖ *Investigación operacional,* método de análisis científico cuyo objeto es determinar las decisiones más convenientes para obtener el mejor resultado.

operado, da adj. y s. Que ha sufrido una operación quirúrgica.

operador, ra m. y f. Cirujano. ‖ Persona encargada de la parte fotográfica del rodaje de una película.

operante adj. Que tiene efecto.

operar v. t. Someter a una intervención quirúrgica. ‖ Efectuar una operación de cálculo, de química. ‖ *Fig.* Producir. ‖ — V. i. Obrar, producir su efecto. ‖ *Com.* Negociar. ‖ — V. pr. Realizarse, producirse. ‖ Someterse a una operación quirúrgica.

operario, ria m. y f. Obrero, trabajador manual.

operativo, va adj. Capaz de funcionar.

opérculo m. Pieza lateral que cubre las agallas de los peces. ‖ Pieza córnea que tapa la abertura de las conchas de algunos moluscos.

opereta f. Obra musical de teatro de carácter frívolo y alegre.

opimo, ma adj. Abundante.

opinable adj. Que puede dar lugar a distintas opiniones.

opinante adj. y s. Que opina.

opinar v. i. Pensar, formar o tener opinión. ‖ Expresarla : *opinar sobre política.* ‖ Hacer conjeturas.

opinión f. Parecer, concepto, manera de pensar : *dar su opinión.* ‖ Concepto que se forma de una cosa. ‖ Fama, reputación de una persona o cosa. ‖ *Opinión pública,* parecer de la mayoría de la gente.

opio m. Droga narcótica que se obtiene del jugo desecado de las cabezas de adormideras.

opiómano, na adj. Que tiene el hábito de tomar opio (ú. t. c. s.).

opíparo, ra adj. Abundante, espléndido, copioso : *para celebrar su cumpleaños le dimos una cena opípara y un magnífico regalo.*

oponente adj. y s. Que se opone.

oponer v. t. Poner una cosa contra otra para estorbarla o impedirle su efecto. ‖ Poner enfrente. ‖ *Fig.* Objetar, opugnar : *oponer argumentos.* ‖ — V. pr. Ser una cosa contraria a otra. ‖ Estar una cosa enfrente de otra. ‖ Mostrarse contrario : *oponerse a una decisión.*

oporto m. Vino de Oporto (Portugal).

oportunidad f. Ocasión, casualidad. ‖ Conveniencia, calidad de apropiado.

oportunismo m. Sistema político o económico que atiende más a las cirunstancias de tiempo y lugar que a los principios o doctrinas.

oportunista adj. y s. Partidario del oportunismo.

oportuno, na adj. Que se hace o sucede en el momento conveniente. ‖ Indicado : *sería oportuno decírselo.* ‖ Ocurrente en la conversación.

oposición f. Obstáculo, impedimento. ‖ Contraste. ‖ Disconformidad, desacuerdo. ‖ Concurso para la obtención de ciertos empleos : *oposición a una cátedra.* ‖ Minoría que en los cuerpos legislativos impugna los actos del Gobierno.

opositar v. i. Hacer oposiciones.

opositor, ra m. y f. Persona que se opone a otra. ‖ Candidato que toma parte en las oposiciones.

opossum m. Mamífero marsupial de piel muy estimada.
opresión f. Acción y efecto de oprimir.
opresivo, va adj. Que oprime.
opresor, ra adj. y s. Que oprime.
oprimido, da adj. y s. Que sufre opresión.
oprimir v. t. Ejercer presión sobre una cosa : *oprimir un botón.* || Apretar : *me oprimen los zapatos.* || *Fig.* Sujetar demasiado. || Gobernar tiránicamente, dominar : *oprimir al pueblo.* || Afligir : *la emoción oprimía al espectador.*
oprobio m. Ignominia, infamia, descrédito : *cubierto de oprobio.* || Deshonra : *el oprobio de la familia.*
optar v. i. Elegir entre varias cosas. || Aspirar a algo.
optativo, va adj. Que admite opción. || — M. Modo verbal que expresa el deseo. || — F. pl. Oraciones que expresan deseo.
óptico, ca adj. Relativo a la óptica. || — M. Comerciante en instrumentos de óptica. || *Nervio óptico,* el que une el ojo al encéfalo. || — F. Estudio de las leyes y los fenómenos de la luz. || Sistema óptico. || Arte de hacer microscopios, lentes e instrumentos de óptica. || Tienda de aparatos de óptica. || *Fig.* Punto de vista, enfoque : *según la óptica con que se mire.*
optimación f. Acción y efecto de optimar.
optimar v. t. Buscar la mejor manera de hacer algo.
optimismo m. Propensión a ver en las cosas el aspecto más favorable.
optimista adj. y s. Que ve las cosas bajo el aspecto más favorable.
optimizar v. t. Optimar.
óptimo, ma adj. Muy bueno.
opuesto, ta adj. Que está colocado enfrente. || Contrario.
opugnación f. Oposición.
opugnador, ra adj. Que opugna (ú. t. c. s.).
opugnar v. t. Hacer oposición. || *Fig.* Rebatir, impugnar.
opulencia f. Gran riqueza.
opulento, ta adj. Muy rico. || Abundante : *opulenta cabellera.*
opus m. *Mús.* Número de cada una de las obras de un compositor.
opúsculo m. Libro pequeño.
oquedad f. Hueco.
oquedal m. Monte de árboles.
oquis (de) adv. *Méx. Fam.* Gratis.
ora conj. Expresa una relación de alternancia : *ora sabio, ora ignorante.*
oración f. Rezo. || Discurso. || *Gram.* Frase, conjunto de palabras.
oráculo m. Respuesta que, según creían los paganos, hacían los dioses a las preguntas que les dirigían las pitonisas : *interpretar un oráculo.* || La propia divinidad. || *Fig.* Persona considerada como sabia y de gran autoridad.
orador, ra m. y f. Persona que pronuncia un discurso en público.
oral adj. Expresado verbalmente : *tradición oral.* || — M. Examen o parte de un examen que solamente consta de preguntas hechas de viva voz.
orangután m. Mono antropomorfo de unos dos metros de altura y brazos muy largos. || *Fig. y fam.* Hombre feo y peludo.
orante adj. Que ora.
orar v. i. Rezar : *orar por los difuntos.* || — V. t. Rogar, pedir.
orate com. Loco.
oratoria f. Arte de hablar.
oratorio m. Lugar destinado a la oración. || Capilla privada. || Drama musical de tema religioso.
oratorio, ria adj. Relativo a la oratoria o al orador : *estilo oratorio.*
orbe m. Mundo, universo.
órbita f. Curva elíptica que describe un astro o un satélite o cohete alrededor de un planeta. || Cavidad o cuenca del ojo. || *Fig.* Ámbito, esfera.
orbital adj. Relativo a la órbita.
orca f. Cetáceo muy voraz.
órdago m. Envite del resto, en el mus. || *De órdago,* excelente, magnífico. U. a menudo en sentido irónico : *una paliza de órdago.*
ordalías f. pl. Juicio de Dios.
orden m. Colocación de las cosas en el lugar que les corresponde. || Conjunto de reglas, leyes, estructuras que constituyen una sociedad. || Paz, tranquilidad : *asegurar el orden.* || Clase, categoría : *problemas de orden financiero.* || Sexto de los siete sacramentos de la Iglesia católica. || *Arq.* Cierta disposición y proporción de los cuerpos principales que componen un edificio. || *Hist. nat.* División o grupo en la clasificación de las plantas y animales intermedio entre la clase y la familia. || *Mil.* Disposición de un ejército. || — *El orden del día,* lista de asuntos que tratará una asamblea. || *Sin orden ni concierto,* desarregladamente. || — F. Mandato : *obedecer una orden.* || Decisión : *orden ministerial.* || Sociedad religiosa cuyos miembros hacen el voto de seguir una regla. || Instituto civil o militar. || Endoso de un valor comercial : *billete a la orden.* || — *Orden del día,* la dada diariamente a los cuerpos de un ejército. || *Orden de pago,* documento en el que se dispone que sea pagada una cantidad al portador o nominalmente.
ordenación f. Disposición, arreglo. || Ceremonia en que se confieren las sagradas órdenes. || Mandato, orden : *ordenación de pagos.* || Aprovechamiento de los recursos naturales : *ordenación rural.*
ordenado, da adj. Que tiene orden y método : *persona ordenada.* || Que ha recibido las órdenes sagradas (ú. t. c. s.). || Encaminado, dirigido. || — F. *Geom.* Recta tirada desde un punto perpendicularmente al eje de las abscisas.
ordenador, ra adj. y s. Que ordena. || — M. Calculador electrónico constituido por un conjunto de máquinas especializadas dependientes de un programa común, que permite, sin intervención del hombre, efectuar complejas operaciones aritméticas y lógicas.
ordenamiento m. Acción y efecto de ordenar. || Ley, ordenanza que da el superior para que se observe una cosa. || Conjunto de leyes dictadas al mismo tiempo o sobre la misma materia.
ordenanza f. Conjunto de disposiciones referentes a una materia : *ordenanzas municipales.* || Reglamento militar. || — M. *Mil.* Soldado puesto a la disposición de un oficial. || Empleado subalterno en ciertas oficinas.
ordenar v. t. Poner en orden. || Mandar : *ordenar que venga.* || Destinar y dirigir a un fin. || Conferir las sagradas órdenes : *ordenar un presbítero.* || — V. pr. Recibir las órdenes sagradas : *ordenarse de sacerdote.*
ordeñador, ra adj. y s. Que ordeña. || — F. Máquina que ordeña.
ordeñar v. t. Extraer la leche de la ubre de los animales.

ordinal adj. Del orden. ‖ Dícese del adjetivo numeral que expresa orden o sucesión.

ordinariez f. *Fam.* Vulgaridad.

ordinario, ria adj. Común, corriente, usual. ‖ Basto, vulgar : *gente ordinaria.* ‖ Que no se distingue por ninguna calidad : *de paño ordinario.* ‖ Diario : *gasto ordinario.* ‖ — M. Recadero, cosario.

orear v. t. Poner al aire.

orégano m. Planta aromática de la familia de las labiadas.

oreja f. Oído en su parte externa. ‖ Parte lateral de ciertos objetos. ‖ Apéndice que tienen a veces en la punta las herramientas. ‖ Orejera de la gorra. ‖ Parte del zapato en la que se ponen los cordones. ‖ Saliente, al lado del respaldo, que tienen algunos sillones para apoyar la cabeza. ‖ Asa de una vasija. ‖ — *Fig. Aguzar las orejas,* prestar mucha atención. | *Bajar las orejas,* darse por vencido humildemente. | *Calentarle a uno las orejas,* reprimir o pegar fuerte. | *Con las orejas gachas,* desilusionado. | *Haberle visto las orejas al lobo,* haber escapado de un gran peligro. ‖ *Verle a uno la oreja,* adivinar sus intenciones.

orejera f. Pieza de la gorra que cubre las orejas. ‖ Laterales del respaldo de algunos sillones, oreja. ‖ Rodaja llevada por algunos indios en la oreja.

orejón m. Pulpa del melocotón u otra fruta secada al aire. ‖ Nombre dado a los nobles incas por los españoles por los grandes discos con que adornaban el lóbulo de las orejas. ‖ Nombre que se dio a varias tribus indias de América, entre otras, la del Alto Amazonas, a orillas del Napo. ‖ *Fam.* Persona orejuda.

orejudo, da adj. Que tiene orejas grandes.

oremus m. inv. Palabra del sacerdote en la misa para invitar a los fieles a rezar con él.

orensano, na adj. y s. De Orense (España).

orense adj. y s. De El Oro (Ecuador).

oreo m. Soplo ligero de aire. ‖ Ventilación. ‖ Salida a airearse.

orfanato m. Asilo de huérfanos.

orfandad f. Estado de huérfano. ‖ Pensión que reciben algunos huérfanos. ‖ *Fig.* Desamparo.

orfebre com. Persona que hace o vende objetos de orfebrería.

orfebrería f. Obra de oro o de plata. ‖ Oficio de orfebre.

orfeón m. Agrupación coral.

organdí m. Tejido de algodón.

orgánico, ca adj. Relativo a los órganos o a los organismos animales o vegetales : *la vida orgánica.* ‖ Dícese de las sustancias cuyo componente constante es el carbono. ‖ *Fig.* Aplícase a la constitución de las entidades colectivas o a sus funciones : *reglamentos, estatutos orgánicos.* ‖ — *Funciones orgánicas,* las de la nutrición. ‖ *Ley orgánica,* la destinada a desarrollar los principios expuestos en otra. ‖ *Química orgánica,* parte de la química dedicada al estudio del carbono y sus compuestos.

organigrama m. Gráfico de la estructura de una organización compleja (empresa, servicio, etc.).

organillero, ra m. y f. Persona que toca el organillo.

organillo m. Órgano pequeño que se suele tocar con manubrio.

organismo m. Ser vivo. ‖ Conjunto de órganos y funciones del cuerpo animal o vegetal : *el organismo humano.* ‖ *Fig.* Conjunto de oficinas, dependencias o empleos que forman un cuerpo o institución : *organismo internacional.*

organista com. Persona que toca el órgano.

organización f. Acción de organizar, preparación. ‖ Disposición de los órganos de un cuerpo animal o vegetal. ‖ Orden, arreglo. ‖ Apelación de ciertas instituciones internacionales : *Organización Internacional del Trabajo.*

organizado, da adj. Orgánico, con aptitud para la vida. ‖ Que tiene la estructura y composición de los seres vivos : *ser organizado.* ‖ *Fig.* Que ha recibido una organización : *sociedad bien organizada.* ‖ Constituido, dispuesto.

organizador, ra adj. y s. Que organiza o es apto para organizar.

organizar v. t. Fundar, establecer : *organizar una escuela.* ‖ Preparar : *organizar una fiesta.* ‖ — V. pr. Tomar una forma regular. ‖ Arreglarse : *yo sé organizarme.* ‖ Formarse : *se organizó un desfile.* ‖ *Fig.* Armarse : *se organizó una pelea.*

organizativo, va adj. Organizador.

órgano m. *Mús.* Instrumento de viento de grandes dimensiones con tubos donde se produce el sonido y un teclado. ‖ Parte del cuerpo animal o vegetal que ejerce una función : *órganos de la nutrición.* ‖ En las máquinas, aparato elemental que transmite o guía un movimiento : *órgano transmisor.* ‖ *Fig.* Medio, conducto. ‖ Periódico portavoz de un grupo : *el órgano del partido republicano.* ‖ *Méx.* Nombre de varias plantas cactáceas.

orgasmo m. Culminación del placer sexual.

orgía f. Festín en que se come y bebe sin moderación. ‖ *Fig.* Desenfreno en la satisfacción de apetitos y pasiones. | Exceso.

orgullo m. Exceso de estimación propia, presunción, que puede deberse, a veces, a causas nobles. ‖ *Fig.* Cosa o persona de la cual la gente está muy ufana.

orgulloso, sa adj. y s. Que tiene orgullo.

orientación f. Acción de orientar u orientarse. ‖ Situación : *orientación al Sur.* ‖ *Orientación profesional,* sistema para ayudar a los niños a que escojan una profesión u oficio.

orientador, ra adj. y s. Que orienta.

oriental adj. De Oriente. ‖ — Adj. y s. Natural de Oriente. ‖ De Morona-Santiago, Zamora-Chinchipe, Napo y Pastaza (Ecuador), de Oriente (Cuba) o de la República Oriental del Uruguay. ‖ — M. pl. Los pueblos de Oriente.

orientalismo m. Conocimiento de las civilizaciones y costumbres de Oriente. ‖ Predilección por las cosas de Oriente. ‖ Carácter oriental.

orientalista com. Especialista en cosas de Oriente.

orientar v. t. Situar una cosa en posición determinada respecto a los puntos cardinales : *orientar un edificio.* ‖ Dirigir. ‖ Informar : *orientar a los turistas.* ‖ — V. pr. Reconocer los puntos cardinales, especialmente el Oriente. ‖ *Fig.* Estudiar bien las circunstancias : *orientarse en un asunto.* ‖ Dirigirse hacia un lugar.

oriente m. Punto cardinal del horizonte por donde sale el Sol. ‖ Nombre dado a Asia y a las regiones inmediatas de África y Europa. ‖ Brillo de las perlas. ‖ Nombre que dan los

masones a las logias de provincias. || — *Extremo* o *Lejano Oriente*, los países de Asia Central y Oriental. || *Gran Oriente*, logia central masónica de un país. || *Oriente Medio*, Egipto y los países de Asia Occidental.
orificio m. Agujero.
oriflama f. Estandarte.
origen m. Principio de una cosa. || Causa, motivo. || Procedencia : *el origen de nuestras ideas.* || Ascendencia, clase social de donde procede una persona : *de origen humilde.* || Patria : *de origen español.* || Etimología : *el origen de una palabra.*
original adj. Relativo al origen. || Que no es copia o imitación. || Que parece haberse producido por primera vez : *idea original.* || Que escribe o compone de un modo nuevo : *escritor original.* || Singular, extraño, raro : *un hombre muy original* (ú. t. c. s.). || — M. Manuscrito primitivo del que se sacan copias. || Texto primitivo, a diferencia de la traducción. || Manuscrito que se da a la imprenta.
originalidad f. Calidad de original. || Extravagancia, rareza.
originar v. t. Dar origen o lugar, ser causa. || — V. pr. Traer una cosa su principio u origen de otra.
originario, ria adj. Del comienzo : *forma originaria.* || Que da origen a una persona o cosa. || Que viene de algún lugar, persona o cosa.
orilla f. Borde de una superficie. || Parte de tierra contigua a un río, mar, etc. || Acera de las calles. || — Pl. *Arg.* y *Méx.* Afueras de una población. || *A orilla de*, al lado.
orillar v. t. *Fig.* Arreglar un asunto : *orillar una diferencia.* | Evitar, sortear una dificultad. || Reforzar el borde de una tela con una faja.
orillero, ra adj. y s. *Amer.* De las afueras de una población.
orillo m. Faja estrecha con que se refuerza el borde de una tela.
orín m. Herrumbre.
orina f. Secreción de los riñones que se acumula en la vejiga y se expele por la uretra.
orinal m. Recipiente para recoger la orina o los excrementos.
orinar v. i. y t. Expeler la orina.
oriundez f. Procedencia.
oriundo, da adj. Originario. Ú. t. c. s. : *los oriundos de ese país son generalmente rubios.*
orla f. Franja de adorno de ciertas telas y vestidos. || Adorno que rodea una cosa.
orlar v. t. Adornar con orla. || Bordear : *orlado con árboles.*
ornamentación f. Adorno.
ornamental adj. De adorno.
ornamentar v. t. Adornar.
ornamento m. Adorno. || — Pl. Vestiduras sagradas de los sacerdotes y adornos del altar.
ornar v. t. Adornar.
ornato m. Adorno.
ornitología f. Parte de la zoología que trata de las aves.
ornitólogo, ga m. y f. Especialista en ornitología.
ornitorrinco m. Mamífero de Australia de unos 40 cm de largo, ovíparo, con hocico parecido al pico de un pato, patas palmeadas y cola ancha y aplanada.
oro m. Metal precioso de color amarillo brillante. || Moneda de este metal. || Joyas y adornos de esta especie. || Color amarillo. || Cualquiera de los naipes del palo de oros. || — Pl. Palo de la baraja española, en cuyos naipes aparecen una o varias monedas de oro. || — *Fig. Apalear oro*, ser muy rico. | *Corazón de oro*, persona buena y generosa. | *Guardar una cosa como oro en paño*, guardarla con sumo cuidado. | *No es oro todo lo que reluce*, no hay que fiarse de las apariencias. | *Oro negro*, petróleo. | *Pagar a peso de oro*, pagar muy caro. | *Pedir el oro y el moro*, pedir cosas exageradas. | *Ser como un oro*, ser muy pulcra una persona. | *Valer su peso en oro*, valer mucho.
orogénesis f. Proceso de formación de las montañas.
orogenia f. Estudio de la formación de las montañas.
orogénico, ca adj. Relativo a la orogenia.
orografía f. Descripción de las montañas.
orográfico, ca adj. Relativo a la orografía.
orondo, da adj. Dícese de la vasijas de mucha concavidad. || *Fig.* y *fam.* Lleno de vanidad, engreído, ufano.
oropel m. Lámina de latón que imita el oro. || *Fig.* Cosa de mucha apariencia y escaso valor.
oropéndola f. Pájaro de plumaje amarillo, con alas y cola negras.
oroya f. Cesta de cuero utilizada para cruzar algunos ríos de América.
orquesta f. Conjunto de músicos que ejecutan una obra instrumental. || En los teatros, espacio entre el escenario y los espectadores, destinado para estos músicos.
orquestación f. Acción y efecto de orquestar.
orquestal adj. De la orquesta.
orquestar v. t. Instrumentar para orquesta.
orquidáceo, a adj. y s. f. Dícese de las plantas monocotiledóneas con hermosas flores. || — F. pl. Familia que forman.
orquídea f. Planta de la familia de las orquidáceas. || Su flor.
orquitis f. Inflamación de los testículos.
orsái (en) adv. *Arg. Fam.* Fuera de lugar.
ortega f. Ave gallinácea, algo mayor que la perdiz.
ortiga f. Planta urticácea.
orto m. Salida del Sol.
ortodoncia f. Parte de la odontología relativa a la corrección de las irregularidades dentarias.
ortodontista adj. y s. Especialista en ortodoncia.
ortodoxia f. Calidad de ortodoxo.
ortodoxo, xa adj. y s. Conforme con el dogma católico. || *Por ext.* Conforme con la doctrina de cualquier religión o escuela. || — Adj. Conforme con cualquier doctrina considerada como la única verdadera : *opinión poco ortodoxa.* || *Iglesia ortodoxa*, nombre de las Iglesias cristianas orientales separadas de Roma desde 1054.
ortofonía f. Pronunciación normal. || *Med.* Corrección de los trastornos de la fonación.
ortofonista adj. y s. Especialista en ortofonía.
ortognatismo m. Cualidad del cráneo que tiene un gran ángulo facial.
ortognato, ta adj. Que presenta o tiene ortognatismo.
ortogonal adj. Dícese de lo que está en ángulo recto.
ortografía f. Parte de la gramática que enseña a escribir correctamente.
ortografiar v. t. Escribir una palabra según su ortografía.
ortográfico, ca adj. Relativo a la ortografía : *signo ortográfico.*

ortopedia f. Arte de corregir o de evitar las deformaciones del cuerpo humano por medio de ciertos aparatos o de ejercicios corporales.
ortopédico, ca adj. Relativo a la ortopedia. ‖ — M. y f. Persona que se dedica a la ortopedia.
ortopedista com. Ortopédico.
ortópteros m. pl. Orden de insectos masticadores como la langosta, el grillo, etc. (ú. t. c. adj.).
oruga f. Larva de los insectos lepidópteros, que se alimenta de vegetales. ‖ Banda sin fin compuesta de placas metálicas articuladas e interpuesta entre el suelo y las ruedas de un vehículo para que éste pueda avanzar por cualquier terreno (ú. t. c. adj.).
orujo m. Residuo de la uva o el aceite una vez exprimidos.
orureño, ña adj. y s. De Oruro (Bolivia).
orvallo m. Llovizna.
orza f. Vasija de barro. ‖ *Mar.* Acción y efecto de orzar.
orzar v. i. *Mar.* Dirigir la proa por donde viene el viento.
orzuelo m. Pequeño divieso en el borde de los párpados.
os, dativo y acusativo del pronombre de segunda persona en ambos géneros y número plural : *os amé.*
Os, símbolo químico del *osmio.*
osa f. Hembra del oso.
osadía f. Atrevimiento, valor.
osado, da adj. y s. Atrevido.
osamenta f. Esqueleto.
osar v. i. Atreverse a algo.
osario m. En los cementerios, lugar destinado para enterrar los huesos sacados de las sepulturas.
oscar m. Recompensa cinematográfica anual dada en Hollywood.
oscense adj. y s. De Huesca (España).
oscilación f. Balanceo.
oscilador m. Aparato destinado a producir corrientes alternas periódicas u oscilaciones eléctricas.
oscilante adj. Que oscila.
oscilar v. i. Moverse alternativamente un cuerpo de un lado a otro. ‖ *Fig.* Variar, vacilar : *los precios oscilan.* | Crecer y disminuir alternativamente la intensidad de algunas manifestaciones o fenómenos. | Vacilar, tibubear.
oscilatorio, ria adj. Que oscila.
oscilógrafo m. Instrumento que registra las variaciones de una corriente en función del tiempo.
osciloscopio m. Oscilógrafo.
ósculo m. Beso.
oscurantismo m. Oposición a que se difunda la instrucción entre el pueblo.
oscurantista adj. y s. Partidario del oscurantismo.
oscurecer v. t. Privar de luz y claridad. ‖ Debilitar el brillo de una cosa. ‖ *Fig.* Quitar claridad a la mente. ‖ — V. i. Anochecer. ‖ — V. pr. Nublarse el cielo, la vista.
oscurecimiento m. Acción y efecto de oscurecer u oscurecerse.
oscuridad f. Falta de luz o de claridad. ‖ Sitio sin luz. ‖ *Fig.* Humildad, bajeza en la condición social. | Falta de claridad.
oscuro, ra adj. Que no tiene luz o claridad. ‖ De color casi negro : *color oscuro.* ‖ Que carece de brillo. ‖ Nublado : *día oscuro.* ‖ De noche : *llegamos ya oscuro.* ‖ *Fig.* Poco conocido, humilde. | Confuso, incomprensible : *estilo oscuro.* | Turbio : *proyectos oscuros.* | Incierto : *porvenir muy oscuro.* ‖ *A oscuras,* sin luz, sin ver ; (fig.) sin entender.
óseo, a adj. De hueso.
osezno m. Cachorro del oso.
osificación f. Acción y efecto de osificarse.
osificarse v. pr. Convertirse en hueso.
osmio m. Metal raro (Os), parecido al platino, de número atómico 76.
osmorregulación f. Regulación de la presión osmótica de los seres vivos.
ósmosis f. Paso recíproco de líquidos de distinta densidad a través de una membrana porosa que los separa. ‖ Fig. Influencia recíproca entre dos personas.
oso m. Mamífero carnicero plantígrado, de cuerpo pesado, espeso pelaje, patas recias con grandes uñas ganchudas, que vive en los países fríos. ‖ *Fig.* Hombre peludo y feo. | Hombre poco sociable. ‖ *Fig.* y *fam. Hacer el oso,* hacer el idiota.
osornino, na adj. y s. De Osorno (Chile).
ostealgia f. Dolor de huesos.
osteína f. Sustancia nitrogenada que constituye el tejido celular de la piel y de los cartílagos animales y que también puede encontrarse en las partes óseas.
osteítis f. Inflamación de un hueso.
ostensible adj. Que puede manifestarse. ‖ Manifiesto, visible.
ostensivo, va adj. Que muestra algo : *un gesto ostensivo de descontento.*
ostentación f. Acción de ostentar. ‖ Jactancia y vanagloria. ‖ Magnificencia exterior y visible.
ostentador, ra adj. Que ostenta. ‖ — M. y f. Presumido.
ostentar v. t. Mostrar o hacer patente una cosa. ‖ Hacer gala de grandeza, lucimiento y boato. ‖ Manifestar : *ostentar ideas revolucionarias.* ‖ Poseer, tener : *ostenta un título aristocrático.*
ostentoso, sa adj. Magnífico, lujoso : *coche ostentoso.* ‖ Claro, manifiesto, patente : *simpatía ostentosa.*
osteoblasto m. Célula embrionaria del tejido óseo.
osteología f. Parte de la anatomía que trata de los huesos.
osteoplastia f. Sustitución de un hueso o parte de él con otro hueso.
ostión m. Ostra grande. ‖ *Chil.* Venera.
ostra f. Molusco lamelibranquio comestible que vive adherido a las rocas por una valva de su concha.
ostracismo m. Destierro político. ‖ Apartamiento de alguien de la vida pública.
ostrícola adj. De la cría y conservación de las ostras.
ostricultor, ra m. y f. Persona que cría ostras.
ostricultura f. Cría de ostras.
ostrogodo, da adj. Perteneciente o relativo a un antiguo pueblo germánico que formaba parte de los godos. ‖ — M. y f. Persona de este pueblo.
otalgia f. Dolor de oído.
otaria f. Mamífero pinnípedo del Pacífico, parecido a la foca.
otario, ria adj. *Arg. Fam.* Tonto, infeliz. | Persona incauta.
otate m. *Méx.* Planta gramínea.

otear v. t. Dominar desde un lugar alto (ú. t. c. i.). ‖ *Fig.* Escudriñar.
otero m. Cerro aislado.
otitis f. Inflamación del oído.
otomano, na adj. y s. Turco. ‖ — F. Especie de sofá o canapé.
otomí adj. y s. m. Dícese de una de las lenguas de México, la más importante después del azteca. ‖ — M. Indio de México en los Estados de Querétaro, Guanajuato, en el NO del de Hidalgo y parte del de México.
otoñada f. Tiempo de otoño.
otoñal adj. Del otoño. ‖ *Fig.* De edad madura (ú. t. c. s. m.).
otoño m. Estación del año que, en el hemisferio boreal, dura del 23 de septiembre al 21 de diciembre y, en el austral, del 21 de marzo al 21 de junio. ‖ *Fig.* Edad madura : *el otoño de la vida.*
otorgamiento m. Concesión.
otorgante adj. y s. Que otorga.
otorgar v. t. Consentir, conceder una cosa que se pide. ‖ Dar, atribuir : *otorgar un premio.* ‖ *For.* Disponer ante notario : *otorgar testamento.*
otorrinolaringología f. Parte de la medicina que trata de las enfermedades del oído, nariz y laringe.
otorrinolaringólogo, ga m. y f. Especialista en otorrinolaringología.
otro, tra adj. Distinto : *otra máquina.* ‖ Igual, semejante : *es otro Cid.* ‖ Anterior : *otro día, año.* ‖ — Pron. Persona distinta : *unos no sabían, otros no querían.*
otrora adv. En otro tiempo.
otrosí adv. Además.
outsider [*autsaider*] m. (pal. ingl.). Atleta o caballo de carreras que, sin ser el favorito, puede ser el vencedor.
ova f. Alga verde.
ovación f. Aplauso ruidoso del público.
ovacionar v. t. Aclamar, aplaudir.
oval y **ovalado, da** adj. De forma de óvalo.
ovalar v. t. Dar forma de óvalo.
óvalo m. Curva cerrada convexa y simétrica parecida a la elipse. ‖ Cualquier figura plana, oblonga y curvilínea.
ovario m. Glándula genital femenina en la que se forman los óvulos y que segrega varias hormonas. ‖ *Bot.* Parte inferior del pistilo que contiene el embrión de la semilla.
oveja f. Hembra del carnero. ‖ *Amer.* Llama, mamífero. ‖ — *Fig. Oveja descarriada,* persona que no sigue el buen ejemplo. | *Oveja negra,* persona que en una familia o colectividad desdice de las demás.
overdose f. (pal. ingl.). Sobredosis, dosis excesiva.
ovetense adj. y s. De Oviedo (España).
óvidos m. pl. Familia de rumiantes como los carneros, cabras, etc.
oviducto m. Canal por donde salen los huevos del ovario fuera del cuerpo del animal. ‖ En la especie humana, trompa de Falopio.
ovillar v. t. Hacer ovillos.
ovillo m. Bola de hilo que se forma al devanar una fibra textil. ‖ *Fig.* y *fam. Hacerse uno un ovillo,* encogerse ; confundirse.
ovino, na adj. y s. m. Aplícase al ganado lanar.
ovíparo, ra adj. y s. Aplícase a las especies animales cuyas hembras ponen huevos.
ovni m. Nombre con el que se designan los objetos celestes de origen misterioso que algunos pretenden haber visto volar en la atmósfera terrestre.
ovulación f. Desprendimiento natural de un óvulo en el ovario para que pueda recorrer su camino y ser fecundado.
óvulo m. Célula sexual femenina destinada a ser fecundada. ‖ *Bot.* Pequeño órgano contenido en el ovario, en cuyo interior se encierra la oosfera y que está destinado a convertirse en semilla después de la fecundación.
¡ox! interj. usada para hacer huir a las aves domésticas.
oxácido u **oxiácido** m. Ácido en cuya composición entra el oxígeno.
oxhídrico, ca adj. Compuesto de oxígeno e hidrógeno.
oxiacetilénico, ca adj. De la mezcla de oxígeno y acetileno.
oxidable adj. Que se oxida.
oxidación f. Formación de óxido. ‖ Estado de oxidado.
oxidante adj. Dícese de lo que tiene la propiedad de oxidar (ú. t. c. s. m.).
oxidar v. t. Transformar un cuerpo por la acción del oxígeno o de un oxidante (ú. t. c. pr.). ‖ Poner mohoso (ú. t. c. pr.).
óxido m. Combinación del oxígeno con un radical. ‖ Orín.
oxigenación f. Acción y efecto de oxigenar u oxigenarse.
oxigenado, da adj. Que contiene oxígeno. ‖ Rubio con agua oxigenada : *pelo oxigenado.*
oxigenar v. t. Combinar el oxígeno formando óxidos. ‖ Decolorar el pelo con oxígeno (ú. t. c. pr.). ‖ — V. pr. *Fig.* Respirar al aire libre.
oxígeno m. Metaloide gaseoso, elemento principal del aire y esencial a la respiración, cuyo símbolo es O y el número atómico 8.
oxigenoterapia f. Tratamiento medicinal por medio de inhalaciones de oxígeno.
oxihemoglobina f. Combinación inestable de una molécula de hemoglobina y otra de oxígeno que da el color rojo vivo a la sangre que sale del aparato respiratorio.
oxoniense adj. y s. De Oxford (Gran Bretaña).
¡oxte! interj. Se emplea para echar fuera a uno. ‖ *Sin decir oxte ni moxte,* sin decir una palabra.
oyamel m. *Méx.* Conífera empleada en la industria.
oyente adj. Que oye. ‖ — Adj. y s. Dícese del alumno asistente a una clase sin estar matriculado. ‖ — Pl. Auditores.
ozono m. Cuerpo gaseoso, de color azul, cuya molécula está formada por tres átomos de oxígeno : *el ozono tiene un olor fuerte.*

P

P f. Decimonona letra del alfabeto castellano y decimoquinta de sus consonantes. ‖ — **P,** símbolo químico del *fósforo.*
Pa, símbolo del *protactinio.*
pabellón m. Edificio secundario generalmente aislado del principal. ‖ Edificio construido para un fin determinado. ‖ Vivienda para militares, funcionarios, etc. ‖ Tienda de campaña en forma de cono. ‖ Colgadura que cobija y adorna una cama, un trono, altar, etc. ‖ Bandera nacional : *izar el pabellón argentino.* ‖ *Fig.* Nación a la que pertenece un barco mercante : *navegar bajo pabellón chileno.* ‖ Grupo de fusiles enlazados por las bayonetas en forma piramidal. ‖ Parte exterior y cartilaginosa de la oreja.
pabilo m. Mecha de una vela.
pábulo m. *Fig.* Lo que sustenta una cosa inmaterial : *dar pábulo a las críticas de las personas lengüilargas y chismosas.*
paca f. Mamífero roedor americano, del tamaño de una liebre, de carne estimada.
pacato, ta adj. y s. Tranquilo.
paceño, ña adj. y s. De La Paz (Bolivia, Honduras y El Salvador).
pacer v. i. Comer hierba el ganado en prados o campos.
paciencia f. Virtud del que sabe sufrir con resignación. ‖ Capacidad para esperar con tranquilidad las cosas.
paciente adj. Que tiene paciencia. ‖ Sufrido. ‖ — M. Sujeto que recibe la acción del agente. ‖ — Com. Enfermo.
pacificación f. Obtención de la paz. ‖ *Fig.* Apaciguamiento.
pacificador, ra adj. y s. Que pacifica.
pacificar v. t. Obtener la paz. ‖ — V. pr. Sosegarse, calmarse.
pacífico, ca adj. Tranquilo, amigo de la paz. ‖ Apacible : *temperamento pacífico.* ‖ Que transcurre en paz.
pacifismo m. Doctrina y acción de los que condenan la guerra.
pacifista adj. y s. Partidario del pacifismo.
pacota f. *Méx.* Pacotilla.
pacotilla f. Porción de mercancías que la gente de mar puede embarcar por su cuenta libre de flete. ‖ *Por ext.* Mercancía de poca calidad.
pacotillero, ra m. y f. Persona que comercia con pacotilla. ‖ *Amer.* Buhonero.
pactar v. t. e i. Acordar, comprometerse a cumplir algo varias partes : *pactar la paz.* ‖ Contemporizar, transigir una autoridad : *pactar con los rebeldes.*
pacto m. Convenio o concierto entre dos o más personas o entidades. ‖ Tratado.
pachá m. Bajá. ‖ *Fig.* y *fam.* Persona que vive muy bien.
pachamanca f. *Amer.* Carne asada entre piedras caldeadas.
pachanga f. *Méx.* Diversión ruidosa. | Desorden. | Borrachera. | Cierto baile.
pachón, ona adj. y s. Dícese de un perro de caza parecido al perdiguero. ‖ *Amer.* Peludo.
pachorra f. *Fam.* Flema.
pachorrudo, da adj. *Fam.* Flemático, cachazudo, indolente (ú. t. c. s.).
pachiche adj. *Méx.* Viejo.
pachuco m. Jerga hispanoinglesa hablada por los emigrantes en el sur de Estados Unidos.
pachucho, cha adj. Muy maduro. ‖ *Fig.* Malucho, algo enfermo.
pachulí m. *Fam.* Perfume malo.
padecer v. t. e i. Sentir física y moralmente un daño o dolor. ‖ Ser víctima de una cosa. ‖ Soportar. ‖ Sufrir.
padecimiento m. Sufrimiento.
padrastro m. Marido de la madre respecto de los hijos llevados en matrimonio. ‖ *Fig.* Mal padre. ‖ Pedazo de pellejo que se levanta junto a las uñas.
padrazo m. Padre indulgente.
padre m. El que tiene uno o varios hijos. ‖ Cabeza de una descendencia. ‖ *Teol.* Primera persona de la Santísima Trinidad. ‖ Nombre que se da a ciertos religiosos y a los sacerdotes : *el padre Bartolomé de Las Casas.* ‖ Animal macho destinado a la procreación. ‖ *Fig.* Origen, principio : *el ocio es padre de todos los vicios.* | Creador : *Esquilo, el padre de la Tragedia.* ‖ — Pl. El padre y la madre : *mañana iré a ver a mis padres.* ‖ — *Fam. De padre y muy señor mío,* muy grande, extraordinario. ‖ *Padre espiritual,* confesor. ‖ *Padre eterno,* Dios. ‖ *Padre de familia,* cabeza de una casa o familia. ‖ *Padre nuestro,* la oración dominical. ‖ *Padre político,* suegro. ‖ *Santo padre,* el Sumo Pontífice. ‖ *Santos padres,* los primeros doctores de la Iglesia. ‖ — Adj. *Fam.* Muy grande, extraordinario : *llevarse un susto padre.*
padrear v. i. Procrear.
padrenuestro m. Padre nuestro.
padrinazgo m. Acción de asistir como padrino a un bautizo o a una función pública. ‖ Cargo de padrino. ‖ *Fig.* Protección.
padrino m. Hombre que asiste a otro a quien se administra un sacramento : *padrino de pila, de boda.* ‖ El que presenta y acompaña a otro que recibe algún honor, grado, etc. ‖ El que asiste a otro en un certamen, torneo, desafío, etc. ‖ *Fig.* El que ayuda a otro en la vida, protector. ‖ — Pl. El padrino y la madrina. ‖ *Fig.* Influencias.
padrón m. Lista de vecinos de una población, censo.
padrote m. *Méx.* Alcahuete.
paella f. Plato de arroz con carne y pescado, mariscos, legumbres, etc.
¡paf! onomatopeya del ruido que hace una persona o cosa al caer.

paga f. Acción de pagar. ‖ Cantidad de dinero que se da en pago del sueldo. ‖ Entre empleados o militares, sueldo de un mes. ‖ *Fig.* Correspondencia al amor, cariño u otro sentimiento. ‖ *Hoja de paga,* pieza justificativa del pago del salario o sueldo.
pagable adj. Pagadero.
pagadero, ra adj. Que se ha de pagar en cierta fecha. ‖ Que puede pagarse fácilmente.
pagado, da p. p. de *pagar.* ‖ *Fig. Pagado de sí mismo,* engreído.
pagador, ra adj. y s. Que paga.
pagaduría f. Oficina donde se paga : *pagaduría del Estado.*
paganismo m. Estado de los que no son cristianos : *fue condenado a la hoguera por su acendrado paganismo.*
paganizar v. i. Profesar el paganismo. ‖ — V. t. Volver pagano.
pagano, na adj. y s. Dícese del que no es cristiano. ‖ *Fam.* Impío. | El que paga. | El que padece daño por culpa ajena.
pagar v. t. e i. Dar uno a otro lo que le debe : *pagar el sueldo.* ‖ Dar cierta cantidad por lo que se compra o disfruta. ‖ Satisfacer una deuda, un derecho, impuesto, etc. ‖ Costear : *pagar los estudios.* ‖ *Fig.* Corresponder : *un amor mal pagado.* | Expiar : *pagar un crimen.* ‖ — *Fam. El que la hace la paga,* el que causa daño sufre siempre el castigo correspondiente. | *¡Me las pagarás!,* ya me vengaré del mal que me has hecho. ‖ *Pagar a escote,* pagar cada uno su parte. ‖ *Pagar al contado, a crédito* o *a plazos,* pagar inmediatamente, poco a poco. ‖ *Fam. Pagar el pato* o *los vidrios rotos* o *los platos rotos,* sufrir las consecuencias de un acto ajeno. | *Pagarla* o *pagarlas,* sufrir el castigo merecido o las consecuencias inevitables de una acción. ‖ — V. pr. Comprar.
pagaré m. Obligación escrita de pagar una cantidad en tiempo determinado : *un pagaré a sesenta días.*
pagaya f. Remo corto.
página f. Cada una de las dos planas de la hoja de un libro o cuaderno. ‖ Lo escrito o impreso en cada una de ellas. ‖ *Fig.* Suceso, lance o episodio en el curso de una vida o de una empresa : *aquella victoria señaló una página en la historia del país.*
paginación f. Numeración de las páginas.
paginar v. t. Numerar páginas.
pago m. Acción de pagar. ‖ Cantidad que se da para pagar algo. ‖ *Fig.* Satisfacción, recompensa o lo que uno se merece : *el pago de la gloria.* ‖ Finca o heredad, especialmente de olivares o viñas. ‖ *Amer.* País o pueblo.
pagoda f. Templo en Oriente.
paica f. *Arg. Fam.* Muchacha que ha llegado a la edad de la pubertad.
paila f. Vasija redonda de metal a modo de sartén. ‖ *Amer.* Machete para cortar la caña de azúcar.
pailero, ra m. y f. *Amer.* Fabricante o vendedor de pailas. | Persona que trabaja con la paila.
paipai m. Abanico de palma.
pairar v. i. *Mar.* Estar quieta la nave con las velas tendidas.
pairo m. *Mar.* Acción de pairar. ‖ *Al pairo,* quieta la nave y con las velas tendidas.
país m. Territorio que forma una entidad geográfica o política.
paisaje m. Porción de terreno considerada en su aspecto artístico. ‖ Pintura o dibujo que representa el campo, un río, bosque, etc.
paisajista adj. y s. Aplícase al pintor de paisajes.
paisanaje m. Conjunto de paisanos. ‖ Circunstancia de ser de un mismo país.
paisano, na adj. y s. Del mismo país, provincia o lugar que otro. ‖ *Méx.* Español. ‖ — M. y f. *Provinc.* y *Amer.* Campesino. ‖ — M. El que no es militar. ‖ *Traje de paisano,* el que no es un uniforme.
paja f. Caña de las gramíneas después de seca y separada del grano. ‖ Tubito hecho con esta gramínea u otra materia para sorber líquidos. ‖ *Fig.* Cosa de poca entidad. | Lo inútil y desechable de una cosa.
pajar m. Almacén de paja.
pajarera f. Jaula de pájaros.
pajarería f. Banda de pájaros. ‖ Tienda donde se venden pájaros.
pajarero, ra adj. Relativo a los pájaros. ‖ *Fam.* Alegre, bromista (ú. t. c. s.).
pajarilla f. *Alegrársele a uno las pajarillas,* ponerse muy alegre.
pajarita f. Figura de papel doblado que representa un pajarito. ‖ — *Corbata de pajarita,* la que tiene forma de mariposa. ‖ *Cuello de pajarita,* el que tiene las puntas dobladas hacia fuera.
pájaro m. Cualquiera de las aves terrestres, voladoras, de tamaño pequeño, como el tordo, el gorrión y la golondrina. ‖ *Fig.* Persona que sobresale o es muy astuta o muy mala. ‖ — *Más vale pájaro en mano que ciento volando,* más vale una cosa pequeña segura que una grande insegura. ‖ *Matar dos pájaros de un tiro,* hacer o lograr dos cosas con una sola diligencia. ‖ *Fig. Pájaro de cuenta* o *de cuidado,* persona muy astuta y que ha de tratarse con cuidado. ‖ *Fam. Pájaro gordo,* persona importante.
pajarraco m. Pájaro grande y feo. ‖ *Fam.* Pájaro de cuenta.
pajaza f. Desecho de la paja.
paje m. Joven noble que servía a un caballero, un príncipe, etc.
pajizo, za adj. De paja. ‖ De color de paja.
pajolero, ra adj. *Fam.* Maldito, molesto, desagradable : *un pajolero oficio.* | Puntilloso. | Travieso.
pakistaní adj. y s. Paquistaní.
pala f. Instrumento compuesto de una plancha de hierro, más o menos combada, prolongada por un mango. ‖ Contenido de este instrumento. ‖ Hoja metálica de la azada, del azadón, etc. ‖ Tabla con mango para jugar a la pelota vasca, al béisbol. ‖ Raqueta : *pala de ping-pong.* ‖ Parte plana del remo. ‖ Parte ancha del timón. ‖ Cada uno de los elementos propulsores de una hélice. ‖ Parte del calzado que abraza el pie por encima. ‖ Parte puntiaguda del cuello de una camisa. ‖ Cuchilla de los curtidores. ‖ Lo ancho y plano de los dientes. ‖ — *Fam. A punta (de) pala,* en abundancia. ‖ *Pala mecánica,* máquina de gran potencia para excavar y recoger materiales y cascotes.
palabra f. Sonido o conjunto de sonidos que designan una cosa o idea : *una palabra de varias sílabas.* ‖ Representación gráfica de estos sonidos. ‖ Facultad de hablar : *perder la palabra.* ‖ Promesa : *dar su palabra.* ‖ *Teol.* Verbo : *la palabra divina.* ‖ Derecho para hablar en las asambleas : *hacer uso de la palabra.* ‖ — Pl. Texto de un autor. ‖ — *De palabra,* verbalmente. ‖ *Fig. En cuatro palabras,* muy brevemente. | *Medir las palabras,* hablar con prudencia. | *No tener palabra,* faltar uno a sus promesas. ‖ *Palabra*

por palabra, literalmente. || *Palabras cruzadas,* crucigrama. || *Palabras mayores,* las injuriosas. || *Fig. Tener unas palabras con alguien,* pelearse con él. | *Tratar mal de palabra a uno,* injuriarle. | *Última palabra,* lo que está más de moda.
palabreo m. Acción de hablar mucho y en vano.
palabrería f. *Fam.* Exceso de palabras, verborrea.
palabrita f. Palabra que lleva segunda intención.
palabrota f. Palabra injuriosa o grosera. || Término difícil de entender.
palace m. (pal. ingl.). Gran hotel lujoso.
palacete m. Casa particular lujosa. || Pequeño palacio.
palaciego, ga adj. Relativo a palacio. || — Adj. y s. Cortesano.
palacio m. Casa suntuosa, especialmente la que sirve de residencia a los reyes y nobles. || Residencia de ciertas asambleas, tribunales, etc.
paladar m. Parte interior y superior de la boca. || *Fig.* Capacidad para apreciar el sabor de lo que se come : *tener buen paladar.*
paladear v. t. Tomar poco a poco el gusto de una cosa, saborear.
paladeo m. Saboreo.
paladín m. Defensor acérrimo.
paladio m. Metal blanco (Pd), de número atómico 46, muy dúctil y duro, de densidad entre 11 y 12 y que funde hacia 1 500°.
palafito m. Vivienda lacustre.
palafrenero m. Mozo de caballos.
palanca f. Barra rígida, móvil alrededor de un punto de apoyo, que sirve para transmitir un movimiento, para levantar grandes pesos. || Plataforma flexible colocada a cierta altura al borde de una piscina, para efectuar saltos. || *Fig.* y *fam.* Apoyo, influencia. || *Palanca de mando,* barra para manejar un avión.
palangana f. Recipiente ancho y poco profundo usado para lavar o lavarse. || *Amer.* Fanfarrón.
palangre m. Cordel con varios anzuelos para pescar.
palanquera f. Valla de madera.
palanqueta f. Palanca pequeña. || Barra de hierro para forzar puertas y cerraduras.
palatal adj. Del paladar : *bóveda palatal.* || Dícese de las vocales o consonantes cuya articulación se forma en cualquier punto del paladar, como la *i,* la *e,* la *ll,* la *ñ* (ú. t. c. s. f.).
palatalización f. Modificación de un fonema cuya articulación se hace aplicando el dorso de la lengua al paladar duro.
palatalizar v. t. Dar a un fonema sonido palatal.
palatinado m. En Alemania, antigua dignidad de elector en el Sacro Imperio. || Territorio gobernado por este elector.
palatino, na adj. Relativo al paladar : *bóveda palatina.* || Relativo a palacio : *nobleza palatina.*
palca f. *Bol.* Cruce de dos caminos o de dos ríos. | Bifurcación de una rama.
palco m. En los teatros y plazas de toros, especie de departamento con balcón donde hay varios asientos. || *Palco de platea,* el que está en la planta baja de un teatro.
palear v. t. Apalear.
palenque m. Estacada de madera. || Sitio cercado donde se celebra una función pública, torneo, etc. || *Riopl.* Estaca para atar los animales. || *Fig.* Sitio donde se combate.
palentino, na adj. y s. De Palencia (España).
paleogeografía f. Ciencia que se dedica a reconstituir hipotéticamente la distribución de los mares y continentes en el curso de las épocas geológicas.
paleografía f. Arte de leer la escritura y signos de los libros y documentos antiguos.
paleógrafo, fa m. y f. Especialista en paleografía.
paleolítico, ca adj. y s. m. Aplícase al período de la edad de piedra tallada.
paleología f. Estudio de la historia primitiva del lenguaje.
paleólogo, ga adj. y s. Que conoce las lenguas antiguas.
paleontología f. Tratado de los seres orgánicos cuyos restos o vestigios se encuentran fósiles.
paleontológico, ca adj. Relativo a la paleontología.
paleontólogo, ga m. y f. Especialista en paleontología.
paleozoico adj. y s. m. Aplícase al segundo período de la historia de la Tierra.
palero, ra m. y f. *Amer.* Persona que sirve de gancho en el juego. | El que hace el juego de otro.
palestino, na adj. y s. De Palestina.
palestra f. Sitio donde se lidia o lucha. || *Fig. Poét.* Lucha, competición. | Sitio donde se celebran certámenes literarios o reuniones públicas. || *Fig. Salir a la palestra,* entrar en liza.
paleta f. Pala pequeña. || Tabla pequeña con un agujero por donde se introduce el pulgar y en la cual el pintor tiene preparados los colores que usa. || Espátula. || Utensilio de cocina a modo de pala. || Badil para revolver la lumbre. || Llana de albañil. || Raqueta de ping-pong. || *Anat.* Paletilla. || Álabe de la rueda hidráulica. || Pala de hélice, ventilador, etc. || *Méx.* Caramelo montado sobre un palo.
paletazo m. Cornada de toro.
paletilla f. *Anat.* Omóplato, hueso del hombro.
paleto, ta adj. y s. Palurdo.
paletón m. Parte de la llave en que están los dientes y guardas. || Diente grande de la mandíbula superior.
paliacate m. *Méx.* Pañuelo grande, de colores vivos.
paliar v. t. Encubrir, disimular. || Disculpar : *paliar una falta.* || *Fig.* Mitigar, atenuar.
paliativo, va adj. y s. m. Dícese de lo que puede paliar. || *Fig.* Capaz de disimular.
palidecer v. i. Ponerse pálido. || *Fig.* Perder una cosa su importancia.
palidez f. Calidad de pálido.
pálido, da adj. Amarillo, macilento. || *Fig.* Falto de colorido o expresión.
paliducho, cha adj. Algo pálido.
palier m. En algunos vehículos automóviles, cada una de las dos mitades en que se divide el eje de las ruedas motrices.
palillero m. Canuto donde se guardan los mondadientes. || Portaplumas.
palillo m. Varilla en que se encaja la aguja de hacer media. || Mondadientes de madera. || Bolillo para hacer encaje. || Cada una de las dos varitas para tocar el tambor. || Vena gruesa de la hoja del tabaco. || Raspa del racimo de pasas. || *Fig.* Palique, charla. || — Pl. Varitas que usan los asiáticos para comer. || Espátulas que usan los escultores. || Castañuelas. || *Fam.* Banderillas de torear.

palimpsesto m. Manuscrito antiguo con huellas de una escritura anterior.
palíndromo m. Palabra o frase que se lee igual de izquierda a derecha que de derecha a izquierda : *arroz* y *zorra; abad* y *daba.*
palio m. Dosel portátil.
palique m. *Fam.* Conversación sin importancia : *se pasó el día entero de palique con sus nuevos amigos.*
paliquear v. i. *Fam.* Charlar.
palisandro m. Madera compacta y de color rojo oscuro empleada en la fabricación de muebles de lujo.
palito m. Palo pequeño. ‖ *Arg. Pisar el palito,* caer en la trampa.
palitroque m. Palo pequeño. ‖ Palote en escritura. ‖ Banderilla.
paliza f. Conjunto de golpes : *pegar una paliza.* ‖ *Fig.* y *fam.* Trabajo o esfuerzo muy cansado. | Derrota : *ha dado una paliza al equipo contrario.* ‖ — M. *Fam. Ser un paliza,* ser muy pesado.
palizada f. Valla hecha de estacas. ‖ Sitio cercado de estacas.
palma f. Palmera. ‖ Hoja de este árbol. ‖ Datilera. ‖ Palmito. ‖ Parte interna de la mano desde la muñeca hasta los dedos. ‖ — Pl. Palmadas, aplausos : *batir las palmas.* ‖ Palmáceas. ‖ — *Fig. Conocer como la palma de la mano,* conocer muy bien. | *Llevarse la palma,* sobresalir.
palmáceo, a adj. y s. f. Dícese de ciertas plantas de tallo simple y grandes hojas. ‖ — F. pl. Familia que forman.
palmada f. Golpe que se da con la palma de la mano : *palmadas en la espalda.* ‖ Ruido que se hace golpeando las manos abiertas.
palmar adj. Relativo a la palma de la mano y a la del casco de las caballerías. ‖ *Fig.* Claro, manifiesto. ‖ — M. Sitio donde se crían palmas.
palmar v. i. *Fam.* Morir.
palmarés m. (pal. fr.). Historial, hoja de servicios.
palmario, ria adj. Patente.
palmatoria f. Candelero bajo.
palmeado, da adj. De figura de palma : *hojas palmeadas.*
palmear v. i. Aplaudir, batiendo palmas : *palmear a un cantante.*
palmeño, ña adj. y s. De La Palma (Panamá).
palmer m. Instrumento de precisión con tornillo micrométrico para medir objetos de poco grueso.
palmera f. Árbol palmáceo cuyo fruto es el dátil.
palmeral m. Plantío de palmas.
palmesano, na adj. y s. De Palma de Mallorca (España).
palmeta f. Especie de regla con que los maestros de escuela castigaban a los alumnos. ‖ Palmetazo.
palmetazo m. Golpe dado con la palmeta. ‖ Palmada.
palmípedo, da adj. y s. f. Dícese de las aves que tienen las patas palmeadas, como el ganso.
palmireño, ña adj. y s. De Palmira (Colombia).
palmito m. Planta palmácea con cuyas hojas se hacen escobas y esteras. ‖ Tallo blanco y comestible de esta planta. ‖ *Fig.* y *fam.* Cara bonita o figura esbelta de la mujer.
palmo m. Medida de longitud, cuarta parte de la vara (21 cm), equivalente aproximadamente al largo de la mano del hombre extendida. ‖ — *Fig. Dejar con un palmo de narices,* dejar burlado. | *Palmo a palmo,* poco a poco. | *Quedarse con dos palmos de narices,* no conseguir lo que se esperaba.
palmotear v. i. Aplaudir.
palmoteo m. Acción de palmotear.
palo m. Trozo de madera cilíndrico : *en vez de bastón llevaba un palo.* ‖ Golpe dado con este objeto. ‖ Madera : *cuchara de palo.* ‖ Estaca, mango : *el palo de la escoba.* ‖ *Taurom.* Banderilla. ‖ *Mar.* Mástil del barco : *embarcación de dos palos.* ‖ Cada una de las cuatro series de naipes de la baraja : *palo de oros, de bastos, de copas, de espadas.* ‖ Trazo grueso de algunas letras como la *b* y la *d.* ‖ *Bot.* Voz que entra en el nombre de varios vegetales *(palo brasil* o *del Brasil, palo campeche* o *de Campeche).* ‖ — *Fam. Amer. A medio palo,* medio borracho. ‖ *Fig. A palo seco,* sin adornos. | *Caérsele a uno los palos del sombrajo,* desanimarse. | *Dar palos de ciego,* dar golpes sin reflexionar. | *Dar un palo,* criticar; cobrar muy caro. | *De tal palo tal astilla,* de tal padre, tal hijo.
paloma f. Ave domesticada de la que existe infinidad de variedades. ‖ *Fig.* Persona muy bondadosa o pura. ‖ *Fam.* Aguardiente anisado con agua. ‖ *Arg.* Cierto baile popular. ‖ *Méx.* Canción típica del país.
palomar m. Edificio donde se crían las palomas.
palometa f. Tuerca que tiene forma de mariposa. ‖ Pez comestible parecido al jurel.
palomilla f. Mariposa pequeña, especialmente la que causa estragos en los graneros. ‖ Especie de soporte de madera para mantener tablas, estantes, etc. ‖ Chumacera, pieza en que entra el eje de una máquina. ‖ Palometa, tuerca. ‖ *Guat., Méx.* y *Per.* Grupo de personas que se reúnen para divertirse.
palomino m. Pollo de paloma. ‖ *Fig.* Joven inexperto, ingenuo. ‖ *Fam.* Mancha de excremento en los calzoncillos.
palomita f. Roseta de maíz tostado. ‖ Anís con agua.
palomo m. Macho de la paloma.
palotazo m. Varetazo.
palote m. Palo pequeño. ‖ Trazo recto que hacen los niños en el colegio para aprender a escribir.
palpable adj. Que puede palparse. ‖ *Fig.* Manifiesto, evidente.
palpar v. t. Tocar una cosa con las manos para reconocerla. ‖ *Fig.* Conocer realmente. | Percibir, notar.
palpitación f. Latido. ‖ Pulsación rápida.
palpitante adj. Que palpita. ‖ *Fig.* Interesante, emocionante.
palpitar v. i. Contraerse y dilatarse alternativamente : *el corazón palpita.* ‖ Latir muy rápidamente. ‖ *Fig.* Manifestarse algún sentimiento en las palabras o actos.
pálpito m. Corazonada.
palqui m. Arbusto americano.
palta f. *Amer.* Aguacate, fruto.
palto m. *Amer.* Aguacate, árbol.
palúdico, ca adj. Relativo a los lagos y pantanos. ‖ Dícese de la fiebre causada por el microbio procedente de los terrenos pantanosos y transmitido por el anofeles. ‖ Que padece paludismo (ú. t. c. s.).
paludismo m. Enfermedad del que padece fiebres palúdicas.
palurdo, da adj. y s. Rústico, grosero, dícese sobre todo de la gente que vive en el campo.

palustre adj. Relativo a los pantanos. ‖ — M. Llana de albañil.
palla f. *Amer.* Entre los incas, mujer de sangre real.
pambazo m. *Méx.* Panecillo que se rellena con diversos manjares.
pamela f. Sombrero flexible femenino de ala ancha. ‖ *Arg. Fam.* Hombre presumido y algo afeminado.
pamema f. *Fam.* Cosa insignificante, tontería, bobada.
pampa f. Llanura extensa de América Meridional desprovista de vegetación arbórea : *la pampa argentina.* ‖ *Chil.* Pradera más o menos llana entre los cerros. ‖ — Adj. y s. *Arg.* Indio de origen araucano de la Pampa.
pámpano m. Sarmiento tierno o pimpollo de la vid.
pampeano, na adj. y s. Pampero, relativo a la pampa.
pampear v. i. *Amer.* Recorrer la pampa.
pampeño, ña adj. De la pampa.
pamperada f. *Riopl.* Viento pampero que dura mucho.
pampero, ra adj. Relativo a las pampas. ‖ Dícese del habitante de las pampas (ú. t. c. s.). ‖ Aplícase al viento impetuoso y frío que viene de las pampas (ú. t. c. s. m.).
pampino, na adj. y s. *Chil.* Relativo a la pampa.
pamplina f. *Fig.* y *fam.* Simpleza, tontería. | Cosa sin importancia.
pamplinada f. *Fam.* Pamplina.
pamplinero, ra y **pamplinoso, sa** adj. y s. Tonto, necio, bobo.
pamplonés, esa y **pamplonica** adj. y s. De Pamplona (España).
pamporcino m. Planta herbácea.
pan m. Alimento hecho de harina amasada, fermentada y cocida en el horno. ‖ Alimento en general : *ganarse el pan de cada día.* ‖ Masa a la que se da una forma en un molde : *pan de higos.* ‖ Trigo : *año de mucho pan.* ‖ Hoja de oro o plata muy batida. ‖ — *Fig. A falta de pan buenas son tortas,* hay que conformarse con lo que se tiene. | *A pan y agua,* con muy poco alimento. | *Con su pan se lo coma,* que se las arregle como pueda. | *Llamar al pan pan y al vino vino,* decir las cosas claramente. | *Ser un pedazo de pan* o *más bueno que el pan,* ser muy bondadoso.
pana f. Tela de algodón fuerte parecida al terciopelo que suele estar acanalada : *llevaba una chaqueta raída y unos pantalones de pana llenos de agujeros.*
panacea f. Medicamento que se creía podía curar todas las enfermedades. ‖ *Fig.* Solución que puede aplicarse a cualquier problema.
panadería f. Establecimiento donde se hace o vende el pan.
panadero, ra m. y f. Persona que hace o vende pan.
panadizo m. Inflamación de los dedos, principalmente junto a la uña.
panafricanismo m. Doctrina encaminada a promover la unión y la solidaridad de los países de África.
panafricano, na adj. Relativo a los países del continente africano.
panal m. Conjunto de celdillas prismáticas hexagonales de cera que forman las abejas para depositar en ellas la miel.
panamá m. Sombrero de paja muy flexible, jipijapa. ‖ *Amer.* Negocio fraudulento.
panameñismo m. Locución, modo de hablar y palabra propios de los panameños.
panameño, ña adj. y s. De Panamá (ciudad y país).
panamericanismo m. Doctrina que preconiza el desarrollo de las relaciones entre los países americanos.
panamericanista com. Persona que defiende el panamericanismo. ‖ — Adj. Relativo al panamericanismo.
panamericano, na adj. Relativo a toda América.
panarabismo m. Doctrina que preconiza la unión de todos los países de lengua y civilización árabes.
pancarta f. Cartel, letrero.
pancista adj. y s. *Fam.* Aplícase a la persona que, por interés propio y para medrar, procura siempre estar en buenas relaciones con aquellos que mandan o gobiernan.
páncreas m. Glándula abdominal localizada detrás del estómago cuyo jugo contribuye a la digestión, y que produce también una secreción hormonal interna *(insulina).*
pancreático, ca adj. Relativo al páncreas.
pancreatitis f. Inflamación del páncreas.
pancho, cha adj. *Fam.* Tranquilo.
panda m. Mamífero parecido al oso que vive en el Himalaya. ‖ *Fam.* Pandilla, grupo.
pandear v. i. Torcerse una cosa encorvándose (ú. t. c. pr.).
pandectas f. pl. Recopilación de leyes hecha por orden del emperador bizantino Justiniano I (482-565).
pandemia f. Enfermedad epidémica que se extiende a varios países.
pandemónium m. *Fig.* Sitio donde hay mucho ruido y agitación.
pandeo m. Alabeo, combadura.
pandereta f. Pandero : *tocar la pandereta.* ‖ — *La España de pandereta,* la considerada solamente desde el punto de vista folklórico. ‖ *Fig.* y *fam. Zumbar la pandereta,* pegar una buena paliza.
panderete m. Tabique hecho con ladrillos puestos de canto.
pandero m. Instrumento de percusión formado por un redondel de piel sujeto a un aro con sonajas.
pandilla f. Conjunto de personas, generalmente jóvenes, que se reúnen para divertirse juntas. ‖ Unión de varias personas formada generalmente con mala intención.
pandino, na adj. y s. De Pando (Bolivia).
pandit m. Título dado en la India a los bramanes eruditos.
panecillo m. Pan pequeño.
panegírico adj. Hecho en alabanza de una persona : *discurso panegírico.* ‖ — M. Discurso de alabanza. ‖ *Fig.* Grandes elogios.
panegirista com. Persona que pronuncia el panegírico. ‖ *Fig.* Persona que hace grandes elogios de otra.
panegirizar v. t. Elogiar.
panel m. Cada uno de los compartimientos en que se dividen los lienzos de pared, las hojas de puertas, etc. ‖ Tabla de madera en que se pinta. ‖ Tablero indicador en las estaciones y aeropuertos.
panera f. Cesta del pan.
paneslavismo m. Doctrina política que tiende a la agrupación de todos los pueblos de origen eslavo.
paneslavista adj. y s. Relativo al paneslavismo o su partidario.

paneuropeo, a adj. Relativo a toda Europa : *su política siempre intentó conseguir una verdadera unión panaeuropea.*
panfilismo m. Simpleza o bondad extremada.
pánfilo, la adj. y s. Muy tranquilo. ‖ Tonto, bobo.
panfletista m. Libelista.
panfleto m. Libelo.
pangermanismo m. Doctrina que propugna la unión de todos los pueblos de origen germánico.
pangermanista adj. y s. Partidario del pangermanismo o relativo a esta doctrina.
pangolín m. Mamífero desdentado de África y Asia.
panhelenismo m. Doctrina que propugna la unión de todos los griegos de los Balcanes, del mar Egeo y de Asia Menor en una sola nación.
paniaguado m. *Fam.* El allegado a una persona y favorecido por ella.
pánico, ca adj. Aplícase al terror grande sin causa justificada. ‖ — M. Miedo súbito y excesivo. ‖ *De pánico,* extraordinario.
panículo m. Capa de tejido adiposo situada debajo de la piel.
paniego, ga adj. Que come mucho pan. ‖ Que produce trigo : *tierras paniegas.*
panificación f. Transformación de la harina en pan.
panificadora f. Instalación industrial para hacer pan.
panificar v. t. Transformar harina en pan.
panislamismo m. Doctrina que propugna la unión de todos los puebles musulmanes.
panocha y **panoja** f. Mazorca.
panoli adj. y s. *Pop.* Majadero.
panoplia f. Armadura completa. ‖ Colección de armas y tabla donde se colocan. ‖ *Fig.* Serie de medios que permiten actuar en una situación determinada.
panorama m. Vista de un horizonte muy extenso. ‖ *Fig.* Estudio rápido, vista de conjunto.
panorámico, ca adj. Relativo al panorama : *vista panorámica.* ‖ *Fig.* Global, de conjunto. ‖ — F. Procedimiento cinematográfico que consiste en hacer girar la cámara sobre un eje horizontal o vertical durante la toma de vistas.
panqué o **panqueque** m. *Cub.* Especie de bizcocho. ‖ *Amer.* Tortilla hecha con harina y azúcar.
pantagruélico, ca adj. Dícese de las comidas excesivas.
pantaletas f. pl. *Amer.* Bragas.
pantalón m. Prenda de vestir dividida en dos piernas que cubre desde la cintura hasta los tobillos. ‖ Prenda de ropa interior femenina.
pantalonera f. Costurera que hace pantalones. ‖ *Méx.* Pantalón del traje charro.
pantalla f. Lámina de diversas formas que se coloca delante o alrededor de la luz. ‖ Mampara que se pone delante de la lumbre. ‖ Telón blanco sobre el cual se proyectan imágenes cinematográficas o diapositivas, o parte delantera de los televisores donde aparecen las imágenes. ‖ *Por ext.* Cinematógrafo : *actriz de la pantalla.* ‖ *Fig.* Persona que encubre a otra. ‖ *Arg.* Abanico ‖ — *La pantalla pequeña,* la televisión. ‖ *Pantalla acústica,* elemento de un equipo estereofónico que contiene uno o varios altavoces.
pantano m. Hondonada natural donde se acumulan aguas. ‖ Embalse.
pantanoso, sa adj. Lleno de pantanos. ‖ Cenagoso.
panteísmo m. Sistema según el cual Dios se identifica con el mundo.
panteísta adj. y s. Seguidor, partidario del panteísmo.
panteón m. Templo consagrado antiguamente por los griegos y romanos a todos sus dioses. ‖ Conjunto de los dioses de una religión politeísta. ‖ Monumento nacional donde se guardan los restos de hombres ilustres. ‖ Monumento funerario donde se entierran varias personas.
pantera f. Leopardo de la India, de manchas anilladas.
pantógrafo m. Instrumento para la copia, ampliación o reducción de dibujos. ‖ Especie de trole articulado para locomotoras eléctricas.
pantomima f. Arte de expresarse por medio de gestos y movimientos, sin recurrir a la palabra. ‖ Representación teatral sin palabras.
pantorrilla f. Parte de la pierna por debajo de la corva.
pantufla f. y **pantuflo** m. Calzado casero sin orejas ni talón.
panza f. Barriga. ‖ Parte saliente y abultada de ciertas vasijas o de otras cosas. ‖ Primera cavidad del estómago de los rumiantes.
panzada f. y **panzazo** m. Golpe dado con la panza. ‖ *Fam.* Hartazgo. ‖ *Fam. Darse una panzada de reír,* partirse de risa.
pañal m. Trozo de tela de varias formas en que se envuelve a los recién nacidos. ‖ Faldón de la camisa del hombre. ‖ — Pl. Envoltura de los niños pequeños. ‖ *Fig.* Niñez. ‖ Principios de una cosa : *una cultura aún en pañales.* ‖ — *Fam. Dejar en pañales,* dejar muy atrás. | *Estar en pañales,* tener poco conocimiento de una cosa.
pañería f. Comercio o tienda de paños. ‖ Conjunto de estos paños.
pañero, ra adj. De los paños. ‖ — M. y f. Persona que vende paños.
paño m. Tejido de lana muy tupida. ‖ Tela. ‖ Ancho de una tela. ‖ Tapiz o colgadura. ‖ Trapo para limpiar. ‖ Cada una de las divisiones de una mesa de juego. ‖ Mancha oscura en la piel, especialmente del rostro. ‖ Lienzo de pared. ‖ Enlucido. ‖ Impureza que empaña el brillo de una cosa. ‖ *Mar.* Vela. ‖ — Pl. Vestiduras y ropas que caen en pliegues en retratos y estatuas. ‖ Trozos de tela para varios usos médicos. ‖ — *Fig.* y *fam. Conocer el paño,* conocer perfectamente. | *Haber paño que cortar* o *de que cortar,* haber materia abundante. ‖ *Fig. Paño de lágrimas,* confidente y consuelo. ‖ *Fam. Paños calientes,* remedios paliativos de poca eficacia. ‖ *Paños menores,* prendas interiores.
pañol m. Cualquiera de los compartimientos del buque donde se guardan víveres, municiones, etc.
pañoleta f. Pañuelo doblado en triángulo que adorna el cuello.
pañolón m. Mantón.
pañuelo m. Pedazo de tela pequeño y cuadrado para diferentes usos. ‖ El que sirve para limpiarse las narices.
papa m. Sumo pontífice de la Iglesia católica : *el papa Juan Pablo II.*
papa f. Patata. ‖ *Fam.* Comida. ‖ — *Fam. Ni papa,* nada. ‖ *Arg. Fam. Ser muy papa,* ser muy hermosa.
papá m. *Fam.* Padre.

papable adj. Aplícase al cardenal que puede ser elegido papa.
papacla f. Hoja ancha del maíz.
papachar v. t. *Méx.* Hacer papachos.
papacho m. *Méx.* Caricia.
papada f. Abultamiento de carne debajo de la barba.
papado m. Pontificado.
papafigo m. Ave de plumaje pardo verdoso.
papagayo m. Ave prensora de plumaje amarillento verde y encarnado. ‖ *Arg.* Orinal usado en la cama.
papal adj. Relativo al papa. ‖ — M. *Amer.* Plantío de papas.
papalote m. *Guat.* y *Méx.* Cometa, juguete. | Especie de planeador muy ligero que permite a una persona recorrer cierta distancia volando tras haberse lanzado desde un lugar alto.
papamoscas m. inv. Pájaro insectívoro. ‖ *Fam.* Papanatas.
papanatas m. inv. *Fam.* Hombre necio y crédulo. | Mirón.
papar v. t. Comer cosas blandas sin masticarlas : *papar sopas.* ‖ *Fig. Papar moscas,* no hacer nada.
paparrucha f. *Fam.* Mentira : *contar paparruchas.* | Obra sin valor : *este libro es una paparrucha.*
papaveráceo, a adj. y s. f. Dícese de las plantas dicotiledóneas y herbáceas como la adormidera. ‖ — F. pl. Familia que éstas forman.
papaverina f. Alcaloide del opio usado como estupefaciente.
papaya f. Fruta del papayo.
papayo m. Arbolillo tropical cuyo fruto es la papaya.
papear v. i. *Fam.* Comer.
papel m. Hoja delgada fabricada con toda clase de sustancias vegetales molidas que sirve para escribir, imprimir, envolver, etc. ‖ Pliego, hoja, escrito o impreso. ‖ Parte de la obra que representa cada actor de cine o teatro : *desempeñar un papel.* ‖ Personaje de la obra dramática : *primero, segundo papel.* ‖ *Fig.* Función, empleo : *tu papel es obedecer.* ‖ *Com.* Dinero en billetes de banco. | Conjunto de valores mobiliaros. ‖ *Fam.* Periódico. ‖ — Pl. Documentación, lo que acredita la identidad de una persona : *tener los papeles en regla.* ‖ — *Papel biblia,* el muy fino. ‖ *Papel carbón,* el usado para sacar copias. ‖ *Papel cebolla,* el de seda muy fino. ‖ *Papel de estaño* o *de plata,* laminilla de este metal que se usa para envolver y conservar ciertos productos. ‖ *Papel de estraza,* el muy basto para envolver. ‖ *Papel de fumar,* el empleado para liar cigarrillos. ‖ *Papel del Estado,* documento de crédito emitido por el Gobierno. ‖ *Papel de lija,* el fuerte con polvos de esmeril, de vidrio, etc., para pulir. ‖ *Papel de pagos,* hoja timbrada para hacer pagos al Estado. ‖ *Fig. y fam. Papel mojado,* lo que no tiene valor ni eficacia. ‖ *Papel moneda,* el creado por el Estado para reemplazar la moneda metálica. ‖ *Papel secante,* el esponjoso y sin cola para secar lo escrito.
papela f. *Pop.* Documento de identidad. | Título cualquiera.
papelear v. i. Revolver papeles : *papelear para hallar un dato.* ‖ *Fig.* y *fam.* Querer aparentar, presumir.
papeleo m. Acción de papelear o revolver papeles. ‖ Gran cantidad de papeles inútiles. ‖ Trámites para resolver un asunto.
papelera f. Mueble donde se guardan papeles. ‖ Fábrica de papel. ‖ Cesto para arrojar los papeles.
papelería f. Conjunto de papeles. ‖ Tienda en que se venden papel y objetos de escritorio.
papelero, ra adj. Relativo al papel. ‖ — M. Que fabrica o vende papel. ‖ *Fig.* y *fam.* Ostentoso. ‖ *Arg.* Papelera.
papeleta f. Cédula : *papeleta del monte, de empeño.* ‖ Papel pequeño que lleva algo escrito : *papeleta de voto.* ‖ Papel donde se da una calificación : *papeleta de examen.* ‖ Pregunta, sacada por sorteo, a la que el candidato a un examen debe responder. ‖ *Fig.* y *fam.* Asunto difícil : *se me presentó una papeleta difícil de arreglar.* | Cosa molesta, pesada.
papelillo m. Confeti.
papelón m. Papel inútil. ‖ Cartón delgado. ‖ Cucurucho de papel. ‖ *Arg. Fam.* Plancha, metedura de pata. | Papel desairado o ridículo.
papelón, ona adj. y s. Dícese de quien siempre quiere lucirse.
papera f. Bocio. ‖ — Pl. Parotiditis. ‖ Escrófulas, lamparones.
papi m. *Fam.* Papá.
papiamento m. Lengua criolla hablada en Curazao.
papila f. Prominencia más o menos saliente de la piel y las membranas mucosas : *las papilas gustativas.* ‖ Prominencia formada por el nervio óptico en el fondo del ojo y desde donde se extiende a la retina.
papilar adj. De las papilas.
papilionáceo, a adj. Aplícase a las plantas leguminosas de corola amariposada (ú. t. c. s. f.). ‖ — F. pl. Familia que forman.
papiloma m. Variedad de epitelioma. ‖ Excrecencia formada en la piel : *las verrugas son una clase de papilomas.*
papilla f. Comida hecha con harina, patatas u otras féculas, cocida en agua o en leche, que se da generalmente a los niños. ‖ *Fig.* Astucia, cautela. ‖ — *Fig.* y *fam. Echar la primera papilla,* vomitar mucho. | *Hecho papilla,* destrozado; muy cansado.
papiro m. Planta de Oriente, cuya médula empleaban los antiguos para escribir. ‖ Hoja de papiro escrita : *un papiro sánscrito.*
pápiro m. *Pop.* Billete de banco.
papirotazo m. Capirotazo.
papirote m. *Fam.* Tonto.
papirusa f. *Arg.* Muchacha linda.
papisa f. Mujer papa : *la papisa Juana.*
papismo m. Nombre dado por los protestantes a la Iglesia católica y a la autoridad del papa.
papista adj. y s. Entre los protestantes, aplícase al católico romano. ‖ *Fam. Ser uno más papista que el papa,* mostrar más celo en un asunto que el mismo interesado.
papo m. Parte abultada del cuello del animal entre la barba y el cuello. ‖ Buche de las aves. ‖ Bocio.
paprika f. Especie de pimentón picante húngaro usado como condimento.
papú adj. invar. y s. De Papuasia. (Pl. *papúes* o *papúas.*)
paquebote m. Transatlántico.
paquete m. Lío o envoltorio : *paquete de cigarrillos.* ‖ *Fig.* Conjunto de medidas. ‖ Persona que va en el sidecar de una moto. ‖ *Pop.* Cosa pesada y fastidiosa : *¡vaya un paquete!* | Castigo. ‖ — Adj. *Arg.* Presumido,

elegante. ‖ — *Guat.* y *Méx. Darse paquete,* darse tono. ‖ *Mil.* y *Fam. Meter un paquete,* dar un jabón, reprender. ‖ *Paquete postal,* el que se envía por correo cumpliendo ciertos requisitos.

paquetear v. i. *Arg. Fam.* Ir bien vestido, fardar : *se compró una corbata para paquetear.*

paquidermo adj. y s. m. Aplícase a lcs animales de piel muy gruesa y dura, como el elefante, el rinoceronte y el hipopótamo. ‖ — M. pl. Suborden de estos animales.

paquistaní adj. y s. Del Paquistán.

par adj. Igual, semejante en todo. ‖ *Mat.* Exactamente divisible por dos : *seis es un número par.* ‖ *Anat.* Aplícase al órgano que corresponde simétricamente a otro igual. ‖ — M. Conjunto de dos personas o cosas de la misma clase : *un par de zapatos.* ‖ Objeto compuesto de dos piezas idénticas : *un par de tijeras.* ‖ Título de alta dignidad en ciertos países : *Cámara de los pares en Inglaterra.* ‖ *Arq.* Cada uno de los maderos oblicuos que sostienen la cubierta de un edificio. ‖ *Fís.* Conjunto de dos elementos heterogéneos que producen una corriente eléctrica. ‖ *Mec.* Conjunto de dos fuerzas iguales, paralelas y de sentido contrario. ‖ Igualdad del cambio de monedas entre dos países. ‖ — F. pl. Placenta. ‖ — *A la par,* a la vez ; a la misma altura. ‖ *De par en par,* aplícase a la puerta o ventana que tiene las dos hojas abiertas. ‖ *Sin par,* único.

para prep. Indica varias relaciones : Término de un movimiento : *salió para Madrid.* ‖ Término de un transcurso de tiempo : *faltan tres días para mi cumpleaños.* ‖ Duración : *alquilar un coche para una semana.* ‖ Destino o fin de una acción : *trabajar para ganarse la vida.* ‖ Aptitud o competencia : *ser capaz para los negocios.* ‖ Comparación o contraposición : *es un buen piso para el alquiler que paga.* ‖ Motivo suficiente : *lo que ha hecho es para pegarle.* ‖ Estado físico o de ánimo : *hoy no estoy para bromas.* ‖ Inminencia de una acción : *estoy para marchar al extranjero.* ‖ Intención : *está para dimitir.*

parabellum f. Pistola automática de gran calibre.

parabién m. Felicitación.

parábola f. Narración de la que se deduce una enseñanza moral. ‖ Línea curva cuyos puntos son todos equidistantes de un punto fijo, llamado *foco,* y de una recta igualmente fija llamada *directriz.* ‖ Curva descrita por un proyectil.

parabólico, ca adj. Relativo a la parábola. ‖ Con forma de parábola : *faro parabólico.*

parabolizar v. t. Representar algo con parábolas.

parabrisas m. inv. Cristal que se pone al frente de los automóviles para proteger del viento.

paraca f. *Amer.* Viento fuerte del Pacífico. ‖ *Fam.* Paracaidista.

paracaídas m. inv. Saco de tela que se abre automáticamente o por la acción del hombre cuando un cuerpo cae desde gran altura.

paracaidismo m. Lanzamiento de un avión en vuelo con paracaídas. ‖ *Méx.* Ocupación indebida.

paracaidista com. Persona que se dedica al descenso en paracaídas. ‖ — Adj. y s. m. Aplícase a los soldados que descienden en terreno enemigo en paracaídas.

parachoques m. inv. Artefacto protector contra los choques delante y detrás de un vehículo.

parada f. Acción de parar o detenerse. ‖ Sitio donde se para un vehículo para dejar y recoger viajeros. ‖ Lugar donde se estacionan los taxis. ‖ Sitio donde se cambiaban las caballerías de las diligencias. ‖ Fin del movimiento de una cosa. ‖ *Mús.* Pausa. ‖ *Esgr.* Quite. ‖ *Mil.* Revista de tropas : *parada militar.* ‖ En ciertos deportes, detención del balón por el guardameta.

paradero m. Lugar de parada. ‖ Morada : *no conozco el paradero de mi amigo.* ‖ *Amer.* Apeadero de ferrocarril. ‖ *Fig.* Fin, término.

paradigma m. Ejemplo, modelo.

paradisiaco, ca adj. Relativo al Paraíso : *felicidad paradisiaca.*

parado, da adj. Que no se mueve. ‖ Poco activo. ‖ Desocupado, sin empleo (ú. t. c. s. m.). ‖ Confuso, sin saber qué hacer o contestar. ‖ *Amer.* De pie, en pie.

paradoja f. Idea extraña u opuesta a la opinión común. ‖ Aserción inverosímil o absurda, que se presenta con apariencias de verdadera. ‖ *Fil.* Contradicción a la que llega, en ciertos casos, el razonamiento abstracto. ‖ Figura que consiste en emplear expresiones o frases que encierran una contradicción.

paradójico, ca adj. Que incluye paradoja o usa de ella.

parador, ra adj. Que para o se para. ‖ — M. Posada, mesón. ‖ Hoy, hotel de lujo, administrado por el Estado, en España.

paraestatal adj. Aplícase a las entidades que cooperan con el Estado sin formar parte del él.

parafernales adj. pl. Aplícase a los bienes de la mujer no comprendidos en la dote, y los obtenidos más tarde por herencia o donación.

parafina f. Sustancia sólida, blanca, insoluble en el agua, resistente a los agentes químicos, que se extrae de los aceites del petróleo.

parafinado m. Acción y efecto de cubrir con parafina.

parafinar v. t. Impregnar de parafina.

parafrasear v. t. Hacer la paráfrasis de un texto o de un escrito.

paráfrasis f. Explicación o interpretación amplia de un texto.

paragonar v. t. Comparar.

parágrafo m. Párrafo.

paraguariense adj. y s. De Paraguarí (Paraguay).

paraguas m. inv. Utensilio portátil compuesto de un bastón y un varillaje flexible cubierto de tela para protegerse de la lluvia.

paraguayo, ya adj. y s. De Paraguay. ‖ — F. Fruta parecida al pérsico.

paragüero, ra m. y f. Persona que hace o vende paraguas. ‖ — M. Mueble para colocarlos.

parahúso m. Instrumento para taladrar.

paraiseño, ña adj. y s. De El Paraíso (Honduras).

paraíso m. En el Antiguo Testamento, jardín de las delicias donde colocó Dios a Adán y Eva. ‖ En el Nuevo Testamento, cielo. ‖ *Fig.* Lugar sumamente ameno y agradable. ‖ *Teatr.* Localidades del piso más alto. ‖ *Ave del Paraíso,* pájaro de Nueva Guinea, cuyo macho lleva un plumaje de colores vistosos.

paraje m. Lugar, sitio.

paralaje f. Diferencia entre las posiciones aparentes de un astro según el punto desde donde se observa.
paralelepípedo m. *Geom.* Sólido de seis caras iguales y paralelas de dos en dos, y cuya base es un paralelogramo.
paralelismo m. Calidad de paralelo.
paralelo, la adj. *Geom.* Aplícase a las líneas o a los planos que se mantienen, cualquiera que sea su prolongación, equidistantes entre sí. ‖ Correspondiente, correlativo, semejante : *acción paralela.* ‖ Aplícase al mercado que, contrariamente a lo legislado, mantiene unos precios más elevados que los oficiales. ‖ Dícese de lo que es más o menos clandestino, de las actividades que se encargan en parte de las efectuadas por un organismo legal u oficial : *policía paralela.* ‖ — F. Línea paralela a otra : *trazar paralelas.* ‖ — F. pl. En gimnasia, aparato compuesto de dos barras paralelas : *ejercitarse en las paralelas.* ‖ — M. *Geogr.* Círculo del globo terrestre paralelo al ecuador : *los paralelos de la Tierra.* ‖ Comparación, parangón : *hacer un paralelo entre dos autores.* ‖ *Geom.* Cada una de las secciones de una superficie de revolución al ser ésta cortada por planos perpendiculares a su eje.
paralelogramo m. Cuadrilátero de lados opuestos de paralelos.
parálisis f. inv. Privación o disminución del movimiento de una parte del cuerpo. ‖ *Fig.* Paralización.
paralítico, ca adj. y s. Enfermo de parálisis.
paralización f. *Fig.* Detención que experimenta una cosa dotada normalmente de movimiento : *la paralización del tráfico.*
paralizador, ra y **paralizante** adj. Que paraliza.
paralizar v. t. Causar parálisis. ‖ *Fig.* Detener, impedir la acción y movimiento de una cosa o persona : *paralizar el comercio.*
paramédico, ca adj. Relacionado con el tratamiento de los enfermos sin formar parte del cuerpo facultativo : *profesión paramédica.*
paramento m. Adorno con que se cubre una cosa. ‖ Cualquiera de las dos caras de una pared o muro.
paramera f. Región con páramos.
parámetro m. *Geom.* Cantidad distinta de la variable a la cual se puede fijar un valor numérico y que entra en la ecuación de algunas curvas, especialmente en la parábola. ‖ *Fig.* Dato que se considera fijo en el estudio de una cuestión.
paramilitar adj. Que imita la organización y la disciplina militar.
páramo m. Terreno yermo, raso y desabrigado. ‖ *Fig.* Lugar solitario.
paranaense adj. y s. Del o relativo al río Paraná (Argentina y Paraguay).
parangón m. Comparación. ‖ Modelo, dechado.
parangonar v. t. Comparar.
paraninfo m. Salón de actos académicos en algunas universidades.
paranoia f. Psicosis que se caracteriza por un orgullo exagerado, egoísmo, recelo.
paranoico, ca adj. y s. Relativo a la paranoia. ‖ Que la padece.
paranoide adj. Paranoico.
paranomasia f. Paronomasia.
parapetarse v. pr. Resguardarse con parapetos. ‖ *Fig.* Precaverse de un riesgo, protegerse.
parapeto m. Barandilla o antepecho : *parapeto de un puente.* ‖ Terraplén, muro o barricada para protegerse de los golpes del enemigo.
paraplejía f. Parálisis de la mitad inferior del cuerpo.
parapléjico, ca adj. Relativo a la paraplejía. ‖ — Adj. y s. Afectado de esta enfermedad.
parar v. i. Cesar en el movimiento o en la acción : *ha parado la lluvia.* ‖ Detenerse un vehículo público en un sitio determinado. ‖ Acabar, ir a dar : *el camino va a parar en un bosque.* ‖ Recaer una cosa en propiedad de uno : *la herencia vino a parar a sus manos.* ‖ Hospedarse : *parar en un mesón.* ‖ Convertirse una cosa en otra diferente de la que se esperaba. ‖ No trabajar. ‖ Decidir. ‖ — *Ir a parar,* llegar. ‖ *No parar,* trabajar mucho. ‖ *Parar de,* cesar o dejar de. ‖ *Sin parar,* sin sosiego, sin descanso. ‖ — V. t. Detener, impedir el movimiento o acción : *parar un vehículo.* ‖ Prevenir o precaver. ‖ Mostrar el perro la caza deteniéndose ante ella. ‖ En deportes, detener el balón. ‖ *Esgr.* Detener el golpe del contrario : *parar la estocada.* ‖ *Fig.* y *fam. Parar los pies a uno,* detenerle antes de que se propase. ‖ — V. pr. Detenerse. ‖ *Fig.* Reparar : *pararse en tonterías.* ‖ *Amer.* Ponerse de pie. ‖ *Méx.* Levantarse después de dormir. ‖ — *Fig. No pararse en barras,* no detenerse ante ningún obstáculo. | *Pararse a pensar,* reflexionar.
pararrayos m. inv. Aparato para proteger contra el rayo.
parasimpático adj. *Anat.* Aplícase al sistema nervioso antagónico al simpático (ú. t. c. s. m.).
parasitario, ria adj. Relativo a los parásitos.
parasitismo m. Condición de parásito.
parásito, ta adj. y s. m. Aplícase al animal o planta que se alimenta o crece con sustancias producidas por otro a quien vive asido. ‖ *Fig.* Dícese de la persona que vive a expensas de los demás. ‖ *Fís.* Dícese de las interferencias que perturban una transmisión radioeléctrica.
parasol m. Quitasol.
paratífico, ca adj. Relativo a la paratifoidea. ‖ — Adj. y s. Que padece esta enfermedad.
paratifoidea f. Infección intestinal parecida a la fiebre tifoidea, pero de carácter menos grave.
paratiroides adj. inv. Dícese de las glándulas de secreción interna situadas alrededor del tiroides, cuya principal función consiste en regular el metabolismo del calcio (ú. t. c. s. f.).
parcela f. Superficie pequeña que resulta de la división de un terreno. ‖ Porción pequeña.
parcelable adj. Que se puede parcelar.
parcelación f. División en parcelas : *parcelación de tierras.*
parcelar v. t. Dividir en parcelas : *parceló su finca para construir casas.*
parcial adj. Relativo a una parte de un todo. ‖ No completo : *eclipse parcial.* ‖ Que procede o juzga con parcialidad, sin ecuanimidad : *autor parcial.* ‖ Partidario, seguidor (ú. t. c. s.).
parcialidad f. Facción. ‖ Preferencia injusta, falta de ecuanimidad.
parcimonia f. Parsimonia.
parco, ca adj. Sobrio, frugal. ‖ Mezquino, roñoso. ‖ Moderado. ‖ Muy pequeño.

parche m. Pedazo de tela, papel, etc., que se pega sobre una cosa para arreglarla. ‖ Pedazo de goma para componer un neumático que se ha pinchado. ‖ Piel del tambor o el mismo tambor. ‖ *Fig.* Cosa añadida a otra y que desentona. | Retoque mal hecho en pintura.

parcheo m. *Fig.* Modificación poco profunda, arreglo transitorio y superficial.

parchís o **parchesi** m. Juego que se hace sobre un tablero dividido en cuatro casillas y varios espacios por donde han de pasar las fichas de los jugadores.

¡pardiez! interj. ¡Por Dios!

pardillo, lla adj. y s. Campesino, paleto. ‖ — M. Pájaro de color pardo rojizo, con el pecho y cabeza rojos y de canto agradable.

pardo, da adj. De color más o menos oscuro. ‖ *Amer.* Mulato.

pardusco, ca adj. De color que tira a pardo.

pareado m. Estrofa consonante de dos versos que riman entre sí.

parear v. t. Juntar dos cosas iguales. ‖ Formar pares.

parecer m. Opinión, juicio. ‖ Aspecto, facciones.

parecer v. i. Suscitar cierta opinión : *¿qué te parece esta novela?* ‖ Tener cierta apariencia : *parece cansado.* ‖ Convenir : *allá iremos si le parece.* ‖ Existir cierta posibilidad : *parece que va a nevar.* ‖ *Al parecer,* según lo que se puede ver o juzgar. ‖ — V. pr. Tener alguna semejanza : *se parece a su padre como una gota de agua a otra.*

parecido, da adj. Algo semejante. ‖ Que tiene cierto aspecto : *persona bien parecida.* ‖ — M. Semejanza, similitud.

pared f. Obra de fábrica levantada para cerrar un espacio. ‖ Superficie lateral de un cuerpo : *la pared de un vaso.* ‖ — *Fig.* y *fam. Estar pegado a la pared,* estar sin un cuarto. | *Subirse por las paredes,* enfadarse.

paredón m. Pared muy grande. ‖ Lugar donde se fusila a alguien. ‖ *¡Al paredón!,* ¡que lo fusilen!

pareja f. Conjunto de dos personas o cosas semejantes. ‖ En particular, dos guardias. ‖ Dos animales, macho y hembra : *una pareja de palomas.* ‖ Dos cosas que siempre van juntas : *este guante no hace pareja con ningún otro.* ‖ Compañero o compañera de baile. ‖ Matrimonio o novios. ‖ Compañero en el juego. ‖ — Pl. En los dados y naipes, dos cartas o puntos iguales. ‖ — *Correr parejas,* ser iguales dos cosas. ‖ *Por parejas,* de dos en dos.

parejo, ja adj. Semejante. ‖ Igual, regular. ‖ Llano.

paremiología f. Tratado de refranes.

parénquima m. Tejido celular esponjoso que en los vegetales llena el espacio comprendido entre las partes fibrosas. ‖ *Anat.* Tejido de los órganos glandulares.

parenquimatoso, sa adj. Propio del parénquima o parecido a él. ‖ Constituido por parénquima.

parentela f. Conjunto de los parientes. ‖ Parentesco.

parentesco m. Vínculo y relación que existen entre los parientes. ‖ Conjunto de los parientes o aliados. ‖ *Fig.* Unión, vínculo, conexión.

paréntesis m. Palabra o frase incidental que se intercala en el período formando sentido por sí sola. ‖ Signo ortográfico ( ) en que suele encerrarse esta oración o frase. ‖ *Fig.* Suspensión o interrupción. | Digresión. ‖ *Entre paréntesis,* incidentalmente.

pareo m. Acción y efecto de parear. ‖ Prenda de tela que cubre desde la cintura hasta las pantorrillas.

parhilera f. *Arq.* Viga que forma el lomo de la armadura.

paria com. En la India, individuo que no pertenece a ninguna casta y está excluido de la sociedad. ‖ *Por ext.* Persona despreciada y rechazada por las demás.

paridad f. Igualdad o semejanza. ‖ Comparación de una cosa con otra o símil. ‖ Relación existente entre una unidad monetaria y su equivalencia en peso de metal.

pariente, ta m. y f. Persona unida con otra por lazos de consanguinidad o afinidad. ‖ — M. *Fam.* El marido. ‖ — F. *Fam.* La mujer, respecto del marido.

parietal adj. y s. m. Aplícase a cada uno de los dos huesos de las partes medias o laterales del cráneo.

parigual adj. Igual.

parihuelas f. pl. Angarillas, utensilio para transportar, entre dos, pesos o cargas, enfermos, etc.

paripé (hacer el) loc. *Fam.* Presumir, darse tono. | Simular, fingir algo para cubrir las formas.

parir v. i y t. En las especies vivíparas, nacer la cría que ha concebido la hembra. ‖ *Fig.* Salir a luz lo que estaba oculto. ‖ — V. t. *Fig.* Producir una cosa.

parisién, parisiense y **parisino, na** adj. y s. De París (Francia).

parisílabo, ba adj. De igual número de sílabas : *verso parisílabo.*

paritario, ria adj. Dícese de una comisión, organismo o negociación en los que las dos partes son representadas por el mismo número de personas.

parking m. (pal. ingl.). Aparcamiento : *parking para automóviles.*

parla f. *Fam.* Labia.

parlamentar v. i. Conversar. ‖ Discutir para ajustar algo. ‖ Negociar el vencido la rendición.

parlamentario, ria adj. Relativo al Parlamento. ‖ *Régimen parlamentario,* régimen político en el que los ministros son responsables ante el Parlamento. ‖ — M. Miembro de un Parlamento.

parlamentarismo m. Doctrina o sistema parlamentario.

parlamentarista adj. y s. Parlamentario.

parlamento m. Nombre aplicado a las asambleas que ejercen el Poder legislativo. ‖ *Fam.* Charla.

parlanchín, ina adj. y s. *Fam.* Hablador.

parlante adj. Que habla.

parlar v. i. Hablar.

parlería f. Verbosidad. ‖ Chisme.

parlotear v. i. *Fam.* Hablar mucho.

parloteo m. Charloteo.

parmesano, na adj. y s. De Parma (Italia).

parnasiano, na adj. Relativo al Parnaso. ‖ Dícese en Francia de los poetas que, como Théophile Gautier, Leconte de Lisle, Baudelaire y José María de Heredia, reaccionaron desde 1850 contra el lirismo romántico y propugnaron «el arte por el arte», reflejado por la perfección de la forma (ú. t. c. s.).

parnaso m. *Fig.* Reino simbólico de los poetas. | La poesía.
parné o **parnés** m. *Pop.* Dinero.
paro m. Nombre genérico de varios pájaros. || *Paro carbonero,* pájaro insectívoro muy corriente en España.
paro m. *Fam.* Suspensión en el trabajo. || Interrupción de un ejercicio o de una explotación industrial o agrícola por parte de los patronos, en contraposición a la huelga de operarios. || — *Med. Paro cardiaco,* síncope. || *Paro forzoso,* carencia de trabajo por causa ajena a la voluntad del obrero y del patrono. || *Paro laboral,* huelga.
parodia f. Imitación burlesca de una obra literaria o de cualquier otra cosa. || Representación teatral festiva y satírica en la que se ridiculiza algo serio.
parodiar v. t. Hacer una imitación burlesca.
paródico, ca adj. Relativo a la parodia.
parodista com. Autor o autora de parodias.
parónimo, ma adj. Aplícase a los vocablos que tienen entre sí semejanza por su etimología, su forma o su sonido, como *honda* y *onda* (ú. t. c. s. m.).
paronomasia f. Semejanza fonética entre vocablos que tienen todas las letras iguales, salvo alguna vocal, como *lago* o *lego.* || Conjunto de vocablos que tienen esta semejanza.
parótida f. Glándula salival situada debajo del oído y detrás de la mandíbula inferior.
parotiditis f. inv. Inflamación de la parótida.
paroxismo m. *Med.* Exacerbación o acceso violento de una enfermedad. || *Fig.* Exaltación extrema.
parpadeante adj. Que parpadea.
parpadear v. i. Abrir y cerrar los párpados muchas veces seguidas.
parpadeo m. Acción de parpadear. || *Fig.* Centelleo.
párpado m. Cada una de las membranas movibles de los ojos.
parque m. Lugar arbolado, de cierta extensión, para caza o para recreo. || Lugar en el que estacionan los vehículos transitoriamente. || *Mil.* Recinto donde se custodian cañones, municiones, automóviles, etc. || Cuadrilátero formado por una barandilla donde se ponen los niños muy pequeños.
parqué m. Entarimado.
parquedad f. Moderación.
parquet m. (pal. fr.). Parqué.
parquímetro m. Dispositivo que señala el tiempo de aparcamiento de un vehículo.
parra f. Vid, viña trepadora. || *Fam. Subirse uno a la parra,* encolerizarse, enfadarse ; ser exigente.
parrafada f. *Fam.* Conversación.
parrafear v. i. Hablar.
párrafo m. Cada una de las divisiones de un capítulo o de cualquier escrito. || *Gram.* Signo ortográfico (§) con que se señalan estas divisiones. || *Fam.* Conversación corta : *echar un párrafo.*
parral m. Parra.
parranda f. *Fam.* Jolgorio, juerga.
parrandear v. i. Juerguearse.
parrandeo m. Juerga.
parricida com. Persona que mata a su ascendiente, descendiente o cónyuge.
parricidio m. Acción criminal del parricida.
parrilla f. Rejilla de horno o fogón. || Sala de restaurante donde se asan carne o pescado delante de los consumidores. || Útil de cocina de figura de rejilla que sirve para asar o tostar : *bistec a la parrilla* (ú. t. en pl.).
párroco m. Sacerdote encargado de una feligresía. (Ú. t. c. adj.).
parroquia f. Territorio que está bajo la jurisdicción espiritual de un cura párroco. || Conjunto de feligreses y clero de dicho territorio. || Su iglesia. || Clientela.
parroquial adj. De la parroquia.
parroquiano, na m. y f. Cliente.
parsec m. *Astr.* Unidad astronómica de distancia de 30,84 billones de kilómetros.
parsimonia f. Moderación.
parsimonioso, sa adj. Moderado.
parte f. Porción indeterminada de un todo : *parte de la casa.* || Lo que toca a uno en el reparto de algo : *parte proporcional.* || Lugar : *la parte norte de México.* || Cada una de las divisiones de una obra : *la segunda parte del Quijote.* || Cada una de las personas que participan en un negocio o en un pleito : *las partes contratantes de un acuerdo.* || Lado, partido : *ponerse de parte de los insurrectos.* || Papel representado por el actor en una obra dramática, y este mismo actor. || Rama de una familia : *primos por parte de madre.* || — Pl. Facción o partido. || *Anat.* Órganos de la generación. || — *De parte a parte,* de un lado al otro. || *De parte de,* en nombre de. || *En parte,* parcialmente. || *Gram. Parte de la oración,* cada una de las palabras que tienen diferente oficio en la oración.
parte m. Escrito breve que se envía a una persona para informarla de algo. || Comunicación telefónica, telegráfica o radiofónica. || Informe o comunicado breve : *parte meteorológico.* || — *Dar parte,* comunicar. || *Parte de boda,* tarjeta en la que se comunica un matrimonio. || *Parte de guerra,* boletín oficial sobre las operaciones militares en una jornada. || *Parte facultativo,* informe periódico sobre el estado de salud de un enfermo.
parteluz m. Columnita que divide en dos el hueco de una ventana.
partenogénesis f. Reproducción de la especie por medio de un óvulo no fecundado.
partenogenético, ca adj. De la reproducción por partenogénesis.
partenueces m. inv. Cascanueces.
partera f. Mujer que asiste a la parturienta.
partero m. Médico especializado en asistir a los partos.
parterre [*parter*] m. (pal. fr.). Cuadro de jardín con flores.
partición f. División.
participación f. Acción de participar y su resultado. || Parte : *participación de boda.* || Aviso, notificación. || Sistema mediante el cual los empleados de una empresa son asociados a sus beneficios y eventualmente a su gestión. || Posesión por una empresa, un banco, una entidad pública o privada de una parte del capital social de una compañía.
participante adj. y s. Dícese del que participa en algo.
participar v. t. Dar parte, notificar, comunicar. || — V. i. Intervenir : *participar en un trabajo.* || Compartir ; *participar de la misma opinión.* || Recibir parte de algo : *participar de una herencia.* || Tener algunas de las características de algo : *el mulo participa del burro y del caballo.*
partícipe adj. y s. Que tiene parte o interés en una cosa.

participio m. Forma del verbo que se usa a veces como adjetivo y otras como verbo propiamente dicho : *hay dos clases de participios, el activo o de presente, y el pasivo o de pretérito.*
partícula f. Porción pequeña de algo. ‖ *Fig.* Cada uno de los elementos que constituyen el átomo (electrón, protón, neutrón). ‖ Parte invariable de la oración como los adverbios, sufijos, etc.
particular adj. Propio y privativo de una cosa, característico. ‖ Individual, opuesto a general : *interés particular.* ‖ Especial, extraordinario : *habilidad particular.* ‖ Determinado : *en ciertos casos particulares.* ‖ Privado, no público : *domicilio particular.* ‖ Separado, distinto : *habitación particular.* ‖ *En particular,* especialmente; separadamente. ‖ — M. Individuo que no tiene ningún título especial. ‖ Asunto, cuestión de que se trata : *no sé nada de este particular.*
particularidad f. Carácter particular. ‖ Circunstancia particular.
particularismo m. Preferencia que se da al interés particular sobre el general. ‖ Individualismo.
particularización f. Acción y efecto de particularizar.
particularizar v. t. Expresar una cosa con todas sus circunstancias y detalles. ‖ Caracterizar, dar carácter particular. ‖ Referirse a un caso determinado. ‖ — V. pr. Distinguirse, singularizarse en una cosa.
partida f. Marcha, salida : *tuvimos que aplazar la partida.* ‖ Asiento en los libros del registro civil o de las parroquias, o su copia certificada : *partida de nacimiento.* ‖ Cada uno de los artículos o cantidades parciales que contiene una cuenta o presupuesto. ‖ Cantidad de mercancía entregada de una vez : *una partida de papel.* ‖ Expedición, excursión : *partida de caza.* ‖ Guerrilla, bando, parcialidad : *partida carlista.* ‖ Pandilla : *partida de niños.* ‖ Mano de juego : *una partida de ajedrez.* ‖ — *Fig. Mala partida,* mala jugada. ‖ *Fam. Partida serrana,* jugarreta.
partidario, ria adj. y s. Adicto. ‖ — M. Guerrillero.
partidismo m. Inclinación a favor de un partido, tendencia u opinión : *hay que evitar cualquier clase de partidismo.*
partidista adj. Relativo a un partido político : *luchas partidistas* (ú. t. c. s.).
partido, da adj. Dividido. ‖ — M. Parcialidad, grupo de personas unidas por la misma opinión o los mismos intereses : *partido político.* ‖ Provecho : *sacar partido.* ‖ Amparo, apoyo, influencia. ‖ Medio, proceder. ‖ Resolución, decisión : *tomar el partido de marcharse.* ‖ Equipo, conjunto de varios jugadores que juegan contra otros tantos : *el partido contrario.* ‖ Prueba deportiva entre dos competidores o dos equipos : *un partido de fútbol.* ‖ Distrito de una administración o jurisdicción que tiene por cabeza un pueblo principal : *partido judicial.* ‖ Novio, futuro marido : *un buen partido.*
partidor, ra m. y f. Persona que divide o reparte una cosa. ‖ Persona que rompe algo : *partidor de leña.* ‖ — M. Instrumento para romper ciertas cosas.
partir v. t. Dividir en dos o más partes : *partir leña.* ‖ Romper, cascar : *partir nueces.* ‖ Repartir, fraccionar : *partir un pastel entre cuatro.* ‖ *Mat.* Dividir. ‖ — *Fig. Partir el corazón,* causar gran aflicción. ‖ *Partir la diferencia,* dividir. ‖ *Fig. Partir por el eje* (o *por en medio* o *por la mitad*) *a uno,* fastidiarle. ‖ — V. i. Empezar a caminar, marcharse : *partir para la India.* ‖ *Fig.* Asentar una cosa para deducir otra : *partiendo de este supuesto.* ‖ Contar desde : *a partir de mañana.* ‖ — V. pr. Irse, marcharse. ‖ Romperse. ‖ Dividirse. ‖ — *Fam. Partirse de risa,* reír mucho. | *Partirse el pecho,* deshacerse por conseguir algo.
partitura f. *Mús.* Texto completo de una obra.
parto m. Acción de parir, alumbramiento. ‖ *Fig.* Obra del ingenio.
parto m. Individuo de un ant. pueblo escita, en el S. de Hircania (Persia).
parturienta adj. y s. Que está de parto o recién parida.
parva f. Mies tendida en la era para la trilla.
parvedad f. Pequeñez.
parvo, va adj. Pequeño.
parvulario m. Institución docente dedicada a la formación preescolar.
párvulo, la adj. y s. Niño pequeño : *colegio de párvulos.*
pasa f. Uva secada al sol (ú. t. c. adj.).
pasable adj. Pasadero, mediano.
pasacalle m. Marcha popular.
pasada f. Paso, acción de pasar de una parte a otra. ‖ Cada aplicación de una operación a una cosa. ‖ Sitio por donde se puede pasar. ‖ — *De pasada,* de paso. ‖ *Fam. Mala pasada,* jugarreta.
pasadero, ra adj. Transitable. ‖ Mediano. ‖ Medianamente bueno de salud. ‖ Aguantable.
pasadizo m. Paso estrecho, pasillo. ‖ Calle estrecha y corta.
pasado, da adj. Aplícase a la fruta y la carne estropeadas por ser ya viejas, del guisado demasiado cocido, etc. ‖ Dícese del tiempo anterior : *el día, el mes, el año pasado.* ‖ Anticuado. ‖ Descolorido. ‖ — M. Tiempo anterior al presente y cosas que sucedieron : *pasado glorioso.*
pasador m. Barra pequeña de hierro que se corre para cerrar puertas, ventanas, etc. ‖ Varilla de metal que sirve de eje para el movimiento de las bisagras. ‖ Horquilla grande con la cual las mujeres se sujetan el pelo. ‖ Sortija que se pone a ciertas corbatas. ‖ Imperdible para colgar condecoraciones y medallas. ‖ Colador. ‖ Especie de punzón. ‖ — Pl. Gemelos de camisa.
pasaje m. Acción de pasar de una parte a otra. ‖ Derecho que se paga por pasar por un paraje. ‖ Sitio por donde se pasa. ‖ Precio de un viaje marítimo o aéreo. ‖ Totalidad de los viajeros que van en un mismo barco o avión. ‖ Trozo o lugar de un escrito : *un pasaje emocionante.* ‖ Paso entre dos calles. ‖ *Mús.* Paso de un tono a otro. ‖ *Amer.* Billete para un viaje.
pasajero, ra adj. Aplícase al sitio por donde pasa mucha gente. ‖ Que dura poco : *capricho pasajero.* ‖ Que utiliza un medio de transporte, viajero (ú. t. c. s.). ‖ *Ave pasajera,* ave de paso.
pasamanería f. Obra, oficio y taller del pasamanero.
pasamanero, ra m. y f. Persona que hace pasamanos o los vende.
pasamano m. Especie de galón o trencilla de oro, seda, etc., que se usa como adorno. ‖ Barandilla.
pasamontañas m. inv. Gorra que cubre el cuello y las orejas.

pasante adj. Que pasa. || — M. En los colegios, profesor auxiliar. || El que asiste a un abogado, profesor, etc., para adquirir práctica.

pasantía f. Ejercicio de pasante. || Tiempo que dura este ejercicio.

pasapasa m. Juego de manos.

pasaportar v. t. Dar o expedir pasaporte. || *Fam.* Matar. | Despachar : *pasaportar un trabajo.* | Expedir.

pasaporte m. Documento para pasar de un país a otro en que consta la identidad del que lo tiene. || Documento, con indicación de un itinerario, de que se provee a los militares. || *Fig.* Licencia de hacer una cosa.

pasapuré m. Utensilio para hacer puré con patatas y verduras.

pasar v. t. Llevar, conducir, trasladar de un lugar a otro. || Atravesar, cruzar : *pasar un río.* || Enviar, transmitir : *pasar un recado.* || Introducir géneros prohibidos : *pasar contrabando.* || Poner en circulación : *pasar moneda falsa.* || Contagiar una enfermedad. || Cerner, tamizar. || Colar un líquido. || Adelantar : *pasar un coche.* || Aprobar un examen (ú. t. c. i.). || Volver : *pasar las hojas de una revista.* || *Fig.* Rebasar, ir más allá : *pasar los límites.* | Superar, aventajar. | Padecer : *pasar frío.* | Ocupar el tiempo : *pasé la noche desvelado.* | Omitir, silenciar. | Tolerar, consentir. || — *Pasar en blanco* (o *en silencio* o *por alto*) *una cosa,* omitirla. || *Pasarlo bien,* divertirse. || — V. i. Ir : *pasaré por tu casa.* || Entrar : *dígale que pase.* || Moverse una cosa de una parte a otra : *pasó el tren.* || Poder entrar : *este sobre no pasa por debajo.* || Transcurrir : *el tiempo pasa.* || Ocurrir, suceder : *¿qué pasó?* || Divulgarse, propagarse. || Cesar : *todo pasa.* || Morir : *pasar a mejor vida.* || Volverse : *el joven pasó de pronto a hombre.* || Dejar alguna actividad para comenzar otra : *pasar al estudio del último punto.* || Ser considerado : *su hermano pasa por ser muy listo.* || Conformarse : *puedo pasar sin coche.* || Ser creído : *esta mentira conmigo no pasa.* || En algunos juegos, no jugar por no tener naipe o ficha conveniente. || *Fam.* Tener sin cuidado, resultar indiferente. || — *Ir pasando,* vivir con estrechez. || *Pasar de largo,* atravesar por un sitio sin detenerse; no reparar en lo que se trata. || *Pasar de moda,* quedarse anticuado. || *¿Qué pasa?,* ¿qué hay? || — V. pr. Cambiar de partido : *pasarse al bando contrario.* || Olvidarse, borrarse de la memoria : *se me ha pasado ir a verlo.* || Dejar de ver : *a este niño no se le pasa nada.* || Acabarse. || Excederse uno : *pasarse de listo.* || Echarse a perder las frutas, carnes, etc. || Marchitarse las flores. || Filtrarse un líquido por los poros de una vasija. || Ir a un sitio por poco tiempo : *me pasaré por tu casa.* || *Fam.* Excederse, propasarse.

pasarela f. Puente pequeño o provisional. || En los barcos, puentecillo ligero delante de la chimenea. || En los teatros, pequeña prolongación del escenario más o menos circular para presentarse las artistas, especialmente las bailarinas. || Plataforma en la que se verifican desfiles de modelos.

pasatiempo m. Distracción.

pascal m. Unidad de presión (símb. Pa).

pascua f. Fiesta más solemne de los hebreos para conmemorar su salida de Egipto. || Fiesta de la Iglesia católica en memoria de la Resurrección de Cristo. || Cualquiera de las fiestas de Navidad, de la Epifanía y de Pentecostés. || — Pl. Tiempo que media entre Navidad y los Reyes inclusive. || — *Dar las pascuas,* felicitar por Año Nuevo. || *De pascuas a Ramos,* de tarde en tarde. || *Fig.* y *fam. Estar como unas pascuas,* estar muy alegre. | *Hacer la pascua,* fastidiar. || *Pascua florida,* la de Resurrección. || *Fam. Y santas pascuas,* se acabó.

pascual adj. Relativo a la Pascua.

pase m. Permiso para que se use de un privilegio. || Salvoconducto : *pase de favor.* || *Esgr.* Finta. || *Taurom.* Cada uno de los lances en que el matador cita al toro con la muleta y le deja pasar. || Movimiento que hace con las manos el hipnotizador. || En ciertos deportes, envío del balón a un jugador. || Acción y efecto de pasar en el juego.

paseante adj. y s. Que se pasea. || *Fam. Paseante en corte,* ocioso.

pasear v. i. Andar a pie, en coche, etc., por diversión o para tomar el aire. || U. t. c. pr. : *pasearse por el campo.* || — V. tr. Llevar de una parte a otra, hacer pasear : *pasear a un niño.*

paseíllo m. Desfile de los toreros al comenzar la corrida.

paseo m. Acción de pasear o pasearse : *dar un paseo.* || Sitio por donde suele pasearse la gente. || Distancia corta. || — *Fig. Dar el paseo a uno,* ejecutarle. | *Mandar a paseo a uno,* despedirle con severidad o enfado.

pasillo m. Corredor, pieza alargada por donde se pasa para ir a las distintas habitaciones de un edificio.

pasión f. Perturbación o efecto violento y desordenado del ánimo : *dominado por la pasión.* || Inclinación muy viva y su objeto : *su hija es su pasión.* || Afición vehemente y su objeto : *pasión por la lectura.* || Prevención a favor o en contra de una persona o cosa : *hay que juzgar sin pasión.* || *Relig.* En el Evangelio, relato de la condenación, agonía y muerte de Jesucristo.

pasional adj. Relativo a la pasión.

pasionaria f. Planta originaria del Brasil. || Su flor.

pasividad f. Falta de reacción.

pasivo, va adj. Aplícase al que es objeto de una acción : *sujeto pasivo.* || Que permanece inactivo y deja actuar a los demás. || Dícese del haber o pensión que se disfruta por jubilación, viudedad, etc. || Aplícase al importe total de las deudas y cargas de un comerciante (ú. t. c. s. m.). || — *Clases pasivas,* conjunto de las personas que disfrutan pensiones. || *Verbo pasivo,* el que expresa una acción sufrida por el sujeto.

pasmado, da adj. Estupefacto.

pasmar v. t. Asombrar mucho.

pasmarote com. *Fam.* Bobo, tonto.

pasmo m. Asombro.

pasmoso, sa adj. Asombroso.

paso m. Movimiento de cada uno de los pies para andar. || Espacio recorrido al avanzar el pie. || Manera de andar. || Movimiento regular con que camina una caballería. || Acción de pasar : *el paso del mar Rojo por los judíos.* || Lugar por donde se pasa : *paso protegido.* || Huella impresa al andar : *se veían pasos en la arena.* || Licencia para poder pasar sin estorbo : *dar paso a uno.* || Distancia entre dos filetes contiguos de un tornillo. || Situación difícil, apuro : *salir de un mal paso.* || Grupo escultórico que representa una escena de la Pasión de Jesucristo y se saca en procesión por la Semana Santa. || Pieza corta dramática : *un paso de Lope de Rueda.* || Cada mudanza que se hace en el baile. ‖ Conducta del hombre. ‖ Gestión, trámite. ‖ Progreso, adelanto : *dar un paso adelante.* ‖ Estrecho de mar : *el paso de Calais.* ‖ Sitio por donde pasa la caza. ‖ Peldaño. ‖ *Amer.* Vado de un río. ‖ — *A buen paso,* rápidamente. ‖ *A cada paso,* continuamente. ‖ *A dos pasos,* muy cerca. ‖ *A ese paso,* de esta manera. ‖ *Abrir paso,* abrir camino. ‖ *Ceder el paso,* dejar pasar. ‖ *De paso,* para poco tiempo ; al tratar de otro asunto, incidentalmente. ‖ *Mal paso,* dificultad. ‖ *Paso a nivel,* sitio en que un ferrocarril cruza un camino o una carretera al mismo nivel que él. ‖ *Paso a paso,* poco a poco. ‖ *Paso del ecuador,* celebración que se hace en la mitad de una carrera universitaria. ‖ *Paso doble,* pasodoble. ‖ *Paso en falso,* acción contraproducente. ‖ *Fig. Por sus pasos contados,* por su orden natural. | *Salir al paso de,* adelantarse a. ‖ *Salir del paso,* librarse de un compromiso. ‖ *Salirle a uno al paso,* ir a su encuentro ; (fig.) adelantarle en una conversación o acción.

paso, sa adj. Dícese de la fruta secada por cualquier método : *ciruela pasa.*

pasodoble m. Música de marcha de compás 4/4. ‖ Baile de movimiento muy vivo.

pasota m. y f. *Fam.* Indolente, persona que no hace el menor esfuerzo por nada y desea vivir como quiere y no como las costumbres creadas por la sociedad establecida le imponen : *estoy harto de este mundo poblado de drogadictos y pasotas.*

pasotismo m. *Fam.* Modo de vida de los pasotas.

pasqueño, ña adj. y s. De Cerro de Pasco (Perú).

pasquín m. Cartel o escrito anónimo de contenido satírico u ofensivo. ‖ Letrero anunciador. ‖ Octavilla de propaganda, generalmente política.

pasta f. Masa hecha de una o diversas cosas machacadas : *pasta de papel.* ‖ Masa de harina y manteca o aceite, que se emplea para hacer pasteles, etc. ‖ Cartón cubierto de tela o piel para encuadernar : *encuadernación en pasta.* ‖ *Pop.* Dinero. ‖ — Pl. Masa de harina de trigo y agua que se presenta en forma de fideos, tallarines, etc. : *pastas alimenticias.* ‖ Galletas pequeñas, pastelillos : *tomar el té con pastas.* ‖ — *Pasta de dientes,* dentífrico. ‖ *Fam. Ser de buena pasta,* ser bondadoso.

pastar v. t. Llevar el ganado al pasto. ‖ — V. i. Pacer el ganado.

pasteca f. Especie de polea.

pastel m. Masa de harina y manteca en que se envuelve crema o dulce, fruta, carne o pescado, cociéndose después al horno : *pastel de almendras.* ‖ Lápiz compuesto de una materia colorante amasada con agua de goma. ‖ Dibujo hecho con este lápiz. ‖ Trampa. ‖ *Fig.* y *fam.* Convenio secreto. | Lío. ‖ *Fam. Descubrir el pastel,* adivinar o revelar una cosa secreta u oculta.

pastelear v. i. *Fig.* Contemporizar por miras interesadas.

pasteleo m. Contemporización.

pastelería f. Establecimiento en que se hacen o venden pasteles. ‖ Arte de fabricar pasteles.

pastelero, ra m. y f. Persona que hace o vende pasteles. ‖ *Fig.* Contemporizador.

pastelista m. Pintor al pastel.

pastense adj. y s. De Pasto (Colombia).

pasterización o **pasteurización** f. Operación que consiste en calentar entre 75° y 85° ciertas sustancias alimenticias (leche, cerveza) para destruir los microbios.

pasterizar o **pasteurizar** v. t. Esterilizar por pasterización.

pastiche m. (pal. fr.). Imitación.

pastilla f. Porción pequeña de pasta, generalmente cuadrada o redonda : *pastilla de jabón, de chocolate.* ‖ Trozo pequeño de pasta con azúcar y alguna sustancia medicinal o meramente agradable : *pastilla de menta.*

pastines m. pl. *Arg.* Pastas para sopas.

pastizal m. Campo con pastos.

pasto m. Acción de pastar. ‖ Hierba que pace el ganado. ‖ Prado o campo en que pasta. ‖ *Fig.* Hecho, noticia u ocasión que sirve para fomentar algo : *ser pasto de la crítica.* | Alimento : *su pasto son las novelas.* | Enseñanza espiritual. ‖ — *Fam. A todo pasto,* copiosamente ; frecuentemente. ‖ *Ser pasto de las llamas,* ser destruido por un incendio.

pastor, ra m. y f. Persona que guarda el ganado. ‖ — M. Sacerdote.

pastoral adj. Pastoril. ‖ De los prelados ; *visita pastoral.* ‖ *Carta pastoral,* comunicación de un obispo a su diócesis. ‖ — F. Especie de drama bucólico.

pastoreo m. Guarda del ganado.

pastoril adj. Propio o característico de los pastores.

pastosidad f. Calidad de pastoso.

pastoso, sa adj. Blando, suave y suficientemente espeso : *sustancia pastosa.* ‖ Dícese de la voz de timbre suave : *voz pastosa.* ‖ Dícese de la boca o lengua secas.

pastuso, sa adj. y s. De Pasto (Colombia).

pastura f. Pasto.

pata f. Pie y pierna de los animales. ‖ *Fam.* Pie o pierna del hombre. ‖ Cada una de las piezas que sostienen un mueble. ‖ Hembra del pato. ‖ En las prendas de vestir, cartera, tira de paño. ‖ — *Fam. A cuatro patas,* a gatas. ‖ *A la pata coja,* modo de andar saltando con un solo pie. ‖ *A la pata la llana,* con sencillez. ‖ *Fam. A pata,* a pie. ‖ *Fig.* y *fam. Estirar la pata,* morir. | *Meter la pata,* cometer un desacierto. | *Pata de banco,* despropósito. ‖ *Pata de gallo,* tela de textura cruzada que forma cuadros de varios colores ; arruga que se forma en el ángulo externo de cada ojo ; despropósito. ‖ *Fig.* y *fam. Patas arriba,* en desorden. | *Poner a uno de patas en la calle,* echarle. | *Tener mala pata,* tener mala suerte.

pataca f. Planta compuesta cuyo tubérculo, de color rojizo o amarillento, es comestible. ‖ Este tubérculo.

patada f. Golpe dado con la pata o con el pie. ‖ *Fam.* Paso, gestión : *dar muchas patadas para lograr algo.* ‖ — *Fig.* y *fam. A patadas,* con excesiva abundancia ; muy mal, sin cuidado. | *Dar la patada,* despedir, expulsar. | *Darse (de) patadas,* no ir bien dos cosas juntas. | *En dos patadas,* muy rápidamente.

patagón, ona adj. y s. De Patagonia (Argentina y Chile).

patagónico, ca adj. Relativo a la Patagonia o a los patagones.

patalear v. i. Agitar violentamente las piernas : *el niño pataleaba en la cuna.* ‖ Dar patadas en el suelo por enfado o pesar.

pataleo m. Acción de patalear. ‖ Ruido que se hace de esa manera. ‖ *Fig.* y *fam. El derecho de pataleo,* el de quejarse y desahogarse.

pataleta f. *Fam.* Convulsión fingida, ataque de nervios exagerado.
patán m. *Fam.* Hombre zafio.
patanería f. *Fam.* Zafiedad.
¡pataplún! interj. ¡Cataplún!
patata f. Planta solanácea cuyos tubérculos, carnosos y feculentos, son uno de los alimentos más útiles para el hombre. || Su tubérculo.
patatal y **patatar** m. Campo plantado de patatas.
patatero, ra adj. Relativo a la patata. || — M. y f. Vendedor de patatas. || — M. *Pop.* Oficial que antes fue soldado.
patatín patatán (que) fr. fam. Disculpas del que no quiere entrar en razones. | Expresión que resume lo que dice o que ha dicho alguien.
patatús m. *Fam.* Desmayo.
patear v. t. *Fam.* Dar golpes con los pies. || *Fig.* y *fam.* Tratar ruda y desconsideradamente. | Abuchear dando patadas. | Reprender. || — V. i. *Fam.* Dar patadas en señal de dolor, cólera, impaciencia. | Andar mucho para lograr algo. || — V. pr. Ir a un lugar.
patena f. Platillo de oro o plata en el cual se pone la hostia.
patentado, da adj. Que tiene una patente.
patentar v. t. Conceder y expedir patentes. || Obtener patentes.
patente adj. Manifiesto, evidente : *una injusticia patente.* || — F. Documento por el cual se confiere un derecho o privilegio. || Documento que acredita haberse satisfecho el impuesto para el ejercicio de algunas profesiones o industrias : *patente industrial, profesional.* || — *Patente de invención,* certificado por el cual un gobierno da a un autor el derecho exclusivo de explotar industrialmente su invento. || *Mar. Patente de navegación,* certificado que se entrega al barco que sale de un puerto para acreditar su nacionalidad.
patentizar v. t. Hacer patente.
pateo m. Pataleo.
páter m. *Pop.* Cura. | Padre.
paterfamilias m. (pal. lat.). Jefe de la familia.
paternal adj. Aplícase al afecto o solicitud propios de los padres : *amor paternal.* || Como de padre.
paternalismo m. Carácter paternal. || Doctrina social según la cual las relaciones entre el patrono y sus empleados deben ser parecidas a las que existen en una familia.
paternalista adj. Que tiene las características del paternalismo.
paternidad f. Calidad de padre.
paterno, na adj. Del padre.
pateta m. *Fam.* El diablo.
patético, ca adj. Que conmueve.
patetismo m. Carácter patético.
patibulario, ria adj. Que por su aspecto o condición produce horror y recelo haciendo pensar en los criminales : *cara patibularia.* || Relativo al patíbulo o cadalso.
patíbulo m. Tablado o lugar en que se ejecuta la pena de muerte.
paticojo, ja adj. y s. Cojo.
patidifuso, sa adj. Asombrado.
patilla f. Porción de pelo que se deja crecer delante de las orejas. || Una de las dos varillas para afianzar las gafas detrás de la oreja.
patín m. Plancha de metal provista de una cuchilla que se adapta a la suela del zapato para deslizarse sobre el hielo (con ruedas permite patinar sobre pavimento duro). || Aparato con flotadores paralelos para deslizarse sobre el agua. || Parte del tren de aterrizaje de un avión. || Calzado de niños pequeños. || Juguete de niño que se compone de una plancha montada sobre dos ruedas y de un manillar.
pátina f. Especie de barniz verdoso que se forma en los objetos antiguos de bronce u otros metales. || Tono sentado y suave que toman con el tiempo las pinturas.
patinador, ra adj. y s. Que patina.
patinaje m. Acción de patinar.
patinar v. i. Deslizarse por el hielo o el suelo con patines. || Resbalar las ruedas de un vehículo. || Deslizarse intempestivamente un órgano mecánico. || *Fam.* Errar, equivocarse. || — V. t. Dar pátina a un objeto.
patinazo m. Acción y efecto de patinar bruscamente la rueda de un coche. || *Fam.* Planchazo, desliz.
patineta f. Patín, juguete.
patinillo m. Patio pequeño.
patio m. Espacio descubierto en el interior de un edificio : *el patio de la escuela, de un cuartel.* || Piso bajo de teatro : *patio de butacas.*
patitieso, sa adj. *Fig.* Que anda muy erguido y tieso. | Asombrado.
patizambo, ba adj. y s. Aplícase al que tiene las piernas torcidas hacia fuera y juntas las rodillas.
pato m. Ave acuática palmípeda de pico ancho en la punta y tarsos muy cortos. || *Pop. Pagar el pato,* llevar un castigo injusto.
patochada f. *Fam.* Disparate.
patógeno, na adj. Dícese de lo que causa las enfermedades.
patología f. Estudio de las enfermedades.
patológico, ca adj. Relativo a la patología : *un caso patológico.*
patólogo, ga m. y f. Especialista que se dedica a la patología.
patoso, sa adj. Que intenta ser gracioso sin conseguirlo. || Torpe, sin gracia.
patraña f. *Fam.* Embuste.
patria f. País en que se nace. || — *Madre patria,* país de origen. || *Patria chica,* lugar de nacimiento.
patriarca m. En el Antiguo Testamento, nombre de los primeros jefes de familia. || *Fig.* Anciano respetable. || Título de dignidad de algunos prelados sin ejercicio ni jurisdicción : *el patriarca de las Indias.* || Título de ciertos obispos y los jefes de la Iglesia griega.
patriarcado m. Dignidad de patriarca y territorio de su jurisdicción. || Organización social caracterizada por la supremacía del padre sobre los otros miembros de la tribu.
patriarcal adj. Relativo al patriarca : *iglesia patriarcal.* || *Fig.* Ejercido con sencillez y benevolencia : *autoridad patriarcal.* || — F. Iglesia del patriarca. || Patriarcado.
patricio, cia adj. y s. En Roma, descendiente de los primeros senadores instituidos por Rómulo. || Noble. || — Adj. Relativo a los patricios. || — M. Individuo que descuella por sus virtudes o talento.
patrimonial adj. Relativo al patrimonio : *bienes patrimoniales.*
patrimonio m. Hacienda que se hereda del padre o de la madre : *patrimonio familiar.* || *Fig.* Bienes propios adquiridos por cualquier motivo. | Lo que es privativo de un grupo de gente : *la vitalidad es el patrimonio de la juventud.*
patrio, tria adj. Relativo a la patria : *fiestas patrias.* || Perteneciente al padre.

patriota adj. y s. Que tiene amor a su patria y procura su bien.
patriotería f. *Fam.* Alarde propio del patriotero.
patriotero, ra adj. y s. *Fam.* Que presume de modo excesivo e inoportuno de patriotismo.
patriótico, ca adj. Relativo al patriota o a la patria.
patriotismo m. Amor a la patria.
patrística f. Cienca que estudia la doctrina, obras y vidas de los Padres de la Iglesia.
patrocinador, ra adj. y s. Que patrocina.
patrocinante adj. y s. Que patrocina.
patrocinar v. t. Defender, proteger, amparar, favorecer.
patrocinio m. Protección : *institución que está bajo el patrocinio del Estado.*
patrón, ona m. y s. Dueño de una casa de huéspedes. ‖ Santo titular de una iglesia. ‖ Protector escogido por un pueblo o cofradía. ‖ Patrono de un obrero, de un empleado. ‖ — M. Jefe de un barco mercante o de pesca. ‖ Modelo : *el patrón de un vestido.* ‖ Planta en la que se hace el injerto. ‖ Metal adoptado como tipo de moneda : *el patrón oro.* ‖ *Fig. Cortado con el mismo patrón,* muy parecido.
patronal adj. Relativo al patrono o al patronato : *sindicatos patronales.* ‖ — F. Confederación que reúne a los jefes de las principales empresas de un país.
patronato m. Derecho, poder o facultad que tiene el patrono. ‖ Corporación que forman los patronos. ‖ Fundación de una obra pía.
patronazgo m. Patrocinio.
patronímico m. Nombre común a todos los descendientes de una raza, como *merovingio, carolingio,* etc.
patrono, na m. y f. Persona que tiene empleados trabajando por su cuenta. ‖ Santo titular de una iglesia o pueblo. ‖ Patrón, protector de una iglesia o corporación.
patrulla f. *Mil.* Partida de soldados, en corto número, que ronda para mantener el orden y seguridad en las plazas y campamentos. ‖ Escuadrilla de buques o aviones de vigilancia. ‖ *Fig.* Grupo de personas.
patrullar v. i. Rondar una patrulla. ‖ Hacer servicio de patrulla.
patrullero, ra adj. Que patrulla. ‖ Aplícase al buque o avión destinado a patrullar (ú. t. c. s. m.).
patulea f. *Fam.* Grupo de niños.
patuleco, ca adj. *Amer.* Que tiene un defecto físico en los pies o en las piernas.
pauji o **paujil** m. Ave del Perú, especie de pavo silvestre.
paular v. i. *Fam.* Hablar.
paulatino, na adj. Progresivo, lento.
paulista adj. y s. De São Paulo (Brasil).
pauperismo m. Fenómeno social caracterizado por la pobreza de un país o población. ‖ Existencia de gran número de pobres en un país.
pauperización f. Empobrecimiento de una población o clase social.
paupérrimo, ma adj. Muy pobre.
pausa f. Breve interrupción. ‖ Tardanza, lentitud. ‖ *Mús.* Breve intervalo en que se deja de cantar o tocar. | Signo que lo indica.
pausado, da adj. Lento.
pauta f. Cada una de las rayas trazadas en el papel en que se escribe o se hace la notación musical o conjunto de ellas. ‖ *Fig.* Lo que sirve de regla o norma para hacer una cosa. | Dechado, modelo.
pava f. Hembra del pavo. ‖ *Fig.* y *fam.* Mujer sosa y desgarbada. ‖ *Fig. Pelar la pava,* mantener largas conversaciones amorosas los chicos con las chicas.
pava f. Fuelle grande usado en ciertos hornos metalúrgicos. ‖ *Fam.* Colilla. ‖ *Arg.* Tetera que se emplea para el mate. ‖ *Chil.* Orinal.
pavada f. Manada de pavos. ‖ *Fig.* y *fam.* Sosería.
pavana f. Danza española antigua, lenta y grave. ‖ Su música.
pavés m. Escudo grande.
pavesa f. Partícula que se desprende de un cuerpo en combustión.
pavimentación f. Acción de pavimentar. ‖ Revestimiendo del suelo.
pavimentar v. t. Revestir el suelo con baldosas, adoquines, cemento u otros materiales.
pavimento m. Piso solado.
pavipollo m. Pollo del pavo.
pavo m. Ave gallinácea de plumaje negro verdoso, cabeza desnuda cubierta de carúnculas rojas y cresta eréctil. ‖ *Fig.* y *fam.* Hombre necio e ingenuo. ‖ — M. *Pop.* Duro, cinco pesetas. ‖ — *Pavo real,* gallinácea oriunda de Asia, cuyo macho posee una hermosa cola de plumas verdes. ‖ *Fam. Subírsele a uno el pavo,* ruborizarse.
pavón m. Color azul con que se cubren objetos de hierro y acero para protegerlos contra la oxidación.
pavonado, da adj. De color azulado oscuro. ‖ — M. *Tecn.* Pavón.
pavonar v. t. Dar pavón.
pavonear v. i. Hacer ostentación, presumir, vanagloriarse (ú. m. c. pr.). ‖ — V. t. Engañar.
pavoneo m. Ostentación.
pavor m. Temor muy grande.
pavoroso, sa adj. Que da pavor.
paya f. *Arg.* y *Chil.* Composición poética dialogada que improvisan los payadores.
payada f. *Amer.* Canto del payador. | Justa poética y musical de dos payadores.
payador m. *Arg.* y *Chil.* Gaucho que canta acompañándose con la guitarra.
payadura f. *Arg.* y *Chil.* Paya.
payar v. i. *Arg.* y *Chil.* Cantar payadas.
payasada f. Bufonada, farsa.
payasear v. i. Hacer payasadas.
payaso m. Artista que hace de gracioso en las ferias o circos. ‖ *Fig.* Persona poco seria.
payés, esa m. y f. Aldeano de Cataluña y Baleares.
payo, ya adj. y s. Aldeano, campesino ignorante y rudo. ‖ *Pop.* Tonto, mentecato. ‖ Para los gitanos, aplícase a cualquier persona que no es de su raza.
paz f. Situación de un país que no sostiene guerra con ningún otro. ‖ Unión, concordia entre los miembros de un grupo o de una familia. ‖ Convenio o tratado que pone fin a una guerra : *firmar la paz.* ‖ Sosiego, tranquilidad : *la paz de un monasterio.* ‖ Descanso : *dejar dormir en paz.* ‖ Reconciliación. U. t. en pl. : *hacer las paces los reñidos.* ‖ Sosiego o tranquilidad del alma : *la conciencia en paz.* ‖ — *Dar paz,* dar tranquilidad. ‖ *Dejar en paz,* no inquietar ni molestar. ‖ *Fig. Descansar en paz,* estar muerto. | *Estar en paz,* no deberse nada.
pazguatería f. Tontería, simpleza, candidez.
pazguato, ta adj. y s. Simple, bobo, mentecato.

pazo m. En Galicia, casa solariega, especialmente en el campo.
pazote m. Planta cuyas hojas y flores se toman en infusión.
Pb, símbolo químico del *plomo.*
¡pche! o **¡pchs!** interj. Denota indiferencia o reserva.
Pd, símbolo químico del *paladio.*
pe f. Nombre de la letra *p.* ‖ *Fig. De pe a pa,* todo.
pea f. *Pop.* Borrachera.
peaje m. Derecho de tránsito que se paga en ciertas autopistas, carreteras o puentes.
peana f. Plataforma para colocar encima una estatua u otra cosa. ‖ *Pop.* Pie.
peatón m. El que camina a pie.
peatonal adj. Para peatones.
pebeta f. *Arg.* y *Urug.* Muchacha.
pebete m. Pasta hecha con polvos aromáticos que se quema para perfumar las habitaciones. ‖ Varita de materia combustible para encender los fuegos artificiales, cohetes, etc. ‖ *Arg.* y *Urug.* Niño.
pebetero m. Perfumador, recipiente donde se queman perfumes.
peca f. Mancha de color pardo en el cutis.
pecado m. Hecho, dicho, deseo, pensamiento u omisión contra la ley divina : *pecado venial.* ‖ Defecto en una cosa. ‖ — *Pecado contra natura o nefando,* sodomía. ‖ *Pecado original,* el de Adán y Eva.
pecador, ra adj. y s. Que peca.
pecaminoso, sa adj. Relativo al pecado o al pecador.
pecar v. i. Incurrir en pecado. ‖ Cometer una falta. ‖ Dejarse llevar de una afición o pasión : *pecar de severo.* ‖ Exponerse a un castigo por tener en grado elevado un defecto o incluso una cualidad. ‖ *Pecar de confiado,* ser demasiado confiado.
pecarí o **pécari** m. *Amer.* Saíno, especie de cerdo.
pecblenda f. Óxido natural de uranio, el más importante y rico de los minerales de uranio (del 40 al 90 %), del que se extrae el radio.
peccata minuta expr. fam. Error, falta poco grave.
pecé m. Partido Comunista Español. ‖ Miembro de él.
pecera f. Recipiente de cristal lleno de agua donde se tienen peces.
pecio m. Resto de una embarcación que ha naufragado.
pecíolo o **peciolo** m. Rabillo de la hoja.
pécora f. Res de ganado lanar. ‖ *Fam. Mala pécora,* mujer mala.
pecoso, sa adj. Que tiene pecas : *veía con alegría su cara pálida y pecosa.*
pectoral adj. Relativo al pecho : *cavidad pectoral.* ‖ Bueno para el pecho. (ú. t. c. s. m.). ‖ — M. Adorno suspendido o fijado en el pecho. ‖ Cruz que llevan sobre el pecho los obispos y prelados.
pecuario, ria adj. Del ganado.
peculado m. Hurto de caudales públicos por el que los administra.
peculiar adj. Propio o privativo de cada persona o cosa.
peculiaridad f. Condición de peculiar.
peculiarismo m. Carácter muy peculiar.
peculio m. Bienes que el padre dejaba al hijo para su uso. ‖ *Fig.* Dinero particular de cada uno.
pecuniario, ria adj. Relativo al dinero. ‖ Que consiste en dinero.
pechador, ra m. y f. *Amer.* Sablista.
pechar v. i. Asumir una carga.
pechblenda f. Pecblenda.
pechera f. Parte de la camisa que cubre el pecho. ‖ Chorrera de camisa. ‖ *Fam.* Pecho de la mujer.
pechero, ra adj. y s. Dícese del que pagaba tributo o pecho. ‖ *Por ext.* Plebeyo, villano.
pechina f. Venera, concha. ‖ Triángulo curvilíneo que forma el anillo de la cúpula con los arcos en que ésta estriba.
pecho m. Parte interna y externa del cuerpo humano que se extiende desde el cuello hasta el vientre. ‖ Parte anterior del tronco de los cuadrúpedos entre el cuello y las patas anteriores. ‖ Cada una de las mamas de la mujer : *dar el pecho al hijo.* ‖ *Fig.* Corazón. | Valor, ánimo : *hombre de mucho pecho.* | Calidad o duración de la voz : *dar el do de pecho.* ‖ — *Fig. Abrir su pecho a alguien,* sincerarse con él. | *A lo hecho, pecho,* hay que arrostrar las consecuencias de una acción. ‖ *Dar el pecho,* dar de mamar. ‖ *Fig. De pecho,* aplícase al niño que mama. | *Echarse* o *tomarse algo a pecho,* tomarlo con gran interés ; ofenderse por ello. ‖ *Fam. Entre pecho y espalda,* en el estómago.
pecho m. Tributo que pagaban al señor sus vasallos plebeyos.
pechuga f. Pecho de las aves : *pechugas de pollo.* ‖ *Fam.* Pecho del hombre o de la mujer.
pedagogía f. Ciencia de la educación. ‖ Arte de enseñar o educar a los niños. ‖ Método de enseñanza.
pedagógico, ca adj. Relativo a la pedagogía : *método pedagógico.*
pedagogo, ga m. y f. Educador.
pedal m. Palanca que se mueve con el pie : *los pedales del piano.*
pedalear v. i. Accionar los pedales.
pedaleo m. Acción de pedalear.
pedáneo adj. Aplícase al alcalde o juez de limitada jurisdicción.
pedanía f. *Amer.* Distrito.
pedante adj. y s. Que hace alarde de sus conocimientos.
pedantear v. i. Hacerse el pedante. ‖ Hacer alarde de erudición.
pedantería f. Afectación propia del pedante.
pedantesco, ca adj. Relativo a los pedantes o a su estilo.
pedantismo m. Pedantería
pedazo m. Parte o porción de una cosa separada del todo. ‖ *A pedazos,* por partes.
pederasta m. Sodomita.
pederastia f. Sodomía.
pedernal m. Variedad de cuarzo de color amarillento, que da chispas al ser golpeado con el eslabón. ‖ *Fig.* Cosa muy dura.
pedestal m. Cuerpo compuesto de base y cornisa que sostiene una columna, estatua, etc. ‖ *Fig.* Lo que permite encumbrarse, apoyo : *le sirvió de pedestal para su fama.*
pedestre adj. Que anda a pie. ‖ Dícese del deporte que consiste en andar o correr : *carrera pedestre.* ‖ *Fig.* Llano, sin relieve. | Vulgar, ramplón, sin valor : *versos pedestres.*
pedestrismo m. Deporte de las carreras a pie.
pediatra com. Médico especialista de las enfermedades infantiles.

pediatría f. Parte de la medicina relativa a las enfermedades infantiles.
pedicuro, ra m. y f. Callista.
pedido m. *Com.* Encargo de géneros hecho a un fabricante o vendedor : *hacer un pedido.* ‖ Petición.
pedidor, ra adj. y s. Dícese de la persona que pide.
pedigrí o **pedrigree** m. (pal. ingl.). Genealogía de un animal. ‖ Documento en que consta.
pedigüeñería f. Calidad de pedigüeño.
pedigüeño, ña adj. Que pide con frecuencia e importunidad (ú. t. c. s.).
pediluvio m. Baño de pies.
pedimento m. Petición. ‖ Documento que se presenta ante un juez o tribunal reclamando una cosa.
pedir v. t. Rogar a uno que dé o haga una cosa : *pedir protección.* ‖ Por antonomasia, pedir limosna. ‖ Exigir : *pedir justicia.* ‖ Encargar : *pedir un café.* ‖ Solicitar uno su derecho ante el juez. ‖ Requerir : *las plantas piden agua.* ‖ Fijar precio a una mercancía el que la vende : *este sastre pide muy caro.* ‖ Rogar a los padres de una mujer para que la concedan en matrimonio : *pedir la mano.* ‖ — *Fig* y *fam. A pedir de boca,* a medida del deseo. | *Pedir la Luna* o *pedir peras al olmo,* pedir cosas imposibles. | *Venir a pedir de boca,* ser una cosa la mejor o la más oportuna que se podía esperar.
pedo m. Ventosidad que se expulsa por el ano. ‖ *Fam.* Borrachera.
pedorrear v. i. Echar pedos.
pedorreo m. Repetición de pedos.
pedorrera f. *Fam.* Abundancia de ventosidades expelidas por el ano.
pedrada f. Acción de arrojar una piedra. ‖ Golpe dado con ella y herida producida. ‖ *Fig.* Cosa que se dice con intención de molestar. ‖ *Fig. Caer como pedrada en ojo de boticario,* ser muy oportuno.
pedrea f. Acción de apedrear. ‖ Lucha a pedradas. ‖ Granizo. ‖ *Fig.* y *fam.* Conjunto de los premios de muy poco valor en la lotería.
pedregal m. Lugar pedregoso.
pedregoso, sa adj. Con piedras.
pedrería f. Conjunto de piedras preciosas.
pedrisca f. Granizo.
pedrisco m. Granizo grueso que cae en abundancia.
pedrojuancaballerense adj. y s. De Pedro Juan Caballero (Paraguay).
pedrusco m. *Fam.* Piedra tosca.
pedunculado, da adj. Que tiene pedúnculo.
pedúnculo m. Rabillo en las plantas.
peer v. i. *Pop.* Echar pedos, ventosear (ú. t. c. pr.).
pega f. Pegadura. ‖ *Fam.* Pregunta difícil en los exámenes : *poner una pega a un alumno.* ‖ Dificultad : *no me vengas con pegas.* ‖ *Pop. De pega,* falso, fingido, para engañar.
pegada f. En deportes, manera de pegar a la pelota o al contrario en boxeo.
pegadizo, za adj. Que se pega fácilmente. ‖ Pegajoso. ‖ *Fig.* Contagioso : *risa pegadiza.* | Que se retiene fácilmente : *música pegadiza.*
pegado m. Parche, emplasto. ‖ Lo que se pega de un guisado.
pegado, da adj. *Fig.* y *fam.* Sin saber qué decir o qué hacer. | Ignorante : *estar pegado en matemáticas.*
pegador m. Boxeador que tiene buena pegada.
pegadura f. Acción de pegar. ‖ Unión de las cosas que están pegadas.
pegajosidad f. Viscosidad.
pegajoso, sa adj. Que se pega con facilidad. ‖ Viscoso : *manos pegajosas.* ‖ Contagioso : *enfermedad pegajosa.* ‖ *Fig.* y *fam.* Meloso, empalagoso. | Cargante, pesado : *amigo pegajoso.*
pegamento m. Producto para pegar.
pegamiento m. Pegadura.
pegar v. t. Adherir, unir dos cosas con cola o producto semejante : *pegar un sello, un sobre.* ‖ Atar, coser : *pegar un botón.* ‖ Fijar, unir una cosa con otra (ú. t. c. pr.). ‖ *Fig.* Comunicar, contagiar : *pegar la escarlatina* (ú. t. c. pr.). | Golpear : *pegar a un niño* (ú. t. c. pr.). ‖ Dar : *pegar un bofetón, un tiro, un salto, un susto.* ‖ Lanzar, dar : *pegar un grito.* ‖ Arrimar, acercar mucho : *pegar el piano a la pared* (ú. t. c. pr.). ‖ *Fam.* Hacer sufrir : *¡menudo rollo nos ha pegado* ‖ — *Fig. No pegar ojo,* no dormir. ‖ *Pegar fuego,* prender, incendiar algo. ‖ — V. i. Sentar o ir bien : *dos colores que pegan.* ‖ Venir a propósito, caer bien. ‖ Estar una cosa contigua o otra. ‖ Dar : *aquí el sol pega muy fuerte.* ‖ *Fam.* Realizar una acción con determinación y esfuerzo : *este actor está pegando muy fuerte ahora.* ‖ — V. pr. Unirse con alguna sustancia viscosa. ‖ Quemarse y adherirse los guisos a las vasijas en que cuecen : *pegarse el arroz.* ‖ — *Fig.* y *fam. Pegársela a uno,* engañarle. | *Pegársele a uno las sábanas,* dormir hasta muy entrada la mañana. | *Pegarse una buena vida,* llevar una vida muy agradable. ‖ *Fig. Pegarse un tiro,* suicidarse.
pegaso m. Pez de aletas pectorales en forma de alas.
pego (dar el) loc. *Fam.* Engañar.
pegote m. Emplasto. ‖ *Fig.* y *fam.* Guiso apelmazado por haber sido mal preparado. | Parásito, gorrón. | Cosa que no va con otra a la cual ha sido añadida.
pegual m. *Amer.* Cincha con argolla para sujetar los animales cogidos con lazo. ‖ *Arg.* Sobrecincha.
peguntoso, sa adj. Pegajoso.
peinado m. Arreglo del pelo : *un peinado complicado.* ‖ Acción de peinar los textiles.
peinador, ra m. y f. Persona que peina. ‖ — M. Prenda para proteger los hombros al peinarse. ‖ — F. Máquina para peinar la lana.
peinar v. t. Arreglar el cabello (ú. t. c. pr.). ‖ Desenredar o limpiar la lana. ‖ Rozar ligeramente.
peinazo m. Travesaño horizontal en las puertas y ventanas.
peine m. Utensilio de concha, plástico, hueso, etc., con púas, para desenredar, limpiar o componer el cabello. ‖ Carda para la lana. ‖ Pieza del telar por cuyas púas pasan los hilos de la urdimbre. ‖ Enrejado de poleas situado en el telar de los escenarios de teatro en el que se cuelgan las decoraciones. ‖ Pieza metálica que contiene las balas de un arma de fuego.
peineta f. Peine de adorno, alto y encorvado, que usan las mujeres.
pejerrey m. Pez marino del orden de los acantopterigios. ‖ Pez marino o de agua dulce de la Argentina.

pejesapo m. Pez marino acantopterigio de cabeza muy grande.

pejiguera f. *Fam.* Cosa molesta.

pekinés, esa adj. y s. Pequinés.

pela f. *Pop.* Peseta.

peladilla f. Almendra confitada.

pelado, da adj. Que se ha quedado sin pelo : *cabeza pelada.* ‖ Que no tiene piel : *fruta pelada.* ‖ Que no tiene carne : *hueso pelado.* ‖ *Fig.* Descubierto, desnudo de vegetación : *monte pelado.* | Escueto : *discurso pelado.* ‖ Aplícase al número que tiene decenas, centenas o millares justos : *el veinte pelado.* ‖ *Fam. Estar pelado,* estar sin dinero. ‖ — M. Corte de pelo. ‖ — M. y f. *Méx.* Tipo popular de las clases bajas. | Persona mal educada.

peladura f. Acción de pelar frutas o descortezar árboles. ‖ Mondadura.

pelafustán, ana m. y f. *Fam.* Perezoso.

pelagatos m. y f. inv. *Fam.* Persona sin posición social ni económica.

pelagra f. Enfermedad grave, producida por carencia de vitaminas y caracterizada por lesiones cutáneas y trastornos digestivos y nerviosos.

pelaje m. Pelo de un animal. ‖ *Fig.* y *fam.* Apariencia : *persona de mal pelaje.* | Indole, categoría.

pelambre m. Porción de pieles que se apelambran. ‖ Mezcla de agua y cal con que se apelambran las pieles. ‖ Conjunto de pelo en todo o parte del cuerpo. ‖ Alopecia.

pelambrera f. Sitio donde se apelambran las pieles. ‖ Porción de pelo o vello espeso y crecido. ‖ Cabellera. ‖ Alopecia.

pelanas m. inv. *Fam.* Persona de muy poca importancia.

pelandrún, una adj. *Arg. Fam.* Sinvergüenza.

pelandusca f. *Pop.* Prostituta.

pelapatatas m. inv. Máquina para pelar las patatas y otras verduras.

pelar v. t. Cortar o quitar el pelo. ‖ Mondar una fruta : *pelar una manzana.* ‖ Desplumar : *pelar un ave.* ‖ *Fig.* y *fam.* Ganar a otro todo el dinero en el juego : *pelarle el sueldo.* | Quitar a uno sus bienes con engaño o violencia : *dejarle pelado.* | Criticar, despellejar a uno. | Quitar parte de la piel el sol o una enfermedad. U. t. c. pr. : *no hay que tomar demasiado sol para no pelarse.* ‖ — *Fig.* y *fam. Duro de pelar,* difícil de hacer o de convencer. | *Un frío que pela,* mucho frío. ‖ — V. pr. *Fam.* Hacerse cortar el pelo. ‖ *Amer.* Confundirse. ‖ — *Fam. Pelárselas,* correr mucho. ‖ *Pelárselas por una cosa,* hacer todo lo posible para conseguirla.

peldaño m. Cada uno de los travesaños o escalones de una escalera.

pelea f. Combate.

peleador, ra adj. Que pelea.

pelear v. i. Batallar, combatir, contender. ‖ Reñir de palabra. ‖ *Fig.* Combatir entre sí u oponerse las cosas unas a otras. | Luchar para vencer las pasiones y apetitos. | Afanarse : *pelear por conseguir una cosa.* ‖ — V. pr. Reñir dos o más personas : *pelearse a puñetazos.* ‖ *Fig.* Desavenirse, enemistarse : *pelearse dos amigos.*

pelechar v. i. Echar o mudar el pelo o plumas los animales. ‖ *Fig.* y *fam.* Empezar a recobrar la salud.

pelele m. Muñeco de paja y trapos que se mantea en carnaval. ‖ *Fig* y *fam.* Persona sin carácter que se deja manejar por otra. ‖ Traje de punto de una pieza que llevan los niños para dormir.

peleón, ona adj. Aficionado a pelear. ‖ *Vino peleón,* el corriente.

peletería f. Oficio y tienda del peletero. ‖ Arte de preparar las pieles. ‖ Conjunto de pieles finas.

peletero, ra m. y f. Persona que tiene por oficio trabajar en pieles finas o venderlas.

peliagudo, da adj. Muy difícil.

pelícano m. Ave acuática palmípeda de pico muy largo y ancho.

pelicano, na adj. Canoso.

pelicorto, ta adj. De pelo corto.

película f. Piel muy delgada y delicada. ‖ Cinta delgada de acetato de celulosa revestida de una emulsión sensible de gelatinobromuro de plata que se emplea en fotografía y cinematografía. ‖ Cinta cinematográfica : *película sonora.* ‖ — *Fam. ¡Allá películas!,* ¡Yo me desentiendo! | *De película,* extraordinario.

peliculero m. *Fam.* Hombre del cine. | Aficionado al cine.

peligrar v. i. Estar en peligro.

peligro m. Riesgo.

peligrosidad f. Condición de lo que es peligroso.

peligroso, sa adj. Arriesgado.

pelillo m. *Fig.* y *fam.* Motivo muy leve de disgusto. ‖ — *Fam. Echar pelillos a la mar,* reconciliarse. | *No tener pelillos en la lengua,* hablar sin rodeos.

pelirrojo, ja adj. De pelo rojo.

pelma y **pelmazo** adj. y s. Dícese de una persona muy pesada.

pelo m. Filamento cilíndrico, sutil, de naturaleza córnea, que nace y crece en diversos puntos de la piel del hombre y de los animales. ‖ Filamento parecido que crece en los vegetales : *pelos del maíz.* ‖ Conjunto de estos filamentos. ‖ Cabello : *cortarse el pelo.* ‖ Hebra delgada de seda, lana, etc. ‖ Color de la piel de los caballos. ‖ Defecto en un diamante o en una pieza. ‖ *Fig.* Cosa de muy poca importancia. ‖ — *A contra pelo,* en dirección contraria a la del pelo. ‖ *Fig. Agarrarse a un pelo,* aprovechar la más mínima oportunidad para conseguir lo que se quiere. ‖ *A pelo,* desnudo. ‖ *Fig. Con pelos y señales,* con muchos detalles. | *De medio pelo,* poco fino, de poca categoría. | *Echar pelos a la mar,* olvidar. | *Estar hasta los pelos* o *hasta la punta de los pelos,* estar harto. | *Hombre de pelo en pecho,* el muy valiente. | *Lucirle el pelo,* estar uno gordo y saludable. | *No tener pelo de tonto,* no ser nada tonto. | *No verle el pelo a uno,* no verlo. | *Pelo de la dehesa,* tosquedad que queda de lo que uno era anteriormente. | *Ponérsele a uno los pelos de punta,* sentir miedo. | *Por los pelos,* por muy poco. | *Tomar el pelo a uno,* burlarse de él. | *Un pelo,* muy poco.

pelona f. *Pop.* Muerte.

pelota f. Bola hecha con distintos materiales, generalmente elástica y redonda, que sirve para jugar. ‖ Juego que se hace con ella. ‖ *Fam.* Balón. ‖ Bola de cualquier materia blanda : *hacer una pelota con un papel.* ‖ *Pop.* Cabeza. ‖ — Pl. *Pop.* Testículos. ‖ — *Fam. En pelota,* desnudo. | *Hacer* *la pelota,* adular. ‖ *Pelota vasca,* juego originario del país vasco en que el jugador *(pelotari)* lanza una pelota contra una pared *(frontón)* con la mano, con una raqueta *(pala)* o con una cesta especial *(chistera).* ‖ — Adj. y s. *Fam.* Cobista, adulón.

pelotari m. y f. Jugador de pelota vasca.

pelotear v. i. Jugar a la pelota por diversión o entrenamiento sin hacer partido.

peloteo m. En el tenis, acción de jugar a la pelota sin hacer partido. ‖ *Fig.* Intercambio : *peloteo de notas diplomáticas.*

pelotera f. *Fam.* Pelea, disputa, riña.

pelotilla f. *Pop.* Adulación. ‖ Bolita de moco hecha con los dedos. ‖ — M. y f. *Pop.* Pelotillero.

pelotilleo m. *Pop.* Adulación.

pelotillero, ra adj. y s. *Pop.* Adulón.

pelotón m. Conjunto de pelos o hilos enmarañados. ‖ *Mil.* Grupo pequeño de soldados. ‖ *Fig.* Aglomeración de personas. ‖ Grupo de participantes en una carrera. ‖ *Pelotón de ejecución,* grupo de soldados encargados de ejecutar a un condenado.

peltre m. Aleación de estaño, cinc y plomo.

peluca f. Cabellera postiza.

pelucón, ona adj. y s. *Chil.* Aplícase a los miembros del Partido Conservador en el s. XIX.

peludo, da adj. Con mucho pelo. ‖ — M. *Amer.* Borrachera.

peluquería f. Tienda u oficio del peluquero.

peluquero, ra m. y f. Persona que tiene por oficio cortar o arreglar el pelo, hacer pelucas, etc. ‖ Dueño de una peluquería.

peluquín m. Peluca pequeña. ‖ *Fam. Ni hablar del peluquín,* mil veces no.

pelusa f. Vello muy fino de las plantas. ‖ Pelo menudo que se desprende de las telas. ‖ *Pop.* Envidia.

pelviano, na adj. De la pelvis.

pelvis f. inv. Cavidad del cuerpo humano en la parte inferior del tronco determinada por los dos iliacos, el sacro y el cóccix.

pella f. Masa que se une y aprieta, regularmente en forma redonda : *pella de mantequilla.* ‖ Manteca del cerdo, tal como se saca del animal.

pelleja f. Piel de un animal. ‖ *Fam.* Ramera. ‖ *Fig.* y *fam. Salvar la pelleja,* salvar la vida.

pellejo m. Piel. ‖ Odre : *un pellejo de aceite.* ‖ *Fam.* Persona borracha. | Vida : *salvar el pellejo.*

pelliza f. Prenda de abrigo hecha o forrada de pieles finas.

pellizcar v. t. Apretar la piel con dos dedos. ‖ Tomar una pequeña cantidad de una cosa.

pellizco m. Acción de pellizcar y señal en la piel que resulta de ello. ‖ Porción pequeña que se coge de una cosa. ‖ *Fig.* Pena fugaz pero aguda : *pellizco en el corazón.*

pena f. Castigo impuesto por un delito o falta : *pena correccional.* ‖ Pesadumbre, tristeza, aflicción ; *tengo mucha pena.* ‖ Dificultad, trabajo : *lo ha hecho con mucha pena.* ‖ Lástima : *es una pena que no vengas.* ‖ *Amer.* Timidez. | — *A duras penas,* con mucha dificultad. ‖ *No valer (o merecer) la pena,* no merecer una cosa el trabajo que cuesta. ‖ *Fig. Pasar la pena negra,* pasar muchas dificultades. ‖ *Pena capital,* la de muerte.

penacho m. Grupo de plumas que tienen en la parte superior de la cabeza ciertas aves. ‖ Adorno de plumas de un casco, morrión, etc.

penado, da m. y f. Delincuente condenado a una pena.

penal adj. Relativo a la pena o que la incluye : *derecho penal.* ‖ — M. Lugar en que los penados cumplen condenas mayores que las del arresto.

penalidad f. Trabajo, dificultad : *sufrir penalidades.* ‖ *For.* Sanción impuesta por la ley penal, las ordenanzas, etc. ‖ En deportes, penalización.

penalista m. y f. Especialista en Derecho penal.

penalización f. Sanción. ‖ En deportes, desventaja que sufre un jugador por haber cometido falta.

penalizar v. t. Infligir penalización.

penalty m. (pal. ingl.). En el fútbol, sanción contra un equipo que ha cometido una falta en el área de gol. ‖ *Fam. Casarse de penalty,* casarse por estar embarazada la novia.

penar v. t. Infligir una pena a uno. ‖ — V. i. Padecer, sufrir. ‖ Sufrir las almas del Purgatorio.

penates m. pl. Dioses domésticos de los etruscos y romanos. ‖ *Fig.* Hogar : *volver a los penates.*

penca f. Hoja carnosa de algunas plantas : *penca de nopal.* ‖ *Amer.* Racimo de plátanos. ‖ *Arg.* Chumbera.

pencal m. *Arg.* Nopal.

pence m. pl. V. PENNY.

penco m. *Fam.* Jamelgo.

pendejada f. *Amer. Fam.* Tontería. | Cobardía.

pendejismo m. *Amer. Fam.* Tontería. | Cobardía.

pendejo m. Pelo que nace en el pubis y en las ingles. ‖ *Fam.* Hombre cobarde o pusilánime. ‖ *Amer.* Tonto.

pendencia f. Contienda, pelea.

pendenciero, ra adj. y s. Aficionado a pendencias.

pender v. i. Colgar. ‖ Depender : *esto pende de tu decisión.*

pendiente adj. Que cuelga. ‖ *Fig.* Que está sin resolver : *problemas pendientes.* | Que depende de algo : *pendiente de sus decisiones.* ‖ *Fig. Estar pendiente de los labios de alguien,* prestar suma atención a lo que dice. ‖ — M. Arete para adornar las orejas, la nariz, etc. ‖ *Méx.* Preocupación, aprensión. ‖ — F. Cuesta o declive de un terreno. ‖ Inclinación de un tejado. ‖ *Fig.* Inclinación, tendencia, propensión.

péndola f. Péndulo de los relojes. ‖ *Fig.* Pluma de escribir.

pendolista com. Persona que escribe. ‖ *Fig.* Chupatintas.

pendón m. Insignia militar que consistía en una bandera más larga que ancha. ‖ Bandera, estandarte pequeño. ‖ Estandarte de una iglesia o cofradía usado en las procesiones. ‖ *Fig.* y *fam.* Persona muy alta, desaseada y de mal aspecto. | Mujer de mala vida, ramera.

pendonear v. i. *Fam.* Vagabundear, callejear.

pendoneo m. *Fam.* Callejeo.

pendular adj. Del péndulo.

péndulo m. Cuerpo pesado que oscila por la acción de la gravedad alrededor de un punto fijo del cual está suspendido por un hilo o varilla.

pene m. Miembro viril.

penene m. Profesor no numerario en un instituto o universidad.

peneque adj. *Fam.* Borracho. ‖ *Méx.* Tortilla guisada con queso.
penetrabilidad f. Calidad de lo penetrable.
penetrable adj. Que se puede penetrar.
penetración f. Acción de penetrar. ‖ *Fig.* Perspicacia, sagacidad, clarividencia.
penetrante adj. Que penetra : *bala penetrante.* ‖ *Fig.* Profundo, agudo : *inteligencia penetrante.* | Hablando de un sonido, agudo : *voz penetrante.* | Que ve muy bien : *ojos penetrantes.*
penetrar v. t. *Fig.* Causar un dolor profundo : *su quejido me penetra el alma* (ú. t. c. i.). | Llegar a comprender o adivinar. | Llegar más a fondo en el conocimiento de una cuestión : *penetrar una cuestión difícil* (ú. t. c. i.). ‖ — V. i. Entrar en un sitio con cierta dificultad : *penetrar en la selva tropical.* ‖ Llegar una cosa a entrar dentro de otra : *hacer penetrar un clavo en un madero* (ú. t. c. t.). ‖ — V. pr. *Fig.* Adivinarse mutuamente las intenciones. | Darse perfecta cuenta : *penetrarse del sentido de un texto.*
penicilina f. *Med.* Sustancia extraída de los cultivos del moho *Penicillium notatum,* cuyas propiedades antibióticas fueron descubiertas en 1929 por Fleming.
penicillium m. Moho verde que se desarrolla en los quesos, frutos agrios y otros medios nutritivos, una de cuyas especies es el *Penicillium notatum* del que se extrae la penicilina.
penillanura f. Meseta.
península f. Tierra rodeada de agua excepto por una parte que comunica con otra tierra de extensión mayor.
peninsular adj. Relativo a una península. ‖ Natural o habitante de una península (ú. t. c. s.). ‖ *Amer.* Español.
penique m. Moneda inglesa, duodécima parte del chelín. (A partir de 1971, el *penique* representa la centésima parte de una libra esterlina en vez de la doscientas cuarentava parte.)
penitencia f. Sacramento en el cual, por la absolución del sacerdote, se perdonan los pecados. ‖ Pena impuesta por el confesor al penitente. ‖ *Fig.* Castigo.
penitenciar v. t. Imponer una penitencia.
penitenciaría f. Tribunal eclesiástico de la curia romana. ‖ Dignidad, oficio o cargo de penitenciario. ‖ Penal, prisión correccional.
penitenciario, ria adj. Relativo a las cárceles.
penitente adj. Relativo a la penitencia. ‖ Que hace penitencia (ú. t. c. s.). ‖ — M. y f. Persona que se confiesa. ‖ En las procesiones, persona que viste cierta túnica en señal de penitencia.
penny m. (pal. ingl.). Penique. Pl. *pence.*
penol m. *Mar.* Punta o extremo de las vergas.
penoso, sa adj. Trabajoso, difícil : *tarea penosa.* ‖ Que causa pena : *una impresión penosa.* ‖ Triste, afligido : *viudo penoso.*
penquisto, ta adj. y s. De Concepción (Chile).
pensado, da adj. Con el adverbio *mal,* que tiene tendencia a interpretar en mal sentido algo.
pensador, ra adj. Que piensa. ‖ Que reflexiona o medita con intensidad. ‖ — M. y f. Persona dedicado a estudiar y meditar profundamente sobre problemas trascendentales. ‖ *Libre pensador,* librepensador.
pensamiento m. Facultad de pensar. ‖ Cosa que se piensa. ‖ Idea. ‖ Sentencia, máxima : *los «Pensamientos» de Pascal.* ‖ Mente : *una idea extraña le vino al pensamiento.* ‖ Intención : *lo hice con el pensamiento de no molestarle.*
pensante adj. Que piensa.
pensar v. t. e i. Formar conceptos en la mente : *pienso, luego existo.* ‖ Reflexionar : *piensa bien este problema.* ‖ Imaginar : *con sólo pensarlo me entra miedo.* ‖ Tener intención, proyectar : *pienso marcharme para América.* ‖ Creer, juzgar : *pienso que mejor sería no hacerlo.* ‖ Recordar : *pensar en los ausentes.*
pensativo, va adj. Absorto, reflexivo, meditabundo.
pensión f. Cantidad anual o mensual asignada a uno por servicios prestados anteriormente : *pensión civil, militar.* ‖ Dinero percibido por una renta impuesta sobre una finca. ‖ Cantidad que se da a una persona para que realice estudios. ‖ Casa de huéspedes. ‖ Cantidad que se paga por albergarse en ella. ‖ *Fig.* Gravamen. ‖ *Media pensión,* en un hotel, régimen del cliente que paga la habitación, el desayuno y una sola comida ; en un colegio, régimen del alumno que come al mediodía.
pensionado, da adj. y s. Que goza de una pensión. ‖ — M. Colegio de alumnos internos.
pensionar v. t. Conceder una pensión : *pensionar a un estudiante.*
pensionista com. Persona que goza de una pensión. ‖ Persona que paga pensión en un colegio, casa de huéspedes, etc.
pentaedro m. *Geom.* Sólido de cinco caras.
pentagonal adj. Relativo al pentágono.
pentágono, na adj. *Geom.* Dícese del polígono de cinco ángulos y cinco lados (ú. t. c. s. m.).
pentagrama o **pentágrama** m. Rayado de cinco líneas paralelas en las cuales se escribe la música.
pentano m. *Quím.* Hidrocarburo saturado.
pentápolis f. (Ant.). Reunión de cinco ciudades con su territorio.
pentarquía f. Gobierno de cinco personas.
pentasílabo, ba adj. De cinco sílabas : *versos pentasílabos.*
pentatlón m. Conjunto de cinco ejercicios atléticos que son actualmente : 200 y 1 500 m lisos, salto de longitud y lanzamientos del disco y jabalina.
Pentecostés m. Fiesta de los judíos que conmemora el día en que entregó Dios a Moisés las Tablas de la Ley en el monte Sinaí. ‖ Fiesta celebrada por la Iglesia católica en memoria de la venida del Espíritu Santo cincuenta días después de la Pascua de Resurrección (entre el 10 de mayo y el 13 de junio).
pentodo m. *Fís.* Válvula electrónica de cinco electrodos.
pentotal m. Hipnótico barbitúrico que impide al paciente darse cuenta de lo que dice.
penúltimo, ma adj. y s. Inmediatamente anterior a lo último.
penumbra f. Falta de luz sin llegar a la completa oscuridad.
penuria f. Escasez.
peña f. Roca. ‖ Monte o cerro rocoso. ‖ Grupo, círculo, reunión.
peñasco m. Peña grande. ‖ Porción del hueso temporal que encierra el oído interno.

peñascoso, sa adj. Cubierto de peñascos : *monte peñascoso.*
peñón m. Peña grande.
peo m. *Fam.* Pedo. | Borrachera.
peón m. *Mil.* Soldado de a pie. ‖ Jornalero que ayuda al oficial : *peón de albañil.* ‖ En el ajedrez y en las damas, cada una de las piezas de menos valor. ‖ *Amer.* El que trabaja en una hacienda bajo las órdenes de un capataz. ‖ *Peón caminero,* el encargado del cuidado de las carreteras.
peonada f. Trabajo que hace un peón en un día. ‖ Jornal del peón. ‖ *Amer.* Conjunto de peones.
peonaje m. Conjunto de peones.
peonía f. *Bot.* Planta ranunculácea de grandes flores blancas, amarillas o rojas.
peonza f. Juguete de madera de forma cónica con una púa de hierro que se hace girar con una cuerda, trompo.
peor adj. Más malo : *le tocó el peor pedazo.* ‖ — Adv. Más mal : *cada día escribe peor.* ‖ *Peor que peor* o *tanto peor,* peor todavía.
pepenar v. t. *Méx.* Recoger. ‖ *Amer.* En las minas, separar el metal del cascajo.
pepinazo m. *Fam.* Explosión de un proyectil. | En fútbol, chut.
pepinillo m. Pepino pequeño que se conserva en vinagre : *tomó una loncha de jamón con pepinillos.*
pepino m. Planta cucurbitácea, de fruto comestible cilíndrico y alargado. ‖ *Fam.* Obús. ‖ *Fig.* y *fam. No importar un pepino,* no tener ninguna importancia.
pepita f. Simiente de algunas frutas : *pepitas de melón.* ‖ Tumorcillo que se forma en la lengua de las gallinas. ‖ *Min.* Trozo rodado de metal nativo, particularmente de oro. ‖ *Amer.* Almendra de cacao.
pepito m. Pequeño bocadillo de carne. ‖ *Amer.* Lechuguino, pisaverde.
pepitoria f. Guisado de carne de pollo o gallina con salsa.
pepla f. *Fam.* Cosa fastidiosa.
peplo m. En Grecia y Roma, túnica de mujer sin mangas.
pepona f. Muñeca de cartón.
pepsina f. Uno de los fermentos del jugo gástrico.
peptona f. Sustancia producida por la transformación de los albuminoides mediante la acción de la pepsina del jugo gástrico.
peque m. y f. Niño.
pequeñez f. Calidad de pequeño. ‖ Infancia, corta edad. ‖ *Fig.* Bajeza, mezquindad. | Cosa insignificante : *no conviene pararse en pequeñeces.*
pequeño, ña adj. De tamaño reducido : *piso pequeño.* ‖ De corta edad. U. t. c. s. m. : *clase de los pequeños.* ‖ *Fig.* De poca importancia : *pequeña molestia.* | Bajo, mezquino.
pequinés, esa adj. y s. De Pequín (China). ‖ — M. Perrito de pelo largo.
pera f. Fruto del peral. ‖ *Fig.* Pequeña barba en punta que se deja crecer en la barbilla. | Empleo lucrativo y descansado. ‖ Objeto de forma parecida a este fruto, como ciertos interruptores eléctricos, el dispositivo adaptado a los pulverizadores, etc. ‖ *Fig.* y *fam. Pedir peras al olmo,* pedir cosas imposibles de conseguir. | *Ponerle a uno las peras a cuarto,* reprenderle. | *Ser la pera,* ser el colmo.
peral m. Árbol rosáceo cuyo fruto es la pera.
peraleda f. Terreno poblado de perales.
peraltar v. t. *Arq.* Levantar la curva de un arco, bóveda o armadura más de lo que corresponde al semicírculo. ‖ Levantar el carril exterior en las curvas de ferrocarriles. ‖ Hacer el peralte en las carreteras : *curva peraltada que hacía posible alcanzar una mayor velocidad con el vehículo.*
peralte m. *Arq.* Lo que excede del semicírculo en la altura de un arco, bóveda o armadura. ‖ En las carreteras, vías férreas, etc., elevación de la parte exterior de una curva superior a la interior.
perborato m. Sal que se produce mediante la oxidación del borato.
perca f. Pez de río.
percal m. Tela de algodón. ‖ *Fam. Conocer el percal,* conocer bien a las personas o los asuntos de los que se habla.
percalina f. Percal ligero.
percance m. Contratiempo, ligero accidente que sirve de estorbo.
per cápita, expresión latina que se aplica a lo que corresponde a cada pesona : *renta per cápita.*
percatarse v. pr. Advertir, reparar, darse cuenta. ‖ Enterarse.
percebe m. Crustáceo cirrópodo comestible. ‖ *Fam.* Torpe, ignorante.
percepción f. Acción de percibir el mundo exterior por los sentidos. ‖ Idea. ‖ Recaudación.
perceptibilidad f. Cualidad de lo que puede ser percibido.
perceptible adj. Que se puede percibir. ‖ Que puede ser cobrado o recibido.
perceptivo, va adj. Que tiene virtud de percibir.
perceptor, ra adj. y s. Dícese del o de lo que percibe.
percibir v. t. Apreciar la realidad exterior por los sentidos. ‖ Recibir o cobrar : *percibir dinero.*
percloruro m. Cloruro que contiene la cantidad máxima de cloro.
percolador m. Cafetera muy grande de vapor.
percusión f. Golpe dado por un cuerpo que choca contra otro. ‖ En medicina, método de examen clínico que permite conocer el estado de un órgano al escuchar el sonido producido por los golpes leves dados en la superficie del cuerpo. ‖ *Instrumentos de percusión,* los que se tocan dándoles golpes (tambor, triángulo, platillos, etc.).
percusor m. En las armas de fuego, pieza que hace estallar el fulminante. ‖ Pieza que golpea en cualquier máquina.
percutir v. i. Golpear, chocar. ‖ *Med.* Auscultar dando leves golpes en la espalda y el pecho.
percutor m. Percusor.
percha f. Soporte de forma adecuada, provisto de un gancho, que sirve para colgar trajes. ‖ Perchero. ‖ Utensilio con varios ganchos de los que se cuelgan cosas. ‖ *Fam.* Tipo, facha.
perchero m. Soporte, con uno o varios brazos, que sirve para colgar abrigos, sombreros, etc.
percherón, ona adj. Aplícase al caballo y yegua de raza corpulenta y robusta que se emplea para el tiro (ú. t. c. s.).
perdedor, ra adj. y s. Aplícase al que pierde.
perder v. t. Verse privado de una cosa que se poseía o de una cualidad física o moral : *perder su empleo.* ‖ Estar separado por la muerte : *perder a sus padres.* ‖ Extraviar : *perder las llaves* (ú. t. c. pr.). ‖ No poder seguir : *perder el hilo de un razonamiento.* ‖ Disminuir de peso o dimensiones : *ha per-*

dido cinco kilos en un mes. ‖ Ser vencido : *perder la batalla* (ú. t. c. i.). ‖ *Fig.* Desaprovechar : *perder una oportunidad.* | Malgastar, desperdiciar : *perder su tiempo* (ú. t. c. pr.). | No poder alcanzar o coger : *perder el tren.* | No poder disfrutar de algo por llegar tarde : *al llegar retrasado me perdí la exposición.* | Faltar a una obligación : *perder el respeto.* | Deslucir, deteriorar, ocasionar un daño. | Arruinar. | Ser perjudicado. Ú. t. c. i. : *en todos los negocios salgo perdiendo.* | Perjudicar : *su excesiva bondad le pierde.* ‖ — *Echar a perder,* estropear. ‖ *Perder de vista,* dejar de ver. ‖ *Perder pie,* dejar de alcanzar el fondo del agua con los pies. ‖ *Perder terreno,* retroceder. ‖ — V. i. Sufrir una desventaja : *hemos perdido mucho con la marcha de este profesor.* ‖ Decaer de la estimación en que se estaba. ‖ — V. pr. Errar el camino, extraviarse : *perderse en la selva.* ‖ *Fig.* Naufragar, irse a pique. ‖ No percibirse claramente : *su voz se pierde entre las de sus compañeros.* ‖ *Fig.* Corromperse. | Entregarse completamente a los vicios. | Amar con pasión ciega. | No seguir la ilación de un discurso : *perderse en consideraciones.*

perdición f. Pérdida. ‖ *Fig.* Ruina : *ir uno a su perdición.* | Lo que perjudica a uno : *esta mujer será su perdición.* | Condenación eterna. | Costumbres desarregladas : *esta ciudad es un lugar de perdición.*

pérdida f. Privación de lo que se poseía. ‖ Lo que se pierde : *tener grandes pérdidas.* ‖ Muerte : *sentir la pérdida de un amigo.* ‖ Menoscabo, daño. ‖ Diferencia desventajosa entre el costo de una operación comercial o financiera y la ganancia : *vender con pérdida.* ‖ Mal empleo : *pérdida de tiempo.* ‖ — Pl. *Mil.* Bajas, conjunto de los militares puestos fuera de combate como consecuencia de una batalla.

perdido, da adj. Extraviado. ‖ *Fam.* Muy sucio : *ponerse perdido de barro.* | Consumado, rematado : *tonto perdido.* | Licencioso (ú. t. c. s. m.). ‖ — *Fig. Estar perdido,* estar en un trance tan difícil que se tienen pocas posibilidades de superarlo. | *Estar perdido por una persona,* estar muy enamorado de ella. ‖ — M. *Fam.* Golfo, calavera.

perdidoso, sa adj. Que pierde. ‖ Fácil de perder.

perdigón m. Pollo de la perdiz. ‖ Perdiz joven. ‖ Cada uno de los granos de plomo que forman la munición de caza. ‖ *Fam.* Partícula de saliva que se despide al hablar.

perdigonada f. Tiro de perdigones. ‖ Herida que provoca.

perdiguero, ra adj. Dícese del animal que sirve para cazar perdices : *perro perdiguero* (ú. t. c. s. m.).

perdis m. *Pop.* Golfo, calavera.

perdiz f. Ave gallinácea con plumaje ceniciento rojizo.

perdón m. Remisión de pena o deuda. ‖ Indulgencia, misericordia, remisión de los pecados.

perdonable adj. Que se puede perdonar : *falta perdonable.*

perdonador, ra adj. y s. Que perdona.

perdonar v. t. Remitir una deuda, ofensa, falta, delito, etc. ‖ Autorizar a uno para que no cumpla una obligación : *perdonar el pago.* ‖ — *Enfermedad que no perdona,* enfermedad mortal. ‖ *No perdonar alguna cosa,* no omitirla.

perdonavidas m. y f. inv. Bravucón.

perdurable adj. Perpetuo.

perdurar v. i. Durar mucho.

perecedero, ra adj. Poco duradero : *productos perecederos.*

perecer v. i. Morir una persona o animal.

perecuación f. Reparto equitativo de las cargas entre los que las soportan.

peregrinación f. Viaje por tierras extranjeras : *peregrinación a América.* ‖ Viaje a un santuario : *peregrinación a Montserrat.*

peregrinaje m. Peregrinación.

peregrinar v. i. Ir a un santuario por devoción o por voto. ‖ Andar por tierras extrañas, de pueblo en pueblo.

peregrino, na adj. Que viaja por tierras extrañas. ‖ *Fig.* Extraño, singular, raro : *idea peregrina.* | Extraordinario : *peregrina belleza.* ‖ — M. y f. Persona que por devoción visita algún santuario : *peregrinos a Fátima.*

pereirano, na adj. y s. De Pereira (Colombia).

perejil m. Planta cuya hoja se utiliza para condimento.

perendengue m. Adorno de escaso valor. ‖ Arete, pendiente. ‖ — Pl. *Fam.* Complicaciones. | Importancia. | Valor. | Guasa, poca gracia.

perengano, na m. y f. Palabra con que se llama a una persona cuyo nombre se desconoce o no se quiere decir. (Se utiliza sobre todo después de haber empleado *Fulano, Mengano* y *Zutano.*)

perenne adj. Continuo, perpetuo. ‖ Eterno : *recuerdo perenne.* ‖ *Bot.* Vivaz, que vive más de dos años : *plantas perennes.*

perennidad f. Perpetuidad.

perentoriedad f. Calidad de perentorio.

perentorio, ria adj. Aplícase al último plazo concedido. ‖ Apremiante, urgente. ‖ Terminante, tajante : *tono perentorio.*

pereza f. Repugnancia al trabajo, al esfuerzo, a cumplir las obligaciones del cargo de cada uno. ‖ Flojedad, falta de ánimo para hacer algo.

perezoso, sa adj. y s. Que tiene pereza. ‖ Que huye de cualquier trabajo o actividad. ‖ — M. Mamífero desdentado de América tropical. ‖ — M. *Urug.* Tumbona.

perfección f. Calidad de perfecto : *aspirar a la perfección.* ‖ Cosa perfecta. ‖ *A la perfección,* perfectamente.

perfeccionamiento m. Mejora para intentar alcanzar la perfección.

perfeccionar v. t. Mejorar una cosa tratando de alcanzar la perfección : *perfeccionar una máquina.*

perfeccionismo m. Deseo excesivo de alcanzar la perfección.

perfeccionista adj. y s. Dícese de la persona que da pruebas de perfeccionismo.

perfectamente adv. De modo perfecto : *le gusta hacer las cosas perfectamente.*

perfectible adj. Que puede perfeccionarse.

perfectivo, va adj. Que perfecciona.

perfecto, ta adj. Que tiene el mayor grado posible de las cualidades requeridas : *obra perfecta.* ‖ Excelente, muy bueno : *ejecución perfecta.* ‖ — *Gram. Futuro perfecto,* el que indica que una acción futura es anterior a otra también venidera. ‖ *Pretérito perfecto,* aplícase al tiempo que denota que una acción pasada está completamente terminada.

perfidia f. Falta de lealtad.

pérfido, da adj. Desleal, infiel o traidor (ú. t. c. s.). ‖ Que implica perfidia.

perfil m. Contorno aparente de una persona o cosa puesta de lado. ‖ Silueta, contorno. ‖ *Geom.* Figura que presenta un cuerpo cortado por un plano vertical. | Corte o sección. || *Fig.* Retrato moral de una persona. || Barra de acero laminada. || — *De perfil,* de lado. || *Medio perfil,* postura del cuerpo en que se ve el perfil y parte de la frente.

perfilado, da adj. Aplícase al rostro delgado. || Bien proporcionado.

perfilar v. t. *Pint.* Sacar y retocar el perfil de una cosa. || *Fig.* Perfeccionar, rematar con esmero una cosa. || — V. pr. Ponerse de perfil. || *Fam.* Destacarse : *el campanario se perfila en el cielo.* | Empezar a tomar forma : *se perfila el resultado final.*

perforación f. Acción de perforar. || Taladro. || Rotura de las paredes de algunos órganos o partes del cuerpo : *perforación intestinal.* || Agujero de dimensiones normalizadas hecho en una cinta, tarjeta o ficha por medio de una perforadora. || Conjunto de operaciones consistentes en barrenar canteras o minas. || Exploración del terreno perforándolo en busca de petróleo, gas natural o agua.

perforado m. Perforación.

perforador, ra adj. Que perfora u horada. || — F. Herramienta de barrena rotativa, generalmente accionada por aire comprimido, que sirve para taladrar las rocas. || Instrumento para perforar el papel. || Máquina que, en las tarjetas perforadas, traduce los datos en forma de taladros.

perforar v. t. Taladrar. || Hacer fichas o tarjetas perforadas para su utilización en diferentes máquinas especiales (calculadoras, clasificadoras, etc.).

performance [*-mans*] f. (pal. ingl.). Resultado conseguido por un campeón. || *Por ext.* Hazaña.

perfumar v. t. Impregnar una cosa con materias olorosas (ú. t. c. pr.). || — V. i. Exhalar perfume.

perfume m. Composición química que exhala un olor agradable. || Este mismo olor. || *Fig.* Lo que despierta un recuerdo o una idea agradable.

perfumería f. Fábrica o tienda de perfumes.

perfumista com. Persona que fabrica o vende perfumes.

perfusión f. *Med.* Introducción lenta y continua de una sustancia medicamentosa o de sangre en un organismo o un órgano.

pergamino m. Piel de cabra o de carnero preparada especialmente para que se pueda escribir en ella. || Documento escrito en esta piel. || — Pl. *Fig.* y *fam.* Títulos de nobleza. | Diplomas universitarios.

pergeñar v. t. Esbozar.

pérgola f. Galería de columnas en las que se apoyan maderos a modo de emparrado.

periastro m. Punto de la órbita de un astro más próximo de otro alrededor del cual gira.

pericardio m. Tejido membranoso que envuelve el corazón.

pericarditis f. Inflamación del pericardio.

pericarpio m. Parte exterior del fruto que cubre las semillas.

pericia f. Habilidad en algo adquirida por la experiencia.

pericial adj. Relativo al perito.

periclitar v. i. Decaer, declinar : *periclitar un régimen.* || Peligrar, estar en peligro.

perico m. Especie de papagayo. || *Mar.* Juanete del palo de mesana y vela que se larga en él. || *Fig.* Mujer de vida airada, ramera.

pericón m. Abanico grande. || *Arg.* Baile criollo en cuadrilla.

periferia f. Circunferencia. || Contorno de una figura curvilínea. || *Fig.* Alrededores de una población : *la periferia de Buenos Aires.*

periférico, ca adj. Relativo a la periferia : *paseo periférico.* || Dícese del elemento de un sistema de tratamiento de la información que es distinto de la unidad central y sirve esencialmente para comunicar con el exterior (ú. t. c. s. m.).

perifollos m. pl. *Fam.* Adornos femeninos excesivos y generalmente de mal gusto.

perifrasear v. i. Usar perífrasis.

perífrasis f. Circunloquio.

perigeo m. Punto de la órbita de la Luna o de un satélite artificial más cerca de la Tierra.

perihelio m. Punto en que un planeta se halla más cerca del Sol.

perilla f. Adorno en figura de pera. || Porción de pelo que se deja crecer en la punta de la barba. || Interruptor eléctrico. || Llave, tirador. || *Fam. De perilla* o *de perillas,* muy bien.

perillán m. *Fam.* Pícaro, bribón.

perimétrico, ca adj. Relativo al perímetro.

perímetro m. *Geom.* Línea que limita una figura plana. || Su dimensión. || Contorno : *el perímetro de una ciudad.*

periné o **perineo** m. Parte del cuerpo entre el ano y las partes sexuales.

periodicidad f. Condición de lo que es periódico.

periódico, ca adj. Que se repite a intervalos determinados : *movimiento periódico.* || Que se edita en época fija : *publicación periódica* (ú. t. c. s. m.). || *Mat.* Dícese de la función que tiene el mismo valor cada vez que su variable aumenta de una cantidad fija llamada *período* o de un múltiplo de éste. | Aplícase a la fracción decimal en la cual una misma cifra o grupo de cifras se repite indefinidamente. || — M. Diario.

periodismo m. Profesión de periodista. || Conjunto de periodistas. || Prensa periódica.

periodista com. Persona que tiene por oficio el escribir en periódicos.

periodístico, ca adj. Relativo a periódicos y periodistas.

período o **periodo** m. Espacio de tiempo después del cual se reproduce alguna cosa. || Tiempo de revolución de un astro : *período lunar.* || Espacio de tiempo, época : *período histórico.* || *Mat.* En las divisiones inexactas, cifras repetidas indefinidamente, después del cociente entero. || Conjunto de oraciones que enlazadas entre sí forman un sentido cabal : *período gramatical.* || Fase de una enfermedad. || Menstruación.

peripecia f. Acontecimiento imprevisto en la vida real.

periplo m. Circunnavegación. || Obra que relata un viaje de circunnavegación. || *Por ext.* Viaje turístico.

peripuesto, ta adj. *Fam.* Ataviado con gran esmero y elegancia.

periquete m. *Fam.* Instante.

periscopio m. Aparato óptico instalado en la parte superior de un tubo que usan para ver lo que pasa en el exterior los barcos submarinos y los soldados en las trincheras.

perisístole f. Intervalo que media entre la sístole y la diástole.

perisodáctilos m. pl. Suborden de los mamíferos ungulados, como el caballo y el rinoceronte (ú. t. c. adj.).

peristáltico, ca adj. Aplícase a los movimientos de contracción del tubo digestivo que permiten impulsar los materiales de la digestión.

peristilo m. *Arq.* Galería de columnas aisladas alrededor de un edificio o de un patio. | Conjunto de las columnas de un edificio.

peritación y **peritaje** m. Trabajo o informe que hace un perito. ‖ Estudios o carrera de perito.

perito, ta adj. Experimentado, competente en un arte o ciencia. ‖ — M. Persona autorizada legalmente por sus conocimientos para dar su opinión acerca de una materia. ‖ Grado inferior en las carreras técnicas o mercantiles.

peritoneo m. Membrana serosa que cubre el interior del vientre.

peritonitis f. *Med.* Inflamación del peritoneo.

perjudicar v. t. Causar perjuicio.

perjudicial adj. Que perjudica.

perjuicio m. Daño material o moral. ‖ *Sin perjuicio de* o *que,* sin descartar la posibilidad de.

perjurar v. i. Jurar en falso (ú. t. c. pr.). ‖ No cumplir un juramento (ú. t. c. pr.).

perjurio m. Juramento en falso.

perjuro, ra adj. y s. Que jura en falso o que no cumple un juramento.

perla f. Concreción esferoidal nacarada, de reflejos brillantes, que suele formarse en el interior de las conchas de diversos moluscos, particularmente de las madreperlas. ‖ Objeto parecido fabricado artificalmente. ‖ *Fig.* Persona o cosa excelente : *esta niña es una perla.* ‖ *De perlas,* muy bien.

permanecer v. i. Estarse cierto tiempo en un mismo sitio, estado o calidad, quedarse.

permanencia f. Inmutabilidad, duración constante : *la permanencia de las leyes.* ‖ Estancia en un mismo lugar. ‖ — Pl. Estudio vigilado por un profesor : *las permanencias de un instituto.*

permanente adj. Que permanece. ‖ — F. Ondulación del cabello : *hacerse la permanente.*

permanganato m. Sal formada por la combinación del ácido derivado del manganeso con una base.

permeabilidad f. Calidad de permeable.

permeable adj. Que puede ser atravesado por el agua u otro fluido, etc. ‖ *Fig.* Influenciable.

permi m. *Fam.* Permiso militar.

pérmico, ca adj. y s. m. *Geol.* Aplícase al último período de la era primaria, que siguió al carbonífero.

permisible adj. Que se puede permitir.

permisivismo m. y **permisividad** f. Carácter permisivo.

permisivo, va adj. Que incluye la facultad o licencia de hacer una cosa sin preceptuarla.

permiso m. Autorización : *pedir permiso para salir.* ‖ Licencia, documento : *permiso de conducir, de caza.* ‖ Autorización escrita que se concede a un militar o a otra persona para ausentarse de su cuerpo o empleo por tiempo limitado.

permitido, da adj. Autorizado.

permitir v. t. Dar su consentimiento a una persona para que haga algo. ‖ Dar cierta posibilidad : *esto permite vivir bien.* ‖ — V. pr. Tomarse la libertad de hacer algo.

permuta f. Cambio.

permutación f. Cambio.

permutar v. t. Cambiar.

pernear v. i. Agitar las piernas.

pernicioso, sa adj. Perjudicial.

pernil m. Anca y muslo de un animal. ‖ Parte del pantalón en que se meten las piernas.

pernio m. Gozne.

perniquebrar v. t. Romper, quebrar una pierna (ú. t. c. pr.).

perno m. Clavo corto con cabeza redonda por un extremo y que por el otro se asegura con una tuerca.

pernoctar v. i. Pasar la noche.

pero m. Variedad de manzano. ‖ Su fruto.

pero conj. Se emplea para indicar la oposición, la restricción, la objeción, etc. : *el piso es bonito, pero caro.* ‖ — M. *Fam.* Inconveniente, reparo : *poner peros a todo.* | Defecto.

perogrullada f. *Fam.* Verdad de Perogrullo.

perogrullesco, ca adj. Tan evidente como una perogrullada.

Perogrullo n. pr. Se emplea en la loc. *verdad de Perogrullo,* la que es tan evidente que resulta ridículo decirla.

perol m. Vasija semiesférica de metal. ‖ Cacerola.

peroné m. Hueso largo y delgado de la pierna, detrás de la tibia.

perorar v. i. Pronunciar un discurso. ‖ *Fam.* Hablar en tono oratorio y pomposo.

perorata f. Discurso largo.

peróxido m. Óxido que tiene la mayor cantidad posible de oxígeno.

perpendicular adj. *Geom.* Aplícase a la línea o al plano que forma ángulo recto con otro. ‖ — F. Línea perpendicular.

perpetración f. Ejecución.

perpetrador, ra adj. y s. Que perpetra : *perpetrador de un crimen.*

perpetrar v. t. Cometer.

perpetua f. Planta herbácea de flores que se conservan mucho tiempo. ‖ Flor de esta planta.

perpetuación f. Acción de perpetuar o perpetuarse una cosa.

perpetuar v. t. Hacer perpetuo.

perpetuidad f. Duración sin fin. ‖ *A perpetuidad,* para siempre.

perpetuo, tua adj. Que dura toda la vida : *cadena perpetua.* ‖ Constante : *una inquietud perpetua.* ‖ Dícese de ciertos cargos vitalicios : *fue nombrado secretario perpetuo de la Academia de la Lengua.*

perplejidad f. Irresolución.

perplejo, ja adj. Irresoluto.

perra f. Hembra del perro. ‖ *Fig.* y *fam.* Dinero : *estar sin una perra.* | Rabieta : *coger una perra.* | Obstinación, deseo vehemente.

perrera f. Lugar donde se guardan o encierran los perros. ‖ Coche que recoge los perros errantes.

perrería f. Conjunto de perros. ‖ *Fam.* Mala jugada.

perro m. Mamífero doméstico carnicero de la familia de los cánidos, de tamaño, forma y pelaje muy diversos, según las razas : *perro de lanas, pachón, podenco.* ‖ *Fig.* Nombre dado antiguamente por afrenta a moros y judíos. ‖ — *Fig. A otro perro con ese hueso,* dícese para indicar que no se cree lo que otra persona acaba de decir. | *Allí no atan los perros con longanizas,* allí la vida no es tan fácil como parece. | *Andar como perros y gatos,* llevarse muy mal. | *De perros,* muy malo. | *Humor de perros,* muy mal humor. | *Morir como un perro,* morir abandonado. || *Perro caliente,* bocadillo de salchichas calientes. || *Fig. Perro ladrador, poco mordedor,* en general, no hay que temer a las personas que más gritan, sino a las otras. | *Ser perro viejo,* haber adquirido astucia por la experiencia.

perro, rra adj. *Fam.* Muy malo : *¡qué vida más perra llevamos!*

perroquete m. *Mar.* Mastelerillo de juanete.

persa adj. y s. De o relativo a Persia, hoy Irán.

persecución f. Acción de perseguir : *salieron en persecución del ladrón.* || Tormentos, especialmente los que sufrieron los primeros cristianos : *las persecuciones de Nerón.* || Acosamiento.

persecutorio, ria adj. Relativo a la persecución. || *Manía persecutoria,* la de las personas que creen que todo el mundo les quiere hacer daño.

perseguidor, ra adj. y s. Aplícase al que persigue.

perseguimiento m. Persecución.

perseguir v. t. Seguir al que huye intentando alcanzarle : *perseguir al adversario.* || Atormentar con medidas tiránicas y crueles : *perseguir a los cristianos.* || *Fig.* Acosar, estar siempre detrás de una persona : *perseguirle a todas horas.* | Atormentar, no dejar en paz : *el recuerdo de sus faltas le persigue.* | Importunar : *perseguir con sus demandas.* | Intentar conseguir porfiadamente. | Ocurrir varias veces seguidas : *le persiguen las desgracias.* || *For.* Proceder judicialmente contra uno : *perseguir al delincuente.*

perseverancia f. Firmeza y constancia en seguir lo empezado.

perseverante adj. y s. Que persevera.

perseverar v. i. Mantenerse constante en un propósito o en la prosecución de lo comenzado.

persiana f. Especie de celosía formada de tablillas movibles por entre las cuales pueden entrar la luz y el aire, pero no el Sol.

pérsico, ca adj. Persa, de Persia : *el golfo Pérsico.* || — M. Árbol frutal rosáceo. || Su fruto comestible.

persignarse v. pr. Santiguarse.

persistencia f. Constancia. || Larga duración de una cosa.

persistente adj. Muy duradero.

persistir v. i. Mantenerse firme o constante. || Perdurar : *persistir la fiebre.*

persona f. Individuo de la especie humana, hombre o mujer. || *For.* Entidad física o moral que tiene derechos y obligaciones : *persona jurídica.* || *Gram.* Accidente gramatical que indica quién es el agente o paciente de la oración (*primera persona,* la que habla ; *segunda persona,* aquella a quien se habla ; *tercera persona,* aquella de quien se habla). || *En persona,* personalmente : *vino el ministro en persona ;* personificado : *este niño es el demonio en persona.*

personaje m. Persona notable : *un personaje ilustre.* || Ser humano o simbólico que se representa en una obra literaria.

personal adj. Propio de una persona : *calidades personales.* || Presenciado o hecho por la persona misma de que se trata : *entrevista personal.* || Subjetivo : *juicio muy personal.* || *Pronombres personales,* los que designan a las tres personas del verbo. || — M. Conjunto de personas que trabajan en un sitio : *hay mucho personal en esta empresa.* || *Pop.* Gente : *¡qué de personal había allí!*

personalidad f. Individualidad consciente. || Carácter original que distingue a una persona de las demás : *tener una gran personalidad.* || *Fil.* Conjunto de cualidades que constituyen el supuesto inteligente. || *For.* Aptitud legal : *personalidad jurídica.* || Persona notable por su actividad.

personalismo m. Tendencia a subordinar el interés común a miras personales.

personalista adj. y s. Partidario del personalismo.

personalización f. Adaptación a las necesidades, gustos y personalidad de un individuo determinado.

personalizar v. t. Dar carácter personal a una cosa.

personarse v. pr. Presentarse personalmente en una parte : *se personó en la oficina.* || Reunirse. || *For.* Comparecer : *se personó ante el juez.*

personificación f. Acción y efecto de personificar. || Símbolo, representación viva.

personificar v. t. Atribuir sentimientos o acciones de personas a los irracionales o a las cosas. || Simbolizar, representar perfectamente. || Aludir a personas determinadas en un escrito o discurso.

perspectiva f. Arte de representar en una superficie los objetos en la forma, tamaño y disposición con que aparecen a la vista. || Conjunto de cosas que se presentan ante la vista en la lejanía. || *Fig.* Contingencia previsible : *buenas perspectivas económicas.* | Distancia : *no tenemos suficiente perspectiva para juzgar.*

perspicacia f. Agudeza y penetración de la vista. || *Fig.* Sagacidad, clarividencia : *tener mucha perspicacia.*

perspicaz adj. Agudo, penetrante. || *Fig.* Sagaz, clarividente.

persuadir v. t. Inducir a uno a creer o hacer algo : *le persuadí de mi sinceridad.* || — V. pr. Convencerse de una cosa.

persuasión f. Acción de persuadir. || Convicción, certeza.

persuasivo, va adj. Que persuade. || — F. Aptitud para persuadir.

persuasor, ra adj. y s. Que sabe persuadir a los demás.

pertenecer v. i. Ser una cosa de la propiedad de uno. || Formar parte de : *estas plantas pertenecen a la familia de las solanáceas.* || Ser una cosa del cargo u obligación de uno.

pertenencia f. Propiedad. || Espacio o territorio que toca a uno por jurisdicción o propiedad. || Cosa accesoria de otra : *las pertenencias de un palacio.* || Adhesión : *la pertenencia a un partido.*

pértiga f. Vara larga. || *Salto de pértiga,* prueba atlética en la que hay que pasar un listón situado a cierta altura con ayuda de una pértiga.

pertinacia f. Obstinación, tenacidad. || *Fig.* Larga duración.

pertinaz adj. Obstinado, tenaz. || *Fig.* Persistente, incesante : *enfermedad pertinaz.*

pertinencia f. Condición de pertinente.

pertinente adj. Oportuno. || Referente, relativo.

pertrechar v. t. Abastecer de pertrechos o municiones : *pertrechar a una tropa.* || *Fig.* Preparar lo necesario para hacer algo (ú. t. c. pr.).
pertrechos m. pl. Municiones, armas y demás cosas necesarias para los soldados. || Utensilios propios para determinada cosa.
perturbación f. Desorden : *sembrar la perturbación.* || Disturbio : *perturbaciones sociales.* || Emoción.
perturbador, ra adj. Que perturba, trastorna. || Conmovedor. || — M. y f. Agitador.
perturbar v. t. Trastornar : *perturbar el orden público.* || Quitar el sosiego : *perturbar los ánimos.* || Alterar, modificar : *perturbar el tiempo.*
peruanismo m. Voz o giro propios del Perú.
peruano, na adj. Natural del Perú (ú. t. c. s.). || Relativo o perteneciente a este país de América.
peruétano, na adj. *Col., Cub.* y *Méx.* Mequetrefe.
perulero, ra adj. y s. Peruano. || — M. y f. Persona que regresa a España del Perú tras haber hecho fortuna.
perversidad f. Suma maldad, depravación. || Acción perversa.
perversión f. Corrupción : *perversión de la juventud.* || *Med.* Alteración de una función normal. | Anormalidad que se manifiesta en ciertas tendencias : *perversión sexual.*
perverso, sa adj. y s. Depravado.
pervertidor, ra adj. y s. Que pervierte : *literatura pervertidora.*
pervertimiento m. Perversión.
pervertir v. t. Viciar con malas doctrinas o ejemplos : *pervertir las costumbres.* || — V. pr. Corromperse.
pervinca f. Planta herbácea.
pervivencia f. Supervivencia.
pervivir v. i. Sobrevivir.
pesa f. Pieza de determinado peso que sirve para evaluar en una balanza el que tienen las otras cosas. || Pieza de determinado peso que sirve para dar movimiento a ciertos relojes, o de contrapeso para subir y bajar lámparas, etc. || Pieza del teléfono que agrupa el micrófono y el auricular. || — Pl. Haltera.
pesabebés m. inv. Balanza para pesar niños pequeños.
pesacartas m. inv. Balanza para pesar cartas.
pesada f. Cantidad que se pesa de una vez.
pesadez f. Peso : *la pesadez de un paquete.* || Gravedad : *la pesadez de los cuerpos.* || *Fig.* Obstinación, terquedad. | Cachaza, lentitud. | Sensación de peso : *pesadez de estómago.* | Molestia : *¡qué pesadez este trabajo!* | Aburrimiento : *¡qué pesadez de novela!*
pesadilla f. Ensueño angustioso y tenaz. || Preocupación intensa y continua. || *Fam.* Persona o cosa fastidiosa.
pesado, da adj. De mucho peso. || *Fig.* Obeso. | Intenso, profundo : *sueño pesado.* | Difícil de digerir : *comida pesada.* | Aplícase a los órganos en que se siente pesadez : *tener la cabeza pesada.* | Caluroso y cargado : *tiempo pesado.* | Molesto, cargante : *un amigo pesado* (ú. t. c. s.). | Aburrido : *una película pesada.* | Molesto por ser de mal gusto : *broma pesada.*
pesador, ra adj. y s. Aplícase al que pesa.
pesadumbre f. *Fig.* Tristeza, pesar.
pesaje m. Peso.
pésame m. Expresión del sentimiento que se tiene por la aflicción de otro : *dar su sentido pésame.*
pesar m. Sentimiento o dolor interior : *me contó todos sus pesares.* || Arrepentimiento : *tener pesar por haber actuado mal.* || — *A pesar de,* contra la voluntad de; haciendo caso omiso de. || *A pesar de que,* aunque.
pesar v. t. Determinar el peso de una cosa o persona por medio de un aparato adecuado. || *Fig.* Examinar cuidadosamente : *pesar el pro y el contra.* || *Fig. Pesar sus palabras,* hablar con circunspección. || — V. i. Tener peso. U. t. c. t. : *esta maleta pesa diez kilos.* || Tener mucho peso : *este diccionario pesa.* || *Fig.* Ser sentido como una carga : *le pesa la educación de sus hijos.* | Recaer : *todas las responsabilidades pesan sobre él.* | Tener influencia : *en su decisión han pesado mis argumentos.* | Causar tristeza o arrepentimiento : *me pesa que no haya venido.* || — *Pese a,* a pesar de. || *Pese a quien pese,* a todo trance.
pesario m. Dispositivo que cierra el cuello de la matriz y se usa con fines anticonceptivos.
pesaroso, sa adj. Afligido.
pesca f. Arte, acción de pescar. || Lo que se pesca. || *Fam. Y toda la pesca,* y todo lo demás.
pescada f. Merluza, pez.
pescadera f. *Méx.* y *Amér. C.* Pecera.
pescadería f. Establecimiento en que se vende pescado.
pescadero, ra m. y f. Persona que vende pescado al por menor.
pescadilla f. Merluza pequeña.
pescado m. Pez comestible sacado del agua.
pescador, ra adj. y s. Dícese de la persona que pesca.
pescante m. En algunos carruajes antiguos, asiento del cochero.
pescar v. t. Coger con redes, cañas u otros instrumentos, peces, mariscos, etc. : *pescar gambas.* || *Fig.* y *fam.* Encontrar por suerte : *pesqué un buen puesto.* | Sorprender a alguno o agarrarle : *pescar a un ladronzuelo.* | Coger, pillar : *pescar un resfriado.* | Lograr algo ansiado : *pescar un marido.* | Coger en falta : *estudiante difícil de pescar en geografía.*
pescozón m. Manotazo en el pescuezo o en la cabeza.
pescuezo m. Parte del cuerpo desde la nuca hasta el tronco.
pesebre m. Especie de cajón para dar de comer a las bestias.
pesero m. *Méx.* Taxi colectivo de recorrido y precio fijos.
peseta f. Unidad monetaria en España : *la peseta fue declarada moneda nacional en 1868.* || *Fam. Cambiar la peseta,* vomitar.
pesetero, ra adj. Que cuesta una peseta. || *Fam.* Muy aficionado al dinero. | Tacaño. || — M. Coche de caballos de alquiler.
pesimismo m. Propensión a ver siempre el lado malo de las cosas.
pesimista adj. y s. Que tiende a ver las cosas con pesimismo.
pésimo, ma adj. Muy malo : *vimos una película aburrida y con actores pésimos.*
peso m. Efecto de la gravedad sobre las moléculas de un cuerpo. || Su medida tomando como punto de comparación unidades determinadas : *peso de diez kilos.* || Balanza. || Acción de pesar : *el peso de los boxeadores.* || Unidad monetaria de varios países americanos dividido en cien centavos : *el peso argentino, mexicano, cubano, colombiano, domini-*

cano, uruguayo, boliviano, chileno. ‖ Esfera metálica de 7,257 kg que se lanza con una mano en los juegos atléticos. ‖ *Fig.* Carga : *el peso de los años.* | Importancia o eficacia : *argumento de peso.* ‖ — *Fig. A peso de oro,* muy caro. | *Caerse de su peso,* ser evidente. ‖ *Peso atómico,* el del átomo-gramo de un elemento. ‖ *Peso bruto,* el total sin descontar la tara. ‖ *Peso específico de un cuerpo,* gramos que pesa un cm^3 de este cuerpo. ‖ *Peso molecular,* el de una molécula-gramo de un cuerpo. ‖ *Peso muerto,* carga inútil. ‖ *Peso pluma, gallo, ligero, mosca, medio, semipesado, pesado,* categorías en el boxeo y otros deportes.

pespunte m. Cierta costura en la cual se pone la aguja por el sitio mismo por donde se han sacado dos puntadas antes.

pespuntear v. t. Coser con pespuntes.

pesquería f. Actividades relacionadas con la pesca. ‖ Sitio donde se pesca en gran cantidad.

pesquero, ra adj. Referente a la pesca. ‖ — M. Barco de pesca.

pesquis m. *Pop.* Perspicacia.

pesquisa f. Averiguación.

pesquisidor, ra adj. y s. Dícese de la persona que hace pesquisas.

pestaña f. Cada uno de los pelos del borde de los párpados. ‖ Parte que sobresale al borde de ciertas cosas. ‖ Parte de las tapas del libro encuadernado que sobresale de las hojas. ‖ Reborde que tienen las ruedas de las locomotoras y de los vagones para que no puedan salirse de los carriles.

pestañear v. i. Mover los párpados. ‖ *Sin pestañear,* impasible.

pestañeo m. Movimiento rápido y repetido de los párpados.

pestazo m. *Fam.* Hedor.

peste f. Enfermedad infecciosa y contagiosa causada por el bacilo de Yersin que transmiten las ratas y las pulgas. ‖ *Fig.* y *fam.* Mal olor, fetidez. | Depravación, corrupción. | Persona malvada : *esta niña es una peste.* | Cosa mala. | Plaga, cosa demasiado abundante. ‖ — Pl. Palabras de crítica : *echar pestes contra uno.* ‖ *Fig.* y *fam. Decir* o *hablar pestes de uno,* hablar muy mal.

pestífero, ra adj. Que puede causar peste. ‖ Que tiene mal olor. ‖ Enfermo de la peste (ú. t. c. s.).

pestilencia f. Hedor.

pestilente adj. Pestífero.

pestillo m. Pasador con que se asegura una puerta corriéndolo a modo de cerrojo.

pestiño m. Masa de harina y huevo que se fríe y luego se baña en miel.

pestorejo m. Cogote.

pestoso, sa adj. Que huele mal.

petaca f. Estuche para el tabaco o los cigarrillos.

pétalo m. Cada una de las hojas que componen la corola de la flor.

petanca f. Especie de juego de bolos practicado inicialmente en el Sur de Francia.

petardista com. *Fam.* Sablista.

petardo m. Morterete para batir o hacer saltar puertas. ‖ Cohete cargado de pólvora que explota con ruido. ‖ *Fig.* Estafa que consiste en pedir dinero prestado con la intención de no devolverlo. ‖ *Fam.* Mujer muy fea. | Porro. | Algo malo, lo que no tiene las cualidades que debía poseer. | Cosa aburrida.

petate m. Estera de palma para dormir. ‖ Lío de la cama y ropa de un marinero, soldado o presidiario. ‖ *Fam.* Equipaje de cualquiera de las personas que van a bordo. ‖ *Fam. Liar el petate,* marcharse de un sitio ; morir.

petatearse v. pr. *Méx.* Morir.

petatillo m. *Amer.* Tejido fino de esparto.

petenera f. Cante andaluz. ‖ Su música.

petenero, ra adj. y s. De El Petén (Guatemala).

petición f. Acción de pedir, demanda, ruego. ‖ Solicitud, escrito en que se pide algo a una autoridad : *elevar una petición al Gobierno.*

peticionario, ria adj. y s. Aplícase al que pide oficialmente algo.

petifoque m. *Mar.* Foque menor que el principal.

petimetre, tra m. y f. Persona joven y presumida que sigue rigurosamente la moda.

petirrojo m. Pájaro de color aceitunado cuyo cuello, frente, garganta y pecho son de color rojo.

petisú m. Pastelillo hueco relleno de crema.

petitorio, ria adj. De la petición.

peto m. Armadura del pecho. ‖ Parte superior de un delantal, mono o prenda parecida. ‖ *Taurom.* Protección almohadillada con que se cubre a los caballos de los picadores.

petrel m. Ave palmípeda marina.

pétreo, a adj. De piedra.

petrificación f. Transformación en piedra.

petrificar v. t. Transformar en piedra. ‖ *Fig.* Dejar inmóvil de sorpresa o asombro.

petrografía f. Estudio de la formación y composición de las rocas.

petrolear v. t. Pulverizar o bañar con petróleo.

petróleo m. Líquido oleoso negro constituido por una mezcla de hidrocarburos y otros compuestos orgánicos que se encuentra nativo en el interior de la Tierra.

petrolero, ra adj. Relativo al petróleo : *industria, producción petrolera.* ‖ — Adj. y s. m. Dícese del barco dedicado a transportar petróleo. ‖ — M. y f. Vendedor de petróleo al por menor.

petrolífero, ra adj. Que contiene petróleo : *las zonas petrolíferas más importantes se encuentran en Arabia y en América.*

petroquímico, ca adj. Que utiliza el petróleo como materia prima para obtener productos químicos. ‖ — F. Técnica e industria de los derivados del petróleo.

petulancia f. Presunción vana.

petulante adj. y s. Vanidoso.

petunia f. Planta solanácea de hermosas flores olorosas.

peyorativo, va adj. Despectivo.

peyote m. Planta cactácea de México de la cual se saca una droga tóxica.

pez m. Animal acuático, vertebrado, de cuerpo alargado cubierto de escamas, respiración branquial, generación ovípara y con extremidades en forma de aletas aptas para la natación. ‖ Pescado de río. ‖ — Pl. *Astr.* Piscis. ‖ Clase de los peces. ‖ — *Fam. Estar como el pez en el agua,* estar muy a gusto. | *Estar pez,* no saber nada. ‖ *Fig. Pez de cuidado,* persona que no es de fiar. ‖ *Pez espada,* acantopterigio marino cuya mandíbula superior tiene forma de espada que puede alcanzar un metro. ‖ *Fam. Pez gordo,* persona importante.

pez f. Sustancia pegajosa y resinosa que se saca de pinos y abetos.

pezón m. Rabillo que sostiene la hoja, la flor o el fruto en las plantas. || Extremidad de la mama o teta. || Extremo : *el pezón de un eje.* || Protuberancia por donde se agarran algunas cosas.

pezonera f. Chaveta que atraviesa la punta del eje de los carruajes.

pezuña f. En los animales de pata hendida, parte final de ésta.

ph, símbolo de *foto,* unidad de iluminación.

pH m. *Quím.* Coeficiente que indica el grado de acidez de un medio.

phi [*fi*] f. Fi, letra griega (φ) correspondiente a la *f* castellana.

pi f. Letra griega (π) que corresponde a la *p* castellana. || *Mat.* Símbolo que representa la relación constante que existe entre la circunferencia y el diámetro del círculo (aproximadamente 3,1416).

piadoso, sa adj. Que tiene o muestra piedad, devoto, religioso.

piafar v. i. Golpear el caballo el suelo con las manos.

piamadre o **piamáter** f. Membrana serosa intermedia de las tres que envuelven el encéfalo y la médula espinal.

pianísimo adv. *Mús.* Piano.

pianista com. Persona que se dedica a tocar el piano. || — M. Fabricante de pianos.

pianístico, ca adj. Del piano.

piano m. Instrumento musical de teclado y cuerdas. || — Adv. Suavemente : *tocar piano.* || *Fam.* Despacio, poco a poco : *ir piano piano.*

pianola f. Piano mecánico.

piante adj. y s. *Fam.* Protestón.

piar v. i. Emitir su voz los pollos y algunas aves. || *Fam.* Llamar o pedir con insistencia. | Protestar : *te pasas la vida piando y enfadándote por cualquier cosa.*

piara f. Manada de cerdos.

piastra f. Unidad monetaria o subdivisión de ella en varios países.

pibe, ba m. y f. *Riopl. Fam.* Chiquillo, niño.

piberío m. *Arg.* Chiquillos.

pibil adj. *Méx.* Asado en el horno.

pica f. Arma antigua compuesta de una vara larga terminada por una punta de metal. || Soldado que llevaba esta arma. || Garrocha del picador de toros. || Acción y efecto de picar a los toros.

picacho m. Cumbre puntiaguda y escarpada de algunos montes.

picadero m. Sitio donde los picadores adiestran los caballos o en que las personas aprenden a montar. || *Fam.* Cuarto de soltero.

picadillo m. Guiso de carne cruda picada con tocino, verdura y ajos u otros aderezos. || Lomo de cerdo picado para hacer embutidos. || *Fig. Hacer picadillo,* hacer trizas.

picado m. Acción y efecto de picar. || *Mús.* Modo de tocar separando muy claramente el sonido de cada nota. || Descenso casi vertical del avión. || Martilleo anormal de los pistones de un motor de explosión.

picador m. Torero de a caballo que hiere al toro con la garrocha. || El que doma caballos. || Minero que arranca el mineral por medio del pico.

picadura f. Acción de picar una cosa. || Mordedura : *la picadura de una avispa.* || Caries en la dentadura. || Hoyuelo en la piel dejado por la viruela. || Tabaco picado.

picamaderos m. inv. Pájaro carpintero, ave trepadora.

picana f. *Amer.* Aguijón.

picante adj. Que pica : *bicho picante.* || *Fig.* Mordaz ; *palabras picantes.* | Gracioso : *chiste picante.* || — M. Sabor de lo que pica. || *Fig.* Acrimonia o mordacidad en el decir. || Pimiento. || *Méx.* Chile o salsa hecha con chile.

picapedrero m. Cantero.

picapleitos m. inv. *Fam.* Persona propensa a provocar peleas o pleitos. || Abogado sin pleitos.

picaporte m. Barrita movible que sirve para cerrar de golpe las puertas. || Llave o tirador con que se abre dicha barrita. || Aldaba.

picar v. t. Herir levemente con un instrumento punzante : *picar con un alfiler.* || Morder con el pico o la boca ciertos animales. || Herir el picador al toro con la garrocha. || Morder el pez en el anzuelo. || Enardecer el paladar ciertas cosas excitantes como la pimienta, guindilla, etc. (ú. t. c. i.). || Escocer : *esta herida me pica* (ú. t. c. i.). || Cortar en trozos menudos : *picar tabaco.* | Comer cosas una por una : *picar aceitunas.* | Comer las aves. || Espolear o adiestrar el caballo. || Hacer un agujero en un billete de tren, metro, etc. || Herir con la punta del taco la bola de billar para que tome determinado movimiento. || Dar con el pie a la pelota para obtener un efecto : *picar el balón.* || Golpear la piedra con un pico o piqueta. || *Fig.* Irritar, enojar : *le ha picado lo que le dije.* | Herir : *picarle a uno el amor propio.* | Excitar, mover : *picar la curiosidad.* || — V. i. Lanzarse en vuelo de arriba abajo las aves de rapiña o los aviones para atacar. || Calentar mucho el Sol. || *Fig.* y *fam.* Dejarse engañar : *picar en la trampa.* | Dejarse atraer : *está tan bien hecha la propaganda que mucha gente pica.* | Rayar en algo, acercarse a : *picar en poeta.* || Registrar las horas de entrada y salida en una fábrica u oficina. || *Fig. Picar muy alto,* tener muchas pretensiones. || — V. pr. Agujerearse algo con la polilla. || Echarse a perder : *picarse una muela.* || Agitarse la superficie del mar, formando olas pequeñas. || *Fig.* Irritarse, ofenderse, resentirse : *se pica por cualquier cosa.* | Presumir de algo : *picarse de literato.* | Estimularse por vanidad : *los corredores se picaron.* || *Fam.* Ponerse una inyección.

picardear v. t. Corromper, pervertir. || — V. i. Decir o hacer picardías. || — V. pr. Adquirir algún vicio o mala costumbre.

picardía f. Acción baja, ruindad, vileza. || Malicia, astucia. || Travesura. || Acción o palabra atrevida o licenciosa.

picaresca f. Pandilla de pícaros. || Vida de pícaro. || Género de la novela española que se desarrolló en el Siglo de Oro y que satirizaba violentamente la sociedad de aquel entonces por medio del pícaro : *los principales autores de la picaresca son Mateo Alemán, López de Úbeda, Quevedo, Vicente Espinel y Cervantes.*

picaresco, ca adj. Relativo a los pícaros : *novela picaresca.*

pícaro, ra adj. y s. Bajo, ruin. || Taimado, astuto. || Bribón. || *Fig.* Sinvergüenza, pillo (tómase en buen sentido). || — M. Individuo vagabundo, travieso, astuto y de mal vivir, pero generalmente simpático, que figura en varias obras de la literatura española : *el pícaro Lazarillo de Tormes.*

picatoste m. Trozo de pan frito.

picaza f. Urraca, ave.

picazón f. Desazón y molestia que causa algo que pica en una parte del cuerpo. ‖ *Fig.* y *fam.* Enojo.
picea f. Árbol parecido al abeto.
pick-up [*pikap*] m. (pal. ingl.). Fonocaptor. ‖ Tocadiscos. ‖ *Méx.* Camioneta, furgoneta.
picnic m. (pal. ingl.). Comida campestre.
pico m. Punta, parte saliente en la superficie de algunas cosas : *sombrero de tres picos.* ‖ En el borde de una falda, parte más larga que el resto. ‖ Zapapico, herramienta de cantero y cavador : *trabajar de pico y pala.* ‖ Parte saliente de la cabeza de las aves con dos piezas córneas en punta para tomar el alimento. ‖ Parte de algunas vasijas por donde se vierte el líquido. ‖ Paño de forma triangular que se pone a los niños entre las piernas. ‖ Montaña de cumbre puntiaguda : *el pico del Teide.* ‖ Parte pequeña que excede de un número redondo : *dos mil pesetas y pico.* ‖ Extremo del pan. ‖ Panecillo de forma alargada. ‖ *Fam.* Facundia, facilidad en el hablar : *tener buen pico.* ‖ — Pl. Uno de los palos de la baraja francesa. ‖ — *Fam. Andar a* (o *de*) *picos pardos,* estar de juerga. | *Cerrar el pico,* no hablar; callar. | *Costar un pico,* costar mucho. | *Hincar el pico,* morir. | *Irse del pico,* hablar demasiado. ‖ *Pico carpintero,* pájaro carpintero. ‖ *Pico verde,* ave trepadora de plumaje verdoso. ‖ *Fig. Pico de oro,* persona elocuente.
picón, ona adj. *Fam.* Que se pica u ofende fácilmente (ú. t. c. s.). ‖ — M. Carbón muy menudo.
picor m. Escozor, picazón.
picota f. Poste o columna donde se exponían las cabezas de los ajusticiados o los reos a la vergüenza pública. ‖ Clase de cereza.
picotazo m. Golpe dado por las aves con el pico. ‖ Señal que deja.
picotear v. t. Picar o herir con el pico las aves. ‖ *Fig.* Picar : *picotear almendras.*
picoteo m. Acción de picotear.
pictórico, ca adj. Relativo a la pintura : *ornamentos pictóricos.*
picú m. Tocadiscos.
picudilla f. Ave zancuda.
picudo, da adj. En forma de pico.
picha f. *Pop.* Miembro viril, pene.
piche m. *Amer.* Armadillo. ‖ *Arg.* y *Cub.* Miedo.
pichí m. *Arg.* y *Chil.* Orina.
pichinchense adj. y s. De Pichincha (Ecuador).
pichón m. Pollo de la paloma.
pichona f. *Fam.* Nombre cariñoso que se da a las mujeres.
pidgin-english m. Inglés corrompido que emplean los chinos en sus relaciones con los europeos.
pídola f. Juego de muchachos en el que uno salta por encima de otro que está encorvado.
pie m. Extremidad de cada una de las piernas del hombre o de las patas del animal que sirve para sostener el cuerpo y andar : *tener los pies planos.* ‖ Pata, cada una de las piezas en que se apoyan los muebles o cosas semejantes. ‖ Base, parte inferior : *el pie de la montaña.* ‖ Tronco de los árboles o tallo de las plantas. ‖ Planta : *un pie de clavel.* ‖ Parte de las medias, calcetas, etc., que cubre el pie. ‖ *Geom.* Punto de encuentro de una perpendicular a una recta o plano. ‖ Cada una de las partes en que se divide un verso para su medición. ‖ Metro de la poesía castellana. ‖ Medida de longitud usada en varios países con distintas dimensiones. ‖ Parte que está al final de un escrito : *al pie de la carta.* ‖ Explicación que se pone debajo de una foto, grabado, etc. ‖ *Fig.* Fundamento, origen o base de una cosa. ‖ Modo : *tratar en un pie de igualdad.* ‖ *Chil.* Parte del precio que se paga en el momento de convenir una compra. ‖ — Pl. Parte opuesta a la cabecera : *a los pies de la cama.* ‖ *Fig.* Agilidad para andar : *tener buenos pies.* ‖ — *A cuatro pies,* a gatas. ‖ *Fig. Al pie de la letra,* textualmente. ‖ *A pie,* andando. ‖ *A pie firme,* sin moverse. ‖ *A pie juntillas,* firmemente, sin la menor duda. ‖ *Fig. Buscarle tres pies al gato,* buscar dificultades donde no las hay. | *Con buen pie,* con suerte, bien | *Con los pies,* muy mal. | *Con pies de plomo,* con mucha prudencia. | *Dar pie,* dar ocasión. ‖ *De a pie,* que no va a caballo ni montado en un vehículo; (fig.) corriente, de la clase media : *esto es lo que opina el español de a pie.* ‖ *De pies a cabeza,* enteramente, completamente. ‖ *Echar pie en tierra,* bajar de un vehículo o caballo. ‖ *Fig. En pie de guerra,* dícese del ejército preparado para entrar en campaña. | *Entrar con buen pie en un negocio,* iniciarlo con acierto. | *Hacer pie,* no estar cubierta por el agua una persona. | *Levantarse con el pie izquierdo,* levantarse de muy mal humor. | *Nacer de pie,* tener buena suerte. | *No dar pie con bola,* hacerlo todo desacertadamente. | *No tener pies ni cabeza,* no tener sentido alguno. | *Pararle los pies a uno,* ponerlo en su sitio, reprenderle. ‖ *Fam. Pie de banco,* despropósito. ‖ *Pie de imprenta,* indicación, en una obra, del nombre del impresor, de la fecha y lugar de impresión. ‖ *Pie de rey,* instrumento para medir el diámetro o el espesor de diversos objetos. ‖ *Pie quebrado,* verso corto que alterna con otros más largos. ‖ *Fig. Poner pies en polvorosa,* huir. | *Saber de qué pie cojea uno,* conocer sus defectos. | *Sacar los pies del plato,* empezar a tomarse ciertas libertades.
piedad f. Devoción a las cosas santas. ‖ Amor respetuoso a los padres : *piedad filial.* ‖ Lástima, compasión : *piedad para el prójimo.* ‖ Representación artística de la Virgen de las Angustias.
piedra f. Sustancia mineral más o menos dura y compacta : *estatua de piedra.* ‖ Pedazo de esta sustancia : *tirar una piedra.* ‖ *Med.* Cálculo, piedrecilla que se forma en la vejiga o en la vesícula biliar. ‖ Granizo. ‖ Pedernal de las armas o de los instrumentos de chispa : *la piedra de un mechero.* ‖ Muela de molino. ‖ — *Fig. Cerrar a piedra y lodo,* cerrar herméticamente. | *Corazón de piedra,* corazón insensible. | *Menos da una piedra,* expresión irónica empleada cuando el resultado obtenido es muy reducido. | *No dejar piedra sobre piedra,* destruirlo todo. ‖ *Piedra angular,* sillar que forma esquina; (fig.) base, fundamento. ‖ *Piedra pómez,* piedra volcánica, muy ligera y dura, que sirve como abrasivo. ‖ *Piedra preciosa,* la dura, transparente y rara que, tallada, se usa en joyería. ‖ *Fig. Tirar la piedra y esconder la mano,* obrar disimuladamente. | *Tirar la primera piedra,* ser el primero en acusar.
piel f. Membrana que cubre el cuerpo del hombre y de los animales : *hombre de piel blanca.* ‖ Cuero curtido : *artículos de piel.* ‖ Parte exterior que cubre la pulpa de las frutas y algunas partes de las plantas : *la piel de las ciruelas.* ‖ — Pl. Piel de animal

con su pelo para hacer prendas de abrigo. || — *Piel roja*, nombre dado al indio de América del Norte. || *Fig.* y *fam. Ser la piel del diablo*, ser muy agitado y perverso.

piélago m. Parte de los océanos muy distante de la tierra. || Océano, mar.

pienso m. Alimento del ganado.

pierna f. Cada uno de los miembros inferiores del hombre. || Pata de los animales. || Muslo de los cuadrúpedos y aves. || Cada una de las partes de una cosa que giran alrededor de un eje o un centro : *piernas de compás.*

piernas m. inv. *Fam.* Pelanas.

pieza f. Cada parte en que se divide una cosa, particularmente una máquina : *las piezas de un motor.* || Moneda : *pieza de cuproníquel.* || Alhaja u obra de arte trabajada con esmero : *pieza de joyería.* || Cada unidad de una serie : *en su colección tiene magníficas piezas.* || Trozo de tela para hacer un remiendo : *poner una pieza a un pantalón.* || Habitación, cuarto : *piso de cuatro piezas.* || Animal de caza o pesca. || Nombre genérico de las fichas o figurillas que se utilizan en ciertos juegos : *piezas de ajedrez.* || Obra dramática : *una pieza en tres actos.* || Composición musical : *pieza para orquesta.* || Unidad de presión (símb. pz), equivalente a la presión que, aplicada uniformemente en una superficie plana de 1 m^3, produce una fuerza total de un estenio. || — *Fig.* y *fam. Buena pieza*, persona maliciosa. || *Pieza de artillería*, arma de fuego no portátil. || *Pieza de recambio* o *de repuesto*, pieza suelta que puede sustituir en un mecanismo otra igual que ha sido estropeada. || *Fam. Quedarse de una pieza*, quedarse estupefacto.

piezoelectricidad f. Conjunto de los fenómenos eléctricos que se manifiestan en un cuerpo sometido a presión o a deformación.

pífano m. Flautín de tono muy agudo. || Persona que lo toca.

pifia f. Error, metedura de pata.

pifiar v. i. Meter la pata.

pigargo m. Especie de águila.

pigmentación f. Formación y acumulación del pigmento en un tejido, especialmente en la piel.

pigmentar v. t. Colorar con un pigmento.

pigmentario, ria adj. Relativo al pigmento.

pigmento m. Materia colorante que se encuentra en el protoplasma de muchas células vegetales y animales. || Sustancia pulverizable con la cual se da color a las pinturas.

pigmeo, a m. y f. Individuo de una raza de pequeña estatura de África central y meridional. || — M. *Fig.* Hombre muy pequeño.

pignoración f. Acción y efecto de pignorar.

pignorar v. t. Empeñar, dar una cosa en prenda : *pignorar alhajas.*

pignoraticio, cia adj. Relativo a la pignoración o al empeño.

pijada f. *Pop.* Tontería.

pijama m. Traje ancho y ligero compuesto de chaqueta y pantalón usado para dormir.

pijo, ja adj. y s. *Pop.* Tonto. || — M. Pene.

pijota f. Merluza pequeña. || *Hacer pijotas*, hacer botar una pequeña piedra plana varias veces seguidas en la superficie del agua.

pijotada f. *Fam.* Pijotería.

pijotería f. *Fam.* Menudencia molesta. | Tontería.

pijotero, ra adj. y s. *Fam.* Pesado, maldito : *este pijotero niño.*

pijuí m. Pájaro insectívoro de pequeño tamaño que existe en América del Sur.

pila f. Recipiente donde cae o se echa el agua para varios usos : *la pila de la cocina, de una fuente.* || En las iglesias, sitio donde se administra el sacramento del bautismo. || Recipiente donde se guarda el agua bendita. || Montón, rimero : *una pila de leña.* || *Fam.* Gran cantidad : *tener una pila de niños.* || *Arq.* Machón que sostiene los arcos de un puente. || *Fís.* Generador de electricidad que convierte la energía química en energía eléctrica. || — *Nombre de pila*, el que precede a los apellidos. || *Pila atómica*, reactor nuclear, generador de energía que utiliza la fisión nuclear.

pilar m. Elemento vertical macizo que sirve de soporte a una construcción. || Pilón de una fuente. || Hito o mojón. || Pila de puente. || *Fig.* Apoyo. || En el rugby, uno de los delanteros de primera fila que sostiene al talonador en una melée.

pilarense adj. y s. De Pilar (Paraguay).

pilastra f. Columna cuadrada, generalmente adosada a una pared.

pilca f. *Amer.* Tapia de piedras y barro.

pilcha f. *Arg. Fam.* Ropa, prenda de vestir.

píldora f. Medicamento de forma de bolita : *píldora purgante.* || *Fam.* Anticonceptivo oral. || — *Fig.* y *fam. Dorar la píldora*, presentar una mala noticia bajo un aspecto agradable. | *Tragar la píldora*, creer un embuste.

pileta f. Pila o fuente pequeña. || *Amer.* Piscina.

pilón m. Pila grande. || Receptáculo de piedra o de fábrica que se coloca debajo del caño de una fuente : *el pilón del abrevadero.* || Mortero de madera o metal. || Pan de azúcar cónico. || Pesa móvil de la romana.

piloncillo m. *Méx.* Azúcar morena que se suele vender en panes.

píloro m. Abertura inferior del estómago por la cual entran los alimentos en los intestinos.

pilorriza f. *Bot.* Cubierta que protege la extremidad de las raíces.

piloso, sa adj. Relativo al pelo.

pilotaje m. Acción de pilotar.

pilotar v. t. Dirigir un buque. || Guiar un automóvil, un avión o cualquier otro vehículo.

pilote m. Madero puntiagudo que se hinca en tierra para consolidar cimientos, servir de soporte, etc.

piloto m. El que dirige un buque o guía un automóvil, un avión, etc. || *Fig.* Luz roja en la parte posterior de un vehículo : *dejar el piloto encendido al aparcar.* | Pequeña lámpara que sirve para indicar que funciona un aparato. | Llama que sirve para encenderlos. || — *Piloto automático*, conjunto de mecanismos (giroscopios, servomotores, etc.) que desempeñan las funciones del piloto en un avión o vehículo espacial. || *Piloto de pruebas*, el que está encargado de comprobar el resultado y la resistencia de un avión nuevo. || — Adj. Aplícase a lo que sirve de modelo : *granja, fábrica piloto.*

piltra f. *Pop.* Cama.

piltrafa f. *Fam.* Trozo de carne que casi no tiene más que pellejo.

pillaje m. Robo. || Saqueo que hacen los soldados en país conquistado.

pillapilla m. Juego de niños.

pillar v. t. Saquear. ‖ *Fig.* y *fam.* Alcanzar, coger : *pillar a un ladrón.* | Atropellar : *cuidado que no te pille un coche.* | Coger : *el engranaje le pilló un dedo.* | Descubrir : *pilló a su hijo fumando.* ‖ Agarrar : *pillar un resfriado.*

pillastre m. *Fam.* Pillo.

pillear v. i. Hacer pillerías.

pillería f. Acción propia de pillo.

pillo, la adj. y s. *Fam.* Pícaro.

pimentón m. Polvo de pimientos encarnados secos.

pimienta f. Fruto picante usado como condimento. ‖ *Fig.* Gracia.

pimiento m. Planta solanácea cuyo fruto es una baya hueca, generalmente cónica, al principio verde y después roja. ‖ Fruto de esta planta. ‖ Pimentón, pimiento molido. ‖ — *Fig.* y *fam. Me importa un pimiento,* me da igual. ‖ *Pimiento morrón,* el más grueso y dulce de todos.

pimpampum m. Juego que hay en las ferias y consiste en derribar a pelotazos muñecos colocados en fila.

pimpante adj. Peripuesto.

pimpinela f. Planta rosácea de sabor aromático y flores purpurinas.

pimplar v. t. *Fam.* Beber vino (ú. t. c. pr.).

pimpollo m. Vástago que echan las plantas. ‖ Árbol nuevo. ‖ Capullo de rosa. ‖ *Fig.* y *fam.* Niño o niña, muchacho o muchacha que se distinguen por su belleza.

pinacoteca f. Galería o museo de pintura : *la pinacoteca de Munich.*

pináculo m. Parte más elevada de un edificio monumental o templo. ‖ *Fig.* Cumbre, cima, auge. ‖ Juego de naipes. ‖ *Fig. Poner a uno en el pináculo,* ensalzarlo.

pinar m. Bosque de pinos.

pincel m. Instrumento hecho con pelos atados a un mango y con que el pintor asienta los colores. ‖ Instrumento parecido con el cual se untan otras cosas, como el alquitrán. ‖ *Fig.* Estilo de un pintor : *el pincel de Goya.* | Pintor, el que pinta.

pincelada f. Trazo o toque que se da con el pincel. ‖ *Fig.* Expresión concisa de una idea o de un rasgo muy característico. ‖ *Fig. Dar la última pincelada,* perfeccionar o concluir una obra.

pincelar v. t. Pintar.

pinchadiscos m. y f. inv. *Fam.* Persona que pone los discos en una discoteca.

pinchar v. t. Picar, punzar con una cosa aguda o punzante : *pinchar con un alfiler* (ú. t. c. pr.). ‖ *Fig.* Irritar, provocar. | Enojar, picar. ‖ — V. i. Perforarse una cámara de aire. ‖ *Fig. Ni pincha ni corta,* no tiene ninguna autoridad en el asunto. ‖ — V. pr. *Fam.* Inyectarse.

pinchaúvas m. inv. *Fig.* y *fam.* Hombre despreciable.

pinchazo m. Herida que se hace con un objeto que pincha. ‖ Perforación que provoca la salida del aire de un neumático, balón, etc. ‖ *Fam.* Inyección.

pinche m. y f. Ayudante de cocina. ‖ — Adj. y s. *Méx.* De calidad inferior, despreciable.

pinchito m. Pincho, tapa.

pincho m. Aguijón, espina, púa de planta o animal. ‖ Nombre aplicado a los manjares ensartados en un mondadientes que se sirven en los bares como tapa. ‖ *Pincho moruno,* brocheta de carne de cordero sazonada.

pindonguear v. i. *Fam.* Callejear.

pindongueo m. *Fam.* Callejeo.

pineda f. Pinar.

pingajo m. *Fam.* Harapo.

pingo m. *Fam.* Pingajo. ‖ *Pop.* Persona de mala vida. ‖ *Amer.* Caballo. ‖ — Pl. *Fam.* Vestidos de mujer de muy poco valor. ‖ *Fig.* y *fam. Andar de pingo,* callejear.

ping-pong m. Juego de tenis sobre una mesa.

pingüe adj. Abundante.

pingüino m. Ave palmípeda blanca y negra de alas muy cortas.

pinitos m. pl. Primeros pasos del niño. ‖ *Fig.* Principios.

pinnípedo, da adj. Dícese de los mamíferos marinos de patas palmeadas, como la foca, el otario, la morsa (ú. t. c. s.). ‖ — M. pl. Orden formado por estos animales.

pino m. Árbol conífero con tronco de madera resinosa y hojas siempre verdes, que da frutos llamados piñas cuyas semillas son los piñones.‖ — *Fig.* y *fam. En el quinto pino,* muy lejos. ‖ *Fig. Hacer el pino,* mantenerse en postura vertical, apoyándose en las manos y con la cabeza hacia abajo.

pino, na adj. Empinado.

pinol y **pinole** m. *Amer.* Harina de maíz tostado.

pinolate m. *Méx.* Bebida de pinole, azúcar y cacao, con agua.

pinrel m. *Pop.* Pie.

pinsapar m. Plantío de pinsapos.

pinsapo m. Árbol conífero parecido al abeto.

pinta f. Adorno en forma de mancha redonda. ‖ Mancha. ‖ *Fig.* Aspecto : *tiene muy buena pinta.* ‖ Medida de capacidad equivalente a 0,568 litros en Inglaterra y 0,473 en los Estados Unidos. ‖ En ciertos juegos de cartas, triunfo. ‖ *Arg.* Color de los animales. ‖ — M. *Fam.* Golfo, persona poco seria. ‖ *Méx. Hacer pinta,* faltar los niños a la escuela.

pintada f. Gallina de Guinea.

pintado, da adj. Naturalmente matizado de diversos colores. ‖ *Fig.* Exacto : *es su padre pintado.* ‖ — *Fig. El más pintado,* el más listo. | *Venir como pintado,* venir muy bien. ‖ — M. Acción de pintar. ‖ — F. Letrero o dibujo hechos con la mano en un muro, generalmente de contenido político o social.

pintamonas com. inv. *Fig.* y *fam.* Mal pintor.

pintar v. t. Representar cosas o seres vivos con líneas y colores : *pintar un paisaje.* ‖ Cubrir con pintura : *pintó su coche.* ‖ *Fam.* Dibujar. ‖ *Fig.* Describir : *pintar una escena.* ‖ *Fig.* y *fam.* Tener importancia o influencia : *tú aquí no pintas nada.* ‖ — V. pr. Darse colores y cosméticos : *pintarse los labios.* ‖ *Fig.* Manifestarse, dejarse ver.

pintarrajar o **pintarrajear** v. t. *Fam.* Pintorrear.

pintarroja f. Lija, pez selacio.

pintiparado, da adj. Muy parecido : *es su madre pintiparada.* ‖ Muy adecuado u oportuno : *esto me viene pintiparado.* ‖ Adornado, emperejilado : *iba muy pintiparado.*

pintiparar v. t. Comparar.

pintor, ra m. y f. Persona que se dedica a la pintura. ‖ *Pintor de brocha gorda,* el de puertas y ventanas ; (fig.) mal pintor.

pintoresco, ca adj. Que atrae la vista por su belleza o particularidad : *un pueblo pintoresco.* || *Fig.* Vivo, muy gráfico y expresivo : *lenguaje pintoresco.* || Original.
pintoresquismo m. Calidad de pintoresco.
pintorrear v. t. Pintar sin arte.
pintura f. Arte de pintar. || Obra pintada. || Sustancia con que se pinta : *pintura verde.* || *Fig.* Descripción. || *No poder ver a uno ni en pintura,* no poder aguantarlo.
pinturero, ra adj. y s. *Fam.* Dícese del que presume de bien parecido o elegante : *joven pinturera.*
pin-up [*pinap*] f. (pal. ingl.). Mujer o muchacha muy atractiva.
pinzas f. pl. Instrumento de metal a modo de tenacillas para coger o sujetar cosas pequeñas : *pinzas de cirujía.* || Órgano prensil de los crustáceos, insectos y otros animales : *pinzas del cangrejo.* || Pliegue hecho en el interior de la ropa para estrecharla o como adorno.
pinzón m. Pájaro insectívoro.
piña f. Fruto del pino y otros árboles de forma aovada. || Ananás. || *Fam.* Puñetazo. || *Fig.* Conjunto de personas o cosas muy unidas.
piñata f. Olla llena de dulces que en los bailes de máscaras suele colgarse del techo y que se tiene que romper con los ojos vendados.
piñón m. Simiente del pino, dulce y comestible en el pino piñonero. || Esta simiente bañada en azúcar. || La menor de las dos ruedas dentadas de un engranaje. || *Fig.* y *fam. Estar uno a partir un piñón con otro,* estar los dos en muy buenos términos.
piñonero adj. Aplícase a una variedad de pino de gran altura.
pío m. Voz del pollo de cualquier ave. || *Fig.* y *fam. No decir ni pío,* no decir nada.
pío, a adj. Devoto, inclinado a la piedad. || Compasivo. || Aplícase a la caballería que tiene la piel de varios colores. || *Obra pía,* obra de beneficencia.
piocha f. Zapapico.
piojo m. Género de insectos hemípteros, parásitos en el hombre y en los animales.
piojoso, sa adj. Que tiene muchos piojos. || *Fig.* Sucio.
piola f. Juego en el que los jugadores saltan alternativamente unos por encima de otros.
piolet m. Bastón de montañero.
pión, ona adj. y s. Que pía mucho.
pionero, ra m. y f. Persona que abre el camino a otras, adelantado. || Colonizador norteamericano que, durante los siglos XVIII y XIX, protagonizó la expansión desde las colonias del Este hasta el Pacífico.
piorrea f. Flujo de pus, especialmente en las encías.
pipa f. Utensilio para fumar consistente en un cañón y una cazoleta. || Pepita o semilla : *las pipas de la calabaza.* || Semilla del girasol que se come como golosina. || *Pop. Pasarlo pipa,* divertirse mucho.
pipe-line m. (pal. ingl.). Oleoducto.
pipermín m. Bebida alcohólica de menta.
pipeta f. Tubo de cristal, ensanchado en su parte media, para transvasar pequeñas porciones de líquidos.
pipí m. *Fam.* Orina.
pipián m. Guiso mexicano.
pipiolo m. Miembro de Partido Liberal chileno de 1823 a 1830. || *Fam.* Novato, inexperto.
pipirigallo m. Planta herbácea de la familia de las papilionáceas, de flor encarnada que recuerda la cresta del gallo.
pipudo, da adj. *Fam.* Magnífico, formidable, espléndido.
pique m. Resentimiento, enfado. || Sentimiento de emulación o rivalidad. || Amor propio. || *Amer.* Nigua, insecto. | Senda estrecha. || — *A pique,* a punto de, próximo a ; a plomo, perpendicularmente. || *Echar a pique,* hundir una embarcación ; (fig.) destruir una empresa. || *Irse a pique,* hundirse una embarcación ; (fig.) fracasar una empresa ; arruinarse.
piqué m. Tela de algodón que forma dibujos en relieve.
piquera f. Agujero de los toneles y alambiques. || En los altos hornos, agujero por donde sale el metal fundido.
piqueta f. Zapapico.
piquete m. Número reducido de soldados empleados para ciertos servicios : *piquete de ejecución.* || *Piquete de huelga,* grupo de huelguistas que se colocan a la entrada de un lugar de trabajo y cuidan de la buena ejecución de las consignas de huelga.
pira f. Hoguera.
pirado, da adj. *Fam.* Loco, chiflado.
piragua f. Embarcación larga y estrecha, en general de una pieza.
piragüismo m. Deporte que hacen los aficionados a la piragua o canoa.
piragüista m. y f. Persona que conduce una piragua.
piramidal adj. De figura de pirámide.
pirámide f. Sólido que tiene por base un polígono y cuyas caras son triángulos que se reúnen en un mismo punto llamado vértice. || Monumento que tiene la forma de este sólido : *las pirámides de Cholula.* || Montón de objetos que tiene la misma forma.
piraña f. Pez muy voraz, propio de los ríos de Amazonia.
pirarse v. pr. *Fam.* Marcharse.
pirata adj. Clandestino, ilícito : *emisora pirata.* || — M. El que se hace a la mar para asaltar y robar barcos. || *Fig.* Hombre cruel y despiadado. || *Pirata del aire,* persona que, valiéndose de amenazas, desvía un avión en vuelo para hacerlo aterrizar en otro sitio que el señalado como destino.
piratear v. i. Apresar y robar embarcaciones. || *Fig.* Robar. | Copiar y atribuirse textos ajenos.
piratería f. Actividad de los piratas. || Acción cometida por los piratas.
piraya f. *Amer.* Piraña.
pirenaico, ca adj. Relativo a los Pirineos : *cordillera pirenaica.*
pirex m. (n. registrado). Cristal poco fusible y muy resistente al calor.
pirindola f. Peonza pequeña.
pirindolo m. Adorno de remate en forma de bola. || *Fig.* y *fam.* Cosa, chisme.
piripi adj. *Fam.* Un poco ebrio.
pirita f. Sulfuro natural de hierro o de cobre que se obtiene en forma de cristales con reflejos dorados.
piroelectricidad f. Electricidad engendrada en un cuerpo por variaciones de temperatura.
pirógeno, na adj. Que produce fiebre.
pirograbado m. Procedimiento de grabar en la madera o el cuero con punta de platino incandescente.
pirólisis f. *Quím.* Descomposición producida por el calor.

pirómano, na adj. y s. Que tiene la manía de provocar incendios.
piropear v. t. *Fam.* Echar piropos.
piropo m. *Fam.* Requiebro, galantería : *decir o echar piropos.*
pirosfera f. Masa candente en el centro de la Tierra.
pirosis f. Sensación de ardor desde el estómago hasta la faringe.
pirotecnia f. Arte de preparar explosivos y fuegos artificiales.
pirotécnico, ca adj. Relativo a la pirotecnia. ‖ — M. El que se dedica a la pirotecnia.
pirrarse v. t. *Fam.* Tener mucha afición o ganas : *pirrarse por la música, por ir.*
pirriaque m. *Pop.* Vino malo.
pírrico, ca adj. *Victoria pírrica,* la que se logra con muchos sacrificios; éxito obtenido con excesivas pérdidas.
pirueta f. Voltereta. ‖ Vuelta rápida que da el caballo girando sobre los pies.
pirulí m. Caramelo montado sobre un palito.
pirulo m. Botijo : *cansado y sudoroso, bebía agua fresca en un pirulo.*
pis m. *Fam.* Pipí, orina.
pisa f. Acción de pisar. ‖ Cantidad de aceituna o uva que se pisa de una vez.
pisada f. Huella que deja el pie en la tierra. ‖ Ruido que hace una persona al andar : *se oían sus pisadas.* ‖ *Fig. Seguir las pisadas de uno,* imitarle.
pisapapeles m. inv. Objeto pesado que se pone sobre los papeles para que no se muevan.
pisar v. t. Poner el pie sobre algo : *me has pisado el pie.* ‖ Apretar o estrujar con el pie o con un instrumento : *pisar la uva.* ‖ Entre las aves, cubrir el macho a la hembra : *pisar el palomo a la paloma.* ‖ *Fig.* Pisotear : *pisar la Constitución, las leyes.* | Aprovechar una cosa anticipándose a otra persona : *pisarle el puesto a uno.* ‖ Entrar en un lugar, estar en él : *es la última vez que piso este sitio.*
piscícola adj. De la piscicultura.
piscicultor, ra m. y f. Persona dedicada a la piscicultura.
piscicultura f. Arte de criar peces y fomentar su reproducción.
piscifactoría f. Establecimiento piscícola.
pisciforme adj. Que tiene forma de pez.
piscina f. Estanque artificial para nadar y bañarse.
pisco m. *Amer.* Aguardiente de Pisco (Perú). | Tinajuela en que se vende.
piscolabis m. *Fam.* Comida ligera.
piso m. Suelo de un edificio, habitación o terreno : *el piso de una carretera.* ‖ Cada una de las plantas de una casa : *primer, último piso.* ‖ Vivienda : *un piso de cinco habitaciones.* ‖ *Geol.* Cada una de las capas que se distinguen en un terreno.
pisón m. Instrumento pesado con el cual se golpea el suelo para apretar la tierra o el hormigón, para igualar los adoquines, etc.
pisotear v. t. Pisar repetidamente : *este periódico ha sido pisoteado en el suelo.* ‖ *Fig.* Humillar, maltratar de palabra : *pisotear al vencido.* | Hacer caso omiso de, infringir : *pisotear las leyes.*
pisoteo m. Acción de pisotear.
pisotón m. *Fam.* Acción de pisar muy fuerte.
pisqueño, ña adj. y s. De Pisco (Perú).
pista f. Rastro o huellas de los animales en la tierra por donde han pasado : *la pista del jabalí.* ‖ Sitio destinado a las carreras y otros ejercicios : *la pista de un hipódromo, de un circo.* ‖ Sitio adecuadamente allanado para ciertas cosas : *pista de baile.* ‖ Terreno destinado al despegue y aterrizaje de los aviones. ‖ Camino provisional : *pista militar.* ‖ *Fig.* Conjunto de indicios que puede conducir a la averiguación de un hecho. ‖ *Tecn.* Parte de la cinta magnética en que se graban los sonidos.
pistache m. *Méx.* Pistacho.
pistachero m. Alfóncigo, árbol.
pistacho m. Fruto del alfóncigo.
pistilo m. Órgano femenino de la flor.
pisto m. Fritada de pimientos, tomates, cebolla y varias hortalizas más. ‖ *Amér. C.* Dinero. ‖ *Fig.* y *fam. Darse pisto,* darse importancia.
pistola f. Arma de fuego pequeña, de cañón corto y que se dispara con una sola mano. ‖ Pulverizador para pintar. ‖ *Pistola ametralladora,* la de dimensiones mayores que la común y cuyo tiro es automático.
pistolera f. Estuche de cuero para guardar la pistola.
pistolero m. Bandido con pistola. ‖ Asesino al servicio de otra persona.
pistoletazo m. Tiro de pistola. ‖ Herida producida.
pistón m. Émbolo. ‖ Cápsula, mixto para escopeta o para hacer el efecto de explosión en las pistolas de juguete. ‖ *Mús.* Llave en forma de émbolo de ciertos instrumentos : *corneta de pistón.* | Corneta de llaves.
pistonudo, da adj. *Pop.* Excelente.
pita f. Planta amarilidácea, oriunda de México, de hojas grandes y carnosas, una de cuyas variedades produce un líquido azucarado con el cual se hace el pulque. ‖ Acción de pitar, abucheo : *al entrar recibió una pita.*
pitada f. Sonido del pito. ‖ *Fig.* Pita, silbido, abucheo.
pitahaya f. *Amer.* Planta cactácea trepadora de hermosas flores.
pitanza f. Reparto diario de alimento en las comunidades. ‖ *Fam.* Alimento cotidiano. | Sueldo.
pitar v. i. Tocar el pito. ‖ *Fig.* y *fam.* Ir algo a medida de los deseos de uno : *mi negocio pita.* | Funcionar. ‖ *Fam. Salir pitando,* irse a todo correr. ‖ — V. t. Manifestar desaprobación o descontento mediante silbidos : *pitar a un torero.* ‖ *Fam.* Arbitrar un encuentro deportivo.
pitecántropo m. Primate fósil con muchos rasgos humanos, del cual se encontraron restos en Java.
pitia f. Pitonisa.
pitido m. Silbido.
pitillera f. Petaca.
pitillo m. Cigarrillo.
pítima f. *Fam.* Borrachera.
pitiminí m. Rosal de flor pequeña.
pito m. Pequeño instrumento parecido al silbato y de sonido agudo. ‖ Dispositivo que silba por acción del vapor o del aire comprimido : *se oía el pito de la locomotora.* ‖ *Fam.* Cigarrillo. | Claxon. ‖ Pico de vasija. | Taba, juego. ‖ Garrapata de América del Sur. ‖ — *Fig. No importar un pito,* no importar nada. | *No valer un pito o tres pitos,* no valer nada. | *Por pitos o flautas,* por una razón o por otra. | *Tomar por el pito del sereno,* hacer poco caso.

pitón m. Cuerno que empieza a salir a ciertos animales : *pitón del toro.* ‖ Pitorro de las vasijas. ‖ Especie de clavo utilizado en montañismo. ‖ Reptil de Asia y África no venenoso que alcanza hasta diez metros de longitud.
pitonazo m. Cornada.
pitonisa f. Sacerdotisa de Apolo.
pitorrearse v. pr. *Pop.* Guasearse, burlarse, reírse.
pitorreo m. *Pop.* Guasa, burla.
pitorro m. En los botijos, tubo para la salida del líquido.
pituita f. Mucosidad de las membranas de la nariz y los bronquios.
pituitario, ria adj. *Membrana pituitaria,* la mucosa de la nariz.
pituso, sa adj. Dicho de un niño, gracioso, lindo. ‖ — M. y f. *Fam.* Niño.
piurano, na adj. y s. De Piura (Perú).
pivotante adj. Aplícase a la raíz central de ciertas plantas que profundiza verticalmente en la tierra. ‖ Que gira.
pivote m. *Tecn.* Pieza cilíndrica que gira sobre un soporte. | Soporte en el que puede girar algo. ‖ En baloncesto, delantero centro.
piyama m. y f. *Amer.* Pijama.
pizarra f. Roca de color negro azulado que se divide fácilmente en hojas planas y delgadas. ‖ Trozo de esta piedra o de otra materia que sirve para escribir o dibujar.
pizarral m. Sitio donde hay pizarras.
pizarrín m. Lápiz para escribir en la pizarra.
pizarrón m. *Amer.* Encerado.
pizca f. *Fam.* Porción muy pequeña de una cosa.
pizpereta y **pizpireta** adj. f. *Fam.* Aplícase a la mujer vivaracha, alegre y simpática.
pizza f. (pal. ital.). Tarta rellena de tomates, anchoas, aceitunas, etc.
pizzicato m. (pal. ital.). *Mús.* Modo de ejecución en los instrumentos de arco que consiste en pellizcar las cuerdas con los dedos. ‖ Trozo ejecutado de esta manera.
placa f. Lámina, plancha u hoja delgada y rígida. ‖ Lámina de cristal o de metal sensibilizada que sirve para obtener una prueba fotográfica negativa. ‖ Electrodo de un tubo electrónico. ‖ *Med.* Mancha en la piel o en una mucosa, provocada por una dolencia. ‖ Insignia de ciertas órdenes y profesiones. ‖ Lámina de metal, mármol, materia plástica, etc. que se coloca en la puerta de una casa con una inscripción para señalar el nombre, la profesión de la persona que la ocupa o cualquier otra cosa.
placaje m. En el rugby, detención del adversario abrazándose a la cintura o piernas.
placear v. t. Vender géneros comestibles al por menor. ‖ *Fig.* Ejercitarse el torero en plazas. | Ejercitarse para adquirir experiencia.
placebo m. Sustancia no medicamentosa que produce efecto en el enfermo si éste cree que tiene poder curativo.
pláceme m. Felicitación.
placenta f. Órgano ovalado y aplastado que une el feto con la superficie del útero.
placentario, ria adj. Relativo a la placenta. ‖ — M. pl. Mamíferos que están provistos de placenta.
placentero, ra adj. Agradable.
placer m. Sentimiento experimentado a causa de algo que agrada. ‖ Gusto : *le ayudaré con sumo placer.* ‖ Diversión, entretenimiento : *los placeres de la vida.* ‖ Voluntad : *tal es mi placer.* ‖ Banco de arena en el mar. ‖ Yacimiento superficial aurífero. ‖ Pesquería de perlas en América. ‖ *A placer,* a medida de sus deseos.
placer v. i. Agradar.
plácet m. (pal. lat.). Asentimiento de un gobierno al nombramiento de un diplomático extranjero.
placidez f. Calma, apacibilidad.
plácido, da adj. Tranquilo, apacible.
plaga f. Calamidad grande que aflige a un pueblo : *las plagas de Egipto.* ‖ *Fig.* Abundancia de una cosa nociva o buena. | Azote que daña la agricultura : *plaga de la filoxera.* | Infortunio, desgracia.
plagar v. t. Cubrir de algo perjudicial : *plagar de heridas* (ú. t. c. pr.). ‖ Llenar : *plagado de errores.*
plagiar v. t. Copiar o imitar obras ajenas dándolas como propias.
plagiario, ria adj. y s. Dícese de la persona que plagia.
plagio m. Copia o imitación de una obra ajena.
plaguicida adj. y s. m. Que combate las plagas del campo.
plan m. Estructura general de una obra : *el plan de una novela.* ‖ Intención, proyecto : *no tengo ningún plan para esta tarde.* ‖ Programa, detalle de las cosas que hay que hacer para la ejecución de un proyecto : *plan de trabajo.* ‖ Conjunto de medidas gubernamentales o intergubernamentales tomadas para organizar y desarrollar la actividad económica : *plan quinquenal.* ‖ Altitud o nivel. ‖ *Med.* Régimen y tratamiento : *estar a plan.* ‖ *Méx.* Compromiso político de carácter revolucionario : *el Plan de Iguala.* ‖ *Fam.* Chico o chica con quien uno sale. | Relación que éstos tienen entre sí. | Mujer fácil. ‖ *En plan de,* en concepto de.
plana f. Cara de una hoja de papel. ‖ Página de escritura hecha por los niños. ‖ *Impr.* Página de composición. ‖ — *Fig. Enmendar la plana,* encontrar correcciones que hacer en lo que otro ha realizado. ‖ *Plana mayor de un regimiento,* los oficiales y demás personas que no perteneeen a ninguna compañía. ‖ *Titular a toda plana,* en un periódico, titular que ocupa toda la anchura de la página.
plancton m. Conjunto de los organismos microscópicos que viven en suspensión en las aguas marinas o dulces.
plancha f. Lámina o placa de metal. ‖ Utensilio consistente en una superficie metálica calentada generalmente por una resistencia eléctrica y un asa que sirve para planchar la ropa. ‖ Conjunto de ropa planchada. ‖ *Impr.* Reproducción estereotípica o galvanoplástica lista para la impresión. ‖ En el fútbol, plantillazo, golpe dado con la planta del pie. ‖ Modo de nadar flotando en el agua de espaldas : *hacer la plancha.* ‖ *Fig.* Metedura de pata. ‖ *Plancha a vela,* tabla provista de una deriva y de un palo con una vela que se puede orientar en todas las direcciones según el rumbo deseado.
planchado m. Acción de planchar. ‖ Ropa planchada o que se ha de planchar.
planchador, ra m. y f. Persona que plancha ropa blanca o vestidos.
planchar v. t. Desarrugar la ropa con la plancha caliente o una máquina especial.

planchazo m. Planchado rápido. ‖ En el fútbol, plantillazo. ‖ *Fam.* Metedura de pata : *tirarse un planchazo.*
planeación f. Planeamiento.
planeador m. Avión sin motor que vuela con las corrientes atmosféricas. ‖ El que se dedica a planear.
planeamiento m. Acción y efecto de planear.
planear v. t. Trazar el plan de una obra. ‖ Proyectar : *planear una reforma.* ‖ Preparar, organizar : *planear una conspiración.* ‖ — V. i. Cernerse en el aire como las aves. ‖ Hacer planes o proyectos. ‖ *Vuelo planeado,* el de un avión que vuela sin motor.
planeo m. Vuelo planeado.
planeta m. Cuerpo celeste opaco que gira alrededor del Sol.
planetario, ria adj. Relativo a los planetas. ‖ Relativo a todo el mundo : *a escala planetaria.* ‖ — M. Aparato mecánico con el cual se imita el movimiento de los planetas. ‖ Planetarium. ‖ En un mecanismo diferencial, piñón montado directamente en los árboles mandados por los satélites de la corona.
planetarium m. Dispositivo para reproducir los movimientos de los cuerpos celestes en una bóveda que figura el firmamento.
planicie f. Llanura. ‖ Meseta.
planificación f. Establecimiento de programas detallados para el buen desarrollo de una actividad. ‖ *Planificación familiar,* conjunto de medios existentes para informar y ayudar a la población en todo lo referente a la regulación de nacimientos.
planificador, ra m. y f. Persona que se ocupa de la planificación.
planificar v. t. Establecer un plan para organizar una actividad.
planilla f. *Amer.* Lista, nómina.
planisferio m. Mapa que representa las esferas celeste o terrestre.
planning m. (pal. ingl.). Planificación.
plano, na adj. Llano, de superficie lisa. ‖ *Geom.* Relativo al plano : *geometría plana.* | Aplícase al ángulo que es igual a dos rectos. ‖ — M. *Geom.* Superficie plana limitada. ‖ Representación gráfica de las diferentes partes de una ciudad, un edificio, una máquina, etc. : *un plano de Barcelona.* ‖ Distancia relativa de los objetos representados en un cuadro o fotografía : *plano de fondo.* ‖ Elemento de una película fotografiado en una sola toma de vistas : *primer plano.* ‖ *Fig.* Esfera, terreno. ‖ — *De plano,* claramente, sin rodeos; cuan largo es uno : *caer de plano;* de lleno. ‖ *Plano de sustentación,* ala y cola del avión.
planta f. Nombre genérico de todo lo que vive adherido al suelo por medio de raíces : *planta herbácea.* ‖ Plantío. ‖ Parte del pie o de la pata que se apoya en el suelo. ‖ Plano : *la planta de un templo.* ‖ Piso : *vivir en la primera planta.* ‖ Pie de una perpendicular. ‖ Fábrica, instalación : *planta eléctrica.* ‖ *Fam.* Presencia : *tener buena planta.*
plantación f. Acción de plantar. ‖ Conjunto de lo plantado. ‖ Explotación agrícola generalmente de un solo cultivo : *plantación de tabaco.*
plantador, ra adj. y s. Aplícase al que se dedica a la plantación. ‖ — M. Instrumento para plantar. ‖ — F. Máquina para plantar.
plantar adj. De la planta del pie.
plantar v. i. Meter en tierra una planta o un vástago para que arraigue : *plantar vides.* ‖ *Fig.* Clavar en tierra : *plantar postes.* | Colocar : *plantar su tienda en un campo.* | Establecer, fundar. ‖ *Fig.* y *fam.* Asestar un golpe : *plantar un bofetón.* | Poner con violencia : *le plantaron en la calle.* | Dejar a uno burlado. | Abandonar : *le plantó la novia.* | Dejar callado, callar. ‖ *Fam. Dejar plantado,* abandonar. ‖ — V. pr. *Fig.* Ponerse de pie firme en un sitio : *plantarse ante la puerta.* ‖ *Fig.* y *fam.* Llegar a un sitio sin tardar mucho : *en una hora me plantaré en tu casa.* | Pararse un animal sin querer seguir adelante : *plantarse el caballo.* | Quedarse parado : *se plantó en medio de la calzada.* | En ciertos juegos, no querer un jugador pedir más cartas. | No querer confesar una persona su verdadera edad : *plantarse en los treinta y cinco.*
plante m. Suspensión voluntaria del trabajo en una empresa. ‖ Rechazo, exigencia de algo : *plante de presos.*
planteamiento m. Acción de plantear.
plantear v. t. Trazar las líneas fundamentales para resolver algo : *plantear un problema.* ‖ Proponer, exponer un tema para que se examine y discuta : *plantear la cuestión de confianza* (ú. t. c. pr.). ‖ Idear un proyecto, madurarlo. ‖ *Fig.* Establecer, instituir : *plantear una reforma.*
plantel m. Criadero de plantas. ‖ *Fig.* Establecimiento de enseñanza : *plantel de maestros.* | Conjunto : *plantel de artistas.*
planteo m. Planteamiento.
plantificar v. t. Establecer, implantar. ‖ *Fam.* Dar (golpes, etc.). | Dejar a uno en alguna parte en contra de su voluntad, dejar plantado. ‖ — V. pr. *Fam.* Ir a un lugar : *me plantifiqué en su casa y lo insulté.*
plantígrado, da adj. y s. m. Dícese de los cuadrúpedos que al andar apoyan toda la planta de los pies y las manos, como el oso.
plantilla f. Suela interior del zapato. ‖ Conjunto de los empleados y trabajadores de una empresa o de un servicio público. ‖ Lista de estos empleados : *estar en plantilla.* ‖ Cartón o chapa recortada que sirve de modelo para reproducir ciertas piezas o dibujos con arreglo a la forma del recorte.
plantillazo m. En fútbol, golpe antirreglamentario dado al adversario con la planta del pie.
plantío, a adj. Aplícase al terreno plantado o que puede serlo. ‖ — M. Acción de plantar. ‖ Terreno plantado de vegetales.
plantón m. Pimpollo o arbolito nuevo que ha de ser trasplantado. ‖ Estaca o rama plantada para que arraigue. ‖ *Fig.* y *fam. Dar un plantón,* no acudir a una cita.
plañidera f. Mujer contratada para llorar en los entierros.
plañidero, ra adj. Lloroso.
plañido o **plañimiento** m. Lamento, queja lastimera.
plañir v. i. Gemir y llorar.
plaqué m. Chapa delgada de oro o plata con que se cubre otro metal de menos valor.
plaqueta f. Placa pequeña. ‖ Elemento celular de la sangre.
plasma m. Líquido donde están los glóbulos de la sangre y de la linfa.
plasmación f. Acción de plasmar. ‖ Realización.
plasmar v. t. Dar forma. ‖ *Fig.* Manifestar, concretar. ‖ — V. pr. *Fig.* Concretarse.
plasta f. Masa blanda. ‖ Cosa aplastada. ‖ *Fig.* y *fam.* Cosa desacertada o mal hecha. ‖ — M. y f. *Fam.* Persona pesada y fastidiosa.

plastia f. Intervención quirúrgica que modifica las formas o las relaciones entre los órganos.
plástica f. Arte de modelar una sustancia blanda, como la cera, etc. ‖ Aspecto de una persona o cosa desde el punto de vista de la estética.
plasticidad f. Calidad de plástico.
plástico, ca adj. Relativo a la plástica : *artes plásticas.* ‖ Moldeable : *materia plástica.* ‖ Expresivo : *fuerza plástica.* ‖ — M. Materia sintética consistente, por lo general, en resina artificial, susceptible de ser modelada o moldeada en caliente o a presión. ‖ Explosivo amasado con plastificantes que tiene la consistencia de la masilla. ‖ *Pop.* Disco fonográfico.
plastificación f. y **plastificado** m. Acción y efecto de plastificar.
plastificadora f. Máquina utilizada para plastificar.
plastificar v. t. Recubrir algo entre dos capas de plástico.
plastrón m. Pechera.
plata f. Metal precioso, de un color blanco brillante, inalterable y muy dúctil (símb. Ag), de número atómico 47. ‖ Vajilla u otros objetos de este metal. ‖ *Fig.* Moneda o monedas de este metal. ‖ *Fam.* Dinero : *tiene mucha plata.* ‖ — Adj. De color de la plata.
platabanda f. Porción alargada de terreno en que se plantan flores.
plataforma f. Tablero horizontal más elevado que lo que le rodea. ‖ Parte de un tranvía o de un autobús en la que se viaja de pie. ‖ Vagón descubierto y con bordes de poca altura. ‖ *Fort.* Obra de tierra donde se coloca una batería. ‖ Estación de perforación petrolífera instalada en el mar. ‖ Programa : *plataforma electoral.* ‖ *Fig.* Lo que sirve para lograr algún fin : *esto le servirá de plataforma para alcanzar los máximos honores.* ‖ *Plataforma continental,* zona marina que bordea los continentes y alcanza una profundidad generalmente inferior a 200 m.
platanáceo, a adj. y s. f. Dícese de unas plantas angiospermas dicotiledóneas como el plátano. ‖ — F. pl. Familia que forman.
platanal y **platanar** m. Terreno plantado de plátanos.
platanero m. Plátano, árbol.
plátano m. Planta cultivada en los países tropicales cuyos frutos, agrupados en racimos, tienen un sabor dulce y agradable. ‖ Fruto de esta planta.‖ Árbol de adorno de la familia de las platanáceas cuya corteza se cae en placas irregulares.
platea f. Palco en la planta baja de un teatro.
plateado, da adj. De color de plata. ‖ — M. Acción de platear.
platear v. t. Cubrir con plata.
plateau [*plató*] m. (pal. fr.). Plató.
platelminto adj. m. Dícese de un grupo de gusanos que tienen el cuerpo en forma de cinta, como la tenia. ‖ — M. pl. Este grupo.
platense adj. y s. *Arg.* Del Plata o de La Plata.
plateresco, ca adj. Dícese de un estilo arquitectónico español del s. XVI en que se emplean elementos clásicos y ojivales con profusión de adornos y bajorrelieves (ú. t. c. s. m.).
platería f. Oficio y taller del platero o del joyero. ‖ Tienda donde se venden obras de plata u oro.
platero m. El que labra la plata o el oro. ‖ El que vende objetos de oro y plata.
plática f. Conversación, charla.
platicar v. i. Hablar. ‖ — V. t. *Amer.* Decir. | Hablar de.
platija f. Pez marino comestible.
platillo m. Plato pequeño. ‖ Disco que tienen las balanzas sobre el cual se pone lo que se ha de pesar o las pesas. ‖ *Mús.* Instrumento de percusión (ú. m. en pl.). ‖ *Platillo volante,* nombre que se da a ciertos artefactos que algunos dicen haber visto aparecer y desaparecer en la atmósfera terrestre sin que haya podido probarse su realidad.
platina f. *Fís.* Mesa donde se pone la campana en la máquina neumática. | En el microscopio, sitio donde se coloca el objeto que se observa. ‖ *Impr.* Mesa de hierro utilizada para ajustar las formas. | Superficie plana de la máquina de imprimir donde se coloca la forma. ‖ Plato de un tocadiscos o de un equipo estereofónico.
platinado m. Operación de cubrir metales con una capa de platino.
platinar v. t. Cubrir con una capa de platino. ‖ Dar a una cosa el color del platino.
platino m. Metal precioso de número atómico 78 (símb. Pt). ‖ — Pl. En los motores de automóvil, bornes de tungsteno que establecen el contacto en el ruptor. ‖ *Pelo rubio platino,* pelo de un rubio muy claro.
platirrinos m. pl. División de los monos que tienen la nariz muy aplastada (ú. t. c. adj.).
plato m. Recipiente generalmente redondo donde se echa la comida. ‖ Manjar, guiso : *poner carne como plato fuerte.* ‖ Objeto en forma de disco : *plato de la bicicleta.* ‖ Platillo de la balanza. ‖ Objeto circular móvil con que se ejercita la puntería. ‖ Plataforma circular sobre la que gira el disco en un tocadiscos. ‖ — *Fig. Comer en el mismo plato,* ser muy íntimas dos personas. | *Parece que no ha roto un plato en su vida,* parece que es incapaz de hacer una cosa mala. | *Plato de segunda mesa,* aplícase a una cosa ya conocida o usada. | *Plato fuerte,* lo más destacado. | *Ser plato del gusto de uno,* serle grato.
plató m. Escenario de un estudio cinematográfico.
platónico, ca adj. Relativo a Platón : *filosofía, escuela platónica.* ‖ Ideal, puramente espiritual.
platudo, da adj. *Amer.* Rico.
plausible adj. Que se puede admitir o aprobar : *motivos plausibles.*
playa f. Extensión llana, cubierta de arena o guijarros, a orillas del mar o de un río. ‖ *Arg.* Aparcamiento.
play-back m. (pal. ingl.). Grabación del sonido antes de impresionar la imagen.
play-boy m. (pal. ingl.). Hombre atractivo y mundano que se dedica a conquistar a mujeres famosas o adineradas.
playera f. Camisa ancha de verano que se lleva sin chaqueta. ‖ — Pl. Sandalias para la playa.
plaza f. Lugar espacioso rodeado de casas en el interior de una población. ‖ Sitio parecido en un parque, etc. ‖ Mercado : *ir a la plaza a hacer las compras.* ‖ Ciudad fortificada : *plaza fuerte.* ‖ Inscripción en un libro del que quiere ser soldado : *sentar plaza.* ‖ Población donde se hacen operaciones de comercio de cierta importancia : *la Bolsa de la plaza de París.* ‖ Oficio, puesto

o empleo : *tener una buena plaza.* || Sitio : *un aparcamiento de quinientas plazas.* || Suelo del horno. || — *Plaza de armas,* aquella donde se hacen ejercicios militares. || *Plaza de toros,* circo donde se verifican las corridas de toros. || *Fig. Sentar plaza de,* ser considerado como.
plazo m. Tiempo máximo concedido para pagar una suma o hacer una cosa. || Vencimiento del término. || Cada parte de una cantidad pagadera en varias veces. || *A plazos,* pagando en dos o más veces y en fechas sucesivas.
plazoleta f. Plaza pequeña : *vendía flores en una soleada plazoleta.*
pleamar f. *Mar.* Marea alta.
plebe f. En la antigua Roma, la multitud de los ciudadanos. || Pueblo bajo, populacho.
plebeyez f. Calidad de plebeyo.
plebeyo, ya adj. Propio de la plebe. || Que no es noble ni hidalgo : *hombre plebeyo* (ú. t. c. s.). || *Fig.* Grosero, ordinario, popular.
plebiscitar v. t. Someter a plebiscito. || Ratificar por plebiscito.
plebiscitario, ria adj. Del plebiscito.
plebiscito m. Resolución tomada por todos los habitantes de un país a pluralidad de votos. || Votación de todos los ciudadanos para legitimar algo.
plectro m. Púa para tocar ciertos instrumentos músicos de cuerda.
plegable adj. Que se pliega.
plegadera f. Cortapapeles.
plegado m. Acción de plegar. || Tableado de una tela.
plegador, ra adj. y s. Aplícase al que pliega. || — M. Utensilio para plegar. || — F. *Impr.* Máquina para plegar papel.
plegadura f. Plegado.
plegamiento m. Deformación de las capas de la corteza terrestre. || Plegado.
plegar v. t. Hacer pliegues en una cosa. || Doblar especialmente los pliegos : *plegar un libro.* || — V. pr. Someterse.
plegaria f. Oración.
pleistoceno, na adj. y s. m. *Geol.* Dícese del primer período de la era cuaternaria del que quedan restos humanos y obras del hombre y que corresponde a la edad histórica de la piedra tallada, o paleolítico.
pleita f. Trenza de esparto.
pleiteante adj. y s. Que pleitea.
pleitear v. i. Litigar o contender judicialmente sobre una cosa.
pleitesía f. Acatamiento.
pleito *For.* Contienda, diferencia, litigio judicial entre dos partes : *armar un pleito.* | Proceso : *pleito civil, criminal.* || Disputa o riña doméstica o privada.
plenario, ria adj. Completo, en que participan todos los miembros : *asamblea plenaria* (ú. t. c. s. f.). || *Indulgencia plenaria,* remisión total de las penas debidas a los pecados.
plenilunio m. Luna llena.
plenipotenciario, ria adj. y s. Aplícase a la persona enviada por su gobierno a otro con plenos poderes.
plenitud f. Totalidad. || Abundancia. || *Fig.* Completo desarrollo.
pleno, na adj. Lleno, completo. || *Plenos poderes,* delegación temporal del poder legislativo por el Parlamento a un gobierno; capacidad para negociar o concertar un acuerdo. || — M. Reunión plenaria.
plenum m. Sesión plenaria de una asamblea.
pleonasmo m. Repetición de palabras de sentido equivalente : *subir arriba, bajar abajo, mirar con sus propios ojos son pleonasmos.*
pleonástico, ca adj. Que encierra pleonasmo.
plesiosauro m. Reptil marino fósil de la era secundaria.
pletina f. Placa de hierro muy aplastada.
plétora f. Abundancia.
pletórico, ca adj. Rebosante.
pleura f. Cada una de las membranas serosas que en ambos lados del pecho cubren las paredes de la cavidad torácica y la superficie de los pulmones.
pleuresía f. Inflamación de la pleura cuyo principal síntoma es el dolor de costado al respirar y toser.
pleuritis f. *Med.* Inflamación de la pleura.
pleuroneumonía f. Inflamación simultánea de pleura y pulmón.
plexiglás m. Resina sintética transparente, incolora y flexible que se emplea principalmente como vidrio de seguridad.
plexo m. *Anat.* Red de filamentos nerviosos o vasculares entrelazados.
pléyade f. Grupo de personas.
plica f. Sobre cerrado y sellado que no ha de abrirse hasta fecha u ocasión determinada.
pliego m. Papel doblado por la mitad. || *Por ext.* Hoja de papel. || Carta o documento que se manda cerrado. || Parte de una hoja de papel doblada 16 ó 32 veces en los impresos. || Memorial, resumen. || *Pliego de condiciones,* documento en que constan las condiciones que rigen un contrato, servicio, subasta, etc.
pliegue m. Doblez en una cosa normalmente lisa o plana. || Tabla : *los pliegues de una falda.* || *Geol.* Ondulación del terreno.
plinto m. *Arq.* Cuadrado sobre el que descansa la columna. | Base cuadrada de poca altura. || Especie de taburete alargado de superficie almohadillada para ejercicios gimnásticos.
plioceno, na adj. y s. m. *Geol.* Aplícase al último período de la era terciaria, que sucede al mioceno.
plisado m. Acción y efecto de plisar.
plisadora f. Máquina de plisar tejidos.
plisar v. t. Hacer pliegues.
plomada f. Pesa de plomo colgada de un hilo que sirve para determinar la línea vertical.
plomazo m. Herida de perdigón.
plomería f. Cubierta de plomo de los edificios. || Taller y oficio del plomero.
plomero m. El que trabaja o fabrica cosas de plomo. || *Amer.* Fontanero.
plomífero, ra adj. Que contiene plomo. || *Fig.* Pesado, fastidioso.
plomizo, za adj. Que contiene plomo. || De color de plomo o que se le parece : *cielo plomizo.*
plomo m. Metal pesado, dúctil, maleable, blando, fusible y de color gris azulado (simb. Pb), cuyo número atómico es 82. || Trozo de este metal empleado para dar peso a varias cosas : *los plomos de una red.* || Bala. || Plomada para determinar las líneas verticales. || *Electr.* Fusible. || *Fam.* Supercarburante. || *Fig.* y *fam.* Persona pesada, cargante : *ser un plomo.* || — *A plomo,* verticalmente. || *Fig.* y *fam. Sueño de plomo,* el muy profundo.

pluma f. Órgano producido por la epidermis de las aves formado de una especie de tubo o cañón cubierto de barbillas que sirve para el vuelo, la protección y el mantenimiento de una temperatura constante. ‖ Conjunto de estas plumas. ‖ Pluma de ave recortada que servía para escribir. ‖ Chapita de metal con un extremo puntiagudo que se usa para escribir con tinta : *pluma de acero, de oro.* ‖ Instrumento para escribir con tinta. ‖ *Fig.* Estilo o manera de escribir : *escribir con pluma mordaz.* | Escritor. | Oficio de escritor. ‖ — *Fig. Al correr de la pluma* o *a vuela pluma,* muy rápidamente, sin fijarse en el estilo. ‖ *Pluma estilográfica,* la que contiene un depósito para la tinta en el interior del mango.

plumada f. Plumazo.

plumado, da adj. Con plumas.

plumaje m. Conjunto de las plumas del ave. ‖ Penacho de plumas en un casco o sombrero.

plumajería f. Cúmulo o agregado de plumajes de adorno.

plumaria adj. f. Dícese del arte de bordar representando aves y plumajes o de hacer objetos con plumas.

plumazo m. Trazo de pluma en el papel : *tachar de un plumazo.* ‖ *Fig.* y *fam. De un plumazo,* de modo expeditivo.

plúmbeo, a adj. De plomo. ‖ *Fig.* Pesado como el plomo. | Pesado, cargante. | Dicho del sueño, el profundo.

plumeado m. Conjunto de rayas paralelas o cruzadas en un dibujo o pintura para sombrearlos.

plumear v. t. Sombrear con trazos de pluma.

plumero m. Conjunto de plumas reunidas y atadas a un mango que sirve para quitar el polvo. ‖ Estuche para lápices y plumas. ‖ Penacho de plumas. ‖ *Amer.* Pluma, portaplumas. ‖ *Fig.* y *fam. Vérsele a uno el plumero,* adivinársele las intenciones.

plumífero, ra adj. *Poét.* Que tiene plumas. ‖ — M. *Pop.* Escribiente, chupatintas. | Persona que se gana la vida escribiendo.

plumilla f. Pluma, parte de la estilográfica o de la pluma normal que sirve para escribir.

plumón m. Plumaje que tienen las aves entre las plumas mayores. ‖ Colchón lleno de este plumaje.

plural adj. y s. m. *Gram.* Dícese del número que se refiere a dos o más personas o cosas.

pluralidad f. Gran número, multitud : *pluralidad de pareceres.* ‖ Hecho de existir más de uno : *la pluralidad de los mundos.*

pluralismo m. Multiplicidad. ‖ Sistema político basado en la coexistencia de varias tendencias. ‖ Doctrina filosófica que sólo reconoce la existencia de seres múltiples e individuales.

pluralista adj. Relativo al pluralismo.

pluralización f. Acción de pluralizar.

pluralizar v. t. *Gram.* Dar el número plural a palabras que ordinariamente no lo tienen. ‖ Aplicar a varios sujetos lo que sólo es propio de uno : *no hay que pluralizar.*

pluricelular adj. Que está formado por varias células.

pluriempleado adj. y s. Dícese del que trabaja en más de un empleo.

pluriempleo m. Trabajo de una persona en varios empleos o lugares diferentes.

plurilateral adj. Que interesa a varias partes.

pluripartidismo m. Sistema político en el que coexisten varios partidos.

pluripartidista adj. Del pluripartidismo. ‖ Partidario de este sistema.

plus m. Gratificación o sobresueldo : *cobrar un plus.*

pluscuamperfecto m. *Gram.* Tiempo que expresa una acción pasada anterior a otra también pretérita.

plusmarca f. Récord.

plusmarquista m. y f. Persona que tiene un récord o plusmarca.

plus ultra, loc. lat. Más allá.

plusvalía f. Aumento de valor.

plúteo m. Anaquel, estante.

plutocracia f. Gobierno ejercido por la clase de los ricos.

plutócrata com. Persona que tiene poder o influencia por su riqueza.

plutocrático, ca adj. Relativo a la plutocracia.

plutonio m. Metal (Pu), de número atómico 94, obtenido en las pilas de uranio y empleado a veces en las bombas atómicas.

pluvial adj. Relativo a la lluvia.

pluviometría f. Medición de la cantidad de lluvia caída en un sitio durante cierto período de tiempo.

pluviómetro m. Aparato para medir la cantidad de lluvia.

pluviosidad f. Abundancia de lluvia. ‖ Cantidad de lluvia caída en lugar y tiempo determinados.

pluvioso, sa adj. Lluvioso.

p. m., abrev. de *post-meridiem,* que significa *después de mediodía.*

Pm, símbolo del *prometeo.*

Po, símbolo químico del *polonio.*

población f. Conjunto de los habitantes de un país, región o ciudad. ‖ Conjunto de los individuos de una misma categoría : *población rural.* ‖ Aglomeración, agrupación de casas que puede llegar a formar un lugar o una ciudad : *vive en la población.* ‖ Acción de poblar.

poblacho m. Pueblo pequeño.

poblado, da adj. Habitado : *barrio muy poblado.* ‖ Arbolado : *monte poblado.* ‖ Espeso : *barba poblada.* ‖ — M. Población : *vivía en un poblado muy tranquilo.*

poblador, ra adj. y s. Que habita.

poblano, na adj. y s. De Puebla (México). ‖ *Amer.* Campesino.

poblar v. t. Establecer hombres, animales o vegetales en un lugar donde no los había : *poblar un río de peces.* ‖ Ocupar un sitio y asentarse en él : *los iberos poblaron España.* ‖ — V. pr. Llenarse de hombres, animales, vegetales o cosas.

pobre adj. Que no tiene lo necesario para vivir : *hombre pobre* (ú. t. c. s.). ‖ *Fig.* Que tiene algo en muy poca cantidad : *pobre en vitaminas.* | Estéril : *terreno pobre.* | De poco valor o entidad : *libro pobre de contenido.* | Desdichado : *el pobre de tu padre.* ‖ — M. y f. Mendigo.

pobretear v. i. Comportarse como un pobre.

pobreza f. Condición del que no tiene lo necesario para vivir. ‖ Falta, escasez : *pobreza de recursos.* ‖ Abandono voluntario de todos los bienes propios : *voto de pobreza.* ‖ *Fig.* Falta de magnanimidad : *pobreza de ánimo.* | Falta de entidad o de valor : *la pobreza de un tema.* | Esterilidad de un terreno.

pocchile m. *Méx.* Chile seco.

pocero m. El que hace o limpia pozos. ‖ Alcantarillero.

pocilga f. Establo para los cerdos. ‖ *Fig.* y *fam.* Lugar muy sucio.

pócima f. Medicamento preparado para ser bebido. ‖ *Fig.* Bebida de mal sabor.
poción f. Bebida.
poco, ca adj. Limitado en cantidad : *pocos árboles.* ‖ *Ser poca cosa,* tener poca importancia. ‖ — M. Cantidad pequeña : *un poco de vino.* ‖ — Adv. En pequeña cantidad : *beber poco.* ‖ Indica también corta duración : *se quedó poco aquí.* ‖ Insuficientemente : *este guiso está poco salado.* ‖ — *A poco,* poco tiempo después. ‖ *De poco más o menos,* de poca entidad, insignificante. ‖ *Dentro de poco,* pronto. ‖ *Poco a poco,* progresivamente. ‖ *Poco más o menos,* aproximadamente. ‖ *Por poco,* casi. ‖ *Tener en poco,* despreciar.
pochismo m. *Amer.* Calidad de pocho.
pocho, cha adj. Descolorido, pálido. ‖ Pasado, demasiado maduro : *fruta pocha.* ‖ *Fig.* Estropeado. | Pachucho, algo enfermo. ‖ — Adj. y s. *Méx.* Dícese de los estadounidenses de ascendencia mexicana que entremezclan hablando el inglés y el castellano.
pocholo, la adj. *Fam.* Mono, bonito.
poda f. Acción y efecto de podar. ‖ Época en que se poda.
podadera f. Útil para podar.
podador, ra adj. y s. Que poda.
podagra f. *Med.* Gota en el pie.
podar v. t. Cortar las ramas inútiles de los árboles y arbustos. ‖ *Fig.* Quitar de una cosa lo inútil.
podenco, ca adj. y s. Dícese de una variedad de perros de caza.
poder m. Autoridad : *tiene el poder de nombrar a los ministros.* ‖ Dominio : *estar bajo el poder de un país extranjero.* ‖ Gobierno de un Estado : *el poder político.* ‖ Facultad, capacidad : *tiene un gran poder de trabajo.* ‖ Posesión : *la carta llegó a su poder.* ‖ Documento notarial por el que se da autorización a uno para que haga cierta cosa. ‖ — Pl. *Fig.* Autorización para actuar en nombre de otra persona : *casarse por poderes* (ú. t. en sing.). ‖ — *Dar poder,* autorizar. ‖ *Poder disuasivo,* conjunto de las armas más modernas que permiten responder a una agresión. ‖ *Poder ejecutivo,* el que se dedica a hacer ejecutar las leyes. ‖ *Poder judicial,* el que ejerce la administración de la justicia. ‖ *Poder legislativo,* en los gobiernos constitucionales, el que se ocupa de la preparación y modificación de las leyes.
poder v. t. Tener facultad o autoridad para hacer algo : *puedo pagarme el viaje.* ‖ Tener permiso o autorización : *no puedo salir por la noche.* ‖ Tener facilidad : *con tanta gente en medio no puedo estudiar.* ‖ Ser capaz : *no puedo dejarle solo en tan triste circunstancia.* ‖ Tener cierta probabilidad : *puedes encontrártelo a cada paso.* ‖ — V. impers. Ser contingente o posible una cosa : *puede que llueva.* ‖ — *A más no poder,* en sumo grado. ‖ *Hasta más no poder,* hasta la saciedad. ‖ *No poder con uno,* no conseguir hacerle obedecer o entrar en razón; no aguantar. ‖ *No poder más,* estar muy cansado.
poderdante com. Persona que faculta a otra para que la represente dándole poderes.
poderhabiente com. Persona que recibe los poderes de otra para representarla.
poderío m. Poder, capacidad de hacer o impedir una cosa. ‖ Dominio. ‖ Hacienda, bienes y riquezas.
poderoso, sa adj. Que tiene mucho poder : *Estado poderoso.* ‖ Muy rico : *un poderoso industrial.* ‖ Muy eficaz o activo : *remedio poderoso.* ‖ Muy fuerte : *argumento poderoso.* ‖ — M. pl. Gente rica o de mucha influencia.
podio m. Pequeña plataforma de dos niveles a donde se suben los tres primeros vencedores en una prueba deportiva.
podología f. Estudio médico del pie.
podólogo, ga adj. y s. Especialista en podología.
podredumbre f. Putrefacción, estado de un cuerpo podrido. ‖ Cosa podrida. ‖ Pus, humor.
podrido, da adj. Echado a perder. ‖ *Fig.* Viciado, corrompido.
poema m. Obra en verso de alguna extensión. ‖ *Mús. Poema sinfónico,* composición para orquesta escrita sobre un tema poético.
poemario m. Serie de poemas.
poesía f. Arte de componer versos : *dedicarse a la poesía.* ‖ Cada uno de los géneros de este arte : *poesía lírica.* ‖ Composición en verso, generalmente corta. ‖ Carácter de lo que produce una emoción afectiva o estética : *la poesía de un paisaje.* ‖ Conjunto de las obras poéticas y de sus autores en un tiempo determinado : *la poesía de la Edad Media.*
poeta m. El que compone obras poéticas. (fem. *poetisa.*).
poetastro m. *Fam.* Mal poeta.
poético, ca adj. Relativo a la poesía o propio de ella. ‖ Que podría inspirar a un poeta : *un asunto poético.* ‖ Que produce una emoción afectiva o estética. ‖ — F. Tratado sobre los principios y reglas de la poesía.
poetisa f. Mujer que compone obras poéticas : *Sor Juana Inés de la Cruz fue una poetisa mexicana.*
poetizar v. t. Dar carácter poético, embellecer.
pogrom (pal. rusa) y **pogromo** m. Movimiento dirigido por las autoridades zaristas para la exterminación de los judíos.
póker m. Juego de cartas de envite de origen norteamericano. ‖ Juego de dados. ‖ Conjunto de cuatro cartas o dados del mismo valor : *póker de ases.*
polaco, ca adj. y s. De Polonia. ‖ — M. Lengua de los polacos.
polaina f. Prenda que cubre la parte superior del pie y la pierna hasta la rodilla : *polaina de cuero.*
polar adj. Relativo a los polos.
polarización f. Propiedad que presenta un rayo luminoso, después de sufrir la reflexión o la refracción, de producir vibraciones localizadas desigualmente alrededor de este rayo. ‖ *Electr.* Establecimiento de una diferencia de potencial entre dos conductores. ‖ Concentración de la atención, de las fuerzas, etc., en algo.
polarizador adj. y s. m. Dícese de lo que polariza la luz.
polarizante adj. Que polariza.
polarizar v. t. *Fís.* Someter al fenómeno de la polarización. ‖ *Fig.* Atraer toda la atención.
polaroid m. (n. registrado). Cámara fotográfica de revelado instantáneo.
polca f. Danza y música originarias de Bohemia.
pólder m. En Holanda, región recuperada por el hombre en el mar a lo largo de las costas.
polea f. Rueda de madera o metal, de canto acanalado, móvil sobre su eje, por la que corre una cuerda. ‖ Rueda de llanta plana por la que pasa una correa.
polémico, ca adj. Relativo a la polémica : *una crítica polémica.* ‖ — F. Controversia, discusión.

polemista com. Persona que sostiene polémicas.
polemizar v. i. Sostener o entablar una polémica.
polen m. Polvillo fecundante de los estambres de las flores.
polenta f. Gachas de harina de maíz. ‖ *Arg. Fam.* Oro.
poli m. *Fam.* Agente de policía. ‖ — F. *Fam.* Cuerpo de policía.
poliácido, da adj. y s. m. *Quím.* Dícese del cuerpo que posee varias funciones ácidas.
polialcohol m. *Quím.* Cuerpo que posee varias funciones alcohólicas.
poliamida f. Polímero que resulta de la condensación de varias sustancias como los aminoácidos.
poliandria f. Estado de la mujer casada simultáneamente con varios hombres. ‖ Condición de la flor que tiene varios estambres.
poliarquía f. Gobierno ejercido por muchos.
policía f. Conjunto de las reglas cuya observancia garantiza el mantenimiento del orden y la seguridad de los ciudadanos. ‖ Cuerpo encargado de mantener este orden. ‖ Conjunto de los agentes de este cuerpo. ‖ — *Policía secreta,* aquella cuyos individuos no llevan uniforme. ‖ *Policía urbana,* la encargada de la vía pública dentro del municipio. ‖ — M. Agente de policía.
policiaco, ca, policíaco, ca y **policial** adj. Relativo a la policía.
policlínica f. Consultorio de varias especialidades médicas.
policromía f. Mezcla de varios colores.
policromo, ma y **polícromo, ma** adj. De varios colores.
polichinela m. Personaje cómico de las farsas italianas y del teatro de marionetas. ‖ *Fig.* Hombre muy cambiadizo.
polideportivo, va adj. Aplícase al lugar o instalaciones destinados al ejercio de varios deportes : *pista polideportiva* (ú. t. c. s. m.).
poliédrico, ca adj. *Geom.* Relativo al poliedro.
poliedro adj. m. *Geom.* Dícese de un sólido de caras planas y de los ángulos formados por estas caras. ‖ — M. Sólido limitado por varias caras planas.
poliéster m. Materia que se obtiene mediante la condensación de poliácidos con polialcoholes.
polifacético, ca adj. De varios aspectos. ‖ Aplícase a la persona que tiene aptitudes muy variadas.
polifonía f. Conjunto simultáneo de voces o de instrumentos musicales independientes, sujetos a leyes armónicas.
polifónico, ca adj. Relativo a la polifonía.
poligamia f. Condición del hombre casado simultáneamente con varias mujeres. ‖ Condición de las plantas polígamas.
polígamo, ma adj. Dícese del hombre casado simultáneamente con varias mujeres (ú. t. c. s. m.). ‖ Aplícase a las plantas que tienen en la misma mata flores masculinas, femeninas y hermafroditas.
polígloto, ta adj. Escrito en varias lenguas : *Biblia Políglota.* ‖ Que habla varios idiomas (ú. t. c. s.).
poligonáceo, a adj. *Bot.* Dícese de unas plantas angiospermas dicotiledóneas como el alforfón y la acedera (ú. t. c. s. f.). ‖ — F. pl. Familia de estas plantas.
poligonal adj. *Geom.* Relativo al polígono.
polígono, na adj. *Geom.* Poligonal. ‖ — M. Figura plana de varios ángulos limitada por líneas rectas o curvas. ‖ Campo de tiro y de maniobras de la artillería. ‖ *Polígono industrial,* zona industrial.
polígrafo m. Autor que ha escrito sobre muy diversas materias.
polilla f. Mariposa nocturna cuya larva destruye los tejidos. ‖ *Fig.* Lo que destruye progresiva e insensiblemente algo.
polimerización f. Unión de varias moléculas idénticas para formar otra mayor.
polimerizar v. t. *Quím.* Efectuar la polimerización.
polímero, ra adj. y s. m. Dícese de un cuerpo químico obtenido por polimerización.
polimorfismo m. *Quím.* Propiedad de los cuerpos que pueden cambiar de forma sin variar su naturaleza. ‖ Facultad de adquirir diversas formas que tienen algunos organismos o especies.
polinesio, sia adj. y s. De Polinesia (Oceanía).
polínico, ca adj. Relativo al polen.
polinización f. *Bot.* Transporte del polen de un estambre hasta el estigma para fecundar una flor.
polinomio m. Expresión algébrica que consta de varios términos.
polio f. *Fam.* Poliomielitis.
poliomielítico adj. Relativo a la poliomielitis. ‖ — Adj. y s. Que padece poliomielitis.
poliomielitis f. Enfermedad contagiosa del hombre, producida por un virus fijado en los centros nerviosos, en particular en la médula espinal, y que provoca parálisis mortal si alcanza los músculos respiratorios.
polipasto m. Aparejo formado por dos o más poleas.
pólipo m. Celentéreo. ‖ Pulpo, molusco. ‖ *Med.* Tumor blando, fibroso, debido a la hipertrofia de las membranas mucosas.
políptico m. Pintura con más tableros plegables que el tríptico.
polis f. Ciudad-Estado de la antigua Grecia. ‖ Estado.
polisacárido m. Glúcido formado por la unión de varias moléculas de azúcar, como el almidón.
polisílabo, ba adj. Que tiene varias sílabas (ú. t. c. s. m.).
polisón m. Miriñaque.
polista com. Jugador de polo.
politburó m. Comisión política del Comité Central del Partido Comunista de la U. R. S. S. (Desde 1952 se llama *presidium.*)
politécnico, ca adj. Que comprende muchas ciencias o artes : *escuela politécnica.* ‖ — M. Alumno de esta escuela.
politeísmo m. Doctrina de los que creen en la existencia de varios dioses : *el politeísmo de la antigüedad clásica.*
politeísta adj. Dícese del que adora a muchos dioses (ú. t. c. s.).
político, ca adj. Relativo a la organización y al gobierno de los asuntos públicos. ‖ Relativo a un concepto particular del gobierno de un país : *credos políticos.* ‖ Dícese de la persona que se ocupa de los asuntos públicos, del gobierno de un Estado (ú. t. c. s. m.). ‖ Sensato, juicioso : *su actuación ha sido poco política.* ‖ Educado, cortés, urbano. ‖ Dícese del parentesco por afinidad : *tío, hermano político.* ‖ — F. Arte de gobernar o dirigir

un Estado. ‖ Conjunto de los asuntos que interesan al Estado : *política interior.* ‖ Manera de dirigir los asuntos de un Estado : *política liberal.* ‖ *Fig.* Manera de obrar, de llevar un asunto : *llevar una buena política.* ‖ Cortesía, urbanidad.

politiquear v. i. *Fam.* Intervenir en política y bastardear los fines de ésta o envilecer sus modos.

politiqueo m. y **politiquería** f. Intervención en política con propósitos turbios.

politización f. Acción de dar carácter político : *la politización de todos sus actos le atrajo mi enemistad.*

politizar v. t. Dar carácter u orientación política.

politólogo m. Especialista en cuestiones políticas.

poliuretano m. Materia plástica empleada en la industria de pinturas y barnices y en la fabricación de espumas y productos elásticos.

polivalente adj. Eficaz en varios casos diferentes : *suero polivalente.* ‖ *Fig.* Polifacético.

póliza f. Documento en que consta un contrato de seguros. ‖ Sello que hay que poner en ciertos documentos, solicitudes, anuncios públicos, etc., para satisfacer un impuesto.

polizón m. El que se embarca clandestinamente en un buque o avión.

polizonte m. *Fam.* Policía.

polo m. Cada uno de los dos extremos de un eje imaginario alrededor del cual gira la esfera celeste en veinticuatro horas. ‖ Cada uno de los extremos del eje de la Tierra : *polo Norte.* ‖ Cada uno de los extremos de un generador o receptor eléctrico utilizado para las conexiones con el circuito exterior. ‖ Cada uno de los extremos de un imán en el que se encuentra la fuerza magnética. ‖ *Fig.* Lo que atrae, centro : *polo de atención.* | Término en completa oposición con otro : *el error y la verdad están en dos polos diferentes.* ‖ Zona de desarrollo agrícola e industrial. ‖ Camisa de sport de punto y con mangas largas. ‖ Juego practicado a caballo y en el que los jinetes impulsan la pelota con una maza. (Tb. existe otro juego de polo, llamado *acuático,* en el que participan dos equipos de siete nadadores.) ‖ Bloque de helado que se sostiene con un palo para chuparlo. ‖ Variedad de cante flamenco.

polonesa f. Danza de Polonia. ‖ Su música.

polonio m. Metal (Po) radiactivo, de número atómico 84, que acompaña a menudo al radio.

poltrón, ona adj. Perezoso. ‖ — F. Silla baja y cómoda, con brazos.

poltronear v. i. Haraganear.

poltronería f. Pereza.

polución f. Derrame involuntario del semen. ‖ Contaminación : *polución atmosférica.*

poluto, ta adj. Manchado.

polvareda f. Cantidad de polvo que se levanta de la tierra agitada por el viento o por otra causa. ‖ *Fig.* Perturbación, efecto provocado entre las gentes por dichos o hechos que apasionan : *aquel discurso levantó gran polvareda.*

polvearse v. pr. *Amer.* Ponerse polvos en la cara.

polvera f. Caja o estuche de las mujeres para polvos de tocador.

polvo m. Conjunto de partículas de tierra fina que se levanta en el aire : *nube de polvo.* ‖ Materia dividida en partículas muy pequeñas : *polvos dentífricos.* ‖ Cantidad de una sustancia pulverizada que se toma con los dedos : *polvo de rapé.* ‖ *Fig.* Restos del hombre después de su muerte : *eres polvo y en polvo te convertirás.* ‖ *Fam.* Cocaína. ‖ — Pl. Mezcla de productos minerales destinados a la protección y al embellecimiento del rostro de las mujeres. ‖ — *Fig. Hacer polvo,* destrozar. | *Hacer polvo a alguien,* cansarle mucho ; fastidiarle enormemente. | *Limpio de polvo y paja,* dícese de una cantidad exenta de cualquier deducción. | *Morder el polvo,* quedar derrotado o humillado. | *Polvos de la madre Celestina,* remedio milagroso.

pólvora f. Sustancia explosiva que se emplea para impulsar un proyectil en las armas de fuego o propulsar un cohete. ‖ — *Fig. Gastar la pólvora en salvas,* valerse de medios inútiles para un fin. | *No haber inventado la pólvora,* ser poco listo.

polvoriento, ta adj. Cubierto o lleno de polvo : *un camino polvoriento y lleno de baches me llevó a su casa.*

polvorilla com. Persona de genio vivo y pronta.

polvorín m. Almacén de explosivos. ‖ Pólvora fina.

polvorón m. Dulce que se deshace en polvo al comerlo.

polla f. Gallina joven. ‖ Apuesta en carreras. ‖ *Fam.* Mocita. ‖ *Arg.* Carrera de dos o más jinetes en un hipódromo.

pollastre m. *Fam.* Jovenzuelo.

pollear v. intr. Empezar los muchachos y muchachas a salir unos con otros.

pollera f. Sitio donde se crían pollos. ‖ Andador, cesto de mimbres o de otro material sin fondo donde se pone a los niños para que aprendan a andar. ‖ Falda interior. ‖ *Amer.* Falda exterior del vestido femenino.

pollerío m. Mocerío.

pollero, ra m. y f. Persona que tiene por oficio criar o vender pollos.

pollerón m. *Arg.* Falda de amazona para montar a caballo.

pollino, na m. y f. Asno.

pollito, ta m. y f. *Fig.* y *fam.* Muchacho o muchacha de corta edad. ‖ — M. Pollo chico.

pollo m. Cría de las aves. ‖ Gallo joven. ‖ *Fam.* Muchacho joven. ‖ *Pop.* Esputo. ‖ *Fam. Pollo pera,* muchacho presumido y atildado.

pomada f. Producto graso y pastoso que se emplea en medicina para uso externo o como cosmético.

pomelo m. Fruto comestible de sabor ácido, un poco mayor que una naranja y de color amarillo. ‖ Árbol que lo produce.

pómez adj. f. *Piedra pómez,* roca volcánica muy porosa y ligera.

pomo m. Remate redondeado de algunas cosas. ‖ Tirador de una puerta, cajón, etc., que sirve para abrirlos. ‖ Frasco de perfume. ‖ Extremo del puño de la espada, de un bastón.

pompa f. Acompañamiento suntuoso y de gran aparato : *entierro con gran pompa.* ‖ Esplendor, magnificencia : *la pompa real.* ‖ Burbuja de aire que se forma con un líquido : *pompa de jabón.* ‖ — Pl. Vanidades, vanos placeres del mundo. ‖ *Pompas fúnebres,* ceremonias celebradas en honor de un difunto.

pompeyano, na adj. y s. De Pompeya (Italia).
pompis m. inv. *Pop.* Culo.
pompón m. Borla.
pomponearse v. pr. Presumir.
pomposidad f. Calidad de pomposo u ostentoso.
pomposo, sa adj. Con mucha magnificencia, esplendoroso : *fiesta pomposa.* || De una solemnidad excesiva que presupone cierta vanidad. || Que emplea términos enfáticos y exagerados : *lenguaje pomposo.* || Altisonante : *nombre pomposo.*
pómulo m. Hueso de cada una de las mejillas. || Saliente que forma en el rostro este hueso.
ponchada f. *Amer.* Lo que cabe en un poncho. | Gran abundancia de cosas.
ponche m. Bebida hecha con una mezcla de ron u otro licor con agua caliente, limón, azúcar y alguna especia.
ponchera f. Recipiente grande en que se prepara y sirve el ponche.
poncho m. *Amer.* Prenda de lana sin mangas que consiste en una pieza rectangular con abertura en el centro para pasar la cabeza.
ponderable adj. Que puede pesarse. || Alabable, elogiable.
ponderación f. Prudencia, moderación, reflexión : *hablar con ponderación.* || Exageración.
ponderado, da adj. Mesurado.
ponderador, ra adj. y s. Que pondera.
ponderar v. t. Considerar, examinar detenidamente una cosa. || Celebrar mucho, alabar.
ponderativo, va adj. Que pondera o encarece una cosa.
ponedero, ra adj. Que se puede poner. || — Adj. f. Aplícase a las aves que ponen huevos. || — M. Sitio donde las gallinas ponen los huevos.
ponencia f. Cargo de ponente. || Informe o proyecto presentado por el ponente. || Comisión ponente.
ponente adj. y s. m. Aplícase al magistrado, funcionario o miembro de un cuerpo colegiado o a la comisión designada por éste para que redacte un informe o presente una propuesta o proyecto para que sea discutido.
poner v. t. Colocar en un lugar determinado una persona o cosa. || Adoptar : *poner cara de mal genio.* || Preparar, disponer : *poner la mesa.* || Pensar, suponer : *pongamos que sucedió así.* || Vestir : *no tengo qué ponerle.* || Apostar : *pongo cien pesos a que no lo haces.* || Tardar : *puso dos horas en venir.* || Instalar : *poner un piso.* || Montar : *puse una tienda.* || Hacer que funcione : *poner la radio.* || Colocar en un empleo : *a Juan le han puesto de secretario.* || Representar : *poner una comedia suya* || Proyectar : *poner una película.* || Causar un efecto : *el sol pone moreno.* || Exponer : *poner en peligro.* || Calificar, tratar de : *poner de mentiroso.* || Asignar, establecer : *poner precio.* || Dar : *poner un nombre.* || Contribuir : *poner mucho dinero.* || Invertir : *poner su capital en el negocio.* || Hacer : *no pone nada de su parte.* || Escribir o enviar : *le pondré dos letras.* || Presentar : *poner por testigo.* || Enunciar : *poner condiciones.* || Soltar el huevo las aves. || — *Poner bien a uno,* encomiarle. || *Poner en claro* (o *en limpio*) *un asunto,* aclararlo. || *Poner en duda,* dudar. || *Poner mal a uno,* dejarlo en mal lugar o hablar mal de él. || — V. pr. Colocarse, situarse : *ponerse de pie.* || Volverse : *ponerse enfermo.* || Vestirse : *ponerse el abrigo.* || Mancharse : *ponerse de grasa hasta los pelos.* || Ocultarse los astros tras el horizonte : *ponerse el Sol.* || Llegar a un lugar determinado : *en diez minutos me pongo en tu casa.* || *Fam.* Decir : *va el niño y se pone : ¡socorro, auxilio, que me ahogo!* || — *Ponerse a,* empezar. || *Ponerse al corriente,* informarse. || *Fig. Ponerse colorado,* avergonzarse.
poney [*poni*] m. (pal. ingl.). Caballo pequeño y con el pelo largo.
poniente m. Occidente, oeste. || Viento procedente del Oeste.
pontazgo m. Peaje que se paga por pasar algunos puentes.
pontevedrés, esa adj. y s. De Pontevedra (España).
pontificado m. Dignidad y ejercicio de pontífice. || Tiempo que dura.
pontifical adj. Del papa.
pontificar v. i. Ser pontífice u obtener la dignidad pontificia. || *Fam.* Obrar, hablar con solemnidad : *le gusta pontificar delante de sus numerosos alumnos.*
pontífice m. Papa, jefe supremo de la Iglesia católica romana.
pontificio, cia adj. Relativo al pontífice ; *dignidad pontificia.*
pontón m. Barco chato para pasar los ríos o construir puentes. || Puente flotante.
pontonero m. El que construye pontones o el que los conduce.
ponzoña f. Veneno.
ponzoñoso, sa adj. Venenoso.
pool [*pul*] m. (pal. ingl.). Agrupación o sindicato de productores. || Organismo internacional encargado de la organización de un mercado común entre los países asociados : *el pool del carbón, del acero.* || Servicio : *el pool mecanográfico.*
pop adj. inv. y s. m. (abrev. ingl. de *popular*). Dícese de una música derivada del rock y del folk.
popa f. Parte posterior de una embarcación.
popayanejo, ja y **popayanense** adj. y s. De Popayán (Colombia).
pope m. Sacerdote de rito oriental entre rusos, serbios y búlgaros.
popelín m. o **popelina** f. Tejido de algodón, seda, etc.
popote m. *Méx.* Paja utilizada para tomar refrescos. || *Fig. Hecho un popote,* muy delgado.
populachería f. Fácil popularidad alcanzada entre el vulgo.
populachero, ra adj. Relativo al populacho : *demostraciones populacheras.* || Propio para halagar al populacho : *discurso populachero.*
populacho m. Lo ínfimo de la plebe o bajo pueblo.
popular adj. Relativo al pueblo : *escuela popular.* || Propio del pueblo : *la voz popular.* || Grato al pueblo : *autor muy popular.* || Muy extendido : *fiesta popular.*
popularidad f. Aceptación y aplauso que uno tiene en el pueblo. || Fama, renombre.
popularización f. Acción y efecto de popularizar.
popularizar v. t. Propagar entre el pueblo, hacer popular : *popularizar una canción.* || Hacer grato al pueblo : *popularizar una obra.* || — V. pr. Adquirir popularidad.
populista adj. Relativo al pueblo.
pópulo m. *Fam.* Pueblo.
populoso, sa adj. Muy poblado.

popurrí m. *Mús.* Sucesión de diversas melodías. ‖ Revoltillo, miscelánea, mesa revuelta.
poquedad f. Pequeñez.
póquer m. Póker.
por prep. Indica la causa de una cosa : *trabajar por necesidad.* ‖ A través : *ir por las calles.* ‖ Indica el medio, el instrumento : *avejentado por los sufrimientos.* ‖ Indica el destino : *lo hice por ayudarte.* ‖ En favor de : *interceder por uno.* ‖ Como : *dar por hecho.* ‖ Denota la manera de hacer una cosa : *por escrito.* ‖ Indica trueque o venta : *lo compré por diez mil pesos.* ‖ En lugar de : *tiene sus padres por maestros.* ‖ Indica multiplicación : *tres por dos son seis.* ‖ Lugar aproximado : *está por el centro.* ‖ Tiempo aproximado : *iré por Navidad.* ‖ Durante : *vendré por tres días.* ‖ Porque : *no viene por tener mucho trabajo.* ‖ Para : *se calló por no equivocarse.* ‖ Seguida de infinitivo, indica perspectiva futura o necesidad : *la solución está por encontrar.* ‖ Aunque : *por mucho que te esfuerces, no lo conseguirás.* ‖ — *Por qué,* por cual razón o motivo. ‖ *Por tanto,* por consiguiente.
porcelana f. Producto cerámico de masa vitrificada muy compacta, blanca y translúcida, por lo general revestida con un esmalte fino. ‖ Objeto hecho con esta loza.
porcentaje m. Tanto por ciento. ‖ Índice.
porcentual adj. Calculado en tantos por ciento.
porcino, na adj. Relativo al cerdo. ‖ — M. Cerdo pequeño.
porción f. Cantidad separada de otra mayor. ‖ Cantidad de un alimento o de otra cosa que corresponde en un reparto. ‖ Parte con la que contribuye alguien a algo. ‖ *Fam. Una porción de,* un gran número de.
porcuno, na adj. Relativo al cerdo. ‖ — M. pl. Ganado porcino.
porche m. Soportal : *está charlando y cosiendo sentada en el porche.*
pordiosear v. i. Mendigar.
pordioseo m. Mendicidad.
pordiosero, ra adj. y s. Mendigo.
porfía f. Empeño, insistencia : *porfía inútil.* ‖ Disputa insistente. ‖ *A porfía,* en competencia.
porfiado, da adj. y s. Obstinado, terco.
porfiar v. i. Disputarse con obstinación. ‖ Insistir para lograr algo. ‖ Empeñarse en hacer una cosa.
pórfido m. Roca compacta y dura con grandes cristales de feldespato y cuarzo.
pormenor m. Detalle, conjunto de circunstancias menudas. ‖ Cosa secundaria en un asunto.
pormenorizar v. t. Detallar.
porno adj. *Fam.* Pornográfico.
pornografía f. Obscenidad.
pornográfico, ca adj. Obsceno.
pornógrafo, fa m. y f. Escritor de obras pornográficas.
poro m. Espacio hueco en las moléculas de los cuerpos. ‖ Intersticio entre las partículas de los sólidos. ‖ Cada uno de los orificios que hay en la piel.
porongo m. *Amer.* Calabaza.
pororó m. *Riopl.* Rosetas de maíz tostado.
porosidad f. Calidad de poroso.
poroso, sa adj. Que tiene poros : *una piedra porosa.*
poroto m. *Amer.* Judía, fríjol.
porque conj. Por la razón de que : *porque es rico no quiere estudiar.* ‖ Para que : *trabajamos porque no nos falte nada.*
porqué m. *Fam.* Causa, motivo : *el porqué de las cosas.*
porquería f. *Fam.* Suciedad, basura : *quita esta porquería de en medio.* ‖ Acción sucia o indecente. ‖ *Fam.* Indecencia : *contar porquerías.* | Mala jugada : *me hizo una porquería.* | Cosa insignificante, de poco valor o mala : *este reloj es una porquería.*
porqueriza f. Pocilga.
porquerizo, za y **porquero, ra** m. y f. Persona que cuida cerdos.
porra f. Cachiporra. ‖ Martillo grande de herrero. ‖ Especie de churro grande. ‖ *Méx.* Claque. | Conjunto de partidarios de un equipo deportivo, de un torero, un político, etc. ‖ — *Guardia de la porra,* guardia o policía armado con ella. ‖ *Fam. Mandar a la porra,* mandar a paseo.
porrada f. *Fig.* y *fam.* Idiotez. | Abundancia, montón de cosas.
porrazo m. Golpe dado con una porra o con otra cosa. ‖ *Fig.* Golpe que se recibe al caer o tropezar.
porretada f. Porrada, cantidad.
porrillo m. Maza de cantero. ‖ *A porrillo,* en gran cantidad.
porro m. Cigarrillo de marihuana o hachís mezclado con tabaco : *al llegar a aquel antro infame vi a varios jóvenes adormilados fumando porros.*
porrón m. Vasija de vidrio con pitón largo para beber vino a chorro. ‖ *Fam. Un porrón,* mucho.
porta f. *Mar.* Tronera de batería. ‖ — Adj. f. *Anat. Vena porta,* la que lleva la sangre al hígado.
portaaviones m. inv. Buque de guerra que transporta aviones, que despegan y aterrizan en su cubierta.
portada f. *Arq.* Obra de ornamentación en la puerta de un edificio. ‖ *Fig.* Frontispicio de una cosa. ‖ Primera página de un libro impreso en la cual figura el título de la obra, el nombre del autor, etc.
portadilla f. Anteportada.
portador, ra adj. Dícese de la persona que lleva consigo una cosa o está en posesión de algo (ú. t. c. s.). ‖ Dícese de la persona encargada de entregar una carta, un mensaje. U. t. c. s. : *portador de malas noticias.* ‖ — M. Persona en favor de quien se ha suscrito o girado un efecto de comercio : *cheque al portador.* ‖ Persona o cosa que lleva con ella los agentes contagiosos de una infección : *portador de gérmenes.*
portaequipajes m. inv. Parte de un vehículo para poner equipajes.
portaestandarte m. El que lleva la bandera. ‖ *Fig.* Abanderado.
portafolio m. *Amer.* Cartera de documentos.
portaherramientas m. inv. Pieza que sirve para sujetar la herramienta en una máquina.
portal m. Zaguán o vestíbulo a la puerta de entrada de una casa. ‖ Belén, nacimiento.
portalámparas m. inv. Pieza hueca en la cual penetra el casquillo de las bombillas eléctricas.
portalón m. Puerta grande. ‖ *Mar.* Abertura a manera de puerta en el costado del buque.
portamaletas m. inv. Maletero de un coche.
portamantas m. inv. Conjunto de dos correas con asa para llevar a mano las mantas de viaje.

portamonedas m. inv. Bolsa o cartera en la que se guarda el dinero.
portante m. Paso de las caballerías que mueven a un tiempo la mano y el pie del mismo lado. ‖ *Fig.* y *fam. Tomar el portante,* irse.
portañica f. Portañuela.
portañola f. *Mar.* Cañonera.
portañuela f. Tira de tela que oculta la bragueta de los pantalones. ‖ *Col.* y *Méx.* Puerta de carruaje.
portaobjeto m. Placa de cristal en los microscopios en la que se coloca el objeto que se va a observar.
portaplumas m. inv. Palillero, mango para colocar la pluma.
portar v. t. Traer el perro la pieza de caza cobrada. ‖ — V. pr. Conducirse, obrar : *portarse bien.*
portarretrato m. Marco en que se colocan retratos.
portátil adj. Que se puede transportar : *máquina de escribir portátil.*
portaviones m. inv. Portaaviones.
portavoz m. Persona que habla en nombre de una colectividad, de un grupo, de una autoridad. ‖ Bocina, megáfono.
portazgo m. Derechos pagados por pasar por ciertos caminos.
portazo m. Golpe fuerte dado por la puerta al cerrarse.
porte m. Transporte, traslado : *porte de mercancías.* ‖ Cantidad pagada por el transporte de una cosa de un lugar a otro : *franco de porte.* ‖ Facha, aspecto : *porte distinguido.* ‖ Conducta, modo de proceder : *persona de buen porte.* ‖ Capacidad de transporte de un buque mercante. ‖ Dimensión, tamaño.
porteador adj. y s. m. Transportista, que se dedica a portear.
portear v. t. Transportar.
portento m. Prodigio.
portentoso, sa adj. Prodigioso.
porteño, ña adj. y s. Del Puerto de Santa María (España), de Puerto Cortés (Honduras) y de Valparaíso (Chile). ‖ Bonaerense, de Buenos Aires (Argentina). ‖ Barrioporteño, de Puerto Barrios (Guatemala).
portería f. Cuarto en el que está el portero o portera de una casa. ‖ En algunos deportes, como el fútbol, meta, espacio limitado por dos postes provistos de una red por donde hay que hacer pasar el balón.
portero, ra m. y f. Persona encargada del cuidado de una casa. ‖ — M. Jugador que defiende la portería. ‖ *Portero automático,* interfono que comunica una vivienda con la portería, dotado de un dispositivo que permite franquear la puerta al visitante que se identifique.
portezuela f. Puerta de un coche. ‖ Puerta pequeña.
pórtico m. Lugar cubierto y con columnas que se construye delante de la puerta de un edificio. ‖ Galería con arcadas o columnas a lo largo de una fachada, patio, etc.
portilla f. Cada una de las aberturas pequeñas que sirven de ventanas en los costados del buque.
pórtland m. Cierto cemento hidráulico obtenido por calcinación de una mezcla artificial de arcilla y caliza.
portobaquericense adj. y s. De Puerto Baquerizo (Ecuador).
portón m. Puerta grande.
portorriqueño, ña adj. y s. Puertorriqueño.
portovejense adj. y s. De la ciudad de Portoviejo (Ecuador).
portuario, ria adj. Referente a los puertos : *obras portuarias.*
portuense adj. y s. De cualquiera de las ciudades llamadas *Puerto : Puerto Cabello, Puerto Montt, Puerto Príncipe, Puerto de Santa María,* etc.
portuguense adj. y s. De Portuguesa (Venezuela).
portugués, esa adj. y s. De Portugal. ‖ — M. Lengua que se habla en este país.
portuguesismo m. Lusitanismo.
portulano m. Atlas marítimo.
porvenir m. Tiempo futuro.
pos (en) m. adv. Tras, detrás.
posada f. Hospedería, fonda. ‖ Hospedaje : *dar posada.* ‖ *Méx.* Fiesta popular que se celebra nueve días antes de Navidad.
posadeño, ña adj. y s. De Posadas (Argentina).
posaderas f. pl. *Fam.* Trasero.
posadero, ra m. y f. Persona que tiene casa de huéspedes.
posar v. t. Colocar, poner. ‖ Dirigir : *posó su vista en mi automóvil.* ‖ — V. i. Detenerse los pájaros para descansar (ú. t. c. pr.). ‖ Ponerse una persona delante del pintor o escultor para servirle de modelo. ‖ Colocarse una persona en postura para que sea fotografiada. ‖ Darse tono, presumir. ‖ — V. pr. Depositarse en el fondo las sustancias que están en suspensión en un líquido o en un objeto las partículas que están en el aire. ‖ Aterrizar aeronaves o astronaves.
posbélico, ca adj. Que sigue a la guerra.
poscomunión f. Oración de la misa después de la comunión.
posdata f. Lo que se añade a una carta ya firmada.
pose f. (pal. fr.). *Fot.* Exposición. ‖ Sesión de un modelo. ‖ *Fig.* Afectación, poca naturalidad.
poseedor, ra adj. y s. Que posee.
poseer v. t. Ser propietario : *posee muchos bienes.* ‖ Tener en su poder : *él posee la llave.* ‖ Tener : *posee un carácter endiablado.* ‖ Contar con, disponer de : *poseer excelentes comunicaciones.* ‖ Conocer a fondo : *poseo tres idiomas.* ‖ Gozar de los favores de una mujer : *nunca llegó a poseerla.* ‖ Detentar : *poseer un récord.* ‖ — V. pr. Ser dueño de sí mismo.
poseído, da adj. y s. Poseso. ‖ *Fig.* Furioso, dominado por la ira. | Engreído, creído de sí mismo.
posesión f. Acto de poseer una cosa, facultad de disponer de un bien. ‖ La cosa poseída. ‖ Colonia de un Estado. ‖ Disfrute de un bien no fundamentado en un título de plena propiedad. ‖ Estado de la persona sobre cuyo espíritu ejerce perniciosa influencia un espíritu malo. ‖ Ayuntamiento carnal con una mujer. ‖ *Amer.* Finca rústica.
posesionar v. t. Dar posesión. ‖ — V. pr. Tomar posesión.
posesivo, va adj. Que denota posesión. ‖ Posesorio. ‖ — *Adjetivo posesivo,* el que determina el sustantivo añadiendo una idea de posesión. ‖ *Pronombres posesivos,* los que van en lugar del nombre y denotan posesión o pertenencia (ú. t. c. s. m.).
poseso, sa adj. y s. Endemoniado.
posesor, ra adj. y s. Poseedor.
posesorio, ria adj. *For.* Relativo o perteneciente a la posesión.
posfecha f. Fecha posterior a la que debía ser realmente.

posgraduado, da adj. y s. Que ha adquirido ya un título universitario.
posguerra f. Tiempo posterior a la guerra.
posibilidad f. Calidad de posible. ‖ Aptitud, potencia u ocasión para ser o existir las cosas. ‖ Facultad para hacer o no una cosa. ‖ Probabilidad. ‖ — Pl. Aquello que se puede esperar de alguien o de algo.
posibilitar v. t. Hacer posible.
posible adj. Que puede ser o suceder. ‖ Que se puede ejecutar. ‖ — M. pl. Posibilidades, facultades : *persona de muchos posibles.*
posición f. Lugar preciso en que está colocada una cosa. ‖ Postura, manera de estar situada una persona : *posición tendida.* ‖ *Mil.* Zona de terreno ocupada por una unidad encargada de su defensa : *posición de combate.* ‖ *Fig.* Situación relativa a un objetivo, a circunstancias particulares : *posición difícil.* ‖ Condición económica o social de una persona. ‖ Opinión, partido que se adopta en una situación determinada o ante un problema preciso.
positivado m. Acción de sacar copias positivas de un negativo fotográfico.
positivismo m. Calidad de positivista. ‖ Gran aprecio que se tiene por el valor y utilidad prácticos de las cosas.
positivista adj. y s. Realista.
positivo, va adj. Que se basa en hechos ciertos, reales : *hecho positivo.* ‖ Que se funda en la experiencia : *ciencias positivas.* ‖ Fundado en la afirmación de un hecho : *prueba positiva.* ‖ Que está escrito, prescrito : *derecho positivo.* ‖ Que existe de hecho (por oposición a *negativo*) : *la existencia positiva de obligaciones.* ‖ Aplícase a la prueba fotográfica sacada de un negativo (ú. t. c. s. m.). ‖ Dícese de la electricidad que se obtiene frotando el vidrio con un paño y que lleva el signo +. ‖ — M. Lo que es real, incontestable. ‖ Lo que no es imaginario. ‖ *Gram.* Grado de comparación expresado por el adjetivo solo o por el adverbio.
pósito m. Almacén municipal destinado a guardar cereales.
positón y **positrón** m. Electrón positivo.
posma f. Pesadez, lentitud. ‖ — Adj. y s. Pesado, engorroso.
poso m. Sedimento de un líquido. ‖ *Fig.* Huella, resto.
posología f. Estudio de la dosis en que deben administrarse los medicamentos.
posponer v. t. Colocar una persona o cosa después de otra. ‖ *Fig.* Estimar a una persona o cosa menos que a otra. ‖ Diferir, aplazar.
posposición f. Colocación después. ‖ Acción de posponer.
posromanticismo m. Movimiento literario de transición entre el romanticismo y el realismo.
posromántico, ca adj. Posterior al romanticismo ‖ Seguidor del posromanticismo (ú. t. c. s.).
post prep. Pos. ‖ — *Post scriptum,* posdata, postscriptum. ‖ *Post meridiem,* posterior al mediodía (abrev. *p. m.*).
posta f. Conjunto de caballerías que se apostaban en los caminos a cierta distancia, para mudar los tiros, especialmente de los correos. ‖ Lugar donde se apostaban estas caballerías. ‖ Bala pequeña de plomo. ‖ *A posta,* adrede.
postal adj. Relativo al correo : *servicio, tren, avión postal.* ‖ — F. Tarjeta postal : *le envié una postal de Venezuela.*
postbalance m. Estado después de haber hecho el balance.
postdata f. Posdata.
postdiluviano, na adj. Sucedido después del diluvio universal.
poste m. Madero, pilar de hierro o de hormigón colocado verticalmente para servir de apoyo o señal : *poste telegráfico, indicador.*
poste restante f. (pal. fr.). *Amer.* Lista de correos.
postema f. Absceso que supura.
poster m. (pal. ingl.). Cartel.
postergación f. Retraso. ‖ Relegación. ‖ Olvido.
postergar v. t. Hacer sufrir atraso, dejar atrasada una cosa : *postergar un asunto.* ‖ Perjudicar a un empleado dando a otro más reciente el ascenso. ‖ Dejar de lado.
posteridad f. Descendencia de aquellos que tienen un mismo origen. ‖ Conjunto de las generaciones futuras. ‖ Fama póstuma.
posterior adj. Que viene después en orden al tiempo : *acto posterior.* ‖ Que está detrás : *la parte posterior.* ‖ — M. *Fam.* Trasero.
posterioridad f. Estado de una cosa posterior a otra.
postgraduado, da adj. y s. Posgraduado.
postguerra f. Posguerra.
postigo m. Tablero de madera o de metal con que se cierran las ventanas o puertas vidrieras.
postilla f. Costra en las llagas o granos cuando se van secando.
postillón m. Mozo que iba a caballo guiando los que corrían la posta, o montando en uno de los delanteros de una diligencia.
postín m. Presunción : *se da mucho postín.* ‖ Elegancia.
postinero, ra adj. Presumido, que se da postín. ‖ Elegante.
postizo, za adj. Que no es natural, sino agregado : *diente postizo.* ‖ *Fig.* Falso : *cortesía postiza.* ‖ — M. Pelos artificiales en forma de moño o de mechones que se pueden añadir a la cabellera natural.
postmodernismo m. Movimiento literario surgido como una reacción conservadora dentro del modernismo.
postoperatorio, ria adj. Que se verifica después de una operación.
postor m. Licitador. ‖ *Mejor postor,* el que hace la mejor oferta.
postpalatal adj. Aplícase a la consonante para cuya pronunciación choca la base de la lengua contra el velo del paladar y a las letras que la poseen (ú. t. c. s. f.).
postración f. Abatimiento por enfermedad o aflicción.
postrar v. t. Debilitar, abatir, quitar el vigor a uno : *postrado por la calentura, la desgracia* (ú. m. c. pr.). ‖ — V. pr. Hincarse de rodillas. ‖ Humillarse.
postre m. Fruta o dulce que se toma al fin de la comida. ‖ *A la postre,* en definitiva.
postrer adj. Apócope de *postrero : el postrer aliento.*
postrero, ra adj. y s. Último.
postrimería f. Último período o últimos años de la vida. ‖ *Teol.* La muerte o cada una de las tres últimas cosas que esperan al alma del hombre después de muerto *(juicio, infierno* y *gloria).* ‖ — Pl. Final, término.
postrimero, ra adj. Postrero.
postromanticismo m. Posromanticismo.
postromántico, ca adj. Posromántico.
postscriptum m. Posdata.

postsincronización f. Grabación del sonido de una película después de la toma de vistas.
postsincronizar v. t. Grabar el sonido de una película cinematográfica después de la toma de vistas.
postulación f. Acción y efecto de postular. || Colecta.
postulado m. Proposición que hay que admitir sin pruebas para establecer una demostración. || Principio muy claro y evidente.
postulante, ta adj. y s. Que postula, pretendiente.
postular v. t. Pretender, pedir. || Encomiar, aconsejar : *postular medidas.* || — V. i. Pedir públicamente para una obra, hacer una colecta.
póstumo, ma adj. Nacido o publicado después de la muerte del padre o del autor.
postura f. Posición, actitud, disposición de una persona, animal o cosa : *una postura incómoda.* || Opinión, comportamiento : *su postura no es muy clara.* || Precio ofrecido por el comprador en una subasta. || Puesta, cantidad que se juega en una apuesta. || Función de poner huevos las gallinas. || *Fig.* Condición, situación : *estar en mala postura.* | Actitud, posición : *postura elegante.*
postventa y **posventa** adj. Dícese del servicio comercial que asegura el cuidado de las máquinas vendidas.
potable adj. Que puede beberse. || *Fam.* Admisible, aceptable.
potaje m. Guiso hecho con legumbres secas y verduras. || *Fig.* Mezcolanza, batiburrillo.
potasa f. *Quím.* Hidróxido de potasio, denominado también *potasa cáustica,* cuerpo blanco, muy soluble en el agua. | Nombre dado al cloruro de potasio, utilizado como abono, y al carbonato de potasio.
potásico, ca adj. *Quím.* Relativo al potasio : *sales potásicas.*
potasio m. Metal alcalino (K), de número atómico 19, extraído de la potasa, fusible y que arde en contacto con el agua.
pote m. Cocido de alubias, verdura y tocino que se hace en Galicia y Asturias. || *Fig.* y *fam.* Postín, presunción : *darse pote.*
potencia f. Fuerza capaz de producir un efecto : *la potencia del viento.* || Poder, fuerza de un Estado : *potencia militar.* || Estado soberano : *las grandes potencias.* || Virtud generativa, virilidad. || *Fil.* Posibilidad, virtualidad : *pasar de la potencia al acto.* || *Fís.* Cociente del trabajo hecho por una máquina dividido por el tiempo que ha tardado en efectuarlo. || *Mat.* Cada uno de los productos que resultan de multiplicar una cantidad por sí misma tantas veces como su exponente indica : *elevar un número a la potencia cuatro.* || *Mec.* Lo que produce movimiento. || *Potencias del alma,* la memoria, la inteligencia y la voluntad.
potenciación f. *Mat.* Cálculo de la potencia de un número. || Fomento.
potencial adj. Que tiene en sí potencia : *energía potencial.* || Posible, que puede suceder o existir : *enemigo potencial.* || *Gram.* Que enuncia la acción como posible : *modo potencial* (ú. t. c. s. m.). || — M. *Electr.* Grado de electrización de un conductor. || *Fig.* Poder, fuerza disponible : *potencial militar.* || — *Potencial eléctrico,* voltaje. || *Potencial industrial,* capacidad de producción de una industria o país.
potencialidad f. Potencia.
potenciar v. t. Dar potencia. || Hacer posible. || Dar más posibilidades, facilitar, fomentar.
potentado, da m. y f. Persona poderosa, de gran influencia o muy rica.
potente adj. Que tiene poder o potencia. || Capaz de engendrar. || *Fam.* Grande : *voz potente.*
potestad f. Facultad de mandar, poder, autoridad. || *Patria potestad,* autoridad que los padres tienen sobre los hijos no emancipados.
potestativo, va adj. Facultativo.
potingue m. Preparado de botica o bebida de sabor desagradable.
potosí m. *Fig.* Riqueza extraordinaria : *valer un potosí.*
potosino, na adj. De Potosí (Bolivia) o de San Luis Potosí (México).
potpurrí m. Popurrí.
potra f. Yegua joven. || *Fam.* Hernia. || *Fig.* y *fam.* Suerte.
potrada f. Reunión de potros de una yeguada o de un dueño.
potranca f. Yegua que no pasa de tres años de edad.
potranco, ca m. y f. Potro.
potrero m. El que cuida potros. || *Amer.* Dehesa cerrada para la cría de ganado.
potro m. Caballo joven de menos de cuatro años y medio de edad. || Aparato de gimnasia para ejecutar diferentes saltos. || Aparato de madera con el que se daba tormento. || Máquina de madera donde se sujetan los animales para herrarlos o curarlos.
potroso, sa adj. y s. Herniado. || *Fam.* Afortunado, con suerte.
poyete y **poyo** m. Banco de piedra contra la pared.
poza f. Charca.
pozo m. Hoyo profundo, generalmente circular y recubierto de mampostería, abierto en la tierra para llegar a la capa acuífera procedente de manantiales subterráneos. || Hoyo profundo por donde se baja a una mina. || *Fig.* Manantial abundante : *pozo de sabiduría.* || — *Pozo artesiano,* aquel en el que el agua sube naturalmente hasta la superficie. || *Pozo de petróleo,* el excavado para extraer este mineral. || *Pozo negro,* hoyo en que se recogen las inmundicias en los lugares donde no existe alcantarillado. || *Fig. Pozo sin fondo,* persona o cosa en las que se está siempre gastando dinero.
pozole m. *Méx.* Bebida compuesta de harina de maíz batida en agua. | Guisado de cabeza de puerco.
pozongo m. *Amer.* Maraca.
Pr, símbolo del *praseodimio.*
práctica f. Aplicación, ejecución de las reglas, de los principios de una ciencia, de una técnica, de un arte, etc. : *poner en práctica un método.* || Cumplimiento de un deber moral, social : *la práctica de la caridad.* || Observación de los deberes del culto : *práctica religiosa.* || Experiencia creada por la repetición de actos : *tiene mucha práctica en hacer diccionarios.* || Realización de un ejercicio : *la práctica de un deporte.* || Costumbre, uso. || — Pl. Clases en que los alumnos hacen aplicación de los conocimientos adquiridos teóricamente.
practicable adj. Que puede ser realizado. || Transitable : *un camino practicable.*
practicante adj. y s. Que lleva a cabo las obligaciones impuestas por su religión. || Dícese de la persona que hace las curas,

pone inyecciones y realiza otras intervenciones de cirugía menor.

practicar v. t. Aplicar, ejecutar, poner en práctica. ‖ Ejercer : *practicar la medicina.* ‖ Observar los deberes del culto : *practicar la religión* (ú. t. c. i.). ‖ Ejercitarse : *practicar un idioma.* ‖ Realizar por costumbre : *practicar los deportes.* ‖ Hacer, ejecutar : *practicó una operación.*

práctico, ca adj. Relativo a la acción, a la aplicación (por oposición a *teórico*) : *medicina práctica.* ‖ Que es adecuado para conseguir un fin. ‖ De aplicación o de uso cómodo o fácil : *un horario muy práctico.* ‖ Dícese de la persona que tiene un gran sentido de la realidad. ‖ Diestro, experto en una actividad. ‖ — M. Marino que conoce muy bien los peligros de la navegación en cierto sitio y dirige el rumbo de un barco para entrar en un puerto, costear, etc.

pradera f. Prado extenso.

prado m. Terreno que sirve para pasto de los ganados.

pragmático, ca adj. Que está fundado o que funda las teorías en el estudio de los textos : *historia pragmática.* ‖ Referente a la acción (por oposición a *especulativo, teórico*). ‖ Que utiliza el valor práctico como criterio de veracidad : *una política pragmática.* ‖ — F. Edicto de un soberano que regula definitivamente una materia fundamental del país, como las cuestiones relativas a sucesión, relaciones de la Iglesia y el Estado, etc.

pragmatismo m. Empirismo agnóstico que defiende el valor práctico como criterio de la verdad.

pragmatista adj. y s. Relativo al pragmatismo o partidario de él.

praseodimio m. Metal del grupo de las tierras raras (Pr), de número atómico 59.

preámbulo m. Prefacio, introducción, prólogo. ‖ Rodeo, digresión : *dímelo sin preámbulos.*

prebenda f. Renta aneja a ciertas dignidades eclesiásticas. ‖ *Fig.* y *fam.* Empleo muy ventajoso.

precámbrico, ca adj. y s. m. Dícese del período geológico más antiguo.

precario, ria adj. De poca estabilidad o duración.

precaución f. Prudencia, cautela, prevención : *tomar precauciones.*

precaucionarse v. pr. Precaverse, prevenirse.

precaver v. t. Prevenir un riesgo o evitar un daño o un peligro. ‖ — V. pr. Protegerse.

precavido, da adj. Que evita o sabe precaver los peligros.

precedencia f. Anterioridad en el tiempo o en el espacio. ‖ Primacía, superioridad.

precedente adj. Que precede : *el día precedente.* ‖ — M. Antecedente : *sentar un precedente.*

preceder v. t. Ir delante en tiempo, orden, lugar o importancia.

preceptivo, va adj. Obligatorio. ‖ Que incluye los preceptos : *la parte preceptiva de la Biblia.* ‖ — F. Conjunto de preceptos aplicables a determinada materia.

precepto m. Disposición, orden, mandato. ‖ Regla, método. ‖ *De precepto* dícese del día en que hay que oír misa.

preceptor, ra m. y f. Encargado de la educación de los niños.

preceptuar v. t. Ordenar.

preces f. pl. Oraciones. ‖ Súplicas, ruegos.

preciado, da adj. Apreciado.

preciar v. t. Apreciar, estimar. ‖ — V. pr. Presumir, dárselas, estar orgulloso : *preciarse de orador.* ‖ Considerarse, estimarse.

precintado m. Colocación de un precinto.

precintar v. t. Poner un sello de plomo, banda pegada o cualquier otra cosa que se rompe cuando se intenta abrir lo que debía mantenerse cerrado : *puerta precintada por la autoridad judicial.*

precinto m. Plomo sellado, banda pegada o cualquier otra cosa parecida con que se cierran los cajones, baúles, paquetes, puertas, etc., para que no se abran.

precio m. Valor venal de una cosa respecto a su venta o a su compra, valoración en dinero o en algo similar a éste. ‖ *Fig.* Lo que cuesta obtener una ventaja cualquiera : *¡qué precio pagó por su libertad!* | Valor, importancia : *hombre de gran precio.* ‖ — *Fig. Al precio de,* a costa de. ‖ *Precio alzado,* el establecido por el total de un trabajo sin entrar en el coste de los diferentes conceptos. ‖ *Precio de fábrica* o *de coste,* aquel en el que no hay ningún margen de beneficio.

preciosidad f. Condición de precioso. ‖ Cosa preciosa.

preciosismo m. Afectación extremada en el estilo.

preciosista adj. y s. Afectado.

precioso, sa adj. De mucho valor, valioso : *piedra preciosa.* ‖ Muy bonito : *jardín precioso.*

preciosura f. *Fam.* Preciosidad.

precipicio m. Lugar hondo y escarpado : *caer al precipicio.* ‖ *Fig.* Peligro muy grande, abismo.

precipitación f. Gran prisa, apresuramiento. ‖ Acción química en la cual el cuerpo que se encuentra en una solución se deposita en el fondo. ‖ Cantidad total del agua que cae de la atmósfera.

precipitado, da adj. Que obra con mucha prisa o que sucede rápidamente. ‖ — M. Sedimento que se deposita en el fondo del recipiente a causa de una reacción química.

precipitar v. t. Hacer caer una cosa desde un lugar elevado. ‖ Hacer caer, tirar : *lo precipitó por tierra.* ‖ *Fig.* Apresurar, acelerar : *precipitar los acontecimientos.* | Llevar : *precipitó el país a la ruina.* ‖ *Quím.* Aislar del líquido en que estaba disuelta una sustancia y hacer que ésta se sedimente en el fondo del recipiente. ‖ — V. pr. Caer impetuosamente desde un lugar elevado. ‖ Evolucionar con rapidez, tender a su fin. ‖ Lanzarse, arrojarse : *precipitarse contra el enemigo.* ‖ Decir o hacer algo con apresuramiento, con irreflexión.

precisar v. t. Determinar, fijar, expresar de modo preciso : *precisar una fecha.* ‖ Obligar, forzar : *verse precisado a irse.* ‖ Necesitar : *preciso un diccionario.* ‖ Aclarar : *precisa tu idea.* ‖ — V. impers. Ser necesario.

precisión f. Carácter de lo que es claro, preciso. ‖ Exactitud : *tener precisión en el trabajo.* ‖ Limitación estricta de un tema; exactitud grande en la expresión. ‖ Necesidad absoluta de algo.

preciso, sa adj. Necesario, indispensable : *es preciso que vengas.* ‖ Fijo, determinado : *fecha precisa.* ‖ Puntual, exacto : *definición precisa.* ‖ Claro, conciso, que dice lo esencial. ‖ Justo : *lugar preciso.* ‖ Mismo : *en aquel preciso momento.*

precitado, da adj. Antedicho.

preclaro, ra adj. Insigne.

precocidad f. Condición de precoz.

precolombino, na adj. Anterior a Cristóbal Colón : *estudió a fondo toda la cultura precolombina del México actual.*
preconcebido, da adj. Pensado o meditado de antemano.
preconcebir v. t. Establecer previamente y con sus pormenores algún pensamiento o proyecto.
preconizador, ra adj. y s. Que preconiza.
preconizar v. t. Recomendar, aconsejar : *preconizar una reforma.*
precortesiano, na adj. Anterior a Hernán Cortés en México.
precoz adj. Dícese del fruto que madura temprano, inmaduro. ‖ *Fig.* Que muestra más talento o habilidad de lo que corresponde a sus años : *niño precoz.* | Que sucede antes de lo acostumbrado.
precursor, ra adj. y s. Que precede o va delante. ‖ *Fig.* Que enseña doctrinas adelantándose a su época.
predatorio, ria adj. Que roba.
predecesor, ra m. y f. Antecesor.
predecir v. t. Anunciar algo que ha de suceder.
presdestinación f. Destinación anterior de algo. ‖ *Teol.* Por antonomasia, ordenación de la voluntad divina con que desde la eternidad tiene elegidos a los que han de lograr la gloria. ‖ Determinación que tendrán los hechos futuros : *predestinación al vicio.*
predestinado, da adj. y s. *Teol.* Destinado por Dios desde la eternidad para lograr la gloria. ‖ Que tiene que acabar en algo ya sabido.
predestinar v. t. Destinar anticipadamente para un fin. ‖ Destinar y elegir Dios a los que han de alcanzar la salvación.
predeterminación f. Acción y efecto de predeterminar.
predeterminar v. t. Determinar con anticipación una cosa.
prédica f. Sermón.
predicación f. Acción de predicar, sermón.
predicado m. Lo que se afirma del sujeto en una proposición filosófica. ‖ *Gram.* Aquello que se dice del sujeto en una oración.
predicador, ra adj. y s. Que predica. ‖ — M. Santateresa, insecto.
predicamento m. Autoridad.
predicar v. t. e i. Pronunciar un sermón. ‖ *Fig.* Reprender agriamente o amonestar.
predicativo, va adj. *Gram.* Relativo al predicado.
predicción f. Presagio.
predilección f. Preferencia.
predilecto, ta adj. Preferido.
predio m. Finca. ‖ Edificio.
predisponer v. t. Disponer anticipadamente algunas cosas o preparar el ánimo para un fin. ‖ Inclinar a favor o en contra de algo o alguien (ú. t. c. i.).
predisposición f. Inclinación, propensión, aptitud. ‖ Tendencia a adquirir ciertas enfermedades.
predominante adj. Que predomina, que sobresale.
predominar v. t. e i. Prevalecer, dominar, sobresalir : *persona en la que predominan la cortesía, las buenas maneras.*
predominio m. Imperio, superioridad, influjo : *predominio de la ciencia.* ‖ Dominio, preponderancia.
preeminencia f. Privilegio, prerrogativa : *preeminencias sociales.* ‖ Superioridad, supremacía.
preeminente adj. Superior.
preescolar adj. Anterior a la enseñanza primaria.
preestablecido, da adj. Establecido de antemano.
preexistencia f. Existencia anterior.
preexistente adj. Que existe anteriormente.
preexistir v. i. Existir antes.
prefabricación f. Sistema de construcción que permite ejecutar ciertas obras valiéndose de elementos hechos de antemano que se unen entre sí siguiendo un plan establecido.
prefabricado, da adj. Dícese de un elemento de construcción que no se fabrica en la obra y que se monta después en ella. ‖ Dícese de una construcción realizada exclusivamente con elementos hechos antes.
prefacio m. Texto que se pone al principio de un libro para presentarlo a los lectores. ‖ Parte de la misa que precede inmediatamente al canon. ‖ *Fig.* Lo que precede o prepara.
prefecto m. Entre los romanos, título de varios jefes militares o civiles. ‖ Nombre de dignidades militares o políticas en diversos países. ‖ Inspector, vigilante.
prefectoral adj. Del prefecto o de la prefectura.
prefectura f. Dignidad, cargo, territorio y oficina del prefecto.
preferencia f. Inclinación hacia alguien o algo que incita a escogerlo entre todo lo demás. ‖ Circunstancia de poseer más derechos. ‖ — Pl. Derechos arancelarios favorables concedidos a uno o varios países por otro o por un grupo de ellos : *sistema de preferencias generalizadas.*
preferente adj. Que establece una preferencia.
preferible adj. Más ventajoso.
preferido, da adj. y s. Que goza de preferencia.
preferir v. t. Gustar más, estimar más. ‖ Dar primacía.
prefigurar v. t. Representar con anticipación. ‖ — V. pr. Figurarse.
prefijar v. t. Fijar antes.
prefijo m. Partícula antepuesta a ciertas palabras para modificar su sentido añadiendo una idea secundaria.
pregón m. Anuncio que se hace de una mercancía en la calle y a gritos. ‖ Anuncio que se hace todavía en ciertos pueblos, por medio de los pregoneros, de una orden o comunicación del ayuntamiento. ‖ Discurso literario pronunciado por alguien para inaugurar ciertas fiestas : *pronunció el pregón de Semana Santa.*
pregonar v. t. Anunciar algo por medio de un pregón. ‖ *Fig.* Decir algo para que lo sepa todo el mundo. | Poner de manifiesto. ‖ *Fam.* *Pregonar a alguien,* insultarlo.
pregonero, ra adj. y s. Divulgador indiscreto de noticias. ‖ — M. Empleado del ayuntamiento que anuncia los pregones. ‖ *Fig.* y *fam.* *Dar un cuarto al pregonero,* difundir por todas partes.
preguerra f. Período anterior a una guerra.
pregunta f. Proposición que uno formula para que otro la responda. ‖ Interrogatorio. ‖ *Fig.* y *fam.* *Andar, estar a la cuarta pregunta,* estar escaso de dinero.
preguntar v. t. Hacer uno preguntas. ‖ Exponer en forma de interrogación una duda. ‖ Examinar, interrogar : *preguntar a un candidato.* ‖ — V. pr. Dudar de algo.
prehispánico, ca adj. Anterior a la con-

quista, en los países que estuvieron bajo dominio español.
prehistoria f. Parte de la historia de la humanidad que estudia el período anterior a la existencia de documentos escritos.
prehistoriador, ra m. y f. Persona especializada en prehistoria.
prehistórico, ca adj. Anterior a los tiempos históricos.
preincaico, ca adj. Anterior a la dominación incaica.
prejuicio m. Actitud discriminatoria hacia personas de otra clase social o de otra raza : *prejuicio racial.* ‖ Opinión preconcebida.
prejuzgar v. t. Juzgar las cosas antes del tiempo oportuno o sin tener cabal conocimiento de ellas (ú. t. c. i.).
prelación f. Anterioridad, preferencia : *orden de prelación.*
prelado m. Superior eclesiástico.
prelatura f. Dignidad y oficio de prelado.
preliminar adj. Que sirve de antecedente, preámbulo o proemio para tratar una materia. ‖ — M. pl. En Derecho internacional, artículos generales que sirven de fundamento para un tratado de paz.
preludiar v. t. Preparar, iniciar.
preludio m. Lo que precede o sirve de entrada o preparación a alguna cosa. ‖ *Mús.* Composición musical que sirve de introducción a una composición vocal o instrumental. | Pieza independiente, de forma libre : *un preludio de Chopin.*
prematuro, ra adj. *Fig.* Hecho antes de tiempo : *decisión prematura.* | Que concurre antes de tiempo : *lluvia prematura.* ‖ Dícese del niño que nace, viable, antes del término del embarazo (ú. t. c. s.).
premeditación f. Acción de premeditar. ‖ Una de las circunstancias agravantes de la responsabilidad criminal de los delincuentes.
premeditado, da adj. Realizado con premeditación.
premeditar v. t. Pensar, planear una cosa antes de ejecutarla.
premiado, da adj. y s. Que ha ganado un premio.
premiar v. t. Galardonar, recompensar : *premiaron su película en el festival de cine del año pasado.*
premier m. (pal. ingl.). Primer ministro británico.
premio m. Recompensa o galardón por algún mérito. ‖ Lote sorteado en la lotería : *ganar el primer premio.* ‖ *Com.* Bonificación. ‖ *Fam. Premio gordo,* premio mayor de la lotería nacional.
premiosidad f. Falta de soltura al hablar o escribir. ‖ Calma, lentitud.
premioso, sa adj. Molesto, incómodo, gravoso. ‖ Urgente : *orden premiosa.* ‖ Calmoso, lento. ‖ Que habla o escribe sin soltura.
premisa f. Cada una de las dos primeras proposiciones del silogismo, de donde se saca la conclusión. ‖ *Fig.* Fundamento, base.
premolar adj. Dícese de las muelas situadas antes de los molares (ú. t. c. s. m.).
premonición f. Señal premonitoria, presentimiento.
premonitorio, ria adj. Dícese del síntoma precursor.
premunir v. t. *Amer.* Proveer de algo como prevención para un fin (ú. t. c. pr.).
premura f. Apremio, urgencia : *pedir algo con premura.* ‖ Escasez.
prenatal adj. Antes de nacer.
prenda f. Lo que se da en garantía de una obligación. ‖ Cualquiera de las alhajas, muebles o enseres de uso doméstico. ‖ Cualquiera de las partes que componen el vestido y calzado : *prenda de abrigo.* ‖ *Fig.* Cosa que sirve de prueba de una cosa. | Lo que se ama intensamente, como mujer, hijos, etc. | Cualidad, virtud, perfección moral de una persona : *mujer de muchas prendas.* ‖ *En prenda,* en fianza.
prendar v. tr. Enamorar : *prendado de sus cualidades* (ú. t. c. pr.).
prendedor m. Broche.
prender v. t. Asir, agarrar, sujetar una cosa. ‖ Apresar a una persona metiéndola en la cárcel. ‖ Enganchar : *prender un clavel en el pelo.* ‖ *Prender fuego,* incendiar ; (Amer.) encender. ‖ — V. i. Arraigar una planta. ‖ Empezar a arder la lumbre. ‖ Comunicarse el fuego. ‖ Surtir efecto la vacuna. ‖ *Fig.* Propagarse : *doctrina que prendió en la juventud.* ‖ — V. pr. Encenderse.
prendería f. Tienda en que se adquieren y venden cosas usadas.
prendero, ra m. y f. Dueño de una prendería.
prendimiento m. Captura.
prensa f. Máquina que sirve para comprimir y cuya forma varía según los usos a que se aplica. ‖ *Fig.* Imprenta. | Conjunto de las publicaciones periódicas, especialmente diarias.
prensado m. Acción y efecto de prensar.
prensar v. t. Apretar en la prensa. ‖ Estrujar la uva, etc.
prensil adj. Que sirve para asir.
prensor, ra adj. Aplícase a ciertas aves con pico robusto, el superior encorvado desde la base, como el guacamayo, el loro. ‖ — F. pl. Orden de estas aves.
prenupcial adj. Anterior al matrimonio.
preñado, da adj. Dícese de la mujer o hembra fecundada (ú. t. c. s. f.). ‖ *Fig.* Lleno, cargado.
preñar v. t. *Fam.* Fecundar a una hembra. | Embarazar a una mujer. ‖ *Fig.* Llenar, henchir.
preñez f. Estado de la mujer o hembra preñada.
preocupación f. Inquietud.
preocupado, da adj. Inquieto.
preocupar v. t. *Fig.* Ocupar el ánimo de uno algún temor, sospecha, etc. : *la salud de su hijo le preocupa.* | Dar importancia : *no le preocupa lo que digan los demás.* ‖ — V. pr. Estar prevenido en favor o en contra de una persona o cosa. ‖ Inquietarse : *no preocuparse por nada.* ‖ Tener cuidado, prestar atención : *no me preocupo más del asunto.* ‖ Encargarse : *preocúpese de que cumplan las órdenes.*
preparación f. Acción de preparar o prepararse. ‖ Cosa preparada. ‖ Conjunto de conocimientos : *tiene preparación científica.* ‖ Aquello que se examina en el microscopio. ‖ Preparado farmacéutico.
preparado m. Medicamento.
preparador, ra adj. y s. Persona que prepara. ‖ — M. y f. Entrenador deportivo.
preparar v. t. Disponer algo para un fin. ‖ Prevenir a uno para una acción : *preparar los ánimos.* ‖ Poner en estado : *preparar un piso.* ‖ Estudiar una materia : *preparar el bachillerato.* ‖ Dar clase : *me preparó para la oposición.* ‖ Tramar, organizar : *preparar un complot.* ‖ *Quím.* Hacer las operaciones necesarias para obtener un producto. ‖ — V. pr. Disponerse para ejecutar una cosa : *prepararse para un examen, para un viaje.* ‖ Existir síntomas : *se prepara una tormenta.*

preparativo, va adj. Preparatorio. || — M. Cosa dispuesta y preparada : *preparativos de guerra.*
preparatorio, ria adj. Que prepara. || — M. Curso escolar que existe antes de ingresar en ciertas carreras.
preponderancia f. Importancia mayor de una cosa respecto de otra.
preponderante adj. Que tiene más importancia, más autoridad.
preponderar v. i. Predominar.
preposición f. *Gram.* Parte invariable de la oración que indica la relación entre dos palabras : *las preposiciones españolas son a, ante, bajo, con, contra, de, desde, en, entre, hacia, hasta, para, por, según, sin, so, sobre, tras.*
prepositivo, va adj. Relativo a la preposición.
prepotencia f. Mayor poder.
prepotente adj. Muy poderoso.
prepucio m. *Anat.* Piel móvil que cubre el bálano.
prerrogativa f. Privilegio anexo a una dignidad o cargo : *las prerrogativas de la magistratura.*
prerromanticismo m. Movimiento literario de transición entre el neoclasicismo y el romanticismo.
prerromántico, ca adj. Dícese del autor o estilo anteriores al romanticismo (ú. t. c. s.).
presa f. Acción de prender o tomar una cosa. || Cosa apresada, botín : *presa de guerra; presa de caza.* || Muro o dique construido a través de un río con objeto de regular su caudal o embalsar agua para aprovecharla para el riego o la producción de fuerza hidráulica. || Conducto por donde se lleva el agua a los molinos. || Llave en la lucha para inmovilizar al contrario. || — *De presa,* rapaz (ave). || *Fig. Ser presa de la calumnia,* ser víctima de ella.
presagiar v. t. Predecir, prever.
presagio m. Anuncio de un suceso favorable o contrario. || Conjetura.
presagioso, sa adj. Que presagia o contiene presagio.
presbicia f. Debilitación del poder de acomodación del cristalino que conduce a una visión confusa de cerca.
présbita y **présbite** adj. y s. Que adolece de presbicia.
presbiterado m. Sacerdocio.
presbiterianismo m. Doctrina de los presbiterianos.
presbiteriano, na adj. Dícese del protestante ortodoxo en Inglaterra, Escocia y Estados Unidos.
presbiterio m. Área del altar mayor hasta el pie de las gradas.
presbítero m. Sacerdote.
prescindir v. i. Hacer caso omiso de una persona o cosa; pasarla en silencio, omitirla. || Renunciar a ella, evitarla. || *Prescindiendo de,* sin tener en cuenta.
prescribir v. t. Preceptuar, ordenar, mandar una cosa. || Recetar el médico. || *For.* Adquirir la propiedad de una cosa por prescripción. || Caducar un derecho por haber transcurrido el tiempo señalado por la ley.
prescripción f. Acción y efecto de prescribir. || *For.* Modo de adquirir la propiedad de una cosa por haberla poseído durante el tiempo fijado por las leyes. || *Prescripción facultativa,* receta del médico.
prescrito, ta adj. Señalado.
presea f. Alhaja, joya.
preselección f. Selección previa.
presencia f. Acción de estar presente. || Asistencia personal : *hacer acto de presencia.* || Aspecto exterior : *persona de buena presencia.* || — *En presencia de,* delante de. || *Presencia de ánimo,* serenidad.
presencial adj. Relativo a la presencia : *testigos presenciales.*
presenciar v. t. Estar presente.
presentable adj. Que puede presentarse o ser presentado.
presentación f. Acción de presentar, exhibición. || Aspecto : *una presentación impecable.* || Acción de trabar conocimiento, por medio de alguien, con otra persona. || Conmemoración del día en que la Virgen fue presentada a Dios en el templo (21 de noviembre). || Arte de representar con propiedad y perfección : *presentación de una ópera.* || *Amer.* Demanda, memorial, súplica. || *Carta de presentación,* la de introducción.
presentador, ra adj. y s. Dícese de la persona que presenta || — M. y f. Personna que en las emisiones de radio o televisión presenta o comenta un espectáculo, espacio o programa.
presentar v. t. Mostrar, poner algo para que sea visto : *presentar los modelos de la colección.* || Exhibir ante el público : *presentar una película.* || Hacer conocer una persona a otra : *le presenté a mi hermana.* || Proponer para un cargo : *presentaron su candidatura.* || Dar : *le presentó sus disculpas.* || Ofrecer a la vista : *presentaba un aspecto agradable.* || Explicar, hacer ver : *presenta sus doctrinas de modo hábil.* || *Mil.* Poner las armas para rendir honores. || Tener : *el problema presenta dificultades.* || Tener cierto aspecto : *la llaga presentaba pocos síntomas de cicatrización.* || Poner ante alguien : *le presenté una bandeja con diferentes licores.* || Hacer : *presentó una solicitud.* || Librar : *el ejército presentó batalla.* || — V. pr. Llegar a un lugar : *se presentaron en mi casa.* || Aparecer : *presentarse un obstáculo.* || Tener cierto aspecto : *el porvenir se presenta amenazador.* || Comparecer : *presentarse ante sus jefes.* || Acudir : *se presentó ante los jueces.* || Sufrir : *no se presentó al examen.* || Visitar : *preséntate a él de mi parte.* || *Presentarse en sociedad,* comenzar una joven a hacer vida mundana asistiendo a su primer baile de sociedad.
presente adj. Que se encuentra en persona en un lugar : *presente en una reunión* (ú. t. c. s.). || Actual : *el día presente.* || Que está ante la vista : *la presente carta.* || Que está constantemente en la memoria : *presente en mi pensamiento.* || *Gram.* Dícese del tiempo en que la acción del verbo ocurre en el momento actual (ú. t. c. s. m.). || — *Hacer presente,* informar. || *¡Presente!,* contestación al pasar lista. || *Tener presente,* acordarse. || — M. Época actual : *pensar en el presente.* || Regalo : *recibir muchos presentes.* || *Mejorando lo presente,* expresión empleada cuando, delante de otras, se elogia a una persona.
presentemente adv. Actualmente, por ahora.
presentimiento m. Presagio.
presentir v. t. Prever.
preservación f. Acción de preservar.
preservador, ra adj. y s. Que preserva.
preservar v. t. Poner a cubierto anticipadamente a una persona o cosa de algún daño o peligro (ú. t. c. pr.).

preservativo, va adj. y s. m. Que sirve para preservar. ‖ — M. Anticonceptivo masculino.
presidario m. Presidiario.
presidencia f. Dignidad o cargo de presidente. ‖ Acción de presidir : *ejercer la presidencia.* ‖ Sitio que ocupa el presidente. ‖ Edificio en que reside el presidente. ‖ Tiempo que dura el cargo.
presidencial adj. Relativo a la presidencia : *palacio presidencial.* ‖ — F. pl. Elección del presidente.
presidencialismo m. Sistema de gobierno en que el presidente de la República es también jefe del Gobierno o del Poder ejecutivo.
presidencialista adj. Relativo al presidencialismo.
presidenta f. La que preside. ‖ Mujer del presidente.
presidente m. El que preside. ‖ Cabeza o superior de un consejo, tribunal, junta, etc. ‖ En las repúblicas, jefe electivo del Estado.
presidiario m. Condenado a presidio.
presidio m. Cárcel, prisión. ‖ Conjunto de presidiarios. ‖ Pena de prisión. ‖ Guarnición militar en un castillo o plaza fuerte.
presidir v. t. Ocupar el primer puesto en un Estado, junta, asamblea, consejo o tribunal. ‖ Predominar.
presidium m. Presidencia del Consejo Supremo de los Soviets en la U. R. S. S.
presilla f. Cordón que sirve de ojal. ‖ Entre sastres, punto de ojal.
presión f. Acción de apretar o comprimir. ‖ *Fig.* Coacción o violencia que se ejerce sobre una persona. ‖ *Fís.* Cociente de la fuerza ejercida por un fluido sobre determinada superficie y esta misma superficie. ‖ — *Presión atmosférica,* la que el aire ejerce al nivel del suelo y que se mide con el barómetro. ‖ *Presión arterial,* la producida por la sangre en la pared de las arterias.
presionar v. t. Apretar, oprimir. ‖ *Fig.* Hacer presión.
preso, sa adj. y s. Aplícase a la persona que está en prisión.
prestación f. Acción de prestar. ‖ Renta o tributo : *prestación por maternidad.* ‖ Servicio exigible por la ley. ‖ Obligación de hacer algo : *prestación de juramento* ‖ Acción y efecto de prestar un servicio, ayuda, etc.
prestamista com. Persona que presta dinero.
préstamo m. Acto de prestar o tomar prestado. ‖ Lo prestado.
prestancia f. Compostura distinguida.
prestanombre m. Testaferro.
prestar v. t. Entregar algo a uno con obligación de restituirlo : *le presté diez mil pesetas.* ‖ Contribuir al logro de una cosa : *prestar ayuda.* ‖ Dar : *prestar alegría.* ‖ — *Prestar atención,* estar muy atento. ‖ *Prestar auxilio* o *socorro,* auxiliar. ‖ — V. pr. Avenirse a algo. ‖ Acceder, consentir. ‖ Dar lugar a : *esto se presta a errores.*
prestatario, ria adj. y s. Que recibe dinero a préstamo.
preste m. Sacerdote que celebra la misa cantada.
presteza f. Prontitud.
prestidigitación f. Arte de hacer juego de manos.
prestidigitador, ra m. y f. Persona que hace juegos de manos.
prestigiar v. t. Dar prestigio.
prestigio m. Buena fama.
prestigioso, sa adj. Que tiene prestigio.
prestímano, na m. y f. Persona que hace juegos de manos.
presto, ta adj. Pronto, diligente : *presto en el trabajo.* ‖ Dispuesto a ejecutar una cosa para un fin. ‖ — Adv. En seguida.
presumible adj. Probable.
presumido, da adj. y s. Que presume.
presumir v. t. Suponer, figurarse algo : *presumí que vendría.* ‖ — V. i. Vanagloriarse, alardear.
presunción f. Engreimiento, vanagloria. ‖ Suposición. ‖ Cosa que por ley se tiene como verdad.
presuntivo, va adj. Apoyado en presunciones, supuesto.
presunto, ta adj. Supuesto.
presuntuosidad f. Presunción.
presuntuoso, sa adj. Lleno de presunción y orgullo (ú. t. c. s.). ‖ Pretencioso.
presuponer v. t. Dar por supuesta una cosa.
presuposición f. Suposición.
presupuestar v. t. Hacer un presupuesto. ‖ Incluir en un presupuesto.
presupuestario, ria adj. Relativo al presupuesto.
presupuesto m. Cálculo anticipado del gasto o del coste de una obra. ‖ Cálculo de los gastos e ingresos de una colectividad o Estado. ‖ Suposición.
presurización f. Acción de presurizar.
presurizar v. t. Mantener una presión normal en el interior de un avión que vuela a mucha altura en atmósfera enrarecida.
presuroso, sa adj. Con prisa.
prêt-à-porter m. (pal. fr.). Ropa hecha o de confección que se adapta a las medidas del cliente.
pretencioso, sa adj. Presumido, presuntuoso (ú. t. c. s.). ‖ Que pretende ser lujoso o elegante.
pretender v. t. Solicitar una cosa : *pretender un cargo.* ‖ Procurar, intentar, tratar de. ‖ Asegurar algo que no es demasiado cierto : *pretender haber sido el primero.* ‖ Cortejar a una mujer para casarse con ella.
pretendido, da adj. Presunto.
pretendiente adj. y s. Aspirante, persona que pretende o solicita algo : *pretendiente a un cargo.* ‖ Aplícase al hombre que corteja a una mujer con idea de casarse con ella. ‖ Dícese del príncipe que pretende ocupar un trono.
pretensión f. Reclamación de un derecho, reivindicación. ‖ Precio pedido por un trabajo, por un objeto en venta. ‖ Intención, designio : *no tengo la pretensión de convencerle.* ‖ Afirmación carente de verdad : *tiene la pretensión de haber sido mejor que los otros.* ‖ Aspiración desmedida por algo.
preterir v. t. Prescindir, excluir.
pretérito, ta adj. Pasado : *acontecimiento pretérito.* ‖ — M. *Gram.* Tiempo verbal que indica que una acción se verificó en el pasado. ‖ — *Pretérito anterior,* el que enuncia una acción inmediatamente anterior a otra pasada *(se fue cuando hubo terminado).* ‖ *Pretérito imperfecto,* el que expresa que una acción pasada y no terminada se realiza al mismo tiempo que otra igualmente pasada *(el día que me marché, llovía).* ‖ *Pretérito indefinido,* el que indica que la acción enunciada es anterior al momento presente sin precisar si está o no acabada *(ayer recorrí toda la ciudad).* ‖ *Pretérito perfecto,* el que expresa que una acción acaba de verificarse en el momento en que se habla *(no me lo ha*

dicho). ‖ *Pretérito pluscuamperfecto,* el que indica que una acción ya se había verificado cuando se efectuó otra *(había terminado mi trabajo).*
pretextar v. t. Utilizar un pretexto : *pretextar una dolencia.*
pretexto m. Motivo o causa simulada para excusarse de hacer algo : *buscar un pretexto.*
pretil m. Antepecho a los lados de un puente y otros sitios semejantes para impedir que se caigan los transeúntes.
pretina f. Correa con hebilla para ceñir una prenda a la cintura.
pretor m. Magistrado que ejercía funciones judiciales en Roma.
pretoriano, na adj. Del pretor.
preuniversitario, ria adj. Dícese de las enseñanzas preparatorias para ingresar en la Universidad.
prevalecer v. i. Predominar.
prevaler v. i. Prevalecer. ‖ — V. pr. Valerse.
prevaricación f. Acción del que falta a las obligaciones de su cargo o empleo.
prevaricador, ra adj. y s. Que prevarica.
prevaricar v. i. Faltar a sabiendas y voluntariamente a la obligación de su cargo. ‖ Cometer una infracción en los deberes.
prevención f. Precaución. ‖ Conjunto de medidas tomadas con vistas a evitar accidentes de la circulación o del trabajo. ‖ Desconfianza. ‖ Prejuicio, opinión desfavorable. ‖ Puesto de policía. ‖ Detención de un reo antes del juicio.
prevenido, da adj. Dispuesto para una cosa. ‖ Prudente. ‖ Avisado, advertido.
prevenir v. t. Preparar, disponer con anticipación. ‖ Precaver, evitar : *prevenir una enfermedad.* ‖ Prever, conocer de antemano : *prevenir una dificultad.* ‖ Advertir, informar, avisar : *prevenir a la autoridad.* ‖ Predisponer, inclinar el ánimo de alguien a favor o en contra de algo. ‖ — V. pr. Prepararse con lo necesario. ‖ Precaverse, tomar precauciones.
preventivo, va adj. Que previene.
preventorio m. Establecimiento hospitalario en el que se cuidan preventivamente ciertas enfermedades.
prever v. t. Pensar de antemano las medidas necesarias para hacer frente a lo que va a ocurrir.
previo, via adj. Anticipado : *previo aviso.*
previsible adj. Que se puede prever, probable : *paro previsible.*
previsión f. Acción de prever, precaución. ‖ Lo que se prevé. ‖ Calidad de previsor, prudencia, precaución. ‖ Cálculo anticipado.
previsor, ra adj. y s. Que prevé.
previsto, ta adj. Sabido antes.
prez amb. Honor.
P. R. I., siglas del Partido Revolucionario Institucional de México.
prieto, ta adj. Apretado. ‖ *Amer.* Dícese del color muy oscuro.
priísta adj. y s. *Méx.* Del P. R. I.
prima f. Cantidad pagada por un asegurado a la compañía aseguradora. ‖ Cantidad de dinero pagada a un obrero o empleado, además de su sueldo normal, para reembolsarlo de ciertos gastos o para que participe en los beneficios de la producción. ‖ Subvención dada por el Estado a una persona que construye una vivienda o realiza otra cosa de interés público : *prima de exportación.* ‖ Dinero que se da a un jugador deportivo para recompensar un rendimiento excepcional. ‖ Cuerda más aguda de la guitarra o de otros instrumentos.
primacía f. Preeminencia, prioridad, lo que ocupa el primer lugar.
primada f. *Fam.* Tontería.
primado, da adj. Dícese del arzobispo u obispo más antiguo de una nación (ú. t. c. s. m.). ‖ Del primado : *sede primada.*
primario, ria adj. Primordial, básico, fundamental : *necesidad primaria.* ‖ Relativo al grado elemental de instrucción : *enseñanza primaria* (ú. t. c. s. f.). ‖ *Fam.* Que tiene poca cultura o conocimientos. ‖ Dícese del sector de actividades económicas de producción de materias primas, principalmente de la agricultura y de las industrias extractoras.
primate m. Personaje distinguido, prócer. ‖ — Pl. Orden de mamíferos superiores que comprende principalmente a los monos (ú. t. c. adj.).
primavera f. Estación del año que corresponde en el hemisferio boreal a los meses de marzo, abril y mayo, y en el austral a los de octubre, noviembre y diciembre. ‖ Planta de flores amarillas. ‖ *Fig.* Juventud : *la primavera de la vida.* | Año : *tiene 16 primaveras.*
primaveral adj. De la primavera.
primer adj. Apócope de *primero,* empleado delante de un nombre masculino : *primer actor, ministro.*
primerizo, za adj. Novicio, principiante (ú. t. c. s.). ‖ Aplícase sobre todo a la mujer que da a luz por primera vez (ú. t. c. s. f.).
primero, ra adj. Que precede a los demás en el tiempo, en el lugar, en el orden : *primera prueba de imprenta* (ú. t. c. s.). ‖ Refiriéndose a cosas, que tiene más importancia, más valor : *ganar la primera prueba.* ‖ Que es más esencial, más necesario, más urgente : *primeras disposiciones.* ‖ Que señala el comienzo : *primeras nociones de una ciencia.* ‖ — M. Piso que está después del entresuelo. ‖ Primer año de estudios. ‖ — F. La menor de las velocidades de un automóvil. ‖ Clase mejor en los ferrocarriles, buques y aviones. ‖ — Adv. Ante todo, en primer lugar : *le digo primero que no se marche.* ‖ Antes, más bien : *primero morir que vivir en la esclavitud.* ‖ Antes : *llegué primero.* ‖ *De primera,* muy bien, excelentemente.
primicias f. pl. Primeros frutos de la tierra. ‖ Primeros productos : *las primicias de su ingenio.* ‖ Primera noticia. ‖ Tributo que se daba a la Iglesia.
primigenio, nia adj. Primitivo.
primípara f. Hembra que pare por primera vez.
primitivismo m. Calidad de primitivo, de poco evolucionado.
primitivo, va adj. Primero en su línea, o que no tiene ni toma origen de otra cosa. ‖ Antiguo : *armas primitivas.* ‖ Poco civilizado : *costumbres primitivas.*
primo, ma adj. Primero. ‖ — *Materias primas,* productos naturales que no han sido aún labrados o manufacturados. ‖ *Número primo,* el que es sólo divisible por sí mismo y por la unidad. ‖ — M. y f. Hijo o hija del tío o tía. ‖ *Fig.* y *fam.* Tonto, cándido, incauto.
primogénito, ta adj. y s. Dícese del hijo que nace primero.
primogenitura f. Condición o derecho de primogénito.
primor m. Cuidado, esmero. ‖ Belleza : *esta chica es un primor.*
primordial adj. Fundamental.

primoroso, sa adj. Delicado, hecho con primor : *labor primorosa.* ‖ Encantador, muy lindo.
princeps adj. (pal. lat.). Príncipe, primera edición de una obra.
princesa f. Mujer del príncipe o hija de él.
principado m. Dignidad de príncipe. ‖ Territorio gobernado por un príncipe.
principal adj. Primero en estimación o importancia : *el personaje principal de una obra.* ‖ Esencial o fundamental : *asunto, tema principal.* ‖ Aplícase a la planta que se halla entre la planta baja y el primer piso : *piso principal* (ú. t. c. s. m.). ‖ — M. Jefe de una casa comercial : *el principal del despacho.*
príncipe adj. Aplícase a la primera edición de un libro : *edición príncipe.* ‖ — M. El primero y el superior en una cosa : *el príncipe de las letras.* ‖ Por antonomasia, primogénito del rey, heredero de su corona. ‖ Individuo de familia real o imperial : *príncipe de sangre.* ‖ Soberano de un Estado : *el príncipe de Liechtenstein.* ‖ Título nobiliario que dan los reyes. ‖ — *Príncipe Azul,* personaje de los cuentos de hadas. ‖ *Príncipe de Asturias,* título que Juan I de Castilla otorgó a su hijo Enrique III en 1388 y que desde entonces llevan los herederos al trono español.
principesco, ca adj. Propio de príncipes. ‖ *Fig.* Espléndido.
principiante, ta adj. y s. Que empieza.
principiar v. t. e i. Comenzar, empezar : *principió su carrera muy joven.*
principio m. Primera parte de una cosa o acción, comienzo : *el principio del mes.* ‖ Causa primera, origen. ‖ Base, fundamento : *los principios de la moral.* ‖ Rudimento : *principios de metafísica.* ‖ Regla de conducta, norma de acción : *hombre sin principios.* ‖ Plato que se sirve entre el primero y los postres. ‖ *Fís.* Ley general cuyas consecuencias rigen toda una parte de la física : *el principio de Arquímedes.* ‖ *Quím.* Cuerpo que figura en la composición de una mezcla natural. ‖ — *De principios,* sujeto a normas morales. ‖ *En principio,* dícese de lo que se acepta provisionalmente. ‖ *En un principio,* al empezar.
pringada f. Trozo de pan empapado con pringue. ‖ En el cocido, tocino, chorizo, morcilla y carne.
pringar v. t. Empapar con pringue. ‖ Ensuciar con grasa o pringue (ú. t. c. pr.). ‖ *Fig.* y *fam.* Comprometer, hacer intervenir a alguien en un asunto. ‖ — V. i. *Fam.* Trabajar denodadamente. | Sacar provechos ilícitos en un negocio (ú. t. c. pr.). | Morir. | Estar mezclado en un asunto. ‖ *Amer.* Lloviznar. ‖ — V. pr. Ensuciarse, mancharse. ‖ *Fig.* Tomar parte en un asunto poco limpio.
pringoso, sa adj. Grasiento.
pringue f. Grasa. ‖ Suciedad.
prior, ra m. y f. Superior de algunas comunidades religiosas.
priorato m. Dignidad o cargo de prior o priora. ‖ Su jurisdicción. ‖ Comunidad religiosa gobernada por un prior. ‖ Vino tinto criado en el Priorato (Tarragona).
priori (a) loc. lat. V. A PRIORI.
prioridad f. Preferencia, primacía. ‖ Anterioridad.
prioritario, ria adj. Que tiene prioridad.
prisa f. Apresuramiento, prontitud, rapidez : *trabajar con prisa.* ‖ Apremio, precipitación : *días de prisa.* ‖ — *A* (o *de*) *prisa,* con prontitud. ‖ *A toda prisa,* con gran rapidez. ‖ *Correr prisa,* ser urgente. ‖ *Darse prisa,* apresurarse. ‖ *De prisa y corriendo,* con rapidez. ‖ *Estar de* (o *tener*) *prisa,* tener que hacer algo con urgencia. ‖ *Meter prisa,* mandar hacer las cosas apresuradamente.
prisión f. Cárcel, casa de detención. ‖ Estado del que está preso o prisionero. ‖ Pena de privación de libertad, inferior a la reclusión y superior a la de arresto. ‖ *Fig.* Lugar triste, sombrío, solitario : *esta casa es una prisión.* | Lo que encierra o retiene algo : *el cuerpo humano es la prisión del alma.*
prisionero, ra adj. y s. Dícese de la persona detenida por cualquier enemigo : *prisionero de guerra.* ‖ *Fig.* Dícese de la persona que no tiene libertad para moverse, que está cautivada por un afecto o pasión.
prisma m. Cuerpo geométrico limitado por dos polígonos paralelos e iguales, llamados *bases,* y por tantos paralelogramos como lados tenga cada base. ‖ Sólido triangular de materia transparente que desvía y descompone los rayos luminosos. ‖ *Fig.* Lo que nos deslumbra y nos hace ver las cosas diferentes de lo que son : *ver algo a través del prisma de sus intereses.*
prismático, ca adj. De forma de prisma : *cristal prismático.* ‖ — M. pl. Anteojos en cuyo interior los rayos luminosos son desviados por medio de prismas.
prístino, na adj. Antiguo, original : *su prístina beldad.* ‖ Puro.
privación f. Hecho de ser privado o de privarse de algo. ‖ Falta, ausencia, desaparición. ‖ — Pl. Carencia o falta de las cosas necesarias.
privado, da adj. Que no es público. ‖ Particular, personal : *mi domicilio privado.* ‖ — M. Hombre que goza de la confianza de un gobernante, favorito.
privanza f. Situación del privado o favorito.
privar v. t. Quitar o rehusar a uno la posesión, el goce de algo : *le privaron de sus bienes.* ‖ Quitar a una cosa todas o parte de sus propiedades características. ‖ Impedir : *no le prives de ver a sus amigos.* ‖ Gustar mucho. ‖ Estar en boga, de moda : *en la colección privan los trajes ajustados.* ‖ — V. pr. Dejar o abandonar voluntariamente algo : *se priva de todo.*
privativo, va adj. Que causa privación : *disposición privativa.* ‖ Propio, especial, peculiar de una cosa o persona y no de otras.
privatización f. Acción de privatizar.
privatizar v. t. Dar carácter privado a lo que antes era estatal.
privilegiar v. t. Dar privilegio. ‖ Favorecer.
privilegio m. Ventaja o excepción especial que se concede a uno : *privilegio de fabricación.* ‖ Documento en que consta. ‖ Derecho, prerrogativa : *gozar de un privilegio.* ‖ *Fig.* Don natural.
pro m. Provecho. ‖ — *El pro y el contra,* lo favorable y lo adverso. ‖ *En pro,* en favor. ‖ *Hombre de pro,* hombre de bien. ‖ *For. Pro indiviso,* aplícase a los bienes que se poseen en común. ‖ *Pro forma,* dícese de las facturas o recibos hechos para justificar una operación posterior.
proa f. Parte delantera de la embarcación, con la cual ésta corta las aguas. ‖ Parte delantera del avión. ‖ *Fig. Poner la proa a uno,* ponerse en contra suya.
probabilidad f. Calidad de probable. ‖ Verosimilitud. ‖ *Cálculo de probabilidades,*

conjunto de las reglas que permiten determinar si un fenómeno ha de producirse, fundando la suposición en el cálculo, las estadísticas o la teoría.
probable adj. Que es fácil que ocurra, verosímil.
probado, da adj. Acreditado por la experiencia : *remedio probado.* || *For.* Acreditado como verdad en los autos : *lo alegado y probado.*
probador, ra adj. y s. Que prueba. || — M. Sala donde los clientes de un sastre o modista se prueban los trajes.
probar v. t. Demostrar indudablemente la certeza de un hecho o la verdad de una afirmación : *probar lo que se dice.* || Indicar : *eso prueba tu malestar.* || Experimentar las cualidades de una persona, animal o cosa : *probar un método.* || Poner para ver si tiene la medida o proporción adecuada : *probar un traje.* || Gustar un manjar : *probar la salsa.* || — V. i. Intentar, tratar de hacer algo : *probó a levantarse y no pudo* (ú. t. c. t.). || — V. pr. Ver si una prenda sienta bien : *probarse un vestido.*
probatorio, ria adj. Que sirve para probar.
probeta f. *Quím.* Tubo de cristal cerrado por un extremo y destinado a contener líquidos o cosas.
problema m. Cuestión o proposición dudosa que se trata de aclarar : *resolver un problema.* || Cosa difícil de explicar : *un problema complicado.* || Cosa que presenta una dificultad : *los problemas económicos.* || *Mat.* Proposición dirigida a averiguar el modo de obtener un resultado conociendo ciertos datos.
problemático, ca adj. Dudoso, incierto. || — F. Serie de problemas que se estudian sobre un asunto.
probo, ba adj. Íntegro, recto.
proboscidio adj. y s. m. Dícese de los mamíferos ungulados con trompa prensil, como el elefante. || — M. pl. Orden que forman.
procacidad f. Insolencia, desvergüenza. || Indecencia.
procaz adj. Descarado, atrevido, insolente, grosero. || Indecente.
procedencia f. Origen de una cosa. || Punto de salida o escala de un barco, avión, tren o persona. || Conformidad con la moral, la razón y el derecho. || *For.* Fundamento legal de una demanda o recurso.
procedente adj. Que procede, dimana o trae su origen de una persona o cosa. || Que llega de un sitio : *tren procedente de Burgos.* || Arreglado a la prudencia, a la razón o al fin que se persigue. || *For.* Conforme a derecho, mandato o conveniencia : *demanda procedente.*
proceder m. Comportamiento.
proceder v. i. Derivarse, tener su origen una cosa en otra : *esta palabra procede del latín.* || Tener su origen : *los que proceden de España.* || Obrar con cierto orden : *proceder con método.* || Conducirse bien o mal una persona : *proceder con corrección.* || Empezar a ejecutar una cosa : *proceder a la elección del presidente.* || Convenir : *procede tomar otro rumbo.* || Ser sensato, pertinente. || *For.* Ser conforme a derecho. || *For. Proceder contra uno,* iniciar procedimiento judicial contra él.
procedimiento m. Manera de hacer o método práctico para hacer algo : *procedimiento muy ingenioso.* || Conducta. || Manera de seguir una instancia en justicia : *ley de procedimiento civil.*
proceloso, sa adj. Tempestuoso.
prócer adj. Ilustre, eminente. || — M. Hombre ilustre : *Simón Bolívar y José de San Martín fueron próceres de América.*
procesado, da adj. *For.* Sometido a un proceso judicial (ú. t. c. s.).
procesador m. Elemento de un ordenador capaz de efectuar el tratamiento completo de una serie de datos.
procesal adj. *For.* Relativo al proceso. || — M. Derecho procesal.
procesamiento m. En informática, tratamiento de la información.
procesar v. t. Enjuiciar. || Tratar la información por medio de un ordenador.
procesión f. Marcha ordenada de un grupo de personas.
procesionaria f. Cierta clase de orugas de varias mariposas.
proceso m. Progreso, curso del tiempo : *el proceso de los años.* || Conjunto de las fases de un fenómeno en evolución : *proceso de una enfermedad.* || Procedimiento : *proceso de fabricación.* || *For.* Conjunto de los autos y escritos de una causa criminal o civil. | Causa criminal, juicio : *proceso por robo.*
proclama f. Notificación pública. || Alocución política o militar.
proclamación f. Publicación solemne de un decreto, bando o ley. || Conjunto de ceremonias públicas con que se inaugura un régimen : *proclamación de la República.*
proclamar v. t. Publicar en alta voz una cosa para que sea conocida por todos. || Dar a conocer públicamente por un acto oficial. || Declarar solemnemente el principio de un reinado, república, etc. || Reconocer públicamente : *proclamar los principios democráticos.* || Aclamar : *proclamar un campeón.* || *Fig.* Dar señales de una pasión : *proclamar sus ideas.* | Mostrar : *esto proclama la verdad.* || — V. pr. Declararse uno investido de un cargo, autoridad o mérito.
proclive adj. Propenso.
proclividad f. Inclinación.
procónsul m. Gobernador de una provincia entre los romanos.
proconsulado m. Dignidad y cargo de procónsul.
procreación f. Acción y efecto de procrear.
procreador, ra adj. y s. Que procrea.
procrear v. t. Engendrar, multiplicar una especie, dar vida.
procuración f. Poder dado a otro para que éste obre en nombre de aquél. || Cargo y oficina del procurador.
procurador, ra adj. y s. Que procura. || — M. Persona que, con habilitación legal, representa en juicio a cada una de las partes. || *Procurador de* (o *a* o *en*) *Cortes,* persona designada para asistir a las Cortes.
procurar v. t. Hacer diligencias y esfuerzos para conseguir lo que se desea, intentar hacer algo. || Proporcionar, facilitar : *le ha procurado un piso muy bueno.* || — V. pr. Conseguir.
prodigalidad f. Derroche, gasto excesivo. || Abundancia.
prodigar v. t. Derrochar, malgastar : *prodigar el caudal.* || Dar con profusión y abundancia. || *Fig.* Dispensar profusa y repetidamente : *prodigar favores.* || — V. pr. Excederse en la exhibición personal.
prodigio m. Suceso extraordinario. || Maravilla : *un prodigio del arte.* || Milagro : *su curación fue un prodigio.*
prodigiosidad f. Condición de prodigioso.

prodigioso, sa adj. Maravilloso, extraordinario. ‖ Excelente.
pródigo, ga adj. y s. Malgastador, manirroto, despilfarrador. ‖ Generoso, muy dadivoso. ‖ Que dispensa con liberalidad : *pródigo de* (o *con*) *alabanzas.* ‖ *Hijo pródigo,* el que regresa a su familia después de una larga ausencia y de haber llevado una vida irregular.
producción f. Acción de producir. ‖ Cosa producida. ‖ Conjunto de los productos del suelo o de la industria : *producción industrial.* ‖ Organismo que facilita el capital para asegurar la realización de una película cinematográfica.
producir v. t. Dar : *árbol que produce muchos frutos.* ‖ Hacer, realizar : *producir obras artísticas.* ‖ Fabricar : *el taller produce pocos muebles por mes.* ‖ Dar interés : *capital que produce poco.* ‖ Hacer ganar, dar beneficio : *su negocio le produce mucho.* ‖ Causar : *producir alegría.* ‖ Ocasionar, originar : *la guerra produce grandes males.* ‖ Ser causante : *una mosca produce la enfermedad del sueño.* ‖ Financiar una película cinematográfica. ‖ Generar, dar lugar : *producir un cierto malestar.* ‖ Enseñar pruebas o documentos en un proceso judicial. ‖ — V. pr. Explicarse, expresarse.
productividad f. Facultad de producir. ‖ Cantidad producida teniendo en cuenta el trabajo efectuado o el capital invertido.
productivo, va adj. Que produce. ‖ Que da beneficios.
producto m. Lo que crea cualquier actividad de la naturaleza, del hombre : *producto de la tierra.* ‖ Resultado de una operación : *los productos de la destilación del petróleo.* ‖ Riqueza, cosa material a la que el hombre le ha dado valor por medio del trabajo. ‖ *Mat.* Resultado de la multiplicación. ‖ Resultado de una operación comercial : *éste ha sido el producto de las ventas.* ‖ Sustancia destinada al cuidado de algo : *producto de limpieza, de belleza, de tocador.* ‖ *Fig.* Creación : *producto clásico de la época moderna.* ‖ — *Producto interior bruto,* valor del coste total de la producción al cual se suman los impuestos indirectos y se restan los subsidios. ‖ *Producto nacional bruto,* conjunto de la producción global de un país y de las compras hechas por éste en el mercado exterior durante el año considerado.
productor, ra adj. y s. Dícese de lo que produce o de las personas que producen. ‖ Obrero, trabajador : *los clases productoras.* ‖ — M. y f. Persona que tiene la responsabilidad económica de la realización de una película cinematográfica.
proemio m. Prólogo, exordio.
proeza f. Hazaña.
profanación f. Acción de profanar las cosas sagradas.
profanador, ra adj. y s. Que profana.
profanar v. t. Tratar sin respeto las cosas sagradas. ‖ *Fig.* Deshonrar, prostituir : *profanar su talento.*
profano, na adj. Que no es sagrado : *elocuencia profana.* ‖ Contrario al respeto de las cosas sagradas. ‖ — Adj. y s. Ignorante, que carece de conocimiento en una materia : *profano en música.*
profase f. *Biol.* Primera fase de la división de la célula por mitosis.
profecía f. Predicción de algo por inspiración divina. ‖ Cualquier predicción por conjetura.
proferir v. t. Decir.
profesar v. t. Ejercer o enseñar un arte, ciencia u oficio : *profesar la medicina.* ‖ Hacer votos en una orden religiosa. ‖ Tener un sentimiento o creencia : *profesar una doctrina.* ‖ *Fig.* Sentir algún afecto, inclinación o interés : *profesar amor.*
profesión f. Empleo u oficio de una persona.
profesional adj. Relativo a la profesión : *escuela profesional.* ‖ — Com. Aplícase al que realiza su trabajo mediante retribución. ‖ Dícese del que ejerce una determinada profesión u oficio con la competencia requerida por oposición al aficionado.
profesionalismo m. Cultivo de ciertas disciplinas, artes o deportes como medio de lucro.
profesionalizar v. t. Convertir en remunerada una actividad que no lo era. ‖ Ejercer habitualmente cualquier actividad.
profesionista com. *Méx.* Profesional con título académico.
profesor, ra m. y f. Persona que enseña.
profesorado m. Cargo de profesor. ‖ Cuerpo de profesores.
profesoral adj. Del profesor.
profeta m. Persona que anuncia la palabra divina o el futuro por inspiración sobrenatural. ‖ *Fig.* El que predice un acontecimiento.
profético, ca adj. Relativo a la profecía o al profeta.
profetisa f. Mujer con don de profecía : *la profetisa Débora.*
profetizar v. t. Predecir.
profiláctico, ca adj. Relativo a la profilaxis. ‖ — F. Profilaxis.
profilaxis f. *Med.* Conjunto de medidas encaminadas a evitar las enfermedades o su propagación.
prófugo, ga adj. Dícese del que huye de la justicia o de la autoridad (ú. t. c. s.). ‖ Dícese del que se ausenta o se oculta para eludir el servicio militar (ú. t. c. s. m.).
profundidad f. Distancia que media entre el fondo y la superficie, hondura. ‖ Una de las tres dimensiones de un cuerpo; las otras son *longitud* y *anchura.* ‖ *Fig.* Carácter de lo que es profundo.
profundización f. Acción y efecto de profundizar.
profundizar v. t. Ahondar una cosa para que esté más profunda. ‖ *Fig.* Examinar atentamente para llegar a su perfecto conocimiento.
profundo, da adj. Hondo, que tiene el fondo distante del borde o boca de la cavidad : *piscina profunda.* ‖ Que penetra mucho : *corte profundo.* ‖ *Fig.* Grande, muy vivo, intenso : *pesar profundo.* | Difícil de comprender : *enigma profundo.* | Que dice cosas de gran alcance : *escritor profundo.* | Grande, extremo : *respeto profundo.* | No superficial : *influencia profunda.* | Esencial : *transformación profunda.* | Intenso : *profunda oscuridad.*
profusión f. Gran abundancia.
profuso, sa adj. Muy abundante.
progenie f. Familia de que desciende una persona. ‖ Conjunto de hijos.
progenitor, ra m. y f. Pariente en línea recta, ascendiente de una persona. ‖ — Pl. Antepasados; padres.
progenitura f. Progenie.
progesterona f. Hormona sexual femenina que actúa en la mucosa del útero.
prognatismo m. Condición de prognato.
prognato, ta adj. y s. De mandíbulas salientes.

programa m. Escrito que indica los detalles de un espectáculo, de una ceremonia, etc. ‖ Exposición que fija la línea de conducta que ha de seguirse : *el programa de un partido político.* ‖ Proyecto determinado : *seguir un programa.* ‖ Plan detallado de las materias correspondientes a un curso o a un examen. ‖ Conjunto de instrucciones preparadas de modo que un ordenador, máquina herramienta u otro aparato automático pueda efectuar una sucesión de operaciones determinadas.
programable adj. Que puede programarse.
programación f. Establecimiento de un programa. ‖ Preparación del programa de un ordenador u otro equipo automático.
programador, ra adj. y s. Que establece un programa. ‖ — M. Aparato acoplado a un ordenador, en el cual se inscribe el programa de las operaciones que la máquina ha de resolver para hallar la solución del problema planteado.
programar v. t. Fijar un programa. ‖ Proyectar : *programar una reforma.* ‖ Descomponer los datos de un problema que ha de efectuar un ordenador en una sucesión de instrucciones codificadas propias para ser interpretadas y ejecutadas por dicha máquina.
programático, ca adj. Relativo a un programa.
progre adj. y s. *Fam.* Progresista.
progresar v. i. Hacer progresos.
progresía f. *Fam.* Conjunto de progres.
progresión f. Acción de avanzar o de proseguir una cosa. ‖ Serie no interrumpida, movimiento progresivo. ‖ — *Progresión aritmética,* serie de números en que los términos consecutivos difieren en una cantidad constante : *1, 3, 5, 7, 9,* etc. ‖ *Progresión geométrica,* serie de números en que cada uno es igual al anterior multiplicado por una cantidad constante : *1, 3, 9, 27, 81, 243,* etc.
progresismo m. Ideas y doctrinas progresistas.
progresista adj. y s. Aplícase a las personas o partidos de ideas políticas y sociales avanzadas.
progresivo, va adj. Que se desarrolla o aumenta gradualmente. ‖ Que aumenta en cantidad continuamente : *interés progresivo.*
progreso m. Acción de ir hacia adelante. ‖ Aumento, adelanto, perfeccionamiento.
prohibición f. Acción de prohibir, interdicción.
prohibido, da adj. Vedado, que no está permitido.
prohibir v. t. Vedar o impedir el uso o ejecución de una cosa. Ú. t. c. pr. : *se prohibe terminantemente fumar.*
prohibitivo, va y **prohibitorio, ria** adj. Que prohíbe.
prohijamiento m. Adopción.
prohijar v. t. Adoptar como hijo. ‖ *Fig.* Admitir como propias ideas de otro.
prohombre m. Hombre ilustre.
proindivisión f. Estado y situación de los bienes *pro indiviso* o no repartidos.
prójimo m. Cualquier persona respecto de otra. ‖ *Fam.* Persona. ‖ — F. *Fam.* Mujer. | Esposa. ‖ *Pop.* Fulana.
prole f. Descendencia, progenie.
prolegómenos m. pl. Introducción.
proletariado m. Clase social de los proletarios.
proletario, ria adj. Relativo a los obreros. ‖ — M. y f. Obrero.
proletarización f. Acción de proletarizar.
proletarizar v. t. Reducir a los productores independientes (agricultores, artesanos, comerciantes, etc.) a la condición de proletarios o trabajadores asalariados.
proliferación f. Multiplicación.
proliferar v. i. Reproducirse o multiplicarse rápidamente.
prolífero, ra adj. Que se multiplica o reproduce.
prolífico, ca adj. Que tiene virtud de engendrar. ‖ Que se reproduce con rapidez. ‖ *Fig.* Aplícase a un escritor o artista de producción abundante.
prolijidad f. Extensión.
prolijo, ja adj. Largo, difuso : *discurso prolijo.* ‖ Que habla o escribe con exceso y superfluidad : *orador prolijo.* ‖ Exhaustivo. ‖ Muy detallado. ‖ Esmerado.
prologar v. t. Hacer el prólogo.
prólogo m. Escrito que antecede a una obra para presentarla al público. ‖ *Fig.* Preámbulo.
prologuista com. Autor o autora del prólogo.
prolonga f. Cuerda empleada en una pieza de artillería.
prolongación f. Acción de prolongar o prolongarse. ‖ Tiempo que se añade a la duración normal.
prolongamiento m. Prolongación, alargamiento.
prolongar v. t. Alargar (ú. t. c. pr.). ‖ Hacer que una cosa dure más de lo debido (ú. t. c. pr.).
promediar v. t. Dividir una cosa en dos partes iguales. ‖ — V. i. Llegar a su mitad.
promedio m. Término medio.
promesa f. Expresión de la voluntad de dar a uno o hacer por él una cosa. ‖ Ofrecimiento piadoso hecho a Dios o a los santos. ‖ *Fig.* Señal. | Cosa o persona que promete.
prometedor, ra adj. y s. Que promete.
prometeo m. *Quím.* Elemento del grupo de los lantánidos (símb. Pm), de número atómico 61.
prometer v. t. Obligarse a hacer, decir o dar alguna cosa. ‖ Augurar, hacer creer : *los viñedos prometen muchas uvas.* ‖ — V. i. Dar muestras de precocidad o aptitud : *este niño promete.* ‖ Tener buenas perspectivas : *negocio que promete.* ‖ — V. pr. Esperar mucho de una cosa : *prometérselas felices.* ‖ Darse palabra de casamiento.
prometido, da m. y f. Futuro esposo, novio. ‖ — M. Promesa.
prominencia f. Elevación de una cosa sobre lo que la rodea.
prominente adj. Que sobresale.
promiscuidad f. Mezcla, confusión. ‖ Vida conjunta y heterogénea de personas de sexo diferente o de nacionalidades diversas.
promiscuo, cua adj. Mezclado.
promisión f. Promesa. ‖ *Tierra de Promisión,* la prometida por Dios al pueblo de Israel.
promoción f. Acción de elevar a una o varias personas a una dignidad o empleo superior. ‖ Conjunto de personas que efectúan los mismos estudios en el mismo establecimiento y durante el mismo período. ‖ Conjunto de individuos que al mismo tiempo han obtenido un grado, título, empleo. ‖ Accesión a un nivel de vida superior, a la cultura : *promoción social.* ‖ *Dep.* Partido o liguilla entre los equipos de una división y los de otra inferior para determinar el ascenso

de estos últimos. ‖ — *Promoción de ventas,* técnica propia para acrecentar el volumen de negocios de una empresa por medio de una red de distribución. ‖ *Promoción inmobiliaria,* actividad económica consistente en financiar la construcción o renovación de edificios y en poner éstos en venta.
promocional adj. Que favorece el incremento de las ventas.
promocionar v. t. Acrecentar la venta de un producto. ‖ Elevar a un empleo superior. ‖ *Dep.* Jugar un equipo la liguilla o partido de promoción. ‖ Favorecer el desarrollo.
promontorio m. Altura de tierra que avanza dentro del mar.
promotor, ra adj. y s. Que promueve, da impulso a una cosa : *promotor de disputas, de una obra.* ‖ Que se compromete a construir uno o varios edificios en el marco de una operación de promoción. ‖ Nombre de algunos magistrados : *promotor fiscal.* ‖ — M. Sustancia que incrementa con su presencia la actividad de un catalizador.
promovedor, ra adj. y s. Promotor.
promover v. t. Iniciar, dar impulso a una cosa : *promover una fundación.* ‖ Ascender a uno a una dignidad o empleo superior. ‖ Ocasionar : *promovió un escándalo.*
promulgación f. Acción y efecto de promulgar.
promulgador, ra adj. y s. Que promulga.
promulgar v. t. Publicar una cosa solemnemente.
prono, na adj. Echado sobre el vientre : *decúbito prono.* ‖ Propenso.
pronombre m. *Gram.* Parte de la oración que sustituye al nombre o lo determina.
pronominal adj. *Gram.* Dícese del verbo cuya acción recae en el mismo sujeto que la ejecuta, como *atreverse, quedarse,* etc. | Relativo al pronombre : *forma pronominal.*
pronosticador, ra adj. y s. Que pronostica o presagia.
pronosticar v. t. Conocer o conjeturar lo futuro.
pronóstico m. Señal por la que se conjetura o adivina una cosa futura. ‖ Juicio que da el médico respecto de una enfermedad : *pronóstico clínico.* ‖ *Pronóstico reservado,* el que se reserva el médico a causa de las contingencias posibles de una lesión.
prontitud f. Celeridad, presteza en ejecutar una cosa. ‖ Viveza de ingenio, de imaginación.
pronto, ta adj. Veloz, rápido : *pronto en enfadarse.* ‖ Que se produce rápidamente : *pronta curación.* ‖ Listo, dispuesto, preparado : *estar pronto para el viaje.* ‖ — M. *Fam.* Arrebato repentino de ánimo o impulso inesperado : *le dio un pronto.* ‖ — Adv. Prontamente, en seguida. ‖ Temprano. ‖ — *Al pronto,* en el primer momento. ‖ *De pronto,* apresuradamente ; de repente. ‖ *Hasta pronto,* hasta ahora. ‖ *Por de* (o *lo*) *pronto,* entre tanto ; por ahora.
prontuario m. Resumen sucinto de datos, notas, etc. ‖ Compendio de una ciencia. ‖ Agenda.
pronunciable adj. Que se pronuncia fácilmente.
pronunciación f. Acción y efecto de pronunciar.
pronunciamiento m. Levantamiento militar. ‖ Declaración.
pronunciar v. t. Emitir y articular sonidos para hablar : *pronunciar palabras.* ‖ Echar : *pronunciar un discurso.* ‖ Determinar, resolver. ‖ *For.* Publicar la sentencia o auto : *el tribunal pronunció su fallo.* ‖ — V. pr. Sublevarse, rebelarse. ‖ Declarar su preferencia : *se pronunciaron por la negativa.* ‖ Acentuarse, agrandarse.
propagación f. Multiplicación de los seres por vía de reproducción. ‖ *Fig.* Difusión. ‖ Modo de transmisión de las ondas sonoras o luminosas.
propagador, ra adj. y s. Que propaga.
propaganda f. Toda acción organizada para difundir una opinión, una religión, una doctrina, etc. ‖ Publicidad dada a un producto comercial para fomentar su venta. ‖ Prospectos, anuncios, etc., con que se hace esta publicidad.
propagandista adj. y s. Dícese de la persona que hace propaganda.
propagandístico, ca adj. Relativo a la propaganda.
propagar v. t. Multiplicar por generación u otra vía de reproducción : *propagar una raza* (ú. t. c. pr.). ‖ *Fig.* Difundir una cosa : *propagar una noticia* (ú. t. c. pr.). | Extender el conocimiento de una cosa o la afición a ella (ú. t. c. pr.). | Divulgar algo secreto. ‖ — V. pr. Extenderse el fuego, una epidemia, una rebelión.
propalador, ra adj. Que propala (ú. t. c. s.).
propalar v. t. Divulgar, difundir.
propano m. Hidrocarburo saturado gaseoso usado como combustible.
propasar v. t. Rebasar el límite conveniente. ‖ — V. pr. Extralimitarse, excederse.
propender v. i. Tener propensión.
propensión f. Inclinación. ‖ Predisposición a una enfermedad.
propenso, sa adj. Inclinado.
propergol m. Sustancia o mezcla de sustancias cuya reacción química produce, sin la intervención del oxígeno atmosférico, gases calientes que mantienen el movimiento de un cohete espacial.
propiciar v. t. Aplacar la ira de uno captando su voluntad. ‖ Hacer propicio. ‖ Patrocinar. ‖ Favorecer.
propicio, cia adj. Benigno, benévolo. ‖ Favorable : *momento propicio.* ‖ Adecuado : *es la persona más propicia para este trabajo.*
propiedad f. Derecho de gozar y disponer de una cosa con exclusión de otra persona. ‖ Cosa en la que recae este derecho, especialmente si son bienes raíces inmuebles : *ha comprado una gran propiedad en Salamanca.* ‖ Característica o cualidad particular : *la propiedad del imán es atraer el hierro.* ‖ Semejanza perfecta, exactitud : *imitación hecha con gran propiedad.* ‖ *Gram.* Significado exacto de las palabras. ‖ — *Propiedad horizontal,* la de casas por piso. ‖ *Propiedad industrial,* derecho exclusivo de usar de un nombre comercial, de una marca, de una patente, de un dibujo, de un modelo de fabricación, etc. ‖ *Propiedad intelectual,* derecho exclusivo que tiene un artista o escritor (y sus inmediatos sucesores) de sacar una renta de la explotación de su obra.
propietario, ria adj. y s. Que tiene derecho de propiedad sobre una cosa. ‖ Que tiene un empleo o cargo en propiedad. ‖ Dueño de una casa o finca en oposición al inquilino o arrendatario. ‖ *Nudo propietario,* propietario de un bien sobre el cual otra persona ejerce un derecho de usufructo.
propileo m. Pórtico de templo.
propina f. Gratificación.
propinar v. t. Dar : *le propinó un puñetazo.*
propincuidad f. Cercanía.
propincuo, cua adj. Cercano.

propio, pia adj. Que pertenece a uno en propiedad : *su propio hogar.* ‖ Característico, particular, peculiar : *propio de él.* ‖ Conveniente, adecuado, a propósito para un fin : *propio para curar.* ‖ Natural, no postizo : *dentadura propia.* ‖ Mismo : *escrito de su propio puño y letra.* ‖ Dícese del significado original de una palabra : *en su sentido propio.* ‖ *Fam.* Semejante : *es su imagen propia.* ‖ Aplícase al quebrado cuyo numerador es menor que el denominador. ‖ *Gram.* Dícese del nombre que se da a persona, país, etc. : *nombre propio.* ‖ — M. Hombre que se envía con un mensaje, carta, etc.
proponer v. t. Manifestar algo para inducir a un acto : *proponer una solución.* ‖ Tener intención de hacer una cosa. U. t. c. pr. : *se propone ir a Madrid.* ‖ Indicar o presentar a uno para un empleo o beneficio : *proponer un candidato.* ‖ Hacer una propuesta.
proporción f. Relación, correspondencia de las partes entre ellas o con el todo : *las proporciones entre las partes de un edificio.* ‖ Tamaño, dimensión : *obra de grandes proporciones.* ‖ Importancia : *se saben las proporciones de las pérdidas.* ‖ *Mat.* Igualdad de dos razones.
proporcionado, da adj. Regular, adecuado, conveniente. ‖ Que tiene las proporciones debidas.
proporcional adj. Relativo a la proporción o que la incluye en sí. ‖ *Mat.* Dícese de las cantidades que están en proporción con otras cantidades del mismo género.
proporcionalidad f. Proporción.
proporcionar v. t. Disponer y ordenar con la debida proporción : *proporcionar sus gastos a sus recursos.* ‖ Facilitar, poner a disposición de uno lo que necesite. ‖ Dar : *esto proporciona animación.* ‖ — V. pr. Conseguir.
proposición f. Acción de proponer o someter a un examen. ‖ Cosa que se propone para la deliberación : *proposiciones de paz.* ‖ Oferta. ‖ *Gram.* Oración : *proposición subordinada.*
propósito m. Intención, ánimo, designio de hacer o no hacer una cosa. ‖ Objetivo, mira : *su propósito es derrocarlo.* ‖ — *A propósito,* oportunamente; adecuado; a posta. ‖ *Fuera de propósito,* inoportunamente, sin venir al caso.
propuesta f. Idea, proyecto, proposición que se expone y ofrece para un fin. ‖ Proyecto hecho a un superior para que dé su aprobación. ‖ Indicación de alguien para un empleo o beneficio.
propugnación f. Defensa.
propugnar v. t. Defender.
propulsar v. t. Impeler, empujar hacia adelante. ‖ Impulsar.
propulsión f. Acción de impeler o empujar hacia adelante. ‖ *Propulsión a chorro* o *por reacción,* la de un avión, cohete o proyectil para que avance por medio de la reacción.
propulsor, ra adj. Que propulsa. ‖ — M. Materia combustible para propulsar un cohete. ‖ Órgano o máquina que da una fuerza de propulsión.
prorrata f. Cuota o porción que toca a uno en un reparto. ‖ *A prorrata,* mediante prorrateo.
prorratear v. t. Repartir a prorrata o proporcionalmente.
prorrateo m. Reparto de una cantidad entre varias personas proporcionada a lo que debe tocar a cada una.
prórroga f. Prolongación del tiempo. ‖ Plazo que se concede a un mozo para terminar sus estudios antes de incorporarse a filas.
prorrogable adj. Que se puede prorrogar.
prorrogar v. t. Prolongar el tiempo que se había fijado.
prorrumpir v. i. *Fig.* Emitir repentina y bruscamente gritos, voces, risa, suspiros, llanto.
prosa f. Forma natural del lenguaje no sometido a la medida y ritmo del verso. ‖ *Fig.* Aspecto vulgar de las cosas : *la prosa de la vida.* ‖ *Fig.* y *fam.* Exceso de palabras para decir cosas poco o nada importantes.
prosaico, ca adj. Relativo a la prosa. ‖ Escrito en prosa. ‖ *Fig.* Falto de elevación, vulgar.
prosaísmo m. Falta de armonía poética en los versos. ‖ *Fig.* Vulgaridad, carácter prosaico.
prosapia f. Abolengo, linaje.
proscenio m. Parte del escenario más inmediata al público.
proscribir v. t. Desterrar. ‖ *Fig.* Prohibir.
proscripción f. Destierro, expatriación. ‖ *Fig.* Prohibición.
proscrito, ta adj. y s. Desterrado, expatriado.
prosecución f. Continuación. ‖ Seguimiento, persecución.
proseguir v. t. Seguir, continuar lo empezado (ú. t. c. i.).
proselitismo m. Celo de ganar prosélitos.
proselitista adj. Encaminado a ganar prosélitos (ú. t. c. s.).
prosélito m. Adepto.
prosificar v. t. Poner en prosa.
prosista com. Escritor o escritora de obras en prosa.
prosodia f. *Gram.* Tratado de la pronunciación y acentuación de las letras, sílabas y palabras.
prosódico, ca adj. Relativo a la prosodia.
prosopopeya f. Exceso afectado de seriedad y pompa.
prospección f. Exploración de terreno en busca de yacimientos minerales. ‖ Búsqueda de mercados o clientes.
prospectar v. t. Realizar prospecciones.
prospecto m. Folleto publicitario.
prospector, ra m. y f. Persona que hace prospecciones.
prosperar v. i. Tener prosperidad : *prospera el comercio.* ‖ Mejorar de situación económica. ‖ Ganar partidarios, abrirse camino : *prosperar en la política.*
prosperidad f. Bienestar material. ‖ Buena marcha de los asuntos.
próspero, ra adj. Que se desenvuelve favorablemente.
próstata f. Glándula secretora entre la vejiga y la uretra.
prostático, ca adj. Relativo a la próstata. ‖ Enfermo de la próstata (ú. t. c. s. m.).
prostatitis f. *Med.* Inflamación de la próstata.
prosternarse v. i. Postrarse.
prostíbulo m. Casa de mujeres públicas.
prostitución f. Acción por la que una persona tiene relaciones sexuales con un número indeterminado de otras mediante remuneración. ‖ Existencia de lupanares y de mujeres públicas. ‖ *Fig.* Corrupción.
prostituir v. t. Entregar a la prostitución : *prostituir a su hija* (ú. t. c. pr.). ‖ *Fig.* Envilecer, hacer uso de manera deshonrosa : *prostituir su talento* (ú. t. c. pr.). | Degradar por un uso indigno : *prostituir la justicia* (ú. t. c. pr.).

prostituta f. Mujer que se entrega por dinero.
protactinio m. Metal radiactivo (Pa), de número atómico 91.
protagonismo m. Papel principal. || Actuación.
protagonista com. Personaje principal de cualquier obra literaria o dramática, de una película. || *Fig.* Persona que desempeña el papel principal en un suceso.
protagonizar v. t. Representar el papel de protagonista. || Ser el protagonista de algo, efectuar.
protección f. Acción de proteger. || Lo que protege.
proteccionismo m. Sistema económico que defiende la protección de la producción nacional frente a los productos extranjeros mediante cierto número de medidas (limitación de las importaciones por el pago de derechos de entrada o sistema de licencias, fomento de las exportaciones gracias a la concesión de primas, control de cambios, etc.). || Régimen aduanero basado en esta doctrina.
proteccionista adj. Relativo al proteccionismo. || — M. y f. Partidario de este sistema.
protector, ra o **triz** adj. y s. Qe protege. || — M. Aparato que sirve para proteger los dientes de los boxeadores. || Título que tomó en Inglaterra Oliver Cromwell en 1653 y los que otorgaron los Estados de Corrientes, Entre Ríos, la Banda Oriental y todos los federales al general uruguayo Artigas en 1815, los peruanos a San Martín en 1821 y el que tuvo Santa Cruz en la Confederación Peruboliviana en 1834.
protectorado m. Dignidad, cargo y función de protector. || Parte de soberanía que un Estado ejerce en territorio extranjero puesto bajo su dependencia.
proteger v. t. Poner al amparo, resguardar, defender. || Ayudar, socorrer : *proteger a los huérfanos.* || Patrocinar, velar por : *proteger un candidato.* || Favorecer, alentar : *protegió las letras.* || Defender, sostener el mercado nacional contra los productos extranjeros. || — V. pr. Defenderse.
protegido, da adj. y s. Que posee un protector.
proteína f. Sustancia orgánica, elemento principal de las células, necesaria en la alimentación.
protervo, va adj. y s. Perverso.
protésico, ca adj. Relativo a la prótesis. || — M. El que hace la prótesis dental.
prótesis f. Procedimiento mediante el cual se sustituye artificialmente un órgano o parte de él : *prótesis dental.* | Pieza empleada.
protesta f. Acción y efecto de protestar. || Promesa : *protesta de amistad.*
protestante adj. Que protesta. || — Adj. y s. Que profesa el protestantismo.
protestantismo m. Conjunto de las doctrinas religiosas y de las Iglesias originadas en la Reforma.
protestar v. t. *Com.* Hacer el protesto de una letra de cambio. || — V. i. Afirmar con ahínco : *protestar de su inocencia.* || Manifestar oposición o desacuerdo : *protestar contra una injusticia.* || Refunfuñar : *protestar por todo.*
protesto m. *Com.* Diligencia notarial al no ser aceptada una letra de cambio. | Testimonio por escrito del mismo requerimiento.
protocolar y **protocolario, ria** adj. Relativo al protocolo. || Formulario, de cumplido.
protocolización f. Acción y efecto de protocolizar.
protocolizar v. t. Incorporar al protocolo.
protocolo m. Serie ordenada de escrituras matrices o de los documentos que un notario autoriza y custodia. || Libro en el que se consignan las actas de un congreso, de un acuerdo diplomático. || Ceremonial, etiqueta : *el protocolo real.* || Expediente que tiene un médico de cada paciente que cuida.
protohistoria f. Período intermedio entre la prehistoria y la historia propiamente dicha.
protomártir m. Primer mártir.
protón m. Núcleo del átomo de hidrógeno, corpúsculo cargado de electricidad positiva.
protoplasma m. Sustancia que constituye la parte esencial de las células de animales y plantas.
protoplasmático, ca adj. Relativo o perteneciente al protoplasma.
prototipo m. Ejemplo, modelo. || Primer ejemplar que se construye industrialmente de una máquina, vehículo, instalación industrial, etc. y que sirve para experimentar su potencia y rendimiento con objeto de emprender su fabricación en serie. || *Fig.* Ejemplo más representativo : *prototipo del avaro.*
protozoario, ria o **protozoo** adj. y s. m. Dícese de los animales de cuerpo unicelular y de forma rudimentaria. || — M. pl. Subreino que forman.
protuberancia f. Saliente en forma de bulto en la superficie de un cuerpo : *protuberancias del cráneo.*
protuberante adj. Saliente.
provecto, ta adj. Viejo.
provecho m. Beneficio.
provechoso, sa adj. Benéfico.
proveedor, ra m. y f. Persona o entidad que abastece.
proveer v. t. Abastecer, suministrar lo necesario para un fin : *proveer a uno de ropa, de alimentos* (ú. t. c. pr.). || Subvenir, atender : *ella proveía a sus necesidades.* || Cubrir un cargo o empleo : *proveer una notaría* (ú. t. c. pr.). || — V. pr. Aprovisionarse, abastecerse.
proveniencia f. Procedencia.
proveniente adj. Procedente.
provenir v. i. Proceder, venir.
provenzal adj. y s. De Provenza (Francia). || — M. Lengua hablada por los provenzales.
proverbial adj. Relativo al proverbio. || Muy conocido, habitual : *su bondad es proverbial.*
proverbio m. Refrán.
providencia f. Disposición, medida para lograr un fin : *tomar las providencias necesarias.* || Suprema sabiduría de Dios que rige el orden del mundo. || Dios : *los decretos de la Divina Providencia.* || *Fig.* Persona que cuida de otra : *ser la providencia de los pobres.* || *For.* Resolución del juez.
providencial adj. Relativo a la Providencia. || *Fig.* Oportuno.
provincia f. Cada una de las grandes divisiones administrativas de un Estado : *España se divide en 50 provincias, la Argentina en 22.* || En la Antigüedad romana, territorio conquistado fuera de Italia y administrado por un gobernador.
provincial adj. Relativo a la provincia.
provincialismo m. Predilección por los usos y costumbres de una provincia. || Voz, giro o manera de hablar de una provincia.

provincianismo m. Condición de provinciano.
provinciano, na adj. y s. Que vive en una provincia. ‖ — Adj. Relativo a una provincia.
provisión f. Suministro, abastecimiento. ‖ Acopio de cosas necesarias o útiles : *provisión de carbón.* ‖ Disposición, medida. ‖ *Provisión de fondos,* existencia de fondos en poder del pagador para hacer frente a una letra de cambio, cheque, etc.
provisional adj. Que no es definitivo, interino.
provisor, ra m. y. f. Proveedor.
provisorio, ria adj. Provisional.
provocación f. Reto, desafío.
provocador, ra adj. y s. Que provoca disturbios, alborotador.
provocante adj. Que provoca.
provocar v. t. Incitar o inducir a uno a que haga algo : *provocar a la rebelión.* ‖ Irritar, excitar : *provocar con ademanes.* ‖ Desafiar, retar : *provocar al adversario.* ‖ Mover : *provocar la risa.* ‖ Causar, originar : *le provocó la muerte.* ‖ Ayudar, facilitar : *el opio provoca el sueño.* ‖ Excitar una mujer el deseo de los hombres. ‖ *Amer.* Apetecer.
provocativo, va adj. Que irrita, excita o incita.
proxeneta com. Persona que comercia con los amores ilícitos.
proxenetismo m. Actividad del proxeneta.
próximamente adv. Pronto. ‖ Cerca.
proximidad f. Cercanía.
próximo, ma adj. Que está cerca en el tiempo o en el espacio.
proyección f. Acción de lanzar un cuerpo pesado, un líquido, un fluido. ‖ *Geom.* Figura que resulta en una superficie al proyectar en ella los puntos de un sólido u otra figura : *proyección de un prisma.* ‖ Imagen que se hace visible, por medio de un foco luminoso, en una superficie plana : *proyección luminosa.* ‖ Acción de proyectar una película ; *proyección cinematográfica.* ‖ *Fig.* Influencia, influjo poderoso : *la proyección de la cultura hispánica.*
proyectar v. t. Arrojar, lanzar a distancia. ‖ Preparar o trazar un plan, concebir un proyecto : *proyectar una operación militar.* ‖ Hacer los planos de una obra de ingeniería o arquitectura. ‖ Hacer ver una película en la pantalla. ‖ Exhibir una película en un cine. ‖ Trazar la proyección de una figura geométrica sobre un plano. ‖ Fig. Influir.
proyectil m. Todo cuerpo al cual se comunica una velocidad cualquiera y es lanzado en una dirección determinada, como bala, granada, bomba, cohete, etc.
proyectista com. Persona que hace proyectos de ingeniería, etc.
proyecto m. Plan, designio de hacer algo, intención. ‖ Conjunto de planos y documentos explicativos, con indicación de costes, que se hace previamente a la construcción de una obra. ‖ Esbozo, bosquejo, esquema : *proyecto de novela.* ‖ Texto de ley elaborado por el Gobierno y que se somete a la aprobación del Parlamento.
proyector, ra adj. Que sirve para proyectar. ‖ — M. Reflector destinado a lanzar en una dirección determinada un haz de luz muy fuerte. ‖ Aparato para proyectar imágenes sobre una pantalla.
prudencia f. Calidad de la persona que obra con moderación.
prudencial adj. De la prudencia. ‖ Prudente : *prórroga prudencial.* ‖ *Fam.* No excesivo.
prudente adj. Que obra con prudencia. ‖ Razonable : *una hora prudente.*
prueba f. Razón o argumento con que se demuestra una cosa : *dar prueba de lo que se afirma.* ‖ Ensayo, experiencia : *pruebas nucleares.* ‖ Una de las partes en que se divide un examen : *prueba de física.* ‖ *Fig.* Señal, testimonio : *prueba de amistad.* ‖ Tratándose de comida o bebida, degustación. ‖ Acción de ponerse un traje que se está haciendo para que el sastre o la costurera compruebe si le va bien al cliente. ‖ Competición deportiva. ‖ *Mat.* Operación mediante la cual se comprueba la exactitud del resultado de un problema o cálculo cualquiera : *la prueba del nueve.* ‖ *For.* Justificación del derecho de las partes : *prueba pericial.* ‖ Primera impresión que se saca para corregir las erratas : *prueba de imprenta.* ‖ *Fot.* Copia positiva. ‖ — Pl. Ejercicios acrobáticos.
prurito m. Picor. ‖ *Fig.* Afán de hacer algo lo mejor posible.
prusiano, na adj. y s. De Prusia.
pseudo adj. Seudo.
psi f. Vigésima tercera letra del alfabeto griego (Ψ).
psicastenia f. Depresión psíquica.
psico, prefijo griego que entra en la composición de algunas palabras. (Actualmente se autoriza prescindir de la *p* inicial, v. gr. : *sicosis, sicología,* etc.).
psicoanálisis m. Exploración psicológica del pasado moral y mental de un enfermo por el método de Sigmund Freud. ‖ Método de tratamiento de las enfermedades nerviosas de origen psíquico basado en esta exploración.
psicoanalista m. y f. Especialista en psicoanálisis.
psicología f. Ciencia que trata del alma, de sus facultades y operaciones, y particularmente de los fenómenos de la conciencia. ‖ *Fig.* Todo lo que atañe al espíritu. | Carácter, modo de ser.
psicológico, ca adj. Referente a la psicología : *estado psicológico.*
psicólogo, ga adj. y s. Especialista en psicología. ‖ Que analiza el espíritu de otras personas.
psicomotor, ra adj. Relativo a los efectos motores de la actividad psíquica.
psicópata com. Enfermo mental.
psicopatía f. Enfermedad mental.
psicopatología f. Patología de las enfermedades mentales.
psicosis f. Nombre genérico de las enfermedades mentales. ‖ Estado anímico colectivo originado por una conmoción de carácter social.
psicosomático, ca adj. Relativo al estado psíquico y orgánico.
psicotecnia f. Estudio de las reacciones psíquicas y fisiológicas del hombre.
psicoterapeuta adj. y s. Especialista en psicoterapia.
psicoterapéutico, ca adj. Relativo a la psicoterapia.
psicoterapia f. Conjunto de medios psicológicos empleado para tratar a los enfermos mentales.
psique y **psiquis** f. El alma, el intelecto.
psiquiatra com. Médico especialista en psiquiatría.
psiquiatría f. Parte de la medicina que estudia las enfermedades mentales. ‖ Tratamiento seguido para curar estos males.

psiquiátrico, ca adj. Relativo a la psiquiatría.
psíquico, ca adj. Relativo al alma, al espíritu, a la conciencia.
psiquismo m. Conjunto de los caracteres psicológicos de alguien.
Pt, símbolo químico del *platino.*
pteridofita adj. y s. f. Dícese de las plantas criptógamas de generación alternante como los helechos. ‖ — F. pl. Tipo que forman.
pterodáctilo m. Reptil volador de la era secundaria.
ptialina f. Enzima de la saliva.
Pu, símb. químico del *plutonio.*
púa f. Objeto delgado y rígido que termina en punta aguda. ‖ Diente de un peine o de la carda. ‖ Pincho del erizo, del puerco espín, etc. ‖ Chapa triangular de concha para tocar la guitarra o la bandurria. ‖ Hierro del trompo. ‖ — Adj. *Arg. Fam.* Astuto. | Hábil para engañar.
púber, ra adj. y s. Adolescente.
pubertad f. Edad en que comienza la función de las glándulas reproductoras y se manifiestan ciertos caracteres sexuales secundarios.
pubis m. Parte inferior del vientre que se cubre de vello en la pubertad. ‖ Hueso que se une al ilion y al isquion para formar el hueso innominado.
publicación f. Acción y efecto de publicar. ‖ Obra publicada.
publicador, ra adj. y s. Que publica
publicar v. t. Hacer pública una cosa. ‖ Imprimir y poner en venta un escrito : *publicar un libro.* ‖ Correr las amonestaciones o proclamas para el matrimonio y las órdenes sagradas. ‖ Divulgar lo secreto.
publicidad f. Notoriedad pública : *dar publicidad a un escándalo.* ‖ Carácter de lo que se hace en presencia del público : *publicidad de una causa criminal.* ‖ Conjunto de medios empleados para dar a conocer una empresa comercial, industrial, etc., para facilitar la venta de los artículos que produce. ‖ Anuncio : *agencia de publicidad.*
publicista com. Persona que escribe artículos, libros, etc. ‖ Persona que escribe de derecho público, de política o de asuntos sociales. ‖ Persona que se dedica a la publicidad.
publicitario, ria adj. Referente a la publicidad, a la propaganda.
público, ca adj. Relativo a una colectividad : *interés público.* ‖ Común, que es de todos : *monumento público.* ‖ Relativo al gobierno de un país : *funciones públicas.* ‖ Que puede ser utilizado por todos : *vía pública.* ‖ Que puede presenciar cualquiera : *sesión pública.* ‖ Notorio, manifiesto, que no es secreto. ‖ Dícese de una parte del Derecho que trata de los intereses generales del Estado. ‖ — M. Todo el mundo en general, el pueblo : *aviso al público.* ‖ Concurrencia de personas reunidas para oír, ver, juzgar. ‖ Conjunto de personas que leen, ven, oyen una obra literaria, dramática, musical, etc. : *este escritor tiene su público.* ‖ — *Fig. Dar al público,* publicar. ‖ *En público,* con asistencia de un gran número de personas.
pucallpeño, ña adj. y s. De Pucallpa (Perú).
pucará m. *Amer.* Fortín precolombino en Bolivia y Perú.
pucha f. *Méx.* Rosquilla. ‖ *Cub.* Ramillete de flores.
pucherazo m. Fraude electoral.
puchero m. Vasija de barro o hierro para guisar. ‖ Cocido. ‖ *Fig.* y *fam.* Alimento diario : *trabajar por el puchero.* ‖ — Pl. *Fam.* Gesto de los niños al empezar a llorar.
puches m. pl. Gachas.
pucho m. Colilla de cigarro. ‖ *Amer.* Poco, cantidad insignificante. | Sobra o resto de algo.
pudding m. (pal. ingl.). Pastel hecho generalmente con harina y frutos secos.
pudelación f. y **pudelado** m. Operación de pudelar.
pudelar v. t. Convertir el hierro colado en acero o en hierro dulce quemando parte de su carbono en hornos de reverbero.
pudendo, da adj. *Partes pudendas,* las partes genitales.
pudibundez f. Mojigatería.
pudibundo, da adj. Pudoroso.
púdico, ca adj. Casto, pudoroso.
pudiente adj. y s. Rico.
pudín m. V. PUDDING.
pudor m. Vergüenza, recato.
pudoroso, sa adj. Con pudor.
pudrir v. t. Corromper una materia orgánica (ú. t. c. pr.). ‖ *Fig.* Consumir, inquietar, irritar (ú. t. c. pr.).
pueblada f. *Riopl. Col.* y *Per.* Motín.
pueblerino, na adj. Aldeano (ú. t. c. s.). ‖ *Fig.* Propio de los que viven en pueblos.
pueblo m. Población, villa, aldea o lugar pequeño. ‖ Conjunto de los habitantes de un lugar o país : *el pueblo mexicano.* ‖ Gente común de una población : *el pueblo barcelonés, bonaerense.* ‖ Nación : *el pueblo inca.* ‖ *Pueblo bajo,* plebe.
puelche m. *Chil.* Viento que sopla de la cordillera andina. | Indio que vivía en la parte oriental de los Andes, en el S. de la Pampa.
puente m. Obra destinada a poner en comunicación dos puntos separados por un obstáculo o que permite que pasen sin cruzarse al mismo nivel dos corrientes de circulación. ‖ Dispositivo eléctrico que tiene cuatro elementos de circuitos colocados según los cuatro lados de un cuadrilátero cuyas diagonales poseen una fuente de corriente y un aparato de medida : *puente de Wheatstone, de Maxwell.* ‖ Ejercicio de acrobacia que consiste en arquear el cuerpo hacia atrás apoyándose en los dos pies y en las dos manos. ‖ *Mar.* Plataforma elevada desde la cual el oficial de guardia da las órdenes de mando a la tripulación de un barco. | Cubierta en la que están las baterías en un barco de guerra. ‖ Parte de las gafas que cabalga sobre la nariz. ‖ Tablilla que mantiene levantadas las cuerdas de un instrumento músico. ‖ Aparato de prótesis dental que consiste en la inserción de un diente o muela artificial entre dos sanos. ‖ *Fig.* Existencia de dos días de fiesta separados por uno de trabajo y que se aprovecha para declarar de asueto los tres días. ‖ — *Fig. Hacer puente,* considerar como festivo el día intermedio entre dos que lo son. | *Puente aéreo,* enlace aéreo muy frecuente entre dos ciudades ; servicio aéreo que se establece con un lugar que ha quedado incomunicado por vía terrestre. ‖ *Puente trasero,* en un automóvil, conjunto mecánico formado por dos semiejes de la ruedas traseras, el diferencial y el cárter que contiene dichos órganos.
puerco, ca adj. Sucio. ‖ — M. Cerdo. ‖ *Fig.* y *fam.* Hombre sucio y grosero. ‖ — *Puerco espín,* mamífero roedor que tiene el cuerpo cubierto de púas. ‖ *Amer. Puerco salvaje,*

pecarí. || — F. Hembra del puerco. || *Fig.* y *fam.* Mujer desaliñada, sucia o grosera.
puericultor, ra m. y f. Médico especialista de niños.
puericultura f. Medicina de niños.
pueril adj. Del niño. || *Fig.* Infantil.
puerilidad f. Condición de pueril. || Acción o dicho infantil. || *Fig.* Cosa insignificante.
puerperio m. Estado de una mujer después del parto.
puerro m. Planta liliácea de raíz bulbosa comestible.
puerta f. Abertura que permite el paso a un lugar cerrado o vallado. || Armazón de hierro o madera que, sujeta a un marco, sirve para dar o impedir el paso entre dos habitaciones de una casa, a través de una verja o vallado o para cerrar un armario o mueble. || Entrada : *en las puertas de la ciudad.* || *Fig.* Medio de acceso, introducción : *las puertas del saber.* || Espacio comprendido entre dos piquetes que ha de salvar un esquiador en las pruebas de habilidad. || Portería, meta en fútbol. || — *Fig. A puerta cerrada,* en secreto. | *Dar a uno con la puerta en las narices,* desairarle cerrándole la puerta cuando quiere entrar. || *Puerta falsa* (o *excusada*), la que da a paraje excusado. || *Puerta vidriera,* la que tiene vidrios o cristales.
puerto m. Lugar en la costa defendido de los vientos y dispuesto para seguridad de las naves y para las operaciones de tráfico y armamento. || Paso estrecho entre montañas : *el puerto de Roncesvalles.* || *Fig.* Asilo, refugio : *puerto de salvación.* || *Puerto franco* o *libre,* el que goza de franquicia de derechos de aduana.
puertocarrense adj. y s. De Puerto Carreño (Colombia).
puertomonttino, na adj. y s. De Puerto Montt (Chile).
puertorriqueñismo m. Vocablo o giro propio del habla de Puerto Rico.
puertorriqueño, ña adj. y s. De Puerto Rico.
pues conj. Denota causa, razón o consecuencia y se usa a veces como condicional o ilativa. || Con interrogante equivale a *¿ cómo ?* || A principio de cláusula encarece lo que en ella se dice.
puesta f. Acción de ponerse u ocultarse un astro : *la puesta del Sol.* || Cantidad que se apuesta en un juego de azar. || Acción de poner : *puesta al día.* || Funcionamiento : *la puesta en marcha de un motor.* || Cantidad de huevos que ponen las aves. || — *Puesta de largo,* presentación en sociedad de una chica. || *Puesta en escena,* escenificación de una obra de teatro.
puestero m. *Amer.* Dueño de un puesto en la vía pública.
puesto, ta adj. Vestido, arreglado, ataviado : *mujer muy bien puesta.* || — M. Sitio que ocupa una cosa o una persona : *cada cosa en su puesto.* || Lugar ocupado en una clasificación : *tener un buen puesto en el escalafón.* || Tienda ambulante para vender al por menor : *un puesto de periódicos.* || Cargo, empleo : *un puesto del Estado.* || *Mil.* Lugar donde hay soldados apostados con algún fin. || Sitio donde se oculta el cazador para tirar. || — *Fam. Estar puesto,* conocer bien algo. || *Ir puesto,* ir bien vestido. || — Conj. *Puesto que,* ya que.
puf m. Taburete bajo acolchado.
¡ puf ! interj. Denota repugnancia o asco o el sonido de un choque.
pufo m. *Fam.* Engaño. | Deuda sin pagar.
púgil m. Boxeador.
pugilato m. Lucha a puñetazos. || Boxeo. || *Fig.* Disputa reñida.
pugilismo m. Boxeo.
pugilista m. Púgil.
pugna f. Lucha.
pugnar v. i. Luchar, batallar.
puja f. Acción y efecto de pujar y cantidad ofrecida.
pujador, ra m. y f. Licitador.
pujante adj. Que tiene pujanza.
pujanza f. Fuerza, vigor.
pujar v. t. e i. Hacer esfuerzos para pasar adelante o proseguir una acción : *pujé para abrirme paso en la vida.* || Ofrecer un licitador en una subasta más dinero que el anunciado por su predecesor.
pujo m. Dolor que a veces se siente al orinar o evacuar el cuerpo. || *Fig.* Gana irresistible de reír o llorar. || *Fig.* Conato, aspiración : *tenía pujos de ser pintor.* | Deseo grande.
pulcazo m. *Méx.* Trago de pulque.
pulcritud f. Esmero en el aseo : *vestir con pulcritud.* || Cuidado : *labor hecha con pulcritud.* || *Fig.* Delicadeza, decoro.
pulcro, cra adj. Aseado, limpio : *persona pulcra.* || Delicado, fino : *pulcro en el hablar.* || Cuidado, esmerado : *trabajo pulcro.*
pulga f. Insecto díptero que vive parásito en el cuerpo del hombre y de algunos animales chupándoles la sangre. || — *Fam. Buscar las pulgas a uno,* provocarle. | *Sacudirse uno las pulgas,* rechazar las cosas molestas. | *Tener malas pulgas,* tener mal genio.
pulgada f. Medida que es la duodécima parte del pie, algo más de 23 mm. || Medida de longitud inglesa equivalente a 25,4 mm.
pulgar adj. Dícese del dedo más grueso de la mano (ú. t. c. s. m.).
pulgón m. Insecto hemíptero cuyas hembras y larvas viven parásitas en las plantas.
pulguillas m. y f. inv. *Fig.* y *fam.* Persona susceptible e irritable.
pulido, da adj. Pulcro, muy cuidado. || — M. Pulimento.
pulidor, ra adj. Que pule o da brillo a una cosa. || — M. Instrumento o máquina para pulir.
pulimentar v. t. Pulir.
pulimento m. Acción y efecto de pulir. || Lo que pulimenta.
pulir v. t. Alisar o dar brillo : *pulir el mármol.* || Perfeccionar, dar la última mano : *pulir un mueble.* || *Fig.* Corregir, hacer más elegante : *pulir el estilo.* | Civilizar : *pulir a un lugareño.* || *Pop.* Vender.
pulmón m. Órgano de la respiración del hombre y de los vertebrados que viven o pueden vivir fuera del agua y que está en la cavidad torácica. || — Pl. *Fig.* y *fam.* Voz potente, facultad de gritar mucho. || *Pulmón de acero* o *artificial,* recinto metálico, herméticamente cerrado, donde se provoca la respiración de ciertos enfermos por medio de un aparato neumático.
pulmonar adj. Referente a los pulmones.
pulmonía f. *Med.* Inflamación del pulmón producida por un microbio específico *(neumococo).*
pulpa f. Tejido parenquimatoso que constituye la casi totalidad de algunos frutos carnosos. || Tejido conjuntivo embrionario contenido en el interior de los dientes. || Tira delgada de remolachas o de cañas de azúcar de las que se han extraído el azúcar.
pulpería f. *Amer.* Tienda donde se venden comestibles, bebidas y géneros de droguería,

mercería, etc. || *P. Rico.* Tienda de abarrotes.
pulpero, ra m. y f. *Amer.* Persona que tiene una pulpería.
púlpito m. Tribuna de la cual el predicador se dirige a los fieles.
pulpo m. Molusco cefalópodo con ocho tentáculos provistos de dos filas de ventosas. || Tiras de goma que sirven para fijar los bultos en la baca de un coche.
pulque m. Bebida alcohólica americana, característica de México, hecha con la fermentación de la savia, llamada aguamiel, de varias especies de maguey.
pulquería f. Establecimiento en que se vende pulque.
pulquero, ra m. y f. Vendedor de pulque.
pulsación f. Cada uno de los latidos de una arteria. || *Fís.* Movimiento vibratorio y periódico en los fluidos elásticos. || Cada uno de los golpes que se da al teclado de una máquina de escribir, de un piano, etc.
pulsador, ra adj. Que pulsa. || — M. Interruptor que cierra un circuito mientras se oprime su botón : *pulsador del timbre.*
pulsar v. t. Tocar, tañer : *pulsar una guitarra.* || Presionar : *pulsar un botón eléctrico.* || *Fig.* Tantear un asunto : *pulsar la opinión pública.* || — V. i. Latir las arterias o el corazón.
púlsar m. (de la expr. ingl. *pulsating star,* estrella con pulsaciones). *Astr.* Fuente de radiación radioeléctrica, luminosa, X o gamma, cuyas emisiones son muy breves (50 milésimas de segundo) y tienen un período de aproximadamente un segundo.
pulsátil adj. Que pulsa.
pulsera f. Joya que se pone en la muñeca.
pulsión f. Impulso que incita a realizar o rehuir ciertos actos.
pulso m. Transmisión de la onda provocada por la contracción cardiaca en un vaso de la circulación, perceptible principalmente en la muñeca por un latido intermitente : *tomar el pulso.* || Parte de la muñeca donde se siente este latido. || *Fig.* Seguridad y destreza en la ejecución de ciertos trabajos de precisión : *hay que tener mucho pulso para dibujar.* | Tacto, discreción, cuidado : *obrar con mucho pulso.* || *Amer.* Pulsera. || — *A pulso,* sin apoyar el brazo en ningún sitio; (fig.) después de grandes esfuerzos. || *Echar un pulso,* agarrarse dos personas las manos, apoyadas en los codos, para intentar derribar el brazo del contrincante.
pulsorreactor m. Motor de reacción intermitente en el que sólo están en movimiento las válvulas.
pulular v. i. Abundar.
pulverización f. División de un sólido o de un líquido en corpúsculos o gotas.
pulverizador m. Aparato que se pone en el extremo de un tubo que sirve para proyectar al exterior un líquido en forma de gotas o un sólido en forma de polvo. || Surtidor del carburador de un automóvil.
pulverizar v. t. Reducir a polvo una cosa. || Proyectar un líquido en gotitas. || *Fig.* Hacer añicos : *pulverizar un vaso.* | Aniquilar, destruir : *pulverizó al enemigo.* | Sobrepasar en mucho : *pulverizar un récord.* | Quitar todo su valor : *pulverizar una teoría.* | Despilfarrar, tirar : *pulverizó su fortuna.*
pulverulento, ta adj. Polvoriento. || En forma de polvo.
pulla f. Dicho ocurrente con que se zahiere a uno : *lanzar pullas.*
pullman m. Coche de lujo en ciertas líneas de ferrocarril.
pull-over [*pulóver*] m. (pal. ingl.). Jersey.
¡pum! interj. Onomatopeya que expresa ruido o golpe.
puma m. Mamífero carnívoro félido de América, semejante al tigre.
puna f. Término que designa en los Andes de Perú, Bolivia, Argentina y Chile la plataforma de tierras frías comprendida entre los 3 000 y 5 000 m, según la latitud. || Soroche.
punción f. Operación quirúrgica que consiste en introducir un instrumento punzante en una cavidad llena de un líquido para vaciarla o extraer cierta cantidad del mismo con fines de diagnóstico.
puncionar v. t. Hacer punciones.
punch [*ponch*] m. (pal. ingl.). Ponche. || Pegada de un boxeador.
punching ball [*punchingbol*] m. (pal. ingl.). Balón suspendido por cuerdas elásticas con que se entrenan los boxeadores.
pundonor m. Amor propio.
pundonoroso, sa adj. Que tiene pundonor, caballeroso (ú. t. c. s.).
puneño, ña adj. y s. De Puno (Perú).
punga m. *Arg. Fam.* Carterista.
punición f. Castigo.
púnico, ca adj. Cartaginés (ú. t. c. s.).
punir v. t. Castigar.
punitivo, va adj. De castigo.
punta f. Extremo puntiagudo de una cosa. || Pico de una parte de una prenda de vestir : *la punta del cuello.* || Lengua de tierra que penetra en el mar : *la punta de Tarifa.* || Clavo pequeño. || Parte final del cuerno de un toro. || Colilla : *puntas de cigarrillos.* || Gusto agrio del vino que se avinagra. || Porción del ganado que se separa del rebaño. || Multitud, gran número de personas o cosas. || Postura de la bailarina que danza sobre el extremo de los dedos de los pies. || *Fig.* Un poco, algo, pequeña cantidad de : *tiene puntas de escritor dramático.* || — *Fam. A punta (de) pala,* en abundancia. || *Fig. De punta en blanco,* muy arreglado en el vestir. | *Hasta la punta de los pelos,* harto. | *Horas (de) punta,* aquellas en que hay mucho tráfico. | *Poner los nervios de punta,* crispar los nervios. | *Velocidad punta,* velocidad máxima.
puntada f. Cada uno de los agujeros que hace en la tela la aguja de coser. || *Fig.* Alusión, insinuación hecha en la conversación.
puntal m. Madero que sirve de sostén o de entibado. || *Fig.* Sostén, apoyo. | Elemento principal.
puntano, na adj. y s. De San Luis (Argentina).
puntapié m. Golpe con la punta del pie.
puntarenense adj. y s. De Punta Arenas (Chile) y de Puntarenas (Costa Rica).
puntazo m. Herida hecha con la punta de un arma o con el cuerno de un toro. || *Fig.* Pulla, indirecta.
punteado m. Acción y efecto de puntear la guitarra o de marcar puntos. || Serie de puntos.
puntear v. t. Marcar, señalar puntos en una superficie. || Dibujar con puntos. || Tocar un instrumento hiriendo cada cuerda con un dedo.
punteo m. Modo de tocar la guitarra hiriendo las cuerdas con un dedo.
puntera f. Remiendo en el calzado, en los calcetines y las medias, etc., por la parte de la punta del pie. || Contrafuerte de cuero en la punta de algunos zapatos. || Contera que

se pone en la punta de un lápiz. ‖ Punta del pie.

puntería f. Operación que consiste en orientar convenientemente un arma de fuego para que el proyectil dé en el objetivo. ‖ Dirección en que se apunta el arma. ‖ Destreza del tirador.

puntero, ra adj. Dícese de la persona que descuella en lo que hace. ‖ — M. Palo con que se señala una cosa en los carteles, mapas, etc.

puntiagudo, da adj. En punta.

puntilla f. Encaje fino. ‖ Clavo pequeño. ‖ Puñal para matar reses. ‖ — *Fig. Dar la puntilla*, rematar, acabar con una persona. ‖ *De puntillas*, sobre las puntas de los pies.

puntillero m. El que remata al toro con la puntilla.

puntillismo m. Procedimiento de pintura de los neoimpresionistas consistente en descomponer los tonos por pinceladas separadas.

puntillo m. Cosa de poca entidad, cosilla. ‖ Pundonor exagerado.

puntilloso, sa adj. Susceptible.

punto m. Señal de pequeña dimensión : *marcar con un punto.* ‖ Pequeño signo ortográfico que se pone sobre la *i* y la *j*. ‖ Signo ortográfico (.) que, empleado sólo, indica el fin de una frase; cuando son dos, situados verticalmente (:), se ponen al final de una frase para anunciar una cita, una palabra, una explicación, una consecuencia. ‖ Signo : *punto de interrogación, de admiración.* ‖ Lugar del espacio sin extensión : *punto geométrico.* ‖ Intersección de dos líneas. ‖ Sitio determinado : *punto de reunión.* ‖ Asunto de una materia : *estar de acuerdo en un punto.* ‖ Aquello que es esencial, importante, delicado; tema, pregunta : *el punto capital de un asunto.* ‖ Estado, situación : *encontrarse en el mismo punto que antes.* ‖ Momento, instante : *al llegar a este punto se fue.* ‖ Cosa muy pequeña, parte mínima : *esto tiene su punto de acidez.* ‖ Cada unidad de una nota que sirve para estimar la conducta y los conocimientos de un alumno : *obtener muchos puntos en el examen escrito.* ‖ *Arq.* Arco o bóveda de curvatura semicircular : *arco de medio punto.* ‖ Determinación de la posición geográfica de un barco, de un avión. ‖ Parada de coche de alquiler. ‖ Unidad de medida utilizada en tipografía para expresar el tamaño del cuerpo de los caracteres, equivalente a 0,375 mm. ‖ Valor que se atribuye a cada carta de la baraja, variable según los juegos. ‖ Número de puntos que figura en las fichas de dominó o en cada cara de un dado. ‖ Unidad de cálculo que sirve para saber los derechos adquiridos en ciertos regímenes basado en el reparto : *puntos de subsidios familiares.* ‖ Unidad, sin especificación de medida o de valor, utilizada en numerosos deportes para designar el vencedor. ‖ Superficie elemental de análisis de la imagen que hay que transmitir o que se recibe en televisión. ‖ Grado de temperatura en que se produce un fenómeno físico : *punto de fusión.* ‖ Lo que se pone en los labios de una herida para cerrarla : *le echaron diez puntos.* ‖ Clase de tejido hecho con mallas entrelazadas formadas con agujas especiales (de jersey, de medias, etc.) y manera de combinar los hilos en este tejido. ‖ Persona que juega contra el banquero en los juegos de azar. ‖ *Fam.* Persona sin muchos escrúpulos, de poca vergüenza : *¡está hecho un buen punto!* ‖ — Pl. Plus familiar. ‖ — *Al punto*, inmediatamente. ‖ *A punto*, a tiempo; preparado. ‖ *A punto de*, muy cerca de. ‖ *Fig. Con puntos y comas*, con todo detalle. ‖ *En punto*, exactamente : *a la hora en punto.* ‖ *Fig. En su punto*, de la mejor manera que puede estar. ‖ *Hasta cierto punto*, en cierto modo. ‖ *Fig. Poner punto en boca*, callarse. ‖ *Punto álgido*, punto culminante. ‖ *Punto cardinal*, el Norte, el Sur, el Este y el Oeste. ‖ *Punto de apoyo*, punto fijo en el cual se apoya una palanca. ‖ *Punto de arranque* o *de partida*, el que señala el principio de algo. ‖ *Punto de ebullición, de fusión, de licuefacción*, temperatura a la cual empieza a hervir, a fundirse o a licuarse un cuerpo. ‖ *Punto de honra* o *de honor*, pundonor. ‖ *Punto de vista*, punto en que se coloca el observador para examinar algo; (fig.) criterio, modo de ver. ‖ *Fam. Punto filipino*, persona con poca vergüenza. ‖ *Fig. Punto flaco*, debilidad. ‖ *Punto menos que*, casi. ‖ *Punto muerto*, posición de la palanca del cambio de velocidades cuando el automóvil está parado; (fig.) estado de un asunto o negociación en que no se realizan progresos. ‖ *Punto por punto*, detalladamente. ‖ *Punto y aparte*, signo de puntuación que se pone para separar dos párrafos. ‖ *Punto y coma*, signo ortográfico (;) con el que se separan dos miembros de la misma frase. ‖ *Puntos suspensivos*, signos (...) que se emplean cuando se deja sin concluir una oración.

puntuación f. Acción y manera de puntuar. ‖ Conjunto de signos gráficos que señalan las separaciones entre los diversos elementos de una oración. ‖ Conjunto de puntos obtenidos en una clasificación o nota de un alumno.

puntual adj. Que llega a la hora debida : *ser puntual.* ‖ Que cumple con sus obligaciones, con sus deberes. ‖ Exacto, detallado.

puntualidad f. Condición de puntual, de ser exacto. ‖ Precisión.

puntualizar v. t. Concretar, precisar, determinar con exactitud.

puntuar v. t. Escribir los signos de puntuación. ‖ Sacar puntos en una competición deportiva o en cualquier prueba. ‖ Poner puntos o notas : *profesor que puntúa mal.*

punzada f. Pinchazo. ‖ Dolor agudo e intermitente.

punzante adj. Que pincha. ‖ Que da punzadas. ‖ *Fig.* Mordaz.

punzar v. t. Pinchar.

punzón m. Instrumento de acero puntiagudo que sirve para perforar chapas de metal, abrir ojetes, etc. ‖ Buril. ‖ Troquel de la punzonadora para acuñar monedas, medallas, etc. ‖ Pieza cónica que sirve para regular el paso de un líquido por un orificio : *punzón del carburador.*

punzonadora f. Máquina empleada para perforar la chapa.

puñada f. Puñetazo.

puñado m. Porción de cualquier cosa que cabe en el puño. ‖ *Fig. A puñados*, con abundancia.

puñal m. Arma blanca de corto tamaño y con punta acerada.

puñalada f. Herida hecha con el puñal : *dar una puñalada.* ‖ *Fig.* Pesadumbre, pena muy grande : *las puñaladas del dolor.* ‖ *Fig.* y *fam. Puñalada trapera*, jugarreta.

puñeta f. Bocamanga de la toga de los magistrados. ‖ *Pop.* Tontería. | Pejiguera. | Complicación. | Historia, cuento. ‖ — *Pop. Hacer la puñeta*, fastidiar. | *Hacerse la* *puñeta,* fastidiarse. | *Importar una puñeta,* dar igual. | *Mandar a hacer puñetas,* mandar a paseo. | *¡Puñeta!,* expresión de enojo. | *Quinta puñeta,* lugar muy distante. | *Ser la puñeta,* ser el colmo.

puñetazo m. Golpe con el puño.

puñetería f. *Pop.* Menudencia, insignificancia. | Molestia.

puñetero, ra adj. Fastidioso, molesto (ú. t. c. s.). | Malintencionado, malvado (ú. t. c. s.). | Chinchoso, molesto (ú. t. c. s.). | Difícil, complicado.

puño m. Mano cerrada. ‖ Parte de las prendas de vestir que rodea la muñeca. ‖ Empuñadura de ciertas cosas : *el puño del bastón.* ‖ Mango para agarrar una vasija, etc. ‖ — *De su puño y letra,* con su propia mano. | *Meter a uno en un puño,* intimidarlo, dominarlo.

pupa f. Erupción en los labios, calentura. ‖ Postilla, llaga pequeña. ‖ En el lenguaje infantil, daño, dolor.

pupila f. Abertura del iris del ojo por donde entra la luz. ‖ Huérfana respecto de su tutor. ‖ Mujer que se hospeda en una pensión. ‖ *Fig.* y *fam.* Perspicacia, ingenio.

pupilo m. Huérfano respecto de su tutor. ‖ Individuo que se hospeda en una pensión.

pupitre m. Mueble con tapa inclinada que hay en las escuelas. ‖ Unidad periférica de un ordenador que consta de un teclado y de una pantalla de visualización.

puque adj. *Méx.* Podrido.

puquío m. *Amer.* Manantial.

purasangre m. Caballo que posee los caracteres puros de la raza.

puré m. Alimento que se obtiene moliendo y pasando por un tamiz legumbres cocidas. ‖ *Fam. Hecho puré,* hecho polvo.

pureta adj. y s. *Fam.* Viejo.

pureza f. Condición de puro.

purga f. Medicamento que sirve para exonerar el vientre. ‖ Residuos de operaciones industriales. ‖ *Tecn.* Acción de purgar, de vaciar el agua, el aire, el gas de un tubo, de un recipiente, etc. ‖ *Fig.* Eliminación de elementos políticamente indeseables : *las purgas nazis.*

purgación f. Blenorragia (ú. m. en pl.).

purgador m. Dispositivo para evacuar de una canalización o de una máquina un fluido cuya presencia puede dificultar el funcionamiento.

purgante adj. Que purga. ‖ — M. Medicamento que purga.

purgar v. t. Administrar un purgante para exonerar el vientre. ‖ Destruir, borrar por medio de la purificación : *purgar sus pecados.* ‖ Sufrir el alma las penas del purgatorio. ‖ Expiar, pagar una falta : *purgar una condena en un penal.* ‖ Eliminar de una canalización o de una máquina un fluido cuya presencia puede dificultar el funcionamiento normal. ‖ *Fig.* Eliminar enemigos políticos. ‖ — V. pr. Tomar una purga.

purgativo, va adj. Que purga.

purgatorio m. Lugar donde, según la teoría católica, las almas de los justos, incompletamente purificadas, acaban de purgar sus culpas antes de ir a la gloria. ‖ Esta penalidad. ‖ *Fig.* Sitio en que se padece mucho.

purificación f. Acción y efecto de purificar o purificarse. ‖ Ceremonia de la misa que [illegible]recede la ablución. ‖ Fiesta que celebra la [illegible]sia católica en honor de la Virgen María [illegible] febrero.

[illegible]dor, ra adj. y s. Que purifica.

purificar v. t. Quitar las impurezas.

purismo m. Calidad de purista.

purista adj. y s. Que escribe o habla con pureza.

puritanismo m. Secta y doctrina de los puritanos. ‖ Calidad de puritano. ‖ *Fig.* Rigorismo excesivo en las costumbres.

puritano, na adj. y s. Aplícase al miembro de una secta de presbiterianos, rigurosos observadores de la letra del Evangelio. ‖ Dícese del que real o afectadamente profesa gran austeridad de principios.

puritito, ta adj. *Méx. Fam.* Completo, entero : *es la puritita verdad.*

puro, ra adj. Que no está mezclado con ninguna otra cosa : *agua pura.* ‖ Que no está alterado con nada : *atmósfera pura.* ‖ Que no está disminuido por ninguna suciedad : *sustancia pura.* ‖ Que es exclusivamente lo que se expresa : *una pura coincidencia.* ‖ Sin mancha moral alguna : *alma pura.* ‖ Casto : *joven pura.* ‖ Conforme a las reglas del lenguaje, castizo : *castellano muy puro.* ‖ Perfecto, bello : *facciones puras.* ‖ Exclusivamente teórico : *matemáticas puras.* ‖ Íntegro, moral, recto : *conducta pura.* ‖ — M. Cigarro hecho con una hoja de tabaco enrollada.

púrpura f. Molusco gasterópodo marino que segrega un líquido amarillo que, por oxidación, se transforma en rojo y fue muy usado por los antiguos en tintorería y pintura. ‖ Tinte rojo muy costoso que sacaban los antiguos de este animal. ‖ Tela teñida con este color : *un manto de púrpura.* ‖ Color rojo oscuro algo morado. ‖ *Fig.* Dignidad imperial, consular, cardenalicia, etc. ‖ *Med.* Enfermedad caracterizada por la aparición en la piel de manchas rojas de forma y dimensiones variables.

purpurado m. Cardenal.

purpurar v. t. Teñir o vestir de púrpura.

purpúreo, a adj. De color de púrpura o relativo a ella.

purpurina f. Polvo finísimo dorado o plateado usado en pintura.

purpurino, na adj. Purpúreo.

purrete m. *Arg. Fam.* Niño que no tiene aún siete años.

purulencia f. Supuración.

purulento, ta adj. Con pus.

pus m. Humor espeso, amarillento, que se produce en los tejidos inflamados, tumores, llagas, etc. y está formado por leucocitos y microbios muertos.

pusilánime adj. Apocado, de poco ánimo, cobarde.

pusilanimidad f. Falta de valor, cobardía.

pústula f. *Med.* Vesícula inflamatoria de la piel llena de pus.

pustuloso, sa adj. Con pústulas.

puta f. *Pop.* Ramera, prostituta.

putada f. *Pop.* Jugarreta, mala pasada, faena.

putañero adj. y s. m. *Pop.* Putero.

putativo, va adj. Tenido por padre, hermano, etc., no siéndolo.

puteado, da adj. *Pop.* Fastidiado. | Baqueteado, maleado.

putear v. i. *Pop.* Ir con prostitutas. | Ser prostituta. ‖ — V. t. *Pop.* Fastidiar, jorobar. | Explotar.

puteo m. *Pop.* Acción de ir con prostitutas. | Fastidio, molestia.

putería f. *Pop.* Putada. | Arrumacos y zalamerías que usan algunas mujeres.

puterío m. *Pop.* Conjunto de prostitutas. | Prostitución.

putero adj. y s. m. Dícese del que acostumbra ir con prostitutas.
puto, ta adj. *Pop.* Maldito, execrable. | Fastidioso, molesto. | Malo, pernicioso. | Difícil, complicado. || — M. *Pop.* Astuto. | Homosexual. | Hombre que se prostituye.
putón m. y **putona** f. *Pop.* Prostituta de baja estofa.
putrefacción f. Descomposición de las materias orgánicas.
putrefacto, ta adj. Podrido.
putrescente adj. Dícese de aquello que se encuentra en vías de putrefacción.
putrescible adj. Que puede pudrirse o se pudre fácilmente.
pútrido, da adj. Podrido.
putsch m. (pal. alem.). Alzamiento de un grupo político armado : *un putsch militar.*
putumaense, putumayense y **putumayo, ya** adj. y s. De Putumayo (Colombia).
puya f. Punta acerada de las varas de los picadores y de las garrochas de los vaqueros.
puyazo m. Herida hecha con la puya.
puzcua f. *Méx.* Maíz cocido con cal para tortillas o atole.
puzzle m. (pal. ingl.). Rompecabezas.

q

q f. Vigésima letra del alfabeto castellano y decimosexta de sus consonantes. || — **q,** símbolo del *quintal.*
quantum m. *Fís.* Cantidad mínima de energía que puede emitirse, propagarse o ser absorbida. (Pl. *quanta.*)
quasar m. (pal. ingl., contracción de *quasi star,* casi estrella). Astro de aspecto estelar que constituye generalmente una radiofuente de gran potencia.
que pron. rel. Equivale a *el, la* o *lo cual; los* o *las cuales : el libro que estoy leyendo; la casa que veo.* || Puede equivaler a *algo que : dar que pensar.* || — Conj. Sirve para enlazar oraciones : *quiero que vengas.* || Equivale a *porque* o *pues : hable más fuerte que oigo mal.* || Equivale a *o : ¡cállate que te mato!* || Equivale a *si : que no viene, nos arreglamos sin él.* || En oraciones principales o independientes puede expresar deseo, mandato o imprecación : *que me muera si...* || Sirve de correlativo con *tan, más, menos, mejor,* etc. || Forma parte de loc. conj. como *antes que, con tal que, hasta que, luego que,* etc. || Puede usarse con sentido de encarecimiento y equivale entonces a *y : corre que corre.* || Puede dar un sentido enfático : *¡que no lo volverá a ver!*
qué pron. interr. Se emplea como adjetivo para preguntar por personas o cosas : *¿qué edad tienes?* || Puede usarse exclamativamente : *¡qué suerte!* || Como neutro equivale a *qué cosa : ¿de qué se trata?* || — *El qué dirán,* la opinión pública. || *Qué de,* cuánto, cuántos : *¡qué de gente!* || *Fam. ¿Qué hay?* o *¿qué tal?,* expresiones que se usan para saludar a alguien. || *¿Qué tal?,* cómo : *¿qué tal le pareció la película?*
quebracho m. Nombre genérico de varios árboles sudamericanos de madera dura y corteza que sirve para curtir.
quebrada f. Paso estrecho entre montañas. || Depresión en el terreno. || *Amer.* Arroyo o riachuelo.
quebradero m. *Quebradero de cabeza,* preocupación, problema.
quebradizo, za adj. Frágil.
quebrado, da adj. Aplícase al que ha hecho bancarrota o quiebra : *banquero quebrado* (ú. t. c. s.). || Que padece una hernia (ú. t. c. s.). || Debilitado : *de salud quebrada.* || Desigual, accidentado : *camino quebrado.* || *Mat.* Dícese del número que expresa una o varias de las partes iguales en que está dividida la unidad. || — M. *Mat.* Fracción.
quebrantahuesos m. inv. Ave rapaz diurna.
quebrantamiento m. Acción y efecto de quebrantar. || Violación, infracción : *quebrantamiento de la ley.*
quebrantar v. t. Romper, quebrar o hender una cosa : *quebrantar una tinaja.* || *Fig.* Faltar al cumplimiento de algo : *quebrantar la ley.* | Disminuir, ablandar : *quebrantar el valor.* | Debilitar : *quebrantar la salud.* | Interrumpir el ayuno. || — V. pr. Resentirse de una caída o golpe. || *Fig. Quebrantarse la cabeza* o *los sesos,* reflexionar mucho.
quebranto m. Quebrantamiento. || *Fig.* Debilitamiento de la salud. | Decaimiento del ánimo, desaliento. | Gran pérdida.
quebrar v. t. Romper con violencia : *quebrar un vaso.* || Doblar : *quebrar el cuerpo.* || *Fig.* Interrumpir o cambiar la orientación de algo : *quebrar los triunfos de su partido.* | Templar o suavizar : *quebrar el color.* || — V. i. Ceder, disminuir. || Romperse (ú. t. c. pr.). || Declararse insolvente, hacer quiebra : *quebrar un negocio.* || — V. pr. Formársele a uno una hernia.
quecuesque m. *Méx.* Picor.
quechua adj. y s. Dícese del individuo de un pueblo indio que habitaba, en tiempos de la colonización, la región andina de los actuales Estados de Perú y Bolivia. || — M. Lengua hablada por este pueblo y que es oficial en algunos países andinos junto con el castellano.
quechuismo m. Voz o giro propios de la lengua quechua.
quedar v. i. Permanecer en un lugar : *quedó en casa* (ú. t. c. pr.). || Subsistir : *me quedan dos francos.* || Cesar, acabar : *ahí quedó la conversación.* || Estar : *queda lejos.* || Llegar a ser, resultar : *su pantalón le quedó corto.* Ú. t. c. pr. : *quedarse ciego.* || Portarse de cierta manera : *has quedado como una señora.* || Hacer cierto efecto : *tus zapatos quedan*

muy bien con tu bolso. ‖ Darse cita : *hemos quedado para el lunes.* ‖ Acordar : *quedamos en salir mañana.* ‖ Frustrarse : *por mí que no quede.* ‖ — *¿En qué quedamos?*, expr. con que se invita a tomar una decisión o aclarar un punto dudoso. ‖ *Quedar en ridículo*, hacer el ridículo. ‖ *Quedar para*, faltar. ‖ *Quedar por*, subsistir, faltar : *queda mucho por hacer*; pasar por : *quedar por cobarde.* ‖ — V. pr. Retener una cosa en vez de devolverla : *se quedó con mi libro.* ‖ — *Fig. Quedarse con alguien*, tomarle el pelo, engañarle. | *Quedarse con uno*, engañarle, abusar de su credulidad. | *Quedarse corto*, no calcular bien ; hablar de algo o alguien menos de lo que se merece. | *Quedarse helado*, quedarse muy sorprendido.

quedo, da adj. Quieto, tranquilo : *el niño está quedo.* ‖ Bajo, suave : *en voz queda.* ‖ Silencioso : *pasos quedos.* ‖ — Adv. En voz tan baja que apenas se oye : *hablar quedo.*

quehacer m. Trabajo, tarea : *quehacer cotidiano.* ‖ — Pl. Ocupaciones.

queja f. Manifestación de dolor, pena o sentimiento. ‖ Resentimiento, motivo de descontento : *tener queja de alguien.* ‖ Acusación hecha ante el juez : *formular una queja.*

quejarse v. pr. Expresar su dolor con voz quejumbrosa : *quejarse de pena.* ‖ Manifestar uno el resentimiento que tiene de otro : *quejarse de su vecino.* ‖ Querellarse.

quejica o **quejicoso, sa** adj. y s. Que se queja mucho.

quejido m. Voz lastimosa.

quejigal m. Terreno poblado de quejigos.

quejigo m. Árbol de fruto parecido al de los robles.

quejoso, sa adj. Que tiene queja de otro.

quejumbroso, sa adj. Que se queja con poco motivo o por hábito. ‖ Lastimero : *voz quejumbrosa.*

quelonios m. pl. Nombre científico de la familia de los reptiles que tienen cuatro extremidades cortas y el cuerpo protegido por un caparazón duro (ú. t. c. adj.).

quema f. Acción y efecto de quemar. ‖ Incendio.

quemado m. Parte de monte consumido por un incendio. ‖ *Fam.* Cosa quemada o que se quema.

quemador m. Aparato en el cual se efectúa la combustión del gas de alumbrado, del alcohol, del fuel-oil, etc.

quemadura f. Quema. ‖ Herida causada por el fuego o algo que quema.

quemar v. t. Abrasar o consumir con fuego : *quemar leña.* ‖ Estropear un guiso por haberlo dejado demasiado tiempo o haber puesto el fuego demasiado fuerte (ú. t. c. pr.). ‖ Destruir algo una sustancia corrosiva : *los ácidos queman la piel.* ‖ Calentar con exceso. U. t. c. i. : *el sol quema en el estío.* ‖ Desecar mucho las plantas : *plantío quemado por el frío.* ‖ Causar sensación picante en la boca : *el pimiento me quemó los labios.* ‖ *Fig.* Malbaratar, vender a menos de su justo precio. | Malgastar, derrochar : *quemar su fortuna.* | En deportes, entrenar de una manera excesiva y perjudicial para el estado físico del deportista. | Causar perjuicio a la fama de uno. ‖ — *A quema ropa*, refiriéndose a disparos, desde muy cerca ; (fig.) de improviso. ‖ *Fig. Quemar etapas*, no pararse en ellas. | *Quemar la sangre*, impacientar. | *Quemar las naves*, tomar una determinación extrema y decisiva. ‖ — V. i. Estar demasiado caliente una cosa : *esta sopa quema.* ‖ — V. pr. Acercarse al fuego y sufrir sus efectos : *quemarse la mano.* ‖ *Fig.* Sentir mucho calor. | Agotarse. | Estar gastado.

quemarropa (a) adv. A quema ropa.

quena f. Flauta generalmente con cinco agujeros que usan los indios del Perú y de Bolivia.

quenopodiáceo, a adj. y s. f. Aplícase a unas plantas angiospermas dicotiledóneas como la espinaca. ‖ — F. pl. Su familia.

queo m. *Fam.* Aviso.

quepis m. inv. Gorra con visera que usan los militares.

querandí adj. y s. Dícese del individuo de un pueblo indio de América del Sur (Argentina).

queratina f. Sustancia fundamental del tejido cutáneo, piloso, córneo, etc.

querella f. Acusación presentada ante el juez por el agraviado. ‖ Discordia, pelea.

querellante adj. y s. *For.* Aplícase al que presenta una querella.

querellarse v. pr. *For.* Presentar querella contra uno.

querencia f. Inclinación o tendencia del hombre o de ciertos animales a volver al sitio en que se han criado. ‖ Este sitio. ‖ Inclinación, afecto. ‖ *Taurom.* Lugar de la plaza a donde se dirige el toro con más frecuencia.

querendón, ona adj. *Amer.* Muy cariñoso. ‖ — M. y f. *Fam.* Amante, querido.

querer m. Cariño, afecto, amor.

querer v. t. Desear o apetecer : *querer comer.* ‖ Amar, tener cariño : *querer a sus abuelos.* ‖ Resolver, desear : *querer terminar sus estudios.* ‖ Intentar, procurar, pretender : *quiere dárselas de listo.* ‖ Necesitar, requerir : *esta planta quiere agua.* ‖ Conformarse al intento, deseo u orden de otro : *¿quieren callarse?* ‖ Pedir cierto precio : *¿cuánto quieres por tu tocadiscos?* ‖ — *Como quien no quiere la cosa*, simulando no darle importancia a lo que se hace o dice. ‖ *Como quiera que*, dado que; de cualquier modo. ‖ *Cuando quiera*, en cualquier momento. ‖ *Donde quiera*, en cualquier sitio. ‖ *Querer decir*, significar. ‖ *Queriendo*, intencionadamente. ‖ *Sin querer*, sin intención. ‖ — V. impers. Estar a punto de ocurrir algo : *quiere llover.* ‖ — V. pr. Experimentar un cariño recíproco : *quererse como tórtolos.*

queretano, na adj. y s. De Querétaro (México).

querido, da m. y f. Amante.

querindongo, ga m. y f. *Fam.* Querido, amante.

quermes m. Insecto hemíptero parecido a la cochinilla.

quermese f. V. KERMESSE.

querosén m. *Amer.* Queroseno.

queroseno m. Líquido amarillento obtenido a partir de la destilación del petróleo natural.

querosín m. *Amer.* Queroseno.

querubín m. Cada uno de los ángeles del primer coro.

quesadilla f. *Amer.* Empanada de tortilla de maíz y queso.

quesera f. Molde donde se fabrica el queso. ‖ Recipiente en que se guarda. ‖ Plato para servirlo.

quesería f. Tienda de quesos.

queso m. Masa hecha con leche cuajada y privada de suero. ‖ *Fam.* Pie. ‖ *Fig.* y *fam. Dársela con queso a uno*, engañarle.

quesquémetl m. Prenda típica de México, de forma triangular, que cubre los hombros.

quetzal m. Ave trepadora, existente en Chiapas y Guatemala, de pico corto y larga cola, que tiene un plumaje verde tornasolado en las partes superiores del cuerpo y rojo en el pecho y abdomen. ‖ Unidad monetaria de Guatemala.
quevedos m. pl. Anteojos que se sujetan en la nariz.
quezalteco, ca adj. y s. De Quezaltenango (México).
¡quia! interj. *Fam.* Expresión de incredulidad o negación.
quianti m. Vino tinto que se elabora en Toscana.
quibdoano, na o **quibdoense** adj. y s. De Quibdó (Colombia).
quibey m. Planta de las Antillas, de jugo lechoso y cáustico.
quicial m. Montante que lleva los goznes en el marco de una puerta.
quicio m. Parte de la puerta o ventana en que entra el espigón del quicial. ‖ Marco de puerta o ventana. ‖ — *Fig. Fuera de quicio,* fuera del estado normal. | *Sacar de quicio a uno,* hacer que pierda el dominio de sí.
quiché adj. y s. Dícese de un pueblo indígena de Guatemala. ‖ — M. Lengua hablada por estos indios.
quichelense adj. y s. De El Quiché (Guatemala).
quichua adj. y s. Quechua.
quichuismo m. Quechuismo.
quid m. Razón, punto principal : *el quid de la cuestión.* ‖ *Dar con el quid,* acertar.
quídam m. *Fam.* Individuo cualquiera. | Sujeto insignificante.
quid pro quo loc. lat. Error en tomar a una persona o cosa por otra.
quiebra f. Rotura, abertura. ‖ *Com.* Estado del comerciante que no puede satisfacer las deudas que sobre él pesan y cuya buena fe no es reconocida : *declararse en quiebra.* | Procedimiento legal para resolver la situación de este comerciante. | Hundimiento de valores en Bolsa. ‖ *Fig.* Fallo, fracaso : *la quiebra de los valores humanos.*
quiebro m. Movimiento que se hace con el cuerpo para evitar un golpe. ‖ En fútbol, regate.
quien pron. rel. Se refiere esencialmente a las personas y hace en plural *quienes : el hombre a quien hablo.* ‖ Con el antecedente implícito, equivale a *la persona que : quien te ha dicho esto es un ignorante.* ‖ Puede usarse como pron. interr. o exclamat., en cuyo caso lleva un acento gráfico : *¿quién llama?; ¡quién pudiera!*
quienquiera pron. indet. Cualquier persona.
quietismo m. Doctrina mística basada en las obras del teólogo español Miguel de Molinos (1628-1696) y que preconiza la más completa inacción y pasividad para conseguir la unión del alma con Dios.
quieto, ta adj. Que no tiene o no hace movimiento. ‖ *Fig.* Tranquilo.
quietud f. Carencia de movimiento. ‖ *Fig.* Sosiego, tranquilidad.
quijada f. Cada uno de los dos huesos de la cabeza del animal en que están encajados dientes y muelas.
quijotada f. Acción propia de un quijote.
quijote m. *Fig.* Hombre demasiado idealista. | Hombre aficionado a entremeterse en cosas que no le importan en nombre de la justicia.
quijotería f. Quijotada. ‖ Quijotismo.
quijotesco, ca adj. Que obra con quijotería.
quijotismo m. Exageración en los sentimientos caballerosos.
quila f. *Amer.* Planta gramínea parecida al bambú pero más fuerte que él.
quilate m. Unidad de peso para las perlas y piedras preciosas (200 mg). ‖ Cada una de las veinticuatro partes de oro fino que contiene una aleación de este metal.
quilmole m. *Méx.* Potaje de hierbas.
quilo m. Líquido blancuzco contenido en el intestino delgado y que resulta de la transformación de los alimentos en la digestión. ‖ *Fam. Sudar el quilo,* trabajar mucho.
quilo m. Kilo, kilogramo.
quiltamal m. *Méx.* Tamal de guacamole.
quilla f. Parte inferior del casco de un barco que sostiene toda la armazón.
quillay m. Árbol rosáceo propio de Argentina y Chile.
quimba f. *Amer.* Contoneo al andar o al bailar. ‖ *Col.* Apuro. ‖ *Col.* y *Venez.* Calzado rústico.
quimbambas f. pl. *Estar en las quimbambas,* en sitio alejado; distraído.
quimbaya adj. y s. Dícese de un pueblo indio colombiano establecido en los actuales departamentos de Caldas y Valle del Cauca.
quimera f. *Fig.* Ficción, ilusión.
quimérico, ca adj. Fabuloso, fantástico, imaginario. ‖ Ilusorio, sin fundamento.
química f. Ciencia que estudia la composición interna y propiedades de los cuerpos simples y sus tranformaciones, combinaciones y acciones recíprocas. ‖ — *Química biológica* (o *bioquímica*), la que estudia lo que constituye la materia viviente y sus reacciones. ‖ *Química general,* la que trata de las leyes relativas al conjunto de los cuerpos químicos. ‖ *Química inorgánica,* la que estudia los cuerpos simples y compuestos sin carbono. ‖ *Química orgánica,* la que estudia los compuestos del carbono.
químico, ca adj. Relativo a la química : *fenómenos químicos.* ‖ — M. y f. Persona que se dedica al estudio de la química o la profesa.
quimioterapia f. Tratamiento de las enfermedades con productos químicos.
quimo m. Pasta homogénea formada en el estómago después de la digestión y antes de pasar al intestino delgado.
quimono m. Túnica larga japonesa.
quina f. Corteza del quino que se usa como febrífugo. ‖ *Fig.* y *fam. Tragar quina,* aguantar, soportar.
quinado, da adj. Preparado con quina.
quinario, ria adj. De cinco elementos, unidades o guarismos. ‖ — M. Espacio de cinco días dedicado a un culto religioso.
quincajú m. *Amer.* Animal carnívoro de pelaje bayo, cola larga y hocico puntiagudo.
quincalla f. Conjunto de objetos de metal, generalmente de poco valor : *joyas de quincalla.*
quincallería f. Fábrica y tienda de quincalla.
quincallero, ra m. y f. Persona que fabrica o vende quincalla.
quince adj. Diez y cinco : *tener quince años.* ‖ Decimoquinto.
quincena f. Espacio de quince días. ‖ Paga por un trabajo de quince días : *cobrar la quincena.*
quincenal adj. Que sucede, se hace o sale cada quincena.

quincuagenario, ria adj. De cincuenta unidades. ‖ Cincuentón, de cincuenta años (ú. t. c. s.).
quincuagésimo, ma adj. Que ocupa el lugar cincuenta. ‖ — M. Cada una de las cincuenta partes iguales en que se divide un todo.
quincha f. *Amer.* Trama de junco para hacer cercos, armazones, etc.
quinchar v. t. *Amer.* Cercar o cubrir con quinchas. ‖ — V. i. *Amer.* Hacer quinchas.
quindiano, na adj. y s. De Quindío (Colombia).
quingentésimo, ma adj. Que ocupa el lugar quinientos. ‖ — M. Cada una de las quinientas partes iguales en que se divide un todo.
quingombó m. *Amer.* Planta malvácea que se emplea como textil.
quinielas f. pl. Juego público de apuestas que consiste en señalar en un boleto los triunfadores de una jornada de partidos de fútbol ; el que consigue acertar el máximo de resultados se ve premiado con una parte de lo recaudado con la venta de los boletos. ‖ Este boleto (ú. t. en sing.). ‖ *Arg.* Cierto juego de azar consistente en apostar a la última o a las últimas cifras del número premiado en la lotería.
quinielero, ra m. y f. *Arg.* Persona que organiza las quinielas o que recibe estas apuestas.
quinielista adj. y s. Aplícase a la persona que hace quinielas.
quinientos, tas adj. Cinco veces ciento. ‖ Quingentésimo.
quinina f. Alcaloide vegetal sacado de la corteza de la quina utilizado en forma de sulfato para combatir la fiebre y el paludismo.
quino m. Árbol rubiáceo cuya corteza es la quina.
quinoa f. Quinua.
quinqué m. Lámpara de petróleo con tubo de cristal.
quinquecahue m. *Amer.* Instrumento músico de los mapuches (Chile).
quinquenal adj. Que ocurre cada quinquenio o dura cinco años.
quinquenio m. Cinco años : *cada quinquenio se vuelve a elegir un nuevo presidente.*
quinqui m. *Fam.* Vendedor ambulante. ‖ *Pop.* Malhechor.
quinquina f. Quina.
quinta f. Finca de recreo en el campo. ‖ *Mil.* Reclutamiento. | Reemplazo anual para el ejército : *es de la misma quinta que yo.* ‖ *Mús.* Intervalo de tres tonos y un semitono mayor.
quintacolumnista adj. y s. Dícese del que pertenecía a la quinta columna. ‖ Por extensión, dícese del que, desde las propias filas, apoya al enemigo.
quintaesencia f. Lo mejor, el más alto grado, lo más perfecto.
quintaesenciar v. t. Refinar, apurar. ‖ Alambicar, sutilizar.
quintal m. Peso de cien libras (en Castilla 46 kg). ‖ *Quintal métrico,* peso de cien kilogramos.
quinteto m. Combinación métrica de cinco versos de arte mayor. ‖ Composición musical para cinco voces o instrumentos. ‖ Conjunto musical de cinco músicos o cantantes.
quintilla f. Combinación métrica de cinco versos.
quintillizo, za m. y f. Cada uno de los cinco hermanos que han nacido en un parto quíntuple.
quintillón m. Quinta potencia del millón (10^{30}).
quinto, ta adj. y s. Que sigue en orden a. o a lo cuarto : *Felipe Quinto.* ‖ — M. Cada una de las cinco partes iguales en que se divide un todo. ‖ Soldado durante el primer período de instrucción militar.
quintuplicar v. t. Multiplicar por cinco (ú. t. c. pr.).
quíntuplo, pla adj. y s. m. Dícese de lo que contiene un número cinco veces exactamente o es cinco veces mayor : *veinticinco es el quíntuplo de cinco.*
quinua f. *Amer.* Planta de hojas parecidas a las espinacas.
quinzavo, va adj. y s. Dícese de cada una de las quince partes iguales en que se divide un todo.
quiosco m. Pequeño edificio que suele constar de un techo sostenido por columnas y que adorna las azoteas, parques, jardines, etc. : *esta tarde tocará la banda en el quiosco.* ‖ Pabellón pequeño donde se suelen vender periódicos, flores, etc.
quiote m. *Méx.* Bohordo del maguey.
quipos y **quipus** m. pl. Cuerdas de varios colores con que, haciendo diversos nudos, los indios del Perú consignaban informaciones y hacían sus cálculos.
quiquiriquí m. Canto del gallo.
quirófano m. Sala de operaciones quirúrgicas.
quiromancia f. Adivinación por las rayas de la mano.
quiromántico, ca adj. y s. Relativo a la quiromancia o que la profesa.
quiróptero adj. y s. m. Dícese de los animales mamíferos adaptados al vuelo, con membranas laterales en forma de alas, como los murciélagos, vampiros, etc. ‖ — M. pl. Orden que forman.
quirquincho m. Mamífero americano, especie de armadillo.
quirúrgico, ca adj. Relativo a la cirugía : *operación quirúrgica.*
quiscal m. Ave dentirrostra de América de plumaje de color negro. ‖ *Chil.* Terreno en el que hay quiscos.
quisco m. *Chil.* Cacto espinoso que tiene aspecto de cirio.
quisicosa f. *Fam.* Enigma, acertijo, adivinanza.
quisque (cada) adv. Cada uno.
quisquilla f. *Fam.* Pequeñez, menudencia, cosa insignificante. | Dificultad de poca importancia. ‖ Camarón, crustáceo comestible. ‖ — Adj. y s. m. Dícese del color de este animal, salmón claro.
quisquillosidad f. Susceptibilidad.
quisquilloso, sa adj. y s. Que se para en quisquillas o pequeñeces. ‖ Demasiado susceptible.
quiste m. Vejiga membranosa, de contenido líquido, que se desarrolla anormalmente en diferentes partes del cuerpo.
quitaesmalte m. Líquido empleado para disolver el esmalte para uñas.
quitaipón m. Quitapón.
quitamanchas adj. y s. m. inv. Aplícase a las sustancias químicas que sirven para quitar manchas, especialmente en los tejidos.
quitanieves m. inv. Aparato móvil para quitar la nieve.
quitapesares m. inv. *Fam.* Consuelo.
quitapón m. Adorno con borlas que se pone

en la testera de las caballerías. ‖ *Fam. De quitapón*, de quita y pon.
quitar v. t. Separar una cosa de otra : *quitar la piel.* ‖ Sacar una cosa del lugar en que estaba : *quitar los platos de la mesa.* ‖ Despojar, suprimir : *me han quitado el pasaporte.* ‖ Robar : *quitar a uno la cartera.* ‖ Hacer que desaparezca : *quitar una mancha* (ú. t. c. pr.). ‖ Impedir, obstar : *esto no quita que sea un holgazán.* ‖ Restar : *quitar dos de tres.* ‖ Privar de algo : *el café quita el sueño.* ‖ Apartar : *quitar a uno la preocupación.* ‖ — *De quita y pon*, que fácilmente se quita y se pone, amovible. ‖ *Quitar a uno de encima* o *de en medio*, librarse de él; matarle. ‖ *Fig.* y *fam. Quitar el hipo a uno*, dejarle pasmado. | *Quitar la vida*, matar. ‖ — V. pr. Despojarse de una prenda : *quitarse el abrigo.* ‖ Apartarse de una cosa : *me quité de fumar.* ‖ — *Quitarse años*, rejuvenecerse. ‖ *Quitarse de en medio*, irse.
quitasol m. Especie de paraguas grande para protegerse del sol.
quitasueño m. *Fam.* Preocupación que causa desvelo.
quite m. Movimiento de esgrima que se hace para evitar un tajo o estocada. ‖ Lance con que el torero libra a otro de la acometida del toro. ‖ *Estar al quite*, estar siempre dispuesto a salir en defensa de los que están en peligro o en situación apurada.
quiteño, ña adj. y s. De Quito (Ecuador).
quitilipe m. *Arg.* Caballo albino.
quitina f. Sustancia orgánica nitrogenada que se encuentra en el esqueleto exterior de los insectos y crustáceos así como en las membranas celulares de algunos hongos.
quitinoso, sa adj. Que tiene quitina : *caparazón quitinoso.*
quito, ta adj. Libre, exento.
quitrín m. Carruaje abierto de dos ruedas y una sola fila de asientos en Cuba.
quiyá m. *Riopl.* Mamífero roedor bastante parecido al carpincho.
quizá o **quizás** adv. Indica la posibilidad de una cosa : *quizá vaya a Roma.*
quórum m. Número de miembros presentes requerido para que sea válida una votación en una asamblea : *el quórum se sitúa en la mitad más uno de los miembros.*

r f. Vigésima letra del alfabeto castellano y decimoséptima de sus consonantes. ‖ — **R**, símbolo del *roentgen* o *röntgen.*
Ra, símbolo químico del *radio.*
rabadilla f. Extremidad inferior de la columna vertebral. ‖ En las aves, extremidad movible en donde están las plumas de la cola.
rabanillo m. Planta crucífera, muy común en los sembrados. ‖ Rábano pequeño.
rábano m. Planta crucífera de raíz carnosa comestible. ‖ Esta raíz. ‖ *Fig. Tomar el rábano por las hojas*, interpretar torcidamente.
rabear v. i. Mover el rabo.
rabí m. Título que confieren los judíos a los doctores de su ley. ‖ Rabino.
rabia f. Enfermedad infecciosa que se transmite al hombre por mordedura de algunos animales, y caracterizada por fenómenos de excitación, luego por parálisis y muerte. ‖ *Fig.* Ira, cólera, furia : *decir algo con rabia.* | Enojo, enfado : *le da rabia trabajar.* ‖ *Fig.* y *fam. Tenerle rabia a uno*, tenerle odio.
rabiar v. i. Padecer rabia : *el perro rabió.* ‖ *Fig.* Enojarse, encolerizarse : *está que rabia.* | Sufrir intensamente : *está rabiando de dolor.* | Desear mucho : *el niño rabiaba por ir al cine.* ‖ — *Fig. A rabiar*, mucho. | *Estar a rabiar con uno*, estar muy enojado con él. | *Hacer rabiar a uno*, hacer que se enfade, enojarle, mortificarle.
rabicorto, ta adj. De rabo corto.
rabiche f. *Cub.* y *Méx.* Ave de la familia de los colúmbidos.
rabieta f. *Fam.* Berrinche.
rabihorcado m. Ave palmípeda de los países tropicales.
rabilargo, ga adj. Que tiene el rabo largo : *mono rabilargo.*
rabillo m. Pecíolo de las hojas de las plantas. ‖ Pedúnculo de las frutas. ‖ Ángulo : *rabillo del ojo.*
rabino m. Doctor de la ley judía. ‖ Jefe espiritual de una comunidad israelita. ‖ *Fig.* y *fam.* Sabihondo.
rabión m. Corriente impetuosa de un río en sitios estrechos.
rabioso, sa adj. y s. Que padece rabia : *perro rabioso.* ‖ *Fig.* Muy enojado, furioso : *estoy rabioso contigo.* | Vehemente, excesivo, violento : *ganas rabiosas de irse.* | Chillón : *verde rabioso.* ‖ *Fam.* Muy picante : *sabor rabioso.*
rabisalsera adj. y s. f. *Fam.* Demasiado desenvuelta : *mujer rabisalsera.*
rabo m. Cola de un animal : *el rabo del lobo.* ‖ Rabillo, pecíolo o pedúnculo : *el rabo de una hoja.* ‖ Ángulo, rabillo : *el rabo del ojo.* ‖ *Fig.* Cosa que cuelga. ‖ — *Fig. Faltar aún el rabo por desollar*, quedar todavía lo más difícil por hacer. | *Irse* (o *salir*) *con el rabo entre piernas*, irse sin haber conseguido lo que se quería.
rabona f. *Amer.* Mujer que suele acompañar a los soldados en las marchas y en campaña. ‖ *Fam. Hacer rabona*, hacer novillos.
raca f. Racamenta.
racamenta f. y **racamento** m. *Mar.* Anillo que sujeta las vergas a sus palos o mástiles.
racanear v. i. *Fam.* Holgazanear.
rácano, na adj. y s. *Fam.* Vago, gandul. | Avaro, roñoso.
racial adj. Relativo a la raza : *hay que tener los caracteres raciales de este pueblo.*

racimo m. Conjunto de frutos unidos a un mismo tallo como en las uvas, la grosella, los plátanos, los dátiles, etc. ‖ Inflorescencia en que las flores están insertadas por pedúnculos sobre un eje común. ‖ *Fig.* Conjunto de cosas o personas apelotonadas : *un racimo de lindas muchachas.*
raciocinación f. Razonamiento.
raciocinar v. i. Razonar.
raciocinio m. Facultad de raciocinio. ‖ Razonamiento, reflexión.
ración f. Porción de alimento que se reparte a cada persona : *una ración de cocido.* ‖ Cantidad de una cosa que se vende a cierto precio : *comprar una ración de calamares.*
racionabilidad f. Aptitud, capacidad para juzgar.
racional adj. Dotado de razón : *seres racionales* (ú. t. c. s. m.). ‖ Conforme con la razón : *método racional.* ‖ No empírico, que se deduce por medio de razonamiento : *mecánica racional.*
racionalismo m. Carácter de lo que se fundamenta sólo en la razón. ‖ *Fil.* Doctrina fundada en la razón y no en la revelación o en el empirismo.
racionalista adj. y s. Relativo al racionalismo o que es partidario de esta doctrina.
racionalización f. Organización racional de algo para obtener un mejor rendimiento : *racionalización industrial.*
racionalizar v. t. Organizar de una manera razonable y según los cálculos apropiados. ‖ Volver más eficaz y menos costoso un proceso de producción.
racionamiento m. Distribución de cantidades limitadas de bienes que escasean por varias razones : *racionamiento en tiempo de guerra.*
racionar v. t. *Mil.* Distribuir raciones a la tropa. ‖ Someter a racionamiento : *racionar el pan.*
racismo m. Teoría que sostiene la superioridad de ciertos grupos raciales frente a los demás.
racista adj. Del racismo. ‖ — Adj. y s. Partidario de esta teoría.
racor m. Pieza metálica que sirve para empalmar dos tubos.
racha f. *Mar.* Ráfaga : *racha de aire.* ‖ *Fig.* Serie : *una racha de triunfos.* ‖ *Fig.* y *fam.* Período breve en que sólo ocurren cosas buenas o al contrario acontecimientos malos : *tener buena* o *mala racha.*
rada f. Ensenada que puede servir de puerto natural.
radar m. Dispositivo para detectar aviones, buques, costas, obstáculos, etc., por medio de ondas radioeléctricas.
radiación f. *Fís.* Emisión de ondas, rayos o partículas. | Elemento de una onda luminosa o electromagnética : *radiación infrarroja.*
radiactividad f. *Fís.* Propiedad que tienen ciertos elementos químicos (radio, uranio, etc.) de transformarse espontáneamente en otros elementos con emisión de determinadas radiaciones.
radiactivo, va adj. *Fís.* Que tiene radiactividad.
radiado, da adj. Compuesto de rayos divergentes. ‖ Dispuesto en forma de rayos. ‖ Difundido por radio : *noticia radiada.* ‖ — M. pl. Animales invertebrados de cuerpo dispuesto en forma de radios alrededor de un centro, como la estrellamar, la medusa, el pólipo, etc. (ú. t. c. adj.).
radiador m. Aparato de calefacción que consta de varios elementos huecos por los que circula agua o aceite caliente, vapor, etc. ‖ Dispositivo para refrigerar el agua en un motor de explosión.
radial adj. *Geom.* Relativo al radio : *línea radial.* ‖ Perteneciente o relativo al radio : *nervio radial.*
radián m. *Geom.* Unidad angular que corresponde a un arco de longitud igual al radio.
radiante adj. *Fís.* Que radia : *calor radiante.* ‖ *Fig.* Resplandeciente. | Que denota buena salud, satisfacción : *rostro radiante.* ‖ *Radiante de alegría,* rebosante de gozo.
radiar v. t. Irradiar (ú. t. c. i.). ‖ Difundir o emitir por radio : *radiar noticias, música.* ‖ *Med.* Tratar una lesión por medio de los rayos X. ‖ — V. i. *Fís.* Emitir radiaciones.
radical adj. Relativo a la raíz. ‖ *Fig.* Fundamental, básico : *nulidad radical de un documento.* | Muy eficaz : *emplear un medio radical.* | Total, definitivo, absoluto : *curación radical.* ‖ Intransigente. ‖ — Adj. y s. En política, partidario de reformas democráticas avanzadas : *el partido radical.* ‖ — M. *Gram.* Parte de una palabra que, contrariamente a la desinencia, queda invariable : *el radical del verbo comer es* COM. ‖ *Mat.* Signo ($\sqrt{}$) con que se indica la operación de extraer raíces. ‖ *Quím.* Átomo o grupo de átomos que sirve de base para la formación de combinaciones.
radicalismo m. Calidad de radical. ‖ Actitud radical. ‖ Doctrina política de los radicales.
radicalización f. Acción y efecto de radicalizar.
radicalizar v. t. Volver radical.
radicando m. *Mat.* Número del cual se ha de extraer la raíz.
radicar v. i. Arraigar (ú. t. c. pr.). ‖ Estar situado en determinado lugar : *la finca radica en Jerez.* ‖ *Fig.* Estribar, consistir en : *la dificultad radica en esto.* ‖ — V. pr. Establecerse.
radio m. Recta tirada desde el centro del círculo a la circunferencia o desde el centro de la esfera a su superficie. ‖ Cada una de las piezas que unen el cubo de la rueda con la llanta. ‖ Hueso contiguo al cúbito, con el cual forma el antebrazo. ‖ Metal (Ra), de número atómico 88, de gran poder radiactivo, descubierto en 1898 por Pierre y Marie Curie y G. Bémont. ‖ Apócope de *radiotelegrafista, radiograma* y *radionavegante.* ‖ *Fam.* Aparato radiorreceptor. ‖ — *En un radio de cien kilómetros,* a cien kilómetros a la redonda. ‖ *Radio de acción,* distancia máxima a la cual puede alejarse un avión, barco u otro vehículo sin aprovisionarse en combustible y conservando lo necesario para volver a su punto de partida; (fig.) esfera de actividad, zona de influencia. ‖ — F. Apócope de *radiodifusión.* ‖ Aparato radiorreceptor : *tener una radio muy antigua.*
radioaficionado, da m. y f. Persona que comunica con otra u otras por medio de una emisora de radio privada.
radioastronomía f. Estudio de los astros por la emisión de sus ondas electromagnéticas.
radiocobalto m. Isótopo radiactivo del colbalto.
radiocompás m. Radiogoniómetro de a bordo que permite a un avión o barco conservar su rumbo.

radiocomunicación f. Técnica de la transmisión radioeléctrica de imágenes, textos, signos y sonidos. || Comunicación mediante ondas electromagnéticas.
radiodetección f. Detección por medio de las radiaciones.
radiodiagnosis f. o **radiodiagnóstico** m. Diagnóstico que se hace con la radioscopia o la radiografía.
radiodifundir v. t. Emitir por medio de la radiotelefonía.
radiodifusión f. Transmisión por ondas hertzianas de música, noticias, reportajes y otros programas destinados al público. || *Estación de radiodifusión,* emisora.
radiodifusor, ra adj. Que emite por radio : *estación radiodifusora.*
radioeléctrico, ca adj. Relativo a la radioelectricidad.
radioelectricidad f. Técnica de la transmisión a distancia de sonidos e imágenes por medio de ondas electromagnéticas.
radioelemento m. *Quím.* Elemento radiactivo.
radioemisora f. Emisora radiofónica.
radioescucha com. Radioyente.
radiofaro m. Emisora radioeléctrica que determina la ruta en la navegación marítima o aérea.
radiofonía f. Radiotelefonía.
radiofotografía f. Fotografía transmitida por radio.
radiofrecuencia f. Frecuencia utilizada para las ondas radiofónicas, superior a 10 000 ciclos por segundo.
radiogoniómetro m. Aparato que permite a un barco o avión determinar su posición por medio de las ondas radioeléctricas.
radiografía f. Fotografía interna del cuerpo por medio de los rayos X. || Cliché así obtenido.
radiografiar v. t. Fotografiar por medio de los rayos X.
radiograma m. Despacho transmitido por radiotelegrafía.
radioisótopo m. *Fig.* Isótopo radiactivo de un elemento natural.
radiolocalización f. Determinación de la posición de un obstáculo mediante ondas electromagnéticas reflejadas por el mismo.
radiología m. Empleo terapéutico de los rayos X.
radiólogo, ga m. y f. Especialista en radiología.
radionavegación f. Navegación que utiliza las propiedades de las ondas radioeléctricas para la dirección y detección de barcos y aviones.
radionavegante m. El que se encarga de mantener los contactos por radio en un barco o avión.
radionovela f. Novela radiada.
radiorreceptor m. Aparato receptor de las ondas del radiotransmisor.
radioscopia f. Examen de un objeto o de un órgano del ser humano por medio de la imagen que proyectan en una pantalla fluorescente al ser atravesados por los rayos X.
radioseñalización f. Señalización de la ruta de los barcos y aviones por radio.
radiosonda f. Conjunto de aparatos registradores automáticos que transmiten desde un globo informaciones meteorológicas por medios radioeléctricos.
radiosondeo m. Exploración de la atmósfera por radiosondas.
radiotecnia o **radiotécnica** f. Técnica de la radioelectricidad.
radiotelefonía f. Telefonía sin hilos.
radiotelefonista com. Persona que trabaja en radiotelefonía.
radiotelegrafía f. Telegrafía sin hilos.
radiotelegráfico, ca adj. Relativo a la radiotelegrafía.
radiotelegrafista com. Persona que se ocupa del funcionamiento de los aparatos radiotelegráficos.
radiotelegrama m. Telegrama transmitido por radio.
radiotelescopio m. Aparato receptor utilizado en radioastronomía.
radiotelevisado, da adj. Que es transmitido por radio y televisión.
radioterapia f. Empleo de los rayos X.
radiotransmisión f. Transmisión o difusión por radio.
radiotransmisor m. Transmisor de radiotelegrafía o de telefonía sin hilos.
radiotransmitir v. t. Transmitir por radio.
radioyente com. Persona que escucha las emisiones de radio.
radón m. Elemento químico (Rn) radiactivo, de número atómico 86.
raedura f. Acción de raer. || Parte raída.
raer v. t. Raspar, arrancar lo adherido a la superficie de una cosa con instrumento áspero o cortante.
ráfaga f. Movimiento violento y rápido del aire. || Golpe de luz vivo y de poca duración. || Serie de disparos sucesivos y rápidos de un arma automática.
rafia f. Palmera de África y América que produce una fibra muy resistente y flexible. || Esta fibra.
raglán m. Gabán de hombre con esclavina. || *Manga raglán,* la que arranca del cuello y no tiene costura en el hombro.
raid [*reed*] m. (pal. ingl.). Incursión rápida en terreno enemigo. || Vuelo a larga distancia.
raído, da adj. Muy gastado por el uso : *abrigo raído.*
raigambre f. Conjunto de raíces generalmente entrecruzadas. || *Fig.* Conjunto de antecedentes, tradición, hábitos o afectos, etc., que vinculan una cosa a otra : *costumbre de honda raigambre en Castilla.*
raigón m. Raíz grande. || Raíz de las muelas y dientes.
raíl o **rail** m. Riel, carril.
raíz f. Parte de los vegetales que está en la tierra, de donde saca las sustancias nutritivas : *las raíces de un árbol.* || Parte de un órgano animal implantado en un tejido : *la raíz de un diente.* || *Fig.* Origen, principio : *la raíz de un mal.* || *Gram.* Elemento de una palabra a partir del cual se derivan todas las que son de la misma familia : CANT *es la raíz de cantar, cantante,* etc. || *Mat.* Cada uno de los valores que puede tener la incógnita de una ecuación. || *Med.* Prolongación profunda de ciertos tumores : *la raíz de un lobanillo.* || — *A raíz de,* inmediatamente, después de. || *Fig. Arrancar* o *cortar de raíz,* eliminar del todo. || *De raíz,* completamente. || *Fig. Echar raíces,* instalarse mucho tiempo en un lugar. || *Mat. Raíz cuadrada,* cantidad que se ha de multiplicar por sí misma una vez para obtener un número determinado. | *Raíz cúbica,* cantidad que se ha de multiplicar por sí misma dos veces para obtener un número determinado. || *Fig. Tener raíces,* estar arraigado.
raja f. Porción de poco espesor cortada a lo largo de un melón, sandía, salchichón, etc. ||

Hendidura que se hace en una cosa. || Grieta.
rajá m. Antiguo soberano de la India : *el rajá de Kapurtala.*
rajado, da adj. y s. *Fam.* Cobarde. | Que no cumple la palabra dada.
rajadura f. Hendidura.
rajar v. t. Partir en rajas : *rajó la sandía.* || Hender, partir, abrir : *rajar un mueble* (ú. t. c. pr.). || — V. i. *Fig.* y *fam.* Jactarse, presumir de valiente. | Hablar mucho. | Refunfuñar. || — V. pr. *Fig.* y *fam.* Volverse atrás, desistir de una cosa por miedo. || *Amer.* Huir, escapar.
rajatabla (a) adv. De modo absoluto.
rajeta adj. y s. *Fam.* Rajado.
ralea f. Especie, categoría : *de la misma ralea.* || Raza, casta : *persona de baja ralea.*
ralentí m. *Cin.* Proyección más lenta que el rodaje : *escena al ralentí.* || *Mec.* La menor velocidad a que puede funcionar un motor de explosión con el mínimo de gases.
ralo, la adj. Poco espeso : *pelo ralo.* || Muy separado : *dientes ralos.*
rallado, da adj. Desmenuzado, pulverizado : *queso rallado.* || — M. Acción de rallar.
rallador m. Utensilio de cocina para desmenuzar pan, queso, etc.
ralladura f. Surco que deja el rallador en una cosa. || Rallado.
rallar v. t. Desmenuzar una cosa restregándola con el rallador : *rallar pan.*
rally [*rali*] m. (pal. ingl.). Competición deportiva en la cual los participantes, a pie o motorizados, deben reunirse en un sitio determinado después de haber realizado varias pruebas.
rama f. Cada una de las partes nacidas del tronco o tallo principal de la planta. || *Fig.* Cada una de las familias procedentes de un mismo tronco. || Cada una de las subdivisiones de una cosa : *las diferentes ramas del saber.* || División primaria del reino animal. || — *Fig.* y *fam.* *Andarse por las ramas,* desviarse del tema de que se trata. || *En rama,* dícese de ciertas materias no manufacturadas.
ramadán m. Noveno mes del año lunar musulmán, que está consagrado al ayuno.
ramaje m. Conjunto de ramas o ramos. || Dibujo que representa ramas, flores, etc., en una tela.
ramal m. Cada uno de los cabos de que se compone una cuerda, cable o correa. || Cada uno de los tramos de una escalera que concurren en el mismo rellano. || Cada una de las subdivisiones de una cosa : *los ramales de una carretera.*
ramalazo m. Racha violenta de aire. || *Fig.* Ataque pasajero : *tener un ramalazo de loco.*
rambla f. Barranco, cauce natural de aguas pluviales. || En algunas poblaciones, paseo principal.
rameado, da adj. Aplícase al tejido, papel, etc., con ramos y flores pintados.
ramera f. Prostituta.
ramificación f. División de una planta en ramas. || Bifurcación de las arterias, venas o nervios. || *Fig.* Consecuencia derivada de algún hecho. | Subdivisión : *las ramificaciones de una ciencia.*
ramificarse v. pr. Dividirse en ramas. || *Fig.* Subdividirse.
ramillete m. Conjunto de flores o hierbas olorosas. || *Fig.* Colección de cosas selectas : *ramillete de máximas.* | Grupo, reunión : *ramillete de muchachas.*
ramilletero, ra m. y f. Persona que hace o vende ramilletes.
ramnáceo, a adj. y s. f. Aplícase a las plantas dicotiledóneas de hojas simples y de fruto en drupa o cápsula. || — F. pl. Familia que forman.
ramo m. Rama pequeña. || Ramillete de flores : *ramo de gladiolos.* || *Fig.* Cada una de las subdivisiones de una cosa principal : *ramo del saber.*
ramonear v. t. Podar árboles.
ramoneo m. Acción de ramonear.
ramoso, sa adj. Con ramas.
rampa f. Terreno en declive : *subir por la rampa.* || Superficie inclinada. || *Rampa de lanzamiento,* plano inclinado para el lanzamiento de aviones, proyectiles o cohetes de propulsión.
rampante adj. Aplícase en heráldica al animal con la mano abierta y las garras en ademán de asir.
ramplón, ona adj. *Fig.* Vulgar, chabacano.
ramplonería f. Vulgaridad.
rampollo m. Rama que se corta de un árbol para plantarla.
rana f. Batracio saltador, de piel verdosa, perteneciente al orden de los anuros y que vive cerca de las aguas estancadas. || Juego que consiste en arrojar una moneda o un tejo por la boca abierta de una rana de hierro. || — *Fig.* y *fam.* *Cuando las ranas críen* o *tengan pelos,* nunca. | *Salir rana,* no salir bien, fallar.
rancagüino, na adj. y s. De Rancagua (Chile).
ranciar v. t. Volver rancio (ú. t. c. pr.).
rancidez o **ranciedad** f. Calidad de rancio.
rancio, cia adj. Aplícase al vino y ciertos comestibles grasientos que con el tiempo adquieren sabor y olor fuertes : *tocino rancio.* || *Fig.* Antiguo : *de rancia nobleza.* | Anticuado, pasado de moda : *una solterona rancia.* || — M. Olor muy fuerte propio de un comestible rancio.
rancheadero m. Lugar donde se ranchea.
ranchear v. i. Formar ranchos en un sitio, acampar (ú. t. c. pr.).
ranchera f. Canción popular originaria de la Argentina.
ranchería f. Conjunto de ranchos o chozas.
ranchero m. El que guisa el rancho. || Dueño de un rancho o finca. || Campesino que trabaja en un rancho. || *Fig. Méx.* Apocado, ridículo.
ranchito m. *Amer.* Chabola.
rancho m. Comida hecha para muchos : *el rancho de la tropa.* || *Fam.* Comida o guiso malo. || Campamento : *rancho de gitanos.* || En los barcos, sitio donde se aloja la marinería. || Grupo de marineros que se alternan en las faenas. || *Amer.* Choza con techo de ramas o paja : *rancho pampero.* | Finca, granja, hacienda. || *Per.* Quinta, casa de campo. || *Fig.* y *fam.* *Hacer rancho aparte,* llevar una vida aislada de los demás.
randa f. Encaje grueso de nudos apretados. || — M. *Fam.* Ratero.
rangífero m. *Zool.* Reno.
rango m. Clase, categoría, lugar que ocupa una persona en una jerarquía : *mantener su rango.* || Situación social : *persona de alto rango.* || *Amer.* Generosidad.
rante adj. *Arg. Fam.* Pobre, desprovisto de lo necesario.
ranunculáceo, a adj. y s. f. Aplícase a unas plantas dicotiledóneas como la ané-

mona y la peonía. || — F. pl. Familia que forman.
ranúnculo m. Planta ranunculácea de flores amarillas.
ranura f. Hendidura estrecha hecha en un madero, una pieza metálica, etc. || Pequeña abertura alargada donde se introduce una moneda o una ficha.
rapabarbas m. inv. *Fam.* Barbero.
rapacejo m. Muchacho.
rapacería f. Rapacidad. || Muchachada.
rapacidad f. Avidez grande, codicia de ganancias : *la rapacidad de un usurero.* || Inclinación al robo.
rapapolvo m. *Fam.* Reprensión.
rapar v. t. Afeitar la barba (ú. t. c. pr.). || Cortar el pelo al rape. || *Fig.* y *fam.* Hurtar, robar.
rapaz adj. Dado al robo, hurto o rapiña. || *Fig.* Ávido de ganancias : *comerciante rapaz.* || Aplícase al ave de rapiña. || — F. pl. Orden de aves carnívoras, de pico corvo, uñas grandes y aceradas, como el águila, el halcón, el buitre, etc. || — M. y f. Muchacho o muchacha de corta edad.
rape m. Afeitado rápido y sin cuidado. || Pez marino de cabeza ancha y aplastada, ojos y cabeza grandes y mandíbula prominente : *la carne del rape es muy apreciada.* || *Al rape,* muy corto.
rapé adj. Aplícase al tabaco en polvo : ú. m. c. s. m. : *tomar rapé.*
rapidez f. Cualidad de rápido.
rápido, da adj. Veloz, que recorre mucho espacio en poco tiempo : *corriente rápida.* || Que se realiza o ejecuta en un momento : *victoria rápida.* || Que hace las cosas en poco tiempo : *una modista rápida.* || Que se hace con poco cuidado : *lectura rápida.* || — M. Tren de gran velocidad : *el rápido de Barcelona a Madrid.* || Parte de un río muy impetuosa : *los rápidos del Niágara.*
rapiña f. Robo, expoliación o saqueo hecho con violencia. || *Ave de rapiña,* la carnívora, como el águila y el buitre.
rapiñar v. t. *Fam.* Hurtar.
raposa f. Zorra, vulpeja.
raposo m. Zorro.
rapsoda com. Recitador de poemas.
rapsodia f. Trozo de un poema, especialmente de Homero, que cantaban los rapsodas. || Composición musical, de forma libre o improvisada, integrada por fragmentos de aires populares o de otras obras : *una rapsodia de Liszt.*
raptar v. t. Cometer rapto.
rapto m. Delito que consiste en llevarse de su domicilio por el engaño, la violencia o la seducción a alguien, especialmente a una mujer, a un niño : *rapto de menores.* || *Fig.* Éxtasis, arrobamiento. | Arrebato, ataque rápido y violento : *rapto de locura.* || Impulso.
raptor, ra adj. y s. Que rapta.
raque m. Recogida de objetos dejados en las costas por un naufragio.
raqueta f. Aro de madera provisto de una red de cuerdas de tripa y terminado por un mango, que sirve para jugar al tenis, etc. || Especie de pala de madera revestida de corcho o de goma para jugar al tenis de mesa. || Especie de suela con esta forma para andar por la nieve. || Rastrillo para recoger el dinero en las mesas de juego.
raquianestesia f. *Med.* Anestesia de los miembros inferiores y de los órganos de la pelvis.
raquídeo, a adj. Del raquis.
raquis m. Columna vertebral.
raquítico, ca adj. Que sufre raquitismo (ú. t. c. s.). || *Fig.* Endeble. | Escaso, mezquino.
raquitismo m. Enfermedad infantil caracterizada por las deformaciones del sistema óseo, sobre todo de la columna vertebral.
rara avis expr. lat. Persona o cosa única en su género.
rarefacción f. Enrarecimiento.
rarefacer v. t. Enrarecer, disminuir la densidad o la presión de un gas (ú. t. c. pr.).
rareza f. Calidad de raro.
rarificar v. t. Enrarecer, rarefacer (ú. t. c. pr.).
raro, ra adj. Poco frecuente : *un fenómeno muy raro.* || Singular, poco corriente : *libro raro.* || Extraño, extravagante, estrafalario : *persona muy rara.* || Extraordinario, poco común : *de raro mérito.* || *Gases raros,* los que, en pequeña cantidad, forman parte de la atmósfera, como el helio, el neón, el argón, el criptón, el xenón.
ras m. Igualdad de nivel. || — *A ras de,* casi tocando. || *Ras con ras,* al mismo nivel.
rasante adj. Que rasa. || — *Tiro rasante,* tiro de trayectoria nunca superior en altura a la del objetivo. || *Vuelo rasante,* el que se efectúa casi rasando el suelo. || — F. Línea de una calle o camino considerada en relación con el plano horizontal. || *Cambio de rasante,* punto más elevado de la pendiente de una carretera.
rasar v. t. Igualar con el rasero las medidas de los áridos. || Pasar muy cerca : *rasar el suelo.*
rascacielos m. inv. Edificio de muchas plantas.
rascador m. Utensilio que sirve para rascar. || Tira rugosa para encender los fósforos y cerillas.
rascadura f. o **rascamiento** m. Acción y efecto de rascar o rascarse. || Señal que queda.
rascar v. t. Refregar o frotar la piel con las uñas (ú. t. c. pr.). || Raspar una superficie para quitarle algo. || Raer con el rascador. || *Fam. Rascar la guitarra,* tocarla mal. || — V. pr. *Amer.* Emborracharse. || *Fig. Rascarse los bolsillos,* gastar los últimos céntimos.
rascatripas com. *Fam.* Violinista malo.
rasero, ra adj. Rasante. || — M. Palo cilíndrico para rasar las medidas de los áridos. || *Fig. Medir por el mismo rasero a dos personas,* tratarlas con igualdad. || — F. Espumadera para freír.
rasgado, da adj. Dícese de los ojos que tienen muy prolongada la comisura de los párpados. || — M. Rasgón.
rasgadura f. Acción de rasgar.
rasgar v. t. Romper, destrozar una cosa tirando de ella en varias direcciones (ú. t. c. pr.) : *le rasgó las vestiduras.* || — V. t. Rasguear un instrumento músico de cuerdas.
rasgo m. Línea trazada, especialmente la de adorno. || *Fig.* Expresión acertada : *rasgo de humor.* | Acción notable : *un rasgo de heroísmo.* || Característica, peculiaridad : *rasgo de su carácter.* || — Pl. Facciones de la cara : *rasgos finos.* || — *A grandes rasgos,* rápidamente, sin pararse en minucias. || *Rasgo de ingenio,* idea genial, genialidad.
rasgón m. Rotura en una tela.
rasgueado m. Rasgueo.
rasguear v. t. Tocar la guitarra u otro instrumento rozando varias cuerdas a la vez.
rasgueo m. Manera de tocar la guitarra rasgueándola.
rasguñar v. t. Arañar o rascar.

rasguño m. Arañazo.
rasilla f. Tela de lana muy fina. ‖ Ladrillo delgado y hueco.
raso, sa adj. Llano, liso, despejado : *terreno raso.* ‖ Sin nubes, desencapotado. ‖ Lleno hasta el borde. ‖ Que casi toca el suelo : *vuelo raso.* ‖ Dícese del que en su empleo no tiene ni título ni categoría especial : *un soldado raso.* ‖ — M. Satén. ‖ *Al raso,* al aire libre.
raspa f. Espina de pescado. ‖ Arista del grano de trigo y otros cereales. ‖ Escobajo de la uva. ‖ Eje o pedúnculo de un racimo o espiga. ‖ *Arg.* Ratero. ‖ *Méx.* Baile popular originario de Veracruz.
raspado m. Acción y efecto de raspar. ‖ Operación que consiste en raer con un instrumento quirúrgico la mucosa del útero o la superficie de un hueso.
raspador m. Util para raspar.
raspadura f. Acción y efecto de raspar.
raspar v. t. Raer ligeramente una cosa para quitar la parte superficial. ‖ Hacer la operación quirúrgica del raspado. ‖ Tener sabor áspero un vino u otro licor y picar en el paladar (ú. t. c. i.). ‖ Tener una superficie áspera. Ú. t. c. i. : *su piel raspa con el frío.* ‖ Rasar. ‖ Hurtar, quitar.
raspilla f. Planta cuya flor azulada recibe el nombre de *nomeolvides.*
rastra f. Huella. ‖ *Agr.* Grada. | Rastro, rastrillo. ‖ *Riopl.* Adorno, generalmente de plata, que los gauchos llevan en el cinturón a manera de hebilla. ‖ — *A la rastra* o *a rastras,* arrastrando; (fig.) de mal grado. ‖ *Fig. Ir a rastras de uno,* seguirle siempre.
rastreador, ra adj. Que rastrea o busca.
rastrear v. t. Buscar a una persona, animal o cosa siguiendo su rastro : *el perro rastrea la caza.* ‖ Llevar arrastrando por el fondo del agua un arte de pesca. ‖ *Fig.* Averiguar una cosa valiéndose de varios indicios, indagar (ú. m. c. i.). ‖ — V. i. Ir volando casi a ras del suelo.
rastreo m. Acción y efecto de rastrear. ‖ Búsqueda por los policías de un delincuente.
rastrero, ra adj. Dícese del tallo de una planta que, tendido por el suelo, echa raicillas. ‖ *Fig.* Bajo, vil, despreciable.
rastrillado m. Acción y efecto de rastrillar.
rastrillar v. t. Limpiar con el rastrillo : *rastrillar el lino, el cáñamo.* ‖ Recoger con el rastrillo : *rastrillar las hierbas.*
rastrillo m. Instrumento de jardinería formado de un palo largo cruzado en su extremo inferior por un travesaño con púas que sirve para recoger la broza, paja, etc. ‖ Utensilio parecido usado en las mesas de juego para recoger el dinero apostado. ‖ Especie de carda para limpiar el cáñamo o el lino. ‖ Compuerta formada con una reja levadiza a la entrada de algunas plazas de armas. ‖ Caja del alumbrado superior del escenario.
rastro m. Huella, pista : *el rastro de un animal.* ‖ *Fig.* Señal que queda de una cosa, indicio : *no dejar rastro.* ‖ Mercado de cosas viejas.
rastrojar v. t. *Agr.* Arrancar el rastrojo.
rastrojera f. Conjunto de tierras que han quedado en rastrojo.
rastrojo m. Paja de la mies que queda en la tierra después de segar. ‖ El campo después de segada la mies.
rasurador m. *Amer.* Maquinilla de afeitar eléctrica.
rasurar v. t. Afeitar.
rata f. Mamífero roedor, de cola larga, muy voraz y perjudicial, originario de Asia. ‖ — *Fig.* y *fam. Más pobre que una rata,* muy pobre. | *No había ni una rata,* no había nadie.
ratania f. Arbusto del Perú cuya corteza se emplea como astringente.
ratear v. t. Disminuir a proporción o prorrata. ‖ Repartir proporcionalmente. ‖ Hurtar con destreza cosas pequeñas.
rateo m. Prorrateo.
ratería f. y **raterismo** m. Hurto.
ratero, ra adj. Que hurta con maña cosas de poco valor (ú. t. c. s.).
raticida m. Sustancia química para matar ratas y ratones.
ratificación f. Aprobación, confirmación de lo que se ha hecho o prometido. ‖ Documento en que consta.
ratificador, ra adj. y s. Dícese del que ratifica.
ratificar v. t. Aprobar o confirmar lo que se ha hecho o prometido (ú. t. c. pr.)
rato adj. m. Dícese del matrimonio celebrado y no consumado.
rato m. Espacio de tiempo, especialmente cuando es de corta duración, momento : *salió hace un rato.* ‖ — *A ratos,* a veces. ‖ *Fam. Haber para rato,* requerir mucho tiempo. | *Un rato,* mucho : *sabe un rato de política.*
ratón m. Mamífero roedor menor que la rata.
ratona f. Hembra del ratón.
ratonera f. Trampa para cazar ratones. ‖ Madriguera de ratones. ‖ *Fig.* Trampa. ‖ *Amer.* Cuchitril.
raudal m. Corriente violenta de agua. ‖ *Fig.* Gran cantidad.
raudo, da adj. Rápido.
ravioles o **raviolis** m. pl. Cuadritos de pasta con carne picada y servidos con salsa y queso rallado.
raya f. Línea recta : *las cinco rayas del pentagrama.* ‖ Lista : *camisa a rayas.* ‖ Término o límite de una nación, provincia, etc. ‖ Separación de los cabellos hecha con el peine. ‖ Pliegue del pantalón. ‖ Cada una de las estrías en espiral del cañón de un arma de fuego, cuyo objeto es dar al proyectil un movimiento de rotación para estabilizarlo en su trayectoria. ‖ Señal larga del alfabeto Morse, equivalente a tres puntos por su duración. ‖ *Gram.* Guión algo más largo que el corriente que separa oraciones incidentales o indica el diálogo. ‖ Pez marino selacio de cuerpo aplastado y romboidal y cola larga y delgada. ‖ *Méx.* Sueldo, paga. ‖ — *Fig. A raya,* dentro de los límites adecuados : *mantener a raya a alguien.* | *Dar ciento y raya* o *quince y raya a uno,* sobrepasarle. | *Pasarse de la raya,* propasarse.
rayadillo m. Tela rayada.
rayado, da adj. Que tiene rayas o listas. ‖ — M. Conjunto de rayas : *el rayado de una tela.* ‖ Acción de rayar.
rayador m. Ave de América, parecida a la golondrina de mar, de color blanco y negruzco y pico rojo.
rayadura f. Rayado.
rayano, na adj. Que confina con una cosa. ‖ Que está en la raya que divide dos territorios. ‖ *Fig.* Cercano : *rayano en lo ridículo.*
rayar v. t. Hacer o tirar rayas : *rayar una hoja de papel.* ‖ Subrayar : *rayar una frase.* ‖ Tachar lo escrito o impreso : *rayar las palabras inútiles.* ‖ Suprimir : *lo rayaron de la lista.* ‖ — V. i. Ser colindante o limítrofe : *su casa raya con la mía.* ‖ Despuntar, empezar a salir : *rayar el alba, el día.* ‖ *Fig.* Estar a punto de alcanzar, frisar : *rayar en los cin-*

cuenta años. | Ser casi, aproximarse mucho a : *su conducta raya en lo ridículo.* | Distinguirse, descollar, destacarse : *raya por su inteligencia.* || *Méx.* Pagar a los trabajadores el salario.

rayo m. Haz de luz que procede de un cuerpo luminoso, especialmente del Sol : *los rayos solares.* || Línea de propagación de la energía : *rayos caloríficos.* || Chispa eléctrica de gran intensidad entre dos nubes o entre una nube y la Tierra : *cayó un rayo en el campanario de la iglesia.* || Radio de una rueda. || *Fig.* Persona muy viva : *este chico es un rayo.* | Cosa o desgracia imprevista : *la noticia cayó como un rayo.* || — *Fig. Con la velocidad de un rayo,* muy rápidamente. | *Echar rayos,* estar muy irritado. || *Rayos alfa* (α), *beta* (β) *y gamma* (γ), los emitidos por los cuerpos radiactivos. || *Rayos cósmicos,* los que proceden del espacio sideral. || *Rayos X o de Röntgen,* los que atraviesan fácilmente muchos cuerpos opacos y se utilizan en medicina como medio de investigación y tratamiento.

rayón m. y **rayona** f. Hilo textil de viscosa. || Tejido hecho con él.

rayuela f. Raya pequeña. || Cierto juego de niños en el que se mueve con el pie un tejo sobre unas divisiones trazadas en el suelo.

raza f. Grupo de individuos cuyos caracteres biológicos son constantes y se perpetúan por herencia : *raza blanca.* || Conjunto de los ascendientes y descendientes de una familia, de un pueblo : *la raza de David.* || Subdivisión de una especie : *razas humanas.*

razón f. Facultad de pensar, discurrir y juzgar : *el hombre está dotado de razón.* || Facultad intelectual que permite actuar acertadamente o distinguir lo bueno y verdadero de lo malo y falso : *luz de la razón.* || Motivo, causa : *la razón de un acto.* || Recado : *llevar una razón.* || Información : *razón aquí.* || *Mat.* Relación que resulta de la comparación entre dos cantidades. || — *A razón de,* al precio de; según la proporción de. || *Dar la razón a uno,* declarar que tiene razón en lo que dice o hace. || *En razón a o de,* debido a. || *En razón directa, inversa,* directamente proporcional, inversamente proporcional. || *Meter, poner o hacer entrar en razón a uno,* obligarle a actuar razonablemente. || *Perder la razón,* enloquecer. || *Razón de Estado,* consideraciones basadas en las conveniencias políticas que se invocan para justificar acciones ilegales o injustas. || *Razón social,* denominación con que se da a conocer una sociedad comercial. || *Tener razón uno,* ser verdadero lo que dice.

razonable adj. Sensato : *acuerdo razonable.* || *Fig.* Mediano, justo, ni exagerado ni insuficiente.

razonado, da adj. Basado en la razón : *discurso, análisis razonado.*

razonamiento m. Acción o manera de razonar. || Serie de conceptos encaminados a demostrar algo : *razonamiento falso.*

razonar v. i. Exponer las razones en que se funda un juicio, creencia, demostración, etc. || Discurrir : *razonar por inducción.* || — V. t. Apoyar con pruebas o documentos una cosa, justificar.

razzia f. Incursión hecha en territorio enemigo para sacar botín. || Saqueo. || *Fig.* Redada de policía.

Rb, símb. químico del *rubidio.*

re m. *Mús.* Segunda nota de la escala musical.

reabsorber v. i. Volver a absorber (ú. t. c. pr.).

reabsorción f. Nueva absorción.

reacción f. Acción provocada por otra y de sentido contrario : *todo exceso suscita una reacción.* || En política, acción de un partido opuesto a todas las innovaciones políticas o sociales y empeñado en resucitar las instituciones del pasado; partido que tiene estas opiniones : *acabar con la reacción.* || En psicología, comportamiento de un ser vivo en presencia de un estímulo externo o interno. || *Fís.* Expansión progresiva de un fluido (agua, vapor, gas). || *Fisiol.* Acción orgánica que tiende a producir un efecto contrario al del agente que la provoca. || *Quím.* Fenómeno por el cual, del contacto de dos o más cuerpos, resulta la formación de cuerpos diferentes. || — *Avión de reacción,* el propulsado por un motor de reacción. || *Motor de reacción,* el que eyecta unos chorros de gases a gran velocidad y, en virtud del principio de la acción y de la reacción, hace avanzar un vehículo en sentido opuesto al de la eyección. || *Reacción en cadena,* reacción química o nuclear en la cual unos átomos liberan una energía suficiente para desencadenar la misma reacción entre los átomos vecinos.

reaccionar v. i. Producirse una reacción, especialmente entre dos cuerpos químicos o en respuesta a un estímulo. || *Fig.* Oponerse, resistir : *reaccionar contra el odio.*

reaccionario, ria adj. y s. Aplícase al o a lo que es opuesto a las innovaciones y propenso a restablecer lo abolido : *política reaccionaria.*

reacio, cia adj. Que se resiste con tenacidad a hacer una cosa.

reactivación f. Acción de reactivar : *la reactivación de un suero.*

reactivar v. t. Dar nuevo impulso o fuerza : *reactivar la economía.*

reactivo, va adj. Que reacciona o produce reacción. || — M. *Quím.* Sustancia empleada para determinar la naturaleza de los cuerpos por las reacciones que produce en ellos.

reactor m. Propulsor aéreo que utiliza el aire ambiente como comburente y funciona por reacción directa sin ayuda de hélice. || Instalación industrial donde se efectúa una reacción química en presencia de un catalizador. || Avión de reacción. || *Reactor nuclear,* fuente de energía que utiliza la fisión.

readaptación f. Acción de readaptar o readaptarse.

readaptar v. t. Adaptar de nuevo, especialmente los músculos a su antigua función, después de un accidente (ú. t. c. pr.). || — V. pr. Adaptarse de nuevo a una actividad interrumpida.

readmisión f. Nueva admisión.

readmitir v. t. Volver a admitir.

reafirmar v. t. Afirmar de nuevo (ú. t. c. pr.).

reagrupación f. Nueva agrupación.

reagrupar v. t. Agrupar de nuevo.

reajustar v. t. Volver a ajustar.

reajuste m. Acción de reajustar : *reajuste de sueldos.*

real adj. Que tiene existencia verdadera y efectiva : *afecto real.* || Del rey o de la realeza : *familia real.* || Aplícase a algunos animales y cosas superiores en su clase : *pavo real, octava real.* || *Fig.* Regio, suntuoso. | Hermoso : *un real mozo.* || *Derechos reales,* impuesto que grava toda transferencia de propiedad. ‖ — M. Campamento de un ejército : *alzar (o levantar) el real* (ú. t. en pl.). ‖ Campo de una feria, ferial. ‖ Antigua moneda española de veinticinco céntimos de peseta. ‖ Moneda de diversos países de América que equivale, en general, a 10 centavos de peso. ‖ — *Fam. No valer un real,* no valer nada. ‖ *Fig. Sentar sus reales,* fijarse, establecerse.

realce m. Adorno, labor de relieve : *bordar de realce.* ‖ *Fig.* Lustre, esplendor : *dar realce a una fiesta.* | Relieve : *poner de realce.*

realeza f. Dignidad o soberanía real. ‖ Magnificencia.

realidad f. Existencia efectiva de una cosa : *la realidad del mundo físico.* ‖ Cosa concreta : *nuestros deseos se han convertido en realidades.* ‖ Mundo real : *vivir fuera de la realidad.* ‖ Verdad : *la realidad de un hecho.*

realismo m. Doctrina filosófica que afirma la realidad de las ideas (realismo espiritualista) o que considera que el mundo, tal y como lo vemos, es la única realidad (realismo materialista). ‖ Doctrina literaria y artística basada en la descripción precisa y objetiva de los seres y de las cosas. ‖ Doctrina política favorable a la monarquía que en España se refería a la absoluta encarnada por Fernando VII.

realista adj. y s. Partidario del realismo.

realizable adj. Que puede realizarse, hacedero.

realización f. Acción de realizar. ‖ Cosa realizada. ‖ Conjunto de operaciones necesarias para hacer una película, una emisión de radio o de televisión.

realizador, ra m. y f. Director de cine o de una emisión radiofónica o televisada. ‖ — Adj. y s. Que realiza.

realizar v. t. Hacer real : *realizar sus aspiraciones* (ú. t. c. pr.). ‖ Efectuar, llevar a cabo : *realizar un viaje.* ‖ Ejecutar : *realizar una hazaña.* ‖ Dirigir la preparación y la ejecución de una película o de una emisión radiofónica o televisada. ‖ Vender, convertir mercaderías en dinero lo más pronto posible, incluso con depredación. ‖ — V. pr. Tener lugar.

realquilado, da adj. y s. Dícese de la persona que vive en régimen de alquiler en una casa alquilada por otro.

realquilar v. t. Subarrendar.

realzar v. t. Enaltecer : *realzar el mérito de una persona.* ‖ Dar realce, poner de relieve.

reanimación f. Acción y efecto de reanimar. ‖ *Med.* Conjunto de medios terapéuticos destinados a restablecer las funciones vitales (circulación, respiración, sistema nervioso). ‖ Nuevo vigor.

reanimar v. t. Dar vigor, restablecer las fuerzas : *medicina que reanima.* ‖ Restablecer las funciones vitales : *reanimar al desmayado.* ‖ *Fig.* Levantar el ánimo. | Reanudar, reavivar : *reanimar la conversación.*

reanudación f. Continuación de algo interrumpido.

reanudar v. t. Continuar lo interrumpido : *reanudar una conversación.* ‖ Proseguir un trabajo, volver a sus labores después de las vacaciones o de una ausencia : *reanudar las clases.* ‖ Restablecer : *reanudar un servicio.*

reaparecer v. i. Volver a aparecer : *reaparecer una revista.* ‖ Volver a escena un actor o a ocupar un puesto público un hombre político.

reaparición f. Vuelta a aparecer.

reapertura f. Nueva apertura : *la reapertura del Parlamento.*

rearmar v. t. Equipar de nuevo con armamento militar.

rearme m. Acción de rearmar.

reasegurar v. t. Hacer un reaseguro.

reaseguro m. Contrato por el cual un asegurador toma a su cargo, completamente o en parte, un riesgo ya cubierto por otro asegurador.

reasumir v. t. Volver a encargarse de algo que se había dejado.

reata f. Cuerda que sujeta dos o más caballerías de manera que vayan una detrás de otra. ‖ Hilera de caballerías atadas de este modo.

reavivar v. t. Volver a avivar.

rebaba f. Resalto formado de materia sobrante en los bordes de un objeto o en el filo de una cuchilla amolada.

rebaja f. Descuento, disminución del precio : *vender con rebaja.*

rebajado, da adj. Aplícase al arco o bóveda cuya altura es inferior a la mitad de su anchura. ‖ — M. Soldado dispensado de algún servicio.

rebajamiento m. Acción de rebajar. ‖ *Fig.* Humillación.

rebajar v. t. Volver algo más bajo de lo que era. ‖ Disminuir, reducir : *rebajar el sueldo.* ‖ Oscurecer o disminuir la intensidad de un color en pintura o fotografía. ‖ *Fig.* Abatir, hacer que disminuya : *rebajar la soberbia.* | Humillar. ‖ *Rebajar de rancho,* entregar el rebaje de rancho a un soldado. ‖ — V. pr. *Fig.* Humillarse. ‖ Quedar dispensado un militar de una obligación : *rebajarse de la faena de cocina.* ‖ Darse de baja por enfermo.

rebaje m. *Mil.* Dispensa de alguna obligación. ‖ *Rebaje de rancho,* dinero que se da al soldado que no come en el cuartel.

rebalse m. Presa.

rebanada f. Porción delgada, ancha y larga, que se saca de alguna cosa : *rebanada de pan.*

rebanar v. t. Hacer rebanadas. ‖ Cortar.

rebañadura f. Restos en el fondo de una cacerola o plato (ú. m. en pl.).

rebañar v. t. Recoger los residuos de alguna cosa comestible hasta apurarla : *rebañar un plato.*

rebaño m. Hato de ganado, especialmente lanar : *rebaño de ovejas.* ‖ *Fig.* Congregación de los fieles respecto de sus pastores espirituales : *el rebaño de la parroquia.*

rebasar v. t. Pasar de cierto límite : *rebasar una cantidad.* ‖ *Fig.* Ir más allá de lo previsto, superar, exceder. ‖ *Amer.* Adelantar un automóvil.

rebatible adj. Refutable.

rebatir v. t. Refutar, impugnar.

rebato m. Toque de alarma dado por medio de campana u otra señal cuando sobreviene un peligro o un incendio : *tocar a rebato.*

rebeca f. Jersey de mangas largas que suele abrocharse por delante.

rebeco m. Gamuza de los Pirineos.

rebelarse v. pr. Alzarse contra la autoridad, sublevarse. ‖ *Fig.* Negarse a obedecer. | Protestar, oponer resistencia.

rebelde adj. y s. Que se rebela. ‖ Que se niega a obedecer a la autoridad legítima : *las tropas rebeldes.* ‖ Que no comparece ante el tribunal para ser juzgado. ‖ *Fig.* Indócil : *un niño rebelde.*

rebeldía f. Calidad de rebelde. ‖ Insubordi-

nación, indisciplina. ‖ *For.* Oposición del reo a comparecer ante el tribunal.
rebelión f. Resistencia violenta contra la autoridad.
rebenque m. Látigo de cuero untado con brea que se utilizaba para castigar a los galeotes. ‖ *Amer.* Látigo corto de jinete con una tira de cuero ancha. ‖ *Mar.* Cuerda o cabo corto.
reblandecer v. t. Ablandar (ú. t. c. pr.).
reblandecimiento m. Acción de reblandecer. ‖ Estado de una cosa reblandecida. ‖ Alteración de los tejidos orgánicos, caracterizada por la disminución de su consistencia : *reblandecimiento cerebral.*
reborde m. Faja estrecha y saliente que se hace a lo largo del borde de alguna cosa. ‖ Borde doblado de una chapa.
rebosadero m. Sitio por donde sale el líquido que rebosa.
rebosante adj. Que rebosa. ‖ *Fig.* Lleno : *rebosante de alegría.*
rebosar v. i. Derramarse un líquido por encima de los bordes de un recipiente en que no cabe. ‖ *Fig.* Tener algo en abundancia : *rebosar de riquezas, de alegría.*
rebotar v. i. Botar repetidamente un cuerpo, ya sobre el suelo, ya chocando con otros cuerpos.
rebote m. Acción de rebotar : *el rebote de la pelota, de una bala.* ‖ *Fig. De rebote,* de rechazo.
rebotica f. Trastienda de una farmacia.
rebozar v. t. Cubrir casi todo el rostro con la capa, el manto u otra prenda (ú. t. c. pr.). ‖ Bañar una cosa comestible en huevo, harina, etc. : *rebozar el pescado.*
rebozo m. Modo de cubrirse casi todo el rostro con la capa o manto. ‖ *Fig.* Pretexto. ‖ *Amer.* Pañolón, típico de México, que usan las mujeres. ‖ *Fig. Sin rebozo,* con sinceridad.
rebujina o **rebujiña** f. *Fam.* Bullicio, alboroto producido por una muchedumbre. ‖ Mezcla desordenada.
rebullir v. i. Empezar a moverse lo que estaba quieto. ‖ — V. pr. Moverse, agitarse.
rebusca f. Acción de rebuscar.
rebuscado, da adj. Afectado : *estilo rebuscado.*
rebuscamiento m. Afectación.
rebuscar v. t. Buscar con cuidado.
rebuznar v. i. Dar rebuznos.
rebuzno m. Voz del asno.
recabar v. t. Conseguir con insistencia lo que se desea : *recabar fondos.* ‖ Pedir, solicitar : *recabó la ayuda de todos sus compañeros para salir de aquel mal trance.*
recadero, ra m. y f. Persona encargada de hacer recados.
recado m. Mensaje verbal : *le di recado que no iría.* ‖ Mensaje escrito. ‖ Encargo, comisión, mandado : *hacer varios recados en la ciudad.* ‖ Conjunto de utensilios necesarios para cierto fin : *recado de escribir.* ‖ Documento que justifica las partidas de una cuenta. ‖ *Amer.* Conjunto de las piezas que constituyen la montura.
recaer v. i. Caer nuevamente enfermo. ‖ *Fig.* Ir a parar : *la culpa recayó sobre él.* | Dirigirse : *la sospecha recayó sobre él.* | Volver : *la conversación recae siempre sobre el mismo tema.* | Caer en suerte : *el premio recaerá en el más digno.* | Reincidir : *recaer en los mismos vicios.*
recaída f. Reaparición de una enfermedad que no había curado completamente : *tener una recaída.* ‖ Reincidencia, acción de volver a incurrir en los mismos vicios o defectos.
recalada f. Llegada del barco a un punto de la costa.
recalar v. t. Penetrar poco a poco un líquido por los poros de un cuerpo empapándolo. ‖ — V. i. Llegar un barco a un punto de la costa. ‖ Bucear, nadar bajo el agua.
recalcar v. t. *Fig.* Destacar mucho las palabras al pronunciarlas : *recalcó sus frases.* | Repetir, machacar : *siempre recalca lo mismo.* | Subrayar : *recalcar la importancia.*
recalcificación f. Procedimiento para mejorar la fijación del calcio en el organismo.
recalcificar v. t. Aumentar la cantidad de calcio en el organismo.
recalcitrante adj. Obstinado en el error, terco. ‖ Reacio.
recalentamiento m. Acción de recalentar. ‖ Condición inestable de un cuerpo cuya temperatura rebasa la del equilibrio que corresponde a dicho estado. ‖ Estado de un líquido cuya temperatura es superior a su punto de ebullición. ‖ Calentamiento excesivo de un metal.
recalentar v. t. Volver a calentar. ‖ Calentar mucho. ‖ *Fig.* Excitar (ú. t. c. pr.). | Poner en celo (ú. t. c. pr.).
recalificación f. Nueva calificación.
recalificar v. t. Dar una nueva calificación.
recalmón m. Súbita disminución de la fuerza del viento en el mar.
recamado m. Bordado de realce.
recamar v. t. Bordar de realce.
recámara f. Parte de la culata de las armas de fuego donde se coloca el cartucho. ‖ *Fig.* Cautela, segunda intención : *tener mucha recámara.* ‖ *Méx.* Dormitorio.
recambiable adj. Dícese de la pieza que puede ser cambiada.
recambiar v. t. Cambiar de nuevo.
recambio m. Acción de recambiar. ‖ Pieza que puede sustituir a otra semejante.
recapacitar v. t. e i. Reflexionar.
recapitulación f. Resumen.
recapitular v. t. Resumir.
recapitulativo, va adj. Que recapitula : *cuadro recapitulativo.*
recarga f. Pieza de recambio.
recargar v. t. Volver a cargar. ‖ Adornar excesivamente : *estilo recargado.* ‖ Aumentar la cantidad que hay que pagar : *recargar los impuestos.* ‖ Agravar la pena de un reo. ‖ *Fig.* Cargar excesivamente : *recargar su memoria.*
recargo m. Nueva carga o aumento de carga. ‖ Aumento en los impuestos o precios. ‖ Sobretasa. ‖ Agravación de una pena. ‖ *Mil.* Tiempo de servicio suplementario.
recatado, da adj. Circunspecto.
recatar v. t. Encubrir u ocultar lo que no se quiere que se vea o se sepa (ú. t. c. pr.).
recato m. Modestia, pudor.
recauchutado m. Acción y efecto de recauchutar.
recauchutar o **recauchar** v. t. Revestir un neumático gastado con una disolución de caucho.
recaudación f. Acción de cobrar contribuciones, impuestos. ‖ Oficina donde se recaudan. ‖ Cantidad recaudada.
recaudador, ra m. y f. Persona encargada de la cobranza de caudales públicos. ‖ Cobrador en un banco.
recaudamiento m. Recaudación.
recaudar v. t. Cobrar o percibir caudales

públicos o efectos. ‖ Recibir cantidades de dinero por varios conceptos.

recaudería f. *Méx.* Tienda de especias.

recaudo m. Precaución ‖ Recaudación. ‖ *Poner a buen recaudo,* poner en lugar seguro.

recelar v. t. Sospechar. ‖ Temer. ‖ — V. i. Desconfiar.

recelo m. Suspicacia. ‖ Desconfianza. ‖ Miedo, temor.

receloso, sa adj. Suspicaz, desconfiado. ‖ Temeroso.

recensión f. Reseña de una obra en un periódico o revista.

recental adj. y s. Aplícase a ciertos animales de leche : *cordero recental.*

recepción f. Acción de recibir : *recepción de un paquete.* ‖ Admisión en una asamblea o corporación acompañada de una ceremonia : *recepción de un nuevo miembro.* ‖ Ceremonia oficial en que un alto personaje acoge a los diplomáticos, miembros del gobierno, etc. ‖ Gran fiesta en una casa particular. ‖ Sitio donde se recibe a los clientes en un hotel. ‖ *Rad.* Acción de captar una emisión de ondas hertzianas.

recepcionista com. Persona encargada de la recepción en un hotel, congreso, oficina, etc.

receptáculo m. Cavidad que contiene cualquier cosa.

receptividad f. *Med.* Predisposición a contraer una enfermedad. ‖ Aptitud para recibir impresiones : *la receptividad del público.*

receptor, ra adj. Que recibe. ‖ — M. Aparato que recibe las señales eléctricas, telegráficas, telefónicas, radiotelefónicas o televisadas : *un receptor de televisión.* ‖ Órgano de una máquina que, bajo la acción de una energía cualquiera, produce otro efecto energético. ‖ Elemento sensorial, como las células visuales de la retina. ‖ Persona que por medio de una transfusión recibe parte de la sangre de un donante. ‖ *Receptor universal,* sujeto perteneciente a un grupo sanguíneo (AB) que le permite recibir la sangre de individuos de cualquier grupo.

recesar v. i. Cesar en sus actividades una corporación. ‖ — V. t. Clausurar una Asamblea.

recesión f. Disminución de una actividad : *recesión económica.*

receso m. (P. us.). Separación. ‖ *Amer.* Vacación, suspensión. ‖ *Amer. Estar en receso,* haber suspendido sus sesiones una asamblea.

receta f. Prescripción médica y nota escrita en que consta. ‖ Nota que indica los componentes de un plato de cocina y la manera de hacerlo. ‖ *Fig.* y *fam.* Fórmula : *una receta para hacer fortuna.*

recetar v. t. Prescribir el médico un medicamento. ‖ *Fig.* Aconsejar.

recetario m. Receta del médico. ‖ Farmacopea.

recibí m. Fórmula en un documento para indicar que se ha recibido lo que se consigna : *poner el recibí en una factura.*

recibidor, ra adj. y s. Aplícase al que recibe. ‖ — M. Antesala donde se reciben las visitas. ‖ — F. *Amer.* Mujer que ayuda a una parturienta sin ser comadrona.

recibimiento m. Acogida : *recibimiento apoteósico.* ‖ Entrada, vestíbulo. ‖ Salón.

recibir v. t. Aceptar o tener entre las manos lo dado o enviado : *recibir un regalo.* ‖ Percibir o cobrar una cantidad. ‖ Ser objeto de algo : *recibir felicitaciones.* ‖ Tomar, acoger : *recibieron con gran entusiasmo su propuesta.* ‖ Aceptar : *reciba mi sincera enhorabuena.* ‖ Admitir, acoger en una asamblea o corporación. ‖ Admitir visitas una persona. Ú. t. c. i. : *a esta mujer no le gusta recibir.* ‖ Salir al encuentro del que llega : *recibir con gran pompa a uno.* ‖ Acoger : *me han recibido con los brazos abiertos.* ‖ Esperar al que acomete para resistirle. ‖ — V. pr. Tomar el título necesario para ejercer una profesión : *se recibió de doctor en medicina.*

recibo m. Recepción, acción y efecto de recibir algo : *acusar recibo de una carta.* ‖ Recibimiento, cuarto de una casa. ‖ Resguardo en que se declara haber recibido una cosa o haber sido pagada una suma : *haber perdido el recibo de la electricidad.* ‖ *Ser de recibo,* ser admisible, procedente.

reciclaje m. Reconversión de una persona en el campo laboral. ‖ Nueva asignación dada a las disponibilidades monetarias. ‖ Operación consistente en someter de nuevo una materia a un ciclo de tratamiento total o parcial cuando la transformación de aquélla no resulta completa.

reciclar v. t. Llevar a cabo el reciclaje. ‖ — V. pr. Adquirir una nueva formación.

reciedumbre f. Fuerza, vigor.

recién adv. Recientemente.

reciente adj. Que acaba de suceder o hacerse : *de fecha reciente.*

recinto m. Espacio encerrado entre ciertos límites.

recio, cia adj. Fuerte, robusto, vigoroso : *hombre recio.* ‖ Grueso. ‖ Fuerte, riguroso : *lluvia recia.* ‖ — Adv. Fuerte, alto : *gritar recio.* ‖ Con ímpetu : *llover recio.*

recipiendario, ria m. y f. Persona recibida solemnemente en una corporación, academia, etc., para formar parte de ella.

recipiente adj. Que recibe. ‖ — M. Receptáculo, vaso u otro utensilio propio para recibir o contener fluidos, objetos, etc.

reciprocidad f. Correspondencia mutua.

recíproco, ca adj. Mutuo : *amor recíproco.* ‖ — F. Acción semejante o equivalente a la que se hizo.

recitación f. Acción y efecto de recitar.

recitado m. Forma intermedia entre la declamación y el canto.

recitador, ra adj. y s. Aplícase a la persona que recita.

recital m. Función dada por un solo artista : *recital de piano.*

recitar v. t. Decir de memoria y en voz alta : *recitar un poema.*

recitativo m. *Mús.* Recitado.

reclamación f. Acción de reclamar, petición, solicitud. ‖ Impugnación, oposición o contradicción.

reclamador, ra o **reclamante** adj. y s. Aplícase al que reclama.

reclamar v. t. Pedir o exigir con derecho o con instancia una cosa : *reclamar un pago.* ‖ Reivindicar : *reclamó su parte.* ‖ — V. i. Protestar.

reclamo m. Ave amaestrada que se lleva a la caza para que llame y atraiga a las de la misma especie. ‖ Voz con que un ave llama a otra. ‖ Especie de pito para imitar esta voz. ‖ Sonido de este pito. ‖ Voz con que se llama a uno, llamada. ‖ Publicidad, propaganda. ‖ *Fig.* Cosa destinada a atraer a la gente. ‖ *Artículo de reclamo,* artículo vendido por debajo del precio normal con fines de publicidad.

reclinar v. t. Inclinar el cuerpo o parte de

él apoyándolo sobre algo. Ú. t. c. pr. : *reclinarse en* (o *sobre*) la mesa. || Inclinar una cosa apoyándola sobre otra.
reclinatorio m. Silla baja para arrodillarse y rezar.
recluir v. t. Encerrar (ú. t. c. pr.).
reclusión f. Prisión. || Estado de una persona que vive solitaria y sitio en que está reclusa.
recluso, sa adj. y s. Preso. || Aplícase al que vive solitario y retirado del mundo.
recluta m. Mozo que hace el servicio militar.
reclutador, ra adj. y s. Aplícase al que recluta.
reclutamiento m. Acción de reclutar, alistamiento. || Conjunto de los reclutas de un año.
reclutar v. t. Alistar reclutas o soldados. || Reunir gente para cierta labor o empresa.
recobrar v. t. Volver a tener lo que antes se tenía y se había perdido : *recobrar la salud.* || *Recobrar el sentido,* volver al estado normal después de haber perdido el conocimiento. || — V. pr. Desquitarse de un daño o de una pérdida. || Recuperarse físicamente.
recochinearse v. pr. *Pop.* Regodearse. | Burlarse con regodeo.
recochineo m. *Pop.* Regodeo. | Burla acompañada de regodeo.
recodo m. Angulo, vuelta : *los recodos de un río.* || Esquina, ángulo : *casa con muchos recodos.*
recogedor, ra adj. Aplícase al que recoge. || — M. Instrumento de labranza para recoger la parva en la era. || Especie de pala para recoger las basuras.
recogepelotas m. inv. Chiquillo que recoge las pelotas en un partido de tenis.
recoger v. t. Volver a coger o levantar una cosa caída : *recogió del suelo el pañuelo.* || Juntar cosas dispersas : *recoger documentos.* || Ir juntando : *recogió mucho dinero.* || Cosechar : *recoger las mieses.* || Arremangar : *recoger la falda.* || Encoger, ceñir, estrechar. || Guardar : *recoge esta plata.* || Dar asilo, acoger : *recoger a los menesterosos.* || Ir a buscar : *le recogeré a las ocho.* || Retirar de la circulación, confiscar : *recoger un periódico.* || *Fig.* Obtener : *por ahora sólo ha recogido disgustos.* || — V. pr. Refugiarse, acogerse a una parte. || Retirarse a dormir o descansar : *yo me recojo tarde.* || *Fig.* Ensimismarse, abstraerse.
recogido, da adj. Que vive retirado de la gente. || — F. Acción de recoger : *la recogida de la basura.* || Confiscación de un periódico. || Acción de recoger las cartas de un buzón.
recogimiento m. Acción y efecto de recoger o recogerse. || Concentración del espíritu.
recolección f. Recopilación, resumen : *recolección de datos.* || Cosecha : *la recolección de la aceituna.* || *Rel.* Observancia más rigurosa de la regla que la que generalmente se guarda. | Recogimiento y atención a las cosas divinas.
recolectar v. t. Cosechar : *recolectar la naranja.* || Recaudar fondos.
recolector, ra m. y f. Recaudador.
recoleto, ta adj. Dícese del religioso que guarda recolección (ú. t. c. s.). || Aplícase al convento donde vive. || *Fig.* Que vive retirado del mundo. | Tranquilo, poco animado : *plaza recoleta.*
recomendable adj. Digno de ser recomendado, estimable.
recomendación f. Acción de recomendar, especialmente con elogios, hecha de una persona a otra para que se ocupe de ella : *carta de recomendación.* || Escrito en que constan estos elogios. || Alabanza, elogio : *obra digna de recomendación.* || Consejo : *recomendación paterna.*
recomendado, da m. y f. Persona que goza de una recomendación.
recomendar v. t. Aconsejar. || Encargar, encomendar. || Hablar en favor de uno : *recomendé a mi amigo.*
recomenzar v. t. Comenzar de nuevo.
recompensa f. Favor o premio que se otorga a uno para agradecerle los servicios prestados, una buena acción, etc. || Premio que se da al vencedor de una competición.
recompensar v. t. Otorgar una recompensa.
recomponer v. t. Volver a componer.
recomposición f. Acción de recomponer.
reconcentramiento m. Concentración muy grande.
reconcentrar v. t. Concentrar, reunir : *reconcentrar las fuerzas.* || Centrar algo en una cosa o persona excluyendo a las demás : *reconcentrar su interés en un tema.* || — V. pr. Ensimismarse.
reconciliación f. Acción y efecto de reconciliar.
reconciliador, ra adj. y s. Dícese de lo o del que reconcilia.
reconciliar v. t. Poner de acuerdo los que estaban enfadados. || — V. pr. Volver a trabar amistad con uno.
reconcomerse v. pr. *Fig.* Concomerse mucho, consumirse : *reconcomerse de impaciencia.*
reconcomio m. *Fig.* Estado del que se reconcome. | Recelo, sospecha. | Rencor. | Remordimiento.
recondenado, da adj. *Fam.* Maldito : *¡ recondenada vida !*
recóndito, ta adj. Muy escondido, oculto. || Profundo, íntimo.
reconducción f. *For.* Prórroga. || Continuación.
reconducir v. t. *For.* Prorrogar un contrato de arrendamiento.
reconfortante adj. y s. m. Aplícase a lo que reconforta.
reconfortar v. t. Dar nuevas fuerzas físicas. || Dar ánimo, consolar.
reconocedor, ra adj. y s. Aplícase a la persona que reconoce.
reconocer v. t. Ver que una persona o cosa es cierta, determinada : *después de tantos años de ausencia no reconoció a su hermano; entre tantos paraguas no pudo reconocer el suyo.* || Confesar, admitir como cierto : *reconocer sus errores.* || Admitir la legalidad o existencia de algo : *reconocer un gobierno.* || Examinar detenidamente : *reconocer el terreno.* || Declarar oficialmente la legitimidad de alguien o de algo : *reconocer un heredero, su firma.* || Agradecer : *reconocer los favores.* || — V. pr. Dejarse conocer fácilmente una cosa. || Confesarse : *reconocerse culpable.*
reconocido, da adj. Agradecido.
reconocimiento m. Acción de reconocer o admitir como cierto : *reconocimiento de un error.* || Confesión : *reconocimiento de una culpa.* || Gratitud, agradecimiento. || Acto de admitir como propio : *reconocimiento de un niño.* || Examen detallado, registro, inspección. || *Mil.* Operación encaminada a obtener informaciones sobre el enemigo en una zona determinada : *avión, patrulla de reconoci-*

miento. || *Reconocimiento médico,* examen facultativo.

reconquista f. Acción de reconquistar.

reconquistar v. t. Recuperar, volver a conquistar.

reconsiderar v. t. Considerar de nuevo.

reconstitución f. Acción y efecto de reconstituir.

reconstituir v. t. Volver a formar : *reconstituir un partido.* || Devolver al organismo sus condiciones normales. || Volver a dar su forma inicial a algo : *reconstituir un texto.* || Reproducir un suceso a partir de los datos que se tienen : *reconstituir un crimen.*

reconstituyente adj. Que reconstituye. || Aplícase especialmente al remedio que reconstituye el organismo (ú. t. c. s. m.).

reconstrucción f. Nueva construcción de algo destruido.

reconstruir v. t. Volver a construir. || Reconstituir.

reconvención f. Censura.

reconvenir v. t. Censurar.

reconversión f. Adaptación de la producción de guerra a la producción de paz, y, por ext., de una producción antigua a una nueva : *reconversión de una empresa.* || Nueva formación de una persona para que pueda adaptarse a otra actividad.

reconvertir v. t. Proceder a una reconversión.

recopilación f. Reunión de varios escritos, a veces resumidos.

recopilador, ra m. y f. Persona que recopila o reúne.

recopilar v. t. Juntar, recoger o unir diversas cosas.

récord m. (pal. ingl.). En deporte, resultado que supera a todos los alcanzados hasta la fecha, plusmarca, marca. || *Por ext.* Resultado excepcional : *récord de fabricación.* || *Fam. En un tiempo récord,* en muy poco tiempo.

recordar v. t. Acordarse. || Traer a la mente : *esto recuerda mi juventud.* || Mover a uno a que tenga presente una cosa : *recordar una obligación.* || Parecerse, hacer pensar : *esta muchacha recuerda a su madre.*

recordatorio m. Aviso, advertencia para hacer recordar alguna cosa. || Estampa de primera comunión, primera misa, en recuerdo de los difuntos, etc.

recordman m. (pal. ingl.). El que ha conseguido realizar un récord deportivo, plusmarquista. (Pl. *recordmen.*) [El fem. es *recordwoman,* que hace en pl. *recordwomen.*]

recordwoman f. V. RECORDMAN.

recorrer v. t. Andar cierta distancia. || Transitar por un espacio, atravesarlo de un extremo a otro : *recorrer una ciudad.* || Leer rápidamente : *recorrer un escrito.*

recorrido m. Espacio que recorre una persona o cosa, trayecto. || Carrera, distancia que recorre un órgano mecánico animado por un movimiento de vaivén : *el recorrido del émbolo.*

recortable m. Cartulina donde están dibujadas figuras para que se entretengan los niños en recortarlas.

recortar v. t. Cortar lo que sobra de una cosa. || Cortar el papel u otro material en varias figuras. || *Fig.* Reducir, menguar. || En pintura, señalar los perfiles de algo. || — V. pr. Destacarse, perfilarse.

recorte m. Acción de recortar y fragmento cortado. || Trozo cortado de un escrito en que hay algo interesante : *recorte de prensa.* || *Fig.* Reducción. || — Pl. Residuos de cualquier material recortado.

recostar v. t. Reclinar la parte superior del cuerpo el que está de pie o sentado. U. t. c. pr. : *recostarse en un sillón.* || Inclinar una cosa apoyándola en otra.

recova f. Compra de huevos, gallinas, etc., para revenderlos.

recoveco m. Vuelta y revuelta de un camino, pasillo, arroyo, etc. || *Fig.* Rodeo : *andarse con recovecos.* | Lo más oculto.

recovero, ra m. y f. Persona que se dedica a la recova.

recrear v. t. Entretener, divertir, alegrar, deleitar. U. t. c. pr. : *recrearse en leer.* || Provocar una sensación agradable : *recrear la vista.* || Crear de nuevo : *recreó un nuevo estilo de la moda.*

recreativo, va adj. Que recrea o entretiene : *velada recreativa.*

recreo m. Diversión, distracción, entretenimiento : *viaje de recreo.* || Tiempo que tienen los niños para jugar en el colegio. || Cosa amena : *esto es un recreo para la vista.* || *Amer.* Merendero.

recriminación f. Reproche.

recriminador, ra adj. y s. Que recrimina.

recriminar v. t. Reprochar. || — V. pr. Criticarse dos o más personas.

recriminatorio, ria adj. Que supone recriminación.

recrudecer v. i. Incrementar algo malo o molesto.

recrudecimiento m. o **recrudescencia** f. Acción de recrudecer.

rectangular adj. *Geom.* Que tiene forma de rectángulo. || Que tiene uno o más ángulos rectos.

rectángulo adj. m. *Geom.* Rectangular. | Aplícase principalmente al triángulo y al paralelepípedo. || — M. Paralelogramo que tiene los cuatro ángulos rectos y los lados contiguos desiguales.

rectificación f. Corrección de una cosa inexacta : *rectificación de una cuenta.* || *Electr.* Transformación de una corriente alterna en corriente continua. || *Mec.* Operación consistente en afinar por amoladura la superficie de piezas ya labradas.

rectificador, ra adj. Que rectifica. || — M. Aparato que transforma una corriente eléctrica alterna en continua. || — F. *Mec.* Máquina herramienta que sirve para rectificar.

rectificar v. t. Corregir una cosa inexacta : *rectificar un error.* || *Fig.* Contradecir a alguien por haber formulado un juicio erróneo. || Volver recto o plano : *rectificar el trazado de un camino.* || Transformar una corriente eléctrica alterna en otra de dirección constante. || *Mec.* Efectuar la rectificación de una pieza.

rectificativo, va adj. Que rectifica o corrige. || — M. Documento en que consta una rectificación.

rectilíneo, a adj. Compuesto de líneas rectas : *figura rectilínea.*

rectitud f. *Fig.* Calidad de recto o justo, honradez, probidad. | Conformidad con la razón. || Distancia más corta entre dos puntos.

recto, ta adj. Derecho : *camino recto.* || *Fig.* Justo, íntegro : *persona recta.* | Dícese del sentido propio de una palabra, por oposición a *figurado.* || *Geom. Angulo recto,* aquel cuyos lados son perpendiculares. || — M. Ultima porción del intestino grueso que termina en el ano. || *Impr.* Folio o plana de un libro que, abierto, cae a la derecha del que lee, por oposición a *verso.* ‖ — F. Línea más corta de un punto a otro. ‖ — Adv. Derecho, todo seguido : *siga recto.*

rector, ra adj. Que rige o gobierna : *principio rector.* ‖ — M. y f. Superior de un colegio, comunidad, etc. ‖ Superior de una universidad. ‖ *Fig.* Dirigente.

rectorado m. Cargo y oficina del rector.

recua f. Conjunto de caballerías. ‖ *Fam.* Multitud de personas o cosas unas detrás de otras.

recuadro m. Filete rectangular que enmarca un texto o dibujo. ‖ Pequeña reseña en un periódico.

recubrir v. t. Volver a cubrir. ‖ Cubrir completamente.

recuento m. Segunda cuenta que se hace de una cosa. ‖ Enumeración, cálculo : *recuento de votos.*

recuerdo m. Impresión que se queda en la memoria de un suceso. ‖ Regalo hecho en memoria de una persona o suceso. ‖ Objeto que se vende a los turistas en los lugares muy concurridos : *tienda de recuerdos.* ‖ — Pl. Saludos : *da recuerdos a tu madre.*

recular v. i. Retroceder : *recular un paso.* ‖ *Fig.* Transigir, ceder uno de su opinión o dictamen.

reculones (a) adv. *Fam.* Andando hacia atrás.

recuperable adj. Que puede ser recuperado.

recuperación f. Acción y efecto de recuperar o recuperarse : *la difícil recuperación de los bienes perdidos.*

recuperador, ra adj. y s. Que recupera. ‖ — M. Aparato que sirve para recuperar calor o energía.

recuperar v. t. Recobrar. ‖ Recoger materiales para aprovecharlos : *recuperar chatarra.* ‖ Pasar un segundo examen para aprobar una asignatura : *recuperar las matemáticas.* ‖ — V. pr. Restablecerse, reponerse después de una enfermedad o emoción. ‖ Reactivarse los negocios.

recuperativo, va adj. Que permite recuperar.

recurrir v. i. Acudir a uno para obtener alguna cosa : *recurrir al médico.* ‖ Utilizar un medio : *recurrir a la adulación.* ‖ Acudir a un juez o autoridad con una demanda.

recurso m. Acción de recurrir a alguien o algo. ‖ Medio, expediente que se utiliza para salir de apuro : *no me queda otro recurso.* ‖ Acción que concede la ley al condenado en juicio para que pueda recurrir a otro tribunal : *recurso de casación.* ‖ — Pl. Medios económicos : *faltarle a uno recursos.* ‖ Elementos que representan la riqueza o la potencia de una nación. ‖ *For. Recurso de súplica,* apelación que se interpone contra las resoluciones de los tribunales superiores.

recusación f. Acción y efecto de recusar.

recusar v. t. *For.* Rechazar la competencia de un tribunal, juez, perito, etc. ‖ No querer admitir o aceptar una cosa.

rechazamiento m. Acción de rechazar, repulsa, negativa.

rechazar v. t. Obligar a retroceder : *rechazar al enemigo.* ‖ Resistir victoriosamente : *rechazar un asalto.* ‖ *Fig.* No ceder a, apartar : *rechazar los malos pensamientos.* | Rehusar, no aceptar : *rechazar un regalo.* | No atender : *rechazar una petición.* | Despedir, desairar : *rechazar a un pretendiente.* | Refutar, denegar. | Negar : *rechazar una acusación.*

rechazo m. Retroceso de un cuerpo al chocar con otro. ‖ *Fig.* Rechazamiento, negativa. ‖ *Med.* No aceptación de un injerto o trasplante por un organismo.

rechifla f. Acción de rechiflar. ‖ *Fig.* Burla. | Abucheo.

rechiflar v. t. Silbar con insistencia. ‖ — V. pr. Burlarse.

rechinamiento m. Acción y efecto de rechinar.

rechinar v. i. Producir un ruido desapacible al rozar una cosa con otra. ‖ *Fig.* Gruñir, hacer algo a disgusto. ‖ *Rechinar los dientes,* entrechocarse los dientes por dolor o rabia. ‖ — V. pr. *Amer.* Requemarse o tostarse.

rechistar v. i. Chistar. ‖ *Sin rechistar,* sin protestar.

rechoncho, cha adj. *Fam.* Gordo y de poca altura.

rechupete (de) loc. adv. *Fam.* Magnífico, muy bien.

red f. Aparejo para pescar o cazar hecho con hilos entrelazados en forma de mallas. ‖ Cualquier labor de mallas, como la que se tiende en medio de un campo de tenis, detrás de los postes de la portería de fútbol, etc. ‖ Redecilla para sujetar el pelo. ‖ *Fig.* Engaño, trampa : *caer en la red.* | Conjunto de vías de comunicación, líneas telegráficas o eléctricas, gasoductos, oleoductos, ríos y sus afluentes, cañerías para el abastecimiento de agua, etc. : *red ferroviaria, de carreteras.* | Conjunto de calles que se entrelazan en un punto : *la red de San Luis en Madrid.* | Conjunto de personas o cosas estrechamente relacionadas entre sí para algún fin : *red de espionaje.* | Organización con ramificaciones en diferentes lugares : *red de hipermercados.* | Conjunto de enlaces telefónicos, de radio y de televisión.

redacción f. Acción y efecto de redactar. ‖ Oficina donde se redacta : *la redacción de la Editorial Larousse.* ‖ Conjunto de los redactores. ‖ Escrito redactado.

redactar v. t. Escribir.

redactor, ra adj. y s. Dícese de la persona que redacta.

redada f. Lance de red. ‖ Conjunto de animales cogidos en la red. ‖ *Fig.* y *fam.* Conjunto de personas o cosas cogidas de una vez : *redada de malhechores.* ‖ *Redada de policía,* operación en que la policía detiene a varias personas a la vez.

redecilla f. Labor de malla en que se recoge el pelo. ‖ En los vehículos, red para colocar el equipaje. ‖ Bolsa de mallas para la compra.

redención f. Rescate : *la redención de los cautivos.* ‖ Por antonomasia, la del género humano por Jesucristo con su pasión y muerte.

redentor, ra adj. y s. Que redime. ‖ *El Redentor,* Jesucristo.

redescuento m. *Com.* Nuevo descuento : *redescuento de valores.*

redicho, cha adj. *Fam.* Dícese de la persona que pronuncia las palabras con tono afectado. ‖ Pedante.

¡rediez! interj. ¡Córcholis!

redil m. Aprisco cercado con estacas para el ganado. ‖ *Fig. Volver al redil,* volver al buen camino.

redimir v. t. Rescatar o sacar de esclavitud : *redimir a un cautivo.* ‖ Hablando de

Jesucristo, salvar al género humano. ‖ Librar de una obligación : *redimir del servicio militar.*
rédito m. Interés del capital.
redituar v. t. Dar rédito.
redivivo, va adj. Que parece haber resucitado.
redoblamiento m. Acción de redoblar o redoblarse.
redoblar v. t. Reiterar, repetir aumentando : *redoblar sus esfuerzos.* ‖ Repetir : *redoblar una consonante.* ‖ — V. i. Tocar redobles en el tambor.
redoble m. Redoblamiento. ‖ Toque de tambor vivo y sostenido.
redoma f. Vasija de vidrio ancha de asiento y que se estrecha hacia la boca utilizada en laboratorios.
redomado, da adj. Astuto : *bribón redomado.* ‖ *Por ext.* Consumado : *embustero redomado.*
redonda f. Letra redondilla. ‖ *Mar.* Vela que se larga en el trinquete. ‖ *Mús.* Semibreve. ‖ *A la redonda,* alrededor : *en muchos kilómetros a la redonda.*
redondeado, da adj. De forma casi redonda.
redondear v. t. Poner redonda una cosa. ‖ Igualar la altura de la parte inferior de una prenda de vestir : *redondear una falda.* ‖ *Fig.* Convertir una cantidad en un número completo de unidades : *redondear una suma.*
redondel m. Espacio donde se lidian los toros en las plazas. ‖ Círculo o circunferencia.
redondez f. Forma, estado de lo que es redondo.
redondilla f. Estrofa de cuatro versos octosílabos. ‖ Letra de mano o imprenta que es derecha y circular (ú. t. c. adj. f.).
redondo, da adj. De forma circular o esférica : *pelota redonda.* ‖ *Fig.* Claro, sin rodeo. | Total, rotundo : *éxito redondo.* ‖ — M. Cosa de forma circular o esférica. ‖ — *Fig. Caerse redondo,* caer sin movimiento. ‖ *En redondo,* dando una vuelta completa ; rotundamente, categóricamente : *negarse en redondo.* ‖ *Fam. Negocio redondo,* negocio magnífico. ‖ *Número redondo,* el aproximado que sólo expresa unidades completas. ‖ *Fig. Virar en redondo,* cambiar completamente de orientación o dirección. ‖ — Adj. y s. f. Dícese de la letra redondilla.
redorar v. t. Volver a dorar.
reducción f. Disminución, aminoración : *reducción de la pensión.* ‖ Sometimiento, represión : *la reducción de una sublevación.* ‖ Durante la colonización de América, pueblos de indios convertidos al cristianismo. ‖ Copia reducida : *la reducción de una escultura.* ‖ *Mat.* Disminución del tamaño de una figura : *compás de reducción.* | Conversión de una cantidad en otra equivalente, pero más sencilla : *reducción de fracciones a un común denominador.* ‖ *Quím.* Operación mediante la cual se quita el oxígeno a un cuerpo que lo contiene : *reducción de un óxido a metal.* ‖ Compostura de los huesos rotos : *reducción de una fractura.*
reducible adj. Que puede ser reducido.
reducido, da adj. Limitado : *había un número reducido de asistentes.*
reducir v. t. Disminuir : *reducir el tren de vida ; reducir el número de empleados.* ‖ Disminuir las dimensiones, la intensidad o la importancia. ‖ Cambiar una cosa en otra : *reducir a polvo.* ‖ Copiar o reproducir disminuyendo : *reducir una foto.* ‖ Resumir, compendiar : *han reducido el texto.* ‖ Cambiar unas monedas por otras : *reducir pesetas a francos.* ‖ *Mat.* Convertir una cantidad en otra equivalente : *reducir hectolitros a litros.* ‖ Componer los huesos rotos o descompuestos : *reducir una fractura.* ‖ *Quím.* Separar de un cuerpo el oxígeno : *reducir un óxido.* ‖ *Fig.* Someter, vencer : *reducir una sublevación.* | Sujetar, obligar : *reducir al silencio.* ‖ — V. pr. Resumirse, equivaler : *todo esto se reduce a nada.* ‖ Limitarse : *reducirse a lo más preciso.*
reductible adj. Reducible.
reducto m. Obra de fortificación cerrada.
reductor, ra adj. Que reduce o sirve para reducir. ‖ — Adj. y s. m. *Quím.* Dícese de los cuerpos que tienen la propiedad de desoxidar : *el carbón es un reductor.* ‖ *Mec.* Aplícase a un mecanismo que disminuye la velocidad de rotación de un árbol : *reductor de velocidad.*
redundancia f. Empleo de palabras inútiles.
redundante adj. Que demuestra redundancia : *estilo redundante.*
redundar v. i. Resultar una cosa beneficiosa o nociva.
reduplicación f. Acción de reduplicar.
reduplicar v. t. Redoblar.
reedición f. Nueva edición.
reedificación f. Reconstrucción.
reedificar v. t. Construir o edificar de nuevo.
reeditar v. t. Volver a editar.
reeducación f. Método que permite a algunos convalecientes recobrar el uso de sus miembros o de sus facultades : *reeducación muscular.* ‖ *Reeducación profesional,* readaptación de algunos incapacitados a una actividad profesional.
reeducar v. t. Aplicar la reeducación. ‖ — V. pr. Hacer la reeducación.
reelección f. Nueva elección.
reelecto, ta adj. Elegido de nuevo.
reelegible adj. Que puede ser reelegido.
reelegir v. t. Volver a elegir.
reembarcar v. t. Embarcar de nuevo (ú. t. c. pr.).
reembarque m. Acción y efecto de reembarcar.
reembolsable adj. Que puede o debe ser reembolsado.
reembolsar v. t. Devolver una cantidad desembolsada. ‖ — V. pr. Recuperar lo desembolsado.
reembolso m. Acción de reembolsar. ‖ *Envío contra reembolso,* envío por correo de una mercancía cuyo importe debe pagar el destinatario para que se le entregue.
reemplazar v. t. Sustituir.
reemplazo m. Acción de reemplazar. ‖ *Mil.* Renovación parcial y periódica del contingente activo del ejército. | Quinta. | Hombre que sirve en lugar de otro en la milicia.
reencarnación f. Nueva encarnación.
reencarnar v. t. Volver a encarnar (ú. t. c. pr.).
reenganchar v. t. *Mil.* Volver a enganchar un soldado. ‖ — V. pr. *Mil.* Engancharse o alistarse de nuevo un soldado.
reenganche m. *Mil.* Acción de reenganchar o reengancharse. | Dinero que se da al soldado que se reengancha.
reenviar v. t. Volver a enviar.
reenvío m. Reexpedición.
reenvite m. Envite que se hace sobre otro.

reestrenar v. t. Proyectar una película en un cine de reestreno.
reestreno m. Pase de una película al segundo circuito de exhibición : *cine de reestreno.*
reestructuración f. Acción de dar una nueva estructura : *hay que llevar a cabo una reestructuración de la industria aeronáutica.*
reestructurar v. t. Dar una nueva estructura o reorganizar.
reexaminar v. t. Volver a examinar : *reexaminar un proyecto.*
reexpedición f. Envío de una cosa que se ha recibido.
reexpedir v. t. Expedir al remitente o a otro algo que se ha recibido.
reexportación f. Acción de reexportar.
reexportar v. t. Exportar lo que se ha importado.
refacción f. Alimento ligero para recuperar las fuerzas, colación. ‖ *Amer.* Reparación. | Pieza para reparar una máquina, etc.
refaccionar v. t. *Amer.* Reparar.
refaccionario, ria adj. *Amer.* Que proporciona refacción.
refajo m. *Amer.* Falda.
refanfinflarse v. pr. *Fam.* Dar igual.
refección f. Reparación ‖ Colación.
refectorio m. Comedor de una comunidad o colegio.
referencia f. Relación, dependencia, semejanza de una cosa respecto de otra. ‖ Remisión de un escrito a otro. ‖ Indicación en el encabezamiento de una carta a la cual hay que referirse en la contestación. ‖ Informe que acerca de la probidad u otras cualidades de tercero da una persona a otra : *referencia profesional,* etc. (ú. m. en pl.). ‖ — *Hacer referencia a,* aludir a. ‖ *Punto de referencia,* señal o indicio que permite orientarse en un asunto.
referéndum m. Votación directa de los ciudadanos de un país sobre cuestiones importantes de interés general.
referente adj. Que se refiere.
réferi m. *Amer.* Arbitro de fútbol, etc.
referir v. t. Dar a conocer, relatar o narrar un hecho : *referir el resultado de una investigación.* ‖ Relacionar una cosa con otra. ‖ — V. pr. Tener cierta relación. ‖ Aludir : *no me refiero a usted.*
refilón (de) m. adv. De soslayo. ‖ Oblicuamente, lateralmente : *chocar de refilón contra un coche.* ‖ *Fig.* De pasada.
refinación f. Refino.
refinado, da adj. *Fig.* Distinguido, muy fino y delicado. ‖ — M. Refino.
refinador, ra adj. y s. Aplícase a la persona que refina.
refinamiento m. Esmero. ‖ Buen gusto, distinción : *portarse con refinamiento.* ‖ Ensañamiento : *refinamiento en la crueldad.*
refinar v. t. Hacer más fina o más pura una cosa : *refinar el oro.* ‖ *Fig.* Volver más perfecto : *refinar el estilo.* ‖ — V. pr. Educarse.
refinería f. Fábrica donde se refinan determinados productos : *refinería de petróleo, de azúcar.*
refino m. Operación que consiste en volver más fino o puro el azúcar, el petróleo, los metales, el alcohol, etc.
refistolero, ra adj. y s. *Méx., Ecuad.* y *P. Rico.* Presumido.
reflectante adj. Que refleja : *superficie reflectante* (ú. t. c. s. m.).
reflector, ra adj. Que refleja. ‖ — M. Aparato que refleja rayos luminosos, calor u otra radiación.
reflejar v. t. Hacer retroceder o cambiar de dirección los rayos luminosos, caloríficos, acústicos, etc., oponiéndoles una superficie lisa (ú. t. c. pr.). ‖ *Fig.* Expresar, manifestar : *cara que refleja bondad.* ‖ — V. pr. *Fig.* Dejarse ver una cosa en otra : *se refleja su temperamento en sus obras.* ‖ Repercutirse.
reflejo, ja adj. Que ha sido reflejado : *rayo reflejo.* ‖ Dícese de un movimiento involuntario. ‖ Reflexivo : *verbo reflejo.* ‖ — M. Luz reflejada : *reflejos en el agua.* ‖ *Fig.* Representación, imagen. ‖ Conjunto de una excitación sensorial transmitida a un centro por vía nerviosa y de la respuesta motriz o glandular, siempre involuntaria, que aquélla provoca. ‖ Reacción rápida y automática ante un hecho repentino o imprevisto : *tener buenos reflejos.* ‖ *Reflejo condicionado,* aquel en el cual se ha sustituido experimentalmente el excitante normal por otro.
reflexión f. Cambio de dirección de las ondas luminosas, caloríficas o sonoras que inciden sobre una superficie reflectante : *reflexión de la luz.* ‖ Acción de reflexionar, actividad mental en que el pensamiento se vuelve sobre sí mismo. ‖ Juicio, advertencia o consejo que resulta de ello : *reflexión moral.* ‖ Manera de ejercerse la acción del verbo reflexivo.
reflexionar v. i. Meditar, pensar.
reflexivo, va adj. Que refleja. ‖ Hecho o que obra con reflexión. ‖ *Verbo reflexivo,* el que indica que el sujeto de la proposición sufre la acción.
refocilar v. t. Alegrar (ú. t. c. pr.).
reforestación f. Repoblación forestal.
reforma f. Cambio en vista de una mejora : *reforma agraria.* ‖ En una orden religiosa, vuelta a su primitiva observancia. ‖ Enmienda, perfeccionamiento. ‖ Religión reformada, protestantismo.
reformado, da adj. Aplícase a la religión protestante y a los que la siguen (ú. t. c. s.). ‖ — M. Tratamiento de las fracciones ligeras del petróleo para obtener gasolina con un índice de octano más elevado.
reformador, ra adj. y s. Aplícase a la persona que reforma.
reformar v. t. Dar una nueva forma, modificar, enmendar : *reformar las leyes.* ‖ Transformar : *vamos a reformar la cocina.* ‖ Restituir a su primitiva observancia : *reformar una orden religiosa.* ‖ Elevar el índice de octano de una gasolina. ‖ — V. pr. Enmendarse, corregirse.
reformatorio, ria adj. Que reforma. ‖ — M. Establecimiento para corregir las inclinaciones perversas de ciertos jóvenes.
reforming m. (pal. ingl.). Reformado del petróleo.
reformismo m. Sistema político según el cual la transformación de la sociedad, con miras a una mayor justicia social, puede efectuarse dentro de las instituciones existentes mediante sucesivas reformas legislativas (por oposición a *revolución*).
reformista adj. y s. Partidario de reformas o del reformismo.
reforzado, da adj. Que tiene refuerzo.
reforzar v. t. Dar mayor solidez, consolidar. ‖ *Fig.* Animar.
refracción f. Cambio de dirección de la luz al pasar de un medio a otro.
refractar v. t. Hacer que cambie de dirección el rayo de luz que pasa oblicuamente de un medio a otro de diferente densidad.

refractario, ria adj. Que rehúsa cumplir una promesa o deber. || Opuesto a admitir una cosa : *refractario a toda reforma.* || Aplícase al cuerpo que resiste la acción de agentes químicos o físicos y, especialmente, altas temperaturas sin descomponerse.
refrán m. Dicho sentencioso de carácter didáctico o moral que se suele transmitir oralmente.
refranero m. Colección de refranes : *el refranero español.*
refrangible adj. Capaz de refracción.
refregar v. t. Estregar una cosa con otra. || *Fig.* y *fam.* Echar en cara a uno una cosa.
refreír v. t. Volver a freír. || Freír mucho una cosa.
refrenable adj. Contenible.
refrenar v. t. Reprimir.
refrendar v. t. Legalizar un documento : *refrendar un pasaporte.* ||Aprobar : *refrendar una ley.*
refrendo m. Firma que da autenticidad a un documento. || Aprobación : *ley sometida al refrendo.*
refrescante adj. Que refresca : *el calor era tan insoportable que me vi obligado a tomar toda clase de bebidas refrescantes.*
refrescar v. t. Hacer bajar la temperatura de algo : *refrescar vino.* || *Fig.* Reavivar, renovar : *refrescar recuerdos.* || *Refrescar la memoria,* recordar. || — V. i. Disminuir el calor : *el tiempo refresca.* || — V. pr. Beber algo refrescante. || Tomar el fresco.
refresco m. Bebida fría. || Agasajo, refrigerio. || *De refresco,* nuevo : *tropas de refresco.*
refriega f. Combate. || Riña.
refrigeración f. Acción de hacer bajar artificialmente la temperatura. || Refrigerio.
refrigerador, ra adj. Dícese de lo que refrigera. || — M. Frigorífico.
refrigerante adj. Que refrigera. || — M. Aparato o instalación para refrigerar. || Cambiador de calor utilizado para hacer bajar la temperatura de un líquido o de un gas por medio de un fluido más frío.
refrigerar v. t. Someter a refrigeración : *carne refrigerada.* || Enfriar : *refrigerar un motor.* || *Fig.* Reparar las fuerzas.
refrigerio m. Alimento ligero, colación : *servir un refrigerio.*
refringir v. t. Refractar.
refrito, ta adj. Muy frito, frito de nuevo. || — M. *Fig.* Cosa rehecha o aderezada de nuevo : *sus últimos libros son refritos.*
refuerzo m. Mayor grueso que se da a una pieza para aumentar su resistencia. || Pieza con que se fortalece algo : *echar un refuerzo a los zapatos.* || Socorro, ayuda : *un refuerzo de tropas, de policía.*
refugiado, da adj. y s. Dícese de la persona que, a causa de una guerra o convulsión política, halla asilo en país extranjero.
refugiar v. t. Acoger, dar asilo : *refugiar a un perseguido político.* || — V. pr. Acogerse a asilo. || Guarecerse, cubrirse : *refugiarse bajo un árbol.*
refugio m. Asilo, amparo, acogida : *buscar refugio.* || Asilo para pobres, viajeros, etc. || Edificio construido en las montañas para alojar a los alpinistas. || Instalación, generalmente subterránea, para protegerse de los bombardeos. || Zona en una calzada reservada a los peatones para protegerlos del tráfico rodado.
refulgencia f. Resplandor.
refulgente adj. Resplandeciente.
refulgir v. i. Resplandecer.
refundición f. Nueva fundición de los metales. || Obra literaria que adopta nueva forma.
refundidor, ra m. y f. Persona que refunde.
refundir v. t. Volver a fundir o liquidar los metales. || *Fig.* Dar nueva forma a una obra literaria : *refundir un libro.* | Comprender, incluir : *una ley que refunde las anteriores.*
refunfuñar v. i. Hablar entre dientes y gruñir en señal de desagrado.
refutable adj. Que se puede refutar.
refutación f. Acción de refutar. || Prueba o argumento para impugnar las razones del contrario.
refutar v. t. Contradecir, impugnar con argumentos o razones lo que otro asegura : *refutar una tesis.*
regadera f. Utensilio para regar a mano. || *Fam. Estar como una regadera,* estar loco.
regadío, a adj. Aplícase al terreno que se puede regar o irrigar. || — M. Terreno que se fertiliza con el riego : *campo de regadío.*
regador, ra adj. y s. Que riega.
regalado, da adj. Delicado, suave. || Placentero, deleitoso : *existencia regalada.* || *Fam.* Muy barato : *precio regalado.*
regalar v. t. Dar una cosa en muestra de afecto : *regalar un reloj.* || Festejar, agasajar : *le regalaron con fiestas y banquetes.* || Recrear, deleitar : *regalar la vista.* || *Fig. Regalar el oído,* deleitar, dicho de música; halagar : *cumplidos que regalan el oído.* || — V. pr. Tratarse bien.
regalía f. Prerrogativa regia. || Privilegio, excepción. || Royalty. || *Amer.* Regalo.
regaliz m. Planta leguminosa de raíz dulce y aromática. || Pasta elaborada con el extracto de estas raíces.
regalo m. Obsequio. || Placer : *ser un regalo para el oído.*
regante com. Persona que tiene derecho de regar con agua comprada o repartida.
regañadientes (a) m. adv. *Fam.* Con desgana.
regañar v. i. Dar muestras de enfado o enojo. || — V. t. *Fam.* Reñir : *regañar a los hijos.*
regañina f. y **regaño** m. Reprensión.
regar v. t. Echar agua por el suelo para limpiarlo o refrescarlo : *regar la calle.* || Dar agua a las plantas : *regar el huerto.* || Atravesar un río o canal, una comarca o territorio : *el Ebro riega Zaragoza.* || *Fig.* Acompañar una comida con vino, rociar.
regata f. *Mar.* Competición entre varias lanchas o embarcaciones.
regate m. Movimiento pronto y rápido que se hace burlando el cuerpo. || En fútbol, acción de regatear, quiebro. || *Fam.* Evasiva.
regateador, ra adj. y s. *Fam.* Que regatea mucho.
regatear v. t. Debatir el comprador y el vendedor el precio de una cosa puesta en venta. || *Fam.* Poner dificultades para hacer algo : *no regatea el apoyo a una empresa.* || — V. i. Hacer regates o fintas. || En fútbol, burlar al adversario, llevando la pelota en rápidos pases sucesivos, driblar. || *Mar.* Echar una carrera varias embarcaciones.
regateo m. Debate o discusión sobre el precio de algo. || Acción de regatear en fútbol.
regato m. Charco. || Arroyo.
regatón m. Contera.
regazo m. Parte del cuerpo de una persona sentada que va desde la cintura a la rodilla. || *Fig.* Amparo, cobijo, refugio.

regencia f. Gobierno de un Estado durante la menor edad del soberano. ‖ Tiempo que dura. ‖ Cargo de regente.
regeneración f. Reconstitución de un órgano destruido o perdido, o de un tejido lesionado. ‖ Tratamiento de materias usadas para que puedan servir otra vez. Recuperación moral.
regenerador, ra adj. y s. Que regenera.
regenerar v. t. Restablecer, reconstituir una cosa que degeneró : *regenerar un tejido orgánico lesionado.* ‖ *Fig.* Renovar moralmente : *regenerar una nación.* ‖ Tratar materias usadas para que puedan servir de nuevo : *regenerar caucho.*
regenta f. Mujer del regente.
regentar v. t. Dirigir.
regente adj. y s. Que rige o gobierna : *reina regente.* ‖ — M. y f. Jefe del Estado durante la menor edad del soberano.
regicida adj. Dícese del que mata a un rey (ú. t. c. s.).
regicidio m. Asesinato de un rey.
regidor, ra adj. y s. Que rige o gobierna. ‖ — M. Miembro de un ayuntamiento o concejo, concejal. ‖ Administrador. ‖ En el cine, director adjunto de producción.
regiduría f. Oficio de regidor.
régimen m. Conjunto de reglas observadas en la manera de vivir, especialmente en lo que se refiere a alimentos y bebidas : *estar a régimen.* ‖ Forma de gobierno de un Estado : *régimen parlamentario.* ‖ Administración de ciertos establecimientos. ‖ Conjunto de leyes o reglas, sistema : *el régimen de seguros sociales.* ‖ Conjunto de variaciones que experimenta el caudal de un río : *régimen torrencial.* ‖ *Gram.* Dependencia existente entre las palabras de una misma frase. ‖ Racimo : *régimen de plátanos.* ‖ Ritmo de funcionamiento de una máquina en condiciones normales. ‖ Velocidad de rotación de un motor. (Pl. *regímenes.*)
regimentar v. t. Agrupar.
regimiento m. *Mil.* Cuerpo de varios batallones, escuadrones o baterías al mando de un coronel. ‖ *Fam.* Abundancia de gente.
regio, gia adj. Relativo al rey. ‖ *Fig.* Magnífico, fantástico.
regiomontano, na adj. y s. De Monterrey (México).
región f. Parte de un territorio que debe su unidad a causas de orden geográfico (clima, vegetación, relieve) o humano (población, economía, administración, etc.). ‖ Circunscripción territorial militar, aérea o naval. ‖ Espacio determinado del cuerpo : *región pectoral.*
regional adj. Relativo a la región.
regionalismo m. Doctrina política que propugna la concesión de la autonomía a las regiones de un Estado. ‖ Amor a determinada región. ‖ Giro o vocablo propio de una región. ‖ Carácter de la obra de un escritor regionalista.
regionalista adj. Relativo al regionalismo. ‖ — Adj. y s. Partidario del regionalismo. ‖ Dícese del escritor cuyas obras se localizan en una región determinada.
regionalización f. Acción y efecto de regionalizar.
regionalizar v. t. Adaptar a las necesidades de una región. ‖ Asentar en regiones diferentes. ‖ Aumentar los poderes de las regiones administrativas.
regir v. t. Gobernar o mandar : *regir un país.* ‖ Dirigir, administrar : *regir una imprenta.* ‖ *Gram.* Tener una palabra a otra bajo su dependencia. | Pedir un verbo tal o cual preposición. ‖ — V. i. Estar vigente : *aún rige esta ley.* ‖ — V. pr. *Fig.* Fiarse de algo, confiar en algo : *se rige por su buen sentido.*
registrador, ra adj. y s. Dícese de un aparato que anota automáticamente medidas, cifras, fenómenos físicos : *caja registradora.* ‖ Que registra o inspecciona. ‖ — M. Funcionario encargado de un registro : *registrador de la propiedad.*
registrar v. t. Examinar o buscar una cosa con cuidado. ‖ Cachear a una persona : *registrar a un ladrón.* ‖ Inspeccionar, reconocer minuciosamente : *la policía registró todo el barrio.* ‖ Inscribir en los libros de registro : *registrar un nacimiento.* ‖ Matricular. ‖ Llevar la cuenta de algo : *registrar la entrada de mercancías.* ‖ Tener : *el país ha registrado un aumento de la criminalidad.* ‖ *Amer.* Certificar : *carta registrada.* ‖ — V. i. Buscar algo con empeño, rebuscar : *registrar en el armario.* ‖ — V. pr. Matricularse. ‖ Ocurrir.
registro m. Libro en que se anotan determinados datos : *registro mercantil.* ‖ Oficina donde se registra. ‖ Acción de registrar o inscribir. ‖ Investigación policiaca. ‖ Acción de cachear a uno. ‖ Trampilla o abertura con su tapa para examinar el interior de una cañería, alcantarilla, chimenea, etc. ‖ Dispositivo para regular la circulación de un fluido. ‖ *Mús.* Extensión de la escala vocal. | Mecanismo del órgano que modifica el timbre de los sonidos. | Pedal para reforzar o apagar los sonidos del piano, clave, etc. ‖ Grabación (cinta, disco, etc.). ‖ *Registro civil,* oficina en que se hacen constar los hechos relativos al estado civil de la persona, como nacimiento, vecindad, matrimonio, etc.
regla f. Listón largo, de sección rectangular o cuadrada, para trazar líneas rectas. ‖ *Fig.* Principio, precepto que se ha de seguir : *reglas de gramática.* ‖ Norma : *regla de conducta.* ‖ Pauta, modelo : *servir de regla.* ‖ Operación de aritmética : *las cuatro reglas (suma, resta, multiplicación, división).* ‖ — Pl. Menstruación. ‖ — *En regla,* en forma debida, como se debe. ‖ *Por regla general,* en la mayoría de los casos. ‖ *Regla de cálculo,* instrumento que permite efectuar ciertos cálculos aritméticos con rapidez.
reglaje m. Reajuste de las piezas de un mecanismo.
reglamentación f. Acción de reglamentar. ‖ Conjunto de reglas o medidas que rigen una cuestión.
reglamentar v. t. Sujetar a reglamento.
reglamentario, ria adj. Que sigue el reglamento.
reglamentista adj. y s. Que cumple con rigor los reglamentos.
reglamento m. Colección ordenada de reglas o preceptos.
regleta f. *Impr.* Tira de metal para regletear.
regletear v. t. *Impr.* Poner regletas entre los renglones para espaciar la composición.
regocijado, da adj. Alegre.
regocijador, ra adj. y s. Que regocija.
regocijar v. t. Alegrar, dar placer. ‖ — V. pr. Alegrarse.
regocijo m. Júbilo, alegría.
regodearse v. pr. Deleitarse.
regodeo m. Deleite.
regoldar v. i. *Pop.* Eructar.

regresar v. i. Volver al punto de partida : *regresar a casa.*
regresión f. Retroceso, disminución. || *Biol.* Vuelta de un tejido, órgano o individuo a un estado anterior.
regresivo, va adj. Que hace volver hacia atrás.
regreso m. Vuelta, retorno.
regüeldo m. *Pop.* Eructo.
reguera f. Canal para regar.
reguero m. Corriente líquida y señal que deja : *reguero de sangre.* || Canal de riego. || *Fig. Propagarse una noticia como un reguero de pólvora,* extenderse muy rápidamente.
regulación f. Acción de regular, ordenar o controlar. || Acción de regular la marcha de un mecanismo, reglaje. || Conjunto de mecanismos que permiten mantener constante una función fisiológica. || *Regulación de nacimientos,* manera de controlar la natalidad.
regulado, da adj. Regular.
regulador, ra adj. Que regula : *sistema regulador.* || — M. Mecanismo para regular automáticamente el funcionamiento de una máquina o mantener constante la tensión de un circuito eléctrico, etc. || *Regulador cardiaco,* marcapaso.
regular adj. Conforme a las reglas, a las leyes naturales : *movimiento regular.* || De frecuencia e itinerario establecidos : *línea aérea regular.* || Razonable, moderado en las acciones y modo de vivir : *persona de vida regular.* || Mediano, mediocre, ni bueno ni malo : *un alumno regular.* || Así así, ni mucho ni poco : *el agua está regular de fría.*
regular v. t. Poner en orden, arreglar : *regular la circulación.* || Someter a reglas : *regular el turismo.* || Controlar : *regular los precios.* || Ajustar un mecanismo, poner a punto su funcionamiento.
regularidad f. Calidad de regular.
regularización f. Acción y efecto de regularizar.
regularizador, ra adj. y s. Que regulariza.
regularizar v. t. Regular, ajustar, poner en orden.
regusto m. *Fam.* Dejo, sabor.
rehabilitación f. Acción y efecto de rehabilitar : *rehabilitación de un condenado.* || *Med.* Reeducación.
rehabilitar v. t. Restablecer a una persona en sus derechos, capacidad, situación jurídica de los que fue desposeída : *rehabilitar a un militar degradado.* || *Fig.* Devolver la estimación pública : *rehabilitar la estima del calumniado.* || *Med.* Reeducar.
rehacer v. t. Volver a hacer. || — V. pr. Reforzarse. || *Fig.* Serenarse : *rehacerse del enojo.* | Dominarse.
rehecho, cha adj. Hecho de nuevo.
rehén m. Persona que queda como prenda en poder de un adversario : *rehén de guerra.*
rehilete m. Flechilla de papel con púa para tirar al blanco. || Banderilla que se clava al toro.
rehiletero m. Banderillero.
rehogar v. t. Cocinar a fuego lento.
rehuir v. t. Tratar de eludir, de soslayar : *rehuir un compromiso.* || Evitar una cosa por temor o repugnancia : *rehuía su compañía.* || Rehusar, negarse : *rehuyó hacerlo.*
rehusar v. t. No aceptar una cosa ofrecida : *rehusar un favor.* || Negarse a hacer algo : *rehusar un trabajo.* || No conceder lo que se pide : *rehusar una autorización.*
reimportación f. Importación de lo que ya se había exportado.
reimportar v. t. Importar en un país lo que se había exportado de él.
reimpresión f. Nueva impresión. || Obra reimpresa.
reimprimir v. t. Imprimir de nuevo : *reimprimir un libro.*
reina f. Esposa del rey. || La que ejerce la potestad real por derecho propio. || Pieza del juego de ajedrez, la más importante después del rey. || Hembra fértil de cualquier sociedad de insectos (abejas, hormigas, comejenes). || *Fig.* Mujer que sobresale entre las demás : *reina de belleza.* || *Reina claudia,* variedad de ciruela.
reinado m. Tiempo en que gobierna un rey o reina. || *Fig.* Predominio, influencia.
reinante adj. Que reina.
reinar v. i. Regir un rey o príncipe un Estado. || *Fig.* Predominar, prevalecer : *esta costumbre reina en el país.* || Existir, imperar, persistir : *el silencio reinaba en la asamblea.*
reincidencia f. Reiteración de una misma culpa o delito.
reincidente adj. y s. Que reincide.
reincidir v. i. Incurrir de nuevo en un error, falta o delito.
reincorporar v. t. Volver a incorporar (ú. t. c. pr.).
reineta f. Cierta clase de manzanas de mesa.
reingresar v. i. Volver a ingresar : *reingresar en el ejército.*
reingreso m. Nuevo ingreso.
reino m. Territorio sujeto a un rey. || Cada uno de los tres grandes grupos en que se dividen los seres naturales : *reino animal, vegetal, mineral.* || *El reino de los cielos,* el paraíso.
reinserción f. Acción de reinsertar.
reinsertar v. t. Volver a incluir o a integrar, especialmente en un grupo social.
reinstalar v. t. Volver a instalar (ú. t. c. pr.).
reintegración f. Acción y efecto de reintegrar o reintegrarse.
reintegrar v. t. Restituir o devolver íntegramente una cosa. || Volver a ocupar : *reintegrar a uno en su cargo* (ú. t. c. pr.). || — V. pr. Recobrarse enteramente de lo perdido o gastado.
reintegro m. Reintegración. || Pago de dinero. || Premio de la lotería que consiste en la devolución del dinero que se había jugado.
reír v. i. Mostrar alegría o regocijo mediante ciertos movimientos de la boca acompañados de expiraciones más o menos ruidosas : *reír a carcajadas* (ú. t. c. pr.). || Manifestar alegría : *sus ojos ríen.* || *Fig.* Hacer burla, mofarse. || — V. t. Celebrar con risa una cosa : *reír una gracia.* || — V. pr. Burlarse.
reis m. pl. Moneda fraccionaria portuguesa y brasileña.
reiteración f. Acción y efecto de reiterar. || *For.* Reincidencia.
reiterante adj. Que reitera.
reiterar v. t. Volver a decir o ejecutar, repetir (ú. t. c. pr.).
reiterativo, va adj. Que tiene la propiedad de reiterarse.
reivindicable adj. Que se puede reivindicar.
reivindicación f. Acción y efecto de reivindicar.
reivindicar v. t. Reclamar uno lo que le pertenece o aquello a que tiene derecho.

reivindicatorio, ria adj. Relativo a la reivindicación.
reja f. Pieza del arado que abre el surco y remueve la tierra. ‖ Conjunto de barras de hierro que se ponen en las ventanas para su defensa o adorno. ‖ Labor o vuelta que se da a la tierra con el arado. ‖ *Fam. Entre rejas,* en la cárcel.
rejilla f. Enrejado, red de alambre, celosía o tela metálica que se pone en una abertura. ‖ Ventanilla de confesionario. ‖ Trama hecha con tiritas de mimbre u otros tallos vegetales flexibles con que se forman asientos de sillas : *silla de rejilla.* ‖ Parte de las hornillas y hornos que sostiene el combustible. ‖ Redecilla donde se coloca el equipaje en los vagones de ferrocarril. ‖ En una lámpara de radio, electrodo, en forma de pantalla, para regular el flujo electrónico.
rejón m. Barra de hierro que remata en punta. ‖ *Taurom.* Palo con una punta de hierro empleada para rejonear.
rejoneador, ra m. y f. Torero que rejonea a caballo.
rejonear v. t. En la lidia a caballo, herir al toro con el rejón. ‖ — V. i. Torear a caballo.
rejoneo m. Acción de rejonear.
rejuvenecedor, ra adj. Que rejuvenece.
rejuvenecer v. t. Dar a uno la fuerza y vigor de la juventud : *los aires del campo le han rejuvenecido* (ú. t. c. i. y pr.). ‖ *Fig.* Renovar, modernizar : *rejuvenecer un estilo, una obra.* ‖ — V. pr. Quitarse años.
rejuvenecimiento m. Acción de rejuvenecer o rejuvenecerse.
relación f. Conexión de una cosa con otra : *relación entre causa y efecto.* ‖ Correspondencia, trato entre personas por razones de amistad o de interés : *relaciones amistosas.* ‖ Narración, relato. ‖ Lista, catálogo : *relación de gastos.* ‖ Informe. ‖ — Pl. Personas conocidas, amistades : *tener muchas relaciones.* ‖ Noviazgo : *estar en relaciones.* ‖ — *Con relación a,* respecto a. ‖ *Relaciones públicas,* método empleado para la información del público y departamento de un organismo o persona encargados de aplicarlo.
relacionar v. t. Hacer relación de un hecho : *relacionar un suceso.* ‖ Poner en relación dos o más personas o cosas (ú. t. c. pr.). ‖ — V. pr. Tener conexión o enlace. ‖ Referirse.
relais m. (pal. fr.). Repetidor.
relajación f. Aflojamiento, disminución del ardor, de la severidad, etc. ‖ Disminución de la tensión de los músculos, del ánimo. ‖ *Med.* Estado de laxitud : *relajación del útero.* | Soltura del vientre. | Distensión de los músculos para obtener descanso : *ejercicio de relajación.* ‖ *Fig.* Depravación : *relajación de las costumbres.* | Distensión, pérdida de tensión.
relajador, ra adj. Que relaja. ‖ *Fig.* Divertido. | Que hace disminuir la tensión.
relajamiento m. Relajación.
relajar v. t. Aflojar, laxar, ablandar : *relajar los músculos* (ú. t. c. pr.). ‖ *Fig.* Esparcir, divertir el ánimo con algún descanso : *este espectáculo relaja.* ‖ Hacer menos riguroso : *relajar la severidad* (ú. t. c. pr.). ‖ — V. pr. Aflojarse. ‖ *Fig.* Viciarse, depravarse : *relajarse en las costumbres.* ‖ Distender uno los músculos para obtener un descanso completo : *relajarse en una hamaca.* | *Fig.* Disminuir la tensión.
relajo m. *Amer.* Desorden. | Depravación. | Acción inmoral. | Burla. ‖ Relajación.
relamer v. t. Lamer algo con insistencia. ‖ — V. pr. Lamerse los labios una o muchas veces. ‖ *Fig.* Dar grandes muestras de algo : *relamerse de alegría.*
relamido, da adj. Afectado, demasiado pulcro.
relámpago m. Resplandor vivísimo e instantáneo producido en las nubes por una descarga eléctrica. ‖ *Fig.* Resplandor repentino. ‖ — *Amer. Cierre relámpago,* cremallera de prendas de vestir. ‖ *Fot. Luz relámpago,* flash. ‖ *Fig. Pasar como un relámpago,* pasar muy rápidamente. ‖ — Adj. Muy rápido o corto : *guerra relámpago.*
relampaguear v. i. Haber relámpagos. ‖ *Fig.* Brillar mucho.
relampagueo m. Acción de relampaguear.
relanzamiento m. Nuevo impulso, reactivación.
relanzar v. t. Dar nuevo impulso, reactivar.
relapso, sa adj. y s. Que comete de nuevo un pecado o herejía.
relatar v. t. Narrar, contar.
relatividad f. Calidad de relativo. ‖ *Fís.* Teoría de Einstein según la cual la duración del tiempo no es la misma para dos observadores que se mueven uno con respecto al otro.
relativismo m. Doctrina filosófica según la cual el conocimiento humano no puede llegar nunca a lo absoluto.
relativo, va adj. Que hace relación a una persona o cosa : *en lo relativo a su conducta.* ‖ Que no es absoluto : *todo es relativo.* ‖ *Pronombres relativos,* los que se refieren a personas o cosas de las que ya se hizo mención.
relato m. Narración.
relator, ra adj. y s. Que relata. ‖ — M. Letrado que hace relación de los autos en los tribunales superiores. ‖ Ponente.
relax adj. (pal. ingl.). Relajado.
relé m. Repetidor.
releer v. t. Volver a leer.
relegar v. t. Desterrar. ‖ *Fig.* Apartar, posponer : *tenemos que relegar al olvido todos aquellos días de sufrimiento.*
relente m. Humedad de la atmósfera en las noches serenas.
relevador m. Repetidor.
relevancia f. Importancia, significación.
relevante adj. Excelente. ‖ Importante.
relevar v. t. Eximir, liberar de una carga o gravamen : *relevar de una obligación.* ‖ *Mil.* Mudar una guardia. ‖ Sustituir a una persona en un empleo u obligación. ‖ Destituir de un cargo. ‖ — V. pr. Reemplazarse mutuamente, turnarse, trabajar alternativamente.
relevo m. *Mil.* Acción de relevar : *el relevo de la guardia.* | Soldado o cuerpo que releva. ‖ En los deportes por equipos, sustituir un atleta o grupo de atletas por otro en el curso de la prueba : *carrera de relevos.*
relicario m. Estuche o medallón para guardar reliquias o un recuerdo.
relieve m. Lo que resalta sobre el plano : *bordados en relieve.* ‖ Conjunto de desigualdades en la superficie de un país : *el relieve de España.* ‖ Escultura tallada en una sola parte de la superficie. ‖ Apariencia de bulto en una pintura. ‖ — *Fig. Dar relieve a algo,* darle importancia. | *De relieve,* importante. | *Poner de relieve,* hacer resaltar.
religión f. Conjunto de creencias o dogmas acerca de la divinidad : *religión cristiana.* ‖ Doctrina religiosa. ‖ Fe, devoción. ‖ Obligación de conciencia, cumplimiento de un deber. ‖ Orden religiosa.

religiosidad f. Fiel observancia de las obligaciones religiosas. ‖ *Fig.* Puntualidad, exactitud en hacer, observar o cumplir una cosa.
religioso, sa adj. Relativo a la religión. ‖ Piadoso, que practica la religión, creyente : *persona religiosa.* ‖ *Fig.* Exacto, puntual : *religioso en sus citas.* ‖ — M. y f. Persona que ha tomado hábito en una orden religiosa regular.
relinchar v. i. Emitir con fuerza su voz el caballo.
relincho m. Voz del caballo.
relindo, da adj. Muy lindo.
relinga f. *Mar.* Cabo con que se refuerzan las orillas de una vela o de las redes de pesca.
reliquia f. Parte del cuerpo de un santo o lo que por haberle tocado es digno de veneración : *las reliquias de Santa Genoveva.* ‖ *Fig.* Huella, restos, vestigio.
reloj m. Máquina dotada de movimiento uniforme que sirve para medir el tiempo en horas, minutos y segundos. ‖ — *Carrera contra reloj,* aquella en que los corredores no compiten en línea, sino que vence el que emplea menos tiempo. ‖ *Fig. Funcionar como un reloj,* marchar muy bien.
relojería f. Arte y comercio del relojero. ‖ Taller o tienda del relojero. ‖ *Mecanismo de relojería,* el que pone en funcionamiento un dispositivo a una hora determinada.
relojero, ra m. y f. Persona que hace, compone o vende relojes.
reluciente adj. Que reluce.
relucir v. i. Despedir luz una cosa resplandeciente : *el Sol reluce.* ‖ Lucir, resplandecer, brillar. ‖ *Fig.* Sobresalir, destacarse. ‖ — *Fam. Sacar a relucir,* citar, mentar ; poner de relieve. | *Salir a relucir,* aparecer.
relumbrar v. i. Dar viva luz, resplandecer mucho.
relumbrón m. Golpe de luz vivo y pasajero, chispazo. ‖ Oropel.
rellano m. Descansillo de la escalera. ‖ Llano que interrumpe la pendiente de un terreno.
rellenar v. t. Volver a llenar. ‖ Escribir un impreso : *rellenar un formulario.* ‖ Llenar de carne picada u otro manjar : *rellenar una empanada.* ‖ Llenar con una materia más o menos compresible : *rellenar un sillón.* ‖ Colmar un hueco o una brecha. ‖ Terraplenar.
relleno, na adj. Muy lleno o lleno de algún manjar : *aceitunas rellenas.* ‖ — M. Picadillo sazonado para rellenar aves, pescados, etc. ‖ Acción de rellenar. ‖ Materias que se usan para rellenar, como borra para los asientos, escombros para las brechas, etc. ‖ *Fig.* Parte superflua que alarga una oración o un escrito.
remachar v. t. Machacar la punta o cabeza de un clavo. ‖ Sujetar con remaches. ‖ *Fig.* Recalcar, subrayar.
remache m. Acción y efecto de remachar.
remanente m. Resto.
remangar v. t. Arremangar (ú. t. c. pr.).
remansarse v. pr. Detenerse la corriente del agua u otro líquido.
remanso m. Detención de la corriente del agua u otro líquido. ‖ *Fig.* Sitio tranquilo.
remar v. i. Mover los remos.
rematado, da adj. Dícese de la persona que se halla tan mal que no tiene remedio : *loca rematada.*
rematador m. Persona que remata en una subasta pública. ‖ En fútbol, jugador que remata.
rematar v. t. Finalizar una cosa : *rematar una traducción.* ‖ Poner fin a la vida de la persona o animal que está agonizando : *rematar un toro.* ‖ Afianzar la última puntada de una costura. ‖ Hacer remate : *rematar una venta.* ‖ — V. i. Terminar. ‖ En fútbol, tirar a gol.
remate m. Fin. ‖ Coronamiento de la parte superior de un edificio. ‖ Postura última en una subasta. ‖ *Fig.* Lo que termina una cosa, final : *el remate de su carrera.* ‖ En deportes, tiro a gol. ‖ *For.* Adjudicación en subasta. ‖ *De remate,* absolutamente : *era un loco de remate.*
rembolsar v. t. Reembolsar.
rembolso m. Reembolso.
remedador, ra adj. y s. Imitador.
remedar v. t. Imitar.
remediable adj. Que puede remediarse.
remediador, ra adj. Que remedia, que pone remedio (ú. t. c. s.).
remediar v. t. Poner remedio al perjuicio. ‖ Evitar, impedir que se ejecute algo que pueda provocar un daño : *no poder remediarlo.* ‖ Enmendar, arreglar : *remedió la situación.*
remedio m. Cualquier sustancia que sirve para prevenir o combatir una enfermedad. ‖ *Fig.* Medio que se toma para reparar o prevenir cualquier daño. | Recurso, auxilio o refugio. | Lo que sirve para calmar un padecimiento moral : *poner remedio a la tristeza.*
remedo m. Imitación.
remembranza f. Recuerdo.
remembrar v. t. Rememorar.
rememoración f. Recuerdo.
rememorar v. t. Recordar.
rememorativo, va adj. Recordatorio, que hace recordar.
remendado, da adj. Con remiendos : *pantalones remendados.*
remendar v. t. Reforzar con remiendo lo viejo o roto.
remendón, ona adj. y s. Aplícase al que remienda o compone por oficio : *zapatero remendón.*
remero, ra m. y f. Persona que rema. ‖ — F. Cada una de las plumas largas que terminan las alas de las aves.
remesa f. Envío.
remeter v. t. Volver a meter.
remiendo m. Pedazo de tela que se cose a lo viejo o roto. ‖ Compostura de una cosa deteriorada. ‖ *Fig.* Enmienda o añadidura.
remilgado, da adj. Que afecta suma compostura o delicadeza. ‖ *Hacer el remilgado,* ser melindroso.
remilgo m. Gesto y ademán afectado. ‖ Melindre.
remilitarizar v. t. Guarnecer nuevamente con tropas una zona desmilitarizada. ‖ Dar de nuevo carácter militar.
reminiscencia f. Recuerdo inconsciente, vago.
remise f. (pal. fr.). *Arg.* Automóvil de alquiler.
remisible adj. Perdonable.
remisión f. Envío, expedición. ‖ Perdón : *remisión de pecados.* ‖ En un libro, indicación para que el lector acuda a otro párrafo o página. ‖ *Med.* Atenuación momentánea de los síntomas de una enfermedad. ‖ *Sin remisión,* seguro.
remiso, sa adj. Poco entusiasta, reacio,

reticente. ‖ Irresoluto. ‖ *No ser remiso en*, estar dispuesto a.
remisor, ra adj. y s. Remitente.
remite m. Indicación con el nombre y dirección del que escribe que se pone en la parte posterior del sobre. ‖ Remitente.
remitente adj. y s. Que remite o perdona. ‖ *Fiebre remitente*, la que tiene alternativas de aumento y disminución en su intensidad. ‖ — M. y f. Persona que envía algo por correo.
remitir v. t. Enviar : *remitir un giro postal*. ‖ Perdonar : *remitir los pecados*. ‖ Condonar una pena o liberar de una obligación : *remitir un castigo*. ‖ Aplazar, diferir, suspender : *remitir una resolución*. ‖ Entregar : *remitir un pedido*. ‖ Confiar al juicio de otro una resolución : *remitir una cosa a la discreción de alguien*. ‖ Indicar en un escrito otro pasaje relacionado con el que se estudia (ú. t. c. i. y pr.). ‖ — V. i. Perder una cosa parte de su intensidad : *la fiebre ha remitido*. ‖ — V. pr. Atenerse a lo dicho o hecho, referirse : *remitirse a la decisión de alguien*. ‖ Confiar en : *remitirse a la Providencia*.
remo m. Instrumento en forma de pala larga y estrecha que sirve para mover las embarcaciones haciendo fuerza en el agua. ‖ Deporte acuático que se practica en embarcaciones ligeras. ‖ *Fam.* Brazo o pierna, en el hombre y en los cuadrúpedos, o ala de las aves (ú. m. en pl.).
remoción f. Acción y efecto de remover. ‖ Cambio. ‖ Excavación de tierras.
remojar v. t. Empapar, mojar algo de modo que el líquido lo penetre (ú. t. c. pr.). ‖ *Fig.* Convidar a beber a los amigos para celebrar algo. ‖ *Amer.* Dar propina.
remojo m. Acción de remojar una cosa. ‖ *Amer.* Propina.
remojón m. *Fam.* Ducha de agua de lluvia.
remolacha f. Planta de raíz grande y carnosa de la que existen distintas variedades.
remolachero, ra adj. De la remolacha. ‖ — M. y f. Persona que la cultiva.
remolcador, ra adj. Que remolca. ‖ — M. Embarcación provista de motores potentes para remolcar otras embarcaciones.
remolcar v. t. Arrastrar una embarcación a otra por medio de un cabo o cadena. ‖ Llevar por tierra un vehículo a otro. ‖ *Fig.* Llevar tras sí.
remolino m. Movimiento giratorio y rápido del aire, agua, polvo, humo, etc. ‖ Retorcimiento del pelo en redondo. ‖ *Fig.* Apiñamiento de gente.
remolón, ona adj. y s. Flojo, perezoso, que elude el trabajo.
remolonear v. i. Holgazanear.
remolque m. Acción de remolcar. ‖ Cabo con que se remolca. ‖ Vehículo remolcado. ‖ *Fig. Ir a remolque de alguien*, seguirle por la fuerza de las circunstancias.
remonta f. Depósito caballar de sementales.
remontarse v. pr. Subir o volar muy alto las aves o aviones : *remontarse el águila hasta perderse de vista*. ‖ *Fig.* Elevarse hasta el origen de una cosa.
remoquete m. Apodo.
rémora f. Pez marino acantopterigio cuya cabeza está provista de un disco cartilaginoso que le permite adherirse fuertemente a los objetos flotantes. ‖ *Fig.* y *fam.* Cualquier cosa que detiene o dificulta algo : *una rémora para el progreso*.
remorder v. t. Volver a morder. ‖ *Fig.* Causar remordimiento.
remordimiento m. Inquietud, pesar interno que queda después de ejecutar una mala acción.
remoto, ta adj. Distante, apartado, alejado : *lugar remoto*. ‖ Lejano en el tiempo : *la más remota antigüedad*. ‖ *Fig.* Inverosímil, poco probable : *remota posibilidad*.
remover v. t. Trasladar una cosa de un lugar a otro. ‖ Agitar, mover un líquido. ‖ Quitar, apartar : *remover un obstáculo*. ‖ *Fig.* Traer a la mente : *remover recuerdos*. ‖ — V. pr. Agitarse.
remozamiento m. Rejuvenecimiento.
remozar v. t. Rejuvenecer (ú. t. c. pr.). ‖ *Fig.* Poner como nuevo. | Revigorizar.
remplazar v. t. Reemplazar.
remplazo m. Reemplazo.
remunerable adj. Pagable.
remuneración f. Precio o pago de un trabajo, de un servicio.
remunerador, ra adj. Que proporciona un beneficio.
remunerar v. t. Retribuir, pagar : *remunerar en especie*. ‖ Recompensar, premiar, galardonar.
remunerativo, va adj. Remunerador.
renacentista adj. inv. Relativo al Renacimiento : *estilo renacentista*. ‖ Dícese de la persona de la época del Renacimiento (ú. t. c. s.).
renacer v. i. Nacer de nuevo. ‖ *Fig.* Recobrar lo perdido : *renacer la alegría, la esperanza*. | Reaparecer : *el día renace*.
renacimiento m. Acción de renacer. ‖ Renovación ; vuelta ; reaparición. ‖ Recuperación, resurgimiento de un país. ‖ Movimiento literario, artístico y científico que se produjo en Europa en los siglos XV y XVI. ‖ — Adj. Relativo a la época o al estilo renacentista : *muebles renacimiento*.
renacuajo m. Larva de los batracios, especialmente de la rana. ‖ *Fam.* Hombrecillo, mequetrefe.
renal adj. Relativo a los riñones.
renano, na adj. y s. Del Rin y de Renania (Alemania).
rencilla f. Rencor.
rencilloso, sa adj. Rencoroso.
renco, ca adj. Cojo.
rencor m. Resentimiento.
rencoroso, sa adj. Que guarda rencor (ú. t. c. s.).
rendibú m. Muestra de cortesía.
rendición f. Acción y efecto de rendirse o hacer acto de sumisión.
rendido, da adj. Sumiso, obsequioso : *rendido servidor*. ‖ Muy cansado : *rendido de trabajar*. ‖ *Rendido de amor*, muy enamorado.
rendija f. Hendidura.
rendimiento m. Agotamiento, cansancio. ‖ Sumisión, humildad. ‖ Obsequiosidad, respeto. ‖ Producción o utilidad de una cosa : *el rendimiento de la tierra*. ‖ Utilidad que da un trabajador manual o intelectual. ‖ Relación entre el trabajo útil que se obtiene y la cantidad de energía que se suministra : *el rendimiento de un motor*.
rendir v. t. Vencer al enemigo y obligarle a entregarse. ‖ Someter al dominio de uno : *rendir una plaza* (ú. t. c. pr.). ‖ Dar o devolver a uno lo que le corresponde : *rendir honores*. ‖ Dar fruto o utilidad una cosa : *rendir interés* (ú. t. c. i.). ‖ Cansar, fatigar, agotar : *este paseo me ha rendido* (ú. t. c.

pr.). || Presentar : *rendir cuentas.* || Vomitar, devolver.
renegado, da adj. y s. Que renuncia la religión cristiana o la fe política para abrazar otra.
renegador, ra adj. y s. Que reniega.
renegar v. t. Volver a negar : *todo lo niega y reniega.* || — V. i. Cometer apostasía, abjurar : *renegar de su fe.* || Negarse a reconocer como tal, abandonar : *renegar de su familia.* || Decir injurias.
renglón m. Línea escrita o impresa. || Partida de una cuenta. || Parte en un gasto, capítulo : *su mantenimiento es un renglón grande en mi presupuesto.* || — *A renglón seguido,* a continuación. || *Fig. Dejar entre renglones una cosa,* no acordarse de ella. | *Leer entre renglones,* penetrar la intención oculta de un escrito.
rengo, ga adj. Renco.
renguear v. i. *Amer.* Renquear.
reniego m. Blasfemia. || Injuria.
reno m. Mamífero rumiante de la familia de los cérvidos.
renombrado, da adj. Célebre.
renombre m. Fama, celebridad.
renovable adj. Que se puede prolongar.
renovación f. Acción y efecto de renovar : *renovación de un pasaporte.* || Prórroga : *renovación de un arrendamiento.* || Reemplazo. || Transformación. || Renacimiento.
renovador, ra adj. y s. Que renueva.
renovar v. t. Hacer como de nuevo una cosa o volverla a su primer estado : *renovar un local.* || Sustituir lo viejo por lo nuevo : *renovar un mobiliario.* || Reemplazar, cambiar : *renovar el personal de una empresa.* || Reanudar, restablecer : *renovar una alianza.* || Reiterar, repetir : *te renuevo mi petición.* || Volver a poner de moda : *renovar una costumbre antigua.*
renquear v. i. Cojear. || *Fig.* Ir tirando, marchar difícilmente.
renqueo m. Cojera.
renta f. Utilidad, beneficio, ingreso anual : *las rentas del trabajo.* || Lo que paga en dinero o frutos un arrendatario : *renta de una casa.* || Deuda pública o títulos que lo representan. || *Fam.* Pensión, gasto periódico : *sus estudios son una renta para nosotros.* | Persona o cosa de la que se saca un beneficio. || — *A renta,* en arrendamiento. || *Renta nacional,* conjunto de las rentas públicas y privadas de un país. || *Renta pública,* cantidades que cobra el Estado, sea de los impuestos, sea de sus propiedades. || *Renta vitalicia,* pensión pagada mientras vive el beneficiario.
rentabilidad f. Carácter de lo que produce un beneficio.
rentabilizar v. t. Hacer que produzca un beneficio.
rentable adj. Que produce ganancias o benficios, productivo.
rentar v. t. Producir renta (ú. t. c. i.). || *Amer.* Alquilar.
rentista com. Persona que tiene rentas o que vive de ellas.
renuevo m. Vástago de un árbol. || *Fig.* Renovación.
renuncia f. Acto por el cual una persona hace abandono de una cosa, un derecho, un cargo, una función. || Documento en que consta.
renunciable adj. Que puede renunciarse.
renunciación f. y **renunciamiento** m. Renuncia.
renunciar v. t. Hacer dejación voluntaria de una cosa : *renunciar a un proyecto.* || Dejar de pretender : *renunciar a los honores.* || Abandonar : *renunciar a la lucha.*
renvalso m. Rebajo del canto de las hojas de puertas y ventanas para que encajen en el marco o unas con otras.
reñidero m. Lugar donde se verifican las riñas de gallos.
reñido, da adj. Enemistado con otro. || Encarnizado, porfiado : *lucha reñida.* || Opuesto, incompatible : *lo útil no está reñido con lo bello.*
reñidor, ra adj. Pendenciero.
reñir v. i. Disputarse, contender de obra o de palabra : *reñir con un amigo.* || Desavenirse, enfadarse : *reñir con la novia.* || — V. t. Reprender, regañar : *reñir a un hijo.* || Efectuar una batalla o desafío.
reo com. Acusado, persona culpable de un delito. || El demandado en juicio. || *Arg. Fam.* Perezoso. | Despreocupado.
reoca f. *Fam. Ser la reoca,* ser el colmo ; ser muy gracioso.
reojo m. *Mirar de reojo,* mirar por encima del hombro.
reordenación f. Nueva ordenación : *reordenación de pagos.*
reorganización f. Acción y efecto de reorganizar. || Cambio.
reorganizador, ra adj. Que organiza de nuevo (ú. t. c. s.).
reorganizar v. t. Volver a organizar : *reorganizar el ejército* (ú. t. c. pr.). || Cambiar algunos miembros de un gobierno.
reóstato o **reostato** m. Resistencia variable que permite hacer variar la intensidad de una corriente en un circuito eléctrico.
repajolero, ra adj. *Fam.* Pajolero.
repanchigarse v. pr. Repantigarse : *se repanchigó en el sillón.*
repanocha f. *Fam. Ser la repanocha,* ser la reoca.
repantigarse v. pr. Arrellanarse en el asiento.
reparación f. Acción y efecto de reparar. || Desagravio : *la reparación de una ofensa.*
reparador, ra adj. Que repara o mejora una cosa : *justicia reparadora* (ú. t. c. s.). || Que restablece las fuerzas : *descanso reparador.* || — M. y f. Persona que compone o arregla algo roto.
reparar v. t. Componer una cosa : *reparar una máquina.* || *Fig.* Advertir, ver : *reparar un error.* | Enmendar, corregir : *reparar una falta.* | Desagraviar : *reparar el honor ofendido.* | Restablecer las fuerzas : *reparar la fatiga.* || — V. i. Hacer caso, atender, ver : *nadie reparó en él.* || Mirar cuidadosamente : *reparar en un detalle.* || Advertir, notar : *reparar en un error.* || *Sin reparar en gastos,* sin tenerlos en cuenta.
reparo m. Advertencia, observación. || Crítica, objeción. || Reticencia, reserva : *aprobar con cierto reparo.* || Restauración o remedio. || — *Fig. No andar* (o *andarse*) *con reparos,* no vacilar. | *Sin reparos,* sin escrúpulos.
repartible adj. Divisible.
repartición f. Reparto.
repartidor, ra adj. Que reparte. || — M. y f. Empleado que lleva a domicilio las mercancías.
repartimiento m. Reparto. || Durante la colonización española de América, concesión de indios hecha a favor de los conquistadores, quienes, como contrapartida de los derechos adquiridos, contraían la obligación

de proteger e instruir a aquellos que estaban sometidos a su jurisdicción.
repartir v. t. Distribuir entre varios una cosa dividiéndola en partes. || Distribuir, entregar a domicilio. || Dividir una contribución o gravamen por partes : *repartir un impuesto.* || *Fam.* Dar, administrar : *repartir golpes.*
reparto m. Distribución : *reparto de premios.* || Entrega a domicilio : *reparto del correo.* || División : *el reparto de Polonia.* || Distribución de papeles entre los actores de una obra teatral o cinematográfica. || *Cub.* Terreno urbanizado (se dice especialmente de la c. de La Habana). | Barrio.
repasador m. *Arg.* Paño de cocina.
repasar v. t. Volver a pasar : *repasar por una calle.* || Examinar de nuevo. || Revisar lo estudiado : *repasar la lección.* || Recoser la ropa o zurcirla si hace falta.
repasata f. *Fam.* Reprimenda.
repaso m. Acción y efecto de repasar. || Lectura rápida de lo que ya se ha aprendido de memoria : *dar un repaso a la lección.* || Examen o reconocimiento de una cosa después de hecha. || *Fam.* Reprimenda.
repatear v. t. *Fam.* Desagradar.
repatriación f. Acción y efecto de repatriar o repatriarse.
repatriado, da adj. y s. Que vuelve a su patria.
repatriar v. t. Hacer que uno regrese a su patria. || — V. pr. Volver a su patria.
repechar v. t. Escalar, subir.
repecho m. Cuesta, pendiente.
repeinar v. t. Volver a peinar. || — V. pr. Peinarse con esmero.
repelente adj. Que repele.
repeler v. t. Rechazar. || Arrojar, echar : *repeler a intrusos de su domicilio.* || Contradecir, objetar : *repeler un argumento.* || *Fig.* Repugnar, asquear : *las arañas me repelen.*
repeluco y **repeluzno** m. Escalofrío.
repellar v. t. Cubrir de yeso o cal la pared.
repente m. *Fam.* Movimiento súbito. | Arrebato : *un repente de ira.* | Presentimiento brusco. || *De repente,* de pronto, súbitamente.
repentino, na adj. Pronto, súbito, imprevisto.
repera f. *Fam. Ser la repera,* ser el colmo.
repercusión f. Acción de repercutir. || *Fig.* Consecuencia. | Alcance, eco.
repercutir v. i. Retroceder o rebotar un cuerpo al chocar con otro. || Producir eco el sonido. || *Fig.* Trascender, causar efecto una cosa en otra : *medida que ha repercutido en los precios y, por tanto, en el nivel de vida del ciudadano medio.*
repertorio m. Índice, registro, en que las materias están ordenadas de forma que puedan encontrarse fácilmente : *repertorio alfabético.* || Colección de obras de una misma clase : *repertorio de autores clásicos.* || Conjunto de las obras que representa una compañía de teatro, una orquesta o un músico. || *Fig.* Conjunto de conocimientos : *todo el repertorio de mis recuerdos.*
repesca f. Examen o prueba de un estudiante que no ha aprobado o de un equipo o jugador que no se ha clasificado para darle mejor nota o que pueda participar en una competición.
repescar v. t. Hacer participar en una repesca.
repetición f. Acción de repetir varias veces la misma idea o la misma palabra. || Reproducción de la misma acción. || *Arma de repetición,* arma de fuego que puede hacer varios disparos sin recargarse.
repetidor, ra adj. y s. Que repite. || Que vuelve al mismo curso de estudios por no haber aprobado : *alumno repetidor.* || — M. El que repasa a otro la lección. || Amplificador telefónico para comunicaciones muy lejanas. || Estación de radio o televisión que retransmite por ondas hertzianas las señales recibidas de una estación principal.
repetir v. t. Volver a hacer o decir lo que se había hecho o dicho. || Volver al mismo curso escolar por no haber aprobado : *repetir curso* (ú. t. c. i.). || Tomar de nuevo un plato de comida. || — V. i. Venir a la boca el sabor de lo que se ha comido o bebido : *el ajo repite* (ú. t. c. pr.). || — V. pr. Usar siempre las mismas palabras, formas, etc. || Volver a suceder un acontecimiento.
repetitivo, va adj. Que se repite constantemente.
repicar v. t. Picar mucho una cosa. || Tañer rápidamente y a compás las campanas en señal de fiesta (ú. t. c. i.). || — V. i. Tocar el tambor con golpes ligeros y rápidos.
repipi adj. y s. *Fam.* Dícese del niño que afecta modales de adulto o viste como tal. | Redicho.
repique m. Toque de campanas.
repiquetear v. i. Repicar con mucha viveza las campanas, el tambor u otro instrumento sonoro. || *Fig.* Golpear del mismo modo : *la lluvia repiqueteaba en los cristales.*
repiqueteo m. Acción y efecto de repiquetear. || Ruido de los disparos de una ametralladora.
repisa f. Ménsula de más longitud que vuelo, en la cual se asienta un balcón, o propia para sostener un objeto de adorno. || Estante.
replanteamiento m. Acción y efecto de replantear.
replantear v. t. Plantear de nuevo : *replantear una táctica.*
repleción f. Saciedad.
replegar v. t. Plegar o doblar muchas veces. || Ocultar, hacer desaparecer un órgano mecánico saliente : *replegar el tren de aterrizaje de un avión.* || — V. pr. Retirarse en buen orden las tropas.
repleto, ta adj. Muy lleno : *calle repleta de gente ; bolsa repleta.* || Rechoncho. || Ahíto.
réplica f. Respuesta. || Copia exacta de una obra artística.
replicar v. i. Responder.
repliegue m. Pliegue doble. || *Fig.* Recoveco, profundidad : *repliegues del alma.* || Retirada de las tropas.
repoblación f. Acción y efecto de repoblar. || *Repoblación forestal,* plantación sistemática de árboles en una zona o región.
repoblador adj. y s. Que repuebla.
repoblar v. t. Volver a poblar con personas un país, con alevines un estanque o un río, con árboles una zona.
repollo m. Especie de col de hojas firmes y apretadas.
reponer v. t. Volver a poner. || Volver a representar una obra dramática o una película. || Responder. || Hacer recobrar la salud. || — V. pr. Recobrar la salud o la hacienda. || Recuperarse, volver a tener tranquilidad.
reportaje m. Artículo periodístico. || Película cinematográfica o emisión de radio o televisión de carácter documental.
reportar v. t. Alcanzar, lograr : *reportar un triunfo.* || *Impr.* Pasar una prueba litográfica

a una piedra o plancha para multiplicar las tiradas. ‖ *Amér. C.* y *Méx.* Acusar, denunciar. | Notificar, informar. ‖ — V. pr. Reprimirse, contenerse. ‖ Serenarse.
reporte m. *Impr.* Acción de reportar. | Prueba litográfica que se pasa a otra piedra o a una plancha metálica para proceder a la tirada. ‖ *Méx.* Informe, relación.
repórter m. Reportero.
reportero, ra adj. Que hace reportajes. ‖ — M. y f. Periodista.
reposado, da adj. Sosegado, tranquilo. ‖ Descansado.
reposapiés m. inv. Soporte de una moto para colocar los pies.
reposar v. i. Descansar de la fatiga o trabajo, durmiendo o no : *después de la comida suele reposar un rato* (ú. t. c. t. y pr.). ‖ Estar sepultado, yacer : *aquí reposa su cuerpo.* ‖ — V. pr. Posarse un líquido (ú. t. c. i.).
reposera f. *Arg.* Tumbona.
reposición f. Restablecimiento. ‖ *Com.* Renovación, acción y efecto de reemplazar lo viejo por lo nuevo : *reposición de existencias.* ‖ Representación de una obra teatral o cinematográfica ya antigua.
reposo m. Suspensión del movimiento, inmovilidad. ‖ Descanso.
repostar v. i. Reponer provisiones, combustibles, carburante, pertrechos, etc. : *barco, avión que reposta* (ú. t. c. pr.).
repostería f. Establecimiento donde se fabrican y venden dulces y fiambres. ‖ Oficio de repostero.
repostero, ra m. y f. Persona que hace pastas, dulces, fiambres, etc. ‖ — M. Bandera cuadrada que se cuelga en los balcones. ‖ Ordenanza de marina.
reprender v. t. Amonestar.
reprensible adj. Censurable.
reprensión f. Amonestación.
reprensivo, va adj. Digno de reprensión : *en tono reprensivo.*
represa f. Estancamiento del agua corriente. ‖ Embalse, presa.
represalia f. Derecho que se arroga un combatiente de causar al enemigo igual o mayor daño que el recibido. Ú. m. en pl. : *tomar represalias.*
representable adj. Que puede representarse o hacerse visible.
representación f. Acción de representar una obra teatral, función. ‖ Idea que nos formamos del mundo exterior o de un objeto determinado. ‖ Expresión artística de la realidad. ‖ Conjunto de personas que representan una colectividad : *representación del Ayuntamiento.* ‖ Acción de negociar por cuenta de una casa comercial.
representante adj. Que representa. ‖ — Com. Persona que representa a un ausente o a un cuerpo o colectividad : *enviar un representante a un entierro.* ‖ Agente comercial encargado de la venta de un producto en una plaza o zona. ‖ *Amer.* Diputado, en algunos países.
representar v. t. Hacer presente algo en la imaginación por medio de palabras o figuras, figurar : *este dibujo representa una casa.* ‖ Ejecutar en público una obra teatral : *representar un drama.* ‖ Desempeñar un papel. ‖ Sustituir a uno o hacer sus veces : *representar al presidente.* ‖ Ser imagen o símbolo de una cosa : *Pérez Galdós representa el realismo en España.* ‖ Aparentar, parecer : *representa menos edad que la que tiene.* ‖ Equivaler : *esta obra representa diez años de trabajo.* ‖ — V. pr. Volver a presentar. ‖ Imaginarse : *no me represento a Juan con sotana.*
representatividad f. Carácter de lo que es representativo.
representativo, va adj. Que representa perfectamente una cosa. ‖ Que representa adecuadamente a una o varias personas. ‖ Dícese del organismo que está capacitado para representar un país o una comunidad.
represión f. Acción de reprimir : *la represión de los delitos.*
represivo, va adj. Que reprime.
represor, ra adj. y s. Que reprime.
reprimenda f. Reprensión.
reprimir v. t. Contener, detener el efecto o progreso de algo : *reprimir una sublevación, la ira.*
reprise f. (pal. fr.). Capacidad de aceleración de un vehículo.
reprobación f. Censura, crítica.
reprobador, ra adj. Que censura (ú. t. c. s.).
reprobar v. t. No aprobar, recriminar, censurar, condenar.
reprobatorio, ria adj. Reprobador, que reprueba.
réprobo, ba adj. y s. Condenado a las penas del infierno.
reprochable adj. Que merece reproche.
reprochador, ra m. y f. Persona que reprocha.
reprochar v. t. Criticar, censurar : *reprochar sus vicios* (ú. t. c. pr.).
reproche m. Censura, crítica.
reproducción f. Proceso biológico por el que dos seres vivos perpetúan la especie. ‖ Copia o imitación de una obra literaria o artística : *reproducción de un cuadro de Goya.* ‖ *Fot.* Negativo tirado a partir de una copia positiva. ‖ *Derecho de reproducción,* el del autor o propietario de una obra literaria o artística para autorizar su difusión y obtener un beneficio de ella.
reproducible adj. Que puede reproducirse.
reproducir v. t. Volver a producir (ú. t. c. pr.). ‖ Imitar, copiar : *reproducir un cuadro.* ‖ *Fot.* Sacar un negativo a partir de una copia positiva. ‖ — V. pr. Perpetuarse por medio de la generación.
reproductivo, va adj. Que favorece una nueva producción.
reproductor, ra adj. Que sirve a la reproducción. ‖ — M. y f. Animal empleado para la reproducción y destinado a mejorar la raza.
reprografía f. Conjunto de técnicas para reproducir documentos.
reptar v. i. Andar arrastrándose.
reptil adj. y s. m. Aplícase a los animales vertebrados que caminan rozando la tierra con el vientre.
república f. Forma de gobierno representativo en el que el poder reside en el pueblo, personificado éste por un presidente elegido por la nación o sus representantes. ‖ Gobierno del Estado. ‖ *La república de las letras,* conjunto de los escritores.
republicanismo m. Condición de republicano.
republicanizar v. t. Dar carácter republicano (ú. t. c. pr.).
republicano, na adj. Relativo a la república : *régimen republicano.* ‖ Partidario de la república : *partido republicano* (ú. t. c. s.).
repudiable adj. Condenable.
repudiación f. Acción y efecto de repudiar.

repudiar v. t. Rechazar legalmente a la propia esposa. ‖ Renunciar voluntariamente. ‖ *Fig.* Condenar, rechazar.
repudio m. Repudiación.
repuesto, ta adj. Puesto de nuevo. ‖ Restablecido en un cargo. ‖ Recuperado de salud. ‖ — M. Provisión de víveres o de otras cosas. ‖ Pieza de recambio. ‖ *De repuesto,* de reserva ; de recambio.
repugnancia f. Aversión. ‖ Asco.
repugnante adj. Que repugna.
repugnar v. i. Causar asco o disgusto una cosa.
repujado m. Labrado de chapas metálicas en frío, o de cuero por martilleo, de modo que resulten figuras en relieve en una de sus caras. ‖ Obra repujada.
repujar v. t. Labrar de relieve, a martillo, un objeto metálico o de cuero.
repulsa f. Rechazamiento.
repulsar v. t. Rechazar.
repulsión f. Repulsa. ‖ Repugnancia, aversión.
repulsivo, va adj. Que causa repulsión, repelente.
repullo m. Sorpresa, sobresalto provocado por el miedo.
reputación f. Fama.
reputado, da adj. Célebre.
reputar v. t. Considerar, formar juicio. ‖ Apreciar, estimar.
requebrar v. t. *Fig.* Galantear, piropear. ‖ Adular, lisonjear.
requemado, da adj. Tostado.
requemar v. t. Volver a quemar. ‖ Tostar mucho : *requemar la tez.* ‖ Privar el calor de jugo a las plantas, secarlas. ‖ Causar picor en la boca algunas sustancias. ‖ *Fig.* Encender de modo excesivo la sangre. ‖ — V. pr. Quemarse o tostarse mucho. ‖ *Fig.* Consumirse interiormente y sin darlo a conocer : *requemarse de pena.*
requeridor, ra o **requiriente** adj. y s. Que requiere.
requerimiento m. Acto judicial por el que se intima que se haga o se deje de hacer algo. ‖ Demanda, solicitación.
requerir v. t. Intimar, avisar a la autoridad pública. ‖ Necesitar, tener precisión de algo : *requerir cuidados.* ‖ Exigir, precisar : *las circunstancias lo requieren.* ‖ *Requerir de amores a una mujer,* cortejarla. ‖ — V. pr. Exigirse.
requesón m. Queso hecho con leche cuajada sin el suero.
requeté m. En España, cuerpo de voluntarios que defienden la tradición carlista. ‖ Individuo de este cuerpo.
requetebién adv. Muy bien.
requetelleno, na adj. Muy lleno.
requiebro m. Piropo.
réquiem m. Oración que reza la Iglesia católica por los difuntos. ‖ Su música.
requirente adj. y s. *For.* Demandante en justicia.
requisa f. Examen, inspección. ‖ Requisición.
requisar v. t. Hacer una requisición : *requisar vehículos.*
requisición f. Acción de la autoridad que exige de una persona o de una entidad la prestación de una actividad o el goce de un bien (vehículo, fábrica, edificio, etc.).
requisito m. Circunstancia, condición. ‖ Formalidad.
requisitorio, ria adj. Dícese del despacho en que un juez requiere a otro para que ejecute un mandamiento del requirente (ú. t. c. s. f. y a veces como m.).
res f. Cualquier animal cuadrúpedo de ciertas especies domésticas, como el ganado vacuno, lanar, porcino, etc., o de algunas salvajes, como el venado, jabalí, etc. ‖ *Amer.* Buey o vaca : *carne de res.*
resabiado, da adj. Que tiene resabios : *un caballo resabiado.*
resabiar v. t. Hacer tomar un vicio o mala costumbre (ú. t. c. pr.).
resabido, da adj. Sabido de todos.
resabio m. Vicio o mala costumbre que queda. ‖ Sabor malo.
resaca f. Movimiento en retroceso de las olas del mar al llegar a la orilla. ‖ *Com.* Letra que el tenedor de otra protestada gira a cargo del librador o de uno de los endosantes. ‖ *Fig.* y *fam.* Malestar padecido al día siguiente de la borrachera : *tener resaca.* ‖ *Amér. C.* y *Méx.* Aguardiente muy bueno.
resalado, da adj. *Fig.* y *fam.* Encantador, muy simpático.
resaltar v. i. Destacarse, hacer contraste. ‖ Sobresalir de una superficie. ‖ *Fig.* Distinguirse, descollar : *resaltar uno por su mérito.*
resalte m. Resalto en una pared.
resalto m. Parte que sobresale de la superficie de una cosa.
resarcible adj. Indemnizable.
resarcimiento m. Indemnización.
resarcir v. t. Indemnizar, reparar, compensar (ú. t. c. pr.).
resbalada f. *Amer.* Resbalón.
resbaladero, ra adj. Resbaladizo. ‖ — M. Lugar resbaladizo.
resbaladizo, za adj. Dícese de lo que resbala fácilmente. ‖ *Fig.* Delicado.
resbalamiento m. Resbalón.
resbalar v. i. Escurrirse, deslizarse : *resbalar en el hielo.* ‖ Dicho de las ruedas de un coche, una bicicleta, etc., deslizarse lateralmente por falta de adherencia, patinar. ‖ *Fig.* Incurrir en un desliz, falta o culpa. ‖ *Fig.* y *fam. Resbalarle a uno,* darle igual, tener sin cuidado.
resbalón m. Acción de resbalar : *dar un resbalón.* ‖ *Fig.* Desliz.
resbaloso, sa adj. Resbaladizo. ‖ *Méx.* Atrevido.
rescacio m. Pez marino cuya cabeza lleva espinas agudas y que suele esconderse en la arena.
rescatador, ra adj. y s. Que rescata.
rescatar v. t. Recobrar mediante pago, redimir : *rescatar a un cautivo.* ‖ Salvar, recuperar : *rescatar a un náufrago.* ‖ *Fig.* Librar : *rescatar a uno de la desesperación.* ‖ Sacar : *rescatar del olvido.*
rescate m. Acción y efecto de rescatar. ‖ Dinero con que se rescata.
rescindible adj. Que se puede rescindir.
rescindir v. t. Dejar sin efecto un contrato, obligación, etc.
rescisión f. Anulación de un contrato.
rescisorio, ria adj. Que rescinde o anula.
rescoldo m. Brasa menuda envuelta en la ceniza. ‖ *Fig.* Lo que queda de algo, resto.
resección f. Operación quirúrgica que consiste en separar o cortar parte de un órgano.
reseco, ca adj. Muy seco.
resentido, da adj. y s. Que tiene resentimiento, rencoroso.
resentimiento m. Animosidad contra uno a consecuencia de una ofensa sufrida, rencor.
resentir v. t. Sentir. ‖ — V. pr. Sentir los efectos de un mal, de una enfermedad. ‖ *Fig.*

Tener los caracteres de : *se resentía de falta de unidad.* | Ofenderse, sentir pesar por una cosa. | Experimentar resentimiento contra alguien.
reseña f. Relato, narración sucinta, artículo. || Artículo de una obra artística o científica. || Descripción del aspecto exterior de una persona para conocerla fácilmente.
reseñador, ra m. y f. Persona que hace una reseña.
reseñar v. t. Hacer una reseña.
reserva f. Acción de reservar. || Cosa reservada. || Guarda, custodia de algo : *tener provisiones en reserva.*|| Acción de reservar un asiento en un vehículo de transporte público, una habitación en un hotel, localidad para un espectáculo, etc. || *Fig.* Limitación, restricción. | Salvedad que se hace o condición que se pone a algo : *prometer su ayuda pero con muchas reservas.* | Discreción, comedimiento : *obrar con reserva.* | Cautela, circunspección : *acoger una noticia con mucha reserva.* || Terreno reservado para la repoblación : *reserva zoológica.* || Territorio reservado a los indígenas en ciertos países : *las reservas de indios en Estados Unidos.* || Parte del ejército que no está en servicio activo y puede ser movilizada, y situación de los que pertenecen a ella. || *For.* Fondo creado por las empresas mercantiles constituido por parte de los beneficios. || — Pl. *Fisiol.* Sustancias almacenadas en los órganos o tejidos para su utilización ulterior. || — *Reserva mental,* salvedad que se hace mentalmente. || *Sin reserva,* con toda franqueza, abiertamente; sin restricción. || — Com. En deportes, jugador que sustituye en un equipo a un titular : *tuvieron que alinear a muchos reservas a causa de las lesiones.*
reservación f. Reserva.
reservado, da adj. Discreto, comedido, callado, poco comunicativo. || No seguro : *pronóstico reservado.* || — M. Departamento en algún sitio como restaurante, vagón de ferrocarril, etc., destinado a personas que quieren mantenerse apartadas de las demás.
reservar v. t. Guardar una cosa para disponer de ella más adelante. || Retener una habitación en un hotel, un asiento en un barco, avión, una localidad en un espectáculo, etc. || Callar una cosa : *reservo mi opinión.* || Dejar : *reservar una salida.* || — V. pr. Esperar, conservarse para mejor ocasión : *me reservo para mañana.* || Cuidarse.
reservista adj. Dícese del militar de reserva (ú. t. c. s.).
resfriado, da adj. Acatarrado. || — M. *Med.* Indisposición causada por el frío, enfriamiento.
resfriamiento m. Enfriamiento.
resfriar v. t. Causar un resfriado. || — V. pr. Acatarrarse.
resfrío m. *Arg.* Resfriado.
resguardar v. t. Defender, proteger, abrigar. || *Fig.* Defender, amparar. || — V. pr. Precaverse contra un daño : *resguardarse del frío.* || Obrar con cautela.
resguardo m. Defensa, custodia, amparo. || Documento que acredita la entrega a una persona de una suma, un objeto, etc. || Talón : *resguardo de un recibo.* || Vale.
residencia f. Acción de residir. || Lugar en que se reside. || Edificio donde vive una autoridad. || Establecimiento donde, sometidas a ciertas reglas, viven personas unidas por afinidades : *residencia de estudiantes.* || Hotel, casa de huéspedes.
residencial adj. Aplícase al cargo o empleo que requiere residencia personal. || Dícese del barrio reservado a viviendas, especialmente cuando son de lujo : *barrio residencial.*
residente adj. y s. Que reside. || Que vive en el sitio donde tiene su cargo : *médico residente.* || — Com. Extranjero que vive fijo en un país : *residente español en París.*
residir v. i. Tener domicilio en un lugar : *residir en París.* || *Fig.* Radicar en un punto lo esencial de una cuestión : *ahí reside el problema.* || *Residir en,* corresponder a.
residual adj. Que queda como residuo. || *Aguas residuales,* las que arrastran residuos.
residuo m. Parte que queda de un todo. || Lo que resulta de la descomposición, combustión o destrucción de una cosa. || *Mat.* Resultado de la operación de restar.
resignación f. Renuncia a un derecho, a un cargo, en favor de alguien. || *Fig.* Conformidad, acción de soportar algo sin protestar.
resignar v. t. Renunciar un cargo a favor de alguien. || Entregar una autoridad el gobierno a otra : *resignar el mando.* || — V. pr. Conformarse con lo irremediable, someterse : *resignarse con la suerte.*
resina f. Sustancia viscosa insoluble en el agua, soluble en el alcohol, que fluye de ciertas plantas.
resinero, ra adj. Relativo a la resina : *industria resinera.*
resinífero, ra adj. Que produce resina. || Resinoso.
resinoso, sa adj. Que tiene o destila resina.
resistencia f. Propiedad que tiene un cuerpo de reaccionar contra la acción de otro cuerpo. || Fuerza que se opone al movimiento. || Fuerza que permite sufrir el cansancio, el hambre, etc. : *resistencia física.* || Capacidad de defensa del organismo contra la agresión microbiana. || Defensa contra un ataque. || Oposición, repugnancia a obedecer : *encontrar resistencia entre la gente.* || *Por ext.* Durante la segunda guerra mundial, conjunto de las organizaciones o movimientos que combatieron al invasor alemán. || Obstrucción que hace un conductor al paso de la corriente eléctrica. || Conductor que se emplea para aprovechar dicha resistencia con algún fin : *la resistencia de una plancha.*
resistente adj. Que resiste al cansancio, al dolor, etc. || Que tiene resistencia : *madera resistente.* || — Com. Miembro de la Resistencia en la segunda guerra mundial.
resistir v. i. Hablando de personas, oponer la fuerza a la fuerza, defenderse : *resistir al enemigo.* || Soportar físicamente : *resiste bien al cansancio.* || Mostrarse firme no aceptando algo que atrae : *resistir a las pasiones* (ú. t. c. pr.). || — V. t. Sufrir, soportar : *resistir el calor.* || Aguantar, tolerar : *no puedo resistir a esa persona.* || Desafiar, rivalizar : *precio que resiste toda competencia.* || — V. pr. Debatirse, forcejear. || Rehusar : *se resiste a morir.* || No estar dispuesto a hacer una cosa, no consentir : *me resisto a creerlo.*
resistividad f. *Fís.* Producto de la multiplicación de la resistencia de un conductor eléctrico por el cociente que resulta de dividir la sección del cable por su longitud.
resma f. Paquete de veinte manos de papel, o sea quinientas hojas.
resobado, da adj. Muy trillado.
resolución f. Acción de resolverse. || Decisión, determinación. || Calidad de resuelto, arresto, valor. || Texto votado por una Asamblea. || Cosa resuelta por una autoridad. ||

Extinción de un contrato por la voluntad de las partes.

resoluto, ta adj. Resuelto.

resolutorio, ria adj. Que extingue un contrato.

resolver v. t. Decidir, tomar una determinación. ‖ Encontrar la solución : *resolver un problema.* ‖ Fallar en una diferencia o disputa. ‖ *Med.* Hacer desaparecer poco a poco : *resolver un tumor.* ‖ *Resolver una ecuación,* calcular sus raíces. ‖ — V. pr. Deshacerse, disgregarse : *el agua se resuelve en vapor.* ‖ Tomar una decisión. ‖ *Med.* Desaparecer una inflamación o tumor.

resollar v. i. Respirar con ruido. ‖ *Fig.* y *fam.* Ponerse de manifiesto : *al fin resolló mi oyente.*

resonador adj. Que resuena. ‖ — M. Aparato o dispositivo que entra en vibración por resonancia.

resonancia f. Propiedad de aumentar la duración o la intensidad de un sonido : *la resonancia de una sala.* ‖ Modo de transmisión de las ondas sonoras por un cuerpo. ‖ *Fís.* Gran aumento de la amplitud de una oscilación bajo la influencia de impulsiones regulares de la misma frecuencia. ‖ *Fig.* Repercusión, divulgación : *discursos de gran resonancia.*

resonante adj. Que resuena. ‖ *Fig.* Importante : *triunfo resonante.*

resonar v. i. Reflejar el sonido aumentando su intensidad. ‖ Sonar mucho, ser muy sonoro : *resonar las campanas.* ‖ *Fig.* Tener repercusiones un hecho.

resoplar v. i. Dar resoplidos.

resoplido m. Resuello fuerte.

resorber v. t. V. REABSORBER.

resorción f. V. REABSORCIÓN.

resorte m. Muelle. ‖ *Fig.* Medio material o inmaterial de que se vale uno para lograr un fin.

respaldar m. Respaldo.

respaldar v. t. Escribir detrás de un escrito. ‖ *Fig.* Proteger, amparar. | Servir de garantía. ‖ — V. pr. Apoyarse con las espaldas.

respaldo m. Parte del asiento en que se apoyan las espaldas. ‖ Vuelta, verso del escrito en que se anota algo. ‖ Lo que allí se escribe. ‖ *Fig.* Protección, amparo. | Garantía : *pudieron realizar aquel negocio a causa del importante respaldo financiero que tuvieron del banco de la nación.*

respectar v. defectivo. Tocar, corresponder, atañer.

respectivamente adv. Correspondientemente.

respectivo, va adj. Que atañe a persona o cosa determinada. ‖ Dicho de los miembros de una serie, que tienen correspondencia con los de otra : *los hijos iban con sus respectivos padres.*

respecto m. Relación. ‖ — *Al respecto* (o *a este*) *respecto,* en relación con. ‖ *Con respecto a* (o *respecto a* o *de*), en relación con.

respetabilidad f. Condición de respetable, dignidad.

respetable adj. Que merece respeto. ‖ *Fig.* Muy grande, enorme : *a respetable distancia.* ‖ — M. *Fam.* Público de un espectáculo (toros, circo, etc.).

respetar v. t. Tener respeto por alguien : *respetar a las autoridades.* ‖ Cumplir, acatar : *respetar las leyes.* ‖ Tomar en consideración : *respeto tu punto de vista.* ‖ No ir contra : *respetar el bien ajeno.* ‖ Tener cuidado con, tratar cuidadosamente, tener en cuenta : *no respetan el carácter sagrado del lugar.* ‖ No molestar, no perturbar : *respetar el sueño de alguien.* ‖ Conservar, no destruir.

respeto m. Sentimiento que induce a tratar a alguien con deferencia a causa de su edad, superioridad o mérito. ‖ Sentimiento de veneración que se debe a lo que es sagrado. ‖ Actitud que consiste en no ir en contra de algo : *respeto de los bienes ajenos.* ‖ Acatamiento, cumplimiento : *respeto de las leyes.* ‖ Miramiento, consideración, atención : *faltarle el respeto a uno.* ‖ — Pl. Manifestaciones de cortesía, de urbanidad : *preséntele mis respetos.*

respetuosidad f. Respeto.

respetuoso, sa adj. Que respeta. ‖ Conveniente, adecuado : *distancia respetuosa.* ‖ Considerado, atento : *saludos respetuosos.*

respingar v. i. Sacudirse la bestia y gruñir. ‖ Elevarse indebidamente el borde de la falda o de la chaqueta (ú. t. c. pr.).

respingo m. Salto o sacudida violenta del cuerpo : *dar un respingo.* ‖ *Fig.* y *fam.* Movimiento o expresión de enfado con que uno muestra su repugnancia a cumplir una orden.

respingona adj. Aplícase a la nariz de punta algo levantada.

respiración f. Función común a toda célula viviente que consiste en un intercambio gaseoso (absorción de oxígeno y expulsión de gas carbónico). ‖ Aliento : *perder la respiración.* ‖ Ventilación de un aposento o lugar cerrado. ‖ *Respiración artificial,* tratamiento de la asfixia o de las parálisis respiratorias mediante la provocación manual o mecánica de las contracciones de la caja torácica de modo que se restablezca la circulación del aire en los pulmones.

respiradero m. Abertura por donde entra y sale el aire. ‖ Orificio de aeración practicado en una canalización o en un molde.

respirador, ra adj. Que respira. ‖ Aplícase a los músculos que sirven para la respiración (ú. t. c. s. m.).

respirar v. i. Aspirar y expeler el aire para renovar el oxígeno del organismo. ‖ *Fig.* Vivir : *lo sé desde que respiro.* | Recuperar el aliento, tener un poco de tranquilidad : *déjame respirar.* ‖ *Fig.* y *fam. No dejar respirar a uno,* no darle descanso. ‖ — V. t. Aspirar por las vías respiratorias : *respirar aire puro.* ‖ *Fig.* Expresar, reflejar, ser testimonio de : *su cara respira felicidad.*

respiratorio, ria adj. Relativo a la respiración.

respiro m. Respiración. ‖ *Fig.* Descanso, pausa, reposo. | Alivio en una preocupación o angustia. | Tregua.

resplandecer v. i. Brillar. ‖ *Fig.* Mostrar, rebosar.

resplandeciente adj. Que resplandece. ‖ *Fig.* Radiante, rebosante.

resplandor m. Luz muy intensa o brillo que despide el Sol u otro cuerpo luminoso. ‖ *Fig.* Brillo.

responder v. t. Dar a conocer alguien, después de una pregunta, su pensamiento por medio de la voz o de un escrito. ‖ Afirmar, asegurar : *le respondo que es así.* ‖ — V. i. Dar una respuesta : *no responde nadie.* ‖ Replicar en lugar de obedecer : *no respondas a tus padres.* ‖ Enviar una carta en correspondencia a otra. ‖ Decir la opinión de uno, replicar : *argumento difícil de responder.* ‖ Contestar a la llamada de alguien : *toqué el timbre y nadie respondió.* ‖ Presentarse, personarse alguien cuando ha sido requerido : *responder a un llamamiento militar.* || Deberse : *¿a qué responde tanta insistencia?* || *Fig.* Salir fiador, garantizar : *responde de su solvencia.* | Corresponder, devolver : *responder a los favores recibidos.* | No frustrar, no defraudar : *responder a las esperanzas.* | Obrar de cierta forma : *responder a la fuerza con la fuerza.* | Asumir la responsabilidad, ser responsable de : *no respondo de lo que puedo hacer.*

respondón, ona adj. Dícese de la persona que replica por sistema a todo lo que se le dice (ú. t. c. s.).

responsabilidad f. Obligación de responder de los actos que alguien ejecuta o que otros hacen : *cargar con la responsabilidad.* || *Responsabilidad civil,* obligación impuesta por la ley de reparar los daños y perjuicios causados a otro por el incumplimiento de un contrato o por un acto delictivo.

responsabilizarse v. pr. Asumir la responsabilidad.

responsable adj. Que ha de dar cuenta de sus propios actos o de los ejecutados por otra persona (ú. t. c. s.).

responso m. Rezo o canto litúrgico en honor de los difuntos.

respuesta f. Palabra o escrito dirigidos en correspondencia a lo que se ha dicho, escrito o preguntado : *respuesta categórica.* || Carta escrita para responder a otra. || *Fig.* Contestación. | Reacción : *la respuesta de los agredidos no se hizo esperar.*

resquebrajadura f. o **resquebrajamiento** m. Grieta.

resquebrajar v. t. Hender ligera o superficialmente algunos cuerpos duros, como la loza, la madera (ú. t. c. pr.).

resquemor m. Escozor. || Desazón, inquietud, desasosiego. || Enfado, disgusto. || Remordimiento.

resquicio m. Abertura estrecha entre el quicio y la puerta. || *Por ext.* Cualquier abertura estrecha. || *Fig.* Posibilidad.

resta f. Sustracción, operación de restar. || Su resultado.

restablecer v. t. Volver a poner en el primer estado : *restablecer las comunicaciones* (ú. t. c. pr.). || Recuperar la salud : *restablecido de su enfermedad.* || Volver a colocar a alguien en su puesto, categoría, clase, empleo. || Hacer renacer, instaurar : *restablecer el orden* (ú. t. c. pr.). || — V. pr. Recobrar la salud.

restablecimiento m. Acción y efecto de restablecer o restablecerse.

restallar v. i. Chasquear, producir un ruido seco.

restante adj. Que resta. || *Lo restante,* lo que queda, el resto.

restañar v. t. Detener la salida de la sangre de una herida (ú. t. c. pr.). || *Fig.* Reparar, curar.

restar v. t. Sustraer, hallar la diferencia entre dos cantidades. || Quedar : *resta algo de vino.* || *Fig.* Quitar : *restar importancia.* || En el tenis, devolver la pelota. || — V. i. Quedar o faltar : *en lo que resta del año.*

restauración f. Acción y efecto de restaurar : *la restauración de un cuadro.* || Restablecimiento de un régimen político en un país.

restaurador, ra adj. Dícese de la persona que restaura, especialmente obras de arte y objetos antiguos (ú. t. c. s.).

restaurant [*-toran*] m. (pal. fr.). Restaurante.

restaurante m. Establecimiento público donde se sirven comidas. || *Coche* o *vagón restaurante,* coche de ferrocarril dispuesto como comedor.

restaurar v. t. Restablecer en el trono. || Restablecer : *restaurar el prestigio, las costumbres.* || Reparar, volver a poner en el estado que antes tenía una obra de arte (pintura, edificio, etc.) : *restaura cuadros viejos.* || Recobrar, recuperar.

restitución f. Devolución de una cosa a quien la poseía.

restituir v. t. Devolver lo que ha sido tomado o que se posee indebidamente. || Poner de nuevo una cosa en el estado en que ya estuvo.

resto m. Aquello que queda, que subsiste de un conjunto del que se ha quitado una o varias partes. || Lo que hay además de algo : *sé una parte y sabré pronto el resto.* || Resultado de una sustracción. || En la división, diferencia entre el dividendo y el producto del divisor por el cociente. || Jugador que en el tenis devuelve la pelota lanzada por el que saca. || Envite en que se juega toda la cantidad de dinero que se arriesga en una partida de cartas. || *Fig.* Lo que queda en poca cantidad : *un resto de esperanza.* || — Pl. Ruinas, vestigios de un monumento. || Cuerpo humano después de muerto : *los restos mortales.* || Desperdicios, desechos, sobras : *restos de comida.* || *Fig.* Huella. || *Echar el resto,* realizar el máximo esfuerzo.

restorán m. Restaurante.

restregar v. t. Frotar con fuerza una cosa con otra. || *Fig.* y *fam.* Echar en cara repetidamente los favores que se han hecho.

restricción f. Limitación : *restricción de la libertad.* || Disminución de los gastos. || *Restricción mental,* negación que se hace mentalmente para no cumplir lo que se dice. || — Pl. Medidas de racionamiento decretadas en época de escasez : *restricciones eléctricas.*

restrictivo, va y **restringente** adj. Que restringe.

restringir v. t. Disminuir, reducir.

resucitado, da adj. Que vuelve a la vida (ú. t. c. s.).

resucitar v. t. Hacer que un muerto vuelva a la vida. || *Fig.* Restablecer, hacer revivir, renovar : *resucitar una vieja costumbre.* | Reanimar : *este vinillo resucita a un muerto.* || — V. i. Volver a la vida, revivir.

resuelto, ta adj. Decidido.

resuello m. Aliento, respiración.

resulta f. Efecto, consecuencia. || *De resultas de,* a causa de.

resultado m. Lo que resulta de una acción, de un hecho, de un cálculo : *el resultado de un examen.*

resultando m. Cada uno de los párrafos que enuncian los fundamentos de hecho en que se basan las decisiones o sentencias judiciales.

resultante adj. Que resulta. || — F. *Fís.* Fuerza o vector que resulta de la composición de otras.

resultar v. i. Nacer, originarse o venir una cosa de otra : *los males que resultan de la guerra.* || Salir, venir a ser : *el plan resultó un fracaso.* || Dar un resultado acorde con lo que se esperaba : *la fiesta no ha resultado.* || Salir, venir a costar. || Obtenerse, dar como resultado : *ahora resulta que él fue el responsable.* || Producir efecto bueno o malo : *este collar resulta muy bien con este vestido.* || Convenir, agradar : *eso no me resulta.*

resumen m. Exposición breve.
resumir v. t. Abreviar, reducir a términos breves y precisos. || — V. pr. Reducirse, resultar de menos importancia que lo previsto.
resurgente adj. Que resurge.
resurgimiento m. Acción de resurgir. || Renacimiento.
resurgir v. i. Surgir de nuevo, volver a aparecer. || *Fig.* Resucitar.
resurrección f. Acción de resucitar. || Por antonomasia, la de Jesucristo. || *Teol.* La de todos los muertos en el día del Juicio Final.
retablo m. Elemento arquitectónico que se coloca encima de un altar y que sirve para su decoración. || Conjunto de figuras pintadas o de talla que representan en serie una historia. || Representación teatral de un pasaje de la historia sagrada.
retaco m. Escopeta corta. || *Fam.* Hombre rechoncho.
retador, ra adj. Que desafía (ú. t. c. s.).
retaguardia f. Espacio que se extiende detrás de una formación militar en guerra. || Parte de la zona de los ejércitos, entre la zona de vanguardia y la del interior del país, en la que están los almacenes, establecimientos y servicios de las tropas en campaña. || Parte rezagada de una formación militar que atiende a cualquier necesidad de las unidades que están en la línea del frente.
retahíla f. Serie.
retal m. Pedazo que sobra de una tela, piel, chapa, etc.
retalteco, ca adj. y s. De Retalhuleu (Guatemala).
retama f. Arbusto papilionáceo de pequeñas flores amarillas.
retar v. t. Desafiar.
retardar v. t. Diferir, retrasar, hacer que una cosa ocurra más tarde. || *Bomba de efecto retardado*, la que está provista de un dispositivo para que la explosión se produzca cierto tiempo después de que se encienda.
retardatario, ria adj. Que tiende a producir retraso.
retardatriz adj. f. Que retarda o retrasa : *fuerza retardatriz.*
retardo m. Retraso, demora.
retazo m. Retal de tela.
retén m. Grupo de hombres o tropa acuartelados para prestar un servicio colectivo en caso de necesidad.
retención f. Conservación en la memoria. || Acción de retener o retenerse. || Parte que se retiene de un sueldo. || *Med.* Conservación de un líquido, que debe normalmente ser expulsado, en una cavidad del cuerpo : *retención de orina.*
retener v. t. Impedir que uno se vaya, obligar a que alguien permanezca en un lugar. || Guardar uno lo que es de otro : *retener los bienes ajenos.* || No dejar pasar, conservar : *este montículo retiene el agua.* || Deducir, descontar : *retener una cantidad en un sueldo.* || Detener, parar, aguantar. || Impedir la manifestación de algo, contener. || No dejar obrar : *le retuvo el miedo.* || Conservar en la memoria : *retener una dirección.* || Contener : *retener el aliento.* || — V. pr. Moderarse, contenerse.
retentivo, va adj. y s. Capaz de retener. || — F. Memoria.
reticencia f. Omisión voluntaria con intención malévola de lo que se debería o pudiera decir. || Figura retórica consistente en dejar incompleta una frase dejando claramente sobrentendido el sentido.
reticente adj. Que usa reticencias o contiene reticencia. || Reacio.
retícula f. Retículo. || En artes gráficas, trama.
reticulado, da adj. Reticular.
reticular adj. De forma de red.
retículo m. Tejido de forma de red. || En los rumiantes, segunda de las cuatro cavidades del estómago. || En óptica, disco con una abertura circular que lleva dos hilos cruzados en ángulo recto que permiten fijar el punto de mira.
retina f. Membrana interna del ojo, formada por la expansión del nervio óptico, en la que se reciben las impresiones luminosas.
retiniano, na adj. Relativo a la retina.
retintín m. Sonido prolongado que la vibración de un cuerpo sonoro deja en los oídos. || *Fig.* y *fam.* Tonillo irónico con que se recalca una expresión mordaz.
retirado, da adj. Apartado, alejado, poco frecuentado : *barrio retirado.* || Solitario : *vida retirada.* || — Adj. y s. Dícese de los militares o empleados que han dejado ya de prestar servicio activo. || — F. Retroceso de un ejército. || Acción de retirar : *la retirada de una moneda.* || Estado de lo que vuelve atrás : *la retirada del mar.* || Acto por el cual se da fin a una actividad : *la retirada de un actor.* || Abandono en una competición : *la retirada de un equipo.*
retirar v. t. Apartar, quitar : *retirar los platos de la mesa.* || Sacar : *retirar dinero del banco.* || Quitar de la circulación : *retirar una moneda.* || Jubilar : *retirar a un militar.* || *Fig.* Desdecirse, retractarse : *retiro lo dicho.* | Dejar de otorgar : *retirar la confianza a uno.* || — V. pr. Dejar el trato con la gente : *retirarse en un convento.* || Cesar un funcionario o empleado sus actividades, jubilarse : *retirarse del ejército.* || Abandonar una competición : *se retiró del campeonato.* || Recogerse, irse : *retirarse a dormir.*
retiro m. Acción de abandonar un empleo, los negocios, el servicio activo. || Situación del militar o del funcionario retirado. || Pensión que se cobra en este caso. || Lugar apartado donde uno se retira.
reto m. Desafío. || Amenaza.
retocado m. Retoque.
retocador, ra adj. y s. Que retoca fotografías.
retocar v. t. Dar la última mano a una cosa, perfeccionarla, hacer correcciones o modificaciones. || Corregir en una pintura, un grabado, una fotografía las imperfecciones. || Rectificar una prenda de vestir para adaptarla mejor al comprador.
retomar v. t. Volver a tomar.
retoñar v. i. Echar nuevos brotes.
retoño m. Vástago o tallo que echa de nuevo la planta, brote. || *Fig.* Hijo de poca edad.
retoque m. Modificación hecha para mejorar : *retoque de fotografías.* || Rectificación de un traje de confección hecha después de que se lo ha probado el comprador. || Pincelada de corrección que hace el pintor en un cuadro.
retor m. Tejido de algodón.
retorcedura f. Retorcimiento.
retorcer v. t. Torcer mucho una cosa dándole vueltas : *retorcer un alambre.* || *Fig.* Volver un argumento contra aquel que lo emplea. | Tergiversar, dar un significado falso a lo afirmado por otro. || — V. pr. Doblarse, enrollarse : *el cordón se retorció.* ||

— *Fig. Retorcerse de dolor,* sufrir mucho. | *Retorcerse de risa,* reír mucho.
retorcido, da adj. *Fig.* Tortuoso. | Rebuscado, afectado.
retorcimiento m. Acción y efecto de retorcer o retorcerse.
retoricismo m. Uso exagerado de las reglas de retórica.
retórico, ca adj. De la oratoria o de la retórica. || *Fig.* Afectado, amanerado, atildado. || Dícese de la persona especialista en retórica (ú. t. c. s.). || — F. Conjunto de reglas y principios referentes al arte de hablar o escribir de manera elegante. || *Fig.* Grandilocuencia afectada. | Palabrería : *todo eso es retórica.*
retornar v. t. Devolver, restituir. || — V. i. Volver, regresar.
retorno m. Acción de retornar.
retorsión f. Acción de volver un argumento contra el que lo emplea. || Represalia.
retorta f. Vasija de laboratorio con cuello largo y encorvado.
retortero m. Vuelta. || — *Fam. Andar al retortero,* tener demasiadas cosas a que atender al mismo tiempo. | *Traer a uno al retortero,* hacerle ir de un lado para otro.
retortijón m. *Retortijones de tripas,* dolor intestinal breve y agudo.
retostar v. t. Volver a tostar.
retozar v. i. Saltar y brincar alegremente. || Juguetear.
retozo m. Acción de retozar.
retozón, ona adj. Juguetón.
retracción f. Reducción del volumen de ciertos tejidos u órganos.
retractable adj. Que se puede o debe retractar.
retractación f. Acción de desdecirse de lo dicho o hecho.
retractar v. t. Retirar lo dicho u hecho, desdecirse de ello. U. m. c. pr. : *retractarse de una opinión.* || Ejercitar el derecho de retracto.
retráctil adj. Contráctil, que puede retirarse y quedar oculto : *las uñas retráctiles de los félidos.* || Dícese de un órgano mecánico saliente que se puede hacer desaparecer u ocultar cuando no funciona : *tren de aterrizaje retráctil.*
retracto m. Derecho que tienen ciertas personas de adquirir, por el mismo precio, la cosa vendida a otro.
retraer v. i. Volver a traer. || Retirar contrayendo, encoger : *el caracol retrae los cuernos* (ú. t. c. pr.). || Ejercitar el derecho de retracto. || — V. pr. Acogerse, ampararse, refugiarse : *retraerse a sagrado.* || Hacer vida retirada, aislarse.
retraído, da adj. *Fig.* Que gusta de la soledad, solitario. | Poco comunicativo, tímido.
retraimiento m. Acción de retraerse. || *Fig.* Cortedad, reserva.
retranca f. Correa ancha que llevan en el aparejo las caballerías de tiro. || *Amer.* Freno. || *Fig. Tener mucha retranca,* ser de mucho cuidado.
retransmisión f. Acción y efecto de retransmitir : *retransmisión diferida* o *en directo.*
retransmitir v. t. Volver a transmitir : *retransmitir un mensaje.* || Difundir directamente un concierto, un espectáculo, por radio o televisión.
retrasado, da adj. Que llega con retraso (ú. t. c. s.). || Que está más atrás de lo que en realidad se debe : *retrasado en estudios.* || Dícese del reloj que señala una hora anterior a la que realmente es. || Inadecuado a la época actual : *costumbres retrasadas.* || Poco desarrollado o culto : *naciones retrasadas.* || Que ha pasado ya el momento en que se debía hacer algo : *estoy retrasado en el pago del alquiler.* || *Retrasado mental,* débil mental.
retrasar v. t. Diferir, aplazar, dejar para más tarde. || Hacer llegar más tarde de lo que se debe. || Hacer obrar más lentamente que lo que se debía : *esto retrasa mi trabajo.* || Poner las agujas de un reloj a una hora inferior a la que realmente es. || — V. i. Funcionar un reloj a un ritmo inferior al del paso del tiempo. || Ir en sentido contrario al del progreso : *este país retrasa.* || Rezagarse : *retrasar en los estudios.* || — V. pr. Llegar más tarde.
retraso m. Hecho de llegar demasiado tarde, de hacer algo más tarde que lo que se debía. || Demora : *el retraso del avión.* || Atraso, condición de los pueblos poco desarrollados. || Tiempo que retrasa un reloj. || Lo que está aún sin hacer y debía haberse hecho. || Debilidad : *retraso mental.*
retratar v. t. Pintar, dibujar o fotografiar una persona o cosa. || *Fig.* Describir con exactitud a una persona o cosa. || — V. pr. Reflejarse. || Sacarse una fotografía. || *Pop.* Pagar.
retratista com. Persona que hace retratos.
retrato m. Representación de la figura de una persona, animal o cosa hecha en dibujo, pintura o fotografía. || *Fig.* Descripción. | Lo que se parece mucho : *es el vivo retrato de su madre.*
retrechería f. *Fam.* Encanto.
retrechero, ra adj. *Fam.* Encantador, simpático.
retreparse v. pr. Echar hacia atrás la parte superior del cuerpo.
retreta f. Toque militar para anunciar la retirada y para que la tropa se recoja por la noche en el cuartel.
retrete m. Habitación y receptáculo destinados a la evacuación de los excrementos.
retribución f. Paga, remuneración por algún trabajo o servicio.
retribuir v. t. Pagar, dar dinero u otra cosa a uno por un trabajo o servicio recibido.
retributivo, va y **retribuyente** adj. Que retribuye.
retro m. Retroventa. || — Adj. Aplícase a una moda inspirada en la que existía en la primera mitad del siglo XX. || *Fam.* Retrógrado.
retroacción f. Retroactividad.
retroactividad f. Aplicación al tiempo pasado de los efectos de una ley, sentencia o acto jurídico.
retroactivo, va adj. Que obra o tiene fuerza sobre lo pasado : *esta ley no puede tener carácter retroactivo.*
retroceder v. i. Volver hacia atrás. || *Fig.* Remontarse : *retroceder al siglo pasado.* || Ceder, retirarse ante el enemigo. || *Autom.* Pasar a una velocidad inferior.
retrocesión f. Acción y efecto de ceder a uno el derecho o cosa que él había cedido.
retrocesivo, va adj. Que supone retrocesión.
retroceso m. Acción y efecto de retroceder. || Movimiento hacia atrás que hace un arma de fuego al dispararla. || *Fig.* Regresión.
retrocohete m. Cohete que frena a otro cohete en astronáutica.
retrogradar v. i. Retroceder, volver atrás.

‖ Retroceder aparentemente los planetas en su órbita, vistos desde la Tierra.
retrógrado, da adj. Que va hacia atrás : *movimiento retrógrado de un planeta.* ‖ *Fig.* Reaccionario, opuesto al progreso : *hombre retrógrado* (ú. t. c. s.).
retropropulsión f. Propulsión en el sentido de la marcha, realizada por medio de retrocohetes, utilizada para frenar los vehículos espaciales.
retrospección f. Mirada o examen retrospectivo.
retrospectivo, va adj. Que se refiere a un tiempo pasado. ‖ — F. Exposición que presenta, de manera cronológica, las obras de un artista, una escuela o una época.
retrotraer v. t. *For.* Considerar una cosa como sucedida antes del tiempo en que realmente ocurrió. ‖ Retroceder a un tiempo o hecho anterior para explicar algo.
retrovender v. t. Devolver el comprador una cosa a la persona a quien la compró, reintegrándole ésta el dinero recibido.
retroventa f. Acción de retrovender.
retrovisor m. Espejo, colocado en la parte superior del interior de un parabrisas o en un guardabarros, que permite al conductor de un vehículo ver lo que hay detrás.
retruécano m. Juego de palabras que se hace con el empleo de vocablos parónimos, pero con distintos significados.
retumbante adj. Que retumba. ‖ *Fig.* Aparatoso, ostentoso.
retumbar v. i. Resonar. ‖ Hacer gran ruido : *retumbó el trueno.*
reúma o **reuma** m. Reumatismo.
reumático, ca adj. Que padece reumatismo (ú. t. c. s.). ‖ Relativo a esta enfermedad.
reumatismo m. Enfermedad caracterizada por dolores en las articulaciones, los músculos, las vísceras, etc.
reunificación f. Acción y efecto de reunificar.
reunificar v. t. Volver a unir.
reunión f. Acción de reunir o reunirse. ‖ Conjunto de personas reunidas : *reunión sindical, política.*
reunir v. t. Volver a unir. ‖ Hacer de dos o más cosas una sola : *reunir dos pisos.* ‖ Juntar, congregar : *reunir a los asociados.* ‖ Tener ciertas condiciones : *los que reúnan estos requisitos pueden venir.* ‖ Recoger, coleccionar : *reunir sellos.* ‖ — V. pr. Juntarse.
revacunar v. t. Vacunar al que ya está vacunado.
reválida f. Examen final para obtener un grado universitario.
revalidación f. Acción y efecto de revalidar.
revalidar v. t. Ratificar, dar nuevo valor y firmeza a una cosa. ‖ — V. pr. Recibirse en una facultad.
revalorización f. Acción de dar a una moneda devaluada todo o parte del valor que tenía.
revalorizador, ra adj. Que revaloriza.
revalorizar v. t. Hacer una revalorización.
revancha f. Desquite.
revanchista adj. y s. Que tiene deseos de tomarse la revancha.
reveillon m. (pal. fr.). Cena de Nochebuena y de Nochevieja.
revelación f. Acción de revelar aquello que era secreto u oculto y cosa revelada. ‖ Aquello que una vez conocido hace descubrir otras cosas. ‖ Persona que pone de manifiesto en un momento determinado sus excelentes cualidades para algo : *fue la revelación de la temporada.* ‖ Por antonomasia, acción de Dios que manifiesta a los hombres verdades inasequibles a la sola razón. ‖ La religión revelada.
revelado m. Operación de revelar una película fotográfica.
revelador, ra adj. Que pone de manifiesto : *carta reveladora.* ‖ Dícese de la persona o cosa que revela algo (ú. t. c. s.). ‖ — M. Baño que permite transformar la imagen de una película fotográfica en imagen visible.
revelar v. t. Dar a conocer lo que estaba secreto, oculto o desconocido. ‖ Divulgar. ‖ Ser señal o indicio de : *su cara revelaba terror.* ‖ Dar a conocer por revelación divina. ‖ Mostrar, poner de manifiesto. ‖ Hacer visible, con ayuda de un revelador, la imagen obtenida en una película fotográfica. ‖ — V. pr. Manifestarse.
revendedor, ra adj. y s. Dícese de la persona que vende con lucro lo que ha comprado.
revender v. t. Vender lo que se ha comprado con fines de lucro.
reventa f. Venta, con fines de lucro, de lo que se ha comprado.
reventado, da adj. Agotado.
reventador m. *Fam.* Persona que con sus gritos o gestos trata de impedir la celebración de un acto público.
reventar v. i. Estallar, romperse una cosa a causa de una fuerza interior : *reventar un neumático* (ú. t. c. pr.). ‖ *Fig.* y *fam.* Desear anhelosamente : *revienta por ir al cine.* | Estallar, prorrumpir : *reventar de risa.* | Estar lleno de : *reventar de orgullo.* | Morir. ‖ *Reventado de cansancio,* cansadísimo. ‖ — V. t. Romper una cosa aplastándola. ‖ *Fig.* y *fam.* Fatigar, cansar en exceso. | Molestar, fastidiar. | Impedir o estorbar la celebración de un acto público. ‖ — V. pr. *Fig.* y *fam.* Fatigarse mucho.
reventón adj. *Clavel reventón,* clavel doble. ‖ — M. Acción de reventar, pinchazo de un neumático. ‖ *Fig.* Fatiga grande. | Trabajo intenso.
reverberación f. Reflexión de la luz o del calor : *la reverberación de la Luna en las aguas cristalinas del lago.*
reverberar v. i. Reflejarse la luz en un objeto brillante. ‖ — V. t. Reflejar, proyectar la luz, el calor. ‖ — V. pr. Reflejarse.
reverbero m. Farol de cristal para iluminar. ‖ *Amer.* Infiernillo, cocinilla. ‖ *Horno de reverbero,* horno en que la carga se calienta indirectamente por medio de una bóveda o techo a gran temperatura.
reverdecer v. i. Ponerse verdes otra vez las plantas, los campos. ‖ *Fig.* Renovarse, tomar nuevo vigor.
reverencia f. Profundo respeto. ‖ Movimiento del cuerpo que se hace para saludar ya sea inclinándose, ya sea doblando las rodillas. ‖ Título honorífico que se daba a los religiosos que eran sacerdotes.
reverenciar v. t. Honrar, respetar, venerar, tratar con reverencia.
reverendo, da adj. y s. Tratamiento que se da a las dignidades eclesiásticas. ‖ — Adj. *Fam.* Descomunal, tremendo, enorme.
reversibilidad f. Condición de reversible.
reversible adj. Dícese de los bienes que, en ciertos casos, deben volver al propietario que dispuso de ellos. ‖ Aplícase a una renta o pensión que ha de beneficiar a otra persona después de la muerte del titular. ‖ Dícese de

un traje que está hecho para que pueda ser llevado tanto al derecho como al revés : *abrigo reversible.* ‖ Aplícase a cualquier transformación mecánica, física o química, que puede en un momento dado cambiar de sentido a causa de una modificación en las condiciones del fenómeno. ‖ *Por ext.* Dícese de un fenómeno en el que el efecto y la causa pueden ser invertidos.
reversión f. Derecho que tiene el donante de recuperar los bienes de que se había desposeído.
reverso m. Lado opuesto al principal, revés.
revertir v. i. Volver una cosa al estado que antes tenía. ‖ Volver una cosa a la propiedad del dueño que antes tuvo. ‖ Resultar.
revés m. Lado opuesto al principal. ‖ Golpe dado con la parte contraria a la palma de la mano. ‖ En tenis, golpe dado con la raqueta de izquierda a derecha. ‖ *Fig.* Contratiempo, hecho desafortunado : *los reveses de la vida.* ‖ Derrota : *revés militar.* ‖ — *Al revés,* en sentido contrario al normal. ‖ *Al revés de,* al contrario de. ‖ *Del revés,* con lo de arriba abajo.
revestimiento m. Capa con la que se recubre algo. ‖ Parte que se ve de una calzada, acera, etc.
revestir v. t. Cubrir con una capa. ‖ Ponerse un traje (ú. t. c. pr.). ‖ *Fig.* Cubrir, dar un aspecto. ‖ — V. pr. *Fig.* Armarse, ponerse en disposición de ánimo para lograr un fin : *hay que revestirse de paciencia para aguantar tantas necedades.*
revigorar y **revigorizar** v. t. Dar nuevo vigor.
revisada f. *Amer.* Revisión.
revisar v. t. Volver a ver, someter una cosa a nuevo examen. ‖ Examinar con objeto de arreglar, de hacer que funcione bien : *revisar el coche.* ‖ Controlar.
revisión f. Control de los billetes en un transporte público. ‖ Verificación : *revisión de cuentas.* ‖ Inspección : *revisión de armamento.* ‖ Examen para ver el estado de funcionamiento de algo : *revisión del coche.* ‖ Modificación de un texto jurídico para adaptarlo a una situación nueva : *revisión de la Constitución.*
revisionismo m. Actitud de los que discuten las bases de una doctrina.
revisionista adj. Relativo al revisionismo. ‖ Partidario de él (ú. t. c. s.).
revisor, ra adj. Que revisa. ‖ — M. Empleado que comprueba que los viajeros de un transporte público tienen billete.
revista f. Examen detallado de algo, enumeración : *pasar revista a sus errores.* ‖ Publicación periódica sobre una o varias materias : *revista cinematográfica.* ‖ Inspección de los efectivos, armas y materiales de una tropa. ‖ Formación de un cuerpo de ejército para que sea inspeccionado. ‖ Espectáculo teatral de carácter frívolo compuesto de cuadros sueltos.
revistar v. t. Pasar revista.
revistero, ra m. y f. Persona que escribe en una revista. ‖ — M. Pequeño mueble para guardar las revistas.
revitalizar v. t. Dar nueva vida.
revivificación f. Reanimación.
revivificar v. t. Reavivar.
revivir v. i. Resucitar. ‖ — V. tr. Evocar, recordar, vivir de nuevo.
revocabilidad f. Condición de revocable.
revocable adj. Que puede ser revocado.
revocación f. Medida disciplinaria tomada contra un funcionario por la que éste se ve desposeído de su función en la administración pública. ‖ Anulación de una disposición de una autoridad por otra distinta. ‖ Acto jurídico con el que una persona anula los efectos de una medida tomada por ella anteriormente : *revocación de un testamento.*
revocador, ra adj. y s. Que revoca.
revocar v. t. Anular : *revocar un testamento.* ‖ Poner fin a las funciones por medida disciplinaria : *revocar a un funcionario.* ‖ Enlucir las paredes exteriores de un edificio.
revoco m. Revoque.
revolcar v. t. Derribar por tierra, echar al suelo. ‖ *Fig.* y *fam.* Apabullar en una discusión. | Ser infinitamente superior en una contienda. | Suspender en un examen. ‖ — V. pr. Tirarse o echarse en el suelo y dar vueltas sobre sí mismo.
revolotear v. i. Volar alrededor de algo. ‖ Ir dando vueltas por el aire una cosa.
revoloteo m. Vuelo alrededor de algo. ‖ *Fig.* Revuelo, agitación.
revoltijo y **revoltillo** m. Mezcolanza de cosas revueltas.
revoltoso, sa adj. y s. Travieso. ‖ Promotor de sediciones, rebelde.
revolución f. Movimiento circular por el que un móvil vuelve a su posición inicial : *la revolución de la Tierra alrededor del Sol.* ‖ Movimiento de una figura alrededor de su eje. ‖ Vuelta : *motor de muchas revoluciones.* ‖ Cambio violento en las estructuras políticas, sociales o económicas de un Estado : *la Revolución Francesa.* ‖ *Fig.* Cambio completo.
revolucionar v. t. Provocar un cambio con la introducción de principios revolucionarios. ‖ Causar entre la gente agitación, turbación o una viva emoción : *su llegada revolucionó a toda la chiquillería.* ‖ Cambiar, transformar totalmente.
revolucionario, ria adj. Relativo a las revoluciones políticas. ‖ Originado por ellas : *gobierno revolucionario.* ‖ Que favorece o provoca una revolución, un cambio completo. ‖ Dícese de la persona que es partidaria o que participa en una revolución (ú. t. c. s.).
revolver v. t. Remover, mover lo que estaba junto : *revolver papeles.* ‖ Crear el desorden en algo que estaba ordenado : *revolver el cajón.* ‖ Confundir, mezclar sin orden ni concierto : *tiene una serie de conocimientos revueltos.* ‖ Alterar, turbar : *revolver los ánimos.* ‖ Irritar, indignar : *esta noticia me revolvió.* ‖ Causar trastornos : *esto me revuelve el estómago.* ‖ *Fig. Revolver Roma con Santiago,* hacer todo lo posible para conseguir algo. ‖ — V. pr. Agitarse, moverse : *revolverse en la cama.*
revólver m. Pistola cuya recámara está formada por un tambor detrás del cañón que contiene varias balas.
revoque m. Acción de revocar las paredes.
revuelo m. *Fig.* Turbación, agitación originada por algún acontecimiento : *hubo un gran revuelo en los medios bursátiles.*
revuelto, ta adj. En desorden : *pelo revuelto.* ‖ Revoltoso, excitado, turbulento : *los niños están revueltos.* ‖ Mezclado : *viven revueltos unos con otros.* ‖ Agitado : *mar revuelto.* ‖ Levantisco, alborotado : *el pueblo está revuelto con esas medidas.* ‖ Dícese de los huevos que, batidos, se fríen ligeramente en la sartén. ‖ — F. Vuelta : *daba vueltas y revueltas por el mismo sitio.* ‖ Cambio de

dirección de un camino, carretera, calle. ‖ Motín, alteración del orden público. ‖ Altercado, disputa.
revulsión f. Irritación local provocada para hacer cesar la congestión o inflamación de una parte del cuerpo o para estimular el sistema nervioso.
revulsivo, va adj. y s. m. Aplícase al medicamento que produce revulsión. ‖ — M. *Fig.* Reacción, cosa que hace reaccionar.
rey m. Monarca o príncipe soberano de un Estado. ‖ *Fig.* El que sobresale entre los demás de su clase. ‖ Pieza principal en el juego del ajedrez. ‖ Carta duodécima de un palo de la baraja española. ‖ — *Fig. A cuerpo de rey,* muy bien. ‖ *Día de Reyes,* la Epifanía. ‖ *Fig. Del tiempo del rey que rabió,* muy antiguo. | *Ni quito ni pongo rey,* no tomo partido por nadie. | *No temer ni rey ni roque,* no tener miedo a nadie. ‖ *Rey de armas,* especialista en heráldica.
reyerta f. Riña, pelea.
reyezuelo m. Pájaro cantor de alas cortas y plumaje vistoso.
rezagado, da adj. y s. Que se queda atrás.
rezagar v. t. Dejar atrás. ‖ Aplazar. ‖ — V. pr. Quedarse atrás.
rezar v. t. Dirigir a la divinidad alabanzas o súplicas. ‖ Recitar una oración. ‖ Decir la misa sin cantarla. ‖ *Fam.* Decir. ‖ — V. i. Ser aplicable : *esta ley no reza para los agricultores.* ‖ *Esto no reza conmigo,* esto no me concierne.
rezno m. Larva de un insecto díptero que vive parásito en el buey, el caballo u otros mamíferos.
rezo m. Acción de rezar.
rezongador, ra adj. y s. *Fam.* Que rezonga o refunfuña mucho.
rezongar v. i. *Fam.* Refunfuñar. ‖ — V. t. *Amer. C.* Regañar.
rezumadero m. Sitio por donde se rezuma algo. ‖ Lo rezumado.
rezumar v. t. Dejar pasar un cuerpo por sus poros pequeñas gotas de un líquido : *la pared rezuma humedad.* Ú. t. c. pr. : *el cántaro se rezuma.* ‖ *Fig.* Manifestar, desprender : *canción que rezuma tristeza.*
rH, índice análogo al pH, que representa el valor del poder oxidante o reductor de un medio.
Rh, símbolo químico del *rodio* y abreviatura del *Factor Rhesus.*
rhesus m. *Factor Rhesus,* carácter sanguíneo que debe tenerse en cuenta en las transfusiones y en la patología del recién nacido.
rho f. Decimoséptima letra de alfabeto griego (ρ) equivalente a la *r* castellana.
ría f. Parte inferior de un valle fluvial invadido por el mar : *las rías de Galicia.* ‖ Charco en una carrera de caballos.
riachuelo m. Río pequeño.
riada f. Avenida, inundación, crecida del río. ‖ *Fig.* Multitud.
ribera f. Orilla, borde o margen del mar, de un lago, de un río. ‖ Tierra que riega un río.
ribereño, ña y **riberano, na** adj. Relativo a la ribera de un río, de un lago, de un mar. ‖ Habitante de la ribera (ú. t. c. s.).
ribete m. Cinta que se pone a la orilla del vestido, calzado, etc., como adorno o refuerzo. ‖ *Fig.* Adorno con que una persona ameniza lo que cuenta. ‖ — Pl. *Fig.* y *fam.* Visos, indicios.
ribeteado, da adj. Guarnecido con un ribete. ‖ *Ojos ribeteados de rojo,* con el borde de los párpados rojo. ‖ — M. Conjunto de ribetes.
ribetear v. t. Poner ribetes. ‖ *Fig.* Orlar, orillar.
ribonucleico, ca adj. Dícese de un grupo de ácidos nucleicos, situados en el citoplasma y en el nucléolo, que desempeñan un papel importante en la síntesis de las proteínas.
ricacho, cha y **ricachón, ona** adj. y s. *Fam.* Persona muy rica.
ricamente adv. Con riqueza. ‖ Muy bien, de maravilla.
ricino m. Planta de cuyas semillas se extrae un aceite purgante.
rico, ca adj. Que tiene mucho dinero o bienes : *rico propietario.* ‖ Que posee en sí algo abundantemente : *mineral rico en plata.* ‖ Fértil : *tierras ricas.* ‖ Abundante : *viaje rico en aventuras.* ‖ De mucho precio : *adornado con ricos bordados.* ‖ Exquisito, delicioso : *pastel muy rico.* ‖ Mono, agradable, lindo : *¡qué niño más rico!* ‖ Empléase como expresión de cariño : *come, rico.* ‖ — M. y f. Persona que posee muchos bienes. ‖ *N.* [illegible] *rico,* persona que ha conseguido hace po[illegible] una gran fortuna.
ricohombre y **ricohome** m. (Ant.). Hombre de la alta nobleza.
rictus m. Contracción espasmódica de los músculos de la cara que da a ésta la apariencia de la risa, del dolor, de la amargura, etc.
ricura f. Condición de bueno de sabor o de bonito, lindo.
ridiculez f. Cosa que provoca la risa o la burla. ‖ Cosa muy pequeña, sin ninguna importancia.
ridiculizar v. t. Poner en ridículo. ‖ — V. pr. Hacer el ridículo.
ridículo, la adj. Digno de risa, de burla : *decir cosas ridículas.* ‖ Escaso, parco : *ganancia ridícula.* ‖ — M. Ridiculez. ‖ *Hacer el ridículo,* provocar la risa o la burla.
riego m. Acción y efecto de regar. ‖ *Riego sanguíneo,* cantidad de sangre que nutre los órganos y los tejidos del cuerpo.
riel m. Lingote de metal en bruto. ‖ Carril de una vía férrea. ‖ Varilla metálica sobre la cual corre una cortina.
rielar v. i. Brillar con luz trémula : *la Luna en el mar riela.*
rienda f. Correa fijada en el bocado de una caballería para que el jinete pueda conducir su montura. ‖ — Pl. *Fig.* Dirección : *las riendas del gobierno.* ‖ — *Fig. A rienda suelta,* sin freno. | *Aflojar las riendas,* disminuir la severidad. | *Dar rienda suelta a,* dar libre curso a. | *Empuñar las riendas,* tomar la dirección. | *Llevar las riendas,* ser el que manda.
riente adj. Que ríe. ‖ *Fig.* Alegre.
riesgo m. Peligro. ‖ Daño, siniestro eventual garantizado por las compañías de seguros mediante pago de una prima. ‖ *A riesgo de,* exponiéndose a.
riesgoso, sa adj. Peligroso.
rifa f. Sorteo de algo entre varios por medio de papeletas numeradas.
rifar v. t. Sortear en una rifa.
rifirrafe m. *Fam.* Riña, gresca.
rifle m. Fusil en el que el interior del cañón tiene estrías.
rigidez f. Condición de rígido. ‖ *Fig.* Gran severidad, austeridad.
rígido, da adj. Inflexible, difícil de doblar. ‖ *Fig.* Riguroso, severo. ‖ Inexpresivo : *rostro rígido.*

rigodón m. Danza antigua.
rigor m. Severidad, dureza, inflexibilidad : *el rigor de un juez.* ‖ Gran exactitud : *rigor mental.* ‖ Intensidad, inclemencia, crudeza : *el rigor del clima polar.* ‖ — *De rigor,* indispensable, obligatorio ; consabido. ‖ *En rigor,* en realidad. ‖ *Fig. Ser el rigor de las desdichas,* ser muy desgraciado.
rigorismo m. Exceso de rigor o severidad.
rigorista adj. y s. Dícese de la persona muy severa.
rigurosidad f. Rigor.
riguroso, sa adj. Muy severo, inflexible, cruel. ‖ Estricto : *aplicación rigurosa de la ley.* ‖ Duro, difícil de soportar : *pena rigurosa.* ‖ Austero, rígido : *moral rigurosa.* ‖ Rudo, extremado : *invierno riguroso.* ‖ Exacto, preciso : *en sentido riguroso.* ‖ Indiscutible, sin réplica : *principios rigurosos.* ‖ Completo : *luto riguroso.*
rima f. Consonancia o asonancia en las terminaciones de dos o más versos. ‖ Composición en verso.
rimado, da adj. (Ant.). Dícese de una crónica rimada (ú. t. c. s. m.).
rimador, ra adj. Dícese del poeta que se distingue por su rima (ú. t. c. s.).
rimar v. i. Componer en verso. ‖ Ser una voz asonante o consonante de otra : ASTRO *rima con* CASTRO. ‖ *Fam.* Pegar, ir bien junto : *una cosa no rima con la otra.* | Venir : *¿y esto a qué rima?* ‖ — V. t. Hacer rimar una palabra con otra : *rimar* HEBRAICA *con* JUDAICA.
rimbombancia f. Condición de rimbombante.
rimbombante adj. Enfático, aparatoso. ‖ Llamativo, ostentoso.
rímel m. Cosmético para embellecer las pestañas.
rimero m. Conjunto de cosas.
rincón m. Ángulo entrante que se forma en el encuentro de dos superficies o dos paredes. ‖ Lugar apartado : *en un rincón de Castilla.*
rinconera f. Mesita, armario o estante que se pone en un rincón. ‖ Parte de una pared entre una esquina y el hueco más próximo.
ring m. (pal. ingl.). Cuadrilátero en el que se disputan los combates de boxeo y lucha.
ringlera f. Fila o línea de cosas.
ringorrango m. *Fam.* Adorno exagerado y superfluo (ú. m. en pl.).
rinitis f. Inflamación de las mucosas de las fosas nasales.
rinoceronte m. Mamífero paquidermo con uno o dos cuernos cortos y encorvados en la línea media de la nariz.
rinofaringe f. Parte superior de la faringe que comunica con las fosas nasales.
rinofaringitis f. Inflamación de la rinofaringe.
riña f. Pelea, disputa.
riñón m. Cada uno de los dos órganos glandulares secretorios de la orina, situados en la región lumbar, uno a cada lado de la columna vertebral. ‖ Este mismo órgano en los animales con el que se hace un plato culinario. ‖ *Fig.* Interior, centro : *el riñón de España.* ‖ — Pl. Región lumbar : *dolor de riñones.* ‖ — *Fig.* y *fam. Costar un riñón,* ser muy caro. | *Tener el riñón bien cubierto,* ser rico. | *Tener riñones,* ser enérgico.
río m. Corriente de agua continua y más o menos caudalosa que va a desembocar en otra o en el mar. ‖ *Fig.* Gran abundancia de una cosa : *río de sangre.* ‖ — *Fig. A río revuelto, ganancia de pescadores,* censura a los que saben aprovechar los desórdenes para sacar provecho. | *Pescar en río revuelto,* aprovechar el desorden en beneficio suyo.
riobambeño, ña adj. y s. De Riobamba (Ecuador).
riohachero, ra adj. y s. De Riohacha (Colombia).
rioja m. Vino de La Rioja (España).
riojano, na adj. y s. De La Rioja (Argentina o España).
rionegrense adj. y s. De Río Negro (Uruguay).
rionegrino, na adj. y s. De Río Negro (Argentina).
riostra f. Pieza o barra que asegura la forma de una armazón.
ripio m. Escombros de albañilería para rellenar huecos. ‖ Palabra superflua que se emplea para completar el verso o conseguir una rima. ‖ Hojarasca, conjunto de palabras inútiles. ‖ *Amer.* Guijo utilizado para pavimentar. ‖ *Fig. No perder ripio,* prestar gran cuidado a lo que se dice o hace.
riqueza f. Abundancia de bienes, prosperidad. ‖ Fecundidad, fertilidad : *la riqueza de la tierra.* ‖ Condición de una materia que da un rendimiento abundante : *la riqueza de un mineral.* ‖ Carácter que da valor a algo : *la riqueza de una joya.* ‖ Lujo, esplendor : *la riqueza del decorado.* ‖ Abundancia de términos y locuciones en una lengua : *la riqueza del castellano.* ‖ — Pl. Bienes de gran valor, especialmente en dinero o en títulos : *amontonar riquezas.* ‖ Objetos de gran valor : *el museo tiene inestimables riquezas.* ‖ Productos de la actividad económica de un país y recursos naturales que éste posee.
risa f. Manifestación de un sentimiento de alegría que se produce al contraer ciertos músculos del rostro y que va acompañada por una expiración espasmódica y ruidosa. ‖ Irrisión, objeto de burla : *ser la risa de todo el mundo.*
risaraldense o **risaraldeño, ña** adj. y s. De Risaralda (Colombia).
riscal m. Lugar peñascoso.
risco m. Peñasco, roca escarpada.
risibilidad f. Condición de risible.
risible adj. Que provoca risa.
risión f. *Fam.* Burla, irrisión.
risotada f. Carcajada.
ríspido, da adj. Aspero.
ristra f. Trenza de ajos o cebollas. ‖ *Fig.* y *fam.* Serie.
ristre m. Hierro del peto de la armadura donde se afianzaba el cabo de la lanza : *lanza en ristre.*
ristrel m. Listón grueso de madera que sujeta un revestimiento.
risueño, ña adj. Sonriente.
ritmar v. t. Acompasar.
rítmico, ca adj. Relativo al ritmo o sujeto a ritmo o a compás : *el acompañamiento rítmico de la guitarra y de la batería.*
ritmo m. Distribución simétrica y sucesión periódica de los tiempos fuertes y débiles en un verso, una frase musical, etc. : *ritmo poético.* ‖ Frecuencia periódica de un fenómeno fisiológico : *ritmo cardiaco.* ‖ *Fig.* Cadencia, orden regular.
rito m. Conjunto de reglas establecidas para el culto y ceremonias de una religión : *rito griego.* ‖ Ceremonia o costumbre.
ritual adj. Relativo al rito. ‖ — M. Libro que enseña los ritos de un culto. ‖ *Fig.* Ceremonial, conjunto de reglas que se siguen. ‖ *Ser de ritual,* ser de costumbre.

ritualismo m. Tendencia de los que quieren aumentar la importancia de las ceremonias del culto. ‖ *Fig.* Exageración en el cumplimiento de las normas y trámites prescritos.
ritualista adj. y s. Seguidor del ritualismo.
rival adj. y s. Dícese de la persona que aspira a conseguir la misma cosa que otra.
rivalidad f. Competencia entre dos o más personas que aspiran a obtener una misma cosa. ‖ Oposición, antagonismo.
rivalizar v. i. Esforzarse por conseguir una cosa a la cual aspira también otra persona. ‖ Intentar igualar e incluso superar a otro.
rivense adj. y s. De Rivas (Nicaragua).
riverense adj. y s. De Rivera (Uruguay).
rizado, da adj. Que forma rizos : *pelo rizado.* ‖ Dícese del mar movido, con ondas. ‖ — M. Acción y efecto de rizar o rizarse.
rizar v. t. Formar rizos o bucles en el cabello. ‖ Mover el viento la mar, formando olas pequeñas. ‖ Hacer dobleces menudos : *rizar telas.* ‖ — V. pr. Ensortijarse el cabello.
rizicultura f. Cultivo del arroz.
rizo, za adj. Rizado. ‖ — M. Mechón de pelo ensortijado : *un rizo rubio.* ‖ Looping, acrobacia aérea que consiste en dar una vuelta completa sobre un plano vertical : *rizar el rizo.* ‖ *Mar.* Cada uno de los cabos para acortar las velas cuando arrecia el viento.
rizoma m. Tallo subterráneo, generalmente horizontal.
rizópodo adj. m. Dícese de los cuatro grandes grupos de protozoos, susceptibles de emitir seudópodos. ‖ — M. pl. Clase que forman.
Rn, símbolo químico del *radón.*
ro, voz que se usa, repetida, para arrullar a los niños.
roa *f. Mar.* Roda.
roano, na adj. Dícese del caballo de pelo mezclado de blanco, gris y bayo.
roast-beef m. (pal. ingl.). Rosbif.
roatenense adj. y s. De Roatán (Honduras).
róbalo o **robalo** m. Pez marino acantopterigio, con dos aletas en el lomo, de carne muy apreciada.
robar v. t. Tomar para sí con violencia lo ajeno. ‖ Hurtar de cualquier modo que sea. ‖ Llevarse los ríos las tierras de las márgenes. ‖ En ciertos juegos de naipes y de dominó, tomar algunas cartas o fichas de las que quedan sin repartir. ‖ *Fig.* Causar preocupación, quitar : *robar el sueño.* | Cobrar muy caro : *en esa tienda te roban.* | Conquistar, embelesar : *robar el alma.*
robinsón m. Hombre solitario.
robinsoniano, na adj. Relativo a Robinsón Crusoe y a su soledad.
robladura f. Remache.
roblar v. t. Doblar o remachar.
roble m. Árbol de hojas lobuladas y madera muy dura, cuyo fruto es la bellota y que puede alcanzar hasta 40 m de altura. ‖ *Fig.* Persona o cosa muy resistente.
robleda f., **robledal** m. y **robledo** m. Sitio poblado de robles.
roblón m. Clavo de hierro cuya punta se remacha.
robo m. Delito cometido por el que se apropia indebidamente del bien ajeno : *cometer un robo.* ‖ Producto del robo. ‖ Acción de vender muy caro. ‖ En ciertos juegos de naipes o de dominó, cartas o fichas que se toman del monte.
robot m. (pal. checa). Aparato capaz de realizar de manera automática diversas operaciones. ‖ *Fig.* Persona que obra de manera automática, muñeco. (Pl. *robots.*) ‖ *Retrato robot,* el dibujado siguiendo las indicaciones dadas por los testigos que han visto al autor de un delito.
robustecer v. t. Dar robustez (ú. t. c. pr.).
robustecimiento m. Acción de robustecer. ‖ Consolidación.
robustez f. Fuerza, vigor.
robusto, ta adj. Fuerte.
roca f. Cualquier masa mineral que forma parte de la corteza terrestre : *roca sedimentaria.* ‖ Peñasco que se levanta en la tierra o en el mar. ‖ *Fig.* Cosa muy dura o muy firme.
rocalla f. Conjunto de trozos desprendidos de la roca al tallarla.
roce m. Acción y efecto de tocar suavemente la superficie de una cosa. ‖ *Fig.* Trato frecuente. | Choque, desavenencia.
rociada f. Acción y efecto de rociar con un líquido. ‖ Rocío. ‖ *Fig.* Conjunto de cosas que se esparcen al arrojarlas : *una rociada de perdigones.* | Reprensión áspera. | Serie, sarta : *rociada de insultos.*
rociamiento m. Rociada.
rociar v. i. Caer sobre la tierra el rocío o la lluvia menuda. ‖ — V. t. Esparcir un líquido en gotas menudas. ‖ Regar en forma de lluvia : *rociar las flores.* ‖ *Fig.* Acompañar una comida con alguna bebida. | Arrojar cosas de modo que se dispersen al caer.
rocín m. Penco, caballo malo.
rocinante m. *Fig.* Rocín.
rocío m. Conjunto de gotitas menudas, formadas al condensarse el vapor de agua atmosférico, que se depositan de noche sobre la tierra o las plantas. ‖ Llovizna.
rock m. (pal. ingl.). Baile moderno de origen norteamericano, llamado también *rock and roll.*
rockero, ra adj. Relativo al *rock and roll.* ‖ — M. y f. Persona que ejecuta este baile.
rocket m. (pal. ingl.). Cohete.
rococó m. Estilo decorativo muy recargado derivado del barroco que floreció en el s. XVIII en Europa y especialmente en Alemania. ‖ — Adj. Que tiene ese estilo.
rocoso, sa adj. Con rocas.
rochense adj. y s. De Rocha (Uruguay).
roda f. Pieza encima de la quilla que forma la proa de la embarcación.
rodaballo m. Pez marino de cuerpo aplanado y carne estimada.
rodado, da adj. Aplícase a las piedras redondeadas a fuerza de rodar : *canto rodado.* ‖ *Fig.* Experimentado. ‖ *Tránsito rodado,* tráfico de vehículos. ‖ — M. *Arg.* y *Chil.* Cualquier vehículo de ruedas. ‖ — F. Señal que deja la rueda en el suelo.
rodaja f. Disco plano de madera, metal. ‖ Tajada circular de ciertas frutas, pescados, embutidos. ‖ Estrellita de la espuela. ‖ Ruedecilla.
rodaje m. Acción de filmar una película. ‖ Período en el cual las piezas de un motor nuevo no han de soportar grandes esfuerzos hasta que por frotamiento se realice su ajuste.
rodamiento m. Cojinete formado por dos cilindros entre los que se intercala un juego de bolas o de rodillos de acero que pueden girar libremente.
rodante adj. Que rueda.
rodapié m. Cenefa, zócalo de una pared. ‖

Tabla o celosía que se pone en la parte inferior del balcón.

rodar v. i. Avanzar girando sobre sí mismo : *la pelota rueda.* ‖ Moverse por medio de ruedas. ‖ Funcionar de cierto modo, avanzar a cierta velocidad : *coche que rueda bien.* ‖ Caer dando vueltas : *rodar escaleras abajo.* ‖ *Fig.* Llevar una vida aventurera : *mujer que ha rodado mucho.* | Ir de un lado para otro, vagar : *rodar por las calles.* | Recorrer. U. t. c. t. : *rodar mundo.* | Existir : *aún ruedan por el mundo modelos tan viejos.* | Tener en la mente : *mil proyectos rodaban en su cabeza.* ‖ *Arg.* Caer hacia adelante el caballo. ‖ — *Andar rodando una cosa,* estar en cualquier sitio y no ordenada. ‖ *Fig. Echarlo todo a rodar,* echar todo a perder. | *¡Ruede la bola!,* que sigan las cosas como dispone el destino. ‖ — V. t. Impresionar una película cinematográfica : *cinta rodada en Madrid.* ‖ Hacer marchar un vehículo o funcionar una máquina para que se ajusten sus piezas : *rodar un automóvil.*

rodear v. t. Poner alrededor. ‖ Cercar : *rodear la guarida de los malhechores.* ‖ Dar la vuelta : *la carretera rodea la montaña.* ‖ Tratar con mucho miramiento : *rodear de cuidados.* ‖ *Amer.* Reunir el ganado en un sitio por medio de caballos que lo acorralan. ‖ — V. pr. Llegar a tener en torno a sí.

rodela f. Escudo redondo.

rodeo m. Camino más largo que el directo : *dar un rodeo.* ‖ Reunión que se hace del ganado mayor para recontarlo y reconocerlo. ‖ Sitio donde se efectúa. ‖ Corral de forma circular donde charros y rancheros compiten en los ejercicios propios de los ganaderos, y fiesta que se celebra con este motivo en algunas partes de América. ‖ *Fig.* Manera indirecta de decir una cosa, circunloquio, perífrasis : *hablar sin rodeos.* ‖ En Texas, jaripeo. ‖ *Andar* (o *ir*) *con rodeos,* no obrar o no hablar clara y directamente.

rodete m. Rosca del peinado femenino. ‖ Rosca de tela, esparto u otra cosa que se pone en la cabeza. ‖ Guarda de una cerradura.

rodilla f. Parte del cuerpo donde se une el muslo con la pierna. ‖ En los cuadrúpedos, articulación del antebrazo con la caña. ‖ — *De rodillas,* con las rodillas apoyadas en el suelo. ‖ *Fig. Doblar* (o *hincar*) *la rodilla,* humillarse a otro.

rodillazo m. Golpe dado con la rodilla. ‖ *Taurom.* Pase de muleta que se efectúa de rodillas.

rodillera f. Lo que se pone por comodidad, defensa o adorno en la rodilla. ‖ Remiendo en las rodillas de un pantalón. ‖ Bolsa que forma el pantalón viejo en las rodillas.

rodillo m. Cilindro macizo que sirve para diversos usos. ‖ Cilindro de caucho duro que soporta el golpe de las teclas de las máquinas de escribir, máquinas contables, calculadoras y tabuladoras. ‖ Cilindro de caucho que sirve para dar masajes. ‖ Cilindro que se utiliza para el entintado de las formas en las máquinas de imprimir : *rodillos entintadores.* ‖ Instrumento para allanar o apisonar la tierra. ‖ Objeto de forma cilíndrica que se utiliza en vez de la brocha para pintar. ‖ Cilindro de madera de un telar. ‖ Cilindro utilizado para extender y laminar en la fabricación de cristales. ‖ Cilindro de madera que se emplea en repostería para alisar la masa.

rodio m. Metal (Rh), de número atómico 45, de color plateado, semejante al cromo y al cobalto.

rododendro m. Arbolillo de hermosas flores purpúreas.

rodonita f. Mineral de manganeso, que se encuentra en el Est. de Puebla (México).

rodrigar v. t. Poner rodrigones.

rodrigón m. Palo o caña puesto al pie de una planta para sujetarla.

Rodríguez m. *Un Rodríguez,* marido que se divierte en la ciudad mientras la esposa e hijos están de vacaciones.

roedor, ra adj. Que roe. ‖ *Fig.* Que conmueve o agita el ánimo : *una pasión roedora.* ‖ Dícese de un orden de mamíferos con dos incisivos en cada mandíbula como la ardilla, el ratón, el castor, el conejo, el conejillo de Indias, la marmota, etc. (ú. t. c. s. m.). ‖ — M. pl. Este orden de animales.

roedura f. Acción de roer.

roentgen m. V. RÖNTGEN.

roentgenio m. V. RÖNTGEN.

roer v. t. Cortar y desmenuzar con los dientes : *roer una galleta.* ‖ Raspar con los dientes : *el perro roe un hueso.* ‖ *Fig.* Concomer, atormentar, desazonar : *el remordimiento le roe.* | Ir gastando poco a poco : *roer su fortuna.* ‖ *Fig.* y *fam. Duro de roer,* difícil, arduo.

rogar v. t. Pedir, suplicar como favor : *le ruego que venga.* ‖ Instar con súplicas : *se lo ruego.* ‖ *Hacerse (de) rogar,* resistirse a las súplicas.

rogativa f. Oración pública que se hace para conseguir de Dios o de un santo el remedio de alguna grave necesidad (ú. m. en pl.).

rogatorio, ria adj. Que implica ruego. ‖ *Comisión rogatoria,* comisión que un tribunal dirige a otro para que haga, dentro de su jurisdicción, un acto de procedimiento o instrucción que él mismo no puede hacer. (Se dice tb. del *auto* que da un juez a un oficial de policía para verificar algunos actos de la instrucción.)

rojizo, za adj. Que tira a rojo.

rojo, ja adj. Encarnado muy vivo, del color de la sangre. ‖ Aplícase al pelo de un rubio casi colorado. ‖ En política, dícese de la persona de ideas muy izquierdistas (ú. t. c. s.). ‖ *Ponerse rojo de ira,* encolerizarse. ‖ — M. Uno de los colores fundamentales de la luz, el menos refrangible. ‖ Temperatura a partir de la cual los cuerpos entran en incandescencia y emiten este color : *poner un metal al rojo.* ‖ Color característico de las señales de peligro o detención : *el disco está en rojo.* ‖ Cosmético de color rojo : *rojo de labios.* ‖ *Al rojo vivo,* en estado de incandescencia; (fig.) en estado de gran excitación, en un período crítico.

rol m. Lista de nombres. ‖ *Mar.* Licencia que lleva el capitán y donde consta la lista de la tripulación. ‖ *Amer.* Galicismo por *papel* de un actor o en un asunto.

rolar v. i. *Amer.* Abordar un tema. | Tener trato. | Conversar.

roldana f. Canalón por donde corre la cuerda de una polea.

rollazo m. *Fam.* Cosa o persona pesada.

rollista adj. y s. *Fam.* Pesado, aburrido. | Cuentista, exagerado.

rollizo, za adj. Robusto y gordo.

rollo m. Objeto cilíndrico formado por una cosa arrollada : *rollo de papel.* ‖ Carrete de película. ‖ Envoltijo de cuerda, alambre, cable, etc. ‖ Cilindro de madera, rulo, rodillo : *rollo de pastelero.* ‖ Carne grasa alrededor de un miembro del cuerpo. ‖ *Fam.* Exposición, discurso, conversación larga y aburrida. |

Labia, verbosidad. | Cuento, embuste. | Cosa o asunto pesado, aburrido. | Persona latosa, pesada. | Mundo o ambiente en que se encuentra uno. | Tema, asunto del que se habla. | Conversación. | El mundo de los drogadictos y de los pasotas. | Droga. | Tipo de vida, actividad que se lleva a cabo. || — *Fam. Montarse el rollo,* organizarse la vida. | *Soltar el rollo,* dar un discurso largo y aburrido. | *Traerse un mal rollo,* llevar una vida poco adecuada.

romadizo m. Catarro nasal.

romana f. Instrumento para pesar compuesto de una barra de brazos desiguales.

romance adj. y s. m. Dícese de cada una de las lenguas modernas derivadas del latín, como el castellano, el catalán, el gallego, el francés, el portugués, el italiano, el rumano, el provenzal, etc. || — M. Idioma castellano. || Composición poética que consiste en repetir al fin de todos los versos pares una asonancia y en no dar a los impares rima de ninguna especie. || Aventura amorosa pasajera (es un anglicismo). || — Pl. *Fig.* y *fam.* Habladurías. || *Fig.* y *fam. Hablar en romance,* explicarse con claridad.

romancero, ra m. y f. Persona que canta romances. || — M. Colección de romances poéticos : *el Romancero Gitano de Federico García Lorca.*

románico, ca adj. Dícese del arte que predominó fundamentalmente en los países latinos en los s. XI y XII (ú. t. c. s. m.). || Neolatino : *lenguas románicas.*

romanista adj. y s. Aplícase al filólogo en lenguas romances o al tratadista de Derecho romano.

romanización f. Difusión de la civilización romana.

romanizar v. t. Difundir las leyes y costumbres romanas. || — V. pr. Ser influido por la civilización romana.

romano, na adj. De la antigua Roma o de la Roma actual (ú. t. c. s.). || Dícese de la Iglesia católica. || — *Números romanos,* las letras numerales I, V, X, L, C, D y M. || *Fig. Obra de romanos,* trabajo muy difícil.

romanticismo m. Conjunto de los movimientos intelectuales que, a partir del final del siglo XVIII, hizo prevalecer, en Inglaterra y en Alemania, y más tarde en Francia, Italia y España, los sentimientos y la imaginación sobre la razón y el análisis crítico : *Zorrilla, Espronceda, Bécquer y el duque de Rivas fueron destacados escritores del romanticismo español.* || Carácter de romántico.

romántico, ca adj. Relativo al romanticismo. || Dícese de los escritores y artistas que, a principios del s. XIX, se adhirieron al romanticismo (ú. t. c. s.). || Sentimental, apasionado.

romantizar v. t. Dar carácter romántico.

rombo m. Paralelogramo que tiene los lados iguales y dos de sus ángulos mayores que los otros dos.

romboedro m. Prisma cuyas bases y caras son rombos.

romboidal adj. De forma de romboide.

romboide m. Paralelogramo cuyos lados son paralelos e iguales cada uno con el opuesto.

romeral m. Plantío de romeros.

romería f. Viaje o peregrinación que se hace por devoción a un santuario : *romería a Montserrat.* || Fiesta popular con motivo de una peregrinación. || *Fig.* Serie continuada y abundante de personas a un sitio.

romero, ra adj. y s. Peregrino. || — M. Planta labiada aromática cuyas flores tienen propiedades estimulantes.

romo, ma adj. Sin filo. || De nariz pequeña y poco puntiaguda.

rompecabezas m. inv. Juego de paciencia que consiste en reconstituir un dibujo recortado caprichosamente. || *Fam.* Problema, cosa de difícil resolución o comprensión.

rompehielos m. inv. Barco con proa reforzada acondicionado para romper el hielo y abrirse paso.

rompehuelgas m. inv. Esquirol.

rompeolas m. inv. Dique en la parte exterior de un puerto o rada que sirve de protección contra el oleaje.

romper v. t. Separar con violencia las partes de un todo : *romper una silla.* || Hacer pedazos : *romper la vajilla* (ú. t. c. pr.). || Rasgar : *romper un papel.* || Gastar, destrozar : *romper el calzado.* || *Fig.* Interrumpir : *romper la monotonía.* | Abrir, iniciar : *romper las hostilidades.* | Surcar : *el velero rompe las aguas.* | Quebrantar : *romper un contrato.* || — *Mil. ¡Rompan filas!,* voz de mando empleada para que se disuelvan las tropas. | *Romper el fuego,* empezar a disparar. || *Romper el saque,* en el tenis, ganarle el juego al jugador que tiene el servicio del saque. || *Fig.* y *fam. Romper la cara* o *las narices* o *la crisma a uno,* pegarle muy fuerte. || — V. i. Estrellarse, deshacerse en espuma las olas. || Dejar de ser amigos, novios, etc. : *Juan y Pilar han roto.* || Quitar toda relación : *romper con el pasado.* || Empezar bruscamente : *rompió a hablar.* || Prorrumpir : *romper en llanto.* || — *Al romper el alba* o *el día,* al amanecer. || *Fig. De rompe y rasga,* dícese de la persona muy decidida, resuelta. || — V. pr. No funcionar, tener una avería : *se me rompió el coche.* || — *Fig.* y *fam. Romperse las narices,* encontrar mucha dificultad o fracasar. | *Romperse los cascos* o *la cabeza,* reflexionar mucho.

rompiente m. Escollo en que rompen las olas del mar o la corriente de un río.

rompimiento m. Ruptura.

rompope y **rompopo** m. *Méx.* y *Amer. C.* Bebida tonificante a base de leche, aguardiente, huevos, azúcar y algunas especias.

ron m. Bebida alcohólica que se saca por destilación de una mezcla fermentada de melazas y zumo de caña de azúcar.

roncador, ra adj. y s. Que ronca.

roncar v. i. Respirar haciendo con la garganta y las narices un ruido sordo mientras se duerme. || *Fig.* Producir un sonido sordo e intenso, mugir : *roncar el viento.*

ronco, ca adj. Que tiene o padece ronquera, afónico : *estar ronco.* || Bronco, áspero : *ruido ronco.*

roncha f. Bultillo enrojecido que aparece en la piel después de una picadura.

ronda f. Vuelta dada para vigilar. || Patrulla que ronda. || Grupo de jóvenes que andan rondando por la noche. || Estudiantina, tuna, conjunto musical de estudiantes. || Trayecto que efectúa el cartero repartiendo el correo. || Mano en el juego de cartas. || Giro, vuelta. || Espacio entre la parte interior de la muralla y las casas de una ciudad fortificada. || Camino de circunvalación en una población. || *Fam.* Invitación de bebida o tabaco a varias personas : *pagar una ronda.* || Serie de negociaciones. || Carrera ciclista en etapas.

rondador m. *Ecuad.* Especie de zampoña.

rondalla f. Grupo de músicos con instrumentos de cuerda que suele tocar por las calles y plazas.
rondar v. i. Recorrer de noche una población para vigilar. ‖ Pasear de noche los mozos por las calles donde viven las mozas a quienes galantean. ‖ — V. t. *Fig.* Dar vueltas alrededor de una cosa. ‖ *Fig.* Rayar en : *rondar la cincuentena.* | Andar en pos de uno solicitando algo. | Cortejar, galantear. ‖ *Rondar la calle,* ir y venir.
rondeño, ña adj. y s. De Ronda (España). ‖ — F. Aire popular de Ronda.
rondó m. Composición musical cuyo tema se repite varias veces.
rondón (de) m. adv. Sin avisar, sin previo aviso : *entró de rondón.*
ronquear v. i. Estar ronco.
ronquedad f. Calidad de ronco.
ronquera f. Afección de la laringe que cambia el timbre de la voz haciéndolo bronco.
ronquido m. Ruido que se hace roncando. ‖ *Fig.* Sonido ronco.
ronronear v. i. Producir el gato cierto ronquido de satisfacción. ‖ *Fig.* Dar vueltas en la cabeza : *pensamiento que me ronronea hace tiempo.*
ronroneo m. Sonido que produce el gato al ronronear.
röntgen o **roentgen** o **roentgenio** m. Unidad de cantidad de radiación X o γ (símb. R).
röntgenterapia f. Radioterapia.
ronza f. *Mar. Ir a la ronza,* ir a sotavento una embarcación.
ronzal m. Cuerda que se ata al cuello o a la cabeza de las caballerías.
roña f. Sarna del ganado lanar. ‖ Suciedad, mugre. ‖ Moho de los metales. ‖ *Fig.* y *fam.* Roñosería. ‖ — M. *Fam.* Persona tacaña.
roñería f. *Fam.* Roñosería.
roñica adj. y s. *Fam.* Tacaño.
roñosería f. *Fam.* Tacañería.
roñoso, sa adj. Que tiene roña : *carnero roñoso.* ‖ Sucio, mugriento. ‖ Oxidado, mohoso. ‖ *Fig.* y *fam.* Avaro, tacaño (ú. t. c. s.). ‖ *Méx.* y *P. Rico.* Rencoroso.
ropa f. Todo género de tela para uso o adorno de personas o cosas. ‖ Prenda de vestir : *quitarse la ropa.* ‖ — *A quema ropa,* refiriéndose a disparos, desde muy cerca; (fig.) de improviso. ‖ *Fig. Hay ropa tendida,* hay que ser prudente al hablar por temor a ser oído. | *Nadar y guardar la ropa,* sacar beneficio de algo sin arriesgarse demasiado. ‖ *Ropa blanca,* la de hilo, algodón, etc. para uso doméstico. ‖ *Ropa de cama,* conjunto de sábanas, mantas, etc. para la cama. ‖ *Ropa hecha,* prendas que se compran ya confeccionadas. ‖ *Ropa interior,* conjunto de prendas que se llevan debajo del vestido o traje.
ropaje m. Vestidura larga y vistosa. ‖ Conjunto de ropas. ‖ *Fig.* Apariencia, pretexto.
ropavejero, ra m. y f. Persona que vende ropas viejas y baratijas.
ropero, ra m. y f. Persona que vende ropa hecha. ‖ Persona que cuida de la ropa de una comunidad. ‖ — M. Armario o cuarto para guardar ropa (ú. t. c. adj.). ‖ Asociación destinada a distribuir ropa entre los necesitados.
roque m. *Estar roque,* estar dormido. ‖ *Quedarse roque,* dormirse profundamente.
roquefort m. Queso francés hecho con leche de ovejas y pan enmohecido.
rorcual m. Especie de ballena.
rorro m. Niño que aún mama.
ros m. Gorro militar con visera.
rosa f. Flor del rosal. ‖ Adorno que tiene forma de rosa. ‖ *Arq.* Rosetón. ‖ — *Fig. Estar como las propias rosas,* encontrarse muy a gusto. | *La vida no es senda de rosas,* la vida tiene momentos amargos. | *No hay rosa sin espinas,* todo placer exige un sacrificio. | *Pintar las cosas color de rosa,* describirlas de manera muy optimista. ‖ *Rosa de los vientos* o *náutica,* círculo en forma de estrella dividido en treinta y dos partes iguales cuyas puntas señalan las direcciones del horizonte. ‖ — M. Color de la rosa : *el rosa es más claro que el rojo.* ‖ — Adj. Que tiene un color rojo claro : *traje rosa.* ‖ *Fig. Novela rosa,* la que narra aventuras amorosas siempre felices.
rosáceo, a adj. De color semejante al de la rosa. ‖ Aplícase a las plantas dicotiledóneas como el rosal, el almendro, la fresa (ú. t. c. s. f.). ‖ — F. pl. Familia que forman.
rosado, da adj. De color de rosa. ‖ Dícese del vino ligero y de color claro hecho con la misma uva que la empleada para realizar el tinto, pero acortando el tiempo en que están en contacto el mosto y el hollejo (ú. t. c. s. m.).
rosal m. Arbusto rosáceo cultivado por sus magníficas flores olorosas. ‖ Plantío de rosales.
rosaleda f. Sitio plantado de rosales.
rosarino, na adj. y s. De Rosario (Argentina, Paraguay, Uruguay).
rosario m. Rezo en que se conmemoran los quince misterios de la Virgen. ‖ Rezo abreviado de éste en que sólo se celebran cinco misterios de la Virgen. ‖ Sarta de cuentas separadas de diez en diez por otras más gruesas que se usa para este rezo. ‖ *Fig.* Sarta, serie : *un rosario de desdichas.* ‖ *Fig. Acabar como el rosario de la aurora,* dicho de una reunión, deshacerse bruscamente.
rosbif m. Trozo de carne de vaca asada.
rosca f. Resalto helicoidal de un tornillo o estría helicoidal de una tuerca. ‖ Pan, bollo o torta de forma circular con un espacio vacío en medio. ‖ Carnosidad de las personas gruesas alrededor de cualquier parte del cuerpo. ‖ Círculo que hace el humo en el aire. ‖ Rodete. ‖ — *Fig. Hacer la rosca a uno,* adularle. | *No comerse una rosca,* no tener ninguna aventura amorosa, no tener éxito. | *Pasarse de rosca,* pasarse de los límites.
roscado, da adj. En forma de rosca. ‖ — M. Aterrajado, operación que consiste en labrar roscas.
rosco m. Roscón. ‖ Rosca de pan. ‖ Rosca de carne.
roscón m. Bollo en forma de rosca. ‖ *Roscón de Reyes,* el que se come el día de Reyes y en cuya masa se halla una haba como sorpresa.
róseo, a adj. Rosa.
roséola f. Erupción cutánea de manchas rosáceas.
roseta f. Rosa pequeña. ‖ *Arq.* Rodaja de espuela. ‖ — Pl. Granos de maíz tostado y abiertos en forma de flor, palomitas.
rosetón m. Roseta grande. ‖ *Arq.* Ventana redonda y calada con adornos, frecuente en las iglesias góticas. | Adorno circular que se coloca en el centro de los techos. ‖ Mancha roja en la cara.
rosicler m. Color rosado del cielo en la aurora.
rosquilla f. Bollo en forma de rosca. ‖ Larva de insecto que se enrosca con facili-

dad al verse en peligro. || *Fig.* y *fam.* *Venderse como rosquillas,* venderse mucho.
rostrado, da o **rostral** adj. Que acaba en punta semejante al pico del pájaro o al espolón de la nave. || *Columna rostrada,* la que se adornaba con espolones de barco.
rostro m. Cara, semblante : *rostro alegre.* || *Fig.* y *fam.* Cara, descaro, desfachatez. || — *Fam. Torcer el rostro,* poner mala cara. | *Salvar el rostro,* salvar la cara.
rota f. Derrota. || Palma con cuyos tallos se hacen bastones, cestas, etc.
rota f. Tribunal de apelación del Vaticano.
rotación f. Movimiento de un cuerpo alrededor de un eje real o imaginario : *la rotación de la Tierra.* || Empleo metódico y sucesivo de material, de mercancías, de procedimientos, etc. || Frecuencia de los viajes de un barco, avión, etc., en una línea regular. || *Rotación de cultivos,* sistema de cultivo en que se alternan las especies vegetales que se siembran.
rotario adj. y s. Miembro del *Rotary Club,* asociación fundada en Chicago en 1905 y difundida en todo el mundo, cuya meta es defender la moral profesional y fomentar la paz y la fraternidad.
rotativo, va adj. Que da vueltas. || Dícese de la máquina tipográfica formada por dos cilindros cubiertos por una plancha estereotipada y entintada entre los que se desliza el papel que se va a imprimir (ú. t. c. s. f.). || — M. Periódico impreso en estas máquinas.
rotatorio, ria adj. Que gira.
rotería f. *Chil.* Plebe.
roto, ta adj. Que ha sufrido rotura. || *Fig.* Destrozado, deshecho : *una vida rota por el destino.* || *Chil.* Dícese de la persona de muy baja condición social (ú. t. c. s.). || *Arg. Pop.* Chileno (ú. t. c. s.). || — M. Rotura, desgarrón.
rotograbado m. Huecograbado.
rotonda f. Edificio circular con una cúpula. || Plaza circular.
rotor m. Parte móvil en un motor, generador eléctrico, turbina, etc. || Sistema de palas giratorias de un helicóptero que sirve para sustentarlo e impulsarlo.
rótula f. Hueso plano situado en la parte anterior de la rodilla. || *Méc.* Articulación de forma esférica : *cojinete de rótula.*
rotulación f. y **rotulado** m. Composición de un letrero.
rotulador, ra adj. y s. Que dibuja rótulos. || — M. Instrumento para escribir, formado por una barra de fieltro impregnada de tinta, con el que se hacen trazos gruesos. || — F. Máquina para rotular.
rotular v. t. Poner un rótulo.
rótulo m. Inscripción que se pone a una cosa indicando lo que es. || Cartel, letrero, anuncio público.
rotundidad f. Redondez, esfericidad. || *Fig.* Sonoridad del lenguaje. | Carácter categórico, terminante.
rotundo, da adj. *Fig.* Expresivo, lleno y sonoro : *lenguaje rotundo.* | Terminante, categórico. | Completo, patente : *éxito rotundo.*
rotura f. Ruptura, acción de romperse. || Desgarradura en un tejido orgánico. || Fractura de un hueso.
roturación f. Primer arado de una tierra.
roturador, ra adj. y s. Que rotura. || — F. Máquina para roturar la tierra.
roturar v. t. Arar por primera vez una tierra para cultivarla.
round m. (pal. ingl.). Asalto en un combate de boxeo o lucha.
roya f. Honguillo parásito de varios cereales y otras plantas.
royalty f. (pal. ingl.). Derecho que se paga al propietario de una patente, a un escritor, a un editor o al propietario de un terreno donde se explotan minas o pozos de petróleo o por el que pasa un oleoducto.
rozadura f. Rasguño superficial. || Erosión superficial de la piel.
rozagante adj. Vistoso, de mucha apariencia. || *Fig.* Espléndido, magnífico : *salud rozagante.* | Peripuesto. | Presumido. | Orgulloso.
rozamiento m. Roce. || Fricción, resistencia al movimiento de un cuerpo o de una pieza mecánica debida al frotamiento. || *Fig.* Enfado, disgusto leve. | Roce, trato.
rozar v. t. Pasar una cosa tocando ligeramente la superficie de otra. Ú. t. c. i. : *la rueda rozó con el bordillo de la acera* (ú. t. c. pr.). || Pasar muy cerca : *rozaba las paredes.* || Raspar, tocar o arañar levemente. || *Fig.* Rayar en : *rozaba la cuarentena.* | Escapar por poco, estar muy cerca : *rozó el accidente.* | Tener cierta relación con : *su actitud roza el descaro* (ú. t. c. i.). || — V. pr. Sufrir una rozadura. || Desgastarse por el roce. || *Fam.* Tener trato, tratarse.
Ru, símbolo químico del *rutenio.*
rúa f. Calle.
rubefacción f. Mancha roja en la piel.
rubéola y **rubeola** f. Enfermedad eruptiva, contagiosa y epidémica, parecida al sarampión.
rubí m. Piedra preciosa transparente, variedad del corindón, de color rojo y brillo intenso. (Pl. *rubíes.*)
rubia f. *Fam.* Furgoneta automóvil de carrocería de madera. || *Pop.* Peseta.
rubiáceo, a adj. y s. f. Dícese de unas plantas dicotiledóneas como el cafeto, la gardenia, etc. || — F. pl. Familia que forman.
rubiales adj. y s. Dícese de la persona rubia.
rubicundez f. Condición de rubicundo. || *Med.* Color rojo de origen morboso en la piel y en las membranas mucosas.
rubicundo, da adj. Rubio que tira a rojo. || Aplícase a la persona de cara de color rojo encendido. || *Fig.* Rebosante de salud.
rubidio m. Metal alcalino (Rb), parecido al potasio, de número atómico 37, densidad 1,52 y punto de fusión a 39 °C.
rubio, bia adj. De color parecido al del oro : *cabello rubio.* || — M. y f. Persona que tiene el pelo rubio. || — M. Este color.
rublo m. Unidad monetaria rusa, dividida en 100 copecs.
rubor m. Color rojo muy encendido. || Color que la vergüenza saca al rostro y que lo pone encendido. || *Fig.* Bochorno, vergüenza.
ruborizar v. t. Causar rubor o vergüenza. || — V. pr. *Fig.* Avergonzarse.
ruboroso, sa adj. Vergonzoso.
rúbrica f. Rasgo o rasgos que suele poner cada cual después de su nombre al firmar. || *Fig.* Firma, nombre. || Título, epígrafe de un capítulo o sección en un periódico, revista, etc. || Abreviatura antepuesta a una definición para indicar de qué materia se trata. || *Fig.* y *fam. Ser de rúbrica,* ser una cosa conforme a lo prescrito.
rubricado, da adj. Firmado.
rubricar v. t. Poner uno su rúbrica después de la firma. || Firmar. || *Fig.* Dar testimonio

de algo. | Concluir, coronar : *rubricó su carrera con el doctorado.*
rubro m. *Amer.* Rúbrica, título, epígrafe. | Asiento, partida de comercio. | Sección de un comercio.
rucio, cia adj. De color gris o pardo claro. ‖ — M. Asno.
ruche adj. *Fam. Estar* o *quedarse ruche,* sin dinero.
rucho m. Pollino, borrico.
rudeza f. Aspereza, brusquedad. ‖ Grosería, falta de educación.
rudimentario, ria adj. Elemental.
rudimento m. Estado primero de un órgano. ‖ — Pl. Nociones elementales de una ciencia o profesión : *rudimentos de astronomía.* ‖ Libro en que están.
rudo, da adj. Tosco, sin pulimento, basto. ‖ Duro, difícil, penoso : *trabajo rudo.* ‖ Brusco, sin artificio : *franqueza ruda.* ‖ Fuerte, severo : *los rudos golpes de la vida.*
rueca f. Instrumento utilizado antiguamente para hilar.
rueda f. Órgano plano de forma circular destinado a girar alrededor de su centro y que permite que un vehículo se mueva o que, en una máquina, transmite el movimiento mediante los dientes que rodean su contorno. ‖ Corro : *rueda de personas.* ‖ Abanico que forma el pavo real cuando extiende la cola. ‖ Tajada : *rueda de merluza.* ‖ Rodaja : *rueda de salchichón.* ‖ Suplicio antiguo. ‖ Tambor que contiene los números en un sorteo de lotería : *rueda de la fortuna.* ‖ — *Fig.* y *fam. Comulgar con ruedas de molino,* creer uno las cosas más inverosímiles. ‖ *Fig. Ir como sobre ruedas,* no encontrar ningún obstáculo. | *La rueda de la fortuna* o *del destino,* las vicisitudes humanas. ‖ *Rueda de prensa,* reunión de varios periodistas para interrogar a una persona. ‖ *Rueda hidráulica,* la provista de paletas movidas por el agua y que acciona un molino o cualquier otra máquina. ‖ *Rueda libre,* dispositivo que permite a un órgano motor arrastrar un mecanismo sin ser arrastrado por él.
ruedo m. Parte inferior o contorno de una cosa redonda : *el ruedo de un vestido.* ‖ Felpudo. ‖ Redondel, espacio de las plazas de toros para lidiar. ‖ *Fig. Echarse al ruedo,* entrar en liza.
ruego m. Súplica, petición : *a ruego mío.* ‖ *Ruegos y preguntas,* en una reunión, final de ella en que los asistentes hacen preguntas.
rufián m. El que comercia con la prostitución. ‖ *Fig.* Hombre sin honor y despreciable, sinvergüenza.
rufianesco, ca adj. Característico de los rufianes. ‖ — F. Hampa.
rugby m. Especie de fútbol practicado con las manos y pies, en el cual dos equipos de 15 ó 13 jugadores se disputan un balón de forma oval.
rugido m. Grito del león. ‖ *Fig.* Grito fuerte y desagradable de reprobación. | Bramido, ruido del viento, de la tempestad.
rugir v. i. Dar rugidos el león, el tigre y otras fieras. ‖ *Fig.* Bramar, producir un ruido fuerte y ronco el viento, la tempestad. | Dar gritos muy fuertes una persona.
rugosidad f. Condición de rugoso. ‖ Arruga.
rugoso, sa adj. Que tiene arrugas.
ruibarbo m. Planta cuya raíz se emplea como purgante.
ruido m. Conjunto de sonidos inarticulados y confusos : *el ruido de la calle.* ‖ *Fig.* Escándalo, jaleo : *esta noticia va a armar mucho ruido.* ‖ — *Fig. Mucho ruido y pocas nueces,* dícese de una cosa que aparenta más de lo que es. ‖ *Ruido de fondo,* cualquier acción parásita que acompaña a uno que se reproduce en discos, en el teléfono, o en una emisión de radio, etc. ‖ *Fig. Ser más el ruido que las nueces,* dar a una cosa más importancia que la que tiene realmente.
ruidoso, sa adj. Aplícase a lo que hace o donde hay mucho ruido. ‖ *Fig.* Que da mucho que hablar.
ruin adj. Vil, despreciable : *traición ruin.* ‖ De mala presentación : *persona de ruin aspecto.* ‖ Mezquino y avariento, tacaño.
ruina f. Destrucción, natural o no, de una construcción. Ú. m. c. pl. : *caer en ruinas.* ‖ *Fig.* Pérdida de la fortuna, de la prosperidad, del honor : *vamos a la ruina.* | Pérdida : *labrar su ruina.* | Decadencia moral. | Caída, derrumbamiento : *la ruina del régimen.* | Persona en estado de gran decadencia física o moral : *lo encontré hecho una ruina.* ‖ — Pl. Restos de una o más construcciones hundidas : *ruinas de Sagunto.*
ruindad f. Vileza, abyección, bajeza. ‖ Maldad. ‖ Tacañería.
ruinoso, sa adj. Que provoca la ruina : *gastos ruinosos.* ‖ Que amenaza ruina : *castillo ruinoso.*
ruiseñor m. Pájaro insectívoro de plumaje pardo y canto melodioso.
ruleta f. Juego de azar en que se usa una rueda horizontal giratoria dividida en 36 casillas radiales numeradas y pintadas alternativamente de negro y rojo.
ruleteo m. *Méx.* Acción consistente en recorrer las calles con un taxi en busca de clientes.
ruletero m. *Méx.* Taxista.
rulo m. Rodillo para allanar la tierra o para triturar. ‖ Pequeño cilindro de plástico que emplean las mujeres para rizar el pelo.
rumano, na adj. y s. De Rumania. ‖ — M. Lengua neolatina que hablan los rumanos.
rumba f. Cierto baile popular cubano y música que lo acompaña. ‖ *Antill.* Diversión, jolgorio.
rumbear v. i. *Arg.* Orientarse, tomar el rumbo. ‖ *Cub.* Andar de juerga o parranda. ‖ — V. pr. Bailar la rumba.
rumbo m. Cada una de las 32 partes iguales en que se divide la rosa náutica. ‖ Dirección del barco o del avión : *navegar rumbo a Montevideo.* ‖ *Fig.* Camino que uno se propone seguir : *tomar otro rumbo.* | Pompa, boato, ostentación : *celebrar con mucho rumbo.* | Generosidad, liberalidad, esplendidez.
rumboso, sa adj. Dadivoso, generoso. ‖ Espléndido, magnífico.
rumiante adj. Que rumia. ‖ Dícese de los mamíferos ungulados que carecen de dientes incisivos en la mandíbula superior y tienen cuatro cavidades en el estómago, como el buey, el camello, el ciervo, el carnero, etc. (ú. t. c. s.). ‖ — M. pl. Suborden que forman.
rumiar v. t. Hablando de los rumiantes, masticar por segunda vez los alimentos que ya estuvieron en el estómago volviéndolos a la boca (ú. t. c. i.). ‖ *Fig.* y *fam.* Reflexionar con mucha detención una cosa. | Refunfuñar.
rumor m. Ruido confuso de voces : *el rumor del público.* ‖ Noticia vaga que corre entre la gente : *rumores contradictorios.* ‖ Ruido sordo y confuso : *el rumor de las aguas.* ‖ *Rumor público* o *general,* opinión general.
rumorear v. t. e i. Hablar de, hacer crítica de. ‖ — V. pr. Correr un rumor entre la gente.

rumoroso, sa adj. Que produce rumor o ruido.
runrún m. Ruido, zumbido. || Ruido confuso de voces. || Hablilla, rumor : *corre el runrún de su posible dimisión.*
runrunear v. t. e i. Correr el runrún, rumorear (ú. t. c. pr.).
runruneo m. Runrún, rumor.
rupachico m. *Amer.* Ortiga.
rupestre adj. Dícese de los dibujos y pinturas de la época prehistórica existentes en algunas rocas y cavernas : *el arte rupestre.*
rupia f. Unidad monetaria de la India, Nepal, Paquistán, Afganistán e Indonesia.
ruptor m. *Electr.* Interruptor de una bobina de inducción.
ruptura f. Acción y efecto de romper o romperse. || Rompimiento, desavenencia : *ruptura conyugal.* || Suspensión, anulación : *ruptura de un contrato.* || Separación, discontinuidad, oposición de las cosas : *la mentalidad de hoy está en ruptura con la del pasado.* || *Mil.* Operación que da como resultado la apertura de una brecha en el dispositivo defensivo del adversario : *ruptura del frente enemigo.* || *Med.* Rotura, fractura.
rural adj. Relativo al campo o que vive en poblaciones del campo : *médico rural.* || De tierra cultivable : *propietario rural.* || *Amer.* Rústico, campesino (ú. t. c. s.).
ruralismo m. Condición de rural. || *Fig.* Incultura.
rusificación f. Difusión de la civilización rusa.
rusificar v. t. Hacer o dar carácter ruso.
ruso, sa adj. y s. Natural de Rusia o relativo a ella (ú. t. c. s.). || Dícese de la ensalada de diferentes verduras y patatas cortadas en trocitos cuadrados y con mayonesa. || — M. Lengua eslava hablada en Rusia y oficial en la Unión Soviética. || Albornoz de paño grueso.
rusófilo, la adj. y s. Que ama lo ruso.
rusticidad f. Condición de rústico.
rústico, ca adj. Relativo al campo : *fincas rústicas.* || Campesino (ú. t. c. s.). || *Fig.* Tosco, grosero, basto, poco refinado : *costumbres rústicas.* || *En* (o *a la*) *rústica,* encuadernado con cubiertas de papel o de cartulina.
rustiquez f. Calidad de rústico.
ruta f. Camino e itinerario de un viaje : *la ruta del canal de Panamá.* || *Mar.* Rumbo. || *Fig.* Medio para llegar a un fin, derrotero.
rutáceo, a adj. Dícese de las plantas dicotiledóneas como el naranjo, el limonero (ú. t. c. s. f.). || — F. pl. Familia que forman.
rutenio m. Metal (Ru) perteneciente al grupo del platino, de número atómico 44, densidad 12,3 y punto de fusión hacia 2 500 °C.
rutilante adj. Brillante.
rutilar v. i. Brillar mucho.
rutilo m. Óxido de titanio.
rutina f. Costumbre de hacer las cosas del mismo modo.
rutinario, ria adj. Que se hace por rutina. || Que obra siguiendo la rutina (ú. t. c. s.).
rutinero, ra adj. y s. Rutinario.
ruzafa f. Jardín de recreo.

S

s f. Vigesimosegunda letra del alfabeto castellano y decimoctava de sus consonantes. || — **s,** símbolo del *segundo,* unidad de tiempo. || — **S,** símbolo químico del *azufre.* || — **S.,** abreviatura de *Sur.*
sabadellense adj. y s. De Sabadell (España).
sábado m. Séptimo y último día de la semana. || Día de descanso según la ley judía. || — *Sábado de Gloria,* sábado santo. || *Sábado inglés,* sábado en que únicamente se trabaja por la mañana.
sábalo m. Pez marino que desova en la desembocadura de los ríos.
sabana f. *Amer.* Llanura extensa sin vegetación arbórea y con prolongadas sequías : *las sabanas de Venezuela y de Guayana.*
sábana f. Cada una de las dos piezas de lienzo que se ponen en la cama. || — *Fig.* y *fam. Pegársele a uno las sábanas,* quedarse uno dormido por la mañana más de lo debido. | *Sábana verde,* billete de mil pesetas.
sabandija f. Bicho generalmente asqueroso, como ciertos reptiles e insectos. || *Fig.* Persona despreciable.
sabanear v. i. *Amer.* Recorrer la sabana para reunir el ganado o vigilarlo.
sabanero, ra adj. Aplícase a la persona que vive en la sabana (ú. t. c. s.). || Relativo a la sabana.
sabañón m. Lesión inflamatoria de los pies, manos y orejas, provocada por el frío y caracterizada por ardor y picazón.
sabático, ca adj. Relativo al sábado : *descanso sabático.* || Aplícase al séptimo año, en que los hebreos dejaban descansar las tierras, las viñas y los olivares. || Dícese del año sin trabajar que se concede en ciertos países a algunos empleados o profesores de universidad.
sabatino, na adj. Del sábado.
sabedor, ra adj. Enterado.
sabelotodo com. *Fam.* Sabihondo.
saber m. Sabiduría.
saber v. t. Conocer una cosa o tener noticia de ella : *supe que había venido.* || Ser docto en una materia : *saber griego.* || Haber aprendido de memoria : *saber su lección* (ú. t. c. pr.). || Tener habilidad : *saber dibujar.* || Ser capaz : *saber contentarse con poco.* || — *Hacer saber,* comunicar. || *Fig. Saber latín,* ser muy astuto. | *Se las sabe todas,* está muy al tanto; tiene experiencia. || *Un no sé qué,* algo inexplicable. || — V. i. Ser muy sagaz y advertido : *sabe más que la zorra.* || Tener sabor una cosa : *esto sabe a miel.* || Parecer :

los consuelos le saben a injurias. ‖ — *A saber,* es decir. ‖ *¡ Quién sabe!,* quizá. ‖ *Saber de,* tener noticias de : *hace un mes que no sé de él;* entender en : *sabe de mecánica.* ‖ *Fam. ¡ Vete a saber!,* nadie sabe.

sabicú m. Árbol de flores blancas.

sabidillo, lla adj. y s. Dícese de la persona que presume de entendida y docta sin serlo.

sabido, da adj. Conocido : *como es sabido.* ‖ *Fam.* Que sabe mucho o presume de saber : *hombre sabido.*

sabiduría f. Conocimientos profundos en ciencias, letras o artes. ‖ Prudencia.

sabiendas (a) adv. Con conocimiento de lo que se hace.

sabihondez f. *Fam.* Pedantería.

sabihondo, da adj. y s. *Fam.* Que presume de sabio sin serlo.

sabino, na adj. y s. De un ant. pueblo latino de Roma.

sabio, bia adj. y s. Aplícase a la persona que tiene conocimientos científicos profundos y que suele dedicarse a la investigación : *un sabio ruso.* ‖ — Adj. Sensato, prudente : *una sabia medida.* ‖ Que instruye : *sabia lectura.* ‖ Habilidoso, amaestrado : *un perro sabio.*

sabiola f. *Arg. Fam.* Cerebro.

sablazo m. Golpe dado con el sable. ‖ Herida que produce. ‖ *Fig.* y *fam.* Acción de sacar dinero prestado con habilidad.

sable m. Arma blanca parecida a la espada, pero de un solo corte.

sableador, ra m. y f. *Fam.* Sablista.

sablear v. i. *Fam.* Dar sablazos.

sablista adj. y s. *Fam.* Que acostumbra sablear a los demás.

sabor m. Sensación que ciertos cuerpos producen en el órgano del gusto : *sabor a limón.* ‖ *Fig.* Impresión que una cosa produce en el ánimo : *dejar mal sabor.* | Carácter, estilo : *nos dejó una extensa obra poética de profundo sabor clásico.*

saboreamiento m. Saboreo.

saborear v. t. Disfrutar detenidamente y con deleite el sabor de una cosa : *saborear café* (ú. t. c. pr.). ‖ *Fig.* Deleitarse con algo : *saborear el triunfo* (ú. t. c. pr.). ‖ Dar sabor.

saboreo m. Acción de saborear.

sabotaje m. Daño o deterioro que para perjudicar a los patronos hacen los obreros en la maquinaria, productos, etc. ‖ Daño que se hace como procedimiento de lucha contra las autoridades, las fuerzas de ocupación o en conflictos sociales o políticos. ‖ *Fig.* Entorpecimiento de la buena marcha de una actividad.

saboteador, ra adj. y s. Aplícase a la persona que sabotea.

sabotear v. t. Cometer actos de sabotaje.

saboteo m. Sabotaje.

sabroso, sa adj. De sabor agradable. ‖ *Fig.* Delicioso, deleitable. | Lleno de enjundia : *diálogo sabroso.* | Gracioso : *un chiste muy sabroso.*

sabuco o **sabugo** m. Saúco.

sabueso adj. Dícese de una variedad de perro podenco de olfato muy desarrollado (ú. t. c. s. m.). ‖ — M. *Fig.* Investigador, policía.

saca f. Acción y efecto de sacar. ‖ *Com.* Exportación de géneros de un país a otro. ‖ Copia autorizada de un documento notarial. ‖ Acción de sacar los estanqueros los efectos que después venden al público. ‖ Costal grande para transportar la correspondencia. ‖ *Fig.* Conjunto de rehenes que se ejecutan en concepto de represalias.

sacaclavos m. inv. Instrumento para quitar clavos.

sacacorchos m. inv. Utensilio formado por una hélice metálica terminada en punta para quitar los tapones de las botellas.

sacacuartos, sacadineros y **sacadinero** m. *Fam.* Cosa de poco valor, pero muy atractiva. ‖ — Com. Persona que tiene arte para sacar dinero.

sacador, ra adj. y s. Dícese del o de lo que saca o extrae. ‖ — M. Jugador que saca.

sacafaltas com. inv. *Fam.* Criticón, que todo lo censura.

sacáis m. pl. *Pop.* Ojos.

sacaleche m. Aparato para extraer leche del pecho de la mujer.

sacaliña f. *Fig.* Socaliña.

sacamanchas m. inv. Quitamanchas.

sacamuelas com. inv. *Fam.* Dentista. ‖ *Fig.* Charlatán, parlanchín, hablador : *mentir como un sacamuelas.*

sacaperras com. inv. Sacacuartos.

sacapuntas m. inv. Utensilio para afilar los lápices. ‖ *Amer.* Muchacho ayudante de carpintero.

sacar v. t. Poner una cosa fuera del sitio donde estaba : *sacar dinero de la cartera.* ‖ Llevar fuera : *sacar al perro.* ‖ Salir con una persona para que se entretenga : *este chico saca mucho a su hermana.* ‖ Quitar o apartar a una persona o cosa de un sitio : *sacar al niño de la escuela.* ‖ Quitar : *sacar una mancha.* ‖ Soltar una costura o dobladillo. ‖ Extraer : *sacar azúcar de la caña.* ‖ Derivar : *sacar una película de una novela.* ‖ Comprar : *sacar un billete.* ‖ Hacer las gestiones necesarias para la obtención de algo : *sacar el pasaporte.* ‖ Librar : *sacar de la pobreza.* ‖ Solucionar, resolver : *sacar un problema.* ‖ Descubrir por indicios : *saqué su nombre por un amigo.* ‖ Deducir : *de nuestra conversación saqué que no llegaríamos nunca a un acuerdo.* ‖ Encontrar : *sacarle muchas faltas a un alumno.* ‖ Conseguir, obtener, lograr : *sacar mayoría en las elecciones.* ‖ Hacer confesar a uno lo que quería ocultar : *por fin le saqué la verdad.* ‖ Poner hacia fuera : *sacar el pecho al andar.* ‖ Enseñar, mostrar : *sacar el documento de identidad.* ‖ Inventar, crear : *sacar una moda.* ‖ Citar, traer a la conversación : *siempre nos saca la historia de su vida.* ‖ Hacer aparecer : *sacaron a su hija en los periódicos.* ‖ Hacer perder el juicio : *sacar de sí.* ‖ Apuntar, copiar : *sacar datos.* ‖ Obtener cierto número en un sorteo : *sacar un buen número en una rifa.* ‖ Ganar en la lotería : *sacar el gordo.* ‖ Aventajar : *le sacó un largo de piscina.* ‖ *Dep.* Lanzar la pelota para iniciar el juego o volverla a poner cuando ha salido. ‖ *Mat.* Extraer : *sacar una raíz cuadrada.* ‖ — *Sacar a bailar,* pedir el hombre a la mujer que baile con él. ‖ *Fig. Sacar adelante,* dicho de personas, cuidar de su educación; aplicado a negocios, llevarlos a buen término. | *Sacar de pila,* ser padrino o madrina en un bautismo. | *Sacar de quicio o de sus casillas a uno,* hacer que pierda el dominio de sí mismo. | *Sacar en claro* o *en limpio un asunto,* dilucidarlo. ‖ *Fig.* y *fam. Sacar los pies del plato,* perder el recato o la timidez. ‖ *Sacar partido* o *provecho,* aprovechar. ‖ *Sacar una foto,* hacerla, fotografiar.

sacárido m. *Quím.* Glúcido.

sacarificación f. Conversión en azúcar.

sacarificar v. t. Convertir en azúcar : *sacarificar almidón.*

sacarino, na adj. Que tiene azúcar o se le

asemeja. || — F. Sustancia blanca de sabor azucarado utilizada por los diabéticos y obesos.
sacaromicetos m. pl. Levadura que produce la fermentación alcohólica de los zumos azucarados y que interviene en la elaboración del vino, cerveza, sidra, etc.
sacarosa f. *Quím.* Glúcido que por hidrólisis se transforma en glucosa y fructosa.
sacatapón m. Sacacorchos.
sacatepesano, na adj. y s. De Sacatepéquez (Guatemala).
sacerdocio m. Dignidad, estado y funciones del sacerdote. || Conjunto de sacerdotes. || *Fig.* Función o profesión noble que requiere una dedicación entera.
sacerdotal adj. Relativo al sacerdote o al sacerdocio.
sacerdote m. Ministro de un culto religioso.
sacerdotisa f. Mujer dedicada al culto de una deidad.
saciar v. t. Satisfacer completamente (ú. t. c. pr.) : *saciar el hambre, saciar las ambiciones, los deseos, la curiosidad.*
saciedad f. Hartura o satisfacción completa. || *Repetir algo hasta la saciedad,* repetirlo muchas veces.
saco m. Receptáculo a modo de bolsa que se abre por arriba : *un saco de yute.* || Su contenido : *un saco de cemento.* || Vestidura tosca. || *Fig.* Cosa que incluye en sí otras varias : *un saco de embustes.* | Persona gorda : *esta mujer es un saco.* || Saqueo : *el saco de Roma.* || *Anat.* Cavidad orgánica cerrada por un extremo : *saco sinovial.* || *Amer.* Chaqueta. | Bolso de mujer. || — *Entrar a saco,* saquear. || *Fig. No echar algo en saco roto,* tenerlo muy en cuenta. || *Saco de viaje,* bolsa alargada y con asa que se utiliza como maleta. || *Saco de dormir,* especie de edredón cerrado con cremallera en el cual se introduce uno para dormir.
sacramental adj. Relativo a los sacramentos. || *Fig.* Consagrado por la ley o el uso : *palabras sacramentales.* || — F. Cementerio en Madrid para los miembros de una cofradía.
sacramentar v. t. Convertir el pan en el cuerpo de Nuestro Señor Jesucristo. || Administrar a un enfermo el viático y la extremaunción.
sacramento m. Acto de la Iglesia católica por el cual se santifica o recibe la gracia divina una persona. (Los siete *sacramentos* son : bautismo, confirmación, eucaristía, penitencia, extremaunción, orden y matrimonio.) || *El Santísimo Sacramento,* Jesucristo Sacramentado.
sacrificador, ra adj. y s. Que sacrifica.
sacrificar v. t. Ofrecer en sacrificio : *sacrificar una víctima a los dioses.* || Degollar, matar reses para el consumo. || *Fig.* Abandonar algo en beneficio de otra cosa o persona : *sacrificar sus amigos a su ambición.* || — V. pr. Ofrecerse a Dios. || *Fig.* Dedicarse enteramente : *sacrificarse por un ideal.* | Privarse de algo, sujetarse con resignación a una cosa violenta o repugnante para agradar a otra persona.
sacrificio m. Muerte de una víctima en ofrenda a una deidad. || Esfuerzo hecho o pena sufrida voluntariamente en expiación de una falta o para conseguir la intercesión divina. || *Fig.* Privación que sufre o se impone una persona. || *El sacrificio del altar,* la santa misa.
sacrilegio m. Profanación de cosa, persona o lugar sagrado. || *Fig.* Falta de respeto hacia algo o alguien digno de consideración.
sacrílego, ga adj. Que comete sacrilegio (ú. t. c. s.). || Que implica sacrilegio : *palabra sacrílega.*
sacristán m. Persona encargada del cuidado de la sacristía.
sacristía f. Lugar donde se revisten los sacerdotes y donde se guardan los ornamentos del culto.
sacro, cra adj. Sagrado : *historia sacra.* || *Anat.* Aplícase al hueso situado en la extremidad inferior de la columna vertebral y a todo lo referente a esta región : *vértebras sacras* (ú. t. c. s. m.).
sacrosanto, ta adj. Sagrado.
sacudida f. Movimiento brusco. || Oscilación del suelo en un terremoto. || *Fig.* Conmoción provocada por alguna sorpresa. || *Sacudida eléctrica,* descarga eléctrica.
sacudidor, ra adj. Que sacude. || — M. Instrumento con que se sacude y limpia, zorros.
sacudidura f. y **sacudimiento** m. Acción de sacudir una cosa.
sacudir v. t. Mover violentamente una cosa a una y otra parte : *sacudir un árbol.* || Golpear con violencia una cosa para quitarle el polvo : *sacudir una alfombra.* || *Fig.* Emocionar, conmover : *la noticia sacudió al país.* || *Fam.* Dar, asestar : *sacudir una bofetada.* | Pegar a uno. || *Fig. Sacudir el polvo,* pegar una paliza. || — V. pr. Librarse, deshacerse de una persona o cosa molesta.
sachar v. t. Escardar.
sádico, ca adj. Relativo al sadismo. || Que se complace en hacer sufrir (ú. t. c. s.).
sadismo m. Placer perverso ante el sufrimiento de otra persona. || *Fig.* Crueldad refinada.
sadomasoquismo m. Unión del sadismo y del masoquismo en una misma persona.
sadomasoquista adj. Propio del sadomasoquismo. || — Adj. y s. Dícese de la persona sádica y masoquista.
saeta f. Flecha, arma arrojadiza. || Manecilla del reloj. || Brújula. || Copla breve y desgarrada que se canta en Andalucía ante los pasos de la Semana Santa.
saetada f. y **saetazo** m. Acción de disparar una saeta. || Herida hecha con ella.
saetear v. t. Asaetear.
saetín m. En los molinos, canal por donde se precipita el agua desde la presa hasta la rueda hidráulica para hacerla andar.
safari m. En África, expedición de caza mayor.
safena f. *Anat.* Cada una de las dos venas principales que van a lo largo de la pierna.
sáfico, ca adj. Aplícase a un verso endecasílabo grecolatino.
safismo m. Homosexualidad femenina.
saga f. Cada una de las leyendas mitológicas de la antigua Escanvinavia. || *Fig.* Historia o novela de una familia.
sagacidad f. Perspicacia.
sagaz adj. Perspicaz, prudente.
sagrado, da adj. Consagrado a Dios y al culto divino : *libros sagrados.* || *Fig.* Digno de veneración. | Inviolable : *un secreto es una cosa sagrada.* || *Fig. Fuego sagrado,* dícese de ciertos sentimientos nobles y apasionados o del ardor en el trabajo. || — M. Asilo donde se refugiaban los delincuentes : *estar acogido a sagrado.*
sagrario m. Parte de una iglesia donde se guardan las cosas sagradas. || Tabernáculo donde se guardan las hostias consagradas. ||

En algunas iglesias catedrales, capilla que sirve de parroquia.
saguaipé m. *Arg.* Gusano parásito del hígado de los carneros. | Enfermedad que produce.
sahariana f. Chaqueta holgada y fresca.
sahariano, na o **sahárico, ca** adj. y s. Del Sáhara (África).
sahumado, da adj. *Amer.* Achispado, algo borracho.
sahumador m. Perfumador, recipiente para quemar perfumes.
sahumar v. t. Dar humo aromático a una cosa para que huela bien (ú. t. c. pr.).
sahumerio m. Acción y efecto de sahumar o sahumarse.
saimirí m. Mono pequeño de cola larga y prensil.
sainete m. Obra teatral corta, de asunto jocoso y carácter popular.
sainetero, ra m. y f. o **sainetista** com. Autor de sainetes.
sainetesco, ca adj. Relativo al sainete, cómico, jocoso.
saíno m. Mamífero paquidermo de América del Sur, parecido al jabato, sin cola, con cerdas largas y una glándula en lo alto del lomo por donde segrega un humor fétido.
saja y **sajadura** f. Corte, incisión en la carne.
sajar v. t. Hacer cortes en la carne.
sajón, ona adj. y s. De Sajonia. || Aplícase a los individuos de un pueblo germánico que vivía en la desembocadura del Elba y parte del cual se trasladó a Inglaterra en el s. V. || — Adj. y s. m. Dícese del antiguo y bajo idioma alemán.
sajú m. Mono capuchino.
sal f. Sustancia cristalina de gusto acre, soluble en el agua, que se emplea como condimento y para conservar la carne o el pescado. || Compuesto que resulta de la acción de un ácido o de un óxido ácido sobre una base, o de la acción de un ácido sobre un metal. || *Fig.* Agudeza, gracia : *sátira escrita con mucha sal.* | Garbo, salero : *una mujer con mucha sal.* || — *Sal gema,* cloruro de sodio; roca que lo contiene. || *Fig. Sal gorda,* humor algo chabacano. || — Pl. Sustancias volátiles, generalmente amoniacales, que se dan a respirar con objeto de reanimar. || Sustancias cristaloides, perfumadas, que se mezclan con el agua del baño.
sala f. Pieza principal de una casa : *sala de recibir.* || Local para reuniones, fiestas, espectáculos, etc. : *sala de cine.* || Dormitorio en un hospital : *sala de infecciosos.* || Sitio donde se constituye un tribunal de justicia : *sala de lo criminal.* || Conjunto de magistrados o jueces que entienden sobre determinadas materias. || — *Sala de batalla,* en las oficinas de Correos, local donde se hace el apartado. || *Sala de fiestas,* establecimiento público donde se puede bailar y donde suelen presentarse espectáculos de variedades.
salacidad f. Inclinación a la lujuria.
salacot m. Sombrero en forma de casco fabricado con tejido de tiras de cañas de uso en países tropicales.
saladería f. *Arg.* Industria de salar carnes.
saladero m. Lugar destinado para salar las carnes o pescados. || *Riopl.* Matadero grande.
saladilla f. Planta común de los litorales mexicanos.
salado, da adj. Que tiene sal : *mantequilla salada.* || Aplícase a los alimentos que tienen sal en exceso : *sopa salada.* || Dícese del terreno estéril por ser demasiado salitroso. || *Fig.* Gracioso : *niño muy salado.* || *Amer.* Desgraciado.
salador, ra adj. y s. Aplícase a la persona que sala. || — M. Saladero : *salador de carnes.*
salamandra f. Batracio urodelo que vive en los sitios oscuros y húmedos y se alimenta principalmente de insectos. || Estufa de combustión lenta para calefacción doméstica.
salamanquesa f. Saurio terrestre parecido a la lagartija.
salamanquino, na adj. y s. Salmantino. || — F. *Chil.* Lagartija.
salamateco, ca adj. y s. De Salamá (Guatemala).
salame m. *Amer.* Embutido de carne vacuna y grasa de cerdo, todo prensado y curado en una tripa o en un tubo de material sintético. || *Arg. Fam.* Tonto, necio.
salar m. *Arg.* Salina, salobral.
salar v. t. Echar en sal : *salar tocino.* || Poner sal : *salar la comida.* || *Amer.* Echar a perder, estropear. | Deshonrar.
salariado m. Modo de remuneración del trabajador por medio del salario exclusivamente.
salarial adj. Del salario : *ha habido importantes subidas salariales.*
salariar v. t. Asalariar.
salario m. Remuneración de la persona que trabaja por cuenta ajena en virtud de un contrato laboral : *un salario insuficiente.* || — *Salario base* o *básico,* cantidad mensual utilizada para calcular las prestaciones familiares y sociales. || *Salario mínimo,* el menor que se puede pagar a un trabajador según la ley.
salaz adj. Lujurioso.
salazón f. Acción y efecto de salar o curar con sal carnes, pescados, etc. || Carnes o pescados salados.
salcochar v. t. Cocer un alimento sólo con agua y sal.
salcocho m. *Amer.* Preparación de un alimento con agua y sal.
salchicha f. Embutido, en tripa delgada, de carne de cerdo bien picada y sazonada.
salchichería f. Tienda de embutidos de carne de cerdo.
salchichero, ra m. y f. Persona que hace o vende embutidos.
salchichón m. Embutido de jamón, tocino y pimiento en grano, prensado y curado.
saldar v. t. Liquidar enteramente una cuenta, unas deudas : *saldar una factura.* || Vender a bajo precio una mercancía : *saldar los géneros de fin de temporada.* || *Fig.* Liquidar, acabar con : *saldé con él todas mis deudas morales.*
saldista com. Persona que compra y vende saldos.
saldo m. Liquidación de una deuda. || Diferencia entre el debe y el haber de una cuenta : *saldo deudor.* || Mercancías que saldan los comerciantes para deshacerse de ellas. || *Fig.* Resultado.
saledizo adj. Saliente, que sobresale. || — M. *Arq.* Salidizo.
salero m. Recipiente para la sal de mesa. || Almacén donde se guarda sal. || *Fig.* y *fam.* Gracia, donaire : *muchacha de mucho salero.*
saleroso, sa adj. *Fig.* y *fam.* Que tiene salero o gracia : *una malagueña salerosa.* | Divertido.
salesa f. Religiosa de la Visitación.
salesiano, na adj. y s. Aplícase a los

religiosos de la sociedad de San Francisco de Sales.

sálico, ca adj. Relativo a los salios o francos. ‖ *Ley sálica*, la que excluía a las hembras de la sucesión a la tierra y a la corona.

salida f. Acción de salir : *la salida del trabajo; salida del Sol.* ‖ Parte por donde se sale de un sitio : *salida de emergencia.* ‖ *Com.* Despacho o venta de los géneros : *dar salida a una mercancía.* | Posibilidad de venta : *buscar salida a los productos.* ‖ Publicación, aparición : *la salida de un periódico.* ‖ *Fig.* Posibilidad abierta a la actividad de alguien : *las carreras técnicas tienen muchas salidas.* | Escapatoria, evasiva. | Solución : *no veo salida a este asunto.* ‖ *Fig.* y *fam.* Ocurrencia : *tener una buena salida.* ‖ Dinero sacado de una cuenta para pagar las deudas contraídas. ‖ *Mil.* Acometida violenta de los sitiados contra los sitiadores. | Misión de combate efectuada por un avión. ‖ — *Fig.* y *fam. Salida de pie de banco*, despropósito, tontería. | *Salida de tono*, inconveniencia.

salidero m. Espacio para salir.

salidizo m. Parte de una construcción que sobresale de la pared maestra, como balcón, tejadillo, etc.

salido, da adj. Saliente, que sobresale. ‖ Dícese de las hembras de los mamíferos cuando están en celo.

saliente adj. Que sale : *ángulo saliente.* ‖ — M. Parte que sobresale en la superficie de algo.

salina f. Yacimiento de sal gema. ‖ Sitio donde se evapora el agua del mar para obtener sal.

salinero m. Persona que fabrica, extrae, vende o transporta sal. ‖ — F. Salina.

salinidad f. Calidad de salino.

salino, na adj. Que contiene sal.

salir v. i. Pasar de la parte de adentro a la de afuera : *salir al jardín.* ‖ Abandonar un sitio donde se había estado cierto tiempo : *salir del hospital.* ‖ Marcharse : *saldremos para Barcelona.* ‖ Dejar cierto estado : *salir de la niñez.* ‖ Escapar, librarse : *salir de apuros.* ‖ Haberse ido fuera de su casa : *la señora ha salido.* ‖ Ir de paseo : *salir con los amigos.* ‖ Dentro de un mismo recinto, ir a otro sitio para efectuar cierta actividad : *salir a escena.* ‖ Verse con frecuencia un chico y una chica, generalmente como etapa previa al noviazgo. ‖ Franquear cierto límite : *salir del tema.* ‖ Aparecer : *ha salido el Sol.* ‖ Brotar, nacer : *ya ha salido el maíz.* ‖ Quitarse, desaparecer una mancha. ‖ Sobresalir, resaltar : *esta cornisa sale mucho.* ‖ Resultar : *el arroz ha salido muy bueno.* ‖ Proceder: *salir de la nobleza.* ‖ Presentarse : *me salió una oportunidad.* ‖ Deshacerse de una cosa : *ya he salido de esta mercancía.* ‖ Mostrarse en público : *mañana saldré en la televisión.* ‖ Costar : *cada ejemplar me sale a veinte pesetas.* ‖ Iniciar un juego. ‖ Encontrar la solución : *este problema no me sale.* ‖ Presentarse al público, aparecer : *ha salido un nuevo periódico.* ‖ Hablar u obrar de una manera inesperada : *¿ahora sales con eso?* ‖ Deducirse : *de esta verdad salen tres consecuencias.* ‖ Tener buen o mal éxito algo : *salir bien en un concurso.* ‖ Dar cierto resultado un cálculo : *esta operación me ha salido exacta.* ‖ Parecerse una persona a otra : *este niño ha salido a su padre.* ‖ Ser elegido por suerte o votación : *Rodríguez salió diputado.* ‖ Ser sacado en un sorteo : *mi billete de lotería no ha salido.* ‖ Dar, desembocar : *este callejón sale cerca de su casa.* ‖ Manifestar : *el descontento le sale a la cara.* ‖ — *A lo que salga* o *salga lo que salga*, sin preocuparse de lo que pueda resultar. ‖ *Salir adelante*, vencer las dificultades. ‖ *Salir a relucir*, surgir en la conversación. ‖ *Salir con*, conseguir. ‖ *Salir del paso*, cumplir una obligación como se puede. ‖ *Fam. Salir pitando*, irse rápidamente. ‖ *Salir por*, ganar cierta cantidad por todos los conceptos. ‖ *Salir por uno*, defender a alguien. ‖ — V. pr. Irse un fluido del sitio donde está contenido, por filtración o rotura : *el gas se sale.* ‖ Dejar escaparse el fluido que contenía un recipiente : *esta botella se sale.* ‖ Rebosar un líquido al hervir : *la leche se salió.* ‖ Dejar de pertenecer : *Ricardo se salió del Partido Socialista.* ‖ — *Salirse con la suya*, conseguir lo que uno deseaba. ‖ *Salirse de lo normal*, ser extraordinario. ‖ *Salirse por la tangente*, soslayar una pregunta difícil.

salitral adj. Salitroso. ‖ — M. Yacimiento de salitre.

salitre m. Nitrato de potasio. ‖ Sustancia salina que aflora en tierras o paredes.

salitrería f. Fábrica de salitre.

salitroso, sa adj. Con salitre.

saliva f. Líquido claro, alcalino y algo viscoso, que segregan ciertas glándulas y va a verterse en la boca. ‖ *Fig.* y *fam. Gastar saliva en balde*, hablar para nada.

salivación f. Acción de salivar. ‖ Secreción abundante de saliva.

salivadera f. *Amer.* Escupidera.

salivajo m. *Fam.* Escupitajo.

salival y **salivar** adj. Relativo a la saliva. ‖ Que la segrega.

salivar v. i. Segregar saliva.

salivazo m. *Fam.* Escupitajo.

salivera f. *Amer.* Escupidera.

salivoso, sa adj. Que segrega mucha saliva.

salmantino, na adj. y s. De Salamanca (España).

salmo m. Canto o cántico sagrado con alabanzas a Dios.

salmodia f. Manera particular de cantar los salmos. ‖ *Fig.* y *fam.* Canto monótono.

salmodiar v. t. e i. Rezar o cantar salmos. ‖ — V. t. Cantar de manera monótona.

salmón m. Pez fluvial y marino de carne rosa pálido muy estimada. ‖ — Adj. Del color del salmón.

salmonete f. Pez marino teleósteo, rojizo y de carne muy sabrosa.

salmónido adj. y s. m. Aplícase a los peces del mismo tipo que el salmón, la trucha, etc. ‖ — M. pl. Familia que forman.

salmuera f. Agua que contiene mucha sal. ‖ Líquido salado en el cual se conservan carnes y pescados.

salobral adj. Dícese del terreno que contiene sal (ú. t. c. s. m.).

salobre adj. Que contiene sal.

salobridad f. Calidad de salobre.

salomón m. *Fig.* Sabio.

salomónico, ca adj. Relativo a Salomón. ‖ *Columna salomónica*, la de fuste contorneado en espiral.

salón m. Sala grande : *salón de actos.* ‖ En una casa, cuarto donde se reciben las visitas. ‖ Nombre dado a ciertos establecimientos : *salón de té, de peluquería.* ‖ Exposición : *salón del automóvil.* ‖ *Salón literario*, tertulia de escritores, filósofos, políticos, etc., que se celebra en el domicilio de alguna persona.

salpicadero m. Tablero en el automóvil, delante del conductor, donde se encuentran

situados algunos mandos y testigos de control.
salpicadura f. Acción y efecto de salpicar. ‖ Mancha producida : *tenía todo el traje lleno de pequeñas salpicaduras de barro.*
salpicar v. t. Rociar, esparcir gotas menudas. ‖ Manchar con gotas de una materia líquida. ‖ *Fig.* Esparcir, diseminar : *valle salpicado de caseríos.* | Amenizar una conversación o texto con datos diversos : *el orador salpicó su conferencia con divertidas anécdotas.*
salpicón m. Guiso de carne, pescado o marisco, desmenuzado y aderezado con pimiento, sal, vinagre y cebolla. ‖ Salpicadura.
salpimentar v. t. Aderezar con sal y pimienta. ‖ *Fig.* Amenizar, volver más sabroso.
salpullido m. Erupción cutánea consistente en granitos y manchas.
salpullir v. t. Levantar salpullido. ‖ — V. pr. Llenarse de salpullido.
salsa f. Mezcla de varias sustancias desleídas que se hace para aderezar los guisos : *salsa verde.* ‖ *Fig.* Cosa que ameniza otra. ‖ *Fig.* y *fam. En su propia salsa,* en su ambiente.
salsera f. Recipiente para servir la salsa en la mesa.
salserilla f. Tacita en que el pintor mezcla y deslíe los colores.
salsifí m. Planta compuesta de raíz alargada, blanca y comestible.
saltador, ra adj. Que salta. ‖ — M. y f. Persona que salta. ‖ — M. Comba, cuerda para saltar.
saltamontes m. inv. Insecto ortóptero de color verde y con las patas posteriores muy desarrolladas.
saltar v. i. Levantarse del suelo con impulso y ligereza o lanzarse de un lugar a otro : *saltar desde el trampolín.* ‖ Botar una pelota. ‖ Levantarse rápidamente : *al oír eso saltó de la cama.* ‖ Moverse ciertas cosas con gran rapidez : *una chispa saltó de la chimenea.* ‖ Brotar un líquido con violencia : *saltó el champán.* ‖ Estallar, explotar : *el polvorín saltó.* ‖ Desprenderse algo de donde estaba sujeto : *saltó un botón de la americana.* ‖ Romperse, resquebrajarse : *el vaso saltó al echarle agua caliente.* ‖ Salir con ímpetu : *el equipo de fútbol saltó al terreno.* ‖ *Fig.* Pasar bruscamente de una cosa a otra : *el conferenciante saltaba de un tema a otro.* | Pasar de un sitio a otro sin seguir el orden establecido : *el alumno saltó de cuarto a sexto.* | Decir algo inesperado o inadecuado : *saltó con una impertinencia.* | Reaccionar vigorosamente ante alguna acción o palabra : *saltó al oír semejantes insultos.* | Salir despedido o expulsado : *el ministro ha saltado.* ‖ — *Fam. Estar a la que salta,* estar preparado para aprovechar la ocasión. ‖ *Fig. Saltar a la vista,* ser muy evidente. ‖ — V. t. Franquear de un salto : *saltar una valla.* ‖ Hacer explotar : *saltar un puente.* ‖ Hacer desprenderse algo del sitio donde estaba alojado : *le saltó un ojo.* ‖ Cubrir el macho a la hembra. ‖ *Fig.* Omitir algo al leer o escribir : *saltar un renglón* (ú. t. c. pr.). ‖ — *Fig. Saltar la tapa de los sesos a uno,* pegarle un tiro en la cabeza. | *Saltarse algo a la torera,* hacer caso omiso de alguna prohibición. ‖ *Saltársele a uno las lágrimas,* empezar a llorar.
saltarín, ina adj. y s. Propenso a danzar o saltar.
salteado m. Alimento sofrito a fuego vivo : *un salteado de ternera.*
salteador m. Persona que saltea y roba en los caminos.
saltear v. t. Robar en despoblado a los viajeros. ‖ Hacer algo de una forma discontinua. ‖ Sofreír un manjar a fuego vivo.
salteño, ña adj. y s. De Salta (Argentina). ‖ De Salto (Uruguay).
salterio m. Colección de los salmos de la Biblia. ‖ *Mús.* Instrumento antiguo de forma triangular y cuerdas metálicas.
saltillense adj. y s. De Saltillo (México).
saltimbanqui m. *Fam.* Titiritero.
salto m. Movimiento brusco producido por la flexión y súbita extensión de los músculos de las piernas por el cual se eleva el cuerpo. ‖ Espacio que se salta : *un salto de dos metros.* ‖ Desnivel grande en el terreno. ‖ Cascada de agua. ‖ Lanzamiento al agua del nadador : *el salto de la carpa.* ‖ En atletismo, prueba que consiste en salvar una altura o un espacio : *salto de altura, de longitud, con pértiga.* ‖ — *Fig. A salto de mata,* huyendo y escondiéndose ; a lo loco. | *A saltos,* sin continuidad. | *En un salto,* muy rápidamente. ‖ *Salto de agua,* instalación hidroeléctrica movida por el agua que cae de un desnivel. ‖ *Salto de cama,* bata ligera y amplia que se pone la mujer al levantarse. ‖ *Salto mortal,* aquel en que el cuerpo da la vuelta completa en el aire. ‖ *Triple salto,* prueba de atletismo en que hay que franquear la mayor distancia en tres saltos.
saltón, ona adj. Que anda a saltos. ‖ *Ojos saltones,* los abultados y salientes.
salubre adj. Saludable.
salubridad f. Calidad de salubre : *salubridad del aire.*
salud f. Buen estado físico : *gozar de buena salud.* ‖ Estado del organismo : *tener buena salud.* ‖ Estado de gracia espiritual : *la salud del alma.* ‖ Salvación : *la salud eterna.* ‖ — *Beber a la salud de uno,* brindar por él. ‖ *Fig. Curarse en salud,* precaverse.
saludable adj. Bueno para la salud corporal : *clima muy saludable.* ‖ Provechoso para un fin.
saludar v. t. Dar una muestra exterior de cortesía o respeto a una persona que se encuentra o de quien se despide uno. ‖ Enviar saludos. ‖ *Fig.* Aclamar : *saludar el advenimiento de la República.* ‖ *Mil.* Dar señales de saludo con descargas, toques de instrumentos, etc.
saludo m. Acción o manera de saludar. ‖ Palabras o gestos con los que se saluda.
salutación f. Saludo. ‖ *Salutación angélica,* saludo que hizo el arcángel San Gabriel a la Virgen.
salutífero, ra adj. Bueno para la salud.
salva f. Saludo hecho con armas de fuego : *una salva de artillería.* ‖ *Fig. Una salva de aplausos,* aplausos repetidos y unánimes.
salvación f. Acción y efecto de salvar o salvarse. ‖ Gloria eterna : *la salvación del alma.* ‖ *Fig. No tener salvación,* no tener remedio.
salvado m. Cascarilla que envuelve el trigo u otros cereales.
salvador, ra adj. y s. Dícese de la persona que salva. ‖ — M. Por antonomasia, Jesucristo.
salvadoreñismo m. Locución, modo de hablar, palabra propios de los salvadoreños.
salvadoreño, ña adj. y s. De El Salvador.
salvaguarda f. Salvaguardia.

salvaguardar v. t. Defender, servir de salvaguardia.
salvaguardia f. Protección.
salvajada f. Hecho o dicho propio de salvajes. ‖ Crueldad, atrocidad : *las salvajadas de la guerra.*
salvaje adj. Aplícase a las plantas no cultivadas, silvestres. ‖ Dícese del animal no domesticado. ‖ Aspero, inculto : *tierra salvaje.* ‖ — Adj. y s. Natural de un país todavía en estado primitivo : *tribu salvaje.* ‖ *Fig.* Sumamente bruto.
salvajismo m. Modo de ser o de obrar propio de los salvajes. ‖ *Fig.* Barbaridad.
salvamanteles m. inv. Objeto que se pone en la mesa debajo de las fuentes, botellas, vasos, etc., para proteger el mantel.
salvamento m. Acción y efecto de salvar o salvarse. ‖ Liberación de un peligro : *organizar el salvamento de los náufragos.* ‖ Lugar en que uno se asegura de un peligro.
salvar v. t. Librar de un peligro : *salvar a un náufrago.* ‖ Sacar de una desgracia : *salvar de la miseria.* ‖ Poner a salvo : *salvar una obra de arte.* ‖ Dar la salvación eterna : *salvar el alma.* ‖ Evitar, soslayar : *salvar una dificultad.* ‖ Recorrer la distancia que separa dos puntos. ‖ Franquear : *salvar un charco.* ‖ *Fig.* Conservar intacto : *salvar su honra.* ‖ Exceptuar, excluir. ‖ — V. pr. Librarse de un peligro. ‖ Alcanzar la gloria eterna.
salvavidas adj. y s. m. inv. *Mar.* Dícese de la boya, chaleco o bote utilizados en caso de naufragio.
salve interj. Se emplea en poesía como saludo. ‖ — F. Oración de salutación a la Virgen.
salvedad f. Advertencia que excusa o limita el alcance de lo que se va a decir. ‖ Excepción : *un reglamento sin salvedad.*
salvia f. Planta herbácea de hojas aromáticas y flores violáceas, blancas o amarillas.
salvilla f. Bandeja que tiene huecos donde se encajan las copas o tazas que se ponen en ella.
salvo, va adj. Salvado de un peligro : *sano y salvo.* ‖ — Adv. Excepto: *haré todo, salvo irme.* ‖ — *A salvo,* en seguridad : *poner a salvo;* sin daño o menoscabo. ‖ *Salvo que,* a no ser que.
salvoconducto m. Documento expedido para que uno pueda transitar por cierto sitio sin riesgo.
samanés, esa adj. y s. De Samaná (Rep. Dominicana).
samario m. Metal (símb. Sm) del grupo de las tierras raras, de número atómico 62.
samario, ria adj. y s. De Santa Marta (Colombia).
samaritano, na adj. y s. De Samaria (Palestina).
samba f. Baile popular brasileño de dos tiempos.
sambenito m. *Fig.* Nota infamante, descrédito : *colgar a uno el sambenito de embustero.*
sambumbia f. *Cub.* y *P. Rico.* Refresco de miel de caña. ‖ En el SO. de México, refresco de piña.
samovar m. Especie de tetera de cobre con hornillo usada en Rusia para calentar el agua.
sampa f. *Arg.* Arbusto ramoso que crece en terrenos salitrosos.
sampán m. Pequeña embarcación china o japonesa.
sampedrano, na adj. y s. De Villa de San Pedro (Paraguay). ‖ De San Pedro Sula (Honduras).
samurai m. En la sociedad feudal japonesa, guerrero, militar.
san adj. Apócope de *santo.*
sanalotodo m. *Fig.* Panacea.
sanandresano, na adj. y s. De San Andrés (Colombia).
sanar v. t. Restituir a uno la salud perdida. ‖ — V. i. Curarse.
sanatorio m. Establecimiento destinado al tratamiento de enfermos.
sanción f. Acto solemne por el que un jefe de Estado confirma una ley o estatuto. ‖ Autorización, aprobación : *la sanción de un acto.* ‖ Pena o castigo que la ley establece para el que la infringe. ‖ *Fig.* Medida de represión aplicada por una autoridad. | Castigo.
sancionable adj. Que merece sanción o castigo.
sancionado, da adj. y s. Que ha sufrido sanción.
sancionador, ra adj. y s. Dícese del que o de lo que sanciona.
sancionar v. t. Dar la sanción a algo : *el Rey sancionó la Constitución.* ‖ Autorizar, aprobar : *palabra sancionada por el uso.* ‖ Aplicar una sanción, castigar.
sancochar v. t. Cocer algo ligeramente y sin sazonarlo.
sancocho m. Plato americano de yuca, carne, plátano, etc., a modo de cocido. ‖ *Fig. Méx.* y *P. Rico.* Embrollo, lío.
sanctus m. Parte de la misa tras el prefacio y antes del canon.
sanchac o **sanchaque** m. *Méx.* Cocido de carne y verduras con sal y sin condimentos.
sanchopancesco, ca adj. Propio de Sancho Panza. ‖ Prosaico.
sandalia f. Calzado consistente en una suela de cuero sostenida por correas.
sándalo m. Planta labiada de jardín. ‖ Árbol de madera aromática. ‖ Esta madera.
sandáraca f. Resina del enebro y de otras coníferas.
sandez f. Necedad, tontería.
sandía f. Planta cucurbitácea de fruto comestible. ‖ Este fruto.
sandiego m. *Méx.* Planta enredadera de flores purpúreas.
sandio, dia adj. y s. Necio.
sanducero, ra adj. y s. De Paysandú (Uruguay).
sandunga f. *Fam.* Gracia, donaire, salero. ‖ *Chil. Méx.* y *Per.* Parranda, jolgorio. ‖ *Méx.* Cierto baile de Tehuantepec.
sandunguero, ra adj. *Fam.* Que tiene sandunga, saleroso.
sándwich [*-duich*] m. (pal. ingl.). Bocadillo, emparedado.
saneado, da adj. Aplícase a los bienes libres de cargas. ‖ *Fig.* Dícese del beneficio obtenido en limpio : *ingresos muy saneados.*
saneamiento m. Dotación de condiciones de salubridad a los terrenos o edificios desprovistos de ellas.
sanear v. t. Hacer desaparecer las condiciones de insalubridad en un sitio : *sanear una región pantanosa.* ‖ Desecar un terreno. ‖ Equilibrar, estabilizar : *sanear la moneda.* ‖ Hacer que las rentas o bienes estén libres de gravámenes.
sanedrín m. Consejo supremo de los judíos.
sanfasón m. (fr. *sans-façon*). *Amer.* Desfachatez, descaro.

sanfelipeño, ña adj. y s. De San Felipe (Chile).
sanfernandino, na adj. y s. De San Fernando (Chile).
sangrador m. El que sangra por oficio. ‖ *Fig.* Abertura para dar salida al líquido de un depósito, de la presa de un río, etc.
sangradura f. Sangría, parte del brazo opuesto al codo. ‖ Cisura de la vena para sangrar. ‖ *Fig.* Salida artificial que se da a las aguas de un río, un canal, etc.
sangrante adj. Que sangra.
sangrar v. t. Abrir una vena y dejar salir determinada cantidad de sangre. ‖ *Fig.* Dar salida a un líquido abriendo un conducto por donde corra. ‖ *Impr.* Empezar un renglón más adentro que los otros de la plana. ‖ Sacar resina : *sangrar un pino.* ‖ — V. i. Arrojar sangre : *sangrar por la nariz.* ‖ — V. pr. Hacerse una sangría.
sangre f. Líquido rojo que circula por las venas y las arterias de los vertebrados, irriga el corazón, transporta los elementos nutritivos y arrastra los productos de desecho. ‖ *Fig.* Linaje, parentesco, raza. | Vida : *dar su sangre por la patria.* ‖ — *A sangre fría,* con tranquilidad. ‖ *Fig. Chuparle a uno la sangre,* llegar a arruinarle. | *De sangre,* tirado o movido por animales. | *Encenderle* (o *freírle* o *quemarle*) *a uno la sangre,* exasperarle. | *Llevar una cosa en la sangre,* ser esta cosa innata o hereditaria. | *No llegar la sangre al río,* no tener una cosa consecuencias graves. | *Sangre azul,* linaje noble. | *Sangre fría,* serenidad. ‖ *Fam. Sudar sangre,* hacer muchos esfuerzos. | *Tener la sangre gorda,* ser muy lento o parsimonioso. ‖ *Fig. Tener mala sangre,* ser malo y vengativo. | *Tener sangre de horchata,* ser muy flemático, no alterarse por nada.
sangregorda adj. y s. Dícese de la persona que tiene mucha pachorra.
sangría f. Acción y efecto de sangrar a un enfermo. ‖ Parte de la articulación del brazo opuesta al codo. ‖ Incisión que se hace en un árbol para que fluya la resina. ‖ *Fig.* Sangradura, salida que se da a las aguas. | Salida continua de dinero. | Hurto que se hace poco a poco : *sangría en el caudal.* ‖ Bebida refrescante compuesta de agua, vino, azúcar y limón. ‖ *Impr.* Espacio que se deja en blanco al comienzo de una línea.
sangriento, ta adj. Que echa sangre o que está bañado en sangre : *rostro sangriento.* ‖ Que causa efusión de sangre : *batalla sangrienta.* ‖ *Fig.* Que ofende gravemente : *ultraje sangriento.* ‖ Sanguinario : *hombre sangriento.*
sangrón, ona adj. *Cub.* y *Méx. Fam.* Antipático, molesto.
sanguijuela f. Gusano anélido de boca chupadora, que vive en las lagunas y arroyos y que se utilizaba en medicina para hacer sangrías. ‖ *Fig.* y *fam.* Persona que saca hábilmente dinero a otra.
sanguina f. Lápiz rojo fabricado con hematites. ‖ Dibujo hecho con este lápiz. ‖ Fruto de carne más o menos roja. U. t. c. adj. f. : *naranja sanguina.*
sanguinario, ria adj. Feroz, cruel : *espíritu sanguinario.*
sanguíneo, a adj. Relativo a la sangre : *grupo sanguíneo.* ‖ De color de sangre : *rojo sanguíneo.* ‖ Dícese de la complexión caracterizada por la riqueza de sangre y la dilatación de los vasos capilares que da un color rojo a la piel. ‖ *Vasos sanguíneos,* arterias y venas.
sanguino, na adj. Sanguíneo.
sanguinolencia f. Estado de sanguinolento.
sanguinolento, ta adj. Sangriento, mezclado de sangre.
sanidad f. Calidad de sano. ‖ Salubridad : *medidas de sanidad.* ‖ Conjunto de servicios administrativos encargados de velar por la salud pública.
sanitario, ria adj. Relativo a la sanidad : *medidas sanitarias.* ‖ *Aparatos sanitarios,* los de limpieza e higiene instalados en cuartos de baño. ‖ — M. Miembro del cuerpo de Sanidad. ‖ *Méx.* Excusado.
sanjosense o **sanjosino, na** adj. y s. De San José (Uruguay).
sanjosiano adj. y s. De San José (Paraguay).
sanjuaneño, ña adj. y s. De Río San Juan (Nicaragua).
sanjuanino, na adj. y s. De San Juan (Argentina). ‖ De San Juan Bautista (Paraguay).
sanluiseño, ña y **sanluisero, ra** adj. y s. De San Luis (Argentina).
sanmartinense adj. y s. De San Martín (Perú).
sanmartiniano, na adj. Relativo a José de San Martín, héroe argentino liberador de América de la autoridad española.
sanmiguelense adj. y s. De San Miguel de Allende (México).
sano, na adj. Que goza de salud : *persona sana.* ‖ Saludable : *alimentación sana ; aire sano.* ‖ *Fig.* En buen estado, sin daño : *fruto sano.* | Libre de error o de vicio : *principios sanos.* | Sensato, justo : *en su sano juicio.* | Entero, no roto ni estropeado : *toda la vajilla está sana.* | Saneado : *un negocio muy sano.* ‖ — *Fig. Cortar por lo sano,* emplear el medio más expeditivo para conseguir algo o zanjar una cuestión. ‖ *Sano y salvo,* sin lesión.
sánscrito, ta adj. Aplícase a la antigua lengua de los bramanes y a los libros escritos en ella. ‖ — M. Lengua sánscrita.
sanseacabó loc. *Fam.* Ya está.
sansón m. Hombre muy fuerte.
santabárbara f. *Mar.* Pañol en las embarcaciones destinado a almacenar la pólvora.
santabarbarense adj. y s. De Santa Bárbara (Honduras).
santacruceño, ña adj. y s. De Santa Cruz (Argentina) y de Santa Cruz de Tenerife (España).
santacruzano, na adj. y s. De Santa Cruz del Quiché (Guatemala).
santafecino, na o **santafesino, na** adj. y s. De Santa Fe (Argentina).
santafereño, ña adj. y s. De Santa Fe (Colombia).
santalucense adj. y s. De Santa Lucía (Uruguay).
santandereano, na adj. y s. De Santander (Colombia).
santanderino, na adj. y s. De Santander (España).
santaneco, ca adj. y s. De Santa Ana (El Salvador).
santarroseño, ña adj. y s. De Santa Rosa (Guatemala y El Salvador).
santateresa f. Insecto ortóptero con patas delanteras prensoras.
santeño, ña adj. y s. De Los Santos (Panamá).
¡santiago! interj. Grito con que los españoles invocaban a su santo patrón al romper la batalla.

santiagueño, ña adj. y s. De Santiago (Panamá y Paraguay). ‖ De Santiago del Estero (Argentina).
santiaguero, ra adj. y s. De Santiago de Cuba.
santiagués, esa adj. y s. De Santiago de Compostela (España).
santiaguino, na adj. y s. De Santiago de Chile.
santiamén m. *Fam. En un santiamén,* en un instante.
santidad f. Estado de santo. ‖ *Su Santidad,* tratamiento honorífico que se da al Papa.
santificación f. Acción y efecto de santificar.
santificador, ra adj. y s. Aplícase al que o a lo que santifica.
santificante adj. Que santifica.
santificar v. t. Hacer a uno santo : *la gracia santifica al hombre.* ‖ Consagrar a Dios una cosa. ‖ Venerar como santo : *santificar el nombre de Dios.* ‖ Guardar el descanso dominical y el de los días de fiesta o precepto.
santificativo, va adj. Que santifica.
santiguar v. t. Hacer con la mano derecha la señal de la cruz desde la frente al pecho y desde el hombro izquierdo al derecho. ‖ Hacer cruces sobre uno supersticiosamente. ‖ — V. pr. Persignarse. ‖ *Fig.* y *fam.* Persignarse en señal de asombro.
santísimo, ma adj. Muy santo : *la Santísima Virgen.* ‖ Tratamiento que se da al Papa. ‖ — M. *El Santísimo,* Cristo en la Eucaristía.
santo, ta adj. Divino ; dícese de todo lo que se refiere a Dios : *el Espíritu Santo.* ‖ Aplícase a las personas canonizadas por la Iglesia católica (ú. t. c. s.). ‖ Conforme con la moral religiosa : *llevar una vida santa.* ‖ Aplícase a la semana que empieza el domingo de Ramos y termina el domingo de Resurrección. ‖ Inviolable, sagrado : *lugar santo.* ‖ *Fig.* Dícese de la persona muy buena o virtuosa. Ú. t. c. s. : *este hombre es un santo.* | Que tiene un efecto muy bueno : *remedio santo.* ‖ *Fig.* y *fam.* Antepuesto a ciertos sustantivos, refuerza el significado de éstos, con el sentido de real, mismísimo, gran : *hizo su santa voluntad ; tener santa paciencia.* ‖ — M. Imagen de un santo : *un santo de madera.* ‖ Día del santo cuyo nombre se lleva y fiesta con que se celebra : *mi santo cae el 30 de mayo.* ‖ Ilustración, grabado con motivo religioso. ‖ — *Fig. Adorar el santo por la peana,* halagar indirectamente a una persona a través de sus familiares próximos. | *Alzarse con el santo y la limosna,* llevárselo todo. | *¿ A santo de qué ?,* ¿ por qué razón o motivo ? | *Desnudar a un santo para vestir a otro,* quitarle algo a uno para dárselo a otro. | *Irsele a uno el santo al cielo,* olvidar lo que se iba a hacer o decir. | *Llegar y besar el santo,* obtener algo rápidamente y sin dificultad. | *No ser santo de su devoción,* no caer en gracia una persona a otra. | *Quedarse para vestir santos,* quedarse soltera. ‖ *Santo Oficio,* tribunal de la Iglesia católica cuya misión es la defensa de la fe y las costumbres : *el Santo Oficio se creó en 1942 y desde 1965 ha cambiado su nombre por el de Congregación para la Doctrina de la Fe.* ‖ *Mil. Santo y seña,* contraseña que hay que dar a requerimiento del centinela. ‖ *Fig. Tener el santo de espaldas,* tener mala suerte. ‖ *Tierra Santa,* Palestina.
santón m. Asceta mahometano. ‖ *Fig.* y *fam.* Santurrón, hipócrita. | Persona influyente y exageradamente respetada en una colectividad.
santoral m. Libro que contiene vidas de santos. ‖ Libro de coro que contiene los oficios de los santos. ‖ Lista de los santos que se celebran cada día.
santuario m. Templo donde se venera a un santo. ‖ Ermita lejos de una población.
santurrón, ona m. y f. Beato.
santurronería f. Beatería.
saña f. Furor ciego. ‖ Ensañamiento : *perseguir a uno con saña.*
sañoso, sa o **sañudo, da** adj. Enfurecido. ‖ Ensañado.
sapajú m. *Amer.* Saimirí, mono.
sapidez f. Condición de sápido.
sápido, da adj. Con sabor.
sapiencia f. Sabiduría.
sapiente adj. y s. Sabio.
sapindáceo, a adj. y s. f. Dícese de unas plantas dicotiledóneas con flores en espiga y fruto en cápsula. ‖ — F. pl. Familia que forman.
sapo m. Batracio insectívoro, parecido a la rana, de piel gruesa y verrugosa. ‖ *Amer.* Juego de la rana. ‖ *Fig.* y *fam. Echar sapos y culebras,* jurar, blasfemar.
saponáceo, a adj. Jabonoso.
saponaria f. Planta cuyas raíces contienen saponina.
saponificable adj. Que se puede convertir en jabón.
saponificación f. Conversión de materias grasas en jabón.
saponificar v. t. Transformar en jabón materias grasas.
saponina f. Sustancia contenida en la saponaria, el palo de Panamá, etc., que se disuelve en el agua volviéndola jabonosa.
sapotáceo, a adj. y s. f. Dícese de unas plantas dicotiledóneas gamopétalas leñosas como el zapote. ‖ — F. pl. Familia que forman.
sapote m. Zapote.
saprófito, ta adj. y s. m. Dícese de los vegetales que se alimentan con materias orgánicas en descomposición.
saque m. *Dep.* En los juegos de pelota, lanzamiento de la pelota al iniciarse el partido. | Acción de volver a poner la pelota en juego cuando ésta ha salido. ‖ — *Línea de saque,* raya desde donde se saca la pelota. ‖ *Saque de esquina,* acción de volver a poner la pelota en juego desde uno de los ángulos dirigiendo el tiro hacia la portería. ‖ *Fam. Tener buen saque,* ser comilón.
saquear v. t. Apoderarse los soldados de lo que encuentran en país enemigo. ‖ *Fig.* y *fam.* Llevarse todo lo que hay en un sitio.
saqueo m. Acción y efecto de saquear, robo.
saraguate y **saraguato** m. *Amér. C.* y *Méx.* Mono velludo.
sarampión m. Fiebre eruptiva, contagiosa, que se manifiesta por manchas rojas y afecta sobre todo a los niños.
sarandí m. *Arg.* Arbusto de ramas largas y flexibles.
sarao m. Reunión o fiesta nocturna con baile y música. ‖ *Fam.* Jaleo, follón.
sarape m. *Méx.* Capote de monte de lana o colcha de algodón de vivos colores con una abertura en el centro para pasar la cabeza.
sarapia f. Arbol leguminoso de América del Sur.
sarapico m. Zarapito.
sarasa m. *Fam.* Marica.
sarazo, za adj. *Col., Cub.* y *Méx.* Dícese del maíz que empieza a madurar.

sarcasmo m. Mofa acerba, escarnio. ‖ Ironía amarga.
sarcástico, ca adj. Que denota sarcasmo : *reflexión sarcástica.* ‖ Que emplea sarcasmos.
sarcocele m. Tumor duro y crónico del testículo.
sarcófago m. Sepulcro.
sarcoma m. Tumor maligno del tejido conjuntivo.
sarcomatoso, sa adj. Relativo al sarcoma.
sardana f. Danza popular catalana que se baila en corro.
sardanés, esa adj. y s. De Cerdaña (Cataluña).
sardina f. Pez teleósteo marino parecido al arenque, pero de menor tamaño, de consumo muy extendido.
sardinal m. Red para la pesca de la sardina.
sardinero, ra adj. Relativo a las sardinas : *barca sardinera.* ‖ — M. y f. Persona que vende sardinas.
sardo, da adj. y s. De Cerdeña (Italia). ‖ — M. Lengua hablada en esta isla.
sardónico, ca adj. Aplícase a la risa provocada por la contracción convulsiva de ciertos músculos de la cara. ‖ *Fig.* Irónico, sarcástico.
sargazo m. Alga marina flotante de color oscuro.
sargenta f. Mujer del sargento. ‖ *Fig.* Mujer hombruna y autoritaria.
sargento m. *Mil.* Suboficial que manda un pelotón y que depende de un teniente o alférez. ‖ *Méx.* Especie de pato que abunda en los lagos del interior del país.
sargo m. Pez teleósteo marino de color plateado y rayas negras.
sari m. Traje nacional femenino de la India consistente en una tela de algodón o seda drapeada y sin costura que cubre hasta los pies.
sarmentoso, sa adj. Parecido al sarmiento ; *planta sarmentosa.*
sarmiento m. Vástago nudoso de la vid.
sarna f. Enfermedad contagiosa de la piel que se manifiesta por la aparición de vesículas y pústulas que causan picazón intensa y cuyo agente es el *ácaro* o *arador.*
sarnoso, sa adj. y s. Que tiene sarna : *gato sarnoso.*
sarpullido m. Salpullido.
sarpullir v. t. Salpullir.
sarraceno, na adj. y s. Musulmán.
sarro m. Sedimento que se adhiere en las paredes de un conducto de líquido o en el fondo de una vasija. ‖ Sustancia calcárea que se pega al esmalte de los dientes. ‖ Capa amarillenta que cubre la parte superior de la lengua a causa de determinados trastornos gástricos.
sarroso, sa adj. Con sarro.
sarta f. Serie de cosas metidas por orden en un hilo, cuerda, etc. ‖ *Fig.* Porción de gentes o de cosas que van unas tras otras. ‖ Serie de sucesos o cosas no materiales semejantes, retahíla : *sarta de desdichas.*
sartén f. Utensilio de cocina para freír, de forma circular, más ancho que hondo, y provisto de un mango largo. ‖ Lo que cabe en él. ‖ *Fig.* Horno, lugar muy caluroso. ‖ *Fig.* y *fam. Tener la sartén por el mango,* tener en las manos la dirección de un asunto, mandar.
sartenada f. Lo que se fríe de una vez en la sartén.
sartenazo m. Golpe dado con la sartén.
sartorio adj. y s. m. Dícese del músculo del muslo que se extiende oblicuamente a lo largo de sus caras anterior e interna.
sasafrás m. Árbol americano con cuya corteza se hace una infusión empleada como sudorífico.
sascab m. (voz de origen maya). *Méx.* Tierra blanca y caliza empleada en la construcción.
sastra f. Mujer que confecciona o arregla trajes de hombre.
sastre m. El que tiene por oficio cortar y coser trajes. ‖ Traje femenino compuesto de chaqueta y falda (dícese tb. *traje sastre*).
sastrería f. Oficio de sastre. ‖ Taller de sastre.
satánico, ca adj. Propio de Satanás. ‖ *Fig.* Muy malo o perverso.
satanismo m. Perversidad.
satélite m. *Astr.* Planeta secundario que gira alrededor de otro principal y le acompaña en su revolución alrededor del Sol. ‖ *Fig.* Persona dependiente de otra a quien acompaña constantemente. ‖ *Mec.* Rueda dentada de un engranaje que gira libremente sobre un eje para transmitir el movimiento de otra rueda también dentada. ‖ — Adj. y s. m. Que depende de otro política, administrativa o económicamente : *ciudad, país satélite.* ‖ *Satélite artificial,* astronave lanzada por un cohete que la coloca en una órbita elíptica alrededor de un planeta.
satén y **satín** m. Tejido de algodón o seda brillante.
satinado, da adj. De aspecto análogo al satén : *papel satinado.* ‖ Sedoso, brillante. ‖ — M. Acción y efecto de satinar.
satinar v. t. Dar a un papel o tela el aspecto del satén.
sátira f. Composición poética, escrito o dicho en que se censura o ridiculiza a personas o cosas.
satírico, ca adj. Perteneciente a la sátira : *discurso satírico.* ‖ Dícese del escritor que cultiva la sátira. Ú. t. c. s. m. : *los satíricos griegos.* ‖ Burlón, mordaz.
satirizante adj. Que satiriza.
satirizar v. i. Escribir sátiras. ‖ — V. t. Ridiculizar, hacer a alguien o algo objeto de sátira.
sátiro m. Semidiós mitológico que tiene orejas puntiagudas, cuernos y la parte inferior del cuerpo de macho cabrío. ‖ *Fig.* Individuo dado a las manifestaciones eróticas sin respeto al pudor.
satisfacción f. Estado que resulta de la realización de lo que se pedía o deseaba : *satisfacción de un gusto.* ‖ Reparación de un agravio o daño. ‖ Presunción, vanagloria : *tener satisfacción de sí mismo.* ‖ Gusto, placer : *es una satisfacción para mí poder ayudarte.*
satisfacer v. t. Conseguir lo que se deseaba : *satisfacer un capricho.* ‖ Dar a alguien lo que esperaba : *satisfacer a sus profesores.* ‖ Pagar lo que se debe : *satisfacer una deuda.* ‖ Saciar : *satisfacer el hambre.* ‖ Colmar : *satisfacer la curiosidad.* ‖ Cumplir la pena impuesta por un delito : *satisfacer una pena.* ‖ Llenar, cumplir : *satisfacer ciertas condiciones.* ‖ Bastar : *esta explicación no me satisface.* ‖ Gustar : *ese trabajo no me satisfizo.* ‖ Reparar un agravio u ofensa : *satisfacer la honra.* ‖ — V. pr. Vengarse de un agravio. ‖ Contentarse : *me satisfago con poco.*
satisfactorio, ria adj. Que satisface : *un resultado más que satisfactorio.*

satisfecho, cha adj. Contento, complacido : *darse por satisfecho.*
sátrapa m. En la antigua Persia, gobernador de una provincia. ‖ *Fig.* Persona que vive de modo fastuoso o que gobierna despóticamente.
satrapía f. Dignidad de sátrapa y territorio gobernado por él.
saturable adj. Que puede saturarse.
saturación f. Acción y efecto de saturar o saturarse.
saturado, da adj. Aplícase a una solución que no puede disolver más cantidad del elemento disuelto. ‖ *Fig.* Harto, saciado. | Colmado, lleno.
saturar v. t. *Quím.* Combinar dos o más cuerpos en las proporciones atómicas máximas en que pueden unirse. ‖ *Fig.* Colmar, saciar, hartar (ú. t. c. pr.). | Llenar, ser superior la oferta a la demanda : *saturar el mercado de bienes de consumo.*
saturnismo m. Intoxicación causada por las sales de plomo.
sauce m. Árbol que crece en las márgenes de los ríos.
saúco m. Arbusto de flores blancas aromáticas y frutos negruzcos.
saudade f. Añoranza, nostalgia.
saudí y **saudita** adj. y s. De Arabia Saudí.
saudoso, sa adj. Nostálgico.
sauna f. Baño de calor seco.
saurio adj. m. y s. m. Dícese de los reptiles con cuatro extremidades cortas y piel escamosa como los lagartos, cocodrilos, etc. ‖ — M. pl. Orden que forman.
savia f. Líquido nutritivo de los vegetales que corre por los vasos y fibras de las plantas. ‖ *Fig.* Lo que da fuerza, energía o impulso : *no se puede luchar contra la savia de la juventud.*
savoir-faire [*savuar fer*] expr. fr. que significa *desenvoltura en la vida, habilidad, tacto, tino.*
savoir-vivre [*savuar vivre*] expr. fr. que significa *saber vivir, tener mundología, tener trato social.*
saxífraga f. Planta de flores grandes.
saxifragáceo, a adj. y s. f. Aplícase a unas plantas dicotiledóneas como la saxífraga y el grosellero. ‖ — F. pl. Familia que forman.
saxófono o **saxofón** m. Instrumento músico de viento y metal, con boquilla de madera y caña, y varias llaves, como el oboe; su sonido es análogo al del clarinete.
saya f. Falda que usan las mujeres. ‖ Vestidura talar antigua, especie de túnica.
sayal m. Tela muy basta de lana.
sazón f. Punto o madurez de las cosas : *fruta en sazón.* ‖ *Fig.* Ocasión, oportunidad, coyuntura. ‖ Gusto y sabor que se percibe en los alimentos. ‖ — *A la sazón,* entonces. ‖ *En sazón,* oportunamente. ‖ *Fuera de sazón,* inoportunamente. ‖ — Adj. *Amer.* Maduro. ‖ — M. *Amer.* Buen gusto; buen modo de cocinar.
sazonado, da adj. Bien condimentado.
sazonar v. t. Condimentar, aderezar, dar sazón a un guiso. ‖ *Fig.* Poner las cosas en el punto y madurez que deben tener. | Adornar, amenizar, ornar : *su carta estaba sazonada con unos versos.* ‖ — V. pr. Madurar. ‖ Estar en sazón la tierra.
Sb, símbolo del *antimonio.*
Sc, símbolo del *escandio.*
scoop m. (pal. ingl.). Noticia importante o sensacional dada exclusivamente por una agencia de prensa.
scooter [*scúter*] m. (pal. ingl.). Especie de motocicleta carenada.
score m. (pal. ingl.). Tanteo. ‖ Resultado.
scotch m. (pal. ingl.). Whisky escocés.
scout m. (pal. ingl.). Explorador.
script girl [*-guerl*] f. (pal. ingl.). Secretaria de rodaje, ayudante del director cinematográfico encargada de anotar los detalles de cada escena.
schacar v. t. *Arg. Fam.* Robar.
scherzo [*skerso*] m. (pal. ital.). *Mús.* Trozo vivo y alegre.
se pron. pers. reflexivo de la tercera persona en ambos géneros y números : *se enamoró perdidamente de ella.*
Se, símbolo químico del *selenio.*
sebáceo, a adj. Que tiene la naturaleza del sebo. ‖ *Glándula sebácea,* cada una de las glándulas de la piel anexas a los pelos que secretan una materia rica en ácidos grasos.
sebo m. Grasa sólida y dura que se saca de los animales herbívoros : *jabón, vela de sebo.* ‖ Grasa, gordura. ‖ *Pop.* Borrachera. ‖ *Fam. Arg. Hacer sebo,* holgazanear.
sebón, ona adj. *Arg.* Holgazán.
seborrea f. Aumento patológico de la secreción de las glándulas sebáceas de la piel.
seboruco m. *Cub.* Piedra muy porosa. ‖ *Méx.* Lugar de rocas ásperas y puntiagudas.
seboso, sa adj. Grasiento. ‖ Untado con sebo o grasa.
seca f. Hinchazón de una glándula.
secadero, ra adj. Apto para conservarse seco. ‖ — M. Lugar o instalación en que se secan las cosas.
secado m. Operación cuyo fin es eliminar de un cuerpo, en su totalidad o en parte, el agua que se encuentra en él.
secador m. Aparato para secar el pelo después de lavado. ‖ Dispositivo para secar la ropa. ‖ Aparato para secar las pruebas fotográficas.
secadora f. Máquina para secar.
secamiento m. Secado.
secano m. Tierra de labor no irrigada : *cultivo de secano.*
secante adj. y s. m. Que seca : *aceite, papel, pintura secante.* ‖ — M. *Dep.* Jugador encargado de vigilar estrechamente a un adversario. ‖ — Adj. y s. f. *Mat.* Dícese de las líneas o superficies que cortan a otras líneas o superficies.
secar v. t. Extraer la humedad de un cuerpo : *secar la ropa.* ‖ Ir consumiendo el jugo en los cuerpos : *el Sol seca las plantas.* ‖ Limpiar : *secar las lágrimas* (ú. t. c. pr.). ‖ — V. pr. Evaporarse la humedad de algo : *la toalla se ha secado.* ‖ Quedar sin agua : *secarse un río.* ‖ Perder una planta su verdor o lozanía. ‖ Curarse y cerrarse una llaga o pústula.
secativo, va adj. Secante.
sección f. En cirugía, corte, cortadura : *la sección de un tendón.* ‖ Cada una de las partes en que se divide un todo continuo o un conjunto de cosas. ‖ Cada una de las partes en que se divide un conjunto de personas : *sección de ventas.* ‖ Dibujo de perfil : *sección de una máquina,* etc. ‖ División hecha de una obra escrita : *libro dividido en tres secciones principales.* ‖ Categoría introducida en cualquier clasificación. ‖ *Geom.* Figura que resulta de la intersección de una superficie o de un sólido con otra superficie : *sección cónica.* ‖ *Mil.* Parte de una compañía o escuadrón mandada por un oficial.

seccionar v. t. Fraccionar, dividir en partes o secciones.
secesión f. Acto de separarse de un Estado parte de su pueblo y territorio, y tb. el de un Estado o un grupo de Estados que se separa de una federación o de una confederación.
secesionismo m. Tendencia que defiende la secesión política.
secesionista adj. Relativo a la secesión : *campaña secesionista.* ‖ Partidario de ella (ú. t. c. s.).
seco, ca adj. Que no tiene humedad : *aire seco, clima seco.* ‖ Carente de agua : *pozo, río seco.* ‖ Sin caldo : *guiso seco.* ‖ Sin lluvia : *tiempo seco.* ‖ Que ya no está verde : *ramas secas.* ‖ Dícese de las frutas de las que se saca la humedad para conservarlas : *higos secos.* ‖ Que no está mojado o húmedo : *el campo está seco.* ‖ Flaco, descarnado : *persona seca.* ‖ Desprovisto de secreciones humorales : *piel seca.* ‖ *Fig.* Desabrido, adusto, poco sensible : *carácter seco.* | Estricto, que no tiene sentimientos : *respuesta seca.* | Tajante, categórico : *un no seco.* | Sin nada más : *a pan seco.* | Escueto : *explicación seca.* | Aplícase a los vinos y aguardientes sin azúcar : *anís seco.* | Ronco, áspero : *tos, voz seca.* | Aplícase al golpe o ruido brusco y corto : *porrazo seco.* | Que está solo. | Árido, falto de amenidad : *prosa seca.* ‖ — *A palo seco,* sin acompañamiento. ‖ *A secas,* solamente. ‖ *Fig. Dejar a uno seco,* dejarle muerto en el acto.
secoya f. Árbol de hojas persistentes de América del Norte que puede alcanzar 150 m de alto.
secreción f. Sustancia segregada : *la secreción de la saliva.*
secreta f. *Fam.* Cuerpo de policía cuyos agentes visten de paisano : *inspector de la secreta.* ‖ — M. Miembro de esta policía.
secretar v. t. Expulsar las glándulas, membranas y células una sustancia.
secretaría f. Cargo y oficina del secretario. ‖ Oficina donde se encuentran los servicios administrativos de una entidad. ‖ *Amer.* Ministerio : *la Secretaría de Agricultura.*
secretariado m. Conjunto de personas que desempeñan el cargo de secretario. ‖ Función del secretario. ‖ Secretaría, oficina administrativa. ‖ Estudios para ser secretario o secretaria : *academia de secretariado.*
secretarial adj. Relativo al secretario.
secretario, ria m. y f. Persona encargada de redactar la correspondencia por cuenta de otro, extender las actas de una oficina o asamblea, dar fe de los acuerdos de una corporación, etc. ‖ *Secretario de Estado,* en los Estados Unidos y en el Vaticano, ministro de Asuntos Exteriores; en México y algunos otros países de América, ministro.
secretear v. i. *Fam.* Hablar en secreto.
secreteo m. *Fam.* Cuchicheo.
secreter m. Galicismo usado para designar un escritorio, mueble con tablero para escribir y cajones.
secretina f. Hormona segregada por la mucosa del duodeno.
secreto, ta adj. Puesto de tal modo que no puede verse : *puerta secreta.* ‖ Que se mantiene oculto : *matrimonio secreto.* ‖ Dícese de lo que no es manifiesto o aparente : *encanto secreto.* ‖ Que esconde o disimula sus sentimientos : *enemistad secreta.* ‖ — M. Lo que hay más escondido, lo que no es visible, lo más íntimo : *revelar un secreto* ‖ Lo que es más difícil y que exige una iniciación especial : *los secretos del arte de escribir.* ‖ Sentido, significado oculto : *descubrir el secreto de sus palabras.* ‖ Medio que no se revela para alcanzar un fin : *secreto de fabricación.* ‖ Lo que no se debe decir a nadie : *secreto profesional.*
secretor, ra y **secretorio, ria** adj. Que segrega o secreta.
secta f. Reunión de personas que profesan una misma doctrina, especialmente aquella que se aparta de la tradicional.
sectario, ria adj. Que sigue una secta (ú. t. c. s.). ‖ Intolerante, fanático : *espíritu sectario.*
sectarismo m. Carácter de una persona o de tendencias sectarias.
sector m. *Geom.* Porción de círculo comprendida entre un arco y los dos radios que pasan por sus extremidades. | Parte de esfera comprendida entre un casquete y la superficie cónica formada por los radios que terminan en su borde. ‖ *Mil.* Zona de acción de una unidad : *sector de operaciones.* ‖ *Fig.* Parte, grupo : *un sector de la opinión pública.* | Zona, área : *la luz fue cortada en varios sectores de la capital.* ‖ División de las actividades económicas : *el sector primario comprende las minas y la agricultura, el secundario la industria, y el terciario el comercio, el transporte y los servicios de administración.*
sectorial adj. Relativo a un sector, a una categoría profesional.
sectorización f. División en varios sectores.
sectorizar v. t. Dividir en varios sectores.
secuaz adj. y s. Partidario. (Tómase generalmente en sentido despectivo.)
secuela f. Consecuencia.
secuencia f. Serie de cosas que van unas tras otras. ‖ Serie de imágenes o de escenas de una película cinematográfica que constituyen un conjunto.
secuencial adj. Relativo a la secuencia
secuestrador, ra adj. y s. Que secuestra.
secuestrar v. t. Depositar judicial o gubernativamente una cosa en poder de un tercero hasta que se decida a quién pertenece. ‖ Embargar una cosa por medio de un mandato judicial. ‖ Prender indebidamente, raptar a una persona para exigir dinero por su rescate. ‖ Recoger la tirada de un periódico o publicación por orden superior.
secuestro m. Acción y efecto de secuestrar. ‖ Bienes secuestrados. ‖ Recogida de un periódico.
secular adj. Seglar, que no es eclesiástico : *justicia secular.* ‖ Que dura uno o más siglos : *encina secular.* ‖ Muy viejo : *costumbres seculares.* ‖ Dícese del clero o sacerdote que vive en el mundo y no reside en un convento (ú. t. c. s.). ‖ Laico, no eclesiástico.
secularismo m. Carácter secular.
secularización f. Conversión en secular de lo que era eclesiástico.
secularizar v. t. Convertir en secular lo que era eclesiástico.
secundar v. t. Ayudar, apoyar.
secundario, ria adj. Que viene en segundo lugar en una serie : *enseñanza secundaria.* ‖ *Fig.* Derivado, accesorio : *efecto secundario.* ‖ Dícese de la corriente eléctrica inducida y del circuito por donde pasa (ú. t. c. s. m.). ‖ *Geol.* Aplícase a la era caracterizada por la abundancia de moluscos, la existencia de gran variedad de reptiles y la aparición de las aves y mamíferos (ú. t. c. s. m.). ‖ Dícese de los fenómenos patológicos subordinados a

otros : *fiebre secundaria.* || *Sector secundario,* actividades económicas tendentes a la transformación de materias primas en bienes productivos o de consumo.
secundinas f. pl. Placenta y membranas que envuelven el feto.
secuoya f. Secoya.
sed f. Gana y necesidad de beber. || *Fig.* Apetito, anhelo, vivo deseo de una cosa.
seda f. Secreción que tienen unas glándulas especiales con la que forman los capullos ciertos gusanos o arañas. || Hilo formado con varias de estas hebras. || Tejido formado por estos hilos. || — *Fig.* y *fam. Como una seda,* muy suave al tacto; fácilmente; dócil y sumiso. || *Seda artificial,* tejido hecho con celulosa, rayón.
sedal m. Hilo de la caña de pescar.
sedán m. Automóvil cerrado de conducción interior.
sedante adj. y s. m. Sedativo.
sedar v. t. Calmar.
sedativo, va adj. y s. m. Aplícase a aquello que tiene virtud de calmar el dolor o sosegar la excitación nerviosa : *agua sedativa.*
sede f. Asiento o trono de un prelado que ejerce jurisdicción : *sede arzobispal.* || Capital de una diócesis. || Diócesis. || Jurisdicción y potestad del Sumo Pontífice : *Santa Sede.* || Residencia, domicilio : *sede social.*
sedentario, ria adj. Que se hace sentado o con poco movimiento : *labor sedentaria.* || Aplícase al oficio o vida de poco movimiento. || Que le gusta poco salir : *persona sedentaria.* || Dícese de los animales que carecen de órganos de locomoción o los han perdido en el estado adulto.
sedicente adj. Pretendido, supuesto : *el sedicente marqués.*
sedición f. Sublevación, rebelión.
sedicioso, sa adj. Que promueve sedición o toma parte en ella *grupo sedicioso* (ú. t. c. s.). || Dícese de los actos o dichos de la persona sediciosa : *discurso sedicioso.*
sediente adj. *For.* Dícese de los bienes raíces.
sediento, ta adj. Que tiene sed (ú. t. c. s.). || *Fig.* Aplícase al campo que necesita riego. | Ávido : *sediento de poder* (ú. t. c. s.).
sedimentación f. Formación de sedimentos.
sedimentar v. t. Depositar sedimento un líquido (ú. t. c. pr.). || — V. pr. *Fig.* Estabilizarse : *sus conocimientos se han sedimentado.*
sedimentario, ria adj. De la naturaleza del sedimento.
sedimento m. Materia que, habiendo estado suspensa en un líquido, se posa en el fondo. || Depósito natural dejado por el agua o viento. || *Fig.* Lo que queda de algo.
seducción f. Acción de seducir. || Atractivo, encanto.
seducir v. t. Engañar con maña. || Conseguir un hombre los favores de una mujer. || Cautivar con algún atractivo.
seductivo, va adj. Que seduce.
seductor, ra adj. y s. Que seduce.
sefardí o **sefardita** adj. Dícese de los judíos de origen español (ú. t. c. s.).
segador, ra m. y f. Persona que siega. || — F. Máquina que siega. Ú. t. c. adj. : *máquina segadora.*
segar v. t. Cortar mieses o hierba con la hoz, la guadaña o una máquina. || Cortar la parte superior de una cosa : *segar el cuello.* || *Fig.* Impedir bruscamente el desarrollo de algo : *segar las ilusiones.*
seglar adj. Relativo a la vida, estado o costumbre del siglo o mundo : *clero seglar.* || Laico, sin órdenes clericales (ú. t. c. s. m.).
segmentación f. División en segmentos.
segmento m. Parte cortada de una cosa. || *Geom.* Parte del círculo comprendida entre un arco y su cuerda. | Parte de la esfera cortada por un plano que no pasa por el centro : *segmento esférico.* || Aro metálico que asegura el cierre hermético de un émbolo del motor. || Cada una de las partes que forman el cuerpo de los gusanos y artrópodos.
segregación f. Secreción : *segregación de saliva.* || Separación de las personas de origen, raza o religión diferentes practicada en un país.
segregacionismo m. Política o doctrina de segregación racial.
segregacionista adj. Relativo a la segregación racial o partidario de la misma (ú. t. c. s.).
segregar v. t. Separar o apartar una cosa de otra u otras : *segregar un municipio.* || Secretar : *segregar saliva.*
segueta f. Sierra pequeña.
seguida f. *De seguida* o *en seguida,* inmediatamente.
seguidilla f. Composición poética de cuatro o siete versos usada en cantos populares o festivos. || Danza popular española y música que la acompaña (ú. m. en pl.).
seguido adv. En línea recta.
seguido, da adj. Continuo, consecutivo : *dos números seguidos.* || Muy cerca unos de otros : *tiene tres niños seguidos.* || Sin interrupción : *ataques seguidos.* || *Acto seguido,* inmediatamente después.
seguidor, ra adj. y s. Que sigue. || Partidario : *un seguidor del Real Madrid.* || Discípulo, secuaz : *los seguidores de Kant.*
seguimiento m. Prosecución. || Acción de observar atentamente la evolución de un sector o la realización de un proyecto.
seguir v. t. Ir después o detrás de uno (ú. t. c. i.). || Ir en busca de una persona o cosa : *seguir su rastro.* || Ir en compañía de uno : *seguirle siempre.* || Continuar : *sigue haciendo frío.* || Perseguir, acosar : *seguir un animal.* || Caminar, ir : *seguir el mismo camino.* || Observar : *seguir el curso de una enfermedad.* || Ser partidario o adepto : *seguir un partido.* || Prestar atención : *seguir a un orador.* || Obrar, conducirse de acuerdo a. || Suceder : *la primavera sigue al invierno.* || Cursar : *seguir la carrera de medicina.* || Reanudar, proseguir : *cuando escampe seguiremos la marcha.* || — V. i. Ir derecho, sin apartarse. || Estar aún : *sigue en París.* || — V. pr. Deducirse una cosa de otra. || Suceder una cosa a otra. || Derivarse : *de este conflicto se siguieron consecuencias inesperadas.*
seguiriya f. Seguidilla flamenca.
según prep. Conforme, con arreglo a : *según el Evangelio.* || — Adv. Como, con arreglo a : *según te portes irás o no al cine.* || A medida que, conforme : *según venían los trenes.* || Quizá, depende : *¿ Lo vas a hacer ? — Según.* || *Según y como,* depende de ; tal como.
segunda f. Segunda intención : *hablar con segundas.* || Segunda velocidad en un automóvil. || Segunda clase en ferrocarril.
segundero m. Aguja que señala los segundos en un reloj.
segundo, da adj. Que sigue inmediatamente en orden al o a lo primero : *Felipe Segundo ; capítulo segundo.* || Otro : *para mí ha sido un segundo padre.* || De segundo

grado : *tío segundo.* ‖ — M. Sexagésima parte del minuto (símb. s). ‖ *Fig.* Instante. ‖ Unidad de medida angular (símb. "). ‖ El que sigue en importancia al principal : *segundo de a bordo.* ‖ Piso más arriba del primero en una casa. ‖ Asistente de un boxeador en un combate.

segundogénito, ta adj. Dícese del hijo nacido después del primogénito (ú. t. c. s.).

segundón m. Hijo segundo de una familia.

segur f. Hacha grande. ‖ Hoz.

seguramente adv. Probablemente.

seguridad f. Calidad de seguro : *la seguridad de un avión.* ‖ Certidumbre en la realización de algo : *tiene seguridad en la victoria.* ‖ Confianza, situación de lo que está a cubierto de un riesgo : *guardado con toda seguridad.* ‖ Aplomo : *hablar con seguridad.* ‖ Confianza : *seguridad en sí mismo.* ‖ Fianza que se da como garantía de algo. ‖ — *Con seguridad,* seguramente. ‖ *De seguridad,* aplícase a los dispositivos destinados a evitar accidentes. ‖ *Seguridad Social,* conjunto de leyes y de los organismos que las aplican que tienen por objeto proteger a la sociedad contra determinados riesgos (accidentes, enfermedad, paro, vejez, etc.).

seguro, ra adj. Libre y exento de todo daño o riesgo : *procedimiento seguro.* ‖ Cierto : *negocio seguro.* ‖ Firme, sólido : *el clavo está seguro.* ‖ Confiado : *muy seguro de sí mismo.* ‖ Fiel : *su seguro servidor.* ‖ Que ha de realizarse, infalible : *así tendrás un enemigo seguro.* ‖ — M. Contrato por el cual una persona o sociedad *(asegurador)* se compromete a indemnizar a otra *(asegurado)* de un daño o perjuicio que pueda sufrir ésta, mediante el pago de una cantidad de dinero *(prima).* ‖ Dispositivo destinado a evitar accidentes en las máquinas o armas de fuego. ‖ — *A buen seguro,* ciertamente. ‖ *Sobre seguro,* sin arriesgarse. ‖ — Adv. Con certeza : *seguro que mañana llueve.*

seibo m. Árbol de flores rojas.

seibón m. Ceibón.

seis adj. Cinco y uno : *un niño de seis años.* ‖ Sexto : *año seis.* ‖ — M. Signo que representa el número seis. ‖ El sexto día de un mes : *el seis de agosto.* ‖ Naipe de seis puntos : *el seis de oros.* ‖ *P. Rico.* Baile popular zapateado. ‖ — F. pl. La hora sexta de la mañana o de la tarde.

seisavo, va adj. y s. Sexto.

seiscientos, tas adj. Seis veces ciento : *seiscientas mujeres.* ‖ Sexcentésimo : *el número seiscientos.* ‖ — M. Número que lo representa.

seísmo m. Terremoto.

seje m. *Amer.* Árbol de la familia de las palmas, semejante al coco.

selacio adj. y s. m. Dícese de los peces cartilaginosos de cuerpo deprimido, como el tiburón. ‖ — M. pl. Orden que forman.

selección f. Elección de una persona o cosa entre otras. ‖ Conjunto de cosas o personas elegidas : *la selección nacional de fútbol.* ‖ Colección de obras escogidas de un autor.

seleccionado, da adj. y s. Dícese del jugador deportivo o de la persona escogida para representar a una colectivad. ‖ — M. *Amer.* Selección.

seleccionador, ra adj. y s. Dícese de la persona encargada de formar una selección.

seleccionar v. t. Elegir, escoger.

selectividad f. Calidad de un aparato selectivo. ‖ Selección. ‖ Condiciones y pruebas a las que se someten a los estudiantes para ingresar en la Universidad.

selectivo, va adj. Que supone una selección. ‖ Aplícase al aparato de radio capaz de captar una emisión evitando las interferencias procedentes de ondas vecinas. ‖ — M. Curso que precede a una carrera especial técnica.

selecto, ta adj. Que es o se reputa mejor en su especie : *un círculo de gente selecta.* ‖ Exquisito, superior, excelente : *música selecta.* ‖ Distinguido : *público selecto.*

selector m. Dispositivo de selección.

selenio m. Metaloide (Se) de número atómico 34, sólido, de densidad 4,8 que funde a 217 °C.

selenita f. Yeso cristalizado en láminas. ‖ — Com. Habitante imaginario de la Luna.

seleniuro m. Combinación del selenio con un cuerpo simple.

selenografía f. Descripción de la Luna.

selenosis f. Mancha blanca en las uñas.

self adj. y s. f. Palabra inglesa cuyo significado es *auto* y entra como primer elemento de numerosas voces compuestas, algunas de las cuales son empleadas con frecuencia dentro del área hispánica : *self-control,* dominio de sí mismo; *self-government,* autogobierno; *self-induction,* autoinducción; *self-service,* autoservicio; *self-made man,* persona que por sus propios medios se ha elevado a una alta posición social o económica, autodidacto.

selva f. Terreno extenso, inculto y muy poblado de árboles. ‖ *Fig.* Abundancia desordenada de algo.

selvático, ca adj. Relativo a la selva. ‖ *Fig.* Salvaje, rústico.

sellado, da adj. Revestido de un sello. ‖ — M. Acción de sellar.

sellar v. t. Imprimir el sello : *sella un documento.* ‖ *Fig.* Estampar una cosa en otra. ‖ Concluir una cosa : *sellar una amistad.*

sello m. Plancha de metal o de caucho usada para estampar armas, divisas, letras, etc., grabadas en él. ‖ Señal que deja esta plancha. ‖ *Fig.* Carácter distintivo de algo : *un sello de nobleza.* ‖ Viñeta de papel que se usa como señal del pago de algún derecho : *sello postal, fiscal, móvil.* ‖ Sortija con escudo o iniciales. ‖ *Med.* Conjunto de dos obleas entre las que se pone un polvo medicamentoso para evitar así el sabor desagradable.

semáforo m. Telégrafo óptico establecido en las costas para comunicarse con los buques. ‖ Aparato de señales en las líneas férreas. ‖ Poste indicador con luces verde, ámbar y roja, que regula la circulación en calles y carreteras.

semana f. Serie de siete días naturales consecutivos : *el año tiene 52 semanas.* ‖ *Fig.* Remuneración pagada por una semana de trabajo : *semana de un obrero.* ‖ — *Fin de semana,* de sábado a lunes. ‖ *Semana inglesa,* descanso laboral desde el final de la mañana del sábado hasta el lunes. ‖ *Semana Santa,* la que va desde el domingo de Ramos al de Resurrección.

semanal adj. Que ocurre cada semana o dura una semana.

semanario, ria adj. Semanal. ‖ — M. Publicación que aparece semanalmente. ‖ Pulsera compuesta de siete aros.

semántico, ca adj. Relativo a la significación de las palabras. ‖ — F. Estudio del significado de las palabras y sus variaciones.

semblante m. Rostro, cara : *semblantes gozosos.* ‖ *Fig.* Aspecto.

semblantear v. t. *Amer.* Mirar a alguien cara a cara para descubrir sus intenciones.
semblanza f. Reseña biográfica.
sembrado, da adj. Dícese del terreno donde se ha efectuado la siembra (ú. t. c. s. m.). ‖ Ocurrente, ingenioso.
sembrador, ra adj. Aplícase a la persona que siembra (ú. t. c. s.). ‖ — F. Máquina para sembrar.
sembrar v. t. Echar las semillas en la tierra para que germinen. ‖ *Fig.* Derramar, distribuir : *sembrar dinero.* | Propagar : *sembrar el odio.* | Difundir : *sembrar a los cuatro vientos.* | Publicar una especie para que se divulgue : *sembrar noticias.* | Hacer algo que posteriormente pueda producir un fruto : *el que siembra, recoge.* | Poner, estar lleno : *senda sembrada de dificultades.*
semejante adj. Análogo, igual, que semeja a una persona o cosa. ‖ Úsase en sentido de comparación o ponderación : *no es lícito valerse de semejantes medios.* ‖ Tal : *no he visto a semejante persona.* ‖ — M. Hombre o animal en relación con los demás : *amar a sus semejantes.*
semejanza f. Parecido, analogía.
semejar v. i. Parecer. Ú. t. c. pr : *semejarse una persona a otra.*
semen m. Sustancia segregada por las glándulas genitales masculinas que contiene los espermatozoides.
semental adj. y s. m. Dícese del animal macho destinado a padrear.
sementera f. Siembra. ‖ Tierra sembrada. ‖ Grano sembrado. ‖ Tiempo en que se hace la siembra. ‖ *Fig.* Origen, fuente.
semestral adj. Que ocurre cada semestre o dura seis meses.
semestre m. Período de seis meses. ‖ Renta que se cobra o paga cada semestre.
semiacabado, da adj. *Producto semiacabado,* el que se sitúa entre la materia prima y el producto acabado.
semiautomático, ca adj. Parcialmente automático.
semibreve f. *Mús.* Nota que tiene la duración de cuatro negras.
semicilíndrico, ca adj. De figura de semicilindro.
semicilindro m. Cada una de las dos mitades de un cilindro separadas por un plano que pasa por el eje.
semicircular adj. De figura de semicírculo.
semicírculo m. *Geom.* Cada una de las dos mitades del círculo separadas por un diámetro.
semicircunferencia f. *Geom.* Cada una de las dos mitades de la circunferencia.
semicoma m. *Med.* Coma leve.
semiconductor m. Cuerpo no metálico que conduce imperfectamente la electricidad y cuya resistividad disminuye al aumentar la temperatura.
semiconserva f. Conserva alimenticia no esterilizada que dura sólo un tiempo limitado.
semiconsonante adj. y s. f. Aplícase a las vocales *i* e *u* cuando están situadas al principio de un diptongo o triptongo.
semicorchea f. Nota musical equivalente a media corchea.
semidiós, osa m. y. f. Héroe mitológico considerado deidad por griegos y romanos. ‖ *Fig.* Persona muy admirada por el pueblo.
semidormido, da adj. Casi dormido.
semieje m. *Geom.* Cada una de las dos mitades del eje separadas por el centro. ‖ *Autom.* Cada uno de los dos árboles que transmiten el movimiento del diferencial a las ruedas motrices.
semiesfera f. Media esfera.
semiesférico adj. En forma de semiesfera.
semifallo m. En el juego del bridge, carta de un color en poder de un jugador al comienzo de la partida.
semifinal f. *Dep.* Prueba que precede a la final.
semifinalista adj. y s. *Dep.* Que toma parte en una semifinal.
semifusa f. Nota musical equivalente a la mitad de una fusa.
semilla f. Cada uno de los cuerpos que forman parte del fruto que da origen a una nueva planta. ‖ *Fig.* Germen, origen : *semilla de discordia.* ‖ — Pl. Granos que se siembran, exceptuados el trigo y la cebada.
semillero m. Sitio donde se siembran los vegetales que después han de trasplantarse. ‖ Lugar donde se guardan las semillas. ‖ *Fig.* Origen, fuente, germen, causa : *semillero de pleitos, de vicios.* | Cantera : *semillero de hombres ilustres.*
semimanufacturado, da adj. Dícese de los productos no terminados, de la materia prima parcialmente transformada.
semimedio adj. Dícese de una categoría de boxeadores cuyo peso no supera 67 kg (ú. t. c. s. m.).
seminal adj. Del semen.
seminario m. Casa destinada a la educación de los jóvenes que se dedican al estado eclesiástico. ‖ Curso práctico de investigación en las universidades, anejo a la cátedra. ‖ Reunión de técnicos.
seminarista m. Alumno de un seminario.
seminífero, ra adj. Que contiene o lleva semen.
seminómada adj. y s. Dícese de los pueblos que alternan la ganadería nómada con una agricultura ocasional.
seminternado m. Media pensión.
semioficial adj. Que no es completamente oficial.
semiótica f. En lingüística, ciencia de los signos. ‖ En lógica matemática, teoría de los símbolos.
semipesado adj. Dícese de una de las categorías de boxeadores cuyo límite es de 79,378 k (ú. t. c. s. m.).
semiproducto m. Producto semimanufacturado.
semipúblico, ca adj. Dícese de una entidad en parte pública y en parte privada.
semirrecta f. *Geom.* Segmento de recta entre un punto y el infinito.
semirrecto adj. *Geom.* Dícese del ángulo de 45 grados.
semirremolque m. Remolque que carece de ruedas delanteras y se articula en el vehículo tractor.
semita adj. Dícese de los árabes, hebreos, sirios y otros puebos (ú. t. c. s.). ‖ Semítico.
semítico, ca adj. Relativo a los semitas : *pueblos semíticos.* ‖ Dícese de un grupo de lenguas del SE de Asia y N. de África.
semitismo m. Conjunto de las doctrinas, instituciones y costumbres de los pueblos semíticos. ‖ Giro o vocablo propio de las lenguas semíticas. ‖ Sionismo.
semitono m. *Mús.* Cada una de las dos partes desiguales en que se divide el intervalo de un tono.
semitransparente adj. Translúcido.
semivocal adj. y s. f. Aplícase a las vocales *i* e *u* al final de diptongo.

semnopiteco m. Género de monos.
sémola f. Pasta de harina de flor reducida a granos muy menudos y que se usa para hacer sopa.
semoviente adj. *For. Bienes semovientes,* el ganado.
sempiterno, na adj. Eterno.
senado m. Asamblea de patricios que formaba el Consejo Supremo de la antigua Roma. ‖ En los Estados modernos de régimen parlamentario bicameral, la asamblea formada de personalidades designadas o elegidas por su notabilidad. ‖ Edificio en el que se reúne la asamblea de los senadores.
senadoconsulto m. Decreto del antiguo Senado romano.
senador, ra m. y f. Miembro del Senado.
senatorial o **senatorio, ria** adj. Del Senado o del senador.
sencillez f. Calidad de sencillo. ‖ Poca dificultad : *mecanismo de gran sencillez.* ‖ *Fig.* Ingenuidad.
sencillo, lla adj. De un solo elemento : *una hoja sencilla.* ‖ Simple, fácil : *operación sencilla.* ‖ Poco complicado : *mecanismo sencillo.* ‖ Que carece de adornos : *traje sencillo.* ‖ *Fig.* Franco en el trato, llano : *hombre sencillo.* | Carente de refinamiento o artificio : *comida sencilla.*
senda f. Camino.
sendero m. Senda.
sendos, das adj. pl. Uno o una para cada cual de dos o más personas o cosas : *los soldados llevaban sendos fusiles.*
séneca m. *Fig.* Hombre sabio.
senectud f. Vejez.
senegalés, esa adj. y s. Del Senegal.
senequismo m. Doctrina moral y filosófica de Séneca y su aplicación a la conducta de las personas.
senescencia f. Edad senil.
senescente adj. Que empieza a envejecer.
senil adj. Propio de los viejos.
senior m. (pal. lat.). Mayor, de más edad. (Se aplica para distinguir al padre del hijo con el mismo nombre : *Mr John Mill, senior.*) ‖ En deportes, participante que ha pasado la edad de los juniors (unos 20 años), o que sin haberla pasado ha obtenido ciertos títulos.
seno m. Concavidad, cavidad. ‖ *Anat.* Cavidad existente en el espesor de un hueso : *el seno frontal, maxilar.* | Pecho de mujer, mama. ‖ Hueco que queda entre el pecho y el vestido. ‖ Cualquiera cavidad interior del cuerpo del animal. ‖ *Fig.* Parte interna de una cosa. ‖ *Geogr.* Golfo : *un seno de la costa.* ‖ *Geom.* Perpendicular tirada de uno de los extremos del arco al radio que pasa por el otro extremo.
sensación f. Impresión que recibimos por medio de los sentidos : *sensación visual.* ‖ Emoción en el ánimo : *su libro produjo sensación.*
sensacional adj. Impresionante, que causa sensación. ‖ *Fig.* y *fam.* Extraordinario, muy bueno.
sensacionalismo m. Carácter sensacional o sensacionalista.
sensacionalista adj. De carácter sensacional o emotivo.
sensatez f. Buen sentido, cordura.
sensato, ta adj. Juicioso.
sensibilidad f. Facultad de sentir, privativa de los seres animados. ‖ Propensión del hombre a dejarse llevar por los afectos de compasión y ternura. ‖ Carácter de una cosa que recibe fácilmente las impresiones exteriores : *la sensibilidad de un termómetro.* ‖ Receptividad para determinados efectos : *la sensibilidad de la placa fotográfica.* ‖ Capacidad para sentir emociones : *sensibilidad artística.*
sensibilización f. Acción de sensibilizar.
sensibilizador, ra adj. Que hace sensible a la acción de la luz o de cualquier otro agente. U. t. c. s. m. : *sensibilizador fotográfico.*
sensibilizar v. t. Hacer sensible.
sensible adj. Capaz de sentir física y moralmente : *corazón sensible.* ‖ Fácil de conmover, sentimental : *persona sensible.* ‖ Que puede ser conocido por medio de los sentidos : *el mundo sensible.* ‖ Perceptible, manifiesto, patente al entendimiento : *adelanto sensible.* ‖ Que causa pena o dolor : *pérdida sensible.* ‖ *Fís.* Capaz de señalar o registrar muy leves diferencias : *termómetro sensible.* ‖ Dícese de las placas o películas fotográficas que se ennegrecen por la acción de la luz.
sensiblería f. Sentimentalismo exagerado, trivial o fingido.
sensiblero, ra adj. Exageradamente sentimental.
sensitivo, va adj. Relativo a los sentidos corporales. ‖ Capaz de sensibilidad. ‖ Que excita la sensibilidad. ‖ — F. Género de plantas mimosáceas de América Central cuyas hojas se marchitan o se caen al tocarlas.
sensorial adj. Relativo a la sensibilidad : *aparato sensorial.*
sensual adj. Sensitivo. ‖ Aplícase a los gustos y deleites de los sentidos, a las cosas que los incitan o satisfacen y a las personas sensibles a ellos : *mujer sensual.* ‖ Carnal : *apetito sensual.*
sensualidad f. Propensión, apego a los placeres de los sentidos.
sensuntepequense adj. y s. De Sensuntepeque (El Salvador).
sentada f. Tiempo en el que se permanece sentado. ‖ Acción de sentarse en el suelo de un lugar público varias personas para manifestar su protesta por algo o apoyar de este modo una petición. ‖ *De una sentada,* sin interrupción.
sentado, da adj. Juicioso, sesudo : *un hombre sentado.* ‖ *Dar algo por sentado,* considerar algo como cierto o definitivo.
sentar v. t. Poner en un asiento : *sentar al niño en su silla.* ‖ Establecer : *sentar una verdad.* ‖ — V. i. *Fig.* Caer bien, ir una prenda de vestir : *el gabán le sentaba perfectamente.* | Cuadrar, convenir : *su modestia le sienta bien.* | Caer bien o mal un alimento o bebida en el estómago : *sentar bien la comida.* | Hacer provecho : *le sentó bien la ducha.* | Gustar, agradar una cosa : *le sentó bien tu consejo.* ‖ — V. pr. Ponerse en un asiento : *sentarse en el sofá.* ‖ Estabilizarse : *el tiempo se ha sentado.*
sentencia f. Dicho que encierra doctrina o moralidad. ‖ Resolución del tribunal, juez o árbitro. ‖ Decisión cualquiera : *las sentencias del vulgo.*
sentenciador, ra adj. Que sentencia (ú. t. c. s.).
sentenciar v. t. Dar o pronunciar sentencia. ‖ Condenar.
sentencioso, sa adj. Que contiene una sentencia o máxima : *habló con cierta amargura y tono sentencioso.*
sentido, da adj. Sincero : *dolor muy sentido.* ‖ Que es muy sensible o se ofende fácilmente : *un niño muy sentido.* ‖ Dolido,

resentido : *estoy muy sentido con él.* || Emotivo : *un sentido recuerdo.* || — M. Cada una de las facultades que tiene el hombre y cualquier animal de recibir por medio de determinados órganos corporales la impresión de los objetos externos : *el sentido de la vista.* || Entendimiento, razón : *un hombre sin sentido.* || Conocimiento, discernimiento : *tiene un sentido muy agudo.* || Modo de entender algo : *tiene un sentido peculiar del deber.* || Conocimiento : *perdió el sentido.* || Significado : *el sentido de una palabra.* || Interpretación : *no has comprendido el sentido de la moraleja.* || Finalidad, objeto : *tu gestión no tiene sentido.* || Capacidad o aptitud para algo : *tener sentido del humor.* || Dirección : *van los dos en sentido opuesto.* || *Amer.* Sien. || — *Abundar en un sentido,* identificarse con una opinión. || *Fig.* y *fam. Con todos (o con) sus cinco sentidos,* con la máxima atención y cuidado. | *Costar un sentido,* ser muy cara una cosa. || *En buen sentido,* en buena parte. || *Sentido común,* sensatez.

sentimental adj. Que pone de manifiesto sentimientos tiernos. || Dícese de la persona inclinada a experimentar muchos sentimientos afectivos (ú. t. c. s.).

sentimentalismo m. Estado de una persona sentimental.

sentimiento m. Conocimiento. || Estado afectivo : *sentimiento de tristeza.* || Inclinación buena o mala : *sentimientos nobles.* || Pena, aflicción : *le acompaño en el sentimiento.*

sentina m. Parte inferior de un buque en la que se almacena agua. || *Fig.* Lugar inmundo.

sentir m. Sentimiento. || Parecer, opinión : *en mi sentir.*

sentir v. t. Experimentar una impresión física : *sentir dolor.* || Tener una impresión moral : *siento inmensa alegría.* || Experimentar cierto sentimiento : *siento un gran amor por ella.* || Darse cuenta : *sentir el descontento del pueblo.* || Ser sensible a : *no siente la dulzura de esos momentos.* || Pensar : *se lo dije como lo sentía.* || Lamentar : *todos sentimos su muerte.* || Oír : *sentía ruidos extraños.* || Apreciar : *sentir la poesía.* || Prever, presentir : *sintió el mal tiempo.* || — *Lo siento* (o *lo siento*) *mucho,* fórmula de disculpa. || *Sin sentir,* sin darse cuenta. || — V. pr. Encontrarse, hallarse : *me siento muy feliz.* || Considerarse : *me siento forzado a hacerlo.*

seña f. Nota o indicio para dar a entender una cosa : *hacer señas.* || Cosa que conciertan dos personas para entenderse : *convenir una seña.* || Signo usado para acordarse de algo. || *Mil.* Palabra que suele acompañar al santo para los reconocimientos o rondas. || — Pl. Detalles del aspecto de una persona o cosa que se dan para reconocerla. || Domicilio, dirección : *dar sus señas.* || Signos, manifestaciones : *daban señas de contento.* || — *Dar señas,* manifestar. || *Hablar por señas,* hablar por gestos. || *Por más señas,* para mayor precisión. || *Señas personales,* datos referentes a una persona.

señal f. Marca o nota que se pone en algo para distinguirlo : *poner una señal en un naipe.* || Indicio, signo : *lo que me dices es buena señal.* || Gesto : *hacer una señal con la mano.* || Prueba : *señal de prosperidad.* || Hito, mojón para marcar un lindero. || Signo para recordar una cosa : *una señal en la página de un libro.* || Placa rotulada con símbolos que se pone en las vías de comunicación para regular o dirigir la circulación : *respetar las señales.* || Zumbido de diferente naturaleza que se oye en el teléfono al obtener la línea, al entrar en comunicación o al encontrar ocupada la línea de un abonado. || Vestigio o impresión que queda de una cosa. || Cicatriz : *la señal de una herida.* || Dinero que se da como anticipo y garantía de un pago : *dejar una señal.* || — *En señal,* en prueba o prenda de una cosa. || *No dejar ni señal,* no dejar ni rastro. || *Señal de alarma,* dispositivo de seguridad en los vehículos públicos para ordenar la detención de los mismos en caso de emergencia.

señalado, da adj. Famoso, célebre, notable. || Muy conocido : *un señalado ladrón.* || — F. *Arg.* Acción de señalar al ganado. | Época en que se hace. | Fiesta que se celebra con tal motivo.

señalamiento m. Señalización.

señalar v. t. Poner una marca o señal en alguna cosa. || Ser seña de : *señalar el principio de la vejez.* || Mostrar : *señaló con el bastón.* || Hacer observar : *ya lo señalé anteriormente.* || Determinar, fijar : *señalaron la fecha de la asamblea.* || Indicar : *el reloj señalaba las cinco.* || Fijar : *señalar el precio.* || Hacer una herida que deje cicatriz : *le señaló la cara de un latigazo.* || Hacer una señal para indicar algo : *el vigía señaló un barco enemigo.* || Designar : *el soldado fue señalado para esta misión.* || Ser la señal de algo, marcar : *el Tratado de Utrecht señaló el comienzo de la decadencia española.* || — V. pr. Distinguirse, hacerse muy conocido : *señalarse en la política.*

señalización f. Conjunto de señales indicadoras en calles, carreteras, vías férreas, aeródromos, puertos, etc. || Colocación de señales indicadoras.

señalizar v. t. Poner señales indicadoras.

señero, ra adj. Único, distinguido : *figura señera de la pintura.*

señor, ra adj. Noble, distinguido, señorial : *un gesto muy señor.* || *Fam.* Grande, hermoso. U. antepuesto al sustantivo : *tiene una señora fortuna.* || — M. y f. Dueño, amo, propietario : *un señor feudal.* || Título nobiliario correspondiente al que posee un señorío : *el señor de Bembibre.* || *Fig.* Persona distinguida, noble : *es un gran señor.* || Hombre, mujer, cuando se habla de persona desconocida : *una señora nos recibió amablemente.* || Tratamiento que actualmente se antepone al apellido de toda persona o al cargo que desempeña : *el señor Martínez ; la señora de Martínez ; el señor ministro.* || Tratamiento que, seguido de *don,* o *doña,* se antepone al nombre y apellido de una persona : *Sr. D. Ricardo García López.* || — F. *Pop.* Esposa, mujer : *dé recuerdos a su señora.* || — *A tal señor, tal honor,* según es la persona, así debemos honrarla. || *Fam. De padre y muy señor mío,* enorme. || *Muy Sr. mío,* encabezamiento habitual de las cartas comerciales. || *Nuestra Señora,* la Virgen María. || *Nuestro Señor,* Jesucristo.

señorear v. t. Dominar, mandar en una cosa como dueño de ella. || *Fig.* Sujetar a la razón : *señorear la virtud sobre el vicio.* | Dominar, estar a mayor altura : *la ermita señorea el valle.*

señoría f. Tratamiento de cortesía que se da a las personas de cierta dignidad : *Vuestra Señoría puede ordenar lo que quiera.*

señorial adj. Relativo al señorío : *dominio*

señorial. ‖ Noble, distinguido : *porte señorial.*
señoril adj. Concerniente al señor o al señorío : *tierras señoriles.*
señorío m. Dominio o mando sobre algo. ‖ Antiguo territorio del dominio de un señor : *el señorío de Vizcaya.* ‖ Dignidad de señor. ‖ *Fig.* Caballerosidad, dignidad : *conducirse con señorío.* | Dominio de las pasiones. | Conjunto de señores, personas de distinción.
señorita f. Tratamiento que dan los criados a las jóvenes a quienes sirven, y a veces a la señora. ‖ Mujer soltera y joven.
señoritingo, ga m. y f. *Despect.* Señorito.
señoritismo m. *Fam.* Condición de señorito y conducta propia de él : *en esta época moderna se ha puesto ya fin al señoritismo.*
señorito m. Tratamiento que dan los criados a los jóvenes a quienes sirven : *el señorito Federico.* ‖ Joven acomodado y ocioso.
señorón, ona adj. y s. Muy señor. ‖ Que afecta grandeza.
señuelo m. Cualquier cosa que sirve para atraer las aves. ‖ Cimbel, figura de ave para atraer a otras. ‖ *Fig.* Trampa, engaño : *caer en el señuelo.* | Cebo, espejuelo : *tras el señuelo de la fortuna.*
seo f. Iglesia catedral.
sépalo m. Cada una de las hojas del cáliz de la flor.
separación f. Acción y efecto de separar o separarse. ‖ Espacio entre dos cosas distantes. ‖ Lo que sirve a dividir, a separar. ‖ Interrupción de la vida conyugal sin llegar a romper el lazo matrimonial.
separador, ra adj. y s. Que separa.
separar v. t. Poner a una persona o cosa fuera del contacto o proximidad de otra : *separar lo bueno de lo malo.* ‖ Desunir lo que estaba junto : *separar un sello de un sobre.* ‖ Apartar a dos o más personas que luchan entre sí. ‖ Considerar aparte : *separar varios significados de un vocablo.* ‖ Dividir : *el canal de Panamá separa América en dos.* ‖ — V. pr. Retirarse, apartarse : *separarse de la política.* ‖ Alejarse : *se separaba más del fin buscado.* ‖ Dejar de cohabitar los esposos por decisión judicial.
separata f. Tirada aparte de un artículo publicado en un libro o revista.
separatismo m. Doctrina separatista. ‖ Partido separatista.
separatista adj. y s. Dícese de la tendencia o de la persona que labora por separar un territorio o colonia de un Estado : *hay en el país algunas regiones separatistas.*
sepelio m. Ceremonias religiosas propias de un entierro.
sepia f. *Zool* Jibia. ‖ Materia colorante negruzca extraída de la jibia. ‖ Color terroso, ocre : *foto de color sepia* (ú. t. c. s. m.).
septembrino, na adj. De septiembre.
septenario, ria adj. Aplícase al número compuesto de siete unidades o que se escribe con siete guarismos. ‖ — M. Tiempo de siete días dedicados a un culto.
septenio m. Período de tiempo de siete años.
septentrión m. Norte, punto cardinal. ‖ *Astr.* Osa Mayor.
septentrional adj. Al o del Norte : *regiones septentrionales.*
septeto m. *Mús.* Composición para siete instrumentos o voces. | Orquesta de siete instrumentos o coro de siete voces.
septicemia f. *Med.* Infección de la sangre, causada por la presencia de gérmenes patógenos.
septicémico, ca adj. De la septicemia. ‖ — M. y f. Persona que la padece.
séptico, ca adj. Portador de gérmenes patógenos.
septiembre m. Noveno mes, de treinta días, del año actual.
séptimo, ma adj. Que sigue inmediatamente en orden a lo sexto. ‖ — M. Cada una de las siete partes en que se divide un todo.
septingentésimo, ma adj. Que ocupa el lugar setecientos. ‖ — M. Cada una de las setecientas partes iguales de un todo.
septuagenario, ria adj. y s. Que ha cumplido setenta años.
septuagésimo, ma adj. Que ocupa el lugar setenta. ‖ — M. Cada una de las setenta partes iguales en que se divide un todo. ‖ — F. *Rel.* Domingo tres semanas antes del primero de cuaresma.
septuplicar v. t. Multiplicar por siete una cantidad (ú. t. c. pr.).
séptuplo, pla adj. y s. m. Dícese de la cantidad que incluye en sí siete veces a otra.
sepulcral adj. Del sepulcro. ‖ *Fig.* Lúgubre : *voz sepulcral.*
sepulcro m. Obra que se construye para la sepultura de uno o varios cuerpos. ‖ — *Fig. Bajar al sepulcro,* morir. ‖ *Santo Sepulcro,* el de Jesús. ‖ *Fig. Sepulcro blanqueado,* lo que es bello exteriormente, pero lleno de podredumbre en el interior.
sepultar v. t. Poner en la sepultura : *sepultar a los muertos.* ‖ Fig. Enterrar : *los cascotes sepultaron a los obreros.* ‖ — V. pr. *Fig.* Sumergirse, abismarme.
sepultura f. Entierro, inhumación de un cadáver : *dar sepultura a los muertos.* ‖ Fosa donde se entierra el cadáver.
sepulturero m. Enterrador.
sequedad f. Calidad de seco.
sequía f. Falta de lluvia.
séquito m. Grupo de personas que acompañan a otra principal en sus viajes : *el séquito del rey.* ‖ *Fig.* Secuela, acompañamiento.
sequoia f. Secoya.
ser m. Esencia o naturaleza : *ser orgánico.* ‖ Ente, lo que es o existe : *el ser humano.* ‖ Hombre, persona, individuo : *todos formaban un ser único.* ‖ Modo de existir o de vivir. ‖ Naturaleza íntima de una persona.
ser v. sustantivo que afirma del sujeto lo que significa el atributo : *la nieve es blanca.* ‖ — V. auxiliar que sirve para la conjugación de todos los verbos en la voz pasiva : *yo seré juzgado.* ‖ — V. i. Haber o existir. ‖ Pertenecer : *este diccionario es de mi hijo.* ‖ Servir, tener utilidad : *este traje es para el invierno.* ‖ Suceder : *la cosa fue bien.* ‖ Corresponder, tocar : *este asunto no es de mi incumbencia.* ‖ Formar parte de un cuerpo o asociación : *este funcionario es del ayuntamiento.* ‖ Tener principio, origen o naturaleza : *yo soy de Jerez.* ‖ — *A no ser que,* salvo. ‖ *Como sea,* de cualquier modo. ‖ *Es más,* incluso. ‖ *No ser quién* (o *nadie*) *para algo,* carecer de conocimiento o autoridad para algo. ‖ *Por si fuera poco,* para colmo. ‖ *Puede ser,* quizá. ‖ *Sea... sea,* expresión disyuntiva equivalente a ya... ya, ora... ora. ‖ *Ser muy de,* ser muy propio o característico de ; ser muy adepto de. ‖ *Si es que,* si : *iré a tu casa si es que me invitas.* ‖ *Un si es no es,* un poco.
sera f. Espuerta grande sin asas.
seráfico, ca adj. Relativo o parecido al serafín. ‖ Angelical.
serafín m. Cada uno de los espíritus biena-

venturados que forman el segundo coro de los ángeles. || *Fig.* Persona muy bella.
serbio, bia adj. y s. De Serbia. || — M. Idioma serbio.
serbocroata adj. Relativo a serbios y croatas. || — M. Lengua eslava hablada en Serbia y Croacia.
serenar v. t. Apaciguar, sosegar (ú. t. c. i. y pr.). || Templar o moderar : *serenar la ira, una pasión.*
serenata f. Música o canciones que se ejecutan por la noche para rendir homenaje a alguien || Composición poética que se canta de noche. || *Fig.* y *fam.* Lata, fastidio : *dar la serenata.*
serenense adj. y s. De La Serena (Chile).
serenidad f. Quietud, calidad de sereno : *la serenidad de la noche.* || Sangre fría, calma : *mostrar serenidad.* || Título de honor de algunos príncipes : *Su Serenidad.*
serenísimo, ma adj. Muy sereno. || Título de honor que se da a ciertos príncipes y Estados.
sereno, na adj. Aplícase al cielo despejado, sin nubes. || *Fig.* Sosegado, tranquilo, apacible. || — M. Vigilante que en ciertas poblaciones ronda las calles durante la noche. || *Al sereno,* al aire libre por la noche.
sergas f. pl. Hechos, proezas.
serial m. Novela radiofónica o televisada que se da por episodios.
seriar v. t. Clasificar por series, formar series.
sericicultor, ra o **sericultor, ra** m. y f. Persona que se dedica a la cría de gusanos de seda.
sericicultura o **sericultura** f. Industria de la cría de gusanos de seda para la fabricación de tejidos.
serie f. Conjunto de cosas relacionadas entre sí y que se suceden unas a otras : *una serie de hechos.* || *Mat.* Sucesión de cantidades que se derivan de otras : *la serie de los números enteros.* || *Bot.* y *Zool.* Disposición de los seres en el orden natural de sus afinidades : *serie zoológica.* || *Quím.* Grupos de cuerpos enlazados entre sí. || Sucesión ininterrumpida de carambolas en el juego de billar. || Prueba preliminar deportiva para poder participar en una gran competición. || — *Electr. En serie,* dícese del montaje en el que toda la electricidad pasa por el circuito. || *Fabricación en serie,* ejecución de un trabajo por un procedimiento mecánico que permite obtener un gran número de unidades por un precio mínimo. || *Fuera de serie,* dícese del artículo comercial que queda sin vender de una serie y suele venderse a precio rebajado; dícese también de las personas o cosas extraordinarias : *un torero fuera de serie.*
seriedad f. Gravedad, formalidad : *me habló con toda seriedad.*
serigrafía f. Procedimiento de impresión basado en una pantalla de seda, sobre la que se dibuja el motivo que luego es reportado sobre la superficie que se quiere decorar.
seringa f. *Amer.* Siringa.
serio, ria adj. Que tiene carácter grave, sentado : *persona seria.* || Severo en el semblante, en el modo de mirar o hablar. || Real, sincero : *promesas serias.* || Grave, importante : *enfermedad seria.* || *En serio,* seriamente.
sermón m. Discurso pronunciado en el púlpito por un sacerdote. || *Fig.* Discurso moral, reprensión : *me echó un sermón por haber llegado tan tarde a la cita.*
sermonear v. t. *Fam.* Reprender. | Aconsejar moralmente.
sermoneo m. *Fam.* Reprensión.
serón m. Sera grande.
serosidad f. Líquido análogo al suero sanguíneo que segregan ciertas membranas del cuerpo.
seroso, sa adj. Relativo al suero o a la serosidad : *líquido seroso.*
serpenteado, da adj. Ondulado.
serpentear v. i. Moverse o extenderse dando vueltas. || Tener curso muy sinuoso : *río que serpentea.*
serpenteo m. Movimiento sinuoso, zigzag.
serpentín m. Tubo de forma espiral del alambique que condensa los productos de la destilación.
serpentina f. Tira de papel arrollada que se arroja en ciertas fiestas. || Género de rocas de color verdoso formado por silicatos hidratados de magnesio.
serpiente f. Cualquier reptil ofidio, generalmente de gran tamaño. || Culebra. || — *Serpiente de cascabel,* crótalo. || *Serpiente pitón,* la de gran tamaño con cabeza cubierta de escamas. || *Fig. Serpiente de verano,* noticia sensacional y falsa que suele aparecer en los periódicos en verano, cuando la actualidad es casi nula. | *Serpiente monetaria,* figura que señala los niveles superior e inferior que no deben superar los valores de las monedas relacionadas entre sí por un acuerdo destinado a limitar sus fluctuaciones.
serpollo m. Renuevo, retoño.
serrallo m. Harén.
serrana f. Composición parecida a la serranilla.
serranía f. Espacio de terreno cruzado por montañas y sierras.
serranilla f. Poesía de asunto rústico, escrita en metros cortos.
serrano, na adj. De la sierra (ú. t. c. s.). || *Jamón serrano,* el curado al aire de la montaña.
serrar v. t. Aserrar.
serrería f. Aserradero.
serrín m. Partículas finas de madera que se desprenden al serrarla.
serruchar v. t. *Amer.* Aserrar.
serrucho m. Sierra de hoja ancha y con un mango.
sertão m. (pal. port.). Zona semiárida del Nordeste brasileño.
serventesio m. Cuarteto endecasílabo.
servicial adj. Que sirve con cuidado y diligencia. || Pronto a complacer y servir a otros.
servicio m. Acción y efecto de servir. || Manera de servir o atender : *en este hotel el servicio es muy malo.* || Estado de sirviente : *muchacha de servicio.* || Servidumbre : *ahora es difícil encontrar servicio.* || Mérito que se hace sirviendo al Estado : *hoja de servicio.* || Culto : *servicio que se debe a Dios.* || Utilidad que se saca de una cosa : *este coche me presta buen servicio.* || Turno : *el jueves estoy de servicio.* || Disposición : *estar al servicio de alguien.* || Conjunto de la vajilla o de la mantelería : *servicio de mesa.* || Lavativa, ayuda. || Organismo que forma parte de un conjunto en una administración o en una actividad económica : *servicio de publicidad.* || En un hotel, restaurante o bar, porcentaje que se añade a la cuenta en concepto de la prestación hecha por los mozos o camareros : *allí el servicio es de un 15 %.* || En el tenis, saque de la pelota. || — Pl. Parte de un

alojamiento dedicada a la servidumbre. ‖ Lavabo, aseo. ‖ Producto de la actividad del hombre que no se presenta en forma material (transportes, espectáculos, etc.). ‖ — *Escalera de servicio,* la que utiliza la servidumbre en una casa. ‖ *Hacer un flaco servicio,* perjudicar. ‖ *Servicio militar,* el que tienen que prestar los ciudadanos durante un cierto tiempo para contribuir a la defensa del país. ‖ *Servicio secreto,* el de seguridad del Estado.

servidor, ra m. y f. Persona que sirve a otra. ‖ Término de cortesía : *su seguro servidor.* ‖ *Mil.* Soldado que sirve una pieza de artillería. ‖ — *¡Servidor!,* ¡presente!, contestación que se hace cuando pasan lista. ‖ *Un servidor,* yo.

servidumbre f. Conjunto de criados. ‖ Estado o condición de siervo. ‖ *Fig.* Obligación o dependencia pesada. ‖ *For.* Derecho que tiene una casa o heredad sobre otra : *servidumbre de vistas.*

servil adj. Relativo a siervos y criados. ‖ Vil, rastrero : *hombre servil.* ‖ Que sigue demasiado de cerca un modelo : *traducción servil.*

servilismo m. Sumisión ciega.

servilleta f. Pieza de tela o papel para limpiarse la boca.

servilletero m. Aro para enrollar la servilleta.

servio, via adj. y s. Serbio.

serviola f. *Mar.* Pescante que soporta las anclas.

servir v. i. y t. Desempeñar ciertas funciones o cumplir con unos deberes para con una persona o colectividad. ‖ Vender, suministrar mercancías : *servir un pedido.* ‖ Ser útil : *este aparato no sirve para nada.* ‖ Ser uno apto para algo : *yo no sirvo para periodista.* ‖ Ser soldado en activo : *servir en filas.* ‖ Asistir con naipe del mismo palo : *servir una carta.* ‖ Poder utilizarse : *servir de instrumento.* ‖ En tenis, hacer el saque. ‖ Poner en la mesa : *servir el almuerzo.* ‖ Presentar o dar parte de un manjar a un convidado. Ú. t. c. pr. : *sírvase más paella.* ‖ Ser favorable : *esta reforma sirve sus intereses.* ‖ Dar culto : *servir a Dios.* ‖ Obrar en favor de otra persona : *servir de introductor.* ‖ — V. pr. Valerse de una cosa : *servirse de las manos.* ‖ Tener a bien : *sírvase venir conmigo.* ‖ Beneficiarse de : *servirse de sus amistades.*

servocroata adj. y s. Serbocroata.

servodirección f. Servomando que ayuda a hacer girar las ruedas motrices de un automóvil.

servofreno m. Servomando que facilita el funcionamiento del freno de un automóvil.

servomando m. Mecanismo auxiliar que amplifica una fuerza débil para hacer funcionar una máquina o un dispositivo cualquiera.

servomecanismo m. Mecanismo que, provisto de un programa, funciona automáticamente y corrige por sí mismo los errores.

servomotor m. Servomando a distancia, como el de los timones de los buques.

sesada f. Sesos de un animal. ‖ Fritada de sesos.

sésamo m. Planta herbácea de flores blancas. ‖ *Ábrete sésamo,* se aplica a un recurso infalible para vencer todos los obstáculos.

sesear v. i. Pronunciar la *ce* o la *zeda* como *ese.*

sesenta adj. Seis veces diez. ‖ Sexagésimo : *año sesenta.* ‖ — M. Número equivalente a seis veces diez.

sesentavo, va adj. y s. m. Aplícase a cada una de las sesenta partes iguales en que se divide un todo.

sesentón, ona adj. y s. *Fam.* Sexagenario : *era un hombre sesentón, con los cabellos entrecanos y de aspecto elegante.*

seseo m. Pronunciación de la *ce* o la *zeda* como *ese.*

sesera f. Parte de la cabeza del animal en que están los sesos. ‖ *Fig.* y *fam.* Inteligencia.

sesgadura f. Corte al sesgo.

sesgar v. t. Cortar al sesgo.

sesgo, ga adj. Oblicuo. ‖ — M. Oblicuidad. ‖ *Fig.* Rumbo, camino : *este asunto ha tomado mal sesgo.* ‖ *Al sesgo,* oblicuamente.

sesión f. Cada una de las reuniones de un cuerpo deliberante. ‖ Función de teatro o cine.

sesionar v. i. Celebrar sesión.

seso m. Cerebro. ‖ *Fig.* Sensatez, juicio : *hombre de mucho seso.* ‖ — *Fig. Devanarse los sesos,* pensar mucho para resolver un asunto. | *Perder el seso,* volverse loco.

sesquicentenario m. Ciento cincuenta aniversario.

sestear v. i. Dormir la siesta. ‖ Recogerse el ganado a la sombra. ‖ *Fig.* No hacer nada.

sesteo m. Acción de sestear.

sesudo, da adj. Que tiene seso o inteligencia. ‖ Prudente, sensato.

set m. (pal. ingl.). En el tenis, conjunto de seis juegos o más, hasta obtener un jugador una diferencia de dos. ‖ Plató de cine. (Pl. *sets.*)

seta f. Hongo de sombrerillo.

setecientos, tas adj. Siete veces ciento. ‖ Septingentésimo : *número, año, setecientos.* ‖ — M. Número equivalente a siete veces ciento.

setenta adj. Siete veces diez. ‖ Septuagésimo. ‖ — M. Número equivalente a siete veces diez.

setentavo, va adj. y s. m. Aplícase a la septuagésima parte de un todo.

setentón, ona adj. y s. *Fam.* Septuagenario : *una mujer setentona.*

setiembre m. Septiembre.

seto m. Cercado, valla.

setter m. (pal. ingl.). Raza de perros de caza.

seudónimo m. Nombre adoptado por un autor o artista en vez del suyo : *«Fígaro» fue el seudónimo de Larra.*

seudópodo m. Prolongación protoplasmática emitida por algunos seres unicelulares y que sirve para la ejecución de movimientos y para la prensión de partículas orgánicas.

severidad f. Rigor en el trato o en el castigo : *la severidad de una pena.* ‖ Exactitud en la observancia de una ley. ‖ Seriedad, austeridad.

severo, ra adj. Riguroso : *castigo severo.* ‖ Que no tiene indulgencia : *maestro severo.* ‖ Que muestra rigor : *mirada severa.* ‖ Austero : *vida severa.* ‖ Sin adornos excesivos : *estilo severo.* ‖ Destemplado, riguroso : *invierno muy severo.* ‖ Grave, fuerte : *severa derrota.*

sevicia f. Crueldad excesiva. ‖ Malos tratos.

seviche m. *Amer.* Pescado crudo aderezado con limón y especias.

sevillano, na adj. y s. De Sevilla (España). ‖ — F. pl. Danza y música que la acompaña, propias de la provincia de Sevilla.

sexagenario, ria adj. y s. Dícese de la

persona que ha cumplido sesenta años y tiene menos de setenta.
sexagesimal adj. Aplícase al sistema de contar o de subdividir de sesenta en sesenta.
sexagésimo, ma adj. Que ocupa el lugar sesenta. ‖ — M. Cada una de las sesenta partes iguales en que se divide un todo.
sex-appeal [*-apil*] m. (pal. ingl.). Atractivo físico.
sexcentésimo, ma adj. Que ocupa el lugar seiscientos. ‖ — M. Cada una de las seiscientas partes iguales en que se divide un todo.
sexenio m. Seis años.
sexismo m. Actitud discriminatoria de los hombres en su trato con las mujeres.
sexista adj. Relativo al sexismo. ‖ — Adj. y s. Partidario del sexismo.
sexo m. En los animales y las plantas, condición orgánica que distingue el macho de la hembra. ‖ Órgano de la generación. ‖ Circunstancia de ser macho o hembra : *ser del sexo femenino.*
sexología f. Estudio científico de la sexualidad.
sexólogo, ga m. y f. Especialista en sexología.
sex-shop m. (pal. ingl.). Tienda donde se venden revistas, libros y objetos eróticos o pornográficos.
sextante m. Instrumento astronómico formado por un sector de 60 grados que se utiliza para determinar la latitud de los astros.
sexteto m. *Mús.* Composición para seis instrumentos o seis voces. | Orquesta de seis instrumentos o coro de seis voces.
sexto, ta adj. y s. Que sigue inmediatamente al o a lo quinto. ‖ — M. Cada una de las seis partes iguales en que se divide un todo.
sextuplicación f. Multiplicación por seis.
sextuplicar v. t. Multiplicar por seis una cantidad. ‖ Hacer seis veces mayor una cosa.
séxtuplo, pla adj. Que incluye en sí seis veces una cantidad. ‖ — M. Número seis veces mayor que otro : *el séxtuplo de 5 es 30.*
sexuado, da adj. Que tiene diferenciación fisiológica de sexo.
sexual adj. Relativo al sexo : *órganos sexuales.* ‖ *Acto sexual,* coito.
sexualidad f. Conjunto de condiciones anatómicas y fisiológicas que caracterizan a cada sexo.
sha m. Título que llevaban los soberanos de Irán.
sheriff [*cherif*] m. (pal. ingl.). En los Estados Unidos, oficial de administración elegido por un distrito, con cierto poder judicial.
sherry m. (pal. ingl.). Nombre dado por los ingleses al vino de Jerez.
shock [*chok*] (pal. ingl.). *Med.* Depresión física y psíquica producida por una intensa conmoción.
shogún m. Título de los señores feudales del Japón hasta 1868.
short [*chort*] m. (pal. ingl.). Pantalón corto.
show m. (pal. ingl.). Espectáculo.
shullo m. *Per.* Gorro con orejeras usado por los indios.
shunt [*chunt*] m. (pal. ingl.). Derivación que se hace en un circuito eléctrico para que sólo pase parte de la corriente.
si conj. Implica o denota condición o hipótesis : *si lloviera iría en coche.* ‖ A principio de cláusula da énfasis a las expresiones de duda, deseo o aseveración : *si ayer lo negaste, ¿cómo te atreves a afirmarlo hoy?* ‖ Precedida de *como* o de *que* se emplea en conceptos comparativos. ‖ En lenguaje indirecto sirve para expresar la afirmación : *dime si quieres ir al cine.* ‖ En expresiones ponderativas equivale a *cuanto : ¡mira si sabe este niño!* ‖ Se emplea en exclamaciones de sorpresa : *¡si será posible!*
si m. *Mús.* Séptima nota de la escala.
Si, símbolo químico del *silicio.*
sí pron. Forma reflexiva del pron. pers. de tercera persona empleada siempre con preposición : *de sí; por sí; para sí.* ‖ — *Dar de sí,* alargarse, estirarse. ‖ *De por sí* o *de sí,* por la naturaleza misma de la cosa o persona de que se trata. ‖ *Para sí,* mentalmente. ‖ *Volver en sí,* recobrar el sentido.
sí adv. Se emplea para responder afirmativamente *¿tienes dinero suficiente? — Sí.* ‖ — *Claro que sí,* manera de afirmar rotundamente. ‖ *Fam. Eso sí que no,* manera de negar rotundamente. ‖ *Porque sí,* respuesta afirmativa a algo sin querer dar la razón. ‖ — M. Consentimiento : *dar el sí.* (Pl. *síes.*)
sial m. Parte superficial y sólida de la corteza terrestre, de 10 a 15 km de espesor.
siamés, esa adj. y s. De Siam. ‖ *Hermanos siameses,* nombre dado a los mellizos que nacen unidos por cualquier parte del cuerpo.
sibarita adj. y s. *Fig.* Aficionado a los placeres y regalos exquisitos : *era un hombre comodón y extremadamente sibarita.*
sibarítico, ca adj. *Fig.* Sensual.
sibaritismo m. Vida regalada y sensual.
siberiano, na adj. y s. De Siberia.
sibila f. Adivina.
sibilino, na adj. De las sibilas : *oráculo sibilino.* ‖ *Fig.* Profético : *frase sibilina.* | De sentido misterioso u oculto : *expresión sibilina.*
sic adv. lat. Así (Se usa entre paréntesis para indicar que se cita textualmente.)
sicalipsis f. Pornografía.
sicalíptico, ca adj. Pornográfico.
sicamor m. *Bot.* Ciclamor.
sicario m. Asesino asalariado.
siciliano, na adj. y s. De Sicilia (Italia).
sicoanálisis m. Psicoanálisis.
sicodélico, ca adj. Dícese del estado causado por la absorción de ciertos alucinógenos.
sicodelismo m. Estado de sueño provocado por el uso de alucinógenos.
sicología f. Psicología.
sicológico, ca adj. Psicológico.
sicólogo, ga m. y f. Psicólogo.
sicómoro o **sicomoro** m. Especie de higuera. ‖ Plátano falso.
sicópata com. Psicópata.
sicopatía f. Psicopatía.
sicosis f. Psicosis.
sicoterapia f. Psicoterapia.
sidecar [*saidcar*] m. (pal. ingl.). Vehículo de una sola rueda unido a una motocicleta.
sideral y **sidéreo, a** adj. Relativo a los astros : *espacio sideral.*
siderurgia f. Arte de extraer el hierro, de fundirlo y de elaborar acero.
siderúrgico, ca adj. Relativo a la siderurgia.
sidra f. Bebida alcohólica obtenida por la fermentación del zumo de las manzanas.
sidrería f. Tienda donde se vende sidra.
siega f. Corte de las mieses. ‖ Temporada en que se cortan las mieses. ‖ Mieses cortadas.
siembra f. Acción de sembrar y tiempo en que se hace. ‖ Sembrado.

siempre adv. En todo o cualquier tiempo : *siempre han ocurrido desgracias.* ‖ En todo caso : *este título siempre te servirá.* ‖ Naturalmente : *siempre es más agradable ir en coche que andando.* ‖ *Amér. C., Col.* y *Méx.* Con seguridad. ‖ *Siempre que* o *siempre y cuando,* con tal que, si.
siempreviva f. *Bot.* Perpetua.
sien f. Cada una de las dos partes laterales de la cabeza, entre la frente, la oreja y la mejilla.
sierra f. Herramienta consistente en una banda de acero con dientes que sirve para cortar madera, piedra, etc. ‖ Cordillera de montes. ‖ Nombre de diversos peces del golfo de México.
siervo, va m. y f. Esclavo. ‖ Persona que profesa en algunas órdenes religiosas : *siervo de Dios.* ‖ *Siervo de la gleba,* en el régimen feudal, el ligado a la tierra y que se traspasaba con la heredad.
sieso m. Parte terminal del intestino recto acabada por el ano. ‖ — Adj. inv. y s. m. *Fam.* Dícese de la persona sin gracia y antipática.
siesta f. Sueño que se duerme después de haber almorzado : *echar la siesta.*
siete adj. Seis más uno. ‖ Séptimo : *el día siete.* ‖ — M. Número equivalente a seis más uno. ‖ Carta o naipe de siete puntos : *siete de copas.* ‖ *Fam.* Desgarradura en forma de ángulo : *un siete en el pantalón.* ‖ *Amer. Fig.* Ano. ‖ *Fig. Más que siete,* mucho.
sietemesino, na adj. y s. Dícese del niño nacido a los siete meses de engendrado. ‖ *Fig.* y *fam.* Aplícase a la persona enclenque.
sífilis f. Enfermedad venérea contagiosa provocada por un treponema que se transmite generalmente por vía sexual.
sifilítico, ca adj. Relativo a la sífilis. ‖ Enfermo de sífilis (ú. t. c. s.).
sifón m. Tubo en el que se hace el vacío y sirve para trasegar líquidos de un recipiente a otro. ‖ Dispositivo consistente en un tubo acodado, que siempre contiene agua, y sirve para aislar de los malos olores en las cañerías de fregaderos, retretes, etc. ‖ Botella de agua gaseosa provista de un tubo acodado y de una espita para vaciarla. ‖ *Fam.* Agua de ácido carbónico : *échame un poco de sifón.*
sigilar v. t. Callar, ocultar.
sigilo m. Secreto, silencio, discreción : *actuar, obrar con sigilo.*
sigilografía f. Ciencia que estudia los sellos.
sigiloso, sa adj. Silencioso.
sigla f. Letra inicial usada como abreviatura : *O. N. U. son las siglas de la Organización de las Naciones Unidas.*
siglo m. Período de cien años. ‖ Dícese en particular de los períodos de cien años contados a partir del nacimiento de Jesucristo : *siglo XX.* ‖ Época en que vive uno : *nuestro siglo.* ‖ *Fig.* Mucho tiempo : *hace un siglo que no te veo.* ‖ El mundo, en oposición al claustro : *abandonar el siglo.* ‖ — *Por los siglos de los siglos,* eternamente. ‖ *Siglo de Oro,* época de mayor esplendor en las artes, las letras, etc. : *los s. XVI y XVII son el Siglo de Oro de la literatura española.*
sigma f. Decimoctava letra del alfabeto griego (Σ, σ, s) equivalente a la *s* en castellano.
signar v. t. Hacer la señal de la cruz (ú. t. c. pr.). ‖ Firmar.
signatario, ria adj. y s. Firmante, que firma.
signatura f. Señal. ‖ *Impr.* Número que se pone al pie de la primera página de cada pliego para facilitar la encuadernación.
significación f. Significado. ‖ Importancia : *persona de mucha significación.* ‖ Tendencia política : *persona de significación socialista.*
significado, da adj. Conocido, importante, reputado : *hombre significado.* ‖ — M. Manera como se ha de entender una palabra, acción o hecho, sentido.
significante m. Manifestación fónica de un signo lingüístico.
significar v. t. Ser una cosa representación o indicio de otra : *la bandera blanca significa rendición.* ‖ Representar una palabra, una idea o una cosa material : *rezar significa rogar a Dios.* ‖ Equivaler : *esto significaría la derrota.* ‖ Hacer saber, indicar : *significar sus intenciones.* ‖ — V. i. Representar, tener importancia : *esto no significa nada para mí.* ‖ — V. pr. Hacerse notar, distinguirse : *significarse por su probidad.*
significativo, va adj. Que tiene significado claro : *un hecho muy significativo.* ‖ Que tiene importancia.
signo m. Representación material de una cosa, dibujo, figura o sonido que tiene un carácter convencional : *signos de puntuación.* ‖ *Mat.* Señal que se usa en los cálculos para indicar las diversas operaciones : *el signo* +. ‖ Indicio, señal : *hay signos de tormenta.* ‖ Figura o rúbrica que los notarios añaden a su firma. ‖ *Fig.* Tendencia : *un movimiento de signo derechista.* ‖ Cada una de las doce divisiones del Zodiaco. ‖ En lingüística, unidad que consta de forma de contenido (significado) y forma de expresión (significante). ‖ *Signos exteriores de riqueza,* elementos del tren de vida de un individuo.
siguemepollo m. Cinta usada en el cuello por las mujeres de edad para ocultar las arrugas.
siguiente adj. Que sigue : *se fue al día siguiente* (ú. t. c. s.).
sílaba f. Sonido articulado que se emite de una sola vez : *la voz «casa» tiene dos sílabas.*
silabario m. Libro o cartel con sílabas para enseñar a leer.
silabear v. i. Ir pronunciando por separado cada sílaba. Ú. t. c. t. : *silabear un vocablo.*
silabeo m. Pronunciación de las sílabas por separado.
silábico, ca adj. De las sílabas.
silampa f. *Amer. C.* Llovizna.
silba f. Pita, acción de silbar.
silbador, ra adj. y s. Aplícase a la persona que silba.
silbar v. i. Producir el aire un sonido agudo al pasar por un espacio estrecho : *las ventanas silbaban con el viento.* ‖ Producir este sonido una persona con la boca o un silbato. ‖ Agitar el aire produciendo un ruido parecido al silbido : *las balas silbaban.* ‖ Pitar : *la locomotora silba antes de arrancar.* ‖ Tararear una canción por medio de silbidos : *yo silbo al afeitarme* (ú. t. c. t.). ‖ *Fig.* Manifestar su desaprobación con silbidos. Ú. t. c. t. : *silbar a un actor.*
silbatina f. *Arg., Chil.* y *Per.* Silba, rechifla.
silbato m. Instrumento pequeño y hueco que produce un silbido cuando se sopla en él.
silbido o **silbo** m. Sonido agudo que hace el aire al pasar por un sitio estrecho. ‖ Acción de silbar. ‖ Ruido hecho al silbar.

silenciador m. Dispositivo para amortiguar el ruido de un motor de explosión o en un arma de fuego.
silenciar v. t. Callar.
silencio m. Abstención de hablar : *permanecer en silencio.* ‖ Ausencia de ruido : *el silencio de la noche.* ‖ *Mús.* Pausa.
silencioso, sa adj. Que calla o habla muy poco. ‖ Que no hace ruido. ‖ Donde no se oye ruido.
sílex m. Pedernal, sílice.
sílfide f. Ninfa.
silicato m. Sal compuesta de ácido silícico y una base.
sílice f. *Quím.* Óxido de silicio. (Si es anhidra forma el *cuarzo,* y si es hidratada, el *ópalo.)*
silíceo, a adj. Que contiene sílice o tiene la misma naturaleza.
silícico, ca adj. Relativo a la sílice.
silicio m. Metaloide (Si), análogo al carbono, que se extrae de la sílice, de número atómico 14 y densidad 2,4.
silicona f. Nombre de sustancias análogas a los cuerpos orgánicos, en las que el silicio reemplaza el carbono.
silicosis f. *Med.* Enfermedad producida por el polvo de sílice.
silo m. Lugar y edificio donde se guarda el trigo u otros granos o forrajes.
silogismo m. Argumento de lógica que consta de tres proposiciones, la última de las cuales *(conclusión)* se deduce de las otras dos *(premisas).*
silogístico, ca adj. Relativo al silogismo : *razonamiento silogístico.*
silueta f. Dibujo sacado siguiendo los contornos de la sombra de un objeto. ‖ Figura, líneas generales del cuerpo : *silueta esbelta.* ‖ Imagen de un objeto cuyo contorno se dibuja claramente sobre el fondo : *la silueta de la iglesia se dibujaba en el horizonte.*
siluetear v. t. Dibujar una silueta.
silúrico, ca o **siluriano, na** adj. y s. m. Aplícase a un terreno sedimentario antiguo comprendido entre el cambriano y el devoniano.
siluro m. Pez malacopterigio de agua dulce parecido a la anguila.
silva f. Combinación métrica muy libre, en la que alternan los versos endecasílabos y heptasílabos.
silvestre adj. Que se cría o crece sin cultivo en selvas o campos.
silvicultor, ra m. y f. Persona que se dedica a la silvicultura.
silvicultura f. Ciencia que estudia el cultivo de los bosques.
silla f. Asiento individual con respaldo y por lo general cuatro patas : *silla de rejilla.* ‖ Aparejo para montar a caballo : *silla inglesa.* ‖ Sede de un prelado : *la silla de Toledo.* ‖ Dignidad de papa y otras eclesiásticas : *la silla pontificia.* ‖ — *Silla de la reina,* asiento que forman dos personas cogiéndose cada una las muñecas con las manos. ‖ *Silla de tijera,* la que es plegable y tiene patas cruzadas en forma de aspa. ‖ *Silla eléctrica,* asiento donde se ejecuta a los condenados a muerte por medio de la electrocución. ‖ *Silla gestatoria,* la portátil que usa el Papa.
sillar m. Piedra grande labrada usada en construcción. ‖ Parte del lomo de la caballería donde se pone la silla, albarda, etc.
sillería f. Conjunto de sillas o demás asientos de una misma clase : *la sillería de una habitación.* ‖ Conjunto de asientos, generalmente unidos, del coro de una iglesia. ‖ Taller y tienda de sillas. ‖ Construcción hecha con sillares.
sillero, ra m. y f. Persona que hace, vende o arregla sillas.
silletazo m. Golpe dado con una silla.
sillín m. Asiento de bicicleta o moto.
sillón m. Silla de brazos, mayor y más cómoda que la ordinaria.
sima f. Abismo, cavidad muy profunda en la tierra. ‖ Zona intermedia de la corteza terrestre, entre el *nife* y el *sial,* en que predominan los silicatos ferromagnésicos.
simbiosis f. Asociación de dos seres de diferentes especies que se favorecen mutuamente en su desarrollo. ‖ *Fig.* Asociación entre personas u organismos de la que se deriva mutuo beneficio.
simbiótico, ca adj. Relativo a la simbiosis : *asociación simbiótica.*
simbólico, ca adj. Relativo al símbolo o expresado por medio de él : *lenguaje simbólico.* ‖ Que sólo tiene apariencia y no realidad.
simbolismo m. Sistema de símbolos con que se representa alguna cosa : *el simbolismo de las religiones.* ‖ Movimiento poético, literario y artístico francés de fines del s. XIX, que fue una reacción contra el naturalismo.
simbolista adj. Partidario del simbolismo (ú. t. c. s.). ‖ Relativo al simbolismo : *poeta simbolista.*
simbolización f. Representación de una idea por un símbolo.
simbolizante adj. Que simboliza.
simbolizar v. t. Representar una idea por medio de un símbolo.
símbolo m. Cosa que se toma convencionalmente como representación de un concepto : *el laurel es el símbolo de la victoria.* ‖ *Quím.* Letra o letras adoptadas para designar los cuerpos simples : *«Pt» es el símbolo del platino.*
simetría f. Correspondencia de posición, forma y medida con relación a un eje, entre los elementos de un conjunto : *simetría de un edificio.*
simétrico, ca adj. Que tiene simetría : *figuras simétricas.*
simiente f. *Bot.* Semilla.
simiesco, ca adj. Que se parece al simio o propio de él.
símil m. Comparación.
similar adj. Semejante.
similigrabado m. Procedimiento de obtención de clichés tomados a partir de orginales en tintas planas.
similitud f. Semejanza.
simio m. Mono.
simón m. En Madrid, antiguo coche de punto tirado por caballos.
simonía f. Comercio con las cosas espirituales.
simonillo m. Planta de México usada como vomitivo.
simpatía f. Inclinación natural por la cual dos personas se sienten mutuamente atraídas : *le tengo simpatía.* ‖ Amabilidad, manera de ser de una persona grata y atractiva para las demás : *joven de mucha simpatía.* ‖ Relación de comportamiento fisiológico y patológico que existe entre algunos órganos.
simpático, ca adj. Que inspira simpatía : *persona simpática.* ‖ Animado por la simpatía, agradable : *reunión simpática.* ‖ *Tinta simpática,* la que resulta invisible al escribir y aparece bajo la influencia de un reactivo. ‖ — M. *Gran simpático,* parte del sistema nervioso que regula la vida vegetativa.

simpatizante adj. y s. Dícese de la persona que tiene simpatías por una doctrina, un partido, etc.
simpatizar v. i. Sentir simpatía hacia alguien o algo.
simple adj. Que no está compuesto de varias partes : *un cuerpo simple.* ‖ Sencillo, único, sin duplicar : *una simple capa de yeso.* ‖ Fácil, que no presenta dificultad : *un trabajo simple.* ‖ Que basta por sí solo : *le calló con una simple palabra.* ‖ Sin adornos superfluos : *estilo simple.* ‖ Que rehúye la afectación : *carácter simple.* ‖ *Gram.* Dícese de la palabra que no se compone de otras varias. ‖ — Adj. y s. Aplícase a la persona falta de inteligencia o astucia : *este hombre es un simple.* ‖ Tonto, necio : *simple de espíritu.* ‖ — M. Partido de tenis entre dos adversarios.
simpleza f. Tontería, necedad.
simplicidad f. Sencillez. ‖ Candor, falta de inteligencia.
simplificación f. Acción y efecto de simplificar.
simplificador, ra adj. Aplícase al que o a lo que simplifica.
simplificar v. t. Hacer más sencilla o menos complicada una cosa. ‖ *Mat.* Reducir en igual proporción los términos de una fracción.
simplismo m. Condición de simplista.
simplista adj. Aplícase al razonamiento, acto o teoría carente de base lógica y que pretende resolver fácilmente lo que de suyo es complicado. ‖ Dícese de la persona que generalmente tiende a ver soluciones fáciles en todo (ú. t. c. s.).
simplón, ona y **simplote** adj. y s. *Fam.* Muy simple, ingenuo.
simposio o **simposium** m. Conjunto de trabajos o estudios sobre determinada materia realizados por distintas personas. ‖ Reunión de especialistas diversos para estudiar a fondo algún asunto.
simulación f. Acción de simular o fingir.
simulacro m. Acción por la que se aparenta algo : *un simulacro de conversión al cristianismo.*
simulado, da adj. Fingido.
simulador, ra adj. y s. Aplícase al que o a lo que simula algo. ‖ — M. Dispositivo que reproduce el funcionamiento de un aparato con objeto de estudiar o de aprender a utilizar este último. ‖ *Simulador de vuelo,* dispositivo que reproduce en tierra las condiciones exactas del vuelo en un avión o en una nave espacial para que los pilotos puedan acostumbrarse a ellas y que aprendan a hacer las maniobras necesarias.
simular v. t. Dar la apariencia de algo que no es.
simultanear v. t. Realizar en el mismo espacio de tiempo dos o más cosas. ‖ Cursar al mismo tiempo dos o más asignaturas de distintos años o diferentes facultades. ‖ — V. pr. Realizarse al mismo tiempo varias cosas.
simultaneidad f. Existencia simultánea de varias cosas.
simultáneo, a adj. Que se hace u ocurre al mismo tiempo. ‖ — F. pl. Enfrentamiento de un jugador de ajedrez contra varios tableros.
simún m. Viento abrasador que suele soplar en los desiertos del Sáhara y de Arabia.
sin prep. Denota carencia o falta : *estaba sin un céntimo.* ‖ *Sin embargo,* no obstante.
sinagoga f. Lugar donde se reúnen los judíos para el culto. ‖ Reunión religiosa de los judíos.
sinalagmático, ca adj. Bilateral.
sinalefa f. Enlace de la última sílaba de un vocablo y de la primera del siguiente cuando aquél acaba y éste empieza por vocal.
sinaloense adj. y s. De Sinaloa (México).
sinapismo m. Cataplasma
sinartrosis f. Articulación no movible, como la de los huesos del cráneo.
sincelejano, na adj. y s. De Sincelejo (Colombia).
sincerarse v. pr. Hablar sinceramente.
sinceridad f. Calidad de sincero.
sincero, ra adj. Dícese de quien habla o actúa sin doblez o disimulo.
sinclinal m. Parte hundida de un pliegue simple del terreno.
sincolote m. *Méx.* Cesto grande.
síncopa f. Supresión de un sonido o de una sílaba en el interior de una palabra : *hidalgo es la síncopa de hijodalgo.* ‖ *Mús.* Nota emitida en el tiempo débil del compás y continuada en el fuerte.
sincopado, da adj. *Mús.* Aplícase a la nota que se halla entre otras que juntas tienen el mismo valor que ella. | Dícese del ritmo o canto que tiene esta clase de notas.
sincopar v. t. Hacer síncopa. ‖ *Fig.* Abreviar.
síncope m. Síncopa de una palabra. ‖ *Med.* Suspensión momentánea o disminución de los latidos del corazón, por falta de presión sanguínea, que causa la pérdida del conocimiento y de la respiración.
sincrociclotrón m. Aparato acelerador de partículas electrizadas análogo al ciclotrón pero que permite alcanzar energías mayores.
sincronía f. Coincidencia de época de varios acontecimientos.
sincrónico, ca adj. Que sucede al mismo tiempo.
sincronismo m. Circunstancia de ocurrir varias cosas al mismo tiempo.
sincronización f. Acción de sincronizar. ‖ Concordancia entre las imágenes y el sonido de una película cinematográfica.
sincronizar v. t. Hacer que coincidan en el tiempo varios movimientos o fenómenos. ‖ *Cin.* Hacer coincidir la imagen con el sonido.
sincrotrón m. Acelerador de partículas electrizadas parecido a la vez al ciclotrón y al betatrón.
sindicación f. Adhesión a un sindicato.
sindicado, da adj. Que pertenece a un sindicato : *trabajador sindicado* (ú. t. c. s.). ‖ — M. Junta de síndicos.
sindical adj. Relativo al síndico o al sindicato : *hubo una gran protesta de todas las centrales sindicales.*
sindicalismo m. Sistema de organización laboral por medio de sindicatos. ‖ Doctrina que considera los sindicatos como el centro de la vida orgánica de una nación.
sindicalista adj. Propio del sindicalismo. ‖ Partidario del sindicalismo o miembro de un sindicato : *militante sindicalista* (ú. t. c. s.).
sindicalización f. Acción de sindicarse.
sindicalizar v. t. Sindicar.
sindicar v. t. Organizar en sindicato a las personas de una misma profesión. ‖ — V. pr. Afiliarse a un sindicato.
sindicato m. Agrupación formada para la defensa de intereses profesionales comunes : *sindicato obrero.*
síndico m. Persona que representa y defiende los intereses de una comunidad. ‖ Liquidador de una quiebra.

síndrome m. Conjunto de síntomas de una enfermedad.
sinécdoque f. Procedimiento que consiste en tomar una parte por el todo o el todo por una parte.
sinecura f. Empleo bien retribuido y de poco trabajo.
sine die loc lat. Sin fijar fecha.
sine qua non loc. lat. Indispensable : *una condición sina qua non.*
sinfín m. Infinidad, gran cantidad : *un sinfín de mentiras.*
sinfonía f. *Mús.* Conjunto de voces, instrumentos, o ambas cosas, que suenan a la vez. | Sonata para orquesta caracterizada por la multiplicidad de músicos y la variedad de timbres de los instrumentos. || *Fig.* Acorde de varias cosas que producen una sensación agradable : *una sinfonía de luces y colores.*
sinfónico, ca adj. Relativo a la sinfonía : *poema sinfónico.*
singladura f. Distancia recorrida por una nave en veinticuatro horas. || *Fig.* Rumbo. | Camino, senda.
singlar v. i. Navegar un barco con rumbo determinado.
single m. (pal. ingl.). Partida simple de tenis entre dos adversarios, individual. || Compartimento individual en un coche cama.
singular adj. Único, solo, sin par. || *Fig.* Fuera de lo común, excepcional, raro : *hecho singular.* || *Gram.* Aplícase al número de una palabra que se atribuye a una sola persona o cosa o a un conjunto de personas o cosas (ú. t. c. s. m.).
singularidad f. Condición de singular. || Particularidad.
singularizar v. t. Distinguir o particularizar una cosa entre otras. || Poner en singular una palabra que normalmente se emplea en plural. || — V. pr. Distinguirse.
sinhueso f. *Fam.* Lengua.
siniestrado, da adj. y s. Víctima de un siniestro.
siniestro, tra adj. Izquierdo : *lado siniestro.* || *Fig.* Avieso, mal intencionado : *hombre siniestro.* | Infeliz, funesto : *año siniestro.* || — M. Daño o pérdida que sufren las personas o cosas y que hace entrar en acción la garantía del asegurador. || — F. La mano izquierda.
sinnúmero m. Número incalculable : *me sucedieron un sinnúmero de desgracias.*
sino m. Destino, hado, suerte.
sino conj. Sirve para contraponer a un concepto afirmativo otro negativo : *no lo hizo Fernando, sino Ramón.* || Salvo, excepto : *nadie le conoce sino Pedro.*
sinodal adj. Del sínodo.
sínodo m. Reunión de eclesiásticos para estudiar los asuntos de una diócesis o de la Iglesia. || Asamblea de pastores protestantes.
sinojaponés, esa adj. Relativo a China y Japón.
sinología f. Estudio de la lengua y cultura chinas.
sinólogo, ga adj. y s. Especialista en sinología.
sinonimia f. Circunstancia de ser sinónimos dos o más vocablos.
sinónimo, ma adj. Aplícase a los vocablos que tienen una significación completamente idéntica o muy parecida : *«gusto» y «placer» son palabras sinónimas* (ú. t. c. s. m.).
sinopsis f. Compendio de una ciencia expuesto en forma sinóptica.
sinóptico, ca adj. Dícese de lo que permite apreciar a primera vista las diversas partes de un todo : *tabla sinóptica.*
sinovia f. Humor viscoso que lubrica las articulaciones óseas.
sinovial adj. Relativo a la sinovia : *cápsula, derrame sinovial.*
sinovitis f. Inflamación de la membrana sinovial de una articulación.
sinrazón f. Acción hecha contra justicia, abuso de poder.
sinsabor m. Pesar, disgusto.
sinsonte m. Pájaro americano parecido al mirlo.
sintagma m. Unión de dos o más unidades lingüísticas consecutivas.
sintaxis f. Parte de la gramática que estudia la coordinación de las palabras en las oraciones.
sinterización f. Acción y efecto de sinterizar.
sinterizar v. t. Soldar o conglomerar metales pulverulentos sin alcanzar la temperatura de fusión.
síntesis f. Exposición que reúne los distintos elementos de un conjunto : *hacer la síntesis de unas discusiones.* || Composición de un cuerpo o de un conjunto a partir de sus elementos separados.
sintético, ca adj. Relativo a la síntesis u obtenido por ella : *amoniaco sintético.*
sintetizador m. Aparato electrónico de composición musical capaz de producir un sonido a partir de sus distintos componentes.
sintetizar v. t. Preparar por síntesis. || Resumir, compendiar.
sintoísmo m. Religión del Japón que honra la memoria de los antepasados y rinde culto a las fuerzas de la naturaleza.
sintoísta adj. y s. Partidario del sintoísmo.
síntoma m. Fenómeno revelador de una enfermedad. || *Fig.* Indicio.
sintomático, ca adj. Relativo al síntoma. || *Fig.* Que revela algo.
sintonía f. Vibración de dos circuitos eléctricos al tener la misma frecuencia. || Adaptación de un aparato receptor de radio o televisión a la longitud de onda de la emisora. || Música característica que anuncia el comienzo de una emisión radiofónica o televisada.
sintonización f. Pulsación de los mandos adecuados para poner un receptor en sintonía.
sintonizador m. Dispositivo de mando en un receptor que permite sintonizar con las diversas emisoras de radio o televisión.
sintonizar v. t. Hacer vibrar dos circuitos eléctricos por tener la misma frecuencia. || Poner el receptor de radio o de televisión en sintonía con la estación emisora.
sinuosidad f. Calidad de sinuoso. || *Fig.* Rodeo.
sinuoso, sa adj. Que tiene senos, ondulaciones o recodos : *camino sinuoso.* || *Fig.* Tortuoso, poco claro.
sinusitis f. Inflamación de la mucosa de los senos del cráneo.
sinusoide f. Curva plana que representa las variaciones del seno cuando varía el arco.
sinvergonzonada y **sinvergonzonería** f. Falta de vergüenza.
sinvergüenza adj. y s. *Fam.* Bribón, pícaro. | Pillo, granuja, tunante. | Desvergonzado, descarado.
sionismo m. Movimiento que propugnaba el establecimiento de un Estado judío autónomo en Palestina.

sionista adj. Relativo al sionismo. || Adepto a este movimiento (ú. t. c. s.).
siquíatra o **siquiatra** m. Psiquiatra.
siquiatría f. Psiquiatría.
síquico, ca adj. Psíquico.
siquiera conj. Equivale a *bien que, aunque.* || — Adv. Por lo menos : *déjame siquiera un poco.* || *Ni siquiera,* ni : *ni siquiera se dignaron hablarme.*
sirca f. *Amer.* Terreno o roca que resiste la erosión.
sirena f. *Mit.* Ser fabuloso con busto de mujer y cuerpo de pez que atraía a los navegantes con su canto melodioso. || *Fig.* Mujer seductora. || Señal acústica que emite un sonido intenso y se utiliza para avisar la entrada y salida en las fábricas, para anunciar una alarma aérea, para que puedan abrirse paso los coches de bomberos y ambulancias, etc.
sirga f. *Mar.* Cable o maroma para halar barcos, redes, etc., especialmente en la navegación fluvial.
sirgar v. t. Halar con la sirga.
siriaco, ca adj. y s. De Siria.
sirimiri m. Llovizna, calabobos.
siringa f. Árbol del caucho. || *Mús.* Zampoña.
siringuero m. Peón que practica incisiones en las siringas para recoger el látex.
sirio, ria adj. y s. De Siria.
siroco m. Viento caluroso.
sirvienta f. Criada.
sirviente adj. Que sirve a otra persona. || — M. Servidor, criado.
sisa f. Parte que se hurta en la compra diaria o en otras cosas menudas. || Sesgadura hecha en algunas prendas de vestir para que ajusten bien al cuerpo : *la sisa de la manga.*
sisador, ra adj. y s. Aplícase a la persona que sisa.
sisal m. Variedad de agave de México, con cuyas fibras se hacen cuerdas, sacos, etc. || Esta fibra.
sisar v. t. Hurtar algo, principalmente al comprar por cuenta ajena. || Hacer sisas en las prendas de vestir.
sisear v. t. e. i. Pronunciar repetidamente el sonido inarticulado de *s* y *ch* para mostrar desagrado o para llamar la atención : *sisearon al actor.*
siseo m. Acción de sisear.
sisique m. *Méx.* Alcohol preparado con aguamiel del maguey.
sísmico, ca adj. Relativo al terremoto : *movimientos sísmicos.*
sismo m. Seísmo, terremoto.
sismógrafo m. Aparato para registrar los movimientos sísmicos.
sisón m. Ave zancuda.
sistema m. Conjunto de principios coordinados para formar un todo científico o un cuerpo de doctrina : *sistema filosófico.* || Combinación de varias partes reunidas para conseguir cierto resultado o formar un conjunto : *sistema nervioso, solar.* || Combinación de procedimientos destinados a producir cierto resultado : *sistema de educación, de defensa.* || Conjunto de cosas ordenadas de algún modo : *un sistema de montañas, de regadío.* || Manera de estar dispuesto un mecanismo : *un sistema de alumbrado.* || Modo de gobierno, de administración o de organización social : *sistema monárquico.* || Manera ordenada de hacer las cosas : *hacer un trabajo con sistema.* || Conjunto de unidades fijadas para poder expresar las medidas principales de modo racional : *sistema decimal.* || — *Por sistema,* de un modo sistemático, por rutina. || *Sistema periódico de los elementos,* tabla de clasificación de los elementos químicos según el número atómico.
sistemático, ca adj. Relativo a un sistema o hecho según un sistema. || — F. Ciencia de la clasificación.
sistematización f. Acción y efecto de sistematizar.
sistematizar v. t. Organizar con sistema.
sístole f. Período de contracción del músculo cardiaco que provoca la circulación de la sangre.
sitiado, da adj. y s. Aplícase al que o a lo que está cercado.
sitiador, ra adj. y s. Aplícase al que sitia una plaza o fortaleza.
sitial m. Asiento para una gran dignidad en ciertas ceremonias.
sitiar v. t. Cercar un lugar para apoderarse de él. || *Fig.* Acorralar : *sitiar a un bandido.*
sit-in m. (pal. ingl.). Sentada, manifestación.
sitio m. Lugar, espacio que ocupa una persona o cosa. || Casa campestre : *el real sitio de la Granja.* || *Méx.* Lugar de estacionamiento de taxis. || Acción y efecto de sitiar un lugar : *el sitio de Buenos Aires por los ingleses.* || *Arg.* y *Chil.* Solar. || *Col.* Poblado. || — *Fig. Dejar en el sitio,* dejar muerto en el acto. | *Poner a alguien en su sitio,* hacerle ver lo impropio de su familiaridad o lo infundado de su superioridad.
sito, ta adj. Situado.
situación f. Posición : *la situación de una casa.* || Postura : *situación embarazosa.* || Condición : *una situación próspera.* || Estado de los asuntos políticos, diplomáticos, económicos, etc. : *la situación política internacional.* || Estado característico de los personajes de una obra de ficción : *situación dramática.*
situar v. t. Poner, colocar una persona o cosa en determinado sitio o situación. || Poner a una persona en cierta posición : *este concierto lo sitúa entre los mejores compositores.* || Colocar dinero en algún sitio : *situar dinero en Suiza.* || — V. pr. Ponerse : *situarse a la cabeza de la clasificación.* || Abrirse camino en la vida : *luchar duramente hasta situarse.*
siútico, ca adj. *Chil. Fam.* Cursi, que afecta finura.
siutiquería y **siutiquez** f. *Fam. Chil.* Cursilería.
siux adj. y s. Dícese de los individuos de una tribu india en el Estado de Iowa (Estados Unidos).
skating [*skéting*] m. (pal. ingl.). Patinaje sobre ruedas.
sketch m. (pal. ingl.). Obra corta, generalmente dialogada, de teatro o cine.
S. L., abrev. de *sociedad de responsabilidad limitada.* (Se emplea tb. la abrev. *Ltd.*)
slalom m. (pal. noruega). Descenso en esquíes por un camino sinuoso. || Prueba de habilidad que hacen los esquiadores sobre un recorrido en pendiente jalonado de banderas que hay que franquear en zigzag.
slang m. (pal. ingl.). Germanía.
sleeping-car [*slipin-*] m. (pal. ingl.). Coche cama.
slip m. (pal. ingl.). Prenda interior masculina usada en lugar de calzoncillos, de los que se diferencia por ser más pequeño.
slogan m. (pal. ingl.). Fórmula breve y elocuente usada en publicidad o en propaganda política.
Sm, símbolo del *samario.*

smash m. (pal. ingl.). Mate, en tenis.
smoking m. (pal. ingl.). Traje de ceremonia con solapas de raso utilizado por los hombres.
Sn, símbolo químico del *estaño.*
snack-bar m. (pal. ingl.). Cafetería.
snob adj. y s. (pal. ingl.). Que da pruebas de snobismo.
snobismo m. Admiración infundada por todas las cosas que están de moda, especialmente por las que vienen del extranjero.
so m. *Fam.* Se usa seguido de adjetivos despectivos para reforzar su sentido : so *tonto,* so *bruto.*
so prep. Bajo. Ú. en las frases *so capa de, so pena de,* etc.
¡so! interj. empleada para que se detengan las caballerías.
soasar v. t. Asar ligeramente.
soba f. Manoseo repetido o prolongado. ‖ Acción de sobar algo para amasarlo o ablandarlo. ‖ *Fig.* Zurra, paliza.
sobaco m. Concavidad que forma el arranque del brazo con el cuerpo. ‖ *Bot.* Axila de una rama.
sobado, da adj. Rozado, gastado. ‖ *Fig.* Manido, trillado.
sobadura f. Soba.
sobajar v. t. *Amer.* Humillar.
sobajear v. t. *Amer.* Manosear.
sobaquera f. Abertura del vestido en el sobaco. ‖ Pieza de refuerzo que se pone al vestido en el sobaco. ‖ Pieza con que se protegen los vestidos del sudor en la parte del sobaco.
sobaquina f. Sudor de los sobacos, de olor desagradable.
sobar v. t. Manejar, manosear una cosa repetidamente. ‖ Manejar algo para amasarlo o ablandarlo : *sobar pieles.* ‖ *Fig.* Dar una paliza. | Manosear, palpar a una persona.
sobeo m. Soba.
soberanía f. Calidad de soberano, autoridad suprema. ‖ Territorio de un príncipe soberano o de un país. ‖ Poder supremo del Estado. ‖ Poder político de una nación o de un organismo que no está sometido al control de otro Estado u organismo.
soberano, na adj. Que ejerce o posee la autoridad suprema : *príncipe soberano* (ú. t. c. s.). ‖ Que se ejerce sin control, que ejerce un poder supremo : *potencia soberana.* ‖ *Fig.* Extremo, muy grande : *una soberana lección.* | Excelente, no superado : *una superioridad soberana.* ‖ — M. Rey, monarca.
soberbia f. Orgullo y amor propio desmedidos.
soberbio, bia adj. Que muestra soberbia, orgulloso, arrogante : *persona soberbia.* ‖ *Fig.* Grandioso, magnífico : *soberbia catedral.*
sobo m. Soba.
sobón, ona adj. y s. *Fam.* Que hace excesivas caricias.
sobordo m. *Mar.* Relación del cargamento de un barco.
sobornador, ra adj. y s. Que soborna.
sobornar v. t. Inducir a uno a obrar mal valiéndose de dádivas.
soborno m. Corrupción de alguien por medio de dádivas o regalos para inducirlo a obrar mal. ‖ Dádiva con que se soborna.
sobra f. Resto, exceso en cualquier cosa. ‖ — Pl. Lo que queda de la comida al levantar la mesa. ‖ Desperdicios, desechos. ‖ Dinero que queda al soldado una vez pagado el rancho. ‖ *De sobra,* más que lo necesario; perfectamente.
sobradillo m. Tejadillo de un balcón o de una ventana.
sobrado, da adj. Demasiado, suficiente, bastante, que sobra. ‖ — M. Desván. ‖ *Arg.* Vasar. ‖ — Adv. De sobra.
sobrante adj. Que sobra. ‖ — M. Resto, restante, exceso.
sobrar v. i. Estar una cosa de más : *lo que dices sobra.* ‖ Haber más de lo que se necesita : *sobraron gentes.* ‖ Quedar.
sobrasada f. Embutido grueso de carne de cerdo picada y sazonada con sal y pimiento molido.
sobre m. Cubierta de papel que encierra una carta. ‖ Bolsa de papel, de materia plástica o de papel de estaño, que contiene una materia en polvo : *un sobre de sopa.*
sobre prep. Encima : *sobre la mesa.* ‖ Acerca de : *discutir sobre política.* ‖ Aproximadamente : *tendrá sobre 25 hectáreas.* ‖ Además de, por encima de : *pagó un 20 % sobre lo estipulado.* ‖ Expresar reiteración : *decir tonterías sobre tonterías.* ‖ Por encima de : *cinco grados sobre cero.* ‖ — *Ir sobre seguro,* no arriesgar. ‖ *Sobre todo,* principalmente.
sobreabundancia f. Abundancia excesiva.
sobreabundante adj. Excesivo.
sobreabundar v. i. Abundar mucho.
sobrealimentación f. Método terapéutico consistente en aumentar anormalmente la cantidad de alimento que se da a un enfermo.
sobrealimentar v. t. Dar a alguien una ración alimenticia superior a la normal (ú. t. c. pr.).
sobreañadir v. t. Añadir más.
sobreasada f. Sobrasada.
sobrecama f. Colcha.
sobrecaña f. Tumor óseo formado en las patas delanteras de las caballerías.
sobrecarga f. Carga excesiva.
sobrecargar v. t. Cargar con exceso.
sobrecargo m. Oficial de a bordo que defiende los intereses de la compañía naviera o de aviación en lo que concierne al cargamento. ‖ Tripulante de avión que supervisa diversas funciones auxiliares.
sobrecogedor adj. Que sobrecoge : *aquello fue en realidad un espectáculo sobrecogedor e imprevisto.*
sobrecoger v. t. Coger de repente y desprevenido. ‖ Asustar, aterrar, causar miedo (ú. t. c. pr.).
sobrecubierta f. Segunda cubierta de una cosa. ‖ Cubierta de papel que protege un libro. ‖ *Mar.* Cubierta que está encima de la principal.
sobredorar v. tr. Recubrir con una capa de oro.
sobredosis f. Dosis excesiva, especialmente de una droga.
sobreedificar v. t. Construir sobre otra construcción.
sobreentender v. t. Sobrentender (ú. t. c. pr.).
sobreentendido, da adj. Que se sobreentiende, implícito.
sobreentrenamiento m. Entrenamiento excesivo.
sobreentrenar v. t. Entrenar con exceso a un deportista (ú. t. c. i. y pr.).
sobreexceder v. t. Sobrexceder.
sobreexcitación f. Sobrexcitación, excitación excesiva.
sobreexcitar v. t. Sobrexcitar.
sobreexponer v. tr. Exponer más tiempo de lo debido una placa fotográfica.

sobreexposición f. Exposición excesiva de una placa fotográfica.
sobrehilado m. Puntadas en la orilla de una tela para que no se deshilache.
sobrehilar v. t. Dar puntadas en la orilla de una tela cortada para que no se deshilache.
sobrehílo m. Sobrehilado.
sobrehumano, na adj. Que es superior a lo humano.
sobrejuanete m. *Mar.* Verga que se pone cruzada sobre el juanete. | Vela que lleva.
sobrellenar v. t. Llenar mucho.
sobrellevar v. t. Llevar uno una carga para aliviar a otro. || *Fig.* Soportar resignadamente : *tuve que sobrellevar el peso de infinitas desgracias.*
sobremanera adv. Mucho.
sobremesa f. Tapete que se pone sobre la mesa. || Tiempo que los comensales siguen reunidos después de haber comido. || *De sobremesa,* en el tiempo que sigue a la comida.
sobremesana f. *Mar.* Gavia del palo mesana.
sobrenadar v. i. Flotar.
sobrenatural adj. Dícese de lo que no sucede según las leyes de la naturaleza. || Relativo a la religión : *vida sobrenatural.*
sobrenombre m. Nombre añadido al apellido.
sobrentender v. t. Entender una cosa que no está expresa, pero que se deduce (ú. t. c. pr.).
sobrepaga f. Suplemento a la paga.
sobrepasar v. t. e i. Exceder, superar, aventajar : *los gastos sobrepasan los ingresos.* || Adelantar.
sobrepelliz f. Vestidura blanca que se pone el sacerdote sobre la sotana.
sobrepeso m. Sobrecarga.
sobrepoblación f. *Amer.* Superpoblación.
sobreponer v. t. Poner una cosa encima de otra. || *Fig.* Anteponer : *sobreponer la educación a cualquier otra actividad.* || — V. pr. Dominar, ser superior a los obstáculos y adversidades.
sobreproducción f. Superproducción.
sobrero, ra adj. Dícese del toro que se tiene de reserva en las corridas por si se inutiliza uno de los que han de ser lidiados (ú. t. c. s. m.).
sobresaliente adj. Que sobresale. || — M. Calificación máxima en los exámenes : *obtener un sobresaliente.* || — M. y f. *Fig.* Persona destinada a suplir la falta de otra, como un comediante, un torero.
sobresalir v. i. Exceder una persona o cosa a otras en figura, tamaño, etc. || Ser más saliente, resaltar : *la cornisa sobresalía medio metro.* || *Fig.* Destacarse o distinguirse por algo.
sobresaltar v. t. Asustar, dar miedo (ú. t. c. pr.). || — V. i. Resaltar, destacarse.
sobresalto m. Sensación que proviene de un acontecimiento repentino : *tener un sobresalto.* || Temor, susto repentino.
sobresaturación f. Obtención de una disolución más concentrada que la que corresponde al punto de saturación.
sobresaturar v. t. Producir la sobresaturación (ú. t. c. pr.).
sobresdrújulo, la adj. y s. Aplícase a las voces que llevan un acento en la sílaba anterior a la antepenúltima : *haBIÉNdoseme.*
sobreseer v. t. *For.* Suspender un procedimiento : *sobreseer una causa.*
sobreseimiento m. Interrupción, suspensión, cesación.
sobrestimación f. Estimación por encima del valor real.
sobrestimar v. t. Estimar mucho más que su valor.
sobresueldo m. Dinero que se paga además del sueldo fijo.
sobretasa f. Suplemento de precio por un servicio más rápido o mejor : *sobretasa aérea postal.*
sobretensión f. *Electr.* Aumento anormal de la tensión.
sobretodo m. Prenda de vestir ancha y larga a modo de gabán.
sobrevenir v. i. Ocurrir una cosa además o después de otra. || Suceder de improviso.
sobrevivencia f. *Amer.* Supervivencia.
sobreviviente adj. y s. Superviviente.
sobrevivir v. i. Vivir uno más que otro o después de un determinado suceso o plazo.
sobrevolar v. t. Volar por encima de : *sobrevolar el territorio.*
sobrexceder v. t. Exceder.
sobrexcitación f. Excitación excesiva.
sobrexcitar v. t. Excitar más de lo normal (ú. t. c. pr.).
sobriedad f. Moderación.
sobrino, na m. y f. Hijo o hija del hermano o hermana (sobrinos carnales) o del primo o la prima (sobrinos segundos).
sobrio, bria adj. Templado, moderado en comer y beber. || *Fig.* Moderado. | Despejado de adornos superfluos : *estilo sobrio.*
socaire m. *Mar.* Abrigo o defensa que ofrece una cosa en su lado opuesto a aquel de donde sopla el viento. || *Al socaire de,* al abrigo de.
socaliña f. Ardid para sacar a uno lo que no está obligado a dar.
socaliñar v. t. Sacar a uno con socaliña una cosa.
socapa f. *Fam.* Pretexto. || *A socapa,* disimuladamente.
socarrar v. t. Chamuscar, tostar superficialmente algo (ú. t. c. pr.).
socarrón, ona adj. y s. Burlón.
socarronería f. Malicia, burla.
socava f. Excavación.
socavar v. t. Excavar, cavar. || Hacer un hueco por debajo de un terreno o dejándole en falso : *el agua socavó los cimientos.* || *Fig.* Minar, debilitar : *socavar la moral.*
socavón m. Excavación, hoyo en la ladera de un cerro o monte. || Hundimiento del suelo.
sociabilidad f. Condición de sociable.
sociable adj. Que gusta y busca la compañía de sus semejantes. || De trato amable : *persona sociable.*
social adj. Relativo a la sociedad : *vida social.* || Relativo a una compañía mercantil : *sede social.*
socialdemocracia f. Partido o doctrina de tendencia socialista moderada o reformista.
socialdemócrata adj. Relativo a la socialdemocracia. || Partidario de ella (ú. t. c. s.).
socialismo m. Doctrina socioeconómica y política que preconiza una distribución más equitativa de la riqueza basada en el principio de la colectivización de los medios de producción y de intercambio, que llevaría a la desaparición de las clases sociales.
socialista adj. y s. Partidario del socialismo o relativo a él : *llevó a cabo una política socialista muy acertada.*
socialización f. Colectivización de los

medios de producción y de intercambio, de las fuentes de riqueza, etc.

socializante adj. De carácter socialista.

socializar v. t. Poner al servicio del conjunto de la sociedad determinados medios de producción o de intercambio, desposeyendo a los propietarios mediante adquisición o expropiación por parte del Estado.

sociedad f. Reunión de hombres o de animales sometidos a leyes comunes : *las sociedades primitivas.* || Medio humano en el que está integrada una persona : *deberes para con la sociedad.* || Asociación de personas sometidas a un reglamento común, o dirigidas por convenciones tendentes a una actividad común o en defensa de sus intereses : *sociedad literaria, deportiva.* || Reunión de personas formada por el conjunto de los seres humanos con quienes se convive : *huir de la sociedad por misantropía.* || Conjunto de personas más distinguidas, afortunadas y de alta categoría social : *pertenecer a la alta sociedad.* || Contrato por el que dos o más personas ponen en común ya sea capitales ya sea capacidades industriales con objeto de alcanzar unos beneficios que se repartirán más tarde entre ellas. || Persona moral o entidad creada por este contrato. || — *Entrar* o *presentarse en sociedad,* iniciar una muchacha su vida social asistiendo a un baile de gala. || *Sociedad anónima,* la constituida por acciones transferibles y en la que la responsabilidad económica se limita al valor de dichas acciones (abrev. S. A.). || *Sociedad comanditaria* o *en comandita,* forma intermedia entre la anónima y la colectiva en que hay dos clases de socios, unos que poseen los mismos derechos y obligaciones que los de una sociedad colectiva y otros, denominados comanditarios, que tienen limitados los beneficios y la responsabilidad. || *Sociedad conyugal,* la constituida por el marido y la esposa. || *Sociedad de responsabilidad limitada,* sociedad comanditaria. || *Sociedad regular, colectiva,* aquella en que los socios tienen proporcionalmente los mismos derechos y obligaciones, con responsabilidad indefinida.

socio, cia m. y f. Miembro de una sociedad, de un club. || *Fam.* Individuo, persona : *¡vaya un socio!*

sociocultural adj. Que depende a la vez de un grupo social específico y de la cultura que le es propia.

socioeconómico, ca adj. Que se refiere a la sociedad considerada en términos económicos.

sociolaboral adj. Que se refiere a la sociedad y al trabajo.

sociología f. Ciencia que trata de la constitución y desarrollo de las sociedades humanas.

sociológico, ca adj. Relativo a la sociología.

sociólogo, ga m. y f. Especialista en sociología.

socolor m. Pretexto.

socorrer v. t. Ayudar.

socorrido, da adj. Dispuesto a socorrer al prójimo. || *Fam.* Común y trillado : *argumento socorrido.* | Práctico : *un traje muy socorrido.*

socorrismo m. Método para prestar los primeros auxilios en caso de accidente : *curso de socorrismo.*

socorrista m. y f. Miembro de una sociedad de socorrismo.

socorro m. Ayuda, auxilio, asistencia prestada en un peligro, en caso de necesidad. || Lo que se da para ayudar o asistir. || Medios o métodos empleados para ayudar o asistir a una víctima o persona en peligro. || *Mil.* Refuerzo. || — *Casa de socorro,* clínica de urgencia donde se prestan los primeros cuidados. || *¡Socorro!,* ¡auxilio!

soda f. *Quím.* Sosa. || Bebida de agua gaseosa que contiene ácido carbónico en disolución. || *Amer. Fuente de soda,* establecimiento donde se sirven bebidas no alcohólicas.

sódico, ca adj. De sodio.

sodio m. Metal alcalino (Na) abundante en la naturaleza, de número atómico 11, densidad 0,97 y punto de fusión 98 °C, de brillo plateado y blando como la cera.

sodomía f. Relación sexual entre varones, pederastia.

sodomita adj. y s. Dícese del que comete sodomía, pederasta.

soez adj. Indecente, grosero.

sofá m. Asiento con respaldo y brazos para dos o más personas. || *Sofá cama,* el que, llegado el momento, puede convertirse en cama.

sofión m. Bufido de enojo.

sofisma m. Razonamiento falso con que se quiere defender lo que no es verdad.

sofista adj. y s. Que utiliza sofismas. || — M. En la Grecia antigua, filósofo de cierta escuela.

sofisticación f. Afectación excesiva, falta de naturalidad.

sofisticado, da adj. Desprovisto de naturalidad, artificioso, afectado : *una muchacha muy sofisticada.* || Dícese del mecanismo o aparato de muy complicada técnica : *avión de caza muy sofisticado.*

sofisticar v. t. Adulterar, falsificar con sofismas. || Quitar naturalidad a una persona a base de artificio. || Perfeccionar técnicamente un sistema, un aparato.

soflama f. Llama tenue o reverberación del fuego. || Bochorno, rubor en el rostro. || *Fig.* Engaño. | Discurso, perorata, alocución.

sofocación f. Sentimiento ansioso de opresión que molesta la respiración. || *Fig.* Enojo grande.

sofocante adj. Que sofoca.

sofocar v. t. Ahogar, impedir la respiración : *un calor que sofoca* (ú. t. c. pr.). || Apagar, dominar, extinguir : *sofocar un incendio.* || *Fig.* Avergonzar, abochornar : *les sofocó con sus groserías* (ú. t. c. pr.). | Acosar, importunar demasiado a uno. | Dominar, reducir : *sofocar una rebelión.* || — V. pr. Acalorarse, irritarse : *se sofoca fácilmente.*

sofoco m. Sofocación. || Sensación de ahogo. || *Fig.* Vergüenza, rubor. | Grave disgusto : *dar, recibir un sofoco.*

sofocón m. o **sofoquina** f. *Fam.* Disgusto grande.

sofreír v. t. Freír ligeramente.

sofrenar v. t. Reprimir el jinete a la caballería tirando violentamente de las riendas. || *Fig.* Reprimir, refrenar una pasión.

sofrito m. Manjar sofrito.

software m. (pal. ingl.). Logicial.

soga f. Cuerda gruesa y trenzada de esparto. || — *Fig. Estar con la soga al cuello,* estar en situación apurada o amenazado de peligro. || *No hay que mentar la soga en casa del ahorcado,* no hay que hablar de cosas que evocan en los otros recuerdos desagradables.

soirée *[suaré]* f. (pal. fr.). Velada.

soja f. Planta de fruto semejante al de la judía, del que se extrae un aceite comestible.
sojuzgador, ra adj. Que sojuzga (ú. t. c. s.).
sojuzgar v. t. Avasallar, dominar.
sol m. Astro central, luminoso, del sistema planetario en que vivimos y alrededor del cual giran los planetas. || Astro considerado como el centro de un sistema planetario. || Imagen simbólica del Sol. || Luz, calor del Sol. || Día. || Unidad monetaria del Perú. || *Fig.* Encanto : *¡qué sol de niño!* | Persona a quien se quiere mucho : *ella es el sol de mi vida.* || Parte de las plazas de toros en que da el Sol y donde están las localidades más baratas. || — *De sol a sol,* de la mañana a la noche. || *El Imperio del Sol Naciente,* Japón. || *El Rey Sol,* Luis XIV de Francia. || *Fig. Nada nuevo bajo el Sol,* todo lo que hay existía ya desde siempre. | *No dejar a uno ni a sol ni a sombra,* estar siempre con él. || *Sol y sombra,* parte de las plazas de toros en la que pronto hay sombra; bebida hecha mezclando anís y coñac.
sol m. Quinta nota de la escala musical. || Signo que la representa.
solado m. Solería.
solador m. Persona que enlosa.
solamente adv. m. Únicamente.
solana f. Lugar en el que da el Sol. || Galería para tomar el Sol. || Sol fuerte : *ahora hay mucha solana.*
solanáceo, a adj. y s. f. Dícese de las plantas con flores acampanadas y fruto en baya, como la tomatera, la patata, la berenjena, el pimiento y el tabaco. || — F. pl. Familia que forman.
solanera f. Quemadura de sol. || Solana.
solano m. Viento que sopla de donde nace el Sol.
solapa f. Parte de la chaqueta o abrigo, junto al cuello, que se dobla hacia fuera. || Parte del sobre de carta que sirve para cerrarla. || Prolongación lateral de la sobrecubierta de un libro que se dobla hacia dentro. || Carterilla de un bolsillo. || *Fig.* Disimulo.
solapado, da adj. Hipócrita.
solar adj. Relativo al Sol : *día, sistema solar.* || Dícese del centro neurovegetativo situado en el abdomen, entre el estómago y la columna vertebral : *plexo solar.* || — M. Terreno donde se edifica. || Suelo : *el solar patrio.* || Casa más antigua y noble de una familia. || Linaje de una familia.
solar v. t. Revestir el suelo con entarimado, ladrillos, losas, etc.
solariego, ga adj. Relativo al solar de antigüedad y nobleza : *casa solariega.*
solarium o **solario** m. Lugar habilitado para tomar el sol.
solaz m. Recreo, esparcimiento.
solazar v. t. Dar solaz, distraer, recrear (ú. t. c. pr.).
soldada f. Sueldo.
soldadesco, ca adj. De los soldados. || — F. Profesión de soldado. || Conjunto de soldados.
soldadito m. Juguete de plomo que representa un soldado.
soldado m. Persona que sirve en el ejército, militar. || Militar sin graduación.
soldador, ra m. y f. Obrero que suelda. || — M. Instrumento para soldar.
soldadura f. Modo de unión permanente de dos piezas metálicas o de determinados productos sintéticos ejecutado por medios térmicos. || Aleación fusible a baja temperatura, a base de estaño, utilizada para realizar la unión de dos metales. || Juntura de dos piezas soldadas.
soldar v. t. Unir por medio de una soldadura. || — V. pr. Unirse.
soleá f. Copla y danza populares andaluzas (Pl. *soleares.*)
solear v. t. Poner al sol.
solecismo m. Vicio de dicción consistente en una falta de sintaxis o en el empleo incorrecto de una palabra o expresión.
soledad f. Vida solitaria; estado de una persona retirada del mundo o momentáneamente sola. || Lugar en que se vive alejado del trato de los hombres. || Sitio solitario, desierto. U. m. en pl. : *en las soledades de la Pampa.* || *Fig.* Estado de aislamiento : *soledad moral.* | Pesadumbre y nostalgia por la ausencia, pérdida o muerte de alguien o algo queridos.
solemne adj. Celebrado públicamente con pompa o ceremonia : *sesión solemne.* || Acompañado de actos públicos o por formalidades importantes : *compromiso solemne.* || Enfático, grave, majestuoso : *tono solemne.* || *Fig.* Enorme, descomunal : *ha dicho un solemne disparate.*
solemnidad f. Carácter solemne.
solemnizar v. t. Celebrar de una manera solemne un suceso. || Engrandecer, encarecer.
solenoide m. *Fís.* Circuito eléctrico consistente en un alambre arrollado en forma de hélice sobre un cilindro, uno de cuyos extremos se vuelve hacia atrás en línea recta paralela al eje de la hélice.
sóleo m. Músculo de la pantorrilla unido a los gemelos por su parte inferior para formar el tendón de Aquiles.
soler v. i. Acostumbrar (seres vivos). || Ser frecuente (hechos o cosas) : *suele llover en primavera.*
solera f. Muela fija del molino que está situada debajo de la que gira. || Suelo del horno. || Reserva, madre del vino. || *Fig.* Tradición familiar : *un torero de solera.* || *Méx.* Ladrillo. || *Una marca de solera,* una marca prestigiosa.
solería f. Material para solar. || Conjunto de baldosas que cubren el suelo de una casa.
solfa f. Solfeo. || *Fam.* Paliza. || — *Fam. Echar una solfa,* echar una bronca. | *Poner en solfa,* ridiculizar. | *Tomar a solfa,* tomar poco en serio.
solfatara f. En los terrenos volcánicos, abertura por la que se escapan vapores sulfurosos.
solfear v. t. *Mús.* Cantar marcando el compás y pronunciando el nombre de las notas.
solfeo m. Disciplina que constituye la base principal de la enseñanza de la música.
solicitación f. Ruego insistente. || Tentación. || *Solicitación de fondos,* petición de capitales.
solicitador, ra o **solicitante** adj. y s. Que solicita.
solicitar v. t. Pedir una cosa con diligencia. || Hacer una solicitud para algo. || Requerir : *está muy solicitado.* || Cortejar a una mujer.
solícito, ta adj. Cuidadoso, diligente : *una madre muy solícita.* || Atento : *mostrarse solícito con él.*
solicitud f. Diligencia o instancia cuidadosa. || Petición. || Escrito en que se solicita alguna cosa.
solidaridad f. Circunstancia de ser solidario de un compromiso. || Adhesión circuns-

tancial a la causa de otros. || Responsabilidad mutua.
solidario, ria adj. Aplícase a las obligaciones contraídas por varias personas de modo que deban cumplirse enteramente por cada una de ellas : *compromiso solidario.* || Aplícase a la persona que ha adquirido este compromiso con relación a otra u otras. || Adherido a la causa, empresa u opinión de otro : *solidario de una acción política.* || Dícese de una pieza de un mecanismo unida a otra de manera rígida.
solidarizar v. t. Hacer solidario. || — V. pr. Unirse solidariamente con otros o con una actitud : *no quiero de ninguna manera solidarizarme con ellos.*
solideo m. Casquete que cubre la parte posterior de la cabeza de los eclesiásticos.
solidez f. Calidad de sólido.
solidificación f. Paso del estado líquido o gaseoso al sólido.
solidificar v. t. Hacer pasar al estado sólido (ú. t. c. pr.).
sólido, da adj. Firme, denso : *cuerpos sólidos.* || Aplícase al cuerpo cuyas moléculas tienen entre sí mayor cohesión que la de los líquidos : *el fósforo es un cuerpo sólido* (ú. t. c. s. m.). || *Fig.* Asentado, establecido con razones fundamentales : *un argumento sólido.* | Fuerte, resistente : *muro sólido.* | Firme, estable : *terreno sólido.* | Inalterable, que no destiñe : *colores sólidos.* | Vasto, grande : *una sólida formación.* || — M. *Geom.* Espacio limitado por superficies.
soliloquio m. Monólogo.
solio m. Trono con dosel propio de un soberano o príncipe o papa.
solípedo, da adj. Dícese de los mamíferos ungulados que tienen el pie con un solo dedo o pezuña, como el caballo (ú. t. c. s. m.). || — M. pl. Orden de estos animales.
solista adj. y s. *Mús.* Dícese de la persona que ejecuta un solo.
solitaria f. *Zool.* Tenia.
solitario, ria adj. Desamparado, desierto : *paraje solitario.* || Que vive solo o sin compañía (ú. t. c. s.). || — M. Diamante montado aisladamente. || Juego de naipes que sólo necesita un jugador.
soliviantar v. t. Excitar el ánimo de una persona para inducirle a rebeldía. || Exasperar, indignar.
solo, la adj. Que no tiene compañía, aislado : *estoy solo en mi casa.* || Que no tiene quien le ampare o consuele : *solo en el mundo.* || Único en su especie : *un solo ejemplar.* || Que toca únicamente : *violín solo.* || — M. Paso de danza ejecutado sin pareja. || *Mús.* Composición para una sola voz o un solo instrumento : *un solo para violín.* || Café sin leche.
sólo adv. Solamente.
sololateco, ca adj. y s. De Sololá (Guatemala).
solomillo m. En los animales de consumo, carne que se extiende por entre las costillas y el lomo.
solsticio m. Época en que el Sol se halla en uno de los dos trópicos : *solsticio de invierno.*
soltar v. t. Desatar : *soltar el cinturón* (ú. t. c. pr.). || Dejar en libertad : *soltar a un prisionero.* || Desasir lo que estaba sujeto : *soltar la espada.* || Desprender, echar. || Dar salida a lo que estaba detenido : *soltar la barca.* || Ablandar, laxar : *soltar el vientre.* || Iniciar, romper : *soltó la risa.* || Descifrar, resolver : *soltar una dificultad.* || *Fam.* Decir : *soltar un disparate.* | Asestar, propinar : *le solté una bofetada.* || — *No soltar prenda,* no decir nada. || *Pop. Soltar la mosca,* pagar. || — V. pr. Adquirir soltura en hacer algo : *el niño se está soltando en andar.* || Hablar con facilidad : *me he soltado en inglés.* || Despacharse, hacer algo sin ninguna retención : *se soltó a su gusto.*
soltería f. Condición de soltero.
soltero, ra adj. Que no se ha casado (ú. t. c. s.).
solterón, ona adj. Soltero entrado en años (ú. t. c. s.).
soltura f. Acción de soltar o soltarse. || Agilidad, desenvoltura, prontitud : *moverse con soltura.* || *Fig.* Descaro, desvergüenza. || Facilidad y claridad de dicción : *soltura en el hablar.*
solubilidad f. Condición de soluble.
solubilizar v. t. Hacer soluble.
soluble adj. Que se puede disolver o desleír : *sustancia soluble.* || *Fig.* Que se puede resolver.
solución f. Operación por la que un cuerpo se disuelve en un líquido, disolución. || Líquido que contiene un cuerpo disuelto. || Modo de resolver una dificultad. || Desenlace, conclusión. || *Mat.* Valor de las incógnitas en una ecuación. | Indicación de las operaciones que hay que efectuar sirviéndose de los datos de un problema para resolverlo. | Conjunto de estas operaciones. || *Solución de continuidad,* interrupción.
solucionar v. t. Hallar la solución, resolver.
solutrense adj. Dícese de una época del paleolítico superior : *vestigios solutrenses* (ú. t. c. s. m.).
solvencia f. Pago de una deuda. || Capacidad para pagar las deudas.
solventar v. t. Resolver.
solvente adj. Que puede pagar las deudas contraídas. || Capaz de cumplir cualquier compromiso. || — M. *Quím.* Disolvente.
sollo m. Esturión, pez.
sollozar v. i. Emitir sollozos.
sollozo m. Contracción del diafragma, con emisión ruidosa de aire, que se produce al llorar.
soma m. Cuerpo.
somanta f. *Fam.* Paliza, zurra.
somatén m. En Cataluña, milicia o cuerpo rural de gente armada que se reunía al toque de rebato.
somático, ca adj. Del cuerpo.
somatización f. Transformación de los estados mentales en síntomas orgánicos o somáticos.
somatizar v. i. Convertir los estados mentales en síntomas orgánicos.
sombra f. Oscuridad, falta de luz : *las sombras de la noche.* || Proyección oscura que produce un cuerpo al interceptar la luz : *la sombra de un ciprés.* || Apariencia, espectro : *la sombra de los difuntos.* || *Fig.* Oscuridad, falta de claridad intelectual : *las sombras de la ignorancia.* | Protección, asilo : *cobijarse a la sombra de la Iglesia.* | Imagen, apariencia, semejanza : *no es ya ni sombra de lo que fue.* | Indicio, señal : *no hay ni sombra de duda.* || *Taurom.* Localidad preferente en las plazas de toros protegida de los rayos solares. || — *Fig. Buena* o *mala sombra,* gracia o poca gracia ; suerte o mala suerte. | *Burlarse hasta de su sombra,* reírse de todo. | *Hacer sombra a alguien,* hacer que una persona pierda en estima por la comparación con otra. | *Ni por sombra,* ni por asomo. || *Sombras chi-*

nescas, proyección en una pantalla de las sombras producidas por unas siluetas o por las manos.
sombrajo m. Techo para hacer sombra. ‖ *Fam. Caérsele a uno los palos del sombrajo*, desanimarse.
sombreado m. Gradación del color en pintura.
sombrear v. t. Dar o producir sombra. ‖ Poner sombra.
sombrerazo m. Saludo consistente en quitarse el sombrero.
sombrerería f. Fábrica de sombreros. ‖ Tienda en la que se venden. ‖ Oficio de hacer somberos.
sombrerero, ra m. y f. Persona que hace sombreros o los vende. ‖ — F. Caja para guardar sombreros.
sombrerete m. Sombrero pequeño. ‖ Caperuza de hongos. ‖ Parte superior de una chimenea.
sombrerillo m. Parte superior de ciertos hongos.
sombrero m. Prenda para cubrir la cabeza compuesta de copa y ala. ‖ Tejadillo que cubre el púlpito de la iglesia. ‖ *Bot.* Sombrerillo de los hongos. ‖ Parte superior de ciertas piezas mecánicas. ‖ — *Fig.* y *fam. Quitarse el sombrero*, demostrar admiración. ‖ *Sombrero calañés*, el de ala estrecha y vuelta hacia arriba. ‖ *Sombrero cordobés*, el ancho de ala y bajo de copa. ‖ *Sombrero de copa*, el de ala estrecha y copa alta casi cilíndrica usado en ceremonias solemnes. ‖ *Sombrero de jipijapa*, el hecho con paja. ‖ *Sombrero flexible*, el de fieltro usado corrientemente. ‖ *Sombrero hongo*, el de copa redonda de fieltro duro. ‖ *Méx. Sombrero jarano*, el de fieltro blanco, ala ancha y copa baja.
sombrilla f. Objeto análogo al paraguas, destinado a protegerse de los rayos solares, quitasol.
sombrío, a adj. Aplícase al sitio poco iluminado. ‖ *Fig.* Melancólico, triste : *aspecto sombrío.*
somero, ra adj. Poco detallado o profundo, superficial.
someter v. t. Reducir a la obediencia, sojuzgar. ‖ Proponer la elección, hacer enjuiciar a : *someter un proyecto a alguien.* ‖ Hacer que alguien o algo reciba cierta acción : *someter a alguien a tratamiento médico.* ‖ — V. pr. Rendirse en un combate. ‖ Ceder, conformarse : *someterse a la decisión tomada.* ‖ Recibir alguien determinada acción : *someterse a una intervención quirúrgica.*
sometimiento m. Sumisión.
somier m. Bastidor metálico elástico para sostener el colchón de la cama.
sommelier m. (pal. fr.). Persona que se encarga del servicio de vinos en un restaurante.
somnambulismo m. Sonambulismo.
somnámbulo, la adj. y s. Sonámbulo.
somnífero, ra adj. Que causa sueño. Ú. t. c. s. m. : *abusar de los somníferos.* ‖ *Fig.* Muy aburrido.
somnolencia f. Pesadez, torpeza de los sentidos producida por el sueño. ‖ *Fig.* Amodorramiento, torpeza, falta de actividad.
somnoliento, ta adj. Soñoliento.
somorgujo m. Ave palmípeda.
somoteño, ña adj. y s. De Somoto (Nicaragua).
son m. Sonido agradable : *el son del violín.* ‖ *Fig.* Rumor de una cosa : *el son de la voz pública.* | Tenor o manera : *a este son.* ‖ Motivo, pretexto : *con este son.* | Tono, atmósfera : *en este mismo son transcurrió la fiesta.* ‖ — *Fig.* y *fam. Bailar uno al son que le tocan*, adaptarse a cualquier circunstancia. | *En son de*, en actitud de. | *Sin ton ni son*, sin motivo.
sonado, da adj. Famoso, célebre, renombrado : *sonada victoria.* ‖ De que se habla mucho. ‖ Dícese del boxeador que tiene sus facultades mentales disminuidas a causa de los golpes recibidos. ‖ *Fam.* Chiflado, chalado.
sonaja f. Par de chapas metálicas que, atravesadas por un alambre, se ponen en algunos juguetes o instrumentos músicos. ‖ Sonajero.
sonajero m. o **sonajera** f. Aro con mango provisto de sonajas utilizado para distraer a los niños.
sonambulismo m. Estado en el cual la persona anda a pesar de estar dormida.
sonámbulo, la adj. Dícese de la persona que, estando dormida, anda (ú. t. c. s.).
sonar m. Aparato submarino de detección por ondas ultrasonoras.
sonar v. i. Causar un sonido : *instrumento músico que suena bien.* ‖ Pronunciarse, tener una letra valor fónico ; *la H no suena.* ‖ Mencionarse, citarse : *su nombre suena en los medios literarios.* ‖ Tener cierto aspecto, causar determinado efecto : *todo eso suena a una vulgar estafa.* ‖ Llegar, suceder : *cuando sonará el momento de la libertad.* ‖ *Fam.* Recordarse vagamente, decir algo, ser familiar : *no me suena ese apellido, esa cara.* ‖ Dar : *sonar las horas.* ‖ *Como suena*, literalmente, así : *este hombre es un ladrón, como suena.* ‖ — V. t. Tocar un instrumento o hacer que se oiga el sonido producido por una cosa. ‖ Limpiar de mocos las narices (ú. t. c. pr.). ‖ Dejar atontado a un boxeador a causa de golpes.
sonata f. Composición de música instrumental de tres o cuatro movimientos.
sonatina f. Sonata corta.
sonda f. Instrumento utilizado para medir las profundidades del agua en un lugar determinado y que da al mismo tiempo indicaciones de la naturaleza del fondo : *sonda ultrasónica.* ‖ Instrumento médico que se introduce en cualquier vía orgánica para evacuar el líquido que contiene, inyectar una sustancia medicamentosa o simplemente para explorar la región que se estudia. ‖ Aparato de meteorología utilizado para la exploración vertical de la atmósfera. ‖ Aparato con una gran barra metálica que se emplea para perforar a mucha profundidad en el suelo : *sonda de perforaciones petrolíferas.*
sondar v. t. Echar la sonda al agua para averiguar la profundidad y explorar el fondo. ‖ Averiguar la naturaleza del subsuelo. ‖ *Med.* Introducir en el cuerpo sondas o instrumentos para diversos fines.
sondear v. t. Sondar. ‖ *Fig.* Tratar de conocer el pensamiento ajeno. | Tantear, estudiar las posibilidades : *sondear un mercado.*
sondeo m. Acción de sondear el agua, el aire o el terreno. ‖ *Fig.* Procedimiento utilizado para conocer la opinión pública, las posibilidades de un mercado, etc.
sonetista com. Autor de sonetos.
soneto m. Poesía de catorce versos endecasílabos distribuidos en dos cuartetos y dos tercetos.

songo, ga adj. *Col.* y *Méx.* Tonto, taimado. ‖ — F. *Amer.* Ironía, burla. ‖ *Méx.* Chocarrería.
songuero, ra m. y f. *Méx.* Amigo de songas.
songuita f. *Amer.* Songa.
sonido m. Sensación auditiva originada por una onda acústica. ‖ Vibración acústica que engendra una sensación auditiva. ‖ Cualquier emisión de voz, simple o articulada.
soniquete m. Sonsonete.
sonorense adj. y s. De Sonora (México).
sonoridad f. Calidad de lo que es sonoro. ‖ Propiedad de ciertos cuerpos u objetos de producir sonidos intensos o de amplificar los sonidos.
sonorización f. Aumento de la potencia de los sonidos para mejorar su difusión. ‖ Acción de poner sonido a una película cinematográfica.
sonorizar v. t. Instalar un equipo amplificador de sonidos. ‖ Poner sonido : *sonorizar una película.*
sonoro, ra adj. Que produce un sonido : *instrumento sonoro.* ‖ Que causa un sonido : *golpes sonoros.* ‖ Que tiene un sonido intenso : *voz sonora.* ‖ Dícese de cualquier fonema que hace vibrar las cuerdas vocales (ú. t. c. s. f.). ‖ — *Banda sonora,* zona de la cinta cinematográfica en la que va grabado el sonido. ‖ *Cine sonoro,* el hablado, posible gracias al montaje de una banda donde va grabado el sonido.
sonreír v. i. Reírse levemente y sin ruido (ú. t. c. pr.). ‖ *Fig.* Tener aspecto agradable y atractivo. | Favorecer : *si la fortuna me sonríe.*
sonriente adj. Que sonríe.
sonrisa f. Esbozo de risa : *respondió a mi indiscreta pregunta con una sonrisa.*
sonrojar v. t. Ruborizar, hacer salir los colores al rostro (ú. t. c. pr.).
sonrojo m. Vergüenza, rubor.
sonrosado, da adj. Rosado.
sonsacador, ra adj. Dícese de la persona que sonsaca (ú. t. c. s.).
sonsacar v. t. Lograr de alguien algo con cierta insistencia : *le sonsacó todo lo que quería.* ‖ Hacer que alguien diga o haga lo que uno quiere : *me sonsacó la verdad.*
sonso, sa adj. *Amer.* Tonto (ú. t. c. s.).
sonsonateco, ca adj. y s. De Sonsonate (El Salvador).
sonsonete m. Sonido de golpecitos repetidos con ritmo. ‖ *Fig.* Sonido desapacible y continuado. | Tonillo de desprecio o burla : *su voz tiene un cierto sonsonete desagradable.* | Tonillo monótono al leer o hablar. | Estribillo, cantinela.
soñador, ra adj. y s. Que sueña mucho. ‖ *Fig.* y *fam.* Que cuenta mentiras o las cree fácilmente. ‖ *Fig.* Que imagina cosas fantásticas.
soñar v. t. Ver en sueño : *soñé que habías venido.* ‖ Imaginar, figurarse : *nunca dije tal cosa, usted la soñó.* ‖ — V. i. Pensar cosas cuando se duerme : *soñé que me casaba.* ‖ *Fig.* Estar distraído, dejar vagar la imaginación : *siempre está soñando durante las clases.* | Pensar, reflexionar con tranquilidad. | Decir cosas poco juiciosas, extravagantes : *usted sueña cuando habla de paz universal.* | Desear con ardor : *soñar con un futuro mejor.* ‖ — *¡Ni lo sueñe!,* ¡ni pensarlo! ‖ *Fig. Soñar con los angelitos,* dormir plácidamente.
soñarrera f. *Fam.* Ganas de dormir. | Sueño pesado.
soñolencia f. Somnolencia.
soñoliento, ta adj. Presa del sueño o que dormita. ‖ Que causa sueño. ‖ *Fig.* Lento o perezoso.
sopa f. Pedazo de pan empapado en cualquier líquido. ‖ Guiso consistente en un caldo alimenticio con trozos de pan o arroz, fideos, féculas, pastas, etc. ‖ — Pl. Trozos o rebanadas de pan que se echan en este guiso. ‖ — *Fig. Comer la sopa boba,* comer gratis, de gorra; vivir sin trabajar y a costa de otro. | *Dar sopas con honda,* ser muy superior. | *Encontrarse a uno hasta en la sopa,* verlo en todas partes. | *Estar como una sopa,* estar muy mojado.
sopapo m. Golpe dado con el dorso de la mano debajo de la papada. ‖ *Fam.* Bofetón, cachete.
sope m. *Méx.* Tortilla sofrita de maíz rellena de picadillo.
sopera f. Recipiente para servir la sopa.
sopero adj. y s. m. Hondo : *plato sopero.*
sopesar v. t. Levantar una cosa para calcular su peso. ‖ *Fig.* Valorar, calcular las dificultades.
sopetón m. Golpe fuerte dado con la mano. ‖ *De sopetón,* de pronto.
sopicaldo m. Caldo claro.
sopitipando m. *Fam.* Soponcio.
soplado, da adj. *Fig.* y *fam.* Borracho. ‖ — M. Operación de soplar el vidrio.
soplador, ra adj. Que sopla. ‖ — M. Soplillo. ‖ Operario que sopla el vidrio.
soplamocos m. inv. *Fig.* y *fam.* Golpe dado en las narices.
soplar v. i. Echar el aire por la boca o por un fuelle con cierta fuerza. ‖ Correr : *el viento sopla.* ‖ *Fam.* Beber vino, comer : *¡cómo sopla!* ‖ — V. t. Dirigir el soplo hacia una cosa para activar, apagar, llenar de aire : *soplar el fuego.* ‖ Apartar con el soplo : *soplar el polvo.* ‖ Dar forma al vidrio mediante el aire expelido por la boca. ‖ *Fig.* Inspirar : *soplado por las musas.* | Apuntar : *soplar la lección.* | Dar : *le sopló un par de bofetadas.* ‖ Comerse una pieza del contrario en las damas cuando éste no hizo lo propio con una que tenía a su alcance. ‖ *Fig.* y *fam.* Hurtar, birlar, quitar : *le sopló la cartera.* | Denunciar, acusar : *soplar el nombre del criminal.* ‖ — V. pr. *Fam.* Comer o beber en abundancia : *me soplé una garrafa de vino.*
soplete m. Aparato que produce una llama al hacer pasar una mezcla de aire o de oxígeno y un gas inflamable por un tubo : *soplete oxhídrico.*
soplido m. Soplo.
soplillo m. Instrumento que sirve para remover o echar aire.
soplo m. Aire echado por la boca. ‖ Movimiento del aire. ‖ Sonido mecánico u orgánico parecido al producido por la respiración o por un fuelle : *soplo del corazón.* ‖ *Fig.* Inspiración. | Momento, instante : *llegó en un soplo.* | Denuncia, delación. ‖ *Dar el soplo,* delatar.
soplón, ona adj. *Fam.* Que acusa en secreto. ‖ — M. y f. *Fam.* Delator. ‖ — M. *Méx.* Gendarme.
soplonear v. t. *Fam.* Delatar.
soponcio m. *Fam.* Desmayo.
sopor m. Adormecimiento.
soporífero, ra y **soporífico, ca** adj. Que incita al sueño o lo causa. ‖ *Fam.* Pesado, aburrido : *película soporífica.* ‖ — M. Somnífero.
soportable adj. Tolerable.
soportal m. Pórtico en la entrada de

algunas casas. || — Pl. Arcadas, espacio cubierto en una calle o plaza a lo largo de las fachadas de los edificios.
soportar v. t. Sostener por debajo, llevar la carga de : *pilares que soportan un edificio.* || *Fig.* Tener a su cargo : *soportar una responsabilidad.* | Sobrellevar, resistir, sufrir : *soportó valientemente su desgracia.* | Resistir, aguantar : *soportar el frío.* | Tolerar, admitir : *no soporto este olor nauseabundo.* || — V. pr. Tolerarse.
soporte m. Apoyo que sostiene por debajo. || Pieza, en un aparato mecánico, destinada a sostener un órgano en la posición de trabajo. || *Fig.* Lo que sirve para dar una realidad concreta : *son los soportes de su doctrina.* || En informática, cualquier material que sirve para recibir, transportar, conservar y restituir la información (tarjeta perforada, cinta magnética, disco, etc.). || *Soporte publicitario,* medio utilizado para hacer publicidad, como son la prensa, la televisión, los carteles, etc.
soprano m. Voz más aguda al cantar. || — Com. Cantante que tiene esta voz : *soprano lírica.*
sor f. Hermana, religiosa.
sorber v. t. Beber aspirando. || Aspirar con la nariz. || Absorber, chupar. || *Fig. fam. Sorber el seso a uno,* tenerlo muy enamorado.
sorbete m. Helado.
sorbo m. Líquido que se bebe de una vez : *un sorbo de café.* || Cantidad muy pequeña de líquido.
sordera f. Privación o disminución del sentido del oído.
sordidez f. Miseria, suciedad. || Tacañería, avaricia.
sórdido, da adj. Miserable y sucio. || *Fig.* Vil, bajo, mezquino.
sordina f. *Mus.* Recurso mecánico de diferentes tipos que sirve para amortiguar el sonido de un instrumento.
sordo, da adj. Que tiene el sentido del oído más o menos atrofiado (ú. t. c. s.). || Que no quiere comprender : *¿está usted sordo?* || Dícese de aquello cuyo sonido está apagado : *ruido sordo.* || *Fig.* Que no quiere hacer caso, insensible a : *sordos a nuestras súplicas.* | Que se verifica secretamente, sin manifestaciones exteriores : *guerra sorda.* || Dícese de un fonema cuya emisión no hace vibrar las cuerdas vocales : *las consonantes sordas son p, z, s, ch, k, c, q* y *j* (ú. t. c. s. f.). || — *Fig. Hacerse el sordo,* no querer escuchar ni comprender. | *Más sordo que una tapia,* muy sordo.
sordomudez f. Calidad de sordomudo.
sordomudo, da adj. y s. Dícese de la persona muda por ser sorda de nacimiento.
sorgo m. Graminácea parecida al maíz.
sorianense adj. y s. De Soriano (Uruguay).
soriano, na adj. y s. De Soria (España).
sorna f. Tono burlón al hablar. || Ironía.
sorocharse v. pr. *Amer.* Tener soroche. || *Chil.* Ruborizarse.
soroche m. *Amer.* Dificultad de respirar producida por la rarefacción del aire en ciertos lugares elevados : *el soroche de los Andes.* || *Chil.* Rubor. || *Bol.* y *Chil.* Galena.
sorprendente adj. Asombroso.
sorprender v. t. Coger en el momento de verificar un hecho : *sorprender a un atracador.* || Ocurrir inesperadamente : *le sorprendió la noche mientras viajaba.* || Asombrar : *todo me sorprende en este mundo* (ú. t. c. pr.). || Descubrir inopinadamente o por artificio : *sorprender un secreto.*
sorprendido, da adj. Cogido de improviso.
sorpresa f. Impresión producida por algo que no se esperaba. || Asombro, sentimiento experimentado al ser sorprendido. || Gusto inesperado que se le da a alguien : *le voy a dar una sorpresa mayúscula cuando se dé cuenta que le he engañado completamente.*
sorpresivo, va adj. *Amer.* Sorprendente, imprevisto.
sorrascar v. t. *Méx.* Asar carne a medias sobre brasas.
sortear v. t. Hacer un sorteo. || *Fig.* Evitar, esquivar : *sortear las dificultades.* || Driblar, regatear en deportes.
sorteo m. Acción de sacar los números en una lotería. || Procedimiento utilizado antiguamente para designar los quintos que habían de hacer el servicio militar.
sortija f. Aro de metal, generalmente precioso, que se pone como adorno en cualquier dedo.
sortilegio m. Adivinación de los hechiceros. || *Fig.* Magia, hechicería. | Atractivo, seducción.
S. O. S. m. Señal de auxilio.
sosa f. *Quím.* Óxido de sodio. || Planta quenopodiácea de cuyas cenizas se obtiene este óxido.
sosaina com. *Fam.* Soso.
sosegado, da adj. Tranquilo.
sosegar v. t. Aplacar, pacificar : *sosegar los ánimos.* || *Fig.* Aquietar el espíritu (ú. t. c. pr.). || — V. i. Descansar, reposar.
sosera y **sosería** f. Cosa que no tiene gracia, insulsa.
soseras adj. y s. Sin gracia.
sosia o **sosias** m. Persona muy parecida a otra.
sosiego m. Tranquilidad, calma.
soslayar v. t. Esquivar, pasar por alto : *soslayar una dificultad.*
soslayo (al o **de)** adv. Oblicuamente, de lado : *mirar de soslayo.*
soso, sa adj. Falto de sal : *la sopa está sosa.* || *Fig.* Carente de gracia. | Insípido, insulso, poco expresivo : *estilo muy soso.* | Falto de agudeza : *chiste soso.*
sospecha f. Opinión poco favorable respecto a una persona : *conducta exenta de sospechas.* || Simple conjetura, idea vaga, indicio.
sospechar v. t. Tener la creencia de que alguien sea el autor de un delito. Ú. t. c. i. : *todo el vecindario sospechaba de él.* || Creer, tener indicios. || Imaginar.
sospechoso, sa adj. Que da lugar a sospechas (ú. t. c. s.). || Que no es de fiar.
sosquil m. *Méx.* Fibra del henequén.
sostén m. Lo que sostiene o sirve de apoyo : *sostén del emparrado.* || Persona que asegura la subsistencia de la familia. || *Fig.* Apoyo : *el sostén de una organización.* || Prenda interior femenina que sirve para sostener los pechos.
sostenedor, ra adj. y s. Que sostiene. || Defensor.
sostener v. t. Servir de base, de apoyo, de fundamento. || Impedir que se caiga : *sostener a un inválido.* || *Fig.* Apoyar, ayudar : *sostener un partido.* | Dar fuerzas : *sostener al enfermo a base de medicamentos.* | Mantener : *sostener una gran familia.* | Alimentar : *sostener la conversación.* | Defender : *sostener sus convicciones.* | Sufrir : *sostener los embates de la vida.* | Resistir a : *doctrina que no puede sostener un análisis profundo.* || Exponer y responder a las preguntas u objeciones hechas : *sostener una tesis.* ||

Tener : *sostener buenas relaciones.* | Afirmar, asegurar : *sostenía la esfericidad de la Tierra.* | Costear : *sostiene un colegio de huérfanos.* | Continuar, seguir : *sostuvieron el combate largo tiempo.* | Poder resistir : *sostuvo su mirada.* || Alimentar, nutrir : *la carne sostiene más que las verduras.* || Mantener a flote. || — V. pr. Mantenerse sin caerse. || Seguir en vida, en funciones : *sostenerse en el poder.* || Mantenerse. || Ayudarse.

sostenido, da adj. Que no decae : *esfuerzo sostenido.* || Aplícase a las notas musicales que tienen un semitono más que las corrientes : *fa sostenido.* || — M. Signo que aumenta las notas musicales en un semitono.

sostenimiento m. Sostén. || Mantenimiento. || Alimentación.

sota f. Décima carta de la baraja española que tiene la figura de un paje.

sotabarba f. Papada. || Barba por debajo del mentón.

sotana f. Vestidura de cura.

sótano m. Parte subterránea de un edificio, entre los cimientos.

sotavento m. *Mar.* Costado de la nave opuesto al barlovento, es decir, en la parte opuesta al lado de donde viene el viento.

sotechado m. Cobertizo.

soterraño, ña y **soterrado, da** adj. Oculto, enterrado.

soterrar v. t. Enterrar.

soto m. Arboleda en las orillas de un río. || Terreno lleno de matas y árboles, monte bajo.

sotole m. *Méx.* Palma gruesa que se emplea para fabricar chozas.

sotreta m. *Rioplat.* Rocín, matalón. | Individuo inútil.

sotto voce [*soto voche*] expr. ital. En voz baja.

soufflé [*suflé*] adj. y s. m. (pal. fr.). Dícese de un plato de consistencia esponjosa preparado en el horno.

souteneur [*sutener*] m. (pal. fr.). Rufián.

soviet m. Consejo de los delegados de obreros, campesinos y soldados en la U.R.S.S.

sovietización f. Acción y efecto de sovietizar.

sovietizar v. t. Dar carácter soviético.

sovjoz m. (pal. rusa). En la U.R.S.S., extensa granja modelo del Estado.

spaghetti [*espagueti*] m. (pal. ital.). Pasta alimenticia en forma de fideos largos.

sparring-partner m. (pal. ingl.). Púgil que boxea contra otro para entrenarle.

speaker [*spíker*] m. (pal ingl.). En la Gran Bretaña, presidente de la Cámara de los Comunes y de la Cámara de Representantes en los Estados Unidos. || (P. us.). Locutor de radio.

spin m. (pal. ingl.). Momento cinético de un electrón o de cualquier partícula.

spiritual m. (pal. ingl.). Canto religioso de los negros norteamericanos.

sport m. (pal. ingl.). Deporte. || *De sport,* de hechura cómoda : *llevaba en la maleta un traje de vestir y una chaqueta de sport.*

sportsman m. y **sportswoman** f. (pal. ingl.). Deportista. (Pl. *sportsmen* y *sportswomen.*)

spot m. (pal. ingl.). Proyector. || Anuncio breve en la televisión.

spray m. (pal. ingl.). Pulverizador.

sprint m. (pal. ingl.). Aceleración del atleta al llegar a la meta.

sprinter m. (pal. ingl.). En deportes, velocista.

Sr, símbolo del *estroncio.*

Sr., abreviatura de *señor.*

stábat m. Himno y canto musical dedicados a los dolores de la Virgen María al pie de la Cruz.

staccato adj. (pal. ital.). Forma especial de ejecutar ciertos trozos musicales sin ligar las notas y articulándolas separadamente.

stajanovismo m. En la U.R.S.S. y otros países, aplicación colectiva del sistema de Stajanov (1905-1977) para aumentar la producción.

stajanovista adj. y s. Relativo al stajanovismo. || — Com. Partidario del stajanovismo.

stand m. (pal. ingl.). En una exposición, feria, etc., sitio reservado a los expositores.

standard m. (pal. ingl.). Tipo, modelo. || *Standard de vida,* nivel de vida. || — Adj. De serie : *producción standard.*

standardización f. Normalización de modelos de fabricación.

standardizar v. tr. Normalizar, fabricar con arreglo a unas normas definidas.

star f. (pal. ingl.). Estrella de cine.

starter m. (pal. ingl.). El que en las carreras da la señal de partida. || Estrangulador de un carburador.

statu quo m. (pal. lat.). Estado actual de una situación.

steeple-chase m. (pal. ingl.). Carrera de obstáculos.

sténcil m. (pal. ingl.). Cliché de multicopista.

sterilet m. (pal. fr.). Espiral, dispositivo intrauterino.

steward m. (pal. ingl.). Auxiliar de vuelo en los aviones.

stick m. (pal. ingl.). Palo para golpear la pelota en hockey.

stock m. (pal. ingl.). Existencias, cantidad de mercancías en depósito. || *Stock exchange,* la Bolsa inglesa.

stop m. (pal. ingl.). En las carreteras, señal que obliga a los vehículos a marcar un tiempo de parada. || En los telegramas, término para separar las frases, punto. || — Interj. Se usa para ordenar pararse.

stradivarius m. Violín fabricado por Stradivarius, famoso fabricante de violines italiano a fines del s. XVII y principios del XVIII.

strip-tease [*striptis*] m. (pal. ingl.). Espectáculo que consiste en desnudarse en público con acompañamiento de música o de danza.

stupa m. Monumento funerario de origen indio.

su, sus, adj. pos. de la 3.ª pers. en gén. m. y f. y ambos núm. : *su padre, sus amigos.* (Esta forma es apócope de *suyo, suyos* y se emplea sólo cuando precede al nombre.)

suampo m. *Amér. C.* Ciénaga.

suasorio, ria adj. Que persuade, propio para persuadir.

suato, ta adj. *Méx.* Tonto.

suave adj. Dulce : *luz, voz suave.* || Liso y blando al tacto : *piel suave.* || *Fig.* Tranquilo : *carácter suave.* | Que no implica gran esfuerzo : *pendiente suave.* | Leve : *brisa suave.* | Que no es violento : *colores suaves.* || Dócil, apacible.

suavidad f. Condición de suave.

suavizador, ra adj. Que suaviza. || — M. Cuero con que se suaviza el filo de las navajas y cuchillas de afeitar.

suavizar v. t. Hacer suave (ú. t. c. pr.). || *Fig.* Templar el carácter áspero.

subacuático, ca adj. Submarino.
subafluente m. Corriente de agua que desemboca en un afluente.
subalterno, na adj. Inferior, subordinado, que depende de otro : *personal subalterno* (ú. t. c. s.). || Secundario : *cuestión subalterna*.
subarrendador, ra m. y f. Persona que subarrienda algo.
subarrendar v. t. Dar o tomar en arriendo una cosa de manos de otro arrendatario de ella, realquilar.
subarrendatario, ria m. y f. Persona que toma en subarriendo.
subarriendo m. Contrato por el que se subarrienda algo. || Precio en que se hace.
subasta f. Procedimiento de venta pública en la que el adjudicatario es el mejor postor : *sacar a pública subasta*. || Contrata pública ofrecida al candidato que haga la oferta más ventajosa.
subastar v. t. Vender u ofrecer una contrata en pública subasta.
subcomisión f. Grupo de individuos de una comisión con cometido especial : *una subcomisión parlamentaria*.
subconsciencia f. Actividad mental que escapa a la introspección del sujeto.
subconsciente adj. Que no es consciente. || — M. Subconsciencia.
subcutáneo, a adj. Que está, vive o se introduce debajo de la piel : *parásito subcutáneo*. || Hipodérmico : *inyección subcutánea*.
subdelegación f. Distrito, oficina y empleo del subdelegado.
subdelegado, da adj. y s. Que sirve inmediatamente a las órdenes del delegado o lo sustituye.
subdesarrollado, da adj. Dícese del país o de la región caracterizados por el bajo nivel de vida originado por la escasa explotación de los recursos naturales y la insuficiencia de las industrias y del transporte.
subdesarrollo m. Estado de un país en el que el capital es insuficiente en relación con la población y con los recursos naturales existentes y explotados.
subdirector, ra m. y f. Persona que sigue en jerarquía al director.
súbdito, ta adj. y s. Sujeto a una autoridad soberana con obligación de obedecerla : *los súbditos de un rey*. || — M. y f. Natural o ciudadano de un país.
subdividir v. t. Dividir lo ya dividido.
subdivisión f. Acción y efecto de subdividir o subdividirse. || Cada parte que resulta.
súber m. Corcho.
subespecie f. Subdivisión de una especie.
subestimar v. t. Estimar menos de lo debido.
subibaja m. Columpio consistente en una tabla móvil apoyada por el centro en un punto fijo.
subida f. Ascensión : *la subida de una montaña*. || Camino que va subiendo, cuesta. || *Fig.* Alza : *subida de precios, de valores*.
subido, da adj. *Fig.* Muy vivo : *rojo subido*. | Muy fuerte : *olor subido*. | Muy elevado : *precio subido*.
subir v. t. Recorrer de abajo arriba : *subir una escalera* (ú. t. c. pr.). || Llevar a un lugar más alto : *subir una maleta al desván* (ú. t. c. pr.). || Poner un poco más arriba. Ú. t. c. pr. : *súbete los calcetines*. || Poner más alto : *subir el sonido de la radio*. ||Dar más fuerza o vigor : *subir los colores*. || Aumentar : *la empresa subió los salarios*. || Levantar : *subir los hombros*. || — V. i. Ascender, ir de un lugar a otro más alto : *subir a un árbol* (ú. t. c. pr.). || Montar en un vehículo, en un animal : *subir en un avión* (ú. t. c. pr.). || *Fig.* Ascender, alcanzar una categoría más alta : *subir en el escalafón*. || Elevarse : *avión que sube muy alto*. || Ser superior de nivel : *la fiebre sube*. || Aumentar : *han subido los precios, el sueldo*. || Alcanzar, importar, elevarse : *la cuenta subió más de lo que creía*.
súbito, ta adj. Inesperado, imprevisto. Impulsivo : *carácter súbito*.
subjefe m. Segundo jefe.
subjetividad f. Calidad de subjetivo.
subjetivismo m. Doctrina o actitud que defiende que la realidad es creada en la mente del individuo.
subjetivo, va adj. Que se refiere al sujeto que piensa, por oposición a *objetivo*. || Propio de una persona determinada, personal.
subjuntivo, va adj. Dícese del modo verbal empleado para expresar que una acción está concebida como subordinada a otra, como un simple deseo del sujeto o como una hipótesis. || — M. Este modo verbal.
sublevación f. y. **sublevamiento** m. Desacato violento de la ley o contra la autoridad.
sublevar v. t. Alzar en sedición o motín : *sublevar a las tropas*. || *Fig.* Excitar indignación o protesta : *esta injusticia me subleva*. — V. pr. Alzarse en rebelión : *me sublevo por no poder soportar tamaña injusticia*.
sublimación f. Acción y efecto de sublimar.
sublimado m. Producto químico obtenido por sublimación.
sublimar v. t. Engrandecer, exaltar, ensalzar o poner en alto : *sublimar el amor a la patria*. || En química, volatilizar un cuerpo sólido, sin pasar por el estado líquido, o viceversa.
sublime adj. Excelso, eminente.
sublimidad f. Condición de sublime.
submarinismo m. Exploración subacuática.
submarinista m. Tripulante de un submarino. || — Com. Persona que practica el submarinismo.
submarino, na adj. Que está o se desarrolla debajo de la superficie del mar. — M. Embarcación capaz de navegar bajo el agua.
submúltiplo, pla adj. Aplícase al número contenido exactamente en otro dos o más veces : *4 es submúltiplo de 28* (ú. t. c. s. m.).
subnormal adj. Dícese del niño cuyo desarrollo intelectual es deficiente (ú. t. c. s.).
subocupación f. *Amer.* Subempleo.
suboficial m. Categoría militar entre la de oficial y clases de tropa.
suborden m. Cada uno de los grupos en que se dividen los órdenes de plantas y animales.
subordinación f. Sujeción, sumisión. *Gram.* Relación entre la oración subordinada y la principal.
subordinado, da adj. Sujeto a otro, dependiente. Ú. t. c. s. : *tratar con deferencia a los subordinados*. || *Oración subordinada*, oración gramatical que completa el sentido de otra llamada principal.
subordinar v. t. Hacer que personas o cosas dependan de otras (ú. t. c. pr.). || Considerar como inferior : *subordinar el ocio al trabajo*.
subproducción f. Producción inferior al promedio normal.
subproducto m. Cuerpo obtenido de modo accesorio en la preparación química industrial o como residuo de una extracción : *los subproductos del petróleo*.

subrayado, da adj. Dícese de la letra, palabra o frase con una línea debajo para llamar la atención. || — M. Acción de subrayar.
subrayar v. t. Poner una raya bajo una letra, palabra o frase para llamar la atención. || *Fig.* Insistir, recalcar, hacer hincapié.
subreino m. Cada uno de los dos grupos (metazoos y protozoos) en que se divide el reino animal.
subrepticio, cia adj. Dícese de lo que se hace a escondidas.
subrogar v. t. Sustituir (ú. t. c. pr.).
subsanable adj. Disculpable. || Remediable, corregible : *los errores que me cita son subsanables y nada graves.*
subsanar v. t. Remediar un defecto o falta : *subsanar un error* || Corregir. || Resolver.
subscribir *y sus derivados.* V. SUSCRIBIR y sus derivados.
subsecretaría f. Cargo y oficina del subsecretario.
subsecretario, ria m. y f. Ayudante de un secretario. || Persona que desempeña las funciones de secretario general de un ministro.
subsidiar v. t. Conceder subsidios para.
subsidio m. Socorro o auxilio extraordinario : *subsidio de paro forzoso.* || Prestación efectuada por un organismo para completar los ingresos de un individuo o familia : *subsidios familiares.*
subsiguiente adj. Siguiente.
subsistencia f. El hecho de subsistir : *la subsistencia de la nación.* || Estabilidad y conservación de las cosas : *la subsistencia de ciertas leyes.* || Conjunto de medios necesarios para vivir : *las subsistencias de un pueblo.*
subsistente adj. Que subsiste.
subsistir v. i. Permanecer, durar, conservarse : *subsistir una constitución política.* || Vivir : *subsistir un pueblo.* || Estar en vigor : *subsistir un reglamento.*
subsónico, ca adj. De velocidad inferior a la del sonido.
substancia f. V. SUSTANCIA.
substantivo *y sus derivados.* V. SUSTANTIVO y sus derivados.
substituir *y sus derivados.* V. SUSTITUIR y sus derivados.
substraer *y sus derivados.* V. SUSTRAER y sus derivados.
substrato m. *Fil.* Esencia, sustancia de una cosa. || *Geol.* Terreno que queda bajo una capa superpuesta. || *Fig.* Origen profundo.
subsuelo m. Terreno que está debajo de una capa de tierra laborable : *subsuelo calcáreo.* || Parte profunda del terreno ajena a la propiedad del dueño de la superficie.
subte m. *Arg.* Metropolitano.
subterfugio m. Pretexto, evasiva.
subterráneo, a adj. Que está debajo de tierra : *aguas subterráneas.* || — M. Cualquier lugar o espacio que está debajo de tierra. || *Arg.* Metropolitano.
subtipo m. Cada uno de los grupos taxonómicos en que se dividen los tipos de plantas y animales.
subtitular v. t. Poner subtítulo.
subtítulo m. Título secundario puesto después del principal. || Traducción resumida de una película cinematográfica en versión original situada debajo de la imagen.
subtropical adj. Situado bajo los trópicos : *región subtropical.*
suburbano, na adj. Que está muy cerca de la ciudad : *barrio suburbano.* || Relativo al suburbio : *comunicaciones suburbanas.* || — M. Habitante de un suburbio. || En algunas ciudades, tren subterráneo que une el suburbio con la ciudad.
suburbio m. Población muy próxima a una ciudad.
subvalorar v. t. Subestimar.
subvención f. Cantidad dada por el Estado o por una colectividad, etc. a una sociedad, empresa o individuo : *subvención teatral.* || Cantidad de dinero dada por el Estado a los productores o vendedores de determinados bienes o servicios de los sectores público o privado para obtener artificialmente una disminución del precio de venta o de coste.
subvencionar v. t. Favorecer con una subvención : *toda la familia vive desde hace muchos años en unos pisos que han sido subvencionados por el Estado.*
subvenir v. i. Ayudar.
subversión f. Acto de destruir o echar por tierra lo constituido : *la subversión del orden público.*
subversivo, va adj. Capaz de subvertir o que tiende a ello.
subvertir v. t. Trastornar.
subyacente adj. Que está debajo.
subyugación f. Avasallamiento.
subyugador, ra adj. y s. Que subyuga.
subyugar v. t. Dominar.
succión f. Acción de chupar.
succionar v. t. Chupar.
sucedáneo, a adj. Aplícase a cualquier sustancia con la que se sustituye otra. || — M. Producto con el que se sustituye otro.
suceder v. i. Venir después de, a continuación de, en lugar de : *un gran desencanto sucedió a todas las ilusiones.* || Ser heredero : *sucedió a su abuelo en el cargo.* || Estar una cosa a continuación de otra : *a las pequeñas lomas sucedía una inmensa cordillera.* || — V. impers. Ocurrir, producirse : *sucedió lo que tenía que suceder.* || — V. pr. Ocurrir una cosa después de otra.
sucedido m. Suceso.
sucesión f. Serie de personas o de cosas que se siguen sin interrupción o con poco intervalo : *una sucesión de desgracias.* || Transmisión del patrimonio de una persona fallecida a una o varias personas. || Descendencia, conjunto de hijos o herederos : *falleció sin sucesión.*
sucesivo, va adj. Que sucede o se sigue : *en días sucesivos.* || *En lo sucesivo,* desde ahora.
suceso m. Cosa que sucede, acontecimiento. || Transcurso del tiempo. || Resultado, conclusión.
sucesor, ra adj. y s. Que sucede.
sucesorio, ria adj. Relativo a la sucesión : *conflicto sucesorio.*
suciedad f. Calidad de sucio. || Porquería : *hay un poco de suciedad en el carburador.* || *Fig.* Dicho o hecho sucio : *escribir suciedades.*
sucinto adj. Breve, pequeño.
sucio, cia adj. Que tiene manchas o impurezas : *un vestido sucio.* || *Fig.* Dícese del color turbio : *un blanco sucio.* | Vil, innoble : *conducta sucia.* || — Adv. *Fig.* Sin las debidas reglas o leyes : *jugar sucio.*
sucre m. Unidad monetaria del Ecuador dividida en 100 centavos.
sucrense adj. y s. De Sucre (Venezuela). || Sucreño.
sucreño, ña adj. y s. De Sucre (Bolivia).
suculencia f. Condición de suculento.
suculento adj. Muy nutritivo, sabroso : *comida suculenta.*
sucumbir v. i. Ceder, rendirse, someterse :

sucumbir ante la fuerza. || Morir, perecer. || *Fig.* No resistir : *sucumbió a sus pasiones.*

sucursal adj. y s. f. Dícese de un establecimiento comercial dependiente de otro central : *la Editorial Larousse tiene sucursales en América.*

suchitepesano, na adj. y s. De Suchitepéquez (Guatemala).

sud, forma prefija de *sur : sudamericano.* || — M. *Amer.* Sur.

sudación f. Producción de sudor.

sudadero m. Manta de los caballos bajo la silla. || En ciertos baños, sala destinada para sudar.

sudafricano, na adj. y s. De África del Sur.

sudamericano, na adj. y s. De América del Sur.

sudanés, esa adj. y s. Del Sudán.

sudar v. i. Transpirar, eliminar el sudor. || *Fig.* Destilar jugo ciertas plantas. | Rezumar humedad : *sudar una pared.* || *Fig.* y *fam.* Trabajar con gran esfuerzo y desvelo : *sudamos a todo sudar para acabar este diccionario.* || — V. t. Empapar en sudor : *sudar una camisa.* || *Fig.* Lograr con un gran esfuerzo : *he sudado el aprobado en los exámenes.* || *Fig. Sudar la gota gorda* o *el quilo* o *tinta,* sudar mucho; costar gran trabajo.

sudario m. Lienzo en que se envuelven los cadáveres. || *El Santo Sudario,* aquel en el que se envolvió el cuerpo de Cristo.

sudeste m. Punto del horizonte entre el Sur y el Este.

sudista m. Partidario de los Estados del Sur durante la Guerra de Secesión de los Estados Unidos (1861-1865).

sudoeste m. Punto del horizonte entre el Sur y el Oeste.

sudor m. Humor acuoso que segregan las glándulas sudoríparas de la piel de los mamíferos. || *Fig.* Jugo o goma que destilan las plantas : *el sudor de los árboles.* | Gotas que salen de lo que contiene humedad : *el sudor de un botijo.* | Trabajo y fatiga : *ganar el pan con sudor.*

sudorífero, ra y **sudorífico, ca** adj. y s. m. Aplícase al medicamento que hace sudar.

sudoríparo, ra adj. Que secreta el sudor : *glándulas sudoríparas.*

sudoroso, sa adj. Que suda.

sueco, ca adj. y s. De Suecia. || *Fam. Hacerse el sueco,* hacerse el sordo. || — M. Idioma hablado en Suecia.

suegro, gra m. y f. Padre o madre de un esposo respecto al otro.

suela f. Parte de los zapatos que toca el suelo : *suelas de cuero.* || — *Fig.* y *fam. De siete suelas,* redomado, de la peor especie : *un granuja de siete suelas.* | *No llegarle a uno a la suela del zapato,* serle muy inferior.

sueldo m. Retribución de un empleado, un militar, un funcionario, etc., que se da a cambio de un trabajo regular : *el sueldo del mes.* || *A sueldo,* pagado : *asesino a sueldo.*

suelo m. Superficie en la que se ponen los pies para andar. || Tierra, campo, terreno. || País : *el suelo patrio.* || Piso de una casa : *tiene el suelo embaldosado.* || — *Fig. Arrastrar a uno por los suelos,* hablar muy mal de él. | *Arrastrarse por el suelo,* humillarse. | *Besar el suelo,* caer de bruces. | *Echar por el suelo un plan,* desbaratarlo. | *Estar una cosa por los suelos,* ser muy poco estimada; ser muy barata.

suelto, ta adj. No sujeto, libre : *los perros estaban sueltos en el jardín.* || Desabrochado : *el botón está suelto.* || Desatado : *con los cordones del calzado sueltos.* || Sin recoger : *con el pelo suelto.* || Separado del conjunto de que forma parte : *trozos sueltos de una obra literaria.* || Que no hace juego : *calcetines sueltos.* || Poco ajustado, holgado : *llevaba un traje suelto.* || Libre, atrevido : *lenguaje muy suelto.* || Desenvuelto : *estuvo muy suelto hablando con sus superiores.* || Fácil, natural, ágil : *estilo suelto.* || Poco compacto, que no está pegado : *arroz suelto.* || Que no está empaquetado : *comprar legumbres secas sueltas.* || Por unidades : *vender cigarrillos sueltos.* || Dícese del dinero en moneda fraccionaria. || Aislado : *estos no son más que hechos sueltos.* || Que hace deposiciones blandas : *tener el vientre suelto.* || — M. Moneda fraccionaria : *no tengo suelto.* || Reseña periodística de poca extensión : *ha publicado un suelto en el diario.* || — F. Acción de lanzar : *suelta de palomas.*

sueño m. Tiempo en el que la sensibilidad y la actividad se encuentran en un estado de aletargamiento caracterizado en el hombre por la pérdida de la conciencia del mundo exterior, la desaparición más o menos completa de las funciones de los centros nerviosos y la disminución relativa de las funciones de la vida orgánica. || Representación en la mente de una serie de imágenes mientras se duerme : *tener sueños fantásticos.* || *Fig.* Idea quimérica, imaginación sin fundamento, ilusión. | Deseo, esperanza : *sueños de gloria.* || Estado de insensibilidad o de inercia, letargo. || Deseos de dormir : *caerse de sueño.* || *Fig.* y *fam.* Cosa preciosa, muy bonita : *su coche deportivo es un sueño.* || — *Enfermedad del sueño,* enfermedad contagiosa, endémica en África ecuatorial y occidental, provocada por un tripanosoma inoculado por la mosca tse-tsé. || *Fig. Ni por* (o *en*) *sueños,* jamás en la vida. | *Sueño eterno,* la muerte.

suero m. Parte líquida que se separa de la sangre o de la leche después de coagularse. || Líquido extraído de la sangre de un animal que se emplea para vacunar contra una enfermedad microbiana o contra una sustancia tóxica. || *Suero artificial* o *fisiológico,* solución salina que se inyecta para alimentar los tejidos orgánicos.

sueroterapia f. Terapéutica consistente en la inyección de sueros para combatir las infecciones y las intoxicaciones o para prevenirlas.

suerte f. Causa hipotética o predeterminación de los sucesos : *los caprichos de la suerte.* || Estado que resulta de los acontecimientos afortunados o no que le ocurren a una persona : *satisfecho con su suerte.* || Azar, fortuna : *mala suerte.* || Resultado afortunado, fortuna : *tener suerte en el juego.* || Condición, estado : *la suerte del pueblo.* || Sorteo, elección : *me tocó por suerte.* || Clase, género : *tuvo toda suerte de calamidades.* || Manera, modo. || Juego de manos del prestidigitador. || Ejercicio del equilibrista. || Tercio, cada una de las tres partes en que se divide la lidia de un toro : *suerte de banderillas.* || *Amer.* Billete de lotería. || — *De suerte que,* de tal modo que. || *Echar (a) suertes,* sortear, || *Entrar en suerte,* participar en un sorteo. || *La suerte está echada,* todo está decidido. || *Por suerte,* afortunadamente.

suertero, ra adj. Afortunado.

suéter m. Jersey de lana.

suevo, va adj. y s. Individuo de un pueblo germánico.
suficiencia f. Capacidad para hacer algo. || Presunción insolente.
suficiente adj. Bastante : *tener suficiente dinero para vivir.* || Apto o idóneo, que sirve para una cosa. || *Fig.* Pedante, presuntuoso.
sufijo, ja adj. y s. m. Dícese de las partículas inseparables que se añaden a los radicales de algunas palabras cuyo significado varían dándoles una idea secundaria.
sufragáneo, a adj. Que depende de la jurisdicción de otro.
sufragar v. t. Costear, satisfacer : *sufragar los gastos.* || Ayudar o favorecer. || — V. i. *Amer.* Dar su voto a un candidato.
sufragio m. Voto : *emitir un sufragio.* || Sistema electoral para la provisión de cargos : *sufragio directo.* || Ayuda, auxilio. || Obra pía : *misa en sufragio de las almas.*
sufragismo m. Movimiento que preconiza el derecho de voto para la mujer.
sufragista com. Persona partidaria del voto femenino.
sufrido, da adj. Que sufre con resignación. || *Fig.* Aplícase al color que disimula lo sucio. | Sólido, resistente.
sufridor, ra adj. Que sufre (ú. t. c. s.).
sufrimiento m. Paciencia, tolerancia. || Padecimiento, dolor.
sufrir v. t. Padecer, sentir : *sufrir una enfermedad.* || Recibir con resignación un daño físico o moral : *sufrir un desengaño.* || Sostener, soportar : *sufrir cansancio.* || Aguantar, tolerar : *sufrir a una persona.* || Tener : *sufrir un accidente.* || *Sufrir un examen,* examinarse. || — V. i. Padecer : *sufrir de reúma.* || *Fam. Hacer sufrir,* hacer rabiar.
sugerencia f. Sugestión.
sugerente y **sugeridor, ra** adj. Que sugiere.
sugerir v. t. Hacer entrar en el ánimo de uno una idea. || Proponer.
sugestión f. Insinuación, instigación. || Especie sugerida : *sugestiones del diablo.* || Acción y efecto de sugestionar : *sugestión hipnótica.* || Propuesta.
sugestionable adj. Fácil de sugestionar. || Influenciable.
sugestionar v. t. Inspirar a una persona hipnotizada. || Captar o dominar la voluntad ajena. || — V. pr. Experimentar sugestión.
sugestivo, va adj. Que sugiere o sugestiona. || *Fig.* Atractivo.
suicida com. Persona que se mata a sí misma. || — Adj. Dícese de lo que daña o destruye al propio agente : *empresa suicida.*
suicidarse v. pr. Matarse.
suicidio m. Muerte voluntaria.
sui generis loc. lat. Denota que una cosa es de un género o especie peculiar, excepcional.
suite f. (pal. fr.). Serie de piezas de música instrumental escritas en el mismo tono. || Apartamento en un hotel : *alquilar una suite.*
suizo, za adj. y s. De Suiza. || — M. Bollo esponjoso de forma ligeramente ovalada (ú. t. c. adj.).
sujeción f. Ligadura, unión firme : *la sujeción de algo en un paquete.* || *Fig.* Dependencia, acatamiento : *con sujeción a las leyes.*
sujetador, ra adj. y s. Que sujeta. || — M. Sostén, prenda interior femenina.
sujetapapeles m. inv. Pinzas u otro objeto para sujetar papeles.
sujetar v. t. Afirmar o contener por la fuerza : *sujetar con cuerdas.* || Fijar : *sujeto por un clavo.* || Agarrar : *sujetar por el brazo.* || Inmovilizar, retener : *sujetar a dos contendientes.* || Fig. Someter al dominio o mando de alguien : *sujetar a un pueblo.* || — V. pr. Acatar, someterse, obedecer : *sujetarse a la Constitución.* || Agarrarse : *sujetarse a una rama.*
sujeto, ta adj. Expuesto o propenso a una cosa. || — M. Persona innominada. || Asunto, materia : *sujeto de discusión.* || *Fil.* El espíritu humano considerado en oposición al mundo externo. || *Gram.* Sustantivo o pronombre que indican aquello de lo cual el verbo afirma algo.
sulfamida f. Conjunto de compuestos de acción antibacteriana empleados en el tratamiento de las enfermedades infecciosas : *las sulfamidas empezaron a utilizarse en terapéutica a partir de 1935.*
sulfatación f. Sulfatado.
sulfatado m. Operación consistente en pulverizar con sulfato de cobre o de hierro las plantas para combatir ciertas enfermedades.
sulfatador, ra adj. Que sulfata (ú. t. c. s.).
sulfato m. Sal del ácido sulfúrico.
sulfhídrico, ca adj. Aplícase a un ácido, compuesto de azufre e hidrógeno, incoloro, de olor a huevos podridos y soluble en el agua.
sulfito m. Sal del ácido sulfuroso.
sulfurado, da adj. En estado de sulfuro. || *Fig.* Enojado, irritado.
sulfurar v. t. *Quím.* Combinar un cuerpo con el azufre. || *Fig.* Encolerizar. || — V. pr. Irritarse, enojarse : *sulfurarse por poco.*
sulfúrico, ca adj. *Quím.* Dícese de un ácido oxigenado y corrosivo derivado del azufre.
sulfurizar v. t. Someter a la acción del ácido sulfúrico.
sulfuro m. *Quím.* Combinación del azufre con un cuerpo. || Sal del ácido sulfhídrico.
sulfuroso, sa adj. Que contiene azufre : *agua sulfurosa.* || *Anhídrido sulfuroso,* compuesto oxigenado derivado del azufre.
sultán m. Emperador turco. || Príncipe o gobernador mahometano.
sultanado m. Sultanato.
sultanato m. o **sultanía** f. Territorio gobernado por un sultán.
sullanense adj. y s. De Sullana (Perú) .
suma f. *Mat.* Operación aritmética que consiste en calcular el total de una o varias cantidades homogéneas. || Resultado de esta operación. || Determinada cantidad de dinero o de cualquier cosa. || Conjunto, reunión de ciertas cosas : *una suma de conocimientos.* || Título de algunas obras que estudian abreviadamente el conjunto de una ciencia, de una doctrina. || *En suma,* en resumen.
sumaca f. *Amer.* Embarcación pequeña de cabotaje.
sumador, ra adj. y s. Que suma. || — F. Máquina de calcular mecánica capaz de sumar.
sumando m. Cada una de las cantidades parciales que se suman.
sumar v. t. Reunir en un solo número las unidades o fracciones contenidas en varias otras. || Hacer un total de : *los participantes sumaban más de un centenar.* || Elevarse, ascender a : *suma millones de dólares.* || *Suma y sigue,* frase que se pone al final de una página para indicar que la suma de la cuenta continúa en la siguiente. || — V. pr. *Fig.* Agregarse : *sumarse a una conversación.* | Adherirse.
sumarial adj. Del sumario.

sumariar v. t. Instruir un sumario judicial.
sumario, ria adj. Abreviado, resumido : *un discurso sumario.* ‖ Aplícase a los procesos civiles de justicia en los que se prescinden de algunas formalidades para que sean más rápidos. ‖ — M. Resumen, compendio, análisis abreviado. ‖ Epígrafe que se pone al principio de una revista o de un capítulo con la relación de los puntos que se tratan o estudian. ‖ Conjunto de actuaciones judiciales que estudian todos los datos que van a ser dirimidos en un proceso.
sumarísimo, ma adj. *For.* Dícese de ciertos juicios que se tramitan con un procedimiento muy breve.
sumergible adj. Que puede sumergirse. ‖ — M. Submarino.
sumergir v. t. Meter una cosa debajo del agua o de otro líquido (ú. t. c. pr.). ‖ *Fig.* Abismar, hundir (ú. t. c. pr.).
sumerio, ria adj. De Sumer, región antigua de la Baja Mesopotamia (ú. t. c. s.).
sumersión f. Inmersión.
sumidero m. Alcantarilla. ‖ Pozo negro.
sumiller m. Jefe en ciertas oficinas de palacio. ‖ Persona encargada de los vinos y licores en un establecimiento público.
suministrador, ra adj. y s. Que suministra.
suministrar v. t. Abastecer, surtir.
suministro m. Abastecimiento.
sumir v. t. Hundir o meter debajo de la tierra o del agua. ‖ *Fig.* Sumergir, abismar : *sumir en la duda.* ‖ — V. pr. Desaparecer las aguas de lluvia o residuales por algún hueco o conducto. ‖ Hundirse los carrillos por cualquier motivo, adelgazar mucho. ‖ *Fig.* Abismarse : *se sumió en el desconsuelo.* | Abstraerse : *sumirse en el estudio.*
sumisión f. Sometimiento. ‖ Rendimiento : *sumisión del enemigo.*
sumiso, sa adj. Obediente, subordinado. ‖ Rendido.
súmmum m. (pal. lat.). El grado sumo, el colmo : *el discurso que pronunció fue el súmmum, el no va más de la estupidez.*
sumo, ma adj. Supremo, altísimo, que no tiene superior : *el Sumo Pontífice.* ‖ *Fig.* Muy grande : *ignorancia suma.* ‖ — *A lo sumo,* a lo más. ‖ *En sumo grado,* en el más alto grado.
sunlight [*sanláit*] m. (pal. ingl.). Foco luminoso muy potente que se emplea en las tomas de vistas cinematográficas.
sunna f. Colección de preceptos obligatorios entre los mahometanos. ‖ Ortodoxia musulmana.
sunnita m. Musulmán ortodoxo.
suntuario, ria adj. Relativo al lujo : *gastos suntuarios.*
suntuosidad f. Grandiosidad, magnificencia, lujo.
suntuoso, sa adj. De gran magnificencia, lujoso, espléndido.
supeditación f. Subordinación, dependencia.
supeditar v. t. Someter, subordinar, hacer depender : *mi viaje está supeditado al resultado de los exámenes.* ‖ — V. pr. Someterse.
súper adj. *Fam.* Superior. ‖ *Gasolina súper* o *súper,* gasolina superior con un índice de octano próximo a 100, supercarburante. ‖ — Adv. Muy bien.
superable adj. Que puede superarse.
superabundancia f. Gran abundancia, copiosidad excesiva.
superabundante adj. Que abunda mucho, muy abundante.
superabundar v. i. Ser muy abundante.
superación f. Exceso. ‖ Resolución : *superación de las dificultades.* ‖ Circunstancia de hacer mejor las cosas.
superalimentación f. Sobrealimentación.
superalimentar v. t. Sobrealimentar.
superar v. t. Aventajar, ser mayor, exceder : *superar una marca deportiva.* ‖ Pasar, dejar atrás, salvar : *la época del colonialismo está superada.* ‖ Vencer, resolver : *superar una dificultad.* ‖ — *Estar superado algo,* estar fuera de uso por haberse encontrado algo mejor : *esta técnica está superada.* ‖ — V. pr. Hacer algo mejor que lo acostumbrado.
superávit m. Exceso del haber sobre el debe de una cuenta. ‖ Diferencia existente entre los ingresos y los gastos en un negocio.
supercarburante m. Gasolina superior de un índice de octano próximo a 100.
superciliar adj. Que está por encima de las cejas : *arco superciliar.*
supercompresión f. Aumento de la compresión.
superchería f. Engaño, fraude.
superdirecta f. En ciertas cajas de cambio de automóviles, combinación que proporciona al árbol de transmisión una velocidad de rotación superior a la del árbol motor.
superdotado, da adj. y s. Dícese de un niño cuyo coeficiente intelectual es superior a la mayoría de los de la misma edad.
supereminente adj. Muy superior.
superestructura f. Conjunto de instituciones, ideas o cultura de una sociedad (por oposición a *infraestructura* o base material y económica de esta misma sociedad). ‖ Conjunto de construcciones hechas encima de otras.
superficial adj. Referente a la superficie : *medidas superficiales.* ‖ Poco profundo : *herida superficial.* ‖ Falto de fondo : *examen, noción superficial.* ‖ *Fig.* Frívolo, fútil.
superficialidad f. Carencia de profundidad. ‖ Futilidad, frivolidad.
superficie f. Extensión, medida de un espacio limitado por una línea : *la superficie de un triángulo.* ‖ Parte superior de una masa líquida : *la superficie de un estanque.* ‖ Cualquier parte superior de algo : *superficie del globo terrestre.* ‖ *Fig.* Apariencia, aspecto externo.
superfino, na adj. Muy fino.
superfluidad f. Condición de superfluo. ‖ Cosa superflua.
superfluo, a adj. No necesario, que está de más, inútil.
superfortaleza f. Avión bombardero pesado.
superfosfato m. *Quím.* Fosfato ácido de cal, usado como abono.
superhombre m. Hombre excepcional.
superintendente com. Encargado de la dirección suprema de algo.
superior adj. Que está colocado en un espacio más alto que otra cosa : *mandíbula superior.* ‖ Que tiene una graduación más alta : *temperatura superior a la corriente.* ‖ Dícese de los miembros del cuerpo situados más arriba del tórax. ‖ Aplícase a los estudios hechos después de los de la enseñanza secundaria o media en una universidad o escuela especial. ‖ Que se encuentra más próximo del nacimiento de un río : *Renania Superior.* ‖ *Fig.* Que supera a los otros, que pertenece a una clase o categoría más elevada : *grados superiores.* ‖ Mayor o mejor que otra cosa : *producto de calidad superior.* ‖

Dícese de la persona dotada de cualidades morales e intelectuales en grado extraordinario : *hombre superior.* ‖ Dícese de la persona que tiene autoridad sobre las otras en el orden jerárquico : *padre superior* (ú. t. c. s.).
superioridad f. Condición de lo que es superior. ‖ Autoridad oficial : *por orden de la superioridad.* ‖ Ventaja : *de clara superioridad.*
superlativo, va adj. Muy grande y excelente en su línea. ‖ — M. *Gram.* Grado superior de significación del adjetivo y el adverbio.
superman m. (pal. ingl.). Personaje de historietas ilustradas que está dotado de poderes sobrehumanos. ‖ *Fam.* Superhombre.
supermercado m. Establecimiento comercial en régimen de autoservicio.
supernumerario, ria adj. Que excede del número señalado : *funcionario supernumerario.* ‖ Dícese de los militares en situación análoga a la de excedencia. ‖ — M. y f. Persona que trabaja en una oficina sin figurar en plantilla.
superpoblación f. Población excesiva.
superpoblado, da adj. Muy poblado.
superponer v. t. Poner encima, sobreponer (ú. t. c. pr.).
superposición f. Acción y efecto de superponer o superponerse.
superproducción f. Exceso de producción. ‖ Película cinematográfica en la que se han hecho elevadas inversiones.
superpuesto, ta adj. Puesto uno encima de otro.
superrealismo m. Surrealismo.
supersaturar v. t. *Quím.* Saturar un líquido en exceso.
supersónico, ca adj. De velocidad superior a la del sonido. ‖ — M. Avión que va a velocidad supersónica.
superstición f. Desviación de la creencia religiosa fundada en el temor o la ignorancia y que confiere a ciertas circunstancias carácter sagrado. ‖ Presagio infundado originado sólo por sucesos fortuitos.
supersticioso, sa adj. De la superstición. ‖ Que cree en ella (ú. t. c. s.).
supervaloración f. Valoración excesiva.
supervalorar v. t. Valorar en más (ú. t. c. pr.).
supervisar v. t. Revisar.
supervisión f. Revisión.
supervisor, ra adj. y s. Que supervisa.
supervivencia f. Acción y efecto de sobrevivir.
superviviente adj. y s. Que sobrevive.
supervivir v. i. Sobrevivir.
supinación f. Posición horizontal de una persona tendida sobre el dorso o de la mano con la palma para arriba.
supinador adj. Dícese de un músculo de la mano (ú. t. c. s. m.).
supino, na adj. Tendido sobre el dorso : *posición decúbito supino.* ‖ Aplícase a la falta absoluta de conocimientos : *ignorancia supina.* ‖ — M. Una de las formas nominales del verbo en latín.
suplantación f. Sustitución.
suplantar v. t. Ocupar el lugar de otro : *suplantar a un rival.*
suplementario, ria adj. Que sirve de suplemento, que se añade.
suplemento m. Lo que sirve para completar algo, para hacer desaparecer la insuficiencia o carencia de algo : *suplemento de información.* ‖ Cantidad que se da de más en un teatro, tren, avión, hotel, etc., para tener más comodidad o velocidad : *suplemento de lujo.* ‖ Lo que se añade a un libro para completarlo. ‖ Páginas independientes añadidas a una publicación periódica para tratar de un asunto especial : *suplemento económico.* ‖ Publicación que completa otra : *suplemento del «Gran Larousse Enciclopédico».* ‖ *Geom.* Ángulo que falta a otro para llegar a constituir dos rectos. | Arco de este ángulo.
suplencia f. Sustitución.
suplente adj. y s. Que suple, sustituto : *suplente de un equipo.*
supletorio, ria adj. Que sirve de suplemento : *camas supletorias.*
súplica f. Petición, ruego. ‖ Oración religiosa. ‖ Escrito o instancia en que se suplica. ‖ Cláusula final de un escrito dirigido a la autoridad judicial para solicitar que se dicte una resolución.
suplicación f. Petición.
suplicado, da adj. Dícese de la carta que se envía a una persona para que a su vez la remita a otra.
suplicante adj. Que suplica (ú. t. c. s.).
suplicar v. t. Rogar.
suplicatoria f. y **suplicatorio** m. Comunicación que pasa un tribunal a otro superior.
suplicio m. Pena corporal acordada por decisión de la justicia. ‖ *Fig.* Dolor físico violento. | Sufrimiento moral muy penoso. ‖ *Último suplicio,* pena de muerte.
suplir v. t. Completar lo que falta, añadir. ‖ Sustituir : *suplir a un profesor.* ‖ Compensar : *suplir el desconocimiento con la experiencia.*
suponer m. Suposición.
suponer v. t. Admitir por hipótesis : *supongamos que es verdad lo que se dice* (ú. t. c. pr.). ‖ Creer, presumir, imaginar : *puedes suponer lo que quieras* (ú. t. c. pr.). ‖ Confiar : *suponía su buena fe.* ‖ Implicar, llevar consigo : *esta obra supone mucho trabajo.* ‖ Costar : *el alquiler me supone mucho dinero.* ‖ Significar, representar : *esta molestia no me supone nada.* ‖ Tener importancia, significar : *su colaboración supone mucho en nuestra labor.* ‖ Demostrar, indicar : *su actitud supone que tiene poco interés en el proyecto.* ‖ *Esto es de suponer,* esto es probable.
suposición f. Conjetura, hipótesis : *hacer suposiciones.* ‖ *Suposición gratuita,* la que carece de base o fundamento.
supositorio m. Preparado farmacéutico sólido, de forma cónica u ovoide, administrado por vía rectal.
supranacional adj. Que está por encima de los gobiernos de cada país.
supranacionalidad f. Condición de supranacional.
suprarrealismo m. Surrealismo.
suprarrenal adj. Que está por encima de los riñones.
supremacía f. Superioridad.
supremo, ma adj. Que está por encima de todos y de todo : *jefe supremo del Estado.* ‖ Último : *la hora suprema.* ‖ Decisivo : *instante supremo.* ‖ Imposible de sobrepasar : *momento supremo de felicidad.* ‖ *El Ser Supremo,* Dios. ‖ — M. El Tribunal Supremo.
supresión f. Eliminación, desaparición. ‖ Omisión.
suprimir v. t. Poner fin a una cosa, anular, abolir : *suprimir la libertad de prensa.* ‖ Omitir : *suprimir los detalles* ‖ Quitar : *suprimir el racionamiento.* ‖ *Fam.* Quitar de

en medio a alguien matándole : *suprimir a un traidor.*
supuesto, ta adj. Fingido, falso : *un supuesto periodista.* ‖ — M. Suposición, hipótesis : *en el supuesto de que venga.* ‖ Dato : *carecemos de los más elementales supuestos.* ‖ — *Dar algo por supuesto,* considerarlo cierto y admitido. ‖ *Por supuesto,* sin ninguna duda, claro que sí. ‖ *Supuesto táctico,* grandes maniobras militares.
supuración f. Proceso inflamatorio que supura.
supurante adj. Que supura : *tenía en la cadera una llaga abierta y supurante.*
supurar v. i. Echar pus.
supurativo, va adj. y s. m. Que hace supurar : *pomada supurativa.*
sur m. Punto cardinal del horizonte opuesto al Polo Norte. ‖ Parte de un país que está más cerca del Polo Sur que las otras. ‖ — Adj. Situado al Sur. ‖ Que viene del Sur : *viento sur.*
sura m. Cada uno de los capítulos en que se divide el Corán.
surá m. Tela de seda fina.
suramericano, na adj. y s. Sudamericano.
surcar v. t. Hacer surcos en la tierra. ‖ Hacer rayas en una cosa. ‖ *Fig.* Navegar un barco. | Cruzar el aire un avión.
surco m. Hendedura que hace el arado en la tierra. ‖ Señal que deja una cosa sobre otra. ‖ Arruga en el rostro. ‖ Ranura grabada en un disco fonográfico para reproducir los sonidos.
surero, ra *Bol.* y *Arg.* y **sureño, ña** adj. y s. *Chil.* Natural del Sur. ‖ — M. Viento del Sur.
surf o **surfing** m. (pal. ingl.). Deporte consistente en mantenerse en equilibrio en una tabla arrastrada por las olas.
surgir v. i. Surtir, brotar el agua. ‖ Aparecer, presentarse. ‖ *Fig.* Nacer, manifestarse.
suriano, na adj. y s. *Méx.* Del Sur.
surmenaje m. (fr. *surmenage*). Agotamiento producido por un exceso de trabajo intelectual.
suroeste m. Sudoeste.
surrealismo m. Movimiento poético, literario y artístico, definido por el poeta francés André Breton en un manifiesto de 1924, que, por medio del automatismo o dictado del inconciente, defendía la renovación de todos los valores, inclusive los concernientes a la moral, las ciencias y la filosofía.
surrealista adj. Relativo al surrealismo. ‖ Partidario del mismo (ú. t. c. s.).
sursum corda o **sursuncorda** m. *Fam.* Autoridad imaginaria, personaje supuesto.
surtidero m. Desagüe de un estanque. ‖ Surtidor, chorro.
surtido, da adj. Que tiene abundancia y variedad, aprovisionado : *tienda bien surtida.* ‖ Que tiene diferentes clases o variedades de un mismo artículo : *caramelos surtidos.* ‖ — M. Conjunto de cosas variadas del artículo de que se habla : *gran surtido de trajes de baño.*
surtidor, ra adj. Abastecedor, que surte (ú. t. c. s.). ‖ — M. Chorro de agua que sale despedido hacia arriba : *los surtidores de una fuente.* ‖ Aparato que sirve para distribuir un líquido : *surtidor de gasolina.* ‖ Orificio calibrado en las canalizaciones del carburador de un vehículo automóvil por el que sale la gasolina pulverizada.
surtir v. t. Abastecer, aprovisionar, proveer (ú. t. c. pr.). ‖ *Surtir efecto,* dar resultado : *el medicamento surtió efecto* ; entrar en vigor : *la ley surtirá efecto dentro de un mes.* ‖ — V. i. Salir chorros de agua proyectados hacia arriba.
surto, ta adj. *Mar.* Fondeado.
susceptibilidad f. Propensión a sentirse ofendido.
susceptible adj. Que puede ser modificado. ‖ Que se ofende fácilmente, sensible, quisquilloso.
suscitar v. t. Ser causa de.
suscribir v. t. Firmar al fin de un escrito : *suscribir un contrato.* ‖ Convenir con el dictamen de uno : *suscribir una opinión.* ‖ — V. pr. Pagar cierta cantidad para recibir una publicación periódica : *suscribirse a una revista económica.*
suscripción f. Acción y efecto de suscribir o suscribirse.
suscriptor, ra m. y f. Persona que suscribe o se suscribe.
susodicho, cha adj. Dicho, citado, mencionado antes.
suspender v. t. Colgar en alto : *suspender una tabla en un andamio.* ‖ Detener por algún tiempo : *suspender una sesión* (ú. t. c. pr.). ‖ Dejar sin aplicación : *suspender una prohibición.* ‖ Privar a uno temporalmente de su empleo o cargo : *suspender a un funcionario.* ‖ Declarar a alguien no apto en un examen : *suspender a un alumno.* ‖ *Fig.* Producir gran admiración, enajenar el ánimo : *suspender al auditorio.* ‖ No aprobar un examen o asignatura.
suspense m. (pal. ingl.). Calidad de una novela o película en la que se produce una fuerte tensión emocional antes del desenlace.
suspensión f. Acción y efecto de suspender. ‖ Dispositivo para reunir la caja del automóvil al chasis y para amortiguar las sacudidas en marcha : *suspensión helicoidal.* ‖ *Quím.* Estado de un cuerpo dividido en partículas muy finas y mezclado con un fluido sin disolverse en él. ‖ *Fig.* Estado de emoción provocado por algo que suspende el ánimo. ‖ — *En suspensión,* dícese de las partículas de un cuerpo que no llegan a disolverse dentro de un fluido. ‖ *Suspensión de pagos,* situación jurídica del comerciante que no puede atender temporalmente al pago de sus obligaciones.
suspensivo, va adj. Que suspende. ‖ *Puntos suspensivos,* signo gráfico (...) que se pone al final de una frase incompleta.
suspenso, sa adj. Suspendido, colgado : *suspenso de un cable.* ‖ No aprobado, no apto : *estar suspenso en latín.* ‖ *Fig.* Desconcertado, sorprendido : *quedarse suspenso ante un accidente.* | Absorto, enajenado : *quedarse suspenso ante un espectáculo.* ‖ *En suspenso,* pendiente de resolución. ‖ — M. Nota de un escolar en la que se declara su ineptitud.
suspensores m. pl. Tirantes.
suspensorio, ria adj. Que suspende. ‖ — M. Vendaje para sostener el escroto.
suspicacia f. Recelo.
suspicaz adj. Receloso.
suspirado, da adj. Ansiado.
suspirar v. i. Dar suspiros. ‖ *Fig.* Desear mucho.
suspiro m. Respiración fuerte y prolongada causada por un dolor, una emoción intensa, etc. ‖ Cierta golosina hecha con harina, huevo y azúcar. ‖ *Mús.* Pausa breve. ‖ *Dar o exhalar el último suspiro,* morir.
sustancia f. Lo que hay permanente en un ser. ‖ Cada una de las diversas clases de la materia de que están formados los cuerpos, que se distinguen por un conjunto de propie-

dades : *sustancia mineral, vegetal,* etc. || Parte esencial de una cosa. || *Fig.* Juicio, madurez : *un libro de mucha sustancia.* || — *En sustancia,* en compendio. || *Sustancia gris,* materia gris.
sustancial adj. Relativo a la sustancia.
sustanciar v. t. Compendiar, extractar. || *For.* Conducir un juicio por la vía procesal hasta ponerlo en estado de sentencia.
sustancioso, sa adj. Que tiene sustancia : *alimento sustancioso.*
sustantivar v. t. *Gram.* Dar a una palabra valor de sustantivo.
sustantividad f. Condición de sustantivo.
sustantivo, va adj. Que tiene existencia real, independiente, individual. || *Gram. Verbo sustantivo,* el verbo *ser.* || — M. *Gram.* Cualquier palabra que designa un ser o un objeto : *sustantivo común, propio.*
sustentación f. y **sustentamiento** m. Acción y efecto de sustentar o sustentarse. || Sustentáculo, apoyo. || *Plano de sustentación,* ala del avión.
sustentáculo m. Apoyo, sostén.
sustentador, ra adj. Que sustenta (ú. t. c. s. m.).
sustentar v. t. Mantener o sostener algo : *la columna sustenta el techo.* || Alimentar : *sustentar a la familia.* || *Fig.* Mantener, alimentar : *sustentar la esperanza de los sitiados.* || — V. pr. Alimentarse.
sustento m. Lo que sirve para sustentar, alimento.
sustitución f. Reemplazo, cambio : *la sustitución de un empleado.*
sustituible adj. Que puede sustituirse.
sustituidor, ra adj. y s. Que sustituye.
sustituir v. t. Poner a una persona o cosa en lugar de otra.
sustitutivo, va adj. Dícese de la sustancia que puede reemplazar a otra en el uso (ú. t. c. s. m.).
sustituto, ta m. y f. Suplente, persona que hace las veces de otra en un empleo o servicio.
susto m. Miedo. || *Fam. Dar un susto al miedo,* ser excesivamente feo.
sustracción f. Robo, hurto. || *Mat.* Resta.
sustractivo, va adj. Que sustrae.
sustraendo m. *Mat.* Cantidad que se resta.
sustraer v. t. Separar, apartar, extraer. || Quitar, hurtar, robar : *sustraer una joya.* || *Mat.* Restar. || — V. pr. Eludir, evitar, evadir.
susurrar v. i. Hablar bajo, musitar, murmurar.
susurro m. Murmullo.
sutil adj. Delgado, delicado, tenue : *tejido sutil.* || Fig. Suave y penetrante : *viento, aroma sutil.* | Agudo, perspicaz : *espíritu sutil.*
sutileza y **sutilidad** f. Condición de sutil.
sutilizar v. t. *Fig.* Discurrir con agudeza.
sutura f. Costura de los bordes de una herida : *puntos de sutura.* || Articulación dentada de dos huesos.
suturar v. t. Hacer una sutura.
suyo, ya, suyos, yas adj. y pron. pos. de 3.ª pers. m. y f. en ambos números : *tu coche es más reciente que el suyo; una hermana suya.* || — *De suyo,* de por sí : *de suyo no es mala persona.* || *Hacer de las suyas,* hacer algo bueno (o malo), pero de acuerdo con el carácter de la persona de quien se trata. || *Hacer suyo,* adoptar. || *Los suyos,* su familia ; sus partidarios. || *Fig.* y *fam. Salirse con la suya,* conseguir lo que uno quiere.
suyuntu m. *Amer.* Zopilote.
svástica f. Cruz con brazos iguales, cuyas extremidades están dobladas como la letra gamma.
swap [*suap*] m. (pal. ingl.). Intercambio de divisas entre dos bancos centrales.
sweater [*suéter*] m. (pal. ingl.). Suéter.
swing [*suin*] m. (pal. ingl.). Golpe dado balanceando lateralmente el brazo. || Movimiento del jugador de golf al ir a golpear la pelota. || Cierto estilo de jazz.
syllabus m. (pal. lat.). Lista de errores en materia de fe condenados por el Papa.

t. f. Vigésima tercera letra del alfabeto castellano y decimonona de sus consonantes. || — **t,** símbolo de *tonelada.*
Ta, símbolo del *tantalio.*
taba f. Astrágalo, hueso del pie || Juego de muchachos. || *Méx.* Charla.
tabacal m. Terreno plantado de tabaco.
tabacalero, ra adj. Del tabaco : *industria tabacalera.* || Dícese de la persona que cultiva o vende tabaco (ú. t. c. s.). || — F. En España, nombre del organismo estatal que tiene el monopolio de la venta del tabaco.
tabaco m. Planta cuyas hojas, preparadas de varias maneras, se fuman, se mascan o se aspiran en polvo || Cigarro puro. || Cigarrillo. || — Adj. De un color parecido al de las hojas de tabaco.
tabacón m. *Méx.* Marihuana.
tabanco m. Puesto ambulante para la venta de comestibles. || Taberna modesta. || *Amér. C.* Buhardilla.
tábano m. Insecto díptero, parecido a la mosca.
tabaqueada adj. *Méx.* Riña.
tabaquera f. Caja para el tabaco en polvo. || Parte de la pipa donde se pone el tabaco. || *Amer.* Petaca.
tabaquería f. Estanco. || *Amer.* Fábrica de tabaco.
tabaquero, ra adj. Dícese del que vende o prepara el tabaco (ú. t. c. s.). || — M. *Amer.* Pañuelo.
tabaquismo m. Intoxicación provocada por el abuso de tabaco.
tabardillo m. Fiebre tifoidea. || *Fam.* Insolación. || *Fig.* y *fam.* Engorro, pesadez. | Persona pesada.

tabarra f. *Fam.* Pesadez, lata.
tabarro m. Tábano. || Avispa.
tabasqueño, ña adj. y s. De Tabasco (México).
taberna f. Sitio donde se venden y consumen vinos y licores.
tabernáculo m. Entre los hebreos, tienda en que se colocaba el arca del Testamento. || Sagrario.
tabernario, ria adj. Propio de la taberna. || *Fig.* Bajo, grosero.
tabernero, ra m. y f. Persona que tiene una taberna.
tabes f. Enfermedad caracterizada por una supresión progresiva de la coordinación de los movimientos.
tabicar v. t. Cerrar con tabique. || Tapiar.
tabique m. Pared delgada hecha de cascote, ladrillo, adobes o madera. || Separación delgada : *el tabique de las fosas nasales.*
tabla f. Pieza de madera, plana, larga y poco ancha. || Pieza plana, rígida y de poco espesor de cualquier materia : *tabla de hierro colado.* || Cara más ancha de un madero. || Anaquel, estante. || Pliegue ancho de la ropa : *falda con tablas.* || Índice de un libro : *tabla de materias.* || Lista, catálogo : *tablas astronómicas.* || Cuadro en que se inscriben los números en un orden metódico para facilitar los cálculos : *tabla de multiplicar.* || Bancal de un huerto. || Mostrador de carnicería. || Superficie plana de madera que utilizan los dibujantes para trabajar. || Pintura hecha en piezas planas de madera. || Tablón de anuncios. || — Pl. En el juego de ajedrez y en el de damas, estado en que nadie puede ganar la partida. || *Fig.* Empate : *quedar en tablas.* | Escenario del teatro : *salir a las tablas.* | Soltura en una actuación ante el público. || *Taurom.* Barrera de la plaza de toros. | Tercio del ruedo inmediato a la barrera o vallas. || — *Fig. A raja tabla,* cueste lo que cueste. | *Hacer tabla rasa,* dar al olvido algo pasado. | *Salvarse por tablas,* salvarse por muy poco. || *Tablas Alfonsinas,* tablas astronómicas compuestas por orden de Alfonso X el Sabio (1252). || *Fig. Tabla de salvación,* último recurso para salir de un apuro. || *Tabla hawaiana,* la perfilada que se utiliza para mantenerse en equilibrio encima de las olas en el deporte llamado «surf». || *Tabla redonda,* en los libros de caballerías, la de los caballeros que tenían asiento en la mesa del rey Arturo. || *Tablas de la Ley,* piedras en que se escribió el Decálogo.
tablada f. *Arg.* Lugar donde se reúne el ganado que va al matadero.
tablado m. Suelo de tablas. || Escenario de un teatro : *sacar al tablado.* || Tarima sobre la que se baila : *tablado flamenco.* || Tribuna.
tablajería f. Carnicería.
tablajero m. Carnicero.
tablao m. Tablado flamenco.
tablar m. Cuadro de una huerta.
tablazón f. Conjunto de tablas.
tableado, da adj. Con pliegues o tablas : *vestido tableado.* || — M. Conjunto de tablas o pliegues que se hacen en una tela.
tablear v. t. Dividir en tablas. || Hacer tablas en la ropa.
tablero m. Superficie plana formada por tablas reunidas para evitar que se combe. || Tabla, pieza plana. || Cartelera para fijar anuncios. || En un coche o avión, conjunto de los órganos que permiten al conductor vigilar la marcha de su vehículo. || Tabla escaqueada para jugar a las damas, al ajedrez y a otros juegos similares. || Plataforma de un puente. || Encerado en las escuelas. || Mostrador de tienda. || Cuadro de una puerta. || *Fig.* Campo : *en el tablero político.*
tableta f. Tabla pequeña. || Pastilla : *tableta analgésica, de chocolate.*
tabletear v. i. Producir ruido haciendo chocar tabletas. || *Fig.* Hacer ruido continuo los disparos de un arma de fuego.
tableteo m. Ruido del choque de tabletas. || *Fig.* Ruido de un arma automática.
tablilla f. Tabla pequeña. || Plancha de madera para fijar anuncios, etc. || Pieza de madera para sujetar los huesos fracturados.
tablón m. Tabla grande o gruesa. || Tablilla de anuncios. || Trampolín. || *Fam.* Borrachera.
tabor m. Cuerpo militar indígena en el antiguo Protectorado español de Marruecos.
tabú m. Carácter de los objetos, seres o actos que hay que evitar por ser considerados como sagrados. || Estos mismos objetos, seres y actos. || *Por ext.* Cosa prohibida. || — Adj. Considerado como sagrado o intocable : *tema tabú.* (Pl. *tabúes.*)
tabulación f. Acción y efecto de tabular.
tabulador m. En las máquinas de escribir, dispositivo que facilita la disposición de cuadros, columnas, cantidades o palabras.
tabuladora f. Máquina que transcribe las informaciones de las tarjetas perforadas.
tabular adj. De forma de tabla.
tabular v. t. Expresar por medio de tablas, valores, magnitudes u otros datos.
taburete m. Asiento sin brazos ni respaldo.
tac, onomatopeya de un ruido seco : *el tac tac del corazón.*
tacada f. Golpe dado con el taco a la bola de billar. || Serie de carambolas seguidas.
tacalote m. Leguminosa medicinal de México.
tacamaca f. Árbol de cuya corteza los indios hacen canoas.
tacamadún m. Pez del golfo de México.
tacana f. Mineral de plata negruzco. || *Bol.* Escalón cultivado en las laderas de los Andes.
tacañear v. i. *Fam.* Ser avaro.
tacañería f. Avaricia, mezquindad.
tacaño, ña adj. y s. Mezquino, avaro.
tacataca y **tacatá** m. Sillita montada en una armazón con ruedas con dos agujeros para que pasen las piernas los niños que aprenden a andar.
tácito, ta adj. Sobrentendido, no expresado. || *Tácita reconducción,* renovación automática de un contrato cuando no ha sido rescindido.
taciturnidad f. Condición de taciturno. || Actitud taciturna.
taciturno, na adj. Callado. || Triste, apesadumbrado.
tacneño, ña adj. y s. De Tacna (Perú).
taco m. Tarugo de madera u otra materia con que se tapa un hueco : *encajar un taco.* || Cuña. || Pelotilla de trapo, papel o estopa que se ponía en las armas de fuego entre el proyectil y la pólvora. || Cilindro de estopa, trapo o arena para apretar la pólvora del barreno. || Baqueta para las armas de fuego. || Palo con que se impulsan las bolas en el billar. || Cilindro de cuero u otro material que se fija en la suela de las botas de fútbol para no resbalar. || Parte principal del arco del violín. || Conjunto de las hojas del calendario de pared. || Conjunto de billetes de transporte que se venden juntos : *un taco de billetes de metro.* || *Fig.* y *fam.* Bocado

ligero : *tomar tacos de queso con el aperitivo.* | Trago de vino : *tomar un taco.* | Juramento, palabrota : *soltó un taco.* | Lío, confusión : *se hizo un taco.* | Año : *tengo cuarenta tacos.* | Tableta de hachís. || *Amer.* Tacón. || *Méx.* Tortilla de maíz enrollada, que contiene diversas viandas.
tacón m. Pieza fijada debajo de la suela del zapato y en la parte correspondiente al talón.
taconazo m. Golpe con el tacón.
taconear v. i. Hacer ruido con los tacones al andar o al bailar.
taconeo m. Ruido producido al taconear.
tacotal m. Plantío de tacotes.
tacote m. *Méx.* Marihuana.
táctica f. Arte de dirigir una batalla combinando la acción de los medios de combate para alcanzar algún objetivo. || *Fig.* Medios empleados para lograr un fin.
táctico, ca adj. Relativo a la táctica. || — M. Experto en ella.
táctil adj. Relativo al tacto.
tacto m. Uno de los cinco sentidos que permite, por contacto directo, conocer la forma y el estado exterior de las cosas. || Acción de tocar. || *Fig.* Tiento, delicadeza : *contestar con mucho tacto.*
tacuacín m. *Amer.* Zarigüeya.
tacuache m. *Cub.* y *Méx.* Mamífero insectívoro nocturno.
tacuara f. *Arg.* Bambú.
tacuarembonense adj. y s. De Tacuarembó (Uruguay).
tacurú m. *Riopl.* Especie de hormiga pequeña. | Montículo procedente de hormigueros.
tacha f. Falta, imperfección, defecto : *una vida sin tacha.* || Clavo algo mayor que la tachuela.
tachadura f. Raya que se hace sobre una palabra para suprimirla.
tachar v. t. Borrar o rayar lo escrito : *tachar algunos párrafos.* || *Fig.* Censurar : *tachar el proceder de uno.* | Atribuirle a uno algún defecto : *tachar de avaricia.*
tachero m. *Amer.* Operario de tachos en los ingenios de azúcar.
tachigual m. *Méx.* Tejido de algodón.
tachirense adj. y s. De Táchira (Venezuela).
tacho m. *Amer.* Vasija grande de metal de fondo redondo. | Paila grande para cocer el jarabe obtenido por evaporación del jugo purificado de la caña en las fábricas de azúcar. | Hoja de lata. || *Chil.* Cacerola de metal o barro. || *Irse al tacho,* fracasar, irse abajo.
tachón m. Tachadura grande.
tachonar v. t. *Fig.* Salpicar.
tachuela f. Clavo pequeño de cabeza grande que usan los tapiceros.
Taf m. Tren rápido italiano de motor diesel formado por tres unidades, dos de las cuales son motoras.
tafetán m. Tela de seda muy tupida y tejida como el lienzo.
tafia f. Aguardiente de caña.
tafilete m. Piel de cabra fina.
tafiletear v. t. Adornar o cubrir con tafilete.
tafiletería f. Arte de curtir el tafilete. || Tienda donde se vende.
tagalo, la adj. y s. Dícese de los miembros de la población indígena de Filipinas. || — M. Lengua oficial de los filipinos.
tagarnina f. *Fam.* Cigarrillo o tabaco malo. || *Amer.* Borrachera.
tagua f. Marfil vegetal. || Ave zancuda.
tahalí m. Tira de cuero u otra materia que va del hombro derecho al costado izquierdo y de la cual pende la espada. || *Por ext.* Pieza de cuero que sostiene el machete, la bayoneta, etc.
tahitiano, na adj. y s. De Tahití.
tahona f. Molino de harina movido por caballería. || Horno de panadería y despacho de pan.
tahonero, ra m. y f. Encargado o propietario de una tahona.
tahúr m. Jugador empedernido, especialmente el fullero.
tahurería f. Garito. || Afición exagerada al juego. || Fullería.
taifa f. Bandería, facción : *reino de taifa.* || *Fam.* Reunión de gente de mala vida : *taifa de ladrones.*
taiga f. Selva del norte de Eurasia y América, de subsuelo helado, formada principalmente por coníferas, abedules y arces.
tailandés, esa adj. y s. De Tailandia.
taimado, da adj. y s. Astuto.
taimería f. Astucia.
taino, na y **taíno, na** adj. y s. Dícese del indígena de una población arawaka que vivía en Puerto Rico, Haití y al E. de Cuba.
taita m. Nombre cariñoso con que el niño designa a sus padres o a quien le cuida. || *Arg.* y *Chil.* Nombre dado a las personas de respeto : *taita cura.* || *Arg.* Entre los gauchos, matón.
tajada f. Porción que se corta de una cosa : *una tajada de melón.* || *Pop.* Curda, borrachera. || *Fig.* y *fam. Sacar tajada,* sacar provecho.
tajado, da adj. Cortado verticalmente. || *Fam.* Borracho.
tajadura f. Corte.
tajamar m. Tablón curvo ensamblado a la parte exterior de la roda de un barco. || Espolón de puente. || *Chil.* Malecón, dique. || *Arg.* Presa para las aguas llovedizas.
tajante adj. Cortante. || *Fig.* Completo, sin término medio : *diferencia tajante.* | Categórico, definitivo : *contestación tajante.* | Perentorio, terminante : *tono tajante.*
tajar v. t. Cortar : *tajar carne.* || — V. pr. *Fam.* Embriagarse.
tajo m. Corte profundo. || Filo de un instrumento cortante. || Tarea, faena y lugar donde trabaja una cuadrilla de trabajadores : *los peones van al tajo.* || Corte profundo en el terreno : *el tajo de Roncesvalles.* || Trozo de madera donde se pica o corta la carne. || Trozo de madera sobre el cual se decapitaba a los condenados. || Corte que se da con la espada o el sable : *tirar tajos y estocadas.* || *Col.* y *Venez.* Camino de herradura.
tajón m. Tajo para cortar la carne. || *Fam.* Borrachera.
tal adj. Semejante : *nunca se ha visto tal cinismo.* || Así : *tal es su opinión.* || Tan grande : *tal es su fuerza que todos le temen.* || Este, esta : *no me gusta hacer tal cosa.* || Calificativo que se aplica a una persona o cosa de nombre desconocido u olvidado : *Fulana de Tal; en la calle tal.* || — Pron. Esa cosa : *no dije tal.* || Alguno : *tal habrá que lo sienta así.* || — Adv. Así : *tal estaba de emocionado que no me vio.* || De este modo : *cual el Sol ilumina la Tierra, tal ilumina las estrellas.* || — *Con tal de* o *que,* con la condición de que ; siempre que. || *¿ Qué tal ?,* ¿ cómo está usted ? ; ¿ cómo va la cosa ? ; ¿ qué le parece ? || *Tal cual,* sin cambio ;

regular, ni bien ni mal ; alguno que otro. || *Tal vez,* quizá. || *Y tal y cual,* etcétera.
tala f. Corte de un árbol por el pie. || Poda. || Destrucción, estrago.
talabartería f. Taller o tienda de talabartero.
talabartero m. Guarnicionero.
talacha f. y **talacho** m. *Méx.* Zapapico, azada, útil de labranza.
talador, ra adj. y s. Que tala.
taladrado m. Operación de abrir un agujero cilíndrico con una broca o barrena.
taladrador, ra adj. y s. Que taladra. || — F. Máquina de taladrar.
taladrar v. t. Agujerear con taladro. || *Fig.* Herir los oídos un sonido agudo.
taladro m. Barrena u otro instrumento con que se perfora u horada una cosa. || Agujero hecho con él.
tálamo m. Cama conyugal : *tálamo nupcial.* || Receptáculo de una flor. || *Anat.* Parte del encéfalo situada en la base del cerebro.
talanquera f. Valla o pared que sirve de defensa.
talante m. Humor, disposición de ánimo. || Voluntad, grado : *hacer algo de buen talante.*
talar adj. Dícese de la vestidura que llega a los talones : *traje talar.*
talar v. t. Cortar por el pie : *talar árboles.* || Podar, cortar las ramas inútiles. || Destruir, arrasar.
talareño, ña adj. y s. De Talara (Perú).
talasocracia f. Dominio de una nación en los mares.
talasoterapia f. Uso terapéutico de los baños o del aire de mar.
talaverano, na adj. y s. De Talavera (España).
talayot y **talayote** m. Monumento megalítico de las Baleares parecido a una torre de poca altura.
talco m. Silicato natural de magnesio, de textura hojosa, que se usa en farmacia reducido a polvo.
talega f. Saco de tela fuerte para envasar o transportar cosas : *talega de pan.* || Su contenido : *una talega de arroz.*
talegada f. Contenido de una talega. || Talegazo.
talegazo m. Golpe dado con una talega. || *Fam.* Caída.
talego m. Talega.
taleguilla f. Talega pequeña. || Calzón de torero.
talento m. Moneda imaginaria de los griegos y romanos. || Aptitud natural para hacer una cosa determinada : *pintor de gran talento.* || Entendimiento, inteligencia : *hace falta mucho talento para hacerlo.*
talentoso, sa o **talentudo, da** adj. Que tiene talento.
talero m. *Arg.* y *Chil.* Fusta.
Talgo m. Tren articulado de invención española.
talio m. Metal blanco (Tl) parecido al plomo, existente en las piritas, de número atómico 81.
talión m. Castigo idéntico a la ofensa causada : *ley del talión.*
talismán m. Objeto que tiene la virtud de proteger al que lo lleva o de darle algún poder mágico. || *Fig.* Lo que tiene un poder irresistible y efectos maravillosos.
talo m. Organo vegetativo de las plantas en las que no se diferencian la raíz, el tallo y las hojas.
talofitas f. pl. Tipo de plantas que comprende las algas, los hongos y los líquenes.
talón m. Parte posterior del pie. || Parte del zapato o calcetín que la cubre. || Sitio blando y flexible en el casco de las caballerías. || Parte del arco de un instrumento músico de cuerda inmediata al mango. || Parte que se arranca de cada hoja de un talonario. || Cheque. || Patrón monetario : *el talón oro.* || *Fig.* y *fam. Pisarle a uno los talones,* seguirle de muy cerca ; estar a punto de igualarle.
talonador m. En el rugby, jugador encargado de sacar el balón de la melée.
talonario m. Cuaderno que consta de varias hojas que se dividen en dos partes : una llamada *talón,* que se entrega, y otra denominada *matriz,* que se conserva como justificante : *olvidé encima de mi escritorio el talonario de cheques* (ú. t. c. adj.).
talonazo m. Golpe dado con el talón.
talonera f. Refuerzo puesto en el talón de las medias o calcetines o en la parte baja de los pantalones.
talquera f. Recipiente donde se guardan los polvos de talco.
talquino, na adj. y s. De Talca (Chile).
talud m. Inclinación del paramento de un muro o de un terreno.
talla f. Obra esculpida, especialmente en madera : *una talla del s. XIV.* || Estatura : *hombre de buena talla.* || Instrumento para medir a las personas. || *Fig.* Capacidad : *tiene talla para ocupar este cargo.* || Operación consistente en labrar las piedras preciosas : *la talla del diamante.* || Tributo antiguo. || Mano, en el juego de la banca y otros. || *Fig. De talla,* de importancia.
tallado, da adj. Con los adv. *bien* o *mal,* de buen o mal aspecto. || — M. Acción y efecto de tallar el diamante, la madera, el metal, etc.
tallador m. Grabador en hueco o de medallas. || *Mil.* El que talla a los reclutas. || Banquero de una casa de juego.
tallar v. t. Esculpir : *tallar una imagen.* || Labrar piedras preciosas : *tallar diamantes.* || Grabar metales. || Cargar de tallas o tributos. || Tasar, valuar. || Medir con la talla : *tallar quintos.* || Llevar la banca en los juegos de azar.
tallarín m. Cinta estrecha de pasta de macarrones.
talle m. Figura, disposición del cuerpo : *talle esbelto.* || Cintura : *la cogió por el talle.* || Parte del vestido que corresponde a esta parte del cuerpo : *falda alta de talle.* || Medida que se toma del cuello a la cintura.
taller m. Lugar en el que se hace un trabajo manual.
tallista com. Persona que talla en madera o graba metales.
tallo m. *Bot.* Órgano del vegetal que lleva las hojas, las flores y los frutos. | Renuevo, brote. | Germen.
talludo, da adj. De tallo grande. || *Fig.* Muy crecido, alto para su edad. | Que ya no es joven.
tamal m. *Amer.* Empanada de masa de harina de maíz envuelta en hojas de plátano o de maíz y rellena de diferentes condimentos. || *Chil.* Bulto grande. || *Amer. Fam.* Lío, intriga : *armar un tamal.*
tamalada f. *Amer.* Comida a base de tamales.
tamalería f. Tienda donde se venden tamales.
tamanduá m. Mamífero desdentado de

hocico largo que se alimenta de los insectos capturados con su larga lengua viscosa.

tamaño, ña adj. Tal, tan grande o tan pequeño. ‖ — M. Dimensiones : *el tamaño de un libro.*

támara f. Palmera de Canarias. ‖ Terreno poblado de estas palmeras. ‖ — Pl. Dátiles en racimo.

tamarindo m. Árbol de flores amarillas. ‖ Su fruto.

tamarugal m. *Chil.* Terreno plantado de tamarugos.

tamarugo m. *Chil.* Especie de algarrobo que hay en la pampa.

tamaulipeco, ca adj. y s. De Tamaulipas (México).

tamba f. *Ecuad.* Chiripá usado por los indios.

tambache m. *Méx.* Envoltorio de ropa.

tambaleante adj. Vacilante, titubeante. ‖ Inestable.

tambalear v. i. Moverse a uno y otro lado como si se fuese a caer. U. m. c. pr. : *tambalearse al andar.* ‖ Ser inestable. U. m. c. pr. : *mueble que se tambalea.* ‖ *Fig.* Perder su firmeza. U. m. c. pr. : *la dictadura se tambalea.*

tambaleo m. Falta de estabilidad. ‖ Tibubeo.

tambarria f. *Amer.* Parranda.

tambero m. *Amer.* Dueño de un tambo. ‖ — Adj. *Amer.* Del tambo. ‖ *Arg.* Manso : *ganado tambero.* ‖ *Arg.* y *Chil.* Que posee vacas lecheras.

también adv. Igualmente : *a mí también me gusta el teatro.*

tambo m. *Amer.* Posada, venta, parador. ‖ *Arg.* Vaquería, lechería.

tambor m. Instrumento músico de percusión, de forma cilíndrica, hueco, cerrado por dos pieles tensas y que se toca con dos palillos. ‖ El que lo toca. ‖ Cilindro hueco, de metal, para diversos usos : *tambor de una máquina de lavar.* ‖ Depósito cilíndrico con una manivela que lo hace girar y que sirve para meter las bolas de una rifa o lotería. ‖ Cilindro en que se enrolla un cable. ‖ Cilindro giratorio donde se ponen las balas de un revólver. ‖ *Arq.* Muro cilíndrico que sirve de base a una cúpula. | Cada uno de los bloques cilíndricos que forman el fuste de una columna. ‖ Pieza circular de acero, solidaria de la rueda, en cuyo interior actúan las zapatas del freno. ‖ *Amer.* Bote o pequeño barril que sirve de envase. ‖ *Méx.* Colchón de muelles.

tambora f. *Amer.* Grupo de músicos con instrumentos de percusión.

tamborear v. i. Tamborilear.

tamboreo m. Tamborileo.

tamboril m. Tambor más largo y estrecho que el corriente.

tamborilear v. i. Tocar el tambor o el tamboril. ‖ Imitar el ruido del tambor, repiquetear : *tamborilear en la mesa con los dedos.*

tamborileo m. Acción de tocar el tambor o tamboril y ruido producido.

tamborilero, ra m. y f. Persona que toca el tambor o el tamboril.

tamborilete m. *Impr.* Tablita cuadrada para nivelar las letras de un molde.

tameme m. *Chil., Méx.* y *Per.* Mozo de cuerda indio.

tamiz m. Cedazo muy tupido.

tamizar v. t. Pasar por el tamiz, cerner : *tamizar harina.* ‖ Dejar pasar parcialmente : *luz tamizada.*

tampiqueño, ña adj. y s. De Tampico (México).

tampoco adv. Sirve para expresar una segunda negación : *no vino su madre* y *su hermana tampoco.*

tampón m. Almohadilla para entintar sellos. ‖ Pequeño cilindro de celulosa que las mujeres introducen en la vagina durante la menstruación.

tam-tam m. *Mús.* Tantán.

tamujal m. Terreno poblado de tamujos.

tamujo m. Planta existente en las orillas de los ríos.

tan m. Ruido producido al tocar el tambor u otro instrumento parecido. ‖ — Adv. Apócope de *tanto.* ‖ Expresa también la comparación : *es tan alto como su hermano.* ‖ Muy : *¡es tan tonto!* ‖ *Tan siquiera,* siquiera.

tanagra f. Pequeño pájaro cantor de la América tropical. ‖ Estatuita de terracota que se fabricaba en Tanagra (Beocia).

tanda f. Turno : *ésta es su tanda.* ‖ Tarea. ‖ Capa de varias cosas superpuestas. ‖ Grupo de personas o de bestias que se turnan en un trabajo : *la última tanda.* ‖ Serie : *tanda de carambolas.* ‖ Gran cantidad : *tanda de azotes.* ‖ *Amer.* Sesión de una representación teatral : *teatro por tandas.*

tándem m. Bicicleta para dos personas sentadas una tras otra. ‖ Tiro de dos caballos que están enganchados uno delante del otro. ‖ *Fig.* Asociación de dos personas o grupos. (Pl. *tándemes.*)

tanga m. Bikini muy reducido.

tanganillas (en) adv. Muy poco seguro ; en equilibrio inestable.

tángano, na adj. *Méx.* Persona de baja estatura.

tangencia f. Estado de lo que es tangente.

tangencial adj. Relativo a la tangente. ‖ Tangente.

tangente adj. Aplícase a las líneas y superficies que se tocan en un solo punto sin cortarse. ‖ — F. Recta que toca en un solo punto a una curva o a una superficie. | Relación entre el seno y el coseno de un ángulo (símb. tg.). ‖ *Fig.* y *fam. Irse* (o *salir*) *por la tangente,* salir hábilmente de un apuro ; contestar con evasivas.

tangerino, na adj. y s. De Tánger.

tangible adj. Que se puede tocar. ‖ *Fig.* Sensible, real.

tango m. Baile de origen argentino. ‖ Música y letra que lo acompaña. ‖ *Cub.* Baile de negros.

tanguillo m. Baile y canción andaluza.

tanguista com. Persona que canta o baila en un cabaret. ‖ *Fig.* Persona de vida alegre y libertina.

tanino m. Sustancia astringente que hay en la corteza de la encina y otros árboles, empleada para curtir las pieles.

tanque m. *Mil.* Carro de combate. ‖ Vehículo cisterna ; barco cisterna : *tanque petrolero.* ‖ Depósito, cisterna para ciertos líquidos. ‖ Aljibe : *tanque para almacenar agua.*

tanqueta f. Carro de combate ligero.

tantalio m. Metal blanco plateado (Ta) de número atómico 73.

tantán m. En África, especie de tambor que se toca con las manos. ‖ Batintín, gong.

tanteador m. El que tantea en el juego. ‖ Marcador en que se apuntan los tantos de los contendientes en un encuentro deportivo o juego de naipes.

tantear v. t. Apuntar los tantos en el juego (ú. t. c. i.). ‖ Ver si una cosa ajusta bien con otra. || *For.* Dar por una cosa, en virtud de cierto derecho, el precio en que se adjudicó a otro en pública subasta. || *Fig.* Examinar una cosa detenidamente antes de decidirse : *tantear un asunto.* | Probar : *tantear el terreno.* | Explorar la intención de uno : *tantear a una persona.* || *Amer.* Calcular aproximadamente. || — V. i. Andar a tientas. || — V. pr. *For.* Pagar la cantidad en que una cosa está arrendada o rematada. || Someterse a prueba.

tanteo m. Ensayo, prueba. || Número de tantos que se apuntan los jugadores o competidores. || Cálculo aproximado de algo. || Derecho que tiene alguien para comprar una cosa por el mismo precio en que fue vendida al que la acaba de adquirir.

tanto, ta adj. Dícese de una cantidad imprecisa y se emplea como correlativa de *cuanto : cuanto más trabajo, tanto más ingresos.* || Tal cantidad : *no quiero tanto café.* || Tal número : *¡tengo tantas amigas!* || — Adv. De tal modo : *no grites tanto.* || Muy largo tiempo : *para venir aquí no tardará tanto.* || — *Al tanto,* al corriente. || *Algún tanto,* un poco. || *En tanto* o *entre tanto,* mientras. || *No ser para tanto,* no ser tan importante. || *Otro tanto,* lo mismo. || *Por lo tanto,* por consiguiente. || *Por tanto,* por eso, por lo que. || *Tanto mejor,* expresión que denota satisfacción. || *Tanto peor,* expresión que denota la resignación ante un hecho desafortunado. || — M. Número que se apunta en cada jugada : *jugar una partida a cien tantos.* || En algunos deportes, gol : *el Atlético se apuntó cuatro tantos.* || Ficha que representa los puntos en ciertos juegos. || Porcentaje : *me darás un tanto de la ganancia.* || — Pl. Número indeterminado : *el año mil novecientos ochenta y tantos.* || — *A tanto alzado,* a destajo. || *Uno de tantos,* uno cualquiera. || *Un tanto,* algo, un poco : *es un tanto parlanchina ;* muy : *un acontecimiento un tanto extraordinario.* || *Un tanto por ciento,* porcentaje. || — F. pl. *Fam. Las tantas,* hora muy tardía : *llegué, después de un largo viaje, a las tantas de la noche.*

tañedor, ra m. y f. Persona que tañe un instrumento músico.

tañer v. t. Tocar un instrumento como la guitarra. || — V. i. Repicar las campanas : *tañer a muerto.*

tañido m. Sonido de cualquier instrumento que se tañe.

taoísmo m. Antigua religión china, mezcla del culto de los espíritus de la naturaleza y de los antepasados, de la doctrina de Lao-Tse y de otras creencias.

taoísta adj. y s. Que profesa el taoísmo.

tapa f. Pieza que cubre o cierra una caja, vasija, etc. : *la tapa de un cofre.* || Cada una de las dos cubiertas de un libro encuadernado. || Capa de suela en el tacón del calzado. || Bocado ligero que se suele tomar con las bebidas : *una tapa de mariscos.* || — *Fam. La tapa de los sesos,* el cráneo. | *Levantarse* (o *saltarse*) *la tapa de los sesos,* suicidarse de un tiro en la cabeza.

tapabocas m. inv. Bufanda. || Taco para cerrar el cañón de las piezas de artillería.

tapacubos m. inv. Tapa metálica para cubrir el buje de la rueda.

tapachulteco, ca adj. y s. De Tapachula (México).

tapada f. Mujer que se tapa parte de la cara con el manto. || *Amer.* Mentís.

tapadera f. Tapa de una vasija : *la tapadera de un cazo.* || Pieza con que se tapa un agujero. || *Fig.* Persona que encubre a alguien.

tapadillo m. Acción de taparse el rostro las mujeres con el manto. || *Mús.* Registro del órgano. || *Fam.* Asunto del cual se habla secretamente. || *De tapadillo,* a escondidas.

tapadismo m. *Méx.* Sistema consistente en no revelar el nombre del candidato presunto en las elecciones presidenciales.

tapado m. *Arg.* Caballo sin manchas en su capa (ú. t. c. adj.). | *Col.* Comida de carne preparada en barbacoa. || *Amer.* Entierro, tesoro oculto. | Abrigo. || *Méx.* Presunto candidato cuyo nombre se guarda en secreto.

tapajuntas m. inv. Listón de madera que sirve para tapar las juntas de puertas, ventanas, etc.

tápalo m. *Méx.* Chal o mantón.

tapar v. t. Cubrir o cerrar : *tapar un agujero.* || Abrigar : *tapar al niño en la cuna.* || Ocultar : *sol tapado por las nubes.* || *Fig.* Encubrir a alguien. || *Chil.* Empastar las muelas. || — V. pr. Cubrirse : *taparse la cabeza.*

tapara f. Fruto del taparo.

taparo m. *Amer.* Árbol parecido a la güira.

taparrabo o **taparrabos** m. Pedazo de tela con que se tapan ciertos salvajes las partes pudendas. || Calzón corto, usado generalmente como bañador, que cubre sólo el bajo vientre.

tapatío, tía adj. y s. *Méx.* De Guadalajara (México).

tapera f. En América, ruinas de un pueblo y también vivienda ruinosa.

tapete m. Alfombra pequeña. || Paño que se pone por adorno o protección encima de un mueble. || — *Fig. Estar una cosa sobre el tapete,* estar en discusión. || *Tapete verde,* mesa de juego.

tapetí m. Roedor de Argentina.

tapia f. Pared hecha con tierra amasada y apisonada. || Muro de cerca.

tapiar v. t. Cercar con tapias.

tapicería f. Conjunto de tapices. || Lugar donde se guardan tapices : *la Tapicería nacional.* || Arte del tapicero. || Su tienda. || Tela con que se cubren los sillones, los asientos de un coche, etc.

tapicero, ra m. y f. Persona que teje tapices. || Persona cuyo oficio consiste en tapizar muebles y paredes, poner cortinajes, alfombras, etc.

tapioca f. Fécula blanca que se saca de la raíz de la mandioca. || Sopa hecha con esta fécula.

tapir m. Mamífero de Asia y América del Sur parecido al jabalí.

tapisca f. *Amér. C.* y *Méx.* Cosecha del maíz.

tapiscar v. t. *Amér. C.* y *Méx.* Cosechar el maíz.

tapiz m. Paño tejido de lana o seda, con dibujos de varios colores, con que se adornan las paredes. || Alfombra.

tapizado, da adj. Cubierto de tapices. || — M. Acción y efecto de tapizar.

tapizar v. t. Cubrir las paredes con tapices. || *Fig.* Forrar las paredes, el suelo o los sillones con tela. | Cubrir, alfombrar.

tapón m. Objeto de corcho, plástico o cristal usado para tapar las botellas, frascos y otros recipientes de abertura. || Masa de hilas o algodón que se usa para limpiar una herida u obstruir un conducto. || *Fig.* Cosa que obstruye algo : *un tapón de cerumen en el oído.* | Aglomeración de vehículos que impide la circulación fluida. || *Fig.* y *fam.* Persona baja y rechoncha.

taponamiento m. Obstrucción con tapones. || Tapón de circulación.

taponar v. t. Cerrar con tapón un orificio : *taponar una botella.* || Obstruir con tapones una herida o los orificios del oído. || *Fig.* Obstruir : *taponar una brecha.*

taponazo m. Ruido del tapón al destaparse bruscamente.

taponería f. Fábrica o tienda de tapones. || Industria taponera.

taponero, ra adj. Relativo a los tapones. || — M. y f. Persona que fabrica o vende tapones.

tapujo m. Embozo, disfraz que disimula una parte de la cara. || *Fig.* y *fam.* Rodeo, disimulo. | Secreto : *andar siempre con tapujos.*

taqué m. Vástago que transmite la acción del árbol de levas a las válvulas de un motor.

taquera f. Estante donde se guardan los tacos de billar.

taquería f. *Méx.* Lugar donde se venden tacos para comer.

taquero, ra m. y f. *Méx.* Vendedor de tacos.

taquia f. Excrementos de llama.

taquicardia f. Ritmo muy rápido de las contracciones cardiacas.

taquigrafía f. Escritura formada por signos convencionales que permite escribir a gran velocidad.

taquigrafiar v. t. Escribir taquigráficamente.

taquigráfico, ca adj. Relativo a la taquigrafía : *texto taquigráfico.*

taquígrafo, fa m. y f. Persona capaz de utilizar la taquigrafía.

taquilla f. Armario o casillero donde se guardan papeles, fichas, ropa, etc. || Casillero para billetes de ferrocarril, de teatro, etc. || Sitio donde se despachan los billetes y entradas. || *Fig.* Dinero recaudado con la venta de las entradas.

taquillero, ra m. y f. Persona encargada de vender los billetes en la taquilla del ferrocarril o de un espectáculo. || — Adj. *Fig.* Aplícase al artista o espectáculo que atrae mucho público.

taquimeca f. *Fam.* Taquimecanógrafa.

taquimecanografía f. Arte del taquimecanógrafo.

taquimecanógrafo, fa m. y f. Persona que escribe utilizando la taquigrafía y la mecanografía.

tara f. Peso del embalaje, vehículo transportador, etc., que se tiene que rebajar del de la mercancía. || Defecto : *tara hereditaria.*

tarabilla f. Tablilla de madera que golpea sobre la piedra del molino emitiendo un ruido que, cuando deja de oírse, permite saber que se ha parado el molino. || Taruguillo de madera para cerrar las puertas y ventanas. || Listón que mantiene tenso el cordel de la sierra. || *Fig.* y *fam.* Persona que habla mucho, sin reflexión ni orden. | Retahíla de palabras desordenadas.

taracea f. Obra de incrustaciones sobre madera.

taracear v. t. Adornar con taraceas : *caja de caoba taraceada.*

tarado, da adj. y s. Que padece una tara física o psíquica.

tarajallo adj. m. y s. m. Grandullón.

tarambana adj. y s. com. *Fam.* Aplícase a la persona alocada.

taranta f. Fandango flamenco.

tarantela f. Baile y música del sur de Italia.

tarántulas f. Araña muy grande.

tarapaqueño, ña adj. y s. De Tarapacá (Chile).

tarar v. t. Determinar el peso de la tara : *tarar un género.*

tararear v. t. Canturrear.

tarareo m. Acción de tararear.

tarascada f. Mordisco. || Rasguño hecho con las uñas. || *Fig.* y *fam.* Respuesta áspera y grosera.

tarasco, ca adj. y s. Dícese de un ant. pueblo indio del NO. de México (Michoacán, Guanajuato y Querétaro).

tarascón m. Tarascada, mordisco.

tarco m. *Arg.* Árbol de madera apreciada.

tardanza f. Dilación, demora, retraso. || Lentitud.

tardar v. i. Emplear cierto tiempo en efectuar algo.

tarde f. Tiempo entre el mediodía y el anochecer : *las cuatro de la tarde.* || — Adv. A una hora avanzada del día o de la noche : *terminar tarde.* || Después de la hora o del momento normal o conveniente : *ha llegado tarde.* || — *Buenas tardes,* saludo que se emplea por la tarde. || *De tarde en tarde,* de vez en cuando.

tardecer v. i. Atardecer.

tardío, a adj. Que madura tarde : *trigo tardío.* || Que llega u ocurre tarde : *gloria tardía.* || Que se da más tarde de lo conveniente : *consejo tardío.* || Que tarda mucho en hacer las cosas, lento.

tardo, da adj. Lento : *¡qué tardo es vistiéndose!* || Tardío. || Torpe : *tardo en comprender.*

tarea f. Labor, obra, trabajo : *tarea difícil.* || Trabajo en un tiempo limitado. || Deberes de un colegial.

targui adj. y s. V. TUAREG.

tarifa f. Escala de precios, derechos o impuestos.

tarifar v. t. Aplicar una tarifa. || *Fam. Salir tarifando,* largarse, irse.

tarijeño, ña adj. y s. De Tarija (Bolivia).

tarima f. Plataforma movible de poca altura : *estaba sobre una tarima.* || Banquillo para los pies.

tarja f. Escudo grande que cubría todo el cuerpo. || Chapa de contraseña. || Caña o palo en que se marcaba con una muesca lo que se vendía fiado. || *Fam.* Golpe. || *Arg.* y *Chil.* Tarjeta.

tarjar v. t. Marcar en la tarja lo que se vende fiado. || *Chil.* Tachar lo escrito.

tarjeta f. Cartulina rectangular con el nombre de una persona y generalmente con su actividad y dirección : *tarjeta de visita.* || Cartulina que lleva impreso o escrito un aviso, permiso, invitación, etc. : *tarjeta comercial, de invitación.* || — *Tarjeta perforada,* ficha de cartulina rectangular en que se registran, por medio de perforaciones, informaciones numéricas o alfabéticas. || *Tarjeta postal,* cartulina generalmente ilustrada por una cara que se suele mandar sin sobre.

tarjeteo m. Intercambio frecuente de tarjetas.

tarjetero m. Cartera en que se llevan tarjetas, billetero.

tarlatana f. Tela de algodón.

tarquín m. Légamo.

tarquino, na adj. y s. *Arg.* Aplícase al animal vacuno de raza fina.

tarraconense adj. y s. De Tarragona (España).

tarraja f. *Mec.* Terraja.
tarreña f. Castañuela de barro cocido.
tarro m. Vasija cilíndrica de barro o vidrio : *un tarro de mermelada.* ‖ *Arg.* Vasija de lata. ‖ *Antill., Méx.* y *Urug.* Cuerno. ‖ — Pl. *Arg. Fam.* Zapatos.
tarso m. Parte posterior del pie que contiene siete huesos y se articula con la pierna.
tarta f. Pastel compuesto de una masa plana y fina cubierta de nata, frutas cocidas, mermelada, etc.
tártago m. Planta utilizada como purgante y emético.
tartajear v. i. Articular impropiamente las palabras por algún defecto o por mera torpeza.
tartajeo m. Mala articulación al hablar.
tartajoso, sa adj. Dícese de la persona que tartajea (ú. t. c. s.).
tartamudear v. i. Hablar con pronunciación entrecortada repitiendo las sílabas.
tartamudeo m. Pronunciación entrecortada de las palabras con repetición de las sílabas.
tartamudez f. Defecto del tartamudo.
tartamudo, da adj. Persona que tartamudea (ú. t. c. s.).
tartán m. (n. registrado). Conglomerado de amianto, caucho y materias plásticas inalterable a la acción del agua, con el que se revisten las pistas de atletismo.
tartana f. Pequeña embarcación empleada para la pesca y el cabotaje en el Mediterráneo. ‖ Carro de dos ruedas cubierto por un toldo y con asientos laterales.
tártaro m. Tartrato de potasio impuro que forma una costra en las vasijas. ‖ Sarro en los dientes.
tártaro, ra adj. y s. De Tartaria (Asia). ‖ — *Bistec tártaro,* carne picada que se come cruda y aderezada con yema de huevo, alcaparras y otros varios condimentos. ‖ *Salsa tártara,* mayonesa a la cual se agregan mostaza, especias y distintas clases de hierbas.
tartera f. Fiambrera. ‖ Cazuela de barro.
tartrato m. Sal del ácido tártrico.
tártrico, ca adj. Relativo al tártaro de las vasijas.
taruga f. Especie de ciervo de América del Sur, que vive principalmente en la Cordillera de los Andes (Perú, Bolivia, Ecuador).
tarugada f. Tontería. ‖ *Méx.* Jugada, diablura.
tarugo m. Pedazo de madera grueso y corto. ‖ Clavija gruesa de madera. ‖ Adoquín de madera con que pavimentaban las calles. ‖ *Fig.* y *fam.* Zoquete, necio. | Hombre pequeño y gordo.
tarumá m. *Riopl.* Árbol verbenáceo de fruto oleaginoso.
tarumba adj. *Fam.* Aturdido, atolondrado. | Loco.
tas m. Yunque pequeño.
tasa f. Tasación. ‖ Documento en que se indica esta tasación. ‖ Precio fijado oficialmente para ciertas mercancías : *tasa de importación.* ‖ Medida, norma : *obrar sin tasa.* ‖ Índice : *tasa de natalidad.*
tasación f. Estimación.
tasador, ra adj. Dícese de la persona que tasa (ú. t. c. s.).
tasajo m. Cecina.
tasar v. t. Poner precio a una cosa : *tasar el pan.* ‖ Valorar, estimar el valor de una cosa. ‖ *Fig.* Restringir algo por prudencia o avaricia : *tasar la comida.*
tasca f. Taberna. ‖ Garito.
tasmanio, nia adj. y s. De Tasmania (Oceanía).
tasquear v. i. Ir de tascas.
tasqueo m. Recorrido por las tascas.
tata f. Niñera. ‖ — M. *Fam. Amer.* Papá. | Tratamiento de respeto.
tatarabuelo, la m. y f. Padre o madre del bisabuelo o de la bisabuela.
tataranieto, ta m. y f. Hijo o hija del biznieto o de la biznieta.
tataré m. Árbol del Paraguay de madera amarilla.
tatarear v. t. Tararear.
tátaro, ra adj. y s. De Tartaria. ‖ De la actual Tataria o rep. de los Tátaros (Asia).
tate m. *Fam.* Hachís.
¡tate! interj. ¡Cuidado! ‖ ¡Poco a poco!, ¡despacio! ‖ ¡Ya caigo!, ¡ya he caído en la cuenta!
tatito m. *Amer. Fam.* Tata, papá.
tato m. *Fam.* Hermano mayor.
tatole m. *Méx. Fam.* Acuerdo, convenio. | Conspiración.
tatú m. Mamífero desdentado de América tropical que tiene el cuerpo cubierto de placas córneas y que se enrolla en bola. ‖ *Arg.* Nombre dado a varias especies de armadillo.
tatuaje m. Impresión de dibujos en la piel humana.
tatuar v. t. Imprimir en la piel humana, bajo la epidermis, dibujos indelebles hechos con una aguja y una materia colorante.
tatusa f. *Arg.* Mujerzuela.
tau f. Decimonovena letra del alfabeto griego *(τ)* equivalente a la *t* castellana.
taula f. Monumento megalítico de Baleares consistente en una gran losa apoyada en otra.
taumaturgia f. Facultad de hacer prodigios.
taumaturgo, ga m. y f. Persona capaz de hacer milagros.
taurino, na adj. Relativo a las corridas de toros : *fiestas taurinas.*
tauromaquia f. Arte de lidiar toros, toreo.
tautología f. Pleonasmo, repetición inútil de una idea por varias palabras que no añaden nada al sentido : *subir arriba y bajar abajo son tautologías.*
tautológico, ca adj. Pleonástico.
taxáceo, a adj. y s. f. Aplícase a unas plantas coníferas como el tejo. ‖ — F. pl. Familia que forman.
taxativo, va adj. Limitado al sentido preciso de un término.
taxi m. Automóvil de alquiler provisto generalmente de un taxímetro.
taxidermia f. Disecación de animales.
taxidermista com. Disecador.
taxífono m. Aparato telefónico que funciona con la introducción de una ficha o moneda.
taxímetro m. Contador que en los automóviles de alquiler marca la distancia recorrida y el importe del servicio. ‖ Taxi.
taxista com. Conductor de taxi.
taxonomía f. Parte de la historia natural que trata de la clasificación de los seres.
taxonómico, ca adj. Relativo a la taxonomía.
taxqueño, ña adj. y s. De Taxco (México).
taylorismo m. o **taylorización** f. Organización racional del trabajo siguiendo los principios establecidos por el ingeniero norteamericano F. W. Taylor (1856-1915) con vistas a incrementar el rendimiento.

tayuyá f. *Arg.* Planta cucurbitácea medicinal.
taza f. Vasija pequeña con asa que sirve para beber. ‖ Pila, recipiente de las fuentes. ‖ Recipiente de un retrete. ‖ Pieza cóncava del puño de la espada. ‖ *Chil.* Palangana.
tazón m. Taza grande.
Tb, símbolo químico del *terbio.*
Tc, símbolo del *tecnecio.*
te f. Nombre de la letra *t.*
te, dativo o acusativo del pron. pers. de 2.ª pers. en ambos gén. y núm. sing. : *te digo que vengas.*
té m. Arbusto con cuyas hojas se hace una infusión en agua hirviente. ‖ Hoja sacada de este arbusto. ‖ Infusión hecha con estas hojas. ‖ Reunión por la tarde en la que se suele servir esta infusión. ‖ *Té de los jesuitas o del Paraguay,* mate.
Te, símbolo químico del *telurio.*
tea f. Pedazo de madera resinosa que sirve para encender el fuego o como antorcha.
team [*tim*] m. (pal. ingl.). Equipo.
teatral adj. Relativo al teatro. ‖ Exagerado, que quiere impresionar, efectista : *tono teatral.*
teatro m. Edificio destinado a la representación de obras dramáticas y de otros espectáculos. ‖ Profesión de actor. ‖ Literatura dramática : *el arte del teatro.* ‖ Conjunto de obras dramáticas : *el teatro de Lope.* ‖ Lugar de un suceso, escenario : *el teatro de la batalla.*
tebano, na adj. y s. De Tebas, ciudad de Grecia.
tebeo m. Revista infantil con historietas ilustradas.
teca f. Árbol verbenáceo cuya madera se usa para construir naves.
tecali m. *Méx.* Alabastro de colores vivos procedente de la problación de Tecali (Puebla).
tecla f. Cada una de las piezas que se pulsan con los dedos para accionar las palancas que hacen sonar un instrumento músico o hacen funcionar otros aparatos : *tecla de piano, de máquina de escribir.* ‖ *Fig.* y *fam. Dar en la tecla,* dar en el blanco, acertar.
teclado m. Conjunto de las teclas de un instrumento o aparato.
tecleado m. Acción de teclear en un instrumento o máquina.
teclear v. i. Pulsar las teclas. ‖ *Fig.* y *fam.* Golpear algo con los dedos como si se estuvieran tocando teclas.
tecleño, ña adj. y s. De Santa Tecla (El Salvador).
tecleo m. Acción de teclear. ‖ Manera de teclear y ruido producido.
tecnecio m. Elemento químico (Tc) de número atómico 43, aislado entre los productos de fisión del uranio.
técnica f. Conjunto de procedimientos propios de un arte, ciencia u oficio. ‖ Habilidad con que se utilizan esos procedimientos : *pintor con mucha técnica.* ‖ *Fig.* Método, habilidad, táctica.
tecnicidad f. Carácter técnico.
tecnicismo m. Carácter técnico. ‖ Palabra técnica propia de un arte, ciencia u oficio.
técnico, ca adj. Relativo a las aplicaciones prácticas de las ciencias y las artes : *instituto técnico.* ‖ — M. Especialista que conoce perfectamente la técnica de una ciencia, arte u oficio.
tecnicolor m. Procedimiento de cinematografía en color.
tecnocracia f. Predominio de la influencia de los técnicos en la administración y en la economía.
tecnócrata m. y f. Partidario de la tecnocracia. ‖ Estadista o alto funcionario que, en su gestión, hace prevalecer la eficacia sobre los factores sociales, ideológicos o políticos.
tecnología f. Conjunto de los instrumentos, procedimientos y métodos empleados en las distintas ramas industriales.
tecnológico, ca adj. Relativo a la tecnología.
tecnólogo, ga m. y f. Técnico.
tecol m. *Méx.* Gusano que se cría en el maguey.
tecolines m. pl. *Fam. Méx.* Cuartos, dinero.
tecolote m. *Hond.* y *Méx.* Búho.
tecomate m. *Amer. C.* Vasija hecha en una calabaza.
tecorral m. *Méx.* Cerca de piedra.
tecpaneca adj. y s. Decíase de un pueblo indio del valle de México.
tectónico, ca adj. Relativo a la estructura de la corteza terrestre. ‖ — F. Parte de la geología que trata de dicha estructura.
techado m. Tejado.
techar v. t. Poner techo.
techcatl m. Entre los aztecas, piedra de los sacrificios humanos.
technicolor m. Tecnicolor.
techo m. Parte interior y superior de un edificio, de un aposento o de un vehículo ‖ Tejado : *techo de pizarras.* ‖ *Fig.* Casa, domicilio, hogar : *el techo familiar.* | Altura máxima, tope : *avión con un techo de 10 000 metros.*
techumbre f. Cubierta de un edificio.
tedéum m. Cántico católico de acción de gracias.
tedio m. Aburrimiento, hastío.
tedioso, sa adj. Aburrido.
tegucigalpense adj. y s. De Tegucigalpa (Honduras).
tegumento m. Membrana que envuelve algunas partes de los vegetales. ‖ Tejido que cubre el cuerpo del animal (piel, plumas, etc.) o alguna de sus partes internas.
tehuano, na adj. y s. De Tehuantepec (México).
tehuelche adj. y s. Dícese de un indio nómada y cazador de Patagonia, llamado tb. *patagón.*
tehuistle m. Planta de México que se utiliza en medicina.
teína f. Alcaloide del té.
teja f. Pieza de barro cocido o de cualquier otro material en forma de canal con que se cubren los tejados. ‖ *Fam.* Sombrero de los eclesiásticos. ‖ — *Fig.* y *fam. A toca teja,* al contado. | *De tejas abajo,* en este mundo.
tejadillo m. Tejado pequeño.
tejado m. Parte superior y exterior de un edificio cubierta comúnmente por tejas. ‖ — *Fig. Empezar la casa por el tejado,* emprender las cosas por donde deben acabarse. | *Estar aún la pelota en el tejado,* estar la decisión todavía sin tomar.
tejano, na adj. y s. De Tejas (Estados Unidos). ‖ — M. Pantalón vaquero.
tejar m. Fábrica de tejas.
tejar v. t. Poner tejas.
tejate m. Bebida refrescante, que se hace con maíz molido y cacao, típica de Oaxaca (México).
tejedor, ra adj. Que teje o sirve para tejer. ‖ — M. y f. Persona que teje por oficio. ‖

Amer. Fam. Intrigante. ‖ — M. Insecto hemíptero acuático, de cuerpo alargado y de patas traseras muy largas. ‖ Pájaro de América Central. ‖ — F. *Amer.* Máquina de hacer punto.
tejeduría f. Arte de tejer.
tejemaneje m. *Fam.* Afán con que se hace una cosa. | Chanchullo, enredo, lío, intriga.
tejer v. t. Entrelazar regularmente hilos para formar un tejido, trencillas, esteras, etc. ‖ Formar su tela la araña, el gusano de seda, etc. ‖ *Fig.* Preparar cuidadosamente, tramar : *tejer una trampa.* | Construir poco a poco, labrar : *él mismo tejió su ruina.* ‖ *Amer.* Intrigar. | Hacer punto.
tejería f. Tejar.
tejeringo m. Churro.
tejido m. Acción de tejer. ‖ Textura de una tela. ‖ Cosa tejida, tela : *tejido de punto.* ‖ Agrupación de células, fibras y productos celulares que constituyen un conjunto estructural : *tejido conjuntivo.* ‖ *Fig.* Serie, retahíla : *un tejido de embustes.*
tejo m. Trozo redondo de varias materias que sirve para jugar. ‖ Rayuela, juego infantil. ‖ Árbol taxáceo siempre verde.
tejocote m. *Méx.* Planta rosácea de fruto semejante a la ciruela.
tejolote m. *Méx.* Mano de piedra del almirez.
tejón m. Mamífero carnicero plantígrado. ‖ *Amer.* Mapache o coendú.
tela f. Tejido de muchos hilos entrecruzados : *tela de lino.* ‖ Película que se forma en la superficie de un líquido como la leche. ‖ Especie de red que forman algunos animales con los filamentos que elaboran : *tela de araña.* ‖ Nube del ojo. ‖ *Fig.* Materia : *hay tela para rato.* ‖ *Fam.* Dinero, cuartos. ‖ Galicismo por *lienzo, cuadro.* ‖ — *Poner en tela de juicio,* examinar o discutir una cosa sobre la cual existe una duda. ‖ *Fam. Tela de,* mucho, en gran cantidad. ‖ *Tela metálica,* malla de alambre.
telar m. Máquina para tejer : *telar automático.* ‖ Fábrica de tejidos (ú. m. en pl.). ‖ Parte superior del escenario de un teatro.
telaraña f. Tela que teje la araña. ‖ *Fig. Tener telarañas en los ojos,* ser incapaz de ver las cosas más evidentes.
tele f. *Fam.* Televisión. | Televisor.
telecabina f. Teleférico monocable.
telecinematógrafo m. Dispositivo para transmitir películas cinematográficas por televisión.
telecomunicación f. Emisión, transmisión o recepción de signos, señales, imágenes, sonidos o informaciones de todas clases por hilo, radioelectricidad, medios ópticos, etcétera (ú. m. en pl.).
telediario m. Diario televisado.
teledifundir v. t. Transmitir por televisión.
teledifusión f. Difusión por televisión.
teledinámico, ca adj. Que transmite a distancia una fuerza o potencia. ‖ — F. Transmisión de una fuerza mecánica a distancia.
teledirección f. Telemando.
teledirigido, da adj. Dirigido a distancia : *al salir a la superficie, el submarino fue alcanzado por un proyectil teledirigido.*
teledirigir v. t. Dirigir un vehículo a distancia, generalmente por medio de servomotores instalados a bordo que, impulsados por ondas hertzianas, actúan sobre los órganos de dirección.
teleférico m. Medio de transporte de personas o mercancías constituido por una cabina y uno o varios cables aéreos por donde se desliza la misma.
telefilme m. Película proyectada por la televisión.
telefonazo m. *Fam.* Llamada telefónica.
telefonear v. i. Llamar por teléfono. ‖ — V. t. Decir algo por teléfono.
telefonema m. Despacho telefónico.
telefonía f. Sistema de telecomunicaciones para la transmisión de la palabra. ‖ *Telefonía sin hilos,* transmisión de la palabra utilizando las propiedades de las ondas electromagnéticas.
telefónico, ca adj. Relativo al teléfono o a la telefonía. ‖ — F. Compañía Telefónica y edificio donde está.
telefonista com. Persona encargada de las conexiones telefónicas. ‖ Persona encargada de una centralita de teléfonos.
teléfono m. Instrumento que permite a dos personas, separadas por cierta distancia, mantener una conversación.
telefoto f. Telefotografía.
telefotografía f. Transmisión a distancia de imágenes por corrientes eléctricas. ‖ Fotografía a distancia por medio de teleobjetivos.
telegénico, ca adj. Que sale favorecido en la televisión.
telegestión f. Gestión a distancia mediante teleproceso.
telegrafía f. Sistema de telecomunicación para la transmisión de mensajes escritos o documentos por medio de un código de señales o por otros medios adecuados. ‖ *Telegrafía sin hilos* (T. S. H.), transmisión de mensajes por medio de ondas electromagnéticas.
telegrafiar v. t. Transmitir por medio del telégrafo. ‖ — V. i. Mandar un telegrama.
telegráfico, ca adj. Relativo al telégrafo o a la telegrafía. ‖ *Fig.* Dícese del estilo sumamente conciso que se limita a emplear palabras esenciales.
telegrafista com. Persona encargada de la transmisión manual y de la recepción de telegramas.
telégrafo m. Dispositivo para la transmisión rápida a distancia de las noticias, despachos, etc.
telegrama m. Despacho transmitido por telégrafo.
teleguiar v. t. Teledirigir.
teleimpresor m. Teletipo.
teleinformática f. Informática que utiliza las telecomunicaciones para transportar las informaciones.
telele m. *Fam.* Soponcio, desmayo.
telemando m. Dirección a distancia de una maniobra mecánica. ‖ Sistema que permite efectuarla. ‖ Aparato o mecanismo utilizado para el mando automático a distancia.
telemática f. Conjunto de las técnicas y servicios que combinan las telecomunicaciones y la informática.
telemecánico, ca adj. Relativo a la telemecánica. ‖ — F. Dirección o accionamiento a distancia de órganos mecánicos.
telemetría f. Medida de las distancias con el telémetro.
telémetro m. Instrumento óptico que permite medir la distancia que separa un punto de otro alejado del primero.
telenovela f. Novela filmada para retransmitir por televisión.
teleobjetivo m. Objetivo para fotografiar objetos lejanos.
teleósteo adj. y s. m. Aplícase a los peces que tienen esqueleto óseo, opérculos que

protegen las branquias y escamas delgadas, como la carpa, la trucha, la sardina.
telépata adj. y s. Que practica la telepatía.
telepatía f. Transmisión directa del pensamiento entre dos personas alejadas una de otra.
teleproceso m. Técnica de tratamiento de la información que consiste en transmitir los datos a un ordenador, situado a gran distancia, por medio de líneas telefónicas o telegráficas o por haces hertzianos.
telera f. Travesaño que sujeta el palo donde se encaja la reja del arado al timón de éste para graduar el ángulo formado por estas dos últimas piezas. || Cada una de las tablas que forman la cureña de los cañones.
telerradar m. Empleo combinado del radar y la televisión.
telerradiografía f. Radiografía obtenida cuando se sitúa la pantalla de rayos X lejos del paciente (2 a 3 m) evitando así la deformación cónica de la imagen.
telescópico, ca adj. Que sólo se ve con la ayuda del telescopio. || Hecho con el telescopio : *observaciones telescópicas.* || Aplícase al objeto cuyos elementos encajan o empalman unos en otros : *antena telescópica.*
telescopio m. Anteojo para observar los astros.
teleseñalización f. Señales transmitidas desde lejos.
telesilla m. Teleférico que consta de sillas suspendidas a un cable aéreo único.
telespectador, ra m. y f. Persona que mira la televisión.
telesquí m. Dispositivo teleférico que permite a los esquiadores subir a un sitio elevado con los esquís.
teletipia f. Telecomunicación telegráfica o radiotelegráfica para transmitir un texto mecanografiado.
teletipiadora f. Teletipo.
teletipo m. Aparato telegráfico en el que los textos pulsados en un teclado aparecen automática y simultáneamente escritos en el otro extremo de la línea. || Texto así transmitido.
teletratamiento m. Teleproceso.
televidente m. y f. Telespectador.
televisado, da adj. Transmitido por televisión.
televisar v. t. Transmitir por televisión.
televisión f. Transmisión por ondas eléctricas de imágenes de objetos fijos o móviles, de escenas animadas. || Conjunto de servicios encargados de llevar a cabo estas transmisiones. || *Televisión por cables,* transmisión de imágenes de televisión por cables que enlazan la estación emisora con cierto número de receptores cuyos propietarios están abonados a los productores de este sistema.
televisivo, va o **televisual** adj. Propio de la televisión.
televisor m. Aparato receptor de televisión : *tengo un televisor en color.*
telex m. Sistema de comunicación por teletipo. || Despacho así transmitido.
telofase f. Última fase de la mitosis celular.
telón m. Lienzo grande pintado que se pone en el escenario de un teatro de modo que pueda subirse o bajarse para ocultar el escenario al público *(telón de boca)* o para constituir un decorado *(telón de fondo).* || *Méx.* Acertijo. || *Fig. Telón de acero,* frontera que separa las democracias populares orientales de los países de Europa Occidental.
telonero, ra adj. Dícese del artista que empieza la función (ú. t. c. s.). || Aplícase al partido deportivo o combate de boxeo que precede a otro más importante.
telúrico, ca adj. De la Tierra. || Relativo a la supuesta influencia del suelo sobre los habitantes de una región.
telurio m. Cuerpo simple sólido (Te), de número atómico 52, de color blanco azulado, densidad 6,2 y que funde a 452 °C.
teluro m. Telurio.
tema m. Asunto o materia sobre el cual se habla, se escribe o se realiza una obra artística. || *Mús.* Motivo melódico que sirve de base para una composición. || Traducción inversa. || Idea fija, manía.
temario m. Programa, lista de temas : *el temario de una reunión.*
temático, ca adj. Relativo al tema. || — F. Conjunto de temas. || Doctrina, ideología, filosofía.
tembetá m. *Arg.* Palillo que se ensartan algunos indios en el labio inferior.
tembladera f. Tembleque, temblor : *le dio una tembladera.* || Torpedo, pez. || Planta gramínea. || *Amer.* Tremedal. || *Arg.* Enfermedad que ataca a los animales en los Andes.
temblador, ra adj. y s. Que tiembla. || — M. y f. Cuáquero.
temblar v. i. Estremecerse, agitarse involuntariamente con pequeños movimientos convulsivos frecuentes : *temblar de frío.* || Estar agitado de pequeñas oscilaciones : *el suelo tiembla.* || Vacilar : *temblar la voz.* || *Fig.* Tener mucho miedo : *temblar como un azogado.*
tembleque m. Temblor intenso : *me dio un tembleque.* || Persona o cosa que tiembla mucho.
temblequear v. i. Temblar.
temblequeteo m. *Fam.* Temblor frecuente.
tembletear v. i. Temblar.
temblor m. Movimiento del o de lo que tiembla : *temblor de manos.* || *Temblor de tierra,* terremoto.
tembloroso, sa adj. Que tiembla. || Entrecortado : *voz temblorosa.*
temer v. t. Tener miedo : *temer a sus padres.* || Respetar : *temer a Dios.* || Sospechar con cierta inquietud. U. t. c. pr. : *me temo que venga.* || Recelar un daño : *temer el frío.* || — V. i. Sentir temor.
temerario, ria adj. Que actúa con temeridad : *joven temerario.* || Inspirado por la temeridad : *acto temerario.* || *Juicio temerario,* el que se hace o expresa contra uno sin pruebas suficientes.
temeridad f. Atrevimiento que raya en la imprudencia. || Acción temeraria. || Juicio temerario.
temeroso, sa adj. Que inspira temor. || Medroso, cobarde.
temible adj. Que da miedo.
temolote m. *Méx.* Piedra para moler los ingredientes del chilmole.
temor m. Aprensión ante lo que se considera peligroso o molesto.
témpano m. Pedazo plano de cualquier cosa dura : *témpano de hielo.* || *Fig. Ser un témpano,* ser muy fría una persona.
temperamental adj. Del temperamento. || Dícese de la persona de reacciones intensas y que cambia a menudo de estado de ánimo.
temperamento m. Estado fisiológico de un individuo que condiciona sus reacciones psicológicas y fisiológicas : *temperamento linfático.* || *Fig.* Manera de ser, carácter.

temperancia f. Templanza.
temperante adj. y s. Que tempera.
temperar v. t. Volver más templado. ‖ Moderar. ‖ Calmar, disminuir.
temperatura f. Grado de calor en los cuerpos. ‖ Grado de calor del cuerpo humano : *tomar la temperatura.* ‖ Fiebre, calentura. ‖ Grado de calor de la atmósfera. ‖ *Temperatura absoluta,* la prácticamente igual a la temperatura centesimal aumentada de 273,15 grados.
temperie f. Estado de la atmósfera o del tiempo.
tempero m. Buen estado de la tierra para la siembra.
tempestad f. Gran perturbación de la atmósfera caracterizada por lluvia, granizo, truenos, descargas eléctricas, etc. : *el tiempo amenaza tempestad.* ‖ Perturbación de las aguas del mar causada por la violencia de los vientos. ‖ *Fig.* Turbación del alma. | Explosión repentina, profusión : *tempestad de injurias.* | Agitación, disturbio : *tempestad revolucionaria.*
tempestivo, va adj. Oportuno.
tempestuoso, sa adj. Que causa tempestades o está expuesto a ellas.
tempisque m. Planta de México de fruto comestible.
templado, da adj. Moderado en sus apetitos : *persona templada.* ‖ Ni frío ni caliente : *clima templado.* ‖ Hablando de un instrumento, afinado.
templador, ra adj. Que templa. ‖ — M. Afinador.
templanza f. Virtud cardinal que consiste en moderar los apetitos, pasiones, etc. ‖ Sobriedad, moderación en el comer y el beber.
templar v. t. Moderar : *templar las pasiones.* ‖ Moderar la temperatura de una cosa, en particular la de un líquido : *templar el agua de una bañera.* ‖ Suavizar la luz, el color. ‖ Endurecer los metales o el cristal sumergiéndolos en un baño frío : *acero templado.* ‖ Dar la debida tensión a una cosa : *templar una cuerda.* ‖ *Fig.* Mezclar una cosa con otra para disminuir su fuerza. | Aplacar : *templar la ira, la violencia.* ‖ Afinar un instrumento músico : *templar un violín.* ‖ — V. i. Suavizarse : *ha templado el tiempo.* ‖ — V. pr. Moderarse.
templario m. Miembro de una antigua orden militar y religiosa.
temple m. Temperatura. ‖ Endurecimiento de los metales y del vidrio por enfriamiento rápido. ‖ *Fig.* Humor : *estar de buen temple.* | Firmeza, energía. ‖ Armonía entre varios instrumentos músicos. ‖ *Pintura al temple,* la hecha con colores desleídos en clara o yema de huevo, miel o cola.
templete m. Armazón pequeña que tiene forma de templo. ‖ Pabellón o quiosco. ‖ Templo pequeño.
templo m. Edificio público destinado a un culto : *templo católico.* ‖ Edificio religioso elevado por Salomón : *el Templo de Jerusalén.* ‖ *Fig.* Sitio real o imaginario en que se rinde culto al saber, la bondad, la justicia, etc. : *templo a la ciencia.* ‖ *Fam. Como un templo,* muy grande ; fantástico.
temporada f. Espacio de tiempo de cierta duración : *hace una temporada que no trabaja.* ‖ Estancia en un sitio : *pasar una temporada en el extranjero.* ‖ Época : *temporada teatral.* ‖ Momento del año en que hay más turistas : *tarifa de fuera de temporada.*
temporal adj. Que no es eterno : *vida temporal.* ‖ Relativo a las cosas materiales : *bienes temporales.* ‖ Que no es duradero : *empleo temporal.* ‖ *Anat.* De las sienes : *músculos, arterias temporales.* | Dícese de cada uno de los dos huesos del cráneo correspondientes a las sienes (ú. t. c. s. m.). ‖ — M. Tempestad. ‖ Tiempo de lluvia persistente. ‖ Obrero temporero.
temporalidad f. Calidad de temporal.
temporalizar v. t. Convertir en temporal lo eterno o espiritual.
temporáneo, a y **temporario, ria** adj. Temporal.
témporas f. pl. Tiempo de ayuno prescrito por la Iglesia católica.
temporero, ra adj. y s. Que desempeña temporalmente un oficio.
temporización f. Acción y efecto de temporizar.
temporizar v. i. Contemporizar. ‖ Ocuparse en algo por simple pasatiempo.
tempranero, ra adj. Temprano.
temprano, na adj. Adelantado, anticipado al tiempo ordinario : *frutas tempranas.* ‖ — Adv. Antes de lo previsto : *venir muy temprano.* ‖ En las primeras horas del día o de la noche : *acostarse temprano.* ‖ En tiempo anterior al acostumbrado : *almorzar temprano.*
temuquense adj. y s. De Temuco (Chile).
tenacidad f. Calidad de tenaz.
tenacillas f. pl. Tenazas pequeñas : *tenacillas de rizar.* ‖ Pinzas.
tenaz adj. Que resiste a la ruptura o a la deformación : *metal tenaz.* ‖ Difícil de extirpar o suprimir : *prejuicios tenaces.* ‖ *Fig.* Firme. | Perseverante, obstinado : *persona tenaz.*
tenaza f. Instrumento de metal compuesto de dos brazos articulados en un eje para asir o apretar. ‖ Utensilio de metal utilizado para coger la leña o el carbón en las chimeneas (ú. m. en pl.). ‖ Cada una de las dos partes de la boca de un torno. ‖ Extremidad de las dos patas mayores de los cangrejos, langostas, etc.
tenca f. Pez de agua dulce.
tencolote m. *Méx.* Jaula en la que se encierran aves.
ten con ten m. *Fam.* Tiento, moderación, prudencia.
tendedero m. Lugar donde se tienden algunas cosas.
tendencia f. Fuerza que dirige un cuerpo hacia un punto. ‖ Fuerza que orienta la actividad del hombre hacia un fin determinado : *tendencia al bien.* ‖ *Fig.* Dirección, orientación de un movimiento : *tendencias impresionistas.* | Parte organizada de un grupo sindical o político : *tendencia conservadora.*
tendenciosidad f. Calidad de tendencioso.
tendencioso, sa adj. Que tiende hacia un fin determinado.
tendente adj. Que tiende a algún fin.
tender v. t. Desdoblar, desplegar. ‖ Alargar, extender : *tender la mano.* ‖ Echar y extender algo por el suelo. ‖ Colgar o extender la ropa mojada para que se seque. ‖ Echar : *tender las redes.* ‖ Disponer algo para coger una presa : *tender una emboscada.* ‖ Instalar : *tender una vía.* ‖ — V. i. Encaminarse a un fin determinado : *tender a la acción.* ‖ — V. pr. Tumbarse, acostarse. ‖ Encamarse las mieses.
ténder m. Vagón que sigue la locomotora y lleva combustible y agua.

tenderete m. *Fam.* Tenducha.
tendero, ra m. y f. Comerciante que vende al por menor.
tendido, da adj. Extendido. ‖ Aplícase al galope del caballo cuando éste se tiende. ‖ — M. Instalación : *el tendido de un cable.* ‖ En las plazas de toros, gradería próxima a la barrera.
tendiente adj. *Amer.* Tendente.
tendón m. Haz de fibras conjuntivas que une los músculos a los huesos. ‖ *Tendón de Aquiles,* el grueso y fuerte que, en la parte posterior e inferior de la pierna, une el talón con la pantorrilla.
tenducha f. y **tenducho** m. Tienda de mal aspecto y pobre.
tenebrosidad f. Calidad de tenebroso.
tenebroso, sa adj. Cubierto de tinieblas. ‖ Sombrío, negro. ‖ *Fig.* Secreto y pérfido : *tenebrosos proyectos.* | Oscuro, difícil de comprender.
tenedor, ra m. y f. Persona que posee o tiene una cosa. ‖ Persona que posee legítimamente una letra de cambio u otro valor endosable. ‖ — M. Utensilio de mesa con varios dientes que sirve para comer alimentos sólidos. ‖ *Tenedor de libros,* persona encargada de los libros de contabilidad en una casa de comercio.
teneduría f. Cargo y oficina del tenedor de libros. ‖ *Teneduría de libros,* arte de llevar los libros de contabilidad.
tenencia f. Posesión de una cosa. ‖ Cargo u oficio de teniente. ‖ Oficina en que lo ejerce : *tenencia de alcaldía.*
teneño, ña adj. y s. De Tena (Ecuador).
tener v. t. Poseer : *tener dinero.* ‖ Sentir : *tener hambre.* ‖ Mantener asido : *tener el sombrero en la mano.* ‖ Contener o comprender en sí : *México tiene varios millones de habitantes.* ‖ Ser de cierto tamaño : *tener dos metros de largo.* ‖ Mantener : *el ruido me ha tenido despierto toda la noche.* ‖ Pasar : *tener muy buen día.* ‖ Celebrar : *tener una asamblea.* ‖ Ocuparse de algo : *tener los libros, la caja.* ‖ Considerar : *tener a uno por inteligente.* ‖ Como auxiliar y seguido de la preposición *de* o la conjunción *que,* más el infinitivo de otro verbo, indica estar obligado a : *tengo que salir.* ‖ — *Fig.* y *fam. No tenerlas todas consigo,* tener miedo. | *No tener donde caerse muerto,* ser muy pobre. ‖ *Fig. Quien más tiene más quiere,* los hombres nunca se quedan satisfechos. ‖ *Tener a bien,* juzgar conveniente; tener la amabilidad de. ‖ *Tener a menos,* despreciar. ‖ *Tener en cuenta,* tomar en consideración. ‖ *Tener parte en,* participar en. ‖ *Tener presente una cosa,* recordarla. ‖ *Tener que ver,* existir alguna relación o semejanza entre las personas o cosas. ‖ — V. i. Ser rico, adinerado. ‖ — V. pr. Mantenerse : *tenerse en pie.* ‖ Considerarse : *tenerse por muy simpático.* ‖ Detenerse : *¡tente!*
tenería f. Curtiduría.
tenguerengue (en) adv. En equilibrio inestable.
tenia f. Gusano platelminto, parásito del intestino delgado.
tenida f. Sesión, reunión. ‖ Sesión de una logia masónica. ‖ *Chil.* Traje.
tenienta f. Mujer del teniente.
tenientazgo m. Tenencia.
teniente adj. Que tiene o posee. ‖ — M. El que actúa como sustituto. ‖ *Mil.* Oficial de grado inmediatamente inferior al de capitán. ‖ — *Fam. Estar teniente,* estar sordo. ‖ *Teniente coronel,* oficial inmediatamente inferior al coronel. ‖ *Teniente de alcalde,* concejal que sustituye al alcalde cuando es preciso y ejerce ciertas funciones de alcaldía. ‖ *Teniente general,* oficial de grado inmediatamente inferior al de capitán general.
tenis m. Deporte en que los adversarios, provistos de una raqueta y separados por una red, se lanzan la pelota de un campo a otro. ‖ Espacio dispuesto para este deporte. ‖ *Tenis de mesa,* juego parecido al tenis y practicado en una mesa, que recibe también el nombre de *ping-pong.*
tenista com. Persona que juega al tenis.
tenor m. Constitución de una cosa. ‖ Texto literal de un escrito. ‖ *Mús.* Voz media entre contralto y barítono, y hombre que tiene esta voz. ‖ *A tenor,* por el estilo.
tenorio m. *Fam.* Seductor.
tensar v. t. Poner tenso.
tensión f. Estado de un cuerpo estirado : *la tensión de un muelle.* ‖ Presión de un gas. ‖ *Electr.* Diferencia de potencial. ‖ *Fig.* Tirantez, situación que puede llevar a una ruptura o a un conflicto : *tensión entre dos Estados.* ‖ *Tensión arterial,* presión de la sangre en las arterias.
tenso, sa adj. En tensión.
tensor, ra adj. Que produce la tensión. ‖ Dícese de los músculos que tienen esta capacidad (ú. t. c. s. m.). ‖ — M. Dispositivo para tensar cables.
tentación f. Sentimiento de atracción hacia una cosa prohibida. ‖ Deseo : *tentación de hacer una cosa.* ‖ *Fig.* Sujeto que induce o persuade : *eres mi tentación.*
tentacular adj. Relativo a los tentáculos : *apéndices tentaculares.*
tentáculo m. Cada uno de los apéndices móviles y blandos que tienen muchos moluscos, crustáceos, etc., y que les sirven como órganos táctiles o de aprehensión.
tentadero m. Sitio o corral cerrado donde se hace la tienta de toros. ‖ Tienta de toros o becerros.
tentador, ra adj. Que tienta (ú. t. c. s.).
tentar v. t. Palpar o tocar, examinar una cosa por medio del tacto. ‖ Instigar, atraer : *tentar a una persona.* ‖ Intentar, tratar de realizar.
tentativa f. Intento : *tentativa infructuosa.* ‖ *For.* Principio de ejecución de un delito que no se lleva a cabo : *tentativa de robo.*
tentemozo m. Puntal. ‖ Palo que impide que el carro caiga hacia adelante. ‖ Muñeco que lleva un contrapeso en la base para mantenerse siempre derecho.
tentempié m. Refrigerio, comida ligera. ‖ Tentemozo.
tentetieso m. Tentemozo.
tenue adj. Delicado, muy delgado. ‖ De poca importancia. ‖ Débil : *se veía un libro abierto iluminado por una luz tenue.*
tenuidad f. Calidad de tenue.
teñido m. Acción y efecto de teñir.
teñir v. t. Cambiar el color de una cosa o dar color a lo que no lo tiene : *teñir el pelo* (ú. t. c. pr.). ‖ Rebajar un color con otro. ‖ *Fig. Estar teñido de,* estar impregnado : *un discurso teñido de demagogia.* ‖ — V. pr. Cambiar el color del pelo.
teocali m. Templo antiguo mexicano : *el teocali de Tenochtitlán.*
teocote m. Planta de México cuya raíz empleaban los aztecas como incienso en sus ceremonias religiosas.
teocracia f. Gobierno en que el poder supremo está entre las manos del clero.

teocrático, ca adj. Relativo a la teocracia : *gobierno teocrático.*
teodicea f. Conocimiento de Dios por la teología natural.
teodolito m. Instrumento de geodesia para medir ángulos.
teogonía f. Genealogía de los dioses del paganismo. || Conjunto de divinidades.
teologal adj. Relativo a la teología. ||*Virtudes teologales,* fe, esperanza y caridad.
teología f. Ciencia que estudia la religión y las cosas divinas : *la teología católica.* || Doctrina teológica. || Obra teológica.
teológico, ca adj. Relativo a la teología : *discusión teológica.*
teólogo, ga m. y f. Persona que se dedica a la teología.
teopacle m. *Méx.* Ungüento sagrado de los sacerdotes aztecas.
teorema m. Proposición científica que puede ser demostrada.
teorético, ca adj. Relativo al teorema. || Intelectual.
teoría f. Conocimiento especulativo puramente racional, opuesto a *práctica.* || Conjunto de las reglas y leyes organizadas sistemáticamente que sirven de base a una ciencia y explican cierto orden de hechos : *teoría de la combustión.* || Conjunto sistematizado de ideas sobre una materia : *teoría económica.* || *Fig.* Serie : *una larga teoría de conceptos.*
teórico, ca adj. Relativo a la teoría : *conocimientos teóricos.* || — M. y f. Persona que conoce los principios de un arte o ciencia : *un teórico del socialismo.* || — F. Teoría.
teorizante adj. Que teoriza (ú. t. c. s.).
teorizar v. t. Tratar una materia solo teóricamente (ú. t. c. i.).
teotihuacano, na adj. y s. De San Juan de Teotihuacán (México).
tepache m. *Méx.* Bebida fermentada hecha con jugo de caña o piña, a veces pulque, y azúcar.
tepalcate m. *Méx.* Tiesto o vasija de barro.
tepalcatero m. *Méx.* Alfarero.
tepantechuatzin m. Sacerdote azteca que vigilaba las escuelas.
tepe m. Trozo cuadrado de tierra con césped empleado en la construcción de paredes y malecones.
tepeizcuinte m. *C. Rica* y *Méx.* Paca, roedor.
tepetate m. *Méx.* Roca que se emplea en la construcción.
tepiqueño, ña adj. y s. De Tepic (México).
teponascle m. *Méx.* Árbol cuya madera se emplea en construcción. | Instrumento de percusión de madera.
tepozteco, ca adj. y s. De Tepoztlán (México).
tequense adj. y s. De Los Teques (Venezuela).
tequila m. *Méx.* Aguardiente, semejante a la ginebra, que se extrae de una especie de maguey.
terapeuta com. Médico que estudia particularmente la terapéutica, que experimenta los medicamentos y los tratamientos.
terapéutica f. Parte de la medicina que estudia el tratamiento de las enfermedades.
terapéutico, ca adj. Relativo al tratamiento de las enfermedades.
terbio m. Metal del grupo de las tierras raras (Tb), de número atómico 65.
tercelete adj. *Arq.* Dícese del arco que en las bóvedas de crucería sube por un lado del arco diagonal hasta la línea media.
tercena f. *Ecuad.* Carnicería.
tercer adj. Apócope de *tercero : éste es el tercer viaje que hago a América.*
tercero, ra adj. y s. Que sigue en orden al segundo : *Víctor es el tercero de la clase.* || Que sirve de mediador : *servir de tercero en un pleito.* || — M. Alcahuete. || Persona ajena a un asunto : *causar daño a un tercero.* || El tercer piso : *vivo en el tercero.* || El tercer curso de un colegio, liceo o academia.
tercerón, ona m. y f. Hijo o hija de blanco y mulata o viceversa.
terceto m. Combinación métrica de tres versos endecasílabos. || *Mús.* Composición para tres voces o instrumentos. | Conjunto de tres cantantes o tres músicos, trío.
terciado, da adj. Aplícase a la azúcar morena. || Aplícase al toro de mediana estatura.
terciador, ra adj. y s. Mediador.
tercianas f. pl. Fiebre intermitente que se repite al tercer día.
terciar v. t. Poner una cosa atravesada diagonalmente : *terciar el fusil.* || Dividir en tres partes. || Dar la tercera labor a las tierras. || *Amer.* Aguar : *terciar un líquido.* || — V. i. Mediar en una discusión, ajuste, etc. : *terciar en una contienda.* || Participar en una cosa. || Completar el número de personas necesario para una cosa. || — V. pr. Ocurrir : *terciarse la oportunidad.*
terciario, ria adj. Tercero. || *Arq.* Aplícase a un arco de las bóvedas formadas con cruceros. || Aplícase a la era anterior a la cuaternaria, caracterizada por grandes movimientos tectónicos (ú. t. c. s. m.). || Dícese de la actividad económica que comprende el transporte, comunicaciones, comercio, administración, espectáculos (ú. t. c. s. m.).
tercio, cia adj. Tercero. || — M. Tercera parte. || Cada uno de los dos fardos que lleva la acémila. || *Mil.* Nombre de los regimientos españoles de infantería de los s. XVI y XVII : *los tercios de Flandes.* | Legión : *Tercio de extranjeros.* || *Taurom.* Cada una de las tres partes concéntricas en que se divide el ruedo. | Cada una de las tres partes de la lidia : *tercio de banderillas.*
terciopelo m. Tela de algodón velluda por una de sus dos caras.
terco, ca adj. Obstinado.
terebenteno m. Hidrocarburo de la esencia de trementina.
terebintáceo, a adj. Dícese de una familia de árboles de las regiones cálidas como el terebinto (ú. t. c. s. f.).
terebinto m. Arbusto que produce trementina blanca olorosa.
tereré m. *Arg.* y *Parag.* Bebida hecha con mate y otras hierbas medicinales en agua fría.
teresiano, na adj. Relativo a Santa Teresa de Jesús.
tergal m. Nombre comercial de un hilo, fibra o tejido de poliéster.
tergiversable adj. Que puede ser tergiversado.
tergiversación f. Falsa interpretación.
tergiversador, ra adj. y s. Que interpreta erróneamente.
tergiversar v. t. Deformar la realidad o el sentido de algo.
termal adj. Relativo a las termas.
termas f. pl. Caldas, baños calientes de aguas medicinales.

termes m. Comején.
termia f. Cantidad de calor necesaria para elevar en un 1 °C. la temperatura de una tonelada de agua tomada a 14,5 °C. bajo la presión atmosférica normal (símb. th) : *una termia equivale a un millón de calorías.*
térmico, ca adj. Calorífico.
terminación f. Final.
terminal adj. Final, último, que pone término. ‖ Que está en el extremo de cualquier parte de la planta : *yema terminal.* ‖ — M. *Electr.* Extremo de un conductor que facilita las conexiones. ‖ Unidad periférica de un ordenador, generalmente situada a cierta distancia de éste, capaz de recibir resultados y respuestas y de transmitir datos o instrucciones. ‖ — F. En el casco urbano, sitio a donde llegan y de donde salen los autocares que hacen el empalme entre la ciudad y el aeropuerto.
terminante adj. Que termina. ‖ Claro, tajante. ‖ Concluyente.
terminar v. t. Poner fin. ‖ Poner al final : *terminó su carta con una frase muy amable.* ‖ Llevar a su término : *terminar la obra empezada.* ‖ — V. i. Llegar a su fin. ‖ Reñir : *estos novios han terminado.* ‖ — V. pr. Encaminarse a su fin.
término m. Punto en que acaba algo : *término de un viaje.* ‖ Objetivo, fin. ‖ Expresión, palabra : *términos groseros.* ‖ Territorio contiguo a una población : *término municipal.* ‖ Línea que separa los Estados, provincias, distritos, etc. ‖ Plazo determinado : *en el término de un mes.* ‖ Estado en que se encuentra una persona o cosa. ‖ Cada una de las partes de una proposición o silogismo. ‖ *Mat.* Cada una de las cantidades que componen una relación, una suma o una expresión algébrica : *términos de la fracción.* ‖ Plano en un cuadro, foto o escenario. ‖ Punto final de una línea de transporte. ‖ — Pl. Relaciones : *está en malos términos con sus padres.* ‖ — *En propios términos,* con las palabras adecuadas. ‖ *Medios términos,* rodeos, tergiversaciones. ‖ *Poner término a,* acabar.
terminología f. Conjunto de términos de una profesión o ciencia.
términus m. (pal. lat.). Punto final de una línea de transportes.
termita m. Comején.
termitero m. Nido de termes.
termo m. Vasija aislante en la que los líquidos conservan su temperatura durante mucho tiempo.
termodinámica f. Parte de la física que trata de las relaciones entre los fenómenos mecánicos y caloríficos.
termoelectricidad f. Energía eléctrica producida por la conversión del calor. ‖ Parte de la física que estudia esta energía.
termoeléctrico, ca adj. Relativo a la termoelectricidad.
termógeno, na adj. Que produce calor.
termografía f. Método que permite medir las variaciones de temperatura de las distintas partes del cuerpo gracias a la detección de la radiación infrarroja que aquéllas emiten.
termógrafo m. Instrumento que registra las variaciones de temperatura.
termoiónico, ca adj. Dícese de los cuerpos que emiten electrones bajo la acción del calor.
termología f. Ciencia que estudia el calor y la temperatura.
termométrico, ca adj. Del termómetro : *escala termométrica.*
termómetro m. Instrumento para medir la temperatura.
termonuclear adj. Aplícase a las reacciones nucleares, entre elementos ligeros, realizadas gracias al empleo de temperaturas de millones de grados. ‖ *Bomba termonuclear,* la atómica, llamada tb. *bomba de hidrógeno* o *bomba H,* fabricada entre 1950 y 1954 y realizada por la fusión del núcleo de los átomos ligeros, tales como el hidrógeno, cuyo efecto es mil millones de veces mayor que el de la bomba A de 1945. (Su potencia se mide en megatones.)
termopropulsión f. Propulsión de un móvil por la energía calorífica.
termoquímica f. Parte de la química que trata de los fenómenos térmicos de las reacciones.
termorregulador m. Aparato para regular y mantener una temperatura constante.
termosifón m. Dispositivo usado para la calefacción en el cual el agua circula por las variaciones de temperatura. ‖ Calentador de agua que distribuye el líquido caliente en las pilas de una cocina, bañera, lavabo, etc.
termostato m. Aparato que mantiene constante una temperatura en el interior de un recinto. ‖ Sistema automático en que cada maniobra es función de la temperatura.
termoterapia f. Tratamiento terapéutico por el calor.
terna f. Conjunto de tres personas propuestas para un cargo.
ternario, ria adj. Compuesto de tres elementos : *compuesto ternario.*
ternera f. Cría hembra de la vaca. ‖ Carne de ternera.
ternero m. Cría macho de la vaca. ‖ *Ternero recental,* el de leche.
terneza f. Ternura.
ternilla f. Tejido cartilaginoso de los animales vertebrados.
terno m. Conjunto de tres cosas de una misma especie. ‖ Pantalón, chaleco y chaqueta hechos de la misma tela : *un terno azul.* ‖ Voto, juramento : *echar ternos.*
ternura f. Sentimiento de amor, cariño o profunda amistad. ‖ Muestra de cariño, requiebro. ‖ Blandura, especialmente de la carne.
tero m. *Arg.* Terutero.
terpeno m. Nombre genérico de los hidrocarburos cuyo tipo es el terebenteno.
terquedad f. Obstinación.
terracota f. Escultura de barro cocido.
terrado m. Azotea.
terraja f. Instrumento para labrar las roscas de los tornillos.
terral adj. y s. m. Aplícase al viento que, en una costa, procede del interior.
terramicina f. Antibiótico poderoso que se saca de un hongo.
terranova m. Perro de pelo oscuro y patas palmeadas.
terraplén m. Macizo de tierra con que se rellena un hueco o que se levanta para hacer una plataforma que servirá de asiento a una carretera, vía, construcción, etc.
terraplenar v. t. Llenar de tierra un vacío o hueco. ‖ Amontonar tierra para levantar un terraplén.
terráqueo, a adj. Relativo al globo o esfera terrestre.
terrateniente com. Propietario de tierras o fincas rurales extensas.

terraza f. Azotea. || Parte de la acera a lo largo de un café o bar donde se colocan mesas y sillas. || Bancal, terreno cultivado en forma de grada. || *Fam.* Cabeza.
terrazgo m. Renta que se paga al propietario de una tierra.
terrazo m. Suelo hecho con baldosas.
terremoto m. Movimiento brusco o sacudida de la corteza terrestre.
terrenal adj. Relativo a la Tierra, en contraposición a *celestial.*
terreno, na adj. Terrestre : *la vida terrena.* || — M. Porción más o menos grande de la corteza terrestre de cierta época, cierta naturaleza o cierto origen : *terreno aurífero, jurásico.* || Espacio de tierra : *terreno para edificar.* || Lugar donde se disputa un partido : *terreno de deportes.* || *Fig.* Campo, sector : *en el terreno político.* || — *Ganar terreno,* ir avanzando poco a poco. || *Fig. Minarle a uno el terreno,* actuar solapadamente para desbaratar a uno sus planes. | *Reconocer* (o *tantear*) *el terreno,* procurar descubrir el estado de las cosas o de los ánimos. || *Sobre el terreno,* en el lugar mismo donde está ocurriendo algo. || *Vehículo todo terreno,* el capaz de circular por carretera y por diferentes terrenos, jeep, campero.
térreo, a adj. De tierra.
terrero, ra adj. Relativo a la tierra. || De tierra : *saco terrero.* || Aplícase al vuelo rastrero de algunas aves. || *Fig.* Bajo, de humilde condición. || Que sirve para llevar tierra : *espuerta terrera* (ú. t. c. s. f.).
terrestre adj. Relativo a la Tierra : *la esfera terrestre.* || Que vive o se desarrolla en la Tierra : *planta, transporte terrestre.* || — Com. Habitante de la Tierra.
terrible adj. Que causa terror, espantoso : *visión terrible.* || *Fig.* Violento, fuerte : *tempestad terrible.* || En sentido peyorativo, desmesurado, extraordinario.
terrícola com. Habitante de la Tierra. || — Adj. Que vive en la Tierra.
terrier m. Raza de perros de caza.
territorial adj. Relativo al territorio : *límites territoriales.*
territorialidad f. Condición de lo que está dentro del territorio de un Estado. || Ficción jurídica en virtud de la cual los buques y las residencias de los representantes diplomáticos se consideran como parte del territorio de la nación a que pertenecen.
territorio m. Extensión de tierra que depende de un Estado, una ciudad, una jurisdicción, etc. || Demarcación sujeta al mando de un gobernador designado por el jefe del Estado : *el Territorio de Tierra del Fuego.*
terrizo, za adj. Hecho de tierra. || — M. y f. Barreño, lebrillo.
terrón m. Masa pequeña de tierra compacta : *destripar terrones.* || Masa pequeña y suelta de otras sustancias : *terrón de azúcar.*
terror m. Miedo grande, pavor. || Persona o cosa que infunde este sentimiento : *el terror de un país.* || Violencias y crímenes ejercidos contra un grupo para infundirle miedo : *gobernar por el terror.*
terrorífico, ca adj. Que infunde terror.
terrorismo m. Intento de dominación por el terror : *el terrorismo hitleriano.* || Lucha violenta ejercida por grupos extremistas para crear un clima de inseguridad o para derribar al gobierno de un país.
terrorista adj. Relativo al terrorismo. || — Com. Partidario o participante en actos de terrorismo.
terroso, sa adj. Parecido a la tierra. || Que contiene tierra.
terruño m. País o comarca natal. || Terrón o porción de tierra.
terso, sa adj. Limpio, claro. || Resplandeciente. || Liso, sin arrugas : *piel tersa.* || *Fig.* Aplícase al lenguaje o estilo, etc., muy puro, fluido.
tersura f. Resplandor. || Lisura : *la tersura del cutis.* || *Fig.* Pureza del lenguaje o estilo.
tertulia f. Reunión de personas para hablar, discutir de un tema o jugar : *tertulia literaria.*
terutero o **teruteru** m. *Arg.* Ave zancuda de color blanco.
tesar v. t. *Mar.* Atirantar.
tescal m. *Méx.* Terreno cubierto de basalto.
tesina f. Tesis de menos importancia que la doctoral que se presenta para obtener la licenciatura.
tesis f. Proposición que se apoya con razonamientos : *no consiguió defender su tesis.* || Disertación escrita sobre una materia para doctorarse : *presentar una tesis en la Universidad.* || *Fil.* Primer término de un sistema dialéctico (los otros son la antítesis y la síntesis).
tesitura f. *Mús.* Altura propia de cada voz o de cada instrumento : *tesitura grave, aguda.* || *Fig.* Estado de ánimo. | Circunstancia : *en esta tesitura.*
tesla m. Unidad de inducción magnética (símb. T).
tesón m. Firmeza, inflexibilidad : *sostener sus convicciones con tesón.* || Tenacidad, perseverancia.
tesonería f. Perseverancia.
tesonero, ra adj. Perseverante, tenaz. || Obstinado, terco.
tesorería f. Empleo y oficina del tesorero.
tesorero, ra m. y f. Persona encargada de recaudar y distribuir los capitales de una persona o entidad : *el tesorero de un banco.*
tesoro m. Conjunto de dinero, alhajas u otras cosas de valor que se guarda en un sitio seguro : *el tesoro de un banco.* || Sitio donde se guarda. || Cosas de valor que han sido escondidas y que uno encuentra por casualidad. || En una iglesia, sitio donde se guardan las reliquias y otros objetos preciosos : *el tesoro de la catedral de Toledo.* || Erario público. || *Fig.* Persona o cosa que se quiere mucho o que es de gran utilidad.
test m. (pal. ingl.). Prueba, especialmente la destinada a conocer las aptitudes o la personalidad de alguien. || Prueba que permite juzgar la calidad de algo.
testa f. *Fam.* Cabeza.
testador, ra m. y f. Persona que hace un testamento.
testaferro m. El que presta su nombre para el negocio de alguien que no quiere hacer constar el suyo.
testamentaría f. Ejecución de lo dispuesto en un testamento. || Bienes de una herencia. || Junta de los testamentarios. || Conjunto de los documentos necesarios para cumplir lo dispuesto en un testamento.
testamentario, ria adj. Relativo al testamento. || — M. y f. Albacea, persona encargada del cumplimiento de lo dispuesto en un testamento.
testamentería f. *Amer.* Testamentaría.
testamento m. Declaración escrita en la que uno expresa su última voluntad y dis-

pone de sus bienes para después de la muerte : *morir habiendo hecho testamento.* || *Fig.* Resumen de las ideas o de la doctrina que un escritor, artista, científico o político quiere dejar después de su fallecimiento : *testamento político.* || — *Antiguo* o *Viejo Testamento,* conjunto de los libros sagrados anteriores a la venida de Jesucristo. || *Nuevo Testamento,* conjunto de los libros sagrados que, como los Evangelios, son posteriores al nacimiento de Cristo. || *Testamento abierto* o *auténtico* o *público,* el dictado ante notario en presencia de testigos. || *Testamento cerrado,* el hecho por escrito, entregado en un sobre sellado al notario en presencia de testigos, que no debe abrirse hasta la muerte del testador. || *Testamento ológrafo,* el escrito, fechado y firmado por el propio testador.
testar v. i. Hacer testamento : *testó en favor de todos sus nietos.*
testarazo m. Cabezazo.
testarudez f. Obstinación.
testarudo, da adj. y s. Obstinado.
testera f. Frente o parte delantera de una cosa. || Parte anterior y superior de la cabeza del animal. || Pared del horno de fundición.
testero m. Testera, frente : *el testero de la cama.* || Lienzo de pared.
testicular adj. Relativo a los testículos.
testículo m. Cada una de las dos glándulas genitales masculinas que producen los espermatozoides.
testificación f. Testimonio. || Atestación.
testifical adj. De los testigos.
testificante adj. Que testifica.
testificar v. t. Afirmar o probar de oficio, presentando testigos o testimonios. || Atestiguar algo un testigo. || *Fig.* Demostrar, probar. || — V. i. Declarar como testigo.
testigo com. Persona que, por haber presenciado un hecho, puede dar testimonio de ello. || Persona que da testimonio de algo ante la justicia : *testigo de cargo, de descargo.* || Persona que asiste a otra en ciertos actos : *testigo matrimonial.* || — M. Prueba material : *estos restos son testigos de nuestra civilización.* || Individuo, animal, planta u objeto utilizado como término de comparación con otros de la misma clase sometidos a ciertas experiencias. || En una carrera de relevos, objeto en forma de palo que se transmiten los corredores.
testimonial adj. Que testimonia.
testimoniar v. t. Testificar.
testimonio m. Declaración hecha por una persona de lo que ha visto u oído. || Instrumento legalizado en que se da fe de un hecho : *testimonio hecho por escribano.* || Prueba : *testimonio de amistad.* || *Falso testimonio,* deposición falsa.
testosterona f. Hormona sexual masculina.
testuz m. Frente. || Nuca.
tesura f. Tiesura.
teta f. Cada uno de los órganos glandulares que segregan la leche en las hembras. || — Pl. Par de colinas con forma de mama.
tetania f. Enfermedad producida por insuficiencia de la secreción de las glándulas paratiroides caracterizada por contracciones musculares espasmódicas.
tetánico, ca adj. *Med.* Relativo al tétanos.
tétanos m. *Med.* Rigidez y tensión convulsiva de los músculos. | Enfermedad infecciosa muy grave producida por un bacilo anaerobio que se introduce en una herida y ataca los centros nerviosos.
tetelque adj. *Amer. C.* y *Méx.* Desabrido, de sabor desagradable.
tetera f. Recipiente utilizado para hacer y servir el té.
tetero m. *Amer.* Biberón.
tetilla f. Órgano de los mamíferos machos situado en el lugar correspondiente al de las mamas de las hembras. || Especie de pezón de goma que se pone en el biberón para que el niño pueda chupar.
tetina f. Tetilla, boquilla de goma que se pone en el biberón.
tetlachihue m. *Méx.* Hechicero.
tetraciclina f. Medicamento antibiótico.
tetracromía f. Reproducción de imágenes coloreadas por superposición de tres imágenes en tres colores primarios y otra en negro.
tetraédrico, ca adj. *Geom.* Relativo al tetraedro. | De figura de tetraedro.
tetraedro m. *Geom.* Sólido limitado por cuatro planos triangulares.
tetragonal adj. Perteneciente o relativo al tetrágono. || Cuadrangular, con forma de tetrágono.
tetrágono m. *Geom.* Cuadrilátero. || — Adj. y s. m. Aplícase al polígono de cuatro ángulos.
tetralogía f. Conjunto de cuatro obras dramáticas. || *Mús.* Conjunto de cuatro óperas.
tetramotor adj. y s. m. Cuatrimotor.
tetrasílabo, ba adj. De cuatro sílabas, cuatrisílabo.
tetrástrofo, fa adj. y s. m. Aplícase a la composición poética que tiene cuatro estrofas.
tetravalente adj. y s. m. Dícese del elemento químico que tiene cuatro de valencia.
tétrico, ca adj. Triste.
tetrodo m. Válvula electrónica de cuatro electrodos.
tetuaní adj. y s. De Tetuán.
tetuda adj. *Fam.* De tetas grandes.
teucali m. Teocali.
teutón, ona adj. Relativo a Germania. || Habitante de esta antigua región (ú. t. c. s.). || *Fam.* Alemán (ú. t. c. s.).
teutónico, ca adj. De los teutones : *lenguas teutónicas.*
textil adj. Que puede ser tejido : *fibras textiles.* || Relativo a la fabricación de tejidos : *producción textil.* || — M. Materia textil.
texto m. Lo dicho o escrito inicialmente por un autor : *texto claro.* || Contenido exacto de una ley u ordenanza : *atenerse al texto legal.* || Escrito : *corregir un texto.* || Trozo sacado de una obra literaria : *leer un texto.* || Sentencia de la Sagrada Escritura : *texto bíblico.* || *Libro de texto,* el que escoge un maestro para su clase y hace comprar a sus alumnos.
textual adj. Conforme con el texto. || Exacto : *frase textual.*
textura f. Manera de entrelazarse los hilos en una tela. || Operación de tejer. || *Fig.* Disposición de las distintas partes que forman un todo, estructura.
teyú m. *Rioplat.* Iguana.
tez f. Piel del rostro humano.
tezontle m. *Méx.* Piedra volcánica usada en la construcción.
th, símbolo de la *termia.*
Th, símbolo químico del *torio.*
theta f. Octava letra del alfabeto griego (θ).
ti pron. pers. de 2.ª pers. sing. (ú. siempre con prep.) : *a ti, para ti, de ti.* || Con la prep. *con* forma una sola palabra *(contigo).*

Ti, símbolo químico del *titanio.*
tía f. Respecto de una persona, hermana o prima del padre o de la madre. ‖ En los pueblos, tratamiento que se da a las mujeres casadas o de edad : *la tía Gertrudis.* ‖ *Fam.* Tratamiento despectivo dado a una mujer cualquiera. | Mujer. | Compañera, amiga. | Prostituta.
tialina f. Ptialina.
tianguero, ra adj. *Méx.* Vendedor en un tianguis.
tianguis m. *Méx.* Mercado.
tiara f. Mitra de tres coronas superpuestas que lleva el Papa en las solemnidades. ‖ Dignidad pontificia.
tiberio m. *Fam.* Jaleo, ruido.
tibetano, na adj. y s. Del Tíbet.
tibia f. Hueso principal y anterior de la pierna.
tibieza f. Calor templado. ‖ *Fig.* Falta de entusiasmo.
tibio, bia adj. Templado, ni caliente ni frío : *baño tibio.* ‖ *Fig.* Poco fervoroso, falto de entusiasmo : *tibio recibimiento.* | Poco afectuoso : *relaciones tibias.*
tiburón m. Nombre dado a los peces selacios de cuerpo fusiforme y aletas pectorales grandes cuya boca, en la parte inferior de la cabeza, tiene forma de media luna y está provista de varias filas de dientes cortantes.
tic m. Contracción convulsiva habitual e involuntaria de ciertos músculos, principalmente del rostro. ‖ *Fig.* Manía, acción que uno hace frecuentemente sin darse cuenta.
ticazo m. *Méx.* Bebida fermentada hecha de maíz.
ticket m. (pal. ingl.). Úsase como sinónimo de *billete, entrada, boleto, cupón, bono,* etc. (En España se ha intentado castellanizar esta palabra por *tíquel* y *tiquete.*)
tico, ca adj. y s. *Fam. Amér. C.* Costarricense.
tictac m. Ruido acompasado producido por ciertos mecanismos.
tiempo m. Duración determinada por la sucesión de los acontecimientos, y particularmente de los días, las noches y las estaciones. ‖ Época. Ú. t. en pl. : *en los tiempos de Bolívar.* ‖ Período muy largo : *hace tiempo que no le veo.* ‖ Momento libre : *si tengo tiempo lo haré.* ‖ Momento oportuno, ocasión propicia : *hacer las cosas en su tiempo.* ‖ Estación del año : *fruta del tiempo.* ‖ Edad : *¿qué tiempo tiene su hijo?* ‖ Estado de la atmósfera : *tiempo espléndido.* | Cada una de las divisiones de una acción compleja : *motor de cuatro tiempos.* ‖ En deporte, división de un partido : *un partido de fútbol consta de dos tiempos.* ‖ *Mús.* División del compás. ‖ *Gram.* Cada una de las formas verbales que indican el momento en que se verifica la acción : *tiempos simples, compuestos.* ‖ — *A mal tiempo buena cara,* hay que saber aguantar con valor las desgracias o dificultades. ‖ *A tiempo,* antes de que sea demasiado tarde ; en el momento oportuno. ‖ *A un tiempo,* a la vez. ‖ *Fig. Dar tiempo al tiempo,* no ser demasiado impaciente. ‖ *De tiempo en tiempo,* a intervalos. ‖ *En tiempos del rey que rabió* o *de Maricastaña,* en una época muy lejana. ‖ *Engañar* (o *matar*) *el tiempo,* entretenerse en cosas poco interesantes. ‖ *Estar a tiempo de,* tener todavía la posibilidad de. ‖ *Hacer tiempo,* entretenerse esperando la hora de hacer algo.
tienda f. Armazón de palos hincados en tierra y cubiertos con tela, lona o piel sujeta con cuerdas, que se arma en el campo para alojarse : *tienda de campaña.* ‖ Toldo que protege del Sol. ‖ Establecimiento comercial donde se vende cualquier mercancía. ‖ *Med. Tienda de oxígeno,* dispositivo destinado a aislar al enfermo del medio ambiente y suministrarle oxígeno puro.
tienta f. Instrumento para explorar cavidades, heridas, etc. ‖ Operación para probar la bravura del ganado destinado a la lidia : *tienta de becerros.* ‖ *A tientas,* guiándose por el tacto ; (fig.) con incertidumbre.
tiento m. Ejercicio del sentido del tacto. ‖ Bastón de ciego. ‖ Balancín o contrapeso de volatinero. ‖ Pulso, seguridad en la mano : *tener tiento.* ‖ *Fig.* Prudencia, tacto : *andar con tiento.* ‖ *Fig.* y *fam.* Golpe, porrazo. | Trago, bocado : *dar un tiento a la botella, al jamón.* ‖ — Pl. Cante y baile andaluz. ‖ *A tiento,* a tientas.
tierno, na adj. Blando, fácil de cortar : *carne tierna.* ‖ Reciente : *pan tierno.* ‖ *Fig.* Sensible, propenso al cariño o al amor : *corazón tierno.* | Cariñoso : *miradas tiernas.* | Joven. | Propenso al llanto : *ojos tiernos.* ‖ *Amer.* Que no está maduro : *fruto tierno.* ‖ *Tierna edad,* los primeros años de la juventud. ‖ — M. y f. *Nicar.* Niño o niña recién nacidos.
tierra f. Planeta que habitamos. ‖ Parte sólida de la superficie de este planeta. ‖ Capa superficial del globo que constituye el suelo natural. ‖ Suelo : *echar por tierra.* ‖ Terreno cultivable : *tierra de labor.* ‖ Patria : *mi tierra.* ‖ País, región, comarca : *la tierra andaluza.* ‖ Contacto entre un circuito eléctrico y la tierra : *toma de tierra.* ‖ — *Fig.* y *fam. Besar la tierra,* caerse. ‖ *Dar en tierra,* dejar caer ; caerse. ‖ *Fig. Echar por tierra,* destruir ; derrumbar. | *Echar tierra a un asunto,* silenciarlo, echarlo en olvido. | *En toda tierra de garbanzos,* por todas partes. ‖ *Fig.* y *fam. Estar comiendo* (o *mascando*) *tierra,* estar muerto y enterrado. ‖ *Fig. Poner tierra por medio,* marcharse, alejarse. ‖ *Tierra de nadie,* territorio no ocupado entre las primeras líneas de dos beligerantes. ‖ *Tierra de Promisión,* la que Dios prometió al pueblo de Israel ; (fig.) la muy fértil. ‖ *Tierra firme,* continente. ‖ *Tierra rara,* óxido de ciertos metales que existe en muy pocas cantidades y tiene propiedades semejantes a las del aluminio. ‖ *Tierra Santa,* lugares de Palestina donde Jesucristo pasó su vida. ‖ *Tomar tierra,* aterrizar un avión. ‖ *Fig. Venir (o venirse) a tierra,* fracasar.
tierrafría com. *Col.* Habitante del altiplano.
tierruca f. Dim. de *tierra.* ‖ Terruño. ‖ *Fam.* La Montaña de Santander.
tieso, sa adj. Erguido, firme. ‖ Rígido : *pierna tiesa.* ‖ Tenso. ‖ *Fig.* Estirado, afectadamente grave. | Terco. ‖ *Pop.* Sin dinero : *dejarle a uno tieso.* ‖ — *Fig.* y *fam. Dejar tieso,* matar. | *Quedarse tieso,* morir ; no tener dinero. | *Tenérselas tiesas,* no ceder nada.
tiesto m. Maceta donde se crían plantas : *un tiesto de geranios.* ‖ Pedazo de una vasija de barro.
tiesura f. Rigidez. ‖ *Fig.* Gravedad exagerada y afectada.
tifáceo, a adj. y s. f. Dícese de unas plantas herbáceas. ‖ — F. pl. Familia que forman.
tífico, ca adj. Del tifus. ‖ Que padece tifus (ú. t. c. s.).
tifoideo, a adj. Relativo al tifus o a la

fiebre tifoidea. || Dícese de una fiebre infecciosa provocada por la ingestión de alimentos que tienen los llamados bacilos de Eberth (ú. t. c. s. f.).
tifón m. Ciclón tropical del Pacífico occidental y del mar de China : *la casa entera fue destruida por un violento tifón.*
tifus o **tifo** m. Género de enfermedades infecciosas con fiebre alta, delirio y postración. || *Tifus exantemático,* enfermedad febril, epidémica y contagiosa debida a un microbio transmitido por un piojo y que se caracteriza por manchas rojas en la piel llamadas *exantemas.*
tigra f. *Amer.* Jaguar hembra.
tigre m. Mamífero carnicero del género félido y de piel de color amarillo anaranjado rayado de negro. || *Fig.* Persona cruel y sanguinaria. || *Amer.* Jaguar.
tigrero m. *Amer.* Cazador de jaguares.
tigresa f. Tigre hembra.
tigrillo m. *Ecuad* y *Venez.* Mamífero carnicero americano del género félido más pequeño que el tigre.
tigüilote m. *Amér. C.* Árbol cuya madera se emplea en tintorería.
tija f. Astil de la llave entre el ojo y el paletón.
tijera f. Instrumento para cortar compuesto de dos piezas de acero articuladas en un eje. Ú. más en pl. : *tijeras para las uñas.* || *Fig.* Nombre que califica diferentes objetos formados por dos piezas articuladas : *catre, asiento, escalera de tijera.* || En deportes, llave en la lucha y tb. manera de saltar.
tijereta f. Tijera pequeña. || Zarcillo de las vides. || Insecto omnívoro, de color marrón o negro, que tiene los apéndices en que finaliza el abdomen en forma de tijeras. || Ave palmípeda de América del Sur. || Manera de saltar haciendo un movimiento con las dos piernas parecido al hecho cuando se manejan unas tijeras.
tijeretada f. y **tijeretazo** m. Corte hecho con las tijeras.
tijeretear v. t. Dar tijeretazos.
tijereteo m. Acción de tijeretear. || Ruido hecho por las tijeras al cerrarse.
tila f. Flor del tilo. || Infusión hecha con esta flor. || Tilo. || *Fam.* Marihuana.
tílburi m. Carruaje ligero y descubierto de dos plazas.
tilcoate m. Culebra de México.
tildar v. t. Poner tilde a una letra. || Tachar algo escrito. || *Fig.* Acusar a uno de algún defecto.
tilde f. Signo que se pone sobre la letra *ñ* y algunas abreviaturas. || Acento. || *Fig.* Cosa insignificante. | Nota denigrativa.
tildío m. Ave migratoria propia de México.
tilico, ca adj. *Méx. Fam.* Flacucho, delgaducho.
tiliche m. *Amer.* Baratija (ú. m. en pl.).
tilichero, ra m. y f. *Amér. C.* y *Méx.* Buhonero, vendedor ambulante.
tilín m. Sonido de la campanilla. || — *Fig.* y *fam. En un tilín,* en un tris. || *Fam. Hacer tilín,* gustar.
tilma f. *Méx.* Manta de algodón o lana que llevan los campesinos.
tilo m. Árbol de flores blanquecinas y medicinales.
timador, ra m. y f. Estafador.
tímalo m. Pez malacopterigio parecido al salmón.
timar v. t. *Fam.* Estafar : *le timaron 1 000 pesetas.* | Engañar, hacer concebir esperanzas que no serán colmadas. || — V. pr. *Fam.* Hacerse señas o cambiar miradas galanteadoras un hombre con una mujer.
timba f. *Fam.* Partida de juego de azar. | Casa de juego.
timbal m. Tambor con caja de cobre semiesférica. || Atabal, tambor pequeño. || Empanada rellena de carne u otras viandas.
timbalero m. Músico que toca el timbal.
timbiriche m. *Méx.* Arbol mexicano de fruto comestible. | Despacho de bebidas alcohólicas.
timbó m. *Arg.* y *Parag.* Arbol leguminoso de madera muy sólida.
timbrado, da adj. Aplícase al papel con un sello que se utiliza para extender documentos oficiales. || Dícese del papel con membrete de una persona o entidad.
timbrar v. t. Estampar un timbre, sello o membrete en un documento. || Poner timbre en el escudo de armas.
timbrazo m. Toque del timbre.
timbre m. Sello para estampar especialmente en seco : *timbre en relieve.* || Sello que indica el pago de derechos fiscales en algunos documentos oficiales : *timbre fiscal, móvil.* || Aparato de llamada : *timbre eléctrico.* || Sonido característico de una voz o instrumento : *timbre metálico.* || *Blas.* Insignia en la parte superior del escudo de armas : *timbre de nobleza.* || *Fig.* Acción que ennoblece a la persona que la hace : *timbre de gloria.*
timidez f. Falta de seguridad en sí mismo, vergüenza de hablar o actuar en presencia de personas poco conocidas : *es una chica mona que tiene una gran timidez.*
tímido, da adj. Que se encuentra cohibido en presencia de personas con quienes no tiene confianza (ú. t. c. s.). || Dícese de la actitud, gesto, etc. que muestra inseguridad, que tiene carácter poco abierto : *sonrisa tímida.*
timo m. Glándula endocrina de los vertebrados situada delante de la tráquea. || Tímalo, pez. || Estafa. || *Fam.* Engaño que se da a los incautos : *el timo del sobre.*
timón m. Pieza móvil colocada verticalmente en el codaste de la embarcación para gobernarla. || Dispositivo para la dirección de un avión, cohete, etc. : *timón de dirección.* || Palo derecho del arado, que va de la cama al yugo y en el que se fija el tiro. || *Fig.* Dirección, gobierno : *manejar el timón de un negocio.* || *Mar. Caña del timón,* palanca que permite gobernar el timón.
timonear v. i. Manejar el timón.
timonel m. *Mar.* Hombre que maneja el timón.
timonera adj. y f. Aplícase a las plumas grandes de la cola de las aves.
timonero m. Timonel.
timorato, ta adj. Que tiene el temor de Dios. || Tímido. || Que no se atreve a actuar por ser demasiado escrupuloso.
timpánico, ca adj. Relativo al tímpano del oído.
timpanismo m., **timpanitis** o **timpanización** f. Abultamiento del vientre por acumulación de gases en el tubo intestinal.
tímpano m. *Mús.* Atabal, tamboril. | Instrumento formado por varias tiras de vidrio o cuerdas que se golpean con un macillo de corcho. || Membrana del oído que separa el conducto auditivo del oído medio. || *Arq.* Espacio triangular comprendido entre las dos cornisas inclinadas de un frontón y la horizontal de su base.

tina f. Tinaja. ‖ Recipiente grande de madera u otro material que sirve para diversos usos : *tina de fotógrafo.* ‖ Baño, bañera.
tinaco m. *Méx.* Tinaja grande.
tinaja f. Vasija grande de barro donde se guarda el agua, el aceite u otros líquidos. ‖ Su contenido.
tinamú m. Ave gallinácea de América del Sur.
tincar v. t. *Amer.* Lanzar con la uña del pulgar la bolita o canica. | Dar papirotazos.
tincazo m. *Amer.* Papirotazo.
tinerfeño, ña adj. y s. De Tenerife (España).
tingitano, na adj. y s. De Tánger.
tinglado m. Cobertizo. ‖ Tablado, puesto hecho de madera o lona. ‖ *Fig.* Artificio, intriga. | Lío, embrollo : *¡menudo tinglado se ha formado!*
tinieblas f. pl. Oscuridad : *las tinieblas de la noche.* ‖ *Fig.* Ignorancia, incertidumbre, confusión. ‖ *Angel de las tinieblas,* el demonio.
tino m. Puntería con un arma : *tener mucho tino.* ‖ *Fig.* Acierto, habilidad. | Juicio y cordura : *razonar con tino.* | Moderación : *comer con tino.* ‖ — *A tino,* a tientas. ‖ *Fig. Perder el tino,* perder el juicio. | *Sin tino,* sin moderación; de manera insensata.
tinta f. Color con que se tiñe. ‖ Tinte. ‖ Líquido empleado para escribir con pluma. ‖ Líquido que los cefalópodos vierten para ocultarse de sus perseguidores : *tinta de calamar.* ‖ — Pl. Colores para pintar. ‖ Matices : *pintar el porvenir con tintas negras.* ‖ — *Media tinta,* color que une los claros con los oscuros. ‖ *Fig.* y *fam. Medias tintas,* dícese de lo impreciso, vago. | *Recargar las tintas,* exagerar. | *Saber de buena tinta,* estar informado por fuentes fidedignas. | *Sudar tinta,* hacer algo con mucho esfuerzo.
tinte m. Operación de teñir. ‖ Colorante con que se tiñe : *tinte muy oscuro.* ‖ Establecimiento donde se tiñen y limpian en seco las telas y la ropa : *llevar un vestido al tinte.* ‖ *Fig.* Tendencia, matiz : *tener un tinte político.* | Barniz : *un ligero tinte de cultura.*
tintero m. Recipiente en que se pone la tinta de escribir. ‖ *Fig.* y *fam. Dejarse* o *quedársele a uno en el tintero una cosa,* olvidarla u omitirla al escribir.
tintillo adj. y s. m. Aplícase al vino tinto claro.
tintín m. Sonido del timbre, del cristal, de una campanilla, etc.
tintinar o **tintinear** v. i. Sonar la campanilla u otro objeto que produce un ruido semejante.
tintineo m. Tintín.
tinto, ta adj. Teñido : *tinto en sangre.* ‖ Aplícase a la uva de color negro y al vino de color rojo oscuro. Ú. t. c. s. m. : *una botella de tinto.* ‖ — M. *Col.* Café solo.
tintóreo, a adj. Aplícase a las sustancias usadas para teñir.
tintorería f. Oficio, taller y tienda del tintorero.
tintorero, ra m. y f. Persona que tiene por oficio teñir o limpiar en seco las telas y la ropa. ‖ — F. Tiburón parecido al cazón.
tintorro m. *Fam.* Vino tinto malo.
tintura f. Tinte, sustancia colorante que sirve para teñir. ‖ *Fig.* Conocimientos superficiales. ‖ Producto farmacéutico que resulta de la disolución de una sustancia en alcohol o éter : *tintura de yodo.*
tiña f. Larva de cierto insecto que daña las colmenas. ‖ Enfermedad producida por diversos parásitos en la piel y el cuero cabelludo que provoca la caída del pelo. ‖ *Fam.* Suciedad.
tiñoso, sa adj. y s. Sucio.
tío m. Respecto de una persona, hermano o primo del padre o de la madre. ‖ *Fam.* Hombre casado o de cierta edad : *el tío Juan.* | Persona digna de admiración : *¡qué tío!* | Individuo despreciable. | Hombre, individuo. | Amigo, compañero.
tiorba f. Especie de laúd.
tiovivo m. Diversión infantil en la que una plataforma giratoria arrastra caballitos de madera u otras figuras en los que se montan los niños.
tipa f. Árbol leguminoso americano cuya madera se utiliza en ebanistería. ‖ *Fig.* Mujer despreciable.
tiparraco, ca y **tipejo, ja** m. y f. Persona ridícula o despreciable : *no me gusta tratar con esa clase de tiparracos.*
típico, ca adj. Propio de un sitio, persona o cosa : *lo típico del país.* ‖ Que corresponde a un tipo determinado : *un español típico.*
tipificación f. Clasificación. ‖ Normalización.
tipificar v. t. Normalizar, fabricar con arreglo a un tipo uniforme. ‖ Representar el tipo al que pertenece una persona o cosa.
tipismo m. Carácter típico.
tiple m. La más aguda de las voces humanas. ‖ Guitarra muy pequeña de sonidos muy agudos. ‖ — Com. Cantante con voz de tiple.
tipo m. Modelo, cosa o persona representativa : *Otelo es el tipo del celoso.* ‖ Conjunto de los rasgos característicos de las personas o cosas de la misma naturaleza : *tipo deportivo.* ‖ Figura, facha : *tener buen tipo.* ‖ *Fam.* Persona, individuo : *un tipo vigilaba la puerta.* ‖ Clase, género : *comedia musical de tipo americano.* ‖ Ejemplar individual en el que se basa la descripción de una nueva especie o género biológico : *tipo ario.* ‖ Conjunto de las características que tiene. ‖ Pieza rectangular de metal en cuya parte superior está grabado cualquiera de los caracteres usados para la impresión tipográfica. ‖ Porcentaje : *tipo de descuento.* ‖ Índice : *tipo de cambio.* ‖ *Fam. Jugarse uno el tipo,* arriesgar la vida.
tipografía f. Procedimiento de impresión con formas en relieve (caracteres móviles, grabados, clichés). ‖ Parte de una imprenta en la que se hace la composición y la compaginación.
tipográfico, ca adj. Relativo a la tipografía : *carácter tipográfico.*
tipógrafo, fa m. y f. Persona que compone con tipos móviles lo que se ha de imprimir.
tipología f. Rasgos característicos. ‖ Estudio de los caracteres morfológicos del hombre comunes a las distintas razas.
tipómetro m. Regla para medir los puntos tipográficos.
tipoy m. Túnica suelta y sin mangas de las indias y campesinas del Río de la Plata.
tíquet y **tiquete** m. Ticket.
tiquismiquis m. pl. *Fam.* Reparos nimios. | Cortesías ridículas o afectadas, remilgos.
tiquismo m. *Amer. C.* Costarriqueñismo.
tira f. Trozo largo y estrecho de tela, papel, cuero u otro material delgado. ‖ En un periódico, serie de dibujos en los cuales se cuenta una historia o parte de ella. ‖ *Fam. La tira,* mucho, gran cantidad.

tirabeque m. Guisante mollar.

tirabuzón m. Sacacorchos. ‖ *Fig.* Rizo de cabello retorcido como un sacacorchos. ‖ Salto de trampolín en el que el cuerpo del atleta se retuerce como una barrena. ‖ Acrobacia aérea consistente en bajar rápidamente el avión describiendo una curva como si fuera una hélice.

tirada f. Distancia bastante grande en el espacio o el tiempo : *de mi casa al trabajo hay una tirada.* ‖ Serie de cosas que se escriben o dicen de una sola vez : *tirada de versos.* ‖ Impresión de una obra y número de ejemplares que se tiran a la vez : *segunda tirada.* ‖ Lo que se imprime en una jornada de trabajo : *la tirada diaria.* ‖ *De* (o *en*) *una tirada,* de una vez ; seguido.

tirado, da adj. Aplícase a las cosas muy baratas o que abundan : *este reloj está tirado.* ‖ Muy fácil : *esta lección está tirada.* ‖ Dícese de la persona que lleva una mala vida. ‖ *Fam. Tirado palante,* decidido, arrojado.

tirador, ra m. y f. Persona que tira con un arma : *un tirador de arco excelente.* ‖ Persona que estira los metales. ‖ — M. Asidero para abrir los cajones o las puertas. ‖ Cordón o cadenilla para tirar de una campanilla. ‖ Tiragomas. ‖ *Tecn.* Máquina con la cual se estiran los metales. ‖ *Arg.* Cinturón de cuero del gaucho en el cual lleva dinero, tabaco, el facón, etc. | Tirante del pantalón.

tiragomas m. inv. Juguete para tirar piedrecillas, etc.

tiralíneas m. inv. Instrumento de metal, a modo de pinzas, cuya separación se gradúa con un tornillo, que sirve par trazar líneas más o menos gruesas según esta separación.

tiranía f. Gobierno ejercido por un tirano. ‖ *Fig.* Abuso de autoridad. | Dominio excesivo que tienen ciertas cosas sobre los hombres : *la tiranía del amor.*

tiranicidio m. Muerte dada a un tirano.

tiránico, ca adj. Que tiene el carácter de una tiranía : *poder, gobierno tiránico.* ‖ *Fig.* Que ejerce una influencia irresistible, fuerte.

tiranizar v. t. Gobernar como un tirano : *tiranizar al pueblo.* ‖ *Por ext.* Oprimir, ejercer una autoridad tiránica : *tiranizar a su esposa.*

tirano, na adj. y s. Aplícase al que tenía el poder absoluto en la antigua Grecia, generalmente por usurpación. ‖ Dícese del soberano despótico, injusto y cruel. ‖ *Fig.* Dícese del que abusa de su autoridad : *ser un tirano para su familia.* | Dícese de lo que domina el ánimo.

tirante adj. Tenso. ‖ *Fig.* Que puede conducir a una ruptura : *situación tirante.* ‖ *Fig. Estar tirante con uno,* tener relaciones tensas con él. ‖ — M. Correa que sirve para tirar de un carruaje. ‖ Cada una de las dos tiras elásticas con las cuales se sujetan los pantalones. ‖ Cada una de las dos tiras que sujetan las prendas interiores femeninas.

tirantez f. Tensión : *la tirantez de una cuerda.* ‖ *Fig.* Desacuerdo, situación que puede conducir a un conflicto : *tirantez entre dos países.*

tirar v. t. Soltar algo de la mano : *tirar un libro al suelo.* ‖ Echar : *tirar agua en la mesa.* ‖ Echar, deshacerse : *tirar viejos objetos.* ‖ Arrojar, lanzar en dirección determinada : *tirar el disco.* ‖ Derribar, echar abajo : *tirar un árbol.* ‖ Traer hacia sí : *tirar la puerta.* ‖ Estirar o extender : *tirar una cuerda.* ‖ Trazar : *tirar una perpendicular.* ‖ Dar : *tirar un pellizco.* ‖ Disipar, malgastar : *tirar dinero.* ‖ Imprimir : *tirar cinco mil ejemplares.* ‖ Reproducir en positivo un cliché fotográfico. ‖ Sacar una foto. ‖ *Fam.* Hablar mal : *este chico siempre me está tirando.* | Vender barato. ‖ *Dep.* Chutar el balón : *tirar un saque de esquina.* ‖ — V. i. Atraer : *el imán tira del hierro.* ‖ Arrastrar : *el caballo tira del coche.* ‖ Disparar un arma : *tirar con la ametralladora.* ‖ Producir aspiración de aire caliente : *esta chimenea tira mal.* ‖ *Fam.* Andar, funcionar : *este motor tira muy bien.* ‖ *Fig.* Atraer : *la sangre siempre tira.* | Torcer : *tirar a la izquierda.* | Coger : *tirar por un camino.* | Durar o conservarse una cosa : *el abrigo tirará todo este invierno.* | Mantenerse : *tira con tres mil pesetas al mes.* | Parecerse : *este color tira a verde.* ‖ — *Fig. A todo tirar* o *tirando por alto,* a lo sumo. | *Ir tirando,* vivir modestamente ; estar regular, no ir ni bien ni mal. | *Tirando a,* acercándose a. | *Tirando por bajo,* por lo menos. | *Tira y afloja,* sucesión del rigor por la suavidad. ‖ — V. pr. Abalanzarse : *se tiró sobre él.* ‖ Arrojarse, precipitarse : *se tiró al río.* ‖ Tumbarse : *tirarse en la cama.* ‖ *Fig.* Pasar : *se tiró todo el día corrigiendo.* | Tener que aguantar : *tirarse un año de cárcel.* | Hacer : *tirarse un planchazo.* ‖ *Dep.* Abalanzarse el portero sobre el balón.

tiricia f. *Pop.* Ictericia.

tirilla f. Tira pequeña. ‖ Tira de lienzo que se pone en el cuello de las camisas para sujetarlo.

tirio, ria adj. y s. De Tiro, antiguo puerto fenicio. ‖ *Fig. Tirios y troyanos,* partidarios de opiniones contrarias.

tirita f. Apósito adhesivo empleado para proteger una pequeña lesión contra el polvo.

tiritar v. i. Temblar.

tiritón m. Escalofrío producido por el frío o la fiebre.

tiritona f. Temblor causado por el frío o la fiebre.

tiro m. Acción o arte consistente en disparar un arma : *tiro al blanco.* ‖ Disparo : *tiro de pistola.* ‖ Estampido producido al disparar : *se oían tiros.* ‖ Huella o herida dejada por una bala : *se veían en la pared muchos tiros.* ‖ Carga de un arma de fuego : *fusil de cinco tiros.* ‖ Manera de disparar : *tiro oblicuo.* ‖ Pieza o cañón de artillería. ‖ Alcance de un arma arrojadiza : *a tiro de ballesta.* ‖ Medida de distancia : *a un tiro de piedra.* ‖ Sitio donde se tira al blanco : *línea de tiro.* ‖ Longitud de una pieza de tejido. ‖ Anchura del traje por delante y de hombro a hombro. ‖ Holgura entre las perneras del pantalón. ‖ Tramo : *tiro de escalera.* ‖ Aspiración de aire caliente que se produce en un conducto, especialmente en una chimenea. ‖ Tronco : *tiro de caballos.* ‖ Tirante del coche. ‖ *Fam.* En fútbol, chut : *hizo gol de un soberbio tiro.* ‖ *Min.* Pozo abierto en el suelo de una galería. | Profundidad de un pozo. ‖ — *A tiro hecho,* con seguridad ; apuntando bien ; adrede, con propósito deliberado. ‖ *A tiro limpio,* por la fuerza de las armas. ‖ *Fig.* y *fam. De tiros largos,* muy bien vestido. | *Ni a tiros,* de ninguna manera. | *Ponerse a tiro,* ponerse al alcance. | *Salirle a uno el tiro por la culata,* obtener un resultado completamente opuesto al que se esperaba. ‖ *Tiro de gracia,* el que se da al gravemente herido para rematarle.

tiroides adj. y s. m. Dícese de la glándula endocrina en la región faríngea que produce

una hormona, la tiroxina, que interviene en el crecimiento y el metabolismo.
tiroidina f. Extracto de la glándula tiroides que se usa con fines terapéuticos.
tirolés, esa adj. y s. Del Tirol (Austria).
tirón m. Sacudida. ‖ Estirón. ‖ Agarrotamiento de un músculo. ‖ *Fig.* y *fam.* Atracción vaga por algo o alguien de que uno está separado : *el tirón de la familia.* | Distancia grande : *hay un tirón de aquí a tu casa.* ‖ Robo de un bolso arrebatándoselo al que lo lleva. ‖ — *A tirones,* por intermitencia. ‖ *De un tirón,* sin interrupción.
tirotear v. t. Disparar tiros.
tiroteo m. Acción de tirotear.
tiroxina f. Hormona segregada por la glándula tiroides.
tirria f. *Fam.* Ojeriza, manía.
tisana f. Bebida que se obtiene por infusión de hierbas medicinales.
tisanuro adj. y s. m. Aplícase a los insectos que carecen de alas. ‖ — M. pl. Orden que forman.
tísico, ca adj. Aplícase a la persona que padece tisis (ú. t. c. s.).
tisiología f. Estudio de la tisis.
tisis f. Tuberculosis pulmonar.
tisú m. Tela de seda con hilos de oro o de plata.
tita f. *Fam.* Tía.
titán m. *Mit.* Gigante. ‖ *Fig.* Persona de mucha fuerza o muy alta.
titánico, ca adj. Relativo a los titanes. ‖ *Fig.* Desmesurado.
titanio m. Metal (Ti), de color blanco, muy duro, densidad 4,5 y temperatura de fusión 1 800 °C.
títere m. Figurilla de madera o cartón a la que se mueve con cuerdas o con la mano : *teatro de títeres.* ‖ *Fig.* y *fam.* Persona sin carácter que se deja dominar por otra. | Persona informal o necia. ‖ *Fig. No quedar títere con cabeza,* quedar todo destrozado.
tití m. Mono de América del Sur muy pequeño y con una cola larga.
titilación f. Acción de titilar.
titilar v. i. Temblar ligeramente ciertas partes del cuerpo. ‖ Centellear un cuerpo luminoso.
titileo m. Titilación, centelleo.
titipuchal m. *Méx. Fam.* Multitud, muchedumbre, montón.
titiritar v. i. Tiritar.
titiritero, ra m. y f. Persona que maneja los títeres. ‖ Volatinero, saltimbanqui.
tito m. *Fam.* Tío.
titubeante adj. Que titubea.
titubear v. i. Tambalearse : *anda titubeando.* ‖ *Fig.* Dudar.
titubeo m. Acción de titubear.
titulación f. Acción de titular.
titulado, da adj. y s. Aplícase a la persona que tiene un título académico. ‖ *Amer.* Supuesto.
titular adj. y s. Aplícase al que posee cualquier título. ‖ Dícese del que ejerce un cargo para el que tiene el correspondiente título : *profesor titular.* ‖ Aplícase al jugador de un equipo deportivo que no es suplente. ‖ — M. pl. Letras mayúsculas usadas en títulos y encabezamiento que se hace con ellas.
titular v. t. Poner un título : *titular una obra, un artículo.* ‖ — V. i. Conseguir un título nobiliario. ‖ — V. pr. Llamarse, darse el nombre, tener por título.
titularización f. Acción y efecto de titularizar : *al cabo de mucho tiempo conseguí la titularización en mi puesto de profesor.*
titularizar v. t. Hacer titular de un cargo.
titulillo m. *Impr.* Renglón en lo alto de la página que indica la materia de que se trata.
título m. Palabra o frase que se pone al frente de un libro, de un capítulo, etc., para indicar el asunto de que trata o para calificarlo. ‖ Dignidad nobiliaria : *título de marqués.* ‖ Persona que la posee. ‖ Escritura auténtica que establece un derecho : *título de propiedad.* ‖ Fundamento jurídico de un derecho. ‖ Atestado representativo de un valor mobiliario, que puede ser nominativo o al portador : *título de renta.* ‖ División principal de un texto legal : *título primero, segundo.* ‖ Nombre que expresa un grado, una profesión : *título de doctor en Letras.* ‖ Diploma, documento en que viene acreditado : *título de bachiller.* ‖ Calificación de una relación social : *el título de amigo.* ‖ Calidad, capacidad, mérito. ‖ — *A título de,* en calidad de. ‖ *¿Con qué título?,* ¿con qué motivo?
tiza f. Arcilla blanca que se usa para escribir en los encerados o para untar la suela de los tacos de billar.
tizate m. *Amer. C.* y *Méx.* Tiza.
tiznado, da adj. y s. *Amer. C.* y *Arg.* Ebrio.
tiznar v. t. Manchar con tizne, hollín o cualquier cosa : *tiznar una pared.* ‖ *Fig.* Deslumbrar, manchar : *tiznar la fama.* ‖ — V. pr. *Amer.* Emborracharse.
tizne amb. Hollín que se adhiere a las vasijas que se ponen al fuego : *tenía los pelos hirsutos y la cara llena de tizne.*
tiznón m. Mancha de tizne.
tizón m. Palo a medio quemar. ‖ Honguillo parásito de los cereales. ‖ *Fig. Negro como un tizón,* muy negro.
tizona f. *Fig.* y *fam.* Espada.
Tl, símbolo químico del *talio.*
tlacocol m. *Bot. Méx.* Jalapa.
tlacoyo m. *Méx.* Tortilla grande de frijoles.
tlacuache m. *Méx.* Zarigüeya.
tlachique m. *Méx.* Pulque sin fermentar.
tlapalería f. *Méx.* Tienda donde se venden colores, pinturas, etc.
tlascalteca o **tlaxcalteca** adj. y s. De Tlaxcala (México).
tlazol m. *Méx.* Extremo de la caña de maíz y de azúcar.
T.N.T., abreviatura de *trinitrotolueno.*
toa f. *Amer.* Maroma para atoar.
toalla f. Paño para secarse después de lavarse : *toalla de felpa.* ‖ *Fig. Tirar la toalla,* abandonar.
toallero m. Soporte para colgar las toallas.
toar v. t. *Mar.* Atoar.
toast m. [*toust*] (pal. ingl.). Brindis.
toba f. Piedra caliza o de origen volcánico muy porosa y ligera. ‖ *Fam.* Colilla.
tobera f. Abertura por donde se inyecta el aire en un horno metalúrgico. ‖ Parte posterior de un motor de reacción donde se efectúa la expansión del gas de combustión.
tobillera adj. y s. f. Aplicábase a la muchacha muy joven. ‖ — F. Venda elástica que se aplica al tobillo.
tobillo m. Protuberancia formada por las apófisis inferiores o maléolos de la tibia y el peroné a cada lado de la garganta del pie. ‖ *Fig. No llegarle a uno al tobillo,* serle muy inferior.
tobogán m. Deslizadero en declive por el que los niños se lanzan como diversión. ‖

Dispositivo semejante al borde de las piscinas para lanzarse al agua. || Trineo bajo sobre patines para deslizarse por pendientes de nieve. || Pista utilizada para los descensos en la nieve. || Rampa de madera, rectilínea o helicoidal, utilizada para el descenso de las mercancías.

toca f. Prenda femenina para cubrirse la cabeza.

tocadiscos m. inv. Aparato eléctrico para reproducir los sonidos grabados en un disco.

tocado, da adj. *Fam.* Chiflado. || — M. Peinado. || Prenda con que se cubre la cabeza.

tocador, ra adj. y s. Dícese del que toca un instrumento músico. || — M. Mueble con un espejo para el aseo o peinado de la mujer. || Cuarto destinado á este fin.

tocante adj. Que toca, contiguo. || *Tocante a*, referente a.

tocar v. t. Estar o entrar en contacto con una cosa : *tocar con la mano* (ú. t. c. pr.). || Remover : *yo no he tocado tus cosas.* || Estar próximo a, contiguo : *su jardín toca el mío.* || Hacer sonar un instrumento músico. || Anunciar por un toque de trompeta : *tocar retreta.* || Hacer sonar un timbre, una campana, etc. || Poner un disco para eschucharlo. || En esgrima, alcanzar al adversario. || Arribar de paso a un lugar : *el barco tocará los siguientes puertos* (ú. t. c. i.). || *Fig.* Abordar o tratar superficialmente : *tocar un asunto arduo.* | Impresionar : *supo tocarle el corazón.* || *A toca teja*, al contado. || — V. i. Llamar : *tocar a la puerta.* || Sonar una campana. || Pertenecer por algún derecho o título : *no le toca a usted hacer esto.* || Corresponder parte de una cosa que se distribuye entre varios : *tocar algo en un reparto.* || Caer en suerte : *me tocó el gordo en la lotería.* || Llegar el turno : *a ti te toca jugar.* || Llegar el momento oportuno : *ahora toca pagar.* Ser pariente de uno : *¿qué te toca Vicente?* — *Por lo que a mí me toca*, por lo que se refiere a mí. || *Tocar a su fin*, estar a punto de acabar. || — V. pr. Cubrirse la cabeza con un sombrero, pañuelo, etc. || Peinarse.

tocata f. *Mús.* Pieza breve dedicada generalmente a instrumentos de teclado : *una tocata de Bach.*

tocateja (a) loc. Al contado.

tocayo, ya m. y f. Persona que tiene el mismo nombre de pila que otra.

tocino m. Carne gorda del cerdo. || En el juego de la comba, saltos muy rápidos. || — *Tocino de cielo*, dulce de huevo y almíbar. || *Tocino entreverado*, el que tiene algo de magro.

tocología f. Obstetricia.

tocólogo, ga m. y f. Médico que ejerce la obstetricia.

tocomate m. Tecomate.

tocomocho m. Timo consistente en vender un billete de lotería falso por un precio menor que la cantidad que cobraría el comprador, a quien se ha hecho creer que la participación ha ganado un supuesto premio.

tocón m. Parte del tronco de un árbol cortado que queda unida a la raíz. || Muñón de un miembro amputado.

tocuyo m. *Amer.* Tela ordinaria de algodón.

tochimbo m. *Per* Horno de fundición.

tocho, cha adj. Tosco. || Necio. || — M. Lingote de hierro.

todavía adv. Aún, desde un tiempo anterior hasta el momento actual : *duerme todavía.* || *Todavía más*, en mayor grado.

todo, da adj. Expresa lo que se toma entero sin excluir nada : *se comió todo el pan.* || Cada : *cien francos todos los meses.* || Empleado hiperbólicamente, indica la abundancia de lo expresado por el complemento : *la calle era toda baches.* || Real, cabal : *es todo un mozo.* || — *A toda velocidad* (o *marcha*), muy de prisa. || *A todo esto*, mientras tanto; hablando de esto. || *Ante todo*, principalmente. || *Así y todo*, a pesar de eso. || *Con todo* (o *con todo y con eso*), sin embargo. || *Del todo*, enteramente. || *Ser todo ojos, todo oídos*, mirar, escuchar con suma atención. || *Sobre todo*, especialmente. || *Todo lo más*, como máximo. || *Fam. Todo quisque*, todo el mundo. || — Pron. Todas las personas mencionadas : *todos vinieron.* || — M. Cosa entera : *esto forma un todo.* || En las charadas, voz que reúne todas las sílabas anteriormente enunciadas. || *Jugarse el todo por el todo*, arriesgarse a perderlo todo intentando ganarlo todo : *se jugó el todo por el todo para intentar hacer aquel negocio.*

todopoderoso, sa adj. Que todo lo puede. || *El Todopoderoso*, Dios.

toga f. Prenda que los antiguos romanos llevaban sobre la túnica. || Vestidura talar de ceremonia que usan los magistrados y catedráticos.

togado, da adj. y s. Aplícase a la persona que viste toga.

toilette f. [*tualet*] (pal. fr.). Galicismo por *tocado, vestido, traje, lavabo.*

Toisón de Oro m. Orden de caballería creada en 1429, cuyo gran maestre es el rey de España.

tolanos m. pl. *Fam.* Pelos cortos que crecen en la nuca.

toldería f. *Arg., Bol., Chil.* y *Per.* Campamento indio.

toldilla f. Cubierta parcial que tienen algunos buques en la parte de popa a la altura de la borda.

toldo m. Cubierta de tela que se tiende en un patio o una calle, en la playa, sobre un escaparate, etc., para darle sombra. || Cubierta de lona o hule, sostenida sobre un carro o camión mediante unos arcos, que sirve para resguardar del sol y de la lluvia el contenido del vehículo. || *Arg.* Choza que hacen los indios con pieles y ramas.

tole m. *Fig.* Griterío, vocerío. | Desaprobación general : *se armó un tole.* || *Fam. Tomar el tole*, irse.

toledano, na adj. y s. De Toledo (España). || *Fig.* y *fam. Noche toledana*, la que pasa uno sin dormir.

tolerabilidad f. Carácter de tolerable.

tolerable adj. Soportable.

tolerancia f. Respeto hacia las opiniones o prácticas de los demás aunque sean contrarias a las nuestras. || Indulgencia : *tolerancia hacia sus hijos.* || Capacidad del organismo de soportar sin perjuicio ciertos remedios, alimentos, bebidas, etc.

tolerante adj. Que tolera.

tolerar v. t. Consentir, no prohibir terminantemente : *tolerar los abusos.* || Soportar, aguantar : *tolerar el estómago bebidas fuertes.*

tolimense adj. y s. De Tolima (Colombia).

tolete m. *Mar.* Pieza de madera o metal a la cual se fija el remo.

tolita f. Nombre dado al trinitrotolueno simétrico empleado como explosivo.

toloache m. Planta de México.

tolondro, dra adj. y s. Aturdido, alocado. ‖ — M. Chichón.
tolondrón m. Tolondro, chichón. ‖ *Fig. A tolondrones,* a ratos.
tolosano, na adj. y s. De Tolosa (España).
tolteca adj. Relativo a un pueblo mexicano de antes de la Conquista. ‖ — Adj. y s. Perteneciente a este pueblo.
tolú m. Bálsamo originario de Tolú (Colombia).
tolueno m. Hidrocarburo líquido, análogo al benceno, empleado como disolvente y para preparar colorantes, medicamentos y T. N. T.
toluqueño, ña adj. y s. De Toluca (México).
tolva f. En los molinos, recipiente en forma de cono invertido por donde se echa el grano. ‖ Depósito en forma de tronco de pirámide invertido para almacenar minerales, mortero, etc.
tollina f. *Fam.* Zurra, paliza.
toma f. Conquista : *la toma de una ciudad.* ‖ Cantidad de una cosa que se toma de una vez : *una toma de rapé.* ‖ Desviación, lugar por donde se deriva una parte de la masa de un fluido : *toma de aire, de agua, de corriente.* ‖ Porción de una cosa que se toma para examinarla o analizarla : *toma de muestras.* ‖ — *Toma de conciencia,* hecho de llegar uno a ser consciente de su papel, de su personalidad, etc. ‖ *Toma de hábito,* ceremonia durante la cual toma el hábito religioso una persona. ‖ *Toma de posesión,* acto por el cual una persona empieza a ejercer un cargo importante. ‖ *Toma de sangre,* pequeña sangría destinada a un análisis o una transfusión. ‖ *Toma de sonido, de vistas,* grabación fonográfica, cinematográfica. ‖ *Toma de tierra,* conexión conductora entre un aparato eléctrico y el suelo; aterrizaje de un avión o llegada al suelo de un paracaidista.
tomado, da adj. Aplícase a la voz un poco ronca. ‖ *Pop.* Borracho.
tomador, ra adj. y s. Aplícase a la persona que toma. ‖ *Amer.* Bebedor. ‖ — M. *Com.* El que recibe una letra de cambio.
tomadura f. Toma, acción de tomar. ‖ *Tomadura de pelo,* burla.
tomaína f. Alcaloide sumamente venenoso resultante de la putrefacción de las materias orgánicas.
tomar v. t. Coger o asir con la mano : *tomar un libro.* ‖ Coger aunque no sea con la mano : *tomar un pastel en la fuente.* ‖ Recibir o aceptar : *toma este regalo que te he traído.* ‖ Conquistar, apoderarse : *tomar una fortaleza.* ‖ Comer, beber, ingerir : *tomar el desayuno* (ú. t. c. pr.). ‖ Adoptar : *tomar decisiones.* ‖ Adquirir, contraer : *tomar una costumbre.* ‖ Empezar a tener : *tomar forma.* ‖ Contratar : *tomar un obrero.* ‖ Alquilar : *tomar un coche para una semana.* ‖ Adquirir un negocio : *tomar una panadería.* ‖ Comprar : *tomar las entradas.* ‖ Recibir : *tomar lecciones.* ‖ Sacar : *tomar una cita de un autor.* ‖ Interpretar : *tomar en serio.* ‖ Escoger : *tomar el mejor camino.* ‖ Imitar : *tomar los modales de uno.* ‖ Recobrar : *tomar fuerzas.* ‖ Hacer uso de : *tomar la palabra.* ‖ Emplear un vehículo : *tomar el autobús.* ‖ Montarse en él : *tomó el tren a las ocho.* ‖ Requerir : *tomar mucho tiempo.* ‖ — *Más vale un toma que dos te daré,* más vale una cosa mediana segura que una mucho mejor pero sólo probable. ‖ *Tomar el pelo a uno,* burlarse de él. ‖ *Tomarla* (o *tomarlas*) *con uno,* meterse con él; criticarle. ‖ *Tomar las lecciones,* decir a un niño que las recite. ‖ *Tomar parte,* participar. ‖ *Tomar por,* equivocarse. ‖ *Tomar tierra,* aterrizar. ‖ *Tomar una fotografía,* sacarla. ‖ *Toma y daca,* expr. que se emplea cuando hay reciprocidad de servicios o favores; trueque. ‖ — V. i. Encaminarse, dirigirse : *seguí por la amplia alameda y, cerca de mi casa, tomé a la derecha y luego a la izquierda.*
tomatada f. Fritada de tomate.
tomatal m. Plantío de tomates.
tomatazo m. Golpe dado lanzando un tomate : *le dio un tomatazo.*
tomate m. Fruto comestible, encarnado y jugoso, de la tomatera. ‖ Tomatera. ‖ *Fam.* Agujero que se forma en el talón de los calcetines. | Jaleo, follón, lío. | Complicación, dificultad. ‖ *Fam. Ponerse como un tomate,* ponerse colorado de vergüenza.
tomatera f. Planta solanácea originaria de América cuyo fruto es el tomate. ‖ *Fam.* Engreimiento, orgullo.
tomavistas m. inv. Cámara fotográfica con que se impresionan las películas cinematográficas.
tómbola f. Rifa pública en la que no se gana dinero sino objetos.
tomillar m. Lugar plantado de tomillos.
tomillo m. Planta aromática.
tomismo m. Conjunto de las doctrinas de Santo Tomás de Aquino.
tomiza f. Soga de esparto.
tomo m. División de una obra que forma generalmente un volumen completo : *un Larousse en dos tomos.* ‖ *Fam. De tomo y lomo,* muy grande, notable : *error de tomo y lomo.*
tomografía f. *Med.* Técnica radiológica que permite obtener radiografías de un plano interno del organismo.
tompeate m. *Méx.* Canasta tejida con palma por los indígenas. ‖ — Pl. *Méx. Pop.* Testículos.
ton m. Apócope de *tono.* ‖ *Sin ton ni son,* sin ningún motivo.
tonada f. Composición métrica hecha para ser cantada, y música que la acompaña. ‖ *Amer.* Acento.
tonadilla f. Canción corta, cuplé. ‖ Especie de entremés con música.
tonadillero, ra m. y f. Persona que compone o canta tonadillas.
tonal adj. *Mús.* Relativo al tono o a la tonalidad : *sistemas tonales.*
tonalidad f. Tono determinado en el cual está basada una composición musical. ‖ Tinte, matiz. ‖ Calidad de un receptor radioeléctrico que reproduce perfectamente los tonos graves y agudos.
tondoi m. Instrumento músico de los indios peruanos formado por un tronco que se golpea.
tonel m. Recipiente de madera compuesto de duelas aseguradas con aros y dos bases circulares llanas. ‖ Su contenido. ‖ Medida antigua para el arqueo de las naves, equivalente a cinco sextos de tonelada.
tonelada f. Unidad de peso equivalente a 1 000 kg (símb. t). ‖ Medida para el arqueo de las naves, igual a 2,83 m^3 o 100 pies cúbicos en el sistema inglés : *tonelada de arqueo.* ‖ Derecho que pagaban las embarcaciones.
tonelaje m. *Mar.* Capacidad de un buque expresada en toneladas de arqueo. ‖ *Mar.* Derecho que pagaban las embarcaciones.
tonelería f. Taller del tonelero.
tonelero, ra adj. Relativo a los toneles. ‖ — M. y f. Persona que fabrica o vende toneles.

tongo m. En las carreras de caballos, partidos de pelota, etc., hecho de aceptar dinero uno de los participantes para dejarse vencer. ‖ *Chil.* y *Per.* Sombrero hongo.
tonicidad f. Propiedad que tienen los músculos del cuerpo vivo de poseer tono.
tónico, ca adj. Que se pronuncia acentuado : *vocal tónica.* ‖ Dícese de un medicamento que fortalece o estimula la actividad de los órganos. Ú. t. c. s. m. : *un tónico cardiaco.* ‖ *Mús.* Aplícase a la primera nota de una escala (ú. t. c. s. f.). ‖ *Acento tónico,* la mayor intensidad con que se pronuncia una de las sílabas de una palabra. ‖ — F. *Fig.* Tendencia general, tono : *marcar la tónica.* ‖ Firmeza de los valores en la Bolsa.
tonificación f. Acción y efecto de tonificar.
tonificador, ra y **tonificante** adj. Que tonifica (ú. t. c. s. m.).
tonificar v. t. Fortificar, dar vigor al organismo.
tonillo m. Tono monótono. ‖ Dejo, acento. ‖ Entonación enfática al hablar.
tono m. Grado de elevación de la voz o del sonido de un instrumento músico : *tono grave, agudo.* ‖ Inflexión de la voz : *tono arrogante.* ‖ Grado de intensidad de los colores. ‖ Contracción parcial y permanente de un músculo. ‖ *Fam.* Vigor, energía. ‖ *Mús.* Intervalo entre dos notas de la escala que se siguen. | Escala de un trozo : *tono mayor, menor.* ‖ *Fig.* Carácter, tendencia : *reunión de tono anarquista.* ‖ — *A este tono,* en este caso, de este modo. ‖ *Fig. Bajar el tono,* comedirse, moderarse. ‖ *Fam. Darse tono,* engreírse. ‖ *De buen* (o *mal*) *tono,* propio (o no) de personas distinguidas. ‖ *Fig. Estar a tono,* corresponder una cosa o persona con otra, no desentonar. | *Mudar el tono,* moderarse al hablar. | *Salida de tono,* despropósito. | *Subir* (o *subirse*) *de tono,* insolentarse.
tonquinés, esa adj. y s. De Tonkín o Tonquín (Vietnam).
tonsura f. Ceremonia de la Iglesia católica en que se corta al aspirante a sacerdote un poco de cabello en la coronilla al conferirle el primer grado del sacerdocio. ‖ Parte del pelo así cortada.
tonsurado adj. m. y s. m. Que ha recibido el grado de tonsura.
tonsurar v. t. Hacer la tonsura eclesiástica. ‖ Conferir el primer grado del sacerdocio. ‖ Cortar el pelo o la lana.
tontada f. Tontería.
tontaina, tontainas y **tontarrón, ona** adj. y s. Dícese de la persona muy tonta.
tontear v. i. Hacer o decir tonterías. ‖ *Fam.* Coquetear : *se pasó la vida tonteando con las muchachas del lugar.*
tontera f. Falta de inteligencia.
tontería f. Falta de inteligencia, de juicio. ‖ Acción o palabra tonta, necedad. ‖ *Fig.* Cosa sin importancia, nadería : *enfadarse por tonterías.*
tontillo m. Faldellín emballenado que llevaban las mujeres para ahuecar las faldas.
tontina f. Asociación mutua en la que cada miembro pone cierta cantidad para constituir un fondo que ha de repartirse en una fecha dada entre todos los supervivientes.
tonto, ta adj. Falto de juico y de entendimiento : *persona tonta* (ú. t. c. s.). ‖ Estúpido : *accidente tonto.* ‖ Aplícase a los débiles mentales (ú. t. c. s.). ‖ — M. *Pop.* Payaso de los circos. ‖ — *A tontas y a locas,* sin orden ni concierto. ‖ *Hacer el tonto,* tontear. ‖ *Hacerse el tonto,* hacerse el distraído.
toña f. *Fam.* Bofetada. | Golpe. | Borrachera.
topacio m. Piedra preciosa de color amarillo y transparente, que es un silicato de aluminio fluorado.
topar v. t. e i. Chocar una cosa con otra : *topar dos vehículos.* ‖ Encontrar casualmente algo o a alguien : *topar con un amigo* (ú. t. c. pr.). ‖ *Amer.* Echar a pelear dos gallos para probarlos. ‖ — V. i. Topetear los carneros. ‖ *Fig.* Radicar, consistir : *la dificultad topa en eso.* | Tropezar : *topar con una dificultad* (ú. t. c. pr.).
tope m. Parte por donde pueden topar las cosas. ‖ Pieza que impide la acción o el movimiento de un mecanismo. ‖ Pieza metálica circular colocada en los extremos de los vagones de tren o al final de una línea férrea para amortiguar los choques. ‖ *Fig.* Freno, obstáculo, límite : *poner tope a sus ambiciones.* | Límite, máximo : *precio tope; fecha tope.* | Riña, reyerta. ‖ — *A tope,* enteramente. ‖ *Al tope,* aplícase a las cosas unidas por los extremos. ‖ *Estar hasta los topes,* ir un vehículo muy cargado; (fig.) estar harta de algo una persona.
topera f. Madriguera del topo.
topetada f. Golpe que dan con la cabeza los animales cornudos. ‖ Golpe dado con la cabeza.
topetazo m. Golpe dado con la cabeza o con un tope.
topetear v. t. Chocar.
topetón m. Choque de dos cosas. ‖ Topetada.
tópico, ca adj. Perteneciente o relativo al tópico. ‖ De uso externo : *medicamento tópico.* ‖ — M. Tema de conversación frecuentemente empleado. ‖ Afirmación corriente, que carece de originalidad. ‖ *Amer.* Asunto, tema.
topinambur o **topinambo** m. *Arg.* y *Bol.* Pataca.
topinera f. Topera.
topo m. Pequeño mamífero insectívoro de pelo negro, de ojos casi invisibles, de patas anteriores muy fuertes, que abre galerías subterráneas donde se alimenta de gusanos y larvas. ‖ *Fig.* y *fam.* Persona que ve poco o es muy torpe.
topografía f. Arte de representar en un plano las formas del terreno y los principales detalles naturales o artificiales del mismo. ‖ Conjunto de particularidades que presenta la superficie de un terreno.
topográfico, ca adj. Relativo a la topografía : *plano topográfico.*
topógrafo, fa m. y f. Persona que se dedica a la topografía.
topometría f. Conjunto de las operaciones efectuadas en un terreno para la determinación métrica de los elementos de un mapa.
toponimia f. Estudio lingüístico o histórico de los nombres de lugar de un país.
toponímico, ca adj. Relativo a la toponimia.
topónimo m. Nombre propio de un lugar.
toque m. Acción de tocar leve y momentáneamente. ‖ Golpecito. ‖ Sonido de las campanas o de ciertos instrumentos músicos con que se anuncia algo : *toque de corneta.* ‖ Pincelada ligera. ‖ Aplicación ligera de una sustancia medicamentosa en un punto determinado. ‖ — *Fig. Dar el último toque a una cosa,* hacer las últimas operaciones para que quede terminada una cosa. | *Dar un toque a*

uno, avisarle; llamarle la atención. || *Toque de balón*, manera de golpearlo.
toquetear v. t. e i. Tocar repetidamente, sobar.
toqueteo m. Toques repetidos, sobo.
toquilla f. Pañuelo triangular, generalmente de punto, que llevan las mujeres en la cabeza o el cuello. || *Amer.* Palmera con cuyas hojas se hacen los sombreros de jipijapa.
tora f. Tributo que pagaban los judíos por familias. || Nombre dado por los judíos a la ley mosaica y al Pentateuco que la contiene.
torácico, ca adj. Relativo al tórax. || *Caja torácica*, cavidad formada por las vértebras, las costillas y el esternón, limitadas en su parte inferior por el diafragma, y que encierra los órganos del tórax.
torada f. Manada de toros.
tórax m. inv. Cavidad de los vertebrados limitada por las costillas y el diafragma, y que contiene los pulmones y el corazón. || Región intermedia del cuerpo de los arácnidos y crustáceos entre la cabeza y el abdomen.
torbellino m. Remolino de viento. || Movimiento circular rápido del agua. || Cualquier cosa arrastrada en movimiento giratorio : *torbellino de nieve*. || *Fig.* Lo que arrastra irresistiblemente a los hombres : *el torbellino de las pasiones*. | Abundancia de acontecimientos que ocurren al mismo tiempo : *un torbellino de desgracias*. || *Fig.* y *fam.* Persona muy viva, bulliciosa e inquieta : *este muchacho es un torbellino*.
torcaz adj. y s. f. Dícese de una variedad de paloma silvestre.
torcecuello m. Ave trepadora.
torcedura f. Acción de torcer. || Desviación, encorvamiento. || Distensión de las partes blandas que rodean las articulaciones de los huesos. || Desviación de un miembro u órgano de su colocación normal.
torcer v. t. Dar vueltas a un cuerpo por sus dos extremidades en sentido inverso : *torcer cuerdas*. || Doblar, encorvar : *torcer el cuerpo*. || Intentar desviar violentamente un miembro de su posición natural : *torcer el brazo*. || Desviar : *torcer la mirada*. || Doblar : *le vi al torcer la esquina*. || *Fig.* Interpretar mal : *torcer las intenciones de uno*. | Sobornar, hacer que una autoridad no obre con rectitud. || *Torcer el gesto, el semblante*, dar muestras de desagrado. || — V. i. Cambiar de dirección : *torcer a la izquierda*. || — V. pr. Sufrir la torcedura de un miembro : *me torcí un pie*. || Ladearse o combarse una superficie. || *Fig.* Desviarse del buen camino, pervertirse : *este muchacho se ha torcido*. | Frustrarse : *se han torcido mis esperanzas*.
torcida f. Mecha de lámparas, velones, candiles, etc. || Hinchada.
torcido, da adj. Que no es recto. || Oblicuo, inclinado. || *Fig.* Que no obra con rectitud.
torcimiento m. Torcedura.
tordo, da adj. y s. Dícese de la caballería que tiene el pelo mezclado de color negro y blanco. || — M. Pájaro de Europa de lomo gris aceitunado y vientre blanco. || *Amér. C.*, *Arg.* y *Chil.* Estornino.
torear v. i. y t. Lidiar los toros en la plaza : *toreaba con gran valor*. || — V. t. *Fig.* Entretener a uno engañándole en sus esperanzas. | Burlarse de uno con disimulo. | Llevar como se quiere a una persona o un asunto particularmente difícil.
toreo m. Acción y arte de torear. || *Fig.* Burla.
torería f. Conjunto de los toreros.
torero, ra adj. Relativo al toreo o a los toreros. || — M. El que se dedica a torear. || — F. Chaquetilla corta y ceñida. || *Fig.* y *fam.* *Saltarse algo a la torera*, no hacer ningún caso de ello.
toril m. En la plaza de toros, sitio en que se encierran los toros que han de lidiarse.
torio m. Metal radiactivo (Th), de color blanco, número atómico 90, densidad 12,1 y punto de fusión a unos 1 700 °C.
tormenta f. Tempestad en el mar. || Agitación violenta del aire acompañada de lluvia, truenos, relámpagos. || *Fig.* Adversidad, desgracia : *las tormentas de la vida*. | Agitación o alteración del ánimo : *la tormenta de las pasiones*.
tormento m. Dolor físico intenso. || Tortura a que se sometía al reo para obligarle a confesar o como castigo. || *Fig.* Congoja, desazón, preocupación constante. | Persona o cosa que la ocasiona.
tormentoso, sa adj. Que amenaza tormenta : *tiempo tormentoso*.
torna f. *Volverse las tornas*, cambiar la suerte o la situación.
tornadizo, za adj. Que cambia fácilmente de opinión.
tornado m. Huracán.
tornar v. t. Devolver, restituir. || Volver, transformar : *tornar a uno alegre*. || — V. i. Regresar : *tornar a su patria*. || Hacer otra vez, repetir : *tornar a hablar*. || — V. pr. Volverse, convertirse, hacerse.
tornasol m. Girasol, planta compuesta. || Reflejo o viso : *los tornasoles de una tela*. || Materia colorante vegetal azul violácea que se torna roja con los ácidos y sirve de reactivo químico.
tornasolado, da adj. Que tiene o hace visos o tornasoles.
tornasolar v. i. Hacer tornasoles una cosa (ú. t. c. pr.).
tornavoz m. Dispositivo, como el techo de encima del púlpito, destinado a recoger y reflejar los sonidos para que se oigan mejor.
torneado, da adj. Labrado con el torno. || *Fig.* De curvas suaves : *brazos torneados*. || — M. *Tecn.* Acción de labrar al torno.
tornear v. t. Labrar algo con el torno : *tornear una pata de silla*. || — V. i. Dar vueltas alrededor de algo. || Combatir en un torneo.
torneo m. Fiesta en que combatían caballeros armados. || Certamen, encuentro amistoso entre dos o más equipos.
tornera f. Monja encargada del torno.
tornería f. Oficio del tornero. || Taller y tienda del tornero.
tornero, ra m. y f. Persona que labra con el torno.
tornillo m. Objeto cilíndrico de metal o madera con resalto helicoidal que se introduce en la tuerca. || Clavo con resalte helicoidal. || — *Fig.* *Apretarle a uno los tornillos*, tratarle con severidad y obligarle a obrar en determinado sentido. | *Faltarle a uno un tornillo* o *tener flojos los tornillos*, estar medio loco. || *Tornillo de Arquímedes*, artificio para elevar un líquido consistente en un cilindro inclinado de forma helicoidal movido por un eje.
torniquete m. Cruz que gira sobre un eje vertical y se coloca en las entradas por donde sólo han de pasar una a una las personas. || Instrumento para comprimir las arterias y contener las hemorragias.

torno m. Cilindro horizontal móvil alrededor del cual se arrolla una cuerda y que sirve para levantar pesos. ‖ Armario giratorio empotrado en una pared en los conventos, las casas de expósitos, los comedores, y que sirve para pasar objetos de una habitación a otra sin verse las personas. ‖ Máquina herramienta que sirve para labrar piezas animadas de un movimiento rotativo, arrancando de ellas virutas. ‖ Instrumento compuesto de dos mordazas que se acercan mediante un tornillo para sujetar las piezas que hay que labrar. ‖ Máquina provista de una rueda que se usaba para hilar. ‖ *En torno a,* alrededor de.
toro m. Mamífero rumiante, armado de cuernos, que es el macho de la vaca. ‖ *Fig.* Hombre fuerte y robusto. | Hombre corpulento. ‖ *Arq.* Bocel. ‖ *Geom.* Sólido engendrado por una circunferencia que gira alrededor de un eje situado en su mismo plano pero que no pasa por el centro. ‖ — Pl. Corrida de toros. ‖ — *Fig. Coger al toro por los cuernos,* arrostrar resueltamente una dificultad. ‖ *Toro de lidia,* el destinado a las corridas de toros. ‖ *Fig. Ver los toros desde la barrera,* presenciar un acontecimiento sin tomar parte en él.
toronja f. Especie de cidra de forma parecida a la naranja pero de sabor semejante más bien al del limón. ‖ *Amer.* Pomelo.
toronjo m. Arbol cuyo fruto es la toronja.
torote m. Planta resinosa.
torozón m. Cólico del caballo.
torpe adj. Que se mueve con dificultad. ‖ Falto de habilidad y destreza : *ser torpe para dibujar.* ‖ Necio, tardo en comprender.
torpedeamiento m. Torpedeo.
torpedear v. t. Lanzar torpedos. ‖ *Fig.* Poner obstáculos, hacer fracasar : *torpedear un proyecto.*
torpedeo m. Acción y efecto de torpedear.
torpedero, ra adj. Aplícase a los barcos o aviones que se utilizan para lanzar torpedos : *lancha torpedera.* ‖ — M. Barco de guerra pequeño y rápido destinado a lanzar torpedos.
torpedo m. Pez marino selacio carnívoro, de cuerpo aplanado y provisto, cerca de la cabeza, de un órgano eléctrico con el cual puede producir una conmoción a la persona o animal que lo toca. ‖ Proyectil automotor submarino, cargado de explosivos, utilizado contra objetivos marítimos por barcos o aeronaves. ‖ Automóvil descubierto que se podía cerrar con una capota y dos cortinas laterales.
torpeza f. Falta de destreza. ‖ Necedad, falta de inteligencia. ‖ Bajeza. ‖ Palabra desacertada.
torpón, ona adj. y s. Muy torpe y desmañado.
torpor m. Entorpecimiento.
torrado m. Garbanzo tostado. ‖ *Fam.* Cabeza.
torrar v. t. Tostar.
torre f. Edificio alto y estrecho que sirve de defensa en los castillos, de adorno en algunas casas y donde están las campanas de las iglesias. ‖ Casa muy alta, rascacielos. ‖ En algunas partes, casa de campo, quinta. ‖ En los buques de guerra, reducto acorazado que se levanta sobre la cubierta y en donde están las piezas de artillería. ‖ Pieza del juego del ajedrez. ‖ — *Torre de control,* edificio que domina las pistas de un aeropuerto y de donde proceden las órdenes de despegue, de vuelo y de aterrizaje. ‖ *Torre de perforación,* armazón metálica que sostiene la sonda de perforación de un pozo de petróleo. ‖ *Fig. Vivir en una torre de marfil,* aislarse una persona.
torrefacción f. Tostado.
torrefactar v. t. Tostar el café.
torrefacto, ta adj. Tostado.
torrencial adj. Perteneciente a los torrentes : *aguas torrenciales.* ‖ Tumultuoso como un torrente : *río torrencial.* ‖ Que cae a torrentes.
torrente m. Curso de agua rápido, de régimen irregular y dotado de una gran fuerza de erosión, propio de los terrenos montañosos. ‖ *Fig.* Abundancia, copia : *torrente de injurias.* ‖ *Fig. A torrentes,* en abundancia.
torrentera f. Cauce de un torrente.
torrentoso, sa adj. Que tiene la fuerza de un torrente.
torreón m. Torre grande de los castillos o fortalezas.
torrero m. Encargado de una atalaya o un faro.
torreta f. Torre pequeña. ‖ Reducto blindado, generalmente orientable, en el que se colocan las piezas de artillería de una fortaleza, barco o avión de guerra o carro de combate.
torrezno m. Tocino frito.
tórrido, da adj. Muy caluroso. ‖ *Zona tórrida,* parte de la Tierra situada entre los dos trópicos.
torrija f. Rebanada de pan mojada en vino o leche, rebozada en huevo, frita y bañada después en azúcar, en miel o en almíbar.
torsión f. Acción y efecto de torcer o torcerse en sentido helicoidal : *la torsión de un cable.* ‖ Deformación que sufre un cuerpo sometido a dos pares de fuerzas que actúan en direcciones opuestas y en planos paralelos. ‖ *Barra de torsión,* tipo de resorte basado en la torsión de una barra elástica.
torso m. Tronco del cuerpo humano. ‖ Obra de arte que representa el tronco sin cabeza ni miembros.
torta f. Pastel de forma circular y aplastada, hecho generalmente con harina, huevos, mantequilla y cocido al horno. ‖ *Fig.* Cualquier cosa de forma de torta. ‖ *Fig.* y *fam.* Bofetada : *pegar una torta.* | Borrachera. | Choque, trastazo. ‖ *Fam. Ni torta,* nada.
tortazo m. *Fam.* Bofetada. ‖ *Fig.* y *fam. Pegarse un tortazo,* caerse; chocar.
tortícolis f. Dolor reumático en los músculos del cuello que impide mover la cabeza.
tortilla f. Huevos batidos, generalmente con cualquier otro manjar, y cocidos en una sartén. ‖ *Amer.* Torta de harina de maíz. ‖ — *Tortilla a la francesa,* la que se hace con huevos solamente. ‖ *Fig. Volverse la tortilla,* cambiar la suerte que era antes favorable; suceder las cosas al contrario de lo que se esperaba.
tórtola f. Ave del género de la paloma, pero más pequeña.
tórtolo m. Macho de la tórtola. ‖ — Pl. *Fig.* Pareja muy enamorada.
tortuga f. Nombre común de todos los reptiles quelonios de cuerpo corto encerrado en un caparazón óseo. ‖ *Fig. A paso de tortuga,* muy despacio.
tortuosidad f. Estado de lo que es tortuoso.
tortuoso, sa adj. Que da vueltas y rodeos : *senda tortuosa.* ‖ *Fig.* Solapado, que carece de franqueza : *conducta tortuosa.*
tortura f. Tormento : *consiguieron que confesase su culpa sometiéndole a tortura.*

torturar v. t. Atormentar, dar tortura (ú. t. c. pr.).
torvisco m. Planta de flores blancas y olorosas.
torvo, va adj. Inquietante, amenazador : *mirada torva.*
tory adj. y s. m. Aplícase a los miembros del Partido Conservador inglés. (Pl. *tories.*)
torzal m. Cordoncillo torcido de seda que se usa para coser y bordar. ‖ *Arg.* y *Chil.* Lazo hecho con una trenza de cuero.
tos f. Expulsión violenta y ruidosa del aire contenido en los pulmones producida por la irritación de las vías respiratorias. ‖ *Tos ferina,* enfermedad infantil contagiosa, caracterizada por accesos de tos sofocantes.
toscano, na adj. De Toscana (ú. t. c. s.). ‖ Dícese de un orden arquitectónico romano, imitado del dórico griego. ‖ — M. Lengua hablada en Toscana, el italiano.
tosco, ca adj. Grosero, sin pulimento, hecho con poco cuidado o con cosas de poco valor : *una silla tosca.* ‖ *Fig.* Inculto, falto de educación o de instrucción.
toser v. i. Tener, padecer tos.
tosferina f. Tos ferina.
tósigo m. Ponzoña, veneno.
tosquedad f. Calidad de basto.
tostada f. Rebanada de pan tostada con mantequilla, mermelada, etc. ‖ *Fig. Olerse la tostada,* presentir algo.
tostadero, ra adj. y s. m. Que sirve para tostar. ‖ — M. Lugar o instalación para tostar algo. ‖ *Fig.* Lugar muy caluroso.
tostado, da adj. Aplícase al color ocre oscuro. ‖ Bronceado : *tez tostada.* ‖ — M. Acción y efecto de tostar. ‖ *Amer.* Alazán oscuro.
tostador, ra adj. y s. Aplícase a la persona que tuesta. ‖ — M. Instrumento para tostar café, almendras, etc. ‖ Pequeño utensilio de cocina, provisto de una resistencia eléctrica, para tostar pan.
tostar v. t. Someter una cosa a la acción del fuego hasta que tome color dorado y se deseque sin quemarse : *tostar almendras.* ‖ *Fig.* Curtir, broncear la piel (ú. m. c. pr.).
tostón m. Garbanzo tostado. ‖ Tostada mojada en aceite. ‖ Cochinillo asado. ‖ *Fam.* Cosa fastidiosa, pesada, rollo : *esta película es un tostón.* | Persona pesada. ‖ *Fam. Dar el tostón,* fastidiar, ser pesado.
total adj. Completo : *triunfo total.* ‖ — M. Conjunto de varias partes que forman un todo. ‖ Suma, resultado de la operación de sumar. ‖ — Adv. En conclusión, en resumen, finalmente : *total, que me marché.* ‖ *En total,* en conjunto.
totalidad f. Todo, conjunto.
totalitario, ria adj. Aplícase a los regímenes políticos en los cuales todos los poderes del Estado están concentrados en el gobierno de un partido único o pequeño grupo de dirigentes y los derechos individuales son abolidos.
totalitarismo m. Régimen, sistema totalitario.
totalitarista adj. Partidario del totalitarismo.
totalizador, ra adj. Que totaliza. ‖ — M. Aparato que da el total de una serie de operaciones.
totalizar v. t. Sumar.
totay m. Especie de palmera americana.
tótem m. En ciertas tribus primitivas, animal considerado como antepasado de la raza o protector de la tribu. ‖ Representación de este animal. (Pl. *tótemes* o *tótems.*)
totonaca, totoneca y **totonaco, ca** adj. Dícese de un indio mexicano (ú. t. c. s.). ‖ Relativo a él o a su cultura. ‖ — M. Lengua hablada por él.
totonicapa, totonicapanés, esa o **totonicapense** adj. y s. De Totonicapán (Guatemala).
totopo o **totoposte** m. *Méx.* Torta de harina de maíz muy tostada.
totora f. *Amer.* Especie de anea que se cría en terrenos húmedos. (Los indígenas de las riberas del lago Titicaca la utilizan para hacer sus embarcaciones.)
totoral m. Sitio con totoras.
totuma f. y **totumo** m. *Amer.* Calabaza, güira.
tournée [*turné*] f. (pal. fr.). Gira teatral.
toxicidad f. Calidad de tóxico.
tóxico, ca adj. Venenoso : *sustancia tóxica.* ‖ — M. Veneno.
toxicología f. Rama de la medicina que trata de los venenos y de sus modos de acción.
toxicológico, ca adj. Relativo a la toxicología.
toxicólogo, ga m. y f. Especialista en toxicología.
toxicomanía f. Hábito morboso de tomar sustancias tóxicas o estupefacientes como el éter, la morfina, la cocaína, el opio, etc.
toxicómano, na adj. y s. Que padece toxicomanía.
toxina f. Sustancia proteínica elaborada por bacterias, hongos, parásitos, capaz de producir en el organismo efectos tóxicos.
tozudez f. Obstinación.
tozudo, da adj. y s. Obstinado.
traba f. Unión, lazo. ‖ Ligadura con que se atan las manos y los pies de las caballerías para dificultar su marcha. ‖ *Fig.* Estorbo, impedimento : *poner trabas a una negociación.*
trabajado, da adj. Cansado, molido del trabajo. ‖ Hecho con mucho trabajo y esmero.
trabajador, ra adj. Que trabaja. ‖ Inclinado a trabajar. ‖ — M. y f. Persona que trabaja por cuenta ajena.
trabajar v. i. Desarrollar una actividad : *ser demasiado joven para trabajar.* ‖ Realizar o participar en la realización de algo : *trabajar en una obra.* ‖ Ejercer un oficio : *trabajar de sastre.* ‖ Esforzarse : *trabajar en imitar a su maestro.* ‖ *Fam.* Actuar en el teatro o el eine. ‖ *Fig.* Funcionar activamente : *imaginación que trabaja.* | Producir un efecto : *el tiempo trabaja a nuestro favor.* | Torcerse, alabearse : *tabla de madera que trabaja.* ‖ *Fam. Trabajar para el obispo,* trabajar sin recompensa. ‖ — V. t. Labrar : *trabajar el hierro, la tierra.* ‖ Hacer algo con mucho esmero : *trabajar el estilo de una obra.* ‖ — V. pr. Ocuparse y estudiar algo con cuidado : *me estoy trabajando este asunto.* ‖ *Fig.* Atraerse la simpatía o el favor de alguien.
trabajo m. Esfuerzo, actividad : *trabajo manual, intelectual.* ‖ Ocupación retribuida : *abandonar su trabajo.* ‖ Obra hecha o por hacer : *distribuir el trabajo entre varias personas.* ‖ Manera de interpretar su papel un actor. ‖ En economía política, uno de los factores de la producción. ‖ Estudio, obra escrita sobre un tema : *un trabajo bien documentado.* ‖ Fenómenos que se producen en una sustancia y cambian su naturaleza o

su forma : *trabajo de descomposición.* || Producto de la intensidad de una fuerza por la distancia que recorre su punto de aplicación. || Efecto aprovechable de una máquina. || *Fig.* Dificultad, esfuerzo : *hacer algo con mucho trabajo.* || — *Accidente del trabajo,* el ocurrido durante las horas de labor o durante el trayecto desde el domicilio al lugar de trabajo. || *Darse* o *tomarse el trabajo de,* hacer un esfuerzo para ; tomarse la molestia de. || *Trabajos forzados* o *forzosos,* pena a que se somete a los presidiarios.

trabajosamente adv. Con dificultad o esfuerzo.

trabajoso, sa adj. Que cuesta trabajo, difícil : *trabajoso de hacer.* || Molesto, penoso.

trabalenguas m. inv. Palabra o frase difícil de pronunciar. || Pasatiempo en el que se repiten palabras cuyo parecido fonético se presta a confusiones.

trabar v. t. Juntar o ensamblar una cosa con otra : *trabar dos maderos.* || Atar, ligar. || Poner trabas a un animal. || Espesar, dar consistencia u homogeneidad : *trabar una salsa.* || *Fig.* Empezar, emprender : *trabar una discusión.* || Entablar : *trabar amistad con uno.* || — V. pr. Enredarse los pies, las piernas. || Tomar consistencia u homogeneidad una salsa, etc. || *Se le ha trabado la lengua,* ha empleado una palabra por otra, tiene dificultad para hablar.

trabazón f. Unión existente entre varias cosas. || Consistencia dada a una salsa, masa, etc. || *Fig.* Enlace entre las cosas.

trabilla f. Tira de tela o cuero que sujeta los bordes del pantalón por debajo del pie. || Tira que se pone detrás en la cintura de los abrigos, chaquetas, etc.

trabucar v. t. Trastornar, desordenar. || Trastornar el entendimiento (ú. t. c. pr.). || Confundir, trastocar : *siempre trabuca nuestros nombres* (ú. t. c. pr.). || Al hablar, no poner las letras o palabras en el sitio que les corresponde.

trabucazo m. Disparo de trabuco. || Tiro dado con él.

trabuco m. Arma de fuego más corta y de mayor calibre que la escopeta ordinaria.

traca f. Petardos en una cuerda que estallan sucesivamente.

trácala f. *Amer.* Trampa, ardid.

tracalada f. *Amer.* Multitud.

tracción f. Acción de tirar, de mover un cuerpo arrastrándolo hacia adelante : *tracción animal, de vapor.* || Fuerza que obra axialmente en un cuerpo y tiende a alargarlo. || *Tracción delantera,* automóvil con las ruedas delanteras motrices.

tracoma m. *Med.* Conjuntivitis granulosa.

tractor m. Vehículo automotor utilizado, sobre todo en la agricultura, para arrastrar otros. || *Tractor oruga,* el de cadenas sin fin.

tractorista m. y f. Persona que conduce un tractor.

trade mark [*treidmark*] f. (pal. ingl.). Marca registrada.

trade union m. (pal. ingl.). En Gran Bretaña y algunos países de la Commonwealth, sindicato obrero.

tradición f. Transmisión de doctrinas, leyendas, costumbres, etc., durante largo tiempo, por la palabra o el ejemplo. || Costumbre transmitida de generación en generación : *las tradiciones de una provincia.* || Transmisión oral o escrita de los hechos o doctrinas que se relacionan con la religión. || *For.* Entrega.

tradicional adj. Basado en la tradición. || Acostumbrado.

tradicionalismo m. Apego a la tradición. || Sistema político fundado en la tradición. || En España, carlismo.

tradicionalista adj. y s. Partidario del tradicionalismo. || En España, carlista.

traducción f. Acción de traducir, de verter a otro idioma. || Obra traducida. || Interpretación : *traducción del pensamiento.* || — *Traducción directa,* la realizada del idioma extraño al propio. || *Traducción inversa,* la realizada del idioma propio al extraño.

traducible adj. Que se puede traducir.

traducir v. t. Expresar en una lengua lo escrito o expresado en otra. || *Fig.* Expresar : *no saber traducir un estado de ánimo.* | Interpretar : *tradujo mal lo que le dije.* || — V. pr. Expresarse por signos externos : *los aumentos salariales se tradujeron en una mayor producción.*

traductor, ra adj. y s. Aplícase a la persona que traduce.

traer v. t. Trasladar una cosa al sitio en que se encuentra una persona : *traer una carta* (ú. t. c. pr.). || Llevar : *hoy trae un abrigo nuevo.* || Transportar consigo de vuelta de un viaje : *ha traído cigarros puros de La Habana.* || Acarrear : *traer mala suerte.* || Atraer. || Tener : *el mes de junio trae treinta días.* || Contener : *el periódico trae hoy una gran noticia.* || — *Fam. Me trae sin cuidado,* me da igual. || *Traer a mal traer a una persona,* maltratarla ; molestarla. || *Traer aparejado* (o *consigo*), ocasionar forzosamente. || *Fig.* y *fam. Traer cola,* tener consecuencias. | *Traer de cabeza a uno,* causarle muchas preocupaciones. | *Traer frito a uno,* molestarle mucho. | *Traer y llevar,* chismear. || — V. pr. *Traerse algo entre manos,* ocuparse de ello. || *Fig.* y *fam. Traérselas,* ser muy difícil o fuera de lo corriente.

tráfago m. Tráfico. || Negocios, trajín, ocupaciones, faenas.

traficante adj. y s. Aplícase a la persona que trafica.

traficar v. i. Negociar, realizar operaciones comerciales generalmente ilícitas y clandestinas. || *Fig.* Hacer indebidamente uso de algo : *traficar con su crédito.* | Viajar, correr mundo.

tráfico m. Comercio ilegal y clandestino : *tráfico de divisas, de negros.* || Tránsito, circulación de vehículos : *calle de mucho tráfico.* || *Tráfico rodado,* circulación de vehículos por calles o carreteras.

tragacanto m. Arbusto cuyo tronco produce goma.

tragaderas f. pl. *Fam.* Esófago. || *Fam. Tener buenas tragaderas,* ser crédulo ; comer o beber mucho.

trágala m. Canción con que los liberales españoles se burlaban de los absolutistas hacia 1820. || *Fig.* Cosa que se obliga a aceptar.

tragalumbre m. *Méx.* Saltimbanqui que echa fuego por la boca.

tragaluz m. Ventanilla abierta en un tejado o en lo alto de una pared.

tragante m. Abertura en la parte superior de los hornos de cuba y los altos hornos.

tragaperras adj. inv. Dícese de una máquina distribuidora automática que funciona al introducir una moneda en una ranura.

tragar v. t. Hacer que una cosa pase de la boca al esófago. Ú. t. c. i. : *no poder tragar.* || Comer mucho o con voracidad. Ú. t. c. pr. :

¡hay que ver lo que se traga este chico! ‖Absorber : *suelo que traga rápidamente el agua.* ‖ *Fig.* Hacer desaparecer en su interior : *barco tragado por el mar* (ú. t. c. pr.). | Creer fácil y neciamente. U. t. c. pr. : *se traga cuanto le dicen.* | Soportar algo vejatorio. U. t. c. pr. : *tragarse un insulto.* ‖ — *Fig.* y *fam.* *No poder tragar a uno,* sentir por él profunda aversión. | *Tragar el anzuelo,* dejarse engañar. | *Tragar la píldora* o *tragársela,* creer un embuste ; soportar alguna cosa desagradable.

tragasantos m. y f. inv. *Fam.* Persona excesivamente beata.

tragedia f. Obra dramática en la que intervienen personajes que infunden lástima o terror por el desenlace generalmente funesto que tienen. ‖ Género formado por esta clase de obras. ‖ *Fig.* Suceso fatal, catástrofe.

trágico, ca adj. Relativo a la tragedia. ‖ *Fig.* Terrible, desastroso : *desenlace trágico.* ‖ *Ponerse trágico,* dicho de una situación, tomar un aspecto grave ; aplicado a una persona, adoptar una actitud exageradamente patética. ‖ — M. Autor o actor de tragedias.

tragicomedia f. Obra dramática en que se mezclan los géneros trágico y cómico. ‖ Obra jocoseria escrita en forma de diálogo pero no destinada a ser representada : *la tragicomedia de Calisto y Melibea.* ‖ *Fig.* Suceso que provoca a la vez risa y compasión.

tragicómico, ca adj. De la tragicomedia. ‖ A la vez serio y cómico.

trago m. Cantidad de líquido que se bebe de una vez. ‖ *Fam.* Bebida : *aficionado al trago.* ‖ *Fig.* y *fam.* Disgusto, contratiempo : *un mal trago.* ‖ *Anat.* Prominencia triangular de la oreja, delante del conducto auditivo. ‖ *A tragos,* poco a poco.

tragón, ona adj. y. s. Comilón.

traición f. Violación de la fidelidad debida, deslealtad. ‖ Delito que se comete sirviendo al enemigo. ‖ — *Alta traición,* delito cometido contra la seguridad del Estado. ‖ *A traición,* alevosamente.

traicionar v. t. Hacer traición : *traicionar al país, al amigo.* ‖ *Fig.* Descubrir, revelar : *su gesto traiciona sus intenciones.* | Deformar, desvirtuar : *traicionar el pensamiento de un autor.* | Fallar : *le traicionó el corazón.*

traicionero, ra adj. Que traiciona o ataca alevosamente (ú. t. c. s.). ‖ Hecho a traición.

traída f. Acción de traer. ‖ *Traída de aguas,* derivación de las aguas de un sitio hacia otro.

traído, da adj. *Fam.* *Bien traído,* oportuno : *chiste bien traído.* | *Traído por los pelos,* poco natural, demasiado rebuscado. | *Traído y llevado,* manoseado.

traidor, ra adj. Aplícase a la persona que comete traición (ú. t. c. s.). ‖ Pérfido, que hace daño pareciendo inofensivo.

trailer m. (pal. ingl.). Avance de una película cinematográfica.

traílla f. Cuerda o correa con que se lleva atado el perro a la caza. ‖ Par o conjunto de pares de perros que se llevan de esta manera.

traína f. Red de fondo.

trainera f. Barca que pesca con traína.

traíña f. Red muy grande.

traje m. Vestido, manera de vestirse propia de cierta clase de personas, de cierto país, de cierta época, etc. ‖ Vestimenta completa de una persona. ‖ Conjunto de chaqueta, chaleco y pantalón. ‖ Vestido de mujer, de una sola pieza : *traje camisero.* ‖ — *Baile de trajes,* aquel en que va uno disfrazado. ‖ *Fig.* y *fam.* *Cortar un traje a uno,* criticarle mucho.

trajín m. Tráfico. ‖ Actividad, trabajo, quehaceres : *el trajín de la casa.* ‖ *Fam.* Ajetreo, idas y venidas. | Amiguita, querida.

trajinante adj. y s. Aplícase a la persona que trajina.

trajinar v. i. *Fam.* Andar de un sitio a otro, con cualquier ocupación, ajetrearse. | Trabajar.

tralla f. Trencilla de cuero colocada en la punta del látigo.

trallazo m. Golpe dado con la tralla. ‖ Restallido de la tralla. ‖ Chut fuerte en fútbol. ‖ *Fig.* y *fam.* Golpe desgraciado.

trama f. Conjunto de hilos que, cruzados con los de la urdimbre, forman un tejido. ‖ *Fig.* Intriga, enredo : *la trama de una comedia.* ‖ Filtro finamente cuadriculado o reticulado que se dispone ante la emulsión sensible en los procedimientos de similigrabado.

tramar v. t. Cruzar los hilos de la trama con los de la urdimbre. ‖ *Fig.* y *fam.* Preparar en secreto.

tramitación f. Acción de tramitar. ‖ Serie de trámites necesarios para resolver un asunto.

tramitar v. t. Efectuar los trámites necesarios para algo.

trámite m. Cada una de las diligencias necesarias para resolver un asunto : *trámites para obtener una autorización.* ‖ Requisito, formalidad : *cumplir con los trámites necesarios.* ‖ Paso de una cosa a otra.

tramo m. Terreno separado de los contiguos por una línea divisoria o una señal. ‖ Parte de una escalera entre dos rellanos. ‖ Parte entre dos puntos determinados.

tramontana f. Norte. ‖ En el Mediterráneo, viento del Norte.

tramoya f. Máquina o conjunto de máquinas con que se efectúan los cambios de decorado en los teatros. ‖ *Fig.* y *fam.* Enredo, trama, intriga. ‖ Pompa, aparato.

tramoyista com. Persona que coloca o hace funcionar las tramoyas del teatro.

trampa f. Artificio para cazar consistente en una excavación disimulada por una tabla u otra cosa que puede hundirse bajo el peso de un animal. ‖ Puerta abierta en el suelo para poner en comunicación dos pisos. ‖ Tablero horizontal y levadizo en los mostradores de las tiendas. ‖ Portañuela del pantalón. ‖ *Fig.* Ardid, estratagema con que se engaña a una persona. | Fullería, engaño en el juego. | En prestidigitación, truco. ‖ Deuda : *estar lleno de trampas.* ‖ — *Fig.* *Caer en la trampa,* dejarse engañar. | *Hacer trampas,* cometer fraude ; engañar en el juego. | *Sin trampa ni cartón,* sin truco de ninguna clase.

trampear v. i. *Fam.* Pedir prestado o fiado con la intención de no pagar. | Ir tirando : *va trampeando.* ‖ — V. t. *Fam.* Usar de artificios para engañar a otro.

trampilla f. Abertura en el suelo de una habitación.

trampolín m. Plano inclinado y generalmente elástico en que toma impulso el gimnasta, el nadador o el esquiador para saltar. ‖ *Fig.* Lo que sirve para obtener un resultado.

tramposo, sa adj. y s. Embustero. ‖ Mal pagador, que contrae deudas que no puede pagar. ‖ Dícese del que suele hacer trampas.

tranca f. Palo grueso que se usa como bastón o con que se asegura una puerta o

ventana cerradas poniéndolo cruzado detrás de ellas. ‖ *Fam.* Borrachera. ‖ *A trancas y barrancas,* mal que bien.
trancazo m. Golpe dado con una tranca. ‖ *Fig.* y *fam.* Gripe.
trance m. Momento crítico : *trance desagradable.* ‖ Situación apurada, mal paso : *sacar a uno de un trance.* ‖ Estado hipnótico del médium. ‖ — *A todo trance,* a toda costa. ‖ *El postrer* (o *último* o *mortal*) *trance,* los últimos momentos de la vida.
tranco m. Paso largo, salto : *avanzar a trancos.* ‖ Umbral : *el tranco de la puerta.*
tranquear v. i. Dar trancos. ‖ *Fig.* Ir tirando.
tranquera f. Empalizada. ‖ *Amer.* Puerta rústica en un cercado.
tranquilidad f. Quietud, sosiego.
tranquilizante m. Sedante, medicamento para el tratamiento de la ansiedad y del nerviosismo, calmante (ú. t. c. adj.).
tranquilizar v. t. Poner tranquilo, calmar, sosegar.
tranquilo, la adj. Quieto, no agitado : *mar tranquilo.* ‖ Apacible, sosegado, sin preocupación : *vida tranquila.* ‖ Sin remordimiento : *conciencia tranquila.*
tranquillo m. *Fam.* Procedimiento que permite hacer una cosa con más facilidad, truco.
transa m. *Méx. Fam.* Persona que acepta transar.
transacción f. Operación comercial o bursátil. ‖ Acuerdo basado en concesiones recíprocas.
transalpino, na adj. Del otro lado de los Alpes.
transandino, na adj. Del otro lado de los Andes : *zona transandina.* ‖ Que atraviesa los Andes. ‖ — M. Ferrocarril que une la Argentina y Chile pasando por los Andes : *el primer transandino funcionó en 1910.*
transar v. t. e i. *Amer.* Transigir.
transatlántico, ca adj. Situado del otro lado del Atlántico. ‖ Que cruza el Atlántico. ‖ — M. Buque de grandes dimensiones que hace viajes muy largos.
transbordador, ra adj. Que sirve para transbordar. ‖ — M. Barco grande preparado para transportar vehículos de una orilla a otra.
transbordar v. t. Trasladar personas o mercancías de un barco o vehículo a otro. ‖ — V. i. Cambiar de tren o de metro en un sitio determinado.
transbordo m. Acción y efecto de transbordar.
transcendencia f. Trascendencia.
transcendental adj. Trascendental. ‖ *Fil.* Que traspasa los límites de la ciencia experimental.
transcendente adj. Trascendente.
transcender v. i. Trascender.
transcontinental adj. Que atraviesa un continente.
transcribir v. t. Copiar un escrito. ‖ Poner por escrito una cosa que se oye. ‖ Escribir con las letras de determinado alfabeto lo que está escrito con las de otro. ‖ *Mús.* Escribir para un instrumento la música escrita previamente para otro u otros. ‖ *Fig.* Expresar por escrito un sentimiento o impresión.
transcripción f. Acción de transcribir. ‖ Cosa transcrita.
transcriptor, ra m. y f. Persona que transcribe. ‖ — M. Aparato para transcribir.
transculturación f. Proceso de difusión o de influencia de la cultura de una sociedad al entrar en contacto con otra que está menos evolucionada.
transcurrir v. i. Pasar el tiempo
transcurso m. Paso del tiempo. ‖ Espacio de tiempo.
transepto m. Crucero de templo.
transeúnte com. Persona que transita o pasa por un lugar. ‖ Persona que está de paso, que no reside sino transitoriamente en un lugar (ú. t. c. adj.).
transexual adj. y s. Dícese de la persona que ha cambiado de sexo mediante una intervención quirúrgica.
transexualismo m. Condición de transexual.
transferencia f. Acción de transferir un derecho de una persona a otra. ‖ Operación bancaria consistente en transferir una cantidad de una cuenta a otra. ‖ Documento en que consta. ‖ Cambio de un jugador profesional de un club a otro. ‖ Transmisión, cesión : *transferencia de tecnología.*
transferible adj. Que puede ser transferido.
transferidor, ra adj. y s. Aplícase al que transfiere.
transferir v. t. Trasladar una cosa de un lugar a otro. ‖ Ceder o traspasar un derecho a otra persona : *transferir un título de propiedad.*
transfiguración f. Cambio de figura. ‖ Estado glorioso en que se manifestó Jesús a tres de sus discípulos en el monte Tabor. ‖ Fiesta católica que conmemora este hecho (6 de agosto).
transfigurar v. t. Hacer cambiar de figura o de aspecto : *la alegría le transfiguraba* (ú. t. c. pr.).
transfixión f. Acción de atravesar algo de parte a parte.
transformable adj. Que se puede transformar.
transformación f. Cambio de forma o de aspecto. ‖ En rugby, acción de enviar el balón por encima de la barra transversal después de un ensayo.
transformador, ra adj. y s. Aplícase al o a lo que transforma. ‖ — M. Aparato que obra por inducción electromagnética y sirve para transformar un sistema de corrientes variables en uno o varios sistemas de corrientes variables de la misma frecuencia, pero de intensidad o de tensión generalmente diferentes.
transformar v. t. Dar a una persona o cosa una forma distinta de la que tenía antes : *transformar un producto.* ‖ Convertir : *transformar vino en vinagre.* ‖ Cambiar mejorando : *su viaje le ha transformado.* ‖ En rugby, convertir en tanto un ensayo. ‖ — V. pr. Sufrir un cambio, una metamorfosis. ‖ Cambiar de costumbres, de carácter, etc.
transformismo m. Doctrina biológica de Lamark y Darwin que sostiene que las especies animales y vegetales se van transformando en otras al pasar el tiempo.
transformista adj. Relativo al transformismo. ‖ — Adj. y s. Seguidor de esta doctrina.
tránsfuga com. Persona que pasa de un partido a otro.
transfundir v. t. *Fig.* Propagar, difundir noticias, etc. (ú. t. c. pr.).
transfusión f. Operación consistente en hacer pasar cierta cantidad de sangre de las venas de un individuo a las de otro.
transfusor, ra adj. Aplícase a lo que sirve

para hacer una transfusión sanguínea (ú. t. c. s. m.).
transgredir v. t. Infringir, violar.
transgresión f. Violación, infracción, quebrantamiento.
transgresor, ra adj. Que comete una transgresión (ú. t. c. s.).
transición f. Cambio de un estado a otro. || Estado o fase intermedio : *período de transición.*
transido, da adj. Aterido de frío. || Afligido.
transigir v. i. Llegar a un acuerdo mediante concesiones recíprocas. || Tolerar.
transistor m. Dispositivo basado en el uso de los semiconductores que, del mismo modo que un tubo electrónico, puede ampliar corrientes eléctricas, provocar oscilaciones y ejercer a la vez las funciones de modulación y de detección. || Aparato receptor de radio provisto de estos dispositivos.
transistorizar v. t. Dotar de transistores.
transitable adj. Dícese del sitio por donde se puede transitar.
transitar v. i. Pasar por una vía pública : *transitar por la calle.*
transitivo, va adj. Aplícase al verbo o forma verbal que expresa una acción que se realiza directamente del sujeto en el complemento.
tránsito m. Acción de transitar, paso : *el tránsito de los peatones.* || Circulación de vehículos y gente : *calle de mucho tránsito.* || Acción de pasar por un sitio para ir a otro : *viajeros de tránsito.* || Muerte, con referencia a la Virgen o a los santos. || Fiesta en honor de la muerte de la Virgen (15 de agosto). || — *De tránsito,* de paso. || *Tránsito rodado,* tráfico de vehículos por calles o carreteras.
transitoriedad f. Condición de transitorio.
transitorio, ria adj. Pasajero, temporal. || Que sirve de transición : *régimen transitorio.*
translación f. Traslación.
translaticio, cia adj. Traslaticio.
translimitar v. t. Pasar los límites de algo.
translucidez f. Condición de translúcido.
translúcido, da adj. Dícese del cuerpo que deja pasar la luz pero no permite ver lo que hay detrás.
translucirse v. pr. Traslucirse.
transmediterráneo, a adj. Que atraviesa el Mediterráneo.
transmigración f. Traslado de un pueblo a otro país. || Paso del alma a otro cuerpo.
transmigrar v. i. Abandonar su país para ir a vivir en otro. || Pasar el alma de un cuerpo a otro.
transmisible adj. Que se puede transmitir.
transmisión f. Cesión, paso de una persona a otra : *transmisión de poderes, de bienes.* || Tratándose de herencia, comunicación de ciertos caracteres de padres a hijos. || Paso de una enfermedad de un individuo enfermo a otro sano. || Propagación : *transmisión del calor.* || Comunicación de un mensaje telegráfico o telefónico. || Comunicación del movimiento de un órgano a otro. || Órgano que transmite el movimiento. || Conjunto de órganos que, en un automóvil, sirve para comunicar el movimiento del motor a las ruedas motrices. || — Pl. Servicio encargado de los enlaces (teléfono, radio, etc.) en un ejército. || *Transmisión del pensamiento,* percepción por una persona del pensamiente de otra sin que ésta se lo haya communicado previamente.
transmisor, ra adj. Que transmite. || — M. Dispositivo para transmitir las señales eléctricas, telegráficas o telefónicas.
transmitir v. t. Hacer llegar a alguien, comunicarle : *transmitir una noticia.* || Difundir por radio. || Traspasar, dejar a otro : *transmitir un derecho.* || Comunicar a otro una enfermedad, una calidad o un defecto. || Comunicar : *transmitir un mensaje por teléfono.* || — V. pr. Propagarse.
transmutación f. Cambio de una cosa en otra.
transmutar v. t. Transformar una cosa en otra.
transnacional adj. Multinacional.
transoceánico, ca adj. Al otro lado del océano : *tierras transoceánicas.* || Que atraviesa el océano.
transpacífico, ca adj. Del otro lado del Pacífico. || Que atraviesa el Pacífico : *buque transpacífico.*
transparencia f. Propiedad de lo transparente. || Diapositiva.
transparentarse v. pr. Pasar la luz u otra cosa a través de un cuerpo transparente. || Ser transparente. || *Fig.* Dejarse adivinar : *transparentarse la verdad.*
transparente adj. Que se deja atravesar fácilmente por la luz y permite ver distintamente los objetos a través de su masa. || Translúcido. || *Fig.* Cuyo sentido oculto se deja adivinar fácilmente : *alusión transparente.*
transpiración f. Salida del sudor por los poros de la piel.
transpirar v. i. Echar sudor por los poros de la piel. || Expeler vapor de agua las plantas.
transpirenaico, ca adj. Del otro lado de los Pirineos. || Que atraviesa los Pirineos.
transplantar v. t. Trasplantar.
transplante m. Trasplante.
transponer v. t. Cambiar de sitio : *transpòner una palabra dentro de una frase.* || Desaparecer detrás de algo : *el Sol transpuso la montaña.* || — V. pr. Ocultarse a la vista, pasando al otro lado de un obstáculo. || Ponerse el Sol detrás del horizonte. || Quedarse algo dormido.
transportable adj. Que puede ser transportado.
transportador, ra adj. Que transporta o sirve para transportar. || — M. Semicírculo graduado empleado para medir o trazar ángulos. || Instalación para el transporte mecánico aéreo.
transportar v. t. Llevar de un sitio a otro. || — V. pr. Extasiarse, enajenarse, estar muy conmovido : *transportarse de alegría.*
transporte m. Acción de llevar de un sitio a otro, acarreo : *transporte de mercancías.* || Barco de guerra destinado a transportar tropas, pertrechos o víveres. || *Fig.* Arrebato, entusiasmo, emoción muy viva. || — Pl. Conjunto de los diversos medios para trasladar personas, mercancías, etc. : *transportes urbanos.*
transportista com. Persona que se dedica a hacer transportes.
transposición f. Acción de transponer una cosa. || Puesta de un astro.
transubstanciación f. En la Eucaristía, cambio del pan y del vino en el cuerpo y sangre de Jesucristo.
transubstanciar v. t. Transformar completamente una sustancia en otra (ú. t. c. pr.).
transuránico adj. y s. m. Aplícase a los elementos químicos de número atómico supe-

rior al del uranio (92) que se obtienen artificialmente ya que no existen en la naturaleza.
transvasar v. t. Trasegar.
transverberación f. Transfixión
transversal adj. Que está dispuesto de través : *listas transversales.* ‖ Perpendicular a una dirección principal : *cordillera transversal.* ‖ — F. Calle perpendicular a otra.
transverso, sa adj. Transversal.
tranvía m. Ferrocarril urbano de tracción eléctrica que circula por rieles especiales empotrados en el pavimento de las calles.
tranviario, ria y **tranviero, ra** adj. Relativo a los tranvías. ‖ — M. Empleado en el servicio de tranvías. ‖ Conductor de tranvía.
trapacería f. Engaño. ‖ Trampa. ‖ Fraude. ‖ Astucia.
trapacero, ra o **trapacista** adj. y s. Dícese de la persona que usa de trapacerías.
trapajoso, sa adj. Harapiento, andrajoso. ‖ *Fig. Tener la lengua trapajosa,* pronunciar difícilmente.
trapalón, ona adj. y s. *Fam.* Embustero.
trapatiesta f. *Fam.* Alboroto, jaleo, confusión. | Riña, pelea.
trapecio m. Aparato de gimnasia formado por dos cuerdas verticales que cuelgan de un pórtico y están reunidas por una barra horizontal. ‖ Músculo plano situado en la parte posterior del cuello y superior de la espalda. ‖ Hueso de la segunda fila del carpo. ‖ *Geom.* Cuadrilátero que tiene dos lados desiguales y paralelos llamados *bases.*
trapecista com. Gimnasta o acróbata que trabaja en el trapecio.
trapense adj. y s. Aplícase a los religiosos de la orden del Císter reformada o de la Trapa.
trapero, ra m. y f. Persona que recoge trapos viejos para venderlos. ‖ Basurero. ‖ — Adj. f. *Puñalada trapera,* la traidora.
trapezoidal adj. *Geom.* Relativo al trapezoide. ‖ Que tiene su forma.
trapezoide m. Cuadrilátero cuyos lados opuestos no son paralelos.
trapiche m. Molino de aceituna o caña de azúcar. ‖ *Amer.* Ingenio de azúcar. | Molino para pulverizar los minerales.
trapichear v. i. *Fam.* Ingeniarse más o menos lícitamente para lograr algo. | Comerciar al menudeo.
trapicheo m. *Fam.* Tejemanejes, enredos, actividades sospechosas : *andar con trapicheos.* | Maniobras turbias, intrigas.
trapillo m. *Fig. De trapillo,* con traje de casa ; mal vestido.
trapío m. *Fig.* Garbo de mujer. | Buena planta de un toro.
trapisonda f. *Fam.* Bulla, jaleo o riña. | Lío, enredo.
trapisondear v. i. *Fam.* Armar trapisondas.
trapisondista com. *Fam.* Amigo de trapisondas, alborotador. | Lioso.
trapito m. Trapo pequeño. ‖ *Fam.* Ropa femenina.
trapo m. Pedazo de tela viejo y roto. ‖ Trozo de tela que se emplea para quitar el polvo, secar los platos, etc. ‖ *Mar.* Velamen. ‖ *Taurom.* Muleta o capote. ‖ — Pl. *Fam.* Vestidos de mujer : *hablar de trapos.* ‖ — *A todo trapo,* a toda vela ; (fig.) con mucha rapidez. ‖ *Fig. Los trapos sucios se lavan en casa,* las cosas íntimas no deben exhibirse. | *Poner a uno como un trapo,* insultarle o criticarle.
tráquea f. En el hombre y vertebrados de respiración aérea, conducto formado por anillos cartilaginosos que empieza en la laringe y lleva el aire a los bronquios y pulmones.
traqueal adj. De la tráquea.
traquearteria f. Tráquea.
traqueítis f. *Med.* Inflamación de la tráquea.
traqueotomía f. Operación quirúrgica que consiste en practicar una incisión en la tráquea para impedir la asfixia de ciertos enfermos.
traquetear v. i. Dar tumbos acompañados de ruido : *coche que traquetea.* ‖ — V. t. Mover, agitar, sacudir : *traquetear una botella.*
traqueteo m. Ruido del disparo de los cohetes. ‖ Serie de sacudidas o tumbos acompañados de ruido.
traquido m. Ruido producido por un disparo. ‖ Chasquido.
tras prep. Detrás de : *tras la puerta.* ‖ Después de : *tras una larga ausencia.* ‖ Más allá : *tras los Pirineos.* ‖ En pos de : *corrieron tras el ladrón.* ‖ Además : *tras ser malo, es caro.*
trasalpino, na adj. Transalpino.
trasandino, na adj. Transandino.
trasatlántico, ca adj. Transatlántico.
trasbordador, ra adj. y s. m. Transbordador.
trasbordar v. t. e i. Transbordar.
trasbordo m. Transbordo.
trascendencia f. Calidad de trascendente. ‖ *Fig.* Importancia.
trascendental adj. Que se extiende a otras cosas. ‖ *Fig.* De suma importancia : *no es trascendental.* ‖ Elevado : *principio trascendental.*
trascendente adj. Que trasciende de, superior en su género. ‖ Fuera de la acción o del conocimiento : *filosofía trascendente.* ‖ *Fig.* Sumamente importante.
trascender v. i. Despedir olor penetrante : *el jardín trasciende a jazmín.* ‖ Empezar a ser conocida una cosa, divulgarse : *trascendió la noticia.* ‖ Extenderse, comunicarse los efectos de unas cosas a otras : *la huelga ha trascendido a todas las ramas de la industria y del comercio.*
trasconejarse v. pr. Extraviarse.
trascoro m. Espacio situado detrás del coro en las iglesias.
trascribir v. i. Transcribir.
trascripción f. Transcripción.
trascurrir v. i. Transcurrir.
trascurso v. i. Transcurso.
trasdós m. *Arq.* Superficie exterior de un arco o bóveda. | Pilastra detrás de una columna.
trasegar v. t. Mudar una cosa de sitio. ‖ Cambiar un líquido de recipiente : *trasegar vino.*
trasero, ra adj. Situado detrás : *rueda trasera de un coche.* ‖ — M. Parte posterior e inferior del animal o persona. ‖ — F. Parte posterior.
trasferencia, trasfiguración, trasformar, trasfusión, trasgredir y sus derivados. V. TRANSFERENCIA, TRANSFIGURACIÓN, TRANSFORMAR, TRANSFUSIÓN, TRANSGREDIR y sus derivados.
trasfondo m. Lo que está más allá del fondo visible o de la apariencia o intención de una acción.
tránsfuga com. Tránsfuga.
trasgo m. Duendecillo.

trashumancia f. Sistema de explotación ganadera que consiste en trasladar los rebaños de un sitio a otro para que aprovechen los pastos de invierno y los estivales.
trashumante adj. Que trashuma : *pasto dedicado al ganado trashumante.*
trashumar v. i. Pasar el ganado en verano a las montañas o a pastos distintos de los de invierno.
trasiego m. Acción de trasegar líquidos. ‖ *Fig.* Traslado.
traslación f. Acción de mudar de sitio a una persona o cosa, traslado. ‖ Traducción. ‖ *Movimiento de traslación,* el que sigue un astro al recorrer su órbita.
trasladar v. t. Llevar de un lugar a otro a una persona o cosa. ‖ Cambiar de oficina o cargo : *trasladar a un funcionario.* ‖ Aplazar el día de una reunión, de una función, etc. ‖ Traducir. ‖ Copiar : *trasladar un escrito.* ‖ — V. pr. Cambiar de sitio.
traslado m. Copia : *traslado de un escrito.* ‖ Traslación : *traslado de un preso.* ‖ Cambio de destino. ‖ Mudanza : *traslado de muebles.*
traslaticio, cia adj. Aplícase al sentido figurado de una palabra.
traslativo, va adj. Que transfiere : *título traslativo de propiedad.*
traslimitar v. t. Translimitar.
traslucidez f. Translucidez.
traslúcido, da adj. Translúcido.
traslucirse v. pr. Ser traslúcido un cuerpo : *la porcelana se trasluce.* ‖ *Fig.* Transparentarse.
trasluz m. Luz que pasa a través de un cuerpo translúcido. ‖ *Al trasluz,* por transparencia.
trasmallo m. Arte de pesca formada de varias redes superpuestas.
trasmano (a) loc. adv. Fuera de alcance. ‖ Fuera de camino.
trasmigración, trasmisión y sus derivados. V. TRANSMIGRACIÓN, TRANSMISIÓN y sus derivados.
trasmutación f. Transmutación.
trasnacional adj. Transnacional.
trasnochado, da adj. Sin novedad, viejo : *chiste trasnochado.*
trasnochador, ra adj. y s. Que acostumbra trasnochar.
trasnochar v. i. Pernoctar. ‖ Acostarse tarde.
traspapelar v. t. Extraviar un papel entre otros (ú. t. c. pr.).
trasparencia, trasparentarse y **trasparente.** V. TRANSPARENCIA, TRANSPARENTARSE y TRANSPARENTE.
traspasar v. t. Atravesar de parte a parte : *la bala le traspasó el brazo.* ‖ Pasar hacia otra parte : *traspasar el río.* ‖ Vender o ceder a otro una cosa : *traspasar un piso.* ‖ Transgredir una ley o reglamento. ‖ Rebasar, pasar de ciertos límites. ‖ Transferir un jugador profesional a otro equipo. ‖ *Fig.* Producir un dolor físico o moral grande.
traspaso m. Cesión, transferencia de un local o negocio. ‖ Cantidad pagada por esta cesión. ‖ Local traspasado. ‖ Transferencia de un jugador profesional a otro equipo.
traspié m. Resbalón, tropezón.
traspiración f. Transpiración.
traspirar v. i. Transpirar.
traspirenaico, ca adj. Transpirenaico, ca.
trasplantar v. t. Mudar un vegetal de un terreno a otro : *trasplantar un árbol.* ‖ *Med.* Hacer un trasplante.
trasplante m. Acción y efecto de trasplantar o trasplantarse. ‖ *Med.* Injerto de tejido humano o animal o de un órgano completo : *trasplante de córnea, del corazón.*
trasponer v. t. Transponer.
traspontín y **trasportín** m. Traspuntín.
trasportador, ra adj. y s. m. Transportador.
trasportar v. t. Transportar.
trasporte m. Transporte.
trasportista com. Transportista.
trasposición f. Transposición.
traspunte com. Persona que avisa a cada actor de teatro cuando ha de salir a escena y le apunta las primeras palabras.
traspuntín m. Asiento supletorio y plegable de coches grandes, salas de espectáculos, etc.
trasquilado, da adj. *Fig. Salir trasquilado,* salir malparado.
trasquiladura f. Acción y efecto de trasquilar.
trasquilar v. t. Cortar mal el pelo. ‖ Esquilar : *trasquilar ovejas.* ‖ *Fig.* y *fam.* Mermar.
trasquilón m. *Fam.* Trasquiladura. | Corte desigual en el pelo. ‖ *A trasquilones,* muy mal cortado el pelo; (fig.) sin orden ni concierto.
trastada f. *Fam.* Jugarreta.
trastazo m. *Fam.* Porrazo, golpe.
traste m. Cada uno de los filetes de metal o hueso colocados en el mástil de la guitarra y otros instrumentos parecidos para modificar la longitud libre de las cuerdas. ‖ *Fam. Dar al traste con una cosa,* aplicado a proyectos, planes, etc., hacerlos fracasar; acabar con algo.
trastear v. t. Mover o revolver cosas (ú. t. c. i.). ‖ Dar el matador pases de muleta. ‖ *Fig.* y *fam.* Manejar hábilmente a una persona.
trasteo m. Acción de trastear.
trastero, ra adj. Aplícase al cuarto o desván donde se guardan trastos viejos o inútiles (ú. t. c. s. m.).
trastienda f. Local situado detrás de la tienda. ‖ *Fam.* Cautela, astucia : *hombre de trastienda.*
trasto m. Mueble o utensilio, generalmente inútil. ‖ Cada uno de los bastidores de los decorados del escenario. ‖ *Fig.* y *fam.* Persona inútil : *es un trasto viejo.* | Persona informal. ‖ — Pl. Útiles, instrumentos, utensilios de un arte : *trastos de pescar.* ‖ *Fig.* y *fam. Tirarse los trastos a la cabeza,* reñir.
trastocar v. t. Trastornar, desordenar. ‖ — V. pr. Perturbarse.
trastornador, ra adj. Que trastorna, bullicioso. ‖ Emocionante. ‖ — M. y f. Agitador, perturbador.
trastornar v. t. Revolver las cosas, desordenarlas : *ha trastornado todos los papeles.* ‖ *Fig.* Perturbar los sentidos : *trastornar la razón.* | Impresionar, emocionar : *este espectáculo le ha trastornado.* | Inspirar una pasión viva : *esta mujer trastorna a todos los hombres.* | Alterar la salud. | Hacer fracasar un proyecto, plan, etc. | Hacer cambiar de opinión. ‖ — V. pr. Turbarse. ‖ Estar conmovido. ‖ *Fig.* Volverse loco.
trastorno m. Desorden, confusión. ‖ Cambio profundo. ‖ Disturbio : *trastornos políticos.* ‖ *Fig.* Turbación, perturbación. ‖ Anomalía en el funcionamiento de un órgano, sistema : *trastornos mentales.*
trastrocamiento m. Confusión. ‖ Transformación.
trastrocar v. t. Invertir el orden, intercambiar. ‖ Transformar.
trastrueque m. Trastrocamiento.

trasudar v. t. e i. Sudar ligeramente. ‖ Pasar un líquido a través de los poros de un cuerpo.
trasudor m. Sudor ligero.
trasunto m. Copia o traslado. ‖ Imagen exacta de una cosa.
trasvasar v. t. Transvasar.
trasvase m. Trasiego. ‖ Acción de llevar las aguas de un río a otro para su mayor aprovechamiento.
trasverberación f. Transverberación.
trasversal adj. Transversal.
trasverso, sa adj. Transverso.
trata f. Antiguo comercio que se hacía con los negros que se vendían como esclavos. ‖ *Trata de blancas,* tráfico de mujeres que consiste en atraerlas a los centros de prostitución para especular con ellas.
tratadista com. Autor de tratados.
tratado m. Convenio escrito y concluido entre dos gobiernos : *tratado de amistad, de no agresión.* ‖ Obra que trata de un tema.
tratamiento m. Trato : *buenos tratamientos.* ‖ Título de cortesía : *tratamiento de señoría.* ‖ Conjunto de medios empleados para la curación de una enfermedad : *tratamiento hidroterápico.* ‖ Conjunto de operaciones a que se someten las materias primas : *tratamiento químico.*
tratante com. Persona que comercia.
tratar v. t. e i. Conducirse de cierta manera con uno : *tratar con humanidad.* ‖ Manejar : *tratar muy mal sus cosas.* ‖ Atender y dar de comer : *nos trató opíparamente.* ‖ Tener trato social, alternar con uno : *no trato a esta gente* (ú. t. c. pr.). ‖ Aplicar un tratamiento terapéutico. ‖ Someter a la acción de un agente físico o químico : *tratar un mineral con ácido.* ‖ Estudiar y discutir : *mañana trataremos este problema.* ‖ — *Tratar de,* dar uno un título de cortesía : *tratar de excelencia, de usted ;* calificar, llamar : *tratar a uno de ladrón ;* tener como tema, ser relativo a : *¿ de qué trata este libro ?* ‖ *Tratar de* o *sobre una cuestión,* hablar o escribir sobre ella. ‖ — V. i. *Tratar de,* intentar, procurar : *tratar de salir de un apuro.* ‖ *Tratar en,* comerciar : *tratar en vinos.* ‖ — V. pr. Cuidarse. ‖ Ser cuestión, constituir el objeto de algo : *¿ de qué se trata ?*
trato m. Manera de portarse con uno : *trato inhumano.* ‖ Relación, frecuentación : *tengo trato con ellos.* ‖ Modales, comportamiento : *un trato muy agradable.* ‖ Acuerdo, contrato : *cerrar un trato.* ‖ — Pl. Negociaciones. ‖ — *Trato de gentes,* experiencia y habilidad en las relaciones con los demás. ‖ *Trato hecho,* fórmula con que se da por definitivo un acuerdo.
trauma m. Traumatismo. ‖ *Trauma psíquico,* choque emocional que deja una impresión duradera en el subconsciente.
traumatismo m. Lesión de los tejidos producida por un agente mecánico, en general externo. ‖ *Fig.* Trauma psíquico.
traumatizar v. t. Producir un trauma psíquico : *estaban traumatizados por una juventud desgraciada y miserable.*
travelín m. Travelling.
traveller's check f. (pal. ingl.). Cheque de viaje.
travelling m. (pal. ingl.). Carro que soporta la cámara cinematográfica y permite su desplazamiento para la toma de vistas sucesivas. ‖ Esta misma operación.
través m. Inclinación o torcimiento. ‖ *Fig.* Revés, contratiempo, suceso adverso. ‖ — *A través* o *al través,* de un lado a otro : *un árbol tumbado a través de la carretera ;* por entre : *a través de una celosía ;* mediante : *reembolsar un empréstito a través de un banco.* ‖ *De través,* oblicua o transversalmente. ‖ *Mirar de través,* mirar sin volver la cabeza ; bizquear.
travesaño m. En una armazón, pieza horizontal que atraviesa de una parte a otra. ‖ Almohada cilíndrica y alargada para la cama.
travesear v. i. Ser travieso.
travesero, ra adj. Dícese de lo que se pone de través : *flauta travesera.*
travesía f. Viaje por mar : *la travesía del Pacífico.* ‖ Calleja que atraviesa entre calles principales. ‖ Camino transversal. ‖ Parte de una carretera que atraviesa una población. ‖ Distancia entre dos puntos de tierra o de mar. ‖ *Arg.* Llanura extensa y árida entre dos sierras.
travestí o **travestido** m. Persona que se viste con la ropa propia del sexo contrario.
travestir v. t. Vestir a una persona con la ropa del sexo contrario (ú. t. c. pr.).
travesura f. Acción reprensible verificada con picardía para divertirse, diablura. ‖ Calidad de travieso.
traviesa f. Madero colocado perpendicularmente a la vía férrea en que se asientan los rieles. ‖ *Arq.* Cada una de las armaduras que sostienen un tejado.
travieso, sa adj. Atravesado o puesto de través. ‖ *Fig.* Turbulento, bullicioso, que hace travesuras.
trayecto m. Espacio que hay que recorrer para ir de un sitio a otro. ‖ Acción de recorrerlo.
trayectoria f. Línea descrita en el espacio por un punto u objeto móvil : *la trayectoria de un planeta.* ‖ Recorrido que sigue un proyectil disparado : *la trayectoria de una bala.* ‖ *Fig.* Tendencia, orientación.
traza f. Proyecto, plano o diseño de una obra. ‖ *Fig.* Recurso utilizado para conseguir un fin. ‖ Huella, señal, rastro. ‖ — *Fig.* y *fam. Darse trazas,* ingeniarse. ‖ *Llevar trazas de,* parecer.
trazado m. Acción de trazar. ‖ Representación por medio de líneas de un plano, dibujo, etc. ‖ Recorrido de una carretera, canal, etc.
trazador, ra adj. y s. Aplícase a la persona que traza. ‖ *Bala trazadora,* bala que marca su trayectoria.
trazar v. t. Tirar las líneas de un plano, dibujo, etc. ‖ Escribir. ‖ *Fig.* Describir, pintar : *trazar una semblanza.* | Indicar : *ha trazado las grandes líneas del programa.* ‖ *Trazar planes,* hacer proyectos.
trazo m. Línea : *trazo rectilíneo.* ‖ *Méx.* Trazado.
trazumarse v. pr. Rezumarse.
trébedes f. pl. Utensilio de hierro con tres pies para poner vasijas al fuego del hogar.
trebejo m. Trasto o utensilio : *los trebejos de matar de un matador de toros.*
trébol m. Planta herbácea de flores blancas, rojas o moradas que se cultiva para forraje. ‖ Uno de los palos de la baraja francesa. ‖ *Arq.* Adorno geométrico que se compone de tres lóbulos. ‖ En una autopista, cruce a distintos niveles que tiene forma de trébol de cuatro hojas.
trece adj. Diez y tres : *el día trece.* ‖ Decimotercero : *Léon XIII* (trece). ‖ — M. Número equivalente a diez y tres. ‖ *Fig.* y *fam. Mantenerse en sus trece,* aferrarse obstinadamente a una idea o empeño.

trecha f. Voltereta.
trecho m. Espacio de tiempo : *esperar largo trecho.* ‖ Distancia. ‖ Tramo, trozo de un camino, carretera, etc. : *un trecho peligroso.* ‖ *A trechos,* a intervalos.
trefilado m. Acción de trefilar.
trefilar v. t. Reducir un metal a alambre o hilo pasándolo por una hilera.
trefilería f. Taller de trefilado.
tregua f. Suspensión temporal de hostilidades entre los beligerantes. ‖ *Fig.* Interrupción momentánea, descanso temporal : *su trabajo no le da tregua.*
treinta adj. Tres veces diez : *tiene treinta años.* ‖ Trigésimo.
treintaitresino, na adj. y s. De la c. y del dep. de Treinta y Tres (Uruguay).
treintavo, va adj. y s. Trigésimo.
treintena f. Conjunto de treinta unidades. ‖ Treintava parte.
treinteno, na adj. Trigésimo.
trematodo, da adj. y s. m. Aplícase a los gusanos de cuerpo plano que viven parásitos en el cuerpo de los vertebrados. ‖ — M. pl. Orden que forman.
tremebundo, da adj. Terrible, espantoso, que hace temblar.
tremedal m. Terreno pantanoso.
tremendo, da adj. Terrible, espantoso, capaz de aterrorizar : *un espectáculo tremendo.* ‖ *Fig.* y *fam.* Muy grande, extraordinario : *un desengaño tremendo.*
trementina f. Resina semilíquida que se extrae de los pinos, alerces y terebintos. ‖ *Esencia de trementina,* la que resulta de la destilación de estas resinas y se emplea para fabricar barnices, desleír colores, disolver cuerpos grasos, etc.
tremolar v. t. Enarbolar y agitar en el aire : *tremolar una bandera.* ‖ — V. i. Ondear.
tremolina f. *Fam.* Alboroto.
trémolo m. *Mús.* Sucesión rápida de notas cortas iguales.
trémulo, la adj. Tembloroso.
tren m. Sucesión de vehículos remolcados o en fila : *tren de camiones.* ‖ Conjunto formado por los vagones de un convoy y la o las locomotoras que los arrastran. ‖ *Tecn.* Conjunto de órganos mecánicos semejantes acoplados con algún fin : *tren de laminar.* ‖ *Méx.* Tranvía. ‖ *Mil.* Conjunto de material que un ejército lleva consigo en campaña. ‖ *Fig.* Paso, marcha : *ir a buen tren.* ‖ — *Fam. Tren botijo,* el que se habilitaba en verano por poco dinero con motivo de alguna fiesta o viaje. | *Tren carreta,* el muy lento. ‖ *Tren correo,* el que lleva la correspondencia. ‖ *Tren de aterrizaje,* dispositivo de aterrizaje de un avión. ‖ *Tren de laminación,* conjunto de los diversos rodillos de un laminador. ‖ *Tren delantero, trasero,* conjunto de elementos que reemplazan el eje en los vehículos modernos. ‖ *Fig. Tren de vida,* manera de vivir en cuanto a comodidades, etc. ‖ *Tren directo* o *expreso,* el muy rápido. ‖ *Tren mixto,* el que lleva viajeros y mercancías. ‖ *Tren rápido,* el que tiene mayor velocidad que el expreso. ‖ *Fig.* y *fam. Vivir a todo tren,* vivir espléndidamente.
trena f. *Fam.* Cárcel.
trenca f. Abrigo corto impermeable y con capucha : *llevaba un sombrero tirolés y una trenca como abrigo.*
trencilla f. Galoncillo de algodón, seda o lana.
trenista m. *Méx.* Ferroviario.
treno m. Canto fúnebre.
trenza f. Entrelazamiento de tres o más fibras, hebras, etc. : *trenza de esparto.* ‖ Entrelazamiento hecho con el pelo largo dividido en varias partes.
trenzado m. Trenza. ‖ En ciertos bailes, salto ligero cruzando los pies en el aire.
trenzar v. t. Hacer una trenza.
trepa f. Acción y efecto de trepar. ‖ Trecha, voltereta.
trepado m. Línea de puntos taladrados a máquina en un documento para poder separar fácilmente sus distintas partes : *el trepado de un sello.*
trepador, ra adj. y s. Que trepa. ‖ Dícese de ciertas plantas de tallo largo, como la hiedra, que trepan por las paredes, las rocas, etc. ‖ Aplícase a las aves que pueden trepar a los árboles, como el papagayo, el pico carpintero, etc. ‖ — F. pl. Orden que forman estas aves.
trepanación f. Operación quirúrgica que consiste en la perforación de un hueso, especialmente de la cabeza, para tener acceso a una cavidad craneana con objeto de extirpar un tumor o disminuir la tensión existente en la misma.
trepanar v. t. Horadar el cráneo u otro hueso con fin terapéutico.
trépano m. Instrumento quirúrgico propio para trepanar. ‖ Aparato de sondeo que ataca el terreno en toda la superficie del agujero hecho por la perforadora : *el trépano, suspendido al extremo de un cable, rompe las rocas con golpes repetidos.*
trepar v. i. Subir a un lugar elevado valiéndose de los pies y las manos : *trepar a los árboles.* ‖ Crecer una planta agarrándose a otra, a una pared, etc.
trepidación f. Temblor.
trepidante adj. Que trepida.
trepidar v. i. Temblar.
treponema m. Microbio causante de la sífilis. ‖ Microbio en forma de espiral.
tres adj. Dos y uno : *tiene tres hermanos.* ‖ Tercero. ‖ — M. Número equivalente a dos más uno. ‖ Naipe que tiene tres figuras : *el tres de oros.* ‖ — F. pl. Tercera hora después del mediodía o de la medianoche : *las tres de la madrugada.* ‖ — *Fig.* y *fam. Dar tres y raya,* superar, aventajar en mucho. | *De tres al cuarto,* de poco valor. | *No ver tres en un burro,* ser muy miope. ‖ *Regla de tres,* cálculo de una cantidad desconocida a partir de tres otras conocidas de las cuales dos varían en proporción directa o inversa. ‖ *Tres cuartos,* abrigo corto; en rugby, jugador de la línea de ataque.
tresbolillo (a o **al)** m. adv. Aplícase a la colocación de las plantas puestas en filas paralelas cruzadas en diagonal.
trescientos, tas adj. Tres veces ciento. ‖ Tricentésimo. ‖ — M. Guarismo que representa el número equivalente a tres veces ciento.
tresillo m. Juego de cartas entre tres personas y en el cual gana el que hace el mayor número de bazas. ‖ Conjunto de un sofá y dos sillones que hacen juego. ‖ Sortija con tres piedras que hacen juego.
treta f. Artificio, ardid empleado para lograr una cosa. ‖ Finta, golpe fingido en esgrima para engañar al adversario.
trezavo, va adj. Dícese de cada una de las trece partes iguales en que se divide un todo (ú. t. c. s. m.).
tríada f. Conjunto de tres unidades, de tres personas, etc.
triangulación f. Operación que consiste en

dividir una superficie terrestre en una red de triángulos para medir una línea geodésica o levantar el plano de un territorio.
triangulado, da adj. De forma triangular.
triangular adj. De figura de triángulo : *pirámide, músculo triangular.*
triangular v. t. Efectuar la triangulación de un territorio.
triángulo m. *Geom.* Figura delimitada por tres líneas que se cortan mutuamente. ‖ *Mús.* Instrumento de percusión que tiene la forma de esta figura y se golpea con una varilla.
triar v. t. Escoger, entresacar.
trias m. *Geol.* Triásico.
triásico, ca adj. *Geol.* Aplícase al primer período de la era secundaria (ú. t. c. s. m.).
tribal adj. Relativo a la tribu.
tribu f. Cada una de las agrupaciones en que se dividían ciertos pueblos : *las doce tribus de Israel.* ‖ Conjunto de familias que están bajo la autoridad de un mismo jefe : *tribu gitana.* ‖ En historia natural, subdivisión de la familia.
tribulación f. Adversidad, pena.
tribuna f. Plataforma elevada desde donde hablan los oradores. ‖ Espacio generalmente cubierto y provisto de gradas desde donde se asiste a manifestaciones deportivas, carreras de caballos, etc.
tribunal m. Lugar donde se administra justicia : *tribunal militar.* ‖ Magistrados que administran justicia : *el tribunal ha fallado.* ‖ Conjunto de personas capacitadas para juzgar a los candidatos de unos exámenes, oposiciones, etc. ‖ — *Tribunal de casación,* el que sólo conoce de los recursos de casación. ‖ *Tribunal tutelar de menores,* el que con fines educativos resuelve acerca de la infancia delincuente o desamparada.
tribuno m. Magistrado romano encargado de defender los derechos de la plebe y con facultad de poner el veto a las resoluciones del Senado. ‖ *Fig.* Orador político muy elocuente.
tributación f. Tributo. ‖ Sistema tributario.
tributar v. t. Pagar tributo. ‖ *Fig.* Manifestar, profesar : *tributar respeto, gratitud, homenaje.*
tributario, ria adj. Relativo al tributo : *sistema tributario.* ‖ Que paga tributo. ‖ *Fig.* Dícese de un curso de agua con respecto al río o al mar en el cual desemboca.
tributo m. Lo que un Estado paga a otro en señal de dependencia. ‖ Lo que se paga para contribuir a los gastos públicos, impuesto : *tributo municipal.* ‖ Censo : *tributo enfitéutico.* ‖ *Fig.* Lo que se da por merecido o debido : *tributo de respeto a la ancianidad.*
tricéfalo, la adj. Que tiene tres cabezas : *un monstruo tricéfalo.*
tricentenario m. Espacio de tiempo de trescientos años. ‖ Fecha en que se cumplen trescientos años.
tricentésimo, ma adj. Que ocupa el lugar trescientos. ‖ — M. Cada una de las trescientas partes iguales en que se divide un todo.
tríceps adj. y s. m. Dícese del músculo que tiene tres porciones o cabezas : *existen el músculo tríceps braquial y el músculo tríceps sural o femoral.*
triciclo m. Vehículo de tres ruedas : *regalar un triciclo a un niño.*
triclínico, ca adj. Dícese de los cristales cuyo único elemento de simetría es el centro.
tricolor adj. De tres colores.
tricorne adj. Con tres cuernos.
tricornio adj. Tricorne. ‖ Dícese del sombrero cuyos bordes replegados forman tres picos. Ú. t. c. s. m. : *tricornio de guardias civiles.*
tricot m. (pal. fr.). Tejido de género de punto.
tricota f. *Arg.* Jersey de punto.
tricotar v. t. Hacer un tejido de género de punto.
tricotomía f. *Bot.* División en tres partes *tricotomía de un tallo.* ‖ En lógica, clasificación en que las divisiones y subdivisiones tienen tres partes.
tricotosa f. Máquina con la que se hacen géneros de punto.
tricromía f. Impresión tipográfica con tres colores fundamentales.
tridáctilo, la adj. De tres dedos.
tridente adj. De tres dientes. ‖ — M. Horca de tres puntas o dientes. ‖ Cetro en forma de arpón de tres dientes del dios Neptuno.
tridentino, na adj. De Trento (Tirol) [ú. t. c. s.]. ‖ Relativo al concilio ecuménico celebrado allí.
tridimensional adj. Que tiene tres dimensiones.
triduo m. Serie de ejercicios religiosos que dura tres días.
triedro, dra adj. y s. m. Dícese del ángulo formado por tres planos o caras que concurren en un punto del ángulo.
trienal adj. Que dura tres años. ‖ Que sucede cada tres años.
trienio m. Espacio de tiempo de tres años.
trifásico, ca adj. Aplícase a un sistema de corrientes eléctricas polifásicas constituido por tres corrientes monofásicas que tienen una diferencia de fase de un tercio de período.
trifulca f. *Fam.* Disputa, riña.
trifurcarse v. pr. Dividirse una cosa en tres ramales, brazos o puntas.
trigal m. Plantío de trigo.
trigarante adj. Que incluye tres garantías.
trigémino, na adj. m. y s. m. Dícese del nervio del quinto par craneal que se divide en tres ramas que son el nervio oftálmico y los nervios maxilares inferior y superior.
trigésimo, ma adj. Que ocupa el lugar treinta. ‖ — M. Cada una de las treinta partes iguales en que se divide un todo.
triglicérido m. Lípido formado por un éster de glicerol y tres ácidos grasos.
triglifo o **tríglifo** m. *Arq.* Ornamento del friso dórico en forma de rectángulo saliente surcado por tres canales verticales, que alterna con las metopas.
trigo m. Planta gramínea anual con espigas de cuyos granos molidos se saca la harina. ‖ *Fig.* y *fam. No ser trigo limpio,* ser dudoso o sospechoso un asunto o una persona.
trigonometría f. Parte de las matemáticas que trata del estudio de las relaciones numéricas entre los elementos de los triángulos.
trigonométrico, ca adj. Relativo a la trigonometría.
trigueño, ña adj. Color trigo, entre moreno y rubio : *rostro trigueño.*
triguero, ra adj. Relativo al trigo : *producción triguera.* ‖ Aplícase al terreno en que se cultiva muy bien el trigo : *tierra triguera.* ‖ Que se cría entre el trigo : *espárrago triguero* (ú. t. c. s. m.). ‖ — M. Criba para el trigo. ‖ El que comercia en trigo.
trilateral o **trilátero, ra** adj. De tres lados.
triles y **trili** m. Juego de apuestas callejero consistente en adivinar una carta mostrada entre otras dos.

trilingüe adj. Que tiene tres lenguas. ‖ Que habla tres lenguas. ‖ Escrito en tres lenguas.
trilita f. Trinitrotolueno.
trilobites m. inv. Artrópodo marino fósil de la era primaria.
trilobulado, da adj. *Arq.* Que tiene tres lóbulos : *arco trilobulado.*
trilogía f. En Grecia, conjunto de tres tragedias que debía presentar cada uno de los autores que participaban en los concursos dramáticos. ‖ Conjunto de tres obras dramáticas o novelísticas que tienen entre sí cierto enlace.
trilla f. *Arg.* Acción de trillar y temporada en que se efectúa.
trillado, da adj. *Fig.* Muy conocido : *asunto trillado.*
trillador, ra adj. y s. Aplícase al que trilla. ‖ — F. Máquina para trillar. ‖ *Trilladora segadora,* máquina que siega y trilla.
trillar v. t. Quebrantar la mies con el trillo o la trilladora para separar el grano de la paja.
trillizo, za m. y f. Cada uno de los tres hermanos o hermanas nacidos en un mismo parto.
trillo m. Utensilio para trillar.
trillón m. Un millón de billones, que se expresa por la unidad seguida de dieciocho ceros.
trimestral adj. Que ocurre cada trimestre.
trimestre m. Espacio de tiempo de tres meses. ‖ Cantidad que se cobra o se paga cada tres meses.
trimotor adj. Aplícase al avión provisto de tres motores (ú. t. c. s. m.).
trinar v. i. *Mús.* Hacer trinos. ‖ Gorjear las aves. ‖ *Fam.* Estar muy enfadado o furioso : *está que trina.*
trinca f. Reunión de tres personas o cosas. ‖ Grupo de tres candidatos en una oposición. ‖ *Mar.* Ligadura. | Cabo utilizado para trincar. ‖ *Cub.* y *Méx.* Borrachera.
trincar v. t. Quebrantar, romper, desmenuzar. ‖ *Mar.* Atar fuertemente con trincas o cabos. ‖ Inmovilizar a alguien con los brazos o las manos. ‖ *Fig.* y *fam.* Comer. | Beber. | Coger. | Hurtar, robar. ‖ *Amer.* Apretar, oprimir.
trinchador, ra adj. Aplícase a la persona que trincha (ú. t. c. s.).
trinchar v. t. Cortar en trozos una vianda para servirla.
trinchera f. Zanja que permite a los soldados circular y disparar a cubierto. ‖ Excavación hecha en el terreno para hacer pasar un camino, con taludes a ambos lados. ‖ Abrigo impermeable.
trineo m. Vehículo provisto de patines para desplazarse sobre la nieve o el hielo.
trinidad f. Conjunto de tres divinidades que tienen entre sí cierta unión. ‖ Por antonomasia, en la religión cristiana, unión del Padre, Hijo y Espíritu Santo : *la Santísima Trinidad.* ‖ Fiesta católica en honor de este misterio.
trinitario, ria adj. y s. De Trinidad (Bolivia y Uruguay).
trinitrotolueno m. Derivado del tolueno, obtenido por nitrificación, que constituye un explosivo muy poderoso llamado *tolita* y *trilita.* (Abrev. T. N. T.)
trino, na adj. Que contiene en sí tres cosas distintas. Ú. para designar la trinidad de las personas divinas : *Dios es uno en esencia y trino en persona.* ‖ — M. *Mús.* Adorno que consiste en la sucesión rápida y alternada de dos notas de igual duración.
trinomio m. Expresión algebraica compuesta de tres términos.
trinque m. *Fam.* Trinquis.
trinquete m. Verga mayor del palo de proa y vela que se pone en ella. ‖ Palo inmediato a la proa. ‖ Juego de pelota cerrado y cubierto. ‖ Garfio que resbala sobre los dientes oblicuos de una rueda dentada para impedir que ésta pueda retroceder. ‖ *Méx.* Fraude, estafa.
trinquis m. *Fam.* Bebida.
trío m. *Mús.* Terceto, composición para tres instrumentos o voces. | Conjunto de tres músicos o cantantes. ‖ Grupo de tres personas o tres cosas : *trío de ases.*
tríodo, da adj. y s. m. Aplícase al tubo electrónico de tres electrodos.
tripa f. Instestino. ‖ *Fam.* Vientre : *dolor de tripa.* | Barriga : *ya tienes mucha tripa.* ‖ Panza, parte abultada de un objeto. ‖ Relleno del cigarro puro. ‖ Cuerda hecha con los intestinos de ciertos animales : *raquetas fabricadas con tripas de gato.* ‖ — Pl. *Fig.* Lo interior de un mecanismo, de un aparato complicado, etc. : *le gusta verle las tripas a todo.* ‖ — *Fig.* y *fam. Echar uno las tripas,* vomitar mucho. | *Hacer de tripas corazón,* esforzarse por aguantar o en hacer de buen grado una cosa desagradable. | *Revolverle la tripa a uno,* causarle repugnancia, náuseas.
tripanosoma m. Protozoo parásito de la sangre que produce, entre otras enfermedades, la del sueño.
tripanosomiasis f. Enfermedad causada por el tripanosoma.
tripartición f. División en tres.
tripartito, ta adj. Dividido en tres partes. ‖ Formado por la asociación de tres partidos : *coalición tripartita.* ‖ Realizado entre tres : *pacto tripartito.* ‖ *Comisión tripartita,* la que está integrada por los representantes del Estado, los patronos y los trabajadores o bien por los productores, los consumidores y los representantes del Estado.
tripería f. Tienda donde se venden tripas. ‖ Conjunto de tripas.
tripero, ra m. y f. Persona que vende tripas o tripicallos.
tripicallero, ra m. y f. Persona que vende tripicallos.
tripicallos m. pl. Callos, trozos de tripas de res guisados.
triplano m. Avión cuyas alas están formadas de tres planos.
triplaza adj. De tres plazas.
triple adj. Que contiene tres veces una cosa. ‖ Dícese del número que contiene a otro tres veces. Ú. t. c. s. m. : *el triple de cuatro es doce.* ‖ *Triple salto,* prueba de salto de longitud en la que un atleta debe salvar la mayor distancia posible en tres saltos seguidos.
tripleta f. Conjunto de tres personas o cosas.
triplicación f. Acción de triplicar.
triplicado m. Segunda copia o tercer ejemplar de un acta, manuscrito, etc. ‖ *Por triplicado,* en tres ejemplares.
triplicar v. t. Multiplicar por tres. Ú. t. c. pr. : *la población de esta ciudad se ha triplicado.* ‖ Hacer tres veces una misma cosa.
triplicidad f. Calidad de triple.
triplo, pla adj. y s. m. Triple.
trípode adj. De tres pies : *mesa, asiento trípode.* ‖ Dícese de un mástil metálico, asegurado por otros dos palos inclinados, en ciertos barcos modernos. ‖ — M. Banquillo de tres pies. ‖ Armazón de tres pies para soste-

ner un cuadro, ciertos instrumentos fotográficos, geodésicos, etc.
tripolitano, na adj. y s. De Trípoli (Libia).
tripón, ona adj. y s. Barrigón.
tríptico m. Pintura, grabado o relieve en tres hojas de las cuales las dos laterales se doblan sobre la del centro. ‖ Obra literaria o tratado dividido en tres partes. ‖ Documento de tres hojas que permite a un automovilista pasar una frontera con su coche sin tener que pagar derechos de aduana.
triptongar v. t. *Gram.* Formar o pronunciar un triptongo.
triptongo m. *Gram.* Conjunto de tres vocales que forman una sílaba, como *uai, uei.*
tripudo, da adj. y s. Tripón.
tripulación f. Personal dedicado a la maniobra y servicio de una embarcación o avión.
tripulante com. Miembro de la tripulación : *los tripulantes de un avión.*
tripular v. t. Prestar la tripulación su servicio en un barco o avión. ‖ Conducir.
trique m. Estallido, chasquido. ‖ *Méx.* Cacharro, vasija (ú. más en pl.).
triquina f. Gusano parásito que vive adulto en el intestino del hombre y del cerdo, y, en estado larvario, en sus músculos.
triquinosis f. Enfermedad causada por las triquinas.
triquiñuela f. *Fam.* Treta, artimaña, truco. | Subterfugio, evasiva.
triquitraque m. Ruido como de golpes desordenados y repetidos. ‖ Estos golpes. ‖ Tira de papel con pólvora que se quema como cohete.
trirreme m. Galera antigua con tres órdenes de remos.
tris m. *Fig.* y *fam.* Poca cosa, casi nada. ‖ *Fig.* y *fam. Estar en un tris de* o *que,* estar a punto.
trisagio m. Himno en honor de la Santísima Trinidad.
trisección f. División en tres partes iguales.
trisemanal adj. Que se repite tres veces por semana.
trisílabo, ba adj. y s. m. Que consta de tres sílabas.
triste adj. Afligido, apesadumbrado : *triste por la muerte de un ser querido.* ‖ Melancólico : *de carácter triste.* ‖ Que expresa o inspira tristeza : *ojos tristes ; tiempo triste.* ‖ Falto de alegría : *calle triste.* ‖ Que aflige : *triste recuerdo.* ‖ Lamentable, deplorable : *fin triste.* ‖ *Fig.* Insignificante, insuficiente : *triste sueldo.* | Simple : *ni siquiera un triste vaso de agua.* ‖ — M. Canción popular de tono melancólico y amoroso de la Argentina, Perú y otros países sudamericanos que se canta con acompañamiento de guitarra.
tristeza f. Estado natural o accidental de pesadumbre, melancolía. ‖ Impresión melancólica o poco agradable producida por una cosa : *la tristeza de un paisaje.*
tristón, ona adj. Algo triste.
tristura f. Tristeza.
tritio m. Isótopo radiactivo del hidrógeno (símb. T), cuyo núcleo está formado por un protón y dos neutrones.
trituración f. Quebrantamiento, desmenuzamiento.
triturador, ra adj. Que tritura. ‖ — F. Máquina para triturar rocas, minerales, etc. ‖ — M. Máquina para triturar desperdicios, papeles, etc.
triturar v. t. Moler, desmenuzar, quebrar una cosa dura o fibrosa : *triturar rocas, caña de azúcar.* ‖ Desmenuzar una cosa mascándola : *triturar los alimentos.* ‖ *Fig.* Maltratar, dejar maltrecho : *triturar a palos.* | Criticar severamente : *triturar un texto.*
triunfador, ra adj. y s. Dícese de la persona que triunfa.
triunfal adj. De triunfo.
triunfalismo m. Actitud de aquellos que tienen una confianza exagerada en ellos mismos, en las teorías que defienden : *no hay que pecar de excesivo triunfalismo.*
triunfalista adj. Que muestra triunfalismo (ú. t. c. s.).
triunfante adj. Que triunfa.
triunfar v. i. Ser victorioso : *triunfar de los enemigos.* ‖ *Fig.* Ganar : *triunfar en un certamen.* | Tener éxito : *triunfar en la vida.*
triunfo m. Victoria, éxito militar : *los triunfos de Bolívar.* ‖ *Fig.* Gran éxito : *triunfo teatral.* | Trofeo, despojo. ‖ Carta del palo considerado de más valor en algunos juegos : *triunfo mayor.* ‖ *Arg.* y *Per.* Cierta danza popular. ‖ *En triunfo,* entre las aclamaciones del público.
triunvirato m. Dignidad y función de triunviro. ‖ Tiempo que duraba. ‖ Gobierno de los triunviros. ‖ *Fig.* Unión de tres personas en una empresa.
triunviro m. Cada uno de los tres magistrados romanos que, en ciertas ocasiones, compartieron el poder.
trivalencia f. Calidad de trivalente.
trivalente adj. *Quím.* Que posee la valencia 3.
trivial adj. Vulgar, común, sabido de todos, que carece de novedad. ‖ Insustancial, superficial.
trivialidad f. Calidad de trivial. ‖ Cosa trivial o insustancial.
trivio o **trivium** m. En la Edad Media, conjunto de las tres artes liberales (gramática, retórica y dialéctica).
triza f. Pedazo muy pequeño : *hacer trizas un cacharro.* ‖ *Fig. Hacer trizas a una persona,* dejarla malparada o herida.
trocamiento m. Trueque.
trocánter m. Nombre de dos apófisis del fémur, donde se insertan los músculos que mueven el muslo.
trocar v. t. Cambiar (ú. t. c. pr.).
trocear v. t. Dividir en trozos.
troceo m. División en trozos.
trocla o **trócola** f. Polea.
trocha f. Vereda muy estrecha. ‖ Atajo. ‖ *Amer.* Vía del ferrocarril.
trochemoche (a) o **a troche y moche** m. adv. *Fam.* A tontas y a locas, de manera disparatada.
troesma m. y f. *Arg. Fam.* Persona hábil, que sabe hacer una cosa.
trofeo m. Despojo del enemigo vencido. ‖ Monumento, insignia, etc., que conmemora una victoria : *ganó múltiples trofeos en competiciones deportivas.*
troglodita adj. y s. Que vive en cavernas. ‖ *Fig.* Dícese del hombre bárbaro y tosco.
troglodítico, ca adj. Relativo a los trogloditas. ‖ Subterráneo.
trogo m. Ave de México.
troica f. Trineo o carro ruso muy grande tirado por tres caballos.
troj y **troje** f. Granero.
trola f. *Fam.* Mentira, embuste.
trole m. Pértiga articulada por donde los trenes o tranvías eléctricos y trolebuses toman la corriente del cable conductor. ‖ *Fig. Méx. Estar trole,* estar borracho.

trolebús m. Vehículo eléctrico de transporte urbano montado sobre neumáticos y que toma la corriente de un cable aéreo por medio de un trole.
trolero, ra adj. y s. *Fam.* Embustero, mentiroso.
tromba f. Columna de agua o vapor que se eleva desde el mar con movimiento giratorio muy rápido por efecto de un torbellino de aire. || *Fig. En tromba,* de manera violenta e imprevista.
trombina f. Enzima de la sangre que actúa en la coagulación.
trombo m. Coágulo de sangre que se forma en un vaso sanguíneo o en una cavidad del corazón.
trombocito m. Plaqueta sanguínea.
tromboflebitis f. Inflamación de las venas con formación de trombos.
trombón m. Instrumento músico de viento. || Músico que lo toca.
trombosis f. Formación de coágulos en los vasos sanguíneos. || Oclusión de un vaso por un coágulo.
trompa f. Instrumento músico de viento que consta de un tubo enroscado y de tres pistones : *trompa de caza.* || Prolongación muscular tubular larga y flexible de la nariz de ciertos animales : *la trompa del elefante.* || Aparato chupador de algunos insectos : *la trompa de la mariposa.* || Trompo de metal hueco que suena al girar. || *Arq.* Porción de bóveda que sale en el ángulo de un edificio y sostiene una parte construida en desplome. || *Fam.* Borrachera : *coger una trompa.* | Trompazo, puñetazo. | Hocico. | Nariz. || — *Fam. Estar trompa,* estar borracho. || *Trompa de Eustaquio,* canal que comunica la faringe con el tímpano. || *Trompa de Falopio,* cada uno de los conductos, situados al lado del útero, destinados a conducir los óvulos desde el ovario a la matriz. || — M. Músico que toca la trompa. || *Fam.* Borracho.
trompada f. Trompazo.
trompazo m. Golpe fuerte, porrazo. || *Fam.* Puñetazo.
trompe-l'œil m. inv. (pal. fr.). Pintura que de lejos da la ilusión de no ser la representación de un objeto sino el objeto mismo.
trompeta f. Instrumento músico de viento, metálico, con pistones o sin ellos, de sonido muy fuerte. || *Fam.* Porra de forma cónica. || — M. El que toca este instrumento. || *Fam.* Borracho. || — Adj. *Arg.* Aplícase al animal vacuno que ha perdido un cuerno.
trompetazo m. Sonido muy fuerte producido con la trompeta. || Grito violento de reprimenda.
trompeteo m. Toque de trompeta.
trompetería f. Conjunto de trompetas.
trompetilla f. Aparato en forma de trompeta que suelen emplear los sordos para mejorar la audición.
trompicar v. t. Hacer tropezar. || — V. i. Tropezar.
trompicón m. Tropezón. || *Fam.* Mojicón. || *A trompicones,* con intermitencias, sin continuidad.
trompillo m. Arbusto de la América tropical.
trompillón m. *Arq.* Dovela que sirve de clave en una cúpula.
trompo m. Peonza, juguete de madera.
tronado, da adj. *Fam.* Deteriorado por el uso. | Sin dinero.
tronador, ra adj. Que truena.
tronante adj. Que truena.
tronar v. impers. Haber truenos : *tronó toda la noche.* || — V. i. Causar gran ruido parecido al del trueno. || *Fig.* Hablar o escribir criticando violentamente a alguien o algo : *tronó contra el Gobierno.* || *Fam. ¡Está que truena!,* ¡está furioso!
troncar v. t. Truncar.
tronco m. Parte de un árbol desde el arranque de las raíces hasta el de las ramas. || El cuerpo humano, o el de cualquier animal, prescindiendo de la cabeza y de los miembros superiores e inferiores. || Fragmento del fuste de una columna. || Conjunto de caballerías que tiran de un carruaje. || *Fig.* Origen de una familia. | Persona estúpida o inútil, zoquete. || — *Fig.* y *fam. Dormir como un tronco* o *estar hecho un tronco,* dormir profundamente. || *Tronco de cono, de pirámide,* porción del volumen de un cono, de una pirámide, comprendida entre la base y un plano paralelo a dicha base.
troncha f. *Amer.* Lonja.
tronchante adj. *Fam.* Gracioso.
tronchar v. t. Partir, romper algo doblándolo con violencia : *tronchar una planta.* || — V. pr. *Fam. Troncharse de risa,* partirse de risa.
troncho m. Tallo de las hortalizas, como las lechugas, coles, etc.
tronera f. Abertura en el costado de un barco o en el parapeto de una muralla para disparar. || Ventana muy pequeña. || Agujero de una mesa de billar por donde pueden entrar las bolas.
tronido m. Ruido del trueno.
tronío m. *Fam.* Rumbo, aparato : *boda de tronío.* | Belleza, porte magnífico : *mujer de tronío.*
trono m. Sitial con gradas y dosel usado por los soberanos y altos dignatarios en los actos solemnes. || Tabernáculo donde se expone el Santísimo Sacramento. || *Fig.* Dignidad del rey o soberano : *ocupar el trono de Inglaterra.*
tronzador m. Sierra de tronzar con un mango en cada extremo.
tronzar v. t. Dividir, partir en trozos la madera, barras de metal.
tropa f. Reunión de gente. || Grupo de militares : *las tropas enemigas.* || Conjunto de todos los militares que no son oficiales ni suboficiales : *hombre de tropa.* || *Amer.* Recua de ganado.
tropear v. t. *Arg.* Preparar el ganado en rebaño para su traslado.
tropel m. Muchedumbre desordenada. || Montón de cosas mal ordenadas. || *En tropel,* yendo muchos juntos y con precipitación.
tropelía f. Atropello, abuso de la fuerza o de la autoridad.
tropero m. *Arg.* Guía de ganado.
tropezar v. i. Dar involuntariamente con los pies en un obstáculo. || *Fig.* Encontrar un obstáculo : *tropezar con una dificultad.* | Encontrar por casualidad : *tropezar con un amigo* (ú. t. c. pr.). | Cometer una falta.
tropezón, ona adj. *Fam.* Que tropieza. || — M. Paso en falso, traspiés. || *Fig.* Tropiezo, desliz, desacierto : *dar un tropezón.* || — Pl. Trozos pequeños de jamón o de otra carne que se pone en las sopas o legumbres. || *A tropezones,* sin continuidad.
tropical adj. Relativo a los trópicos : *fauna, flora tropical.*
trópico, ca adj. Concerniente a la posición exacta del equinoccio. || — M. Cada uno de los dos círculos menores de la esfera celeste paralelos al ecuador, y entre los cuales se efectúa el movimiento anual aparente del Sol alrededor de la Tierra. || — *Trópico de*

Cáncer, el del hemisferio norte por donde pasa el Sol al cenit el día del solsticio de verano. ‖ *Trópico de Capricornio*, el del hemisferio sur por donde pasa el Sol al cenit el día del solsticio de invierno.
tropiezo m. Cosa en que se tropieza, estorbo. ‖ *Fig.* Desliz, equivocación, falta : *dar un tropiezo.* | Impedimento, dificultad. | Contratiempo : *llegó sin tropiezo.*
tropilla f. *Arg.* Manada de caballos guiados por una madrina.
tropillo m. *Amer.* Aura, ave.
tropismo m. Movimiento de un organismo en una dirección determinada por el estímulo de agentes físicos o químicos (luz, calor, humedad, etc.).
tropo m. Empleo de una palabra en sentido figurado.
troposfera f. Zona de la atmósfera inmediata a la Tierra.
troquel m. Molde que sirve para acuñar monedas y medallas o estampar sellos, etc.
troquelar v. t. Acuñar, estampar con troquel.
troquiter m. Tuberosidad mayor del húmero.
trotaconventos f. inv. *Fam.* Alcahueta.
trotador, ra adj. Que trota (ú. t. c. s.).
trotamundos com. inv. Persona aficionada a viajar.
trotar v. i. Andar el caballo al trote. ‖ Cabalgar sobre un caballo que anda de esta manera. ‖ *Fig.* y *fam.* Andar mucho dirigiéndose a varios sitios una persona.
trote m. Modo de andar una caballería, intermedio entre el paso y el galope, levantando a la vez la mano y el pie opuestos. ‖ *Fam.* Actividad muy grande y cansada : *ya no estoy para estos trotes.* | Asunto complicado, enredo : *no quiero meterme en esos trotes.* ‖ *Al trote*, trotando; (fig.) muy de prisa.
trotón, ona adj. Aplícase al caballo que acostumbra andar al trote. ‖ — M. Caballo que corre al trote en las carreras.
troupe [*trup*] f. (pal. fr.). Compañía de comediantes.
trousseau [*trusó*] m. (pal. fr.). Ajuar o equipo de novia.
trova f. Verso. ‖ Poesía, composición métrica escrita generalmente para ser cantada. ‖ Canción o poesía amorosa de los trovadores.
trovador, ra adj. Que hace versos. ‖ — M. y f. Poeta, poetisa. ‖ — M. Poeta provenzal de la Edad Media que trovaba o recitaba en lengua de oc.
trovadoresco, ca adj. Relativo a los trovadores.
trovar v. i. Componer versos.
trovero m. Poeta francés de la Edad Media que componía versos en lengua de oíl.
troyano, na adj. y s. De Troya, antigua ciudad de Asia Menor.
trozo m. Pedazo de una cosa separado del resto. ‖ Parte, fragmento de una obra literaria o musical : *trozos escogidos.*
trucaje m. Empleo de trucos en cinematografía.
trucidar v. t. Despedazar. ‖ Matar.
truco m. Maña, habilidad. ‖ Procedimiento ingenioso, artimaña, ardid : *andarse con trucos.* ‖ Artificio cinematográfico para dar apariencia de realidad a secuencias que es imposible obtener directamente al rodar la película.
truculencia f. Aspecto terrible o espantoso.
truculento, ta adj. Terrible, espantoso, atroz : *relato truculento.*
trucha f. Pez salmónido de agua dulce y de carne muy estimada.
truchero m. Pescador o vendedor de truchas. ‖ — Adj. Donde hay truchas : *río truchero.*
truchimán, ana m. y f. *Fam.* Trujamán.
trueno m. Estampido que acompaña al relámpago. ‖ Ruido fuerte del tiro de un arma o cohete. ‖ *Fig. Gente del trueno*, gente de vida licenciosa.
trueque m. Cambio.
trufa f. Hongo ascomiceto subterráneo, muy apreciado por su sabor aromático, con aspecto de tubérculo. ‖ *Fig.* Mentira.
trufar v. t. Rellenar de trufas : *trufar un pavo.* ‖ — V. i. Mentir, decir trufas. ‖ Engañar.
truhán, ana adj. y s. Granuja.
truhanada f. Truhanería.
truhanear v. i. Engañar.
truhanería f. Acción propia de un truhán. ‖ Conjunto de truhanes.
truhanesco, ca adj. Propio de un truhán.
truismo m. Verdad tan evidente que no merecería siquiera ser enunciada.
trujamán, ana m. y f. Intérprete. ‖ — M. Consejero.
trujillano, na adj. y s. De Trujillo (España, Honduras, Perú y Estado de Venezuela).
trujillense adj. y s. De Trujillo (Venezuela).
truncado, da adj. Aplícase a las cosas a las que se ha quitado alguna parte esencial. ‖ *Cono truncado, pirámide truncada*, cono o pirámide a los que les falta el vértice.
truncamiento m. Acción y efecto de truncar.
truncar v. t. Quitar alguna parte esencial : *truncar una estatua.* ‖ *Fig.* Romper, cortar : *truncar las ilusiones.* | Interrumpir.
trusa f. *Per.* Bragas. ‖ *Cub.* Traje de baño.
trust [*trost*] m. (pal. ingl.). Unión de grandes empresas con objeto de reducir los gastos de producción, evitar la competencia y acaparar el mercado de ciertos productos. ‖ En la U. R. S. S., conjunto industrial bajo una dirección única.
tse-tsé f. Nombre indígena de una mosca africana cuya picadura transmite la enfermedad del sueño.
T. S. H., abreviatura de *telegrafía* o *telefonía sin hilos.*
tu, tus pron. poses. de 2.ª pers. en sing. usado como adjetivo antes de un sustantivo.
tú pron. pers. de 2.ª pers. en sing. ‖ — *Fig. Estar de tú a tú con uno*, tener trato de confianza con él. ‖ *Tú y yo*, servicio de café para dos personas.
tuareg m. pl. Pueblo nómada y beréber del Sáhara. (Sing. *targui.*)
tuba f. Instrumento músico de viento de tubo cónico con cilindros o pistones.
tuberáceo, a adj. y s. f. Aplícase a los hongos ascomicetos subterráneos, como la trufa. ‖ — F. pl. Familia que forman.
tuberculina f. Extracto de cultivos de bacilos de Koch, usado para diagnosticar la tuberculosis.
tuberculización f. Infección de un órgano por la tuberculosis.
tubérculo m. Excrecencia feculenta en una planta, particularmente en la parte subterránea del tallo, como la patata, la batata, etc. ‖ Tumorcillo que se forma en el interior

de los tejidos y es característico de la tuberculosis.
tuberculosis f. Enfermedad infecciosa y contagiosa del hombre y de los animales causada por el bacilo de Koch y caracterizada por la formación de tubérculos en los órganos : *tuberculosis pulmonar.*
tuberculoso, sa adj. Relativo al tubérculo o que lo tiene. ‖ Relativo a la tuberculosis : *bacilo tuberculoso.* ‖ Aplícase a la persona que padece tuberculosis (ú. t. c. s.).
tubería f. Conjunto de tubos o conductos utilizados para el transporte de un fluido : *tubería del agua, del gas.*
tuberización f. Transformación en tubérculos de la parte inferior del tallo de ciertas plantas.
tuberosidad f. Tumor. ‖ Protuberancia de un hueso donde se sujetan músculos y ligamentos.
tuberoso, sa adj. Que tiene tuberosidades. ‖ — F. Nardo. ‖ — Pl. Familia de plantas cuya especie principal es el nardo.
tubo m. Pieza cilíndrica hueca : *el tubo del agua.* ‖ *Anat.* Conducto natural : *tubo digestivo, intestinal.* ‖ Parte inferior de los cálices o de las corolas gamopétalas : *tubo polínico.* ‖ Recipiente alargado, metálico o de cristal, de forma más o menos cilíndrica, destinado a contener pintura, pasta dentrífica, píldoras, etc. ‖ En radioelectricidad, lámpara : *tubo catódico.* ‖ — *Tubo de escape,* tubo de evacuación de los gases quemados en un motor. ‖ *Tubo de ensayo,* el de cristal, cerrado por uno de sus extremos, usado para los análisis químicos. ‖ *Tubo lanzallamas,* arma de combate con que se lanzan gases o líquidos inflamados.
tubular adj. Que tiene forma de tubo o está hecho con tubos : *corola tubular.* ‖ — *Caldera tubular,* aquella en que la circulación del fluido caliente se efectúa en tubos que proporcionan una amplia superficie para los intercambios de calor. ‖ — M. Neumático para bicicletas formado por una cámara de aire delgada envuelta en una cubierta de goma.
tucán m. Ave trepadora.
tuco, ca m. y f. *Amer.* Manco. ‖ — M. *Arg.* Coleóptero luminoso.
tucumano, na adj. y s. De Tucumán (Argentina).
tucupita adj. y. s. De Tucupita (Venezuela).
tucúquere m. *Chil.* Gran búho.
tucutuco m. *Arg.* y *Bol.* Mamífero roedor semejante al topo.
tucutuzal m. *Arg.* Terreno socavado por los tucutucos.
tucho, cha m. y f. *Méx.* Mono de cuerpo delgado con patas y cola muy largas. | Persona fea.
tudesco, ca adj. y s. Alemán.
tuerca f. Pieza con un orificio labrado en espiral en que encaja la rosca de un tornillo.
tuerto, ta adj. Torcido. ‖ Aplícase a la persona que no tiene vista en un ojo : *dejar, quedarse tuerto* (ú. t. c. s.). ‖ — M. Agravio.
tuétano m. Médula. ‖ *Fig.* Sustancia, lo más importante o interesante de una cosa. ‖ *Fig.* y *fam. Hasta los tuétanos,* hasta lo más íntimo o profundo de una persona.
tufarada f. Racha de olor o calor repentina y poco duradera.
tufillo m. Olor ligero.
tufo m. Emanación gaseosa que se desprende de ciertas cosas. ‖ Mal olor : *tufo de alcantarilla.* ‖ Mechón de pelo que se peina o riza delante de las orejas. ‖ — Pl. *Fig.* Soberbia, presunción.
tugurio m. Choza de pastores. ‖ *Fig.* Habitación o casa miserable.
tui m. *Arg.* Loro pequeño.
tuición f. *For.* Defensa.
tuitivo, va adj. *For.* Que ampara o protege.
tul m. Tejido fino, ligero y transparente de algodón o seda que forma una red de mallas redondas.
tulcaneño, ña adj. y s. De Tulcán (Ecuador).
tulipa f. Pantalla de cristal de forma parecida a la del tulipán.
tulipán m. Planta liliácea de raíz bulbosa. ‖ Su flor.
tulipanero o **tulipero** m. Árbol ornamental de la familia de las magnoliáceas y oriundo de América.
tulpa f. *Amer.* Piedra de fogón campestre.
tullidez f. Tullimiento.
tullido, da adj. Baldado, que no puede mover algún miembro (ú. t. c. s.). ‖ *Fig.* Muy cansado.
tullimiento m. Estado de tullido, parálisis.
tullir v. t. Dejar tullido, lisiar. ‖ *Fig.* Cansar mucho. ‖ — V. pr. Quedarse imposibilitado o tullido. ‖ Paralizarse un miembro.
tumba f. Sepultura, sitio donde está enterrado un cadáver. ‖ Ataúd que se coloca para la celebración de las honras fúnebres.
tumbaga f. Aleación de cobre y cinc. ‖ Sortija hecha con ella.
tumbal adj. Relativo a la tumba.
tumbar v. t. Hacer caer, derribar : *tumbar a uno al suelo.* ‖ Inclinar mucho : *el viento ha tumbado las mieses.* ‖ *Fig.* y *fam.* Suspender en un examen. | Pasmar : *tumbado de asombro.* ‖ — V. i. Caer al suelo. ‖ — V. pr. Echarse : *tumbarse en la cama.* ‖ Repantigarse : *tumbarse en un sillón.*
tumbesino, na adj. y s. De Tumbes (Perú).
tumbo m. Vaivén violento, sacudida de algo que va andando o rodando : *el coche daba tumbos.*
tumbona f. Especie de hamaca o silla de tijera que sirve para tumbarse.
tumefacción f. Hinchazón.
tumefacto, ta adj. Hinchado.
tumescencia f. Tumefacción.
tumescente adj. Que se hincha.
túmido, da adj. Hinchado.
tumor m. *Med.* Multiplicación anormal de las células que produce un desarrollo patológico de los tejidos. ‖ *Tumor maligno,* cáncer.
tumoroso, sa adj. Que tiene uno o varios tumores.
túmulo m. Sepulcro levantado encima del nivel del suelo. ‖ Montecillo artificial con que se cubrían las sepulturas. ‖ Catafalco, armazón cubierta de paños negros sobre la que se coloca un ataúd.
tumulto m. Motín, disturbio, alboroto. ‖ *Fig.* Agitación.
tumultuario, ria adj. Tumultuoso.
tumultuoso, sa adj. Que promueve tumultos, agitado : *asamblea tumultuosa.* ‖ Acompañado de tumulto : *protestas tumultuosas.*
tuna f. *Bot.* Nopal. | Su fruto, higo chumbo. ‖ Vida vagabunda y pícara : *correr la tuna.* ‖ Orquestina formada por estudiantes, estudiantina.
tunal m. Nopal. ‖ Sitio poblado de tunas.
tunantada f. Granujada.
tunante, ta adj. y s. Pícaro.
tunantear v. i. Bribonear.

tunantería f. Acción propia de un tunante. ‖ Conjunto de tunantes.
tunantesco, ca adj. Propio de los tunantes.
tunarra adj. y s. *Fam.* Tuno.
tunda f. Acción y efecto de tundir los paños. ‖ *Fam.* Paliza.
tundición f. o **tundido** m. Tunda de los paños.
tundidor, ra adj. Que tunde (ú. t. c. s.). ‖ — F. Máquina que sirve para tundir paños.
tundir v. t. Cortar e igualar con tijera el pelo de los paños. ‖ *Fam.* Pegar, golpear, dar una tunda.
tundra f. En las regiones polares, particularmente en Siberia y Alaska, formación vegetal consistente en musgos, líquenes, árboles enanos.
tunecí y **tunecino, na** adj. y s. De Túnez.
túnel m. Galería subterránea abierta para dar paso a una vía de comunicación. ‖ *Túnel aerodinámico,* instalación para determinar las características aerodinámicas de una maqueta de avión, automóvil, etc., sometiéndola a una corriente de aire a gran velocidad.
tungsteno m. *Quím.* Volframio.
túnica f. Cualquier vestidura amplia y larga. ‖ *Anat.* Membrana fibrosa que envuelve algunos órganos : *túnicas vasculares.*
tunjano, na adj. y s. De Tunja (Colombia).
tuno, na adj. y s. Tunante. ‖ — M. Estudiante de la tuna.
tuntún (al o **al buen)** m. adv. *Fam.* Sin reflexión, a la buena de Dios.
tupé m. Copete. ‖ *Fig.* y *fam.* Desfachatez, caradura.
tupí-guaraní adj. y s. Dícese de una familia lingüística y cultural india de América del Sur y de sus miembros que efectuaron grandes migraciones desde la zona comprendida entre los ríos Paraná y Paraguay hasta el Amazonas y llegaron a los Andes bolivianos y al Chaco occidental. ‖ — M. Idioma hablado por estos indios en Brasil. (El *guaraní* se extendió por el Sur y en Paraguay.)
tupido, da adj. Apretado, espeso : *paño tupido.* ‖ Denso.
tupinambo m. *Bot.* Pataca.
tupir v. t. Apretar mucho.
turba f. Combustible fósil que resulta de materias vegetales más o menos carbonizadas. ‖ Estiércol mezclado con carbón vegetal. ‖ Muchedumbre generalmente bulliciosa.
turbación f. Confusión, desasosiego, perplejidad. ‖ Desorden.
turbador, ra adj. Que turba, que provoca disturbios o desórdenes (ú. t. c. s.) : *agitaciones turbadoras del orden implantado.*
turbamiento m. Turbación.
turbamulta f. *Fam.* Muchedumbre confusa y desordenada.
turbante m. Tocado consistente en una faja larga de tela arrollada alrededor de la cabeza.
turbar v. t. Enturbiar, alterar la transparencia natural : *turbar el agua.* ‖ *Fig.* Causar desorden, perturbar : *turbar la paz pública.* | Desconcertar, confundir : *esta pregunta le turbó visiblemente.* | Trastornar : *turbar la razón.* | Interrumpir : *turbar el silencio.* ‖ — V. pr. *Fig.* Perder la serenidad, el aplomo : *no debes turbarte lo más mínimo.*
turbera f. Yacimiento de turba.
turbidez f. Calidad de turbio.
túrbido, da adj. Turbio.
turbiedad f. Estado de turbio. ‖ Opacidad. ‖ Ofuscamiento.
turbina f. Motor constituido por una rueda móvil de álabes sobre la cual actúa la fuerza viva de un fluido (agua, vapor, gas, etc.). ‖ Aparato para separar por centrifugación los cristales de azúcar de otros componentes que hay en la melaza.
turbinto m. Planta arbórea de flores blanquecinas y fruto en baya de América Meridional.
turbio, bia adj. Que ha perdido su transparencia natural : *líquido turbio.* ‖ *Fig.* Equívoco, poco claro : *negocio turbio.* | Agitado : *período turbio.* | Falto de claridad : *vista turbia.*
turbión m. Aguacero con viento fuerte, chaparrón. ‖ *Fig.* Multitud.
turboalternador m. Grupo generador de electricidad constituido por una turbina y un alternador acoplados en un mismo eje.
turbobomba f. Bomba centrífuga acoplada a una turbina.
turbocompresor m. Compresor rotativo centrífugo que tiene alta presión.
turbodinamo f. Acoplamiento hecho con una turbina y una dinamo.
turbogenerador m. Turbina de vapor directamente acoplada a un generador eléctrico.
turbohélice m. Turbopropulsor.
turbomotor m. Turbina accionada por el aire comprimido que funciona como motor.
turbonada f. Aguacero, chaparrón. ‖ *Arg.* Vendaval.
turbopropulsor m. Propulsor constituido por una turbina de gas acoplada a una o varias hélices por medio de un reductor de velocidad.
turborreactor m. Motor de reacción constituido por una turbina de gas cuya expansión a través de una o varias toberas produce un efecto de propulsión por reacción.
turboventilador m. Ventilador accionado por una turbina.
turbulencia f. Agitación ruidosa, alboroto, bullicio. ‖ Agitación desordenada de un fluido que corre : *la turbulencia del agua del mar.*
turbulento, ta adj. *Fig.* Bullicioso, alborotado, agitado. ‖ Turbio.
turco, ca adj. y s. De Turquía. ‖ *Cama turca,* la que no tiene cabecera ni pies. ‖ — M. Lengua turca. ‖ — F. *Fig.* y *fam.* Borrachera.
turcomano, na adj. y s. Aplícase a un pueblo uraloaltaico de raza turca, establecido en el Turkmenistán, Uzbekistán, Afganistán e Irán.
turf m. (pal. ingl.). Sitio donde se verifican las carreras de caballos, hipódromo. ‖ Deporte hípico.
turgencia f. *Med.* Aumento patológico del volumen de un órgano.
turgente adj. Hinchado.
túrgido, da adj. Turgente.
turiferario m. El que lleva el incensario. ‖ *Fig.* Adulador.
turinés, esa adj. y s. De Turín (Italia).
turismo m. Acción de viajar por distracción y recreo. ‖ Organización, desde el punto de vista técnico, financiero y cultural, de los medios que facilitan estos viajes : *Oficina de Turismo.* ‖ Industria que se ocupa de la satisfacción de las necesidades del turista. ‖ Automóvil de uso privado y no comercial : *un turismo azul.* ‖ *Gran turismo,* vehículo de

alquiler con chófer que carece de taxímetro y se contrata por servicio o por horas.
turista com. Persona que viaja por distracción y recreo.
turístico, ca adj. Relativo al turismo ‖ Frecuentado por los turistas : *playa turística.* ‖ Hecho con miras al turismo : *espectáculo turístico.*
turmalina f. Mineral de color variable que se presenta en forma de prismas alargados.
túrmix f. (n. registrado). Batidora.
turnar v. i. Alternar o establecer un turno con otras personas. Ú. t. c. pr. : *turnarse para cuidar a un enfermo.*
turno m. Orden establecido entre varias personas para la ejecución de una cosa : *turno de día ; hablar en su turno.* ‖ Cuadrilla, equipo a quien toca trabajar. ‖ — *De turno,* dícese de la persona a quien corresponde actuar. ‖ *Farmacia de turno,* la encargada del servicio de guardia.
turón m. Mamífero carnicero.
turpial m. Pájaro americano parecido a la oropéndola.
turquesa f. Piedra preciosa de color azul verdoso.
turquí o **turquino, na** adj. Aplícase al azul muy oscuro.
turrar v. t. Tostar.
turrón m. Dulce hecho de almendras, avellanas o nueces, tostadas y mezcladas con miel u otra clase de ingredientes : *los turrones más famosos se hacen en Jijona, Alicante y Alcoy y tienen forma de ladrillo.*
turronería f. Tienda donde se venden turrones.
turulato, ta adj. *Fam.* Estupefacto. | Atolondrado por un golpe.
tusa f. *Amer.* Raspa del maíz. ‖ *Cub.* y *Amér. C.* Bráctea del maíz. ‖ *And.* y *Amer.* Cigarro envuelto en la hoja del maíz. ‖ *Chil.* y *Amér. C.* Barbas del maíz. ‖ *Amér. C.* y *Cub.* Mujer de vida alegre.
tute m. Juego de naipes en el cual hay que reunir los cuatro reyes o caballos. ‖ Reunión de estos naipes. ‖ *Pop.* Paliza. ‖ *Fig.* y *fam.* *Darse un tute,* trabajar mucho ; darse un hartazgo.
tuteamiento m. Tuteo.
tutear v. t. Dirigirse a una persona hablándole de tú (ú. t. c. pr.).
tutela f. Autoridad conferida por la ley para cuidar de la persona y bienes de un menor. ‖ Función de tutor. ‖ *Fig.* Protección, defensa, salvaguardia : *estar bajo tutela.* ‖ *Territorio bajo tutela,* aquel cuya administración está confiada por la O. N. U. a un Gobierno determinado.
tutelar adj. Protector : *divinidad tutelar.* ‖ Que ejerce tutela.
tuteo m. Acción de tutear o tutearse.
tutiplén (a) m. adv. *Fam.* En abundancia, con exceso, sin medida.
tutor, ra m. y f. Persona encargada de la tutela. ‖ — M. Profesor de un centro docente encargado de seguir de cerca los estudios de un grupo de alumnos o de una clase. ‖ *Agr.* Rodrigón.
tutoría f. Cargo de tutor.
tutriz f. Tutora.
tutti frutti m. (pal. ital.). Helado que se hace con varias frutas.
tutú m. *Arg.* Ave de rapiña.
tuxapa m. Junco de los lagos de Michoacán (México).
tuxpacle m. *Méx.* Planta morácea medicinal.
tuya f. Arbol conífero de América.
tuyo, ya pron. pos. de 2.ª pers. en ambos géneros. ‖ — *Fig.* y *fam.* *Esta es la tuya,* ahora te toca actuar y demostrar lo que vales. | *Hiciste de las tuyas,* hiciste una cosa muy propia de ti. ‖ *Los tuyos,* tu familia.
tuyo m. *Chil.* Ñandú.
tuyuyú m. *Arg.* Especie de cigüeña.
tuza f. *Méx.* Mamífero roedor que vive en galerías subterráneas.
TV, abreviatura de *televisión.*
tweed m. (pal. ingl.). Tejido de lana, generalmente de dos colores, utilizado para la confección de trajes de sport.
tzinapu m. *Méx.* Obsidiana.

u

u f. Vigesimocuarta letra del alfabeto castellano y última de las vocales : *la «u», si no lleva diéresis, es muda cuando va precedida de «g» o de «q».* ‖ — *U consonante,* la v. ‖ — Conj. Se emplea en vez de *o* delante de palabras que empiezan por *o* y por *ho* : *oriente u occidente ; patíbulo u horca.* ‖ — U, símbolo químico del *uranio.*
uapití m. Ciervo de gran tamaño que vive en Alaska y Siberia.
ubérrimo, ma adj. Muy fértil.
ubicación f. Posición, situación.
ubicar v. i. Estar situado. Ú. m. c. pr. : *el museo se ubica en la plaza Mayor.* ‖ — V. t. *Amer.* Situar, colocar. | Estacionar un automóvil. ‖ — V. pr. *Arg.* Colocarse en un empleo.
ubicuidad f. Capacidad de estar en varios sitios al mismo tiempo.
ubicuo, cua adj. Que está presente al mismo tiempo en todas partes.
ubre f. Cada una de las tetas de las hembras de los mamíferos.
ucase m. Decreto del zar. ‖ *Fig.* Orden autoritaria.
ucraniano, na o **ucranio, nia** adj. y s. De Ucrania.
ucumari m. Cierto oso del Perú.
Ud., abreviatura de *usted.* (Tb. se escribe Vd.)
ued m. Corriente de agua en el desierto.
¡uf! interj. Indica cansancio, fastidio o repugnancia.
ufanarse v. pr. Vanagloriarse.

ufanía f. Orgullo.
ufano, na adj. Orgulloso : *estaba más que ufano con el resultado conseguido.*
ugandés, esa adj. y s. De Uganda.
ugetista adj. y s. De la Unión General de Trabajadores.
ugrofinés, esa adj. Dícese de los finlandeses o de otros pueblos de lengua parecida (ú. t. c. s.). ‖ Aplícase a un grupo de lenguas uraloaltaicas como el estoniano, el finlandés, el húngaro (ú. t. c. s. m.).
U. G. T., siglas de la *Unión General de Trabajadores.*
uguate m. *Méx.* Caña del maíz.
uistití m. *Méx.* Tití, mono.
ujier m. Ordenanza de algunos tribunales y administraciones.
ukase m. Ucase.
ukelele m. Instrumento músico de cuerdas pulsadas parecido a la guitarra, pero de menor tamaño.
ulano m. Antiguo lancero a caballo en algunos ejércitos europeos.
úlcera f. *Med.* Pérdida de sustancia de la piel o de las mucosas a consecuencia de un proceso patológico de destrucción molecular o de una gangrena : *úlcera del estómago.*
ulceración f. Formación de una úlcera : *ulceración de las varices.*
ulcerante adj. Que ulcera. ‖ *Fig.* Ofensivo.
ulcerar v. t. Causar úlcera : *ulcerar una llaga.* ‖ *Fig.* Ofender, herir : *crítica que ulcera.* ‖ — V. pr. Convertirse en úlcera.
ulcoate m. Serpiente venenosa de México.
ulema m. Doctor de la ley y teólogo musulmán.
ulmáceo, a adj. Dícese de las plantas de la familia de las ulmáceas. ‖ — F. pl. Familia de plantas leñosas que tienen hojas asimétricas y fruto en nuez o drupa.
ulmén m. *Chil.* Entre los araucanos, hombre rico e influyente.
ulmo m. *Chil.* Arbol corpulento de flores blancas.
ulpo m. *Chil.* y *Per.* Cierta bebida hecha con harina tostada.
ulterior adj. Que está en la parte de allá, en oposición con *citerior.* ‖ Que ocurre después de otra cosa, en oposición con *anterior.*
ultima ratio, expr. latina que significa *recurso extremo.*
ultimación f. Fin, terminación.
ultimar v. t. Acabar : *ultimar un trabajo.* ‖ Concertar : *ultimaron el tratado.* ‖ *Amer.* Matar, rematar.
ultimátum m. En el lenguaje diplomático, resolución terminante comunicada por escrito. ‖ *Fam.* Decisión definitiva. (Pl. *ultimátums.*)
último, ma adj. Aplícase a lo que, en una serie, no tiene otra cosa después de sí : *diciembre es el último mes del año.* ‖ Dícese de lo más reciente : *las últimas noticias.* ‖ Relativo a lo más remoto, retirado o escondido : *vive en el último rincón de Argentina.* ‖ Peor : *el último de los hombres.* ‖ Extremo : *recurriré a él en último caso.* ‖ Más bajo : *éste es mi último precio.* ‖ — *Fam. Estar en las últimas,* estar muriéndose, en el fin de su vida. ‖ *Por último,* después de todo.
ultra com. Persona que profesa opiniones extremas.
ultracentrifugación f. Centrifugación efectuada valiéndose de una máquina centrifugadora de gran velocidad.
ultracentrifugadora f. Aparato de centrifugación que tiene un régimen de rotación muy elevado.
ultracorto, ta adj. Dícese de la onda cuya longitud es inferior a un metro.
ultraderecha f. Tendencia más extremista de la derecha en política.
ultraderechismo m. Doctrina política de la ultraderecha.
ultraderechista adj. De la ultraderecha. ‖ M. y f. Miembro de la ultraderecha.
ultraísmo m. Movimiento literario, creado en 1919 por poetas españoles e hispanoamericanos, que proponía una renovación total del espíritu y de la técnica poética.
ultraísta adj. Relativo al ultraísmo : *poema ultraísta.* ‖ — Adj. y s. Partidario del ultraísmo.
ultraizquierda f. Tendencia más extremista de la izquierda en política.
ultraizquierdismo m. Doctrina política de la ultraizquierda.
ultraizquierdista adj. De la ultraizquierda. ‖ — M. y f. Miembro de la ultraizquierda.
ultrajador, ra adj. y s. Que ultraja.
ultrajante adj. Que ultraja.
ultrajar v. i. Injuriar gravemente de obra o de palabra.
ultraje m. Afrenta, ofensa, injuria grave : *vengar un ultraje.*
ultramar m. País que está en el otro lado del mar : *el continente europeo mantiene relaciones con las naciones de ultramar.*
ultramarino, na adj. Que está del otro lado del mar. ‖ — M. pl. Comestibles traídos de otros continentes. ‖ Tienda o comercio de comestibles.
ultramicroscópico, ca adj. Infinitamente pequeño.
ultramicroscopio m. Instrumento óptico más potente que el microscopio común : *observó detenidamente con el ultramicroscopio los gérmenes patógenos.*
ultramoderno, na adj. Muy moderno.
ultramontanismo m. Conjunto de doctrinas teológicas partidarias de una mayor amplitud de los poderes del Papa.
ultramontano, na adj. Que está más allá o de la otra parte de los montes. ‖ Relativo al ultramontanismo. ‖ — Adj. y s. Dícese del partidario del ultramontanismo. ‖ *Fig.* Reaccionario, muy conservador.
ultramundano, na adj. Que pertenece al otro mundo.
ultramundo m. El otro mundo, la otra vida, el más allá.
ultranza (a) m. adv. A muerte : *lucha a ultranza.* ‖ Resueltamente, sin detenerse ante los obstáculos, con decisión. ‖ Sin concesiones.
ultrapresión f. Presión muy elevada.
ultrarrápido, da adj. Muy rápido.
ultrarrojo, ja adj. Infrarrojo.
ultrasensible adj. De gran sensibilidad.
ultrasonido m. *Fís.* Vibración del mismo carácter que el sonido, pero de frecuencia muy elevada que le hace imperceptible para el oído.
ultrasonoro, ra adj. De los ultrasonidos.
ultratumba adv. Más allá de la tumba, de la muerte.
ultravioleta adj. inv. y s. m. Aplícase a las radiaciones invisibles del espectro situadas más allá del color violado.
ulúa f. Pez de las costas occidentales de México.
ulular v. i. Aullar.
umbelífero, ra adj. Dícese de las plantas de la familia umbelífera. ‖ — F. pl. Familia

de plantas herbáceas o leñosas que tienen hojas grandes y flores pequeñas.
umbilical adj. Del ombligo.
umbral m. Parte inferior del vano de la puerta, contrapuesta al dintel : *estaba en el umbral de su casa.* || *Fig.* Principio, origen : *en el umbral de la vida.* || En fisiología y psicología, valor mínimo de un estímulo para producir una reacción : *umbral de audibilidad.*
umbrío, a adj. Sombrío. || — F. Parte de un terreno orientada hacia el Norte y que casi siempre está en la sombra.
umbroso, sa adj. Sombrío.
un adj. Apócope de *uno* delante de un sustantivo masculino o de *una* delante de un nombre femenino que empieza por *a* o *ha* acentuado.
unánime adj. Conforme, que coinciden en la misma opinión o sentimiento. || General, sin excepción : *acuerdo unánime.*
unanimidad f. Conformidad entre varios pareceres. || *Por unanimidad,* de manera unánime.
unción f. Ceremonia consistente en aplicar a una persona óleo sagrado. || Extremaunción, sacramento de la Iglesia católica. || Devoción, gran fervor de una persona.
uncir v. t. Sujetar al yugo bueyes, mulas u otros animales.
undécimo, ma adj. Que ocupa el lugar once. || — M. Cada una de las once partes iguales en que se divide un todo.
undulante adj. Ondulante.
ungimiento m. Unción.
ungir v. t. Frotar con aceite u otra materia grasa. || Poner óleo sagrado para bendecir o consagrar.
ungüento m. Cualquier medicamento con que se unta el cuerpo.
ungulado, da adj. y s. m. Aplícase a los mamíferos que tienen casco o pezuña. || — M. pl. Grupo de estos mamíferos, herbívoros, que comprende los proboscidios (elefante), los perisodáctilos (caballo, rinoceronte) y los artiodáctilos (porcinos y rumiantes).
ungular adj. De la uña.
unicameral adj. Que tiene una sola cámara.
unicameralismo m. Existencia de una sola cámara o asamblea de diputados.
unicelular adj. De una sola célula : *organismo unicelular.*
unicidad f. Condición de único.
único, ca adj. Solo, en su especie : *es mi única preocupación.* Ú. t. c. s. : *es el único que tengo.* || Solo entre varios : *el único culpable.* || *Fig.* Extraño, extraordinario : *caso único; único en su género.*
unicolor adj. De un solo color.
unicornio m. Animal fabuloso de cuerpo de caballo con un cuerno en mitad de la frente. || Rinoceronte.
unidad f. Magnitud tomada como término de comparación con otras magnitudes de la misma especie. || Calidad de lo que es uno (por oposición a *pluralidad*) : *haber unidad de poder.* || Calidad de las cosas entre cuyas partes hay coordinación : *unidad en sus proyectos.* || Calidad de la obra artística o literaria en que sólo hay un tema o pensamiento principal o central : *unidad de acción, de lugar, de tiempo.* || Cada uno de los barcos o aviones que componen una flota. || Cada uno de los coches que forman un tren. || Conjunto de militares al mando de un jefe. || *Unidad monetaria,* moneda legal que sirve de base al sistema monetario de un país.
unidireccional adj. Que circula sólo en un sentido.
unificación f. Acción y efecto de unificar o unificarse.
unificador, ra adj. y s. Que unifica.
unificar v. t. Reunir varias cosas en una. || Uniformar.
uniformador, ra adj. Que uniforma.
uniformar v. t. Hacer uniformes dos o más cosas entre sí. || Dar traje igual a las personas de una colectividad. || — V. pr. Ponerse un uniforme.
uniforme adj. Que posee la misma forma, el mismo aspecto, que no presenta variedades : *colores uniformes.* || Siempre parecido, igual : *movimiento uniforme.* || Que no tiene ninguna variedad : *estilo uniforme.* || Que no cambia, regular : *vida uniforme.* || — M. Traje igual y reglamentario para todas las personas de un mismo cuerpo o institución. || Traje de los militares.
uniformidad f. Carácter de lo que es semejante en todas partes, semejanza.
uniformizar v. t. Hacer uniforme.
unigénito, ta adj. Dícese del hijo único. || — M. El Verbo Eterno, el Hijo de Dios.
unilateral adj. Dícese de lo que se refiere a una parte o aspecto de una cosa : *decisión unilateral.* || Situado en sólo una parte : *estacionamiento unilateral.* || *For.* Que compromete sólo a una de las partes : *pactos unilaterales.*
unilateralidad f. Carácter unilateral.
uninominal adj. Que sólo contiene o indica un nombre.
unión f. Reunión, asociación de dos o varias cosas en una sola : *la unión del alma y del cuerpo.* || Asociación, conjunción, enlace entre dos o más cosas. || Asociación de personas, de sociedades o colectividades con objeto de conseguir un fin común : *unión de productores.* || Conformidad de sentimientos y de ideas : *unión de corazones.* || Casamiento, matrimonio : *unión conyugal.* || Acto que une bajo un solo gobierno varias provincias o Estados. || Provincias o Estados así reunidos : *la Unión Americana.* || Asociación por la que dos o varios Estados vecinos suprimen la aduana en las fronteras que les son comunes : *unión arancelaria.* || *Med.* Restablecimiento de la continuidad de los tejidos lesionados : *unión de los labios de una herida.* || *Tecn.* Cierta clase de juntas, empalmes, manguitos , etc. || *En unión de,* en compañía de.
unionense adj. y s. De La Unión (España y El Salvador).
unionismo m. Doctrina de los unionistas.
unionista adj. y s. Partidario de cualquier idea de unión.
uníparo, ra adj. Aplícase a las especies animales que solamente tienen una cría cuando paren.
unipersonal adj. Que consta de una sola persona : *gobierno unipersonal.* || Individual, de una sola persona : *propiedad unipersonal.* || Aplícase a los verbos que únicamente se emplean en la tercera persona y en el infinitivo, pero, a diferencia de los impersonales, tienen sujeto expreso : *acaecieron graves disturbios en la ciudad.*
unir v. t. Juntar dos o varias cosas : *unió los dos pisos.* || Asociar : *unir dos empresas.* || Establecer un vínculo de afecto, de cariño, de amistad : *estoy muy unido con él.* || Hacer que se verifique un acercamiento : *las desgracias de la guerra unieron a los dos Estados.* || Casar : *los unió el arzobispo* (ú. t. c. pr.). ||

Mezclar, trabar : *unir una salsa.* || *Med.* Juntar los labios de una herida. || — V. pr. Asociarse, juntarse.

unisex y **unisexo** adj. Dícese de la moda que va bien tanto a los hombres como a las mujeres.

unisexual adj. Dícese de las flores que tienen sólo estambres o sólo pistilos y, a veces, de animales de un solo sexo.

unisón adj. Unísono.

unísono, na adj. Que tiene el mismo tono o sonido que otra cosa. || *Al unísono,* en el mismo tono; (fig.) al mismo tiempo, de acuerdo.

unitario, ria adj. Compuesto de una sola unidad : *Estado unitario.* || — Adj. y s. m. Partidario de la unidad y de la centralización política.

universal adj. Que pertenece o se extiende a todo el mundo y a todos los tiempos : *Iglesia, historia, esposición universal.* || Que procede de todos : *aprobación universal.* || Aplícase a la persona versada en muchas ciencias. || Válido de una manera total e imperativa : *leyes universales.*

universalidad f. Carácter de lo que es general, universal, mundial.

universalismo m. Opinión que no admite más autoridad que la emanada del consentimiento universal.

universalización f. Acción y efecto de universalizar.

universalizar v. t. Hacer universal, generalizar.

universidad f. Institución de enseñanza superior constituida por varios centros docentes, llamados, según los países, facultades o colegios en los que se confieren los grados académicos. || Edificio donde reside.

universitario, ria adj. Relativo a la universidad : *título universitario.* || — M. y f. Estudiante en la Universidad o persona que ha obtenido en ella un grado o título. || Profesor de Universidad.

universo m. Mundo, conjunto de todo lo existente. || La Tierra y sus habitantes. || La totalidad de los hombres : *denigrado por todo el Universo.* || Medio en el que uno vive : *el pueblo en que vive constituye todo su universo.* || *Fig.* Mundo material, intelectual o moral.

unívoco, ca adj. Dícese de lo que tiene el mismo significado para todas las cosas a las cuales se aplica.

uno, na adj. Que no se puede dividir : *la patria es una.* || Idéntico, semejante. || Dícese de la persona o cosa profundamente unida con otra : *estas dos personas no son más que una.* || — Adj. num. Que corresponde a la unidad : *este trabajo duró un día.* || — M. El primero de todos los números : *el uno.* || Unidad : *uno y tres son cuatro.* || — Pron. indef. Dícese de una persona indeterminada o cuyo nombre se ignora : *uno me lo afirmó esta tarde rotundamente.* || Usase también contrapuesto a otro : *uno tocaba y el otro cantaba.* || — Art. indef. Alguno, cualquier individuo : *un escritor.* || — Pl. Algunos : *unos amigos.* || Un par de : *unos guantes.* || Aproximadamente : *unos cien kilómetros.* || — *Cada uno,* cada persona considerada separadamente. || *La una,* la primera hora después de mediodía o medianoche. || *Una de dos,* dícese para contraponer dos ideas. || *Uno a otro,* recíprocamente. || *Uno de tantos,* una persona o cosa cualquiera. || *Unos cuantos,* algunos, no muchos.

untar v. t. Cubrir con una materia grasa o pastosa : *untar con aceite.* || *Fig.* y *fam.* Sobornar a uno con dádivas. || *Fig.* y *fam.* *Untar la mano a uno,* sobornarle.

unto m. Materia grasienta con que se unta. || Ungüento.

untuosidad f. Estado de lo que es untuoso.

untuoso, sa adj. Grasiento.

untura f. Acción de untar. || Unto.

uña f. Parte dura, de naturaleza córnea, que crece en el extremo de los dedos. || Garras de ciertos animales : *las uñas del gato.* || Hendidura en ciertos objetos como los cajones para empujarlos o cogerlos con las uñas. || Cada una de las puntas triangulares que terminan los brazos de un ancla. || — *Fig. A uña de caballo,* muy rápidamente. | *De uñas,* enemistados. | *Enseñar* o *mostrar alguien las uñas,* amenazar. | *Ser uña y carne dos personas,* ser muy amigas.

uñero m. Inflamación alrededor de la uña. || Uña que crece mal, introduciéndose en la carne. || Corte semicircular que se hace en las hojas de algunos libros y que permite encontrar fácilmente lo que se quiere consultar : *un diccionario con uñeros permite encontrar mejor las palabras que se buscan.*

¡upa! interj. ¡Aúpa!

upar v. t. Aupar.

uppercut m. (pal. ingl.). En boxeo, gancho al mentón.

uralaltaico, ca adj. Aplícase a un grupo de lenguas que comprende el mogol, el turco y el ugrofinés.

uralita f. Silicato natural de ciertas rocas básicas. || Nombre comercial de un material de construcción obtenido por aglomeración de amianto y cemento.

uraloaltaico, ca adj. Dícese de una familia etnográfica que comprende los búlgaros, húngaros, etc. || Uralaltaico.

uranífero, ra adj. Con uranio.

uranio m. Metal (U) de número atómico 92, de densidad 18,7, que tiene una gran radiactividad química y constituye la materia prima esencial para la producción de la energía nuclear.

urano m. Óxido del uranio.

urbanidad f. Cortesía, buenos modales, buena educación.

urbanismo m. Conjunto de medidas de planificación, administrativas, económicas y sociales referentes al desarrollo armónico, racional y humano de las poblaciones.

urbanista adj. Urbanístico. || — M. Arquitecto que se dedica al urbanismo.

urbanístico, ca adj. Relativo al urbanismo : *plan urbanístico.*

urbanización f. Acción de urbanizar una porción de terreno. || Núcleo residencial urbanizado.

urbanizador, ra adj. Que urbaniza. || — M. y f. Persona que urbaniza.

urbanizar v. t. Hacer urbano y sociable a uno : *urbanizar a un palurdo.* || Hacer que un terreno pase a ser población abriendo calles y dotándolo de luz, alcantarillado y otros servicios municipales.

urbano, na adj. De la ciudad, en contraposición a *rural.* || Cortés, de buena educación.

urbe f. Ciudad grande.

urbi et orbi, expr. latina que significa *al mundo entero.*

urco m. Macho de la llama.

urdidor, ra adj. y s. Que urde.

urdimbre f. Conjunto de hilos paralelos colocados en el telar entre los que pasa la trama para formar el tejido. || Estambre

urdido para tejerlo. || *Fig.* Maquinación, trama.
urdir v. t. Preparar los hilos de la urdimbre para ponerlos en el telar. || *Fig.* Maquinar, preparar, tramar.
urea f. Sustancia nitrogenada derivada del ácido carbónico que existe en la sangre y orina.
uremia f. Acumulación en la sangre de principios tóxicos que normalmente deberían ser eliminados por el riñón.
uréter m. Cada uno de los dos conductos por los que la orina va de los riñones a la vejiga.
uretra f. Conducto por el que se expulsa la orina de la vejiga.
uretral adj. De la uretra.
uretritis f. Inflamación de la membrana mucosa de la uretra.
uretroscopio m. Instrumento que sirve para examinar la uretra.
uretrotomía f. Abertura quirúrgica de la uretra.
urgencia f. Carácter de lo que es urgente. || Necesidad apremiante. || Obligación de cumplir las leyes o preceptos. || *Cura de urgencia,* primeros auxilios prestados a un herido o enfermo.
urgente adj. Que urge, apremiante : *labor urgente.* || Que se cursa con rapidez : *correo urgente.*
urgir v. i. Exigir una cosa su pronta ejecución, correr prisa : *el asunto urge.* Ú. t. c. impers. : *urge terminar estas obras.* || Ser inmediatamente necesario : *me urge mucho.* || — V. t. Compeler, apremiar.
úrico, ca adj. De la orina. || *Ácido úrico,* compuesto orgánico que hay en la orina y, en menor dosis, en la sangre, cuya acumulación produce el reumatismo y la gota.
urinario, ria adj. De la orina : *conducto urinario.* || — M. Lugar destinado para orinar.
urna f. Vasija de forma y tamaño variables donde los antiguos guardaban dinero, las cenizas de los muertos, etc., o con la que sacaban el agua. || En sorteos y votaciones, caja donde se depositan las papeletas : *urna electoral.* || Caja de cristales donde se guardan cosas preciosas, como las reliquias, para que puedan ser vistas sin estropearse. || *Ir a las urnas,* votar.
uro m. Especie de toro salvaje
urodelo, la adj. y s. m. Dícese de unos anfibios de cuerpo alargado y piel lisa.
urogallo m. Ave gallinácea de plumaje pardo negruzco.
urología f. Parte de la medicina que estudia el aparato urinario.
urólogo, ga m. y f. Especialista en urología.
urraca f. Pájaro domesticable de plumaje blanco y negro y larga cola.
urticáceo, a adj. Dícese de las plantas pertenecientes a la familia urticácea (ú. t. c. s. f.). || — F. pl. Familia de plantas herbáceas de hojas vellosas y flores apétalas.
urticaria f. Erupción caracterizada por la aparición en la piel de placas o ronchas pruriginosas acompañadas de un fuerte picor y debida a una reacción alérgica al ingerir ciertos alimentos, como fresas, huevos, crustáceos, etc.
urubú m. Ave rapaz diurna de América del Sur, parecida al buitre.
uruguayismo m. Palabra o giro propio del Uruguay.
uruguayo, ya adj. y s. Del Uruguay.
urundey o **urunday** m. *Riopl.* Árbol terebintáceo cuya madera se emplea en la construcción.
urutaú m. *Arg.* Pájaro nocturno de plumaje pardo oscuro.
urutí m. *Arg.* Pajarito cuyo plumaje es de colores variados.
U. S. A., siglas de *United States of America* (Estados Unidos).
usado, da adj. Gastado por el uso : *un traje usado.* || Utilizado.
usanza f. Uso, costumbre.
usapuca f. *Arg.* Ácaro de color rojizo que se fija en la piel humana y produce una fuerte picazón.
usar v. t. Utilizar, emplear habitualmente. || Tener costumbre de llevar : *usar gafas.* || — V. i. Hacer uso de : *usar de su derecho.* || Acostumbrar. || — V. pr. Emplearse : *esta palabra ya no se usa.* || Llevarse habitualmente : *ya no se usan miriñaques.*
ushuaiense adj. y s. De Ushuaia (Argentina).
usía com. Vuestra señoría.
usina f. Galicismo por *fábrica,* especialmente la que produce gas o electricidad, empleado frecuentemente en Uruguay y Argentina.
uso m. Acción de utilizar o valerse de algo : *el buen uso de las riquezas ; hacer uso de la fuerza.* || Aplicación : *este aparato tiene muchos usos.* || Costumbre, práctica consagrada : *es el uso del país.* || Moda : *el uso de la capa.* || Acción de llevar : *uso indebido de condecoraciones.* || — *Al uso,* que se estila, de moda ; a usanza de : *al uso aragonés.* || *En buen uso,* en buen estado. || *En uso de,* valiéndose de. || *Fuera de uso,* que ya no se utiliza. || *Ser de uso,* emplearse ; llevarse. || *Tener uso de razón,* haber pasado de la infancia y ser capaz de discernimiento.
usted com. Contracción de *vuestra merced,* que se usa como pronombre personal de segunda persona « de respeto ».
— OBSERV. *Usted* tiene que ir seguido del verbo en tercera persona, pero es una falta muy corriente en Andalucía y en Hispanoamérica el hacer concordar *ustedes* con la segunda persona del plural del verbo como si se tratara de *vosotros.*
usual adj. Que es de uso o se hace habitualmente.
usuario, ria adj. y s. Aplícase a la persona que emplea cierto servicio : *los usuarios del gas, de la carretera.* || *For.* Aplícase a la persona que disfruta del uso de algo.
usucapión f. Adquisición de una cosa por haberla poseído durante cierto tiempo determinado por la ley sin que la reclame su legítimo dueño.
usucapir v. t. *For.* Adquirir una cosa por usucapión.
usufructo m. Derecho de disfrutar de algo cuya propiedad directa pertenece a otro
usufructuante adj. y s. Que usufructúa.
usufructuar v. t. Tener o gozar el usufructo de una cosa.
usuluteco, ca adj. y s. De Usulután (El Salvador).
usura f. Interés que se cobra por un préstamo. || Interés superior al legalmente establecido que se pide por la cantidad prestada. || Préstamo con un interés excesivo. || *Fig. Con usura,* con exceso.
usurario, ria adj. Con usura.
usurero, ra m. y f. Persona que presta con usura (ú. t. c. adj.).

usurpación f. Acción de usurpar. ‖ Cosa usurpada. ‖ *For.* Delito que se comete apoderándose con violencia o intimidación de una propiedad o derecho ajeno.
usurpador, ra adj. y s. Que usurpa bienes o derechos ajenos.
usurpar v. t. Apoderarse o disfrutar indebidamente de un bien o derecho ajeno : *usurpar el poder.*
uta m. Saurio de la familia de los iguánidos que se encuentra desde Nuevo México a Baja California.
utensilio m. Objeto de uso manual destinado a realizar ciertas operaciones : *utensilios de cocina.*
uterino, na adj. Relativo al útero : *arteria uterina.* ‖ *Hermano uterino,* el que lo es sólo de madre.
útero m. Matriz, órgano de la gestación.
útil adj. Que es de provecho : *obras útiles.* ‖ Eficiente, que puede prestar muchos servicios : *una persona útil.* ‖ *For.* Hábil : *plazo útil.* ‖ — M. pl. Utensilios : *útiles de labranza.*
utilidad f. Servicio prestado por una persona o cosa : *la utilidad de una organización.* ‖ Provecho que se saca de una cosa : *la utilidad de los estudios.* ‖ — Pl. Ingresos procedentes del trabajo personal, del capital, etc., que suelen gravarse con un impuesto.
utilitario, ria adj. Que antepone a todo la utilidad y el interés : *persona utilitaria.* ‖ Aplícase al automóvil pequeño y no de lujo (ú. t. c. s. m.).
utilitarismo m. Valoración de las acciones por la utilidad que tienen.
utilitarista adj. Perteneciente o relativo al utilitarismo. ‖ — Com. Partidario de esta doctrina.
utilizable adj. Que puede utilizarse.
utilización f. Uso.
utilizador, ra adj. Aplícase a la persona que utiliza algo (ú. t. c. s.).
utilizar v. t. Emplear, servirse de.
utillaje m. Conjunto de herramientas, instrumentos o máquinas utilizado en una industria.
utopía f. Concepción imaginaria de un gobierno ideal. ‖ Proyecto cuya realización es imposible.
utópico, ca adj. Relativo a la utopía : *ideas utópicas.*
utopista m. y f. Persona que imagina utopías o cree en ellas.
utrero, ra m. y f. Novillo que tiene entre dos y tres años de edad.
uva f. Fruto de la vid consistente en bayas blancas o moradas que forman un racimo. ‖ Cada una de estas bayas. ‖ Fruto del agracejo. ‖ — *Fig.* y *fam. Estar de mala uva,* estar de mal humor. | *Tener mala uva,* tener mala intención. ‖ *Uva moscatel,* la de sabor dulce y de grano redondo y liso. ‖ *Uva pasa,* la secada al sol.
uve f. Nombre de la letra *v.* ‖ *Uve doble,* nombre de la letra *w.*
úvea f. Capa pigmentaria del iris del ojo.
uveral m. *Amér. C.* Terreno plantado de uveros.
uvero, ra adj. Relativo a las uvas : *producción uvera.* ‖ — M. Árbol poligonáceo de las Antillas y América Central.
úvula f. Apéndice carnoso y móvil que cuelga de la parte posterior del velo palatino.
uvular adj. De la úvula. ‖ Aplícase al sonido articulado en la úvula.
¡uy! interj. Denota sorpresa o dolor.

V

v f. Vigésima quinta letra del alfabeto castellano y vigésima de sus consonantes. ‖ — V, cifra romana que vale cinco. ‖ Símbolo químico del *vanadio.* ‖ *Electr.* Símbolo del *voltio.* ‖ Símbolo de *velocidad* y *volumen.* ‖ *V doble,* la w.
VA, símbolo del *voltamperio.*
vaca f. Hembra del toro. ‖ Carne de res vacuna que sirve de alimento. ‖ Cuero de vaca o buey después de curtido. ‖ Asociación de varias personas para jugar dinero en común, por ej. en la lotería. (Tb. se dice *vaquita.*) ‖ *Fig. Vacas flacas, vacas gordas,* expresiones que se emplean para aludir a épocas de escasez o de abundancia respectivamente.
vacaciones f. pl. Período de descanso. ‖ Período en que se suspenden las clases.
vacada f. Manada de vacunos.
vacancia f. Vacante.
vacante adj. Aplícase al cargo o empleo sin proveer : *sede vacante.* ‖ Sin ocupar : *piso vacante.* ‖ — F. Plaza o empleo no ocupado por nadie.
vacar v. i. Quedar un cargo o empleo sin persona que lo desempeñe. ‖ Cesar uno por algún tiempo en sus habituales negocios o estudios.
vacaray m. *Arg.* Ternero nonato.
vaciadero m. Sitio donde se vacía. ‖ Conducto por donde se vacía.
vaciado m. Acción de vaciar en un molde un objeto de metal, yeso, etc. : *el vaciado de una estatua.* ‖ Figura o adorno formado en un molde : *vaciado de yeso.* ‖ Acción de vaciar algún depósito.
vaciador m. Operario que vacía. ‖ Instrumento para vaciar.
vaciar v. t. Dejar vacía una cosa : *vaciar una botella.* ‖ Verter, arrojar : *vaciar escombros.* ‖ Beber : *vaciar el contenido de un vaso.* ‖ Hacer evacuar : *vaciar una sala pública.* ‖ Formar objetos echando en un molde yeso o metal derretido : *vaciar una estatua.* ‖ Dejar hueca una cosa, ahuecar. ‖ Sacar filo : *vaciar una cuchilla.* ‖ — V. i. Desaguar, desembocar : *el Ebro vacía en el Mediterráneo.* ‖ —

V. pr. *Fig.* y *fam.* Decir uno abiertamente lo que debía callar.
vaciedad f. Cosa vana.
vacila m. *Fam.* Persona bromista, guasón.
vacilación f. Duda.
vacilante adj. Que vacila.
vacilar v. i. Moverse por falta de estabilidad, tambalearse, titubear. ‖ Temblar levemente : *luz que vacila.* ‖ *Fig.* Tener poca estabilidad o firmeza : *vacilar las instituciones del régimen.* | Dudar, titubear, estar uno perplejo o indeciso. ‖ *Fam.* Hablar en broma e irónicamente. | Tomar el pelo a alguien. | Hablar mucho a causa de haberse drogado.
vacile m. *Fam.* Broma, guasa. | Tomadura de pelo. | Bromista, guasón.
vacilón ona adj. y s. *Fam.* Bromista, guasón. | Que fuma porros. ‖ *Fam. Ponerse vacilón,* estar bajo los efectos de drogas estimulantes.
vacío, a adj. Falto de contenido : *saco vacío.* ‖ Que contiene sólo aire : *botella vacía.* ‖ Que no tiene aire : *neumático vacío.* ‖ Que está sin habitantes o sin gente : *ciudad vacía.* ‖ Sin muebles : *habitación vacía.* ‖ Se aplica a la hembra que no tiene cría. ‖ *Fig.* Insustancial, superficial : *espíritu vacío.* | Presuntuoso, vano. ‖ — M. *Fís* Espacio que no contiene materia alguna : *hacer el vacío.* ‖ Espacio en el cual las partículas materiales se hallan muy enrarecidas. ‖ Hueco en un cuerpo cualquiera. ‖ *Fig.* Vacante, empleo sin proveer. | Sentimiento penoso de ausencia, de privación : *su muerte dejó un gran vacío.* | Vanidad, vacuidad, nada. ‖ — *De vacío,* sin carga : *el autobús volvió de vacío.* ‖ *Fig. Hacer el vacío a uno,* dejarlo aislado. | *Tener un vacío en el estómago,* tener hambre.
vacuidad f. Estado de vacío.
vacuna f. Preparación microbiana atenuada en su virulencia que, inoculada a una persona o a un animal, le inmuniza contra una enfermedad determinada : *vacuna antidiftérica.*
vacunación f. Inmunización contra alguna enfermedad por una vacuna.
vacunar v. t. Poner una vacuna a una persona para inmunizarla de una enfermedad. ‖ *Fig.* y *fam.* Inmunizar contra un mal.
vacuno, na adj. Relativo a los bueyes y vacas. ‖ — M. Res vacuna.
vacuo, cua adj. Insustancial.
vacuola f. Cavidad llena de líquido en el citoplasma de una célula.
vadeable adj. Que se puede vadear.
vadear v. t. Atravesar un río por el vado. ‖ *Fig.* Esquivar una dificultad. ‖ — V. pr. Manejarse.
vademécum m. Libro en el que se hallan los datos o las nociones de una materia empleados más frecuentemente. ‖ Cartapacio.
vado m. Lugar de un río en donde hay poca profundidad y que se puede pasar sin perder pie. ‖ Rebajamiento del bordillo de una acera de una calle para facilitar el acceso de un vehículo a una finca urbana.
vagabundear v. i. Llevar vida de vagabundo.
vagabundeo m. Acción de vagabundear. ‖ Vida de vagabundo.
vagabundo, da adj. Que va sin dirección fija, que anda errante de una parte a otra. ‖ — M. Persona que no tiene domicilio determinado ni medios regulares de subsistencia.
vagancia f. Estado del que no tiene domicilio ni medios de subsistencia lícitos. ‖ Ociosidad, pereza.
vagar v. i. Andar errante, sin rumbo. ‖ Andar ocioso.
vagido m. Gemido o grito débil del niño recién nacido.
vagina f. Conducto que en las hembras de los mamíferos se extiende desde la vulva hasta la matriz. ‖ En ciertas plantas, vaina envolvente de algunas hojas.
vaginal adj. Relativo a la vagina.
vago, ga adj. Ocioso, perezoso. Ú. t. c. s. : *la ciudad estaba llena de vagos.* ‖ Indeterminado, confuso, indeciso : *una vaga idea.* ‖ Impreciso, falto de nitidez : *se veían unos trazos vagos de su silueta.*
vagón m. Coche de ferrocarril para el transporte de viajeros o de mercancías. ‖ Carro grande de mudanzas : *vagón capitoné.*
vagoneta f. Vagón pequeño y descubierto usado para transporte. ‖ *Arg. Fam.* Persona sin ocupación. | Sinvergüenza. | Persona de mal vivir.
vaguada f. Fondo de un valle.
vaguear v. i. Vagar.
vaguedad f. Calidad de vago. ‖ Expresión poco precisa : *perderse en vaguedades.*
vahído m. Pérdida del conocimiento, desmayo.
vaho m. Vapor tenue.
vaina f. Estuche o funda de ciertas armas o instrumentos. ‖ *Bot.* Envoltura alargada y tierna de las semillas de las plantas leguminosas. ‖ Ensanchamiento del pecíolo de ciertas hojas que envuelve el tallo. ‖ *Fam. Amer.* Molestia, contratiempo. ‖ *Fam. Col.* Chiripa, suerte. ‖ — Com. *Fam.* Botarate, majadero.
vainica f. Deshilado menudo que las costureras hacen por adorno en la tela.
vainilla f. Planta trepadora cuyo fruto se emplea en pastelería para aromatizar. ‖ Fruto de esta planta.
vaivén m. Balanceo, movimiento de un objeto que oscila. ‖ *Fig.* Alternativa, variedad de las cosas : *los vaivenes políticos.*
vajilla f. Conjunto de vasos, tazas, platos, fuentes, etc., para el servicio de la mesa.
valdepeñas m. Vino tinto de Valdepeñas (España).
valdiviano, na adj. y s. De Valdivia (Chile).
vale m. Papel o documento que se puede cambiar por otra cosa. ‖ Documento por el que se reconoce una deuda, pagaré : *un vale por mil pesetas.* ‖ Nota o papel que se da al repartidor de algo a domicilio para que acredite la entrega y cobre el importe. ‖ Contraseña que permite a la persona que la tiene asistir gratuitamente a un espectáculo. ‖ *Amer.* Valedor, amigo.
valedero, ra adj. Válido.
valedor, ra m. y f. Protector. ‖ *Amer.* Compañero, amigo.
valencia f. Número máximo de átomos de hidrógeno que pueden combinarse con un átomo de cuerpo simple.
valencianismo m. Vocablo o expresión propio de Valencia.
valenciano, na adj. y s. De Valencia (España y Venezuela). ‖ — M. Lengua hablada en la mayor parte de la región de Valencia (España).
valentía f. Valor.
valentón, ona adj. y s. Bravucón.
valentonada f. Prueba de valor.
valer m. Valor, mérito.
valer v. t. Procurar, dar : *sus estudios le*

valieron gran consideración. || Ser causa de : *su pereza le valió un castigo.* || — *Valer la pena una cosa,* merecer el trabajo que en ella se emplea. || *¡ Válgame Dios !,* exclamación de sorpresa, susto, compasión, etc. || *Válgame la frase,* permítame emplearla. || — V. i. e. impers. Tener una cosa un precio determinado : *esta casa vale mucho dinero.* || Equivaler, tener el mismo significado : *en música, una blanca vale dos negras.* || Servir : *esta astucia no le valió.* || Ser válido, tener efectividad : *sus argumentos no valen.* || Ser conveniente o capaz : *este chico no vale para este cargo.* || Tener curso legal una moneda. || — *Hacer valer sus derechos,* hacerlos reconocer. || *Vale,* está bien, conforme ; basta. || *Valer por,* tener el mismo valor. || — V. pr. Servirse de una cosa. || Recurrir, acogerse a : *valerse de sus relaciones.*

valerano, na adj. y s. De Valera (Venezuela).

valeriana f. Planta de flores rosas, blancas o amarillentas.

valeroso, sa adj. Valiente.

valet m. (pal. fr.). Sota en la baraja francesa.

valetudinario, ria adj. y s. Enfermizo, de salud achacosa.

valí m. En un Estado musulmán, gobernador de una provincia.

valía f. Valor, estimación.

valichú m. *Rioplat.* Gualichú.

validación f. Acción de validar.

validar v. t. Hacer válida una cosa, certificarla, ratificarla.

validez f. Calidad de válido. || Tiempo en que un documento es válido.

valido, da adj. Que goza de valimiento. || — M. Favorito.

válido, da adj. Robusto, sano : *hombre válido.* || *Fig.* Que satisface los requisitos legales para producir efecto : *contrato válido.*

valiente adj. Que está dispuesto a arrostrar los peligros : *un soldado valiente* (ú. t. c. s.). || *Fig.* Grande : *¡valiente frío !* || *Fam.* Menudo : *¡ valiente amigo tienes !*

valija f. Maleta. || Saco de cuero en que el cartero lleva la correspondencia. || *Valija diplomática,* conjunto de paquetes transportados por correo diplomático.

valimiento m. Privanza, favor de que disfruta una persona por parte de otra.

valioso, sa adj. De mucho valor. || Estimado, muy apreciado.

valón, ona adj. y s. De Valonia. || — M. Lengua hablada en Valonia (Bélgica) y en el N. de Francia.

valor m. Lo que vale una persona o cosa : *artista de valor.* || Precio elevado : *joya de valor.* || *Fig.* Importancia : *no doy valor a sus palabras.* | Interés : *su informe no tiene ningún valor.* || Calidad de valiente, decisión, coraje : *armarse de valor.* || *Fam.* Osadía, desvergüenza, descaro : *¿ tienes el valor de solicitarme tamaña acción ?* || *Mat.* Una de las determinaciones posibles de una magnitud o cantidad variables. || — Pl. Títulos de renta, acciones, obligaciones, etc., que representan cierta cantidad de dinero. || — *Impuesto al valor añadido* o *agregado* (I. V. A.), el que grava el incremento de valor que confieren las empresas a un producto o servicio en cada fase de la producción. || *Valor adquisitivo,* el de una moneda con relación al poder de compra de mercancías.

valoración f. Evaluación.

valorar v. t. Determinar el valor de una cosa, ponerle precio, evaluar. || Dar mayor o menor valor a algo o a alguien. || — V. pr. Estimar el valor de algo o alguien.

valorización f. Evaluación.

valorizador, ra adj. Que valoriza.

valorizar v. t. Valorar, evaluar. || Acrecentar el valor de una cosa.

vals m. Baile que ejecutan las parejas con movimiento giratorio. || Su música.

valsar v. i. Bailar el vals.

valuación f. Valoración.

valuar v. t. Valorar.

valva f. Cada una de las dos piezas que constituyen la concha de los moluscos bivalvos.

válvula f. Dispositivo empleado para regular el flujo de un líquido, un gas, una corriente, etc., de modo que sólo pueda ir en un sentido. || Mecanismo que se pone en una tubería para regular, interrumpir o restablecer el paso de un líquido. || Obturador colocado en un cilindro de un motor de modo que el orificio por el que se aspira la mezcla del carburador se halle abierto mientras baja el émbolo en el cilindro y cerrado cuando se verifica la combustión. || Obturador para dejar pasar el aire en un neumático cuando se infla con una bomba. || Lámpara de radio : *válvula de rejilla.* || *Anat.* Repliegue membranoso de la capa interna del corazón o de un vaso que impide el retroceso de la sangre o de la linfa : *válvula mitral.*

valvulina f. Lubrificante hecho con residuos del petróleo.

valla f. Cerca que se pone alrededor de algo para defensa o protección o para establecer una separación. || Obstáculo artificial puesto en algunas carreras o pruebas deportivas : *100 metros vallas.* || *Fig.* Obstáculo, impedimento. || *Vallas publicitarias,* tablones de madera en los que se ponen anuncios publicitarios.

valladar y **vallado** m. Valla.

vallar v. t. Cercar con valla.

valle m. Llanura entre dos montañas o cordilleras. || Cuenca de un río. || *Fig. Valle de lágrimas,* este mundo.

vallecaucano, na adj. y s. De Valle del Cauca (Columbia).

vallisoletano, na adj. y s. De Valladolid (España).

vamp f. (pal. ingl.). Vampiresa, mujer fatal.

vampiresa f. Estrella cinematográfica que desempeña papeles de mujer fatal. || Mujer seductora y perversa.

vampiro m. Espectro que, según creencia popular, salía por la noche de las tumbas para chupar la sangre a los vivos. || Mamífero quiróptero de la América tropical parecido al murciélago. || *Fig.* Persona codiciosa que se enriquece con el trabajo ajeno.

vanagloria f. Presunción.

vanagloriarse v. pr. Jactarse.

vandalaje m. *Amer.* Vandalismo.

vandálico, ca adj. Propio de los vándalos o del vandalismo.

vandalismo m. *Fig.* Espíritu de destrucción, barbarie.

vándalo, la adj. y s. Dícese del individuo de un ant. pueblo germánico que invadió las Galias, España y Africa en los siglos V y VI. || — M. *Fig.* Bárbaro, persona que destruye con placer las obras de arte, etc.

vanguardia f. *Mil.* Parte de una fuerza armada que va delante del cuerpo principal. || *Fig.* Lo que tiene carácter precursor o renovador : *pintura de vanguardia.*

vanguardismo m. Doctrina artística de

tendencia renovadora que reacciona contra lo tradicional.
vanguardista adj. y s. Relativo al vanguardismo o su partidario.
vanidad f. Calidad de vano, inútil : *todo es vanidad.* ‖ Orgullo fútil, inmodestia, presunción.
vanidoso, sa adj. y s. Presumido, fatuo, jactancioso.
vano, na adj. Falto de realidad, infundado : *ilusiones vanas.* ‖ Hueco, vacío, falto de solidez : *argumento vano.* ‖ Sin efecto, sin resultado : *proyecto vano.* ‖ Infructuoso, inútil, ineficaz : *trabajo vano.* ‖ Vanidoso, frívolo, presuntuoso : *persona vana.* ‖ — M. Hueco de un muro que sirve de puerta o ventana o espacio entre dos elementos arquitectónicos. ‖ *En vano,* inútilmente.
vapor m. Gas que resulta del cambio de estado físico de un líquido o de un sólido : *vapor de agua.* ‖ Energía obtenida por la máquina de vapor. ‖ Cuerpo gaseoso que desprenden las cosas húmedas por efecto del calor. ‖ Buque de vapor : *el vapor atracó en el muelle.* ‖ *Fig. A todo vapor,* muy rápidamente.
vaporización f. Conversión de un líquido en vapor o gas.
vaporizador m. Aparato para vaporizar. ‖ Pulverizador de un líquido, un perfume, etc.
vaporizar v. t. Hacer pasar del estado líquido al estado gaseoso.
vaporoso, sa adj. Que contiene vapores. ‖ *Fig.* Muy fino, transparente, ligero : *vestido vaporoso.* | Nebuloso, oscuro, poco preciso : *estilo vaporoso.*
vapulear v. t. Azotar, dar una paliza (ú. t. c. pr.). ‖ *Fig.* Criticar.
vapuleo m. Paliza. ‖ *Fig.* Crítica severa.
vaquería f. Establo de vacas. ‖ Establecimiento para la cría de vacas y la producción lechera. ‖ Baile popular de vaqueros en el SE. de México.
vaquerillo m. *Méx.* Parte trasera de la silla de montar.
vaquerizo, za adj. Relativo al ganado bovino. ‖ — M. y f. Vaquero. ‖ — F. Establo de bovinos.
vaquero, ra adj. Relativo a los pastores de ganado bovino. ‖ *Pantalón vaquero,* pantalón ceñido de tela gruesa. ‖ — M. y f. Pastor o pastora de reses vacunas : *película de vaqueros.* ‖ — M. Pantalón vaquero, tejano.
vaqueta f. Piel de ternera curtida y adobada.
vaquita f. *Fam.* Vaca, asociación de personas para jugarse el dinero en común.
vara f. Rama delgada y limpia de hojas. ‖ Palo largo y delgado. ‖ Bastón de mando : *vara de alcalde.* ‖ Medida de longitud de 0,835 m en Castilla, pero que variaba de una a otra provincia. ‖ Listón con esta medida. ‖ Puya del picador. ‖ Cada uno de los dos palos en la parte delantera del coche entre los cuales se enganchan las caballerías. ‖ *Mús.* En el trombón, parte móvil del tubo. ‖ — *Poner varas,* picar al toro. ‖ *Fig. Temer como una vara verde a uno,* tenerle mucho miedo. | *Tener vara alta,* tener influencia.
varadero m. Lugar donde varan los barcos para carenarlos.
varal m. Vara muy larga. ‖ Cada uno de los palos en que encajan los travesaños de los costados del carro. ‖ Artificio en los teatros para poner las luces. ‖ *Arg.* Armazón de palos para secar la carne.
varamiento m. Encallamiento.
varano m. Reptil carnívoro.
varar v. i. Encallar una embarcación. ‖ Anclar. ‖ *Fig.* Estancarse un asunto. ‖ — V. t. Botar el buque al agua. ‖ Sacar a la playa y poner en seco una embarcación.
varazo m. Golpe dado con la vara. ‖ Pica puesta al toro.
vareador, ra m. y f. Persona que varea.
varear v. t. Derribar los frutos del árbol con una vara : *varear las nueces.* ‖ Golpear, sacudir con vara o palo : *varear la lana.* ‖ Picar a los toros.
varec m. Alga que se utiliza para extraer yodo.
varego, ga adj. y s. Vikingo escandinavo.
varenga f. *Mar.* Brazal. | Pieza curva atravesada sobre la quilla para formar la base de la cuaderna.
vareo m. Acción de varear.
varetazo m. Cornada de lado que da el toro, paletazo.
Vargas n. pr. *Averígüelo Vargas,* frase utilizada cuando algo es difícil de saber o poner en claro.
vargueño m. Bargueño.
variabilidad f. Disposición a cambiar.
variable adj. Que varía o puede variar, mudable : *tiempo variable.* ‖ *Gram.* Dícese de la palabra cuya terminación varía. ‖ — F. *Mat.* Magnitud indeterminada que, en una relación o función, puede ser sustituida por diversos términos o valores numéricos (constantes).
variación f. Cambio, acción y efecto de variar. ‖ Imitación melódica de un tema musical. ‖ Cambio de valor de una cantidad o de una magnitud. ‖ *Mar. Variación magnética,* declinación de la aguja.
variado, da adj. Diverso.
variante adj. Variable, que varía. ‖ — F. Forma diferente. ‖ — M. pl. Frutos encurtidos en vinagre.
variar v. t. Modificar, transformar, hacer que una cosa sea diferente de lo que antes era. ‖ Dar variedad : *variar el programa.* ‖ — V. i. Cambiar, mudar una cosa : *variar de opinión.* ‖ Ser diferente : *las costumbres varían.* ‖ Mudar de dirección : *el viento ha variado.* ‖ *Mat.* Cambiar de valor.
varice o **várice** f. Dilatación o hinchazón permanente de una vena provocada por la acumulación de la sangre en ella a causa de un defecto de la circulación.
varicela f. Enfermedad eruptiva y contagiosa de carácter leve, frecuente en la infancia, parecida a la viruela benigna.
variedad f. Serie de cambios : *la variedad de sus ocupaciones.* ‖ Diferencia entre cosas que tienen características comunes : *gran variedad de tejidos.* ‖ Diversidad, carácter de las cosas que no se parecen : *variedad de pareceres.* ‖ Subdivisión de la especie en historia natural. ‖ — Pl. Espectáculo teatral compuesto de diferentes números sin que exista relación alguna entre ellos (canciones, bailes, prestidigitación, malabarismo, etc.).
varietés f. pl. (pal. fr.). Variedades.
varilarguero m. Picador de toros.
varilla f. Vara larga y delgada. ‖ Cada una de las piezas metálicas que forman la armazón del paraguas o de madera o marfil en un abanico, un quitasol, etc. ‖ Barra delgada de metal : *varilla de cortina.* ‖ Barra para posarse los pájaros en las jaulas.
varillaje m. Conjunto de las varillas de un abanico o paraguas.
vario, ria adj. Diverso, diferente, variado. ‖ Inconstante, cambiadizo. ‖ — Pl. Algunos,

unos cuantos : *varios niños.* || — Pron. indef. pl. Algunas personas : *varios piensan ir.*
variopinto, ta adj. Que tiene diferentes colores o aspectos.
varita f. Vara pequeña. || *Varita de la virtud, de las virtudes* o *mágica,* la que tienen las hadas, los magos y los prestidigitadores para efectuar cosas prodigiosas.
variz f. V. VARICE.
varón m. Hombre, persona del sexo masculino. || Hombre de edad viril. || Hombre de respeto, de autoridad : *ilustre varón.* || *Fam. Santo varón,* hombre de gran bondad.
varonil adj. Relativo al varón, al sexo masculino. || Esforzado, digno de un varón : *carácter varonil.* || Como de hombre : *mujer algo varonil.*
varsoviano, na adj. y s. De Varsovia (Polonia). || — F. Danza polaca, variante de la mazurca. || Su música.
vasallaje m. Condición de vasallo. || Tributo pagado por el vasallo : *pagar vasallaje.*
vasallo, lla adj. y s. Dícese de la persona que estaba sujeta a un señor por juramento de fidelidad o del país que dependía de otro. || Súbdito : *los vasallos del Rey.*
vasar m. Estante en las cocinas.
vasco, ca adj. y s. Vascongado. || — M. Vascuence.
vascófilo, la m. y f. Amigo o especialista de la lengua, cultura o costumbres vascas (ú. t. c. adj.).
vascón, ona adj. De un pueblo entre los Pirineos y la costa Cantábrica (ú. t. c. s.).
vascongado, da adj. y s. Natural de alguna de las Provincias Vascongadas o relativo a ellas. || — M. Vascuence.
vascuence m. Lengua de los vascongados, navarros y de los habitantes del territ. vasco francés. (El *vascuence* parece proceder de la evolución de una de las primitivas lenguas de la Península Ibérica.)
vascular adj. Relativo a los vasos sanguíneos : *sistema vascular.* || Que tiene vasos : *planta vascular.*
vascularización f. Disposición de los vasos en un órgano.
vaselina f. Sustancia grasa translúcida que se usa en farmacia y en perfumería. || *Fig.* y *fam.* Bálsamo, alivio.
vasija f. Cualquier recipiente para líquidos o materias alimenticias.
vaso m. Recipiente, generalmente de vidrio, que sirve para beber. || Cantidad de líquido que cabe en él. || Jarrón para contener flores, etc. || Cada uno de los conductos por donde circula la sangre o la linfa del organismo (hay tres tipos de vaso : *las arterias,* las *venas* y los *capilares*). || Conducto por el que circula en el vegetal la savia o el látex.
vástago m. Renuevo, brote, tallo nuevo que brota en un árbol o planta. || *Fig.* Hijo, descendiente. || *Mec.* Varilla o barra que transmite el movimiento : *vástago del émbolo.* || *Vástago de perforación,* varilla o elemento roscado de una sonda para pozos petrolíferos.
vastedad f. Inmensidad.
vasto, ta adj. Grande.
vate m. Poeta.
vaticano, na adj. Relativo al Vaticano : *sede vaticana, política vaticana.* || — M. Corte pontificia.
vaticinador adj. Que vaticina (ú. t. c. s.).
vaticinar v. t. Presagiar, predecir.
vaticinio m. Predicción.
vatio m. Unidad de potencia eléctrica (símb. W), equivalente a un julio o a 10^7 ergios por segundo.
vatio-hora m. Unidad de energía eléctrica (símb. Wh) equivalente al trabajo realizado por un vatio en una hora.
vaudeville [*vodevil*] m. (pal. fr.). Comedia alegre y ligera.
Vd., abreviatura de *usted.*
ve f. Uve, nombre de la letra *v.*
vecinal adj. Relativo al vecindario, a los vecinos. || Municipal : *impuestos vecinales.* || *Camino vecinal,* carretera secundaria.
vecindad f. Condición de vecino de un sitio. || Proximidad de las personas que viven o están colocadas cerca unas de otras. || Conjunto de relaciones entre vecinos ; carácter y comportamiento de los vecinos : *política de buena vecindad.* || Conjunto de personas que viven en una ciudad, barrio o casa.
vecindario m. Población, habitantes de una ciudad : *el vecindario de Madrid.* || Conjunto de personas que viven en la misma casa o en el mismo barrio.
vecindona f. Mujer chismosa.
vecino, na adj. Que está próximo o cerca de : *los pueblos vecinos de Lima.* || Semejante, parecido : *problemas vecinos.* || Dícese de las personas que viven en una misma población, en el mismo barrio o en la misma casa (ú. t. c. s.). || *Fam. Cualquier hijo de vecino,* todo el mundo.
vector adj. m. Que es origen de algo : *radio vector.* || — M. Segmento rectilíneo de longitud definida trazado desde un punto dado y que sirve para representar ciertas magnitudes geométricas o magnitudes físicas.
vectorial adj. De los vectores.
veda f. Prohibición de cazar o pescar en cierto sitio o en una época determinada. || Tiempo que dura.
vedado adj. Prohibido. || Dícese del campo o sitio acotado por ley, ordenanza o mandato. Ú. t. c. s. m. : *vedado de caza.*
vedar v. t. Prohibir.
vedette [*vedet*] f. (pal. fr.). Artista de fama, estrella.
veedor m. Inspector encargado de examinar ciertas cosas.
vega f. Huerta, parte de tierra baja, en la parte inferior de un río, llana y fertil : *la vega granadina.* || *Cub.* Plantación de tabaco. || *Chil.* Terreno muy húmedo.
vegetación f. Conjunto de plantas : *campo de gran vegetación.* || Conjunto de vegetales de una región o terreno determinado. || En medicina, excrecencia morbosa que se desarrolla en una parte del cuerpo, especialmente en la faringe.
vegetal adj. Relativo a las plantas. || *Carbón vegetal,* el de leña. || — M. Ser orgánico que crece y vive incapaz de sensibilidad y movimientos voluntarios.
vegetalina f. Manteca de coco.
vegetalismo m. Régimen alimenticio constituido sólo por vegetales o verduras.
vegetalista adj. Relativo al vegetalismo. || — Com. Persona que se alimenta sólo de vegetales o verduras.
vegetante adj. Que vegeta.
vegetar v. i. Germinar y desarrollarse las plantas. || *Fig.* Vivir una persona con vida muy precaria.
vegetarianismo m. Régimen alimenticio en el que está prohibido el consumo de la carne o los derivados inmediatos de ésta y que sólo acepta las sustancias vegetales.
vegetariano, na adj. Relativo al vegetarianismo : *cocina vegetariana.* || Dícese de la

persona que sigue las normas aconsejadas por el vegetarianismo (ú. t. c. s.).
vegetativo, va adj. Que concurre a las funciones vitales comunes a plantas y animales (nutrición, desarrollo, etc.), independientemente de las actividades psíquicas voluntarias. ‖ *Fig.* Disminuido, que se reduce a la satisfacción de las necesidades esenciales : *vida vegetativa.*
veguer m. Magistrado antiguo de Aragón, Cataluña y Mallorca. ‖ En Andorra, cada uno de los dos delegados de los países protectores (España y Francia).
veguería f. y **veguerío** m. Jurisdicción propia del veguer.
veguero, ra adj. De la vega. ‖ — M. Cultivador de una vega. ‖ Cigarro puro de una sola hoja.
vehemencia f. Movimiento impetuoso y violento.
vehemente adj. Que obra o se mueve con ímpetu y violencia. ‖ Que se expresa con pasión y entusiasmo. ‖ Fundado, fuerte : *sospechas vehementes.*
vehículo m. Cualquier medio de locomoción : *vehículo espacial.* ‖ Lo que sirve para transportar algo : *vehículo de contagio.* ‖ Lo que sirve para transmitir : *el aire es el vehículo del sonido.* ‖ *Fig.* Medio de comunicación : *la imprenta es el vehículo del pensamiento.*
veintavo, va adj. y s. Vigésimo.
veinte adj. Dos veces diez. ‖ Vigésimo : *la página veinte.* ‖ — M. Cantidad de dos decenas de unidades. ‖ Número veinte : *jugar el veinte.* ‖ Día vigésimo del mes : *llegaré el día veinte de julio.*
veintena f. Conjunto de veinte unidades. ‖ Conjunto aproximado de veinte cosas o personas.
veinteno, na adj. y s. Vigésimo.
veinticinco adj. Veinte y cinco. ‖ Vigésimo quinto. ‖ — M. Conjunto de signos con que se representa el número veinticinco.
veinticuatro adj. Veinte y cuatro (ú. t. c. s. m.). ‖ Vigésimo cuarto.
veintidós adj. Veinte y dos (ú. t. c. s. m.). ‖ Vigésimo segundo.
veintinueve adj. Veinte y nueve (ú. t. c. s. m.). ‖ Vigésimo nono.
veintiocho adj. Veinte y ocho (ú. t. c. s. m.). ‖ Vigésimo octavo.
veintiséis adj. Veinte y seis (ú. t. c. s. m.). ‖ Vigésimo sexto.
veintisiete adj. Veinte y siete (ú. t. c. s. m.). ‖ Vigésimo séptimo.
veintitantos, tas adj. Más de veinte y menos de treinta.
veintitrés adj. Veinte y tres (ú. t. c. s. m.). ‖ Vigésimo tercio.
veintiún adj. Apócope de *veintiuno* delante de los sustantivos.
veintiuno, na adj. Veinte y uno (ú. t. c. s. m.). ‖ Vigésimo primero.
vejación f. Acción de herir la dignidad de alguien.
vejador, ra adj. y s. Que veja.
vejamen m. Vejación.
vejancón, ona adj. y s. Muy viejo.
vejar v. t. Ofender, humillar.
vejarrón, ona adj. y s. Viejo.
vejatorio, ria adj. Dícese de lo que veja o puede vejar.
vejestorio m. *Fam.* Persona muy vieja.
vejete adj. m. y s. m. Viejo.
vejez f. Último período de la vida. ‖ Condición de viejo.
vejiga f. Bolsa membranosa abdominal que recibe y retiene la orina segregada por los riñones. ‖ Ampolla en la epidermis.
vejigazo m. *Fam. Darse un vejigazo,* darse un golpe al caer, darse un porrazo.
vejiguilla f. Vejiga pequeña. ‖ Ampolla pequeña en la piel.
vela f. Acción de permanecer despierto para estudiar, asistir de noche a un enfermo, etc. ‖ Tiempo que se vela. ‖ Asistencia por turno delante del Santísimo Sacramento. ‖ Cilindro de cera, estearina, etc., con una mecha en el interior, utilizado para alumbrar. ‖ Pieza de lona o de cualquier tejido que, puesta en los palos de una embarcación, al recibir el soplo del viento, hace que ésta se mueva sobre las aguas. ‖ — Pl. *Fam.* Moco colgante. ‖ — *Fig.* y *fam. A dos velas,* sin un céntimo. ‖ *Mar. A toda vela* o *a velas desplegadas* o *tendidas,* navegando con gran rapidez. | *Alzar velas* o *dar la vela* o *hacerse a la vela,* zarpar. ‖ *Fig.* y *fam. Derecho como una vela,* muy erguido. ‖ *En vela,* sin dormir. ‖ *Fig. Encender una vela a Dios y otra al diablo,* procurar contentar a todos. | *Entre dos velas,* algo borracho. | *No darle a uno vela en un entierro,* no permitirle que intervenga en un asunto. ‖ *Mar. Vela de cruz,* la cuadrada o redonda.
velación f. Vela : *la velación de un cadáver.* ‖ Ceremonia del casamiento católico consistente en poner en una misa un velo a los contrayentes después de verificarse el enlace nupcial (ú. m. en pl.).
velado, da adj. Tapado por un velo. ‖ Dícese de la voz sorda, sin timbre. ‖ Aplícase a la imagen fotográfica borrosa o confusa por la acción indebida de la luz. ‖ — F. Vela, acción de velar. ‖ Reunión nocturna de varias personas con intención de divertirse o instruirse.
velador, ra adj. y s. Que vela. ‖ — M. Mesita ovalada con un solo pie. ‖ *Méx.* Guardián nocturno.
velamen m. Conjunto de las velas de una embarcación.
velar adj. Dícese del sonido cuyo punto de articulación está situado en el velo del paladar y de las letras que lo representan, como la *c* (delante de las vocales a, o, u), *k, q, j, g, o* y *u* (ú. t. c. s. f.).
velar v. i. No dormirse : *veló toda la noche.* ‖ Trabajar, estudiar durante el tiempo destinado al sueño. ‖ Hacer guardia, vigilar. ‖ Prestar cuidado, vigilar : *velar por los bienes propios.* ‖ Tomar medidas de precaución, de defensa : *velaban por conservar sus situaciones.* ‖ Cuidar por el cumplimiento de : *velar por la observancia de las leyes.* ‖ — V. t. Pasar la noche al lado de : *velar a un enfermo.* ‖ Cubrir algo con un velo. ‖ Ocultar, esconder una cosa. ‖ Disimular, cubrir : *velar un secreto.* ‖ Celebrar las velaciones matrimoniales. ‖ — V. pr. Inutilizarse un cliché o placa fotográfica por la acción indebida de la luz.
velatorio m. Vela de un difunto.
veleidad f. Voluntad no realizada, deseo vano. ‖ Inconstancia : *tus caprichos y tu acostumbrada veleidad me sacan de quicio.*
veleidoso, sa adj. Inconstante.
velero, ra adj. Aplícase a la embarcación que navega mucho : *barco velero.* ‖ — M. Barco de vela.
veleta f. Pieza metálica giratoria colocada en la cumbre de una construcción para indicar la dirección del viento. ‖ — Com. *Fig.* y *fam.* Persona inconstante, cambiadiza.
velillo m. Velo ligero.
velo m. Tela fina y transparente con que se

cubre una cosa. || Prenda de tul, gasa o encaje con que las mujeres se cubren la cabeza, a veces el rostro, en determinadas circunstancias. || Especie de manto que las monjas y novicias llevan en la cabeza. || Banda de tela que cubre la cabeza de la mujer y los hombros del hombre en la ceremonia de las velaciones después de contraer matrimonio. || *Fig.* Todo aquello que oculta o impide la visión. | Lo que encubre el conocimiento de algo : *levantar el velo de su ignorancia.* | Apariencia, medio de que uno se sirve para encubrir la realidad : *los velos púdicos de la censura.* | Cualquier cosa ligera que oculta algo. | Aquello que impide que alguien pueda comprender con claridad algo. || — *Fig.* y *fam. Correr* (o *echar*) *un velo* (o *un tupido velo*) *sobre una cosa,* callarla, omitirla. | *Tomar el velo,* tomar los hábitos una monja. || *Velo del paladar,* membrana que separa las fosas nasales de la boca.

velocidad f. Rapidez con que un cuerpo se mueve de un punto a otro. || Relación de la distancia recorrida por un móvil en la unidad de tiempo. || Rapidez, celeridad en la acción : *velocidad de ejecución.* || Cada una de las combinaciones que tienen los engranajes en el motor de un automóvil : *caja de velocidades.*

velocímetro m. Dispositivo que indica en un vehículo móvil la velocidad a que se mueve.

velocipedismo m. Ciclismo.

velocípedo m. Vehículo con ruedas que se hacían girar por un mecanismo movido por los pies.

velocista com. Atleta especializado en las carreras de velocidad.

velódromo m. Pista para carreras de bicicletas.

velomotor m. Motocicleta ligera o bicicleta provista de un motor de 50 a 125 cm^3 de cilindrada.

velón m. Lámpara de aceite con uno o varios mecheros.

velorio m. Velatorio.

veloz adj. Rápido, ligero : *automóvil veloz.* || Agil y pronto en discurrir o hacer algo : *veloz como el rayo.* || — Adv. Rápidamente : *salió corriendo veloz hacia su casa.*

vello m. Pelo corto y fino que hay en algunas partes del cuerpo. || Pelusilla de frutas o plantas.

vellocino m. Vellón, lana de carnero.

vellón m. Toda la lana del carnero u oveja que sale junta al esquilarla. || Moneda de cobre.

vellosidad f. Vello. || Abundancia de vello.

velloso, sa adj. Que está cubierto de vellos. || Parecido al vello.

velludillo m. Terciopelo de algodón de pelo muy corto.

velludo, da adj. Muy velloso || — M. Felpa, terciopelo.

vena f. Cualquiera de los vasos que conduce la sangre al corazón después de haber bañado los tejidos orgánicos. || Filamento de fibras en el envés de las hojas de las plantas. || Filón, veta en un yacimiento mineral : *vena aurífera.* || Porción de distinto color o clase, larga y estrecha, en la superficie de la madera o piedras duras. || Corriente subterránea natural de agua. || *Fig.* Estado de ánimo, impulso, arrebato : *trabajar por venas.* | Madera, pasta, conjunto de disposiciones : *tiene vena de orador.* | Inspiración : *vena poética.* || — *Fig.* y *fam. Darle a uno la vena de hacer cierta cosa,* sentirse repentinamente dispuesto a hacerla. | *Estar en vena,* estar en un estado de ánimo propicio para hacer algo; estar inspirado. | *Vena de loco,* ramalazo de locura.

venablo m. Arma arrojadiza.

venado m. Ciervo.

venal adj. De las venas, venoso. || Que se adquiere por medio de dinero : *amor venal.* || Sobornable, que se puede corromper por el interés.

venalidad f. Carácter de aquello que se vende o de la persona que se deja sobornar.

venatorio, ria adj. Cinegético.

vencedor, ra adj. y s. Triunfador.

vencejo m. Pájaro insectívoro.

vencer v. t. Aventajar al enemigo o al contrincante, derrotar, triunfar : *vencer a los contrarios.* Ú. t. c. i. : *vencer o morir.* || Tener más que otra persona : *vencer a alguien en generosidad.* || Dominar : *le vence el sueño.* || *Fig.* Acabar con, reprimir, refrenar : *vencer la cólera.* | Superar, salvar : *vencer los obstáculos.* | Imponerse : *venció sus últimos escrúpulos.* | Doblegar : *venció la resistencia de sus padres.* | Ser superior a : *vence a todos en elegancia.* || Hacer ceder : *el mucho peso venció las vigas.* || Coronar, llegar a la cumbre : *vencer una cuesta.* || Salvar : *vencer una distancia.* || — V. i. Llegar a su término un plazo, un contrato, una obligación, etc. || *Fig.* Dominar : *el orgullo venció en él.* || — V. pr. *Fig.* Reprimirse, dominarse : *vencerse a sí mismo.* || Ceder algo por el peso.

vencible adj. Que puede ser vencido. || Superable.

vencido, da adj. Que ha sido derrotado. Ú. t. c. s. : *¡ay de los vencidos!* || Aplícase a los intereses o pagos que hay que liquidar por haber ya pasado el plazo señalado. || Atrasado, acabado un período : *pagar por meses vencidos.* || *Darse por vencido,* rendirse. || — F. Vencimiento.

vencimiento m. Término, expiración de un plazo, contrato, obligación. || Victoria. || Derrota. || Acción de ceder por efecto de un peso. || *Fig.* Paso, acción de salvar un obstáculo.

venda f. Banda de gasa con la que se cubre una herida o de tela para sujetar un miembro o hueso roto. || *Fig. Caérsele a uno la venda de los ojos,* desaparecer lo que impedía ver la realidad de las cosas.

vendaje m. Acción de cubrir con vendas. || Venda.

vendar v. t. Poner una venda. || *Fig.* Cegar el entendimiento.

vendaval m. Viento fuerte. || *Fig.* Huracán.

vendedor, ra adj. y s. Que vende.

vendeja f. Venta pública, como en una feria. || Venta de frutos que se hace en el tiempo de la cosecha.

vender v. t. Traspasar a otro la propiedad de una cosa por algún precio : *vender una casa.* || Exponer al público las mercancías para el que las quiere comprar : *vender naranjas.* || *Fig.* Sacrificar por dinero cosas que no tienen valor material : *vender su conciencia.* | Traicionar, delatar por interés : *vender al amigo.* || *Fig. Vender salud,* gozar de muy buena salud. || — V. pr. Ser vendido : *el pescado se vende hoy caro.* || Dejarse sobornar : *venderse al enemigo.* || Descubrir lo oculto, traicionarse.

vendetta f. (pal. ital.). Venganza.

vendí m. Certificado de venta.

vendimia f. Cosecha de la uva. || Tiempo en que se hace.

vendimiador, ra m. y f. Persona que vendimia.
vendimiar v. t. Recoger la uva de las viñas. || *Fig.* Sacar provecho o disfrutar de algo.
venduta f. *Arg.* y *Cub.* Subasta.
veneciano, na adj. y s. De Venecia (Italia).
venencia f. Recipiente con una varilla que sirve para sacar vino del tonel.
veneno m. Cualquier sustancia que, introducida en el organismo, ocasiona la muerte o graves trastornos funcionales. || En particular, líquido tóxico segregado por ciertos animales que se comunica por picadura o mordedura : *veneno de víbora.* || *Fig.* Cualquier cosa nociva para la salud. | Lo que puede producir un daño moral : *el veneno de la envidia.* | Maldad en lo que se dice : *sus palabras destilan veneno.*
venenosidad f. Condición de venenoso.
venenoso, sa adj. Que contiene veneno y es capaz de envenenar.
venera f. Concha semicircular de dos valvas de cierto molusco comestible que llevaban cosida en la capa los peregrinos que volvían de Santiago. || Insignia que llevan colgada del pecho los caballeros de ciertas órdenes : *la venera de Santiago.* || Venero, manantial. || Vieira.
venerable adj. Que merece veneración o respeto.
veneración f. Respeto profundo que se siente por ciertas personas o por las cosas sagradas. || Amor profundo.
venerar v. t. Tener gran respeto y devoción por una persona. || Dar culto a Dios, a los santos o a las cosas sagradas.
venéreo, a adj. Relativo a la cópula carnal. || Aplícase a las enfermedades contraídas por contacto sexual.
venero m. Manantial de agua. || *Fig.* Origen. || Fuente abundante, mina de una cosa : *venero de noticias.* || Filón, yacimiento de mineral.
venezolanismo m. Palabra o expresión propia de Venezuela.
venezolano, na adj. y s. De Venezuela.
vengador, ra adj. Que venga o se venga (ú. t. c. s.).
venganza f. Satisfacción que se toma del agravio o daño recibidos.
vengar v. t. Obtener por la fuerza reparación de un agravio o daño. Ú. t. c. pr. : *vengarse de una afrenta.*
vengativo, va adj. Predispuesto a vengarse (ú. t. c. s.).
venia f. Permiso, autorización. || Perdón de la ofensa o culpa. || Saludo hecho inclinando la cabeza. || *Amer.* Saludo militar.
venial adj. Sin gravedad : *culpa venial.* || *Pecado venial,* pecado leve.
venialidad f. Calidad de venial.
venida f. Acción de venir, llegada. || Regreso.
venidero, ra adj. Futuro.
venir v. i. Dirigirse una persona o moverse una cosa de allá hacia acá : *su marido va a venir* (ú. t. c. pr.). || Llegar una persona o cosa a donde está el que habla. Ú. t. c. pr. : *¡vente aquí!* || Presentarse una persona ante otra : *vino a verme.* || Ajustarse, ir, sentar : *este traje le viene pequeño.* || Convenir, ir : *me viene bien no ir.* || Proceder : *esta palabra viene del latín.* || Darse, crecer : *el trigo viene bien en este campo.* || Resultar : *la ignorancia viene de la falta de instrucción.* || Conformarse : *terminará por venir a lo propuesto.* || Suceder, acaecer : *la muerte viene cuando menos se espera.* || Seguir una cosa inmediatamente a otra : *después de la tempestad viene la calma.* || Pasar por la mente : *me vino la idea de marcharme.* || Acometer : *le vinieron deseos de comer.* || Estar, hallarse : *su foto viene en la primera página.* || Ser, resultar : *el piso nos viene ancho.* || — *¿A qué viene esto?,* ¿para qué dice o hace esto? || *En lo por venir,* de aquí en adelante. || *Venir a las manos,* pelearse. || *Venir al caso,* tener que ver. || *Venir al mundo,* nacer. || *Fam. Venir al pelo* (o *a punto*), ser muy oportuno. || *Fig. Venir a menos,* decaer, empeorar. | *Venir a parar,* llegar a cierta consecuencia. || *Venir a ser,* equivaler. || *Venir a un acuerdo,* llegar a él. || *Venir con,* acompañar. || *Fig.* y *fam. Venir de perillas* (o *de perlas* o *de primera*) *una cosa,* resultar muy oportuna. || *Venir en conocimiento de uno,* llegar a ser sabido. || *Fig. Venirle a la cabeza* (o *a la memoria*) *de uno,* acordarse. || *Fig.* y *fam. Venir rodado algo,* suceder, sin haberlo pensado, algo que resulta conveniente. | *Verle venir a uno,* adivinar sus intenciones. || — V. pr. Volver, regresar. || *Venirse abajo* (o *al suelo* o *a tierra*) *una cosa,* caerse, hundirse; (fig.) frustrarse, malograrse.
venoso, sa adj. Compuesto de venas : *sistema venoso.* || *Sangre venosa,* sangre que las venas de gran circulación conducen al corazón.
venta f. Convenio por el cual una parte *(vendedor)* se compromete a transferir la propiedad de una cosa o de un derecho a otra persona *(comprador)* que ha de pagar el precio ajustado. || Función en una empresa de aquellos que están encargados de dar salida a los productos fabricados o comprados para este efecto. || Servicio comercial de esta función. || Condición de aquello que se vende bien o mal : *artículo de fácil venta.* || Cantidad de cosas que se venden. || Albergue, posada fuera de una población.
ventaja f. Superioridad de una persona o cosa respecto de otra : *tiene la ventaja de ser más hábil.* || Hecho de ir delante de otro en una carrera, competición, etc. : *llevar 20 metros de ventaja a uno.* || Ganancia anticipada que da un jugador a otro. || En tenis, punto marcado por uno de los jugadores cuando se encuentran empatados a 40 : *ventaja al saque.*
ventajista adj. Dícese de la persona que trata de sacar provecho de todo (ú. t. c. s.).
ventajoso, sa adj. Conveniente.
ventana f. Abertura que se deja en una pared para dar paso al aire y a la luz. || Armazón con que se cierra ésta. || Ventanilla de la nariz.
ventanal m. Ventana grande.
ventanilla f. Ventana pequeña. || Ventana en los coches, trenes, aviones, barcos, etc. || Taquilla de las oficinas, de despacho de billetes. || Abertura tapada con papel transparente que tienen los sobres para que pueda verse la dirección escrita en la misma carta. || Cada uno de los orificios de la nariz.
ventarrón m. Viento fuerte.
ventear v. impers. Soplar el viento o hacer aire fuerte. || — V. t. Olfatear los animales el viento para orientarse con el olfato. || Poner al viento, airear : *ventear la ropa de la cama.* || *Fig.* Olerse, sospechar.
ventero, ra adj. Que ventea o toma el viento : *perro ventero.* || — M. y f. Dueño o encargado de una venta.
ventilación f. Acción y efecto de ventilar :

la ventilación de un túnel. ‖ Abertura para ventilar un local. ‖ Corriente de aire que se establece al ventilarlo. ‖ *Ventilación pulmonar,* movimientos del aire en los pulmones.
ventilador m. Aparato que produce una corriente de aire.
ventilar v. t. Renovar el aire de un recinto (ú. t. c. pr.). ‖ Exponer al viento, airear : *ventilar las sábanas.* ‖ *Fig.* Examinar, tratar de resolver, dilucidar : *ventilar un problema* (ú. t. c. pr.). | Hacer que algo secreto trascienda al conocimiento de la gente. ‖ — V. pr. *Fig.* Salir a tomar el aire. ‖ *Fam.* Matar. | Hacer. ‖ *Fam. Ventilárselas,* arreglárselas, componérselas.
ventisca f. Borrasca de nieve.
ventiscar o **ventisquear** v. impers. Nevar con viento fuerte.
ventisquero m. Ventisca. ‖ Altura de un monte expuesta a las ventiscas. ‖ Helero.
ventolera f. Racha de viento. ‖ *Fig.* y *fam.* Manía, capricho.
ventolina f. Viento ligero.
ventorrillo m. Ventorro. ‖ Casa de comidas en las afueras de la población.
ventorro m. Venta, posada.
ventosa f. Campana de vidrio en cuyo interior se hace el vacío y que produce un aflujo de sangre en el lugar donde se aplica sobre la piel. ‖ Abertura hecha para dar ventilación. ‖ Órgano con el que algunos animales se adhieren a la superficie de los cuerpos sólidos : *las ventosas de los tentáculos del pulpo.*
ventosear v. i. Expulsar gases intestinales por el ano.
ventosidad f. Gases intestinales expelidos por el ano.
ventoso, sa adj. Que hace viento : *día ventoso.*
ventral adj. Del vientre.
ventricular adj. Del ventrículo.
ventrículo m. Cada una de las dos cavidades inferiores del corazón de donde parten las arterias aorta y pulmonar. ‖ Cada una de las cuatro cavidades del encéfalo en que se encuentra el líquido cefalorraquídeo.
ventrílocuo, cua adj. Dícese de la persona que puede hablar de tal modo que la voz no parece venir de su boca ni de su persona (ú. t. c. s.).
ventriloquia f. Facultad de hablar como los ventrílocuos.
ventrudo, da adj. De vientre abultado.
ventura f. Felicidad, dicha, suerte : *deseos de ventura.* ‖ Fortuna, suerte, casualidad : *la ventura quiso que me encontrara con él.* ‖ Riesgo, peligro. ‖ *A la ventura* o *a la buena ventura,* al azar.
venturoso, sa adj. Afortunado.
ver m. Sentido de la vista. ‖ Aspecto, apariencia : *cosa de buen ver.* ‖ Parecer, opinión : *a mi ver.*
ver v. t. e i. Percibir con la vista : *he visto el nuevo edificio.* ‖ Percibir con otro sentido : *los ciegos ven con los dedos.* ‖ Examinar, mirar con atención : *ve si esto te conviene.* ‖ Visitar : *fue a ver a su amigo.* ‖ Recibir : *los lunes veo a los representantes.* ‖ Encontrarse : *ayer lo vi en el parque.* ‖ Consultar : *ver al médico.* ‖ Informarse, enterarse : *voy a ver si ha venido ya.* ‖ Saber : *no veo la decisión que he de tomar.* ‖ Prever : *no veo el fin de nuestros cuidados.* ‖ Conocer, adivinar : *vi sus intenciones perversas.* ‖ Comprender, concebir : *no veo por qué trabaja tanto.* ‖ Entender : *ahora lo veo muy claro.* ‖ Comprobar : *veo que no has sido bueno.* ‖ Sospechar, figurarse : *veo lo que vas a decir.* ‖ Ser escena de : *¡imagínese lo que habrán visto estas paredes!* ‖ Juzgar : *es su manera de ver las cosas* (ú. t. c. pr.). ‖ Tener en cuenta : *sólo ve lo que le interesa.* ‖ Darse cuenta : *no ves lo difícil que es hacerlo.* ‖ Ser juez en una causa. ‖ — *A más ver* (o *hasta más ver*), fórmula de despedida. ‖ *A ver,* expr. empleada para pedir algo que se quiere examinar o para manifestar sorpresa o incredulidad. ‖ *Darse a ver,* mostrarse. ‖ *Esto está por ver* (o *habrá que verlo*), esto hay que comprobarlo. ‖ *Fig. No tener nada que ver con,* no tener ninguna relación con. ‖ *Fig.* y *fam. No ver ni jota* (o *no ver tres en un burro*), ser muy miope. ‖ *Por lo visto* (o *por lo que se ve*), al parecer, según las apariencias. ‖ *Fam. ¡Que no veas!,* estupendo. ‖ *Fig. Te veo venir,* adivino tus intenciones. ‖ *Ver de,* intentar, procurar. ‖ *Fig. Veremos,* expr. que se usa para diferir la ejecución de una cosa. ‖ *Ver mundo,* viajar mucho. ‖ — V. pr. Mirarse, contemplarse : *verse en el espejo.* ‖ Ser perceptible : *el colorido no se ve.* ‖ Encontrarse en cierta situación : *verse apurado.* ‖ Tratarse : *nos vemos a menudo.* ‖ Encontrarse, entrevistarse. ‖ Ocurrir, suceder : *esto se ve en todos los países.* ‖ *Fig.* y *fam. Vérselas y deseárselas,* pasarlo muy mal; darse un trabajo loco. | *Verse negro,* encontrarse en gran apuro.
vera f. Orilla : *a la vera de la senda.* ‖ Lado : *estaba a mi vera.*
veracidad f. Realidad.
veracruzano, na adj. y s. De Veracruz (México).
veragüense adj. y s. De Veraguas (Panamá).
veranda f. Galería o balcón que corre a lo largo de las casas.
veraneante com. Persona que pasa el verano en un sitio.
veranear v. i. Pasar las vacaciones de verano en cierto sitio.
veraneo m. Acción de veranear : *no ir de veraneo.* ‖ Vacaciones de verano.
veraniego, ga adj. Relativo al verano. ‖ *Fig.* Ligero, que se lleva en verano : *traje veraniego.*
veranillo m. Tiempo breve en que suele hacer calor a finales de septiembre.
verano m. Estación más calurosa del año que, en el hemisferio septentrional, comprende los meses de junio, julio y agosto y, en el hemisferio austral, los meses de diciembre, enero y febrero. ‖ Temporada de sequía, que dura unos seis meses, en Ecuador.
verapacense adj. y s. De Verapaz (Guatemala).
veras f. pl. Realidad, verdad en las cosas que se dicen o hacen. ‖ *De veras,* realmente, de verdad : *te quiero de veras;* en serio, no en broma : *se lo digo de veras;* muy, mucho : *es gordo de veras.*
veraz adj. Que dice la verdad.
verbal adj. Que se hace de palabra y no por escrito : *promesa verbal.* ‖ Relativo al verbo : *formas verbales.*
verbena f. Planta verbenácea de hermosas flores usadas en farmacia. ‖ Feria y fiesta popular nocturna : *la verbena de San Juan.*
verbenáceo, a adj. y s. f. Dícese de plantas dicotiledóneas como la verbena. ‖ — F. pl. Familia que forman.
verbenero, ra adj. Referente a la verbena : *noche verbenera.*

verbigracia y **verbi gratia** expr. lat. Por ejemplo.
verbo m. Segunda persona de la Santísima Trinidad, encarnada en Jesús : *el Verbo divino.* ‖ Lenguaje, palabra. ‖ *Gram.* Palabra que, en una oración, expresa la acción o el estado del sujeto.
verborrea y **verbosidad** f. Abundancia de palabras inútiles.
verdad f. Condición de lo que es verdadero. ‖ Conformidad de lo que se dice con lo que se siente o se piensa : *decir la verdad.* ‖ Cosa cierta : *esto es verdad.* ‖ Veracidad, autenticidad, certeza : *verdad histórica.* ‖ Sinceridad, buena fe : *un acento de verdad.* ‖ — *Bien es verdad que* (o *verdad es que*), expr. que se usan para explicar o atenuar. ‖ *De verdad,* de veras, realmente; verdadero, auténtico; en serio, no en broma. ‖ *En verdad,* verdaderamente.
verdadero, ra adj. Conforme a la verdad, a la realidad. ‖ Auténtico, que tiene los caracteres esenciales de su naturaleza : *un verdadero bandido.* ‖ Real, principal : *el verdadero motivo de su acción.* ‖ Conveniente, adecuado : *ésta, y no la anterior, es la verdadera plaza que ha de ocupar.*
verde adj. De color semejante al de la hierba fresca, la esmeralda, etc., y que resulta de una mezcla de azul y amarillo. ‖ Que tiene savia y no está seco : *leña verde.* ‖ Fresco : *hortalizas verdes.* ‖ Que aún no está maduro : *uvas verdes.* ‖ *Fig.* Inmaduro, en sus comienzos : *el negocio está aún verde.* ‖ Libre, escabroso, licencioso : *chiste verde.* ‖ Que tiene inclinaciones galantes a pesar de su edad : *viejo verde.* ‖ *Fig.* y *fam. Poner verde a uno,* insultarle o desacreditarle. ‖ — M. Color verde : *no me gusta el verde.* ‖ Verdor de la planta. ‖ Conjunto de hierbas del campo. ‖ Follaje. ‖ *Fig.* Carácter escabroso : *lo verde de sus palabras.* ‖ *Pop.* Billete de mil pesetas. ‖ *Riopl.* Mate, infusión.
verdear v. i. Volverse una cosa verde. ‖ Tirar a verde. ‖ Empezar a cubrirse de plantas : *verdeaban los campos.* ‖ — V. t. Coger la aceituna.
verdecer v. i. Cubrirse de verde los campos o los árboles.
verdeo m. Recolección de la aceituna.
verdeoscuro, ra adj. Verde algo oscuro.
verderón m. Ave canora con plumaje verde y amarillo.
verdín m. Algas verdes o mohos que se crían en un lugar húmedo o cubierto de agua. ‖ Cardenillo. ‖ Color verde claro.
verdolaga f. Planta cuyas hojas se comen en ensalada.
verdor m. Color verde. ‖ *Fig.* Lozanía, juventud : *en el verdor de mi vida.*
verdoso, sa adj. Que tira a verde. ‖ Muy pálido : *la tez verdosa.*
verdugo m. Ministro de la justicia que ejecuta las penas de muerte. ‖ Vara flexible para azotar. ‖ Verdugón o señal en la piel. ‖ *Fig.* Persona muy cruel, que castiga sin piedad : *este maestro es un verdugo.* ‖ Cosa que mortifica mucho. ‖ Vástago de árbol.
verdugón m. Señal o roncha, coloreada o hinchada, que deja en el cuerpo un latigazo o un golpe : *su piel estaba cubierta de verdugones.* ‖ Verdugo de árbol.
verduguillo m. Ronchita que se levanta en las hojas de algunas plantas. ‖ Navaja pequeña de afeitar.
verdulería f. Tienda de verduras. ‖ *Fam.* Palabra o acción escabrosa, verde. ‖ Obscenidad.
verdulero, ra m. y f. Persona que vende verduras. ‖ *Fig.* Persona verde o escabrosa. ‖ — F. *Fig.* y *fam.* Mujer ordinaria y vulgar.
verdura f. Hortaliza, legumbre verde. ‖ Verdor, color verde.
verecundia f. Vergüenza.
vereda f. Senda, camino estrecho. ‖ *Amer.* Acera de las calles.
veredicto m. *For.* Declaración en la que un jurado responde a las preguntas hechas por el presidente del tribunal. ‖ Juicio, parecer.
verga f. Miembro genital. ‖ Palo colocado horizontalmente en un mástil para sostener la vela.
vergajo m. Verga del toro que, seca y retorcida, sirve de látigo.
vergel m. Huerto.
vergonzante adj. Que tiene o que produce vergüenza.
vergonzoso, sa adj. Que es motivo de vergüenza : *hecho vergonzoso.* ‖ Que se avergüenza fácilmente : *es una niña simpática pero muy vergonzosa* (ú. t. c. s.).
vergüenza f. Turbación del ánimo causada por alguna ofensa recibida, por una falta cometida, por temor a la deshonra, al ridículo, etc. : *pasar vergüenza.* ‖ Timidez, apocamiento : *tener vergüenza.* ‖ Estimación de la dignidad : *si tiene vergüenza lo hará.* ‖ Honor, pundonor : *hombre de vergüenza.* ‖ Oprobio : *la vergüenza de la familia.* ‖ Cosa que indigna, escándalo : *¡es una verdadera vergüenza conducirse de esta forma!*
vericueto m. Caminillo estrecho. ‖ *Fig.* Complicación, lío, enredo.
verídico, ca adj. Verdadero.
verificación f. Comprobación.
verificador, ra adj. Encargado de verificar, de controlar algo (ú. t. c. s.). ‖ — M. Aparato que sirve para verificar.
verificar v. t. Comprobar la verdad o exactitud de una cosa. ‖ Realizar, ejecutar, efectuar : *verificar un sondeo.* ‖ — V. pr. Efectuarse : *el acto se verificó hace tiempo.* ‖ Resultar cierto y verdadero lo que se dijo o pronosticó : *se verificó su predicción.*
verja f. Enrejado metálico utilizado para cerrar una casa, un parque, etc.
vermicida adj. y s. m. *Med.* Vermífugo.
vermicular adj. Que tiene o cría gusanos. ‖ Con forma de gusano.
vermífugo, ga adj. y s. m. Que mata las lombrices intestinales.
vermut o **vermú** m. Licor aperitivo.
vernáculo, la adj. Propio de un país o región : *lengua vernácula.*
vernier m. *Tecn.* Nonio.
veronés, esa adj. y s. Relativo a Verona (Italia).
verónica f. *Taurom.* Lance dado por el lidiador al toro con la capa extendida entre ambas manos.
verosímil adj. Que parece verdadero y puede creerse.
verosimilitud f. Lo que parece verdad. ‖ Probabilidad.
verraco m. Cerdo padre. ‖ *Amer.* Cerdo de monte o pecarí.
verruga f. Excrecencia cutánea pequeña formada por hipertrofia de las papilas dérmicas.
verrugata f. *Méx.* Nombre de algunos peces del Pacífico.
verrugoso, sa adj. Con verrugas.
versado, da adj. Entendido, enterado, instruido.
versal adj. y s. f. *Impr.* Mayúscula : *letra versal.*

versalilla o **versalita** adj. y s. f. *Impr.* Mayúscula pequeña.
versallesco, ca adj. Relativo a Versalles, y sobre todo a la corte allí establecida cuyo apogeo tuvo lugar en el siglo XVIII (Francia). ‖ *Fam.* Muy afectado o refinado.
versar v. i. Dar vueltas, girar alrededor de una cosa. ‖ *Versar sobre*, referirse a.
versátil adj. Que se puede volver fácilmente. ‖ *Fig.* Inconstante, cambiadizo : *político versátil.*
versatilidad f. Carácter de versátil.
versículo m. Cada una de las pequeñas divisiones de los capítulos de ciertos libros, particularmente de la Biblia.
versificación f. Arte de versificar. ‖ Manera en que está versificada una obra.
versificador, ra adj. y s. Que hace o compone versos.
versificante adj. Que versifica.
versificar v. i. Hacer o componer versos. ‖ — V. t. Poner en verso.
versión f. Traducción : *versión castellana de «La Odisea».* ‖ Modo que tiene cada uno de referir o interpretar un mismo suceso. ‖ *En versión original*, aplícase a una película de cine no doblada.
verso m. Reunión de palabras combinadas con arreglo a la cantidad de las sílabas (versos griegos o latinos), al número de sílabas, a su acentuación y a su rima (versos castellanos, alemanes, ingleses) o sólo al número de sílabas y a su rima (versos franceses). ‖ Reverso de una hoja.
versolari m. Improvisador de versos en las provincias vascongadas.
vértebra f. Cada uno de los huesos cortos que, enlazados entre sí, forman la columna vertebral : *el hombre tiene 24 vértebras libres, separadas por discos intervetebrales.*
vertebrado, da adj. y s. m. Aplícase a los animales que tienen vértebras. ‖ — M. pl. División o tipo del reino animal que forman estos animales y comprende los *peces*, los *reptiles*, los *batracios*, las *aves* y los *mamíferos*.
vertebral adj. De las vértebras.
vertedera f. Orejera del arado que voltea la tierra levantada por la reja.
vertedero m. Sitio por donde se vierte o echa algo.
vertedor, ra adj. y s. Que vierte. ‖ — M. Canal o tubo por donde se vierte o evacua cualquier líquido.
verter v. t. Derramar, dejar caer líquidos o sustancias pulverulentas : *verter cerveza en el mantel.* ‖ Echar una cosa de un recipiente a otro. ‖ Traducir : *verter un texto inglés al castellano.* ‖ — V. i. Correr un líquido por una pendiente (ú. t. c. pr.).
vertical adj. Que tiene la dirección de la plomada. ‖ *Geom.* Aplícase a la recta o plano perpendicular al horizonte (ú. t. c. s. f.). ‖ — M. Cualquiera de los semicírculos máximos que se consideran en la esfera celeste perpendiculares al horizonte.
verticalidad f. Estado o calidad de lo vertical.
vértice m. Punto en que concurren los dos lados de un ángulo. ‖ Punto donde se unen tres o más planos. ‖ Cúspide de un cono o pirámide.
verticilo m. Conjunto de hojas, flores o ramas situados a la misma altura alrededor de un tallo.
vertiente adj. Que vierte. ‖ — F. Cada una de las pendientes de una montaña. ‖ Cada una de las partes inclinadas de un tejado. ‖ *Fig.* Aspecto.
vertiginosidad f. Calidad de vertiginoso.
vertiginoso, sa adj. Que causa vértigo o relativo a éste. ‖ Aplicado a velocidad, muy grande.
vértigo m. Sensación de pérdida del equilibrio, vahído, mareo : *padecer vértigo.*
vertimiento m. Derrame.
vesania f. Locura, furia.
vesánico, ca adj. y s. Loco.
vesical adj. Relativo a la vejiga.
vesícula f. Ampolla en la epidermis, generalmente llena de líquido seroso. ‖ Bolsa membranosa parecida a una vejiga : *la vesícula biliar, que tiene forma de pera, está en la parte inferior del hígado.*
vesicular adj. De forma de vesícula.
vesperal adj. De la tarde, vespertino. ‖ — M. Libro litúrgico de canto que contiene el oficio de tarde o de vísperas.
vespertino, na adj. De la tarde ; *crepúsculo vespertino.* ‖ — M. Diario de la tarde.
vestal f. Sacerdotisa consagrada al culto de Vesta, diosa romana del hogar.
vestíbulo m. Sala o pieza que da entrada a un edificio o casa y generalmente a sus distintas habitaciones. ‖ En los grandes hoteles, sala muy grande situada cerca de la entrada del edificio. ‖ Cavidad irregular del laberinto óseo del oído interno que comunica con la caja del tímpano por las ventanas oval y redonda.
vestido m. Prenda usada para cubrir el cuerpo humano. ‖ Estas prendas consideradas como género : *historia del vestido.* ‖ Prenda de vestir de mujer compuesta de cuerpo y falda montados en una sola pieza.
vestidura f. Vestido.
vestigio m. Huella, señal.
vestimenta f. Conjunto de las prendas de vestir.
vestir v. t. Cubrir el cuerpo con vestidos : *vestir a su hermano* (ú. t. c. pr.). ‖ Proveer de vestidos : *vestir a sus hijos* (ú. t. c. pr.). ‖ Hacer la ropa para alguien : *este sastre viste a toda la familia.* ‖ Cubrir : *vestir un sillón de cuero.* ‖ *Fig.* Dar mayor consistencia y elegancia a un discurso o escrito. ‖ Disimular, encubrir una cosa con otra. ‖ Adoptar cierto gesto : *vestir su rostro de maldad.* ‖ — *Fig.* y *fam. Quedarse una mujer para vestir imágenes* o *santos*, quedarse soltera. ‖ *Fig. Vísteme despacio que tengo prisa*, nunca es bueno obrar precipitadamente. ‖ — V. i. Ir vestido : *vestir bien.* ‖ Ser elegante, ser apropiado para una fiesta o solemnidad : *un traje de vestir.* ‖ *Fig.* y *fam.* Dar categoría : *tener un coche deportivo viste mucho.* ‖ — V. pr. Cubrirse : *el cielo se vistió de nubarrones.*
vestuario m. Conjunto de los trajes de una persona. ‖ Conjunto de trajes para una representación teatral o cinematográfica. ‖ Sitio del teatro donde se visten los actores.
veta f. Filón, yacimiento. ‖ Vena de ciertas piedras y maderas.
vetar v. t. Poner el veto.
veteado, da adj. Con vetas.
veteranía f. Antigüedad.
veterano, na adj. y s. m. Aplícase al hombre que ha desempeñado mucho tiempo el mismo empleo : *periodista veterano.* ‖ Dícese del soldado que lleva muchos años de servicio.
veterinario, ria adj. Referente a la veterinaria. ‖ — M. y f. Persona que se dedica a la veterinaria. ‖ — F. Arte de curar las enfermedades de los animales.
veto m. Derecho que tienen algunos jefes de

Estado de oponerse a la promulgación de una ley y algunas grandes potencias de declararse en contra de la adopción de una resolución que ha sido aprobada por la mayoría de los votantes en ciertas organizaciones internacionales. || Oposición, denegación.

vetustez f. Vejez.

vetusto, ta adj. Muy viejo.

vez f. Usado con un numeral, indica cada realización de un hecho o acción, o el grado de intensidad de una cosa : *he visto esta película dos veces.* || Ocasión : *se lo dije una vez.* || Tiempo en que le toca a uno actuar, turno : *le tocó su vez.* || — *A la vez,* simultáneamente. || *A su vez,* por su turno. || *Algunas veces* o *a veces,* en ciertas circunstancias. || *De una vez,* de un golpe. || *De vez en cuando,* en ocasiones. || *En vez de,* en sustitución de. || *Hacer las veces de,* servir de. || *Tal vez,* quizá, acaso.

vía f. Camino : *vía pública.* || Todo lo que conduce de un sitio a otro : *vía aérea.* || Doble línea de rieles paralelos, afianzados sobre traviesas, que sirven de camino de rodadura a los trenes : *vía férrea.* || Canal, conducto : *vías respiratorias.* || *Tecn.* Espacio entre las ruedas del mismo eje de un coche. || Entre los ascéticos, orden de vida espiritual : *vía purgativa.* || *For.* Ordenamiento procesal : *vía ejecutiva.* || Cada una de las divisiones longitudinales de una autopista. || — *Estar en vías de,* estar en curso de. || *Por vía de,* a modo de. || *Vía de agua,* agujero en el casco del barco. || *Vía de comunicación,* cualquier camino terrestre, línea marítima o aérea. || *Vía férrea,* ferrocarril. || — Prep. Pasando por : *Madrid-Londres, vía París.*

vía crucis o **viacrucis** m. inv. Rezo de diversas oraciones siguiendo el camino recorrido por Jesucristo cuando iba hacia el Calvario. || Conjunto de catorce cuadros o bajorrelieves que representan la Pasión de Jesucristo. || *Fig.* Tormento.

viabilidad f. Calidad de viable.

viable adj. Que puede vivir : *una criatura viable.* || *Fig.* Dícese de lo que reúne las condiciones necesarias para realizarse o llevarse a cabo.

viaducto m. Puente construido sobre una hondonada para el paso de una carretera o del ferrocarril.

viajante adj. y s. Dícese de la persona que viaja. || — Com. Representante que viaja para vender mercancías en varias plazas.

viajar v. i. Efectuar un viaje.

viaje m. Ida de un sitio a otro bastante alejado : *hacer un viaje a América.* || Ida y venida : *lo hizo en tres viajes.* || Cantidad de una cosa que se transporta de una vez. || Relato hecho por un viajero. || *Fam.* Ataque con arma blanca : *tirar viajes.* | Alucinación provocada por una droga.

viajero, ra adj. Que viaja. || — M. y f. Persona que viaja.

vianda f. Alimento.

viandante com. Persona que va de viaje. || Caminante, vagabundo.

viario, ria adj. Relativo a los caminos y carreteras : *red viaria.*

viático m. Dinero o provisiones que se dan a la persona que va de viaje, dieta. || Sacramento de la Eucaristía administrado a un enfermo en peligro de muerte.

víbora f. Serpiente venenosa de cabeza triangular. || *Fig.* Persona maldiciente y murmuradora.

vibración f. Rápido movimiento oscilatorio. || Movimiento de vaivén y periódico de un cuerpo alrededor de su posición de equilibrio. || Tratamiento que se aplica al hormigón recién vaciado y que consiste en someterlo a vibraciones para hacerlo más compacto, aumentar su adherencia y densidad y conseguir que tenga mayor resistencia.

vibráfono m. Instrumento de música que se compone de una serie de láminas de acero que se golpean con martillos y que están provistas de tubos de resonancia situados en la parte inferior.

vibrar v. t. Dar un movimiento rápido de vaivén a alguna cosa larga, delgada y elástica. || — V. i. Hallarse un cuerpo sujeto a vibraciones. || *Fig.* Conmoverse.

vibrátil adj. Que puede vibrar.

vibrato m. *Mús.* En los instrumentos de cuerda, leve vibración de tono producida por un movimiento de oscilación del arco.

vibratorio, ria adj. Que vibra.

vicaría f. Dignidad de vicario. || Territorio de su jurisdicción. || Oficina o residencia del vicario.

vicarial adj. De la vicaría.

vicariato m. Vicaría y tiempo que dura.

vicario m. Cura párroco.

vicealmirantazgo m. Dignidad de vicealmirante.

vicealmirante m. Oficial general de marina, inferior al almirante.

vicecanciller m. Persona que hace las veces de canciller a falta de éste.

vicecancillería f. Cargo de vicecanciller. || Su oficina.

vicecónsul m. Funcionario inmediatamente inferior al cónsul.

viceconsulado m. Cargo de vicecónsul. || Su oficina.

vicepresidencia f. Cargo de vicepresidente o vicepresidenta.

vicepresidente, ta m. y f. Persona que suple al presidente.

vicerrector, ra m. y f. Funcionario que suple al rector.

vicesecretaría f. Cargo de vicesecretario. || Su oficina.

vicesecretario, ria m. y f. Persona que suple al secretario o a la secretaria.

vicetiple f. Corista.

viceversa adv. Recíprocamente, inversamente.

viciar v. t. Corromper física o moralmente : *viciar el aire, las costumbres.* || Adulterar los géneros : *viciar la leche.* || Falsificar : *viciar un escrito.* || Quitar validez a un acto : *viciar un contrato.* || *Fig.* Deformar (ú. t. c. pr.). || — V. pr. Entregarse a los vicios. || Alabearse o pandearse una superficie.

vicio m. Defecto, imperfección grave : *vicio de conformación.* || Mala costumbre : *fumar es un vicio.* || Inclinación al mal : *el vicio se opone a la virtud.* || Licencia, libertinaje : *entregarse al vicio.* || Deformación.

vicioso, sa adj. Que tiene algún vicio o imperfección : *locución viciosa.* || Entregado a los vicios, al libertinaje : *hombre vicioso* (ú. t. c. s.).

vicisitud f. Sucesión de cosas opuestas. || — Pl. Sucesión de acontecimientos felices o desgraciados.

víctima f. Persona o animal sacrificado a los dioses : *víctima propiciatoria.* || *Fig.* Persona que se sacrifica voluntariamente : *víctima del deber.* | Persona que padece por culpa ajena o suya : *fue víctima de una*

estafa. | Persona dañada por algún suceso : *víctima de un accidente.*
victorear v. t. Vitorear.
victoria f. Ventaja sobre el contrario en cualquier contienda : *la victoria de un ejército.* || Coche de caballos descubierto de cuatro ruedas. || — *Cantar uno victoria,* jactarse del triunfo. || *Victoria pírrica,* la obtenida con muchas pérdidas.
victorioso, sa adj. Que ha conseguido una victoria o conducido a ésta.
vicuña f. Mamífero rumiante de los Andes, parecido a la llama y cubierto de pelo largo y fino. || Tejido hecho con su pelo.
vichadense o **vichaense** adj. y s. De Vichada (Colombia).
vichador m. *Rioplat.* Espía.
vichear v. t. *Rioplat.* Espiar.
vichy m. (pal. fr.). Cierta tela de algodón de cuadritos o rayas.
vid f. Planta trepadora, de tronco retorcido, vástagos muy largos, cuyo fruto es la uva.
vida f. Conjunto de los fenómenos que concurren al desarrollo y la conservación de los seres orgánicos : *el principio de la vida de un ser.* || Espacio de tiempo que transcurre desde el nacimiento hasta la muerte : *larga vida.* || Lo que ocurre durante este tiempo : *le encanta contar su vida.* || Actividad : *la vida intelectual de un país.* || Sustento, alimento necesario para vivir : *ganarse bien la vida.* || Modo de vivir : *vida de lujo.* || Costo de la subsistencia : *la vida no deja de subir.* || Biografía : *las « Vidas » de Plutarco.* || Profesión : *abrazar la vida religiosa.* || Duración de las cosas : *la vida de un régimen político.* || *Fig.* Viveza, expresión : *mirada llena de vida.* || Actividad, vitalidad : *persona llena de vida.* || — *Buscarse la vida,* tratar de conseguir los medios necesarios para vivir. || *Dar mala vida a alguien,* maltratarlo. || *De toda la vida,* de siempre. || *Fam. Echarse a la vida* o *ser una mujer de la vida,* dedicarse a la prostitución. || *En la vida,* nunca. || *Pasar a mejor vida,* morir. || *Fig.* y *fam. Tener la vida pendiente de un hilo,* estar en peligro de muerte. | *Tener siete vidas como los gatos,* ser muy resistente. | *Vida de perros,* la muy dura. || *Vida eterna,* la de los elegidos después de la muerte.
vidalita f. *Rioplat.* Canción popular melancólica que se acompaña con la guitarra.
vide, voz que se usa para remitir en un escrito. (Abrev. V. y Vid.)
vidente adj. y s. Que ve. || Aplícase a la persona que pretende ver lo pasado y lo futuro.
video m. Técnica que permite grabar la imagen y el sonido para reproducirlos más tarde en un televisor. || — Adj. inv. Relativo a esta técnica.
videocasete m. Casete que contiene una cinta magnética que permite grabar y reproducir un programa de televisión. || Estuche que contiene la cinta para grabar en video.
videodisco m. Disco en el cual se han grabado el sonido y la imagen de tal manera que puedan reproducirse en pantallas de televisores.
videofonía f. Video.
videófono m. Combinación del teléfono y de la televisión por la cual las dos personas que se están hablando a distancia pueden verse en una pantalla.
videofrecuencia f. Frecuencia de la señal suministrada por el tubo que capta las imágenes en la cadena de aparatos que constituye un emisor de televisión.
videotex m. Sistema que permite visualizar textos o elementos gráficos en la pantalla de un televisor a partir de una señal de televisión o de una línea telefónica.
vidorra f. *Fam.* Vida comodona.
vidriado m. Revestimiento vítreo con que se cubren las piezas de alfarería para hacerlas impermeables y mejorar su aspecto. || Loza cubierta con este barniz.
vidriar v. t. Cubrir con barniz vítreo.
vidriera f. Bastidor con vidrios con que se cierran puertas y ventanas. U. t. c. adj. : *puerta vidriera.* || Ventana grande cerrada por esta clase de bastidor con vidrios generalmente de colores : *las vidrieras de una catedral.* || *Amer.* Escaparate de una tienda.
vidriero m. El que fabrica vidrios. || El que coloca o arregla cristales.
vidrio m. Sustancia dura, frágil y transparente que proviene de la fusión de la sílice con potasa o sosa. || Objeto hecho con esta sustancia. || *Arg.* Cristal de ventana. || *Fig.* y *fam. Pagar uno los vidrios rotos,* ser el único en sufrir las consecuencias de un acto cometido con o por otros.
vidriosidad f. Calidad de vidrioso.
vidrioso, sa adj. Frágil como el vidrio. || *Fig.* Delicado : *tema vidrioso.* | Que se ofende fácilmente. || Que no brillan (ojos).
vieira f. Molusco comestible muy común en Galicia, cuya concha es la venera. || Esta concha.
vieja f. Pez de cabeza grande y tentáculos cortos sobre las cejas.
viejales m. y f. *Fam.* Viejo.
viejo, ja adj. De mucha edad : *mujer vieja.* || Que existe desde hace tiempo : *chiste viejo.* || Deslucido, estropeado por el uso : *coche viejo.* || Que ejerce una profesión desde mucho tiempo : *un viejo profesor.* || *Hacerse viejo,* envejecer. || — M. y f. Persona de mucha edad. || *And.* y *Amer.* Voz de cariño aplicada a los padres, cónyuges, etc. : *¡ buenos días, viejo !* || — *Fam. El viejo, la vieja,* el padre, la madre. | *Los viejos,* los padres. | *Viejo verde,* persona libidinosa de cierta edad.
vienés, esa adj. y s. De Viena (Austria).
viento m. Corriente de aire que se desplaza horizontalmente : *vientos alisios.* || *Fam.* Ventosidad. || — *Fig. Beber los vientos por una persona* o *cosa,* desearla con ansia. | *Contra viento y marea,* a pesar de todos los obstáculos. || *Fam. Despedir* o *echar a uno con viento fresco,* echarle de un sitio violentamente. || *Gritar algo a los cuatro vientos,* decirlo para que se entere todo el mundo. || *Instrumento de viento,* el que se hace sonar impeliendo aire dentro de él. || *Fig. Quien siembra vientos recoge tempestades,* el que suscita discordias acaba por ser víctima de ellas. | *Sembrar a los cuatro vientos,* divulgar por todas partes : *el lema de Larousse es « Siembro a los cuatro vientos ».* || *Viento en popa,* con buena suerte, sin obstáculos.
vientre m. Cavidad del cuerpo donde están los intestinos. || Región donde está situada esta cavidad. || Conjunto de las vísceras contenidas en esta cavidad. || *Fig.* Estómago : *tener el vientre vacío.* || Panza que tiene una vasija.
viernes m. Sexto día de la semana. || — *Haber aprendido algo en viernes,* repetir mucho lo que se aprendió una vez, aunque no venga a cuento. || *Viernes Santo,* día aniversario de la muerte de Jesucristo.
vierteaguas m. inv. Superficie inclinada

en la parte baja de puertas y ventanas para que por ella escurra el agua de la lluvia.
vietnamita adj. y s. Del Vietnam.
viga f. Pieza larga de madera, metal o cemento que se utiliza para sostener techos o pisos en las construcciones. ‖ Pieza arqueada que en algunos coches enlazaba el juego delantero con el trasero. ‖ *Viga maestra,* la que soporta el peso de otras vigas o de los cuerpos superiores de un edificio.
vigencia f. Calidad de vigente.
vigente adj. Que se usa o es válido en el momento de que se trata.
vigesimal adj. Que tiene como base el número veinte.
vigésimo, ma adj. Que ocupa el lugar veinte. ‖ — M. Cada una de las veinte partes iguales en que se divide un todo.
vigía f. Atalaya. ‖ Acción de vigilar. ‖ — M. Centinela en la arboladura de un barco. ‖ *Mil.* Observador. ‖ — Com. Persona que vigila.
vigilancia f. Cuidado y atención en lo que está a cargo de uno. ‖ Servicio encargado de vigilar.
vigilante adj. Que vigila. ‖ Que vela o está despierto. ‖ — Com. Persona encargada de velar por la seguridad de algo : *vigilante nocturno.* ‖ — M. Agente de policía, guardia.
vigilar v. i. y t. Velar con mucho cuidado por una persona o cosa.
vigilia f. Estado del que está despierto o en vela. ‖ Privación voluntaria o no de sueño durante la noche. ‖ Víspera de una festividad religiosa importante. ‖ Oficio que se reza en esos días. ‖ Oficio de difuntos que se canta o reza en la iglesia. ‖ Comida con abstinencia por precepto de la Iglesia.
vigor m. Fuerza física. ‖ Vitalidad de las plantas. ‖ Energía. ‖ *Fig.* Fuerza de expresión : *estilo lleno de vigor.* ‖ *Estar en vigor,* estar vigente.
vigoroso, sa adj. Que tiene vigor. ‖ Hecho con vigor.
vigués, esa adj. y s. De Vigo (España).
vihuela f. Instrumento músico de cuerda parecido a la guitarra.
vihuelista com. Persona que toca la vihuela.
vikingo, ga adj. Perteneciente o relativo a los vikingos. ‖ — M. Pueblo, e individuo que formaba parte de él, de guerreros, comerciantes y navegantes que realizó innumerables expediciones marítimas desde fines del siglo VIII hasta principios del XI.
vil adj. Bajo, despreciable : *conducta vil.* ‖ Indigno, infame : *hombre vil.*
vilayato m. División administrativa turca.
vileza f. Bajeza. ‖ Acción vil.
vilipendiador, ra adj. y s. Que vilipendia.
vilipendiar v. t. Despreciar.
vilipendio m. Desprecio.
vilipendioso, sa adj. Denigrante.
vilo (en) m. adv. Suspendido, sin el fundamento o apoyo necesario, inestable : *mantener en vilo.* ‖ *Fig.* Inquieto por saber lo que va a pasar : *este relato nos tiene en vilo.*
villa f. Población pequeña, menor que la ciudad y mayor que la aldea. ‖ Casa de recreo, en el campo. ‖ *La Villa del Oso y el Madroño* o *la Villa y Corte,* Madrid.
villanada f. Vileza.
villancico m. Composición poética popular con estribillo de asunto religioso que se suele cantar por Navidad. ‖ Forma de poesía tradicional castellana parecida al zéjel.
villanesco, ca adj. Relativo a los villanos : *estilo villanesco.* ‖ — F. Canto rústico antiguo y danza que lo acompaña.
villanía f. Condición de villano. ‖ *Fig.* Vileza. | Expresión indecente.
villano, na adj. y s. Que es vecino de una villa o aldea y pertenece al estado llano (ú. t. c. s.). ‖ *Fig.* Rústico, grosero. ‖ Ruin.
villarriqueño, ña adj. y s. De Villarrica (Paraguay).
villavicence o **villavicenciuno, na** adj. y s. De Villavicencio (Colombia).
villorrio m. Pequeña aldea.
vinagre m. Producto que resulta de la fermentación acética del vino empleado como condimento. ‖ *Fam. Cara de vinagre,* cara de pocos amigos.
vinagrera f. Vasija para el vinagre. ‖ — Pl. Angarillas en que se ponen el aceite y vinagre en la mesa.
vinagreta f. Salsa de aceite, cebolla y vinagre.
vinajera f. Cada uno de los dos jarrillos en que se sirven en la misa el vino y el agua. ‖ — Pl. Conjunto de estos dos jarrillos y de la bandeja donde se colocan.
vinatero, ra adj. Relativo al vino : *industria vinatera.* ‖ — M. Comerciante en vinos.
vinazo m. *Fam.* Vino malo.
vinca f. *Arg.* Nopal.
vincapervinca f. Planta de flores azules.
vinculable adj. Que se puede vincular.
vinculación f. Acción de vincular. ‖ Lo que vincula.
vinculante adj. Que vincula.
vincular v. t. Unir, ligar : *familias vinculadas entre sí.* ‖ *Fig.* Supeditar, hacer depender : *vincular sus esperanzas en la suerte.*
vínculo m. Lazo, atadura. ‖ *Fig.* Unión de una persona con otra : *el vínculo conyugal.* | Nexo, lo que une : *España sirve de vínculo entre Francia y África.*
vincha f. *Amer.* Pañuelo o cinta en la frente para sujetar el pelo.
vinchuca f. *Amer.* Chinche.
vindicación f. Venganza.
vindicador, ra adj. y s. Dícese de la persona que vindica, vengador.
vindicar v. t. Vengar. ‖ Defender, generalmente por escrito, al que ha sido calumniado. ‖ *For.* Reivindicar.
vindicativo, va adj. Vengativo, predispuesto a vengarse. ‖ Que vindica : *discurso vindicativo.*
vindicatorio, ria adj. Que sirve para vindicar.
vindicta f. Venganza.
vinería f. *Amer.* Despacho de vinos.
vinícola adj. Relativo al cultivo de la vid y a la fabricación del vino : *industria vinícola.* ‖ — M. Viticultor.
vinicultor, ra m. y f. Persona que se dedica a la vinicultura.
vinicultura f. Elaboración de vinos.
vinificación f. Transformación del mosto de la uva en vino.
vinílico, ca adj. Aplícase a una clase de resinas sintéticas obtenidas a partir del acetileno.
vinilo m. Radical etilénico monovalente existente en los compuestos vinílicos.
vino m. Bebida alcohólica que se obtiene por fermentación del zumo de las uvas : *vino tinto.* ‖ Preparación medicinal en la que el vino sirve de excitante. ‖ — *Fig.* y *fam. Tener mal vino,* ser agresivo en la embriaguez. ‖ *Vino blanco,* el de color dorado, obtenido por fermentación del mosto sin el hollejo de la uva. ‖ *Vino de honor,* el

ofrecido a un personaje importante o para celebrar algo. || *Vino peleón*, el más ordinario. || *Vino seco*, el que no tiene sabor dulce. || *Vino tinto*, el de color rojo oscuro que se obtiene dejando el hollejo de la uva en contacto con el líquido durante la fermentación.

vinosidad f. Carácter de las sustancias vinosas.

vinoso, sa adj. Que tiene las propiedades o apariencias del vino.

viña f. Sitio plantado de vides.

viñador, ra m. y f. Cultivador de viñas.

viñal m. Viñedo.

viñamarino, na adj. y s. De Viña del Mar (Chile).

viñatero, ra m. y f. Propietario de viñas. || Cultivador de viñas.

viñatero m. *Amer.* Viñador.

viñedo m. Terreno plantado de vides.

viñeta f. Dibujo o estampita puesto como adorno al principio o al final de un libro o capítulo, o en las márgenes de las páginas.

viola f. Instrumento músico de cuerda parecido al violín, aunque algo mayor, equivalente al contralto. || — Com. Persona que lo toca.

violáceo, a adj. Violado (ú. t. c. s. m.).

violación f. Penetración en un lugar en contra de la religión, la ley o la moral : *la violación de una iglesia.* || Quebrantamiento de la ley social o moral. || Delito que consiste en abusar de una mujer o menor de edad mediante violencia.

violado, da adj. De color de violeta (ú. t. c. s. m.).

violador, ra adj. y s. Dícese de la persona que viola.

violar v. t. Infringir, quebrantar : *violar la ley.* || Abusar de una mujer o menor de edad por violencia o por astucia. || Entrar en un sitio prohibido o sagrado : *la fuerza pública violó su domicilio.*

violencia f. Fuerza extremada : *la violencia del viento.* || Intensidad : *la violencia de las pasiones.* || Abuso de la fuerza. || Violación de una mujer. || *Fig.* Molestia, embarazo. || *For.* Fuerza ejercida sobre una persona para obligarla a hacer lo que no quiere.

violentar v. t. Vencer por la fuerza la resistencia de una persona o cosa : *violentar la conciencia.* || *Fig.* Entrar en un lugar o abrir algo contra la voluntad de su dueño. | Deformar, desvirtuar : *violentar un texto.* || — V. pr. *Fig.* Obligarse uno mismo a hacer algo que le molesta o le repugna.

violento, ta adj. De mucha fuerza o intensidad. || Propenso a encolerizarse, iracundo : *hombre violento.* || Cohibido, avergonzado : *se sentía muy violento en su presencia.* || Molesto, que va en contra de la inclinación natural de uno : *me es violento decírselo.*

violeta f. Planta de flores de color morado muy perfumadas. || Flor de esta planta. || — Adj. inv. y s. m. Dícese del color de estas flores.

violetera f. Vendedora de violetas.

violín m. Instrumento músico, derivado de la viola, de cuatro cuerdas templadas de quinta en quinta (sol, re, la, mi) que se toca con un arco. || Violinista. || — *Méx. Fam. Pintar un violín,* hacer burla con la mano. || *Fig. Violín de Ingres,* ocupación secundaria y predilecta para la cual uno tiene mucho talento.

violinista com. Persona que toca el violín.

violón m. Contrabajo, instrumento músico de cuatro cuerdas, parecido al violín, pero de mayor tamaño y tono más grave. || Persona que lo toca.

violoncelista y **violonchelista** com. Persona que toca el violoncelo, instrumento músico.

violoncelo y **violonchelo** m. Instrumento músico de cuatro cuerdas, parecido al violón, aunque más pequeño. || — Com. Violoncelista.

viperino, na adj. Relativo a la víbora o que se le parece. || *Lengua viperina,* persona muy maldiciente.

vira f. Banda de tela o badana cosida entre la suela y la pala del zapato.

virada f. *Mar.* Acción de virar.

virador m. Líquido empleado en fotografía para virar pruebas.

virago f. Mujer varonil.

viraje m. Cambio de dirección de un vehículo. || Curva en una carretera. || *Fig.* Cambio completo de orientación, de conducta : *un viraje en la historia.* || *Fot.* Operación que consiste en modificar el tono de las pruebas haciéndolas pasar por diversos baños (sales de oro, de platino, etc.).

virar v. t. En fotografía, someter las pruebas a la acción de ciertas sustancias químicas para variar su color. || Cambiar la nave de rumbo o de bordada (ú. t. c. i.). || — V. i. Cambiar de dirección un vehículo : *virar a derecha.* || *Fig.* Cambiar de ideas, de opinión, de orientación, de procedimientos en la forma de obrar. || *Fig. Virar en redondo,* cambiar completamente de ideas.

virgen adj. Dícese de la persona que no ha tenido contacto sexual : *una mujer virgen* (ú. t. c. s. f.). || *Fig.* Intacto, íntegro : *nieve virgen.* || — *Selva virgen,* la que está sin explorar. || *Tierra virgen,* la que nunca ha sido cultivada. || *Fam. Un viva la Virgen,* un hombre informal y despreocupado.

Virgen f. La madre de Cristo. || Pintura o escultura que la representa.

virginal adj. Relativo a una virgen. || Propio de una virgen : *candor virginal.* || *Fig.* Puro.

virginidad f. Entereza corporal de la persona que no ha tenido contacto sexual. || *Fig.* Pureza.

virgo m. Virginidad. || Himen.

virguería f. *Fam.* Cosa perfecta. | Filigrana, cosa difícil hecha muy bien. | Refinamiento grande. | Tontería, idiotez, menudencia.

viril adj. Varonil. || — M. Custodia pequeña colocada dentro de la grande.

virilidad f. Calidad de viril.

virola f. Casquillo, abrazadera de metal que se ajusta en el extremo de algunos instrumentos, como navajas, etc. || *Arg.* y *Méx.* Rodaja de plata con que se adornan los arreos de las caballerías.

virología f. Estudio de los virus.

virreina f. Mujer del virrey.

virreinal adj. Del virrey o virreinato.

virreinato m. Cargo y dignidad de virrey. || Territorio gobernado por él. || Instituciones que encarnaban el poder de la Corona española en las colonias de América. || — Hubo cuatro *virreinatos* en América : *Nueva España* (1535), *Perú* (1544), *Nueva Granada* (1717), suspendido en 1723 y restablecido en 1739, y *Río de la Plata* (1776).

virreino m. Virreinato.

virrey m. El que gobierna un territorio en nombre del rey.

virtual adj. Posible, que no tiene efecto

actual. || *Fís.* Que tiene existencia aparente pero no real : *imagen, objeto virtual.*
virtualidad f. Posibilidad.
virtud f. Capacidad para producir cierto efecto : *la virtud de un medicamento.* || Disposición constante a obrar bien : *persona de virtud.* || Cualidad que se estima como buena en las personas : *la lealtad es una virtud.* || Castidad en las mujeres. || — *En virtud de,* como consecuencia de. || *Virtud cardinal,* cada una de las cuatro (prudencia, justicia, fortaleza y templanza) que son principio de otras. || *Virtud teologal,* cada una de las tres (fe, esperanza y caridad) cuyo objeto directo es Dios.
virtuosidad f. y **virtuosismo** m. Gran habilidad técnica en un arte.
virtuoso, sa adj. Que tiene virtud : *hombre virtuoso.* || Inspirado por la virtud : *conducta virtuosa.* || — M. y f. Artista, particularmente músico ejecutante, que domina la técnica de su arte.
viruela f. Enfermedad infecciosa, contagiosa y epidémica caracterizada por una erupción de manchas rojizas que se convierten primero en vesículas y luego en pústulas (ú. t. en pl.).
virulencia f. Estado de lo que es virulento.
virulento, ta adj. Ocasionado por un virus : *enfermedad virulenta.* || Que tiene un gran poder de multiplicación : *microbio virulento.* || *Fig.* Violento, ensañado : *invectiva virulenta.*
virus m. Microbio invisible con el microscopio ordinario, responsable de las enfermedades contagiosas : *el virus del cólera.* || *Fig.* Fuente de contagio moral : *el virus de la holgazanería.*
viruta f. Laminilla de madera o metal que salta al cepillar un objeto o al someterlo a una operación semejante.
vis f. Fuerza : *vis cómica.*
visa f. *Amer.* Visado.
visado, da adj. Que ha sido visado. || — M. Visto bueno o autorización que se hace constar en ciertos documentos, especialmente pasaportes, para darles validez.
visaje m. Gesto, mueca.
visar v. t. Examinar un documento poniéndole el visto bueno para darle validez : *visar un pasaporte.* || Dirigir la puntería.
víscera f. Cualquiera de los órganos situados en las principales cavidades del cuerpo como el estómago, el corazón, los pulmones, el hígado, etc.
visceral adj. De las vísceras. || Procedente de lo más íntimo de un ser : *odio visceral.*
viscosa f. Celulosa sódica empleada en la fabricación de rayón, fibrana y películas fotográficas.
viscosidad f. Propiedad que tiene un fluido de resistir a un movimiento uniforme de su masa.
viscoso, sa adj. Que tiene viscosidad. || De consistencia gelatinosa, pegajoso.
visera f. Parte del yelmo, generalmente movible, que cubría el rostro parcial o totalmente. || Parte delantera de la gorra, del quepis, etc., para proteger los ojos. || Trozo de cartón o plástico de forma parecida empleada para el mismo uso.
visibilidad f. Calidad de visible. || Posibilidad de ver a cierta distancia. || En meteorología, grado de transparencia del aire.
visible adj. Perceptible con la vista. || *Fig.* Evidente, manifiesto : *enojo visible.* || *Fam.* En disposición de recibir, presentable : *no estar visible.*
visigodo, da adj. Relativo a los visigodos. || — M. y f. Individuo de una parte del pueblo godo que se estableció en España desde 415 hasta 711. || — M. pl. Este pueblo.
visigótico, ca adj. Relativo a los visigodos : *reino visigótico.*
visillo m. Cortinilla transparente que se pone detrás de los cristales de las ventanas.
visión f. Percepción por medio del órgano de la vista. || Vista : *perdió la visión de un ojo.* || Percepción imaginaria de objetos irreales : *tener visiones.* || Aparición sobrenatural. || Punto de vista o consideración particular que se tiene sobre un tema, asunto, etc. || *Fig.* y *fam.* Esperpento, persona muy fea. || *Fig. Quedarse uno como quien ve visiones,* quedarse uno muy asombrado.
visionario, ria adj. y s. Que ve visiones.
visir m. Ministro de un príncipe musulmán. || *Gran visir,* primer ministro del antiguo sultán turco.
visita f. Acción de ir a visitar a alguien : *visita de cumplido.* || Acción de ir a ver con interés alguna cosa : *visita de un museo.* || Persona que visita : *recibir visitas.* || Acción de ir a ver el médico a un enfermo. || Reconocimiento médico. || Cualquier clase de inspección.
visitación f. Visita de la Virgen Santísima a su prima Santa Isabel.
visitador, ra adj. y s. Inspector.
visitante adj. y s. Que visita.
visitar v. t. Ir a ver a uno en su casa. || Recorrer para ver : *visitar un museo.* || Ir a ver como turista : *visitar Galicia.* || Ir a un templo o santuario por devoción. || Ir el médico a casa del enfermo para reconocerle. || Inspeccionar. || Registrar en las aduanas, etc.
visiteo m. El hecho de hacer o recibir muchas visitas.
vislumbrar v. t. Ver un objeto confusamente (ú. t. c. pr.). || *Fig.* Tener indicios de algo (ú. t. c. pr.).
vislumbre f. Reflejo o tenue resplandor de una luz lejana. || Indicio.
viso m. Reflejo cambiante y en forma de ondas que aparece en la superficie de algunas cosas lisas. || Reflejo. || *Fig.* Apariencia : *visos de verdad.* || Tendencia.
visón Mamífero carnívoro parecido a la nutria de cuerpo alargado y patas cortas. || Su piel y abrigo hecho con ella.
visor m. Dispositivo óptico que sirve para enfocar con máquinas fotográficas o cinematográficas o para apuntar con armas de fuego, etc.
víspera f. Día inmediatamente anterior a otro. || *En vísperas de,* cerca de, próximo a.
vista f. Facultad de ver, de percibir la luz, los colores, el aspecto de las cosas : *vista aguda.* || Los ojos, órgano de la visión : *tener buena vista.* || Mirada : *dirigir la vista a.* || Aspecto, apariencia. || Extensión de terreno que se ve desde algún sitio, paisaje, panorama : *esta habitación tiene una vista espléndida.* || Cuadro, fotografía de un lugar, monumento, etc. : *una vista de París.* || Vistazo. || *Fig.* Ojo, sagacidad : *tiene mucha vista en los negocios.* || *For.* Conjunto de actuaciones llevadas a cabo en una causa, audiencia. || — Pl. Ventanas u otras aberturas de un edificio. || — *A la vista,* a su presentación. || *A la vista de,* en vista de. || *A primera vista,* sin examen. || *A vista de pájaro,* desde un punto elevado. || *Conocer a una persona de vista,* conocerla sólo por haberla visto alguna vez. || *Con vistas a,* con el propósito de. || *En vista de,* en considera-

ción a, dado. || *Estar a la vista,* ser evidente; ser fácil de ver, visible. || *Fig. Hacer la vista gorda,* fingir uno que no se da cuenta de algo. || *Hasta la vista,* hasta pronto. || *No perder de vista,* tener siempre en cuenta; vigilar mucho a una persona o cosa. || *Fig. Punto de vista,* criterio, modo de ver. | *Saltar una cosa a la vista,* ser muy visible o evidente. || *Ser corto de vista,* ser miope; (fig.) ser poco perspicaz. || *Fig. Tener vista una persona,* ser muy sagaz o perspicaz.

vista m. Empleado que se encarga de registrar en las aduanas.

vistazo m. Mirada rápida o superficial: *dar* o *echar un vistazo.*

visto, ta p. p. irreg. de *ver.* || *For.* Juzgado, fórmula con que se da por concluida la vista pública de una causa: *visto para sentencia.* || Muy conocido: *esta clase de espectáculos están muy vistos.* || — *Bien* (o *mal*) *visto,* considerado bien (o mal). || *Ni visto ni oído,* con suma rapidez. || *Por lo visto,* por lo que se ve; según parece, aparentemente. || *Visto bueno* (o *visto y conforme*), fórmula que se pone, generalmente abreviada (V.° B.°), al pie de ciertos documentos para autorizarlos. || *Visto que,* puesto que. || — M. *Visto bueno,* aprobación, conformidad: *fue difícil que dieran el visto bueno a mi proyecto.*

vistosidad f. Apariencia llamativa.

vistoso, sa adj. Que atrae mucho la atención, llamativo.

visu (de) loc. lat. Después de haber visto como testigo ocular.

visual adj. Relativo a la visión: *imagen visual.* || — F. Línea recta que se considera tirada desde el ojo del espectador hasta el objetivo.

visualización f. Acción y efecto de visualizar. || En informática, presentación gráfica en una pantalla de los resultados obtenidos en el procesamiento de datos.

visualizar v. t. Imaginar con rasgos visibles algo que no se ve. || Formar en la mente una imagen visual de algo abstracto. || Representar con imágenes ópticas fenómenos de otro carácter.

vital adj. Perteneciente o relativo a la vida: *funciones vitales.* || Fundamental, esencial, de suma importancia: *problema vital.*

vitalicio, cia adj. Que dura toda la vida: *cargo vitalicio.* || Dícese de la persona que disfruta de un cargo de esa clase: *senador vitalicio.* || Aplícase a la renta que se paga mientras vive el beneficiario (ú. t. c. s. m.).

vitalidad f. Actividad o eficacia de las facultades vitales; energía.

vitalizar v. t. Dar los caracteres de la vida a, hacer vital.

vitamina f. Cada una de las sustancias químicas orgánicas existentes en los alimentos en cantidades muy pequeñas y necesarias al metabolismo animal. (Hay numerosas vitaminas: A, B_1, B_2, B_6, B_{12}, C, D, E, K, P, PP, etc. La carencia o insuficiencia, llamada *avitaminosis,* ocasiona graves trastornos.)

vitaminado, da adj. Que tiene una o varias vitaminas.

vitamínico, ca adj. Relativo a las vitaminas: *pastilla vitamínica.*

vitela f. Pergamino muy fino y liso en el que se pinta o escribe.

vitelo m. Materia nutritiva no viva contenida en un huevo.

vitícola adj. Relativo al cultivo de la vid. || — Com. Viticultor.

viticultor, ra m. y f. Persona dedicada a la viticultura.

viticultura f. Cultivo de la vid.

vitíligo m. Enfermedad cutánea caracterizada por manchas blancas debidas a una falta de pigmentación de la piel.

vitivinícola adj. Relativo a la vitivinicultura. || — Com. Vitivinicultor.

vitivinicultor, ra m. y f. Persona dedicada a la vitivinicultura.

vitivinicultura f. Arte de cultivar las vides y elaborar el vino.

vitola f. Anillo de papel que rodea el cigarro puro. || *Fig.* Facha o traza de una persona. | Aspecto.

vítor m. Grito de aclamación o aplauso: *dar vítores a un héroe.* || — Interj. Expresa aclamación.

vitorear v. t. Aplaudir, dar vivas.

vitoriano, na adj. y s. De Vitoria (España).

vitral m. Vidriera de colores.

vítreo, a adj. De vidrio o semejante a él: *roca vítrea.* || *Humor vítreo,* líquido intraocular detrás del cristalino y antes de la retina.

vitrificación f. o **vitrificado** m. Acción y efecto de vitrificar.

vitrificar v. t. Convertir, mediante fusión, una sustancia en materia vítrea. || Dar a los entarimados una capa de materia plástica que los protege. || Dar a algo aspecto de vidrio. || — V. pr. Convertirse en vidrio.

vitrina f. Armario o caja con puertas de cristales en que se exponen objetos de arte. || *Amer.* Escaparate de una tienda.

vitriolo m. Nombre dado antiguamente a todos los sulfatos.

vituallas f. pl. Víveres, comestibles, alimentos: *estábamos sin agua ni vituallas.*

vituperable adj. Censurable.

vituperación f. Censura.

vituperador, ra adj. y s. Que vitupera.

vituperar v. t. Censurar.

vituperio m. Censura, reproche. || Vergüenza, baldón, oprobio.

viudal adj. Del viudo o viuda.

viudedad f. Viudez. || Pensión que cobran las viudas.

viudez f. Condición de viudo.

viudo, da adj. Dícese de la persona cuyo cónyuge ha muerto y que no ha vuelto a casarse (ú. t. c. s.). || *Fam.* Dícese de un alimento o de cualquier otra cosa que no tiene compañía.

viva m. Grito de aclamación: *dar vivas a la patria.* || *Un viva la Virgen,* vivalavirgen. || — Interj. Expresa aclamación.

vivace adj. o adv. (pal. ital.). *Mús.* Vivo, rápido, animado.

vivacidad f. Rapidez en obrar, en comprender, viveza.

vivalavirgen m. y f. *Fam.* Persona informal que no se preocupa por nada.

vivales com. inv. *Fam.* Fresco, desvergonzado.

vivaque m. *Mil.* Campamento de campaña.

vivaquear v. i. Acampar la tropa al aire libre.

vivar m. Lugar donde viven los conejos de campo. || Vivero de peces.

vivar v. t. *Amer.* Vitorear.

vivaracho, cha adj. *Fam.* Muy vivo y alegre: *joven vivaracha.*

vivaz adj. Que vive o dura mucho tiempo: *alegría vivaz.* || Vigoroso. || Agudo, de pronta comprensión.

vivencia f. Hecho vivido.

víveres m. pl. Comestibles.

vivero m. Terreno a que se trasladan las plantas desde la almáciga para recriarlas. ‖ Lugar donde se crían o guardan vivos dentro del agua peces, moluscos, etc. ‖ *Fig.* Semillero, cantera : *un vivero de artistas.* | Manantial, fuente : *vivero de disgustos.*
viveza f. Prontitud en las acciones o agilidad en la ejecución : *la viveza de los niños.* ‖ Perspicacia, sagacidad, agudeza : *la viveza del ingenio.* ‖ Realismo, carácter expresivo. ‖ Brillo vivo, intensidad : *la viveza de un color.* ‖ Expresión en la mirada : *ojos llenos de viveza.*
vívido, da adj. Dícese de lo que es producto de la inmediata experiencia del sujeto : *historia vívida.*
vividor, ra adj. Que vive (ú. t. c. s.). ‖ Vivaz. ‖ Muy trabajador. ‖ — M. y f. Aprovechón, persona que vive a costa de los demás o a quien le gusta vivir bien.
vivienda f. Lugar donde habitan una o varias personas, morada. ‖ Acción de alojarse : *crisis de la vivienda.* ‖ Casa : *bloque de viviendas.*
viviente adj. Dotado de vida : *los seres vivientes* (ú. t. c. s.).
vivificación f. Acción de vivificar o vivificarse.
vivificador, ra y **vivificante** adj. Que vivifica o da vida.
vivificar v. t. Dar fuerzas o energía, animar.
vivíparo, ra adj. Aplícase a los animales que paren los hijos ya desarrollados y sin envoltura, en oposición a los ovíparos, como los mamíferos (ú. t. c. s.).
vivir v. t. Estar presente : *viví en México horas inolvidables.* ‖ Participar, tomar parte : *los que vivimos una juventud dorada.* ‖ Pasar : *vivimos tantas horas felices.* ‖ — V. i. Estar vivo : *quien sabe si mañana vivirá.* ‖ Gozar, disfrutar los placeres de la vida : *vivió agradablemente.* ‖ Estar tranquilo, sosegado : *vivir con pocas preocupaciones.* ‖ Durar, subsistir : *sus hazañas vivirán siempre en el recuerdo.* ‖ Habitar, residir : *vivo en París.* ‖ Mantenerse : *gana para poder vivir.* ‖ Conducirse, portarse : *vivir austeramente.* ‖ Llevar cierto género de vida : *vivir como un santo.* ‖ Tratar : *hay que vivir con todo el mundo.* ‖ Convivir : *vivo con mi hermana.* ‖ Aceptar y adoptar las costumbres sociales : *allí aprendí a vivir.*
vivisección f. Disección de los animales vivos para el estudio de los fenómenos fisiológicos.
vivisector m. El que hace vivisecciones.
vivo, va adj. Que está en vida, que vive. Ú. t. c. s. : *los vivos y los muertos.* ‖ Fuerte, intenso : *dolor muy vivo.* ‖ Agudo : *olor vivo.* ‖ Brillante : *colores vivos.* ‖ Rápido, ágil en sus movimientos. ‖ *Fig.* Que concibe pronto : *ingenio vivo.* | Rápido en enfadarse. | Despabilado, despierto, listo : *niño muy vivo.* | Astuto, hábil. Ú. t. c. s. : *eres un vivo.* ‖ Expresivo, realista, que da la impresión de la vida : *descripción viva.* ‖ Grande : *viva curiosidad.* ‖ Duradero, que sobrevive, que no ha desaparecido : *recuerdo vivo.* ‖ Dícese de la arista, filo o ángulo muy agudos. ‖ Dícese de las lenguas que se hablan todavía. ‖ — *Fig. Como de lo vivo a lo pintado,* muy diferente. ‖ *En carne viva,* dícese de la carne de un ser vivo que no está cubierta por la piel a causa de una herida, etc.
vizcacha f. Mamífero roedor semejante a la liebre, de cola larga, que vive en el Perú, Bolivia, Chile y Argentina.
vizcachera f. Madriguera de la vizcacha. ‖ *Arg.* Cuarto de trastos viejos.
vizcainada f. Hecho o expresión propios de vizcaínos.
vizcaíno, na adj. y s. De Vizcaya (España).
vizcaitarra adj. Relativo o partidario de la autonomía o independencia del País Vasco de España (ú. t. c. s.).
vizcondado m. Título, dignidad y territorio de vizconde.
vizconde m. Título nobiliario inferior al de conde.
vizcondesa f. Mujer del vizconde. ‖ La que tiene este título.
vocablo m. Palabra : *este diccionario contiene innumerables vocablos técnicos.*
vocabulario m. Conjunto de palabras utilizadas en una lengua, en el lenguaje de una colectividad : *vocabulario castellano.* ‖ Conjunto de palabras empleadas por una persona, por un escritor. ‖ Conjunto de términos propios de una ciencia, de una técnica. ‖ Diccionario abreviado que sólo tiene cierta clase de palabras (usuales, técnicas, etc.).
vocación f. Destino natural del hombre : *la vocación de cualquier persona es la de ser útil a sus semejantes.* ‖ Inclinación, tendencia que se siente por cierta clase de vida, por una profesión : *tener vocación para el teatro.* ‖ Inclinación a la vida sacerdotal o religiosa.
vocacional adj. Relativo a la vocación.
vocal adj. Relativo a la voz : *cuerdas vocales.* ‖ — F. Sonido del lenguaje producido por la vibración de la laringe mediante una simple aspiración. ‖ Letra que representa este sonido : *el alfabeto castellano tiene cinco vocales* (a, e, i, o, u). ‖ — Com. Miembro de una junta, consejo, etc., que no tiene asignado un cargo o función especial en el organismo a que pertenece.
vocalista com. Artista que canta en una orquesta.
vocalización f. Transformación de una consonante en vocal. ‖ Acción de vocalizar.
vocalizar v. i. Hacer ejercicios de canto sin decir las notas ni las palabras, pronunciando sólo una misma vocal, que es casi siempre la *a.* ‖ Transformarse en vocal una consonante (ú. t. c. pr.).
vocativo m. *Gram.* Forma que toma una palabra cuando se utiliza para llamar a una persona o cosa personificada. ‖ Caso que tiene esta palabra en las lenguas que poseen una declinación.
voceador, ra adj. y s. Que grita muchísimo. ‖ — M. Pregonero. ‖ *Méx.* Vendedor callejero de periódicos.
vocear v. i. Dar voces o gritos, vociferar. ‖ — V. t. Pregonar los vendedores. ‖ Llamar a uno a voces. ‖ Aclamar con voces. ‖ *Fig.* y *fam.* Manifestar, hacer patente. | Publicar, pregonar jactanciosamente una cosa.
voceo m. Acción y efecto de vocear.
voceras com. inv. Boceras.
vocería f. y **vocerío** m. Gritería.
vocero m. Portavoz.
vociferación f. Palabras dichas gritando y de forma colérica.
vociferador, ra adj. y s. Que vocifera.
vociferante adj. Que vocifera.
vociferar v. t. e i. Decir gritando.
vocinglero, ra adj. y s. Que habla muy fuerte o mucho.
vodevil m. Vaudeville.
vodka m. Aguardiente de centeno muy común en la U. R. S. S.

voladizo, za adj. Dícese de la parte de un edificio que sobresale de la pared : *cornisa voladiza* (ú. t. c. s. m.).
volado, da adj. *Fig.* y *fam. Estar volado,* estar muy avergonzado. | *Hacer algo volado,* hacerlo con rapidez. || — M. *Méx.* Juego de cara y cruz con una moneda que se lanza.
volador, ra adj. Que vuela. || — M. Árbol de América tropical cuya madera se emplea en construcciones navales. || Pez marino cuyas aletas pectorales son tan largas que sirven al animal para saltar en el agua. || Calamar de mayor tamaño y carne menos fina que el común. || Juego de los indios mexicanos consistente en un palo alrededor del cual giran varios hombres colgados de una cuerda a gran distancia del suelo.
voladura f. Acción de volar una cosa con un explosivo. || Explosión.
volandas (en) m. adv. Por el aire, sin que toquen los pies el suelo. || *Fig.* y *fam.* En seguida.
volandero, ra adj. Dícese de las cosas que no están fijas, móvil. || Aplícase a la hoja impresa o de escritura que no está unida a otra y que corre de mano en mano : *octavillas volanderas.* || Que no se establece en ningún lugar, inestable.
volante adj. Que vuela, que tiene la facultad de moverse en el aire como los pájaros. || No fijo o sujeto : *cuerda volante.* || Móvil, que se puede trasladar fácilmente : *equipo volante de cirugía.* || Itinerante : *embajador volante.* || Que cambia de sitio, sin asiento fijo : *campo volante.* || *Medio volante,* medio ala en fútbol. || — M. Órgano, generalmente circular, que sirve para dirigir los movimientos de las ruedas de un vehículo por medio de un engranaje o una transmisión. || Rueda parecida empleada para regularizar los movimientos de cualquier máquina. || *Fig.* Automovilismo : *los ases del volante.* || Parte libre que se puede separar de cada hoja de un talonario. || Tira de tela fruncida que se pone en un vestido femenino o en la ropa de algunos muebles : *falda con un volante.* || Aro en los relojes, movido por la espiral, que regulariza los movimientos de la rueda de escape. || Hoja de papel alargada que se utiliza para hacer una comunicación. || Esfera de corcho con un penacho de plumas que sirve para lanzársela los jugadores por medio de raquetas. || Juego así realizado. (Se le llama también *juego del volante* o *badminton.*)
volantín m. *Amer.* Cometa, juguete de papel o tela que se hace volar.
volapié m. *Taurom.* Manera de matar al toro con la espada.
volar v. i. Moverse, sostenerse en el aire ya sea por medio de alas o valiéndose de cualquier otra cosa. || Hacer un vuelo en avión : *volar encima de la ciudad.* || Ir, correr a gran velocidad : *volé en socorro de los heridos.* || Hacer con gran rapidez : *se fueron volando al trabajo.* || Propagarse rápidamente : *sus hazañas vuelan de boca en boca.* || *Fig.* Pasar muy de prisa : *el tiempo vuela.* | Elevarse en el aire y moverse en él : *las hojas secas vuelan.* | Ir por el aire algo arrojado con violencia : *las sillas volaban durante la pelea.* | Desaparecer alguien : *voló el ladrón.* | Gastarse : *el dinero vuela en ciudades tan caras.* | Estar uno muy enojado o muy confuso : *estoy volado de vergüenza.* || — V. t. Hacer saltar o explotar con un explosivo : *volar un buque.* || — V. pr. Emprender el vuelo. || Elevarse en el aire. || *Amer.* Irritarse, encolerizarse.
volátil adj. Que se volatiliza o se evapora : *alcohol volátil.* || Que vuela o es capaz de volar (ú. t. c. s. m.). || *Fig.* Inconstante, cambiadizo, mudable (ú. t. c. s.).
volatilidad f. Condición de volátil.
volatilización f. Evaporación.
volatilizar v. t. Transformar un cuerpo sólido o líquido en gaseoso (ú. t. c. pr.).
volatinero, ra m. y f. Acróbata.
vol-au-vent [*volován*] m. (pal. fr.). Pastel de hojaldre relleno de carne o pescado con salsa, setas, etc.
volcadura f. *Amer.* Vuelco.
volcán m. Montaña formada por lavas y otras materias procedentes del interior del Globo y expulsadas por una o varias aberturas del suelo. || *Fig.* Persona de carácter ardiente, fogoso, apasionado. | Pasión ardiente. | Cosa muy agitada : *mi cabeza era un volcán.* | Situación tranquila en apariencia, pero que encierra un peligro : *estamos sobre un volcán.*
volcánico, ca adj. Relativo al volcán. || *Fig.* Agitado, fogoso : *pasión volcánica.* || *Fig.* Muy ardiente.
volcanismo m. Conjunto de los fenómenos volcánicos y de las teorías que explican sus causas.
volcanización f. Formación de rocas volcánicas. || Vulcanismo.
volcar v. t. Inclinar o invertir un objeto, de modo que caiga su contenido : *volcar un vaso.* || Tumbar, derribar : *volcar a un adversario.* || Turbar la cabeza un olor muy fuerte. || *Fig.* Hacer mudar de parecer : *le volcó con sus argumentos.* || — V. i. Caer hacia un lado un vehículo : *el camión volcó* (ú. t. c. pr.). || — V. pr. *Fig.* Poner uno el máximo interés y esfuerzo para algún fin : *se volcó para conseguir el cargo.* | Extremar, hacer el máximo de : *se volcó en atenciones.*
volea f. Voleo, trayectoria parabólica de la pelota.
volear v. t. Dar a una cosa en el aire para impulsarla. || Sembrar a voleo. || — V. i. Hacer voleas con la pelota.
voleibol m. *Amer.* Balonvolea.
voleo m. Golpe que se da a una cosa en el aire antes de que caiga : *cogió la pelota a voleo.* || *A* o *al voleo,* esparciendo al aire la semilla : *sembrar al voleo;* (fig.) al buen tuntún.
volframio m. Metal (símb. W) de color gris casi negro, cuya temperatura de fusión es 3 660 °C y la densidad 19,2, utilizado para fabricar los filamentos de las lámparas de incandescencia. (Llámase también *tungsteno.*)
volición f. Acto de voluntad.
volitivo, va adj. De la voluntad.
volován m. Vol-au-vent.
volquete m. Vehículo utilizado para el transporte de materiales que se descarga haciendo girar sobre el eje la caja que sostiene el bastidor.
volt m. *Fís.* Voltio en la nomenclatura internacional.
voltaico, ca adj. *Fís.* Aplícase a la pila eléctrica inventada por el físico italiano Volta (1745-1827) y a los efectos que produce.
voltaje m. Cantidad de voltios de un aparato o sistema eléctrico. || Fuerza electromotriz de una corriente o diferencia de potencial en los terminales de un conductor o circuito.
voltámetro m. Aparato que permite medir una cantidad de electricidad a partir de la

masa del electrólito descompuesto. || Cualquier aparato en el que se produce una electrólisis.
voltamperio m. Unidad de potencia aparente (símb. VA) de las corrientes alternas, equivalente a la potencia de una corriente de un amperio cuya tensión alterna es de un voltio.
volteada f. *Arg.* Operación que consiste en separar una parte del ganado acorralándolo los jinetes.
volteado m. *Méx.* Afeminado.
voltear v. t. Dar vueltas a una persona o cosa. || Poner una cosa al revés de como estaba : *voltear el heno.* || Hacer dar vueltas a las campanas para que suenen. || *Fig.* Derribar, derrocar : *voltear un gobierno.* || *Fam.* Suspender en un examen. || *Amer.* Volcar, derramar. || — V. i. Dar vueltas una persona o cosa. || Repicar, echar a vuelo las campanas. || — V. pr. *Méx.* Volverse del otro lado. | Volver la cabeza. || *Amer.* Cambiar de ideas políticas o de partido.
volteo m. Toque repetido de campanas. || Ejercicio de equitación que consiste en saltar de diversas maneras sobre un caballo.
voltereta f. Trecha. || *Fig.* Cambio repentino, pirueta.
voltímetro m. Instrumento para medir la diferencia de potencial eléctrico entre dos puntos.
voltio m. Unidad de fuerza electromotriz y de diferencia de potencial o tensión (símb. V), equivalente a la diferencia de potencial existente entre dos puntos de un conductor por el cual pasa una corriente de un amperio cuando la potencia perdida entre los mismos es de un vatio.
volubilidad f. Versatilidad.
volúbilis m. *Bot.* Enredadera.
voluble adj. Versátil, cambiante.
volumen m. Libro : *enciclopedia en tres volúmenes.* || Extensión del espacio de tres dimensiones ocupado por un cuerpo : *el volumen de un paralelepípedo.* || Espacio ocupado por un cuerpo : *paquete de gran volumen.* || Intensidad : *voz de mucho volumen.* || Cantidad de dinero empleada o que sirve para realizar las operaciones comerciales : *volumen de ventas.* || Importancia : *volumen de negocios.*
voluminoso, sa adj. Grande.
voluntad f. Facultad o potencia que mueve a hacer o no una cosa : *carece de voluntad.* || Energía mayor o menor con la que se ejerce esta facultad : *ésta es mi voluntad.* || Intención firme de realizar algo : *dar a conocer su voluntad.* || Deseo : *ésa no fue mi voluntad.* || Capricho, antojo : *siempre hacía su santa voluntad.* || Libertad para obrar : *lo hizo por su propia voluntad.* || Afecto, cariño : *le tienes poca voluntad a tus profesores.* || — *A voluntad,* si se quiere o cuando se quiere. || *Buena voluntad,* intención de hacer bien las cosas. || *Última voluntad,* testamento.
voluntariado m. Alistamiento voluntario para hacer el servicio militar.
voluntariedad f. Calidad de voluntario.
voluntario, ria adj. Que nace de la propia voluntad : *acto voluntario.* || Hecho por la propia voluntad : *movimiento voluntario.* || Voluntarioso. || Dícese de la persona que realiza voluntariamente un acto : *soldado voluntario* (ú. t. c. s.).
voluntarioso, sa adj. Lleno de buena voluntad, de buenos deseos.
voluptuosidad f. Placer de los sentidos, goce intenso.
voluptuoso, sa adj. Que inspira la voluptuosidad o la hace sentir : *vida voluptuosa.* || Dado a los placeres sensuales (ú. t. c. s.).
voluta f. Adorno en forma de espiral o caracol que decora los capiteles de orden jónico. || Que tiene forma de espiral : *voluta de humo.*
volver v. t. Cambiar de posición o de dirección mediante un movimiento de rotación : *volver la cabeza.* || Dirigir : *volver los ojos hacia uno.* || Dar vuelta : *volver una tortilla.* || Pasar : *volver las páginas de un libro.* || Poner al revés : *volver un vestido.* || *Fig.* Convertir : *volver el vino en vinagre.* | Tornar, hacer que una persona o cosa cambie de estado : *el éxito le ha vuelto presumido.* | Retornar : *han vuelto contra él sus propios argumentos.* || Devolver una cosa a su estado anterior : *producto que vuelve el pelo a su color.* || *Fig. Volver loco a uno,* trastornarle la razón. || — V. i. Regresar, retornar : *volver a casa.* || Ir de nuevo : *este año volveremos al mar.* || Torcer de camino : *volver a la derecha.* || Reanudar, proseguir : *volvamos a nuestro tema.* || Reaparecer : *el tiempo pasado no vuelve.* || Repetir, reiterar, reincidir (con la prep. *a* y verbo en infinitivo) : *volver a llover.* || *Volver en sí,* recobrar el conocimiento. || — V. pr. Mirar hacia atrás, tornarse : *me volví para verlo mejor.* || Regresar : *vuélvete pronto.* || Cambiar, tornarse, trocarse : *el tiempo se ha vuelto lluvioso.* || Ponerse : *volverse triste.* || *Volverse atrás,* retroceder ; (fig.) desdecirse.
volley-ball m. (pal. ingl.). Balonvolea.
vomitar v. t. Arrojar violentamente por la boca lo contenido en el estómago : *vomitar la comida.* || *Fig.* Arrojar de sí una cosa algo que tiene dentro : *los volcanes vomitan lava.* || *Fig.* y *fam.* Decir de modo violento : *vomitar insultos.* | Confesar, revelar lo que se mantenía callado.
vomitera f. Vómito grande.
vomitivo, va adj. Que hace vomitar (ú. t. c. s. m.).
vómito m. Acción de arrojar por la boca lo que se tenía en el estómago. || Sustancias vomitadas.
vomitona f. Vómito.
vomitorio, ria adj. y s. m. Vomitivo. || — M. En los circos o teatros romanos, y actualmente en los estadios o plazas de toros, puerta de acceso y de salida en los graderíos.
voracidad f. Gran avidez para comer. || *Fig.* Avidez, ansia.
vorágine f. Remolino impetuoso que forma el agua.
voraz adj. Que devora o come con avidez. || *Fig.* Destructor.
vos pron. de la 2.ª persona del s. y del pl. Usted. || *Amer.* Tú.
— Se emplea *vos* en lugar de usted en estilo poético u oratorio para dirigirse a Dios *(Señor, Vos sois nuestra Providencia).* Actualmente el empleo de vos o *voseo* es general en todas las clases sociales de Argentina y menos extendido en Uruguay y Paraguay. Cuando se usa, sustituye a *tú* en el presente y en el pretérito de indicativo con la forma alterada de la segunda persona del plural *(vos estás, vos tenés, vos dijistes).* El complemento *te,* a pesar de esto, continúa al mismo tiempo que *vos* en la frase, constituyendo una repetición inútil *(a vos te parece bien ; vos te comerás este pastel).*
vosear v. t. Hablar de *vos.* || *Amer.* Tutear. (V. VOS.)

voseo m. Acción de hablar de *vos.* ‖ *Amer.* Tuteo. (V. VOS.)
vosotros, tras pron. de 2.ª pers. de ambos gén. y núm. pl. : *vosotros lo haréis.*
votación f. Acción de votar. ‖ Operación consistente en expresar cada uno su opinión en una asamblea : *votación a mano alzada.* ‖ Conjunto de votos emitidos.
votante adj. Dícese del que vota (ú. t. c. s.).
votar v. i. Dar uno su voto en una deliberación o elección. ‖ Echar votos o juramentos, blasfemar. ‖ — V. t. Decidir o pedir por un voto : *votar la candidatura de uno.* ‖ Sancionar por una votación.
voto m. Promesa hecha a Dios, a la Virgen o a los santos por devoción o para obtener determinada gracia. ‖ Cada una de las tres promesas de renunciamiento (pobreza, castidad y obediencia) que se pronuncian al tomar el hábito religioso. ‖ Opinión emitida por cada una de las personas que votan, sufragio. ‖ Derecho a votar : *tener uno voz y voto.* ‖ Votante, persona que da su voto. ‖ Deseo ardiente : *votos de felicidad.* ‖ Juramento, reniego, blasfemia : *echar votos.*
voz f. Sonido que produce el aire expelido de los pulmones al hacer vibrar las cuerdas vocales : *voz chillona.* ‖ Aptitud para cantar : *voz de bajo.* ‖ Parte vocal o instrumental de una composición musical : *fuga a tres voces.* ‖ Sonido de un instrumento musical. ‖ Persona que canta. ‖ Grito. Ú. t. en pl. : *dar voces de dolor.* ‖ Derecho de expresar su opinión en una asamblea : *tiene voz, pero no voto.* ‖ *Fig.* Rumor : *corre la voz que se ha marchado.* | Impulso, llamada interior : *la voz del deber.* | Consejo : *oír la voz de un amigo.* ‖ *Gram.* Forma que toma el verbo para indicar si la acción es hecha o sufrida por el sujeto : *voz activa.* | Vocablo, palabra : *una voz culta.* ‖ — *A media voz,* en voz poco fuerte. ‖ *A voces,* a gritos. ‖ *A voz en cuello* (o *en grito*), gritando. ‖ *De viva voz,* hablando. ‖ *Fig. Donde Cristo dio las tres voces,* muy lejos. | *Levantar la voz a uno,* hablarle con tono insolente. | *Llevar uno la voz cantante,* ser el que manda. | *No tener voz ni voto,* no tener influencia alguna.
vozarrón m. Voz muy potente.
vuecelencia y **vuecencia** com. Síncopa de *vuestra excelencia.*
vuelco m. Acción y efecto de volcar un vehículo, una embarcación. ‖ *Fig. Darle a uno un vuelco el corazón* sobresaltarse, estremecerse.
vuelo m. Acción de volar : *el vuelo de las aves.* ‖ Recorrido hecho volando sin posarse. ‖ Desplazamiento en el aire de una aeronave : *vuelo sin visibilidad.* ‖ Viaje en avión : *vuelo de varias horas.* ‖ Envergadura de un ave. ‖ Amplitud de un vestido : *el vuelo de una falda.* ‖ Adorno ligero en las bocamangas. ‖ *Fig.* Arrojo, ímpetu. | Amplitud de la inteligencia, de la voluntad, envergadura : *no tener suficiente vuelo para emprender tal obra.* ‖ — *Alzar* (o *emprender* o *levantar*) *el vuelo,* echarse a volar; (fig.) marcharse. ‖ *Fig. Cortar los vuelos a uno,* ponerle trabas. | *De mucho vuelo,* de mucha importancia.
vuelta f. Movimiento de un cuerpo que gira sobre sí mismo o que describe un círculo : *la vuelta de la Tierra alrededor de su eje.* ‖ Movimiento con el que se coloca una cosa en la posición opuesta a la que estaba : *el camión dio una vuelta al tropezar con el pretil.* ‖ Recodo, curva : *carretera con muchas vueltas.* ‖ Movimiento con el que una persona abandona un lugar para volver a él : *dar la vuelta a España.* ‖ Paseo : *me di una vuelta por el parque.* ‖ Vez, turno : *elegido en la primera vuelta.* ‖ Regreso, retorno : *estar de vuelta de un viaje.* ‖ Revés : *la vuelta de una página.* ‖ Fila : *collar con tres vueltas.* ‖ Entrega del dinero que se devuelve cuando la cantidad pagada excede al precio de lo comprado : *me dio toda la vuelta en calderilla.* ‖ Devolución de una cosa prestada. ‖ Labor que el agricultor da a la tierra. ‖ Acción de girar o hacer girar un objeto : *dar dos vueltas a la llave.* ‖ Parte doblada en el extremo de una prenda de vestir : *las vueltas del pantalón.* ‖ Cambio, alteración : *la vida da muchas vueltas.* ‖ Cambio repentino y total en una situación. ‖ Figura circular que toma una cosa arrollada : *le dio varias vueltas con una cuerda.* ‖ Fila de mallas en las labores de punto. ‖ Parte que sigue a un ángulo : *está a la vuelta de la esquina.* ‖ — *A la vuelta de,* de regreso de; después de. ‖ *Fig. A la vuelta de la esquina,* muy cerca. | *Buscarle a uno las vueltas,* intentar cogerle en falta. | *Darle cien vueltas,* superarlo con mucho. | *Dar vueltas,* girar; pensar mucho en algo, examinarlo. | *Estar de vuelta de todo,* saber las cosas por experiencia y sentir por esto cierto desengaño. | *No hay que darle vueltas,* no hay por qué pensarlo más. | *No tener vuelta de hoja,* ser evidente. | *Ponerle a uno de vuelta y media,* insultarle.
vuelto m. *Amer.* Vuelta de dinero, cambio.
vuestro, tra adj. y pron. pos. de la 2.ª pers. del pl. : *vuestros hijos y vuestra hija.*
vulcanismo m. Actividad de los volcanes.
vulcanita f. Material duro y aislante obtenido por la acción del azufre sobre el caucho.
vulcanización f. Operación de añadir azufre al caucho para darle mayor elasticidad, impermeabilidad y duración.
vulcanizado, da adj. Que ha sido tratado por vulcanización.
vulcanizar v. t. Combinar azufre con el caucho para que éste tenga mayor elasticidad, impermeabilidad y duración.
vulcanología f. Parte de la geología que estudia los volcanes.
vulgar adj. Característico del vulgo. ‖ Que carece de educación, de distinción : *hombre vulgar.* ‖ Poco distinguido : *gusto vulgar.* ‖ Corriente, ordinario : *vida vulgar.* ‖ Que no es especial o técnico : *niña del ojo es el nombre vulgar de pupila.* ‖ Dícese de la lengua hablada por el pueblo, por oposición a la lengua literaria : *latín vulgar.*
vulgaridad f. Carácter del que o de lo que carece de distinción. ‖ Cosa vulgar : *decir vulgaridades.*
vulgarismo m. Término o giro empleado por gente poco educada.
vulgarización f. Acción de dar a conocer a gentes sin gran cultura nociones difíciles o complejas. ‖ Acción de dar un carácter vulgar, de mal gusto.
vulgarizador, ra adj. y s. Que expone de un modo simple los conocimientos complejos de algo : *vulgarizador científico.*
vulgarizar v. t. Poner al alcance de todo el mundo, divulgar : *vulgarizar un método.* ‖ Hacer perder a algo su carácter distinguido : *vulgarizar las costumbres folklóricas.* ‖ — V. pr. Hacerse vulgar.
vulgo m. La mayoría de los hombres, la masa, el pueblo. ‖ Conjunto de personas que desconocen la materia de que se trata.
vulnerabilidad f. Carácter vulnerable.
vulnerable adj. Que puede ser herido. ‖

Que puede ser atacado. ‖ Que puede ser perjudicado.
vulneración f. Violación, infracción.
vulnerar v. t. *Fig.* Dañar, perjudicar. | Violar, infringir una ley, un contrato. | Lesionar : *vulnerar un derecho.*
vulpeja f. Zorra, mamífero.
vulva f. Órgano genital externo de la mujer.

W

w f. Letra de las lenguas nórdicas que no figura propiamente en el alfabeto castellano. ‖ — W, símbolo químico del *volframio.* ‖ Símbolo del *vatio.*
— Se da a la *w* el nombre de *uve doble.* Úsase únicamente en las palabras tomadas de ciertas lenguas extranjeras sin cambiar su ortografía. Tiene el sonido de la *v* ordinaria en los nombres alemanes *(Wagram* se dice *vagram)* y el de la *u* en los ingleses y holandeses *(Wellington* se pronuncia *uelington).* Equivale excepcionalmente a *v* en la palabra *wagon.*
wagneriano, na [*vag-*] adj. Relativo a Ricardo Wagner : *ópera típicamente wagneriana.* ‖ — M. y f. Persona admiradora de la obra musical de Wagner.
wagon-lit [*vagon-li*] m. Coche cama.
walk-over [*uokóva*] m. (pal. ingl.). Carrera en la que toma parte un solo caballo que debe terminar su recorrido en un tiempo determinado previamente. ‖ Abandono, victoria de un participante en un torneo cuyo contrincante ha abandonado.
wapiti [*ua-*] m. Uapití.
warrant [*worant*] m. (pal. ingl.). *Com.* Recibo que ampara una mercancía depositada en los muelles o almacenes especiales, y negociable como una letra de cambio.
watercloset o **water** [*váter*] m. (pal. ingl.). Retrete.
water-polo [*uater-*] m. Polo acuático.
watt [*uat*] m. Vatio.
wau [*uau*] f. Nombre dado en lingüística a la *u* cuando se la considera como semiconsonante, agrupada con la consonante anterior *(guarda),* o como semivocal, agrupada con la vocal precedente *(auto).*
Wb, símbolo del *weber,* unidad práctica de flujo magnético.
w. c., abreviatura de *watercloset.*
weber [*veber*] m. (pal. alem.). Unidad de flujo magnético (símb. Wb), equivalente al flujo magnético que, al atravesar un circuito de una sola espira, produce una fuerza electromotriz de un voltio si se reduce a cero en un segundo por medio de una disminución uniforme.
weberio m. Weber.
week-end [*uiken*] m. (pal. ingl.). Fin de semana.
welter [*uelter*] m. (pal. ingl.). En boxeo, semimedio.
wellingtonia f. Especie de secoya.
western m. (pal. ingl.). Película de cowboys o vaqueros del Oeste norteamericano.
Wh, símbolo del *vatio-hora.*
wharf [*uorf*] m. (pal. ingl.). Muelle donde atracan los barcos.
whig [*uig*] m. (pal. ingl.). En Inglaterra, miembro del Partido Liberal (ú. t. c. adj.).
whisky [*uiski*] m. (pal. ingl.). Bebida alcohólica fabricada con granos de cereales, principalmente cebada, hecha en Escocia, Irlanda, Canadá y Estados Unidos.
wicket [*uiket*] m. (pal. ingl.). En el juego del cricquet, aparato formado por tres estacas sobre las cuales se cruzan dos palitos que hay que derribar con la pelota.
winchester [*uin-*] m. (pal. ingl.). Fusil de repetición.
windsurf m. (pal. ingl.). Plancha a vela. ‖ Deporte practicado con ella.
w. o. m. Abrev. de *walk-over.*
wolfram o **wolframio** [*vol-*] m. Volframio.

X

x f. Vigésima sexta letra del alfabeto castellano y vigésima primera de sus consonantes (su nombre es *equis*). ‖ — x, representación de la incógnita o de una de las incógnitas en una ecuación algebraica. ‖ X, cifra romana que equivale a diez, pero que, precedida de I, sólo vale nueve. ‖ Sirve también para designar a una persona o cosa que no se quiere o no se puede nombrar más explícitamente : *el señor X; a la hora X.* ‖ *Cromosoma X,* uno de los dos cromosomas sexuales (la dotación cromosómica en el varón es XY y en la hembra XX).
xantoma m. Tumor benigno lleno de colesterol formado en la piel o debajo de ella, principalmente en los párpados.

Xe, símbolo químico del *xenón.*
xenofilia f. Simpatía hacia los extranjeros.
xenófilo, la adj. y s. Amigo de los extranjeros.
xenofobia f. Aversión hacia los extranjeros.
xenófobo, ba adj. y s. Afectado de xenofobia.
xenón m. Elemento químico, de la familia de los gases raros, de número atómico 54, que se encuentra en la atmósfera en proporciones ínfimas (símb. Xe).
xerocopia f. Copia fotográfica lograda con la xerografía.
xerocopiar v. t. Reproducir en copia xerográfica.
xerófilo, la adj. Aplícase a las plantas adaptadas a los climas muy secos y desérticos.
xeroftalmía f. Forma de conjuntivitis, provocada por la falta de vitamina A, en la cual el globo del ojo aparece seco y sin brillo.
xerografía f. Procedimiento electrostático para hacer fotocopias.
xerografiar v. t. Reproducir textos o imágenes por la xerografía.
xerográfico, ca adj. Relativo a la xerografía u obtenido por medio de ella.
xi f. Décimocuarta letra del alfabeto griego.
xifoideo, a adj. Relativo al apéndice xifoides.
xifoides adj. inv. Aplícase al apéndice situado en la extremidad inferior del esternón (ú. t. c. s. m.).
xihuitl m. Año azteca, compuesto de 20 meses.
xileno m. Hidrocarburo bencénico que se extrae del alquitrán de hulla.
xilócopo m. Insecto himenóptero parecido a la abeja.
xilófago, ga adj. y s. Aplícase a los insectos que roen la madera.
xilofonista com. *Mús.* Persona que toca el xilófono.
xilófono m. Instrumento músico de percusión compuesto de unas varillas de madera o de metal de diferentes longitudes que se golpean con dos macillos.
xilografía f. Grabado hecho en madera. ‖ Impresión tipográfica hecha con esta clase de grabado.
xilográfico, ca adj. De la xilografía.
xilógrafo m. Artista que graba en madera.
xiloxóchitl m. Nombre de varias leguminosas de México.
xiuhmolpilli m. Siglo azteca, equivalente a 52 años.
xochilmica adj. y s. Individuo de la tribu nahua de este n. que fundó el señorío de Xochimilco en el valle de México.

y f. Vigésima séptima letra del alfabeto castellano y vigésima segunda de sus consonantes. (Su nombre es *i griega* o *ye.* Esta letra puede ser a la vez vocal y consonante.) ‖ — Y, símbolo químico del *itrio.*
y conj. copulativa. Sirve para enlazar dos palabras o dos oraciones con idéntica función gramatical. ‖ Denota idea de adición, oposición o consecuencia. ‖ Cuando va precedida y seguida de una misma palabra, expresa repetición : *días y días.* ‖ Al principio de una cláusula, se emplea para dar énfasis a lo que se dice *(¡y no me lo habías dicho!)* o con valor de adverbio interrogativo *(¿y tu padre, cómo está?).* ‖ — *Y eso que,* aunque, a pesar de : *no está cansado, y eso que trabaja mucho.* ‖ *Y todo,* incluso; aunque. — OBSERV. Por motivos fonéticos, la letra *y* se cambia en *e* delante de palabras que comienzan por *i* o *hi : España e Inglaterra.* Este cambio sólo se realiza cuando la *i* es vocal plena y no semiconsonante *(cobre y hierro)* o cuando *y* no tiene valor tónico en una interrogación *(¿y Isabel?).*
ya adv. En tiempo anterior : *ya ocurrió lo mismo.* ‖ Actualmente, ahora : *ya no es así.* ‖ Más adelante, más tarde, después : *ya hablaremos.* ‖ Por fin, por último : *ya se decidió.* ‖ Al instante, en seguida : *ya voy.* ‖ Equivale a veces a un adv. de afirmación con el sentido de sí, de acuerdo. ‖ Sirve para dar énfasis a lo que expresa el verbo : *ya lo sé.* ‖ Úsase como conj. distributiva, ora, ahora : *ya en la paz, ya en la guerra.* ‖ — *¡Ya!,* interj. fam. usada para indicar que se da uno por enterado o, irónicamente, para mostrar incredulidad o indiferencia acerca de lo que se dice. ‖ *¡Ya caigo!,* estoy en ello, he comprendido. ‖ *Ya mismo,* ahora mismo. ‖ *Ya que,* puesto que, dado que.
yaacabó m. Pájaro insectívoro de América del Sur, con pico y uñas fuertes.
yaazkal m. Planta ornamental de México.
yaba f. *Amer.* Árbol cuya madera se usa en la construcción.
yabirú m. *Arg.* Jabirú.
yabuna f. *Cub.* Hierba gramínea que crece en las sabanas.
yac m. Mamífero rumiante doméstico con largos pelos en la parte inferior del cuerpo y en las patas.
yaca f. Guanábano. ‖ *Méx.* Nombre que se da al tilo.
yacamar m. Pájaro de la América tropical.
yacaré m. *Amer.* Caimán.
yácata f. Restos arquitectónicos de la arqueología tarasca (México).
yacente adj. Que yace. ‖ — M. Efigie funeraria de un personaje que yace.
yacer v. i. Estar echada o tendida una persona. ‖ Estar enterrado en una tumba : *aquí yace el salvador de la patria.* ‖ Existir o estar una persona o cosa en algún sitio : *aquel tesoro yace sepultado.* ‖ Cohabitar, tener trato carnal.

yaciente adj. Yacente.
yacija f. Lecho, cama. || Sepultura, tumba.
yacimiento m. Disposición de las capas de minerales en el interior de la Tierra. || Acumulación de minerales en el sitio donde se encuentran naturalmente. || *Yacimiento petrolífero,* acumulación de petróleo o sitio en el que existe este producto.
yacio m. Árbol de los bosques de la América tropical.
yack m. Yac.
yaco m. Papagayo. || *Amer.* Nutria.
yacolla f. *Per.* Manta que se echaban sobre los hombros los indios.
yacú m. *Arg.* Ave negra del tamaño de una gallina pequeña.
yacht [*iot*] m. (pal. ingl.). Yate.
yachting [*iotin*] m. (pal. ingl.). Navegación de recreo.
yachtman m. (pal. ingl.). Hombre aficionado al yachting. (En f. : *yachtwoman.* Pl. *yachtmen, yachtwomen.*)
yagua f. *Col., Mex., Per.* y *Venez.* Palma cuyas fibras se usan para techar chozas, hacer cestos, etc.
yagual m. *Méx.* Rodete para llevar fardos sobre la cabeza.
yaguané adj. *Arg.* Dícese del animal vacuno que tiene el pescuezo y la región de las costillas de color distinto del resto del cuerpo (ú. t. c. s. m.). || — M. *Arg.* Mofeta.
yaguar m. Jaguar.
yaguareté m. *Arg.* Jaguar.
yaguarú m. *Arg.* Nutria.
yaguarundí m. *Amer.* Eyrá, pequeño puma.
yaguasa f. *Venez.* Pato silvestre.
yaguré m. *Amer.* Mofeta.
yak m. Yac.
yámbico adj. Relativo al yambo.
yambo m. Pie de la poesía griega y latina compuesto de una sílaba breve y otra larga.
yanacón y **yanacona** adj. y s. Dícese del indio que estaba al servicio personal de los españoles en algunos países de América Meridional. || — M. *Bol.* y *Per.* Indio aparcero de una finca.
yankee, yanque y **yanqui** adj. y s. De los Estados Unidos.
yantar m. (Ant.). Comida.
yantar v. t. (Ant.). Comer.
yapa f. *Amer.* Azogue que se agrega al plomo argentífero para aprovecharlo. | Regalo que hace el vendedor al comprador para atraerlo. || *Méx.* Propina, gratificación. || *Rioplat.* Parte última y más fuerte del lazo. (Escríbese también *llapa* y *ñapa.*)
yapar v. t. *Amer.* Hacer un regalo o yapa. || *Arg.* Agregar a un objeto otro de la misma materia o que sirve para idéntico uso : *yapar un trozo más a un caño.*
yapó m. Marsupial anfibio de orejas grandes y redondeadas, cola larga y pelaje blanco, negro y de color ceniza : *los yapós viven cerca de ríos o arroyos en Venezuela, Brasil y Paraguay.*
yaqui adj. Dícese de una tribu amerindia que vivía a orillas del río del mismo nombre (México). || — M. pl. Esta misma tribu. || — M. y f. Individuo que pertenecía a ella.
yaracuyano, na adj. y s. De Yaracuy (Venezuela).
yarará f. *Arg., Bol.* y *Parag.* Víbora de gran tamaño de color gris con manchas blanquecinas.
yaraví m. Canto lento y melancólico de los indios de Perú, Bolivia y otros países sudamericanos.
yarda f. Unidad de longitud anglosajona equivalente a 0,914 m.
yare m. Jugo venenoso de la yuca amarga.
yarey m. *Cub.* Palmera con cuyas fibras se tejen sombreros.
yaro m. Aro, planta aroidea.
yatagán m. Especie de sable de doble curvatura.
yátaro m. *Col.* Tucán, ave.
yataí o **yatay** m. *Arg., Parag.* y *Urug.* Planta de la familia de las palmas.
yate m. Barco de recreo de velas o con motor.
yaurí m. *Amer.* Serpiente muy venenosa.
yautía f. *Amer.* Planta tropical de tubérculos feculentos.
Yb, símbolo químico del *iterbio.*
ybicuiense adj. y s. De Ybycuí (Paraguay).
ye f. Nombre de la *y.*
yeco m. *Chil.* Cuervo marino.
yedra f. Hiedra.
yegreño, ña adj. y s. De Yegros (Paraguay).
yegua f. Hembra del caballo.
yeguada f. Recua de ganado caballar. || *Amér. C.* Disparate, necedad.
yeguar adj. De las yeguas.
yeguarizo, za adj. Caballar.
yegüería f. Yeguada.
yeísmo m. Pronunciación de la *elle* como *ye,* diciendo, por ejemplo, *caye* por *calle, poyo* por *pollo.* (El *yeísmo,* fenómeno muy extendido en España y en Hispanoamérica, predomina en las zonas del Río de la Plata y en las Antillas, así como en Filipinas.)
yeísta adj. Relativo al yeísmo. || Que practica el yeísmo (ú. t. c. s.).
yelmo m. Pieza de la armadura que cubría la cabeza y el rostro.
yema f. Brote que nace en el tallo de una planta o en la axila de una hoja y que da origen a una rama, una flor o a varias hojas. || Parte central del huevo de las aves, de color amarillo, también llamada *vitelo.* || Parte de la punta del dedo, opuesta a la uña. || Golosina hecha con azúcar y yema de huevo. || *Fig.* Lo mejor de algo : *la yema de la sociedad.* | Punto medio de una cosa.
yemení y **yemenita** adj. y s. Del Yemen.
yen m. Unidad monetaria del Japón.
yerba f. Hierba. || *Amer.* Mate. || *Yerba mate,* mate.
yerbajo m. *Despect.* Yerba.
yerbal m. *Amer.* Campo de hierba mate. | Sitio cubierto de hierbas.
yerbatero, ra adj. *Amer.* Relativo al mate : *industria yerbatera.* | — M. y f. *Amer.* Persona que recoge mate o comercia en él. || — M. *Amer.* Curandero.
yerbear v. i. *Arg.* Tomar mate.
yerbero, ra m. y f. *Méx.* Persona que vende hierbas en los mercados públicos. || — F. *Arg.* Vasija en que se guarda el mate.
yermar v. t. Dejar yermo.
yermo, ma adj. Despoblado. || Inhabitado. || Sin cultivar : *campo yermo.* || — M. Despoblado, terreno inhabitado. || Sitio inculto.
yerno m. Respecto de una persona, marido de una hija suya. (Su femenino es *nuera.*)
yero m. Planta leguminosa que se emplea para alimento del ganado y de las aves.
yerra f. *Amer.* Acción y efecto de marcar con hierro el ganado.
yerro m. Falta, equivocación cometida por ignorancia. || Falta contra los preceptos morales o religiosos, extravío.
yérsey o **yersi** m. Jersey. || *Amer.* Tejido de punto.

yerto, ta adj. Tieso, rígido.
yesal o **yesar** m. Terreno abundante en mineral de yeso. ‖ Cantera de yeso.
yesca f. Materia muy combustible preparada generalmente con la pulpa de ciertos hongos, trapos quemados, etc. ‖ *Fig.* Incentivo de una pasión o afecto. ‖ *Fig.* y *fam.* *Arrimar* o *dar yesca,* dar una paliza.
yesería f. Fábrica de yeso. ‖ Elemento decorativo en yeso tallado.
yeso m. Roca sedimentaria formada de sulfato de cal hidratado y cristalizado. ‖ Polvo que resulta de moler este mineral previamente calcinado a unos 150 °C.
yeta f. *Arg. Fam.* Mala suerte.
yeti m. Animal legendario del Himalaya.
yeyuno m. Segunda porción del intestino delgado, entre el duodeno y el íleon.
yiddish adj. Dícese de la lengua germánica hablada por las comunidades judías de Europa central y oriental (ú. t. c. s. m.).
yira f. *Arg. Pop.* Prostituta.
yo pron. pers. de primera pers. : *yo iré a verle.* ‖ *Yo que usted,* yo en su lugar, si yo fuera usted. ‖ — M. Lo que constituye la propia personalidad, la individualidad. ‖ Apego a sí mismo, egoísmo : *el culto del yo.* ‖ *Fil.* El sujeto pensante y consciente por oposición a lo exterior a él. ‖ *El yo pecador,* rezo que empieza con esas palabras y se dice en latín *confíteor.*
yod f. Nombre dado en lingüística a la *y* cuando se la considera como semiconsonante agrupada con la consonante anterior o como semivocal agrupada con la vocal que la precede.
yodado, da adj. Con yodo.
yodar v. t. Tratar con yodo o con cualquiera de sus compuestos.
yodato m. Sal del ácido del yodo.
yodo m. Cuerpo simple (I) de número atómico 53, color gris negruzco, brillo metálico.
yoduro m. Cualquier cuerpo compuesto de yodo y otro elemento.
yoga m. Sistema filosófico de la India que hace consistir el estado perfecto en la contemplación, la inmovilidad absoluta, el éxtasis y las prácticas ascéticas.
yogi, yogui o **yoghi** com. Asceta indio que, por medio de meditación, éxtasis y mortificaciones corporales llega a conseguir la sabiduría y la pureza perfectas.
yoguismo m. Práctica del yoga.
yogur o **yogurt** m. Leche cuajada por el fermento láctico. (Pl. *yogures.*)
yohimbina f. Alcaloide afrodisiaco.
yola f. Barco muy ligero de remo y vela.
yoloxóchitl m. Nombre de algunas plantas ornamentales y medicinales de México.
yóquey o **yoqui** m. Jockey.
yoyo m. Juguete formado por un disco ahuecado interiormente como una lanzadera y que sube y baja a lo largo de una cuerda.
yoyote m. Nombre de algunas plantas mexicanas.
ypsilón f. Ípsilon.
Yt, símbolo químico del *itrio.*
yuca f. Mandioca, planta euforbiácea de raíz feculenta comestible. ‖ Planta liliácea de la América tropical cultivada en los países templados como planta de adorno.
yucal m. Campo de yuca.
yucatanense adj. y s. Yucateco.
yucateco, ca adj. y s. De Yucatán (México). ‖ — M. Lengua de los yucatecos.
yudo m. Judo.
yugar v. i. *Arg. Fam.* Hacer algo con mucho esfuerzo.
yugo m. Pieza de madera que se coloca en la cabeza de los bueyes o mulas para uncirlos. ‖ Armazón de madera de la que cuelga la campana. ‖ Cada uno de los tablones curvos que forman la popa del barco. ‖ Horca formada por tres picas debajo de las cuales los romanos hacían pasar a los enemigos derrotados. ‖ *Fig.* Dominio, sujeción material o moral : *el yugo colonial.*
yugoeslavo, va adj. y s. Yugoslavo.
yugoslavo, va adj. y s. De Yugoslavia.
yuguillo m. *Arg. Fam.* Tirilla del cuello.
yugular adj. De la garganta : *vena yugular.* ‖ — F. Vena yugular.
yugular v. t. Degollar. ‖ *Fig.* Detener rápidamente.
yunga f. Nombre que se da a los valles cálidos del Perú, Bolivia y Ecuador. ‖ — Adj. De los habitantes de estos valles.
yunque m. Prisma de hierro encajado en un tajo de madera y sobre el que se martillan los metales en la herrería. ‖ *Fig.* Persona muy paciente o perseverante en el trabajo. ‖ Uno de los huesecillos del oído medio que está intercalado entre el martillo y el estribo.
yunta f. Par de mulas, bueyes u otros animales que se uncen juntos. ‖ Yugada.
yupe m. *Chil.* Erizo de mar.
yuruma f. *Venez.* Médula de una palma con que hacen pan los indios.
yurumí m. Oso hormiguero.
yuscaranense adj. y s. De Yuscarán (Honduras).
yute m. Fibra textil obtenida de una planta de la misma familia que el tilo.
yuxtalineal adj. Línea por línea.
yuxtaponer v. t. Poner una cosa al lado de otra (ú. t. c. pr.).
yuxtaposición f. Acción de yuxtaponer ‖ Situación de una cosa colocada junto a otra.
yuyal m. *Amer.* Sitio lleno de yuyos.
yuyero, ra adj. Que le gusta tomar hierbas medicinales. ‖ — M. y f. Curandero que receta hierbas.
yuyo m. *Amer.* Yerbajo.

Z

z f. Vigésima octava y última letra del alfabeto castellano, y vigésima tercera de sus consonantes. Su nombre es *zeta* o *zeda*.
zabordar v. i. *Mar.* Varar o encallar el barco en tierra.
zacamecate m. *Méx.* Estropajo.
zacapaneco, ca adj. y s. De Zacapa (Guatemala).
zacatal m. *Amer.* Pastizal.
zacate m. *Amér. C.* Pasto.
zacatecano, na o **zacateco, ca** adj. y s. De Zacatecas (México).
zacatilla f. *Méx.* Cochinilla negra.
zafacón m. *P. Rico.* Cubo de hojalata para la basura.
zafado, da adj. *Amer.* Descarado. | Vivo, despierto. | Descoyuntado (huesos).
zafar v. t. *Mar.* Soltar, desasir lo que estaba sujeto : *zafar un ancla.* ‖ — V. i. *Amer.* Irse, marcharse. ‖ — V. pr. Escaparse. ‖ *Fig.* Esquivar, librarse de una molestia : *zafarse de una obligación.* | Evitar mañosamente : *zafarse de una pejiguera.* | Librarse de una persona molesta : *zafarse de un pelma.* | Salir con éxito : *zafarse de una situación delicada.* ‖ *Amer.* Dislocarse un hueso.
zafarrancho m. *Mar.* Acción de quitar estorbos de una parte del barco para realizar una maniobra : *zafarrancho de limpieza.* ‖ *Fig.* y *fam.* Riña, alboroto, reyerta : *se armó un zafarrancho.* | Desorden que resulta. ‖ *Zafarrancho de combate,* preparativos de combate a bordo de un barco.
zafiedad f. Tosquedad, grosería : *es una persona de una zafiedad sin nombre.*
zafio, fia adj. Grosero, tosco.
zafiro m. Piedra preciosa que es una variedad transparente de corindón, de color azul.
zafra f. Cosecha de la caña de azúcar. ‖ Fabricación de azúcar. ‖ Tiempo que dura esta fabricación.
zaga f. Parte trasera de una cosa. ‖ En deportes, defensa de un equipo. ‖ — *A la zaga* o *en zaga,* detrás. ‖ *Fig. No irle uno en zaga a otro,* no serle inferior.
zagal m. Muchacho. ‖ Pastor joven.
zagala f. Muchacha. ‖ Pastora.
zagalejo m. Zagal, muchacho.
zagalón, ona m. y f. Muchacho muy alto y robusto.
zagual m. Remo corto con pala plana y ovalada que se maneja sin fijarlo en la embarcación.
zaguán m. Vestíbulo, entrada.
zaguero, ra adj. Que va detrás. ‖ — M. En deportes, defensa. ‖ En el juego de pelota, jugador que se coloca detrás de los demás.
zagüí m. *Arg.* Mono pequeño.
zaheridor, ra adj. y s. Que zahiere o reprende. ‖ Burlón.
zaherimiento m. Crítica, censura. ‖ Burla. ‖ Mortificación.
zaherir v. t. Herir el amor propio, mortificar. ‖ Burlarse.
zahína f. Planta alimenticia.
zahones m. pl. Especie de calzón de cuero, con perniles abiertos, que llevan los cazadores y los hombres del campo encima de los pantalones para resguardarlos.
zahorí m. Persona capaz de descubrir lo que está oculto, particularmente aguas subterráneas. ‖ *Fig.* Adivinador, persona muy perspicaz.
zahúrda f. Pocilga. ‖ *Fig.* Casa sucia. | Tugurio.
zajones m. pl. Zahones.
zalagarda f. Emboscada. ‖ *Fig.* y *fam.* Ardid, maña : *valerse de zalagardas.* | Pelea, riña, pendencia ruidosa : *¡menuda zalagarda se armó!* | Alboroto, trapatiesta.
zalamería f. Halago afectado y empalagoso, carantoña, arrumaco.
zalamero, ra adj. y s. Halagador, adulador, lisonjero.
zalea f. Piel de oveja o de carnero curtida con su lana.
zalema f. *Fam.* Reverencia hecha en señal de sumisión. | Zalamería.
zamacuco, ca m. y f. Persona cazurra. ‖ — F. *Fam.* Borrachera.
zamacueca f. Baile popular de Chile, Perú y otros países sudamericanos. (Llámase generalmente *cueca.*) ‖ Música y canto que acompañan a este baile.
zamarra f. Pelliza, prenda de abrigo en forma de chaquetón hecha con piel de carnero. ‖ Zalea.
zamarrear v. t. Sacudir, zarandear a un lado y a otro. ‖ *Fig.* y *fam.* Maltratar a uno con violencia. | Golpearle. | Mostrar alguien su superioridad, por medio de preguntas, en una discusión. ‖ — V. pr. *Fam.* Hacer, realizar.
zamarreo y **zamarreón** m. Acción de zamarrear, sacudimiento. ‖ *Fig.* y *fam.* Trato malo. | Paliza.
zamarrilla f. Planta labiada aromática y medicinal.
zamba f. *Arg.* Baile popular derivado de la zamacueca. ‖ Samba.
zambaigo, ga adj. y s. *Méx.* Aplícase al mestizo de chino e india o de negro e india o viceversa.
zambardo m. *Arg.* Suerte.
zambo, ba adj. y s. Dícese de la persona que tiene las piernas torcidas hacia fuera desde las rodillas. ‖ *Amer.* Mestizo de negro e india, o al contrario. ‖ — M. Mono americano muy feroz.
zambomba f. Instrumento músico rudimentario, utilizado principalmente en las fiestas de Navidad, formado por un cilindro hueco cerrado por un extremo con una piel tensa a cuyo centro se sujeta una caña, la cual, frotada con la mano humedecida, pro-

duce un sonido ronco y monótono. ‖ *¡Zambomba!*, interj. fam. de sorpresa.
zambombazo m. *Fam.* Porrazo. | Explosión. | Cañonazo. | Gran ruido. | Gran sorpresa.
zambra f. Fiesta con baile y cante flamencos de los gitanos. ‖ *Fam.* Jaleo, alboroto.
zambullida f. Sumersión.
zambullir v. t. Sumergir bruscamente en un líquido. ‖ — V. pr. Meterse en el agua para bañarse : *zambullirse en la piscina.* ‖ Tirarse al agua de cabeza. ‖ *Fig.* Esconderse en alguna parte : *zambullirse en la sombra.* | Meterse de pronto en alguna actividad : *zambullirse en el trabajo.*
zambullo m. *Amer.* Gran cubo de basuras.
zamorano, na adj. y s. De Zamora (España).
zampa f. Estaca o pilote que se hinca en un terreno poco firme para asegurarlo.
zampar v. t. Meter o esconder rápidamente una cosa en otra de suerte que no se vea. ‖ Comer de prisa, con avidez. ‖ Arrojar, tirar. ‖ Dar, estampar : *le zampó un par de bofetadas.* ‖ Poner : *le zampo un cero a quien no sepa la lección.* ‖ — V. pr. Meterse bruscamente en alguna parte. ‖ Engullir, tragar.
zampatortas com. inv. *Fam.* Persona glotona. ‖ *Fig.* y *fam.* Persona de muy poca gracia, patosa.
zampeado m. Obra de mampostería o de hormigón armado asentada sobre pilotes que, en los terrenos húmedos o poco firmes, sirve de cimiento a una construcción.
zampear v. t. Afirmar un terreno con zampeados.
zampoña f. Caramillo.
zanahoria f. Planta de raíz roja y fusiforme, rica en azúcar y comestible. ‖ Su raíz.
zanca f. Pata de las aves, considerada desde el tarso hasta la juntura del muslo. ‖ *Fig.* y *fam.* Pierna del hombre o de cualquier animal cuando es muy larga y delgada.
zancada f. Paso largo.
zancadilla f. Acción de derribar a una persona enganchándola con el pie. ‖ *Fam.* Estratagema, manera hábil pero poco leal de suplantar a alguien.
zancadillear v. t. Echar la zancadilla a uno. ‖ *Fig.* Armar una trampa para perjudicar a uno. ‖ — V. pr. *Fig.* Perjudicarse, crearse obstáculos a uno mismo.
zanco m. Cada uno de los dos palos largos con soportes para los pies, que sirven para andar a cierta altura del suelo, generalmente por juego. ‖ *Amer.* Comida espesa sin caldo ni salsa.
zancudo, da adj. De piernas largas. ‖ Aplícase a las aves de tarsos muy largos como la cigüeña. ‖ — F. pl. Orden de estas aves. ‖ — M. *Amer.* Mosquito.
zanfonía f. Instrumento músico de cuerdas que se tocaba dando vueltas con un manubrio a un cilindro provisto de púas.
zanganería f. Holgazanería.
zángano m. Macho de la abeja maestra.
zángano, na adj. y s. *Fam.* Perezoso, holgazán.
zangolotino, na adj. y s. *Fam.* Dícese de un muchacho grandullón.
zanja f. Excavación larga y estrecha que se hace en la tierra para echar los cimientos de un edifico, tender una canalización, etc. : *zanja de desagüe.* ‖ *Amer.* Surco que la corriente de un arroyo abre en la tierra.
zanjar v. t. Abrir zanjas en un sitio. ‖ *Fig.* Resolver : *zanjar un problema.* | Obviar un obstáculo. | Acabar : *zanjaron sus discordias.*
zanquilargo, ga adj. y s. *Fam.* De piernas largas.
zapa f. Pala pequeña y cortante que usan los zapadores. ‖ Excavación de una galería. ‖ Piel labrada de modo que forme grano como la de la lija. ‖ *Fig. Labor o trabajo de zapa*, acción hecha ocultamente con determinado objeto.
zapador m. Soldado de un cuerpo destinado a las obras de excavación o de fortificación.
zapalote m. *Méx.* Plátano de fruto largo. | Maguey de tequila.
zapallo m. *Amer.* Calabaza.
zapapico m. Piocha, herramienta semejante a un pico cuyas dos extremidades terminan una en punta y la otra en corte estrecho, que se emplea para excavar en la tierra dura, derribar, etc.
zapar v. t. e i. Trabajar con la zapa : *zapar una posición enemiga.* ‖ *Fig.* Minar, hacer un trabajo de zapa : *zapar su reputación.*
zapata f. Zapatilla de grifos. ‖ Parte de un freno por la que éste entra en fricción con la superficie interna del tambor. ‖ Dispositivo de un vehículo eléctrico por el que éste recoge la corriente de un cable conductor.
zapatazo m. Golpe dado con el zapato. ‖ *Fam.* Golpe recio que se da con cualquier cosa.
zapateado m. Baile español con zapateo. ‖ Su música.
zapateador, ra adj. y s. Que zapatea.
zapatear v. t. Golpear el suelo con los zapatos o los pies calzados. ‖ *Fig.* Maltratar a uno, pisotearle. ‖ — V. i. En ciertos bailes, golpear el suelo con los zapatos al compás de la música y con ritmo muy vivo. ‖ En esgrima, tocar varias veces al adversario con el botón o zapatilla. ‖ — V. pr. *Fam.* Quitarse de encima una cosa o a una persona. ‖ *Fam. Saber zapateárselas*, saber arreglárselas.
zapateo m. Acción de zapatear en el baile.
zapatería f. Taller donde se hacen o arreglan zapatos. ‖ Tienda donde se venden. ‖ Oficio de hacer zapatos.
zapatero, ra adj. Duro, correoso después de guisado : *patatas zapateras.* ‖ — Com. Persona que hace, repara o vende zapatos ‖ — M. Pez acantopterigio que vive en los mares de la América tropical. ‖ — M. y f. Persona que se queda sin hacer baza jugando a los naipes. ‖ *¡Zapatero a tus zapatos!*, cada uno ha de juzgar solamente lo que entiende.
zapateta f. En ciertos bailes, palmada que se da en el zapato al saltar.
zapatiesta f. *Fam.* Trapatiesta, alboroto : *armar una zapatiesta.*
zapatilla f. Zapato ligero de suela delgada : *zapatilla de baile.* ‖ Zapato sin cordones y ligero que se usa en casa. ‖ Suela, cuero que se pone en el extremo del taco de billar. ‖ Rodaja de cuero o plástico que se emplea para el cierre hermético de llaves de paso o grifos. ‖ Botón de cuero que se pone en la punta de los floretes y espadas.
zapato m. Calzado que no pasa del tobillo, generalmente de cuero, y con suela en la parte inferior. ‖ *Fig. Saber uno donde le aprieta el zapato*, saber lo que le conviene.
zape m. *Fam.* Afeminado.
¡zape! interj. *Fam.* Voz para ahuyentar a los gatos y también para expresar asombro.
zapotal m. Terreno en el que abundan los zapotes : *pueden encontrarse zapotales en América meridional y en el sur de España.*

zapote m. Árbol americano de fruto comestible muy dulce. (Llamado tb. *chico sapote.*) ‖ Su fruto.
zapoteca adj. y s. Indígena mexicano que, mucho antes de la llegada de los españoles, habitaba en la región montañosa comprendida entre Tehuantepec y Acapulco y actualmente en el Estado de Oaxaca. (Sus dos grandes centros de cultura fueron Monte Albán y Mitla, donde dejaron muestras del estado avanzado de su arquitectura, urnas funerarias, cerámica y grandes monolitos.)
zapoyolito m. *Amér. C.* Ave trepadora.
zapupe m. *Méx.* Nombre de varias plantas amarilidáceas textiles.
zaque m. Cacique chibcha en Tunja (Colombia).
zaquizamí m. Desván. ‖ Cuchitril, cuarto pequeño. ‖ Tugurio.
zar m. Título que tenían el emperador de Rusia o el rey de Bulgaria o Serbia.
zarabanda f. Danza picaresca de España en los s. XVI y XVII. ‖ Su música. ‖ *Fig.* Jaleo, alboroto.
zaragata f. *Fam.* Jaleo, tumulto.
zaragatero, ra adj. y s. *Fam.* Peleón, pendenciero.
zaragatona f. Planta industrial de México.
zaragozano, na adj. y s. De Zaragoza (España). ‖ — M. Almanaque en cuyas páginas se encontraban predicciones meteorológicas.
zaragüelles m. pl. Pantalones de perneras anchas que forman pliegues y que usan aún los labradores en Valencia y Murcia. ‖ Calzoncillos blancos que asoman por debajo del calzón corto del traje aragonés.
zaranda f. Cedazo.
zarandajas f. pl. *Fam.* Insignificancias, futilidades.
zarandear v. t. Cribar : *zarandear trigo.* ‖ *Fig.* y *fam.* Agitar, sacudir. | Empujar por todas partes : *zarandeado por la muchedumbre.* ‖ — V. pr. *Amer.* Contonearse.
zarandeo m. Cribado. ‖ Meneo, sacudida. ‖ *Amer.* Contoneo.
zarape m. Sarape, poncho. ‖ *Fig.* y *fam.* Hombre afeminado.
zarapito m. Ave zancuda.
zarceta f. Cerceta, ave.
zarcillo m. Arete o pendiente en forma de aro. ‖ Órgano de ciertas plantas trepadoras que se arrolla en hélice alrededor de los soportes que encuentra.
zarco, ca adj. Azul claro : *ojos zarcos.* ‖ *Arg.* Dícese del animal que tiene ojos albinos.
zarevich o **zarevitz** m. Heredero del zar.
zariano, na adj. Del zar.
zarigüeya f. Mamífero marsupial americano.
zarina f. Esposa del zar. ‖ Emperatriz de Rusia.
zarismo m. Gobierno absoluto de los zares.
zarista adj. Del zarismo. ‖ — M. y f. Partidario de los zares.
zarpa f. Garra de ciertos animales como el tigre, el león, etc. ‖ *Mar.* Acción de zarpar el ancla. ‖ *Fig.* y *fam. Echar uno la zarpa a una cosa,* apoderarse de ella.
zarpada f. Zarpazo.
zarpanel adj. *Arq.* Dícese del arco que consta de varias porciones de cículo tangentes entre sí y trazadas desde distintos centros.
zarpar v. i. Levar el ancla un barco, hacerse a la mar.
zarpazo m. Golpe dado con la zarpa. ‖ *Fam.* Caída, costalada.
zarpear v. t. *Amér. C.* Salpicar de barro.
zarrapastrón, ona y **zarrapastroso, sa** adj. y s. *Fam.* Poco aseado, andrajoso, desastrado.
zarza f. Arbusto rosáceo muy espinoso cuyo fruto es la zarzamora.
zarzal m. Terreno cubierto de zarzas. ‖ Matorral de zarzas.
zarzamora f. Fruto comestible de la zarza, de color negro violáceo.
zarzaparrilla f. Planta liliácea oriunda de México, cuya raíz, rica en saponina, se usa como depurativo. ‖ Bebida refrescante preparada con las hojas de esta planta.
zarzo m. Tejido fabricado con varas, cañas o mimbres entrecruzados formando una superficie plana. ‖ *Arg. Fam.* Anillo.
zarzuela f. Género musical, genuinamente español, en el que alternan la declamación y el canto. ‖ Su música. ‖ Plato de pescados aderezados con salsa picante.
zarzuelero, ra adj. De la zarzuela : *música zarzuelera.* ‖ — M. Zarzuelista.
zarzuelista m. Autor de la letra o compositor de zarzuelas.
¡zas! m. Onomatopeya del ruido de un golpe o que indica la interrupción brusca de algo.
zascandil m. *Fam.* Hombre entrometido.
zascandilear v. i. *Fam.* Curiosear, procurar saber todo lo que ocurre : *andar zascandileando.* | Vagar. | Obrar con poca seriedad.
zascandileo m. *Fam.* Curioseo. | Falta de seriedad. | Callejeo.
zeda f. Zeta.
zedilla f. Cedilla.
zegrí adj. y s. Miembro de una familia mora del reino de Granada (s. XV). [Pl. *zegríes* o *cegríes.*]
zéjel m. Composición poética popular de origen hispanoárabe, propia de la Edad Media.
zelayense adj. y s. De Zelaya (Nicaragua).
zendo, da adj. y s. Dícese de un idioma de la familia indoeuropea del norte de Persia.
zenit m. Cenit.
zepelín m. Globo dirigible rígido de estructura metálica inventado por Ferdinand Zeppelin en 1900.
zeta f. Nombre de la letra *z.*
zigoma m. Hueso del pómulo.
zigomático, ca adj. *Anat.* Cigomático.
zigoto m. Cigoto.
zigurat m. Torre escalonada de los templos caldeos o babilónicos.
zigzag m. Serie de líneas quebradas que forman alternativamente ángulos entrantes y salientes. (Pl. *zigzags* o *zigzagues.*)
zigzaguear v. i. Serpentear, andar en zigzag. ‖ Hacer zigzags.
zigzagueo m. Zigzag.
zinc m. Cinc. (Pl. *zines.*)
zincuate m. Reptil de México.
zíngaro, ra adj. y s. Gitano nómada húngaro.
zipa m. Cacique chibcha de Bogotá.
zipizape m. *Fam.* Gresca, trifulca.
zircón m. Circón.
¡zis, zas! interj. *Fam.* Voces con que se expresa un ruido de golpes repetidos.
ziszás m. Zigzag.
zloty m. Unidad monetaria polaca.
Zn, símbolo químico del *cinc.*
zócalo m. Parte inferior de un edificio. ‖ Parte ligeramente saliente en la base de una pared, que suele pintarse de un color diferente del resto. ‖ Pedestal. ‖ Base de un

pedestal. || Nombre dado en México a la parte central de la plaza mayor de algunas poblaciones y, por extensión, a la plaza entera. || Conjunto de terrenos primitivos, muchas veces cristalinos, que forman como una plataforma extensa, cubierta en su mayor parte por terrenos sedimentarios más recientes. || *Zócalo continental,* plataforma continental.

zocato, ta adj. y s. Zurdo.

zoco, ca adj. y s. *Fam.* Zocato. || — M. En Marruecos, mercado.

zodiacal adj. Del Zodiaco.

Zodiaco, n. de una zona de la esfera celeste que se extiende en 8,5° a ambas partes de la eclíptica y en la cual se mueven el Sol, en su movimiento aparente, la Luna y los planetas. Se llama *signo del Zodiaco* cada una de las 12 partes, de 30° de longitud, en que se divide el Zodiaco, y que tiene el nombre de las constelaciones que allí se encontraban hace 2 000 años *(Aries, Tauro, Géminis, Cáncer, Leo, Virgo, Libra, Escorpión, Sagitario, Capricornio, Acuario* y *Piscis).*

zollipar v. i. *Fam.* Sollozar.

zompopo m. *Amér. C.* Hormiga de cabeza grande.

zona f. Extensión de territorio cuyos límites están determinados por razones administrativas, económicas, políticas, etc. : *zona fiscal, militar, vinícola.* || *Fig.* Todo lo que es comparable a un espacio cualquiera : *zona de influencia.* || *Geogr.* Cada una de las grandes divisiones de la superficie de la Tierra determinadas por los círculos polares y los trópicos. || Cualquier parte determinada de la superficie terrestre o de otra cosa. || *Geom.* Parte de una superficie de la esfera comprendida entre dos planos paralelos. || — M. *Med.* Enfermedad debida a un virus que se caracteriza por una erupción de vesículas en la piel sobre el trayecto de ciertos nervios sensitivos. || — *Zona azul,* nombre dado a un sector de una ciudad en el que el estacionamiento de vehículos sólo está permitido un determinado espacio de tiempo. || *Zona de ensanche,* la destinada en las cercanías de las poblaciones a una futura extensión de éstas. || *Zona de libre cambio* o *de libre comercio,* conjunto de dos o más territorios o países entre los que han sido suprimidos los derechos arancelarios. || *Zona franca,* parte de un país que, a pesar de estar situada dentro de las fronteras de éste, no está sometida a las disposiciones arancelarias vigentes para la totalidad del territorio y tiene un régimen administrativo especial. || *Zona monetaria,* conjunto de países entre los cuales las monedas pueden transferirse libremente. || *Zonas verdes,* superficies reservadas a los parques y jardines en una aglomeración urbana.

zonal adj. Que presenta zonas o fajas transversales coloreadas.

zoncear v. i. *Amer.* Tontear.

zoncera o **zoncería** f. *Amer.* Tontería. | Insignificancia, pequeñez.

zonchiche m. *Amér. C.* Zopilote.

zonda f. *Arg.* y *Bol.* Viento cálido de los Andes.

zonificar v. t. *Col.* Dividir en zonas.

zonte m. Medida azteca que se utiliza en México para contar el maíz, frutos, leña, etc., equivalente a cuatrocientas unidades.

zonzapote m. *Méx.* Zapote.

zonzo, za adj. y s. *Fam.* Soso, insulso. | Tonto, necio.

zoo m. Parque zoológico.

zoogeografía f. Estudio de la repartición geográfica de los animales en la Tierra.

zoolatría f. Culto religioso de los animales.

zoolito m. Parte fósil o petrificada de un animal.

zoología f. Parte de las ciencias naturales que estudia los animales : *la zoología se divide en numerosas especialidades.*

zoológico, ca adj. De la zoología. || *Parque zoológico,* parque donde se encuentran fieras y otros animales.

zoólogo, ga m. y f. Persona que se dedica a la zoología.

zoom [*sum*] m. (pal. ingl.). Objetivo de distancia focal variable en una cámara cinematográfica. || Efecto de travelling obtenido con este objetivo.

zoospora f. Célula reproductora, provista de cilios vibrátiles que le permiten moverse, que tienen las algas y los hongos acuáticos.

zoosporangio m. *Bot.* Esporangio que produce zoosporas.

zooterapia f. Terapéutica aplicada al tratamiento de los animales.

zopenco, ca adj. y s. *Fam.* Tonto, bruto, cernícalo.

zopilote m. *Amer.* Ave de rapiña negra, de gran tamaño, cabeza pelada y pico corvo.

zoquete m. Tarugo, pedazo de madera pequeño sin labrar. || *Fig.* Mendrugo, pedazo de pan duro. || *Fam.* Persona muy torpe y estúpida, cernícalo (ú. t. c adj.).

zoquiqui m. *Méx.* Lodo, fango.

zorcico m. Composición musical vasca en compás de cinco por ocho. || Su letra. || Baile ejecutado acompañado de esta música.

zorito, ta adj. Zurito.

zorongo m. Pañuelo que llevan arrollado en la cabeza los labradores aragoneses y navarros. || Moño aplastado y ancho. || Baile popular andaluz. || Su música y canto.

zorra f. Mamífero carnicero de la familia de los cánidos, de cola peluda y hocico puntiagudo, que ataca a las aves y otros animales pequeños. || Hembra de esta especie. || Carro bajo para transportar cosas pesadas. || *Fig.* y *fam.* Borrachera : *dormir la zorra.* | Prostituta.

zorrear v. i. *Fam.* Conducirse astutamente. | Llevar una vida disoluta.

zorrería f. *Fam.* Astucia.

zorrilla f. Vehículo que rueda sobre rieles y que se usa para la inspección de las vías férreas y para algunas obras.

zorrillo y **zorrino** m. *Amer.* Mofeta, mamífero carnicero.

zorro m. Macho de la zorra. || Piel de la zorra empleada en peletería. || *Fig.* y *fam.* Hombre astuto y taimado. | Perezoso, remolón, que se hace el tonto para no trabajar. || *Amer.* Mofeta. || — Pl. Utensilio para sacudir el polvo hecho con tiras de piel, paño, etc., sujetas a un mango. || *Fig.* y *fam. Hecho unos zorros.* molido, reventado, muy cansado.

zorro, rra adj. Astuto, taimado.

zorrón m. *Fam.* Borrachera. | Hombre astuto. | Prostituta.

zorrona f. *Fam.* Prostituta.

zorruno, na adj. Relativo a la zorra. || Dícese de lo que huele a humanidad.

zortziko m. Zorcico.

zorullo m. Zurullo.

zorzal m. Pájaro dentirrostro, semejante al tordo, que tiene el plumaje pardo en la parte

superior, rojizo en la inferior y blanco en el vientre.
zote adj. y s. Tonto, zopenco.
zoyatanate m. *Méx.* Cesta o bolsa hecha de zoyate.
zoyate m. *Méx.* Nombre de algunas plantas textiles de México.
zozobra f. Naufragio de un barco. ‖ Vuelco. ‖ *Fig.* Intranquilidad, desasosiego, inquietud, ansiedad : *vivir en una perpetua zozobra.*
zozobrar v. i. *Mar.* Naufragar, irse a pique un barco. ‖ Volcarse. ‖ *Fig.* Fracasar, frustrarse una empresa, unos proyectos, etc. ‖ — V. pr. Acongojarse, estar desasosegado.
Zr, símbolo químico del *circonio.*
zueco m. Zapato de madera de una sola pieza. ‖ Zapato de cuero que tiene la suela de madera o corcho.
zuindá m. *Arg.* Ave parecida a la lechuza.
zulaque m. Pasta hecha con estopa, cal, aceite y escorias que se emplea para tapar juntas de cañerías.
zuliano, na adj. y s. De Zulia (Venezuela).
zulú adj. y s. Dícese del individuo perteneciente a un pueblo negro de África austral (Natal) de lengua bantú.
zumacal y **zumacar** m. Tierra plantada de zumaque.
zumaque m. Arbusto que contiene mucho tanino.
zumaya f. Autillo, ave. ‖ Chotacabras. ‖ Ave zancuda de paso de pico negro y patas amarillentas.
zumba f. Cencerro que lleva la caballería delantera de una recua. ‖ *Fig.* Chanza, burla, broma, guasa. ‖ *Amer.* Paliza.
zumbador, ra adj. Que zumba. ‖ — M. Lengüeta oscilante que, al entrar en vibración, produce el sonido en un timbre. ‖ *Méx.* Colibrí.
zumbar v. i. Producir un sonido sordo y continuado ciertos insectos al volar, algunos objetos, dotados de un movimiento giratorio muy rápido, etc. : *un abejorro, un motor, una peonza que zumba.* ‖ *Amer.* Lanzar, arrojar. ‖ — *Fam. Ir zumbando,* ir con mucha rapidez. ‖ *Zumbarle a uno los oídos,* tener la sensación de oír un zumbido. ‖ — V. t. Asestar, dar, propinar : *zumbarle una bofetada.* | Pegar a uno. | Burlarse de uno. ‖ — V. pr. Pegarse mutuamente varias personas.
zumbel m. Cuerda para hacer bailar el trompo.
zumbido m. Sonido producido por lo que zumba : *el zumbido de un motor.* ‖ Ruido sordo y continuo : *zumbido de oídos.*
zumbón, ona adj. *Fam.* Burlón, guasón. | Divertido, jocoso.
zumeles m. pl. *Chil.* Botas de potro de los indios araucanos.
zumo m. Jugo, líquido que se saca de las hierbas, flores, o frutas exprimiéndolas : *zumo de naranja.* ‖ *Fig.* Jugo, utilidad, provecho : *sacar zumo a un capital.*
zunchado m. Operación consistente en unir o reforzar con zunchos.
zunchar v. t. Mantener con un zuncho.
zuncho m. Abrazadera, anillo de metal que sirve para mantener unidas dos piezas yuxtapuestas o para reforzar ciertas cosas, como tuberías, pilotes, etc.
zurcido m. Acción de zurcir. ‖ Remiendo hecho a un tejido roto. ‖ *Fig. Un zurcido de mentiras,* hábil combinación de mentiras que dan apariencia de verdad.
zurcidor, ra adj. y s. Que zurce. ‖ *Fig. Zurcidor, zurcidora de voluntades,* alcahuete, alcahueta.
zurcir v. t. Coser el roto de una tela. ‖ Suplir con puntadas muy juntas y entrecruzadas el agujero de un tejido. ‖ *Fig.* Combinar hábilmente mentiras para dar apariencia de verdad. | Unir, enlazar una cosa con otra. ‖ — *Fig.* y *fam.* *¡Anda y que te zurzan!,* expr. de enfado para desentenderse de uno. ‖ *Zurcir voluntades,* alcahuetear.
zurdo, da adj. Izquierdo : *mano zurda.* ‖ — Adj. y s. Que usa la mano izquierda mejor que la derecha. ‖ — F. Mano izquierda. ‖ *A zurdas,* con la mano izquierda ; (fig.) al contrario de como debía hacerse.
zurear v. i. Arrullar la paloma.
zureo m. Arrullo de la paloma.
zurito, ta adj. Aplícase a las palomas y palomos silvestres.
zurra f. Curtido de las pieles. ‖ *Fig.* y *fam.* Tunda, paliza.
zurrador, ra adj. y s. Curtidor.
zurrapa f. Poso, sedimento que depositan los líquidos : *la zurrapa del café.* ‖ *Fig.* y *fam.* Desecho, cosa despreciable.
zurrapiento, ta y **zurraposo, sa** adj. Que tiene zurrapas, turbio, aplicado a un líquido.
zurrar v. t. Ablandar y suavizar mecánicamente las pieles ya curtidas. ‖ *Fig.* y *fam.* Dar una paliza, pegar. | Azotar. | Reprender a uno con dureza, especialmente en público. ‖ *Fig.* y *fam. Zurrar la badana a uno,* golpearle o maltratarlo de palabra. ‖ — V. pr. *Fig.* y *fam.* Hacer de vientre. | Tener mucho miedo.
zurriagazo m. Golpe dado con el zurriago. ‖ *Fig.* Desgracia, acontecimiento desgraciado imprevisto. | Caída, costalazo.
zurriago m. Látigo, azote. ‖ Cuerda o correa con la que se lanza el trompo.
zurrón m. Bolsa grande de pellejo que usan los pastores. ‖ Cualquier bolsa de cuero, morral.
zurubí m. *Arg.* Pez de agua dulce sin escamas y de carne sabrosa.
zurullo m. *Pop.* Mojón, excremento sólido.
zurumbela f. *Amer.* Ave de canto armonioso.
zutano, na m. y f. Nombre usado, como Fulano y Mengano, al hacer referencia a una tercera persona indeterminada.